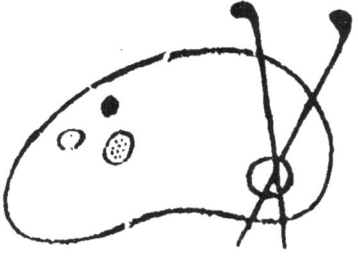

Début d'une série de documents
en couleur

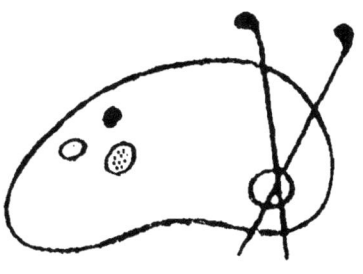

Fin d'une série de documents
en couleur

BIBLIOTHÈQUE
"Les Fontaines"
S J
60 - CHANTILLY

PREVVES DE L'HISTOIRE DE TOVS LES CARDINAVX FRANÇOIS

DE NAISSANCE, OV QVI ONT ESTÉ PROMEVS
AV CARDINALAT PAR L'EXPRESSE RECOMMANDATION
de nos Roys, pour les grands seruices qu'ils ont rendus
à leur Estat, & à leur Couronne.

TIREES DES TILTRES ET CHARTES
du Thresor de sa Majesté, Arrests des Parlemens de France, Registres
des Chambres à Comptes, Donations, Fondations, Epitaphes, Testamens,
Manuscripts, Anciens Monumens, Chroniques, Histoires, & de plusieurs
autres Tiltres publics, & particuliers.

Par FRANÇOIS DVCHESNE, Conseiller du Roy en ses Conseils,
Historiographe de France.

LES PREVVES DV LIVRE PREMIER DE L'HISTOIRE DE TOVS LES CARDINAVX FRANÇOIS.

GERBERT MOINE D'AVRILLAC, Archeuesque de Rheims, puis de Rauenne, & enfin Pape sous le nom de Syluestre II.

CHAPITRE PREMIER.

Ex vita eiusdem Papæ à BZOVIO edita.

SYLVESTER Secundus Cæsius Aquitanus, Pontifex maximus. Maiorum prosapia nobilissimus: qui cum à puero omnium scientiarum flores delibasset, Augustali oraculo Diuinorum peritissimus, ac trium partium Philosophiæ Laureatus; Doctiorum Æui Decretis, cognomento, (quod duobus tantùm Imperatoribus, Antonino & Leoni contigit) Philosophus, ac pro maximo Sapientiæ splendore, quo toto radiabat in Mundo, Sapiens. Diui Benedicti Patriarchæ, ad eius apud Floriacum, sacra pignora, necnon sanctissimi eius Ordinis Alumnus & virtutum Æmulus. Augustorum præceptor: Sanctorum virorum familiaris. Ab ingenio acri, vitæ Innocentia, & probitate insigni,

A ij

Preuues du Liure I. de l'Histoire

Inter Galliæ, Italiæ, Hispaniæ, Germaniæ Lumina illustrissimus, Commendatione Monarcharum Orbis, Remensi & Rauennati Metropolitanis Ecclesiis Prælatus, ac non multò post ad Apostolicæ Sedis fastigium, suffragio bonorum merito euectus, Rempublicam Christianam Sanctissimis operibus ornauit, Veterem Disciplinam restituit; Viros Apostolicos Gentibus misit, fidem Christi in Prouinciis remotis propagauit; populosissimas Nationes Christo acquisiuit. Romanorum Imperium à fortissima Germaniæ Gente Septem-viratu à Gregorio quinto instituto, Consiliis stabiliuit: Reges, fasces & titulos Principibus de re Christiana benemeritis BOLESLAO primo Polono, & STEPHANO primo Vngaro attribuit: Trophæa de Saracenis & Hereticis retulit. Romanæ Ecclesiæ Dignitatum & Patrimoniorum vindicauit: Pius, Religiosus, Victor, Felix: Publicæ Regnorum Salutis & Tranquillitatis parens, Iustitiæ, & Misericordiæ Sacerdos; Flagitiorum vltor; Clementiæ Mysta.

Scandit ad R. GERBERTVS in R. post Papa viget R.

Ex Codice Sancti Remigij Remensis.

SYLVESTER Episcopus seruus seruorum Dei, Dilecto in Christo filio ARNVLFO sanctæ Remensis Ecclesiæ Archiepiscopo. APOSTOLICI culminis est non solum pro partibus consulere, verum etiam lapsos erigere, & proprijs priuatos gradibus reparatæ Dignitatis in omnibus reformare, vt & Petro soluendi ligera sit Potestas, & Romanæ Gloriæ vbique fulgeat Dignitas. Quapropter tibi Arnulfo Remensi Archiepiscopo quibuslibet excessibus Pontificali honore priuato, subuenite dignum duximus, vt quia tua abdicatio Romano assensu caruit, Romanæ pietatis munere credaris posse reparari. Est enim Petro ea summa facultas, ad quam nulla mortalium æquiparari valeat fœlicitas. Concedimus ergo per huius priuilegij nostri Statuta, tibi baculo & Annulo redditis Archiepiscopali officio fungi, & omnibus insignibus quæcumque ad sanctæ Metropolim Remensis Ecclesiæ pertinent, solito more perfrui. Pallio solemnibus statutis vtaris, Benedictionem Regum Francorum, & vbi subiectorum Episcoporum obtineas, & omne Magisterium quod tui Antecessores habuisse visi sunt, nostræ Auctoritatis Apostolicæ geras. Præcipimus etiam vt nullus mortalium in Synodo, aut in quacunque parte abdicationis tuæ, crimen tibi quoquomodo opponere præsumat, vel hac occasione in improperij contrà te verba exardescat, sed nostra te vbique Authoritas muniat, etiamsi conscientiæ reatus occurrat. Confirmamus insuper tibi & concedimus Archiepiscopatum Remensem in integrum cum omnibus Episcopatibus sibi subiectis, seu cum omnibus Monasterijs, Plebibus, Titulis, & Castellis, atque Cortibus, Castellis, Villis, Casalibus, & cum omnibus rebus ad Ecclesiam Remensem pertinentibus, saluo & inuiolabili testamento Beati Remigij Francorum Apostoli. Statuentes Apostolica censura sub diuini Iudicij obtestatione, & Anathematis interdictione, vt nulli vnquam nostrorum Pontificum successorum, vel alij qualibet magnæ paruæque personæ hoc nostrum Priuilegium infringere liceat. Si quis verò, quod absit hoc Romanum Decretum violare tentauerit. Anathema sit.

EPITAPHE DV PAPE SYLVESTRE SECOND,
COMPOSE' PAR SERGIVS SON SVCCESSEVR.

ISTE loci mundi SYLVESTRI membra sepulti
Venturo Domino conferet ad sonitum.
Quem dederat mundo celebrem doctissima virgo
Atque Caput mundi culmina cærulea.
Primùm GERBERTVS meruit Francigena Sede
Rhemensis populi Metropolim patria.
Inde Rauennatis meruit conscendere Summum
Ecclesiæ Regimen Nobile, fitque potens.
Post annum Romam mutato nomine sumpsit
Vt toto Pastor fieret Orbe nouus.
Cui nimium placuit sociali mente fidelis
Obtulit hoc Cæsar tertius Otho sibi.

Tempore vterque Comit clara virtute Sophiæ
Gaudet & omne seclum, frangitur omne reus.
Clauiger instar erat, Cælorum vnde potitus
Terna suffectus cui vice Pastor erat.
Iste sicut Petri, postquam suscepit, abegit
Lustrali spacio Secula more sui.
Obijt mundus discussa pace triumphis
Ecclesiæ mutans dedidicit ignem.
SERGIVS hunc locum miti ætate Sacerdos
Successorque suus compsit more sui.
Quisquis ad hunc Tumulum de ex lumina vertis,
Omnipotens Domine, dic miserere sui.

des Cardinaux François.

BRVNO EVESQVE DE TOVL,
puis Pape sous le nom de LEON IX.

CHAPITRE SECOND.

VITA
B. LEONIS IX. PAPÆ,
LEVCORVM ANTEA SEDIS EPISCOPI.

Vuiberto Archidiacono Cœtaneo Authore, ex Veteri MS.

PROLOGVS.

IAM vniuersæ carnis ingresso Pontifice Herimanno, successit venerabilis Bruno, vir natalium prærogatiua, atque morum elegantia mirabiliter donatus à Domino. Qui licet iam quasi postremus appareat in Pontificalis decessionis catalogo ; primus tamen enituit ex summi Pontificatus priuilegio. Et velut Lucifer cæli statione nouissimus, sed soli propinquior exijt, dum post longam decessorum seriem, suo sacerdotio Leucam vrbem, immo totum Christianorum orbem illustrauit, & verum solem sibi vicinum, errorum fugando caliginem, viuacitate sui nitoris ostendit. Nec præiudicium incurrit ex posteritate, qui ante sæcula diuinitus præfixo destinatus est tempore. Immutabilis enim diuinitas, cui cuncta assistunt acta & agenda simul, sic disponit alternationes mutabilium, vt non sibi quidquam serum aut præposterum sentiat in ordine rerum. Nempe vt de reliquis interim taceatur, redemptio generi humano maximè necessaria in fine sæculorum exhibita comprobatur ; & qui plus omnibus laborauit Paulus, post Apostolos omnes de cælo vocatur, vnde etiam abortiuum semet nuncupasse inuenitur. Verum ne diutiùs hic hæreatur, suscepto negotio stylus reddatur, vt de tanto Præsule non tam audita, quàm visa ad ædificationem plurimorum transcribantur. Et quidem benignitas ipsius dignata meam paruitatem familiariùs sibi iugiter assistere, non suo studio effecit, vt plura de eo imitanda valuissem per memet dignoscere, nonnulla quoque veracium & grauium relatione, de quibus quædam vix summotenus perstringo, quædam etiam sciens prætereo, ne aut sim longus plus iusto, seu adulatoris notet elogio aut quia adhuc super est, impugner illo Salomonis prouerbio ; Ne laudes hominem in vita sua. Et quoniam propositum habemus dona Dei laudare in eo, quæ sunt laudanda in pagano : non hominem laudamus, sed illum à quo & per quem omnis homo veniens in hunc mundum illuminatur, vt aut bona cogitet, dicat vel operetur. Nunquid verò tantum Præsulem protestamur in hac misera vita, quæ vtique est tota tentatio, sine peccato aliquando vixisse aut viuere, quod nec vnius diei infanti valet euenire ? Sed quibus est studij diuinas virtutes in aliquo homine impressas ad vti-

A iij

litatem aliorum prædicare peccata hominis quæ iam à Deo tecta sunt, nolint ad eiuſdem improperium retegere. Hinc est quod Iſraelitæ iuſſu Dei aurum & argentum
in vaſa formatum ab Ægypto aſportauerunt, effigiatum autem in idola reliquerunt.
Vnde ab ipſius exordio noſter iam ordiatur ſermo in quo plurimum nobis ſucceſſiſſe cre-
demus, ſi ea tantum, quæ in Pontificatu Leucorum laudabiliter geſſit ex aliqua parte quouis ſtylo poſteris tranſmiſerimus. Sapientum autem & præcipuè Romanorum
erit, ſi quæ ipſe Papa Romanus egit, catholicæ Ecclesiæ fideli pagina non ingrati
tranſmiſerint.

LIBER PRIMVS.
CAPVT I.

REVERENDVS igitur Bruno vtriuſque parentis lineam adeo retinuit generoſam, quatinus
ab ipſis atauis, & ſupra, quicumque ad noſtram potuerunt peruenire notitiam, aut regni
ſeu Imperij retentauerunt habenas, aut proximas Regibus & Imperatoribus geſtauerunt in-
fulas. Procreatus eſt autem in dulcis Eliſatij finibus, patre Hugone, matre vero Heileuuil-
de: quorum religioſitas multorum ora conſuecuit ad laudem Dei aperire. Et pater eius natione Teu-
tonicus, Imperatoris Conradi conſobrinus, in patria lingua atque Latina diſſertiſſimus, mater quoque Latina, æquè vtriuſque linguæ perita. Quorum patres & aui à prima indole, arinis & animis ſupra modum acies fortiter compreſſerunt ſibi reſiſtentes, ſe ſuaſque defenſando partes, & circa ſenium
abiectà omni ſuperbia generis, & luxu mundi, induerunt humilitatem & paupertatem Chriſti patrimonia ſua dando Eccleſiis, Cœnobia conſtruendo in ſuis, & ex ſuis prædiis: ſicque tandem perfectè ſecuti Chriſtum ſeipſos etiam abnegarunt, ſtultaque ſapientia ſæculi omnino poſthabita, ſapienti
ſtultitiæ Dei, atque monaſtico habitui tota cordis contritione ſubmiſerunt, laudabiliqúe per cuncta fine deceſſerunt. Etenim inter plurima, quæ ſparſim diuinis diſtribuerunt templis, duo monaſteria inſti-
tuerunt ex ſuis prædiis, ſcilicet Hiſſam in honorem beati Martini Pontificis, nec non alterum cœnobium
venerationi ſancti Cyriaci Martyris. Quin etiam Lutrenſe cœnobium patrimoniis ſuis plurimum am-
pliauerunt. Quorum deuotionem imitatus Hugo comes præcipuus, & eius deuotiſſima coniux, parentes vtique præfati domini Brunonis, cœnobium remotæ vitæ aptiſſimum conſtruxerunt Vvoſten-
heim, penes nobile caſtrum ſuum Eginiſkeim dictum, ex prædiorum ſuorum decimis, in quo ad præſens Sanctimonialium congregatio conſiſtit, ad venerationem & gloriam almæ & victorioſiſſimæ Crucis.

CAPVT II.

HI denique ambo tantam tamque honeſtam exhibebant cunctis conuerſationem, vt etiam
eccleſiaſticæ perſonæ, & diuerſis gradibus functæ, ab Epiſcopis, vſque ad laicos quiddam imitabile ſibi in eis deprehenderent. Nam vt modò de multiplici eorum erga Deum
vigilantia taceamus, vtrum integrè reddidiſſent rerum ſuarum decimationem, ſub iudicio
aquæ frigidæ perſcrutabantur. Per quos dum decreuiſſet omnipotens Deus Ecclesiæ ſuæ Præſulem
deſtinare, genitrici grauidæ qualem quantamque prolem in vtero geſtaret, dignatus eſt præmonſtra-
re. Nam quadam nocte vir in religioſo habitu per viſum eidem apparuit, & quia maſculam ſobo-
lem magnamque ante Deum futuram concepiſſet, edocuit, atque Brunonem nominari iuſſit. Qui
vndecimo Kalendas Iulij, anno videlicet ab humanato Dei Verbo milleſimo ſecundo, indictione
quintadecima, vbi in hanc lucem fuſus eſt, mirabile dictu, totum eius corpuſculum inuenitur chara-
xatum quaſi cruciculatum ſtigmatibus. Cuius rei nouitate mater permota, & ex prioris viſionis pollicitatione certior effecta, præter ſuam conſuetudinem à nulla niſi à ſeipſa pertulit cum ſuſtentari lactis
alimonia. Quem congruo tempore ablactatum, Bertoldo ſanctæ Tullenſis eccleſiæ Antiſtiti tradidit
iam quinquennem liberaliter educandum, litteraliſumque ſtudio imbuendum. Qui videlicet Bertoldus genuinæ honeſtatis ſectator mirabilis pœ ſuis prædeceſſoribus, Leucam vrbem filiis nobilium no-
bilitauit, in diuerſis ſpeciebus theſauros eius, & decus valdè ampliauit, ædificiis quamplurimis decorauit, litteralis exercitij perſonis adimpleuit, monaſteriorum normam intus & exterius reſtaurauit,

des Cardinaux François.

CAPVT III.

TAM idoneus itaque vir infantulum præfatum gratanter fusceptum, & litteris fecit erudiri, & omni honestate ingenuis pueris competenti. In quo cum quotidianis corporis incrementis, accrescebat ingenua indoles mentis, quæ eum præ cæteris consodalibus commendabat cunctis. Sicut enim doctissimus pater Hieronymus attestatur, mollis cera & ad formandum facilis, quadam tractabilitate naturali diuinitùs formabatur, etiam si exterioris artificii cessaret manus. Vnde cælesti præeunte & subsequente gratia cunctorum in se beneuolentiam prouocabat, quia nihil extollentiæ in eo conspiciebant, ex regalis stemmatis atque diuitiarum, formæ quoque, ac ingenij excellentia, quibus solent carnales supra modum intumescere, mòxque detumescere, Erat quippe affabilis omnibus, etiam infimis, aspectu & affatu quoque hilaris; obedientissimus non tantum maioribus coæqualibus, verùm & suis minoribus. Eius quidem collega quamuis eo maiusculi exstiterunt duo Adalberones contribules sui, ex quibus prior immaturo est hinc raptus exitu, Ducis, videlicet Theodorici filius, alter autem Hezilonis Ducis germanus, ac Frederici eximij Principis natus, sub scholarum magistro, magister nepotuli sui Brunonis constitutus, qui tunc pro tempore habebatur sciolus. Qui postea ad antistitium Mediomatricæ vrbis voto cleri & plebis, magis quàm suo assumptus, vir huic nostro tempori refulsit adprimè prædicandus. Nam à primæuo soli Deo placendi cupidus supra ætatem suam & valitudinem, carnem suam cum vitiis crucifigere conatus est, adeò feruens igne diuinitatis, vt ab ipsis Christiani tyrocinij rudimentis putaretur perfectissimus. Denique vt in præsentia de plurimo eius cœlibatu, de columbina innocentia, de serpentina prudentia, de discreta acrimonia, deque matura grauitate, in tenera indole taceatur; in tantum se tot ieiuniis & vigiliis affecit, vt illud B. Iob etiam historialiter dici possit: *Pelli meæ consumptis carnibus, adhæsit os meum.*

CAPVT IV.

HINC ergò tali collegæ inuisibiliter gemino connexus affectu, spectabilis puer Bruno insistebat literarum gymnasio, deque liberalitate sua sibi congaudebant mundo. Quibus etsi adhærebant nobilia examina puerorum, ipsi tamen duo omnibus suis consodalibus præminuerunt, tali capacitate liberalium studiorum, quàm honestorum excellentia morum. Nempe vt ptimùm competit rudibus, decurso artium triuio; non solùm claruerunt prosa & metro, verùm & forenses controuersias acuto & viuaci oculo mentis deprehensas expediebant, seu remouebant sedulò. Quique quadriuium naturali ingenio vestigantes degustarunt, atque non minimum in ipso quoque valuerunt, sicut sequentia ex parte indicabunt. Igitur cùm ibidem pariter educarentur prædicti pueri, domini Brunonis genitrix somnio huiusmodi edocetur de futura promotione filij sui. Nam videbat quasi seipsam à parte Pontificalis cameræ venerandam basilicam beatissimi Protomartyris Stephani ingredi, sanctæque memoriæ Præsulem Gerardum in vita & post mortem clarificatum miraculis occurrere sibi, ac soluentem à propria ceruice orarium, quod vulgo stola dicitur eidem reposuisse in manica. Quod vtique ceu tonjici potest, illud; ostendebat, quod filium ipsius non tam sedis suæ, quàm boni studij successorem cælitus præstituebat. Nam cum quintus à domino Gerardo reuerendus Bruno computetur, ab ipso tantum; & non ab aliquo sequacium eius præelectus, quoniam Deo annuente cum præ illis est imitatus. Sed quia omnipotentis pia dispensatio consueuit donis suis flagella & tentationes permiscere (quemadmodum nouimus beato Iob, atque Apostolo Paulo, & penè cunctis electis contigisse) dicendum videtur, qualiter in ipsius pubertatis ingressu fuerit periclitatus, & mox accedente cælesti medicina saluatus:

CAPVT V.

CVM iam solito liberiorem à scholari iugo adeptus fuisset ceruicem, multotiens parentum suorum inuisebat mansionem & delectatus non tantùm gemina affectione, quantùm religiosa eorum conuersatione; & libertima domus suæ in militibus & familia dispositione. Ergo quodam æstino tempore dum ex more cum eis apud nobile castrum Eginsheim nuncupatum moraretur, superueniente cuiusdam nocte Sabathi in amœnissimo cubiculo soporatur. Cuius dextram faciem venenosa illa rana; quæ Bufo nuncupatur, siue rubeta, conscendit, eique ex anterioribus pedibus vnum in genis, alterum autem sub labio, & ex posterioribus priorem post aurem, alterum verò sub mento affigens, sugere ac stringere immaniter cœpit. Quo dolore expergefactus, horribilis animalis deprehendit faciei suæ incumbere perniciosum pondus. Tanto itaque tamque nouo periculo attonitus, à strato se ocius corripuit, & immodicum non perferens cruciatum, ictu palmæ post aurem libratæ virosum illum in eundem stratum suum decussit, timens ne si manu medium arreptum extrahere tentasset, acrius irreperet. Tunc nequam ille, licet in suo super lectum casu elisum sonitum reddiderit, tamen capitalem pusillum denuo conscendere, ipso perspiciente, non distulit. nam lunaribus radiis tunc illustrabatur omne penetral cubilis. Nec mora famulorum turba repentino dilecti domini sui clamore accita accurrit, lucernam secum exhibuit, sed pestiferum illud animal sub illorum ingressu nusquam comparuit. Inquirentibus passim diligentissima vestigatione vernaculorum, sed omni supellectili cubilis euersa ac perscrutata, minime fuit repertum. Sed siue illud verum aut fantasticum fuerit, plagas tamen veras, & dolores veros reliquit. Quibus etiam totum vultum, guttur ac pectus tumefactus, vsque ad desperationem aliquatenus recuperandæ sospitatis est infirmatus. Vterque eius parens omnésque sui super hoc miserabiliter duobus mensibus plenis consternabantur, solum funus iam efferri suspicantes, lugubrem illam exsequiarum pompam continuis suspiciis & lacrymis præstolabantur. Verum benignus IESVS desperatis rebus succurrere solitus, super plenaria eius sospitate sublató parentes eius est consolatus, & Ecclesiæ suæ per hunc reuelandæ, secundum propositum suum recordatus. Nam cum iam duobus mensibus à lecto per se minimè surgere potuisset, iamque concrescente infirmitatis nimietate sine loquela octo diebus permansisset, tandem quadam die apertis oculis, supino, vt recubabat, vultu, vigilans conspexit quasi luminosam scalam ab ipso suo grabato per se ipsam erigi, & fenestra ad pedes eius transita in cælum porrigi, atque per eam quemdam nimia claritatis reuerendæque caniciei senem descendentem in habitu monachali, cuius dextera gestabat crucem conspicuam in longo hastili. Qui ad ægrotum vt peruenit, sinistra manu scalam retinuit, dextra verò eandem crucem primùm ori eius apposuit, deinde loca tumoris ex ipsa signauit, & totius veneni incoctam putredinem post aurem extraxit, statimque via, qua venerat, reuersus, dimisit infirmum habentem se melius. Nec mora denique Adalberonem suum clericum, tunc tantummodò eius assidentem lectulo allocutus, per eum optato nuntio paternam domum cunctam represit à diutinis clamoribus. Post aliquot autem dies omni veneno pustulæ illius rupta cute post aurem dextram eiecto, sospes & incolumis euasit, sub maximo cunctos im miraculo, atque gaudio. Qui sicut nunc vsque inter commonitoria colloquia tam euidentem Dei miserationem super se agnitam recitare suis familiatissimis solitus, profitetur se in præfata ecstasi beatissimum patrem Benedictum ilicò luce clariùs agnouisse, claritate vultus, & habitus. Cuius corporis accidentalem dignoscentiam ita hactenus commemorat, quasi præ oculis carnis adhuc habeat. Porro sequentia lecturi desinent profectò mirari hunc potius per sanctum Benedictum, quàm per alium quemlibet Sanctorum restitutum sospitati: vbi voluente sermonis rotâ perpendere poterunt ex paucis, quinto zelo pij amoris erga Monachorum institutionem & correctionem flagrauit.

CAPVT VI.

HIC itaque decedente Domino Bertoldo suo nutritore, succedenti Herimanno non recusauit æquè parere: quasi illud beati Papæ Gregorij dictum iugiter præ oculis mentis videtur habere: *Primus esse non audeat, qui subesse non didicerit, ne obedientiam subiectis imperet, quam Prælatis non nouit exhibere.* Compatiebatur quidem tunc temporis aduersa passis, præsertim venerabilibus venerabilis viri Apri Cœnobitis, in quos procacissimæ adulatorum & inuidorum linguæ supra modum instigabant animum præfati Antistitis. Nunc pro eis murum semet, quantum poterat opponebat, nunc quod solum poterat, cum flentibus flebat. Eius etiam annitente authoritate & industria, in statu, quem ab idoneis & prioribus Præsulibus acceperat, integerrimè permansit sub Herimanno institutio & præbenda canonica, intra beatissimi Leuitæ & Protomartyris Stephani claustra. Verùm quoniam omnia tempus habent, secundum quod dispensat temporis conditor, temporis expers, qui per quædam aliena suos perducit ad sua, accidit & eximius adolescens à parentibus & consanguineis assignaretur glorioso Imperatori Conrado contribuli suo, eius educandus in aula, atque excubatutus in Basilica. Vbi nondum multis decursis diebus, omnium aulicorum beneuolentiam perfectè est adeptus, vtpote quem gratiosum exhibebat præco eius conseruationis ac prudentiæ, generis ac formæ decus. Vnde cum ab eis ibidem Bruniones æquè vocarentur nonnulli, hic tantùm bonus Bruno meruit appellari. Quam prærogatiuam ita in dies augmentando, sine sodalium inuidia vendicabat sibimet, vt & minoribus sese quadam rationabili condescensione aptaret maioribúsque liberali dignitate per omnia congrueret. Præterea vnico & patrio affectu ab Augusto, Augustáque adeò dilectus, vt etiam in secretissimis eorum consilijs granter admitteretur, & sententia ipsius reuerenter dulcitérque exspectaretur, ac promulgata indubitanter susciperetur. Quem cùm quotidie deliberarent, incessantérque ambirent sublimare honore quàm maximo, & vt patenter dicam, donare Pontificio temporalibus copijs supra modum locupletato: ipse iam præmonitus domni Gregorij irreprehensibili & aureo stylo, cœpit hoc suspectum habere omnino, ne sibi diuinitus imputaretur, quasi minus ab obsequio: à quo nonnullos consodalium suorum ob aliquantulæ sublimationis spem, nulla corporis poterat reuocare fatigatio, nulla rei familiaris annullatio. Vnde quia nec ab imperiali latere nec taliter obsequi libebat: recedere sibi licebat, in animo suo tantùm Deo consulo & teste proponebat,

vt si

vt si cum beneplacito eius ad quantumlibet pauperrimæ Ecclesiæ inuitaretur regimen, alacrior ad id accederet, quàm si cum maiestas regia ad supremæ potestatis & locupletationis dignitatem aliquo carnali affectu impelleret. Quod quidem tanto admirabilius est habendum, in leuitate iuuenili: quanto rarius deprehenditur & in grauitate senili. Sed iam dicendum videtur, qualiter iste humiliari pro Deo cupidus, paulatim ab ipso fuerit mirabiliter exaltatus: sicut in libro Regum per Prophetam testatur: *Glorificantem me glorificabo, qui autem contemnunt me, erunt ignobiles.*

CAPVT VII.

ANNO igitur ætatis vigesimo tertio, cùm iam alteram adolescentiæ hebdomadam fuisset ingressus, & ab incarnato Dei patris Verbo 1024. excurreret annus, vice sui Pontificis Herimanni in expeditione præfati Conradi Imperatoris Longobardiam, & maximè super Mediolanum tunc rebellem, præclarus Bruno est profectus, Leuitico officio insignitus. Namque illo suo antistite annis morbisque prægrauato, ipse auxiliares militum copias Imperatori venientes à Tullo ducendas suscepit, tam eiusdem Episcopi, quàm Augusti placito; sal- tamen per omnia proprij gradus sacramento. In illius itaque sæcularis militiæ dispositione, sic repente sagax apparuit & prouidus, quasi huiusmodi negotiis tantum fuisset hactenus exercitatus. Metabatur castra suis, disponebat stationes cum vigiliis, sumptus & stipendia opportunis administrabat in locis & horis: sobria sufficientia apparatas dapes distribuebat suorum singulis. Quos sic per assignata & congrua vnicuique officia curabat ordinasse, vt tantum pro se quique tam nobiles quàm priuati debuissent solliciti esse. Cuius certè sollicitudo, & suis erat tuitio, & hostibus deiectio, & sibi ipsi digna laudatio. Vnde factum est, vt reddendo quæ sunt Cæsaris Cæsari, & Deo quæ sunt Dei, per Apostolum suum præcipientis, quatinus omnis anima potestatibus sublimioribus subdita sit, quoniam non est potestas nisi ab ipso, per alienum quantocius ad suum peruenire promeruit. Et quia fideliter ac prudenter inseruiuit exterioribus, ad plenum remuneratus est interioribus, vt supra multa constitutus, & conditori suo adhæreret celsius, & proximo compateretur profundius.

CAPVT VIII.

DENIQVE instante anno ab humanitate filij Dei 1026. Leucus Præsul Herimannus abstractus est carnis ab hospitio, cùm quadragesimali tempore moraretur Coloniæ in quodam suo prædio. Extemplo Clerus & populus prouisore orbatus, concordi voto, eademque sententia confœderatus, diu sibi desideratum & dilectum Brunonem consonis & continuatis expetit vocibus. Hinc totius recrastinationis impatiens, deprecatorios atque contestatorios super tam vnanimi electione sua dirigit Imperatori apices. Quorum, vt compendiose dicatur, causa ista fuit. Post præmissam debitæ salutationis reuerentiam, nimium compunctam suæ calamitatis exponunt tragœdiam, dicendo se quaqua versum impeti atque inquietari penè quotidianis deprædationibus siue concertationibus, vtpote in trium regnorū constitutos confiniis, in imperij sui videlicet finibus, in quibus tanto acrius ab hostibus laborarent, quanto longiùs terrarū spatia ab eius præsentia eos arcerent. Præterea ciuitatem suam à Francorum Regibus iugiter reposci diuersis & multis machinationibus, cui damno reip. ac suo, vexationique suorum, si dignaretur obuiare, designaret eis Pastorem nobilem ac sapientem quàm maximè; cuius strenuitas & industria sibi infensam hostium rabiem valeret propulsare. Ad quem vtique vestigandum non esset valde laboraturus, quando quidem cleri & plebis vnanimitate delectus, penes eius imperialem maiestatem consanguineus Bruno haberetur, Deo bonisque hominibus dilectus. Hunc sibi notissimum, vtpote suum ipsorum alumnum, & inter ipsos atque ab ipsis liberalium litterarum scientia eruditum, sine querela conuersatum, & per singulos gradus Ecclesiæ regulariter ad Leuiticum ordinem prouectum: hunc non modò cum suburbanis vrbani, verum & omnes circum circa expeterent vicinæ plebes, & comprouinciales Episcopi. Aut concederet ergo eis cum beneplacito Dei istum aut nullum: quoniam in promptu haberent illud beati Papæ Cælestini decretum: *Habeat vnusquisque fructum suæ militiæ in Ecclesia, in qua suam per omnia officia transegit ætatem. In aliena stipendia minimè obrepat, nec debitam alteri sibi audeat vendicare mercedem. Sit facultas Clericis renitendi si se viderint prægrauari, & quod sibi ingeri ex transuerso nouerint; non timeant refutare: qui si non debitum præmium, saltem vel liberum de eo, qui eos recturus est, debent habere iudicium.* Et illud domni Leonis præclari doctoris. *Nullus inuitis & non petentibus ordinetur, ne ciuitas Episcopum non optatum aut contemnat aut oderit, & fiat minùs religiosa quàm conuenit, cui non licuit habere quod voluit.* Contra tam euidentem & canonicam authoritatem si posset eis tetrena potestas violentiam inferre, non tamen beneuolentiam eorum ab isto suo electo valeret aliquando auertere. Tandem igitur vnanimi & præcordiali prece ipsorum moueretur Imperialis eius serenitas, & magis in hac parte attenderetur Ecclesiæ Dei vtilitas, quàm illa quæ secundùm sæculum pertractabat altius eam sublimare eius consanguinitas. Interea & speciales literæ domino Brunoni sunt directæ, quæ totius Cleri, Abbatum, & cu-

B

rum congregationum vniuersíque Leucæ Diœceseos populi taliter nitebantur desiderium seu negotium perorare. Quod viduati Pastore ipsum sibi concorditer solum delegissent, & ab Imperatore exigerent, propter omnipotentis timorem pariter & amorem nullo pacto eos perturbaret inde. Ac ne paupertatem illorum, cuius hactenus bene conscius erat, abhorreret, contestabantur eum per illum, qui cùm esset diues, pauper pro nobis factus est: nec quod tanti præconij tantæque nobilitatis personam sibi viles & abiecti præoptarent, maioribusque ac suis meritis congruis vrbibus inuiderent, sed iniuriam sibi aliquã, quàm adhuc in eo non deprehenderant, arrogantiã reputaret, propter eum qui se pro nobis humiliauit vsque ad mortem. Liceret eis laboris sui fructu perfrui, & versâ vice à nutricio suo nutriri, quia secundum Apostolum laborantem agricolam oportet primum de fructibus suis percipere. Consequens enim foret, vt Ecclesia, quæ talem educare metuisset, talem & sibi mereretur destituta Pastorem, qui etiam pro modulo diuinitus concesso mortalibus, illud speciale boni & summi Pastoris dicere posset: *Cognosco meas, & cognoscunt me meæ*. Non verò eos lateret, quod terreni Principi pietas ad maiora eum merito consanguinitatis, & complacitæ illi conuersationis promotum se deliberaret. Itaque si ipsos post se clamantes exaudiendos censeret, continuis precibus de reliquo cælestis Imperatoris largitatem pulsarent, vt ei cælestem ac terrestrem honorem accumularet. Si autem contemnendos putaret, quia eminentioris dignitatis apici sæculariter inhiaret, diuina æquitas contemptus illorum vltrix sic accederet, vt nec ad illum cui intendebat, nec ad quemlibet alium honorem aliquando ascenderet.

CAPVT IX.

HVIVSMODI ergo syllabis à Domino Notberto tunc laudabilis vitæ monacho, pridem autem sancti Protomartyris Stephani canonico, atque Liethardo adhuc quidem canonico susceptis, qui præ sui comitibus itineris alacres & impigri exsecutores tantæ talisque causæ fuerant designati à clero & populis; plurimo varióque curarum æstu vterque afficiebatur, Imperator scilicet, ac dominus Bruno eidem carissimus. Et Imperator quidem, quamvis gauderet dilectionem, quæ ipsum venetabilem Brunonem meram & germanam debito affinitatis, consideratiónéque strenuitatis eius possidebat, multorum laudibus vel testimonio condemnari & approbari; non mediocriter tamen contristabatur, quia illud suum desiderium, quo appetebat illius temporaliter sublimiorem dignitatem, sentiebat præpediri. Timebat ne Deum offenderet, si Ecclesiæ eius tam vnanimi voto repugnaret: dolebat, si tantæ personæ pro meritis non responderet. Quid hîc multis hæreo? in tanta fluctuatione deprehensus, per Legatos à latere suo directos omnibus ingeniis inde iam sæpedicti domini Brunonis intentionem reuocare est conatus, modo conflictationes creberrimas, atque depopulationes illius Ecclesiæ commemorando, & paupertatem supra modum exaggerando; modo quod in extremis Imperij sui finibus vrbs illa posita, aut nunquam aut rarissimè æstimaretur digna Imperatorum diuersorio: modo quod eundem nepotem suum sibi per omnia carissimum nequiret perferre æquo animo disgregati à se tanto terrarum spatio. Parceret igitur sibimetipsi, & tam suæ vtilitati consuleret atque quieti, quàm medullitus eum amantis Imperatoris voluntati & perturbationi: potius surda aure illos præteriret, qui suam ipsorum necessitatem seu consolationem, quàm eius salutem & honorem pluris penderent; maximè cui ipse condignam suo generi ac merito dignitatem instanter præuideret. Verùm quia multa consilia in corde viri, voluntas autem Domini fiet, vt Salomon ait, longè aliter afficiebant subditum Deo animum reuerendi Brunonis, destinatæ illi syllabæ ab Ecclesiæ populis: quorum vnanimi & humili inuitatione, sentiebat se ad humilia inuitari ab ipso magistro humilitatis, qui Rex hominum fieri refugit, & vltrò ad crucem venit, nec immemor illius sui prioris propositi, quo malebat iugiter omni humilitate, vilitate & extremitate contentus Christo famulari, quàm temporaliter cum aliqua corruptela integræ conscientiæ, id est quauis venalitate sublimari, quam trimodam competerat dictis beati Gregorij, scilicet à manu, ab obsequio, à fauore. His vtique tribus pedissequis ambitiosæ væ nalitatis animaduertens Ecclesiasticas dignitates nimis confundi ac subrui, nec facile aliquem ab aliqua istarum immunem reperiri, nihil sibi tutius fore credidit, quàm populari electioni ad humilia se vel aduersa attrahenti assentiri, & imperiali suggestioni ad magna vel prospera incitanti reluctari. Denique laudabile est quemquam pro Deo prospera declinare: sed multo laudabilius constat aduersis se sponte offerre. Hinc est quod Moyses ad principatum diuinitus vocatus excusat, & se postposito alium postulat dicendo, *Obsecro Domine mitte quem missurus es*: Atque Isaias ad nuditatis ignominiam, multiplicémque passionem, nec immemor designatus, vltrò se ingerit proclamando: *Ecce ego, mitte me*. His ergo & aliis virtutum incitamentis successus, & oleo diuinæ gratiæ repletus, rectæ intentionis flammam tantò spargebat alacrius, quantò flatibus carnalium affectionum impellebatur acrius. Fiebátque vt illa dissuasoria aura à Cæsare veniens & eius aula, magis augmentaret ac confoueret, quàm consopiret aut extingueret ignem diuini sacrificij deuotæ mentis in ara. Itaque illam beati Petri sententiam qua dicit: *Humiliamini sub potenti manu Dei, vt vos exaltet in tempore visitationis*; grãnter amplexus, disruptis cunctis dilationis nexibus, Imperatori ad hæc dissuadenti obtulit syllabas missas sibi à clero & plebibus, Ingenua tamen (vt ita dicam) virgineo pudore ora suffusus. Apicum autem tenore clarissimus Princeps edoctus, ad lacrimas est permotus, & vberrimis fletibus attestantibus extrinsecùs palàm fecit, quanti eum haberet intrinsecus. Demum aliquanto interiecto silentio linguam famine soluit in isto : *Meam sententiam super honore tuo, dulcissime mi nepos, iam diu deliberatam supernè video sententiæ impugnari, imò expugnari, cui cogor manus dando, sicut debeo suffragari, quoniam non sine pernicie nostrûm amborum & multorum possum diutius refragari. Pietas omnipotentis iam nunc tibi in hoc adsit, quæ quid ambobus nobis & omnibus expediat magis nouit. Mihi ergo iam libet, quod euitare non licet. Tu tamen gratia Dei contentus, qua sola crederis ad illius Ecclesiæ regimen prælectus nullo venalitatis modo; nec ipsius coniugis meæ, nec cuiusuis mortalium tuæ parti conciliet affectus, ne hinc ex te per omnes tibi credendas oues serpat huius simoniacæ pestis nauum. Proculdubio enim qui cœpit in ți bonum opus, perficiet quantocius. In ipsius gratuita pietate tuum iacta cogitatum, & ipse te enutriet, secundùm veridicum suæ diuinæ sententiæ promissum. De nostri autem consilij & iuuaminis solatio quantumlibet illud sit, ne fias vllo modo dubius, quia super omnes tui ordinis, de tua re prosperanda semper ero sollicitus, quem nobis commendat & indefessus labor fidelis erga nos seruiminis, & consanguineu inuicem affectus anitæ propinquitate. Tantum satage omnipotenti fideliter deseruire, & bonorum morum indolem, quæ in te à cunabulis est, studeas augmentare.* His aliiisque verbis à regali dulcedine roboratus venerabilis Bruno, sponte laborioso se submisit oneri, in solo fisus Domino, quippe qui nouerat se non vocari ad prosperitatis gaudia, sed ad grauium laborum perpetienda pericula.

Caput X.

Deptvs ergo donum Pontificalis culminis, in non minimo reliquit contribules aulicæ potestatis mœrore, qui eius semper innitebantur consiliis salutaribus, quorumque causas sedulo procurabat interuentor strenuus. Et licet ei congratularentur de attributo honoris culmine: sibi tamen dolebant, quod carerent eius contubernalis familiaritatis & assaminis prædulci solamine. Accepto autem ab imperiali potestate digrediendi commeatu, deferuntur illi noua aduersitatis nuntia, in ipso itineris procinctu, scilicet nisi præcaueat se fore passurum insidias à Longobardis patriensibus, qui per id adhuc temporis contra Augustum superbis rebellabant cordibus. Nam illis forte diebus regius exercitus Orbam Mediolanium oppidum oppugnabat, quia inibi insidi infidelitatis apostatæ Imperatori sublectionem abnegantes latitabant. Commonetur ergo à familiaribus horum insidias diuertendo præcauere, astruentibus fore vtilius aliam viam quamlibet longiusculam expetere, quàm incautè propter itineris compendium in manus eorum incidere. At ille expers timoris iuxta illud Salomonicum : *Iustus quasi leo confidens absque terrore erit*; scuto fidei præmunitus, lorica iustitiæ, galeáque spe salutis adornatus : taliter se à recto itinere dehortantibus infit. *Omnipotentis manibus cunctam nostræ salutis curam committamus, quia nemo valet illi nocere, quem diuina voluerit protectio defensare. Si autem me destinauerit igne tribulationis à peccatorum scoria expurgare, non abnuo voluntati pij artificis me ad informandum committere, quoniam nec debet figmentum ei qui se finxit, quare me fecisti sic, reclamando dicere. Via regia absque diuerticulo gradiamur, & quidquid nobis supernus arbiter præuiderit, libenti animo patiamur.* Tali itaque commonitorio suos sagaciter adhortatus, cœptum tendebat iter de cælesti auxilio iam securus. Sed qui erat vas humilitatis dicatum Deo, ne notaretur superbiæ cauterio, si omnino refutaret familiarium vti consilio; partim voluntati eorum obsequitur, scilicet, vt à grege comitantium cum paucis disparatus eos itinere præiret diei vnius. Interea in cunctis penè mansionum abditis Longobardum occultantur insidiæ, vti spes erat cum causa corpus reficiendi debere pernoctare, maximéque apud Iporeium ciuitatem huiusmodi insidiarum parantur fraudulentiæ. At ipse, vt dictum est, paucis, hoc est, non plus quàm quinque comitantibus, poli axe solis calore iam feruente, per medium eiusdem ciuitatis ingressus, ita securè, Dei annuente gratia, omnium illius vrbis popularem frequentiam pertransiit : vt nec in alloquendo quidem vllus ei viam incommodauerit, neque sibi alium alloquendi necessitas ingruerit. Iam autem solis sphæra vndas irradiante Oceani, vrbem intrant eius sequipedes comites post terga relicti, moxque ab omnibus insidiarum latebris accurritur, ac si diu quæsita canum præda violenter rapiuntur, in cunctorum vultibus solus Bruno requiritur; sed quem Christus cruerat, inter omnes solus Bruno minimè reperitur. Toto noctis spatio fit de co quæstio, abierit ne, an veniat, sed nulla veri ratio eius factum publicat. Nascitur suspicio, quod iam pridem pertransierit. Ad quem insequendum, celeres diriguntur vredarij. Sed dilectus Presul, iam ad extremos Italiæ fines peruenerat, locúmque qui dicitur ad Cameram, subintrauerat, vbi cùm mirabili consilio diuina protectio liberat. Nam sui pauci comites longinquo defatigati itinere, ibidem ad recreandum disposuerant residere, exspectaturi socios parua refocillandos requie. Cùm verò ab eis esset ablegatus intra spatium duorum sagittæ iactuum, subitò prædicti insecutores anhelo cursu adueniunt, lassos eius comites iam discumbentes reperiunt, raptos retrogrado itinere celeriter Iporeium perducunt, spectantes se diu quæsitam prædam repetiisse, quos Deus iucundo miraculo quodammodo voluit deludere. Tali itaque consilio diuina virtus malorum nequitiam propria spe defraudauit : sibique fidelem ab ipsorum rabie liberauit, cui etiam mox cuncta sua de integro salua restituit, suppetiante eius cognata, nepte Rodulphi regis Iurensis, coniuge sui germani nomine Gerardi, strenuissimi atque elegantissimi militis.

Caput XI.

Vspicato ergo cursu cœptum iter exsequitur, à cunctis prætergrediendis vrbibus per viam plausibiliter excipitur : à proprijs ciuibus eius desiderio inhiantes attonitis fauorabiliter præstolatur. Tandémque die Dominicæ Ascensionis tertiodecimo Kalendas Iunij omnium inexplebili gaudio susceptus, præsentibus cunctis Belgicæ Galliæ primoribus electus ac laudatus, à suo consobrino domino Theodorico Mediomatricorum Præsule est pontificaliter inthronizatus. Quíque sciens se esse debere in domo Dei lucernam non sub celante modio, sed super refulgens candelabrum collocandam, sollicita studuit vigilantia mox expromere diuinæ religionis ignem, quo semper incaluerat, ac sibi subditos ardenter in supernæ virtutis zelo verbis & exemplis accendebat. Et sicuti fertur exemplo sæculari, *quoque magis tegitur tectus magis æstuat ignis*, ita cœpit in eo diu clausus cælestis amoris feruor inardere : sicut qui ab ipsius infantiæ bona indole solitus erat Christi inspiratione feruescere. Suum itaque sagax studium super omnia conuertit in propaganda religione monastica, quæ præter sancti Confessoris Christi Apri Cœnobium in omni sua Diœcesi, iam proh dolor! longo tempore refriguerat : Medianensis namque ac sancti Mansueti Monasterij Prælatos, qui posthabito animarum sibi commissarum studio in solo exteriorum dominatu se putabant constitutos, deposuit in ipso suæ electionis exordio, atque domno venerabili Guidrico, tunc per id temporis Præposito præfati Cœnobij beati Apri commendauit, cuius prouisione & sollerti instantia ordo Monasticus, vt adhuc in propatulo est, in eisdem locis feruenter recaluit.

Caput XII.

Victoriosus verò Rex Conradus auditis, fama vulgante, eius laudabilibus actis, in dies erga illum magis magísque ardebat affectibus pij amoris, præsagiens ipsum vas fidele ad reformandam sacræ religionis normam, & ad augmentandam iam defluentem Romanam Rempub. Et quoniam causis instantibus vsque in sequenti Pascha distulerat, sibi à domno Apostolico Romæ dandam imperialem benedictionem : itidem etiam isti vinculis perfectæ dilectionis astrictus iusserat eius Episcopalem ordinationem, vbi simul vnaque in basilica sumerent vtriusque ab eodem cœli Clauigeri Vicario prædestinati officij consecrationem. At ipse prædestinatus Deo amabilis Bruno, custos veræ humilitatis, & seruantissimus præceptorum Dominicæ auctoritatis, cognito quia hic terrenus honor sibi ab Augusto collatus aliquos inuido dente mordebat, quodque Treuirorum Archipræsul prolatione sui cuiusdam priuilegij huic regiæ voluntati obstare cupiebat : hic noster mox adiit Regem obnixo precamine, vt tali desisteret conamine ; malens se honore huius benedictionis carere, quàm in alicuius dissidio contradictionis contra quemquam remanere. Vix ergo & cum difficili labore domnum Augustum ea à voluntate respiscere cogens, ac ipsius dulci commeatu Belgicam Galliam repetens, à domno Archiepiscopo Treuerorum Poppone, Pontificalem humiliter poposcit benedictionem : atque inter se statuerunt tempus hanc sanctam fieri ordinationem. Treueris ergo venitur, consuetus ordo consecrationis inquiritur : vbi durus questionis scrupulus omnem rem peragendam diutiùs intricat, & vt omni imperfecto labore iam dictus dulcis pater frustratus domum redeat. Nam à prælibato Archipræsule quoddam priuilegium promulgatur, in quo hęc lex superflua atque impossibilis à nemine seruanda continebatur, scilicet vt quisque suorum suffraganeorum ab eo ordinandus priùs sub diuinæ presentiæ testimonio spondere debeat, quatinus in cunctis rebus agendis cum sibi adhibeat, sublatóque omni excepto, nihil extra suum preceptum aut velle, aut quasi quidam seruus agere presumat. Memor itaque diuinæ scripturæ fidelis Bruno : *Quia displicet Deo infidelis & stulta promißio*, omnimodis se abnegat huius incongruæ rationis fore sponsorem, ne per impossibilitatis effectum mendacij incurreret offensam. Diuturno autem spatio huiusmodi alternatim perstitit litigium : nostrúmque sæpedictum Patrem re infecta contigit à Treueris habere regressum. Quo cognito diuæ memoriæ Conradus Augustus ad suum palatium Vvormatiæ vtrósque conuocauit concitus, ipsiúsque innitente auctoritate, tandem vicit Archiepiscopum iustæ rationis præmonstratio, atque cessit à superfluo, quod iniustè exigebat, professionis voto : tantum requisiuit ab eo sponderi, quod in Ecclesiasticis negotijs agendis, ipsius vteretur authoritate consilij. Hâc ergo acceptâ sponsione, quinto Idus Septembris, cum summa omnium gratulatione, fit sancta ordinatio, atque demùm vtriusque inuiolabiliter perstitere in perfectæ amicitiæ soliditate. Hoc verò idcirco tam expressè perstrinximus, vt cuiusmodi fuerit humilitatis hic vir liquidò panderemus, & ad euitandum mendacij nęuum, prout homini sit possibile, quantum extiterit cautus.

Caput XIII.

Gitur ad sedem propriam repedans læto cunctorum excipitur tripudio, mòxque vti sua erga sanctum ac gloriosum Aprum maior erat deuotio, domnum religiosæ vitæ & conuersationis virum iam dictum Guidricum sub nomine Abbatis eidem præfecit Cœnobio, voluntate & petitu domni Guillelmi ipsius loci tunc temporis venerabilis Patris: cuius sancta fama, cis mare per cunctos fines orbis exstitit memorabilis. Huius præsulis solatio non minimum sudauit prælibatus pater Guidricus, in ampliando sui Cœnobij decore, quod iam penè labens incœpit à fundamentis instruere, cui idem Pontifex triginta librarum supplementum sua contulit largitate. Eundem etiam delegit Abbatem supra prænominatas Medianensis sanctique Mansueti Abbatias, quibus ad augmentandum in eis sanctæ religionis statum, nonnullas tribuit Ecclesias. Quin & in Portus suauis Cœnobio à suo prædecessore, ex Pontificalibus stipendiis inchoato, sed à se studioso labore ædificiis & sumptibus ad vnguem adornato, deuotam Sanctimonialium constituit congregationem, atque nobilis generis vitæque laudabilis quandam nomine Berrennam ipsi cœtui matrem ordinauit: cuius instanti sollicitudine diuini feruor seruitij ibidem florescendo creuit, & diuina opitulante gratia in longas post generationes crescendo florebit. Inerat quoque ei mirabilis & honesta morum elegantia, adeò vt cum splendido corporis decore, quem illi super cunctos illius temporis contulit omnipotentis munificentia, quidquid agebat cunctorum animis complaceret, quidquid dicebat, omnium corda intimo amoris affectu delectaret. Cum serpentina astutia tantum pollebat in eo columbina simplicitas, vt ab huius sæculi prudentibus omnium videretur superior in prudentia, & à diuina sapientibus mirè coleretur pro puræ mentis innocentia. Tanta largitatis abundabat caritate, vt penè cuncta distribuens indiscretè, in aliorum opulentia ipsum multotiens contingeret indigere. Eleemosynarum virtuti ante omnia & super omnia insudabat, nec pro vllo sæculari impedimento quemquam diem omittebat, quin omni manè ipse per se pauperum turbæ deseruiret: ac dominico exemplo eorum vestigia abluendo, victum sufficientem tribueret. Deuotione contriti cordis, & compunctione lacrymosorum gemituum inundabat mirabiliter, adeò vt nihil sacræ orationis, nullum diuini sacrificium officij superno vultui præsentaret, quin continuo lacrymarum flumine faciem & pectus irrigaret. Tali se holocausto in conspectu diuinæ maiestatis mactabat assiduè, sciens certissimè, sacrificium Deo spiritum contribulatum fore. Sapientia diuinarum humanarumque artium in eo refulgebat amplissima, maximè artis delectabilis musicæ peritia, qua antiquis auctoribus non modò æquiparari poterat, immò in mellifica dulcedine nonnullos eorum præcellebat. Nam componens responsoria in veneratione gloriosi martyris Cyriaci, sanctique Hidulphi Treuerorum Archiepiscopi, nec non beatæ Odiliæ virginis, atque venerandi Anglorum Apostoli Gregorij Doctoris, diuini laudes seruitij mirifico decore ampliauit. Humilitatis quoque ac patientiæ donum ita in eo enituit, vt si forsan aliquem subiectorum pro suæ culpæ noxa increparet, vtque fieri solet, ille impatientiæ motus felle multa improperiorum conuitia arguenti Præsuli irrogaret; iste pro verborum iniurijs non verbera, sed lacrymas condolendo impenderet.

Caput XIV.

Is ergo aliisque bonis actibus perspiciens cum lucere humani generis aduersarius, eius piæ religioni modis omnibus contraire nititur. Et licet non possit cum vsquequaque à recto deuiare tramite, tamen per suos satagit satellites tentationum & aduersitatum spiculis à sancto proposito deterrere. Nam quidam huius primores patriæ cum sapientiæ luce fulgere cernentes, & in disponendis regni consiliis apud imperialem maiestatem super cunctos pollere inuidentes: dum apud aulicos, quos omnes sibi nimio amore deuinxerat, nequeunt ei moliri insidias, apud exteros contra cum tractant artificiosas calliditatum machinas. Itaque Odonem vicinæ Commatchiæ Francorum Comitem in beatum Præsulem concitant, eumque multiplici aduersitatum molimine ab imperialis fidei stabilitate deiicere laborant. Videres fidem in vno Brunone contra multorum fraudes viriliter decertantem, miranda patientia multorum spicula hostium æquanimiter perferentem, præcordiali compassione subditorum sibi dispendia dolentem, ipsis inimicis affectuosa caritate quàm facillimè indulgentem. Sed non est necesse, quos bellorum motus, quas Ecclesiæ sibi commissæ deuastationes, prædas, incendia pertulerit, recensere, dum omnipotentis gratia de cunctis eius æmulis in nequitia radicatis, citum dignata est finem imponere, ac sibi fidelem famulum pia consolatione per visum voluit reuelare. Siquidem dum adhuc aduersitatum angoribus arctaretur quadam nocte multiplicium sollicitudinum sestis laboribus, miseriam sibi subiecti populi reuoluendo, lacrymabiliterque suis eam reputando criminibus, soporatur, ac videt in somnis quendam angelici vultus præferre sibi sphæram supra solis splendorem fulgidam, quæ videbatur in se totius mundi retinere machinam, in qua etiam specialiter ei ostendebantur duo præclaræ formæ homines. Quorum dum nomina eorum discere cuperet, huiusmodi vox suas peruenit ad aures: *Hos Mariam Magdalenam, Galienumque noueris esse Epis-*

tepum, quorum consortio te frui in futuro lœtaberis. Duínque eandem sphæram lætabundus accipiens manibus sibi in sinum vellet ponere, presago futurorum est experrectus sopore. Nec mirum hunc beatæ Mariæ dici fore consortem, cum par erga Deum dilectionis affectus, & continuus lacrimarum velut fontanarum aquarum decursus, eius meritorum illum reddiderit participem. Quamuis autem à nobis adhuc ignoretur, quis iste Galicnus exstiterit, non est tamen dubium magni esse cum meriti, quem diuina vox tantæ laudis viro coæquauerit. Quam visionem subsecuta est efficax diuinæ gratiæ consolatio, præfato Odone Comite per bellicosum nostræ patriæ Ducem Gozilonem turpiter morti tradito, ac pace per hunc beatum Presulem restitutâ, non solum Lotharingiæ regno, verumetiam adiacentibus prouinciis Christi annuente suffragio. Nam eius intercurrente sapientiâ, legatione & consilio, est Romano adiunctum, & corroboratum imperio regnum Austrasiæ, quod dudum ab origine tenebat Rodulphus Rex Iurensis Burgundiæ, & idem iam dictus Pontifex est directus legatus pro pacis concordiâ inter suprafatum Conrádum Romanorum Principem ac Robertum Franciæ regem. Quam legationem quàm honeste compleuerit, est testis Francia, quæ adhuc quasi nouum recenset, quanta in eo resplenduerit sapientia, quæ humilitas, quæ denique in cunctis cœptis efficacia; quàm decorus fuerit habitu mentis & corporis, quàm congruus in referendis verbis legationis. Quem cuncti vt patrem nimio amore suscipiebant, quem omnes vt sanctum summa veneratione excolebant. Itaque tanta firmitate pacem & concordiam inter vtraque regna stabiliuit, vt quoad vixerunt præmemorati Principes cum sibi succedentibus filiis vtrisque Henricis, nullus quantumcúmque fraudulenta arte discordiam inter duo regna serere valuerit. Sed inuidus humani generis hostis perpendens se nequire eius deuotionem per suos satellites à recto tramite deuiare, per se in illum diuino permissu insurgens, nimio corporis aggrauat languore, continuatim annuali tempore. Aderat tota lugubris plebis multitudo, de eius sospitate desperans; aderat etiam cœtus medicorum dolorem desperatius verbis augmentans. Omnium rigabant ora lacrymæ, ipsi quoque iam defecerat spes vitæ. Tunc diuino admonitus instinctu iubet se nocturnali hora ante S. Blasij altare ferri, confisus se eius dignis meritis à presenti angustia citissimè liberari. Itaque ibidem raptus in ecstasi, non dico per somnum qui eum omnino aufugerat, videt quasi S. Blasium ab altari progressum sese inuisentem, atque modum languoris compatienter exquirentem, cunctisque suis languentibus præcordiis apertis, velut ipse ea conspicaretur, misericordi manu abluentem, medicamine refouentem, omnibúsque suo loco restitutis, eò quò venerat redeuntem. De qua ecstasi regressus sospes de lecto surgens, circonstantes aduocat, visionem lætus pandit quàm viderat, ac sicuti prælibatus martyr iusserat, responsorium: *Quis deus magnus sicut Deus noster*, cum presentibus in voce iubilationis concinit, & nocturnis impletis officiis, pedibus proprijs alacer domum rediit.

CAPVT XV.

Verùm quoniam maiora exarare stilus properat, videtur congruum vt quiddam de eius matre dignum memoratu breui referat. Nam quanta illi fuerit deuotionum serenitas, quanta vsque ad nouissimum quadrantem eleemosynarum largitas, quàm diutina in diuinis orationibus, vigiliis, ieiuniisque instantia, quàm longa nimis in carnis maceratione pœnitentia, non est facile promere verbis, cùm ipse finis in quo omnis laus canitur secure, manifestè prodiderit. Siquidem in tantam corpulentiam superflui abundantia humoris eius corporis quantitas excreuerat, vt vix rheda posset vehi, quò opportunitates commonebat. Quæ grauitas corporis, quoniam sibi videbatur intolerabilis, multotiens Christi gratiam profusis exorauit lacrymis, vt sicut vnius matris eam protulit aluus mundo; ita vnius mulieris vlnis possit terreno mandari sepulcro. Cuius vocem exaudiuit Oriens ex alto. Nam diutini maceratione languoris ita ad vltimum fuit tenuata, vt pene cuncto humore carnis exsiccato, sola ossa cute & neruis sese tenentibus viderentur tantummodo cohærentia. Itaque ad extremam vitæ metam veniens, cunctis distributis quæ ipsa per se, exceptis mariti reditibus, ex proprio sumptu in vsus pauperum expendendo aggregauerat, sacra inunctione, ac viuificæ communionis participatione munita, diu exanimis & absque vllo vitali flatu iacuit, cuncta eiulante familiâ, cum pauperum viduarum atque orphanorum cateruis. Quæ subitò resumpto spiritu rediens, ac confusum deplorantium clamorem sedari præcipiens, omnes domo eliminari iubet, solámque Regelvvidem Cœnobij sanctæ Crucis Abbatissam cum proprio retinet marito. Quibus cum fletu admirantibus, quid sibi vellet ait: *Non me lugeatis quasi morituram, quoniam nunc mihi adfuit piissima Dei genitrix Maria, quæ me dulcisima affabilitate consolans promisit secum æternaliter victuram, & in sempiterna gloria feliciter conregnaturam. Vnum ergo te, ô amantissime coniunx, suppliciter oro, ne meæ petitionis verba quæ dictura sum molesto feras animo.* Cúmque ille ignarus futurorum gratanter se impleturum sponderet, quæcúmque illa ex prompta voluntate iuberet, ait: *Peto vt sicut nuda egressa sum de vtero matris meæ, ita me nudam in tumulo suscipiat aluus terræ, & quidquid ornamenti ad consepeliendum mihi præueras, in vsu pauperum fidelibus eroges studeas.* Cuius petitioni quamquam inuitus iam præfatus sponsus annuit; eamque cum summa alacritate mentis humorem exutam, modo quo constituerat sepulturæ tradidit. Hæc autem ideo tam studiosè retuli, vt patescat præsentibus & futuris, quantæ fidei & deuotionis hæc mulier exstiterit, quamque feruens in eleemosynarum largitate fuerit. Sed congruum videtur, hic anchoram nostri nauigij figere, quatenus aliquantulum respirando reparatis armamentis cœptum valeamus æquor efficaciter transmeare.

FINIS PRIMI LIBRI.

LIBER SECVNDVS.
CAPVT I.

SVSCEPTI munus operis, Christi suffragio annuente profecuturi, & qualiter ad Apostolicam dignitatem peruenerit vir beatus, quæque ei ibidem contigerint, immò quæ per eum, eiusque temporibus Dominus efficere voluerit monstraturi; opportunum videtur præcedentes causas ad id pertinentes ostendere, & quomodo superna gratia ei ventura reuelauerit notificare. Summa inerat ei deuotio primum Pastorem clauigerum cæli annuo reuisere recursu: & pro quibus à Deo sibi creditis eius iuuamen supplici exorare precatu. Itaque quodam tempore solitum aggressus iter, comitante cœtu clericorum, necnon laicorum quingentorum numerum superantium, qui pro ipsius meritorum dignitate, affabilitate, sanctitate, indiuulsum eius sequebantur comitatum, cunctis surrexit lues dira Italici corruptione aëris, ita vt nulli hac tabe infecto esset spes in crastinum differendæ mortis. Vir autem Domini immodicè mœstus de afflictione sese comitantis turbæ, festinum repperit remedium diuina gratia præcurrente. Nam sanctorum, quæ secum vehebat, propria manu tinctis vino pignoribus, maximéque S. Apri articulis, cui se commendabat deuotius, quicumque huiusmodi poculum quantumcumque libasset mox conualescebat, quantuscumque languor inuasisset, si tantum liquoris illius saporem gustare valuisset. Ipse etiam pene diatim toto itinere diuini sacramenti victimam offerendo, & inter Missarum solemnia populos astantes, ad correctionem morum pœnitentiamque commonendo, cunctos piis hortatibus ad superna capessenda animauit, & ab imminentis mortis articulo sanctis precibus liberauit. Itaque toto noctis intersticio turba comitum, & patriensium, quorum necessitas intererat, ad eius hospitium cum luminaribus excubias celebrabant, ac mane pro Sanctorum merita, eius annuente suffragio, integram sospitatem reportabant, His ergo causis per cunctas Romaniæ partes celeberrimè diuulgatis, vir Domini summa veneratione excolitur, eiusque dilectio omnium cordibus funditus inculcatur.

Hic autem suus erat mos assiduus, vt nocturnæ quieti membra traditurus sanctorum pignoribus sese attentius commendaret, & à secularibus absolutus curis, in sancta contemplatione animum relaxaret, atque in ipsa meditatione, necessarium corpori soporem susciperet. In hac ergo pia intentione quadam nocte soporatus per visum ad principalem Ecclesiam Vvangionum est adductus: vbi contemplatur quasi consistentem infinitam multitudinem albatorum, quorum maior pars videbatur esse sacerdotum, inter quos vnum recognoscebat quondam sibi familiarem Bezelinum Archidiaconum, qui eius comes in Romano itinere exuerat hominem. Quem interrogans quæ esset tanta multitudo, audiuit hos omnes mundanam finisse vitam in principis Apostolorum seruitio. De hoc intra se mirantí, veluti cælorum clauiger beatus Petrus superueniebat, & illam multitudinem sancta communione eius manibus participaturam esse aiebat. Quem pontificaliter indutum idem B. Petrus cum Protomartyre Stephano ad altare prædictæ Ecclesiæ cum ineffabili cantus melodia deducebant, & sacris peractis officiis omnes de eius manibus viuificum munus percipiebant. Visum quoque ei fuerat, quod post sacram communionem ipsi S. Petrus quinque calices aureos conferret, alteri autem se subsequenti tres, tertio vero vnum calicem tribueret. Hæc ergo suis familiaribus referens, quid portenderent secum mirabatur, sed quis eorum fuerit exitus, in sequentibus suo loco dicetur.

Alio itidem tempore illi per somni quietem videbatur, quod quasi persona cuiusdam deformis vetulæ eum importunè impeteret, & veluti familiari, sed tamen sincero colloquio sibi adiungi exposceret. Quæ tam horrendi vultus, discissæ vestis, hirsutis capillis, atque turpiter erectis videbatur: vt vix quicquam humanæ formæ in ea recognosceret. Cuius deformitatis horrore nimium perculsus, cum plurimum volebat euitare, ea ipsa tanto magis illi nitebatur insistere. Qua importunitate victus vir Domini, ei signum crucis in faciem imprimebat. At illa ad terram veluti mortua proruens, in admirabilem pulchritudinem denuo resurgebat. Cuius visionis terrore experrectus ad nocturnas surrexit vigilias: denuòque in huius rei admiratione sopori reddidit membra. Cui videbatur in somnis adesse venerabilis Abbas Odilo, quem quasi rogabat sibi portendere quæ esset huius visionis significatio. Qui lætissimus ei tali respondit oraculo. Beatus es tu, & tu animam eius de morte liberasti. Hæc non esse ficta probat idoneorum virorum ac venerabilium testificatio; domni videlicet Vvalteri Leucorum claustri Decani, nec non intimi consecretalis eius Vvatneheri, qui asserunt se audisse talia cum lacrymis ab illo referri, & quid signarent quamplurimum admirari. Nec incredibile esse videtur, talia ei à summa diuinitate præmonstrata fuisse, cùm crebrò nocturna in lecto suspiria, & frequentes pectoris tunsiones, ac stratus sæpe à veridicis cubiculariis repertus irrigatus lacrymis, ostendunt illum diuina visione fuisse dignum. Nulli autem dubium est, quid significet prælibatæ mulieris visio, quicumque legit penè simile somnium Magni Constantini pro restituenda vrbe Byzantio. Nam certum est horribilem extabuisse per diuersas orbis partes Ecclesiasticum decorem, immò Christianam religionem, & per eum Christi adminiculante suffragio ad pristinam reductam esse honorem.

CAPVT II.

INTRABAT apud Vvanglonum vrbem ante præsentiam gloriosi Henrici secundi Romanorum Augusti sit Pontificum reliquorumque Procerum non modicus conuentus. Inter quos hic Christo dignus Præsul conuocatur; quippe sine cuius consilio intra Imperialem curiam nihil magni disponebatur. Et repente illo nihil tale suspicante, ad onus Apostolici honoris suscipiendum eligitur à cunctis. Quod onus humilitate commonente diutissimè refugiens, dum magis ac magis cogitur, triduanum consulendi deposcit spatium, in quo ieiuniis vacans & orationibus omnino sine cibo potuque permansit. Cùmque denuò repurgaretur ad obedientiæ completionem, spontaneè coram omnibus suam dixit confessionem, conatus quasi quadam suorum enormitate scelerum, communem permutare electionem. Quis autem queat eius inundantiam fletuum referre, quos in publica confessione emisit, cùm etiam omnium affectus in nimias lacrymas excitauerit? Vnde vnanimitèr cunctorum ore hæc pia vox resonabat, Noli Deus, vt filius tantarum lacrymarum pereat. Videns ergo nullo modo se posse effugere Imperiale præceptum, & commune omnium desiderium, coactus suscepit iniunctum officium, præsentibus legatis Romanorum, ea conditione, si audiret totius Cleri ac Romani populi communem esse sine dubio consensum. Sicque ad propriam Leucorum scilicet sedem repedans, cum summa deuotione ibidem Domini celebrauit Natalem cum coessentia quatuor Pontificum, Hugonis scilicet; de Pysa vrbe Italorum, legati Romanorum, & Euerardi Archiepiscopi Treuerorum, Adalberonis quoque Metensis, atque Theodori Virdunensis Præsulis.

Inde humilitate magistra contra omnium Apostolicorum morem, sumpto peregrino habitu Romanum arripuit iter, indefessè sacris orationibus, ac diuinæ vacans contemplationi, non tam pro rerum commissarum sibi, quàm pro cura animarum nimiæ interitus sollicitudini. In qua meditatione apud vrbem Augustam suspensus, diuinam promeruit consolationem, dum in reuelatione audiuit Angelica voce resonare harmonicam modulationem dulcissimi consonantem. Dicit Dominus, ego cogito cogitationes pacis & non afflictionis: innocabitis me & ego exaudiam vos, & reducam captiuitatem vestram de cunctis locis. Qua pia consolatione animatus, & de superno adiutorio certior iam factus, cœptum iter perficere aggreditur, vtque tanti meriti personam decebat, cum infinita multitudine vndequaque superuenientium comitatur. Inter quos quædam religiosa ancilla Dei ei adhæret, quæ eum talibus ex præcepto diuino admonet verbis. Mox vt prima vestigia intra valuas Ecclesiæ principis Apostolorum posueris, ne sis immemor his diuinis vti verbis: Pax huic domui, & omnibus habitantibus in ea. Quam Dominicam iussionem & humilitèr suscepit, & deuotè adimpleuit. Venit ergo cum tanto comitatu super Teronem fluuium, qui ita crescendo proprium prætergressus erat alueum, vt per septem dies totum ibi cogeret temorari populum. Vir autem Domini de afflictione plebis diu secum mœstus expectantis, cœleste auxilium inuocat, ac benedictionem Ecclesiæ S. Ioannis in vicino constructæ inchoat. Sed antequam diuinum esset peractum officium cœptæ consecrationis, ita fluuius est mitigatus demissis vndis, vt mox securum iter omni transgredienti præbuerit, quod omnis præsens multitudo huius beati viri meritis contigisse affirmauit.

Omnipotentis igitur roboratus solamine Romam appropinquat, cui tota vrbs obuiam ire parat, sed ipse pedes longinquo itinere nudis plantis incedit, & magis ad mentis deuotionem, quàm ad laudum delectationem animum inflectit. Quis autem eius contriti cordis in deuota oratione affectus? quis denique referre queat continuos lacrymarum velut riuorum decursus, vt nullus cogitatui sit penetrabile, ne dum verbis effabile? Postquam ergo diutissimè se taliter Christo mactauit in cordis altari, hostiam viuam, sanctam, Deo placentem, etiam astanti Clero & populo, diuinam, qua plurimùm affluebat, ingreditur proferre exhortationem. Imperialem de se electionem in tam laborioso officio breui sermunculo promulgat, eorum voluntatem (qualiscunque erga se sit) pandere expostulat. Dicit electionem Cleri & populi Canonicali autoritate aliorum dispositionem præire: affirmat se gratanti animo in patriam rediturum, nisi fiat electio eius communi omnium laude; ostendit se coactum ad tam grande onus suscipiendum venisse. Cùmq; videret vnanimem omnium acclamationem ad correctionem vitæ cœptam repetit exhortationem, supplex cunctorum expetit orationem atque absolutionem. Itaque diuina fauente gratia, cunctis applaudentibus consecratur, ac Dominica quadragesimalis initij pridie Idus Februarij Apostolicæ Cathedræ intronizatur. Quantus verò feruor deuotionis ad Omnipotentis seruitium in eo exercuerit; quanto sollertiæ vigore ad res Ecclesiasticas disponendas enituerit; quis breui explicare valeat, cùm penè nec totus mundus ad hæc enarranda sufficiat? Non autem sub claui silentij occulendum æstimo, quantam indulgentiam eius dignis precibus Hugoni ipsius germano diuina contulerit miseratio. Nam iam dudum ante eius ad apostolatum electionem exuerat hominem, atque hic beatus causa prædictæ ordinationis Romam tendens Populeium aduenerat. Vbi eiusdem prænominatus frater cuidam boni testimonij Clerico per visum apparuit, illiusque suffragium apud dominum Apostolicum supplici oramine deposposcit: Siquidem videbatur memorato Clerico præhibatus Hugo in loco ineffabili amœnitate refecto cum multis collectantibus in curuli sella residere, sed sine suppedaneo scabello pedes ad ima tendentes retinere. Quem cum prædictus requireret clericus super qualitate sui status, respondebat bene sibi esse in omnibus, nisi quod ad infima labo-

riose

glose penderet non firmis pedibus. Petebat quoque vt idem clericus fratrem suum hunc beatum ad Apostolicam euntem consecrationem exoraret, quatinus in introitu valuarum Ecclesiæ principis Apostolorum sui meminisset, dicens quod eius precibus diuina pietas sibi indulgentiam concederet. Quam visionem præfatus clericus sancto Pontifici retulit, ac eum ad Christi gratiam pro salute fratris exorandam animauit. Qui postmodum per visum eidem domno Apostolico apparens, lætus innumeras reddidit gratias, quia eius meritis superna clementia à cunctis eum meritis laboribus absoluerat.

CAPVT III.

IGITVR hic Deo deuotissimus mores & vitam Magni Leonis imitatus, cuius & vocabulo fuerat insignitus: imò Leonem de Tribu Iuda pro posse secutus, omnibus exemplum bene viuendi fiebat, lucerna ardens & lucens non sub modio, sed super candelabrum præminebat, vtque verum sal terræ condimentum supernæ sapientiæ cunctorum mentibus infundebat. Verum licet omnium virtutum geminis Christi decoraret diadema, hæ tamen splendidius in eo relucebant misericordia & patientia: celer erga delinquentes in danda indulgentia, mira compassione collacrymans propria confitentibus scelera, in eleemosynarum largitate etiam vsque ad sui indigentiam indiscretè prærogans omnia. Sed quoniam cunctis diuino instantibus seruitio solet stimulus superuenire aduersitatis, diuina scilicet probatio, quæ ostendit cuius feruoris sit erga Deum cuiuscunque mentis affectio; hic Pater venerandus, dum in initio sui aduentus Romæ commoratur, aliquanto angustiæ & mæroris dolore perstringitur. Nam ibidem adueniens, nihil Pontificalium sumptuum inuenerat, iam enim erant in domesticos vsus absumpta, immo in eleemosynarum prærogationem cuncta quæ secum attulerat distributa. Defecerant cunctorum eius Comitum plenæ delatæ crumenæ: non erat vlla spes opis, nisi prop.ias vestes ad minus pretium vendere, & quacunque secreta arte benignissimum Patrem in patriam fugiendo reducere. Quorum renitendo consilio, vir beatus in diuino confidere solatio sagaciter admonebat, sed tamen illorum afflictioni misericordi affectu ex intimis condolebat. Instante autem die quo cuncti comites eius disposuerant clanculò recedere, ecce adsunt legati nobilium Beneuentanæ Prouinciæ deferentes xenia Apostolicæ congruæ dignitati, eius benedictionem atque solatium suppliciter deposcentes promereri. Quos Deo dignus Præsul, vt suam decebat beneficentiam, suscepit, sacra benedictione roborauit, non tam lætus de oblatione munerum, quàm Deo rependens grates de deuotione fidelium. Dehinc ad præsentes præ nimia anxietate pridem diffidentes conuersus, continuò charitatiua increpatione in eos inuehitur, & de Dei misericordia nunquam amplius desperare nec diffidere cohortatur.

Ex tunc beati viri fama diuulgatur per populos & vsque ad mundi fines cunctas gentes eius peruagatur rumor. Christi vbique prædicatur gloria in suo admirabili famulo, nomen Papæ Leonis quocumque orbe terrarum reboat ore consono. Nec mirandum rationabilem creaturam in eius resonare laudem cum etiam irrationabilia (mirum dictu) illius prædicando nomen, humanam formarent vocem. Nam sicut à veridicis fertur relatoribus, apud Beneuentum gallus frequenter voce eius nomen repetebat, & naturalem emissurus vocem cunctis mirantibus, *Papa Leo* insonabat.

CAPVT IV.

DICITVR etiam illis temporibus in finibus Apuliæ canis extitisse, qui latrando solitus erat humanis verbis, *Deus meus* inclamare. Non autem est incredibile, brutum animal in ea regione Dei misericordiam quocunque modo inuocasse, dum certum est Christi religionem ibidem penè omnino deperiisse, accolasque illius patriæ alienæ potestati subditos esse, & ad inuocationem supernii auxilij saltem irrationabilis pecudis excitarentur voce. Fama igitur eximiæ laudis eius vsquequaque propalata præter solitum, multos animabat ad visenda summi Apostolorum Principis limina: qui omnes eius recreabantur consolatione & roborabantur benedictione. Si quibus autem obstabat impossibilitas eius sui præsentia cum fide propria dirigebant xenia, recepturi ab eo Apostolicæ benedictionis donaria. Illud etiam habebat consuetudinarium cum aliis bonis actibus, quia si quid Apostolico more suis offerebatur pedibus, nihil patiebatur in suos suorumve expendi vsus, sed cuncta pauperum largiebatur necessitatibus. Inter multos ergo qui eius ambiebant præsentiam inuisere, Rex Danamarchiæ transmisit illi auem psitacum in munere, in quo quædam diuina apparuit gratia, admirabili virtute. Quamuis enim quædam aues humana formare verba discant magistra fames; hæc tamen (vt fertur) nullo cogente toto itinere dum ad domnum Papam deferretur, *ad Papam vado* reclinebat, Et mox vt ei est præsentata, nemine docente voce dulcisonâ *Papa Leo* inclamabat. Si quando etiam hic Pastor venerandus exteriorum dispositione lassatus, sese in secreto conclaui reciperet; aut forte nimiis sollicitudinibus afflictum eius animum aliqua mæstitudo arctaret, hæc auis ægritudinis illius leuamen frequenter aderat, & concinnè ac recisè *Papa Leo* resonans, robur mentis illi excitabat. Nec videatur cuiquam reprehensibile hunc iustum in sui consolatione, huius auis vsum modulatione, cùm legamus beatum Augustinum pro exitu suæ matris inconsolabiliter lamentantem, musicam melodiam ad leuamen mœroris sibi adhibuisse, sanctúmque Antonium rigori Monastico aliquantulum oblectamenti certo tempore concessisse.

Quantam autem solertiam in Catholica lege conseruanda adhibuerit, in primo Romano Concilio, quod multis Episcopis considentibus habuit, demonstrauit : vbi statuta quatuor Synodorum principalium viuâ voce corroborauit, decretaque omnium antecessorum suorum Pontificum tenenda confirmauit. Symoniacam etiam heresim damnauit ; quæ iam nonnullas mundi partes Inuaserat, & in eodem Concilio quosdam deposuit Episcopos, quos prædicta hæresis hæuo nequitiæ maculauerat. In quo Concilio quid contigerit non congruit reticere, vbi Christus authoritatem eius suâ dignatus est gratia roborare. Nam Episcopus de Sutrio reus eiusdem culpæ accusatus, voluit iniustè se excusare ; falsis prolatis testibus ; sed peracturus iusiurandum, repentè est diuinitus perculsus, & inter manus exportatus non longo post tempore humanis rebus est exemptus. Cunctis hoc audientibus nimius incutitur timor, ne quem in eius præsentia ad falsum iudicium humanus impelleret pudor. Decimas quoque à cunctis dandas Christianis, quarum nec mentio erat apud Apuliam, & per quosdam orbis fines Ecclesiis restituit. Venditiones altarium anathemate prohibuit, sed constituit vt partes decimarum ad Episcopum pertinentes, aut quisque Præsul sibi teneret, aut cuicumque vellet tribueret ; partem autem ad altare pertinentem proprio Pastori Ecclesiæ gratis concederet. Incestas consanguineorum nuptias in multis orbis partibus indiscretè habitas discidit, pluresque nobilium hoc turpi deuinctos nexu separauit. Alia quoque perplura canonum capitula studuit renouare, quæ ne fastidium gignant, hic supersedimus recitare.

His sanctis Insudans studijs, antiquam repetit patriam, suscipiturque à totius gentis nobilissimo atque R. Archiepiscopo Herimanno apud Coloniam ; cuius petitu concessit domnus Papa hoc priuilegium sedi Ecclesiæ Coloniensis, vt ad altare S. Petri septem Presbyteri Cardinales quotidie diuinum celebrarent officium in sandalis. Dedit et quoque officium Cancellarij sanctæ Romanæ sedis, eiusque successoribus, tribuens illi Ecclesiam S. Ioannis antè portam Latinam. Hinc inuitatur ab Herimaro abbate venerandi Cœnobij sancti Remigij Remorum Pontificis, ad consecrandam Ecclesiam in eius honorem constructam ; vbi non est dictu facile, quanta multitudo à finibus terræ, Hispanorum, Britannorum, Francorum, Anglorum, aduenerit eius inuisere præsentiam. In qua præsentia adfuit etiam non modicus cœtus Pontificum, cum quibus aduenit venerandus Chrysopolitanorum Archipræsul Hugo, Deo & hominibus amabilis ; præ cunctis iucundæ eloquentiæ & affabilitatis, cui in restituendis suæ rebus Ecclesiæ nemo predecessorum aut successorum est comparandus ; in quo Christi tunc apparuit virtus admirabilis. Nam gloriosus Apostolicus ibidem habito Episcoporum Concilio, quosdam simoniaca infectos heresi deposuit ab iniustè suscepto officio. Inter quos Hugo Lingonensis Episcopus multis ac horribilibus infamatus accusationibus, est vocatus, ad reddendam rationem. Quique predictum Archipresulem Chrysopolitanorum, vtpote eloquentissimum sibi expetijt causidicum ac preloquutorem. Hic igitur coactus, à Domno Apostolico illius suscepit causam dicendam, sed repente obmutuit ante multorum præsentiam ; vt profecto patesceret, Deum noluisse falsis excusationibus verorum criminum tanti Pontificis Inquinari linguam. Lingonensis igitur Hugo hoc miraculo exterritus, nocta iudicium Concilij metuens aufugit. In craftinum verò in synodo idem Episcopus requisitus & non adesse repertus, lecta sententia, tertio vocatus est. Tunc Vesuntionensis Episcopus surrexit, & quomodo eundem reum conatus defendere, obmutuerit, coram omnibus patefecit. Quod audiens domnus Papa, hoc miraculum meritis beati Remigij ascripsit, & cum omnibus qui aderant surgens, gratias Deo, inde domno sancto Remigio cum magno psallentio reddidit. Postmodum tamen prefatus Episcopus Lingonensis diuino commonitus instinctu, ad domnum rediit Papam, & cum ingentibus lacrymis publicè crimina confessus, spontaneam suscepit pœnitentiam, & Romam nudis vadens pedibus, ab eodem nostro pio Pastore promeruit absolutionem. Et in redeundo nimijs affectus ieiunijs, corporisque macerationes, in bona perseuerantia vitam reliquit præsentem.

CAPVT V.

Nde per vrbem Mediomatricorum remeans, petitu venerabilis Abbatis Guarini consecrauit ibidem sancti Pontificis Arnulfi basilicam ; ibique exoratus à domno Sigifrido Gorziensi Abbate, composuit in veneratione gloriosi Martyris Gorgonij hocturnalium responsoriorum dulcisonam melodiam. Hinc generale apud Maguntiam Concilium habuit, in quo Spirensis Præsul Sibicho criminali reatu accusatus, voluit se expurgare terrifico sacramento Dominici corporis ; sed vt fertur maxilla, eius mansit contorta paralysi quamdiu præsentis vitæ spatium duxit. Quod ideo breuiter volui annotare, vt audientibus fiat notum, quàm horribile sit etiam secura conscientia huiusmodi iudicium adire, sacra dicente scriptura ; *Horrendum est Incidere in manus Dei viuentis.* Demum domnus Papa apud Augiam in honore viuificæ Crucis Ecclesiam dedicauit, vbi diuina pietas in proprio famulo suam gratiam mirificè ostendit. Nam inter sacra Missarum solemnia ibidem adducitur catenis nexus dæmoniacus ; qui vix à multitudine poterat coarctari, alienaque violentia possessus, horrendos emittens stridores, clamores, atque fremitus; hymnidicam totius Cleri harmoniam suis diris coinquinabat vocibus. Itaque Christi seruus sacrum inceptaturus Canonem, non valens huiusmodi pati inquietudinem, vtpote ad Deum totam directurus mentem, à longe signo edito manu indixit silentium, & citius dicto obmutuit dæmonium, & homo vinculis solutus, sospes cunctis admirantibus domum propriam repedauit.

CAPVT VI.

ROMAM igitur rediens plebem de sua diutina absentia mœstam lætificauit, vbi superna gratitudinis insinuabile meritum omnibus publicauit. Siquidem prædictus Herimarus Abbas Cœnobij Sancti Remigij Remorum Pontificis ei quondam scyphum pretiosi marcis ob sui memoriam obtulerat, quem vir sanctus pro caritate diuitis in proprios vsus sibi seruari consueuerat. Sed quadam vice minister ei potum daturus, in multas partes confractum repererat. Cuius particulis electis Domini quocumque erant sibi deserti præcepit, & nihil tale futurum suspicatus suo loco quasi delectando reposuit, astantibusque lætabundus dixit: Potens est Omnipotentis maiestas in pristinam integritatem has restituere fracturas. Quo dicto, proximus consolidatæ sunt partes, ita vt ad memoriam facti signum fractæ e ad instar subtilissimi capilli circumquaque appareret: sed quod magis mirum erat, nihil intra positi liquoris effluxerat. Huius rei adest testis congruus, venerandus Hugo iam dictus Chrysopoleos Archiepiscopus, qui cum lacrymis se præsentem adfuisse testatur, & deuoto furto se illud vas sancto viro abstulisse lætatur.

Semper autem memor officij sibi à Deo commissi, vt fidelis seruus & prudens in tempore dispensans mensuram tritici, iter sumpsit peragraturus fines Apuliæ, vt Christianam repararet religionem, quæ ibidem videbatur pene deperisse: maximéque inter accolas regionis & Normannos concordiam componere satagens, quos dudum adiutores contra exteras gentes susceperant Principes regni: sed tunc sæuissimos tyrannos ac patriæ vastatores nonsponte sustinebant. In hoc ergo sancto opere sollicitè intentus venit Beneuentum, vbi aliquamdiu commoratus, cuidam clinicæ diuina præeunte gratia vitale præbuit auxilium. Nam per annos ferè quindecim diutino confecta languore, de proprio grabato, nisi aliorum deportata manibus, nequibat exire. Cui per reuelationem ostensum est, vt de lympha, qua beatus Pastor sacras abluerat manus, & post celebrationem Missarum hauriret, & absque mora sospitatem reciperet. Qua impetrata atque fideli spe hausta, in crastinum sospes sacra Missarum solemnia adiit, Deo sanctoque Pontifici gratias redditura. Itaque zelo sanctæ religionis feruens Præsul venerandus, apud Sipontum habito Concilio, duos deposuit ab officio Archiepiscopatus, qui cum mercede sanctum assumpserant ministerium, vitio elationis vnus ambiens præcellere alterum. Inde repetito gressu Romam rediit, vbi superna admonitione reuelatione, B. Gerardum suæ sedis, Leucorum videlicet, olim Præsulem, in numero Sanctorum computandum statuit. Eodemque anno in patriam regressus ipsius sanctos artus cum summa gloria transtulit. Quæ omnia dilucidè sunt exarata in eiusdem vita & miraculis.

CAPVT VII.

ERAT autem huic viro Dei non modica concertatio contra peruasores rerum sanctæ Romanæ sedis, maximéque contra Rauennatem Episcopum, spiritu replenum contumaciæ & rebellionis: cui nonnulli fauebant Palatini, gloriæ inuidentes domini Apostolici. Quorum caput in fomento discordiæ erat Vizo Episcopus Frisingiæ, super quem diuina huiusmodi horrendam vltionem dignata est ostendere. Nam pro responsis imperialibus in Italiam directus Rauennam deuenit, & in fauorem Rauennatis detrectatoria verba contra hunc Beatum proferre cœpit, inter quæ ducto sub gutture digito ad hæc blasphema prorupit: Hoc guttur gladio abscindatur, nisi cum deponi debeat ab honore Apostolatus. Quo dicto, eodem momento ipsum intolerabilis dolor gutturis inuasit, & impœnitens die tertio vitam obiit. Archiepiscopus autem Rauennatan ob incorrigibilem præsumptionem est anathematizatus. Ideoque imperiali iussu Ausburgiam vocatus, cum iustitia redditis quæ iniustè peruaserat, absolutionem est petere coactus. Qui cum licet corde contumaci ante pedes Sancti stratus iaceret, cunctúsque cœtus præsentium Pontificum ei absolutionem peterent, ait vir beatus: Secundum eius deuotionem tribuit illi Omnipotens cunctorum scelerum absolutionem. Ille vero surgens, subsannatorié subrideret adhuc superbia tumidus, venerandus Pastor in lacrymis resolutus inquit secretò circumstantibus, Heu! ingratus est miser iste. Nec mora ille langore corripitur, & vix in patriam reuectus, vita & honore quo tumebat, celeriter priuatur.

Caput VIII.

MAGNIFICVS autem Pastor Romanam reuisens Sedem, dum Paschalibus solemnijs apud sanctum Laurentium esset celebraturus diuini sacramenti oblationem; inter sacra Missarum solennia ei quandam obtulerunt mulierem, quæ plena dæmonio sanam amiserat mentem. Quam incessanter debacchantem cernens, fremitumque circumstantium, ac eam vinctam trahi non ferens, econtra vexillo Crucis edito, omnes à longe stare præcepit, sed illum mox immundus peruasor reliquit, & sana mente incolumis ad propria repedauit. Sollicitus autem de salute animarum primum sibi specialiter commissarum, Romæ positus venerabilem primicerium Odonem elegit sibi successorem sanctæ sedis Leucorum, atque ad eum sibi subrogandum Imperiali Majestati proprium direxit legatum. Si quidem ob bonorum morum honestatem, sanctæque religionis seruorem, & piæ deuotionis intentionisque deuotionem, illum hoc officio dignum iudicabat, & paterno cum amplectens affectu, proprium filium vocitabat. Sperabat quoque eius prudentia, qua in diuinis humanisque affluenter pollet, perfici posse; si quid minus plene peregisset in suæ primitiuæ Sedis augmentatione. Quod etiam nunc ex plurima parte fit Christi annuente suffragio, & vt vere credimus in dies erga Dominum accrescet eius sancta deuotio. Sed nunc eius laudibus supersedendum, quia omnis laus in fine securius cantabitur.

Non modicus quoque ei inerat feruor in augenda Republica. Idcirco Hungariæ Principes à Romano nuper imperio dissidentes multiplicibus legatis adierat, ne detrectarent solita subiectione Imperatori priscæ persoluere tributa, quod & consenserant, si præteritorum commissorum eis concederetur indulgentia. Quapropter sancta commonente pietate coactus est tertio antiquam patriam repetere, & pro reorum miseratione, qui contra imperium mouerant bellum, persuasorijs precibus Imperiales aures expetere. Sed quia factione quorumdam Curialium, qui felicibus sancti viri inuidebant actibus, sunt Augusti aures obduratæ precibus domni Apostolici, ideo Romana Respublica subjectionem regni Hungariæ perdidit, & adhuc dolet finitima patria prædis & incendijs deuastari. Dum autem pro regni pace sollicitè laborans ibidem aliquandiu moraretur, diuina prædestinatio ei in somnis reuelare voluit, quid sibi futurum portenderetur. Nam videbatur sibi quod stans in edito familiares suos ad se de periculo confugientes reciperet, eisque super pluuiali veste, quæ Cappa vocitatur, inclusis, sanguine eorum sibi vestes inficiconspiceret. Qua visione certus redditus, mœstitudinem sibi suisque affuturam, & sicut triticum in area Domini recondendum, ad tentationem sese præparat sustinendam. Itaque repedans in Italiam, Concilium apud Mantuam habendum constituit: quod factio quorumdam Pontificum seueritatem eius iusti iudicij timentium perturbauit. Nam familiæ eorum fautrices scelerum, subitum contra domini Apostolici familiam mouerunt tumultum securè adstantem ante basilicam, in qua publicum habebatur Concilium: ita vt vir sanctus cogeretur à medio consessu surgere, & ante portam ad sedandum strepitum procedere. Cuius præsentiam non reueriti Deo odibiles eo magis, magisque in nequitia pertinaces nitebantur ad eum exarmatos confugientes ante oculos ipsius consodere, & à valuis Ecclesiæ vt ibi tutarentur repellere: ita vt impetus sagittarum & saxorum circum eiusdem sancti aures & ora volitaret, atque quosdam eius veste defendi cupientes vulneraret. Qui tumultus admodum difficulter sedatus, cœptum rigorem Concilij imperfectum coegit relinqui. Sed in crastinum cuncti huius seditionis incentores seuera examinatione damnati à piissimo patre sunt misericordi indulgentia absoluti, ne videretur causa vltionis asperitatem in eos exercere iudicij.

Videtur etiam indignum sub sera obliuionis obcludere, quod eius temporibus ad diuinam laudem apud Natuiam gestum refertur memorabile. Cuius rei testes visorij, à minimo vsque ad maximum cuncti illius vrbis dicuntur extitisse. Nam biennio antequam ibidem hic venerandus Papa Dominicum celebraret Natalitium, contigit quodam die æstiuo tempore infinitam multitudinem iuxta eadem mœnia habere transitum. Eius terrore attonita vniuersa plebs muros ascendit, quasi ob capiendæ ciuitatis defensaculum. Quæ multitudo infinitum terræ spacium quantum humanus posset comprehendere visus, implebat, & præcelsi gradu Orientem versus transcurrebat. Videbantur autem cuncti miro candore habitus, vultusque ac capitis canitie venerandi, pene consimilis formæ qualitate decori. Quod mirandum omnes à muris vrbis aspectantes stupidos reddidit, & à primo mane vsque ad horam nonam excurrere non destitit. Sole autem declinante, cœpit illa admiranda multitudo rarescere. Vnus quoque ex muro spectantium fidentior reliquis, ausus est extra procedere, & è vicino cum tremore astans, spectabat, si quem eorum posset cognoscere. Tunc inter extremos videt quendam sibi olim familiarem ipsius vrbis ciuem, boni testimonij & deuotæ mentis hominem, qui iam non diu præsentis vitæ excurrerat finem. Quem cum diuina adiuratione nomine tenus appellans ad se vocitauit, & quæ esset illa tanta multitudo sibi manifestari depoposcit. Cui inquit: Licet sis indignus diuina mysteria cognoscere, tamen noueris nos purgatices animas, adhuc immerito cælestis regni gaudia possidere, vice pœnitentiæ loca sancta continuatim circuire, & nunc de sancti Martini maiori Monasterio venientes, ad beatæ Deigenitricis Mariæ Cœnobium in Farfa iter agere. Quo dicto disparuit, ac nimio illum terrore confectum reliquit, quique integro anno languens recubuit in lecto, & hæc eadem domno Apostolico retulit ore proprio.

CAPVT IX.

A tempestate orta est hæresis Fermentaceorum, quæ calumniatur sanctam Romanam sedem, immo omnem Latinam & Occidentalem Ecclesiam, de azimis viuificum Deo offerre sacrificium. Quam calumniam etiam scripto ediderunt, Episcopi, Michaël Constantinopolitanus & Leo Acridanus: peruicaciter exhalantes pestiferas mephites contra sanctam & Apostolicam fidem. Hæc quidem calumnia Græco sermone edita & Ioanni Tranensi Episcopo in suggillationem omnium Latinorum directa, cùm fuisset Trani exhibita fratri Humberto sanctæ Ecclesiæ Siluæ candidæ Episcopo, in Latinum est translata eius studio, atque delata domno Papæ Leoni nono. Itaque gloriosus Apostolicus libellum composuit luculentissimum aduersus iam dictas præsumptiones, & nimias vanitates eorum, conatus illos ad viam veritatis adducere : sed postmodum incorrectos Ecclesiastico damnauit anathemate. Prædictus eti m frater Humbertus edidit contra eorum putida scripta responsionem instar Dialogi, ab ipso Latinè scriptam Apocrisariatus sui tempore Constantinopoli : & iussu Imperatoris religiosi & orthodoxi Constantini Monomachi Græcè editam, sub nominibus Constantinopolitani, & Romani, anno Domini millesimo quinquagesimo quarto. Domnus quoque Fredericus tunc Cancellarius (post à Deo electus Romanæ sedis Apostolicus) inuectiuè respondit quibusdam obiectionibus, quas ediderat Niceta Monachus Constantinopolitanus, qui & Pectoratus, contra Latinam Ecclesiam: quem libellum titulauerat de Azimo, de sabbato & de nuptiis sacerdotum. Quæ inuectio de Latino translata & publicè coram prædicto Imperatore est recitata, idque Niceta coactus est damnare & comburere sua scripta : habita disputatione apud Monasterium Studij in vrbe Constantinopolitana. Siquidem gloriosus Apostolicus direxerat Constantinopolim sanctæ Romanæ sedis Apocrisarios, præfatum scilicet Humbertum, & Petrum Amalfitanorum Archiepiscopum, Fredericum quoque tunc Diaconum & Cancellarium. A quibus Niceta cupiens perfectam suarum propositionum solutionem, iterum sponte anathematizauit omnia dicta & facta vel tentata, aduersus primam & Apostolicam sedem, sicque ab eis in communionem receptus, effectus est eorum familiaris amicus. Michaële autem Constantinopolitano Episcopo præsentiam illorum & colloquium deuitante, atque in stultitia sua perseuerante, præfati nuntij domni Apostolici adierunt Ecclesiam sanctæ Sophiæ, & super eius obstinatione conquesti, Clero ex more ad Missas præparato, iam hora tertia die sabbati chartam excommunicationis sub principale altare deposuerunt, sub oculis præsentis Cleri & populi. Inde mox egressi etiam puluerem pedum suorum excussere in testimonium illis, iuxta dictum Euangelij, proclamantes, *Videat Deus & iudicet.* Hinc ordinatis Ecclesiis Latinorum intra ipsam Constantinopolim, & anathematizatis cunctis qui deinceps communicarent ex manu Græci Romanum sacrificium vituperantis : accepta orthodoxi Imperatoris licentia, in osculo pacis cum donis imperialibus sancto Petro sibique collatis, alacres sunt reuersi. Itaque Imperator aduersus Michaëlem commotus, quod ad Concilium in sui præsentia & nuntiorum domni Apostolici venire detrectauerit, immo seditionem vulgi contra eum incitauerit; amicos & affines ipsius honoribus priuatos à palatio eliminauit, contraque ipsum vsque in finem graues iras retinuit.

CAPVT X.

INTEREA piissimus Pastor sollicitus pro ouibus à Deo creditis, ac clementi condolens affectu inauditæ afflictioni Apuliæ gentis, collecto aliquanto comitatu rursum mouit iter versus Beneuentum, nisus omnimodis Normannorum sæuissimum mitigare impetum. Non est nostrum lacrymosis expendere verbis, quid sibi in hoc itinere contigerit : dum ipse breui scripto Imperatori Constantinopolitano cuncta intimauerit. Ait enim inter alia : *Illa sollicitudine qua omnibus Ecclesiis debes inuigilare, videns indisciplinatam & alienam gentem Normannorum, crudeli & inaudita rabie, & plusquam pagana impietate aduersus Ecclesiam Dei insurgere, passim Christianos trucidare, & nonnullos nouis horribilibusque tormentis, vsque ad defectionem animæ affligere : nec insisti, nec sexi seu feminea fragilitati aliquo humanitatis respectu parcere, nec inter sanctum & prophanum aliquam distantiam habere, Sanctorum basilicas spoliare, incendere, & ad solum vsque diruere, sapissime peruersitatem eius redargui, commonui, obsecraui, prædicaui, opportunè importunè institi, terrorem diuinæ & humanæ vindictæ denuntiaui. Sed quia sicut quidam sapiens ait, Nemo potest corrigere, quem Deus despexerit, & Stultus verbis non corrigitur, obstinata & obdurata eius malitia permansit: vt de die in diem adde it potiora pessimis. Vnde non tantum exteriora bona pro liberatione omnium Christicsiens impendere; sed superimpendere ipse præoptans, visum est mihi ad testimonium nequitiæ ipsorum nihil sic expedire ad represionem contumaciæ, quàm humanam defensionem vndecumque attrahendam fore : audiens ab Apostolo Principes non sine causa gladium portare, sed ministros Dei esse vindices in ira omni operanti malam, & quia Principes non sunt timore boni operis sed mali, & reges atque Principes missos à Deo ad vindictam malefactorum. Suffultus ergo comitatu, qualem temporis breuitas, & imminens necessitas permisit, gloriosi Ducis &*

C iij

magistri Argiryi fidelissimi tui colloquium & consilium expectendum censui, vt non cuiusque Normannorum seu aliquorum hominum interitum optarem aut mortem tractarem, sed vt saltem humano terrore respiscerent, qui diuina iudicia minimè formidant. Interea nobis eorum pertinaciam salutari admonitione frangere tentantibus, & illis ex aduerso omnem subiectionem fictè pollicentibus, repentino impetu comitatum nostrum aggrediuntur, sed & adhuc de victoria sua potius tristantur, quàm lætantur. Sicut enim tua pietas scribere curauit ad nostram consolationem ; pro ista sua præsumptione maiorem in proximo expectant sibi superuenturam indignationem, post illam quàm experti sunt suæ cateruæ diminutionem. Nos quoque diuinum adiutorium affore, & humanum non deforè confidentes, ab hac nostra intentione liberandæ Christianitatis non deficiemus, nec dabimus requiem temporibus nostris, nisi cum requiem sancta Ecclesia periclitantis. Et hæc quidem domnus Apostolicus.

CAPVT XI.

ITAQVE pessima gens Normannorum patrata cæde familiæ mitissimi Papæ, non sine magno detrimento suorum, aggreditur oppidum Ciuitatulam cognominatum, vbi idem beatus ignarus eorum quæ acta erant tardantem suum expectabat comitatum. Qui cùm imminentes hostes cerneret, & quid suis contigisset intelligeret, cum ea quæ sibi remanserat Clericorum frequentia, cœptum iter versus Beneuentum arripuit, & cunctis hostibus attonitis quasi Leo confidens absque terrore per medium illorum transiit. Ergo tam admirandam perpendentes confidentiam, mutatis animis, in eius sunt conuersi obsequelam, cuius osculantes vestigia, sibi immeritam deposcebant indulgentiam. Quibus vir sanctus pauca loquutus pro tempore, ipsis deseruientibus studuit funera casorum horrificè procurare, tumulans ea in vicina Ecclesia ab antiquo diruta tempore. Et quoniam pro fide Christi afflictæque gentis liberatione deuotà mortem voluerunt subire, multiplicibus reuelationibus monstrauit eos diuina gratia in cœlesti regno perenniter gaudere. Nam & ipsi diuersis modis sese ostenderunt Christi fidelibus, dicentes se non esse lugendos exequiis funebribus ; imò in superna gloria sanctis coniunctos Martyribus. Ab eisdem quoque illorum interfectoribus super ipsos restructa venusto opere basilica, ac concione Deo seruientium ibidem aggregata, omnipotentissima Dei virtus multa per eos exercet miraculorum insignia. Ferocissima verò gens Normannorum his exterrita gestis crudelitate deposita, populos quibus cohabitabat ex tunc vt patriotas amicabilius tractauit, ac venerabili Papæ quoad vixit in omni subiectione fideliter deseruiuit.

CAPVT XII.

XIXTVS autem Pastor Beneuentum veniens ipsis Normannis etiam iniussis per totum iter obsequialiter illum comitantibus, non modico anni spacio est commoratus, semetipsum sanctis exercens virtutibus, patientia, vigiliis, ieiuniis & orationibus. Siquidem omnem lecti mollitiem refugiebat, sed sumpto ad carnem cilicio, & tapeti terræ instrato recubans, capiti lapide apposito, nocturnis horis paululum somni insumebat, reliquumque noctis spatium cum integri decantatione Psalterij, ac innumera genuum inflexione excurrebat : idem quoque psalterium per singulos repetens dies cum oblatione diuini sacrificij cursum multiplicium orationum indefessè transigebat. Illud etiam erat in eo mirandum, quod vltra quinquagenarius tanto feruebat studio ; vt diuinarum lectionem scripturarum Græco addisceret eloquio. Et quoniam visceribus pietatis & misericordiæ, supra quàm credi potest, affluebat, innumera pauperum multitudo indefessè ad eius largitatem accurrebat, quibus absque discretione necessaria ministrabat.

CAPVT XIII.

IS itaque piis insistens actibus, dum quodam serò cuncta eius familia causa nocturni secessisset soporis, ipse præuio lumine cum puero deambulabat per vacuum sui Palatij spatium, viditque in angulo iacentem leprosum scissis panniculis ac vlceribus obsitum, lurida putredine tabidum, qui nimia pressus ægritudine nequibat gressum mouere, vixque poterat ex effœto corpore verba proferre. Cui venerandus Pater genibus affixis diu est familiariter loquutus, & proprijs inuolutum vestibus suis intulit humeris ad lectum, qui sibi Pontificali more fuerat præparatus. Intrinsecusque ianuis obseratis, ac ministro soporato, ipse solitæ institit psalmodiæ in vicino oratorio. Demum post diutinam horam assueto vsu humi cubaturus rediit, leprosum quem extructo locauerat thoro minimè reperit, excitatum puerum interrogat, quorsum pauper abierit. Ille attonitus cunctos circuit angulos domus, ostiorum sollicitè tentat aditus, sed omnia inueniens obserata cum summa admiratione regreditur. Hoc ergo facto stupidus domnus Apostolicus dat sese soporis ræ quieti membra, & nescio quid diuini in somnis cernens, mane puero cum terrifica admiratione imperat, ne cui quoad viueret vllo modo panderet quod actum fuerat. Credo illi in somnis Christus vt B. Martino Pontifici eius indutus vestibus apparuit, aut velut Martyrius Monachus leprosum de suis exilientem vlnis cælum ascendere vidit, & causa humilitatis ne sibi pro humana laude virtus surreperet superbiæ, hoc voluit latere miraculum: tamen non absque re sub tanta comminatione iussit huiusmodi celari factum.

Rursus quodam die ibidem solus cum solo Clerico sanctæ psalmodiæ insistebat, cùm ecce quidam rusticus secum insanam deducens filiam aduenerat: quoniam multotiens pessimo torqueri dæmonio suspiriose clamabat, eiusque meritis liberari cum lacrymis deposcebat. Cuius precibus pius pater diutius nitens contradicere, iussit cum Sanctorum suffragia, quorum innumeræ ibi continentur reliquiæ, supplici voto exorare. Sed rusticus in proposito obstinatus, immo in solidæ fidei stabilitate firmatus, dicebat se exinde non recessurum donec eius benedictione diuinum promereretur auxilium. Itaque vir sanctus ipsius importunitate deuictus, granum salis in proximo repertum benedixit, ac in os puellæ cum diuini inuocatione nominis proiecit, moxque dæmone cum purulento expulso sanguine, lætus pater cum sospite filia domum repedauit. Possent autem de hoc sancto plurima admiranda referri, sed studioso est cedendum lectori, vel incredulo auditori, ideoque breui eius memorantes transitum, finem cœpto imponamus operi.

CAPVT XIV.

BONI ergo certaminis cursu consummato, abundantiori supernæ beatitudinis in dies æstuabat desiderio, & tanquam cum Paulo diceret, *mihi mundus crucifixus est, & ego mundo*; funditus chrishuius vitæ curabat abrenuntiare, vt in corpore adhuc positus videretur beatam Angelicæ conuersationis puritatem exercere. Pro defunctorum quoque requie incorruptorum sacramentorum celebrationi solito frequentius inuigilabat. Et quamquam is labor ei fuisset præcipuus toto tempore sui incolatus, feruentiori tamen studio, & copiosiore votorum numero insistebat tam glorioso operi circa diem sui obitus. Et quoniam diuinitatis prouidentia tum indulgendo, tum verberando operatur salutem sibi obsequentium, ad virtutis cumulum eum adeo flagellauit afflictione salutifera, vt perdito omnis cibi desiderio, irrepentis morbi dolor eum continuare cogeret, quæ olim sponte exercebat ieiunia, solius lymphæ poculo marcido corpori præbente sustentacula.

Interea euoluto anni orbe instabat eius ordinationis dies anniuersarius, in quo solito deuotius quotannis Christo piis insistebat precibus. Quamuis itaque languoris inualescens molestia, fatigati diuinis operibus corporis iam debilitaret præcordia; Spiritu sancto tamen roboratus, à quo totus eius vitæ dirigebatur cursus, cum Apostolicæ dignitatis honore eo die Missarum celebrans sollemnia, Beneuentanos, cum quibus tunc morabatur, gratificæ affabilitatis exhilarauit lætitia. Et hoc fuit vltimum in diuinis sacramentis obsequium, quasi viuificis valedicens mysteriis, quibus semper se præbuerat dignum. Certificatus autem de suæ vocationis termino, Romam se ferri fecit lecticæ vehiculo. In quo itinere sic cum conciliauit diuinitas non solum suis, verumetiam his qui nuper fuerant inimici: vt copiosa manus Normannorum, quam supra retulimus diu cum hoc viro habuisse discidium, totius animi sinceritate deuotione se inuicem præuenirent ad eius obsequium. Et decebat vtique fortissimum defensorem Christianæ religionis, vt regis sui Christi adituras Palatia deduceretur nobili triumpho victoriæ, præcunte scilicet hostium iam subiugatorum mansuefacta multitudine. Aliquantulum ergo commoratus in Lateranensi Palatio præstolabatur quid de se statueret interni iudicis clementissima dispositio.

Beatus autem Petrus non immemor diutini sudoris, quo sibi in regendo ouili Ecclesiæ astiterat cooperator, hic vir memorabilis, cum sibi vicinius deliberauit coniungere: vtpote participem futurum magnifici honoris & gloriæ, quam summi Pastoris præcunte gratia Romanæ impertiuit Ecclesiæ. Diutina itaque reuelatione est edoctus, quòd non alias cum remaneret carnis resolutio, nisi in loci beati Petri vicini Oratorio. Nec mora gratulabundus super tali visione, seque intelligens vocari diuini respectus miseratione, lectica denuo subuectus Oratorium beati Petri ingressus; ibi ex imo cordis fundo lacrymis permanantibus ad Deum extendens puram mentem cum manibus, diutissimè clementiam Domini secretis inuocauit precibus. Dein delatus in vicinam Episcopij domum visitatus est frequentia fidelium, summæ dilectionis gratia ad eum confluentium. Quorum pia consideratio perpendens non diutius eum retinendum carnis ergastulo, decreuit vt quoniam plures Episcoporum, Abbatum, cæterorumque fidelium confluxerant turbæ, is præsentibus inungeretur sacri olei liquore. Super quo facto exhilaratus vsquequaque munitusque Dominici corporis & sanguinis communione, Teutonica lingua, vt testati sunt qui adfuerunt, tali cum Deo locutus est oratione: *Miserator Domine, omnium redemptor, vnica salutio, si indicas expedire oculis tuæ maiestati, vt adhuc communi vtilitati populorum tuorum inseruiam: mereàr (oro) celeri medicinæ tuæ visitationis instantis ægritudinis euadere molestiam. Sin aliud aliquid deliberauit diuinitatis prouidentia, deprecor Domine vt quantocius concedatur mihi exire huius corporis habitaculo.* Finitis precibus astantes respiciens, singulis pro sibi exhibito obsequio gratias reddit, fessaque membra ad requiem componens, tolerabilius solito se dolorem sentire perhibuit. Credidit circumstantium fidelium multitudo mox cum depositurum carnis exuuias: suspiriosique singulis proficiscenti animæ, hoc, inquit, quod nunc agitur differre in horam tertiam diei crastinæ: expectantes quid de me placeat omnipotentiæ Dei. Vigilantiori igitur affectione postero die adfuit hora tertia copiosa fidelium frequentia, & circa horam nonam resolutum carne spiritum, cœlosque petentem, deducunt commendatione deuotissima.

Affluente autem totius Romanæ plebis multitudine cum summo honore eius celebratæ sunt exequiæ, & sicut ipse disposuerat, sepultus est iuxta beati Pontificis Gregorij altare, ante fores Ecclesiæ. Et merito in decore sepulturæ illi extat coniunctus, quem in diuina religione ac sanctæ Ecclesiæ instauratione est fideliter imitatus. Cuius vitam & sanctitatem quidam breui distico est prosecutus.

Exemptus est autem hic vir magnificus ab huius vitæ laboribus, ætate quinquagenarius, anno incarnationis Dominicæ millesimo quinquagesimo quinto, Leucorum Episcopatus vigesimo octauo, Apostolatus autem sexto. Siquidem Romæ sedit annis quinque, adiectis duobus mensibus & nouem diebus, impleta visione quam supra de reuelatione calicum retulimus. Nam quinque calices ei à beato Petro collati, signabant quinquennale eius vitæ spatium. Reliqui tres sui successoris Victoris triennium: sequens vnus, beatæ memoriæ Frederici in Apostolatu vnius anni cursum. Sed quoniam adhuc restant plurima ad dicendum, quæ ad eius tumbam fiunt diuina pietate miracula, Romanis relinquimus exaranda, in quorum diatim ostenduntur præsentia. Nostrum est eius merita deuotis precibus exorare, vt viscera pietatis & misericordiæ, quibus in præsenti abundabat vita, nunc in superna positus gloria nobis dignetur aperire: quatinus eius sancto suffragio scelerum nostrorum abruptis nexibus, supernæ mereamur esse participes gloriæ, eo annuente qui in sanctis suis facit mirabilia, à quibus etiam sibi cantatur laus & gratiarum actio in secula seculorum Amen.

EPITAPHE DV PAPE LEON IX.

Victrix Roma dolet nono viduata LEONE
Ex multis talem vix habitura parem.

Explicit vita Beati Leonis Papæ IX. Incipiunt miracula.

TERTIA die post sepulturam beati Leonis noni Papæ, facta sunt duo miracula ad tumulum ipsius, videlicet duo homines qui diu ante ianuas Apostolorum principis iacuerant contracti, per meritum beati Leonis Papæ abierunt erecti; Et hoc tota penè ciuitas nouit, quæ eos contractos antea vidit.

Mulier quædam spatio sexdecim annorum languens & contracta iacens in grabato eius ad tumulum deuecta est; Et quia fideliter credidit sana & recta illinc rediit, & hoc similiter à quibusdam notatur.

Altera verò mulier de Lateranis Stephana nomine, vxor cujusdam Petri, dæmonium habens ad tumulum illius venit, vbi sanguinem vomens & volutans se, tres nigros carbones ore reddidit, cum quibus & dæmonium abscessit. Et illa sensu recepto laudans dominum rediit.

In Letania maiore ad tumulum illius lampas diuino igne accensa est. Nec hoc semel actum est, sed bis & ter & hoc vidit quæ illa die confluxit ad Ecclesiam beati Petri, omnis Romana multitudo.

In Merulana regione quædam mulier, Rogata nomine habens dæmonium ab ipsa infantia, auditis miraculis ad tumulum venit vbi iacens immundos spiritus ita reddidit, videlicet; prius mutem tria capita habentem, secundò ranunculum, tertio lacertam, quatto ranam, quinto scrabonem. Et post multam effusionem sanguinis sanitati restituta est multis testibus non solum auditu, sed & visu probantibus.

Mulier quædam Stephana nomine habitans Trans-Tyberim dæmonio vexata longo tempore: audita fama beati Corporis venit, & duos Carbones viuos, cum multo sanguine euomuit: Quo facto sanitati restituta est, & mente recepta; visa est ab omnibus astantibus redire libera.

In regione Arenula quædam habitabat Ioannes nomine, qui neruis contractis manum aridam ab vtero matris habebat; hic beati viri veniens ad tumulum extensam & validam eam reportauit.

Homo quidam veniens de longinquis regionibus in pœnitentia ferro ligatus ante tumulum stetit & diutius incumbens orationi, cum commissa sua defleret, diuinæ pietatis dono ferrum vbi magis solidum fuerat crepuit.

Sanctimonialis quædam similiter ferro ligata ad loculum accessit, & eodem modo soluta à ferro, benedicens dominum, qui est in sanctis suis, mirabilis ad propria incolumis rediit.

In vna die restituti sunt duo iuuenes sanitati; quorum vnus habens os retrorsum ad aurem dextram, & manum aridam cum toto latere, quem mater nomine Maria vxor Ioannis Vrbeuetani deflens scapulis apportauit, sed duplo læta miraculo gaudens cum filio rediit: Et hic est notus omnibus apud sanctum Angelum morantibus.

Alter

Alter verò ab infantia officio ambarum manuum priuatus, sanitati restitutus, manuum suarum viuit laboribus.

Multis astantibus loquelam recipit mutus quidam, Vvido nomine, de Casamala ortus.

Puer quidam nomine Petrus officium recepit manus dexteræ. Puer quidam de régione Coloseo habens manum dexteram aridam cum toto latere & pede, quem mater Stephana nomine deflens ad tumulum ipsum apportaiit, & sanitati restitutus est multis astantibus & videntibus.

Homo quidam Benedictus nomine phlebothomator habitans in regione septem viarum, vlceribus plenus, auditis miraculis ad tumulum venit, ibique per meritum beati Pontificis sanus factus est, ita vt nec signum cicatricum in carne eius appareret.

Quidam vir Maius nomine de Palliano, habitans trans Tyberim dæmonio vexatus per annos quindecim, audita fama beati viri venit ad tumulum eius, & duas blactulas cum multo sanguine euomuit, cum quibus & dæmonium abscessit.

Quidam iuuenis Franco nomine qui cæcus extitit lumen recepit, nepos hostiarij sanctæ Mariæ de Monte-Auentino.

Iuuenis quidam de ciuitate Tiburtina Ioannes nomine, filius Ioannis, ab vtero matris mutus, astantibus multis loquelam recepit.

Homo quidam Benedictus nomine habitans in regione Campi Martis, habebat filium nomine Granium qui sinistrum pedem habebat aridum, hic per meritum beati Leonis sanitati restitutus gaudens cum filio rediit.

Quidam vir Petrus nomine Filius Miccij phlebothomatoris, habitator ipsius regionis ab vtero matris mutus astantibus multis loquelam recepit.

Quædam mulier de Fallari dæmonio vexata ad tumulum venit, ibique liberata est.

Mulier quædam de Aqua pendente manum habens aridam, auditis miraculis ad locum venit, & officium manus recepit.

Quidam vir ortus Tuscanis partibus manum habens aridam per meritum beatis Leonis sanitati restitutus est.

Quædam mulier Maria nomine habitans in Castro Coruazano manum sinistram habens aridam, ad tumulum venit ibique sanata est.

Altera mulier Beatrix nomine de Apuliæ partibus, manum dexteram habens aridam similiter sanitati restituta est.

Quidam iuuenis ibidem visum recepit.

Mulier quædam Ermengarda nomine, relicta Petri Tectoris de Castro vico in aqua, quæ manum sinistram habens aridam per meritum beati Papæ Leonis videntibus multis officium manus recepit.

In vigilia Ascensionis Domini, per intercessionem & meritum beatissimi Papæ Leonis, sanatæ sunt tres feminæ, vna manum recepit, altera auditum, tertia visum.

In vigilia noctis Ascensionis Domini, mulier quædam Berta nomine famula Petri Opificis quæ dicitur Dendo, habitans in regione Capitello dæmonium habens ibi liberata est.

In eadem noctis vigilia quædam mulier cuius nomen ignoramus, ambas manus, quas gerebat contractas, sanas recepit, quo facto quoddam miraculum ibi mirificè accidit.

Quidam Ioannes de Ciuitate habitans in regione Campi Martis cereum de tumba eius beatissimi Papæ Leonis accensum in manum accepit, & extinxit, hoc facto, dum securè extinctum teneret, subito accensum vidit, quem ille non bene extinctum credens, iterum extinxit, & quis Dei miracula valet perscrutari? Iterum se in manum illius accendit. Hic enim cereus in testimonium seruatus est.

In die Ascensionis Domini, sanata est puella Amata nomine, Pater vero eius Angelbertus. Hij fuerunt ex partibus Campaniæ de rocta derisio. Hæc ita fuit contracta: vt nunquam pedibus ambularet.

Vna alia puella nomine Maria filia Cicei quæ habitabat in regione Arenula lumen recepit quæ per annos quindecim non viderat.

Quidam puer patre rustico genitus de ciuitate Ortana erat ita contractus, vt vnum latus in sua potestate non haberet, sed Dominus cum per sanctissimi Pontificis meritum sanauit, & latere recepto, cum gaudente patre votum ei vouit, & incolumis rediit.

Et fere hora noctis erat media cum duos cæcos mirificè sanauit, vnus Pipo, alter verò Adalbertus, dicebantur isti enim de Lama ciuitate fuisse.

Et quendam Radiusium nomine filium Berardi Comitis Marsicani, qui lancea percussus fuit, & ita attractus, quod pedem vnum ad terram ponere non valebat, sed iubente Deo per meritum beati Pontificis sanus recepit.

Quædam puella omnimodo manibus & pedibus ita contracta fuit, quod nunquam ambulare valebat, hec manum ad os ducere, & per meritum beati Leonis officium membrorum recepit, & sana recessit.

Proxima die post Ascensionem Domini, duæ mulieres quæ spiritu immundo vexabantur per sancti Viti meritum sanitati pristinæ restitutæ sunt.

In vestitutam culcitræ, quod est magnum & mauditum miraculum, quædam mulier Amantij Diaconi Lauare iniit, quæ propriè fuit de lecto beatissimi Leonis Papæ. Ex qua dum aquam extorquere inter crura sua tenuit, & ita media parte sui corporis stupefacta fuit, ac si paralisim haberet. Sed ad istud malum superuenit aliud: Nam vlceribus plena visa est, in eadem parte corporis. Et hæc venit ad tumulum beati Leonis & sanata recessit.

D

Quædam puella Rogata nomine, filia Mariæ feria septima mense Majo, intrante eodem mense, die quartodecimo ad venerabile ejus sepulchrum finistrum brachium contractum ferens venit, ejusque sancti suffragio sanitatis beneficium consecuta est: Et hæc erat de Castro quod vocatur Stabla.

Quidam de ciuitate Florentia, cum seruis suis ad tumulum eiusdem beatissimi Leonis venit cæcus & gratia diuina comitante lumen recepit, & pro gaudio magno quod inde habuit, eosdem seruos libertate donauit.

Quidam Romanus Adalbertus nomine, dum ferro recideret vineam suam, contigit quod de domno Leone Apostolico turpiter loqui non exhorruit: Sed istud facinus absque poena non euasit; quia malignus spiritus corpus illius repente inuasit, & grauiter vexare coepit: Hoc enim viuente illo actum est; sed diuina fauente gratia cum post obitum illius veniret ad sepulchrum eius, per meritum ipsius sanatus est.

Quidam Grimoaldus nomine de sancto Benedicto de Monte-Cassino, in Dominica quæ dicitur Pascha rosata ad tumulum beati Pontificis, ita mutus ægritudine aduenit, quod nemo loquelam eius intelligere valebat; sed Dei fauente gratia per meritum beati Leonis rectam recepit.

Quidam puer qui fuit de Verona vtroque pede contractus, Dei Comitante gratia per meritum beati Viri ibi sanatus cum parentibus rediit.

Quædam mulier de Aqua pendente à dæmonio erepta est nocte eadem: quæ dicitur Dominica de Pascha rosata.

Quidam puer Petrunculus nomine de Sena cum parentibus ad tumulum venit: Hic enim pedibus manibusque contractus erat. Quem ego dum rogatu Senensium qui pro anima sua cum adduxerant ad tumulum beati Pontificis erexissem, repente me vidente coram omni populo officium membrorum recepit.

Quidam Præsbiter Franco nomine de Cora oppido quinque annis vexatus fuit, & cum in die Dominica quæ dicitur Pascha rosata ad tumulum eiusdem sanctissimi Viri adductus fuisset, statim dæmonium per sanguinem euomuit cadens in terram mortuus? Et cum omnis populus eum asportare vellet, quia exanimem videbant, diuina fauente gratia per meritum beati Leonis ad vitam sanus rediit omni populo qui aderat Domino & Sancto gratias referente.

Quidam Benedictus nomine filiam suam nomine Bonam causa recipiendæ sanitatis ad tumulum beati Pontificis attulit, quæ erat ambobus pedibus & manibus contracta, sed diuina fauente gratia per meritum beati Pontificis recepit sanitatis gaudia.

Fuit in Marsicana villa de Monte quædam mulier de ciuitate Spoletana diu cæca; Quæ dum orationis gratia beati Viri sepulchrum requireret in Sabinensi Episcopatu antequam ad locum vbi corpus eius requiescit perueniret, per meritum sancti Pontificis lumen recepit ac iter quod ceperat gaudens peregit.

Quidam puer de prædicta ciuitate quinque annos habens, atque à natiuitate gressu, & loquela carens parentum auxilio ad sepulchrum sancti ductus, per meritum eius gressum simul & loquelam recepit.

Item alius puer eiusdem territorij septem annorum per tres annos gressu pedum caruit; Sed dum ad sepulchrum antistitis accederet per meritum eius subito erectus est.

Quidam pauper de Monte-Cassino nomine Leo, in Dominica quæ dicitur Pascha rosata, ita claudus aduenit, quod nullo modo absque duobus sustentatoriis baculis incedere valeret, sed per meritum beati Pontificis abjectis baculis sanitatem membrorum secum reportauit.

EX ORIGINALIBVS, QVÆ IN TEMPLI Parisiensis Archiuis conseruantur.

Folio 98. Col. 1. Censij Camerarij in Libro Censuum Romanæ Ecclesiæ.

SAnctvs Papa Leo IX. legitur subdidisse Beato Petro, Monasterium suum situm in Lotharingia in Episcopatu Tullensi consecratum in honorem sanctæ Crucis, & Domum Abbatiæ ipsius, & consecrationem Abbatissæ, & posuit annuam pensionem persoluendam Sedi Apostolicæ. Auream scilicet rosam, &c.

Ex veteri MS. Codice Sancti RETRI, Remensis.

ANno Incarnati Verbi MXLIX. Indictione tertia, sexto Nonas Octobris, dedicatum hoc Oratorium à Beato Leone nono Apostolico, regnante Francorum Rege Henrico. Hic etiam consecrauit principale Altare in eadem die, in honorem Beati Petri Apostolorum Principis, sanctorumque Martyrum Clementis Papæ & Christophori, Sanctique Remigii huius Vrbis Remensis Archipræsulis in eodem quiescentis.

Ciaconius in *VITIS Pontificum*, sub ipso *LEONE IX.*

LEO IX. Francus, Gallus, BRVNO anteà vocatus, Comes Dasprugensis, alias Eggheisein, Hvgonis filius, Tullensis in Leucis Episcopus, Imperatore HENRICO III. Augusto sedit Annis quinque, menses duos, dies octo. DAMASVM namque secundum Vita functum, cum HENRICVS Imperator, vbi natalem Domini celebrabat, audisset, in eius locum BRVNONEM Tullensem Episcopum inuitum intrusit, hominem, vt post apparuit, eximia prudentiâ, ac sanctitate ornatum; qui primo quoque tempore profectus in Italiam, Tullensi Oppido, quod est in Burgundia, egressus, Cluniacum venit, vbi HILDEBRANDVS Saonensis ex Tuscia Monachus, qui postea Pontificatum adeptus GREGORIVS VII. est appellatus, vir memorabili pietate, atque doctrina præditus, hominem admonuit caueret, ne sacro sanctam dignitatem, prophani hominis Arbitrio delatam, iniret, nisi se antè suffragiis Cleri populique Romani ex antiquo instituto, tristi DAMASI secundi euentu edoctus, subjiceret. Quod vbi Vir sanctus audiuit, continuò purpuram dimisit, atque peregrini habitu sumpto, atque ipso secum HILDEBRANDO adducto, ad Vrbem ire contendit, Romamque ingressus, Comitia vt de se rite haberentur, postulauit, ibique Clero, populoque Romano consentiente, atque in primis ipso etiam Monacho HILDEBRANDO fauente, Pontifex consitmatus, ex Monacho Tullensi, Ordinis Sancti Benedicti, Episcopus Tullensis, vt ait Trithemius in Historia Hisaurgiensi.

Anno Dominicæ Natiuitatis 1049. pridiè Idus Februarij Leo Papa IX. in Basilica Sancti PETRI, in Pontificem Maximum susceptus, ab Episcopis Cardinalibus consecratus, & ab Archidiacono Romanæ Ecclesiæ coronatus est. Sedit autem in sacratissima sede Beati PETRI Apostoli, Annos quinque, menses duos, dies octo.

Idem Ciaconius sub eodem LEONE IX.

VErsabantur ante oculos LEONIS noni labes præsentis Ecclesiæ, quas cum neque CLEMENTEM, neque DAMASVM intempestinâ morte præuentos, diluere potuisse videret, id potissimum sui esse muneris arbitratus, plures ad eam rem conuentus indixit. Garganum autem primum per quadragesimæ tempus Archangeli MICHAELIS fama commotus, perrexit; inde in festo Palmarum ad Casinas Monasterium adijt, ibique eo die sacris est operatus, & cum Monachis in Triclinio familiariter est epulatus. Romam inde Reuersus Abbatem nouis muneribus ad augmentum dignitatis affecit, atque duas Synodos in Italia habuit, vnam in Laterano post Albas, anno 1045; alteram Papiæ post Pentecostem. Eodem anno in Lateranensi Basilicâ datum Gradensi Patriarchiæ pallium, & sede eius approbata, vt Crucem præ se ferret, indultum; Episcopisque Venetiæ, atque Istriæ imperatum, vt ei tanquam Primati suo obedientiam atque reuerentiam exhiberent. Inde Alpes emensus, per Autumnum tertium Conuentum peregit in Francia Rhemis, & quartum in Germania præsente Imperatore Moguntiæ, anno 1049. Decretum in omnibus est, ne sacros Episcopi ordines venderent, & ne Clerici vxores, aut concubinas haberent, quorum adhuc plurimi in Germaniâ erant, quemadmodum Petrus Damiani scripsit in eo libro, quem Gratissimum nominauit. Leo inde decedens in Italiam VI. Kalendas Decembris Dominicam ante Aduentum Augiæ celebrauit, atque per Baioariam transiens natalem Domini ineunte 1050. Veronæ peregit, ac Venetias progressus à Duce & ciuitate magno honore exceptus, multis eam beneficiis Duci & Ecclesiæ datis rependit. Demum Romam regressus, nouum post Resurrectionem Conuentum in Laterano habuit, anno eodem 1050. In quo Berengarij opinionem Hæreticam maxima Patrum consensione damnauit. His actis Leo ad fines vlterioris Prouinciæ explorandos, profectus, Campaniæ Principes ac Ciuitates in sua atque Henrici vereâ ad iusiurandum adegit. Casini in Festo Apostolorum rem Diuinam Pontificâ cæremoniâ celebrauit, ac pedibus duodecim Monachorum lotis vna cum eis in Triclinio cibum accepit: & Beneuenti ciues diris quibus à Clemente fuerant innodati, laxauit: cœpit inde cum cupido Tullensis Ecclesiæ, cui Episcopus præfuerat visitandæ, itaque ob id in Franciam iter ingressus, in itinere Vercellis alium Conuentum egit, in quo Berengarij hæresim iterum condemnauit, & Hunfredum Archiepiscopum temerè cum sede Apostolicâ litigantem, ab officio Episcopali remouit.

Noua inde oblata rei bene gerendæ Leoni materia est. Henricus Rex Francorum, cum Andreâ Hungariæ Rege bello inexpiabili contendebat. Id Leo quam alienum esset à Christianorum rationibus cernens continuò ad Andream se contulit, vt eum ad pacem cum Henrico faciendam adduceret; verum auctoritatem Apostolicam, præter opinionem suam repudiantem nactus, indignatione exarsit vsque adeò, vt ei piorum communione interdixerit, atque ad Henricum profectus natalem cum eo Vvormatiæ celebrauit.

Pontificatus initio Hildebrandum ipsum cuius consilio cuncta transacta fuerant, tanquam virum prudentem & rebus gerendis strenuum, Subdiaconum Cardinalem Romanæ Ecclesiæ Oeconomum altaris S. Petri Custodem & Abbatem Monasterij S. Pauli in via Ostiensi creauit, cuius consiliis & nutu Pontificatus munus perpetuò administrauit; & cum diuino cultui augendo, corruptisque Clericorum moribus restituendis assiduè vacaret, per diuersas Italiæ, Gallorum & Germaniæ partes, quas isto sui Pontificatus tempore peragrauit octo Concilia celebrasse legitur, Romæ quatuor, totidem Papiæ, & Vercellis in Italia, Rhemis in Gallia & Moguntiæ in Germania. In septima Synodo, quam Romæ celebrauit, Gerardum Tullensem supra se quintum Episcopum, vitæ sanctitate illustrem & miraculis clarum SS. Confessorum albo adscripsit. Is primus est, post Leonem III. quem solemni ritu ab Ecclesia Romana canonizatum (vt nunc vocant) fuisse memoria extet ; qui etiam Ratisponæ agens, Vvolfango eiusdem vrbis Episcopo, prodigiis notissimo, eundem honorem tribuit.

Tum vero insignis prædiorum multorum est inter Imperatorem & Pontificem permutatio facta. Possidebat in Germania complures Pontifex, easque opimas, Ecclesias, superiorum Regum Beneficio, ac pietate S. Petro donatas, soluebantque quot annis equum album phaleratum, cum centum marchis argenti. Hæc igitur liberare Henricus cupiens petiit à Leone, vt sibi remitteret, & pro illis Beneuentum, ac cætera in Ducatu Beneuentano iuris Regij oppida sibi haberet, quâ re auditâ, Leo libens assensit, illud autem adiecit, vt Leo Ostiensis prodit, ad rem tantam conficiendam animum sibi superesse, vires deesse. Quam ob rem, orare illum vt ad cumulandam beneficij gratiam, firmam aliquam Germanorum manum auxilio mitteret. Henricus haud grauatè optimi Pontificis petitioni obtemperauit. decedens inde cum valido Germanorum robore Leo quinquagesima Mantuæ habita, per dies Quadragesimæ Romam peruenit, ac statim Concilium ad res Normannorum, qui Beneuentum occupauerant, consultandum vocauit, in quo summa omnium consensione bellum decretum. Post Leonem, & Ioannem X. nemo ad bellum Pontifex prodierat, itaque Leone, paratis rebus omnibus ad Normanicam expeditionem, eunte, erecta nouæ rei expectatione vniuersa Italia est. Hoc vbi sensere Normani, Pontificis reuerentia ducti, statim pacem petierunt, ea Lege, vt quæ cæperant, Ecclesiæ Beneficio retinerent, atque eius feudatarij fierent, tum Leo antiquam seueritatem spirans, Reddant ante, inquit, res S. Petro ereptas deinde de pace loquantur, cui Normannus ferox, se priùs millies mortem pugnando oppetiturum esse respondit quam, quæ semel armis cœperat, redditurum. Cæterum Leo vrbe egressus rursum Casinum adijt, & cum piis se Monachorum precibus commendasset, ac nouis Monasteriorum Beneficiis exornasset, aduersus hostes processit. Castris vtrinque motis, xvi. Kal. Iulias, anno Dom. 1053. fortiter ab vtraque parte concursum est, primo prælio loco moti Normanni cesserunt: Inde collectis copiis Pontificios ex improuiso aggressi ita circumuenerunt, vt Lombardos in fugam conjecerint, Germanos ad vnum propè omnes occiderint: vt haud incruenta victoria fuerit. Leo ex prælio in Castellum trepidus se recepit, ibique acriter obsessus tandem reddita, quam ademerat Sacrorum communione se dedidit ac 9. Kal. incolumis ab Hunfrido Beneuentum deductus est. Interim Leo anno 1054. in morbum incidit, itaque ab Hunfrido 4. Idus Martij, Capuam Beneuento, deductus est: vnde post 11. dies Romam sub Pascha delatus, demum 16. Kal. Maij. moritur, anno 1054 sepultus ad S. Petrum propè aram Sanctorum Andreæ, & Gregorij. Vacauit sedes menses 2. dies 24. Insignia deinde ad eius tumulum miracula edita, in eam opinionem homines adduxerunt, vt inter Sanctos receptum esse, arbitrarentur. Inter cætera sanctitatis viuentis eius argumenta, hoc quoque numeratur, quod dum Romæ ageret, tertio quóque die à Laterano in Vaticanum nudis pedibus, tribus tantum Clericis comitatus silentio noctis procedere, psallendo, atque orando solitus fuerit. Fuit hic Pontifex pietate, & innocentia, & hospitalitate adeò insignis, vt eius domus peregrinis, & egenis semper patuerit. Quæ sibi gratissima fuisse Christus hoc prodigio demonstrare voluit. Nam cum aliquandiu pauperem Leprosum ante fores domus suæ Laterani ostendisset, eum in lectulum suum collocari mandauit, qui manè à cubiculario non inuentus, Christus is fuisse existimatus est.

Imperatorem Constantinopolitanum Michaëlem Monomachum suis monitis impulit, vt Christi sepulchri Ecclesiam Hierosolymis à Saracenis dirutam, suis sumptibus, restitueret.

Et cum esset musicæ, & sacrarum literarum scientia præditus, multas cantorum antiphonas edidit, & aliquot præclara opuscula, publicæ Ecclesiæ vtilitati scripsit, quorum præcipua circumferuntur contra errores Græcorum: de extirpandis hæresibus, epistolarum ad diuersos liber, & ad Episcopos Asiæ, & Ægypti.

Hildebrandus Subdiaconus Romanæ Ecclesiæ curam à Leone viuente sibi demandatam, aliquandiu habuit.

Auctores qui supra in Benedicto IX. Papa præter illos Chunradus Alstthenaus, Abbas Vspergensis in Chronico, & Ioannes Thritemius in Libro de Scriptoribus Ecclesiasticis.

Sub hoc Pontifice magna pars incendio concremata est. Fulbertus Carnotensis Episcopus, epist. 50. annotat. qui Pontifices vsum insignium gentiliorum in Italiam tulerint. Scias à Clemente, & Damaso id factum, posteà à Leone cuius insigne erat Leo niger in scuto octo liliis exornato. Leonem secutus est Victor, deinde Stephanus, qui cum & ipsi propria insignia in Italiam detulissent, hunc morem successoribus reliquere. Veteres namque Pontifices eiusmodi rebus, bona ex parte caruere.

Leonis IX. sæculum exornarunt viri aliquot humanarum atque diuinarum rerum scientia noti. Marbodus Episcopus Rodonensis: Theodoricus Germanus, Monachus: Bernardus Gallus Cluniacensis: Hermannus Contractus filius Comitis Veringens in Sueuia, Astrologus clarus, & Anselmus Gallus Rhemensis & S. Galli cœnobiorum Monachi. Ex quibus Hermannus plura opuscula erudita, sed in primis diligens Chronicon, quod nos sequimur, edidit. Anselmus vero acta omnia Synodalia Leonis IX. in Italia, Gallia, & Germania habita, quem Leonis IX. itinerarium nuncupauit, comprehendit. Hymo Anglicus, Theologus egregius, Thomas Carthaginensis Episcopus, Leo Acridanus Bulgarorum Primas, Nicetas Pectoratus, Monachus Studites Græcus, viri Illustres, per hæc tempora floruerunt.

DOM HVBERT, ou *HVMBERT*, *RELIGIEVX de l'Abbaye de Sainct Mansuet de Toul en Loraine, Ordre de S. Benoist, vulgairement appellé de la Forest Blanche, Cardinal du Tiltre des Sainctes Vierges* RVFFINE *&* SECONDINE, *au lieu appellé* CRESCENTIVS.

CHAPITRE III.

Ciaconius in vitis Pontificum sub LEONE IX.

HVmbertvs .... Tullensis, Belga, Gallus, Monachus Ordinis Sancti Benedicti, Monasterii Tullensis in Leucis, ex Lotharingia Romam à Leone IX. secum adductus est, & ab eo primum Archiepiscopus Siculorum, & ad prædicandum Dei Verbum in eam Insulam missus, deinde in Synodo Romæ Episcopus Sylux Candidx, aliàs SS. Virginum Rvfinæ et Secvndæ, in locum Crescentis est factus, qui posteà Bibliothecarius & Cancellarius Apostolicæ Sedis ab Stephano nono Papa creatus est. Vir doctissimus fuit & multa scripsit, præsertim contra errores Græcorum, apud quos Constantinopoli Leonis Papæ Legatus fuit, in qua Legatione optimè se gessit : cum Michaële Cerulano Patriarcha Constantinopolitano publicè disputauit, cumque validissimis rationibus confudit : in Vrbem reuersus consecrationi Victoris secundi, Stephani noni, Nicolai secundi, & Alexandri secundi interfuit. Obiit sub Alexandro secundo Papa, tertio Nonas Maii. *Sigebertus in Chronico, Leo Ostiensis, Historia Cassinatis libro secundo, Ioannes Trithemius. Vetusta Victoris secundi, & Nicolai secundi Pontificum diplomata, Bibliothecæ Vaticanæ monumenta ; Lanfrancus in Libro de Corpore Christi contra Berengarium.*

Idem Ciaconius sub STEPHANO IX.

D. Hvmbertvs Tullensis Monachus, Episcopus Cardinalis Sylux Candidx, Sanctx Romanx, & Apostolicæ sedis Bibliothecarius sub Stephano IX. & Nicolao secundo. Ex Priuilegiis Stephani IX. & Nicolai secundi, Ecclesiarum, Florentinx, Pisanx, & Lucensis.

SANDERVS *in Elogiis Cardinalium.*

HVmbertvs Silux candidx Episcopus, Gallus, Monachus Ordinis Sancti Benedicti, Monasterii Tullensis in Leucis, ex Lotharingia Romam à Leone IX. adductus, & ab eo primum Archiepiscopus Siculorum, & ad prædicandum Dei Verbum in eam Insulam missus, posteà etiam Bibliothecarius & Cancellarius Apostolicæ sedis à Stephano nono Papa creatus est. Anno millesimo post Christi natalem quinquagesimo quarto, Constantinopolim delegatus, coram Imperatore & Patriarcha tanta facundia aduersus Græcorum errores disseruit, vt Nicetas Pectoratus Monachus, librum sua manu flammis deuouerit, quem Attico liuore & supercilio contra Romanam Ecclesiam, omnium Ecclesiarum ab omni xuo matrem & magistram, proteruè conscripserat. Huius autem velitationis, in qua Michaëlem Cerulanum, Patriarcham Constantinopolitanum, rationibus validissimis confudit, Acta, quæ ad manus sunt Dialogorum more, sub nomine Romani, & Constantinopolitani, luculenter descripsit. Etiam scripta Leonis Acridani Bulgarorum Archiepiscopi, confutauit, vt Sigebertus Auctor est. In diui Augustini Regulam doctissima Commentaria, Dilingx non ita pridem edita scripsit. Libros etiam aliquot, ab eodem editos in Episcoporum Virdunensium Historia recitat Vvaseburgens. Eius quoque ad Nicetæ præfati libellum contra Latinos Responsionem habes in Henrici Canisii lectionibus antiquis. In Vrbem reuersus, Consecrationi Victoris secundi, Stephani noni, Nicolai primi, & Alexandri secundi interfuit. Sub quo Alexandro tertio nonas Maij diem clausit extremum. Qui plura de Viro præstantissimo volet, is Sigebertum in Chronico, Leonem Hostiensem in Historia Cassinate, Ioannem Trithemium, & Lanfrancum in Libro de Corpore Christi contra Berengatium Legat.

Diuus LANFRANCVS primus Abbas Sancti Stephani Cadomensis, Deinde Canthuariensis Archiepiscopus, aduersus Berengarium Turonensem de Corpore & Sanguine Domini, Libro I. Capite II.

VMBERTVM, virum fuisse Religiosum, fide Christiana & sanctissimis Operibus perseuerantissime decoratum, scientiâ Diuinarum ac sæcularium Litterarum apprimè eruditum, testantur omnes, qui vel propria experientia eum nouerunt, vel ab aliis qui ipsum experti sunt, eius cognitionem acceperunt. Hunc non de Burgundiâ, sed de Lotharingia Sanctus Leo Romam traduxit, & ad prædicandum Siculis Verbum Dei, Archiepiscopum ordinauit: postea verò Sanctæ Romanæ Ecclesiæ præsulem sibi Cardinalem constituit. Quo in loco positus taliter vixit, taliter docuit, vt de fide vel doctrina eius, nec saltem sinistræ suspicionis fama aliquando exorta sit. Huius rei Testis est tota ferè Latinitas, quæ pro excellentia Apostolicæ Sedis, cuius Conciliis & Consiliis semper aderat, & præerat, eum ignorare non potuit. Qui si etiam Burgundus esset, insipienter tamen arrogantia tua nomen suæ Gentis pro infamia sibi adscriberet, quum spiritus Domini vbi vult spiret, & quem vult aspiret, & Domini sit Terra, & Vniuersi qui habitant in ea, & Princeps Apostolorum dicat; *In veritate comperi, quoniam non est personarum acceptor Deus. Sed in omni gente qui timet eum, & operatur Iustitiam, acceptus est illi.* Item Doctor Gentium ad Galatas; *Deus personam hominis non accipit.* Quem dum contrà Catholicam veritatem scripsisse asseris, non ipsum solum, sed & Romanos Pontifices, Romanam Ecclesiam, multosque sanctos Patres redarguis, incurrisque in illud quod beati Doctores, si non eisdem verbis, eisdem tamen sententiis multis in locis concorditer astruxerunt, hæreticum esse omnem hominem, qui à Romana & Vniuersali Ecclesia in fidei Doctrina discordat. Eueniteque tibi Iusto Dei judicio, vt qui alios hæreticos astruere conaris, tu ipse in hæresim deuolutus, esse hæreticus conuincaris.

NOMENCLATOR Cardinalium.

HVMBERTVS SILVÆ CANDIDÆ Episcopus Cardinalis, Gallus, Monachus Tullensis, Ordinis Sancti Benedicti, à LEONE Papa nono anno 1054. Constantinopolim delegatus, coram Imperatore & Patriarcha tantâ facundiâ aduersus Græcorum errores disseruit, vt Nicetas pectoratus Monachus, Librum sua manu flammis deuouerit, quem Attico Liuore & supercilio, contrà Romanam Ecclesiam, omnium Ecclesiarum ab omni Æuo matrem, & idcircò Magistram, quod indubiè Romanorum Pontificum constans series ad Originem recensita, ad Diuum Petrum Apostolorum Principem, stet Auctorem, proteruè conscripserat: *Huius autem Veritationis Acta quæ ad Manus sunt, Dialogorum more, sub nomine Romani & Constantinopolitani, luculenter descripsit: Leonis Acridiani Bulgarorum Archiepiscopi scripta confutauit, vt Sigebertus auctor est: Diui Augustini Regulas, doctissimis Commentariis illustrauit, Dilingæ non ita pridem Editis; Historiarum etiam Libros edidit, quorum meminit Vuasseburgius in Episcoporum Virdunensium Historia: Responsionemque ad Nicetæ præfati Libellum contrà Latinos, quam habes apud Henrici Canisii Lectiones antiquas.* Obiit quantùm conjicio circa suprema Alexandri II.

FEDERIC DE LORAINE, CARDINAL DV Tiltre de Saincte Marie in Dominica, puis de S. CHRYSOGON, Bibliothecaire & Chancelier du sainct Siege Apostolique, Abbé du Mont-Cassin, puis Pape sous le nom D'ESTIENNE X. dit IX.

CHAPITRE IV.

Ciaconius in vitis Pontificum sub LEONE IX.

FRIDERICVS Lotharingus, Gallus, GOZZELONIS Ducis Lotharingiæ filius, ex Canonico Regulari Ecclesiæ Sancti Lamberti, S.R.E. Diaconus Cardinalis Sanctæ MARIÆ *in Dominica*, Bibliothecarius & Cancellarius Apostolicæ Sedis, posteà Præsbiter Cardinalis, Abbas Casinas & demum Romanus Pontifex creatus, STEPHANVS IX. vocatus est.

des Cardinaux François.

Idem Ciaconius, sub VICTORE secundo.

D. FRIDERICVS Lotharingus, GOZZELONIS Ducis Lotharingiæ filius, Monachus Monasterij Cassinatis Abbas designatus, ex Archidiacono Sanctæ Romanæ Ecclesiæ & Subdiacono Præsbiter Cardinalis Tituli Sancti Chrysogoni creatus, & Abbas Casinas consecratus est. Quin etiam Abbati ipsi Cassinati vsum confirmauit Sandaliorum, & cæterorum insignium nuper à LEONE concessum: Et vt in Conuentu Episcoporum, ac Principum super omnes Abbates assideret, & ante omnes sententiam diceret.

ADDITIO.

FRIDERICVS Cardinalis, Godifridi Lotharingi frater, Legatus Apostolicus Constantinopolim missus, firmum Ecclesiastici pectoris robur ostendit: Nam cum Imperator & Patriarcha indictæ Synodo dedignarentur adesse, discessit ab ea & Vrbe more Apostolico super eos publicè Sandalia excussit. Re noua territi omnes, Imperator & Patriarcha postridie cum Clero & populo, sacco induti, cinereque aspersi ad eum profecti proni in terram, Apostolicam authoritatem venerati sunt.

Nomenclator Cardinalium.

FRIDERICVS, GOZZELONIS Lotharingiæ Ducis filius, Cardinalis, qui posteà STEPHANVS nonus Pontifex Maximus, seu Episcoporum Episcopus, vt loquitur Tertullianus, scripsit *De veritate Corporis Domini contra Patriarcham Constantinopolitanum: De eadem re contra quendam Monachum: Epistolam ad GERVASIVM, Rhemensem Archiepiscopum, quam habes apud Baronium, & alia nonnulla.* Obiit Florentiæ anno 1058.

Supradictus Ciaconius in vita ipsius FRIDERICI.

SANCTISSIMVS Dominus noster STEPHANVS IX. Lotharingius, FRIDERICVS anteà vocatus, nobilissima Domo Ducis Lotharingiæ, GOZZELONIS Ducis filius, & GOTHIFREDI IV. magni Ducis frater, Regio Francorum genere oriundus, natione Gallus, liberalibus disciplinis à puero instructus, & Ecclesiasticis obsequiis traditus, primò inter Canonicos Sancti Lamberti in Lotharingia factus, mox à Beato Papa LEONE IX. Diaconus Cardinalis, & Apostolicæ sedis Cancellarius creatus, Constantinopolim Legatus de Latere, cum HVBERTO Episcopo Cardinale Sylvæ Candidæ missus, Græcorum errores confutauit. Deinde in Vrbem reuersus, mortuo Papa LEONE IX. ad Monasterium Casinense profectus est, vbi sumpto, (quem à puero semper amauit) Religionis Sancti Benedicti habitu, ibidem per aliquod tempus, vitam transegit. Biennio vero ab eius exitu vix exacto, 36. in Abbatis Roberti demortui, qui eum susceperat, locum, Abbas Cassinensis, omnium Monachorum consensu designatus est. Pro Consecratione autem (vt moris erat) ad Romanum Pontificem VICTOREM secundum, qui tùm Florentiæ commorabatur, veniens, octo Monachis comitatus, non solùm in Abbatem Cassinensem est consecratus; verùm & Præsbiter Cardinalis in Titulo Sancti Chrysogoni ordinatus est: à quo ad Monasterium suum Casinense reuersurus discedens, cum Romam venisset, statim obitus Papæ VICTORIS secundi nunciatus est.

Hoc nuncio Romam allato, Romani exemplò comitia de subrogando Pontifice habuerunt, ibi aliis HILDEBRANDVM, qui cum VICTORE erat, expectandum, aliis moram nullam comitiis interponendam, esse censentibus; omnes demum vno consensu, FRIDERICVM ipsum Cardinalem, ex Tuscia ipsa paulò antè reuersum adeunt, eumque per vim ex hospitio eductum, ad Basilicam Sancti PETRI ad vincula trahunt, atque Pontificem lectum STEPHANVM IX. appellant. Is enim dies erat 4 Nonas Augusti, quo die memoria Sancti STEPHANI Pontificis, & Martyris ab Ecclesia colitur, atque inde plaudentibus omnibus ad Lateranum deducunt; postridie verò die Dominico Cardinalibus omnibus, cum Clero, populoque Romano ad eum confluentibus in Vaticano, magna Ceremonia consecrant. sedit Imperatore HENRICO IV. menses 7. dies 28.

Anno Dominicæ Natiuitatis 1057. 3. Nonas Augusti altero post electionem die Papa STEPHANVS IX. Romæ in Basilica Principis Apostolorum in Pontificem Romanum consecratus, suæ Coronationis insignia suscepit per MAINARDVM S.R.E. Archidiaconum.

STEPHANVS Pontificatu inito, extemplò legatum ad AGNETEM Augustam HENRICI IV. matrem HVDEBRANDVM misit, qui de rebus actis cum doceret, atque inde ad prosequendam, quæ instituta erat, reformationem Ecclesiæ se conuertit; Restabat enim ingens cum ipso HENRICO eius filio certamen, qui à familiaribus deprauatus Ecclesias non iis, qui plus Litterarum ac vitæ laude clarerent, sed qui plus mercedis ac pecuniæ præbuissent, apertà sacrorum nundinatione, vendere instituerat. Quatuor igitur menses Romæ moratus, omnis in his cogitationibus, Consiliisque consumpsit, quibus & HENRICVM Simoniacæ hæresis insimulare, ac factum eius aspero Decreto notare non dubitauit, & Nonis constitutionibus Clericorum incontinentiam, & Consanguineorum nuptias, interdixit.

STEPHANVS IX. Synodum Laterani congregauit, in qua Ecclesia Mediolanensis, quæ superbiæ fastu antè ducentos ferme annos à Romana se subtraxerat, HILDEBRANDI præcipuè opera, tunc

demùm obtemperare iterum cœpit, vt verè omnium Ecclesiarum Matri, & Magistræ, quam postea ita obseruauit, vt legitimæ Filiæ piissimam matrem colere consueuerint.
Anno Dominicæ Natiuitatis 1058. quarto Kal. Aprilis Florentiæ mortuus est Papa STEPHANVS IX. cuius corpus ibidem in Ecclesia Cathedrali sanctæ Reparatæ sepultum est.
Anno 1557. Florentiæ in Ecclesia Cathedrali S. Reparatæ propè Aram S. Zenobij repertum est corpus supradicti STEPHANI, cum insigniis Pontificiis mense Augusto, Canonici illi monumentum marmoreum decreuerunt, vt Boninsegnius in Florentina historia docet.

ESTIENNE, DEFENSEVR DE LA SAINCTE Eglise Romaine, Religieux de l'Abbaye de Clugny, Cardinal du Tiltre de . . . .

CHAPITRE V.

GOFFRIDVS Vindocinensis in Epistola ad CONON. Legatum.

STEPHANVS in diebus NICOLAI II. Romanæ Sedis Pontificis ad Gallias missus est, vices acturus Apostolicas, vir maximæ Authoritatis, qui neque possessionem à Canonicis postulauit, neque expostulandam esse censuit, quæ scilicet si adeò improbus fuisset, potuisset negari: quippe quæ nisi Regibus Franciæ & Apostolicis, ab ipsis Canonicis nunquam fit: quem etiam quandiu ibi fuit, honestè habuerunt, & sua maxima charitatis exhibitione largiti sunt.

Ciaconius in vitis Pontificum sub LEONE IX.

STEPHANVS . . . . . Monachus Cassinas Præsbyter Cardinalis Tituli . . . . . . Apostolicæ Sedis Legatus Constantinopolim à STEPHANO IX. missus, eius obitu audito rediit. BENEDICTI X. creationem oppugnauit, & NICOLAI II. Comitiis Senis habitis, cum aliis Cardinalibus interfuit.

Notæ & obseruationes ad Vitam B. Lanfranci Archiepiscopi. Per Domnum Lucam D'Acherium, Benedictinum Congregationis S. Mauri in Gallia.

CONCILIVM TVRONENSE.

AB Incarnatione Domini nostri Iesu Christi, anno MLX. Indictione XIII. Kal. Martij, Luna X. XIII. IV. Feria, Præsidente STEPHANO Catholicæ Vrbis Romæ Cardinali Præsbytero, & Apostolicæ Sedis Vicario, in Basilica Sancti Mauritij, sociorumque eius. Sancta Synodus, quæ ex præcepto Domini nostri Beatissimi Summi Pontificis & Vniuersalis Papæ Nicolai, Turonis, quæ est Metropolis Galliæ, conuenit, propositis sacrosanctis Euangeliis, & præmissis ad Deum intentissimè precibus, diligenti consideratione retractatis iis, in quibus Ecclesiarum status in toto penè Orbe, & maximè in Galliis vacillare, & pessundari videbatur, quæ breuiter infrà placuit annecti, condigna sollicitudine definiuit.

Extraict de l'onziesme Tome des Annales de Baronius.

EPITAPHE DV CARDINAL ESTIENNE, composé par Sainct Alphan Archeuesque de Salerne, qui viuoit au mesme temps que ce Cardinal.

STEPHANE qualis in Æde Petri, quantusque Sacerdos
  Extiteris, nouit Gallia cum Latio:
Edidit hæc & nutriuit, timuit: hoc amauit
  Hoc te dilexit, compsit & auxit idem:
Iudicio Canonum moras terrere nocentes
  Et sine lege reos, legibus erigere.
Nobilitas, grauitas, probitas, & mentis acumen
  Et virtus animi magna sacra tibi.
Quinque manere dies, cum Sol deficit in vrna
  Clausus es hâc. Requiem det tibi Christus. Amen.

des Cardinaux François. 33

GIRARD LE BOVRGVIGNON, CARDINAL Euesque de Florence, puis Pape sous le nom de NICOLAS II.

CHAPITRE VI.

Extraict d'vne Lettre escrite au Pape NICOLAS II. par GERVAIS Archeuesque de REIMS.

NOS sic honorastis prudentiâ & sanctitate vestrâ, vt de Regno nostro Roma eligeret, quem sibi & Mundo Caput Ordinaret.

Ciaconius in vitis Pontificum, sub Benedicto X. Antipapa.

GERARDVS Allobrox cognomento Burgundio Episcopus Florentinus ob Virtutem & animi præstantiam, BENEDICTO adulterino reiecto, anno Domini 1058. Pontifex Maximus renunciatus NICOLAI secundi nomen accepit. Post electionem vero cum HILDEBRANDO, Cardinalibus, Clero, ac Nobilibus Romanis, & armata manu Romam versus iter capiens, Sutrii substitit; Ibi Tusciæ, Longobardiæ & Campaniæ Episcopis congregatis, adstantibus Principibus Aulæ Imperii, aliisque Primatibus Italiæ Proceribus Synodum celebrauit, in qua abdicato Antipapa Benedicto, & perpetuo exilio Velitras relegato, ipse denuò in Apostolica sede confirmatus, Romam postea cum GOTIFREDI Ducis copiis sub finem Decembris profectus, Benedictum cum omni eius factione, Pontificatu & Vrbe expulit, ac à Romanis, Clero, & populo, honorificentissimè susceptus apud Basilicam Sancti PETRI ab Episcopis Cardinalibus Die Dominico al 3. Nonas Ianuarij, ineunte anno Domini 1059. Apostolicam sedem Imperatore HENRICO IV. Augusto, annos duos, menses sex, & diem vnum tenuit. Benedictum autem & eius studiosos anathemate notauit. Qui haud longè post IX. Kalendas Februarij, quorundam Cardinalium interuentu, eundem ad se Pontificalibus vestibus exutum, accedentem, & præteritorum veniam suppliciter petentem absoluit, atque apud Ecclesiam S. MARIÆ Maioris, sacerdotio priuatum manere iussit, vbi paulò post V. Idus Aprilis, animi dolore confectus ibidem moritur & sepelitur.

Idem Ciaconius in vita eiusdem NICOLAI II.

QVEMADMODVM NICOLAVS secundus summum Pontificatum, quem annos duos & menses sex optimè gubernauit, obtinuerit, suprà in BENEDICTO X. docuimus. Cæterum GOTIFRIDO Duce, cuius Armis Vrbem pulso BENEDICTO NICOLAVS in potestatem suam redegerat, in Tusciam abeunte, cum ob BENEDICTI deiectionem à Romanis Proceribus; in quorum potestate Vrbs erat vexaretur, in Picenum profectus est, & Auximi cum Abbate Casinate DESIDERIO tamdiu mansit, quoad Romæ res ab HILDEBRANDO componerentur. Quem ad Vrbem Paschalibus festis Pontifex reuersus, pro benè curati negotii præmio Romanæ sedis Archidiaconum in locum Mincii creauit. Cuius suasu, post Pascha Laterani generale Concilium conuocauit, in quo inter cætera legem tulit, quæ distinctione vigesima tertia apud Gratianum legitur, Ecclesiæ Romanæ saluberrimam, cuius ciusmodi summa est. *Si quis pecuniâ vel gratiâ humana aut populari, militariue tumultu, sine concordi & Canonica Cardinalium, & Cleri electione fuerit in PETRI sede collocatus, is non Apostolicus, sed Apostaticus vocetur, liceatque Cardinalibus, Clericis, & Religiosis, illum vt prædonem anathematizare, & quouis humano auxilio à sede Apostolica expellere, ac quouis in loco, si in Vrbe fieri non potuerit, Catholicis huiusce rei caussa Congregare, Hæc Gratianus.* Hoc ideo decreuit vt schismatibus quæ in posterum oriri possent obuiam iret, occasione à BENEDICTI seditione accepta. In eadem Synodo BERENGARIVS Turonensis, Decanus Sancti MAVRICII Andegauensis, Hæresiarca secundò damnatus est, & ab errore reuocatus, cuius Palinodiam quæ in Decretis ii distinctione secunda de consecratione extat incipitque, *Ego BERENGARIVS*, HVMBERTVS Cardinalis Syluæ Candidæ edidit. Ea Berengarius publicè confessus est, in Eucharistiæ Sacramento verum esse corpus & Sanguinem Christi non tanquam in signo, seu figura, vt anteà docuerat. Contrà quem errorem instante & vrgente NICOLAO Papa, ALBERICVS Monachus Casinas, & ex Abbate Condoniense, Cantuariensis Archiepiscopus, Diaconus Cardinalis, vir doctissimus voce & scripto, & LANFRANCVS homo hac ætate eruditissimus eleganti libro edito disputarunt. Magnum postea doctissimorum hominum agmen hanc pestiferam hæresim consutauit. Quorum Præcipui ADELMARIVS Grammaticus, ex Clerico Leodiensi

E

Episcopus Brixianus, FVLBERTI Carnotensis Præsulis aliquando auditor, & eiusdem hæresiarchæ condiscipulus GVINSIDVS ex Monacho Cœnobii de Cruce, Sancti LEVFREDI Aversanus Episcopus. HILDEBERTVS Cœnomanensis primum, deinde Archiepiscopus Turonensis, GVIDO Aretinus musicus, Monachus, & ALGERIVS Germanus, ex scolasticis, Monachus Corbeiensis in Saxonia fuere; hanc sententiam nostro sæculo denuò excitauit infelix ZVINGLIVS, qui meritas nunc sceleris sui pœnas luit. NICOLAVS secundus petra sus Belli, quod Normandi perpetuò cum Ecclesia gerebant, & à Romanis Proceribus vexatus, tunc primùm pacem certis conditionibus, & multis Auxiliis cum Normandis facere constituit, & eam vltrò per legatos tentauit, vt ipsorum opibus, præsidio adjutus Nobiles Romanos aduersantes compesceret, & Ecclesiæ oppida ab iis occupata recuperaret. ROBERTVS GVISCARDVS, qui tunc vtramque Siciliam obtinebat, Pontificis voluntate cognita, quo Imperium suum Principum fœderibus, & legitimis titulis stabiliret, & perpetuum ad id tempus, Romanorum Pontificum contrà gentem suam odium extingueret, eò in Apuliam accito pacis conditiones cupidè amplexus est, quæ eiusmodi fuere, vt Normandi anathemate soluerentur, ipsorum Princeps ROBERTVS GVISCARDVS Beneficiario iure cuncta, quæ in Italia possidebat à Romana Ecclesia agnosceret, susciperetque cum pensione annua duodecim denariorum pro singulis iugeribus boum persoluenda, vtque Romanus Pontifex vniuersam eam gentem, eiusque iura tueretur, & vicissim Normandorum Principes iureiurando se fidem Romanis Pontificibus seruaturos, & ipsorum ditionem defensuros promitterent, ab iis Vexilli susceptione Principatus Insignia, Titulos, & Iura susciperent, & quæ Romanæ Sedi eripuerant restituerent, præsertim Troiam, & Beneuentum. His confectis Pontifex ROBERTVM GVISCARDVM & Normandos in Apostolicæ Sedis gratiam, & Communionem suscipiens, ROBERTVM iam Vectigalem Ecclesiæ factum Campaniæ, Calabriæ, & Apuliæ Ducem, & Siciliæ Comitem creauit. Hæc Acta sunt anno Christi 1060 eo loci, vbi nunc Aquila condita est, inter Amiternum & Furconem, & in Concilio Amalphi congregato, confirmata. His pactionibus initis, Pontifex, vt ditionem Ecclesiasticam reciperet, magno ex fœderis formula à ROBERTI exercitu accepto ad Vrbem rediit, Prænestinos, Tusculanos, Tiburtinos, & Nomentanos, Romanæ Ecclesiæ rebelles, in deditionem accepit, Tyberique trajecto, Galeriam & alia GERARDI Comitis oppida diripuit. Castella omnium, Sutrium vsque expugnauit, & Ecclesiasticam ditionem tutissimam reddidit. PETRVM Damiani Episcopum Ostiensem, Mediolanum bellis Ciuilibus laborans, Legatum misit, qui seditione sedata in Vrbem ad Synodum, quam quartam Pontifex indixerat, rediit, cui ex omni Italia frequentes Episcopi interfuere: in ea contrà Simoniacos & incontinentes Sacerdotes aliquot Decreta edita. Paulò post Synodum NICOLAVS vir in omni vita probatissimus, Florentiam profectus, ibidem quinto Nonas Iulij, anno Domini 1061. optimè de Romana Ecclesia meritus, piè quieuit, & in Cathedrali Ecclesia sepultus fuit.

GVITMOND RELIGIEVX DE LA CROIX S. LEVFROY, au Diocese d'EVREVX, Euesque d'Auerse en Italie, Cardinal du Tiltre de........

CHAPITRE VII.

Chronicon Beccense MS.

ANno Domini MLI. Franciæ turbatur Ecclesia per BERENGARIVM Turonensem, qui asserebat EVCHARISTIAM, quam sumimus in Altari, non esse reuera Corpus & Sanguinem Christi: vnde contrà cum multum à multis, & verbis & scriptis disputatum est, inter quos Dominus GVITMVNDVS Monachus de Cruce Sancti LEVFREDI, contra eum de Corpore & Sanguine Christi elegantem edidit Librum.

ROBERTVS MONTENSIS in Chronico MS. ad Annum MLI.

VNde contrà eum (de Berengario loquitur) multum à multis, &c. inter quos Dominus VVITMVNDVS Monachus de Cruce Sancti LEVFREDI de Corpore & Sanguine Christi libellum edidit elegantem, &c.

Nomenclator Cardinalium.

GVITMVNDVS Archiepiscopus Auersanus, Gallus, cuius opera in indice Bibliothecæ Veterum Patrum Cardinalis titulo insignita sunt: Ingruente Berengariana hæresi, scitissimè scripsit: De Corporis & Sanguinis Christi in Eucharistia Libros tres aduersus Berengarium, quem errati admonuit:

des Cardinaux François.

Confessionem de Sanctâ Trinitate, Christi Humanitate, Corporisque ac Sanguinis Domini nostri Veritate, Orationemque ad GUILLELMUM primum Regem Anglorum, cum Episcopatum recusaret. Claruit anno 1060.

PETRVS Cluniacensis.

Facile iné eius Capituli labore expedirem, & non dico ad Ambrosium, Augustinum, Gregorium, antiquos & sanctos Ecclesiæ Doctores abjectis, sed ad temporis moderni doctos & Catholicos viros, Lanfrancum, GVITMONDVM, Algerum vos mitterem, si saltem vel hos non pro maiori authoritate, sed pro vicinitate & domesticâ cognitione dignaremini legere, vel pateremini audire. Quorum alter Archiepiscopus Cantuariensis, alter Episcopus Auersanus, tertius, &c.

GVILLELMVS Masmerburgensis.

Responderunt ei (id est BERENGARIO) Libris LANFRANCVS Archiepiscopus, sed præcipuè & fortiter GVITMVNDVS, prius Monachus de Sancto LEOFREDO Normanniæ, posteà Episcopus Auersanus Apuliæ, nostri temporis eloquentissimus.

BERNARD, RELIGIEVX DE L'ABBAYE de Cluny, Abbé de Sainct Victor de Marseille, Cardinal du Tiltre de.......

CHAPITRE VIII.

Ciaconius in vitis Pontificum, sub ALEXANDRO II.

BERNARDVS Gallus Monachus, & Abbas Sancti Victoris Massiliæ, Præsbyter Cardinalis tituli S. .... Hic sub GREGORIO VII. cùm BERNARDO Papiense Diacono Cardinale Legatione Germanica, ob grauissima negotia functus est, ad Vniuersos penè Imperij Principes in Forchein congregatos, quibus præsentibus iidem Proceres HENRICO IV. Imperatori rebelles. Anno Christi 1077. Conuentu publico acto, RODVLPHVM Sueuorum Ducem, HENRICO reiecto, Imperatorem constituerunt. In Italiam posteà BERNARDVS reuersus paulò post moritur, successorem Abbatiæ RICARDVM habens.

Extraict du Liure du R. Pere GVESNAY Iesuite, intitulé: Sanctus Ioannes Cassianus illustratus, pages 596. & suiuantes, imprimé à Lyon en 1652.

BERNARDVS scientia rerum Diuinarum insignis & moribus, DVRANDO prædecessori non impar in officio subrogatus est anno 1066. ab Alexandro secundo Cardinalis Præsbyter creatus, vixit annos quindecim. Mortuus est anno 1080. ineunte, qui toto tempore quo Abbatiam administrauit, multa præclarè constituisse dicitur, vt infrà vberius ac fusius commemorabimus. Capite 27. de Cardinalibus Cassianitis. Fama est eodem Abbate illustrissimos Dominos Petrum cognomine Saumada, Guillelmum tertium, & fratrem eius Gosfredum amplissimis opibus & facultatibus Domum Sancti Victoris extulisse. Porro cumdem BERNARDVM Abbatem sæpius à GREGORIO VII. in diuersas Prouincias legatum fuisse docet Binius Tomo septimo Conciliorum. in Regesto GREGORII Libro quarto, Epistola 23.

GREGORIVS *Episcopus seruus seruorum Dei,* BERNARDO S.R.E. *Diacono; &* BERNARDO *Massiliensi Abbati, salutem & Apostolicam Benedictionem.* Fraternitati vestræ notum esse non ambigimus, quia ideo ab Vrbe, confisi de Dei misericordia & adjutorio Beati Petri, egressi sumus vt ad Teutonicorum partes composituri inter eos ad honorem Dei, & vtilitatem sanctæ Ecclesiæ pacem transfiremus, &c.

Quibus Litteris iniungitur vt ab Henrico & Rodulpho Regibus Germaniæ iter tutum petant, vt ad Teutonicorum partes se conferre possit. Quorum alter qui id præstare noluerit excommunicetur, &. Regni Gubernaculis interdicatur, qui vero paruerit in Regiâ dignitate confirmetur. Habes i à Registro Epistolarum GREGORII VII. Libro primo, Epistolam octauam ad Monachos Massilienses Sancti Victoris, quâ dolere se ait de obitu eorum Abbatis BERNARDI, eorumque Monasterium quemadmodum Cluniacense Apostolicæ Sedi vnit, & electionem RICHARDI Cardinalis ab eis factam, confirmat,

GREGORIUS Episcopus seruus seruorum Dei, dilectis in Christo Massiliensis Congregationis Fratribus Salutem & Apostolicam Benedictionem. Non dubitamus fraternitatis vestræ dilectionem mœroris & tristitiæ plenam super venerandi Patris sui excessu vehementi dolore constringi. De cuius transitu profectò nemini maius incommodum, cum in nobis, aut æquè magnum euenisse putamus, qui talem tantumque adiutorem nobis è latere subductum sentimus. Intelleximus siquidem in ipsius prudentia & Consilio, si vita aliquamdiù comes maneret, plurimum vtilitatis Deo fauente, non solùm in Transalpinis, verum etiam in Italiæ Partibus cùm multorum Salute S. R. E. peruenturum. Vnde Nos quoque tanti culminis onus quod vltra vires est, sustinentes, eiusmodi solatio sublato, cùm neminem, aut vix paucos suffragatores similes inueniamus, quanto mentis angore teneamur liquidò quidem potestis & ipsi percipere. Verùm quia Omnipotentis Dei inæstimabilis Prouidentia omnia iustè & sapienter disponit: Iudicia eius nimirum recta, & Consilia ipsius æquitates & misericordiæ plena Nobis sunt, Fratres, æquanimiter ferenda. Et quoniam memoratus Pater Vester, quod viuendo promeruit obcundo incunctanter est Abrahæ sinu receptus, Nos dulci illius memoria à vobis stricti, præcipuè etiam diuino amore mouente, locum Vestrum specialiter diligere, iuuare & ab omnibus violentiis sicut Romanæ Ecclesiæ specialiter hærentem deffendere decreuimus, & quemadmodum Cluniacense Monasterium longo iam tempore sedi Apostolicæ cœptum esse vnitum, ita quoque Vestrum deinceps vt eidem similiter hæreat in perpetuum volumus atq; Sancimus. Audiuimus autem quod charitas vestra filium nostrum & Præsbyterum Cardinalem Richardum loco Germani ipsius in Abbatem velit eligere, quam denique electionem Nos approbamus, & Apostolicâ authoritate firmamus. In hoc item vobis obnoxii, & quasi vinculis geminatis annexi, quod S. R. E. Filium Rectorem vobis appetitis. Opportere igitur arbitramur omnium bonorum dispensatorem exorare, quatenus ipsum saluti vestræ ita vigilantem prouisorem efficiat, vt is pro salubri curâ, & talentis multiplicatis æternæ hæreditatis dona percipiat; & præmia beata reportans matrem suam lætificet. Datum Romæ. 3. Nonas Nouembris; Indictione 3. *In Magno Chartario fol. 13.*
Ego Petrus, Samauda cognominatus, GUILLELMI Vicecomitis filius, peccatis meis facientibus ipsius sæculi laqueis irreptus, compulsus necessitate, Dominò Abbate BERNARDO præsente sic.

Ex Eodem. Ego Petrus filius GUILLELMI Vicecomitis, & Vxor mea ODDOARA, & filii mei GUILLELMUS & HUGO, & FULCO, IRATUS, & BERTRANNUS, omnipotenti Domino, & Sanctæ Mariæ, & Sanctò Victori Martyri, & Abbati BERNARDO, & Monachis in Monasterio Massiliensi Domino seruientibus tam præsentibus quàm futuris, propter redemptionem animarum nostrarum & parentum nostrorum, in villa quæ vocatur BELGENCIACUS, totum quod ibi ad Nos pertinet &c. Facta Donatio ista Calendis Ianuariis, anno ab Incarnatione Domini 1066. *Ibidem folio decimoquarto verso.* Ego GOFREDUS Vicecomes Ciuitatis Massiliæ, filiique mei AYCARDUS Ciuitatis Arelatensis Archiepiscopus, IOFREDUS, HUGO, RAYMONDUS, PONTIUS, FULCO, PETRUS, necnon & frater meus GUILLELMUS, cum filiis suis PONTIO, MALUERIO, IOFREDO, PETRO SAMAUDA, cùm filiis suis HUGONE, & GUILLELMO, Iustis Domini promissionibus incitati simul etiam nostrorum peccatorum immunitate tractanda, Omnipotenti Deo ac Sanctæ Mariæ, Sanctæque Victori glorioso, & præclaro Fundatori Cœnobii Massiliensis Cassiano, Dominoque Abbati BERNARDO siue etiam Abbatibus & Monachis præsentibus atque futuris, summo Deo famulantibus donationem facimus de Aquæductu quæ vocatur Vuelna cum omnibus fontibus in eadem aqua descendentibus, omnemque scilicet terram per quam itura est ex apprehensione ipsius aquæ, quæ est ad Ecclesiam S. Melnæ & omnem piscationem ipsius aquæ sine vllius hominis interpellatione vsque ad descensum eius in mare; hoc summopere firmantes & statuentes, vt nulla qualibet persona, masculus aut fœmina eam deuiare, aut retorquere præsumat, aut molendinos, vel qualibet alia artificia & instrumenta in eadem vel de eadem aqua ad impedimentum vel retardandum eius cursum, construere, vel facere præsumat. Sed sicut Dominus noster Iesus Christus de nihilo eam confirmauit, ex profundo Abyssi ad vtilitatem hominum manare possit, ità recto cursu per intercessionem & merita sanctorum inibi quiescentium, & emendationem vel ablationem inibi Deo seruientium Monachorum, ipso donante & Operante perueniat. Acta hæc donatio in solemnitate Sancti Victoris in cœtu omnium hominum illic adstantium Episcoporum, Præsbyterorum, Abbatum, Monachorum ex diuersis Prouinciis congregatorum ad Altare Sancti Principis Apostolorum, in hoc ardentius & instantius laborante, & insudante RAINAUDO Præposito eiusdem Cœnobii Patre, id fieri clamantibus, assentientibus Clericis & Laicis in præsentia Archiepiscopi Sanctæ Ecclesiæ Arelatensis, ad perfectum peruenire optantibus, & exorantibus omnibus. Siquis verò hanc donationem irrumpere tentauerit, Dei Omnipotentis sanctorumque omnium iram incurrat, damnatus etiam in perpetuum maneat, atque à Regno Dei alienus existat, soluens in præsenti decem libras argenti, donatione hac inconcussa manente, tempore hoc & omni. Ego IOFREDUS, & filii mei hanc donationem scribere feci, & hanc testes firmare rogaui. Facta donatio hæc anno Incarnationis Domini 1079. Epacta 15. & concurrente primo circulo Lunæ 14. Regnante Domino nostro IESU CHRISTO, GAYFREDO, & FULCONE.

Ibidem. Ego RAIMONDUS filius GOFREDI Vicecomitis Massiliæ, Dono Domino Deo & Sanctæ Mariæ, & S. Victori Martyri, & Monastetio Massiliensi aliquid de Alode meo, &c. Scilicet. Videlicet Ecclesiam S. Victoris quæ est in Castello quod dicitur Porcilis, & omnes Ecclesias quæ sunt in Territorio eiusdem Castelli supradicti, scilicet Ecclesiam Sancti Martini, & aliam Ecclesiam Sancti Saluatoris, aliam quoque Sanctæ Perpetuæ cum sponsalitiis suis & omnibus rebus ad easdem Ecclesias pertinentibus, &c.

Ibidem folio 128. Ego VVILLELMVS cognomento Iuuenis & vxor mea nomine ADALGARDA & filij mei FVLCO, GAVSFREDVS, PONTIVS, AVCARDVS, donamus & reddimus Domino Deo & Sancto Victori Martyri Massiliensi, & Monachis tam præsentibus quam futuris quartam partem Villulæ, quæ vocatur BVRNIS &c. Facta hæc anno Incarnationis Domini 1067.

Extraict du mesme Liure du Reuerend Pere GVESNAY *Iesuite,* page 665.

BERNARDVS Gallus & Abbas Sancti Victoris Massiliæ, Presbyter Cardinalis, creatur ab Alexandro secundo anno circiter 1066. Hic sub GREGORIO VII. cum BERNARDO Papiense Diacono Cardinale, Legatione Germanica ob grauissima negotia functus est; ad Vniuersos penè Imperij Principes in Forcheim Congregatos, quibus præsentibus iidem proceres HENRICO IV. Imperatori rebelles, anno Christi 1077. Conuentu publico acto, RODVLPHVM Sucuorum Regem HENRICO reiecto Imperatore constituerunt. Iam verò ab ALEXANDRO Papa secundo Legatus in Hispaniam concesserat vt causam dissidionis ac dissentionis factæ inter filios RAYMVNDI Berehgarij Barcinonensis Comitis hæredis cognosceret atque componeret, ne Maurusii Vicini hostes conditionem suam conditione Christianorum inde potiorem, vt solet in Turbis, ac meliorem facerent. Vix ea perfunctus, alteri mox Legationi destinatus cum AMATO Episcopo Eleronensi ad dissociandum à Coniuge CENTVLVM Bigerrorum Ortinorum Comitem ac Bearnij Principem. Verum cogitantem sine vlla mora ista itinera facere, immatura & improuisa intercepit mors. In Synodo Tolosana Consilij Legati HVGONIS Candidi Cardinalis interfuit, Iussu ALEXANDRI secundi anno 1068. præsentibus vndecim Episcopis, & Abbatibus quamplurimis. Lateranensi Concilio, in quo HENRICVS Imperator grauioris interdictionis fulmine mactatus est, subscripsit. Atque id vulgò de BERNARDO dicitur ad communé Historicorum iudicium, & ad popularem sensum accommodatè, fuisse in eo incredibilem quamdam & propè singularem & diuinam vim Ingenij, qui omnia quæ ad Dei Cultum ac Religiosæ perfectionis incrementum pertinent, ita diligenter pertractaret, vt eo Abbate nihilo secius aut segnius Monachi Sancti Victoris in Religiosam disciplinam ac Regularum obseruationem incumberent quam Superiori ætate S. ISARNI. Quam ob causam FORTERIO Castrensi Episcopo, eiusque nepoti RAYMONDO Vicecomiti, dum vterque S. Benedicti & Sancti Vincentij in Diœcesi Castrensi, Monasteriorum instaurationi consuleret, mens alia non fuit quam ea BERNARDI Abbatis ac generalis Conuentus S. Victoris Curæ ac Institutioni committere, transcripto etiam in eos iure, ac prærogatiua perpetua Collationis earundem Abbatiarum.

Excerptum ex TRITHEMIO.

BERNARDVS Abbas Massiliensis, & posteà S. R. E. Cardinalis vir vndequaque doctissimus vita & conuersatione valdè Religiosus, in causis Ecclesiasticis sæpè Legatus industriam suam ostendit, huius meminit GVILLELMVS Hirsaugiensis Abbas in prologo Monasticæ Institutionis, vtpote Viri doctissimi & singulariter deuoti. Claruit temporibus Sancti Anselmi Cantuariensis Archiepiscopi.

BERTOLDVS Constantiensis, sæculi auctor, eius obitum refert ad annum MLXXIX. his Verbis.

IN hac æstate Venerabilis Abbas Massiliensis BERNARDVS vir plenus Caritate requieuit in pace decimo tertio Calendas Augusti anno Domini MLXXIX.

RICHARD RELIGIEVX DE L'ABBAYE de Clugny, Archeuesque de Narbone, Abbé de Sainct Victor de Marseille, Cardinal du Tiltre de . . . .

CHAPITRE IX.

Ciacconius in vitis Pontificum sub ALEXANDRO II.

R. RICARDVS Gallus, Monachus & Abbas Monasterij Sancti Victoris Massiliæ, Presbyter Cardinalis Tituli . . . . Hic cum Cardinalis ab ALEXANDRO secundo factus esset, à GREGORIO septimo in locum BERNARDI Abbatis Massiliensis ordinatus, eius nomine Legationem Hispanicam sem obiuit, cuius dum vixit, partes constanter sequutus est; eius successorem VICTOREM tertium cuius creationi interfuerat, prodidit, HENRICIQVE Imperatoris precibus expugnatus, CLEMENTEM Antipapam sectatus est, à VICTORE in Synodo BENEVENTANA damnatus, in CLEMENTIS parte, è rebus humanis excessit.

Extraict du Liure du Reuerend Pere QVESNAY Iesuite, intitulé Sanctus Ioannes Cassianus illustratus, *Imprimé à Lyon en 1652. page 582.*

POST Hugonem paucis tantùm interiectis diebus, Ricardus natione Gallus Bernardi supradicti Abbatis & Cardinalis Frater Germanus, ex eodem item Cœnobio Massiliensi electus est anno exeunte 1086. qui primum Narbonensis Archiepiscopus tùm Presbyter Cardinalis ab Alexandro secundo creatus est, ac demum à Gregorio VII. Abbas Massiliensis ordinatus, eius nomine Legationem, Hispaniensem obiuit cuius dum vixit partes constanter sequutus est. Præfuit septem suprà viginti circiter annis, ac viuere desiit anno 1109. de eius electione scribit ad ipsum Gregorius VII. in Registro Libro 7. Epistola 7. quâ constituit eum Abbatem à Fratribus postulatum, hortaturque ad Onus fideliter recipiendum.

GREGORIVS *Episcopus seruus seruorum Dei RICARDO Cardinali in Legatione Hispaniæ Constituto, salutem & Apostolicam Benedictionem.* Vnanimitas Fratrum Massiliensium in litteris suis Sanctæ memoriæ Fratris tui memorans Obitum nouo me dolore sauciauit, petens insuper contemplatione amotis Sancti Fratris tui, teque velut ipsum alterum futurum sperans, vti sibi te concederem in Abbatem; quod & feci: volo ergo vt Fratres tuos nullo modo pertinaciter resistendo contristes, sed voluntati Dei & Sanctorum Fratrum facilè acquiescas. Volumus etiam atque monemus, vt in quantùm potes, spes tantorum Fratrum de te vana non fiat, sed Spiritum Sanctum Fratris tui viriliter induas, sæcularia ac Iuuenilia desideria, vt mortem fugias, Sanctæ regulæ medullitus te astringas, ne occasione tuæ iuuentutis Monasterium Sanctum, quod auertat Deus, patiatur aliquod detrimentum Religionis. Notum autem tibi feci, quia desiderium mihi est Monasterium Sancti Pauli Apostoli, & Monasterium Massiliense tanta charitatis vnione constringere, vt & illud semper pro amore Beatissimi Pauli ex Apostolica authoritate succrescat, Beatissimi Pauli Monasterium ad Sanctam Religionem ex illius Monasterii Religione proficiat. Postquam autem Deo authore, Monasteria tua benè composueris, Legationem tibi Commissam ad Hispanias perficere non moreris. Data Romæ 4. Nonas Nouemb. Indictione tertia.

Alteram quoque dedit ad eundem Cardinalem numero sexto, Libro nono, quâ ipsi Monasterium Montis-Majoris in Diœcesi Arelatensi, & Sanctæ Mariæ de Crassa in Archiepiscopatu Narbonensi, quæ sub Romanæ Ecclesiæ Tutela sunt, curam committit. Postremò scribit ad eundem Libro nono Epistola 291. vt moneat quosdam qui Canoniam Sancti Saturnini Apostolicæ sedis Patrocinio commissam infestabant, desistere, & quæ contra illam egerant emendare, nisi pareant, vult audaciam eorum compescat, & dictæ Canoniæ curam habeat.

Extraict du mesme Liure du Reuerend Pere GVESNAY Iesuite, pages 665. & 666.

RICARDVS Gallus Monachus & Abbas Monasterii Sancti Victoris Massiliensis, BERNARDI Cardinalis Germanus Frater, cum ab ALEXANDRO secundo Presbyter Cardinalis factus esset, à GREGORIO VII. in locum BERNARDI Abbas Massiliensis ordinatus Legationem Hispanicam obiuit, cuius dum vixit partes constanter sequutus est: eius successorem VICTOREM tertium, cuius creationi interfuisse pro delicto habuisse dicitur, HENRICIQVE Imperatoris precibus expugnatus CLEMENTEM Antipapam sectatus, à VICTORE in Synodo Beneuentana damnatusque, vtrum in CLEMENTIS parte è rebus humanis excesserit an resipuerit? ob scriptorum discensionem benè incertum est. Plures ad eum in Registris GREGORII VII. Epistolæ extant, sed & Leo Ostiensis Libro 3. capite vigesimo primo historiæ Casin. in actis Synodi Beneuentanæ, cum & HVGONEM Cardinalem commemorat.

Extraict du mesme Liure, pages 676. & 677.

RICARDVM Monachum & Abbatem sancti Victoris in Archiepiscopum Narbonensem. eiusque electionem à Paschali secundo, singulari diplomate approbatam fuisse legimus, anno 1107. In Episcopali administratione AYMERICVM huius nominis tertium Vicomitem Narbonensem honorum Ecclesiasticorum inuasorem & iniquissimum vsurpatorem, minis primùm ac terrore multauit, tùm etiam contumeliosum Christianorum sacris, ciuilique congressu interdixit. Quod opponit Ciaconius in Schismate CLEMENTIS III. Antipapæ, qui authore HENRICO IV. Imperatore Brixini in Noticis à 30. Episcopis Schismaticis contra GREGORIVM VII. & eius successorem VICTOREM III. VRBANVM secundum, & PASCHALEM secundum, Romanus Pontifex acclamatus fuisset, RICHARDVM prodidisse Victorem tertium, cuius creationi interfuerat, HENRICIQVE Imperatoris Precibus expugnatum, CLEMENTEM Antipapam sectatum esse: quàm ob causam à VICTORE in Concilio Beneuentano damnatus in CLEMENTIS parte ex rebus humanis excessisse dicitur: si odorari libet paulò diligentiùs hæc à Nobis facilè suspicionibus & coniectura coorguntur. Primò, quia BERNARDI Cardinalis Fratris sui Germani pluribus Officiis erga ALEXANDRVM secundum adhuc iuuenis promouerat, vt in Cardinalium Ordinem legeretur. Neque Vir Sanctissimus BERNARDVS ad tantos honores promouere Fratrem, eique ambire purpuram destinasset, nisi summam in eo spem, summam ingenij indolem, summamque Virtutem esse cognouisset, qua non modo familiæ ac stirpi suæ Gentilitiæ splendorem adderet, sed ipsam in primis Abbatiam Sancti Victoris Massiliensem, & Vniuersum Cassianitarum Ordinem Fraternis Opibus, Pontificisque amitiâ & fauore tueretur. Secundò. Plures ad eum in Regiftris GREGORII VII. VRBANI secundi, PASCHALIS secundi extant litteræ grauissimis Verbis, sententiisque plenæ, quibus opinione certè non vulgari, & existimatione, quàm de moribus eius haberent, Pontifices dilexisse RICARDVM satis liquidò constat. Addo magna quoque accepisse ipsorum in eum non dico Officia, sed merita, quorum recordatione vel plurima vincula cum ipsis summæ coniunctionis optaret, & erant amoris arctissima, tantùm abest, vt ab eo quo adstrictus esset, vel ingrato animo reuellere, vel per injuriam laxare aliquid vellet. Quàm enim GREGORVS VII. BERNARDI Fratris demortui Abbatiam Sancti Victoris ei dono concesserat, PASCHALIS secundus insularum Episcopalium digitate auxerat & amplitudine, ALEXANDER secundus Cardinalitiæ purpuræ singularibus honoribus condecorauit. Vtique ea manebat RICHARDI opinio & existimatio apud GREGORIVM VII. quæ virtute parte, non fortuitò euentu ac temerè illata esset, vt cum in Hispaniam Legatum miserit anno 1079. quo in itinere apud Pictauos diuersatus, Legati nomine cum HVGONE Diensi Episcopo, Nationali Synodo præfuit. In Hispania, vbi cum ALPHONSO Castiliæ Rege consecisset negotium ex sententia, demum studio Reginæ Constantiæ ex Gallia oriundæ, tandem Regi, ac Principibus, ac Vniuerso Clero persuasit; quos in hac parte acerrimos experiebatur obtrectatores & aduersarios, vt antiquato Diuini Officij ritu iam tùm ab ætate Gothorum, Arianorum in Ecclesiæ mores inducto, Romanum substituerent. Reuersus in Galliam, ab VRBANO secundo per Litteras iussus est curam suscipere in duobus Cœnobiis, scilicet Montis Maioris in Diœcesi Arelatensi, & sanctæ Mariæ de Crassa in Carcassonensi, lapsam deformatamque Regularis vitæ Disciplinam ad meliorem frugem reducendi instaurandique. TERTIO ad RICARDI singularem integritatem, multis magnisque Rebus spectatam pro testimonio facit fama vulgi, quæ iam celebritate sermonum pluribus etiam absentibus longè latèque percrebuerat, virosque primarios ad ditandum suis largitionibus Monasterium S. Victoris, studio tanti Abbatis conciliabat in dies, de quibus Nos alias in Indice Abbatum vberiùs ac fusius, numero 87.

Ex Libro Chartarum Monasterij Sancti Victoris Massiliensis.

IN nomine, &c. Ego PONTIVS gratia Dei Babastrensis Ecclesiæ Episcopus. Pro remissione peccatorum meorum, & vt Deus Ecclesiam meam nouiter de manu atque potestate Paganorum per gladium Serenissimi Regis Domni Petri Sanctij liberatam, ad honorem suum conseruare atque gubernare per orationes Sanctorum suorum, & Virorum religiosorum dignetur. Dono bono animo & bona voluntate, cum consensu & voluntate iamdicti Regis, vt sit particeps eleemosinæ factæ, Sancto Victori, & Venerabili Abbati Ricardo, omnes Ecclesias quæ sunt in Castro, quæ dicitur ALVALAT, &c. Salua reuerentia Episcopali & obedientia, &c. facta est hæc Cartha. Anno ab Incarnatione Domini MILLESIMO CENTESIMO PRIMO. ERA. M. C. XXX. IX. Indictione VIII. octauo Kal. Februar. Feria VI. in Vrbe BARBASTRENSI. Regnante Iesu Christo in Cœlo & in Terra, & PETRO SANCTII REGE IN PAMPILONE ET IN ARAGONE. Ego Pontius Barbastrensis Episcopus firmo, &c. Ego Petrus Rex. Stephanus Oscensis Episcopus firmat, &c. Sibilinus Archiepiscopus Arelatensis firmat.

Ex eodem Libro Chartarum Monasterij Sancti Victoris Massiliensis, fol. 104. verso.

IN nomine, &c. Ego Centullus Comes & vxor mea Beatrix, & mater eius Stephania pro remedio, &c. Monasterium Sancti Sauini Abbatis & Confessoris in Valle Leuitanensi situm in Episcopatu Tarbensi, in Comitatu Bigorritano à Monastica Religione iam penè lapsum omnipotenti Deo, & beatæ Mariæ, Sanctoque Victori, &c. & Abbati RICARDO Massiliensi, &c. relinquimus, de iussu, &c. Poncij Tarbensis Episcopi facta est hæc Charta. Anno ab I. D. millesimo octuagesimo. Kal. Aprilis. Ego Comes Centullus, &c. firmo, & vxori meæ Beatrici, & matri eius Stephaniæ, & Principibus meis firmare præcipio, &c. Signum OTGERII Vicecomitis, &c. ex eodem Libro folio CXII.

Notæ ad Innocentij III. Epistol. Librum III. Regest. XV. Ad Epist. CIX.

SAncti Petri Psalmodiensis vulgò *Psalmodi* in Diœcesi Nemausensi, nunc apud Aquas mortuas Collegium Canonicorum.

NVLLIVS ALTERIVS ECCLESIÆ IVRI. Ecclesiam Episcopalem accipe, vt nullius Episcopi Iurisdictioni subjaceat Psalmodiens Monasterium. Nam ex Diplomatibus MS. GREGORII VII.

PP. Ricardo Cardinali & Abbati Sancti Victoris Massiliensis, Dat. Romæ, anno VIII. & Vrbani II. anni M XCVII. Psalmodiense Monasterium subjicitur, Monasterio & Abbati Sancti Victoris, ita vt possit cum consensu Monachorum instituere Abbates Psalmodienses, deponere & corrigere.

Extraict de la Legende des Abbez de Marseille. MS.

RICHARD fut Archeuesque de Narbone, & puis Cardinal de la sainste Eglise Romaine, & gouuerna l'Abbaye auec ses dignitez vingt ans, & mourut l'an 1109.

VRBANVS Episcopus seruus seruorum Dei, dilecto in Christo Fratri & Compresbytero RICARDO sanctæ Romanæ Ecclesiæ Cardinali, & Massiliensi Abbati, eiusque successoribus regulariter substituendis in perpetuum. Iustis votis assensum præbere, iustisque petitionibus aures commodare nos conuenit, qui licet indigni iustitiæ custodes atque præcones in excelsa Apostolorum Principum Petri ac Pauli specula Domino disponente videmur existere. Quia igitur & antecessorum tuorum, & tui strenuitas in reparando, quorundam Cœnobiorum statu strenuè ac sollicitè vigilauit, petitioni tuæ duximus annuendum non immerito, vt in eisdem Monasteriis disponendis, Abbatum scilicet ordinationibus atque correctionibus nostris tibi tuisque legitimis successoribus vices committere debeamus, sicut prædecessori tuo Venerabili Viro BERNARDO ab Apostolicæ memoriæ Gregorio prædecessore nostro commissæ sunt, & à religiosis Episcopis ac Principibus confirmatæ, in quorum parochiis habentur Monasteria. Videlicet Monasterium sanctæ Mariæ de Riupoly in Episcopatu Ausonensi. In Girondensi Monasterium S. Stephani de Balcolis, & S. Petri de Bisalduno. In Elnensi Monasterium S. Michaëlis de Coxano. In Bigorritensi Monasterium S. Sauini & S. Seueri. In Albiensi Monasterium S. Benedicti de Castris, vbi beatus Vincentius Leuita & Martyr requiescit. In Tholosano Episcopatu Monasterium sanctæ Mariæ de Soricino. In Ruthenensi Monasterium S. Amantij, & Vabrense. In Carcassonensi Monasterium sanctæ Mariæ de Crassa. In Neumasensi Monasterium S. Petri de Psalmodio. In Arelatensi, sancti Petri de Monte-majori. In quibus omnibus, defuncto Abbate tibi tuisque successoribus cura sit, communi Religiosorum Fratrum consilio, de ipsorum congregatione regulariter eligere Rectorem. Quod si inter ipsos huic regimini nequiuerit idoneus inueniri, de vestra idest Massiliensi Congregatione sibi Abbatem assumant, vnde institutionis suæ ac Religionis videntur sumpsisse principia. Si verò, quod absit, ordinatus Abbas à sui ordinis rectitudine deuiauerit, vestra intererit cùm parochiani Episcopi consilio Abbatis ipsius delicta regulari austeritate corrigere. Qua in re Episcopis ipsis non liceat vobis aliqua prauitate resistere. Porrò ea quæ per Episcoporum concessionem per Principum liberalitatem, vel per oblationem fidelium tua strenuitas acquisiuit, nos tibi tuisque successoribus ad vsum Fratrum vestrorum perpetuò possidenda præsentis Decreti auctoritate firmamus, salua Episcoporum canonica reuerentia. Videlicet iuxta Auinionem ciuitatem Cellam sancti Saturnini. In Episcopatu Vzetico sancti Mammetis Cellam Luræ. In Archiepiscopatu Aquensi parochialem Ecclesiam de Cretis, & parochiam de Assuel, & parochiam de Boch & de Caudalonga cum eodem castro, parochiam de Roseth, Ecclesiam parochialem de Sparo & de Arhga. Castrum de Papia iuxta Marismanam cum portu de Bagneras, parochiam de Cosof. In Forojuliensi Ecclesiam parochialem de Grimal, parochiam de Aix & de Flayosco, Ecclesiam sancti Petri cum parochiali Ecclesia de Salernis, Ecclesiam sanctæ Mariæ adiuncta contigua Ecclesia de Cabaza, parochiam de Luch. In Carpentoratensi Episcopatu Ecclesiam S. Felicis. In Ebredunensi Archiepiscopatu parochiam de Turries. In Vapincensi Ecclesiam sancti Eregij in castro de Medoilo apud Iemiam. Sancti Victoris Cellam in proprio Massiliensis Cœnobij iure constructam. In Sardinia in Gallurensi Episcopatu Ecclesiam sancti Stephani de Pausada. Cum cæteris Ecclesiis, quas tam Episcopus, quàm Iudex Massiliensi Monasterio contulerunt. In Calaritano Iudicatu Ecclesiam sancti Luciferi cum subiectis Ecclesiis. Ecclesiam sanctæ Catellinæ in Semellia. Monasterium quoque sancti Saturnij & sancti Antiochi à Caralitano Episcopo vobis traditum in perpetuum vestro Cœnobio firmamus, ita vt videlicet vt pro decreto quod à nobis Venerabilis idem Frater noster & Coëpiscopus Hugo promeruit supra Episcopalis obedientiæ ius nihil sibi in eis Calatitani Episcopi debeant vendicare. Episcopis autem interdictam volumus, ne inconsultis vobis aut locorum Præpositi loca vestra vel Ecclesias excommunicent aut interdicant. Porro in Ecclesiis interdictis vobis licentiam indulgemus, cùm ad ea loca veneritis, seorsùm diuina officia celebrare. Sanè si quis in crastinum Archiepiscopus aut Episcopus, Imperator aut Rex, Princeps aut Dux, Marchio, Comes, Vicecomes, Iudex, aut quælibet Ecclesiastica sæcularisve persona huius Decreti paginam sciens, contra eam temerè venire tentauerit, secundò & tertiò commonitus, si non satisfactione congrua emendauerit, Potestatis honorisque sui dignitate careat, reumque se diuino iudicio existere de perpetrata iniquitate cognoscat, & à sacratissimo Corpore ac Sanguine Dei & Domini Redemptoris nostri IESV Christi alienus fiat, atque in extremo examine districtæ vltioni subjaceat. Cunctis autem vestro Cœnobio iusta seruantibus, sit pax Domini nostri IESV Christi. Quatenus & hîc fructum bonæ actionis percipiant, & apud districtum Iudicem præmia æternæ pacis inueniant, Amen. Actum Placentiæ per manum Ioannis S. R. E. Diaconi Cardinalis, pridie Nonas Aprilis, Indictione III. anno Dominicæ Incarnationis M XCVI. Pontificatus autem Domini Vrbani II. Papæ VIII.

des Cardinaux François. 41

HVGVES, EVESQVE DE DIE,
puis Archeuesque de Lyon, Cardinal du Tiltre de . . . .

CHAPITRE X.

Ciaconius in vitis Pontificum, sub ALEXANDRO secundo.

VGO Gallus, Præsbyter Cardinalis tituli S. . . . . posteà Archiepiscopus Lugdunensis. Hic dum GREGORIVS VII. vixit, ipsius partibus contrà GIBERTVM perpetuò adhæsit, cuius ita gratiam promeruit, vt ab eodem Pontifice paulò antè obitum, dignus summo Sacerdotio existimatus sit. Quo vita functo prælatum sibi VICTOREM tertium ægerrimè ferens, ab ipso à quo Legatione Gallica honoratus fuerat, ad CLEMENTEM tertium defecit : quare ab eodem Pontifice in Synodo Beneuentana cum RICARDO Abbate Sancti Victoris Massiliæ Cardinale transfuga damnatus est : vt ex actis eiusdem Concilij, & Leonis Ostiensis historia Casinat. libro tertio, capite 71. intelligitur. Extant in Registro GREGORII VII. plures ad hunc HVGONEM Epistolæ, quibus cum magni à GREGORIO habitum, virumque fuisse ea ætate Clarissimum liquet, nisi tot virtutes vnius ambitionis vitio maculasset.

Extraict d'vne Charte concernant l'Abbaye de la Reole en Gascogne.

SIGNVM *Hugonis Episcopi Diensis, Papæ Vicarij.*

VRBANVS *seruus seruorum Dei, Venerabili Fratri & Coëpiscopo,* HVGONI *Apostolicæ Sedis Vicario, &c.*

Yues de Chartres, en l'vne de ses Epistres audit HVGVES.

AVDIVI Domnum VRBANVM Apostolicum, legationem Apostolicam tuæ credidisse charitati, qua laudabiliter functus es tempore Prædecessoris sui Beatæ memoriæ Papæ GREGORII. Audiui, & lætatus sum in his quæ dicta sunt mihi, tùm propter sinceram qua te complector charitatem, tùm propter communem Ecclesiæ Christi vtilitatem, &c.

GREGORIVS *Episcopus seruus seruorum Dei,* HVGONI *Diensi Episcopo, &* HVGONI *Cluniacensi Abbati, Salutem.* Vos summoperè studium adhibere mandamus, admonendo quatenus finem imponere procuretis negotiis. Vnde Remensis Archiepiscopus MANASSES Confrater noster suis Litteris nobis conquestus est de Confratre nostro Archiepiscopo Viennensi VVARMVNDO, qui in suo Archiepiscopatu Præsbyteros deposuit, & eosdem restituit. Datum ad Sanctum Germanum XI. Kalendas Septembres, anno 1078.

BERTOLDVS in Diario.

RELIGIOSISSIMOS Monachos, & Clericos in captiuitate fecit cruciari HENRICVS, multi tamen ex Francigenis ad Romanam Synodum, tam Episcopi, quam Abbates peruenerunt, meliores autem Episcopi Domno Apostolico magis necessarij, HVGO Lugdunensis, ANSELMVS Lucensis, REGINALDVS Comanus specialiter ab HENRICO prohibiti fuere.

BARONIVS in VICTORE III.

HVGO & RICARDVS Abbas Massiliensis schisma excitant in Ecclesia anno 1087. non potiti votis Pontificatus Romani, ad quem diù clam inhiabant. Exaltato schismate sub VICTORE III. Pontifice, qui præcepit ne alij iis communicarent, qui Ecclesiæ Romanæ Communione sua se sponte priuarunt : verum posteà pœnituit HVGONEM sui facinoris anno 1094. Legatus Sedis Apostolicæ Synodo Claromontanæ interfuit restitutus ab ALEXANDRO II.

VRBANVS *Episcopus seruus seruorum Dei, Venerabili Fratri* HVGONI, *Lugdunensi Archiepiscopo, Primati, eiusque successoribus Canonicè promouendis in perpetuum, &c. & sur la fin.* Itaque suffragancis, qui præsentes aderant, sententiam nostram debita humilitate suscipientibus, ac obedientiam promittentibus, sic tandem Lugdunensis Ecclesiæ querela diuturna, annuente Domino terminata est.

Per præsentem igitur priuilegij paginam Lugdunensis Ecclesiæ tuæ Primatum super quatuor Prouincias confirmamus, & à reî. Prouincias autem Illas quas vobis confirmamus, dicimus Lugdunensem, Rothomagensem, Turonensem, & Senonensem, vt hæ videlicet Prouinciæ condignam Lugdunensi Ecclesiæ obedientiam soluant, & honorem, quem Romani Pontifices reddendum esse *scriptis proprijs præfixerunt*, deuotè humiliterque exhibeant.

Ex MS. Libro Monasterij Osniensis prope Oxoniam, in quo multa Collectanea.

IOANNES primæ Sedis Ecclesiæ Lugdunensis Archiepiscopus, RADULPHO de Diceto Decano Londinensi. ANACLETVS Papa tertio suo Decreto Lugdunensem Ecclesiam primam inter Occidentales Ecclesias nominauit, secundam verò Metropolim Rothomagensium, tertiam Turonensium, quartam Senonensium, & has cum suffraganeis suis ad Ecclesiam Lugdunensem pertinere debere firmissimo iure statuit: & hæc quasi primitiuæ Ecclesiæ ordinatio vsque ad tempus VRBANI Papæ secundi inconcussè permansit, cuius tempore Senonensis Archiepiscopus indignatus, quod Rothomagensis & Turonensis in Concilijs & Conuentibus Lugdunensis Ecclesiæ Primatis præferrentur, ab ipsius obedientia se subtrahere conatus est, sed in Concilio Claromontensi cui dictus VRBANVS præsedit, ad querelam HVGONIS tunc Lugdunensis Archiepiscopi & Cardinalis firmissimè statutum est, vt omni iure Ecclesiam Lugdunensem tanquam matrem suam Senonensis agnosceret, & omnimodam obseruantiam & reuerentiam exhiberet. Huius tempore HVGO Rothomagensis Archiepiscopus ad instantiam Regis HENRICI primi personalem obtinuit exemptionem sicut dicitur. VALE.

Lettre de HVGVES Cardinal, Archeuesque de Lyon, aux Archeuesques, Euesques, & Abbez, touchant l'absolution de FOVLQVES, Comte d'Anjou.

HVGO Lugdunensis Archiepiscopus, Apostolicæ Sedis Legatus. Dilectissimis in Christo Fratribus Archiepiscopis, Episcopis, Abbatibus, & omnibus sanctæ Dei Ecclesiæ fidelibus, salutem. Communi orthodoxorum omnium notitiæ tradere dignum iudicauimus, qualiter ex præcepto Domini nostri Papæ Vrbani pro causa FVLCONIS Andegauensis Comitis vsque ad fines Andegauorum veniendi obedientiam suscepimus, vt cum à vinculo anathematis, quo diutino tempore innodatus erat, pro captione Fratris sui GAVFRIDI, quem in bello publico cœperat, absolueremus: Cum tamen ipse Comes rationem reddere, aut satisfacere, & Iudicium subire non subterfugeret: immò semper paratus esset, Et vt virorum probabilium Clericorum & Laïcorum relatione cognouimus; præfatus Frater eius tempore quo captus fuit, à Stephano Cardinale Romanæ Sedis Legato pro multimoda iniuria, quam inferebat Turonensi Ecclesiæ, & Abbati S. Martini Maioris Monasterij, excommunicatus erat, & Fulconi huic Principatus Andegauensis Comitatus ab ipso Legato, ex parte Sancti Petri donatus erat, quem quidem & ab auunculo Gaufrido concessum fuisse, virorum probabilium de Nobilibus suis veraci cognouimus relatione. Nos igitur hac suscepta Legatione, vt vigor Apostolicæ obedientiæ maiori à nobis tractaretur auctoritate, Venerabilem Fratrem nostrum Bituricensem Archiepiscopum executionis huius adhibuimus socium: & sic simul positi Fratrem Comitis, quem captum audiebamus, consulto adiuimus, quem ita despicientem inuenimus: vt ferebatur ab omnibus; vt prorsus inutile & vanum videretur regendæ ei patriæ committere Principatum, qui sibi & omnibus stultitia sua factus fuisset inutilis: vsque adeò, vt nec per manus nostras à captione vellet eripi. Venimus itaque ad Cœnobium sancti Florentij, & in die Natiuitatis S. Ioannis Baptistæ, Virorum religiosorum, Episcoporum, & Abbatum, qui inuitati aduenerant, Fulconem Comitem paratum satisfacere, aut rationem reddere, vnanimi omnium voto & laude absoluimus: acceptis ab eo securitatibus, vt si Frater eius meliorilatem sensus reciperet, ex præcepto Domini nostri Papæ, vel nostro, aut concordiam faceret cum eo, aut iudicium subire paratus esset: nec vxorem duceret, de quarum numerositate culpabatur, absque nostro consilio. Cuius rei gestæ seriem vobis pandere iudicauimus. Aldebertus Venerabilis Bituricensium Archiepiscopus. Ouuelldus Cœnomanensium Episcopus. Guillelmus Abbas S. Florentij. Bernardus Abbas Maioris Monasterij. Bernardus Abbas SS. Sergij & Bachi. Girardus Abbas S. Albini. Nualdus Abbas S. Nicolai. Baldricus Abbas Burgulensis. Gaufridus Abbas Vindocinensis. Actum est anno ab Incarnatione Domini M. XCIV. apud Abbatiam S. Florentij, die Festo S. Ioannis Baptistæ.

HEXASTICON in porticu ATRII Ecclesiæ Monasterij Cisterciensis superius inscriptum.

ANNO *milleno, centeno, bis minus, vno*
Pontifice VRBANO, Francorum Rege PHILIPPO.
Burgundis ODONE Duce, & fundamina dante
Sub Patre ROBERTO cœpit Cistercius Ordo.
Cœnobia in toto producens plurima mundo,
Sic Mansura diu per sanctum nomen IESV.

des Cardinaux François. 43

Extraict d'vne Epistre escrite par le Cardinal HVGVES à Sainct Anselme, Archeuesque de Canterbery.

SAnctitati vestræ notum esse volumus, meritis & intercessionibus vestris id obtinentibus, nos Hierosolyma incolumem rediisse, &c.

DOM IEAN, RELIGIEVX, ET ABBE' de Dol, puis Archeuesque dudit Dol, Cardinal de Sainct Sylueste & Sainct Martin és Monts, du Tiltre d'Equitius.

CHAPITRE XI.

Ciaconius in vitis Pontificum sub GREGORIO VII.

IOANNES .... Gallus Monachus & Abbas Dolensis, Præsbyter Cardinalis Sanctorum Sylvestri & Martini in Montibus Tituli Equitij, posteà factus Archiepiscopus Dolensis. De eo mentio extat in Bulla INNOCENTII tertii anno primo sui Pontificatus.

EVDES DE LAGERY, VVLGVAIREMENT appellé de Chastillon, Religieux de l'Ordre de Clugny, Cardinal Euesque d'Ostie, puis Pape sous le nom d'VRBAIN II.

CHAPITRE XII.

Extraict de la Chronique MS. d'Alberic Moine des trois Fontaines

ANno 1087. Odo ex Monacho Cluniacensi Episcopus Ostiensis, contrà Imperatorem & Gvibertvm sit Papa, & VRBANVS secundus nominatur. Sedit annis decem, menses quatuor, natus de Castilione super Matronam, filius Domini de Lagery. Habuit alium fratrem RODVLPHVM patrem GERARDI, cuius filius alter GERARDVS genuit ODONEM patrem Ægidii de Lagery Monachi Remensis, cuius soror HERSENDIS suit mater BALDVINI Monachi Igniaci. Hic Odo natione Gallus, primo Remensis Archidiaconus, inde Prior Cluniaci, mox Episcopus Ostiæ, post in Apostolicum consecratur. Tunc Imperator HENRICVS nisus est VRBANVM expellere, & Romæ GVIBERTVM inserere.

ORATIO VRBANI secundi habita in Synodo Claromontana; excerpta ex NAVCLERO.

EXistimastis forte, qui huic loci ad Nos accersi conueniistis, VERI CHRISTIANI, solam fuisse rei Ecclesiasticæ ad Normam fidei Religionis componendæ causam, quæ me ab Vrbe venire compulerit; fuit equidem in eo aliquid causæ, sed alia vrgentior, & qua maior vlla dici non possit, nec excogitari. Nos traxit paucos ante annos Gens à Perside Agarena, quum corruptè Sarracenam dicitis, Sanctam Ciuitatem Hierusalem, Sanctamque Terram Inuadens, cepit, diripuit, incendit, sacrosanctum Domini Sepulchrum (quod sine lacrymis dicere nequimus) prophanatum, fœdata etiam Ecclesiæ sacella, Templaque ritus Nostri, aut solo æquata sunt, aut in prophanos vsus commutata, Abacti inde Christiani, pars fragilis, & cruciatuum impatiens saluti abrenunciauit, circumciso præputio facta est Sarracena; Pars in fide constans per varios mortis modos lacerari laniatique, vt felix fuerit,

F ij

quicem Carnifex petitum gladio obtruncauit. Mulieres Christianæ in Vrbibus, oppidisque frequentissimæ, quas ex vestis quorundam, qui ætatis, Vrbibus & oppidis, deuotio ad sancta inspicienda, & adoranda loca, per tot terras traxerat, omnia passæ sunt, quæ dictu obscœna crudelis Christi hostis, non ad suam magis explendam libidinem, quam ad Christianorum dedecus excogitare potuit. Ea, si Christiani, immò si viri estis, nec æquo audire animo potestis, nec patienter tolerare: in quæ omnia, vt illis pro dignitate nominis Christiani prouidere velitis, Maiorum exempla, maximum, quod imminet negligentibus, periculum, & præmiorum spes, vos non ducere magis, quam trahere debebunt: Etenim subiectas quondam Romanorum Imperio Ciuitates, & Terram sanctam à Turcis, Sarracenisque nostris hostibus possideri, neminem esse Vestrum, qui ignoret, certum habemus. Quas verò Europæ Prouincias, quas Vrbes iisdem premant, occupent, lacerentque infideles, si omnes simul ignoratis, vnusquisque in sua Prouincia nouit: nisi fortè Vos Galli remotiores, hæc non sentitis, qui Hispanorum, Aquitanorumque ab eâ gente oppressorum, dum in seruitutem rapiuntur, in Affricam abducuntur, clamores eiulatusque singulos per dies audire debetis. Sed nunquid vos Germani, Saxones, Poloni, Bohemi, Hungari, etsi Turcas & Sarracenos intra viscera sæuire vestra nondum sentitis, quam à vobis distent, vel fretis, vel fluminibus, ignoratis? Italiam nunc alloquor, quam multos antè annos Sarraceni dimidiam penè occuparunt, in eamque adeò penetrarunt, vt Christianorum Caput, Petri sedem Romam, Martyrum Sanguine adhuc madentem, inuasam obsederint, captasque Apostolorum Petri & Pauli Basilicas inquinauerint. Venetos hic video, Dalmatas, & alios sinus Adriatici accolas, qui dum perpetua cum Sarracenis prælia, vt se tueantur, exercent, quod est Italiæ reliquum defensant. Quid multis? fuit hactenus in extremis ad Septentrionem partibus Europæ Constantinopolitanum Imperium obex & tanquam murus, qui Turcas atque Sarracenos continuit & prohibuit, ne Hungaros, Polonos, Bohemos, ipsosque Alemannos primo, deindè cæteros obruerent Christianos. Pulsus verò ante paucos annos Asiâ Imperator, de retinendis Constantinopolitanis Europæ Regionibus laborat; si nunc ea respicitis, consideratisque sola, quæ ante oculos sunt, si irruituro breui Turcæ & Sarraceno obsistere non pergitis, qui sacrum Domini Sepulchrum, sacram Iesu Christi Terram pedibus conculcatam à spurcissima gente tot annos inquinari neglexistis, eandem in vestrum Caput irruere breui sentietis, matronas à complexu vestro, vestras Virgines ab earum sinu, pueros & Adolescentes vestros in seruitutem vobiscum rapi, dolentes mœstique videbitis. Melius & maiori cum gloria nostri Progenitores inchoatam Romæ & in Italia & per Europam dignitatem, ad totius Orbis Monarchiam extulerunt, per cuius omnes Prouincias & Regiones nomen floruit Christianum, quod nostris temporibus ad paruum Orbis angulum coangustari, & quotidie de excidio periclitari videmus. Sed propinquiora attingamus, Carolus ille, Cognomento Magnus vester, Germani, penè auitâ origine: Vester, Franci, Rex Vestrum ingens decus, Hispaniæ, Aquitaniæ & ipsi Franciæ finibus incumbentes Sarracenos infinita mortalium examina deturbauit. CAROLVS Sarracenos Italiâ & (vt famâ vos vulgatis) Terrâ sanctâ Hyerosolimisque expulit. Et quo audebitis pacto post hæc dicere, solam esse vel Primariam Gentem Francicam, quam verè Christianam liceat appellare, si in eâ quæ vobis adest, opulentiâ, Sarracenos & Turcas, post captum inquinatumque Domini sacrum Sepulchrum, populi etiam Christiani Reliquias capi opprimique permiscritis? Expergiscimini, obtestamur, & per viscera Misericordiæ Dei Nostri oramus, viri fortes Orbi Christiano Exemplum incitamentumque futuri, arma capite, Turmas, cohortes, legiones educite, tam multos habituri sequaces, quam id ardenti animo facere ostendetis. Aderit vobis omnipotens Deus, Angelos suos ante faciem Vestram, qui dirigant gressus Vestros, Cœlo demittet. Capite igitur & arripite Arma, Christiani, Dominicum Sepulchrum liberaturi, in quo omnes æternam vobis comparabitis gloriam, tum etiam rerum sæculi incomparabiles diuitias parabitis. Nos denique de Misericordiâ Dei, Beatorum Petri & Pauli auctoritate consisi, fidelibus Christianis, qui contra Paganos Venerabilia Loca huiusmodi detinentes, arma susceperint, cunctas sibi pro delictis suis pœnitentias relaxamus. Interim verò eos, qui ardore fidei laborem istum assumpserint, sub Ecclesiæ Romanæ protectione, tanquam veræ obedientiæ filios suscipimus, & ab Vniuersis inquietationibus tam in persona, quam in rebus, statuimus manere securos.

In Palatio Apostolico hæc de VRBANO legebantur.

VRBANVS secundus Auctor Expeditionis in Infideles.

ORDERICVS Vitalis in suâ Normannorum Historiâ Ecclesiasticâ, anno 1088. sic de VRBANO secundo loquitur.

Hic erat (inquit) natione Gallus, Nobilitate & Mansuetudine Clarus, ciuis Remensis, Monachus Cluniacensis, ætate mediocris, Corpore magnus, modestia discretus, Religione maximus.

GVIBERTVS Abbas in Historia Hierosolimitana.

Finis, eius, id est VRBANI, fuit splendescens miraculis.

des Cardinaux François.

FRIZONIVS in Gallia purpuratâ sub VRBANO II.

SCRIPSIT de iniuriis sibi ab HENRICO Imperatore illatis, dum in Germania personam Legati sustineret sub GREGORIO VII. Orationes tres in Concilio Claromontano habitas, quarum duæ reperiuntur apud Tyrium, Nauclerum, & Malmesburiensem, tertia verò in Vaticanâ Bibliothecâ seruatur Epistolas plures ad Mathildem Comitissam, Alexium Imperatorem Constantinopolitanum, Yuonem Carnotensem & alios. Extant viginti apud Eminentissimum Cardinalem Baronium totius antiquitatis iubar splendidissimum. Contrà hæreticos quædam, vt author est Platina. Registrum, vt refert Petrus Diaconus, à Leone Cassinensi compositum, præfationem Missæ quæ incipit; Et te in veneratione Beatæ MARIÆ semper Virginis collaudare.

Inscription qui se void dans l'Eglise du Monastere appellé Caue-Metelliane à Salerne.

Crucem hoc in lapide sculptam quam cernis, Sanctissimus VRBANVS secundus Romanus Pontifex in sacra huius Ecclesiæ dedicatione proprijs manibus in sacræ Rei signum oleo liniuit. Anno salutis MXCII. Nonis Septembris, Indictione xv.

Domnizo in vita MATILDIS.

NON erat hic Rector tremulus quasi cannula Vento,
    Sed veluti ferrum truncabat Noxia Verbo.
Vt cernuum serpens, Heresum sic turba timet, quem
Cuncta sibi praua subduntur: Dogmata falsa
Numquam decreuit; libertas denique sedis
Romana per eum, sanctum perauxit quia Petrum.
Aureus Antistes, color optimus extitit ipse
Scilicet VRBANVS, Sanctis meritò sociatus.
Talem væ Roma, cum perdidit vpilionem:
Mortuus est Rome, digno conditus honore.
Iulius ipse dies binos cum dat prope finem
Anno milleno, nonagenoque noueno.
A nato celso de primo Virgine verbo.

Extraict d'vne ancienne Chronique MS. de S. Bertin.

Hoc tempore VRBANVS Papa secundus, postquam sederat annis duodecim cum dimidio, diem clausit extremum, anno Domini MCI. cuius Epitaphium eleganti metro compositum fuit istud.

HIC Iuuenis Lux Vrbis erat, defunctus Eclypsis.
    Vrbs stetit VRBANO stante, ruente ruit.
Lege regens, & pace fouens te Roma beauit
    Seruans à Vitiis intus, ab hoste foris.
Non flexit, non extulit hunc, non terruit vnquam
    Dires fama, potens munere, laude nimis.
Eloquium Linguæ, sapientia pectus, honestas
    Mores ornabant, exteriora decus.
Ecce per hunc Vrbs sancta patet, Lex nostra triumphat,
    Gentes sunt victæ, crescit in orbe fides.
Sed citius rumpitur rosa, quæ plus vernat in horto,
Sic & florentem fata tulere virum.
Mors hominem, requies animam, Cisterna Cadauer
    Soluit dura, fouet grata, profunda tegit.

Extraict d'vn Liure intitulé,

De l'Antiquité de l'Eglise Nostre-Dame, dite la Daurade, à Tolose, & autres antiquitez de la ville, illustrées de diuerses obseruations & singularitez remarquables.

Par Iean de Chabanel, Tolosain, Docteur en Saincte Theologie, & Recteur de la mesme Eglise.

A Tolose, par Raimond Colomiez, Imprimeur ordinaire du Roy & de l'Vniuersité. 1621.

F iij

Preuues du Liure I. de l'Histoire

Epitaphe graué en Lettres Gothiques sur vne pierre de marbre, à present affiché contre vn mur du Cloistre de la Daurade.

ASPICE Lector opus scripturæ marmoris huius.
Ostendit titulus, quem tegit hic tumulus.
Ildsons, natus Comitis in eis hic tumulatus;
Corpus sub lapide, Spiritus in requie.
Paruulus ætate vita puer immaculata
Iungitur Angelicis Virgineisque choris.
Vir sacer VRBANVS Romanus Papa secundus
Esse Cimiterium præcipit hoc Comitum.
Insuper, vt didici, iubet illos hic sepeliri,
Sacro mandato cinibus inde dato.

Ciaconius in vitis Pontificum. Sub ipso VRBANO II.

VRBANVS II. Iunior Papa qui OTHO ante Pontificatum vocabatur, ratus est in oppido Diœcesis Remensis in Gallia, cui Castellionis nomen est, super Matronam fluuium sito, ex patre Milone. Qui adolescens Romam veniens in Monasterio Lateranensi Canonici ordinis iuxta Sancti Augustini regulam Institutum professus est, in quo Pontificij lucis Doctoratum obtinuit, in aliquot annis puré, integreque vitam transegit. Arctius postea viuendi Institutum quærens, in Monasterio Sanctæ Trinitatis Cauensi, Monachi vestes assumpsit, inde ad Cluniacense Monasterium in Galliam profectus sub Abbate eiusque successore Hugone, ibidem diu cum magna sanctitatis, & Doctrinæ opinione permansit, ac Hildebrandi eius Monasterij Monachi, postea Gregorij VII. amicitiam & arctiorem beneuolentiam contraxit, a quo postea Rom. Pont. creato Romam ex Monasterio accitus, in locum Gerardi Episcopus Cardinalis Ostiensis factus est: erat enim Otho vir strenuus, rebus gerendis Idoneus, eloquens, diuinarú scripturarum & Legum Pontificiarum peritus; multos pro Ecclesia Romana labores in Schismate Gibertino tulit: extremis Gregorij VII. annis, eiusdem Legatus in Germaniam, vt Catholicæ partis studiosos in recta fide confirmaret missus, interfuit Concilio Telemgeburgi celebrato, in quo Vuencilus Moguntinus Archiepiscopus damnatus est, quod Schismaticorú Gibertinorum tum Princeps in Germania esset. Quare à Gregorio VII. ante obitum Romano Pontificatu dignus pronunciatus est: eius iudicium qui ei succeßit Victor III. sequutus, moriens eum Cardinalibus astantibus Romanum Pontificem creandum esse suasit, vnde mortuo Victore tertio ante diem sextum Idus Martij Cardinales ex diuersis Regionibus presto Taracinæ fuerunt; postero vero die omnibus in Episcopio conuocatis, Tusculanus Episc. quod Gregorius primum, quid deinde Victor de constituenda Ecclesia censuisset exposuit, atque indicto prius triduis ieiunio precibusque ad Deum fusis, vt Pastorem gregi daret, qualem illa tempora exigebant, Dominica die, quæ fuit 3. Idus, summo mane in eadem Basilica conuenerunt: ac tres Episcopi, Portuensis, Tusculanus, & Albanensis, qui comitijs præerant, conscenderunt ambonem, & facto silentio Othonem Ostiensem Episcopum renunciauere electum Pontificem. Quem cum vna omnes voce probassent atque Albanensis, Vrbanum II. Pontificem appellasset: tum raptus ab omnibus, & purpurea chlamide indutus ad aram maximam S. Petri Tarracinæ adductus est, ibique Pontificio in solio collocatus, sedit, Imperatore Henrico IV. annos 11. menses 3. & dies 18. Progressus inde Romam cum à Clementis factione repelleretur; in insulam Tiberis nomine Licaoniam confugit, ibique menses aliquot pia Romanorum matronarum subleuatus benignitate, se sustentauit.

Postero anno 1089. Vrbanus cum se Romæ manentem exiguum Ecclesiæ afferre subsidium posse videret, caussæ haud quaquam indormiendum ratus, Vrbe exiit; atque in Apuliam ad Conuentus agendos, cum Cardinalibus adiit, ac primum Troiæ; deinde Amalphi Concilium coëgit, ibique Clementem III. Antipapam atque Ariicum cæterosque fautores eius confirmatis Victoris, Gregorijque decretis, est detestatus: media quadragesima anno 1091. absoluit. deinde Rogerium ad se profectum, ac fidelem se fore Eccl. promittentem Ducem Apuliæ, & Calabriæ confirmauit, vexillum de manibus Pontific. illi suscepit.

Anno 1090. Vrbanus ad Campaniam in fide retinendam progressus, Casinum per quadragesimam adiit, cum in vigilijs sancti Benedicti, sæuissimo calculi dolore cruciaretur, ac de præsentia corporis eius dubitaret, visus est sibi per quietem sanctum Benedictum assistentem audire, atque illum scrupulum sibi euellere ac proximam sanitatem prædicere: eum propterea autem calculum excussit, ac gratijs Deo actis, teu Monachis aduocatis exposuit, tertiamque Synodum, iterum Troiæ in Apulia congregauit. Casino iterum visitato alterum Conuentum Troiæ in Apulia ob res Ecclesiæ constituendas habuit, in quo nihil antiquius duxit, quàm vt Gregorij VII. & Victoris III. Pontificum acta tueretur; eis vero adderentes damnaret, inde in Vrbem rediens, sub Petri Leonis ciuis potentissimi tutela, cum tuto in ea permanere ob Antipapæ fautores nequiret, in Lombardiam præsidio à Mathilde Comitissa ad se misso profectus est, & quartum super Padi Ripam apud Villam Rastalam Concilium peregit, cui Mathildis interfuit. Inde Placentiam accedens maximum ducentorum Episcoporum Concilium quinto celebrauit. Henrico, & Guiberto damnatis Gregorij actiones confirmauit, preces B. Virginis, & præfationem eius

In Ecclesia Latina cantari instituit, præfationibus nouem antiquis adiungens decimam, *Et te in veneratione B. Virginis collaudari.* Sabbathoque de ea commemorationem fieri præcepit : Philippum Francorum Regem excommunicauit, quod viuente legitima vxore aliam superinduxisset : rebus omnibus, tum ex sententia compositis, Alpes emensus Gallias perrexit, & in Aruernis apud Claromontem Sextum Catholicorum Episcoporum, qui ex Galliis, Germania, & Hispania venerant, Concilium anno 1096. mense Nouembri habuit, in quo nobilissimam illam, & memorabilem transmarinam expeditionem à Petro quodam Eremita, & Alexij Constantinopolitani Imperatoris literis excitatus instruxit, qua à Christianis, qui in sacram militiam nomina dederant Asia minor, Syria, Palæstina, Mesopotamiæ pars, vrbesque clarissimæ Antiochia, & Hierosolyma, cum Christi sepulchro, quæ paulò ante à Turcis occupatæ fuerant, recuperatæ sunt. Hierosolymorum regnum Antiochiæ verò, & aliquarum aliquot Vrbium Principatus instituit. Hanc sacram expeditionem Gregorius septimus, animo cogitauerat, at Ecclesiasticis perturbationibus impeditus, haud perficere potuit. Vrbanus eam perfecit, cuius iussu, concionibus, litterisque ad omnes Prouincias missis, circiter centum millia Christianorum, ex Hispania, Anglia, Scotia, Hibernia, Gallia, Lotharingia, Flandria, Italia, signo Crucis suscepto arma sumpserunt : tanti apparatus bellici Duces fuere Ademarus Podiensis Episc. Apost. Sedis in ea expeditione Legatus : Petrus ipse Eremita vir magnæ sanctitatis, Hugo Magnus Philippi Francorum Regis Frater, Gothefridus Bulionius, Lotharingiæ Dux, & eius Frater Balduinus, & Eustatius Robertus Flandriæ, Robertus Alius, Guillelmi Regis Anglorum filius; Normandiæ Stephanus, Carnotensium & Blesensium; Raymundus Tolozanus, & sancti Egidij Comites, ex Italia Boëmundus Princeps Tarentinus, Robertus Guiscardi filius, & eiusdem sororis filius Tancredus. Multi præterea magni nominis Episc. Principes & regionibus Trans-Alpinis Duces &c. Veneti, Pisani ac Genuenses instructis classibus mari affuerunt, à quibus quadriennij spatio ab anno 1096. vsque ad annum 1099. omnes prædictæ Prouinciæ è Turcarum potestate ab iis bello ereptæ sunt Antiochia, anno 1098. 3. Nonas Iunij, ferrum lanceæ, quo Christi pectus fuit apertum, ibidem per reuelationem B. Andreæ Apostoli repertum, in bello gestatum est. Boëmundus Guiscardi filius Antiochiæ, quæ priùs Reblata dicebatur, & in qua ad trecentas, & sexaginta Ecclesias, & sub illius Patriarchæ, antequam eadem à Barbaris caperetur, centum & sexaginta Episcopos fuisse, legimus, primus Princeps est constitutus; Hierosolymæ anno sequenti 1099. Idibus Iulij, Feria sexta in deditionem Christianorum venerunt, totiusque regni Hierosolymitani Rex designatus est Gothefridus Lotharingiæ Dux, cuius expeditionis successus accuratissimè duobus à viginti libris Guillelmus Archiepiscopus Tyrius, ante 300. annos descripsit. Nicæa Bithyniæ Metropolis capta à Gothefrido, & Iconium Lycaoniæ caput, atque Heraclea. Boëmundus expugnauit Tarsum Ciliciæ, Edessam Syriæ, & Manucsam. Gothefridus acquisiuit Armeniam minorem, Cæsaream Cappadociæ, Tyrum Phœniciæ, & Antiochiam: signum autem militiæ fuit Crux è purpureo panno consuta, quàm Vrbanus vestibus super dexteram scapulam affigendam in salutaris indulgentiæ signum induisit, vnde qui profecti sunt in eam expeditionem Cruce signati, & ipsa expeditio Cruciata vocata est: annus 1096. totus ab Italis in apparatu armorum expediendo consumptus est, ex toto Occidente populique adeò frequentes ierunt, vt crederetur à vulgo vrbes ab incolis deseri, agrosque incultos relinqui: Vrbani suasu bellum sacrum initio ortum à generosa Gallorum gente breuissimoque temporis spatio coactis innumerabilibus peditum atque equitum copiis confectum est.

Vrbanus interim sacri belli Ducibus, qui maritimum iter facere constituerant, comitatus in Italiam rediit, quorum timore Gibertus perterritus ex vrbe, Rauennam fugit, ab iis Vrbanus Romam deductus in Apostolica sede restituitur; cuius benedictione muniti, Brundusij paucis conscenderunt, in Epirum traiecerunt, in animo Pontifex habebat, cum his trans mare proficisci, sed à Catholicis detentus est, ne in tanta perturbatione Petri sedem relinqueret luporum morsibus laxiandam. Mediolanensis Archiepiscopus, aliquot annis antea Episcopatu exactus fuerat, quòd ab vno tantum Catholico Episcopo, & quibusdam aliis Schismaticis Episcopis assistentibus, verùm manus non apponentibus, contra ius Diuinum consecratus ab Imperatore Henrico baculum Episcopalem accepisset, qui Pontificali sententiæ obediens in Monasterium se reclusit, ibique diu sanctissimè vixit, quare in gratiam receptus eidem pallium petenti cum integra potestate Pontifex, his verbis transmisit : *Litteris tuis exoratus cum Apostolicæ sedis benedictione pallium Fraternitati tuæ mittimus, quòd quidem nulli ante, nisi præsenti à Romana Ecclesia concessum est* : Bernardum Toletanum Archiepiscopum Romam pro pallio venientem honorificè suscepit, Hispaniæ Primatem iuramento suscepto fecit & cuncta eius priuilegia renouauit. Fuerat Bernardus Monachus Cluniacensis, Vrbani quondam collega vitæ sanctitate, litteris & prudentia singulari, Galitiæ Regem Vrbanus excommunicauit, quòd Archiep. Compostellanum inaudita causa in carcerem conjecisset. Petrum Regem Arragonum, sub sedis Apostolicæ protectione suscipiens, regnum vectigale factum, illi beneficiario iure cum annuo censu Iacensium tradidit. Et anno 1097. in Basilica Vaticana, quæ sui iuris erat, septimum Concilium indixit, in quo quæ superioribus Conciliis statuerat probauit. Dum sacræ militiæ Duces in Italia fuerunt, pacificè Romæ vixit: iis absentibus Gibertus cum armato milite ad vrbem reuersus omnia ferè, quæ amiserat recuperauit, Romanis aliquot nobilibus suæ factionis arces & præsidia promissa prodentibus, Vrbanumque eo impulit, vt à Ioanne Pagano seditioso ciue, insula Tiberis inclusus vrbe excedere coactus Barium Apuliæ accesserit, & nouissimam 130. Episcoporum Synodum habuit, anno 1094.

Preuues du Liure I. de l'Histoire

Cardinales XXXVI. ab VRBANO secundo creati.

VRBANVM II. Papam multos Cardinales creasse legimus, quorum in tanto horum temporum silentio XXXVI. tantum nomina, & aliquot res ab iis gestas, in huius sæculi Ecclesiasticis Annalibus erui.

Obitus Papæ VRBANI.

VRBANVS finita Barensi in Apulia Synodo, ad Vrbem rediens: senio demùm & infirmitate grauatus, ex insula Transtiberina in proximam Petri Leonis viri nobilissimi, & potentissimi eius amici domum, præsidio munitissimam, propè Sancti Nicolai in Carcere, ædem sacram se contulit, vbi de Romana sede optimè meritus 1 v. Kal. Augusti, anno 1099. beato fine quieuit; cuius corpus per Transtiberinam Regionem ad vitandas inimicorum insidias, qui etiam mortuum lædere conabantur, ad Sanctum PETRVM in Vaticano delatum est, ibique honorificentissimè marmoreo Sepulchro conditum. Vacauit tum Sedes dies XIV. De eo in Palatio Apostolorum iuxtam Sanctum Petrum sic scriptum erat,

VRBANVS secundus, Auctor expeditionis in Infideles.

DOM EVDES DE LAGERY,
vulgairement appellé de Chastillon, Neveu du Pape VRBAIN II. Religieux du Monastere de la Saincte Trinité des Caues, puis de Clugny, Cardinal, Euesque d'Ostie, & de Velitre.

CHAPITRE XIII.

Ciaconius in vitis Pontificum, sub VRBANO II.

Tito .... Gallus Episcopus Cardinalis Ostiensis, in locum ipsius VRBANI secund' initi⁹dus, PASCHALEM secundum Romanum Pontificem consecrauit, sub quo excessit. LEONEM Marsicanum Monachum Cassinatem successorem habens. Eum Pandulphus Pisanus, & priuilegia VRBANI secundi Casinat. Et PASCHALIS secundi aliud anni 1100. commemorant.

In Sancto AVGVSTINO.

CVM aliud habeat Ecclesiæ Catholicæ consuetudo, vt non Numidiæ, sed propinquiores Episcopi, Episcopum Ecclesiæ Carthaginis ordinent: sicut nec Romanæ Ecclesiæ ordinat aliquis Episcopus Metropolitanus, sed de proximo Ostiensis Episcopus.

GEOFFROY DE VENDOSME CARDINAL
du Tiltre de Saincte Prisque, au Mont Auentin.

CHAPITRE XIV.

ALEXANDER secundus in Litteris ad ODERICVM Abbatem Vindocinensem, anno MLXII.

CONCEDIMVS etiam omnibus huius loci Abbatibus Ecclesiam Beatæ Priscæ cum dignitate Cardinalitia, sancti Spiritus iudicio decernentes, vt nulla deinceps Ecclesiastica, sæcularisue persona prædictam Beatæ PRISCÆ Ecclesiam, seu Ecclesiæ Dignitatem eis auferre qualibet occasione præsumat.

Extrait

des Cardinaux François.

Extraict d'vne Lettre escrite au Pape PASCHAL second, par GEOFFROY Cardinal de Vendosme.

DEo volente quam citiùs potero ad vos veniam, beatam faciem vestram visurus, & Beatæ PRISCÆ Ecclesiam, vel de Ecclesiâ Iustitiam, si Bonitati vestræ non displicet, quod minimè displicere debet, recepturus.

Extraict d'vne Bulle d'INNOCENT second, de l'an 1130.

QVia verò EcclesiamBeatæ PRISCÆ olim à nostris prædecessoribus cum dignitate Cardinalitiâ suisse concessâ eidem Monasterio Vindocinensi dignoscitur, quam tamen post qua ad nostram notitiam peruenerit pluribus Cardinalibus esse assignatam concedimus vt omnem dignitatem ex ipsâ concessione datâ, Abbates habeant sandaliorum vsum, Tunicæ, Dalmaticæ, & annuli, sicut eis vtuntur Præsbyteri Cardinales, ipsumque confirmamus Ecclesiæ Sanctæ PRISCÆ, sic tamen vt si fortè ad illam Cardinales instituantur, super Altare Sancti Petri ministrent, & qui pro tempore curam gesserint Ecclesiæ obedientiam prestent Cardinali, & quartam fructuum partem idem Cardinalis percipiet.

INNOCENTIVS III. HAMELINO Abbati Vindocinensi.

LIcet autem Antecessores nostri Ecclesiam sanctæ PRISCÆ in Monte Auentino sitam, cum omnibus pertinentiis suis, & Cardinalitiâ etiam Dignitate, prædecessoribus tuis duxerint concedendam, sicut in ipsorum Priuilegiis perspeximus contineri ; quia tamen post aliqua tempora per incuriam & neglectum eorum, ipsa Ecclesia destructionem & desolationem incurrit ; quidam prædecessorum nostrorum eam diuersis temporibus, diuersis Cardinalibus assignarunt, quos ad titulum eiusdem Ecclesiæ promouerunt. Nos verò tuo volentes honori deferre, de consuetâ sedis Apostolicæ benignitate concedimus, vt dignitatem quam Antecessores tui ex concessione ipsius Ecclesiæ sunt adepti, tu & successores tui nihilominus habeatis. Sandaliorum vsum, Tunicæ & Dalmaticæ, Mitræ & annuli, sicut eis Præsbyteri Cardinales vtuntur, Vobis in perpetuum auctoritate Apostolicâ confirmamus, ipsamque Beatæ Priscæ Ecclesiam Vindocinensi Monasterio de speciali gratiâ restituimus. Hoc adhibito moderamine, vt si fortè Nos aut successores Nostri Præsbyteros Cardinales ad eius titulum duxerimus promouendos, pro eâ maximè causâ, vt super altare Beati PETRI consuetum agant officium ; sicut à sanctis Patribus prouidâ fuit deliberatione statutum : hi quibus pro tempore curam & administrationem ipsius Ecclesiæ commiseritis, eisdem Cardinalibus debitam impendant obedientiam humilem & deuotam. Qui videlicet Cardinales de prouentibus Ecclesiæ eiusdem percipiant quartam partem : Vos autem de ipsâ Ecclesiâ geratis sollicitudinem diligentem, ne per vestram incuriam in solitudinem iterum redigatur, quia priuilegium meretur amittere, qui permissâ abutitur potestate.

MILON, CARDINAL, EVESQVE DE PRÆNESTE.

CHAPITRE XV.

Anonimus Vaticanus.

IE altera mensis Augusti, videlicet decima quarta anni M. consecrandus in Pontificem PASCHALIS secundus. Consecraturi Pontificem Pontifices cum frequentiâ populi plebisque, Basilicam Beati PETRI adeunt, quorum nomina sunt, ODO Ostiensis, MAVRITIVS Portuensis, GVALTERIVS Albanensis, BOSO Lauicanus, MILO Prænestinus, &c.

Ciaconius in vitis Pontificum sub VRBANO II.

MILO...... Episcopus Cardinalis Prænestinus, post VBERTVM contrà HVGONEM candidum Schismaticum designatus interfuit, & ipse (vt Pandulphus Pisanus author est) creationi Paschalis secundi, sub quo diem clausit, Cunradum successorem habens. *Hunc etiam* PASCHALIS *secundi* diplomata anno 1100. & 1101. Ecclesiæ Florentinæ commemorant.

ROBERT DE PARIS, CARDINAL, du Tiltre de Sainct EVSEBE.

CHAPITRE XVI.

Ciaconius in vitis Pontificum sub VRBANO secundo.

OBERTVS Parisiensis Gallus, Presbyter Cardinalis tituli Sancti EVSEBII: Hic cum BINNONE Abbate Casinate præcipuus auctor PASCHALI secundo fuit, vt priuilegium quod HENRICO V. Imperatore adhuc cætiuus de Sacerdotiorum collatione fecerat, omninò reuocaret: fuit in Concilio Vastallensi, vt ex eius subscriptione intelligitur: *de quo Petrus Cassinas, Historia Cassinensis, Libro 4. Capite 44. Bulla PASCHALIS secundi, Anno 1100. Sancti BENEDICTI de Mantua, anno 1105. Chronicon Cassinas.*

GVALO, ou VVALO, EVESQVE DE BEAVVAIS, puis de PARIS, Cardinal du Tiltre de . . . . . .

CHAPITRE XVII.

Extraict du Chartulaire de S. Martin Deschamps, lez Paris.

EGO GVALO Parisiorum Dei gratia Episcopus, & GVILLELMVS Archidiaconus, Monachis Sancti MARTINI de Campis, quatuor Altaria cum omnibus ad ea pertinentibus, ob remedium animarum nostrarum, precibus quondam Domini THEOBALDI eiusdem loci Prioris perpetuò iure possidenda concedimus. Vnum scilicet altare in Villa quæ CRINIACVS nuncupatur, in honorem Sancti Germani consecratum, aliud verò apud ERMINONVILLAM in honorem Sancti DIONYSII dedicatum, tertium apud DINIACVM in honorem pariter Sancti DIONYSII fundatum, quartum in Villa quæ LIVRIACVS vocatur, in honorem Sancti Iustini consecratum. *Cette Charte est de l'an 1107.*

Extraict du Martyrologe de Sainct Victor de Paris.

SECVNDO Kalendas Iunij, obiit Dominus GVALO Cardinalis, Frater noster.

Epistola YVONIS Carnotensis ad PASCHALEM II. Papam.

BELLOVACENSES Clerici melioris famæ & consilij, saniore præcedente consilio vestro, consilio Optimatum Diœcesis suæ, & laude populi Dominum GVALONEM virum vitâ honestum, liberalibusque studiis & Ecclesiasticis Disciplinis ornatum, in Episcopum sibi elegerunt. Pauci tamen ex Clericis STEPHANI illius repudiati complices, quos sibi pelliculis peregrinorum mutium, atque aliis huiusmodi vanitatum aucupiis inescauerat, huic electioni non assenserunt, nec tamen ei aliquid, quod sacris Canonibus obuiaret, objicere potuerunt. Cùm verò semper se impedire non valerent, Regem adierunt, quædam verba auribus eis instillauerunt, quæ facile non corde eliquauerunt: Videlicet quod prædictus electus Discipulus meus fuerit apud me nutritus, addentes quod à Sanctitate vestra fuerit electus, & quod magnus ei futurus esset aduersarius, si in Regno eius aliquandò fuerit Episcopus. Rex itaque violentiâ his verbis succensus, & ab omni bona voluntate turbatus, non vult electioni assensum præbere, nec electo bona Episcopalia dimittere, vnde electores eius ad Paternitatem vestram iam confugiunt, nisi quia Metropolitanus eorum eos detinet, conductô die inter contradictores & electores, sicut dicitur, pacem volens componere, vel forsitan propter voluntatem Regis rem callidè impedire. Supersit, ergo, dilectissime Pater, vt pro potestate & Authoritate vestrâ, sicut Capistra Ecclesiæ, prout Clerici rationabiliter postulauerint, & succurratis, & consilium vestrum inconfusibile faciatis, ne insidiatores & detrectatores vestri subsannando de vobis dicere incipiant: *Hic homo cœpit ædificare, & non potuit consummare.*

des Cardinaux François,

Longinus in Historiâ rerum Polonicarum.

SVmmi Pontificis PASCHALIS secundi, Nuncius cum potestate Legati à Latere GVALO, alias SVVALO Episcopus Bellouacensis, in Poloniam BOLESLAO de Maurianicâ expeditione redeunte venit, quià BOLESLAO Comite exceptus, Polonica visitatâ, prout à summo Pontifice iussus erat, Ecclesiâ, iuxta rigorem Iustitiæ sceleratos BOLESLAI Ducis, illum animante, mouenteque assistentiâ, duos Prouinciæ Guisnensis Episcopos, culpâ exigente damnauit, & suis priuauit sedibus per sententiam depositionis. Qui tamen hi fuerint, & quarum Ecclesiarum Episcopi, vario, & diligenti in quibuslibet Annalibus scrutinio facto, legisse me non memini : tamen coniecturâ euidenti adducor vt credam vnum depositorum Episcoporum fuisse CZYASLAVM, qui Cracouiensem Episcopatum nullâ summi Pontificis authoritate, sed solâ Ducis Poloniæ donatione detinebat.

Auctor Appendicis AIMOINI Monachi Floriacensis.

CONSVLTI proceres & potissimùm dictante Venerabili Sapientissimo YVONE Carnotensi, vt ad refellendam impiorum machinationem conueniant citissimè, Aurelianos LVDOVICI exaltationi operam dare maturè festinant. Senonensis igitur ARCHIEPISCOPVS DAMBERTVS inuitatus cum Comprouincialibus, videlicet VVALONE Parisiensi Episcopo, MANASSE Meldensi, IOANNE Aurelianensi, YVONE Carnotensi, HVGONE Niuernensi, HIMBALDO Autissiodorensi accessis qui in diem Inuentionis Sancti Protomartyris STEPHANI sacratissimæ Vnctionis liquore delibutum Regem, & missas gratiarum agens, abiectoque sæcularis Militiæ gladio, Ecclesiastico ad vindictam maledictorum accingens cum, diademate regni gratanter coronauit, necnon & sceptrum & virgam, & per hæc Ecclesiarum & pauperum defensionem, & quæcumq; Regni insignia, approbante Clero & populo, deuotissimo contradidit; nec dum post celebrationem diuinorum festium deposuerat exuuias, cum subitò mali Nuntii baiulatores à Remensi Ecclesia assistunt, litteras contradictorij deferentes, & auctoritate Apostolicâ, si tempestiuè venissent, ne Regia fieret Vnctio, interminantes. Dicebant siquidem primæ Regiæ Coronæ primitias ad ius Ecclesiæ Remensis pertinere, & à primo Rege Francorum, quem baptizauit Beatus Remigius hanc prærogatiuam illibatam, & inconuulsam obtinere, & siquis eam temerario ausu violare tentauerit, Anathemati perpetuo subjacere.

Ex Cartulario Ecclesiæ Parisiensis.

GVALONI Episcopo, & STEPHANO Archidiacono, BERNERIO Decano, & RAM Archidiacono, & N. præcentori; ANSELVS gloriosissimi Sepulchri Cantor, & Presbyter, licet indignus, subitctionem, reuerentiam & amorem, & sic in hoc sæculo viuere, vt per orationes vestras, & in futuro vobiscum merear sine fine gaudere. CVm ab Ecclesiâ vestrâ & à vobis, in qua, & cum quibus nutritus & eruditus fui, iam per viginti quatuor annos remotus sim corpore, tamen seruens in amore vestro, & Ecclesiæ vestræ vobiscum cohabito mente, Namque cum his qui per singulos annos à vobis ad Nos venerunt, qui vos nouerunt, & vobis noti fuerunt, semper suit mihi sermo, & est sedula inquisitio de statu Ecclesiæ vestræ & de vobis quid agatis, & quomodo vos habeatis : de vobis præcipuè quos vidi, & quos cognoui, & quamdiù vixero, licet absens, semper amabo, sæpè quoque per somnia in solemnitatibus, Processionibus, necnon & serialibus matutinis & Officiis vestris videor interesse, & vobiscum canere. Hac ergo dilectione pro vobis sollicitus Dominum venerabilem Patriarcham, & Canonicos nostros rogaui, vt orationibus & Beneficiis nostræ Congregationis fratres & participes iungeremini : cui petitioni concedentes itidem à vobis rogant, & requirunt. Præterea de donis quæ mihi dedit Deus, ad honorem, gloriam, & sublimationem Ecclesiæ vestræ, & vestri vestræque dignitatis donum maximum & incomparabile, videlicet crucem vnam de ligno sanctæ Crucis per ANSELMVM fidelem vestrum, vobis deuotus transmisi, à quo & literas vestras nobis missas accepi. Sicut autê à Græcorum & Syriacorum scripturis didicimus, patibulum Crucis Christi de quatuor lignis fuit, vnum in quo Pilatus titulum scripsit, & aliud in quo brachia eius extenta & palmæ affixæ fuerant, tertium in quo corpus eius affixum est, & quartum cum quo affixa fuit crux, quod etiam aspersione sanguinis lateris, & pedum intinctum, & sanctificatum est, & Crux ista quam vobis misi, de duobus lignis est, quia Crux quæ inserta est cruci de eo in quo pependit, est, in qua inseritur de suppedaneo in quo Crux affixa fuit, vtrumque dignum, vtrumque sanctum. Porro DAVID Rex Georgianorum, qui cum suis prædecessoribus portas Caspias tenuit, & custodiuit, vbi sunt inclusi Gog, & Magog, quod & filius eius adhuc facit, cuius Terra & Regnum contra Medos & Persas, est nobis quasi antemurale; hanc Crucem quamdiù vixit in summa veneratione & dilectione habuit : Quo defuncto & filio in Regno promoto, cuius venerabilis plus sanctitate, quàm generis nobilitate caput totondit, habitumque Religionis suscepit, & assumptâ Cruce istâ, & multo auro Hierusalem cum paucis non reditura, sed vt ibi in quieto silentio, & oratione vitam finiret, & de auro quod attulerat, Congregationibus sanctæ Ciuitatis per partes distribuit, pauperibusque & peregrinis Eleemosinas erogauit, posteà sub manu Domini Gebelini Patriarchæ Congregationem Sanctimonialium Georgianarum, quæ est in Hierusalem, instituit, nec multò post togatus sororum & Patriarchæ, regimen Congregationis suscepit : Denique distributis & erogatis, & in necessitati-

G ij

bus Commissæ congregationis, omnibus, quæ attulerat expensis, cum media Regionem nostram oppressisset, ipse cum subditis cœpit egere, cumque tam multa dono, multo mutuò recepisset, quod nullo modo pro necessitatibus sui corporis faceret, pro necessitatibus commissionis sibi commissæ pro affectu facere compulsa est. Itaque istud lignum nulli pretio comparandum, hâc ratione pretio comparatum est; Ecce illud vobis misi, precor habetote illud honorificè, sicut debetis, Verumtamen vt sit memoriale posteris & successoribus vestris, vnde & quomodo illud habuistis, scribite in libris vestris. ANSELLVS *Clericus noster hanc Crucem de ligno sanctæ Crucis, Ecclesiæ Nostræ, & Nobis è Hierusalem transmisit.* Postulo igitur à vobis, vt me diligentem vos diligatis, & post mortem meam in orationibus vestris, mei memoriam habeatis. Quid verò tanti Thesauri latori contigerit, vtrùmne ad vos prosperè peruenerit, per litteras vestras mihi notum faciatis.

Nomenclator Cardinalium.

GAL0 Patiensis Episcopus, & Cardinalis, Claruit anno 1104. scripsitque statuta Synodalia, quæ Lutetiæ anno 1578. Typis excepta, in lucem prodiere.

Giaconius in vitis Pontificum sub PASCHALE II.

VALO vel GALO, Gallus, Abbas Sancti Quintini Bellouacensis, ex Episcopo Parisiensi 65. à PASCHALE secundo S. R. E. Præsbyter Cardinalis Tituli . . . . . . creatus, ab eodem Apostolicæ sedis in Gallia à latere Legatus Eidem scribit Legato Hildebertus Episcopus Cœnomanensis Epistola 39. de quo Sugerius & Edmerus Libro secundo vitæ sancti Anselmi, qui Anselmus Valoni scribit Libro 3. Epistola 69. & Yvo Catnotensis Epistola 143. Obiit 7. Kalendas Martii anno 1114. fuit etiam VALO Episcopus Bellouacensis creatus anno 1105. sed statim translatus ad Parisiensem Ecclesiam.

GVY CARDINAL DV TILTRE DE SAINTE BALBINE, puis de celuy de Sainct CHRYSOGON.

CHAPITRE XVIII.

Ciaconius in vita CALIXTI secundi Papæ.

CARDINALES qui Cluniaci, mortuo GELASIO Papa secundo creationi Papæ CALIXTI secundi interfuerunt. IOANNES Cremensis, &c. GVIDO Gallus, Præsbyter Cardinalis in Titulo, Sanctæ BALBINÆ.

Idem Ciaconius in Paschale II.

GVIDO Præsbyter Cardinalis Tituli Sanctæ Balbinæ. *Pandulphus Pisanus, Bulla GELASII secundi Lucensis anno 1118. S. Fridiani lucæ eiusdem anni.*

FOVCHER DE CHARTRES, CHAPELAIN de GEOFFROY de Boüillon, Cardinal du Tiltre de . . . .

CHAPITRE XIX.

Extraict du dixiesme Chapitre du premier Liure d'vn Manuscrit anonyme, intitulé Dialogues de la Hierarchie Sous-celeste : *conserué en la Bibliotheque de Monsieur Pithou, Conseiller au Parlement.*

IL est reservé à l'Eglise Hierosolymitaine quelque honneur depuis le Concile de Nicée, lequel est institué par IVSTIN, exceutant HORMISDA Pontife Romain, & est confirmé par PASCHAL, au temps du Roy BAVDOIN, frere de GEOFFROY, en l'Histoire de FOVCHER de Chartres, que ledit PASCHAL fit Cardinal.

Ordericus Vitalis Vticensis Monachus, Historiæ Ecclesiasticæ Libro nono.

FVLCHERIVS Carnotensis, GODEFREDI Lotharingiæ Ducis Capellanus, qui laboribus & periculis prædicabilis expeditionis interfuit, certum & verax volumen de laudabili militia exercitus Christi, edidit.

GVY DE BOVRGOGNE, ARCHEVESQVE de Vienne, Cardinal du Tiltre de .... puis esleu Pape sous le nom de CALIXTE second.

CHAPITRE XX.

Petrus Venerabilis, Cluniacensis Abbas, Libro secundo Miraculorum.

ERAT tempore Pontij Abbatis Cluniacensis Romanæ Ecclesiæ, Regij sanguinis nobilitate insignis, sed moribus, probitate, ac liberalis animi magnificentiâ longè insignior, qui priùs Viennensi Ecclesiæ præfuerat, CALIXTVS secundus,

Sugerius Abbas Sandionysianus, in LVDOVICO Crasso.

CALIXTVS secundus, Imperialis & Regiæ celsitudinis deriuatâ consanguinitate generosus, multò generosior moribus, &c.

Petrus Cassinensis.

CALIXTVS secundus Regiâ stirpe progenitus, in rebus sæculi strenuus, & in Ecclesiasticis rebus apprimè eruditus

Ex Cronicis BERNARDI Guidonis.

CALIXTVS secundus, natione Burgundus, primò vocatur GVIDO, filius Comitis ac Germanus frater STEPHANI Comitis Burgundiæ, Archiepiscopus Viennensis, post mortem GELASII à Cardinalibus in Cluniaco concorditer est electus, anno Domini 1119. sedit annis v. mensibus x. diebus XIII. vacauit sedes diebus quinque.

Littera PASCHALIS Papæ super electione & inuestituris

PASCHALIS Episcopus seruus seruorum Dei, Venerabili Fratri Viennensi Archiepiscopo GVIDONI & Apostolicæ sedis Legato, salutem & Apostolicam benedictionem. Si constantiam tuam sæua illa Barbaries, minis, blandimentis, aut aliis modis tentat inflectere, prudentia tua immobilis perseueret. *deinde addit.* Quæ cognoscere postulasti hæc sunt. In tentoriis cum multitudine Clericorum, & Ciuium Vrbis & totius Prouinciæ custodiebamur pro libertate Ecclesiæ, & pro absolutione captiuorum omnium & pro excidio quod Ecclesiæ & Vrbi, & Prouinciæ superincumbete vndique gladio imminere videbatur. De electione seu inuestituris personarum, hæc facta sunt; videlicet, vt electione liberè factâ sine vi, & simoniâ consensu Regis, facultatem habeat Rex inuestiendi per virgam & annulum, & electus à Clero & populo non consecretur, nisi à Rege inuestiatur.

Ego Canonicâ Censurâ cassa omnino & irrita iudico, & sub damnatione perpetuâ permanere decerno, & nullius vnquam authoritatis sint, nullius bonæ memoriæ. Ea verò quæ sacri Apostolorum Canones, & Antiochenum, & Vniuersa Concilia, & Prædecessores nostri, & præcipuè felicis memoriæ Domnus GREGORIVS, & VRBANVS de his prohibuerunt, damnauerunt, statuerunt, & firmauerunt; Ego prohibeo, damno, constituo, & confirmo, & me illorum sanctiones profiteor seruaturum.

SVGERIVS suprà citatus in LVDOVICO Crasso.

DOMINO CALIXTO cum in Apuliâ apud ciuitatem Bitontum missus à Domino Rege LVDOVICO pro quibusdam Regni negotiis occurrissem: Vir Apostolicus tam pro Domini Regis, quam pro Monasterii nostri sancti DIONYSII Reuerentiâ honorificè nos recepit, ita vt diutius retinere vellet, si Ecclesiæ nostræ amore, & sociorum, Abbatis etiam sancti Germani socii conuocantis, & assotum persuasione non reuocaremur.

Codex Vaticanus de Legatione ad Henricum

Ego HENRICVS Dei gratia Romanorum Imperator Augustus, pro amore Dei & Sanctæ Romanæ Ecclesiæ, & Domini Papæ CALIXTI, & remedio animæ meæ, dimitto Deo, & sanctis eius Apostolis PETRO, & PAVLO, & sanctæ Catholicæ Ecclesiæ omnem inuestituram per annulum, & baculum, & concedo in omnibus Ecclesiis fieri electionem, & liberam consecrationem, &c.

Cet acte est rapporté plus au long, cy-dessous en langue françoise, en la vie dudit CALIXTE, au second volume de l'Histoire des Papes de feu mon pere, que i'ay fait reimprimer en l'année 1653. en voycy les termes.

IE HENRY, par la grace de Dieu Empereur des Romains, pour l'amour de Dieu & de la saincte Eglise Romaine, & de Monseigneur le Pape CALIXTE, & pour le remede de mon ame, cede à Dieu, & à ses Saincts Apostres PIERRE & PAVL, & à la Saincte Eglise Catholique, toute inuestiture par l'Anneau & le Baston, & permets qu'en toutes les Eglises on face librement l'election, & la consecration. Ie restitue à l'Eglise Romaine, toutes les possessions, & Regales de Sainct Pierre, qui luy ont esté ostées depuis le commencement de la discorde iusques à ce iour, ou du temps de mon pere, ou du mien, lesquelles i'ay maintenant. Et quant à celles que ie n'ay pas, i'ayderay fidellement à les faire restituer. Qui plus est ie mettray peine que les possessions de toutes les autres Eglises que i'ay, soient rendues, suiuant la Iustice & le conseil de mes Princes, & autres tant Clercs que Laïques. Et donne vraye paix à CALIXTE, & à l'Eglise Romaine, & à tous ceux qui sont, ou qui ont esté de son party : Bref en tout ce que la saincte Eglise Romaine requerra mon ayde, ie la secoureray fidellement, & luy rendray bonne iustice des plaintes qu'elle me fera.

Extraict de la mesme Histoire des Papes, sous ledit CALIXTE.

IE CALIXTE, seruiteur des seruiteurs de Dieu, concede à toy mon bien aymé fils HENRY, par la grace de Dieu Empereur des Romains, que les Elections des Euesques & Abbez du Royaume d'Allemagne, qui appartiennent au Royaume se fassent en ta presence, sans simonie, ny violence aucune; Et si quelque discord suruient entre les parties, que tu prestes consentement & secours à la plus saine, suiuant le conseil du Metropolitain, & des Prouinciaux. Que celuy qui sera esleu, reçoiue de toy les Regales par le Sceptre, excepté ce qu'il est notoire appartenir à l'Eglise Romaine, & que d'icelle il te face ce qu'il doit de droit. Et quant aux autres parties de l'Empire, que le consacré reçoiue semblablement de toy les Regales par le Sceptre dedans six mois : ie te presteray aussi mon ayde selon le deu de mon Office, en tout ce dont tu me feras des plaintes; & te donne vraye paix à toy, & à tous ceux qui sont ou qui ont esté de ton party, durant toute la discorde. Fait l'an MCXXII. le neuf des Kalendes d'Octobre.

Extraict de la Legende de Robert d'Arbruissel, imprimée à Angers l'an 1586.

ANno Domini 1119. Papa CALIXTVS secundus huiusce nominis, Pictauos visitans, accessit Abbatiam Fontisebraldi, & ibi propriis manibus, imprimis Altare Maius dedicauit, & post totam Ecclesiam magni Monasterii anno secundo post obitum Magistri Roberti de Arbruisel institutoris prædicti Ordinis, confirmauitque Diplomata PASCHALIS secundi, videlicet locum ipsum cum omnibus ad eum pertinentibus, Beati PETRI Patrocinio confouens.

Ex Martyrologio imperfecto Sancti STEPHANI Autissiodorensis.

XIX. Kal. Ianuarij. Autissiodoro. Dedicatio Altaris Ecclesiæ senioris à CALIXTO Papa secundo facta, & vt solemniter à Nobis quoquo anno celebraretur ab eodem instituta.

Ciaconius in CALIXTO II.

CVM Gelasius secundus Cluniaci excessisset, Cardinales sex statim de eligendo nouo Pontifice tractarunt, qui Ecclesiæ Romanæ magno schismate tunc vexatæ auctoritate sua consuleret, ne, si sedis vacatio diutius protraheretur, aliquod Ecclesia insigne detrimentum caperet; deligendum autem aliquem in Romanum Pontificem iudicarunt, qui generis nobilitate, opibus, Principum gratia, apud omnes authoritate, virtute, prudentia, doctrina, & rerum dexteritate præditus; pacem sublato schismate Ecclesiæ Romanæ constitueret; eamque, à tot perturbationibus, quibus per annos prope quinquaginta vexata fuerat, & Henrico Imperatori, ac Pseudopapæ constantissime se opponeret. Eos verò in hanc sententiam traxerat aduentus Archiepiscopi Viennensis Guidonis, in quem oculos, & mentem coniecerunt, tanquam tanto Sacerdotio dignissimum, & in quem ex conditiones, quas supra enumeraui, caderent. Nam præterquam quod nobilissimo loco natus erat; quippe qui Guilielmi filius, & Stephani Burgundiæ Principum frater, ac Balduini Flandriæ Comitis auunculus erat, proximo etiam affinitatis gradu Reges Francorum & Angliæ, & ipsum etiam Imperatorem contingebat: in rebus quoque gerendis, iis omnibus rebus, quas supra numeraui, pollebat, & in Ecclesiastica legatione, quàm ei per Gallias Paschalis II. demandauerat, egregiè se gessit, & cunctis Episcopis timentibus primus fuit, qui anathema à Paschali II. in Imperatorem factum promulgauerit, & Concilio in Galliis congregato, omnes ferè Galliæ Episcopos ab eo separauit.

GVIDO ob res præclarissimè gestas postridie, quàm Cluniacum à Gelasio II. vocatus aduentasset, omnium Cardinalium suffragiis, Petro Petri Leonis filio Diacono Cardinale præcipuo authore. Kalen. Februarij, anno Domini 1119. Pontifex maximus inuitus penitus ac repugnans acclamatus est in Monasterio Cluniacensi in Gallia: Timebat enim, ne Cardinales qui Romæ erant, eam electionem, quod iis inscijs facta esset approbarent, ideoque chlamide rubea non antè indui aut reliquo ornatu Pontificio vti voluit, quàm creationem suam ab iis Cardinalibus, qui Romæ erant, ratam haberi, intellexit. Cuius rei gratia in Galliis primo initi Pontificatus die Roseemanum Diaconum Cardinalem ad Vrbem miserat, qui cum Legatis Romanis consensum Cardinalium per litteras asserens Cluniacum reuersus est. Quo cognito Pontifex à Lamberto Ostiensi, & aliis pridie Idus Octobris, eiusdem anni 1119. consecratus, & coronatus est, Callistus II. quòd Sancti Callixti Pontificis die eius consecratio celebrata esset, vocari voluit. Sedit verò Henrico V. Imp. annos 5. menses 10. dies 13. fuit Callistus II. antè Pontificatum Viennensem, Monachus Cœnobij de Fulleri, vt scribunt Guido Monachus Cisterciensis, & Petrus Burgimus in historia Monastica.

Quòd verò Callistus II. Cluniaci maxima cura delectus esset, Pontium & successores illius Monasterij præfectos annulo donauit, eosque in posterum Romani Cardinalis officio fungi voluit, vt in Ephemeride eorum scriptum permansit. Nemo constantius pro Paschali II. aduersus Cæsarem steterat, nemo promptior fuerat ad damnandam Imperatoris perfidiam. Concilio Viennæ ad Rhodanum celebrato, in ipsum sententiam anathematis iaculatus erat, idque epistola eius ad Paschalem, quæ adhuc extat, ostenditur. Nemo tamen carior illi postea fuit, mutata enim voluntate Pontifici dedit, & tyrannidi cessit instituendi Episcopos, & Abbates: huius pacis nuncium, & consensum Italicæ gentis expectans; Callistus Synodum habuit, cui interfuere 450. Episcopi & Abbates, à quibus disciplina Ecclesiastica ferè restituta est. A prædecessore suo Gelasio, Rhemis ea Synodus indicta fuerat, eam Kalendis Nouembris celebrauit Callistus II. in qua damnata hæreticorum tum surgens pestifera hæresis, quæ Eucharistiam, paruulorum Baptismu, & Ordines sacros & legitimas nuptias negabat; Clericorumque odio, bona iis temporalia, decimas & oblationes eripiebat, in qua item de pace inter Ecclesiasticos & sæculares constituenda tractatum, anno 1120.

Pontifex dispositis his, quæ ad statum Ecclesiasticum conseruandum in Galliis necessaria erant, in Italiam venit, excipiturque quasi numen aliquod in terras delapsum, concordiæ bono in animos hominum penitus illabente: populo obuiam prodeunte, ac honestissimo quoque, Vrbem ingreditur congratulantibus omnibus, tum Pontifici, tum Ciuitati, quòd hunc quietis & pacis auctorem futurum cernebant, atque Gerardum ciuem Placentinum, Episcopum Polentinum mortuum in Sanctorum numerum retulit.

Rebus autem ex sententia Romæ compositis, Beneuentum Pontifex proficiscitur, quo & Principes omnes statim conuenere salutandi (vt mos est) Pontificis causa, maximè verò Guilielmus Apuliæ Dux, Jordanus Campaniæ Comes, Arnulphus Atiolæ, Robertus Lorotellæ Comes, viri insignes, & sine contentione, illius partis Italiæ facilè Principes, qui etiam polliciti sunt, adhibito iureiurando, se in potestate Pontificis semper futuros.

Interim Prænestinus Episcopus Gelasij Legatus, Conuentum Episcoporum Germanicorum Coloniæ, & Fritestariæ habuit, atque vtroque in loco Henricum cœtu piorum eiectum declarauit; Quo facto permoti Germaniæ Principes Conuentum Virciburgi indixerunt, atque eo Henricum ad dicendam caussam vocarunt, haud obscurè denunciantes, se, nisi venisset, absentem regno spoliaturos. Henricus ex Italia in Germaniam redire maturauit, ac suorum concordi voluntate commotus, Conuentum apud Tribunias haberi permisit, seque de omnibus, quæ sibi obijcerentur rationem ibi reddere velle ostendit, ac Legatis Pontificis Conuentum alium Rhemis indicentibus, ipse quoque vt reconciliaretur Ecclesiæ, eo se occursurum spopondit, & Conuentui anno 1119. 13. Kal. Septembris Pontifex ipse præsedit, atque inter cætera Henrico, vt Episcopatuum collationi renunciaret, præcepit. Quo audito Henricus spatium petijt, quo cum principibus suis colloqui super ea re posset, ita infecta pace Callistus prædecessorum suorum Decreta super ea re facta probauit.

Post Callisti in Italiam aduentum Gregorius Pseudopontifex Sutrij se continuerat, Comitum quorundam præsidio septus. Hi siue auaritia obcæcati, siue insolentia instituti, infestas latrocinijs vias habuerant, eosque qui Romam tenderent spoliabant, ob id Callistus zelo incensus, collecto exercitu ad Sutrij obsidionem Ioannem Cremensem Cardinalem misit, verùm obsidione opus non fuit; Gregorius à Sutrinis subito deditus, denique in Canense Monasterio propè Salernum inclusus mortem oppetijt. Legati Cæsaris benignè à Pontifice accepti sunt, ac postero anno 1122. Legatos à Latere sedis Apostolicæ, cùm liberis ad pacem constituendam, mandatis reduxerunt; de pace igitur & concordia ineunda. Actum anno plurimùm minimùmve 50. ex quo inter Gregorium VII. & Henricum IV. discordia ingens, ob Episcopatuum collationem, excitata fuerat, in qua Episcoporum, & Abbatum electiones, quas Imperatores & Reges hactenus vsurparant, Clero ac Monachis restitutæ sunt; Cuius transigendi causa Papæ Callisti Legati omni memoria digni fuerunt, Lambertus Bononiensis, Ostiensis Episcopus, post Papa Honorius II. Saxo de Comitibus, Anagninus Presbyter, & Gregorius de Paparescis Romanus, post Innocentius II. Papa, tunc Diaconus Cardinalis. Cuius rei adhuc memoria, cum pictura extat in introitu Pontificum Cameræ Lateranensis, vbi est hoc elogium.

Ecce CALISTVS *Patriæ decus, honor Imperiale.*
Nequam BVRDINVM *damnat, pacemque reformat.*

Ex eorum inde auctoritate Conuentus Virceburgam, in Festum S. Petri indictus est, qui cum perfici tunc non potuisset, in ante diem 16. Kalend. Octobris Vvormatiam est delatus; ibi cum per septem dies assidué de concordia componenda diuersis inter Principes certatum sententiis esset, neque manentibus adhuc ipsarum partium studiis, res commodum habitura finem videretur, tum Henricus. *Quid tantopere*, inquit, *de re non necessaria certatis, cum ego paratus sim auctoritati sanctæ vtique Ecclesiæ obedire, ac libere, id quod concordiam distinet, ius Sacerdotiorum remittere, quæque aut à me, aut à Patre meo Ecclesiæ ablata oppida sunt, restituere?* Quam vocem vbi Legati Pontificis, & Episcopi audiuerunt, continuò alacres summis cum laudibus exceperunt, atque vt in sententia permaneret, hortati sunt. Itaque 9. Kalen. Octobris ipse cum toto exercitu, qui execrationis contagione corruptus erat, in communionem Ecclesiæ, fidemque receptus, ius Episcoporum, Abbatumque instituendorum, quod nunquam se remissurum statuerat, in manus Episcopi Ostien. maxima humilitate dimisit, ac tabulis scriptis tale Sacramentum concepit.

Ego Henricus Dei gratia Romanorum Imperator Augustus, *pro amore Dei, & Sanctæ Romanæ Ecclesiæ & Callisti Pontificis, & pro salute animæ meæ, dimitto Deo, & Sanctis eius Apostolis Petro & Paulo, & sanctæ Catholicæ Ecclesiæ, omnem inuestituram per annulum & baculum, & concedo in omnibus Ecclesiis fieri electionem, & liberam consecrationem; possessiones, & regalia beati Petri, quæ à principio huius discordiæ vsque ad hodiernum diem siue tempore patris, siue etiam meo ablata sunt, quæ habeo, eidem sanctæ Romanæ Ecclesiæ restituo, quæ autem non habeo, vt reddantur, fideliter iuuabo; & do veram pacem Callisto, sanctæ Romanæ Ecclesiæ & omnibus, qui in parte ipsius sunt, vel fuerunt, & in quibus sancta Romana Ecclesia auxilium postulauerit bona fide iuuabo.*

Ex altera verò parte Legati Pontificij pro Pontifice dederunt Henrico veram pacem, & omnibus qui in parte eius tunc erant, vel fuerant tempore huius discordiæ, & priuilegia electionis Episcoporum & Abbatum Teutonici regni in præsentia eius fieri absque simonia, & aliqua violentia. His tabulis inde extra Vrbem in Campo ad Rhenum propter ingentem quæ conuenerat mortalium multitudinem recitatis, atque ingentibus omnium clamoribus, gratiis immortali & omnipotenti Deo actis, Legatus rem diuinam magna cæremonia fecit & pacis osculo, & sancta Eucharistia oblata, Henricum Romanæ Ecclesiæ recepit in gratiam. Henricus inde in Festo Sancti Martini, alterum Conuentum Bambergæ habuit, atque ex consensu eorum, qui in Vvormaciensi Concilio non affuerant, Legatos Romam ad Pontificem cum peramplis muneribus misit, ac solemne Pontifici obsequium præstitit. Nuncio de Concordiæ reconciliatione accepto, lætus Pontifex subitò Concilium frequens & omnium maximum, Episcoporum & Abbatum ferè mille in Lateranum indixit, ac postero anno 1123. reuersis ad Vrbem cum tabulis pacis Legatis 997. Episcopis atque Abbatibus, aduocatis ex eorum auctoritate omnia per Legatos suos acta ad Vvormatiam confirmauit, atque ita diuturnæ, eique re & exemplo pernitiosæ inter Pontificem Imperatoremque discordiæ finis tandem impositus est.

Mediolanensi Archiepiscopo mortuo ea dignitas ad Bernardum Claræuallis Abbatem, ob miram eius Sanctitatis opinionem delata est, eo verò repudiante, Anselmus Pustecula Mediolanensis Archiepiscopus factus est, qui fuit 83. in ordine, anno 1123.

Per hæc tempora Ordo Templariorum, ab Hugone & Gothifredo, Sanctæ Mariæ Teutonicorum, à Germanico, & Sancti Lazari, diu antè à Sancto Basilio constitutus.

Ordo Canonicorum Regularium Sancti Augustini Præmonstatensium à Sancto Notberto Episcopo Parthenopolitano, in Galliis institutus, anno 1120.

Ordo Militiæ Calatraux in Hispania, sub Regula Cisterciensium à Sanctio Rege Hispaniarum institutus, anno 1121.

Nomenclator Cardinalium.

GVIDO GVILLELMI magni Burgundiæ Comitis filius, ex Archiepiscopo Viennensi Cardinalis, vt vult Baronius, demumque CALIXTVS Papa secundus, scripsit. *Thesaurum pauperum; De miraculis sancti Iacobi Apostoli,* vt notat Trithemius. *De obitu & vita Sanctorum: De inuentione Corporis Turpini Manuscript.* in Bibliothecâ Cantabrigensi; *Vitam* CAROLI *magni Imperatoris,* vt refert Ludouicus Golut, *Historia Burgundiæ Libro quinto: Decreta quædam Coloniæ excusa: Epistolas ad diuersos,* quarum plures habes apud Vspergensem, Malmesburiensem, & Baronium. Obiit Romæ anno 1124.

PONCE

des Cardinaux François. 57

PONCE SEPTIESME, ABBE' DE CLVGNY,
Cardinal du Tiltre de . . . .

CHAPITRE XXI.

Ciaconius in vitis Pontificum sub CALIXTO II.

PONTIVS Abbas Cluniacensis septimus, filius Comitis Marsiliensis, creatus Cluniaci, anno 1119. abdicauit Abbatiam in manus Pontificis. Obiit Cluniaci tertio Calendas Ianuarij, anno 1122. cum magna sanctitatis opinione : sepultus ibidem in Ecclesia maiori, iuxtà Altare Sancti Martini, & hic errat Thrithemius in Chronico Hysaugiensi, dum dicit hunc creatum ab HONORIO II. cum hæc tempora non permittant, & dictus Pontius obierit biennio antequam præfatus Honorius Pontifex createtur.

Extractum ex omnium Abbatum Cluniacensium Chronologiâ.

ANNO 1122. Hoc anno Domnus PONTIVS, pro quibusdam negotiis huius Ecclesiæ agendis, Apostolicam sedem adiit; ibi quadam animi sui commotione exasperatus in manu Domni Apostolici CALIXTI Abbatiæ Cluniacensi inconsultè abrenunciauit. Hierosolymam magis iratus, quàm deuotus petiit: ibi aliquamdiu moratus occultis quorumdam litteris reuocatus in Longobardiam diuertit, vbi aliquantulum moratus, Ecclesiam in Campo Sion construxit. Cum ergo certus factus de concordia ergà se tam Monachorum, quàm Burgensium Cluniacensium, subitò, Cluniacum venit, Ecclesiam Apostolorum Petri & Pauli cum armatâ manu inuasit. Quantam stragem in occisione hominum, quantum Ecclesiæ in ornamentis suis dispendium fecerit, non sine lachrymis est dicendum. Ad vltimum pro huiusmodi facinoribus Romam ab HONORIO Papa cum publico anathemate euocatus, quasi causam suam probaturus contrà Domnum Petrum Abbatem, in eius abscessione, Domni CALIXTI iussione, & Monachorum Cluniacensium communi electione Canonicè institutum, Romam petiit, ibi damnatus, & ne maius malum faceret, à Papa retentus, vitam finiuit. In abscessu autem illius Hugo secundus, Prior Sanctimonialium de Marciniaco, ei substitutus est in Abbatem. Quo post tres menses defuncto, Nona die Iulij mensis dilata electione, causa congregandi Religiosos & prudentes viros, vsque in Octauas Assumptionis Dei genitricis, electus est Vir Venerabilis Domnus Petrus cognomento MAVRITII, nobilis genere, Aruerniâ oriundus, ætate iuuenis, maturis moribus Senior, non plus 28. annorum, & à Bisuntinensi Archiepiscopo, nomine Anserio consecratus, Pastorale officium adeptus est.

Chronicum Cluniacense.

PONTIVS primus, filius Comitis Merguliensis, Abbas Cluniacensis, septimus immediatus gloriosissimi Patris Hugonis successor, Vir vitæ Venerabilis erat, & tam carnis, quàm mentis Nobilitate Clarissimus, communique totius sanctæ Fraternitatis electione promotus, vii. Idus Maij, à Domno VDONE Viennensis Ecclesiæ Reuerendo Archiepiscopo consecratus, & in sede sua cum magna totius populi exultatione vocatus est, & incepit regere anno Domini 1109.

BARONIVS in Paschale secundo.

POST Sanctum Hugonem substitutus Cluniaci Pontius longè impar prædecessori, imò vt ille egregiâ claruit sanctitate, ita hic incredibili fuit præditus nequitiâ, non Abbas, sed prædo, non Pastor, sed Lupus, non Pater, sed Tyrannus.

Extraict d'vne Bulle du Pape Paschal second, touchant PONCE septiesme, Abbé de Clugny.

IGITVR concessionem prædecessoris nostri felicis memoriæ VRBANI secundi, quam prædecessori tuo Venerabilis memoriæ HVGONI Abbati contulit, super Mithra, Dalmaticâ, chirothecarum, & sandaliorum vsu, in octo Festiuitatibus obtinendo, Nos tam tibi, quàm successoribus tuis confirmamus. Præterea tibi eorumdem insignium vsum, personaliter singulis Festis concedimus, quibus hympnus Angelicus à vobis inter Missarum solemnia decantatur, ad exprimendam etiam sine simulatione

H

Aliud Chronicum Cluniacense MS.

PONTIVS primus, filius Comitis Mergolicnsis, Abbas Clun. septimus, communi totius sanctæ Fraternitatis electione promotus. Tempore eius Pontij An. Domini 1112. septimo Calend. Augusti, Tabula Sancti Basilij Episcopi Cæsariensis miraculosè, & per reuelationem diuinam Cluniacum delata, quæ continet magnam ligni dominicæ crucis portionem, vt patet intuenti. Tempore insuper eiusdem, Capella Beatissimæ Virginis Mariæ Matris Christi (nuncupata Capella Abbatum) dicata fuit, & Altare eius consecratum à Reuerendo Archiepiscopo Viennensi Domino Vvidone, An. Incarnationis Domini 1118. 17. Cal. Septembris.

Anno sequenti, apud Cluniacum, obiit Gelasius Papa II. & sepultus est inter crucem, & Altare quod est post chorum magnæ Basilicæ. Suprascriptus verò Guido Viennensis Archiepiscopus apud Cluniacum in Romanum Pontificem est electus, qui & Calixtus II. dictus est. Tempore insuper huius Pontij, Papa Calixtus, de quo supra, canonizauit S. Hugonem, ipso existente in Cluniaco, eodemque die coram suis assidentibus largitus est Abbati Cluniacensi, vt deinceps sanctæ Romanæ Ecclesiæ Cardinalis nati nomen & titulum vsui pet, & sibi tribuat. In cuius rei signum manu propria ipse Calixtus prædictum Pontium annulo suo insigniuit.

Anno autem 1120. fuerunt apportatæ reliquiæ Protomartyris Stephani, per diuinam reuelationem. Item habetur in Thesauro Ecclesiæ Cluniacensis Psalterium litteris aureis scriptum, quod dicitur fuisse S. Ioannis Chrysostomi. Anno verò Domini 1122. Dominus Pontius, pro quibusdam negotiis Ecclesiæ Cluniacensis agendis, Apostolicam sedem adiit, & in manu Domini Papæ Calixti II. Abbatiam resignauit spontanè, & Hierosolymam deuotus petiit. Rexit annis 13. & obiit anno Domini 1126. quarto Calendas Ianuarij. De obitu eius habetur in tractatu de schismate habito per eundem contra Monasterium Cluniacense, in Lib. Petri Venerabilis.

VITA PONTII ABBATIS CLVNIACENSIS.

Ex Libro secundo, Miracul. Petri Venerabilis.

DOMINVS Pontius Cluniacensis post sanctum patrem Hugonem nullo interiecto Abbate successor, eiusdem Patris vltimo tempore, de Monasterio sancti Pontij Cluniacum veniens, noua facta professione, more talium de aliis, vel de alienis Monasteriis venientium, Cluniacensis Monachus factus est. Hic valde iuuenis, à Fratribus Cluniacensibus spe bonæ indolis eius inductis, in Abbatem electus, magno illi & famoso viro, iam dicto patri Hugoni successit. Qui primis assumptionis suæ annis, satis modestè ac sobriè conuersatus, procedente tempore mores mutauit, & multis ac diuersis casibus vel causis, fratrum penè vniuersorum animos, exasperando, eos paulatim contra se concitauit. Dissentientes illi ab eo, & quod multa mobilitate vel leuitate animi nullis bonorum consiliis acquiescendo, vt dicebant, res Monasterij pessundaret, inter se nunc pauci, nunc plurimi, tandem penè vniuersi murmurabant. Mansit tamen res aliquamdiu tecta inter eos, nec ad aures secularium per decennium ferè peruenit. Prorupit tandem eousque lis occultata diu, vt non solum ad circumpositos, sed insuper ad remotissimos quosque, huius dissensionis malum pertingeret, & ipsas summi Pontificis, ac Romanæ curiæ aures impleret. His tumoribus Dominus Pontius prouocatus, indignationis impetum, quem in alios fortassis detinare debuerat, in seipsum retorsit, & Romam velut præcipiti cursu adiens, vt curæ pastoralis sollicitudine solueretur, Dominum Papam instanter orauit. Præerat tunc Romanæ Ecclesiæ, regij sanguinis nobilitate insignis, sed moribus, probitate, ac liberalis animi magnificentia longè insignior, qui prius Viennensi Ecclesiæ præfuerat, Calixtus Papa secundus. Is imprimis, Abbatis Pontij voluntati & petitioni, omnis exhortationis nisu resistens, postquam eum non posse deflecti à proposito vidit, ab omni cura Cluniacensis Ecclesiæ, vt postulabat absoluit. Absolutus inde, eiusdem Papæ permissione Apuliam petiit, indeque mari transmisso Hierosolymam, semper, vt proposuerat, ibidem mansurus, peruenit. Papa fratribus Cluniacensibus quod factum est, mandans, vt sibi Patrem eligerent, auctoritate Apostolica præcepit. Illi post præceptum accepto consilio, totius religionis, ac religiosæ opinionis, virum Marciniacensium sororum Priorem, venerabilem Hugonem, sibi patri assensu in Abbatem eligunt. Suscepit sanctus ille, licet valde renitens quod imponebatur, sed vix quinque elapsis mensibus, ex hac luce migrauit, & (sic longa eius in sancta conuersatione vita meruerat, vt meritò creditur,) ad meliora transiuit. Fratres & isto ita subtracto, nonæ electioni diem statuunt, proximis quibusque & remotis, ad diem statutum conueniant, inducunt. Congregatur cum quibusdam Episcopis & Abbatibus, multus monachorum populus, & in octauis Assumptionis Beatæ Virginis, vtinam sibi melius consulentes, in præsentiam scriptorem conueniunt. Mandant iam dicto Papæ huius suæ electionis assensum, & ab eo rescriptum, hoc quod fecerant confirmans, suscipiunt. Mansit deinde aliquot annis res Cluniacensis in pace, & velut sepultis prioribus malis, optimo quietis ac bonorum prouentuum successu florebat. Tandem iam dictus Pontius transmarinæ habitationis pertæsus, rediens ab Oriente, Occidenti tenebras contra morem inuexit. Qui vt Italiam attigit, diuertere Romam nolens, in Rauennatium partibus, hoc est in Episcopatu Taruisiano, sedem sibi constituit. Ibi Monasteriolo constructo, paruoque in eo tempore demoratus Gallias repetiit. Explorata demùm absentia mea, nam forte tunc in secundæ Aquitaniæ partibus Cluniacensibus negociis insistebam, fingens se Cluniacum nolle venire, paulatim tamen appropinquabat. Dehinc quibusdam fugitiuorum sibi adiunctis, artisfique vulgarium quos sibi asciuerat constipatus, Cluniacensibus portis improuisus aduenit, quibus effractis & venerabili sene Bernardo Priore, fratribusque aliis vbiuis dispersis, cùm promiscua illa armatorum multitudine, ipsis quoque mulieribus irruentibus claustrum ingressus est. Ingressus occupat statim omnia, & eos quos reperit minis, terroribus, ac tormentis in suæ fidelitatis cogit sacramenta iurare. Nolentes aut expellit, aut duro carceri mancipat. Conuertit statim manum ad sacra, & aureas cruces, aureas tabulas, aurea candelabra, aurea thuribula, & quæque alia multa & multi ponderis vasa inuasit. Rapit & ipsos calices maximè sacros, nec thecis vel scriniis aureis siue argenteis, multorum martyrum ac sanctorum ossa continentibus parcit. Constat ex his & similibus auri pondus immensum, & eo circumpositos milites vel quoslibet auri cupidos ad bellum raptores inuitat. His protectus circumpositas Monasterij villas & castra inuadit, ac sibi barbarico more religiosa loca subdere moliens, ignibus, & ferro quæ potest cuncta consumit. Abstinet à nulla bellorum specie, rapinis rerum, cædibus hominum, per conductos sacro auro milites vbique desæuit. Consumitur ab ipso initio quadragesimæ vsque ad Kalendas Octobris, tota in huiuscemodi prælis æstas, nec saltem paucis diebus à tanta malorum calamitate respirat. Manebat iam dictus Bernardus prior, & nobiles religiosi ac magni viri extra Cluniacum, vbi poterant, & in locis tutioribus, à tantorum incursu hostium, sese pro viribus defensabant. Sic in sancta illa & famosissima Cluniacensi domo, occulto, sed iusto Dei iudicio, sathan ad tempus laxatus furebat. Sed iuxta librum beati Iob, qui fecit cum applicuit gladium eius, & congruum tantis malis finem breui imposuit.

Decesserat iam è vita suprascriptus venerandus Papa Calixtus, nec se inferiorem Papam Honorium acceperat successorem. Hic tantæ Ecclesiæ tantos tumultus audiens, misso de latere suo Legato, Domino scilicet Petro Cardinali, Pontium & Pontianos, qui tunc sic vocabantur, omnes, adiuncto sibi Lugdunensi primate Hubaldo, terribili anathemate condemnauit. Data tamen postmodum die vtramque partem ad subeundum in præsentia sua tanti discidij iudicium, litteris Apostolicis euocauit. Obtemperat statim pars cuncta nostrorum, & inter innumeros Monasteriorum Priores, causa cuius hæc interiecta sunt, iam dictus venerandus Matthæus aduenit. Adest & Pontius licet inuitus cum suis, & denominata die, vt iudicium subeat, aduocatur. Præcipitur tamen, vt quia excommunicatus nec agere, nec iudicium canonicè subire potest, prius satisfaciat, & satisfaciendo, se vinculo, quo iure vinctus fuerat, soluat. Mittuntur à Papa nuncij, & ex parte mittentis, vt de tantis malis satisfaciat, iubent. Respuit ille, nec se ab aliquo viuentium anathematis vinculo vinciri posse affirmat. Solùm esse Petrum in cœlis, præter quem nulli hoc licere, fatetur. Commoto multò magis tali eius responso, Domino Papa, totaque simul inde vrbe turbata, non solùm excommunicatum, sed & schismaticum cuncti proclamant. Et quia vt dictum est, nisi solutus ad iudicium admitti non poterat, à suis qui cum eo venerant, vtrum quod ille nolebat, ipsi saltem satisfacere vellent, responsum missis Dominus Papa nuncijs quærit. Qui statim pro eius imperio paratos se esse respondent. Intrant ergo palatium nudis pedibus cunctis, & reos se in conspectu vniuersorum fatentes, protinus absoluuntur. Absoluti, causam ingrediuntur, & nihil quod vel sibi, vel illi pro quo agebant, suffragari posset, intactum relinquunt. Assumit sibi ex parte alia vocem vniuersorum venerandus Mathæus, & sapienter de tota causa perorat. Surgit statim auditis partibus Papa, & tota Romana curia sibi adiuncta, ad rem examinandam in partem secedit. Moratur diu, redit cum cunctis post aliquot horas ad sedem, vt inuentam ex consilio sententiam ferat, Portuensi Episcopo iubet. Fert ille iussus sententiam, & vt ipsa eius verba referam; Pontium (inquit) inuasorem, sacrilegum, schismaticum, excommunicatum, ab omni Ecclesiastico honore vel officio, sancta Romana & Apostolica Ecclesia in perpetuum deponit, & Cluniacum, Monachos, vel cuncta ad idem Monasterium pertinentia, Abbati qui in præsentiarum est, cui iniustè subtracta fuerant restituit. Data sententia vniuntur qui diuisi fuerant, & velut in momento, redintegrato Cluniacensi corpore, tantus támque diutinus malorum turbo sedatur. Irruit post paucos dies, tam in victos, quàm in victores, Romanus ille pestifer morbus, & penè omnes tam Monachos quàm famulos in breui prosternit. Inuadit vix elapso mense & Dominum Pontium paucisque diebus interiectis extinguit. De cuius fine epistolam mihi à supradicto beatæ memoriæ Papa Honorio directam, si forte eius notitia vtilis iudicatur, adiungo. Honorius Episcopus, seruus seruorum Dei, dilecto filio Petro Cluniacensi Abbati, salutem & Apostolicam benedictionem. Præterito mense Decembri, Pontius viam vniuersæ carnis ingressus est. Qui quamuis de malis Cluniaco illatis, sæpe commonitus pœnitentiam agere noluerit, nos tamen pro reuerentia eiusdem Monasterij cuius Monachus fuerat, eum honestè sepeliri fecimus. Data Laterani. Ille quidem morbo Romano aliquamdiu fatigatus sic moritur. Non parcit idem morbus & mihi, & plusquam per dimidium annum, igne vix tolerando adurit. Non euasissem vt credo sociorum casum, nisi & fratrum oratio, & medicinæ cura à quodam sapiente Clerico, multo mihi studio impensa, iuuisset. Euasi tandem Deo propitio, ac per ipsius gratiam maximus ille religionis locus, à sui genetis pessimo turbationis & schismatis morbo mira celeritate conualuit, atque ad pristinum & fortassis ex parte meliorem religionis, famæ, vel rerum statum peruenit.

De hoc Abbate plura Hugo Monachus in Epistola ad ipsum Pontium, quam habet infra, & Chronicon Cluniacense.

Petrvs Pictauiensis, audito Pontii obitu sic cecinit.

Grande lucrum facimus, quia causa schismatis huius
Corruit ex toto persidus ille draco.
Cumque caput lubricum sustollere nititur anguis,
Rumpitur, & moriens atra venena vomit.
Interiere nigri prastigia sena colubri
Nec patitur monstrum viuere Roma diu.
Sed mox ancipiti gladio fera colla trucidans
Defendit Petrum Petrus ab hoste suum.

VETERVM, DE PONTIO CLVN. ABBATE VII. TESTIMONIA.

Hugo Monachus Cluniac. in vita S. Hugonis Abbatis Cluniacensis.

INTERIM beatus Hugo præsentis vitæ cursum compleuit in Christo. Cui dum eius Patris pij pius filius Domnus PONTIVS successit, Cluniacensis Abbas assumptus, & ipse Franciam visitaturus intrauit. Vbi prø sua nobili consuetudine errantes reuocans plurimos secum adduxit, inter quos & me peccatorem, & hunc, de quo loquor [Landricum] iuuenem inuenit, vocauit, & vt sanctus prædixerat, Monachum fecit.

Calixtus II. Papa in Diplomate quodam MS.

PROINDE nos, dilecte in Christo fili, Mathæe Prior, tuis petitionibus annuentes, beati Martini Monasterium, cui authore Deo, & Venerabilis fratris nostri PONTII Cluniacensis Abbatis institutione præsides, præsentis decreti auctoritate munimus, vt quemadmodum cætera Cluniacensis Cœnobij membra, semper sub Apostolicæ Sedis tutela permaneat, &c. Datum apud Sanctum Dionysium per manum Grisogoni, S.R.E. Diaconi Cardinalis ac Bibliothecarij. v. Kal. Decembris, Indict. xiii. Incarn. Dominicæ anno 1119. Pontificatus autem domni Calixti II. Papæ anno I.

Ioannes Taruanensis Episcopus in Charta de Freueuz.

NOTVM sit omnibus futuris & præsentibus, quòd ego Ioannes gratia Dei Taruanensis Episcopus, pro amore Dei, & Sanctorum Apostolorum Petri & Pauli Ecclesiam de Freueuz ex integro dedi Monasterio Sancti Martini de Campis, in manu scilicet Domni PONTII Cluniacensis Abbatis, præsentibus quibusdam suis Monachis, quibusdam etiam Clericis nostris, salua subiectione & obedientia, quam prædicta Ecclesia debet mihi, & Ecclesiæ Taruanensi: saluis quoque reddititibus consuetudinariis. Hoc autem feci rogatu Eustachij Comitis Boloniæ, & Mariæ vxoris eius, &c. Factum publicè apud Sanctum Michaëlem de Vvasto, anno Dominicæ Incarn. M C X I I. regnante Ludouico Rege Francorum.

Sigebertus Gemblacensis ad annum 1109.

Hoc tempore obiit Sanctus Hugo Cluniacensis Abbas, cui successit Pontius.

Ordericus Vitalis, Vticensis Lexouiorum Monachus lib. xi. Histor. sui temporis MS.

MATISCONENSIS Episcopus ad hanc sanctam Synodum clamorem fecit, quòd PONTIVS Cluniacensis Abbas ipsum, Ecclesiamque suam damnis, iniurijsque multis affecerit, Ecclesias, decimasque suas, debitasque subiectiones sibi abstulerit violenter, & congruas dignitates, suorumque ordinationes Clericorum denegarit. Sed Cluniacensis Abbas sic respondit. Cluniacensis Ecclesia soli Romanæ Ecclesiæ subdita est, & Papæ propria, & ex quo fundata est, à Rom. P. obtinuit priuilegia, quæ proclamator iste abolere nititur. Notum autem sit vobis, quòd Ego, & Fratres nostri, Monasticas res, sicut eas Venerabilis HVGO, aliique sancti prædecessores nostri habuerunt, seruare contendimus. Nulli damna vel iniurias ingessimus, res alienas non diripuimus: Verum res pro amore Dei nobis datas à fidelibus, quia pertinaciter defendimus, à raptoribus inuasores dicimur. Nimia de his ad me sollicitudo non pertinet. Ecclesiam suam Dominus PP. si vult, defendat, & Ecclesiam, decimasque, cum alijs possessionibus, quas ipse mihi commisit, custodiat. Tunc Ioannes Cremensis eloquens Presbyter, qui cum PP. venerat, dixit: Ducenti, & eo amplius anni sunt, ex quo Cluniacensis Ecclesia fundata est, & ab ipso primordio fundationis suæ, Romano Pontifici donata est; à quo vetustis priuilegijs in Romana

Synodo coram multis Arbitris insignita est. Ratum est, & Chartis insertum legentibus liquidò patescit, quod G. Aquitanicus Cluniacense Cœnobium in alodio suo construxit, & illud, Romam pergens, Romano Pontifici deuotissimè commisit, nec id frustra fieri voluit. Nam ipse tunc XII. aureos Papæ obtulit, & exinde totidem singulis annis dari decreuit. Præfata ergo Ecclesia nulli Principum, seu Præsulum, vsque nunc, nisi Papæ subiacuit, &c. Conuentus Monachorum secundum Regulam Sancti Patris Benedicti Abbatem eligit, electum Papæ cum litteris attestantibus dirigit; quem ipse, secundum Ecclesiasticum morem conserat, ac benedicit. Igitur cum Cluniacensis Abbatia soli Papæ subiiciatur, Romana auctoritas Cluniacensium priuilegia corroborat, & in virtute Dei omnibus Ecclesiæ filiis imperat, ne quis eos temerè pristina libertate priuet, nec possessionibus olim habitis spoliet, nec insolitis exactionibus prægrauet.

Chronicon Casinense lib. 4. cap. 62.

EO etiam tempore dum PONTIVS Cluniacensis Abbas ad Synodum veniens, Abbatem Abbatum se iactaret, rogatus à Ioanne Cancellario, Cluniacenses à Casinensibus, aut Casinenses à Cluniacensibus Regulam sumpsissent: Respondit non modo Cluniacenses, verùm omnes in Romano orbe Monachos Regulam Patris Benedicti à Casinensi accepisse Cœnobio. Ergo, inquit Cancellarius, si à Casinensi Monasterio tanquam à viuo fonte Monasticæ Religionis norma manauit: iure à Romanis Pontificibus Casinensi Abbati hæc prærogatiua concessa est, vt ipse solus, qui tanti Legiseri vicarius est, Abbas Abbatum appelletur.

Idem Cap. LXXVII.

TVnc etiam PONTIVS Cluniacensis Abbas ob amorem ac reuerentiam sancti, vnà cum XII. fratribus Casinense Monasterium petiit: Abbatisque nostri Gerardi prouolutus vestigiis, dum perlustrasset officinas Monasterij, dixit: Mallem Decanus esse Casinensis, quàm Cluniacensis Abbas. Demum fratrum omnium genibus prouolutus, illorumque orationibus, se intuente, commendans, Hierosolymam profectus est, beato Benedicto spondens post reditum suum, relictâ pastorali cura se Deo in hoc Cœnobio deinceps seruiturum.

Platina in vita Honorij II. Papæ.

FAMILIARITATE præclarorum virorum mirificè delectatus est. Nam Pontium quendam Abbatem Cluniacensem, virum industrium, Romæ retinuit.

Ioannes Trithemius in Chronicis Monasterij Hirsaugiensis ad annum 1124.

HIC [Honorius II Papa] Pontium Abbatem Cluniacensem Ordinis nostri Romam ad se vocans, Cardinalem sanctæ Romanæ Ecclesiæ ordinauit, virum vndecumque doctissimum, & non minus sanctitate, quàm scientiâ illustrem.

Chronicon rerum Burgundionum, ad ann. 1108.

HVGONE Mortuo PONTIVS sit Cluniacensis Abbas annis tredecim.

Martyrologium Monasticum Benedictinum, ad quartum Kalend. Ianuarias.

IN Monasterio Cluniacensi, depositio sancti Pontij Abbatis, doctrina & sanctitate clari.

Kalendarium S. Leonorij Bellimontis.

QVARTO Kalendas Ianuarias depositio domni Pontij Cluniac. Abbatis, *Vide Chronicon Cluniacense.*

HVGONIS MONACHI CLVNIACENSIS,
EPISTOLA,
Ad Dominum Pontium Abbatem Cluniacensem.

In qua nonnulla de S. Hugone, ipsoque Pontio Abbate: quomodo Cardinalis factus; & quam deuotè Cineres BB. Apostolorum Petri & Pauli, tempore Sancti Maioli Abbatis Cluniacum delatos, reuereretur.

Atui sereniβimo Cluniacensi Abbati Pontio domino suo seruus Hugo. Dum tuam, Pater, excellentiam penso, iniussus coram te loqui non audeo. Sed quoniam memoranda quædam de magno Hugone sancto prædecessore tuo tacita video, si tua iubeat me sciri dignatio, pauca de plurimis, parua de maximis; breui expedio. Ista quidem diffusos Scriptores illos miror omisisse, quæ de eo tanta volumina conscripsere. Quæ refero, præsentibus notissima sunt, sed posterorum memoriæ, vt iubes, mandata sunt. Beatus Hugo ad Francigenas, eos visitaturus, olim è siuerat. Veniés autem Belluacense territorium, intrauit Gorpacum super Aronam fluuium, ibi cum Albertus vir illustris honorificè suscepit. Vxor viri nomine Ermengardis, & ipsa toto hospitio reuerenter occurrit. Quam sanctus vt vidit, Prophetico afflatus spiritu dixit. Domina, tu gratiuida es, filium paries, qui sic, vt Deo, placuerit, Monachus erit. Audiens mulier quæ de se ante non nouerat, mirabatur. Præsentes audita signantes oracula, lætabantur. Postmodum iuxta serui Dei verbum, grauida illa peperit filium. Creuit puer, & armatorum deputatus officio, militiam adeptus, vt id hominum genus malè consueuit, perniciosus euasit. Interea sanctus plenus dierum pariter & virtutum, diem in Domino clausit extremum. Erat tunc in Italia apud Papiam decés Pontificum Godofredus Ambiasensis Episcopus, doctrina præclarus, sanctitate perspicuus. Dum itaque beatus Hugo præsenti vita defungitur, æternæ donatur, vidit Episcopus ad procedendum cor sanctis eximios præparati cum luminaribus, & cæteris quæ in processione solemniter solent exhiberi. Episcopo inquirenti quis esset, quem tantæ triumphus gloriæ expectaret: Responsum est quia ad deducendum Dominum Hugonem Cluniacensem Abbatem, illa sanctorum deuotio festiua procederet. Quod cum Episcopus admirans sociis reuelaret, tempusque quo id viderat annotaret, in Galliis reuersus, eodem inuenit tempore in Cluniaco sanctum migrasse, quo sibi fuerat monstratum Papiæ. Postquam vero sanctus decessit, tu feliciter electus, & in officium tanti Patris dignè subrogatus, Domino ducente ad supradictas Franciæ partes descendisti, Vbi pro tua illa nobili consuetudine, quibusque bona prædicans, istum de quo sanctus prædixerat, iuuenem inuenisti, inuentum vocasti, vocatum eduxisti. Ipsum in Cluniaco Monachum nomine Landricum plurimis annis vidimus bonis pollentem moribus. Sic, Pater benignissime, sic præcessor tuus Abbas Hugo sanctissimus, quem plurimum dilexisti, immo quem diligis, sic inter alias virtutes suas etiam prophetia claruisse probatur: sic in sui dissolutione corporis, Pontifici reuelatus, supercœlestium conciuis esse digno scitur. Sed mea modo sileat paruitas, tua magis, ista quàm alta sint, perpendat charitas. De hac enim altitudine loqui, ego tam infimus timere debui. Anno denique Verbi de Virgine nati M. CXVIII. defuncto Papa Paschali, qui Romanæ sedis apicem X. & VIII. annis, & eo amplius gubernauit, assumptus est electione Catholica, & consecratus est Gelasius Papa vir adprimè eruditus, eleemosynis largus, consilio prouidus. Hic Henrico IV. Romanorum Imperatore contra Ecclesiam sæuiente, declinans ad mare descendit, nauigio Gallias expetiit, tibique primum Cursore à Pisis emisso, suum prænunciari fecit aduentum. Te enim, Cluniacensis scilicet Abbatem in partibus Galliarum habet Pontifex Romanus proprium & specialem filium. Huic apud Sanctum Ægidium occurristi, huic & multo comitatu suo equituras, & alia quàm maxima eleganter ministrasti. Hunc pro maris molestia infirmatum, in tuæ solo natiuitatis, quod pater tuus Petrus potens & nobilis Comes Mergulensis iuri Apostolorum Petri & Pauli contradidit, & inde accepit, tu Papam officiosissimè confouisti. Qui denuo conualescens, & Cluniacum suam peruenire desiderans, Lugdunum Galliæ pertransiit, Matisconam descendit, vbi grauissima ægritudine confectus se Cluniacum perferri instantissimè præcepit. Quo deportatus, summaque reuerentia susceptus, completo Episcopatus sui anno j. & diebus iiij. in medio fratrum circumstantibus Episcopis Cardinalibus in propria domo, proprius Pastor in pace Cluniaci quieuit. Post hunc reuerendus Vuido Viennensis Archiepiscopus ab Ecclesia Catholica est in Clun. electus, seque in Papam Calixt. ordinatus. Hic terrenæ nobilitatis celsitudine præcellit, sed cœlestium nitore charismatum pulchrius elucescit. Hic secundo Cluniacum rediit, ibique festum Dominicæ Circumcisionis & Apparitionis deuote peregit. Qui dum inter cætera sæpius ageret de vita & miraculis Beati Hugonis, non quorumlibet chartulas super his profusius exaratas attendit, sed personas authenticas in medio Cluniacensis Capituli præsentatas, de sancto quæ viderant & audierant validius attestatas, gratanter accepit. Episcopis vero & Cardinalibus pariter assentientibus ad laudem & gloriam Domini nostri Iesu Christi natalem tanti Confessoris tot & tantis virtutibus approbati festiuum fieri Papa decreuit. Die autem Epiphaniæ Domini processit Papa solemniter coronatus, copioso Pontificum & Cardinalium choro constipatus. Huic Romana præsens militia more suo famulabatur. Hunc quàm multi Burgundiæ nobiles sequebantur. Hunc celeberrimo apparatu suscepit obuius sacer Cluniacens. fratrum Conuentus, quem exaltat humilitas, dilatat charitas, disciplina erudit, discretio munit. Eadem die communi suorum assensu assistentium largitus est felix Papa Calixtus Cluniacensi Ecclesiæ speciali & propriæ suæ, vt Abbas Cluniacens. semper & vbique Romani fungatur officio Cardinalis, manuque propria ipse te Papa annullo vestiuit: vt sic manifestum appareat cunctis, quia tecum & tui Cluniacus solius Papæ Romani propriè propria censetur, quæ sub alterius iure Pontificis, seu cuiuslibet potestatis, prouidente Domino nec fuit aliquando, nec erit in futuro. Discessurus Papa in crastinum, intrans Cluniacense Capitulum, humilitate sua laudabili fratrum se orationibus commendauit, quos & benedictionibus confirmauit, & prædicti confessoris memoria recensita recessit. Ista me dixisse sufficiat, tuaque mihi gratia veniam tribuat. Sed ne tuam precor paternitatem offendat dum quiddam rogare te mea præsumit indignitas. Nosti pater, quia Papa Cornelius Martyr gloriosus Petri & Pauli ossa de Catachumbis leuata, Pauli via Hostiensi, Petri in Vaticano sagaciter posuit. Eorum verò cineres studiosè congruo recondens vasculo in Monasterio sancti Pauli tradidit venerandos. Hoc autem Monasterium sequentibus annis commissum est sancto Oddoni tuo prædecessori, vbi per eum aliquandiu Cluniacensis vigor Ordinis radiauit. Tandem seditiosis vrbe turbata motibus, quos illa ciuitas infausto vsu creberrimè patitur, malis vrgentibus Monachi discedentes vas illud Apostolicorum cinerum sacra secum pignora detulerunt, sicque Cluniacum properè peruenerunt. Diebus verò Sancti Majoli Monasterium Cluniacens. venerabilis Hugo Bituricensis Archiepiscopus dedicauit, vasque prædictum Apostolicorum cinerum in columna sub principali ara dignè recondidit. Cum verò diebus Pater, tuis, nouo, mirabili opere, constructo Monasterio, illud antiquum destrui, & claustra dilatari mandasti, tu prædictam aram immotam prouidè reseruasti, & pro ea veteris caput Monasterij diuino vsus consilio manere fecisti. Ibi enim, expertis sanè credimus, orationis gratia, & lacrymarum vbertas commodè reperitur. Ibi correctione pia peccatorum sarcina deponitur. Ibi cineres Apostolici, thesaurus, Pater, inæstimabilis, frequenti reuerentia visitantur. Quos quia sæpius orando requiris, te precor, licet trepidus, sed tua misericordia roboratus, vt ante sacro-sanctos cineres illos Apostolicos mei aliquando memorari digneris, qui tuorum misereri non desinis. Sanctum quoque Confessorem beatum Hugonem, dum prece supplici sæpe commemoras, vt & matri illi, quam cum tribus filiis de Francia tecum adduxisti, matrem in Marciniaco, filios eius in Cluniaco piè suscepisti, subuenire dignetur, obtineas precor. Et quia multum locutus sum, condones obsecro.

In Capella beati Petri veteris nuncupata, & super altare ipsius, in pedibus Crucis, & beatorum Petri & Pauli imaginum ibidem existentium, de dictis Cineribus versus sequentes litteris antiquissimis habentur.

Pastor Petre gregis; cœlestis Claniger aulæ,
Diuinæ legis tu Doctor maxime Paule:
Hic quorum cineres, Domino præstante, reponi
Testantur veteres, nobis estote patroni.

GOFFRIDI ABBATIS VINDOCINENSIS Epistola ad Pontium Abbatem Cluniacensem.

Dilectissimo Patri domno PONTIO, *honorabilis vitæ Abbati, Frater Goffridus Vindocinensis Monasterij humilis seruus, sanctæ Romanæ Sedis alodiarius, puram dilectionem, & puræ dilectionis seruitutem.*

VENDAM Monachum nostrum, Petrum Goscelini nomine, ad vos venisse audiuimus: sed qua intentione, venerit, ignoramus. Quòd si vos, vel locum vestrum visitandi gratia fecit, licèt cum licentia nostra fieri debuisset, pro reuerentia vestra, vituperare non audemus. Sed si ea intentione actum est, vt locum, in quo secundæ regenerationis habitum suscepit, relinquat, laudare non possumus: cùm hoc Sancti Benedicti Regula omninò contradicat, & sanctorum Romanorum Pontificum auctoritas, qua patrimonium beati Petri, Monasterium videlicet nostrum, munitur, sub anathemate interdicat. Vnde sicut carissimum dominum & Patrem humiliter vos rogamus, quatenus ad nos secundùm humilem petitionem nostram frater ille noster renertatur; ne primam sui Monachatus fidem irritam fecisse videatur, & vinculum charitatis, quo venerabilis prædecessor vester, vir piæ recordationis, domnus HVGO, sibi & Monasterio Cluniacensi nos diligenter alligauit, sub hac occasione, quod absit, rumpatur. Illud vobis veraciter dicimus, vt si quid prædictus frater contra nos egit, si tamen ad nos venerit, pro amore vestro, & pro anima gloriosi viri domni HVGONIS, qui nos cùm nec serui eius fieri digni fuissemus, suos caritate filios fecit, illi totum, & toto corde dimittimus. Si verò ad nos minimè veniens obedire contempserit, & prima professione, quam apud nos fecit, violata, alio ist loco profiteri præsumpserit; nec prima eius professio Deo grata erit, nec secunda: quia nec prima promissæ stabilitatis expectauit fructum, & secunda, quæ primam sui Monachatus oblationem Ecclesiæ nostræ abstulit, habebit sacrilegium. Quòd si alicuius priuilegij auctoritate Monachum de noto & regulari Monasterio sine licentia sui Abbatis vobis retinere conceditur, huius auctoritas priuilegij contra S. Benedicti Regulam nititur, & aliud quàm priuilegium, quod Christus Dominus beato Petro donauit, continere videtor. Hoc enim priuilegium fuit à Deo Petro collatum, vt quæ erant soluenda solueret, & quæ liganda ligaret: non vt hominibus fidem mentiendi, vel se periurandi occasionem præberet. Et quoniam quem S. Benedictus damnationis vinculis alligat, nec beatus Petrus soluit, nos soluere non debemus; licet multùm inuiti, & coacti faciamus, in virtute sanctæ Regulæ, & auctoritate sanctorum Canonum, illum ita, donec resipiscat, excommunicamus, vt nec communionem sacram viuus percipiat, nec mortuus sepulturam. Vnum præterea vobis mandamus, quod simplicitatem vestram ignorare non credimus, quia vnumquemque Pastorem decet oues proprias conseruare, non rapere alienas. Quòd si alienas rapuerit, lupi consuetudinem habet, non Pastoris. Si quis iterum auctoritate priuilegij se talia posse confitetur, eadem auctoritate quòd non seminauit colligere, aliorum villas, castella, & ciuitates obtinere; patribus suis subtrahere filios, suis hominibus vxores auferre; quid plura? omnem alienam substantiam suam facere se posse confiteatur. Priuilegium vtique prauitatis plurimum habet, & nihil penitus diuinæ legis, cuius auctoritas suos in primis obseruatores reos facit, & proximos opprimit innocentes. Et quicumque priuilegio, contra priuilegium quod Christus contulit Petro, facere conatur, quasi Propheta docens mendacium comprobatur. Cuius vocem falsam beatitudinem, & veram miseriam protestantem, dum animæ sequantur Christianæ, periclitantur.

Qualiter tabula S. Basilij continens in se magnam Dominici ligni portionem Cluniacum delata fuit, tempore Pontij Abbatis.

CREATOR omnipotens, & benignus rerum moderator Deus, inter mirifica & verè magna, ipsáque multa beneficia, quibus hanc Cluniacensem Ecclesiam ab ipso fundamine mirabiliter & fouit, & dilatauit, & extulit, vno tamen quodammodo, magnis præconiis attollendo, nostris eam temporibus, hoc est sub domno Pontio Abbate honorificare, ac dilatare dignatus est. Quod cuiusmodi sit, vel quomodo acciderit, iam nunc pandere incipiemus. Ante hos annos, temporibus scilicet Michaëlis Constantinopolitani Imper. cui scilicet successit Alexius, quo tempore homo Dei domnus & venerabilis Hugo Abbas agmen istud gregis Dei pascebat, Turci, gens execrabilis ac profana, longéque à Deo permissione Dei, de Persida, & de illis circa regionibus, ebullientes, sicut iam penè vniuerso orbi notissimum est, impetu facto, occupauerunt Syriam, Palestinam, Capadociam, ipsamque optimatissimam ciuitatem Antiochiam, ac Romaniam penè totam, Christianum populum absque remedio affligentes, absque numero perimentes, euertentes Ecclesias, Dei sacraria conculcantes, quicquid de pignoribus sanctorum, quicquid de sacris vasis vel ornatis Ecclesiæ in eorum manus venire poterat, absque cunctatione penitus disperdentes. Sed paucis ante diebus, quà gens hæc ferocissima Cæsaream Capadociæ illo suo impetu occupasset, Archiepiscopus qui tunc illi Ecclesiæ vel Prouinciæ præerat, ex voluntate Dei quieuit in pace. Archidiaconus autem ille, penes quem Ecclesiæ desolatæ cura remansit, vir prouidus & honestus, Mesopotamius, nomine, nepos Episcopi defuncti fuerat. Is barbarorum terrore perculsus cùm nullam contra eos defensionem sperare posset, quæque cariora ac sanctiora in thesauris reperit Ecclesiæ, secum Constantinopolim detulit. Inter quæ ornamentum quoddam gemmis ac lapidibus, videlicet eis quos Smaldos vocant, preciosissimumque, magna ligni Dominici portione sacratissimum, quasi ad formam libri textus Euangelij factum. Quod opus, vt fertur, magnus ille & sanctus Basilius, Cæsareæ Cappadociæ olim Archiepiscopus, multa diligentia summóque studio composuit, & quoad vixit in magna habuit reuerentia. Post quem eius successores Archiepiscopi vnus post vnum pari reuerentia & obseruatione habuerunt, vsque ad illum quem suprà diximus paulo ante barbaricam irruptionem defunctum, à quo iste Mesopotamius nepos eius illud ipsum habuit. Cum quo, vt iam dictum est, regiam vrbem ingressus à prædicto Imperatore tam honorificè susceptus est, vt palatium ei, & dignitatem inter primos tribueret, neptemque quoque suam, iuxta Græcorum morem, in coniugium sociaret. Cum verò idem Michaël ab Alexio pulsus imperio, & mutilatus esset, & Alexius Michaëlis consanguineos ac familiares infestatione acerbissima damnaret & perderet; hunc tamen Mesopotamium semper in honore habuit nec exhæredauit. Verum Mesopotamius ipse post annos aliquantos defunctus, hoc tale, tantumque ornamentum, has sacratissimas reliquias Sancti & magni Basilij, opus inter cætera bona sua suæ reliquit vxori. Sed hæc post mortem viri paulatim opibus attenuari cœpit, & paupertate grauari. Dum hæc aguntur, domnus Mauricius, Bracarensis Archiepiscopus post votum Hierosolymum rediens, Constantinopolim cum suis deuenit. Vbi aliquandiu commoratus maioribus vrbis & palatij, ipsi quoque Imperatori Alexio notus factus est, & carus. Porro è multis qui ibi eum nosse cœperant & amplecti, vocauit vnum, perquirens ab eo vtrum in tanta vrbe posset aliquid reperiri, quod seu pretio, seu gratia obtentum, admiratione dignum foret & veneratione, quodque ipse secum reportans in patria sua pro magno & prædicare & commendare deberet. At ille indicauit ei de sacrosanctis reliquiis, quas & nos præsenti scripto indicandas suscepimus. Quid plura? ventum est ad matronam. Interrogauit eam Archiepiscopus quomodo se haberet, vel quomodo sibi esset. Non celauit penuriam suam. Culpauit eam senior & mordacius corripuit, ne forte pro recentis apud se ligni Dominici reliquiis, quas potius in loco celebri & sancto à sanctis Dei dignis excubiis & psalmodiis concentibusque honorari oporteret, Deus sibi offensus esset, & idcirco ipsa paupertate tam graui premeretur. Nam pauperies ipsa coëgerat eam de ipso sacro ac mirifico opere lapides pretiosiores abstraxisse, multóque distraxisse pretio. Verumtamen sic conuenta à Sacerdote suam expiauit offensam, & agens cum eo, multo leuiori pretio pignus illud sanctitatis

tatis ei contradidit, quàm Græco cuiquam aut familiari suo, si super hoc secum egissent. Formidabat nimirum, vtpote mulier, Imperatoris vim, qui sæpenumero attentauerat, indesinenterque moliebatur, sub qualibet specie recti sacrosanctum illud pignus suis apponere reliquiis. Sed Imperator, & omnium Dominus, cuius voluntas potentia est, spontaneam suam, Cluniacensem vtique Ecclesiam tali tantóque monili redimire prædestinauerat. Quo, sicut optauerat, impetrato, senior gauisus est valde. Et maturiùs petens ab Imperatore commeatum, vnum de Palatinis nomine Bonifacium ab eo impetrauit ductorem sibi suísque vsque ad fines Constantinopolitani Imperij. Vbi cùm iam ab inuicem discessuri essent, Archiepiscopus securior factus, ostendit ei in Capella sua quicquid vel dono, vel precio de Græcia reportabat. At Bonifacius visis sæpedictis ligni Dominici reliquiis, conuersus ad eum, Quomodo, inquit, vel quibus suffragiis rem istam sacrosanctam & adorandam obtinere potuisti? Nam hæc est tabula magni & sancti Basilij magnam Dominici ligni portionem in se continens, quam Mesopotamius Archidiaconus à Cæsarea Capadociæ, Constinopolim aduexit. His testificationibus certior factus & lætior, Deo se protegente Archiepiscopus ad Hispaniam. ** Nec non & Bracarensis Ecclesia tunc temporis graui admodum inquietudine laborabat, tum quia Ildefonsus Rex nuper obierat, tum quia Eyricus Comes ad regnum aspirabat. Prædictus itaque Archiepiscopus vbi turbatam comperit patriam, de illo loco incomparabili thesauro plus quàm de se ipso sollicitus, sapienti vsus consilio in Monasterio Carrionensi, quod Cluniacensis iuris est, illum occultare disposuit. Sæpiúsque interim recogitans tam sanctas atque adorandas reliquias, vbi melius ac honorificentiùs collocare potuisset, tandem sedit animo, & voluntati complacuit, vt eas Cluniacum transmitteret ob mercedem bonam animæ suæ ad comparandum sibi in Cluniaco memoriale perpetuum. Vbi per fidelem bajulum fratrem Dalmatium reuerenter præsentatæ sunt, & à domno Pontio Abbate Conuentuque Cluniacensi solemniter ac honorificentissimè susceptæ, anno ab Incarnatione Domini M CXII. V. Kal. Augusti, ad honorem & gloriam Christi Domini Dei nostri, Amen.

Dedicatio Capellæ beatissimæ Virginis Mariæ Matris Christi, quæ vulgo Capella Abbatis nuncupatur, tempore Pontij Abbatis.

ANno Incarnationis Domini 1118. 17. Kal. Septemb. consecratum est Oratorium hoc cum Altari à reuerendissimo Archiepiscopo Viennensi, domno Vvidone, in honore sanctæ & indiuiduæ Trinitatis, Patris, & Filij, & Spiritus sancti, & Natiuitatis beatæ Mariæ semper Virginis, & in memoriam ei factæ salutationis Angelicæ, & Sancti Spiritus obumbratione, eiusdem Dominicæ Conceptionis, partus quoque eiusdem Verbi Incarnati, Circumcisionis, & Apparitionis, in qua tribus Magis apparere dignatus est. Qui intrantes domum inuenerunt eum cum Maria Matre eius, & adorantes, ei munera obtulerunt : & eiusdem Matris purificatricis Purificationis, ac Filij eius in Templum præsentationis, lactationis quoque, ablactationis, osculorum, amplexuum, precum, & supplicationum ad Filium Deum, ac Dominum Creatorem suum : Et in honore Dominicæ Passionis, qua gladius pertransiuit animam eiusdem genitricis Dei, Resurrectionis quoque, & Ascensionis ad dexteram Patris : Et specialiter sanctissimæ Assumptionis, qua ipsa intemerata & gloriosa Virgo exaltata super choros Angelorum perlata est vsque ad throni celsitudinem, vbi contemplatur filium quem genuit in nostra humanitate, in Patris ac Sancti Spiritus coæqualitate, atque in veneratione S. Gabrielis Archangeli, qui eandem salutauit & custodiuit : Cunctorumque cœlestium spirituum, & dilecti Domini Ioannis Euangelistæ, qui eidem beatæ Virgini datus est in Filium, & omnium Sanctorum.

Quomodo Reliquiæ B. Stephani Protomartyris Cluniacum delatæ fuerunt tempore eiusdem Pontij Abbatis.

VEre mirabilis, véreque gloriosus Deus in Sanctis suis, per quos ipse mira atque gloriosa non cessat operari. Et licet mundus hic senuerit, trahaturque quotidie ad occasum, conditor tamen mundi sanctorum suorum gloriam mundo innouare cessanter dignatur. Hinc est aliud dulce ac præclarum miraculum, quod his diebus nouissimis per B. Protomartyris Stephani patrocinium, ostendere voluit Deus omnipotens. Vir namque Venerabilis Edessenus Archiepiscopus, eiusdem Martyris sacrosanctorum ossium vnciam, videlicet digiti, diu secum habuerat, debitaque veneratione excoluerat : quod per quendam nobilem Græcum de Capella Constantinopolitani Imp. Edessam olim fuerat allatum, euidentissimis indiciis in manus ipsius deuenerat Archiepiscopi. Interim vero accidit vt vir magni generis domnus Gelduinus, ex nobili videlicet stemate Puteacensium procerum editus, pro spe regni cœlestis, seductoriam seculi pompam deseruit, Monachúsque effectus, voluntarium Christi paupertatem in Cluniacensi Cœnobio arripuerit. Qui etiam pro sua religiosa conuersione, Ecclesiæ Luperciacensi Prior datus, ibique aliquamdiu honestè ac sapienter commoratus, tandem à pio Patre domno Pontio Cluniacensi Abbate impetrata licentia, cum duobus aliis fratribus Hierosolymam petiit, electúsque ordinatione diuina in Abbatem sanctissimi Sepulchri Matris Domini de Valle Iosaphat, inde cum Rege Hierosolymitano consobrino suo perrexit Antiochiam, sícque deuenit Edessam, comitante fratre suo Vualaranno illarum partium principe. Quos Archiepiscopus honorificè suscipiens, & cum omni charitate, cœpit diligentius inquirere de statu ac religione Cluniacensi, vtpote confrater ipsius Cœnobij. Olim namque cum de partibus Flandriæ per Cluniacum Hierosolymam pergeret, inuestitus est à Sancto Hugone

I

omnium bonorum congregationis societate. Vnde cùm inter cætera didiciſſet Archiepiſcopus Clunia-
cenſe Monaſterium in honorem beatorum Apostolorum Petri & Pauli simulque Beati Protomartyris
Stephani antiquitùs fuiſſe conſecratum: cœpit ſecum, Deo, ſicut credimus, inſpirante, tacitus cogitare, quantum animæ ſuæ immineret periculum, ſi cœleſtis ille theſaurus, quem ſibi indigno diuina
commendauerat bonitas, in manus aliquando deueniret gentilium. Satis etenim metuebat ne vrbs ipſa
Sarraceno rum perfidiæ iterum daretur diſtruenda, felicem ſe nihilominùs futurum ſi Deo volente, ſan-
ctoque Stephano annuente, illa tam incomparabilis margarita Cluniaci haberetur, vbi & amplior ei
deberetur reuerentia, ſanctorúmque diuini ſeruitij cultus, à tanta vtpote cœleſtium caſtrorum cateruâ per-
ſolueretur. Id tamen fieri poſſe omnino ei videbatur impoſſibile. Sed quid multa? Quod Dominus omnipotens vigilanti voluit inſpirare, hoc dormienti plenius dignatus eſt intimare. Primo namque ſomno apparuerunt ei duæ venerabiles perſonæ ornamentis Archiepiſcopalibus inſignitæ, ducentes in medio aliam tertiam aliquantò minorem, Leuitæ habitu honorificè indutam. Vocantes eum nomine ſuo,
Petrum & Paulum ſeipſos eſſe mitiſſimo affatu profeſſi ſunt, illúmque medium beatum eſſe Stephanum. Sciret igitur hanc ipſorum trium exiſtere voluntatem, vt quod die tranſactâ quaſi dubius cogitauerat, oſſum videlicet eiuſdem S. Stephani Cluniacum deſtinare, opere adimplere nullatenùs omitteret, eo quòd
Cluniacenſis Eccleſia ipſis tribus iam olim fuerit à Deo commendata. Quæ viſione expertectus Archiepiſcopus, cœpit priùs ſuper his plurimùm auxiliari, dehinc eadem phantaſiæ deputare, quòd videlicet illa nunc dormiens videret quæ antea vigilans cogitauerat. Totum itaque diuinæ commendans diſpoſitioni, ſopori eſt redditus: cum ecce eaſdem, eodémque habitu aſſiſtere conſpicit perſonas, cum
multâ iam authoritate ſibi præcipientes, vt cogitata ſine dilatione perficiat. Idcirco enim ſeipſos iterum
ei apparuiſſe præteſtantur; ne ipſe cœleſtem viſionem quaſi fantaſticam reputaret. Euigilans ergo ſubi-
tò vir ſanctus, nimioque terrore percuſſus, æſtimans ſe comprehendere corporalibus oculis, quos
tam manifeſtè viderat in ſomnis, vocanſque ante ſe iacentes clericos, ſi quas ibi interfuiſſe depreh-
enderint perſonas, diligentiùs inquirit. Cùmque neminem corporaliter affuiſſe audiret, magis magiſque
extra ſe fieri cœpit, rémque altiùs conſiderans, quantámque conſolationem per hoc amiſſurus eſſet,
mente retractans, elegit magis mortem incurrere, quàm theſaurum ipſum à ſe ſeparare. Quâ diu fatigatus fluctuatione, rurſus obdormiuit: Statímque illæ tres beatæ perſonæ aſſuerunt, terribiliter de tam
manifeſtæ viſionis dubitatione cum increpantes, minas quoque plurimas niſi ipſorum iuſſioni adquieſ-
ceret, inſpirantes: quod ſcilicet non ſolùm theſaurum ipſum deſiderabilem, verùm etiam cætera quæ ſibi
cariora videbantur in ſeculo, cum dolore eſſet amiſſurus. Si verò eis obediret, ſciret ſe proculdubio
ampliorem gratiam promereri & gloriam in futuro, & de præſenti quâ nimirùm grauabatur infirmitate
citiùs liberari à Domino. Erat enim vir beatus longo podagræ morbo miſerè confectus, immo ita tabe-
factus, vt cum dolore viueret, vixque à lecto exire valeret. Sed quantò ampliùs corporali infirmitate
premebatur, tantò magis illam incomparabilem conſolationem B. Protomartyris, peccatis ſuis exigentibus amittere verebatur. Excitus ergo, ſed non abſque immenſo horrore, vociferanſque fortiter, clericos circumiacentes nimiùm exterruit, ſuper his quæ audiebant grauiter obſtupeſcentes: & ne vir ſanctus extra ſe fieret, admodùm metuentes. Ipſe verò demum ſibi redditus, iam non poterat dubitare de
Domini voluntate, ſanctorúmque ipſius, quam ſibi trina viſio, multáque comminatio, inſuper & pia
promiſſio tam citiſſimè indicaſſet. Vnde totius noctis partem reſiduam cum ipſis Clericis duxit inſom-
nem: nunc lachrymis atque gemitibus, nunc deditus Pſalmis & orationibus. Reddita itaque die dominum conuocans Gelduinum cum duobus ſociis ſuis, præſenti Eccleſiæ theſaurario, aliiſque quibuſdam
Clericis, indicauit eum magnis ſingultibus totius rei veritatem, quantáſque tentationes atque pericula
perpeſſus fuerit nocte tranſactâ. Sed quid multis morer? Tandem beatus totis manibus illud ſacratiſſi-
mum oſſum de ſuo extraxit ſeruatorio, ſe reum, ſe gehennâ, ipſáque morte dignum, ſéque tam incomparabilis theſauri patrocinio conteſtans indignum. Sicque cum multis lacrymis tradidit ipſum domni
Gelduini manibus, adiurans eum ſuper fidem ſuam, ſanctámque non ſibi profeſſionem, vt per ſe ipſum,
vel per certum fidelémque nuncium, ſub teſtimonio SS. Apoſtolorum Petri & Pauli beatíque Stephani
theſaurum illum repræſentaret ſanctæ Eccleſiæ Cluniacenſi. Quo ſuſcepto, aliíſque ſimul ſanctis donatis, idem Gelduinus cum ſuis gaudens Antiochiam rediit. Paucíſque diebus interpoſitis Rex pro diſ-
ponendis Reipublicæ negotiis, maximéque pro Comitatu vrbis Edeſſenæ, conuocauit Antiochiam non
ſolum Pontifices, verùm etiam totius penè illius Prouinciæ Principes. Sed quia totius conſilij pars maxima in Edeſſeno pendebat Archiepiſcopo, mandauit ei per illam quam ſibi debebat fidem, & obedientiam, vt ad tam neceſſarium veniret Concilium, ſi aliquatenùs equitare valeret. Si verò nullatenùs poſſet, portari ſeipſum illuc faceret. Quibus acceptis venerabilis heros, ſuámque perpendens impoſſibili-
tatem, plurimùm ſuper his cœpit grauari, videnſque ſe in anguſtiis vndique poſitum, totam ſpem ſuam
ad Dominum conuertit, ſanctóſque eius Apoſtolos Petrum & Paulum beatiſſimúmque Stephanum, cum
quadam retexens querimonia, quid videlicet pro eis egerit, quantámque fiduciam in eorum promiſſis
habuerit. Iamque ex ipſa neceſſitate adeſſe tempus locúmque, ſicut promiſerant, ſalutis recuperandæ.
Mirum dictu! Poſtquam enim vir pius inter has ſupplicationes membra dedit ſopori, aſſuit perſona quædam honorabilis, palpanſque fortiter pedes eius, cunctáque infirmitatis loca, ipſum benignè conſolan-
do, ſubintulit, dicens. Quoniam vera fuit viſio, veráque poſt minas promiſſio, noveris te à Domino
ex ipſa liberatum ægritudine. Qui ſtatim præ gaudio optatæ ſalutis, quam in ſomnis audierat, expergeſ-
factus, cœpit ſecum mirari, ſi verum eſſet quod viderat; paulatímque pedes extendens, & ad ſe re-
trahens, agnouit verè redditam ſibi quam deſiderauerat ſoſpitatem: ſurgentíque facillimè ſine humano

auxilio super scabellum ante se positum, cœpit immensas gratias Deo referre, & *Te Deum laudamus*, cantare. Quod clerici audientes, ipsumque super pedes suos stantem cernentes, cœperunt cum eo cantante & ipsi cantare. Sicque factum est vt die crastina Missam deuotissimè celebraret, tam clericis, quàm laicis in tanto obstupescentibus miraculo, Deique omnipotentis clementiam collaudantibus. Mulam quoque ascendens, iterque arripiens, Antiochiam lætus & incolumis peruenit, quantamque sibi misericordiam per beatum Stephanum diuina impenderit dignatio, palàm cunctis notificauit. Domnus vero Gelduinus fidele depositum per fidelem nuncium fratrem Frotmundum Cluniacum fideliter delegatum, inter multa maximaque pericula, de quibus eum benignus Deus sui Protomartyris meritis euidenter eripuit, anno Dominicæ Incarnationis 1110. regnante in cœlis & in terra Regum Rege Domino Iesu Christo. Has vero beati Stephani reliquias, necnon & dentem Sancti Baptistæ Ioannis domnus ac Venerabilis Petrus Abbas studio, & diligentia quam erga sacra & diuina omnia gerit, singulis crystallinis phylacteriis, gemmis & auro pulcherrimè decoratis, includi honestissimè fecit, & vnum ad dexteram, aliud ad sinistram super altare maius in catenis argenteis, sicut modò cernitur, appendi mandauit, Habe igitur Cluniace pignus preciosum tanti Martyris, quo protegente à malis omnibus eruaris, nunc & semper, & in secula seculorum, Amen.

Paschalis II. Papæ Diploma, ad domnum Pontium Clun. Abb.
De Obedientiis ad Cluniacum pertinentibus.

Paschalis Episcopus seruus seruorum Dei, dilecto filio Pontio Monasterij Cluniacensis Abbati, eiusque successoribus regulariter substituendis in perpetuum. Et religio Cluniacensis Cœnobij, cui Deo auctore præsides, & prædecessoris tui sanctæ memoriæ Hugonis Abbatis dulcissima, reuerendaque dilectio, cogunt nos, fili in Christo charissime Ponti Abbas, tuis petitionibus indulgere. Eapropter Abbatias, vel Prioratus, qui sub prænotati Abbatis Hugonis dispositione manserunt, sub tua quoque, vel successorum tuorum dispositione permanere decernimus. Id est, Moisiacum, Figiacum, Abbatiam sancti Martialis Lemouicensis, Angiriacum, Nouum Monasterium Pictauense, Abbatiam S. Egidij, Abbatiam Mauziaci, Abbatiam Verziliaci, Abbatiam sancti Germani Autissiodorensis, Abbatiam sancti Bertini, Abbatiam sancti Vvolmerij, Abbatiam Vnicurti, Abbatiam sancti Benedicti super Padum. Prioratum Nantoaci, Gigniaci, sancti Marcelli Cabilonensis, Crispeiaci, Verciaci, Paredum, Carum locum, sancti Marcelli de Salzic, sancti Saluatoris Niuern. sancti Stephani ibidem, Nazaram, Scarionis: sanctum Isidorum, sanctum Saturninum, Salsinanias, Siluiniacum, S. Mariam de Charitate. Luperciacum, S. Reuerianum, sanctum Martinum de Campis, Longumpontem, Consiacum, Nogentum, Leontium, Gagias, Tiualdium, Cariagobium, Rozanum, sanctum Pancratium de Lanis, Montemacutum in Anglia, Etifrodium, S. Albanum de Bansilegia, Romanum Monasterium, Paterniacum, S. Victorem in Genoua, Voltam, S. Florum, Alarsacum, Morracum, S. Licerium, S. Orientium, Setmontem, Carenniacum, S. Fidem de Morlanis, S. Eutropium, S. Mariam de Castello, S. Maiolum de Papia, S. Gabrielem de Cremona, S. Paulum de Pergamo, S. Iacobum de Pontiuo, Bertemam, Rodobium, Castellet, S. Gregorium de Placentia, Abeuillam, Atcerens, Alauart, Domna, Vazilia, Cabiol, Magobrium, Fodrouillam, Cellam in Alamannia, Roquespertum Villatis, S. Mariam de Valle, Marciniacum, Ambertam, Riuis, Chaberors, S. Nazarium, Borbonensem, Booizium, Esalas, Saltum. In locis autem, quæ sine proprio Abbate, diebus domini ac venerabilis Hugonis Abbatis fuisse videntur, numquam aliquis Abbatem ordinare præsumat. Illud etiam libertatis Cluniacensi Cœnobio firmum haberi sancimus, vt vestri Monasterij Monachi, qui ad sacros sunt Ordines promouendi, à quibus malueritis Catholicis Episcopis promoueantur. Chrisma verò, si opportunitas exegerit, in vestro faciatis Monasterio consecrari, vel à quibus volueritis Episcopis accipietis. Si qua igitur in futurum Ecclesiastica, secularisve persona, hanc nostræ constitutionis paginam sciens, contra eam temerè venire tentauerit, secundò, tertiove commonita, si non satisfactione congrua emendauerit, potestatis, honorisque sui dignitate careat, reamque se diuino iudicio existere de perpetrata iniquitate cognoscat, & à sacratissimo corpore & sanguine Dei, & Domini Redemptoris nostri Iesu Christi aliena fiat, atque in extremo examine districtæ vltioni subiaceat. Qui verò diuini timoris intuitu custos & obseruator extiterit, sit super eum pax Domini nostri Iesu Christi, quatinus & hic fructum bonæ actionis percipiat, & apud districtum Iudicem præmia æternæ pacis inueniat, Amen.

Ego Paschalis Catholicæ Ecclesiæ Episcopus S.

Datum apud Castellum per manum Ioannis S. R. E. Diaconi Cardinalis, ac Bibliothecarij, XVII. Kal. Nouemb. Indict. III. Incarnat. Dominicæ anno MCIX. Pontificatus autem domini Paschalis secundi XI.

ALIVD PASCHALIS II. PAPÆ DIPLOMA,
ad eundem domnum Pontium Abbatem Clun.

De quibusdam locis Clun. Cœnobij, in Anglia, Normania, & aliis Prouinciis.

PASCHALIS Episcopus seruus seruorum Dei, charissimo filio PONTIO Cluniac. Abbati, eiusque successoribus, regulariter substituendis in perpetuum. Apostolicæ Sedis auctoritate debitoque compellimur, pro vniuersarum Ecclesiarum statu satagere, & earum maximè quieti, quo Sedi eidem specialius adhærent, ac tanquam iure proprio subiectæ sunt, & ampliori religionis eminent gratia, auxiliante Domino prouidere. Propter petitionibus tuis, fili in Christo charissime PONTI, non immerito censuimus annuendum, vt Cluniacense Monasterium, cui Deo auctore præsides, Apostolicæ Sedis priuilegio muniremus. Illas igitur possessiones, quæ tuæ prælationis tempore acquisitæ sunt, & ab Episcopis traditæ, vel per Episcopos confirmatæ, nos tibi, tuisque successoribus, & per nos eidem Cluniacensi Monasterio confirmamus. In Normannia videlicet Ecclesiam SS. Cosmæ & Damiani, in Episcopatu Constantiensi. In Anglia Ecclesiam S. Trinitatis de Lenna, in castro Notingahant. In Episcopatu Bisuntino Monasterium de Alta-petra, & Monasterium de ●●●-clusa. In Episcopatu Tolosano Monasterium S. Columbæ. In Mindoniensi Ecclesiam sancti Martini de Negdal In Aariensi Ecclesiam S. Vincentij de Palumbario. In Astoricensi Ecclesiam S. Saluatoris de Valle-viridi. Præterea quæcumque prædia, quæcumque possessiones in futurum concessione Pontificum, liberalitate Principum, vel oblatione fidelium, iustè atque canonicè poteritis adipisci, firma vobis, vestrisque successoribus, & illibata permaneant. Decernimus ergo, vt nulli omnino hominum liceat idem Monasterium temerè perturbare, aut eius possessiones auferre, vel ablatas retinere, minuere, vel temerariis vexationibus fatigare, sed omnia integra conseruentur, eorum, pro quorum sustentatione & gubernatione concessa sunt, vsibus omnimodis profutura. Si qua igitur in futurum Ecclesiastica quælibet, secularisve persona hanc nostræ constitutionis paginam sciens, contra eam temerè venire tentauerit, secundo tertiòve commonita, si non satisfactione congrua emendauerit, potestatis honorisque sui dignitate careat, & à sacratissimo corpore ac sanguine Dei, & Domini nostri Redemptoris aliena fiat, atque in extremo examine districtæ vltioni subiaceat. Cunctis autem eidem loco iusta seruantibus sit pax Domini nostri Iesu Christi, quatenus & hic fructum bonæ actionis percipiant, & apud districtum Iudicem præmia æternæ pacis inueniant, Amen.

Ego Paschalis Catholicæ Ecclesiæ Episc. ff.

Datum Anagniæ per manum Ioannis S. R. E. Diaconi Cardinalis ac Bibliothecarij, VII. Idus Nouembr. Indict. VIII. Incarnationis Dominicæ anno MCXIV. Pontificatus autem domni Paschalis secundi Papæ XVI.

Quomodo PASCHALIS II. Papa dedit Dalmaticam suam domno Pontio Abbati Cluniacensi.

PASCHALIS Episcopus seruus seruorum Dei, dilectissimo filio PONTIO Clun. Abbati salutem & Apostolicam benedictionem. Cum, differentiam donationum, quæ per Dei gratiam fidelibus dantur, enumeraret Apostolus, subiunxit, dicens: *Dilectio sine simulatione. Odientes malum, adhærentes bono, caritatem fraternitatis inuicem diligentes, honore inuicem præuenientes.* Hanc sine simulatione dilectionem, fili charissime, circa personam tuam per Dei gratiam conseruantes, & fratrum, quibus, Deo disponente, prælatus es, charitatem diligentes, honoris te priuilegio præuenire decreuimus. Odientes siquidem malum, bono vos adhærere gaudemus. Deum quippe in vobis diligimus, à quo bonum omne procedit. Monet enim Psalmista dicens: *Qui diligitis Deum, odite malum.* Igitur concessionem prædecessoris nostri, felicis memoriæ VRBANI secundi, quam prædecessori tuo venerabilis memoriæ HVGONI Abbati contulit, super mitræ, dalmaticæ, chyrothecarum, & sandaliorum vsu in octo præcipuis festiuitatibus obtinendo, nos tam tibi, quàm successoribus tuis confirmamus. Præterea tibi eorundem insignium vsum personaliter singulis festis concedimus, quibus Hymnus Angelicus à vobis inter Missarum solemnia decantatur. Ad exprimendam etiam sine simulatione dilectionem, & honoris præuentionem, Dalmaticam, quâ nos indui solebamus, tuæ dilectioni donauimus, vt nostræ dilectionis memor, & malum semper oderis, & bono indesinenter adhærere, & fratres tibi commissos studeas semper in Domino diligere, & ad Conuentum Dominicæ Congregationis in idipsum efficacius incitare.

Datum Anagniæ per manum Ioannis S. R. E. Diaconi Cardinalis, VII. Idus Nouembris, Indictione VIII.

GELASII SECVNDI PAPÆ DIPLOMA,
ad Pontium Abbatem.

De confirmatione bonorum Cluniacensium.

GElasivs Episcopus seruus seruorum Dei, charissimo fratri Pontio Cluniacensi Abbati, salutem & Apostolicam benedictionem. Cluniacensis Monasterij prudens religio, & religiosa prudentia, & ante nostra, & nostris temporibus, Romanam Ecclesiam maximè sibi fecit obnoxiam. Sed præter illud commune dilectionis debitum, personæ tuæ sinceritas mihi semper amabilis, semper optabilis, charitatis nostræ viscera plenis, vt nosti, sinibus ampliauit. Idcirco petitionibus tuis, illis præcipuè, quæ ad Monasterij vestri quietem & salutem spectant, nequaquam duximus obuiandum. Per præsentis igitur Decreti paginam, secundum postulationem fraternitatis tuæ, præcipimus atque statuimus, vt quicquid possessionis ad Cluniacense Monasterium pertinentis reuerendissimæ memoriæ prædecessor tuus Hvgo in die mortis suæ per authenticam Romanorum Pontificum concessionem, quietè ac sine calumnia possidebat, tu quoque, tuique successores, quietè ac sine calumnia possideatis. Ea etiam, quæ tu post prouectionem Cluniacensi Monasterio, vel per tuam, vel per fratrum tuorum industriam legitimè acquisita sunt, firma, quieta, & integra conseruanda censemus. Volumus enim Cluniacense Monasterium, auctore Deo, in quiete perpetua, & tranquillitate persistere; vt à secularibus tumultibus liberi, omnipotentis Dei seruitiis vacare quietius valeatis.

Ego Gelasius Catholicæ Ecclesiæ Episcopus SS. Signum manus meæ, *Dominus in loco sancto suo.*

Datum Capuæ ij. Idus Aprilis, per manum Grisogoni S. R. E. Diaconi Cardinalis, Anno Dominicæ Incarn. MCXVIII. Indict. xi. Pontificatus autem domni Gelasij secundi Papæ anno i.

CALIXTI Papæ II. Diploma ad eumdem Pontium.

CAlixtvs Episcopus seruus seruorum Dei, charissimo in Christo filio Pontio Cluniacensi Abbati ciusque successoribus regulariter substituendis in perpetuum. Religionis Monasticæ modernis temporibus speculum, & in Galliarum partibus documentum, beati Petri Clvniacense Monasterium, ab ipso suæ fundationis exordio Sedi Apostolicæ in ius proprium est oblatum. Proinde Patres nostri sanctæ recordationis Ioannes xj. Item Ioannes xij. Agapitus ij. Benedictus vj. Item Benedictus vij. Leo vij. Item Leo ix. Gregorius vj. Item Gregorius vij. Alexander ij. Stephanus, Victor iij. Vrbanus ij. Paschalis ij. & Gelasius ij. Ecclesiæ Romanæ Pontifices, locum ipsum singularis dilectionis ac libertatis prærogatiua donarunt, & vniuersa ei pertinentia priuilegiorum suorum sanctionibus muniuerunt. Statuimus est enim, vt omnes Ecclesiæ, Cimiteria, Monachi, & Laïci vniuersi infra terminos habitantes qui sunt à riuo de Salnai, & ab Ecclesia Ruciaci & Cruce de Lornani; à termino quoque molendini de Tornasach, per villam quæ dicitur Varentia, cum nemore Burseio; à termino etiam qui dicitur Perois, ad riuum vsque de Salnai, sub Apostolicæ tantum sedis iure ac tuitione permaneant. Neque ipsi Cluniacensis loci Præsbyteri, aut etiam parochiani, ad cuiuslibet, nisi Romani Pontificis, & Cluniacensis Abbatis coguntur ire Synodum vel Conuentum. Sanè pro Abbatis, Monachorum seu Clericorum infra prædictos terminos habitantium ordinatione, pro chrismatis confectione, pro sacri olei, Ecclesiarum, altarium, cimiteriorum consecratione, Cluniacense Monasterium quem maluerit Antistitem conuocet. Cluniacenses Monachos vbilibet habitantes nulla omnino persona præter Romanum Pontificem, & Legatum, qui ad hoc missus fuerit, excommunicet & interdicat. Porro si Monachus, Clericus, aut Laïcus, siue cuiuslibet Ordinis professionisue persona, nisi forte certa de causa excommunicata sit, Cluniacensium claustrorum mansiones elegerit, absque contradictione alicuius suscipiatur, & quæ de suo iure attulerit, liberè à Monasterio habeantur. Altaria, cimiteria, & decimæ Cluniacensium Monachorum & quæcumque iuris eorum sunt, à nemine auferantur, vel minuantur. De Monachis aut Monasteriis Cluniacensibus nulli Episcoporum, saluo iure canonico, si quod in eis habent, liceat iudicare: sed ab Abbate Cluniacensi iustitia requiratur. Quam si apud eum inuenire nequiuerit, ad Sedem Apostolicam recurratur. In Abbatiis, quæ cum suis Abbatibus ordinationi Cluniacensis Monasterij datæ sunt, videlicet S. Martialis Lemouicensis, S. Eparci Engolismensis, Monasterij noui Pictauis, Sancti Ioannis Angeliacensis, Monasterij Lesatensis, Moysiacensis, Figiacensis, & S. Egidij Nemausensis. In Aruernia, Mausiacensis, Ticinensis, Menacensis. In Episcopatu Eduensi, Viziliacensis. In Autissiodorensi, S. Germani. In Cameracensi, Hunoldi-curtis. In Rothomagensi, Abbatia apud Pontesaram. In Teruanensi, S. Bertini, & S. Vulmari. In Italia S. Benedicti super Padum, siue Cluniacensis Abbatis præcepto nullatenus eligant. Pro altaribus & Ecclesiis siue decimis vestris, nulli Episcoporum facultas sit, grauamen aliquod vobis, aut molestias irrogare. Sed sicut eorum promissione quædam ex parte, quædam ex integro habuistis, ita & in futurum habeatis. Ecclesiarum vestrarum decimas, quæ à Laïcis obtinentur, si secundum Deum eorum potestati subtrahere vestræ religionis reuerentia poterit, ad vestram, & pauperum gubernationem vobis liceat possidere. Decimas laborum vel ortorum, pro quibus tam vos, quàm alios Monasticæ religionis viros inquietare Episcopi consueuerunt, illorum videlicet quos dominicatos appellant, qui vestro sumptu à Monasteriis, & Cellis vestræ clientibus excoluntur. Sic omni Episcoporum, & Episcopalium Ministrorum contradictione deinceps quietius habeatis, qui vestra peregrinis fratribus & pauperibus erogatis. Ecclesiæ omnes, quæ vbilibet positæ sunt, seu Capellæ vestræ, & cimiteria, libera sunt, & omnis exactionis immunia, præter consuetam Episcopi paratam, & iustitiam in Præsbyteros, si aduersus sui ordinis dignitatem offenderint. Liceatque vobis, seu fratribus vestris, in Ecclesiis vestris Præsbyteros eligere. Ita tamen vt ab Episcopis, vel ab Episcoporum vicariis animarum curam absque vænalitate suscipiant. Quam si committere illi, quod absit, ex prauitate noluerint; tunc Præsbyteri ex Apostolicæ Sedis benignitate officia celebrandi licentiam consequantur. Ecclesiarum vestrarum consecrationes si Diocesani Episcopi gratis voluerint exhibere, a quolibet Catholico suscipietis Episcopo. Nec Cellarum vestrarum vbilibet positarum fratres pro qualibet interdictione vel excommunicatione diuinorum officiorum suspensionem patiantur: sed ipsi Monachi ipsi, quam famuli eorum, & qui se professioni Monasticæ deuouerunt, clausis Ecclesiarum ianuis, non admissis Diocesanis, diuina secuti tutis officia celebrent, & sepulturæ officia peragant. Percussuram quoque proprij numismatis vel monetæ, quandocumque, vel quamdiu vobis placuerit, habeatis. Hæc igitur omnia, sicut à nostris prædecessoribus constituta sunt, ita & nos auctoritate Apostolica constituimus, & præsentis priuilegij decreto confirmamus. Præterea fili in Christo PONTI, quem nos in Viennensis Ecclesiæ positi regimine, nostris per Dei gratiam manibus in Abbatem consecrauimus, & personam tuam & locum, cui Deo auctore præsides, totis dilectionis visceribus amplectentes, & quieti vestræ attentius prouidentes, hæc adiicienda censuimus, vt Abbatiarum vestrarum electis, nullus Episcoporum sine commendatitiis Cluniacensis Abbatis litteris, consecrationis, vel ordinationis manus imponat. Alioquin & consecrator, tanquam constitutionis Apostolicæ præuaricator, grauiori subiaceat vltioni, & consecrati electio, siue ordinatio, donec Apostolicæ Sedi & eius Cluniacensi Monasterio satisfiat, irrita habeatur. Porro Præsbyteris Parrochialium Ecclesiarum, Sanctæ Mariæ, & Sancti Oddonis Cluniacensium, eiiciendi & suscipiendi in Ecclesiam ex antiqua consuetudine pœnitentes, & nuptiales chartas faciendi licentiam indulgemus. Prohibentes tam Matisconensem Episcopum, quam & alios super hoc, vel super aliis, quæ statuta sunt, vobis molestias irrogare. Si quis igitur ausu temerario, impiaque præsumptione contra Deum, & Sanctos eius Apostolos, contraque animam suam, hoc nostræ Apostolicæ auctoritatis priuilegium in aliquo infringere tentauerit, incunctanter se nostræ Apostolicæ maledictionis nouerit aculeo transpunctum, nostræque Apostolicæ excommunicationis telo perfossum, nostri etiam Apostolici anathematis gladio transuerberatum, nec nisi per dignam satisfactionem saluti pristinæ reparandum. Ei vero, qui conseruator extiterit, sit pax Domini nostri Iesu Christi, quatinus & hic fructum bonæ actionis percipiat, & apud districtum Iudicem præmia æternæ pacis inueniat, Amen.

Ego Calixtus Catholicæ Ecclesiæ Episcopus.

Datum Valentiæ per manus Grisogoni, Sanctæ Romanæ Ecclesiæ Diaconi Cardinalis, ac Bibliothecarij, VIII. Kal. Martij Indict. XIII. Incarnat. Dominicæ anno MCXX. Pontificatus autem domni Calixti secundi Papæ, anno II.

PIERRE DE FONTAINES CARDINAL
du Tiltre de sainct Marcel.

CHAPITRE XXII.

Petrus Abbas Cluniacensis.

DEcesserat iam è vita Venerandus Papa CALIXTVS, nec se inferiorem Papam HONORIVM acceperat successorem. Hic tantæ Ecclesiæ tantos tumultus audiens, misso de latere suo Legato, DOMNO scilicet PETRO Cardinali, PONTIVM & Pontianos, qui tunc sic vocabantur, omnes adiuncto sibi Lugdunensi Primate HVBALDO, terribili anathemate condemnauit.

Ciaconius in vitis Pontificum sub CALIXTO II.

PEtrvs Burgundus, Gallus, Fontanis ortus, conciuis Sancti Bernardi, Præsbyter Cardinalis Tituli Sancti Marcelli, Legatus in Gallias sub HONORIO secundo.

des Cardinaux François.

ESTIENNE DE MONT'BELIARD, ou DE BAR, Euesque de Mets, Cardinal du Tiltre de Saincte Marie in Cosmedin.

CHAPITRE XXIII.

Extraict de l'Histoire de la Maison de Bar-le-Duc, par feu mon pere. page 16.

ESTIENNE DE MONTBELIARD OU DE BAR, succeda en l'Euesché de Mets à THEOGER l'an 1119. ou 20. & fut consacré à Rome par le Pape CALIXTE second son oncle, qui luy confera le pallium, & la dignité de Cardinal. A l'aide de RENAVT Comte de Bar son frere, & de quelques autres siens parens & amis, il recouura diuerses Terres de l'Euesché qui auoient esté occupées par les Seigneurs du païs: destruisit les places & forteresses, d'où il pouuoit arriuer du dommage à son Eglise, en fortifia d'autres pour la defense & conseruation d'icelle, & outre ce l'enrichit de belles & grandes Seigneuries. Car ayant receuillj de la succession du Comte Pierre son Cousin, le Chasteau de Lucellembourg, ou Luxembourg situé dans l'Alsace, il le donna à cette Eglise, pour laquelle d'ailleurs il acquit le Chasteau de Hæmburgh, vsurpé par le Duc de Lorraine apres la mort du Comte Huques, celuy de Viures, & la part que le Duc de Lembourg auoit en celuy de Roucey. Bref il fit vne infinité d'autres actions genereuses, & dignes de memoire perpetuelle pendant le cours de quarente & trois années, qu'il gouuerna l'Eglise de Mets; Alberic marque son deceds sous l'an 1158. mais l'Histoire abregée de ses Gestes, porte qu'il mourut seulement l'an 1163. le 30. iour de Decembre, estant chargé d'années & de merites, & receut la sepulture à l'entrée du Cœur de son Eglise.

Extraict de la Chronique MS. d'Alberic Moine des trois Fontaines.

ANNO MCXIX. STEPHANVS fit Episcopus Metensis per annos XLIII. natus ex sorore Papæ CALIXTI.

Anno MCXXXIV. Comes RAINALDVS Barri mediante fratre suo STEPHANO Metensi Episcopo tandem fecit pacem cum Episcopo Virdunensi Adalberone, & in eodem anno idem Rainaldus per proditionem Bullonium castrum Sancti Lamberti obtinuit.

Extraict de la vie Sainct BERNARD Abbé de Clernaux, Liure IV. Chapitre V.

EGREDIEBATVR idem pater Metensium ciuitatem, & ex more deuotus cum populus deducebat, cum eorum Episcopo STEPHANO, & fratre eius RAINALDO Barensi Comite, aliisque personis tam ex Cericali quam ex militari ordine multis. Interim causa extitit vt rogaret nobilem virum Henricum de Salinis super verbo quodam quod ipse Episcopus & alij qui conuenerant, suggerebant, vt videlicet Metensi Ciuitati, & populo pacem daret, cui grauiter inimicabatur: ille vero renuere penitus & obdurare, nec vllis precibus flecti. Inter hæc superuenientes alij offerebant beato viro hominem surdum, obsecrantes vt ei manum imponere dignaretur. At ille fidei zelo succensus, sicut interdum ob causas necessarias terror quidam & auctoritas suprà hominem in eius facie rutilabat, conuersus ad militem, Tu Nos, inquit, audire contemnis, quos continuò coram te audiet surdus, & imponens manus homini, signauit eum, & in aures eius digitos misit. Quo protinus audiente pauens Henricus & tremens ruit ad pedes hominis Dei, humiliter satisfaciens, & liberè annuens quicquid fuerat postulatus.

Extraict d'vne histoire Latine des Euesques de Mets, finissant à l'an MCCLXXXVI.

DOMINO Poppoñi, tàm Burgundionum, quàm Lotharingorum excellenti genere clarus, sed virtute & animi nobilitate clarior Dominus STEPHANVS, anno Domini MCXX. videlicet anno CALIXTI Papæ secundi successit. Hic CALIXTI ex sorore nepos, cum Regalia nondum ab HENRICO V. qui tunc temporis Arcem tenebat Imperij, recepisset, schismate inter Regnum & Sacerdotium adhuc durante, in Vrbe Romana ab eodem Pontifice Summo consecratus est, & tàm Pallij dignitate, quàm Cardinalis Titulo honoratus. Hic à Ciuitate Metensi biennio & amplius, quia præmemorati Principis gratiam nondum habebat, exclusus, primos ordines in loco qui Sancti Quintini Mons dicitur, celebrauit, & curtes Episcopatus à Tyrannis solo Rumiliaco excepto, occupatas, Fratris sui Comitis Barrensis, aliorumque cognatorum & amicorum suorum fretus auxilio, celeritate mirâ recuperauit: idem in ipsa promotionis suæ recentiâ, castrum Cecli, quod victoribus per illas transeuntibus partes valde erat perniciosum, castrumque apud Vicum, & munitionem inter Vicum & Marsallum in loco palustri sitam, simulque castrum Comitis de Hombourg, quod Marsallo adhærens, toti villæ onerosum, damnosumque diù extiterat, in manu validâ destruxit & complanauit. Processu temporis gratiâ Imperiali sibi conciliatâ de virtute in virtutem sine intermissione conscendens, castrum quod Ramberti villare dicitur firmauit, castrumque nobile Lucemburch, quod ad ipsum iure hæreditario descenderat, B. contulit STEPHANO, & castrum Hemburch iure ab ipso feodali descendente, post decessum Comitis HUGONIS, à Duce Lotharingiæ occupatum, Domini Friderici Imperatoris auxilio sibi, & posteris suis omni æuo liberè tenendum acquisiuit. Acquisiuit etiam sibi & suæ perpetuo Ecclesiæ castrum Viures, & partem Ducis de Lemburch in castro Rucci cum omnibus appenditiis suis. Castrum quoque Mirabel, & Falconis-Montem, rebelliones Danubrii & Aspermontis, firmatis antè ipsa castra munitionibus viriliter perdomuit. Apud Spinal Turrim quæ Moronis dicitur à Duce occupatam virtute recepit potenti. Et multo post temporis; castrum superius propter insolentiam & immoderatos excessus Aduocati, iuuante ipso Duce MATRÆO obsidione clausit, & co cpit: Et tunc Dux in recompensationem seruitii huius iure feodi ab eo Aduocatiam recepit Spinalensem. Et ipse Dux versâ vice allodium, quod apud Vicum habebat, Beato Stephano Metensi contulit liberè & quietè omni æuo tenendum. Idem Pontifex venerandus Castrum, quod Petrapertusata dicitur, cum anno integro & eo amplius, tribus munitionibus, quarum vsque hodiè vestigia apparent, in circuitu firmatis obsidione clausisset, tandem compulit, ad deditionem. Cum per Castrum Deuleuuart graues illi iniuriæ sæpius datæ fuissent, tandem expugnauit illud, in fauillam cineresque redegit. Nihilominus etiam Turrim apud Tihecurt firmatam, & castrum in loco, qui Wwaltheri-Mons dicitur, situm, quia Episcopatum grauiter infestabat, diruit ac subuertit. Nec est inter eius eximia gesta reticendum, quod ipse tempore quodam Duce ei guerram inferente, castrum ipsius Princi magnanimiter obsedit, illudque muris iam perforatis indubitanter eu pisset, nisi Victoriam im paratam, iamque imminentem impedisset Frater suus Comes Barrensis. Cuius Gesta inclyta, & Annalibus digna enumerare & litteris explicare si vellem, antequidem membrana deficeret quàm materia. Cùm annis XLIII. sub Apostolicis CALIXTO, Honorio, Innocentio, Celestino, Lucio, Eugenio, Anastasio, Adrianio, sub Principibus Romanis, HENRICO V. Lothario, Conrado, Friderico, sedisset, tertiô Kalendas Ianuarij, annis & meritis plenus, & in schismate Alexandri & Victoris, quod inchoatum iam fuerat, migrauit ad Dominum, & iuxtà chori introitum in dextrâ ipsius parte meruit sepeliri.

Extraict d'vne autre Chronique Latine des Euesques de Mets, rapportée par le Reuerend Pere Meurisse Euesque de Madaure.

MAGNIFICVM & nobilem virum ex Viennensi Archiepiscopatu assumptum, Dominum STEPHANVM, Apostolicâ consecratum benedictione in Vrbe Romanâ, pallique dignitate, suæ vitæ curriculo, Ecclesiæ Treuirensis saluo priuilegio, in Episcopum suscipiunt.

Charte d'Estienne de Montbeliard Euesque de Mets, & Cardinal, touchant la Fondation de S. Thiebaud, rapportée par le Reuerend Pere Meurisse.

IN nomine sanctæ indiuiduæ Trinitatis. Ego STEPHANVS sanctæ Metensis Ecclesiæ Præsul humillimus, Vniuersis ad quos præsens scriptum peruenerit, Salutem in Domino. Reuerendorum Sanctorum Patrum authoritatem diligenter obseruantes, & eorum documentis salubribus memoriter inuigilantes, inter cætera beneficiorum opera, quibus à Terrenis ad Cœlestia, à temporalibus ad spiritualia, à transitoriis ad æterna, felici commercio peruenitur, ad obtinendum æternæ beatitudinis præmium sanctarum Ecclesiarum instaurat onem nobis plurimùm valere confidimus. Vnde volumus ad præsentium sed & futurorum peruenire notitiam, quod quidam Clerici in Ciuitate Metensi diuino inspirati consilio nouam Canonicam construere cupientes, Ecclesiam Sancti Theobaldi iuxta muros Metensis Ciuitatis sitam, vbi id facere possint, elegerunt, & eidem Ecclesiæ patrocinia sua, seipsos pauperes causâ Dei facientes, vt successores suos ditarent, contulerunt. Verum, quia id sine consilio & assensu Abbatissæ & Conuentus sanctæ Glodesindis Metensis facere non poterant, maximè cum iam dicta Ecclesia Sancti Theobaldi in fundo sanctæ Glodesindis esset constructa, Abbatissam & Conuentum sanctæ Glodesindis adierunt diligenter, obnixè rogantes quod Abbatissa & Conuentus eis Ecclesiam Sancti Theobaldi, & sex solidos Metenses, quos Terræ iuxta Ecclesiam Sancti Theobaldi Ecclesiæ sanctæ Glodesindis debebant, causâ Dei conferrent. Agnes vero Abbatissa & Conuentus, eorum bonum & laudabile consilium considerantes, præbuerunt eorum petitionibus facilem assensum, eisque Ecclesiam Sancti Theobaldi, & censas prædictos concesserunt: ita tamen quod dicti Canonici in Festo sanctæ Glodesindis, singulis annis, in perpetuum, aureum vnum, qui duodecim denarios Metenses valeat, eidem Ecclesiæ

sanctæ

Sanctæ Glodesindis in censu persoluant. Nec est tacendum quod præfati Canonici Sancti Theobaldi, adiuncto sibi Abbatissæ, eique succedentium Abbatissarum consilio, liberam habebunt eligendi Præpositum potestatem: ita sanè quod electus Præpositus ab Abbatissa, vel sibi succedentibus, si dignus fuerit, semper recipiat inuestituram; si verò visus fuerit omninò indignus, Abbatissæ liceat manum retrahere, & electionem factam cassare. Illud quoque sciendum est, quod si supradicti Canonici, mortuo Præposito, infra quadraginta dies alium Præpositum dignum & idoneum non elegerint, Abbatissa elapso quadraginta dierum spatio, liberam habebit eligendi & instituendi Præpositum facultatem. Vt igitur pactiones istæ ratæ sint & firmæ, nec ab aliquo posterorum iniqua & fraudulenta occasione infringi possint, aut immutari, nos ea sigillo nostro in testimonium veritatis communiri fecimus & confirmari. Huius rei testes sunt Theoricus Metensis Primicerius, Simon Decanus, Folco Metensis Cancellarius; Fridericus Archidiaconus, Rigerius Præpositus sancti Saluatoris. Acta sunt hæc anno Dominicæ Incarnationis millesimo centesimo sexagesimo tertio; Indictione xi. Epacta xiv. concurrente primo, Ciclo Lunari secundo, x. Kalend. Aprilis.

Autre Charte du mesme ESTIENNE touchant le Prieuré de Fault, par luy donné à l'Abbaye de Sainct Arnoul.

IN *Nomine Domini nostri Iesu Christi,* STEPHANVS, *sanctæ Metensis Ecclesiæ Dei gratiâ Episcopus, Omnibus successoribus suis in ænum perpetuæ salutem. Sicut sola virtus charitatis sunt, vt Deus sublimis, homo feret humilis, sic eadem virtute associatur dignitati angelicæ. Cum ergo cunctos huius virtutis facies expectet, tamen hos maximè qui Sacerdotali præeminent dignitate, ipsa verò virtus charitatis per compassionem proximis acquiritur & nutritur, videlicet vt quibus abundamus impertiri studeamus minus habentibus.* Nouerit igitur præsentium futurorumque solertia fidelium, quod dilectus noster filius Bertramnus Abbas Cœnobij Sancti Arnulphi præsentiam nostri adierit quemdamque locum nomine FALT, qui est situs in foresta nostra prope villam nostram Rumeliacum, sibi & Fratribus Deo, & sancto Arnulpho famulantibus condi à nobis postulauerit. Cuius petitioni deuotè annuimus quia & ipsa postulatio submixa erat ratione, quod iam scilicet à quodam eorum Monacho constructa videbatur ibi esse capella, in honore sanctæ Dei genitricis Mariæ, & quod idem Abbas ibidem Religiosos Fratres cupiebat deputare. Concedimus ergo Fratribus Deo & beato Arnulpho seruientibus, in eadem foresta Officinas Monachis congruas ædificare, hortos facere, Molendinum construere, sua pecora vel animalia illic stabulare. Præter hæc, concedimus eis terram de ipsa foresta ad arandum centum iornales, ad vnamquamque sationem, & ad pratum faciendum liberè, & sine respectu alicuius iuris vel redditus. Hæc autem concessio, immo donatio facta est per me Conradum Rumeliaci Aduocatum, in manus Folmari Comitis: & idem Comes hoc donum suscipiens reddidit solemniter super altare Sancti Arnulphi, & in manibus Abbatis & fratrum loci. Obsecramus itaque ac obtestamur omnes nostros successores, vt hoc nostræ largitionis donum non mutilent, nec infringant, nec ab aliquo infringi permittant pro certo scientes quod quisquis boni operis intentionem in alterum dirigit & roborat, æternæ sibi mercedem remunerationis parat, sicut è contrario pœnam, qui maligno consilio deprauatus, mentem & bono incepto retardat. Vt igitur supradicta maneant apud posteros nostros firma, sigillo ex more nostro roboratimus, anathemate confirmauimus, testes idoneos adhibuimus, quorum nomina hæc sunt. Folmanus Comes nostræ Ciuitatis; Fridericus Comes de Sarrebruche, Godefridus Comes de Casta, Folmarus de Vviltise, Theodericus & Oldericus frater eius de Afinantia. Iohannes Dapifer noster, Albertus Pincerna, Vvaltherus Marescalcus. Theodericus primus Scabinus, Theeclinus de sancto Arnulpho, & plures alij. Data per manus Amalrici Cancellarij, quarto Idus Nouembris S. Domini Episcopi STEPH. M. Ego Adalbero primicerius subscripsi & collaudaui. Richerus Decanus subscripsi. Adalbero Archidiaconus subscripsi. Gerardus Cantor subscripsi. Albertus Capellanus subscripsi. Theodericus Cantor subscripsi. Actum Metis publicè, anno Dominicæ Incarnationis millesimo centesimo vigesimo sexto, indictione iv. regnante Lothario, primo anno regni eius, ordinationis nostræ anno quinto feliciter.

Autre Charte du mesme ESTIENNE, par laquelle il donne la collation des Cures de Sainct Iacques & de Saincte Marie, situées hors des murailles de la ville de Mets, à la Collegiate de Sainct Sauueur.

STEPHANVS *Dei fauente misericordia sanctæ Metensis Ecclesiæ Episcopus,* &c. Ecclesiæ sancti Saluatoris & fratrum ibidem Deo seruientium petitionibus paterno affectu condescendimus, & ad reparanda Ecclesiæ tecta vel ædificia, Ecclesiam sancti Iacobi, quæ est sita in præfatæ Ecclesiæ atrio cum omnibus Appenditiis suis, & Ecclesiam sanctæ Mariæ quæ est extra muros vrbis similiter liberè & integrè concedimus, & in perpetuum damus. Nouimus enim quod venerabilis frater noster Episcopus Adalbero felicis memoriæ, qui eamdem Ecclesiam cum magna deuotione construxit, nullum Beneficium ad reparationem illius contulit, quia in ipsa ædificatione feliciter ad Dominum migrauit, &c. Et quoniam gratia Dei & amore præfati Adaloctonis eamdem Ecclesiam satis tenerè diligimus, vtilitati eius & fratrum quieti in futurum prouidentes, Ecclesiam de Espanges cum appenditiis, & quæ possi-

K

dent, vel quæ inantea Deo opitulante, possesturi nostra authoritate confirmamus, & sigilli nostri impressione corroboramus, &c. Testes autem sunt, Recherus sancti Stephani Decanus, Galtherus Magister & Archidiaconus, Philippus Archidiaconus, Geraldus Cantor & Præpositus, Hugo Magister, Alius Hugo Magister, Rocelinus Azo, Albertus, Vvalterus sancti Stephani Canonici. De Laicis Comes Folmarus. Comes Rainaldus. Raimbaldus de Ruengis, Theodericus de Horey, Albertus Metensis Iudex, Iohannes Dapifer. Gerardus Pincerna. Vvalterus Camerarius. Anno ab Incarnatione Domini millesimo centesimo, trigesimo septimo. Indictione v. Regnante Lothario gloriosissimo Imperatore, STEPHANO Metensi Episcopo anno decimo octauo præsidente. Scripta per manum Lebaldi ad vicem Domini Theoderici Cancellarij.

Autre Charte dudit Estienne, touchant quelques autres Donations à la mesme Collegiate de Sainct Sauueur.

STEPHANVS Dei fauente gratia Metensis Ecclesiæ Episcopus, &c. Ecclesiæ siquidem sancti Saluatoris & fratribus ibidem Deo Saluatori militantibus in posterum prouidentes, omnes redditus siue quæstus quos habemus apud MARSAL de sessis, seu patellis quæ pertinent ad Alodium quod nuncupatur Higniecourt, quod Dominus Adalbero felicis memoriæ Leodicensis Episcopus, pro remedio animæ suæ præfatæ Ecclesiæ contulit, nos pro æterna retributione ad...... prædictorum fratrum in hodierna die habendos concedimus & tradimus. Præterea concedimus eis vt quot sessas vel sessiones in prædicto Alodio construere valuerint, tot nullo contradicente apud Marsal construant; de quibus omnes redditus siue quæstus eis concedimus, &c. Testes autem sunt Adalbero Metensis Archidiaconus. Richerus Decanus. Hugo Magister. Eppo Cantor. Vvarnerius Canonicus & Capellanus, Rocelinus, Richerus, Richardus Canonici. De Laicis Comes Folmarus Metensis Aduocatus. Comes Rinaldus. Comes Fridericus Otho de Gueroldisey. Reinerus Miles. Albertus Metensis Aduocatus. Bertrannus Magister Scabinorum. Vvalterus Camerarius. Ioannes Dapifer. Gerardus Pincerna. Anno ab Incarnatione millesimo centesimo trigesimo, Anno primo Imperij Lotharij feliciter imperantis, STEPHANO Metensi Episcopo anno decimo præsidente. Data per manum Lebaldi Vice-Cancellarij.

Excerptum ex Chronico Sancti TRVDONIS.

VENERANDO atque Reuerendo sanctæque Metensis Ecclesiæ Episcopo STEPHANO. Rodulphus grat â Dei sanctique Trudonis, id quod est salutem animæ & corporis. Diebus Prælationis meæ, hoc est anno MCVIII. Incarnationis Dominicæ, vsque ad MCXXXVI. qui tunc agebatur quando hæc scribebam, quæ nostræ Ecclesiæ, videlicet Ecclesiæ beati Trudonis accreuerint, siue per meum laborem de perditis recuperata, siue de non habitis acquisita, siue per meum nostrorumque studium, de nullis aut paruis reddititis ad aliquos & majores fructus instaurata, & quæ pro animabus fidelium pauci pauca in possessionibus tradiderunt, fideliter hic annotare curaui, &c.

Charte d'ESTIENNE Euesque de Mets & Cardinal, touchant vne Donation par luy faite à l'Eglise de S. Iean-Baptiste de S. TRON.

STEPHANVS diuina miseratione Metensis Episcopus, &c. Terram quæ Auerlodium vocatur vsque ad hæc tempora solis latronum & prædonum spurcitiis, rapinis ac homicidiis vacantem, in qua cum aliis viris nobilibus portionem aliquam Ecclesia sancti Trudonis habuit, consensu Radulphi eiusdem Ecclesiæ Abbatis, Ecclesiæ sancti Ioannis Baptistæ, quæ inibi fundata est, liberè possidendam contradidimus. Huic nostræ traditioni assensum præbuerunt Aduocati Ecclesiæ sancti Trudonis, Vvaleranus Dux & Marchio Lotharingiæ, & Gisbertus de Durachio. Testes adhibiti, Bruno Coloniensis Archiepiscopus, Alberto Leodiensis Episcopus, Comes Godefridus de Namurco, Arnoldus de Losse, Lambertus de Monte-acuto. Actum anno Incarnati Verbi MCXXXVI.

Charte du mesme ESTIENNE, touchant l'Abbaye de Saincte Croix.

IN nomine sanctæ & indiuiduæ Trinitatis: Ego STEPHANVS Dei gratia Metensis Ecclesiæ Episcopus, Stephano Abbati sanctæ Crucis & eius fratribus eorumque successoribus in perpetuum. Paternæ traditionis æmulatrix posteritas, eius mutuata est vicem, cuius sortita successionem. Quemadmodum enim antiquorum solertia quod infirmari noluit, cautione firmauit: ita & modernorum æmulatio id ipsum Vicariæ successionis legitimum reseruunt sibi in pluribus profuturum. Eapropter ego STEPHANVS sanctæ Metensis Ecclesiæ humilis Minister dispositum habens pro modo, pro loco, pro tempore seruorum Dei negotiis insudare, studere paci, propulsare inquietationes, causas eorum terminare, terminatas memoriæ posterorum scripto commendare curaui, ne cum occasu temporum, cadat memoria rerum gestarum. Inde est quod præsenti cautione notum facio tam præsentibus quam futuris, quod fratres Iustimontis locum, & locum qui dicitur sancta crux inhabitantes, in hoc conuenerunt, & pari vnanimitate consenserunt, vt vterque præfatus locus Abbatiæ nomine insigniretur. Hoc itaque suum ipsorumque propositum Patribus Præmonstratensis ordinis, quorum auxilio res effectui mancipari debebat, denunciantes, beneplacitum eorum & assensum, desiderio potentium examinato, & ampliatione sanctæ Religionis inspecti, obtinuerunt, quorum etiam ordinatione prædicti fratres cuique loco certas possessiones pari voto assignarunt : & quod vtrique Ecclesiæ sigillatim fuit assignatum, generalis Capituli Præmonstratensium Abbatum authoritate confirmatum est. Ego igitur, qui mei Officij est piis assistere desideriis, beneuolum iustis eorum petitionibus præbui assensum, & vtrique domui suum Abbatem, fratrum petitione, designaui. Tibi itaque, dilecte fili in Christo Stephane sanctæ Crucis Abbas, & fratribus sub regula beati Augustini secundum tenorem Præmonstratensium consuetudinum inibi degentibus, tuisque & ipsorum successoribus præfatarum locum sanctæ Crucis cum assignatis appendiciis, sicut in sequenti subnotata sunt, confirmo, videlicet locum ipsum de Buris, & censum quem dedit vobis Albertus Aduocatus per manum nostram; Terram quoque præfato loco adiacentem, quam dedit vobis Richardus de Rimport. Grangiam de Corilo cum pertinentiis suis ; Grangiam de sancti Petrifonte cum pertinenciis suis : locum etiam qui dicitur Vallis sanctæ Mariæ, quem dedit vobis Walterus de Ventous, qui cognominabatur Paganus, eo tamen tenore, vt singulis annis nostræ Majori Ecclesiæ persolueretis aureum vnum vel duodecim nummos Metensis Monetæ : & sciendum quod Conuentus Majoris Ecclesiæ hanc dignitatem in hoc loco retinuit, vt si ibi Abbatia fundaretur, Abbas a Primicerio, communi Consilio Conuentus, baculum Pastoralem acciperet. Vt autem hæc nostræ subscriptionis pagina rata & inconuulsa permaneat, Episcopali authoritate, & sigilli mei impressione communio. Testes Theodoricus primicerius, Simon Decanus, Archidiaconi Rocelinus, Hugo, Fridericus, Magister Hugo. Richerus præpositus sancti Saluatoris, Anselmus. Warnerus Capellanus. Alberto de Paroi, & omnis Ecclesiæ Conuentus. Albertus Abbas sancti Gorgonii. Letaldus Abbas sancti Martini. Robertus Abbas sancti Vincentij. Simon Abbas sancti Arnulphi. Ioannes Abbas sancti Clementis. Elbertus Abbas sancti Simphoriani. Si qua igitur, &c. Anno ab Incarnatione Domini nostri Iesu Christi millesimo centesimo sexagesimo primo ; indictione nona, epacta vigesima secunda, concurrente sexto. Data per manum Fulconis Cancellarij, tertio Calendas Maij.

Extraict des Archiues de l'Abbaye de GORZE.

IN nomine sanctæ & indiuiduæ Trinitatis, STEPHANVS Dei gratia Metensis Episcopus, Isembaldo Ecclesiæ Gorziensis Abbati, & fratribus inibi Deo seruientibus, eorumque successoribus in perpetuum. Fidei & dilectionis constantia, quam vos dilecti in Christo fratres & prædecessores vestri nobis nostrisque prædecessoribus exhibere consueuit, speciali quodam nos indesinenter vobis obligauit affectu, & ad petitionum vestrarum exauditionem reddidit promptiores. Inde est, quod vestris postulationibus assensum paternè inclinantes, totum ambitum atrij apud Petresheim, & cuncta quæ piæ memoriæ Dominus Popo prædecessor noster vobis & fratribus ibi Deo seruientibus & in perpetuum seruituris, concessit & confirmauit : Nos quoque nostra authoritate vobis concedimus, & confirmamus, Consilio & assensu Metensis Ecclesiæ communicato, statuentes, vt non solum à præmemorato prædecessore nostro ibi vobis collata libera & quieta possessione teneatis, verum etiam quascumque alias Terras in agris aut pascuis, in cultis seu incultis locis ad Nos & beatum Stephanum Metensem pertinentibus ibidem fidelium Christi pro sua & suorum salute vobis contulit, aut postmodum est collatura deuotio, in ea libertate perpetuò possideatis, vt inde nec exactiones, nec iura aut seruitia aliqua soluatis, nec placita obseruetis, sed libera & omnimodis quieta gaudeatis possessione, quatenus liberius diuino positis vacare seruitio. Nemo autem Nos de mensa nostra quicquam recidere, aut ab Ecclesia Metensi aliquid alienare concessione tali arbitretur ; præsertim cum Ecclesia Gorziensis *prima Camera sit Metensis Episcopi, & principale membrum Ecclesiæ Metensis.* Vt ergo hæc nostri prædecessoris nostraque donatio rata postmodum & inconuulsa permaneat, non solùm nostri sigilli impressione, verum etiam testium subscriptione corroborare eam curauimus, statuentes, vt quisquis eam infringere præsumpserit, anathematis vinculo, donec condignè resipuerit, permaneat innodatus.

STEPHANVS *Dei gratia Metensis Episcopus, Dilecto filio Isembaldo Abbati, & alijs sanctæ Gorziensis Ecclesiæ fratribus, & eius, & eorum successoribus in perpetuum.* Sicut in exordio crescentis Ecclesiæ, fideles animæ terrena patrimonia ad cœlestes Thesauros transferentes, Ecclesiarum possessiones de suis facultatibus ampliabant, ita è contrario, maximè istis temporibus, flagitiosi homines quæ sua sunt quærentes, non quæ Iesu Christi, collata olim Ecclesiis Beneficia occupare, & eorum iura infringere non verentur, vnde factum est et propter huiusmodi iniurias crebrò vobis illatas, quæ rimoniæ non semel in auribus nostris depositæ, Nos tandem Gorziam venire compulerit : vbi cum de iure vestro & de iniuriis vobis factis nostra inuestigaret sedulitas, tandem ab hominibus Curiæ illius debitæ fidelitatis obtestatione summonitis, hoc inter cætera ad ius vestrum pertinentia relatum est, quod bannum totius Villæ & Tabernæ, & forum, & furni specialiter, & indominicatè ad Ecclesiam vestram pertinerent. Et quoniam plerique ex hominibus Sancti Gorgonij in prædicta villa furnos proprios iniustè construxisse confessi sunt, ipsi ædificatores in præsentia nostra de statu prædicto eos destruxerunt. Præterea dilectissimi, vt ius vestrum posteris manifestius appareret, Sanctitati vestræ paginam nostræ testificationis indulsimus. Et ne similem inuasionem de cætero sentiatis, collata nobis à Domino potestate interdicimus. Quæcumque enim persona huic nostræ authoritatis munimento præsumpserit obuiare, perpetui anathematis vinculum, & æternæ damnationis sententiam, donec resipiscat, se intelligat incurrisse ; Testes sunt Gobertus de Asperomonte, Girardus de Gusterey, Bermondus de nouo Castro.

Albertus de . . . . Ricardus de Rimport, Matheus de Iussey, Ricardus & Henricus Fratres de Castello.

Extraict du troisiesme Liure des Euesques de Mets, par le Reuerend Pere Meurisse, Euesque de Madaure.

L'An mil cinq cent vingt & vn, le Chœur de cette Cathedrale ayant esté ragrandy & rehaussé, son sepulchre fut ouuert (c'est à dire celuy d'Estienne) & l'on trouua dedans auec ses os trois aiguilles d'or, auec lesquelles on attachoit son *Pallium*, enrichies l'vne d'vne Amethiste, & les deux autres de deux rubis, estant toutes trois de la valeur de douze escus au Soleil, ou enuiron, vne crosse Pastorale, dont le Baston qui n'estoit que de bois, fut bien tost reduit en poudre, & le haut, qui estoit d'yuoire, fut porté dans la Sacristie, & vne Croix de plomb qu'on luy auoit penduë au col, sur l'vn des costés de laquelle, il y auoit escrit en vieilles lettres, *Quarto Kal. Ianuary obiit STEPHANVS piæ memoriæ, Sanctæ Metensis Ecclesiæ Episcopus,* Et sur l'autre, *Anno ab Incarnatione millesimo centesimo sexagesimo tertio.* Ses os furent honorablement recueillis, & furent mis dans vn petit Tombeau separé, sur lequel son nom fut escrit pour le reconnoistre, & le distinguer de cinq autres semblables Tombeaux qui sont joints au sien, & furent derechef enseuelis sous la grande Couronne au milieu du Cœur, la mesme année 1521. le quatriesme du mois de Iuin.

Extraict du Necrologe de l'Eglise Cathedrale de S. Estienne de Mets

TErtio Kal. Ianuarij pro Domino STEPHANO Episcopo Metensi viginti solidi, pro Campanis duodecim denarij.

AYMERY DE LA CHASTRE, CHANCELIER de l'Eglise Romaine, Cardinal du Tiltre de Saincte Marie la Neufue.

CHAPITRE XXIV.

Extraict d'vne Bulle d'Innocent II. par laquelle ce Pape prend en sa protection & sauuegarde LOVYSE Prieure du Paraclit au Diocese de Troyes, ses Religieuses, ensemble leurs biens & possessions, laquelle est souscrite par Aymery de la Chastre Cardinal, en ces termes :

DATA Altissiodori per manum AYMERICI S. P. E. Diaconi Cardinalis & Cancellarij, quarto Idus Decembris, Indictione x. Incarnationis Dominicæ, anno M C X X X I. Pontificatus verò dicti Innocentij Papæ secundi, Anno secundo.

Epistola Sancti BERNARDI ad AIMERICVM Cancellarium.

SI verbis contendere velim ad Beneficia, quibus me obruitis, idem erit ac si imperitus sagittis festucis dimicem, nisi quod hoc iocus videbitur, illud dolus. Facta factis compensari oportet. Verum id quidem multum est ad me, nam vnde sufficerem pauper & modicus ? Sed rebus pauper & viribus ? non voluntate. Æquabo ego beneficia votis, quæ factis non possum. Desideriis diues sum : affectibus abundo. Egerrè verus beneficus, amplius non requirit : nam quodammodo beneficus, qui & non beniuolus sit ? Porrò beniuolus nil sibi carius ipsa existimat beniuolentia, quia & beniuolus nominatur, & beneficus est. Denique beniuolentia est fructus beneficij nisi quis fortè beneficium putet, quod in spe seuerit, aut timore dimiserit. Sed qu s non viderit vel videat hoc relictum, illud venditum. Neutrum datum Oportet autem beneficium vt verè sit : esse gratuitum. Danti itaque repetenti quicquam gratius ab accipiente non potest, quam si gratum habuerit quod gratis accepit. Et hæc beniuolentia creatur de beniuolentia dantis in animo accipientis, beneficio quidem interueniente. Hanc me fateor locupletem, hanc de corde pleno dignam profectò offero remuneratione, meo benefactori. Hoc deuotus immolo sacrificium laudis factori omnium pro Salute mei benefactoris.

des Cardinaux François.

Alia Epistola S. BERNARDI ad eumdem AIMERICVM.

VIro Illustri Domino Aimerico Apostolicæ Sedis Cancellario, Bernardus de Claraualle. Quæ retro sunt obliuisci, & ad ea quæ ante sunt Apostolum sequi. Non latet amicos nostros, quod me familiari affectu diligitis, & tantæ mihi felicitatis fructum inuidere, si solus habere voluero. Monachi Diuionenses ob antiquam illius Ecclesiæ religionem mihi charissimi sunt. Sentiant si placet quod non sit amor otiosus siue vester ad nos, siue noster ad illos, salua tamen iustitia in omnibus, contra quam nec amicum quidem respicere fas est. Vale.

Extraict du Martyrologe de l'Abbaye de Sainct Victor lez Paris.

v. Kal. Iuny. Anniuersarium AIMERICI S. R. E. Diaconi Cardinalis, qui Coenobium istud speciali amore diligens, dedit nobis plurimorum Sanctorum reliquias Thecis argenteis conditas honorificè, & in cultu Altaris casulas, & pallia, aliaque diuersa generis ornamenta.

Ciaconius in vitis Pontificum sub CALIXTO II.

D AIMERICVS Vir illustris, Burgundus, Gallus, Diaconus Cardinalis Sanctæ Mariæ Nouæ, ad quem S. Bernardus Epistolas 15. 20. 48. 51. 52. 53. 54. 151. 157. 164. 181. 332. scribit.

GILLES, RELIGIEVX DE L'ABBAYE DE CLVGNY,
Legat en Syrie, Cardinal, Euesque de Tusculane.

CHAPITRE XXV.

PETRVS Venerabilis.

FOrté eâ spe, vt tunc inuchas, rem distulisti, quâ sperabas ab Imperatore Lothario ad Petrum Leonis Innocentio Papæ præferri, aut vtroque deposito in Apostolicâ sede alium sublimari. At nunc quid vltrà nouarum rerum vel moliri, vel præstolari poteris, quando & Lotharius mortuus est, & Petrus extinctus est, & Innocentius in Papam ac summum Pontificem, primo ab Vrbis parte, postmodum à toto Orbe, & tandem à tota Vrbe sublimatus est, & tota vanitatis spes diuini oris gladio vndique circumcisa est. Scripsit Epistolas luculentas ad Antiochenos.

Ciaconius in vitis Pontificum sub CALIXTO II.

AEGIDIVS, alias Gilo........ Episcopus Cardinalis Tusculanus in locum Diuizzonis factus. Hic Anno Domini 1127. ab Honorio secundo Legatus Apostolicæ Sedis trans mare missus, vt in Syria Res Ecclesiasticas componeret: vir eloquens, & litteratus fuit, cuius extant ad Antiochenos Epistolæ luculentæ, per eum HONORIVS Papa Bernardum Antiochenum Patriarcham monuit, vt Episcopo Tyrio quos retinebat, restitueret suffraganeos: cui inter alia ita scribit. Vnde per Apostolica scripta, & per Venerabilem Fratrem nostrum ÆGIDIVM Tusculanum Episcopum Apostolicæ Sedis Legatum, tibi mandamus, quatenus suffraganeos Tyrensis Ecclesiæ sibi restituas, quod nisi infra quadraginta dies post earum inspectionem litterarum, quas ad eos direximus, debitam ei subiectionem exhibueris, Nos ex tunc te ab officio Episcopi suspendimus. Legatus Apostolicus ad prædicandum Euangelium in Sarmathiam missus, Polonos ad Christum conuertit, multis ibidem Ecclesiis constitutis. Chronica Anghrana & Polonica. Ad Vrbem reuersus in schismate Romanæ Ecclesiæ relicto INNOCENTIO II. Anacleti partes dum vixit, sequutus est, quo mortuo ad INNOCENTIVM rediit. Guillelmus Tyrius Archiepiscopus libro 13. capite 23. de Bello sacro. Bulla Honorij II. Rauenna anno 1125. Lateran. anno 1128. Innocentij secundi Lateran. anno 1138.

K iij

RAINIER DE BOURGOGNE, REGIONAIRE & Notaire du Sacré Palais, Archiprestre de Saincte Marie Majeure, Cardinal du Tiltre de Saincte Marie la Neufue.

CHAPITRE XXVI.

Ciaconius in vitis Pontificum sub CALIXTO II.

RAINERIVS de Burgundia, Diaconus Cardinalis sanctæ Mariæ Nouæ.

Extraict d'vne Bulle de PASCHAL II. datée de l'an 1110.

SCRIPTVM per manum RAINERII sanctissimi Regionarij & Notarij Sacri Palatij.

FRERE MATHIEV DE RHEIMS, Prieur de S. Martin Deschamps lez Paris, Legat du S. Siege Apostolique, Cardinal Euesque d'Albe.

CHAPITRE XXVII.

Pierre de Poictiers parle ainsi de ce Cardinal:

O magnum seculi nostri Decus! ô clarum sydus mundo Diuinitus ortum!

CALIXTI Papa secundi Diploma.

CALIXTVS Episcopus seruus seruorum Dei. Dilecto in Christo filio MATHÆO Priori Monasterij Sancti Martini, quod de Campis dicitur, Salutem & Apostolicam benedictionem. Sicut iniusta poscentibus nullus est tribuendus effectus, sic legitima desiderantium non est differenda petitio. Proinde Nos, dilecte in Christo fili Mathæe Prior, tuis petitionibus annuentes, B. Martini Monasterium, cui authore Deo, ex Venerabilis Fratris nostri PONTII Cluniacensis Abbatis institutione præsides, præsentis Decreti authoritate munimus, statuentes vt quemadmodum cætera Cluniacensis Cœnobij membra semper sub Apostolicæ Sedis tutela, permaneat. Cuncta etiam quæ in præsenti XIII. Indictione eidem loco pertinere videntur, quieta vobis semper & integra permanere sancimus. Videlicet in Pago Parisiensi decimam eiusdem præfati Monasterij S. Martini, & Altare & decimam de *Callexio*. In suburbio Parisiaco Vrbis Ecclesiam Sancti Iacobi cum atrochia; prope Monasterium Sancti Martini, Capellam Sancti Nicolai; infrà Vrbem in vico qui dicitur Iudrorum, furnum quemdam, & ad magnum Pontem duo Molendina; Ecclesiam Sancti Dionysij de Monte Martyrum, cum Capella quæ ad Sanctum Martyrium appellatur. *Nasellum* Villam cum Ecclesia & atrio, & omnibus appenditijs suis; *Ruiacum* Villam, quam dedit Anselmus Dapifer. Apud *Tauernacum & Turnum*, & *Moncellum*, hospites & vineas, & census, & syluam castanearum ex dono ODONIS Comitis de Corbolio, & aliam syluam de castaneis iuxta eamdem sitam. Ecclesiam de *Erignaco*. Apud Pont-Saram castrum, de dono Regio, & Radulfi delicati, & Gaunerij Syluanectensis, hospites, censum & Terras. Apud Vallem *Isaci*, terram, censum, & hospites, ex dono cuiusdam Monachi *Serengarij*, concedente Osmundo de Calnomonte; & villam *Caranicum* cum Ecclesia & Decima, & Terram de *Puteolis*, & Altare de Fontaneto. Altare, Ecclesiam, Atrium & Decimam de *Esnen*. Altare, Atrium, & Decimam de *Campaniaco*. Ecclesiam de *Duormonte* cum appenditijs suis. Altare de *Ermenonvilla*. Ecclesiam de *Dumaco*, & Molendina, & cætera quæ ibi sunt Sancti Martini. Apud *Pontem*-Ebaldi Curtem & Terras; *Cerrentinum* Villam cum appenditijs suis, & Ecclesiam eiusdem Villæ cum Capella

& Decimam de *Liuriaco*. Bon*ccias* cum Ecclesia & appenditiis suis. Apud *Nuceinas siccum*, Terram & censum. Et apud *Cleici* Terram & Censum, & *Penthinum* cum Ecclesia & appenditiis suis, & Rouerednos cum circumadiacentibus Terris. Apud *Inuram* in Parisiaco Ecclesiam cum Atrio. Apud *Gornacum* castrum, Monasterium sanctæ Mariæ cum omnibus appenditiis suis. Villam *Nuseum* cum omnibus appenditiis suis. *Maroles* cum Ecclesia & appenditiis suis. Decimam de *Atiliaco*. Villam *Confluentiam* cum Ecclesia & appenditis. Apud *Sanctum Marcellum*, Terram quam dedit Cleophas Monachus. Apud *Vitriacum*, villam, Domum, Torcular, vineas & censum, & molendinum de *Arcoilo*. Apud *Clamardum*, Ecclesiam, Terram, vineas & censum. Apud sanctam *Clodoaldum*, Terram quæ *Albetra* dicitur, cum appenditiis suis. In Monte Sauias, & *Monte Martyrum*, torcularia & vineas. In Carnotensi pago Ecclesiam de *Bonnella* cum Atrio & hospitibus, & omnibus appenditiis suis. *Ursonis-villam* cum Ecclesia & appenditiis suis. Bolouillam cum appenditiis suis, *& Escum & Plan-montem*, & villam Goūiolum cum Ecclesia & Decima. Apud *Montonuillam*, Hospites & Terras. Apud *Castellam* Hospites & Terras. *Rodenis-villam* cum Ecclesia & appenditiis suis. Apud *Carnotum* in Burgo *sancti Caralni*, Hospites & censum. Apud villam, quæ *Tobulas* dicitur, censum denariorum, & Decimam de *Berceriis*. Apud *Crisperias* Ecclesiam & Decimam, & Hospites. Villam *Boult*. Sanctum Hilarium cum Ecclesia & appenditiis suis. *Gordum de Pissiaco*. Apud *Medendam* de transuerso per aquam de singulis nauibus tres obolos ex dono GERVASII Dapiferi, & concessione Philippi Regis. Apud *M. Iacum* castrum & *Contiacum*, decimam diem in reditu pedagij, partem videlicet præfati Geruasij. In Aurelianensi pago *Hyenuillam* cum Ecclesia & tota Parochia de *Puteatio*, & decimum mercatum cum omnibus appenditiis suis, & Altare de *Nouauilla*. In Senonensi pago, Ecclesiam & atrium de *Prings*, & *Vonas* apud *Conan*, Ecclesiam & atrium cum appenditiis suis. In Meldensi pago *Anetum* villam cum Ecclesia & atrio, & appenditiis suis. In Suessionensi pago, villam quæ sancta *Gemma* dicitur, cum Ecclesia & appenditiis suis, & Terram de *Monte-Aldonis*. In Laudunensi pago, *Disiacum* villam, & Allodium de *Brauna* cum appenditiis suis. In Nouiomensi pago, Ecclesiam de castro quod *Capy* dicitur, cum appenditiis suis. Altare de *Heldicurte*, & Altare de *Renelone*. In Ambianensi pago Ecclesiam de *Liquiaco* cum appenditiis suis. Apud *Arenas* castrum, Ecclesiam B. Mariæ cum appenditiis suis. Apud *Ruam*, *Vertunum*, *& Vaben*, redditus salis & aquatias piscium. In Taruanensi pago, Altare de *Feurentiaco* cum appenditiis suis. In Beluacensi pago apud *Bellum-montem*, Ecclesiam sancti Leonori cum appenditiis suis & Decimam de Mediana cute. Apud *Nusacum* Terram & censum. Apud Meruacum, villam, altare, atrium, & Decimam cum appenditiis suis, & Altare sancti Audomari cum appenditiis suis. Apud *Belusicum*, Ecclesiam sancti Pantaleonis. Apud *Montiacum* sanctæ Opportunæ, Ecclesiam eiusdem sanctæ cum appenditiis suis. In Syluanectensi pago, Monasterium sancti Nicolai de *Aciaco* cum appenditiis suis. Apud *Soruillare*, Ecclesiam, atrium, Decimam, & Hospites. In Anglia apud Lundoniam Terram censualem, & Hospites, ex dono Radulphi de Tuin, ex concessione Henrici Regis. Apud castrum *Barnastabale* Ecclesiam cum appenditiis suis Et cætera quæ prædecessorum nostrorum sanctæ memoriæ VRBANI Papæ, & PASCHALIS secundi priuilegiis continentur. Quæcumque præterea à quibuslibet de suo iure eidem loco collata sunt, vel in futurum conferri contigerit, firma semper & illibata permaneant, tàm à te quam ab alijs qui per Cluniacenses Abbates eidem loco præpositi fuerint, possidenda, regenda, ac perpetuò disponenda. Decernimus ergò vt nulli omninò hominum liceat idem Cœnobium temerè perturbare, aut eius possessiones auferre, vel ablatas retinere, minuere, vel temerarijs vexationibus fatigare; sed omnia integra conseruentur eorum, pro quorum sustentatione ac gubernatione concessa sunt, vsibus omnimodis profutura. Si qua igitur in futurum Ecclesiastica sæcularisue persona, hanc nostræ constitutionis paginam sciens contra eam temere venire tentauerit, secundò, tertiòque commonita, si non satisfactione congruâ emendauerit, potestatis, honorisque suæ dignitatis careat, reamque se diuino iudicio existere de perpetrata iniquitate cognoscat, & à sacratissimo Corpore & Sanguine Dei & Domini Redemptoris nostri Iesu Christi aliena fiat, atque in extremo examine districtæ vltioni subiaceat. Cunctis autem eidem loco iusta seruantibus, sit pax Domini nostri Iesu Christi, quatenus & hîc fructum bonæ actionis percipiant, & apud districtum iudicem præmia æternæ pacis inueniant, Amen. Ego CALIXTVS Catholicæ Ecclesiæ Episcopus. Datum apud sanctum Dionysium per manum Chrysogoni S. R. E. Diaconi Cardinalis ac Bibliothecarij, quinto Cal. Decembris Indictione XII. Incarnationis Dominicæ anno MCXIX. Pontificatus autem Domini CALIXTI secundi Papæ anno primo.

Reuerendissimo Domino suo MATHAO, *venerabili Dei gratia Albanensi Episcopo, frater* BERNARDVS *vtque suus quicquid seruus Domino, & filius Patri.* Quod à Româ per Dominum Seruulum Charissimum nostrum Beluacensem Abbatem supereminentiâ magnitudinis vestræ paruitati meæ mandauerat, videlicet quod ea quæ super Euangelium de Villico iniquitatis Deus mihi dixisse donauerat, vobis transcriberem, etsi serò, nunc tandem (non minimùm pauidus, ne quid ibi confusum vos ostendat) transmitto. Super hoc igitur quæso vos in me pietatis & charitatis abundare visceribus, quatenus & ignoscatis mihi quod distuli, & emendetis vobis incorrectum quod obtuli. Auctoritati namque & prudentiæ vestræ reseruans id corrigendum, & suppliciter offero, & cultellum, qui vulgò Quinnies nuncupatur, habens manubrium de ebore, cum chartula mitto, quatenus imposturam, quam auulsione dignam adiudicaueritis, meo gladio succidatis. De cætero precor vestræ pietatis abundantiam, ne in orationibus vestris obliuiscamini mei, qui sine obliuione vestri quotidie memoror vbi propensiùs posco misericordiam Dei. Valete.

In Christi nomine. Ego LVDOVICVS Dei gratiâ Francorum Rex, notum fieri volo tam futuris, quàm

& instantibus. Quoniam nostram adiecê præsentiam Domnus Mathæus Prior sancti Martini, totúsque eiusdem Ecclesiæ Conuentus, rogantes ac obnixè deprecantes, quatenus pro animarum patris mei, & matris meæ, prædecessorúmque nostrorum remedio, quemdam seruum nostrum nomine Ansoldum, Ecclesiæ beati Martini donaremus: Quorum petitionem misericorditer amplexus, cum eidem Ecclesiæ, nihil prorsùs in eo retinentes, in perpetuum donauimus. Verùm vt hoc ratum & firmum maneat in sempiternum, præsentem cartam nostri authoritate sigilli firmitatem & corroboratam fieri disposuimus, & istud donum patenter exponat, & in munimentum stabilitatis perpetuò existat. Actum Parisius, anno Incarnati Verbi MCXVII. Regni nostri nono; Adelaidis Reginæ tertio. Adstantibus in Palatio nostro quorum nomina subtitulata sunt & signa. *Signum* Anselli Dapiferi. *Signum* Gilberti Buticularij. *Signum* Hugonis Constabularij. *Signum* Vidonis Cameratij. Data per manum Stephani Cancellarij.

EGO *Mathæus Albanensis Episcopus, & sedis Apostolicæ Legatus*, notum facio tam præsentibus quàm futuris. Quod in nostri Hyenuillæ, & fratrum nostrorum Reginaldi Remensis Archiepiscopi, Goslleni Suessionensis, Bartholomæi Laudunensis, Simonis Nouiomensis, Gaufredi Carnotensis, Ioannis Aurelianensis, Stephani Parisiensis, Buchardi Meldensis Episcoporum, Gaufredi S. Medardi Suessionensis, Sugerij S. Dionisij Abbatum præsentia, Charissimus filius noster Ludouicus Rex, nostro & omnium prædictorum rogatu, & etiam precibus Adelaidis Reginæ, Radulphi Vermendensis Comitis, necnon & Philippi filij Regis, in Regem designati, Terram quam apud Pontisaram Ecclesia sancti Martini de Campis habebat, ab omnibus consuetudinibus ad se pertinentibus liberam fecerit, excepta sola expeditione per propriam vel Dapiferi sui personam submonita.

Ciaconius in vitis Pontificum sub HONORIO secundo.

F MATHÆVS Gallus, Rhemensis, Monachus Monasterij Sancti Martini de Campis, intrà muros Parisienses, Congregationis Cluniacensis, Ordinis Sancti Benedicti, Prior Claustralis Cluniacensis ab Abbate Petro olim factus, Episcopus Cardinalis Albanus, vir doctrinâ & vitæ sanctitate præstans, cuius vitam & mores idem Abbas Petrus scribens, mira de eius eruditione & pietate refert, familiaris fuit S. Bernardo Claræuallensi Abbati, ad quem in Galliis Legatum scribit Epistola 21. in Gallia præfuit Apostolicæ sedis nomine, Concilio Trecensi, in quo Templariis habitus & Regula data fuit, in Italiam rediens ab eodem Honorio secundo Legatus ad Monasterium Cassinate missus, iis Comitibus præfuit, quibus priuatis Oderisio & Nicolao, Hamoretas Abbas Cassinas constitutus est, mortuo Honorio in pernicioissimo Romanæ Ecclesiæ schismate, Innocentij secundi partes, vt incertus auctor tradit, sequutus est. Obiit Innocentio Pontifice maximo in fine Anni 1135. crepusculo matutino die Natalis Domini, sepultus in Ecclesia Sancti Fridiacij miraculis clarens, cuius vitam Petrus Mauritius Abbas Cluniacensis eleganter conscripsit. Auctores *Ioannes Baptista Terdomensis Abbas Casinas in Chronico Monastico; Petrus Diaconus Historia Casi. lib 4 capite 95. Guillelmus Tyrius libro 11. capite 7. de Bello sacro. Bulla Honorij secundi. Basilica Apostolorum*, anno 1127. *Innocentij secundi. S. Frid. Lucens.* anno 1134 ADDITIO. In Rhemensi Prouincia Nobilibus, opulentique parentibus editus MATHÆVS, à primis annis Litterarum studia cum pietate coniunxit, Canonicus Rhemensis creatus Radulphi optimi Archiepiscopi secutus vestigia, veræ pietatis laude in Adolescentia floruit, & Diuini amoris flammis incitatus, honoribus Ecclesiasticis dimissis, Cluniacense institutum suscepit, candebat inter Monachos cœlesti incendio, actuosæ & contemplantis vitæ munera obibat, sacra lectione, meditatione, precibus, inediâ, Cilicinâ veste, silentio, Psalmorum cantu, & spirituali expiatione Deo seruiebat, terrenarum rerum oblitus, suspiria & lachrymarum imbres iterans, ad Dei Thronum rapiebatur; huius viri à primâ die Monachatus vsque ad vltimum vitæ exitum (ait Petrus Venerabilis) crimina nulla, bona multiplicia, & continua oblatio Agni immaculati, qui tollit peccata mundi, per viginti ferè annos quotidiana; misericors & iustus erat, subditisque omnibus sine exceptione, verus Pater miro feruens zelo flammeum gladium in scelerum necem semper ferebat exertum. HONORIVS secundus MATHÆVM labori suo secum adhibens (ait Petrus) in Episcopum Albanum consecrat, in ea Dignitate nihil de Monacho dimisit, eadem in corde humilitas, eadem in vestitu vilitas mansit, seruabat in Palatio exercitia claustri, cohibebat se intrà se, nunquam magis negotiosus, quàm cum solus erat. Præferebat cunctis operibus suis, omnibus Sanctis studiis sacrificandi Deo illum suum vsum quotidianum: à quo nec rei familiaris cura, nec multiplex occupatio, nec ipsa continua post summam Pontificem, omnium Ecclesiarum illi imposita sollicitudo cum retrahere poterant. Ecclesia Petri Leonis schismate discissa, restituit cum quibusdam sociis Mathæus Antipapa consiliis; ea de causa, cum Innocentio vero Pontifice ex Vrbe pulsus, multa pertulit mala. In Gallias cum eodem Innocentio se contulit, multas pro Dei gloria, regiones peragrauit, & huius præcipuè studio, totam Galliam, Hispaniam, Angliam, Germaniam, sibi, immo Christo, Innocentius vniuit, à quo Mathæus Mediolanum missus, illud, multosque Liguriæ populos schismate auulsos; Ecclesiæ matri mira celeritate restituit: Graui morbo cruciatus horribilem Dæmonum turbam signo crucis fugauit, ad inuisibilium raptus Euangelij obliuisci non potuit, gloriæ sedem ad Christi pedes sibi paratam vidit, tempus suæ ad Cœlum migrationis agnouit morti proximus, antequam diuinæ Euchristiæ robore muniretur, sanctæ nostræ fidei dogmata confessus, nocte, natalem Christi diem præcedente, Christum è cruce pendentem postremis his verbis allocutus est. *Iam ô misericors saluator, tempus est, vt quod promisisti adimpleas, & in præsenti natali, à vita mortali migrando, & adte, qui vita es æterna transire grandi licentiam concedis;* Paulò post ad Coliciam, vt optauerat, & rogauerat, cinere conspersum translatus cum in secunda

Missa

Missa caneretur, *Lux fulgebit hodiè super nos*, mortales tenebras Pisis relinquens ad æternam lucem euolauit. Innocentius accurrit, & cum eo Episcopi, Cardinales, & Curia vniuersa, & Pisana vrbs. Ha: rimi manus & pedes illius osculantur, & eo contactu se sanctificari, non irrita fide confidunt. Die sancti Stephani Innocentius pro illius requie, solemni ritu rem sacram fecit. Corpus in Æde sancti Fridiani se: pulcro donatum est. Post septem annos B. Petrus Venerabilis Pisas profectus, sacros illius cineres (si ille) visitauit, honorauitque, & salutarem pro illo hostiam obtulit. *Cardinalis Baronius, tomo* 11. *vita huius Mathæi sanctitatem admirabilem vocat, Martyrologium Benedictinum de illo hæc.*

In Cœnobio Cluniacensi Depositio S. R. E. Albanensis Episcopi, qui ante mortem suam videre in: ruit gloriam, quam Christus sibi præparauerat.

Vetus Manuscriptum Martyrologium sancti Martini de Campis.

VIII. Calendas Ianuarij. Depositio Domni MATHÆI Episcopi Albanensis.

PETRVS Venerabilis, Libro 2. *Miraculorum.*

FVit autem MATHÆVS non obscuri secundum carnem generis, ortus ex Rhemensi prouincia, vtroque parente & nobilitate, vt dictum est, insignito, & mundanis opibus locuplete. Hic in pue: ritia literis traditus est, & postquam adoleuit, in Laudunensi Ecclesia Clericale officium adeptus sunt. Hic statim à primis annis contra multorum Clericorum deprauatum morem, cum ætate cœpit, & hone: state inualescere, & leuitatem vel lasciuiam censodalium fugiens & execrans, quod perrarum est in hu: iusmodi hominum genere, famosis honestate ac religione Clericis adhærebat.

Inter quos, quendam probatioris vitæ Clericum, Rhemensis Ecclesiæ tunc Thesaurarium eligens, qui Radulphus nomine, Viridis cognomine dicebatur, ei se specialius religiosa familiaritate deuouit. De: hinc rapto eodem Radulpho, & in Rhemensem Archiepiscopum assumpto, non deseruit quem elegerat, sed positum vita ac prudentia hominem, religiosus ac prudens iuuenis prosequens, aliquamdiu sub ipso Rhemensi iam Ecclesiæ Canonicus perseuerauit. Gaudebat eius societate religiosus Episcopus, nec inferiorem ei amoris vicem rependebat. Cernebat in eo quod in se cognoscebat, & velut imaginem virtutum suarum in ipso amplectebatur. Vt enim quidam sapiens ait, similitudo morum concordiam effi: cit animorum. Et verè, nunquam enim dissimilia sibi conuenire potuerunt, nec in vna sede diuersa morari. Nam dissimilitudine dischærentia, si quis sine aliquo simili adiungere tentat, frustra laborem insumit. Statim enim ab inuicem resiliunt, nec nisi per aliquod simile ac medium, vt dictum est, coniungi possunt. Hoc enim in elementis, hoc in corporibus, hoc in moribus, hoc prorsus in rebus omnibus constat, & luce clarius est. Sic bono Episcopo bonus Canonicus, bonorum morum vitæque hone: stæ congruentia coniunctus, paulatim per quotidiana incrementa, ad maiorem religionis ac sanctæ con: uersationis amorem promouebatur.

Inde actum est, vt diuinus ignis, pectoris eius de scintilla exortus, in flammas prorumpere gestiret, & non iam sub illo Canonicali, immo penè seculari ac fallaci tegmine, sed sub vero ac syncero Monachorum ordine, Deo seruire proponeret. Videbat institutis illis Clericorum nihil prope religionis inesse, multa ibi simulari, pauca in veritate geri : ambitione, cupiditate, æmulatione cuncta interturbari, & sub tonsura vel habitu Clericali, rectius mercenarios quam Canonicos posse vocari. Hæc & his similia mortis genera in eis abhorrens, & velut de medio Babylonis iuxta vocem Prophetæ fugere currens, adit Episcopum, & familiare sibi colloquium ab eo indulgeri rogat. Quo impetrato denudat quidem ex parte animi secreta, sed ex maiore, sub silentio tecta reseruat. Timebat enim, ne si cuncta Episcopo se diligenti proderet, dilectione qua ei tenebatur obstrictus, eius conatibus idem Episcopus contrairet. Et nouerat quidem Episcopum omnino virtutum suarum desiderare profectum, sed velut membri alicuius à corpore diuulsionem, eius à se timere discessum. Hac ergo causa quicquid de seculi abrenuntiatione proposuerat reticens, reliqua pandit, & se canonicales redditus minus canonicè accepisse confirmat. Timere se à patre diuite, & seculari homine, pretio vel prece indecenti, redditus Ecclesiastici, qui gratis dari, & accipi debent, sibi prouisi fuerint, atque cum subsidio corporali, æternus interitus comparatus. Et nescisse quidem se tales contractus, neque accersitum fuisse ad huiusmodi commer: cia. Formidare se tamen sola fama ad se perlata, ne solo nomine Christianus dicatur, & rerum veritate Simonis discipulus approbetur. Debere patrem saluti filij prouidere, & ne casu aliquo ouis de numero gregis sibi crediti pereat, satagere. Et vt, inquit, finem dicendi faciam, & quod hucusque in corde meo latuit, retegam, præbendas omnes, reditus Ecclesiasticos omnes quocumque modo mihi datos in manum vestram resundo, & omnibus prorsus Ecclesiasticis, non spiritualibus, sed corporalibus, mihi hu: cusque collatis beneficiis, abrenuntio. Hæc Episcopus à iuuene audiens, & innumeros senes ac decrepitos multa animi deuotione cum exuperasse gaudens, in lachrymas est resolutus, cumque ne id faceret, & ne pro culpa incerta, Ecclesiasticis beneficiis renunciaret, hortatus est. Non acquieuit ille, sed in in: cœpto proposito constanter perseuerans, quod cœperat, perfecit. Renuncians ergo tali occasione Ecclesiasticis negociis, immo cunctis secularibus causis, ab Episcopo ei valedicente, cumque ad alia sua negotia mittente, recessit. Nec diu moratus est, sed quod de sua æterna salute conceperat, adimplere celeriter properauit.

Cogitans verò quò diuerteret, vel vbi conceptum religiosè viuendi propositum adimpleret, Clunia:

I.

cum elegit. Audierat namque ab illo suo Rhemensi Archiepiscopo, & ante Episcopatus officium & post, Cluniacense Monasterium prædicari. Audierat eum Cluniacensis Ordinis modum & morem, multis laudibus extollentem; aduerterat cum Cluniacenses institutionibus multis ac diuersis religiosorum institutionibus præferentem. Conjecerat non leuiter in his posse falli hominem doctum in diuinis, expertum in humanis, qui pene nihil diuinorum, longo vsu, subtili meditatione ignorare poterat, qui pene nihil mandatæ scientiæ, ne dicam sapientiæ intentatum reliquerat. Huius ergo credulus verbis, religioni, quam cum maxime approbare audierat, se consociare decreuit. Sed quid faceret, inquam, feruens & deuota anima, quæ adeo diuino igne incandueat, vt conceptam rem diu differre, mortem putaret? vrgebat eum vt celeriter vota compleret spiritus, sed longe aberat Cluniacus, longe aberat, longum iter intererat. Timebat ne tanto temporis spatio tentatori indulto, à nequam hoste vinceretur, & conceptus spiritus casu aliquo extingueretur. Vnde quia vel ideo timebat, vel quia secundum quemdam, cupienti animo nihil satis festinatur, Cluniacum quidem matrem, quia remotior erat, tunc non adiit, ad Cluniacensem tamen filiam, quæ propior erat, hoc est sanctum Martinum de Campis, gressum conuertit. Et congrue, est enim idem S. Martini Monasterium, suo Cluniacensi Monasterio in Ordinis, Religionis, ac feruoris proposito, pro modo suo ita consimile, & in totum conforme, vt velut simulachrum ceræ impressum, multis aliis ad Cluniacum pertinentibus Monasteriis, originalis sigilli imaginem familius repræsentet, & exceptis locorum distantiis, quæ simul esse non possunt, non diuersa, sed prorsus vnum sint. Ad hoc ergo Cluniacense Monasterium Mathæus, non quidem de telonio, sed de gradu, immo casu Canonico à Christo vocatus veni: & se à Domino Theobaldo Priore in Monachum suscipi rogauit. Gauisus est Prior, & vt solet in desperatis rebus fieri, præ gaudio, serio cum hoc dicere non credebat. Persuasit tandem ei, vt crederet & hoc venisse, & vt cito susciperetur, cœpit instare. Hora erat secundum ordinem Cluniacensem incompetens, nec in illa aliquem pro Monacho venientem suscipi fas erat. Monuit Prior Theobaldus Mathæum vt sustineret, & horam congruam, qua id pro more in crastino fieri posset, præstolaretur. Respondit ille se pati non posse dilationem, habere se socios, quibus si res quoquomodo innotesceret, iam deinceps quod volebat, effectui mancipare non posset. Victus Prior ratione, victus iuuenis deuotione, victus maxime tanti lucri, si ei non cederet, amissione, hinc cessit quod rogabatur. Ingressus Capitulum conuocat omnes, reserat causam, lætantur vniuersi, rogant & cito fieri. Festinanter adducitur, conspectibus omnium præsentatur. Voto & petitione propria, exuitur veteri homine, induitur nouo, regulæ monasticæ subditur, corpori Monasterij, quantum tunc fieri potuit vel debuit, associatur. Pauco temporis spatio emenso, Cluniacum venit, quod ei de professione scripta, vel de Monachi vsitata benedictione defuerat, à Cluniacensi Abbate eo ibi benedicto suppletur, & iam integer corde, ore, habitu ac vita Monachus, sibi iam pene de Monacho nihil deesse, in Domino gloriatur.

Remissus præcepto Abbatis sui ad Monasterium S. Martini, cum per annos septem claustri ordinem sententissime tenuisset, iussione eiusdem Abbatis successit in Prioratum, Priore suo iam defuncto & sicut de bono viro spes certa suadet credere, ad beatæ vitæ statum translato. Vbi qualem quantumque se Deo, subditis, & quibusque proximis ac remotis exhibuerit, vix à me explicatur. Vt quando hæc tria quæ proposui, sigillatim exequar, exhibebat Deo de substernebat vera cordis & corporis contritione, præteritorum actuum ne negligentiarum pœnitudine, mundi contemptu, plenissimo ac pene singulari, inter multa milia Monachorum, in Deum deuotionis affectu. Morabatur in claustro assidue cum fratribus, & post plurimos mundi discursus, pene velut ea cui adhærebat claustri columnæ, sacræ lectionis intentus studio, immobilis perdurabat. Vix poterat cum commissi Prioratus cura, saltem ad horam à fratrum Collegio segregare, vel ab intentione semel in Deum defixa, quolibet mundus occupationis suæ vnco retrahere. Cumque sub ducatu eius fere trecentos fratres, tam intra quam extra Monasterium Domino militarent, eisque corporalia subsidia prouideret, vel per se, vel per alios ex officij debito cogeretur: Marthæ quidem importunas exactiones ex toto effugere non valebat, sed tamen toto animi desiderio Mariæ otio inhiabat. Hinc commune claustrum (vt dictus est) commune oratorium, communes fratrum domos elegerat, in quibus velut Moyses in tabernaculo à Iudæorum lapidibus, sic ipse à mundi tumultibus, tutior permaneret. Et quia cum Propheta hanc vnam à Domino petierat, vt non tantum in cœlis, sed etiam in terris habitaret in domo Domini omnibus diebus vitæ suæ, quia malueratabiectus esse in eadem domo Dei, quàm habitare in tabernaculis peccatorum; libens morabatur in illa. Ibi frequenti lectione, assidua meditatione, feruentissima oratione, Deo se commendans & vniens, si qui fuerant præteritæ vitæ nexus, fortasse non multos, expiabat, & piorum studiorum in cœlis thesauros quotidianis virtutum incrementis in dies recondebat. Non relinquebat partem aliquam theoriæ intactam, sed ieiuniis, vigiliis, ciliciisque asperis corpus edomans, silentio, psalmodia & his quæ dicta sunt studiis, de veteri in nouum hominem totus mutari, & se vetustate mundi in nouitatem Christi plenum propemodum transire facere satagebat. Sacrificiis super omnia diuinis, & sacris cœlestibus totus intentus erat: quæ non frequenter solum, sed quotidie Deo offerens, omnes quidem dignos, sed congregationis propriæ fratres specialiter, sibi vero commissos specialius, illo salutari & ineffabili sacramento, diuinæ clementiæ per dies singulos commendabat. Imitabatur sicut in quibusdam aliis, sic & in hac diuini sacrificij quotidiana oblatione, iustum Iob. De quo, cum dictum esset, Consurgens diluculo offerebat holocausta per singulos, subauditur filios, post modicum additur: Hoc faciebat Iob cunctis diebus. Sic iste cœleste sacrificium & ea hora qua Iob, hoc est mane quando poterat, & quotidie sicut Iob, pro se, pro subditis, pro vniuersis ad Christi corpus pertinentibus, & hoc remedio indigentibus offerebat. Quis iam explicet bonam illam animam omnium affectuum terrenorum oblitam, carnem ipsam fere excedentem, ad cœlos multa in specie raptam? quis suspiria? quis gemitus? quis non lachrymas, sed lachrymarum imbres vsque ad imum quidem terræ descendentes, sed vsque ad summum deitatis fastigium conscendentes? quis plane animam illam Hester vocare beatam, cuius à prima die Monachatus, vsque ad vltimum vitæ exitum, crimina nulla, bona multiplicia & continua, oblatio Agni immaculati, qui tollit peccata mundi, per viginti ferè annos quotidiana? Talem quidem se Deo exhibebat. Sed qualem subditis?

Talem se planè subditis exhibuit, talem vsque ad vitæ terminum conseruauit, vt non solum quantum ad Dominum, sed etiam quantum ad se, misericordiam & iudicium eidem Deo securè cantaret. Vt enim mihi boni, & veraces fratres testati sunt, qui ei multo tempore conuixerunt, & ipse ex plurima parte expertus sum, & misericors in subditos, & iustus super omnes penè sui temporis Cluniacensis congregationis Priores extitit, & huius misericordiæ vel iustitiæ multa diebus suis & post, exempla reliquit. Misericors in eos erat, necessaria eis pro viribus præparando, & vnicuique secundum Apostolicam & Patris Benedicti regulam, prout opus erat, multa labore quæsita largiendo. Pauper erat domus sibi commissa rebus, licet verè multis diues esset virtutibus. Quæ necessitas, quia sæpe grauiter instabat, & cor eius angore & corpus multo semper labore fatigabat: hac de causa aliquando proximos, aliquando remotos Reges & Principes adibat, & eorum donis & muneribus, seruorum Dei frequenter indigentiam recreabat. Mos ei erat quandiu domi morabatur, ex præcepto quidem regulæ, sed maximè ex dono Dei deriuatus, infirmorium, hospitium, inquantum Prioratus officium patiebatur, per seipsum potiorem curam gerere. Cumque cum recedere instans aliquod negotium vrgeret, fratres vel in capitulo vel extra conuocans, præmissa inde multa exhortatione, hanc eis curam, hoc velut proprium officium curiosissimè commendabat. Nec solum circa hæc tria hominum genera misericors eius animus occupabatur. Incolumes ipsi, & hi maximè qui labori conuentus deuotè instabant, misericordis pastoris curam frequenter expetiebantur. Nihil eis ferè deerat ad victum, nihil fatigatis ad requiem, nihil pusillanimitate succumbentibus ad consolationem. Omnibus & absque exceptione, & cum congruenti discretione pater erat. Iam vero discreto rigori iustitiæ eius, & multi alij, & nos cum illis qui hæc vidimus, verax testimonium ferimus. In tantum enim negligentibus & maximè damnabiliter peccantibus indignabatur, vt corde, verbis & vultu, interiore zeli Dei flamma vrgente inflammatus, in eorum prorsus interitum, si nesciretur, insurgere crederetur. Si attenderes, nihil Phinees insolito vulnere libidinosos percellens, nihil Heliæ igne cœlesti idolatras consumens, irrecuperare peccantibus plus eo irasci viderentur. Vnde & delinquentes, Cluniacensi more, prout iustum videbatur, sanguinolentis verberibus castigabat; ferro, compedibus, & diuersi generis vinculis coërcebat, tenebroso plerosque carceri mancipabat; fame valida & siti carnis ac spiritus superbiam conterebat; aliquando quoque, quod semel tantum, quia sic oportuit, fecisse dicitur, sepultura perpetua cohibebat. Hoc tunc fuit, quando cuidam spiritualiter mortuo, cauanam subterraneam velut sepulchrum parauit. In quo cum concludens, arte illa sua, qua fratrem viuentem spe vitæ immortalis quasi mortuum sepelierat, ad hoc peruenit, vt qui super terram viuere non poterat, iam sepultus viuere disceret. Hoc factum est, quando frater ille velut sepultus ad vitam rediit, ipsa sepulchri sui corporalis imagine pauefactus, ad vitam spiritualem & æternam, à qua peccando alienus factus fuerat, pœnitendo rediit. Nam licet obstinatus valdè ante fuisset, frequenti tamen patris & fratrum admonitione, ac sui simul sepulchri cohortatione, vt dictum est, malis omnibus, & maximè illis pro quibus inclusionem meruerat, ex corde renunciauit, & in humilitate, & in contritione spiritus perseuerans, diem vltimum clausit. Tale fratris spiritualiter mortui, & resuscitati sepulchrum, à sepulchro Lazari corporaliter resuscitati, fortassis, imo prorsus non dissentit, quia Lazarus hunc de quo sermo est designans, vocatus de sepulchro suo, vitam rursus morituram; iste de suo ab eo Domino per Matthæum suscitatus, vitam meruit sempiternam. Hoc iustitiæ zelo feruens, & totus, vt sic dicam, ignitus, famam huius sui feruoris vbique sparserat, & negligentes vel fluxos non solum subditos, sed etiam quoslibet alios proximos vel remotos solo Matthæi nomine deterrebat. Talem semper, vt olim Cherubim, in necem scelerum flammeum gladium præferebat, nec cum à sceleratorum sanguine aliquando prohibebat. In hac virtute ita præcelluit, vt & domum sibi commissam ad longè maiorem solitæ religionis statum perduceret, & multa circumposita Monasteria, vel Abbatias, quæ à totius Monastici ordinis feruore languerant, adiutus quorundam bonorum virorum auxilio, in optimum religiosæ conuersationis propositum reformaret. Talem se vt dictum est Matthæus habuit ad subiectos. Sed qualem se exhibuit ad alios proximos vel remotos?

Exhibebat omnibus communem tam corde, quàm verbis dilectionis affectum, & in quantum salus propositi grauitate poterat, iocundum se & hilarem quibusque alloquentibus offerebat. Ad omnes quidem iuxta Patris Augustini verba congruum charitatis habebat affectum; ad eos vero quos poterat, eiusdem effectum. Fecerat ea charitatis virtute, Monasterium suum præ cunctis totius Franciæ Monasteriis, commune vniuersorum hospitium, & velut generale, absque alicuius personæ exceptione, exclusorum asylum. Episcoporum, Abbatum, nobilium etiam laicorum quotidiani concursus, Monachorum & Clericorum agmina, pauperum quæ numquam deesse poterat turba, domos vniuersas, hospitia cuncta assiduè penè replebat. Suscipiebantur alacriter, nec in suscipiente boni vultus hilaritatem, tanta aduenientium importunitas turbare poterat, cuius cor virtus illa, quæ nescit quærere quæ sua sunt, sed quæ aliorum, plenariè possidebat. Expendebat in his pietatis sumptibus, non solum omnia sua: sed & quæ mutuo accipere poterat, multo sæpe cum fœnore aliena. Nam vt omnibus ad Monasterium confluentibus obsequi, vt omnes procurare, vt omnibus satisfacere posset, extendebat se supra se: nec vires pro-

L ij

piias vel quantitatem facultatis attendens, penè ad impossibilia semetipsum cogebat. Cumque pleriquè Abbatum vel Episcoporum, quorum ego nonnullos agnosco, marsupiis plenis, immo vt sic dicam, exundantibus gazophylaciis, vix vel buccellam pauperi præbeant, vel raro hospiti ostium aperiant : hic è contrario iuxta Apostolum, velut nihil habens & omnia possidens, negare cuilibet, etiam quæ deerant, nesciebat. Inde attenuata domo, exhaustis omnibus, ipsis etiam, vt hospitibus satisfieret, sæpe Monachis esurientibus, multo animi angore sollicitabatur, Sed rursus recolens illud Propheticum, Inquirentes Dominum non deficient omni bono, etiam de subsidiis corporalibus dictum; & illud Domini, Nolite solliciti esse, dicentes, quid manducabimus aut quid bibemus? & aliud, Hæc omnia adjicientur vobis : reformabat animum ad spem, & totum in Domino iactans cogitatum, velut plenis horreis, vel cellariis exultabat. Nec frustrabatur diu spe sua, nec ille qui volatilibus cœli, quæ nec serunt, nec metunt, prouidet, seruorum suorum obliuiscebatur. Prouidebat eis sæpe inuisibilis prouisor, per reges ac principes ministros suos : atque rerum suarum, non dominos, sed horarios dispensatores; prouidebat, inquam, eis sæpe necessaria, & multa frequenter mittebat. Aderat plerumque pauperie valida angustatis, ac multo ære alieno oppressis, ex improuiso emergens pleno copia cornu, & mœrorem in gaudium, egestatem in abundantiam subito transferebat. Sic, sic magnificus retributor facere consueuit, vt quæ talibus officiis expenduntur, velut sibi credita plusquam fidelis in commisso, eadem non tantum duplicata, sed etiam centuplicata quandoque restituat. Hinc erat quod inter cæteros Principes, qui eum harum & similium virtutum fama exciti diligebant, quique illi de suis multa largiebantur, Ludouicus Rex Francorum, rexque Anglorum Henricus, singulari ipsum amore amplectebantur. Adeuntem se gaudebant suscipiebant, multo susceptum honore colebant, ac discedentem nunquam ferè vacuum remittebant. Hoc maxime iam nominatus magnus ille rex Henricus faciebat : qui sicut vniuerso penè orbi terrarum notum est, cunctos sui temporis Christianos Principes prudentia transcendit, operibus euicit, largitate superauit. Huius Matthæus gratiam, gratia virtutum suarum familiariter meruerat. Nam eum sæpe adiens, ab eo obsequiis honoratus, ac donis regiis oneratus, lætus ad fratres regrediebatur, eorumque de inopia patientiam, huiusmodi remediis consolabatur. Ita bonus vir prius Deo, deinde propter Deum omnibus complacens, omnibus gratus, & sibi omnes talibus vitæ vel virtutum studiis deuinxerat, & secundum Apostolum pro modo suo omnibus omnia factus, omnibus complacebat. Sicut igitur in suprascripta diuisione præmisi, Deo primum, deinde subditis, post etiam quibusque aliis proximis vel remotis talem se Matthæus exhibuit, tale sui exemplum & sui temporis, & post futuris monachis omnibus dereliquit.

Eo tempore contigit nescio qua Dei voluntate vel permissione ad Cluniacensis congregationis regimen, quod non duplicater, sed simpliciter profero, me indignissimum assumi, & tantarum numero, tantarum merito ouium Christi curam, inutilem & improuidum prorsus opilionem assumere. Et quia famam huius de quo sermo est, ante hoc officium hauseram, & ea de causa eum iam ex parte notum & familiarem habebam : ad Ordinis adiutorium, & ad impositæ curæ supportandam sarcinam, ipso statim primo vocationis meæ anno Cluniacum euocaui. Astrinxi eum mihi fortiore nec vnquam dissoluendo amoris vinculo, eique statim Ordinis & claustri, cuius vt iam dictum est, feruentissimus erat amator, curam imposui. Succreuerant paulo ante in magno illo & nobili Monastici ordinis agro, resecanda vel potius euellenda vtilibus satis contraria, & quorundam quos nominare nolo, culpa vel desidia, nam ex maiori parte iam vita excesserunt, plurima extirpanda exorta fuerant. Ad huius rei adiutorium magnum hunc & vineæ Christi non segnem operarium, vt iam dixi accersens, insignem verè eum adiutorem expertus sum. Nam noxia vel superflua quæque in cibis, in potibus, in moribus quam maximè persequens, licet ea de causa multa nunc reticenda passus fuerit, ea tamen ad congruum finem, etsi non statim, Deo præcipue, meque cum quibusdam aliis pro viribus iuuante, perduxit. Nec idcirco tamen curam Monasterij iam dicti deposuit, quoniam à me, quia sic res exigebat, & Cluniaci ordinem tenere, & domui iam dictæ prouidere coactus, non obedire non potuit. Erat quippe talis, qui non vnius tantum virtute dexteræ, sed & ipsa sinistra, sicut de quibusdam scriptura sacra refert, pro dextera vti nosset. Et rectè : iusti enim hominis est, nunquam sinistram habere, sed semper ea quæ sinistra, hoc est aduersæ partis sunt, in dexteram, hoc est, rectam conuertere. Sic expertam hominis virtutem, non vni tantum, sed gemino oneri portando sufficientem, vtrumque eius humerum supposui, atque vt secundum eam quam in ipso cognoscebam gratiam, fratribus suis aliquantulum ab inuicem semotis, labore suo proficeret, prouidi. In hoc statu, aliquanto tempore decurso, postquam certa & vtilis causa exegit, dato ei apud Cluniacum ordinis successore, ad sancti Martini Monasterium, vt prius, regendum, eum remisi.

Dehinc non plenis, vt mihi videtur, duobus annis transactis, insurrexit nota illa contra Christi nauiculam, hoc est Cluniacensem Ecclesiam, horrenda tempestas, & velut ciuile bellum in republica nostra vbique terrarum exarsit. Quod ne priores carpere videar, quantum ad præsentem materiam pertinet, succinctè describo. Domnus Pontius Cluniacensis post S. Patrem Hugonem nullo intericecto Abbate successor, eiusdem patris vltimo tempore, de Monasterio sancti Pontij Cluniacum veniens, noua facti professione, more talium de aliis, vel de alienis Monasteriis venientium, Cluniacensis Monachus factus est. Hic valdè iuuenis, à fratribus Cluniacensibus spe bonæ indolis eius inductis, in Abbatem electis, magno illi & famoso viro, iam dicto patri Hugoni successit. Qui primis assumptionis suæ annis, satis modestè ac sobriè conuersatus, procedente tempore mores mutauit, multis ac diuersis casibus vel causis, fratrum penè vniuersorum animos exasperando, eos paulatim contra se concitauit. Dissentientes illi ab eo, & quod multa mobilitate vel leuitate animi, nullis bonorum consilijs acquiescendo, vt dicebant, res Monasterij pessundaret, inter se nunc pauci, nunc plurimi, tandem pene vniuersi murmurabant. Mansit tamen res aliquandiu tecta inter eos, nec ad aures secularium per decennium fere peruenit. Prorupit tandem cousque IIs occultata diu, vt non solum ad circumpositos, sed insuper ad remotissimos quosque huius dissensionis malum pertingeret, & ipsas summi Pontificis, ac Romanæ curiæ aures impleret. His rumoribus Domnus Pontius prouocatus, indignationis impetum, quem in alios fortassis leuiare debuerat, in seipsum retorsit, & Romam velut præcipiti cursu adiens, vt curæ Pastoralis sollicitudine solueretur, Dominum Papam instanter orauit. Præerat tunc Romanæ Ecclesiæ, regij sanguinis nobilitate insignis, sed moribus, probitate, ac liberalis animi magnificentia longe insignior, qui prius Viennensi Ecclesiæ præfuerat, Calixtus Papa secundus. Is in primis, Abbatis Pontij voluntati & petitioni, omnis exhortationis nisu resistens, postquam cum non posse deflecti à proposito vidit, ab omni cura Cluniacensis Ecclesiæ, vt postulabat, absoluit. Absolutus inde, eiusdem Papæ permissione Apuliam petijt, indeque mari transmisso Hierosolymam, semper, vt proposuerat, ibidem mansurus, peruenit. Papa fratribus Cluniacensibus quod factum est mandans, vt sibi patrem eligerent, auctoritate Apostolica præcepit. Illi post præceptum accepto consilio, totius religionis, ac religiosæ opinionis, virum Marciniacensium sororum Priorem venerabilem Hugonem sibi pari assensu in Abbatem eligunt. Suscepit sanctus ille, licet valde renitens quod imponebatur, sed vix quinque elapsis mensibus, ex hac luce migrauit, & (sic longa eius in sancta conuersatione vita meruerat, vt merito creditur,) ad meliora transiuit. Fratres & isto ita subtracto, nouæ electioni diem statuunt, proximis quibusque & remotis, vt ad diem statutum conueniant, indicunt. Congregatur cum quibusdam Episcopis & Abbatibus, multus Monachorum populus, & in octauis Assumptionis beatæ Virginis, vt inam sibi melius consulentes, in præsentiam scriptorum conueniunt. Mandant iam dicto Papæ huius suæ electionis assensum, & ab eo rescriptum, hoc quod fecerant confirmans, suscipiunt. Mansit deinde aliquot annis res Cluniacensis in pace, & velut sepultis prioribus malis, optimo quietis ac bonorum prouentuum successu florebat. Tandem iam dictus Pontius transmarinæ habitationis pertæsus, rediens ab Oriente Occidenti tenebras contra morem inuexit. Qui vt Italiam attigit, diuertere Romam nolens, in Rauenatium partibus, hoc est in Episcopatu Taruisiano, sedem sibi constituit. Ibi Monasteriolo constructo, paruoque in eo tempore demoratus Gallias repetijt. Explorata demum absentia mea, nam forte tunc in secundæ Aquitaniæ partibus Cluniacensibus negotijs insistebam, fingens se Cluniacum nolle venire, paulatim tamen appropinquabat. Dehinc quibusdam fugitiuorum sibi adiunctis, atmisque vulgarium quos sibi asciuerat constipatus, Cluniacensibus portis improuisus aduenit quibus effractis & venerabili sene Bernardo Priore, fratribusque aliis vbiuis dispersis, cum promiscua illa armatorum multitudine, ipsis quoque mulieribus irruentibus claustrum ingressus est. Ingressus occupat statim omnia, & eos quos reperit minis, terroribus, ac tormentis in suæ fidelitatis cogit Sacramenta iurare. Nolentes aut expellit, aut duro carceri mancipat. Conuertit statim manum ad sacra, & aureas cruces, aureas tabulas, aurea candelabra, aurea thuribula, & quæque alia multa & multi ponderis vasa inuasit. Rapit & ipsos calices maximè sacros, nec thecis vel scriniis auris siue argenteis, multorum Martyrum ac Sanctorum ossa continentibus parcit. Conflat ex his & similibus auri pondus immensum, & eo circumpositos milites vel quoslibet auri cupidos ad bellum raptores inuitat. His protectus circumpositas monasterij villas & castra inuadit, ac sibi barbarico more religiosa loca subdere moliens, ignibus, & ferro quæ potest cuncta consumit. Abstinet à nulla bellorum specie, rapinis rerum, cædibus hominum, per conductos sero auro milites vbique desæuit. Consumitur ab ipso initio quadragesimæ vsque ad Kalendas Octobris, tota in huiusmodi prælijs æstas, nec saltem paucis diebus à tanta malorum calamitate respirat. Manebat iam dictus Bernardus prior, & nobiles religiosi ac magni viri extra Cluniacum vbi poterant, & in locis tutioribus, à tantorum incursu hostium, sese pro viribus defensabant. Sic in sancta illa & famosissima Cluniacensi domo, occulto, sed iusto Dei iudicio, sathan ad tempus laxatus furebat. Sed iuxta librum beati Iob, qui fecit eum, applicuit gladium eius, & congruum tantis malis finem, breui imposuit.

Decesserat iam è vita suprascriptus venerandus Papa Calixtus, nec se inferiorem Papam Honorium acceperat successorem. Hic tantæ Ecclesiæ tantos tumultus audiens, misso de latere suo Legato, Domino scilicet Petro Cardinali; Pontium & Pontianos, qui tunc sic vocabantur, omnes, adiuncto sibi Lugdunensi Primate Hubaldo, terribili anathemate condemnauit. Data tamen postmodum die vtramque partem ad subeundum in præsentia sua tanti dissidij iudicium, literis Apostolicis euocauit. Obtemperat statim pars cuncta nostrorum, & inter innumeros monasteriorum Priores, causa cuius hæc interiecta sunt, iam dictus venerandus Matthæus aduenit. Adest & Pontius licet inuitus cum suis, & denominata die, vt iudicium subeat, aduocatur. Præcipitur tamen, vt ia excommunicatus nec agere, nec iudicium canonice subire potest, prius satisfaciat, & satisfaciendo, se vinculo quo iure vinctus fuerat, soluat. Mittuntur à Papa nuncij, & ex parte mittentis, vt de tantis malis satisfaciat, iubent. Respuit ille, nec se ab aliquo viuentium anathematis vinculo vinciri posse affirmat. Solum esse Petrum in coelis, præter quem nulli hoc licere fatetur. Commoto multo magis tali eius responso, Domino Papa, totaque simul inde vrbe turbata, non solum excommunicatum, sed & schismaticum cuncti proclamant. Et quia vt dictum est, nisi solutus ad iudicium admitti non poterat, à suis qui cum eo venerant, vtrum quod ille nolebat, ipsi saltem satisfacere vellent, responsum missis Dominus Papa nuncijs quærit. Qui statim pro eius imperio paratos se esse respondent. Intrant ergo palatium nudis pedibus cuncti, & reos se in conspectu vniuersorum fatentes, protinus absoluuntur. Absoluti, causam ingrediuntur, nihil quod vel sibi, vel illi pro quo agebant, suffragari posset, intactum relinquunt. Assumit sibi ex parte alia vocem vniuersorum venerandus Matthæus, & sepiculter de tota causa perorat. Surgit statim auditis partibus Papa, & tota Romana curia sibi adiuncta, ad rem examinandam in partem secedit. Moratur diu, redit cum cunctis post aliquas horas ad sedem, vt inuentam ex consilio sententiam ferat, Portuensi Episcopo iubet. Fert ille iussus sententiam, & vt ipsa eius verba referam ; Pontium, inquit, inuasorem, sacrilegum, schismaticum, excommunicatum, ab omni Ecclesiastico honore vel officio, sanctæ Romanæ & Apostolicæ Ecclesiæ in perpetuum deponit, & Cluniacum, monachos, vel cuncta ad idem monasterium pertinentia, Abbati qui in præsentiarum est, cui iniuste subtracta fuerant, restituit. Data sententia, vniuntur qui diuisi fuerant, & velut in momento, redintegrato Cluniacensi corpore tantus tamque diutinus malorum turbo sedatur. Irruit post paucos dies, tam in victos, quam in victores, Romanus ille pestifer morbus, & pene omnes tam monachos quàm famulos in breui prosternit. Inuadit vix elapso mense & Dominum Pontium, paucisque diebus interfectis extinguit. De cuius fine Epistolam mihi à supradicto beatæ memoriæ Papa Honorio directam, si forte eius notitia vtilis iudicetur, adiungo. Honorius Episcopus, seruus seruorum Dei, dilecto filio Petro Cluniacensi Abbati, salutem & Apostolicam benedictionem. Præterito mense Decembri, Pontius viam vniuersæ carnis ingressus est. Qui quamuis de malis Cluniaco illatis, sæpe commonitus pœnitentiam agere noluerit: nos tamen pro reuerentia eiusdem Monasterij cuius Monachus fuerat, eum honeste sepeliri fecimus. Data Laterani. Ille quidem morbo Romano aliquamdiu fatigatus sic moritur. Non parcit idem morbus & mihi, & plusquam per dimidium annum, igne vix tolerando adurit. Non euasissem vt credo sociorum casum nisi & fratrum oratio, & medicinæ cura à quodam sapiente Clerico, multo mihi studio impensa, iuuisset. Euasi tandem Deo propitio, ac per ipsius gratiam maximus ille religionis locus, à sui generis pessimo turbationis & schismatis morbo mira celeritate conualuit, atque ad pristinum & fortassis ex parte meliorem religionis, famæ vel rerum statum peruenit. Digressus videor à proposito. Sed quia rem vt mihi videtur non reticendam, & pro futurorum cautela perutilem, à subsequentium memoria perire timebam, occasione Domini Matthæi inuenta, cuius maxime præ cæteris studio tantum malum sopitum est, dicenda silendo præterire timui. Redeat ergo stilus ad ipsum, & quæ de ipso restant, vt cœperat exequatur.

[Dehinc contigit vt quibusdam causis contra Christi nauiculam, hoc est Cluniacensem Ecclesiam insurgentibus iamdictus venerandus Matth. inter innumeros Monasteriorum Cluniacensium Priores ad vrbem tractus, & tandem per Dei gratiam & eius Matthæi maximo præ cæteris studio, causis ad honorem Dei & Ecclesiæ Cluniacensis diffinitis redire cum sociis ad propria festinabat.] Sed qui nescientem vocauerat Deus, reditum impediuit, & quia super pauca fidelis fuerat, cum super multa, & expertum dispensatorem promouit. Iniungit ei cum honore nominandus Papa Honorius, maioris honoris & oneris Pastoralem curam, & eum labori suo socium adhibens, in Episcopum Albanum consecrat. Prouectus ergo ad sublimem Pontificalis ordinis gradum, & super Ecclesiæ candelabrum, ad lucendum omnibus qui in domo Dei erant magnifice exaltatus, nihil de Monacho quorundam more dimisit, sed sicut de magno Martino legitur, eadem in corde eius humilitas, eadem in vestitu eius vilitas mansit. Nihil de officiis, nihil de cantibus, nihil de prolixa Cluniacensi psalmodia, quarumlibet curarum prætextu reliquit. Seruabat in Palatio instituta claustri, & mundo expositus, firmo & longo vsu, velut innato religionis proposito, à secularium vanitatibus se quasi septo firmissimo secernebat. Cohibebat se intra se nunquam magis negociosus quam cum solus erat. Præferebat cunctis operibus suis omnibusque sanctis studiis, sacrificandi Deo illum suum quotidianum vsum, à quo nec rei familiaris cura, nec multiplex occupatio, nec ipsa continua post summum Pontificem, omnium Ecclesiarum sibi imposita sollicitudo, eum retrahere poterant. Conquerebatur inde sæpius Papa, & aliis ad curiam mane ex more conuenientibus, ipsi ad horam tertiam vix occurrenti, quod plus nimio esset Monachus, velut improperabat. Nec hoc tantum Romæ, sed etiam vbique terrarum studiose ferebat. Vrebatur sæpe æstiuis diebus acriore Italici solis ardore, quod matutinas in his sacris studiis occupans horas, extrahi ab Ecclesia etiam sextam quandoque horam vix poterat. Et quia non solùm simplex religiosa innocentia, sed & prudens erat sapientia, singulari sapientia, mittebatur sæpe à magistro, ad diuersas partes orbis terrarum, & vices Apostolicas in partem ab eo vocatus sollicitudinis prudenter administrabat. Nec iuxta modum gratiæ à Deo sibi collatæ, inferior in hac parte erat Dauid; de quo scriptura sacra loquitur, quod ad Imperium Regis ingrediens & egrediens, in toto illo regno fidelis extiterit, cum ille in illo Iudaico, hic in longe sublimiore Christianæ reipublicæ regno, totas animi & corporis vires consumendo, fidelis fuerit.

Et quia fidelitatis vel fidei eius extollendæ causa de Iudaico regno mentio facta est, quod mente exciderat ad hoc probandum pertinens, referatur. Hoc enim in ipsis & de ipsis Iudæis probari contigit. Accesserat, vt supradictum est, nouiter ad Prioratus sancti Martini curam administrandam, & inter cætera negotia, debita Monasterij ipsi à fratribus proponebantur. Requirens ille creditores, quosdam ex ipsis Iudæos esse cognouit. Statimque ad fratres ista sibi referentes conuersus, Et vnde, inquit, hoc vobis, quod Christi & Monachi, à Iudæis & impiis mutuas accipere pecunias voluistis ? Quæ enim conuentio Christi ad Belial, aut quæ societas luci ad tenebras? vel fideli cum infideli? ite, ait, ite, & huius improbandæ societatis vinculo, pecunias illas solvente, festinanter dirumpite, & Iudæis vlterius in ratione dati & accepti, mutui vel depositi, vel cuiuslibet commercij, communicare nolite, vel cauete.

Ad hæc cum illi respõderent, non posse se Monasterij paupertate cogente à mutuandis Iudæorum pecuniis abstinere : absit, inquit, absit, nec vnquam deinceps sermo iste de ore vestro procedat. Quo enim vultu, qua conscientia, ad altare Saluatoris Christi accedere, qua fronte ad colloquium piæ matris ipsius venire tentabo, cum blasphemis hostibus eius blanditus fuero? Quomodo pessimis inimicis ipsorum amicus effectus, ipsis placere valebo? Quomodo illo ore, quo pecuniarum vel cuiuslibet rei causa, eis blanditus fuero, ipsos inuocare vel deprecari audebo? Videte igitur ne de his vlterius quæstio fiat. Soluite cito quicquid eis debetis, & velut æterna lege præfixa, ab vniuersis eorum commerciis deinceps abstinete. Sic fidei zelo deuotus homo repletus, & contractus illos inhibuit, & quid amoris in intimis cordi sui, Christo Domino suo seruaret, ostendit.

Hanc suam erga Christum & eius Ecclesiam fidem, maximè illo tempore probauit, quando schismaticus furor, contra vnius columbæ, hoc est eiusdem Ecclesiæ vnitatem altare prophanum erexit. Diuisa erat, immò discissa, Romana prius, de hinc tota Latina Ecclesia, & primo ex magna sui parte, vi & pecunia intrusum Leonis filium sequebatur. Restitit ille cum quibusdam sociis fortiter, & quod non plantauerat pater cœlestis, eradicare totis viribus contendebat. Ea de causa cum Pontifice suo, immò cum communi Papa Innocentio, vrbe expulsus, multaque iustitiæ causa perpessus est. In se per Tiberim mare ingressus, ad Gallias venit. Vbi primum ab eodem Domino Papa Innocentio, Cluniacensi noua & maiore consecrata Ecclesia, ac gemino Concilio, alio Claromonti, alio Remis celebrato, totam (excepta parte Aquitaniæ) Galliam, Hispaniam, Angliam, Germaniam, sibi, immo Christo, studio præcipuè Matthæi iam dicti vniuit. In quibus partibus diu Matthæus cum ipso commoratus per Alpes ad Italiam Pisas vsque, vbi & prius aliquamdiu manserat, cum eodem regressus est. Occupabat adhuc Sedem Apostolicam Leonis filius Petrus, & Leonini catuli contra partem Catholicam seuiebant. Permittebat hoc Christus, & qui Antichristum, Schismaticorum omnium caput in Templo Dei sedere permissurus est, & suos exulare, & sedem Petri à non suis occupari sinebat. Ea propter mansit reliquo vitæ suæ tempore Pisis cum Innocentio Papa Matthæus, nec vrbem vel sedem propriam reuisere facultas data est. Quo toto tempore, in nullo retrocedens, semper seipso melior virtutum profectu fiebat, & sacris semper studiis occupatus, quanto fini propinquior, tanto virtutibus exercitatior apparebat.

De quo eius fine aliqua subdere, quia iam rei series vel processus admonet, differre vltra non debeo. Possent quidem adhuc plura de ipso digna memoria litteris tradi, sed quia hoc occupatio prohibet, illud saltem, in quo suis vel nostris diebus parem non habuit, tacendum non est. Non ignoro equidem, suis illis nostrisque diebus bonæ vitæ multorum finem optimum succeßisse, sed quantum ad aures meas peruenire potuit, nullius iam dicto tempore transitum miris insignibus sic contigit claruisse. Missus fuerat benedictus vir à Domino Papa pro pace reformanda Mediolanum, & maximam post Romam Italiæ vrbem, vnitati Ecclesiæ, à qua per Anselmum Schismaticum defecerat, reddere festinabat. Dedit cito Deus optimum successum eius labori, & multos Liguriæ populos, à pace Catholica auersos, matri Ecclesiæ mira celeritate restituit. Consummato dehinc, vt olim Martinus, Ecclesiasticæ pacis negotio, putum statim in se aduertit vocantis, & fluxu ventris interioribus dissolutis, viribus corporis paulatim destituebatur. Passus antè fuerat huiusmodi incommoditatem Cluniaci per annum, & graui dissenteria liquefactus, multis fratrum pro eo fusis Deo precibus, vix mortem euaserat. Correptus est itaque, vt dixi, eodem morbo, & tam labore itineris quàm ardore Solis (nam tempus tunc æstiuum instabat) eo inualescente, ad defectum naturæ cœpit vigeri. Reuersus est tandem Pisas, & per aliquot menses, vir animosus cum hac inualetudine luctabatur. Nolebat, licet ægritudine valde cogeretur, lecto decumbere, nolebat de labore solito quicquam intermittere, nolebat corpori suo vel in modico parcere. Tolerabat constanter Apostolicæ curiæ labores, cautis Ecclesiasticis nunquam deerat: fratrum se subtrahere vtilitatibus nesciebat. Diuina obsequia, quibus, vt supradictum est, se totum à puero dedicauerat, irrequietus frequentabat. His totum more suo se impendebat, vt quantum ad illa, sic æger esse nesciretur, sospes & alacer putaretur. Orationes continuæ, oculi assiduè in lachrymas deffluentes; psalmodia vtpote Cluniacensis, totum penè diei noctisque tempus occupans, cui cor, cui linguam, cui opera, cui tandem se totum deuouisset, id monstrabant. Illud autem, illud, inquam, singulare suum refugium, quod omni ferè vitæ suæ tempore, insatiabili desiderio perpetuauerat, altaris dico sacrificium, nulla vis morbi, nulla debilitas, vt vel vna die intermitteretur, cogere poterat. Pugnabat cum morbo, singulari deuotione pertinaciter, &, vt de iam dicto suo Martino legitur, pro modo vel posse suo, inuictus ab oratione spiritum non relaxabat. Productum est hoc eius salubre certamen, ab Idibus Iulij vsque ad Kalen. Decembris: quo toto tempore, artus languore solutos, violenter spiritui seruire cœgit, nec alicuius suasu, ab his diuinis vel similibus sacris operibus reuocari potuit. Tandem prima Aduentus Domini hebdomada, omnimodam iam naturæ defectum ferre non valens, lecto decubuit. Et cum iam non valdè remotum, mortalis vitæ suæ finem instare sensisset, aduocat fratres sibi obsequentes, vocat & famulos, & benignè illos alloquens & consolans, adiungit. Oro vos, inquit, fratres & filij, vt quia me in proximo recessurum à rebus humanis intelligo, valedicatis ex parte mea, & affectuosè salutetis, in primis Dominum meum & patrem, Cluniacensem Abbatem, Priorem & Subpriorem, Hugonem Camerarium, & Albertum Sacristam, totumque simul fratrum nostrorum Cluniacensium Conuentum, Abbatem Vizeliacensem Aluericum, & Priorem de Charitate. Specialiter autem intimos & præcordiales filios meos, apud Sanctum Martinum de Campis Deo seruientes, quos ego pro vt melius potui, in Dei seruitio educaui. Hæc benedictus vir dicens, non solum quantum in Deum, sed etiam quantum in fratres & filios haberet affectum, ostendit.

Iam verò ipsa Natalis Domini Vigilia transcursis more suo deuotè, tam nocturnis, quàm diurnis officiis, iamque Vespertina hora instante, Dominicum Corpus sibi rogat afferri, quo allato, *Audite*, inquit Fratribus, *confessionem meam & fidei meæ hic, & in æternum testes adestote, Confiteor*, ait, *hoc sacrum Saluatoris mei corpus illud verè & essentialiter esse, quod de Sancta Virgine ab ipso sumptum est, quod pro mundi salute in Cruce pependit, quod in sepulcro positum est, quod tertia die à mortuis resurrexit, quod in cælos ascendit, quod venturus est iudicare viuos & mortuos, & sæculum per ignem. Per ipsum credo incorporari ei, & fieri vnum cum ipso, & habere vitam æternam.* Hoc dicens, refectus coram Fratribus eodem salutari Christi Corpore per Carnem illam quæ dat vitam in æternum, ad æternitatem futuram idoneus factus est. Cumque prima sacræ noctis Vigilia aduenisset, & signa totius vrbis ad Nocturnas Laudes pulsari audisset, statim tota mente ac voce, in vocem exultationis prorumpens, qua poterat, voce, quo poterat gestu lætitiæ, *Christus natus est nobis, Gloria in excelsis Deo*, sociis & omnibus, inclamabat, Angelico verò hymno sicut ad Missas canitur, ex integro decantato, reliqua circunstantibus ad quæ non sufficiebat dimisit. Animo tamen ad illas sacras Dominici Natalis Laudes suspensus, quoties in cantibus, quoties in Lectionibus Beatæ Virginis Matris Domini nomen legi vel cantari aduertebat, toties, oculis sursum leuatis, toties manibus in cœlum extensis, vbi mens eius conuersaretur, quo sancta illa anima iperetur, monstrabat: iamque Nocturnis Laudibus consummatis, dum Sacerdos astans sacro Altari, Missam quæ dicitur de nocte cantaret, erexit se nisu quo potuit, & iuuante se quodam Fratre, quia vires ad standum deerant, in lecto resedit, conuersusque ad Dominicam crucem, quæ coram erat, velut si in ipsa Saluatorem, vt olim crucifixum conspiceret, ait, *Iam ô misericors Saluator tempus est, vt quod promisisti adimpleas, & tuo instante natali à vita mortali migrandi, & ad te, qui vita es æterna, transmigrandi, licentiam concedas.* Hoc vltimo verbo postquam cunctis sermonibus suis fidem dedit, in lectum reclinatus, indeque post modicum ad cilicium cinere conspersum à Fratribus translatus est, sæpe autem eosdem Fratres antè rogauerat, ne se casu aliquo, nisi in cinere, & cilicio Christiano more mori permitterent, Timebat enim ne qualibet infirmitatis eius compassione ducti, hoc prætermitterent, vel negligerent, in quo sicut & in aliis Martini sui exempla & verba sequi nitebatur, qui sicut omnibus notum est, discipulis moriens prædicabat, non debere Christianum nisi in cinere mori. Vbi & Mathæus à suis, vel Fratribus, vel Discipulis collocatus, horam vocationis suæ vltimam sustinebat. Qua iam instante, dum noctis tenebræ in lucem vérterentur, & à Monachorum in eadem Ecclesia constitutorum Conuentu, ad secundam Missam cantaretur, *Lux fulgebit hodie super nos*, Matthæus verò Monachus & Pontifex Dei, densas Ægyptiorum, hoc est mundi huius tenebras deseruit, & per mortem carnis, ad sempiternam lucem & vitam peruenit.

Fertur statim iusti corpus à deuotis viris in Claustrum Monachorum, & Cluniacensi more Psalmodia vndique decantatur, abluitur vt se habet communis mos, et secundum quod ipse iusserat, suo quo nunquam à Monacho caruerat, cilicio prius dehinc Monachali cuculla vestitur. Adduntur à Fratribus Sacerdotalia & Pontificalia indumenta, & his Sacerdos & Pontifex Dei, vt dignus ornatus; accurrit accepto nuncio, & ipse summus Pontifex Innocentius, atque cum ipso Episcoporum & Cardinalium totaque Romanæ Ecclesiæ vel curiæ plenitudo. Congregatur pene tota vrbs Pisana, & illud cernere, illi obsequi, omnibus suis negotiationibus anteponunt. Osculantur plurimi manus vel pedes iacentis, & se sanctificari tali contactu vel osculis, non irrita fide confidunt. Consueuerat vrbs illa multo quæsita labore marina negotia aucupari, & à remotis Africæ vel Orientis partibus præciosa quæque conuehere. Impleuerat sinum suum congestis vndique multarum gentium mercibus, & inde cunctis pene Italiæ vrbibus ditior effecta gaudebat. Suscipit tandem vniuersis Ægyptiorum opibus præferendam missam sibi ab vltimis Galliæ finibus Margaritam, eáque se longè quàm prius ditiorem esse lætatur. Ostendit in isto mortuo, quantum præponderent terrestribus thesauris cœlestes gazæ, quantumque opes Christi, etiam post mortem, opes viuentium antecedant. Iacebat ille extinctus, neque aliquid in mundo, vel possidebat, vel sentiebat. Venerabantur tamen eum viuentes, reuerebantur potentes, efferebant laudibus locupletes, discebant etiam amatores mundi & ipsis obsequiis quæ sanctis impendunt diiudicant, quantum subiaceant terrena cœlestibus, humana diuinis, fugitiua sempiternis; Seruatum est corpus venerandi hominis toto illo die Natalis Domini, & Psalmis a Deo fusis precibus frequentatum. Sequenti die hoc est in festo magni illius Martyris Stephani obtulit pro eius æterna requie, iam dictus Papa Innocentius solemne Deo sacrificium & deuotè supernam pietatem pro Pontificis laborum suorum comparticipis requie, implorauit. Fecerunt idem & Episcopi qui forte tunc aderant, & simul omnes fusis Deo precibus euntem ad peregrini Coepiscopum deduxerunt. Tandem circa horam diei sextam, præmissis omnibus Christianæ sepulturæ ceremoniis, astante insuper Clero & populo ciuitatis pene vniuerso, in Ecclesia sancti Frigdiani Lucensis Episcopi, quæ Pisis habetur, pie vita, morte, famaque venerabiliter ad sepulchrum delatus, ac tumulatus est, septem deinde annis exactis, cum ad vrbem proficiscerer, causa reformandæ pacis inter Pisanos & Lucenses, specialiter tamen eius tractus pia recordatione, Pisas adij, secunda de hinc aduentus mei ad illam vrbem die, cum sociis ad carissimi mei sepulchrum accessi, eiusque sacros cineres, vt dignum erat visitans & honorans, salutarem pro eo hostiam obtuli, & licet eius meritis multo magis me iuuari posse considerem, omnipotenti tamen Creatori, ac benignissimo redemptori, vnanimem mihi dum viueret hominem, quantis tunc datum fuit precibus & fletibus commendaui. Requiescat ergo per immensam ipsius omnipotentis misericordiam in perpetua pace, fidelis, deuota & accepta Deo anima, fruatur que perenniter fructu bonorum operum suorum, nec obliuiscatur apud Deum se diligentium, fratrum & filiorum suorum.

PIERRE,

des Cardinaux François.

PIERRE, PRESTRE CARDINAL DV TILTRE de Saincte Anastaze.

CHAPITRE XXVIII.

Epistre de Sainct Bernard à Pierre, Cardinal de Saincte Anastaze.

CHARISSIMO Domino suo Petro Presbytero Cardinali, Frater BERNARDVS Abbas Claræ-vallis salutem, & non in vid. Ego causam non habeo, causam tamen Diuionensium Monachorum (putà S. Benigni) quia viri Religiosi sunt, meam facio. Manutenete eam; vt meam, sic tamen meam, vt & Iustitiæ sit, quod vtique & Nos confidimus, & tota ferè Patria testatur.

Ciaconius in vitis Pontificum sub HONORIO secundo.

PETRVS...... Præsbyter Cardinalis tituli sanctæ Anastasiæ. Qui Honorii secundi in Lombardiam Legatus, duos Patriarchas, Aquileiensem, & Gradensem Synodo coactà deposuit. Eum porro ab HONORIO secundo creatum Pandulphus Pisanus profitetur, qui post Honorij obitum Innocentio secundo suffragium dedit contrà Anacletum secundum. *Incertus auctor Bibliothecæ Vaticanæ, Bullæ Honorij secundi. Later. anni 1128.*

PIERRE, CARDINAL DIACRE, du Tiltre de Sainct Adrian.

CHAPITRE XXIX.

Ex Epistolis Sancti Bernardi.

DILIGIMVS bonam famam, vestram reueremur, quam in vobis audiuimus, circa res Dei sollicitudinem, & sinceritatem: & ideo valdè gratum habemus, si nostra vobis forte in aliquo officiosa possit esse rusticitas. Et en vn autre endroit: Aliibi vos præstitisse confidite, quidquid opis vestra illi Rhemenses Legati, præstò sibi esse persenserint: non quia me tanti putem, hæc audeo, sed quia promisistis.

Ciaconius in vitis Pontificum sub HONORIO secundo.

PETRVS...... Diaconus Cardinalis Sancti Hadriani, ad hunc Petrum Cardinalem & Apostolicæ Sedis in Galliis sub HONORIO secundo Legatum S. Bernardus Abbas Claræuallensis scribit epistolas 17. 18. 19. quibus eius sedulitatem, & in Dei opere perseuerando diligentiam commendat, eique ob quædam in amicos suos collata beneficia, gratias agit. In schismate post Honorij secundi mortem exorto, Anacleti secundi partes tenuit, à quo ex Diacono Præsbyter Cardinalis tituli Sancti Eusebij renunciatus est. *Bullæ Anacleti secundi. Basilicæ Apostolorum anni 1130.*

BAVDOVIN, RELIGIEVX DE L'ABBAYE de Clairvaux, Prestre Cardinal du Tiltre de . . . . puis Archeuesque de Pise, Legat en Sardaigne.

CHAPITRE XXX.

Extraict de la 244. Epistre de S. BERNARD, escrite au Pape EVGENE.

VOD sont la memorie BALDVINVS Pisanus Archiepiscopus fecit in Sardinia de excommunicatione Auorensis Iudicis : quia non nisi iustè hoc virum bonum fecisse credimus, vestra authoritate ratum & inconcussum manere, rogamus.

ALAMANVS, Religieux de Clairvaux, Ordre de Cisteaux, Euesque d'Auxerre, en la vie qu'il a faite de Sainct BERNARD, parle ainsi de ce Cardinal.

DE l'Ordre, & du Monastere de Cisteaux, est apparu vne grande Lumiere en la Tuscie & Pise, à sçauoir le Prelat Baudoüin.

Extraict de la vie de S. BERNARD, composée par Bernard Abbé de Bonneual.

DIversarum Regionum Ciuitates, ex hoc Collegio (puta Clara-vallensi) meruere Episcopos. Imprimis Roma summo ornatur Pontifice, nimirum EVGENIO III. Præneste Stephanum habuit totius gloriæ virum : Ostia virum magnum Hugonem, in ipsa quoque Romana Curia Henricus, Bernardus, alter Præsbyter, alter Diaconus ordinati sunt Cardinales. Propè Vrbem Romam Nepa sub Huberto refloruit. In Tuscia Pisis Natalis sibi gloria, & magnum Ecclesiæ lumen effulsit BALDVINVS, &c.

Epistola Discipuli B. Bernardi Abbatis ad BALDVINVM.

NOsti sub qua sarcina gemo, & gemitus meus non est à te absconditus : sicut mater vnicum amat filium, ita te diligebam, hærentem lateri meo, placentem cordi meo diligam & absentem, ne solatium meum ex te, & non te videar dilexisse. Eras mihi pernecessarius, atque hinc vel maximè claret, quam sincerè te diligam. Hodie nempè non te caruissem, si quæsissem de te quæ mea sunt, nunc autem vides quòd spretis vtilitatibus meis, tuis compendiis non inuidi, ponens te vtique ibi, vnde aliquando transponaris super omnia bona Domini tui.

Sainct BERNARD en l'Epistre 144. à ses Religieux de Clairvaux.

INfirmus in arcto temporis, certè cùm lachrymis & singultibus ista dictaui, teste charissimo Fratre nostro BALDVINO, qui stylo excepit ; quem Ecclesia vocauit ad aliud Officium, & ad aliam Dignitatem.

Ciaconius in vitis Pontificum sub INNOCENTIO secundo.

FRater BALDVINVS Gallus, Monachus Cisterciensis, Ordinis Sancti Benedicti, Discipulus Sancti Bernardi, cuius meminit idem Bernardus epistola 138. primus ex eâ congregatione Præsbyter Cardinalis tituli S. . . . . . . posteà Archiepiscopus Pisanus. Interfuit cum Innocentio secundo, & Lothario Imperatore disputationi publicæ, quam Petrus Diaconus Monasterij Casinatis nomine, cum Guidone & Geraldo Cardinalibus posteà Romanis Pontificibus instituit, vt idem Petrus libro 4. cap. 110. & 119. Historiæ Casinatis prodit. A Romano Pontifice Innocentio secundo cum Abbate Rainaldo Calamentario ad Casinense Monasterium missus est, vt Anacletum secundum à Monachis Casinatibus faceret euitari, ac obedientiam Papæ INNOCENTIO, eiusque successoribus, exigeret, accurate præstitit. Alamanus Monachus Claræuallensis ordinis Cisterciensis, Episcopus Autissiodorensis in vitâ S. Bernardi. Ex ordine, (inquit) Cisterciensi & Monasterio Claræuallis in Tusciâ Pisis magnum Ecclesiæ lumen Balduinus Præsul effulsit ; & Sanctus Bernardus Epistola 144. &c.

des Cardinaux François.

LVC, RELIGIEVX DV MONASTERE de Clairvaux, Cardinal Prestre de S. Iean, & de S. Paul, au Tiltre de Pammachius.

CHAPITRE XXXI.

Extraict de la 144. Epistre de Sainct BERNARD, aux Religieux de Clairvaux.

ORATE pro Domino Papa, qui me pariter, & vniuersitaté vestram paterno fouet affectu, orate & pro Domino Cancellario, videlicet Aymerico Cardinale qui mihi pro matre est, & pro ipsis qui cum eo sunt, Domino LVCA, & Domino Chrysogono, Magistro Yuone, qui se nobis exhibent fratres vterinos.

Extraict d'vne Bulle du Pape INNOCENT II. donnée à Valence en Dauphiné, l'an 1132. dont l'adresse est à Pierre Abbé de Clugny, touchant l'obedience de Limas.

Ego LVCAS Præsbyter tituli Sanctorum Ioannis & Pauli, &c.

Ciaconius in vitis Pontificum sub INNOCENTIO secundo.

LVCAS...... Gallus Præsbyter Cardinalis Sanctorum Ioannis & Pauli tituli Pammachij, Diui Bernardi Abbatis Claræuallensis amicus, cuius idem Pater Epistolâ 144. ad suos Claræuallenses. *Innocentij secundi Bulla Sancti Fridiani Lucensis anni 1132. & 1135. Sanctæ Mariæ de Rheno Bononiæ, anni 1136. Sancti Fridiani Lucensis anni 1137. Sancti Petri de Vrbe anni 1138. Sancti Fridiani Lucensis anni 1139.*

DRVES, PRIEVR DE SAINCT NICAISE de Rheims, Abbé de l'Abbaye de Sainct Iean de Laon, Cardinal, Euesque d'Ostie.

CHAPITRE XXXII.

Extraict du second Volume MS. du Miroir Historial, compilé & ordonné du Latin en François, par Religieuse personne IEHAN, Abbé du Monastere de Sainct Vincent de Laon.

EN icel temps furent les Nonains de l'Abbaye de Sainct Iean de Laon boutées hors par l'Euesque Berthelemieu pour leurs deffaultes, au lieu desquelles furent mis Moines. & fut DRVES, homme de bonnes memoires, premiers Abbez dudit lieu, qui puis fut Cardinal Euesque d'Ostie.

Hermannus Monachus, libro tertio de Miraculis Beatæ Mariæ Laudunensis, cap. 22.

IN diebus verò præfati BARTHOLOMÆI Episcopi, antiqua Religio non parùm in eodem Monasterio refriguerat, exteriores quoque possessiones paulatim diminutæ erant; sed & nonnullæ sinistræ famæ de iisdem Virginibus dicebantur: vnde multùm est contristatus idem Pontifex, videbat enim eas frequenter à se commonitas emendationem quidem verbo promittere, sed facto non implere : consilio & authoritate Domini Papæ Innocentij, Dominique Rainaldi Rhemorum Archiepiscopi, ad quem eadem Ecclesia propriè pertinere dicebatur, omnes pariter illas sanctimoniales ex illa eiecit; assumens

M ij

quoque Religiosum Domhum DROGONEM Cœnobij Sancti Nichasij Rhemensis Priorem, cum ibidem primum Abbatem ordinauit, & Monachos illic sufficienter ex diuersis Monasteriis posuit: sed cum iam illic (Deo donante) no vparum proficeret, bono odore sapientiæ & probitatis eius longè latéque diffuso, Præfatus Papa Innocentius obedientiæ vinculo constrictum, cum Romam ire coëgit, & Vrbis Ostiensis Episcopum consecrauit.

Idem Hermannus Monachus, in eodem libro, capite vigesimo tertio.

MONACHI autem Sancti Iohannis pupilli facti absque Patre, Domnum Balduinum sororis eius filium, & ab eo ibidem Monachum factum, loco eius vnanimiter sibi Abbatem elegerunt, & præfato Episcopo confirmandum præsentauerunt, ætate quidem iuuenem, sed moribus & Religione seniles annos præferentem: ad quem cum multi Monasticum habitum expetentes ex diuersis conuenirent Prouinciis, inter alios venit quidam de Tullensi Regione, nomine HVGO, quem præfatus Abbas Balduinus videns pollentem tam Religionis feruore, quam Litterarum non mediocri scientiâ, Priorem Cœnobij sui eum fecit, gaudens & Deo gratias agens, qui sibi talem dederat adjutorem, sed cum supradictus Papa Innocentius Consilio DROGONIS Ostiensis Episcopi, Domnum Hugonem Humblariensem Abbatem Romam accersitum, & obedientiæ vinculo coactum Albanensis Vrbis consecrasset Episcopum, eo per litteras suggerente, Monachi Humblarienses prædictum Hugonem Sancti Iohannis Laudunensis Priorem, sibi Abbatem elegerunt, sicque eum Domno Balduino abstulerunt.

Ex MS. Ecclesiæ Sancti Iohannis Laudunensis.

ANNO Incarnati Verbi 1128. Domnus DROGO primus Abbas in Ecclesia Sancti Iohannis Laudunensis ordinatus est, 17. Kal. Iunij, feriâ quartâ, qui posteà Ostiensis Episcopus, & Apostolicæ Sedis Cardinalis fuit.

Nomenclator Cardinalium.

DROGO Laudunensis, Gallus, Episcopus Cardinalis Ostiensis, scripsit De Passione Domini, de Corpore Christi, & alia quædam.

Aubery, en l'Histoire generale des Cardinaux.

IL a, dit-il, escrit (parlant de ce Cardinal) du Mystere de la Passion de IESVS-CHRIST; de la creation, & du rachapt du premier homme: des Dons du Saint Esprit, & des Beatitudes, & des Heures Canoniques: tous lesquels Traitez se trouuent au second Tome de la Bibliotheque des Peres Latins.

ROBERTVS de Monte.

ANNO 1138. Obiit DROGO bonæ memoriæ, Ostiensis Episcopus, vir Religione ac sapientiâ clarus.

Ciaconius in vitis Pontificum, sub INNOCENTIO secundo.

DROGO Laudunensis, Gallus, Monachus Ordinis Sancti Benedicti, ex Abbate Monasterij Sancti Iohannis Laudunensis, Episcopus Cardinalis Ostiensis, vir, vt is qui Sigebertum supple it, author est, eloquentiâ, Doctrinâ, moribus & pietate insignis. Cum Moniales quæ Laudum in Monasterio Sancti Iohannis manebant, ab accuratâ vitæ normâ ad paulò laxiorem defluxissent, & proptereà Regis Francorum Ludouici iussu eo Monasterio exactæ essent; huius opera Monachi Sancti Benedicti Cœnobium id sunt adepti. Quorum suffragiis primus Abbas electus ab Bartholomæo Laudunensi Episcopo consecratus est; Quo in honore per annos septem strenuè laborans, ab Innocentio secundo in locum Iohannis, Episcopus Ostiensis constituitur, qui post vitam per annos quatuor in eo Sacerdotio sanctissimè actam, anno salutis 1138. obiit. Huius nomine Liber de Corpore Christi excusus circumfertur. Bulla Innocentij secundi S. Fridiani Lucensis, anni 1138.

des Cardinaux François.

CHRYSOGON, CARDINAL DIACRE
du Tiltre de Saincte Marie, in porticu, puis Prestre Cardinal de celuy de Saincte Praxede.

CHAPITRE XXXIII.

Ciaconius in vitis Pontificum sub INNOCENTIO secundo.

HRYSOGONVS...... Gallus Diaconus Cardinalis sanctæ Mariæ *in Porticu* posteà Præ-sbyter Cardinalis Titulo sanctæ Praxedis, sancti Bernardi familiaris, quem idem pater epi-stola 144. ad suos Monachos Claræuallenses, cum Balduino, Aymerico, Luca, & Yuone Cardinalibus commemorat. Bullæ Innocentij secundi Sancti Petri de Hanco anni 1135. Sanctæ Mariæ de Rheno Bononiæ anni 1136. sancti Fridiani Lucensis anni 1137. Sancti Petri anni 1138. Sancti Saluatoris de Vitiono, anni 1140.

ALBERIC DE BEAVVAIS, RELIGIEVX
de l'Abbaye de Clugny, Cardinal, Euesque d'Ostie.

CHAPITRE XXXIV.

Guillelmus Tyrius.

ALBERICVS Cardinalis Legatus sub INNOCENTIO secundo, & LVDOVICO VII patriâ Bel-uacensis.

Chronicon Cluniacense.

ALBERICVS suo tempore Cluniacensis Monachus, deinde Ostiensis Episcopus, factus est Legatus sedis Apostolicæ in partibus Hyerosolimitanis, quare scribit Petro Cluniacensi, & Religiosis ciusdem, vt eum in eorum orationibus pro sua peregrinatione commendatum habeant.

Epistola Petri Venerabilis Abbatis Cluniacensis, ad Albericum.

VENERABILI & in intimis animæ recessibus recolendo Domino ALBERICO Ostiensi Episcopo, & Apostolicæ Sedis Legato Frater Petrus humilis Cluniacensium Abbas, salutem, & vitam immortalem. Peregrinationi vestræ tam longinquæ, tam morosæ, anxio corde compatimur: & eo, qui solus abdita cordium nouit, teste, affectu & desiderio penè vobiscum peregrinamur. Licet enim obedientia & Legatio Apostolica, ad illas Orientales partes vos transmiserit, & vtilitas populi Christiani vos velut exu-lem à solo proprio, & à Fratribus vestris fecerit: dolemus tamen quod eum, quem solum ordinis & cor-dis nostri solatium, post illum magnæ & piæ memoriæ Matthæum Episcopum in Romano Palatio habe-bamus, quasi amisimus: dum tantis Regionibus interpositis tantoque mari comminante, reditum ve-strum vix sperare audeamus. Et cum esse satis potuerit, quod vos occidens in finibus suis, Romæ dico reti-nés, valdè à nobis remotum fecerat: Nunc tandem vos oriens velut violenter rapiens, remotissimum facit, & non solum nunc eum, sed nec tenuem de tam intimo fratre & amico famam ad nos saltem per aëra vo-lare permisit. Litteras tamen quas in discessu vestro nobis ab Vrbe direxisti, suscepi, legi, relegi, & in Capitulo omnibus conuocatis fratribus, ipse recitaui. Et licet nihil certi exinde de statu vestro audierim, & tunc quádo à vobis missæ illæ litteræ susceptæ sunt & postmodum, frequenter dulcem & commendabi-lem vestri memoriam eisdem commendaui. Quod ipsi semper benignè accipiunt, verbisque & precibus quibus possunt, iter vestrum deuotissimè comitantur, & vt dilectum, vt patrem, vt Dominum Christus Dominus sibi restituat, continuè deprecantur: Et vt sicut surgente Domino de Sepulchro, gauisi sunt

M iij

Discipuli eo viso: ita vobis redeunte ab eodem sepulchro gaudeant, Fratres Vestri & filij instantes exorant.

Rogerius de Houeden in Annalibus Anglicanis.

HOc anno 1138. INNOCENTIVS Papa alto oculorum respiciens extremæ Orbis partes, ad componendas res Ecclesiæ Anglicanæ, misit à latere ALBERICVM Cardinalem Episcopum Ostiensem, qui celebrauit Londoniense Concilium, & ibi annuente Stephano Rege, Theobaldum Beccensem Abbatem creauit Archiepiscopum Canthuariensem.

Epistre Liminaire d'vn MS. conserué dans la Bibliotheque du Prieuré de S. Martin Deschamps lez Paris, composé par HVGVES troisiesme du nom, Archeuesque de Roüen, contre les heresies qui estoient en Bretagne de son temps, & par luy dedié au Cardinal ALBERIC.

SAnctæ Romanæ Ecclesiæ filio, ALBERICO Ostiensi Episcopo, quàm sæpè Sedis Apostolicæ Legato, peccator Hugo Rothomagensis vtcumque Sacerdos. Reuerende Pater, tuis obedire Mandatis pro tempore distuli, non tantùm illud omisi, sed præsta potenti veniam, cui soles præstare gratiam. Digna sedet mihi memoria reminisci, qualiter in finibus Galliarum propè mare Britannicum in Ciuitate Nannetensi meruimus assistere tibi. Ibi SS. corpora Martyrum Donatiani & Rogatiani fratrum multo cœtu præsenti fidelium suscepta præsentasti, præsentata relocasti, condigno honore & gratiarum actione. Ibi tecum aspeximus Cometem præcipiti lapsu in occiduo ruentem, ruinam hæresis, quæ in Armorico tunc scatebat, te protestante signantem. Ibi quidem coram orthodoxa prædicatione tua, plebs hæretica stare non poterat, eorum hæresiarca pertimuit, nec apparere præsumpsit. Proinde placuit Tibi super hæresibus insurgentibus Nos aliqua scribere, quod & suscepimus tuæ iussionis authoritate, sed succincto opere, sed breui caractere. Trahatur itaque ex arcto Commatis clausa latissima, sumantur ex vase modico fercula copiosa more Catholico in Spiritu Sancto: præfatio Rothomagensis Archiepiscopi, mandat Dominus, obediat seruus.

Epistre de S. BERNARD au Cardinal ALBERIC, & aux autres Cardinaux, touchant l'election du Pape EVGENE troisiesme.

DOMINIS & Patribus Reuerendis Cardinalibus, & Episcopis omnibus, qui sunt de Curia, puer sanctitatis eorum. Pareat vobis Deus, quid fecistis? sepultum hominem reuocastis ad homines: fugitantem curas & turbas, curis denuò implicuistis: fecistis nouissimum primum, & ecce nouissima illius periculosiora prioribus. Crucifixus mundo per vos reuixit mundo, & qui elegerat abiectus esse in Domo Dei sui, ipsum vos in Dominum omnium elegistis. Cur consilium inopis confudistis? cur pauperis hominis & mendici & compuncti corde, Iudicium peturbastis? currebat benè. Quid vobis visum sepirevias eius, auertere semitas, gressus inuoluere? quasi descenderet de Hierusalem, & non magis ascenderet de Iericho, sic incidit in Latrones: & qui se tanquam violentis quibusdam Diaboli manibus, carnis illecebris, & gloria sæculi potenter excusserat, non tamen valuit effugere manus vestras. Num idcircò Pisam deseruit, vt reciperet Romam? Num, qui in vna Ecclesia non sustinuit Vicedominatum, Dominatum in omni Ecclesia requirebat? quid igitur rationis seu consilij habuit, defuncto summo Pontifice, repentè irruere in hominem rusticanum: latenti inijcere manus, & excussâ è manibus securi, & ascia vel ligone, in Palatium trahere, leuare in Cathedram, purpurâ induere & bysso, accingere gladio ad faciendam vindictam in Nationibus, increpationes in populis: ad alligandos Reges eorum in compedibus, Nobiles eorum in manicis ferreis? Sic non erat inter vos sapiens & exercitatus, cui potius ista conuenirent? Ridiculum profectò videtur, pannosum homuncionem assumi ad Pontificatum, ad præsidendum Principibus, ad Imperandum Episcopis, ad Regna & Imperia disponenda. Ridiculum, an miraculum? Planè vnum horum, non nego, non diffido posse fuisse hoc opus Dei, qui facit mirabilia magna solus, præsertim cum audiam vsquequaque ex ore multorum, quoniam à Domino factum est istud. Sed nec ego oblitus Iudiciorum Dei antiquorum, & scripturæ, plurimos recensentis ex priuatâ, seu etiam rusticanâ vitâ, olim in voluntate Domini ad regendum populum eius assumptos. Denique nonne (vt vnum è pluribus memorem) tali quodam modo elegit Dauid seruum suum, & suscepit eum de gregibus ouium, & deposit fœtantes accepit eum? Ita, inquam, ita de nostro Eugenio beneplacito Domini potuit cogitasse. Non sum securus tamen, quoniam filius delicatus est, & tenera verecundia eius assueta potius otio & quieti, quàm tractandis, quæ foris sunt, timendumque ne non eâ authoritate quâ oportuerit, sui Apostolatus officia exequatur. Quid putatis gerere animi hunc hominem illum, qui de secreto internæ significationis, & amicâ solitudine cordis tanquam infans è gremio & sinu matris subitò perturbatus, tractum se ad medium vidit, & quasi ouem ad victimam ductum ad tam insueta & insuauia? Nisi Dominus supponat manum suam, heu necesse est, obruatur, & opprimatur onere insueto & nimio, quod & Gigantinis (vt aiunt) vel ipsis quoque Angelicis humeris formidabile videatur. Verumtamen, quia sic factum est, & ficut multi dicunt, à Domino factum est, vestra interest, charissimi, vestris feruentibus studiis, fidelibusque obsequiis sollicitè consouere, quod vestris manibus constat elaboratum. Si qua ergo in vobis consolatio, si qua charitatis in Domino virtus, si qua pietatis miseratio, si qua compassionis viscera, assistite & collaborate illi in opere, ad quod assumptus est per vos à Domino : quæcumque sunt vera, quæcumque pudica, quæcumque iusta, quæcumque amabilia, quæcumque bonæ famæ, hæc ei suggerite, hæc suadete, hæc agite, & Deus pacis erit vobiscum.

Ex monimentis Ecclesiæ Cathalaunensis.

ANNO Incarnati Verbi MCXLVII. consecrata est hæc Ecclesia in honorem Sanctæ Trinitatis, Sanctæ Mariæ, Sancti Protomartyris Stephani, & Iohannis Baptistæ, & Valerij & Vincentij Martyrum, & Chrysantij & Dariæ. Dedicatio autem à Domino Papa EVGENIO facta solemniter cum sex aliis Episcopis, ALBERICO Ostiensi, Hugone Niuernensi, & Bartholomæo huius sedis Venerabili Episcopo, qui eandem dedicationem honorificè fieri procurauit. Actum publicè septimo Kal. Nouemb.

Ex Martyrologio Sancti Martini de Campis propè Parisius.

XII. Kal. Decembris obiit ALBERICVS Ostiensis, qui dedit nobis triginta marcas argenti.

Ciaconius in vitis Pontificum sub INNOCENTIO secundo.

D. ALBERICVS Beluacensis, Francus, Gallus, Episcopus Cardinalis Ostiensis, statim vbi creatus est ab INNOCENTIO secundo, Synodum in Anglia Legatus, Vestmonasterij celebrauit, inde eui$ eodem Legationis munere in Syriam missus est, vt cognosceret controuersiam inter Rodulphum Patriarcham, & Canonicos Antiochenos exortam. Sidonem primùm applicuit, inde Antiochiam accedens, honorificè à Principe Raimundo suscipitur; ibi Concilio Episcoporum coacto, Patriarcham absentem contumacem damnauit, in Principis gratiam, Episcopatu priuauit, qui aliquamdiù carcere inclusus, liber demùm abire iussus, Romam ad Pontificem accessit, à quo in Apostolicæ sedis gratiam receptus, dum rediret, in itinere obiit. Guillelmus Tyrius de bello sacro, libro II. & 17. Hic admodum Sancto Bernardo familiaris fuisse videtur, cuius ad eum extant Epistolæ 217. 229. 230. 250. Porrò etiam primis Eugenij tertij Pontificatus annis, Legatus in Galliam fuit, vt Sancti Bernardi vitæ auctor Alamanus Antissiodorensis Episcopus testatur, Chronici Anglici, Iohannes Hustaldensis, Antonius Paulus Cortesius, & Volaterranus. Bullæ Innocentij secundi, Later. anni 1138. Sancti Fridiani Lucensis anni 1140. Ecclesiæ Parmen. anni 1141. Sanctæ Mariæ de Rheno Bononiæ anni 1142. Cælestini secundi. Sancti Fridiani Lucensis anni 1143. Lucij II. Sancti Benedicti de Mantuâ, anni 1141. Eugenij tertij. Eccl. Cæsaraugustanæ anni 1146.

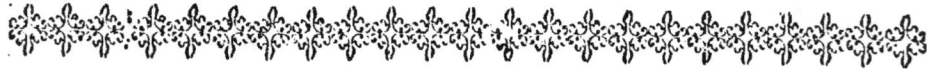

YVES, SVRNOMME' DE SAINCT VICTOR,
Prestre Cardinal du Tiltre des Saincts Laurent & Damase.

CHAPITRE XXXV.

Gabriel Volaterannus.

YVo etiam ex eodem Cœnobio (id est Sancti Victoris Parisiensis) Cardinalis, magnâ vir famâ doctrinæ.

Diuus BERNARDVS Epistolâ 217. ad Papam Innocentium de Comite Radulpho.

SENTENTIA (inquit) excommunicationis à Legato vestro bonæ memoriæ Magistro Yuone data in Terram & Personam Adulteri Tyranni. Rem clariùs explicemus. Radulphus Viromanduorum Comes vxorem suam dimisit, & sororem Leonoræ Reginæ Petronillam duxit. Proptereà rogatu Comitis Theobaldi prudentissimi, & piissimi mittitur YVO Romanæ sedis Legatus, qui & Radulphum Comitem diris deuouit, & Episcopos, Laudunensem Bartholomæum, Nouiomensem Simonem, & Petrum Syluanectensem, qui diuortium illud effecerant, ab officio suspendit, & Regnum interdicto subiecit.

Diui Bernardi Epist. ad Yuonem Cardinalem, contra Petri Abelardi errores & hæreses.

DIlectissimo suo Yuoni sanctæ Romanæ Ecclesiæ Dei gratia Præsbytero Cardinali, Bernardus Clareuallis Abbas, diligere Iustitiam, & odisse iniquitatem. Magister Petrus Abailardus sine Regula Monachus, sine sollicitudine Prælatus, nec ordinem tenet, nec tenetur ab ordine, &c.

Extraict du Martyrologe de l'Abbaye de Sainct Victor lez Paris.

XIII. Kal. Iuly, Anniuersarium Magistri YVONIS nostri Canonici, sanctæ Romanæ Ecclesiæ Cardinalis, & Apostolicæ Sedis Legati.

Extraict des Annales Ecclesiastiques du Cardinal Baronius.

ANnus Redemptoris millesimus centesimus quadragesimus tertius sequitur, Indictione sexta, quo Yuo Cardinalis legatus in Gallijs ex hac vita migrauit. Cuius occasione Sanctus Bernardus apud Innocentium Papam calumniam passus est, quasi in pauperes eius bona dissipasset, potius quam legitime erogasset. Quamobrem in ipsum nonnihil commotus est atque succensus. Hac de indignatione Pontificis, ubi idem Sanctus Bernardus accepisset, Epistolam apologeticam ad ipsum scripsit, qua suam causam defendens, & se potenter excusans, ostendit se nihil in eo peccasse, ut eius indignationem commeruerit. Sed audi tu ipsam.

Domino & Patri Reuerendissimo Innocentio Bernardus nihilum id quod est.

PVtabam me aliquando aliquid vel modicum esse, sed nunc ut scio, prorsus ad nihilum redactus sum, dum nesciui, nec enim me dixerim omnino nihilum tunc fuisse, cùm oculi Domini mei super puerum suum essent, & aures eius ad preces meas: cùm omne quod scriberem, obuijs manibus accepisset, & vultu hilari perlegisset benignissimè atque plenissimè ad omnia postulata respondens. Modo autem me merito non modicum dico, sed nihilum, quoniam aheri & nudius tertius auertit faciem suam à me. Cur hoc? quid peccaui? multum fateor; si pecunia Cardinalis Yuonis bonæ memoriæ meo arbitrio distributa fuit, & non ad nutum ipsius. Quod utique ad aures Domini mei fuisse perlatum, mihi relatum est. Sed confido, ut nunc huius rei veritatem cognoscetis, & veritas liberabit me. Non sum tam hebes, ut ignorem Ecclesiæ esse, quicquid ille rerum suarum non dederit. Sed iam audite simpliciter veritatem. Si inuentum fuerit in ore meo mendacium: ipsum os meum condemnabit me. Quando homo exuit hominem, absens eram, immo & valdè remotus; audiui autem ab his qui affuerunt, quòd ipse fecerit suum testamentum, & quod fecit, fecit & scribi & de rebus suis quæ voluit, quibus voluit ipse diuisit, quod residuum fuit duobus Abbatibus assistentibus tunc sibi, & mihi pariter qui absens eram, diuidendum commisit, eo quod nobis nota essent loca paupertatis Sanctorum. Porro Abbates illi domum venientes & non inuenientes me (detinebat enim tunc temporis ex vestro mandato pacis quærendæ negotijs) nihilominus pecuniam sicut eis visum est diuiserunt, me non solum non conueniente, sed nesciente quid fecerint. Cedat iam si placet, manifesta indignatio veritati, nec mihi deinceps frons rugetur, aut supercilium deponatur: sed solita redeat serenitas, blando & benigno vultu, ac suo denuo sole læta facies induatur. Nam quod iam comperi, displicuisse me in multis scriptitationibus meis: hoc me iam metuere non oportebat, quoniam facile emendabo. Scio, scis, præsumpsi plusquam oportuit, parù attendens quis cui scriptitare præsumpserim; non negabitis: urgebat deinde charitas amicorum. Etenim perpauca pronis scripsi, si bene memini: sed ne quid nimis, dabo, si potero, zelo meo de cætero temperamentum, scientiam & ponam digitum meum super os meum: tolerabilius enim defendam aliquos amicorum, quàm multis precibus defatigem Christum Domini: & nunc quoque non sum scribere ausus vobis imminentibus Ecclesiæ periculis, & graui schismate quod timemus, ac plurimis quæ sustinemus incommodis. Scripsi autem Sanctis Episcopis vestro lateri adhærentibus. Ab ipsis audire poteritis, si scire placuerit, quæ scripserim ego.

Ciaconius in vitis Pontificum sub INNOCENTIO secundo.

YVo Gallus Præsbyter Cardinalis, tituli Sanctorum Laurentij & Damasi, Sancto Bernardo Abbati maxima amicitia iunctus, obiit sub INNOCENTIO secundo, nam in nouissima, quam eidem Pontifici scripsit Epistola Sanctus Bernardus, quæ 219. est, cum bonæ memoriæ titulo commendat, qui præcipuè suæ testamenti executorem Sanctum Bernardum moriendo scripserat, cuius rei in eadem Epistola Sanctus Pater INNOCENTIO secundo rationem reddit. Cæterum rogatu Comitis Theobaldi, Yvo anno 1141. in Galliam Legatus Radulphum Viromandonem Comitem excommunicauit, quod legitima uxore dimissa, sororem Regis Francorum Petronillam duxisset, & Episcopum Bartholomæum Lugdunensem, Simonem Nouiomensem, & Petrum Syluanectensem, qui diuortium probauerant, ab Officio vacare iussit. *Sigebertus in Chronico, Bulla Innocentij secundi, Sancti Fridiani Lucensis. Anni 1139. & 1140. Ecclesiæ Cæsaraugustanæ in Hispania, ann. 1141.*

ESTIENNE

ESTIENNE DE CHAALONS, RELIGIEVX
de l'Abbaye de Cisteaux, Cardinal Euesque de Praeneste.

CHAPITRE XXXVI.

Ioannes Saresberiensis in Policratico. Libro sexto, Capite vigesimo quarto

QVIS non stupeat Episcopum Praenestinum, qui scrupulum conscientiae metuens, à participatione bonorum communium abstinebat?

Extraict du Chapitre huictiesme du Liure second de la vie de Sainct Bernard, par Bernard Abbé de Bonneual.

PRÆNESTE Stephanum habuit totius gloriae virum.

Henriquez in fasciculo Sanctorum Ordinis Cisterciensis.

IN Gallia sanctus Stephanus Monachus Cisterciensis, qui à iuuentute sua Mundi spretis illecebris, Christo adhaerens coepit corpus suum vigilis, Ieiuniis, ac verberibus affligere, & in breui tempore eam perfectionem vitae assecutus est, vt sacrae Romanae Ecclesiae Cardinalis Episcopus Praenestinus crearetur. Quo in officio occupatus, fastus secularis magnus contemptor extitit, igneque ardentissimo charitatis exaestuans, nihil magis quam animarum salutem desiderauit. Nullus eo humilior, nullus in pauperes liberalior inuentus fuit, in ipsâ enim Cardinalitiae dignitatis amplitudine Monasticam abiectionem non contempsit, sed potius reditus suos in pauperes erogans, se verè spiritu & corpore pauperem exhibuit. Solitudinem inter tot hominum turbas, & diuersarum rerum occupationes, si non corpore, corde tamen coluit, & sanctissimam ac purissimam vitam ducens, laudis & gloriae summum praemium tulit. Qui tandem post magnos pro animarum salute transactos & superatos labores, ad aeternitatem discessit. Quàm virtutibus & miraculis clarum in sanctorum numerum relatum fuisse testatur *Peralis libro secundo, Capite 19. eum inter canonizatos numerans. De ipso Bernardus Bonaevallis Abbas in vitâ sancti Bernardi, capite octauo. Ioannes Abbas in catalogo sanctorum Ordinis. Missale antiquum in sanct. Cisterc. Arnoldus ligno vitae Libro primo, capite 44. ad hunc Bernardus noster Epist. 2. 19. & 223. scripsit.*

Ciaconius in vitis Pontificum sub INNOCENTIO II.

FRATER Stephanus Cathalannensis Gallus, Monachus Congregationis Cisterciensis Ordinis sancti Benedicti, Episcopus Cardinalis Praenestinus. Alamannus Episcopus Autissiodorensis author vitae sancti Bernardi, promotionem, quam in suâ personâ, quoad potuit S. Bernardus excitauit, in filiis; quos de diuersis regionibus congregatos, diuino manciparet seruitio, Dominus adimpleuit. De his enim Romae Eugenium summum meruit habere Pontificem : Praeneste Stephanum habuit totius gloriae virum : Osna virum magnum, Hugonem tertium : Ad hunc & alios Episcopos Cardinales extant sancti Bernardi Epistolae 219. 229. 230. 231. Item ad eum solum 224. ex quâ cum Cathalaunensem fuisse intelligitur, *Bulla Innocentij secundi Ecclesiae Parmen. anno 1141. S. Benedicti de Mantua anni 142. Coelestini II. Sancti Dislani Lucen. anni 1143. Lucij II. Sancti Benedicti de Mantua anni 1144.* ADDITIO. In Ordine Cisterciensi inter sanctos numeratur, eiusque festus dies 13. Februarij in Kalendario Cisterciensi adnotatur. De eo Ioannes Cyreius in Catalogo Sanctorum eiusdem Ordinis. Myrdus in Chronico Cisterciensi : Montal parte prima Chronic. Cisterc. de quo etiam illud praeclarum reliquit Iohannes Saresberiensis, qui eodem saeculo vixit, in Policratico Libro 6. Capite 14. quod suprà. Ad coelum euolauit Stephanus anno 1144. paulò antè Eugenij tertij promotionem.

HVGVES DE FOVILLONNE', RELIGIEVX
Profez du Monastere de sainct Pierre de Corbie, Cardinal Euesque de Tusculane.

CHAPITRE XXXVII.

Petrus Apollonius.

Ecce secundus Hvgo redimitus tegmine fuluo
Tempora dum vixit, nunc diadema ferens.

Extraict de l'Obituaire de l'Abbaye de sainct Victor lez Paris.

XI. Kal. Maij Anniuersarium Domini HVGONIS Cardinalis Tusculanensis Episcopi, & nostri Canonici professi, de cuius beneficio habuimus quam plurima ornamenta.

Nomenclator Cardinalium.

Hvgo de Folieto Gallus ex Monacho Corbeiensi, Cardinalis, multiplici eruditione præditus, prout ex iis quæ ad posteros transmisit, intelligi potest, scripsit de quadruplici claustro animæ Libros 4. De Disciplina ad Religiosos: De Abusibus claustri, De Patriarchis, & quædam alia. Claruit anno 1120.

Ciaconius in vitis Pontificum sub INNOCENTIO secundo.

D. Hvgo de Folieto Gallus, Canonicus Regularis Monasterij sancti Petri Corbeiensis in Saxonia, Diaconus Cardinalis S . . . . vir doctus & eloquens, singularis Doctrinæ, &c. quæ supra.

Extraict d'un memoire MS. de la main de feu mon pere.

Hvgo de Folieto, miles, dedit Ecclesiæ Corbeiensi FOLIEVM, vulgò le Foüillonné Village proche la porte de Buire, & les Marez de Corbie, il se rendit Religieux audit Corbie. Fut fait Cardinal par Innocent second, a écrit.

YMARE' RELIGIEVX DV MONASTERE
de S. Martin Des-champs lez Paris, Prieur de la Charité, puis Abbé de Monstierneuf de Poictiers, Legat en Angleterre, Cardinal Euesque de Tusculane.

CHAPITRE XXXVIII.

Nomenclator Cardinalium.

Marvs Gallus ex Abbate Monasterij noui Vrbis Pictauensis, Cardinalis Tusculanus, ad quem sancti Bernardi, quædam extant Epistolæ: scripsit cum esset in diuinis scripturis insignitè peritus Commentarios quosdam in sacras litteras, vt notat Ciaconius; Obiit Cluniaci anno 1154.

des Cardinaux François.

Extraict d'un Cathalogue MS. des Prieurs de la Charité, qui est au cabinet de Monsieur l'Abbé de Villeloin, & par luy communiqué.

YMARVS Religiosus Prioratus sancti Martini à campis Parisi. cuius suffragantibus meritis custos Ordinis efficitur, post Prioratum de Charitate præficitur, deinde Abbatiæ Monasterij noui Pictauensis, deinde Episcopus Cardinalis Tusculanus ab Innocentio secundo creatur anno 1142.

Ciaconius in vitis Pontificum sub INNOCENTIO secundo.

YMARVS Gallus, Monachus Monasterij sancti Martini de Campis, propè Parisios, Congregationis Cluniacensis, Ordinis sancti Benedicti, postea custos Congregationis: ad hæc Abbas Monsterij noui Pictauensis, Episcopus Cardinalis Tusculanus à Lucio secundo Legatus in Angliam missus, Legationis munus integrè & prudenter obiit. In schismate Octauiani Victoris quarti vocati, eius partes secutus est, cum Collegij Cardinalium Diaconus tunc Prior Episcopus dictus, vt ex eiusdem & Collegatum litteris constat, ipsum cum Iarentinate & Melphiense Episcopis consecrauit, quare ab Alexandro tertio Anathemate damnatus est. Qui in Gallias transiens à Præposito Placentino qui Alexandri tertij partes sequebatur, armatâ manu captus, omnibusque rebus spoliatus, multis contumeliis affectus fuit: inde Cluniacum accedens, dum vixit, in eo Monasterio permansit, & ibidem anno 1154. diem clausit extremum, in Ecclesia Cluniacensi sepultus, Monasterio omnium bonorum suorum hærede relicto, & cum esset vir doctus, & in diuinis scripturis eruditus, aliquot in sacras litteras Commentaria edidit. Ad hunc & alios Episcopos Cardinales Sanctus Bernardus Epistolas scripsit 219. 229. 230. 231. *Bulla Innocentij secundi Sanctæ Mariæ de Rheno Bononia 1142. Celestini secundi sancti Fridiani Lucensis anni 1143. Lucij secundi sancti Benedicti de Mantua anni 1144. Hadriani IV. sancti Petri anni 1157.*

Ex Martyrologio Sancti Martini de Campis.

V. Kalendas Nouembris, Obiit Ymarus Episcopus Tusculanus, qui dedit nobis ducentas Libras.

MARTIN, RELIGIEVX DE L'ORDRE de Cisteaux, Legat en Dannemarc, Cardinal du Tiltre de Sainct Estienne in Cœlio Monte.

CHAPITRE XXXIX.

Chrysostomus Henriquez in fasciculo Sanctorum Ordinis Cisterciensis.

ITEM in Gallia Beatus MARTINVS Ordinem Cisterciensem sub Disciplina sancti Bernardi, professus, omni virtutum genere floruit. ab eo enim tempore quo habitum Religionis sumpsit, per varias piorum operum exercitationes ad fastigium perfectionis euasit. Assiduis Ieiuniis corpus suum vir pius affligebat, & ab omni sæcularium rerum cōuersatione semotus, nonnisi orationi & lectioni ac cœlestium contemplationi incumbebat, ad Maiora tandem assumptus, sacrâ purpurâ donatus est, & tandem in Daciâ Apostolicæ Legationis munere functus: non possum tamen melius eius commendare virtutes, quam eisdem sanctissimi Patris Bernardi verbis, qui libro quarto de consideratione ad Eugenium, capite quinto, hæc dicit. *Dignum nunc ad medium venire factum dulcis memoriæ MARTINI nostri, Nosti hoc, sed an memineris ignoro? is Cardinalis Presbyter, functus aliquando Legatione in Daciâ, tam pauper remeauit, vt pene expensis & equis deficientibus vix peruenerit Florentiam. Ibi Episcopus loci donauit ei equum, quo Pisas vsque vbi eramus, tunc peruectus est. Postridie credo, sequutus Episcopus (erat enim illi causa cum aduersario, & agendi aderat dies) cœpit requirere suffragia amicorum, cumque per singulos sollicitaretur, ventum est ad MARTINVM. Educa erat maior in illo, qui non posset inimicitiæ esse recentis beneficij. Tum MARTINVS, decepisti me (inquit) nesciebam in muniere tibi negocium. Telle equitaturam, ecce in stabulo est. Et horâ eidem resignauit illi. Quid dicis mi Eugeni? nonne alterius sæculi res est, redusse Legatum de Terrâ auri sine auro? Transisse per Terram argenti; & argentum nescisse. Denuiu insuper quod poterat esse suspectum, illico reiecisse? Tandem pius & mellifluus doctor, MARTINVM nostrum*

100 Preuues du Liure I. de l'Histoire

& præfatum Gaufridum, his verbis extollit. *O si talibus daretur virorum copia, quales perstrinximus nunc: quid illo iucundius sæculo. Nonne secunda ab æternitate illorum tibi temporum beatitudo videretur, cùm te quaqua versum procederes, sapillum videres tam inclyto agmine beatorum? si & alium trahens spiritum, tecum loquereis: putas fore posse quod dicitur? Putas hic sumus, quousque hæc fiant? quid det vivere, aut videre contingat? O si viderem in vita mea Ecclesiam Dei talibus ingivam columnis! O si Domini mei sponsam cernerem, tantæ commissam fidei, tantæ creditam puritati! Quid me beatius, quidue securius cum eiusmodi circa me vita mea & custodes spectarem simul & testes? Quibus omnia mea secreta securè committerem, communicarem consilia, quibus me totum refunderem, tanquam alteri mihi. Qui si vellem aliquatenus deuiare, non sinerent, si starent præcipitem, dormitantem excitarent. Quorum me reuerentia & libertas extollentem reprimeret, cedentem corrigeret. Quorum me substantia & fortitudo nutantem firmaret, erigeret dissidentem. Quorum me fides & sanctitas, ad quæque sancta, quæque honesta, ad quæque pudica, ad quæque amabilia, & bonæ famæ prouocaret.*

Ciaconius in vitis Pontificum sub INNOCENTIO secundo.

MARTINVS Gallus S. R. E. Præsbyter Cardinalis sub INNOCENTIO secundo. Is Ordinem Cisterciensem sub Disciplinâ Sancti Bernardi professus, omni virtutum genere floruit, ab eo enim tempore, quo habitum Religionis sumpsit, per varias piorum operum exercitationes, ad fastigium perfectionis euasit. Assiduis ieiuniis corpus suum vir piusassligebat, & omni secularium rerum conuersatione remotus, non nisi orationi ac cœlestium contemplationi incumbebat. Ad maiora tandem assumptus, sacrâ purpurâ decoratus est, & in Daciâ Apostolicæ Legationis munere functus, anno 1134. de cuius continentiâ in muneribus accipiendis dignâ memoriâ narrat sanctus Bernardus, scribens de consideratione ad Eugenium tertium, libro 4. De Martino hoc Cardinale, Cisterciensi plura habet Chrysostomus Henriquez in fasciculo Sanctorum Ordinis Cisterciensis. Liber illustrium Virorum Ordinis Cisterciensis. Bernardus Montal. in Histor. à Cist. Guido Claraualensis de viris illustribus eiusdem Ordinis. Godefridus Claraualensis, Anonymi Chronicon, Ægidius Damnis Martyrologio Ordinis Cisterciensis.

HVGVES, RELIGIEVX DE L'ORDRE de Cisteaux, Abbé du Monastere des Saincts Vincent & Anastaze, aux Trois Fontaines à Rome, Cardinal Euesque d'Ostie & de Velitre.

CHAPITRE XL.

Chrysostomus Henriquez in fasciculo Sanctorum Ordinis Cisterciensis.

IN Monasterio Sanctorum Vincentij & Anastasij, Sanctus HVGO confessor, qui merito & opinione Sanctitatis Abbatiam illam ab Innocentio Pontifice constructam, & Diuo Patri Bernardo traditam, regendam suscepit, in cuius tegimine mirabilis eius prudentia satis eluxit. Postmodum ab eodem Innocentio Pontifice sacrâ purpurâ donatus est, & Episcopus Ostiensis & Veliternus creatus. Quam dignitatem vt obtinuit, metas humilitatis non excedens, veram spiritus paupertatem conseruauit. Nam sicut à teneris annis piis exercitijs operam dederat, in hoc Cardinalitio statu pristina Religionis exercitia non intermittens, lectioni piæ, orationibus, operibusque misericordiæ semper vacabat. Tantæ misericordiæ in egenos extitit, vt id totum quod ex suis reditibus habere poterat, larga manu inter eos distribueret; tandem verò infirmitate grauatus, viuisicisque Sacramentis magna cum deuotione susceptis, animam puram in manus Saluatoris sui commendans, lætus migrauit ad Dominum. Qui cum etiam post mortem omnibus venerabilis esset, habitâ sanctitatis eius ratione, sanctorum numero adscriptus est, vt testatur *Perales libro secundo, capite 19.* qui cum inter Canonizatos recenset, vt testatur *R.P. Frater Angelus Manrique, libro tertio Laureæ Euangelicæ discurs. septimo.* De eo *Robertus Ruscæ in suo Compendio. Missale vetus in Sanct. Cist. & alij.*

Bernardus Bonaualis Abbas, in Diui Bernardi vita, sic loquitur de isto Cardinale.

OSTIA virum Magnum, HVGONEM habuit.

des Cardinaux François.

Ciacconius in vitis Pontificum, sub EVGENIO tertio.

F. HVGO Gallus Monachus Cisterciensis, Abbas Monasterij Sanctorum Vincentij & Anastasij ad tres fontes Romæ, Episcopus Cardinalis Ostiensis & Veliternus. Huius frequens mentio est in Epistolis Sancti Bernardi, cuius discipulus fuit, ad eundem scriptis, quæ 274. 277. 290. 296. 306. 307. sunt. Quem & virum magnum, & Sancti Bernardi Abbatis alumnum profitetur auctor eiusdem vitæ Alamannus Autissiodorensis, ex quibus cum olim trium fontium Abbatem fuisse intelligitur, & maximâ cum Sancto Bernardo familiaritate coniunctum. Obiit sub Hadriano IV.

HENRY, CARDINAL DV TILTRE des Saincts Nerée & Achillée, Legat en France.

CHAPITRE XLI.

Robertus de Monte in appendice Sigiberti.

REGINA ALIENORA apud Domnumfrontem filiam peperit, quam HENRICVS Præsbyter Cardinalis & Legatus Romanæ Ecclesiæ baptizauit, & Aiardus Episcopus Abrincensis, & Robertus Abbas de Monte Sancti Michaëlis de periculo maris, cum multis aliis de fonte susceperunt, & vocata est ALIENORA de nomine matris suæ.

Confirmation d'vne Prebende en l'Eglise de Sainct Arnoul de Clairmont en Beauuoisis, par le Cardinal HENRY; communiquée par defunct Nicolas Camusat, viuant Chanoine en l'Eglise Cathedrale de S. Pierre de Troyes.

QVONIAM æquitatis vigor expostulat, & Iustitiæ persuadet integritas, vt Religiosis viris sub Religionis vnitate degentibus, & vnitatem spiritus in vinculo pacis seruantibus, iura & dona propria intacta & intemerata seruentur. Idcirco Ego HENRICVS Dei gratia Sanctæ Romanæ Ecclesiæ Præsbyter Cardinalis Tituli Sanctorum Nerei & Achilei, & Apostolicæ Sedis Legatus, Ecclesiæ Beati Quintini Beluacensis concedo & sigilli mei authoritate confirmo, vnam videlicet præbendam in Ecclesia Sancti Arnulphi de Claromonte, quam Domnus Rogerus bonæ memoriæ Beluacensis Archidiaconus, Ecclesiæ prænominatæ donauerat: sub excommunicationis autem sententiâ interdicimus, ne aliquis spiritu nequitiæ præsumptionis . . . . . . inflammatus præfatam donationem, & nostram cum perpetuâ stabilitate concessionem ausu temerario præsumat infringere. Actum est hoc à Nobis confirmatum, anno Dominicæ Incarnationis 1160.

Extraict d'vn memoire MS. de la main de feu mon pere.

Cet Henry, fut vn autre que l'Abbé de Clairvaux, & precedent, qui estoit aussi François.

BERNARD DE RHENNES, RELIGIEVX de l'Abbaye de Clairvaux, Cardinal Diacre du Tiltre de Sainct Cosme & Sainct Damian.

CHAPITRE XLII.

Iohannes Saresberiensis in Policratico libro 15. cap. 15.

BERNARDVS Claræuallensis Monachus, & Sanctorum Cosmæ & Damiani Diaconus Cardinalis, Romæ degens in excessis singulariter habitauit, excutiens manus suas ab omni munere, vt nondum natus sit, cuius aurum vel argentum in munus acceperit.

BERNEREDE, ABBÉ DE SAINCT CRESPIN de Soissons, dit le grand, Ordre de Sainct Benoist, Cardinal Euesque de Præneste.

CHAPITRE XLIII.

Petrus Cellensis Epistola 152. ad Monachos Sancti Crispini.

ADIVVANTE boni Patris vestri sancto exemplo atque doctrinâ.

Idem Epistolâ 151. ad eosdem Monachos.

PRæ cæteris vnum habeo, non vobiscum, sed aduersus vos, quod intemperanter viuitis, non excedendo mensuram iustam viuendi suprà, sed infrà. Sententia enim, quæ dicit *ne quid nimis*, plus & minus redarguit, amplius edere voracitatis est, minus, Hipocrisis, vel auaritiæ.

Extraict du quatriesme Tome des Historiens François par moy donné au public.

DILECTISSISSIMO Patri & Domino suo HVGONI Dei gratia Suessionensi Episcopo, suus ille fidelis Abbas Sancti Crispini Suessionensis salutem, & voluntarium debitæ subiectionis obsequium. NOVERIT Paternitas vestra, Portuensem Episcopum consecrationem Sanctimonialium de Charmoie noluisse. Abbatissa verò in eadem Domo, vnde sorores pauperrimæ maximè grauatæ sunt, consecrationem eorumdem expectans vsque ad proximam Dominicam manebit. Nos autem quia opus istud sanctissimum est, & ad vos maximè spectat, discretioni vestræ, quam maximam esse cognouimus, ex parte nostra consulimus: quatinus aut per vos, aut per aliquem alium Episcopum, quomodo id fieri valeat consilium adhibeatis: Valete, & per præsentium latorem quod vobis super hoc placeat renuntiate.

Extraict du mesme Tome, page 560.

SANCTISSIMO Patri & Domino ALEXANDRO Dei gratiâ summo Pontifici PETRVS, sola dignatione diuinâ tituli Sancti Chrysogoni Præsbyter Cardinalis, salutem & obedientiam, tam deuotam, quam debitam. IAM PRIDEM Litteras Beatitudinis vestræ recepimus, continentes, vt inquirere deberemus, quæ personæ de Regno Francorum, aut de partibus illis possent in Romanam Ecclesiam promoueri. Sanè cum proposuissemus ad pedes sanctitatis redire, nomina illorum quos ad hoc dignos & idoneos credimus, viuâ voce potiùs circumspectioni vestræ volebamus exprimere, quam Litterarum commendare figuris: Cæterùm cum, quod sine dolore dicere non possumus multos Patrum nostrorum Episcoporum & Cardinalium ad se reuocauerit Dominus, & Ecclesia remanserit ipsorum solatio destituta: Et Nos iuxta mandatum vestrum pro pace inter illustres Francorum & Anglorum Reges confirmanda, & hæreticorum extirpatione in partibus illis aliquantulam moram facere debeamus, vt Ecclesia Dei sub Sancto Apostolatu vestro & numero, & merito possit augeri: Sanctitati vestræ duximus significandum quod.... Claræuallensis & Prior de Monte Dei de ordine Carthusiensi & litterati sunt, & honestate & Religione prædicantur insignes, & nos tantùm de vita & conuersatione eorum cognouimus, quòd in puritate conscientiæ, & sine scrupulo alicuius dubitationis audemus consulere, vt ipsi à vobis debeant promoueri. Magister autem Balduinus Abbas Fordensis, quamuis eum non viderimus, à toto ordine Cisterciensi de multimoda litteraturâ, honestate & Religione potissimùm commendatur. Licet autem Venerabilis vir P. Igniacensis Abbas non sit adeò litteratus, cum tamen Dominus per eum frequenter miracula operari dignetur, de Sanctitate ipsius non est quomodolibet dubitandum. Porrò Beati Rhemigij Remensis, & Sancti Crispini Suessionensis Abbates, litterati, discreti existunt, & inter alios Terræ & Ordinis illius Abbates non dubitantur honestate & Religione longiùs præminere, &c.

des Cardinaux François.

Extraict de l'Epistre 76. & la cinquiesme du Liure huictiesme de l'Historien de la vie de Bernerede, & tesmoin de ses merites; traduite en François par le Reuerend Pere Idelphonse Vrayet, Religieux Benedictin de la Congregation de Sainct Maur, qui a fait aussi vn abbregé de la vie dudit Bernerede MS. lequel il m'a communiqué.

Vous me demanderez, peut-estre, pourquoy ie remplis mes Lettres si volontiers d'vne matiere qui m'est tousiours agreable dans ses commencemens, & qui me donne de la pieté, & tout ensemble de la crainte sur la fin, c'est à dire pourquoy ie parle volontiers de vous, & au commencement & à la fin de mes Epistres, & ie vous diray que la gloire que vostre renommée s'est acquise, & le renom de vostre gloire en est cause, c'est elle qui donne de la ioye à vos amis quand ils s'en entretiennent, qui resjouit mesme la face de toutes les Villes, Chasteaux, Bourgades & Contrées du pays; c'est elle qui apres auoir parcouru tout le Royaume, l'embaumant de la bonne odeur que vostre sainteté y respand, s'est introduite auec l'honneur, iusques dans le Palais du Roy, s'est acquise des admirateurs dans celuy de la Reyne, & des respects dans la Chambre de nostre Comtesse de Champagne; c'est vostre renommée, en vn mot, qui comme vne autre Diuinité, plustost comme vne image fidele de la sainteté de nostre Dieu, parcourt nos Temples sacrés auec vn habit Religieux, vn visage modeste, vn port deuot, imprimant sur tous nos Ecclesiastiques toutes les couleurs, & les reuestant de tous les ornemens dont la Vertu se pareroit si elle estoit visible, & dont la vos're paroist aux yeux de tout le monde, iusques là mesme, que nos Archeuesques, nos Euesques, nos Abbez, diray-ie nos Capitaines & nos Soldats; qui cherchent ordinairement à receuoir de tous costez des tesmoignages de veneration & d'honneur, comme estans deubs à leur qualité, adioûtent qu'ils vous les doiuent rendre eux-mesmes comme vn iuste tribut qu'il faut payer à vos merites insignes.

Petrus Cellensis suprà citatus Libro nono Epistolarum. Epistolâ primâ.

GREGEM pusillum dimisistis, Egregios Cardinales amicos & socios recepistis. Claustralem angelum reliquistis. Vrbem Dominam mundi acquisistis. Abbatis gradum inferiorem Episcopali quis nesciat? Si corpora Martyrum Crispini & Crispiniani Suessioni sepulta sunt; Principis Apostolorum & Pauli Doctoris Gentium sacratiores reliquias in Romana vrbe haberi quis ignorat?

Idem Petrus Cellensis eodem Libro, Epistola sexta.

MALLET Cellam Montis Dei incolere, vt frequenter mihi scripsit, quam Episcopalem Cathedram tenere; quid igitur? Deus qui omnia conclusit, & meas querimonias præuenit faciendo quod facere piè & misericorditer consueuit. Præuenit illum Benedictionibus suis, & quem olim amicum & Fratrem in Terris habebamus, nunc Dominum & sanctum in cœlis veneramur, Miracula enim quæ facit Deus testimonia credibilia sunt sanctæ conuersationis eius, itaque digitum suppono ori meo.

Stephani sanctæ Genouefæ Parisiensis Abbatis, posteà Tornacensis Episcopi. Epistola quadragesima secunda.

PRÆNESTINO Episcopo. Carnotensem Ecclesiam in Regno Francorum commendabilem, & communis opinio prædicat, & antiqua dignitas repræsentat. Eius quietem & pacem tantò arctius diligere debemus, quantò altius beneficia ipsius & sensimus & sentimus. Mouentur in eâ filij contentionis & vixæ, & minimas occasiones vsque in maxima scandala protendere moliuntur. Compatientes matri suæ præ cæteris Decanus & Succentor, ad Dominum Papam supplices accedunt, vt inde iniuriarum puniantur præsumptores, vnde iura sumuntur. Specialiter eos diligimus, & diligimur ab eis, quorum antiquæ societatis & diuturni conuictus reliquias sub honestæ recordationis memoriâ retinemus. Preces fundimus sanctitati vestræ, vt eorum desideria, petitiones, vota; suscipiatis beneuolè; & beneficè compleatis.

Ciaconius in vitis Pontificum sub ALEXANDRO tertio.

N. Episcopus Cardinalis Prænestinus. Quendam Episcopum Prænestinum in Iulij locum factum commemorat auctor libri Vaticani, sed nomen non explicat. *Addo*. Hunc BERNEREDVM appellat eius Cellensis Epistola prima, libro nono, & Iacobus Sirmondus in Notis ad eumdem Cellensem, ex diplomate Alexandri tertij, pro Monasterio nouo apud Pictauos, in quo Berneredum sé subscribit Cardinalem Prænestinum, Nos Bernerum etiam dicimus; eiusdem Alexandri tertij Diploma pro Alphonso primo Portugalliæ Rege secuti, cuius Autographum se vidisse in publico Archiuo Vlyssiponenti testatur Antonius Vasconcellus, in descriptione Regni Lusitaniæ, Bernerus inter Cardinales qui

Preuues du Liure I. de l'Histoire

subscribunt, exhibet Episcopum Prænestinum: cæterum Bernerdus & Bernerus idem nomen est. Idem Celsensis Epistolâ primâ, libro nono, fusius narrat Bernerdum, Abbatem Sanctorum Crispini & Crispiniani Diœcesis Suessionensis, Ordinis Sancti Benedicti, cum Romam ad Concilium profectus esset, cum Episcopo Suessionensi, Episcopatu Prænestino donatum fuisse. Felicem huius obitum, miraculis illustrem, qui accidit circà annum 1176. idem describit Epistolâ sextâ eiusdem libri ad Episcopum Tusculanum.

HENRY MONOCVLE, RELIGIEVX,
& septiesme Abbé de Clairuaux, Legat en Allemagne, Cardinal Euesque d'Albe.

CHAPITRE XLIV.
Nomenclator Cardinalium.

ENRICVS Gallus ex Abbate Claræuallensi Episcopus Cardinalis Albanus, conciones aliquot coram Pontificibus habuit, vt notat Ciaconius, eiusque Oratio quædam aduersus Albigenses hæreticos extat Tomo 12. Annalium Baronij.

Extraict des Memoires MS. de Monsieur l'Abbé de Villeloin.

HENRICVS Monoculus ex Abbate Albæ Combæ, postea Episcopus Cardinalis Albanensis, & Legatus in Francia in Concilio Lateranensi, fuit septimus Abbas Claræuallensis.

Extraict d'vn MS. conserué en la Bibliotheque de S. Victor.

LERNIVS AD HENRICVM Cardinalem Albanensem.

Annule qui sacri datus es mihi pignus amoris,
  Qui mihi paruus eras, à modo magnus eris,
Paruus es & magnus, nihil impedit hæc simul esse:
  Hoc opifex: hoc te dat tuus esse dator.
Quem manus artificis arctum contraxit in orbem
  Ampliat in toto nobilis orbe manus.
Quod faber inuidit, dator hic indulsit: & idem
  Laudibus innumeris laus tibi maior erit.
En ex te rutili fulgor micat igneus auri,
  Gemmaque purpureâ luce suaué rubet.
Tam multo natura parens perfudit vtrumque
  Lumine: tam largâ sonit vtrumque manu,
Vt bene si spectes innatum cuique decorem
  Pene nihil toto clarius orbe putes.
Tanta tamen præbet operis miracula splendor
  Tantus & adiuncta surgit ab arte decor,
Vt natura suo fauet licet ipsa labori
  Humana victam se fateatur ope.
Ars, aurum, gemma, gemmaque venustat ob auro
  Et decor alterius auget vtriusque decus.
Parua loquor: suis arte decor geminatur vtrique,
  Et duplici pariter iuncta nitore, nitent.
Subrubet illud ab hac, sed & hæc flauescit ab isto
  Gratior est neuter inter vtrumque color:
Sic aurum gemmæ: seque auro gemma coaptat
  Natura credas esse nec artis opus,
Sola nec est dos ista tibi quod gemma, quod aurum
  Sunt tibi mirificis annule iuncta modis.

Non minus intentam sensit pars altera curam
  Ars nihil ad plenum voluit tibi deesse decorem.
Virga teres modicum se circumflectit in orbem
  Fallit opus visum nec se iunctura fatetur.
Tu mihi tam iusto digitum complecteris orbe,
  Nec plus materiam iuuat ars: non aptius arte.
Sed quamuis gratam faciat tot gratia datum
  Non eris ipse tui pretium nec gemma donantis.
Cuncta premit clari maiestas vna datoris;
  Sydera sic oriens iubet euanescere Titan.
Nil opus est tanti fultum te laude patroni
  Sed neque materiæ decus ostentare vel artis,
Plus dedit ille tibi pretij quàm gemma vel aurum:
  Hic tibi summus honor, melior tibi causa placendi.
Te potuit meritum mihi conciliare vel vnum
  Vox etiam sensit dono mihi carior omni.
Hoc tibi ne pigeat paruum pro tempore munus
  Nunc tibi parua damus, sed si modò viuere detur.
Quid mihi continget verbis iucundius istis,
  His ego nec gemmis ausim conferre, nec aurum.
Hæc mihi te magnum facit, annule, ea ipsa videri
  Tu quoque ne quæso reputes te parua dedisse.
Nec iam parua forent etiam si parua fuissent
  Et capiti corpus congruit omne suo.
Testantur doctâ singula quæque manum
  Et sibi connexum lumina fallit opus.
Et speciem nata res simulata gerit
  Natus in articulis vt videare meis.

Gemma

des Cardinaux François.

Gemma sedet digito quàm tua vincla meo,
Et pretio placeas res pretiosa tuo.
Nec tua te faciet forma placere mihi
Et titulos fulgor obruit ille tuos.
Et maiore minus Lumine lumen habet,
Dotibus insignem velle placere tuis.
Plus tibi materia, plus erit arte dator,
Quamque faber forma plus dedit ille tibi,
Immortale decus fama perennis erit,

Inseruit digito quem manus illa meo;
Pectore vox vmquam non abitura meo
Sed certum nostri pignus amoris habe.
Ampla feres meritis munera certa tuis,
Quid mihi tam magno munere maius erit.
Puluris aut si quid India diues habet,
Hæc mihi te gratum gratia sola facit.
Esse nihil paruum, quo mihi dante potest
Magna facit paruus munera parua dator.

Ciaconius in vitis Pontificum sub ALEXANDRO tertio.

D. HENRICVS Gallus, Monachus & Abbas Claræuallensis, S. Grandi Abbatis successor, Episcopus Cardinalis Albanus, Lucium tertium sequutus, cum eo Veronæ fuit, & cum esset vir doctissimus & disertus aliquot Conciones publicas coram Pontifice Vrbano tertio habuit, præsertim anno 1186. eiusque oratio quædam aduersus Albigenses hæreticos extat tomo duodecimo Annalium Baronij; Obiit sub Clemente tertio. *Vincentius Sper Histor. libro 30. cap. 31. Innocentij tertij, Regestrum anno primo. Huius mentio est in monumentis Casinatis Cœnobij, Bulla Lucij tertij Brundusinæ Ecclesiæ anni 1187. Vrbani tertij. Gregorij octaui omnes:* ADDITIO. Henricus vir nobilis & clarus de castro Marsiaco iuxta Cluniacum, sub B. Roberto secundo Claræuallensi Abbate Monasticum habitum suscepit, puber adhuc ob animi dotes Abbas Altæ tumbæ in Sabaudia electus ad Claræuallem, inde post ad S. Gerardum consanguineū, tantā gratiam apud Pontifices, Reges, & Principes inuenit, vt alter Bernardus sit habitus. In Episcopum Tholosanum votis Vniuersorum electus renuit. Apud Cistercium Patrum consensu, totius Ordinis Cisterciensis generalis electus recusauit. Ad Concilium Lateranense ab Alexandro vocatus retinetur, & Albanensis Episcopus inuitus consecratur, secunda die Concilij, quæ accidit Idibus Martij anni 1179. Inde ab eodem Legatus de Latere mittitur ad Prouincias transmarinas, & ad hæreticos propulsandos. Lugdunensem & Narbonensem Archiepiscopos, quia inutiles & reprehensibiles erant, in spiritu vehementi deposuit. Castrum munitissimum hæreticorum, quod Vallis vocatur, per miraculum cepit. Ad Curiam reuersus, Vrbano III. viam vniuersæ carnis ingresso, oblatum ferè ab omnibus, qui tunc aderant Cardinalibus, Pontificatum constantissimè recusauit. Præcipuus auctor Gregorij octaui electionis fuit, à quo Legationem iterum plenissimam ad Imperatorem, Reges, & Principes Christianos accepit. Huius sanctissimi viri prædicatione Fridericus Imperator Clementi III. Pontifici reconciliatus pacem Ecclesiæ tamdiu desideratam dedit, & ab ipso cum 68. magnis Principibus signo Crucis contrà Paganos est insignitus. Eiusdem Clementis III. iussu in Flandriam ad pacem inter Ecclesiam Attrebatensem & Comitem Flandrensem firmandam profectus, ibique pace composita in morbum incidit, & cum iam imminere cognosceret horam migrationis ad Deum, antè altare B. Andreæ Attrebati, vt præceperat, delatus, feliciter obdormiuit in Domino, anno 1188. die 14. Iulij. Attrebato corpus eiusdem Claravallem translatum inter S. Bernardum, & S. Malachiam, 3. Idus Ianuarij ab Episcopo Lingonensi humatum est. Huius sanctissimi viri gesta plures scripserunt auctores, inter quos auctor magni exordij Ordinis Cisterciensis, cap. 10. & 11. Cæsarius Monachus Hesterbacensis libro miraculorum, nouissimè Chrysostomus Henriquez in fasciculo Sanctorum Ordinis Cisterciensis libro primo, distinct. 25. In Calendario Cisterciensi inter beatos annumeratur, die 14. Iulij. Iidem asserit Iohannes Cyrcius Abbas in Cathalogo Sanctorum eiusdem Ordinis.

Chrysostomus Henriquez, in fasciculo Sanctorum Ordinis Cisterciensis, lib. 1. dist. 25.

VEnerandus Pater Henricus, nobilis quidem genere, sed longè nobilior virtutū generositate, à primis adolescentiæ suæ annis in sanctuario Domini locatus, manum suam misit ad fortia, magis eligens ferre iugum Domini suaue & onus eius leue, quam dici & esse filius Belial, & absque iugo, plus appetens pro Christo Domino humiliari cum mitibus, quam diuidere spolia cum superbis, ac per hoc in sortem illius cadere, qui est Rex super omnes filios superbiæ. Porrò dies adolescentiæ suæ tantā puritate & innocentia pertransiit, sicque canos sapientiæ in annis iuuenilibus induerat, vt dum vix ad limen virilis ætatis attigisset, merito magis religionis & prudentiæ, quàm ætatis, Vicarius Filij Dei factus nomen pariter & officium Patris & Pastoris adipisci mereretur, Abbas *Altæ cumbæ* creatus. Quam tamen prærogatiuam honoris, vel potius pondus sollicitudinis semel susceptum, tantā fidei & deuotionis alacritate administrauit, vt internus ille iudex discretor cogitationum & intentionum cordis, qui in manu omnium signat, vt nouerint singuli opera sua, fidelem in minore dispensatione probans, maiori cum charismatum gratia sublimare decerneret. Nempe maturiori iam ætate, virtutibusque in habitum versis, cùm glorificatus esset per palmam Martyrij Beatus *Gerardus* sextus Abbas Claræuallensis, eius loco præficitur communi Monachorum consensu & applausu. Abbas igitur nobilis illius in sincerā religione Claræuallensis congregationis & spiritualis Pater electus rigorem disciplinæ, per quem alios ad tramitem iustitiæ cogebat, in seipso minimè neglexit, sed quantum dignitas officij sui patiebatur, ad communis vitæ socialitatem se constringens, ipse etiam labori manuum aliquoties pro tempore, cum cæteris Fratribus insudabat.

O

Cæterùm quoniam salubre consilium dedit Sapiens, omnibus in sublimitate constitutis, dicens. *Quanto magnus es, humilia te in omnibus.* Quamque acceptum sit Deo, si Prælatus propter timorem ipsius, duris etiam, & vilibus laboribus carnem suam castigare non dedignetur, pius Dominus huic famulo suo demonstrare dignatus est; qui cùm pro quâdam negligentiâ suâ, quam, dùm laboribus manuum ardentiùs insisteret, contraxerat, nec tamen grauem fuisse putabat, mirabiliter, simul & misericorditer, corripere voluit.

Accidit enim quâdam vice, vt Venerabilis Abbas tempore secationis colligendo fœno instans, in pratis grangiæ, quæ trans fluuium *Albam* sita proxima Monasterio *Claravallis*, cùm fratribus suis impigrè laboraret. Et ecce dùm feruentiùs operi insisteret, Frater quidam festinus aduenit, nuntians, vnum de Conuersis infirmis, ægritudine præualescente morti approximare, & proptereà gratiam inunctionis desiderare. Abbas autem sciens cæteros suâ præsentiâ roborari, & ad laborem feruentiùs incitari, ægrè nimis tulit se ab opere diuelli; ideoque vnum de senioribus vicarium pro se misit qui eidem infirmo solemne inunctionis impenderet. Quod vbi factum est, Frater ille contra aëreas potestates ritè munitus in pace vitam finiuit.

Post hæc die quâdam dicto Completorio, dùm clarâ adhuc luce, Fratres se in lectulis suis collocassent: ipse etiam Beatus *Henricus* vigilans in lectulo suo iacebat. Cui sic iacenti Monachus quidam, qui paulò ante prædictum Fratrem vitâ decesserat, visibiliter apparuit, sicque ad eum locutus est: Scias Domine Pater, quoniam Frater ille, qui proximè defunctus est, mox vt carnis induuias exuit, ante thronum gloriæ Domini nostri Iesu Christi, à sanctis Angelis præsentatus est. Vbi cùm subtilissimâ examinatione, vita eius discutitur, tandem sicut ea, quæ circà eum in extremis agentem gesta sunt, discussionis scrutinium processit. Cumque benignus Iudex quæreret, si omnia quæ circa morientes Fratres fieri solent, vitæ circà eum adimpleta fuissent, responsum est, quòd ritè, excepto eo solo, quod Abbas dùm labori feruentiùs instaret, eum in propriâ personâ inungere neglexisset, sed pro se vicarium misisset. Quapropter Dominus vocans me, qui cum ceteris tremendæ Maiestati astabam, dixit mihi: Vade & ex parte meâ dic Abbati, quatenus pro hac negligentiâ sui cuncto tempore vitæ suæ, singulis diebus septem psalmos pœnitentiales persoluat. His dictis nuncius cælestis, dùm quæ intus audierat, foris nuntiasset, ad Dominum rediit, à quo licet foris appariens, intùs minimè recesserat. Abbas verò cum tremore & admiratione, quæ audierat mente perfractans, diuinæ pietati ex intimo corde gratias retulit, proprio experimento probans irrefragabili veritate subnixam esse sententiam, quàm de Domino testatur Apostolus dicens: *Quoniam ipsi cura est de nobis.* Humillimâ itaque obedientiâ, pœnitentiam sibi à summo Abbatum Abbate iniunctam suscipiens, tantâ curâ & sollicitudine obseruauit, vt etiam posteà factus *Albanensis* Episcopus Cardinalis, soleret familiaribus suis dicere, quod si hoc articulo premeretur, vt vnum de duobus modis omnibus fieri oporteret, scilicet in die sanctæ Paschæ, seu Natalis Domini aut Missam aut psalmos illos omittere, potiùs Missam intermitteret. Benedictus igitur Deus in donis suis, & sanctus in omnibus operibus suis, qui tam perspicuis & euidentibus reuelationibus consolatur humiles seruos suos, vt per hoc à visibilibus abstracti, inuisibilibus pedem fidei fortiùs imprimant: certissimè scientes quoniam visibilium & inuisibilium ipse vnus & solus est Dominus, qui incomprehensibili Majestate suâ soli polique patriam vnam facit esse rempublicam.

Frater quidam Laicus in *Claravalle* quidem aliquandiù conuersatus, sed sub castissimâ Claræuallensium disciplinâ nequaquam fuerat nutritus: verùm de aliâ domo illuc transmissus, crimina grauissima, quæ in priori domo suâ commiserat, vsque ad ipsum mortis articulum horrenda cordis duritiâ, sine confessione & pœnitentia abysso pessimæ celabat conscientiæ. Hunc Deus omnipotens, in cuius ditione & voluntate vniuersa sunt posita, tam liberaliter, quàm misericorditer, ab æternæ damnationis voragine, iam iamque super caput ipsius imminentis eripere dignatus est. Pressus enim grauissimâ infirmitate, cùm iam mortem vicinam adesse sentiret, diuinâ gratiâ (quæ quamuis miseris & indignis peccatoribus miseretur) illustratus, accersito Sacerdote peccata sua confiteri voluit. Liuida verò malignorum spirituum cateruæ, quæ quantum in ipsâ est, semper gratiæ Dei aduersatur, timens ne per salutare Confessionis antidotum peccatorem perderet, quem diu laqueis suis irretitum in incontinenti se rapere posse præsumebat, tantâ vi malitiæ suæ super eum irruit, ita vt permanens mutus, iam vltimum trahere videretur flatum. Pius verò Dominus, qui sicut nouit parcere supplicibus, ita nouit & debellare superbos, sicut quondam typicum illum *Pharaonis* exercitum mediæ noctis silentio per columnam ignis & nubis respiciens contriuit, ita & nunc mediâ nocte silentio per intercessionem, vt credimus, Patris nostri *Bernardi*, sanctorumque, qui in *Claravalle* requiescunt, tyrannicam dæmonum superbiam reuerberans & fugans, reum suum absoluit, redditoque linguæ officio, ad Confessionis sacramentum animauit. Denique cùm fratres infirmarij sollicitè circa eum obseruarent, & iam nihil aliud nisi mortem ipsius præstolarentur, ecce repentè, mediæ noctis horâ instante aperuit oculos, & absolutè loquens, se confiteri velle fratribus indicauit. Tunc velociter accersito venerabili Abbate *Henrico*, confessus est ei, loquens in amaritudine animæ suæ dicens: Ego peccator immundus, ego omnium flagitiosissimus, confiteor Deo & tibi *Pater*, quia cùm essem pridem in Monasterio meo nomine *Esron*, quod situm est in Dacia, & ex quâdam fornicarij filium genui, & nec confessionem, nec pœnitentiam super huiusmodi scelere hactenus egi. Proinde nunc cùm obiuissem, maligni spiritus miserrimam animam ad loca infernalia rapuerunt, ibique vidi supplicia quibus mox exutus corpore mancipandus ero ad puniendum. Ibi quoque ad cumulum damnationis meæ, filium meum iam pridem mortuum reperi, iniquitates meas arguentem & exprobrantem in his huiusmodi verbis. Heu detestande peccator! heu execrande proditor castitatis & religionis! nunquam natus vel aduersus fuisses: quasi qui non esses, de vtero ad tumulum translatus fuisses, quoniam exigente malitiâ tuâ, ego in istas perduci merui miserias. His & auditis & visis contrahor, atque coarctor nimis, tùm propter eiusdem filij mei in putatam pœnalitatem, tùm pro mea iamiam imminente damnatione.

Cùm ergò hæc audisset prudens & Pius Pater *Henricus*, commota sunt viscera eius vehementer, super tanta tribulatione & angustia peccatoris, in supremo agone periclitantis. Vndè & salutaribus verbis aggrediens hominem, cœpit cum omnimoda argumentosæ pietatis instantia, ad spem veniæ animare, consulens & suadens efficacibus monitis, ne vnquam aliquo modo de ineffabili misericordia potentissimi Redemptoris, diffideret: sed plena fidei deuotione, clamaret & diceret ei. *Credo Domine quod si etiam in profundum inferni demersus fuero, inde me potens est misericordia tua liberare.* Tandem itaque iniuncta pœnitentia, factaque absolutione Abbas dimisit ægrotum, seque recepit in dormitorium.

Vix hora transierat, & ecce denuò, sollicitante infirmo, Abbas ad eum reuocatur, ac sine mora reuertitur. Ad quem sic ait infirmus: *Obsecro te Domine, Pater, miserere mei, & ora pro me misero peccatore, quia modo postquam tibi locutus sum, ad loca pœnarum reductus sum, vbi etiam significatum est mihi, quoniam propter Confessionem, quam miseratione Dei feci, & propter pœnitentiam, quam accepi, propter gratiam Dei liberandus sum ab æternæ damnationis voragine, in purgatorijs tormentis & supplicijs, scelera quæ commisi, & omnia peccata mea, vsque ad nouissimum quadrantem exsoluturus. Quæ verò minùs purè confessus sum, & absque purâ confessione saluari nequeo, magno Dei munere, ecce secundâ vice redire permissus sum, quatenùs virus, quod adhuc remordet conscientiam, per salutarem confessionis potionem euomere festinem. Confiteor itaque Deo & tibi Pater, quod à quodam Fratre, vnam fine licentia tunicam tenere præsumpsi, & de hoc proprietatis & inobedientiæ crimine hactenus sine confessione & pœnitentia vixi.*

Itaque Religiosus & Pius Pater *Henricus*, tantam diuinæ bonitatis abundantiam, super tanto peccatore vehementer admirans, & tanquam bonus Pastor, ouiculæ perditæ sed inuentæ congratulans, factaque denuò absolutione, pœnitentiâque iniunctâ, infirmum & pœnitentem, tenerrimo pietatis affectu, gratiæ Dei commendauit. Infirmus verò orante Abbate ipsa serenatione vultus statum suum melioratum esse significans, rursùs obmutuit, & post modicum interuallum in pace quieuit.

Quis accusabit aduersùs electos Dei? si Deus iustificat, quis est qui condemnet? ipsius omnipotentiæ soli licitum & possibile, de eadem massa generis humani facere aliud vas in contumeliam, aliud in honorem: nec quisquam valet ei dicere, quare sic fecisti? Cuius iudicia vera iustificata in semetipsâ cuiusque misericordiam ab æterno & vsque in æternum super timentes eum; sicut nullus ex omnibus filijs hominum, sic nec quisquam ex omnibus virtutibus Angelorum, comprehendere poterit. Sicut namque conscius ille cælestium secretorum Augustinus, super sententiam illam, quam in Euangelio ait Dominus: *Nemo potest venire ad me, nisi Pater, qui misit me, traxerit eum,* dicit: *Quem trahat Pater omnipotens, vel quem non trahat, quare illum trahat, aut quare illum non trahat, noli velle discutere, seu indicare, si non vis errare.* Cæterùm sicut beati nimis, qui tam speciali priuilegio gratiæ saluari merentur, vt hic de quo locuti sumus, sic è conuerso miseri & infelices nimis, qui talium exemplo peccata sua vsque ad mortis articulum confiteri dissimulant. Temeraria valdè imprudentia, eamdem se gratiam in extremis suis consecuturos præsumentes, cùm Dominus per Psalmistam dicat: *Non congregabo conuenticula eorum de sanguinibus:* quia pauci sunt, qui in sanguine peccatorum perdurantes, hanc gratiam consequuntur, sicut nec priuilegia paucorum faciunt communem legem. Ideóque quicumque de misericordiâ Dei tam superbè præsumunt, & tempus gratiæ, quod præ manibus est, per negligentiam suam perdunt, cùm tempus gratiæ transierit; & horror & caligo sempiternæ mortis lucem huius vitæ contenebrauerit, tunc sicut capiuntur pisces hamo, & aues laqueo, sic capientur miseri tempore malo. Tunc omnipotentis Dei tremendam majestatem, quam nunc despiciunt, peccata hominum propter pœnitentiam benignissimè dissimulantem, sentient iustissima & seuerissima districtione peccata supplicijs nunquam finiendis punientem.

Interim Comitatus Tolosanus, hæresi Arriana, vel potiùs Manichæa, iam anteà damnata, iterum reuiuiscente, penè infectus & extinctus erat, quam vt radicitùs verbi prædicatione extirparent, & hæreticorum conuersionem curare studerent, missi fuerunt à sede Apostolica viri doctrinâ, atque sanctitate insignes, inter quos Beatus Abbas Claræuallis *Henricus* mira modestia morum, religionis zelo, virtutum decore, elucebat. Quid autem actum fuerit ab ipso venerabili Abbate audiamus, qui amarissimè deplorat in hunc modum hæreticorum *Tolosæ* obstinationem.

Audite cæli, quod plangimus, sciat terra gemitum cordis nostri: deleant vices Christi Catholici Christiani, & ad detrimenta fidei fidelis populus ingemiscat. Quique terrigenæ & filij hominum, humanæ salutis damna deplorent, & generalis vitæ nostræ subuersio ab omnibus viuentibus generaliter lugeatur. Stat contrà phalangas Israel nouus nostri temporis Philistæus, hæreticorum ordo, exercitus peruersorum, qui agminibus Dei viuentis irreuerenter exprobrat, & Deum maiestatis in prima præsumptione blasphemat. Quid dubitas ô Dauid? Quid trepidas vir fidelis? sume tibi fundam & lapidem: percutiatur protinus in fronte blasphemus, & caput nequam, quod impiè erigitur, suo tuis manibus mucrone tollatur. Si enim in hoc certamine pars Christi vincitur, si vel ad modicum, & in puncto mater Ecclesia conculcatur: scimus pro certo causâ non deesse meritum, sed Patronum; scimus quod non negabitur agonistæ nostro triumphus, si amore fidei militat pugnaturus. Verùm quia juxta veritatis verbum, messis multa est, & operarij pauci, si introierint ad [...] tuorum, bone Iesu, depopulatores agrorum, parati sicut operarij subdoli, acerba messis eradicare quam matura demetere, quasi tuæ messionis diem suis direptionibus putant præuenire: Vbi sunt ergò agricolæ tui constituti super agrorum fertilem & fœcundam, tuo cruore floridam, & aspersione pij sanguinis irrigatam?

Surgant & opitulentur nobis, & in necessitate nos protegant, seque ad cruentas bestias, tantum nobis defensionis opponant. Surgite, viri Petres, Duces gentium, Principes populorum, abigite feras pestimas, quas vidimus, quas monstramus: vel saltem vulpes paruulas effugate. Sed capere quidem est melius. Sed ad hoc quis idoneus? non habent certas & latas semitas: ambulant circulares, & in quodam sciandum suarum labyrintho monstra seuissima reconduntur. Tanquam anmula de manu diffugiunt, & instar colubri tortuosi, quo eò plus astrinxeris, facilius elabuntur.

Deo autem gratias, quòd etsi capi nequeunt, fugari possunt, vt cum perdiderint, quòd demoliebantur in nobis, confundantur & pereant in seme ipsis. Hoc autem quòd facile, per ea quæ vidimus, & tractauimus, approbauimus: vt iam modò si factum non fuerit, non tàm illorum nequitiam, quàm defectus nostros, vestramque negligentiam deploremus.

Coëgit enim nuper ad imperium Domini Papæ, & hortatu piissimorum Principum Ludouici Francorum, & Henrici Anglorum Regum, Dominum Petrum Apostolicæ sedis Legatum, virosque venerabiles Pictauiensem, & Bathoniensem Episcopos, nosque in comitatu eorum vrbem adire Tolosam, quæ sicut erat ciuitas maxima multitudine, ita etiam dicebatur esse mater hæresis, & caput erroris. Peruenimus ergò ad illam, vt sciremus, si iuxta clamorem, qui ascendit, esset dolor eius. Et ecce inuenta est plaga eius magna nimis, ita vt à planta pedis vsque ad verticem capitis vix esset in ea sanitas. Verè enim tertia pars nobis nuntiata non fuerat de omnibus abominationibus suis malis, quæ ciuitas illa nobilis in incredulitatis suæ gremio consouebat. Locum ineà sibi abominatio desolationis inuenerat, & Præstorcorum similis to reptilium in latibulis eius domicilium obtinebat. Ibi hæretici principabantur in populo, dominabantur in Clero, eo quòd vt populus, sic Sacerdos, & in interitum gregis ipsa configurabatur vita pastoris. Loquebantur hæretici & omnes admirabantur: loquebatur Catholicus, & dicebant; Quis est hic? in stuporem & miraculum deducentes, si esset aliquis inter eos, qui de verbo fidei auderet aliquid vel mutire. In tantum præualuerat pestis in terra, quòd illi sibi non solùm Sacerdotes & Pontifices fecerant, sed etiam Euangelistas habebant, qui corrupta & cancellata Euangelica veritate, noua illis Euangelia cuderent, & de corde suo nequam recentia dogmata sedulò populo prædicarent.

Mentior si non erat inter eos homo quidam ætate grandæuus, rebus locuples, ornatus fratribus & amicis, & magnus omninò, inter maximos ciuitatis, quem ita, peccatis exigentibus, diabolus excæcauerat, vt se ipsum Ioannem Euangelistam diceret, & verbum quod erat in principio apud Deum, ab alio quodam rerum principio, tanquam à Deo alio segregaret. Hic erat in vrbe illa perditionis caput, & Princeps hæreticorum. Qui licèt tanquam laicus & idiota nihil saperet, inter eos tamen, velut quidam diabolicæ sapientiæ fons, perditionis & mortis felleos latices emanabat. Conueniebant ad eum noctibus nocturnæ tenebrosæ, & ille indumento quodam ad instar tunicæ dalmaticæ vestitus, cùm sederet inter eos, tanquam Rex circumstante exercitu erat, & inerat æsipientium prædicator. Totam penitùs vrbem discipulis suis & disciplinâ repleuerat, quippe cui aliquis de vrbe præ fortitudine sua resistere non audebat. In ipso quoque intræitu nostro tanta erat hæreticis vbique licentia, vt nos quoque per vicos & plateas recto itinere præcedentes subsannarent verbo, digito demonstrarent, nos apostatas, nos hypocritas, nos hæreticos conclamantes. Verùm procedente tempore, & datâ nobis requie diebus paucis, iniunctum est vni de nobis verbum exhortationis assumere, & de regula veræ fidei coram infideli multitudine disputare. Habito autem sermone Orthodoxæ prædicationis ad plebem contersiti sunt in Sion peccatores, possedit tremor hypocritas, ita vt qui priùs obstruebant ora loquentium, iam apparere coram loquentibus non auderent. Audiens illico, vel videns vulpes transfiguratas in talpas, vt quæ priùs in publico discurrebant, iam terrarum latebris, iam sese cellulis immergerent cauernosis, & plantaria sacra, impunè quæ iam non audebant in aperto commendere, intrà terræ viscera corroderent & necarent: ne autem pardus ille discolor pellis suæ varietate se proderet, sermonem sibi nequicquam callidis adinuentionibus firmauerunt vt ad nostræ confirmationis similitudinem simulandam tracti ad discussionis examen, quidquid nos credimus, se credere mentirentur.

Ex illa ergo die Dominus Legatus & nos alii qui cum feris bestijs in aperto congredi putabamus: ad perscrutandos eos, quos timor & confusio tanquam ignobiles in matertra detruserat, studium totum conuertimus & laborem, vt vel coacti prodirent in publicum & apparerent in luce opera tenebrarum. Factum est exinde, præcipiente Legato, vt iurarent Episcopus & quidam de Clero, & Consules ciuitatis, aliique ciuitatis verè fideles, quos nondum in aliquo perfidiæ fama respersserat, quòd quoscumque vel hactenus nouerant, vel ossè eos contingeret in futuro, qui essent huius hæresis vel complices, vel auctores eorum: nobis nomina scripto depromerent: nulli penitùs, vel amore, vel pretio, vel cuiuspiam necessitudinis ratione parcentes. Cumque per singulos dies innumera multitudo in catalogum illius conscriptionis: nominatus est inter alios magnus ille Petrus Mocranus, quem Ioannem Euangelistam, vt suprà diximus, nominabant. Super quo nos omnes, communicato consilio decreuimus ab illo inchoare iudicium, vt turba in reliquis perfida contremisceret, cùm falsi Euangelistæ vanitatem veri Euangelij simplicitas condemnasset. Missis ergò apparitoribus præcepit eum Comes Sancti Ægidij, qui fideliter nobis aderat, accersiri. Sed ille in multitudine diuitiarum suarum, & parentum numerositate confisus, primæ citationis edictum fastuosè dilationis colludio declinauit. Altera ergò die prædictus Comes blanditijs magis quàm terroribus enitens eumdem Petrum per amicos & notos leniter adducauit, & eum nobis tandem, post difficultates plurimas veniendi, mixtis cum terrore blanditijs præsentauit. Tunc vnus qui loquebatur è nobis, taliter eum exorsus est commonere: Eia nunc Petre, tui te commilitones accusant, quòd sanæ fidei regulis contusatis, in Arrianæ hæresis deueneris prauitatem. Ad hæc ille de profundo suspirans, & tactus dolore cordis intrinsecus, se non esse huiusmodi est primâ fronte mentitus, & requisitus, an hoc iuramento probaret; simplici assertioni suæ, tanquam fidelis viri & illustris credi oportere contendit.

Cæterum cum in exigendo iuramento vniuersi pariter instaremus: promisit se continuò iuraturum, ne in hoc ipso deprehenderetur hæreticus, si iuxta quod consuetudo illius erroris obtinuit, vitandi iuramentum existeret obstinatus. Mox igitur Sanctorum reliquiæ honorabiliter afferuntur, cum tam solemni reuerentia & deuotione susceptæ, vt & fidelis populus compungeretur ad lachrymas, & hæretici qui conuenerant, latebra potius, quam vsu spectaculi delectarent. Ipsum verò Petrum in cantu, quem ad inuocandam Spiritus sancti præsentiam profusis lachrymis cantabamus, tremor euidens & pallor operuit; ita vt ab eo & color vultûs aufugeret, & vigor animi deperiret. Quomodo enim adueniente Spiritu sancto, in aduersario eius spiritus remaneret? Cernere erat hominem quasi paraparalytico dissolutum, nec loquelam retinuisse, nec sensum; quamuis tantæ facundiæ fuisse diceretur ab omnibus, quòd omnes in dicendo sit solitus superare. Quid plura? Iurat infelix, astantibus vniuersis, quòd de omnibus articulis fidei, quos requireremus ab eo, suæ credulitatis exprimeret veritatem. Res mira, & in tali spectaculo prae iucunditate gratissima. Apertus est liber in quo iurauerat, & vno de circumstantibus religioso quodam loco occurrentis litteræ prænosticum perquirente illis in scriptura, textus occurrit. Quid tibi & nobis Iesu fili Dei? venisti ante tempus torquere nos. Verè Domine Iesu nihil tibi & illis, quos pater tuus cælestis à te vitæ vera tamquam infructuosos palmites amputarat & foras miserat, vt arescant. At nobis in tuo nomine congregatis lætitia multiplicatur augmentum, & in gratiarum actione & voce laudis, virtutis tuæ gloria resonabat.

Demùm Petrus in virtute Sacramenti simpliciter requisitus, vt de Sacramento altaris suam nobis fidem sincerè aliqua fateretur: sed quod corde non credidit ad iustitiam, nec ore confessus est ad salutem, sed contra id quod de omnibus mentiri decreuerat, falsitatis suæ prodidit veritatem: & panem sanctum vitæ æternæ, Sacerdotis ministerio in verbo Domini consecratum, non esse corpus Domini nouo dogmate contendebat asserere. Tunc surrexerunt omnes, cum quodammodo lachrymis obtentis, quas & Sacramentorum Christi contemptus elicuit, & habitæ erga miserum compassio Christiana produxit. Nec plura. Datur Comiti responsa: Reus & hæreticus iudicatus est: statimque sub diligenti pollicitatione parentum custodiæ publicæ mancipatur. Volat facti rumor per vicos & plateas amplissimæ ciuitatis. Aperiuntur ora fidelium & Catholicæ plebis labia in tua Christe præconia resoluuntur; velut tunc primùm in eâdem vrbe fidei splendor erumperet, & in spem salutis æternæ desperata dudum ciuitas respiraret. Exinde ergo & deinceps Verbum Dei crescebat, & multiplicabatur in dies: ita vt vniuersa verbi species lætior videretur, per quam in candorem lucidæ veritatis de tenebris enadebat erroris.

Intereà Petrus ad se reuersus, & Domino respiciente compunctus, cum se dignum penitùs tam præsenti morte cerneret quam futura; missis mediatoribus multis, satisfactionis quærit auditum, & conuersionis pollicetur effectum vt posset in frugem melioris vitæ ab imminentis mortis interitu liberari. Venit, recipitur & in conspectu sistitur populi contristantis, nudo quidem corpore veteris perfidiæ exuens prauitatem. Ibi se coram omnibus hæreticum recognouit, ibi dedit manus fidei, ibi renuntiauit errori, præstito coram omnibus manu dextera iuramento, & datis fideiussoribus tam Comiti ipsi, quàm multitudo & præcipuis concluibus suis, quod ad omne mandatum Domini Legati se subderet, & iniunctionem eius in omnibus adimpleret. Tunc indictum est populo, vt omnes pariter ad Ecclesiam sancti Saturnini die altera conuenirent, audituri & visuri solemniter, quam pænitentiæ formam Petrus ille susciperet obseruandam.

Omnes igitur sequenti die, vt fuerant prænominati, conuenerant, tanta vtique multitudo, tam frequens, vt vix remaneret secus ipsa Altaris cornua locus vacuus, qui Domino Legato Missæ solemnia celebranti sine compressione nimia præberetur. Et ecce coram illa multitudine multa nimis, Petrus ille iam noster per ipsas Ecclesiæ valuas nudus & discalceatus adducitur, cædentibus hinc inde eum Episcopo Tolosano & Abbate sancti Saturnini, donec ad pedes Legati in ipsis altaris gradibus poneretur. Et ibi in facie Ecclesiæ Ecclesiasticis reconciliatus est Sacramentis, abiurata omni hæresi, & hæreticis anathematizatis ab eo. Mox autem possessionibus eius publicatis vniuersaliter & proscriptis, pænitentia illi talis iniungitur: vt infra quadraginta dies à patria sua exulaturus abscederet, in seruitio pauperum Hierosolymis triennio moraturus. Interim verò singulis diebus Dominicis Ecclesias Tolosanæ vrbis nudus & discalceatus cum disciplinalibus virgis iussus est circuire, Ecclesiarum bona, quæ abstulerat, reddere, vsuras omnes, quas acceperat, restituere, damna pauperum, quos afflixerat, resarcire, & castrum quoddam suum, quod hæreticorum conuenticulis profanarat, ab ipsis fundamentis euertere. Deus bone, quot ibi lachrymæ lætitiæ sanctæ profusæ? quæ gratiarum actiones & laudes populus iubilans & deuotus cælestibus choris ingessit, cùm de cauernis perfidiæ talpa talis educitur, & in Israëliticam ouem lupus rapacissimus reformatur.

Post hæc illo dimisso, Dominus Legatus ad alios manus misit, excommunicaturus vtique illos, quos in magno numero vel suspicio publica, vel accusatio priuata notauerat. Nos autem vix tandem cum lachrymis exortæ lætitiæ reuertendi, pro eo quod instantia Capituli nostri iam reditus exigebat: petita licentia sub ea nobis est exceptione concessa, vt Albiensem diæcesim intraremus commonituri Principem terræ, Rogerium videlicet de Bederis, vt & Albiensem Episcopum, quem sub custodia hæreticorum in vinculis teneret, absolueret, & vniuersam terram suam iuxta præceptum Domini Legati, eliminatis hæreticis, emendaret. Ingredientibus ergo nobis vna cum supradicto Bukoniensi Episcopo illam perditissimam regionem, quæ velut totius sentina malitiæ totam in se colluuionem hæresis illuc destuentis excepit: prædictus Rogerius in vltimos & inaccessibiles terræ suæ fines abscessit, tam mala conscientia profugus, quàm causæ suæ merito desperatus. Oderat enim veritatis auctor militiæ, nec sustinere poterat nostræ collocutionis accessum, qui totus recesserat in opera tenebrarum. Peruenimus tamen ad quoddam munitissimum castrum eius quod propriè ac singulariter Castri nomine incola nuncupabat. Ibi habebat vxor illius cum militia magna & familia multa nimis. Omnes ferè habitatores eiusdem Castri, vel hæreticis, vel hæreticorum complices erant, licet sola Domini virtute repressi, nihil contra fidem, quam prædicabamus, præsumerent vel mutire. Quamuis enim essemus in manus eorum positi, & velut in eorum quasi potentia suæ compedes hæretica vndique multitudine circumdati: verbum tamen Domini non erat alligatum, quin eos continuis inuectionibus & increpationibus feriremus.

Cumque videremus quòd nihil omnino præsumerent respondere: iudicauimus prædictum Rogerium proditorem, hæreticum, & de violata Episcopi securitate periurum, eum tanquam publica excommunicatione damnatum, ex parte Domini Papæ & prædictorum Regum in præsentia coniugis, militum que suorum in nomine Christi confidenter diffidentes. Ecce amodo satis apparet quam grande & euidens etiam patet Principibus Christianis, vt Christi uescantur iniurijs, ponatque desertum quasi hortum Domini, & solitudinem eius in delicias Paradisi. Ne autem vel parum vel nihil fieri contra illos posse causentur: sciant omnes generalem fuisse in vrbe Tolosana sententiam quod si ista visitatio fuisset a triennio retardata, vix inueniretur in ea, qui nomen Christi amplius inuocaret. Super hæc autem omnia prædictus Comes sancti Ægidij coram populo ciuitatis præstito iuramento, quod a modo nec prece nec præmio faueret hæreticis.

Hucusque Beati Abbatis *Henrici* litteræ, patentes ipsæ quidem, toto Catholico orbe vulgatæ.

Verum qualiter se in Abbatia & rebus spiritualibus, temporalibusue gesserit, quibusue virtutibus sanctus Præsul præditus fuerit; liber sepulchrorum Claraeuallensis cœnobij recenset, qualiter & quibus gradibus à prima sua conuersione, ad summum perfectionis culmen ascenderit, his, licet breuibus verbis describens. *Henricus VII. Abbas Claraeuallis, pernobilis & clarus, de castro Marsiaco, iuxta Cluniacum fuit natus, & sub Domino Roberto de Brugis secundo Abbate Claraeuallia, in hac domo Claraeuallensi habitum sacræ Religionis assumpsit. Iste verò quartum annum puer, imberbis, & adhuc mixtum sumens, omnibus mirantibus Abbas Altacumbæ est effectus. Quantum verò idem Monasterium sub eo (auxiliante Deo) profecerit spiritualiter & temporaliter, ipsæres & rerum possessiones hodie protestantur. Domino autem Gerardo sexto Abbate Claraeuallis apud Igniacum per Martyrium consummato, votis omnium Claraeuallensium in Abbatem eiusdem Claraeuallis assumitur. Vbi tantam gratiam non in Ordine tantum, sed apud Reges, Francorum pariter & Anglorum, apud Archiepiscopos & Episcopos, apud Principes & Barones obtinuit, quantum remo Claraeuallensium, à Beato Bernardo, habuerit ante eum. Duo enim in hac Claraualle bona opera atque magnifica, exceptis alijs innumeris bonis, consummauit. Nam Beatum Bernardum, quem tunc Dominus Alexander Papa tertius canonizauerat, & diem depositionis eius ab vniuersa Ecclesia cum gaudio celebrari præceperat, conuocatis hunc inde venerabilibus Episcopis, alijsque reuerendis personis, per venerabilem patrem Dominum Guicardum Archiepiscopum Lugdunensem, quondam Abbatem Pontigniacensem, fecit cum maximo gaudio & exultatione totius Ecclesiæ Gallicanæ eleuari, & releuari, & in tabernaculo marmoreo, retro altare Beatæ Mariæ Virginis, sicut hodie apparet, religiosè & honorificè collocari. Ecclesiam etiam istam inclitus & illustris Rex Angliæ Henricus, amore & honore Dei, & ipsius Henrici Abbatis Claraeuallis secit plumbo pulcherrimè cooperiri. Dum autem Claraeuallis in manibus eius amplius clarificatur, in Episcopum Tolosanum, votis & desiderio vniuersorum solemniter est electus. Quod ipse totis viribus renuens nec aliquo modo suscipere volens, ex ijs Cistercij Abbatum & Fratrum consilio in Abbatem Cistercij eligitur. Quod similiter totis viribus recusauit.* Hactenus ille. Vide lector qualiter humilitatis vestigijs firmiter inhærens, sæculi dignitates contempsit. Quid ergo mirum, si Deus, qui humilibus gloriam dat, eum in hac vita promittit, cum tot honorum titulis sublimauerit?

Per id tempus, anno scilicet, millesimo, centesimo, septuagesimo nono, *Romæ in Basilica Lateranensi*, cœpta est agitari Synodus generalis trecentorum Episcoporum, vt *Albigensium* execrabilem hæresim penitus abolerent, & alijs Ecclesiæ necessitatibus, quæ tunc maximè vrgebant, occurrerent. Cui inter alios Beatus noster *Henricus* accersitus interfuit. Non enim, qualiter verbi prædicatione rem *Albigensium* egisset, *Alexandrum* latebat. Immo idem Pontifex summus *Henrici* zelum & in extirpandis hæreticorum dogmatibus incredibilem feruorem & indefessum animum mirificè extollit, quin etiam omnium Cisterciensium Monachorum constantiam, pietatem, & pro Ecclesiæ libertate tuenda exantlatos labores in epistola ad Cistercienses in Comitijs generalibus congregatos pulcherrimè describit. Instabat enim celebrandi Capituli in Cistercio tempus, generalis autem noster & Abbas Henricus à Pontifice propter ardua Ecclesiæ negocia detinebantur, nihil enim his inconsultis faciebat quorum prudentiam varijs in occasionibus expertus fuerat. Ideoque ad Patres, qui ex toto orbe conuenerant ad celebrationem Capituli, præstolantes aduentum istorum Abbatum, diu morarentur, talem ad ipsos epistolam destinauit.

Alexander Episcopus seruus seruorum Dei Venerabilibus Fratribus Archiepiscopis, Episcopis, & dilectis filijs vniuersis Abbatibus, in Cisterciensi capitulo congregatis, salutem & Apostolicam benedictionem. Inter innumeras mundani turbinis tempestates, quas contra Ecclesiam Dei & nos ipsos feruentis persecutionis procella commouit, magnum nobis & præstitum Deo promerente remedium, cum vniuersitatis vestræ feruentissima charitas nec periculo timuit, nec adminicula denegauit. Ex his videlicet retributionis cumulum, ex illis auctore Domino patientia consecutura triumphum. Meminimus planè, & cum omnium gratiarum actione recolimus, quàm inuiolabili firmitate fluctuantem Petri nauiculam, fidei vestræ anchora seruauit in turbine. Qualiter etiam frequens orationis instantia, quasi verum dormientem in eadem nauicula Saluatorem, ingruente suscitauerit tempestate, ita vt sæpenumero magnitudine stupefacti miraculi, & ipsum glorificemus, quo mari & flactibus imperare, optare quiete aere serenari illius, & vos penitus venerabiles habeamus, quorum nobis suffragantibus meritis, cælestis creditur placata Maiestas.

Accedat ad hæc omnia dilectorum filiorum nostrorum, Cistercij & Claraeuallis Abbatum sollicitudo laudabilis & deuota, qui non humano instinctu, sed superni consilij spiritu prouocati, pro pace vniuersalis Ecclesiæ, labores maximos & pericula subierunt. Quod tantò nobis & fratribus nostris gratum est amplius & acceptum quantum eorum studium, & laborem vniuersæ Dei Ecclesiæ magis confidimus profuturum. Maximéque speramus, quod pro eorum instantia, vestris orationibus incessanter adiuta, ad Ordinis honorem & commodum, & ad optata pacis profectura sit incrementa.

Debitores ergo vobis pro tam multiplici charitatis vestræ munere constituti, vos & sacrum Ordinem, quem seruatis, omni qua possumus affectione diligimus. Eapropter vniuersitatem vestram per Apostolica scripta rogamus in Domino, quatenus recolentes qualiter hæc plantatio sancti, hæc vitis fructifera, hæc denique vinea Sabaoth, sub primis Ordinis patribus pullulauit, & palmites suos longè latéque producens ad mortifera circumquaque venena pellenda, flores protulit, & odores effudit: pernigili custodia studeatis eorum in omnibus inhærere vestigijs, per quos, cooperante

des Cardinaux François.

Domino, in deserto mundi huius flos huius secundi plantatus est honestatis. Et quoniam Monasticæ fragilitatis contentissimi professores optimum ponentes in paupertate principium, totius efficientiæ assecuti sunt complementum: Ecclesiæ chari Episcopis & Prælatis accepti, atque in conspectu Regum & Principum famá & merito gloriosi. De cætero totum Ecclesiæ sanctæ negocium, in vestris deuotis orationibus commendamus, orantes, vt ipse omnipotens Pater cuius estis nomine congregati, ordinationes & opera vestra in beneplacito suo disponat, & vos pariter ac subditos fratres, ad spiritualia iugiter incrementa promoueat. Adhucque prædictum Claræuallensem Abbatem pro ineuitabili necessitate promouendæ pacis ab aduentu Capituli duximus retinendum, cum à vobis petitum haberi excusatum, sicut de ipso Cisterciensi, in patientiá, vos sustinere rogamus, si forte contigerit, & eum pro tanta necessitate celebrato capitulo reuocamus. Hæc ad Cistercienses Alexander. Ex quibus constat quanto diuini honoris zelo inflammati antiqui Patres nostri, etiam proprij sanguinis obiectu, Ecclesiam Dei defendere & ab omni hæresum labe vindicare curauerint. Sunt qui dicant epistolam hanc non ab Alexandro III. sed ab Alexandro IV. conscriptam: quidquid sit, Cisterciensium seruorem maximè commendat.

Tali igitur occasione *Henricus* noster impeditus, Capitulo *Cisterciensi* non interfuit, vtrum autem Cistercij Abbas post Capitulum fuerit à Pontifice reuocatus ignoro. Certum est autem (vt iam dictum est) Claræuallensem Præsulem cum cæteris Ecclesiæ Patribus Synodo *Lateranensi* interfuisse, in quo factus est Episcopus Cardinalis *Albanensis*. Testatur hoc liber M.S. sepul. Claræu. his verbis. *A Domino Alexandro Papa tertio ad Lateranense Concilium ex nomine per litteras euocatur, retinetur, Cardinalis efficitur, & in Albanensem Episcopum licet inuitus consecratur.*

Igitur Beatus *Henricus*, dum quotidianis virtutum incrementis ad meliora proficeret, & opinio sanctitatis eius clara vbique spargeretur, multisque virtutibus cumulatus, omnibus esset bonus odor Christi ad vitam; de fontibus Saluatoris aquas sapientiæ salutaris accipiens, Prædicationis imbre proximorum arelentes spiritus irrigabat. Postquam Cardinalitiæ dignitatis munus & insignia suscepit, sic ea, quæ Pontificis erant, exequebatur; vt primæ suæ professionis & humilitatis nequaquam immemor existeret. Foris auctoritatem Sacerdotio condignam prætendens, sed intus luctum Monachi, in spiritu contrito, & corde humiliato, sacrificans, obtutibus interni inspectoris placere festinabat.

Eo tempore summus Pontifex indictam à prædecessoribus suis expeditionem ad terram sanctam promouere, & ad perfectum finem perducere cogitabat. Quamobrem in Galliam, Beatus Henricus ad crucem aduersus Mahumetanos prædicandam, aliaque Ecclesiæ negocia pertractanda Legatus de latere mittitur. At quænam in ista & alijs legationibus gesserit, qualiterue, non sine totius orbis stupore supremi Ecclesiæ Pastoratus culmen respuerit, quantoque zelo hæreticorum superbiam subiugauerit, ex iam citato libro Claræuallensium accipe, ait enim.

Legatus mittitur ad prouincias transmontanas, & ad hæreticos publicanos propulsandos, data ei Sedis Apostolicæ facultate, vt euellat, & dissipet, & ædificet, & plantet. Qui duos Archiepiscopos, Lugdunensem scilicet, & Narbonensem, quia inutiles & reprehensibiles videbantur, in spiritu vehementi velociter deposuit. Abbates nigros, & multarum Ecclesiarum Prælatos, quantum potuit, emendauit. Castrum munitissimum hæreticorum, quod Vallis nominatur, per miraculum cepit. Satrapas hæreticorum tenuit, conuertit, & errorem suum coram omnibus cognoscere fecit. Sed antequam vlterius progrediamur, sistamus parumper, & Roberti Altissiodorensis liceat hic inserere verba, qui de Beato Henrico Legationis in Gallijs fungente, sic ait: *Floret Henricus ex Abbate Claræuallis, Episcopus & Cardinalis Albanensis, vir linguá disertá, qui ad retundendam vesaniam Catharorum siue Albigensium hæreticorum, ab Alexandro Papa in Vasconiam missus, prædicationis verbo, militum peditumque copias vndecumque contraxit, & præfatos hæreticos expugnauit.* Hæc Robertus. *Visitata igitur Claræualle suá* (verba sunt libri suprá citati) *& muneribus honorata, ad Romanam curiam redijt, atque à Domino Papa Lucio (Alexandro iam defuncto) à cæteris Cardinalibus honorificè est receptus.*

Tandem Domino Lucio post quatuor annos mortuo, & Vrbano ei in Papam succedente, ipseque infra duos annos velociter defuncto, sanior pars Cardinalium voluit ipsum in Papam eligere, ipse totis viribus renuens, signoque crucis se muniens, affirmauit, se nullum aliud officium assumere, nisi iter Hierosolymorum promouere, & cruces vbique prædicare. Consecrato igitur Gregorio octauo, legationem plenissimam ab eo suscepit, ad Imperatores, Reges & Principes, & vniuersos Christianos pro crucibus faciendis, & pro alijs negocijs Ecclesiasticis vniuersis. Cætera suo loco dicenda.

In Germaniam igitur Apostolica auctoritate directus, assumpto spiritus gladio, quod est verbum Dei, Legationem suam fideliter adimpleuit. Quo in munere tantá cum prudentiá, tantá humilitate & charitate versatus est, vt magna apud omnes auctoritate polleret. Nec silenda (antequam de expeditione Hierosolymitana loquamur) simplex cuiusdam Conuersi Ordinis Cisterciensis exhortatio ad ipsum Henricum quam his verbis describit Beatus Cæsarius lib. 4. cap. 79. *Sanctæ* inquit, *recordationis Dominus Henricus Albanensis Episcopus & Cardinalis anno 1188. missus à Clemente Papa temporibus Friderici Imperatoris, prædicare crucem in Alemaniá contra Saracenos, quosdam sibi terræ nostræ Monachos Ordinis Cisterciensis assumpsit. Die quadam, cum simul equitarent, & ipse diceret in generali: Quis vestrum dicet nobis aliquid boni? Respondit vnus. Ille, demonstrato quodam Conuerso Monacho Laico, cuius nomen excidit. Et præceptum est statim à Cardinale, vt verbum proponeret ædificationis. Ille primùm se excusans dicens laicum non debere literatis aliquid loqui, tandem sic exorsus est.*

Quando mortui fuerimus, & deducti ad paradisum, occurret nobis sanctus Pater noster Benedictus, visis nobis Monachis cuculatis cum gaudio introducet. Viso vero Henrico Episcopo & Cardinali, mirabitur insu-

latus eius, & dicet. Quis enim es tu? Ille. Pater, ego sum Monachus Cisterciensis. Respondebit Sanctus: Nequaquam: Monachus non est confabulatus. Tunc Henrico satis pro se allegante, tandem huiusmodi data sententia, dicet ostiariis Sanctus Benedictus. Ponite eum supinum, & stomachum eius scindentes aperite, si inueneritis olera incondita, fabam, pisa silentem, pultes, cibosque regulares, cum Monachis intromittatur: sin autem, scilicet pisa, vel grossos, & cibos seculares atque delicatos, foris maneat. Deinde conuersus ad Cardinalem subiecit. Quid illa hora dicturus es pauper Henrice? Ad quod verbum Cardinalis subridens sermonem commendauit. Ego eundem venerabilem Episcopum & Monachum, in Ecclesia Sancti Petri Coloniæ, adhuc puer audiui Græcam prædicantem, & plurimos ibidem vidi signantem. Eratque vir iustus & sanctus, manus suas ab omni munere excutiens: & tam verbo, quam exemplo multos ædificans. Hactenus Cæsarius.

Indefesso autem animo, totisque viribus insudabat, vt Catholicorum animos, contra Infidelium indicis superbientem insaniam prouocaret. Plurésque signo salutari muniti sacræ militiæ nomen dedere. Sed de his, audiamus Claræuallenses, in sæpe citato libro sic loquentes: Per Dei vero misericordiam, & viri sancti prædicationem & laborem, Imperator apud Moguntiam cum sexaginta & octo magnis Principibus, exceptis aliis, quorum non est numerus, signo Crucis insignitus, & Rex Francorum pariter & Anglorum, Crucis charactere sunt signati. Veniens vero Leodium, cum ad prædicationem suam plusquam sexaginta & septem Clerici præbendas suas præ timore simoniæ in manu eius resignassent; ipse eis sine simonia, & aliter, & aliis restaurauit.

Fridericus autem Romanorum Imperator, accepta Cruce de manu Beati viri, sicut prudentem & circumspectum decebat, satis prouidè sibi, & itineri suo necessaria prouidebat. Imprimis enim reconciliauit se Deo, & Sanctæ Ecclesiæ, & Clementi Romano Pontifici, & postea, vt iustorum precibus diuinam sibi reconciliaret clementiam, has ad Cistercienses, Capitulum generale tunc celebrantes, litteras dedit.

Venerabilibus in Christo Patribus & amicis dilectissimis, omnibus Abbatibus Cisterciensis Ordinis, Fridericus Dei gratiâ Romanorum Rex semper Augustus, & Rex Siciliæ, salutem in Domino, & ad omne beneplacitum ipsorum paratum, & expetitum.

Si iuxta veritatis vocem, vbi duo vel tres congregati fuerint in nomine Domini nostri Iesu Christi, in medio eorum est, quid credendum est, vbi non solummodo duo vel tres, sed tot nobiles Athletæ Christi, tot excelsæ columnæ Ecclesiæ, sine in nomine suo, imò ad honorem nominis sui, de diuersis mundi partibus, coadunati sunt & congregati, nisi quòd ipse in medio vestrum habitat, & spiritus suus quem in vos ipse transfudit, & sanctissima pectora vestra se ipso inflammauit? De qua igitur re successu flammæ charitatis conseceritis, certissime obtinebitis, & fiet vobis, & quicquid postulaueritis Patrem in nomine dilectissimi Filii sui Domini Iesu Christi, dabit vobis afflenter & non improperabit. Credimus enim, imò verè scimus, quod tanta est sanctitas huius reuerendi Ordinis, tamque est placens, tamque suaue & acceptabile holocaustum orationum vestrarum, quod Deo quotidie offertis sub carnis vestræ maceratione & mortificatione, quod omne id quod à Creatore nostro duxeritis petendum, cùm pius ipse sit, & promptus ad benefaciendum, obtinebitis à multitudine miserationum suarum. Est etiam fides nostra non vtique parua, quod hic mundus, qui lubricus & immundus est, & in maligno positus, orationibus vestris sustentatur, & à facie furoris illius tremendi Iudicis, cuius iram peccatis nostris accendimus, defendatur. Cum igitur hoc sirmissimè credamus, & ab ipso Patre misericordiarum tuis orationibus vestris impetrari, quidquid ab ipso eo nomine exigentem Filius suus humiliter postulauerit: Nos qui peccati pondere recognoscimus oppressos nos esse, omni deuotione, ab vniuersis vobis & singulis, qui in nomine Christi huc conuenistis, petimus & obsecramus omnium precum instantia, quatenus in fraternitates vestras nos recipientes & in consortium sanctissimarum orationum vestrarum nos vos gentes, speciales Creatori nostro preces effundere dignemini; vt gratia sua misericorditer in nobis deleat & emendet, quicquid hactenus commisimus ex humanæ carnis infirmitate, & in his, quæ sibi placita sunt, nos confirmare dignetur. Et licet peccatores simus, cum tamen per ineffabilem misericordiam suam Romani Imperii gubernacula susceperimus, det ipse vobis vestro pio interuentu, spiritum iudicij & veritatis, vt sic sub nobis regatur Imperium & disponatur, ad laudem & gloriam nominis sui, sancta sua Ecclesia, quam in ara Crucis sanguine suo redemit, pacis gaudeat optatæ tranquillitate, & nos post decursum huius temporalis Imperij vna volueris ad Imperium sine fine mansurum peruenire possimus, & ipsum videre in decore gloriæ suæ, qui pro nobis humilis & despectus fieri non despexit: Et quia hoc, timore meritorum nostrorum, obtinere formidamus, piis orationibus vestris, hoc consequi posse speramus & optamus. Cæterum quia signum viuificæ Crucis, die nostræ coronationis suscepimus, et labore & studio nostro, terra sancta, terra illa, quam calcauerunt pedes Domini, terra illa, in qua Dominus salutem omnium nostrorum operatus est, à manibus inimicorum Crucis Christi, qui eam violenter detinent, capiatur, suppliciter petimus, vt iustis sanctissimis orationibus desideria nostrum complaceat. Adhuc quia recognoscimus, quia omnia ea, quæ diuina clementia circa nos, & in nobis misericorditer & miserabiliter operata est, per Dominum Patrem nostrum Pontificem summum, sicut per Vicarium & Ministrum suum dignata est operari, petimus humiliter & deuotè, vt quia ad persoluendas debitas gratiarum actiones pro tantis beneficiis nos ipsos iudicamus insufficientes, vos vice & loco nostro hoc apud ipsum velitis pijssimis orationibus vestris promouere. Vltimo orationibus vestris nos recommendantes, scire vos volumus, quòd omnibus diebus nostris, huius sanctissimi Ordinis defensores esse volumus, & per omnia facta sua, tanquam nostra propria promouere. Datum apud Sanctum Neomum. 12. Kalend. Septembris.

Longè olim idem Fridericus, anno scilicet Incarnationis Dominicæ millesimo, centesimo, quadragesimo sexto, crucem à sanctissimo Patre nostro Bernardo, sacri belli tesseram acceperat, sed mortuo Conrado in Regem Romanorum electus, potius Catholicam Ecclesiam infestare, & Romanorum Pontificum auctoritatem supprimere curauit, quàm cum cæteris orthodoxis Principibus terram sanctam

sanctam, quam tunc Saraceni occupabant, fidelibus (sicut promiserat) restituere. Diu enim contumax & schismaticus, Apostolicam Sedem vexauit, improbè, & tyrannicè cum Alexandro tertio & Legatis Apostolicis agens. Tandem Octauiano Pseudopapæ auctor fuit inuadendæ Cathedræ Pontificiæ, cuius causâ diuturno schismate Ecclesia Occidentalis laborauit. Sed iam Beati *Henrici* prædicatione compunctus, & publica oratione errorem suum detestans, debitum obedientiæ honorem Romano Pontifici exhibuit, & Cistercienses, quos olim incredibili furore persecutus fuerat, eo quod summo labore, & indefesso studio, *Alexandrum* tertium Catholicum in Ecclesia Papam, in publicis suis concionibus prædicarent, & *Octauianum* Sedis Apostolicæ inuasorem denunciare non pertimescerent; iam summo amoris affectu, & magna cordis humilitate (vt ex verbis ipsius satis constat) veneratur & colit. Et qui antea eiusdem *Friderici* Edicto, ab vniuersis terris Imperij relegati fuerant, in ipso, singularem protectorem, & Ordinis sui mirificum propagatorem inueniunt. Igitur Fratrum Cisterciensium numero adscriptus, prout petierat & optauerat, anno 1149. profectionem instituit, ingentem exercitum in Orientem ducens. Qui eodem anno, post immensos superatos labores in expeditione terræ sanctæ, & victum in prælio *Soldanum Iconij*, peragrans partes inferioris Armeniæ, in Caleph flumine dum lauaret se, siue transiret, rapido cursu vndarum absorptus interiit.

Henricus autem verbo pariter & exemplo, viam salutis peccatoribus ostendebat, & laboribus, orationibus, & aliis pietatis operibus incumbens, diem resolutionis suæ humili corde, & spiritu promptissimo expectabat. Sed dum ad partes Flandriæ pro pace reformanda inter Comitem Flandriæ & Ecclesiam Attrebatensem, licet graui infirmitate laborans properaret, & non sine multorum admiratione, pacem diu desideratam stabiliret; ingrauescente infirmitate finem vitæ suæ instare cognouit. Sed quam feliciter ex hac vita migrauerit, ab ipsis Claræuallensibus audiamus, qui dicunt : *Quàm simpliciter minima peccata confessus fuerit, quam deuotè Viaticum & vltimæ Vnctionis Sacramentum susceperit, longum est enarrare. Tandem imminente horâ, vt transiret de hoc mundo ad Deum, ante altare Beati Andreæ in Atrebato, sicut ipse præceperat, est delatus, ibique inter verba deuotæ orationis in Domino, vt piè creditur, feliciter obdormiuit. Ab Atrebato demum corpus eius, sicut præceperat, ad Claramvallem translatum est, & hic inter Beatum Bernardum & Beatum Malachiam, tertio Idus Ianuarij, ab Episcopo Lingonensi, omnibus ritè peractis, honorificè est sepultum.* De eodem sancto viro, in libro vir. illust. Ord. Cist. hæc habentur. *Consummatis verò feliciter diebus vitæ suæ, anno 1189. sepultus est in Clarauall. in loco, quem sibi elegerat, & magno desiderio præoptauerat, & corpus eius inter sepulchra Confessorum Christi Bernardi & Malachiæ, vsque in diem generalis resurrectionis quiescit.* Taliter ergo post tot pro Ecclesia superatos labores, diues meritis, inter cælites coronam obtinuit perpetuam : ad cuius sepulchrum sequens excisum est epitaphium.

Subiaces huic lapidi, quondam notissimus orbi
Abbas Henricus, Romano Cardine dignus,
Lubrica qui vani contemnens gaudia mundi,
Terra membra dedit, cælis animamque remisit.

Huius sanctissimi Præsulis gesta diuersi scripserunt Auctores, inter quos Exordium Ord. Cist. cap. 10. & 11. Arnoldus de Vuion, lign. vitæ lib. 1. cap. 44. Beatus Cæsarius lib. 4. cap. 79.

PIERRE EVESQVE DE MEAVX,
Legat en France, & en Angleterre, Prestre Cardinal du Tiltre de Sainct Chrysogon.

CHAPITRE XLIV.

Ciaconius in vitis Pontificum sub ALEXANDRO tertio.

PETRVS Presbyter Cardinalis tituli Sancti Chrysogoni. Hic ab Alexandro tertio anno Domini 1173 in Gallias & Angliam legatus est, vt inter duos Henricos patrem Regem, & filium primogenitum exitiali bello decertantes pacem componeret. Qui coactis totius Regni Prælatis, ita dexteritate & prudentia sua egit, vt vtrumque pacarit, filiumque patri deuotum & obedientem reddiderit. Obiit sub ALEXANDRO tertio. Bulla Ecclesiæ Bononiensis, Anni 1173. & 1174. Ad. n. o. Quondam Ecclesiæ Meldensis electus à Rog. Houed. vocatur. In tabulario Episcoporum Meldensium nulla extat mentio de electione PETRI, cum post Stephanum qui obiit anno 187. Simon subiiciatur. At ex verbis Petri Cellensis Epistola octaua libri 7. ad cundem, liquet duos alios ante Simonem electos fuisse Episcopos. Aduersùs Hæreticos Albigenses cum Bituricensi & Narbonensi Archiepiscopis, & cum Henrico Claræuallensi Abbate à latere legatus ab Alexandro tertio missus anno 1178. multa præclara pietatis opera edidit, eosdemque in obstinatione perseuerantes excommunicauit.

Petrus Cellensis Epistolâ octauâ libri septimi ad GVILLELMVM Senonensem, posteà Rhemensem Archiepiscopum.

ECclesiæ Meldensi tres viros honorificentissimos, Dominum scilicet PETRVM Cardinalem, Magistrum PETRVM, & Simonem Archidiaconum Senonensem vicissim assignasti. Quare tabulis Episcoporum Meldensium duo sunt addendi Præsules post Stephanum Episcopum (qui epistolas scripsit pro Sancto Thoma Cantuariensi) nimirum PETRVM Cardinalem, & alterum Petrum.

Rogerius Houeden in Annalibus anni 1177. Pag. 570.

PETRVS tituli Sancti Chrysogoni Præsbyter Cardinalis, Apostolicæ Sedis legatus quondam Meldensis Ecclesiæ electus, venit in Franciam, & ab ALEXANDRO Papa in mandatis recepit, quod tota Normannia, & omnes Terræ Regis Angliæ Cismarinæ & Transmarinæ sub interdicto ponerentur, nisi ipse permiserit Ricardum filium suum Comitem Pictauiæ ducere in vxorem ALESIAM filiam Ludouici Regis Franciæ, quam ipse Rex Angliæ iam diu & vltrà, quam inter eos conuenerat, in sua custodia retinuerat. Quod cum Regi Angliæ constaret, appellauit ad præsentiam Domini Papæ pro seipso, & pro terris suis, & mox transfretauit de Anglia in Normanniam, & habito colloquio inter ipsum & Regem Franciæ apud Tury, vndecimo Kal. Octobris, coram prædicto Cardinali & Magnatibus vtriusque Regni: Rex Angliæ pater per suos fidem dedit, & in animam suam iurare fecit, quod Richardus filius eius Comes Pictauiæ prædictam ALESIAM in vxorem duceret, si Rex Franciæ pater puellæ dederit præfato Ricardo Comiti Pictauiæ ciuitatem Bituricensem cum pertinentiis suis in maritagium cum filia sua, sicut conuentio inter illos inde facta exigit, & Henrico Regi filio suo totum Vougesin Francigenum, videlicet totam Terram, quæ est inter Gisortium & Puntersé, quam ipse promiserat se daturum illi in maritagium cum filia sua, sed quia Rex Franciæ dare noluit, Rex Angliæ non permisit Ricardum filium prædictam Alesiam in vxorem ducere. Tamen in eodem colloquio, consilio Cardinalis & Principum vtriusque Regni facta est amicitia, & finalis concordia inter Regem Franciæ, & Regem Angliæ.

Stephanus Tornacensis.

PETRO S. *Chrysogoni Præsbytero Cardinali.* IVCVNDVM mihi fateor spectaculum præbet recordatio vestra, dum quasi per gradum canticum ascendentem suspicio dum à minoribus ad maiora PETRVM nostrum hinc virtutes sibi capiunt, hinc honores: Gratia gratiam inuocat, gloria gloriam: vt cortina cortinam trahit, & iam plenè licet omnibus, qui in domo Domini sunt, quoniam de plenitudine sua, vobis gratiam & gloriam dedit Deus. Hæc sunt quæ amicorum vestrorum exhilarent faciem in oleo, corda lætificent & confirment. Huius festi me participem gratulor, huius gloriæ me consortem. Nam etsi inter vestros modicum locum obtineam, sed non modicum tantæ dilectionis simul & vendicationis vendico mihi fructum. Amplector Scholarem, prosequor Archidiaconum, deosculor Abbatem, assurgo Episcopo, reuereor Cardinalem, his gratiarum ascendentibus, & sibi accedentibus potius quàm succedentibus articulis, arrident honores moribus, mores honoribus coæxultant. Viuat in aliis illud vulgare prouerbium: *honores mutant mores*: in vobis id tantùm precor obtineat, vt si mutent aut moueant, eam motus speciem, quæ augmentum dicitur, non excludant. Interim, Pater, immolo pro vobis qualis possum hostias precum, columbas gemituum, vitulos labiorum: confido quia quem dilexisti priuatus, non dediligetis promotus. Meipsum si placet in holocaustum obsequij vestri suscipite, quem ad libitum vestrum fortis vt mors dilectio, mater & flamma charitatis accendat.

MATHIEV D'ANGERS, PRESTRE
Cardinal du Tiltre de Sainct Marcel.

CHAPITRE XLV.

Rogerius Houeden posteriore parte Annalium.

AD instantiam Nuntiorum Regis Scotiæ, videlicet IOCELINI Glasguensis Episcopi, & ARNALDI Abbatis de Melcos, & OSBERTI Abbatis de Kelion, & VVALTERI Prioris Sanctæ Columbæ in Insula, LVCIVS quippe Papa tertius absoluit GVILLELMVM Regem Scotiæ à sententia excommunicationis, & Regnum suum ab interdicto, Romæ in Lateranensi Palatio coram Cardinalibus suis, scilicet PETRO de Pauia Episcopo Tusculanensi, & Episcopo Prænestino, & ALBERTO Cancellario & IACINTO, & HVGESRVNE, & PETRO de Boua, & Magistro VIVIANO, & REINERO magno, & Chinchecapello, & REINERO paruo, HARDESRVNE, & HARDEVVIN, & MATHÆO Andegauensi.

Ciaconius in vitis Pontificum sub ALEXANDRO *tertio.*

MATHÆVS..... Presbyter Cardinalis tituli Sancti Marcelli. *Bullæ Alexandri tertij Ecclesiæ Lateranensis, anni* 1179. *Lucij tertij Sanctæ Mariæ in Rheno Bonon. anni* 1181.

THIBAVD ABBE' DE SAINT CRESPIN
& Crispinian de Soissons, puis le vingt-cinquiéme Abbé de Clugny, Cardinal Euesque d'Ostie.

CHAPITRE XLVI.

Petrus Cellensis Epistola tertiâ libri noni.

PREFECTO amodò tot moles supportabitis, quot Monachorum curam recipietis; mihi autem & fideli, & amico vestro gaudium est & exultatio, quod tantum amicum in tam excellenti loco merui videre sublimatum, nam & ipse seruus & filius sum Cluniacensis Ecclesiæ.

Ex appendice Roberti de Monte ad Sigebertum, anno 1181.

THEOBALDVS Prior Crispei, Monachus Cluniacensis, successit Guillelmo Abbati Cluniacensi.

Ex vetere MS. Codice Vedastini Canobij.

THEOBALDVS Prior Crispciensis, viro nobili Philippo Comiti Flandrensi locuturus in Ecclesia Sancti Vedasti, cum famulis suis qui in Attrebato nati, & nobis noti erant, quique in reliquiarum oblatione cooperatores fuerant, diuertit: meminisse iuuat boni hospitis & optimi amici, in capitulo nobis consolationis verbum exhibuit: Ecclesiæ nostræ fraternitatem petiit & accepit; suos nobis transmarinos euentus tam iocundè quam eleganter explicuit, & eiusdem sanctuarij partem quam penes se habebat, se nobis daturum repromisit, quem recedentem nos è vestigio duo fratres insecuti, brachium Sancti Maximiani cum sua carne miro fragrans odore, de cius in Ecclesia Crispiensi, honorandis manibus accepimus, & in Ecclesia Sancti Vedasti anno incarnati Verbi 1175. in natali Apostolorum Petri & Pauli deferentes, post paucos dies in brachio argenteo recondidimus.

Preuues du Liure I. de l'Histoire

Ex Chronico Belgico Locrij.

ANNO 1173. Theobaldus primo Crispiensis Cœnobij Prior, inde Abbas Cluniacensis, ac tandem Ostiensis Episcopus Cardinalis, Sancti Maximiani, qui vnus de numero Sanctorum septem Dormientium fuit, brachium ex transmarinis partibus, vrbe Thessalonicâ furtim sublatum, Vedastino Cœnobio pia liberalitate impertit.

Ex Epistola 159. Petri Abbatis Cellensis.

THEOBALDVM concorditer in Abbatem vobis substituimus, &c.

Ex Epistola 160. eiusdem Petri.

THEOBALDO electo Cluniacensi, Petrus Abbas Sancti Rhemigij. Gemebunda & quasi intestinorum suorum tumultuosâ collisione seu conquestione, & velut à fulgure & tempestate percussas à vobis recepi literas, hominem si quidem reddebant satis conturbatum & exterritum, ac velut repentino superueniente tonitruo, pene iacentem exanimatum, nec mirum, res quidem noua tam sua nouitate quam magnitudine hominem audacissimum ac fortissimum potuit concutere. Qui ad crucem ducitur, gemens & lugens merito conqueritur, si crux à cruciatu dicitur, nonne in cruce cruciatur, cuius humeri importabili oneri supponuntur? Profecto amodo tot molas supportabitis, quot Monachorum curam suscipietis, &c. (circa finem.) Temerarium autem est & inhumanum, tam diuinam ordinationem respuere quam matri fidelium obsequium denegare. Igitur tanquam Isachar asinus fortis ceruicem & humeros huic electioni supponite, & de Dei auxilio fideliter præsumite, quia spiritus adiuuat infirmitatem vestram. Mihi autem amico & fideli vestro gaudium est, & exultatio quod tantum amicum in tam excellenti loco merui videre sublimatum, nam & ipse seruus & filius sum Cluniacensis Ecclesiæ. Valete, & per nos, oro, transitum facite.

Ex Appendice Roberti de Monte ad Sigebertum.

ANNO 1181. Guillelmus Abbas Cluniacensis in crastino Epiphaniæ obiit apud Charitatem, vir plangendus de bonis quæ fecit in Ecclesia sua, sed parum vixit, duobus fere annis. Theobaldus Prior Crispeij Monachus Cluniacensis successit Guillelmo Abbati Cluniacensi.

Ex Augustâ Viromanduorum Vindicatâ, Claudij Hemerej.

THEOBALDVS Abbas Cluniacensis anno 1180. fundationi Ecclesiæ Sancti Thomæ Crispeiensis à Philippo Elsatio Flandrorum Comite & Elizabetha eius vxore Viromanduorum & Valesiæ Comitissa factæ adfuit, quam subsignauit.

Ex Bibliotheca Cluniacensi. Pag. 1442 & seqq.

EX charta Vuillelmi Comitis Cabilonensis de Paredo. Quoniam quæ à fidelibus geruntur ad conseruandam memoriam, literarum solent apicibus commendari, idcirco ego Vuillelmus Dei miseratione Comes Cabilonensis, &c. (Et paulo post) Cum autem tempore patris mei, & meo, ab Abbatibus Clun. & Prioribus Paredi super hoc esset frustra sæpenumero laboratum, nouissimè conuenimus apud Lordonum. Domnus videlicet Theobaldus Abbas Clun. & Ioannes Prior Paredi, cum quibusdam senioribus, &c. Actum apud Lordonum anno ab Incarnatione Domini M. C. LXXX.

Ex eadem Bibliotheca. Pag. 1443.

CHARTA Giraldi Comitis Malisconensis, Notum sit omnibus præsentibus & futuris, &c. (Et post pauca.) Conuenerunt apud Sancti Martini Malisconensis D. Theobaldus Abbas cum quibusdam senioribus Clun. & memoratus Comes Geraldus, &c. Actum Malisconæ apud S. Martinum anno ab Incarnatione Domini M. C. LXXX. præsente Domno Theobaldo Abbate.

Ex eadem Bibliotheca. Pag. 1439.

CHARTA Altaldi Vicecomitis de Amberta. Ego Altaldus Albus Vicecomes, notum facio tam præsentibus quam futuris quod pro remissione peccatorum meorum, &c. (Et paulo post) Reliqui, & reuisi, & dedi Deo & Beato Petro Clun. & Domno Theobaldo venerabili Abbati custodiam de Amberta, &c. facta simul hæc anno ab Incarnatione Domini M. C. LXXX. primo die mensis Septembris apud Ambertam. Regnante Francorum Rege Philippo primo anno, & Domni Theobaldi venerabilis Abbatis Cluniacensis primo promotionis anno.

des Cardinaux François.

Ex eadem Bibliotheca. P. 1445.

PRIVILEGIVM Vvillelmi Archiepiscopi Burdigalensis. Nimis absonum minusque rationi consentaneum, & maximè bonis Sacerdotum videtur esse inimicum, nisi, quæ pia, quæ benè sunt constituta & ordinata rescindere, & exemplo docere cæteros, sua beneficia dissoluere, &c. (post pauca) Scripti huius testimonio notum facimus venerabili Patri Domno Theobaldo Abbati Cluniacensi & eidem cui præesse dignoscitur, præcellenti Ecclesiæ nos concessisse, & authoritate metropolitica confirmasse, quicquid prædecessores nostri, &c. Datum apud Sanctum Ioannem Angeliacensem, 7. Kal. Iulij Incarnationis Dominicæ anno M. C. LXXXII. Romano Pontifice, Lucio tertio existente.

Ex eadem Bibliotheca. Pag. 1451.

EGo Ademarus Dei gratia Xantonensis Episcopus, precibus venerabilis Domni Theobaldi Abbatis Cluniacensis inclinati, paci & tranquillitati Fratrum Cluniacensium intendentes. Facta est autem hæc Charta apud Xant. 13. Kal. Iulij, Dominicæ vero Incarnationis M. C. LXXXII.

Ex eadem Bibliotheca. Pag. 1446.

NOVERINT vniuersi ad quos præsens scriptum peruenerit, quod controuersia quæ erat inter Theobaldum Abbatem Cluniacensem & Hamelinum Comitem Vuarennæ de Priore substituendo in Monasterio Sancti Pancratij de Leuues, in præsentia Domini Henrici Regis Angliæ hoc modo quieuit. Anno ab Incarnatione Domini M. C. LXXXII. apud Nothingcham, in die Festiuitatis Sancti Bartholomæi, &c.

Ex eadem Bibliotheca. Pag. 1662.

ISTE autem Theobaldus acquisiuit decimas huius villæ & muros eiusdem incœpit.

Ex continuatione appendicis Roberti de Monte ad Sigebertum.

ANno 1184. Theobaldus Abbas Cluniacensis factus est Episcopus Cardinalis Ostiensis, cui successit filius Comitis de Claromonte.

Baronius tom. 12. eodem anno habet eadem verba.

Ex eadem Bibliotheca. Pag. 1662.

OBIIT Theobaldus 2. Nonas Nouembris, 1188. iacet apud Romam.

Epitaphe qui se lit en l'Eglise de Saint Paul, sur le chemin d'Ostie.

HIc requiescit Dominus THEOBALDVS Episcopus Ostiensis.

Ciaconius in vitis Pontificum, sub LVCIO tertio.

FRATER Theobaldus Gallus, Monachus Cluniacensis, ex priore Monasterij Crispeij, primùm Abbas Sancti Basoli annis 15. deinde Cluniacensis, demùm Episcopus Cardinalis Ostiensis & Veliternus, successit in Abbatia Cluniacensi Guillelmo viro sanctissimo anno 1181. & biennio post Cardinalis creatus successorem habuit N. filium Comitis de Claromonte ex Abbate Sancti Luciani Beluacensis, qui à primo Abbate Cluniacense Othone 17. fuit: Theobaldus autem quinquennio post, pridie nonas Nouembris anno 1188. moriens in media Basilica Sancti Pauli Apostoli, via Ostiensi sepultus est. Sigebertus in Chronicis, Chronicon Florentinum, Lucij tertij Bulla Canonic. Veron. anni 1184. Vrbani tertij, Gregorij octaui, Clementis tertij, Sancti Petri Romæ anni 1188. ADDITIO. Robertus de Monte in Appendice ad Sigebertum Theobaldi electionem in Episcopum Cardinalem Ostiensem recenset anno 1185. eundemque prius cuiusdam Abbatiæ Ordinis Cisterciensis fuisse Abbatem, dicit inde translatum ad Flauiacensem, & exortis quibusdam causis, ad Sancti Luciani Monasterium transisse, postremò Abbatem decimum quintum Cluniacensem factum narrat. Arnoldus Vuion libro secundo ligni vitæ capite nono, & Claudius Roberius in Gallia Christiana, antiqui Chronici Cluniacensis authoritate freti, Theobaldum in Cardinalium numerum assumptum referunt sub titulo Sanctæ Crucis in Hierusalem ab ALEXANDRO tertio anno 1179. & in Episcopum Ostiensem à Lucio tertio anno 1184. Nos Roberti de Monte, qui eo sæculo vixit, auctoritatem sequimur: suprà citati Auctores sepultum apud Cluniacum asserunt, verùm ex antiqua & breui inscriptione quæ olim Romæ in Templo Sancti Pauli videbatur, Ciaconij sententia comprobatur.

GIRARD D'AVTHVN, PRESTRE CARDINAL du Tiltre de Sainct Estienne, in Cœlio Monte.

CHAPITRE XLVII.

Ciaconius in vitis Pontificum sub ALEXANDRO tertio.

ERARDVS Gallus, Æduensis Archidiaconus S. R. E. Præsbyter Cardinalis Tituli Sancti Stephani *in Cælio Monte* ab Alexandro tertio creatus anno 1173. eodem ferè anno diem obiit. Vicarium in eodem titulo reliquit successorem. Claudius Robertus in Gallia Christiana in descriptione Episcoporum Æduensium eius promotionem enarrat. An idem sit Cardinalis eiusdem Tituli ab EVGENIO tertio creatus, ignoro, diuersum tamen puto, cum in schismate Octauiani nullus reperiatur Cardinalis huius nominis Tituli sancti Stephani *in Cælio Monte*.

Absolutio Regis HENRICI *& eiusdem pœnitentia pro morte sancti Thomæ Canthuariensis Archiepiscopi, extracta ex Gallia purpurata* FRIZONII *pag. 167.*

HENRICVS Dei gratia illustri Regi Anglorum, ALBERTVS Tituli sancti Laurentij in Lucina, & Theodinus Tituli S. Vitalis Præsbyteri Cardinales, Apostolicæ Sedis Legati, salutem in eo qui dat salutem Regibus. Ne in dubium veniant, quæ geruntur & vsus habet, & communis consideratio vtilitatis exposcit, vt scripturæ serie debeant annotari. Inde quidem est, quod Nos mandatum illud in scriptum duximus redigendum, quod vobis pro eo facimus, quia malefactores illos, qui sanctæ memoriæ Thomam quondam Canthuariensem Archiepiscopum occiderunt, occasione motus & turbationis, quam viderant in vobis, ad illud facinus processisse timetis. Super quo tamen facto purgationem in præsentia nostra de voluntate propria præstitistis, quod videlicet nec præcepistis, nec voluistis vt occideretur; Et quando peruenit ad vos, plurimum condoluistis. Ab instanti Festo Pentecostes vsque ad annum, tantam dabitis pecuniam, vnde ad arbitrium fratrum Templi Ducenti milites valeant ad deffensionem Terræ Hyerosolimitanæ per spatium vnius anni teneri. Vos autem à sequenti Natali Domini vsque ad Triennium accipietis crucem, proxima tunc æstate, illuc in propria persona, ducente Domino, nisi remanseritis prope Dominum Papam, vel Catholicos successores eius. Sanè si contra Sarracenos pro vrgenti necessitate in Hispaniam profecti fueritis, quantum temporis fuerit, ex quo arripueritis iter, tantumdem supradictum spatium Hyerosolimitanæ profectionis poteritis prolongare. Appellationes nec impedietis, nec impediri permittetis, quin liberè fiant in Ecclesiasticis causis ad Romanum Pontificem bona fide & absq; fraude & malo ingenio, vt per Romanum Pontificem causæ tractentur, & consequantur effectum suum, sic tamen, vt si suspecti fuerint vobis aliqui, quod malum vestrum, vel Regni vestri non quærunt consuetudines, quæ inductæ sunt contra Ecclesias Terræ vestræ in tempore vestro, penitus dimittens. Possessiones Canthuariensis Ecclesiæ, si quæ ablatæ sunt, in plenum restituetis, sicut habuit vno anno, antequam Archiepiscopus de Anglia egrederetur. Clericis, præterea & Laicis vtriusque sexus, pacem vestram in gratiam & possessiones suas restituetis, qui occasione prænominati Archiepiscopi destituti fuerunt. Hæc autem vobis auctoritate Domini Papæ, in remissionem peccatorum vestrorum iniungimus & præcipimus obseruare, absq; fraude & malo ingenio. Hoc sanè coram multitudine personarum iurauistis vos pro diuinæ reuerentia Majestatis. Iurauit & filius vester, excepto eo, quod personam vestram specialiter contingebat: & iurastis Ambo, quod à Papa Domino ALEXANDRO, & Catholicis successoribus eius, quamdiu vos, sicut antecessores vestros, & Catholicos Reges habuerint, minimè recedetis; Atque vt in memoria Romanæ Ecclesiæ firmiter habeatur, sigillum vestrum præcepistis apponi.

GVILLAVME DE CHAMPAGNE,

dit aux Blanches-Mains, premierement nommé à l'Euesché de Chartres, puis Archeuesque de Sens, & enfin Archeuesque de Rheims, Cardinal du Tiltre de Saincte Sabine, premier Ministre d'Estat en France, & Legat du Sainct Siege en ce Royaume.

CHAPITRE XLVIII.

Ex Guillelmo Britone, libro secundo Philippidos.

Illicò GVILLELMVS volat Archiepiscopus ille
Nobilis, egregiâ qui clarus origine, clarum
Nobilitate genus, animis geminabat, eorum,
Vnus Apostolico quibus est à Cardine nomen,
Reginæ frater, & Regis auunculus, &c.

Ex Speculo Historiali Vincentij de Burgundiâ, dicti BELVACENSIS, Ordinis Prædicatorum, parte 3. capite 17.

ANno Domini 1169. Hugone Archiepiscopo Senonensi defuncto, succedit ei GVILLELMVS Theobaldi Comitis filius, Carnotensis electus, sed nondum Episcopus consecratus, quem Senonis consecrauit Venerabilis Mauritius Parisiensis Episcopus.

Extraict de la Chronique MS. ou Histoire des Comtes de Guines, escrite par Lambert d'Ardres.

IGITVR cum Venerabilis & recolendæ memoriæ Remensis Archiepiscopus VVILLELMVS Campaniensis, Comitis Theobaldi filius, Sanctam Sanctissimo Martyri Cantuariensi Archipræsuli Thomæ peregrinationem quandocumque exhibuisset, & à memorandæ memoriæ Comite Ghisnensi Balduino rogatus in Aula Ardeæ ad conuescendum discubuisset, & ferculis innumerabilibus ad affluentiam liberaliter appositis, & hilariter acceptis, & vino altero, & altero cyprico, & insuper pygmentato, & clarificato hic illic per aream in cuppis fluctuante, rogantibus Francigenis & postulantibus viuas fontis aquas, vt vini virtutem aliquantisper refrænarent & temperarent. Ministri & seruientes à Pincernis, immò à Comite edocti & instructi, in phiolis & in vasculis Autissiodoricum vinum pretiosissimum, aquam se afferre mentientes, Clericis ignorantibus, & militibus, omnibusque in gaudio conuescentibus, ciphis infuderunt. Quod vt Venerabili & pio Domino Archipræsuli tandem innotuit, (nihil enim opertum quod non reueletur) penè gratiam, quam in obsequendo meruerat fidelis Comes, & dispensator prudens liberalitatis & largitatis modum excedendo, in ingratitudinem commutauit. Sed cum Venerabilis Pontifex etiam conuescens Apostolicu n. in memoriam eructaret verbum *hospitales inuicem sine murmure* ore, accersito ad se Comite, rogauit eum vt sibi vasculum aquæ afferret vt sapiat, & quasi rei nescius comprehendat aquæ & puri elementi liquorem. Comes autem quasi venerandi præsulis obtemperans iussionibus, subridens recessit, & omnes hydrias aquarum, quotquot inuenire poterat antè famulos pedites & garciones confregit, pedibus conculcauit, & præ gaudio exultans vt in omnibus hilaris, & ob reuerentiam & præsentiam Archipræsulis iocundus appareret & iocosus, pueris & ebriis, & ebrium se simulauit: Venerabilis verò Pontifex & conuiua, tantam viri & Comitis liberatatem prospiciens & hilaritatem, in voluntate eius omnia quæcumque vellet facere promisit.

Ex Rigordo Chronographo Philippi Augusti Francorum Regis.

ANNO 1179. &c. superueniente omnium Sanctorum festiuitate, PHILIPPVS Augustus conuocatis Archiepiscopis, Episcopis, & omnibus Terræ Baronibus, à VVILLELMO illo reuerendo Remensium Archiepiscopo, tituli Sanctæ Sabinæ Presbytero Cardinali, Apostolicæ Sedis Legato, ipsiusque Regis auunculo, coronatus est Remis, adstante HENRICO Rege Angliæ, & ex vna parte super Caput Regis Franciæ ex debita subiectione coronam humiliter portante, &c.

Ex Annalibus eiusdem Rogerij de Houeden ad annum 1179.

PHILIPPVS filius eius, (id est Ludouici VII.) meritis & precibus Beati Thomæ Martyris pristinam adeptus est sanitatem. Quo audito Rex Franciæ in magno fluctuans gaudio, publico præcepit Edicto, vt omnes Principes Regni sui Ecclesiastici & sæculares conuenirent Remis in Capite Kal. Nouembris ad coronationem PHILIPPI filij sui. Quibus congregatis VVILLELMVS Remensis Archiepiscopus præfatum PHILIPPVM filium Alæ sororis suæ, iam quintumdecimum annum ætatis suæ agentem coronauit, & in Regem vnxit Remis in Ecclesia Sedis Pontificalis, die solemnitatis omnium Sanctorum, Ministrantibus ei in illo Officio Vvillelmo Turonensi, & Bituricensi, & Senonensi Archiepiscopis, & sedè omnibus Episcopis Regni. Henricus autem Rex Angliæ filius in progressione à Thalamo vsque in Ecclesiam ipso die Coronationis ibat, ante illum gestans Coronam auream de Iure Ducatus Normanniæ, quâ prædictus PHILIPPVS coronandus erat, & Philippus Comes Flandriæ præibat ferens ante illum gladium Regni; alij verò Duces, Comites, & Barones præibant, & sequebantur diuersi diuersis deputati obsequijs, prout Res exigebat.

Ex Annalibus eiusdem Rogerij de Houeden ad annum 1189.

DIe verò Dominica proxima sequente, Philippus Comes Flandriæ, & VVILLELMVS Archiepiscopus Remensis & NVBO Dux Burgundiæ accesserunt ad Regem Angliæ, qui tunc temporis erat apud *Saumur*, ad componendum inter ipsum & Regem Franciæ.

Ex Rigordo de Gestis Philippi Augusti.

ANnô Domini millesimo centesimo nonagesimo, in Festo Sancti Iohannis Baptistæ, PHILIPPVS Rex ad Ecclesiam Beatissimi Martyris Dionysij cum maximo comitatu venit, causâ licentiam accipiendi. Consueuerant enim antiquitus Reges Francorum, &c. Tandem cum lachrymis ab oratione surgens, sportam & baculum peregrinationis de manu GVILLELMI Remensis Archiepiscopi auunculi sui, Apostolicæ Sedis Legati deuotissimè ibidem accepit. Deinde desuper corpora Sanctorum duo standalia decenter insignita pro memoriâ Sanctorum Martyrum & tutela, contra inimicos Crucis Christi pugnaturus proprijs manibus accepit. Demum orationibus Fratrum se commendans, acceptâ Benedictione claui, & spineæ Coronæ, & sancti Simeonis Brachij recessit, & feria quarta post Octauas sancti Iohannis Baptistæ cum Rege Angliæ Ricardo apud Vizeliacum venit; vbi accepta licentiâ ab omnibus Baronibus suis, ADELÆ charissimæ matri suæ, & GVILLELMO Remensi Archiepiscopo auunculo suo, pro tutela & custodia totum Regnum Francorum cum filio suo dilectissimo LVDOVICO, commendauit. Et paucis euolutis diebus Ianuam venit, &c.

Ex eodem Rigordo ad annum 1191.

EOdem anno octauo Kalendas Septembris, consilio Domini GVILLELMI Remensis Archiepiscopi, & ADELÆ Reginæ, & omnium Episcoporum, corpora beatissimorum Martyrum Dionysij, Rustici, & Eleutherij, cum putissimis vasis argenteis, in quibus diligentissimè sigillata continebantur, sunt extracta, & super Altare posita, adiunctis ibi alijs corporibus sanctorum in eadem Ecclesia quiescentium; vt ibi omnes fideles ad tam sanctum spectaculum conuenientes, cum gemitu & suspirijs pro Terra sanctâ liberanda, & pro Rege Francorum, & vniuerso comitatu suo puras manus cum MOYSE leuantes ad Dominum preces funderent, quia non in armorum potentiâ, sed in Christi virtute & miseratione Christiani confidunt, &c.

Ex eodem Rigordo ad annum 1183.

EOdem tempore combusti sunt multi hæretici in Flandria à GVILLELMO Reuerendo Remensium Archiepiscopo tituli sanctæ Sabinæ Presbytero Cardinali, Apostolicæ Sedis Legato, & à Philippo illustri Comite Flandrensium.

Ex Epistolis Historicis Sancti Bernardi Abbatis Claræuallensis, tomo 4. scriptorum Historiæ Francorum per me edito.

Epistola XI. ad Comitem THEOBALDVM.

SCis quia diligo vos, sed quantum, nouit Deus meliùs quàm vos. Me quoque diligi à vobis non dubito, sed propter Deum, quem si offendero, nouerit quod me diligere debeatis, cum iam non fuerit in causâ Deus. Quis enim ego sum vt de tantillo tantus Princeps curetis, nisi quamdiù Deum in me esse credetis? Ergo vt offendam cum fortasse nec vobis expedit. Offendo autem proculdubio, si facio

quod

quod requiritis. Nam honores & dignitates Ecclesiasticas non ignoro deberi his, qui eas dignè ac secundùm Deum administrare, & velint & possint. Porrò eas acquiri parulo filio vestro precibus meis, vel vestris, nec vobis iustum, nec mihi tutum esse noueritis. Nam nec cuiquam vel adulto pluribus in pluribus Ecclesiis habere licet, nisi dispensatoriè quidem ob magnam vel Ecclesiæ necessitatem, vel personarum vtilitatem. Quamobrem si vobis videtur hic durus sermo, & placet quod cogitastis implere, parcite mihi in hoc. Nam vos satis, ni fallor, per vos & per alios amicos vestros istud obtinere potestis. Ita nec vos minus quod vultis efficitis, nec ego peccaui. Sanè VVILLELMVLO nostro cupio bona per omnia, sed ante omnia Deum. Hinc est quod contra Deum nolo aliquid habeat, ne non habeat Deum. Quod si aliud secus voluerit, nolo per me habeat, ne perdam & ego Deum. Vbi verò emerserit, quod secundum Deum habere possit, probabo me amicum, & operam meam, si opus fuerit non negabo. Apud amatorem iustitiæ in excusando eo quod pro iustitia est, non multum mihi laborandum. Vos autem apud Comitissam, per ea quæ rescripsi vobis, habete me excusatum.

Ex Epistolarum Volumine de Rebus Statum Regni Francorum concernentibus.

Ex veteri Codice MS. Viri Clariss. Alex. Petauij Senatoris Paris. nunc primùm in lucem edito.

EPISTOLA CLIV.

ALEXANDER *Episcopus Seruus Seruorum Dei, Charissimo in Christo Filio Ludouico illustri Francorum Regi, salutem & Apostolicam Benedictionem.* Dilectum filium nostrum VVILLELMVM Carnotensem electum, ad nostram præsentiam venientem, tum magnificentiæ tuæ obtentu, tùm totius sanguinis sui respectu, & suæ honestatis ac probitatis intuitu, paterna benignitate suscepimus, & ipsum dum apud nos fuit, prout decuit, honestè ac benignè tractantes, in suis petitionibus prompto animo curauimus exaudire. Eum itaque cum amoris nostri & gratiæ plenitudine ad propria remittentes, licet de superabundanti quodam modo videatur, Regiæ Excellentiæ propensius commendantes, Serenitatem tuam per Apostolica scripta rogamus, monemus, & exhortamur attentius, quatenus ipsum pro reuerentia Beati Petri, ac nostra, & suæ nobilitatis ac deuotionis intuitu, diligere, manutenere propensius, & honorare intendas, & in iustitia sua, & commissæ sibi Ecclesiæ attentius consulere: vt ipse idem circa Regiam Magnificentiam deuotior omni tempore, & fidelior debeat apparere, & nos quoque Excellentiæ tuæ teneamur propter hoc gratiarum actiones vberrimas exhibere. Rogamus ad hæc Celsitudinem tuam, & in Domino commonemus, quatenus causam Ecclesiæ, quam velut propriam suscepisti tuendam, manutenere satagas, & viriliter defensare, & ad exaltationem, & incrementum Ecclesiæ sicut hactenus magnanimiter fecisse dinosceris, studium & operam constanter impendas, & ad hoc sicut Rex Christianissimus & Magnificus Princeps, modis omnibus elabores. Nec te F. dicti Imperatoris mandata vlla ratione commoueant, vel qualibet occasione perturbent. Confidas enim in Domino, & in potentia virtutis eius, quod Ecclesiæ suæ in proximo pacem & tranquillitatem restituet, & tam tu quam cæteri Ecclesiæ fideles immensæ iocunditatis lætitia perfruemini. Datum apud Montem Pessulanum XIV. Kal. Septembris.

Ex Epistola 287. Ioannis Saresberiensis Episcopi Carnotensis.

VENERABILI *Domino & Patri charissimo Vuillelmo Dei gratia Senonensium Archiepiscopo & Sedis Apostolicæ Legato, suus Ioannes, salutem & promptissimum deuotionis obsequium.* Licèt Anglicanæ Ecclesiæ adhuc quidem ad multa sit ingens desolatio, tristitia tamen illius iam ex maxima parte in gaudium transiit, & luctus in cantica fœlici prorsus, & læta mutatione conuersus est: si quidem iam à Deo ad memoriam Martyris inaudita miracula crebuerunt. Vt si alias inaudita illic prouenerint, vix censeantur illius miraculis adscribenda. Sicut enim in omni conditione nobilis animus studuit conniuentibus præminere, sic nunc vt aliorum Sanctorum pace dixerim, alios de quibus legerim vel audierim in miraculorum exhibitione præcedit. Quod ideo facile dixerim prouenisse, vt fidem in pluribus orbis nostri partibus, non tam sopitam quam ferè extinctam Dominus excitaret, spem erigeret, solidaret charitatem, & obstrueret ora iniquorum, qui Sancto viro detrahebant in vita, & odio personæ causam Christi persequebantur. Quis enim amodo veram & fidelem dubitat doctrinam Christi, qui verbis suis adhærentem hominem nobis notum tanta felicitate remuneratur? Quis causam fuisse iniquam, nisi dæmoniacus, dicet? Qui patronum suum coronat gloria? Dubitatur à plurimis, an pars Domini Papæ, in qua stamus de iustitia niteretur: sed eam à crimine schismatis gloriosus Martyr absoluit, qui si fautor esset schismatis, nequaquam tantis miraculis coruscaret. Erat namque vir tantæ prudentiæ, vt non facile posset errore supplantari in tanto periculo animarum. Mirarer itaque supra modum, cur cum Dominus Papa in Catalogo Martyrum recipi non præceperit, nisi quia in Ecclesiastica Historia legisse me recolo, quod cum Pilatus in sua relatione Tiberium Cæsarem consuluisset an Christum, qui tot & tanta fecerat, & à plurimis colebatur, vt Deus, coli oporteret vt Deum;

Senatus ab Imperatore consultus respondit colendum quidem fuisse vt Deum, nisi quia id Prouinciales citra Senatus auctoritatem præsumpserant. Et quidem sic nutu faciente diuino, responsum est, ne Deitas Christi, cuius nomen erat Iudæis & Gentibus prædicandum, terrenæ potestati videretur obnoxia, & emendicatam dicerent Infideles, qui velint nolint coguntur audire : quoniam Dominus regnauit, irascantur populi & exultet terra in qua Christi fundatur Ecclesia. Sic ergo nutu diuino arbitror euenisse vt Martyris huius gloria, nec Decreto Pontificis, nec Edicto Principis attollatur, sed Christo præcipuè Auctore inualescat, cuius honorem quoad vixit, studuit dilatare, honorem Christi salutum fore semper expressit, & Christus ei vicem non referret? Absit vt fallax sit in promissis. Legitur in Actibus Apostolorum, quòd quidam nondum baptisati citra auctoritatem Apostolorum Spiritum Sanctum acceperant : sed nunquid hoc Senatus Apostolicus infirmauit? Profectò vbi Deus est Auctor: frustra superior desideratur auctoritas. Si quis autem huius tanti Martyris gloriam euacuari desiderat, quicunque sit ille, antequam ei credamus, aut maiora aut saltem similia operetur. Alioquin peccare creditur in Spiritum Sanctum cuius operibus detrahere non veretur.

Idem Guillelmo Senonens. Archiep. Epist. CCGII.

VENERABILI, Domino & Patri charissimo Vuillelmo Dei gratiâ Senonensium Archiepiscopo & Apostolicæ Sedis Legato, Ioannes de Saresberia salutem, & felices semper ad optanda successus. Nisi membra capiti cohæserint, corporis incolumitas non subsistit, & meritò publicus hostis arguitur quisquis Ecclesiæ profectibus aduersatur. Quia ergo me Sanctæ Cantuariensis Ecclesiæ membrum licet modicum esse constat, necesse est, vt votis communibus pro facultate feram suffragium, & totâ diligentiâ prosequar id in quod se ostendunt studia potiorum. Et vestra quidem Sanctitas eidem Ecclesiæ semper astitit in laboribus suis, & meritorum vestrorum concurrenti, *titulis gloriosis* Martyr agonem suum feliciter consummauit, & Clerus optatâ diu consolatione respirat. Cum enim Dominus noster Rex Anglorum præfatæ Ecclesiæ, sicut per officiales suos Episcopis & Clero innotuit, liberam concessit eligendi sibi Archiepiscopum facultatem : tandem concurrentibus eorum qui in maiori degunt Ecclesiâ, & aliorum votis, canonicè conuenerunt in virum, cui diuinâ præeunte gratiâ litterarum eruditio ad doctrinam suffragabitur, vita proficiet ad exemplum, elegantia morum promerebitur gratiam cohabitantium, facundia verbum Dei salubriter dispensabit. Si quidem indubitata spes est, quod sanctissimus quem semper dilexit & coluit, necessitatibus eius patronus accedet: & quem successorem elegisse & vocasse visus est ad laborem, promouere disponet ad participium consolationis & gloriæ. Is est venerabilis vir Ric. quondam Prior Ecclesiæ Doverensis, pro quo Sanctitatis vestræ genibus prouolutus quantâ possum deuotione supplico, quatenus ei dexteram gratiæ & opem auxilij clementer porrigat Excellentia vestra: & Ecclesiæ quam de naufragio traxistis ad portum, labores, & angustias optato solatio teleuctis. Ita demum proueniet, si dignatio vestra obtinuerit, vt electus accepto consecrationis munere, plenitudine gaudeat potestatis, vt Deo debitum reddere possit obsequium, & indigentibus solatium exhibere. Quod serenissime & dulcissime Pater tanto magis habeo postulare, quanto maiori meo discrimine quidam mentiri ausi sunt, quod ego apud vos & per vos consecrationem eius debuerim impediisse. Hoc autem falsissimum & nouit Deus, & sinceritas conscientiæ vestræ & meæ. *Placeat itaque Sanctitati vestræ,* qui in hac parte nouistis innocentiam meam diuinæ miserationis intuitu eam cum optimum fuerit excusare, vt Deus vos & vestros ab omni discrimine tueatur.

Epistolæ Stephani S. Genouefæ Parisiis Abbatis, postea Tornacensis Episcopi.

Dom. Remensi pro interdicto in terra Comitis Flandriæ facto. Epist. CCXXII.

INTER Laicos habitantes Clerici, fratres sunt draconum & socij struthionum. Quod si iurisdictione aliqua seculari liceat eis in Ecclesia sæuire, qui debuerant seruire sub nomine communiæ, inter eos squama squamæ adiungitur, vt nec spiraculum incidat per eas. Hac vertigine rotantes inter nos ciues nostri, cum prius coram Domino Attrebatensi & Castellano insulæ mandatum Domini Regis in nostris & eorum quæstionibus contempsissent, & post modum ad vos reuertentes communes arbitros sub forma à vobis tradita suscepissent, nec consilio vestro voluerunt acquiescere, nec in arbitrium voluit sese populus obligare. Inde est quod tanquam ad consilium totius Ecclesiæ recurrunt ad vos Canonici nostri Clerici vestri, & nos cum ipsis & pro ipsis pedibus vestris aduoluimur, vt in tam periculoso negotio, sicut semper consueuistis, & beneuolum consilium, & beneficum auxilium impendatis. Præterea, quod non sine gemitu & suspirio dicere possumus aut debemus super nouo mandato Domini Cardinalis & Legati Magistri Melioris, de interdicenda terra Comitis Flandriæ consilium à vobis requirimus, & tota Flandriæ Ecclesia gemitibus inenarrabilibus totum cogitatum suum iactat in vobis, vt quos hactenus enutristis, tantis periculis non permittatis exponi. Adhuc recentia prioris interdicti spirant vulnera, nec vulnerati respirant. Et si secundus congeminetur ictus, mors erit in ianuis, & sub tristi silentio conualescent Hæreses quæ pullulare cœperant : claudentur Ecclesiæ, silebunt cantica diuina, cogentur mendicare, qui panes propositionis in mensa Domini consueuerant manducare. Scimus autem prauum cor hominis illius ita induratum, quod excommunicationem contemnat, interdictum non timeat, secularia spiritualibus anteponat. Videtur nobis & multis prudentibus viris, quia & vulneraretur profundius, & confunderetur apertius, si & ipse & omnes ei communicantes singulis Dominicis diebus excommunicarentur, & loca ad quæ accederet quandiu ibi moraretur, à Diuinis cessarint. Cum hæc ageretur in Capitulo nostro præsentibus nunciis Dom. Oxon. qui propter hoc ad nos accesserant, Bernardus de Robais Bailliuus totius Flandriæ, ne in terra Comitis poneretur interdictum, per appellationem ad Dominum Papam interdixit, diem appellationis prosequendæ in Octauas Beati Ioannis Baptistæ præfigens. Super his omnibus Consulite, Pater, consiliis vestris, Clericis vestris, Ecclesiis vestris.

Ex Commentarijs Rerum Remensium, à Domino Antonio Collardo Remensi Collectis, & MS.

GVILLELMVS cognomine ALBIMANVS.

HIC Theobaldo Comite Campaniæ, & Mathilde nobilibus parentibus ortus, cum Episcopatum primum Carnotensem, deinde Archiepiscopatum Senonensem adeptus fuisset, tandem Remensem Ecclesiam obtinuit, consentiente Clero Remensi, & ALEXANDRO tertio Papa consensum Cleri approbante, agnomine autem Albimanus ob albedinem manuum vocatus fuit. LVDOVICVS VII. Rex Francorum præscribit formulam Regum Franciæ Remis inaugurandorum, simulque instituit PARES FRANCIÆ, qui coronando Regi adstarent, eisque Titulos attribuit, vnde GVILLELMVS primus omnium par Franciæ dictus, ex Comite Remensi Dux nominatus fuit, ad cuius postulationem, & deinceps tollerentur controuersiæ quæ antea subortæ fuerant, vbi loci inaugurandus esset Rex Francorum: statutum fuit Decreto ALEXANDRI tertij Papæ, vt nemini liceret præterquam Archiepiscopo Remensi Regem Franciæ inaugurare, aut primam ei Coronam imponere, sicut ex antiqua consuetudine obseruatum fuit. GVILLELMVS Metropolita Remensis PHILIPPVM secundum Augustum ex Adela sorore nepotum, in Regem Francorum Remis magno apparatu & pompâ, Kalendas Nouembris, viuente LVDOVICO patre coronat, & inungit, cuius coronationi adfuit HENRICVS Rex iunior Anglus, Franci beneficiarius. Pietatis atque Religionis obseruans GVILLELMVS hæreticos Fraticellos in Flandriâ quos neque minis, neque præmiis propositis, adducere potuit vt ad Ecclesiam redirent, omnes vel proscribi, vel cremari iussu PHILIPPI Regis curauit. LVCIVS tertius Papa GVILLELMVM Metropolitam Remensem mense Decembri Romæ in Collegium Cardinalium cooptat, dato illi Ecclesiæ sanctæ Sabinæ, vt moris est, Titulo. Initio Regni PHILIPPI secundi Francorum Regis subortas factiones ODONIS Ducis Burgundiæ, & STEPHANI Sacro-Cæsariensis Comitis GVILLELMVS auunculus Philippi Regis maternus, ea virtute & prudentia repressit, vt coacti sint illi à Rege veniam petere, qui cum eiusdem GVILLELMI studio redierunt in gratiam: CLEMENS tertius Papa GVILLELMVM Archiepiscopum Remensem Legatum in Francia, per ditiones Philippi secundi Regis nepotis instituit, cuius Guillelmo fidei, idem Philippus Hyerosolimitanæ professioni se accingens, non solum Adelam vxorem & eius filium Ludouicum, sed totam quoque Regni administrationem commisit. GERBERGAM Regis Dani sororem quam Philippus secundus Rex Francorum Ambianis secundis nuptiis vxorem duxerat, Guillelmus Archiepiscopus Remorum corona Regali ornat, quam tertio post mense Rex Philippus repudiatam ab se reijcit, ab eodem Guillelmo per causam propinquitatis lata sententiâ. Mense secundo, de nono postquam Albertus Henrici Ducis Lotharingiæ & Brabantiæ Frater à GVILLELMO Archiepiscopo Remensi in Leodiensem Episcopum iussu Cœlestini tertij Papæ consecratus fuerat, dolo & insidiis Henrici quarti Cæsaris, quod is tuendæ Ecclesiasticæ Libertatis gratiâ sese illius actibus opponeret, proximè muros ciuitatis Remorum interficitur, sepultus in æde primariâ Diuæ Mariæ. Obiit Lauduni quinto idus Septembris Guillelmus Archiepiscopus morbo apoplexiæ, cuius corpus Remos deportatum funerali pompâ in Templo primario ad sepulturam datur. Nec ita multò post ROTHREDVS Episcopus Catalaunensis illius nepos, subditâ morte extinctus fuit, nullo condito testamento, sicut & GVILLELMVS eius auunculus intestatò è vita excesserat.

Extraict d'vne lettre escrite par le Roy Philippes au Pape Lucius.

ADSTITIT nobis super amicos & fideles nostros, charissimus auunculus noster VVILLELMVS Remensis Archiepiscopus in Consiliis nostris oculus vigilans, in negotiis dextera manus, cum vel ad tempus recedere est hostibus nostris. retinuimus cum clauum in oculis hostium nostrorum, & in lateribus eorum lanceam; sine ipso fieri nihil existimantes siue de pace, siue de bellorum hostibus esse agendum.

Extraict d'vn Tiltre de l'an 1189. touchant l'exemption des Tailles pour les hommes de l'Eglise de Troyes.

EGo Henricus Trecensis Comes Palatinus, Notum facio, &c. Approbante Domino & fratre meo GVILLELMO Archiepiscopo sanctæ Romanæ Ecclesiæ Tituli sanctæ Sabinæ Cardinali, &c.

Preuues du Liure I. de l'Histore

Extraict des Archiues de l'Archeuesché de Reims.

ALEXANDER *Episcopus seruus seruorum Dei, Venerabili Fratri* VVILLELMO *Remensi, Tituli Sanctæ Sabinæ Cardinali, Apostolicæ Sedis Legato*: Authoritate Apostolicâ statuimus, vt nemini nisi Remensi Archiepiscopo liceat Regem Francorum inungere vel ei primam coronam imponere, sicut antiqua consuetudine fuerat obtentum, &c.

Rigordus in vitâ Philippi Augusti, anno 1196.

ANNO MCXCVI. mense Julio BALDVINVS Comes Flandriæ fecit hominium Regi Philippo apud Compendium, adstantibus GVILLELMO Remensi Archiepiscopo, & M. Campaniæ Comitissa.

Galtherus in sua Alexandriade GVILLELMO dicatâ.

TTV, cui maior genuisse Britannia Reges
Gaudet Auos, Senonum quo Præsule non minor Viki
Nupsit honos, quam cum Senonensibus armis
Fregit adepturus Tarpeiam Brennius arcem
Si non excires vigiles argenteus anser:
Quo tandem regimen Cathedræ Remensis adepto,
Duritiæ nomen amisit Belgica virtus;
Quem partu effusum gremio suscepit alendum
Philosophia suo, totumque Helicona propinans,
Doctrinæ sacram patefecit pectoris aulam
Exc slamsque diu studij fornace, fugatâ
Rerum nube, dedit causas penetrare latentes.
Huc ades.......

Annus millenus centenus septuagenus
Primus erat, primas quo ruit ense Thomas.

Rogerius Houeden. Post. parte Annalium.

SANCTISSIMO Patri et Domino ALEXANDRO Dei gratiâ summo Pontifici, VVILLELMVS Senonensis Ecclesiæ minister, salutem & debitam cum omni deuotione obedientiam. VESTRO Apostolatui (Pater Sancte) data est omnis potestas in cælo & in terra, gladius anceps in manibus vestris. Super gentes & regna constituti estis ad alligandos Reges eorum in compedibus, & nobiles eorum in manicis ferreis. Vide ergo Domine, & considera, quem vindemiauerunt ita, vineam namque Domini Sabaoth exterminauit aper de Sylua, & singularis ferus depastus est eam. Ecclesia siquidem Cantuariensis immò vniuersalis Ecclesia sanguineas rorantes lachrymas, & amaritudine aspersas, à finibus Terræ in conspectu vestro effundit: quia posita est quasi signum ad sagittam, facta est opprobrium vicinis suis, & qui vident eam, mouent cupita sua super eam dicentes, vbi est Deus eorum: ipsa autem gemens & conuersa retrorsum clamat in auribus Domini exercituum, vindica Domine sanguinem serui tui & Martyris Cantuariensis Archiepiscopi qui occisus est, immò pro Ecclesiæ libertate crucifixus. Pater sancte, Verbum horrendum, facinus flagitiosum, & enorme flagitium factum est in diebus vestris, quod quicumque audierit, tinnient ambæ aures eius, nunquam est auditum in Theman; non est visum in Canaam. Alter siquidem Herodes semen Canaam & non Iuda, progenies viperarum, missis à latere suo lictoribus, signum Dominicæ Passionis, quod desuper in vertice gerebat, nequaquam exhorruit profundis exarare vulneribus, & notis turpibus cælestem deformare imaginem. Propter hæc, sicut omnis Ecclesia asserit, ipsum facit Martyrem causa & pœna: pœna, dolor passionis illatæ, causa rigor Ecclesiasticæ censuræ, quia pro lege Dei sui certauit vsque ad mortem. Vestrâ ergo interest (Pater Clementissime, custos murorum Hierusalem) remedium adhibere præteritis, & prouidentiam futuris. Quis enim locus poterit esse tutus, si rabies Tyrannica, sancta Sanctorum cruentat? & Vicarios Christi, Alumnos Ecclesiæ impunè dilacerat à Insurgant ergò Ecclesiasticæ leges, armentur iura Ecclesiastica, introëat in conspectu vestro vltio sanguinis gloriosi Martyris, qui de Angliâ clamat, clamabit si quidem, & commouebit non solum Terram, sed & cælum, & sic nostro consulite dolori, vt honestati vestræ pariter consulatis, & libertati Ecclesiæ. De cætero sanctæ paternitati vestræ dignum insinuare duximus, quod cum Domino Rothomagensi & nobis in mandatum dederitis, vt Terram Regis Angliæ Cismarinam, si pacem, quam gloriosæ memoriæ Domino Cantuariensi promiserat, non obseruaret, sub interdicto poneremus: adjicientes etiam quod si vterque nostrum rei executioni non posset, aut nollet interesse, alter nihilominus mandatum vestrum exequeretur. Prædictus verò Rothomagensis, postquam litteras vestras ei præsentari fecimus, nobis significauit, quod ad Senonensem ciuitatem veniret, & iuxta formam mandati vestri procederet. Cum autem illuc venisset, vnà cum Lexouiensi & Ebroicensi, & Vvigorensi Episcopis, & aliis quamplurimis tam Clericis, quam Laicis de familiâ prædicti Regis, post tergiuersa-

des Cardinaux François.

tiones & excusationes verborum inde deductas, respondit se ad vestram iter arripuisse præsentiam, & prædicto Regi se nolle exacerbationem infundere acerblorem. Nos vero scientes quod *vitium paganitatis incurrit quisquis Mandatis Apostolicis obedire contemnit*, iuxta seriem mandati vestri de communi consilio fratrum nostrorum omnium Episcoporum, & sancti Dyonisij & Germani de Pratis, & Pontis magni Vvacellensis, & Cenmensis Abbatum, & aliorum quam plurium Religiosorum virorum, & sapientium, in Terram eius Cismarinam sententiam tulimus, & memorato Archiepiscopo & Episcopis, vt eam obseruari facerent, ex parte vestra iniunximus. Scimus enim quod nec possessiones, sicut promiserat restituit, nec securitatem sicut mors eius indicat, instituit. Per Cantuariensem quoque, quem ad eum miseramus, nobis significauit, quod causam mortis eius dederat, & quod eum occiderat, inde est quod. Clementiæ vestræ supplicamus, quatinus prædictam sententiam ratam habeatis, & sicut Maiestatem vestram decet, & incolumitati expedit Ecclesiæ, eam taliter faciatis obseruari, vt honor Dei & vester conseruetur, & Nos, qui vestram Sanctitatem ea, qua scitis, deuotione amplectimur minime propter hæc possimus illudi. Valete, & sicut decet Maiestatem & sanctitatem vestram, facite.

Idem Rogerius Houeden eodem loco citato.

AMANTISSIMO *Patri ac Domino,* ALEXANDRO *Dei gratia summo Pontifici,* VVILLELMVS *Senonensis Ecclesiæ humilis Minister, spiritum consilij & fortitudinis, cum omni obedientia famulatu.* INTER scribendum hæc, immo priusquam scriberem, mox steti, & hæsi dubius admodum, quo dictaminis genere nuper patrati sceleris atrocitatem, & supplicij recenter illati immanitatem Clementiæ vestræ oculis præsentarem: & profecto arbitror clamorem mundi iam vestræ sanctitatis aures impleuisse vtpote qui in mundi specula residetis, qualiter ille non Rex Anglorum, sed Angelorum potius & totius Corporis Christi inimicus, proxime sit malignatus in sancto, in filio dexteræ tuæ, quem confirmasti tibi. Cuius ex hoc mundo excessum, & excessus modum, etsi forte ex aliquoum diuerso relatu acceperitis, quod mihi innotuit ab his, qui interfuerunt, conscius fideli intimo, & patrati sceleris ordinem paucis explico, cuius tamen immanitas excogitari non potest. In Natali Domini, proximo post Festum Innocentium die, occidente iam sole circa horam Vesperarum, intromissi spiculatores tres duntaxat, qui primi fuerant, ad fortem illum Athletam Christi terribiliter admodum & fastuose accesserunt, quorum memoria, vt in maledictione perpetua sit, intersero nomina, Hugo de Moreuilla, Vvillelmus de Traci, Reginaldus filius Vrsi, qui in primo accessu à viro Dei Salutationem non resalutauerunt, vtpote, qui iam vias perditionis ingressi manifeste respuebant salutem. Quin potius contumeliose & aspere minis intonuerunt, si Episcopos suspensos, siue excommunicatos, ad Regis non absolueret mandatum. Quo manifeste respondente, id ad singularis Primatus Vestri spectare censuram, nec aliquid sibi vindicare, vbi tanta interueniset authoritas : Mox ipsum ex parte Regis diffiduciauerunt, & continuò exierunt ad cohortem: militibus, qui de familia hominis Dei erant super periculo vitæ, & honorum omnium proscriptione, in exitu suo præcipientes ex parte Regis, vt ipsi pariter exirent, & rei euentum taciti & patientes expectarent, publicè per Ciuitatem simile Regis Edictum exiuit. Singularis verò ille Christi Athleta, in nostris diebus minas Principum spreuit, & de loco ipso, vbi iam velut mortis acceperat nuntium, ad militum instantiam vix egredi compulsus est, & hæc quidem ne videretur consummari inuitus. Deo itaque dispensante Metropolitanam Ecclesiam in ipsius Christi honorem dedicatam ingressus, dum Christus Domini pro nomine Christi meruit immolari, vbi quotidie & Christus immolatur, & Sacerdos ille Altissimi stans ante Altare, & Crucem, quam ante se gestare consueuerat, brachiis suis amplectens & orans, voluntariam se ipsum inter Crucis & Altaris cornua pacificam Deo hostiam obtulit. Nam appropinquante iam hora Passionis, ipse flexis genibus, extento collo, & curuata ceruice calicem salutaris accepit, & à tribus prænominatis spiculatoribus decaluatus est. Prius tamen contumeliis & probris multis affectus, vt nec ipse Passionis Domini sui titulo fraudaretur. Cuius vt in ipso adhuc magis forma claresceret, eadem hora pro occisoribus suis exorauit: adjiciens & deuote supplicans vt à malis præsentibus eius familia seruaretur illæsa. Solus itaque Pontifex non sine sanguine intrauit in Sancta, & quia post viri sancti transitum, operante Domino memoranda quædam ex multorum crebra relatione, audiuimus, omnino præterire non debent. Dicitur namque & constanter asseritur, post passionem suam, in visu apparuisse multis, quibus perhibet se non mortuum esse, sed viuere, & non vulnera, sed vulnerum cicatrices tantum ostendere, inter quos veterano cuidam Monacho, nomine *Neel*, apparuisse dicitur, sed qualiter, hoc non edissero, vt euitetur longitudo sermonis, sed horum baiuli fideliter & patenter exponent. De cæco verò quodam, qui mox passione consummata, crudo adhuc sanguine oculos deliniuit, oculos & visum recepit, omnino auditum est. De Cereis etiam circa corpus positis & extinctis, sed postea per se reaccensis non infida multorum est relatio, & quod maius est adhuc gaudium, & miraculum habet: expletis omnibus circa corpus humanitatis obsequiis, cum iam in choro iaceret super feretrum, circa auroram, leuata manu dextera benedictionem dedit. Age ergo homo Dei, & quorum tenes sedem, indue fortitudinem, excutere sit excussorum, hinc miseratio, inde verò indignatio moneat, vnam filio debes; Tyranno alteram, & huius in Terris auge gloriam, quam de Cœlis tam mirabiliter glorificat Deus. Ille verò para ignominiam, qui in Terris tam horribiliter persecutus est Deum, & proprij ventris tui percussit latera, excussit viscera, & conculcauit in Terra. Qui etiam filium tuum, quem sicut mater vnicum diligebas, nescio per quos incircumcisos & immundos tam perfidè, tam inhumanè mactauit; patris non reueritus offensam, nec miseratus ætatem. Quorum ergo sortitus es ministerium, sortiaris & zelum, & qui cecinis Achab scelus, Heliæ te apprehendat æmulatio. Occidit Achab & possedit, sed Achab quidem toti is patrati sceleris facie operosè perpensâ, Achab ab ipso iustificatus est; illud siquidem est quod inter omnia quæ legantur seu referantur, sceleratorum scelera longè primum obtinet locum. Quod omnem Neronis nequitiam, Iudani perfidiam, sacrilegam etiam Iudæ proditionem excedit. Vnde siquidem & attende qualis persona, in quali Ecclesiâ, quale etiam tempus patrandi sceleris elegerit: Natale scilicet Domini, proximum post Sanctorum Innocentium diem, vt nouus ex veteri nostris diebus suscitaretur Herodes. Pax etiam publicè data proditorum nihilominus tenuerit à scelere, qui tanquam per se satis non insaniret, instigatores habuit dantes cornua peccatori, falsos vis illos & ab omni Ecclesiarum orbe perpetuò detestandos fratres; Rogerum videlicet Archiepiscopum Eboracensem Diabolum illum, & Lundoniensem Episcopum Gillebertum, & Iocelinum Saresberiensem Episcopum, non Episcopos, sed Postatieos. Qui filium tuum fratrem suum non in mystice vendiderunt, sed in veritate occiderunt: Patris iam senis nec maledictionem, metuentes, nec dolori, vel ætati parcentes: Quorum vita præsens vt in perpetua amaritudine sit, & memoria in maledictione æterna, vestra (*Pater Sancte*) authoritas pariter & austeritas efficiat. Valeat Sanctitas vestra, Pater sancte.

Idem Rogerius Houeden posteriori parte Annalium ad annum 1173.

INTERIM LVDOVICVS Rex Francorum, & Rex Angliæ filius obsederunt Verolium, &c. In fine autem illius mensis, cum Burgenses de Burgo magno viderent, quod victus & necessaria eis defecissent, nec haberent quid manducarent, compulsi fame & inopia inducias triduanas cœperunt à Rege Franciæ eundi ad Dominum suum Regem Angliæ propter succursum ab eo habendum: & nisi infra sequens triduum succursum haberent, redderent ei Burgum illum; & statutus est eis dies peremptorius in vigilia Sancti Laurentij, & dederunt Regi Franciæ, obsides inde & Rex Franciæ & Rex Angliæ filius, & Comes Robertus Frater Regis Franciæ, & Comes Heuricus de Troyes, & Comes Theobaldus de Blois & VVILLELMVS Archiepiscopus Senonensis iurauerunt eis, quod si ipsi reddidissent Burgum illum Regi Franciæ ad terminum statutum, Rex Franciæ redderet eis obsides suos liberos & quietos, &c. Quo audito Rex Angliæ Pater congregauit totum exercitum, &c. Et dies illa erat dies peremptorius in quo redditio Vernolio reddenda erat, nisi haberent succursum. Et LVDOVICVS Rex Francorum misit VVILLELMVM Senonensem Archepiscopum, & Comitem Henricum, & Comitem Theobaldum ad Regem Angliæ Patrem, & cœperunt colloquium inter eos in crastino. Et credidit illis Rex Angliæ malo suo: quia deceptus est. Rex namque Franciæ in crastino, nec ad colloquium venit, nec Nuncium misit. Et reddita est Regi Franciæ portio illa, de Vernolio, quam obsederat.

Iacobus Tauellus in vitis Archiepiscoporum Senonensium.

DEFVNCTO Hugone, GVILLELMVS, qui ad Episcopatum Carnotensem electus erat, in Archiepiscopum Senonensem postulatus est, quem Senonis consecrauit Mauritius, tùm Parisiensis Episcopus. Filius hic fuit THEOBALDI illius Campaniæ Comitis (qui magnus dictus est, & frater Henrici Campaniæ Comitis, qui liberalis est appellatus, & Adelæ vxoris LVDOVICI Regis: qui sub ferula Bernardi Claræuallensis educatus, religiosissimus euasit. Illum sæpius in Epistolis ad Theobaldum Bernardus blandè VVILLELMVM nominat, & vulgo *Blanchemanus*, à manuum candore vocabatur. AB ALEXANDRO tertio summo Pontifice in Cardinalium numerum cooptatus, & Sedis sanctæ per Galliam Legatus constitutus est. Multa à Rege impetrauit in Ecclesiæ suæ gratiam: ab antiquo mos inoleuerat, vt Regia familia semel in anno hospitaretur in villa Sancti Iuliani de Saltu (quæ est de Dominio Senonensis Archiepiscopatus) & Ecclesiæ sumptibus aleretur; quod Ecclesiæ maximè dispendiosum incommodum, à Rege LVDOVICO sororio suo precibus redemit, constituta redditu, qui singulis annis fisco penderetur, anno MCLXX. Quod & Philippus Rex Ludouici successor in gratiam Guillelmi auunculi confirmauit. Ab Henrico fratre Campaniæ Comite, triginta libras annui redditus in Theloneis vrbis Prouinensis obtinuit, quas Senonensi Ecclesiæ attribuit, vt sacrarum precum, quæ quotidiè in eâ fiunt, particeps fieret. Postliminio acquisiuit in vsum Ecclesiæ & successorum suorum Iurisdictionem omnimodam, quam Archiepiscopo competebat in villa de *Rousson*, quam iamdudum vicecomites Senonenses occupauerant. Ad altare sancti Iohannis in Ecclesia Senonensi quatuor Canonicos instituit, eisque prouentus certos in alimoniam constituit, concessitque eis Ecclesias *de Villemanoche, Burtigny, & Florigny*, vt ex Chartâ constat datâ anno Christi MCLXX. Eos etiam apparitores Laicos instituit, quos matricularios vocant, qui negocia Ecclesiæ peragerent, signa ænea ad Diuinum cultum vocantia tangerent & apparerent in via cum procedit sacra Canonicorum cohors; quibus diebus singulis è suâ mensâ cibum & potum constituit, & prouentus assignauit, quo ministerio sibi iniuncto non deficerent. A Galeranno milite & Ermanuisaude eius vxore, sorore & hærede Guarini Vicecomitis Senonensis machinatum Molendinum (quæ ad Vicecomitem spectabant) medietatem emit, è cuius redditu præbendum de nouo constituit in Ecclesia Senonensi, reliquam partem à Rege LVDOVICO datis & concessis permutationis titulo aliis prædiis, comparauit. Ea etiam nunc Molendina ad Senonensem Ecclesiam pro parte spectant: Nam Regi dimidiam partem ad tutelam & defensionem reliquæ partis concessère, sed vt sæpissimè solet fieri, cum potentior in societatem recipitur, omni penè iure Ecclesia excidit. Dignitatem Præpositurę Ecclesiæ Senonensis (quæ summa & prima post Archiepiscopum Dignitas erat) abrogauit, & statuit, vt Decanus locum illius obtineret, & Decanatui, quo magis ea dignitas prouentibus abundaret, & oneribus sufferendis sufficeret, fructus Ecclesiarum *Sancti Florentini, & Campi Leici* perpetuò vniuit. Gaufrido item Senonensis Ecclesiæ Præcentori & successoribus ea in dignitate, concessit hoc priuilegium, vt nulli liceat ludum literarium aperire in Vrbe Senonensi aut vicis infrà decem castra vicina, absque licentia Præcentoris: Ea autem castella sunt *Iogniacum, Curtixiacum, Mor. cum, Munsterolum, Maricolle, Brayum, Villamauri*, solo Sancti Iuliani oppido excepto. Cum Thomas Cantuariensis profugus & exul ex Anglia in Galliam transmigrasset, quod Henrico Regi secundo insolitas consuetudines & Ecclesiam grauantes inducenti restituisset, GVILLELMVS tanquam Legatus sanctæ Romanæ sedis, Interdicti sententiam in vniuersam Angliæ regionem promulgauit, quam sententiam vt ratam haberet Alexander, per Epistolas postulauit Guillelmus, quæ Epistolæ post Sancti Thomæ vitam sunt adiectæ. Qua comperobata Henricus ad pœnitentiam adactus multas & duras suscepit absolutionis conditiones. Dein anno MCLXXVII è sede Senonensi ad Remensem Ecclesiam Henrici Archiepiscopi morte viduatam translatus est, Obiit autem anno MCCVII. Idus sept. & Remis sepultus est.

Ciaconius in vitis Pontificum sub LVCIO tertio.

GVILLELMVS Comes Blesensis Gallus, Archiepiscopus Remensis, Præsbyter Cardinalis tituli sanctæ Sabinæ, posteà Episcopus Cardinalis Prænestinus à Cœlestino tertio creatus, ad quem Innocentius tertius aliquot litteras scribit, eique multa negotia finienda, & causas terminandas committit. Legatus ab eo in Germaniam anno 1206. Coloniam proficiscitur, vt schisma post Chunradi Cardinalis Sabini mortem in Ecclesia Moguntina exortum tolleret. Is Leopoldo olim Vuormaciensi Episcopo, quem Philippus Rex tuebatur, reprobato, Sigefridum à minore Canonicorum parte liberè electum, confirmauit. Ita Chunradus *Abbas Vusperensis*, post Legationem Germanicam, in qua multo tempore fuit, totius Galliæ Legatus est, in quo honore sub Innocentio tertio excessit. Ad hunc mult. extant Innocentij tertij Papæ Epistolæ in eius Registri libro 1. ꝟ. 6. 7. 8. 9. Bulla Lucij tertij Ecclesiæ Sancti Stephani Veronæ anni 1184. Innocentij Registrum, anno. 1. 2. *Addito.* VVILLELMVM Remensem Archiepiscopum ab Alexandro III. secunda die Lateranensis Concilij, quæ secundo Idus Martij euenit, anno 1179. Præsbyter Cardinalis tituli sanctæ Sabinæ creatum fuisse testatur Rogerius Houeden in Annalibus suis. Quartus vel Theobaldi magni Campaniæ Comitis ex Mathilda Flandrica filius, & Theobaldi Comitis Blesensis frater, & Regij sanguinis, & rerum gestarum gloria clarissimus. Auunculus item Tutorque fuit Philippi Augusti Francorum Regis, quem Rhemis 1180. die omnium Sanctorum, adstante Rege Ludouico patre, cum omnibus Principibus Regni coronauit in Regem, Apostolicæ Sedis Legatus in Gallia: Hæreticos multos in Flandria, qui Baptismum paruulorum, & sacram Eucharistiam reprobabant, aliaque insana aduersus Catholicam Ecclesiam asserebant, comburi iussit, vt auctor est Vincentius Beluacensis libro 29. capite 26. Sanctum ALBERTVM Martyrem, Leodicensem Episcopum & Cardinalem Rhemis Pontificis mandato 20 Septembris anno 1192. consecrauit, vbi is 24. Nouembris, à satellitibus Henrici Imperatoris fuit occisus, Ægidio Aureæuallis Cisterciensis Ordinis Monacho teste in Historia Episcoporum Leodiensium. Obiit tandem Vuillelmus anno 1202 septimo Idus Septembris. Rhemis sepultus. Huius extant duæ Epistolæ ad Alexandrum tertium de morte Sancti Thomæ Cantuariensis, apud Rogerium Houeden. Fuit Episcopus 66. Carnotensis designatus, tum etiam Senonensis Archiepiscopus consecratus, cui Petrus Comestor dicat Historiam Scholasticam, ad Rhemensem translatus anno 1177. post mortem Henrici magni Monachi Claræuallensis. Vide Galliam Christianam in Cathalogo Archiep. Rhemensium.

Coustumes accordées aux Habitans de la Ville de Beaumont en Argonne, par Guillaume de Champagne, Archeuesque de Rheims, Cardinal du Tiltre de Saincte Sabine.

GVILLAVME par la grace de Dieu, Archeuesque de Reims, Cardinal de l'Eglise Romaine, soubs le Tiltre de Sainte Sabine, à ses bien amez fils, & fidelles Maieur, Iurés & aultres Bourgeois de BEAVMONT, tant presents que futurs, Salut. Ce qui est ferme & stable à iamais doit ordinairement estre reduit en escrit pour ne receuoir changement ou alteration en soy des esprits des hommes, Nous auons iugé estre tres expediant de faire ceste lettre presant pour asseurance de stabilité, & rendre certains tous à l'aduenir, que Nous auons constitués & establi à bastir sur nostre Terre vnne Ville apelés & dit BEAVMONT, & l'auons munit de ces Coustumes, Franchises, & libertés qui s'en suit.

Premierement, Nous auons ordonnés & arresté à nos bien amés fidelles & à tousiours Nous voulons estre ferme, que le Bourgeois qui aura en icelle ville maison, ou iardin hors les murs Nous paiera tous les ans douze deniers, sçauoir six au Noel, & les six aultres au iour de S. Iean baptiste. & qui ne s'acquitera de ses six deniers dedans trois iours apres le iour designés, sera condamné à deux sols six deniers d'amende.

Vous sera libre & permis, & à tous autres estans en ce lieu, de vendre & achepter librement, & asseurément, & sans païer aucuns deniers, ou autres telles redeuances.

Pour la fauche des prés, vous donnerés tous les ans au Iour S. Remy quatre deniers.

Aux terres anciennes, & de tout temps arables, de douze gerbes, Nous en aurons deux.

Aux desfriches des bosches & nouuelles mises en nature arable, de quatorze gerbes Nous en aurons seulement deux.

Nous ordonnons aussi en ce lieu des fours qui seront nostres, pour cuir en iceulx vos pains banablement, & de vint & quatre pains vous en paierés vn.

Nous ferons aussi des molins, & viendrés en iceulx pour y maldre, ou à ceulx de l'Estame, lesquels l'vn ou l'autre vous seront banalle, & de vint mesures de grain vous en paierés vnne sans donner de farine.

Si quelqu'vn est accusé d'auoir mal paiés, ou les dixmes & terrage, ou pour auoir rompu le ban des molins, & faires, il se purgera par son serment.

Outre ce Nous vous octroions libre vsage & libertés aux eaux & forests selon qu'ils vous ont esté diuisés & departy, entre ceulx de l'Estame, Vincy, & les Freres de Belual, & ceulx de Stenay.

En cest dit ville seront estably & constitués du consentement general, des Iuré & le Maire, qui Nous prestera le serment de fidelité, & sera comptable à nos Fermiers ou Receueurs, des deniers & reuenu de la ville, & ne pourront estre contraint ny le Maire ny Iuré à persister à leurs charges les deux années expirés, fors de leurs acceptations & consentement.

Si quelqu'vn de vous, ou de libertés, ou contraint par necessités vend quelque heritage, le Vendeur donnera vn denier, & l'Acquesteur vn aultre au Maieur & Iurés, desquels l'vn appartiendra au Maieur, & l'autre audit Iuré.

Tout Bourgeois qui viendra de nouueaux en ce lieu pour y faire sa retraite, & demeure, en son arriués & receptions donnera vn Carolus au Maieur, & vn aux Iurés, & auec toutes libertés & franchise prendra en ce lieu terre & masur, selon qu'il luy sera mesuré, & adiugés par le Maire.

Nous arestons & à l'aduenir voulons estre obserués, que tous contre lesquels des plaintes seront formés, s'ils sont conuaincus par le tesmoignage de deux tesmoings dignes de foy, paieront trois sols deux deniers à l'Archeuesque, & douze deniers à l'Accusateur.

Si quelqu'vn at accusé son Conciroien de mensonge, & que la plainte vint en connoissance au Maieur & Iurés, estant conuaincu par la deposition de deux Bourgeois, il sera contraint en l'amende de cinq sols, sçauoir quatre & demy à l'Archeuesque, & six deniers au Maieur, s'il n'y a point de preuue l'Accusé sera absous se purgeant de serment.

Si quelqu'vn accuse vn autre d'auoir Iuré faulsement, ou luy donne iniures semblables, il paiera dix sols au Seigneur, six sols à l'Iniuriés & offencés, deux sols au Maieur, & deux aultres aux Iurés, que s'il n'y a preuue de blasme, se purgera de son serment.

Si quelqu'vn frappe vn autre sans armes ou ferrement, il sera amandable de quarante cinq sols, appliquables au Seigneur, Maieur, Iurés & Complaignant, sçauoir au Seigneur trente & huict sols, au Maieur douze deniers, & aux Iurés semblable somme, & au Complaignant cinq sols : s'il n'y a preuue de ce mesfait, l'accusés sera absous faisant paroistre du contraire par le tesmoignage de deux tesmoings & de son serment.

Si quelqu'vn assaille vn autre auec armes & ferrement, quand il n'y auroit effusion ou blessure, estant de cet assault conuaincus par preuue suffisant, il paiera soixante sols, sçauoir au Seigneur cinquante & huict sols, au Maieur douze deniers, aux Iurés semblable somme, que si ce fait ne peult estre approuué, l'Accusés se purgera par son serment auec deux tesmoings.

Que s'il y a playe ou lezion euident, le coulpables sera condamnés à cent sols distribués, sçauoir au Seigneur trois liures dix huit sols, au Maieur douze deniers, aux Iurés douze deniers, au blessés vingt sols auec les frais & despens de la guarison de la plaie, que s'il n'y a preuue, l'accusé se purgera en faisant paroistre du contraire par la deposition & tesmoignage de sept Bourgeois : s'il y a copulation de membres, ou assasinat, le coulpables & tous ses biens seront à la volontés, disposition, & discussion dudit Seigneur.

Si quelqu'vn à la deffense de son corps frappe vn autre, ou luy a fait sang, il sera paroistre de ce par le tesmoignage de deux hommes, & que si en la continuation de cesdit deffenses luy aduenoit de battre vn membre à son assaillant, ou de le tuer, il se purgera en iugement, & qui l'aura accusé paiera les frais du iugement, l'autre neantmoins sera soubs la disposition dudit Seigneur.

Si quelqu'vn assaille vn autre auec violence en sa maison, conuaincu de ce suffisamment, il sera condamnés en l'amende de cent sols, appliquables, sçauoir quatre liures au Seigneur, à l'assailly dix-huict sols, au Maieur douze deniers, & aux Iurés semblable somme.

En toutte sorte d'accusation & de mesfecture, où il sera besoing que l'accusés se purgera par serment il se iustifiera par la verification de deux Bourgeois.

Celuy qui forme quelque plainte en iugement contre vn aultre à tort & faulsement, il sera en l'amende de trois sols, sçauoir les deux au Seigneur, six deniers au Maieur, & à celuy contre lequel la plainte aura esté faitte, six deniers.

Celuy qui dresse aussi plainte faucement contre vn autre quand au fait d'heritage, sera amandable de vingt sols, distribués, au Seigneur dix huict sols, au Maieur douze deniers, & aux Iurés douze deniers.

Si

Si quelqu'vn postule l'heritage d'aultruy dans le banc du finage de Beaumont, s'il ne peut prouuer sa demande & postulation par le rapport du Maire & Iurés, paiera vingt sols; s'il est demis de sa demande par le iugement d'iceulx, il paiera pareille somme de vingt sols.

Si quelqu'vn a possedé vn heritag : iour & an sans aucune contradiction ou empeschement, qui luy fut donnés par personnes residentes en ce lieu de Beaumont, en pourra apres iouir paisiblement, & la possession luy en sera certaine.

Nul des Bourgeois de Beaumont pourra referer plainte contre vn aultre Bourgeois à vne autre Iustice, ny pretendre contre luy aultres Iurisdictions qu'en ce lieu, tant & si loyen temps, que celuy contre lequel la cause est meue voudra demeurer en icelle Iustice de la ville; que s'il l'a fait sieter sur ce fait, ce moteur sera en l'amende de dix sols, qui appartiendront au Seigneur huict sols, douze deniers au Maieur, aultant aux Iurés, & reparer les dommages & frais de sa partie.

Celuy qui aura esté Iurés, son terme expiré sera receu à iurer des deffaults qu'il aura veu & an pendant son temps, l'année ensuiuant comme il estoit Iuré, en apres n'est admis comme Iuré.

Si quelqu'vn accuse vn aultre de larcin, rapine, d'homicide, ou d'auoir bruslé la maison d'aultruy, en donnant suffisamment loyal caultion tant des frais, & l'accusez, despens de la cause sera submis au iugement de l'eau, s'il ne donne caultion & assurance paiera vingt sols : si l'accusés n'est trouué coulpable de ce iugement, l'accusateur paiera tous les despens de la poursuite & iugés. Ce qui aura esté discernés & arrestés par les Iurés, sera ferme & stable sans contradiction.

Vn chacun sera admis à verifier la vente de quelque chose iusques à la somme de vingt sols par son seul serment.

Celuy qui aura donné quelque chose à vn aultre en credit, luy suffira le prouuer par deux tesmoings du lieu iusques à la concurrence de dix sols; que si la somme surpasse dix sols, sauf toutte preuue, l'aultre doit entrer en cause.

Si quelqu'vn est trouué coulpable d'auoir apporté chose appartenir à quelque forain, le forain verifiera son dire par deux tesmoins irreprochables, obtiendra ses requisitions, sans que l'accusé soit receu en cause ou iugement pour ce fait; que si cet accusé n'a moien de rendre & restituer le larcin, il donnera tout ce qu'il peut poceder au requerant, & ne sera plus receu à s'arrester à la ville, si ce n'est du consentement & permission du requerant.

Si quelqu'vn contreuient au iugement des Iurés, & est trouués bien fondés, & opposant au iugement & rapport des Iurés, deuant lesquels sera decidés, les Iurés paieront cent sols; que s'il ne les peut cuincer de l'accusation donnée, il paiera cent sols & les despens, & frais des Iurés, au Seigneur soixante sols, au Maieur cinq sols, & aux Iurés trente & cinq sols.

Ce que les Iurés auront iugés sera ferme, se incontinent apres cedit iugement, le Iuge apres auoir pris conseil ne contredit à ce iugement.

Si quelqu'vn a detenu heritage d'aultruy soubs obligation, l'ayant reserués iour & an, ce temps expiré le doit declarer au Maieur & Iurés, & iceulx luy decerneront ce qu'il doibt faire desdit heritages.

Si quelqu'vn a iniuriés vn forain auec preuue, il sera submis au iugement des Iurés; que si l'iniure n'est verifiés, il sera absous en se purgeant par serment.

Si quelque Bourgeois de Beaumont a fait quelque extorsion, ou batture dans le lieu de l'Auditoire des causes, sera condamnés à cent sols d'amende, desquels la distribution est telle, au Maieur douze deniers, aux Iurés douze deniers, au complaignant dix sols, s'il y a lezion ou effusion de sang vingt sols, le surplus au Seigneur.

Si quelque forain estranger a commis delits, sera amandable de soixante sols tournois, desquels le Maieur en aura douze deniers, l'interessé dix-huict sols, & au Seigneur le reste.

Si quelque Bourgeois de cette ville a frappés vn forain ou estranger, paiera quarante sols; & si le forain est assailly, le Bourgeois sera amandable d'vne mesme somme, distribués au Maieur douze deniers, aux Iurés douze deniers, au complaignant dix sols, le surplus au Seigneur.

Si quelqu'vn est conuaincu du rapport du Messier ou Garde commis, de s'auoir emancipés dans la vendange & moisson d'aultruy, sera condamné en l'amende de cinq sols, dont le Seigneur en aura quatre, la Garde six deniers, le Maieur six deniers : & si vn aultre que la Garde ou Messier le trouue en ce delits, le fait sera rapportés au serment de l'accusés, s'il ne veult accepter le serment, paiera cinq sols, & condamnés en la reparation du dommage selon le iugement des Iurés.

Si quelqu'vn est trouué faisant dommage au iardin d'aultruy, sera amandable de trois sols six deniers, douze deniers aux Iurés, six deniers au Maieur, & au Seigneur deux sols, & reparera le dommage.

Que si quelque estranger ou forain est trouué en mesme delits, soit en vn iardin ou grains, il donnera deux deniers à la Garde, & sera serment qu'il n'auoit connoissance des Coustumes du lieu : & s'il ne veult accepter le serment, paiera cinq sols au Seigneur, quattre sols au Maieur, & six deniers à la Garde.

Les enfans au bas aage de quinze ans, estant trouués au mesme mesfait, paieront douze deniers selon la disposition des Iurés.

Si quelqu'vn a assailly le Maieur auec violence, ou quelques Iurés, sans blessures ou lezion d'armes, paiera cent sols au Seigneur, trois liures dix-huict sols à l'interessé, vingt sols au Maieur, & deux sols aux Iurés, s'il y a playe ou blessures, le coulpable, & tous ses biens seront à la disposition du Seigneur, que si quelqu'vn des Iurés a commis le mesme delits & oultrage, encourra la mesme peine.

La femme qui aura iniuriés vnne aultre femme conuaincuë par le rapport de deux ou trois tefmoings, fera amandable de cinq fols, dont le Seigneur en aura quatre, & le Majeur fix deniers, la femme iniuriée fix deniers. Que fi cette femme ne veult fatisfaire à cette amande, fera condamnée à porter des pierres le iour de Dimanche en la Proceffion. Que fi elle a dónés cette iniure à vn aultre conuaincus par témoings, pa era cinq fo's tournois; fi l'homme a iniuriés ladite femme, fera condamnés en pareille fomme, & à diftribuer comme dit eft.

Si quelque forain fe vient refugier dedans le Bairequet & limite de la ville pour quelque mefait que ce foit, fors larcin & l'homicide, il fera receu auec toute affeurance de fon corps, & demeurera en ce lieu iufques à ce qu'il trouuera aultre lieu pour fa feuretés, & luy fera permis en ce lieu de contefter en caufe touchant le larcin & l'homicide fi bon luy femble.

Si quelqu'vn eft accufé de larcin par fufpicion & indice, s'il ne preuue au contraire, par la difpofition & ferment de deux hommes non reprochables, fera fubmis au iugement des eaux.

Si quelqu'vn n'a dequoy fatisfaire à la reparation du mefait predit, tout ce qu'il a luy fera ofté, & fera exilés hors de la ville iour & an. Que fi l'an & iour expirés il pretend de rentrer en ladite ville, il fatisfera à la reparation du delits du mefait, felon le iugement & raport des Iurés.

Si la brebis eft trouués aux vignes fans incurcion comme defchappés, le paftre paiera douze deniers, audit Seigneur dix deniers, & à la garde & meffier deux deniers; la mefme peine eft quand aux grains: & la brebis eftant trouués en mefme delits, fera taxés à fix deniers piece, dont le Seigneur en aura cinq deniers, la garde vn denier, & le dommage fera reparés au iugement & raport des Iurés.

Perfonne ne fe peult gagier pour fa propre debte fans le confentement & permiffion du Majeur & Iurés; à faulte de ce fera amandable de dix fols, defquels la diftribution eft, au Seigneur huict fols, au Majeur douze deniers, & aux Iurés douze deniers.

Eft permis aux Tauerniers fe gaiger dans fa maifon pair les defpens de table, hors fa maifon ne luy eft licite.

Si quelqu'vn eft conuaincu d'auoir fait matin à charbon ou cendres aux bois, ou aultre chofe femblable des aifance pour tranfporter, fors aux ieunes tailles & nouable, fera amandable de dix fols, dont le Seigneur en aura huict, le Maire douze deniers, & les Iurés douze deniers.

De toutes les amandes qui Nous appartiennent, & à nos fucceffeurs & Archeuefques de Reims en ce lieu de Beaumont, les Bourgeois en receuront la moitié pair la munition de la Ville, aux charges touttefois qu'iceuls eftabliront deux Iurés fidelles, & y commettront vn Fermier noftre qui fera le tiers, le quelles trois emploieront fidelment ceftedit moitié des amandes à la reparation & munition de la Ville.

Ce qui aura eftés arreftés & difcernés par l'aduis, iugement, & à la volontés du Maieur & fept Iurés, quarant Difcoet, autrement dit fermentés à l'honneur, prouffit, bien, vtilités & efmolument de la ville; fera ferme & ftable, & infalliblement effectués.

Si quelqu'vn fe trouue oppofant, en apportant contradiction à ce fait, il fera contraint au paiement, de douze carolus pour l'amande, dont le Seigneur en aura fix, & aultres fix emploiés à l'entretenement de la Ville, & ce qui aura efté premier arreftés, fera continué en fon execution & plaine effet.

Les Bourgeois feront obligés de fe trouuer à l'armée de l'Archeuefque, en forte touttefois qu'ils pourront retourner le mefme iour, ou le lendemain en la ville de Beaumont.

L'Archeuefque donnera procuration aux Majeur & Iurés, pour ce fait felon fa volonté, trois fois l'an.

Le Maire & Efcheuins, pendant qu'ils perfifteront à leurs eftat, feront libres & exempts des redeuances touchant les maifonages & iardins.

Nous voulans que touttes ces chofes furent fermes & ftables, tant pour la garde du prefent efcrit, que foubs l'authorité de ce fceaux, Nous la confirmons, arreftans, & foubs excommunication deffendans à tous d'attempter ou prefumer à cette noftre confirmations, fauf en touttes ces chofes le droit Ecclefiaftique, & les Sieges Apoftolique. Fait l'an de l'Incarnation de noftre Seigneur, mil cent quatre vingt & deux, foubs ledit fceaus & contrefceaus en lache de foie verte & incarna pendant.

Charte de Guillaulme Archeuefque de Reims, touchant les Priuileges des Habitans de ladite ville, vulgairement appellée la GVILLEMINE, tirée de l'Efcheuinage de Reims.

GVILLELMVS Dei gratiâ Remorum Archiepifcopus, fanctæ Romanæ Ecclefiæ tituli Sanctæ Sabinæ Cardinalis, Apoftolicæ Sedis Legatus, dilectis filiis & fidelibus fuis vniuerfis hominibus Remenfibus in banno Archiepifcopi conftitutis, &c. Sicvt Principes terrarum in obferuando iure & liberate fubditorum dilectionem Dei & proximi valeant acquirere. Ita in violandis vel in mutandis confuetudinibus diutiùs obtentis, indignationem altiffimi poffunt incurrere, & fauorem populi amittere, & animabus etiam fuis onus perpetuum imponere. Nos fi quidem inducti ratione, & confiderantes obfequium & deuotionem quam vos dilecti filij & fideles Burgenfes noftri, nobis libenter hactenus & liberaliter impendiftis, confuetudines vobis ab antiquis retro temporibus collatas, fed mutatione Dominorum aliquando minus feruatas auctoritatis noftræ munimine vobis & pofteris veftris duximus reftituendas, & perpetuo confirmandas. Volumus igitur quod Scabini ciuitati reftituantur, qui communi affenfu omnium vestrum de banalibus nostris duodecim electi nobis praesentabuntur, & singulis annis in capite ieiunij renouabuntur, & iurabunt quod vos iusto diiudicabunt iudicio, & quantum ad ipsos pertinuerit, ius nostrum fideliter seruabunt; & si quis forte communiter electus Scabinus esse noluerit, Nos illum faciemus stare Scabinum, si tamen vires corporis sufficientes habuerit. Verumtamen si vos in eligendis Scabinis concordes non fueritis, nos prout ciuitati nostrae & nobis expedire nouerimus, Scabinos instituemus: si verò iidem Scabini vel duo vel plures illorum aliquod iudicium fecerint quod non satis rationabile videatur, si errorem suum recognouerint absque detrimento bonorum suorum, illud nobis emendabunt: si autem persisterint, & aliquis eos de falso iudicio voluerit impetere; si comprobati fuerint vel conuicti, illud per iudicium Curiae nostrae nobis emendabunt, & si impetitor eos conuincere non poterit, illud similiter & ipsis Scabinis emendabunt; concedimus etiam quod si Burgensis in banno nostro constitutus aliqua occasione in causam tractus fuerit, quamdiu ordine iudiciario se tractari voluerit, neque ipse, neque res ipsius capientur. Sed nec domus ipsius diruetur, si domum vel haereditatem Rhemis habuerit; sed fidem dabit quod pro exequenda iustitia obsides interponet si possit, & si obsides habere non possit, fidem similiter dabit, quod iudicio Scabinorum stabit, si verò nec domum nec haereditatem Rhemis habuerit, obsides dabit, si obsides non habuerit, corpus eius detinebitur quousque iustitiae complementum persequatur ad haec, si quis bannalium nostrorum furtum vel mutrium vel proditionem commiserit, & forisfactum manifestum fuerit, ipse & res ipsius in voluntate nostra erunt, & si dubium fuerit, & ille super hoc impetatur, bonos obsides dabit, si de banno nostro fuerit quod iudicio Scabinorum stabit, & si obsides dare non possit, corpus eius captum detinebitur. Si quis sextellagium nostrum absportauerit, vel detinuerit, forisfactum quoque de timonagio nobis per sexaginta solidos emendabit. Si quis cambierit qui trecentos nummos nobis sicut cambitores nostri non soluat, & nos &c alius qui cum eo cambinum fecerit, forisfactum nobis per sexaginta solidos emendabit, forisfactum quoque de timonagio nobis per septem solidos & dimidium emendabitur. Decernimus autem vt quicumque haereditatem, vel emptionem, vel alias quaslibet possessiones per septem annos & vnum diem in pace possiderit & tenuerit, tenaturam suam deinceps liberè & quietè possideri: ita quod alius reclamare non possit, vel tenaturam calumpniare, nisi possit probare quod interim absens à terra fuerit & absentiae suae rationabilem praetenderit occasionem, vel infra spatium illud talis aetatis exstiterit, quod ius suum disrationare non voluerit. Ne ergo super his omnibus aliqua imposterum quaestio possit oriri, sed omnia sicut praenotata sunt, firma & rata imposterum permaneant, eadem vobis & successoribus vestris tam praesentis Priuilegij patrocinio, quam sigilli nostri munimine corroboramus, statuentes & sub anathemate prohibentes, ne quis huic nostrae confirmationis paginae contraire praesumat, salua in omnibus Apostolicae Sedis auctoritate. Actum anno ab Incarnatione Domini millesimo centesimo octogesimo secundo. Datum per manum Lambini Cancellarij nostri.

INNOCENTIVS *Seruus Seruorum Dei, Rhemensi Archiepiscopo, tituli Sanctae Sabinae Cardinali.* Compatientibus & dolentibus pium est condolere, vt qui ex diuersis rerum euentibus solam habent dolendi materiam, in fraterna compassione remedium consolationis inueniant, & saltem ex humanitatis solatio valeant recreari, dum in eorum restauratione, quae doloris fomitem subministrant, spes nulla videtur eis penitus superesse. Illis verò praecipuè compassionis oportet spiritum adhibere quae pro sexu muliebri muliebris fragilitate in aduersis faciliùs emerguntur: & difficiles ad consolationem prae spiritus infirmitate resurgere, maiori videntur in his & aliis auxilio, & consilio indigere. Cum igitur dilecta in Christo filia nobilis mulier M. Comitissa Campaniae in morte filij sui bonae memoriae Comitis Henrici dolorem nec immeritò cum interna spiritus commotione conceperit, & vehementius affligatur, Nos mentis afflictione non ficta compatientes, eidem cum mortis huius dispendium, non solum in eius damnum conuerti debeat & dolorem, verum etiam in multiplex totius Christianitatis incommodum ex praesenti periculo imminente redundet, fraternitati vestrae per Apostolica scripta mandamus, quatenus dolorem ipsius piae consolationis verbis, & commonitionibus lenientes, ipsam & possessiones eius tanquam dati ei tutores à nobis ab incursu molestantium autoritate Apostolicà defendatis, nullatenus permittentes, vt in his, quae ad dotem eius nouitatis pertinent, iniuria, seu violentia ei ab aliquo inferatur, sed possessionem eiusdem dotis ij suis contra quoslibet temerarios praesumptores pacificam conseruetis. Si qui verò iam dictae Comitissae aliquam super his iniuriam inferre praesumpserint, vel grauamen, vos eos (si necesse fuerit) vt à sua praesumptione desistant, per censuram Ecclesiasticam appellatione postpositâ compellatis. Quod si omnes, &c. Datum Lateran. v. Kalend. Martij, Pontificatus nostri anno primo.

STEPHANVS *Tornacensis Rhemensi Archiepiscopo.* In oculis vestris, Pater, nec honestas mendicat gloriam, nec veritas interuentum. Ibi virtus est precium sui, & qui sibi merito suo sufficit, suffragio non indiget alieno. Inde est quod Magistro Simoni viro inter scholares Cathedras egregio, non necesse est verbolas emendicare preces, aut laudum venalium coram vobis praeconia corrogare. Gratiosum & commendabilem faciunt cum hinc autoritas morum, hinc peritia literarum. Tales consueuit, clementia vestra vocare, diligere, promouere. Clamat hoc quasi ab ortu ad occasum totus orbis cum Etruscos & Ligures suos Italia, Britannia maior Anglicos, vtraque Gallia Belgas & Celticos n Curia vestra videant, aut onerari diuitiis, aut dignitatibus honorari, impleture ad cumulum gloriae vestrae quae veniunt ab Oriente & Occidente, & recumbunt in sinum vestrum. Vident & inuident, quibus liberalitas displicet, quibus odio simul & tædio virtus est, quibus & honesti cachinnos prouocant, & nauseam literati. Sed ne peccatoris oleo caput vestrum videar impinguare, prostratus ad pedes vestros, cùm sim puluis & cinis, loquor ad Dominum meum pro Magistro Simone, preces fundens & supplicans, vt in negotio quod habet cum Episcopo suo, & cum Canonicis suis, tam beneuolè sustentetis causam quàm promouit, ita promoueatis si placet, vt si quis promotus est in iniuriam Canonum, canonicè simul amoueatur, & iure. Cæterum quid de prædicto viro sit agendum, nobis animus vester melius & plenius prouidebit. Valete.

INTER Curiæ curas & Sanctuarij Sacramenta, fœlices dierum vestrorum successus occupato quotidianæ sollicitudini posse sufficere, & vtilitati communi posse proficere præoptamus. Geminati simul honoris & oneris Sacerdotium ac Regnum vobis sarcinam imponunt, distrahendo potius in diuersa quàm aduersa personam vestram, magis expositam laboribus quàm dispositam ad labores, constituunt ad auxilium consiliumque vestrum, & qui opprimuntur iniustè, & qui sese metuunt opprimendos. Inter alios recurrit ad protectionis vestræ sinum T. Abbas Sancti Germani de Pratis, vt Ecclesiæ sibi commissæ iura, sicut hactenus ipse & decessores sui tenuerunt, & seruetis illæsa & defendatis seruata.

Petrus Blesensis Bathoniensis in Angliâ Archidiaconus Epistolâ Rotrodi Rothomagensis ad GVILLELMVM.

VOs estis in cuius consilio & auxilio potissimam suæ salutis anchoram Nauicula Beati Petri constituit: cum inter schismaticæ persecutionis fluctus periculosiùs æstuaret; vobis contulit Deus in pueritia super senes intelligere, & futuram naturæ canitiem maturiore morum senio præuenire. Fluxus Adolescentiæ motus in vobis ratio magistra cohibuit, vt omni lasciuiæ libertate præscisa, nec forma, nec nobilitas, nec opum exuberantia, nec potestas, nec cætera quibus pudicitiæ expugnatur, propositum interuerterent castitatis; sed modesta in omnibus conuersatio, plus Angeli quàm hominis exhiberet; cæteras virtutes quibus miraculosè fulgetis, sub silentio præterimus: nec enim nostra præconia mendicatis, cuius honestatem & prudentiam fama celebris latissimè promulgauit.

Ex Annalibus ROGERII DE HOVEDEN Angli.

ANno 1178. VVILLELMVS Rhemensis Archiepiscopus venit in Angliam ad Beatum Thomam Cantuariensem Martyrem causâ peregrinationis, cui Rex Angliæ Pater occurrens cum gaudio recepit, & dignis honorauit muneribus. Anno gratiæ 1179. Papa ALEXANDER in Lateranensi Ecclesia, in eminentiori loco cum Cardinalibus suis, & Præfectis, & Senatoribus, & Consulibus vrbis constitutus, feria secunda tertiæ hebdomadæ Quadragesimæ, quæ tertia Nonas Martij euenit, primum Concilij sui diem celebrauit: similiter secundum Concilij sui diem celebrauit quartâ feriâ sequentis hebdomadæ, quæ secundo Idus Martij euenit. In quo Concilio VVILLELMVS Rhemensis Archiepiscopus factus est Præsbyter Cardinalis ad titulum Sanctæ Sabinæ, & HENRICVS Abbas Claraualensis factus est Episcopus Cardinalis Albanensis.

Extraict du Traitté de la Maiorité de nos Roys & des Regences du Royaume, par Monsieur Dupuy, Conseiller du Roy en ses Conseils, & Garde de sa Bibliotheque. Pag. 30.

L'AN 1179. LOVIS VII. ordonna par son Testament, que sa Femme ALIX, & GVILLAVME Cardinal, Frere de ladite ALIX seroient Regens pendant la Minorité de PHILIPPE Auguste.

L'AN 1190. Le Roy PHILIPPE Auguste allant outre-mer ordonna par son Testament que sa Mere ALIX, & GVILLAVME Archeuesque de Rheims, auroient le Gouuernement du Royaume, luy absent, ou apres sa mort.

Extraict de la vie de Philippe Auguste, composée par Rigord Autheur du temps.

ACcepta licentiâ ab omnibus Baronibus suis, ADELÆ charissimæ matri suæ, & GVILLELMO Rhemensi Archiepiscopo, Auunculo suo pro tutelâ & custodiâ, totum Regnum Francorum cum filio suo dilectissimo LVDOVICO commendauit: sed antequam Rex PHILIPPVS de Regno Francorum exiret, conuocatis amicis & familiaribus suis Testamentum condidit, & Regni totius ordinationem fecit.

des Cardinaux François.

Ex Codice Alexandri Petauij Senatoris Parisiensis, ad calcem Opusculorum VVALTHERI Prioris Sancti Victoris.

ALEXANDER Episcopus Servus Servorum Dei, venerabili Fratri VVILLELMO Rhemensi Archiepiscopo, Apostolicæ Sedis Legato salutem & Apostolicam Benedictionem. Cùm Christus perfectus Deus sit homo, mirum est quâ temeritate quisquam audet dicere, quòd Christus non sit aliquid secundum quod homo. Ne autem tanta possit in Ecclesia Dei abusio suboriri, vel error induci, Fraternitati vestræ per Apostolica scripta mandamus, quatenus conuocatis Magistris Scholarum Parisiensium & Rhemensium, & aliarum circumpositarum ciuitatum, auctoritate nostra sub anathemate interdicas, ne quis de cætero dicere audeat, Christum non esse aliquid secundum quod homo, quia sicut verus Deus, ita verus est homo, ex anima rationali & humana carne subsistens. Datum Vestæ 12. Kal Martij.

Nicolaus Subprior Sancti Victoris.

SCiatis igitur & pro certo teneatis, quemdam de Fratribus vestris, qui tunc temporis scholaris erat, interfuisse recitationi illorum scriptorum ex parte Domini Papæ factæ à Domino Rhemensi Archiepiscopo, in domo Domini PHILIPPI Archidiaconi Parisiensis, in præsentia Magistri Petri Manducatoris, & cæterorum Magistrorum Parisiensium : & hoc totum factum fuisse antè Concilium.

Copie de la Bulle du Pape Alexandre troisiéme, contenant les droicts de l'Archeuesché de Rheims.

ALEXANDER Episcopus Servus Servorum Dei, venerabili Fratri Vuilhelmo Rhemensi Archiepiscopo, tituli Sanctæ Sabinæ Cardinali, Apostolicæ Sedis Legato, eiusdem Successoribus canonicè substituendis inperpetuum. Cùm sis per Dei gratiam nobilitate generis, honestate morum & scientia prædictus litterarum, libenter debes in omnibus & efficaciter exaudiri, quæ à nobis prima ratione requiris, vt sicut vberiorem Apostolicæ Sedis nosceris gratiam meruisse, ita eam tibi gaudeas in his quæ iustitiæ petieris acquisitam : quapropter venerabilis in Christo Frater Archiepiscope, tuis iustis postulationibus clementer annuimus & Rhemensem Ecclesiam cui Deo Auctore præesse dignosceris sub Beati Petri & nostra protectione suscipimus & præsentis scripti priuilegio communimus, statuentes, vt quæcunque possessiones, quæcunque bona eadem Ecclesia in præsenti iustè & canonicè possidet aut in futurum, concessione Pontificum, largitione Regum vel Principum, oblatione Fidelium, seu aliis iustis modis præstante Domino poterit adipisci, firma tibi tuisque Successoribus & illibata permaneant; in quibus hæc propriis duximus exprimenda vocabulis. Suessionensis, Laudunensis, Cameracensis, Beluacensis, Cathalaunensis, Siluanectensis, Nouiomensis, Ambianensis, Attrebatensis, Tornacensis, & Morinensis Episcopatus, in propria Diœcesi tua Sancti Remigij, S. Nicasij, S. Dionysij, & S. Petri Monasteria, in ipsa ciuitatem Rhemensi, prope ciuitatem verò de Mosonno Sancti Theodorici, S. Petri de Attouillari, S. Basoli & Sanctæ Mariæ Ignacensis Monasteria, & in his omnibus Monasteriis Iura spiritualia & patronatus cum omni institutione & ordinatione sua : insuper autem de Sparnaco & de Azenaco Monasterio, nihilominus etiam infra Episcopatum Suessionensem, ius patronatus in Monasterio Orbacensi, infra Episcopatum Tornacensem, ius patronatus in Monasterio de Cisnij, in Nouiomensi, Ambianensi Episcopatibus, iurisdictionem, in Burgensi Sancti Quintini & de Sancto Valerico hactenus habitam, videlicet vt appellati ad Curiam Rhemensem veniant Dominum Rhemensis ciuitatis cum omnibus pertinentiis suis, feudum quod ab Ecclesia tua nobilis vir Comes Campaniæ habere dignoscitur, pro quo salua fidelitate Regis tibi tenetur ligium homagium facere, videlicet Vitriacum virtutum & Reg.stestum, Castellionem. Sparnacum, Rociacum, Finas, Bratiam & Comitatum Castelli in Porcianis cum Castellanis eorum, & alias possessiones & castra quæ idem Comes propria persona tenet vel alij teneant ab ipso : feudum quoque de Baillon quod Leodiensis Episcopus ab Archiepiscopis Rhemensibus habere dignoscitur, pro quo etiam propria manu tenetur in manu Archiepiscopi Rhemensis promittere seruitium & iustitiam à se exhibituram fideliter, si & seruaturum & pro quo etiam idem Episcopus tenetur efficere quod octo Barones ipsius feudi homagium eidem Archiepiscopo faciant, & ab Archiepiscopo vocatus ad expugnandos malefactores eius, auxilium & seruitium per milites & homines armatos facere debet, sicut in scriptis authenticis noscitur contineri, feudum etiam quod Registestensis Comes videlicet Comitatum de Osmonte & feudum quod Comes Grandsprati & feudum quod Suessionensis Comes habere noscuntur, Castrum quoque Mosonnij, Attigniacum, Betignimllam, septem Salices, Cormissiacum, Curuillam, Chaumissiacum & Stanam cum pertinentiis eorum, insuper etiam Apostolica auctoritate statuimus, vt nemini nisi Rhemensi Archiepiscopo liceat Regem inungere, vel ei primam coronam imponere, sicut antiqua consuetudine fuerat optatum, appellationibus etiam quæ à quibuscunque iurisdictionis tuæ ad te vel ad Curiam tuam fuerint interpositæ, debita præcipimus deuotione deferri, & quod in eisdem appellationibus hactenus Ecclesia tua specialiter etiam vacante Sede obtinuit, tibi

& Successoribus eius auctoritate Apostolicâ confirmamus, hæc siquidem omnia sicut Prædecessores habuisse noscimini, tibi tuisque Successoribus Apostolicâ auctoritate duximus confirmanda. Decernimus ergo, vt nulli omnino huiusmodi liceat præfatam Ecclesiam temere perturbare aut eius possessiones auferre vel ablatas retinere, aut aliquibus vexationibus fatigare, sed omnia integra conseruare eorum pro quorum gubernatione ac sustentatione concessa sunt vsibus commodis profutura, salua Sedis Apostolicæ auctoritate. Si qua igitur in futurum Ecclesiastica secularisue persona hanc nostræ constitutionis paginam sciens, contra eam temere venire tentauerit, secundâ lectione commonita nisi reatum suum dignâ satisfactione correxerit, potestatis, honorisque sui dignitate careat, eaque se diuino iudicio existere de perpetrata iniquitate cognoscat, & à sacratissimo Corpore ac Sanguine Dei & Domini Redemptoris nostri Iesu Christi aliena fiat, atque in extremo examine districtæ vltioni subiaceat: cunctis autem eidem loco sua iura seruantibus, sit pax Domini nostri Iesu Christi, quatinus & hic fructum bonæ actionis percipiat & apud districtum Iudicem præmia æternæ pacis inueniat, Amen. Datum Laterani per manum Alberti Sanctæ Romanæ Ecclesiæ Præsbyteri Cardinalis, Cancellarij, Idus Aprilis, indictione vndecimâ, Incarnationis Dominicæ anno millesimo centesimo sexagesimo nono. Pontificatus nostri vero Alexandri Papæ tertij anno vicesimo.

Ex Chartulario Cluniacensi MS.

VVILLERMVS Dei gratia Rhemensis Archiepiscopus, Sanctæ Romanæ Ecclesiæ Sabinensis Cardinalis, Apostolicæ Sedis Legatus, confirmat præsentationem Ecclesiæ de Turtim super Maternam Cluniacensibus, quæ controuersa erat inter T. Abbatem Cluniacensem & Hilduinum Rhemensem Archidiaconum. Anno Domini 1179. mense Februario.

Extraict d'vn MS. des Archeuesques de Rheims, appartenant à M. Iean Rainssant.

GVILLAVLME aux blanches mains restitua l'Escheuinage aux Habitans de Rheims, fut fort aymé du Roy Louis qui espousa sa Sœur.

Notæ ad Innocentij tertij Epistolarum librum primum, Regestorum XIII.

PRæivit Rhemensi Ecclesiæ his temporibus, GVILLELMVS AD ALBAS MANVS, Theobaldi magni, Campaniæ Comitis Filius, Cardinalis à Lucio creatus, Legatus in Gallia.

Ex MS. Carthularij Campaniæ cuius exemplar à Trecis transmissum est.

QVod A. Regina Franciæ dedit & concessit quicquid clamabat in Aduocatia nepotum suorum Guillelmi Comitis Sacro-Cæsaris, & Fratrum suorum, videlicet in terris eorum, Comiti Campaniæ, & hæc testatur GVILLELMVS Archiepiscopus Rhemensis, Cardinalis.

Extraict d'vn Carthulaire de Champagne.

GVILLELMVS Dei gratia Rhemensis Archiepiscopus Sanctæ Romanæ Ecclesiæ, tituli Sanctæ Sabinæ Cardinalis, charissimo nepoti suo Theobaldo Comiti Trecensi Palatino, salutem & sinceræ dilectionis affectum. Scimus & testamur quod Ecclesia de Auenay quando Abbatissam non habet, à Comite Trecensi requirere debet licentiam eligendi, nec eligere debet aut potest, donec à Comite Trecensi licentiam requisierit, nec ab Archiepiscopo vel Ecclesia Rhemensi licentiam eligendi requirere tenetur. Actum. Sans date.

Ex Volumine secundo Archiuarum Rhemensium.

VVILLELMVS Dei gratia Rhemorum Archiepiscopus, Sanctæ Romanæ Ecclesiæ titulo Sanctæ Sabinæ Cardinalis, Apostolicæ Sedis Legatus. Omnibus tam futuris quam præsentibus, ad quos litteræ istæ peruenerint, salutem in Domino. Nouerit Vniuersitas vestra, quod cum nos multo ære alieno essemus onerati, pro inunctione & coronatione Domini Nepotis nostri charissimi Regis Philippi, intrauimus Capitulum nostrum Rhemensem, vbi nostram auctoritatem exponentes & grauamen, rogauimus auxilium coram omnibus: illi autem tanquam legitimi filij paternæ necessitati compatientes, precibus nostris benignum præbuerunt assensum: & licet terræ de . . . . . . terrarum Ecclesiarum nobis ex debito contulissent, ipsi soli de terris sint neque pro corona, neque ex debito aliquo, sed de mera liberate sufecerunt nobis auxilium. Nos ergo quia nulli debet sua liberalitas captiosa esse vel damnosa; volentes Ecclesiæ & terræ suæ in posterum præcauere, huius scripti nostri cautionem eis indulsimus, ne tantæ liberalitatis factum, & donum tam gratuitum alio tempore trahi possit in exemplum, nec aliquid ab eis possit excipi, siue pro Corona Regis, siue pro alia qualibet causa. In huius rei testimonium huic scripto apposuimus sigillum nostrum. Actum anno ab Incarnatione Domini 1180. Datum per manum Alexandri Cancellarij nostri.

Litteræ Vvilhelmi Remensis Archiepiscopi Cardinalis, quibus dat dilecto & fideli militi suo Guidoni de Silliaco redditus emendę quos habebat apud Versiacum in feodum ligium. Et idem ab Archiepiscopo resumit in feodum domum quam habet apud Verzenaium, de voluntate Geruasij de Silliaco militis Fratris ipsius, anno 1198.

Extraict des Regiſtres de l'Hoſtel de Ville de Reims.

VVILLELMVS *Dei gratia Remensis Archiep. s.opus, Ecclesiæ Romanæ tituli S. Sabinæ Cardinalis, Dilectis in Christo filijs Leprosis Remensibus, &c.* Quoniam Nos præ Cæteris vtilitati veſtræ, pietatis intuitu prouidere volumus & debemus, Donum quod nobis & successoribus noſtris secutis & retributionem, quam vobis impendimus, litterarum apicibus dignum duximus commendare, ne aliquorum malignantium perturbatione violari valeat aliquatenus, vel mutari. Cum igitur necessitatem & paupertatem veſtram, dilecti filij attenderemus, & consideraremus quàm parum emolumenti, & minus quam speraretur conferrent vobis Nundinæ, quæ in Pascali tempore iuxtà Ecclesiam conueniebant: easdem Nundinas non pro noſtra tantùm, sed magis pro veſtra vtilitate à vobis requisiuimus, & easdem de Donatione veſtra, de communi veſtrum assensu recepimus. Pro recompensatione autem decem libras & octo solidos Remensis Monetæ Remis in Scallis Cambitorum vobis assignauimus singulis annis percipiendos, ita quod vna quaque Hebdomada quatuor inde solidos recipiatis. Concessimus vobis insuper vt in Molendinis noſtris *de Calciata viduæ*, segetes veſtras quantùm vobis ad vsum Domus veſtræ fuerit necessarium, sine moltura danda perpetuo molere possitis. Ita videlicet quod cum annonam veſtram ad Molendinum miseritis, poſt illam quæ erit in Tramoia ſtatim sine dilatione veſtram immittetur, nisi forte noſtra Annona, quam ad opus noſtrum & familiæ noſtræ ad Molendinum seruentes noſtri transmittent præsens in Molendinum fuerit. Quod vt perpetuæ ſtabilitatis & firmitatis Robur obtineat, præsentis scripti patrocinio, & sigilli noſtri Authoritate confirmamus. Statuentes & sub Anathemate prohibentes, nequis huius noſtræ confirmationis paginæ ausu temerario contraire præſumat: Salua in omnibus Apoſtolicæ Sedis Authoritate. Actum Anno ab incarnatione Domini milleſimo centesimo octogeſimo secundo. Datum per manum Lambini Cancellarij noſtri.

GVILLELMVS *Dei gratia Remorum Archiepiscopus, sanctæ Romanæ Ecclesiæ, tituli sanctæ Sabinæ Cardinalis, Apoſtolicæ Sedis Legatus. Omnibus ad quos Litteræ iſtæ peruenerint, in Domino salutem.* Notum sit omnibus, tam futuris, quam præsentibus quod cum HVGO Cathaloniæ Vicedominus Ecclesiæ Beatæ Mariæ Remensis, multa & grauia damna intuliſſet, nec haberet vnde Ecclesiæ satisfacere poſſet ad plenum, reliquit & resignauit in manu noſtra de voluntate & assensu vxoris suæ quicquid ipse habebat in villa quæ dicitur Tuiſiacum, quod eſt de feodo noſtro tamquam succeſſoribus noſtris liberè in perpetuum & quietè possidendum. Actum anno Verbi Incarnati 1190.

Fondation de l'Eſcolatrerie de l'Egliſe de Reims, erigée en dignité & erection du Chapitre de ladite Egliſe.

VVILLELMVS *Dei gratia Remorum Archiepiscopus, sanctæ Romanæ Ecclesiæ, & sanctæ Sabinæ Cardinalis, Apoſtolicæ Sedis Legatus. Vniuersis sanctæ Matris Ecclesiæ filiis, ad quos litteræ iſtæ peruenerint, in Domino salutem.* Notum fieri volumus tam præsentibus quàm futuris, quòd cùm dilecti filij noſtri Capitulum Remense Miniſterium Scolarum Remensium dilecto Clerico noſtro Magiſtro Garnero ad preces noſtras contuliſſent, nos vnanimi omnium voluntate & assensu ei assignauimus ſtallum in Choro in perpetuum dignitatis & personatus titulum ipsi suiſque successoribus obtinendum, iure electionis Capitulo sicut huc vsque habuit reseruato. Nos verò attendentes quòd prædicto personatui modici & minus sufficientes redditus antè fuerant assignati, cum intuitu Ecclesiæ, cum honeſtate & personæ fauore eidem & omnibus in præfato honore ſubſtituendis liberaliter conceſſimus quinque modios frumenti in molendinis noſtris Remensibus singulis annis liberè & absque onere omnimodo ſtatutis terminis exsoluendos, tres videlicet in Feſto Sancti Remigij in Octobri, & duos in ſ aſcha. Quod & ratum, &c. Actum anno Verbi Incarnati MCXCII. Datum vacante Cancellaria.

PHILIPPVS Rex confirmauit Remis eodem anno 1192. regni sui an. 13. aſtantibus, &c. Dapifero nullo. S. Guidonis Buticularij S. Matthæi Camerarij *Conſtabulario* nullo. Datum vacante Cancellaria.

Extraict des Chartes du Threſor du Roy. Premier Coffre, Flandres, premier ſac, premier nombre.

VVILLELMVS *Dei gratiâ Remensis Archiepiscopus, sanctæ Romanæ Ecclesiæ Tituli sanctæ Sabinæ Cardinalis, Apoſtolicæ Sedis Legatus. Omnibus ad quos literæ iſtæ peruenerint in Domino salutem.* Nouerit vniuersitas veſtra, quòd dilecta noſtra MATILDIS Regina Comitiſſa Flandriæ, nobis præsentibus & audientibus, PHILIPPO illuſtri Francorum Regi nepoti & Domino noſtro fide interposita promisit, quod non nubet alicui nisi per eum, quando ab ODONE Duce Burgundiæ fuerit separata. Concessit autem Domino Regi, quòd si nuberet absque eo, ipse posset assignare absque fidem mentiri, ad feodum quod ipsa tenet ab eo, & Dominus Rex illud tenebit, aut faciet exinde quodcumque volet. De guerra de insula pacem faciet Comitissa, ad laudem Domini Regis. De casibus qui contingent in tota terra sua operabitur ad laudem Domini Regis, præterquàm de iustis redditibus suis Aut si teneret se de hoc grauatam, faceret Domino Regi seruitium in negocijs suis, ita quòd decens esset. De dotalicio suo quod tenet de Domino Rege, neq; posset vendere, neq; pecuniâ aliquo modo capere, propter quam id dimitteret nisi per Dominum Regem. Faciet Petrum de Duaco, & Castellanum Duaci iurare, quòd si moreretur vel transiret ad Religionem, turres Duaci in manu Domini Regis redderentur pro suo rachato, & pro tali iure quale in hijs debet habere. Et si nollent hoc iurare, Dominus Rex vniuersa quæ habent posset diruere & destruere, nec ipsa posset exinde esse contra Dominum Regem in aliquo, & Dominus Rex posset in turribus illis alios mittere. Similiter ipsa mittet Lesclusam in tali manu, quòd si interim dum eam teneret fortericiam ibi faciet, si moreretur vel ad Religionem transiret, Domino Regi fortericia redderetur, pro reddendo recto hæredi, & rachato Domini Regis, & pro tali iure quale ibi debet habere. Prædicta Comitissa dabit Domino Regi securitatem de communi Duaci, quòd ipsa has conuentiones tenebit. Et hoc per mandatum suum assidua. iurent Castellanus Insulensis, Petrus de Messinio, Ioannes de Biez, Eustachius de Cantelou, Gochuinus de sancto Albino, R. de Ypra, Hoc etiam faciet asseucurare Petrum de Duaco, & Præpositum Duaci, quòd ij non tenerent has conuentiones. prædicti se tenerent in partem Domini Regis, absque fidem mentiri. Nos verò ad prædictæ Reginæ petitionem & preces manucepimus, quòd si has conuentiones non teneret, eam absque appellatione excommunicaremus, & terram suam interdiceremus, nec ipsa mittet Romam propter has conuentiones quassandas. Hæc omnia asseuerauit Domino Regi bona fide tenenda, & vt firma sint & illibata sigillo suo confirmauit. Et nos ad eorumdem confirmationem & testimonium præsentem paginam scribi, & sigillo nostro fecimus roborari. Actum apud Pontemissaræ anno gratiæ MCXCV. Data per manum Matthæi Cancellarij nostri.

Ex Vol. II. Chartarum Archiepiscopatus Remensis.

VVILLELMVS Dei gratia Remorum Archiepiscopus sanctæ Romanæ Ecclesiæ titulo sanctæ Sabinæ Cardinalis Apostolicæ Sedis Legatus, omnibus ad quos litteræ istæ peruenerint in Domino Salutem. Nouerit vniuersitas vestra quod Nos pietatis intuitu; & in remedium animæ nostræ dedimus dilecto filio Ioanni, & successoribus eius Capellanis, qui in Capella nostra deseruient, propter eiusdem Capellæ seruicium, redditus centum solidorum Remensis Monetæ in censu culturarum nostrarum, annuatim in perpetuum percipiendos in festo Beati Remigij qui est in Kal. Octobris, &c. Actum anno Dominicæ Incarnationis 1195. Datum per manum Matthæi Cancellarij nostri.

Litteræ VVillelmi Remensis Archiepiscopi sanctæ Romanæ Ecclesiæ Card. quibus homines de villa quæ dicitur *Tusiacum*, assensu Seneschalli sui VVillelmi, qui illius medietatem possidebat, ab exactione quæ vulgò Tallia dicitur liberos in perpetuum facit, & ad legitimas consuetudines reformat an. 1191.

Ex Rogerio de Houedem Annalium parte posteriori ad annum 1193.

EODEM anno Rex Franciæ desponsauit sibi Botildam (*Insemburgim*) filiam VValdemeri quondam Regis Dacorum, sororem etiam Canuti Regis Dacorum modo Regnantis, mense Septembri apud Amens, Sabbato, & in Crastino fecit eam coronari, & consecrari in Reginam Franciæ coram Nuncijs Regis Dacorum qui eam ad eum duxerant, scilicet ea intentione quod prædictus Rex Dacorum veniret in Angliam cum nauali exercitu Sed in Crastino primæ noctis, qua prædictus Rex Franciæ illam vxorem suam cognouerat, voluit illam dimittere, secreti sui conscius; Et cum ipse vellet eam reddere in manus Nunciorum fratris sui ad reducendum in patriam suam, noluerunt eam recipere, sed abeuntes cum festinatione reuersi sunt in regiones suas, & illa remansit in custodia Regis Franciæ mariti sui: Et paulò post factum est inter illos diuortium per VVILLELMVM Remensem Archiepiscopum, & per Sacramentum Reginaldi Carnotensis, & Philippi Beluacensis Episcoporum, & per Sacramenta Roberti Comitis de Druis, & Comitis de Neuers, & Valteri Camerarij Regis Franciæ, & aliorum multorum, qui iurauerant quod prædicta filia Regis Dacorum erat Consanguinea Comitis de *Hainou*, cuius filiam idem Rex Franciæ vxorem habuerat.

Ex Rigordo ad annum 1196.

EODEM anno mense Iunio, Balduinus Comes Flandriæ fecit hominium Regi Philippo apud Compennium, adstantibus GVILLELMO Remensi Archiepiscopo, & M. Campaniæ Comitissa & multis alijs.

VVILLELMVS *Dei gratia Remensis Archiepiscopus, Sanctæ Romanæ Ecclesiæ, titulo sanctæ Sabinæ Cardinalis, Apostolicæ Sedis Legatus, Omnibus ad quos litteræ istæ peruenerint, Salutem in Domino.* A memoria præsentium peruenire volumus ad Notitiam futurorum, quod cum nouam fecissemus construi Hallam ante portam Valesiæ. Accedentes ad Nos dilecti & fideles nostri Burgenses Remenses sua nobis ostenderunt

des Cardinaux François.

runt quæstione, quod eadem Halla in detrimentû totius Ciuitatis constructa esset & damnosa. Cùm autê hoc nobis manifestiùs constaret, Nos non minùs indemnitati totius Ciuitatis, quàm vtilitati prouidere curantes, licentiâ dedimus Burgensibus ipsam transferendi Hallam, & de suo proprio construendi in platea fori nostri, vbi nunc sita est, quam plateam proprijs denarijs emerunt, & idcircò Timonagium nostrum eis in perpetuum liberum clamamus & quietum. Ad hæc concessimus Burgensibus, quòd neque Hallam, neque mercata rerum venalium quæ nobis neque successoribus nostris licebit amodò ad alium transferre locum, quàm vbi modò sunt constituta. Concessimus etiam eis, quòd nec aliæ Domus, neque alij scalli in foro nostro amodò construerentur, quàm modò facti sunt in eo. Vt hoc igitur ratum maneat & illibatum, præsentem paginam scribi Iussimus, & sigilli nostri caractere roborari, statuentes & firmiter inhibentes, ne quis hanc nostræ confirmationis paginam audeat infringere aut ei temerè in aliquo contrahire; Saluâ in omnibus Apostolicæ Sedis Auctoritate. Actum anno Dominicæ Incarnationis millesimo centesimo nonagesimo septimo. Datum per manum Matthæi Cancellarij nostri.

GVILLELMVS Dei gratiâ Remensis Archiepiscopus Sanctæ Romanæ Ecclesiæ titulo sanctæ Sabinæ Cardinalis, omnibus ad quos litteræ istæ peruenerint, in Domino Salutem. Nouerit vniuersitas vestra, quod soror nostra A. Francorum Regina id quod clamabat in Aduocatia terræ nepotum suorum & nostrorum VVILLELMI Comitis Sacricæsaris, & STEPHANI Fratris eius, totum quitauit & dimisit. Nos autem dedimus ei & assignauimus quicquid habebamus apud Pruuinum in Theloneo & redditibus, percipiendum ab ipsâ quandiu nepos noster THEOBALDVS Comes Trecensis Palatinus terram prædictorum Vvillelmi & Stephani tenebit per Aduocatiam, & eundem Comitem Trecensem, cuius assensu factum est hoc, constituimus fideiussorem portandæ garandiæ. Saluo iure, quod Ecclesiæ sancti Quiriaci & sancti Aygulphi habent in domibus nostris apud sanctum Aygulphum, quæ ad prædictas Ecclesias post nostrum decessum liberè debent reuerti. In cuius rei testimonium præsentes litteras scribi & sigillo nostro fecimus communiri. Actum anno Verbi Incarnati MCXCIX. Datum per manum Matthæi Cancellarij nostri apud Pruuinum mense Iulio.

Ex Volumine primo Cartharum Archiepiscopatus Remensis.

VVILLELMVS Dei gratiâ Remorum Archiepiscopus, S. Romanæ Ecclesiæ titulo sanctæ Sabinæ Cardinalis, Apostolicæ Sedis Legatus; Omnibus tam futuris quàm præsentibus, ad quos litteræ istæ peruenerint salutem in Domino. Nouerit Vniuersitas vestra, Quod cùm nos multo ære alieno essemus onerati pro inunctione & Coronatione Domini nepotis nostri Charissimi Regis PHILIPPI intrauimus Capitulum nostrum Rhemense, vbi nostram Auctoritatem exponentes & grauamen, rogauimus auxilium coram omnibus; illi autem tanquàm legitimi filij paternæ necessitati compatientes, precibus nostris benignum præbuerunt assensum: & licet Terræ de . . . . . . Terrarum Ecclesiarum, Nobis ex Debito contulissent, ipsi soli de Terris suis neque pro Coronâ, neque ex debito alio, sed de merâ liberalitate suâ secerunt nobis auxilium. Nos ergo quia nulli debet sua liberalitas captiosa esse vel damnosa, volentes Ecclesiæ & Terræ suæ in posterum præcauere, huius scripti nostri cautionem eis indulsimus ne tantæ liberalitatis factum, & donum tam gratuitum ab aliquo trahi possit in exemplum, nec aliquid ab eis possit exigi, siue pro Corona Regis, siue pro aliâ qualibet causâ. In cuius Rei Testimonium huic scripto apposuimus sigillum nostrum. Actum anno ab Incarnatione Domini 1180. Datum per manum Alexandri Cancellarij nostri.

Ex Cartulario S. Nicolai de Aciaco prope Syluanectum.

GVILLELMVS Dei gratiâ Rhemorum Archiepiscopus S. R. E. tituli sanctæ Sabinæ Cardinalis, Apostolicæ Sedis Legatus. Omnibus filijs salutem. NOVERIT vniuersitas vestra quod in præsentia nostra constitutus dilectus filius Noster Guido Buticularius Domini Regis publicè recognouit quod controuersia, quæ inter ipsum, & dilectos filios nostros Theobaldum Priorem & Monachos sancti Nicolai de Aciaco vertebatur, pacificata est anno 1181.

Extraict des Chartes du Thresor du Roy.

INNOCENTIVS Episcopus seruus seruorum Dei, Venerabilibus Fratribus Archiepiscopis & Episcopis per Regnum Franciæ constitutis. Apostolica Sedes, quæ Deo disponente cunctorum fidelium mater est & Magistra, prædecessorum nostrorum temporibus, diuersis causis inspectis cum quibusdam minùs legitimè genitis dispensauit, etiam ex adulterio procreatis, quos ad Actus speciales legitimos, in Pontifices quoque promoueri concessit. Cùm igitur maior Idoneitas in spiritualibus quàm in sæcularibus requiratur, dubitari non debet, quin ipsa tales ad actus legitimarè valeat sæculares: Præsertim ad petitionem eorum qui præter Romanum Pontificem alium se horum minimè recognoscuntur habentem huius potestatem. Cùm igitur charissimus in Christo filius noster PHILIPPVS Rex Franciæ, præter Primogenitum suum, quem de coniuge primâ suscepit, aliam prolem non habeat, non puerum & puellam, quos ei nobilis quædam mulier, filia nobilis viri Ducis Merianæ peperit nuper defuncta, de suâ posteritate prouidere cogitans, à nobis humiliter postulauit, vt eos legitimare per fauorem Sedis Apostolicæ

S

curaremus, vehementer affirmans quod, postquam venerabilis frater noster GVILLELMVS Archiepiscopus Rhemensis Sanctæ Sabinæ Cardinalis, tunc Apostolicæ Sedis Legatus, inter eum ac charissimam filiam nostram I. Reginam Franciæ illustrem, divortij sententiam promulgauit, licet ipsa sententia per Sedem Apostolicam postmodum fuerit reuocata, propter iudiciarium ordinem non seruatum: nulla tamen ad ipsam de aliâ non ducendâ prohibitio facta peruenit, & propter probationes affinitatis prohibitas coram eodem Archiepiscopo, quas idem Rex veras esse credebat, inter eum ac præfatam nobilem putabat esse vinculum coniugale, quamquam nostra fuerit auctoritate compulsus, vt & ipsam dimitteret & Reginam reciperet memoratam. Nos igitur attendentes in eo deuotionis constantiam & Fidei puritatem, quam à progenitoribus ergâ Romanam Ecclesiam quondam hæreditario iure contraxit, vt tam honori Regiæ Dignitatis, quàm vtilitati & necessitati Regni Franciæ prouideri consulamus: Prædictos puerum & puellam de speciali gratia legitimationis titulo, confratrum nostrorum consilio decoramus, vt nullus eis in natalibus defectus obsistat; ita videlicet vt per hoc nullum eidem Regi, vel præfatæ Reginæ in matrimonium alicuius causâ præiudicium generetur. Vos ergo quod super hoc à nobis est prouidâ deliberatione statutum, & vos ipsi firmiter obseruetis, & ab aliis faciatis per Censuram Ecclesiasticam inuiolabiliter obseruari, & cum ab eodem Rege fueritis requisiti, secundum formam præscriptam solemniter publicatis. Datum Anagniæ IV. Nonas Nouembris, Pontificatus nostri anno quarto, Anno gratiæ MCCI.

VVILLELMVS Dei gratia Rhemensis Archiepiscopus, Sanctæ Romanæ Ecclesiæ tituli S. Sabinæ Cardinalis. Omnibus ad quos littera ista peruenerint, in Domino salutem. Nouerit Vniuersitas vestra, quod Nundinas quas habebant Leprosi Rhemenses in septimana Paschæ iuxta domum suam, transtulimus ad Vicum, qui Cultura dicitur ad meliorationem Vici, & eisdem Leprosis in excambium & recompensationem Nundinarum earumdem assignauimus centum sextarios frumenti ad mensuram Rhemis, in molendinis nostris inter duos pontes singulis annis de primo bladio quod exierit de molendinis in perpetuum percipiendos. Præterea concessimus eis quòd in eisdem molendinis possent molere sine moltura pro necessitate domus in qua sunt viri Leprosi, & domus in qua sunt mulieres Leprosæ. Quod vt ratum permaneat, præsentes litteras scribi & sigillo nostro fecimus roborari. Actum anno gratiæ millesimo ducentesimo primo, mense Octobri. Datum per manum Cancellarij nostri.

LVDOVICVS Dei gratia Francorum Rex, Dilectis suis Scabinis & Ciuibus Rhemensibus in banno Archiepiscopi Rhemensis commorantibus salutem & dilectionem. Cum dilectus & fidelis noster VVillelmus Rhemensis Archiepiscopus, magnas & graues in Coronamento nostro fecerit expensas, nec sine nostro, & aliorum de Terra sua auxilio sufficiat ad soluendum, mandamus vobis quatinus tale auxilium in soluenda pecunia illa faciatis eidem, quod non solum ipse, sed etiam nos ipsi vos in facto isto debeamus commendare, nec difficultatem aliquam pretendatis. Scientes quod si Archiepiscopus etiam vellet vos à missione ista absolui, nequaquam sustineremus, cum nobis datum sit intelligi, quod id facere debetis. Actum Senonis, anno Domini 1223. mense Augusti.

Epitaphe de GVILLAVME, Cardinal de Champagne.

MORIBVS excelsis, prouidus, mitis, prudens, & Pacis Amator
Annis bis denis & sex cum simplice mense
Præfuit Archiepiscopus VVILLELMVS in vrbe Rhemensi,
Septima Septembris Idus, fuit finis meæ vitæ.

MELIOR, CAMERLINGVE de la Saincte Eglise Romaine, Prestre Cardinal des Saincts Iehan & Paul, au Tiltre de Pammachius, Legat en France.

CHAPITRE XLIX.

Extraict de la vie de Philippe Auguste; escrite par Rigord.

PONTIFEX Celestinus ad conquestionem Danorum misit Legatos suos in Franciam, MELIOREM scilicet Presbyterum Cardinalem, & CENSIVM Subdiaconum, qui Parisios venientes, Concilium conuocauerunt omnium Archiepiscoporum, Episcoporum, necnon Abbatum totius Regni, in quo tractauerunt de reformando matrimonio inter Philippum Regem & Vxorem Ingeburgem, sed quia facti sunt canes muti, non volentes latrare, pelli suæ timentes, nihil ad perfectum deduxerunt.

Stephanus Tornacensis, Epistolâ 128.

MAGISTRO MELIORI Cardinali. Quæ ad vtilitatem & pacem Sanctæ Romanæ Ecclesiæ spectant, oculo vigilanti tenemur attendere, & primos discordiæ motus, tanquam paruulos ad petram allidentes, comprimere & necare. Occasione Turonensis & Dolensis discordiæ, tantus in animum Domini Regis, & Principum eius amaritudinis rancor descendit, vt coram Archiepiscopis & Episcopis & Baronibus Regni ab Ecclesia Romana se conqueratur exhæredari, & Dignitatem Ecclesiæ Turonensis, quæ sua est, aliter quàm temporibus Patrum suorum fuerit, imminui, & turpiter mutilari. Ingratam sibi & Patribus suis clamat Ecclesiam Romanam, & oblitam Beneficiorum, quæ persecutionis & pacis temporibus à Francorum Regibus hactenus excepit : pro Matre perhibet se recepisse nouercam. Inde est quod dilectionem tuam, de qua non immeritò specialiter confidimus, monemus, rogamus & consulimus, vt quacumque arte potueritis, istud impediatis, nec propter fauorem personæ illius, quæ tibi natione coniuncta est, pacem & concordiam, quæ inter Romanam Ecclesiam & Regnum Francorum hactenus inuiolabilis extitit, turbari permittas. Credimus enim, quia si Dominus Papa contra Turonensem Ecclesiam in facto isto processerit, Dominus Rex & omnes Barones eius indignatione, irâ & odio plusquam credi potest, animati & armati, abiectâ paulisper reuerentiâ, quam Ecclesiæ Romanæ debent, noua & periculosa consilia tractare cogentur, & non poterit leuiter extingui, quod præcipitanter potuit incitari. Meliùs est autem in tempore occurere, quàm post exitum vindicari.

Extraict d'vne autre Epistre d'Estienne Euesque de Tournay, escrite à l'Archeuesque de Rheims, touchant l'Interdit que le Cardinal vouloit mettre sur la Terre du Comte de Flandres.

PRÆTEREA, quòd non sine gemitu & suspirio dicere possumus, aut debemus super nouo mandato Domini Cardinalis & Legati Magistri MELIORIS, de interdicendâ Terrâ Comitis Flandriæ, consilium à vobis requirimus, & tota Flandrensis Ecclesia gemitibus inenarrabilibus totum suum cogitatum iactat in vobis, vt quos hactenus enutristis, tantis periculis non permittatis exponi, &c.

Ciaconius in vitis Pontificum sub LVCIO tertio.

MAGISTER MELIOR Gallus Præsbyter Cardinalis Sanctorum Iohannis & Pauli, titulo *Pammachij*, & Sanctæ Romanæ Ecclesiæ Camerarius : huius Cardinalis & creationis hoc anno & die Veronæ habitæ mentionem facit Robertus Abbas in Appendice Chronicorum Sigeberti, qui hunc Cardinalem maximum amicum sibi fuisse tradit : in Galliis sub Cœlestino tertio, legatione functus est. *Innocentij Registrum anni primi, & secundi, sub quo decessit. Bulla Lucij tertij, Sanctæ Mariæ de Gloria Verona anni 1185. Vrbani tertij, Gregorij octaui, Clementis tertij, & Cælestini tertij, Monasterij Sancti Petri de Mutina anni 1169.* ADDITIO. Anno 1184. Pontificatus tertio, LVCIVM Papam tertium, inter alios Cardinales, hunc MELIOREM quem Camerarium suum fecit, cum Rolando Dolensi electo, & M. Rodulpho Nigello, Præsbyterum Cardinalem creasse, asserit Robertus de Monte in Appendice ad Sigebertum.

ROLAND, DOYEN DE L'EGLISE
Cathedrale d'Avranches, puis esleu Archeuesque de Dol en Bretaigne, Legat en Escosse, puis en Lombardie, Cardinal Diacre du Tiltre de Saincte Marie in Porticu.

CHAPITRE L.

Robertus in Galliâ Christianâ.

ROLANDVS. Inde creatus fuit Præsul Dolensis in Britanniâ 1185.

S ij

Chronicon Sigeberti.

IN Festiuitate Sancti Martini, Canonici Dolenses elegerunt in Archiepiscopum, ROLLANDVM Decanum Abrincensem, virum Religiosum & Litteratum : cui electioni interfuerunt Henricus Baiocensis & Ricardus Abrincensis Episcopi, & Robertus de Monte, & multi viri Religiosi.

Extraict d'vne Lettre escrite au Pape LVCIVS troisiéme, par le Cardinal ROLAND & l'Abbé de Rieual.

REVERENDO Patri & Domino LVCIO Dei gratia Summo & Vniuersali Pontifici, ROLLANDVS eadem gratia Dolensis electus, suæ Sanctitatis Seruus & Alumnus, Apostolicæ Sedis Subdiaconorum minimus, & SILVANVS dictus Abbas Riauallensis, debitæ subiectionis abundantiam. Cvm litteras quas Hugo Episcopus redarguerat falsitatis, eidem Episcopo dedissemus, & eas in quibus processus rei continetur, acceptáque à Domino Rege Scotorum licentiâ, recedere cum festinatione vellemus, Dominus Rex me Dolensem electum diligenter & affectuose rogauit, vt per Dominum Iohannem Episcopum transitum facerem, & ei ex parte suâ Duntzeldensem darem Episcopatum cum redditibus, quos antea in Episcopatu Sancti Andreæ habuerat, cum augmento quadraginta marcarum annuatim percipiendarum. Cancellariam quoque Regiam in signum dilectionis offerens, adiecítque se ei, & sua omnia ablata redditurum, præter hoc solum quod ad manus eius deuenisse sciebat, eósque in plenitudinem suæ gratiæ recepturum, sicut antea fuerat ei oblatum. Volebat tamen, quod idem Iohannes Episcopus omnia instrumenta sua combureret, quæ super facto Sancti Andreæ fuerant à piæ recordationis ALEXANDRO Prædecessore vestro obtenta: permittebat quoque quod Hugo Episcopus ad Glascuensem Episcopatum transferretur, si aliter Episcopus Iohannes consentire non vellet, etsi fieri non posset, tamen concesserat, quod obtulerat. Sed Episcopum Iohannem non ita diligeret, nec ei plenam gratiam redderet. Quæ cum in præsentiâ Domini Hugonis Dunelmensis Episcopi obtulisset Domino Iohanni, benignè concessit, dicens; quod nunquam Hugonem Episcopum in Ecclesiâ S. Andreæ permitteret remanere, volebátque quod instrumenta prædicta in aliquo loco reponerentur, ita quod nunquam sibi contrà voluntatem Regiam eis vti liceret: sic igitur ad Regis præsentiam, redeuntibus nobis, Episcopo Iohanne prope Rokelburg expectante, Dominus Rex proposuit nobis, quod multum ei placeret, si Hugo Episcopus posset in Ecclesiâ Diui Andreæ remanere, & rogabat me, vt ad hoc Episcopum inducere laborarem, & cùm ego dicerem ei quod nunquam eum de cætero super hoc rogarem, quia non poteram in hac parte proficere; dixit, benè credo, quod ex quo Dominus Iohannes ad pacem & dilectionem meam redit, hoc consideratione meæ dilectionis, & ad precum mearum instantiam sustinebit, & de co libenter cum de eo loquerer, & rogauit me Rex, vt consulerem, quod veniret loqui cum eo: missis igitur Clericis Regis ad Episcopum Iohannem, respondit quod non veniret, qui à quibusdam Consiliariis Domini Regis se audisse diceret, quod Dominus Rex semper ad hoc omnibus modis nitebatur, vt Hugo in Episcopatu Sancti Andreæ remaneret, & si venire vellet, illi non poterat ei securum præstare conductum. Cumque illi in hæc verba rediissent, Dominus Rex quemdam Episcopum, Abbates & Comites & Barones ad eumdem Episcopum transmisit, rogans, vt locuturus cum eo veniret ad eum, præcepítque eis vt eidem Episcopo omnem securitatem præstarent. Qui redeuntes dixerunt, quod Dominus Iohannes, quia præsentiens quod Dominus Rex vellet Episcopum Hugonem in Ecclesiâ Sancti Andreæ remanere, respondit se nunquam ad eum venturum, nisi primò iuraret, quod Dominus Rex, omnia quæ ei per me obtulerat, obseruaret, sed iurare nolebant, & sic Dominus Iohannes ad propria remeauit. Nos verò prædictis Episcopis Iohanni & Hugoni statuimus terminum, in Kalendis Octobris veniendi ad vos, & vestro parere iudicio; Valete.

Rogerius Houeden in Annalibus Angliæ.

ANno 1182. ROLLANDVS electus Dolensis Romanæ Ecclesiæ Subdiaconus, venit in Angliam ex parte LVCII Papæ, ad pacem faciendam inter Regem Scotiæ & Iohannem Episcopum Sancti Andreæ.

Ciaconius & Vgellus in vitis Pontificum sub LVCIO tertio.

M. F. ROLLANDVS Gallus, Monachus, & electus Abbas Dolensis, Monasterij Sanctæ Mariæ Dolensis, Diœcesis Bituricensis, Diaconus Cardinalis Sanctæ Mariæ in Porticu; hunc virum Relgiosum & Litteratum anno 1177. in Festo Sancti Martini, Canonici Dolenses Archiepiscopum ex Diacono Abrincense elegerunt, cuius Comitiis interfuere Henricus Baiocensis, Ricardus Abrincensis Episcopi, & Robertus Abbas, qui de eo & eius creatione in Appendice Chronici Sigeberti mentionem facit: fuit VRBANI tertij Legatus cum Soffredo Cardinale in Longobardiam, & Verone aliquandiu fuisse, ex eius Chronicis intelligitur. Obiit paulo antè Clementis tertij creationem. Tabularium Canonicorum Veronensium: Innocentij tertij Regestum anni secundi. Bullæ Lucij tertij Sanctæ Mariæ de Gla-

 *des Cardinaux François.*

rea Verona, anni 1183. Vrbani tertij Ecclesiæ Bononiensis anni 1187. ADDITIO. *Dolensis adhuc electus, ac Sanctæ Romanæ Ecclesiæ Subdiaconus vnà cùm Collega suo Syluano Ricuallensi Abbate in Angliâ Lvcii tertij Papæ mandato inter Scotorum Regem VVILLELMVM & Iohannem Sancti Andreæ Episcopum pacis mediator extitit. Apud Rogerium Houeden in Annalibus Angliæ.*

RAOVL DE NESLLE, CARDINAL DIACRE
du Tiltre de Sainct Georges au Voile-d'or, puis Prestre Cardinal du Tiltre de Saincte Praxede.

CHAPITRE LI.

Bullæ in fauorem Ecclesiæ Petragoricensis datæ Ademaro Episcopo anno 1186. subscripsit RODVLPHVS.

EGO *Vrbanus Catholicæ Ecclesiæ Episcopus: Ego Petrus Præsbyter Cardinalis tituli S. Susannæ: Ego Laborans Præsbyter Cardinalis S. Mariæ trans Tyberim, titulo Calixti: Ego Melior Præsbyter Cardinalis Sanctorum Iohannis & Pauli, tituli Pammachij: Ego Adelardus tituli Sancti Marcelli Præsbyter Cardinalis: Ego Henricus Albanensis Episcopus: Ego Paulus Præstinus Episcopus: Ego Theobaldus Ostiensis Episcopus: Ego Iacinthus Diaconus Cardinalis S. Mariæ in Cosmedin: Ego Gratianus Sanctorum Cosmæ & Damiani Diaconus Cardinalis: Ego* RADVLPHVS *Sancti Georgij ad Velum aureum Diaconus Cardinalis. Datum per manum Alberti Sanctæ Romanæ Ecclesiæ Præsbyteri Cardinalis & Cancellarij, decimo Calendas Octobres, Indictione sextâ, Incarnationis Dominicæ anno* MCLXXXVII. *Pontificatus verò Domini Vrbani Papæ tertij, anno secundo.*

Ciaconius in vitis Pontificum sub LVCIO *tertio.*

M. RODVLPHVS *Nigellus, Pisanus, Diaconus Cardinalis Sancti Georgij in Velabro, posteà Præsbyter tituli Sanctæ Praxedis à* CLEMENTE *tertio factus. Hunc magnæ honestatis, Litteraturæ & Religionis hominem, maximúmque sibi amicum profitetur Robertus Abbas qui Chroniconum Sigeberti suppleuit: moritur sub Clemente tertio.*

Bullæ LVCII *tertij S. Mariæ de Clareâ Veronæ anni 1185. Vrbani tertij, Gregorij octaui, & Clementis tertij Ecclesiæ Anagninæ anni 1188. Diaconus Sancti Fridiani Lucensis eiusdem anni Præsbyt.*

HENRY DE SVLLY ARCHEVESQVE
de Bourges, Cardinal Euesque d'Albe.

CHAPITRE LII.

Extraict de la Chronique MS. D'ALBERIC Moine des trois Fontaines.

ANno Domini MCXCVI. *Ciuitate Biturigas post Petrum Episcopum* GVARINI *Successorem, erat Archiepiscopus vir Nobilis & Religiosus* HENRICVS. *Huius frater* ODO *Cantor Bituricensis, in Episcopum Parisiensem post Mauritium eligitur. Erant isti duo Fratres* ÆGIDII DE SOILLEIO *nepotes magni Theobaldi Comitis, quorum soror Radulpho filio Ebbonis de oppido de Dolis peperit matrem Guillelmi de Chauuigny, qui per eum factus est Dominus de Castroradulphi. Ægidius de Soilleo de sorore Ebbonis de Chirenton Episcopum vnum Simonem, & Etkenbaldum patrem Henrici de Soilleo.*

Preuues du Liure I. de l'Histoire

Petrus Blesensis Archidiaconus Bathoniensis in Angliâ, Epist. 116. 117. & 160.

DE Illustrissimis, inquit, (*parlant de* HENRY *de* Sully) Principibus originem trahens: hinc Regis Angliæ Henrici secundi consanguineus, inde Francorum Regem Philippum Augustum lineâ generis propinquiore contingit.

VRBANVS tertius in Diplomate Chartularij Bituricensis.

VOCAT *Henricum virum prouidum, discretum, moribus & genere similem, ibique testatur se teneri specialiter & præcipuè diligere Ecclesiam Bituricensem inter alias Gallicanas, Beneficiorum intuitu, quæ iam pridem ab eâ in minori officio constitutus acceperat,* &c.

Chartophilacij Bituricensis Epistola, folio 69.

SANCTISSIMO in Christo Patri, ac Domino HONORIO Dei gratiâ Summo Pontifici. S. diuini miserationis Nouiomensis Ecclesiæ Minister humilis salutem, & tam deuota quàm debita subiectionis & obedientia famulatum. MIRANTVR omnes qui audiunt quo consilio doctus Dominus Burdigalensis Archiepiscopus à subiectione Bituricensi tantoperè se eximere conetur, cui subesse Prædecessores sui honorificum reputabant. Nos quidem, Pater Sancte, interfuimus, quando Dominus Vvillelmus Burdegalensis Archiepiscopus, Dominum HENRICVM electum in Bituricensem Archiepiscopum consecrauit, vbi idem Burdegalensis coram omni populo se subiectum esse Bituricensi Ecclesiæ, & cum quem consecrauerat Primatem esse suum recognouit. Hoc autem, si placet S. V. parati sumus pro Deo & iustitiâ testificari, & iurare coram illis, quibus hoc V. S. duxerit committendum, & ita nos audisse, & vidisse in verbo veritatis coram Deo & hominibus affirmamus.

Extraict d'vne ancienne Chronique MS.

APPROPINQVANTE Festo Sancti Augustini, defuncto recentèr HENRICO secundo Anglorum Rege illustrissimo, cum magnâ velocitate Dominus Legatus ac veloci cursu ad Grandimontem accedit. Conuocatis igitur & coadunatis ibidem Archiepiscopis & Episcopis, videlicet HENRICO Bituricensi, Rainaudo Appamiensi (qui tunc temporis à transmarinis partibus exul hic venerat) necnon & Heliâ Burdegalensi Archiepiscopo, & Saibrundo Lemouicensi, Vvillelmo Pictauensi, Heliâ Xantonensi, Ademaro Petragoricensi, Geraldo Caturcensi, & Bertrando Agenensi, Episcopis, Abbatibus etiam & viris Religiosis, cum plebe innumerabili: tunc etiam Clerici qui vsque ad tempus illud discordes exstiterant, Deo inspirante ad pacem redeunt: & videntibus cunctis, quos suprà nominauimus, in Capitulo obedientiæ nostræ iugo colla submittunt. His itaque peractis ac lætantibus vniuersis in Domino, venimus ad locum vbi corpus Beati Stephani cum digno honore humatum iacebat: tunc Domino Legato iubente, atque præcipiente à terrâ eleuatur, & per claustrum cum magnâ veneratione cereis ardentibus, ac thuribulis fumigantibus portatur, populo præcedente & subsequente, cum hymnis & laudibus in Ecclesiâ deducitur, & super altare B. Mariæ honorificè ponitur. Dominus autem HENRICVS BITVRICENSIS Archiepiscopus, ac Primas Aquitanicus, iussu & præcepto Domini Legati, præparat se ad officium Missæ in honore S. Stephani.

Extraict d'vn Memoire MS. de la main de feu mon Pere.

NOs HENRICVS Bituricensis Archiepiscopus, Aquitaniæ Primas, Notum esse volumus & futuris, quòd Gilo Cabeolus de Sacro Cæsaris, & Anna Dulcis frater eius, Comitissa mater eorum, & Eglentina vxor præfati Gilonis, Abbati & Ecclesiæ de Loco-Regio, in parte suâ de Banolio, sicut in chartâ ARCHEMBAVDI Domini Soliaci patris nostri plenius continetur, plenum & integrum vsagium pro intuitu concesserunt, &c. Nos itaque donationem ipsam ratam habentes, ad maiorem euidentiam sigilli nostri munimine roborari præcepimus: Huius rei testes sunt THEODORICVS Abbas Almeti, STEPHANVS Sacri Cæsaris Dominus, ODO Dominus Montisfalconis, SADO Trossabos. Actum hoc anno ab Incarnatione Domini MCXC.

Ciaconius in vitis Pontificum sub VRBANO tertio.

HENRICVS de Soliaco, alias de Borbonio, Monachus & Abbas Caroliloci, Cisterciensis Ordinis, Diœcesis Syluanectensis 67. Archiepiscopus Bituricensis creatus anno 1183. consecratus à Lamberto Cribello Mediolanensi Archiepiscopo, & Cardinali, qui posteà Summus Ecclesiæ Pontifex VRBANVS tertius dictus est, à quo HENRICVS Sanctæ Romanæ Ecclesiæ Cardinalis creatus. & Apostolicæ Sedis in Aquitaniâ Legatus ita asserunt Galli Scriptores, eidem scribit idem VRBANVS tertius, vbi eum vocat virum prouidum, discretum, moribus & genere similem: Innocentius tertius Epistolâ incipiente, *Nec vniuersi*. Et memoratur altera Epistola eodem libro, data Laterani 12. Ka-

des Cardinaux François.

lendas Februarij 1199. & habetur C. inter corporalia de translatione Episcoporum. Apud Bituricas supremo defungitur die, anno 1200. Idibus Septembris; sepeliturque in Regio loco celebre sui Cisterciensis Ordinis Cœnobio. Huius meminit Robertus de Monte, Petrus Blesensis Epistolâ 116. Demochares tomo 2. capite 14. Vuion libro 1. ligni vitæ capite 45. Iohannes Chenu in Chronologia Hist. Archiepiscoporum & Episcopis Galliæ, Claudius Robertus in Gallia Christianâ.

Epitaphe qui se lit dans l'Abbaye de Lorroy, au Diocese de Bourges.

Hic bonus HENRICVS, vir nobilis, & Patriarcha
Quondam Bituricus, tumuli iacet huius in arcâ.

GVY PARE', QVINZIESME ABBE'
de Cisteaux, Archeuesque de Rheims, Cardinal du Tiltre de sainéte Marie delà le Tybre, puis de celuy de sainét Calixte, & enfin Euesque de Præneste, Legat à Cologne.

CHAPITRE LIII.

Extraict d'vn Liure intitulé; Sommaire des remarques Chronologiques touchant la superiorité, préeminence, & Authorité du Reuerendissime Abbé de Cisteaux, Chef & Superieur General de son Ordre, dit de Cisteaux: distinction XV.

De l'Eminentissime GVIDO XV. Abbé & General de Cisteaux.

VN peu apres succeda à l'Abbé Pierre, par ellection en la mesme année 1186. le Reuerendissime GVIDO pour quinziesme Abbé de Cisteaux, & Superieur General de tout l'Ordre, lequel il a regi fort long-temps, & vray-semblablemét iusques en l'année 1200. qu'il fut nommé, designé, & consacré Archeuesque de Rheims. Pendant son Generalat il auoit eu l'honneur d'estre creé Cardinal Diacre sous le Tiltre de Saincte Marie, *trans-Tyberim*, par CLEMENT III. en l'an 1190. puis creé Cardinal Prestre sous Celestin trois en l'an 1191. du Tiltre de S. Calixe: en 1200. fut fait Archeuesque de Rheims, & en 1206. il fut nommé par Innocent III. Euesque Prænestin. Il fut en outre Legat de sa Saincteté enuoyé à Cologne pour la confirmation de l'Empereur Othon, & en cette qualité ordonna que lors de l'esleuation du S. Sacrement pendant la Messe on sonneroit vne Clochette, & que le mesme seroit fait lors que l'on portoit aux malades, à ce que le peuple bien aduerty eust à se comporter auec la deuotion & reuerence deüe à nostre Souuerain Seigneur reposant en cét auguste Mystere: ordonna de plus ce à mesme dessein qu'entre les deux esleuatiôs de la Saincte Hostie & du pretieux Calice, on s'humilieroit & on se prosterneroit en toute humilité, & feit quantité d'autres sainctes constitutions, &c. Il conuoca, assembla, & celebra vn Chapitre general en l'année 1187. auquel il presida assisté de quantité d'Archeuesques, & Euesques, & dans iceluy fist entre autres constitutions celle que nous trouuons au suiect des Religieux, grand Maistre & Cheualiers de l'Ordre & milice de Calatraue, dans laquelle se remarque l'humilité, la preeminence, & authorité de cét admirable Abbé de Cisteaux: elle commence ainsi:

F. VVIDO Cisterciensis humilis minister cum Episcopis, & Abbatibus totius Capituli, venerabili fratri Nunno Magistro, & vniuersitati fratrum de Calatraua, salutem. LAVDABILE propositum vestrium, &c.

Chrysostomus Henriquez in Fasciculo Sanctorum Ordinis Cisterciensis, Libro primo, distinctione tertiâ.

BEATVS GVIDO, sanctissimæ conuersationis vir Monachus Cisterciensis factus, cum doctrinâ postmodum & insolitâ virtute fulgeret, Abbas Cistercij, totiusque Ordinis generalis, & demùm

143

S. R. E. Cardinalis renunciari meruit. Quod munus quàm egregiè adimpleuerit, docent Legationes eius, quas pro Ecclesiæ Sacrosanctæ Negotijs obiuit: missus aliquando Coloniam vt Othonis electionem confirmaret, optimam illis consuetudinem induxit, eamque suo præcepto firmauit, (Legatus enim erat Pontificis à latere,) videlicet vt ad eleuationem Hostiæ omnis populus in Ecclesia constitutus ad sonitum Campanulæ, quam hac de causa altari affigi iussit, veniam peteret, sicque vsque ad Calicis benedictionem prostratus iaceret: præcepit etiam beatus vir vt quoties venerabile Altaris Sacramentum ad infirmum deferendum esset, Scholaris, siue Campanarius sacerdotem præcedens per Nolam illud proderet, sicque omnis populus tam in plateis, quàm in Domibus Christum transeuntem adoraret. Quid hac inuentione gloriosius? Quid hac consuetudine laudabilius? Quid hoc sanctius instituto? Quod & vsque modò in Ecclesia permanet, & in veteri testamento fuerat adumbratum, præceperat enim Deus Moysi, vt in veste summi Pontificis tintinnabula malogranatis misceret, vt sonitu eorum populus agnosceret sacerdotis in sanctuarium Domini ingressum & egressum.

Bulle du Pape Innocent III. touchant le priuilege des Archeuesques de Rheims, & comme il n'est permis qu'à eux seuls de Sacrer les Roys de France.

INNOCENTIVS *Episcopus seruus seruorum Dei, Venerabili Fratri* GVIDONI *Rhemensi Archiepiscopo S. R. E. Cardinali, eiusque successoribus Canonicè substituendis.* AVTHORITATE Apostolicâ statuimus, vt nulli nisi Rhemensi Archiepiscopo liceat Regem Francorum inungere, vel ei primam imponere coronam, sicut hactenus Ecclesia tua specialis etiam vacante sede obtinuit: quæ tibi & successoribus tuis Authoritate Apostolica confirmamus, &c.

Ciaconius in vitis Pontificum sub CLEMENTE tertio.

GVIDO, vel Vvido de Parè Gallus Monachus & xv. Abbas Cisterciens. S. R. E. Presbyter Cardinalis Tituli Sanctæ Mariæ trans-Tyberim, Tituli Calixti à Clemente tertio, creatus anno 1190. demum Episcopus Cardinalis Prænestinus ab Innocentio tertio factus: vir eruditionis, & pietatis famâ celebris; Itaque totius Ordinis Cisterciensis Abbas generalis electus, per aliquot annos sanctissimè tantæ molis negotium rexit, tandem in numerum Cardinalium assumptus est, quod munus egregiè adimpleuit quemadmodum docent Legationes eius, quas pro Ecclesiæ Sacrosanctæ negotijs obiuit, ab Innocentio Tertio Germaniam & Galliam Apostolicæ Sedis à latere Legatus missus ad confirmandam electionem quæ facta fuerat contra Sueuum Philippum, in Othonem Imperatorem, duo egregia instituta in Ecclesia innexit. Coloniam enim attingens (*teste Cæsario Heisterbachensi eius seculi scriptore*) optimam illic consuetudinem instituit, eamque suo præcepto firmauit, nempe vt ad eleuationem Hostiæ Sacro-sanctæ omnis populus in Ecclesia constitutus ad sonitum Campanulæ, quam hac de causa Altari affigi iussit, veniam peteret, & ad Calicis quoque eleuationem prostratus iaceret. Mandauit etiam vt quoties venerabile Altaris Sacramentum ad infirmum deferendum esset, Scolaris, siue Campanarius Sacerdotem præcedens per Nolam illud proderet, vt eo sonitu admonitus populus Christum transeuntem adoraret. Contigit hæc institutio anno 1200. quo Gvido Legatus Philippum Sueuum, & omnes Complices eius excommunicauit. Leodij manens Hugonis electionem in Episcopum Leodiensem confirmauit, eumque sacrauit, Clerum reformauit, cuius ordinationes lege apud Ægidium Buccherum in notis ad Historiam de Episcopis Leodiensibus Ægidij Aureuallis: Tandem operibus & sanctitate conspicuus Gandaui ex peste decessit anno 1210 13. Kalendas Iunij, inde Cistercium translatus in majori templo humatus fuit. *Kalendarium Cisterciense inter beatos numerat, eum denique obijsse asserit die* 20. *Maij: Cathalogus Abbatum Cistercij plura de eo, & 13. Kal. Iunij decessisse dicit, de quo lege Chrysostomum Henriquez in fasciculo sanctorum eiusdem Ordinis, lib. 1. distinctione 3. Cæsarium Heisterbachensem libro 6. capite 10. & libro nono capite 51. Naucle. Chronolog. Myrenum in Chronico Cisterciensis Ordinis: montal. in Historia Cisterciensi. Galliam Christianam in Cathalogo Archiepiscoporum Rhemensium & Abbatum Cistercij, tamen ipse videtur corrigendus author, qui Guidonem hunc Cardinalem Archiepiscopum Remensem facit, eumque obijsse affirmat anno* 1206. *decipitur enim ex eo quod Guido alius ex decimosexto Abbate Cistercij, qui post Guidonem de Parè ad Cardinalatus Dignitatem assumptus, Cisterciensem rexit Abbatiam, Archiepiscopus Rhemensis factus anno* 1202. *valedixit huic sæculo anno* 1206. 30. *Iulij & Cistercium delatus in choro iacet.*

Chronicon Canonici Laudunensis MS.

THEOBALDVS de Pertico Archidiaconus Rhemensis, vir Nobilis & generosus & litteratus, atque sublimitatis acumine extollendus, aliàs per omnia egregius, nisi minus apertè ambiret honores. Hic Philippo Episcopo Beluacensi in Rhemensem Archiepiscopum electo, arma militaria & eorum vsum obiecit & virum incendiarium esse dixit: facta iterum electione permissu Papæ à Canonicis Rhemensibus Baldvvinvs præpositus eiusdem Ecclesiæ, à maiori & saniori parte vocatus ad præsulatus honorem; sed impatiens alterius honoris ambitio, per memoratum Archidiaconum obiecit, quod vno pollice mutilatus, Domino etiam Miloni de Nantolio inueniles annos obiecit: Et sic eorum electione infirmatâ,

eidem

eidem Ecclesiæ præficitur GVIDO Prænestinus Episcopus, Apostolicæ Sedis Legatus, quondam Abbas Cisterciensis. Huius præsulatus mense primo, quidam eo præsente apud Branam de fide examinati, infideles reperti sunt, in præsentiâ Comitis loci Roberti & Iolent Comitissæ, & aliorum quorum iudicio post paucos dies extrà Castrum flammis sunt exusti, inter quos erat famosissimus per omnem Franciam Pictor nomine NICOLAVS.

ALBERICVS in Chronico MS. sub anno 1204.

ANno isto post longam concertationem Theobaldi contra Philippum Bellouacensem Episcopum qui ab vnâ parte fuerat postulatus in Remensem Archiepiscopum, sed per dictum Philippum Theobaldus cassatus, deuenit electio Remensis ad manus summi Pontificis. Ita exierant à Româ litteræ continentes mandatum Papæ, vt Abbas GVIDO trium fontium fieret Archiepiscopus Remensis; cum idem Abbas interim viam vniuersæ carnis ingreditur, & alter GVIDO Episcopus Cardinalis Prænestinus Alemanniæ Legatus factus est Archiepiscopus Remensis.

Decretum INNOCENTII tertij Papæ super electione GVIDONIS parè in Archiepiscopum Remensem, ex originali Vaticano desumptum.

INNOCENTIVS Episcopus seruus seruorum Dei, Capitulo Remensi, &c. PRÆLATORVM vota eligentium variantur, per huiusmodi tamen Schismata, quæ interdùm potiùs ex impetuosâ leuitate quàm bono zelo procedunt, Ecclesiæ solent incurrere detrimentum, sicut Ecclesiæ vestræ accidisse conspicimus & dolemus. Sanè cum bonæ memoriæ VVILLELMVS Archiepiscopus vester, vniuersæ carnis debitum ex luisset, quia non potuistis in vnum omnes pariter conuenire, sed contradicentibus quibusdam ex vobis, quidam venerabilis frater noster Beluacensis Episcopus, per impetuosam præsumptionem ex indiscreto zelo, post appellationem ad Nos interpositam, in Archiepiscopum nominarunt: laborauit Remensis Ecclesia, & expensis se grauibus onerauit. Nos autem partibus in nostrâ præsentiâ constitutis, & inquisita pleniùs & cognita veritate, postulationem factam de Episcopo Beluacensi exigente Iusticia repellentes, de gratia vobis electionem liberam duximus concedendam per Apostolica vobis scripta mandantes, vt infrà mensem post susceptionem litterarum nostrarum conuenientes in vnum inuocata Spiritus sancti gratia, Canonicè vobis eligeretis personam idoneam in Pastorem, & faceretis quatenus fieri posset opportunè in Pontificem consecrari. Adjecimus etiam, vt in examine districtiiudicij à vobis requireret Dominus, nisi humano fauore, ac mundano timore postpositis, personam in spiritualibus & temporalibus secundùm conscientiam vestram idoneam vobis præficere iuraretis. Venerabili quoque fratri nostro Autissiodorensi Episcopo, & dilecto filio Abbati de Ersenia, & Magistro R. de Gorgen Canonico Nouiomensi, dedimus in mandatis, vt si negligeritis forsitan mandata Apostolica adimplere, ipsi authoritate nostra suffulti, causa qualibet cessante Deum habentes præ oculis, personam quæ tanto congrueret oneri & honori vobis in Pontificem assignarent, & eum facerent per suffraganeos Remensis Ecclesiæ consecrari. Vos autem receptis litteris nostris loco conuenientes eodem, sed animo discordantes, vtpotè, quia nondum ab oculis cordis vestri prioris rancoris nebulam tersratis, personas vobis varias nominastis, quibusdam ex vobis præpositi, quibusdam maiorem Archidiaconû eligentibus in Pastoré. Quia igitur prædictorum executorum audientiam & præsentiâ euitantes, maluistis ad sedem Apostolicam laborare, discordantiû partium concordia nostrû iudicio eligente, dilecto filio T. de porta Carceris, Procuratori partis illius, quæ Præpositum duxerat eligendum, & socijs eius, & O. Procuratori partis aduersæ, ac Collegij ipsius audientiam concedentes, propositiones partium, & confessiones audiuimus, receptimus testes, & publicantes depositiones eorum, examinauimus omnia diligenter. Fuit ergo propositum coram Nobis, quod pars illa quæ Præpositum nominarat, non solùm aduersa parte contempta, sed neglectis etiam quibusdam ex illis, qui cum eis postmodum in electionem Præpositi concordarant, in domo Hugonis de Spainaco Canonici sui seorsùm habuerant super electione tractatum, communiter statuentes, quod si non p   in personam eandem omnes pariter conuenire, illum ex compromisso reciperent in Pastorem   m Decanus & Prædecessor I. de porta carceris, & Geruasius Præpositi nepos, in quos compromiserunt communiter vice huius formæ, eis in Archiepiscopum nominarât: adiectum est etiam, quod cum Vicedominus prædictum Archidiaconum eligisset, appellans ne quis in præiudicium electionis ipsius aliquid attentaret : Decanus velut in furorem conuersus nullo prorsus consilio de Præposito in Capitulo habito, nec communi deliberatione præmissâ subitò Præpositum capiens, & non istum (inquit) socium expiamus? Sicque capientes eum quidam alij cum Decano intronizauerunt eumdem & laudes solitas decantarunt: siue ipse cui deliberatione in domo Hugonis extrà Capitulum habitâ, fuisse repente in Capitulo nullâ deliberatione præmissâ, Decanus Præpositum nominauit, patet eum præter formam electionis Canonicè nominatum. Obiectum est insuper quod Præpositus erat super simoniæ vitio infamatus, quod abusus fuerat sigillo Capituli, quod tanquam criminosus vitio rupturæ laborabat, & quod medio digito sinistræ manus fuerat mutilatus, licet testes super hoc varia retulissent, deponentibus quibusdam eorum, quod tantùm extrema vncia digiti carebat eiusdem, & addentibus alijs, quod secundam integram non habebat. Canonibus igitur reuolutis, inuenti sunt diuersi

T

super hoc articulo non adducti. Nam etsi aliqui habeant, quod quidam corpore vitiati, & hi specialiter, qui casu partem digiti amiserunt, ad Clericatus officium admittantur, aliqui tamen habent, quod qui membrorum sint damna perpessi, sunt à sacris Ordinibus prohibendi, qui super hoc sibi nullatenus aduersantur, cùm multi ad minores possunt Ordines promoueri, qui ad superiores cum effectu non debent aliquatenus aspirare; nam maior sufficientia in eis requiritur, qui ad sacros sunt Ordines promouendi, quàm in iis qui sunt in minoribus Ordinibus constituti; sicut & maior in Præsbytero, quàm Diacono, Episcopo, quàm Præsbytero, Archiepiscopo, quàm Episcopo, Primate, quàm Archiepiscopo, & maior iis omnibus est in summo Pontifice perfectio requirenda. Quatuor igitur opposita sunt in factum, & quatuor in personam, in factum illicita compromissio, contemptus fratrum, Canonica prouocatio, & impetuosus processus: In personam infamia simoniæ, abusus sigilli, ruptura vitium, & digiti mutilatio. Licet contrà personam Archidiaconi nihilominus offensum fuerit, vel obiectum, immò multipliciter à multis fuerit commendata, contrà factum tamen electionis ipsius fuit propositum ex aduerso, quod cùm Decanus ad Sedem Apostolicam appellasset, ne quis sine communi, vel maioris & sanioris partis assensu ad electionem procederet, celebrandam. Vicedominus & sequaces ipsius, pauciores numero, cùm vix tertia pars Capituli sequerentur eundem, & dignitate minores, cum nulla persona Remensis Ecclesiæ Vicedomino consentiret, & inferiores ordine, cum nullus Præsbyterorum fauerit eidem, eundem Archidiaconum nominarat, & quod ab hoc zelo processerat indiscreto, cum pars altera tam ad Remensem, quàm Carnotensem Decanum, Ecclesiæ Remensis Canonicum, qui quondam in priori negotio eidem Archidiacono fauerat eligendum, & quamplures viros prouidos & honestos postulandos à nobis duxerint nominandos, quorum nullum pars ipsius Archidiaconi voluit acceptare, vtpotè quæ non ad vtilitatem Ecclesiæ, sed promotionem illius potius intendebat. Præterea ex vtriusque confessione patebat, quod Archidiaconus ipse in Subdiaconatus erat ordine constitutus, Canon autem Subdiaconos qui & ipsi ministrant Altaribus, exigente opportunitate concedit, si spectata Religionis & scientiæ fuerint, ne tamen sine Romani Pontificis vel Metropolitani scientia in Episcopos eligendos: verùm cum Remensis Ecclesia Metropolitanum non habet alium, quàm Romanum Pontificem, necnon conscij essemus electionis ipsius, constabat eam contrà formam Canonicam attentari. Cùmque super his & aliis coram Nobis fuisset variè disceptatum, Nos attestationibus, confessionibus, & allegationibus diligenter auditis, & plenariè intellectis, de communi fraternitatis nostræ consilio, exigente Iustitia electionem vtramque curauimus reprobare. Verum quoniam Officij nostri debitum & Remensis Ecclesiæ commodum requirebat, vt ei prouideremus personam idoneam in Pastorem, ne si denuò restitueremus vobis licentiam eligendi, denuò Apostolicæ Sedis Beneficio abutentes, Remensem scinderetis Ecclesiam, & labores nouos veteribus laboribus cumulantes, afflictionem adderetis afflictæ, ad venerabilem Fratrem nostrum GVIDONEM Prænestinum Episcopum Apostolicæ Sedis Legatum, virum prouidum & honestum, oriundum de Regno Francorum, qui fuerat in Cisterciensi Ordine primus Abbas, & suæ Religionis exigentibus meritis, à nobis assumptus fuerat in Episcopum Prænestinum, virum vtique coram Deo & hominibus potentem in opere ac sermone, oculos nostræ considerationis extendimus, & vobis & eidem Ecclesiæ prouidimus in Rectorem, dum tamen eius super hoc accedat assensum, quem inuitum cogere nolumus, sed consentientem assumi. Monemus igitur Vniuersitatem vestram, & cohortamur in Domino, & per Apostolica vobis scripta mandamus, & districtè præcipimus, quatenus si Episcopus ipse dispositioni nostræ consenserit, ipsam sicut Pastorem & Episcopum animarum vestrarum suscipiatis humiliter, & honorificè pertractetis, debitam ei obedientiam & reuerentiam impendatis: Scientes Nos Venerabili Fratri nostro Senonensi Archiepiscopo, & dilecto filio Clareuallensi & S Victoris Parisiensis Abbatibus dedisse firmiter in mandatis, vt si qui quod non credimus, facto nostro se duxerint opponendos, eos per dispositiones Ecclesiasticas sub Apostol. impedimento compescant, eisdemque mandauimus, vt si forsan idem Episcopus non pateretur ad Remensem Ecclesiam se transferri, omni gratia & timore postposito, personam idoneam & honori tanto & oneri congruentem solum Deum habentes præ oculis authoritate nostra suffulti vobis Apostolica potestate præficiant in Pastorem. Contradictores modo simili compescentes. Datum Laterani 11. Nonas Iulij, Anno VII.

Vetus Chronicon MS.

GVIDO apud Gandauum in Cœnobio Sancti BAVONIS ex dysenteria obijt 3. Cal. Augusti. Capitulum Remense quod sub interdicto posuerat, moriens absoluit, tunc vacauit sedes Metropolitana. Theobaldo de Pertico impediente electionem.

Epitaphe qui se lit dans le Chœur de l'Abbaye de Cisteaux.

NOBIS Donatus de culmine Pontificatus
Remis translatus, iacet hic vir VIDO Beatus.

Cæsarius Heisterbachensis, Religieux de l'Ordre de Cisteaux, au Liure 9. Chap. 50. de son Histoire, intitulée: Illustria miracula, & Historiæ mirabiles.

TEMPORE Schismatis inter Philippum & Othonem, Dominus Vvido Cardinalis aliquando Abbas Cisterciensis, cum missus fuisset Coloniam ad confirmandam electionem Ottonis, bonam illic consuetudinem instituit: præcepit enim vt ad eleuationem hostiæ omnis populus in Ecclesia ad sonitum nolæ veniam peteret, sicque vsque ad Calicis benedictionem prostratus iaceret. Præcepit etiam idem Cardinalis, vt quotiens descendendum esset ad infirmum, corpus Domini Scholaris siue Campanarius, Sacerdotem præcedens, per Nolam illud proderet, sicque omnis populus, tam in stratis, quàm in domibus, Christum adoraret. Retulit eis eodem tempore casum satis miraculosum; Miles quidam in Francia fuit tantæ deuotionis, vt quotiescumque Christi corpus eleuari, siue deferri videret, prostratus illud adoraret. Contigit vt die quâdam vestibus suis pretiosis indutus intraret Ciuitatem, cumque platea, in qua equitabat, nimis esset Lutosa, ex improuiso obuium habuit corpus Domini: quo viso, modicum intra se deliberans ait. Quid facies modo? si in tanta profunditate prostraueris, perdita sunt vestimenta tua hæc delicata; si verò non descenderis, saluberrimæ consuetudinis transgressorem te semper accusabit conscientia. Quid plura? Præualescente deuotione, de equo prosiliens, in lutum se misit, in quo flexis genibus, eleuatis manibus, Christi corpus adorauit. Et quia dulcissimus Dominus honorantes se, non solum in futuro remunerat, imò etiam in præsenti nonnunquam rehonorat; hoc egit sua potentia, vt totius luti, nec vna quidem guttula vestimentis eius adhæreret. Tunc equum cum multa admiratione reascendit, & amplius in fide confirmatus, Deum glorificauit.

Ex 1. Volumine Chartarum Archiepiscopatus Rhemensis. Instrumentum LVII. folio 48.

INNOCENTIVS Episcopus Seruus Seruorum Dei, venerabili Fratri Guidoni Rhemensi Archiepiscopo, Sanctæ Romanæ Ecclesiæ Cardinali, eiusque Successoribus canonicè substituendis. Iniuncti nobis à Deo Apostolatus officium, & Ecclesiasticæ vtilitatis consideratio nos ammonent & hortantur, Fratres nostros Episcopos, quos honestate ac religione pollere cognoscimus, ampliori charitate diligere, maioremque illis honorem iugiter & gratiam exhibere. Eapropter, venerabilis in Christo Frater Archiepiscope, tuis iustis postulationibus clementer annuimus & Rhemensem Ecclesiam, cui Deo Auctore præesse dignosceris, ad exemplar piæ recordationis Alexandri Papæ Prædecessoris nostri, sub Beati Petri & nostra protectione suscipimus, & præsentis scripti priuilegio communimus. Statuentes, vt quascunque possessiones, quæcunque bona eadem Ecclesia in præsentiarum iustè & canonicè possidet, aut in futurum, concessione Pontificum, largitione Regum, vel Principum, oblatione Fidelium, seu aliis iustis modis præstante Domino poterit adipisci, firma tibi tuisque Successoribus & illibata permaneant. In quibus hæc propriis duximus vocabulis exprimenda. Suessionensis, Laudunensis, Cameracensis, Beluacensis, Cathalaunensis, Siluanectensis, Nouiomensis, Ambianensis, Attrebatensis, Tornacensis, & Morinensis Episcopatus. In propria Diœcesi tua Sancti Reinigij, S. Nicasij, S. Dionysij, & S. Petri Monasteria, infra ciuitatem Rhemensem. Extra ciuitatem verò de Mosonno Sancti Theodorici, S. Petri de Attouillari, S. Basoli & Sanctæ Mariæ Ignacensis Monasteria. Et in hiis omnibus Monasteriis iura spiritualia & patronatus cum omni institutione & ordinatione sua. Insuper autem de Spernaco & de Auenayo Monasteria. Nihilominus etiam infra Episcopatum Suessionensem, ius patronatus in Monasterio Orbacensi, infra Episcopatum Tornacensem, ius patronatus in Monasterio de Cisin, in Nouiomensi, Ambianensi Episcopatibus, iurisdictionem in Burgensibus Sancti Quintini & de Sancto Vvalerico hactenus habitant, videlicet vt appellati ad Rhemensem Curiam veniant. Dominium Rhemensis ciuitatis cum omnibus pertinentiis suis, feudum quod ab Ecclesia tua Comes Campaniæ habere dignoscitur, pro quo salua fidelitate Regis tibi tenetur ligium hominium facere, videlicet Vitriacum, Virtutum, Registestum, Castellionem, Spernacum, Rotiacum, Fismas, Branam & Comitatum Castelli in Porcianis, cum Castellaniis eorum, & alias possessiones & castra quæ idem Comes in propria persona tenet, vel alij tenent ab ipso. Feudum quoque de Buillon, quod Leodiensis Episcopus ab Archiepiscopis Rhemensibus habere dignoscitur, pro quo etiam propria manu tenetur in manu Archiepiscopi Rhemensis promittere seruitium & iustitiam se exhibiturum ei, & fideliter seruaturum; & pro quo etiam idem Episcopus tenetur efficere quod octo Barones illius feudi hominium eidem Archiepiscopo faciant, & ab Archiepiscopo vocatus ad expugnandos malefactores eius, auxilium & seruitium per milites & homines armatos facere debet, sicut in scriptis authenticis noscitur contineri: feudum etiam quod Registesensis Comes, videlicet Comitatum de Osmonte & feudum quod Comes Grandisprati & feudum quod Suessionensis Comes à te habere noscuntur, Castrum quoque Mosonnij, Attigniacum, Betighiuilla, septem Salices, Curmediacum, Curuilla, Chmminiacum & Stahnam cum pertinentiis eorum. Insuper etiam auctoritate Apostolica statuimus, vt nemini nisi Rhemensi Archiepiscopo liceat Regem inungere, & ei primam coronam imponere, sicut hactenus Ecclesia tua specialius etiam vacante Sede obtinuit, tibi & Successoribus tuis auctoritate Apostolicâ confirmamus. Hæc siquidem omnia, sicut prædecessores tui ab antiquo, & tu ipse habuisse noscimini, tibi tuisque Successoribus auctoritate Apostolicâ duximus confirmanda. Pallium quoque, videlicet Pontificalis officij plenitudinem, tuæ Fraternitati Apostolicæ Sedis liberalitate largimur, quo vtique infra tuam Ecclesiam vti memineris eis diebus, quibus Prædecessores tuos vsos fuisse cognoscis: videlicet in Natiuitate Domini, Festiuitate Protomartyris Stephani, Circumcisione Domini, Epiphaniâ, Popanti, Dominicâ in Ramis Palmarum, Cœna Domini, Sabbatho Sancto, Paschâ, Feriâ secundâ post Pascha, Ascensione, Pentecoste, tribus Festiuitatibus S.

Mariæ, Natali Beati Ioannis Baptistæ, Solemnitate omnium Apostolorum, Commemoratione omnium Sanctorum, Dedicatione Ecclesiarum, Consecrationibus Episcoporum, Ordinationibus Clericorum, Ecclesiæ tuæ principalibus Festiuitatibus, & anniuersario tuæ Consecrationis die. Decernimus ergo vt nulli omninò hominum liceat præfatam Ecclesiam temerè perturbare, aut eius possessiones auferre, vel ablatas retinere, minuere, seu quibuslibet vexationibus fatigare. Sed omnia integra conseruentur eorum, pro quorum gubernatione ac sustentatione concessa sunt, vsibus omnimodis profutura, salua Sedis Apostolicæ auctoritate. Si qua igitur in futurum Ecclesiastica, secularisve persona hanc nostræ constitutionis paginam, sciens, contra eam temerè venire temptauerit, secundo tertióve commonita, nisi reatum suum congrua satisfactione correxerit, potestatis honorisque sui careat dignitate, reamque se diuino iudicio existere de perpetrata iniquitate cognoscat, & à sacratissimo Corpore ac Sanguine Dei & Domini Redemptoris nostri IESV CHRISTI aliena fiat, atque in extremo examine districtæ subiaceat vltioni. Cunctis autem eidem loco sua iura seruantibus sit pax Domini nostri IESV CHRISTI, quatinus & hîc fructum bonæ actionis percipiant, & apud districtum Iudicem præmia æternæ pacis inueniant, Amen. Datum Romæ apud S. Petrum per manum Iohannis Sanctæ Mariæ in Via Lata, Diaconi Cardinalis, Idus Maij, Indictione VIII. Incarnationis Dominicæ anno M CC V. Pontificatus verò Domni Innocentij Papæ tertij anno VIII.

Ex Commentariis Rerum Rhemensium, à Domino Antonio Colardo Canonico Rhemensi collectis, & MS.

GVIDO donatus fuit Episcopatu Rhemensi ab INNOCENTIO tertio Papa, cum nihil tale expectaret, PHILIPPO secundo Rege id imprimis gratum habente, cui ille charus erat.

Biennio ferè postquam Vvido Episcopalem Rhemorum dignitatem consecutus fuerat, Legatus in Flandriam ad componenda quædam dissidia missus, ex itinere Rhemos diuertit, vrbemque in peruigilio Natalis Diuæ Mariæ ingressus, honorificè à ciuibus exceptus fuit, ibi aliquandiu commoratus. Mortuus est Vvido Archiepiscopus Rhemensis Gandaui, sepultus in Templo Diui Bauonis. Præfuit an. III. ob cuius mortem vacauit Sedes Rhemensis ampliùs menses tres.

Frizonus in Galliâ purpuratâ.

IN Aula magni Cœnobij Cisterciensis cum aliis Cœnobiarchis habentur depicti duo GVIDONES, cum his versibus.

GVIDO sequens altos penetrabat acumine cælos;
Collegio fratrum sociauit pileus istum.
GVIDO alter vita cuius fulgebat vt ensis,
Archimandrita factus fuit inde Rhemensis.

Extraict des Recherches des Antiquités de Bretaigne, par Frere Augustin Dupas Iacobin.

Epitaphium Domini GVIDONIS Archiepiscopi Rhemensis & Cardinalis creati anno 1205. ab Innocentio tertio, mortui 1206. in Choro Ecclesiæ Sancti Bauonis, quiescentis.

VLTIMA defluxit GVIDO lux quæ tibi luxit,
Lux quia defluxit, lux vera Deus tibi lux sit,
Fatis decessit Iuly lux quando recessit,
Vltima solamen cæli det ei Deus amen.
Abbas Legatus, Rhemisque fuit Cathedratus,
Grandis Gandauo, debetur honos, quia Bauo
Sanctus prostrauit illum, quem nullus amauit.

des Cardinaux François. 149

ALBERT DE BRABANT, EVESQVE de Liege, Cardinal du Tiltre de .....

CHAPITRE LIV.

Vita & Martyrium Sancti Alberti Cardinalis & Episcopi Leodicensis.

Auctore Ægidio Leodicensi, Aureæ Vallis Monacho, Ordinis Cisterciensis, in Ducatu Luceburgensi, qui anno 1250. floruit.

ADVLPHO LXII. Episcopo Leodicensi defuncto, Successor eligitur ALBERTVS Archidiaconus, frater Henrici Lotharingiæ Ducis : cuius electioni cùm cæteri omnes Archidiaconi, Clerus & Populus ciuitatis, & Principes terræ consentirent, solus Baldvinus Hannoniensis Comes contradixit. Hic est qui Namurcensem Comitatum violenter extorserat auunculo suo Henrico Comiti Namurcensi nobilissimo, iam seni, & oculis caligantibus cæco.

Ad electionis ergo diem præfixum venerat Comes Baldvinus, militum frequentia magna constipatus : & cæteris ALBERTVM fratrem Henrici Lotharingiæ Ducis eligentibus, ipse eligebat Albertum fratrem Comitis Reitestani, cognatum suum, Ecclesiæ Leodicensis Archidiaconum, & maiorem Præpositum, cui parum gratiæ præter genus erat. Hic igitur Albertus, cum paucis Canonicis familiaribus suis, & Comite Balduino, se aduersum opponit electo Leodicensi ALBERTO : qui magnis gratiarum titulis longè clarus, superabat alti sui generis dignitatem. Electione eius confirmata, iam recesserat cum suis confusus Comes Baldvinus, & post electionem confœderat ad mensam nouus electus, & Dux frater eius, cum amicis suis læti & iucundi : cùm subitò super mensam nuntius tristis venit, dicens decessisse in Apulia Philippum, Archiepiscopum Coloniensem, qui affectu magno Ducem Henricum, & ALBERTVM fratrem eius vnicè diligebat, in quo spes vnica ipsis erat, per quem gratiam electionis confirmandæ obtinerent apud Imperatorem Henricum, qui Henrico Duci non satis animo fauens erat aut benignus. Quo audito, Dux Henricus, omnibus omissis, cum auunculo suo Henrico Duce de Lemburch, Coloniam properauit ad electionem Brunonis cognati & amici sui. Et ecce alius nuntius primo atrocior in Colonia adhuc existentis Henrici Ducis aures & animum verberauit, dicens in Syria decessisse Philippum, nobilem Flandrensem Comitem, sibi constantia magna amicissimum. Quo audito Dux est animo consternatus, & omnes amici cum eo, & tremuerunt renes eius, quia contra omnes sibi aduersantes Philippi Comitis amicitia tutus erat atque potens. Habebat autem vxorem, Comitis Philippi neptem, filiam Matthæi Comitis Boloniensis, qui fuit frater Philippi Flandrensium Comitis. Festinus ergo exiuit Colonia Dux Henricus, & magnis itineribus contendit in Flandriam ad Comitissam relictam Philippi Comitis. Regina ea dicebatur, quia filia Regis erat, & pro fratre suo minùs firmo Regnum patris tenuerat in Hispaniis. Ad hanc itaque venit festinus Dux Henricus, vt dotem eius confirmaret, & ipse sibi pro vxore sua Flandrias occuparet. Antequam Dux audisset, Hannoniensium Comes Baldvinus audierat de morte Philippi Comitis : qui & ipse vxorem habebat Margaritam Comitissam, sororem Comitis Philippi. Non somnians ergo, sed peruigil Comes Baldvinus, de terra sua raptis secum equitum peditumque copiis, simulque ducens hæredem terræ Flandrensis Comitissam Margaritam, celeriter occupauit omnem terram vsque ad Scaldim fluuium, antequam Dux Henricus existet Colonia. Aldenaida, nobili castello in insula sito, occupata, cæterisque castellis & oppidis eiusdem fluminis, vltra id ipsum proximè ad Iprenses, Brugiosque mittit & Gandauos : vt se & hæredem recipiant Comitissam Margaritam. Receptus est ergo ab Iprensibus & Brugiis, ope Brugensis Præpositi magnanimi viri : qui ex concubina filius fuit Theodorici, quondam nobilissimi Flandriæ Comitis, & à statu suo Comite Philippo multis Ecclesiasticis dignitatibus fuerat honoratus. Gandensibus & Menapiis primò consilium fuit, vt non reciperent Comitem Balduinum : magis fauentes Henrico Lotharingiæ Duci, sicut & multi Flandrensium, qui receperant cum magis metu præsentiæ, quam fauore, quod cum exercitu multo insperatus incubuisset ipsis, Ducis exercitu longius adhuc agente. Ob celeritatem magnam & instantiam rerum gerendarum, demum à Gandauis & cæteris omnibus est receptus. Ita Comiti Philippo in Syria decedenti Comes Hannoniensis Baldvinus successit in Flandrensi Comitatu, cum vxore sua Margarita Comitissa : & post multas simultates, inter ipsum & Henricum Ducem, cui Dux non potuit præualere, & inter Comitem Balduinum, & Philippum Regem Francorum, nuper à Syria regressum tandem ab ipso Rege Flandrensem obtinuit Principatum, quinque millibus argenti marcis eidem Regi

T iij

datis, pro ingressu sui Principatus. *Henricus* Dux cöfusus, & conatibus suis omnibus sic frustratus omnino inanis & vacuus, in terram suam à Flandriis est regressus.

Inter hæc claudicabat & vacillabat opus omne, quod agendum erat de electione ALBERTI Louaniensis confirmanda apud Imperatorem: dum Dux frater eius, omnia postponens, vnico ac vano labore contendit pro obtinendo Flandriæ Comitatu. Comes *Balduinus*, qui superior in omnibus erat, in auro, atque argento, militique parata, quique magna erat prudentia & prouidentia, consilique & animi magnitudine, ad omnia strenuè peragenda, inter contentiones atque belli motus pro Flandriæ Comitatu, nihilominus aduersus *Henricum* Ducem aliud graue ducit bellum sine armis, vt electionem ALBERTI fratris eius casset & vacuet. Ad omnia ergò quæ volebat peragenda, non laboribus, non expensis parcens, *Albertum*, fratrem Comitis Reitestæ, à se electum, cum suffragiis auri & argenti multis, ad Imperatorem mittit, quem necdum audierat rediisse ab Italia. *Henricus* Imp. in Italia ipsum *Albertum* ad se venientem suscepit honorificè: idem enim *Albertus* erat Imperatricis patruus, & hoc vno titulo de Imperatoris gratia ipse *Albertus* præsumebat, & sequaces eius. Ceterùm *Henricus* Imp. aliud intendebat: videbat enim hominem vanum, rudem, & indoctum, nullo, sicut iam didicerat, electionis iustæ priuilegio suffultum, ad honorem adspirare tantùm, cui omnia præter genus contrahabant. Celans itaque mentem suam Imperator, *Alberto* factus erat iucundus, & tacitè lætus erat, quòd per ipsum occasio sibi data esset refellendi electionem ALBERTI Louaniensis, cui propter Ducem ipsius fratrem, hunc honorem inuidebat. Fuit enim tempus, dum adhuc viuens pater eius *Fredericus* Imp. in Italia moraretur, cùm ipse, qui Rex erat, patre imperante, Leodicum veniret ad auxiliandum *Balduino* Comiti, pro Comitatu Namurcensi, quem nuper occupauerat. Dux autem *Henricus* Henrici Comitis Namurcensis partes iuuabat, & infestus erat Comiti Balduino, ex eo tempore quo Embeccam oppidum conatus fuerat communire idem *Balduinus*. Adhuc enim viuente patre suo Duce *Godefrido*, Dux *Henricus* adhuc iuuenis venit Leodicum ad *Henricum* Regem, ostentatione multa secum ducens armatum & validum equitatum vsque ad trecentos viros (sicut fuit æstimatum) magnoque supercilio se gessit in curia ante faciem Regis contra Comitem *Balduinum*, cùm iuuenis Regi Dux iuuenis sciret graue quod agebat. Comes autem, sed nec ipse Rex, in ea ciuitate paucis equitum præsidiis erant tuti: nec poterat Rex tunc pænè solus hanc insolentiam Ducis cohibere. In iras ergò magnas Rex iuuenis accensus, tulit inultus quod ferendum sibi non putauit, quando venit in eam ciuitatem. Ex qua regressus, iram secum duxit, & nutriuit vsque ad diem hanc, qua vidit sibi tempus adspirare, quo responderet ipsius iræ veteri Ducis insolentiæ. Respondet ergo *Alberto*, vt redeat in Regnum Teutonicum, sicut & ipse disposuit eodem citius reuerti: ibi sese auditurum de causa Leodicensi, & se responsurum iuxta merita rerum & causarum.

Istis diebus *Henrico* Imperatore ex Italia reuertenti occurrerunt inter Alpes Legati ALBERTI Louaniensis, & ipsos simul Imperator lepidè suscepit & benignè, vultu mentem celans, & eodem responso, quo primos, remisit eos, spes, spe gratiæ suæ, quæ non erat, animatos: vtrique verò parti diem dixit circa Kalend. Februarij. *Henricus* autem Dux languidus erat ac remissus ad auxiliandum ALBERTO fratri suo electo Leodicensi, ex quo audiuit de morte Comitis *Philippi*, quando bellum non necessarium, sed funestum sibi sumpsit contra Comitem *Balduinum* pro Flandriæ Comitatu. At verò si primis diebus electionis, misisset Dux pro electo fratre suo, & electus pro se ipso, ad leniendum Imperatorem, in Italia magnis rebus occupatum, antequam illud consilium de Leodicensi Episcopatu concepisset, à gratia eius repulsi non fuissent.

Erat autem in exercitu Imperatoris vir strenuus in re militari Comes de *Horstal*. Hic acceptus erat Imperatori pro seruitio suo, quod ipsi præstiterat sedulus in expeditionibus Apuliæ & Calabriæ, & à consiliis Princeps erat primus. Huic Comiti frater erat *Lotharius*, vir magnus catenas & diues, præditus Ecclesiasticis multis dignitatibus, & ambiens summas Ecclesiæ dignitates, atque ad honores primos animo cupido aspirans: sciensque ex peruersi illius temporis experimentis, ad hoc multum valere suffragia auri & argenti, in auro & argento spem suam posuerat. Propter quod constauerat sibi auri & argenti summam multam, qua animos hominum sibi aduersantes expugnaret, & expugnatos suis votis cogeret obedire. Comes ergo, frater eius, vt vidit in curia *Albertum* Reitestanum, & Legatos ALBERTI Louaniensis, & Imperatorem adhuc dubium istis & illis dubia respondisse, etsi die certo iam fixo: hac occasione accepta, conandum pro fratre suo ratus, scrutari rerum cœpit causas & momenta. Et accedens Principem, obsedit aures eius, incursauit nunc blanditiis, nunc promissis, omnibusque modis, quibus posset aures eius captas inclinare. Inter cetera, prætendit, inuidiam facti, quo se Leodici dudum extulerat contra ipsum Dux *Henricus*: & vt ad expeditionem Apuliæ & Calabriæ ab ipso clementer euocatus primo, ac deinde multis diebus fortiter citatus vt veniret, neque clementia, neque reuerentia maiestatis eius sit inductus vt veniret, sed contemserit clementiam eius & virtutem. In regno Teutonico, Duci & electo fratri eius altum genus esse, potens ac superbum: si ALBERTVS frater Ducis Leodicensem Episcopatum obtineat duplicatas fore vires Ducis contra ipsum, cui se obiecit, cui contradixit obedire. A facie Ducis & superbi generis eius, Imperatori iam nihil esse tutum vltra Mosellam fluuium: *Albertum* verò Reitestanum hominem non esse, qui possit hominibus præfici: sibi esse fratrem genere scientia, moribus & ætate firmum, sicut & ipse Imperator nouerat. Imperatori ergo cum suspectum sit & nociuum, si obtineat Episcopatum ALBERTVS Louaniensis, & sit indecens, si obtineat Reitestanus: dignum ducat & honestum atque sibi tutum benignus Imperator, vtroque reiecto, gratiæ suæ radios *Lothario* impartiri. Cætera Comes callidus, demulcens eum, cupidis illius submurmurat auribus.

Venit ergò dies, & concurrunt ad curiam ambæ partes. *Henricus* Dux Lotharingiæ, frater electi Louaniensis, & *Henricus* Dux de Lembarch, eorum auunculus, prope curiam ceßerunt: neque enim in curia satis tutum erat eis, sed per internuntios pro se & pro electo agebant apud Imperatorem, vt ipsius gratiam obtinerent. Callidus Imperator omnia libralis, linguâ dubiâ partibus aduersis respondebat. Venit ergò ad illum *Albertus Reitestanus*, maior Præpositus & Archidiaconus, quatuor aut quinque secum habens Canonicos S. Lamberti, fautores partis suæ, quæ penè nulla erat: venit, & stetit ante Principem bonæ spei plenus. Venit & ALBERTVS Louaniensis, cum Archidiaconis & clero S. Lamberti vsque ad quadraginta viros & ampliùs: numero ampliore, & dignitate atque honestate caussæ longè potiore, si Principi caussa potior placuisset. Inter hæc dum dies aliquot à Principe callidò, quasi ad cognoscendam caussam, & validius examinandam, partibus indicuntur, Comes de *Horstal* pro fratre suo *Lothario* Bonnensi Præposito non cessat funestam fabricam fabricare cum Principe concordante. Ad tegendum ergo commercium operis tenebrosi, tribus millibus marcarum à Bonnensi Præposito clam acceptis, Imperator in curia generali constituit cum Archicancellarium Regni sui citra Alpes: sic proximo tempore facturus, vt cum inuestiat regalibus Leodicensis Episcopatus. Quod opus etsi primò secretum, posteà relatum non latuit *Albertum Reitestanum*: videnſque illusum se à Principe, per anfractus inanium verborum se detinente, cum suis statim venit ad ALBERTVM Louaniensem, & eius electioni cum suis concordem sese reddidit, iurans & obtestans se numquam deinceps recessurum. Concordes ergò veniunt ad Principem. *Albertus Reitestanus*, Leodicensis Ecclesiæ maior Præpositus & Archidiaconus, ALBERTVM Louaniensem ex parte sua (vtpote qui in electione primam vocem habebat) & ex parte Archidiaconorum, & totius Ecclesiæ Leodicensis, in vnam & eamdem vocem concordiâ canonicâ clamantis, præsentat, & cum omnibus genu flexo postulat, vt Imperator ab ipso electo & præsenti extendat clementiæ suæ manum, & recipiat atque inuestiat cum dono regalium Leodicensis Episcopatus. Respondet turbidus Imperator, id non esse iustum aut æquum, nec imperio suo dignum, esse iuris sui & honoris, esse imperij sui, & hoc à patre suo accepisse Frederico Imperatore, vt in omnibus Ecclesiis, quatenus ad eum spectat, si partes sint inuentæ in electione celebranda, omnibus partibus in electione dissidentibus, electio onis vocem & meritum prorsus exspirare, & penes se esse ius onine & omnem potestatem, vt ipse, cui voluerit, extendat manum suam, & à se ipso eligendum & inuestiendum, quem dignum ipse censuerit. Et si iam dicant non esse partes, seseque concordes inueniri, nihilominus partem suam dicit præualere: quia etsi iam non sint, fuerunt tamen partes inter eos, & inter partes eorum dissidentes sese iam velle interponere partes suas. Clerus Leodicensis cùm allegare contra conaretur, non fuisse partes, cum quatuor aut quinque, nulla dignitatis officia in Ecclesia habentes, nullaque nixi auctoritate, sed sola ductu lenitate, quam correxerunt, adeoque pauci Canonici sese obiecerunt contra Canonicos quadraginta quinque, & Ecclesiæ summos viros: abripit eorum rationes omnes violenter Imperator, & *Lotharium* Bonnensem præpositum à se electum designat, & inuestit regalibus Leodicensis Episcopatus, quem pridie designauerat Archicancellarium Regni Teutonici. Quem honorem Archicancellariæ, sicut erat condictum inter eos, palam ipse resignat in manum Principis. Huic facto tam atroci instanter contradicit Leodicensis Clerus omnis qui adstabat, & eorum electus ALBERTVS Louaniensis, electionem suam canonicam esse constantiâ magnâ affirmans coram ipso Imperatore: & declamat iniuriam sibi fieri, & vim inferri manifestam libertati Ecclesiæ Dei ab antiquo conseruatæ, & appellat Sedem Apostolicam. Incensus his violentiis Imperator, portas claudi iubet, ne Leodicensium quisquam egredi posset: deterrens Canonicos terroribus atque minis impellere conatur, vt consentiant facto suo, & recipiant à se electum *Lotharium* Bonnensem Præpositum. *Albertus Reitestanus*, calamo ventis agitato inconstantior, & plures alij se consentire profitentur. Cæteros Imperator videns firmos in proposito suo, cum electo suo ALBERTO Louaniensi, tandem permittit abire: à suis enim fuerat castigatus, non esse decens vt sic eos teneret: & sic infausta curia est soluta.

Lotharius Bonnensis Præpositus, qui ipse Canonicus Sancti Lamberti, primò laudauerat approbatam electionem ALBERTI Louaniensis, & cum cæteris subscripserat, contra hoc suum factum & assensum nunc venire, ipsamque electionem & appellationem vanam esse dicit. Cupiditas enim, ambitio eius oculos obcæcauerat. Venit ergo Leodicum, & occupauit Episcopatum, & oppida & castella nobilia Leodicensis Episcopatus: fecitque amicitias & fœdera cum *Balduino* Comite Hannoniensi, & eius potentiâ fretus, in Episcopatus inuasi negotiis securus agebat. ALBERTVS Louaniensis res suas trahebat angustiis magnis: plures enim necessarij eius ab eo auersi erant, quidam metu, quidam gratiâ, vel fauore Imperatoris obstricti; & alij quidam rei finem sub silentio exspectabant, alij manifestis rebus agebant contra eum. Dux ipse frater eius languido consilio, & auxilio remisso, negotium eius parum promouebat, & expensis modicis parum iuuabat fratrem suum, qui momentis rerum tantis laborabat indefessis. Omnibus ergò rerum difficultatibus animum gerens ampliorem, Romanum iter cum paucis aggreditur, periculis omnibus, quæ grauissima sibi imminebant, præponens & Ecclesiæ Dei libertatem, & officij sui dignitatem. De quo malè sollicitus Imperator, per litteras & Legatos suos occluserat ei omnia itinera, quibus Romam potest ire in terrâ marique. Tantis ijs exarserat in eum imperatoriæ serenitatis immemor turbulentus Imperator. A rectis ergò itineribus diuertens, atque sibi cauens ALBERTVS, itinere longo & distorto venit in Prouinciam ad Montem Pessulanum, eo consilio, vt per mare pergat Romam. Ipse autem & omnes sui, mutato scemate, taciti procedebant. Malis autem quibusdam inter signis rerum, vt amplius sibi caueat, castigatus in Monte Pessulano, maris iter non sibi tutum iudicauit, sed angustis viis, per Alpes mari proximas, iter agens venit in Italiam: magnoque labore vias inuias e superans, per montanos & marinos fines Genuensium, Lucensium, atque Pisanorum, tandem venit Romam. Audierat de aduentu eius, & insidiis vbique collocatis Papa *Cœlestinus*, & pio animo pro eius salute sollicitus erat valdè. In omnibus locis, vbicumque hospitatus erat, ibi ALBERTVS sese non dominum familiæ suæ, sed seruum vilem exhibebat, in stabulis equorum curam gerens, & in coquina coquum se fingens. Hospitum quidam rudis homo calceos reparatos lauerat vt vngeret, & ad focum tenebat prius exsiccandos: *Et tu*, inquit, *seruepiger, cur sis otiosus, istos tene & exsicca, & exsiccatos vnge.* Homini stolidè imperanti ALBERTVS obediendum ratus, calceos quidem ad ignem tenet, sed vt vngat, non censet oportunum. Aliud ergo sibi fingit opus operandum, quod culpare non debeat hospes asper. In stabulo equi sese collidebant, hospiti clemens & subridens reddit calceos: lætus ipse & expeditus currit in stabulum, & castigat equos, & moratur diu intricatos fingens & declamans equos, & necessitatem sibi facit ad hæc explicanda, cùm necessitas nulla esset, donec hospes, eius opere iam desperato, suos ipse sibi calceos vngeret exsiccaret.

Post hæc in vna ciuitatum, in quam venerat, solemnes nuptias quidam nobilis celebrabat: ciues simul & aduenæ omnes erant inuitati, vt officium suum quisque in nuptiis exhiberet. ALBERTVS cum sociis ad ludos ab hospite tractus est: rogati sunt vt honori nuptiarum suas partes interponant, si quis eorum psallere nouerit aut mulcere aures musica. Psallere scientem simulatum seruum suum socii obtulerunt. Informi habitu, & sudore tinctos vultus habens, non illum ALBERTVS referebat, qui forma speciosus insigne præferebat sanguinis sui generosi, & insignem natalium suorum dignitatem. Ab hospite ergo læto est oblatum ei musicum instrumentum. Dauidis enim vestigia secutus, dum adhuc adolescentiæ flores ei adspirarent, hoc genere psallendi sese oblectabat, sciens scriptum, *Lætare iuuenis in adolescentia tua*. Non longè autem excesserat fines adolescentiæ: nam inter vicesimum quintum, & tricesimum ætatis annum agebat, & in viriles annos ætate & sapientia assurgebat. Doctis ergò digitis temperans atque mouens cordas concordantes, musica dulcedine aures audientium Orpheo doctior ipse demulcebat. Applausit modulanti omnis solemnitas nuptialis. ALBERTVS autem quis esset animo tristi in ipsis gaudiis reminiscens, oblatum munus non recipiens, & fingens incumbere sibi seruitium dominorum suorum, rediit ad hospitium: sicque quietus latuit sibi. His laboribus miserandis, his artibus exquisitis, Deo miserante, insidias omnes hostiles eludens & euadens, confugit in vrbem Romam: & sic intrauit, vt erat ex itinere adustus, vultu pulueris ac sudoris fuligine obuoluto, cum linteo capello nigro & effuso, calceis grandibus duris & rotis, veste vili atque grossa, baltheo duro & informi, cui culter ingens appendebat cum vagina scabra atque vncta: vt non hominem generosum, vt non Pontificem electum, sed seruum empticium, & coquinæ sordibus inquinatum existimares. Talis ergò statim vt venit, intrans curiam, stetit ante summum Pontificem, Cùm eo venerat *Vvalterus Canentius* Archidiaconus Leodicensis, & *Thomas Merbensis* Canonicus S. Lamberti, & alij pauci: cæteris, Imperatoris metu, periculis se tantis opponere detrectantibus. Vt autem vidit eum in hac forma, in hoc scemate stantem coram se Papa *Cœlestinus*, hæsit, hominem miratus sibi subitò apparentem; Et, *Ecce*, inquiunt adstantes, *Sancte Pater*, *Leodicenses*, *ecce filius tuus Leodicensis electus*, ALBERTVS Louaniensis, toto itinere ingentibus periculis agitatus. Pontifex benignus in lachrymas exiit, & accedere eum iubens, in amplexus & oscula ruit, & *Benedictus*, inquit, *Deus qui filium meum de ore Leonis insidiantis liberauit*. Noueram enim & ego, & magnis curis anxius æstuabam, quantis insidiis omnia tibi essent itinera obsessa fili mi: præcedens enim fama mihi omnia nunciauit, sed & formam electionis tuæ, & reprobationis, quâ te reprobauit Imperator. Si venisti sic instructus, vt electio tua exandiri mereatur, Deo auctore & Beatis Patronis nostris Petro & Paulo adiuuantibus, non erit tibi vacuus labor tuus, & tuæ electionis veritas, si canonicis patuerit instrumentis, tibi confirmabitur. His & aliis benignè dictis consolatum iubet quiescere post laborem: cuius exeuntem fauore pio curia omnis prosequitur. Erant autem dies Azymorum, quando venit ad curiam, & stetit in curia vsque post octauas Pentecostes, validis instrumentis, ostendens electionis suæ iustam causam. Visis itaque & lectis in curia frequentibus instrumentis, facile erat curiæ de confirmanda electione intra paucos dies iudicare, & pænè nullus erat qui non electionem eius ratam iudicaret. Sed erat in hac curia, quod fortiter timebatur, scilicet Imperatoris indignatio contra Ducem Louaniensem, & contra electum fratrem eius & obstinatio, quæ, more Teutonicorum, facile non sedatur. In hac ergo parte curiales multi erant fortiter dissidentes, aliis censentibus Deo magis quàm hominibus obediendum, & Ecclesiæ Dei libertatem super omnia mundi pericula debere defensari; aliis, qui tamen erant pauciores, obsistentibus, & dicentibus parcendum esse periculis, Ecclesiæ Dei manifestè imminentibus, parcendum scandalis, quæ grauissima ex his poterant oriri; Imperatoris serum animum non posse mitigari, eius potentiæ non posse resisti, non eius iracundiam, qui supra leges agit, legibus posse cohiberi, gladio materiali ipsum peccantem non posse comprimi, qui gladij materialis summam habeat potestatem. Ita magnis contentionibus res inter Cardinales agebatur, & decidendæ causæ iudicium multis diebus est protractum. ALBERTVS autem electus fortiter insistebat, non hominis, sed Dei iudicium postulans. *Quomodo indicare*, inquit, *debetis, vos excelsi super filios hominum, videte, quos non decet in iudicium Dei iudicio hominum subiugare. Sublato hominum vinxi metu vel fauore, timuere inclinare iudicium Dei testis, & quod iustum est de electione mea iudicate.* Expensis enim magnis in hac mea caussa non procedo, neque mihi fiducia est in auro & argento (argento namque & auro non abundo) sed quam habeo caussam, vobis eam præsento: non pecunia, sed iustitia terminet mihi caussam meam. In argento & auro, quibus superat Lotharius Bonnensis Præpositus, idem considit, & in potentia regiæ voluntatis & fauoris, quibus subnixus impugnat Ecclesiæ Dei libertatem. Mihi fiducia omnis est in eo qui

veritas

veritas est & iustitia, cui etiam humana potestas & malignitas non potest obstare. Si scandala, si pericula humana vos timetis, amplius Deum timeatis: quia horrendum est incidere in manus Dei viuentis, si humano metu moti Dei iudicium suffocetis. Primum est caput meum, quod expositum est his periculis, qua tractis. Moriatur anima mea morte iustorum, & fiant nouissima mea horum similia, dum pro iustitia Dei, dum pro Ecclesiæ Dei libertate summo & extremo periculo immergatur caput meum.

Constantiâ iuuenis generosi, non leuitate iuuenili, sed grauitate senili perorantis, curia omnis est in ardorem iustitiæ faciendæ fortiter animata. Itaque in fauorem eius omnes conueniunt Cardinales, Romanique Principes ac Senatores. Quibus rebus lætus effectus Papa *Cælestinus*, qui eum singulari adfectu tamquam filium diligebat, super causa iudicij faciendi certum diem dicit. Ad quem diem concurrit omnis curia, & magnus numerus Nobilium Romanorum, impletur Lateranense Palatium frequentia curiæ generalis: breuiter, reuoluuntur quæ facta sunt & dicta super electione Leodicensi, & Imperatoris reprobatione, & *Lotharij* Bonnensis Præpositi intrusione, quæque de his omnibus propositæ sunt quæstiones in curia Romana. Omnium ergo iudicio *Cælestinus* approbat & confirmat electionem ALBERTI Louaniensis, cæteris omnibus, qui irreperant, reprobatis : & fauore magno assentiuntur omnes, & applaudunt eiusdem electi tantæ dignitati. Cui gratiæ vt addatur maior, constituit eum Summus Pontifex Sanctæ Ecclesiæ Romanæ Cardinalem : & mitra capiti eius impositâ, inter Cardinales summos ipsum iussit considere. In proximo Sabbato solennis ieiunij quatuor temporum, quod in Pentecoste celebratur, ordinat eum Diaconum *Cælestinus*, illoque iubente, in solennibus eius Missæ, legit Euangelium ALBERTVS Cardinalis Diaconus ordinatus.

Post hæc *Cælestinus* Papa, verum & paternum ostendens adfectum, agit curâ magnâ, qualiter sanus redeat in terram suam electus, & qualiter consummetur opus, quod cœperat pius pater, de ordinatione eius in Præsbyterum & consecratione in Sacerdotem. Scribit ergo de his duplices litteras; vnas ad *Brunonem* Archiepiscopum Coloniensem, & alias ad *Guillelmum* Archiepiscopum Rhemensem : vt si Coloniensis refugiat exsequi præceptum Apostolicum, metu Imperatoriæ potestatis, idipsum Rhemensis exsequatur. Scribit & alias diuersas ad diuersos, ad roborandum opus illud, & condemnandum *Lotharium* Bonnensem Præpositum, nisi resipiscat : omni Clero & populo, & omnium dignitatum atque officiorum Ecclesiasticis laicisque personis totius Leodicensis Episcopatus mandans, & districte præcipiens, sub periculo honoris cuiusque, vt omnes obediant ALBERTO Louaniensi, omnesque absoluti à fide & iuramento, quod præstiterant Bonnensi Præposito, quem intruserat Imperator, faciant iuramentum subiectionis & obedientiæ dicto ALBERTO: vtpote cuius electionem iustam & canonicam approbet & confirmet Sedes Apostolica. Ad omnes autem, quibus scripsit pro ipso, *Cælestinus* duplices litteras misit, propter insidias quæ reuertenti æque frequentes omnibus itineribus terrâ marique parabantur vt comitatus eius, qui rarus erat, in duas partes diuisus, singuli diuisi singulas litteras portarent, vt si vnæ fuissent captæ, nihilominus aliæ, Deo propitio, saluarentur. Dederat autem præceptum validum pius & iustus Pontifex, vt omnino nullus esset in curia Romana, non ostiarius, non scriptor, non notarius, non ipsi Cardinales, non alicuius officij curam gerens, qui præsumeret adspirare ad aliquod munus ab eo percipiendum : sed omnia gratis fierent ipsi, qui pro Ecclesiæ libertate tuenda tantis laboribus & periculis exposuisset semetipsum. Ipse autem Summus Pontifex secretiùs agens cum electo, magnâ constantiâ, magno adfectu affirmat, quia nullo rerum metu, nullis precibus, nullis blandimentis aut terroribus ipse moueretur à proposito vel iudicio, quod tantâ solennitate, tantisque rationis & iustitiæ patrociniis, de eo fecerat. Insuper donat ei munera, in signum paternæ adfectus sui, quia vehementer amabat eum tamquam filium suum. Donat ei annulum aureum, in signum fidei, mitras duas pretiosas, vnam ipsius dignitati, alteram *Alberti*, Abbatis Lobiensis, pro quo postulauerat : quia cum ipse electus adfectu multo diligebat, & Ecclesiam eius Lobiensem. ALBERTVS autem sic omnibus pro tempore sufficienter instructus, & de Summi Pontificis gratia certus, propter insidias, fingit se in curia diutius moraturum : omnibusque paratis, & partitis sociis suis, itineribus diuersis in patriam redituris, ipse clam accedit Dominum Papam, & benedictionem petit, ac licentiam abeundi. Qui se illachrymans, deosculans, & benedictionibus Apostolicis ac votis confirmans, cum in vltimo dimittit valedicto, quinto die postquam ipsum ordinauerat Diaconum. Nactus ergo nauem mercatoris in Romano portu, occultus intrat eam ; & veniens ad ostia Tiberina, mari se committit vsque ad ditionem Pisanam. Ibi audit in mari insidias sibi paratas, & à mari conuertit iter suum per montana maritima, magnis cum sudoribus & periculis. Magnis demum & occultis itineribus venit ad Alpes Annibalis, quæ dicuntur montes Senis : in quorum radicibus, in oppido transalpino, quod *Nisa* dicitur, inuenit virum nobilem & iucundum Comitem Cabillonensis Francorum ciuitatis. Cuius augustam formam Comes videns, & res eius latitantes (arbitratus, sicut erat, virum dignum, sed sibi metuentem) lepidè quærit ab eo, quis sit, vnde veniat, aut quo vadat : & secretis eius fidem promittit. ALBERTVS videns sibi profuturum, si viro nobili nobilis ipse se exponat, & nomen exponit, & genus, & officium suæ dignitatis, & latendi & cauendi sibi causam omnem. Comes cum amplexatus benignè consolatur, & iungit ipsum sibi in Franciam reuertenti : promittit opem & tutelam suam, vt qui per se & à nicos suos plurimum posset vsque ad terram Campanorum. Sic auxilio Dei fretus, euadens omnia pericula, venit Remos, ibique iam securior paucos dies commoratur ; timensque Comitem Hannoniensem *Balduinum*, & insidias *Lotharij* intrusoris, vno tantum seruo comite, & *Thoma Merbensi*, ab vrbe Remensi mouens diluculo primo, totâ die & sequenti nocte equitans, venit *Lobias* pridie Fest. Vinculorum Sancti Petri. Fratres Lobienses iam finierant Laudes matutinas : & ecce *Thomas Merbensis*, qui melius nouerat aditus Abbatiæ, inclamat

V

Abbatis Capellanos. Ostia pandantur inclamanti: cum Domino suo, quem fingebat sibi seruum, gradus alte domus scandit; occurrit Abbas in tenebris venienti: agnouerat enim vocem compellantis & Capellanos inclamantis. Cui *Thomas* subridens, *Ecce*, inquit, *Seruus meus; sed ecce Dominus meus; hunc potius vt Dominum & Amicum salutate*. Adhuc enim incognitus erat ipse Abbati, quia capello grandi tectum erat caput; & res insperata non sinebat agnoscere eum qui bene notus erat. *Albertus* porrò lætus excepit ipsum gaudio magno. Necdum omnes abscesserant à templo post Laudes matutinas, quidam tamen recesserant pausaturi: ad hos atque illos signa currunt læta, venisse virum tantæ dignitatis ad Ecclesiam ipsorum, quam tanto affectu diligebat. In primis, sicut ad equitandum paratus erat, venit in Templum, & oratione factâ accessit ad Altare Sancti Petri. Accensis luminaribus, quia necdum dies erat, accurrerunt ad eum gratulabundi Fratres omnes. Ille dulciter Altari deosculato, in signum dilectionis & Abbatis & totius Ecclesiæ Lobiensis, super Altare Mitram offert, & litteras confirmationis ex parte Cœlestini Papæ: qui hanc eis addebat dignitatem, cum cæteris quas indulserant Sancti illius Prædecessores à diebus antiquis, vt annulo aureo, quem gestabat Abbas Lobiensis, & cæteris insignibus hæc gratia Mitræ amplior appareret, & honor capitis amplior emineret cæteris ornamentis. *Albertus* modico sumpto cibo, illâ ipsâ horâ (neque enim comederat aut quieuerat) itineri sese reddidit, cœlo iam albescente. Nam metus quem habebat à facie Comitis *Balduini*, non sinebat eum vel modicum somni furari sibi, qui tantis vigiliis, & ieiuniis iam pænè victus erat. Abbas Lobiensis plus impendens dilectioni, quàm timori, cum paucis comitatur eum vsque *Niuellam*. Honore magno & gaudio cum receptus esset ab Ecclesiâ, & oppido toto Niuellensium, Abbas vale dicto redit ipsâ horâ ad Ecclesiam suam, celebraturus solemnia Vinculorum Sancti Petri. Toto itinere grandi luctâ secum luctatus æstuauit Abbas, vtrum supersederet vti Mitrâ, propter malignantes, & propter eos qui potenter oderant illum, qui hanc gratiam gratis obtinuerat à Sede Apostolica. Non enim per se vel per alium quidpiam dederat, sed neque preces obtulerat. Cùm enim Romanum iter *Albertus* clam aggressus esset, & apud Francos in *Territi* castello nobili paucos dies commoratus, nuntios fratris Ducis, vt condictum erat in secretis, exspectaret; de ipso nihil sciens venerat Remos Abbas Lobiensis, & per forum transiens ciuitatis, occurrit fortè duobus *Alberti* seruientibus, qui venerant à Domino suo missi, vt emerent vestes itineri necessarias. Quæsiuit itaque ab eis, vbi Dominum suum dimisissent. Rem illi omnem, sicut erat docent: sciebant enim eum Domino suo esse fidum. Quo audito omnibus omissis, pro quibus venerat, statim cum eis currit ad Dominum & amicum suum. Is magno fauore detinuit eum secum tribus diebus: Abbas tamen non audebat eum appellare de suis rebus, aut negotiis, quem videbat suis propriis sic grauatum. Sed *Albertus* memor Ecclesiæ sibi gratæ & dilectæ, impetrauit ei gratis gratiam istam, sicut est dictum; vt Abbas Lobiensis, quia Vicarius est Episcopi Leodicensis, in Ecclesiâ Leodicensi & Lobiensi diuina celebrans festis diebus, non sicut solebat, dimidius, sed iam integer solemnis appareret Sacerdotalibus indumentis. Hæc ergo considerans & perpendens Abbas Lobiensis, statuit omni tempore Dei dono vti.

Vt audiuit terra sonum, quem insonuit Sedes Apostolica, de confirmatione electionis *Alberti* Louaniensis, de condemnatione *Lotharij* Bonnensis Præpositi, & omnium eius Sectatorum, in sententias multas est diuisa. Istis gaudium & lætitia, qui approbabant approbatum: illis mœror & confusio, qui adhærebant *Lothario* reprobato. Super omnes confusas vertitur in furorem *Henricus* Imperator & *Lotharius* in sensum reprobum datus obduratur: & tantum Dei opus destruere moliuntur. Sub interminatione crudeli interdicit Imperator *Henrico* Lotharingiæ Duci, vt *Albertum* fratrem cogat exire de terrâ suâ; & deinceps ipsum non recipiat. Iras Imperatoris irremissas, & potentiam eius grandem Dux formidans (neque enim poterat resistere tantæ potestati) tristis & confusus conuenit fratrem suum, & ostendit ei rem aduersam. *Albertus* frater eius, plus in Deo confidens, quàm in homine, fratrem benignè consolatur. *Non te mergat*, inquit, *hæc tempestas, frater mi, propter me: aliud est mihi munimentum, & locus tutior, quàm vt periculo tuo tecum habitem in terra istâ*. Ad auunculum nostrum Henricum Arduennæ Ducem virtus magnificum pertransiuit. Sylvis & paludibus & montanis firmior eius terra facit ipsum firmiorem contra omnem casum aduersantem. Paucos dies ibi commorabor: instat enim dies vt ordiner in Presbyterum, & statim, auctore Deo, consecrer in Episcopum, vel à Coloniensi, cuius interest, & habet desuper validum præceptum Apostolicum; vel si refugiat propter metum Iudæorum, ordinabor & consecrabor à Remensi Archiepiscopo, ad quem habeo super hoc mandatum Apostolicum, & de quo confidit amplius Sedes Apostolica. Contra omnem casum animus meus Dei virtute est firmatus: Sedem mei præsulatus potest mihi auferre Imperator violenter, sed honore Præsulatus primæuo non potest. Gaudeas igitur pace tui, quia pax tua pax est mea: fortior est Dei virtus omni terrenâ potestate. Statim vt insonuerit potestas illa Dei summa, in vmbras inanes euanescet omnis hæc potestas tenebrarum, quæ extollit se contra sublimem Dei potestatem, & Ecclesiæ eius libertatem, Deo protegente, nunquam ab homine malo subiugandam. His & aliis consolationibus seipsum firmans, atque fratrem Ducem erigens, paratis rebus, exiit *Albertus* de terrâ suâ & patrum suorum, virorum nobilium, & transiit in terram Ducis Arduennæ auunculi sui. Animo magno & clementi Dux excipit nepotem ad se venientem, & statim inducit in castellum suum *Laraburch* munitum: & exponit illi omnem castelli potestatem, vt cum suis omnibus in eo sit securus. Et veniunt ad eum Leodicenses, eique fidem præstantes, ipsum in Dominum assumunt, obedientes præceptis Apostolicis: quidam venire palàm metuentes, mittunt ad eum, & nuntiant sese velle obedire, & ipsius honori sese fauere. Archiepiscopus autem Coloniensis, terroribus Imperatoris vehementer attonitus, nuntiat ei, se non posse ordinare ipsum in Presbyterum, vel in Episcopum consecratè. Fingens tamen ægritudinem, scribit & rogat Remensem Archiepiscopum, vt, sicut habet in mandatis à Summo Pontifice, ipsum ordinet atque consecret. Remensis Archiepiscopus litteras eius & preces benignè recipiens, & mandato Apostolico obediens, mandat electo, securus vt veniat.

Remos ergò venit, honore magno exceptus ab Ecclesia, & à Guillelmo Remorum Archiepiscopo. Honori nepotis se impendens magnanimus Dux Arduennæ, venerat cum ipso, honori illius postponens iras Imperatoris obstinati, & sæuientis contra eos, qui ipsi honori aliquid exhibebant. Sabbato ergò, quo erat solemne ieiunium autumnale quatuor temporum, solemniter ordinatur in Presbyterum, cum multis, quos honoris eius causâ Metropolitanus ordinauit. Sequenti die Dominica, quæ erat vigilia S. Matthæi Apostoli & Euangelistæ, cum duobus Episcopis, celebritate magna & gaudio Remensis Ecclesiæ, ac totius ciuitatis, multorumque nobilium, qui aderant, adstante Duce auunculo eius, & præ gaudio lacrymante, in Episcopum Leodicensem est consecratus, saluo iure metropolitanæ Ecclesiæ Coloniensis. Post consecrationem eius, coram Archiepiscopo Remensi, homagium facit illi Dux auunculus eius, & multi nobiles qui aderant Leodicensis Episcopatus, cum *Bullionensi* castelli nobili Castellano. Statimque Archiepiscopus Remensis, Episcopum commendans Ecclesiæ Remensi, & populo ciuitatis, eique valedicens, aggreditur peregrinationem suam, quam assumpserat in Hispaniam ad S. Iacobum Apostolum, & celer exit ab vrbe Remensi: ipsius enim causa protraxerat iter suum per octo dies, cùm Dominica præterita proxima similiter consecrasset *Ioannem* Episcopum Cameracensem. In die autem festo S. Matthæi in Ecclesia maiori, in conuentu, Missam primam celebrauit Episcopus pridie consecratus, frequentia magna totius populi Remensis concurrente & gratanter offerente. Ipse verò omnia quæ oblata sunt iussit dari pauperibus. In crastinum autem non longè à Remensi vrbe indictæ erant nundinæ militares equestrium ludorum; ad quas conuenit numerus magnus nobilium Francorum Equitum, armis colluctantium. Ad eos ludos videndos cum suis iuit spatiatum sine armis Dux Arduennæ. Francorum nobiles fauore magno exceperunt tanti nominis Principem bellicosum, ludos eorum lætis oculis prospectantem: vbi nuntiatur illi, terrore magno Leodicum venisse Imperatorem, iracundia magna plenum, vt destruat & confundat omnes, qui Episcopo ALBERTO adhærebant. Aderat cum Imperatore Hannonensis Comes *Balduinus*, aderat & *Lotharius* Bonnensis Præpositus, tantorum malorum auctor & incentor. Quo audito Dux Arduennæ, animo magno suas res, & terram, si necesse fuerit, defendere paratus, auxiliares copias equitum sibi quærit in eisdem ludis equestribus. Magnifico viro præsentes multi fauent; si opus sit, sociasilli spondent dexteras. Ille verò celer Remos redit, & recens ordinato Episcopo rem tumultus plenam narrat, consiliumque secretum de tantis rebus habent. ALBERTVS autem Episcopus iam non quærens quæ sua sunt, sed quæ sunt IESV CHRISTI, nec terrenum bellum volens, sed pacem, Dei magis auxilio niti quærit, & opus suum, quod à Deo habet, per ipsum promouere, quàm turbare terram & obniti. Dicit ergò cedendum tempori nequam, donec Dei gratia succedente, adspiret dies, & inclinentur vmbræ huius tempestatis. Imperatoris animum magis esse sanandum addit, si exsilium patiatur, quàm si contra eius voluntatem in terram reuertatur; & quod generis sui Principes magis poterunt frangere tanti Principis iras humilitate exulantis, quàm suarum fastu terum. Recedat ergo Dux auunculus in terram suam, & agat ac laboret cum cognatis & amicis suis, vt demùm acquiescat Imperator, & faueat illi, quem iam videt non electum, sed Episcopum Leodicensem consecratum. Dux industria sua curaturus omnia quæ requirit tempus, Remensi Ecclesiæ gratias agens, & commendans Episcopum nepotem suum ac valedicens, ipsum vltrà non visurus recedit, & festinus redit in terram suam.

Interim Leodici consistens Imperator grauiter agebat contra eos, qui obedientes erant mandatis & præceptis Apostolicis: & iusserat ad se venire *Henricum* Lotharingiæ Ducem. Humilis ergò & supplex venit ad eum, ignarus adhuc eorum quæ facta erant Remis. Iam audierat Imperator ALBERTVM Episcopum consecratum, quod non sperauerat. Nam arbitratus est, quod Archiepiscopus Remensis ipsum sic reuereretur, vt nullo modo consentiret in hoc opus. Fuit igitur Imperator his auditis, & ardentibus oculis conuersus ad Ducem Lotharingiæ, qui adstabat; *Audisti*, inquit, *quid actum sit Remis de fratre tuo?* Cùm ille respondisset, nihil se audisse: *Factus est*, inquit, *Episcopus frater tuus*. Et caput mouens iracundè, nihil amplius adiecit: iustitiaque omnes exturbari & euerti domos clericorum, qui fauebant dignitati eius, *Lotharium* intrusum. Erat Lotharingiæ Dux in Palatio, & Flandriæ Comes *Balduinus*, Duci contrarius. Pronuntiantur Duci grauia & importabilia: intra quæ fuerunt, vt abjuret veterinum fratrem suum, vt flectat genua sua ante Baal, & adoret statuam auream, quam erexit Nabuchodonozor Rex Babylonis, & homagium ac iuramentum præstet illi. Cùm dura nimis atque inhumana viderentur, nec posset tutò refragari, petit inducias vsque mane. Cum id negaretur, vix impetrauit vsque in horam vespertinam, & parcè sub custodia mæstus recessit à palatio. Interim secretò suggestum est illi ab amicis, quia nisi in omnibus istis Imperatori obedierit, non solùm in periculum honoris sui, sed & in discrimen certum mortis incidet. Aliud non posse fieri Dux attendens, serò redit in palatium: palatij fores iam ingressum circumsistunt regij satellites, apposito super eum magno luminari. Et importunè candelis obsidentes caput eius, *Cor*, inquit, *meum exussistis, nolite exurere caput meum*. Et veniens ad Principem, respondit omnia se facturum, quæ iusserit Imperator. In primis opida, quæ nuper occupauerat, reddit Comiti *Balduino*, abiurat Episcopum fratrem suum, homagium *Lothario* facit, & iurat illi fidem; & sic Principis in ipsum ira conquieuit, atque verba curiæ est soluta. Leodico Imperator postea Traiectum venit: cum ipso satelles crudelis & funestus erat *Hugo* à Vvormatia Vangionum ciuitate, quem Lothatingix dudum præfeceiat Imperator. Hic Lotharingiæ Ducem *Henricum*, & ALBERTVM fratrem eius, & omne genus eorum profequens odio iniquo, turbauerat omne opus eorum, & omnem pacem Leodicenfis electionis: ipfe *Lotharij* res attollebat, ipfe omnia agitabat, vt malis principiis operis fui finem peffimum apponeret infenfus Imperator. Omnibus enim confiliis Imperatoris hic intererat, vnà cum *Lothario*, & cum Comite de *Horftal* fratre eius. Conueniunt ergo feorfim quidam malignantes filij Belial, vt poftea vulganit fama, in templo S. Seruatij Traiectenfis, & tractatu fcelerato tractare cœperunt de morte viri innocentis, qui humilis & pauper exulabat; & recenter fancto oleo vnctus erat, & in Dei Sacerdotem confecratus. Quibus rebus confirmatis, foluerunt confilium viri fcelerati.

Imperator autem *Lotharis* præftita confirmans, & affocians ei Comitem *Balduinum*, redit in fuperiores regni fui partes. ALBERTVS interim recens Epifcopus factus, Remis pauper & modicus remanet, cum paucis fidelibus fuis: cæteri enim, qui cum ipfo venerant, cum aúunculo Duce recefferant. Iam Pontifex factus in alterum virum eft mutatus, et atque non poteft, quàm innocens agnus erat, in cuius iugulum cultros & gladios acuebat perftans in impietate fua confilium impiorum, cuius os benignum & fuaue, cuius oculi columbini, cuius vultus Angelicæ puritatis nitorem & gratiam referebant. Verba eius verba pacis erant & dilectionis: adeóque femper pacificè loquebatur de his qui oderant animam eius. Nec erat illi, fatis non maledicere de facientibus ipfi mala, fed fortiter aduerfabatur ægerrimè ferebat, fi quis quam fe mala dicebat de his qui ipfi mala faciebant. Tanta erat benignitas, vt internâ cordis pace gauderet, qui exteriùs odiis & tribulationibus tantis agebatur. Ad menfam fortè fedebat hilaris & iucundus vultu, ficut illi dulcis natura & gratia Dei profufior adfpirabat; atque vt in conuiuiis folet, diuerfa diuerfi fentiebant & fabulabantur: ipfe iocis caftitatis conuiuantes oblectabat, cordis bono fruens: quidam verò ex conuiuantibus, amarum gerens animum, amarè loquebantur de *Lotharis* Bonnenfi Præp. fi o, & aliis Principibus, qui exilio tam amaro affligebant eum, quem Deus elegerat in Sacerdotem fibi; alij iuxta confedentes, amaris amatiora immifcebant; cæteri *Lotharium* rodentes, non *Lotharium*, fed *locarium* ridiculè nominabant. Vt audiuit homo pacis, in quo Deus pacis habitabat, verba quæ non fapiebant bonum pacis, nec leporem honeftatis: cœpit amputare verba, quæ indigna & menfæ fuæ ac honeftati non conuenientia reputabat. Quibus verbis amputatis, alia multó plura, magifque amara fufcitabant ij, qui amaritudinibus fubjacebant exulantes. At Epifcopus oleo fancto recenter vnctus, & amarum nihil corde gerens, ficut erat fimplicitatis columbinæ, conuiuium terminauit; qui dolorem ex eô fuum non poterat terminare.

Intra paucos dies ad fcelestum opus ab inimicis eius præelecti Remos veniunt tres milites Alemanni cum fatellitibus fuis confciis huius rei, homines valdè docti ad tantum fcelus perpetrandum. Qui miferant eos inftruxerunt ftudiofè armis, equis, & expenfis copiofis. Expenfas autem copiofas Remis faciebant hofpitanyes, hofpitemque fuum fenfu officiis obftringebant, hominem idiotam: quem fibi talem delegerant, vt eum faciliùs caperent in opere & fermone, pleno fceleris & exquifitæ falfitatis. Omni ergò die, menfâ abfolutâ, emefeatim computabant, & foluebant quæ expenderant: & equi eorum femper erant parati, dabantque illis in pabulum, non fœnum molle, fed frumenti fragmen durum, non auenam minorem, fed hordeum purum. Frequenter foli extra vrbem tamquam fpatiaturi, huius rei confcij, in equis procedebant, & per campos latos curfu vehementi nobiles equos exercebant, & curfu fatigatos calcaribus incendebant. Quæ omnia faciebant, vt hoc pabulo forti fortiores equi redderentur, & cùm res exigeret, curfu affueto agiliores poffent inueniri. De quibus rebus cùm hofpiti idiotæ interdum fufpicio oriretur, & quæreret rerum caufas, falfis coloribus rem omnem obducebant. His rebus protrahebant fcelerati proditores omne tempus: quia Remis exfpectabant horam fibi gratam, quâ poffent perpetrare fcelus fibi imperatum. Altero autem die poftquam venerant, omnibus exploratis quæ fiebant circa eum, cuius futuri erant proditores atque crudeles homicidæ, accedunt ad ipfum primò falutandum. Fortè Dominicus erat dies, & Epifcopus infulatus ex facrario ad altare, Miffam majorem folemniter celebraturus, procedebat. In progreffu eius, milites Alemanni videntes virum tantæ dignitatis, & auguftæ formæ, hæferunt, & ftupore vehementi cœperunt admirari claritatem vultus eius, & Pontificia ornamenta, fortitudinis conuenienter refpondentia, multamque frequentiam virorum obfequentiam & procedentem conftipantium Quo rerum ordine non exul, fed vnus ex Imperij Principibus effe videbatur. Vnus autem ipforum fociis feniter dixit: Hic eft quem quærimus. Quod cum Teutonicè dixiffet, intellexit ipfum vnus ex familia Epifcopi procedentis. Ipfo ergò procedente, acceferunt ad eum milites Alemanni, & eum Teutonicè falutantes, & caput inclinantes, lupinam pellem agni falfo vellere velauerunt. Pontifex clementer eos refalutans, iuffit vt ipfum exfpectarent, donec Miffa finiretur. Miffâ celebratâ Pontifex clemens & benignus iterum corde & ore ipfos falutauit, qui ore non corde iterum eum falutarunt. Videns autem effe Teutonicos, ob dulcedinem natalis foli, & familiaritatem linguæ Teutonicæ, dulciûs eft amplexus, & ofculum pacis dedit eis, cum quibus pax & pietas erat nulla. Curiofius ergò quærit ab eis qui fint, & ad quid venerint. Refpondent fefe effe milites & nobiles Alemannos, & de menfa ac ftipendiis Imperatoris: fed nuper accidiffe vt Imperatore ad menfam confidente, in confpectu eius iurgium & lis grauis obreperet, inter nobiles Alemannos; *Et nos*, inquiunt, *ergo & hi ferociter inuafi fuimus, & ferpente malo in immenfum, in confpectu Regis, finiftro cafu in confeuos procerum eius: virum nobilem & potentem. Quo cafu profcripti fugimus à facie eius, & confilio amicorum configamus in pacificam hanc ciuitatem: Maximè quia aurita eft in terra noftra, te exulare in hac ciuitate, viro in tanta dignitatis & fumma operis nobilitate clarum, pro quo contra Imperatorem tota clamat Alemannia. Nobis ergo libet exulare, tanto viro innocente exulante: adeóque pa-*

iam nobis est vobiscum in hac vrbe exulare. Credidit simplicitas viri iusti columbinæ sibilo serpentino hominum impiorum: paullatim eorum familiaritate delectatur: vultus eorum, habitus, & gestus capiunt & demulcent innocentiam eius singularem. Admittit ergo eos & inuitat ad colloquium, ad consilium, ad iocos & seria. Veniunt frequenter ad Missam, & ad mensam eius: domi, cum ipso frequentes sunt in secretis, ad Ecclesiam procedenti humiles occurrunt. Si per vrbem eques ambulabat, simul equites, ipsi cum ipso ibant spatiatum: nocte ac die quocumque se vertebat, aderant homines scelerati, non amori sed iugulo eius inuigilantes. Vir autem simplex & rectus hæc sedulitatis officia summam amoris intimi gratiam reputabat. Illi vero omnibus horis omnia perscrutantes quærebant oportunitatem vt eum occiderent. Vnde & die festo Sancti Martini, dum in Ecclesia maiori Nocturnarum horarum solemnitas pulsaretur, ad ostium Ecclesiæ secretius excubabant, putantes eum venturum ad ista solemnia, sicut interdum festis diebus veniebat: sed ea nocte non bene valens sese continuit. Vnus ex Canonicis intrans Ecclesiam, per vmbras exploratores agnouit & exhortuit: *Et quid*, ait, *hac hora vos hoc in loco tenet?* Responderunt illi, *Dominum nostrum Episcopum expectamus, ad Ecclesiam iam venturum, vt ei obsequamur, non veniet,* inquit, *corporis incommodo detentus.*

Post aliquot dies inuitatus erat ad conuiuium ab vno ex Canonicis. Canonici inuitantis domus erat extra muros, curiæ Archiepiscopi Remensis vicina: & inter duos muros anceps erat via, à claustrali porta ad hanc domum. In anfractu huius viæ, secreti se continebant milites Alemanni, vt per huiusce confractum Pontificem serò rediturum exciperent, gladiis & cultris perimendum. Gladijs accinctos atque armatos vidit femina, cum puero forte transiens: quam cum in lites vidissent propinquantem, loco se mouerunt. Quibus occurrens femina, *Quid,* inquit, *locum istum obsidetis, & ita nunc ad arma properatis?* Noti autem erant penè toti ciuitati. *Venerunt,* inquiunt illi, *in hanc vrbem nostri nos quærentes inimici, & Episcopum dominum nostrum expellentes, vt eis in auxilio prongamur;* & sic transeuntes, femina transeunte, ad hospitium S. Symphoriani se receperunt. Altera die Pontifex in hospitio S. Symphoriani deambulans equitabat, & cum eo subarmati milites Alemanni. Venit ergo ad domum viri præcipui Philipp Remensis Vicedomini: post pocula, post fabellas amicas, valedixit eis, & conscenso equo, se vertit, vt exiret. Exierunt autem ante ipsum penè omnes sui, præter Alemannos: quorum vnus, euaginato gladio, cæteris innuens, in egressu portæ domus, adæquauit, quasi ludens Episcopo exeunte. Qui motus strepitu equi se properantis, equum & ipse suum, calcaribus ictum, coëgit alti celeri euolare. Alemannus plausu velans scelus, atque risu dolum soluens, gladio ludit cum complicibus: & sic dolus est elusus. Et hæc omnia cæcis oculis videbant, qui circa virum nobilem versabantur: hæc ciuitas omnis audiebat, quæ præcipuo amore ipsum diligebat & omnibus officiis honorabat. Erant tamen quidam circa eum, quos pungebant graues suspicionis spinæ: sed audebat nemo indicare morbum suum, cum viderent dominum suum summo milites honorantem. Qui etiam apud maiores matricis Ecclesiæ Remensis, & maiores totius ciuitatis, & Præpositum Remensem, primis diebus aduentus ipsorum, magnis precibus intercesserat, vt in vrbe atque extra vrbem, & in omni eorum ditione, intrantes & exeuntes tuti essent, & ab omnibus gratia eis & honor præstaretur. Vnde securi frequenter vrbe exibant cum satellitibus suis quasi spatiatum: seduli vias omnes circa vrbem explorabant, ex omni parte sibi prouidentes, quà effugerent scelere perpetrato. Has ergò res agebant toto tempore dierum circiter viginti octo, quo cum eo versipelles sunt versati. Intra dies octo ex quo venerant, duo sinistri casus in Remensi ciuitate, & in maiori Ecclesia contigerunt.

Remensis ciuis erat, quem iuuenis quidam nobilis seruum volebat, & ille denegabat. Inuenit eum iuuenis prosequens & explorans in Remensi foro medio, & illic eum interfecit & recessit. Erat autem iuuenis interfector à facie ciuitatis cum prosequentis: in secretis domus abscondit cum socer, & ciuitate mitigatâ (sapiens enim erat & dilectus ciuitati) eduxit reum nocte, & sic astitit reus tantæ cædis. Vnus ex sociis Episcopi exulantis, dictus Magister *Gerardus*, Leodicensis Canonicus, & Decanus in Ecclesia S. Ioannis Euangelistæ in insula Leodicensi, hoc factum tulit ægrè, non tam propter occisum, siue occisorem, quàm propter dominum suum, & seipsum, & socios exulantes in ea nobili ac famosa ciuitate, cuius pacem ac libertatem tanto probro infregerat mediâ ipsi die improbus interfector, atque immunis eluserat totam ciuitatem, ipsum negligenter prosequente. Irascens autem *Gerardus* dicebat: *Vt quid sedemus in ista ciuitate, in qua fieri possunt tal impunè? In ipsa namque cras poterunt fieri turpia, sicut heri. Si tantam iniuriam ciui suo illatam, si ciuitas hoc scelus dissimulauit impunitum, de nobis quid statuet, qui ignoti sumus, qui exiles ex alieno regno sumus? Archiepiscopus Remensis profectus est in longinquam regionem, & commisit summam rerum totiusque ciuitatis custodiam homini obscuro atque ignobili, suis lucris potius inhianti quàm honori domini sui, & saluti totius ciuitatis: quis ergò tutus erit sub tali patrono ciuitatis? Hæc recepit istos milites Alemannos: de ipsis primâ die quâ venerunt dixi, sed & nunc dico, Barbaros homines lepore suo dominum nostrum demulcentes valdè timeo: etenim timeo Danaos, & dona ferentes. Si ab inimicis domini nostri, ad eum interficiendum, homines isti sunt immissi, sicut subministrauerat tibi timor meus, num quid ipsi maiores animos sibi conceperunt, quando viderunt in medio foro mediâ die coram multitudine, ciuem Remensem interfectum, & ipsum reum interficere & irridentem in custodes, & Præfectos tantæ ciuitatis?* Ante paucos dies venit Magister *Alexander* vir honestæ formæ, nisi nasus præcisâ faciem eius deturparet: de mensa Imperatricis adhuc venit iste *Alexander*, ex eo quo nasus illi est præcisus, ob amores & amplexus puellæ lasciuæ, quæ in aula Beatricis quondam Imperatricis Romanorum manebat, & mutuis amoribus deperibat. Hic ergò *Alexander* venit ad dominum nostrum, & seruitium illi suum præsentauit: dicens ad hoc se venisse, vt cum sicut dominum suum pro affectu visitaret exulan-

V iij

tem. Credidit ei dominus noster, & excepit eum hospitio multa benignitate. Ipse namque & parentes ipsius fuerant de familia Ducis Godefredi patris eius. Vno die venit iste & altero recessit: visitatorem pium dominus noster iudicauit, ego exploratorem ipsum iudicaui. Denique ipso recedente, infra decem dies, superuenerunt nobis istiusmodi Alemanni. Dominus noster pius ac benignus, omnia quæ sunt circa ipsum tuta sibi credit: ego verò timeo in hoc eius exilio. His & similibus querelis Magister Gerardus frequens vtebatur: ita vt interdum pius ALBERTVS Episcopus ludens ipsum quasi timidum irrideret, interdum verò & subirascens castigaret quasi nimis vehementem, & nimis sapere volentem.

Secundo accidit, vt Canonici duo maioris Ecclesiæ Rheimensis rixantes inuicem se conuicijs operirent. Eorum vnus Diaconus erat, alter Subdiaconus: Subdiaconus Diacono maiora obiecit opprobria: post triduum autem erat Festum omnium Sanctorum. Vt ad Decanum Ecclesiæ venit verbum istud, commotus ambos citari in crastinum ad Capitulum: & sicut est seuera Rhemensis Ecclesiæ disciplina, cum consilio seniorum, iussit vt Subdiaconus, exuta camisia, pro reatu verborum, acciperet corporalem disciplinam: Diaconus autem (quia censebat gradui altiori plus deferendum) super camisia eamdem acciperet disciplinam. Diaconus quidem iussis obediuit, Subdiaconus autem repudiauit obedire, prætendens quod à Diacono amplius læsus esset verbis. Quia ergo inobediens esse videbatur, introitum Ecclesiæ Decanus ei protinus interdixit. Finito Capitulo, dum Tertia cantatur, Subdiaconus inobediens & proteruus venit in chorum, licet interdictus: monuit eum Decanus vt exiret, & exire contempsit. Hoc eius facto Decanus videns detrahi disciplinæ regulari, & præcauens futura, Ecclesiæ silentium à diuinis indixit, cui contumax Canonicus interesse audebat. Mane ipso die ALBERTVS Episcopus processerat longius extra ciuitatem, vt Ecclesiam renouandam consecraret, sicut animo volenti & benigno faciebat, quoties est tale opus Dei fuisset inuitatus. Quodque est relatu dignum, cum esset exul & summè pauper, pro his omnibus & similibus, nec pastillum postulauit aut pecuniam, sed & oblata omnia fortiter recusauit: illud dicens, Gratis accepistis, gratis date. Orationes pro se, pro suis omnibus, pro Ecclesia Leodicensi laborante, serio summis precibus exigebat. Vt parum digrediamur; cùm frequenter & fortiter à suis vrgeretur, vt Decanis, Præsbyteris, Abbatibus & Ecclesiis in terra Ducis fratris sui mandaret & iuberet, vt in tanta necessitate ipsi subuenirent, numquam voluit eos exaudire; dicens se magis eorum orationibus, quàm donatiuis indigere, nec alicui sese oneri esse velle. Et subridens aiebat Episcopus, Si homo mihi deest, tamen panem quotidianum mihi dabit Deus meus. Dictæ ergo Ecclesiæ dedicatione celebrata, circa horam nonam ieiunus rediens, inuenit Ecclesiam sibi dilectam prædictis rebus valdè conturbatam, & omisso cibo, qui ipsi paratus erat, ad Ecclesiam properauit. Erat autem Ecclesia scissa in tres partes: Subdiaconi contra Diaconos, Diaconi contra Præsbyteros obstinatione pertinaci contendebant. Pro parte regularis disciplinæ stabant fortiter ex aduerso Decanus atque seniores. Pacis cupidus pro pace se immiscuit inter partes ALBERTVS Episcopus: nunc ad istos, nunc ad illos anxius decurrebat, postulans & obtestans vt honorem Deo darent, & deferrent omnium Sanctorum festiuitati tam iucundæ; deferrent omni ciuitati, quæ pro te tantilla sese quasi orbam clamitabat atque tenebrosam, tanta die lugens silentium non necessarium tantæ Sedis, quæ mater erat & iucunditas totius regni. Ipso die frustra luctatus Episcopus, nihil pacis potuit obtinere, sed triste silentium fuit ipsis vsque ad Vesperas, & ad Matutinas, & ad Missam diei subsequentis. Mœror autem ac tristitia grauisque confusio erat, solenni illo die; vniuersæ Deo deuotæ ciuitati: & in populo serpebat murmur graue, dicente, hoc silentium, cui sufficiens non erat caussa, aliud silentium ac malum præsagire. Quæ querelæ ciuitatis & confusio coëgerunt Canonicos, vt ALBERTVM super his valdè turbatum renocarent: & post multa dicta, consilio eius in pacem conuenerunt, qua Subdiaconus obediens satisfecit, & resedit partium omnis lucta, & resplenduit Ecclesiæ læta facies, secundis Vesperis solemniter celebratis.

Interim Episcopum exulantem ingens inopia perurgebat. Ad fratrem Ducem frequentes nuntios atque litteras lactu plenas dirigebat, vt inopiæ fratris frater pius subueniret. Et non erat vox, neque rescriptum, neque opus. Mirabili autem ingenita clementia sua patienter omnia sustinebat Episcopus Deo dignus, in omnibus pressuris suis alacris & iucundus, vt ex ijs vnus esset, de quibus dicit Apostolus; Nihil habentes, & omnia possidentes. Defecerant ab Remis primi creditores; primis alij, tertij, quarti, & quinti successerant etiam inopes: & dabant credito, quod habebant in victu, sed non in vestitu, nec in aliis rebus necessariis, quarum penuria summa torquebatur. Creditoribus à vicinis sæpe dicebatur; Vt quid creditis Episcopo licet generoso & sublimi dignitate? Pax eius omninò desperatur; paulatim diffugiunt qui sunt circa ipsum; & ad ipsum nemo redit, nemo mittit. Respondebant quidam: Et nos & nostra in manu Dei sunt: sine Deo non potest homo iste tantus, sicut patens est omnibus, esse sic gratiosus. Qui dedit gratias, glorias & honorem, & ipse, quando voluerit, pacem & quietum dabit ipsi. Nos possumus perdere: licet, & perdamus quod credimus tanto viro, tam iucundo, tam suaui, tam benigno; quem Deus perfudit tantis aromatibus gratiarum. Et reuera tam dilectus erat ac desiderabilis toti ciuitati, vt aspectu eius non possent satiari, vel in Ecclesia diuina celebrantis, quod frequenter faciebat, vel per vrbem cum suis equitibus ambulantis, quod minus ipse frequentabat. In plateis post ipsum concurrebant, in Ecclesia summis studiis & cum videndum confluebant. In his rebus agebat Dei seruus, hæc lucta luctabatur, ab exilij sui primo die vsque ad diem mortis suæ, per dies circiter sex & sexaginta. Et tanto tempore non misit ad ipsum Dux Arduennæ auunculus eius, neque Dux Brabantinus frater ipsius, nec aliquis amicorum: sed quasi nihil ad eos pertineret, omnes amici ipsum reliquerunt, & quasi alieni ab eo recesserunt. Ante paucos verò mortis suæ dies, quadam nocte cœpit secum vehementer anxiari: ante oculos mentis venit omnis tribulatio, qua percussit eum Deus flagellans fortiter, quem post paucos dies erat recepturus. Super omnia tribulationem tribulata est anima eius à duritia Ducis fratri sui.

Erat autem cum eo, per omne tempus exilij, Abbas Lobiensis: qui cum omnia perdidisset, nihil se reputabat perdidisse, dum comes indiuisus ei fideliter adhæreret. In hospitio autem Episcopi neque noctu quiescebat, neque in mensa eius remanebat: pro cibo secum capiendo multis precibus, multisque modis ipsum Episcopus compellebat : sed nullis precibus, nullisque modis adquiescit. Interdum dum violentiam ex amore & quasi iracundiam inferret, & Abbas verbo, non tamen animo consentiret ; dum manus lauarentur, Abbas sese surtim subducebat, & redibat domum, in qua hospes suis expensis morabatur, expensis parcens dilecti Domini sui exulantis. Ad Episcopum post cibum cum rediisset, & Episcopus quasi irascens quereretur: *Quid irascitur Dominus meus*, ioco dixit? *Tibi non est panis ad manducandum, & quid mihi dares?* Consueuerat ergo Abbas singulis diebus ire ad Dominum suum manè, vt ipsum ad Ecclesiam procedentem sequeretur : & eo domum regresso, vsque ad horam prandij propinquantem, cum ipso semper erat ; & post prandium vsque ad horam cœnæ. Post istam noctem igitur, quà sic erat vexatus, manè venit Abbas, sicut consueuerat; in partem domus traxit eum Episcopus, eà horà non iucundus: ipsum autem amore magno diligebat, sciens affectum eius erga se magnum, sciens constantiam ipsius & fidem inconcussam. Vnde & dicebat suis, arridens læto vultu: *Vos qui mecum estis, vt & q qui ad me sunt venturi, si delerit mihi pacem Deus meus, à me exspectatis Archidiaconatus, Præposituras, Præbendas, dignitates & honores: Abbas autem Lobiensis, cum sit Monachus, horum nihil potest exspectare: sed simplex amor, simplex gratia ipsum detinet apud me: vnicum sperans à Domino Deo nostro, vt per me tandem Deus consulat Ecclesiæ tot annis dissipatæ.* Hunc ergo trahens ad locum secretum, & valde suspirans, *Sic & sic*, inquit, *nox ista granis me pressit ; sic & sic nomine meo scribetur Duci fratri meo, quam non sentio mihi fratrem velamicum ; sed atrocem, & omni saxo duriorem. Nunquid & ego sicut & ipse, filius sum nobilissimi Lotharingiæ Ducis Godefridi ? Vnici fratres sumus. Quia maior me est, & accinctus gladio militari, sit Dux ipse : at communis est nobis hereditas ampla prædiorum patris nostri, quam tu hi frater meus aufert violenter. Tonsura, clericatus vel altior gradus illius iustis legibus nulli præiudicat, vel aufert paternam possessionem prædiorum. In delitijs viuit frater meus & in miserijs me mori cogit ipse. Si terrore summo coactus me fratrem suum abiurauit, si Cæsaris iracundiâ, & potentiâ magna fractus fecit abiurationem, eius rei misereor. Sed vitam mihi seruet, & vincere me permittat saltem ex prædijs patris mei. De forma huius peruersi iuramenti iam taceo. De his omnibus seuero stilo scribatei : seuerior enim mihi est omni stilo frater meus.* Et hæc dicens, fortiter ingemuit. Abbati ipsum tenere diligenti, & vnà fratrem propter ipsum, durus visus est sermo iste : quem cum iussisset Episcopus esse secretum, Abbas ipsum tamen reuelauit Præposito *Thomæ Verbini*, quem sciebat vnico affectu & integrâ fide diligere Dominum suum : sed & Abbas ac *Thomas* amicitiâ magnâ inter se iuncti erant. Aperiens ergo ei verbum omne, consultauit quid facto opus esset. Durum enim valde videbatur, si scriberetur tam austerè fratri frater mitis. Sed Episcopus sua sponte breui post misit fratri suo mitiores litteras crescente penuriâ omnia rerum ; in hunc modum: *Albertus Dei gratia Leodicensis Episcopus, Henrico charissimo fratri suo inclyto Duci Lotharingiæ salutem, & fraternæ dilectionis affectum. Ex quo veni in hoc exilium meum, non cessaui precibus magnis & litteris frequentibus pulsare fraterna viscera vestra, vt mihi subueniretis ; mihi qui caro & vnicus frater vester sum ; mihi, quem Deus & Sancta Sedes Apostolica elegit in Sacerdotem sibi , & non meis meritis, sed gratia Dei sum Episcopus vester, ac per hoc etiam pater vester. Sed quia video quod viscera vestra non sentiunt affectum erga me carnalem vnicum fratrem vestrum, erga me spiritualem patrem vestrum, vltra hanc vicem iam non porrigam preces meas ante faciem vestram ; non mittam litteras vnico fratri meo: quia cum magno dolore cogor dicere de vobis, per vos penè cogor desperare & vnicus frater vester & benignus pater vester. Mihi enim & scribenti frequenter, & humiliter deprecanti nec scribitis nec respondetis.* Scripserat autem & anuncelo Duci ferè in hunc modum. Dux autem Lotharingiæ cum audisset has vltimas litteras (quarum baiulus fuit nuntius missus ab Abbate Lobiensi ex Monachis eius vnus) illachrymatus est (commota sunt quippe viscera eius super fratre suo) nuntiumque honore magno recepit. Et conquirens munificè equos, vestes, argentum & cætera tempori necessaria, proximo tempore proprios legatos mittere disponebat. Pati modo facere disponebat Arduennæ Dux auunculus eius. Recellus etiam nobilis adolescens, Ecclesiæ Catalaunensis Præsul electus, sciens & dolens de inopia ALBERTI, tantæ dignitatis viri, pro consilio ad eum inde misit litteras & legatos, vt expensis suis in honore magno haberet ipsum secum Catalaunis ; & ad eum deducendum, proximis diebus ipse cum suis venturus erat Remos. Sed longè aliter de ipso Deus disponebat; qui nouellum, vt purior atque pretiosior appareret, purgabat tanquam aurum suum in fornace tribulationis huius magnæ.

Cum ergo illa hinc inde ab hominibus & à Deo pararentur, interim ALBERTUS Episcopus Remis exul valde contra inopiam luctabatur, & ardebat fortiter igne tribulationis & angustiæ, omni melle ipse dulcior. Ipse ante se videbat & dolebat suos ire nudos, inopes & abiectos, quos cultu digno solebat splendidos honorare. Mensa eius ante læta, tristior apparebat ; vestes eius & suppellex eius tota creditoribus pro pignore data erat : præter capellam non multum pretiosam remanserat ei nihil. Quibus & aliis multis malis afflictus & depressus vehementer, domi sedebat in tristitia : & iam spatiatum nusquam ibat, siue eques, siue pedes, sicut primis diebus consueuerat, sed iam multos dies se tenebat intra domum, nusquam vadens præterquam ad Ecclesiam, ad quam frequenter ibat, & diuina lectus & deuotus celebrabat. Vnde & dicebat suis : *Sæpius est concurrentia, ubi bonum & quies mentis inuenitur: mœstum præsens Ecclesia me solatur, solum opus hoc diuinum lætificat animam meam, dum diuinis intersum Sacramentis, & amplius, dum Deo exuneote, tracto Sacramenta : Deus est enim Deus noster, qui fecit mirabilia magna solus. Non iam virga sterili me flagellat, sed virga ferrea me confregit fortiter & vehementer. In eo spero, & sperani, & si me occiderit, in eo sperabo semper & lætabor. Bonum est enim sperare in Domino, cuius misericordia multa nimis.*

Interim domum eius frequentabant milites Alemanni, quorum colloquiis venenatis columba mitis fruebatur: ita vt socij eius & ministri, qui nouerant quanto affectu & honore amplectebatur illos, statim vt venissent, solis locum darent. Quorum fauore iniquo agnus innocens sic gaudebat, vt eis denuntiaret se ducere velle ipsos secum ad Catalaunos: quod verbum fallaci gratiâ dum recepissent, ægrè tulerant. Timebant enim, & id certum erat, quòd non esset ita solus Catalaunis futurus, sicut Remis: quia Catalaunis præsente Domino ciuitatis, frequentia erat magna nobilium virorum & illustrium: absente verò Domino ciuitatis & agente longè, Remis ciuitas ita erat sola, vt nobilium virorum & illustrium frequentaret eam nullus. Illud etiam mordebat vehementer Alemannos, quòd plus solito domi sedens tristior Episcopus, non erat sic expositus gladiis eorum & cultris perimendus, quàm si foras iret, per quod occasio forte se ipsis offerret scelus impium perpetrandi. Iamque desperabant, licet essent cum eo frequentius in secretis, posse fieri quod volebant omnino, quia Episcopo cum eis familiariter apertis ostiis, vt videri possent, fabulante, comites eius & ministri foris exspectabant; & si attentassent opus illud criminosum, quòd eos qui foris erant, euadere nullo conatu potuissent: præsertim cum ante portam domus, sicut in claustro Canonicorum habitantium ciuitas frequens pertransiret, & frequentes eorum ludi essent ante portam, qui Episcopum frequentabant amore magno, quo ipsum ciuitas omnis, plusquam credi posset, percolebat. Sed & quidam ex familia Episcopi mansueti multa iam notauerant, quibus in suspicionem erant venerant illi crudeles Alemanni: maximè quia sicut alibi, sic & ad domum eius veniebant subarmati. Et quandoque ex familia vidit vnus & notauit, quòd vnus ex tribus Alemannis, dum primos ascenderet gradus altos domus, incautus & impudens superioris marginem vestis sublevauit, eò quòd impediret ascendentem demissa vestis ipsius: quo vestem leuante, apparuit caliga ferrea super supremis oris caligæ se promouentis Alemanni. Cum ergo se res sic haberet, quòd ad scelerratos Alemannos, tantis verborum machinis atque strophis callidi his rebus occurrebant, vt ALBERTVS Episcopus, ingenij mitioris, non discerneret rerum causas, sed affectum de omnibus & in omnibus mentientem. Sic enim animo nequam sibi præsentes in omnibus erant Alemanni, vt verborum machinis exquisitis, & ad opus omne præparatis destruerent & delerent suspicionis omnem notam. Quibus rebus & gratiâ, quam habebant apud innocentem virum, istud omne contingebat, vt miro modo timerent eos multi, sed & multi malè suspicarentur. Vnde & in foro ciuitatis, iuxta monetarum stationes, vbi frequentior est conuentus ciuium, dum de his sermo inter eos verteretur, sicut nonnulli acutius solent indagari & perspicere rerum seriem abditarum, vnus inter ciues multos colloquentes exclamauit: *Periculo mortis caput meum sit obiectum, nisi ad hoc venerint isti crudeles Alemanni, vt interficiant Episcopum, quem videtis tam dilectum nobis inter nos exulantem. Horreum & frumenti stramen, quod singulariter equis suis emunt, expensa eorum singulis diebus persoluta, cursus eorum frequens extra vrbem, quodque subarmati sic incedunt, & alia multa, quæ notaui, sunt præcones atque signa indignæ atque ingentæ mortis eius.* Exhorruerunt præsentes verbum eius, & nihil malum suspicantes, tamen ad verbum paulò tristius inclamantes; *Esto ge*, inquiunt, *homo venenate, & ne iteres verbum coram nobis; ne, vt dignus es, dispereat caput tuum.* Nec enim poterant credere illum posse mori morte tali, quem Deus vnxerat oleo sancto, cuius nouerant fortissimum & nobilissimum genus Regno Teutonico eminere. Sed à potentiore potenter fuerant animati atque confirmati isti milites Alemanni: qui sibi firmauerunt sermonem hunc malignum tam potenter, tam pertinaciter, vt non potuerit infirmari malignitas eorum vel respectu generis tam potentis vel gratiâ viri innocentis nocentes toto tempore dulciter amplectentis.

Venerat ergò Dominica dies, quâ occurrebat Sanctæ Ceciliæ Virginis & Martyris dies Festus. Erat autem Remis Monasterium Deo sacratarum Puellarum, quibus celebris erat Sanctæ Ceciliæ Festa dies. Accesserunt ergò ad Pontificem ALBERTVM, & humiliter ac deuotè petierunt, vt honorem daret Deo & Beatæ Ceciliæ, & in earum Monasterio, quod est in honorem Sancti Petri Apostoli ædificatum, ibi solenniter diuina celebraret. Ad hæc flecti pronus erat, qui animo volenti Deo seruiebat, venitque ad Monasterium, & hac vltimâ deuotione deuotus diuina celebrauit. Ad hæc Missarum solennia magnus concursus fuit virorum atque mulierum. Adfuit inter eos & Sathan, & satellitibus suis militibus illis Alemannis, non vt honorarent, sicut cæteri, sed vt exciperent gladiis & cultris suis tantum Pontificem occidendum, siue euntem, siue redeuntem, siue inter ipsa Mysteria sacrosancta, si se locus obtulisset. Vnde & altari proximi sedes astiterunt Pontifici, sicut domestici, cum domesticis eius: & vt qui in sordibus erant sordescerent adhuc, post Euangelium in manibus eius munera obtulerunt, & osculo Iudæ traditoris osculati sunt manus eius atque pedes, & post Missam in equis cum redeuntem persecuti domum deduxerunt, & à Missâ ad mensam eius accedentes, participes fuerunt eiusdem mensæ, sed non Missæ. Altero die simul venerunt ad illum, sicut solebant, causâ amicæ confabulationis. In recessu dixit eis, vt redirent manè, & cum ipso equitarent vsque ad Sanctum Remigium, ad quem locum ire causâ orationis ipse disponebat, vt cum ipso redeuntes cum ipso manducarent. Hoc dicto lætiores Alemanni recesserunt: sperabant enim horam sibi lætam propinquare, quâ possent iniunctum sibi scelus tandem perpetrare, quòd gratus eis locus videbatur & occasio grata, extra vrbem pænè & sine turba. Qui ergo eis dixerat, se venturum illuc, mane facto alacres viri sanguinarij surrexerunt, & in equis cum suis satellitibus, subarmati & instructi,

des Cardinaux François.

instructi, omnem suppellectilem suam conferentes, præoccupauerunt iter eius, quem venturum considebant: & circa Sanctum Remigium in insidiis equites sese angusto loco tenuerunt, transeuntibus dicentes, quòd Episcopum Dominum suum eò venturum exspectarent. Quia verò domo exierant sic instructi, hospiti suo inepto homini, valedicentes dixerunt, quod essent longiùs ituri, & postriduum reuersuri, vbi retineret eos Episcopus, qui ad Sanctum Remigium festinabat.

Erat dies Festus Sancti Chrysogoni Martyris, qui inter electos Dei meruit inuocari infra Canonem, sacrificium diuinum præcedentem. Manè ergo facto venit ad Domini sui domum solito festinantiùs Abbas Lobiensis: inuenerat enim eum sero valdè tristem & indoluit. Veniens igitur valdè mane, inuenit adhuc cum in lecto molestè se vertentem, & grauiter suspirantem, & omnibus membris sic collisum, ac si ferreis malleis cum aliquis collisisset. Nocte namque totâ insomnis pænè fuerat agitatus curis vehementer, & cum paululum obdormisset, horrendis somniis cruciatus. Vnde cum ante eum Capellani eius Matutinas mane decantarent, & ipse Psalterij versus non alternaret respondendo, quod facere solitus erat diligenter; dictis Matutinis, interrogauit eum Magister *Gerardus*, qui id notauerat rerum scrutator curiosus, *Vt quid*, ait, *Domine mi, non respondisti sicut soles?* Ad quod verbum superuenit Abbas Lobiensis. ALBERTVS Episcopus tristè gemens & suspirans altùm, *Multa*, ait, *passus sum in nocte ista & insomnis, & in somno. Insomnem mæror ingens me consumpsit, & modicum somni cæpi: in momentaneo isto & tantillo somno, qui non semel obrepsit mihi, æger fui, & magnis semper in tormentis. Videbatur mihi gladiis & cultris hæc camera plena esse, plena tumultu, plena luctu, plena vmbrâ mortis: gladiis & cultris fortiter impetebar, non erat qui adiuuaret, non erat locus fugæ, non erat exitus euadendi.* Inter hæc verba lecto quo sedebat, surgens se vestiuit, & accinctus atque manus Iauans stetit, & comites eius iuxta ipsum. Erat etenim vultus Angeli, miro modo supra seipsum formâ speciosus: colorem namque viuum, vultus eius rubore castigato, modestè tinxerat noctis labor ingens: & sedebat ei candor atque rubor quasi lilium rosæ mutatum. Statura verò eius decens & decora, à vultu non discordans: quibusdam signis intuentium oculis imprimebat gratiam morum, & innatam cordis lenitatem. Intuens autem suos, & singulos lustrans oculis suis columbinis, & videns eos perturbatos, tamen ipsum consolantes, cœpit & ipse mirabiliter consolari, Sed post hæc nunc ioco, nunc serio multa cœpit dicere & de vita & de morte sua: de vita quidem minùs, de morte verò plura dicens. Quòd verbum de morte sæpiùs iteratum cum molestum suis esset, & vt omitteret triste verbum, sæpius ab eis rogaretur, non intermittendum esse respondebat: sed quasi datus esset dies, sicut erat, etsi ignotus, ipso mane de morte sua variè disputabat, cum diceret, omnia mortem terminare, mortem cunctis hominum & laboribus vniuersis finem dare, quantum ad præsentis mundi curas & labores. *Mors*, inquit, *æquat ingenuos & seruos, potentes atque infirmos, locupletes & mendicantes. Vixi clarâ stirpe generosus, si moriar, quis iuuabit, nisi Deus, qui me fecit, & tunc viuet quando deficiam? Sicut admonebat status meus, in quo fui, vixi: si moriar, ad quid mihi valent fallaces delitiæ huius mundi? Addat mihi Dei misericordia delitias ampliores, quæ nullo fine terminantur. Quid fecit mihi Deus? Clericus diues eram, iucundus & sublimis, nunc Episcopus mœrens: ego pauper, humilis, deiectus & abiectus, pauper exul ego sum, pauper Episcopus ego sum, quo pauperior inter Episcopos nullus viuit. Si ergo pauperior, moriar valdè pauper: & iam paupertas ista nihil mihi nocet, imò prodest: humilis enim, non superbus moriar Episcopus ego pauper. Sufficit mihi terra septem pedum. Qui sic me flagellat, addat mihi Deus meus in terra viuentium pro sepulchro vili substantiam & gratiam veriorem.* Mirabili connexione seria iocis miscens hæc dicebat, & seriatim simul & iocosè ita loquebatur, vt nescires vtrum ioco vel serio loqueretur. Iste namque loquendi modus erat illi, vt grauitati semper comes esset lenitas & dulcedo. Et hæc omnia verba grauiora, quam apparerent, mitiùs & iucundiùs ipse ioco temperauit illo die, quia videbat suos molestiùs hæc audire. Sed pars vltima declarauit diei, quia Pontifex ipso die moriturus de morte sua prophetauit. Post hæc verba, *Adducantur*, inquit, *equi, vt eamus peregrini ad Sepulchrum Sancti Remigij Francorum Apostoli, vt ipse & pro nobis intercedat ad Deum nostrum. Nam post cibum exibimus vrbe, vt paulumper nos recreare valeamus.* Recreandi verbum laudabant omnes, sed verbis eius alludentes, peregrinari nolunt illa die. *Feriâ tertiâ, quæ est hodie, debemus feriari, feriâ sextâ dignius est peregrinari & ieiunare: eo die nos Sanctus Remigius peregrinos exspectabit.* Et in hoc verbo fixi contendentes timuerunt, & diffugientes huc atque illuc pænè omnes sunt dispersi. *Eamus ergo*, dixit Episcopus ad Abbatem Lobiensem, *& Missam simul audiamus: à nobis isti irrisores recesserunt, & nos accedamus ad eum, qui reducat nobis dies bonos.*

Ante domum eius Capella parua erat; ad Missam secretiùs se celebrandam, Magister *Gerardus* se præparauerat. Erat autem, sicut vir grauis & acutus, valdè perturbatus de iis quæ audiebat & videbat, timore magno timens & coniectans quæ ventura erant super eum, quem videbat illâ nocte sic confectum & collisum. Incœpit ergo Missam humilis & deuotus, cuius introitus iste fuit: *Fac mecum Domine signum in bonum, vt videant qui me oderunt, & confundantur: quoniam adiuuisti me & consolatus es me.* Quam Missam cum audiret Episcopus, suauiter subrisit. Erant autem quatuor in Capella gradus, Sacerdos qui cantabat, Clericus alter qui respondebat & seruiebat; tertius ALBERTVS Episcopus; & quartus Abbas Lobiensis: cæteri omnes colludentes aufugerant, quasi prognosticon diceret ipse Deus, *Percutiam Pastorem, & dispergentur oues gregis.* Episcopus ergo Altari proximus orans existebat, Abbas vltimo loco longè ab ipso, quàquam inuito, se continebat: tantam enim reuerentiam Abbas humilis Episcopo exuli semper exhibebat, ac si eo diceret in plenitudine suæ potestatis: & fortiter irascebatur in corde suo, si quem forte vidisset irreuerenter se gerentem. Horâ ergo Missæ, quâ pax Episcopos à Sacerdote est transfinissa, Episcopus occurrens citior ad Abbatem, ore suo dedit ei pacem Domini, hoc vltimo dono suo ditans eum quem plurimum diligebat: & post Missam, simul datâ benedictione, domum suam se recepit. Abbas autem accepit ab ipso licentiam sanguinem minuendi, equos suos ad vsum offerens, (cùm post cibum, sicut dixerat, vellet equitare) ne solus equitaret, sciens omnes ferè eius equos pignori obligatos: Acceptâ ergo benedictione discessit Abbas non visurus eum amplius, quem toto mentis affectu vnicè diligebat. Alemanni, qui eum diutius exspectauerant, cùm vidissent eum non venire, inani spe frustrati, manè ad hospitiũ suum sunt reuersi, hospitem suum vanis ambagibus illudentes. Ne venirent pransuri cum Episcopo, qui eos inuitatos aliquantum exspectauit, prohibuit eos confusio illa, per quam frustrati erant manè horâ suâ. Sed post hæc audietes quòd post cibum equitaret, in maiore spem erecti sumpserunt raptim cibum. Tum vero illam horam videntes iam adesse quæ votum ipsorum vel omnino terminaret, vel omnino defraudaret, omnibus rebus accinguntur, & instructi sicut priùs, hospiti valedicunt, & accedunt Episcopum à prandio iam surgentem: Et cur, inquit Episcopus, ad prandium inuitati non venistis? ad S. Remigum, inquiant, te Domine diu exspectantes, consumpsimus omnem diem. At Episcopus alludens suâ illâ serenitate, Emendabitis, inquit, mihi culpam istam mecum serò coenaturi. Quod cum laudassent, adferri vinum iubet, & datâ benedictione, bibit ipse primus, & donat illis: & biberunt post benedictum & benedicentem homines maledicti. Exiens inde domo, stetit in vestibulo, & videns equos eorum sarcinatos, Ad quid, ait, venistis ita sarcinati? Respondetur, Ad nos veniunt, & prope sunt nunc gentis nostræ expensas nobis deferentes: in occursum ergò eorum festinamus, & cras cum eis recessuri, à te recepti. Sed quia iam tardior hora venit, & nos ad coenam gratiâ tuâ inuitauit, procrastinabimus iter nostrum: Sarcina verò nostra leues non multùm grauant sacellum nostrorum fortes equos. Age ergo, & ascende: quia post meridiem iam dies inclinatur. Si tibi desunt equi, & nos & homines nostri fideles tibi socij viæ erimus: & mitte ad Abbatem Lobiensem tibi amicum & fidelem, vt veniat, equos suos secum ducens, (plures enim habet) sicque per nos & per ipsum crescet tibi maior comitatus. Sanguinem (inquit) Episcopus sibi minuit, & in reditu meo ipsum visitabo. Sufficimus, inquiunt illi risu falso subtilidentes, fortes & validi septem sumus Alemanni, & si necessitas, quæ nulla erit, fortè immineret, pro capite tuo ponemus caput nostrum. Timebat enim Episcopus exploratores Comitis Reitestani, propter quos & alios, multis diebus continuarat se Remis quietum.

Armans igitur se signo crucis, ascendit equum præpotentem, quem dederat ipsi auunculus eius Dux Arduennæ: quem & ipsum cum cæteris obligauerat creditori. Exiuit ergò pænè solus, præter Alemannos: ex ipsis namque domesticis non plures aderant, quàm Zegerus Canonicus Leodicensis, & miles eius Oliuerius. Per obscuram igitur, strictam, & non altam ciuitatis portam, ipsis notam atque aptam mox innocentem eduxerunt milites Alemanni portâ. Erant autem, sicut dictum est, septem Alemanni, tres milites & quatuor armigeri, animis & armis fortes viri: nec potuissent homines scelerati præoptasse locum, aut tempus magis aptè respondens huic sceleri perpetrando. In vrbe magna quies erat, per latos & patentes campos, sicut in hieme, nullus apparebat. Ergo Pontificem Deo dignum deducentes, nihil tale suspicantem, contra ipsum & duos eius comites ex condicto quasi duas acies duxerant viri sanguinum & dolosi septem illi Alemanni: Zegerum atque Oliuerinum quatuor armigeri dextra lauâque obsederunt, & fabulis eos ac ludicris callidi deducebant. Pontifici equitanti duo milites dextra læuâque adhærebant: tertius paulò vltra illos rem venturam obseruans ambulabat. Sicque tres erant iuncti strictim, vt vnus Pontificalis equi collo brachium innecteret, & manu comam eius deliniret: alter equi frenum tenens modò, & remittens modò, horam competentem exspectabat: tertius vlteriori manu mulcens caput equi, cauebat tacitus, ne quo casu euolaret equus cursu potens. Inter hæc tam familiares erant ioci, dicta item & responsa inter eos, vt quiuis credere posset neminem esse, qui plus amare Episcopum posset. Sed omnia suis sceleribus cuicerunt, & omnem fidem irritam fecerunt. Tractum ergò ab vrbe protraxerunt vsque ad quingentos fermè passus: & longiùs protraxissent, nisi Zegerus Canonicus questus esset, quem videbat progressus huius longioris. Ad vrbem, inquit, Domine mi, reuertamur: iam enim aduesperascit, & inclinata est iam dies. Quo audito milites Alemanni satellitibus innuerunt: quorum duo posteriores, qui ambulabant cum milite Oliuerij, statim euaginatis gladijs percusserunt eum in capite, & in brachio atque manu grauiter vulnerantes, simulque equum eius confodientes, ipsum quoque solo prostrauerunt: Zegero autem Canonico, quod nudus armis esset & imbellis, duo alij nihil nocuerunt. Quâ re gesta, gladijs eductis, super agnum illum Episcopum ALBERTVM crudeliter irruerunt milites Alemanni, & horrendè tempora eius, cerebrum, & caput eius effregerunt. Cadentem gladijs suis simul & cultris exceperunt, & tres milites ac quatuor satellites ad tantæ cædis opus pariter accurrentes, nihil actum reputabant, nisi vnusquisque tam dolendæ cædis auctor esset. Ventri verò eius & femoribus gladios ac cultros crudeliter immerserunt, totum corpus ipsius horrendo carnificio laniantes. Ad primum itaque vel secundum vulnus exspirauit: non enim est vox eius audita, siue clamor: ipsum autem tredecim magnis vulneribus confoderunt. Vltra humanam rabiem, crudelitatis eorum magnum fuit signum, quod sic occiderunt Alemanni virum pium, virum innocentem, virum, qui eos honorauerat tam gratiosè, tam clementer. Si enim iurauerant ipsum sese occisurum, quod illud fuit scelus inauditum, vt non parcerent primis vulneribus iam occiso, sed post mortem eius extremâ rabie discerperent vniuersum corpus illius, quem primis diebus aduentus sui dominum suum sibi constituerant & amicum, & cui dederant manus, & fidem firmam iurauerant?

Tanto scelere perpetrato protinus fugiunt Alemanni, secum trahentes equum nobilem Pontificis interfecti, largo sanguine domini sui cruentatum & perfusum. Nacti verò patentes campos atque vias planas, fugæ nullum finem fecerunt, sed tota illa die vespertina, sequenti nocte, & sequenti die in an non cessauerunt equitantes. Hora demum tertia *Virdunum* peruenerunt, ibique cum primum quieuerunt: ciboque ac somno paululum recreati, facti famam timentes euolantem, *Virduno* sunt elapsi, & magnis itineribus ad Imperatorem contendentes, & rem, sicut erat acta, prædicantes, atque in signum facti sui, nobilem equum Pontificis interfecti ostendentes, ab Imperatore magno fauore sunt excepti. *Thomas* autem *Merbiensis* non erat cum eis, quando facta est Remis ista cædes: ipse namque, & *Elias de Bullo* castello, Canonicus Sancti Lamberti, non exierant cum domino suo, quando eum eduxerant Alemanni: quia à creditoribus ægrè obtinebant præstari sibi equos. Omnis autem familia ALBERTI Episcopi pedes erat atque nuda, quæ cum eo venerat vestitu, equis, & armis instructa pariter ac venusta: qui cum domino suo si exire potuissent, nihil contra eum attentare præsumpsissent Alemanni, sicut nec aggredi cum domi præsumpserant tot diebus. *Thomas* igitur & *Elias* tandem nacti equos, quâ parte exissent ignorantes, post ipsum per regiam portam exierunt, & ad dextram se vertentes, versùs Sanctum Nicasium, petierunt campos altiores. Ex quibus ad sinistram spectantes in decliui campo viderunt gladios iam eductos fulminantes: & putantes esse ludum suorum collusientium, eo se verterunt. Re autem perpetratâ, cum vidissent cursu properantes Alemannos, & ludum esse existimantes, laxatis frenis ad eos contendebant. Non enim videre à longe poterant dominum suum humi procumbentem, nec discernere oculis rem dolendam, sicut erat. Longius autem procurrentes Alemanni, de iugo campi fastigiato in decliuem campum longum transierunt: & sic ex oculis sunt elapsi. Quod videntes isti, qui frustra eos sequebantur ob cursum eorum vehementem, iam tum cœperunt rem suspicari iniquam. Equos autem retorquentes versus vrbem, dum redirent, inuenerunt corpus domini sui solo fusum, & ad caput eius *Zegerum* socium, luctu plenum, & secus eum *Oliuerium*, plus de morte domini sui, quam de periculo vitæ suæ luctuosum. Filius autem creditoris, qui congressui fuerat, cùm vidit eum interfectum & equum sic abductum, ad vrbem velox recurrit, sed intra vrbem incedens moderatus, & sine clamore, ad patrem tacitus venit: *Dominus*, inquit, *Episcopus foris iacet ab Alemannis interfectus, & pignus tuum nobilis equus est abductus, & rem tacitus nuntiare tibi, vt videas quid agendum*. Recurrit iniquus ad *Robertum Burton*, Præpositum ciuitatis, de quo supra dictum est, festinauit, Episcopus, inquiens, est occisus, equus meus est abductus, & ea quæ credidi ipsi, perdidi. Sed age, vt non totum perdam, pro me & pro alijs creditoribus, familiam eius totam, antequam rem aliam sentiant, in vincula trahas, & in regia porta include catenatos. Futurum est enim vt veniat nobilis eius parentela, & redimat innocentes. Ascendit equum Præpositus, tantaque re turbatus diuulgat verbum ciuitati, simulque iubet stolidus, vt in vincula conijciantur, quecunque de familia eius fuerint inuenti, extra claustrum Canonicorum. Quo audito familia desolata tanto domino suo, duplici malo attonita & exterrita, concurrens intra domum domini sui se includit. Vnus eorum interceptus comprehenditur & ad regiam portam mittitur includendus. Maiores Ecclesiæ Remensis hoc audientes, fatuum Præpositum arguunt vehementer, *Non satis*, inquiunt, *hoc ingenti malo sumus obruti, quo tantus Pontifex, nolis volis commendatus, inter manus nostras hodie iacet interfectus, nisi & tu ex vicibus familiam eius innocentem, in confusionem S. Remensis Ecclesiæ, & totius huius ciuitatis?* Præpositus hoc terrore concussus captum reddit, & ab alijs vexandis conquiescit. Fragore autem tanti mali de morte Pontificis exaudito, Clerus omnis, & omnis populus ciuitatis luctu magno planxit, & induit confusionis summæ tenebras: inæstimabili dolore consternatus, vique doloris velut amens currit extra ciuitatem sexus omnis, currit ætas omnis, omnis ordo.

Erat autem Remis quidam iuuenis Namurcensis, qui iussu cuiusdam à Namurco conduxerat primò venientes Alemannos, & toto illo tempore seruiens cum ipsis erat moratus. Is relictus domi cum audiuit æstuantis motum ciuitatis, domo prosiluit, & ad Ecclesiam matricem attonitus metu fugit. Iam propinquabat atrio Ecclesiæ principalis, inter Sanctum Dionysium & Ecclesiam principalem, cum fugienti fortè superuenit *Guilhelmus* Iudæus baptizatus, iuuenis forma & habitu vigentis corporis, & vita Iudæo non respondens, quem *Guilhelmus* Remorum Archiepiscopus de sacro fonte susceperat, & de familia sua semper esse iusserat. Hunc velocem dolor ingens velociorem fecit: iuuenem Namurcensem cursu superauit, & apprehensum terens strinxit. Feminæ verò accurrentes multæ cum ipso, trahentes vehementer pugnis, ipsum & vnguibus mirabiliter discerpentes exstinxerunt. Ciuitas ergo veniens ad locum tantæ cladis ab Alemannis perpetratæ, inuenit exanime corpus Episcopi, manibus impiorum laniati, & planctu magno luxit super eum. Omnibus itaque membris laniatis, cùm membra simul non hærerent præter pellem, quæ intercisa se tenebat, diligenter Episcopum collegerunt, & pannis sericis inuolutares, ad ciuitatem magno luctu retulerunt. In sacrario autem Ecclesiæ principalis ablutum diligenter, & vulneribus ablutis colligatum, pontificalibus ipsum indumentis induerunt, & compositum in choro Ecclesiæ medio posuerunt. In equis autem validis quosdam iuuenes miserat ciuitas irata ad comprehendendos fugientes Alemannos: sed filius prædicti creditoris, qui celauit eædem factum, inanem fecit omnem cursum eorum. * Nam si primo regressu suo in vrbem, factum recens ipse proclamasset, non facilè potuissent euasisse fugientes Alemanni. Sed cursierant longo tractu planæ regionis, priusquam fuisset ad clamorem ciuitas excitata. Frustra ergo persecuti iuuenes, longè discurrentes, interuentu noctis in vrbem sese receperunt: quidam verò magis feruidi vltrà sunt progressi, & longè pernoctantes dum vident sese nihil præualere, sequenti die in vrbem sunt regressi. Quo die ciuitas omnis luctuosa confluxit ad Ecclesiam, ad exequias celebrandas; multumque studium fuit omni clero & populo ciuitatis, vt exequias dignas tanto viro celebrarent affectu magno & dolore. Sepultus est ergo honore magno

X ij

(quod vnum & vltimum est facere poterant deuoti) in medio Ecclesiæ principalis ante Altare, ita vt Archiepiscoporum vnus Sedis illius iaceat olim sepultus ante ipsum. Sacratus vero lapis marmoreus & rotundus S. Nicasij, super quem fuit decollatus, operit caput eius, & humeros subter fusos. A Tumba namque Archiepiscopi præiacentis vsque ad lapidem, non est locus ita longus, vt inter ipsum medius sepeliri potuisset totus, nisi eo ordine quo est dictum. Et hoc ipsum fecit adfectus Cleri magnus erga ipsum, cum fauore ciuitatis.

Nec ignotum fuit ciuitati, sanatos ad Sepulchrum eius graui febre & morbis aliis laborantes, dum primis diebus depositionis eorum fides recens & deuotio ardens pro ipsis exorauit. Erat femina Remis nota, quæ septem annis morbo laborauit, & aridum habens brachium, aridam manum, digitosque contractos tanto tempore ad caput non leuauit. Hæc primo Sabbato post mortem eius veniens & orans, ad Sepulchrum eius est sanata, & ab omni incommodo liberata. Ipsam liberatam vidit & sanatam qui hæc scripsit, & de longo eius morbo audiuit testimonia multorum, qui eam viderant hoc incommodo laborantem. Ex ciuibus autem multi viri honorati frequenter viderunt luminaria ardentia in loco, vbi fuit interfectus: vbi post modum lapideam Crucem decenter excisam erexerunt, super columnis quatuor eminentem, subter quas quadrati lapides sunt substrati, ordine tam protenso, vt obtineant locum omnem, quod procidit agnus ille ab impiis interfectus. Cuius gesta Epitaphio breuiter descripta Versificator, in persona eius loquens, complexus est.

Legia me legit, electum Romam probauit,
Remis sacrauit, sacratum martyrizauit.

Passus est autem ALBERTVS Martyrium VIII. Kalend. Decembris, anno Domini 1192. Sic voluit cum Deus terminari, quem rapuit è mundo ærumnoso; ne malitia mutaret intellectum eius bonum, aut ne fictio seculi blandicientis deciperet animam illius. Cæterum à Duce fratre eius, & à Duce auunculo eiusdem paulo post venerunt legati munera deferentes, & pecuniam copiosam, ad debita eius exsoluenda. Ipsa ferè hora, quâ exiit Remensi vrbe statim occidendus, exierunt simul & ab vrbe Catalaunensi quidam cum eo moraturi, donec venisset Archiepiscopus Remensis, qui absens erat longè peregrinus. Legati autem Episcopi Catalaunensis electi, cùm venissent Remos sub nocte inuenerunt eum in Ecclesia iacentem: sequenti verò die secutus est eos & electus, & inuenit ipsum iam sepultum, magnoque dolore consternatus luxit eum. Comites autem eius & Ministros desolatione magnâ desolatos magno adfectu est consolatus, & vt possent reuerti in terram suam, ad expensas dedit eis decem libras, & Ecclesia Remensis decem libras. Abbas autem Lobiensis orbatus lumine Domini sui sibi tam iucundo, doloris acerbi magnitudine ferè est oppressus; nec erat grata ipsi vita; cùm mori penè voluisset cum eo, quem animo tanto diligebat. Cum ei diceretur, *Bene tibi fecit Deus, quia cum illo non existi: te ipsum pariter occidissent Alemanni crudeles; qui propter hoc ab Episcopo curauerant te vocandum; dum exires;* non satis gratè audiebat verbum istud. Imò verò lugens respondebat; *Si mihi,* inquit, *mori contigisset cum viro isto innocente, innocens cum eo fieri meruissem;* Fidem ergo plenam & affectum pium, quo viuenti adhæserat, defuncto voluit Abbas exhibere. Curabat autem curâ magnâ qualiter educere de terra posset eos, qui omnia etiam tuta metuebant. Misit igitur, & euocauit vnum de cognatis suis virum nobilem & potentem, per quem eduxit eos vsque in domum suam, quæ est in pago sita Laudunensi: & sic nocte illa quieuerunt à dolore, metu & labore. Sequenti autem die ab isto loco longè conduxit eos vsque ad locum tutiorem, *Thomas Aterbiensis,* qui simul præsens erat mœrens atque lugens. Qui cum suis ingressus terram nobilis viri & potentis *Nicolai de Rimigni,* Abbati valedixit, & fleuerunt fletu magno, cum separarentur. Post triduum itinere continuo iam peracto, cum Comitibus & Ministris Domini sui, *Thomas* lugubris stetit ante Ducem fratrem ALBERTI, se & familiam Domini sui desolatos repræsentans, simulque ostentans partes vestium fratris perfusas sanguine eius. Cæteras enim vestes curâ magnâ Decanus & Canonici Remenses sibi collegerunt, & reposuerunt in Ecclesiæ loco Sancto, simulque digitum manus eius, cum annulo aureo, quem gestabat, quem inuenit fortè Remensis puer in campo iacentem, iuxta corpus eius, & cum annulo reddidit custodi thesaurorum Remensis Ecclesiæ. Annulus autem erat Abbatis Lobiensis, quem præstiterat Episcopo, annulum non habenti, quo gestaret extra Missam: quo annulo vtebatur dum Ecclesias & Altaria dedicaret. Post mortem autem eius cum annulum illum recepisset, ipsum habuit in honore, quia Episcopus eo vsus fuerat, & quia inuentus erat in digito ipsius in hora mortis. Et postea non tulit eum deuotus Abbas extra Missam, sed semper intra Missam. De vestibus autem eius rigidis & concretis sanguine, à Decano Remensi fideliter piéque ipse Abbas partem sibi petiit, & accepit, & reposuit seorsim in Sacratio Ecclesiæ Lobiensis.

Vestes ergo videns Dux *Henricus,* & sanguinem fratris sui, cum familia eius desolata, recidiuo dolore repercussus (nam ante audierat de morte eius) cum suis omnibus, qui valdè multi erant, eiulatu magno flere cœpit. Auditâ namque recenti morte fratris sui, ipso die conuenerant ad consolandum, & tractandum quid facto opus esset, frequentes eius amici; & in campo stabat coram ipso magnus numerus equitum, peditúmque condolentium, & fragore magno infremetium pro indigna morte tanti viri. His diebus Comes de *Horstal,* frater *Lotharij* in auso foris, erat in terra Comitis *Balduini,* vadens & rediens ad sines illos, modò clam, modò palàm. Ad colloquium cuius Remis exierunt scelerati milites Alemanni, quinque diebus antequam occiderent ALBERTVM Episcopum exulantem. Post mortem eius, altero die venit fama velox *Melbodum* oppidum, in quo Comes *Lotharij* frater suspensus expectabat rerum fines. Vt audiuit mortem eius, & terram commoueri atque execrari scelus perpetratum, statim fugit malè sibi conscius facti huius. *Lotharius* autem in vrbe Leodicensi tacitus exspectabat: cùm ecce fama mortis huius terrore magno compleuit totam ciuitatem, quæ summis studijs ALBERTVM Episcopum sibi præoptabat. Attonita ergo ciuitate, maior Ecclesia lugubris exequias Episcopi sui celebrauit. Ad quas dum signa pulsantur, venit in templum *Lotharius* amens, vt videret & audiret quo ordine exequias Ecclesia celebraret. Qui cùm sentiret quæ fiebant; *Non*, inquit, *exequiæ celebrentur pro Episcopo, sed pro Archidiacono nostro* ALBERTO *Louaniensi*. Duriùs ad hoc verbum qui præsentes erant Clerici respondêrunt. Publicum ciuitatis luctum, faciem Ecclesiæ tenebrosam, rerum causas atque fines *Lotharius* dum perpendit, subitò hæsit vehementer, & intremuerunt renes eius, & dissolutæ sunt manus eius, ac festinus se recepit, & consensu equis cum suis satellitibus vrbe digrediens, Hoyo castello valido se inclusit; misitque legatos ad amicum suum Comitem *Balduinum*, & implorauit opem eius. Ad quem festinus venit Comes, sed videns terram conflagrare inuidia facti huius, nec iam tutò niti posse contra rerum molem imminentem, respondit opem imploranti; *Supra vires*, inquit, *meas, contra honorem meum transeant preces istæ tuæ: opponere me non possum tantæ rerum moli: fortis est eius qui occisus lugetur, parentela, & cognatus ipse erat mihi. Factum ergo istud valde fœdum me detinet, ne me fœdum, atque genus meum.* Itaque *Lotharius* desperans è castello noctu fugit, & toto Episcopatu Leodicensi decedens, cum fratre Comite confugit ad aulam Imperatoris, factum fœdum fœde amplectentis.

De dolenda morte ALBERTI Leodicensis Episcopi dolet omnis terra, stridet orbis Christianus, & tantum scelus execratur, omnes aulam Cæsaris execrantur, in qua sibi asylum obtinere gloriantur homicidæ scelerati. Vt ergo audiuit omnis eius parentela mortem eius, & illos homicidas esse tutos in aula Imperatoris, non sibi bene consulentis, in dolore magno omnes simul, ac primò colloquentes per legatos, postremò colloquij communis sibi diem condixerunt propè Coloniam ciuitatem. Erant primi eorum Lotharingiæ Dux *Henricus* frater eius, Arduennæ Dux auunculus eius; *Bruno* Archiepiscopus Coloniensis, cognatus eius, & Comites & Principes multi cum eis: qui omnes cum multo comitatu in conspectum mutuum cùm venissent & memoratum eis fuisset ab his, qui viderant genus mortis eius & ostensus sanguis, fleuerunt fletu magno, ac si primò die fuisset mors eius nuntiata. Fletu autem, non dolore mitigato, inuicem multa pertractantes, & animantes in commune semetipsos, demum validâ coniuratione iurauerunt contra *Henricum* Imperatorem, & contra omnem parentelam Comitis de *Horstal*, & *Lotharij* fratris eius: quorum genus erat valde, sed non æque potens siue clarum. *Conradus* autem Maguntinus Archiepiscopus, & alij Principes multi Regni Teutonici, qui absentes erant, consilio eorum firmiter adhærebant, & rem omnem per legatos confirmabant, execrantes eandem factam tanti viri innocentis, execrantes aulam Regis, quæ retinebat execratos illos, qui Romani Imperij maiestatem execratione tanti facinoris fœdabant. Colloquio autem hoc soluto, Duces ac Principes adunati cum multo equitatu terram Comitis de *Horstal* sunt ingressi, totam terram eius vastauerunt, & omnia castella eius occupantes præter vnum, quod validissimum expugnari posse desperabant. *Henricus* Imperator videns Imperium conturbatum, & cum eis multos Principum moueri contra se, simulque infamia tanta vexari & pernitie se morderi, consilio saniori flecti acquieuit; multisque legationibus vltrò citroque missis & remissis, venit ad colloquium stirpis generosæ in oppido Confluentia super Rhenum & Mosellam, magnifique satisfactionibus cùm eos deliniisset, pace facta, muneribus & promissis eos honorauit, & remouit ab aula & finibus Regni Teutonici homicidas illos milites Alemannos: quorum plures intra paucos dies morte turpissima sunt à Deo Iudice condemnati.

Ioannes Molanus, Doctor Theologus Louaniensis, in libro de Natalibus Sanctorum Belgij: ex Martyrologio Ecclesiæ Bruxellensis, Innocentio III. Papa, Guillelmo Neubrugensi, & informatione Decani Remensis.

V*igesima-prima die Nouembris, apud ciuitatem Remensem* ALBERTVS *Episcopus Leodiensis, vir miræ Sanctitatis, frater Henrici Magni Lotharingiæ ac Brabantiæ Ducis, ob custodiam Ecclesiasticæ libertatis, de mandato Henrici Imperatoris interemptus occubuit; sepultus in Metropolitana cum hoc Epitaphio.*

Legia quem legit, electum Roma probauit.
Remis sacrauit, sacratum martyrizauit.

Hæc in Martyrologio Ecclesiæ Bruxellensis leguntur, sed quod vtcunque recenter auctoritate Capituli ab vno Canonicorum est congestum. Cùm enim in Canonem Sanctorum Martyrum non sit relatus, conuenientiùs Ecclesia Remensis eum in libro tantùm obituum, sequentibus celebrat verbis. *Obijt* ALBERTVS *Leodiensis Episcopus, frater Ducis Louaniensis, præ recordationis vir, auctoritate Apostolicâ Remis à Domino Guillelmo Archiepiscopo in Presbyterum ordinatus, & in Episcopum consecratus. Nouem septimanis & duobus diebus à consecratione elapsis, prope muros ciuitatis Remensis, ab Alemannis traditoribus gladys ac cultellis interfectus est.* Sepultus est sub pulpito Ecclesiæ, & in die anniuersario, tumulo insterni solet palla lugubris. Vestimenta sanguine tincta habentur in eadem Ecclesia iuxta Reliquias Sanctorum. Extra vrbem prope muros ciuitatis in loco, vbi dicitur occisus, exstat Crux lipidea, ad quin feria quinta Rogationum ex supplicatione paululum divertens Canonicus Hebdomadarius cum Diacono & Subdiacono recitat Psalmum *De profundis*, cum precibus & orationibus, secundùm morem Ecclesiæ Remensis.

Innocentius III. ad Bertholdum Carinthiæ Ducem scribens, notum adseuit, qualiter sese Henricus habuerit erga interfectores sanctæ memoriæ Alberti Leodiensis Episcopi, quem priùs exsulare coëgerat; & quæ alia sacrilega scelera perpetrauerit. De eodem Guillelmus Neubrigensis, illius ætatis in Anglia Historicus, hunc in modum: *Ducis Louaniensis germano ad Episcopatum Leodiensem electo, Imperator est offensus: veritus scilicet ne fortè Dux fortis facili occasione contra Imperium iunctis sibi fraternis intus nesceret viribus. Leodiensis enim Episcopus numerosam habere militiam & magnarum esse virium noscitur. Cum itaque electus, Imperatore obsistente, à proprio consecrari Metropolitano non posset, nihilominus imperato Pontificis Romani mandato, ad Episcopum Franciæ, ut ei manus imponeret, ordinatus est. Et metu quidem iratæ potestatis propriam Sedem non adiit, sed motum eius tempore lenitum iri sperans, in Francia pro tempore moratus est. Indignatus autem Imperator in indignissimum scelus exarsit. Quippe ab eo, ut creditur, subornati quidam audaces, assumpti exsulum specie, eundem Episcopum adiere: seq́ue apud eum de natali Alemanniæ solo expulsionem callidè deplorantes, ita irrepsere incauto, ut tali ratione vanissimi hostes teterrimos in propriam illicescerent clientelam. Illi verò patrandi facinoris opportunitatem astu pervigili observantes, quodam forte die spatiandi gratiâ cum paucissimis urbe egressum repentè aggressi, cum uno clerico peremerunt, & dum comites eius in urbem refugerent, fuga elapsi euaserunt. Propter hoc tam grande piaculum, Coloniensis & Maguntinensis Archiepiscopi, Duces quoque Saxonicus, Louaniensis, aliq́ue plurimi nobiles animis essetati, contra Imperatorem conspirarunt.* Hactenus Neubrigensis, & Molanus in Natalibus Sanctorum Belgij: quorum posterior de hoc ipso S. Alberto agit quoque in Auctario Notisq́ue suis ad Vsuardi Martyrologium. Notet autem Lector in Martyrologio Romano, iussu Gregorij XIII. posteà edito sic legi: *XI. Kalendas Decembris, Remis S.* Alberti *Episcopi Leodiensis & Martyris, qui pro tuenda Ecclesiastica libertate necatus est.*

Sanderus Yprensis Ecclesiæ Canonicus, in Elogiis Cardinalium.

Fvit is Godefredi tertij Lotharingiæ Brabantiæq́ue Ducis, ex Margareta Limburgica filius, pro deffensione libertatis Ecclesiasticæ apud Remos in Gallia Martyrio coronatus. Sacra eius Ossa Melchior Demarouaius Episcopus Briocensis, Ludouici à Lotharingia Archiepiscopi Rhemensis iussu magnâ solemnitate è terra anno 1612. postridie Kalendas Nouembris eleuarat. Inde magno comitatu in Belgicam, ac demùm Bruxellas translatum, Diuum sibi cognominem, ac sanguine iunctum, in Carmelitatum Virginum Discalceatarum Cœnobium Albertus pius Belgarum Princeps anno eodem, die 11. Decembris, suis ipse humeris inuexit, Guidone Bentiuolo, tunc Internuntio Apostolico, nunc Sanctæ Romanæ Ecclesiæ Cardinale, Matthia Houio Mechliniensi, & Iohanne Ricardoto Cameracensi, Archiepiscopis, Alphonso Requesensio, Rosonensi in Dalmatia Episcopo, Abbatibus plurimis, & aulæ Proceribus vniuersis comitantibus. Paulus quintus Pontifex fortissimum Dei Athletam peculiari diplomate cœlitibus adscripsit. Vitam eius scripsit Ægidius Leodiensis, Aureæ-vallis in Ducatu Luceburgensi Monachus, Ordinis Cisterciensis, quam aliundè auctam Aubertus Miræus ante paucos annos edidit. Eius & mentionem facit Martyrologium ad 21. Nouembris in hæc verba: *XI. Kal. Decembris Remis, S. Alberti Episcopi Leodiensis & Martyris.* Vsuardus item in suo, quod Iohannes Molanus auxit, Martyrologio 21 Nouembris: *Apud ciuitatem Remensem, viri eius Sanctitatis Albertus Episcopus Leodiensis, frater Henrici Magni Lotharingiæ & Brabantiæ Ducis, ob custodiam Ecclesiasticæ libertatis, de mandato Henrici Imperatoris interemptus occubuit.* Illum & hoc elogio celebrat Thomas Cantipratanus, libro 2. *Apum*, capite 29. *Venerabilis & Deo dignus Albertus Leodiensis Episcopus, frater Ducis Brabantiæ ab Henrico Imperatore exul ab Imperio pulsus est, & à militibus eius iuxta Remensem urbem pro iustitia dolosissimè necatus.* Nos gloriosum Dei Martyrem his olim versiculis celebrauimus.

Avstrasiæ columen, Lotharinga clara propago
Gentis, & alta Ducum soboles, Augusta Tuorum
Gloria salue Heros, ALBERTE, ò inclyta salus
Gemma patrum, vinco quos insula tinxit amictis.
Salue Heros, pulchro qui Religionis amore
Incensus, sacrum pro libertate cruorem
Fudisti impauidus. Te læto sedula cultu
Æsa canet, licet imparibus tua nomina laudet
Ipsa sonis: tua nam quæ forti pectore virtus
Fecit, humanæ superant conamina. verò.
Seuo quondam odio, furiisque agitatus iniquis
Henricus, durum superis caput, atraque Regni
Labes Ausonij, atque æternæ infamia Romæ,
Indignis vexare modis non horruit, & te
Sanguinis pressum latronibus obtruncauis,

Innocuum, earumque Deo & sacrata tuentem
Iura poli, positasque pio moderamine leges
Christigenum à magnis Pastoribus. Heu scelus ingens!
Heu crudele nefas! At tu dabis impietè quondam
Vltrices, Cæsar, pœnas; te iusta sequetur,
Non dubio Nemesis conturbabitque flagello,
Omnibus inuisum terris atque æffera nunquam
Facta nepos seris cessabit plectere fastis.
Te verò indigetem cœli mixtumque Beatis
ALBERTE, agminibus, quà primos Aurea vultus
Ostentat lætis Coreus Titania Terris,
Et quà præcipites fesso tempore ingules
Hesperio mergit lampas phœbea Ponto,
Deuoti ducent populi, meritisque decorum
Elogijs festo celebrabunt sæcula cultu.

des Cardinaux François. 167

Albericus in Chronico sub anno 1191.

APud Leodium electus est Episcopus Archidiaconus ALBERTVS, frater Henrici Ducis Louaniensis, contrà quem Balduinus Comes cum suis nominauit Albertum Præpositum, consobrinum suum, fratrem Comitis Manasseri Reistetensis, sed Albertus Præpositus cum esset illiteratus, cessit Alberto Louaniensi, & venerunt ambo ad Henricum Imperatorem, qui noluit Louaniensi Regalia dare, dicens quod electio deuenisset ad manum ipsius, ex quo habuerunt in electione discordiam & cùm esset ibi Comes de Horstal; coram Imperatore rogauit cum pro Præposito Bonnensi Lothario fratre suo, cui statim Imperator annuit, & donum concessit mediante pecuniâ trium millium marcarum.

Idem Albericus in eodem Chronico sub anno 1192.

REmis Metropoli Francorum occiditur Sanctus Leodiensis Episcopus ALBERTVS missis apparitoribus ab Henrico, fingentibus se electos ab Imperatore ipso, qui eundem Episcopum cum ab ipso amicabiliter recepti fuissent, & apud eum diù tanquam fideles amici conuersati, nactâ spatiandi occasione, extrà muros ciuitatis eductum occiderunt, octauo Calendas Decembris. Lotharius autem Bonhæ Præpositus, cuius occasione hæc facta sunt, nunquam posteà Leodium intrauit: sed paulò post diuino iudicio mortuus interiit.

Extraict d'vn Autheur anonyme, cité par Gilles d'Orual, dans le second Tome de son Histoire des Euesques de Liege.

CVi gratiæ eius (parlant d'Albert Euesque de Liege) vt addatur maior, constituit cum supremus Pontifex Sanctæ Ecclesiæ Romanæ Cardinalem, & impositâ Mithrâ capiti eius inter Cardinales summos cum fecit considere: in proximo Sabbatho solemnis ieiunij quatuor temporum quod in Pentecoste celebratur, ordinat cum Diaconum Papa Cœlestinus, & eo iubente, magno omnium fauore in solemniis eius Missæ legit Euangelium ALBERTVS Diaconus Cardinalis ordinatus.

Thomas Cantipratanus libro Apum.

VENERABILIS & Deo dignus ALBERTVS Leodiensis Episcopus, frater Ducis Brabantiæ ab Henrico Imperatore exul ab Imperio pulsus est, & à militibus eius iuxta Remensem vrbem pro iustitiâ dolosissimè necatur.

Ciaconius in vitis Pontificum sub COELESTINO tertio.

ANno 1192 Idem Cœlestinus S. ALBERTVM Leodiensem Antistitem Cardinalium Sanctæ Romanæ Ecclesiæ Senatui adscripsit: de illo in Sacrario Ecclesiæ Cathedralis Sancti Lamberti Leodiensis, Leodij cuso anno 1618. hæc. Sanctus ALBERTVS Pontifex Leodiensis & Martyr à COELESTINO tertio Papa Sanctæ Romanæ Ecclesiæ Cardinalis, Diaconus Romæ ordinatus est, & impositis capiti Mithræ & inter purpuratos Patres iussus considere, anno 1192. quo & Rhemis occisus Sanctus hic vir Martyrio insignis Henrici Magni Lotharingiæ & Brabantiæ Ducis frater in Leodiensem Episcopum ritè electus, Cœlestino Pontifice, iustam sui electionem contra Lotharium Præpositum Bonnensem diuitiis affluentem, Henrici Imperatoris præsidio corroboratum, sed iniustum Leodiensis Ecclesiæ inuasorem defensurus, Cæsaris iram declinans, ementito habitu, Romam se contulit: ætate iuuenis, sed morum grauitate & prudentiâ senex, electionis causam laudabili ardore defendit. Pontifex à quo amabatur, vt filius, momentis rationum vtriusque partis, quæ propositæ fuerant inspectis, perpensisque, reiecto Lothario, ALBERTI electionem probauit: cum deinde Mithrâ exornauit, & inter sacros Principes purpuratos considere fecit: paulò post, Diaconatu insigniuit, Euangelicamque Lectionem in solemni Sacro Pontificio legere iussit; antequam Roma discederet, annulo aureo, & duabus non exigui pretij Mithris donauit; eius saluti consulens, Coloniensi Archiepiscopo scripsit, vt illum Sacerdotali & Episcopali Charactere decoraret: vt autem Rhemensibus id faceret, si Coloniensis non esset, præcepit. A Rhemensi ALBERTVS, vtraque potestate auctus fuit; quia Coloniensis, minis Cæsaris territus id facere ausus non erat. Rhemis Ecclesiasticæ libertatis Propugnator, desertus à suis, paupertatem, aliasque calamitates æquo animo serens, mortem prædixit suam, & paulò post, quasi agnus innocens, à proditoribus necatus, Martyrij gloria coruscauit. Hæc vbertim & alia Ægidius Aureævallis Cisterciensis, in libris de Episcopis Leodiensibus à Iohanne Chapeavalle editis. Auctor Chronici Magni Belgici Albertum Sanctissimum nuncupat: Scriptores passim Martyrem appellant, &c. De eius nece Guillelmus Neubrigensis Anglus, Scriptor illius temporis libro 4. capite 33. de eodem Molanus in Natalibus Sanctorum Belgij: de Miraculis ad eius Sepulchrum editis Ægidius Aureævallensis capite 87. loco citato. Sacra ALBERTI Martyria Lipsana Serenissimi & Religiosissimi Belgarum Principes, Archiduces Austriæ, Duces Brabantiæ, Albertus & Isabella Clara Eugenia à Christianissimo Francorum Rege, ab Archiepiscopo, & Canonicis Remensibus impetrarunt, Bruxellasque deferenda curarunt, anno 1613. eorum translatio peracta insigni pompa, pietate & lætitia. Cùm GVIDO Bentiuolus familiæ splendore, grauitatis, integritatisque vitæ, prudentiæ, ingenij, & eloquentiæ laude clarus, ante purpuram, quam paucis post annis in Gallijs à Paulo V. Pontifice accepit, Apostolici Internuncij munus, pro dignitate, Bruxellis obiret, Princeps Albertus Sacrum onus in insigne Virginum Discalceatarum Sanctæ Theresiæ Templum suis humeris intexit. De translatione Cathalogus Episcoporum Leodiensum paucis loquitur. *Sanctus Albertus Sanctæ Romanæ Ecclesiæ Cardinalis & Martyr, vir animo fortis & in aduersis constantissimus, Ecclesiasticæ libertatis, pro qua etiam mortem oppetijt, anno 1192. defensor magnanimus, Rhemis Bruxellas translatus est anno 1613. cœlestibus signis nobilis.*

SIMON DE LIMBOVRG,
nommé & esleu à l'Euesché de Liege, Cardinal du Tiltre de Sainct Pierre aux Liens.

CHAPITRE LV.

Extraict de la Chronique MS. d'Alberic Moine des trois Fontaines.

ANno 1194. apud Leodium SIMON Ducis Henrici de Limbourg filius, fratris Galeranni, consobrinus Episcopi Alberti nuper defuncti eligitur in Episcopum: contra quem ex alia parte fauente Balduino Comite eligitur apud Namurcum quidam Archidiaconus Albertus de Cuck, qui per quosdam sibi adhærentes castrum de Hoyo obtinuit, sed Leodium non intrauit ferè per biennium. Appellantibus partibus ad Papam, & causam ventilantibus ambo Romam profecti sunt. SIMON autem à quibusdam veneno accepto moritur Calendas Augusti, & in Ecclesia Lateranensi sepelitur: mortui sunt cum eo multi Ecclesiæ suæ Canonici, quo audito, pars Canonicorum in Ecclesia Sancti Lamberti alium substituere elctum per commune Capitulum: & deliberato consilio eligebant Archidiaconum Otthonem fratrem Gossuini de Montefalconis primo in Præpositum, & post in Episcopum, cui præcipuè aduersatur Archidiaconus Hugo nepos Præpositi defuncti, frater Roberti de Petraponte Domini, qui Ottho non multò post mortuus est. Albertus autem diù Romæ perseuerauit, pecuniam multam à Romanis accepit, & cùm non esset cui resisteret, consecrationem suam antequam remoueretur obtinuit. Obijt Calendas Februarij anno 1202.

Ciaconius in vitis Pontificum sub COELESTINO tertio.

SIMON de Lotharingia, Arduennæ Ducis filius, spectatæ virtutis adolescens, post Sanctum ALBERTVM Leodiensem Episcopum, Cardinalem & Martyrem, ad Leodiensem Ecclesiam regendam, Lotharingiæ Ducis consanguinei sui fauore, vocatus, & ab Henrico Imperatore Aquisgrani Regalibus inuestitus, contra Albertum de Cuck ab aliquibus ex Electoribus delectum, Leodij, per aliquod temporis spatium sedit. Verùm cum inter se conuenire iidem non possent, Henrici Louaniensis Ducis auctoritate effectum est, vt vtraque pars Romam adiret summi Pontificis sententiam susceptura; Idque factum coram Cœlestino Papa tertio, Simon & Albertus de electione certarunt, certamine verò nondum absoluto, anno 1196. Simon Sanctæ Romanæ Ecclesiæ Cardinalis à Cœlestino creatus est, paucisque post diebus hac vita migrauit die primâ Augusti, magnoque suorum mœrore in Ecclesia Sancti Johannis infra Palatium Lateranense sepultus fuit. Rem totam accipe ab Ægidio Auravallensi eius seculi Scriptore in Historia Episcoporum Leodiensium cap. 9. & 92. Quid verò post illius mortem de Leodiensi negotio actum sit, fusiùs idem Ægidius, & Renerus S. Iacobi Monachus, narrant.

Extraict de l'Histoire de la Maison de Limbourg par feu mon Pere, page 65.

SIMON DE LIMBOVRG fut esleu Euesque de Liege après la mort d'Albert de Lorraine son cousin, l'an mil cent quatre vingt treize, ce qui se fit à la poursuite de son pere Henry Duc de Limbourg, nonobstant les trauerses qu'y apposta Henry Duc de Lorraine & de Brabant frere d'Albert. Et en suite s'estant acheminé à Rome, le Pape l'honora aussi de la dignité de Cardinal. Mais incontinent après il mourut en la mesme ville auec Estienne son oncle, Thomas Archidiacre de Liege & quelques autres qui l'auoient accompagné, & receut la sepulture en l'Eglise de Sainct Iehan de Latran.

Extrait

des Cardinaux François. 169

Extraict de l'Histoire des Euesques de Liege, escrite par Gilles, Moine de l'Abbaye d'Orual.

AD annum MCXCIII. *Quo Albertus occisus est*, VIII. Cal. Decembris. Quibus actis, de electione Leodiensi verbum cœpit agitari inter Principes & Duces stirpis huius. Inter quos de duobus sermo maior erat, de fratre Comitis de Sena, Bonnensis Præpositi, & de Simone filio Ducis Ardennæ, qui primos adolescentiæ annos tùm ingressus ad hoc opus tanti ministerij minus aptus videbatur. Pro quo ipso contentio serpsit, sed occulta, inter Henricum Ducem Brabantinum, & Henricum Ducem Ardennæ auunculum eius. Dux enim Brabantinus filium Ducis Ardennæ nolebat ad hanc dignitatem assurgere, quia timebat auunculum propter Ducatum Lotharingiæ, quem tenuerant parentes Henrici Ducis Ardennæ. Qui licet Dux diceretur, nihil tamen Ducis habebat, sed ex re, quam tenuerunt partes eius id solum nomen vsurpabat.

Henricus autem Dux Ardennæ pro filio suo eligendo decertans multis laboribus & expensis, & sibi concilians ipsum Lotharingiæ Ducem nepotem suum, & per se & per ipsum quosdam Archidiaconorum Leodiensis Ecclesiæ, & Canonicorum, & Baronum Terræ & eorum qui poterant verbum eius promouere, condicta die in Ecclesia Leodiensi conuentum multum fecit congregari, & sic demùm post multas colluctationes, sed non terminatas, pro Domino Alberto Leodiensi Episcopo, electus est Simon, cognatus eius, filius Ducis Ardennæ. Ab Ecclesia ergo Leodiensi, & à ciuitate Simon electus est, & receptus, & reddita sunt ei castella totius Episcopatus. Dux verò Louaniensis Henricus filius Amitæ Domini Simonis, frater verò Domini Alberti Episcopi, qui Reus Martyrium passus fuerat partem suam interposuit, &c. Quâ contentione diu needum finita, Simon spectabilis adolescens Romanæ Ecclesiæ Cardinalis factus, moritur in Festiuitate Sancti Petri ad Vincula, planctu magno Romanorum, sepultus honorificè in Ecclesia Sancti Iohannis intra Palatium Lateranense, moriturque ex parte eius ibi Dominus Stephanus auunculus eius, Thomas Archidiaconus, & alij multi.

GIRARD, NEVFVIESME ABBE' DE PONTIGNY, Cardinal Diacre du Tiltre de Sainct Nicolas, en la Prison Tulliene, puis Euesque de Preneste.

CHAPITRE LVI.

Aubery en son Histoire generale des Cardinaux.

GIRARD cité par INNOCENT troisiéme, aux mois de Decembre 1198. Cardinal Diacre du Tiltre de Sainct Nicolas, *in carcere Tulliano*, est François de Nation, si nous voulons croire le Pere Vgellus aprés quelques Autheurs dignes de foy, & a esté le neufuiesme Abbé de Pontigny prés d'Auxerre de l'Ordre de Cisteaux, il y en a mesme qui adioustent qu'il fut depuis Cardinal Euesque de Palestrine, & qu'il est decedé emiron 1210. sous le Pontificat d'Innocent III.

Ciaconius in vitis Pontificum sub INNOCENTIO *tertio.*

GErardus Sancti Nicolai in Carcere Tulliano Diaconus Cardinalis. Hunc & qui proximè relatus est Hugolinum Innocentius tertius, anno Pontificatus primo in quadam controuersia cognitores dedit, de quo nihil scriptum inueni. Obiit sub Innocentio tertio. *Innocenty terty Bulla Lateran. anni 1199. INNOCENTII terty Registrum, ann. 1. 2.*

RAOUL DE NEUFVILLE, ARCHIDIACRE d'Arras, Cardinal du Tiltre de..... puis Euesque de ladite Eglise.

CHAPITRE LVII.

Sammarthani in Gallia Christiana ROBERTI.

Odulphus de Neufville ex Archidiacono, 1203. Ecclesiam suam variâ supellectili honestauit; mortuus 1210. sepelitur in Ecclesia Beatæ Mariæ, &c. De eius Cardinalatu nulla apud Ciaconium mentio, quam solus asserit Frizonus

Ciaconius in vitis Pontificum sub INNOCENTIO tertio.

Rodulphus Gallus ex Archidiacono Attrebatensi Sanctæ Romanæ Ecclesiæ Cardinalis Tituli.... ab Innocentio tertio creatus, inde Attrebatensis Episcopus electus anno 1203. post Petrum sextum Abbatem Pontiniacensem, de quo Claudius Robertus in Gallia Christiana ex tabulis eiusdem Ecclesiæ. Hunc extremum clausisse diem anno 1210. idem asserit: sepultus Attrebati in Ecclesia B. Mariæ vbi in Tumulo æneo hi versus leguntur.

Quem sculptura premit, Præsul Regale redemit
Non facit Antistes discretos mors tua tristes
Nam cœli ciuis meritorum pondere vius.

BARTHELEMY, PRESTRE CARDINAL de Saincte Pudentiane, au Tiltre du Pasteur.

CHAPITRE LVIII.

Ciaconius in vitis Pontificum sub HONORIO tertio.

Barthotomæus Gallus, Presbyter Cardinalis Sanctæ Pudentianæ, Titulo Pastoris, à Gregorio IX. Auditor datus in causa inter Monasterium trium Fontium, & Capitulum Sanctæ Mariæ de Orbitello. *Regestrum Gregorij IX. ann. 1. 4.* Sub quo obiit, Bulla Gregorij IX. Sancti Fridiani Lucensis, anni 1227. Sancti Georgij Maioris Venetiarum, anni 1228.

Ex Calendario Ecclesiæ Sancti Stephani Meldensis.

Idus Martij Bartholomæus Cardinalis, pro cuius anima Magister Iohannes de Florentia Canonicus Meldensis dedit Ecclesiæ Beati Stephani pro anniuersario dicti Cardinalis, singulis annis faciendo viginti solidos supra domum Magistri de Ponciaco annuatim percipiendos.

des Cardinaux François.

IEHAN D'ABBEVILLE, DOYEN D'AMIENS, Archeuesque de Besançon, puis Cardinal Euesque de Sabine, Legat en Espagne, & en Portugal, & vers l'Empereur FEDERIC.

CHAPITRE LIX.

Nomenclator Cardinalium.

OHANNES FRANCIGIA de Abbatis-villa, Gallus, ex Archiepiscopo Bisuntino Cardinalis, eruditionis non postremæ à non nemine habitus, Theologiæ documenta Lutetiæ perdidicit, vbi & eadem aliquot annos prælegit, Legatusque in Hispaniam missus, Crucem in Saracenos prædicauit: hunc Hispaniâ remeantem Sanctus Raymundus de Penna forti subsecutus est, valido & irresolubili, mutuæ & indeclinatæ necessitudinis nexu adstrictè deuinctus. *Sermones de Tempore lib. 1. luce donauit, & Sermones de Sanctis lib. 1. vt notat Trithemius, Expositionemque in Cantica Canticorum,* Obiit circa annum 1240.

Extraict de la Chronique MS. d'Alberic, Moine des trois Fontaines.

ANno 1225. Remis, postridie Beati Lucæ, Magister IOHANNES DE VILLA-ABBATIS, vir honestis moribus præditus, ad prædicandum optimus Theologus, Ambianensis Decanus, consecratur in Archiepiscopum Bisuntinensem.

Ciaconius in vitis Pontificum sub GREGORIO IX.

MAGISTER Frater IOHANNES de Abbatis Villa, Diœcesis Ambianensis, Gallus Monachus Cluniacensis, Abbatis Sancti Petri de Abbatis-villa, ex Archiepiscopo Bisuntino Episcopus Cardinalis Sabinus: vir fuit in diuinis Scripturis eruditissimus, & in Gymnasio Parisiensi eas publicè longo tempore docuit, & cùm declamando ad populum exercitatissimus esset, ex Magistro Parisiensi factus est Præsul Bisuntinus. Scripsit Sermones de Tempore, & de Sanctis lib. 4. hunc ad prædicandam Crucem contrà Saracenos Cardinalem creatum GREGORIVS IX. in Hispaniam & Portugalliam Legatum misit, quo munere egregiè functus est. Ad Curiam rediens Raymundum de Pennafort Barchinonensem, Ordinis Prædicatorum, Iurisconsultum egregium secum adduxit, cuius opera Pontifex vsus Decretalium librum condidit. Cæterum Iohannes nobili in Legatione cum Thoma Tituli Sanctæ Sabinæ obiit, in qua eius diligentiâ factum est, vt Fridericus Imperator pace cum Ecclesia facti ab anathemate solutus fuit, in eum & Petrum de Capuâ Diaconum Sancti Georgij Imperator Fridericus pro pace cum Longobardis ineundâ compromisit, qui eam Pontificis nomine procurarent, quod optimè præstitit; quanquam parum ea pax Imperatoris malitiâ durauerit: qui de Romana Ecclesia optimè meritus obiit circà annum Domini 1240. *Abbas Spanhemensis de Scriptoribus Ecclesiasticis. Frater Ptolemæus. Regist. GREGORII IX. anni secundi. Bulla Gregorij IX. Fridiani Lucensis, anni 1227. Lateran. anni 1227.* ADDITIO. Panuinius in Gregorio IX. Ciaconius ibidem, & Arnoldus Vvion in Ligno vitæ, hunc Cardinalem, Abbatem fuisse existimarunt, eos tamen falli existimo: Priorem enim, non Abbatem nominari oportuit: siquidem ex Priore Monasterij de Abbatis villa, & Magistro Parisiensi factus est sexagesimus secundus Archipræsul Bisuntinus, postmodum Cardinalis Episcopus Sabinus: eundem etiam esse arbitror cum Iohanne Halgrino Auctore sexti Commentarij in Cantica ex multis & bene deductis à Iohanne Iacobo Chissletio in suo tractatu de Episcopis Bisuntinis; obiit hic Cardinalis anno 1237. vel præcedenti, &c.   *Florauentes Martinellus.*

Extraict de l'Obituaire de l'Eglise Cathedrale d'Amiens.

VIGESIMA tertiâ Septembris obitus felicis memoriæ Iohannis de ABBATIS-VILLA, quondam Decani nostri, postea Archiepiscopi Bisuntini, vocati per Dominum HONORIVM tunc Summum Pontificem ad Patriarchatum Constantinopolitanum, sed pro sua probitatis & scientiæ reuerentiâ à Domino GREGORIO IX. detenti apud Sedem Apostolicam, in quo factus est Cardinalis Epis-

Y ij

Preuues du Liure I. de l'Histoire

copus Sabinensis, pro cuius memoria, * quoniam Ecclesiam nostram multipliciter honorauit in Sanctorum Reliquiis & Ornamentis Ecclesiasticis multis, & sui Regimine Decanatus.

Extraict du Necrologe de Sainct Iehan de Besançon.

QVARTO Calendas Octobris obiit IOHANNES Episcopus Sabinensis, qui prius fuerat Archiepiscopus Bisuntinus.

RAYMOND DE PONS, EVESQVE de Perigueux, Cardinal du Tiltre de . . . . .

CHAPITRE LX.

Sammarthani in Galliâ Christianâ Roberti.

RAIMONDVS de Pons Cardinalis, & Germanus Pontij Præsulis Santonensis, Bertrandi Domini de Pontibus cognomento fortis, & Elisabethæ Tholosanæ filius, renunciatur Episcopus P. anno 1225. à Rege S. LVDOVICO Seneschallum exposcit, qui Diœcesim ac iura Ecclesiæ tueretur, Fidemque Catholicam promoueret: *Ex Registris Curiæ Parisiensis.*

IACQVES DE VITRY, EVESQVE D'ACRE, Patriarche de Hierusalem, puis Cardinal Euesque de Tusculane, & Legat en France, & en Allemagne contre les Heretiques Albigeois.

CHAPITRE LXI.

Nomenclator Cardinalium.

IACOBVS DE VITRIACO ex Argentolio vico Diœcesis Parisiensis, Cardinalis, Româ emissus, Crucem in Albigenses Hæreticos Ecclesia extrusos Apostolicæ Sedis Legatus prædicauit, officiumque in Legatione præstitit: scripsit *Historiam Orientalem* cum esset Episcopus Achonensis: in quatuor Euangelia; contrà Saracenos; Sermones in Epistolas & Euangelia totius anni, ante annum 1575. nunquam editos. De Sanctis Mulieribus Leodiensibus: Vitam Sanctæ Mariæ de Ognies lib. 2. Epistolasque ad Diuersos. Obiit anno 1240. sepultus in Ecclesia Sanctæ Mariæ d'Oignies.

Henry de Gand parle ainsi de ce Cardinal.

QVAND il fut decedé, l'Ordonnance qu'il auoit faite fut suiuie, c'est que son corps fut porté en la ville de Nuielle Diocese de Liege, & enterré en l'Eglise de Sainct Nicolas, où il auoit fait Profession de la Reg'e de Sainct Augustin, auquel lieu, qui est auiourd'huy sous l'Euesché de Namur, repose Saincte Marie d'Oignies, laquelle il auoit aimée quand elle viuoit, & l'honora de ses Escrits apres sa mort.

Ex Chronico Pistoriano.

AD annum 1240. Kalendas Maij, Romæ obiit IACOBVS VITRIACVS, Cardinalis, cuius ossa post aliquantulum temporis translata apud *Oignies* Leodiensis Diœcesis, & ibi honorifice tumulata fuere.

des Cardinaux François. 173

Membranæ ad Tyrium Galliciæ.

FVit in Francia bonus Clericus nomine Magister IACOBVS DE VITRIACO qui multos Cruce signauit.

Ex Trithemio, libro de Viris Ecclesiasticis Scriptoribus.

Iacobvs de Vitriaco Episcopus Anconitanus, scripsit ad diuersos diuersas Epistolas, ad statum transmarinarum partium pertinentes: scripsit etiam Historiam quam vocant Orientalem, in qua multa expressit de rebus ibi gestis, ex quo Occidentales, loca illa primò armis vendicare cœperunt: exposuit etiam diligenter errorem illum, quem induxit genti Arabum, perditus ille Mahomas, in quo errore infœlix illa gens vsque hodie pertinaciter perseuerat.

Extraict de l'Epistre Liminaire d'Andreas Hoius, qui a fait imprimer les Oeuures du Cardinal de Vitry.

Non triduano, sed quadringentis prope ab hinc annis mortuus, & hic Belgis sepultus, in vitam reuocatur homo Sacer & Cardinalis IACOBVS DE VITRIACO.

Ciaconius in vitis Pontificum sub GREGORIO IX.

Magister D. IACOBVS DE VITRIACO, ex villa Argentolio, Diœcesis Parisiensis, Francus, Gallus, primùm Presbyter Parrochus, posteà mundo relicto, Canonicus Regularis Monasterij Sanctæ Mariæ de Oignies in Galliis, ex Episcopo Achonensi in Patriarcham Hierosolimitanum electus Pontifex non concessit, quod Romanæ Ecclesiæ eum necessarium esse ostenderet, sed in eius locum Episcopum Nannetensem Canonicis eligendum obtulit. Episcopus Cardinalis Tusculanus, & Legatus contra Hæreticos Albigenses: vir diuinarum humanarumque scientiarum peritus, moribus ornatus: vitæ sanctitate illustris. Scripsit *Historiam Orientis contra Saracenos, in quatuor Euangelia totius anni, ante annum 1575. nunquam editos, de Sanctis Mulieribus Leodiensibus, & Epistolas ad diuersos; librum de rerum natura, & de notabilibus rebus quæ in Oriente sunt.* Paulus Cortesius libro primo. Iacobus de Vitriaco Historiam de Bello Hierosolimitano reliquisse dicitur. Obiit anno 1240. sepultus in Ecclesia Sanctæ Mariæ de Oignies, cuius vitam ipse scripserat. Gregorij IX. Bulla S. Georgij Maioris Venetijs, anni 1229. Lateran. 1237. S. Anton. Hist. parte 2. titulo 19. cap. 11. Vinc. Hist. libro 3. cap. 10.

Desumptum ex Thoma Cantipratensi & aliis; per Andream Hoium Brugensem: & per SANDERVM in Elogiis Cardinalium publico datum.

Iacobvs de Vitriaco Francus, ex Argentolio, Diœcesios Parisiensis ad Sequanam oppido; quem vt Theologicis studiis Lutetiæ operam nauasse diligentem satis certò constat; ita in patria vrbe Argentolio Presbyterum creatum fuisse, nec Chronica Brabantiæ, quæ Damiano à Ligno laudat, nec Onuphrius Panuinius (licet hic ambiguum quid sonet) Epitome Pontificum & Cardinalium, satis mihi liquidò persuadeant: vt ex iis, quæ inferius dicentur, sagax Lector possit colligere. Hic cum nomen & vitæ sanctitatem Beatæ Ancillæ Christi Mariæ Niuellanæ, primò de Villebroucq, deinde de Oegnies dictæ, quæ in extremis Lotharingiæ, siue Gallicanæ Brabantiæ finibus agebat, fando procul & in inthima Gallia inaudisset; relictis Theologiæ, quibus operam dabat, studiis, Lutetià Parisiorum ad Oegniacense ad Sabim, inter Niuigellam Brabantorum & Namurcum Eburonum ciuitates, Monasterium (quod est Canonicorum Regularium Sancti Augustini habetque tutelarem Præsidem Beatum Nicolaum; fallitur enim Onuphrius qui nominat Monasterium Sanctæ Mariæ de Oegnies, ratus vt opinor hanc Mariam in Diuorum classem relatam, & eius memoriæ consecratum Monasterium) peruenit, quò illa sese nuper ex Wvllebroucq, & vitandæ celebritatis, & exercendæ Religionis, atque adeò deuotæ in Beatissimam Deiparam, quæ ibidem colebatur, pietatis ergo receperat. Illius ad se peregrè aduentum Famula Dei omni beneuolentiæ & obseruantiæ genere prosecuta, vt relicta æternùm Galliâ, Monasterij Oegniacensis sodalibus sese adiungeret, precibus ab eodem enixè contendit. Quod nomine dissimulato, Iacobus ipse, libro eo, quem de vita eiusdem conscripsit, commemorat: Concionatorem scilicet quemdam à Domino Ancillæ suæ datum, quem ipsa crebris precibus moriens Domino Deo commendarit. Hunc nomine iam in sacram Religionem dato inauctoratum, sibi contubernalem, vti suscepta etiam Curiæ, seu Parœciæ præfectura, quem Pastoratum dicimus, crebriùs ad populum Conciones haberet, & animas ex inferi hostis faucibus adsertas Christo reuendicaret, eadem impulit, & suis apud Deum meritis eximiam inter eius ætatis Theologos concionandi, sacra scripta exponendi, mentem hominum à flagitiis reuocandi, gratiam & peritiam impetrauit: ad Sacerdotij denique dignitatem capescendam animauit, & tantam ille breui sanctimoniæ de se existimationem, ex tam sancto Contubernio comparauit, vt cùm Lutetià, quo ab Episcopo populari consecrandus, siue Sacris initiandus, eadem hortatrice, fuerat profectus, reuerteretur; non modò pia Ancilla cum Monachis obuiam aduenienti ad aliquot stadia progrederetur, & manus sacro oleo recens delibutas exoscularetur: sed eam progressum subsecuta, pedum eius vestigia ponè flexis suppliciter genibus premeret, & osculis exciperet, & Comiti, qui grauiter tam supplicem & demissam increpabat, atque à cœpto deterrebat, sibi patefactum respondeteret, hunc à Domino Deo delectum, gloriosè in posterum extollendum, cuius opera ad salutem animarum probè stabiliendam ipse vteretur. Nec ita multò post cum Monasterij Antistite, quem Priorem, hoc est Cœnobiarcham vocant, de eodem collocuta, cum in transmarina Terræ Sanctæ Regione ad Episcopalis Cathedræ culmen euehendum esse Domino patefaciente prædixit: eiusque facti Antistitem sese iam è mortalibus ereptam, conscium & superstitem fore, & ipsius ex tam longinquo tam eximij patris discessu dolorem gaudio incredibili commutaturum iri, quod is ad pristini Cœnobij consuetudinem, relicta vnà cum Pontificatu Palæstina, esset rediturus. Vix annorum quatuor interuallum intercesserat, cum & vrbis Acconensis, quæ Ptolemais est Phœniciæ, Pontificatus Iacobo est delatus, & Beata Christi Ancilla Religiosa Maria ex hac vita sublata. Inciderat in annum M. CCX. expeditio in impiam Albiorum siue Albigensium, qui Tholosano Comitatui sunt attributi, hæresim Innocentij III. Decreto, & Sancti Dominici Coliguritæ consilio susceptam. Hic inter cæteros ob excellentem in declamando, & habendis ad populum concionibus facundiam (vt Trithemius, Iacobus Meierus in Annalibus Flandriæ, Thomas Cantipratensis libro Apum testantur) IACOBVS VITRIACVS Legatus ab Innocentio III. Belgicis Prouincijs & Imperio Germanico destinatus, qui Crucem contra Hæreticos Albios promulgaret, & Apostolica auctoritate nomina tam sanctæ militiæ professos signaret, præclarè, & cum laude eo munere est perfunctus. Huius expeditionis, Odo Dux Burgundiæ, Henricus Niuers, Simon Montifortius, Duces fuére Primarij. Oppressa atroci prælio gentis hæreticæ peruicacia, victus & profligatus Raimundus Tholosatium Comes, cum Flusiatium & Conuennarum Comitibus, cæsus in acie Petrus Aragoniæ Rex qui ab Albiis, Tholosatium clientibus tunc stabant, Ab hac hæresi matrimonia damnata, promiscuos concubitus, eosque nefarios pro sanctis habitos, Sanctorum & Beatæ Virginis Deiparæ inuocationem fuisse improbatam, referunt. Cum à Vitriaco Legato Fulco Vtenhouius patriâ Gandauensis (hospitalis Bilocæ apud populares suos fundator) celebri id tempestatis vir sapientia & Canonicus Insulanus, induci non posset, vt eam expeditionem suis ad populum concionibus commendaret & ipse idoneum esse negaret; subitò ceu ab irato & vindice numine, graue grauissima correptus est hæmorrhoide, quam per XXIV. plus minus annos, tam forti infractoque tulit animo, vt & obitus sui diem præscire, & Christi seruatoris aspectu ante mortem frui meruerit.

Fixa iam in Accone, quam Ptolemaidem esse dicimus, vrbem Phœniciæ nobilem (non rectè enim Henricus à Gandauo *Ancon tantum* pro Acconitano vocat Episcopum) iam Cathedra VITRIACVS Pontificiæ Legationis munere ibidem defungens, varias ad varios è Palæstina epistolas, quæ ad rerum transmarinarum statum ferè pertinerent, in Europam misit: quas in vnum volumen redactas fuisse Trithemius & Henricus Gandauensis testantur. Scripsit & Historiam Orientalem, alias Hyerosolimitanam, siue de Terra Sancta, hoc est de rebus ibidem gestis & admirandis. Occidentalem scripsisse censetur iam è Palæstina in Europam redux: qua Romanæ, siue Europeæ, siue Latinæ Ecclesiæ statum complectitur, vbi permulta de Christianæ per varia Europæ Regna disciplinæ restauratione, de nouis Religiosorum Ordinibus, de Sacramentis, eorumque administrandi ratione, solidè pertractantur. Hanc autem vtramque à tenebris situque vindicatam edidit Franciscus Moseus Iurisconsultus. Præterea Sarracenorum errores, quos Mahometus, ceu diram pestem, genti illi Arabum asflauit, eleganti libro refutauit. Vitam Beatæ Mariæ de Oignies duobus libris, non tribus, vt ait Trithemius: (nam tertius à Thoma Cantiprathano est adiectus) ante suum ex Monasterio Oegniacensi decessum fuisse complexum ex eis, quæ infra dicentur, satis constabit. Et paulò prolixior eius præfatio in vitam Beatæ Mariæ ad Fulconem Tolosatium Episcopum, qua mirificam piarum in Territorio Leodiensi mulierum Sanctimoniam commemorat, fortasse an liber sit *de Sanctis Mulieribus Leodiensibus*, cuius meminit Trithemius. Sermones, siue ij qui Dominicis diebus, siue qui Sanctorum solemnibus ferijs sunt attributi, siue qui varijs hominum generibus & conditionibus sunt accommodati, continentes esse videntur totius vitæ Curriculi labores & Ingenij fœcundi sempérque partu ientis monimenta. Dierum Dominicarum sermones in lucem edidit, paucis ab hinc annis Damianus à Ligno Dominicanus: Ex quibus Ingenij acumen & copia elucescit, & sacrarum litterarum interior cognitio passim sese prodit: quæque pijs mentibus extersorum operum quæ adhuc premuntur, desiderium & sitim possint accendere. Hæc ἐν παρόδῳ. Monasterij Oegniacensis vestes sacræ sericæ incendio fortuito deflagrarant: & Antistitis ex ea iactura dolorem consolata Beata Maria intra decennium damnum illud submissis aliunde ornamentis abundè resartum iri promiserat. Venerabilis itaque IACOBVS è Palæstina insulam, & infinitam vestis Bissinæ vim, Vasa Altaris, & Choragium Ministeriorum, ex auro & argento fabricata transmisit & is que vultis SS. Reliquiis, & Apostolicæ Sedis priuilegijs idem Monasterium amplificauit. Et Romam reuersus ab Honorio III. Pontifice maximo & à Collegis Cardinalibus, sed imprimis ab Hugone Ostiensi (cui ante vasculum ex argento adfabrefactum, & Nucum Myristicarum seu vnguentariarum, quæ Moschocaria Græcis, referctum, rari muneris instar transmiserat) honorificentissimè est exceptus. Et hunc spiritu blasphemiæ, grauissimo animi vitio laborantem, partim lectione libri, quem de Pientissima Christi Ancilla ipse conscripserat, partim eiusdem Mariæ iam inter Cœlestes receptæ, imploratione & intercessione, & Reliquiarum eius, digiti scilicet argenteo Locello inclusi, quas ipse VITRIACVS,

Simeonis vicem, ad collum suspensas assiduè gestabat, & vtendas amico Cardinali ad tempus, & eo sine dederat, efficacia liberauit. Atque adeò ipse iterum è Palæstina in Italiam naui transmittens, & obortâ tempestate naufragio proximus, precibus ad Deum, Deique famulam, cuius reliquiis munitus esset, religiosè in tanta trepidatione effusis, in repentinum datus est soporem: & visus sibi videre ancillam Christi proximè adstantem, & pro eo qui viuentem dilexerat amore, subsidium omne, & in præsentia salutem, & liberationem pollicitantem, & plurima, quorum fidem euentus probauit, prædicentem. Visus est enim in Templum Oegniacensis Monasterij perduci, & consensa eius testudine Altaria quinque sibi ab eadem demonstrari, quorum quatuor, Beatorum Cœlitum memoriæ, ex Prioris Arbitrio, quintum sanctissimæ & indiuiduæ Trinitati, ipsius monitu consecraret. Coram quo (ipsa locum digito commonstrabat) nisi nollet, optata compositus quiete laborum suorum à Christo Domino præmia consequeretur. Et cum post acriorem de animi in rebus suscipiendis obstinatione, & alieni consilij aspernatione, increpationem, illa disparuisset, ipse expergefactus subitam maris pacati tranquillitatem obstupuit. Neque ita multò post Romam reuersus, & enixissima obtestatione ab Honorio Pontifice, transmarino Episcopatu Acconis seu Ptolemaidis solutus, Oegniacum rediit; & opus Templi, quod de celsa testudine in somnis ipsi fuerat anteà commonstratum, nondum adfectum comperit. Intereà tamen dum propinquas Lotharingiæ, & Diocesios Leodiensis regiunculas sedulus Concionator obiret, à venerabili Priore Ægidio d'Oegnies tota Templi fabrica cum quinque Altaribus, vti per insomnia ipse præuiderat, fuit constructa; Quâ iam perfectâ arcessitur ille, qui Pontificia potestate locum Deo consecret, & consensâ ipse testudine, non sine profusâ animi lætitia operi arridens, cuius sit futurum Altare, quod medio positum esset loco, ex Priore inquirit, cumque ille se voti reum, ob impetratam diuinitus à quartana febri liberationem sanctissimæ Trinitati consecrandum id decreuisse responderet, diuinæ patefactionis euenta secum tacitus & venerabundus expauit, & tandem cum Priore sodalibusque communicauit. At cum anno MCCXXVII. communibus Purpuratorum patrum, seu Cardinalium suffragijs Honorio III. Romæ in Pontificatum maximum, Gregorius nonus Anagninus, qui Hugo Ostiensis anteà audiebat, esset suffectus, cum vti pristina consuetudine sibi olim coniunctissimum visere instituit VITRIACVS. Quæ res & Priorem, & sodalitium vniuersum in grauem coniecit solicitudinem & metum, ne Pontifex hominem tot nominibus sibi gratum & notum, noua iterum dignitate implicandum detineret. Ille nec nocturnis Beatæ Ancillæ Christi Mariæ terriculamentis, quæ ægræ similis sacro oliuo inungi ipsa quidem abnuerit, sed Priorem cum sodalibus ex desiderio & metu ægros inungi præciperet nec Antistitis sui & Collegarum lachrymis & deprecatione, aut præsagijs, de Trium mulierum comitatu quæ Beata Maria Antistiti supplici & solicito per visum obiecerat, retardatus, quod cum inciuile sibi fore, si gratulandi officio in præsens supersederet, tum renitentem se à Pontifice sibi amico & obnoxio, nequaquam detentum iri, arbitraretur, iter Romam versus instituit, ibique alterâ creatione, anno MCCXX. & Tusculanæ vrbis Episcopatu, & Cardinalitia purpura, Belgarum, seu Lotharingiorum omnium princeps, est à Pontifice amplificatus, seu potius vt Religiosa Monachorum Oegniacensium interpretabatur simplicitas à duabus mulieribus comprehensus, & retentus, quem tertia, seu prima verius, Lotharingica scilicet Ecclesia, cui maritali fœdere primùm fuerat & voto Religionis & Domicilij iure obstrictus, assiduis querelis reposceret, memor eorum quæ sibi per quietem diuinitus præsignificata olim fuisse idem ipse commemorabat, à Gregorio videlicet Pontifice (idque multò antè quam Hugo Hostiensis & Pontificis dignitatem, & Gregorij nomen esset adeptus) duas insigni specie aues, sed examines, ab Lamberto Martyre & Episcopo Leodiensi, vnam quidem sed longè pulchriorem & viuam sibi esse donatam. Romanæ certè Curiæ limina præsulem & Cardinalem terere atque obsidere: sacrarum & litterarum studijs otiosum & priuatum vacare, morti affinia sunt, dum intereà in Lotharingia ad quam instituendam, & in Officio continendam à summo Pontifice Christi è Palæstina ille fuerat amandatus, animæ tot peccatorum, consilio & auxilio destitutæ, ad inferos præcipitarentur. Si magnæ gloriæ loco ducitur inter purpuratos Romæ patres coannumerari, at certè æterna illa gloria, quæ solâ iure optimo gloriæ nomen sibi debeat & possit vindicare, hac tam euanida & fluxa gloriæ imagine non comparatur. Obstupuerant paulò antè vniuersi, penè mortales, & prodigij loco habuerant, opulento nobilissimæ in transmarina regione ciuitatis Pontificatu vltro cessisse, & Eoas copias cum Oegniacensi paupertate commutasse. Quâ gloriâ, seu gloriæ contemptu nihil potuit excogitari maius aut gloriosius. Quid? quòd vates, haud fallax vnquam reperta, Beata Maria infulam siue Mithram Pontificum insigne, capiti eiusdem VITRIACI à Beato Lamberto impositum iri prædixerat, & reuera euentus comprobarat. Quantumuis enim Terreni Principatus administratio minimè sit attributa, totius tamen Leodiensium Diœcesios cura, seu spiritualis quædam potestatis mitra ipsis fuit concredita. Hæc erat illa auis sacræ administrationis contemplatricibus alis exerta, virtutum primis effulgens & sanctis actionibus viuida, quam Beati Dei Martyr Lambertus absenti & Romæ commoranti Patri quotidie offerre per pias subiectorum deprecationes non desineret. Alteræ illæ aues à Gregorio Pontifice donatæ, mortuæ erant, & examines: in quibus nec viuidæ actionis vigor, neque officiosus Concionandi feruor, nec fructuosa exipiendi exomologeseon efficacitas, neque cum zelo coniuncta vitiorum extirpandi sedulitas vlla messet. Quid igitur viuarum vice fouentur? quid fœtorem non exhorrescit mortuarum hisce & alijs eius generis querelis & expostulationibus à Lotharingis, siue Gallo-Brabantis pater ille. Episcopus & Cardinalis efflagitabatur, apud quos tam mirificum sui reliquisset desyderium. Quàm licet viuum ad se tot votis euocare non potuerint, mortui nihilominus corpore, non sine aliquanto longinqui mœroris lenimento, sunt potiti. Anno namque MCCXXXIV.

Preuues du Liure I. de l'Histoire

in peruigilio Beatorum Apostolorum Philippi & Iacobi, Romæ IACOBVS ille ex hac vita migrauit, quem B. Lutgardis Aquiriani in Brabantia Cœnobij Antistita, quarto post excessum die, in spiritu cognouit, post triduanam ignis purgatorij expiationem, in beatam illam Cœlitum patriam esse translatum. Quod pluribus idem quoque patefactum esse proditur. Et Corpus Româ (vti testibus extremæ voluntatis tabulis ipsum & memorem eorum, quæ Beata Maria olim prædixerat, & tam sancti Sepulchralis contubernij cupidum, cauisse, mihi verosit simile) Oegniacum est transportatum: vbi cum prædicta Dei ancilla, Ioanne Doctore Niuellano, Ægidio Vallicuriano, Balduino Barbanconio, haud longo inter se interuallo distitis, in pace requiescit. Huius elogia ac testimonia continent chronica Brabantiæ, quæ Laudat Damianus à ligno, Brabantinus, Ordinis Sancti Dominici, Onufrius Panuinius in Epitoma Pontificum Romanorum ad annum Christi MCCXXX. in Gregorio IX. Ioannes Trithemius in Catalogo scriptorum, Henricus à Gandano de Ecclesiasticis scriptoribus.

Epitaphium Iacobi VITRIACI, quod legitur in Ecclesia Sanctæ Mariæ de OIGNA in Diœcesi Namurcensi.

VITRIACVS iacet hic Romana Columna IACOBVS
Quem vinum coluit, colit Orbis vterque Sepultum.

Obiit Romæ anno 1240. Kal. Maii. Ossa eius translata.

FRANCOIS CASSARD, ARCHEVESQVE
de Tours, Cardinal Prestre du Tiltre de Sainct Martin des Montaignes.

CHAPITRE LXII.

Extraict du Liure cotté A. de la Chambre des Comptes de Grenoble, intitulé Designatio Castrorum Delphinalium Gresiuaudani per minutum facta de anno 1339.

Comitatus Gresiuaudani, Montisflori, &c.

OBILES & vassalli ligij habentes Buxeriæ fortalitia & feoda, residentes in Mandamento.

PETRVS de Grangiis: Philippus de Bella-Comba, Hugo de Flacherio, GVIDONETVS de Bella-Comba: GVILLELMVS CASSARDI, Iaquemetus Roberti, Donatus Pontchas, Amblardus de Grangiis, Arthaudus de Bello-monte, Petrus d'Albiny, Franciscus de Theysio, Iohannes de Theysio.

Extraict de l'Histoire de Monsieur le President de Thou.

ADICTVS Lugdunum proficiscitur, relicta in locum Cochiæ arcis Buxeriæ custodia, ALEXANDRO Cassario equiti, ad limitem tuendum.

Extraict

des Cardinaux François. 177

Extraict d'un Registre de la Chambre des Comptes de Dauphiné, intitulé Probus, folio 337. qui m'a esté procuré par Monsieur l'Abbé de Gerente.

Testamentum Reuerendi in Christo Patris & Domini, Domini Francisci CASSARDI Archiepiscopi Turonensis, & Sanctæ Ecclesiæ Romanæ Cardinalis.

ANno Domini millesimo ducentesimo trigesimo septimo, & die duodecima mensis Augusti, Reuerendus in Christo Pater & Dominus, Dominus Franciscus Cassardi, vtriusque Iuris Doctor, Archiepiscopus Turonensis, Sanctæ Ecclesiæ Romanæ Cardinalis sub Titulo Beati Martini, oriundus de Fayeto, Dioceesis Gratianopolitanæ in Delphinatu, ordinauit se sepeliri in Ecclesia Sancti Dominici in præsenti villa Lugduni, & dedit in Præsenti Ecclesia multa bona quæ dictus Dominus portabat. Item dedit vnam Crucem argenteam deauratam, vnam mitram, quatuor duodenas taxearum, sex discos argenteos, seu Figuettas, quatuor apas, vnam Chasiblam Diaconi & Subdiaconi panni rubei figurati, & multa alia bona, pro quibus dictus Dominus cœpit vnam missam quotidianam dicendam in Capella, in qua ipse sepelitetur. Item tradidit centum scuta dictis Dominis pro faciendo suum monumentum honestum sicut sibi pertinet;

SEQVVNTVR ea quæ dicti Domini fecerunt. Item post ipsius Domini decessum acceperunt Corpus, & ipsum honeste sepelierunt in Capella dextræ partis eundo ad altare retro chorum in ingressu portæ pinaculi vel in exitu, & ibi corpus suum iacet : anima eius requiescat in pace, Amen.

SEQVVNTVR ea quæ dictus Dominus dedit seruitoribus suis : ITEM PRIMO NOBILI BRAGADANO CASSARDI nepoti suo sexcentum scuta, & omnes libros quos dictus Dominus habet, & quod illa sexcentum scuta Ioannes Banil Diocæsis Turonensis solueret eidem Bragadano, & sex vestes, vnam rubeam, vnam violetam, vnam persicam, vnam viridem, vnam nigram, & vnam griseam, & totidem de capuciis, & vnam mulam, & duos equos pili albi. Item dedit Domino Ioanni Marescalli Canonico Sancti Martini Turonensis Capellano suo, centum scuta & duas zonas deauratas & vnum equum, & vnam mulam pili nigri. Item dedit Guillelmo Alamandi scutifero suo, vnum equum pili rubei, & triginta scuta. Item Berthono Mereti etiam scutifero suo vnum equum & triginta scuta. Item Baudono Ambrosini etiam scutifero, dedit vnum equum & triginta scuta. Item Domino Antonio Baguelerij etiam Capellano dedit vnam mulam, vnum equum & quinquaginta quinque scuta, & vnam vestem nigram. Item Martino Majori Cambellano suo dedit vnum equum, vnam culcitram garnitam & triginta quinque scuta. Item Martino Boneti coco suo dedit vnum equum & triginta quinque scuta. Item Ianino Bruneti & Vincentio Stephani Magonibus, dedit quadraginta scuta. Actum & datum in prædicta Religione in Camera Hospitiorum supra claustrum anno & die, quibus supra præsentibus Fratre Ioanne Masiti, Fratre Stephano Ianini, Magistro Petro Vetrati, sacræ Theologiæ Professoribus, & Magistro Burgensi Lugduni medico, & me Raymundo Stachij Notario publico Lugduni.

Epitaphe du Cardinal Cassard apposé sur la porte de la Sacristie de l'Eglise des Freres Prescheurs de Nostre-Dame de Confort à Lyon, en lettres noires sur de simple massonnerie fort vsée.

HIc iacet Reuerendus in Christo Pater Dominus, Dominus FRANCISCVS CASSARDI, vtriusque Iuris Doctor, miseratione diuina Archiepiscopus Turonensis, Sanctæ Romanæ Ecclesiæ Cardinalis sub Titulo Beati Martini, oriundus de Fayeto, Diœcesis Gratianopolis, qui multa bona dimisit in præsenti religione, pro quibus fundauit vnam Missam quotidianam, dicendam per dictos fratres in dicta Capella, & duo anniuersaria, vnum in Festo vndecim millium Virginum, & aliud in Festo Sancti Francisci. Obiit anno Domini millesimo ducentesimo trigesimo septimo, pridie Idus Augusti.

SIMON DE SVILLY, ARCHEVESQVE de Bourges, Cardinal du Tiltre de saincte Cecile, Legat en France.

CHAPITRE LXIII.

Extraict de la Chronique MS. d'Alberic Moine des Trois Fontaines.

APVD ciuitatem Bituricas post sanctum Guillelmum factus est Archiepiscopus Geraldus Decanus Claremontensis, qui post nouem in via Romana decessit. Huic successit vir honestus & nobilis SIMON Cantor Bituricensis, frater ERKENBALDI de Soilliaco super Ligerim, cuius pater ÆGIDIVS, fratres habuit Archiepiscopum Henricum, & Episcopum Odonem Parisiensem. Horum omnium Pater Guillelmus dicitur Frater extitisse magni Comitis Campaniæ Theobaldi; sed quia nullius fuit valoris & balbus, & quandam nobilem puellam, quæ erat in seruitio matris suæ, filiam Domini de Soliaco accepit, idcirco à Comitatu alienatus, &c.

Ciaconius in vitis Pontificum sub GREGORIO IX.

SIMON de Soliaco Gallus, Archiepiscopus Bituricensis 70. à GREGORIO IX. anno 1222. S. R. E. Presbyter Cardinalis Titulo sanctæ Ceciliæ creatus, eodemque anno S. Sedis Apostolicæ in Gallia Legatus. Eidem Archiepiscopo Bituricensi HONORIVS III. id Decemb. ann. 1223. confirmat ius Primatus in Prouincia Burdegalensi, eiq; Apostolicæ Sedis Legato scribit idem capite 31. ad audientiam de rescriptis, & GREGORIVS IX. anno 1227. 3. Kal. Sept. vide Claudium Robertum in descriptione Archiepiscoporum Bituricensium: eodem anno 1232. finem vitæ fecit 6. Idus Augusti, cum sedisset in sua sede Bituricensi annos quatuordecim, dies 13. sepultus in Choro Metropolitano sub lamina ænea his versibus adscriptis.

EXSVPERANS heresu SIMON, Ens in Præsule Præses
Orator castus, patiens sine crimine sallus,
Denotus Christo, tumulo requiescit in isto
Bis sexcentenos, octo quater egerat annos
Christus homo, sexto Sextiles euolat Idus.

LES PREVVES DV LIVRE SECOND DE L'HISTOIRE DE TOVS LES CARDINAVX FRANÇOIS.

PIERRE DE COLMY, CHAPELAIN des Papes HONORE' trois, & GREGOIRE neuf, Preuost de Sainct Omer, Archeuesque de Roüen, Cardinal Diacre du Tiltre de Sainct Ange, Legat en France contre les Heretiques Albigeois, puis Cardinal Euesque d'Albe, & Nonce du Pape vers l'Empereur pour la Paix.

CHAPITRE PREMIER.

Ciaconius in Vitis Pontificum sub INNOCENTIO quarto.

MAGISTER PETRVS de Collemedio, Gallus, olim Honorii tertij, & Gregorii noni Capellanus, Præpositus Sancti Audomari Diœcesis Morinensis, ex Archiepiscopo Rothomagensi, Episcopus Cardinalis Albanus, diu in Anglia in contubernio fuit Pandulphi Electi Norvicensis, Nuncij Apostolici, & Camerarij Sanctæ Romanæ Ecclesiæ, Parisiis etiam diu mansit. Ad Curiam sub Innocentio quarto veniens cum Episcopo Mutinensi, & Abbate Sancti Facundi, Nuncius ad Imperatorem à Pontifice missus est vt pacem componeret, posteà ab eodem in Concilio Generali Lugdunensi

Z ij

Preuues du Liure II. de l'Histoire.

Cardinalis cum aliis duodecim creatus, obiit anno 1253. sub Innocentio quinto, nam eius anno 11. in Registro dicitur bonæ memoriæ. *Innoc. IV. Reg. Bullæ Innoc. IV. Monasterij Virziliac. anni 1245. Lucen. anni 1251. Martinus Polonus, frater Ptolemæi Lucen Incertus Auctor Bibliothecæ Vaticanæ, qui scripsit vitas Pontificum, vsque ad Iohannem XXII.*

PETRVS de Collemedio D. P. P. Sancti Angeli Diaconus Cardinalis, Apostolicæ Sedis Legatus in partibus Albigensibus, & Diœcesi Aginnensi vices gerens, salutem, &c. Actum apud Confluentem Anno Domini 1249. in vigilia omnium Sanctorum.

Extraict de l'Histoire MS. des Cardinaux François, composée par Iehan Masson Archidiacre de Bayeux.

AV Rozier Historial des grandes Annales de France est porté, que en l'an 1248. le Pape manda audit Archeuesque (Pierre de Colmy) & plusieurs aultres Prelats de France d'aller au Concile à Romè, & comme ils estoient sur mer en leurs Nauires, le fils de l'Empereur Federic second les saisit, & print, & accompaigné de Paisans tantost les mena à son pere, qui les detint prisonniers long temps, & furent deliurés à la priere du Roy Sainct Louis, sur laquelle prise fut faite cette rime. *Omnes Prelati, Papa mandante vocati, veniant huc vsque ligati.*

Extraict d'vn MS. de l'Eglise Cathedrale de Roüen.

HANC Sedem PETRVS MEDIO DE Colle subiuit
In quo ius, pietas, ratio, lex, gratia viuit
Ortu Campanus, sensu Cato, Dogmate Cannus
Chius larga manus, ad summa negotia Ianus.
Inclytus Athleta Fidei, propriâ nece spretâ
Sulcans Classe fretâ, fuit hosti præda quieta:
More Rapax pardis tulit hunc Papa, & sibi Cardi-
---nalem fecit eum, viduâ rapiens Elizam.

Extraict du liure des Monitions & Excommunications, composé par le feu Sieur Esueillon, Chanoine d'Angers.

ENVIRON l'an 1240. viuoit le grand Cardinal PETRVS DE COLLEMEDIO Archeuesque de Roüen, Legat Apostolique, lequel en l'onziesme de ses Statuts ordonne en ces termes.
Item quod quilibet Rector in suâ domo habeat nomina suorum Parochianorum scripta, vt cognoscat extraneos ab ipsis.
Item quolibet die Dominico quærat si sint Parochiani extranei inter suos, & ante Missam ingressum eijciat extraneos diebus prædictis, nisi sint aliqua nota persona transeuntes.
Item qui nullos habent Parochianos, nullos recipiant diebus solemnibus prædictis.
Item Parochianus, existens in Parochia, si tribus diebus Dominicis continuis ad Missam non venerit, excommunicetur, & hoc frequenter in Ecclesijs publicetur, &c.

Extraict des Memoires MS. de Monsieur de la Rocque Aduocat en Parlement.

PIERRE de Colmy François de naissance, Cardinal Archeuesque de Roüen, fut premierement Preuost de Sainct Omer, puis sacré Archeuesque dans l'Eglise Cathedrale de Roüen l'an 1237. fut creé Cardinal par Innocent IV. fonda vn College de Clers & de Prestres en faueur de son Eglise de Roüen l'an 1245.

Extraict d'vn Memoire MS. de la main de feu mon Pere.

PIERRE de Colmy & Mathieu de Marly traitterent la paix entre le Roy Sainct Loüis & Roger Bernard Comte de Foix, Vicomte de Castelbon. Les Lettres sont du mois de May 1229. dans lesquelles Ioubert de Saincte Maure Cheualier se trouue nommé entre plusieurs Seigneurs qualitiés, qui scellerent de leurs Sceaux lesdites Lettres.

Extraict des Registres de la Chambre des Comptes, communiqué par Monsieur Vion, Seigneur d'Heronual, Conseiller du Roy & Auditeur en ladite Chambre.

1235. EOdem anno die Veneris infra octauas Paschæ celebrata fuit electio in Ecclesia Rothomagensi, fuit electus concorditer vir venerabilis Magister Petrus de Collemedio Præpositus Ecclesiæ Beati Audomari in Flandria, & quia non consensit requisitus, missum fuit ad Curiam ad ipsum postulandum, & injunxit ei Dominus Papa mandato quod reciperetur in virtute obedientiæ, & sic ad vltimum consensit, & deinde Beati Dionysij apud Parisius in Domo Templariorum ipse permansit electus habens omnem administrationem bonorum Archiepiscopatus tam spiritualium, quam temporalium.

Hoc anno in vigilia Beati Laurentij Martyris Magister Petrus de Collemedio obtenta à Domino Papa licentia quod non iret ad Curiam consecrandus, prout & prius mandatum fuerat, ... Pallio allato per Nuncios suos ad hoc destinatos consecratus fuit solemniter in Ecclesia Rothomagensi, prout decuit, prædictus vir venerabilis Petrus electus à venerabili viro VV. Episcopo Abrincensi, excusatis Balocensi propter infirmitatem & Constanciensi, alijs præsentibus Episcopis Normanniæ, Nouiomensi, Suessionensi, Meldensi, Cameracensi cum multis alijs Clericis, præsente etiam Comite Montisfortis, & multis alijs Baronibus & Militibus Franciæ, & Normanniæ, & Flandriæ. Eodem die post consecrationem recepto Pallio apud Sanctum Audoënum rediit ad Ecclesiam Beatæ Mariæ, & ibi solemniter receptus fuit cum Pallio, prout decuit & debuit.

1240. Hoc anno mense Octobri citatus fuit Dominus Petrus Rothomagensis Archiepiscopus & multi alij Prælati de Regno Franciæ ad Concilium Generale celebrandum in Curia Romana, qui arripuerunt iter ad Purificationem Beatæ Mariæ proximè sequentem.

Hoc anno cùm prædicti Prælati de Regno Franciæ & Angliæ eligissent nauigio Romam ad mandatum Domini Papæ, occurrit eis filius Imperatoris cum Pisanis & multitudine armatorum, & eosdem cœpit & captos duxit ad Imperium patris sui, qui eos incarcerauit, & diu detinuit incarceratos.

Extraict d'vn Memoire MS. de la main de feu mon Pere.

IL y a eu vnne Maison noble & ancienne en Prouence portant le surnom de *Colmy*, en Latin de *Collemedio*.

Geoffroy de Vilhardouin au liure premier de son Histoire de la Conqueste de Constantinople, page trois, nome François de Colmy entre les Cheualiers qui y accompagnerent Baudoüin Comte de Flandres. Page 15. il fait mention de Hugues de Colmy du pays de Prouence, auec Guy Comte de Forests *Idem* pages 103. 143. & 144.

Extraict des Registres de l'Echeuinage de Rheims.

OMnibus præsentes Litteras inspecturis, ODO Dei gratia Beati Dionysij Abbas, & Petrus de Collemedio Sancti Audomari Præpositus, salutem in Domino. Nouerit Vniuersitas vestra quod cum nos de mandato Domini Regis Remis veniremus ad emendis Domino Archiepiscopo faciendis per consilium nostrum super iniurijs excommunicationibus, & forisfactis omnibus, quæ inter ciues Remenses & Dominum Archiepiscopum acciderant à tempore dissentionis inter ipsos motæ, & pro damnis apertis & occultis cum probata essent restituendis dicto Archiepiscopo à ciuibus memoratis, & vellemus cum dicto Archiepiscopo iuxta formam Litterarum Domini Regis procedere ordine iudiciario super præmissis seruato, placuit Domino Archiepiscopo & ciuibus Remensibus supponere se altæ & bassæ ordinationi & dispositioni nostræ super prædictis, & singuli ciues iurauerunt seruare & tenere inuiolabiliter quod nos super præfatis ordinaremus vel disponeremus, & si non iurauerunt, iurabant stare mandatis Ecclesiæ & seruare à nobis ordinata tam in pecunia quàm in alia satisfactione prædicto Archiepiscopo similiter promittente nostram ordinationem vel dispositionem seruare inuiolabiliter & tenere. Nos autem propter rancores & odia quæ suscitari poterant inter Archiepiscopum & Burgenses qui est Dominus eorumdem ex propositione iniuriarum quæ dicebantur illatæ & excommunicationum factarum, & quia prædictorum stricta cognitio poterat multum partes grauare, ipsorum consensimus voluntati in nos recipiendo ordinationem omnium prædictorum inter partes: itaque diligenter tractantes de consensu Burgensium qui nobiscum pro ciuibus de villa tractabant, præcipimus Scabinis & Burgensibus vniuersis, quod emandant Domino Archiepiscopo & Ecclesiæ suæ, & pro emendis iniuriarum omnium Archiepiscopo occasione dissensionis illatarum & emendis & forisfactis omnibus occasione discordiæ ortis, soluent ipsi Archiepiscopo decem millia librarum Parisiensium, quatuor millia in proximis scilicet nundinis Sancti Ayguli de Prouino apud Prouinum per vnum diem antequam clametur *hara, hara*, & reliquum totum à Festo Sancti Remigij proximo venturo vsque ad tres annos subsequentes, quolibet anno scilicet duo millia librarum, scilicet in prædicto Festo Sancti Remigij apud Remis, ita quod ad pagamentum de tota pecunia ipsi Archiepiscopo vel eius Successoribus suis ipse de eadem pecunia non disposuerit dictum terminum integrè sit completum: præcipimus etiam quod pro honore Ecclesiæ faciant tot omnes quot & quos in Litteris nostris viderint contineri, tot processiones quot in eisdem Litteris mandabuntur. Præcipimus etiam quod ipsi reficiant domum portæ Martis calceyas, domum Fratrum Minorum & Prædicatorum & halas, & sepulturas ad cimiteria reportant quas dicebantur asportasse ciues prædicti, de summa prædicta deducetur id quod restituetur per arbitrium Electorum, scilicet Iacobi de Buiton, Drogardi de villa Domenge, & ...... hominibus illis quorum domus destructæ sunt occasiore fortalicij portæ Martis, deducetur etiam id quod expensum fuerit in reædificatione domorum portæ Martis & prædictorum, & præcipimus quod prædicta infra mediam Quadragesimam & ante faciant si possint reædificari & restaurari. Per hæc autem dictos Burgenses quittamus ab iniuriis omnibus & forisfactis, damnis apertis & occultis emendis, excommunicationum talliarum & collectarū factarum in illa discordia & omnibus forisfactis vsque ad hanc diem, quæ Burgenses forisfecerunt occasione discordiæ inter Archiepiscopum & ipsos ortæ, omnes vniuersi & singuli qui non sunt in banno Domini Archiepiscopi tenentur ad summam prædictam, & si ipsi morerentur, hæredes eorum tenebuntur exceptis viduis & bonis mulieribus, ac alijs qui in illa discordia à ciuitate discesserunt, Clericos remanentes in villa, & absentes excommunicatos propter mercimonia cum Burgensibus tempore excommunicationis contractis & excommunicatos qui ipsos in suis hospicijs receperunt operarios ipsorum & eos qui habuerunt res ipsorum & mediatatem absolui præcipimus in forma Ecclesiæ iuramento præstito, quod alij præstiterint nec ab ipsis aliqua teneatur emenda, eos etiam qui in eorum auxilio fuerunt absolui præcipimus in forma Ecclesiæ, ita quod ab ipsis similiter nulla pecuniaria tenetur emenda: illos etiam absolui præcipimus qui Burgensibus Remensibus soluerunt debita post excommunicationem, dum tamen Sacerdotibus proprijs confiteantur quibus à Domino Remense concessa est potestas ipsos ab excommunicatione huiusmodi absoluendi, præcipimus etiam publicationem excommunicationis & aliarum pœnarum iuricum, procurante Domino Remensi reuocari, mortuos autem qui ante mortem iurauerunt stare mandatis Ecclesiæ & eos in quibus signa pœnitentiæ legitima apparuerunt, & paruulos omnes infra duodecimum annum constitutos, in cimiterio præcipimus reportari: præcipimus etiam quod Burgenses quittent dictum Archiepiscopum & eos qui fuerunt auxilio suo, ab omnibus damnis & expensis & iniurijs, quæ occasione dictæ discordiæ possent ab ipso & suis petere. Hæc autem omnia vniuersa & singula præcipimus firmiter à partibus obseruari in virtute præstiti iuramenti, de sigillo autem cum vacare poterimus vocatis partibus cognoscemus : in cuius rei testimonium his Litteris prædictis Archiepiscopo & Burgensibus Remensibus concessimus sigillorum nostrorum munimine roboratas. Actum Remis in Palatio Domini Archiepiscopi die Iouis proxima post Purificationem Beatæ Mariæ Virginis, Anno Domini millesimo ducentesimo tricesimo quinto.

Ex Martyrologio Ecclesiæ Rothomagensis.

OBITVS Reuerendissimi PETRI de Collemedio, Albanensis Episcopi, quondam Rothomagensis Archiepiscopi.

Ex Calendario Ambianensi manuscripto.

APRILIS v. Cal. Obitus Domini PETRI de Collemedio Canonici huius Ecclesiæ, cuius Domus claustralis vendita fuit sexaginta Mutones aureos, & cum hoc pro sui Obitus augmento legauit quadraginta Florenos de Florentia, quos sui executores, Capitulo persoluerunt.

EVDES DE CHASTEAVROVX, CHANOINE
& Chancelier de l'Eglise Cathedrale de Paris, Cardinal Euesque de Tusculane, Legat en France.

CHAPITRE II.
Nomenclator Cardinalium.

ODO de Castrorodulphi, Bituricensis Diœcesis, Gallus, Cardinalis Episcopus Tusculanus, scripsit Homilias de Tempore & de Sanctis, quæ Cremonæ in Monasterio Augustinianorum visuntur, tomis duobus distinctas. Obijt vrbe-veteri anno 1273. ibidemque apud Prædicatores sepultus est.

Ex Tabula Chronologica Decanorum, Custodum, Canonicorumque Regalis Ecclesiæ Sancti Quintini, &c. Collectore Claudio HEMERÆO Doctore Sorbonico, & eiusdem Ecclesiæ Canonico.

SVB eodem Pontifice (id est Cælestino) nostri, Ecclesiæ disciplinam nouis ordinationibus restituerunt, & has volunt esse sancitas auctoritate ODONIS Episcopi Tusculani, Legati Apostolici per

Gallias, anno 1246. fuit is OTHO DE CASTRO-RODULPHI Bituricensis, ex Cancellario Parisiensi factus Episcopus Cardinalis Tusculanus, Legatus in Gallias, ab Innocentio quarto Lugduni existente.

Ciaconius in vitis Pontificum sub INNOCENTIO quarto.

OTho de Castro-Rodulphi, Bituricensis Diœcesis, Gallus, ex Cancellario Parisiensi Episcopus Cardinalis Tusculanus, Legatus in Gallias missus ab Innocentio quarto Lugduni commorante, ad prædicandam Crucem contra Infideles & Sarracenos, Regem Francorum Sanctum Ludouicum ad suscipiendam Crucem animauit, cui Pontifex Legationem trans mare commisit, quo in sacra expeditione cum Francorum Rege Sancto Ludouico, proficisceretur, vocatque eum virum secundum cor suum, morum honestate decorum, litterarum scientia præditum, consilij maturitate præclarum. Ad eum in Orientem profectum multas Epistolas scripsit, mandauitque vt in Cypro Insula Episcopatus Græcorum institueret; in ea expeditione Tartarorum Orientalem Regem suis litteris ad Christi Fidem hortatus est: tres Fratres & duos Clericos Legatos ad eum misit. In ea expeditione prius Rex Damiatam in Ægypto opulentissimam vrbem cœpit; quam, peste in eius exercitu exorta coactus est restituere, & rebus infectis in Gallias redire. Scripsit Homilias de Tempore & de Sanctis, quæ Cremonæ in Monasterio Augustinianorum visuntur tomis duobus distinctas. Obiit Vibeueti anno 1273. 8. Kal. Februarij; ibidem ad Prædicatores sepultus, Gregorio X. Pontifice Maximo. *Frater Ptolemæus Lucens. Hist. libro 5. Anton. Histor. parte 3. tit. 19. cap. 5. 7. 8. Frater Salimbene Chronic. Ordin. Prædicatorum. Bulla Innocentij quarti Verziliacen. ann. 1245. Clementis quarti inuestituræ Regni Siciliæ, anni 1265. Registrum Innocentij quarti, Alexandri quarti, & Clementis quarti.*

Extraict des Chartes du Thresor du Roy.

ODO miseratione diuina Tusculanensis Episcopus, Apostolicæ Sedis Legatus. Vniuersis præsentes Litteras inspecturis, salutem in Domino. Deus omnipotens cuius vnigenitus Filius Iesus Christus semel in ara Crucis extitit immolatus, vt ibi moriens à perpetuæ Fideles suos exueret mortis morsu, loca suo specialiter dicata numini tanto maiori vult deuotione ac reuerentia honorari, quanto idem qui summus Gubernator existit ac Dispensator orbis terræ, cuius opera mirifica sunt, & stupenda, dignatur loca huiusmodi honorificentia decorari, & eius fideles de cuius venit numine, vt sibi ab eis digne ac laudabiliter seruiatur, affectus debent ad id coaptare pro viribus effectiuos, præsertim cum de ipsis abundantia pietatis se sciant si bene seruiant proinde multo maiora quàm promeruerint recepturos. Cum itaque idem Dominus noster Ludouicus Dei gratia Franciæ Rex illustris Capellam Parisius in eiusdem Palatio constitutam Sancta Corona & Vexillo victoriosissimæ Crucis eiusdem vnigeniti Filij sui Iesu Christi dotandam duxerit & ditandam, vnde noster animus in quadam magna extasi præ ammiratione suspensus quodammodo expauescit, quia non potest tanta Dei magnalia dignis attollere laudibus, vel debita honorificentia resonare, licet assurgamus ad quas possimus gratiarum actiones multiplices exsoluenda. Nos volentes vt eadem Capella, quam in honore Sanctæ Coronæ ac victoriosissimæ Crucis præfatis consecrauimus in octauis Resurrectionis Dominicæ, assistentibus nobis Bituricensi, Senonensi, Rothomagensi, Turonensi, & Tholetanensi Archiepiscopis: Laudunensi, Suessionensi, Ambianensi, Siluanectensi, Lingonensi, Carnotensi, Aurelianensi, Meldensi, Briocensi, Ebroicensi, & Aptensi Episcopis, pluribusque aliis Prælatis, congruis honoribus frequentetur ob Reliquiarum huiusmodi reuerentiam, quæ ibidem cum multis aliis honorificè requiescunt & specialis fauoris gratia prosequimur, de omnipotentis Dei misericordia & Beatorum Petri & Pauli Apostolorum eius, & quâ fungimur auctoritate confisi, dictam Capellam in festiuitate dedicationis eiusdem & vsque ad octauum diem cum deuotione ac reuerentia visitantibus annum vnum & quadraginta dies de iniuncta sibi pœnitentia misericorditer relaxamus. Datum Parisius vi. Kal. Iunij, anno Domini M. CCXLVIII.

Ex Chartulario Ecclesiæ Sancti Mauri Fossatensis.

ODO miseratione diuina Tusculanensis Episcopus. Omnibus præsentes litteras inspecturis salutem in Domino sempiternam, & sinceræ vinculum charitatis. Ne certitudo rerum lapsu temporis à memoria hominum deleatur, sed potius transmittatur ad posteros, & litterarum apicibus commendetur; hinc est quod nos tenore præsentium notum fieri volumus tam præsentibus quam futuris, quod cum Nos in Terra Sancta Legationis officio fungeremur, à Principe Antiochiæ, & à quibusdam aliis personis fide dignis, quasdam Particulas Dominici Sepulchri, & etiam Reliquias Sanctorum litteris annotatas pro magno dono recepimus, & eas postmodum dedimus Charissimo Fratri nostro Hugoni Cancellario Turonensi, Vos rogantes & exhortantes in Domino, vt Reliquias antedictas in honore condigno & reuerentia habeatis, &c. Datum Viterbij. Anno Domini 1257. vi. Idus Nouembris. Pontificatus Domini Alexandri IV. anno tertio.

Ex Martyrologio Sanctæ Genouefæ Parisiensis.

QVINTO Kal. Februarij obiit bonæ memoriæ Dominus ODO Cardinalis Episcopus Tusculanus, qui pro suo anniuersario singulis annis faciendo dedit nobis quandam imaginem eburneam cum pede argenteo, & viginti libras Turonenses.

Ex Chartulario Sancti Stephani Lemouicensis.

QVARTO Kal. Martij 1286. obitus Domini ODONIS de Castro Radulphi Cardinalis, pro cuius anniuersario dedit Petrus de Latapetra quindecim solidos. Obierat an. 1273.

Ex Martyrologio Ecclesiæ Parisiensis.

OCTAVO Kal. Iunij, obitus Magistri ODONIS Episcopi Tusculanensis, qui dedit nobis viginti libras Parisiensis Monetæ ad stationem quatuor ferculorum.

Ex Martyrologio Sancti Victoris Parisiensis.

QVINTO Kal. Octobris, anniuersarium Reuerendissimi ODONIS Episcopi Tusculanensis, Sedis Apostolicæ Cardinalis, de cuius beneficio habuimus decem libras Turonenses.

PIERRE DE BAR, PRESTRE CARDINAL
du Tiltre de Sainct Marcel, puis Euesque de Sabine, Legat en Espagne.

CHAPITRE III.

Ciaconius in vitis Pontificum sub INNOCENTIO IV.

PETRVS de Barro Gallus, Presbiter Cardinalis Tituli Sancti Marcelli, postea Episcopus Cardinalis Sabinus, in Hispania Legatus fuit: cuius fratris filium Gualterum de Barro commemorat Innocentius in Registro. Obiit Perusiæ anno 1252. ibidem sepultus. *Bulla Innocentij quarti Virziliacen. anni 1245. Sancti Fridiani Lucensis. Anni 1252. Innocentij quarti Registrum.*

Ex Chartulario Campaniæ, quod est in Bibliotheca Regia.

PIerres de Bar par la voulanté de Dieu d'ou Tiltre de Sainct Marcel Prestres Cardinaulx, Doien de l'Eglise de Sainct Mulo de Bar-sur-Aube, appaise la discorde qui estoit entre le Roy de Nauarre & son Chapitre. L'an 1250. en Aoust.

Extraict du quatriesme Tome des Memoires MS. de Monsieur de la Mare Conseiller au Parlement de Bourgogne.

NOS Hugo Dux Burgundiæ vniuersis præsentem paginam inspecturis. Notum facimus quod cum vir Religiosus Nicolaus Abbas, Hugo Prior, totusque Conuentus Ecclesiæ Flauigniacensis vendidissent & quittauissent in perpetuum Burgensibus & hominibus suis de Flauignerio & eorum hæredibus pro quatuor mille libris Diuonensibus manum mortuam quam habebant apud Flauignerium & quindecim dies de sex septimanis bannorum, quas habent singulis annis in prædicta villa & eius quod habebant & dicebant de viduis de Flauignerio, videlicet quod non poterant contrahere secundas nuptias, nisi requisito Abbatis consensu; & expensas quas dicebant dicti Abbas & Conuentus deberi cuilibet Abbati Flauigneij, quas faciebat quando sedem Apostolicam visitabat, taxata vnaquaque beneuenuta cuiuslibet Abbatis de nouo instituendi in centum marchis argenti ipsi Abbati à præfatis Burgensibus & hominibus suis de Flauignerio reddendis infra annum sui aducentus, prius tamen à quolibet

des Cardinaux François. 185

bet Abbate de nouo instituto præstito iuramento & à toto Conuentu renouato, de prædictis omnibus observandis, cumque postmodum vir Religiosus Milo Prior Sinemuri dictos Burgenses & homines coram venerabili Patre PETRO diuina misericordia Titulo Sancti Marcelli Presbytero Cardinali partibus super hoc à sede Apostolica auditore concesso supra reuocatione prædictorum trauisset in causam tandem dicti Abbatis & Conuentus, & dictus Milo Prior Sinemuri & dicti Burgenses & homines Flauigneij in nostra præsentia propter hoc constituti in hoc præstitis iuramentis nobis mediantibus amicabiliter conuenerunt, quod dicti Burgenses & homines Flauigneij darent dictis Abbati & Conuentui quatuor mille libras Diuionenses ne posset eis objici, vel imputari quod facta esset venditio rerum prædictarum pro minori pretio quam deberet, & propter hoc Ioannes tunc Abbas Flauigneij totusq; Conuentus eiusdem Monasterij & dictus Prior Sinemuri voluerunt & concesserunt vt venditiones & taxationes ratæ haberentur & firmæ, & quod ipsi dictas venditiones & taxationes inuiolabiliter in perpetuum obseruabunt præstitis super hoc iuramentis, prout in litteris dictorum Nicolai tunc Abbatis & Conuentus Flauigniacensis continetur. Insuper ad preces & instantiam Ioannis tunc Abbatis & Conuentus Flauigniacensis & dicti Milonis Prioris Sinemuri nos & hæredes nostros successiue Duces Burgundiæ dictis Burgensibus ac hominibus de Flauigny ac eorum hæredibus vniuersis, & singulis obligamus ad garantiam eis & eorum hæredibus supra dictis venditione & taxatione, legitime portandam si Abbas, vel Conuentus, vel alius pro ipsis iret contra videlicet manus mortuæ : & quindecim dierum de sex septimanis bannorum quas habere singulis annis, & iuris quod ipsi Abbas & Conuentus dicebant se habere in viduis, & expensarum quas Abbas Flauigniacensis faciebat quando Sedem Apostolicam visitabat & beneuentæ Abbatis taxatæ in centum marchis argenti, & dicti Abbas & Conuentus nos & hæredes nostros prædictos supra dicta garantia tenentur & promiserunt seruare indemnes. In cuius rei testimonium ad preces & instantiam dictorum Abbatis & Conuentus præsentes litteras sigilli nostri munimine duximus roborari. Actum anno Domini M. CCXLVII. mense Ianuario.

GVILLAVLME, RELIGIEVX BENEDICTIN de la Congregation de Clugny, Abbé du Monastere de Sainct Facond au Diocese de Leon en Espagne, enuoyé par le Pape vers l'Empereur pour la Paix, auec deux autres en Espagne, Cardinal Prestre du Tiltre des douze Apostres.

CHAPITRE IV.

Ciaconius in vitis Pontificum sub INNOCENTIO IV.

FRATER GVILLELMVS Gallus, Monachus & Abbas Sancti Facundi Legionensis Diœcesis, Presbyter Cardinalis Basilicæ Sanctorum duodecim Apostolorum initio Pontificatus Innocentij IV. nondum Cardinalis, Orator à Pontifice cum aliis duobus missus ad Imperatorem, vt æquas pacis conditiones afferret, eius iam vita functi Fratrem Attanesium Priorem de Taliante Lugdunensis Diœcesis commemorat Innocentius IV. in Regist. ann. II. Obiit Lugduni anno 1250. ibidem sepultus. *Bulla Innocentij IV. Virziliaces. 1249. Sancti Benedicti de Mantua anni 1245. & ex Regist. anni 1250. Regist. Innocentij IV.*

HVGVES DE CELIDORIO,

aliàs de Sainct Chef, autrement de Sainct Thuder, Religieux de l'Ordre de Sainct Dominique, Docteur & Professeur en Theologie, Cardinal Prestre du Tiltre de Saincte Sabine, Legat en Allemagne vers les Electeurs de l'Empire.

CHAPITRE V.

Theoricus Valliscolor in vita VRBANI IV.

NOTQVE Sacerdotes genuisse Sabaudia primum. Dicitur HVGONEM, qui Iacobita fuit.

Ex Trithemio, de Viris Ecclesiasticis.

HVgo Catensis, vel de oppido Sancti Chari, vel de Sancto Theodorico, Barcinonensis Episcopus, professione Dominicanus, Titulo Sanctæ Sabinæ Presbyter Cardinalis, primus ex Ordine Prædicatorum ad Cardinalatum assumptus: vir erat in diuinarum Scientia Scripturarum insignis, qui antè Ordinis ingressum, Sacræ Theologiæ Magister fuerat, multosque insignes Discipulos habuerat; scripsit plura egregia opuscula, de quibus ista eminent, quæ in Bibliis composuit, Summa etiam de casibus: claruit sub Federico secundo Imperatore, & mortuus est Lugduni anno Domini 1262. atque ibidem Sepulchrum obtinuit in Templo Prædicatorum.

Ciaconius in vitis Pontificum sub INNOCENTIO IV.

FRater Hvgo de Sancto Charo, aliàs de Sancto Theodoro Viennensis Diœcesis, Burgundus, Gallus, Ordinis Prædicatorum, eximius Theologiæ Magister, Presbyter Cardinalis Tituli Sanctæ Sabinæ (primus Cardinalis Ordinis Prædicatorum.) Hic Baccalaureus Parisiensis Sacras Litteras cum profiteretur, Ordinem Prædicatorum ingressus est, sub Magistro Ordinis Fratre Iordano, viro piissimo : fuit autem vir ingenio, moribus & doctrina præstans, quare non longè post inter Sacræ Theologiæ Magistros adscriptus est huius famam cum audisset Romanus Pontifex Innocentius IV. eum primò Archiepiscopum Lugdunensem, mox tempore Concilij Lugdunensis primi, in ieiuniis quatuor temporum Aduentus Domini, anni 1244. Presbyterum Cardinalem Tituli Sanctæ Sabinæ creauit: quo tempore idem Pontifex Galerum rubrum Cardinalibus dedit: à quo sanè Pontifice Sedis Apostolicæ Legatus in Germaniam ad Imperij Electores missus est, vt in abrogati Friderici Imperatoris locum, alium sufficerent. Cum autem esset vir doctissimus, omnia Sacra Biblia postillauit, & Concordantiarum librum fecit : Psalterium interpretatus est, Cardinalis creatus à priori vitæ instituto non discessit, & scripsit in libros Sententiarum, Summam de casibus, & Compendium Theologicæ Veritatis, & Speculum Ecclesiæ, & alia plura egregia opera. Obiit autem in Vrbe veteri decimo quarto Kal. Aprilis, anno Domini 1264. sub Vrbano Papa IV. anno Cardinalatus vigesimo, eius cadauer ibidem apud Prædicatores sepultum, cuius adhuc Sepulchrum & Elogium extant. *Frater Ptolemæus Lucensis Hist. lib. 5. Anton. Hist. parte 3. tit. 19. cap. 5. Chronicon Ordinis Prædicatorum. Bullæ Innocentij IV. Virziliacensis anno 1245. Alex. IV. Monaster. de Mireto anni 1258. Regist. Innocenty IV.* ADDITIO. In hoc viro eruditio sanctitatem non superabat : cum illi magna pecuniæ summa (mille libræ Turonenses) oblata esset, non vt aliquid contrà æquitatem diceret, sed vt quod pro æquitate erat silentio præteriret, eam magno animo reiecit: cum mortem non longè à se abesse intelligeret, hæc protulisse dicitur. *Quanto mallem, vel elephantino morbo cruciari in meo paupere instituto vixisse, quàm Cardinalem fuisse.* Vide Hyeronimum Platum capite 34. de Cardinalium dignitate & officio. Hugo Sacros Libros primus in capitula distinxit. Vide Sextum Senen. libro quarto Bibliotheca 5. Genebrard. libro 4. Chron.

Sanderus in Elogiis Cardinalium.

HVgo de Sancto Charo Gallus in Diœcesi Viennensi natus, ex Ordine Prædicatorum primus ad Cardinalitiam dignitatem assumptus est : eius eruditionem omnis ætas reuerebitur. Primus quoque in vniuerſa ferè Biblia poſtillam ſcripſit, quæ præ cæteris probata, etiam hac tempeſtate, quâ ſummum Sacrarum Litterarum eruditio attigit apicem, doctorum manibus teritur. Libri quos è corpore biblico illuſtrauit, ſunt hi, *Geneſis, Exodus, Leuiticup, Numeri, Deuteronomium, Ioſue, Iudicum, Ruth, Io Regum* Hiſtoriam quatuor libros ſcripſit: totidem in *Paralipomena*: in *Eſdram & Nehemiam*, tres. *Tobias, Iudith, Eſter, Iob, Pſalterium, Prouerbia, Eccleſiaſtes, Cantica Canticorum*, libet *Sapientia, Eccleſiaſticus, Eſaias* Propheta, *Ieremias* libris tribus, *Ezechiel, Daniel* duodecim, *Prophetæ Minores* libris duodecim: libri *Machabæorum*; Euangelium *Matthei, Lucæ, Iohannis, Pauli in Epiſtolæ*, item Canonicæ, *Acta Apoſtolorum: & Apocalypſis*, denique eius ſtudiis clarior vbetiorque legitur. Summam præterea de *caſibus, Speculum Sacerdotum*: in libros quatuor *Sententiarum Compendium* quoque *Theologicæ Veritatis* libris ſeptem publico dedit. Cùm anno 1260. decimo quarto Kalendas Aprilis obiiſſet, Lugduni apud Prædicatores tumulatus eſt. Fuit Hugo, inquit Ciaconius, vir ingenio, moribus, & doctrinâ præſtans, cuius famam cum audiſſet Innocentius Papa IV. cum primo Archiepiſcopum Lugdunenſem, mox tempore Concilij Lugdunenſis primi, in ieiuniis quatuor temporum anno 1244 Presbyterum Cardinalem Tituli Sanctæ Sabinæ creauit: quo tempore Galerum rubrum idem Pontifex Cardinalibus dedit, *Summi Galeamen honoris*, ab eo in Germaniam Hugo ad Imperij Electores miſſus, eos vt Frederico ſecundo Imperatori abrogato, alium Imperio & Eccleſiæ vtilem ſubſtituerent, monuit.

Ex Chronicis MS. Fratrum Prædicatorum, Auctore Fratre Geraldo Lemoůicenſi, Priore Prouinciali Prouinciæ.

ANno MCCXLI. Huius tempore Frater *Hugo de Sancto Theodorico* Diœceſis Viennenſis, prius Magiſter Theologiæ Pariſius, poſt, Prior Prouincialis Franciæ, promotus eſt in Cardinalem Presbyterum, Tituli Sanctæ Sabinæ, qui multa bona fecit Ordini & toti Eccleſiæ Dei. Hic etiam poſtillas valdè vtiles fere ſuper totam Bibliam fecit.

Ex Chronico MS. Geraldi de Fracheto Ordinis Prædicatorum.

ANno Domini 1243. Innocentius IV. fugit de Italia, & venit Lugdunum. Poſt annum tertium Concilium Generale celebrat, & Fredericum Imperatorem deponit, Cancellarium quoque Pariſienſem, & HVGONEM Priorem Fratrum Prædicatorum Pariſienſium, Cardinales facit.

Ex Martyrologio Eccleſiæ Pariſienſis.

NOno Cal. Aprilis. Hic debet fieri anniuerſarium Domini Hugonis de *Sainct Chier* Tituli Sanctæ Sabinæ Presbyteri Cardinalis, pro cuius anima Dominus *Ioannes de Vienna* eius nepos Concanonicus noſter dedit nobis maſuras quæ fuerunt Thomæ dicti de Barat apud Yteuillam.

Diuers Epitaphes du Cardinal de Sainct Chef, rapportés par Frizon, Aubery, Ciaconius, & le Reuerend Pere Alby Ieſuite.

Epitaphe rapporté par Frizon.

ECCLIPSIM patitur, Sapientiæ Sol ſepelitur
Felici fine, Sancta quoque Cardo Sabinæ
Iſte fuit, per quem patuit Doctrina Sophia
Præco Dei, Doctor Fidei, Citharœda Mariæ
HVGO ſibi nomen, & Cardo Presbyter omen.
Patria natalis Burgundia, Roma localis.
Soluitur in cineres HVGO, cui ſi foret hæres
In terris vnus, non eſſet flebile funus.

Autre Epitaphe rapporté par Aubery.

IN hoc Sepulchro iacet vir laudabilis HVGO de Sancto Theodorico Deo, & hominibus gratioſus: Tituli Sanctæ Sabinæ quondam Presbyter Cardinalis. Hic habetur vt luminare magnum Eccleſiæ, Ordinis Fratrum Prædicatorum Lucerna, Pariſius Doctor Theologiæ egregius, famoſus Diuinarum Scripturarum Tractator & Expoſitor luculentus, verbi Dei Prædicator eximius, oliua pietatis, palma iuſtitiæ, ſpecies honeſtatis, Religionis patronus, veritatis præco, pater pauperum, & ſolatium miſerorum, qui obiit apud Vrbem veterem anno Domini 1262. 14. Kal. Aprilis.

Autre Epitaphe rapporté par Ciaconius.

Hic jacet Dominus Hugo de Sancto Theodorico, Ordinis Fratrum Prædicatorum, huius Conuentus Sacræ Theologiæ Doctor & Prædicator egregius, quondam Cardinalis Sabinensis, qui obiit anno Domini 1164. 14. Kal. Aprilis.

Autre Epitaphe rapporté par le Reuerend Pere Alby Iesuite.

In hoc Sepulchro iacet vir venerabilis Deo & hominibus gratiosus, Frater Hugo de Celidorio, Viennensis Diœcesis, Tituli Sanctæ Sabinæ quondam Presbyter Cardinalis, luminare magnum Ecclesiæ, Ordinis Fratrum Prædicatorum lucerna, Theologiæ Parisiis Doctor egregius, famosus Scripturarum Traditor, & Expositor prælucidus, verbi Dei Prædicator eximius, oliua pietatis, palma iustitiæ, speculum honestatis, Religiosorum patronus, veritatis præco, pater pauperum & solatium miserorum. Obiit 1362. quarto decimo Kal. Aprilis.

JACQVES HERBERT, CARDINAL EVESQVE de Port, & de Saincte Ruffine.

CHAPITRE VI.

Ciaconius inuitis Pontificum sub INNOCENTIO quarto.

Iacobus Gallus, Episcopus Cardinalis Portuensis, & Sanctæ Rufinæ, obiit paulo ante Innocentium IV. *Innocentij IV. ex Registro Canonicorum Lucensis anni millesimi ducentesimi quinquagesimi secundi, & ex Registro anni millesimi ducentesimi quinquagesimi tertij.*

JEHAN DE BVRNINO, ARCHEVESQVE & Comte de Vienne, Cardinal du Tiltre de . . . . . , Legat en France contre les Heretiques Albigeois.

CHAPITRE VII.

Sammarthani Fratres in Galliâ Christianâ.

Iohannes de Burnino Sedis Apostolicæ Legatus in Inquisitione Albigensium pro negotio Hæreseos, ac præclarè gestis inter Viennenses Archipræsules commendabilis memoratur 1231. & in litteris Friderici secundi, vbi Iohannes, Princeps appellatur, quo Diplomate Ecclesiæ Viennensis priuilegia confirmat adstantibus Aymaro Ebredunensi, Vapincensi, Gratianopolitano, aliisve Episcopis apud Taurinum 1238. April. 10. Stephanum Abbatem secundum Cluniacensem ordinauit. Cœmeterium Antonianis anno 1246. 13. Kal. Decemb. ac eorumdem Sacellum in Hospitali consecrauit, anno 1247. Conuentu item Franciscanorum commodiore loco instaurato, eodem anno constituitur Legatus Apostolicus in locum Episcopi Tornacensis referente Chronico Guillelmi de Podio Laurentij capite 43. dedicauit etiam tempore Innocentij IV. Papæ Basilicam Metropolitanam, feriâ quintâ in Albis 1251. acquisiuit & Ecclesiæ Castrum Mantalæ, vbi olim coronatus fuerat Rex Boso: Præterea ædificauit Domum Dei ad Pontem Rhedani : Palatium quoque cum iure Comitatus acquisiuit ab Hugone de

Vienna, Domino de Pagniaco, sed gratis ab aliquibus dicitur purpurâ insignitus, cum eius nomen in clenchis R. E. Cardinalium non compareat. Romæ fatis concessit IOHANNES, sepultusque à Romanis in Ecclesiâ Franciscanorum, quam condiderat 1266. 15. Cal. Maij.

Extraict de la Narration Historique & Topographique des Conuents de l'Ordre Sainct François, & Monasteres Saincte Claire, erigez en la Prouince appellée de Bourgogne, à present de Sainct Bonauenture, par R. P. F. Iacques Foderé, Religieux de la Reguliere Obseruance dudit Ordre. Imprimée à Lyon en 1619.

Du Conuent de Vienne.

DE sçauoir soubs quel Tiltre, & par qui l'Eglise fut dediée il est impossible, d'aultant que ce Conuent ne demeura que 48. ans en nature, car Reuerendissime IEHAN (de BVRNINO) Archeuesque de Vienne en voulut faire bastir vn aultre à ses frais, plus beau, plus spatieux, & plus commode, comme il fit du costé du Royaulme, à sçauoir de l'aultre part du Rosne, au Bourg Saincte Colombe proche, & au pied du Pont du Rosne, dans lequel les Religieux entrerent, & commencerent à faire le diuin Seruice l'an 1260. Conuent certes que ce bon Archeuesque rendit si beau & si parfait, qu'il s'en est fait peu de semblables en France. Le pourprix que l'on recognoist encor de l'Eglise, des Dortoirs, & aultres ruines qui restent, en sont foy. Le Cloistre n'estoit pas des plus grands, au regard des aultres Bastiments, mais il estoit fort allegre porté sur des piliers de bois bien elabourés, & tout à l'entour d'iceluy estoit depeinte contre les murailles la Vie de Sainct François fort industrieusement : & ne se fault esbahir si ce Conuent estoit si superbement complet, car ce bon Archeuesque Fondateur paruenu quelque temps après à la Dignité de Cardinal, & par consequent accreu en moiens, voulut monstrer par la somptuosité des Ædifices l'amour extreme qu'il portoit à cet Ordre. Et à son imitation ses pere & mere (qui estoient encor viuans lors qu'il receut le Chapeau) par Testament donnerent tout leur bien à ce Conuent & y voulurent estre inhumés, & pour tesmoignage de la sincere affection que ce bon Cardinal Fondateur auoit à ce sien Conuent, combien qu'il mourust à Rome, il voulust que son cœur, duquel estoient procedés tant de bons desseings pour cet Ordre, y fust porté, comme de fait il y fut enterré à costé du grand Autel, de la part de l'Epistre, au deuant des Sieges de l'Hebdomadier, Diacre & Soudiacre ; en memoire dequoy les Religieux le feirent pourtraire à la muraille au dessus desdits Sieges tenant son cœur entre ses mains, comme s'il l'offroit à Dieu & à Sainct François, & tout au dessus du mesme endroit, son Chapeau de Cardinal fut attaché & suspendu à la voute, où il a demeuré iusques aux premiers troubles.

Extraict de l'Histoire de l'Antiquité & Saincteté de la Cité de Vienne en la Gaule Celtique, par Messire Iehan le LIEVRE, Bachelier en Theologie, Chanoine, Sacristain, & Abbé de Sainct Ferreol en la Grande Eglise dudit Vienne. Imprimée à Vienne l'an 1629.

De l'Archeuesque IEAN BVRNINO premier du nom, grand Personage, & de ses Gestes. CHAPITRE XLVI.

NOvs sommes paruenus au Siecle 13. que sçoit au Siege de Vienne le grand Archeuesque 73. IEAN de BVRNINO, premier du nom, les Gestes & Vertus duquel sont si memorables, que i'ay suiet tres ample de les espandre au monde, à ce que les Prelats & Ecclesiastiques de nostre Siecle y prennent exemple pour s'enflammer d'aultant plus de zele & feruer en leur Charge. Cet Archeuesque vesquit long temps en sa Dignité, sçauoir depuis l'an 1225. iusques en l'an 1266. qu'il est decedé, qui sont 42. ans : du Pontificat de Clement IV. & du Regne de Sainct Louis, & tient on que cest Archeuesque estoit de Sang Roial, c'est pourquoy l'Empereur FEDERIC II. par la Patente qu'il luy feit expedier auec vn seel d'or, pour confirmation des Priuileges de l'Eglise de Vienne donné à Thurin l'an 1238. 10. Auril, le qualifia du nom de Prince, & luy defereit grand honneur, c'estoit l'an de son Empire 18. du Regne de Sicile quarente, & de Hierusalem 13. le seel de ladite Patente contenoit ces mots de costé & d'aultre. *Roma caput mundi, regit orbis frana rotundi: Aurea Roma. Fredericus Dei gratia Romanorum Rex semper Augustus.* Cet Archeuesque issu comme dessus du Sang Roial de France, fut esleué au Siege de la Metropole de Vienne, tant pour le respec de son sçauoir, pieté, & merites, que de son extraction, & receut de Gregoire IX. Pape le Chapeau de Cardinal, continuant longues années l'exercice de sa Charge Pastorale auant d'aller à Rome, où il n'alla que forcement, & y finit ses iours, ordonna son corps estre ensepulturé aux Cordeliers de Saincte Colombe, qu'il auoit basty & edifié, après la translation du lieu ancien de Sainct

Generals. En memoire dequoy les Religieux le feirent pourtraire à la muraille au dessus des Sieges du Prestre, Diacre & Soubsdiacre reuestus, tenant son cœur entre ses mains qu'il offroit à Dieu & à Sainct François, & son Chapeau de Cardinal suspendu à la voute, où il a demeuré iusques aux premiers troubles.

Extraict des Memoires MS. de Monsieur Durand Conseiller & Aumosnier de la Reyne, & Chanoine de l'Eglise Metropolitaine de Vienne, homme docte & curieux.

NICOLAVS Foderé Minorita, de eo habet plurima, & singularem Cardinalatus recenset nuncupationem.

FREDERICVS Imperator secundus Ioanni Archiepiscopo Viennensi scribens, Principem appellat eum, & addit: quod Imperialis Excellentia tunc praecipuè sui nominis titulos amplificat, tunc officij sui debitum reddit cum fauore Deo viuo; cum eius intuitu per quem praeest Principibus orbis terrae, loca Deo dicata & personas Ecclesiasticas pro fauore tuetur, & iustas eorum fauorabiliter petitiones exaudit; necnon omnia Ecclesiae Viennensis confirmat priuilegia, testibus Aymaro Ebredunensi Archiepiscopo, Carolo Vapincensi, Petro Gratianopolitano, R. Papiensi, I. Vercellensi, Hugotione Taurinensi, Petro Pactensi, Episcopis. B. Marchione Montisferrati, M. Marchione Saluciarum, M. Marchione Lausano. Anno Domini M. CC. XXXVIII. X. Aprilis Indictione XI. Imperij eius XVIII. Regni Hierusalem XIII. Siciliae XL. anno. Apud Taurinum.

In aureo sigillo, ab vna parte, Ciuitas Romae sculpta est & scriptum in circuitu --*Roma caput mundi, regit orbis frana rotundi.* At in medio vbi figura portae expressa, legitur, *Aurea Roma.*

Ex altera parte imago spectatur Imperatoris manu dextrâ sceptrum gestantis & mundum sinistrâ cum hac inscriptione: *Fredericus Dei gratia Romanorum Rex semper Augustus.*

Epitaphium Domini Ioannis de Burnino Archiepiscopi Viennensis, ex Archiuis Ecclesiae Viennensis desumptum, & à Domino Durando suprà citato communicatum.

ANNO ab Incarnatione Domini M. CC. LXVI. XV. Calend. Maij. Depositio Domini Ioannis Archiepiscopi nostri qui tres Capellas, vnam in honore Beatae Mariae, alteram in honore Sancti Ioannis, & aliam in honore Sancti Mauritij & Sanctissimorum Machabaeorum à parte Australi infra septa Ecclesiae maioris Sancti Mauritij construxit: qui Castrum Bastidae bastiuit, & multas possessiones circa illud acquisiuit: qui Castrum Montaliae cum redditibus suis & possessionibus plurimis eidem adiacentibus acquisiuit: qui Domum Dei Viennae ad pedem Rhodani aedificauit: & vnde sex opera Misericordiae fiant ibidem: perpetuo ad honorem Dei & sustentationem Pauperum possessiones, terras, & redditus assignauit: qui Comitatum & Palatium Viennense superius ab Hugone de Pagny Domino de Vienna pretio septem millium librarum Viennae acquisiuit: qui Ecclesiam istam sanctam Viennensem sponsam suam aedificiis mirabilibus, honoribus, muneribus & iuribus quam plurimis dotauit, & Ecclesiam Romanensem similiter cum Capella in qua quiescit corporaliter, ditauit, ac etiam sublimauit: qui domum suam Archiepiscopalem Viennensem cum Capella quam ibi spaciosam construxit in honore Beatae Virginis, aedificiis nobilibus, & conquerementis aliis ampliauit: qui Domum Archiepiscopalem Romanensem acquisiuit, & Capellam ibidem in honorem Beatae Catharinae Virginis sumptuosè construxit, & vnde in dictis Cappellis celebretur perpetuo pro animabus Praedecessorum, Successorumque suorum Archiepiscoporum, Seruitoribus redditus assignauit: qui Basilicas Beatae Mariae de vltra Geriam, & Beatae Mariae veteris Viennensis, sumptuosis decorauit aedificiis: qui Domum de Faizins construxit, & iura multa, redditusque ibidem acquisiuit: qui Corpus gloriosi Martyris Mauritij Patroni sui personaliter reuelauit in loco vbi idem Martyr corporaliter requiescit, vnde mentionem eidem Ecclesiae apportauit, & ipsum mentionem cum vase in quo est, & ornamenta pontificalia, vestes scilicet duplices virides, & rubeas, cappas & tapeta seruitio Ecclesiae praedictae perpetuò deputauit: qui Festum reuelationis dictorum Martyrum Mauritij & Sociorum eius, in dicta praesenti Ecclesia solemniter fieri decreuit, & refectionem generalem ob reuerentiam dicti Festi ipsa die super Prioratû de Bogiis seruitoribus dictae Ecclesiae perpetuò assignauit, cum tribus anniuersariis quae in fine suo reliquit: qui Domos Fratrum Minorum Viennae, & Romanis Cappellam Sancti Dominici cuius Cœmeterium ad sepulturam Pauperum decedentium in dicta Domo Dei Viennensi decreuit, & Pontem Rhodani, & Pontem Sancti Martini Viennensis & Pontem Lausoniae, & Pontem Romanum supra Isaram pro maiori parte construi procurauit: qui praedictum Templum, seu domum maiorem in honorem Sanctissimorum Martyrum Mauritij, Sociorumque eius à bonae memoriae Diuo Innocentio Papa quarto feria quinta in Albis Paschalibus anno Domini M. CC. LI. personaliter obtinuit celebriter dedicari: necnon perpetuis, firmisque Indulgentiis Papalibus honnorari: fuit autem doctrinae veritatis Praedicator eximius, Religiosorum hospes praecipuus, humilitate quippe sublimis, man-

des Cardinaux François.

suetudine placidus, patientia fortis, benignitate affabilis, pietate condolens, misericordia innocens, & multiplici eleemosynarum irriguo in subuentione affluens ægrorum, fœlix temporalium gubernator, collapsorum spiritualium reparator, & vt gestorum eius multitudinem succinctâ relatione texamus: sic Iesum Christum firmâ credulitate cognouit, & cognitum sincero corde dilexit, ac dilectum totis votis concupiuit, sic & in fine suo amauit, quòd mundo & quæ in mundo sunt vilipensis penitus, ad cœlestia cunctis studiis animum vibrauit: quæ autem de ipso vidimus, hæc testamur & scimus, quia verum est testimonium. Oretis Deum pro eo.

JACQVES PANTALEON, ARCHIDIACRE de Laon, puis de Liege, Euesque de Verdun, Patriarche de Hierusalem, Legat en Allemagne, en Orient, en Pomeranie, en Prusse, & enfin Pape sous le nom d'VRBAIN IV.

CHAPITRE VIII.

Thierry de Vaucouleur en la vie de ce Pape, parle ainsi de luy.

PRÆSVLIS hic Trecis primùm sit Clericus, inde, Canonicum post hæc suscepit & Archileuitam.
Parrochia vnius Rector in vrbe fuit.   Laudunum tanti nouerat acta viri.

Puis en vn autre endroit de la mesme vie.

ISTE fuit IACOBVS venerabilis vrbe Trecensi   Ecclesiæ tutor, animosus ad omnia miles
Natus, Laudunum posteà fouit eum.   Quæ libertatis, iuris, honoris erant
Hic hilaris vultu, mediocris corpore, corde   Quos animi virtus, morumque scientia, fama
Ferit, in aspectu dulcis, honoris amans   Extulit, hos voluit multiplicare bonis.
Venustus facie, clarâ quoque voce, peritus   Depositorque domus semper prouisus agendis
Cantu, quem gratum musica, voxque dedit.   Sollicitus satis ingenioque docens:
Officij Christi deuotior, assiduusque   Transcendendo modum vigilans, patiensque laborǣ
Qualibet in Missa fletibus ora rigans.   Vix poterant eius tempora tanta pati
Huius enim fama celebris, facundia prompta   Intendens precibus per tempora certa, tot eius
Compositi mores, vitaque munda fuit.   Virtutes, quas tu corde notare potes
Blandus in affectu, diuini preco fidelis   Diuersosque status transcendens iste gradatim,
Verbi, vir vigilans, & studiosus erat,   Summi Pontificis dignus honore fuit.

Et en vn autre lieu.

POST hæc Lauduni fuit Archidiaconus, inde   Primoque Virdunum se dignum Præsule tanto
Prædictus Papa pontificauit eum,   Sensit, qualiter hic vixerit acta probant.

Nomenclator Cardinalium.

VRBANVS IV. antè Pontificatum IACOBVS PANTALEO dictus, scripsit cum esset Patriarcha Hierosolimitanus, de Terra Sanctâ librum, quo vsus est Adrichomius in Theatro Terræ Sanctæ conscribendo. Metaphrasim in Psalmum 50. qkam habes in Bibliotheca veterum Patrum.

Diploma VRBANI IV. Papæ de Festi Sanctißimi Sacramenti institutione.

TRANSITVRVS de hoc mundo ad Patrem Saluator noster Dominus Iesus-Christus, cum tempus suæ Passionis instaret, sumptâ Cœnâ in memoriam mortis suæ instituit summum, & magnificum suum Corporis & Sanguinis Sacramentum, Corpus in cibum, & Sanguinem in poculum tribuendo; Nam quoties hunc Panem manducamus, & Calicem bibimus, mortem Domini annunciamus, In institutione quidem huius Sacramenti, dixit ipse Apostolus, Hoc facite in meam commemorationem, in prin-

cipium, & infigne memoriale amoris ſui eximij, quo nos dilexit, eſſet nobis hoc præcelſum & Venerabile Sacramentum: memoriale inquam admirabile ac ſtupendum, delectabile, ſuaue, tutiſſimum, ac ſupèr
omnia pretioſum, in quo innouata ſunt ſigna, & mirabilia immutata, in quo habetur omne delecta-
mentum, & omnis ſaporis ſuauitas, ipſáque dulcedo Domini deguſtatur, in quo vtique vitæ ſuffra-
gium conſequimur. Sanguinis hoc eſt memoriale dulciſſimum, memoriale Sacratiſſimum, & memoriale ſalutiferum, in quo gratiam redemptionis noſtræ recenſemus memoriam, in quo à malo retrahimur & in
bono confortamur, & ad virtutum & gratiarum proficimus incrementa, in quo profectò proficimus ipſius
corporali præſentiâ Saluatoris. Alia namque quorum memoriam agimus, ſpiritu menteque complecti-
mur, ſed non propter hoc realem illorum præſentiam obtinemus: in hac vero Sacramentali Chriſti commemoratione Ieſus Chriſtus præſens ſub aliâ quidem formâ, in propria verò ſubſtantia eſt nobiſcum.
Aſcenſurus enim in cœlum dixit Apoſtolis, & eorum ſequentibus: *Ecce Ego vobiſcum ſum omnibus diebus vſque ad conſummationem ſæculi*: benignè ipſos promiſſione confortans quod remaneret, eſſet
cum eis, etiam præſentiâ corporali. O digna & nunquam intermittenda memoria, in qua mortem noſtram recolimus mortuum, noſtrumque interitum interiiſſe, ac lignum viuificum Ligno Crucis affixum
fructum nobis attuliſſe ſalutis. Hæc eſt commemoratio glorioſa, quæ fidelium animos replet gaudio
ſalutari, & cum infuſione lætitiæ deuotionis lachrymas ſubminiſtrat. Exultamus nimirum noſtram me-
morando liberationem, & recolendo Paſſionem Domini, per quam liberati ſumus, vix lachrymas con-
tinemus: in hac itaque ſacratiſſima commemoratione adſunt Nobis, ſuauitas gaudium ſimul & lachrymæ: quia & in ea congaudemus lachrymantes, & lachrymamur deuotè gaudentes, lætas habendo
lachrymas & lætitiam lachrymantem, nam & cor ingenti perfuſum gaudio, dulces per oculos ſtillat
guttas. O diuini Amoris immenſitas, diuinæ pietatis ſuperabundantia, diuinæ affluentiæ largitatis:
dedit enim nobis Dominus omnia, quæ ſubiecit ſub pedibus noſtris, & ſuper vniuerſas Terræ creaturas
contulit nobis Dominij Principatum: ex miniſtris etiam ſpirituum ſuperiorum nobilitat, & ſublimat
hominis dignitatem. Adminiſtratorij namque ſunt omnes in Miniſterium propter eos, qui hæreditatem ſalutis cupiunt deſtinati. Et cum tam copioſa fuerit erga nos eius munificentia, volens adhuc ipſe
in nobis ſuam exuberantem charitatem præcipuâ liberalitate monſtrare, ſemetipſum nobis exhibuit, &
tranſcendens omnem plenitudinem largitatis, omnem modum dilectionis excedens, tribuit ſe in cibum.
O ſingularis & admiranda liberalitas! vbi donator venit in donum, & datum eſt idem penitus, cum
Datore. Quàm larga & prodiga largitas, cum tribuit quis ſeipſum. Dedit igitur nobis ſe in pabulum:
vt quia per mortem homo corruerat, & per cibum ipſe releuaretur ad vitam, cecidit homo per cibum
ligni mortiferum, releuatus eſt homo per cibum ligni vitalis: in illo pependit eſca mortis, in iſto pependit vitæ alimentum, illius eſus meruit læſionem, iſtius guſtus intulit ſanitatem: guſtus ſauciauit, &
guſtus ſanauit. Vide quia vnde vulnus eſt ortum, prodit & medela: & vnde mors ſubiit, exinde vita euenit. De illo ſiquidem guſtu dicitur. *Quacumque die comederis, morte morieris*; de iſto vero legitur. *Si quis comederit ex hoc pane, viuet in æternum*. Hic eſt cibus qui plenè reficit, verè nutrit,
ſumméque impinguat; non corpus, ſed cor, non carnem, ſed animam, non ventrem, ſed mentem.
Homini ergo qui ſpirituali alimoniâ indigebat, Saluator ipſe miſericors, de nobiliori & potentiori huius mundi alimento pro animæ refectione, piâ diſpoſitione prouidit. Decens quoque liberalitas exitit
& conueniens operatio pietatis, vt Verbum Dei æternum, quod rationabilis creaturæ cibus eſt, & refectio, *Factum Caro*, ſe rationabili creaturæ, carni & corpori, homini videlicet in Edulium largiretur.
Panem, enim, *Angelorum manducauit homo*, & ideò Saluator ait, *Caro mea verè eſt cibus*. Hic Panis ſumitur, ſed verè non conſumitur: manducatur ſed non tranſmutatur, quia in edentem minimè
tranſformatur; ſed ſi dignè recipitur, ſibi recipiens conformatur. O excellentiſſimum Sacramentum!
O adorandum, venerandum, colendum, glorificandum, præcipuis magnificandum laudibus, dignis
præconiis exaltandum, honorandum ſtudiis, deuotis proſequendum obſequiis, & ſinceris mentibus
retinendum! O memoriale nobiliſſimum intimis commendandum præconiis, firmiter animo illigan-
dum, diligenter reſeruandum in cordis vtero, & meditatione ac celebratione ſedula recenſendum!
Huius memorialis continuam debemus celebrare memoriam, vt illius cuius ipſum fore memoriale co-
gnoſcimus, ſemper memores exiſtamus, quia cuius donum vel munus frequentius aſpicitur, huius memoria ſtrictius retinetur. Licet igitur hoc memoriale Sacramentum in quotidianis miſſarum ſolemniis
frequentetur, conueniens tamen arbitramur & dignum, vt de ipſo ſaltem ſemel in anno, ad
confundendam ſpecialiter hæreticam perfidiam & inſaniam, memoria ſolemnior & celebrior habeatur: in die namque Cœnæ Domini, quo die ipſe CHRISTVS hoc inſtituit Sacramentum,
Vniuerſalis Eccleſia pro Pœnitentium reconciliatione, ſacri confectione Criſmatis, ad impletio-
nem mandati circa lotionem pedum, & aliis quamplurimùm occupata, plenè vacare non poteſt celebrationi huius maximi ſacramenti. Hoc enim circa ſanctos, quos per anni circulum veneramur, ipſa ob-
ſeruat Eccleſia, vt (quamuis in litaniis & Miſſis, ac aliis etiam ipſorum memoriam ſæpius renouemus) nihilominus tamen ipſorum natalitia certis diebus per annum ſolemnius recolat, feſta propter hoc eiſdem
diebus ſpecialia celebrando. Et quia in his feſtis circa ſolemnitatis debitam, aliquid per negligentiam
aut rei familiaris occupationem, aut aliàs ex humana fragilitate omittitur, ſtatuit ipſa Mater Eccleſia
certam diem, in qua generaliter omnium Sanctorum commemoratio fieret, vt in hac ipſorum celebratione communi, quicquid in propriis feſtiuitatibus omiſſum exiſteret, ſolueretur. Potiſſimè igitur exigendum eſt erga hoc viuificum Sacramentum Corporis & Sanguinis IESV-CHRISTI, qui eſt Sanctorum omnium Gloria & corona, vt feſtiuitate ac celebritate præfulgeat ſpeciali, quatenus in eo quod

in aliis

in aliis Missarum officiis circa solemnitatem est forsitan prætermissum, deuotâ diligentiâ suppleatur & fideles (festiuitate ipsâ instante) intra se præterita memorantes, id quod in ipsis Missarum solemniis secularibus forsan agendis implicati, vt alias ex negligentiâ vel fragilitate humana minus plene gesserunt tunc attente in humilitate spiritus, & animi puritate restaurent. Intelleximus autem olim dum in minori essemus Officio constituti, quod fuerat quibusdam Catholicis diuinitus reuelatum festum huiusmodi generaliter in Ecclesia celebrandum: Nos itaque, ad corroborationem, & exaltationem Catholicæ fidei, digne ac rationabiliter duximus statuendum, vt de tanto Sacramento præter quotidianam memoriam, quam de ipso facit Ecclesia, & solemnior, & specialior annuatim memoria celebretur, certum ad hoc designantes & describentes diem, videlicet feriam quintam proximam post octauam Pentecostes: vt in ipsa quinta feria deuotæ turbæ fidelium propter hoc ad Ecclesias affectuosè concurrant, & tam Clerici, quàm populi gaudentes in Cantica laudum surgant. Tunc enim omnium corda & vota, ora & labia, Hymnos persoluant lætitiæ salutaris: Tunc psallat fides, spes tripudiet, exultet Charitas, Deuotio plaudat, iubilet Chorus, puritas iucundetur. Tunc singuli alacri animo, pronâ que voluntate conueniant, sua studia laudabiliter exequendo, tanti festi solemnia celebrantes. Et vtinam ad Christi seruitium, sic eius fideles ardor inflammet, vt per hæc & alia proficientibus ipsis meritorum cumulis, apud eum qui sese dedit pro eis in pretium, tribuitque se ipsis in pabulum, tandem post huius vitæ decursum, eis se in præmium largiatur. Ideóque vniuersitatem vestram monemus, & hortamur in Domino, & per Apostolica scripta, virtute sanctæ Obedientiæ districtè præcipiendo mandamus, in remissionem peccaminum iniungentes, quatenus tam excelsum & tam gloriosum festum prædictâ quintâ feriâ singulis annis deuotè ac solemniter celebretis, & faciatis studiosè per Vniuersas Ecclesias Ciuitatum vestrarum & Diœcesum celebrari: & subditos vestros in Dominica, dictam quintam feriam proximè præcedente, salutaribus monitis sollicite per vos, & alios exhortantes, vt per veram & puram confessionem, eleemosynarum largitionem, attentas & sedulas orationes, & alia deuotionis & pietatis opera taliter se studeant præparare, quod huius pretiosissimi Sacramenti mereantur fieri participes illa die, possintque ipsum suscipere reuerenter, ac eius virtute augmentum consequi gratiarum. Nos enim CHRISTI fideles ad colendum tantum festum & celebrandum, donis volentes spiritualibus animare, omnibus verè pœnitentibus & Confessis, qui matutinali Officio festi eiusdem in Ecclesia, in qua idem celebrabitur, interfuerint, centum: qui vero missæ, totidem; Qui autem in primis ipsius festi Vesperis interfuerint, similiter centum, qui vero in secundis totidem: illis verò qui Primæ, Tertiæ, & Sextæ, Nonæ ac Completorij Officijs interfuerint, pro qualibet horarum ipsarum, quadraginta: Illis autem qui per Octauas illius festi, matutinalibus, vespertinis, Missæ ac prædictarum horarum Officijs interfuerint, centum dies singulis Octauarum ipsarum diebus, de Omnipotentis Dei misericordiâ ac Beatorum Apostolorum Petri & Pauli authoritate confisi, de iniunctis sibi pœnitentijs relaxamus.

Extraict du second volume MS. du Miroir Historial, compilé & ordonné du Latin en François, par Religieuse personne, IEAN, Abbé du Monastere de Sainct Vincent de Laon. Liure X. Chapitre LIII.

VRBAIN LE IV. de la nation de France, nés de la Cité de Troyes, fut Pape l'an 1258: il donna les Priuileges à l'Eglise de Laon, & à l'Abbé de L'aon Thomas pour son temps: car il auoit esté Archidiacre de l'Eglise de L'aon desusdites, auant ce que il fut Euesque de Troyes, & depuis Cardinal, & puis Pape.

Chapitre LX. du mesme Liure.

ICELS Papes VRBAINS enuoia en France, & offrit par Simon Prestre Cardinal de saincte Cecile, le Royaulme de Secille & les Duchés de . . . . & de Calabre, auec la Principauté de Capoüe, à Charles le Comte d'Auge & de Prouence frere de S. Louys Roy de France.

Ex Chronico Normanniæ folio 1010.

ANno 1261. VRBANVS Papa quartus, ad Cardinalatum vocauit G. Narbonensem Archiepiscopum, Radulphum Ebroicensem Episcopum, & Simonem Regis Franciæ Cancellarium, Thesaurarium Turonensem.

Ex Chronico MS. Geraldi de Fracheto Ordinis Prædicatorum.

ANno Domini 1261. Alexander Papa moritur in Festo sancti Vrbani, & post in decollatione Sancti Ioannis Baptistæ, VRBANVS IV. eligitur Trecensis nomine. Prædictus Vrbanus, quatuordecim Cardinales elegit, inter quos fuerunt fratres Annibal Ordinis Prædicatorum, & Guido Cisterciensis Magister in Theologia, & Guido Fulcodii Narbonensis, & Henricus Ebredunensis Archiepiscopi, magnique in iure: Item duo Consiliarij Regis Franciæ, scilicet Ebroicensis Episcopus, & Thesaurarius Turonensis.

Preuues du Liure II. de l'Histoire

Extraict de l'Obituaire de l'Eglise de Laon.

DE la fondation d'VRBAIN IV. Pape Archidiacre de ceans, se fait vn Obit pour les biens qu'il à laissez à cette Eglise, ainsi est trois fois à Rome pour cet effet, & les beaux Priuileges qu'il a donnés depuis qu'il a esté Pape : deuxiesme des kal. d'Octobre.

Bulles de Clement IV. & Gregoire X. concernant la Fondation de l'Eglise de Sainct VRBAIN, en la ville de Troyes, faite par VRBAIN IV. leur predecesseur.

REVERENDIS in Christo Patribus ac Dominis, Dominis, Dei gratia Archiepiscopo Senonensi, Episcopo Trecensi, & omnibus & singulis alijs Archiepiscopis & Episcopis, nec non religiosis & honestis viris, Abbatibus, Abbatissis, Prioribus, Priorissis, & eorum Conuentibus, ac venerabilibus & discretis viris Decano, Archidiaconis, Cantoribus, Capitulis, Curatis, Capellanis, caeterisque personis Ecclesiasticis, & omnibus & singulis alijs personis Ecclesiasticis & secularibus vbilibet constitutis, ad quos presentes Litterae peruenerint, Abbas Monasterij Sancti Remigij Remensis Ordinis Sancti Benedicti, Iudex & conseruator vna cum quibusdam alijs Collegijs nostris cum illa clausula quatenus vos vel duo, aut vnus vestrum, per vos vel alium seu alios, &c. Priuilegiorum, Venerabilibus & discretis viris, Dominis Decano & Capitulo Ecclesiae Sancti Vrbani Trecensis ad Romanam Ecclesiam nullo medio pertinentis à Sede Apostolica indultorum, & ab eadem sede deputatis, Salutem in Domino, & mandatis nostris imò verius Apostolicis firmiter obedire. Noueritis nos duas Litteras foelicis recordationis Domini nostri, Domini Gregorij diuina prouidentia Papae decimi, vera eius Bulla plumbea, vnam videlicet in filis sericis rubei croceique coloris, & aliam in cordula canapis more Romano, cuius bullatas, non cancellatas, non vitiatas, nec in aliqua sui parte suspectas, sed sanas & integras, vt prima facie apparebat nobis in publici Notarij & testium subscriptorum praesentia, per venerabilem & discretum virum Magistrum Guillelmum Mauberti, praedictae Ecclesiae Sancti Vrbani Trecensis Canonicum procuratorem dictorum Dominorum Decani & Capituli dictae Ecclesiae Sancti Vrbani praesentatas, cum ea qua decuit reuerentia recepisse, quarum tenores per ordinem sequuntur in hunc modum.

Gregorius Episcopus seruus seruorum Dei, dilectis filijs Decano & Capitulo Ecclesiae sancti Vrbani Trecensis ad Romanam Ecclesiam nullo medio pertinentis, salutem & Apostolicam benedictionem. Vestrae deuotionis sinceritas promeretur vt vos & Ecclesiam vestram paterno prosequentes affectu, petitiones vestras quantum cum Deo possumus ad auditionis gratiam admittamus, tenorem igitur eiusdem priuilegij foelicis recordationis Clementis Papae quarti predecessoris nostri cuiusdam predecessoris, & bonae memoriae nonnullorum Episcoporum Presbyterorum & Diaconorum sanctae Romanae Ecclesiae Cardinalium qui tunc erant subscriptionibus & signis consuetis in talibus roborati quod incipit vetustate consumi, quod inspici & examinari fecimus diligenter de verbo ad verbum ad nostrae supplicationis instantiam praesentibus absque signis & subscriptionibus praedictis annotari fecimus, quod tale est.

Clemens Episcopus seruus seruorum Dei, dilectis filijs Decano & Canonicis Ecclesiae Sancti Vrbani Trecensis, tam praesentibus quam futuris Canonicis substituendis in perpetuum. Et si vniuersae orbis Ecclesiae Apostolicae Sedi, quae disponente Domino super ipsas ordinariae potestatis obtinent principatum subesse noscantur, aliquas tamen interdum de suae authoritatis plenitudine sedes eadem specialiter sibi subditis sic eas à cuiuslibet alterius iurisdictione prorsus eripiens, vt nullum nisi solum Romanum Pontificem superiorem & Dominum recognoscant, constituendo ipsas quadam singulari priuilegio liberas penitus & exemptas, vnde foelicis recordationis Vrbanus Episcopus praedecessor noster ad Ecclesiam Sancti Vrbani Trecensis quae in fundo siue solo suae paternae domus est, Ecclesiae Romanae constructa sumptibus & dotata specialem gerens affectum & volens vt sicut ipsius praedecessoris erga eam in dilectione abundabat gratia, sic exuberaret in opere circa ipsam, prouidit singularibus illam priuilegijs plerisque libertatibus insigniri, vt cum magis Apostolico suffulta fauore fuerit, eo amplius circa praefatam sedem deuotione concrescat, verum idem praedecessor morte praeuentus, quod super hoc in affectu gerebat perducere non potuit ad effectum : Quapropter dilecti in Domino filij, vos huiusmodi eiusdem praedecessoris propositum attendentes ac aliqua iis quae praeordinauerat exequentes, praedictam Sancti Vrbani saecularem Ecclesiam in ius & proprietatem B. Petri & praedictae sedis assumimus & presentis scripti patrocinio communimus ab omni iurisdictione potestate ac Dominio, tam Episcopi Trecensis, & Archiepiscopi Senonensis, qui pro tempore fuerint, quam cuiuslibet alterius Praelati seu Ecclesiasticae personae, illam totaliter in perpetuo eximentes, ita quod nec idem Episcopus & Archiepiscopus nec quis alia persona Ecclesiastica cam vt pote prorsus exemptam vel personas seu Canonicos ipsius Ecclesiae, siue Clericos eius qui continuè in diuinis Officijs seruierint in eadem aut seruientes personarum & Canonicorum praedictae Ecclesiae, qui tanquam ipsorum familiares domestici eorum obsequiis morabuntur, interdicere, suspendere, vel excommunicare valeat, seu quomodocunque, alias in praefatam Ecclesiam & praedictos vel corum aliquam potestatem vel iurisdictionem aliquam exercere, & si contra forte praesumptum fuerit, sit omninò vacuum, irritum & inane. Porro vt numerus personarum in eadem Ecclesia Domino famulantium ipsius facultatibus proinde coaptetur duodenarium Canonicorum numerum, cum Decano, Cantore & Thesaurario, quos in huiusmodi numero computari volumus in Ecclesia prædicta præsentium authoritate statuimus, & quod collatio præbendarum thesaurariæ & Cantoriæ in ea pertineat ad Decanum, præcipientes vt Ecclesia ipsa prædicto numero sit contenta, & districtius inhibentes ne aliquis in illa vltra numerum ipsum in Canonicum admittatur absque speciali licentia sedis eiusdem faciente plenam & expressam de statuto & inhibitione huiusmodi mentionem. Nos enim irritum & inane decernimus si secus à quoquam fuerit attentatum. Statuimus etiam vt Decanus prædictæ Ecclesiæ ab eius Canonicis eligatur & præsentetur ipsius electio Romano Pontifici confirmanda per eum, sed nihilominus interim ante suam confirmationem si concorditer electus fuerit in spiritualibus & temporalibus, ne forte incurrat in his Ecclesia ipsa dispendium, administret, sic tamen vt de rebus illius nihil penitus alienet, veruntamen infra sex mensium spatium postquam electus fuerit à Canonicis confirmatio huiusmodi ab eodem Romano Pontifice postuletur, quod si forte neglectum fuerit, ex tunc eisdem Canonicis eligendi alium idoneum in Decanum, libera sit facultas. Decanus autem postquam confirmatus fuerit, succesiue ad omnes ordines statutis temporibus teneatur se facere promoueri, & ad continuam residentiam in eadem Ecclesia faciendam, super quibus ipse in confirmatione sua præstet coram dicto Romano Pontifice, vel coram illo cui dictus Romanus Pontifex hoc vel confirmationem huiusmodi commiserit corporaliter iuramentum & nihilominus postquam redibit ad dictam Ecclesiam electionis suæ confirmatione obtenta super confirmatione sua & præstatione huiusmodi iuramenti litteras testimoniales ipsius Romani Pontificis vel illius cui dictus Romanus Pontifex confirmationem electionis suæ commiserit Capitulo Ecclesiæ prædictæ reportet, liceat autem sibi duobus mensibus annis singulis extra dictam Ecclesiam pro suis negotiis moram facere, & si cum pro negotiis eiusdem Ecclesiæ de licentia ipsius Capituli interdum abesse contigerit, propter hoc absens minime reputetur. Ordinamus quoque vt tu fili Decane & successores tui circa spiritualia prædictæ Ecclesiæ & habeatis plenam curam & in illius personas, Canonicos, Clericos & Ministros ac eorum seruientes, siue Clerici fuerint, siue Laïci tanquam vobis subditos spiritualem iurisdictionem; ita quod in eos censuram Ecclesiasticam valeatis libere exercere, & nullus alius iurisdictionem vel censuram huiusmodi sibi in prædictos quomodolibet vendicare præsumat. Sanè à vobis & successoribus vestris eligatur vnus præpositus siue camerarius annuatim qui omnium temporalium eiusdem Ecclesiæ curam gerat ac redditus & prouentus ipsius Collegij faciat & conseruet, distribuendo proportionaliter per eum inter Canonicos & personas Ecclesiæ memoratæ, ita quod Decanus duas, Thesaurarius verò & Cantor, videlicet vterque eorum vnam & dimidiam ex redditibus & prouentibus huiusmodi percipient portiones. Et ne prædicta Ecclesia debitis obsequiis defraudetur; Volumus & statuimus quod portio ex huiusmodi redditibus & prouentibus assignetur tantum illis Canonicis & personis qui personalem residentiam fecerint & interfuerint horis Canonicis in Ecclesia memorata, ea seruata forma quod in singulis horis huiusmodi iuxta taxationem prædictorum Decani & Capituli certum quid ex prædicta portione presentibus assignetur, absentes verò personæ & Canonici & præsentes etiam nisi pro tempore quo interfuerint horis prædictis portionem non recipiant supradictam nisi forte præsentes tali detineantur debilitate vel infirmitate quod non possint in dicta Ecclesia commode deseruire, aut alia iusta causa & legitima excusentur, sed & absentes de licentia prædictorum Decani & Capituli apud sedem Apostolicam pro negotijs ipsius Ecclesiæ, aut si in peregrinatione fuerint, aut in scolis, tunc ac si essent presentes integrè suam percipiant portionem, huiusmodi autem præpositus siue camerarius ratione administrationis suæ reddat in præsentia dictorum Decani & Capituli bis in anno, & si facultates prædictæ Ecclesiæ adeo excreuerint, quod singulæ portionem summam annuam quinquaginta librarum Turonensium (qua singulos Canonicos dictæ Ecclesiæ annuatim volumus esse contentos) possint excedere, quod superfuerit de huiusmodi summa, fideliter conseruetur in possessiones pro prædicta Ecclesia, vel alias vtilitates ipsius Ecclesiæ per dictos Decanum & Capitulum totaliter conuertendas. Ad hæc liceat vobis Chrisma, Oleum sanctum, consecrationes Altarium & prædictæ Ecclesiæ, ordinationes quoque Clericorum vestrorum qui ad ordines fuerint promouendi petere ac recipere à quocunque malueritis Catholico Episcopo, gratiam & communionem Apostolicæ sedis habente qui nostra fretus authoritate vobis quod postulatis impendat. Quod si forte à Trecensi Episcopo qui erit pro tempore hoc postulaueritis & receperitis, nihil omnino iuris propter hoc seu iurisdictionis Dominij aut potestatis idem Episcopus vel Ecclesia Trecensis in vobis sibi vendicet vel acquirat, nec ex eo materiam vel occasionem seu causam præscribendi aliquam contra vos possit sumere vel habere. Statuimus insuper vt in ipsa sancti Vrbani Ecclesia fiat quotidie in Missarum solemniis commemoratio de prædicto prædecessore ipsius suppresso nomine, & pro Romano Pontifice præterquam in præcipuis festiuitatibus oratio specialis, nec non pro Romanis Pontificibus defunctis Missa ibi semel ad minus in hebdomada celebretur. Ad iudicium autem huiusmodi perceptæ à sede Apostolica libertatis memorata Ecclesia Sancti Vrbani vnum obolum annuum in Festo omnium Sanctorum persoluat nobis nostrisque successoribus annuatim. Decernimus ergo vt nulli omnino hominum liceat prædictam Ecclesiam temere perturbare, aut eius possessiones auferre vel ablatas retinere, minuere seu quibuslibet vexationibus fatigare, sed ea omnia integra conseruentur eorum pro quorum gubernatione & sustentatione concessa sunt vsibus commoda profutura præfatæ sedis authoritate; in omnibus semper salua. Si qua igitur in futurum Ecclesiastica sæcularisque persona hanc exemptionis, reseruationis, constitutionis, ordinationis, prohibitionis, & concessionis paginam sciens contra eam temere venire tentauerit, secundo tertiòve commonita, nisi reatum suum congrua satisfactione correxerit, potestatis honorisque sui careat dignitate, reamque se diuino iudicio existere de perpetrata iniquitate cognoscat, & à sacratissimo Corpore & Sanguine Dei & Domini redemptoris nostri Iesu Christi aliena siat, atque in extremo examine districte subiaceat vltioni, cunctis autem eidem Ecclesiæ sua iura seruantibus sit pax Domini nostri Iesu Christi quatenus & hic fructum bonæ actionis percipiant & apud discretum iudicem præmia æternæ pacis inueniant, Amen, Amen, Amen. Datum Perusij per manum Magistri Michaëlis Sanctæ Romanæ Ecclesiæ Vicecancellarij, octauo Calendas Octobris, Indictione nona, Incarnationis Dominicæ, anno millesimo ducentesimo sexagesimo quinto. Pontificatus vero Domini Clementis Papæ quarti anno primo.

Nos itaque vestris supplicationibus inclinati huiusmodi Priuilegium auctoritate Apostolica innouamus & præsentis scripti patrocinio communimus, per hoc autem nullum ius alicui de nouo acquiri volumus, sed antiquum tantummodo conseruari, nulli autem omnino hominum liceat hanc paginam nostræ innouationis & voluntatis infringere, vel ei ausu temerario contraire. Si quis autem hoc attentare præsumpserit, indignationem omnipotentis Dei, & Beatorum Petri & Pauli Apostolorum eius se nouerit incursurum. Datum Auinioni nono Calendas Februarias, Pontificatus nostri anno quinto.

Item. GREGORIVS *Episcopus seruus seruorum Dei, dilectis filiis Sancti Remigij Remensis, & Sancti Germani Autissiodorensis, ac Sanctæ Genouefæ Parisiensis Monasteriorum Abbatibus, salutem & Apostolicam benedictionem.* Licet ex subscripti cura regiminis vniuersis Christi fidelibus debitores effecti, eos diligere ipsorumque indemnitatibus quantum nobis est possibile consulere teneamur, quosdam tamen & præsertim viros Ecclesiasticos Romanæ Ecclesiæ immediate subiectos affectu amplectimur speciali, circa quos eò sollicitudinis persoluimus debitum quo nostro pectori noscuntur sincerius inhærere, sane petitio pro parte filiorum Decani & Capituli Ecclesiæ Sancti Vrbani Trecensis eidem Romanæ Ecclesiæ immediate subiectæ nobis nuper exhibita continebat quod licet ipsi Decanus & Capitulum ac Ecclesia ab omni iurisdictionis dominio & potestate venerabilium Fratrum nostrorum Archiepiscopi Senonensis loci Metropolitani, & Episcopi Trecensis & aliorum quorumcunque Ordinariorum per speciale Priuilegium eis per fœlicis recordationis Clementem Papam quartum Prædecessorem nostrum concessum, cui non est in aliquo derogatum, quod quidem Priuilegium nuper duximus innouandum, sint prorsus exempti & eidem Sedi immediate subiecti, tamen nonnulli qui gloriantur cum malè fecerint præfatos Decanum & Capitulum, & Ecclesiam contra tenorem huiusmodi Priuilegij multipliciter molestare præsumunt. Quare dicti Decanus & Capitulum nobis humiliter supplicarunt, vt prouidere ipsis super hoc paterna diligentia curaremus, Nos igitur aduersus molestatores huiusmodi illo volentes eisdem Decano & Capitulo remedio subuenire per quod ipsorum compescatur temeritas & aliis aditus committendi similia præcludatur, discretioni vestræ per Apostolica scripta mandamus, quatenus vos vel duo aut vnus vestrum, per vos vel alium, seu alios etiam si sint extra loca in quibus deputati estis Conseruatores & Iudices præfatis Decano & Capitulo efficacia defensionis præsidio assistentes, non permittatis eosdem contra tenorem dicti Priuilegij ab aliquibus indebitè molestari, vt eis grauamina seu damna aut iniurias irrogari faciant dictis Decano & Capitulo cum ab eis vel Procuratoribus suis aut eorum aliquo fueritis requisiti de quibuslibet iniuriis, molestiis atque damnis, contra tenorem dicti Priuilegij præsentibus & futuris in illis videlicet quæ iudicialem requirunt indaginem summariè & de plano ac sine strepitu & figura iudicij iustitiæ complementum, molestatores & iniuriatores huiusmodi necnon contradictores quoslibet & rebelles cuiuscunque status, ordinis & conditionis extiterint quandocunque & quotiescunque expedierit per censuram Ecclesiasticam auctoritate nostra appellatione postposita compescendo, inuocato ad hoc (si opus fuerit) auxilio brachij secularis non obstantibus tam fœlicis recordationis Bonifacij Papæ octaui Prædecessoris nostri in quibus cauetur ne quis extra suam Ciuitatem & Diœcesim nisi in certis exceptis casibus & in illis vltra vnam diætam à fine suæ Diœcesis ad iudicium euocetur, seu ne Iudices & Conseruatores à Sede deputati prædicta extra Ciuitatem & Diœcesim in quibus deputati fuerint contra quoscunque procedere, seu alij vel aliis vices suas committere, aut aliquos vltra vnam diætam à fine Diœcesis eorundem trahere præsumant, dummodo vltra duas diætas aliquis auctoritate præsentium non trahatur, seu quod de aliis quam de manifestis iniuriis & violentiis & aliis quæ iudicialem indaginem exigunt pœnis in eos seu eorum procuratores adiectis conseruatores se nullatenus intromittant, quam aliis quibuscunque Constitutionibus à Prædecessoribus nostris Romanis Pontificibus, tam de Iudicibus delegatis & conseruatoribus quam personis vltra certum numerum ad iudicium non vocandis aut aliis editis quæ nostræ possent in hac parte iurisdictioni aut potestati eiusque libero exercitio quomodolibet obuiare, seu si aliquibus communiter vel diuisim à prædicta sit Sede indultum quod excommunicari, suspendi vel interdici, seu extra vel vltra certa loca ad iudicium euocari non possint per Litteras Apostolicas non facientes plenam & expressam ac de verbo ad verbum de indulto huiusmodi & earum personis & locis ordinibus & nominibus proprijs mentionem, & qualibet alia dictæ Sedis indulgentia generali vel speciali cuiuscunque tenoris existat per quam præsentibus non expressam vel totaliter non insertam nostræ iurisdictionis explicatio in hac parte valeat quomodolibet impediri, & de qui cuiusque toto tenore de verbo ad verbum in nostris litteris habenda sit mentio specialis. Cæterum volumus & Apostolica auctoritate decernimus quod quilibet vestrum prosequi valeat articulum etiam per alium inchoatum quamuis idem inchoans nullo fuerit impedimento canonico præpeditus, quodque ad data præsentium sit vobis & vnicuique vestrum in præmissis omnibus & eorum singulis cæptis & non cæptis præsentibus & futuris perpetuata potestate & iurisdictio attributa, vt eo vigore eaque firmitate pollitis in præmissis omnibus cæptis & non cæptis præsentibus & futuris, & pro prædictis procedere ac si prædicta omnia & singula coram vobis cœpta fuissent & iurisdictio vestra & cuiuslibet vestrum in prædictis omnibus & singulis per citationem vel modum alium perpetuata legitimum extitisset constitutione prædicta super conservatoriis & alia quacumque in contrarium edicta non obstante. Datum Auinioni tertio Nonas Februarias. Pontificatus nostri anno quinto.

Quibus Litteris sic reuerenter per nos receptis pro parte dictorum venerabilium Decani & Capituli fuimus requisiti quatenus eisdem præsidio defensionis assistentes auctoritate Apostolica prædicta contra molestatores, inuasores, occupatores & iniuriatores prædictos processus nostros virtute dictarum Litterarum Apostolicarum & Priuilegiorum prædictorum, & ipsorum venerabilium suæque Ecclesiæ prædictæ, status ac bonorum eorumdem defensionem ac conseruationem facere vellemus exequendo mandata Apostolica contenta in Litteris Apostolicis supradictis. Hinc est quod eorum requisitioni & supplicationi tanquam iustis inclinati sicut decet vobis omnibus & singulis suprascriptis, tenore præsentium dictas Litteras Apostolicas & Priuilegia mandataque Apostolica contenta in eisdem notificamus & etiam intimamus vobis & vestrum singulis tenore præsentium inhibemus ne contra dictos venerabiles Decanum & Capitulum præfatæ Ecclesiæ Sancti Vrbani Trecensis ad Romanam Curiam nullo medio pertinentis ipsamque Ecclesiam ac personas & bona eorumdem, iura, possessiones & familiares eorumdem in ipsorum damnum, iniuriam ac preiudicium facere attentareque præsumatis contra Priuilegia Sanctæ Sedis Apostolicæ suprascripta, monentes vos & vestrum quemlibet prout tangit quemlibet si aliqua in preiudicium eorumdem venerabilium attentaueritis contra Priuilegia eorumdem, prædicta ipsa attentata penitus reparetis & ab his desistatis infra sex dies post monitionem vobis & vestrum singulis pro parte nostra faciendam super hoc, quorum duos primos dies pro primo, duos sequentes pro secundo, & reliquos duos dies vltimos pro tertio, & peremptorum termino vobis & vestrum cuilibet peremptorie assignamus & ex causa sub pœnis infra scriptis, in vos videlicet Dominos Archiepiscopos & Episcopos interdictionis ingressus Ecclesiæ & si per octo dies sustinueritis interdictum huiusmodi, suspensionis à diuinis, & si dictam suspensionem per octo dies sustinueritis sub excommunicationis, necnon in cæteras personas singulares, in Capitula vero & Conuentus suspensionis à diuinis & in loca interdicti Sententiis atque pœnis quas in non parentes nostris mandatis huiusmodi contradictoresque rebelles mandatorum Apostolicorum suprascriptorum ferimus in his scriptis, quas etiam Sententias contra personas, Capitula, Conuentus atque loca dum ipsas incurrisse contigerit, volumus & iubemus per nostros in hac parte Commissarios in Ecclesiis, sermonibus ac locis publicari ac etiam nunciari. Cæterum pro nostris præsentibus processibus intimandis, notificandis, & executioni debitæ demandandis potissime inhibitionibus ac monitionibus auctoritate nostra imò verius Apostolica contra contradictores & rebelles, inuasores, occupatores, iniuriatores & detentores prædictos diligenter faciendis vobis, Dominis Abbatibus, Prioribus, Decanis, Ecclesiarum Rectoribus, necnon Tabellionibus ac Notariis publicis auctoritate Apostolica, Imperiali aut Curiarum ordinariarum vtentibus quoad vlteriorem executionem dictorum mandatorum Apostolicorum cùm in hoc vacare nequeamus in persona propria, nostris ac Monasterij nostri negotiis arduis impediti, vestrumque cuilibet, nostram tenore præsentium committimus potestatem. Iniungentes districtius auctoritate prædicta sub excommunicationis Sententiæ pœna vestrum cuilibet qui super hoc pro parte dictorum venerabilium Decani & Capituli Ecclesiæ Sancti Vrbani prædictorum fueritis requisiti, quatenus præsentem processum nostrum notificetis, intimetis ac publicetis in locis ac temporibus de quibus prædictorum venerabilium parte fueritis requisiti, inhibitionesque ac monitiones in forma suprascripta faciatis contra quascumque personas rebelles & contradictores ac dictorum venerabilium instantiam prædictam vero excommunicationis pœnam ac Sententiam in vestrum quemlibet nostro mandato non parentem infra triumdierum spatium ex quo requisiti fueritis pro parte dictorum venerabilium de & super nostro mandato huiusmodi exequendo, quorum vnum pro proximo, secundum pro secundo & tertium pro tertio vltimo, ac peremptorum termino vobis assignamus, & ex causa in vos & vestrum quemlibet non parentem proferimus in his scriptis. Insuper vobis tenore præsentium committimus & mandamus quatenus ante monitiones & inhibitiones prædictas ac etiam postea, citetis coram nobis in nostro Monasterio peremptorie ad dictorum venerabilium instantiam personas de quibus fueritis requisiti ipsis venerabilibus quod iustum fuerit responsuras ad certos & competentes dies, prouiso quod in quolibet citatorio non excedat numerus octo personarum & si contingat nos super præmissis vlterius procedere de quo nobis potestatem plenariam reseruamus, non intendimus propter hoc commissionem nostram supradictam in aliquo reuocare nisi de reuocatione ipsa in nostris faceremus expressam litteris mentionem. Volumus autem partibus petentibus copiam de tenore nostri præsentis processus fieri, suis sumptibus & expensis, Absolutiones verò à præfatis sententiis nobis vel superiori nostro tantummodo reseruamus, in quorum omnium testimonium præsentes Litteras seu præsentem nostrum processum per publicum Notarium subscriptum ad præmissa omnia dum sic agerentur vobiscum præsentem fieri & publicari iussimus ac ipsos nostri sigilli appensione muniri vnà cum signo solito etiam & subscriptione eiusdem publici Notarij infrascripti. Datum & actum in dicto nostro Monasterio Sancti Remigij Remensis anno Domini millesimo trecentesimo septuagesimo nono, Indictione secunda, Pontificatus sanctissimi in Christo Patris & Domini nostri, Domini Clementis diuina prouidentia Papæ septimi, anno secundo, vigesima sexta die Nouembris, præsentibus venerabilibus & discretis viris Domino Radulpho Iaquetelli Canonico Senonensi subcollectore Apostolico in Ciuitate & Diœcesi Remensi, Domino Gerardo Domini, Curato de Drot

Sancti Basoli Trecensis Dioecesis Presbyteris, Ioanne de Colemes Clerico & Ioanne Apicu, Remensis Dioecesis, ac pluribus aliis testibus ad præmissa vocatis specialiter & rogatis.

Et ego Iocehnus de Villetero Trecensis Dioecesis Clericus publicus auctoritate Apostolica & imperiali Notarius, prædictarum Litterarum Apostolicarum præsentationi & receptioni, monitioni, inhibitioni, commissioni, prolationi, cæterisque omnibus & singulis dum sic vt suprascribuntur dicerentur & fierent vna cum dicto Domino conseruatore & testibus prænominatis præsens interfui atque sic fieri vidi & audiui, ac ipsa in hanc publicam formam redigendo præsentes, Litteras exinde confectas manu mea propria scriptas signo meo solito me hic subscribendo signaui vna cum sigillo dicti Domini Conseruatoris requisitus & rogatus.

Transaction faite auec le Comte de Champagne, concernant la Fondation faite par le Pape Vrbain IV. de l'Eglise Sainct Vrbain, en la Ville de Troyes.

HENRICVS Dei gratia Rex Nauarræ, Campaniæ Briæque Comes Palatinus, omnibus hæc visuris salutem in Domino sempiternam. Ad notitiam præsentium & memoriam futurorum. Sciant cuncti quod D. Vrbanus bonæ memoriæ Papa quartus, natus de ciuitate Trecensi, in honorem B. Vrbani Martyris in ipsa ciuitate quandam Ecclesiam fundauit & erexit, certumque numerum Canonicorum pro diuinis Officijs ibidem celebrandis statuit, ac etiam ordinauit & possessiones seu redditus pro dote ipsius Ecclesiæ, & pro redditibus assignandis Canonicis Ecclesiæ præditæ emit seu emi fecit & mandauit, sed quia quædam ex illis redditibus & possessionibus sitæ sunt in feudis, retrofeudis, seu allodiis nostris, censibus, iustitiis, ac aliis rebus vndecunque mouentibus, nec prædictæ possessiones acquiri Ecclesiæ in perpetuum poterant, seu ad vsus prædictæ Ecclesiæ applicari, nisi super hoc noster interuenisset assensus. Ideo redditus & possessiones prædictas saisiri fecimus, & saisitas detineri, veruntamen, licet, prædictæ acquisitiones dictarum possessionum & reddituum in nostrum præiudicium non modicum verterentur, ducti consilio salutari, pro remedio animæ nostræ nostrorumque parentum, necnon etiam precibus inclinati sanctissimi Patris D. Gregorij summi Pontificis, ac Venerabilis Patris Domini Ancheri, tituli S. Praxedis, sacrosanctæ Ecclesiæ Romanæ Presbyteri Cardinalis, nati de prædicta Ciuitate Trecensi, & nepotis D. prædicti Vrbani, spiritualia etiam temporalibus præponentes, acquisitionibus factis prædictæ Ecclesiæ de possessionibus, seu redditibus situatis in feudis, retrofeudis, seu allodiis nostris, censibus, iustitiis, & aliis rebus vndecunque mouentibus consentimus, & ipsas acquisitiones ratas & firmas habemus. Ita tamen quod prædictæ acquisitiones factæ in feudis nostris & rebus aliis, vt prædictum est quantitatem 500. librarum Turonen. annuatim in redditibus non excedant: Et si ipsæ acquisitiones non sufficiant vsque ad quantitatem prædictam, volumus & consentimus, quod in feudis, retrofeudis, & allodiis nostris, & iustitiæ nomine prædictæ Ecclesiæ emi possint possessiones & redditus vsque ad quantitatem prædictam. Ita tamen quod feudum integrum nullatenus acquirant, promittentes per nos successores hæredesque nostros ipsas in perpetuum ratas & firmas habere, necnon etiam in aliquo contrauenire, seu etiam ipsarum quamlibet de cætero nullatenus contraire. Præter hoc autem prædictus Cardinalis, quantum in se est nobis & successoribus nostris concessit & concedit collationem pro medietate præbendarum & dignitatum prædictæ Ecclesiæ, cum eas vacare contigerit, vt nos & ipse ipsas vicissim conferamus, ita tamen quod nos primam collationem habeamus, & secundam prædictus Cardinalis excepto Decanatu, qui ibidem per electionem ordinatur. Placuit etiam nobis & dicto ipso D. Cardinali, & inter nos expresse actum extitit & etiam concordatum: quod post decessum eiusdem Cardinalis Decanus, qui pro tempore fuerit in præfata Ecclesia B. Vrbani Trecensis, & successores sui, vna nobiscum, & successoribus nostris habeant pro medietate collationem præbendarum & dignitatum, & nos & successores nostri & ipsi, & successores eorum dictas præbendas & dignitates vicissim conferamus, sicut de nobis nostrisque successoribus, & dicto Cardinali superius est expressum, & in testimonium veritatis & rei gestæ, præsentes Litteras fieri fecimus, & sigilli nostri impressione muniri. Datum & actum in Ciuitate Trecensi, anno Domini 1273. mense Augusti.

Confirmation de la Bulle & fondation du Pape Vrbain quatriesme, de l'Eglise Sainct Vrbain en la ville de Troyes.

GREGORIVS Episcopus seruus seruorum Dei. Dilecto nostro Anchero Sanctæ Praxedis Presbytero Cardinali, salutem & Apostolicam benedictionem. In nostra proposuisti præsentia constitutus quod cum felicis recordationis Vrbanus Papa prædecessor noster, ad sanctum Vrbanum gerens specialis deuotionis affectum, in ipsius Sancti honore quandam Ecclesiam in ciuitate Trecensi in feudo siue solo suæ paternæ domus Ecclesiæ Romanæ sumptibus construi fecisset, & pariter & dotasset volens quod tu post ipsius obitum personatus & præbendas eiusdem Ecclesiæ Sancti Vrbani conferres personis idoneis quoad viueres iuxta tuæ beneplacitum voluntatis. Tandem quia dicto prædecessore morte præuento, super hoc Apostolicæ Litteræ confectæ non fuerant, piæ memoriæ Clemens Papa prædecessor noster intendens vt memorati prædecessoris Vrbani in hac parte voluntas totaliter seruaretur tibi quoad vixeris personatus & præbendas Ecclesiæ memoratæ quoties vacauerint possis ideneis conferre personis per suas duxit litteras indulgendum. Nonobstante quod idem prædecessor Clemens statuisse dicebatur vt collatio præbendarum Thesaurariæ & Cantoriæ præfatæ Ecclesiæ S. Vrbani ad Decanum pertineret eiusdem, ad quem post tuum obitum illarum collationem iuxta statutum huiusmodi nominatus prædecessor Clemens voluit pertinere. Sane postmodum inter te atque carissimum in Christo filium nostrum Henricum Regem Nauarræ illustrem Campaniæ Briæque Comitem Palatinum, super eo quod ipse Rex dicebat quod aliquæ de possessionibus siue redditibus ex quibus præfata sancti Vrbani Ecclesia erat dotata in suis territoriis feudis seu allodiis consistebat, & quod huiusmodi possessiones siue redditus ad opus ipsius Ecclesiæ sancti Vrbani præter dicti Regis assensum in illius preiudicium fuerant acquisitæ: orta materia quæstionis. Demum Rex ipse voluit liberaliter & concessit quod acquisitiones quæcumque de possessionibus & redditibus memoratis & in territorijs feudis retrofeudis seu allodiis ante dictis, vsque ad valorem annui redditus Trecentarum librarum Turonensium factæ aut etiam faciendæ procedant liberè ac suum omnino sortiantur effectum. Tu quoque post modum præsentem ipsius Ecclesiæ necessitatem & vtilitatem inspiciens ac futuram, & ad promotionem vtilitatis huiusmodi prædictæ Ecclesiæ Regem ipsum suosque successores obligari desiderans quantum in te extitit concessisti vt rex ipse, suique successores qui fuerint pro tempore, præbendarum & dignitatum eiusdem Ecclesiæ sancti Vrbani, excepto Decanatu ipsius Ecclesiæ, vbi Decanum per electionem debere assumi statutum dicitur, pro medietate collationem futuris temporibus vicibus habeant alternatis. Collationem præbendarum & dignitatum huiusmodi tibi quandiu vixeris, & post te ipsius Ecclesiæ Decanis qui fuerint pro tempore, pro medietate reliqua remanente sicut in litteris inde confectis dicti Regis sigillo munitis plenius continetur. Nos itaque tuis supplicationibus inclinati quod factum est in hac parte ratum habentes & firmum, illud ex certa scientia auctoritate Apostolica confirmamus & præsentis scripti patrocinio communimus, dummodo ipsa Ecclesia feudis retrofeudis, & aliis vicibus supradictis quo ad possessiones & alia præmissa perpetuo sit libera & immunis.

Nulli ergo hominum liceat hanc paginam confirmationis infringere, vel ei ausu temerario contraire. Si quis autem hoc attentare presumpserit, indignationem omnipotentis Dei, & Beati Petri & Pauli Apostolorum eius, se nouerit incursurum. Datum Lugduni 16. Aprilis. Pontificatus anno secundo.

Fondation faite par le Pape Vrbain IV. en l'Eglise Cathedrale, & en la Collegiale de Sainct Estienne, & és Abbayes de Nostre-Dame de Troyes, & Nostre-Dame des Preys lez Troyes, communiquée par feu Nicolas Camusat, Chanoine en l'Eglise Cathedrale de Sainct Pierre de Troyes.

OMNIBVS præsentes litteras inspecturis, Officialis Trecensis, salutem in Domino. Noueritis nos tales litteras vidisse & de verbo ad verbum legisse in forma quæ sequitur. VRBANVS Episcopus seruus seruorum Dei, venerabili Fratri Episcopo Trecensi, salutem & Apostolicam Benedictionem Cum nihil sit morte certius, nihilque incertius hora mortis, non potest senex vel iuuenis potens vel impotens sui finis certitudinem obtinere. Propter quod in Iob legitur, *nescio quando subitam & si me tollat post noctem factor meus*. Nam etsi Deus mensurabiles hominis dies posuerit, quid tamen de numero dierum huiusmodi sibi desit ei censuit illa ratione potissimum occultari, vt dum homo ipse diei noui sui ignoraret instantiam, omnes horas suspectas haberet, sicque bonis operibus iugiter inhæreret tanquam ineuitabile sibi quotidie aduerteret posse etiam quà non putatur horà mortis imperium imminere His etiam, prout expedit, sedulà med ratione pensatis, bonum dum tempus habemus, ad omnes disponimus operari, & illis præcipuè nostræ perpetuæ sollicitudinis studium, pietatis munera volumus elargiri, de quibus ex antiqua familiaritate spem indubitatam habemus, crebris eorum orationibus vallari dum viuimus, & postquam de hoc mundo vocati fuerimus congruis apud Deum ipsorum suffragiis adiuuari. Hinc est quod cum quadringentas marchas Sterlingorum per Mercatores nostros pro huiusmodi pia largitione tuæ mandemus fidei, de qua plenè confidimus exhiberi fraternitati tuæ per Apostolica scripta mandamus, quatenus pecuniam ipsam à Mercatoribus requiras eisdem, ipsamque receptam Ecclesiæ Cathedrali in qua conuersati à pueritia nostra fuimus, & Ecclesiæ Sancti Stephani, & Monasterio Beatæ Mariæ Trecensis Ordinis Sancti Benedicti, in cuius Monasterij Parochia nati fuimus, & per susceptionem lauacri baptismalis renati, necnon & Monasterio Beatæ Mariæ in Pratis iuxta Trecas Cisterciensis Ordinis, vbi matris nostræ sepultum est corpus; ita quod Ecclesiarum & Monasteriorum ipsorum cuilibet centum marchas pro redditibus emendis studeas assignare, vt Ecclesiarum & Monasteriorum ipsorum Capitula & Abbatissæ atque Conuentus pro suscepto beneficio ex debito charitatis se nobis quin Deo potius obnoxios cognoscentes, vnam Missam de Sancto Spiritu dum vixerimus in fragilitatis nostræ suffragium 11. nonas Septembris, & postquam migrauerimus de hoc mundo in Anniuersario nostri obitus vnam Defunctorum Missam, cantata præcedenti die nouem lectionum vigilia pro nostræ animæ remedio annis singulis tam ipsi quam, & qui eis in eisdem Ecclesiis & Monasteriis successerint, statuto super hæc edito, faciant solemniter celebrari : ſtatutum huiuſmodi vt ſit memoriale perpetuum poſteris in eorum Calendariis & libris aliis prout expedire melius nouerint annotando. Vt autem conſolatio ex hoc illis proueniat qui laborant, volumus vt redditus huiuſmodi qui eiſdem Eccleſiis annuatim prouenient inter ipſarum Eccleſiarum Canonicos vt eſt moris, qui tam Miſſæ de Sancto Spiritu quam & Miſſæ pro Defunctis vt ſupra dicitur celebrandis perſonaliter intereſſe curauerint, diuidantur, & dictorum Monaſteriorum portio Conuentibus eorumdem ad pitantiarum conſolationem accedat. Porrò quia in talibus operibus omnis eſt tarditas excludenda, volumus vt cum omnimoda celeritate, quæ tamen emptoribus nocumentum non afferat, huiuſmodi redditus pro quibus emendis in congruo dicto dictam pecuniam tibi aſſignari mandamus, requiſitis Capitulis & Conuentibus ſupradictis, vt & ipſi de hoc ſint tecum ſolliciti, ſtudeas inuenire. Ita quod tua nobis in hoc prudens diligentia te commendet : & cor noſtrum diſpoſitione huiuſmodi iuxta deſiderium noſtrum obtinente effectum in Domino iocundetur. Quod autem inde feceris tuis nobis litteris harum ſeriem continentibus intimare procures. Datum apud Vrbem veterem quinto Idus Septembris Pontificatus noſtri anno tertio. In cuius rei inſpectionis teſtimonium præſenti reſcripto ſigillum noſtrum duximus apponendum. Datum anno Domini milleſimo ducenteſimo ſexageſimo tertio, menſe Octobris.

Bulla VRBANI IV. Viterbij data ; octauo Calend. Octob. Pontificatus primo.

EPISCOPO & dilectis Filiis de Capitulo Virdunenſi, ſalutem. Pro gratia dilectionis & gratiæ, veſtram proſequi delectamur Eccleſiam, quia & ipſa in honorem glorioſæ Mariæ Virginis conſtructa eſſe dignoſcitur ; & nos qui olim Paſtorali officio fungebamur ibidem, de ipſa primo ad Patriarchatus Hyeroſolimitani curam, & ſubſequenter licet immeriti, ad Apoſtolicæ dignitatis faſtigium, prout pietati diuinæ placuit, fuimus, &c.

Ex Martyrologio Eccleſiæ Laudunenſis.

VNDECIMO Kalend. Octob. Obitus felicis recordationis VRBANI quondam Papæ IV. (alias Iacobi de Trecis) quondam Canonici & Archidiaconi Laudunenſis : qui pro nobis & pro defenſione Priuilegiorum noſtrorum bis antequam in Papam crearetur ad Sedem Apoſtolicam laborauit. Idem cum eſſet Summus Pontifex dedit Deo & Beatæ Mariæ ɔɔ. marcas argenti pro anniuerſario ſuo annuatim faciendo in Eccleſia noſtra.
Dedit etiam idem Pontifex Eccleſiæ noſtræ quatuor Cappas ſericas.

Extraict d'vn Compte de l'Egliſe de Troyes de l'an 1301.

Expenſæ pro Anniuerſariis foraneis.

PRO PAPA VRBANO viginti duas libras, pro GVILLELMO fratre Regis Nauarræ, centum ſolidos.

Epitaphe du Pape VRBAIN IV. qui ſe lit en la Cathedrale de Peruſe, rapportée par le Reuerend Pere Louis Iacob de Sainct Charles, en ſa Bibliotheque Latine des Papes qui ont eſcrit.

ARCHILEVITA fui, Paſtorque Gregis Patriarcha.
Tunc IACOBVS, poſui mihi nomen ab vrbe Monarcha.
Tunc Cinis exiui, Tumuli poſt condor in Arcâ.
Te ſine fine frui, tribuas mihi Summe Gerarcha.

HENRY

HENRY DE BARTHOLOMÆIS DE SVZE,
Archeuesque d'Embrun, Cardinal Euesque d'Ostie & de Velitre.

CHAPITRE IX.

Nomenclator Cardinalium.

HENRICVS DE SEGVSIA Gallus, fons & splendor iuris denominatus, ex Archiepiscopo Ebredunensi, Episcopus Cardinalis Ostiensis ab VRBANO IV. simul atque Pontificatum iniit, renunciatus: Guillelmum Durandum speculatorem dictum auditorem habuit & præter eximiam in vtroque iure scientiam Theologicâ claruit: scripsit *super quinque libros Decretalium, Summam vtriusque iuris a lumiratione.guam, quæ vulgò Summa Ostiensis vocatur*: obiit Lugduni anno 1281. sepultus in Ecclesiâ Prædicatorum.

Guillelmus Duranti.

HENRICVS Segusiæ natus Archiepiscopus Ebredunensis, atque inde Cardinalis Ostiensis factus, præstantissimus in vtroque iure scientiæ vir habitus est; scripsit super Decretales, & Summam edidit, quæ vulgò Summa Ostiensis vocatur: floruit anno Christi 1255. hoc proprium sibi sumpsit, vt Innocentij opiniones duras reprobet. Mantua Iurisconsultus Papiensis de eo hæc. HENRICVS *Ebredunensis quondam Ecclesiæ Archipræsul & Cardinalis Ostiæ per antonomasiam Ostiensis dictus appellatusque, fortè quia per eum tanquam per ostium patuit aditus omnibus ad Iurisprudentiam.* Hunc magnum Canonistam dicit Gem. Consilio 114. incip. si Procurator, col. 3. & Alb. in C. ex conquestione, columna 6. de resp. spo. quod solitus erat vt plurimum reprobare opiniones rigorosas Innocentij. Eoque magis laudandus est, cum à villa Segusia originem duxerit, vt ipse testatur in capite nonnulli, in §. cum autem, in præfatione de rescript. & nihilominus euectus sit tunc ad Cardinalatus fastigium. Et alibi. HENRICVS de Segusia posteà Cardinalis factus. Hic ob eximiam eruditionem suam primùm INNOCENTIO IV. Pontifici & inde ALEXANDRO IV. eius Successori valdè gratus fuit. Iuris Ciuilis & Pontificij Summam vno volumine complexus est, ordine concinentissimo, & tractatione elegantissima. Illud post longum vtriusque Iuris studium, atque exercitium inceptum, posteà verò incendio amissum, tandem Cardinalis inter alia sua negotia absoluit, vt ipse refert in fine sui operis. Edidit præterea Lecturas in quinque libros Decretales. Huius permagna est inter Iurisconsultos auctoritas. Floruit sub dictis Pontificibus anno 1255. & sequentibus.

Idem Guillelmus Duranti.

REVERENDVS Pater Dominus meus HENRICVS Dei gratia Ostiensis Episcopus, lumen Iuris, cuius veneranda memoria fulget vt splendor Firmamenti perpetui, velut stella in æternitates perpetuas permansura.

Ex vita eiusdem Guillelmi Duranti.

GVILLELMVS Duranti Speculator Podiomissione nobili Prouinciæ oppido in Regensi Diœcesi, annos permultos in Iure Cæsareo & Pontificio discit, HENRICO Ostiense copiosè summo Auctore qui in vrbe Lugduno, nobilissimo totius Galliæ Comatæ Emporio, in Dominicanorum Æde sepultus est, vsus est Doctore. *Et en vn autre endroit.* GVILLELMVS Duranti Prouincialis Ordinis Prædicatorum audiuit Ostiensem, qui conscripsit Speculum Iuris quod edidit anno 1261. fuit vir executionis forensis peritissimus, & ideo Pater practicè vocatur: præter Iuris cognitionem, maximam in Theologia celebritatem assequutus est; scripsit præterea librum de Concilio ab omnibus laudatum: hoc solo notatur, quod multa veterum sibi adscripserit: mortuus est iuuenis, annum trigesimum non ita multùm egressus. Huius, de re Sacramentaria fertur sententia hæc. *Verbum audimus, motum sentimus, modum nescimus, præsentiam credimus.*

Preuues du Liure II. de l'Histoire

Thierry de Vaucouleur en la vie du Pape VRBAIN IV. parle ainsi de ce Cardinal.

CONTINVIT fratres hæc prima creatio septem, Ebredunensis tunc Archiepiscopus, hic sit
Altera tot quorum nomina cerne loco.   Præsul, & HENRICVS nomine dictus erat.

Nazarius in Panegyrico Constantini de Segusio, sic paucis.

RIPA est in Pedemonte superatis Alpibus Italiæ Clauſtra obijciens; à patriâ itaque cognomen eſt ſortitus HENRICVS Seguſij ortus, qui in iure tantum profecit, vt fons Iuris *eu nouueaux* fuerit appellatus: Auditorem habuit GVILLELMVM Durandum Episcopum Mimatenſem, dictum vulgò, *Speculatorem*, ob ſubtiles in ſcientiis theorias, & ſpeculationes; non modo Iuris peritiſſimus Cardinalis Oſtienſis, ſed ſupra Iureconſultum Theologus, ſuprà Theologum Orator.

Frizonus in Galliâ purpuratâ.

SCRIPSIT librum, quo Decretales Epiſtolæ explicantur, hortante ALEXANDRO Papa (Apparatus vocatur) Opus doctrinâ refertiſſimum.

Ciaconius in vitis Pontificum sub VRBANO IV.

HENRICVS de Seguſiâ, Gallus, vtriuſque Iuris Doctor, ex Archiepiſcopo Ebredunenſi, Epiſcopus Cardinalis Oſtienſis & Veliternus; hic præter vtriuſque Iuris ſcientiam excellens Theologus & Orator, vitaque inculpabili fuit; librum ſuper Decretales, qui Apparatus dicitur, condidit, doctrinâ refertiſſimum, Legatione Longobardiæ strenuè functus, Eccleſiaſticos ad Romanæ Sedis ſubſidia conferenda inflammauit, ſæpè populus concionatus inſigni eloquentiâ & gratiâ, & Summam admiratione dignam in vtroque Iure edidit, Compendioſam dictam: Obiit Lugduni 8. Idus Nouembris, anno Domini 128. sepultus ad Prædicatores. *Frater Ptolemæus Lucensis, VRBANI IV. Clementis IV. & Nicolai IV. Regeſta.*

RAOVL DE GROSPARMY,

premierement Threſorier de la Sainĉte Chapelle de Senlis, ſous le nom de Sainĉt Framboul, Doyen de S. Martin de Tours, Chancelier de France ſous le Roy Sainĉt Louis, Eueſque d'Eureux, puis Eueſque Cardinal d'Albe, & Legat du S. Siege en la Terre Sainĉte.

CHAPITRE X.

Thierry de Vaucouleur en la vie du Pape VRBAIN IV. parle ainſi de ce Cardinal.

INTER I Pontifices, RADVLPHVS hic Ebroicenſis
Præſul, conſiliis, moribus aptus erat.

Extraict d'vne Epiſtre du Pape ALEXANDRE IV. au Roy Sainĉt Louis.

DE cætero ea quæ memoratus Frater noſter Epiſcopus Ebroicenſis ex noſtra parte Regiæ propoſuerit Dignitati, velut ſi ab ore procederent, abſque vlla hæſitatione ſuſcipias & ipſius verbis, tanquam ſi contingeret ea nos proferre, fidem non dubites adhibere, ipſe namque iniunctam ſibi Legationem ita prudenter fuit & ſollicité executus, quod omne illud à nobis ſtudio ſuæ probitatis, &

des Cardinaux François.

Ex MS. Rothomagensi, & Chronico veteri ad Calcem Roberti de Monte.

1259. DIe crastinâ Sancti Lucæ Euangelistæ consecratus est in Episcopum Ebroicensem Magister RADVLPHVS GROSPARMI, natus de Piris, in Ecclesia B. Taurini Ebroicensis, ad cuius Consecrationem adfuerunt multi Archiepiscopi, Episcopi, & alij Religiosi: interfuit & LVDOVICVS illustris Rex Francorum cum duobus suis pueris LVDOVICO & PHILIPPO, Dominus SIMON de Montforti, Comes de Lycestre, & Comes de Eou, & multi alij Nobiles & Potentes.

Extraict d'vn ancien Registre des Obits de la Chapelle Royale de Sainct Framboul de Senlis, qui m'a esté communiqué par Monsieur de la Lande Thresorier de ladite Chapelle.

MEnsis Ianuarius. Quarto Kal. Februarij obiit bonæ memoriæ Dominus RADVLPHVS GROSPARMI Cardinalis, quondam Thesaurarius huius Ecclesiæ, de cuius beneficio habemus 17. solidos annui redditus super Domibus Oseberti Anglici, iuxta Portam Melloti, in die Obitus sui, Clericis & Canonicis æqualiter diuidendos, cui Christus sit propitius.

Extraict de l'Histoire MS. des Euesques d'Eureux, par le Reuerend Pere de Machaut Iesuite.

MEMORANDVM quod anno Domini 1259. Reuerendissimo Patri nostro RADVLPHO dicto GRESPARMI Dei gratia Ebroicensi Episcopo satisfactum fuit de Capella, quæ sibi debebatur ab Ecclesia Fiscannensi.

Extraict d'un Memoire MS. de la main de feu mon Pere.

ANno Domini 1263. mense Nouembri in Parlamento Sancti Martini hyemalis existente Parisiis satisfecit Abbas Fiscannensis Reuerendo Patri RADVLPHO de Grosparmi Dei gratia Episcopo Ebroicensi, de Capella quæ ipsi Domino Episcopo in Ecclesia Ebroicensi nouiter instituto debebatur ab Ecclesia Fiscannensi.

Extraict de l'Histoire MS. des Chanceliers & Gardes des Sceaux de France par feu mon Pere.

Soubs Sainct LOVIS.

RADVLPHVS GROSPARMI, dictus de Piris.

IL fut premierement Thresorier de Sainct Framboul de Senlis & Chancelier de France, puis Euesque d'Eureux, & delà Cardinal, mal surnommé par quelques-vns de Cheurier: Au Registre olim, anno 1258. il y a. RADVLPHVS GROSPERMIVS Thesaurarius Sancti Frambaldi Syluanectensis deferens Sigillum Domini Regis. Il fut aussi Doyen de Sainct Martin de Tours & alors Garde des Sceaux, lesquels il garda depuis que le Roy Sainct LOVIS fut de retour de la Terre Saincte en 1253. iusques en 1259. qu'il fut fait Euesque d'Eureux, ce qui s'apprend d'une Enqueste faite pour la garde de l'Abbaye de S. Remy de Reims l'an 1261. où sont ces mots entr'autres Et has Litteras Dominus Episcopus Ebroicensis tunc Decanus Turonensis sigillauit, & eas tradidit isti qui loquitur apud Pontisaram in quodam Aduentu Natalis Domini : depuis il fut creé Cardinal & Legat du Sainct Siege en la Terre Saincte, où il mourut accompagnant le Roy Sainct LOVIS l'an 1270. il couronna Charles Frere de Sainct Louis, Roy de Sicile.

Ciaconius in vitis Pontificum sub VRBANO IV.

RODVLPHVS Gallus ex Episcopo Ebroicensi, Episcopus Cardinalis Albanus, Clementis IV. Legatus cum Anchero Tituli Sanctæ Praxedis, Ricardo Sancti Angeli, Gotifrido Sancti Georgij, Matthæo Sanctæ Mariæ in Porticu Cardinalibus, Romæ Carolum Siciliæ Regem coronauit : postea Siculam legationem Carolumque Regem comitatus obiuit ; ab eodem Clemente IV. transmarinam in Africa Legationem obtinuit, cum Sancto Ludouico Francorum Rege : pius enim Rex ardore Fidei Christianæ propagandæ incensus, rebus Syriacis improsperè succedentibus, in Africam vt Tunetum caperet, instructissimam classem adduxit, qua vrbe potitus facilius in Ægyptum, & Syriam arma conuerteret ; sed peste sæuissima superueniente maior exercitus pars absumitur. *Clementis IV. Bulla in-*

inuestura Regni Neapolitani Regi Carolo facta anno 1265. Vrbani IV. Regestum : Clementis IV. Bernardus Corius p. 2. S. Antho. Hist. p. 3. tit. 20. cap. 1.

ANCHER PANTALEON, ARCHIDIACRE de Laon, puis Cardinal du Tiltre de Saincte Praxede, neveu du Pape VRBAIN quatriesme.

CHAPITRE XI.

Thierry de Vaucouleur, en la vie d'VRBAIN IV. qu'il a dedieé à ce Cardinal.

ASSISTENS primò mihi sis, & carmen ab imo
Pectore dictatum suscipe quæso ratum.
Hoc celebri Festo solito iucundior esto
Inclyta de Patruo do tibi gesta tuo.

Et en vn autre endroit.

ANCHERVS in Vrbe Trecensi
Progenitus Papæ Sanguine, corde nepos.

Extraict de la vie d'Vrbain IV. Pape, escrite par Gregoire de Neapoli, neveu du Pape GREGOIRE IX. Doyen, puis Euesque de Bayeux.

ANCHERVS per omnia erat reuerendus, Deo charus, & hominibus gratiosus.

Extraict de la 179. Epistre de Pierre de Blois.

HOC siquidem accepimus contigisse, quod cùm ad auditum tuum peruenisse prætenderis Venerabilem fratrem nostrum ANCHERVM Tituli sanctæ Praxedis Cardinalem fuisse viam vniuersæ carnis ingressum ; tu non ex peccato quod ex statu tali tantæque personæ certior haberetis : quinimò propriæ voluntatis arbitrium æquitati præferens, & quod exigebat in hac parte Iustitiæ debitum prætermittens, ad domum in qua sui Archidiaconatus Parisiensis curia tenebatur, quamque venerabilis frater noster R. sancti Angeli Diaconus Cardinalis ad se spectantem sibi ad tempus duxerat concedendam, Balliuum & quosdam alios tuos nuntios destinasti, Officium dicti ANCHERI Cardinalis, per eos districtius inhibens, ne iurisdictionem aliquam exerceret, eius sigillifero nihilominus iniungendo, quod sigilla dictæ curiæ resignaret frangenda, sicut fieri pro tempore, obeunte Parisiensi Episcopo Archidiaconus consueuit.

VNIVERSIS præsentes Litteras Inspecturis, Officialis Trecensis salutem in Domino. NOVERITIS Nos tales Litteras vidisse, ac de Verbo ad Verbum legisse in forma quæ sequitur. OMNIBVS præsentes Litteras inspecturis. ANCHERVS miseratione diuina Tituli Sanctæ Praxedis Presbyter Cardinalis, salutem in Domino. NOVERITIS, quod in nostra constitutus præsentia vir discretus ERARDVS Archidiaconus Sezaniæ in Ecclesia Trecensi Domini Papæ & noster Capellanus, coram nobis recognouit & confessus est se mutuo recepisse & habuisse apud Vrbem veterem pro suis negociis expediendis à nobili viro Domino Ioanne de Brecis milite sexaginta libras bonorum & Legalium Turonensium de pura sorte de quibus se benè quietum & integrè pagatum vocauit, quam peceniam promisit & tenetur idem Archidiaconus per stipulationem legitimam reddere & soluere eidem militi, vel ei certo mandato has Litteras habenti, infra proximum venturum Festum omnium Sanctorum apud Trecas. Actum apud Vrbem veterem anno Domini 1263. Pontificatus Domini Papæ VRBANI IV. anno secundo.

VNIVERSIS præsentes Litteras inspecturis. ANCHERVS miseratione diuina, Tituli sanctæ Praxedis Presbyter Cardinalis, salutem in Domino sempiternam. Nos ad ampliationem honoris secularis Ecclesiæ Sancti VRBANI Trecensis ad Romanam Ecclesiam nullo medio pertinentis in solo

des Cardinaux François. 205

nostræ paternæ Domus per sanctissimum patrem felicis recordationis Dominum VRBANVM Papam IV. quondam auū.culum nostrum Charissimum fundatæ, cuius factum in ipsius constructione, quanto citiùs potuimus, fuimus prosequuti, & in posterum iuuante Deo perfecturi : quibus deuotione & affectione solita attentissimé vigilantes, vt numerus Canonicorum duodecim, in eadem Ecclesia institutus, cæterorumque etiam seruitorum, conseruetur statuimus vnum Matricularium secularem.

Extraict de l'Obituaire de l'Eglise de Bayeux.

NOvember. Obitus ANCHERI Cardinalis.

Extraict du Martyrologe de l'Eglise de S. VRBAIN de Troyes.

TErtio Nouembris, Obiit quondam Reuerendus Pater Dominus ANCHERYS Cardinalis, nepos huius Ecclesiæ fundatoris, pro cuius anniuersario debent distribui quadraginta solidi, capiendi in Camera.

Epitaphe du Cardinal Ancher, qui se lit sur son Tombeau de marbre blanc en l'Eglise de Saincte Praxede à Rome.

VI legis ANCHERVM duro sub Marmore claudi,
Si nescis, audi, quem nece perdis herum.
Treca parit puerum, Laudunum dat sibi clerum
Cardine Praxedis titulatur & istius Ædis
Defuit in se lis, largus fuit atque fidelis
Dæmonis à Telis serua Deus hunc, cape cælis
Anno milleno centum bis & octuageno
Sexto, decessit hic primâ luce Nouembris.

GVILLAVLME DE BRAY, DOYEN DE LAON,
Archidiacre de Reims, Docteur en Theologie, Prestre Cardinal du Tiltre de S. Marc.

CHAPITRE XII.

Ciaconius in vitis Pontificum sub VRBANO IV.

VILLELMVS DE BRAYO Senonensis Diœcesis, Gallus, Ciuis & Archidiaconus Rhemensis, Magister in Theologia, Presbyter Cardinalis Tituli Marci : Obiit Vrbe veteri tertio Kalendas Maij, anno 1.82. sepultus marmoreo tumulo, cum infra scripti tenoris elogio ad Prædicatores.

SIT Christo gratus hic GVILLELMVS tumulatus | Defleum pariet, quia vix similis sibi fiet.
DE BRAYO natus Marci titulo decoratus | Deflent hunc Mathesis, lex, & Decreta, poësis,
Sit per te, Marce, cæli Guillelmus in arce | Nec non Synderesis, heu mihi quam Themesis
Quæso non parce, Deus omnipotens sibi parce | Bis sexcentenus binus, bis bisque vicenus
Francia plange virum, Mors istius tibi mirum | Annus erat Christi, quando mors assuit isti.
Obiit tertio Kalendas Maij.

Thierry de Vaucouleur, en la vie d'VRBAIN IV. parle ainsi de ce Cardinal.

GVILLELMVS Remis tunc Archileuita, Decanus
Laudeni factus tertius inter eos.

Preuues du Liure II. de l'Histoire

Extraict du Martyrologe de l'Abbaye Sainct Victor lez Paris.

TERTIO Kal. Maij. Anniuersarium solemne Reuerendissimi Domini GVILIELMI DE BRAYO Presbyteri Cardinalis, de cuius beneficio habuimus centum libras Turonenses.

Extraict du Liure des Obits de l'Eglise de Chartres.

GVILIELMVS DE BRAYO Cardinalis Sancti Marci, obiit 3. Kal. Maij 1282.

Extraict du Calendrier du Liure des Obits de l'Eglise Collegiale de S. VRBAIN de Troyes.

CAL. Ianuarij obiit quondam Reuerendissimus Pater Dominus GVILIELMVS DE BRAYO, olim Cardinalis, qui dedit nobis ducentas libras Turonenses.

Extraict du Martyrologe de l'Eglise de Laon.

DE la Fondation de GVILLAVME de Bray Cardinal, vn Obit au troisiéme des Calendes de May, il fut Doyen de Laon & Archidiacre de Reims, & promeu au Cardinalat par le Pape VRBAIN IV.

Extraict du Martyrologe de l'Eglise de Sainct Geruais de Soissons.

PRIDIE Kalendas Maij obiit bonæ memoriæ Dominus GVILIELMVS de Brayo Tituli Sancti Marci Presbyter Cardinalis, pro quo habuimus ducentas libras Turonenses ad redditus emendos pro eius Anniuersario annis singulis ad nouem lectiones faciendo.

Extraict du Martyrologe de l'Eglise de Nostre Dame de Paris.

TERTIO Calendas Maij, anno Domini 1282. obiit venerandus Pater Dominus GVILIELMVS DE BRAYO quondam Tituli Sancti Marci Presbyter Cardinalis, de cuius Legato habuimus trecentas libras Turonenses ad emendos redditus pro Anniuersario suo annuatim faciendo in Parisiensi Ecclesia, quas trecentas libras Turonenses vna cum triginta nouem libris Parisiensibus nobis legatis à defuncto Isembardo Notario Canonico Parisiensi implicauimus in emptionem quinque modiorum & dimidij, & plenæ minæ bladi annui redditus, nobis venditorum à Bertrando & Iohanne dictis Cambellani, liberis defuncti Theobaldi Cambellani militis, super quodam Molendino situm Parisius ad magnum Pontem quod est nunc vltimum Molendinum à parte Castelleti.

GVY, RELIGIEVX, PVIS XXIII. ABBE' ET CHEF de l'Ordre de Cisteaux, Cardinal Prestre du Tiltre de Sainct Laurens in Lucina, Legat aux Pays Septemtrionaux, pour terminer le differend d'entre le Roy de Dannemarc & l'Archeuesque de Lunden.

CHAPITRE XIII.

Thierry de Vaucouleur en la vie d'VRBAIN IV.

BVRGVNDVS Patriâ fuit, & Cistercius Abbas
Alter promotur, GVIDOQVE nomen ei.

des Cardinaux François.

Ciaconius in vitis Pontificum sub VRBANO IV.

GVido Presbyter Cardinalis Tituli Sancti Laurentij in Lucina, in Gallias à Clemente IV. ab-legatus, tandem in Daniam, Sueciam, Noruegiam, Saxoniam & in omnem Germaniam cum eodem honore abire iussus. Obiit sub Gregorio X. anno 1273. Lugduni in Concilio generali ex peste. *Compromissum electionis Gregorij X. Vrbani IV. Regestum Clementis IV. Gregorij X.* Additis. Burgundum Patria ex Monacho 24. Cistercij Abbatem generalem in Curia tunc pro negotiis sui Ordinis degentem anno 1261. Pontificatus sui anno primo Vrbanvs IV. in Cardinalium numerum adsciuisse, Monumenta, & Catalogus Abbatum Cistercij profitentur: qui vir quantus fuerit, Vranvs IV. declarat Epistolâ de eius Promotione scriptâ Abbati & generali Capitulo Cistercij, in quâ præter eminentes eius animi dotes, quas ibi connumerat, vinum Angelicum, virtutum & scientiæ splendoribus illustratum, odoriferum florem, & oliuam fructiferam è venustissimo horto Religionis in Paradiso vniuersalis Ecclesiæ plantatam dicit. Extat hæc Epistola libro 3 Formular. de vita & honestate Clericorum M. Marini de Ebulo Archiepiscopi Capuani & Sanctæ Romanæ Ecclesiæ Vicecancellarij in Bibliotheca Vaticana MS. Legationem Danicam cum obiisse anno 1266. Ennius Rex Daniæ in libello de Origine Danorum, in eaque Regem, eiusque vxorem Reginam certis de causis excommunicasse tradit. Viennæ 6. Idus Maij anno 1267. Apostolicæ Sedis Legatus Concilium celebrauit, Leges, Constitutionesque sanxit, quas leges apud Henricum Canisium tomo primo antiquarum Lectionum. Poloniam inde 4. Kalendas Iulij eiusdem anni primo in Cracouiam peruenit à Boleslao Pudico, & Paulo Cracouiensi Episcopo processionaliter veneratus, susceptusque est: Vuratislauiam dehinc diuertens in Festo Purificationis Synodum tenuit ; pro subsidio Terræ Sanctæ Iubilei gratiam, & Crucem contra Sarracenos prædicauit; hac de re Mathias de Michouia libro 3. capite 57. rerum Polonicarum. Eius mortem accidisse tradit Ciaconius anno 1273. verùm citata Monumenta vitam liquisse asserunt 3. Kal. Iunij anno 1272. idemque hisce verbis memorat Ennivs Daciæ Rex. *Anno 1272. Obiit GVIDO Cardinalis.*

※ ※ ※ ※ ※ ※ ※ ※ ※ ※ ※ ※ ※ ※ ※

GVY LE GROS,

mal surnommé Guy Foulcaut par quelques-vns, premierement celebre Aduocat, puis Conseiller du Roy Sainct Louis, Archidiacre, puis Euesque du Puy, Archeuesque de Narbonne, Cardinal Euesque de Sabine, Legat en Angleterre, & enfin Pape sous le nom de CLEMENT IV.

CHAPITRE XIV.

Nomenclator Cardinalium.

GVIDO GROSSVS ex vico Sancti Ægidij ad Rhodanum, Gallus, Cardinalis, demum Clemens Papa IV. quem ob raram vtriusque Iuris scientiam præfatus Durandus lumen Iuris nuncupat, Sanctorum Thomæ Aquinatis & Bonauenturæ æquè necessarius fuit, quos non impari librâ perennè deueneratus est. Viterbij anno 1268. naturæ concessit, sanctitate clarus, quam cilicij perennis vsus insigniter indicabat. Præterquam quod cum ab omni carnium esu nunquam non abstinuisse memoriæ proditum est. Scripsit *Vitam Sanctæ EDVIGIS Poloniæ Reginæ*, quam in Sanctarum numerum retulit: *De recipiendarum causarum ratione*, vt refert Cortesius: *Epistolas*, quarum aliquas habes in Historia Regum Aragoniæ, apud Ciaconum & Henricum Steronem. Regestique eius volumina quinque in Bibliotheca Vaticana seruantur. Viterbij iacet in Æde Prædicatorum.

Platina in vitis Pontificum.

IS Iureconsultus totius Galliæ sine contentione primarius, in Curia Regia causas integerrimè agens vxorem & liberos habuit, quâ mortuâ primò Podiensis, deinde Narbonensis Episcopus, postremò Cardinalis omnium consensu creatus, &c.

Extraict de la Chronique MS. de Bernard Guido.

CLEMENS IV. natione Prouincialis, de villa Sancti Ægidij oriundus, Cardinalis Episcopus Sabinensis electus est in Papam Perusij, &c. Hic prius vocabatur Guido Fulcodij miles, qui vxorem habens & liberos primò fuit famosus Aduocatus & S. Ludouici Regis Franciæ Consiliarius, deinde præmortuâ vxore, propter vitam bonam, & scientiam laudabilem, primò Aniciensis, seu Podiensis Episcopus, &c.

Ciaconius in Vitis Pontificum sub VRBANO IV.

GVido Grossus ex vico Sancti Ægidij Diœcesis Narbonensis, Prouincialis Gallus, ex Archiepiscopo Narbonensi Episcopus Cardinalis Sabinus, postea Clemens IV. Papa, absens Legatus in Angliâ creatus vt pacem inter Regem & Proceres componeret: eiusmodi insignia Sepulchro eius Viterbij affixa sunt. Frater Ptolomæus Lucensis, Vrbani IV. Registrum.

Thierry de Vaucouleur en la vie d'VRBAIN IV.

HINC Archipræsul Narbonæ nomine GVIDO   Qui mandata volens pacem velut Angelus orsus
 Qui successit ei secula iure regens;   Vi compellere, sibi pars inimica negat
Inde Sabinensem Legatum destinat illuc   Introitumque vetat, cur á liis nuncijs ipsam
Patrem, cuius erat proxima vita bona   Legitimè monitam percutit ense Petri.
Nouerat iste quidem mundana negotia Præsul
At tamen in cunctis spiritualis erat.

Guillaulme Duranti luy donne ces Epithetes.

IVris vtriusque scientiâ clarus, speculator & lumen Iuris.

Ptolomæus Lucensis Episcopus Torcellensis in Annalibus.

QVantò plus creuit in dignitate, tantò plus floruit in sanctitate.

Spondanus Episcopus Appamiensis in Annalibus suis.

MOrbo (ait) senioque confectus Ecclesia Dei optimè administrata, plenus gloria & onustus bonis operibus, Viterbij migrauit in cœlum anno 12 8. 3. Kal. Decembres, post tres Sedis annos, menses nouem & dies viginti quinque, sepultus ad Prædicatores ibidem in Ecclesia Sanctæ Mariæ ad Gradus.

Extraict du Thresor des Chartes de sa Maiesté. Registre 31.

LIttera Clementis Papæ IV. de reuocatione Præbendæ Iohannis Archiepiscopi Remensis tunc Canonici eiusdem Ecclesiæ, quam auctoritate ipsius Papæ Guillelmus Tutulo Sancti Marci Presbyter Cardinalis Magistro Iohanni de Villarisseco in Promotione ipsius Archiepiscopi eius in possessionem miserat, & ne in posterum eiusmodi collatio Regi Sancto LVDOVICO præiudicium faciat cum tempore Regalium præbendas vacantes conferre consueuerit in Ecclesia memorata, datque in mandatis Dyonisio Canonico eiusdem Ecclesiæ attentè, quod vacantes in Ecclesia ipsa Præbendas à tempore quo, eam Pastoris regimine contingat destitui, donec substitutus sit illi Archiepiscopus, Regalia recipiat à Rege, & à dicto Iohanne resignationem dictæ Præbendæ liberam auctoritate eiusdem Papæ recipere non omittat, resignationeque recepta eandem vacantem præfato Magistro Iohanni per se, vel per alium conferat & assignet. Pontificatus sui tertio. Viterbij Idus Sept.

Epistola Clementis planè diuina ad fratris filium, & Susæ vocis interpretatio.

CLEMENS Episcopus seruus seruorum Dei, dilecto filio Petro Grosso, de Sancto Ægidio, salutem & Apostolicam Benedictionem. Multis de nostra promotione gaudentibus, nos soli sumus qui certius immensitatem oneris experimur: & idcirco quod aliis gaudium, nobis metum subministrat & fletum. Sanè vt scias qualiter his auditis debeas te habere, quod humilior solito debes esse, neque enim quod nos vehementius humilat, debet nostros extollere, maximè cum honor huius seculi momentaneus sit, & sicut ros transeat matutinus: nec ad nos te, vel fratrem tuum, vel ex aliis nostris aliquem venire volumus sine nostro speciali mandato, quia suâ spe frustratum, si secus venire præsumeret, oporteret redire confusum: sed nec in tuæ sororis nuptijs gradum quæras propter nos altiorem, nec enim nos haberes propitios, nec in aliquo adiutores. Si tamen eam filio militis desponsaueris, in trecentis libris Turonensibus tibi proponimus subuenire: & si altiora quæsieris nec à

nobis

vobis denarium speres vnum: & hoc ipsum secretissimum esse volumus, & tibi & matri solum notum esse. Illud etiam scias, quod nullum nullamque de sanguine nostro sub nostræ sublimationis obtentu inflari volumus, sed tam Mobiliam, quam Cæciliam illos viros habere volumus, quos haberent, si essemus in simplici Clericatu: Sibyllam visita, & dic ei quod locum non mutet, sed remaneat apud Susam & omnem maturitatem, & habitus honestatem obseruet, & preces nobis pro aliquo non præsumat assumere, nam & ei pro quo fierent essent inutiles, & ipsis qui rogauerint damnosæ. Et si forte per aliquos ex hac causa munera offerentur, ea respuat, si vult gratiam nostram retinere. Saluta matrem, & fratres: non scribimus tibi, nec familiaribus nostris sub Bulla, sed sub piscatoris sigillo, quo Romani Pontifices in suis secretis vtuntur. Datum Perusii in Festo Sanctarum Perpetuæ & Felicitatis.

Salubris & vtilis Doctrina pro felici regimine Principis, ex Registro Epistolarum Clementis Papæ IV.

CLEMENS Papa IV. ad Carolum Comitem Prouinciæ, qui postea fuit in Regem Siciliæ coronatus. Vrget nos Christi caritas, vrget nos illa specialis affectio, quam ad tui gerimus conseruationem honoris, aliqua tibi scribere, quæ & vocis viuæ suffragio memoriæ tuæ commendauimus: quibus lectis, & plenius intellectis, & quieti Regni tui prouideas, & periculis imminentibus, eo certius, quo prouidentius, via gradiens æquitatis occurras. Sane tibi summopere credimus expedire vt moralis Philosophi sequens consilium tribus temporibus & dispenses; præterita quidem recolens; præsentia ordinans, futura præcauens: sicut vir prouidus & circumspectus. Si præterita recolas semper eris ante Deum, & feruentius afficieris ad Regnum, tot sudoribus, tanto discrimine, non humano consilio, sed diuina virtute quæsitum. Si hoc sæpe mente pertractas, Romanæ Ecclesiæ matri tuæ semper eris deuotior; quæ te fidei pugilem eligens, honorauit sublimiùs, honorabilius sublimauit.

Ad ordinationem verò præsentium pertinet principaliter, quod te primum, ac deinceps ordines domum tuam & Regnum.

Te quidem; vt Deum diligas, & eius honorifices Sacerdotes, tuo iure contentus nec cupias, nec retineas aliena, teque tuis adibilem præbeas quoties opus fuerit, tutela tui corporis, loci ac temporis opportunitate seruatis.

Domum autem sic ordina; vt habeas bona latera, viros sapientes, prouidos & fideles, te co animo diligentes, non sibi inuicem inuidentes; sed nec tantæ necessitudinis vinculo colligatos, vt plures personæ numero vnicam representent. Sint distincta singulorum officia; sciat quisque quid sibi faciendum incumbat; & promiscuis actibus non turbentur.

Sit in tua domo Religiosus aliquis vel miles affabilis, afflictis compatiens, cui specialiter committatur, vt illis, quos audire nequiueris, vel nolueris, benignè respondeat, & ipsorum petitiones, vel verbo tibi referat, vel in scriptis assignet, ad quarum expeditionem celerem eo modo quo fieri poterit congruentius, per te vel alios præuiâ ratione procedas.

Sit tibi honesta familia & vrbana, quæ venientes benignè suscipiat, & quos admittere pro temporis qualitate non poterit, sine contumelia, cum honesta excusatione repellat.

Legatos Principum & Ciuitatum pro honore tuo, quantum te & eos decebit honores, & à tuis iubeas honorari; vt nomen tuum apud exteros, & domesticos clarus, & celebris habeatur.

Sigillo tuo certam legem impone, vt tollatur infamia de horrendis exactionibus, eo nomine sæpe factis, quibus similes nullus audiuit: Quod sigillum scilicet quicunque tenuerit, sub districtè sub iuramenti debito recipiat in mandatis, quod cito prout commode poterit, satisfaciat litteras expectantibus; cùm interdum ipsa dilatio solum quæstum sapere videatur.

Sedeant in domo tua, cùm tu ipse vacare non poteris, omni die iuridico, aliqui sapientes, qui ea, quæ poterunt expediri, ibidem expediant, & ea quæ tractum habebunt, tibi renuncient; vt vel forma expeditionis detur, aut ad suos Iudices remittantur.

Conquerentes de te, vel tuis Officialibus patienter audias, & citius, quam alios, illos expedias nec conuiciis affici, aut comminationibus deterreri permittas.

Si Prælatos de tuo Parlamento feceris, ad certa Parlamenta veniant annuatim; quibus certa vadia constituas: cum nec Ecclesias suas deserere diu debeant, nec in tuo seruitio suis stipendiis militare.

Nec omittimus quod circa domus tuæ expensas vigilantior esse debeas, vt aliquam personam maturam habeas, & honestam, quæ videat, & prouideat, quod nec ex nimia parcitate, tuo quicquam honori deperceat, nec ex defectu debitæ prouidentiæ bona tua à ganeonibus, & gulosis hominibus, aut aliis personis turpibus consumantur.

Nec te pudeat de receptis & expensis certis temporibus rationem audire; cum & hoc sit tibi peruile; & ad hoc etiam omnium magnatum exemplis; & nihilominus rationales habeas non leuis opinionis homines, sed exploratæ fidei, & grauitatis exactæ.

Ad ordinationem autem Regni tui spectare videtur, quod Iustitiarios, & iudices bonos habeas puras habentes manus: ad quod eos publico iuramento astringas, quod scilicet, sine personarum, & nationum acceptione ius reddant; ab omni munere seu dono abstineant, exceptis esculentis &

tuculentis, quorum summa in mense, auri unciam non excedat. Nec aliquatenus in eorum iuramentis adjicias, quod sine tua licentia non recipias: est enim hæc conditio suspectissima, & in bonorum auribus male sonans. Et habeant singuli certa salaria, quibus maneant omnino contenti.

Vt autem liberè fiat Iustitia, Magistratus in suo officio non impedias, nec incepta coram eis negotia ad audientiam tuam tenaces ad instantiam aliquorum, nisi magna & euidens causa vrgeat; sed lites suo cursu procedant: & grauati, si viderint expedire, appellent.

Occasionales inquisitiones, quæ nihil aliud quam quæstum sapiunt, fieri non permittas; quarum exemplum ponimus in iis, quas audiuimus factas nuper in regno contra possessores equorum, vel pecorum, quibus imponitur equos illos, vel pecora fuisse Manfredi; quod cum probari nequeat, eis indicitur probandi necessitas vnde eos habuerint. Aliis imponitur quod cum eo fuerunt in bello: quod cum probati nequeat, indicitur probandi necessitas possessoribus vbi erant in die belli; & his similia dicta sunt nobis damnabilia pariter & damnosa, & nullatenus toleranda.

Capi homines, qui satisdare poterunt non permittas, nisi quantum in casibus specialibus id iura permittunt.

Innocentem autem pro nocente capi, quantumcumque sit sanguine, vel affinitate nocenti coniunctus, non toleres, nisi ad hoc tacto proprio sui obligatus.

Cogi personas honestas ad recipiendos hospites, omnino prohibeas, nisi forsan in loco fueritis vbi domus stabulariorum non sufficiunt genti tuæ: & tunc etiam illis deferas quibus debet honor propensior exhiberi.

Cum matrimonia libera esse debeant, filias militum, qui nec sunt Comites, nec Barones, nec castrorum fortium possessores: similiter & Burgensium, & aliarum & priuatarum personarum à parentibus superstitibus liberè nuptui tradi sinas. Et parente vel parentibus sublatis de medio, nubant liberè suo motu, vel suorum consilio amicorum. Sed & de filiabus Comitum & Baronum viuentium sustinere debes, quod eas, *cum pecunia* tradant nuptui, quibus voluerint, qui tibi non debeant esse suspecti. Si vero *cum terris* eas maritare voluerint; decens est vt tuus requiratur assensus, quem negare non debes, nisi personæ suspicio suadeat contrarium euidenter. Orphanæ autem filiæ Comitum, & Baronum cum amicorum suorum consilio, & tuo mariteentur assensu: Sic tamen, quod hac occasione non cogas eas hominibus nubere, quibus eas non deceat copulari.

Tutelas impuberum, testamentariis, legitimisve tutoribus contra iura non auferas: nec consuetudinem in hac parte Tyrannorum obserues, quam felices Reges Siciliæ nullo tempore tenuisse: in qua dupliciter versatur iniquitas, dum tutores suo iure priuantur; & impuberes, quibus ratio nulla redditur, bonorum suorum fructibus spoliantur.

Collectas ab Ecclesiis, vel Monasteriis, vel domibus aliis religiosis, aut à quibuscunque personis Ecclesiasticis, secularibus, aut regularibus, aut de bonis, aut rebus earum, nunquam exigas.

An vero ab Ecclesiarum hominibus, seu vassallis, in quibus habent iurisdictionem ordinariam, & tu merum imperium, mediante iure, vel interueniente concordia decidetur.

Verum vt Officiales & Consiliarii à muneribus metu pœnæ abstineant, quos à talibus non reuocauerit timor Dei, censulimus tibi, quia quicunque hoc fecerit, cum infamia ab officio in quo erit, priuetur, aliudque in regno tuo nullo tempore habiturus, dans vero manus parte bonorum suorum mobilium denudetur, & ad tempus aut in perpetuum relegetur. Et vt hæc celari non possint, fiat præsens edictum per personas religiosas, non amantes pecuniam, contra ipsos.

Scandalum magnum est in regno tuo de Collectis quas hoc anno leuasti. Consulimus tibi, quod vocatis Baronibus, & Prælatis, & personis egregiis ciuitatum, & locorum celebrium tractetur forma competens, vt sciatur in quibus casibus in tuis vel alienis hominibus Collectas leuare valeas; & speramus quod tibi vtilis, & terræ portabilis, poterit inueniri. Ad quod peragendum Legatus esse poterit fructuosus.

Extraict du second volume du Miroir Historial, compilé & ordonné du Latin en François, par Religieuse personne, Iehan, Abbé du Monastere de Sainct Vincent de Laon, MS.

CLEMENT LE IV. de la Nation de Prouence, nés en la Ville de Sainct Gilles, fut Pape l'an 1265. & fit trois ans & neuf mois. Il fut premierement marié, & eut enfans de sa femme, on temps qu'il fut Aduocats à Paris moult solemnes, & du Grand Conseil au Roy de France, & aprés la mort de sa femme, pour la bonne & saincte vie, & sa grand science qui estoit en luy, il fut premierement Euesque d'ou Puy, & aprés Archeuesque de Narbonne. & puis Cardinal Euesque de Saincte Sabine, & comme il fut Legat en Angleterre, pour reformer le païs des deux Roy enuoiés du Pape Vrbain son predecesseur, il fut en son absence des Cardinaulx tout d'vn accord Pape esleu à Perouse, & tellement se porta en l'office que pour veigles, & bonnes œuures, ou il estoit moult ententifs, Dieu pour ses merites, si comme on croit, deliura Saincte Eglise de moult de tribulations que elle souffroit pour le temps.

Cil Papes Clemens, comme il eut deux filles à marier, & on les requist pour grands Seigneurs,

des Cardinaux François.

Comtes, & Duxs, il respondi que il estoit fils de vn Vassault Cheualier ; & qu'à tel lignage dont elles estoient venües seroient mariés, & les feist bailler chacune à vn Bachelier.

Epitaphe du Pape CLEMENT IV. *qui se lit sur son Tombeau dans l'Eglise des Iacobins de Viterbe.*

LECTOR sige pedes, admirans quam breuis ædes
Pontificem quarium CLEMENTEM contegit arctum,
En datur in cineres Petri successor & hæres
Cuius si memor es, non mundi gaudia quæres:
Hic Index primum, quem sic successus opimum
Reddidit, ut fertur, miles probus efficeretur
T'alegne sortitus nomen, Iurisque peritus
Virginis vnius fuit vnicus ipse maritus.
Qui viduatus eâ, mox Christi sorte potitus

Aniciensis ita dignus suis Architenita
Præsul ibi saltus, post Archiepiscopus actu,
Pastor ut egregius Narbonæ præsuit annus
Vtque Deo gratus, vir Cardinalibus sociatus
Papatus nomen clarum suscepit & omen
Sic sublimatus, sic denique clarificatus,
Perficiendo gradus censetur ad astra leuatus,
Annis sex denis octo cum mille ducentis
Transactis Christi, CLEMENS tumulo datur isti
Vt finalis ei det gaudia summa diei. AMEN.

BERNARD AYGLIER, CHAPELAIN DV PAPE INNOCENT IV. quarante & vniéme Abbé de l'Abbaye de Saint Honorat de Lerins en Prouence, puis du Mont Cassin, Cardinal du Tiltre de . . . . & Legat en France.

CHAPITRE XVI.

Sammarthani Fratres in Galliâ Christianâ.

BERNARDVS AYGLERIVS Cardinalis, Abbas postea Cassinensis, Prius Monasterij Sauiniacensis, Lugdunensis Diœcesis Sacrista, rexit Sanctum Honoratum vsque ad annum 1263. mortuus Cassini, vbi & sepultus anno 1282. pridie Nonas Aprilis: scripsit plura opera de quibus Chronologia Lerinensis.

Extraict du Prologue d'un Liure MS. intitulé: Le Miroüer des Moines, *composé par le Cardinal* BERNARD *Ayglier.*

FREQVENTER (inquit) pulsatus, & à multis Temporibus, maximè modernis, quando missus eram de Mandato Sedis Apostolicæ, vt agerem quædam negotia sedis in partibus Gallicanis, &c.

Ciaconius in vitis Pontificum sub CLEMENTE IV.

BERNARDVS AYGLERIVS Gallus, Monasterij Sauiniacensis Lugdunensis Diœcesis Monachus, ibidem ab adolescentia humanioribus Litteris, & ingenuis Disciplinis egregiè excultus, INNOCENTII IV. Papæ Capellanus, & Abbas Sancti Honorati Insulæ Lerinensis ad Cassinensem præfecturam VRBANI IV. iussu anno 1263. in locum Theodini Accerratum Episcopi electi, inde translatus 59. Abbas Cassinensis fuit, præfuit laudabiliter annis 19. quo tempore Cardinalis creatus dicitur in Catalogo Abbatum Cassinensium. Claudius Robertus in Galliâ Christianâ cum Vvione; aliisque ab VRBANO IV. in Collegium cooptatum asserit: At cum præter quatuordecim Cardinales Vrbanus neminem alium inter Patres adsciuerit, vt ex Theorico Valliscoloris supra narrauimus, cum Vincentio Salernitano, Chronologiæ Sanctorum, aliorumque virorum illustrium Leriuensium auctore, à CLEMENTI IV. purpurâ insignitum fuisse putamus; errare etiam mihi videtur idem Claudius, dum inter Arelatenses Episcopos, cum Nomenclatore Bernardum hunc numerer quadragesimum octauum ; eo enim anno, quo Bernardus ex Lerinensi Cassinensem Abbas electus est, Arelatensem Ecclesiam regebat Bertrandus, qui à GREGORIO X anno 1273. Episcopus Cardinalis Sabinus creatus, diem suum obiit anno 1275. vel vt alij tradunt, 1277. Hic verò Aygerius Cassini mortuus est pridie Nonas Aprilis, 1282.

Dd ij

ibidem sepultos, vt citati tradunt auctores. Idem vnius anni spacio inter Bernardum & Bertrandum duodecim numerat Arelatenses Archiepiscopos: scripsit Bernardus non contemnenda opera, vt tradit Vvlon libro iiij. vitæ; inter quæ reperiuntur in *Regulam Sancti Benedicti liber vnus, speculum Monachorum, liber vnus collationum Beneficiorum, & Officiorum: Montis Cassini Registrum vnum: Inquisitorium Iurium, & bonorum in castris, & Villis Montis Cassini Registrum alterum.*

BERTRAND DE SAINT MARTIN, PREVOST, puis Archeuesque d'Arles, & enfin Cardinal Euesque de Sabine.

CHAPITRE XVII.

Ciaconius in vitis Pontificum sub GREGORIO X.

BErtrandvs Gallus ex Archiepiscopo Arelatensi, Episcopus Cardinalis Sabinus: obiit in interregno post mortem Iohannis XXI. anno 1277. Actis Concilij generalis Lugdunensis secundi, cui cum quatuor suprà relatis interfuit, & subscripsit. *Iohannis XXI. Regest.*

Sammarthani fratres in Galliâ Christianâ.

BErtrandvs de Saint Martin II. Cardinalis Sabinensis ex Præposito Arelatensi Archiepiscopus creatur. Is Metropolitanâ auctoritate confirmauit anno 1270. Non. April. ordinationem diuisionis duodecim Præbendarum Capituli Tolonensis factam ab Episcopo Galtero, vt est in Archiuis Præpositurę Tolonensis; hoc eodem tempore transegit cum Raynaldo Porcelleto. Inde cessit Archiepiscopatui, declaratus Cardinalis Sabinus à Gregorio X. Papa, mense Decembri 1273. & paulò post obiit in Concilio Lugdunensi 1274. idcircò sacrâ purpurâ non est ornatus in eâ Synodo generali cum Beato Bonauenturâ, nec mortuus in interregno Pontificis maximi Iohannis XXI. qui longè antè defunctus erat, vt pluribus arguitur erroris Alphonsus Ciaconius ab Vghello Abbate, tomo primo Italiæ sacræ in Episcopis Sabinensibus. Anniuersarium habet Bertrandvs 14. Aprilis, in Martyrologio Foroiuliensi.

Bulle du Pape CLEMENT IV. *donnant pouuoir à Bertrand de Saint Martin, Archeuesque d'Arles, & à ses Successeurs, de faire porter la Croix par toute la Prouence.*

CLEMENS, &c. Ad rememorandum Sacramentum Dominicæ Passionis, quæ fuit nostra Redemptio, mortis nostræ destructio, & vitæ reparatio salutaris, Crucem, quam ipse Redemptor, Nos redimendo subiit, gerimus figuratam interius, & in Crucifixi memoriam deuotis mentibus exterius adoramus: illius quoque mirificæ Crucis signum Romani Pontifices, velut Christi Vicarij, habent suis Gressibus præuium, vt in eis signum cum signato concordet, ac eius, cuius vices gerunt in Terris, vestigia prosequi cognoscant: licet igitur eiusdem Crucis dignitas solis eisdem Pontificibus conuenire noscatur, dignum tamen duximus, vt Arelatensem Ecclesiam, quam propter laudabilia suorum, qui fuerunt pro tempore, merita Prælatorum, grandium honorum conspicimus titulis insignitam, huiusmodi Apostolicæ dignitatis participem faciamus. Quod ad tui & ipsius Ecclesiæ decoris augmentum, tam tibi quam tuis successoribus in perpetuum faciendi coram vobis deferri Crucem per Arelatensem Prouinciam, & præsenti priuilegio, quo prædictam Ecclesiam de speciali gratia præsignimus, plenam præsentium authoritate concedimus facultatem. Anno tertio Pontificatus nostri.

des Cardinaux François.

PIERRE DE TARENTAISE, RELIGIEVX & Prouincial de l'Ordre des Freres Prescheurs en France, Docteur en Theologie, Archeuesque de Lyon, Cardinal Euesque d'Ostie & de Velitre, Grand Penitentier de l'Eglise Romaine; & enfin Pape soubs le nom d'INNOCENT V.

CHAPITRE XVIII.

Nomenclator Cardinalium.

PETRVS DE TARANTASIA, Gallus, Ordinis Prædicatorum, ex Archiepiscopo Lugdunensi Cardinalis, qui posteà INNOCENTIVS Papa quintus dict Lutetiæ inter professores Theologos primas, omnium opinione tenuit, docendique genere maximè inclaruit: Scripsit *super Genesim, super Exodum, super Leuiticum, super Num. ros. super Deuteronomium, super Psalterium, super Cantica Canticorum, in Lucam, in omnes Diui Pauli Epistolas, in quatuor Libros Sententiarum, De Materiâ Cœli, de intellectu & voluntate, de Æternitate mundi, de Vnitate formæ, Compendium Theologicum, & alia.* Obiit anno 1276.

Ciaconius in vitis Pontificum sub GREGORIO X.

F PETRVS TARENTASIENSIS, Burgundus Gallus, Ordinis Fratrum Prædicatorum, Magister in Theologiâ, ex Prouinciali Franciæ Episcopus Lugdunensis, Episcopus Cardinalis Ostiensis & Veliternus, ac Maior Pœnitentiarius, posteà INNOCENTIVS V. Papa; vir pietatis & Doctrinæ eximiæ qui Lutetiæ longo tempore sacram scripturam publicè interpretatus est, &c.

Idem Ciaconius sub INNOCENTIO V.

INNOCENTIVS V. Gallus, Prouincia Burgundus, Magister Frater Petrus Tarentasiensis Ordinis Prædicatorum, in sacris litteris doctissimus, qui quinque Mensium Pontifex vtique appellandus esset successor Gregorij Decimi prædecessoris sui, ab illo enim ex Archiepiscopo Lugdunensi designatus Episcopus Cardinalis Ostiensis, & Veliternus, Sanctæ Romanæ Ecclesiæ Maior Pœnitentiarius, Pontificij tandem honoris atque oneris particeps fuit. Hunc Tarantasia genuit Municipium non procul à Mamicnâ valle, flumineque Issarâ, qui in Rhodanum influit: natus in illis Alpinis scopulis præclarum ingenium habuit, & grauissimarum artium capax, cuius vires & præclarâ pietatis indicia ad summum tandem Sacerdotium cum promouêre, vt ordine suo INNOCENTIVS V. nuncuparetur, quod verè insons, atque Innoxius fuerit, creatus Arrestij à duodecim Cardinalibus decimo tertio Kalend. Februarij anno Domini 1276; sedit in Petri Cathedra Cæsare RODVLPHO, Habspurgensi Augusto menses quinque, dies 2. &c.

Constitutio de eligendo Pontifice à GREGORIO X. facta & primum obseruata in electione INNOCENTII V. desumpta ex Gallia purpuratâ FRIZONI.

PRIMÒ. Vt noui Pontificis Comitia habeantur in loco idoneo, vbi Pontifex præcedens cum suâ Curiâ residens, Caussarumque & Litterarum Apostolicarum audientiam habens, mortuus fuerit; quod si in villa, pago, aut opido obierit, & proptereà ibidem Comitia haberi commodè nequiuerint, in vrbe in cuius Diœcesi, villa, pagus vel opidum fuerit, habeantur, nisi interdictæ sint. Quo casu in proximiore vrbe non interdictâ ipsa electio fieri debet, si verò ipsi obedientiâ alio loco fuerit, tunc non vbi Papa obierit, sed vbi eadem obedientia fuerit, futuri Pontificis habeatur creatio. SECVNDÒ. Vt mortuo Pontifice non habeantur, nisi ad minus decem dierum spatio interjecto; quo tempore & Cardinales absentes expectari, & nouendialia mortui Pontificis per Cardinales præsentes celebrari debent. TERTIO. Vt Cardinales omnes quauis ratione à Conclaui absentes nullum ferendorum suffragiorum ius habere possint. QVARTÒ. Vt non solum Cardinales absentes, sed omnes cuiusuis Ordinis, & conditionis homines in Romanum Pontificem creari possunt. QVINTÒ. Vt finitis Nouemdialibus, facrisque die decimo ritè sancto Spiritui factis, omnes Cardinales qui adsunt (siue absentes venerint, siue non) in Palatio, in quo mortuus Pontifex habitabat, loco tuto vndique clauso, ac optimè custodito (Conclaue vocant) concludantur cum duobus tantum, vel si ægritudine laborent (vt nunc consuetudo est) tribus aut quatuor famulis, qui eis necessaria subministrent in loco Comitiorum. Nec alicui præterea fas sit locum ingredi, vel egredi nisi infirmitatis causa, certisque quibusdam hominibus, quorum opera in Conclaui existentibus maximè est necessaria: porrò locus Conclauis nullum intermedium parietem habeat, sed omnes Cardinales in Cellulis suis Laneis distinctis paruis, ipsimet inhabitent in Communi. SEXTÒ. Vt locus & portæ Conclauis diligentissimè custodiantur: si Romæ electio habeatur, primum à Prætorianis, deinde à Regulis Romanis & Oratoribus Principum Sacramento priùs adstrictis; demùm in loco Ostio Conclauis proximiore ab Episcopis, & conseruatoribus vrbis. Si autem extrà vrbem Comitia hæc habeantur, à loci eiusdem Dominis temporalibus eodem iuramento fidelitatis obligatis, quorum munus est, Conclaue custodire & diligenter cauere ne quid Conclaui inferatur, seu exportetur, quominus legitima suffragia ferri possint atque singula scrutari, quæ vel cibi, vel alterius rei causâ inferuntur ad eos, & prouidere, ne quid detrimenti patiantur Cardinales; omnibusque ipsorum nutibus præstò esse: vero Prætoriani ac Reguli Romani Conclaue ab omni impressione tutum reddere debent. SEPTIMÒ. Vt Cardinales Conclauis egredi nulla ratione possint, nisi Romano Pontifice creato. OCTAVÒ. Vt Cardinalibus venientibus post ingressum Conclauis, & antè Papæ creationem potestas sit Conclaue ingredi, & cum cæteris suffragia ferre, nullusque Cardinalis, quauis occasione, aut prætextu, etiam excommunicationis vinculo innodatus ab electione ipsa arceri possit. NONÒ. Vt post triduum ingressûs Conclauis, nisi Pontifex renunciatus fuerit, Episcopi cum Regulis Romanis, & his qui Conclauis custodiæ præsunt, maximam in epulis & cibis, quæ Cardinalibus inferuntur, rationem habeant, & illis non nisi ferculum vnum inferri permittant. DECIMÒ Vt in Comitiis habendis sub Anathematis pœna, nulli fas sit, aut largitione vti, aut quicquam polliceri, aut prensare siue ambiendo, animos Cardinalium sibi in noua creatione deuincire: Quo interim tempore Cardinalibus nulli alio negotio vacandi ius, potestasque sit, quo electio maturetur. VNDECIMÒ. Vt nemo Romanus Pontifex renunciari possit, nisi duarum partium ex tribus Cardinalium in Conclaui præsentium integrâ suffragia tulerit. VLTIMÒ. Vt mortuo Romano Pontifice, omnes Ecclesiastici Magistratus & officia statim cessent, atque à muneribus suis vacent, præter Pœnitentiarium Majorem, Minoresque, & Camerarium S. R. E. quorum munera etiam mortuo Papa perdurant.

ERARD DE LESIGNES, CHANOINE, puis Euesque d'Auxerre, & enfin Cardinal Euesque de Preneste.

CHAPITRE XIX.

Acta Domini Erardi de Lisigniis, Autissiodorensis Episcopi & Cardinalis, desumpta ex AVTRICO CHRISTIANO, *seu ex Gestis* PONTIFICVM AVTISSIODORENSIVM, *à Sancto* PEREGRINO *primo eiusdem Sedis Episcopo vsque ad annum* MCCLXXVII. *Ex MS. Codice euulgato curâ & studio* LVDOVICI *Natalis ab Amico, Presbyteri Canonici Ecclesiæ Autissiodorensis.*

ANTÆ famositatis Antistiti, viro famosissimo Domino Guidoni de Melloto Autissiodorensi Episcopo successit Erardus nepos eius Dominus Castri de Lisigniis Diœcesis Lingonensis, cuius memoria digna est recitatione solemni: hic Erardus ex magnifico generositatis germine ex vtroque parente extitit procreatus. Fuit enim pater eius Guillelmus Marescallus Campaniæ qui attingebat Principi Achaiæ in proximo consanguinitatis gradu. Mater eius fuit Margareta germana prædicti Guidonis de Melloto Prædecessoris sui, cuius generis nobilitas manifestatur dicti Episcopi Guidonis Chronicam intuenti. Hic Erardus statura corporis mediocris, vultum demonstrabat An-

gelicum, tanta perfusum gratia quod Intuentibus ipsum se gratum & amabilem exhibebat. In loquela fuit facundissimus, ita quod alter Vlixes potuit merito appellari. In melodia vocis suos contemporaneos excellebat. Itaue in vocis ipsius emissione sonora poterat merito eius vocis amœnitas melodiis philomenicis coaptari. Et licet hunc generis nobilitas potuisset in fastum extollere mundalem; morum tamen elegantia præeminens, ipsum in tanta humilitate seruauit, quod modum maturum & religiosum acquirens ab omni lasciuia semper extitit alienus, & licet simplicitatem gereret columbinam, intuendis tamen Ecclesiæ suæ iuribus magnanimus quam plurimum habebatur. Largitatem in tantum diligens quod plerumque metas transcendere videbatur. Inerat eidem tantæ liberalitatis & benignitatis innata dulcedo, quod rubore afficiebatur verecundiæ quotiescunque ab ipso aliquid iustè postulantium, ad votiuæ exauditionis effectum deducere non valebat. Et licet in annis puerilibus ex prærogatiua dilectionis à progenitoribus suis præ aliis liberis suis fuerit in deliciis educatus, austeritate tamen abstinentiæ carnem suam ita edomuit, quod in feruore ætatis suæ castitatem laudabiliter acquisiuit. In ætate tenera, in arte cantandi fuit quamplurimum eruditus; postmodum vero studiis liberalibus traditus pollenti floruit ingenio in tantum quod in iuuenili ætate commendabiliter rexit in artibus, deinde legali scientiæ ingenium suum ita applicuit quod ipse acquisiuit illius scientiæ margaritam: postmodum ad Iuris Canonici Facultatem se transferens laudabiliter Licentiatus fuit Parisius in Decretis. Circa tempora illa Gaufrido Decano Autissiodorensis Ecclesiæ humana sorte consumpto. Canonici dictæ Ecclesiæ ipsum Erardum in Decanum dictæ Ecclesiæ concorditer elegerunt. Cum autem in Autissiodorensi Ecclesia residentiam faceret personalem, & iura sui Decanatus contra omnes & specialiter contra suum prædictum auunculum deffenderet animose, duorum annorum vel circa labente curriculo, Ecclesia Autissiodorensis per mortem dicti Guidonis Episcopi auunculi sui, Pastoris solatio destituta, Canonici dictæ Ecclesiæ ad electionem futuri Pontificis procedentes ipsum Erardum dogmatizante Domino in Episcopum per formam compromissi concorditer elegerunt, factusque Episcopus subiectos suos consueta tractauit mansuetudine instruendo ipsos verbo prædicationis pariter & exemplo. Et licet postquam licentiatus extitit in Decretis propter occupationes Prælationis studendi in Facultate Theologica modicum habuerit temporis interuallum, licet ad id vt credimus quamplurimum anhelaret, veruntamen propter ingenij sui perspicacitatem & studij vehementis laboriosam indaginem egregij prædicatoris nomen & gratiam acquisiuit, austeritatem abstinentiæ quantum potuit in occulto seruauit & propter bonum castitatis subtus ad carnem gerebat cilicium, habebat etiam tres cathenas argenteas nodis plenas, quodam insertas mamerrio, ex quibus de nocte carnem suam disciplinis pluries castigabat prout hæc ex relatione veridica fide dignotam accepimus, qui eius secretam pœnitentiam agnouerunt: hic Ecclesiæ suæ feruentissimus amator Capituli sui obtinuit gratiam & fauorem, & postquam adeptus fuit Episcopalis apicem dignitatis, raro accidit dum intraret dictum Capitulum quin Ecclesia ipsa, & Capitulum perciperent in aliquo exuberantem gratiam suæ largitiuæ bonitatis. Contulit igitur præfatis Ecclesiæ & Capitulo dum vitam duceret in humanis duos Angelos argenteos deauratos miræ pulchritudinis & ingentis valoris cum reliquiis beatæ Mariæ Magdalenes insertis venerabiliter in eisdem. Item Crucem auream gemmis pretiosis ornatam pretio quingentarum librarum Turonensium. Item idem Pontifex magnanimus & munificus dedit Capitulo mille libras Turonenses ad augmentationem panis Canonicorum. Item quamdam mitram cum Pontificali annulo pretio quadringentarum librarum Turonensium. Item Calicem pure auream. Item quatuor paria indumentorum Sacerdotalium diuersorum colorum tam de examito, quam de Diaspro, videlicet de vnoquoque Tunicam, Dalmaticam & Casalam. Item alia duo paria indumentorum videlicet de vnoquoque Tunicam, Dalmaticam Casulam, atque Capam. Fecit etiam multa alia bona, Episcopatui Ecclesiæ & Capitulo suprædictis. Ipse siquidem seruitij diuini seuerissimus concregator eiusdemque amator eximius, & amantissimus ampliator, ordinari procurauit in Autissiodorensi Ecclesia, quod Dominicis diebus, in Sexagesima & quinquagesima vltra responsoria consueta, sex alia responsoria iubilationis dulcisonæ canerentur contulitque dictæ Ecclesiæ duodecim libras redditu vltra dictis Dominicis diebus inter Canonicos & Clericos dictæ Ecclesiæ diuidendas. Item apud Bellum redditum aulam nouam construxit, & domum nouam super portam cum domibus adjacentibus ipsi portæ. Item apud Appoigniacum castrum suæ & prædecessorum suorum ditioni subjectum, licet incolæ dicti loci seruituti manus mortuæ talliæ alto & basso aduoluntatem Domini & pluribus aliis essent seruitutibus subjugati: rectam tamen decimam bladi, vini & aliorum fructuum exagricultura prouenientium contra legis diuinæ salutarem obseruantiam vsque ad illa tempora semper soluere renuerunt. Iste siquidem liberalitatis sibi natiuæ motus instinctu Pastoralisque sollicitudinis incitamento pulsatus affectabat, & ipsos restituere libertati & mederi periculis animarum. Sane ipse suæ discretionis vigilantia suæque sedulæ exhortationis efficacia, ad hoc induxit incolas dicti loci, quod ad solutionem rectæ decimæ omnium fructuum prædictorum inperpetuum sub authentico Chirographo sibi, & eius successoribus obligarunt, & pro huius concessionis repensiua de consensu sui Capituli seruitium manus mortuæ, lineæ humani generis inhumanæ de loco illo totaliter abdicauit, & talliam prædictam voluntariam ad octies viginti libras Turonenses annui redditus coarctauit: veruntamen in concessione dictæ decimæ Episcopales redditus in trecentis libris Turonensibus reddituualibus & amplius augmentauit. Item à nobilibus viris Milone de Autissiodoro, & Iohanne eius fratre militibus furnum, iustitiam, & plures res alias quas habebant, apud prædictum Appoigniacum comparauit, & in hoc Episcopales redditus in quaterviginti libris Turonensibus reddituualibus ampliauit. Item in sui vltima voluntate super prædictis acquisitis quæ fecerat, apud Appoigniacum vltra prædictas quater viginti libras reddituales, contulit Ecclesiæ Beati Stephani viginti libras Turonenses annui redditus die sui obitus diuidendas. Item Scolastriam Ecclesiæ Autissiodorensis de rebus Episcopatus in decem libris Turonensibus reddituantibus ampliauit, ampliora bona sperabat, ardenti desiderio dictæ Ecclesiæ se facturum, nisi tam breui tempore vniuersæ carnis ineuitabile debitum exsoluisset. Duorum siquidem annorum vel circa currente interuallo dum apud Caritatem supra Ligerim tempore Prioris Milonis quandam mulierem Burgensem dicti Prioris suspectam de Hæresi vellet examinare, & dictus Prior licet pluries monitus dictam mulierem ei tradere recusaret, Episcopus dictam villam generali supposuit interdicto. Dictus siquidem Prior & eius Monachi in preiudicium Episcopalis Iurisdictionis dictum interdictum violare non verentes corpora decedentium faciebant sepeliri in Cimiteriis dictæ villæ. Ex hoc autem procurante humani generis inimico, inter Episcopum & Priorem præfatum graues fuerunt discordiæ suscitatæ, sed finaliter procurante dicto Episcopo mediantibus Archiepiscopo Senonensi & Abbate Cluniacensi ad hoc deuenit negotium supradictum, quod dicta mulier extitit dicto Episcopo liberata, & quod vnus de Monachis de prædicto Monasterio pro omnibus qui vt interdictum ferretur in villa prædicta & in violatione eiusdem interdicti culpabiles extiterunt humiliter & deuotè flexis genibus dicto Episcopo supplicauit vt interdictum latum in dicta villa relaxaret & eidem Episcopo tam pro interdicto quam pro violatione ipsius emendauit, fueruntque viginti corpora extracta de terra quæ sepulta fuerunt durante dicto interdicto in Cimiteriis memoratis & absolutione ab Episcopo obtenta, fuerunt super terram insepulta, quousque sermo generalis factus fuisset ad populum in Missa Sancti Petri de Caritate prædicta, & Missa pro defunctis fidelibus celebrata, quibus sic actis dicta corpora fuerunt Ecclesiasticæ tradita sepulturæ. Dum vero quatuor annorum & amplius efluxissent curricula inter ipsum Episcopum & Iohannem de Cabilone Comitem Autissiodorensem orta est grandis dissensio, proteruiaque Comitis crebrescente dum dictus Comes iura Autissiodorensis Ecclesiæ violare & inuadere conaretur dictum Comitem & eius vxorem ferire mucrone anathematis non neglexit, & dum Comes & eius vxor in sua malitia perdurarent vt ipsos magis Ecclesiastica seueritas coërceret, Ciuitatem Autissiodorensem, suburbia, totamque terram quam habebat dictus Comes in Comitatu Autissiodorensi generali supposuit interdicto, & dum dictus Comes facti sui malitiam niteretur appellationis remedio colorare, ipse Iurium Ecclesiæ suæ acquisitor indefessus pro ipsius Ecclesiæ Iuribus vitam suam exponere non formidans pro dictis Iuribus defendendis ad Romanam Curiam se transferendum studio piæ deliberationis elegit. Et licet in prædicto negotio viriliter se haberet, morte tamen præuentus illud finali effectui nullatenus mancipauit. Illum siquidem cuius odor famæ redolens iam non solum in Francorum regione amabili, verum etiam in regione Italica confragrabat, Dominus Iohannes Papa V. & omnes Cardinales honorificè receperunt, & dum in dicta regione fuisset mansionarius, ille qui in regionis Gallicanæ temperie fuerat enutritus ebullientes calores illius regionis ferre non valens febres & fluxum ventris patiens ægritudinis ironicæ incurrit incommoda, in regione tamen illa tam laudabiliter se habuit, quod apud Dominum Nicolaum Papam III. Successorem præfati Domini Iohannis, & apud Cardinales eius merita tam dilucidè claruerunt quod ad dignitatem Cardinalatus assumptus factus fuit Prænestinus Episcopus Cardinalis, & licet in numero Episcoporum Autissiodorensium LXIV. extiterit, primus tamen fuit inter ipsos qui ad tantæ dignitatis fuerit culmen prouectus. Non post quidem multa tempora ingrauescente in ipso fluxu ventris, vltimo eloquio ex magna deliberationis discretione condito dum ipse perciperet quod ipsum pertraheret defectus virium ad occasum, Sacramentum Extremæ Vnctionis reuerenter recepit, quibus sic completis anno Domini 1277. decimo quinto Kal. Aprilis primo noctis silentio euasit feliciter nequitias huius mundi, & quia cum Auunculo suo prædicto in Autissiodorensi Basilica elegerat sepulturam, ossa eius de ciuitate Romana ad dictam Basilicam deportata, in eadem cum prædicto suo Auunculo fuerunt in vno eodemque Mausoleo honorificè collocata. Sedit in Episcopatu Autissiodorensi septem annis duobus mensibus, & circiter tribus hebdomadibus, illustri Rege Philippo Regnum moderante. *Dominus per suam gratiam & misericordiam sibi concedat requiem sempiternam. Amen.*

Extractum breue de Libro MS. Gestorum Pontificum in Ecclesia Autissiodorensi, & de Factis notabilibus eorumdem.

HERALDUS DE LISIGNIS LXIV. nepos supra scripti venerabilis GUIDONIS magnæ naturæ donis, morum & scientiarum dotatus, & omnibus virtutibus insignitus, magnarum austeritatis, patientiæ, pœnitentiarum sectator continuus, fundauit pro responsoriis propriis in Sexagesima & Quinquagesima dicendis in Ecclesia Autissiodorensi duodecim libras terræ annuales; fecit ædificari super portam in Domo de Bellorepetu, (*Beaurepaire.*) Et hoc cum magno consilio Habitatores de Appoigniaco libertati condonauit, mediante certa Taillia & Decima de omnibus integraliter sibi soluenda, & Successoribus suis Episcopis : & à Domino Milone Autissiodorensi circa centum libras annui redditus : fundauit etiam super dicto acquestu Anniuersarium de viginti libris in Autissiodorensi Ecclesia : augmentauit etiam Scolasteriam in redditibus Episcopalibus de viginti libratis terræ : lite etiam inter ipsum & Monachos de Charitate pendente, proeo quod impediebant ipsum in punitione Hereticorum villæ de Charitate exorta, & villa interdicta terdicto suppositâ, quia Monachi non parentes inhumauerunt longo tempore corpora in Cimiteriis, finaliter conuixit eos, & emendauerunt excessum, & extra Cimiteria deterrata corpora inhumatorum, & super terram posita, sermone longo perfecto, absolutione eis impensâ, iterum fuerunt in Cimiteriis inhumata. Demum à Comite Domino IOHANNE DE CABILONE multis pulsatus contra Ecclesiam iniuriis, post monitiones quibus non paruit, Episcopus ipsum excommunicauit, & eius durante malitiâ interdicto supposuit ciuitatem; sed Comes sub facto dessensionis, voluntarie per appellationis remedium suam credidit palliare malitiam; propter quod Apostolicam Sedem Romam accessit, vbi honorificè à Summo Pontifice & Cardinalibus fuit receptus, & diu ibidem permanens pro dictis Ecclesiæ suæ negotiis, suis moribus attentis, & memoriam sui annualem, & Prædecessorum proprio Sedis Apostolicæ motu est effectus non in gradu infimo, sed maiori, videlicet Episcopus Prænestinus CARDINALIS: veruntamen ipse infirmitate grauatus huiusmodi nequitias euasit, animam Deo reddens, anno Domini M. CCLXXVII. XV. Kal. Aprilis, & eius ossa reportata Autissiodorum, & tumulata cum Prædecessore & Auunculo suo GVIDONE in Choro Autissiodorensi in eodem Tumulo. Hic fuit primus Episcopus Autissiodorensis qui dignitate CARDINALATVS extitit honoratus, & Ecclesia Autissiodorensis in eo honorata.

SEQVVNTVR *Nomina Episcoporum sub Sanctitatis Titulo non scriptorum in supradicto Libro Gestorum, quorum tamen plurimorum continentia vitæ violentas inferri præsumptiones Sanctitatis, ac strenuitas magnificentiaque in omnibus: si enim eorum Sanctitas in nostris deest Codicibus, piè tamen credimus in Libro vitæ non deesse.*

ERARDVS DE LISINES LXIV. Episcopus obiit Romæ, primus assumptus CARDINALIS in Ecclesia Autissiodorensi, & fuit Cardinalis Episcopus Prænestinus electus: eius ossa fuerunt de Roma apportata, & cum suo Prædecessore & Auunculo tumulata.

Extraict d'vn Memoire MS. de la main de feu mon Pere.

LITTERÆ Erardi de Lisigniis Canonici Autissiodorensis, quibus discordiam terminat quæ vertebatur inter nobilem virum Reginaldum Comitem Forensem ex vna parte; & venerabilem virum Guillelmum de Ialigniaco Cantorem Autissiodorensem ex alia super; eo quod dictus Cantor petebat villam de *Poimiers* cum redditibus & multa alia. Tempore mortis bonæ memoriæ Guidonis quondam Comitis Forensis Fratris dicti Reginaldi. Actum Parisius anno Domini 1169. mense Iunio.

Ex Chartulario MS. Ecclesiæ Autissiodorensis.

OMNIBVS *præsentes litteras inspecturis.* ERARDVS *miseratione diuinâ Autissiodorensis Episcopus, salutem in Domino.* Notum facimus quod cùm Nos recepimus à venerabilibus viris, Decano & Capitulo Ecclesiæ Autissiodorensis duas domos ipsorum confines & contiguas, sitas in Claustro Autissiodorensi desuper portam pendentem, quarum vnam defunctus Theobaldus de Campenso, & alteram Iohannes de Magdelon quondam Autissiodorenses tenere solebant à Nobis & Successoribus nostris Episcopis Autissiodorensibus possidendas perpetuò & tenendas pro annua pensione viginti librarum Turonensium, vel æquiualentis monetæ currentis Autissiodori. Nos dictas viginti libras Turonenses reddituales prædictis Decano & Capitulo, consensu ipsorum super hoc accidente assidemus & assignamus percipiendas ab ipsis perpetuò annis singulis super prouentibus Sigilli Curiæ nostræ Autissiodorensis, & explementis ipsius Curiæ, &c. Item dedimus eisdem Decano & Capitulo quadraginta solidos prædictæ monetæ annui redditus, distribuendos personis & Canonicis, qui præsentes fuerint, prout moris est primis duabus Missis, quæ die Festo Natiuitatis Domini celebrantur videlicet in qualibet Missa viginti solidos, &c. Item dedimus eisdem Decano & Capitulo in augmentum anniuersarij bonæ memoriæ charissimi Auunculi & Prædecessoris nostri decem libras Turonenses annui redditus, &c. Item dedimus eisdem Decano & Capitulo sexaginta solidos Turonenses reddituales pro anniuersario charissimæ quondam sororis nostræ *Chastillon* Dominæ *de Creciaco* defunctæ, &c. Datum anno Domini MCCLXXII. mense Maio.

SIMON DE BRION, THRESORIER de l'Eglise de sainct Martin de Tours, Chancelier de France sous sainct Louys, Cardinal du Tiltre de saincte Cecile, Legat en France, & enfin Pape sous le nom de MARTIN IV.

CHAPITRE XX.

Extraict d'vn Recueil MS. des Chanceliers & Gardes des Sceaux de France, par feu mon Pere.

SIMON DE BRION fut Chancelier du Roy S. Louys apres RAOVL de Grosparmy, en 1260. le Pape VRBAIN IV. le fit Cardinal en 1261. & l'année suiuante il l'ennoya Legat en France, enfin il fut esleu Pape l'an 1281. sous le nom de MARTIN quatriesme. Chronicon Mauriniacense 1261. Mortuo Papa Alexandro VRBANVS IV. præsidet. Hic vocauit ad Cardinalatum Radulphum Ebroicensem Episcopum, & Simonem Regis Franciæ Cancellarium & Turonensem Thesaurarium, & en l'année suiuante 1262. mittitur SIMON Sanctæ Cæciliæ Presbyter Cardinalis, Legatus in Franciâ.

Extraict des Tiltres de la Maison de Neuers.

BVLLE de MARTIN IV. en faueur de Robert Comte de Neuers, touchant la Preuosté de l'Eglise de Bruges, au Diocese de Tourn. , vacante par la mort de Guillaume d'Auuergne, estant en Cour, laquelle Preuostéest confirmé à Messire Gilbert du Castelar son alié, la deuxiesme année de son Pontificat.

Extraict des Chartes du Thresor du Roy.

L'EGISE de Rome doit au Roy pour les gages des Cheualiers, des gens de cheual & de pied, enuoiés à la Requeste du Pape MARTIN, pour le fait de Romagnolles, en l'an 1282. & 1283. sept sols six deniers tournois, & pour deniers prestés audit Pape Martin, pour iceluy mesme fait, en l'an 1283. cent mille Liures tournois.

Extraict du recueil MS. des Tiltres & Priuileges de Sainct Martin de Tours, fait par Monsieur de Marolles, Abbé de Villeloin.

ANNO Domini 1270. nono die Iouis post Festum Decollationis Sancti Ioannis Baptistæ seruientes de *Domna Maria* qui sequuntur presentati in Capitulo nomine reuerendi in Christo Patris Domini SIMONIS Dei gratiâ Sanctæ Cæciliæ Presbyteri Cardinalis Apostolicæ Sedis Legati ac Thesaurarij istius Ecclesiæ, ad seruientarios suos in Terra huius Ecclesiæ apud *Domnam Mariam* fecerunt iuramentum solitum in Ecclesiâ ista ab aliis seruientibus fieri, excepto articulo qui sequitur, scilicet quod faciunt & capiunt quæ in Capitulo capiuntur secundum consuetudinem huius Ecclesiæ, quotiescumque fuerint requisiti, de quo articulo erat contentio inter Dominum Thesaurarium & Capitulum super quo etiam articulo compromisit in dictum Thesaurarium & suæ ordinationi, quod ad hoc stare promisit, verum factâ protestatione à Capitulo, quod non noceat ei quantum ad seruientes presentatos & quantum ad alios si dictus Thesaurarius definierit dictum Articulum in dictis Iuramentis inserendum & esse de forma eiusdem recepit dictos præsentatos: nomina præsentatorum hi sunt *Magister Ioannes de Menins, Petrus Iuniaci de Castello, Milo Pichon de Tuterillis, Ægidius Frater suus,* Canonici, qui interfuerunt dictis Iuramento, & præstationi Domini Papæ, Ioannes Scolasticus P. Cellerarius Ioannes Subdiaconus, A. Cantor, S. Camerarius, totumque Capitulum.

VIRIS *Venerabilibus & discretis Dominis suis & amicis in Christo Charissimis,* Decano, *& Capitulo Ecclesiæ Beati Martini Turonensis,* GILO DE BRIONE *rulis, venerabilis ac reuerendi in Chri-*

des Cardinaux François.

flo Patris Domini SIMONIS *Dei gratia Titulo sanctæ Cæciliæ Presbyteri Cardinalis Fratris nostri, nec non Thesaurarij dictæ Ecclesiæ B.* MARTINI *quantum pertinet ad Thesaurariam dictæ Ecclesiæ Procurator Generalis, salutem & Reuerentiam cum honore.* Mittimus ad vos Iacobum filium Magistri Iohannis de Meuelli hominem dictæ Ecclesiæ Beati Martini Latorem præsentium, quem credimus esse bonæ indolis, & legitimo matrimonio creatum, ac in litteratura satis sufficienter instructum, sic à fide dignis intelleximus, cui amore Dei, & pietatis intuitu concessimus, vt ipse possit à Nobis Tonsuram recipere clericalem, vos rogantes ex parte dicti Domini Reuerendi Patris & Thesaurarij requirente, quatenus eidem Iacobo dictam Tonsuram prout moris est, præbere & concedere velitis, valeat Dominatio vestra. Datum anno Domini millesimo centesimo octagesimo, die Sabbathi post Festum Beati Dionysij.

VIRIS *Venerabilibus & discretis, ac in Christo sibi charissimis* P. *Decano, totique Capitulo Beati* MARTINI *Turonensis,* SIMON *de Iugella eiusdem Ecclesiæ Thesaurarius, salutem & cum intima dilectione sinceram in Domino Charitatem.* Ad magnam Maioriam de Domna Maria vacantem per mortem Domini GITONIS DE BRIONE, quondam magni Maioris, vobis dilectum nostrum Robertum dictum *le Griz*, exhibitorem præsentium, virum ad hoc idoneum & discretum præsentamus, rogantes vos quatenus ipsum ad eandem vt moris est, liberaliter admittatis, valete in Domino. Datum Parisiis in Crastino sancti Clementis.

P. *Decanus, totumque Capitulum Ecclesiæ Beati* MARTINI *Turonensis, Vniuersis suis fidelibus hominibus & seruientibus de Domna Maria, salutem in Domino.* CVM vos ad præsentationem Venerabilis viri SIMONIS Thesaurarij Ecclesiæ nostræ prædictæ, Roberto dicto *le Griz* latori præsentium magnam Maioriam de Domna Maria contulerimus, vobis omnibus & singulis mandamus, quatenus eidem Roberto tanquam Maiori magno loci illius in omnibus obediatis, valete. Datum Turonis in Capitulo nostro die Dominica, in Festo sancti Andreæ Apostoli, anno Domini millesimo ducentesimo octogesimo septimo.

Extraict des Tiltres de la Chambre des Comptes, communiqué par Monsieur de Vyon, Seigneur d'Herouval, Conseiller du Roy, & Auditeur en ladite Chambre.

1264. HOC anno celebratum est Parisius generale Concilium à Domino SIMONE Tituli Sanctæ Cæciliæ Cardinalis Apostolicæ Sedis Legato in Crastino S. Bartholomæi Apostoli.

1279. EODEM anno Dominus Simon, Tituli Sanctæ Cæciliæ Presbyter Cardinalis, Apostolicæ Sedis Legatus, fuit vocatus ad Ecclesiam Romanam à Domino Papa NICOLAO, qui arripuit iter circiter Festum Sancti Michaëlis.

1280. HOC anno, die S. Petri, ad Cathedram creatus fuit in Papam SIMON, Tituli S. Cæciliæ Presbyter Cardinalis, & vocatus fuit Martinus Papa quartus.

Extraict d'vn memoire MS. de la main de feu mon pere.

LITTERÆ Petri de Brionio militis & AALICIÆ eius vxoris, quibus BARTHOLOMÆO Domino Insulæ Burchardi militi, & fratri suo, & hæredibus eius dant nomine permutationis pro octo libris Turonensibus redditus annui sibi assignatis apud *Plaires* in Bailliuia Turonensi, quamdam Turrim, cum Terris, vineis, censibus omnibus, & aliis iuribus quæ habebant ratione hæreditatis dictæ AALICIÆ in villa & Castellania de Langesio. Actum anno 1172. mense Nouembri. *Sceilé de deux Sceaux, le premier de Pierre de Brion, aiant d'vn costé vn escusson à vne bande chargée de cinq petites Tours, ou Tournelles, & au contresceel vn escu Pallé de dix pieces: le second d'*AALICIA *portant deux Leopards, qui sont les Armes de l'Isleboüchard, & autour est escrit.* S. ALIX. DAME DE LA MOTE.

LITTERÆ Bartholomæi de Insula B. militis, quibus Petrum de BRIONIO militem sororium suum vocat & AALICIAM vxorem eius sororem suam, anno 1172. *Au Seel il y a deux Leopards, & au contresceel, trois oiseaux en forme de merlettes, mais auec bec & pieds.*

Extraict d'vn autre memoire manuscript, pareillement escrit de la main de feu mon Pere.

LE Perruchoy estoit vn fort Chasteau près de Poüilly, apresent ruiné, & enclos dans le parc dudit Poüilly. Au Cartulaire du Iard y a mention d'vn IOSSELINVS de Perrucheio miles, qui donna à cette Abbaye quelques arpens de terre. SIMON DE BRION, natif de Montpincien Hameau Paroisse

Ee ij

et Andrezel à vne lieuë de Pouilly (auquel lieu d'Andrezel y a vn ancien Chasteau, & vn petit Chasteau audit lieu de Montpincien enfermé de fossez) appelé MARTIN IV. Pape estoit de cette maison du Perruchoy, & selon aucuns en portoit le surnom, au moins lit on vn Epitaphe dans Saint Innocent à Paris d'vn Simon du Perruchoy Euesque de Chartres, qui est qualifié neueu de l'Apostole MARTIN IV.

Thierry de Vauconleur en la vie d'VRBAIN IV.

SIMON, cui Patria Gallica Terra fuit.

Verum cum Carolus memoratas conditiones.
Ipsi promissas vellet habere ratas,
Sedis Apostolicæ SIMON de fratribus vnus
Vir pius & sanctus, consilisque potens

Mittitur ad partes Francorum, conditiones
Vt dicto CAROLO compleat ante datas.
Qui cum mandato disponit vt Ecclesiarum
Reddituum decima pars tribuatur ei.

Extraict d'vne Lettre MS. de CLEMENT IV. Pape enuoyée au Cardinal de Sainte Cecile.

EQVVM tuum nuper audiuimus cecidisse in te læsum in tibia, quod non leuiter nos turbauit, in hoc tamen gauisos, quod qui te lædi permisit, collidi noluit, sed supposuit manum suam. Omne igitur gaudium cum in varias incideris tentationes extima, & easdem tanquam solemnes nuncios summi Regis lætanter excipe, quos nec vacuos, nec sine honore dimittas, quod vtique facies si disciplinam Domini non abiicies, agesque gratias inter verba, patrem intelligas verberantem qui filium diligit, ad interemptionem non percutit, sed potius ad salutem. Nos Sanctorum orationibus Patrum, iuuante te apud Dominum faciemus, quibus nostras licet eisdem impares miscebimus, in te sanitatem optantes hominis vtriusque. Tu verò cum receperis sanitatem, per tuas litteras patrem lætifica audire de te prospera cupientem, &c.

Extraict des Actes de la Reformation de l'Vniuersité de Paris, faite en l'an 1452. par Guillaulme Cardinal d'Estouteuille. En l'Article des Aristes.

PRimo circa noui Rectoris electionem innouamus antiquum statum, mandantes illud in suâ integritate obseruari cum iuramentis & modis tam per Reuerendissimum Patrem SIMONEM Titulo Sanctæ Cæciliæ Presbyterum Cardinalem, Apostolicæ Sedis Legatum, quam etiam per Facultatem præfatam, adiicientes ad prædicta, vt omnis tollatur abusus, quod nullus Magistrorum, &c.

Ciaconius in Vitis Pontificum sub VRBANO IV.

SImon de Bria, Campanus, Senonensis Gallus ex Thesaurario Ecclesiæ Metropolitanæ Sancti Martini Turonensis Presbyter Cardinalis Titulo Sanctæ Cæciliæ, postea MARTINVS secundus, dictus quartus. Huius Frater GILO de Brione Miles Senonensis Diœcesis nobilis vir appellatur in Registris VRBANI IV. Hic cum esset Papæ Capellanus Episcopus Anicensis designatus, honorem renuit, quum Manfredus vbique victor Ecclesiam Romanam vexaret, hic potissimum à Pontifice & Collegij consulto in Gallias ablegatus est ad Carolum Prouinciæ Comitem: vt cum ad Regni possessionem contra Manfredum inuitaret: interfuit Concilio Lugdunensi secundo sub GREGORIO X. à quo post Synodum Legatus in Gallia relictus est maximâ cum potestate, pro bello sacro instaurando, post eius obitum sub NICOLAO III. ad curiam veniens, post eum, Romanum Pontificatum obtinuit. *Clementis IV. Bulla innestitura Regni Neapolitani anni 1265. Acta Concilij Lugdunensis 1274. Vrbani IV. Clementis IV. Gregorij X. Honorij IV. Registra. Frater Ptolomæus Lucensis.*

BERNARD DE LANGVISSEL, ARCHIDIACRE de Lantraue, en l'Eglise Cathedrale de Tholose, Chapelain du Pape CLEMENT IV. Archeuesque d'Arles, Cardinal Euesque de Port & de Sainte Rufine, & Legat en Lombardie, Romagnolles & Toscane.

CHAPITRE XXI.

Extraict de l'Histoire generale des Cardinaulx, par Aubery.

DOMINVS Bertrandus, Dominus Balthij confitens & recognoscens dicto Archiepiscopo BERNARDO, quod præmissa Arelatensis Ecclesia habet maius dominium in dictis castris, & eorum territoriis supra Monasterium Sancti Cæsarij, & ipsum Monasterium supra ipsum Dominum Bertrandum Dominum Balthij, immediatè promisit quod erit vasallus pro prædictis castris, & territoriis eorumdem, ipsi Monasterio, & quod tenebitur perpetuo dictæ Arelatensi Ecclesiæ, prout Vasallus Vasalli maiori Domino tenebitur de iure.

Ciaconius in vitis Pontificum sub MARTINO IV.

BERNARDVS de Lanquisello Gallus, olim Archidiaconus Lauracensis in Ecclesia Tholosana & Papæ Clementis IV. Capellanus, ex Archiepiscopo Arelatensi Episcopus Cardinalis Portuensis, & Sanctæ Rufinæ Legatus in Lombardia, Romandiola, & Hetruria sub Martino IV. Honorio IV. Obiit Romæ anno 1290. *Regestum Clementis IV. Martini IV. Honorij IV. Nicolai IV. ex Regesto anni 1284. Bulla Honorij IV. Sancti Benedicti de Mantua anni 1285. Nicolai IV. ex Regesto 1298.*

Extraict du Martyrologe de l'Abbaye Saint Victor lez Paris.

DEcimo quinto Kalend. Septembris obiit piæ memoriæ BERNARDVS Portuensis Episcopus.

Epitaphe qui se lit graué dans l'Eglise de Saint François, en la ville d'Oruiette deuant le grand Autel, sur vne pierre de Marbre, où ce Cardinal est representé auec ses Armes.

ANno Domini MCCXC. videlicet decimo tertio Calendas Octobris, obiit bonæ memoriæ BERNARDVS Episcopus Portuensis.

> HVNC Rex æterne Patri sociare superno
> Pro quo mundana reputauit gaudia vana
> Et mens sollicita fuit . . . .
> Culpis purgata, et prorsus fieret tibi grata.

Preuues du Liure II. de l'Histoire

JEHAN DE NOINTEL dit CHOLET,
Chanoine en l'Eglise Cathedrale de Beauuais, puis Prestre Cardinal du Tiltre de Sainte Cecile, Legat en France & en Espagne pour prescher la Croisade contre Pierre d'Arragon, en la guerre que Philippes Roy de France preparoit contre luy.

CHAPITRE XXII.

Extraict de l'Histoire d'Espagne par Mariana.

SANCTIVS Rex Castellæ fœdus cum Gallo facere maturauit Lugdunum, vbi Pontificis ea de causa Legatus IOHANNES Choletus Cardinalis erat; ab vtroque missi Legati: à Gallo, Mornaius & Lambertus viri primarij, à Sanctio Merinus Præsul Asturicensis; fœdus factum, &c.

Extraict des Epistres MS. du Pape MARTIN IV.

MARTINVS Episcopus seruus seruorum Dei, dilecto filio IOHANNI Titulo Sanctæ Ceciliæ Presbytero Cardinali, Apostolicæ Sedis Legato, salutem & Apostolicam Benedictionem. Te nuper accepimus intimante, quod nonnullæ Diœceses quarumdam ciuitatum Regni Franciæ, quæ tuæ iurisdictionis existunt pro parte non modica sunt in Imperio constitutæ, personæ Ecclesiasticæ dictarum Diœceseum pro ea parte quæ noscuntur de imperio ipso esse in solutione decimæ subsidio negocij Arragoniæ deputatæ, ac aliis etiam quæ ad officium tuum spectant, contumaciter obedire recusant, pro eo quod ipse de Regno prædicto vel de Episcopatibus infra fines Imperij constitutis, in quibus tibi noscitur commissa legatio non existunt. Cum autem ad felicem & celerem promotionem negotij memorati plenis desideriis intendamus, & speremus firmiter, quod quanto maiori per nos fueris munitus potestate, tanto ad promotionem huiusmodi efficaciorem poteris operam impertiri: Discretioni tuæ, vt personas Ecclesiasticas Diœceseum prædictarum ad soluendum eamdem Decimam compellere, ac in eisdem personis & locis plenè Legationis officium exercere valeat, plenam auctoritate præsentium concedimus potestatem. Datum Perusij tertio Kalendas Nouembris, Pontificatus nostri anno quarto.

Litteræ IOHANNIS Cardinalis pro exemptione solutionis Decimarum, ex veteri MS. in membranis Episcopatus Baiocensis.

IOHANNES miseratione diuina Titulo Sanctæ Ceciliæ Presbyter Cardinalis, Apostolicæ Sedis Legatus, discretis viris Collectoribus Decimarum in subsidium negotij Arragoniæ, Valentiæque Regnorum, ab Apostolica Sede concessarum auctoritate nostra in Ciuitate & Diœcesi Constantiensi deputatis, salutem in Domino. Religiosorum virorum Abbatis & Conuentus Monasterij .... Ordinis Sancti Benedicti Constantiensis Diœcesis nobis oblata petitio continebat, quod licet exitus, prouentus & redditus .... ad Eleemosinariam dicti Monasterij sint & ab antiquo fuerint ad vsus pauperum specialiter deputati, vos tamen ab Eleemosinario loci prædicti nomine Decimæ in succursum negotij Arragoniæ Valentiæque Regnorum per Apostolicam Sedem concessæ, ratione bonorum huiusmodi quamdam exigitis pecuniæ quantitatem, quare nobis humiliter supplicauerunt vt super iis adhiberemus remedium opportunum: quocirca Discretioni vestræ qua fungimur auctoritate, mandamus, quatinus ad dictum locum personaliter accedatis, super præmissis per testes fide dignos & iuratos dictorum conquerentium sumptibus, veritatem diligentius inquiratis; quod si vobis constiterit quod bona ad dictam Eleemosinariam vndecunque preuenerint, in vsibus huiusmodi, & non aliter conuertantur, hac vice de bonis eisdem Decimam nullatenus exigatis, nec aliquem exinde quorumlibet molestetis, alioquin ad exactionem dictarum Decimarum in quantitate rationabili procedatis iuxta traditam vobis formam. Datum apud Sanctum Germanum de Pratis iuxta Parisius decimo tertio Kal. Martij, Pontificatus Domini Martini Papæ IV. anno quarto.

des Cardinaux François.

Extraict d'vne autre Lettre du mesme Pape MARTIN escrite à EDOVARD Roy d'Angleterre.

DILECTVM filium nostrum Tituli Sancta Cæcilia Presbyterum Cardinalem virum vtique grandi scientia præditum, prudentia & morum honestate decorum, quem sua probationis obtentu grandi affectione prosequimur, cuiusque consiliis te in his acquiescere rogamus.

Guillelmus Nangius libro de Gestis Philippi tertij.

IVRVNT cum Rege, Ecclesiæ Romanæ Legatus Dominus IOHANNES cognomento Cholet Sanctæ Cæciliæ Presbyter Cardinalis, & ferè totius Franciæ Nobilitas vniuersa.

Extraict de la Chronique de l'Eglise de Saint Paul de Narbonne.

ANno MCCLXXXV. Kal. Maij Dominus Philippus Rex Francorum cum Domino Philippo primogenito suo, & Domino Carolo filio suo secundo, cui Dominus Papa Martinus IV. dederat Regnum Arragonum, & Dominus IOHANNES Tituli Sanctæ Cæciliæ Cardinalis, & Apostolicæ Sedis Legatus, intrauerunt villam Narbonæ, deinde Rossilionem & destruxerunt ciuitatem Eluensem, quia resistebat eis. Postmodum per montes de Auscone, videlicet per la Messana intrauerunt Catalauniam & cœperunt ciuitatem Gerundensem, & Comitatum Impuriarum, & dum rediret Rex Philippus migrauit ad Christum in villa Perpiniani, in crastinum Diui Francisci, sexto Idus Nouembres, porro pugnatum est in Hispaniâ, Petrus Arragonensis ex vulnere obiit, pridie Nonas Octobres.

Extraict des Tiltres de la Chambre des Comptes de Paris.

1283. EOdem anno die Sancti Benedicti, quinto Idus Iulij, Magister IOHANNES DE NOENTEL, Tituli Sanctæ Cæciliæ Presbyter Cardinalis, Legatus in Francia à Domino Papa MARTINO ad certa negocia peragenda, cum magna solemnitate est receptus.

1284. EOdem anno celebratum est Concilium Parisius à Domino IOHANNE Tituli Sanctæ Cæciliæ Presbytero Cardinali, Apostolicæ Sedis Legato, decimo sexto Kalendas Septembris, & ibidem, ad prædicationem ipsius & monitionem Philippus Rex Franciæ illustris, & duo filij eiusdem assumpserunt Crucem de debellando contra PETRVM quondam Regem Aragoniæ, à Domino Papa MARTINO IV. condemnatum, qui Petrus inuaserat Regnum Siciliæ fraudulenter, & ob hoc concesserat Decimam Regi Franciæ per quadriennium.

Extraict des Chartes du Thresor du Roy.

AV traitté de Lion fait le 13. Iuillet 1289. entre les Ambassadeurs des Roys, PHILIPPES le BEL, & SANCE de Castille, pardeuant IEHAN Cardinal de Sainte Cecile, Legat du Pape. Le Legat dit auoir fait apposer son Sceau à l'Acte dudit Traitté, auec celuy des Ambassadeurs, & celuy Domini Iohannis de Acon Buticularij Franciæ. Actum Lugduni tertio Idus Iulij, Pontificatus Nicolai Papæ IV. anno primo.

Extraict des mesmes Chartes.

DONATION faitte par IEHAN DE NOENTEL dit Cholet, Legat en France touchant la Terre de Merlon, & autres circonadiacentes, confirmée par le Roy PHILIPPE l'an 1286. apres la mort dudit Cholet.

Ex Schedis Episcoporum Engolismensium.

HElias de Malomonte Decanus Engolismensis 1293. auctoritate IOHANNIS Titulo Sanctæ Cæciliæ Presbyteri Cardinalis, Apostolicæ Sedis Legati in Francia amotus fuit per Sedem Apostolicam.

Ex Calendario Ambianensi MS.

TErtio Nonas Augusti, Obitus Domini IOHANNIS dicti Cholet, Tituli Sanctæ Cæciliæ Presbyteri Cardinalis.

Ex Martyrologio Sanctæ Genouefæ Parisiensis.

NONAS Augusti, obiit bonæ memoriæ Dominus IOHANNIS CHOLET, Titulo Sanctæ Cæciliæ Presbyter Cardinalis, qui pro anniuersario suo singulis annis faciendo, dedit nobis sexaginta libras Parisienses.

Ex Martyrologio Ecclesiæ Parisiensis.

OBiit Dominus IOHANNES Tituli Sanctæ Cæciliæ Presbyter Cardinalis.

Extraict du Liure des Obits de la Saincte Chapelle de Paris.

NOno Maij obiit Dominus Cardinalis CHOLET.

Ex Martyrologio MS. Ecclesiæ Sancti Geruasij Suessionensis.

SEPTEMBER. Item, anno Domini MCCCXII. die Sabbati post Festum Beati Michaëlis, obiit Magister IOHANNES DE NOYENTELLIO leuita & Canonicus noster, qui dedit nobis pro anima sua, patris sui, matris suæ, fratris sui Domini IOHANNIS Cardinalis, ac omnium Benefactorum suorum domum suam, in qua morabatur, in vico d'ou Puis berlin contiguam iardino Domini Guillelmi tunc Thesaurarij ex vna parte, & domui Domini Iacobi de Brayo Canonici nostri ex altera. Item, dedit nobis quamdam aliam domum in eodem vico à parte opposita contiguam domui Capituli ex vna parte, & domui Robini de Sancto Leodegario ex altera.

Extraict du Martyrologe de l'Eglise Cathedrale de Beauuais.

DIe tertiâ Augusti, obiit IOHANNES bonæ memoriæ Titulo Sanctæ Cæciliæ Cardinalis Presbyter, dictus CHOLET, quondam Beati Petri Canonicus, qui dedit centum solidos inter alia his qui interfuerunt ad cantandum *Te Deum* quando sanabantur infirmi Sancti Geremari.

Testament du Cardinal de Nointel, tiré des Archiues de l'Abbaye du Moustier la Celle, prés la Ville de Troyes.

EGo IOANNES permissione diuina Tituli Sanctæ Cæciliæ Presbyter Cardinalis liberam testandi factionem habens, & cogitans quod nihil sit certius morte, nihil tamen incertius horâ mortis, & idcirco ipsius mortis iudicium præuenire cupiens, & ab eo præcauens præueniri, de bonis meis tam Ecclesiasticis quàm mundanis, quæ in præsentiarum habeo in Regno Franciæ testamentum meum, seu vltimam voluntatem facio, ordino, seu dispono in modum qui sequitur infra scriptus: IMPRIMIS si extorsi indebitè siue contra iustitiam aut aliquem defraudaui, plenè restitui volo & mando, super quo executores meos infra nominandos conditione habendâ de plano contentos esse volo: etiam omnia alia debita mea liberè & sine difficultate persolui: Post hæc autem lego Imprimis Monasterio Sancti Luciani prope Belloacum, Ordinis Sancti Benedicti, in quo mihi eligo sepulturam, duo millia librarum Parisiensium, de quibus mihi tenentur in mille libras Parisienses, & mille libras quas præcipio sibi dari ad comparandas Terras, quas vna cum Terris, aut redditibus aliis à me iam inter viuos donatis eidem Monasterio in pitantias Monachorum ipsius Monasterij inibi Deo famulantium conuerti volo, & præcipio, & ad opus huiusmodi deputo legem talem, siue modum adjiciens, siue statuens, vt in singulis mensibus à Conuentu eiusdem Monasterij pro me celebretis Officium defunctorum, & eadem die de prædictis redditibus fiat pitantia in Conuentu iuxta æstimationem Prioris, aut Superioris, si Prior fuerit absens. Item, in Monasterio Beatæ Mariæ de Britolio, ducentas libras Parisienses, pro comparandis Terris seu redditibus ad anniuersarium meum celebrandum ibidem annuatim. Item, simili modo Monasterio Sancti GEREMARI Flauigniacensis ducentas libras Parisienses pro emendis Terris seu redditibus ad anniuersarium meum celebrandum ibidem annuatim. Item, Monasterio Sancti QVINTINI Beluacensis sexaginta libras Parisienses, scilicet ad comparandos redditus pro anniuersario meo annuatim ibidem celebrando. Item, Domui Dei Beluacensis sexaginta libras Parisienses ad emendos redditus conuertendos in alimoniam pauperum infirmorum. Item, Fratribus Minoribus Beluacensibus quadraginta libras Parisienses. Item, Fratribus Prædicatoribus eiusdem loci quadraginta libras. Item, Ecclesiæ Beatæ Mariæ Beluacensis sexaginta libras ad emendos redditus conuertendos in distributiones quotidianas, & vt annuatim anniuersarium meum inibi celebretur. Item, singulis aliis Ecclesiis Collegiatis dictæ Ciuitatis, centum solidos Parisienses. Item, Benignis eiusdem loci centum solidos Parisienses. Item, Domui Sancti Thomæ centum solidos Parisienses. Item, Ecclesiæ Beluacensi ducentas libras Parisienses ad comparandos redditus, tali modo edicto, vt tam ex redditibus, quos alias inter viuos donaui eidem, quam ex his quæ dictâ pecuniâ ementur, bis in anno celebretur inibi anniuersarium meum, & distribuatur pecunia inter Canonicos & Clericos, & in modum quem scribi iussi in libro eiusdem Ecclesiæ ad talia deputato. Item, Rectori Ecclesiæ de Sancto Luciano quadraginta solidos Parisienses. Item, Pauperibus oriundis de dictâ villa, decem libras Parisienses. Item, Rectori Ecclesiæ de Maulete, quadraginta solidos Parisienses, & pauperibus oriundis de dictâ villa decem libras Parisienses. Item, Rectori Ecclesiæ de Abbatis-Villâ quadraginta solidos Parisienses, & pauperibus

Ecclesiæ

eiufdem Villæ decem libras Parifienfes. Item, Quadraginta libras Parifienfes ad comparandos redditus pro anniuerfario noftro celebrando annuatim in Ecclefia de Marifello, tali modo quod Rector Ecclefiæ ipfa die anniuerfarij percipiat duos folidos de dicto reddituu comparatos, refiduum vero diftribuatur inter pauperes oriundos de dicta villa, fcilicet per Rectorem & Matricularios eiufdem Ecclefiæ. Item, Rectori Ecclefiæ de Noientello die obitus mei volo quam primum ibi celebrabuntur exequiæ meæ, quadraginta folidos Parifienfes, & viginti libras Parifienfes pauperibus oriundis de dicta Villa, diftribuendis per manus Rectoris & Matriculariorum. Item, fexaginta libras Parifienfes ad comparandos redditus pro Anniuerfario meo fingulis annis inibi celebrando, ita videlicet quod de dicto redditu Rector ipfa die anniuerfarij habeat quinque folidos, refiduum diftribuatur pauperibus oriundis de dicta Villa per manus ipfius Rectoris, & Matriculariorum. Item, Rectori Ecclefiæ de Sancto Foelice die obitus mei quadraginta folidos Parifienfes, & fexaginta libras Parifienfes ad comparandos redditus pro Anniuerfario meo inibi fingulis annis celebrando, ita videlicet, quod die obitus mei de dicto redditu habeat Rector dictæ Ecclefiæ quinque folidos, refiduum diftribuatur pauperibus oriundis iftius Villæ per manus Rectoris & Matriculariorum. Item, Leprofariæ Beluacenfis triginta libras Parifienfes. Item Leprofariæ Sancti Antonij extra Beluacum centum folidos Parifienfes. Item, Abbati & Conuentui de Bello prato centum libras Turonenfes ad comparandos redditus pro Anniuerfario meo, annuatim inibi celebrando. Item, Monafterio *de Briotel* triginta libras Turonenfes. Item, Monafterio Sancti Martini Ruricurtenfis centum libras Turonenfes ad comparandos redditus pro Anniuerfario noftro inibi celebrando. Item, Monafterio Sancti Iufti Ordinis Præmonftratenfis quinquaginta libras Parifienfes ad comparandos redditus fimiliter. Item, Hofpitalis de Bellomonte centum folidos Parifienfes. Item, Monafterio de Pentheomonte viginti libras Parifienfes ad comparandos redditus fimiliter. Item, Domui Dei de Claromonte viginti libras Parifienfes fimiliter. Item, Monafterio fancti Pauli prope Beluacum quinquaginta libras Parifienfes ad comparandos redditus fimiliter pro Anniuerfario meo inibi celebrando annuatim. Item, Prioratui de Varuilla triginta libras Parifienfes fimiliter ad comparandos redditus. Item, Monafterio Regalis Montis ducentas libras Parifienfes ad comparandos redditus pro Anniuerfario meo annuatim inibi celebrando. Item, fingulis Sacerdotibus Beluacenfis Diocefis decem folidos Turonenfes die exequiarum. Item Monialibus dictis *de Borrent* viginti libras Parifienfes ad comparandos redditus pro anniuerfario meo inibi celebrando annuatim. Item, Prioratui de Bruolio viginti libras Parifienfes ad comparandos redditus fimili modo. Item, Rectori de Caftaneto quadraginta folidos Parifienfes die obitus mei, & quam primum exequiæ meæ ibi celebrabuntur, & viginti libras Parifienfes pauperibus oriundis de dicta villa diftribuendas per manus Rectoris & Matriculariorum. Item, pauperibus oriundis de Melloto viginti libras Parifienfes diftribuendas per Priorem loci & Matricularios Ecclefiæ. Item, Prioratui de Melleto viginti libras Parifienfes ad comparandos redditus pro Anniuerfario meo ibidem annuatim celebrando. Item, Ecclefiæ Canonicorum eiufdem villæ viginti libras Parifienfes pro Anniuerfario meo ibidem annuatim celebrando. Item, Ecclefiæ Rectori de centum puteis quadraginta folidos Parifienfes die exequiarum mearum, & decem libras Parifienfes pauperibus oriundis de dicta villa. Item, Monafterio de Paraclyto Ambianenfis Diocefis ducentas libras Parifienfes ad comparandos redditus pro Anniuerfario meo annuatim inibi celebrando. Item, Monafterio Sancti Vedafti Attrebatenfis centum libras Parifienfes pro Anniuerfario meo annuatim ibidem celebrando. Item, Diocefis Rotomagenfis fic ordino, & fieri volo. Primum lego Ecclefiæ Rothomagenfi trecentas libras Turonenfes ad redditus pro Anniuerfario meo faciendo ibidem, volo autem bis in anno pro anima mea celebrari ibidem, ita quod prima vice redditus quos comparaui, & inter viuos eidem donaui, diftribuantur, fecunda vice redditus qui comparabuntur de proxime dicta pecunia, fimili modo diftribuantur, ficut dicti redditus quos donaui eidem, illis videlicet dumtaxat Canonicis, Capellanis, & Clericis chori qui præfentes intererunt vigiliis & Miffæ, volo autem quod Capellani fex denarios percipiant, cæteri Clerici quatuor. Item, Monafterio Sancti Audoëni Rothomagenfis centum libras Turonenfes ad comparandos redditus pro Anniuerfario meo annuatim ibidem celebrando. Item, eidem Monafterio quandam Mithram meam cum efmaillis argenteis. Item, Monafterio Sanctæ Catharinæ Rothomagenfis quinquaginta libras Turonenfes fimiliter ad comparandos redditus pro Anniuerfario meo ibidem celebrando. Item, Priorii Sancti Claudii Rothomagenfis viginti libras Turonenfes fimiliter. Item, Fratribus Prædicatoribus eiufdem loci quadraginta libras Turonenfes. Item, Fratribus Minoribus dicti loci viginti libras Turonenfes pro libro Moralium, quem titulo deuotionis accepi ab eis pro alio libro confimili quem dedi eis. Item, Sororibus de Sancto Matthæo decem libras Turonenfes. Item Minoribus quæ dicuntur Filiæ Dei, centum folidos Turonenfes. Item, Monafterio Sancti Amandi Rothomagenfis centum libras Turonenfes ad comparandos redditus pro Anniuerfario meo annuatim ibidem celebrando. Item, Hofpitali Magdalenarum triginta libras Turonenfes. Item, Prioratui de Aulla puellarum triginta libras Turonenfes. Item, Prioratui de Monte Leprofo triginta libras Turonenfes. Item, Monafterio Sancti Georgii *de Bauquemeruille* viginti libras Turonenfes. Item, Monafterio de Paucitis centum libras Turonenfes ad comparandos redditus pro Anniuerfario meo annuatim ibidem celebrando. Item, Monafterij fancti Vandregefili fexaginta libras Turonenfes ad comparandos redditus pro Anniuerfario meo annuatim ibidem celebrando. Item, Monafterio Beatæ Mariæ de Voto viginti libras Turonenfes ad comparandos redditus fimiliter. Item, Monafterio Fifcanenfi quinquaginta libras Turonenses ad comparandos redditus pro Anniuersario meo ibidem annis singulis celebrando. Item, Abbatiæ de MonteVillarii decem libras Turonenses vt idem fiat........ Anniuersarii mei. Item, singulis Conuentibus Fratrum Minorum de Prouincia Normanniæ, & similiter singulis Conuentibus Fratrum Prædicatorum eiusdem Prouinciæ decem libras Turonenses. Item, Hospitali de Pontisara centum solidos Turonenses. Item, singulis Leprosariis dictæ Diœcesis in quibus Sanctæ Capellæ celebrantur, quadraginta solidos Turonenses Item, ceteris Hospitalibus Rothomagensis Diœcesis quadraginta solidos Turonenses. Item, Abbatiæ de Insula Dei Prçmonstratensis Ordinis viginti libras Turonenses ad comparandos redditus pro Anniuersario meo annuatim ibidem celebrando. Item, Prioratui de Belloloco decem libras Turonenses. Item, Hospitali Sancti Iohannis inhumitani centum libras Parisienses ad comparandos redditus pro Anniuersario meo annuatim ibidem celebrando. Item, Militiç Templi centum libras Parisienses ad comparandos redditus pro Anniuersario meo ibidem celebrando. Item, subsidio Terrç Sanctç tria millia librarum Turonensium conuertenda in eiusdem Terrç subsidium ad arbitrium Patriarchç Hierosolimitani qui pro tempore fuerit & Prioris Hospitalis, & Magistri Militiç Templi pręditorum. Item, negotio faciendo, si Karolus Rex proficiscatur cum digno exercitu in dictum Regnum, sex millia librarum Turonensium: quod si forsitan pax facta fuerit, vel idem Carolus Rex Franciæ negotium dimiserit imperfectum, dicta sex millia librarum pauperibus oriundis de Beluacensi Diœcesi distribui volumus per executores nostros infra nominandos. Item, centum Calices deauratos cum Patenis pręcipio fieri, vnum quemque ponderis duarum marcarum, quorum sexaginta volo distribui in Diœcesi Rothomagensi ad arbitrium executorum meorum, & alios quadraginta in Diœcesi Beluacensi Ecclesiis indigentibus secundum quod iidem executores viderint expedire. Item, triginta puellis de nobili genere oriundis Beluacensis Diœcesis ad Matrimonium contrahendum viginti libras Parisienses vnicuique pręcipio dari. Item, aliis triginta de humili plebe dictę Diœcesis decem libras Parisienses vnicuique. Item, singulis Leprosariis Rothomagensis & Beluacensis Diœcesis, quibus spiritualiter non lego, viginti solidos Parisienses. Item, Prioratui Sancti Laurentij in Leonibus viginti libras Turonenses ad comparandos redditus. Item, Prioratui de Burgocarrdi decem libras Turonenses. Item, Prioratui de Gerardiuilla decem libras Turonenses. Item, singulis Presbyteris Parrochialibus dictę Diœcesis decem solidos Turonenses, vt celebrent exequias nostras, cum primo audierint certitudinem obitus mei. Item, Monasterio de Fontegerardi centum solidos Turonenses. Item, Monasterio de Generifonte centum solidos Turonenses. *In Diœcesi Suessionensi.* Primò, Monasterio Beatę Mariæ Suessionensis quinquaginta libras Turonenses ad comparandos redditus, Monasterio Sancti Cornelij Compendiensis quinquaginta libras, scilicet ad comparandos redditus pro Anniuersario celebrando ibidem. Domui Dei Compendiensis quadraginta libras Turonenses, scilicet ad comparandos redditus. Item Monasterio Monialium Beatę Mariæ de Merqueualle centum libras scilicet ad comparandos redditus. Item, in Diœcesi Syluanectensi Abbatiłę & Conuentui de Pereo Cisterciensis Ordinis triginta libras Parisienses ad comparandos redditus Item, Monasterio Sancti Remigij Syluanectensis viginti libras Parisienses ad comparandos redditus. Item, Monasterio Monialium de . . . . . Pettoso decem libras Parisienses. Item, Monasterio Sancti Vincentij Syluanectensis de debito in quo mihi tenetur remitte centum libras Parisienses. Item, Monasterio Caroli loci centum libras Parisienses, pro Anniuersario meo ibidem celebrando. Item, Monasterio de Victoria quinquaginta libras Parisienses. Item, Fratribus Minoribus Syluanectensibus viginti libras Parisienses. Item, Domui Dei Syluanectensis decem libras Parisienses. *Item in Ciuitate & Diœcesi Parisiensi.* Primò, Ecclesię Parisiensi centum libras Parisienses ad comparandos redditus pro Anniuersario meo ibidem celebrando. Item, Domui Dei Parisiensi sexaginta libras Parisienses pro Anniuersario meo ibidem celebrando. Item, Conuentui Fratrum Minorum Parisiensium ducentas libras Parisienses, pro Anniuersario nostro ibidem celebrando. Item, Conuentui Fratrum Prædicatorum ducentas libras Parisienses Item, Monasterio Sanctæ Genoueuę sexaginta libras Parisienses. Item, Monasterio Sancti Victoris sexaginta libras Parisienses. Item, dictis bonis Puetis Parisiensibus sexaginta libras Parisienses ad comparandos redditus. Item, Scolaribus dictis de Sorbona centum libras Parisienses. Item, Fratribus de Monterubeo decem libras Parisienses. Item, Fratribus Guillelminis triginta libras Parisienses. Item, Fratribus Saccariis Parisiensibus viginti libras Parisienses. Item Scholaribus Sancti Thomæ de Lupara viginti libras Parisienses. Item, Fratribus Sancti Martini quadraginta libras Parisienses. Item, Monasterio de Valle Scholarium sexaginta libras Parisienses, ad comparandos redditus. Item, Monasterio Sancti Antonij, sexaginta libras Parisienses, ad comparandos redditus. Item, singulis Conuentibus tam Fratrum Minorum, quam Prædicatorum, Rothomagensium, Remensium, Senonensium Prouinciarum, quibus spiritualiter aliquid non legauimus, decem libras Parisienses. Item, Fratribus Carthusiensibus iuxta Parisius viginti libras Parisienses. Item Fratribus Barratis viginti libras Parisienses. Item, Monasterio S. Dionysij in Francia trecentas libras Turonenses ad comparandos redditus pro Anniuersario nostro ibidem annuatim celebrando. Item, Monasterio Sancti Germani de Pratis trecentas libras ad comparandos redditus pro Anniuersario nostro ibidem annuatim celebrando. Item, Monasterio de Vallemonte decem libras Parisienses. Item, Monasterio Sancti Victoris in Taleto decem libras Turonenses. Item, Prioratui de Conquauilla Cluniacensis Ordinis viginti libras Turonenses. Item, Monasterio de Corneulla decem libras Turonenses Item, Diœcesis Nouiomensis Monasterio de Vrscampo sexaginta libras Parisienses ad comparandos redditus. Item, mille libras Parisienses ad comparandos redditus ad fundandum duas Capellas in quibus sint perpetui Capellani, videlicet vnam in Ecclesia Beluacensi, & aliam in Ecclesia Rothomagensi. Item, singulis meis Executoribus infra nominandis centum libras Parisienses. Item, quadraginta libras Turonenses distribuendas Pauperibus de Archidiaconatu meo Rothomagensi, & quinquaginta libras Turonenses per singulos Decanatus. Item, pauperibus Sacerdotibus Prouinciæ Narbonensis mille libras Turonenses. Item, pauperibus Sacerdotibus Ecclesiæ Beluacensis mille libras Turonenses. Item, pauperibus Sacerdotibus Prouinciæ Auxitanensis quinquaginta libras Turonenses. Item, pauperibus Sacerdotibus Prouinciæ Burdegalensis mille libras Turonenses. Item, pauperibus Sacerdotibus Prouinciæ Turonensis mille libras Turonenses. Item, pauperibus Sacerdotibus Prouinciæ Lugdunensis mille libras Turonenses. Item, Codicillos facio, in quibus lego ego Sacrosanctæ Matri meæ Ecclesiæ Romanæ quatuor millia librarum Turonensium. De Libris autem meis sic ordino; Libros Theologicos Glossatos & Bibliam meam maiorem Ecclesiæ Beati Luciani do & lego, quos alienari prohibeo. Libros autem Philosophicos tam Logicos, quàm naturales Fratri Petro de Sonions Capellano & Pœnitentiario meo do & lego, ita quod post ipsum ad Conuentum Fratrum Minorum Parisiensium reuertantur. Alios autem Libros Iuris tam Canonici quàm Ciuilis vendi iubeo, & pecuniam inde redactam dari præcipio pauperibus Scholaribus studentibus Parisiùs in Theologica Facultate. Originalia autem mea, videlicet Augustini, Hilarij, & alia lego Conuentui Fratrum Minorum Parisiensium, ita quod prædictus Frater Petrus ea ad vsum habeat quamdiu vixerit. Magistro Petro dicto Mulot si tempore mortis meæ existat obsequiis meis. Item, Sermones Fratris Guiberti in quatuor voluminibus lego Iohanni de Bullis Archidiacono maioris Caleti in Ecclesia Rothomagensi & Summam meam de casibus & . . . . . . Papiam. Item, Isodorum Ethymologiarum lego Magistro Iohanni Ymaui de Noyentello Capellano meo. Item, Pricianum Surardo de Noyentello. Item, Gerarchias in duobus voluminibus quas habeo à Monasterio Sancti Dionysij, restitui iubeo. Item, Senecam & alios Libros quos habeo à Monasterio Sancti Geremari Flauniacensis, restitui similiter mando. Item, quemdam Librum, qui vocatur Architrenius, Monasterio de Mortuo-mari. Item, Epistolas Beati Bernardi, Monasterio Frigidi-montis. Quod si forsitan tempore mortis meæ bona mea in Regno Franciæ consistentia vsque ad quantitatem hic comprehensam non adscendant, de singulis legatis prædictis prorata volo defalcari; si verò supercreuerint, illud residuum volo per dictos Executores meos distribui & ordinari, prout saluti animæ meæ viderint expedire. Si autem ratione indistractionis residuum huius non repetatur ab aliquo, totum huius residuum delego prædictis institutionis legatariis prorata vniuscuiusque. Executores autem meos nomino & constituo, Iohannem de Bullis Archidiaconum maioris Caleti in Ecclesia Rothomagensi, & Magistros Euurardum de Noyentello Canonicum Moritanensem, & Gerardum de Sancto Iusto Canonicos Beluacenses, Iohannem de Noyentello Canonicum Moritanensem, & Dominum de centum Puteis Canonicum Attrebatensem, volens vt prædicti quinque, aut maior pars eorum, si alij non vixerint, vel absentes fuerint, aut duo vel vnus eorum qui superfuerint, vocato secum Abbate Sancti Luciani Beluacensis, qui pro tempore fuerit, absque moræ dispendio, intellecto cuncto rumore de morte mea exequantur. Hoc autem Testamentum claudi & sigillo meo consignari iussi, præsentibus . . . . . . Reliquum deest.

Epitaphe du Cardinal de NOINTEL, *apposé en vn Tableau proche de sa Tumbe, en l'Eglise de Saint Lucien de Beauuais.*

ISTA legens siste, pensa quantus fuit iste
Cuius tam pulcrum cernis fulgere sepulcrum.
Est rosa sub petra quam premunt subdita metra
Et tanti floris vis se diffundit odoris.
Ecce sub hoc tumulo venerabilis ossa Ioannis
Cecilia Titulo decorati pluribus annis.
Postea Legatus fuit inclytus atque probatus
Vir magni cordis, cuius mens nescia sordis,
Gloria Francorum, decus orbis, formaque morum,
Canonis & Legum Professor erat generalis,

Francorum Regum Consul bonus & specialis.
Prouocet ad fletum pietas recolendo Choletum,
Tanquam deletum fontem bonitate repletum:
Mors quid fecisti, Vita rescens iter isti?
Mille a gregi Christi destinata subripuisti,
Dapsilis & mundus verax fuit atque fidelis.
Floreat in cælis, quia nunc sibi nemo secundus.
Annis depromas octo de mille trecentis
Augusti Nonas quarto lux est morientis.

Les Vers suiuans estoient escrits en lettres Gotiques d'or, & grauez à l'entour de son Monument.

HAC in Capsella latet orbis fulgida stella
Cuius fulgore Regio hæc suit in honore.
Francis Legatum suscepit eum sibi gratum,
Formam vnitorum, Francorum nobile scutum,

Hic vir compositus, vir verax, virque peritus
Iustus, munificus Regum specialis amicus.
Ergo tecum flores præclari patris, & ores
Vt post hos flores fructus capias meliores.

Preuues du Liure II. de l'Histoire

Au College des Cholets à Paris est aussi cét Epitaphe de luy.

BELGARVM me primus ager nutriuit, honorat, Roma : seni magnae fœdera pacis erant
Religio, pietas, studiorum insignia crescunt, me duce, quis fuerim comprobat ista domus.

GERVAIS GANCELOT DE CLINCHAMP,

Chanoine & Official en l'Eglise Cathedrale de nostre Dame de Paris, grand Archidiacre de celle du Mans, Prestre Cardinal des Saints Syluestre, & Saint Martin és Monts, au Tiltre d'Equitius, Legat en France.

CHAPITRE XXIII.

Nomenclator Cardinalium.

GERVASIVS GIANCOLETVS de *Clinchamp* Cœnomanensis Gallus, ex Decano Parisiensis Ecclesiæ Cardinalis, & Apostolicæ Sedis apud Philippum Francorum Regem Legatus; quædam in Theologia scriptitasse fertur, quæ non exiguo rei litterariæ interitrimento, oculis nostris vetustas subduxit, vt indicat Cortesius. Obiit anno 1287. Romæ sepultus in Æde Sanctorum Syluestri & Martini, &c.

Ciaconius in vitis Pontificum sub MARTINO IV.

GERVASIVS Giancoletus de *Clincamp*, Cœnomanensis Gallus, Decanus Parisiensis, Presbyter Cardinalis Sanctorum Syluestri & Martini Titulo Equitij, à Martino IV. Legatus est in Gallias, vt Regi Francorum Philippo bellum contra Petrum Regem Aragonum Siciliæ inuasorem, & propterea Regno à Pontifice priuatum gerenti assisteret, & Crucem contra illum prædicaret, cui bello præter Regem & Legatum, interfuere duo Francorum Regis filij, Philippus & Carolus, eo bello Philippi morte dissoluto, Legatus in Italiam rediit. *Paulus Cortesius.* Quin etiam vno tempore Hugo Carus, Hannibal Romanus, GERVASIVS Gallus, & Guillelmus Britannus Theologicâ laude præstiterunt, ex quibus quanquam alius alio habitus sit in disserendo maior, ab omnibus tamen est expolitior Theologia facta, tantumque scripti relictum, quantum esset ad posteriores admonendos satis. Excessit Romæ ex peste anno Domini 1287. Sede vacante, post obitum Honorij IV. sepultus in medio Titulo suo cum Epitaphio & insignibus. *Iohannes Villani libro 7. capite 101. Frater Ptolomæus, Regest. Martini IV. Bulla Martini IV. ex Regestis anni 1284. Honorij IV. ex Regestis anni 1286.*

Extraict de l'Histoire d'Espagne par Mariana.

GERVASIVS Cardinalis Legatus à Romano Pontifice MARTINO IV. qui quarto Kalend. Aprilis Perusij decesserat, HONORIO Successore, Romano Ciue & gente Sabella, Francorum tamen non minus studioso, mense Maio Narbonæ Perpennianum itum est, &c.

Ex Cartulario MS. Canonicorum Sancti Mederici de Linays.

VNIVERSIS præsentes litteras inspecturis, GVILLELMVS in Ecclesia Parisiensi Archidiaconus, Magistri Simon de Separa Canonicus Parisiensis, Geruasius de Clincampo Canonicus & Officialis Parisiensis, Vicarij Generales reuerendissimi Patris Stephani Dei gratia Parisiensis Episcopi nunc absentis, salutem in Domino. Nouerint vniuersi quod Nos attenta tenuitate Præbendarum antiquarum Ecclesiæ S. Mederici de *Linais*, Parisiensis Diœcesis, de quibus Canonici non possint commodè sustentari: volentes eidem Ecclesiæ facere gratiam specialem, auctoritate nobis commissa indulgemus, & auctoritatem præstamus, vt quatuor Præbendæ infra duos annos ex nunc venturos & continuò computandos, possint de nouo fundari in Ecclesia supradicta. Quas Præbendas fundatores huiusmodi

des Cardinaux François. 227

possint semel conferre vitæ comite, personam idoneam Domino Parisiensi Episcopo, vel eius vices gerentibus præsentando. Itaque post decessum vel resignationem præsentatorum, vel etiam huiusmodi, si ipsi fundatores eas non contulerint modo superius annotato, dictæ quatuor Præbendæ in augmentum dictarum antiquarum Præbendarum conuertantur. In cuius rei testimonium sigilla nostra præsentibus duximus apponenda. Datum anno Domini 1274. die Lunæ post Brandones.

VIRIS venerabilibus & discretis, Decano & Capitulo Ecclesiæ Sancti Mederici de Linays, Magistri Gervasius de Clinocampo, Archidiaconus Cœnomanensis, Guillelmus de Ruye Precentor Ambianensis, & Magister Michael de Monteletherico, executores Testamenti defuncti Petri Apothecarij servientis quondam inclytæ recordationis Alphonsi Comitis Pictauiæ & Tholosæ, una cum quibusdam alijs executoribus suis, salutem id Domino. Cum nos iuxta voluntatem dicti defuncti quandam Capellaniam in Ecclesia vestra de Linays fundaverimus, & eandem contulerimus de unanimi consensu nostro & aliorum coexecutorum nostrorum, Ioanni de Linays Clerico nepoti dicti defuncti, vos rogamus quatenus eundem Clericum ad dictam Capellaniam admittatis. Datum anno Domini 1278. mense Februarij.

VNIVERSIS præsentes litteras inspecturis, Decanus & Capitulum Ecclesiæ Sancti Mederici de Linays Parisiensis Diœcesis, salutem in Domino. Nouerint vniuersi, quod nos recepimus & habuimus per manus venerabilium virorum Magistrorum Gervasij de Clinocampo Canonici Parisiensis, Guillelmi de Ruye Canonici Ambianensis & aliorum executorum Testamenti defuncti Petri Apothecarij quondam servientis illustris viri Comitis Pictauiæ & Tholosæ, trecentas libras Turonenses ex legato dicti defuncti, de quibus trecentis libris, ducentæ libræ debent implicari in emptione reddituum ad opus cuiusdam Capellaniæ in Ecclesia nostra instituendæ pro remedio dictorum inclytæ recordationis, Comitis & Comitissæ Pictauiæ & dicti Petri, & aliæ centum libræ implicabuntur in emptione reddituum aliorum conuertendorum in augmentationem distributionum Ecclesiæ nostræ prædictæ. Et volumus & consentimus quod Capellanus instituendus & Successores ipsius percipiant & habeant in distributionibus Ecclesiæ, videlicet in distributione Communitatis & Anniuersariorum quæ fiunt in Choro, dimidiam portionem unius Canonici. In cuius rei testimonium, sigillum nostrum præsentibus duximus apponendum. Datum & actum anno Domini 1278. mense Nouembri.

Extraict du Martyrologe de l'Eglise de Paris.

VNdecimo Cal. Nouembris obiit Reuerendissimus Pater GERVASIVS de Clinocampo Canonicus Parisiensis, Presbyter Cardinalis, & en un autre endroit. De Domo Sanctæ Mariæ obiit bonæ memoriæ Dominus GERVASIVS Sacrosanctæ Romanæ Ecclesiæ Presbyter Cardinalis.

Extraict de l'Obituaire de la mesme Eglise.

ANNIVERSARIVM solemne Reuerendissimi Patris Domini GERVASII quondam Titulo Sancti Martini Cardinalis, Ecclesiæ nostræ specialis amici, qui in promouendis & tuendis iuribus & libertatibus Ecclesiæ nostræ se fidelem semper exhibuit.

Extraict du Martyrologe de l'Eglise du Mans.

DEcimo septimo Cal. Octob. obiit GERVASIVS de Clinocampo, filius Domini Odonis Domini de Groejtel militis, Cardinalis Tituli Sancti Martini, huius Ecclesiæ maioris Archidiaconi.

Extraict de l'Epitaphe du Cardinal de Clinchamp, qui se lisoit autrefois entier dans l'Eglise de Saint Sylvestre & Saint Martin aux Monts qui estoit son Tiltre, proche du grand Autel, en une table de marbre, où ledit Cardinal estoit representé.

HIc iacet Dominus GERVASIVS Cardinalis Cœnomanen......... amat esta LXIX. constans & ment....... XL. quæ misce, O. sine fine.

GEOFFROY DE BAR, DOYEN DE S. QVENTIN,
puis de l'Eglise Cathedrale de nostre Dame de Paris, Chapelain de l'Euesque d'icelle, Cardinal Prestre du Tiltre de Sainte Susanne.

CHAPITRE XXIV.

Extraict du Martyrologe de l'Eglise nostre Dame de Paris.

VAM DIV vixerit Reuerendus Pater GAVFRIDVS DE BARRO, Titulo Sanctæ Susannæ Presbyter Cardinalis & Decanus Parisiensis, debet celebrari Missa in honorem Beatæ Mariæ, post decessum vero illius cessabit celebratio dictæ Missę, & fiet Anniuersarium pro remedio animę eius; sic notatum. *De Domo Beatæ Mariæ.* Decimo nono Kal. Septembres obiit GAVFRIDVS DE BARRO, Titulo Sanctę Susannę Presbyter Cardinalis, & Decanus noster, qui dedit Ecclesię Parisiensi medietatem Molendini quod vocatur *Toillon* apud *Sucy* in censiua Capituli Parisiensis.

Extraict du Martyrologe de l'Abbaye Saint Victor lez Paris.

DEcimo tertio Kal. Octobris Anniuersarium solemne felicis recordationis Reuerendissimi Patris Domini GAVFRIDI Titulo Sanctæ Susannæ Presbyteri Cardinalis, qui Ecclesiam nostram speciali amore amplectens in promouendis eius negotiis se fidelem semper exhibuit & deuotum, ac iura eiusdem Ecclesiæ nostræ inconcussa conseruans, perpetuum sui amoris & nominis memoriale posteris dereliquit.

Extraict MS. de feu Monsieur Dey.

Cardinaulx qui ont esté Doyens, ou Chanoines de l'Eglise de Saint Quentin en Vermandois.

GAVFRIDVS DE BARRO Decanus, factus est anno Domini 1268. Presbyter Cardinalis Sanctæ Romanæ Ecclesiæ Titulo Sanctæ Susannæ,

Ex Libro nigro Ecclesiæ Parisiensis.

GAvFRIDVS Decanus Parisiensis, GAVFRIDVS DE BARRO Cipellanus Episcopi, & Robertus de Sorbona, & alij simplices Sacerdotes antiquiores Parisiensis Ecclesię 1269. ANNO 1263 die Iouis in Festo Beati Nicolai hiemalis liberatus nobis fuit per sententiam Domini Ludouici Regis, filij Blanchę Iohannes de Ciuriaco filius Anselli de Noa, tanquam homo de corpore Ecclesię Parisiensis, de cuius statu Capitulum mouerat quæstionem contra ipsum coram ipso Domino Rege, & durauerat dicta causa per sex annos & ampliùs: & adductus fuit ad Capitulum ad Claustrum per Ricardum seruientem Domini Regis, & liberatus mandato Capituli in Celario, & ibi fuit in carcere vsque ad voluntatem Capituli. Lata fuit sententia in Camera Regis prope Aulam, præsentibus Domino RADVLPHO Episcopo Ebroicensi, Alermo Episcopo Meldensi, Domino Iuliano de Perona Milite, Magistro Iohanne de Monlcon, GAVFRIDO Decano Parisiensi, Guillelmo Archidiacono Dunensi, Clemente Archidiacono Laudunensi, Garnero Archidiacono Ecclesiæ Parisiensis.

Inscription qui se lit en vne Table de marbre, où est representé le Cardinal GEOFFROY DE BAR auec ses Armes, en l'Eglise de Sainte Praxede à Rome.

EGO GAVFRIDVS DE BARRO quondam Ecclesię Sanctę Susannę Presbyter Cardinalis credo quod Redemptor meus viuit, & in nouissimo die de terra surrecturus sum, & in carne mea, videbo Deum Salvatorem meum.

HVGVES AYSSELIN DE BILLON,

Religieux de l'Ordre de saint Dominique, Docteur en Theologie, Lecteur au Monastere de saincte Sabine, Cardinal de ce mesme Tiltre, puis Euesque Cardinal d'Ostie & de Velitre.

CHAPITRE XXV.

Nomenclator Cardinalium.

VGO SEGVIN (*lege Ayselin*) de Billon, apud Aruernos, Cardinalis Ordinis Prædicatorum, Archiepiscopus Lugdunensis, in diuinis scripturis Iugi exercitatione Doctus, & Theologicarum difficultatum pensitator subtilissimus, scripsit, *in Threnos Hieremiæ Commentaria : in quatuor libros sententiarum, de immediata visione diuinæ essentia : contrà Corruptorium sancti Thomæ, Sermones plures & alia.* Obiit anno 1328. Romæ sepultus in Æde sanctæ Sabinæ.

Extraict du Calendrier de l'Ordre des Iacobins, où sont enregistrés les Cardinaux dudit Ordre, folio 101. sur la fin.

FRater HVGO de Billionio Gallus, ex Prouincia Franciæ, Magister in Theologia qui cum in Conuentu sanctæ Sabinæ, diuinas litteras profiteretur, à NICOLAO Papa IV. Ordinis Fratrum Minorum, Cardinalis sanctæ Sabinæ creatus fuit Obiit Romæ anno Domini 1297. 3. Kal. Ianuarij, eius corpus ante maius altare Ecclesiæ sanctæ Sabinæ sepultum fuit.

Extraict de diuers Originaux communiquez par Monsieur Dubouchet.

VNIVERSIS presentes Litteras inspecturis. MATTHÆVS Dei gratia humilis Abbas Sancti Dionysii in Francia : Frater HVGO de BILLHONIO de ordine Fratrum Prædicatorum, Doctor in Theologia : Magister Petrus de Aternato Archidiaconus Sigalonensis in Ecclesia Aurelianensi, & Magistri Hugo de Arsiaco, Ioannes de Vessona, Odo de Viraliaco Canonici Laudunenses, executores Testamenti bonæ memoriæ Guillelmi Dei gratia quondam Laudunensis Episcopi. Salutem in Domino. Notum facimus quod Nos tanquam executores Testamenti prædicti, & auctoritate nobis à Deo optimo in ipso Testamento concessa, & pro ipso Episcopo, vendimus, tradimus & concedimus Nobili Viro Guidoni de Castro-Villari Militi, Domino Illigniaci, & Isabellæ eius vxori nepti quondam dicti Episcopi, domum & terram de Chasellis cum omnibus pertinentiis, villam de Domna Petra cum omnibus pertinentiis, Iusticias eius magnas & paruas, feodos & retrofeodos, & omnia alia iura, quod dictus Episcopus habebat, aut habere poterat in rebus prædictis tempore quo viuebat; & generaliter quicquid dictus Episcopus habebat inter Ligerim & Alligerim exceptis octo & viginti libris redditualibus quas habebat in Pedagio de Molinis in Aluernia, quæ fuerunt quondam Domini de Becayo. Insuper omnia mobilia existentia in Domo de Chasellis & locis prædictis, siue in nemoribus, in aquis, in stannis, & aliis rebus quibuscunque, & quocumque nomine censeantur, pretio trium millium quingentarum librarum Turonensium, de quibus nos tenemur pro pagatis, dictos emptores quietantes de eisdem, tali conditione apposita præsenti venditioni quod dicti emptores debent & tenentur soluere onus de quo dicta terra est onerata, videlicet Ioanni Champ Rupin militi viginti libratas terræ hæreditarias : Item, Hugoni de Grauellis Domicello decem libratas terræ hereditarias. Item, Guillelmo Brüillard Domicello decem libratas terræ hereditarias. Item, Andreæ de Vittrico Domicello, decem libratas terræ hereditarias. Item, Ecclesiæ Sancti Stephani Autissiodorensis viginti quinque libratas Terræ hereditarias. Item, Abbatiæ Sancti Loci tresdecim libratas Terræ hereditarias. Item, Prioratui Sancti Germani centum solidatas Terræ hereditarias. Item, Ecclesiæ de Domna Petra decem solidatas Terræ hereditarias. Item, Ecclesiæ de Coustieres decem solidatas Terræ hereditarias. Item, Capellano de Chasellis quinquaginta solidatas Terræ hereditarias. Item Præposito de Campo bono quinquaginta solidatas Terræ hereditarias. Item, Magistro Iohanni de Sessia Canonico Laudunensi viginti libratas Terræ ad vitam ipsius Iohannis dumtaxat. Item, Dominæ Yolandi Moniali Sancti Iu-

Hani Autiſſiodorenſis viginti libratas Terræ redditualcs ad vitam ipſius Monialis dumtaxat. Item, Iocerando dicti Episcopi quondam Clerico quindecim libratas Terræ redditualcs ad vitam ipſius Iocerandi dumtaxat. Et ſi prædicta Terra aliis debitis, & alio onere eſſet onerata, & dictos emptores aliquis vel aliqui in cauſam traherent, vel in aliquo ſuper hiis moleſtarent, Nos ipſos emptores promittimus tanquam executores aduerſus quoſlibet garentire, & ipſos indemnes facere Nos de prædictis deueſtientes & dictos emptores per traditionem præſentium inueſtientes, ac etiam ſaiſientes, in cuius teſtimonium ſigilla noſtra præſentibus litteris duximus apponenda. Actum anno Domini milleſimo ducenteſimo octogeſimo quarto, die Mercurij ante Feſtum S. Clementis.

Lettre de Iehan Ayſſelin Frere du Cardinal de Billon, eſcrite à Meſſieurs du Chapitre de Noſtre-Dame de Clermont en Auuergne, par laquelle il les prie d'agreer la reſignation que ſon Frere luy a faite de l'Abbaye de Noſtre-Dame, & de la collation que luy en a fait le Pape. Communiquée par Monſieur de Champfelour, Conſeiller d'Eſtat.

VIRIS VENERABILIBVS & diſcretis, Chariſſimis amicis ſuis, & Dominis Reuerendis, Capitulo Eccleſiæ Claromontanæ, Ioannes Ayſſelini, Abbas eiuſdem Eccleſiæ, ac Abbas ſæcularis Eccleſiæ Sancti Geniſii Claromontenſis, cum omni reuerentia, ſeruitio, & honore ſeipſum. ZELVS interioris amoris nullis poteſt ſignis clarioribus comprobari, quam per exteriores effectus; hinc eſt quod cum vos in Reuerendum Patrem Dominum Hugonem, Dei gratia tituli ſanctæ Sabinæ, Presbyterum Cardinalem Fratrem meum, & Dominum, olim tranſtuleritis poteſtatem conferendi, cui velletis tunc vacantem Abbatiam Eccleſiæ Claromontenſis, eo vt firmiter credo intuitu, vt per ipſum dicta Abbatia conferretur, Vobis ſuper hoc ad gratiarum actiones aſſurgo. Verum dictus Dominus Cardinalis conſiderans, quod in Eccleſia Claromontana multæ ſunt perſonæ bonæ & idoneæ, quæ ſunt dignæ obtinendi talem dignitatem ſimilem vel maiorem, in quadam perplexitate conſiſtens, quid ſuper hoc deberet agere, ſeu ad quem circa hoc ſuum dirigere deberet intuitum, ad vltimum vti prædicta voluit poteſtate. Cumque iſtud ad ſummi Pontificis notitiam pertinuiſſet, idem ſummus Pontifex dictam Abbatiam Claromontenſis Eccleſiæ mihi contulit, cum ſuis iuribus & pertinentiis vniuerſis, meque de eadem per ſuum annulum præſentialiter inueſtiuit, nonobſtante quod ego in Eccleſia Sancti Genezij Claromontenſis, aliam ſæcularem Abbatiam obtinebam, quam me licitè voluit retinere, ac etiam omnia alia mea beneficia, mecum ſuper hoc diſpenſando, prout in Literis Papalibus, quas vobis præcipio exhiberi plenius videtur contineri. Quocirca amicitiæ, ac Dominationi veſtræ, de qua plenam & non immerito, gero fiduciam, ſuppheo tam humiliter, quam deuotè quatenus prædicta gratiam à ſummo Pontifice mihi factam, placeat vobis habere gratam, validam atque firmam, recipiendo & admittendo procuratorem ſeu procuratores meos in corporalem poſſeſſionem ipſius Abbatiæ, iurium & pertinentiarum eiuſdem, ſibique nomine meo de fructibus, exitibus, redditibus, prouentibus, & quibuſcumque obuentionibus ipſius Abbatiæ reſpondendo, aut reſponderi ab aliis faciendo; mandantes ſemper mihi veſtram in omnibus voluntatem, quam adimplere paratus ſum ſicut fateor, & merito me teneri. Valeatis per tempora longa, & mihi ſemper præcipite ſicut veſtro. Datum Romæ, die Dominica ante Natale Domini. Deſuper ſcriptum. Viris Venerabilibus & diſcretis Capitulo Eccleſiæ Claromontenſis reddatur cum ſigillo rubro.

Bulle du Pape Nicolas quatrieſme, par laquelle il diſpenſe les Domeſtiques du Cardinal de Billon, de la reſidence en leurs Beneſices. Communiquée par le Reuerend Pere Paul le Marchand, Prieur du Conuent des Iacobins de Clermont en Auuergne.

NICOLAVS Epiſcopus, ſeruus ſeruorum Dei, Venerabili Fratri Archiepiſcopo Rothomagenſi, & dilectis filys, Magiſtro Guidoni de Nouauilla, Prepoſito de Malangeyo, in Eccleſia Carotenſi, ac litterarum noſtrarum contradictarum Auditori, & Abbati Monaſterij ſancti Illidij Claromontenſis ſalutem & Apoſtolicam benedictionem. Dignè agere credimus ſi dilectos noſtros ſacroſanctæ Romanæ Eccleſiæ Cardinales congruo præuenientes honore, eis in obſequentibus ſibi perſonis liberalitatis noſtræ dextram aperimus; Hinc eſt quod Nos dilecti filij noſtri HVGONIS tituli ſanctæ Sabinæ Presbyteri Cardinalis, ſupplicationibus inclinati, ei auctoritate Apoſtolica duximus Indulgendum, vt Clerici ſui Domeſtici commenſales præſentes & poſteri quandiu obſequiis ipſius Cardinalis inſtiterint, fructus, redditus, & prouentus Beneficiorum ſuorum Eccleſiaſticorum cum Cura, vel ſine Cura, etiamſi perſonatu, vel dignitate exiſtant, cum ea integritate percipere valeant, quotidianis diſtributionibus duntaxat exceptis, cum qua illos perciperent ſi perſonaliter in Eccleſiis in quibus Beneficia, perſonatus, & dignitates huiuſmodi obtinent, vel eos obtinere contigerit, reſiderent, nec interim ad reſidendum in iiſdem Eccleſiis à quoquam compelli poſſint inuiti. Nonobſtantibus aliquibus conſtitutionibus ſuper hoc editis in Conciliis generalibus, aut ſi dicti Clerici non fecerint in dictis Eccleſiis primam reſidentiam perſonalem, quam facere teneantur, ab ejuſdem Cardinalis obſequiis recedentes, ſeu quibuſcumque contrarlis statutis & consuetudinibus Ecclesiarum ipsarum, iuramento, confirmatione Apostolicæ Sedis, vel alia quavis firmitate vallatis, etiamsi dicti Clericiue illis seruandis & non impetrandis Litteris Apostolicis contra ea, & ipsis Litteris non vtendis, per se, vel Procuratores suos præstiterint, vel eos præstare contigerit iuramentum, seu si locorum ordinariis, vel aliquibus aliis à Sede foret indultum eadem, vel medio tempore contingeret indulgeri, quod Canonicos & alios in Ecclesiis ipsis beneficia obtinentes possent compellere ad residendum personaliter, in eisdem, & qualibet indulgentia Sedis eiusdem generali vel speciali cuiuscunque tenoris existeret, per quam effectus huiusmodi nostræ gratiæ impediri vel differri valeret, & de qua in nostris Litteris habenda esset mentio specialis. Volumus tamen quod beneficia, personatus & dignitates prædicta debitis obsequiis non fraudentur & animarum cura in eis quibus illa imminet nullatenus negligatur: quocirca Discretioni vestræ per Apostolica scripta mandamus quatenus, vos, vel duo, aut vnus vestrum, per vos vel alium, seu alios eisdem Clericis eiusmodi obsequiis insistentibus præfatos fructus, redditus, & prouentus faciatis iuxta huiusmodi concessionis nostræ tenorem integrè ministrari: contradictores per censuram Ecclesiasticam appellatione postposita compescendo, nonobstantibus omnibus supradictis, seu si alicuibus cuiuscunque conditionis, dignitatis seu status existant, à prædicta sit Sede indultum, quod interdici, suspendi, vel excommunicari non possint per Litteras Apostolicas non facientes plenam & expressam ac de verbo ad verbum de indulto huiusmodi mentionem. Datum Romæ apud Sanctam Mariam Majorem Non. Ianuarij, Pontificatus nostri anno primo.

Testament du Cardinal de Billon, fait deçà les Monts, communiqué par Monsieur de Champflour Conseiller d'Estat.

IN Nomine Domini, Amen. Anno eiusdem à Natiuitate 1297. Indictione decima, die vigesima quarta mensis Augusti, Pontificatus Domini Bonifacij Papæ VIII. anno tertio. Nos Frater Hugo permissione diuina Ostiensis, & Velitrensis Episcopus, diuina gratia, mente & corpore sospites, habentes à fœlicis recordationis Domino Nicolao Papa IV. & Sanctissimo Patre Domino nostro, Domino Bonifacio, diuina prouidentia Papa VIII. de bonis nostris plenam testandi & disponendi licentiam, auctoritate nobis in hac parte tradita, ab vtroque per nuncupationem, nostrum Testamentum de bonis nostris ordinamus & facimus in hunc modum. Imprimis volumus & ordinamus quod voluntas nostra declarata per nos in alio Testamento, ordinatione, seu voluntate vltima nostris factis, nunc personaliter eadem die & hora, & eodem instanti, & coram eisdem testibus, & per manum eiusdem subscripti Notarij, & nostro & subscriptorum testium sigillis munito, quibus munitum est præsens etiam Testamentum, circa eleemosinas vltra Montes faciendas Pauperibus & Infirmis & aliis piis locis, necnon Anniuersaria perpetua, pontium refectiones, Præbendarum fundationes, Ecclesiarum & Hospitalium constructiones, & donationes paramentorum & vestium Ecclesiasticarum, dationes possessionum pro faciendis perpetuis pitantiis, emptiones, Virgines maritandas, & circa omnia contenta in eodem nostro Testamento, seu vltima voluntate, quod & quam per præsens Testamentum & ordinationem nostram ex certa scientia approbamus, sit rata & firma ac seruetur, & executioni mandetur per Executores nostros per nos institutos in ea seu eo prout in ipso Testamento seu vltima voluntate nostra seriosius continetur. Sanè legamus Sanctissimo Patri & Domino nostro, Domino Bonifacio diuina prouidentia Papæ VIII. A quo nos & genus nostrum multa beneficia recepisse fatemur, Cuppam nostram de auro, & pretiosiorem Mitram quam habemus de perlis & smaltis intextam, & etiam Annulum meliorem quem habemus, & volumus & ordinamus quod emantur possessiones seu redditus ad faciendum in Basilica Principis Apostolorum de Vrbe, vnum Anniuersarium pro anima eius, ad quos emendos redditus volumus assignari per Executores nostros infra scriptos trecentos florenos auri semel. Item, eligimus Sepulturam nostram vbicunque nos mori contingat, in Domo Fratrum Prædicatorum Claromontensium, vbi volumus, præcipimus & mandamus deferri corpus nostrum, vel ossa corporis nostri, & volumus quod si in loco in quo nos mori contingit, sit Conuentus Fratrum Prædicatorum, quod caro & viscera nostra sepeliantur ibidem: & in illum casum legamus eidem Conuentui sexaginta florenos auri semel, nonobstante, etiam si quid dicto Conuentui in dicto Testamento, vel alio legassemus; & volumus quod Fratres dicti Conuentus in die sepulturæ carnis & viscerum nostrorum, reficiantur de nostro. Item legamus Fratrum Minorum, si quis in eodem loco erit, vbi sepeliuntur viscera nostra apud Fratres Prædicatores viginti florenos auri semel: dummodo nihil eis aliàs legauerimus: & si contingeret esse in loco illo vbi moriemur Conuentum Fratrum Minorum & non Conuentum Fratrum Prædicatorum, volumus quod caro & viscera nostra sepeliantur ibidem apud Fratres Minores, & quod in die sepulturæ nostræ reficiantur de nostro dicti Fratres Minores, & eisdem in illum casum amplius legamus viginti florenos auri semel. Volumus autem quod corpus nostrum integrum portetur Claromontem, vel paratum cum balsamo, vel in coriis, vel aliter si fit quoquo modo possibile. Volentes tamen quod vbicunque nos mori sepeliri contingat, quod exequiæ nostræ fiant honorificè iuxta arbitrium Executorum nostrorum. Item ordinamus, quod si contingeret nos mori in Curia Romana, seu citra Montes sepeliri, aut vltra Montes, volumus quod prouideatur benè & competenter de expensis per manus Executorum nostrorum seu illius qui præerit tunc temporis corpori nostro vltra Montes deferendo, cui ad hoc per Executores nostros mandamus ministrari expensas omnibus illis qui tunc temporis erunt de Domo & Familia nostra, & qui volent recedere tunc temporis vltra Montes vna cum corpore nostro in itinere & in via & etiam quousque corpus nostrum sit sepultum, seu etiam ossa nostra, nisi ex causa contingeret tunc temporis sepulturam differri. Si vero contingeret nos mori citra Montes & etiam sepeliri, volumus quod dentur cuilibet Sacrifero Vltramontano, tunc temporis familiari & commensali nostro etiam vltra legata sibi facta, qui tamen volet tunc temporis vltra Montes recedere, centum solidi Turonenses paruorum semel pro recessu suo. Item, cuilibet Clerico seu Capellano tunc temporis nostro familiari & commensali qui etiam volet tunc temporis vltra Montes recedere, & qui consueuerit continuè tergere vnum equum in domo nostra, centum solidi Turonenses paruorum semel pro recessu suo, & si consueuerit tergere duos equos vel amplius in domo nostra, volumus quod dentur sibi decem libræ Turonenses paruorum semel. Item, volumus quod emantur possessiones seu redditus de trecentis florenis auri quæ haberi poterunt meliores ad fundandam in Ecclesia Ostiensi de nouo vnam Præbendam, ad quam instituatur, hac vice prima per Executores nostros infra scriptos vnus Clericus bonus & idoneus, qui infra annum debeat (nisi esset Sacerdos) ad Sacerdotium promoueri & recipiatur in dicta Ecclesia ab Archipresbytero & Capitulo, & habeat stallum in Choro & locum in Capitulo sicut alij Canonici dictæ Ecclesiæ Ostiensis, & teneatur ad hoc adstrictus proprio iuramento, vltra Missas Ecclesiæ consuetas qualibet septimana, ter celebrare Missam ibidem, vnam de Spiritu Sancto, aliam de Beata Virgine & aliam de Mortuis pro anima nostra, & ab hac prima institutione, in antea dicta institutio pertineat ad Episcopum Ostiensem, qui à Canonico instituendo in dicta Præbenda consimile recipiat, seu recipere faciat iuramentum: nolumus tamen quod numerus solitus Canonicorum propter hoc minuatur; sed vltra dictum numerum in præedicta Ecclesia Ostiensi dictus Canonicus instituendus. Item, legamus Archipresbytero & Capitulo dictæ Ecclesiæ ad emendos redditus pro vno Anniuersario in die obitus nostri in dicta Ecclesia annuatim faciendo quinquaginta florenos auri semel, volumus quod pro prædictis duobus soluendis legatis vendantur per Executores nostros iumenta & pulli equini & extera bona quæ nos ibi habere contingét tempore mortis nostræ, volumus quod si prædicta non sufficerent ad prædicta duo legata soluenda, quod defectus, si quis fuerit, de aliis bonis nostris per Executores nostros suppleatur: & volumus quod si Capitulum dictæ Ecclesiæ in prædictis legatis vel ipsorum aliquo, aliquod impedimentum apponere eis & dictæ Ecclesiæ dicta legata adimimus & transferimus in casum illum ad Hospitale Sancti Spiritus de Vrbe, conuertenda in illis vsibus ad quos deputabamus in prædicta Ecclesia Ostiensi, ita quod ea Prior & Fratres dicti Hospitalis facere teneantur, ad quæ dicta legata per nos deputata erant in Ecclesia Ostiensi; ita quod loco dicti Canonici vnus Sacerdos teneatur dictas Missas ter in septimana celebrare, & residuum dictorum legatorum ibidem in vsus pauperum expendatur. Item volumus quod emantur possessiones seu redditus pretio centum quinquaginta florenorum aureorum de bonis nostris ad fundandam vnam perpetuam Vicariam in maiori Ecclesia Vellitrensi, ad quam instituatur hac prima vice per Executores nostros imbi vltra numerum Clericorum & Seruitorum dictæ Ecclesiæ vnus perpetuus Vicarius, & in antea per Dominum Episcopum Vellitrensem, qui quidem Vicarius perpetuus, si non sit Sacerdos, debeat infra annum ad Sacerdotium promoueri & teneatur ad hoc adstrictus proprio iuramento vltra Missas Ecclesiæ consuetas ter in septimana celebrare Missam ibidem, vnam de Spiritu Sancto, aliam de Beata Virgine & aliam de Mortuis pro anima nostra: & semper in institutione dicti Vicarij Episcopus Vellitrensis consimile recipiat iuramentum. Nolumus tamen quod propter hoc numerus solitus Clericorum & Seruitorum dictæ Ecclesiæ minuatur. Item, legamus Archipresbytero & Capitulo dictæ Ecclesiæ Vellitrensis ad emendos redditus pro vno Anniuersario in die obitus nostri in dicta Ecclesia pro anima nostra annuatim faciendo quinquaginta florenos auri semel, quæ duo legata solui volumus per Executores nostros de blado, vino, & aliis bonis quæ in Ciuitate & Diœcesi Vellitrensi nos habere contingét tempore mortis nostræ, & si non sufficerent, suppleatur quod deerit de aliis bonis nostris; in casu autem in quo Archipresbyter & Capitulum dictæ Ecclesiæ aliquod impedimentum afferrent eis, dicta legata adimimus & transferimus ad dictum Hospitale Sancti Spiritus de Vrbe, eo modo & conditione quibus ademimus & transtulimus legata facta dictæ Ecclesiæ Ostiensi. Item, volumus pro emendis possessionibus & redditibus de bonis nostris trecentos florenos auri assignari per Executores nostros de consilio Prioris Prouincialis Ordinis Fratrum Prædicatorum Prouinciæ Romanæ, seu Sanctæ Sabinæ & de Minerua Conuentuum Priorum, Conuentui seu Monasterio Sororum Sancti Xisti, vel alicui alteri loco, seu Abbatiæ sicut eisdem Executoribus nostris vtilius videbitur, quæ, seu quod teneatur & se obliget ad mittendum & soluendum annis singulis Capitulo Prouinciali dictæ Prouinciæ, duodecim florenos auri pro pitantia, pro anima nostra in dicto Prouinciali Capitulo annis singulis facienda, & quod de eiusmodi emptione redditum, & obligatione annuæ solutionis pitantiæ recipiatur bonæ obligationes & idoneæ cautiones: in casu autem in quo nos emissemus & assignassemus Prouinciali Capitulo prædicta in vita nostra, nolumus quod istud legatum vlterius habeat locum. Item legamus Conuentui Fratrum Prædicatorum de Sancta Sabina de Vrbe trecentos florenos auri semel, pro sustentatione ipsorum. Item legamus amplius eisdem viginti florenos auri semel pro quatuor pitantiis & in qualibet teneantur pro anima nostra Missam Defunctorum facere celebrari. Item legamus Conuentui Fratrum Prædicatorum de Minerua centum florenos auri ponendos in constructione operis dicti loci. Item legamus amplius eidem Conuentui viginti florenos auri, pro tribus pitantiis faciendis & in qualibet teneantur facere celebrari Missam Deffunctorum pro anima nostra. Item legamus Monasterio Sanctæ Praxedis de Vrbe quinquaginta florenos auri semel, ad emendos redditus, pro vno Anniuersario ibidem in die obitus nostri annuatim faciendo. Item legamus Conuentui dicti Monasterij decem florenos auri, pro quatuor pitantiis, & in qualibet faciantur pro anima nostra Missam Deffunctorum facere celebrari. Item legamus Hospitali prædicto Sancti Spiritus, quinquaginta florenos auri semel pro anima nostra. Item legamus omnibus Hospitalibus de Vrbe, centum florenos auri distribuendos inter ea per Executores nostros secundum quod eis videbitur. Item legamus Sororibus Monasterij Sancti Xisti Ordinis Fratrum Prædicatorum de Vrbe, decem florenos auri pro duabus pitantiis, & in qualibet faciant celebrari missam Deffunctorum pro anima nostra. Item legamus Conuentui Fratrum Prædicatorum Viterbiensium vineam nostram quam habemus in districtu Viterbiæ, & mandamus eis restitui Calicem argenteum deauratum & Missale ac Antiphonarium diuturnum, quæ nobis donauerunt in principio Cardinalatus nostri, & si qua alia nobis dederunt pro tempore illo. Item, mandamus restitui Eleemosinariæ prope Altare viaticum consecratum, quod habuimus ab eadem. Item volumus quod quilibet Capellanorum nostrorum familiarium commensalium habentium in hospitio nostro officia qui nobiscum erunt tempore mortis nostræ, videlicet Auditor, Camerarius, Medicus, & Notarius, pro quolibet anno quo in nostro seruitio commoratus extiterit, habeat de bonis nostris intuitu seruitij decem libras Turonenses paruorum semel : qui vero minus quam per annum nobiscum fuerit commoratus, sibi secundum quantitatem prædictam pro temporis rata soluatur : & inter huiusmodi Capellanos includi volumus Durandum de Abbatia Clericum. Item volumus quod quilibet Domicellorum seu Armigerorum nostrorum familiarium & nobiscum in domo nostra continuè morantium, vel qui fuissent hactenus commorati, de vestibus nostris & ad seruitium nostrum specialiter retentorum, tam præteritorum quàm præsentium & futurorum habeat intuitu seruitij pro quolibet anno, quo nobiscum in nostro seruitio fuerit commoratus decem libras Turonenses paruorum semel : qui vero nobiscum per annum integrum in seruitio nostro non stetisset soluatur sibi secundum quantitatem prædictam pro rata temporis, quo seruierit : & idem intelligimus de omnibus Armigeris seu Seruitoribus de vestibus nostris, siue sint Coci, siue sint de Camera, siue sint Marescalli, in quorum numero intelligimus Guillelmum Vigerij olim Cocum nostrum, qui vero non vixerit tempore mortis nostræ medietas duntaxat legati prædicti contingens eundem de toto tempore quo seruiuisset pro rata Eleemosina eius hæredibus quos haberet de proprio corpore detur, & volumus quod pecunia illa mittatur absentibus qui non essent nobiscum tempore mortis nostræ : ab isto autem legato excludimus Stephanum de Cresto quondam familiarem nostrum, cui tamen pro pura Eleemosina decem libras Turonenses paruorum duntaxat legamus. Cæterum non volumus computari in tempore seruitij nobis facti temporum interualla quæ prædicti Armigeri, vel aliquis eorum eundo ad propria morando & redeundo, vel alias pro suis negotiis posuissent. Item legamus Chatardo de coquina nostra decem libras Turonenses paruorum semel intuitu seruitij sui nobis facti. Item volumus & ordinamus quod Clericis de Capella nostra qui nobiscum erunt tempore mortis nostræ proudeatur de bonis nostris vsque ad summam triginta florenorum auri distribuendorum inter eos per Executores nostros iuxta seruientium meritum secundum quod videbitur eis. Item volumus & ordinamus quod Garcionibus de coquina, Palafrenariis, Portario & aliis Garcionibus de raubis nostris ad seruitium nostrum retentis qui nobiscum erunt tempore mortis nostræ, prouideatur de bonis nostris iuxta tempus, quo vnusquisque seruierit, secundum quod nostris Executoribus videbitur prouidendum. Item legamus Fratribus & Sociis nostris de Ordine Fratrum Prædicatorum pro seruitiis suis nobis ab eisdem impensis, videlicet Ioanni Amiot, Stephano Auri, & Guillelmo Vitalis cuilibet eorum centum libras Turonenses semel, si in seruitio nostro fuerint tempore mortis nostræ, quibus volumus satisfieri de bonis nostris quæ tunc habebimus in Romana Curia : illis autem, seu illi, de dictis Fratribus qui recessisset à nobis legamus quadraginta libras Turonenses paruorum semel, quas eis vel ei persolui volumus de bonis nostris prædictis, vt est dictum, & quod Fratres qui seruitores erunt in dicta Curia de seruitio & domo nostra de bonis nostris satisfaciant, & Executores nostri sibi soluere teneantur pecuniam antedictam. Item legamus Fratri Guillelmo Gayta Conuerso Ordinis Prædicatorum Claromontensium pro seruitio nobis ab eodem impenso viginti libras Turonenses paruorum semel, si ipse fuerit in seruitio nostro tempore mortis nostræ sibi soluendas de bonis quæ tunc habebimus nobiscum in Romana Curia vel alibi vbi nos tunc esse contigerit. Item legamus Archiepiscopo Narbonensi, & Ioanni, & Domino Guillelmo Fratribus nostris quater viginti libras Turonenses paruorum semel, & volumus quod de eisdem dicto Fratri Guillelmo dare & soluere teneantur quolibet anno quadriennij decem libras Turonenses dictorum pro necessitatibus suis faciendis, & volumus quod Pauperibus de genere ipsius Fratris Guillelmi vel aliis familiaribus suis, quos idem Guillelmus duxerit eligendos, prædicti Fratres nostri dare & soluere teneantur reliquas quadraginta libras Turonenses paruorum semel, & volumus dictis Fratribus nostris satisfieri de bonis nostris quater viginti libris de bonis nostris quæ tunc habebimus in dicta Curia Romana : & si non satisfieret eis de illis volumus quod possit eis satisfieri de bonis nostris quæ habemus, vel tunc habebimus vbicumque vsque ad summam prædictam. Item legamus Alberto Ajcelini Nepoti nostro librum nostrorum Decretorum quem donauit nobis Episcopus Bethleemitanus, & in recompensationem eius legamus dicto Episcopo octuaginta libras Turonenses paruorum. Item legamus amplius dicto Alberto totam Bibliam nostram glosatam eâ intentione vt studeat in Theologia, & post eius obitum remaneat apud illum qui erit antiquior ætate de genere nostro inter Clericos de recta linea descendentes, & sic successiuè de Clerico in Clericum prouectioris ætatis vt præmittitur, huius Bibliæ nostræ volumen transire legatum, hac tamen conditione adiecta quod nec prædictus Arbertus, nec quiuis alius possit dictam Bibliam vendere, impignorare, vel alienare seu permutare, quod si per quemcumque quocunque tempore contrarium fieret, in casum illum, adimimus eis dictam Bibliam & medietatem eius Conuentui Fratrum Prædicatorum Parisiensium & aliam medietatem eorundem Fratrum Claromontensium pro anima nostra legamus, & legatum sic conditionaliter actum post obitum nostrum per Executores nostros quamcito commodè potuerint ad vtriusque Conuentus notitiam volumus deuenire. Item legamus Rolando Præposito Claromontano Nepoti nostro librum nostrum Decretalium quem hodie penes nos habemus. Item legamus Pauperibus reclusis de Vrbe centum florenos auri pro anima nostra, distribuendos per Executores nostros. DE PARAMENTIS quæ sunt in Capella nostra sic ordinamus, primò damus & legamus Fratri nostro Domino Ægidio Dei gratia Archiepiscopo Narbonensi Cappam nostram cum imaginibus in qua describitur Stirps Iessé quam Rex Angliæ misit nobis. Item, Ioanni Ayccelini Fratri nostro Abbati in Ecclesia Claromontensi, legamus aliam Cappam nostram cum imaginibus de opere Anglicano in qua describitur Infantia Saluatoris. Item aliam Cappam nostram cum perlis, bestiis & auibus de filo aureo super samitum violaceum quam dedit nobis Frater Hugo Bethleemitanus Episcopus, legamus eidem Fratri Hugoni Bethleemitano Episcopo, si vixerit tempore mortis nostræ, in quo casu si mortuus esset dictus Episcopus, legamus dictam Cappam Arberto Ayccelini Nepoti nostro Canonico Claromontano, vt faciat orari pro nobis & pro illo qui dedit eam nobis. Volumus nihilominus quod dicti Arberti obitum prædicta Cappa sit Ecclesiæ Billonensis. Item Ecclesiæ Claromontensi legamus Paramenta seu Indumenta nostra de samito viridi, videlicet Casulam seu Planetam, Dalmaticam, Tunicellam & Cappam & Stolam cum Manipulo eiusdem coloris. Item Conuentui Fratrum Prædicatorum Claromontensium Paramenta nostra alba de syapio simplici, videlicet, Casulam, Dalmaticam, Tunicellam & Cappam cum Stola & Manipulo albi coloris. Item Ecclesiæ Sancti Syrenei Billonensis Paramenta seu Indumenta nostra alba alia de syapio cum columbis, quorum pedes & capita sunt de auro, videlicet Dalmaticam, Tunicellam & Cappam & Casulam albam cum bestiis & auibus aureis quam emimus à Patriarcha Hierosolimitano, & meliorem albam nostram & Stolam & Manipulum & Collanum cum perlis & corallo & bestiis & auibus argenteis. Item Ecclesiæ Fratrum Prædicatorum Sanctæ Sabinæ de Vrbe legamus aliam Casulam nostram seu Planetam de Syapio albo cum columbis quorum pedes & capita sunt de auro, & cuius aurifugum est cum imaginibus. Item Conuentui Fratrum Prædicatorum Parisiensium legamus Casulam & Cappam cum aurifugiis de perlis & emandis argenteis deauratis factis ad sim litudinem imaginum, & si ante mortem nostram compleremus totam Cappellam de simili panno & cum similibus aurifugiis totum legamus eis. Item legamus eidem Conuentui Parisiensi Thuribulum nostrum argenteum deauratum, quod dedit nobis bonæ memoriæ Dominus Bernardus Episcopus Portuensis, ita quod prædicta vendere, alienare, seu impignorare non possint, in quo casu vbi hoc facere vellent, nos legamus prædicta Ecclesiæ Parisiensi Beatæ Virginis. Item Ecclesiæ Fratrum Prædicatorum Aurelianensium vbi nos legimus, legamus Indumenta nostra de samito violacei coloris, videlicet Casulam, Dalmaticam, Tunicellam & Cappam & Stolam cum Manipulo eiusdem coloris. Item Ecclesiæ Fratrum Prædicatorum Niuernensium legamus Indumenta nostra de samito rubeo videlicet Casulam, Dalmaticam, Tunicellam, Cappam & Stolam cum Manipulo eiusdem coloris cum imaginibus. Item eidem Ecclesiæ legamus vnum de Calicibus nostris. Item eidem legamus Libros, quos fieri fecimus pro Cappella nostra, videlicet Graduale notatum in duobus voluminibus, & Antiphonarium notatum in quatuor voluminibus & duo Psalteria, & hæc omnia legamus eisdem Fratribus dicti loci, si constet quod Conuentus Ordinis Fratrum Prædicatorum Cœnomanensium Dalmaticam & Tunicellam duplicem quæ sunt pro corpore nostro ex vna parte rubeæ & ex alia nigræ & Casulam quæ est in Cappella communi ex vna parte rubea & ex alia viridis. Item Indumenta nostra de samito nigro legamus Ecclesiæ Ostiensi, cuius sumus Episcopus licet indigni, videlicet Casulam, Dalmaticam, Tunicellam, Cappam & Stolam cum Manipulo eiusdem coloris, & emuntur alia Indumenta nigra de zendaco in quibus sepeliemur completo officio nostræ funerationis. Item eidem Ecclesiæ Ostiensi legamus Crucem nostram magnam de argento deauratam cum imaginibus Crucifixi, Mariæ & Ioannis, ita quod non possint eam vendere, nec impignorare, nec alienare, nec in rem, vel speciem aliam commutare, & in casu in quo contrarium facere vellent, transferimus legatum de prædicta Ecclesia ad Ecclesiam Fratrum Prædicatorum Sanctæ Sabinæ, ita quod simili modo alienare non possint. Item legamus Ecclesiæ nostræ Sancti Clementis Vellitrensis Cappam nostram albam cum columbis aureis, quam emimus ab Executoribus Episcopi Virdunensis. Item eidem Ecclesiæ legamus duo Candelabra nostra de argento & cristallo, & Vrceolos nostros de argento & cristallo ad seruiendum in Festis præcipuis in Altari, ita quod prædicta Candelabra & Vrceolos simili modo alienare non possint sicut prædictum est de Cruce, quam legamus Ecclesiæ Ostiensi. Item Ecclesiæ Fratrum Prædicatorum Andegauensium vbi recolimus nos legisse, legamus vnam Cappam nostram de samito albo & vnam albam paratam cum imaginibus, cum Amicto correspondente sibi. Item Conuentui Fratrum Prædicatorum Rothomagensium vbi similiter legimus, legamus vnam Cappam rubeam de samito, qua vtitur Capellanus noster quando solemniter celebramus, & vnam de albis nostris paratam cum Amicto sicut indicabit Frater Ioannes qui nouit conditiones Cappellarum nostrarum. Item Conuentui Fratrum Prædicatorum Autissiodorensium in quo legimus, legamus vnam de Cappis nostris communibus cum simili alba & Amicto. Item Conuentui Viterbiensi in quo similiter legimus vnam aliam de communibus cum simili alba & Amicto. Item Ecclesiæ de Bugiaco in Aluernia & Ecclesiæ nouæ & Cappellis de Manduno & de Monte Acuto, cuilibet vnam Casulam de communibus Casulis Cappellæ nostræ. Item Cappellæ de Bressoleria legamus Planetam seu Casulam nostram de samito croceo cum qua diebus feriatis celebramus, & vnam Cappam Choream de communibus Cappis Cappellæ nostræ, si sit apud nos tempore mortis nostræ, & albam nostram paratam panno aureo cum cenapo Indo. Item eidem Cappellæ de Bressoleria legamus Thuribulum nostrum argenteum cum Nauicula & Cocleari & duos Bassinos paruos de argento & duos Vrceolos argenteos pro aqua & vino & duo parua Candelabra argentea sine pede, quæ omnia sunt in Cappella communi, ita quod prædicta quæ de argento prædictæ Cappellæ legamus non possint vendi nec impignorari, nec aliquo modo alienari, nec in aliam speciem commutari, sed ad diuini duntaxat cultus ministerium perpetuò sint ibidem, quod si contra fieret, eidem Cappellæ legata huiusmodi adimentes, dicta vtensilia argentea ad Hospitale Pauperum Billonensium transferimus & legamus eidem, vt eisdem vsibus prædicta omnia vtensilia deputentur ibidem. Item Ecclesiæ Fratrum Prædicatorum Claromontensium, legamus duo maiora Candelabra nostra argentea & duos Bassinos argenteos ad seruiendum in Altari maiori, sub illis conditionibus quibus legauimus Cappellæ de Bressoleria vtensilia argentea supradicta, videlicet quod aliquo quoquo modo prædicta Candelabra & Bassini vendi vel alienari seu impignorari non possint, in quo casu damus prædicta Hospitali Claromontensi, & tam ista quam alia quæ legamus Conuentui supradicto, legamus eidem si euenirent de Prouincia Franciæ, in casu quo diuiderentur Prouinciæ Ordinis Fratrum Prædicatorum, vel etiam si fieret de Prouincia Burgundiæ, vel in euentu in quo fieret de Prouincia Prouinciæ, vel aliquo modo transferretur ad eam absolutè & simpliciter omnia legata dicto Conuentui Claromontano facta per nos adimimus & penitus reuocamus, nec in illo casu ibidem aliquo modo volumus sepeliri, sed sepulturam nostram simpliciter reuocamus & quidquid relinquebamus dicto Conuentui ratione sepulturæ: imo in illo casu si moreremur in Vrbe, eligimus sepeliri in Ecclesia Fratrum de Sancta Sabina superius, ante pedes maioris Altaris Sanctæ Sabinæ & ponatur ibi tumba cuprea super nos quæ sit adæquata pauimento vt Fratres dum viderint habeant memoriam nostri in orationibus suis. Et si moriamur extra Vrbem, eligimus sepeliri in Ecclesia Sancti Syrenci de Billonio, quæ quidem Ecclesia nutriuit & educauit nos & alios Clericos de genere nostro iam à ducentis annis & circa & forte plus: & in illo casu legamus dictæ Ecclesiæ Billonensi quidquid legabamus pro sepultura dicto Conuentui Claromontensi. Item legamus Hospitali Billonensi vnum de Calicibus nostris. Item legimus Cappellæ castri Montis-Acuti iuxta Billonum paruam Crucem nostram cum pede de argento deauratam, in qua intendimus ponere de Ligno Sanctæ Crucis quod habemus & volumus quod seruetur in Castro, ita quod de arca vel de capsa in qua erit, Dominus vel Domina Castri habeat vnam clauem, & Sacerdos qui Cappellæ deseruiet habeat aliam vt vnus non possit sine alio aperire. Item volumus quod cuilibet Pauperum Capellarum titulo Sanctæ Sabinæ subiectarum, qui primus Titulus noster fuit, detur vna Alba & vnus Amictus; volumus etiam quod de pannis nostris aureis, de aliis quam de samitis, qui in cophinis nostris inuenientur, fiant Casulæ seu Planetæ ad celebrandum, ita quod quælibet dictarum Capellarum titulo Sanctæ Sabinæ subiectarum habeat vnam, & hoc sciant Parrochiani vt melius custodiantur. Reliquæ autem Casulæ residuæ distribuantur per Hospitalia Vrbis sicut videbitur Executoribus. De samitis etiam & zendatis nostris qui inuenientur in cophinis nostris ordinabunt Executores nostri quod ponantur in obsequiis diuinis sicut melius videbitur eis. Item legamus Ecclesiæ Fratrum Prædicatorum Parisiensium duas pulchriores Tobalhas quas habemus in Cappella nostra ad ponendum in Missa super maius Altare & aliam post illas pulchriorem legamus Altari Cappellæ de Bressoleria. Item legamus Fratri Ioanni Amiot Socio nostro pulchrius Repositorium pro Corporalibus quod habemus; & Fratri Guillelmo Gayce Conuerso aliud pulchrius post illud: & Fratri Hugoni Lausin aliud pulchrius post illa duo. Item dicto Fratri Hugoni Lausan Pœnitentiario Domini Papæ vnam pannum aureum pro Altari suo, & duos Vrceolos nostros nouos de argento deauratos & viginti florenos auri; & Fratri Ioanni Lesoschau Socio suo decem florenos auri, si sit Socius dicti Fratris Hugonis tempore mortis nostræ. Alia autem communia quæ inuenientur in Cappella nostra distribuantur per manus Executorum nostrorum pauperibus Cappellis sicut saluti animæ nostræ melius viderint expedire. Item legamus Ecclesiæ Sanctæ Praxedis de Vrbe Casulam Dalmaticam Tunicellam de quatresamito. Item legamus Ecclesiæ Beatæ Mariæ de Stel in Aluernia Casulam Dalmaticam & Tunicellam quæ sunt de zendaco duplici, & sunt ex vna parte albæ & ex alia aërei sunt coloris. Item legamus Domui Dei de Pisinis, quæ est inter primum Pontem & Ecclesiam Beatæ Mariæ, culcitram nostram punctam de serico, ex vna parte albam & ex alia nigram, ad vsum Pauperum dictæ Domus. Item culcitram nostram de plumis legamus Hospitali Sancti Spiritus de Vrbe ad vsum Pauperum. Item tria Paramenta nostra vel tres cuitinas quæ consueuerunt poni in Camera nostra, & in Aula, quarum duæ sunt de Armis generis nostri & vna de Armis Regis Franciæ, & alias duas quas habemus de diuersis Armis Baronum Franciæ, legamus Ecclesiæ Billonensi vt ponantur pro Paramentis in Festis præcipuis in Naui Ecclesiæ si commodè & sine magnis expensis possint ibi deportari: omnia alia vtensilia nostra & cophinos & vtensilia coquinæ & buticulariæ & sedilia & sargias & tapetia & curtinas volumus vendi, & pecuniam per manus Exe-

‍cutorum nostrorum dari Pauperibus, vel ipsa vtensilia dari pauperibus Religiosis & Hospitalibus si-
‍cut Executoribus nostris melius videbitur expedire. Item volumus quod omnes Robę nostræ pro
‍corpore nostro dentur pauperibus Fratribus Ordinis Fratrum Prædicatorum, volumus tamen quod
‍cuilibet Fratrum Sociorum nostrorum, qui nobiscum erunt tempore mortis nostræ detur vna Roba
‍de scarleto si inueniatur facta, vel si non sit facta, quod fiat si pannus de scarleto inuenitur apud nos
‍tempore mortis nostræ. Item Ecclesię Sanctę Martinę de Vrbe legamus vnam Casulam. Item vo-
‍lumus quod de residuo bonorum nostrorum quæ sunt in Curia, accipiantur mille libræ paruorum
‍Turonenses & mittantur Priori Fratrum Prædicatorum Parisiensium qui pro tempore illo erit, qui
‍in primo Capitulo Prouinciali Franciæ diem mortis nostræ immediatè sequenti, dictas mille libras
‍ibidem distribuet singulis Conuentibus qui nunc sunt (die videlicet dicti præsentis Testamen-
‍ti nostri.) De Prouincia Franciæ, cuilibet Conuentui decem libras & cuilibet Fratri Sacerdoti in
‍Capitulo tunc præsenti decem solidos & cuilibet Fratri Clerico, & cuilibet Fratri Conuerso quinque
‍solidos paruorum Turonensium, & his completis, residuum quod erit de dictis mille libris, Volumus
‍quod sit prædicti Conuentus Parisiensis, nec istam ordinationem nostram, aliquo modo volumus im-
‍mutari; & volumus quod ibidem stante & durante Capitulo celebretur solemniter pro anima nostra
‍officium Defunctorum, & postmodum iterum in singulis Conuentibus solemniter celebretur. Item,
‍legamus Conuentibus Prouinciæ Tusciæ Ordinis Prædicatorum quadringentos florenos auri distri-
‍buendos, per manum Prouincialis, qui pro tempore illo erit, in primo Prouinciali Capitulo, diem
‍mortis nostræ immediatè sequenti, cuilibet scilicet Conuentui decem florenos & residuum quod fuerit,
‍volumus quod totum sit ad fabricę Ecclesiæ Fratrum Prædicatorum Sanctæ Mariæ de Minerua in
‍Vrbe, & similiter in Prouinciali Capitulo & singulis Conuentibus dictæ Prouinciæ pro anima no-
‍stra officium Mortuorum solemniter celebretur. Item volumus quod in die sepulturę nostræ vel
‍alio de distribuantur similiter semel per manus Eleemosinarij Domini Papę omnibus Pauperibus qui venient
‍ad Eleemosinam Papæ horā scilicet consuetā, cuilibet Pauperi duo denarii pro victu. Item volumus
‍quod totum illud quod debetur nobis de censu Apuliæ, Siciliæ, & Angliæ & quidquid debebitur
‍nobis tempore mortis nostræ de seruitiis debitis Collegio Cardinalium repetantur & recipiantur per
‍manus Executorum nostrorum citramontanorum inferius subscriptorum, & diuidatur totum in qua-
‍tuor partes, vnam partem damus & legamus ad constructionem Conuentus Niuernensis Ordinis Præ-
‍dicatorum, aliam partem Conuentui eiusdem Ordinis Parisiensi, aliam legamus ad maritandum pau-
‍peres Mulieres nobiles & pauperes Virgines in terris de Manduno, & de Monte-Acuto, & de Billo-
‍nio, & de Rauel & circumquaque, & quartam partem ad maritandum similiter pauperes nobiles
‍Mulieres & Virgines in locis vbi conuersati fuimus cum Curia postquam fuimus Cardinales vt Ro-
‍mæ, Viterbij, & in Vrbeveteri, & Perusij, & Reate, & volumus quod Executores nostri recolli-
‍gi faciant dictam pecuniam per Mercatores nostros vel Clarentinos vel Ammannatos, & diuidant
‍eam secundum quod veniet in dictas quatuor partes. Legamus nihilominus maiori Ecclesiæ Narbo-
‍nensi quinquaginta libras paruorum Turonenses ad emendum redditus pro annuo Anniuersario no-
‍stro & viginti pro ædificio Ecclesię. Quidquid autem de bonis nostris residuum erit siue citra Mon-
‍tes, siue vltra Montes totum legamus Hospitali Villæ Billoniensis dum tamen seruentur conditiones
‍superius appositę, quas posuimus pro vtilitate Hospitalis, vt videlicet melius conseruetur & deffen-
‍setur nec pro aliquo alia intuitu: & in casu in quo non seruarentur dictę conditiones totum legatum
‍transferimus ad Ecclesiam Sancti Lupi Billoniensis ad emendum pro instituendis & augmentandis
‍Prębendis, prout in alio Testamento nostro est ordinatum. Item vltra legatum superius per nos fa-
‍ctum, legamus quingentas libras paruorum Turonenses ad maritandum pauperes Virgines in terris
‍de Manduno, de Monte-Acuto & de Billonio & de Rauel & circumadiacentibus locis. Item alias
‍quingentas ad induendum Pauperes & maximè nobiles in prædictis locis & terris & mittantur dictę
‍mille libræ de bonis quæ citra Montes habemus. Item volumus & præcipimus quod debita nostra
‍soluantur & clamores nostri pacificentur & integrè emendentur si qui appareant per manus Execu-
‍torum nostrorum subscriptorum absque omni lite & super his credatur simplici verbo vel iuramento
‍eorum querelantium de quibus videbitur Executoribus nostris fore agendum. Huius autem Testa-
‍menti nostri seu vltimæ voluntatis nostræ si fas nobis esset, non solum libenter sed ardenter & af-
‍fectuosissimè pro salute animę nostræ Executorem faceremus Sanctissimum Patrem & Reuerendissi-
‍mum ac Catissimum Dominum nostrum Dominum Bonifacium diuina prouidentia Papam VIII. si-
‍cut faciebamus quando erat in minoribus constitutus per experientiam certi existentes de fidelitate &
‍diligentia quam semper habuit ad illorum animas & ad illos quorum extitit Executor: sed nunc non
‍audemus propter importabiles alias occupationes suas. Verum ipsius Sanctitati supplicamus deuotè
‍quatenus ob amorem Dei & dilectionem, quam ad nos semper habuit & nos ad ipsum, hanc vlti-
‍mam voluntatem nostram vt pius Pater & Dominus dignetur facere adimpleri, nec permittat eam
‍per aliquem impediri, supplendo impotentiam Executorum nostrorum & defectum si quis, quod
‍absit, esset in eis. Executores autem huius Testamenti nostri seu vltimæ voluntatis nostræ facimus
‍& constituimus, Reuerendos Patres, Dominum Matthæum Dei gratia Episcopum Portuensem &
‍Dominum Nicolaum Tituli Sancti Laurentij in Damaso Presbyterum Cardinalem & Fratrem Hu-
‍gonem de Lauzana de Ordine Fratrum Prædicatorum Pœnitentiarium eiusdem Domini nostri, &
‍Magistrum Petrum de Montecchiello Cappellanum nostrum, & illum qui tempore mortis nostræ erit
‍Camerarius noster, & Fratres Prædicatores qui erunt Socii nostri & de Domo nostra tempore mor-

tis nostræ, quem Camerarium nisi dictus Magister Petrus Cappellanus noster tunc esset Camerarius noster quem semper manere & esse volumus Executorem nostrum, & Fratres dictos solum facimus Executores nostros quamdiu præsentes erunt in Romana Curia, volentes quod per recessum ipsorum de dicta Curia desinant esse Executores nostri, excepto quod corpus nostrum vel ossa nostra & alia quæ ordinauimus portari in hoc Testamento seu vltima voluntate nostris vltra Montes volumus & præcipimus quod secum possint deferre quæ volumus per Executores alios nostros prædictos citra Montes constitutis pro legatis ad pias causas, & Eleemosinis quæ fecimus in illis partibus persoluendis, debitis & clamoribus nostris emendandis & familiaribus remunerandis prout in vltima voluntate nostra plenius continetur, volentes quod post recessum dictorum Camerarij & Fratrum, prædicti alij Executores nostri & eorum quilibet, vbi alij nollent aut non possent hanc nostram exequi vltimam voluntatem & debitæ executioni mandare, vel negligentes in hoc essent, possint & possit hanc nostram exequi vltimam voluntatem, & soluere nostra debita & legata & clamores nostros pacificare prout superius est expressum. Et omnia bona nostra mobilia & immobilia & iura nostra quæ habebimus tempore mortis nostræ tenere & possidere & quasi & auctoritate sua propria, possessionem seu quasi eorum apprehendere, dum tamen in apprehensione bonum fiat inuentarium de bonis prædictis in præsentia proborum virorum: & nihilominus petere, recipere & in iudicio, & extra, vendere & distrahere bona & iura nostra prædicta pro adimplenda huiusmodi vltima voluntate nostra, quousque bene, legitime & fideliter sit impleta. Hoc igitur Testamentum nuncupatiuum quod valere volumus iure Testamenti nuncupatiui, & si non valet iure Testamenti, volumus quod valeat iure Codicillorum seu saltem iure cuiuslibet alterius vltimæ voluntatis reuocando omne aliud Testamentum, seu vltimam voluntatem per nos hactenus factum seu factam; exceptis alio Testamento nostro seu vltima voluntate nostra hac eadem die per manum eiusdem Notarij conscriptis sicut superius est expressum; cui per hoc Testamentum seu vltimam voluntatem nolumus in aliquo derogari, sed eam & illud ex certa scientia confirmamus & approbamus, & rogamus Venerabiles & alias personas quarum nomina sunt subscripta vt sint Testes huius nostri Testamenti, seu vltimæ voluntatis. Nolumus etiam quod aliquod legatum nostrum virtute alicuius priuilegij possit dici indistinctum, vel ab aliquo peti, exigi, vel haberi: sed solum legatum cedere in vsibus per nos ordinatis, quod si fieret iure vel iniuria cui non posset resisti, reuocamus dictum legatum & illud volumus Capitulo proportionaliter & Hospitali Billonensi applicari, vt inde emantur pro pecunia redditus pro pauperibus loci vel aliis Mendicis confluentibus ad locum, per manum Rectoris dicti Hospitalis & dicti Capituli annuatim in principio hyemis induendis, in quantum dicti redditus se extendent, & prout Executores nostri ordinabunt: & nos dictus Testator huic nostro Testamento seu vltimæ voluntati sigillum nostrum apponi fecimus in testimonium præmissorum. Et nos Ægidius Narbonensis Archiepiscopus, Petrus Floria, & Guillelmus Aycelini Milites Domini Regis Francorum, Frater Guillelmus de Albanis Prior Fratrum Prædicatorum Claromontensi, Fulco Scholasticus Cœnomanensis, Marsilius de Habeyo Canonicus Cœnomanensis, Guillelmus de Moreyo Canonicus Æduensis, Petrus de Montechiello Canonicus Dolensis, Andreas de Sancto Floro Canonicus Claromontensis, Fratres Ioannes Amiot de Cœnomanis, & Stephanus Auri Ordinis Prædicatorum Testes vocati & rogati a Testatore prædicto confectioni huiusmodi Testamenti, seu vltimæ voluntatis in persona omnium nostrorum lecti, seu lectæ, & nuncupati, seu nuncupatæ per Testatorem præfatum, vno eodemque tempore & contextu præsentes interfuimus & cum sic testantem (vt superius est expressum) audiuimus & intelleximus, & ad rogatum ipsius sigilla nostra apposuimus huic præsenti Testamento, seu vltimæ voluntati Testatoris eiusdem in testimonium rei gestæ. Actum apud Vrbemveterem in Domo nostra, anno, Indictione, mense & die supradictis.

Et ego Petrus Ioannis de Guarau publicus Imperiali auctoritate Notarius confectioni huius Testamenti, seu vltimæ voluntatis per nuncupationem factæ, seu factæ vno eodemque tempore & eodem contextu, antequam dictus Testator & Testes subscripti ad alios actus diuersos seu contrarios se diuerterent in præsentia dicti Notarij & Testium subscriptorum sestis e albibitis solemnitatibus, quæ consueuerunt in talibus obseruari, præsens interfui & de mandato dicti Testatoris manu propria omnia prædicta conscripsi, & in publicam formam redegi, præsentibus Testibus subscriptis in mea præsentia vocatis, rogatis, & meo signo consueto signaui rogatus.

Codicille du Cardinal de Billon

IN nomine Domini, Amen. Anno eiusdem à Natiuitate millesimo ducentesimo nonagesimo octauo, Indictione vndecima, Pontificatus Domini Bonifacij Papæ VIII. anno tertio, die Dominica vigesima octaua mensis Decembris in præsentia mei Petri Notarij & Testium subscriptorum ad hoc specialiter vocatorum & rogatorum. Reuerendus Pater Dominus Hugo Ostiensis & Velitrensis Episcopus licet corpore languens, tamen sanæ mentis & locutionis compos existens, præsentibus Codicillis voluit & expresse mandauit, quod de omnibus Vasis argenteis, tam in argento deaurato, quam albo, quæ sunt in Domo sua, tempore mortis suæ, mille marchæ obligentur Mercatoribus pro inplendo Testamento vltramontano quod condidit, & residuum argenti quantumcunque existat exceptis Vasis legatis obligat Executoribus suis ad complendum Testamentum citramontanum. Item voluit & taxidauit quod dentur ducenti quinquaginta floreni auri ad emendum possessiones pro vno Anniuersario anno quolibet in die obitus sui pro anima sua in Ecclesia Beati Petri de Vrbe faciendo. Item legauit mille florenos auri pro redemptione Crucis assumptæ de nouo contra Columpnenses. Item dedit & legauit Reuerendis Patribus Domino Nicolao Tituli Sancti Laurentij in Damaso & Domino Petro Tituli Sanctæ Potentianæ Presbyteris Cardinalibus, Executoribus suis duos meliores Palafredos & duas pulchriores Cuppas de argento quas habet. Item dedit & legauit omnes Libros suos acquisitos per eum à tempore quo extitit Cardinalis, de quibus alias in suis non disposuit Testamentis, Conuentui Fratrum Prædicatorum Niuernensium, & ad hæc exequenda ipsos eosdem Executores constituit positos in citramontano Testamento, adiungens eis nihilominus Reuerendum Patrem Dominum Petrum Tituli Sanctæ Potentianæ Presbyterum Cardinalem supradictum & voluit quod propter absentiam alicuius Executorum à Curia, executio voluntatis suæ nullatenus retardetur. Per hos autem Codicillos in nullo præterquam in his quæ superius exprimuntur, voluit addi vel minui aut in aliquo derogari Testamentis suis nunc apud Vrbem veterem vltimò conditis, sed ea & eorum quodlibet per huiusmodi Codicillos approbat & confirmat. Et hanc voluntatem suam penitus valere voluit iure Codicillorum & alterius cuiuscunque quo melius valere potest. Actum Romæ apud Sanctam Sabinam præsentibus Venerabilibus Viris Domino Guillelmo Pagani Canonico Claromontano, Magistro Guillelmo de Morcyo Canonico Æduensi, Durando de Abbatia Clerico Claromontano, Diuo de Clarsa & Bertrando de Bressoleria Diœcesis Claromontensis, Testibus ad præmissa vocatis.

Et ego Petrus Francisci de Piperno Terraconensis Diœcesis, publicus Imperiali auctoritate Notarius, prædictis omnibus & singulis vna cum prænominatis Testibus præsens interfui, & ea rogatus fideliter scripsi & publicaui, & signum meum apposui consuetum.

VNIVERSIS præsentes litteras inspecturis, Ægidius permissione diuina Narbonensis Archiepiscopus, & Ioannes eadem miseratione Aruernorum Episcopus, & Frater Guillelmus de Abbatia Prior Fratrum Prædicatorum Claromontensium indignus, Executores Testamenti seu vltimæ voluntatis bonæ memoriæ Domini quondam Hugonis Ostiensis & Vellitrensis Episcopi Cardinalis, salutem in Christo æternam. Notum sit omnibus quod discretus vir Gerardus Calchati Panetarius Domini nostri Regis Franciæ illustris Ciuis Claromontanus bonum & certum computum & legitimam rationem reddidit nobis de omnibus receptis & expensis ab eo vel ab alio de societate ipsius siue in Curia Romana, vel alibi vbicunque de bonis & rebus dicti quondam Domini Cardinalis, seu executionis ipsius & de omnibus florenis & Turonensibus, grossis, & alia quacunque moneta, & aliis quibuscunque rebus quæ essent vel spectare possent executionem prædictam, quæcunque ipse Geraldus, vel Ioannes eius filius, vel alij quicunque de societate ipsius habuerint, receperint, expenderint, seu quocunque modo alio administrauerint nomine ipsius. Itaque facto computo inter ipsum Gerardum ex vna parte & nos Executores prædictos ex altera, fuit finis arrestum de remanentia dicti computi quod ipse Geraldus debuit nobis nomine, & ad opus executionis prædictæ & ipsi executioni duo millia & decentas & quatuor viginti & sex libras & quatuor decim solidos vnum denarium, & cum prædictis soluendis nobis nomine quo supra, & ipsis saluis & exceptis, fuit & remansit quittus idem Geraldus de omnibus supradictis. Vnde nos prædictum Gerardum & dictum filium eius & societatem suam ac omnes suos de prædictis bonis habitis & receptis & leuatis & expensis ab eis vel ab alio, seu aliis pro eis, purè & simpliciter absoluimus in perpetuum & quittamus, saluis & exceptis prædictis, pactumque facimus de non petendo præmissorum occasione aliquid de prædictis ab eodem vel à suis, in cuius rei testimonium sigilla nostra præsentibus duximus apponenda. Actum & datum apud Chaddeu die Lunæ ante Festum Sancti Michaëlis Archangeli, anno Domini 1299. præsentibus Religioso Viro Fratre Guillelmo Gayta de Ordine Prædicatorum, & Domino Andrea de Sancto Floro Canonico Claromontano, & Domino Ioanne Rectore Ecclesiæ Landosij.

Autre Testament du Cardinal de Billon, fait delà les Monts. Communiqué par mondit Sieur de Champflour Conseiller d'Estat.

IN nomine Domini, Amen. Anno eiusdem à Natiuitate 1297. Indictione decima, die 24. Augusti, Pontificatus Domini Bonifacij Papæ VIII. anno tertio. Nos Frater HVGO permissione diuina Ostiensis & Vellitrensis Episcopus diuina gratia, mente & corpore sospites habentes à fœlicis recordationis Domino Nicolao Papa IV. & Sanctissimo Patre Domino nostro Domino Bonifacio diuina prouidentia Papa VIII. de bonis nostris plenam testandi & disponendi licentiam, auctoritate nobis hac in parte tradita ab vtroque, attendentes quod nihil sit certius morte, nihil incertius hora mortis, quidquid de nobis contingat humanitùs, nolentes decedere intestati, per nuncupationem nostram Testamentum de bonis nostris ordinamus & facimus in hunc modum. Imprimis volumus & ordinamus quod voluntas nostra declarata per nos in alio nostro Testamento facto nunc præsentialiter eadem die & hora & eodem instanti & coram eisdem Testibus & per manum eiusdem subscripti Notarij & nostra nostro & subscriptorum Testium sigillo munito, quibus roboratum est præsens etiam Testamentum circa eleemosinas citra Montes faciendas Hospitalibus & aliis piis locis, necnon Anniuersaria perpetua, Vestium Ecclesiasticarum dationes, possessionū pro faciendis perpetuis pitantiis emptiones, & circa omnia contenta in eodem nostro testamento, quod per præsens testamentum, ex certa scientia approbamus, sic rata & firma vt seruetur, & executioni madetur, per executores nostros per nos institutos in eo, prout in ipso testamento, seu vltima voluntate nostra seriosius continetur; Item legamus Ecclesiæ Claromontensi decimam meam quam habemus in teritorio de Cosde, quæ fuit empta à Domino Ruppis Gaume, & G. de Bruxeriis Dominicello, & furnum nostrum, & omnes alios redditus nostros quos habemus ibidem qui fuerunt empti à Domino Castri in Montanis, de quibus redditibus volumus, quod dictum Capitulum Ecclesiæ Claromontanæ teneatur annis singulis dare, & soluere in Festo Omnium Sanctorum, sine aliqua requisitione Fratribus Prædicatoribus Claromontensibus, quinquaginta sextaria frumenti ad quartam Claustri Claromontani pro eleemosina, & sustentatione pauperum Fratrum Prædicatorum, ibidem Deo seruientium. Volumus etiam quod de dictis redditibus dictum Capitulum teneatur annis singulis dictis Fratribus Prædicatoribus Claromontensibus, in die obitus nostri soluere sexaginta solidos Turonenses paruorum pro pitantia & Anniuersario nostro à dictis fratribus eadem die faciendo. Item volumus quod dicta die dictum Capitulum Claromontense teneatur annis singulis venire processionaliter ad domum dictorum fratrum, & celebrare ibi Missam pro anima nostra, parentum & benefactorum nostrorum, & cuilibet Canonico ibidem venienti librentur & tradantur quatuor denarij in palma, & cuilibet Clerico tres denarij in palma. Item volumus quod dictum Capitulum teneatur facere de dictis redditibus quatuor Anniuersaria. Vnum videlicet pro anima fœlicis recordationis Domini Nicolai Papæ quarti, scilicet die tertia mensis Aprilis: & tria pro anima nostra, parentum, amicorum & benefactorum nostrorum, vnum videlicet pridie Festi Beati Petri Martyris, de Ordine Fratrum Prædicatorum, & aliud pridie Festi Beati Dominici, & aliud in crastina die obitus nostri, & in quolibet dictorum Anniuersariorum teneantur facere pulsare Classica, & preces fieri prout est consuetum in Ecclesia Claromontana in Anniuersariis Regum & Prælatorum, seu illorum qui hæc in suis testamentis fieri præceperunt, & Librari panem & vinum omnibus Canonicis & Clericis dictæ Ecclesiæ Claromontanæ, prout de nouo introductum est in dicta Ecclesia de Anniuersariis, quæ celebrantur & fiunt, seu librantur ibidem de pane & vino. Item volumus & præcipimus, quod dictum Capitulum Claromontense teneatur dare nobis, vel Executoribus nostris suas bonas & sufficientes Litteras sigillo dicti Capituli sigillatas de præmissis seruandis & firmiter attendendis. Bene tamen volumus, quod si videatur Executoribus nostris, quod prædicti redditus non sufficiant ad supradicta omnia explenda & facienda, iidem Executores nostri iuxta suæ discretionis arbitrium de bonis, & aliis redditibus nostris, vel de pecunia nostra eidem Capitulo ad supplendum, quod deerit, congruam satisfactionem impendant, & si dictum Capitulum deficeret in soluendis eleemosinis dictorum fratrum, vel in dictis Anniuersariis faciendis: saluo quod bene volumus, quod possit diem mutare ex causa dictorum Anniuersariorum faciendorum, nisi requisitum id emendaret infra vnius mensis spatium, quod prædictum legatum à nobis eidem factum, ipsi Capitulo penitus sit ademptum & transferatur ad Dominum Regem Franciæ, vel ad Episcopum Claromontanum, ad illum scilicet prædictorum, quem Prior & Conuentus dictorū fratrum Claromontensium maluerint transferri seu deuolui sub simili forma & modo: videlicet, quod ille ad quem dictum legatum deuoluetur teneatur facere omnia illa, quæ tenebatur facere dictum Capitulum Claromontense in soluendis dictis fratribus eleemosinis antedictis, & dictis Anniuersariis, vt infra scribitur faciendis, & in casu in quo dictum legatum deuoluetur ad dictum Regem vel Episcopum; Rex vel Episcopus teneatur facere fieri dicta Anniuersaria in Monasterio Monialium Bellimontis, vel in Ecclesia sancti Syrenij Billonensis, Diœcesis Claromontensis, sicut debebat facere dictum Capitulum Claromontense, Saluo quod non teneantur venire Moniales dicti Monasterij vel Capitulum Billonense prædictum processionaliter ad Domum dictorum fratrum. Item legamus amplius dictis Fratribus Prædicatoribus Claromontensibus, ducentas libras Turonenses paruorum semel, & cum hoc legato & aliis legatis, quæ eis fecimus in hoc Testamento nostro, volumus ipsos esse contentos omnibus illis quæ nos habebamus tunc de licentia Prælatorum nostrorum quando fuimus ad Cardinalatum assumpti, cum hæc legata multo plus, & multo plus ascendant, exceptis libris quos tunc habebamus, quos volumus eis reddi. Item legamus dicto Monasterio Bellimontis prope Claromontem, centum quadraginta libras Turonenses paruorum, semel ad emendum redditus pro duobus Anniuersariis, vno videlicet in die obitus nostri, & alio in Festo Beati Dominici, pro nobis & illis de genere nostro, ibidem annuatim faciendis. Item legamus omnibus Monialibus dicti Monasterij Bellimontis, de genere nostro centum libras Turonenses paruorum, semel distribuendas inter eas per Executores nostros, sicut eis videbitur. Item Aycelinæ sorori nostræ legamus vltra partem eam contingentem de dicto centum librarum legato triginta libras Turonenses paruorum semel. Item legamus Ecclesiæ sancti Syrenei Billonensis, ducentas libras semel paruorum Turonenses ad emendum redditus pro tribus Anniuersariis pro anima nostra & parentum nostrorum & Auberti quondam fratris nostri, & benefactorum & amicorum nostrorum, ibidem annis singulis faciendis, vno videlicet in die obitus nostri, & alio in Festo Beati Dominici, & reliquo in Festo Beati Petri Martyris, de Ordine Fratrum Prædicatorum, & in quolibet dictorum trium Anniuersariorum Capitulum dictæ Ecclesiæ teneatur librare Canonicis, & Clericis dictæ Ecclesiæ in pecunia præ manibus secundum quod consuetum est librari Anniuersaria, quæ librantur in pecunia, pretium sex sextariorum frumenti, & dare & distribuere pauperibus, ostiatim mendicantibus vnum sextarium frumenti, & vnum sextarium mixturae, qualibet die dictorum trium Anniuersariorum in eleemosinas. Et volumus quod ille qui erit de genere nostro, vel ille, qui erit ibi loco eius secundum quod consuetum est recipi in aliis Anniuersariis generis nostri recipiat: Volumus etiam quod dictum Capitulum teneatur dare nobis vel Executoribus nostris suas patentes litteras suo sigillo munitas de promissis omnibus seruandis & firmiter attendendis. Item volumus & ordinamus quod de bonis nostris dentur Hospitali Pauperum villae Billonij duo millia librarum paruorum Turonensium semel, sub conditionibus & cum conditionibus quae sequuntur. Videlicet quod Fratres nostri scilicet Archiepiscopus Narbonensis, & Ioannes Abbas Claromontensis, & Dominus Guillelmus Miles, Dominus Montis-Acuti, & de Bressoleria teneantur statim emere quamcitius poterunt redditus ad opus dicti Hospitalis pro Pauperibus ibidem recipiendis & sustentandis, & si ipsi vacare non possent aut negligentes essent; Volumus quod eligantur per eosdem tres Canonici, vel tres bonae personae de dicta Ecclesia Sancti Syrenei Billonensis, & tres probi homines de villa Billonensi bonae famae, & securi ac fideles, qui emant dictos redditus secundum quod occurret, nunc vineas, nunc campos, nunc prata, nunc redditus, secundum quod poterunt & videbitur eis, & de hoc teneantur computare cum dictis fratribus nostris, aut altero eorumdem quibus alij committent; & volumus quod dicta pecunia ponatur in sequestro in locis securis, scilicet in domibus Religiosorum, vel in manibus mercatorum secundum quod melius videbitur fratribus nostris, & de ea accipiant quotiescumque occurret eis aliquid ad emendum; & ordinetur quod sine aliqua difficultate, & dilatione possint habere de dicta pecunia quantum indigebunt ad dictas emptiones faciendas, & quod de dictis emptionibus habeantur bona instrumenta. Et volumus quod praesentatio & ius patronatus dicti Hospitalis ad nos pertineat, & post nos ad haeredes de Bressoleria, ita videlicet quod primo pertineat ad Dominum Archiepiscopum fratrem nostrum, & postea ad dictum Ioannem, & successiue ad Clericos, quorum erit patrimonium Clericale generis nostri; & si non esset ibi Clericus, qui dictum haberet patrimonium, spectet, seu pertineat ad Dominum de Bressoleria, & institutio rectoris dicti Hospitalis praesentati per nos, vel aliquem de praedictis, pertineat ad dictum Capitulum Sancti Syrenei Billonij, qui praesentatum teneatur recipere, si dignus sit, alias ipsum repellere possit, & nos vel alius de praedictis, qui dictam habebit praesentationem secundum idoneum praesentare possit; & si secundus non esset idoneus, Capitulum Sancti Syrenei, praedictum possit rectorem idoneum instituere illa vice; & volumus quod in dicto Hospitali teneatur Hospitalitas, ita quod mulieres pauperes iacentes in puerperio, quae non habent vnde possint facere commode sumptus suos ibidem recipiantur, & prouideatur eis honeste secundum quod consuetum est prouideri talibus mulieribus in puerperio iacentibus per tantum tempus quo mulieres talis status esse & iacere in puerperio consueuerunt; Volumus etiam quod ibidem recipiantur pauperes verecundi, qui sunt vel fuerunt de bono genere, vel diuites homines, & sine culpa sua ad inopiam, sunt redacti & ostiatim mendicare erubescunt, secundum tamen quod facultates dicti Hospitalis id poterunt sustinere; Item volumus quod pauperes debiles & infirmi, qui non possunt victum suum proprijs manibus lucrari, vel victum suum commode quaerere ostiatim mendicando, ante omnia recipiantur & reficiantur ibidem quandiu sic erunt debiles & infirmi, & cura sanitatis eorum honeste tractetur vt commodius & melius fieri poterit; pueri etiam qui producuntur quorum patres & matres ignorantur nutriantur & custodiantur ibidem, donec panem suum possint quaerere, vel lucrari & praedicta omnia fiant ibi secundum quod facultates dicti Hospitalis id poterunt sustinere: pauperes etiam transeuntes recipiantur & hospitentur ibidem per noctem prout & in quantum dictum Hospitale poterit sustinere; & volumus quod duae bonae matronae, vel tres, vel plus, si fuerit necesse ibidem teneantur pro pauperibus & mulieribus in puerperio iacentibus leuandis & seruiendis, quibus prouideatur honeste in victu suo & vestitu; Item volumus quod Rector, qui pro tempore erit Rector dicti Hospitalis teneatur celebrare omni die per se, vel per alium in dicto Hospitali, pauperibus ibidem degentibus vnam Missam, vel duas ad minus secundum quod dies requiret, vel sua deuotio suadebit. Item legamus eidem Hospitali ducentas libras amplius Turonenses paruorum semel, de quibus volumus meliorari, vel mutari si videbitur expediens de Coenaculo superiori inferius dormitorium in qua pauperes infirmi consueuerunt iacere, & fieri duas Cameras editas de latrinis & necessarijs, in locis congruis infra Clausuram Hospitalis praedicti in quibus recipiantur & hospitentur Fratres Praedicatores, & Minores cum declinauerint ad locum, & sint tales Camerae quod quatuor Fratres possint recipi in qualibet earumdem & volumus quod dictae Camerae sint munitae de bonis & honestis lectis, qui sint appropriati ad opus dictorum Fratrum, & quod custodiantur bene in loco mundo & securo in Cameris antedictis vel alibi: volumus etiam quod dictis Fratribus prouideatur in dicto Hospitali de cibo & potu competenter, cum voluerint ibidem comedere, & quod ipsi possint in dictis Cameris comedere, vel si ipsi maluerint cum Rectore, qui pro tempore erit Rector dicti Hospitalis, & quod idem Rector hoc facere teneatur, & si dictae ducentae librae non sufficerent ad praedicta, vt dictum est, facienda, volumus & ordinamus quod amplius ibi possit poni de nostro ad arbitrium Executorum nostrorum. Item volumus quod in dicto Hospitali stet vnus bonus Valetus praeparatus ad paranda cibaria ad opus Pauperum infirmorum, vel plures si sit opus. Item volumus & ordinamus quod dictus Rector bis in anno teneatur computare & reddere rationem de redditibus dicti Hospitalis & de receptis omnibus & de expensis, & suppellectilibus, eleemosinis eidem Hospitali datis, seu factis coram tribus Canonicis dicti Capituli Billonensis, ab ipso Capitulo ad haec annis singulis deputandis, & coram tribus probis hominibus Villæ Billonij ad hoc & Patrono & Capitulo Billonense prædicto eligendis, vel à dicto solo Capitulo, si Patronus nollet aut negligeret interesse, & coram ipso Patrono, vel mandato suo si nollet interesse, Inuentarium facere duplicatum de omnibus ornamentis & suppellectilibus ipsius Hospitalis, quorum vnum sit in manu dicti Capituli, & aliud in manu eiusdem Rectoris, & etiam vnus Liber de computo, seu rationibus redditis semper remaneat in manu Capituli Billonij antedicti. Item volumus quod si prædictus Rector reperiretur malè administrare, vel hospitalitatem malè tenere, quod possit per dictum Capitulum amoueri & alius substitui, secundum formam præsentationis antedictæ, & volumus & ordinamus quod in prædictis omnibus, Administratores dicti Hospitalis, qui nunc sunt & dictum Capitulum consentire teneantur & etiam Episcopus Claromontensis, si hoc ad ipsum in aliquo pertineat & super his dare suas Litteras patentes sigillo suo sigillatas & si hoc facere nollent, aut plus debito recusarent prædicta omnia legata à nobis dicto Hospitali facta adimimus & eadem legata in illum casum totaliter transferimus in Ecclesiam Sancti Lupi Billonij, ita quod dictis duobus millibus ducentis libris Turonensibus paruorum semel, emantur possessiones & redditus, de quibus redditibus fiant & dotentur in Ecclesia S. Lupi Billonij duodecim Præbendæ pro duodecim Canonicis, quorum vnus sit Decanus & recipiat pro duobus Canonicis, & volumus quod in prima institutione dictorum duodecim Canonicorum quilibet Clericus de Villa Billonij habens valorem sexaginta librarum Turonensium in bonis mobilibus vel immobilibus, qui sit alias bonæ vitæ & famæ & competentis litteraturæ: qui gratis & absque omni pacto velint dare se & sua dictæ Ecclesiæ Sancti Lupi, ita quod possit ibi competenter sustentari in hac nouella plantatione Præbendarum de fructibus Præbendæ, recipiatur in Canonicum & efficiatur Canonicus in prædicta Ecclesia Sancti Lupi, hac prima vice vsque ad numerum antedictum, & volumus & ordinamus, quod in hunc casum præsentatio Canonicorum spectet ad eosdem de genere nostro, ad quos spectasset præsentatio Rectoris dicti Hospitalis, & institutio ad Ordinarium loci, & collatio Decani pertineat ad Collegium seu Canonicos & confirmatio ad Ordinarium prædictum: volumus etiam quod in hunc casum, si locus esset ademptioni legati à nobis superius dicto Capitulo facti pro fundatione seu dotatione dictarum trium Præbendarum Sacerdotalium, quod in dictum Hospitale Billonij debeat transferri, vt superius est expressum, quod non ad ipsum Hospitale, sed ad dictum Collegium Sancti Lupi Billonij in casu huiusmodi transferatur pro ampliatione seu augmentatione dictarum Præbendarum. Item volumus quod de mille libris Turonensibus paruorum semel, de bonis nostris, emantur in Regno Franciæ quater viginti libræ Turonenses redditualesque assignentur alicui Abbatiæ Sororum Ordinis Fratrum Prædicatorum, vel alteri cuicunque Abbatiæ, quæ teneantur & se obligent ad soluendum annis singulis dictas quater viginti libras Conuentui Fratrum Prædicatorum Parisiensium, videlicet medietatem in Festo omnium Sanctorum, & aliam medietatem in Festo Paschæ, ita quod dicti Fratres teneantur facere annis singulis de quadraginta libris Turonensibus paruorum, quatuor pitantias in quatuor Festis Beatæ Mariæ Virginis ipsi Conuentui Parisiensi, & qualibet sit de decem: & volumus quod in singulis septimana in qua erit dictum Festum Beatæ Mariæ, vnam Missam in Conuentu pro anima nostra celebrare teneantur & viginti libras paruorum Turonenses, annis singulis teneantur mittere Prouinciali Capitulo Franciæ pro facienda vna pitantia ipsi Capitulo pro anima nostra, & alias viginti libras Capitulo Generali similiter pro alia pitantia facienda, & quod de emptione bonæ accipiantur obligationes & firmæ, secundum consilium dicti Fratris nostri Archiepiscopi Narbonensis & Fratris Hugonis Episcopi Bethleemitani, quos in hoc & de hoc volumus potissimè sollicitos esse, & quæ volumus fieri sine dilatione, & vt citius fieri poterit acctiam expediri: & volumus, quod dicti Fratres sic prædicta faciant, & compleant, & teneantur facere prout ordinamus; nec ad alios vsus possint transferre prædicta: alias totum legatum adimimus & in illum casum volumus quod transferatur ad Hospitale Pauperum Parisiensium quod est in Paradiso ante Ecclesiam Beatæ Mariæ. Item legamus Ecclesiæ Sancti Iuliani de Bongiaco Diœcesis Claromontensis viginti libras Turonenses paruorum semel ad emendum redditus ad opus ipsius Ecclesiæ & pro redditibus ipsius Ecclesiæ augmentandis, de quibus viginti libris, volumus quod centum solidi sint luminariæ dictæ Ecclesiæ de Bongiaco ad emendos redditus ad opus dictæ luminariæ, ita quod nolumus quod Prior Prioratus Bongiaci, nec Abbatia Magni Loci aliquid habeat, seu petere possit in dictis duobus legatis, sed solum Rector & Baiulus luminariæ dictæ Ecclesiæ, qui Rector prædictus debeat & teneatur Missam in dicta Ecclesia annuatim pro anima nostra in Festo Beati Dominici celebrare, vocato Domino seu Hærede de Bressoleria, vel illo qui pro ipso ibi erit. Item legamus amplius eidem Ecclesiæ de Bongiaco centum libras Turonenses paruorum semel ad emendos redditus pro duobus Anniuersariis annuatim pro nobis & illis de genere nostro in dicta Ecclesia faciendis, vno videlicet in die obitus nostri, & alio in crastino dicti Festi Sancti Iuliani: ita quod Dominus seu Hæres de Bressoleria dictos redditus, si velit, habeat & percipiat, & dicta Anniuersaria fieri faciat, vt dictum, vocatis Capitulis & Presbyteris Castellaniæ Mauduni, & Clericis Bongiaci & Vicariis ipsorum, si qui inibi instituti fuerint per dictos Fratres nostros, prædictos redditus leuent & percipiant, & dicta Anniuersaria faciant, prout dictus Hæres de Bressoleria ea sic ut dictum, se tenebatur, & prout est moris fieri alia Anniuersaria quæ fiant in Domo de Bressoleria. Item legamus Infirmariæ Ecclesiæ Nouæ eiusdem Diœcesis decem libras Turonenses paruorum semel ad emendos redditus & pro redditibus ipsius Infirmariæ augmentandis. Item legamus Infirmariæ Billonij alias decem libras Turonenses paruorum semel ad vsus consimiles faciendos. Item legamus Ecclesiæ Beatæ Mariæ de Ecclesia Noua dictæ Diœcesis, quinquaginta libras Turonenses paruorum semel, ad emendos redditus pro vno Anniuersario pro nobis & illis de genere nostro in crastino quo erunt facta alia Anniuersaria nostra in Ecclesia de Bongiaco prædicta, in eadem Ecclesia annuatim facienda sub modo, conditione, & forma, quibus superius legauimus duo Anniuersaria Ecclesiæ de Bongiaco supradictæ. Item legamus amplius dictæ Ecclesiæ Beatæ Mariæ de Ecclesia Noua centum solidos Turonenses paruorum semel ad emendos redditus ad opus ipsius Ecclesiæ & pro eiusdem Ecclesiæ redditibus augmentandis. Item legamus luminariæ dictæ Ecclesiæ Beatæ Mariæ de Ecclesia Noua alios centum solidos Turonenses paruorum semel ad opus ipsius luminariæ, in quibus duobus legatis nolumus quod Prior Prioratus Ecclesiæ Nouæ vel Abbatia Magni Loci habeant, nec petere possint nisi solus Rector dictæ Ecclesiæ Nouæ & luminariæ Baiulus ipsius Ecclesiæ supradictæ. Item legamus cuilibet Ecclesiæ Parrochiali cui non est legatum supra vel infra, existenti in districtu dicti Castri de Mauduno, centum solidos Turonenses paruorum semel, ad emendos redditus ad opus ipsarum Ecclesiarum, pro vno Anniuersario in qualibet dictarum Ecclesiarum annuatim pro nobis & illis de genere nostro, à Cappellanis & Clericis dictarum Ecclesiarum faciendo, quando alia Anniuersaria nostra in dicta Ecclesia de Bongiaco & Ecclesia Nouæ erunt facta. Item tantumdem legamus semel cuilibet luminariæ dictarum Ecclesiarum in districtu dicti Castri existentium ad emendos redditus ad opus dictarum luminariarum. Item legamus Ecclesiis Sancti Lupi, Sancti Michaëlis & Sancti Saturnini Billonij dictæ Diœcesis, cuilibet earum decem libras Turonenses paruorum semel ad emendos redditus ad opus dictarum Ecclesiarum pro Anniuersario nostro in qualibet dictarum Ecclesiarum annuatim faciendo successiuè in crastino aliorum Anniuersariorum nostrorum in dicta Ecclesia Sancti Syrenei Billonij faciendorum, & volumus quod Rectores dictarum Ecclesiarum requirant & requirere & vocare teneantur illum de genere nostro qui erit Dominus patrimonij Clericalis in Billonio, aut illius qui erit de mandato ipsius, vt intersit officio si voluerit interesse. Item legamus Ecclesiæ Beatæ Mariæ de Prata decem libras Turonenses paruorum semel pro similibus vsibus faciendis : saluo tamen quod volumus quod medietas dicti legati sit luminariæ dictæ Ecclesiæ Beatæ Mariæ de Prata pro redditibus ad opus ipsius luminariæ emendis, & alia medietas pro Anniuersario nostro annuatim pro anima nostra in dicta Ecclesia faciendo. Item legamus Ecclesiæ siue Cappellæ Sancti Michaëlis Castri Mauduni dictæ Diœcesis triginta libras Turonenses paruorum semel ad emendos redditus, pro vno Anniuersario pro nobis & illis de genere nostro ibidem annuatim faciendo, & istud legatum facimus dictæ Cappellæ sub modo, forma, & conditionibus, quibus fecimus suprascriptum legatum Ecclesiæ de Bongiaco supradictæ. Item legamus amplius dictæ Cappellæ viginti libras Turonenses paruorum semel, ad emendos redditus & pro redditibus ipsius Capellæ augmentandis, de quibus viginti libris volumus quod centum solidi sint luminariæ dictæ Capellæ pro emendis redditibus ad opus ipsius luminariæ. Item legamus Ecclesiæ Collegiatæ de Thierno triginta libras Turonenses paruorum semel ad emendum redditum ad opus ipsius Ecclesiæ pro vno Anniuersario pro anima nostra in die obitus nostri ibidem annuatim faciendo. Item legamus amplius Conuentui Fratrum Prædicatorum Parisiensium ducentas libras Turonenses paruorum semel, nonobstante alio legato ipsi Conuentui superius per nos facto. Item legamus amplius dicto Conuentui viginti libras Turonenses paruorum semel pro duabus pitantiis in dicto Conuentu faciendis, quarum vna fiet in die obitus nostri & illis duobus diebus teneantur in Conuentu pro anima nostra celebrare Missam de Mortuis. Item legamus Conuentui Fratrum Minorum Parisiensium centum libras Turonenses paruorum semel. Item legamus amplius dicto Conuentui decem libras Turonenses paruorum semel, pro vna pitantia in eodem Conuentu facienda, & volumus quod die, quâ fiet dicta pitantia, teneantur pro anima nostra Missam de Mortuis celebrare in Conuentu. Item legamus Parrochiali Ecclesiæ Sancti Petri de Mezeto dictæ Diœcesis quindecim libras paruorum Turonenses semel ad emendos redditus pro vno Anniuersario in eadem Ecclesia in die obitus nostri annuatim faciendo. Item legamus luminariæ dictæ Ecclesiæ Parrochialis S. Petri centum solidos Turonenses paruorum semel ad emendos redditus ad opus dictæ luminariæ. Item legamus Monasterio Monialium de Estelh dictæ Diœcesis, ducentas libras Turonenses paruorum semel ad emendos redditus in frumento, vel alios redditus pro emendo tamen annuatim frumento, & amplius legamus eidem Monasterio centum libras Turonenses paruorum, ad emendum vineas siue vinum redditual, de quo frumento, volumus bonum panem de puro frumento fieri distribuendum proportionaliter per manum Priorissæ dicti Monasterij, quæ erit pro tempore, Monialibus Conuentualibus ipsius Monasterij solum, & vinum similiter distribuendum vt dictum est diebus Dominicis & Festinis, vel illis diebus quibus dictæ Priorissæ visum fuerit expedire, ita quod nulli alij extrinseco, nec Priori vel alij distribuatur vel libretur, ita quod propter hoc Conuentui dictarum Monialium de libratione sua solita nihil substrahatur, quo etiam dicta Priorissa teneatur computare quolibet anno cum Conuentu suo, & quod etiam si contrarium fieret, vel dicta Priorissa sic vt supradictum est, non ministraret vel distribueret prædicta, volumus quod in illum casum dicti redditus sint Episcopi Claromontensis, qui fructus dictorum reddituum distribuat & distribuere teneatur ad prædictum vsum vel eroget eos annuatim Pauperibus ostiatim mendicantibus in terra seu districtu Castri de Mauduno, Diœcesis Claromontensis, prout sibi melius visum fuerit expedire. Item legamus amplius eidem Conuentui decem libras Turonenses paruorum semel pro vna refectione, ita quod die, quâ fiet dicta refectio teneantur celebrare in dicto Conuentu vnam Missam pro anima nostra : volumus etiam quod dictæ Priorissa & Moniales dicti Monasterij teneantur & faciant celebrate annuatim in quâlibet septimana in dicto Conuentu vnam Missam Mortuorum pro anima nostra & illis de genere nostro, & quòd Presbyter qui dictam Missam in dicto Monasterio, vt dictum est, celebrabit & Clericus suus, qui ipsum ad dictam Missam celebrandam iuuabit, tantumdem percipiat & libretur eisdem de pane & vino quantum percipiet & librabitur vni ex prædictis Monialibus Monasterij antedicti. Item legamus Ebraidæ de Chalancone Moniali dicti Monasterij decem libras Turonenses paruorum semel. Item legamus Eldynæ, Beatrici & Catharinæ Sororibus nostris Monialibus dicti Monasterij de Esteilb centum libras Turonenses paruorum semel, soluendas eisdem in decem annis per manus Executorum nostrorum, vel finitâ executione, per manus dicti Archiepiscopi Fratris nostri, si vixerit, vel per manus Ioannis Fratris nostri, alioquin per manus Domini de Bressoleria qui pro tempore fuerit, ita quod vna vel duabus ex eis decedentibus tertia habeat legatum integrum supradictum, & si infra dictum tempus omnes decedere contingeret, volumus quod illud quod supererit de dicto legato detur dicto Conuentui de Eleilb ad augmentandum dictos redditus de quibus superius est facta mentio. Item legamus Domino Stephano Militi, Fratri nostro, trecentas libras Turonenses paruorum semel ad suam paupertatem subleuandam, soluendas eidem in decem annis per manus Executorum nostrorum, scilicet quolibet anno triginta libras : sed si inueniret idem Dominus Stephanus interim redditus ad emendum, volumus quod statim sibi soluatur pretium dictorum reddituum per ipsum emptorum vsque ad dictam summam, si sibi placuerit dictam pecuniam ponere in redditibus & quod dicti redditus perpetuò sint sibi, & si ipsum infra decennium contingeret decedere, volumus quod de dicta pecunia ipse possit ordinare & legare eamdem pro suo libito voluntatis. Item legamus duabus filiabus Ebraudi de Chalanconio cuilibet earum triginta libras Turonenses paruorum semel ad maritandum vel monachandum easdem. Item legamus Bernardo Dustraud Decano Billonij decem libras Turonenses paruorum semel. Item legamus Guillelmo Auis Domicello quindecim libras Turonenses paruorum ad emendum redditus ad opus ipsius. Item legamus dictæ Alalbernæ Vxori Bertrandi de Bressoleria centum solidos Turonenses paruorum semel. Item legamus dictæ Alalblanchetæ de Bressoleria alios centum solidos Turonenses paruorum semel. Item legamus vni vel duabus filiabus Bertrandi de la Faye Domicelli, secundum quod videbitur dictis Fratribus meis Archiepiscopo, vel Domino Guillelmo, triginta libras Turonenses paruorum semel ad maritandum seu monachandum dictas filias suas, vel ad necessaria sua alia facienda, pro seruitio suo nobis ab eodem impenso. Item legamus Hæredibus Fratris Gilbellini de Cresto centum solidos Turonenses paruorum semel. Item legamus Mag.stro Ioanni de Cloa quondam Clerico Capellæ nostræ nunc Capellano Ecclesiæ de Rilleyo pro seruitio suo nobis ab eodem impenso viginti libras Turonenses paruorum semel. Item volumus, præcipimus & ordinamus quod infra annum computandum â die obitus nostri fiat in Ciuitate Claromontensi & in Villa Billonij & apud Bressoleriam in quolibet dictorum trium locorum vna Eleemosina preconisata, & quod dentur cuilibet Pauperi indigenti, venienti ad dictam Eleemosinam duo denarij semel paruorum Turonensium. Item legamus decem pauperibus Clericis aptis ad proficiendum in Artibus tenendis Parisiis tribus annis, quos Executores nostri duxerint eligendos, cuilibet eorum decem libras annuas Turonenses paruorum semel, ita quod dicti Clerici viuant sub forma, quâ viuebant alij Clerici tempore, quo nos tenebamus eos ibidem in vita nostra. Item legamus Alano Britoni Clerico pro seruitio suo nobis impenso centum solidos Turonenses paruorum semel. Item legamus Capellæ Castri Montis-Acuti prope Billonium quadraginta libras Turonenses paruorum semel, ad emendum redditus ad opus ipsius Capellæ, & volumus quod Capellanus dictæ Capellæ teneatur in octauis diei obitus nostri, vna cum Clericis dicti Castri facere & celebrare annuatim, vnum Anniuersarium in dicta Capella pro anima nostra. Item, eligimus sepulturam nostram vbicumque nos mori contingat, in Domo Fratrum Prædicatorum Claromontensium, vbi volumus, præcipimus & mandamus deferri corpus nostrum, vel ossa corporis nostri, & volumus quod si in loco, in quo nos mori contingat, sit Conuentus Fratrum Prædicatorum, quod caro & viscera nostra sepeliantur ibidem, & quod in illum casum legamus eidem Conuentui quadraginta florenos auri semel, nonobstante etiam si quid dicto Conuentui in dicto testamento, vel alio legassemus, & volumus quod Fratres dicti Conuentus in die sepulturæ carnis, & viscerum nostrorum reficiantur de nostro. Item, legamus Conuentui Fratrum Minorum, si quis in eodem loco erit vbi sepelientur viscera nostra apud Fratres Prædicatores, viginti florenos auri semel, dum tamen nil eisdem legauerimus, & si contingeret esse in loco illo vbi moriemur Conuentum Fratrum Minorum, & non Conuentum Fratrum Prædicatorum, volumus quod caro & viscera nostra sepeliantur ibidem apud Fratres Minores, & quod in die sepulturæ nostræ reficiantur de nostro dicti Fratres Minores, & eisdem in illum casum amplius legamus viginti florenos auri semel; Item, legamus Conuentui Fratrum Minorum Claromontensium, viginti libras Turonenses paruorum semel, & cuilibet Conuentui Minorum Diœcesis Claromontensis legamus decem libras Turonenses paruorum semel, ita quod de decem libris dictarum viginti librarum fiant, per manus Executorum nostrorum duæ refectiones in prædicto Conuentu Fratrum Minorum Claromontensium, & quod qualibet die dictarum refectionum dicti Fratres Minores teneantur celebrare Missam de Mortuis pro anima nostra, & de centum solidis dictarum decem librarum aliis Conuentibus dictæ Claromontensis Diœcesis relictarum Fratres Minores dictorum Conuentuum faciant, & facere teneantur, sub simili forma per manus Executorum nostrorum duas refectiones in quolibet dictorum Conuentuum, & residuum, si quod fuerit dicto Conuentui legamus. Item, legamus amplius dicto Conuentui Fratrum Prædicatorum Claromontensium centum libras Turonenses paruorum semel, si nos apud eos sepeliri contingat, pro induendis Fratribus dicti Conuentus illo anno, ita quod in aliis vsibus dictæ centum libræ non ponantur. Item, volumus & præcipimus, quod si contingat nos sepeliri in dicto Conuentu Fratrum Prædicatorum Claromontensium, vel vbicumque alibi nos sepeliri contingat, quod exequiæ nostræ fiant honorificè ad arbitrium Executorum nostrorum, & volumus ordinamus & præcipimus, quod omnia vasa nostra argentea, quæ habebimus tempore mortis nostræ, vbicumque & quæcumque sint vendantur per Executores nostros pro vltima voluntate nostra implenda. Item, legamus Raymundo Gros, dicto Lomorgue domicello, Nepoti nostro centum quinquaginta libras, pro emendis & augmentandis redditibus dicti nepotis nostri. Item, legamus Hospitali pauperum de Gannat, dictæ Diœcesis, vbi nos fuimus aliquoties charitatiuè recepti, viginti libras Turonenses paruorum semel, ad emendum redditus, & pro redditibus ipsius Hospitalis augmentandis. Item, legamus Hospitali pauperum Castri Montispansserij centum solidos Turonenses paruorum semel, ad emendum redditus ad opus ipsius Hospitali. Item, legamus Capitulo Eyneziaci dictæ Diœcesis Claromontanæ viginti quinque libras Turonenses paruorum semel, ad emendum redditus pro vno Anniuersario annuatim in Ecclesia Eyneziaci, in die obitus nostri pro anima nostra faciendo, ita quod die qua fiet dictum Anniuersarium in dicta Ecclesia dictum Capitulum faciat, & facere teneatur Eleemosinam pro anima nostra, sicut est in dicta Ecclesia fieri consuetum. Item, legamus Hospitali Beatæ Mariæ Aniciensis decem libras Turonenses paruorum semel ad emendum redditus ad opus ipsius Hospitali. Item, legamus Fratri Guillelmo de Albariis, Ordinis Fratrum Prædicatorum decem libras Turonenses paruorum semel. Item, volumus & præcipimus, quod debita nostra soluantur & clamores nostri pacificentur ac integrè emendentur, si qui appareant per manus Executorum nostrorum subscriptorum, absque omni lite, & quod super his credatur simplici verbo, vel iuramento illorum querelantium, de quibus videbitur Executoribus nostris fore agendis : Executores autem nostros facimus huiusmodi testamenti, seu vltimæ voluntatis nostræ, Venerabiles Patrem Ægidium Archiepiscopum Narbonensem Fratrem nostrum, Nobilem virum Dominum Petrum Flotta, militem Domini nostri Regis Franciæ Illustris, & Dominum Guillelmum Aycelini, militem, & Ioannem Aycelini, Abbatem Ecclesiæ Claromontanæ Fratres nostros, & Priorem Fratrum Prædicatorum Claromontensium, qui nunc est vel pro tempore erit, & Fratrem Guillelmum de Albariis, de Ordine Fratrum Prædicatorum, nunc Priorem Claromontensem, quem siue sit Prior, siue non Executorem nostrum instituimus, vna cum aliis Executoribus nostris prædictis. Volumus, quod prædicti Executores nostri, & eorum quilibet vna cum dictis Fratribus nostris, vel superstite, vel superstitibus, ex eis alio, vel aliis iam defunctis, vel illo, vel illis Fratrum nostrorum qui velint ac voluerint, hanc nostram exequi vltimam voluntatem vbi alius, vel alij ex ipsis vnus hoc facere nollet, seu nollent, vel in his, negligens, seu negligentes essent, possint exequi hanc nostram vltimam voluntatem, & debita executioni mandare, & soluere nostra debita & legata, & clamores nostros pacificare; prout superius est expressum, & omnia bona nostra, mobilia & immobilia, & iura nostra quæ habemus, vel habebimus tempore mortis nostræ, vel quæ ordinauimus portari Aluerniam, siue in vita, siue post mortem nostram de bonis nostris, quæ habemus vbicumque alibi pro eleemosinis soluendis, & nostris vltimis voluntatibus, seu vltima voluntate nostra adimplenda tenere & possidere, & auctoritate sua propria possessionem apprehendere, dum tamen in apprehensione bonum fiat inde inuentarium in præsentia proborum virorum, præterea recipere & exigere in Iudicio, & extra pro adimplenda huiusmodi voluntate nostra, quousque benè legitimè, & fideliter impleta. Vbi vero Fratres nostri prædicti omnes essent defuncti, ponimus loco ipsorum & constituimus Executores nostros, in illum casum, vna cum aliis prædictis, vel subscriptis executoribus, Ægidium, & Albertum Nepotes nostros, & quemlibet eorum qui poterit & voluerit hanc nostram exequi vltimam voluntatem, sub illa potestate, quam dicti Fratres nostri habebant, & nolumus quod prædicti Executores nostri teneantur ad aliquam rationem reddendam de executione nostra, vel bonis nostris, ab ipsis habitis, vel receptis, imo ipsos super his totaliter exoneramus, & esse volumus quittos liberos penitus & immunes : saluo quod cum dicto Archiepiscopo Fratre nostro, quandiu vixerit, cum ipse propter Officij sui debitum interesse non possit singulis agendis, prædicti alij Executores nostri, & eorum quilibet ad requisitionem ipsius computare teneantur : Nolumus etiam quod aliquod legatum nostrum virtute alicuius priuilegij possit dici indistinctum, vel ab aliquo peti, exigi, vel haberi, sed solum legatum cedere in vsibus per nos ordinatis, quod si fieret iure vel iniuria, cui non posset resisti, reuocamus dictum legatum, & illud volumus dicto Capitulo proportionaliter & Hospitali Billonensi applicari, vt inde emantur proprij redditus pro pauperibus loci, vel alij mendicantibus confluentibus ad locum per manus Rectoris dicti Hospitalis, & dicti Capituli annuatim in principio Hyemis induendis in quantum dicti redditus se extendent, & prout Executores nostri ordinabunt. Et rogamus Illustrem Dominum Regem Francorum, ac Consilium ipsius, quod cum ipse, seu gratia possessionum, quas emi mus assignandas piis locis, sicut in hoc nostro testamento continetur, pro dicta parte amortisatæ, vt possint piis locis liberè, & sine calumnia assignari, confidentes, quod ob amorem Dei & nostrum inde amplius amortisaturus existat. Ita dicta pia loca faciat dictis possessionibus gaudere, & in casu, in quo non essent legata nostra assignata, ea faciat assignari piis locis, quibus legantur sine aliqua diminutione, & in his & aliis per nos legatis, & piis vsibus erogatis iuuando, si opus fuerit Executores nostros, & eorum supplendo impotentiam, vel defectus, nostram dignetur vltimam voluntatem facere adimpleri, quod sic sibi meritum apud Deum, & Regiæ celsitudini laus & honor accrescat, & sic ei humiliter supplicamus pro remuneratione omnium seruitiorum, quæ exhibuimus ei, & parati sumus, & prompti ac semper erimus sibi exhibere toto tempore vitæ nostræ iuxta modicum posse nostrum. Item legamus Capitulo dictæ Ecclesiæ Billonensis trecentas libras Turonenses paruorum semel, ad emendum quinquaginta sextaria, boni bladi redditualia scilicet siliginis, & mixturæ, vel frumenti, & mixturæ vel quantum poterit haberi de blado redrituali pro pretio supradicto, siue plus sit, siue minus. Et volumus quod de dicto blado fiat eleemosina quæ detur Pauperibus ostiatim in villa Billonij mendicantibus, & distribuatur eisdem proportionaliter duobus diebus vel tribus in qualibet septimana sicut melius fieri poterit à Festo Paschatis, vsque ad Festum Natiuitatis Beati Ioannis Baptistæ. Et volumus quod dictum Capitulum antequam recipiat dictum bladum, vel pecuniam supradictam teneatur dare suas bonas litteras obligatorias nobis vel Executoribus nostris, & illi, qui Dominus erit pro tempore de Bressoleria & Montis-Acuti, vel Clerico qui tenebit terram de genere nostro Billonensi ; quod tamen bladum in dictis vsibus expendatur annis singulis, & consuetatur, & quod ad id possint compelli. Item volumus quod de mille libris paruorum Turonensibus emantur redditus, & quod de dictis redditibus instituantur tres Præbendæ Sacerdotales in Ecclesia Sancti Syrenei Billonij prædicti, de valore communi aliarum Præbendarum Ecclesiæ antedictæ, & quod in earum qualibet ponatur vnus Canonicus, qui votum habeat in Capitulo, & stallum in Choro, & in omnibus percipiat sicut alij Canonici dictæ Ecclesiæ, & ius Patronatus seu præsentandi consuetum dictorum trium Canonicatum spectet ad Clericum de genere nostro de recta linea paterna descendentem, qui pro tempore erit Dominus domus generis nostri de Billonio, & terræ Clericalis nominis genere nostri; si autem Clericus non esset ibidem, dictum ius Patronatus & præsentatio spectent ad Dominum & Hæredem de Bressoleria, qui esset de genere nostro, & quod Episcopus Claromontanus ad præsentationem dictam instituat & instituere teneatur præsentatos, & dare litteras recognitorias in qualibet institutione, qui ad præsentationem dictorum instituit præsentatos, & volumus quod quilibet trium dictorum Canonicorum, quando recipietur à Capitulo iuret, & iurare teneatur, quod continuam faciat residentiam & intererit Horis Canonicis, sicut alij Canonici Hebdomadarij dictæ Ecclesiæ iurare tenentur & consueuerunt, & quod nisi essent Sacerdotes, teneantur infra annum ad Sacerdotiū promoueri, & quod quilibet dictorū Canonicorum teneatur omni die, qua bono modo poterit celebrare Missam, prout sua deuotio dictabit & nominatim orare pro animabus, nostra, Parentum, Amicorum, Fratrum & Benefactorum nostrorum, & alternis septimanis, vel alternis diebus quilibet prædictorum trium Canonicorum teneatur celebrare in Capella, si ædificetur in dicta Ecclesia pro Patruo nostro & illorum de genere nostro, quorum corpora sunt sepulta in Ecclesia Billonensi antedicta, & si deficerent in præmissis, volumus quod ad præmissorum obseruationem possint compelli tam per Episcopum, quam per Capitulum supradictum per substractionem beneficij, & alias Canonicas pœnas, & quod quilibet de genere nostro id requirere possit potissimum ille de genere nostro qui habebit dictum Patrimonium & Patronatum. Volumus autem quod ante omnia Episcopus prædictus Claromontanus, & Capitulum dictæ Billonensis Ecclesiæ prout ad eos communiter vel diuisim pertinet in prædictis omnibus consentiant & consentire teneantur, & quod super his omnibus nobis vel Executoribus nostris, & Domino de Bressoleria, & Montis-Acuti dent suas patentes Litteras & concedant, & si prædicta facere nollent adimimus nostrum legatum dictarum trium Præbendarum, & in illum casum, volumus quod dictum legatum transferatur ad Hospitale Pauperum Billonensium, & quod reddat in vsibus Pauperum per nos inferius declaratis. Hoc est autem Testamentum nostrum nuncupatiuum quod valere volumus iure Testamenti nuncupatiui, & si non valet iure Testamenti, volumus quod valeat iure Codicillorum, vel saltem iure cuiuslibet alterius vltimæ voluntatis reuocando omne aliud Testamentum, seu vltimam voluntatem per nos hactenus factum seu factam; exceptis alio Testamento nostro, seu vltima voluntate nostra hac eadem die per manum eiusdem Notarij conscriptis, sicut superius expressum est, cui per hoc Testamentum seu vltimam voluntatem, nolumus in aliquo derogari, sed eam & illud ex certa scientia confirmamus & approbamus, & rogamus Venerabiles, ac alias personas quarum nomina sunt subscripta, vt sint Testes huiusmodi Testamenti, seu vltimæ voluntatis, & nos dictus Testator huic nostro Testamento seu vltimæ voluntati sigillum nostrum apponi fecimus in testimonium omnium præmissorum. Et nos Ægidius Narbonensis Archiepiscopus, Petrus Hotta, & Guillelmus Ayceliui Milites Domini Regis Francorum, Frater Guillelmus de Albaniis Prior Fratrum Prædicatorum Claromontensium, Fulco Scholasticus Cœnomanensis, Marsilius de Flabeyo Canonicus Cœnomanensis, Guillelmus de Morceyo Canonicus Æduensis, Petrus de Montechiello Canonicus Dolensis, Andreas de Sancto Floro Canonicus Claromontensis, Fratres Ioannes Amiot de Cœnomanis, & Stephanus Auri Ordinis Fratrum Prædicatorum Testes vocati & rogati à Testatore prædicto confectioni huiusmodi Testamenti, seu vltimæ voluntatis in præsentia nostrorum omnium lecti, seu lectæ, & nuncupati, seu nuncupatæ per Testatorem præfatum, vno eodemque tempore & contextu præsentes interfuimus, & cum sic testantem (vt superius est expressum) audiuimus & intellexinus, & ad rogatum ipsius sigilla nostra huic præsenti Testamento, seu vltimæ voluntati Testatoris eiusdem apposuimus, in testimonium rei gestæ. Actum apud Vrbemveterem in Domo nostra, anno, Indictione, mense & die supradictis.

Et ego Petrus Ioannis de Guavau publicus Imperiali authoritate Notarius confectioni huius Testamenti, seu vltimæ voluntatis per nuncupationem factæ, seu factæ vno eodemque tempore & eodem contextu, ante-

quod dictus Testator & Testes subscripti ad alios actus diuersos seu contrarios se diuerterunt in præsentiam dicti Notarij & Testium subscriptorum factis & adhibitis solemnitatibus, quæ consueuerunt in talibus obseruari, præsens interfui & supradictarum Chartarum inuoluras sigillatas sigillo dicti Domini Ostiensis, ego feci & de mandato dicti Testatoris manu propria omnia prædicta conscripsi, & in publicam formam redegi, præsentibus Testibus suprascriptis in mea præsentia vocatis, rogatis, & meo signo consueto signaui rogatus.

Collatio dicti Testamenti scripti in duabus pergameni peciis simul iunctis cum filo serico viridi quod signetur notis intermedio sigillatis in vltima pergameni pecia duodecim sigillis cera rubea, laqueis cericis, colotis vulgariter nuncupati de *Bleu* & signatis per nominatum Petrum Ioannis se dicentem Notarium Imperialem publicum fuit facta per nos Notarios subscriptos cum suo Originali in Villa Montisferrandi ad requisitionem Religiosorum, Prioris & Conuentus Fratrum Prædicatorum Claromontensium, die 20. mensis Februarij, anno Domini 1487. Et inferius signatum, *Boiet, Aurabets Notaire Royal, Chatusas Notaire Royal.*

Epitaphe du Cardinal de Billon, qui se lisoit autrefois au bas d'vn Tableau où il est en plate peinture sur la porte de la Sacristie des Iacobins de Clermont en Auvergne, maintenant presque tout effacé, & duquel on ne peut plus lire que quelques mots.

REVERENDVS in Christo Pater Magister HVGO de Billionio, quondam Arelatensis Episcopus, Ordinis Fratrum Prædicatorum, qui fuit Cardinalis Ostiensis & Præsul Velitrensis, hic iacet. Is finem vitæ Romæ faciens, & hic corpus suum largiens, bona nobis reliquit quamplurima: obiit anno 1297. vigesima nona Decembris. Christi numeretur in membris.

Autre Epitaphe du Cardinal de Billon, graué sur vne table de cuivre qui est à main gauche, & proche du grand Autel de l'Eglise de Sainte Sabine à Rome, où ledit Cardinal est representé.

HVGO vocatus homo, fuit & de Billionio,
Per mortem clarum dedit hunc Aluernia carum.
Ordinis hic Frater, quippe dicat hunc bona Mater
Edidit ad studia Doctorem Theologiæ
Ostia, Velitrum Titulum dant Cardini isti
Cui Socios Paulum & Petrum det gratia Christi.

BERARD, CARDINAL EVESQVE de Preneste, Camerier du Pape MARTIN IV. Legat en Sicile.

CHAPITRE XXVI.

Ciaconius in Vitis Pontificum sub NICOLAO IV.

BERARDVS Gallus Episcopus Cardinalis Prænestinus, olim Canonicus Eboracensis & Martini II. dicti IV, Camerarius, Legatus in Regnum Siciliæ à Nicolao IV. missus, excessit mense Iunio anno 1295, in Legatione Sicula prope vicum Pontis agri Polectini in Vmbriâ. *Reg. Martini II. Nicolai IV. ex Reg. annorum* 1288. *&* 1289.

BERAVD,

BERAVD ou BERARD DE GOVT,

Archeuesque de Lion, Cardinal Euesque d'Albe, Legat en France pour la Paix d'entre les Roys Philippes de France, & Edoüard d'Angleterre, Frere du Pape CLEMENT V.

CHAPITRE XXVII.

Ciaconius in vitis Pontificum sub COELESTINO V.

BERARDVS de Ploco (lege de Getho) Gallus, ex Archiepiscopo Lugdunensi, Episcopus Cardinalis Albanus, Hic, cum SIMONE Prænestino Episcopo Legatus in Gallias, à Bonifacio VIII. missus est, vt Pacem inter Reges Franciæ Philippum & Angliæ Eduardum componeret, Horum Cardinalium mentio extat in libris Diuisionum Collegij, sub Bonifacio VIII. Regestum Bonifacij VIII. Frater Ptolomæus Lucensis. Obijt in Galliis in Legatione, anno 1297.

Sammarthani Fratres in Gallia Christiana.

BERALDVS DE GOVT Cardinalis Albanensis, ex Dominis de Villandrado, Frater Clementis V. Pontificis maximi memoratur in peruetusto exemplari compositionis eiusdem cum Capitulo pro iustitia & iurisdictione temporali Ciuitatis Lugdunensis, vbi Radulphum Antecessorem nominat, Lugduni Dominicâ post Natiuitatem Sancti Iohannis Baptistæ 1290. inde creatus fuit Cardinalis Albanus 1294. mense Septembri à Cœlestino V. Papa: sub Bonifacio autem VIII. Legatione Gallicanâ functus est, ad Pacem inter Reges Franciæ & Angliæ componendam, quâ honestatus in Galliis obijt, 1297 Iulij 17. De illo plura narrat in Annalibus Angliæ Thomas Vvalsinghamus, videndi Onuphrius, Ciaconius, Vghellus in Episcopis Albanensibus, Victorellus & alij.

SIMON DE BEAVLIEV,

Premierement Archidiacre de Chartres, puis Chanoine de Poictiers, & de Saint Martin de Tours; Archeuesque de Bourges, Cardinal Euesque de Preneste, Legat en France pour la Paix d'entre les Roys Philippes de France, & Edoüard d'Angleterre.

CHAPITRE XXVIII.

Lettre de Raymond Euesque de Cahors au Cardinal de Beaulieu.

PATERNITATEM vestram nobis charissimam requirimus & rogamus, quatenus hac instante die Sabbathi vbique vos esse in nostra Diœcesi contigerit, omnes, si placet, Ordines celebretis, & omnia alia faciatis nomine vestro & nostro, quod ad vestram pertinet Dignitatem, nos, si placet, habentes benè excusatos, quod vobis tardè scribimus, cum hoc instanti die Veneris tarda horâ, vbi vos eratis, ignorabamus, cum inò scientes, Reuerende Pater, quod ad vos habuissemus decessum, frequentare possemus. Valeat Paternitas vestra per tempora longiora. Datum Cadurci, die Veneris post Dominicam, quâ cantatur Lætare. Anno Christi 1291.

Preuues du Liure II. de l'Histoire

Responſe du Cardinal de Beaulieu au ſuſdit Eueſque de Cahors.

CVM nos hac inſtanti die Veneris ante Ramos Palmarum ad veſtram Eccleſiam proponamus cauſa ibidem Officium Viſitationis exercendi, ſauente Domino declinare, mandamus vobis quatenus dicta die procurationem nobis debitam præparatis, &c.

Extractum ex Archiepiſcopis Bituricenſibus. Auctore Antonio Vernerio Monacho Sancti Sulpitij. MS.

DOMINVS SIMON DE BELLOLOCO in Bria, Archidiaconus Carnotenſis creatus decimo Kal. Ianuar. 1281. à MARTINO Papa. Cui IOHANNES DE SOLIACO Canonicus electus ius ſuum reſignarat, viſitauit Prouinciam Burdegalenſem anno 1284. Synodum Bituricenſem habuit anno 1286. in qua edidit conſtitutiones. Dimiſſo Archiepiſcopatu factus eſt Cardinalis Præneſtinus, & Legatus in Francia, & tranſmarinis. Obiit 7. Kal. Sept. vel 7. Idus Octobris. Sedit annos quatuordecim, menſes duos.

Extraict du vieux Martyrologe de l'Abbaye de Saincte Columbe de Sens.

IEAN de Beaulieu, Abbé de ladite Maiſon, a donné pluſieurs ornemens de drap d'or, & d'autre eſtoffe, diaprés, & ornés de pierreries, tant Chappes, Dalmatiques, Eſtolles, Chazubles, & Paſton Paſtoral, & GVY de Beaulieu Gendarme, & Agnes ſa femme, & SIMON de Beaulieu Cardinal & frere dudit IEAN de Beaulieu, ont fondé vn Obit ſolemnel, pour la fondation duquel ils ont donné à ladite Maiſon la Terre de Chaſtenay.

Ciaconius in vitis Pontificum ſub COELESTINO V.

SIMON Gallus ex Archiepiſcopo Bituricenſi, Epiſcopus Cardinalis Præneſtinus, in Gallias à Bonifacio VIII. Legatus cum Berardo Albano Epiſcopo. Bonifacij VIII. Regeſtum. Frater Ptolomæus. ADDITIO. Demochares tomo ſecundo, capite 14. de ſacrificio Miſſæ, hunc SIMONEM de Belloloco, de Beaulieu en Brie, vocat. Is ex Archidiacono Carnotenſi, & Canonico Bituricenſi in Ordine Ciſtercienſi Monachus factus, vt præter omnes eiuſdem Ordinis Hiſtoricos, Franciſcus Belfortius fatetur libro primo, ſuæ Coſmographiæ, in Cathalogo Archiepiſcoporum Bituricenſium, ob morum ſuauitatem, vitæ integritatem, omniſque virtutis cultum, principum ſibi conciliauit beneuolentiam, vnde ad Archiepiſcopatum Bituricenſem euectus, anno 1280. inde in Cardinalium Collegium cooptatus eſt: Huius præclari viri laudes non tacuit MARTINVS IV. Papa, qui cum in Carthulario Bituricenſi (Claudio Roberto referente) vocat magnis ſcientiarum dotibus præditum, conuerſatione laudabilem, honeſtate decorum, morum elegantia redimitum, variiſque gratiis & virtutibus inſignitum, de quo vide Galliam Chriſtianam, Aubertum Miræum, Chronicon Ciſtercienſe, Vuion libro primo, capite 44. & 45. ligni vitæ, Montal. parte prima, libro 2. capite 3. Hiſtoriarum Ciſtercienſis Ordinis, &c.

Ex libro de fundatione Monaſterij Beatæ Mariæ Ioyaci, Ordinis Ciſtercienſis Senonenſis Diœceſis.

De SIMONE Cardinali.

HVius SIMONIS Cardinalis tumulus eſt in Presbyterio noſtræ Eccleſiæ, antè Maius altare, & tumuli talis ſuperſcripto.

QVEM lapis iſte tegit, SIMON virtute ſubegit   Tres annos demas tantum de mille trecentos
    Iuſtus perfidiam, largus auaritiam.   Et poſt quindenam Matris Domini morientis
De Bel'o ſuit iſte loco, Primas Aquitanus   Luna quare diem, tunc habuit requiem
Ex dono meriti Prælatus Bituricanus   Qui legis hæc, plores & Chriſtum dulciter ores
Fit Cernotenſis prius Archidi. Bituricenſis   Tranſeas examen, & requieſcat. Amen.
Poſt fit Prælatus, Cardine ſiue datus.

Huius Cardinalis mater, & frater ſuos habent tumulos in Clauſtro Capituli, antè Armariam, vbi reponuntur libri. Superſcriptio tumuli matris eſt.

NOBILIBVS nata, miſeris pia, prole beata   Anno milleno duceno ſeptuageno
Tota Deo grata, iacet hìc Agnes tumulata   Tranſit, & terno viuat cum Rege ſuperno.
Obijt autem ſecundo Kalendas Martij. Superſcriptio tumuli fratris.

des Cardinaux François.

*QVI legis hæc cogita pro te, bona fac, mala vita
Sed semper cogita, quod morieris ita.*

IN Epitaphio huius venerandi SIMONIS habetur, quod sit natus de Belloloco, quod est Castrum nobis proximum, quod fuerit Archidiaconus Carnotensis, postea Archidiaconus Pictauensis, deinde Archiepiscopus Bituricensis, demumque Cardinalis Prænestinus, de quibus omnibus fidem faciunt Carthæ nostræ, vt patebit.

De Primo.

OMNIBVS præsentes litteras inspecturis, Magister SIMON de Belloloco Archidiaconus Carnotensis, in Domino salutem. Notvm facimus quod Nos cepimus & recepimus & Nos cepisse & recepisse confitemur ad vitam nostram tantum, à Religiosis viris Nobis in Christo dilectis, Abbate & Conuentu Ioyaci Cisterciensis Ordinis, Senonensis Diœcesis, quandam Domum ipsorum Religiosorum cum Porcisià & pertinentiis dictæ Domus sitæ Parisiis in mancelliis Geruasii, sub pensione X. librarum Parisiensium, &c. Promittimus insuper bonâ fide, & per legitimam stipulationem, quod Nos quoad vixerimus, præstabimus dictis Religiosis & eorum Ecclesiæ fidele Consilium & Patrocinium, quotiescunque super hoc ab eis fuerimus requisiti. Actum anno Domini 1273. mense Ianuario.

De eodem quod fuerit Archidiaconus Pictauensis.

OMNIBVS præsentes litteras inspecturis. Notvm facimus, quod coram Nobis Dominus SIMON Archidiaconus Pictauensis recognouit se cepisse & recepisse, ad vitam suam, à viris Religiosis Abbate & Conuentu de Ioyaco, quandam Domum illorum Religiosorum sitam Parisiis in mancello S. Geruasij, sub annuâ pensione decem librarum Parisiensium. Datum anno Domini 1274. mense Ianuario.

De eodem quod fuerit Bituricensis Archiepiscopus.

VNIVERSIS præsentes litteras inspecturis. MAGISTER Ioannes ciuis Parisiensis asserit se vendidisse & concessisse in perpetuum Reuerendo in Christo Patri SIMONI Dei gratia Bituricensi Archiepiscopo, medietatem cuiusdam Domus sitæ Parisiis in vico Frogeri Lanier, anno 1292. quam medietatem Domus, Nobis & nostro Monasterio dedit, imo totam ipsam Domum, quia postea ipse Reuerendus aliam medietatem emit.

Quod fuerit Cardinalis, patet per Cartam sequentem.

VNIVERSIS præsentes litteras inspecturis, SIMON miseratione diuina Episcopus Prænestinus salutem in Domino. DEVOTIONIS affectus, quem ad Monasterium de IOYACO, Cisterciensis Odinis, in quo parentum & aliorum amicorum nostrorum Corpora sunt sepulta, gerimus, Nos incitamento salubris admonitionis inducit, vt ipsi Monasterio relinquamus aliquod memoriale, quod eiusdem Monasterij præsentibus & futuris fratribus deinceps essentiam repræsentet. Nos itaque volumus per præsentes Omnibus esse notum, quod Nos pro nostræ, parentum & amicorum nostrorum animarum remedio & salute, quandam Masuram inter Domum ad dictum Monasterium spectantem, quam inhabitare ..... Parisiis, tempore quo Bituricensi Ecclesiæ præeramus, & ex bonâ parte, &c. necnon & Domum cum porprisio & pertinentiis suis sitam in vico Frogeri Lanier, quas quidem Masuram & Domum de bonis nostris patrimonialibus legitimè duximus acquirendas, prædicto Monasterio conferimus, relinquimus & donamus, ab ipsius Monasterij Abbate, qui nunc est (scilicet HENRICVS) & qui pro tempore fuerit, & Conuentu tenendas & possidendas, pacificè & quietè in perpetuum. In cuius testimonium fecimus nostrum sigillum his præsentibus apponi. Actum Parisiis die decima sextâ Februarij, anno Domini 1296.

Obiit autem anno 1297. mense Augusto. Sigillum istud in cera rubeâ est ad integrum, cuius superscriptio est. Sigillum SIMONIS Dei gratiâ Cardinalis Prænestini.

Ob istius tanti viri dignitatem, in Nos & Monasterium nostrum Beneuolentiam, charitatem, & liberalitatem, singulis annis, pro eius anima Anniuersarium celebratur.

Epitaphe du Cardinal de Beaulieu, qui se lit sur vne pierre de marbre, en la Ville d'Oruiette, où il est enterré, proche le grand Autel de l'Eglise dediée à S. François, mais presque effacé par les pieds des passans.

SIMONIS hæc fossa ti .... Cardinalis ossa Cardo .... Præn. Bituris tanta pietas Francia Papatus fuit huic Regi quoque gratus: Anno 1297. XVIII. die mensis Augusti obiit.

Preuues du Liure II. de l'Histoire

JEHAN LE MOINE, DOCTEVR EN L'VN & l'autre Droict, Auditeur de Rote, & Vicechancelier de l'Eglise Romaine, Chanoine de Nostre-Dame de Paris & d'Amiens, Doyen de l'Eglise Cathedrale de Bayeux, Prestre Cardinal du Tiltre des Saints Pierre & Marcelin, Legat en France vers le Roy Philippe le Bel.

CHAPITRE XXIX.

Extraict des Memoires MS. de Monsieur de la Rocque, Aduocat en Parlement.

IEAN LE MOINE, Picard de Nation, Vicechancelier de l'Eglise Romaine, & Doyen de l'Eglise Cathedrale de Nostre-Dame de Bayeux, és années 1288. & 1189. où il fonda quatre Obits, & deux en l'Eglise Collegiale du S. Sepulchre de Caën : il acquit des rentes en plus de vingt Paroisses de l'Euesché de Bayeux, pour faire des fondations en son Eglise Cathedrale : Il est depeint en son habit de Cardinal en la vitre de la Chapelle Sainct Pierre en icelle Eglise. En 1312. il donna permission de dedier la Chapelle de S. Iean de Caën, & fut ennoyé de Rome par le Pape BONIFACE VIII. vers le Roy PHILIPPE le Bel, il fonda le College du Cardinal le Moine à Paris.

Extraict d'vne Bulle de Nicolas IV. Pape, par laquelle il confirme à l'Abbaye Nostre-Dame de Montebourg, Diocese de Coustances, toutes ses Terres, Eglises possessions & Priuileges, ladite Bulle souscrite par Iean le Moine, mais qui pour lors n'estoit pas encor Cardinal.

DATVM Romæ apud Sanctam Mariam Maiorem, per manum Magistri Ioannis Decani Baiocensis S. R. E. Vicecancellarii, Indictione IV. Incarnationis Dominicæ anno 1291. Pontificatus verò Domini NICOLAI Papæ quarti anno quarto.

Ioannes Andreas parle ainsi de ce Cardinal.

DOMINVS Ioannes Monachi Cardinalis olim Auenionensis, pro sede Apostolica Legatus de latere, demum Curiæ Romanæ Vicecancellarius, &c.

Nomenclator Cardinalium.

IOANNES DE CRECY MONACHVS, Diœcesis Ambianensis, Gallus, ex Episcopo Meldensi Cardinalis, amplissimum Collegium Lutetiæ excitauit, scripsitque *Commentaria in sextum Decretalium à Bonifacio VIII. compositum, Glossam, auream nuncupatam, quam illustrauit Philippus probus anno* MDXXXV. *Venetiis editam anno* 1586. *aliaque nonnulla in iure Canonico.* Lutetiæ iacet in Æde præfati Collegij, &c.

Extractum ex Kalendario Ambianensis Ecclesiæ MS.

AVGVSTVS. XII. Kal. obiit bonæ memoriæ Dominus IOANNES Monachi quondam nostri Concanonici, ac Tituli Sanctorum Marcellini & Petri Presbyteri Cardinalis, viri litterati, in vtroque iure peritissimi, cuius facta & vita laudabiliter elucescunt in Domo suâ Parisius de Cardinetis, quam fundauit in vita sua de proprio suo, pro scolaribus Logicæ, & Theologiæ facultatum, & in Domo scolarium Choletorum. IOANNES Blassel Concanonicus noster nepos eius.

Extraict du Martyrologe de l'Eglise Nostre-Dame de Paris

SECVNDO Kal. Iunij, Obitus Magistri IOANNIS Monachi Sacerdotis, Canonici nostri, cuius Anniuersarium celebratur die XXI. Iunij hoc est X. Kal. Iulij. Dictus etiam MONACHI fundauit

des Cardinaux François. 251

vnam Capellaniam perpetuam sitam iuxta chorum & imaginem, in Naui Ecclesiæ, alias dictam, Altare Pigrorum.

IVlvs. Celebratur obitus Domini IOANNIS le Moine, qui obiit 11. Kal. Iunij.

Extraict du Martyrologe de l'Eglise de Sainct Victor lez Paris.

ANNIVERSARIVM solemne bonæ memoriæ Domini IOANNIS MONACHI Titulo Sanctorum Marcellini & Petri Cardinalis, qui Ecclesiam nostram singulari amore diligens, eius negotia quamdiu vixit, in Curia, & vbique pro suo posse promouit, atque centum libras Turonenses in Ecclesiæ nostræ decorationem conuertendos nobis donauit.

Epitaphe du susdit Cardinal le Moine, graué sur vne lame de cuivre dans la Chapelle du College de son nom, par luy fondé à Paris en l'honneur de S. Iean Baptiste, & dans laquelle il est enterré.

HIC jacet Dominus IOANNES MONACHI Diœcesis Ambianensis, Titulo Sanctorum Marcellini & Petri Presbyteri Cardinalis, fundator istius Domus, qui obiit Auenione anno Domini millesimo trecentesimo decimo tertio, die vicesimâ secundâ Augusti, & sepultus fuit hic primâ die mensis Octobris eiusdem anni. *Orate pro eo.*

Epitaphe d'André le Moine, frere du susdit Cardinal, qui se lit dans la mesme Chapelle du College de son nom à Paris, où ledit André est aussi enterré.

HIC jacet Dominus ANDREAS MONACHVS, Ambianensis Diœcesis, quondam Nouiomensis Episcopus, Frater Germanus Domini IOANNIS MONACHI, istius Domus fundatoris, qui obiit anno Domini . . . . . . Aprilis apud Sempigniacum prope Neuiomum, in septima die mensis sequentis fuit hic sepultus : in augmentum scholarium Domus huius quatuor millia florenorum de Florentiâ legauit, *Orate pro eo.*

Extraict de la vie du Cardinal le MOINE, composé par Nicolas de Grauibus, Docteur en Theologie.

PLVRES familiæ eiusdem Nominis per Europam, Drepani in Sicilia, licet omnibus legere Epitaphium trium nobilium Iureconsultorum in diui Augusti templo, nimirum Francisci, Mazziotæ, & Martini, his verbis.

CORPORA trina jacent MONACHII Cognomine, legum
Doctores celebres hos tenet Vrna simul.

GVILLAVLME FERRIER, PREVOST
de l'Eglise Cathedrale de Marseille, Prestre Cardinal du Tiltre de Saint Clement.

CHAPITRE XXX.

Sammarthani Fratres in Gallia Christiana.

VILLELMVS FERRIER, ex Præposito Massiliæ, Presbyter Cardinalis Tituli Sancti Clementis à COELESTINO V. creatus commendante Carolo secundo Siciliæ Rege, Comite Prouinciæ, anno 1294. mense Septembri. Moritur Romæ Calendas Maij 1295. *Ex Regesto Pontificio.*

Preuves du Livre II. de l'Histoire

Ciaconius in vitis Pontificum sub COELESTINO. V.

GVILLELMVS FERRARIVS Gallus, ex Præposito Massiliensi, Presbyter Cardinalis Tituli Sancti Clementis, migrauit Romæ Calendas Maij anno 1295 *Bonifacij VIII. Regest. Frater Ptolemæus, Bulla Bonifacij VIII. ex Regest. anni 1295.*

NICOLAS LAYDE DE NONANCOVR,
Prestre Cardinal du Tiltre de S. Laurens in Damaso.

CHAPITRE XXXI.

Extraict des Memoires MS. de Monsieur de la Rocque Aduocat en Parlement.

IEHAN de Nonancour Archidiacre de Roüen, est nomé aux Bulles de Clement VI. pour la fondation du College des Clementines à Roüen 1349. il est qualifié Archidiacre en l'an 1351. il estoit de la mesme Famille que Nicolas de Nonancour Cardinal Originaire du Diocese d'Eureux, decedé l'an 1299.

Extraict de l'Obituaire de l'Eglise de Bayeux.

OBITVS Cardinalis de Nonancuria.

Extraict du Martyrologe de l'Eglise de Paris.

SEXTO Idus Nouembris obijt bonæ memoriæ Dominus Nicolaus, Tituli Sancti Laurentij in Damaso Presbyter Cardinalis, qui fundauit Anniuersarium. Item legauit centum libras Parisienses Fabricæ Ecclesiæ Parisiensis. Item vnum par Vestimentorum de didiapro Ecclesiæ Parisiensi, & debet fieri dictum Anniuersarium solemne.

Extraict du Martyrologe de l'Eglise d'Eureux.

DIE vigesimâ quartâ Septembris. Obitus bonæ memoriæ Domini Nicolai Sancti Laurentij *in Damaso*, Presbyteri Cardinalis.

EODEM die Obitus Magistri Petri Layde Fratris eiusdem Cardinalis, Canonici Ebroicensis.

Epitaphe du Cardinal Layde, qui se lit en l'Eglise Cathedrale d'Eureux, où il est enterré.

HÆC præsens fossa NICOLAI continet ossa,
Qui pius & prudens extitit atque stupens,
Mithram Cardineam Romanâ gessit in vrbe,
Et Pilum vrbeum, dans multa Dogmata turbæ,
Pelloges, mores naturæ, Theologiæ
Huius erant flores vnâ cum Philosophiâ

Redditus est illâ quâ Nonancuria villa,
Fertur, vbi curâ vigili fecit bona plura,
Sex C. bis X. nouies nono, Septembre vinendo,
Finiit iste dies sub MAVRITIO moriendo;
Auxilium ditus, multis dedit ipse iuuamen,
Sed nunquam lassus; requiem sibi det Deus. Amen.

des Cardinaux François.

ROBERT, RELIGIEVX DE L'ORDRE
de Cisteaux, puis XXVIII. Abbé de ladite Abbaye, Prestre Cardinal de Sainte Pudentiane, au Tiltre du Pasteur, Legat en France pour la paix d'entre Philippes le Bel, & le Pape Boniface huitiesme.

CHAPITRE XXXII.

Ciaconius in vitis Pontificum sub COELESTINO V.

FRATER ROBERTVS Gallus, Monachus Cisterciensis, Presbyter Cardinalis Sanctæ Pudentianæ, Tituli Pastoris, mortuus est Parmæ, mense Augusto, anno 1305. sepultus in Ecclesia sui Ordinis Sancti Martini extrà Parmam. *Bulle Bonifacy VIII ex Registo anno 1295. & 1301. Regestum Bonifacy VIII. Clementis V. Chronicon Parmense.* ADDITIO. Robertus hic vigesimus octauus Cisterciensis Ordinis Generalis insignis, Philippo Francorum & Carolo Neapolitanorum Regibus præcipuè charus, in Catalogo Abbatum Cistercij dicitur. In Galliam vt inter Bonifacium VIII. & Gallorum Regem Pacem firmaret olim Legatum, & Parmæ, itinere dum Auenionem tenderet, obiisse 1305. eius corpus primum in Monasterio Sancti Martini sepultum, inde Cistercium delatum in maiori Ecclesia ante Presbyterium, cum insignibus & inscriptione humatum fuisse idem asserit Catalogus, de quo præterea Robertus in Gallia Christiana in descriptione Abbatum Cistercij. In Aula magna eius Cœnobij, ad eius imaginem hi duo versus leguntur.

Hunc Grex Robertum expit, vita speciosum,
Cui Romana dedit rubeum post Curia sertum.

Epitaphe du Cardinal Robert, Abbé de Cisteaux, qui se lit sur son Tombeau, qui est dans le Chœur de son Eglise, du costé gauche du grand Autel.

QVAM sit homo fragilis mortales cernite cuncti
Quamque breui cursu natura debita soluens
Occubuit velut hic quondam præclarus in orbe
ROBERTVS Domui qui Pastor præfuit isti

Cardinis officio pro munere postea surgens
Italia Pego, Parmæ cadit Hic tumulatur
Annis mille semel centum ter quinqueque lapsis
Quem tulit è medio Deus, hunc det viuere Cælo.

FRERE SIMON, RELIGIEVX DE CLVNY,
Prieur du Prieuré de la Charité sur Loire au Diocese d'Auxerre, Prestre Cardinal du Tiltre de Sainte Balbine.

CHAPITRE XXXIII.

Epitaphe du Cardinal Simon, qui se lit à Rome dans le milieu du Chœur de l'Eglise de Saint Syluestre & Saint Martin és Monts, où il est enterré.

SIMONIS exta caroque iacent b'c, ossaque Charitate Prioratu qui præfuit, huic Titulique
Sanctæ Balbinæ, Sacra dat cardore colentes,
In cineres redigi fasces, corpus omne iacere,
Discite latentis non gaudia sternere mundi.

Quod sumus, iste fuit, erimus quandoque quod hic est,
Anno milleno, bis centum cum nona, eno
Sexto desurgens, deserto corpore surgens
Regnis Cælorum, numerandus parte beatorum.

BERTRAND DE GOVT, ARCHEVESQVE de Bordeaux, puis Pape sous le nom de CLEMENT V.

CHAPITRE XXXIV.

Lettre escrite par le Sacré College des Cardinaux, au Pape CLEMENT V. sur sa Promotion à la Papauté.

SANCTISSIMO Patri Domno, & Domino BERTRANDO Archiepiscopo Burdegalensi, diuina prouidentia in Pontificem Summum electo miseratione diuina, Christi Presbyteri & Diaconi Sanctæ Romanæ Ecclesiæ Cardinales pedum oscula beatorum. RECORDATVS est Dominus misericordiæ suæ, & plebem suam non despexit in finem : quia dum prolixa vacationis Romanæ, & per consequens quodammodo vniuersalis Ecclesiæ respexisset incommoda, & longa illius ex variis causis suspiria cognouisset, in tempore accepto exaudiuit eam, & in die salutis miseratus est eius. Sanauit quidem, quia commotus erat contritione ipsius, & vidua, per electionem Canonicam generoso sponso oblata speciosa facta est, & (sicut crapulatus à vino) à somno dormiens excita surrexit, & vbi desperabat magis, vt lucifer est exortus : vnde serenus dies illuxit nobis, & Sancti Spiritus illustratus ardore, populus, qui obiita parte gradiebantur in tenebris, tanquam quoddam sydus apparuit, quod fulgore proprio velut stella matutina coruscans cunctos Fideles irradiat suo lumine claritatis : dudum siquidem eadem Romana Ecclesia per mortem sanctæ memoriæ Domini Benedicti Patris, Reuerendi Pastoris solatio destituta, de vobis, sicut per electionis ipsius Decretum, quod Sanctissimæ Paternitati Vestræ vnà cum præsentibus litteris ; per prouidos & discretos Viros Apostolicæ Sedis, Fratrem Guidonem Abbatem Monasterij Belli-Loci Cluniacensium Ordinis, Virdunensis Diœceseos, & Magistros Petrum de Montechiello Sacristam Ecclesiæ Narbonensis, ac Andræam de Hugugio Canonicum Catalaunensem, eiusdem Sedis in Romana Curia nostris communibus obsequiis insistentes, nostros ad id speciales transmittimus Nuncios, liquere poterit, est nuper ad Summum Pontificem electio celebrata. Igitur, Pater, vos exoramus, vt ad locum dictæ Sedis, & ad partes terrarum ipsius, exemplo fœlicis recordationis CLEMENTIS IV. & sanctæ memoriæ GREGORII X. Romanorum Pontificum accedentes præsentiâ vestrâ sicut noster æternus Medicus, qui præsens iacentem mundum erexit, & curauit infirmum, Ecclesiæ laboribus consulatis. Fluctuat itaque Petri nauicula, sagena rumpitur Piscatoris, Pacis serenitas in nubilum versa est, ac Ecclesiæ Romanæ terras, & nonnullas adiacentes Prouincias vastat Bellorum calamitas, & in eis sagittæ zizaniam seminantis ardentibus effectæ complentur ; ex quibus, rerum, personarum, & animarum, quod grauius est, pericula subsequuntur. Soldanus insuper Babylonicus hostis insultat Christi Fidelibus, & Vrbium Christianarum excidia minatur, & res duum, quod ibi Christiani possident, vt singularis ferus exterminare satagit. Succurrite (inquimus) succurrite Pater, & sauciorum vulnera præsentialiter purgate, & vario purgata oleo confouete. Non dubium quippe, quod in Sede Petri residebitis fortior, lucebitis clarior, in terra eius viuebitis quietior, & remotis Regibus, Principibus, atque Populis admirabilior eritis, & ipsorum deuotionem & obedientiam plenius acquiretis ; in sua namque domo est vnusquisque planeta potentior, in Ecclesia propria quiescere quid dulcius ? Visa frequenter spernuntur, sæpius ac facilius adita, veluti quæ sita videscunt. Venite ergo atque nostris in hac parte votis assentiat Vestra Benignitas, quam benè, diuque valere cupimus, iterum supplicamus. Vt autem adhibeatur his nostris litteris plena fides, eas sigillorum nostrorum munimine roborari fecimus, & muniri. Datum Perusij anno Domini MCCCV. Indictione tertiâ, sexto Idus Iulij : *sigilla decem & octo impressa cera visebantur.*

Nomenclator Cardinalium.

CLEMENS V. Auctor Constitutionum Clementinarum, cuius Regesti volumina nouem in Vaticana Bibliotheca seruantur.

CLEMENS V. Charissimo in Christo Filio FEDERICO Regi Trinacriæ illustri LAMENTABILIS casus, qui nuper Ecclesiæ Lateranensi, proh dolor ! accidit, adeò nos turbauit, & tantum repleuit amaritudine tabernaculum mentis nostræ, vt diù quasi stupore quodam oppressi, nec potuerimus

mus à tanta meditatione doloris cogitatum auertere, nec circa id ipsum aliquid efficaciter cogitare, neque enim possumus absque anxietate cordis repetere, qualiter nocte præcedente Festum Sancti Ioannis ante Portam Latinam proximè præteritum, ignis in Sacristia ipsius Ecclesiæ relictus improuidè excitatus ab illo, cuius halitus prunas ardere facit, ex improuiso succensus eandem Ecclesiam peccatis exigentibus subita ruina vastauit, ex cuius incendio, quod dolentes referimus, eidem Ecclesiæ damna plurima, dispendia grauia, iacturæque multiplices prouenerunt : credimus enim ex hoc tua vehementis perturbationis incendio percussa fore præcordia, quodque tu eidem Ecclesiæ Matri tuæ, tanquam deuotionis & gratiæ filius lugubri ab intimis affectione compateris, quodque tanquam membrum præcipuum suo capiti sibi promiscuè compassione turbaris; sed quia casus huius turbinem amplius exagerare non expedit, sed studiis inuigilare feruentibus, & soletti diligentia insudare, vt eadem Ecclesia, & celeriter & feliciter valeat Auctore Domino reparari vna cum tuo, aliorumque Fidelium Christi subsidio, consilio, & fauore: nos hoc præcipuum gerentes in nostra intentione propositum, Celsitudinem Regiam, quæ ad hoc maximum potest præstare & exhibere subsidium, rogamus, monemus & hortamur, attentè in remissione tibi peccaminum iniungentes, quod cum inter alia reparando operi eiusdem Ecclesiæ ad præsens, Regiam, trabes & alia, quæ proportioni eiusdem operis congruat, ligna noscantur, vt plurimùm opportuna, pro diuina, & Apostolicæ Sedis reuerentia de huiusmodi lignis, & trabibus quarum copia in Regni tui syluis, atque nemoribus affluenter haberi dignoscitur, sic liberaliter operi eiusdem Ecclesiæ studeas subuenire, & ex nunc incidi & aptari facias, & ad Vrbem cum omni celeritate, & sollicitudine studiosa deferri, vt ex prouisione ac subuentione Regia, quæ ad hoc plurimùm opportuna & necessaria fore dignoscitur, eadem Ecclesia felicia & festiua reparationis incrementa suscipiat; tuque propterea tam diuinæ retributionis præmium, quam Apostolicæ Sedis benedictionem & gratiam possis vlteriùs promereri. Datum Pictauij, secundo Idus Augusti, anno tertio.

Extraict des Tiltres de la Chambre des Comptes de Paris.

1305. Hoc anno mense Iunio in vigilia Pentecostes, Bertrandus de Guttho Archiepiscopus Burdigalensis, natione Vasco in Papam eligitur, & vocatur Clemens V.
Eodem anno Clemens Papa prouidit Ecclesiæ Rothomagensi de Archiepiscopo Bernardo Nepote suo.

1311. Hoc anno Papa Clemens generale Concilium celebrauit in ciuitate Viennæ, & prima Sessio fuit eiusdem Concilij XVII. Kal. Nouemb. & fuit præsens in dicto Concilio Rex Francorum Philippus, & tres eius Liberi, videlicet, Ludouicus, Philippus & Karolus, qui post ipsum successiuè regnauerunt : in hoc Concilio generali fuit cassatus, & perpetuæ prohibitioni suspensus Ordo Templariorum, & eorum bona fuerunt applicata Ordini Hospitaliorum Sancti Iohannis Hyerosolimitani, & in eodem Concilio fuerunt editæ multæ Constitutiones Clementinæ, quæ vsque ad tempus Successorum Clementis publicari non potuerunt.

1314. Eodem anno Clemens Papa V. duodecimo Kal. Maij in Castro de Roquemore super Rhodanum moritur, vacauitque Sedes propter maximam discordiam Cardinalium, qui propter commotionem familiarium suorum Conclaue exire compulsi fuerunt ab inde vsque ad mensem Augusti anni 1315.

Extraict des Chartes du Thresor du Roy : Registre 46.

Rex Bertrando de Saluiaco Militi, Nepoti Clementis Summi Pontificis, pro recompensatione seruitiorum, quæ sibi & defuncto Regi Patri suo impenderant, donat Castrum de Toutelonio cum pertinentiis, 1313. mense Martij. Edoardus Rex eidem pro seruitiis sibi & Patri impensis donat Castrum de Lados. Apud Pontisaram sexto Iulij, anno Regni sui sexto.

Extraict du MS. de Sainte Croix de Bordeaux.

Indices Rerum Aragoniæ, Suritæ anno 1360.

Bertrandi Agouthi Comitis, qui Clementis V. Pontificis maximi Fratris Filius erat & Briandæ Agouthæ eius Filii, quæ Lupo-Laræ Comiti nupsit, vnde Maria hæres nata.
Hieron. Blancus in Commentariis Rerum Aragonensium. Martinus Aragoniæ Rex XXI. de eisdem agit.

Extraict d'vn Inuentaire des Tiltres de la Chambre des Comptes d'Alençon, fait au mois de Ianuier de l'année 1525. par Antoine du Bourg Conseiller au Grand Conseil.

LETTRES de Philippes Roy de France, données à Lion le 10. Decembre 1305. contenant le don par luy fait entre vifs à Arnault Garsie de Gurt Cheualier Frere du Pere Apostole Clement le quint, & à Bertrand son Fils leurs hoirs & Successeurs, des lieux & Vicomté de Lomaigne & d'Anuillars, qui auparauant auoient esté donnés par ledit Roy, à Philippes son Fils, & à laquelle donation il auoit renoncé, & consenty au don fait audit Arnault.

Testamentum Raymundi Arnaldi de Gouto, Militis, Domini de Roalhaco, Diœcesis Condomensis, & Petracauæ, Diœcesis Lectorensis. Ex MS. paterna manu exarato.

INSTRVMENTVM factum anno Domini nostri Iesu Christi 1225. die Lunæ in crastinum Pentecostes, quæ fuit quinta dies exientis mensis Maij, regnantibus serenissimis Principibus Dominis Carolo Franciæ Rege & Nauarræ, Ioanne Dei gratia Comite Armagniaci, Fezenciaci, & Ruthenensi, Vicecomitéque Leomaniæ & Altiuillaris, & Guillelmo Lectorensium Episcopo : quo nobilis & potens vir Dominus RAIMVNDVS-ARNALDI DE GVTO, Miles, Dominus de Roalhaco Condomensis Diœcesis, & Petracauæ Diœcesis Lectorensis, fecit & ordinauit in hunc modum hoc præsens Testamentum.

Imprimis elegit sepulturam suam Testator prædictus in Domo Prædicatorum Altiuillaris Diœcesis Condomiensis prædicti. Et dedit idem Testator Fratribus & Conuentui dictæ Domus centum libras Turonenses paruorum, semel soluendas pro Fabrica Ecclesiæ. Et decem libras Turonenses paruorum singulis annis super redditibus & bonis dicti loci Altiuillaris : pro quibus dictus Conuentus habeat quater Missam celebrare Conuentualem, pro salute animarum ipsius, Domini CLEMENTIS Papæ, GVALHARDI eius Patris, & Matris suæ, Dominorum ARNALDI GVARSIÆ & BERTRANDI DE GVTO, & aliorum de genere, videlicet duas pro se, tertiam pro Papa quondam, & quartam pro aliis de genere.

Item Odeto de Sedilhaco, Sororio suo centum libras Turonenses. Item Domino Guillelmo-Aynaldi de Bonofonte Militi centum libras Turonenses. Item Sebiliæ de Montecleo viginti quinque libras, Indiæ eius Filiæ centum libras : *Comitissæ Nepoti suæ* ducentas libras Turonenses, & lectum, & vestes nuptiales pro ipsa maritanda. Item Iohetæ Filiæ naturali Guillelmi *d'Oregna*, & Guillelmo Fratri Comitissæ, cuilibet eorum quinquaginta libras Turonenses. Item RAIMVNDO Filio suo naturali, victum & vestitum in hospitio, & quod teneatur Eques, cùm ætatis fuerit honorificè & condecenter secundum statum suum. Item Dominæ MABILIÆ Consorti suæ recognouit, quod bona sua sunt sibi obligata pro ducentis libris Arnaudensibus, donatione propter nuptias seu augmentum dotis suæ. Volens quod recuperet dotem suam, lectum, & vestes, & vltra hoc sexcentas libras Turonenses paruorum quas sibi legauit. Alloquatis sibi in dicta summa dictis ducentis libris Arnaudensibus. Item instituit hæredem vniuersalem GVALHARDVM DE GVTO Filium suum legitimum & naturalem in omnibus bonis & rebus suis. BRVNÆ Filiæ suæ reliquit iure institutionis mille & trecentas libras, quas promisit dare in dotem *Bertrando Filio Bertrandi de Sancta Rastra* cum dicta Bruna : vel dicto Bertrando decedente, cum Forcio-Sancij secundo Filio dicti Bertrandi, & arnesium nuptiales.

Item reliquis Filiabus suis, videlicet Marquesiæ & Ceciliæ, cuilibet mille libras & arnesium excepto quod si contingeret mori dictam Brunam, & dictam Marquesiam copulari Matrimonio alterius Filiorum dicti Bertrandi, iuxta incartamenta, vt idem Testator dixit, eo casu reliquit sibi iure institutionis mille & trecentas libras, iuxta tenorem dictæ summæ est in dictis incartamentis ordinatum.

Item cum diceretur Domina MABILIA Vxor sua prægnans, voluit & ordinauit quod si habeat filium masculum, qui in lucem veniat, habeat locum de Pessaco iure institutionis. Et eo decedente absque liberis, Filiis & Filiabus aliis priùs sublatis, substituit Dominam REGINAM DE GVTO Vice-Comitissam Leomaniæ & Altiuillaris Consanguineam, in locis de Roalhaco & de Pessaco, Si verò ipsa tunc non superesset, in dictis locis substituit Bertrandum *de Seuinhaco*, & Arnaudum *Pagnani* eius Consanguineos : & in loco de Petracaua substituit eosdem Bertrandum & Arnaudum : & in locis de Altouillati, de Palacio, & in his quæ habet in loco Villæ-Franchæ, Leomaniæ, Podiosecuti & de Piadelas, substituit Raimundum Filium suum naturalem.

Testes fuerunt præsentes per dictum Testatorem vocati & rogati, videlicet venerabiles & discreti viri, Dominus Arnaldus Seguini Canonicus Mansi Agennensis, Dominus Guillelmus Arnaudi de Bonofonte Miles, Dominus Guillelmus Raimundi de Budosio Prior Sancti Ginij, nobiles, Bertrandus de Seuinhaco, Raimundus de Sedilhaco, Otho de Sedilhaco, Filius dicti Raimundi, Domicelli.

des Cardinaux François. 257

Epitaphe du Pape CLEMENT V qui se lisoit autrefois dans l'Eglise de nostre Dame d'Vzeste en Gascogne, au Diocese de Bazas, où il est enterré.

HIC iacet felicis recordationis Dominus CLEMENS Papa V. Fundator Ecclesiarum Collegiatarum de Vzesta, & de Vinkendrando, qui obiit apud Rupem-Mauram, Nemausensis Diœcesis, die 20. Aprilis, Pontificatus sui anno nono, portatus verò ad istam Ecclesiam Beatæ Mariæ de Vzesta, anno Domini 1314. 27. die Augusti inne, & sepultus die .... anno Domini 1319.

PIERRE DE LA CHAPELLE TAILLEFER,

en la haute Marche, Chanoine de l'Eglise nostre Dame de Paris, Docteur en l'vn & en l'autre Droict, successiuement Euesque d'Agen, de Carcassone, & de Tholose, Cardinal Prestre de Saint Vital au Tiltre de Vestine, puis Euesque Cardinal de Preneste.

CHAPITRE XXXV.

Extraict de l'Obituaire de l'Eglise de Carcassone.

HIC debet celebrari Missa de Sancto Spiritu pro Reuerendissimo Patre PETRO Episcopo Carcassonensi, post decessum verò dicti Episcopi, dicta Missa in eius Anniuersarium conuertetur.

Extraict du Martyrologe de l'Eglise nostre Dame de Paris.

DECIMO quarto Kal. Septembris; obiit Reuerendissimus Pater Magister PETRVS de Capella Cardinalis, Canonicus noster.

Extraict du Martyrologe de l'Abbaye Sainte Geneuiefue lez Paris.

OBIIT bonæ memoriæ Dominus PETRVS de Capella Episcopus Prænestinus Cardinalis, pro cuius Anniuersario Executores sui nobis dederunt decem libras Parisienses.

Extraict du Martyrologe de l'Abbaye de Saint Victor lez Paris.

DEcimo septimo Kal. Iunij, Anniuersarium bonæ memoriæ Magistri PETRI de Capella, quondam Prænestinensis Episcopi Cardinalis, qui dedit nobis quinquaginta libras ad emendos redditus.

Ex Registro Abbatiæ Vserchiæ.

ANNIVERSARIVM Domini PETRI Cardinalis de Capella in Ecclesia Lemouicensi decimo sexto Kal. Iulij.

Extraict du Chartulaire de l'Eglise Cathedrale de Saint Estienne de Limoges.

SABBATHO post Festum Pentecostes, Anniuersarium Domini PETRI de Capella decantatur.

Epitaphe du Cardinal de la Chapelle, qui se voit en lettres d'or sur sa Tombe dans l'Eglise appellée la Chapelle nostre Dame de Taillefer, bastie par ce Cardinal.

FAMA, genus, mores, quid opes prosint & honores,
Aspice qui memores, fuge labentes subitò res,
Ecce sub hac cella situs est PETRVS, plange Capella,
Occubuit stella tua, mortis stante procella,
PETRVS petra tegit, heu sub petra modo degit
Qui leges legit, qui tot bona scripta peregit,
Fomes iustitiæ, castus, pius, arca Sophiæ,
Istius Ecclesiæ Fundator honore Mariæ,
Constans, & lenis, parcus sibi, largus egenis
Hic fuit in Legenis sua præbens ac alienis
Consilium Regis, Legum Professor & æqui,
Militiæ cuiusque gregis Pastor fuit, anchora legis
Præses Aginnensis, lux Sedis Parisiensis ;

Carcassonnensis post hac Antistes, & ensis
Laudibus annosa quasi sole honoratiosa
Fit mage famosa tanto Pastore Tolosa
Cui felix omen dedit ac à Cardine nomen
Vrbs Prænestina, cecidit necis inde ruina
Anno milleno ter centeno duodeno
Traditur ad funus, colitur cum trinus & vnus
Pneumatis octauis obitus tempus situabis
Parce sibi Christe, Michaël in Sancte resiste
Dæmonio, triste barathrum ne sentiat iste
Rex pie, Rex fortis, pietas tua dulcis amor, iis
Liberet à portis, hunc perpetuæ peto mortis. Amen.

I. P. Lemouici Fratres fecere sepulchrum
Hoc Aymirici murando schemate pulchrum
Hæc laus inter tumulo prouenitur à figulo.

BERENGER DE FREDOL,

Surnommé Stedelli par quelques vns, Chapelain du Pape CLEMENT V. Abbé Commendataire de Saint Aphrodise, Euesque de Beziers, Cardinal Prestre du Tiltre des Saints Nerée & Achilée, puis Cardinal Euesque de Tusculane.

CHAPITRE XXXVI.

Nomenclator Cardinalium.

BERENGARIVS STEDELLI Vasco, ex Abbate Sancti Aphrodisij, Biterrensis Episcopus, Cardinalis Tusculanus, Iurisprudentiæ scientiâ instructissimus, legales titulos enucleatissimè exposuit, scripsitque *de Sententia Excommunicationis* : *super Summam Ostiensis insigne opus, quod vocauit Oculum*, vt notat Trithemius : *Repertorium Iuris MS. in Bibliotheca Ecclesiæ Cameracensis*, & alia quædam. Obiit anno 1311.

Extraict d'vne Lettre du Pape Boniface VIII. adressée au Cardinal Stedelli touchant la Degradation des Clercs, & rapportée par Aubry en son Histoire des Cardinaux.

DEGRADATIO qualiter fieri debeat, nobis tua Fraternitas requisiuit. Et plus bas. Clericus igitur degradandus, vestibus sacris indutus, in manibus habens librum, vas, vel aliud instrumentum seu ornamentum ad Ordinem suum spectans, ac si deberet in Officio suo solemniter ministrare, ad Episcopi præsentiam adducatur : cui Episcopus publicè singula, siue sint vestes, Calix, liber, seu quævis alia quæ illi iuxta morem ordinandorum Clericorum in sua Ordinatione ab Episcopo fuerint tradita, seu collata singulariter inferat ab illo vestimento, seu ornamento, quod datum vel traditum fuerat vltimo, inchoando & descendendo gradatim degradationem continuet vsque ad primam vestem quæ datur à collatione Tonsuræ, tuncque radatur caput illius, seu tondatur, ne Tonsuræ, seu Clericatus vestigium remaneat in eodem.

des Cardinaux François.

Extraict de l'Epistre liminaire du Liure de Guillaume de Mandagout, touchant les elections des Prelats, qu'il dedie à ce Cardinal.

VENERABILI viro, discretione, scientia & moribus multipliciter radianti, Magistro suo charissimo Domino Berengario Fredoli Succentori Ecclesiæ Biterrensis, Domini Papæ Capellano, & Doctori facundissimo Decretorum, Guillelmus de Mandagoto Archidiaconus Nemausensis, & eiusdem Domini Papæ Capellanus, salutem, & votiuis semper successibus prosperari.

Extraict d'vn Memoire MS. qui m'a esté enuoyé de Narbone.

BERENGARIVS Fredoli Episcopus Tusculanus, & Sanctæ Romanæ Ecclesiæ Cardinalis, erat Canonicus & Archidiaconus Corbaciensis in Ecclesia Narbonensi 1313. qui fuit etiam Episcopus Biterrensis.

Extraict des Registres de Parlement.

CVM propter quædam iniuriosa verba, quæ Petrus de Claromonte Miles, & Berengarius Guillelmi filius, de persona Reuerendi Patris Domini BERENGARII Dei gratia Tituli Sanctorum Nerei & Achillei Presbyteri Cardinalis dicebantur dixisse, Raimundus Gaucelini Dominus Vsceiæ Miles, nepos eiusdem Domini Cardinalis prædictos patrem & filium in Curia Domini Regis in gagio duelli prouocasset; tandem de facto huiusmodi Dominus Rex fecit sciri, & præsentibus dictis partibus, in Curia ipse Dominus Rex, causâ cognitâ, gagium duelli totaliter adnullauit, & præcepit dictis partibus consentientibus & obedientibus præcepto, quod bona pax esset de cætero super hoc inter ipsos, Lunæ post Epiphaniam, inter Arresta per Curiam data in sequenti Parlamento. Octau. Omnium Sanctorum. Anno 1306.

ARNAVD DE CANTELOVP,

Surnommé par quelques vns Frangier, ou Frigier, Cardinal du Tiltre de Saint Marcel, & Camerlingue de la Sainte Eglise Romaine.

CHAPITRE XXXVII.

Bulle du Pape Clement V. au Cardinal de Canteloup, par laquelle il soustrait l'Archeuesché de Bordeaux de la Primatie de Bourges.

CLEMENS Episcopus seruus seruorum Dei, dilecto filio ARNALDO electo BVRDEGALENSI, eiusque Successoribus Archiepiscopis Burdegalensibus, qui pro tempore fuerint in perpetuum. IN supremo solio dignitatis disponente Domino constituti, de vniuersis orbis Ecclesiis, quarum cura nobis generalis quantùm nobis ex alto permittitur, sollicitè cogitamus, ad ea feruentibus studiis intendentes, per quæ tranquillitatis studia commoda possimus eisdem submotis quibuslibet scandalorum turbinibus procurare, sed ad Burdegalensem Ecclesiam, quæ dudum nos habuit, primò Filium, suis nos educans vberibus, secundò sponsum nostro commissa regimini, ac demum Patrem recognoscit cum de ipsa simus ad summum Apostolatus officium gratiâ diuinâ vocati, & propensioris considerationis intuitum vertamus, quo specialiorem dilectionis affectum præmissorum consideratione regimus ad eandem. Dudum siquidem occasione Primatiam se habere, grauis inter eos, & quam olim prætendebant Bituricenses Archiepiscopi in Burdegalensi Prouincia, se habere, grauis inter eos & Archiepiscopos Burdegalenses qui fuerunt pro tempore, exorta extitit materia quæstionis; ex qua dissentiones quamplurimæ, scandala grauia, multaque pericula peruenerunt. Sanè felicis recordationis GREGORIVS Papa Prædecessor noster intendens huic morbo salubriter prouidere, quandam super huiusmodi quæstione Ordinationem dicitur edidisse : & licet prædicta Ordinatio Burdegalensibus Archiepiscopis, & eorum Prouinciæ præiudicialis non modicum fuerit, ac etiam onerosa prout facti euidentia manifestatur. Quia tamen Archiepiscopi Burdegalenses & Bituricenses qui fuerunt pro tempore, Ordinationem non seruauerunt eandem. Quinimo in multis eandem pro suæ voluntatis libito violantes iurisdictionem contra illius tenorem sibi indebitam vsurparunt. Ex quibus in illis partibus homicidia, fractiones Ecclesiarum, sacrilegia, commotiones populorum, & multa alia animarum & corporum pericula peruenerunt tempore Prædecessorum nostrorum, & Burdegalensi Ecclesiâ memoratâ, & etiam graues & periculosæ dissentiones tempore, quo nos ipsam Ecclesiam regebamus, propter quod ipsius debeat carere commodo cum etiam minimè duxerint obseruandam: Nos qui dudum apte susceptum à Nobis Apostolatus officium dictæ Burdegalensis Ecclesiæ præsidentes dissensiones, scandala, & pericula prædicta palpauimus, attendentes quod per huiusmodi ordinationem, nihil vtilitatis accreuit eidem Bituricensi Ecclesiæ, sed sibi & Burdegalensi Ecclesiæ iacturâ non modica prouenit ex eâ, prout existimamus ex eâ verisimiliter peiora possunt in posterum prouenire. Ac propterea indignè volentes prædictas Ecclesias ab huiusmodi oppressionibus, scandalis & grauaminibus ex prædictis prouenientibus præseruare: & eas in pacis & tranquillitatis pulchritudine consodere, te & successores tuos, Ecclesiam ipsam, Ciuitatem, Diœcesim, Prouinciam Burdegalensem & quascunque personas tam Ecclesiasticas quàm sæculares degentes in eis, ab huiusmodi iure Primatiæ, vel superioritatis, omnique Iurisdictione & potestate Bituricensis Archiepiscopi, & successorum suorum, qui pro tempore fuerint, tam circa articulos in eadem Ordinatione contentorum, quàm circa omnes alios, authoritate Apostolicâ, & de potestatis plenitate prorsus eximimus, & penitus liberamus, districtius inhibentes, ne idem Archiepiscopus Bituricensis vel eius successores, seu Decanus & Capitulum Bituricense, communiter vel diuisim, etiam sede Bituricensi vacante, in te, vel successores tuos Burdigalenses Archiepiscopos, qui pro tempore fuerint, seu in Ecclesiam, Ciuitatem, Diœcesim, aut Prouinciam Burdigalensem, vel personas degentes in eis, Iurisdictionem seu aliquam prætextu huius iuris Primatiæ, vel superioritatis, aut etiam dictæ Ordinationis, vel alias sibi vindicare vel exercere quoquo modo præsumant: Nos enim exnunc irritum decernimus & inane, si secus super his Archiepiscopo Bituricensi, vel eius successoribus antè dictis Decano, vel Capitulo Bituricensi, communiter vel diuisim, aut quibusuis aliis occasione præmissâ contigerit attemptari, nonobstantibus ordinatione prædictâ seu quibuscunque processibus super hoc habitis, consuetudinibus, contrariis compositionibus factis, & sententiis promulgatis, aut quibusuis litteris conseruatoriis, vel aliis quibuscunque à prædecessoribus nostris Romanis Pontificibus, vel eorum legatis impetratis, & Indulgentiis atque Priuilegiis etiam Apostolicis, de quibus quotumcumque totis tenoribus etiam de Verbo ad Verbum debeat in nostris litteris fieri mentio specialis. Præmissa enim omnia & singula, quantum possunt esse præsenti exemptioni, vel aliis supradictis contraria cassamus, irritamus, & cassa & irrita nuntiamus, & nullam penitus habere volumus roboris firmitatem. Nulli ergo hominum liceat hanc paginam nostræ exemptionis, liberationis, exhibitionis & constitutionis infringere, vel ei ausu temerario contraire. Si quis autem hoc attemptare præsumpserit, indignationem Omnipotentis, & beati Petri & Apostolorum eius se nouerit incursurum. Datum Lugduni IV. Kal. Decembris Pontificatus nostri anno primo.

NICOLAS DE FREAVVILLE, RELIGIEVX de l'Ordre de Saint Dominique, Docteur en Theologie, Confesseur du Roy PHILIPPES LE BEL, l'vn de ses premiers Ministres, Prestre Cardinal du Tiltre de Saint Eusebe, Legat en France.

CHAPITRE XXXVIII.

Nomenclator Cardinalium.

NICOLAVS FARINVLA Rothomagensis Cardinalis, Ordinis Prædicatorum, Theologiæ Professor eximius, & PHILIPPI Pulchri Francorum Regis à Confessionibus, scripsit sermones plurimos, vt notat Eisengrein, Rituales libros, vt refert Cortesius. Obiit Lugduni anno 1323 sepultus ad Prædicatores.

des Cardinaux François.

Extraict de la Chronique des Iacobins.

NICOLAVS FARINVLA Gallus natione, patriâ Rothomagensis, Cardinalis sub Titulo Sancti Eusebij, fuit vir eximij nominis, & quamplurimis animi dotibus decoratus, vixitque vsque ad annum 1323. & requiescit Lugduni.

Paul Corteise parle ainsi de ce Cardinal.

NICOLAVS FARINVLA, qui quamquam primo fuisset in vmbratili ludo Litterator, sic tamen postea dicendo est progressus, vt iure sit habitus in Principibus Theologorum, Rituales fuisse libros ab eo editos dicunt, qui scripti sunt prisca disciplina rudius, propterea quod nondum esset mos splendidior statariæ ceremoniarum.

Extraict des Tiltres de la Chambre des Comptes.

1229. Hoc anno Theobaldus de Ambianis Rothomagensis Archiepiscopus in Festo Sancti Firmini, quod ipse de assensu Capituli triplici Festo statuerat celebrari, in eodem Festo celebratis solemniter diuinis laudibus ad Festum pertinentibus in vltimo diei, & noctis diem clausit feliciter extremum.

Eodem anno electus fuit in Archiepiscopum à maiore parte Capituli THOMAS DE FREAVILLA tamen Decanus Rothomagensis & alia pars viriliter restitit, & durauit contentio per annum & amplius, & tandem in Curia Romana finita fuit.

1231. Hoc anno Thomas de FREAVILLA dictus Rothomagensis electus in Episcopum Baiocensem, à Domino Mauritio Rothomagensi Archiepiscopo consecratus fuit in Ecclesia Rothomagensi prima Dominica Passionis Domini ab eodem Mauritio Archiepiscopo, & tunc vacauit Decanatus Rothomagensis per annum & amplius.

Eodem anno in mense Maio constitutus in Ecclesia Romana Decanus Rothomagensis Thomas de Freauille, in præsentia Fratrum renunciauit electioni de se factæ in manu Domini Papæ, ad cuius resignationem Dominus Papa dedit Ecclesiæ Rothomagensi Dominum Mauritium Episcopum denominatum in Archiepiscopum, & Pastorem, qui receptus fuit in eadem Ecclesia die Dominica ante Festum Sanctæ Mariæ Magdalenæ.

1313. Hoc anno Philippus Franciæ, & Eduardus Angliæ, & Ludouicus Filius Regis Philippi Nauarræ Reges Crucem Dominicam assumpserunt pariter de manu Domini Cardinalis de Freauilla Tituli Sancti Eusebij, &c. Apostolicæ Sedis Nuncij, & cum eis etiam Crucem assumpserunt Karolus Valesiæ & Ludouicus Ebroicensis Comites, Fratres Regis Franciæ, & aliorum nobilium multitudo cum multis tam nobilibus quam ignobilibus.

Extraict des Memoires MS. de Monsieur de la Rocque Aduocat en Parlement.

NICOLAS DE FREAVVILLE estoit de la Maison de Freauville, son cœur est inhumé aux Iacobins de Roüen, alliée de celle d'Estouteville, & portoit d'azur semé de fleurs de lys d'or chargé d'vn lion de gueulles brochant sur le tout. Il est dit dans les Archiues de l'Eglise Cathedrale de nostre Dame de Bayeux, que Thomas de Freauville en esto t Euesque, il estoit au precedent Doyen de l'Eglise Metropolitaine de nostre Dame de Roüen, & fut esleu Archeuesque de cette Eglise, & Euesque de Bayeux enuiron l'an 1229. tint ce Siege Episcopal iusques en l'an 1237. Il donna au Chapitre le patronage & dixmes d'Auquerny, & y donna aussi la tierce gerbe de toutes les dixmes de Lacon, il est inhumé en la Nef deuant l'entrée du Chœur, & conceda à Pierre d'Ableges Custode de l'Eglise, de faire celebrer la Feste de Saint Pantaleon.

Extraict de l'Histoire des Ministres d'Estat par Monsieur le Comte d'Auteüil. pages 151. 152. & 153.

LA Dedicace de l'Eglise d'Escouis fut fort celebre, car elle fut faite par le Cardinal NICOLAS, du Tiltre de Saint Eusebe, qui estoit Legat en France. Ce Legat estoit né Gentilhomme de Normandie, & auoit esté Religieux de l'Ordre des Iacobins, grand personnage, & qui estoit parent de la Maison de Marigny: il s'appelloit NICOLAS DE FREAVVILLE prés de Roüen, que l'on dit abusiuement chez les Iacobins NICOLAVS FARINVLA. Par le credit du Sire de Marigny son parent, & par l'estime de sa Doctrine, il fut choisi par le Roy Philippes le Bel pour estre son Confesseur; & depuis à la recommandation de ses

Preuues du Liure II. de l'Histoire

Maistre, & par la faueur du Ministre d'Estat, il fut fait Cardinal par le Pape CLEMENT V. à la promotion de 1305. son Tiltre fut de Saint Eusebe, & en cette qualité estant enuoyé d'Auignon en France, pour y estre Legat, il fit cette Dedicace de l'Eglise de nostre Dame d'Escouis. Il y fut assisté de deux Archeuesques, & d'onze Euesques, entre lesquels Prelats, il y auoit les deux Freres d'ENGUERRAND de Marigny, Philippes Archeuesque de Sens & Iean Euesque de Beauuais, ce qui paroist dans la Bulle du Pape CLEMENT VI. laquelle long-temps depuis il accorda au mesme Iehan de Marigny, qui estoit deuenu Archeuesque de Roüen, pour la confirmation des Indulgences, que tous ces Prelats auoient données à l'Eglise d'Escouis quand elle fut dediée, de laquelle Bulle voicy la teneur.

Bulle du Pape Clement VI. tirée des Archiues de l'Eglise nostre Dame d'Escouis.

CLEMENS Episcopus seruus seruorum Dei, ad perpetuam rei memoriam. Honestis supplicantium votis annuimus in iis maximè quæ salutem respiciunt animarum, exhibita si quidem nobis venerabilis Fratris nostri Iohannis Archiepiscopi Rothomagensis petitio continebat, quod olim bonæ memoriæ NICOLAUS Titulo Sancti Eusebij Presbyter Cardinalis, & Ægidius Rothomagensis, ac Philippus Senonensis; necnon Guillelmus Bituricensis, Robertus Constantiensis, Iohannes Carnotensis, Petrus Autissiodorensis, Iohannes Beluacensis, Guido Lexouiensis, Guillelmus Parisiensis, Gaufridus Ebroicensis, Simon Meldensis, Petrus Cœnomanensis, Vualfranus Bethleemitarum Episcopi, qui præsentes in Ecclesia de Escoyre Rothomagensis Diœcesis in ipsius Iohannis Archiepiscopi ac primogenitorum suorum patrimonio fundatæ Dedicatione fuerunt: eorum videlicet quilibet omnibus Christi fidelibus verè pœnitentibus & confessis qui præfatam Ecclesiam in die Dedicationis huiusmodi, & singulis Beatæ Mariæ Virginis Festiuitatibus, ac per octauas eorum deuotè visitarent annuatim, centum & viginti dies de iniunctis eis pœnitentiis misericorditer relaxarunt. Nos igitur eiusdem Iohannis Archiepiscopi in hac parte supplicationibus inclinati, relaxationem eiusmodi per eosdem Cardinalem, Archiepiscopos & Episcopos factam, sicut prædicitur, ratam & gratam habemus, illamque auctoritate Apostolica ex certa scientia confirmamus, & præsentis scripti patrocinio communimus. Nulli ergo hominum liceat hanc paginam nostræ confirmationis & communitionis infringere, vel ei ausu temerario contraire. Si quis autem hoc attentare præsumpserit indignationem omnipotentis Dei & Beatorum Petri & Pauli Apostolorum eius se nouerit incursurum. Datum Auenioni octauo Calendas Maij, Pontificatus nostri anno quarto.

Extraict du Calendrier MS. de l'Eglise d'Amiens.

FEBRVARIVS. Decimo sexto Kal. obiit bonæ memoriæ Reuerendus Pater Dominus de FREAVILLA Tituli Sancti Eusebij quondam Sedis Apostolicæ Presbyteri Cardinalis.

Extraict du Martyrologe de l'Abbaye de Sainte Geneuiefue de Paris.

ANNIVERSARIVM bonæ memoriæ Domini NICOLAI DE FREAVILLA Tituli Sancti Eusebij Presbyteri Cardinalis, qui multa bona fecit nobis vltra valorem ducentarum librarum Parisiensium.

ESTIENNE DE SVISY, ARCHIDIACRE
de Bruges en l'Eglise de Tournay, Chancelier de France sous Philippes le Bel, Prestre Cardinal du Tiltre de Saint Cyriac in Termis Diocletiani.

CHAPITRE XXXIX

Extraict de l'Histoire MS. des Chanceliers & Gardes des Sceaux de France par feu mon Pere.

Estienne de Suisy, autrement appellé l'Archidiacre de Flandres.

IL estoit du Village de Suisy prés Laon, & fut premierement Archidiacre de Bruges, en l'Eglise de Tournay. En l'an 1290. en Ianuier, le Roy PHILIPPES le Bel estant au Bois de Vincennes la semaine auant la Chandeleur, il feist publier son Ordonnance de l'Estat de son Hostel: où il y a vn article des gages ou appointemens de l'Archidiacre de Flandres qui porte le seel, à six sols de gage par jour, outre la bouche à Cour pour luy & pour les siens, & quand il seroit à Paris à vingt sols par jour pour toutes choses en mangeant chez luy. Il fut creé Cardinal par le Pape CLEMENT V. le quatorze Decembre 1305. Bernardus Guidonis in vita Clementis V. Papæ. *Hic eodem anno Domini scilicet 1305. Pontificatus sui anno primo in Aduentu Domini subsequenti decimo octauo Kal. Ianuary in Lugduno fecit decem nouos Cardinales, inter quos fuerunt Petrus de Capella, Tolosanus Episcopus, postmodum Prænestinus, Stephanus Archidiaconus Brugensis, Cancellarius Regis Franciæ.* Il mourut l'an 1311. comme il appert par son Epitaphe qui est en l'Abbaye de Saint Iehan de Laon, où il est dit qu'il estoit Chancelier.

Extraicts de quelques Tiltres du Thresor du Roy, contenus en diuers Sacs.

COMPOTVS *Magistri Stephani de Suiziaco, Archidiaconi Brugensis; versus Regem, pro expensis suis factis in itinere Curiæ Romanæ.*

LItteræ *Philippi Francorum Regis, quibus gratæ deuotionis & fidelitatis obsequia, quæ charissimus & fidelis suus Stephanus eadem gratia Tituli Sancti Cyriaci in Termis Presbyter Cardinalis, antequam Cardinalatus fungeretur officio, & postea sibi exhibuit, ante mentis suæ oculos reducens, volensque ipsi propter hoc gratiam facere specialem, eidem concedit & domum suam cum pressorio & aliis suis appendiciis, sitam apud Fontanetum, necnon vineas, terras, census, redditus, & alia deuoria, quæ habet ratione dictæ domus, tam apud Fontanetum, quam apud Baigneux, in quascunque voluerit personas Ecclesiasticas transferre valeat. Actum Parisiis anno Incarnationis Verbi 1307. mense Decembri.*

Ex veteri Rotulo pergameneo.

ANno Domini 1300. Feria secunda post Festum Beati Remigij in capite Octobris, scilicet die Lunæ tertia mensis Octobris, Indictione decima quarta, Pontificatus Domini Bonifacij Papæ VIII. anno secundo, dies assignata coram ROBERTO miseratione diuina Remensium Archiepiscopo, inter venerabilem virum Magistrum *Stephanum de Suisiaco* Archidiaconum *de Bruges*, in Ecclesia Tornacensi, qui se gerit & gerebat pro electo in Episcopum eiusdem Ecclesiæ, necnon Magistros *Petrum de Latillaco & Guille'mum de Vassonia* Canonicos Tornacenses duos de Electoribus dicti Archidiaconi, Procuratores Coelectorum suorum eiusdem Archidiaconi ex parte vna. Et *Arnulphum de Iudekerke*, Vicecomitem de Placentia, & *Busolum de Parma* Canonicos Tornacenses Procuratores Decani & Capituli prædictæ Ecclesiæ Tornacensis, vna cum venerabili viro Magistro *Gaudefrido de Fontanis* Parisiensis & Leodiensis Ecclesiarum Canonico, qui se gerebat pro electo in Episcopum prædictæ Tornacensis Ecclesiæ, ex parte altera.

Extraict des Archiues de l'Eglise de Rheims.

VObis Reuerendo Patri ac Domino, Domino ROBERTO Dei gratia Remensi Archiepiscopo supplicant vir venerabilis Magister STEPHANVS DE SVSIACO Archidiaconus de Brugis in Ecclesia Tornacensi, electus in Episcopum dictæ Ecclesiæ vestræ Remensis Prouinciæ, necnon Magistri Petrus de Latillaco & Guillelmus de Vassonia Canonici Tornacenses Procuratores Electorum eiusdem Archidiaconi tam nomine suo quam nomine procuratorio ipsorum Electorum, quod cum nuper vacante dicta Ecclesia per mortem bonæ memoriæ IOHANNIS quondam Episcopi Tornacensis dictus Magister Stephanus electus fuerit canonicè in Episcopum & Pastorem dictæ Ecclesiæ, & petita fuerit competenter à vestra reuerenda Paternitate confirmatio dictæ electionis; cùm ad vos præmissa fieri, & cognitio præmissorum & pertinentium ad ea pertinere dignoscantur. Cumque . . . Canonici Tornacenses, qui dicunt se Procuratores Decani & Capituli dictæ Ecclesiæ tam nomine suo quàm nomine procuratorio eorum se opposuerint & velint opponere in prædicto negocio electionis & confirmationis eiusdem indebitè & iniustè contra commodum & vtilitatem dictæ Ecclesiæ Tornacensis & in damnum & præiudicium eiusdem, vestroque, Reuerende Pater, in cumbat officio & sollicitudini, prouidere indemnitati Ecclesiæ prædictæ, ipsorum supplicantium interfit vt istis causâ dictam Ecclesiam conseruari, prout melius potest, indemnem, timeantque ex verisimilibus coniecturis ne dicti Canonici & alij opponentes, pro expensis factis vel faciendis in prosecutione suæ oppositionis huiusmodi manum apposuerint vel apponant ad bona dictæ Ecclesiæ communia, seu capiant, & ex eisdem expensis faciant de facto, cùm de iure non potuerint, nec possint, quatenus dictis opponentibus tam nomine suo quam nomine eorum, quorum Procuratores se esse dicunt, sub pœna canonica inhibeatis, ne pro expensis factis vel faciendis occasione prosecutionis oppositionis supradictæ de bonis dictæ Ecclesiæ communibus capiant per se vel per alium seu alios, sed de bonis proprijs expensas faciant dictam oppositionem prosequendo, si eam prosequi velint, & suæ credunt interesse, nec sigillo dictæ Ecclesiæ pro præmissis vtantur. Iniungentes eisdem quòd si quæ bona communia dictæ Ecclesiæ consumpserint seu acceperint pro dictis expensis, ea penes dictam Ecclesiam reponant, seu eidem restituant prout iustum fuerit. Officium vestrum, Pater Reuerende, in præmissis, si & prout iustum fuerit implorando.

Ex Martyrologio Ecclesiæ Parisiensis veteri.

SEcundo Idus Decembris anno Domini 1311. vndecima Luna Decembris, obiit bonæ memoriæ Dominus Stephanus de Susiaco, quondam Tituli Sancti Cyriaci in Thermis Presbyter Cardinalis, qui legauit nobis in Testamento suo viginti libras annui redditus, percipiendas Parisiensius super terram suam de Fontaneto, pro Anniuersario suo quolibet anno in Ecclesia nostra faciendo, & Nepotis sui Domini Adæ Halor quondam Concanonici nostri.

Simonis Decani Ecclesiæ Parisiensis Litteræ super Anniuersario Stephani de Susiaco Cardinalis, anno 1313. die vigesima nona mensis Martij.

Ex alio recentiore Martyrologio Ecclesiæ Parisiensis.

SEcundo Idus Decembris obiit Dominus Stephanus de Susiaco, Tituli Sancti Cyriaci in Thermis Presbyter Cardinalis, qui legauit nobis sexdecim libras Parisienses redditus super terram suam de Fontaneto, & fundauit in Ecclesia Parisiensi duas Capellanias super dicta sua terra, quibus legauit septuaginta quatuor libras Parisienses annui redditus.

Extraict du Martyrologe de l'Abbaye de Sainte Geneuiefue de Paris.

ANniuersarium bonæ memoriæ Domini STEPHANI Cardinalis, qui nobis contulit viginti libras Parisienses; & vnum librum glossatum. Ricardus Nepos eius dedit viginti libras pro Anniuersario suo ad augmentum pitantiæ.

Epitaphe du Cardinal de Suisy, graué sur son Tombeau, qui est en l'Abbaye de Saint Iean de Laon, Ordre de Saint Benoist, où il est enterré en la Nef au costé droit, dont la table est de marbre noir.

DE Suisy natus Stephanus iacet hic tumulatus
Qui se gessit ita viuendo, quod Architenita
Brugensis pridem, mox Cancellarius idem
Aulæ Regalis fuit, exhinc Cardique nalis
M, semel, & C, ter, V, bis, semel I, nece teter
Factus decessit, Decembri, cui requies sit.

PIERRE ARNAVLD DE PVYANNE, Religieux & Abbé de l'Abbaye de Saint Seuer en Gascogne, puis de l'Abbaye de Sainte Croix de Bordeaux, Prestre Cardinal du Tiltre de Saint Estienne in Cœlio monte, Vice-Chancelier de la Sainte Eglise Romaine.

CHAPITRE XL.

Extraict d'vn Memoire MS. de la main de feu mon Pere.

CIACONIVS d'vn Cardinal Abbé de Sainte Croix de Bordeaux, & qui auoit esté Religieux Profez & Abbé de Sainct Seuer Cap. de Gascogne, en fait deux, dont il fait mention separément en deux promotions sous le nom de PETRVS ARNALDVS, ou ARNALDI Sanctæ Romanæ Ecclesiæ Vice-Cancellarius sous CLEMENT V. & IEAN XXII. Le Pere de la Vie de la Compagnie de Iesus, tient pour tout asseuré que les deux ne sont qu'vn, veu que le Necrologe de l'Abbaye de Saint Seuer nomme le sien PETRVS Arnaldus Religiosus & Abbas Sancti Seueri Sanctæ Romanæ Ecclesiæ Vice-Cancellarius. Ce qui ne peut estre s'il est distingué de celuy que Ciaconius dit auoir esté Abbé de Sainte Croix de Bordeaux, & le nomme seul Vice-Chancelier ; dans le mesme Necrologe de Saint Seuer, ce PETRVS ARNALDVS est surnommé de Puyanne, qui est vne Famille fort ancienne & fort noble en Gascogne.

des Cardinaux François.

Extraict du liure des Obits de l'Eglise Cathedrale d'Acqs.

OBitus Domini Petri ARNALDI DE PUYANNE Cardinalis cum oblatione triginta solidorum. Item isti triginta solidi suprascripti, sunt soluti & collocati supra decimam Montisfortis.

Extraict d'vn Certificat enuoyé par le Reuerend Pere Bernard Audebert, Prieur du Monastere de Sainte Croix de Bordeaux, Ordre de Saint Benoist.

VErisimilius est PETRUM ARNALDUM DE PUYANNE fuisse Abbatem Sanctæ Crucis; constat enim ex Archiuis Sanctæ Crucis dictum Petrum Arnaldum de Puyanne fundasse Capellam in dicta Abbatia Sanctæ Crucis, sic enim habet prouisio dictæ Capellæ facta anno 1337. in hçe verba. AVGER Hunaud de Lanta Abbas Sanctæ Crucis, confert Capellam olim fundatam in dicta Abbatia per quondam PETRVM Arnaldum de la Puyanne Presbyterum Cardinalem. Ita testor. Bernardus Audebert humilis Prior Monasterij sanctæ Crucis Burdigalæ, Ordinis Sancti Benedicti.

Extraict du Liure intitulé. Statuta siue Constitutiones Synodales Ecclesiæ Pampilonensis, promulgatæ per Alexandrum de Cæsarinis Cardinalem, *imprimé à Lion en 1531. en la Preface desquelles, qui contient le Catalogue des Euesques, ces paroles sont couchées.*

ARNALDVS Guillelmus de Puyanne Ecclesiæ Pampilonensis Episcopus, Gasco, nobili genere natus qui suo tempore duas celebrauit Synodos, Pampilonę alteram Kalendas Maij anno 1313. alteram vero quarto Kalendas Nouembris 1315. tandem obijt apud Tolosam decimo octauo Ianuarij 1316.

GVILLAVLME ARRVFAT, CARDINAL
Diacre du Tiltre de Saint Cosme & Saint Damian, puis Prestre de Sainte Pudentiane au Tiltre du Pasteur.

CHAPITRE XLI.

Ciaconius in Vitis Pontificum sub CLEMENTE V.

VILLELMVS Arcusati (lege Arrufati) Burdigalensis, Vasco, Gallus, Papæ affinis, Diaconus Cardinalis Sanctorum Cosmæ & Damiani, postea Presbyter Sanctæ Pudentianæ Titulo Pastoris a Iohanne XXII. creatus, mortuus est Auenione circiter annum Christi 1320. sepultus ad Minores.

Extraict de la Chronique MS. de Bernard Guidonis.

CLemens Papa Pontificatus sui anno primo, in Aduentu Domini subsequenti, scilicet decimo octauo Kal. Ianuarij, fecit vnam Ordinationem Cardinalium, inter quos fuerunt, PETRVS de Capella Episcopus Tolosanus, Berengarius Fredoli Episcopus Biterrensis, Arnaldus de Cantolupo electus Burdigalensis, Frater Thomas Anglicus Magister in Theologia, & Frater Nicolaus Gallicus, Confessor Regis Franciæ, ambo de Ordine Prædicatorum, Stephanus Archidiaconus Brugensis, Cancellarius Regis Franciæ, GVILLELMVS ARRVFATI, &c.

Extraict de l'Histoire generale des Cardinaux par Aubery.

IE trouue dans vn Autheur digne de foy, que Guillaulme Arrufati, François de nation & Cardinal Diacre a legué, l'an 1317. quarente francs de rente à l'Eglise Cathedrale du Puy en Velay.

ARNAVLD DE PELLEGRVE, ARCHIDIACRE en l'Eglise de Chartres, Cardinal Diacre du Tiltre de Sainte Marie in Porticu, Legat en Italie pour le Couronnement de l'Empereur Henry VII.

CHAPITRE XLII.

Extraict de la Parthenie de Maistre Sebastien Roüillard de Melun, Aduocat en Parlement.

LE dix-huittiéme Autel de l'Eglise Cathedrale de Chartres, est celuy de Saint Iacques Saint Christophle, autrement dit de Pellegruë, du nom du Cardinal de Pellegruë son Fondateur, qu'il le dota de trente deux liures de rente, à la charge de deux Messes tous les iours.

Extraict des Registres de Parlement.

ARNALDVS DE PEREGRVA Sanctę Mariæ in Porticu Diaconus Cardinalis, Archidiaconus Ecclesiæ Carnotensis. 23. Decemb. 1329.

Extraict des Registres des Chartes du Thresor du Roy. Registre LXX. des années 1336. & 1337.

LETTRES du Roy Philippes, par lesquelles comme son tres-cher & feal amy le Cardinal iadis de Pellegruë eut laissé en sa derniere volonté à l'Eglise de nostre Dame de Valvert, pour estre à tousioursmais dedans icelle six Lampes d'argent, & vnne certaine somme pour achepter huile pour mettre & ardoir en icelles, le Roy à la priere des Executeurs du Testament dudit Cardinal amortit deux sommes & demie d'huile d'oliue de rente annuel, qu'ils ont acheptées de Monsieur Jehan Maleville, au lieu appelé des Porcheries, ou aultrement de Valvert. A Royal-lieu lez Compiegne l'an 1337. en Aoust.

RAYMOND DE GOVT, NEVEV DV PAPE CLEMENT V. Archidiacre de Sens, Cardinal Diacre du Tiltre de Sainte Marie la Neuue, Legat en Italie.

CHAPITRE XLIII.

Ciaconius in vitis Pontificum sub CLEMENTE V.

RAYMVNDVS GOTHVS de Villandraut, Diœcesis Burdigalensis Vasco, Gallus, Papæ Fratris Filius, Diaconus Cardinalis Sanctæ Mariæ Nouæ, Legatus in Italiam cum Nicolao Ostiensi Episcopo, & Berengario Tituli Fasciolæ Presbytero Cardinali, vt supra in eiusdem Berengarij breui narratione aperui. Vita excessit Auenione sub IOHANNE XXII. *Clementis V. Regestum.*

des Cardinaux François. 267

Extraict des Registres du Thresor des Chartes du Roy: Registrum 40. De tempore Regis Philippi Pulchri de annis 1307. & 1308.

PHILIPPVS *Dei gratia Francorum Rex, notum facimus vniuersis tam præsentibus quàm futuris. Quod nos dilectis nostris* Arnaldo *de Duroforti Armigero, &* Marquesiæ *eius vxori, consideratione speciali amici nostri* Raimundi *Dei gratia* Sanctæ Mariæ Nouæ *Diaconi Cardinalis, cuius dicta* Marquesia *soror extitit, totius Parrochiæ de* Monchagallo *situatæ in Castellania* Lausertæ, *Iurisdictionem altam & bassam, merum & mixtum ipsius, & gardiagium cum omnibus & singulis emolumentis quæ exinde proueniunt in futurum, concedimus & donamus coniugibus ipsis, & eorum posteritate tenenda, habenda, ac in hæreditatem perpetuam possidenda, &c. Actum Pictauis anno Domini 1308. mense Iunij.*

Registre 70.

DOMINVS Raymundus *Dei gratia Tituli Sanctæ Mariæ Nouæ, Diaconus Cardinalis, Archidiaconus Senonensis, anno 1333.*

ARNAVLD FALTERIE,

Ou selon d'autres de Falquier, ou de Faltier, Archeuesque d'Arles, puis Cardinal Euesque de Sabine, Camerlingue de la Sainte Eglise Romaine.

CHAPITRE XLIV.

Ciaconius in vitis Pontificum sub CLEMENTE V.

ARNALDVS FELGVERIVS, Vasco, Gallus, ex Archiepiscopo Arelatensi, Episcopus Cardinalis Sabinus, & Sanctæ Romanæ Ecclesiæ Camerarius. CLEMENS V. qui cum Legatos in Italiam pro HENRICI VII. Imperatoris Coronatione mittere constituisset, quinque designauit, inter Ostiensem & Sabinum Episcopum controuersia orta fuit de Imperatoris Coronatione, Pontifex auditis vtriusque rationibus, id munus Sabino commisit. Legationisque Principem esse voluit, solumque Legati nomine insigniuit, vt ipse Imperatorem coronaret, reliquos enim quatuor Apostolicæ Sedis Nuncios vocauit, duobus ex his mortuis, tres in Italiam venerunt : ARNALDVS iste qui Henricum Imperatorem Diademate insigniuit : Frater Nicolaus Ostiensis, qui eum inunxit, & Lucas Flisсus, qui vtrisque sacra operantibus adstitit; de eo acta extant, & eorum Cardinalium Epistolæ, Pisis, Auenione, Romæ, in Mole Hadriani, & in Bibliotheca Vaticana. Obiit Auenione paulopost quam ex Italica Legatione rediisset, circa annum Christi 1313. *Clementis V. Reg. Albertus Mussellus. Iohannes Villanil. libro 41.* ADDITIO. Sexagesimus sextus is Archiepiscopus Arelatensis, fuit cognomento de Falteriis, alias de Falgeriis dicitur in Tabulis eiusdem Ecclesiæ, in quibus eius mors notatur Auenione 1311. Vide Galliam Christianam.

BERTRAND DE BORDES, EVESQVE d'Alby, Cardinal du Tiltre de Saint Jean & Saint Paul, Camerlingue de la Sainte Eglise Romaine.

CHAPITRE XLV.

Sammarthani Fratres in Gallia Christiana.

BERTRANDVS DE BORDIS Cardinalis, Romanæ Ecclesiæ Camerarius ad Albiensem Episcopatum circa annum 1309. ad purpuram vero euectus à CLEMENTE V. sub Titulo Sanctorum Iohannis & Pauli 20. Decembris 1310. 14. Cal. Ianuarij. Interiit 1311. die 21. Septembris, vti notat Amalricus Biterrensis, sed perperam Ciaconius cum facit Episcopum Albanensem, cum eo tempore huic Sedi præfesset Leonardus Patrassus, Auctore Vghello tomo primo Italiæ Sacræ.

Extrait d'vn Catalogue MS. des Euesques d'Alby, qui ont esté Cardinaux, enuoyé par Monsieur Dupuy Iuge Royal de Saint Saturnin, & Syndic de la Prouince de Rhodés.

BERTRANDVS DE BORDIS. Anno Domini MCCCX. CLEMENS Papa Pontificatus sui anno sexto in Sabbatho quatuor temporum in Aduentu, scilicet 14. Kal. Ianuarij, in Auenione fecit secundam Ordinationem quinque Cardinalium, fueruntque tunc assumpti in Cardinales, Arnaldus de Falqueriis, &c. BERTRANDVS DE BORDIS, Episcopus Albiensis & Camerarius Papæ, qui obiit infra annum mense Septembri sequenti. *Bernardus Guidonis MS. in Clemente V.* Onuphrius tamen ibidem nec alibi mentionem huius BERTRANDI facit; quamuis enim quinque Cardinales tunc creatos fuisse scribit à CLEMENTE V. attamen pro isto BERTRANDO Leonardum quemdam habet his verbis: *Leonardus de Guercino Gallus Sanctæ Romanæ Ecclesiæ Presbyter Cardinalis*: cuius quidem Leonardi similiter nec ipse Bernardus Guidonis vllo modo meminit. Forte autem existimabit quispiam errauisse Bernardum Guidonis ex his quæ apud Onuphrium ibidem paulo ante habentur, ARNALDVS Falterius Gallus, ex Archiepiscopo Arelatensi Episcopus Cardinalis Albanus, & Sanctæ Romanæ Ecclesiæ Camerarius, sibi Albiensem istum Episcopum essingentem: ego vero non facile crederem hic lapsum Bernardum Guidonis, quod sciam ex inscriptione Epistolæ, quam scripsit ad Aymericum Magistrum Ordinis Prædicatorum, præfixam libello, in quo ab eodem Bernardo collecta sunt memoriâ & laude digna totius illius Ordinis, ipsum Bernardum Guidonem seu Guidonis fuisse in Conuentu Fratrum eiusdem Ordinis in Castris Sancti Vincentij, tunc Diœcesis Albiensis Priorem, anno Domini 1303. necnon anno 1305. vt constat ex Epistola Amœbea ipsius Aymerici ad Bernardum, deinde Inquisitorem Tolosæ, immo in Regno Franciæ, ac tandem Episcopum Lodouensem, quod docet Epistola ipsius ad Iohannem Papam XXII. Catalogo Summorum Pontificum ab eo edito præfixa, & Bertrandus in gestis Tolosanis, capite de Doctoribus Ordinis Dominicani Tolosæ, ita vt credibile non sit Bernardum Guidonis ignorasse, an BERTRANDVS DE BORDIS Episcopus, idemque Cardinalis fuerit. Hic monumenta antiqua Episcopatus Albiensis desidero.

ARNAVLD NOVVEAV, RELIGIEVX de l'Ordre de Cisteaux, Abbé du Monastere de Font-froide au Diocese de Narbonne, Prestre Cardinal du Tiltre de Sainte Prisque, Chancelier de la Sainte Eglise Romaine, Legat en Angleterre pour pacifier le differend d'entre le Roy & les Grands du Royaume.

CHAPITRE XLVI.

Sammarthani Fratres in Gallia Christiana.

ARNALDVS Nouel 7. Nouempopulanus, Sacræ Theologiæ Doctor, Cardinalis Presbyter Tituli Sanctæ Priscæ, ac Romanæ Ecclesiæ Cancellarius, ex Religioso Abbas Fontis-frigidi, eruditione, pietate, cæterisque virtutibus apprime instructus CLEMENTI V. Papæ innotuit, quem ani-

des Cardinaux François.

citiâ suâ profequutus tantî fecit, vt primò Pontificatus anno Romanæ Ecclefiæ Cancellariâ infigniuerit, & purpura etiam cohoneftauerit anno 1310. infuper ipfum grauiffimis pro Ecclefia muneribus obeundis præfecerit, Legationem quippe cum Epifcopo Piétauenfi in Angliam fufcepit ad conciliandos Regni Proceres cum EDVARDO Rege, de qua legendi VValfingamus, aliique Angliæ Hiftorici. Fuit autem Abbas Fontis-frigidi ab anno 1303. ad 1311. quò Monafterium plurimis fundationibus locupletauit, fuoque tempore ab AIMERICO Narbonenfi Domino d'Oueilhan & de Perinhan emitur omnimoda iuftitia Caftrorum d'Affinhan, du Terrail, Pontcalay, Preixan, & aliorum iurium, quæ & plura ad Monachorum fuftentationem legauit. Defunctus eft Auenione 1317. 14. Augufti.

Extraëlum ex Codice MS. Epiftolarum aliquot CLEMENTIS V. & IOHANNIS XXII. Ex Collegio Oratorij Trecenfis.

VENERABILI in Chrifto Patri Domino VVALTERO Dei gratia Exouienfi Epifcopo, amico chariffimo, Frater ARNALDVS miferatione diuinâ Tituli Sanétæ Prifcæ Presbyter Cardinalis, Sanétæ Romanæ Ecclefiæ Vice-Cancellarius, & Apoftolicæ Sedis Nuncius, falutem in eo qui eft omnium vera falus. Indubitatam gerit de circunfpeétione noftra mens veftra fiduciam, quòd preces noftras, quas ex pleno affeétu dirigimus, quibus vos ad charitatis & pietatis opera inuitamus, ad exauditionis efficacis plenitudinem liberaliter deducatis. Sanè Religioforum Virorum Abbatis & Conuentus Monafterij loci Sanéti Benediéti de Racloud, noftri Cifterciensis Ordinis, veftræ Diœcefis, relatione percepimus, quòd propter quandam mineriam argenti iuxta diétum Monafterium repertam, in nemoribus & aliis bonis ipforum tot incommoda atque damna receperunt haétenus, & continuè recipere dignofcuntur, quòd eorum prouentibus propter hoc plurimùm diminutis, in diéto Monafterio, quod fuit de nouo fundatum, Ecclefiam, Dormitorium, Refeétorium, Clauftrum & alia ædificia opportuna conftruere non valeant, nec etiam commodè fuftentari, nifi aliundè eis de opportunæ fubuentionis auxilio confulatur. Quare vobis humiliter fupplicarunt, vt cùm de prouentibus & redditibus Ecclefiæ *de Rykeleghd*, veftræ Diœcefis, cuius veri Patroni exiftere dignofcitur, & cuius etiam redditus & prouentus, nouem marcharum argenti iuxta taxationem decimæ valorem annuum non excedunt, poffit eorum indigentiæ non modicum releuari : fuper hoc preces noftras, quas fibi fperant in hac parte plurimùm profuturas, vobis dirigere curaremus. Ideóque Paternitatem veftram, de qua plenè confidimus, affeétuosè rogamus, quatenus precum interuentu noftrarum prædiétam Ecclefiam, cum omnibus iuribus & pertinentiis suis, cùm eam cedente vel decedente Reétore ipfius, vel alio legitimo modo vacare contigerit, eifdem Abbati & Conuentui in vfus eorum proprios retinendam, vna cùm Decano & Capitulo Ecclefiæ veftræ prædiétæ, quibus fuper hoc per Litteras noftras preces dirigimus efficaces, auétoritate ordinariâ concedatis, & etiam applicetis. Preces huiufmodi fic efficaciter admiffuri, quòd nos proptereà ad veftra & Ecclefiæ veftræ promouenda negocia rationabiliter obligetis. Refcribentes nobis per Fratrem Rogerium le Vvroch prædiéti noftri Ordinis Monachum, vel per alium, quicquid fuper his Clementia veftra duxerit faciendum. Datum Londoniis, decimo quinto Kalendas Nouembris.

*RAYMOND GVILLAVLME DE FARGIS,
Cardinal Diacre du Tiltre de . . . . Fils d'vne Sœur
du Pape CLEMENT V. Doyen de l'Eglife Cathedrale
de Bayeux.*

CHAPITRE XLVII.

Extraict des Regiftres de Parlement.

INTER IOHANNAM de Fargiis vxorem Raymundi Bernardi Balcux Domini de Scaualduno, & dileétos noftros Raymundum de Fargiis Cardinalem, Gaillardum de Fargiis Epifcopum Bazatenfem, Bertrandum de Fargiis Archidiaconum de Funelleto in Ecclefia Narbonenfi, & Raymundum de Fargiis Domicellum ex vna parte, & Raymundum Bernardum Militem Dominum de Scaualduno ex alterâ.

Preuves du Livre II. de l'Histoire

Extraict des Memoires MS. de Monsieur de la Rocque Advocat en Parlement.

RAYMOND DE FARGIS Cardinal estoit Doyen de Bayeux en l'an 1318. 1345. & 1349. suivant les Registres du Chapitre.

BERNARD DE GARVO DE SAINTE DELIVREE, Cardinal Diacre de Saint Eustache, puis Prestre Cardinal du Tiltre de Saint Clement, Neveu du Pape CLEMENT V. Archidiacre de Costentin, en l'Eglise de Constances.

CHAPITRE XLVIII.

Ciaconius in vitis Pontificum sub CLEMENTE V.

BERNARDVS DE GARVO de Sancta Liberata, Diœcesis Purdigalensis Vasco, Gallus, Papæ Consobrinæ Filius, Diaconus Cardinalis Sancti Eustachij, postea Presbyter Tituli Sancti Clementis à IOHANNE XXII. sub quo moritur Avenione, sepultus ad Minores.

Extraict des Registres de Parlement. 1338.

RADVLPHVS de Haricuria fuerat Archidiaconus Constantini in Ecclesia Constantiensi. Eo mortuo CLEMENS Papa V. Magistro BERNARDO DE GVARVO Nepoti suo fecit gratiam de Canonicatu & Præbenda tunc vacantibus, & per obitum dicti Magistri Radulphi, in ipsa præsidente Episcopo Magistro de Haricuria quondam Fratre dicti Magistri RADVLPHI, eius Archidiaconatum acceptavit, & possedit viginti annis pacificè quandiu vixit Episcopus Robertus prædictus, ac postea per tempus Episcopi Guillelmi Successoris eiusdem, in præsenti in eadem Ecclesia præsidentis dictus Radulphus de Haricuria fuerat Sedis Apostolicæ Capellanus, & vivente adhuc Roberto Episcopo, præfatus Papa Clemens dictum BERNARDVM Nepotem suum in Cardinalem assumpsit, & cum eo dispensavit, vt prædictum Archidiaconatum, & multas alias Dignitates & Beneficia posset cum conscientia retinere: postea Iohannes Papa dictum Archidiaconatum contulit PETRO DE MORTVOMARI Cardinali, cumque dictus Cardinalis possedit vsque ad obitum. Postea Benedictus XII. Lucæ de Flisco tunc Cardinali contulit.

GVILLAVLME DE MANDAGOVT, DOCTEVR en l'vn & en l'autre Droict, Archidiacre de Nismes, & d'Vsez, puis Archevesque d'Embrun, & enfin Cardinal Evesque de Preneste, & auparauant Secretaire du Pape NICOLAS IV. & Prevost de l'Eglise de Tolose, Legat en Arragon, auec Charles second Comte de Provence.

CHAPITRE XLIX.

Nomenclator Cardinalium.

GVILLELMVS DE MANDACOSO, (lege de Mandagoto) Gallus, ex Archiepiscopo Ebredunensi Cardinalis, Iuris Enarrator, & sublimis Interpres, scripsit referente Trithemio, de Electione Prælatorum præclarum opus, expositionem eiusdem libri, & alia quædam. Obiit Avenione circà annum 1324.

Not*

des Cardinaux François.

Notæ ad Innocentij tertij Epistolarum librum II. Regestorum XIV. per Reuerendissimum Patrem Dominum Franciscum Bosquetum Monspeliensem Episcopum.

Sur ces mots. TAM EX DICTAMINE. Dictamina dixerunt eius Ætatis scriptores, formulas scribendi. Legi librum MS. Dictaminum GVILLELMI DE MANDAGOTO, qui materiam Electionum Ecclesiasticarum explicuit, & ex Archidiacono Nemausensi, Cardinalis Ecclesiæ Romanæ, ni fallor, creatus est.

Extraict de l'Epitre Liminaire de l'Autheur anonyme, qui a fait imprimer le liure de ce Cardinal, touchant les Elections des Prelats.

GVILLELMVS MANDAGOTVS Ingenio subtilis, & clarus eloquio, nec minus vitâ & bonitate quam Doctrinâ venerabilis, Archidiaconus Nemausensis, & postmodum Ebredunensis Archiepiscopus, ac sacrosanctæ Ecclesiæ Romanæ demùm Cardinalis, vir in iure tùm Cæsareo, tùm Pontificio omnium suo tempore facilè exercitatissimus, vnus eorum qui iussu Papæ BONIFAC. VIII. sextum Decretalium Codicem ediderunt, quemadmodum in eiusdem voluminis principio patet: inter cætera quæ in facultate non spernenda scripsit volumina, quibus nomen suum immortalitati consecrauit, opusculum hoc insigne editum cùm adhuc in Ecclesiâ Nemausensi Archidiaconatûs gereret Officium, ad BERENGARIVM Biterrensis Ecclesiæ succentorem, posteà Episcopum, direxit, anno salutis millesimo trecentesimo.

OLDRADVS *en la cause de l'Eglise d'Yorch en Angleterre, fait mention de ce Cardinal en ces termes:*

SENTENTIA lata per Dominum de MANDAGOTO Episcopum Præneſtinum Cardinalem, & confirmata per Dominum Berengarium Fredoli Cardinalem Tusculanum, vltimò per totum Collegium Cardinalium, tempore Ioannis Papæ XXII. anno primo.

Sammarthani Fratres in Galliâ Christianâ.

GVILLELMVS DE MANDAGOT VI. Sebennas, primum Nemausensis & Vticensis Archidiaconus, mox Capellanus summi Pontificis, & Præpositus Ecclesiæ Tolosanæ, tandem à BONIFACIO VIII. Ebredunensi insulâ ornatus circa annum 1295. celeberrimus fuit iuris vtriusq; interpres, cuius operâ in condendo sexto Decretalium libro vsum esse eundem Bonifacium colligitur ex præfatione Operis, multaque alia Iurisprudentiæ monimenta scripsit, vti tractatum de Electione Prælatorum ad Berengarium Biterrensem, Donis ingentibus Metropolim suam locupletauit, legatione Pontificiâ functus ad Regem Aragoniæ cum Carolo secundo Prouinciæ Comite. Creatus autem Episcopus Cardinalis Prænestinus à Clemente V. 1312. 14. Decembris, Ponifacium egregiè propugnauit: tandem ex hâc vita decessit Auenione mense Nouembri, anno 1321. vel vt aliis placet, triennio post, sedente Ioanne XII. Eius cum laude meminerunt Bernardus Guidonis, Trithemius, Abrahamus Bzouius, Ciaconius, & Vghellus in Episcopis Prænestinis.

ARNAVD D'AVX, EVESQVE DE POICTIERS, Cardinal Euesque d'Albe, & Legat en Angleterre.

CHAPITRE L.

Extractum ex schedâ Matris Ecclesiæ Pictauensis

IN *Nomine Domini Pateat vniuersis, Quòd anno à Natiuitate eiusdem* 1307. *Indictione* V. tertiâ die introitus mensis Maij, videlicet die Dominicâ post Ascensionem Domini, Pontificatus sanctissimi Patris in Christo, & Domini Domini CLEMENTIS diuinâ prouidentè Clementiâ Papæ V. anno secundo, Reuerendus in Christo Pater Dominus ARNALDVS Pictauensis Episcopus anno & die prædictis, horâ primæ, vel circà, sedens super quandam Cathediam antè Majores fores ipsius Ecclesiæ Pictauensis, asportatus per nobiles viros Dominos Guidonem Comitem Marchiæ, Ioannam Vicecomitissam Castri-Ayraudi, Guillelmum Archiepiscopum Dominum de Parteniaco, & Mauritium Dominum de Bellauillâ, ab Ecclesiâ Sanctæ Mariæ Maioris Pictauensis, ac multis aliis Religiosis ac sæcularibus, ibidem astantibus in modum qui sequitur, Ecclesiæ Pictauensi præstitit tantummodò iuramentum. Ego ARNALDVS Dei gratia Pictauensis Episcopus, iura Ecclesiæ Pictauensis seruare, & malè alienata renocare pro posse: Statuta, Priuilegia, Libertates & Consuetudines Ecclesiæ Pictauensis rationabiles, & approbatas, quæ & quas seruare teneor, Iuro me obseruaturum, excludendo leues obseruantias à Prædictis. Acta sunt hæc Pictauis sub anno, indictione, & die, Pontificatu & horâ prædictis.

Vers qui se lisent en vne lame de cuiure, contre la muraille du Iubé de l'Eglise Cathedrale de Poictiers, & qui m'ont esté enuoyez par feu Messire Henry Louys Chasteigner de la Rochepofay, Euesque dudit lieu.

ARNALDVS, meruit Pictanis Pontificari,
Et tandem voluit Deus ipsum Cardinalari.
Quirerum corpus prudens multum perhibetur,
FORTIVS inde nepos Pictanis præsul habetur,
Anno milleno ter C. terque nonено.
Obuia venit ei mors Festo Bartholomæi.

Ecce figuratus est FORTIVS iste vocatus,
Præsul Pictanis sanctæ fidei bona clauis,
Et fulgens stella, per quem fuit ista capella
Hic benè fundata cum redditibus situata,
Anno milleno ter centum ter duodeno
Pingitur, efficitur præsens opus atque politur.

Petrus Raymundi fugiens à limite mundi,
Attente sis sanus, Pictanis quippe Decanus
Hic in honore piè fecit hoc altare Mariæ
Sit tibi recta via Paradisi virgo Maria,
Anno milleno ter centum ter duodeno
Maurici Festo sancti Lector memor esto,
Sic illustratum fuit hoc Altare Sacratum.

Istius Ecclesiæ succentor G. fuit iste
Cuius sons veniæ miserere precor bone Christe:
Ecce trium fratrum Picturas, Ecce senatum
Deprecor hos pone Deus in cœli regione,
Anno milleno ter centum, terque noueno
Mors sua nempe die Festus fuit antè Matthiæ.

GVILLAVLME PIERRE GODIN, RELIGIEVX
de saint Dominique, Docteur en Theologie, Prouincial de son Ordre en Prouence, puis dans le Languedoc, Lecteur du sacré Palais à Rome, Cardinal Prestre du Tiltre de saincte Cecile, puis Cardinal Euesque de Sabine, Legat en Espagne.

CHAPITRE LI.
Nomenclator Cardinalium.

VILLELMVS PETRI DE GODINO Baiocensis Diœcesis, Gallus, Ordinis Prædicatorum, ob absolutam sacrarum litterarum peritiam, quarum Lutetiæ non vulgaris interpres fuerat, à CLEMENTE V. in Senatum Lectus, & Galero perornatus scripsit *De nuptiis Christi Domini & Ecclesiæ* insigne volumen, quo iura omnia, Concessiones & Priuilegia Romanæ Ecclesiæ amplexus est, sermonesque multos. Obiit Auenione anno 1336. iacetque in Cathedrali Tholosana.

Ex Tomo septimo Sanctoralis Bernardi Guidonis MS. & in Bibliotheca Fratrum Prædicatorum Tholosanorum asseruato.

FRATREM GVILLELMVM PETRVM DE GODINO Baiocensem, Ordinis Fratrum Prædicatorum, Magistrum in Theologiâ Parisiis, assumpsit in Presbyterum Cardinalem Tituli Sanctæ Ceciliæ idem Dominus CLEMENS Papa quintus Sabbato in ieiuniis quatuor temporum in Aduentu, x. Kal. Ianuarij, anno Domini 1311. Pontificatus sui anno octauo. erat autem tunc Lector sacri Palatij, vbi legerat iam sex annis, fueratque Prior Prouincialis in Prouincia Prouinciæ ordinis Prædicatorum primò, deinde in Prouincia Tholosana. Aprés est écrit en suite, mais d'une autre main, Iste perfecit Ecclesiam Conuentus Fratrum Prædicatorum Tholosæ, vbi sepultus est in sepulchro marmoreo, coram Ecclesiæ Sacramento.

Epitaphe du Cardinal Godin, qui se lit sur son Tombeau dans l'Eglise des Iacobins de Tholose.

DOMINVS Frater GVILLELMVS GODINVS Episcopus Sabinensis Cardinalis.

VITAL DV FOVR, RELIGIEVX DE L'ORDRE
des Freres Mineurs, Docteur en Theologie, Ministre Prouincial d'Aquitaine, Prestre Cardinal des Saints Sylvestre & Martin és Monts, au Tiltre d'Equitius, puis Evesque Cardinal d'Albe.

CHAPITRE LII.
Nomenclator Cardinalium.

VITALIS DE FVRNO Vasatensis, Gallus, Ordinis Minorum, Cardinalis, quamuis secretis etiam Philosophiæ lustratis, multarum scientiarum cognitione probè excultus esset, Theologiam tamen antiquissimam habuit, scripsitque *Postillam in Apocalypsim*, *de paupertate Christi & Apostolorum*, *in Prouerbia Salomonis*, *in Euangelia lib.* 4. *Quodlibeta: De tuenda sanitate & remediis morborum*: *in quartum sententiarum*, opus nondum vt opinor excusum, quod in Bibliothecâ Vaticanâ vidi; sermones multos: *speculum morale totius sacræ scripturæ*, in quo vniuersa ferè loca & figuræ veteris ac noui testamenti mystica explanantur. Iacet Auenione in Ecclesia Minorum, cum hoc Epitaphio,

HIC jacet Reuerendus in Christo Dominus FRATER VITALIS DE FVRNO Ordinis Minorum bonæ memoriæ, Episcopus Albanensis, S. R. E. Cardinalis, qui obiit die decima sexta mensis Augusti, anno Domini 1327. cuius anima requiescat in pace.

MICHEL DV BEC, DOYEN DE L'EGLISE
de S. Quentin en Vermandois, Chanoine en la Cathedrale de Paris, Prestre Cardinal du Tiltre de S. Estienne in Cœlio Monte.

CHAPITRE LIII.
Ex Compendio vitæ LETARDI, sexti Abbatis Beccensis, MS.

MIRACVLVM, Quo Beata Maria subuenit GVILLELMO Crispino seniori, vbi de Nobili CRISPINORVM genere agitur

BEATA Domina Mater & perpetua Virgo MARIA singulare Præsidium Christianorum, per quam salus Mundi apparuit: Quo Maiorem apud Deum præ cæteris gratiam inuenisse dignoscitur, eo frequentius ab hominibus, & fiducialius atque familiarius in necessitatibus inuocatur: Et ipsa celer Clementiæ suæ multis impendere solet Beneficium. Vnde nonnulla illius subuentionis exempla inueniuntur scripta, plurima passim iugi sentiuntur effectu; quæ propter multitudinem non sunt commendata memoriæ; è quibus vnum referre volumus, quod dignum memoria videtur, quodque pro sui magnitudine, non potuit latere illius hominibus: In quo facto ostendit Beatissima Dei Parens quam benignum gerat erga miseros ad se confugientes affectum, nam VVillelmo Cognomento CRISPINO, eius misericordiam deprecanti in magna anxietate astuit, & mirabiliter illum eripuit de instanti periculo mortis, sed priusquam huius miraculi ordinem pandamus, dignum videtur paucis indicare quis fuerit VVILLELMUS & vnde cognomen CRISPINI, sibi & suo generi contigerit.

Antequam Normanni Duce VVillelmo Angliam debellarent, fuit in Neustria, quæ nunc Normania vocatur, vir egregius nomine GISLEBERTVS, genere & Nobilitate præclarus, qui ab habitudine capillorum, primus Crispini cognomine dicitur insignitus: nam in primæua ætate habebat capillos crispos, & rigidos, atque sursum erectos, & vt ita dicam reburfos ad modum pini ramorum, qui semper tendunt sursum; quare cognominatus est Crispinus, quasi crispus pinus quam capillorum reburfionem adhuc videmus in iis, qui de ipsius Gislebetti genere descendunt: vnde & ipsi eodem cognomine à cæteris Normannorum Familiis dirimuntur. Iste *Gislebertus*, qui vt diximus, Crispini cognomen primus est adeptus, accepit vxorem senioris *Fulconis de Alnou* germanam nomine *Gonnoram*, de quattres filios genuit, *Gislebertum* Crispinum, pro quo scribere ita suscepimus, & Robertum, duasque filias, *Emmam Petri de Condeto* genitricem, atque *Elsiam* matrem *Vuillelmi Malet*, qui Miles strenuus, in senectute factus est Monachus Becci, & transactis aliquot annis, honorificè in Cœnobiali Obseruatione, vt talem virum decebat, bono fine quieuit. Robertus Crispinus minor frater, Normanniam egressus plurimas peragrauit Regiones, donec Constantinopolim veniret, & ab Imperatore cum honore susceptus, magnique nominis apud omnes effectus, vbi, vt fertur, inuidiâ Græcorum veneno periit, Gislebertus Crispinus maior horum trium fratrum, à Duce Normannorum, Castrum Tegulatias in hæreditate custodiendum accepit; quod hæredes eius tenent vsque ad præsens tempus: prædictus VVillelmus Crispinus medius frater, generis nobilitate, & morum probitate, atque militia famosissimus; inter Normannorum primos habebatur, qui vt diximus, de primo Crispinorum patre Gisleberto optimus filius, ad totius generis sui gloriam felicibus auspiciis prodiit; & sicut inter Romanos olim Fabij, vel Anicij, siue Manlij insignes habebantur: ita Crispini inter Normannos & Francos honoratissime reputabantur; sed iste VVillelmus inter omnes nominatissimum fuisse fertur, qui suo tempore militiæ titulis insignis penè super omnes eiusdem tempestatis viros enituit, vnde præclara eius probitas plures sibi effecerat inuidos, atque hostes reddiderat atrocissimos. Ea tempestate Franci auctore *Vualterio Vetulo* Comite de Ponte-Isaræ, qui totam terram intra Ittam & Andelam atque Sequanam suam debere esse dicebat, crebras irruptiones vltra Fluuium Ittam faciebant, & prædas de Vilcasino agebant: & ideo Dux Normannorum VVillelmus, qui postea Rex Anglorum fuit, prædictum *Vuillelmum* Crispinum, quia erat probatissimus in Re militari, collocauit in Castro Melsia, contra Francorum incursus ad coërcendas eorum præsumptiones donans illi Castrum ipsum, & Vilcasini Vicecomitatum iure hæreditario custodiendum, & filiis eius post eum, sicut vsque hodie videmus. At ille sibi mansionem ibi constituit, Familiam & Milites in loco posuit contra irruptiones Francorum: quâ de re Franci vehementer irati, in tantum odium contra illum exarferunt, vt mortem eius totâ auiditate appeterent. His de ortu Crispini cognominis præhibatis, nunc iam ad rem veniamus; quam vt à veracibus Relatoribus accepimus, simpliciter referre curabimus, & est res memoriæ digna, & Beatæ Domini Matri congrua, quæ humano generi post Deum singulariter est amabilis, & per singula cuncta laudabilis.

Inspirante Domino Deo nostro IESV CHRISTO omnium bonorum Auctore, quidam Miles strenuus & diues *Herluinus*, postpositâ nobilitate terrenâ, abiectâ sæculi pompâ, quâ antè iuxta modum suum non parum deflorauerat; deposito quoque militiæ cingulo, ad Christi paupertatem totâ deuotione se contulit: vt in Monachica conuersatione soli Deo liberius vacaret. Hic itaque renuncians sæculo sibi ad votum arridenti, in fundo sui iuris, qui Burneuilla dicitur volens Cœnobium constituere, Ecclesiam ædificauit in honore Sanctæ MARIÆ, ibique Religionis habitum suscepit, cum esset annorum quadraginta: nec multo post Presbyter ordinatus, & Abbas constitutus est, quia campestris & inaquosus est locus, per soporem monitus à Beata Domini Matre MARIA, in Vallem ad litum qui vocatur *Beccus* secessit: ibique nobile ædificare cœpit in honorem eiusdem Sanctæ MARIÆ Matris Domini Monasterium; quod Deus perfecit ad sui nominis gloriam & multorum hominum salutem, & solatium. Cui Deus ad auxilium & consilium adduxit iuxta desiderium cordis sui *Lanfrancum*, virum in liberalibus Artibus vndecunque peritissimum, quem cum magno suscipiens gaudio dedit ei habitum Religionis. Tunc confluebant ad prædictum locum certatim multi Seculares litterati, & alij ceruices suas leui iugo Domini, & obsequio regularis vitæ humiliter inclinare. Alij liberos suos à *Lanfranco* erudiendos in liberalium Artium Philosophia, & informandos per *Herluinum* in regulari disciplina tradere, nonnulli ipsum locum rebus suis studebant amplissimè ditare: inter quos egregius vir prædictus VVillelmus Crispinus, filium suum in tenera ætate nomine *Gislebertum* prædictis Patribus Deo nutriendum sub regulari disciplina obtulit: & multa de rebus suis temporalis vitæ subsidia cum puero ministrauit. Quorum informatus doctrinâ & sanctæ conuersationis exemplis, sic cum diuino profecit auxilio in Diuinis, & Philosophicis institutis, vt omnes Artes, quas liberales vocant, ad vnguem addisceret, & earum riuulos pluribus ipse perfectus in Religione propinaret. Cuius tanta fuit in actiua & speculatiua vita perfectio, vt cum Deus *Lanfrancum* Cantuariensi Ecclesiæ in summo Pontificatu præficeret, eum *Lanfrancus* ad regimen Vuest-monasterij, Deo vocante, prouideret; tantaque sanctitatis gratia, vt credimus, Deo & hominibus placuit, vt humilitatem præcunctis sui temporis Prælatis & specialiter prætenderet, & sublimius prędicaret. Hic triginta duobus annis loco magis profuit quam præfuit; & in senectute bona plenus dierum, & sanctitate, Patribus suis appositus huius vitæ terminum clausit. In huius Patris genitore, Vuillelmo scilicet Crispino, iam superiùs sæpè nominato, res gesta est, excellentia insignis, relatu mirabilis, & quæ deceat Domini Matrem Beatam MARIAM semper Virginem, quam pro suis magnis & multis Beneficiis, indesinenter laudat vniuersus terrarum orbis. Hic enim nobilis vir, vt iam diximus, à Duce Normannorum Vuillelmo in Castro Melfiæ Marchisus fuerat constitutus contra Francos, qui transeuntes Ittam Fluuium, subitis rapinis Vulcasinum deuastabant; ibique posuerat suam Familiam ad Castelli custodiam, veruntamen terram quam habebat in Normannia in Lexouiensi pago, certis temporibus reuisebat, & dispositis rebus reuertebatur Melsiam: in eundo autem, vel redeundo Beccum non transibat, quin venerabilem Patrem Herluinum videret, & cum eo loqueretur. Accidit autem vt rediens, iuxta morem, Domino disponente, de terra sua, quadam die Dominica vir ille deuotus Beccensem inuiseret Ecclesiam, & cum Abbate licentius de negotiis suis ageret, cumque inter se familiariter contulissent de iis, quæ res postulabat necessaria, licentiam abeundi postulauit, & cum gratia festiuus discessit: cumque aliquantulum processisset, substitit, & protinus ad Abbatem reuertitur: de cuius reditu admiratus homo Dei resalutatus ab illo cur rediisset, inquisiuit, *ad hoc redij*, Crispinus ait, *alme Pater, vt me benedicas, meque tuis Fratrumque tuorum orationibus commendes quoniam vos Deo, & eius piæ Genitrici me suppliciter commendare studeatis*: mox vir Domini Herluinus pietatis visceribus in feruentem viri deuotionem, miro charitatis affectu præcordialiter motus, *Deo*, inquit, *& Sanctissimæ Matri eius commendamus; quorum te tuitio protegat, & à cunctis aduersitatibus potenter defendat*. In hac benedictione confisus osculatis Abbate & Fratribus, cum Sociis ad locum properat, quo ire cœperat, ad Castrum suæ scilicet custodiæ deputatum. At vero Franci qui è regione vltra Ittam commanebant, audito quod Vuillelmus Crispinus transiens Sequanam in Normanniam descendisset, conglobati in vnum sollicitè obseruabant eius reditum, cum forte ipsa die, quâ reuertebatur in vicina sylua in insidiis occultati operiebantur, vt venientem aut caperent, aut trucidarent. Crispinus ad locum properans, cum iam non longè à Castro esset transiuit iuxta syluam, in qua Franci latitabant ad eum interimendum parati, qui mox cernentes quem quærebant, surgentes de insidiis audacter illum inuadunt: tunc Socij relicto eo omnes fugerunt: ille præsidium fugæ attentare volens, densitate syluæ præpediebatur; sicque interceptus, quia nec fugere, nec resistere valebat de equo exiliit; & necessitate compulsus super radicem excisæ arboris, quæ iuxta erat, insedit; habenas, q̃uibus equum regebat, vt quidam dicunt, vicinæ arboris ramis appendit; & vt alij volunt, ad augmentum Miraculi, manu retinuit: his arctatus angustiis Vuillelmus Crispinus, cor ad Deum leuat, Matremque Misericordiæ magnâ deuotione reclamat. *Domine Iesu Christe*, ait, *miserere mei, & per merita Patris Herluini & Fratrum eius, quibus me suppliciter hodie commendaui, libera me de hoc imminenti periculo mortis, ô generosa Virago intacta Domini Mater, suscipe indignas tui peccatoris preces, & contribulati cordis sacrificium ante Deum, & ante te ascendat in odorem suauitatis, Virgo Virginum, Domina Angelorum, si qua tibi cura est de tuo Beccensi Herluino, suppliciter obsecro, vt à præsenti me liberare digneris exitio: instant vndique hostes iam de mea morte, vel cautione insultando triumphantes; imminet hostilis manus, quam non licet effugere & in ipso mortis limine interceptus, cogor de vita desperare. Quid faciet iste tuus seruulus, ô intacta Parens Dei, Sacrarium Spiritus Sancti? quid faciet, quem hostilis cuneus lanceis insequitur & gladiis? Succurre quæso Domina piissima, per potestatem, quâ es apud cælestes gloriosa, apud terrigenas imperiosa, apud inferos terribilis: vbique magnifica, vbique præminens auctoritate, & maiestate Regia: & innoua in me antiqua subuentionis tuæ beneficia, quia non patet effugiendi via. Mater Misericordiæ, per orationes Seruorum tuorum Becci, Herluini, & Fratrum eiusdem loci, quorum orationibus me manè commendaui, libera me ab hac præsenti iam imagine mortis*. Huiusmodi oratione in conspectu Domini, & eius gloriosæ Matris MARIÆ cum tota mentis deuotione, & magno contritu cordis dolore, sine sono vocis emissâ anxiatus est spiritu penè vsque ad sudorem mortis, cum subitò à sinistris adstitit ei ad vitæ solatium quædam Virago præclara, vultu iocunda, ornatu Regio speciosa, & candida sindone amicta, quæ manicam suam dexteram expandit super eum, & hoc velamine eius ferè corpus cooperuit totum, nam ad tibias vsque medias hoc tegmen descendebat, & vltra pertingere non valebat, habebat autem rubeas caligas, & ideo contrahebat se, & stringebat, & totus in se ipso curuatus laborabat quatenus tibias & pedes sub manica Regiæ Puellæ absconderet, nec poterat: accedunt hostes & vicinum inquirere lanceis, & mucronum cuspidibus accelerant, & pungendo sub frondibus & arbustis, atque fructis, vsque ad eius pedes vel ad corpus vndique infestant, sed nullo modo ipsum tangebant. Ipse vero per munitionem Beatæ Dei Genitricis, inimicis suis factus est inuisibilis, & admirantes, dicebant: quo abiit? quid deuenit? nunquid cum viuentem terra absorbuit? huic venit, hic fuit, quò fugit & abscessit, ecce equus illius dependet, quem insequimur, hunc, eo non inuento, ad detrimentum illius surripiat qui vult; at illi quibus erat sanior mens respondebant non se venisse equum rapere, sed hostem, si possent, infestum iugulare. Cumque diu inuestigando illum, laborassent in vacuum, vesperascente iam die confusi ad propria redierunt, tunc illa piissima Domina: *Scis-ne*, inquit, *homo in mortis argustia, vnde tibi prouenerunt vitæ subsidia, nosti nomen meum quæ tibi ministraui in mortis argustia restaurandi solatium? Ego sum bona Dei Mater, cui te Abbas Herluinus, toto corde commendauit, quando hoc tua intentio deuotè postulauit*: his dictis Virgo discessit. Sic spargit Regina Cæli sperantibus in se odorem vitæ, sic attrahit ad se innumerabiles copiosâ charitate, &ne-

minem relinquit ingloriam qui deuotè eius implorat auxilium. Comites Crispini qui timore hostium ab eo profugerant, venientes domum tristi rumore repleuerant oppidum, quod eorum Dominus aut captus esset aut mortuus. Dolor ingens omnium, luctus incomparabilis erat per totum Castellum; cum subito prospiciunt Vuillelmum Crispinum super equum venientem, & cum magno gaudio occurrentes, suscipiunt illum laetantes. Hic Heros cum antea plurimum Beccensem amaret Ecclesiam deinceps hac de causa super omnes dilexit, & de rebus suis multa in ea Deo seruientibus contulit, quam dilectionem posteris suis, quasi haereditariam reliquit, ita vt videatur quod infantes, de eius progenie venientes, Beccensem diligant naturaliter Ecclesiam, ac si cum lacte carnis biberint ipsius dulcedinem amoris, ipsam quoque Domini Genitricem, quae per totum mundum venerabilis habetur, quasi solam Becci colatur, Sanctam MARIAM Becci inuocant, & deprecantur, & multoties eius auxilium experti sunt in necessitatibus suis: de quibus dicitur quia Beccensem Ecclesiam, mox in ipso ortu quasi in cunis nuper natam exceperunt, & educauerunt, atque ad perfectam aetatem perduxerunt; sumptibusque suis pro posse extulerunt. Ille egregius Vir saepè factus Vuillelmus Crispinus ad extremum veniens, venit & rogauit Sanctum Patrem *Herluinum* venire ad se vt daret sibi Religionis habitum: tardante autem Abbate vidit Daemones ad se venisse, & duas macerias nimium excelsas circa se aedificare, quibus ita arctabatur, vt non se putaret inde posse euadere: cum ecce aspiciebat Sanctum BENEDICTVM Signum Dominicae Crucis manibus ferentem ad se accedere, ad cuius aduentum illa daemonica phantasia tota euanescebat. Nec mora, nuntiatur adesse Beccensis Abbas venerabilis *Herluinus*, & cum eo quidam Monachus nomine *Vuillelmus*, qui postea fuit Abbas Cormeliensis, à quo haec audita dicuntur. Narrauit ergo Crispinus Abbati ludificationes Daemonum, & Dei adiutorium per Sanctum Benedictum sibi impensum; tunc factus est Monachus, & post paucos dies vitâ discessit, & humatus iuxta Ecclesiam, vbi Claustrum aedificandum erat, confidens se per Sanctam Domini Matrem MARIAM, suam Liberatricem, & per Beatum Benedictum gratiam Christi & misericordiam consecuturum.

Epitaphium Vuillelmi Crispini senioris.

NOBILITER natus Miles fuit hic tumulatus,
Prouidus, & fortis moribus atque probis,
Qui nec mundus eum posset submergere secum,
Hunc portum subiit, Monachus hic obiit,
Iam post Nonas, ac tres & quatuor horas,
Cum iam compleßet, quintaque iam fieret,
Paruus erat Beccus, cum paruum nomine rebus,
Sumptibus ipse suis, extulit vt potuit,
Noto CRISPINVS fuerat cognomine dictus,
Nomine VVILLELMVS, cui Deus esto pius.

Iste Vuillelmus Crispinus habuit vxorem nomine *Euam* genere, & moribus sibi competentem, de qua genuit *Gislebertum* praedictum Vuest-Monasterij Abbatem, & alios plures Haec *Eua* de Gente Francorum, claris natalibus progenita postquam praedicto nupsit Vuillelmo, eius se aptans moribus, coepit Beccensem Ecclesiam prae omnibus amare, Abbatem, & Monachos, quasi ex se genitos totis visceribus amplecti, magnâ deuotione venerari, vestes & quaecunque in ornamentis pretiosa habebat, in vsus Ecclesiae & Fratrum expendit, ipsamque Domini Matrem & eius Beccensem Ecclesiam, toto corde dilexit. Defuncto viro eius Vuillelmo totam se ad Dei seruitium conuertit, viuens in sanctâ viduitate, ieiuniis, vigiliis, & orationibus intenta, quantum sexus, vel aetas patiebatur, carnem & sanguinem vsque ad finem vitae non gustans, eleemosinas multas indigentibus faciens: post aliquot annos à Vuillelmo Rothomagensi Archiepiscopo velata in subiectione Beccensis Coenobij permansit ad mortem, & defuncta, sepulta est iuxta virum suum.

Horum nepos de filio Vuillelmo tertius Vuillelmus Crispinus originalem amorem trahens erga Beccensem Ecclesiam miro eam coluit affectu. Iste Vuillelmus sanguinis propinquitate iungebatur Comiti Andegauorum, ideoque familiaris illi erat; ad quem cum se aliquando contulisset vt ad amicum, & Comes contra quosdam suos bellum gereret, qui in terra sua contra illum rebellauant, pugnabat Vuillelmus pro eo quantum poterat. Quadam die repetiens hostes irruit audacter in eos; at illi terga verterunt, siue timore, vt fugerent, seu industria, vt eum longius abductum capere possent: quos ille insequutus aliquantum, à suis disiunctus est: inimici videntes illum se persequentem solum, vnus eorum conuersus equum, cui insidebat percussit, & per latera perforauit: ille sciens equum ad mortem vulneratum, mox vertit habenas, & conuersus retrorsum, calcaribus vrgens cornipedem, celeri fuga ad suos reuerti conabatur, Beatam Domini Matrem inclamitans voce magna, *Sancta Maria Becci adiuua me, Sancta Maria Becci adiuua me*: sic vociferando peruenit ad quoddam fossatum, quo perpeti saltu transmisso, quasi iam securitate potitus cecidit mortuus, hoc idem Vuillelmus Crispinus pro magno Miraculo, ad honorem Dei & eius Sanctae Genitricis narrare solitus erat, quod equus penè mortuus, profluente hinc inde vbertim sanguine, à lateribus, per duo ferè milliaria portauit eum ad tutum locum. Equidem equus ipse, vt aiebat, nimia velocitate vigebat, sed tam velocem nunquam cum inuenerat. Idem Vuillelmus postea captus cum in carcere diu teneretur ferro constrictus, timore & angore coactus vouit, si Deus eum de hac tribulatione liberaret, quod iret Hierusalem, nec multo post egressus liber de carcere, accepit Crucem, signum videlicet eundi Hierusalem: mox ita mutatus est verbo, & opere vt totus subito videretur alteratus; cunctis qui hoc videbant mirantibus, proficiscendi terminum posuit ad primam Festiuitatem Sancti Michaëlis. Sanè

des Cardinaux François.

rogabat Deum, & Sanctam Matrem eius, quatinus si in via moriturus erat, antequam proficisci inciperet, moreretur, quo Beccum delatus inter Antecessores suos iaceret humatus. Quod Deus iuxta bonitatem suam, sicut petebat illi concessit, nam infirmitate correptus, hominem exuit in vigilia Sancti Michaëlis, quarto Kalend. Octobris, & sicut desiderauerat, vtque moriens præceperat, die quâ profecturum se dixerat; portatum est corpus eius ad Dominam suam Sanctam Beccensem MARIAM, & iuxtà suos Patres sepultum.

Talibus Beneficiis Beata Dei Genitrix genus Crispinorum & alios quamplures, cuiusque Ordinis & Generis ad suam familiaritatem adduxit, vt firmiori fide & ardentiori amore, eius audeant implorare in suis necessitatibus auxilium; quatinus per ipsius intercessionem recuperare valeant Filij sui Domini IESV-CHRISTI gratiam, qui viuit & regnat cum Patre & Spiritu Sancto, Deus in sæcula, Amen.

Extraict des Memoires MS. de feu Monsieur Dey, en son viuant Docteur de Nauarre.

MICHAEL DE BECCO Decanus Sancti Quintini, anno 1317. factus est Cardinalis sub Titulo Sancti Stephani *in Cælio monte*.

Inscription qui se remarque aux vitres de la Chapelle de Saint Michel, au costé gauche du Chœur de l'Eglise de nostre Dame de Paris, au dessous du portraict de ce Cardinal.

FVNDAVIT Michaël de Becco, Sanctæ Romanæ Ecclesiæ Presbyter Cardinalis, hanc Capellam in honorem Beati Michaëlis Archangeli.

Ex Martyrologio Ecclesiæ Parisiensis.

ANno Domini 1318. in Festo Decollationis Sancti Iohannis Baptistæ, mense Augusti, obiit fœlicis recordationis Dominus Michaël de Becco Presbyter Cardinalis, qui dedit nobis ad opus Anniuersarij sui, in nostra Ecclesia, in Cappis sericis, Canonicis Chorum tenentibus, faciendi, trecentas libras Parisienses.

Extraict du Martyrologe de l'Eglise de Saint Quentin.

QVarto Kalendas Septembris, die vero vigesima nona Augusti, obiit Reuerendus Pater Dominus Michaël de Becco, quondam Tituli Sancti Stephani *in Cælio monte* Presbyter Cardinalis, & huius Ecclesiæ Decanus, pro cuius anima habemus centum duodecim libras, quindecim solidos, & nouem denarios Parisienses, de quibus emimus centum & decem solidos Parisienses annui & perpetui redditus, assignatos super Cellario nostro, distribuendos in vino singulis annis in eius Anniuersario, iis tantum Canonicis, qui dicto Anniuersario intererunt, & Infirmis. quos & centum solidos prædictos Cellarium nostrum capiet singulis annis super quindecim libras annui redditus assignatas ad magnum vinagium Regis in Sancto Quintino, quas emimus à Iohanne *de Lerche*.

Fragmenta Testamenti Michaelis de Becco Cardinalis, ex Archiuis Conuentus Carmelitiarum Parisiensium Plateæ Maubertinæ desumpta, & à Reuerendo Patre Ludouico Iacobo de Saint Charles Communicata.

BERENGARIVS Fredoli diuina miseratione Portuensis, & sanctæ Ruffinæ Episcopus, & Petrus d'Arrabloy eadem miseratione Tituli sanctæ Susannæ Presbyter Cardinalis, Executores Testamenti Reuerendi Patris Domini Michaëlis bonæ memoriæ, tituli Sancti Stephani in Cælio Monte Presbyteri Cardinalis, Venerabilibus & Religiosis viris Priori & Conuentui Parisius Fratrum Ordinis Beatæ Mariæ de Carmelo, Salutem in eo qui est omnium vera Salus. Prout ad vestram credimus prudentiam peruenisse, præfatus Dominus MICHAEL Cardinalis in sua vltima voluntate elegit sepulturam in Ecclesia vestra noua quam habetis Parisius in loco, ad quem de nouo vos & Conuentum vestrum ex concessione Sedis Apostolicæ transtulitis; suosque libros, exceptis illis, qui erant deputati ad vsum Capellæ pro communi libraria & vsu Fratrum vestri Ordinis Parisius studentium. Nec non & mille libras Parisienses pro ædificatione Ecclesiæ vestræ nouæ in loco prædicto vna cum xx. Turonens. pro Conuentu vestro legauit prout in eius testamento plenius continetur. Et quiatunc temporis ipso viam vniuersæ carnis ingresso non potui: corpus eius ex quibusuis causis rationabilibus ad vos Parisius deportari tradendum in dicta Ecclesia noua apud vos, Ecclesiasticæ sepulturæ. Fuit per Nos Nemausi in Ecclesia Ordinis vestri depositum, assumendum exinde prout fuisset per nos ordinatum. Verùm nos volentes præfati Domini Cardinalis voluntatem huiusmodi adimpleri, Ipsum Corpus, libros & pecuniam supradictam per Venerabiles viros Magistrum N. de sancto Iusto, Decanum sancti Quintini in Viromandia, sacræque Theologiæ Doctorem, nostrum in hac parte collegam, & Fratrem GVIDONEM Priorem Generalem Fratrum Ordinis vestri sacræque Theologiæ Doctorem recipientem pro vobis & Conuentu vestro prædicto vobis duximus transmittenda per Nos taliter ordinato. Quod videlicet dictum corpus in Ecclesia vestra noua prædicta sita Parisius iuxtà Crucem Haymonis & non alibi, In eiusdemque Ecclesiæ honorabiliori loco iuxta Maius altare, cum illa qua decet reuerentia & honore tradatur Ecclesiasticæ sepulturæ. Librique omnes prædicti ibidem in Communi vestra Libraria deponantur & incatenentur. Necnon & mille libræ prædictæ in quadam archa in loco securo apud vos sub tribus clauibus, quarum vnam geret venerabilis vir Magister Guillelmus Alexandri, Doctor sacræ Paginæ, & aliam Magister Nicolaus de Sancto Iusto prædictus, & tertiam Prior vestri Conuentus pro tutiori custodia reponantur, vt per eos iuxta dicti Testatoris ordinationem, prout opus fuerit in ædificationem dictæ Ecclesiæ prædicta pecunia, & in nullum alium vsum aplicetur. Volumus etiam de prædicti corporis, librorum ac pecuniæ receptione publica fieri instrumenta, & illa quamcicius commodè fieri poterit nobis ad curiam remitti. Quare nos & vestrum quemlibet attentè requirimus vobis nihilominus districtè præcipiendo mandantes, quatenus corpus præfati Domini Cardinalis reuerenter velitis recipere sepeliendum in Ecclesia vestra prædicta iuxtà modum præmissum honorabiliter sicut decet, ac præfatis Collegis nostris obtemperare fauorabiliter super præmissis, & ea continentibus quoquomodo. Libri autem quos vobis mittimus, de quibus superiùs fecimus mentionem, sunt hij qui sequuntur. Biblia in duobus voluminibus valdè pulchra: Biblia in decem voluminibus glossata. Item, alia Biblia manualis. Augustinus supra Genesim, de Trinitate confectus, cum aliis multis in eodem volumine. Augustinus de Ciuitate cum multis aliis & Isidorus Etymologiarum. Anselmus de Casu diaboli, de vitiis & virtutibus. Bernardi meditationes in eodem volumine. Moralia Gregorij. Decretum. Decretales. Scripta Anibaldi super quatuor libros Sententiarum in vno volumine. Scripta Petri Tarentasiæ in duobus voluminibus. Secunda Secundæ Fratris Thomæ. Quinque libri Salomonis glossati in eodem volumine. Themata Sermonum Dominicalium Scriptum Ethicorum Thomæ, Sermones in quatuor voluminibus cooperti grosso pergamena, siue postilla, Historiæ Ecclesiasticæ. Sermones Dominicales totius anni. Epistolæ Petri Blesensis. Textus Sententiarum. Summa Magistri Ioannis de Deo, de ordine iudiciario sunt duo primi, Sextum, Examinationes testium super miraculis Petri de Muro in papiro. Extractio doctrinæ Gregorij super Ezechiele & moralibus Gregorij. Postilla super Epistolas Canonicas & super Canticum Canticorum cum Tractatu de oculo. Sermones ad status cum quæstionibus de anima fratris Thomæ & Sermonibus quibusdam siue postillis. Manipulus Florum. Datum Auenione sub sigillis nostris, anno Domini MCCC. decimo nono, XII. die mensis Iulij.

Sub hoc instrumento appenduntur Sigilla dictorum Cardinalium ex cera rubea confecta cum effigie.

Aliud instrumentum de sepulturia eiusdem Cardinalis

IN Dei *nomine Amen*. Notum sit vniuersis præsens instrumentum publicum inspecturis, Quod cum Reuerendus Pater & Dominus Dominus Michaël tituli S. Stephani *in Cælio monte*, Presbyter Cardinalis, in vltima sui voluntate apud Religiosos viros Priorem & Conuentum Ordinis Beatæ Mariæ de Monte Carmeli Parisius, prope Crucem Haymonis, in loco quem ad præsens inhabitant, suam elegisse sepulturam, prout in eius testamento plenius inter cætera dicitur contineri. Corpúsque Reuerendi Patris eiusdem postmodum Parisius fuisse delatum Ecclesiasticæ sepulturæ iuxtà præfatam eius ordinationem tradendum. Tandem anno Domini millesimo CCC. XX. die Lunæ post Festum Assumptionis Beatæ Mariæ Virginis XX. mensis Augusti, celebrato officio in Ecclesia Parisiensi in qua Præbendatus extitit, tam in vigiliis, quam missa pro eodem defuncto reuerenter vt decuit, & eo immediatè delato ad locum eorumdem Fratrum supradictorum, cum processionum solemnitate tam religiosorum quàm sæcularium concomitantibus Dominis & Prælatis infrascriptis & aliis personis innumeris, & in eorundem Fratrum Ecclesia prope Crucem Haymonis prædictam, recepto funere, Missa Defunctorum pro eodem per Venerabilem Patrem & Dominum Dominum Sagonensem Episcopum deuotissimè celebrata, Idem funus in præsentia Reuerendorum Patrum & Dominorum videlicet Beluacensis, Cathalonensis & Briocensis Episcoporum, ac Venerabilium & Religiosorum virorum Dominorum Sancti Germani propè Parisius & Sancti Maglorij Parisius Abbatum Ordinis S. Benedicti, Dominorum Philippi Illustris Principis, Domini Regis Maioricarum filij, Anibaldi Gaytani de Ceccano, Guillelmi Alexandri, Canonicorum Parisiensium, & aliorum Magistrorum & Dominorum in maxima turba fidelium, per Dominum Sagonensem supradictum debitis in hiis omnibus obseruatis exequiis iuxta maius altare Monasterij dictorum Fratrum cum solemnitate deuota in pace & omni tranquillitate nullo penitus reclamante aut se modo quouis patenter opponente in scriptura memorata traditus extitit Ecclesiasticæ sepulturæ, Super quibus omnibus iidem Prior & Conuentus dicti loci, sibi per me Notarium fieri petierunt instantissimè, publicum instrumentum. Acta sunt hæc Parisius in loco dictorum Religiosorum Ordinis Beatæ Mariæ, anno & die supradictis, præsentibus Venerabilibus viris Magistris Guillelmo Bernardi, Doctore in Theologia, Guillelmo Casalis Officiali Curiæ, Archidiacono Briæ in Ecclesia Parisiensi, Domino Gerardo Monacho in Ecclesia S. Dionysij in Francia, Marthæo de Caumont, Adam de Montegisonis, omnibus præsentibus & aliis quampluribus testibus ad hæc vocatis & rogatis.

des Cardinaux François. 279

Ego Radulphus Benedicti Clericus, Bartholomeus Diotus publicis Apostolica & Imperiali auctoritate ac Vniuersitatis Parisiensis Notarius, qui præmissis præsens fui instrumentis dum fierent, vnà cum Reuerendis Patribus Dominis & Magistris infrascriptis, ea scripsi, & in hanc prædictam formam reduxi, meóque signo consueto signaui rogatus.

RAYMOND, RELIGIEVX ET ABBE' de Saint Seuer, Cardinal Prestre de Sainte Pudentiane, au Tiltre du Pasteur.

CHAPITRE LIV.

Ciaconius in vitis Pontificum sub CLEMENTE V.

FRATER PETRVS (lege Raymundus) Gallus, Monachus & Abbas Sancti Seueri, Presbyter Cardinalis Tituli S....... mortuus est Auenione, sub IOANNE XXII.

GVILLAVME TESTE, PRESTRE CARDINAL du Tiltre de Saint Cyriac in Termis, Domestique du Pape CLEMENT V. & Legat en Angleterre.

CHAPITRE LV.

Testament du Cardinal Guillaume Teste, tiré d'Avignon.

IN Dei nomine Amen. Nouerint vniuersi & singuli præsentes pariter & futuri, Quod anno & die infrà scripto, Nos Petrus de Miranda licentiatus in legibus, locum tenentes Nobilis & potentis Domini, Domini Arnaldi Guillelmi Militis, Domini de Barbasano, Cambellani Domini nostri Franciæ Regis, eiusque Senescalli Agennensis, & Vasconiæ, mediantibus quibusdam patentibus litteris ab eodem Senescallo Agennensi emanatis, in pargameno scriptis, & sigillo dictæ Senescalliæ Agennensis, Asseriati Condomiensis in Pendentibus sigillatis, quarum tenor inferius est incitus, vidimus, palpauimus, inspeximus, perlegimus & in nostris manibus tenuimus, & per Notarium publicum infrà scriptum publicari fecimus coram Nobis, quoddam publicum instrumentum testamentarium, per Notarium publicum recentum, confectum & signatum, non vitiatum, non Cancellatum, nec in aliquâ eius parte abolitum, abrasum, seu suspectum, sed prorsus omni vitio & suspicione carens, Nobis per venerabiles & discretos Dominos, Vitalem de Hospite Licentiatum in legibus, Ioannem de Boteto, Guillelmum de Sancto Petro, Arnaldum de Rupho, & Aymericum de Lana Consules Ciuitatis Condomiensis, exhibitum & ostensum in præsentiâ Notarij & Testium infrascriptorum testimonio, vt eius primâ facie apparebat & in eodem continebatur & perlegebatur: cuius quidem instrumenti testamentarij tenor sequitur sub his verbis.

IN NOMINE DOMINI, Amen. Nouerint vniuersi, quod anno à Natiuitate Domini 1326. Indictione nona, die prima mensis Septembris, Pontificatus Sanctissimi Patris Domini IOHANNIS diuina prouidentia Papæ XXII. anno decimo, Reuerendus in Christo Pater & Dominus, Dominus

Nn

GVILLELMVS Dei gratia Tituli Sancti Cyriaci in Terminis Presbyter Cardinalis, sanus mente, per nomen Iesu Christi, licet graui sui corporis infirmitate detentus, conditionis humanæ desiderans debitum præuenire, habens testandi, disponendi, & ordinandi de rebus & bonis suis plenam & liberam à Sanctæ Romanæ Ecclesiæ Domino Papa potestatem, prout in litteris Apostolicis super hoc confectis ibidem per ipsum, seu de mandato suo exhibito dixit & asseruit idem Dominus Cardinalis plenius contineri, per præsens nuncupatiuum Testamentum suis scriptis, de bonis & rebus suis disposuit in hunc modum. IMPRIMIS autem elegit corpus suum tradi Ecclesiasticæ sepulturæ in Ecclesia Hospitalis Sancti Iacobi prope Condomium per ipsum Testatorem de nouo constructi, in loco congruo & decente, & in sepulchro non multum pretioso, nec vili, per cuius aspectum cum suo Epitaphio gentes ad orandum pro anima sua libentius & deuotius animentur. In loco autem, in quo decedet voluit fieri exequias & funeralia consueta iuxta ordinationem & statutum ipsius ad arbitrium Executorum suorum; commendauit autem animam suam Deo Omnipotenti, Beatæ Mariæ, Beatis Apostolis Petro & Paulo, & Iacobo, Beatæ Mariæ Magdalenæ, Beato Bertrando, Beato Cyriaco, Beatæ Quiteriæ, & omnibus Sanctis. Item voluit & mandauit omnia & singula debita sua in quibus inueniretur teneri, de suis bonis persolui. Item retinuit de bonis sui mobilibus quibuscunque, tam pro expensis funeralium suorum vbique faciendis, quam etiam pro legatis & relictis ad pias causas, quam etiam pro remuneratione Seruitorum suorum summas pecuniarum infra scriptas, distribuendas per partes, prout inferius continetur: in omnibus autem bonis suis residuis mobilibus & se mouentibus, iuribus & actionibus, præsentibus & futuris, suo vel dicti Hospitalis nomine emptis, acquisitis, seu acquirendis, & in omnibus & singulis sibi debitis & debendis imposterum, ratione Beneficiorum suorum Ecclesiasticorum & Cardinalatus, vel alio quouis modo, titulo, siue causa, Hospitale Sancti Iacobi per ipsum prope Condomium de nouo constructum, & Pauperes Hospitalis eiusdem sibi Hæredes vniuersales instituit. Item legauit omnia vestimenta sua Sacerdotalia, Libros Ecclesiasticos & Cruces, & omnia ornamenta Capellæ suæ Hospitali prædicto de Condomio, nisi de prædictis aliud in Testamento suo præsenti duxerit ordinandum expresse: in omnibus vero suis rebus & bonis immobilibus ad præsens ad ipsum pertinentibus, vel quouis modo pertinere debeant patrimonialibus, seu hæreditariis, & etiam nomine Pauli de Testa, & quondam Iohannis Fratris eiusdem Pauli, Nepotum suorum emptis, si quod ius ipsi Testatori competeret in eisdem, necnon in iure Patronatus sibi quoquomodo competenti in Hospitali prædicto, & in quingentis libris Turonensibus paruorum eidem Paulo, tam per Guillelmum Boni Camerarium suum, quam per Dominum Saucium de Belloloco, Procuratorem suum, eiusdem Domini Cardinalis nomine mutuatis, seu in deposito traditis, dictum Paulum de Testa Nepotem suum, Hæredem suum instituit, ea tamen quod si dictum Paulum contingat de Ecclesia, siue de legitimo Matrimonio procreato omnia bona ad dictum Paulum pertinentia tempore mortis suæ, ad dictum Hospitale & Pauperes liberè deuoluentur iuxta contenta in Testamento per ipsum Paulum facto & retento in nota per Magistrum Iohannem de Montelongo quondam Apostolica auctoritate Notarium: ius verò Patronatus præcedentium ad Primogenitam masculinum Laïcum dicti Pauli, si tempore mortis dicti Pauli dictus Primogenitus superuixerit plenè & liberè, & in solidum, & absque diminutione Trebellianæ vel salutis deuoluatur, & si dictus Primogenitus eo tempore non superuiuerit, & sine Liberis masculis Laïcis decessisset, ad alium Filium dicti Pauli qui maior esset ætate, Laïcum tamen, dictum ius Patronatus modo consimili deuoluatur, & si dictus Primogenitus, vel maior ætate, qui in dicto iure Patronatus successerit, quandocunque moriatur, existentibus Filiis masculis, semper ad Filium maiorem ætate masculum Laïcum dictum ius Patronatus modo consimili deuoluatur, & sic seruetur vsque in infinitum: itaque Mulieres nunquam in dicto iure Patronatus succedant; nomine vero Laïci intelligi voluit Clericum cum Virgine coniugatum, ita tamen quod si ad Clericatum veniret, ius Patronatus ad Filium Laïcum si habuerit, alias ad proximiorem de genere masculum & Laïcum Clericum coniugatum deuoluatur: si vero contingeret dictum Paulum decedere sine Filiis masculis Laïcis, vel Liberos masculos Laïcos prædicti Pauli, vel Liberos Liberorum vsque ad infinitum sine Liberis ex suo corpore legitimè procreatis masculis & Laïcis, tunc ad Consules de Condomio deuoluatur, & dictos Consules in dicto iure Patronatus substituit per fideicommissum, & si contingeret aliquo casu dictum Consulatum cessare, ita quod tempore mortis Prioris dicti Hospitalis, non essent Consules vnus vel plures in Condomio, illa die qua Consulatus cessaret, ius Patronatus pertineat ad Senescallum Agennensem, & si tunc non superesset Senescallus Agennensis, quod ius Patronatus prædictum deuoluatur ad Senescallum maiorem Ducatus Aquitaniæ, illa vice duntaxat, & quandiu & quoties cessaret Consulatus prædictus, & quoties superfuerint Consules supra dicti temporis locationis, semper ad ipsos Consules pertineat ius Patronatus prædictum, dicta deuolutione ad Senescallum siue semel, siue pluries interuenerit & nullum impedimentum præstauerit, dictis tamen Paulo & Hæredibus suis superius designatis, & ipsis Consulibus in causam . . . . . in quo ius Patronatus perueniret ad eos, ius Patronatus Hospitalis eiusdem vendendo, donando in alium quemcunque locum & personam transferendi, permittendi, legendi, seu quouis alio modo alienandi nominis idem ius Patronatus apud dictos, Paulum, Hæredes suos, & Consules suo casu perpetuo maneat, omnino eam potestatem ademit. Item ne redditus Hospitalis prædicti, bonaque tam sibi nunc acquisita, quam ea quæ in futurum poterunt euenire, dissipati, seu dilapidari aut alienari contingat, quod propter & ma-

des Cardinaux François.

los Administratores sæpè contingit, desiderans futuris præcauere permultis, voluit & ordinauit & expressè mandauit in perpetuum se teneri, quod Prior qui nunc est in Hospitali prædicto, si dicto Domino Cardinali superuixerit, & alij Priores qui pro tempore fuerint, in eodem teneatur & teneantur quolibet anno in Festo Circuncisionis Domini reliquias, & bona alia ipsius Hospitalis tam nunc acquisita, quam in posterum acquirenda, quæ seruando seruari poterunt cum Inuentariis ostendere & singulariter exhibere Computum, quæ & rationem de administratis reddere iuramento corporali præstito per Priorem Paulo de Testa Hærede suo subscripto, seu ipso non extante, Hæredibus suis superiùs designatis, quandiu Hæredes instabunt per rectam lineam descendentes vt superiùs est expressum, conuocatis ad hoc semper duobus Consulibus de Condomio, cum duobus Fratribus Confraterie Sancti Iacobi, qui in prædicti Inuentarij exhibitione bonorum & redditione Computi, cum dicto Hærede seu Hæredibus sint præsentes, si voluerint interesse : quod si noluerint, velint quod Hæres prædictus teneatur conuocare duos probos Viros de Condomio, quos tamen ipse Hæres duxerit eligendos, qui cum ipso in redditione Computi & exhibitione Inuentarij sint præsentes, in casu etiam in quo vt potè prædicto Paulo Hærede suo sine Liberis, seu Hæredibus ab ipso per rectam lineam descendentibus, vt expressum est superiùs, ius Patronatus Hospitalis prædicti ad Consules de Condomio deuolui contigerit, quo ad redditionem Computi & exhibitionem Inuentarij præcepit, & seruari voluit illud idem, quod si in redditione Computi, & exhibitione Inuentarij supradicti in futurum reperiri contingat Priorem dicti Hospitalis bona & res Hospitalis eiusdem malè administrasse & administrare, alienare seu distrahere, donare, sine causa rationali dilapidare, seu dissipare, aut prodigalitate consumere, vel alias in vsus malos conuertere, quomodo vel legale Computum non redderet, &c. Prædictis liceat dicto Paulo & Hæredibus suis per rectam lineam descendentibus, vel defunctis prædictis Hæredibus, dictis Consulibus, dictum Priorem ab administratione bonorum & rerum Hospitalis prædicti ad tempus suspendere & administrationem huiusmodi alteri de Capellanis seu donatis Hospitalis prædicti committere per ipsum, cui commiserit, regendam, tenendam & gubernandam, tandiù & donec idem Prior reatum suum cognoscens de mala administratione plenam emendam fecerit, & verisimiliter præsumatur quod in futurum meliùs administret. Item legauit eidem Paulo vltra prædicta, mille florenos auri, & meliorem equum suum. Item voluit ipse Testator quod si decederet in Auenione, vel circa, corpus suum portari ad Ecclesiam Fratrum Minorum de Auenione in Deppósito, & ibidem fieri exequias pro Cardinalibus fieri solitas, ita tamen quod quam citò commodè fieri poterit, corpus suum prove magis integrè sine exteratione portari poterit exinde ad sepulturam, quam elegit in Ecclesia Hospitalis sui de Condomio deportetur, ita quod nullæ fiant solemnes exequiæ vsque ad Ecclesiam Sancti Petri de Condomio pro eodem, ne in bonis internis .... grauentur aliqui laboribus, & ipse: in dicta vero Ecclesia de Condomio Missa & exequiæ celebrentur solemniter pro eodem, & exinde citiùs vt commode poterit corpus suum transferatur ad Ecclesiam Hospitalis prædicti, & sepeliatur ibidem, pro ipsius anima Missa, & aliæ exequiæ solemniter celebrentur, & etiam posteà vsque ad nonam diem, prout est de aliis Cardinalibus fieri solitum. Deinde legauit idem Testator Canonicis, Capellanis, & Clericis Ecclesiæ Beatæ Mariæ Auenionensis, viginti florenos auri pro Missis celebrandis, & orationibus faciendis pro anima sua. Item Fratribus Minoribus. Item Fratribus Prædicatoribus. Item Fratribus Augustinis. Item Fratribus Carmelitis, Ciuitatis Auenionensis, cuilibet dictorum quatuor Conuentuum viginti florenos auri. Item Rectori Parrochialis Ecclesiæ Sancti Petri Auenionensis decem florenos. Item Hospitalibus & leprosis Auenionensibus diuidendos inter omnes per æquales portiones quadraginta florenos. Item operi Ecclesiæ Fratrum Minorum de Auenione viginti florenos. Item operi Fratrum Prædicatorum de Carpentorato decem florenos. Item Monachis de Condomio. Item Fratribus Minoribus de Condomio. Item Fratribus Prædicatoribus de Condomio. Item Fratribus Carmelitis de Condomio, cuilibet Conuentuum viginti florenos. Item Sororibus de Proulhano de Condomio. Item Sororibus Minoritis de Condomio. Item Hospitali de Pradali de Condomio. Item Hospitali de Vocaria de Condomio. Item Leprosis de Pradali de Condomio. Item Leprosis de Sancta Eulalia de Condomio, cuilibet decem florenos. Item pro se & Filiis suis agnitis dictus Dominus Cardinalis habuit Domum Leprosiæ de Lauocaria in Parrochia Goalhardo in satisfactionem & emendam vig.nti florenorum. Item duobus Reclusis de Condomio cuilibet duos florenos. Item Conuentui Fratrum Clericorum de Condomio viginti florenos. Item Confraterie Sancti Iacobi de Vocaria de Condomio, decem florenos. Item Confraterie Clericorum Sancti Bertrandi Conuennarum decem florenos. Item pro Anniuersario in Ecclesia Sancti Petri de Condomio perpetuò annis singulis faciendo quinquaginta florenos. Item Capitulo prædictæ Ecclesiæ de Condomio decem florenos. Item pro eleemosina Pauperum eiusdem loci de Condomio, quæ eleemosina fiat in Hospitali prædicto die sepulturæ suæ cum sequentibus nouem diebus, viginti florenos. Item pro Anniuersario in Ecclesia Sancti Bertrandi Conuennarum perpetuo faciendo quinquaginta florenos, voluit tamen quod si certi redditus empti iam fuerint & satisfactum sit pro ipsis, pro dicto Anniuersario faciendo, prout ipse asseruit se mandasse, præsens legatum nullius sit valoris, & pro non facto habeatur. Item operi Ecclesiæ eiusdem Sancti Bertrandi, viginti florenos. Item pro eleemosina Pauperum eiusdem loci Conuennarum, viginti florenos. Item operi Ecclesiæ de Velamonte & Montisalua, viginti florenos. Item pro eleemosina Pauperum eiusdem loci Velamontis, viginti florenos. Item operi Ecclesiæ de Beraudo Condomensis Diœcesis, decem florenos. Item legauit Domino Vitali de Testa

Presbytero Nepoti suo, & Petro de Testa, & Nepoti eiusdem Petro Vitali pro satisfactionibus, si in aliquo teneatur eidem, seu alteri eorum, ratione, vel occasione quacunque Computi Patris dicti Petri, vel alia ratione seu causa; ducentos florenos. Item Bernardo de Testa, aliàs dicto de Garato Nepoti suo centum florenos, secundùm equum & meliorem. Item Gailhardæ de Testa Sorori dicti Bernardi quinquaginta florenos. Item Magistro Guillelmo Camerario suo, centum florenos. Item Domino Gotio Auditori suo, centum florenos. Item Domino Michaeli Recommani, centum florenos. Item Paulo de Baiona centum florenos. Item, Domino Bertrando Viuentis, & Domino Feucio de Carenceno suis Cubiculariis, cuilibet centum florenos. Item Vitali d'*Argentan* Domicello suo centum florenos. Item Vitali de Testa de Burdegala Domicello suo centum florenos. Item Petro Moysserij Ruthenensis Diœcesis Domicello suo centum florenos. Item Fratri Galtero Conuerso centum florenos. Item Magistro Gilberto de Boueria Procuratori suo in Anglia, centum florenos. Item Magistro Bernardo Roqueto Medico. Item Guillelmo Medico, cuilibet quinquaginta florenos. Item pro reparationibus Domorum & Ecclesiarum Archidiaconatus Elyensis, & Ecclesiæ *Nysserton* eidem annexæ, ducentos florenos. Item pro reparatione Domorum & Ecclesiarum *Desposford* Eboracensis Diœcesis per Scotos, & alios malos homines destructarum, ducentos florenos. Item pro reparatione Ecclesiarum & Domorum de *Schurku* Roffensis Diœcesis centum florenos. Item pro reparatione Ecclesiarum & Domorum Cantorariæ, ducentos florenos, & etiam quicquid de dicta Cantoraria sibi debebitur tempore mortis suæ. Item pro reparatione Domorum & Ecclesiarum *Hobelton* .... Diœcesis, quas tenent Hospitalarij subiecta annuâ pensione, centum florenos. Item Magistro Guillelmo de Boys pro restitutione & emenda si sibi in aliquo teneatur, legauit quicquid tempore mortis suæ sibi debebitur per Dominum Iohannem de Boys ratione pensionis. Item remisit Bernardo de Baiona quicquid ratione expensarum factarum Tholosæ pro ipso debebat eidem Domino Cardinali, & Hæredibus dicti Bernardi. Item legauit Fratri Petro Rectori, & Fratri Iohanni de Boudis Socio suo de Ordine Minorum, cuilibet quadraginta florenos. Item Thomæ d'Estanes. Item Iohanni Dandilhois. Item Iohanni Valen. Item Guillelmo de Castrogrindio Procuratori in Palatio. Item Sancio, &c. Buticulario. Item Gerardo de .... Item Deodato de Fabria, cuilibet triginta florenos auri Item Ricardo Coco quinquaginta florenos. Item Berengario de ..... Item Iohanni Geste. Item Petro Cursori. Item Bernoto Cursori, cuilibet triginta florenos. Item Bertrando Marescallo. Item Iohannoto de Coquina. Item Iohannoto Carretario. Item Colino Furnerio. Item Anselmo Palefrenario. Item Ioanni Bandesto Palefrenario. Item Guinqueloto Palefrenario. Item Bernardo Porterio, cuilibet triginta florenos. Item Domicello Domini Vitalis de Testa viginti florenos. Item Domicello Domini Auditoris viginti florenos. Item Domicello Guillelmi Bony triginta florenos. Item Augerario Sartori, decem florenos. Item Iohanni Apothicario viginti florenos. Item Bernardo Bedoni decem florenos. Item Petro Geraldi Apothicario viginti florenos. Item Guillelmo Fustaic viginti florenos. Item Lotrici pannorum decem florenos. Item Vicario de Tamareto. Item Magistro Benedicto de Alapio, cuilibet viginti florenos. Item Magistro Iohanni Nicolao Petro de Tillio, Iohanni de Bordelerio Presbyteris remisit debita in quibus eidem Testatori tenentur, nisi quatenus ea soluerint ante mortem Testatoris eiusdem. Item Ecclesiæ de Graciaudo propè Carducnam decem florenos. Item Ecclesiæ Sancti Romani Condomiensis Diœcesis decem florenos. Item Ecclesiæ de la Guilla propè Condomium duodecim florenos pro vno Calice. Item Capellano Ecclesiæ Sanctæ Eulaliæ de Condomio quinque florenos. Item legauit Ecclesiæ Beatæ Mariæ Magdalenæ vnum Calicem cum patena deauratum, ponderis trium marcarum. Item Ecclesiæ Beatæ Mariæ de Valleviridi alium Calicem eiusdem ponderis. Item Ecclesiæ Beatæ Mariæ de Præpoduo siue de Amptio alium similem Calicem. Item Ecclesiæ Beatæ Mariæ de Rupecauata alium similem Calicem. Item Ecclesiæ Beatæ Mariæ de Mari Arelatensi alium similem Calicem. Item Hospitali de Præpoduo siue Amptio, decem florenos. Item operi Pontis Annorum, decem florenos. Item operi Pontis Sancti Spiritus Vticensis Diœcesis, decem florenos. Item Hospitali Sancti Antonij .... quinque florenos. Item Priori Sancti Antonij in Romana Curia, decem florenos. Item luminariæ Ecclesiæ Sanctæ Marthæ de *Tarascon*, quinque florenos. Item luminariæ Ecclesiæ Sancti Ægidij quinque florenos. Item pro augmentandis redditibus Capellæ Beatæ Mariæ Magdalenæ in Ecclesia .... per eundem Testatorem constructæ, quinquaginta florenos, nisi iam empti fuerint, & satisfactum fuerit pro eisdem. Item voluit quod Domino Papæ & Cardinalibus dentur Annuli conuenientis pretij, prout per alios Dominos Cardinales defunctos est fieri consuetum. Item legauit Domino nostro Papæ Syphum de auro puro ponderis sex marcarum duarum vnciarum, & quartæ partis vnciæ ad pondus, cui Familiam suam humiliter recommendat. Item omnibus aliis Famulis de Domo sua superius non nominatis, diuidendos inter omnes, quinquaginta florenos. Item dixit se recepisse dictus Dominus Cardinalis pro venditione ...... quæ fuit quondam Pauli de Testa Nepotis sui, postquam idem Paulus contraxit Matrimonium, ducentos florenos & octo auri de quibus voluit satisfieri Canonico & Præbendario Successori dicti Pauli, cuius nomen nouit, licèt super hoc scripserit Dominus Cardinalis Procuratori suo in Anglia existenti, qui quidem Procurator nihil super hoc rescripsit. Item legauit Domino Petro de Godino Presbytero. Item Domino Gilberto Presbytero. Item Domino Raymundo de Alexiaco Presbytero. Item Raymundo de Parteonio, qui fuit tribus annis in Moreto, & nunc moratur in Palastia, cuilibet viginti florenos. Item Domino Guillelmo & Fortanetio Capellanis Hospitalis Domini Cardinalis, cuilibet decem florenos.

des Cardinaux François.

Item Raymundo Canaffi pauperi Clerico, qui moratur in dicto Hospitali, decem florenos. Item Iacqueto Salmaterio, & Petro Salmaterio, cuilibet decem florenos. Voluit autem & mandauit dictus Testator, quod si prænominatis vel aliis Seruitoribus & Familiaribus suis, per ipsum in præsenti ordinatione sua non sit benè satisfactum, Executores sui infrascripti eis satisfaciant competenter. Ad præmissa autem omnia & singula exequenda & complenda, esse voluit & disposuit Commissarios suos huiusmodi Testamenti sui Executores, Reuerendos Patres Dominos, Bertrandum Tusculanum Episcopum, & Anselmum Tituli Sanctorum Marcellini & Petri Presbyterum, Neapoleonem Sancti Adriani, & Arnaldum Sanctæ Mariæ in Porticu Diaconos Cardinales, ac Venerabiles Viros Dominos Vitalem de Testa Canonicum Saresberiensem Nepotem suum, Iohannem de Lescauperon Archidiaconum Nannetensem, Guillelmum Bony Canonicum Narbonensem Camerarium suum, Michaëlem Riomanensem Canonicum Valentinensem, & Bernardum Viuentis Canonicum Sancti Iuliani Burdigalensis Cubicularium suum, dans eis & maiori parti ipsorum, & etiam tribus aut duobus ex eis, plenam licentiam, ac omnimodam & liberam potestatem sine contradictione Hæredis, seu Hæredum suorum, aut alicuius cuiuscunque personæ, vt possint sua auctoritate per se vel per alium seu alios de quibuscunque bonis mobilibus, vel se mouentibus ipsius Testatoris, prout voluerint accipere, vendere, tradere, alienare & obligare pro prædictis restitutionibus faciendis, & dictis legatis soluendis, & pro prædictis omnibus & singulis exequendis, & Procuratores, vnum vel plures constituere, & reuocare semel & pluries, cum potestate alium vel alios substituendi, quoties & quando eis videbitur expedire, vt dictum est supra: & si contingeret aliquem vel aliquos dictorum Executorum præmori eidem Testatori, vel mori ante executionem omnium præmissorum, alij, prout superiùs est expressum vel alius vbi solus superesset, nihilominus prædicta omnia & singula exequantur, vel exequatur, vel si voluerint, seu voluerit, alium, vel alios eligant seu eligat loco eiusdem mortui, seu etiam mortuorum, licet quoque eis agere vel facere Procuratorem, seu Actorem qui contra Hæredes & contra alios quoscunque agant ad omnia quæ dicta sunt exequenda ad damna & expensa, à suis Hæredibus quibusque aliis exigenda debita sua, leuandum & exigendum, & percipiendum, & de solutis quitationem & refutationem faciendum. Exinde mandauit & fieri voluit per eosdem quidquid idem Testator posset facere vel mandare circa præmissa & singula præmissorum, volens dictus Testato quod prædicta valeant iure Testamenti nuncupatiui, & si non valeant iure Testamenti, valeant iure Codicillorum, vel cuiuslibet alterius vltimæ voluntatis. Requisiuit Dominos infrascriptos, quod essent super præmissis omnibus sibi Testes, & me Notarium infrascriptum, quod facerem publicum Instrumentum vnum, vel plura prout & quoties fuerit opportunum: voluit & mandauit quod præsens Testamentum suum non mutata substantia dictari & ordinari possit ad consilium cuiuslibet Sapientis. Acta fuerunt hæc Auenioni, anno, mense, die, Indictione & Pontificatu prædictis, in Domo quam inhabitabat dictus Dominus Cardinalis, præsentibus Venerabilibus Patribus, Dominis, Petro Guillelmo Tholonensi, & Gregorio Felice Bellimensi, Religioso Viro Fratre Bartholomæo de Moreto Ordinis Carmelitarum, Pœnitentiario Domini Papæ, ac Venerabilibus Viris Iohanne de Regio, Iohanne de Lescauperon Clerico Cameræ Domini Papæ, Frederico de Parma Aduocato in Romana Curia, Iohanne Saluagij, Bernardo Fistre Canonico Sancti Hilarij Pictauiensis, & Petro de Regnaudo Rectore Ecclesiæ . . . . . Diœcesis, Testibus ad præmissa per dictum Dominum Cardinalem vocatis, specialiter & rogatis.

Et ego Guillelmus Medici Descaquinea Clericus Biterrensis Diœcesis, publicus Apostolica & Imperiali auctoritate Notarius, prædictis omnibus & singulis per dictum Dominum Cardinalem ordinatis, prout superius continetur, præsens fui vna cum supranominatis Testibus, eaque omnia & singula de mandato speciali & ad requisitionem ipsius Domini Cardinalis scripsi & in hanc formam redegi, meoque signo signaui in testimonium præmissorum, in quarum quidem visionis, perlectionis, tentationis, inspectionis, palpationis, & omnium aliorum præmissorum fidem & testimonium nos locum tenentes, prædictis Sigillum Regium dictæ Senescaliæ Agenzensis assiezatus Condesni huic præsenti Instrumento, seu vidimus, impendendum duximus apponendum vna cum signo & subscriptione Notarij infrascripti.

Nn iij

JACQVES DOSSA, CHANCELIER du Royaume de Sicile, Patriarche d'Antioche, Euesque de Frejus, puis d'Auignon, Cardinal Euesque de Port & de Sainte Rufine, & enfin Pape sous le nom de JEHAN XXII.

CHAPITRE LIV.

CAROLVS secundus Dei gratia Rex Hierusalem & Siciliæ, Ducatus Apuliæ, & Principatus Capuæ, Prouinciæ, & Forcalquerij Comes, vniuersis, &c. INVITIS Venerabilis Patris IACOBI Forojuliensis Episcopi, Regni Siciliæ Cancellarij, Consiliarij & Familiaris nostri cuius grandia & fructuosa seruitia quæ nobis exhibet, gratis affectibus recensemus, eidem Episcopo ac suis in dictis Episcopatu ac Ecclesia Forojuliensi, & Successoribus canonicè intrantibus partem pertinentem olim GVILLELMO de Arcis Militi, seu Raymundo eius filio, quondam aliter dicto Garrato, in Castris de Reuesto, & Villepiseels, ad manus Curiæ nostræ nuper iustè & rationabiliter deuolutam, & quicquid iuris, vel actionis eadem Curia nostra habebat, vel habere posset in illa, cum hominibus, vassallis, redditibus, seruitijs, domibus, fortalitijs, vineis, terris cultis & incultis, planis montibus, pratis, nemoribus, pascuis, molendinis, aquis, aquarumque decursibus, tenementis, territorijs, alijsque iuribus, iurisdictionibus & pertinentijs suis, omnibus quæ de Dominio in Dominium & quæ de seruitio in seruitium perpetuum damus, tradimus, & ex causa donationis proprij motus instinctu in feodum concedimus de liberalitate mera, certâ nostrâ scientiâ, & gratiâ speciali, renuntiato prius in manibus nostris per eundem Episcopum, pro se ac dictis Successoribus suis, omni iuri competenti sibi in bonis stabilibus, alijsque prædictis quæ fuerant dicti Raymundi præfati Guillelmi filij, quæ per cum à nostra Curia tenebantur, necnon in bonis mobilibus quibuslibet eiusdem Raymundi vbicunque consistant; ita quidem præfatus Episcopus, dictique Successores eius in Episcopatu, & Ecclesia prælibatis, nobis, nostrisque in dictis Comitatibus hæredibus, pro iam dicta Castrorum parte seruire, de feudali seruitio, proque & sub quo partem, quam inemoratus Guillelmus ab eadem nostra Curia tenebat, iuxta consuetudinem dictorum Comitatuum teneantur. Quod seruitium idem Episcopus bona voluntate, pro se & Successoribus suis nobis, ipsique nostris hæredibus facere promisit, inuestientes eundem per annulum de illa re. Actum Neapoli, præsentibus Bartholomæo Signulpho de Neapoli Comite Casertæ, & alijs; per manum Bartholomæi de Capua Militis, Logothetæ & Prothonotarij Regni Siciliæ, anno 1309. Februarij decimo.

Nomenclator Cardinalium.

IACOBVS OSSA Caturcensis, Gallus, Cardinalis, demùm IOHANNES vigesimus secundus, acri iudicio, in Theologicis disquisitionibus celebris, sibimetipsi vt Pontifex renunciaretur præcipuus extitit Suffragator, scripsitque, quædam in Theologia, vt refert Cortesius, Sermones varios de Visione Dei, Epistolas multas, quarum quatuor extant in Historia Rerum Bohemicarum, Constitutiones viginti, Extrauagantes dictas, eiusque Regesti Volumina in Bibliotheca Vaticana seruantur, quibus etsi nomen suum æternauerit, multum tamen inclaruit ob libros ei ab Augustino Triumpho, Guilione Perpiniano, Petro de Apono, Alexandro de Sancto Elpidio, & Petro Aureolo inscriptos, Sylnensemque Episcopatum Aluaro Pelagio collatum. Obijt anno 1334. iacetque in Cathedrali Auenionensi.

Extrait d'vn Memoire MS. autrefois enuoyé de Cahors à Maistre Iean Masson Archidiacre de Bayeux.

CADVRCENSI vrbe natus erat IACOBVS DOSSA humili genere, Cerdone Patre, seu Sutore veteramentario, ingenio docili & erecto, disciplinis aptus, ætate procedente in gratiam eorum venisse, penes quos summa rerum erat, ad Episcopatum Forojuliensem assumptum, deinde ad summum Pontificatum euectum.

des Cardinaux François.

Lettre du Pape Iean XXII. à MARIE Reyne de Sicile, touchant la Canonisation de Louis son Fils, Euesque de Tholose.

EPVLARI Filia, in sinceritatis, & veritatis azymis, & in Domino gaudere te conuenit, quia Filius tuus, ab olim mundo moriens, Deo fœliciter viuere, factúsque Compatriota Cœlestium, ac sidereum Incola mansionum in Domini Tabernaculo meruit habitare, exultare, ac pium prorumpere debes in iubilum, de vtero tuo processisse Virum Angelicum, meditans Consortem esse Angelorum, profusis decet te plaudere gaudiis, quod talem in terris genueris Filium, cuius in Cœlis patrocinio, cuiúsque fauore apud homines potiris, vt intercessionibus apud Deum. Hic est ille natus tuus venerandæ memoriæ LVDOVICVS Episcopus Tolosanus, quem Deus ipse gloriosus in Sanctis suis, & in maiestate mirabilis, suâ immensâ bonitate virtutum operatione mirificans, & gratiâ sanitatum, sic immensis illustrauit Miraculis, quod in diuersitate graduum sui status, in gratia & gloria gradatim ascendit. Hic est, quem, vt piè creditur, Rex ipse Cœlestis sic honorare decreuit in patria, vt Sedi supernæ quietis insideat, æternæ claritatis lumine, quasi vestimentis amictus Regiis, & sempiternæ gloriæ Diademate coronatus. Hic est denique, quem, & Nos propter sua merita gloriosa, nostro Ministerio per omnem Christiani cultus ambitum, vehiculo debitæ venerationis incedere, ac profusis per orbem gaudiis & effusis vndique laudibus, coli cupientes in terris, nuper die Iouis post Festum Resurrectionis Dominicæ, septimo videlicet Idus Aprilis, de Fratrum nostrorum & Prælatorum omnium, tunc apud Sedem Apostolicam existentium, vnanimi consilio & consensu concordi, Sanctorum Catalogo duximus adscribendum. Nec sine causa Paschale tempus ad id faciendum elegimus, vt dies ipsâ nouâ Festiuitate iucunda, ex temporis gaudiosâ celebritate Paschali, fieret ampliori iucunditate festiua. Dignè itaque, Filia, cor tuum delectari debet in Domino, & in salutari suo tuus animus dilatari, & dignè gratias agere teneris Altissimo, qui tibi fœcunditatem sobolis tam sanctissimæ tribuit, & qui in tanta sublimitate illius in benedictionibus immensæ dulcedinis te præuenit. Propterea igitur quæsumus, & in odore vnguentorum Beatissimi Filij curre, tuas corrigendo vias, & bonis operibus vacando, festina, vt illum sequi merearis ad Regnum, quem si mundo vinceret, affectu regente materno in exilium sequereris. Datum Auenione quinto Idus Aprilis.

Extraict des Memoires MS. de feu Monsieur de Peyresc, viuant Conseiller au Parlement de Prouence. Communiqué par Monsieur le Baron de Rians.

IOHANNES Papa XXI. dictus XXII. Iacobus antea vocatus, Natione Gallus, Patria Cadurcensis ex Prouincia Aquitanica, Familia de Ossa, Patre Arnaldo, humili ac penè infimo loco natus est, quippe cuius Pater Arnaldus Sutor veteramentarius fuerit. Hic primò fuit Episcopus Foroiuliensis, & Cancellarius Caroli secundi Siciliæ Regis, mox Episcopus Aquensis, deinde Auenionensis, demum Episcopus Cardinalis Portuensis, & Sanctæ Rufinæ à Clemente quinto creatus est, quo mortuo tertio vacantis Sedis anno, Lugduni duorum & viginti Cardinalium suffragiis septimo Idus Augusti anno 1316. Pontifex maximus renunciatus: ibidem ad Prædicatorum Ecclesiam vbi etiam Pontifex factus fuerat Nonis Septembris suæ Coronationis insignia suscepit, sedit autem in Apostolica Sede, Imperatore Cæsare Ludouico Bauaro Augusto annos decem octo, menses tres, dies 28. Obiit Auenione in Palatio Apostolico, anno Domini 1334. pridie Nonas Decembris, corpus eius ibidem in Ecclesia Cathedrali Sanctæ Mariæ de Donis sepultum est. Vacauit Sedes dies sexdecim.

A la marge il y a. **In Chronico Bernardi Guidonis.**

HIc prius fuit Episcopus Foroiuliensis in Prouincia Aquensi annis vndecim, & inde translatus factus fuit Episcopus Auenionensis per Clementem Papam V. anno Domini 1310. ac deinde assumptus fuit in Cardinalem per eundem Clementem Papam Sabbatho in ieiuniis quatuor temporum, tempore Aduentus anno Domini 1312. apud Auenionem, vbi tunc Curia morabatur, & tandem ex Cardinalatu assumptus est ad Papatum, &c. Septimo Idus Augusti 1316. in Conuentu Fratrum Prædicatorum Lugduni, &c. Fuítque coronatus more Pontificum Romanorum more solemni, Nonis Septembris, Dominica prima eiusdem mensis, Lugduni, in Ecclesia Cathedrali.

Extractum ex Continuatore Nangij MS.

ANno 1316. post vacationem Sedis Apostolicæ per biennium & amplius, tandem Cardinales inclusi Dominum Iacobum Cardinalem, prius verò Auenionensem Episcopum, virum siquidem in Iure peritum, & vita laudabilem, Natione Caturcensem, prima die mensis Augusti Festo Sancti Petri ad Vincula, in summum Pontificem elegerunt. Qui mutato nomine Iohannes XXII. Papa vocatus, ibidem ante Natiuitatem Beatæ Mariæ Virginis sua suscepit insignia, Carolo Comite Marchiæ

Fratre Philippi Regentis Regna Franciæ & Nauarræ, eorumque Auunculo Lvdovico Ebroicensi Comite, frænum equi, cui insidebat, regentibus, eiusque Festum decorantibus ipso die.

Papa Iohannes concessit hoc tempore ancennalia ad quatuor annos Philippo Pictauensi Comiti Regenti Regna Franciæ, & Nauarræ.

Extraict des Tiltres de la Chambre des Comptes.

1316. Hoc codem anno Iacobus Duesa Cardinalis Episcopus Portuensis oriundus de Caturco in Papam eligitur in Lugduno, die septima Augusti, & assumpsit nomen in Papatu Iohannes XXII.

1317. Hoc anno Papa Iohannes XXII. canonizauit, & Sanctorum Cathalogo annotauit Ludouicum quondam Episcopum Tholosæ, Filium quondam Karoli Regis Siciliæ, Virum Sanctum qui fuerat de Ordine Fratrum Minorum.

1318. Eodem anno Iohannes Papa XXII. Ecclesiam Tholosanam in Archiepiscopalem erexit.

1320. Hoc anno reformatur Pax inter Regem Francorum Philippum, & Flandrensem, mediante Gaucelino Cardinali Apostolicæ Sedis Nuncio ob hoc misso.

Eodem anno Iohannes Papa canonizauit Sanctum Thomam quondam Episcopum . . . . Regni Angliæ.

1323. Iohannes Papa XXII. Auenioni, vbi cum sua Curia residebat canonizauit Sanctum Thomam de Aquino de Ordine Prædicatorum. Mense Augusto.

1325. Hoc anno quoque Iohannes Papa XXII. Ludouicum de Bauaria ad Imperium voluerat conferre, idem Ludouicus malo vsus consilio pro Imperatore se gerens contra voluntatem Papæ, intrauit Italiam.

Extraict des Tiltres MS. de la Maison de Neuers. De l'Inuentaire des pieces entieres, cotté deuxiéme Inuentaire.

QVITTANCE generale que donne le Roy Philippes à son cher Cousin Henry Sieur de Sully & Boutheiller de France, des ioyaux qu'il a sortis de la garnison du Louure par l'ordre de sa Maiesté, dont les vns furent pris le lendemain de la Feste de Noël 1316. pour porter à Rheims au Couronnement dudit Roy. Autres ioyaux tirez le 9. Auril 1317. pour enuoyer en Cour de Rome presenter de la part de sa Maiesté à Messire PIERRE DE LA COLOMBE Cardinal. Autres le 11. May 1318. pour presenter au Pape IEAN XXII. & à Messire ARNAVLD Cardinal Diacre, Neueu de sa Sainteté, pour donner aussi à Messire Pierre Faure, à Pierre Neze Admiral de la mer, le premier Ianuier 1317. Autres le 23. May 1318. pour donner à Madame la Duchesse de Bourgogne Fille du Roy, la susdite quittance du 6. Iuillet 1319.

Lettre du Pape Iehan XXII. au Roy de France, par laquelle il asseure sa Maiesté, que les Ames des Bien-heureux voyent la Diuine Essence face à face.

LItteras Regias super responsione cæterorum Prælatorum accepimus adhuc in eisdem Litteris Regiis vidimus contineri, quod à pluribus dicebatur, quod nos miseramus dilectum Filium Geraldum Othonis, Generalem Ministrum Fratrum Minorum Parisios, ad docendum, & prædicandum, quod animæ separatæ à corpore, & à peccatis purgatæ, Diuinam Essentiam vsque post resurrectionem corporum non videbant. Ad quod dicimus, & asserimus coram Deo, quod nunquam hoc cor nostrum intrauit, nec exiuit ab ore: imo supponebamus firmiter, quod inibi laté exposita Legatione sua Excellentiæ Regiæ, eiusque audito beneplacito an vellet, pro eodem negocio aliquem vel aliquos Nuncios destinare, statim cum Collega suo deberet prosequi versus Angliam, & Scotiam cœptum iter: sed ipsis Parisiis stantibus Procurator charissimi in Christo Filij nostri Regis Scotiæ illustris ad eos veniens, eis insinuare curauit, quod Rex Scotiæ non erat in Regno Scotiæ, nec pro eodem aliquis, cum quo posset super negocio pacis, vel alio tractatum habere, ideoque eorum viam ad præsens infructuosam & inutilem reputabat. Hoc autem tam ipsi Nuncij nostri, quam Procurator Regis prædicti nobis per suas Litteras nunciarunt: nos autem fidem adhibentes Procuratori prædicto, præfatos Nuncios per nostras Litteras duximus reuocare, hoc adiecto, quod Generalis Minister, si pre sui Ordinis negociis quæ habebat, in Angliam vel alibi proficisci vellet, hoc posset facere Nun-

cijs

des Cardinaux François.

cio ad nos alio redeunte. Et quia Procuratorem prædictum Regis Scotiæ Parisiis credimus adhuc esse, Excellentiam Regiam precamur attentè, vt cum dicto Procuratore se informare debeat de præmissis, & si hæc quæ præmisimus, inuenerit esse vera, velit Celsitudo Regia Relatoribus talibus minorem in aliis fidem adhibere. Rursus continebatur, &c. Datum Auenione sexto Idus Martij, anno decimo octauo.

Extractum ex Continuatore Nangij, MS. supra citato.

1317. HOc etiam tempore contra Excommunicatos & Hæreticos condemnatos fecit Iohannes Papa multos processus, & multas fulminauit sententias, sed quia obstinati erant, in paruo, imo in nihilo valuerunt, vnde perpendens quod per hanc viam non proficeret, dedit contra ipsos dimicantibus, largas indulgentias in hunc modum. *Quod quicunque Clerici vel Laici qui contra hos Schismaticos, Hæreticos, Excommunicatos, Hostes CHRISTI, Rebelles Sanctæ Matri Ecclesiæ, inimicos Dei processerint, in propriis personis, vel aliis expensis, & manebunt per annum sequendo Vexillum Romanæ Ecclesiæ, vel qui mitterent idoneos Bellatores per annum, hanc indulgentiam, quæ solet dari proficiscentibus in subsidium Terræ Sanctæ, qui per partem anni, partem indulgentiæ, qui moriretur in via indulgentiam integram, qui mitterent de suo, participes indulgentiæ secundum quantitatem doni vel deuotionis.*

BERNARD DE CASTAIGNET,

Mal nommé de Chasteignier par quelques-vns, Chapelain du Pape GREGOIRE X. Archidiacre de Majorque & de Fenelet en l'Eglise de Narbonne, Auditeur general du Sacré Palais, Euesque d'Alby, puis du Puy en Velay, Cardinal Euesque de Port & de Sainte Ruffine.

CHAPITRE LVII.

Extraict des Archiues de l'Euesché du Puy.

PEr translationem venimus de opulentia Albiensis Ecclesiæ, ad illustres Aniciensis paupertatem Et en vn autre endroit. *Nos insuper deuotionem, quæ in loco ad quem migramus habetur ad Virginem Gloriosam, cuius sumus seruitio deputati, cum diuitiarum cumulo, quem dimittimus, compensamus, sic quod eam, dante Domino assequentes, videamur nobis in hoc portionem magis acquirere vberem, quam relictam.*

Ex Catalogo Episcoporum Albiensium, MS.

BErnardus de Castaneto, anno 1276. tempore Philippi III. & IV. Regum Franciæ. Hic vt Ludovicus IX. Rex Francorum ad Sanctorum Numerum ascriberetur, à Bonifacio VIII. Summo Pontifice procurauit, cuius etiam Præsulatu Ecclesia Albiensis de Regulari in Secularem reducta fuit à supradicto Bonifacio VIII. Summo Pontifice; cuiusque & Capituli operâ, prima Ecclesiæ Albiensium quæ nunc est, fundamenta posita fuerunt, & postea Aniciensium Episcopus creatus, Cardinalis Portuensis factus est.

GAILLARD DE LA MOTE,
Mal nommé de Pressage par quelques-vns, Prothonotaire Apostolique, Cardinal Diacre du Tiltre de Sainte Luce.

CHAPITRE LVIII.

Extraict de l'Inuentaire des Tiltres du Thresor d'Armaignac, estans au Chasteau de Leytoure.

INSTRVMENTVM. Entre Iehan Comte d'Armaignac, & Messire GAILLARD DE LA MOTE Cardinal de Sainte Luce, pour luy & son Frere, touchant Villandraut, Blanquefort, Allemans, le Saunerat, & Caumont de Miradés, 1332.

Quittances faites par Gaillard de la Mote au Comte de Cominges, pour le dot d'Eleonor sa Sœur, femme dudit la Mote.

Extraict d'vn Registre du Parlement, intitulé, Prolata in Parlamento quod incœpit anno Domini 1328. die Sabbathi post Festum S. Martini Hyemalis.

GALHARDVS DE MOTA Miles, Emancus & Petrus de Mota Domicelli, Condomini Castri de Rupecissa, 23. Decembre.

Extraict des Registres de Parlement. 1336.

ITE mota in Curia nostra inter *Bertrandum de Mota* Militem ex vna parte, & Procuratorem nostrum ex altera. Super quod dictus Bertrandus asserens se fuisse filium Ælipdis sororis quondam germanæ Bertrandi de Guto, Leomaniæ quondam Vicecomitis, dicebat quod idem Vicecomes nummis suis propriis Castra de Alamans, Podij Rampionis, de Caluomonte, de Sechis, & de Salutate cum eorum pertinentiis, dum viueret, acquisierat, & de ipsis in fide & homagio Dominorum extiterat, ipsaque tenuerat & possederat in vita sua, & saisitus decesserat de eisdem, & quod *Reginam* filiam suam hæredem vniuersalem sibi instituerat, & eidem Reginæ in dictis locis de Durofortí alterius ipsius Vicecomitis sororis filium, necnon Amaneuum de Mota quondam ipsius Bertrandi Fratrem, & ipsum Bertrandum & quosdam alios in certis aliis locis, in casu quo ipsa absque liberis decederet, substituerat: ipsaque Regina post mortem ipsius Vicecomitis eius hæreditatem adiuerat, & omnia eius bona vna cum Comite Armariaci eius marito tenuerat & possederat per totum tempus vitæ ipsius, & quod ipsa Regina absque liberis decesserat, & sic locum habuerant substitutiones prædictæ: & nihilominus dicta Regina in suo Testamento dictum Comitem Armaniaci eius virum sibi hæredem instituerat. Et quod post ipsius Reginæ mortem dicta Ælis, & Beatrix Vicecomitissa Lauricensis, quondam ipsius Reginæ mater, & dictus *Aymericus* tanquam proximiores ab intestato Reginæ prædictæ, necnon & ipse Comes tanquam eius hæres ex Testamento, dictæ Reginæ successionem ad se pertinere dixerant, & ad eam recipi quilibet requisierat, & quod Procurator Regius eorum requestis se opposuerat, fueratque in omnibus bonis dictæ Reginæ manus nostra ob debatum partium prædictarum apposita, & super hoc inter dictas partes, super hoc in Curia nostra litigium inchoatum, & quod dicti Ælipdi ipsius Bertrandi matre huiusmodi lite pendente defuncto, ipse & eius fratres tanquam hæredes vniuersales ipsius arramenta dictæ litis resumpserant, quodque post plures altercationes inter dictas partes super præmissis habitas ad concordiam & compositionem deuenerant, & sub certis formis concordauerant, & quod virtute Acordi prædicti dicta loca & quicquid iuris in ipsis habebant in ipsum Comitem transtulerant, & Comes prædictus per eandem viam ipsa loca & eorum pertinentia, in GAILLARDVM DE MOTA Cardinalem & dictum Bertrandum transtulerat per compositionem initam inter ipsos, & consenserat quod manus nostra prædicta inde amoueretur ad vtilitatem ipsorum, & dictus Gaillardus partem suam de dictis locis præfato Bertrando eius fratri cesserat & concesserat. Plures alias rationes proponendo ad finem quod ipse *Bertrandus* reciperetur ad fidem & homagium locorum prædictorum, & pertinentiarum earumdem, &c. Per Arrestum

Curiæ dictum fuit, quod dictus Bertrandus reciperetur ad fidem & homagium pro locis prædictis, & ea sibi deliberabuntur ad plenum cum fructibus inde perceptis à tempore appositionis dictæ manus. Datum die 10. Iulij anno 1336.

Extraict du Testament du Cardinal de la Mote. Rapporté par Papirius Masso, en son Liure de Episcopis Vrbis.

VOLO & ordino, Executoresque meos attenté rogo, vt tumulus, quem ad sepeliendum corpus fœlicis recordationis CLEMENTIS Papæ V. Annunculi mei fabricare feci in Ecclesia Beatæ Mariæ de Vzesta Diœcesis Vasatensis compleatur, & absolu atur stipendiis meis, prout eisdem Executoribus aut vni ex ipsis videbitur faciendum.

Ex Martyrologio MS. Ecclesiæ Carnotensis.

TErtio *Nonas Ianuarij*. Anniuersarium GAILLARDI DE MOTA Diaconi Cardinalis per quem habemus duodecim libras super terram acquisitam apud . . . . . à Comite de Vaudemonte, & Margareta de Luxembourg eius vxore.

Chronique MS. commenceante en l'an 1209. & finissant en l'an 1355. composée par Bernard de la Mote, Euesque de Bazas, Frere de Gaillard de la Mote Cardinal du Tiltre de Sainte Luce; tirée du Chasteau de Castelnau, à trois lieües dudit Bazas, basty dans les Landes.

ANno Domini 1299. Ego Reuerendus BERNARDVS DE MOTA incœpi audire Grammaticam. Postea fui Canonicus & Operarius Vasatensis, & Persona de Lingonio; & post Canonicus præbendatus, & primus in Dignitate expectans nobilis Ecclesiæ Remensis.

Anno Domini 1302. fuit electus in Episcopum Vasatensem circa Festum Pentecostes venerabilis & nobilis vir Dominus G. ARNALDI DE MOTA, Licentiatus in Legibus, & Archidiaconus maior in Ecclesia Agennensi & Canonicus, & Archidiaconus & Canonicus Gamag, in Ecclesia Vasatensi, & multarum aliarum Ecclesiarum nobilium.

Anno Domini 1305. fuit creatus in Summum Pontificem Reuerendus Pater BERTRANDVS DE GVTO Archiepiscopus Burdegalensis.

Anno Domini 1308. decessit nobilis Baro AMANEVS DE MOTA Miles, Condominus de Lingonio & de Rupefcissa, per quindecim dies post Festum Natalis Domini, & Tolosæ, vbi erat cum Domino CLEMENTE Papa, absolutus à pœna & à culpa, sepultus honorificè: quiescit corpus eius in Religiosa Domo de Rama in sua iurisdictione: relictis multis bonis filiis.

Anno Domini 1314. 9. die Aprilis decessit Sanctissimus Pater Bertrandus de Guto Papa Clemens V. multis bonis operibus factis, multis Cardinalibus creatis, Archiepiscopis & Episcopis ; facta pace inter Dominum PHILIPPVM Regem Franciæ, & Dominum EDVARDVM Regem Angliæ in Ciuitate Pictauiensi ; & in Ciuitate Viennensi in Concilio generali condemnata & penitus destructa Militia Templi, cum suo Ordine, bonis eorum applicatis Ordini & Militiæ Hospitalariorum.

Anno Domini 1316. septima die mensis Augusti, fuit creatus in Papam Reuerendus Pater Dominus IACOBVS DE VSIA, primò factus per Dominum Clementem Papam V. de Episcopo Foroiuliensi in Prouincia Episcopus Auenionensis, & postea Cardinalis, & postea factus Papa, qui vocari voluit XXII. IOANNES Papa. Et in quatuor temporibus Natalis Domini subsequentis creauit multos Cardinales, de quibus fuit vnus Reuerendissimus GAILIARDVS DE MOTA Frater noster, & Magister suus BERTRANDVS DE MONTEFAVENTIO, Doctor Legum, & quamplures alios multis vicibus. Multas & infinitas guerras fecit in Lombardia contra Guibelinos, & multas strages. Episcopum Tolosanum Dominum Galhardum de Prysaco valentissimum Prælatum deposuit ab Episcopatu suo Tolosano, diuidendo cum in sex Episcopatibus & vno Archiepiscopatu, *Episcopum Caturcensem excoriari fecit, & comburi. Et quidam Baro de Lombardia venerat ad eum, & ipsum super currum poni fecit, & ligatis pedibus & manibus, cum tenacibus ardentibus carnes eius dilaniari vsque ad furcas, & capite truncatum suspendi. Et cum esset senex cum fuit electus in Papam, postea vixit 19. annis, vel quasi, cum bono suo regimine, & bona diligentia seruitorum, nimis credulus, & vindicatiuus. Et suo tempore, videlicet anno Domini 1320. iuxta Festum Paschæ, insurrexit quidam populus, qui vocabant se *Pastorellos*, qui interfecerunt Iudæos totius Vasconiæ, & illos de Tolosa. Et quia rapiebant, multi ex eis suspensi fuerunt, qui inuenerunt in villa Nantiagenum in domo Leprosorum, qualiter dicti Leprosi habebant duo plena dolia panis putrefacti, super quem serpentes & grapaldos mittebant, vt corrumperent & inficerent panem illum, de quo pane proponebant facere puluerem ad impoisonandum fontes & flumina, ad finem vt omnes sani morerentur, vel efficerentur turpissimi Leprosi, & sic ordinauerant per totum Regnum Franciæ. Finaliter in maiori parte capti fuerunt, & incarcerati, & combusti. Et sic fuit factum in Ciuitate Auenionis, vbi tunc

Romana Curia residebat. Et dicebatur, quod dicti Leprosi contraxerant amicitiam cum Sarracenis.

Anno Domini 1319.16. die mensis Augusti, Reuerendus Pater Dominus G. ARNALDI DE MOTA migrauit ad Christum, creatus anno Domini 1302. plenus bonis operibus & magnalibus factis, auunculus nostri Reuerendi post Episcopi Vasatensis, frater patris nostri.

Anno Domini 1345. in mense Augusti venit nobilis Comes d'Arby filius Comitis Lancastriæ Burdegalam cum multis nobilibus & multis sagittariis, pro Domino Rege Angliæ. Veniens ad Sanctum Macharium, inuenit quod Baro d'Esafort, vir strenuus in armis, tenebat obsessum locum de Lingonio, cum multis nobilibus patriæ sibi adhærentibus, & displicuit dicto Comiti, quod ita simplicem locum obsederant. Et cum consilio Domini de Labreto de die & de nocte cucurrerunt, donec fuerunt iuxta villam de Bragueiraco, vbi erat magna militia pro parte Domini Regis Franciæ, qui tenebat locum de Moheut Domini de Labreto obsessum. Et videntes gentem Domini Regis Angliæ, conuersi sunt in fugam, & incluserunt se infra nobilem villam de Bragueiraco, qui ad mortem secuti sunt eos. Expugnantes denique villam, hora tarda cum sagittis, illi qui erant intus videntes equos suos vulneratos, dederunt terga fugæ. Aliqui eorum, sicut Comes Petragoricensis, fugerunt, aliqui remanserunt. Sicque dictus Comes d'Arbi effractis portis cœpit dictam villam, & omnes qui intus erant, & totum deprædauit, sicut sibi placuit. Multam prædam dando illis nobilibus de Vasconia, qui secum erant. In qua captione non fuit nobilis Baro de Labreto. Quæ captio dictæ villæ fuit per 8. dies tertio mensis Augusti anno qui supra.

Item anno quo supra, 11. die mensis Octobris idem Dominus Comes habuit mirabilem victoriam de magnis nobilibus, qui erant de parte Domini Regis Franciæ, qui tenebat obsessum locum *d'Alharoche* in Petragoro. Intra quem locum erat nobilis Baro Dominus Alexander de Cauomonte, capiendo & captiuando omnes Comites, Vicecomites, Barones, & alios nobiles quamplures totius linguæ Oceanæ vsque ad Rodanum: de quibus habuit ipse & sui valitores, magnam prædam. In qua victoria interfuerunt duo filij primogeniti Domini de Labreto, & maiorem redemptionem in duplo habuisset, si voluisset, vel sciuisset, dimittendo eos abire cum iuramento, facta fiancia cum eisdem.

Idem Dominus Comes 8. die mensis Nouembris cœpit villam de Renta, & cœpit castrum postea post octo septimanas, cum Monachi reddentes se illi qui erant intus, saluis vita & bonis eorum, cum nullum adiutorem de gentibus Regis Franciæ haberent.

Anno Domini 1324. quarto die mensis Decembris, qui fuit dies Dominica, in aurora decessit Dominus IOANNES Papa XXII. anno decimo nono suæ creationis. Qui primo anno suæ creationis, quatuor temporibus Natalis Domini fecit Cardinalem Dominum meum fratrem Dominum GALHARIVM DE MOTA, & Magistrum suum Dominum BERTRANDVM DE MONTEFAVENTIO, & alios. Qui sepultus fuit in Ecclesia Beatæ Mariæ de Donis. Multas guerras fecit in Lombardia, multas translationes Prælatorum. Deposuit ab Episcopatu Tolosano Dominum Galhardum de Preyssaco, virum largissimum, & valentissimum. Episcopum Caturcensem scoriari & cremari fecit. Nimis fuit credulus, & vindicatiuus. Qui fuerat electus in summum Pontificem septimo Idus Augusti in Sabbato anno Domini 1316. in ciuitate Lugduni.

Anno Domini 1334. in Festo Sanctæ Luciæ post comestionem ad eligendum summum Pontificem Domini Cardinales Conclaue intrauerunt: & in vigilia Beati Thomæ Apostoli Cardinalem Album, Ordinis Cisterciensis, qui de Sauarduno Comitatus Fuxi oriundus dicebatur, in summum Pontificem elegerunt. Et octauo die mensis Ianuarij subsequentis fuit coronatus in ciuitate Auenionensi, in qua tunc erat Curia. Et cum antea vocaretur Iacobus Benedicti, extunc vocatus est BENEDICTVS XII. vir magni cordis, Magister in Theologia, iustus, nolens exaltare suos, nolens alicui concedere Beneficium sine examine, nec quod haberet quis nisi vnicum Beneficium.

Anno Domini 1342. vigesimo quinto die mensis Aprilis BENEDICTVS XII. vir iustus, magnanimus, magnæ conscientiæ, migrauit ad Dominum. Et quinto die mensis Madij Domini Cardinales Conclaue intrarunt, & septimo die Cardinalem Rothomagensem in summum Pontificem elegerunt, qui vocati elegit CLEMENS VI. & ordinauit coronari in Festo Pentecostes subsequente. Oriundus de Lemouicinio, Magister in Theologia, Abbas de Fescanis, postea Episcopus *d'Arats*, familiaris magnus Domini Regis Franciæ, postea Archiepiscopus Rothomagensis, postea Cardinalis.

Anno Domini 1347. decimo sexto die mensis Februarij migrauit ab hoc sæculo Reuerendus Pater GALHARDVS DE FARGIS Episcopus Vasatensis, sepultus in Carumbo Carpentoratensis Diœcesis iuxta Auenionem, tempore CLEMENTIS Papæ VI.

Anno Domini 1348. Ego Reuerendus BERNARDVS DE MOTA filius nobilis Baronis AMANEI DE MOTA, Condomini de Lingonio & de Rupescissa, Canonicus & Operarius Vasatensis, & Persona de Lingonio, & Canonicus nobilis Ecclesiæ Remensis, & expectans in Dignitate, fui electus in Episcopum Vasatensem decimo die mensis Martij, in Consistorio publico, per Dominum CLEMENTEM Papam VI. ad supplicationem Reuerendissimi Domini mei Cardinalis, Domini GALHARDI DE MOTA fratris mei, & recepi suas litteras vigesimo tertio die eiusdem mensis, & Bullas prima die mensis Madij subsequentis. Et in crastinum fui receptus per Clerum & Populum, & intraui possessionem solemniter Ecclesiæ Cathedralis, & Casæ, & aliorum. Sed non intraui * me in Castro vsque ad decimum tertium dicti mensis, donec ex toto Castrum Episcopale esset euacuatum de captis, quos Præpositus Regius Arnaldus Michel ibi tenebat.

Anno Domini 1348. secundo die mensis Decembris fuit facta pax inter nobiles Barones Dominum de Cauomonte & Dominum BERTRANDVM DE MOTA Fratrem meum, condominum de Lingonio & de Rupescissa, & Dominum multarum Baroniarum in Agenensi, & Dominum GALHARDVM DE DVROFORTI Dominum de Duraffio & multarum Baroniarum, præsente Domino Agenensi, & multis Nobilibus.

Anno à Natiuitate Domini 1349. 7. mensis Februarij, ego Reuerendus BERNARDVS DE MOTA electus in Vasatensem in Ecclesia Beatæ Mariæ Vasatensis recepi munus consecrationis per Reuerendum Patrem Dominum Philippum Aiacensem Episcopum, assistentibus sibi Reuerendis Patribus Domino Adurensi & Domino Safensi Episcopis. Propter epidemiam mortalem, quæ regnabat, & regnauerat, & interfecerat quasi nouem partes populi, & propter guerras Dominorum Regum, & inimicitiam nobilis viti de Cauomonte, non potui habere Prælatos qui mihi dictum munus conferrent. Nec fui ausus exire ciuitatem meam sine magno periculo, & scandalo. Et cum dispensatione Domini nostri Papæ, Domini CLEMENTIS Papæ VI. quam mihi Reuerendissimus Dominus meus Cardinalis impetrauit, transiui & fui sine periculo.

Anno Domini 1352. die vltima mensis Nouembris, febris continua inuasit Dominum Papam CLEMENTEM VI. & tenuit eum febris per VII. dies naturales, & in fine, videlicet die Festo hyemali Sancti Nicolai, hora prima migrauit ad Dominum. Largus homo, & valens, & multum sustinebat & fouebat Domum Franciæ.

Item, anno quo supra, 13. die post obitum Domini Papæ CLEMENTIS VI. Domini Cardinales elegerunt in summum Pontificem Cardinalem Claromontensem, qui elegit vocari INNOCENTIVS VI.

Item, est sciendum, quòd cùm per multos annos durasset guerra inter Dominos Reges Franciæ & Angliæ, multis bellis factis, conuenerunt inter eos, quòd in festo Natalis Domini, anno Domini 1355. ab vtraque parte comparentes coram Domino nostro in Auinione, quâ die interfuerunt solemnissimi Ambasiatores ad audiendas conditiones pacis, & nihil boni perfecerunt, & factum est . . . . . .

JACQVES DE LA VIE,
fils d'vne sœur du Pape JEHAN XXII. Euesque d'Auignon, Cardinal Prestre de Sainct Jehan & de Sainct Paul, au Tiltre de Pammachius.

CHAPITRE LIX.
Ciaconius in vitis Pontificum sub IOHANNE XXII.

IACOBVS DE VIA Caturcensis, Vasco Gallus, Papæ sororis filius, electus Episcopus Auenionensis, Presbyter Cardinalis SS. Iohannis & Pauli, Titulo Pammachij, mortuus est anno sequenti 1317. octauo Kalendas Iulij, multis rebus gestis, Auenione sepultus in Cathedrali Auenionensi: *Regest. Iohannis XXII.*

GAVCELIN IEHAN DOSSA, NEVEV
du Pape Jehan XXII. Vice-Chancelier, & grand Penitencier de la saincte Eglise Romaine, Cardinal Prestre du Tiltre de sainct Marcelin & de sainct Pierre, puis Cardinal Euesque d'Albe, Legat en France pour la paix de Flandres.

CHAPITRE LX.
Extractum ex Continuatore Guillelmi Nangij MS.

ANNO Domini MCCCXIX. Sabattho post Ascensionem Domini, vir illustris Dominus LVDOVICVS Comes Ebroicensis, & sequenti seriâ tertiâ, præsente Rege Franciæ dicti defuncti Comitis nepote, multisque proceribus, Episcopis, & Abbatibus, GAVCELI.o Tituli Sanctorum Marcelli & Petri Presbytero Cardinali, qui de pace Flandrensium Parisius aduenerat, Missam solemniter celebrante, iuxta vxorem suam, in Ecclesia Fratrum Prædicatorum Parisius est sepultus. Prædictus Cardinalis Via cum Trecense Episcopo pro Flammigorum pace reformanda in Franciam directus versus Han

driam proficiscens mandat Episcopo Torbacensi, in cuius Episcopatu situatur, vt Hundrensibus aduentum suum innotesceret, & mandatum Apostolicum Nunciaret, qui timens in propria persona,
illuc duobus Fratribus Minoribus dictum negocium commisit Nunciandum, quo Nunciato statim
fuerunt de mandato Comitis captinati. Et ensuit. Circà idem tempus hoc obtinuit Cardinalis prædictus à Comite Flandriæ, vt ipse cum suis filiis in Terræ Papæ confinio secum accoloquium accederet super informatione pacis cum Rege, cum eodem & Regis Nunciis solemnibus ibidem ex parte
Regis assistentibus tractaturus: vnde & ibidem extitit Concordatum, quod Comes veniret Parisius
in medio quadragesimæ facturus Regi homagium, & Conuentiones priùs habitas firmaturus, ad
quem tamen diem nullatenus comparuit, more suo excusationes friuolas per internuncios allegando.

Extraict des Registres de Parlement.

MAGISTER Archembaudus de Petragorio Canonicus Sancti Frontonis, constituit GAVCE-
LINVM Iohannem Cardinalem, Procuratorem suum ad resignandas præbendas suas in manu
Pontificis. Die 28. Nouembris 1331.

Extraict des Chartes du Thresor de Sa Majesté. Registre LXVIII. depuis 1331. iusques en 1340.

LITTERÆ Philippi Regis, quibus cum defunctus Benedictus Iohannis miles dum viueret ex dono Regio, & subsequenter dilectus Philippus Iohannis miles Regis, dicti Benedicti filius, post dicti
patris sui obitum haberent in Thesauraria seu Receptoria Regia Senescalliæ Petragoricensis & Caturcensis, centum libras Turonenses reddendas ad vitam, consideratione GAVCELINI Petragoricensis S. R. E. Cardinalis amici sui Charissimi, dicti Militis patris, dictas centum libras dicto Militi
pro se & successoribus in perpetuum donat: anno 1337. mense Nouembri.

BERTRAND DE POYET, PRESTRE CARDINAL du Titre de Sainct Marcel, puis Euesque d'Ostie & de Velitre, Legat en Lombardie.

CHAPITRE LXI.

Extraict du troisiesme Liure de la Mer des Histoires.

LE Pape enuoya en Legation en Lombardie Monseigneur Bertrand du Poyet, Prestre Car-
dinal, & vn peu apres luy fut adioint compagnon Monsieur Iehan de Caietan Cardinal,
assin qu'ils deffendissent la saincte Eglise contre les Gibelins, & specialement contre ceulx
de la Ville de Milan, que le Pape auoit mise en interdit. Et vn peu apres. En l'an 1334.
ceulx de Bologne se renolterent contre vn Legat du Pape, pour submettre les Gibelins, le
chasserent, s'ensuyt hors du païs, & abbatirent vn Chasteau tres-fort, qu'auoit fait ledit Legat hors les murs.

Extraict d'vne Lettre escrite au Cardinal de Poyet, par vn Venitien.

REVERENDO in Christo Patri & Domino, Domino BERTRANDO diuinâ prouidentiâ Tituli sancti Marcelli Presbytero Cardinali, Apostolicæ Sedis Legato, MAVRITIVS sanutus, dictus
Torcellus de Ciuitate Riuoalti de Venetiis, sanctæ Matris Ecclesiæ per omnia deuotus, recommendationem,
& ad bene placita quæque se totum vestra excellentiæ & paternitati bengie ficiucialiter scribo cum omni reuerentia debita & deuota. CONSIDERANS aspectum bonum vestræ Reuerendæ Paternitatis quam vidi Placentiæ, quem mihi intimo seruitori vestri gratiâ ostendistis circà Festum Natiuitatis Domini proximè
venturum erunt quatuor anni elapsi, & ibi quoram vestro Dominio præsentaui Litteras apertas excellentissimi Domini Regis Hierusalem & Siciliæ, & Priuilegium Cardinalium causâ habendi subsidium,
Consilium & Conductum, à venerabili vestrâ Paternitate, &c.

des Cardinaux François.

Extraict de la vie de Charles de Luxembourg, fils de Iehan Roy de Boheme, & depuis Empereur, appellé Charles quatriesme, escrite par luy mesme.

PAter noster iuit Bononiam ad Ostiensem Legatum nomine BERTRANDVM, tunc Legatum à Latere sedis Apostolicæ in Lombardiâ, qui temporibus illis regebat Ciuitatem Bononiensem, & alias plures, videlicet Placentiam, Rauennam, & totam Romandiolam, ac Marchiam Anchonitanam, & tractauit cum eo quod ipse confœderatus est nobiscum, & factus est inimicus nostrorum inimicorum. Nam & antè erat inimicus Gubernatoris Ferrariensis propter causam Ecclesiæ & suam, qui cum inimicis confœderatus erat paratus in adiutorium ipsis, & ipsi sibi, & dedit nobis præfatus Cardinalis auxilium gentium & pecuniarum, posuitque præfatus Legatus exercitum & castra contra hostes temporibus illis in suburbiis Ciuitatis Ferrariensis, quorum Capitaneus fuit posteà Comes de Armeniaco: demùm eadem æstate post Pentecosten congregauit Pater noster magnum exercitum, & præmisit nos in Ciuitatem Cremonensem de Parma vltra Padum cum quingentis galeatis, &c.

Ex continuatore Guillelmi Nangij MS.

ANno MCCCXXIII. Circà ista tempora mortuo Mathæo Vicecomite Mediolanensi & Capitaneo Guibelinorum, successit in Regnum Galeacius filius eius, contra quem Papa & Rex Robertus vnà cum Cardinali DE POGETO, & Domino Henrico de Flandriâ Pugnatorum Duce, misit copiosam multitudinem bellatorum, qui adiunctis sibi Guelfis, inter Mediolanum & Placentiam cum Galeacio & cæteris Guibelinis conflictum grauissimum habuerunt. Sed Domino Henrico de Flandriâ, fratre Comitis de Namurco occiso, vt dicebatur, & fratre Cardinalis occiso, Cardinali fugiente, occisi sunt ex parte Guelfa mille quingenti & ampliùs Bellatorum, & sic cessit victoria Guibelinis.

1326. HOc anno mittitur in Italiam ex parte summi Pontificis Legatus, scilicet Dominus BERTRANDVS DE POGETO, & aliquantulum post adiungitur eidem Dominus Iohannes Caietanus Cardinalis, vt partem fouerent Ecclesiæ contra Guibelinos, & maximè contra illos Dominos de Ciuitate Mediolani, ratione quorum totam Ciuitatem & patriam Dominus Papa Ecclesiastico supposuerat interdicto. Quod tamen interdictum ipsi nullatenus obseruabant, & si qui, vt potè Religiosi aliqui illud obseruare vellent, necessariò cogebant fugere, & patriam relinquere, vel diuersis afflicti suppliciis interire, vnde & ob hoc asserunt nonnulli, quod multi occisi sunt, cum nollent in eorum præsentiâ celebrare, vel eis Sacramenta Ecclesiastica ministrare.

1330. IN Lombardiâ homines Cardinalis de POGETO ex parte Domini Papæ ibidem Legati in mense Iunij cum Guibelinis congrediuntur ad bellum, & vincuntur ab eis, viui aliqui capiuntur, sed maior pars occiditur.

Extraict des Registres de Parlement.

DIlectus & fidelis noster BERTRANDVS DE POGETO, sanctæ Romanæ Ecclesiæ Cardinalis Decanus de Issigiaco.

PIERRE D'ARABLOT, CHANCELIER
de France, Cardinal Prestre du Tiltre de Saincte Sabine.

CHAPITRE LXII.

Extraict de l'Histoire MS. des Chanceliers & Gardes des Sceaux de France, par feu mon pere.

PIERRE D'ARRABLOY Chancelier de France, puis Cardinal est nomé au contract de mariage de Iehanne fille aisnée du Roy Philippes le Long, lors Regent auec Eudes, Duc de Bourgogne de l'an 1316. en ces mots; Honorable & discret PIERRE D'ARABLOY Chancelier de France. On

Tillet au Tiltre des Prelats nome celuy-cy PIERRE d'ARRABLOY Chancelier de France, homme d'Eglise, qui fut Cardinal. Registre A. I. folio 149. de la Chambre, Messire Pierre d'Arrabloy Chancelier, en l'Ordonnance de Sainct Germain en Laye, au mois de Iuillet 1316. au commencement de la Regence de Philippes le Long, ce Chancelier est nomé tout le dernier entre ceux du Conseil estroit, qui estoient tous Princes, ou grands Prelats & Barons en nombre de vingt & trois, & tout le premier entre ceux du Parlement, & specialement ceux de la grand'Chambre reduite à trente personnes : cette mesme Ordonnance porte de grands & notables Reglemens des expeditions du Conseil, & des gages & eppointemens des Poursuiuans, tant Clercs que Lais, Cheualiers, Clercs du secret, Chambelans (qui portoient le petit Seel) Gens du Parlement & autres; mais specialement de ceux qui auoient pouuoir de commander lettres, à sçauoir les six suiuans Cleves & Lais, le Parlement & les Requestes quand ils y sont, & les Princes, en matiere de Iustice, le Conseil estroit, en matiere d'Offices, & Graces du Roy, la Chambre des Comptes en matiere d'argent, le Confesseur en matiere de Benefices, & l'Aumosnier en matiere d'Aumosnes. Le Continuateur de Guillaume de Nangis, parle aussi de luy. Anno 1316. circa Purificationem Beatæ Mariæ Virginis congregati fuerunt in præsentia PETRI DE ARABLOY dudum Regis Philippi Cancellarij, quem Papa de nouo Cardinalem effecerat quamplures Proceres & Regni Nobiles ac Magnates vna cum plerisque Prælatis & Habitatoribus Parisiensis Ciuitatis, qui omnes Coronationem Regis Philippi pariter approbabant, necnon ipsi tanquam Regi pariter obedire, & post eum Filio eius LVDOVICO primogenito tanquam Successori & Hæredi legitimo iuramento firmarent. Magistris Vniuersitatis, Ciuitatis ipsius idipsum vnanimiter approbantibus quamvis non adhibito iuramento. Tunc etiam declaratum fuit, quod ad Coronam Regni Franciæ Fœmina non succedit. Ce fut de son temps que se publierent plusieurs autres Reglemens des plus beaux qui ayent esté faits en ce Royaume, tant pour la Chancellerie & l'Hostel du Roy, que pour le Conseil, le Parlement, & la Chambre des Comptes, & autres Compagnies tant de Iustice que de Finance, entre autres pour les droicts du Chancelier, & de ceux de sa suite. Dans le dernier Estat de l'Hostel du Regent Philippes le Long, dressé & enuoyé au Conseil Estroit sur la fin de Nouembre audit an 1316. il est dit, que le Chancelier mangera à Cour quand il pourra, & quand il mangera en son Hostel il prendra ce qu'il conuiendra pour sa personne, & pour deux Compagnons & deux Escuyers, & le remanant de sa Maison vie dra manger en Cour, & du remanant ainsi qu'il a accoustumé. Dans le premier Estat de l'Hostel Royal fait par ledit Philippes le Long à son aduenement à la Courone au Bois de Vincennes le deuxième Decembre audit an 1316. & dans celuy de l'année suiuante fait à Lorris le 18. Nouembre 1317. il est porté que en l'Hostel du Roy n'aura nulle Chambre, que les six ordinaires, pour le Chancelier, le Confesseur, l'Aumosnier, les Chapelains, les Maistres d'Hostel, & la Chambre aux Deniers, lesquelles Chambres n'auroient nuls Fourriers que ceux du Roy: que le Chancelier s'il est Prelat ne prendra rien à Cour, & s'il est simple Clerc il sera en l'estat de Maistre Guillaume de Nogaret estoit, à sçauoir dix soldées de pain, trois septiers de vin, quatre pieces de chair, & autres choses à l'accoustumée, que ceux qui suiuront le Roy pour les Requestes ne seront pas plus de deux, vn Clerc & vn Lay, & mangeront à Cour & auront trente deux deniers de gages, & quand ils seront en Parlement ils auront chascun douze deniers de gage sans rien prendre à Cour: que des Notaires suiuans le Roy il y en aura trois & non plus, à dix neuf deniers de gages, & autres droicts, vn Secretaire, & deux autres, dont l'vn sera de sang, & que le Parlement sera composé de ceux qui y sont nomez tant Prelats, que Barons Clercs & Lais pour la grant Chambre en nombre de vingt & vn, que autres Prelats Clercs & Lais pour les Requestes la Langue Françoise, la Languedoc, & pour estre Raporteurs & Iugeans.

Ex Continuatore Guillelmi Nangij MS. supra citato.

ANno 1328. circa ista tempora Papa IOANNES Fratrem Michaëlem Generalem totius Ordinis Fratrum Minorum ad se euocat in Auenione tunc temporis existens, eidem in virtute Sanctæ Obedientiæ præcipiens, vt ea quæ circa Regulæ declarationem eorum, & maximè ad ea quæ de Paupertate Euangelica ipse tenenda præceperat, ipse firmiter obseruaret, & sibi subditis inuiolabiliter obseruari præciperet, qui sibi super his, vt refertur, satis arroganter respondit. Veruntamen finaliter super his huiusmodi responsionis deliberatione octo dierum inducias impetrauit. Sed durante induciarum tempore, non expectans tempus ad sibi respondendum præfixum ipse cum quodam Fratre dicto Bonagrano, qui in Curia Romana nuper optimus Aduocatus fuerat, & cum quodam dicto Fratre Francisco Doctore in Theologia clam de nocte fugit, & mare Massiliæ cum suis intrauit, post quam Papa Cardinalem de ARABLAYO, vt caperetur, misit; sed cum iam mare intrasset, in vanum laborauit, qui Frater Michaël, vt dicitur, vsque Iamiam nauigauit, & de Iamia versus Antipapam & Bauarum se transferens, eorum, vt fertur, contubernio sociauit.

Extraict des Registres du Thresor des Chartes du Roy. Registre LXIV. des années 1325. 1326. & 1327.

KAROLVS Rex, &c. Cum charissimus amicus & fidelis noster, Petrus de ARRABLEYO Tituli Sanctæ Suzannæ Presbyter Cardinalis supplicari fecisset quod septuaginta libras Turonenses annui redditus, quas percipiebat super pedagio nostro Bellicadri, & emerat à Ioanna de Bosco nepte sua, quæ super dicto pedagio ex donatione quondam Comitis Auelini dictum redditum habebat,

des Cardinaux François.

bat, vellemus eidem in podio alto, vel alio loco propinquo Villæ-nouæ prope Auenionem, vbi quandam domum ædificari fecerat cum magnis sumptibus, assidere & assignare, eius precibus annuimus.

Extraict des Tiltres de la Maison de Neuers.

LOVIS Comte de Flaudres & de Neuers donne la moitié du quint denier à luy escheu pour cause de l'achapt de la terre de la Chapelle Saint André, A Reuerend Pere en Dieu Monsieur PIERRE D'ARABLAY Cardinal, à la priere de Monsieur Iean d'Arablay Cheualier, laquelle terre il achepta de Monsieur Guy d'Autun Cheualier. Le 16. Ianuier 1334.

Extraict des Registres de Parlement.

IOANNES de Arrablayo Miles, & defunctus Petrus de Arrableyo eius frater, quondam Romanæ Ecclesiæ Cardinalis.

Extraict des Registres des Chartes du Thresor du Roy. Registre LXXVI. des années 1345. 1346. & 1347.

AMORTISSEMENT de quarente liures de rente octroyé aux Executeurs Testamentaires de feu le Cardinal d'Arablay iadis Chancelier de France, pour fonder vne Chapelle par luy ordonnée. A Poissy 1346. en May.

Epitaphes qui se lisent en l'Eglise d'Arrabloy prés Gien.

ICY gist Monseigneur Iean de ARABLOI, le reste est effacé des deux costez, & en suite, qui trespassa l'an de grace 1329. le Dimanche amprés la Feste Saint Martin d'hyuer, priés pour luy.

Et au milieu de la Tombe proche le Cardinal.

Hic iacet Pater Cardinalis . . . .

Hic, gist Madame Ieanne DANLEZY, femme iadis Monseigneur Iean, Seigneur d'ARABLOI Cheualier, mere du Cardinal, qui trespassa l'an de grace mille deux cens . . . . . . le reste est effacé.

BERTRAND DE MONTFAVENCE,
Prothonotaire Apostolique, Cardinal Diacre du Tiltre de Sainte Marie in Aquiro, Legat en France & en Angleterre pour la Paix d'entre les Roys Philippes VI. & Edoüard III.

CHAPITRE LXIII.

Le Iurisconsulte Mantua, de Pauie, parle ainsi de ce Cardinal.

BERTRANDVS MONTISFAVENTII fuit vir eminentissimæ scientiæ, de quo per Bar. in l. dem functo, ff. de Off. asse. quod ex eo liquet quia, vt ibi Albericus testatur col. pr. Eam legem repetiit in Monte Pessulano, quodque erat magnus Iurista, & quod ob eius eminentem litteraturam ad dignitatem Cardinalatus euectus fuit, & sic quod eum vidit in Collegio Cardinalium summo cum honore, argumentum sané apertissimum ipsius Alberici tempore floruisse, & idem quod Albericus dicit etiam Nico. Boër. decisione sexta, incip. vt videtur, numero octauo, parte prima: addendumque est, vt idem Bar. inquit in Lege prima in § diuus mom. n. 11. ff. de va. & extraord. vgn. Quod fuit Collega Guillelmi Cu quodque decessit tempore pestis quæ fuit anno 1348. eodem adhuc teste, in Lege naturaliter, columna vltima. ff. de acquirenda possessione.

296 **Preuues du Liure II. de l'Histoire**

Extraict des Registres du Thresor des Chartes du Roy. Registre LVIII. des années 1317. 1318. 1319. & 1320.

Litteræ Philippi Regis, quibus Fauro de Montefauençon Domicello & Nepoti amici sui charissimi Bertrandi de Montefauençon Sanctæ Romanæ Ecclesiæ Cardinalis gratiam facit, vt in territorio suo de Gaudelone Caturcensis Diœcesis, in quo tam ex se quam ex acquisitione legitima, omnimodam altam & bassam iustitiam habebat, possit erigi facere furcas patibulares pilorum. Actum apud Rothomagum anno 1335. mense Septembri.

Epitaphe du Cardinal de Montfauence, qui se lit sur son Tombeau dans l'Eglise de nostre-Dame de Bonrepos, autrement de Monfauence, par luy bastie hors les murs de la ville d'Auignon.

Hic iacet Bertrandvs de Montefaventio, de Castronouo Ratherij Cadurcensis, Tituli Sanctæ Mariæ *in Aquiro* Diaconi Cardinalis, qui post extructam suis expensis & dotatam hanc Ecclesiam & Monasterium, aliaque piè ac præclarè à se gesta in Domino obdormiuit, anno Domini 1343.

ARNAVD DE LA VIE,
Fils d'vne Sœur du Pape JEHAN XXII. Docteur és Loix, Euesque d'Auignon, Preuost de l'Eglise de Bariol, Diacre Cardinal du Tiltre de Saint Eustache.

CHAPITRE LXIV.

Nomenclator Cardinalium.

Arnaldvs de Via Caturcensis Cardinalis, Ioannis Papæ XXII. Nepos, scripsit, vt notat Eisengrein, *pia quædam in laudem Beatæ Mariæ Virginis*, obiitque Auenione anno 1338.

Extraict des Registres du Thresor des Chartes de Sa Majesté. Registrum LXI. Annorum 1321. 22. & 23.

Philippvs Dei gratia Francorum & Nauar. Rex. Cum nos dudum dilectis & fidelibus nostris Petro Duesa Germano, mille libras & Petro de Via, & Arnaldo de Trianno Nepotibus sanctissimi Patris in Domino Ioannis summi Pontificis vtrique cuilibet eorum trecentas libras terræ in hæreditatem perpetuam de speciali gratia duxerimus concedendas. 17. Aprilis 1320.

Registrum LXXIV.

Remissio, siue quitatio facta Arnaldo de Via, summi Pontificis Nepoti, Cardinali, sex sextariorum frumenti, in quibus occasione certarum hæreditatum per eum acquisitarum, tenebatur Regi. 1343. Mense Februario.

Extraict des Memoires MS. de feu Monsieur de Peyresc, viuant Conseiller au Parlement de Prouence. Communiqué p. r Monsieur le Baron de Rians.

In nomine Domini nostri Iesu Christi, Amen. Anno Incarnationis eiusdem 1323. die vicesima septima, præsentis mensis Februarij, septima Inditione, ex tenore huius præsentis scripturæ publicè pateat vniuersis *præsentibus & futuris.* Quod vir Venerabilis & discretus Dominus Bernardus de Marlaco, Officialis Præpositura Barjolensis Ecclesiæ, pro Reuerendo in Christo Patre Domino ARNALDO DE VIA, miseratione Diuina Sancti Eustachij Diacono Cardinale, & Barjolensis Ecclesiæ Præposito, Considerans & attendens vtilitatem dictæ Ecclesiæ & conditionem eiusdem fieri meliorem, de consilio, consensu & assensu expresso, vt asserebat, Venerabilium & Discretorum virorum Beneficiatorum dictæ Ecclesiæ, scilicet Dominorum Iacobi de Sellanis Canonici, Raymundi Rebolli Sacristæ, Bernardi Tallaferre præcentoris, Poncij Pugeti, Hugonis Boëri, Raymundi Rostagni, Guillelmi Alberti, Hugonis Drechurieri, Petri Fulconis, & Petri Lambetti Clericorum & Beneficiatorum eiusdem Ecclesiæ, & Dominorum Petri Peyroneti, & Raymundi Tesselly Cappellanorum, Curatorum ipsius Ecclesiæ, & præsentialiter residentium in eadem, ac etiam de consilio multorum proborum virorum antiquorum, de loco prædicto Barjoli, ad hoc specialiter vocatorum, & asserentium, vt idem Dominus Officialis dicebat, quod dicti Domini Præpositi Prædecessores, in dicta Barjolensi Ecclesia, & eorum Officiales consueuerunt omni tempore fundos, seu proprietates, quando pro ipsis laudandis requirebantur, per eos retentas tradere & concedere, sub annua pensione in perpetuum eidem Ecclesiæ facienda vice & nomine ipsius Domini Præpositi, & dictæ suæ Ecclesiæ Barjolensis, & pro eis & eiusdem Domini Præpositi in ipsa Ecclesia successoribus, dedit & concessit in accapitum perpetuum seu in emphyteosim perpetuam Ademaro huc & Barjolæ eius vxori de Barjolis præsentibus, & pro se & suis hæredibus & successoribus stipulantibus, & recipientibus, proprietates infrascriptas cum seruicibus siue iuribus & pertinentiis, appendiciis, accessibus, & aggressibus quibuscumque in territorio Barjole, & sub Domino dictæ Ecclesiæ positas, atque scitas, videlicet quandam vineam scitam in loco vocato, *in podio Bernardi*, cum omnibus & singulis terris cultis & incultis eidem vineæ contiguis & annexis, quæ simul confrontatis ab vna parte cum vinea Petri de Comillis, & ab alia parte cum vinea Petri Maurannij, & ab alia parte cum vinea Beatricis Robaude, & ab alia cum Planterio Gauffridi Rodulphi, & ab alia cum Ritto aquæ de la Beol. Item & quandam aliam vineam scitam loco dicto ad fontem de Bernardo confrontatam, ab vna parte cum quadam vinea dictorum coniugum emphiteoticorum, & ab alia parte cum vinea Guilhermi de Rellana quondam, & ex altera cum destenso dictæ Ecclesiæ, & ex altera cum dicto riuo aquæ de la Beol. Item & quandam ferraginem positam in loco vocato *Alpuaci* confrontatam ab vna parte cum terra Agnetis vxoris Hugonis Boëri, & à duabus partibus cum quadam *Doutseline*, *Girundemque*, & ab alia cum quadam via qua itur ad campos de Barjolis, quæ quidem vnica prædictæ confrontatæ & designatæ, ac suprà fuerunt Guilhermi Rebolli loci prædicti, & dicta ferrago, siue Lauræ vxoris ipsius Guilhermi Rebolli, & per eosdem Guilhermum & Lauram coniuges, ac Magistrum Isnardum Rebolli eorum filium filio dictæ vineæ precio quatuor viginti librarum monetæ Prouinciæ, per Prouincialem nunc currentis, & dicta ferrago precio decem octo librarum dictæ monetæ datæ & traditæ in solitum Berengario Atnulpho de loco prædicto, iuxta extimationem proborum virorum eiusdem loci circa talia expertorum virorum Isnardi Fouchij, Guilhermi de Auguana, Guilhermi de aquis, Andreæ de aquis, & Bertrandi Massoli, & cum prædictus Dominus Officialis fuisset, per ipsum Berengarium requisitus de dictis vineis, & ferragine superius confrontatis sibi laudandis nomine Ecclesiæ antedictæ; per eundem Dominum Officialem ad ius ipsius Ecclesiæ Ratione, sui maioris Domini fuerunt retentæ, & eidem Ecclesiæ annexæ & proprietate præciis supradictis, prout de præmissis omnibus constanter dicitur, quibusdam publicis instrumentis, manu Magistri Petri Nicolai Notarij publici de Barjolo, feritur scriptis ad habendum tenendum, possidendum, vendendum, dandum, permutandum, distrahendum, legandum, pignori obligandum, & quomodolibet alio alienationis titulo alienandum, cuicumque & quibuscumque personis dicti coniuges Ademarus & Barjola, & eorum successores voluerint, & quandocumque voluerint, exceptis personis à iure prohibitis. Saluo tamen & retento in prædicto eidem Ecclesiæ suo maiori Dominio & Senhoria & seruicio centum solidorum Prouinciæ Reforensis, census nomine præstandorum, per dictos coniuges emphiteoticarios ipsius Ecclesiæ ab instanti Festo beati Iohannis Baptistæ, in vnum annum proximè futurum pro primo anno, & postea in eodem Festo Sancti Iohannis annuatim, per prædictos emphiteoticarios dicto seruicio centum solidorum Reforensium Prouincialium dictæ Ecclesiæ faciendo, & præstando, pro dictis rebus eis in accaptum, seu emphiteosim concessis, vt suprà asserens eidem Dominus Officialis seruicium prædictorum dictorum centum solidorum plus valiturum, per tempus viginti annorum proximè subsequentibus, quòd dictæ vineæ & ferrago superius confrontatæ, seu dictum precium earumdem. Quas quidem vineas, & ferraginem supradictas, idem Dominus Officialis nomine, quo supra se ipsorum emphiteoticorum coniugum nomine constituit possidere, quousque ipsarum rerum possessionem acceperit corporalem, quam accipiendi auctoritate propria, & retinendi quandocumque deinceps licentiam omnimodam eisdem præbuit & concessit ipsius Domini Officialis, aut cuicumque alterius licentia minimè requisita, vel etiam expectata, promittens præfatus Dominus Officialis nominibus, quibus supra, eisdem coniugibus emphiteoticariis, pro se suisque hæredibus & successoribus stipulantibus & recipientibus litem, seu controuersiam eis, vel eorum hæredibus, seu successoribus, in dictis rebus, vel earum occasione vllo tempore, non inferre, nec inferenti consentire, sed ipsas res superius confrontatas & designatas, cum omnibus suis iuribus & pertinentiis, idem Dominus Officialis promisit nominibus, quibus supra, ipsis emphiteoticariis, & eorum in eis successoribus deffendere & saluare, in iure & de iure, ab omnibus euincentibus & contradicentibus personis, & de omni dolo, euictione & controuersia constituit nominibus, quibus supra ipsam Ecclesiam eisdem teneri, sub obligatione bonorum omnium Ecclesiæ antedictæ Reforensis inde nominibus, quibus supra inductis viginti ducorum, & quatuor mensium, & omnium alij iuri, & quod nominibus, quibus supra posset contra facere, vel venire, de facto, vel de Iure, vel aliquod ex eis infringere, vel etiam reuocare, dicti vero coniuges emphiteoticarij per se, & suos heredes & successores dictum accapitum praedictarum vinearum & ferraginis, in modum praedictum recipientes bona fide confessi fuerunt, eidem Domino Officiali praesenti & recipienti nomine praedictae Ecclesiae Barjolensis, & pro ea se tenere accapitum dictarum rerum, & ipsas res pro dicta Ecclesia, & sub eius Dominio & Senhoria ad censum Sturium dictorum centum solidorum Prouincialium Reforensium, quos eidem Ecclesiae annuatim modo & forma, praedictis in dicto Festo praenominati coniuges emphiteoticarij, census nomine praedictis rebus soluere pron iserunt, sub hipotheca expressa rerum praedictarum. Caeterum fuit actum, inter dictum Dominum Officialem nominibus, quibus supra ex vna parte, & praefatos coniuges emphiteoticarios ex altera de pacto expresso solemni stipulatione vallato, quòd si ipsi emphiteoticarij cessarent per biennium soluere eidem Ecclesiae Barjolensi censum, seu seruitium praedictorum centum solidorum, quòd ipso triennio successiue elapso, tam dictae vineae infrascriptae dictorum coniugum emphiteoticorum, cum omnibus earum Iuribus & pertinentiis, quarum vna est scita in territorio praedicto Barjoli Larnocato, ad fontem de Bernardo, iuxta descensum dictae Ecclesiae, & iuxta vineam Nicolai Sigurani, & iuxta vineam praedictarum, quae olim fuit dicti Guilhermi Rebolli, alia verò vinea scita est in eodem territorio loco dicto Sigant, & confrontatur ab vna parte cum vinea Petri Tardiui, & ab alia cum Riuo aquae de la Beol, eo ipso incontinentia fuit, & esse debent eidem Ecclesiae, ex ipsa cessatione commissae & forefactae, ita quod eas tanquam ipsi Ecclesiae commissas & forefactas sit licitum dicto Domino Praeposito, & suis in dicta Praepositura successoribus auctoritate propria, & absque aliqua Iuris cognitione accipere, & eidem Ecclesiae appropriare in casu praemisso, & ita attendere complere, sicut supra expressè scriptum est dicti coniuges emphiteoticarij spiritualiter dictâ Barjolâ authoritate, quâ supra & nullo tempore per se, vel alium seu alios contra facere vel venire, per solemne stipulationé promiserunt & iurauerunt corporaliter Euangeliis Sacrosciptis Renunciantes in praedictis, ex pacto sub tenore, ab eis supra praefati iurameti omnibus iuribus, rationibus & exceptionibus, quibus cötra praedicta venire possent, vel in aliquo se teneri, & iuri dicenti virum cum vxore in eodem cötractu obligari non posse, & dicta Barjola certiorata de Iuribus sibi competentibus in hac parte per me Notarium infrascriptum renunciauit spiritualiter authoritate, quâ supra beneficio Vellayani Senatus Consulti, Iuri hipothecarum, & lege Iuliae de fundo dotali, non alienando, & omnis Iuris Domini beneficio & auxilio pro mulieribus introductis, saluis tamen & retentis in omnibus & singulis praedictis, ex pacto per dictum Dominum Officialem voluntate & conscientia dicti Domini Cardinalis, nisi praemissa non placerent statim facta sit conscientia, de eisdem voluit & retinuit omnia & singula suprascripta fore irrita, atque nulla & penitus reuocata, ita quòd in iudicio, siue extra nullam, ex nunc prout ex tunc obtinerint roboris firmitatem, de quibus omnibus & singulis suprascriptis, tam dictus Dominus Officialis nominibus, quibus supra, quòd praefati emphiteoticarij petierunt sibi fieri publica instrumenta, vt eorum cuilibet vnum per me Notarium infrascriptum. Actum Barjoli, in domo dictorum emphiteoticorum coram testibus infrascriptis vocatis & rogatis, videlicet dictus Dominus Bernardus Tallasferre, Praecentore Barjolensi, Raymundo Terselli Cappellano Curato dictae Ecclesiae, & Petro de Monterino de Barjolo. Et me Guillelmo Frarenqui, Notario publico, in comitatibus Prouinciae & Forcalquerij auctoritate Regia constituto, qui praedictis interfui, & rogatus hanc chartam scripsi, & signo meo sequente signaui.

Et Nos praefatus Arnaldus, miseratione Diuina Sancti Eustachij Diaconus, Cardinalis praescriptae Barjolensis Ecclesiae Praepositus, ad relationem Magistri Bernardi de Marlato Officialis nomine, in dicta Praepositura Barjolensi suprascripta omnia & singula rata & grata habentes, laudamus & approbamus, & ex certa scientia, omnia sigilli nostri testimonio appenso huic instrumento publico confirmamus.

Inscription qui se lit en la Sacristie de l'Eglise Collegiale de Nostre-Dame de Villeneufue, proche d'Auignon, bastie & fondée par ce Cardinal.

ARNALDVS DE VIA, Legum Doctor, Tituli Sancti Eustachij Cardinalis Diaconus, Nepos Papae Iohannis XXII. & fundator huius Ecclesiae Beatae Mariae de Villanouâ, subtùs Auenionem, & Decanatus, qui obiit anno 1336.

REGNAVLT DE LA PORTE, ARCHIDIACRE
de Combrailles, en l'Eglise de Limoges, puis Euesque d'icelle, Chapelain du Pape, Archeuesque de Bourges, Cardinal Prestre du Tiltre des Saints Nerée & Achilée, Euesque d'Ostie & de Velitre.

CHAPITRE LXV.

Archiepiscopi Bituricenses, à Benedicto Verhëio, Monacho Sancti Sulpitij. MS.

Reginaldvs de Porta, primò Episcopus Lemouicensis, deinde Archiepiscopus Bituricensis, posteà Cardinalis Ostiensis; Ecclesiasticas Constitutiones pro Clero suo edidit. Sedit annos quatuor, mensem vnum.

Extraict des Archiues de l'Eglise de Limoges.

Rainaldvs la Porta, Archidiaconus Combraliæ, in Ecclesiâ Lemouicensi, Capellanus Papæ, factus Episcopus per viam compromissi, anno 1294. Dictus Rainaldvs tunc erat Diaconus.

Rainaldvs Episcopus Lemouicensis motus tenuitate reddituum, multitudine Canonicorum residentium, moleque debitorum quibus Capitulum Lemouicense tenebatur, dedit Ecclesiam de Iulliaco Capitulo, cum iure præsentandi Die Veneris, ante Festum B. Mariæ Magdalenæ, anno 1292.

Rainaldvs Episcopus Lemouicensis visitauit, anno 1307. Monasterium Beneuenti, vbi habitus indecentiam, armorum portationem, & inordinata vota prohibuit, ne super superpellicia caputia deferrent, sed Almutias, quod nullus deferat clocham, seu rotundellum, vel argaudum in hac Diœcesi, ne ludant Talis.

Litteræ Rainaldi Lemouicensis Episcopi, quibus cum Ecclesiam Lemouicensem, à prædecessoribus suis ædificatam ædificio satis indecenti, & formâ operis indecorâ, de nouo ædificare cœpisset, in solemniorem & nobiliorem formam ac structuram ad honorem Dei, & Beatissimi Prothomartyris Stephani eandem Ecclesiam erigere cupiens, medietatem fructuum primi anni Ecclesialium Parrochialium vacaturarum inter sex annos concedit. Datum die Veneris, post Festum Beati Vincentij 1316. Geraldus Rogerij successor Rainaldi idem confirmat, & biennium addidit post sex annos à Rainaldo concessos, quem vocat Antecessorem suum, tunc Archiepiscopum Bituricensem 1320.

Moneta Briuæ in Testamento Rainavdi la Porta, Episcopi Lemouicensis, 1312. Guido Bruni nepos dicti Rainavdi, Dominus de Malomonte in plateâ Canonicorum cum Terris, quas idem Rainaldvs emerat à Guillelmo & Petro de Malomonte militibus, voluit idem Rainaldvs possideri à Canonicis de genere suo. Fundauit Capellaniam in Capellâ Beatæ Mariæ cum onere trium Missarum qualibet hebdomadâ: Item aliam in Ecclesia de Alassaco cum eodem onere : fundauit etiam Anniuersaria in Die Obitus sui in omnibus Ecclesiis Collegialibus, Abbatiis, Prioratibus, & Conuentibus Diœcesis Lemouicensis.

Extraict de l'Obituaire de la mesme Eglise de Limoges.

Decimo Kalend. Nouembris. Hic debet fieri Anniuersarium Domini Reginaldi de la Porta quondam Cardinalis Ostiensis. Sepultus est intra muros Chori à parte dextra prope maius Altare. Et en en autre endroit. Absolutiones Defunctorum quæ fiunt in crastino Omnium Sanctorum super Tumbam Domini Reginaldi de la Porta Cardinalis inter muros Chori à parte dextera.

BERTRAND AGERIE, DE LA TOVR de Cambolic, Religieux de l'Ordre des Freres Mineurs, Ministre Prouincial en Guienne, Nonce en Italie pour negocier le repos entre les Princes Italiens, puis en France pour aduiser aux moyens de la paix auec les Flamens, Archeuesque de Salerne, Cardinal Prestre du Tiltre des Saints Sylvestre & Martin, Abbé Commendataire du Monastere de Saint Ange proche de Capoüe, & de celuy de Saint Benoist dans Capoüe mesme, & Euesque de Frescati.

CHAPITRE LXVI.

Nomenclator Cardinalium.

BERTRANDVS AGERIVS de Turre Caturcensis Diœcesis, Gallus, Ordinis Minorum, ex Archiepiscopo Salernitano Cardinalis, scripsit *Commentaria in libros Sententiarum, Sermones Euangeliorum, Sermones Epistolarum, Sermones de Sanctis, de Paupertate Christi & Apostolorum, Collationes quæsdam.* Obiit Auenione circa annum 1314. sepultus in Ecclesia Minorum.

Extraict du Thresor des Chartes du Roy, cotté Flandres. Coffre trois, depuis 1311. iusques en 1328.

RENAVT Guy Inquisiteur, Frere Prescheur, & Bertrand de la Tour, Docteur en Theologie de l'Ordre des Freres Mineurs de la Prouince de Guienne, Nonces du Pape Iean XXII. en France pour aduiser aux moyens de la paix auec les Flamens, se trouuerent à Compiegne le onziéme Octobre 1318.

PIERRE DES PRE'S, *successiuement* EVESQVE *de Riez en Prouence, & Archeuesque d'Aix, Cardinal Prestre de Sainte Pudentiane au Tiltre du Pasteur, Euesque de Preneste & Vicechancelier de la Sainte Eglise Romaine, Legat en France pour la paix d'entre les Roys Philippes & Edoüard d'Angleterre.*

CHAPITRE LXVII.

Extraict des Registres du Thresor des Chartes du Roy. Registre coté LVIII. des années 1317. 1318. 1319. & 1320.

LETTRES de Philippes Roy de France, par lesquelles il donne permission à Gerault des Pres de reparer & tenir à ferme perpetuelle, suiuant la forme y declarée, certains Moulins banniers tous dissipez & venus au neant, on sienne de Garomne appartenans iadis au Vicomte de la terre de Reiniere, en temps que il y auoit Vicomté en ladite terre, & ce en contemplation de son cher & feal PIERRE Euesque de Preneste Cardinal & Vicechancelier de la Sainte Eglise de Rome, Oncle, & en recompensation des seruices que feu Raymond des Pres iadis Viguier de Tolose, Pere dudit Gerault luy auoit faits en sa vie, moyennant la sixte partie des profits & emolumens d'iceux Moulins. Donné à Tauerny l'an de grace 1335. ou mois de Iuillet.

Registre LXXVIII.

GRACE faite à Pierre des Prés Cardinal Vicechancelier de la Sainte Eglise de Rome, de transporter cinquante liures de rente à personnes Ecclesiastiques. Feurier.

SIMON D'ARCHIAC, CHANOINE, *puis Doyen de Xaintes, deputé par le Roy de France vers le Pape* IEAN XXII. *Archeuesque de Vienne en Dauphiné, Cardinal Prestre du Tiltre de Sainte Prisque.*

des Cardinaux François.

CHAPITRE LXVIII.

Extraict des Registres du Thresor des Chartes du Roy.

FORMÆ litterarum missarum Domino Papæ & Cardinalibus, quando Dominus Soliaci & plures alij cum eo ex parte Domini Regis iverunt ad Curiam Romanam circa Festum Omnium Sanctorum, anni 1318. PHILIPPVS, &c. Pro quibusdam nostris Regnorumque nostrorum arduis negociis dilectos & fideles nostros G. Episcopum Meldensem, H. Dominum Soliaci Buticularium Franciæ charissimum Consanguineum nostrum, necnon Magistrum Ioannem Cherchemont Pictauensis, & SIMONEM DE ARCHIACO Xantonensis Ecclesiarum Decanos, Clericos nostros, de quorum fidelitate, circunspectione, & diligentia plenè confidimus, ad vestram præsentiam destinamus, nostræ conscios in omnibus voluntatis.

Extraict du Martyrologe de la Sainte Chapelle de Paris.

NONO *Maij.* Obitus Domini Cardinalis d'ARCHIAC.

PIL-FORT DE RABASTENS,

Successiuement Euesque de Pamiers & de Rieux, Cardinal Prestre du Tiltre de Sainte Anastase

CHAPITRE LXIX.

Sammarthani Fratres in Galliâ Christianâ.

PILVS-FORTIS DE RABASTENS Cardinalis Presbyter Tituli Sanctæ Anastasiæ à Papa IOANNE XXII. primus huius Ecclesiæ creatus est Episcopus anno 1318. vt Acta indicant Consistorialia: non Guillelmus de Brocia ex Decano Bituricensi ad hanc Sedem promotus, quemadmodum apud Catellum legere est: translatus autem huc inuenitur ex Episcopo Appamiarum, postquam noua Riuensis Ecclesia, à Tolosana per eundem Pontificem delibata fuit. Nominatur & Episcopus anno 1319. in Concilio Prouinciali habito per Ioannem de Conuennis primum Tolosæ Archiepiscopum: desiit esse in viuis sub eodem IOANNE XXII.

PIERRE TEXTOR, NONCE DV PAPE

en Sicile, Cardinal Prestre du Tiltre de Saint Estienne in Cœlio monte, *Vicechancelier de la Sainte Eglise Romaine.*

CHAPITRE LXX.

Ciaconius in vitis Pontificum sub IOANNE XXII.

PETRVS TEXTORIS de Sancto Antonino, Caturcensis Diœcesis, Vasco, Gallus, Presbyter Cardinalis Tituli Sancti Stephani *in Cælio monte,* Sanctæ Romanæ Ecclesiæ Cancellarius, Nuncius in Siciliam Insulam missus, censum à FRIDERICO Rege exigit, cui Rex REGIVM & alia oppida, quæ in Calabria occupauerat, Ecclesiæ nomine restituit, quæ Pontifex Regi Roberto tradidit; migrauit Auenione circiter annum 1330.

RAIGNIER LE ROVX, PROCHE PARENT du Pape IEAN XXII. Prothonotaire Apostolique, Cardinal Diacre de Sainte Marie in Cosmedin, puis Cardinal du Tiltre de Saint Chrysogon.

CHAPITRE LXXI.

Ciaconius in vitis Pontificum sub IOANNE XXII.

RAYNERIVS RVFFI Caturcensis, Vasco, Gallus, Papæ Propinquus, ex Prothonotario Apostolico Cardinalis Diaconus Sanctæ Mariæ in Cosmedin, postea Presbyter Titulo Sancti Chrysogoni, vitâ functus est Auenione anno 1342. sepultus ad Minores.

JEAN RAYMOND DE COMMINGES, Euesque de Maguelonne, puis premier Archeuesque de Tolose, Cardinal Euesque de Port & de Sainte Ruffine.

CHAPITRE LXXII.

Extraict des Memoires de Languedoc, de Monsieur Catel, au lieu où il traitte des Archeuesques de Tolose.

IEAN Cardinal de Commenge fut grandement liberal, car il ordonna par son Testament & Codicille que ses Executeurs Testamentaires fissent bastir à ses despens vn Monastere de Religieuses Chanoinesses de Saint Estienne, le plus proche qu'ils pourroient de l'Eglise Saint Estienne, pour estre nourries dans ledit Monastere deux cens Religieuses de l'Ordre Saint Augustin, lesquelles seroient regies par vne Abbesse; & outre ce douze Chanoines Reguliers pour y celebrer les Diuins Offices, ayant outre ce donné plusieurs Reliquaires tres-precieux audit Monastere, ainsi que nous auons deduit plus particulierement en parlant des Religieuses de Saint Pantaleon.

Nomenclator Cardinalium.

IOANNES RAYMVNDI Conuennarum Comes, ex Episcopo Tolosano Cardinalis, scripsit, de Passione Christi, Sermones diebus Festis habitos, & alia quædam. Obiit Auenione anno 1349.

Extraict des Registres des Chartes du Thresor de Sa Majesté. Registre LXXII.

TRACTATVS habitus inter Reuerendum in Christo Patrem Dominum Pictauium Magalonensem Episcopum ex vna parte, & nobilem virum Philippum de Leuis Dominum de Florensaco nomine suo & Bertrandi de Leuis Fratris sui, & Magistrum Raymundum de Cancellehis iurisperitum Procuratorem nobilium Iamagæ dictorum Philippi & Iordani Bertrandi vxorum ex parte altera, super vnione & communicatione iurisdictionum totalium Castri & Mandamenti de Poisano, quod ad dictos Fratres ratione Vxorum suarum pertinebat, &c. IOANNES DE CONVENNIS Episcopus Portuensis, & Sanctæ Romanæ Ecclesiæ Cardinalis, arbiter controuersiæ, 1341.

RAYMOND

des Cardinaux François.

RAYMOND DE MVSFAIOLES ou MVSFAYOVLS en Rouergue, surnommé par quelques-vns de Vehens, Religieux de l'Abbaye de Saint Guillaulme du Desert, Euesque de Saint Flour, puis de Saint Papoul, Cardinal Prestre du Tiltre de Saint Eusebe.

CHAPITRE LXXIII.

Sammarthani Fratres in Galliâ Christianâ, sub Episcopis Sancti Flori.

RAYMVNDVS VEHENS Cardinalis Presbyter Tituli Sancti Eusebij de Moscucrolis, siue de *Monfaiouls*, Diœcesis Rutenensis, ex vltimo Priore Sancti Flori, primus Episcopus renunciatur, ornatus Purpurâ anno 1317. Auenione, postea traductus ad Episcopatum Sancti Papuli.

Iidem Fratres sub Episcopis Sancti Papuli.

RAYMVNDVS DE MOSCVEROLIS Cardinalis Tituli Sancti Eusebij, è nobili Stirpe Diœcesis Rutenensis, Religione erat Bened. *****us, qui ex primo Antistite Sancti Flori in Aruernia ad Sedem Beati Papuli in Septimania traducitur, demumque Purpura donatur Auenione anno 1317. per Ioannem XXII. Summum Pontificem. Hic primus fecit Statuta circa statum Ecclesiæ & Beneficiatorum, atque vniuit Prioratui maiori præfatæ Basilicæ Prioratum de Monteserrando eiusdem Diœcesis qui est, & spectabat ad plenam collationem Episcopi, dedit & Cathedrali suæ Crucem magnam, aliaque Ornamenta: satis cessit anno 1335. decimo septimo Nouembris, sepultus in Abbatia Sancti Guillelmi de Deserto, Lodouensis Diœcesis, vt obseruat doctus Episcopus Pictauorum Henricus Castanæus Rupipozæus in suo Nomenclatore Cardinalium.

Extraict des Registres des Chartes du Thresor du Roy. Registre LVIII. des années 1317. 1318. 1319. & 1320.

LItteræ Philippi Regis quibus cum dilectus suus RAYMVNDVS Tituli Sancti Eusebij Presbyter Cardinalis fecisset construi in Castro de Munsturiolis in honore Beatæ Mariæ quandam Capellam, in qua aliquas Capellanias dotare desiderat, ipse Rex illi permittit acquirere vsque ad centum libras Turonenses ad faciendam dictam fundationem. Apud Carnotum, anno 1335. mense Octob.

Extraict du mesme Registre cotté LVIII.

LETTRES du Roy PHILIPPES, par lesquelles, comme son cher Cousin & feal IEAN Comte d'Armegnac ait donné pour tousiours au Marquis de MONSCVEROL, Neueu du Cardinal de Saint Papoul, le Chasteau de Pinet au Diocese de Rhodis, lequel ledit Comte tenoit du Roy en fié nu à nu, ledit Roy confirme icelny don l'an 1335. en Aoust. A Paris.

Extraict du Registre cotté LXXIII. du mesme Thresor des Chartes du Roy.

AMORTISSEMENT de soixante & dix liures de rente pour l'Eglise de Saint Guillaulme du Desert, à la supplication des Executeurs du Testament de feu RAYMOND Cardinal Prestre du Tiltre de Saint Eusebe, qui auoit pris premierement l'habit de Moine audit lieu de Saint Guillaulme du Desert, & depuis y auoit voulu estre enterré apres sa mort.

Extraict d'vn Catalogue MS. des Euesques de Saint Papoul.

RAYMVNDVS DE MOSCVEROLIS, aliàs Monsfayolis, de nobili Domo Ruthenensis Diœcesis. Obiit 1335.

PIERRE GOVIN, successiuement EVESQVE de Viuiers & d'Auxerre, Cardinal Prestre du Tiltre de Saint Estienne in Cœlio monte, puis Euesque de Sabine.

CHAPITRE LXXIV.

Extraict d'vn petit Liure in quarto, sur parchemin, au dos duquel est escrit, la Genealogie des Ayneaux l'Isle Jourdain, & qui m'a esté communiqué par Monsieur d'Hozier ; escrit & composé l'an 1405.

LORS Monsieur le Cardinal de Morthemar, qui estoit à cause de sa Mere de Beignat, auprès de Bellac, & à cause du Pere estoit de Morthemar, lequel auoit esté & estoit lors Legat du Roy de France & de Nauarre, lequel Cardinal feist edifier & doter le grand Moustier de Morthemar auec les trois Ordres de Chartreux, Augustins & Carmes qui sont audit lieu, dont lesdits Augustins doiuent tenir treize Clercs & les introduire en Grammaire & en Logique, qui seront du lignage du Cardinal, qui seront preferez, se trouuer se peuuent, sinon des surnenans, & insques audit nombre, & quand ceux seront appris esdites Sciences aux despens desdits Augustins, ils en doiuent prendre d'autres, & ainsi le continuer incessamment, selon le Testament dudit Cardinal ; & en ont la terre de Limaÿonges, que ledit Cardinal leur acquist, & admortist deuers le Roy Philippes qui fut Comte de Valois, & Roy de France apres Charles, par le moyen d'vn Enfant sien qui estoit Dauphin, lequel ne vesquist pas long-temps apres son nessement. Et aussi lesdits Carmes doiuent administrer de iour & de nuict incessamment à tous Pouures essluens audit Hostel Dieu de Morthemar à boire & à manger, à coucher & herberger, & autres choses necessaires selon la teneur dudit Testament dudit Cardinal ; lequel dit Cardinal acquist par don & aumosne du Comte d'Eu Connestable de France la terre des Carmes qui fut baillée pour cent liures de rente à soustenir ledit Hostel Dieu de Mortemar & ladite Eglise des Carmes qu'il faisoit illec bastir, & l'admortist vers le Roy qui lors fust, & si fist de leur terre de Saint-Amant, qui est en la Chastellenie de Maignac, ou quoy qu'en soit au ressort, auec tout l'autre temporel qu'il leur acquist à Mortemar & ailleurs, & auec tout son heritage qu'il leur laissa à eux & aux autres Ordres susdits auec tous ses ioyaux & ornemens, paremens, & vestemens qu'il auoit, & ressortist ladite Ferme des Carmes pour le temps du Roy Philippes & du Roy Iean son Fils audit Ciuray, insques à la Bataille de Poictiers qui fut ou Champ d'Alexandre l'an 1336. le Prince de Galles feist ressortir depuis ladite terre auec plusieurs autres à Montmorillon, qui estoit parauant Siege Royal & Chambre du Roy, Monsieur de Berry depuis Comte de Poictou mist à sadite Comté de Poictou ladite Chastellenie & ressort de Montmorillon, qui n'en estoit pas parauant, a fait aussi ressortir ladite terre des Carmes audit Montmorillon, & pareillement toute la basse Marche, auec les Chastellenies de Bellac, Rancon & Champagnat, qui estoient ressortissans audit Montmorillon quand il estoit Siege Royal, &c.

Item est vray que le Cardinal qui fust de Mortemar, qui fonda les trois Ordres audit lieu fust Cousin germain de Pierre de Bagnac, car la Mere dudit Cardinal, & le Pere dudit Pierre de Bagnac estoient Freres germains, & le Pere dudit Cardinal estoit de Mortemar mesmes.

Item est vray que ledit Cardinal eut vn Neueu Fils du Frere de sadite Mere, & dudit Pierre de Bagnac, qui fust Albé de Montmaiour, & d'illec Cardinal, & pour ce s'appeloit Cardinal de Montmaiour, qui fut de Bagnac & mourut en chemin de Rome, & estoit Cousin germain de Catherine de Baignac, qui est assis entre Bellac & Saint Bonnet.

Extraict des Registres des Chartes du Thresor du Roy.

LETTRES d'Amortissement accordées au Seigneur Pierre de Mortemar, qualifié, Episcopus Viuariensis, & permission à luy donnée d'employer ses biens ou partie d'iceux à la fondation des Eglises tant Seculieres que Regulieres & Hospitaux, apud Mortuummare, sans en payer aucune finance, dum tamen ex eis Regi non debeatur homagium, nec in personas Ecclesiasticas aut loca prædicta iurisdictionem bonorum non transferat ; Données le 25 Septembre 1325.

AVTRES lettres d'Amortissement accordées audit Sieur Cardinal par le Roy Philippes de Valois au mois de Septembre 1329 pour l'augmentation desdites fondations audit lieu de Mortemar, lieu de sa naissance, pour l'affection de sa Patrie, le salut de son Ame & de ses Parens, à condition de dire vne grande Messe du Saint Esprit par chacun an pour ledit Seigneur Roy & la Reine, & apres leur trespas vne Messe des Deffuncts.

Extraict des mesmes Registres. Registre coté LXIV. des années 1325. 1326. & 1327.

PETRVS DE MORTVOMARI, Autissiodorensis Episcopus, obtinet amortizationem centum librarum redditus pro fundatione vnius Hospitalis, 1326. mense Decembri.

des Cardinaux François.

Regiſtre LXVI. des années 1329. 1330. 1331. 1332. 1333. & 1334.

AMORTISSEMENT *de cent liures de rente, pour fonder certains lieux de Religion, accordé à Pierre de* MORTEMAR, *indis Euesque d'Auxerre, & à preſent Cardinal de Rome; A Senlis en Feurier 1329.*

Epiſcopi Antiſsiodorenſes. Ex veteri Codice MS. Alexandri Petauij Senatoris Pariſienſis.

PETRVS DE MORTVOMARI ſexageſimus nonus Epiſcopus, natione Aquitaniæ, genere mediocri, vir acutiſſimi ingenij, vtriuſque iuris ſolemnis profeſſor, inter Conſiliarios Regis ſtrenuiſſimus, à ſancta ſede Apoſtolica Regiarum interuentu precum, ac eius exigentibus meritis promotus, ſucceſſit Petro de Greſſeio proximè ſuprà ſcripto, & intrauit cum debita ſolemnitate Ciuitatem & Eccleſiam Autiſſiodorenſem cum principibus & Dominis aliis temporalibus, qui ipſum portare debebant & portauerunt; inter quos fuit Comes Flandrenſis ratione Baroniæ de Donziaco, qui Comes facto homagio ipſi Epiſcopo voluit & niſus eſt rapere annulum dicti Epiſcopi, ſed non potuit: Verumtamen promiſit Epiſcopus ſe informare ſi ſpectaret ad ius ipſius Comitis, & ſibi facere ſuper hoc rationem. Strenuè rexit ſedem, ſed parum, quia effectus extitit ſacroſanctæ Romanæ Eccleſiæ Cardinalis, in quo ſtatu diu vixit, partem ſollicitudinis dictæ Eccleſiæ ſtrenuè portans & de ſancta vita famatus; fundauit in loco originis propriæ tres Conuentus Ordinum Monachorum, videlicet Carthuſienſium, item alios duos Ordines Mendicantium: tandem ab humanis deceſſit eius anima, corpuſque eius deportatum ad locum prædictum inter dictos Religioſos tumulatum; promotus fuit anno Domini milleſimo trecenteſimo viceſimo quinto in Feſto omnium Sanctorum ad Sedem hanc, & viceſimo octauo in Feſto Natiuitatis Domini ad Cardinalatum. Sic ſedit per tres annos in ſede Epiſcopali. Obiit autem circiter annum milleſimum trecenteſimum trigeſimum ſextum in nouitate Papæ BENEDICTI duodecimi: fuerat antiquitus ſocius ſpecialis illius magni viri, quem fecit IOANNES Papa viceſimus ſecundus excoriari, videlicet Epiſcopi Caturcenſis. Sed ſapienter recedens de Curia ad refugium, venit ad Regem Franciæ, qui ipſum honorificè recepit in magnum Conſiliarium, & poſtmodum in Cancellarium, & tandem fuit Regis compater, ex hiis proceſſit ſua digna promotio prædicta.

Bulle du Pape CLEMENT VI. contenant la verification du Teſtament du Cardinal Goüin, contenu en ladite Bulle.

CLEMENS Epiſcopus ſeruus ſeruorum Dei, ad perpetuam rei memoriam. His quæ ad laudem Dei & eius pij cultus augmentum, & pro animarum ſalute pia diſpoſitione fidelium ordinantur: vt perpetua ſtabilitate ſubſiſtant, libenter aduertimus Apoſtolici munimenti fulcamentum: Sanè petitio pro parte dilectorum filiorum executorum teſtamenti, bonæ memoriæ PETRI DE MORTVOMARI, Tituli Sancti Stephani in Cœlio monte Presbyteri Cardinalis, nuper nobis exhibita, continebat, quod cum præfatus PETRVS dum adhuc viueret, ad diuini cultus augmentum, ac ſuæ, ac parentum ſuorum, animarum ſalutem, diſpoſuiſſet in loco originis ſuæ de Mortuomari, fundare vnum Conuentum Fratrum Ordinis Carthuſienſis, de viginti quatuor Fratribus; Idem Petrus poſtmodum in ſuo vltimo Teſtamento, volens quod præfatus locus in quo erant ædificia pro parte facta perficerentur, decreuit & legauit Fratribus ibidem præſentibus & futuris, ac eorum Conuentui pro eorum ſuſtentatione, omnes poſſeſſiones, tenementa, decimas, redditus, loca, iura & douaria, & cætera omnia ad eundem Petrum ſpectantia, in villis & Parrochiis de Blonio, de Silis, de Iauerdaco, de Montecelio, de Oratorio, de Sancto Iouiano, de Preignaco, de Buxeria, de Norco & Saugone, cum determinatione ac diſtinctione, & exceptionibus infraſcriptis. Legauit iiſdem Fratribus pro dictis ædificiis complendis, & pro redditibus emendis, quatuor millia florenorum. Diſpoſuit quoque præfatus Petrus Cardinalis, quod in prædicto loco de Mortuomari, eſſent duodecim pueri apti ad ediſcendum, eligendi per certas perſonas in teſtamento nominatas, & quod iiſdem perſonis decedentibus per Priorem & Conuentum Fratrum Heremitarum Ordinis Sancti Auguſtini, in prædicto loco inſtituendis. Ita tamen quod ſi aliquis ex genere ipſius Cardinalis, vellet ibi intra numerum poni, ille cæteris haberet præferri; & voluit quod ipſi pueri, quando reciperentur ibidem, deberent ſcire legere & cantare. Ordinauit & voluit etiam ipſe Cardinalis præfatus quod dicti pueri eſſent in cuſtodia dictorum Fratrum Sancti Auguſtini dicti loci, quodque haberent continuò vnum vel duos Magiſtros de Fratribus dicti Ordinis qui ipſos inſtruerent in moribus ac in Grammatica & Logica, & quod reciperentur circa ætatem octo vel decem annorum, & morarentur vſque ad ætatem viginti annorum: quibus quidem pueris, idem Petrus Cardinalis, donauit, legauit, & reliquit, omnes redditus, villas & poſſeſſiones, iuriſdictiones, iura & cætera omnia, quæ ipſe habebat & habere debebat in Caſtro & Caſtellania de Curay Diœceſis Pictauenſis, & locis circumuicivis; omneque ius & omnem actionem sibi quomodolibet competentem, contra nobilem virum Comitem Augi, Conestabularium Franciæ, occasione venditionis quam dictus miles, eidem Petro Cardinali fecerat, de ducentis libris redditus ad consuetudinem patriæ, sicut in confectis inde litteris continetur; Necnon arreragia in quibus dictus Comes tenebatur Petro præfato Cardinali, provt in litteris, sigillo ipsius Comitis sigillatis, idem Cardinalis asseruit contineri. Præterea dedit & legauit eisdem pueris Petrus Cardinalis præfatus locum dictum de Malaterra cum terris, pascuis, nemoribus & pertinentiis vniuersis, necnon locum de Traslagia, cum terris, pascuis & cæteris omnibus iuribus constitutis, ac mansum de Podio cum hominibus, terris, domibus, iuribus redditibus & pertinentiis vniuersis, sicut tenebantur ab hominibus dicti loci. Voluit etiam & ordinauit, quod in loco prædicto quem ipse fecerat fieri seu construi pro Fratribus Sancti Augustini præfatis, essent ac morarentur viginti quinque Fratres Presbyteri ad minus, quodque Prior & Conuentus ipsorum haberent curam & solicitudinem prædictorum puerorum, & quod quicumque fieret Prior dicti Conuentus haberet administrationem cum consilio sui Conuentus & curam bonorum prædictorum, quæ ipse vt præfertur reliquerat pueris memoratis, & posset sicut administrator legitimus, omnia colligere, recipere, petere & exigere, & pro eis, vel per se, vel per alium agere in iudicio & extra; quodque moderatas expensas prædictis Scholaribus in omnibus necessariis suis facere tenerentur, & quod residuum posset conuertere in necessitatem Fratrum eiusdem Conuentus, nec de his administratis teneretur aliquam reddere rationem, nisi forsan redargueretur quod ipse malè se ad pueros haberet. Non erat in intentione ipsius Cardinalis vt ipse asseruit, quod Prior & Conuentus prædicti haberent nutrire ipsos pueros in cibis seu robis delicatè, nisi secundum quod pueri qui in illis partibus addiscunt, primitiue nutriri consueuerunt. Præterea præfatus Cardinalis, dedit, legauit & reliquit pro ædificiis quæ ibi deficiebant in loco ipsorum Fratrum Sancti Augustini & pro emendis alimentis, vltra prædicta, duo millia florenorum; Dedit etiam & legauit præfatis pueris stagnum & molendinum suum de Mortuomari, & mansum suum de villaribus, necnon illa quæ habebat in locis de Confluento & Saugone, ac viginti octo libras Turonenses, redditus apud locum de la Peyruse quas emerat à Simone de Montbreton, milite, si venditio perficiatur. Rursusque ordinauit & disposuit Petrus Cardinalis præfatus quod in prædicto loco de Mortuomari esset vnum Hospitale pro pauperibus recipiendis, in ea scilicet parte quam ad hoc idem Petrus Cardinalis disposuit inter Ecclesiam prædictorum Fratrum Sancti Augustini & locum Carmelitarum de quo mentio habetur infra, in quo recipiantur pauperes vndecumque venientes, & daretur ipsis eleemosina, infirmi custodirentur & charitatiue tractarentur, & omni die certa hora daretur eleemosina, prout inferius plenius distinguetur. Deinde disposuit & ordinauit prædictus Petrus Cardinalis quod in eodem loco suæ originis in eadem parte in qua fiebant ædificia & construebatur locus pro Fratribus Beatæ Mariæ de Carmelo, essent & morarentur ad minus viginti quinque Fratres, incluso Priore qui diuinis insisterent officiis, secundum modum inferius distinguendum; & quod esset ibi vnus lector in Theologia, quodque prædicti viginti quinque Fratres essent omnes Presbyteri; illi vero qui supra dictum numerum essent ibi non . . . . . . ad illud. Voluit etiam & ordinauit idem Petrus Cardinalis quod Prior & Conuentus dictorum Fratrum de Carmelo haberent curam & custodiam dicti Hospitalis, & administrationem bonorum omnium quæ pertinerent ad Hospitale, reciperent pauperes & ministrarent eis; quodque vltra fragmenta & coquinam & alia quæ superessent Fratribus dictorum trium Conuentuum, quæ consueuerunt elargiri pro Deo, ad minus tenerentur vsque ad æstimationem quadraginta solidorum Turonensium, pauperibus septimana qualibet, erogare. Residuum autem reditum & prouentuum posset Prior, in sustentationem Fratrum dicti Conuentus ibi morantium, Domino Famulantium, & in aliis piis vsibus expendere, prout videbitur secundum Deum & bonam conscientiam faciendum; nec teneretur alicui alio reddere rationem. Intentio vero prædicti Petri Cardinalis, extitit, quod secundum quod Deus augeret bona prædicti Hospitalis, secundum hoc, eleemosinæ augerentur: super quo conscientiam Prioris qui esset pro tempore ac Fratrum ibidem pro tempore commorantium, onerauit. Dedit autem & legauit prædictus Cardinalis eidem Hospitali, quæ emit de Montebritonis milite supra dicto, vbicumque illa essent & in quibuscumque rebus, illa consisterent, si venditio sicut emit ab eadem milite, perficeretur, exceptis viginti octo libris Turonensibus, quas reliquit dictis Fratribus Sancti Augustini prout superius est expressum; Dedit etiam & legauit prædicto Hospitali & pauperibus ibidem venientibus secundum prædictum modum quicquid habebat in villis de insula Iourdani & pertinentiis eiusdem, cum loco de Lomingia & ipsorum territoriis & iurisdictionibus & mero & mixto Imperio, homagiis, feudis, cum hominibus, & omnibus iuribus, possessionibus, aquis, riperiis, molendinis, reditibus, prouentibus & exitibus quibuscumque quæ habebat & habere poterat in prædictis locis & eorum pertinentiis & locis etiam circumuicinis, necnon & forestas, quas in partibus illis acquisierat à nobili viro Comite Augi, tunc Conestabulario Franciæ, ac quidquid iuris ei competebat in præsenti vel competere poterit in futurum; Necnon & locum suum de Sancto Amantio, in Castellania de Magnaco cum omnibus terris, pascuis, decimis, redditibus & prouentibus quibuscumque, & cum iure acquirendi certorum redituum quantitatem in prædicta Castellania de Magnaco, prout sibi & habentibus causam ab eo, per dictum, dictæ Castellaniæ de Magnaco, noscebatur esse concessum, &: quidquid habebat in Castellania prædicta. Dedit etiam & legauit eidem Hospitali stagnum suum de Brode, necnon proprietatem omnium quæ Magister Gaufredus de Plania donauit vni de locis Religiofis prædictis quod ipfe Petrus Cardinalis duceret eligendum, prout in litteris authenticis, seu instrumentis publicis, inde conficiendis dixit plenius contineri. Et ex hinc voluit & elegit quod applicarentur eadem bona Hospitali prædicto. Ac deinde idem Petrus Cardinalis pro complendo locum & pro redditibus emendis, legauit eidem Hospitali, sub administratione dictorum Fratrum de Carmelo, quatuor millia florenorum. *Postmodum* ipfe Cardinalis proponens in dicto loco de Mortuomari fundare duodecim Capellanias pro decem Capellanis qui seruirent in prædicta Ecclesia media vna cum duodecim pueris supradictis, & quod ædificaretur earum mansio inter Augustinos & Carmelitas versus villam dicti loci, voluit quod ipsi haberent omnia emolumenta, quæ prouenirent ex vnione, seu concessione facta per Episcopum & Capitulum Lemouicense de Ecclesia de Blonio & de Ecclesia de Iauerdaco pro redemptis operibus vnita per Episcopum qui tunc erat. Et etiam dedit & legauit idem Petrus Cardinalis pro emendis redditibus, pro fundatione dictarum Capellaniarum vel aliorum necessariorum, quinque millia florenorum, & si plus esset † opus, voluit quod suppleretur de bonis suis, si vero sufficerent, residuum omnium bonorum suorum, dedit & legauit prædictis Fratribus trium Ordinum, vbicunque essent, vel quocunque nomine censerentur; reliquias tantum suas omnes & vasa in quibus existunt voluit poni & collocari in prædicta media Ecclesia, in qua voluit quod de tribus prædictis Ordinibus, secundum ordinem Priorum suorum possent & tenerentur Missas frequentare in Capellis dicti loci: & voluit quod disponerentur & distribuerentur taliter Officia diuina in prædictis Ecclesiis Fratrum Ordinum prædictorum, & in Ecclesia media supradicta, quod continuo fieret Officium & vigeret cultus diuinus omni hora & die & nocte, absque interpellatione & quod nulli redditus assignarentur dictis Fratribus quousque, esset modus per quem fieri deberet ordinatus; quo ordinato, tenerentur successiue Priores Ordinum prædictorum quod quantum commodè possent dictam ordinationem facerent observari. Ita tamen quod dictis Fratribus Carthusiensis Ordinis deferretur in hoc, quod in nullo cogerentur mutare aliquid circa suum officium, nec circa tempus quod ipsum, in Ordine suo esset dici etiam consuetum; nec illi qui celebrarent in media Ecclesia deberent concurrere in diuinis Officiis, illis horis quibus Carthusienses impedirentur. Item voluit etiam & ordinauit in eo casu, quo non sufficerent bona sua ad perficienda omnia & singula prædicta, quod prædictæ duodecim Capellaniæ omitterentur, & in dictum casum in quo non possent eædem Capellaniæ fundari de dictis bonis, voluit quod sex Fratres de Carmelo & sex Sancti Augustini vna cum duodecim Pueris tenerentur in dicta media Ecclesia Horas Canonicas dicere, ac diuina Officia celebrare; & insuper quod Priores vtriusque Conuentus, haberent eligere certos Fratres, qui in Capellis dictæ mediæ Ecclesiæ Missas celebrare diebus singulis tenerentur; prout hæc omnia & singula in quodam publico instrumento nouimus, etiam alias ordinationes & clausulas contineri: quarum quidem ordinationum supra expressarum tenorem de verbo ad verbum præsentibus inseri fecimus, vt plenius contineatur, quare nobis pro parte Executorum prædictorum fuit humiliter supplicatum, vt præmissis omnibus & singulis, confirmationis nostræ robur adiicere dignaremur. *Nos itaque huiusmodi supplicationibus inclinati*, præmissa omnia & singula superius expressa per ipsum Petrum Cardinalem vt præmittitur, ordinata, rata & grata habentes, illa auctoritate Apostolica, ex certa scientia confirmamus & præsentis scripti patrocinio communiuimus; supplentes omnem defectum, si quis fuerit quomodolibet in præmissis: insuper volentes nihilominus prædictos Fratres prosequi fauorabiliter in hac parte, ipsorumque supplicationibus inclinati, eisdem Fratribus, faciendi & habendi maximè iuxta præfatas ordinationes ipsius Petri Cardinalis prædicta loca, & domos ad habitandum ibidem ex bona prædicta, tenendi, leuandi, habendi, administrandi, ac gubernandi, & in vsus prædictos conuertendi; nonobstantibus quod ipsi Fratres Carmelitæ & Heremitæ Ordinum Mendicantium sint, quibus eorum statuta administrationes huiusmodi, aut propriam interdicunt habere, aut quod loca & Ecclesiæ eorundem Fratrum Heremitarum & Carmelitarum non distent ab inuicem cameratim per quot distare debeant, iuxta priuilegia ab Apostolica Sede indulta Fratribus supradictis de Bonifacij Papæ VIII. Prædecessoris nostri, ac aliis quibuscunque constitutionibus contrariis, plenam & liberam auctoritate prædicta concedimus facultatem. Tenor autem prædictarum constitutionum talis est: *s'ensuiuent les clauses dudit Testament, & à la fin sont adioustez ces mots;*

Nulli ergo, omnium horum liceat hanc paginam nostræ ratificationis & completionis, voluntatis & concessionis infringere, vel ei ausu contrario contraire; si quis autem hoc attentare præsumpserit, indignationem omnipotentis Dei & Beatorum Petri & Pauli Apostolorum se nouerit incursurum. *Datum Auenione* decimo quarto Kal. Iunij, Pontificatus nostri anno primo: sigillatum in plumbo rotundo.

Epitaphe du Cardinal Goüin, qui est graué en vne pierre apposée contre la muraille de la grande Eglise de Mortemar, appelée le Moustier.

Hic iacet Reuerendissimus in Christo Pater & Dominus, Dominus Petrus *Galuani* præfulgidus scientia, moribus & sanctitate decoratus, qui fuit Episcopus Autissiodorensis & Viuariensis ac Sacrosanctæ Romanæ Ecclesiæ Presbyter Cardinalis, qui de Mortuomari suam Originem traxit, & in præsenti loco vbi natus est, ibi & sepultus, in quo tres Ordines fundauit, Carthusienses, Au-

308　Preuues du Liure II. de l'Histoire

gustinenses & Carmelitas, & vnum Hospitale ad recipiendum Pauperes & numerum duodecim Puerorum instrui ordinauit ; & obiit in die Veneris Sancta, hora nona, decimo quarto mensis Aprilis, anno Domini millesimo trecentesimo trigesimo quinto.

PIERRE DE CHAPPES, CHANOINE d'Amiens, Thresorier de l'Eglise de Laon, Euesque d'Arras & de Chartres, Prestre Cardinal du Tiltre de S. Clement, Chancelier de France.

CHAPITRE LXXV.

Extraict de l'Histoire MS. des Chanceliers & Gardes des Sceaux de France, par feu mon Pere.

PIERRE DE CHAPPES estoit Thresorier de l'Eglise de Laon, & fut depuis Euesque d'Arras & de Chartres, & enfin Cardinal. En vne Lettre de prorogation de temps pour iuger le different d'entre le Roy & les Nobles de Champagne du 15. Nouembre 1317. Pierre de Chappes Chancelier de France est nomé pour vn des Iuges Chap.tre 12. num 2. Registre olim 1317. Du Lundy auant l'Ascension 1318. sur le Iugement d'vn different d'entre la Ville de Laon, & l'Eglise dudit lieu, où le Chancelier estoit Thresorier, dont à cause de ce il vouloit s'abstenir, fut resolu en presence du Roy Philippes le Long, & declaré par sa Maiesté que le Chancelier ne deuoit estre tenu pour suspec, d'autant que par le moyen de l'Office du Sceau, il estoit personne publique, & tenu à vne speciale fidelité au Roy. Au Registre LIX. du Thresor il y a escrit Registrum Cancellariæ Domini Episcopi Attrebatensis, annorum 1319. & 1320. il est parlé de luy dans vn Arest entre vn Lombard nomé Gabriel, & Marie la Fourmagiere en 1319. En l'Acte fait au Louure en presence du Roy pour la paix de Flandres, il est nomé PIERRE DE CAPIS, Thresorier de Laon, Chancelier de France, 9. Ianuier 1319. En Octobre 1320. il estoit Chancelier comme il apert par vn Acte pour la Flandre : en vn autre Acte pour le Serment que feist le Comte de Neuers d'obseruer la paix auec le Comte de Flandres, il appert que le 10. Feurier 1320. ledit Pierre de Chappes n'estoit plus Chancelier, & n'a audit Acte qualité que d'Esleu & confirmé Euesque d'Arras. En l'an 1318. le 16. Nouembre le Roy Philippes le Long estant à Bourges feist vn nouueau Reglement, par lequel il voulust que le Conseil estroit fust assemblé vne fois sur la fin de chaque mois que les choses qui y seroient conseillées fussent à l'issue arrestées par vn Notaire à la relation du Chancelier, que nul n'osast faire supplication au Roy des dons à heritage, si ce n'estoit en la presence du grand Conseil, que les deux Poursuiuans seroient auec le Roy, vn Clerc & vn Lay, quand le Parlement ne sera, orroient & deliureroient les Requestes, & quand le Parlement sera ne les deliureroient mie, mais les ennuoyeroient au Parlement, & que soit Parlement ou non, ils verroient & examineroient toutes les Lettres qui deuoient aller au grand Seel, & celles qui seroient de receuoir, bailleroient au Chambellan qui porte le Seel du secret qui les enueloperoit sous ledit Seel & les ennuoyeroit par deuers le Chancelier, lequel n'en pourroit seeller aucunes autres qui vinssent de la part du Roy, que celles qui seroient ainsi cachetées ; & finalement que ledit Chancelier ne pourroit seeller aucunes Lettres contre les Ordonnances, ne auec la clause non contre estant Ordonnances. En l'année 1319. le 28. Iuin, le Roy Philippes le Long estant au Bois de Vincennes assisté de grand foison de gens de son lignage, & de plusieurs autres Prelats, Comtes, Barons, Clercs, Bourgeois & grande multitude d'autres personnes, apres auoir oüy les Sieurs de Margueil & de Sully sur vn different qu'ils auoient ensemble, sa Maiesté feist prononcer & condamner par son amé & feal Chancelier Pierre Dicy audit de Margueil qu'il allast tenir prison à Paris au Chastelet, auquel temps vraysemblablement le Chancelier Pierre de Chappes deuoit estre absent, si ce n'est qu'il y eust faute au nom de Pierre de Chappes. Le 10. Iuillet audit an 1319. le mesme Roy estant à Longchamp feist publier d'autres Ordonnances, où il adiousta que le Chancelier enuoyeroit en la Chambre des Comptes les Commissions que on enuoyeroit par le Royaume, & qu'il compteroit en la Chambre des esmolumens de la Chancellerie. Et en l'année 1320. en Decembre ou enuiron furent publiés d'autres Reglemens plus particuliers, portans que les deux Maistres des Requestes suiuans la Cour seroient tenus de seoir chacun iour à heures accoustumées en leur commun pour oüyr les Requestes, qu'ils n'en passeroient aucunes qui touchast le Parlement, Chambre des Comptes, ou Thresor, ains les leur renuoyeroient, qu'ils aduiseront le Roy des Requestes importantes tendantes à recompensation de seruices, restitution de dommages, & auoir graces de dire contre Arests donnés au Parlement, pour les y renuöier s'il y escrit, que la

des Cardinaux François.

Clerc du Roy tiendroit le liure Iournal des choses conseillées au Conseil estroit, & les noms des assistans, qu'il rameneuroit deux ou trois fois la semaine à ceulx dudit Conseil pour les determiner; Que les Notaires reliroient les lettres à ceux qui les auroient commandées auant que les deliurer, ne porter a seeller, & y nommeroient celuy du Conseil qui auroit esté present au commandement. Le mois de Feurier ensuiuant audit an 1320. fust faitte soubs le seel du secret vnne Ordonnance particuliere pour le Reglement du port, & de l'Estat du grand Sceau, & de la recepte de l'emolument d'iceluy, & ordonné que les emolumens de la Chancellerie de Champagne, de Nauarre & des Iuifs, seroient tournés au profit du Roy, comme ceulx de la Chancellerie de France, & que tous les aultres esmolumens & droits que le Chancelier auoit accoustumé de prendre sur le seel reuiendroient tous au Roy, lequel veult que son Chancelier de France prenne pour tous ses gages & droits, mille liures parisis par an. Et d'auteant que ledit Chancelier Pierre de Chappes auoit receu les esdits esmolumens du seel de Champagne, Nauarre, & des Iuifs, durant tout son temps sans en rien rendre, le Roy luy en feist don en son grand Conseil, comme il fust certifié en la Chambre des Comptes en iugeant le compte dudit Chancelier de Chappes lors Euesque d'Arras, en presence de l'Euesque de Noion, de Messire Pierre de Condé, & de Messire Iehan de S. Iust, qui l'arresta de sa main le 11. Septembre 1321. soubs le Roy Charles le Bel.

Extraict des Registres de la Chambre des Comptes, communiqué par Monsieur de Herouual.

LVDOVICVS Dei gratiâ Franciæ & Nauarræ Rex, Dilectis & fidelibus Magistris, Iohanni de Fordugetis, Archidiacono in Ecclesiâ Claromontensi, PETRO DE CAPIS Canonico Ambianensi & Ostuario de Noys, ac Thomæ de Macefontaine militibus nostris, salutem & dilectionem. LATANTES in pace felici & tranquillitate placidâ nostrorum fidelium subditorum, vias & modos libenter exquirimus, & ad hoc nostra totaliter versatur intentio, vt eorum commoda compatemur, & ea per quæ possunt opprimi, tollamus omninò, ità quod omnibus prauis oppressoribus radicitus extirpatis, laudabilibusque antiquis & Apostolicis vsibus in statum pristinum reductis in sospitate vigeant, & sonum capiant in quiete, ac hiis quæ sua sunt quisque sit contentus. Nosque ipsos inuenire possimus ad ea quæ nostrum & Regni nostri honorem & pacificum statum respiciunt, semper promptos. Sanè his diebus grandis clamor Religiosorum & Nobilium Senescalliæ Lugdunensis, & Bailliuiæ Matisconensis pro se, personis Ecclesiasticis ac Popularibus auditum nostrum vndique propulsauerunt, quod Præteritis temporibus eisdem per Senescallos, Bailliuos, Receptores, Præpositos, Procuratores, Collectores, Gmentes, & alios diuersos Officiales & Ministros Senescalliæ & Bailliuiæ earundem qui sunt, & qui pro tempore nibi extiterunt, tot excessus tantaque damna & grauamina diuersis modis sint illata, quod ad nostrum remedium recurrere necessariò sint coacti, Nobis cum instantiâ supplicantes vt super hiis vellemus, tam pro nobis, quàm pro ipsis, de salubri & celeri remedio prouidere. Nos igitur qui tanquam Iustitiæ debitores summis desideriis affectamus eorum tranquillitati & paci, ac totius subiecti nobis populi prouidere, Vobis de quorum fidelitate & industriâ plenam & indubitatam fiduciam obtinemus, tenore præsentium committimus & mandamus, quatenus vos quatuor, tres vel duo vestrum ad partes dictarum Senescalliæ & Bailliuiæ & ad loca ipsorum, ad quæ accedendum vobis visum fuerit expedire personaliter accedentes, constitutis per Vos ad Iurium nostrorum deffensionem & conseruationem deffensoribus idoneis, vno vel pluribus probis viris, in hiis quæ pro conseruandis Iuribus nostris facienda sunt, exceptis vocatis euocandis, visis Litteris nostris, in quibus continentur articuli Nobis ex parte dictorum conquerentium pro se, personis Ecclesiasticis & popularibus prædictis exhibiti, de quibus conquerebantur, visis etiam Responsionibus & declarationibus ad dictos articulos ex parte nostrâ cum magnâ deliberatione Consilij factis, de quibus per prædictas Litteras nostras liquere poterit, ea quæ per ipsas Litteras nostras ordinata seu declarata inuenietis, faciatis celeriter compleri, debitæ executioni mandari, ac firmiter obseruari, & factâ primitus proclamatione generali palàm & publicè & sub certis pœnis quas videbitis expedire, ne quis cum Senescallis, Bailliuis, Præpositis, Procuratoribus, Gmentibus, seu aliis Officialibus, seu Ministris nostris quibuscumque componere, transigere, vel pacificare audeat, nec iidem Officiales, id cum ipsis facere quoquo modo præsumant, ipsisque Officialibus, quibuscumque processibus super præmissis contra eos faciendis, pendentibus ab Officiis suis per vos suspensis, vel totaliter amotis, prout videbitis faciendum, de & super contentis in articulis prædictis in facto consistentibus, consuetudinibus & vsibus antiquis & approbatis tempore Beatæ LVDOVICI Patrui nostri deductis ad probationem ipsarum consuetudinum & (suum temporibus Domini genitoris nostri & nostris, & aliis articulis vobis tradendis, de quibus per Nos ex tenore dictarum Litterarum nostrarum aliàs non esse nouericis ordinatum, seu etiam declaratum : Visis etiam antiquis priuilegiis, si qua vobis contigerit exhiberi, inquiratis diligentiùs veritatem celeriter & de plano, & quæ declaranda, corrigenda, mutanda, disponenda, aut alio quomodolibet ordinanda tam pro Nobis, quàm personis Ecclesiasticis, Nobilibus & popularibus præsentium prædictarum videbitis, authoritate nostrâ Regiâ declaretis, corrigatis, mutetis, disponatis, aut alio quomodolibet prout faciendum decreueritis, ordinetis, ac contra Senescallos, Bailliuos, Receptores, Procuratores, Castellanos, Præpositos, Officiales, Ministros, & alios quoscumque suprà dictos, qui nunc sunt, vel qui hactenus fuerunt, de Gestis cuiuslibet ipsorum, & qualiter se in sibi commissis Officiis hactenus habuerunt, inquiratis, & quæ ipsos aliter quam iuste à quocunque inueneritis extorsisse vel habuisse de bonis, vel ipsis non existentibus soluendo de bonis fideiussorum per eos datorum tempore suscepti per eos officij, vel si nullos aut minus idoneos fideiussores dederint, de bonis illorum qui ipsos in ipsis officijs posuerunt, si quibus, & prout rationis fuerit, restitui faciatis, ac eos prout meruerint taliter punitis, quod eorum exemplo cæteri terreantur, & deinceps ad talia non prorumpant & vt prædicta celerius expedite possitis, vobis dantus plenariam potestatem committendi personis idoneis vni vel pluribus inquisitiones & processus contra ipsos Officiales, super prædictis faciendos, sententia distinitiua vobis duntaxat super eis reseruata. Cæteraque quæ pro complemento præmissorum omnium & ea tangentium necessaria fiunt in toto & per totum, cessante in omnibus & singulis prædictis cuiuslibet friuolæ appellationis diffugio, vocatis cuocandis faciatis & exequamini diligenter, celeriter, & de plano. Cæterum si aliquis Officialium prædictorum esset propter eius demerita corporaliter puniendus, volumus & concedimus, quod quilibet vestrum Militum prædictorum, altero impedito vel absente possit super hæc exhibere & facere iustitiæ complementum: super quibus vobis quatuor tribus vel duobus, plenam generalem auctoritate nostra concedimus potestatem & si vobis aliqua dubia occurrunt in prædictis, ea sufficienter instructa nobis seu nostræ Curiæ referatis vel mistatis quantocitius declaranda sub vestris inclusis sigillis: in præmissis autem omnibus & singulis & dependentibus ex eisdem, vobis tribus, & duobus vestrum ab omnibus pareri & intendi efficaciter volumus & mandamus. Datum apud Viennas, die decimo septimo Maij, anno Domini millesimo trecentesimo quinto decimo.

Extraict des Registres du Thresor des Chartes du Roy. Registre coté LV. de l'année 1317.

ENTRE ceux auquel le Roy escriuit le douziesme Iuillet pour auoir leur conseil sur le fait du Duc de Bourgogne, immediatement apres les Prelats est nommé PIERRE DE CHAPPES Chancelier de France, apres luy Amedée Comte de Sauoye, Edouard de Sauoye son fils, Gaucher Connestable de France.

Extraict des Tiltres de la Maison de Neuers.

LETTRES de Philippes Roy de France & de Nauarre touchant les choses qui furent prises au Thresor à Paris, & portées par expres commandement de sa Maiesté en quatre paniers serraz & mis en depost par Messire PIERRE DE CHAPPES Chancelier de France, au Thresor de la grande Eglise de Bourges le Lundy apres Quasimodo 1317.

Extraict des Registres de Parlement.

PETRVS DE CAPPIS Clericus & Cancellarius Regis, die penultima Ianuarij 1319.

Extraict des Tiltres de la Chambre des Comptes de Paris.

MAGISTER PETRVS DE CAPPIS Domini Regis Clericus pro vadijs suis à sexta die Februarij 1314. vsque ad vigesimum Nouembris nouemdecim libras, quindecim solidos. Dominus PETRVS de Cappis Clericus Domini Regis pro expensis in negotijs inquestarum, anno 1319. &c. Dominus PETRVS de Cappis Custos Sigilli Regis, anno 1319.

Extraict d'vn Registre de la Chambre des Comptes, cotté A. 2. commençant en 1311. fol. treize. Communiqué par Monsieur de Vyon Seigneur d'Herouual, Conseiller du Roy & Auditeur en la mesme Chambre.

LE Compte de Messire PIERRE DE CHAPPES à present Euesque d'Arras du temps que il aporté le Seel, lequel fust assnés & oys si comme est arresté de la main de Maistre Iean de Saint Iust en la fin dudit Compte, en la presence de Monsieur de Noyon & autres. Et est à sçauoir que en la presence de Nosseigneurs, Sire Gerault Guete raporta que il auoit esté present là ou le Roy auoit voulu & donné de grace, present tout son grand Conseil, audit Monsieur l'Euesque tout l'emolument du Seel des Lettres de Champagne, de Nauarre, & des Iuifs, dont ledit Chancelier n'auoit oncques rien rendu de tout son temps.
Item ledit Chancelier vouloit prendre en sondit Compte le restor de plusieurs cheuaux qui li furent royés, pour ce que il n'estoit pas accoustumé.

IMBERT

des Cardinaux François.

IMBERT DV PVIS, mal nommé DE PONS par quelques vns, proche Parent, ou Allié du Pape IEAN XXII. Prothonotaire du Saint Siege, Cardinal Diacre de ..... puis Prestre Cardinal de la Basilique des douze Apostres, Doyen du Sacré College, & Camerlingue de l'Eglise Romaine.

CHAPITRE LXXVI.

Extraict d'vne Lettre du Cardinal du Puis, qui est conseruée dans le Conuent des Billetes de Paris.

NOS Imbertus Basilicæ duodecim Apostolorum Presbyter Cardinalis, Sacti Collegij Reuerendissimorum Presbyterorum Decanus, Sanctæ Romanæ Ecclesiæ Camerarius, &c.

Extraict des Registres du Thresor des Chartes du Roy. Registre cotté LXVIII. depuis l'an 1331. iusques à 1349.

AMORTISSEMENT de quatre cent liures tournois pour IMBERT DV PVIS Cardinal du Saint Siege de Rome, pour fonder Chapelains, ou Conuens de Religieux, ou Maisons d'Hospitalité, en Auril 1344.

TALERAND DE PERIGORD, ABBE' de la Chancelade, Protecteur de l'Ordre des Cordeliers, Euesque d'Auxerre, Prestre Cardinal de Saint Pierre aux Liens, au Titre d'Eudoxia, puis Cardinal Euesque d'Albe, Legat en France pour la paix d'entre le Roy Iean & le Prince de Galles Fils du Roy d'Angleterre.

CHAPITRE LXXVII.

Episcopi Antissiodorenses. Ex veteri Codice MS. Alexandri Petauij Senatoris Parisiensis.

TALERANDVS Filius Comitis Petragoricensis, natione Aquitaniæ, nobilissimus vir & Iuris Ciuilis peritus, Apostolicâ prouisione promotus successit PETRO DE MORIVOMARI, non intrauit Ciuitatem, quasi continuè mansit studendo in Domo de Odanto propè Verziacum, quæ fuerat acquisita per Dominum Petrum de Morayo supradictum, in qua dictus TALERANDVS speciosam aulam ac cameram construi fecit, & ad opus studendi vnum Claustrum retrò ad modum Religiosorum, & ibi multùm studendo profecit demùm assumptus in Cardinalem Sanctæ Romanæ Ecclesiæ, in quo statu strenuissimè se habuit, fuitque ad Sedem Antissiodorensem promotus anno Domini millesimo trecentesimo vicesimo octauo, & translatus ad Cardinalatum anno sequenti tricesimo, & vacauit Sedes quasi per annum propter contratietatem promotionis durantem *in San-

Ao Collegio promouendi Dominum Stephanum de Mornayo, Cancellarium Franciæ, sed multas hæ-buit aduersarios; ideo promotus fuit ille qui sequitur anno trigesimo primo, in Festo Natiuitatis Domini. Sic solùm sedit TALERANDVS circiter tres annos. Obiit Cardinalis anno millesimo trecentesimo sexagesimo quarto; sepultus Auenioni, & deinùm translatum dicitur corpus ad partes suas: ipse legauit pro Anniuersario suo fundendo in Ecclesiâ Autissiodorensi, centum florenos, & soluti sunt.

Extraict des Registres des Chartes du Thresor du Roy. Registre LXXVI. des années 1345. 1346. & 1347.

LITTERÆ Caroli Ducis Britanniæ & Vicecomitis Lemouicensis, ac Iohannæ eius Consortis Ducissæ Britanniæ, ac Vicecomitissæ Lemouicensis, quibus confirmat litteras Philippi Regis, quibus ipse Rex cum olim Castrum de Albarupe Charissimo nepoti suo Carolo D. B Vicecomiti L. & Iohannæ eius Consorti in Petragoricino situatum, per inimicos dicti Regis furtiuè & proditionaliter fuisset occupatum, & postmodum quibusdam fidelibus Regis procurantibus ad obedientiam suam redactum, suoò pro se & nomine suo tenetur, pensantes quod sibi & Patriæ quamplurimùm expedit quod dictum Castrum fideliter custodiatur, quodque ipsum Castrum circumcirca Terræ Comitis petragoricensis existit situationem, cuius mediante diligentia & affectu meliùs poterit custodiri: idcircò de Valore Castri prædicti, Castellaniæ, Iurium, homagiorum & Bastidæ Bonæ-vallis, infrà dictam Castellaniam situatæ plenius informati, pro se & suis successoribus, & pro dicto Duce & Vicecomite & dicta cius consorte, prædictum Castrum cum dicta Bastida & pertinentiis, Carissimo suo TALEIRANDO sacrosanctæ Romanæ Ecclesiæ Petragoricensi Cardinali Fratri Germano dicti Comitis pro se & suis hæredibus, & causam eo ab habituris vendit pretio viginti milium florenorum auri de Florentia, apud Milam Domum prope Pontisaram, anno 1346. mense Nouembri. Hoc prædicti Dux & Ducissa confirmant, anno 1347. Ianuario.

Lettre du Pape CLEMENT VI. au Cardinal de Perigort.

CLEMENS Episcopus seruus seruorum Dei. Dilecto filio TALAIRANDO, tituli sancti Petri ad Vincula, Presbytero Cardinali. PETITIONIS dilectorum filiorum Generalis, & Prouincialium Ministrorum Ordinis Fratrum Minorum, nobis nuper exhibita series continebat, quod ipsi dudum in suo generali Capitulo Massiliæ celebrato, diligentiùs attendentes, quod bonæ memoriæ Iacobo sancti Georgij ad Velum aureum, Diacono Cardinale protectore, Gubernatore & Correctore ipsius Ordinis deputato Authoritate Apostolicâ (sicut Domino placuit) ab hac luce subtracto, dictus Ordo Protectoris & Gubernatoris, & Correctoris erat præsidio destitutus, & cupientes super hoc salubriter prouideri, Te, quem ad eumdem Ordinem affectu sinceræ Deuotionis & Beneuolentiæ specialis indubiè confidant affici, vnanimiter & concorditer ad huiusmodi Protectoriæ Gubernationis & Correctionis officium elegerant. Quare nobis humiliter supplicarunt, vt iuxtà sui Ordinis Præceptum Regulæ, Te, in Protectorem, Gubernatorem & Correctorem prælibati Ordinis concedere dignaremur. Nos igitur qui Ordinem ipsum int a nostra & sedis Apostolicæ præcordia recumbentem prosequimur fauoribus dilectionis paternæ, supplicationi huiusmodi benigniùs inclinati, Te, de cujus probitate & circumspectione prouida plenè confidimus, in Protectorem, Gubernatorem & Correctorem Ordini memorato & ipsius fratribus, Auctoritate Apostolicâ duximus tenore præsentium concedendum: sinceritatem tuam attentiùs exhortantes, tibique in tuorum remissionem peccatorum iniungentes, quatenus circa hæc piè, vtiliter, fideliter, prout tibi ministrauerit Dominus, te impendas. Nulli ergo, &c. Datum apud Villamnouam Auenionensis Diœcesis, quarto Kal. Octobres. Anno secundo.

Lettre de François Petrarque au Cardinal de Perigort.

FRANCISCVS Petrarcha, Talerando Albanensi Episcopo Cardinali, Salutem, Litteras pridem tuas amantissime Pater, inque illis Apostolicum præceptum, reuerenti gaudio stupens legi, ad quas familiaris tui illius festinatio, iustum respondendi spatium non dedit, respondi tamen vt potui, idque perbreuiter, sed pare, & quod litteris defuit, notæ fidei Nuncio commisisse contentus fui. Ecce nunc iterum aliis atque aliis, de eadem re & litteris pulsor & Nunciis, quibus & stupor meus crescit & gaudium: nam quis, quæso, non stupeat simulque non gaudeat, si amicus sit, Vicatio Iesu Christi, qui me magicum non tantum suspicari, sed affirmare soleat, opinionem hanc de me, falso conceptam, semperque hactenus contra tuum eloquium, ac multotum illam extirpare volentium, pertinaciter defensam, nunc repente non modo deposuisse, sed opinione alia permutasse, tam diuersa, vt cuius horrere videbitur alloquium, atque aspectum, eius nunc secretam conuersationem, ac fidele obsequium, donis poscat ac precibus? Magna vis veri est, impelli potest, prosternique mendacio, non extingui. Per se ipsum, cum aliquandiu iacuerit, altius assurget, & clarius. Parcat autem illi Deus, qui falsæ illius opinionis auctor fuit. Magnus ille quidem vir, nempe tui ordinis non vltimus, & præterea Iurisconsultissimus, quodque mirabiliorem facit errorem, & experientiæ multiplicis, & prouectæ admodum ætatis, nisi forte non error ille aliquis, sed odium solum, fuit quamuis error nullus maior possit esse quam crimen, neque vero tam turpiter quisquam erat, quamlibet ridiculum aliquid, ineptum sibi ignorans finxerit, quam qui sciens Deum odit, aut proximum, quæcunque demum fuerit causa, magicum ille me dixit, nec erubuit asserre rationem, quod Virgilij libros legerem, seu legissem, & inuenit fidem. En ingenia quibus rerum summa commissa sit, de his vero quoties riserimus, tu nosti eo ipso nonnunquam præsente, cui delator meus persuaserat, donec illo tandem, ad Papatum euecto, res ludicra esse desiit, atque ad iram tuam vergere cœpit, ac dolorem meum. Non quod aliquid ab eo magnopere cuperem, ambitiones meæ notæ tibi omnes sunt, sed cum Benedictus adolescentiam, & iuuentam Clemens meam, non dico Innocentem, sed à turpibus studijs ac maleficis artibus abhorrentem agnouisset, senectutem meam Innocentio suspectam esse, non dolere non poteram. Proinde per id tempus, quo ille consederat, nescio an vnquam reuersurus inde abiens, dum tu me valdictarum, ipso etiam volente ducere voluisses, abnui, ne aut illi mea Magica, aut mihi molesta credulitas sua esset. Scis me verum loqui, teque non semel frustra nixum, ne insalutato illo proficiscerer. En quid mihi venenosa vox contulit, vnius viri, cui nulla quidem, in me odij oratio erat, sed sine causa nihil sit, oderat ille me, non propter me quidem, sed propter illum, cui familiarissimum me fuisse meminerat, propter quem & teipsum oderat, sed odij sibi conscius iniusti, erga vtrumque nostrum simulator callidus, amicitiam fingebat (nota tibi comemoro) sicut sepulto illo, ipsius nec lenitas morte, ipsis bellum cineribus indixerat. O tristis & cæca rabies animi, propagatrix pestilens odiorum. Certe si inimicos diligere Dominico iubemur Imperio, quid iis fiet, quibus inimicos etiam extinctos odisse non sufficit, nisi amicos illorum omnes immortali odio insequantur? Siue autem viuax odium, siue pudor mutandi quod dixerat, causa esset, suggestionem hanc aluit ille dum vixit, & quam plantauerat irrigauit, gratias Deo quod mendatium veritas, mors mendacijs vicit. Non credit profecto Magnum Pontifex, quem Secretarium vult, nec scelestis operam dare carminibus, quem interioris thalami archano dignum, & factis aptum censet epistolis. Magnas sibi pro tantis honoribus, nec minores pro tali errore deposito, grates ago, etsi enim opinionibus vagis ac falsis, quanti nequeant constantes animi, sine quodam tamen angore non fuerat, apud animum meum falsa licet opinio, tanti viri, neque vllo pacto velim diuturnam adeo fuisse, vt de me talia sentiente, vel mea illum, vel sua dies vltima inuentura fuerit. Scio autem expectari responsum meum, & quamuis humilitatem meam illinc, & Pontificis pietas, & tua humanitas, & amicorum preces & lachrymæ, vehementer trahant, hinc meorum consilia impellant, fixus tamen in proposito primo sum. Nil est penitus quod immutem, quæ res apud alium, si agenda sit, plurimum haud dubie verborum egeat, tibi meis in rebus, non tantum sermo breuis, sed silentium sat est, tecum enim meo iure Dauidicum mihi illud vsurpo, Domine ante te omne desiderium meum, & non quidem gemitus, qui mihi de rebus iam labentibus nullus est, sed certe suspirium meum à te non est absconditum. Quid velim, quid optem, quid ambigam, quo suspirem, non mihi notius quàm tibi est. Quid igitur multis agam? video me vocari ad luctam, ad honorem, ad laborem, fere cunctis optata mortalibus, mihi vero multis nihil conuenit, proinde nec fortuna mea, nec animus lucri egens, nec professio vitæque genus honorum talium, neque occupatio, ætasque deuexior laborum. Excusabis me iterum Pontifici, ne quod modestiæ est, insolentiæ tribuatur quod sæpe me honestauit, tuum modo me defendat eloquium, nominaui duos compatriotas meos, & si tanto officio par creditus, extimator aliorum dignus censor, & vterque dignissimus: ego tamen, qui effectum rei celerem ac fœlicem cupio, nam vtrumque literis meis experiri volui, & quod vaticinabar reperi. Alter onerosum respuit honorem: alter si requiritur præsto est. Vbi nam vero sit, quærendus, & quicquid in rem est, tuus hic nuncius nouit, hoc extremum Papæ dicito, si hunc habet, me quidem, & quicquid in me quærebat, plusque aliquid inuenerit, vna est patria, vnum nomen, vnus animus, vnum ingenium, vnus stylus, vita illa clarior, & Sacerdotio insignis. Vale, Ecclesiæ decus ac nostrum.

Ex Formulario Curiæ Romanæ MS. & sub CLEMENTE VII.
vt videtur conscripto.

CLEMENS, &c. *Dilecto filio* TALAIRANDO, *tituli sancti Petri ad Vincula, Presbytero Cardinali, salutem.* Ad petitionem dilectorum filiorum Generalis & Prouincialium Ministrorum Ordinis Fratrum Minorum, bonæ memoriæ Iacobo sancti Georgij ad Velum aureum, Presbytero Cardinale Protectore, Gubernatore & Correctore ipsius Ordinis deputato Authoritate Apostolica, ab hac luce subtracto, eumdem Talairandum, quem ad eumdem Ordinem affectu sinceræ Deuotionis, & Beneuolentiæ specialis affici nouerat, ad huiusmodi Protectoriæ, Gubernationis & Correctoriæ officium ab eodem ordine electum confirmat, cumque in Protectorem, Gubernatorem & Correctorem eiusdem Ordinis concedit.

Collatio breuis ad Dominum Cardinalem Petragoricensem, facta in sancto Audomaro 19. Iunij 1354. incerto Auctore: Ex veteri Codice MS. Collegij Sorbonici.

REVERENDISSIME Pater & Præstantissime Domine possum dicere Dominationi vestræ illud quod scribitur 51. Capite Isaiæ, *Attendite ad Petram vnde excisi estis;* ex triplici namque Petra video vos excisum. Legatus primo ex petra sublimitatis, videlicet ex petra Christo, & Papa eius Vicario, in quantùm vos estis dignissimus Cardinalis Episcopus, secundò ex petra soliditatis in quo estis Petro Apostolo congruè comparatus, tertiò ex petra nobilitatis, scilicet Comitis Petragoricensis, cuius fuisti Filius legitimè generatus, & ideo ad primam petram sublimitatis, vnde excisi estis, attendite, quod cum sitis Christi & Papæ specialis Vicarius, laus, honor, & obedientia vobis debentur, amen, & à Seruitoribus vestris aliis quibuscunque, ad quod vobis me offero proferens cum Psalmista, *Seruus tuus sum ego, suscipe Seruum tuum in bonum*; insuper ad secundam petram scilicet soliditatis, vnde excisi estis, attendite, quod aliàs fuisti Tituli Sancti Petri ad Vincula Presbyter Cardinalis, & sic vos velut Petrus estis profundissimus & famosissimus in scientia & amore, in quibus perfectè coniunctus fuit vobis Dominus Andreas de Florentia Cardinalis Tornacensis, cuius ego fui Consanguineus; vnde sicut Andreas fuit iunior Petro & Fratre ipsius, ita Dominus Andreas fuit vobis iunior Dignitate, fuit tamen Frater dilectione intima vos in simul connectente, quippe ipse vos habuit in magna reuerentia, & plurimum commendabat, & merito quia in omnibus quæ habuit agere contra Papam & specialiter quando ipse Cardinalis fuit effectus, Promotor eius maximus, vos fuistis, ideoque tùm ratione imitationis dicti Domini Andreæ, tùm ratione obligationis Papæ obsequia sibi & suis à vobis impensa, sum promptus vobis in omnibus reuereri; sed ad tertiam petram scilicet nobilitatis, vnde vos excisi estis, attendite, quod vos estis multorum Regum Consanguineus & Affinis, propterea quod vobis verè dicitur illud Sapientiæ 18. *Omnipotens sermo tuus Domine à Regalibus Sedibus venit*, quinimò vadit ad Sedes Franciæ & Angliæ Regales pro pace maximè reformanda, in speciali tamen ex hac petra spectabili excisa fuit bonæ memoriæ Domina Soror vestra, Vxor quondam Ducis Dyrachij Fratris Regis Roberti, cui Duci & Ducissæ ac Filiis eorumdem multi mei Consanguinei seruierunt fideliter, & ab eis bona plurima receperunt, ex qua etiam petra processit consanguinicitas vestra, & Domini Ioannis de Columna vltimus Cardinalis, qui habuit Seruitores Consanguineos meos aliquos, quibus fecit similiter multa bona, Dominus etiam Stephanus de Columna Præpositus Sancti Audomari Seruitor vester deuotus Consanguineus & factura Cardinalis de Columna prædicti officium Scholastici Sancti Audomari mihi contulit per tres annos, & ideo propter imitationem dictorum Consanguineorum meorum & obligationem nostri, propter obsequia collata nobis à vestris, paratus sum vobis Domino in omnibus obedire, de vobis enim possum dicere vna cum Dauid, *Dominus petra mea & refugium meum & robur meum*, vnde cuilibet Seruitori vestro Dominus dixit de vobis Exodi 14. *percuties petram*, scilicet precibus & obsequiis, *& exibit ex ea aqua*, scilicet gratiæ, per quam habebimus aquam gloriæ, quam vobis & nobis concedat.

Extraict du Martyrologe de la Chartreuse de Paris.

Dominus Talayrandus Petragoricensis, Episcopus Cardinalis, Fundator Domus Vallis Claræ, habet tricenarium perpetuum per totum Ordinem quod celebratur 16. Cal. Februarij.

Ex Formulario Curiæ Romanæ MS.

Gregorius Episcopus Seruus Seruorum Dei. Sanè dudum bonæ memoriæ Talayrandus Episcopus Albanensis, proponens in Ciuitate Tolosana vnum Collegium pauperum scholarium facere, quandam Domum appellatam *de la Manauel* in dicta Ciuitate infra Parrochiam Ecclesiæ Sancti Saturnini consistentem, ac etiam certos redditus pro præmissis acquisiuit, & deinde antequam in hoc vlterius esset processum, certo per eum condicto Testamento, prout ex speciali licentia sibi à Sede Apostolica concessum fuit, & nonnullis Executoribus in eodem Testamento deputatis, vium fuit vniuersæ carnis ingressus. Cum autem, sicut accepimus prædicta Domus pro huiusmodi Collegio iam sit apta, & per huiusmodi ab Executoribus prædictis iam alij redditus de bonis qui fuerant præfati Episcopi, post eius obitum iam sint acquisiti, nos cupientes vt huiusmodi prædicti Episcopi tam pium, tamque laudabile propositum ad finem debitum perducatur, in prædicta Domo vnum Collegium perpetuis temporibus duraturum viginti Scholarium pauperum Clericorum, qui in dicta Ciuitate studeant, & Collegium faciant, vna quod in Domo ipsa sint vltra huiusmodi viginti Scholares, quatuor Capellani perpetui, qui in Capella in prædicta Domo disponenda, & sub vocabulo Beati Frontonis ordinanda celebrare, & diuino cultui intendere debeant, constituimus & ordinamus. Ac huiusmodi Domus & Collegium, Domus Petragoricensis perpetuis futuris temporibus nuncupentur. Ad hæc volumus, statuimus, & etiam ordinamus, quod dilecti Filij nostri Petrus Titulo Sanctæ Anastasiæ & Ioannes Titulo Sanctorum Nerei & Achilei Presbyteri Cardinales ordinationes & instituta etiam personalia, præmissis tamen per nos ordinatis & statutis nullatenus contraria, pro bono regimine & felici statu ac vtili Domus & Collegij prædicti, prout eis videbitur facere debeant atque possint.

Registre LXXXXIX. des Chartes du Thresor du Roy.

Amortizatio quingentarum librarum annui redditus pro defuncto Domino Talayrando Episcopo Albanensi, Sanctæ Romanæ Ecclesiæ Cardinali, volente & disponente quoddam Collegium certi numeri Studentium Tolosæ in Subvrbio Sancti Saturnini ad diuini cultus exaltationem fundare ac inftituere per Ludouicum Fratrem Regis Ducis Andegauenfis. Actum Bellicadri anno 1367. menfe Ianuarij.

Teftamentum Talayrandi Epifcopi Albanenfis & Cardinalis.

VNIVERSIS præfentem infpecturis paginam innotefcat. Quod nos TALEYRANDVS miferatione diuinâ Epifcopus Albanenfis, Sanctæ Romanæ Ecclefiæ Cardinalis, per Dei gratiam mente & corpore fani, falubri meditatione penfantes, quod præfentis vitæ conditio ftatum habet inftabilem, & ea quæ vifibilem habent effentiam, tendunt vifibiliter ad non effe, quodque dum corpus fanitate viget, vltimæ voluntatis iudicium, in quo tranquillæ mentis & rationis vfus exigitur, quia tunc ipfa mens non cogitat cogitare quod dolet, falubrius prouidetur; ac propterea prouidentes diem noftræ peregrinationis extremum difpenfatione teftamentaria præuenire, rerum & bonorum noftrorum ordinationem per noftrum nuncupatiuum Teftamentum fiue fcriptis condimus & facimus in hunc modum. IMPRIMIS omnipotenti Deo & Domino noftro Iefu Chrifto animam noftram deuotione humili commendantes, ipfum fuppliciter exoramus, vt qui pro falute humani generis nafci voluit atque pati, iam cum refoluto luteo corpore de hac valle miferiæ tranfibimus ad vitam, propitius & mifericors ipfe recipiat, nec fecundùm peccata quæ fecimus, nobis ille retribuat, fed fecundùm mifericordiam fuam faluam eam faciens in finu Abrahæ Patriarchæ fui collocare dignetur; & quia interdum quod per nos obtinere non poffumus, ad obtinendum prodeft interceffio aliena, humili oratione precamur, vt precibus & interceffione Sanctæ gloriofæ Matriæ Virginis Matris Domini noftri Iefu Chrifti, & omnium Sanctorum impetrare poffimus, quæ mente deuotâ & animo contrito expofcimus & rogamus, fperantefque precibus & interceffione Beatiffimi Frontonis, & eius meritis apud omnipotentem Dominum adiuuari; in Ecclefia ipfius Sancti Frontonis de Petragoriis, ad quam gerimus fpecialis deuotionis affectum, noftram eligimus fepulturam, vt in ea in qua promotionis noftræ primordia fumpfimus, orationum fuffragia iugiter fentiamus: fi autem in Ciuitate Auenione, vel propè eam, nos decedere contingat, in Domo Fratrum Minorum de Auenione exequias noftras fieri ordinamus, & exinde poft nouem dies ad locum prædictæ fepulturæ nos portari volumus & transferri. In die autem fepulturæ noftræ huiufmodi Canonicis maioris & dicti Sancti Frontonis Ecclefiarum Petragoricenfium, Presbyterifque, & aliis Clericis in eis deferuientibus ibidem, pro fepultura noftra venientibus, dari libratam in pecunia volumus, & eleemofinam Pauperibus ibi conuenientibus dari præcipimus, prout fecundùm morem patriæ, & infpecto ftatu noftro infrafcriptis Executoribus noftris videbitur faciendum; quâ etiam die fingulis Conuentibus prædictorum Minorum, & Sororum Monafterii Sanctæ Claræ Minoriffarum de Petragoriis decem florenos auri pro pitantia dari volumus, & in die exequiarum faciendarum in Auenione fingulis Collegiis Pauperum Religioforum & Hofpitalibus dictæ Ciuitatis eleemofinam dari volumus, prout infrafcriptis Executoribus videbitur faciendum. Verùm cùm non remittantur peccata nifi fiat fatisfactio & reftituantur ablata, ordinamus & volumus vt omnibus & fingulis de nobis iuftè conquerentibus, de bonis noftris fiat plena fatisfactio & emenda, ita quòd fit in arbitrio Executorum infrafcriptorum an ad probationem debeant effe folus iuramenti præftatione contenti, an infpectâ conditione conquerentium & emendâ quæ petitur à conquerentibus fit plena probatio exigenda. Nos etiam recolimus à nobili & potenti viro Domino Petro de Via Milite ducentos quinquaginta florenos auri mutuo olim recepiffe, quos Hæredibus fuis folui volumus atque reddi. Item Hæredibus quondam Domini Petri de Saxa Canonici Lemouicenfis, volumus centum Regales auri reftitui, quos fibi debere ex caufa mutui confitemur. Item quia iuftum eft & beneficia noftra à quibus imitabona recognofcimus habuiffe, fructum aliquem debeant reportare; legamus Capitulo Ecclefiæ Lemouicenfis, cuius fuimus in Epifcopum electi centum florenos auri pro emendis redditibus pro Anniuerfario noftro in dicta Ecclefia in die fepulturæ noftræ faciendæ Petragoris annis fingulis faciendo. Item alios centum florenos Capitulo & Ecclefiæ Autiffiodorenfi, cuius fuimus Epifcopus, in emptionem reddituum pro caufa fimili committendos. Item Capitulo Ecclefiæ Petragoricenfis alios centum florenos legamus ex quibus emantur redditus pro noftro Anniuerfario faciendo: & cùm aliàs dictis Capitulo & Ecclefiæ Petragoricenfi promifimus emere & affignare viginti quinque fextaria frumenti rendualis, ad menfuram Petragoricenfem pro Miffa Sancti Spiritus, quam Presbyteri in die Iouis qualibet feptimana celebrant; eaque nondum affignauimus, dictis Capitulo & Ecclefiæ legamus trecentos florenos auri pro acquifitione reddituum prædictorum, diftribuendorum inter Canonicos & Seruitores Ecclefiæ, qui in dicta die Iouis qualibet in Miffa celebranda pro Defunctis vel de Sancto Spiritu cum vna Collecta de Mortuis perfonaliter interferunt, quam in vita noftra de Sancto Spiritu & poft noftrum obitum pro Defunctis ipfa die Iouis celebrare perpetuò teneantur, pro noftra & Parentum noftrorum animarum falute. Item legamus Ecclefiæ prædictæ Sancti Frontonis centum quinquaginta florenos auri pro emendis redditibus pro Anniuerfario noftro annis fingulis faciendo ibidem. Item legamus Prioratui Sancti Medardi de Abbatia, Petragoricenfis Diœcefis centum florenos auri in refectionem Domorum dicti Prioratus vtiliter expendendos. Item Ecclefiæ Collegiatæ Sancti Petri ad Vincula de vrbe centum florenos, pro emptione immobilium rerum pro Anniuerfario noftro annis fingulis faciendo ibidem. Item legamus Præpofituræ Sancti Benedicti de Saltu Bituricenfis Diœcefis, ducentos quinquaginta florenos auri, expendendos in reparationem & refectionem ædificiorum, per manus duorum proborum per Executores noftros eligendorum, vel in emptionem ornamentorum Ecclefiasticorum, si ædificia, molendina, vel alia reparatione tanta, vel minimè indigere dicantur. Item legamus Archidiaconatui Posqueriarum ducentos florenos auri, quos volumus expendi in rebus vtilioribus ipsi Archidiaconatui, sicut in similibus supra est expressum. Item legamus Senonensi, Carnotensi, Beluacensi, Attrebatensi, & Virdunensi Ecclesiis, scilicet cuilibet earum quinquaginta florenos in emptionem reddituum pro faciendo Anniuersario, committendos in earum qualibet singulis annis. Item legamus pro reparatione Domorum Præbendæ nostræ Lincolniensis in Anglia, triginta libras sterlingorum, si reparatione tanta indigeat, aliàs id quod superfuerit vltra refectionem in emptionem reddituum conuertantur pro nostro Anniuersario faciendo prout superius est expressum. Item pro reparatione Domorum Decanatus Eboracensis, alias triginta libras sterlingorum legamus prout superius de Præbenda Lincolniensi est dictum. Item legamus Abbatiæ Monasterij de Cancellata Ordinis Sancti Augustini Petragoricensis Diœcesis quinquaginta libras Turonensium paruorum, pro nostro Anniuersario faciendo, in emptionem reddituum committendas. Item legamus Ecclesiæ Sancti Asterici Petragoricensis Diœcesis centum florenos auri, quos in emendis redditibus pro faciendo annis singulis nostro Anniuersario volumus omnino conuerti. Item legamus Ecclesiæ de Mortanhaco propè Montem-Pauonem Petragoricensis Diœcesis, quinquaginta libras Turonensium paruorum, de quibus volumus emi redditus eidem assignandos pro Anniuersario pro nostra Parentumque nostrorum animarum salute ibidem annis singulis faciendo. Item Prioratui de Flexu quinquaginta florenos auri, in emptionem reddituum pro faciendis Anniuersariis annis singulis expendendos. Item Prioratui Sancti Licerij Bigorræ quinquaginta florenos simili modo & forma quibus supra in proximo expendendos. Item quinquaginta florenos auri Prioratui de Elizona similibus modo & forma quibus supra. Item volumus & ordinamus fieri quinquaginta Calices, quorum singuli ponderent duas marchas argenti, quos dari volumus quinquaginta Ecclesiis Terræ, Comitatus & Diœcesis Petragoricensis, in illis Ecclesiis perpetuò ad Dei seruitium deputandos. Item legamus decem millia Turonensium, grossorum argenti pluribus & diuersis Sacerdotibus danda, iuxta arbitrium Executorum nostrorum, qui à die obitus nostri vsque ad viginti quinque dies Missas pro salute animæ nostræ habeant celebrare, ita quod vnus solus grossus Turonensis ad plus pro vna Missa singulis Sacerdotibus assignetur, & rogentur, quod sic eis placeat, deuotè cum bona diligentia Missas illas Defunctorum celebrare. Item legamus Conuentui Vallis-Claræ, Ordinis Carthusiensis Petragoricensis Diœcesis decem millia scutorum Ioannis auri, quæ iam habemus separata in quadam capsa, cuius clauem habet Prior Carthusiensis de vltra Pontem Auenionis, pro faciendis ædificiis ad dicti Conuentus perfectionem & consummationem necessariis, & pro emendis redditibus dicto Conuentui necessariis, pro Fratrum dicti Conuentus sustentatione detenti, & volumus quod Prior maioris Carthusiæ habeat curam maiorem & sollicitudinem, quod dicta Domus perficiatur, & redditus qui sunt necessarij emantur, & si præmissa non sufficerent secundùm relationem Prioris maioris Carthusiæ qui nunc est vel qui fuerit pro tempore; volumus quod de distributionibus Cameræ Dominorum Cardinalium Executores nostri habeant, dicto Priori vsque ad summam trium millium florenorum, si tanta summa indigeat, vel de minori summa, si illa minor sufficiat prouidere. Item legamus Episcopo & Capitulo Caturcensi in recompensationem Prioratus *de Biole*, quem fecimus vniri dicto Conuentui Vallis-Claræ, mille florenos, committendos in vtilitatem Ecclesiæ Caturcensis supradictæ, si dicti Prioratus collatio ad eos pertineat, alioquin illi, seu illis ad quem, vel ad quos ipsius Prioratus ante dictam vnionem prouisio, collatio, præsentatio, seu quæuis alia dispensatio pertineat. Item legamus pro Puellis maritandis in Terra Comitatus & Diœcesis Petragoricensis, duo millia florenorum auri. Item legamus Capellæ per nos institutæ in Ecclesia Sancti Frontonis prædicta, pro amplioribus redditibus emendis, diuidendis annis singulis inter Vicarios eiusdem Capellæ, duo millia florenorum auri. Item volumus quod ematur vna Domus competens, in qua simul omnes Vicarij in dicta Capella instituti valeant habitare, pro quibus complendis legamus vlteriùs quadringentos florenos auri. Item volumus & ordinamus quod in dicta Capella per nos instituta, in ipsa Ecclesia Sancti Frontonis, remaneant perpetuò infrascripta, videlicet Crux aurea cum Ligno Crucis & cum Spina Coronæ Domini nostri Iesu Christi, quæ à duobus Angelis sustinetur; item aliæ duæ Cruces, quarum vna crystallina, alia est argenti; item omnes Imagines argenti cum quibus Altare Capellæ nostræ in diebus solemnibus parari & honorari consueuit; item omnia Candelabra & Thuribulum argenti; item omnes Libri Ecclesiastici, siue fuerint Missalia, siue alij Libri deputati ad dicendum Officium Domini nostri, & præmissa omnia ad vsum dictæ Capellæ, & ad Dei seruitium in ea faciendum perpetuò dedicamus, eaque legamus Capellæ supradictæ: volumus tamen quod Capitulum dictæ Ecclesiæ Sancti Frontonis præmissa vel eorum aliqua ad ornandum & parandum Altare maius ipsius Ecclesiæ quandocunque voluerint recipere possint, quæ omnia in tali loco & honorabili in dicta Capella custodiri volumus per Priorem Capellæ, qui erit deputatus per Capitulum Ecclesiæ Sancti Frontonis prædictæ, & per aliquem Canonicum dictæ Ecclesiæ, prout inter nos & Capitulum in fundatione dictæ Capellæ extitit ordinatum, & quod anno quolibet in Capitulo Generali recenseantur omnia Ornamenta & Iocalia dictæ Capellæ supradictæ. Item legamus Capitulo ipsius Ecclesiæ Sancti Frontonis duos pannos sericos cum Imaginibus, cum quibus Altare nostrum in Festis maioribus consueuit ornari; item Vestimenta alba quæ fecimus fieri de pannis pretiosis vltra marinis, cum amiseruis de Anglia, & duo pluuialia de opere Anglicano, quæ emimus ab Executoribus bonæ memoriæ Domini Gaucelini Episcopi Albanensis Cardinalis, ad honorem Beati Stephani Protomartyris, legamus dictæ Ecclesiæ Petragoricensi Cathedrali. Item Vestimenta violacea siue viriiridis coloris, Casulam cum vna Dalmatica Diaconi, & alia Dalmatica Subdiaconi, quibus vti consueuimus, legamus Conuentui Fratrum Minorum de Petragoriis, & nihilominus vltra alia sibi legata quinquaginta florenos auri, vt pro nostræ & Parentum nostrorum animarum salute apud Deum feruentiores orationes effundant, etiam legamus eisdem. Item Vestimenta nigra prout iam de alijs immediatè disposuimus, Conuentui Fratrum Prædicatorum de Petragoriis relinquimus, & nihilominus quinquaginta florenos auri legamus eisdem vltra alia sibi superius relicta : omnia autem alia Vestimenta siue Ornamenta Ecclesiastica ad vsum Capellæ prædictæ & Vicariorum deseruientium in ea perpetuò dedicamus. Item pro complenda executione Testamenti Dominæ quondam Matris nostræ mille florenos auri volumus expendi. Item legamus Familiaribus nostris tria millia florenorum auri, qui iuxta arbitrium Executorum nostrorum attentis conditionibus personarum & seruitijs Domini, vel breui tempore impensis & remunerationibus per eos receptis distribuantur inter dictos Familiares nostros prout secundum Deum eis videbitur distributio facienda; volumus quod aliquis qui per nos vel ad instantiam nostram fuerit competenter beneficiatus, portionem non habeat in prædictis tribus millibus florenorum: si autem solutis legatis præmissis, & satisfactis conquerentibus, aliquid in bonis mobilibus superfuerit, de quo expressè vel tacitè nihil extiterit ordinatum, volumus & ordinamus quod in Monasterio de Cancellata Ordinis Sancti Augustini Petragoricensis Diœcesis, de quo superius est facta mentio, in quo est numerus viginti duorum Canonicorum, augeatur numerus, scilicet quod vltra illum numerum ponantur sexaginta Canonici, & si fortè non sufficient ædificia pro omnibus Canonicis, quod Abbas & Conuentus dicti Monasterij illa ædificare seu ædificare facere iuxta statum & conditionem aliorum Canonicorum qui nunc sunt, teneantur, & volumus quod de bonis nostris emantur tot redditus, videlicet quòd pro quolibet Canonico illorum ponendorum vltra dictum numerum qui nunc est, eisdem Abbati & Conuentui triginta floreni auri anno quolibet assignentur, de quibus triginta florenis assignandis pro dictis singulis Canonicis ponendis qui erunt vltra numerum prædictum in victu & vestitu & alijs necessarijs, sicut vni ex alijs Canonicis dicti Monasterij qui nunc sunt, prouidere teneantur, sic quod quilibet illorum ponendorum Canonicorum habeat quinque florenos in vestitu, licet alij Canonici qui nunc sunt fortè minus habeant, & dictus Abbas & Conuentus obligent se pro illis Canonicis ponendis, qui erunt vltra dictum præsentem numerum successiuè, ad dandum vestiarium vsque ad valorem dictorum quinque florenorum, & quod alias in necessarijs sicut alijs de præsenti numero prouidere teneantur : item quod si numetus dictorum viginti duorum Canonicorum qui nunc est, non est iuratus, quod ipsum dicti Abbas & Conuentus iurare habeant, & illud per Episcopum Petragoricensem etiam cum consensu Capituli Ecclesiæ Petragoricensis, vel si necesse fuerit per Dominum nostrum Papam facere confirmari. Item volumus quod Comes Petragoricensis qui nunc est, & qui erit pro tempore, omnes istos Canonicos ponendos vltra dictum iuratum & confirmatum numerum viginti duorum Canonicorum, habeat ponere perpetuis temporibus successiuè, sic quod eos præsentet eisdem Abbati & Conuentui, qui eos habeant statim recipere, dum tamen fuerint idonei, & si penes maiorem partem Conuentus reputentur idonei, Abbas & alij in minori parte Conuentus illos recipere teneantur in Canonicos, & in Fratres, & volumus quod cum aliquis de dictis ponendis Canonicis vltra dictum numerum viginti duorum Canonicorum decesserit, quod idem Comes infra vnum mensem computandum à die quo illum talem decessisse contigerit, aliam personam idoneam dictis Abbati & Conuentui præsentare teneatur, alioquin elapso dicto mense ad dictos Abbatem & Conuentum potestas ponendi personam idoneam in Canonicum & in Fratrem illa vice deuoluatur, sic tamen quod de Ciuitate seu Diœcesi Petragoricensi talis persona, vt præmittitur, tam per Comitem quam per Abbatem & Conuentum prædictos ponenda traxerit originem, & non aliunde, & hoc ipsi Abbas & Conuentus habeant facere infra alium mensem tunc sequentem : quod si fortè dicti Abbas & Conuentus infra dictum alium mensem personam idoneam, quæ, vt præmittitur, de Ciuitate vel Diœcesi prædictis traxerit originem, elapsis dictis duobus mensibus, ad Capitulum Ecclesiæ Sancti Frontonis Petragoricensis potestas ponendi deuoluatur per modum supradictum : item volumus & ordinamus quod singuli Canonici vltra dictum numerum viginti duorum Canonicorum, vt præmittitur, ponendorum, dum erunt in ætate viginti quinque annorum, se faciant ad omnes Sacros Ordines promoueri, nec possint mutari per Abbatem in alijs Prioratibus, nisi causa rationabilis id exposcat, quod si sortè fieret ex causa rationabili, & vt supradictum est, alius ibidem loco illius subrogetur per modum supradictum. Item ordinamus & volumus quod vltra Missas Conuentuales quas illi qui nunc sunt Canonici quotidiè tenentur celebrare, in dicto Monasterio, dicti sexaginta Canonici ponendi vel illi ex eis qui præsentes erunt in eodem Monasterio singulis diebus Missas alias quatuor Conuentuales, scilicet de Sancto Spiritu vnam, de Sancta Maria aliam, de Sancto Ioanne Baptista alteram, & pro anima nostra specialiter de Mortuis reliquas altâ voce cantare teneantur : volumus tamen quod separatim illas quatuor Missas dicere possint, nec omnes simul conuenire. sed aliqua pars in vna & alia pars in alia, & reliqua pars in altera, ac alia pars ipsorum sexaginta Canonicorum in alia, Missis interesse teneantur, & in omnibus bonis nostris mobilibus duntaxat quæ superfuerint solutis legatis, & omnibus alijs & singulis supra & infra contentis plenè secutis & completis, Abbatem & Conuentum prædictos vniuersales facimus & constituimus nostros Hæredes, exceptis Libris nostris Iuris Ciuilis & Canonici, de quibus intendimus aliter ordinare; quod si fortè non ordinauerimus, eos legamus eisdem Abbati & Conuentui, sic quod Libros Iuris Ciuilis cum sint eis prohibiti, possint eos vendere & in iocalibus pro Monasterij Communitate, Libros autem

Iuris Canonici alienare non possint, sed perpetuo remaneant ibidem pro Canonicis volentibus ibidem studere, & dictos Libros recipiant ab Executoribus nostris sub Inuentario, & singulis annis habeant eos ostendere, communitati Petragoricensi, vel alteri quantum ibi ferè duxerit destinandum, sic tamen quòd si residuum aliquod superfuerit in bonis prædictis mobilibus, dicti Abbas & Conuentus, & executores nostri de illo residuo, teneantur augere numerum per nos suprà ordinatum iuxtà portionem per nos superiùs taxatam, in quantum suppetent dictorum nostrorum mobilium facultates: qui quidem Canonici vltra dictos sexaginta Canonicos sic ponendi ponantur per Cômitem vel Abbatem, & Conuentum aut Capitulum Sancti Frontonis prædictos, prout suprà de dictis sexaginta Canonicis extitit ordinatum, & qui traxerit originem de Ciuitate & Diœcesi Petragoricensi prædictis. Item volumus & ordinamus quòd in casu quo Deo auxiliante tantum nos superuiuere contingeret, quòd legata supra & infrascripta personis quibuscumque relicta soluerimus in solidum vel in parte, quòd Executores nostri prædicti sic soluta minimè soluere teneantur, vel si restet aliquid faciendum pro vita delegatorum huiusmodi. Insuper etiam volumus & ordinamus, quod si per Successores nostros qui pro tempore Archidiaconatus, Prioratus, Decanatus, Præpositatus, Canonicatus, & prædictas Ecclesias & alia Beneficia nostra prædicta obtinebunt amplius quàm superius legauimus petatur ex causa quacunque à nostris Executoribus infrascriptis vel Hæredibus prædictis, quod summæ legatæ computentur in deductionem eorum quæ sic petentur ab eis. Verùm quia præmissa perfici non possent sine auxilio & fauore Sanctissimi in Christo Patris Domini nostri Papæ qui nunc est, vel qui erit pro tempore, idcirco supplicamus eidem vt concedere dignetur, quod Executores possint emere decimas quæ à Laicis possidentur, esto quod non sint infeudatæ ante Concilium Generale vsque ad summam & valorem quingentarum librarum Turonensium paruorum rendualium, Rectorum Ecclesiarum in quorum Parrochiis, & Episcoporum in quorum Diœcesibus percipiuntur irrequisito consensu: si autem de bonis nostris mobilibus legata & alia præmissa solui & compleri non possint, volumus Heredem nostrum infrascriptum posse ad solutionem vel ad completionem præmissorum vrgeri, in aliis autem bonis nostris immobilibus, ex quacunque successione vel causa ad nos peruenerint, & in eo nomine & debito quod nobis cesserunt excellentissimi Domini Dux Ludouicus & Robertus de Duratio Nepotes nostri, & excellens Domina Agnes Ducilla Duratij Soror nostra, & quilibet eorum contra Comitem Petragoricensem, & quosdam alios in eo debito contentos, Archambaldum primogenitum Comitis Petragoricensis Fratris nostri Hæredem vniuersalem instituimus, & si Hæres non erit, Talayrandum secundogenitum dicti Comitis Fratris nostri, & dicto Talayrando si Hæres non erit, Comitem Petragoricensem, qui erit pro tempore substituimus successiuè. Hoc est autem Testamentum nostrum vltimum & vltima Voluntas nostra, quod & quæ & omnia & singula in eo contenta volumus valere & iubemus imposterum robur & efficaciam vbicumque loco iure Testamenti, & si non illo iure valeat, volumus quod valeat iure Codicillorum, vel iure mortis, causâ donationis, vel iure cuiuslibet alterius voluntatis: rogamusque vos Testes subscriptos vocatos ad hoc specialiter & rogatos, vt de prædicto Testamento & vltima Voluntate nostra, & de omnibus & singulis in eo vel in ea contentis supra & infrascriptis, si quando fueritis requisiti, perhibere velitis testimonium veritati: necnon & te subscriptum Notarium publicum, vt de præmissis & infrascriptis omnibus & singulis facias vnum, duo, vel plura publica Instrumenta, & pro omnibus & singulis quorum interesse poterit, & pro ea parte quæ ad quoscunque scripta hinc extrahere possis & censeere publicum Instrumentum cum formis requisitis. Verùm quia parum esset præmissa disponere, nisi essent qui ea executioni mandarent, ideo confidentes de magna affectione quam ab antiquo ad nos habere probauimus SS. PP. & Dominum nostrum Dominum Innocentium diuina Dei prouidentia Sacrosanctæ Romanæ Ecclesiæ Summum Pontificem, confisi etiam de clementia Sanctitatis suæ & Successorum suorum, qui erunt pro tempore, humiliter supplicamus, quod ipsi huius vltimæ nostræ Voluntatis dignentur esse Directores, Gubernatores, & præcipui Ordinatores, & ex benignitate sua dignentur executionem huius Testamenti vna cum tota Familia nostra recommendatam habere: deprecantes etiam Reuerendissimos Patres ac Charissimos Dominos & Amicos nostros, Dominum Petrum Prenestinum, Hispanum, Magalonensem, & de Caramanum Cardinales, vt dignentur intercedere & facere quod dicta vltima Voluntas nostra plenum consequatur effectum: de eis igitur confidentes, eos ac Venerabiles Patres in Christo Dominos, Bernardum Sancti Philippi, Domini Papæ Notarium, Philippum Burdegalensem Archiepiscopum, & Petrum Aquensem, Heliam Sarlatensem, Arnaldum Lascurrensem, & Archambaldum Catalaunensem Episcopos; & dilectos Familiares nostros, Venerabiles Viros Dominos, Raymundum de Pradella Burdegalensem Canonicum, & Bertrandum de Campanhaco Archidiaconum de Vltra-Dordoneam, Petragoricen. Ecclesiarum facimus & ordinamus Executores huius nostræ vltimæ Voluntatis, dantes eis & cuilibet dictorum Dominorum Cardinalium in solidum, & duobus ex dictis Dominis Notario, Archiepiscopo, & Episcopis ac Familiaribus nostris plenam & liberam potestatem addendi & detrahendi in præmissis, & apprehendendi & recipiendi propria auctoritate, nullius Superiorum expectato mandato, possessionem omnium bonorum nostrorum, imo petendi & exigendi ea quæ nobis debebuntur, & de exactis quitationis litteras concedendi, & legata in hoc Testamento relicta soluendi, distribuendi, & exequendi omnia superius ordinata, declarandi interpretandique Voluntatem nostram & dubia quæ ex hoc Testamento possunt quouis modo oriri; volumus tamen quod de bonis nostris Inuentarium facere teneantur, solemnitatem autem quæ de iure in factione Inuentarij requiritur remittentes omnino. Volumus insuper quod prædicti Executores pro executione præmissorum

possint

possint vendere, & distrahere, & alienare bona nostra mobilia sine subtractione quacunque omni Iuris solemnitate omissa; & nihilominus ad maioris roboris firmitatem huic præsenti Instrumento sigillum apponi fecimus in testimonium veritatis. Actum & datum Auenioni in Studio Cameræ Hospitij habitationis nostræ, anno à Natiuitate Domini millesimo trecentesimo sexagesimo, Indictione decima tertia, die Festi Beati Frontonis, quod fuit die Martis vicesima quinta mensis Octobris, Pontificatus præfati Domini Innocentij Papæ VI. anno octauo, præsentibus venerabili Patre in Christo Domino Helia Dei gratia Gegobricensi, & Beatæ Mariæ de Albanesino Episcopo, Magistro Arnaldo de Fara, Rectore Ecclesiæ Sancti Sulpitij Petragoricensis Diœcesis, Bernardo de Sancto Asterio Nicosiensi, Iaumato de Chambarliaco eiusdem Nicosiensis, Helia Iaumati de Alouterra Ecclesiæ Canonico, & Talayrando de Vernodio Domicello, ac Ioanne de Castaneto Clerico Petragoricensis Diœcesis Testibus ad præmissa vocatis specialiter & rogatis.

Et me Helia de Lascoutz de Villa Podij Sancti Frontonis Petragoricen. publicô Apostolicâ & Imperiali auctoritate Notario, qui præmissis omnibus & singulis dum, vt præmittitur, per Dominum meum Dominum Talayrandum Cardinalem Testatorem supradictum agerentur, ordinarentur, & fierent in modum suprascriptum, vna cum prænominatis Testibus præsens fui, & hic manu propria subscripsi, signoque meo solito signaui in hanc formam publicam redigendo, vocatus & requisitus in testimonium præmissorum.

Codicillum Talayrandi Cardinalis.

IN *nomine Domini, Amen.* Nos TALAYRANDVS permissione diuina Episcopus Albanensis, sanctæ Romanæ Ecclesiæ Cardinalis, sani mente, licet corpore, sicut Domino placet, ægri, in testamento per nos olim condito citra ipsius reuocationem nonnulla addere & immutare cupientes, volumus & ordinamus vt sequitur. Et primò cùm in dicto testamento nostro voluerimus & ordinauerimus, quòd si solutis legatis, & satisfactis conquerentibus aliquid in bonis mobilibus superesset, de quibus expressè vel tacitè nihil extiterit ordinatum, quod in Monasterio de Cancellata Ordinis Sancti Augustini Petragoricensis Diœcesis, in quo est numerus viginti duorum Canonicorum, augeatur numerus, scilicet quòd vltra illum numerum ponantur sexaginta Canonici, volumus & ordinamus quòd huiusmodi ordinatio nostra de quinquaginta sit, & ad huiusmodi numerum quinquaginta Canonicorum reducatur, & si executoribus nostris videatur expediens ipsam ordinationem nostram fieri in Ecclesia Sancti Frontonis Petragoricensis, quàm in ipso Monasterio de Cancellata, hoc voluntati & dispositioni dictorum executorum remittimus, vt hoc faciant in dicta Sancti Frontonis Ecclesia si sibi videatur expedire. Item cùm legauerimus in eodem testamento nostro Conuentui Vallisclaræ Ordinis Carthusiensis dictæ Petragoricensis Diœcesis decem millia scutorum Ioannis auri, quos iam habuerunt pro faciendis ædificiis ad dicti Conuentus perfectionem & consummationem necessariis, & pro emendis redditibus dicto Conuentui necessariis, pro Fratrum dicti Conuentus sustentatione decenti, & si præmissa non sufficerent secundum relationem Prioris Majoris Carthusiæ, qui nunc est vel qui fuerit pro tempore, voluerimus, quòd de distributionibus Cameræ Dominorum Cardinalium quas executores nostri haberent, dicto Priori vsque ad summam trium millium florenorum auri, si tanta summa indigeret, vel de minori summa, si illa minor sufficeret, prouidere, volumus & ordinamus; quòd si huiusmodi summa trium millium florenorum auri non sufficiat, quòd vltra illam Domini executores nostri dicto Conuentui si indigeant de summa majori, prouideant prout eis videbitur faciendum. Item volumus & ordinamus quòd si tria millia florenorum auri pro remuneratione familiarum nostrorum non beneficiatorum, per nos in dicto testamento nostro legata non sufficiant, executores ipsi possint summam huiusmodi pro remuneratione eadem prout eis placuerit & videbitur, augmentare. Item legamus Domino Talayrando de Petragoris militi, nepoti nostro charissimo, totum piper illud seu illam quantitatem piperis, quam habemus in Montepessulano, & quoddam debitum decem millium florenorum auri, in quo nobis tenetur Petrus de Ramberto mercator, Montispessulani habitator. Item legamus Ecclesiæ B. Mariæ de Vallouiridi Nemausensis Diœcesis, duo millia florenorum auri pro Capellaniis perpetuis fundandis ibi, & etiam ordinandis. Adprimis autem in eodem testamento nostro, facimus & constituimus executores Reuerendissimos in Christo PP. & Dominos nostros Dominos Dei gratia, Reuerendum Prænestinum Episcopum, Guillelmum tituli sanctæ Mariæ in *Trans-Tyberim*, Petrum tituli sanctæ Anastasiæ, & Petrum tituli SS. quatuor Coronatorum Presbyteros, ac Guillelmum sanctæ Mariæ in *Cosmedin*, Nicolaum sanctæ Mariæ in *Via-lata*, Petrum sanctæ Mariæ nouæ, ac Stephanum sanctæ Mariæ in *Aquiro*, Diaconos Sanctæ Romanæ Ecclesiæ Cardinales: Reuerendos in Christo Patres Dominos Heliam Burdegalensem, & Reuerendum Nicosiensem Archiepiscopos, Venerabilem Patrem Dominum Ioannem Episcopum Aquensem: Religiosos ac prudentes viros Dominos Petrum de Chalesio. Præpositum Ecclesiæ Nemausensis, Bernardum de Bosqueto, Cantorem Ecclesiæ Burdegalensis, Legum Doctorem, Domini Papæ Capellanum, & ipsius sacri Palatij causarum auditorem; Hugonem Pelegrini Legum Doctorem. Thesaurarium Ecclesiæ Lichefeldensis, Guillelmum de Cornilio, Decanum Ecclesiæ Barchinonensis, Henricum de Cunhaco, Priorem Ecclesiæ Sancti Auiti Senioris, Sulensis Diœcesis, Bertrandum de Campanhico de Vltra-Dordoneam, & Bernardum de Sancto Asterio Bragenaci in Ecclesia Petragoricensi Archidiaconos, Arnaldum de Faya, Scriptorem Litterarum primatium Domini Papæ, & Talayrandum de Vernodio, Petragoricensis Diœcesis Domicellum, & familiares nostros; de quibus volumus & petimus per te Lucianam *de Sens*, Notarium publicum & familiarem nostrum fieri publicum Instrumentum. Acta fuerunt hæc Auenioni in Hospitio habitationis nostræ infra Cameram nostram Superiorem in qua acere consueuimus & iacemus, die Martis decimasexta mensis Ianuarij, anno Dominicæ Natiuitatis millesimo trecentesimo sexagesimo quarto; Indictione secunda, Pontificatus SS. Patris & Domini nostri Domini Vrbani superna prouidentia Papæ quinti, anno secundo, præsentibus superius nominatis Venerabili Patre Domino Ioanne Episcopo Aquense, ac Dominis Petro de Chalesio Præposito Nemausensi, Bernardo de Bosqueto, Cantore Burdegalensi, Guillelmo de Cornilio, Decano Barchinonensi, Henrico de Cunhaco, Priore Sancti Amiti Senioris Ecclesiarum, Bernardo de Sancto Asterio, Archidiacono Brageriaci in Ecclesia Petragoricensi, Arnaldo de Faya, Scriptore Litterarum primario Domini Papæ, & Talcyrando de Vernodio dictæ Diœcesis Petragoricensis Domicello, & familiaribus nostris vocatis ad præmissa specialiter & vocatis.

Ego verò Lucianus de Sens, Clericus Ambianensis Diœcesis publicus Apostolica authoritate Notarius, voluntati & ordinationi dicti Domini Cardinalis, præmissisque omnibus & singulis vnà cum prænominatis testibus præsens fui, eaque in notam recepi anno, die, mense, indictione, Pontificatu, & loco prædictis, ac mandato eiusdem Domini Cardinalis in hanc publicam formam redegi, signumque meum opposui consuetum de nocte ante pulsationes matutinarum.

Ex Archiuis Collegij Petragoricensis Tolosæ.

GREGORIVS Episcopus Seruus Seruorum Dei, ad perpetuam rei memoriam. In suprema Dignitatis Apostolicæ specula licet immeriti, disponente Domino, constituti ad vniuersa Litterarum studia, præsertim ibidem studere volentium, ac commoda procurando tanquam vniuersalis Gregis Dominici Pastor commissæ nobis speculationis aciem, quantum nobis ex Alto permittitur extendentes, sic studere volentibus in huiusmodi studiis per quæ diuini Nominis suæque Fidei Catholicæ cultus protenditur, iustitia colitur tam publica quam priuata, res geritur vtiliter, omnisque prosperitas humanæ conditionis augetur, libenter fauores gratiosos impendimus, & vt piæ Defunctorum & illorum maximè qui Romanæ Ecclesiæ honorabilia membra fuerunt, voluntates adimpleantur, opportunæ commoditatis auxilia liberaliter impertimur. Sanè dudum bonæ memoriæ TALAYRANDVS Episcopus Albanensis cupiens illi dare aliqua de suis qui sibi contulerat vniuerla, & proponens in Ciuitate Tolosanensi vnum Collegium pauperum Scholarium facere, quamdam Domum appellatam *de Maurans* in dicta Ciuitate infra Parrochiam Ecclesiæ Sancti Saturnini consistentem, ac etiam certos prædditus pro præmissis acquisiuit & deinde antequam in hoc vlterius esset processum, certo per eum condito Testamento, prout speciali licentia sibi à Sede Apostolica poterat, & nonnullis Executoribus in eodem Testamento deputatis, viam fuit vniuersæ carnis ingressus. Cum autem, sicut accepimus, prædicta Domus pro huiusmodi Collegio iam sit apta, & per huiusmodi Executores dicti Testamenti seu vltimæ voluntatis ipsius Episcopi iam alij redditus de bonis quæ fuerunt præfati Episcopi post eius obitum pro præmissis fuerint acquisiti: noscupientes vt huiusmodi prædicti Episcopi tam pium tamque laudabile propositum ad debitum perducatur effectum, in prædicta Domo vnum Collegium perpetuis futuris temporibus duraturum viginti Scholarium pauperum Clericorum, qui in dicta Ciuitate studeant, & Collegium faciant, ita quod in Domo ipsa sint vltra huiusmodi viginti Scholares, quatuor Capellani perpetui qui in Capella in dicta Domo disponenda, & sub vocabulo Beati Frontonis ordinanda, celebrare & diuino cultui intendere debeant, ac septem Seruitores conducticij sint & esse debeant, constituimus & ordinamus, ac Domum ipsam cum censibus, redditibus, prouentibus, pertinentiis ac iuribus per dictum Episcopam dum viuebat, & post eius obitum per Executores prædictos acquisitis pro præmissis huiusmodi Collegio assignamus. Verùm quia à spiritualibus sumere debent quælibet pietatis opera fundamentum, statuimus & ordinamus, vt in huiusmodi Capella dictæ Domus campanile Capellæ huiusmodi congruens cum vna campana quæ pulsari valeat quando & quoties fuerit opportunum construatur, ac huiusmodi Domus & Collegium, Domus Petragoricensis perpetuis futuris temporibus nuncupetur. Pro sanctis verò & debitis Ministeriis in dicta Capella suis temporibus exequendis perpetuò esse volumus dictos quatuor Sacerdotes, qui in eadem diebus Dominicis & Festiuis, quibus in Tolosensi cessabitur studio ac lectura, Missas saltem duas quarum alteram sufficiet esse cum nota, diebus verò alijs Missas totidem saltem sine nota debeant celebrare, nisi eos infirmitas aut alia iusta & rationabilis causa excusaret; quo casu si qui de numero Scholarium fuerint in Sacerdotio constituti, locum eorum supplere & gerere teneantur, & ad id per dictæ Domus Prouisorem per nos, vt inferius declarabitur, ordinandum adstringi debeant & compelli, prouiso quod diebus quibus à lectura cessabitur in studio memorato celebrationem huiusmodi vel alterius earumdem sic tempestiua hora perficiant quod Scholares prædicti intrandi horâ debitâ scholas eorum habeant facultatem. Quamuis enim prædictos quatuor Sacerdotes ad celebrandum vltra duas Missas non velimus adstringi; ipsos tamen & alios, si qui ex dictis Scholaribus fuerint, vt prædicitur, in Sacerdotio constituti hortamur in Domino, vt diebus præsertim Dominicis & Festiuis celebrationi Missarum insistant frequentius & intendant. Ad diuina autem Officia in dicta Capella audienda possint etiam præter eos de dicto Collegio, quiuis alij mares duntaxat sine alterius præiudicio conuenire: oblationes autem tam Scholarium & Familiarium dictæ Domus, quam aliorum quorumcumque Parrochiali Ecclesiæ, intra cuius limites dicta Domus sita est, volumus applicari, Volumus etiam & statuimus per dictos quatuor Sacerdotes & alios, si quis ex prædictis Scholaribus in Sacerdotio constituti fuerint, in Natiuitatis Domini cum duobus diebus sequentibus, Paschæ, Ascensionis Domini, Penthecostes, Corporis Christi, ac quatuor Virginis Mariæ gloriosæ & Sanctorum Ioannis Baptistæ & Apostolorum Petri & Pauli, ac Frontonis Festiuitatibus, solemnes Vesperas, Matutinas & Missas, quibus Scholares omnes præfati, nisi quos legitima causa excusaret, interesse debeant, solenniter celebrari: concedimus præterea & etiam ordinamus, quod omnes & singuli de dicto Collegio qui ratione Ordinum vel Beneficiorum suorum Ecclesiasticorum vbilibet consistentium, ad dicendum diuinum Officium tenebuntur, in eo dicendo morem & obseruantiam Ecclesiæ Tolosanensis seruare teneantur, nec ad aliud dicendum ex quam obtentu cuiuslibet statuti vel consuetudinis aliqualiter sint adstricti; quodque præfati quatuor Capellani & eorum quilibet iure tamen cuiuslibet saluo, semper auctoritate Apostolica confessiones Scholarium & ipsorum inuicem Capellanorum & Familiarium & Seruitorum dictæ Domus quoties opportunum fuerit audire, & pro commissis per eos debitam eis absolutionem impendere & iniungere pœnitentiam salutarem, nisi forsan talia fuerint propter quæ Sedes Apostolica sit meritò consulenda: ipsis quoque Scholaribus, Familiaribus, & Seruitoribus, & cuilibet eorum in ipsa Domo degentium Sacramenta Ecclesiastica ministrare Archiepiscopi Tolosanensis vel Rectoris Parrochialis Ecclesiæ pro tempore existentium consensu minimè requisito, ita tamen quòd iidem Scholares, Familiares, & Seruitores semel in anno confiteri teneantur proprio Sacerdoti; quòdque etiam si præfatam Capellam dictæ Domus per effusionem sanguinis vel seminis pollui contigerit, prædictus Archiepiscopus Tolosanensis cam per se vel per alium sine aliquo sumptu dictæ Domus reconciliare teneatur: & insuper etiam statuimus & etiam ordinamus, quod ex eisdem viginti Scholaribus decem sint studentes in Iure Canonico, & totidem in Ciuili. Volumus autem singulos ad dicti Collegij numerum assumendos, antequam recipiantur, fore in primitiuis Artibus & Grammatica præsertim sufficienter instructos, in Artibus docibiles & ad studia benè aptos, vita & conuersatione laudabiles, & moribus commendatos. Scholares verò prædictos in ipso Collegio subscripto modo recipi volumus & assumi, videlicet quod de Ciuitate seu Diœcesi Petragoricensi decem, & de ipsis siue aliis Ciuitatibus & Diœcesibus alij decem Scholares huiusmodi assumantur, & cùm aliquis locus in huiusmodi vacabit Collegio, Comes Petragoricensis qui est & erit pro tempore intra tres menses à tempore vacationis huiusmodi computandos personam idoneam ad locum ipsum Executoribus dicti Cardinalis tamen vel alteri eorundem, & post obitum dictorum Executorum dilecto Filio Cancellario Ecclesiæ Tolosanensis, & duobus ex antiquioribus Scholaribus dictæ Domus præsentet, & quod si sic præsentatus non fuerit repertus idoneus, alij Scholares sic præsentatum nullatenus admittere teneantur, sed iterùm præfatus Comes alium sufficientem intra mensem præsentet vt præfertur, aliàs ad præfatos Executores quandiu vixerint, & postquam migrauerint ab hac luce, ad prædictos Cancellarium & Collegium deuoluatur potestas eâ vice præsentandi, & quod tunc à præfato Cancellario & maiori parte dictorum Collegij factum fuerit, obtineat firmitatem. Volumus insuper quod Scholares ipsi taliter se disponant, quòd cum per debita tempora secundùm statuta eiusdem studij iura ipsa audiuerint, extunc gradum Baccalaureatus infra vnius anni & vnius mensis spatium recipere, & deinde legere, & lecturam continuare, cursuque lecturæ consummato infra annum priuatum examen subire teneantur: quod si prædicta iusto cessante impedimento non fecerint, extunc à prædicta Societate seu Collegio penitus excludantur, etiamsi post dictum examen Actu Baccalaurei vel etiam Licentiati suam vellent continuare lecturam. Si autem examinati in Iure Canonico Iura Ciuilia, vel in Iure Ciuili Iura Canonica forsan audire vellent, in suis locis vsque ad biennium remaneant sicut priùs, quo biennio elapso, Domum ipsam omninò dimittant, nisi forsan Doctorali gradu suscepto lecturam ordinariam assumerent, quo casu eos cum lecturæ continuatione vsque ad aliud biennium duntaxat in dicta Domo volumus remanere; nostræ tamen intentionis existit & volumus quòd si hi qui ad studendum in huiusmodi Collegio præsentabuntur, Iura Canonica vel Ciuilia per aliquod tempus audiuerint, tempus ipsum computetur, & etiam de tempore quo in dicto studio stare deberent deducatur. Et nihilominus statuimus & etiam ordinamus, quod Capellani dictæ Domus cum loca ibidem vacabunt per dictos Scholares vel duas partes ipsorum ponantur, & etiam ordinentur, quodque nullus Scholaris habens in prouentibus Ecclesiasticis quadraginta libras Turonensium paruorum secundùm antiquam taxationem decimæ ad huiusmodi Collegium admittatur, & si quis de Collegio ipso existens beneficium seu beneficia præmissi valoris obtinuerit, postquam eius possessionem pacificam fuerit assecutus, vel per eum steterit quominùs habeat eandem, de prædicto Collegio recedat & quod alius per modum superius expressatum loco sui subrogetur. Et quod annis singulis in Festo eiusdem S. Frontonis deputentur ad regimen dictæ Domus & bonorum ipsius vnus Scholaris & vnus de prædictis quatuor Capellanis, vel duo ex Capellanis ipsis quos maior pars Scholarium duxerit eligendos, qui Priores nuncupentur pro illo anno, & possint petere & recipere & quitare debitores dictæ Domus, agereque & defendere quandocunque viderint expedire, & compora reddere teneantur, ac Scholaribus supradictis secundum facultates prouentuum & redditum dicti Collegij prouideant, sic tamen quod quantumcunque abundet in futurum ipsum Collegium, dicti Scholares vltra vnum dolium vini anno quolibet pro persona & duos cartones frumenti. & in septimana medium florenum recipere non debeant siue possint, & quod de sic receptis Seruitoribus dictæ Domus habeant prouidere: quodque vbi facultates casu fortuito vel aliàs in tantum non suppeterent quod præmissa possent prædicto anno eisdem

Sf ij

dem Scholaribus assignari, Scholares ipsi pro dicto anno secundum facultates duntaxat recipiant & residuum suppleant de proprio sicut eis videbitur, nec super futuris fructibus aliquid expendant: nec misceant fructus vnius anni cum alio, nec propterea numerus minuatur Scholarium prædictorum. Præterea si aliquis ex huiusmodi Scholaribus inhonestæ vitæ fuerit aut brigosus, & duplo maior pars numero ipsius Collegij de hoc coram dicto Cancellario querelam deponat, Cancellarius ipse Scholarem huiusmodi sine quocunque Iuris ordine de dicto Collegio expellere possit, & alter loco sic expulsi dicti Comitis arbitrio subrogetur. Ad hæc volumus, statuimus, & etiam ordinamus, quod dilecti Filij nostri Petrus Tituli Sanctæ Anastasiæ, & Ioannes Tituli Sanctorum Nerei & Achillei Presbyteri Cardinales, ordinationes & statuta etiam pœnalia præmissis tamen per nos ordinatis & statutis nullatenus contraria, pro bono regimine & felici ac vtili Domus & Collegij prædictorum, prout eis videbitur, facere debeant atque possint. Nulli ergo omnino hominum liceat hanc paginam nostræ constitutionis, ordinationis, assignationis, concessionis, & voluntatis, infringere vel ei ausu temerario contraire: si quis autem hoc attentare præsumpserit, indignationem omnipotentis Dei & Beatorum Petri & Pauli Apostolorum eius se nouerit incursurum. Datum Auenioni tertio Nonas Octobris Pontificatus nostri anno quinto.

Extraict d'vn Memoire tiré des MS. de Monsieur l'Abbé de Villeloin.

TALAIRANDVS, Petragoricensis Comitis HELIÆ Filius Cardinalis creatus à Ioanne XXII. obiit Auenione postquam erexisset Tholosæ Collegium Petragoricense; erat Abbas *de Chancelade* non procul Petragora, & Protector Ordinis Minorum; est ille quem Cardinalis Conuennarum multis contumeliis affecit in publico Patrum Consistorio, quasi consensisset neci Regis Neapolitani Andreæ, strangulati Ioannæ vxoris imperio: etenim Petragoricensis erat auunculus Caroli Dirrachij Ducis, cuius fraude credebatur Andreas necatus, vt Regno potiretur.

AYMERY DE CHALVS, ARCHIDIACRE en l'Eglise de Tours, Docteur en l'vn & l'autre Droict, Euesque de Chartres, Archeuesque de Rauenne, Cardinal Prestre du Tiltre de Saint Martin és Monts.

CHAPITRE LXXVIII.

Sammarthani Fratres in Galliâ Christianâ.

AIMERICVS DE CASTROLVCII Archidiaconus Transligerensis in Ecclesia Turonensi, Ferrariæ in temporalibus, Prouinciæque Æmiliæ Rector, à Ioanne Papa XXII. pronunciatus est Archiepiscopus Rauennas anno 1322. post obitum Raynaldi Concoregij, ab eodem Pontifice traductus ad regimen Episcopatus Carnotensis 1331. eodem enim anno vocatur electus die 18. Maij in libro obligationum sæpe citato; ornatur purpurâ Tituli Sancti Martini in Montibus ab eodem Ioanne, vir, vt refert Hyeronimus Rubeus Hist. Rauen. libro sexto, ingenio præstans, & egregiis moribus clarus, fundauit in Ecclesia Capellam Sancti Prati, præfuitque adhuc 1339. ex tabulis: diem postremum obiit septimo Idus Ianuarij.

Extractum ex Martyrologio Ecclesiæ Carnotensis.

SEptimo Idus Ianuarij obiit AYMERICVS DE CASTROLVCII, Episcopus quondam Carnotensis, & postea Cardinalis.

des Cardinaux François. 323

IACQVES FOVRNIER, RELIGIEVX de l'Ordre de Cisteaux, au Monastere de Bolbone, Docteur en Theologie, Inquisiteur de la Foy en Languedoc, Abbé de Fontfrede au Diocese de Narbonne, successiuement Euesque de Pamiers & de Mirepoix, Cardinal Prestre de Sainte Prisque, enfin Pape sous le nom de BENOIST XII.

CHAPITRE LXXIX.

Nomenclator Cardinalium.

IACOBVS FORNERIVS de Sauarduno, Dioecesis Appamiarum, Gallus, ex Episcopo Mirapicensi Cardinalis, demumque Papa BENEDICTVS XII. Ioannis XXII. Decessoris sui de mortuorum animis in maius creditam sententiam, non asseueranter tamen & absolutè latam, ne placitis Ecclesiae aliqua fortassis derogaretur, tam dilucidè libris editis exposuit, vt nullus superesset dubitandi locus, cumque Litteratorum familiaritate & consuetudine nil haberet antiquius, Gregorium Ariminensem, Thomam Argentinensem, & Franciscum Petrarcham intimos habuit, qui tamen sola necessitudinis gloria potiti sunt. Scripsit *de statu animarum ante generale Iudicium* tom. 2. quaest. xj. eiusdem argumenti ; *Vitam Sancti Ioannis Gualberti* quae extat apud Surium, *Sermones per omnes anni Festiuitates* ; quae in Bibliotheca Vaticana seruantur, *de statu Canonicorum, Decretalem Religiosorum, de reformatione Benedictinorum, de statu nigrorum Monachorum, Carmina quaedam Prophetica, Epistolas ad EDVARDVM III. Angliae Regem,* quas habes apud Vualsinghamum, eiusque Regesti & Constitutionum extant volumina decem in Vaticana Bibliotheca. Obiit anno 1342. iacetque in Cathedrali Auenionensi.

Inscription qui se lit sur la porte de l'Eglise des Bernardins à Paris.

HAEC arma sunt sanctissimae memoriae Domini BENEDICTI Papae XII. Cisterciensis Ordinis, cuius est praesens Studentium Collegium Professorum, qui hanc fundauit Ecclesiam & multis dotauit Indulgentiis. Dominus Guillelmus quondam Cardinalis Doctor Theologiae, Tolosanus natione, Cisterciensis Religione, Ecclesiam praesentem ad perfectionem, quam obtinet, produxit. Bibliothecam insigniuit, sexdecim Scholares in Theologia studentes in perpetuum fundauit.

Autre Inscription qui se voit grauée dans vne Pierre de marbre au Vatican.

BENEDICTVS Papa XII. Tolosanus fecit fieri de nouo Tecta huius Basilicae, anno ab Incarnatione Domini 1341. Magister Paulus de Seuis me fecit.

Extraict des Tiltres de la Chambre des Comptes.

1313. EODEM anno die vigesima prima mensis Decembris, Iacobus de Furno Ordinis Cisterciensis Presbyter Cardinalis, natione Tolosanus in Papam eligitur, & fuit vocatus BENEDICTVS XII.

BERTRAND DE D'EVX, DOCTEVR és Loix, Prenost de l'Eglise d'Embrun, puis Archeuesque d'icelle, Nonce en Italie, Cardinal Prestre du Tiltre de Saint Marc, Vicechancelier de la Sainte Eglise Romaine, puis Euesque de Sabine.

S s iij

CHAPITRE LXXX.

Nomenclator Cardinalium.

BERTRANDVS DE D'EVCIO *Oppido Blandiaco, Vticensis Diæcesis, Gallus, Cardinalis, scripsit Vitam & Passionem Christi carmine saphico. Obiit Auenione, ibidemque in Ecclesia Sancti Desiderij iacet.*

BERTRANDVS *miseratione diuinâ Tituli Sancti Marci Presbyter Cardinalis, Apostolicæ Sedis Legatus, Terrarum ac Prouinciarum Romanæ Ecclesiæ in partibus Italiæ consistentium Reformator & Vicarius Generalis, dilecto in Christo Fratri Ioanni de Spello Ordinis Fratrum Minorum, salutem in Domino. Inter sollicitudines varias, quibus ex officio iniunctæ nobis Legationis adstringimur, sollicitè cogitare nos conuenit, vt officium hæreticæ prauitatis exerceatur sollicitè, & personis talibus committatur, quod eorum sacro Ministerio errantes ad lumen redeant veritatis: nuper siquidem Sanctissimus Pater & Dominus noster Dominus Clemens diuinâ prouidentiâ Papa VI. nos ad Regnum Siciliæ, & totam terram ipsius Regni citra Pharum & Tusciam, ac nonnullas alias partes & Prouincias in Litteris Domini Papæ nobis super nostrâ Legatione concessis specialiter nominatas, commisso nobis plenæ Legationis officio in eisdem pro vigentibus & arduis Ecclesiæ Romanæ negotiis destinans nobis concessit suas Apostolicas Litteras his verbis. CLEMENS Episcopus Seruus Seruorum Dei dilecto Filio BERTRANDO Tituli Sancti Marci Presbytero Cardinali, Apostolicæ Sedis Legato, salutem & Apostolicam benedictionem. Plenam de tuæ probitatis & circumspectionis tuæ prudentiâ, & donis virtutum tibi concessis à Domino fiduciam obtinentes, te ad Regnum Siciliæ, Terras ac Prouincias Ecclesiæ Romanæ immediatè subiectas, cæterasque partes Italiæ plenæ Legationis officio, & aliis negotiis tibi per nos commissis, variis & diuersis, de Fratrum nostrorum consilio prouidimus destinandum; cupientes itaque Fidei negocium sic sollicitè vbique dirigi, quod nihil circa illud inhonestum committatur, quomodolibet, vel sinistrum, vt per te, vel aliam, seu alios, de Inquisitorum hæreticæ prauitatis infra terminos Legationis tuæ constitutorum excessibus inquirere, ac de illis quibusuis conquerentibus iustitiam facere, ac de quibus tibi videbitur, illos ab officiis remouere, & alios substituere valeas, contradictores per censuram appellatione postpositâ compescendo, plenam tibi concedimus tenore præsentium potestatem. Datum Auenione quarto Idus Augusti, Pontificatus nostri anno quinto.*

Extraict des Registres des Chartes du Thresor du Roy. Registre LXXXII. des années 1353. & 1354.

LITTERÆ *Ioannis Regis, quibus cum dilecto & fideli suo Petro de Deverio Armigero, Nepoti BERTRANDI Episcopi Sabinensis Sanctæ Romanæ Ecclesiæ Cardinalis, Castrum de Blandiaco in Seneschallia Bellicadri, cum omni iurisdictione dedisset, nunc illi resortum primarum appellationum dicti Castri concedit. Nouembri 1353.*

Extraict des mesmes Registres. Registre XCIII.

AMORTISATIO *quinquaginta librarum Turonensium, concessarum Executoribus Testamenti defuncti BERTRANDI olim Episcopi Sabinensis Sanctæ Romanæ Ecclesiæ Cardinalis, aliàs Ebredunensis Cardinalis nuncupati, pro dotatione duarum Capellaniarum in Ecclesia Nemausensi, & in Ecclesia Beatæ Mariæ Nouæ de Vtecia. 1361. mense Martij.*

Epitaphe du Cardinal de D'eux, grauée sur vn magnifique Tombeau dans l'Eglise de Saint Didier d'Auignon, par luy bastie, & où il est enterré.

HIC *iacet bonæ memoriæ BERTRANDVS DE DEVCIO Gallus, Castri de Blandiaco Vticensis Diæcesis, Legum Doctor egregius, qui fuit Ebredunensis Archiepiscopus, & deinde Tituli S. Marci Presbyter Cardinalis, & demum Episcopus Sabinensis, & Sanctæ Romanæ Ecclesiæ Vicecancellarius, vir magnarum virtutum & scientiarum, qui de bonis suis hanc sacram Ecclesiam dotauit, & fieri ordinauit. Obiit autem Auenione vigesimo primo Octobris, ibidem Curiâ Romanâ residente, anno à Virginis Partu 1355. De-funi Innocentij Papæ VI. tertio, cuius anima in pace quiescat.*

PIERRE BERTRAND, DOCTEVR

en l'vn & en l'autre Droict, Conseiller Clerc au Parlement de Paris, Chancelier de Ieanne de Bourgogne Reine de France, successiuement Euesque de Neuers & d'Autun, Cardinal Prestre du Tiltre de Saint Clement.

CHAPITRE LXXXI.

Nomenclator Cardinalium.

PETRVS BERTRANDI, ex Oppido *Annonay* apud Viuarienses, Gallus, ex Episcopo Autissiodorensi (*lege Niuernensi*) & Æduensi Cardinalis, Ius vtrumque Auenioni, Aureliæ, Lutetiæ & apud Montempessulanum publicè professus, Collegiumque quod etiam nunc Conditoris nomen obtinet, Lutetiæ excitauit, scripsit *Responsorum* libros plures, de origine Iurisdictionis, seu de duabus potestatibus, temporali nempe & spirituali, Orationes multas, Librum aduersus Petrum de Cugneriis Clero infensum, & alia multa nondum edita, quæ Lutetiæ anno 1575. furto sublata fuisse tradit Gualterus sus in opere Chronologico. Obiit Auenione anno 1361.

Extraict des Registres des Chartes du Thresor du Roy. Registre LXXII.

OCTROY fait à PIERRE BERTRAND du Tiltre de Saint Clement, Prestre Cardinal, qu'il puisse acquerir deux mille liures pour fonder vn College à Paris. 28. Mars 1341.

Extraict des mesmes Registres. Registre CII. des années 1369. 1370. & 1371.

HOSPITALE Beatæ Mariæ Pulchræ de Annoniaco, fundatum per defunctum PETRVM BERTRANDI Cardinalem: Abbatia & Conuentus Monasterij Cordigerarum Annoniaci, per defunctum Petrum Bertrandi Cardinalem fundata.

Inscription qui se lit dans la Chapelle du College d'Autbun à Paris.

REVERENDISSIMVS in Christo Pater Dominus PETRVS BERTRANDI Diocesis Viennensis, Doctor in vtroque iure, Rector in studiis & vniuersitatibus, Auenionensi, Montispessulanâ, Aurelianensi & Parisiensi, consequenter occupatus certis temporibus in Officiis Ecclesiasticis & sæcularibus Prælatorum & Principum, Consiliariusque Domini nostri Francorum Regis in suâ Curia & magnâ Camerâ Parlamenti Parisiûs, & in Consilio suo secreto vnus de quatuor Clericis tunc Dominum nostrum Regem sequentibus: Cancellarius inclitæ Dominæ Ioannæ Burgundiæ, Reginæ Franciæ, Comitissæ Burgundiæ, Palatinæ & Attrebatensis, clementiáque diuina Niuernensis, & deinde Æduensis Episcopus, & demum permissione diuinâ tituli sancti Clementis Presbyter Cardinalis.

Extraict d'vne autre inscription qui se lit en la mesme Chapelle, en vne plaque de cuiure iaune, attachée contre la muraille.

LEDIT Reuerend-sime, outre le College de Paris, a fondé en la Ville d'Annonay au Diocese de Vienne vn Monastere de Religieuses de Saincte Claire; & au Conuent des Cordeliers dudit Annonay, a fait bastir vne Chapelle, où pend son Chapeau de Cardinal, en laquelle est enterrée sa Mere AGNES Imperatrice de surnom, qui trespassa le vingt & quatriesme de Septembre l'an mil trois cent six, & a aussi fait faire audit lieu d'Annonay, vn Hostel-Dieu appellé Nostre-Dame la Belle. Item vne autre belle Chapelle appellée la Chapelle Sainct Iacques, qu'on appelle d'Ausmene au Prioré de Nostre-Dame audit Annonay, où est enterré son Pere Mathieu Bertrand, lequel trespassa le quatre Feurier l'an 1311. Item a fondé vn beau Prieuré en Auignon, appellé le Prieuré de Nostre-Dame de Montault, où decedaledit Fondateur le 14. Iuin, iour de Saint Iean Baptiste, enuiron l'heure de Vespres en l'an 1349.

326 Preuues du Liure II. de l'Histoire

Epigramme sur le larcin qui fut fait en l'an 1375. des Ouurages M S. du Cardinal Bertrand.

DONEC Palladium Troianæ Mansit in Arce
    Non sunt Victrices Pergama passa manus.
Hoc vbi nocturno Diomedes abstulit astu,
    Concidit heu! Danaûm Troia superba dolis.
Quid nisi Venturum expectes Domus Æduæ casum
    Ædua, Palladio (proh dolor!) orba tuo.

Cui tot Priscorum pretiosa volumina Patrum
    Subripuit vafra furcifer arte latro.
Vos O purpurei Venerandi Oracula Patres
    Quos penes est tanti criminis arbitrium,
Vos pietas, Vos iura rogant succurrite rebus
    Vt cadat in dirum debita pœna caput.

Ex Præfatione Compilationis Libri Domini PETRI BERTRANDI Cardinalis Tituli Sancti Clementis Episcopi Æduensis, propriâ manu scripti, quem Scrinium Iuris inscripsit.

Ex Bibliothecâ Clarissimi viri Alexandri Petauij Senatoris Parisiensis.

NOS PETRVS BERTRANDI permissione diuina tit. Sancti Clementis Presbyter Cardinalis considerantes, quòd post quàm in vtroque Iure licèt indigni Doctoratum habuerimus, & ante & post Doctoratum lecturæ studio tam in Auinione quàm in Montepessulano, Aurelianis in Iure Ciuili, & Parisius in Iure Canonico diutius vacassemus, post modum succedente nobis diuina gratiâ, tam in Officiis Ecclesiasticis quàm secularibus Prælatorum & Principum fuimus occupati. Et deinde ad Regum Franciæ seruicium licèt insufficientes assumpti, primo in magna Camera Parlamenti, deinde de quatuor Clericis sequentibus Dominum Regem, & de secreto Regis Consilio, postque Cancellarius inclytæ memoriæ Dominæ Ioannæ Burgundiæ, Reginæ Franciæ, Comitissæ Burgundiæ Palatinæ & Atrebatensis Succedentibus vero temporibus benignitate diuina ad Episcopalem dignitatem primò in Niuernensi, deinde in Æduensi Ecclesiis promoti extitimus, licet immeriti & indigni Quódque in statu Episcopali existentes, Logicalia, Naturalia, & Theologiam audiuimus. Et cùm postea sola Dei pietate promoti fuimus ad Cardinalatus apicem, reuoluentes multis temporum curriculis propter occupationes innumeras à Iuris Ciuilis & Canonici studio fuisse distractos, infirmitatem memoriæ sentimus incurrisse. Vnde coacti quodammodo fuimus, vt pro nobis & aliis consimili infirmitate laborantibus remedia medecinalia quæreremus. Aristoteles enim dicit in libro de memoria & reminiscentia cap. iv. quòd illi qui sunt in metu multo non de facili memorantur, nec hi qui multum frigidi sunt vt senes, nisi qui sunt velocis ingenij More igitur Maiorum nostrorum præsens Opusculum iuxta modulum nostræ paruæ intelligentiæ super Iure Canonico & Ciuili ad inueniendum per ordinem alphabeti materias fecimus, quod ad similitudinem Imperalium scriniorum Scrinium Iuris voluimus appellari: in quo quidem opusculo inseruimus quod Dominus Berengarius olim Cardinalis & Episcopus Tusculanus in Iure Canonico, & Dominus P. Episcopus Theatinus in vtroque Iure per modum tabulæ fecerant, vt omnia conflata in vnum ad inueniendum Iuris materias perfectam notitiam legentibus darent, &c.

BERNARD D'ALBY, EVESQVE de Rhodés, Cardinal Prestre du Tiltre de Saint Cyriac in Termis, Legat en Arragon pour la paix d'entre Pierre Roy d'Arragon, & Iacques Roy de Majorque.

CHAPITRE LXXXII.

François Petrarque en ses Epistres, parle ainsi de ce Cardinal.

SII tecum vberius, quoniam tibi conscia Cæli
Vox adamantina est, calamus quoque ferreus, omnes
Promptus ad insultus, pleno tibi carmina cornu
Copia suppeditat, versus breuis hora trecentos
Et septem decies excludit ·····

Le mesme Petrarque en vn autre endroit. BERNARDO Ruthenensi, Sanctæ Romanæ Ecclesiæ Cardinali, Salutem.

AVDIO quod studium Sacros tibi nosse Poëtas
Cœperit alme pater, dulcis labor, ardua cura,
Gratulor, & laudo: quid enim solatia vitæ
Plura fatigatæ, quidve otia tanta dedissent?
Haudequidem me fallit amor, scio quanta sub antris
Aoniis inuenta quies, mundique procellis,
Iactato quoties rupes Heliconia portum
Obtulerit latebrosa mihi, nec nomine Vatis
Glorior, arcanis tremulum miscere choreis
Pieridum, plebique gradum, sed amara videndi
Me tulit huc pragrandis amor, tu quantus in altis
Parnassi potes esse iugis, nisi septa relinquis.
Iam tibi serta nouem studio certante Sorores
Laurea texentes video. Iam vertice rubro
Frondis honoratæ viridem pendere coronam.
CARDINE ROMANO Graiaque ornante Poësi,
Iam nemus omne tibi reboce, tibi comitnit unda
Cirrhæo de fonte cadens, tibi pulcher Apollo
Corripit auratam cytharam pedibusque manuque
Tellurem neruosque ferit, cantare vicissim
Ne pudeat comitemque nouum plaudentibus offer,
Neu te vulgus iners, neu per vulgata retrorsum
Mendaces mentita ferat se fama Poëtas
Ludimus, & vario tegimus speciosa colore
Quo vulgus penetrare nequit, iuuat alta profundis
Occuluisse locis, ne forte iacentia passim
Vilescant, magno quæsitum quippe labore
Charius inuentus est, imis quod terra cauernis
Abdiderat, venit in lucem pretiosius aurum
Dulcius ignoto iacuit quæ littore iaspis,
In digitos translata micat, sic blandius æther
Post nebulas pluuiamque nitet, sic nocte fugata
Expectatus adest, & gratior aspicitur Sol.
Ergo age propositum, qua fert nouus impetus vrge,
Et studiis incumbe sacris, vbi lucida veri
Effigies alti latitat, quam Spiritus acris
Eruet ingenij sensim, scissaque parumper
Nube per obstantes cernet radiata tenebras.
Hoc iter ingresso, magnum tibi manere paruo
Auxilium conferre velim: Transmittitur ergo
Saluius altiloqui retegens arcana Maronis.
Suscipe tranquillus, nec iam variante Senecta
Lurida promoneat facies, vel turpis amictus.
Frons decet ista senem; dabit hic tibi semina rerum
Pauca, sed immensam segetem, si ritè colantur
Temporibus latura suis, si parua lucerna
Flamma valet monstrare viam sub tempore noctis,
Vnda vel exigui rapidam compescere fontis
Æstiuo feruore sitim, non vilia forte,
Non inamœna Pater munuscula nostra putabis.

In Inscriptione apposita Auenione in Epitaphio BENEDICTI *Papæ XII. leguntur hæc verba.*

IS vero qui iacet ante pedes BENEDICTI, crediturefse BERNARDVS Episcopus Ruthenensis electus, Tituli Sancti Cyriaci in Thermis ab eodem Cardinalis creatus duarum Capellaniarum in hoc Sacello Fundator: Obiit Auenione sub CLEMENTE VI. anno 1344. quorum animæ quiescant in pace. Amen.

Extraict des Registres du Thresor des Chartes du Roy. Registre LXXV. des années 1342. 1343. 1344. 1345. & 1346.

LETTRES du Roy PHILIPPES, par lesquelles il quitte à BERNARD d'ALBY Cardinal de la Sainte Eglise de Rome, certaines sommes, en consideration de ce qu'estant son Conseiller, & en son Office, & d'aucuns de ses Predecesseurs Roys de France, tant auoit qu'il fust Cardinal, que depuis auoit esté tant en Espagne, en Angleterre, en Artois & en Berry, comme en plusieurs autres lieux, du commandement du Roy, & de ses Predecesseurs, l'an 1346. en Iuin.

Bertrandus Helias Appamiensis Iurisconsultus, sic de illo loquitur

CVM multos alios, tum etiam BERNARDVM de ALBIA Appamiensem, litteratum doctissimumque virum in supremam Cardinalatus Dignitatem euexit BENEDICTVS XII.

GVILLAVLME D'AVRE, PROFESSEVR en Droict Ciuil & Canon, Religieux, puis Abbé du Monastere de Mont-Oliett de l'Ordre de Saint Benoist au Diocese de Carcassone, Cardinal Prestre du Tiltre des Saints quatre Couronez, puis Euesque de Tusculane, & Legat en Lombardie.

CHAPITRE LXXXIII.

Ex Continuatore Bernardi Guidonis MS.

DOMINVS GVILLELMVS DE AVRA Diœcesis Carcassonensis, tunc Abbas Monasterij Sancti Oliui, Ordinis Sancti Benedicti.

GVILLAVLME LE BLANC,

Neueu du Pape BENOIST XII. Religieux de l'Ordre de Cisteaux, Docteur en Theologie, Abbé du Monastere de Bolbone, Euesque d'Alby, Cardinal Prestre du Tiltre de Saint Estienne in Cœlio Monte.

CHAPITRE LXXXIV.

Extraict d'vn Memoire MS. de la main de feu mon pere.

VILLELMVS cognomento Albus, Doctor Theologiæ, Tholosanus natione, Cisterciensis Religione, creatus fuit Cardinalis Presbyter Tituli Sancti Stephani *in Cælio Monte* à BENEDICTO Papa XII. anno 1337. & anno 1346. Pontificatus Clementis VI. anno quinto: Obiit Auenione.

Benedicto XII. Pontifici optimo maximo, Guillelmus Blancus Abbas Bolbonæ.

EXHIBEO quod erit munus (ter maxime) parnum At mediocre meas si vis perpendere vires
Si tuus hinc equâ lance feratur honos.   Si spectes animum, grandius ecquid erit?

Inscription qui se lit dans l'Eglise du College des Bernardins à Paris.

DOMINVS GVILLELMVS quondam Cardinalis, Doctor Theologiæ, Tolosanus natione, Cisterciensis Religione, Ecclesiam præsentem ad perfectionem qualem obtinet, perduxit, Bibliothecam insigniuit, Scholares in Theologia studentes in perpetuo fundauit.

PIERRE ROGER, RELIGIEVX

du Monastere de la Chaise-Dieu, Docteur en Theologie, Prieur de Saint Pantaleon au Diocese de Limoges, puis de Saint Bandille prés Nismes, Abbé de Fescamp, successiuement Euesque d'Arras, & Archeuesque de Sens & de Rouen, Cardinal Prestre du Tiltre des SS. Nerée & Achilée, & enfin Pape sous le nom de CLEMENT VI.

CHAPITRE LXXXV.

Ex Continuatore Guillelmi Nangij MS.

ANNO Domini 1341. obiit Dominus Papa BENEDICTVS XII. & Dominus Petrus Rogerij Cardinalis Monachus est in Papatu consecratus, & CLEMENS VI. est vocatus, Doctor in Sacra Theologia, natione Lemouicensis, dilectus & benignus fuerat ante Cardinalatum Archiepiscopus Rothomagensis.

ANno Domini 1350. Dominus CLEMENS PAPA VI. volens Salutem animarum hominum procurare, statuit, vt Indulgentiæ plenariæ, quæ erant, & quæ solebant esse in Sacrâ Vrbe Romana de centum in centum annis in Circoncisione Domini nostri Iesu Christi Saluatoris, reducerentur ad quinquagenos annos, quia vita hominum labitur & decrescit, & malitia superabundat in mundo, proh dolor! & accrescit: ideo illo anno 50. fuerunt Indulgentiæ plenariæ concessæ per d.ctum Dominum Apostolicum omnibus verè pœnitentibus, volentibus pergere & visitare loca Apostolorum Petri & Pauli in Romana Vrbe, aliorumque Sanctorum, ad quam quidem peregrinationem iuerunt per totum annum illum quamplurimi vtriusque sexus, nonobstante mortalitate magna, quæ nuper fuerat, & quæ adhuc in aliquibus mundi partibus discurrebat.

ANno Domini 1353. inuoluto sæculo in multis præliis & tribulationibus, Dominus PAPA CLEMENS VI. migrauit à sæculo, natione Lemouicensis, vt dictum est, Doctor Theologus, magnus & egregius Prædicator, & quia Monachus fuerat dictus PETRVS Rogerij ante eius assumptionem ad Papatum, in Abbatiâ vnde Monachus fuerat, scilicet in Monasterio Casæ Dei Diœcesis Sancti Flori in Aluernia voluit sepeliri, & post ipsum fuit electus in Papam Dominus Papa Innocentius sextus, natione etiam Lemouicensis, qui quidem Stephanus Alberti antea vocabatur, Presbyter Cardinalis, Iuris vtriusque Doctor, Vir bonus, simplex & iustus.

Nomenclator Cardinalium.

PETRVS Rogerij Lemouicensis, ex Archiepiscopo Rothomagensi Cardinalis, demumque CLEMENS PAPA VI. tam potentis & inuictæ memoriæ fuit, vt semel lecta obliuisci, etiam si cuperet, non posset, adeoque studijs vix vllo diuerticulo intercalatis, vsque ad exitam ætatem impensiore curâ animum continenter applicuit, vt non abs re litteratissimus Pontifex à Petrarcha dicatur; Petrum itidem Rogerij Fratris Filium (qui postea GREGORIVS Papa XI) annum ætatis 18. agentem Cardinalium allegit Collegio, Petusiumque protinus, vt Baldum audiret abmisit, quo excultore eos processus fecit, vt idem ipse Baldus in sanciendis dubijs, eius auctoritate, sententiâ, scriptis, commodè in ipsa Professoria Cathedrâ, vt plurimum vteretur. Scripsit *de Canonizatione Sancti Yuonis, de approbatione Caroli Regis librum, sermonum libros, Collationes multas; Epistolas ad diuersos, eius que Regesti volumina plura in Vaticana Bibliothecâ seruantur*. Obiit anno 1352. iacetque in Cathedrali Auenionensi.

LAVS tua, non tua fraus, Virtus, non copia rerum
Scandere te fecit hoc decus eximium
Pauperibus tua diu, numquam stat ianua clausa
Fundere res quaris, nec tua multiplicas.
Conditio tua sit stabilis, non tempore paruo
Viuere te faciat Hic Deus Omnipotens.

Omnipotens Deus Hic faciat te Viuere paruo
Tempore, non stabilis sit tua conditio
Multiplicas tua, nec quaris res fundere, clausa
Ianua stat, numquam das tua pauperibus.
Eximium decus hoc fecit te scandere rerum
Copia, non virtus, fraus tua, non thalamus

Extraict de la vie MS. de Charles de Luxembourg, fils de Iehan Roy de Boëſme.

ET cum hic (id est Romæ) ibidem essemus apud Papam, PETRVS quondam Fiscanensis Abbas Lemouicensis Diœcesis, promotus est in Episcopum Attrebatensem, demum in Episcopum Senonensem, postea translatus in Archiepiscopum Rothomagensem: tempore illo Episcopus Presbyter Cardinalis Tituli Sanctorum Martyrum Nerei & Achillei, qui fuit de Consilio Regis Philippi, & coram eo celebrauerat Missam in Die Cinerum. Is receperat me in Domum suam, me Marchione Morauiæ existente, pro eo tempore quo steti apud Papam BENEDICTVM, dixitque vna hora mecum existens in Domo sua; *Tu eris adhuc Rex Romanorum*, cui respondi, *Tu eris ante Papa*, quod vtrumque secutum est, post hæc cum Patre meo reuersus sum in Franciam.

Ex Archiepiscopis Senonensibus, Iacobo Tauello Senonensi Auctore.

PETRVS nominis huius quintus, Rogerius dictus, & Lemouicum patriâ ortus in locum GVILELMI successit postulatione Canonicorum, Episcopus enim erat Attrebatensis. Hic primùm Monachus apud Monasterium Casæ Dei, dein eius Monasterij Prior, dein Abbas Fiscanensis, post Attrebatensis Episcopus, demum ad Sedem Senonensem est euectus; vir multæ Doctrinæ compositæque eloquentiæ, liberalis in omnes, Comis & Vrbanus, ita tradit Baptista Platina qui vitam illius descripsit; plurimis arduis negotiis à Rege Philippo Valesio præfectus est, Attrebatensi illo Conuentui, quo inter Regem Philippum & Edoardum Angliæ Regem induciæ in triennium factæ sunt, cum exulceratis nimirum animis pax integra procurari non potuit, Philippi nomine adfuit, & egregiam nauauit operam cum Duce Borbonio, Flandriæ Comite, Comite item Alençonij, & Blesensi Comite Episcopíque Beluacensi & Autissiodorensi, qui Conuentus factus est anno MCCCXL. anno post mortuo Petro Durofortensi Archiepiscopo Rothomagensi ad Sedem Rothomagensem translatus est, deinde à BENEDICTO XII. in Collegium Cardinalium adscitus sub Titulo Sanctorum Nerei & Achillei, & demum anno post, mortuo eodem BENEDICTO summus Pontifex omnium calculo, licet absens, renunciatus est. Omnes has dignitates intra xv. annorum spatium gradatim adeptus est: à Pontificatu piè se gessit, & multa bona operatus est: Iubileum annuum, quem centum annorum BONIFACIVS VIII. instituerat, ad quinquaginta annos reduxit, ad petitionem multorum, qui dicerent ætatem hominum Iubileum illud attingere non posse. In Ecclesia Senonensi Sacellum fundauit sub nomine Diui Martialis Lemouicum Episcopi, & redditibus dotauit, censumque amplam Canonicis contulit, vt Festum eiusdem Martialis solemniter quot annis celebrarent. Statutum etiam antiquum Ecclesiæ eiusdem renouauit & confirmauit, vt Suffraganei Episcopi Senonensis Prouinciæ ad dignitatem Episcopatus promoti, antequam suam ingrediantur Ecclesiam, super Altare maius Ecclesiæ Senonensis Deo & Beato Stephano, Ecclesiæque Professionem subiectionis faciant solemnem, induti Pallio aut Capa Pontificali, quæ Ecclesiæ Senonensis vsibus post Episcopi mortem inseruiat. In summo illo Apice Pontificali annos decem & menses septem vixit. Auenioni, vbi tum Sedes erat Pontificalis mortuus est, & apud Monasterium Casæ Dei tumulatus, anno 1352.

Extraict des Registres des Chartes du Thresor du Roy. Registre coté XCVII.

LITTERÆ Ioannis Regis continentes, quod defunctus Rex Philippus Progenitor suus dilecto & fideli suo Adamaro de Ægrifolio Militi tunc Domicello pro legatione per eum tunc facta de iocunda, & exultabili creatione CLEMENTIS PAPÆ VI. dederat quingentas libras annui redditus, quamdiu is viueret; quod donum postea commutando, dedit ei trecentas libras redditus perpetui assidendas in Lingua Occitana.

Extraict des Tiltres de la Chambre des Comptes de Paris.

1329. Hoc anno facta conuocatione Prælatorum totius Regni Franciæ coram Rege, sunt multi articuli propositi contra iurisdictionem Ecclesiasticam, sed Prælati prudenter & viriliter restiterunt, & Magister Petrus Rogerij Magister in Theologia orationem fecit solemniter pro Prælatis.

1330. Eodem anno, mense Nouembri, Guillelmus de Durofotti Archiepiscopus moritur Rothomagensis, & decimo quarto die sequentis mensis Decembris Ioannes Papa XXII. Magistrum Petrum Rogerij natione Lemouicensem, Archiepiscopum Senonensem ad Ecclesiam Rothomagensem transtulit. Iste Petrus fuit famosissimus Magister in Theologia, & Vir magni consilij, & hunc Papa Ioannes pro Monasterio Fiscanensi in Abbatem, deinde Ecclesiæ Attrebatensi in Episcopum præfecit, quem subsequenter ad Ecclesiam Cœnomanensem deinde ad Rothomagensem Ecclesias transtulit. Hic ordinauit Festum Sancti Martialis Apostoli triplici officio in Ecclesia Rothomagensi celebrari, hic & duas Capellanias ad Altare Beatæ Mariæ in Capella fundauit.

1332. Eodem anno in crastino Festi Beati Michaëlis, Philippus Rex Franciæ & alia maxima multitudo Prælatorum & Nobilium recipiunt Crucem in Pratis Sancti Germani iuxta Parisius, de manu Petri Rogerij Archiepiscopi Rothomagensis ad hoc specialiter per Sedem Apostolicam Deputati.

1338. Hoc eodem anno Benedictus Papa XII. Archiepiscopum Rothomagensem Magistrum Petrum Rogerij in Cardinalem Ecclesiæ Romanæ assumpsit die decimo septimo mensis Decembris, & cum eo alios quinque Presbyteros Cardinales creauit.

1342. BENEDICTVS Papa XII. decessit vigilia Sancti Marci; hoc anno in crastino Sancti Ioannis ante Portam Latinam, quæ dies fuit Sanctis Dies Rogationum, fuit electus in summum Pontificem Petrus Rogerij Cardinalis Rothomagensis vulgariter appellatus, qui fuerat Archiepiscopus Rothomagensis, & Episcopus Senonensis, & antea Attrebatensis Episcopus, & appellatus est Clemens VI. Iste Clemens creauit in ordinibus Sanctæ Crucis Septembris, decem Cardinales, quorum vnus erat Frater suus Monachus, & alius Nepos & iuuenis, & omnes erant Lemouicenses, exceptis, duobus, vel tribus.
Nicolaus Roger Patruus Papæ, Abbas Arissæ octogenarius fit Archiepiscopus Rothomagensis.

Extraict des Memoires M S. de Monsieur de la Rocque Aduocat en Parlement.

PIERRE Roger natif de Limosin, fut premierement Moine de la Chaise-Dieu, puis Prieur de Saint Bandelle, Abbé de Fescamp, Euesque d'Arras, Archeuesque de Sens & de Rouen, fut creé Cardinal du Tiltre des Sants Nerée & Achilée l'an 1338. par Benoist XII. auquel il succeda à la Papauté l'an 1342. ayant esté esleu en Auignon, il fonda un College de Prestres pour l'Eglise de Rouen l'an 1349. qu'il nomma de son nom Pontifical de Clement, & est appellé le College des Clementins: ces Prestres sont obligez de sçauoir le Psaultier par memoire & de chanter sans liure, enfin il mourut en Auignon l'an 1352. & fut enterré en l'Eglise

des Cardinaux François.

de la Chaise-Dieu où il auoit autrefois fait Profession de la Regle de Saint Benoist. Nicolas Roger Oncle de ce Pape Clement VI. fut depuis Archeuesque de Roüen, mais non pas immediatement après son Neueu, & en prist possession en l'année 1342. aucuns pourtant disent qu'il estoit Neueu dudit Pape, & non pas son Oncle.

Ce messire Pierre Roger Cardinal Archeuesque de Roüen, & depuis Pape, ordonna dans son Archeuesché de Roüen que la Feste de Saint Martial seroit celebrée triple, fonda deux Chapelles, termina les differends qui estoient entre ses Predecesseurs Archeuesques, & les Doyen, Chapitre, Chapelains & Clergé du Chœur de l'Eglise Cathedrale de Roüen, il fut deputé par la Prouince de Normandie pour aller trouuer le Roy Philippe VI. dit de Valois, l'an 1337. le Lundy.

Extraict des Registres du Thresor des Chartes du Roy.

Registre des dons, & transports à heritage, depuis l'an 1332. que le Roy vit & sceut son Estat: iusques au premier iour de Decembre 1364.

folio 4. verso, & 5. recto.

A Monsieur Guillaulme Roger Frere de nostre Saint Pere le Pape Clement VI. ont esté donnés à heritage par le Roy nostre Sire tout le Chastel & Chastellenie de Beaufort en Vallée, & toutes les appartenances & appendances, qui valent par an trois mille liures tournois de rente & plus, par Lettres données l'an 1342. ou mois d'Octobre. Et par autres Lettres données l'an 1344. ou mois de Iuin, par lesquelles ledit Chastel & Chastellenie, sont faits & creés Vicomté, & abbatuë la Coustume du Pays quand au Chastel & Chastellenie à Monsieur Guillaulme Roger, Vicomte dudit lieu & à ses Successeurs qui auront cause de li: lesquels ne peuuent forfaire leurs biens pour cause de ladite Coustume, tout ainsi comme ladite Coustume n'eust oncques esté en la Comté d'Anjou, laquelle Coustume est mise du tout au neant quand audit Monsieur Guillaulme, & aux autres personnes dessusdites.

Extraicts des Registres des Chartes du Thresor du Roy.

Registre des Edicts & Ordonnances, cotté B.

IEAN Fils aisné du Roy Philippes, Duc de Normandie, Comte d'Anion & du Maine, donna à Messire Guillaulme Roger Seigneur de Chambon Frere du Pape Clement VI. en faueur de son Frere, & des seruices faits par ledit Roger au Roy de France en ses guerres, pour luy & ses Hoirs la Preuosté, Ville & Chastel de Beaufort en Valée; à Ville-neufue Saint Andry près Auignon, en May 1342. Ce que le Roy Philippes confirma à Paris, en Octobre audit an. Le mesme Iean tant en vertu de l'authorité à luy donnée par son Pere, que comme Comte d'Anion, erigea le mesme Beaufort en Vicomté le 5. Iuin 1344. & enfin estant Roy de France, le feist Comté par Lettres données au Temple près Paris, l'an 1350. au mois d'Aoust.

Extraict d'vne Histoire de Normandie MS.

L'AN 1338. le 17. iour de Decembre, le Pape Benoist XII. crea neuf Cardinaux, dont Pierre de Rogeray Archeuesque de Rouen estoit l'vn, &c.

L'AN 1342. la veille Saint Marc trespassa le Pape Benoist XII. de ce nom. Et le iour Saint Iean Porte-latin ensuiuant qui estoit le Lundy des Rogations, fut esleu Pierre de Rogeray vulgairement appellé & nomé le Cardinal de Rouen, pour ce qu'il auoit esté Archeuesque de Rouen, & fut nomé Clement VI. il crea aux Ordres de la Sainte Croix ensuiuant dix Cardinaulx desquels l'vn estoit son Frere, & estoit Moine, & les autres ses Neueux & estoient ieunes, & tous estoient Limosins, excepté deux ou trois. Et en l'espace de seize ans fut de simple Moine à la Chaise-Dieu en Auuergne de l'Ordre de Saint Benoist, puis fut Prieur de Sainte Babile, qui est vn Prieuré de Saint Benoist, Maistre & Docteur en Theologie, & Prouiseur du College de Sorbone, après Abbé de Fescamp, depuis Euesque d'Arras & après esleu Archeuesque de Sens, & par après Archeuesque de Rouen, puis fut creé Cardinal de Rome du Titre des Saints Nerei & Achilée, & finalement esleu Pape en Auignon, iceluy Clement ordonna le Iubilé estre de cinquante ans en cinquante ans.

L'AN 1350. le huit des Cal. de Iuin, le Pape Clement VI. iadis Archeuesque de Rouen, & nomé Pierre de Rogeray, fonda à nostre Dame de Rouen vn College de seize Chapelains, dont il y en auroit douze Prestres, deux Diacres, & deux Sousdiacres, & sera dit le College du Pape, & les Chapelains les Clementins, & que nul n'y sera receu qu'il n'ait rendu par cœur le Psautier & Antiphonies dedans deux ans, & viendront lesdits Chapelains à toutes les Heures qui se diront en ladite Eglise, & s'ils estoient deux mois passez sans resider en ladite Eglise sans cause legitime, ils seroient priuez, & d'autres mis en leurs places, & seront logez tous ensemble en vne Maison ou Maisons, & leur donna ledit Pape pour auoir les Liures, Calices

& aultres Orucliens trois cent vingt liures de rente auec cent dix liures de rente pour leur Maison, & dix sept cents escus d'or pour vnne fois payer, pour acheter ladite Maison ou Maisons, & ont lesdits Chapelains & College neuf fiefs nobles amortis en la Chambre des Comptes, du don dudit Pape.

Extraict des Registres des Chartes du Thresor du Roy. Registre cotté C.

LITTERÆ Caroli Regis, quibus cum defunctus Carolus Dvx, & Ioanna Ducissa Britanniæ Comitissa Penthuriæ, & Vicecomitissa Lemouicensis tenerentur obligati erga Clementem Papam VI in magna summa florenorum, quos ab eo acceperat dictus defunctus Carolus nomine Mutui.

Vrbanus Papa V. affectione ductus ad congruam reddituum temporalium dotationem Ecclesiæ Sancti Germani, quam constitui & ædificari nuper fecit in Villa Montispessulani, dictam summam prædictæ Ducissæ remittit mediantibus trecentis libris redditus amortizatis, quas ipse ad opus dictæ dotationis acquisiuit à Raymundo de Nogaret Milite, Domino de Caluisonis quas ipse habebat super Recepta Regia Nemaus. Ad causam defuncti Guillelmi de Nogareto dudum Militis aui sui, cui eas Philippus Pulcher dederat. Rex dictas trecentas libras admortizat ad petitionem dictæ Ioannæ Ducissæ, 21. Iunij 1369.

Extraict d'vne ancienne Chronique Latine, commençant en l'an 652. de la Fondation de Rome, & finissant en l'an de nostre Salut 1343. Communiquée par Monsieur d'Herouual.

CVM Rex Francorum Philippus pro subsidio guerræ suæ talias & impositiones varias & diuersas, vbilibet per totum Regnum suum mandasset, Prælati & Barones Ducatus Normaniæ, considerantes quod istud si permitteretur fieri, esset contrà libertates & Priuilegia Normannorum, & Declarationes Ludouici quondam Regis Franciæ & Nauarræ, & per hoc ad futurum in consequentiam trahi posset; plures propter hoc congregati, deliberationibusque multis habitis super confirmatione Priuilegiorum dicti Ludouici Regis, & reuocatione attentatorum, apud Regem viriliter institerunt, fuitque magna & virtuosissima Prælatorum constantia, quæ quamuis Rex & Consilium suum vellent, & offerrent semper à principio dicta Priuilegia quantum ad homines .... Ecclesiarum nobilium confirmare: ipsi tamen Nobiles & Prælati attendentes quod totus Populus dicti Ducatus, vt vnicus & conformis, eisdem Legibus & Consuetudinibus regitur, & Priuilegia ac Libertates toti Populo sint communia & communes, noluerunt aliquatenus consentire nisi Habitatores Villarum & locorum ad Regem, & Ducem Normanniæ Ioannem Filium sine medio pertinentes; sicut & cæteri Habitatores dicti Ducatus, dictis Priuilegiis plenè & perfectè gauderent. Negocium ergo huiusmodi sic prudenter fuit apud Legem prosecutum multis mensibus & diebus, maximè per Archiepiscopum Rothomagensem PETRVM Rogerij post modum Cardinalem, Guillelmum Bertrandi Baiocensem, & Ioannem Austane Abrincensem Episcopos, necnon Radulphum Comitem Augi Constabularium Franciæ, Ioannem Comitem de Haricuria & Robertum Bertrandi Marescallum Franciæ, qui negocium pro tota Patria fuerant viriliter prosecuti, quod ad vltimum hoc anno circà Festum Paschæ fuerunt dictæ Libertates & Priuilegia per Regem & Ioannem Ducem eius Filium sub Sigillis in cera viridi, ex certa scientia confirmata ad vtilitatem totius Prouinciæ Normannorum, & insuper Priuilegium dicti Ludouici Regis in illa parte, in qua fit mentio quod Rex non poterit imponere, nisi vrgens necessitas, & cuidens vtilitas id exposcat, fuit valde vtiliter declaratum quod videlicet in causam retrahendi, & non aliis vendicabit sibi locum. Litteræ autem super his scilicet Rothomagensium Ecclesiarum .... aliis locis dicti Ducatus ad perpetuam Rei memoriam conseruantur. Discant ergo posteri vniformiter exemplo istorum pro libertatibus Prouinciæ vigilare, præfatus Magister P. Rogerij de Archiepiscopo *Cardinalis effectus* fuit valde gratus Prælatis, Baronibus, & Populo Normanniæ. Interim ergo qui recessit ab eis, ... obtulerunt & assignauerunt quinquaginta mille libras annui redditus ad vitam suam, quas emerunt de pecunia pro communibus Prouinciæ vtilitatibus congregata, quod fuit *dicto Cardinali* ad honorem ipsius, Prælatis vero & Baronibus ad summam magnificentiam reputatum.

Bernard Iacobin, parle ainsi du Pape CLEMENT VI.

IL estoit (dit-il) le *Miroir de la Clemence, l'Hoste de la Charité, le Pere de la Misericorde, le Nourisson de la Pieté, le Ministre de la Liberalité, le Champion de la Iustice, l'Athlette de l'Equité, le Semeur de la Concorde, l'Amateur de la Paix, la Regle de la Modestie, l'Exemplaire de la Religion, l'Intention de l'Amitié, l'Anchre de l'Esperance, la Base de la Foy, la Fleur de l'Eloquence, l'Honneur de sa Maison, & l'Ornement de sa Patrie.*

des Cardinaux François. 333

Vn Autheur Anonime parle ainsi de sa mort.

OBITVS Domini CLEMENTIS Papæ VI. qui anno Domini 1352. & die Beati Nicolai de hac luce abstractus est, & sequenti octauo die Aprilis, fuit corpus eius Casæ Dei deportatum, & Ecclesiasticæ sepulturæ honorificè traditum, in quo interfuerunt quindecim Cardinales, octo Archiepiscopi, sex Episcopi, & plures Abbates & Comites.

Ex Martyrologio Ecclesiæ Senonensis.

SECVNDO Kal. Martij, obiit CLEMENS Papa VI. qui fundauit Capellam Sancti Martialis.

HVGVES ROGER,

Frere du Pape CLEMENT VI. Religieux de l'Ordre de Saint Benoist au Monastere de Tulles, puis Euesque du lieu, Cardinal du Tiltre de Saint Laurens in Damaso.

CHAPITRE LXXXVI.

Sammarthani Fratres in Galliâ Christianâ.

HVGO ROGER, Lemouicensis, CLEMENTIS VI. Pontificis Maximi Frater, Guillelmi Roseriarum Toparchæ ex Maria de Chambonio Filius, cuius item Germanus Ioannes Rogerus Archiepiscopus Auxitanus, Cardinalis Tituli Sancti Laurentij *in Damaso*, Episcopus Ruthenensis, Toparcha Castrorum de Bousolio & de Seruissaco in Diœcesi Anicienfi, recensetur electus Tutellensis 1340. sexto Augusti, in libro Prouisionum Vaticani, extinctus Auenione 1363. 12. Cal. Nouembris, ac sepultus apud Sanctum Germanum *de Mazere* in Lemouicibus, vbi Ecclesiam fundauerat.

ESTIENNE DE LA GARDE,

Proche Parent du Pape CLEMENT VI. Archeuesque d'Arles, Prestre Cardinal des Saints Syluestre & Martin és Monts, au Tiltre d'Equitius, Legat en Lombardie & à Romagnolles, Gouuerneur du Royaume de Naples.

CHAPITRE LXXXVII.

Pontificium Arelatense PETRI SAXII. Stephanus de Gardia.

LEMOVICENSIS STEPHANVS CLEMENTIS VI. propter sanguinis affinitatem charus, datus est Arelatensibus Præsul anno 1348. creatusque iam antea Presbyter Cardinalis Sanctorum Syluestri & Martini in Montibus, Tituli *Equitij*, Longobardiæ & Romandiolæ Legatione fuerat insignitus, Roberto diem (vt in Gasberto diximus) functo, summam rerum Neapolitani Regni Clementis VI. voluntate demandatam rexerat, acceptoque à Proceribus iureiurando totius

Regni procurationem in se verterat, at fidissimis Roberti Ministris contemptui habitis, Nobilium animos sibi iratos reddiderat, rogatuque ipsius Reginæ, & Regni Procerum Pontifex (vt ait Ciaconius) Legatum biennio antequam fieret Arelatensium Præsul reuocauerat. Verùm fallitur Ciaconius Haymerium de Suardia vocans, quem Stephanum de Gardia dicere debuisset, &c.

GVY D'AVVERGNE dit DE BOLOGNE,

Chanoine & Chancelier de l'Eglise d'Amiens, Archeuesque de Lion, Cardinal Prestre du Tiltre de Sainte Cecile, puis Euesque de Port & de Sainte Ruffine, Legat en France & en Espagne.

CHAPITRE LXXXVIII.

Extraict de l'Histoire Genealogique de la Maison d'Auuergne, par Christophle Iustel Conseiller & Secretaire du Roy.

Enfans du Comte Robert VIII. Comte d'Auuergne, & second Comte de Bologne, & de Blanche de Clermont.

GVY d'Auuergne, lequel & Iean son Frere, Mahault & Marguerite ses Sœurs commencerent à prendre le surnom de BOLOGNE. Ce que leurs Predecesseurs n'auoient fait auparauant, ains seulement celuy d'Auuergne, qui estoit le nom de leur Famille, en laquelle le Comte de Bologne estoit entré, qui n'estoit de pareille Dignité que celuy d'Auuergne: & cela apporté vnne grande confusion en la Genealogie des Comtes d'Auuergne, à cause de l'erreur commun que la Maison d'Auuergne estoit finie en vnne Fille, laquelle auoit porté le Comté d'Auuergne en la Maison de Bologne, ce que nous auons cy deuant refuté par de si bonnes preuues, qu'il ne reste plus aucun lieu d'en doubter. Ce GVY de Bologne fut esleu Archeuesque de Lion l'an 1340. & en vn Tiltre de l'an suiuant se trouue qualifié, GVIDO Dei gratia Lugdunensis primæ Ecclesiæ Archiepiscopus & Comes. Il fut creé Cardinal par le Pape CLEMENT VI. le Roy Iean en vn Tiltre de l'an 1352. l'appelle son Oncle, Aunuculum, parce qu'il auoit espousé sa Niepce Ieanne Comtesse d'Auuergne & de Bologne. Et Philippes Duc de Bourgogne Fils de ladite Comtesse Ieanne & de Philippes Comte de Bourgogne & d'Artois, son premier Mary, fait Executeur de son Testament, qui est de l'an 1361. ce Cardinal de Bologne, & Iean de Bologne son Frere, que pour la mesme raison il appelle aussi ses Oncles: nous auons monstré cy deuant qu'il ne fust Euesque de Tournay ny de Cambray, ains GVY d'Auuergne son Oncle: il mourut à Ilerde en Espagne l'an 1374.

Extraict d'vn MS. qui est en ma Bibliotheque touchant la Fondation de la Sainte Chapelle du Palais à Paris.

LE Roy Charles le quint en l'an 1375. obtint de nostre Saint Pere le Pape vn Rescrit Apostolique, adressant aux Cardinaulx de Boulogne & de Therouanne, & par icelle leur estoit mandé, que s'il leur apparoissoit que la Thresorerie de ladite Sainte Chapelle valust mille liures parisis de rente, en ce cas qu'ils muassent le nom dudit Thresorier en Doyen, auquel Doyen il donneroit pouuoir d'vser de tous Habits Episcopaux, sinon de Baston Pastoral, & qu'il peust bailler la Benediction.

Extraict des Registres du Thresor des Chartes de sa Maiesté. Registre coté LXXXI.

IOANNES Dei gratia Francorum Rex V. P. & F. notum facimus: quod in nostri præsentia imprimè constitutis carissimo & fideli Auunculo nostro GVIDONE de Bolonia Portuensi & Sanctæ Russinæ Episcopo, Sacro-Sanctæ Romanæ Ecclesiæ Cardinali, dilectisque & fidelibus Consiliariis nostris Episcopo Beluacensi, & Ioanne de Claromonte Mareschallo Franciæ ac Henrico de Estouteuilla Canonico Rhotomagensi, amicis carnalibus dilectæ nostræ Ioannæ Bertrandi Filiæ defuncti nobilis & potentis viri R. Bertrandi quondam Domini de Briquebec Mareschalli Franciæ ex V. P. dilectoque

des Cardinaux François.

te Roque & fideli Cambellano nostro Pudone Domino de Rupe Guidoni Militi, & quibusdam amicis eius cum ipso ex altera, tractantibus ad inuicem de Matrimonio inter ipsos Dominum de Rupe, & Ioannem Bertrandi contrahendo: finaliter inter dictas partes factæ & initæ fuerunt super hoc conuentiones quæ sequuntur: Videlicet, quod dictus Guido & eius Amici, procurarent & facerent quod Guillelmus de Rupe Guidonis Frater prædicti Guidonis, ad quem de consuetudine vel vsagio Patriæ in qua situata erat & est terra prædicti Guidonis pertinebat, ante pertinere poterat vt dicebant, tertia pars prædicti Guidonis, quam habebat ex successione Parentum suorum, renunciaret penitus dictæ parti. Item quod idem Guido dotaret specialiter eandem Ioannam de sexcentis libris terræ, seu annui redditus, quos nos eidem Guidoni per se, & Hæredibus suis in perpetuum dedimus. Datum 8. die Octob. 1353.

Extraict d'vn Memoire MS. de la main de feu mon Pere.

LA Maison du Moncel près le Pont Sainte Maxence, fondée en l'honneur de Saint Iean Baptiste, premierement par Philippe le Belpetit Fils du Roy Saint Louis, puis acheuée par son Cousin Philippes de Valois, pour des Religieuses de l'Ordre de Sainte Clere de la premiere Regle surnommées Vrbanistes, gardans perpetuelle closture, acheuée l'an 1336. introduites le 17. Iuillet de la mesme annee.

Marguerite de Bologne seconde Religieuse de cette Maison fut presentée par Philippes de Valois. Guy de Bologne Archeuesque de Lion & Cardinal estoit son Frere, & fut inhumé audit Monastere auprès de leur Mere, dedans le Cœur des Dames. Il eut vn Nepueu Pape, & vne Niepce Reine de France.

Extraict du premier Volume des MS. de Monsieur de la Mare Conseiller au Parlement de Bourgogne.

MISERATIONE diuina Guido Portuensis & Sanctæ Rufinæ Episcopus, & Andoinus Tituli Sanctorum Ioannis & Pauli Presbyter S. R. E. Cardinalis: venerabili & Religioso in Christo Patri Domino Andruino Abbati Cluniacensi Salutem in Domino. De mandato Sanctissimi Patris & Domini nostri Domini Innocentii supernâ prouidentiâ Papæ VI. nobis facto oraculo viuæ vocis vobis committimus & mandamus quatenus sententias interdicti seu cessationis à diuinis in Villa & Parrochiali Ecclesiâ Villæ de Auxona Bizuntinæ Diœcesis, ac excommunicationis in magnificum & potentem Principem Dominum Odonem Ducem Burgundiæ & Monetarios suos in eadem Villa per Officialem Bizuntinum ad instantiam Procuratoris Archiepiscopi Bizuntini & aliorum quorumcumque occasione seu ratione cussionis seu fabricationis Monetæ in dicta Villa fabricata pronunciatos & cuiusuis alterius constitutionis auctoritate vt dicitur latas, quas Dux & Monetarii sui præfati incurrerent occasione vel ratione prædictis cum totali earum effectu vsque ad instans proximum Festum Natiuitatis Domini & vlterius si vobis videatur expedire pro bono pacis & concordiæ interim auxiliante Domino faciendarum, si Archiepiscopi Bizuntini & aliorum si quorum interfit, vel interfuerit consensus interuenerit, auctoritate Apostolica suspendatis, & etiam relaxetis. Datum apud Villam nouam Auenionensis Diœcesis anno Domini 1356. mensis Martii die vigesima sexta, Pontificatus eiusdem Domini nostri Papæ anno IV.

Extraict de la Chronique MS. de Saint Denys.

LE Mardy quatriéme iour dudit mois de Mars audit an 1353. vint ledit Roy de Nauarre en Parlement pour la mort dudit Connestable, si comme dit est, enuiron heure Prime, & descendit au Palais, & puis vint en la Chambre de Parlement, & plusieurs autres de son Conseil, & si y estoit le Cardinal de Boulogne: en la presence de tous pria ledit Roy de Nauarre audit Roy de France, qu'il luy voulsist pardonner ledit fait dudit Connestable, car il auoit en bonne cause & iuste de auoir fait ce qu'il auoit fait, laquelle il estoit prest de dire au Roy & lors & autresfois, si comme il disoit, & outre disoit encore qu'il ne l'auoit fait en contempt du Roy, ny de son Office, & qu'il ne seroit de riens si courroucé, comme d'estre en l'indignation du Roy, & ce fust à Monseigneur Iacques de Bourbon Connestable de France du commandement du Roy mist la main au Roy de Nauarre, & puis le feist on tirer arriere, & assez tost apres la Reine Ieanne, Tante de la Reine Blanche Sœur dudit Roy de Nauarre en la presence du Roy de France, & il luy feist la reuerence en s'inclinant vers luy: adonc Messire Regnault de Trie dit Patoüillard s'agenouilla deuant le Roy, & dit telles paroles en substance. A son tres doubté, voyez icy Mesdames la Reine Ieanne, & la Reyne Blanke, qui ont entendu que Monseigneur de Nauarre est icy fort en vostre male grace, dont elles sont fortement courroucées, pourquoy sont venues pardeuers vous & vous supplier, que vous luy veuilliez pardonner vostre mal-talent, & si Dieu plaist, il se portera si bien par deuers vous, que vous & le peuple de France vous en tiendrez bien contens. Lesdites paroles dites, le Connestable & le Mareschal de France allerent querre ledit Roy de Nauarre & le firent venir pardeuers le Roy, lequel se mit entre les deux Roynes, & adonc le Cardinal dit audit Roy en substance les paroles qui s'ensuiuent. Monseigneur de Nauarre nul ne se doit merueiller, si le Roy de France s'est tenu pour mal-content de vous & pour ce qui est aduenu, qui ne conuenoit que il fist, car vous l'auez publié par vos Lettres & autrement que chascun le sçait, & vous estes tant deuers luy tenu que vous ne le deussiez auoir fait. Vous estes de son Sang si prochain comme chascun sçait, vous estes son Homme & son Per. Et si auez espousé Mademoiselle sa Fille tant auez-vous plus mespris, toutesfois pour l'amour de Mesdames les Reines qui icy sont, qui moult affectueusement l'en ont prié, & aussi qu'il tient que vous l'auez fait par petit conseil, il le vous pardonne de bon cœur: & lors lesdites Reynes & ledit Roy mirent le genouil à terre & remercierent le Roy de France: & encore dit lors, le

Cardinal, que aucuns de Lignage du Roy ne autres ne s'auanturassent de faire tels faits comme ledit Roy de Nauarre auoit faits, & s'il auenoit, & fust le Fils du Roy qui le fist, du plus petit Officier que le Roy eust, si en seroit il iustice, & ce fait le Roy se leua, & s'en partit la Cour.

Extraict des Tiltres de la Chambre des Comptes.

KAROLVS Dei gratia Francorum Rex: Vniuersis presentis Litteras inspecturis, salutem, Notum facimus quod cum per nostras alias Litteras, quarum tenor sequitur in his verba, KAROLVS Dei gratia Francorum Rex vniuersis presentis Litteras inspecturis salutem. CVM dilectus & fidelis Consanguineus noster Guido de Bolonia nuper Sanctæ Romanæ Ecclesiæ Cardinalis, tempore quo viuebat, per suas patentes Litteras, Rogero de Molendino nouo tunc eius familiari Domestico, & continuò Commensali, tamque benemerito qui ab adolescentia sua fuit & erat dicti Cardinalis Consanguinei mei Seruitor ipsius, obsequiis eius peruigili fideliter Insistendo, centum libras vsualis Monetæ Annui redditus, super iuribus redditibus, & emolumentis quibuscunque Villarum nostrarum, Volubricæ, Aramonis, Deconis & Terminorum quas idem Cardinalis ex concessione Regia, ad vitam suam, tenebat, habebat, & possidebat super iuribus, exitibus, & obuentionibus quibuscumque, quæ & quas idem Cardinalis habebat in Villa Bellicadri, & eius districtu, perpetua & irreuocabili concessione donasset, per ipsum Rogerium, quamdiu vitam duceret in humanis, leuandas, percipiendas, exigendas & habendas; quæ quidem Litteræ Domini, concessio & donatio dicti Consanguinei nostri, ac omnia & singula in eis contenta per nostras Litteras eidem Rogero Seruienti nostro Armorum, de nostra certa scientia & gratia speciali approbatæ fuerunt & etiam confirmatæ, prout hoc in aliis Litteris nostris plenius dicitur contineri. Licet dictæ Litteræ nostræ per Gentes nostras Cameræ Computorum nostrorum minimè transierint, nec eis prout est fieri consuetum, fuerint exhibitæ. Ac tractatu temporis dicto Cardinali viam vniuersæ carnis ingresso dictæ Villæ Volubricæ ac Aramonis, Deconis & Terminorum, ac redditus, iura & emolumenta quos & quæ in Villa nostra Bellicadri, & eius districtu percipere solebat idem Cardinalis dum viuebat, ad nos & manum nostram post ipsius Cardinalis obitum redierint, & fuerint ad nos deuolutæ. Notum facimus quod nos attendentes obsequia laudabilia, grataque seruitia dicto Cardinali, per dictum Rogerum diu, solerter & fideliter impensa, quodque dictus Rogerus in seruitiis Armorum extitit triginta annis & amplius iam elapsis, ne dicta donatio inefficax reddatur & inutilis, sed potius idem Rogerus pro operibus fructum, pro labore mercedem, & pro meritis præmia reportare valeat & habere. Contemplatione dicti Cardinalis; præfato Rogero centum libras Turonensis monetæ vsualis annui redditus super furnos & peyssoneriam vulgariter appellatos dictæ Villæ Bellicadri dumtaxat, percipiendas, leuandas, exigendas, & habendas, annis singulis assignauimus, & assignamus, dedimus, concessimus damusque & concedimus de nostra certa scientia, authoritate Regia & gratia speciali per præsentes. Et vt Ramus scriptis bonitatem sibi sentiat profuisse, gratiam nostram vberius ampliamus. Dilecto nostro Gaucelino de Molendino nouo dicti Rogeri filio Domicello quinquaginta libras Turonenses prædictæ Monetæ & annui redditus de dictis centum libris dicto Rogero præassignatis ex nunc prout existunt, donamus & concedimus, volumus & præcipimus quod post mortem dicti Rogeri præfatus Gaucelinus dictas quinquaginta libras dicti redditus anno quolibet super dictis furnis & peyssonaria, seu piscaria Villæ Bellicadri prædictæ, recipiat, percipiat, & habeat ad opus & vtilitatem ipsius, quamdiu post mortem dicti patris sui vixerit. Quocirca dilectis & fidelibus gentibus Cameræ Computorum nostrorum Parisius, Senescallo, & Receptori nostro Bellicadri, &c. *A Paris le 16. Auril 1374. & par Lettres dattées de Compiegne du dernier May audit an 1374.* parce que le Roy apprend que tout le reuenu des fours & de la poissonerie de Beaucaire ne vaut pas trente francs, il assigne le surplus des cent liures cy-dessus sur toutes les dependances dudit Beaucaire.

Ex Calendario Ambianensi MS.

SEXTO Cal Octob. Obitys bonæ memoriæ Domini GVIDONIS DE BOLONIA Filij quondam Domini Roberti Boloniæ & Aluerniæ Comitis, huius Ecclesiæ in iuuentute sua Canonici, post Archiepiscopi Lugdunensis, deinde Portuensis & Sanctæ Rustinæ, S. R. E. Cardinalis, & præsentis Ecclesiæ Cancellarij.

ADEMAR ou AYMAR ROBERT,
Prestre Cardinal du Tiltre de Sainte Anastase.

des Cardinaux François, 337

CHAPITRE LXXXIX.

Extraict des Registres de Parlement.

SECVNDVM tenorem Aresti lati in nostro præsenti Parlamento Patruus pro Bernardo, Roberti Domicello, Nepote charissimi nostri Cardinalis Roberti, & Ioanna de Pruilliaco eius Vxore, contra Isabellim de Montegirono relictam defuncti Eginardi de Pruilliaco ipsius Filij Militis tam suo nomine quam vt ballum habentem Eginardi de Pruilliaco ipsius Filij: dicti Coniuges adiornari fecerunt dictam Isabellim nomine quo supra, & Dominum de Ambosia, Hugonem & Cæsarem de Ambosia Fratres suos, Dominum de Bauccio, dilectum & fidelem nostrum Clericum & Consiliarium Magistrum Guillelmum Torpini Decanum de Sancto Aniano Aurelianensi, Magistrum Requestarum Hospitij nostri, Dominum de Montegirano, & Patrinum de Montegirano Fratrem suum, Ioannem de Insula Dominum de Sancto Marco, Guillelmum de Corsilonio & Guerinum de Corseux tanquam Amicos & Propinquos dicti Minoris tam ex parte Patris quam Matris ipsius, visuros dicto Minori de Tutoribus ad causas & lites per Curiam nostram prouideri. Die nono Iunij 1349.

1349. BERNARDVS Roberti Domicellus, Nepos charissimi nostri Cardinalis ROBERTI, & Ioanna de Pruilliaco eius Vxor, contra Isabellim de Montegirano relictam defuncti Eginardi de Pruillaco Militis, tam vt suo nomine quam vt ballum habentem Eginardi de Pruilliaco ipsius Filij, tam ratione successionis dicti Eginardi ipsius Ioannæ Patris, ac diuisionis bonorum eiusdem, quam ratione legati per defunctam Margaretam *Torpine* ipsius Ioannæ Matrem in suo Testamento eidem Ioannæ facti.

1355. AYMARVS ROBERTI Cardinalis Sanctæ Ecclesiæ Romanæ defunctus. Vltimo obtinens Ecclesiam Beatæ Mariæ de Breceyo Diœcesis Baiocensis.

1373. ADEMARVS ROBERTI modernus Episcopus Morinensis.

Extraict des Antiquitez de la Maison noble de Saint Jal, d'vn Papier Terrier.

DOMINVS Ademarus Roberti Miles, Pater suit quondam Domini Bertrandi Roberti Militis, ædificauit Domum, siue Aulam nouam cum pertinentiis.

Item Dominus Bertrandus Filius quondam dicti Domini Ademari, dotauit Margaretam quondam Sororem suam cum Domino Petro de Curso Milite Domino de *Chalopin*.

Item dotauit Feriam Sororem suam cum Guillelmo *de Fauars*.

Item maritauit duas Sorores suas in Bonasania.

Item tenuit Dominum ADEMARVM ROBERTI Fratrem suum quondam Cardinalem viginti & duos annos in Scholis, & ipsum fecit doctorari ad suas proprias expensas.

GIRARD DE LA GVARDE,

Surnommé de Saint Ademar par quelques-vns, proche Parent du Pape CLEMENT VI. *Religieux & General de l'Ordre de Saint Dominique, Docteur en Theologie, Cardinal Prestre du Tiltre de Sainte Sabine.*

CHAPITRE LXXXX.

Nomenclator Cardinalium.

GERARDVS DOMARVS Lemouicensis, Ordinis Prædicatorum, clarus Theologiæ Doctor & Professor, Cardinalis ab Auunculo CLEMENTE VI. creatus est, scripsitque *Quædam in Theologia* (vt refert Cortesius) & *Sermones doctè compositos*. Obiit Tolosæ, anno 1345. ibidem ad Prædicatores sepultus.

Vu ij

BERNARD DE LA TOUR D'AVVERGNE,
Chanoine en l'Eglise de Beauuais, Cardinal Diacre du Tiltre de Saint Eustache.

CHAPITRE LXXXXI.

Extraict de l'Histoire de la Maison d'Auuergne, par Christophle Iustel Conseiller & Secretaire du Roy.

BERNARD, dit de la Tour d'Auuergne, fut creé Cardinal par le Pape CLEMENT VI. l'an 1342. & mourut l'an 1361. il est dit Oncle, Patruum, de CONSTANCE de la Tour, Dame de Saint Seuere, & d'Isabeau de Leuis en vn Tiltre de 1339.

Ex Registro Concordiarum Parlamenti, anno 1360.

Bailliuia Syluanectensis & Gisortij.

DIlectus & fidelis noster Bernardus de Turre, quondam Canonicus Beluacensis, nunc Sacrosanctæ Ecclesiæ Romanæ Cardinalis. 19. Febr.

Epitaphe de BERNARD de la Tour Cardinal, enterré dans le Chœur de l'Eglise nostre Dame de Clermont en Auuergne.

HIc iacet bonæ memoriæ Dominus BERNARDVS de Turre, Tituli Sancti Eustachij Diaconus Cardinalis, qui obiit Auenioni tertio Nonas Augusti, anno Domini 1361. & fuit hic sepultus sextâ die Martij, anno Domini 1363. cuius anima requiescat in pace.

GVILLAVLME DE LA IVGÉE,
Fils d'vne Sœur du Pape CLEMENT VI. Docteur és Loix, Cardinal Diacre du Tiltre de Sainte Marie in Cosmedin, Archidiacre de la Sainte Eglise Romaine, & de Roüen, puis Prestre Cardinal du Tiltre de Saint Clement, Legat en Espagne.

CHAPITRE LXXXXII.

Extraict d'vn MS. intitulé Solemnia Anniuersalia.

TERTIO Octobris, obiit Dominus GVILLELMVS IVDICIS Presbyter Cardinalis Tituli Sancti Clementis.

Extraict des Registres des Chartes du Thresor du Roy. Registre LXXX.

IOannes de Bellomonte, Miles Domini Regis Franciæ illustris, eiusque Senescallus Bellicadri & Nemausi declarat, quod tellus Petrus de Cosettis de Vrbe, Magister Ostiarius Domini Clementis Pa-

des Cardinaux François. 339

pæ VI præter Litteras anni 1349. nobilis & potentis viri Petri quondam Iordani de Columna Domicelli de Vrbe, Domini pro parte media Castrorum, & Castellaniarum de Louueria & de Fetralibus in Minerbesio Diœcesis Sancti Pontij Thomeracensis, vendidit dictam partem nobili viro Nicolao Iudicis Filio emancipato nobilis & potentis viri Domini Iacobi Iudicis, Militis Lemouicensis Diœcesis, Germanoque Reuerendi Patris Domini GVILLELMI Sanctæ Mariæ in Cosmedin Diaconi Cardinalis pro se & Hæredibus, pro precio octo milium florenorum auri de Florentia. Apud Villam-nouam Sancti Andreæ Auenionensis Diœcesis, anno 1350. præsentibus Philippo Ferrariensi & Nicolao Metensi, Episcopis, Stephano de Columna Præposito Ecclesiæ Sancti Audomari de Sancto Audomaro.

LETTRES du Roy Philippes, par lesquelles il promet à GVILLAVLME Cardinal, Neueu du Pape pour luy & ses Freres ou l'vn d'eux, le Chastel & la Chastellenie de la Vinerie auec la Iustice, appartenant aux Hoirs de feu Pierre de la Colomne iadis Diacre Cardinal, Citoyen de Rome, & ce qu'ils ont au Chasteau de Ferrals en la Seneschaussée de Carcassone. A Vrincestre prés Paris 1348. au mois de Iuin.

Extraict des Memoires MS. de Monsieur de la Roque Aduocat en Parlement.

GVILLAVLME de la Iugée Cardinal Diacre, Neueu du Pape CLEMENT VI. du costé de sa Sœur : il est parlé de luy dans les Archiues de l'Eglise de Roüen sur les années 1342. 1370. & 1374. qu'il mourut, il auoit esté Archidiacre de Roüen.

RAYMOND DE CANILLAC, mal nommé DE VIS par quelques Autheurs, Docteur és Loix, Religieux & Abbé de l'Abbaye de Conches au Diocese de Rhodés, Cardinal du Titre de Sainte Croix en Hierusalem, Euesque de Preneste, puis de Saint Flour, & enfin Archeuesque de Tholose.

CHAPITRE LXXXXIII.

Nomenclator Cardinalium.

RAYMVNDVS de Canillac Gallus Decretorum Doctor, Cardinalis, scripsit Recollectorum librum ad Septimianum Narbonensem Archiepiscopum. Obiit Auenione anno 1373. ibidem ad Minores sepultus.

Sammarthani Fratres in Galliâ Christianâ.

RAYMVNDVS DE CANILLAC Cardinalis Tolosanus, Tituli Sanctæ Crucis in Hierusalem, Episcopus Prænestinus, nobili Gente prognatus erat, malè à nonnullis de Vis, sicuti à quibusdam Rainaldus vocitatur, hic primo Canonicus Regularis, Decretorum Doctor, Abbas Conchensis apud Ruthenos, tùm Sancti Flori Episcopus, postea Tolosatum Metropolitanus renunciatur 1347. die 29. Octobris, ex Libro Obligationum Vaticani, ad Cardinalatus Dignitatem assumitur à CLEMENTE VI. anno 1350. electusque ab Innocentio VI. ad Cathedram Prænestinam anno 1361. post eiusdem Pontificis transitum, sortitus est vndecim scrutinia vocum dissidentibus Cardinalibus de nouo Papa eligendo, qui fuit postea VRBANVS V. porrò Legum peritia eruditus, Librum Recollectorum descripsit, huiusque meminit Ferreolus Locrius in Chronico Belgico. Desiit esse in viuis Auenionæ duodecimo Calend. Iulij 1373. humatusque in Templo Minorum, ex Regesto Innocentij VI.

NICOLAS DE BESSE, dit DE BELLEFAYE, Fils d'vne Sœur du Pape CLEMENT VI. Chanoine en l'Eglise de nostre Dame de Paris, puis Euesque de Limoges, Cardinal Diacre du Tiltre de Sainte Marie en la Voye large, Legat à Naples pour informer du Meurtre commis en la personne d'André Roy de Hongrie & de Sicile.

CHAPITRE LXXXXIV.

Extraict d'vn Memoire MS. de la main de feu mon Pere.

NICOLAS DE BESSE, dit de Bellefaye, Frere de Pierre, Seigneur de Bellefaye, qui espousa Marguerite de Thiern, Dame de Voloire, Clement VI. ayant eu pour Mere la Sœur dudit Clement de la Maison de Roger, nommée Dauphine, portoit d'oran chevron d'azur, on luy donne party au premier de la Maison de Beaufort, mais mal; car il faudroit plustost dire escartelé au premier & quatriesme de Besse, & au deuxiesme & troisiesme de Beaufort.

Ex Actis Ecclesiæ Lemouicensis MS.

IOANNES Episcopus Lemouicensis, Executor Testamenti bonæ memoriæ Domini NICOLAI Tituli Sanctæ Mariæ in Via lata, Diaconi Sanctæ Romanæ Ecclesiæ Cardinalis dicti, seu appellati 1370. legauit multa bona ad fundandas Vicarias in Lemouicinio.

IOANNES Episcopus Prænestinus, HVGO Sanctæ Mariæ in Porticu Diaconus Cardinalis, PETRVS Archiepiscopus Arelatensis, Domini nostri Papæ Camerarius, Executores Testamenti NICOLAI Cardinalis Lemouicensis 1382. in quibus Litteris dicitur Villam & Territorium de Sancto Mauritio, & plures alias terras & redditus acquisitos in districtu Baroniæ de Peyraco pro certis Capellanis fundandis in Ecclesia Lemouicensi, pro salute animæ dicti Cardinalis.

Extraict des Archiues de Limoges.

LE Cardinal NICOLAS de Limoges donna son Palais d'Auignon au Chapitre de Limoges: ainsi le reconnoist le Chapitre.

NOTVM facimus vniuersis, quod cum Lebratim, quæ quondam fuit recolendæ memoriæ Reuerendissimi in Christo Patris & Domini, Domini quondam Sanctæ Romanæ Ecclesiæ Cardinalis NICOLAI, anima cuius requiescat in pace, & cuius corpus in Ecclesia Lemouicensi requiescit, sita in Ciuitate Auenionensi, cum omnibus ipsius Lebratę Domibus, viridariis, & hortis ac aliis pertinenciis suis ad Lemouicensem Ecclesiam spectet, pleno iure, in Instrumento Procuratorio Capituli ad componendum super pretio locationis cum Heredibus Cardinalis Florentini Petri die quindecima Octobris 1405. scilicet Philippo de Porsinis Milite Fratre, & Monialibus Sanctę Catharinę ad Montem prope Florentiam. Cardinalis Arelatensis Executor Testamenti NICOLAI Cardinalis curauit fieri reparationes in dicta Domo 1386.

PETRVS Tituli Sanctorum Nerei & Achillei Presbyter Cardinalis, vulgariter nuncupatus Cardinalis Arelatensis, cuius Procurator Frater Martialis Gayandi, Ordinis Sancti Augustini Lemouicensis Conuentus: Pœnitentiarius Papę 1385. fundauit quatuor Anniuersaria in Ecclesia Lemouicensi pro Clemente VI. Gregorio XI. NICOLAO vulgariter appellato Cardinali Lemouicensi, & Ioanne Prænestino Episcopo, vulgariter item appellato Cardinali Lemouicensi, & dedit viginti libras renduales.

des Cardinaux François. 341

Extraict du Chartulaire de l'Eglise de Saint Estienne de Limoges.

NONAS *Maij.* Hic fit Anniuersarium recolendæ memoriæ, quondam Domini NICOLAI Cardinalis Lemouicensis, Tituli Sanctæ Mariæ in Via lata, super eius Tumulum eleuatum in Capella Beatæ Mariæ Magdalenæ, & distribuuntur quatuor libræ Turonenses.

GVILLAVLME DE MONTHOLON,
Prestre Cardinal du Tiltre de Saint Estienne in Cœlio monte.

CHAPITRE LXXXXV.

Extraict d'vn Memoire MS. de la main de feu mon Pere.

EX Ciaconio pagina 895. anno salutis 1348. CLEMENS VI. creauit Cardinalem vnum (lege Cardinales duos) GVILIELMVM Montholonium Æduensem Sanctæ Romanæ Ecclesiæ Cardinalem, Tituli Sancti Stephani *in Cœlio monte*, post obitum Guilielmi Albi Tolosani, eiusdem Tituli, mortui anno 1346. Guillelmus de Montholonio obiit 1354. mense Nouembri. *Depuis l'an 1346. iusques en 1356. ne se trouue aucun Cardinal pourueu du Tiltre de Saint Estienne in Cœlio monte, d'où s'ensuit que Guillaume de Montholon a esté Cardinal de ce Tiltre suiuant la fondation de la Chapelle d'Aisnay à Lion, faite par luy l'an 1351. & cy-apres rapportée.*

Extraict des Archiues de l'Abbaye d'Aisnay à Lion. Communiqué par Monsieur Lardot Docteur en Theologie de la Faculté de Paris, Maison de Nauarre, & Curé de la Paroisse de Saint Iean de Troyes.

IN nomine Domini, Amen. PATEAT Vniuersis præsentis publici Instrumenti seriem inspecturis, Quod anno Domini 1351. Indictionis quintâ, die vndecima mensis Martij, Pontificatus Sanctissimi in Christo Patris & Domini nostri, Domini Innocentij, diuinâ prouidentiâ Papæ VI. anno primo. In mei Notarij publici Testiumque infrascriptorum ad hoc specialiter vocatorum & rogatorum præsentia, personaliter constitutus Reuerendissimus in Christo Pater Dominus & Dominus Guillelmus Montolonius, miseratione diuina Tituli Sancti Stephani in Cœlio Monte Sacrosanctæ Romanæ Ecclesiæ Presbyter Cardinalis, qui scienter & prouidè, & gratis desiderans saluti animæ suæ, suorumque Parentum & Amicorum viuorum & mortuorum prouidere, & ad laudem & honorem Domini nostri Iesu Christi, gloriosæque Virginis Mariæ, Sanctorumque omnium ac Beati Benedicti Abbatis, de bonis sibi à Deo collatis fundauit, fundatque & ordinat vnam Commissionem duarum Missarum Eucharistiarum, & hebdomadalium, quas dici & celebrari voluit, vultque & ordinat qualibet die Martis & Sabbati in Ecclesia Monasterij Athanasensis Lugduni ad Altare honoreinque & sub vocabulo Sancti Benedicti per vnum Presbyterum Secularem vel Regularem idoneum, per Reuerendum Dominum Abbatem dicti Monasterij Athanathensis. Cui Domino Abbati & suis in dicta Abbatia Successoribus dictus Reuerendissimus Dominus Guillelmus Cardinalis Fundator dat plenam, generalem & liberam potestatem Capellanos & Rectores dictæ Capellaniæ perpetuo ad commissionem Missarum deputandos & pleno iure instituendos. Et pro dotatione & fundatione ipsius Capellaniæ siue commissionis dictarum duarum Missarum dictus Reuerendissimus Guillelmus Fundator de donatione irreuocabili inter viuos facta dictæ Capellaniæ siue commissioni dictarum duarum Missarum, seu Capellanis aut Rectoribus eiusdem, qui pro tempore erunt vel fuerint, omnes & singulos redditus, census, & seruitia, laudes, vendas & medias laudes, loco & tempore emergentes importantia: videlicet viginti & octo bichetos bladi frumenti, septem assignatas auenæ, vnum bichetum hordei, octo lampadas olei nucum, quinque assignatas vini mensuræ Chaseti *Dassigres*, decem septem gallinas, sex cuniculos, & triginta nouem solidos, & sex denarios censuales, & de emphiteosi perpetua, laudes vendas, & medias laudes importantes, acquisitas per ipsum Dominum Reuerendissimum Cardinalem Fundatorem cum eius pertinentiis à Domino Iacobo de *Lyserable* Domicello & Domino ipsius loci de *Lyserable*, sitas & situatas super domibus, terris, pratis, vineis & nemoribus in Parochiis de Chasey, Marsillieci, Siuriaci, Lozinæ, Commartini & locis circumuicinis Lugdunensis Diœcesis, prout in Litteris acquestus continetur. Faciendo prout de præsenti facit dictos Capellanos siue Rectores dictarum duarum Missarum Procuratores generales & irreuocabiles ad ipsos census, redditus & prouentus, laudes, vendas, & medias laudes à quibuscunque personis exigendum & recuperandum, prout etiam in Litteris dicti Reuerendissimi Domini Cardinalis Fundatoris continetur. Deque receptis omnibus & singulis quibus intererit quietandum, quietantias dandum, tantique valoris & efficaciæ, sicuti per eundem Reuerendissimum Dominum Fundatorem & suos forent & essent passatæ. Omnesque & singulos debitores & tenementarios dictarum possessionum, ad soluendum & recognoscendum nomine dictæ Capellaniæ perpetuæ & Rectoribus eiusdem, omne id & quidquid per dictos debitores & tenementarios debitum fuerit, prout etiam in dictis Litteris acquestus continetur, & de ipsis censibus & redditibus facere tanquam de rebus suis propriis, reseruato quod ipse Dominus Abbas aut sui in dicta Abbatia Successores, nec dicti Capellani siue Rectores dictæ Capellaniæ possint nec valeant ipsos census & redditus vendere nec alienare seu admodetare, diminuere nec truncare; quia ita sic voluit, vultque & ordinat dictus Reuerendissimus Dominus Guillelmus Cardinalis Fundator, alias ipso casu adueniente, exnunc collationem & institutionem dictæ Capellaniæ dictus Reuerendissimus Dominus Cardinalis Fundator dat & concedit Priori dictæ Abbatiæ Athanatensis & suis Successoribus, qui pro tempore erunt vel fuerint. Et si dictus Prior ad dictas alienationem, venditionem, diminutionem, vel admoderationem consenserit, exnunc prout extunc dictus Reuerendissimus Dominus Guillelmus Cardinalis præfatus Fundator, collationem & institutionem dictæ Capellaniæ perpetuæ dat & concedit Reuerendo Domino Episcopo Lugduni plenam, generalem & omnimodam potestatem ad dictam Capellaniam perpetuam siue commissionem dictarum duarum Missarum Capellanos & Rectores idoneos & sufficientes committere & instituere, cum compromissione iuramenti quod ipsi bene & decenter in ipsa Capellania perpetua deseruient, & dictas duas Missas celebrent, Res, bona, proprietates dictæ Capellaniæ perpetuæ non alienentur, exnunc prout extunc dictus Reuerendissimus Dominus Guillelmus Cardinalis, & alienata, si quæ sint, pro posse suo recuperent prout ordinatum fuit per dictum Reuerendissimum Dominum Cardinalem Fundatorem. Voluitque insuper, vultque & ordinat ipse Reuerendissimus Dominus Cardinalis Fundator, quod si aliqua venditio, alienatio, admoderatio, diminutio aut permutatio de ipsis censibus & redditibus, per dictos Abbatem, Priorem aut eorum Vicarios, seu per dictos Rectores dictæ Capellaniæ qui pro tempore fuerint, facta fuerit, esse nulla, nulliusque valoris & efficaciæ. Et ita dictus Reuerendissimus Guillelmus Cardinalis Fundator declarauit, voluit & ordinauit, vultque, declarat & ordinat. Et super omnibus & præmissis inuocando & implorando auxilium, consilium, opem, fauorem dicti Episcopi aut sui Vicarij Generalis. Promisit insuper idem Reuerendissimus Dominus Guillelmus Cardinalis Fundator mihi Notario publico infrascripto, tanquam personæ publicæ solemniter recipienti & stipulanti, vice, nomine & ad opus omnium & singulorum, quorum interest, intererit aut interesse poterit quomodolibet in futurum, dictam fundationem & omnia & singula suprascripta ratas & rata, firmas & firma habere, tenere & inuiolabiliter obseruare, nec contra non venire, facere vel dicere quouis quæsito colore vel ingenio, tam de iure quam de facto, propter defectus fundationis huiusmodi possit seu valeat quomodolibet impediri. Sub omnium & singulorum bonorum suorum mobilium & immobilium, presentium & futurorum obligatione & hypotheca. Super quibus omnibus & singulis præmissis petiit à me Notario publico infrascripto, sibi fieri & tradi vnum, duo aut plura publicum, seu publica, Instrumentum, seu instrumenta ad opus quotum intererit aut interesse poterit. Acta fuerunt hæc Romæ in Domo habitationis dicti Reuerendissimi Domini Cardinalis Fundatoris. Sub anno, Indictione, die, & Pontificatu, quibus supra, præsentibus ibidem venerabilibus viris Dominis Petro Vegiaci Gratiopolitanensis, Antonio Durantonis Lugdunensis, & Iacobo de Turre Senonensis Diœcesum, Capellanis & Famulis dicti Reuerendissimi Domini Guillelmi Cardinalis Fundatoris, Testibus ad præmissa vocatis & specialiter rogatis. Signatum GVILLELMVS Cardinalis.

Et me Petro Rocel Maguntinensis Diœcesis, Apostolica & Imperiali auctoritatibus Notario, & Rotæ Iurato, hoc fundationis & dotationis Instrumentum recepi, in notam sumpsi, scripsi, grossaui manu mea propria in fidem, robur & testimonium requisitus & rogatus. Signatum ROCEL.

GVILLAVLME D'AIGREFVEILLE,

Proche Parent & Camerier du Pape CLEMENT VI. *Religieux en l'Abbaye de Beaulieu au Diocese de Limoges, Prieur Conuentuel de Saint Pierre d'Abbeville, Prothonotaire du Saint Siege, Archeuesque de Sarragosse, Cardinal Prestre de Sainte Marie trans Tyberim, au Tiltre de Calixte, puis Euesque de Sabine, Legat à Naples, pour pacifier les differends d'entre le Prince de Tarente & le Duc d'Andrie.*

CHAPITRE

des Cardinaux François. 343

CHAPITRE LXXXXVI.

Extraict des Registres des Chartes du Thresor du Roy. Registre CVII. année 1375.

ADMORTISATIO ducentarum librarum Turonensium annui redditus acquirendarum in Ducatu Aquitaniæ per Executores Testamenti defuncti GVILLELMI DE AGRIFOLIO quondam Sanctæ Romanæ Ecclesiæ Cardinalis Sabinensis, alias dicti Cæsaraugustani, qui temporibus suis in negotiis Regum, & Reipublicæ Regni Franciæ se Amicum fidelissimum in Romana Curia exhibuit, & propitium adiutorem, pro certis Capellaniis Lemouicis, in Monasterio Sancti Martialis fundandis, mense Maij, 1375.

Extraict de l'Histoire d'Espagne, par Mariana.

VEnit ab Innocentio Pontifice GVILLELMVS Cardinalis pacem inter eas Gentes renouaturus magna eius contentione vltro, citroque commeando, conuenit tandem, vt induciæ annuæ & trimestres essent, dum de pacis conditionibus delecti Proceres disceptarent pro Arragonio Cabrera, pro Castello Hinestrosa: interim Oppida vtrimque capta penes Legatum, quasi sequestrum essent, Qui prior initum fœdus violasset, Anathematis ei ignominia, Religioque obiecta, mensis Maij decima octaua die induciæ pactæ.

Epitaphe qui se lit sur le Tombeau du Cardinal Guillaulme d'Aigrefueille, en l'Eglise Collegiale de Saint Martial de Limoges, à costé du grand Autel.

HIc iacet bonæ memoriæ Reuerendissimus in Christo Pater, Dominus Dominus GVILLELMVS de Agrifolio senior, oriundus de loco de Fonte, Diœcesis Lemouicensis, qui in suæ primæuo iuuentutis in Monasterio Belli loci eiusdem Diœcesis fuit assecutus Ordinem Monachalem, aliis honoribus beneficiatus, vocatusque post ad seruitium Domini CLEMENTIS Papæ VI. tunc Romanæ Curiæ Præsidentis, per eum primo factus extitit Sedis Apostolicæ Prothonotarius, & demum ad Ecclesiam Archiepiscopalem Cæsar-Augustanam promotus, qui demum ipsum in Sanctæ Romanæ Ecclesiæ Presbyterum Cardinalem ordinauit, tandem vero per Dominum Vrbanum Papam V. promotus fuit & consecratus in Episcopum Sabinensem in Vrbe Romana. Vitam quam postremo, prout Domino placuit, finiuit in Ciuitate Viterbiensi, vbi tunc temporis dicti Domini Vrbani Romana Curia residebat, de qua tandem corpus suum translatum extitit ad Monasterium prædictum, in quo motus deuotione singulari quam habebat ad Beatum Martialem Apostolum, Patronum ipsius, præsens sanitate & vita fungens, suam perpetuam elegerat sepulturam. Obiit autem anno Domini 1369. die tertia mensis Octobris, orate Deum pro anima ipsius Domini GVILLELMI huc conuenientes suum Tumulum inspecturi.

PASTEVR DE SARRATS, surnommé D'AVBENAS par quelques vns, Religieux de l'Ordre des Freres Mineurs, Docteur en Theologie, Euesque d'Assise, puis Archeuesque d'Embrun, Cardinal Prestre du Tiltre des Saints Marcelin & Pierre.

CHAPITRE IXXXXVII.

Nomenclator Cardinalium.

PASTOR DE ALBERNACO, vulgo, *Aubenas*, Gallus, Ordinis Minorum, ex Archiepiscopo Ebredunensi Cardinalis, *multa in Sacros, Prophanosque Libros Commentaria scripsit, vt notat Ciaconius,* &c. *De Gestis suo tempore in Ecclesia memorabilibus,* vt refer Fisengrein. Obiit Auenione anno 1354. ibidem ad Minores sepultus.

X x

Allusion sur les Armes du Cardinal de Sarrats.

ALBERNACE tuis vigilat quæ insignibus ales
Cristata, ingenij vim notas illa tui.

Lettre de Clement VI. au Cardinal de Sarrats.

DILECTO Filio PASTORI, Tituli Sanctorum Marcellini & Petri, Presbytero Cardinali. Nuper propter clara virtutum tuarum insignia, & grandium tuorum excellentiam meritorum, & alia dona quibus te Dominus insigniuit, ad supportandum nobiscum & cum Fratribus nostris Sanctæ Romanæ Ecclesiæ Cardinalibus, vniuersalis Ecclesiæ onera, te olim Archiepiscopum Ebredunensem à vinculo, quo Ebredunensi Ecclesiæ, cui tunc præeras tenebaris, de dictorum Fratrum consilio, & Apostolicæ potestatis plenitudine absoluentes, in Sanctæ Romanæ Ecclesiæ Cardinalem Presbyterum auctoritate Apostolica duximus assumendum. Cum igitur, prout huiusmodi Cardinalatus tui status exigit, sufficientem & conducentem non habeas facultatem, & propterea, congruum existimantes fore tuis opportunitatibus prouidendum, &c.

PICTAVIN DE MONTESQVIEV,

successiuement Euesque de Lodeue & d'Alby, Cardinal Prestre de la Basilique des Saints douze Apostres.

CHAPITRE LXXXXVIII.

Sammarthani Fratres in Galliâ Christianâ.

PICTAVINVS DE MONTESQVIEV Cardinalis Basilicæ Sanctorum duodecim Apostolorum, ortus ex vetusta stirpe de Montesquiuo, antea Lodouensis Episcopus, electus autem Albiensis inuenitur anno 1339. 19. Februarij ex Registro Vaticano, seu Libro Obligationum, cum GVILLELMVS Curti Purpuræ insignia promeruit, in Cœtum Cardinalium ipse ascitus est à Clemente VI. Pontifice 1350. & superiori anno, decimo Februarij reperitur adhuc Episcopus Albiæ: decessit Auenione 1356.

PONCE DE VILLEMVR, CHANOINE

Regulier de l'Ordre de Saint Augustin, Euesque de Pamiers, Cardinal Prestre du Tiltre de Saint Sixte.

CHAPITRE LXXXXIX.

Sammarthani Fratres in Galliâ Christianâ.

PONTIVS DE VILLEMVR oppido ad Fluuium Tarnem Diœcesis Montalbanensis, patriâ Vasco, Dominico successit, Pontius enim diserté vocatur in vita Clementis VI. editione Bosqueti, Codice Sancti Victoris Parisiensis, & aliis antiquis Chronicis, qui apud Onuphrium, Ciaconium & Registra Vaticani, *Arnaldus de Villamuro*, Cardinalis Sancti Xisti nominatur, sicuti & in Archiuis Appamiensibus, vbi sedisse reperitur anno 1348. ex quibus qui Arnaldum nominant, corrigendos docet Spondanus & ipse Appamiarum Præsul in Annalibus Ecclesiasticis: factus Episcopus, ex Canonico Ordinis S. Augustini, & creatus à Clemente VI. anno 1350. Cardinalis, repentina morte obiit Auenione anno 1355. de quo Theodoricus à Niem in Innocentio VI.

PIERRE DE COLOMBIERS, CHANOINE de Saint Quentin, successiuement Euesque de Neuers & d'Arras, Cardinal Prestre du Tiltre de Sainte Susanne, & enfin Euesque d'Ostie & de Velitre.

CHAPITRE C.

Extraict des Chroniques M S. de l'Abbaye Saint Germain des Prés, par Frere Simon Milet, Religieux en ladite Abbaye, compilées en l'an 1630.

AN 1339. Pierre Bertrand Cardinal du Tiltre de Saint Clement, & Euesque d'Authun, (celuy qui dix ans auparauant, à sçauoir 1329. auoit si genereusement defendu les droicts de l'Eglise contre Pierre de Cuignieres) fonda la Chapelle d'Authun proche & vis à vis de l'Eglise Saint André des Arts, & d'autant que la Maison qu'il achepta & tout le bastiment estoit dans la Iustice de ceans, & deuoit douze sols de rente à nostre Abbé, il en acquit vne autre ailleurs, sur laquelle il constitua pareille rente & donna cinq cens liures parisis à l'Abbé & au Conuent de ceans, pour auoir la permission. La Chapelle de ce College fut consacrée deux ans apres, par vn autre Pierre Bertrand Euesque d'Arras, Cardinal & Neueu du Fondateur.

Extraict des Registres des Chartes du Thresor du Roy. Registre coté LXXXVIII.

LITTERÆ Caroli, quibus cum post conflictum ante Pictauim initum dediffet dilecto & fidelissimo Petro de Aloësco Militi, Nepoti Domini PETRI BERTRANNI Cardinalis Ostiensis summam ducentorum florenorum redditus super emolumentis Castri & Castellaniæ de Merafio in Delphinatu tunc iterum illi concedit Castrum Sancti Mauricij etiam in Delphinatu situm. 1358.

Extraict des Memoires MS. de feu Monsieur Dey, Docteur de Nauarre, touchant les Doyens de Saint Quentin.

PETRVS BERTRANDI Decanus, anno 1335. factus est Episcopus Atrebatensis, & tandem Cardinalis.

Extraict d'vn Liure MS. gardé aux Cœlestins de Colombiers.
Voyage du Cardinal Pierre de Colombiers Euesque d'Ostie, allant à Rome couronner l'Empereur Charles IV. en l'an 1355.

ANno Natiuitatis Domini 1355. Indictione octaua, die Lunæ, nona die Februarij, Reuerendissimus Dominus in Christo Pater, Dominus Petrus de Columbario Ostiensis & Velitrensis Episcopus Cardinalis exiuit Auenionem eundo Romam, pro Coronatione & Inunctione Imperatoris Caroli & Dietas suas continuauit, vt inferius apparebit, ac suos fecit transitus eundo & redeundo, per Ciuitates, Castra, terras, & loca quæ inferius conscribuntur.

Et primo fuit die Lunæ in prandio in Nouis propè Auenionem ad duas leucas, & ibi iacuit illo sero.

Item die Martis sequenti decima die dicti mensis, fuit in prandio in Argone, & ibidem pernoctauit, & distat à dicto loco de Nouis per tres leucas.

Item die Mercurij sequenti, vndecima dicti mensis, fuit in prandio in Ciuitate Aquensi, & ibi pernoctauit, & distat à dicto loco de Argone per septem leucas.

Item die Iouis sequenti, duodecima die prædicti mensis, fuit in prandio in Sancto Maximino, & ibidem iacuit illo sero, & distat à dicta Ciuitate Aquensi per sex leucas.

Item die Veneris sequenti, decima tertia mensis prædicti, fuit in prandio in Briuonia, seu Brignola, & ibidem iacuit, & distat à dicto loco Sancti Maximini per tres leucas.

Item die Sabbati sequenti, decima quarta dicti mensis Februarij, fuit in prandio apud *Lorgues*, & distat à dicto loco de Brjuenia per quatuor leucas, & iacuit in Draguiniaco, seu *Dreguignan*, & distat à dicto loco de *Lorgues* per duas leucas, & in dicto loco de Draguiniaco, fuit per totam diem Dominicam sequentem, diem decimam quintam dicti mensis Februarij Dominicam Carnis priuij.

Item die Lunæ sequenti, decima sexta præ dicti mensis, fuit in Faencia Foroiuliensis Diœcesis, & distat à dicto loco de Draguiniaco per quatuor leucas, & ibidem iacuit.

Item die Martis sequenti, decima septima die dicti mensis Februarij, fuit in prandio in Ciuitate de Grassa, & ibidem iacuit, & distat à dicto loco Faencia per quatuor leucas.

Item die Mercurij sequenti Cinerum, die decima octaua dicti mensis Februarij, fuit in prandio in Ciuitate Niciæ, & ibidem iacuit, distat à dicto loco de Grassa per quinque leucas.

Item die Iouis sequenti, die decima nona dicti mensis Februarij, fuit in prandio in dicta Ciuitate Niciæ, & ibidem iacuit.

Item die Veneris sequenti, vigesima die dicti mensis Februarij, fuit in prandio in Castro de Turbia, & ibidem iacuit, & distat à dicta Ciuitate Niciæ per nouem milias, quæ valent tres leucas.

Item die Sabbati sequenti, vigesima prima die mensis Februarij, fuit in prandio in Ciuitate Vintimiliensi seu de Vintemilha, & ibidem pernoctauit, & fuit ibi die Dominico sequenti, videlicet Dominico in Quadragesima per totum diem, & distat à dicto loco de Turbia per decem milias, quæ valent tres leucas, & tertiam partem vnius leucæ, & ibi incipit terra Domini de Mediolano & confinia Gennæ.

Item die Lunæ sequenti in vigilia Beati Mathiæ Apostoli, vigesimatertia Februarij, fuit in prandio in Sancto Romulo Diœcesis Albigensis, & distat à dicto loco de Vintimilha per decem milias, quæ valent tres leucas, & tertiam partem vnius leucæ, & ibidem pernoctauit.

Item die Martis sequenti in Festo Beati Mathiæ Apostoli, vigesima quarta Februarij, fuit in prandio in Portu Mauricij prædictæ Diœcesis, & ibidem iacuit, & distat à dicto loco Sancti Romuli per xv. milias, quæ valent v. leucas.

Item die Mercurij sequenti, 25. Februarij, fuit in prandio in Ciuitate Albingaria, & ibidem iacuit, & distat à dicto loco Portus Mauricij per xx. miliaria, quæ valent sex leucas & duas partes vnius leucæ, & ibidem fuit bene hospitatus in domo cuiusdam nobilis de Albenga, & multum bene honoratus per Communitatem Ciuitatis, & multa fuerunt illi præsentata.

Item die Iouis sequenti, die 26. Februarij, fuit in prandio in Castro de Petra, seu Laprea, quod est Episcopi Albinganensis prædicti, & ibidem iacuit, & fuit ibidem ad expensas dicti Episcopi, & distat à dicta Ciuitate Albinganensi per x. miliaria, quæ valent tres leucas & tertiam partem vnius leucæ.

Item die Veneris sequenti, 27. Februarij, fuit in prandio in loco Finatij, seu Finar, Diœcesis Saonensis, & distat à dicto loco de Petra per v. miliaria, quæ valent vnam leucam, & secundam partem alterius, & ibidem fuit tota die cum Dominis Gregorio Manuele & Alecano de Carreto Marchionibus Saonæ, Dominis dicti loci Finarij, & fuit in eorum domo ad expensas eorum egregiè cum tota Familia hospitatus.

Item die Sabbati sequenti, 28. dicti mensis, fuit in Ciuitate Saonensi in prandio, & ibi iacuit, & distat à dicto loco de Finar per xv. milias, quæ valent v. leucas, & in dicta Ciuitate fuit per totam Dominicam diem sequentem primam diem Martij, secundamque Dominicam Quadragesimæ.

Item die Lunæ sequenti, 2. die Martij, fuit in prandio in loco de Vulture seu de Voltre Genuensis Diœcesis, & ibidem iacuit, & distat à dicta Ciuitate Saonensi per xx. milias, quæ valent sex leucas, & duas partes vnius leucæ.

Item die Martis sequenti, 3. die Martij, fuit in prandio in Ciuitate Genuæ à Clero & Populo multimodè honoratus, & in Domo Prædicatorum dicti loci, egregiè hospitatus, & ibidem fuit dicta die Martis, & die Mercurij ad expensas Communitatis dictæ Ciuitatis, & die Iouis sequenti ad expensas suas.

Item die Veneris sequenti, 6. die Martij, fuit in prandio in loco vocato Roco dictæ Ciuitatis Diœcesis, & ibidem iacuit, & distat à dicta Ciuitate per xii. milias, quæ valent iv. leucas.

Item die Sabbati sequenti fuit apud Clarij dictæ Diœcesis in prandio, & ibidem iacuit, & distat à dicto loco de Roco per xii. milias, quæ valent iv. leucas.

Item die Dominica sequenti, tertia Quadragesimæ, videlicet octaua mensis Martij, fuit in prandio in loco vocato Cestre dictæ Diœcesis, & ibidem iacuit, & distat à dicto loco de Clarij per v. miliaria, quæ valent vnam leucam & duas partes alterius leucæ.

Item die Lunæ sequenti, nona die Martij, fuit in prandio in Ciuitate vocata Briguam, loco sterili & malè ædificato & pauperrimo, & ibidem iacuit, & distat à dicto loco de Cestre per xviii. miliaria, quæ valent sex leucas.

Item die Martis sequenti, decima die Martij, fuit in prandio in Burgo vocato Seizana Lunensis Diœcesis & ibidem iacuit, distat à dicta Ciuitate Briguamensi per xviii. miliaria, quæ valent sex leucas.

Item die Mercurij sequenti 11. die dicti mensis, fuit in prandio in Burgo de Petra-Sancta Diœcesis Luquensis seu de Luca, & ibidem iacuit, & distat à dicto loco de Seizana per xvi. milias, quæ valent v. leucas & tertiam partem vnius leucæ.

Item die Iouis sequenti 12. die dicti mensis Martij, fuit in prandio in Ciuitate Pisarcæ & ibi inatenit præfatum Dominum Imperatorem tunc Romanum Regem, qui dicto Domino Cardinali obuiam venit, & eum multum honorauit, vt inferius patebit, & ibi fuit Iouis prædicta, diebus Veneris, Sabbathi, Dominica, Lunæ, Martis, Mercurij, Veneris & Sabbathi sequentibus per totam diem, & distat à dicto loco de Petra sancta xx. miliaria, quæ valent vi. leucas, & duas partes vnius leucæ.

Item die Dominico sequenti xxii. die Martij, fuit in prandio in loco seu Burgo Sancti Miniati Luquensis Diœcesis, & ibi iacuit, & distat à dicta Ciuitate Pisarū per xx. miliaria quæ valent vi leucas & duas partes vnius leucæ magnas; est bonum iter.

Item die Lunæ sequenti xxiii. Martij fuit in prandio in Burgo Podij Bonizij, seu de Pegiboniștoris Diœcesis, & est de Dominio Florentinorum, & ibidem iacuit, & distat à dicto loco Sancti Miniati per xx. miliaria quæ valent sex leucas, & duas partes vnius leucæ.

Item die Martis sequenti 24. Martij fuit in prandio in Ciuitate Senarum, & ibidem fuit dicta die Martis, diebus Mercurij, Iouis, & Veneris sequentibus, & distat à dicto Burgo Podij Bonizij per xx. miliaria, quæ valent vi. leucas, & duas partes vnius leucæ, & etiam ibidem inuenit Dominum præfatum Imperatorem.

Item die Sabbathi sequenti xxviii. Martij fuit in prandio in Burgo de bono Conuentu, seu de Boncouuent, & distat à dicta Ciuitate de Senis per xii. miliaria quæ valent iv. leucas, & dicta die iacuit in Burgo S. Quironis seu Sanquirico, & distat à dicto loco, de bono Conuentu per viii. miliaria, quæ valent ii. leucas, & duas partes vnius leucæ.

Item die Dominico sequenti xxix. dicti mensis fuit in prandio in Castro de Raticofano, seu de Radicoufeno, quod est de Patrimonio Ecclesiæ, & distat à dicto loco de Sancto Quirico per xxii. miliaria, quæ valent iv. leucas, & dicta die iacuit in Burgo vocato Aquæ pendens seu d'Aygapendent, qui est de Patrimonio Ecclesiæ, & distat à dicto loco de Radicofano per xii. miliaria, quæ valent 4. leucas, malum iter, & longum.

Item die Lunæ sequenti xxx. die dicti mensis Martij fuit in prandio in Castro de Montisflasconæ quod est de Patrimonio Ecclesiæ, & distat à dicto loco Aquependenti per . . . . & ipsa die Lunæ iacuit in Ciuitate Viterbiensi, quæ est de Patrimonio Ecclesiæ, distat à dicto loco de Montisflasconæ per viii. miliaria quæ valent duas leucas, & duas partes vnius leucæ, & ibidem fuit die Martis tota die.

Item die Mercurij sequenti, prima die Aprilis fuit in prandio in Ciuitate de Sutæ, quæ est de Patrimonio Ecclesiæ, & ibidem iacuit, & distat à dicta Ciuitate Viterbiensi per xii. miliaria valentia iv leucas, iacuit etiam ibidem Dominus Rex Romanorum.

Item die Iouis sequenti secundo Aprilis fuit in prandio in loco, seu Castro de Sezano, & distat à dicto loco de Sutæ per xii. miliaria valentia iv. leucas, & ibi fuit pransus dictus Dominus Imperator cum dicto Domino Cardinali.

Item die Iouis prædicta intrauit Vrbem quæ distat à dicto Castro per duo miliaria, & in dicta Vrbe fuit diebus Veneris, Sabbathi Sancti, & Dominico Paschæ, quo fuit facta coronatio & inunctio præfati Imperatoris: & die Lunæ sequenti de mane fuit ad dictum Dominum Imperatorem in Sancto Laurentio extra muros Vrbis, posteà reuenit in prandio in Vrbe, vbi fuit die illa, & die Martis sequenti.

Item die Mercurij octaua die Aprilis prædictus Dominus Cardinalis fuit in Ostia in prandio, & ibi iacuit, & fuit ibidem die Iouis sequenti in prandio.

Item dicta die Iouis ix. Aprilis, fuit in vespere in Vrbe: & ibidem, fuit die Veneris sequenti tota die.

Item die Sabbathi sequenti vndecima die Aprilis fuit in prandio in Monasterio Beatæ Mariæ de Crota ferrata, & sunt Monachi Græci, & distat ab Vrbe per x. miliaria valentia iii. leucas, & tertiam partem vnius leucæ.

Item dicta die Sabbathi fuit in sero in Ciuitate Velletrensi, & ibi fuit diebus Dominico, & Lunæ sequentibus, & distat à dicto Monasterio de Crota Ferrata per octo miliaria Valentia duas leucas, & duas partes vnius leucæ.

Item die Martis sequenti xiv. Aprilis fuit in prandio in Castro de Zagarolo, quod est Domini Agapichi de Columna, & distat à dicta Ciuitate Velletrensi per viii. miliaria valentia ii. leucas, & ii. partes vnius leucæ.

Item dicta die Martis in sero fuit in Ciuitate Tiburtina, seu de Tyuoli, & distat à dicto loco de Zagarolo per viii. miliaria valentia duas leucas, & duas partes vnius leucæ.

Item die Mercurij sequenti 15. Apr. fuit in prandio in Castro de Fara, quod est Abbatis Beatæ Mariæ de Farfa, & distat à dicta Ciuitate Tiburtina per xvi. miliaria valentia v. leucas & tertiam partem vnius leucæ.

Item ipsa die Mercurij fuit in sero in Castro de Montepolino, quod est dicti Abbatis, & distat à dicto loco de Fara, per iv. miliaria valentia vnam leucam, & tertiam partem vnius leucæ.

Item die Iouis sequenti xvi. Aprilis, fuit in prandio in Castro Turrij, quod est Ecclesiæ infrà Comitatum Sabinæ, & distat à dicto loco de Montepolino per viii. miliaria valentia ii. leucas & duas partes vnius leucæ.

Item dicta die Iouis fuit in sero in Ciuitate Neruiæ, seu Nerui, quæ est Ecclesiæ infrà dictum Comunitatum, & ibidem fuit die Veneris sequenti tota die xvii. Aprilis, & distat à dicto loco Turfij, per xiv. miliaria valentia iv. leucas & duas partes vnius leucæ.

Item die Sabbathi sequenti xviii. Aprilis fuit in prandio in Castro Aquesparte, quod est communitatis Tudertuie, seu de Todi, & Dioecesis dictæ Ciuitatis de Todi, & in sua Comitatum de Todi, & ibidem iacuit, & distat à dicta Ciuitate Neruie per x. miliaria valentia iii. leucas & tertiam partem vnius leucæ.

Item die Dominico sequenti xix. Aprilis fuit in prandio in loco de Montisfalcone, quod est Dioecesis & Comitatus prædictorum, & distat à dicto loco Aquesparte per xv. miliaria valentia v. leucas, & ibidem fuit Dominus Legatus.

Item dicta die Dominica fuit in sero in Ciuitate de Fullino, quæ est communis dictæ Ciuitatis & distat à loco de Montisfalcone per v miliaria, & ibidem inuenit Dominum Legatum vbi pransus fuit die Lunæ sequenti, & ipsa die Lunæ fuit in sero in Ciuitate Assisij, vbi est corpus Beati Francisci, & distat à dicto loco de Fullino per quinque miliaria valentia vnam leucam, & duas partes alterius leucæ.

Item die Martis sequenti xxi Aprilis fuit in prandio in Ciuitate Perusij, & ibidem iacuit, & stetit die Mercurij sequenti tota die, & distat à dicta Ciuitate Assisij per x. miliaria magna.

Item die Iouis sequenti xxiii. Aprilis fuit in prandio in Monasterio S. Archangeli, & distat à dicta Ciuitate Perusij per viii. miliaria valentia ii. leucas, & tertiam partem vnius leucæ.

Item dicta die Iouis fuit in sero in Ciuitate Clusij seu de Clusa quæ est communis Perusij, & distat à dicto loco per x. miliaria valentia tres leucas, & tertiam partem vnius leucæ, & in dicto loco de Clusa est annulus Beatæ Mariæ Virginis in Monasterio Beatæ Mustiolæ.

Item die Veneris sequenti xxiv. Aprilis fuit in prandio in Monte Policiano, qui est communis Senatum, & distat à dicto loco Clusij per octo miliaria valentia duas leucas, & duas partes vnius leucæ; & ipsa die Veneris fuit in sero in loco S. Quiriaci, seu de S. Quirio, & distat ab ab illo loco Montispoliciani per x. miliaria valentia iii. leucas & tertiam partem vnius leucæ.

Item die Sabbathi sequenti in Festo Sancti Marci Euangelistæ xxv. dicti mensis, fuit in prandio in bono Conuentu, & distat à Sancto Quirico per vi. miliaria,

Item ipsa die Sabbathi fuit in sero in Ciuitate de Senis, & distat à Bono Conuentu per x miliaria & ibidem fuit diebus, Dominico, Lunæ, Martis, Mercurij, Iouis, Veneris, Sabbathi & Dominico sequentibus.

Item die Lunæ sequenti iv. Maij fuit in prandio in Burgo Podij Bonisij, & ibidem iacuit, & distat à dicta Ciuitate Senarum per xii. miliaria.

Item die Martis sequenti v. Maij fuit in prandio in Burgo Sancti Cassiani, quod est communis Florentiæ, & ibidem iacuit, & distat à dicto Burgo Podij Bonisij per xii. miliaria.

Item die Mercurij sequenti vi. Maij fuit in prandio in Ciuitate Florentiæ, & ibidem fuit diebus Iouis, & Veneris sequentibus, & distat à dicto Burgo Sancti Cassiani per viii. miliaria.

Item die Sabbathi sequenti nona die Maij fuit in prandio in Castro de prato Dioecesis Pistoriæ, quod est communis Florentiæ, & distat à dicta Ciuitate per x. miliaria.

Item dicta die Sabbathi fuit in coena in Ciuitate Pistoriæ, & distat à dicto Castro de prato per x. miliaria, & ibidem fuit die Dominico tota die.

Item die Lunæ sequenti xi Maij fuit in prandio in Burgo vocato de Paissa, quod est communis Florentiæ, & Dioecesis Lucanæ, & distat à dicta Ciuitate Pistoriæ, per x. miliaria, & ipsa die fuit in Coena in Ciuitate Lucana quæ est communis Pisaræ & distat à dicto Burgo per x. miliaria.

Item die Martis sequenti xii. Maij fuit in prandio in eadem Ciuitate Leucana.

Item dicta die Martis fuit in coena in Ciuitate Pisarum, & distat à Ciuitate Lucana per x. miliaria, & ibidem fuit vsque in diem Mercurij, post Pentecostem xxvii. Maij, ita quod stetit ibidem xv. diebus.

Item die Mercurij, post Pentecostem 27. Maij fuit in Coena in Petra sancta, & distat à dicta Ciuitate Pisana per xx. miliaria.

Item die Iouis sequenti 28. Maij fuit in prandio in dicto loco de Petra sancta, vbi erat Dominus Imperat.

Item ipsa die Iouis fuit in coena in Burgo de Scizana, & distat à Petra sancta per xvi. miliaria.

Item die Veneris sequenti xxix. Maij fuit in prandio in Burgo de Villa franca, quod est Marchionis de Malaspina, & distat à dicto Burgo de Scizana per xiv miliaria.

Item dicta die Veneris in sero fuit in Burgo Pontermuli, seu Pontremel, quæ est Domini Mediolanensis, & distat à dicto Burgo de Villa-franca per viii. miliaria.

Item die Sabbathi sequenti xxx. dicti mensis Maij fuit in prandio in Burgo de Verreto, seu de Verse, & ibidem fuit tota die ipsa, & die Dominico sequenti, etiam fuit ibidem in Festo sanctæ Trinitatis, & distat à dicto loco Pontremuli per xii. miliaria.

Item die Lunæ sequenti prima die Iunij fuit in prandio in Burgo vocato Trenchin, seu Trencha, & ibidem incipit Lombardia, & distat à dicto Burgo de Verreto per xii. miliaria.

Item dicta die Lunæ fuit in sero in Burgo de Fornouo Parmensis Dioecesis, & distat à dicto loco de Terrenchio per viii. miliaria.

Item die Martis sequenti 2. Iunij fuit in prandio in Burgo seu loco Burgi Sancti Domini, & ibidem iacuit, & distat à dicto loco de Fornouo per xii. miliaria, & ibidem incoepit facere expensas Dominus Mediolanensis.

des Cardinaux François.

Item die Mercurij sequenti, tertia die Iunij, fuit in prandio & in cœna in Ciuitate Placentiæ seu de Plecyenza, & ibidem fuit die Iouis sequenti in Festo Corporis Christi tota die, & distat à dicto loco, Burgi Sancti Domini per xx. miliaria valentia sex leucas, & duas partes vnius leucæ.

Item die Veneris sequenti, v. die Iunij fuit in prandio, & in cœna in Ciuitate Laude, seu de Laude Gallicè, & distat à dicta Ciuitate Placentina per xx. miliaria.

Item die Sabbathi sequenti, 6. die Iunij fuit in Ciuitate Mediolanensi, & ibidem fuit die Dominico sequenti tota die, & distat à dicta Ciuitate Laudenensi per xx. miliaria.

Item die Lunæ sequenti, 8. die Iunij fuit in prandio in loco vocato Mezero, & distat à dicta Ciuitate Mediolanensi per xv. miliaria, & dicta die Lunæ fuit in cœna in Ciuitate Nouariæ seu Nouayra, & distat à dicto loco Mezerone per decem miliaria.

Item die Martis sequenti 9. Iunij fuit in Ciuitate Vercellensi, seu de Vercene tota die, & distat à dicta Ciuitate Nouariensi per xii. miliaria, & est in Pedimonte.

Item die Mercurij sequenti 10. die Iunij fuit in Burgo de Montecaluo, qui est Marchionis Montisferrati, & fuit ibi tota die, & distat à dicta Ciuitate Vercellensi per xx. miliaria.

Item die Iouis sequenti 11. die Iunij fuit in Ciuitate Astenensi quæ est Dominorum Mediolanensium, & ibidem fuit tota die, & distat à dicto loco Montiscalui per viii. miliaria.

Item die Veneris sequenti 12. Iunij fuit in prandio in Castro de Querio, seu de Quier, Taurinensis Diœcesis, quod est Comunnitatis Sabaudiæ, & Principis Morauiæ, & ibi fuit in sero, & distat ab Astenensi per xvi. miliaria.

Item die Sabbathi sequenti 13. Iunij fuit in prandio in Burgo Sancti Ambrosij Taurinensis Diœcesis, quod est Abbatis Sancti Michaëlis dicti loci, & ibidem iacuit, & distat à dicto loco de Querio per xvi. miliaria.

Item die Dominico sequenti 14. Iunij fuit in prandio in loco de Segusia, seu de Suza dictæ Taurinensis Diœcesis, quæ est Comitis Sabaudiæ, & ibidem iacuit, & distat à dicto Burgo Sancti Ambrosij per x. miliaria valentia v. leucas.

Item die Lunæ sequenti 15. Iunij fuit in prandio in loco Vltienensi, videlicet in Monasterio qui locus est præfati Comitis, & ibidem iacuit, & distat à dicto loco de Segusia per iv. leucas.

Item die Martis sequenti 16. Iunij fuit in prandio in Burgo de Briansonio, qui est Dalphini & ibi iacuit, & distat à dicto loco Vltienensi per v. leucas.

Item die Mercurij sequenti 17. Iunij fuit in prandio in Castro Sancti Crispini, quod est Archiepiscopi Ebredunensis, & distat à Briansonio per v. leucas.

Item ipsa die Mercurij fuit in sero in Ciuitate Ebredunensi, quæ est Communis Dalphini & Archiepiscopi, & distat à Sancto Crispino per tres grossas leucas, & ibidem fuit die Iouis sequenti tota die.

Item die Veneris sequenti 19. Iunij fuit in prandio in Burgo Caturicarcensi seu de Chaorge, quæ est Dalphini & Archiepiscopi Ebredunensis, & distat à dicta Ciuitate Ebredunensi per iv. leucas.

Item die Sabbathi 20. Iunij fuit in prandio & in cœna in Ciuitate Vapincensi, & distat à dicto loco Caturicarcensi per tres leucas, & ibidem fuit die Dominico sequenti tota die.

Item die Lunæ sequenti 22. Iunij fuit in prandio in Monasterio Alamoni, & distat à dicta Ciuitate Vapincensi per iv. leucas.

Item dicta die Lunæ fuit in sero in Ciuitate Cisterciensi, seu de Cistero, quæ est Domini Ludouici Regis Siciliæ, & distat à dicto loco Alamoni per quatuor leucas.

Item die Martis sequenti 23. quæ fuit vigilia Natiuitatis Sancti Ioannis Baptistæ, fuit in prandio in Castro, seu loco de Forcalquyco, seu de Forcalquier Cisterciensis Diœcesis, qui locus est dicti Domini Regis, & ibidem iacuit, & distat à dicta Ciuitate Cisterciensi per sex leucas magnas.

Item die Mercurij sequenti in Festo Natiuitatis Sancti Ioannis Baptistæ 14. Iunij fuit in prandio in Castro seu loco vocato Seyresta, & distat à dicto loco Forcalqueyo, per tres leucas.

Item die Iouis sequenti 25. Iunij fuit in prandio in loco, seu Burgo Insulæ, Cauallicensis Diœcesis, qui est Domini Papæ, & ibidem iacuit, & distat à dicta Ciuitate Aptensi per quinque leucas grossas, & ibidem fuit die Veneris tota die.

Item die Sabbathi sequenti 27. Iunij intrauit Auenionem quæ distat ab Insula Cauallicensi per iv. leucas. *Finis.*

Quædam obseruata per Reuerendissimum Dominum Patrem, Petrum de Colombario, Cardinalem Ostiensem, in Coronatione Serenissimi Dom. Domini Caroli IV. in Regem Romanorum, & Summum Imperatorem semper Augustum.

In nomine Domini, Amen. Anno à Natiuitate, eiusdem 1355. Inditione 7. mensis Nouembris die 13. Pontificatus vero Sanctissimi in Christo Patris & Domini nostri Domini Innocenty VI. diuina prouidentia Sacrosanctæ Romanæ ac vniuersalis Ecclesiæ Summi Pontificis anno secundo, ordinatus est liber iste per Reuerendum in Christo Patrem & Dominum, Dominum PETRUM de Colombario Viennensis Diœcesis, Ostiensem & Velletrensem Episcopum Cardinalem, & scriptus per me Ioannem Porta de Annoniaco, Viennensis Diœcesis Cappellanum & Familiarem Domesticum Commensalem Reuerendissimi in Christo Patris & Domini nostri Petri miseratione diuina Ostiensis & Velletrensis Episcopi eiusdem Sacrosanctæ Romanæ ac vniuersalis Ecclesiæ Cardinalis, quem quidem Dominum Cardinalem, Sanctissimus Dominus noster Papa prædictus, cum tam in Consistorio quam extra propter nonnullorum auctoritatis quidem non modica Dominorum hæsitationes & dubia de complendis exercendis & ministrandis, illustrissimo Principi Domino Carolo Dei gratia Romanorum Regi semper Augusto debitis Benedictionis, Inunctionis & Coronationis honoribus solitâ maturitate tractasset, ac post multa tandem diuersis temporibus & diebus, audita colloquia Reuerendorum Patrum Dominorum Cardinalium vota siue auricularia consilia, iuxta morem Sanctæ Matris Ecclesiæ singulariter explorasset, pridie videlicet die Lunæ decima die mensis Nouembris in consueto Consistorij loco, videlicet Auignon, de dictorum Dominorum Cardinalium communi consilio & assensu pronunciauit atque decreuit. Quinimo verius Ostiensis & Albanensis ac Portuensis Ecclesiarum longæ diuturnitatis antiqua priuilegia in omnium Romanorum Imperatorum Coronationibus obseruata recensens vna cum Reuerendis Patribus Dominis Albanensi & Portuensi Episcopis Cardinalibus futuris, ac eos vna cum dicto Ostiensi Episcopo Cardinali futuros esse debere de iure ac consuetudine longeua Legatum & Legatos ad complenda seu celebranda, exercenda seu ministranda dictarum Imperialium, Benedictionis, Inunctionis & Coronationis consueta consimilia solemnia, declarauit ad registrandum omnes & singulas litteras, quas eidem Domino Romano Regi vel quibuscunque Prælatis, vel Principibus, aut aliis personis, ratione suæ dictæ Legationis destinatæ vel scribere, seu ab illis & eorum singulis recipere eum continget, necnon & omnes & singulos actus quos per eum vel circa eum contigerit exerceri, ac omnes & singulas nouitates, quæ per Italiam & maximè in terris per quas ipse transferet tempore dictæ suæ Commissionis emergent.

Epistola Domini Petri de Colombario, Diœcesis Viennensis, Ostiensis & Velletrensis Episcopi, ad Imperatorem super declaratione factâ per Papam, qui Cardinales Episcopi debent esse in Coronatione Domini Imperatoris.

SERENISSIME Princeps, inclitissime Domine, licet de Regiæ Maiestatis vestræ fœlicibus, lætisque successibus, ex innatô nobis ad eam intimæ deuotionis instinctu, necnon & ex eo quod sui gratia mansuetudinem Regiam videmus ad vos gerere benignitatis affectu summa respersis charitate præcordiis gaudeamus ardenter, eo tamen ardentius iubilum exultationis erumpimus, quo gaudium nostrum cum vestro pariter compleri conspicimus, & fœlicitatis vestræ participes nos effectos non minus ex desiderij feruore quam debito cum maxima cordis congratulatione sentimus. Nuper siquidem (*Illustrissime Princeps*) decimo videlicet die Nouembris, cum Sanctissimus Dominus noster Papa, tam in Consistorio quam extra de complendis vestræ Coronationis honoribus solitâ & debitâ maturitate tentaret, ac post multa tandem diuersis temporibus audita colloquia, Dominorum meorum Cardinalium vota salubria, seu sana consilia, iuxta morem Sanctæ Matris Ecclesiæ singulariter exploraret, de dictorum communi consilio & assensu decreuit, quin imo Ostiensis, cui quamuis immeriti præsidemus, & Albanensis & Portuensis Ecclesiarum longæ diuturnitatis antiqua priuilegia in omnium Romanorum Imperatorum Coronationibus obseruata reseruata recensens, Reuerendos Patres & Dominos meos Dominos Albanensem & Portuensem, ac nos insuper Ostiensem Episcopum, Sacrosanctæ Romanæ ac vniuersalis Ecclesiæ Cardinales futuros esse debere, non minus esse beatitudinis eius gratia quam de iure Legatos, ad complenda seu celebranda vestrarum Benedictionis, Inunctionis, & Coronationis consueta solemnia, vt ita dixerimus, declarauit, de quo tanto feruentiori gaudio abundamus, tantaque vberiori consolatione replemur ac intus & extra iucunda nimium alacritate conspergimur, quanto semper & diuina vestra Regiæ Celsitudinis ac Serenitatis Imperialis auspicia vos inconserta deuotionis charitate dileximus, & velut vestri proprij non fortunæ deuoti vestros feruidè zelamus honores. Hæc ergo (*Rex Inuictissime*) vobis non solum ad gaudium quod nullus à vobis auferet duce Deo, gaudio repleti nunc scribimus, Sed vt diem expectationis nostræ diutinæ ac modum insuper siue formam quibus iter nobis tam gaudiosum arripere in Christi nomine debeamus, tanquam vobis in omnibus complacere dispositis, quando vestræ Regiæ Maiestati placuerit rescribatis, reputantes nos iam esse paratos ad vestra Regia mandata quæcunque ac ea quæ vt Ostiensi Episcopo circa Coronationem vestram vobis incumbit, coadiuuante Domino fœliciter exequenda. Celsitudinem vestram Dominus conseruet ad votum, sempérque fœliciter actus eius. Datum Auenioni die decimo tertio mensis Nouembris, septima Indictionis.

Epistola Imperatoris ad Dominum Cardinalem prædictum super insinuatione accessus ipsius Cardinalis ad eundem faciendi.

REVERENDISSIME Pater & Amice Charissime, Cum nobiles Matheus Barnabas & Galeaceus Fratres, Comites de Mediolano nostri & Imperij Sacri fideles per solemnes Ambasiatores suos cum Maiestate vestra tractatus inierint, ac in eiusdem tractatibus & eorum imitationi adeo processum fuerit, quod non dubitamus, imo scimus firmiter tractatus eosdem ad honorem Imperij breuiter consummandos; nos circa destructionem grauissimam Christiani Populi & multa tædia quibus vniuersitas Plebis opprimitur Regiæ Benignitatis imo ius piæ compassionis oculos obtinentes, præsertim cum Pauperum ipsorum, facturis in tanta gentium multitudine quam non solum de compagij in forma stipendij: verum ex multis aliis nunc habemus & habituri sumus quotidie difficultates, remedia

dia valerent apponi. Scribimus igitur Domino nostro Summo Pontifici, & Sanctitatem ipsius attentâ supplicatione precamur, quod Dominos Cardinales pro solemnitate nostræ Coronationis decretos in Curia expediat & gressus eorum constituat maturari, vt omni dilatione semotâ ad nos versus Pisas per viam Ciuitatis Genuæ, vel aliam quamcunque procedant quam cognouerint vberiorem, & intellecto quod ad persecutionem tam singularis honoris nostri vos tanquam specialem Amicum nostrum Sedis Apostolicæ benignitas duxerit eligendum, dilectionem vestram affectuosè petimus & rogamus, quatenus contemplatione nostri qui de Paternitate vestra indubia præsumptione confidimus ad hoc quod huiusmodi Sedis Apostolicæ Decretum ad nostræ promotionis honorem moræ cuiuslibet sublato dispendio desiderato fine claudatur, velitis tam in assumptione quam in acceleratione præsentis itineris ea laborare solertia, qua pridem nostris promouendis honoribus diligentis amicitiæ studio frequentius intendistis, dispositui taliter, quod dies gressus vestri nobis insinuetur celerius cum præsentium ostensore. Tanto vtique vobis maioris dilectionis ostendentes insignia, quanto ad assecutionem honoris prædicti pro Republica quæsitis compendiis & subita vobis Populi vniuersali salute amplioribus desideriis anhelamus. Datum Mantuæ die duodecima mensis Decembris, Regnorum nostrorum anno nono.

Carolus Dei gratia Romanorum Rex semper Augustus, & Boëmiæ Rex, Domino & Amico suo, Domino Ostiensi Episcopo.

REVERENDISSIME Pater & Domine, de speciali confidentia quam ad Paternitatem vestram habeo, rogo vos vt acceleretis aduentum vestrum quia periculum est in mora, & super hoc credere velitis Venerabili Episcopo Mindensi.

Reuerendo Patri ac Domino Domino Cardinali Episcopo Ostiensi, &c.

REVERENDISSIME Pater & Amice Charissime, licet aliàs per venerabilem Theodoricum Mindensem Episcopum Principem & Consiliarium nostrum dilectum, Paternitati vestræ intimandum duxerimus qualiter intenderemus die Circuncisionis Dominicæ in Ecclesia Sancti Ambrosij Mediolani Corona ferrea insigniri, qua inter triphasias Imperij Sacri Romani Reges Prædecessores nostri in secunda sui Coronatione sunt soliti coronari, tamen de certis causis Coronatio huiusmodi fuit vsque in diem Epiphaniæ necessario prorogata, qua quidem die in prædicta Ecclesia à Venerabili Roberto Mediolano, assistentibus nobis Venerabilibus Nicolao Patriarcha Aquilensi, Fratre nostro, necnon Principibus, Episcopis, Proceribus ac Baronibus in multitudine innumerosa consecrati fuimus & inuncti, ac eadem Corona ferrea Deo auspice solemniter insigniti. Sanè accelerationem Coronationis nostræ in Vrbe Roma celebrandæ prospicientes, non solum ad honorem Sanctæ Romanæ Ecclesiæ ac Sacri Imperij, verumetiam totius Reipublicæ commodum eodem Deo propicio sicut per ipsum Episcopum Mindensem, nuper Domino nostro Papæ supplicauimus, ita denuo supplicamus, vt vos & alios Dominos Cardinales pro Coronatione nostra ad Vrbem Romam à se decretos, statuere dignetur iter accipere, & quanto breuiori spatio potuerint maturare, hinc est quod dictam Paternitatem vestram sub confidentia quam de vobis gerimus attentius deprecamur, quatenus Regiæ contemplationis intuitu ad hoc niti velitis cum effectu vt vestra in his desideria pro honore Sanctæ Matris Ecclesiæ necnon Sacri Imperij, & totius Reipublicæ commodo pariter & salute, cessante moræ dispendio compleantur, singulare vobis in eo sinceræ dilectionis iudicium ostensuri. Datum Mediolani die nona Ianuarij, Regnorum nostrorum anno nono.

Serenissimo Principi & inclitissimo Dom. Domino Carolo Dei gratia Regi Romanorum semper Augusto.

SERENISSIME Princeps, inclitissime Domine. De receptis nuper in Mediolano iuxta litterarum vestrarum seriem quam auidè nimium & lætanter aspexi, vestræ secundæ Coronationis honoribus gauisus sum gaudio magno valdè, rogans Altissimum summâ lætitiæ consolatione repletus, vt de bono in melius vestros amplificet cum votiua fœlicitate successus. Ad ea demum quæ Venerabilis Pater Dominus Guillelmus Mindensis Episcopus pro parte vestra mihi narrauit gratissimam mihi deferens credentiæ litteram, Regia vestra propria manu scriptam, licet pro variis qualitatibus temporum & pro non paruis & proprijs incumbentibus mihi negotiis varium potuissem dare prædicto Episcopo in persona vestra me requirenti responsum, sicut & Reuerendi Patres & Domini mei Albanensis & Portuensis Episcopi Cardinales eorum iustis respectibus tam Domino nostro Papæ quam eidem Episcopo reddiderunt circa eorum & meum de Curia Romana discessum, pro vestræ Coronationis in Vrbe solemni celebrandis. Tamen quia secundum mei nominis deriuationem insitam habens Petræ solidæ firmitatem, ac iuxta interpretationem ipsius agnoscens me vobis de præmissorum obseruantia placiturum, de me ipso velut erga vestræ Serenitatis deuotionem Saxo simillimo dulce mihi plusquam scribere valeam. Oleum humilitatis ebibi promissionem meam de veniendo Romam ad vestræ Madesideris honores tam mihi ex Domini mei mandato, quàm ex eius cui licet sinceritas præest, Officiis Ecclesiæ debitis. Sed nec minus ex meæ deuotionis ad Celsitudinem Regiam feruentissimo zelo non obstantibus nonnullorum obloquentium linguis, quam nunc auaritiæ, nunc timoris, nunc laboris, nunc de Regali munificentia desperationis aculeis stimulabar, firmiter obseruare decreui. Ecce igitur confidens in Domino qui super me suos in hac via qua graditur oculos confirmabit, ac in Regiæ grate Maiestatis instinctu, quæ sperantes in se non deserit; sed eam diligentibus remuneratrix existit, necnon habens in prædicti Mindensis Episcopi verbis me pro parte vestra in optima spe constituentis fiducia in vestrum obsequium venire disposui, & in crastinum Purificationis Dominæ nostræ proximè successurum, meus erga vos purissimus & firmissimus animus apparebit, quia tunc de Romana Curia iustis duntaxat impedimentis cessantibus Domino concedente discedam, & donec vos & me locus vnus habuerit per breuiorem & aptiorem quàm potero viam, meas incessanter duce Domino continuabo dietas, vt tunc & semper exerceat velut opto in beneplacitis Regiæ Maiestatis, quam Dominus conseruet ad votum & semper feliciter actus eius. Datum Auenione die vigesima secunda Ianuarij.

Petitio Domini Petri de Colombario in Consistorio facta Papæ, super Pallio sibi tradendo.

PETRVS miseratione diuina Ostiensis & Velletrensis Episcopus Cardinalis. Anno Natiuitatis Dominicæ 1355. Indictione octaua, die Mercurij quarta mensis Februarij, Pontificatus vero dicti Sanctissimi Patris & Domini nostri Domini Innocentij VI. diuina prouidentia Papæ anno tertio, idem Sanctissimus Pater Auenione tunc residens in consueto loco Palatiorum suorum tenuit Consistorium in quo fuerunt infrascripti Cardinales, videlicet miseratione diuina Dominus Petrus Prænestinus, Dominus Talayrandus Albanensis, Dominus Bertrandus Sabinensis, Dominus Guillelmus Tusculanus, Dominus Guido Portuensis, &c. Dominus Petrus Ostiensis & Velletrensis, Dominus Hugo Tituli Sancti Laurentij in Damaso, Dominus Pastor Tituli Sanctorum Marcellini & Petri, Dominus Raymundus Tituli Sanctæ Crucis in Hierusalem, Dominus Petrus Tituli Sancti Martini in Montibus, Dominus Arnaldus Tituli Sancti Xisti, Dominus Nicolaus Tituli Sancti Vitalis, Dominus Guillelmus Tituli Sanctæ Mariæ trans Tyberim, Dominus Adrianus Tituli Sanctorum Ioannis & Pauli, Dominus Gaillardus Sanctæ Luciæ in Silice, Dominus Bernardus Sancti Eustachij, Dominus Guillelmus Sanctæ Mariæ in Cosmedin, Dominus Nicolaus Sanctæ Mariæ in Via lata, Dominus Petrus Sanctæ Mariæ nouæ, Dominus Ioannes Sancti Georgij ad Velum aureum, &c. Dominus Raynaldus Sancti Adriani.

In quo quidem Consistorio dictus Reuerendissimus Pater Dominus Petrus Bertrandi Dominus de Colombario, Viennensis Diœcesis, Ostiensis & Velletrensis Episcopus, Sacrosanctæ Romanæ Ecclesiæ Cardinalis, qui propter longæ diuturnitatis antiqua priuilegia suæ Ostiensis Ecclesiæ supradictæ & consuetudinem hactenus in omnibus Romanorum Imperatorum Coronationibus inuiolabiliter obseruatam, necnon & propter suæ multiplicis virtutis industria, ad Benedictionis, Inunctionis & Coronationis prædictarum solemnia celebranda per dictum Dominum Innocentium VI. Papam de consensu Dominorum Cardinalium prædictorum declaratus extiterat, & deputatus pariter & assumptus, eadem die Mercurij quarta videlicet mensis Februarij supradicti coram Dominis Papa & Cardinalibus supradictis, dixit qua ratione præfatæ suæ Ecclesiæ Ostiensi etiam si nunquam esset ad celebranda solemnia Coronationis huiusmodi accessurus, Pallium de corpore Beati Petri sumptum in quo plenitudo Pontificalis Officij designatur habere debebat, propter quod ipsum Pallium petiit & supplicauit instanter, instantius & instantissimè sibi tradi, qui Dominus Papa velle super hoc deliberare cum Fratribus tunc respondit.

Decretum Papæ qualiter Ostiensis est Pallio decorandus.

SEQVENTI vero die Veneris, sexta die videlicet mensis Februarij supradicti, anno, Indictione ac Pontificatu supradictis, præfatus Dominus noster Papa prius habita cum omnibus & singulis Cardinalibus supradictis super petitione ac supplicatione facta per dictum Reuerendissimum Patrem Dominum Bertrandi Ostiensem Episcopum de Pallio supradicto, discussione ac deliberatione matura etiam vt est moris absente dicto Domino Ostiense, de dictorum Dominorum Cardinalium consilio & assensu (licet aliqui pauci oppositum dicerent,) deliberauit, decreuit & declarauit ipsum Dominum Ostiensem Episcopum & Successores eius in Episcopatu prædicto ratione duntaxat iurisdictionis & prærogatiuæ quibus ipsa Ostiensis Ecclesia gaudere dignoscitur Pallium habere debere ac esse honore Pallij decorandos & illud sibi nunc & suis imposterum Successoribus rationabiliter esse tradendum, & mandauit (vt moris est) Reuerendis in Christo Patribus Dominis Gaillardo de Mota Sanctæ Luciæ in Silice ac Bernardo de Turre Sancti Eustachij primis tunc Diaconibus Cardinalibus antedictis vt eidem Domino Episcopo Ostiensi Pallium iuxta ritum Ecclesiæ traderent, & superabundanter declarauit omnibus Prædecessoribus suis in Episcopatu prædicto Pallium prædictum debitum extitisse, ac illud competisse portare ratione duntaxat Ostiensis Ecclesiæ supradictæ.

des Cardinaux François.

Traditio Pallij de mandato Papæ, per Cardinales Domino Petro de Colombario Ostiensi Episcopo.

SEQVENTI vero die Sabbathi, septima videlicet die Februarij, anno, Indictione ac Pontificatu prædictis, fuit ipsi Domino Ostiensi Episcopo de mandato Domini Papæ viuæ vocis oraculo illis facto ipsum Pallium iuxta ritum Ecclesiæ Romanæ in Capella Consistorij traditum per Reuerendos Patres de Mota & de Turre Cardinales, de cuius quidem Pallij Traditione, dicti Domini de Mota & de Turre eidem Domino Ostiensi ad æternam rei memoriam suas patentes Litteras eorum Sigillis sigillatas concesserunt, quarum tenor sequitur in hæc verba.

Copia Litteræ Apostolicæ de traditione Pallei supradicti.

VNIVERSIS præsentes Litteras inspecturis, miseratione diuina Gaillardus Sanctæ Luciæ in Silice, & Bernardus Sancti Eustachij Diaconi Cardinales Commissarij à Domino nostro Papa Innocentio VI. specialiter deputati, salutem in Domino sempiternam. Ad Vniuersitatis vestræ notitiam præsentium tenore deducimus quod nos de mandato speciali eiusdem Domini nostri Papæ, per eum viuæ vocis oraculo super hoc nobis facto Pallium de corpore Beati Petri sumptum plenitudinem videlicet Pontificalis Officij Reuerendo in Christo Patri Domino Ostiensi & Velletrensi Episcopo, Sanctæ Romanæ Ecclesiæ Cardinali ratione Ecclesiæ suæ Ostiensis in hoc ab antiquo priuilegiatæ debitum & per ipsum Dominum Petrum vt Ostiensem Episcopum Cardinalem ab eodem Domino nostro Papa cum debita instantia postulatum, præfato Domino Petro vt Ostiensi Episcopo Cardinali, die datæ præsentium Auenione in Pallatio iuxta ritum Romanæ Ecclesiæ assignauimus & tradidimus in hæc verba.

Ad honorem Dei Omnipotentis & Beatæ Mariæ & Beatorum Apostolorum Petri & Pauli & Domini Innocentij Papæ VI. & Sanctæ Romanæ Ecclesiæ, necnon Ostiensis Ecclesiæ vobis commissæ, tradimus vobis Pallium de corpore Beati Petri sumptum, plenitudinem videlicet Pontificalis Officij vt eo certis diebus vtamini qui & prout exprimitur in priuilegiis eidem vestræ Ostiensi Ecclesiæ super hoc ab Apostolica Sede concessis, recepto primitus à vobis dicti Domini Papæ & ipsius Sanctæ Romanæ Ecclesiæ nomine fidelitatis debitæ solito iuramento. In cuius rei testimonium præsentes Litteras Sigillorum nostrorum fecimus appensionibus roborari. Datum in loco prædicto, anno 1355. die septima mensis Februarij, Pontificatus Domini nostri Papæ anno tertio.

Visitatio Cardinalium qualiter fuerit facta per prædictum Cardinalem in recessu suo.

INTEREA & ante & post quod hæc acta sunt, dictus Dominus Ostiensis, tam per Litteras & Nuncios prædicti Domini Regis Romanorum frequenter cum incitantes de accessu promissionis emissi verbi memoriam in seipso continuè stimulatus, magis ac magis satagens vt verbo simul verax inueniatur & opere, diebus continuis visitat omnes Fratres eius & Patres Dominos Cardinales cum multis ex eis recreationem specierum, seu confectionum & potus vero propter consuetudinem Romanæ Militantis Ecclesiæ pro sinceræ charitatis indicio fraternè recipiens & ab illis exceptus in gaudio gaudiosè recedit.

Qualiter Domini Cardinales visitant Dominum Ostiensem.

SIMILI modo cæteri Domini Cardinales omnes & singuli singulariter visitant eundem Dominum Ostiensem, qui recreationem similem omnibus honorificè nimium & charitatiuè præ more suo latissimo corde mandat.

Copia Commissionis Papæ super Coronatione Imperatoris, formam ipsius Coronationis continens.

INNOCENTIVS Episcopus seruus seruorum Dei, Venerabili Fratri Petro Episcopo Ostiensi Apostolicæ sedis nuntio, salutem & Apostolicam benedictionem. Speciosus forma præ filiis hominum IESVS CHRISTVS militantem Ecclesiam sponsam suam sicut potestatis plenitudine ad salutare orbis regimen communiuit &c. Dudum siquidem post electionem de carissimo in Christo filio nostro Carolo Rege Romanorum illustre celebrata misericorditer per Principes Regni Alamaniæ in electionem Regis Romani vocem habentes cum imminet pro tempore facienda fœlicis recordationis Clementis Papæ VI. prædecessori nostro per solemnes dicti Regis Ambassatores & Nuncios ad ipsius prædecessoris præsentiam destinatos electionis eiusdem præsentatio Decreto. Ac tam super ipsius electionis forma, quam super idoneitate ac sufficientia & habilitate personæ dicti Regis informatione habita diligenti, per quosdam ex Fratribus prædecessoris de quorum numero tunc eramus, quibus idem prædecessor informationi huiusmodi duxerat committendam, ac per Commissarios huiusmodi facta prædecessori memorato in præsentia dictorum Fratrum de informatione habita super his relatione fideli. Dictus prædecessor de Fratrum consilio prædictorum ac deuotæ & humilis supplicationis instantiam per dictos Ambassiatores & Nuncios, eidem prædecessori frequenter effusam, præfatum Regem in specialem filium suum & Ecclesiæ memoratæ suscepit, sibi suos fauorem & gratiam benignè concedens, ac Ipsius Regis personam idoneam reputatam cognominauit, denunciauit, assumpsit & declarauit Regem Romanorum & approbans personam ipsius sufficientem declarauit ad suscipiendam Imperialis celsitudinis dignitatem. Decernens vnctionem, consecrationem & coronationem Imperiales per manus suas, eidem Regi opportunis loco & tempore impendendas ac supplens ex certa scientia, & de plenitudine Apostolicæ potestatis omnem defectum, si quis aut ratione formæ, aut ratione Regis prædicti, aut Electorum suorum personarum, seu ex quauis alia ratione, vel causa in huiusmodi electione interuenerat quouismodo, ac præcipiens omnibus fidelibus & vassalibus Imperij, vt præfato Regi sicut Regi Romanorum in Imperatorem promouendo intenderent efficaciter, ac parerent. Postmodum verò prædecessore ipso, prout Domino placuit, naturæ debitum exsoluente, nobisque licet immeritis ad fastigium Apostolicæ dignitatis assumptis, præfatus Rex, per Venerabilem Fratrem nostrum Theodoricum Episcopum Mindensem Nuncium & Ambassiatorem, ac Litteras eius nobis intimare curauit, quòd ipse partes eidem Imperio subiectas intrauerat, & ab incolis & habitatoribus ciuitatum, aliorumque locorum Lombardiæ honorificè pacificeque receptus vnctionem & Diadematis Imperialis insignia in Basilica Principis Apostolorum de vrbe Deo propicio suscipere in proximo disponebat, & intuens sicut Princeps discretionis & circonspectionis virtute conspicuus, quòd nobis in partibus cismontanis multorum grauium & vrgentium negotiorum inuolucro præpeditis huiusmodi vnctionis & coronationis insignia, per manus nostras non possent ei in Basilica memorata concedi, per dictos Episcopum & Litteras nobis humiliter supplicauit, vt per aliquos de Fratribus nostris huiusmodi vnctionis & coronationis, aliaque insignia in dicta Basilica facere dignaremur, nos autem qui ad ipsius Regis honoris & status incrementa ex paternæ Charitatis instinctu affectionem gerimus promptiorem, huiusmodi antefati Regis Litterarum serie, & quæ idem Episcopus verbo subiunxit, diligentius intellectis attendentes, quòd sicut idem quoque Rex consignauit prudenter & prouidè sicut huiusmodi negotiorum pondere premimur, & eorum nodis implicitis implicamur, quòd coronationis & benedictionis, ac aliis solemniis peragendis eisdem non possemus nostram præsentiam exhibere, & cupientes in executione solemniorum ipsorum, quibus mente aderimus per ministros, quos tanti negotij celebritas exigit suppleri corporalis absentiæ nostræ vices, ad Te, ac dilectum Filium nostrum Ægidium Tituli Sancti Clementis Presbyterum Cardinalem Apostolicæ Sedis Legatum, quos virtutum splendor illustrat, quosque magnis & arduis operarios vtiles multa experientia comprobauit, considerationis nostræ direximus oculos, & sperantes, quòd industria tua & Legati præfati, quæ in quibuscumque semper operibus emicuit clarior, Te deniq; Legatum ad celebritatem huiusmodi honorabilem peragendam mysterij deputamus. Quocirca Fraternitati tuæ per Apostolica scripta mandamus, vt ad eandem Vrbem te personaliter conferens, ac ibidem die, quam idem Rex, ad hæc duxerit eligendam cum Legato conueniens memorato tu in dicta Basilica Missam celebres, & Regem inungas eundem, & tu dictusq; Legatus Regi præfato, & carissimæ in Christo filiæ nostræ Annæ Reginæ Romanorum Illustri vxori suæ, Mitras & Diademata Imperij, ac eidem Regi Sceptrum, pomum & gladium, ac alia solemnia, prout infra patentius, clariusque distinguitur, tribuatis, ipsorumque inclitos vertices insigniis eorumdem adhibitis vetustæ consuetudinis solemnitatibus decoretis, & ne quis in huiusmodi peragendis solemniis error possit interuenire, quod absit, modum & formam agendorum, & per quas personas agenda fuerint particulariter duxerimus in præsentibus inserenda, prout in Archiuo ipsius Ecclesiæ, ac Pontificali ordinario continetur, quorum forma talis est.

Cum Rex Imperator Electus peruenerit ad portam Collinam, quæ est iuxta Castellum Crescentij, recipiatur honorificè à Clero Vrbis cum crucibus & thuribulis & processionaliter ducatur vsque ad gradus Basilicæ Sancti Petri cantantibus vniuersis. Ecce ego mitto Angelum meum, &c. Camerariis eius Missilia spargentibus ante ipsum & præfecto vrbis gladium præferente. Cum autem peruenerit ante Basilicam in platea, quæ corcina vocatur dextrandus est à Senatoribus vsque ad gradus prædictos, vbi eo descendente tradendus est, equus cui Rex insederat, illis. Interim autem Summus Pontifex cum omnibus Ordinibus suis præparat se in secretario tanquam celebraturus diuina & processionaliter exiens vsque ad suggestum areæ superioris, quæ est in capite graduum super Faldestorium ibi sedeat cum sedentibus super gradus à parte dextra Episcopis & Presbyteris, à sinistra verò Diaconis Cardinalibus & in proximiori gradu Subdiaconis & Acolitis, Primicerio & Cantoribus astantibus circa illos cum Magistratibus & Nobilibus Officialibus & Ministerialibus Aulæ Papalis. Tunc Rex cum Archiepiscopis & Episcopis Principibus & Magistratibus suis ascendens ad Summum Pontificem reuerenter osculetur pedes ipsius, & offerens ei aurum quantum sibi placuerit, benignè recipiatur ab eo ad osculum & amplexum, quo demum surgente Rex ipse à parte dextra & prior Diaconorum à parte sinistra deducant eum vsque in Ecclesiam Sanctæ Mariæ in Turribus, vbi ante Altare Subdiacono Euangelij textum tenente, Rex super illum corporaliter præstet huiusmodi Iuramentum.

EGO CAROLVS REX ROMANORVM, futurus Domino annuente Imperator, promitto, spondeo & polliceor coram Deo & Beato Petro me de cætero protectorem & deffensorem fore Summi Pontificis & Sanctæ Romanæ Ecclesiæ in omnibus necessitatibus & vtilitatibus suis, custodiendo & conseruando possessiones honores & iura eius quantum diuino fultus adiutorio fuero secundum scire ac posse meum recta & pura fide, sic me Deus adiuuet & hæc Sancta, &c.

Deinde Summus Pontifex cum Ordinibus ad Altare procedit, & facta ibi oratione ad sedem ascendit Rege cum suis tribus Episcopis, videlicet Ostiensi, Portuensi, & Albanensi in Ecclesia Sanctæ Mariæ in turribus remanente, vbi à Canonicis Sancti Petri receptus in Fratrem, Imperialibus Indutur insigniis. Dato ipsius Pallio Camerario Domini Papæ, qui præcedentibus illum Canonicis & cantantibus PETRE AMAS ME, &c. Cum ad ostium Basilicæ Principis Apostolorum peruenerit, quæ porta argentea nuncupatur deducentibus eum hinc inde Comite Lateranensi Palatij, & Primicerio Iudicum Romanorum, Albanensis Episcopus, ante ipsam portam argenteam, hanc super eum benedictionem effundat, Deus in cuius manu corda sunt regum, &c. Cum autem intra Ecclesiam in medio ratæ peruenerit, Portuensis Episcopus hanc orationem super eum decantet. Deus inenarrabilis author mundi, &c. Qui cum ad confessionem Beati Petri peruenerit, prosternat se pronus in terram & prior Diaconorum super eum faciat Litaniam, qua finita prior Præsbyterorum dicat Orationem Dominicam cum Capitulis istis, Saluum fac seruum tuum Domine. Mitte ei auxilium de sancto. Domine saluum fac Regem, ac Deinde dicat orationem istam. Actiones nostras, quæsumus Domine, &c. Post hæc procedant ad Altare Sancti Mauricij, vbi Ostiensis Episcopus vngat ei de oleo exorcizato brachium dextrum, & inter Scapulas hanc orationem dicendo, Dominus omnipotens, cuius est omnis potestas, &c. Item aliam orationem. Deus Dei Filius IESVS CHRISTVS, &c. His itaque peractis ascendat Rex ad Altare Beati Petri, vbi summus Pontifex facta confessione recipiat eum ad osculum, sicut vnum ex Diaconibus ipseque præcedat ad pulpitum vel ambonem, vbi thalamus constructus de lignis & ornatus de pallijs, debet ei esse paratus, cum suis Archiepiscopis, Episcopis, & Principibus, & Magnatibus, secundum capacitatem loci consistat, Primicerius autem & Scola Cantorum, in Choro ante Altare decantent introitum, & post Kyrie eleyson, & Hymnum Angelicum decantata, Summus Pontifex dicit orationem, quæ competit illi diei, & hanc orationem, pro ipso Imperatore, Deus Regnorum omnium, &c. Item aliam orationem, Suscipe Domine preces, &c. Item aliam orationem, Deus qui ad prædicandum, &c. Cum lecta fuerit Epistola & Graduale decantatum, Imperator ascendat processionaliter ad Altare, vbi Summus Pontifex imponit ei Mitram Clericalem in capite, ac super mitram Imperatorium Diadema, dicens: Accipe signum Gloriæ, &c. Dein sceptrum, & pomum aureum tradit ei, & post extera gladium, ita dicens: Accipe Gladium ad vindictam, &c. Qui coronatus incedens portet in dextera manu pomum, in sinistra sceptrum, & sic ad thalamum redeat, ipsoque ibi cum Principibus suis consistente prior Subdiaconorum, cum Subdiaconibus Romanæ Curiæ & Capellanis aulæ Imperialis ad pectorale dextrum ante Crucifixum argenteum Laudem Imperatori alta voce decantet hoc modo. Exaudi Christe. Scriniarij verò vrbis Sericis cappis induti ante pectorale consistentes in Choro respondeant, Domino Carolo Imperatori Rom. & semper Augusto, Salus & Victoria. Qua Laude tertio repetita Prior Subdiaconorum, cum suis tribus vicibus dicat: Saluator mundi, & Scriniarij vicissim respondeant: Tu illum adiuua. Deinde iste cum suis duabus vicibus dicat Sancta Maria, & illi vicissim respondeant, tu illum adiuua. Et sic deinceps. Sancte Michaël, Sancte Gabriël, Sancte Petre, &c. Sancta Lucia. Quibus finitis isti bis dicant Kyrie eleyson. Et illi vicissim respondeant, Kyrie eleyson. Ac deinde simul omnes Kyrie eleyson. Post hæc Euangelio decantato Imperator Corona & Manto depositis accedat ad Summum Pontificem, & offerat ad pedes eius aurum, quantum sibi placuerit, ipsoque Pontifice descendente pro perficiendis Missarum Mysterijs ad Altare Imperator more Subdiaconi offerat ei Calicem & ampulam, & stet ibi donec Pontifex ad Sedem reuersus communicet, Sacramque communionem de manu eius suscipiat cum osculo pacis, ac sic ad thalamum redens in ambone resumat Mantum & Coronam: Missaque finita Pontificalem benedictionem reuerenter accipiat, & statim procedat ad locum, vbi debet Summus Pontifex equitare, & cum ipse Pontifex equum ascendit teneat stapedum Sellæ eius, & arrepto freno aliquantulum ipsum adextret, moxque suum equum ascendens procedat, iuxta Summum Pontificem, vsque ad Ecclesiam Sanctæ Mariæ in Transpadina, vbi dato sibi osculo ad inuicem non corde, sed corpore separentur.

Sequitur copia alterius commissionis Domino Petro de Colomberio, Viennensis Diœcesis Ostiensi & Velletrensi Episcopo Cardinali, ex parte Papæ facta, formam iuramentorum Imperatoris continentis.

INNOCENTIVS Episcopus seruus seruorum Dei, &c. Quia oblonga est & vt credimus, vobis non necessaria, eam non descripsimus.

Relatio Domini Card. Ostien. super sua legatione Papæ facta.

Die autem Lunæ 5. scilicet mensis Oct. dictus Card. in Consistorio præsentibus omnibus Dominis Cardinalibus suprascriptis Relationem suam fecit in forma cujusdam collationis benigne dispositam, & illas duodecim litteras tam sigillis cereis Regiis quam Bullis Imperialibus aureis pendentibus sigillatas, quas idem Dominus Card. tam ante quam post ejus Imperatoris coronationem, juxta mandatum per Apostolicas litteras sibi factum ab eodem habuerat resignauit, ibidem & in Archiuis Ecclesiæ Rom. diligentissime conseruantur. Et sic per Christi gratiam dictus Dominus Card. functus est sua legatione legitima, & de cunctis eidem incumbentibus & commissis plusquam laudabiliter expeditus. Tenor collationis sequitur in hac forma.

Forma collationis per Dominum Petrum de Colomb. Card. Ostien. facta in Consistorio de Legatione sua.

DOMINE factum est vt imperasti. Igitur Domine qui es supernus auctoritate, altissimus potestate plenus iurisdictione, sublimis Prælatione, quæ sunt Domini Papæ conditiones, & tibi, Pater Beatissime, congruunt excellenter, qui es magnus Dominus & laudabilis, cujus magnitudinis non est finis, conuenienter mihi debet aptari, quod scribitur Deuteronomio 6. Dominum tuum timebis, & illi soli seruies, vbi videte quod Dominus noster est timendus, amandus, & seruiendus propter tria. Seruies illi inquit soli quia habet conditionem liberiorem, quia Dominus est, quia habet dilectionem vberiorem, quia tuus est, quia habet Prælationem Superiorem, quia solus est, vt quia Dominus noster non solum regna, sed vniuersalem Ecclesiam benigne regit. Ideo sibi nomen Regiæ dignitatis aptetur sibi quod scribitur Danielis 11. Surrexit Rex fortis & dominabitur ditione multa. Et videte quod in Domino nostro est sublimitas insuperabilis, quia Rex: Stabilitas incommensibilis, quia fortis: Autoritas indempsibilis, quia dominabitur ditione magna. Nam sicut dicit Ricardus lib. 1. de Trinitate cap. 15. Ille est veraciter Dominus, cujus potestas nulla potestate premitur, cujus potentia nulla possibilitate impenditur: Veraciter autem dici Dominus, non potest, qui alienæ potestati subditus seruit aut cedit. Ideo Domino nostro Papæ dicitur, quod scribitur Gen. 27. Esto Dominus fratrum tuorum Cardinalium & incuruentur ante te filij matris tuæ, & hoc propter tres conditiones, quas habes Pater Sancte quæ in Prælato & Domino necessario colliguntur. Primo habes constantiæ vigorem, esto Dominus, Clementiæ dulcorem, fratrum tuorum, justitiæ rigorem, incuruentur ante te filij matris tuæ. His ergo, Pater Sancte constans & solidus, & immutabilis esto dulcis & compassibilis fratrum tuorum, fortis & penetrabilis, incuruentur, &c. Habes igitur, Pater Sancte Constanciæ vigorem. Esto. Istud verbum sum, es, significat constantiæ vel existentiæ veritatem, & Prælatus nec verbis, nec factis debet à sancto proposito faciliter immutari. Quia sicut Hypocrates subito & immutationes fallaces sunt & naturæ penitus inimicæ, non igitur mutetur Prælatus exemplo illius bestiæ cujus sexus de masculo in femello mutatur, sic quod interdum fit masculus per strenuitatem interdum femina per imbecillitatem. Esto igitur Pater Sancte, vir fortis & præliare prælium Domini, 1. Reg. 18. Secundo habeto ad subditos clementiæ dulcorem, quia Dominus fratrum tuorum vt dicas fratribus tuis, illud Gen. 13. Neque sit Iurgium inter te & me, fratres enim sumus: magis enim vti debet Prælatus fraterna admonitione quam aspera correctione, quia vt dicit Seneca vbi de clementia ad Neronem, Seruis imperare moderate laus est, & remissius Imperanti melius. Tertio justitiæ rigorem, incuruentur ante te filij, &c. Curuare enim debes per justitiam illos quos nequis per clementiam emollire. Vnde Caïus in Epistola, qui corripit peccantem, peccare impedit: ideo scribitur Ecclesiastici xxx. Curua ceruicem ejus in iuuentute & tunde latera dum infans est. Igitur Domine Deus noster, quam admirabile est nomen tuuum in vniuersa terra. Factum est officium mihi impositum non à me vel à quacumque infirma virtute, sed à Diuina & superna potestate. Ipse enim dixit & facti sunt, mandauit & creata sunt; factum enim Coronationis tam prudenter inchoatum excellenter mediatum, fœliciter consummatum in diuinam reducitur autoritatem. Sicut enim bonus artifex solet bona opera facere, bona causa solet bonum effectum producere, bona arbor solet bonum fructum procreare: Sic Deus cum sit artifex, qui errore non decipitur: cum sit causa, quæ actione non deluditur, istud bonum & optimum effectum sic inchoauit, mediauit, consummauit. Ideo tibi dico Pater Sancte, quod scribitur 1. 17. Opus consummaui quod dedisti mihi vt facerem; non principaliter virtualiter vel efficaciter, sed instrumentaliter. Domine igitur factum est vt Imperasti, quia Imperium Imperatori dedisti, quia per Ecclesiam obtinuit dictum Imperium: Vel vt Imperasti, quia perpetuum Imperium mihi factum qualiter mihi erat possibile circa dictum Imperatorem omnia confecisti. Imperasti enim quod circa Imperatorem fieret ad temporale, ad spirituale, ad supernaturale; primum pertinet ad Imperium terrenæ jurisdictionis; secundum ad Imperium Ecclesiasticæ dominationis; tertium ad Imperium æternæ sublimationis. Primum fuit quod Dominus Imperator acciperet vtiliter Imperij pacificam potestatem plenissimam & perfectam, quod & fecit. Istud Imperium terrenum frequenter turbatur aduersitatibus, vt per multas Imperatorum Historias clare patet 10. Clem. Imperium oliua legitur recusasse, quando dixerunt sibi arbores, Impera nobis: Iudicum 9. Secundo præcepisti Pater Sancte, quod circa Dominum Imperatorem fieret aliquid spirituale quod pertinet ad Imperium Ecclesiasticæ dominationis, & ista fuerunt iuramenta fidelitatis, quæ dictus Dominus Imperator die Coronationis suæ Romanæ Ecclesiæ fecit constanter humiliter, & etiam reuerenter. Et istud Ecclesiasticum Imperium dotatur multis virtutibus, quibus Dominus Imperator est multipliciter insignitus. Primo, Fide, Spe, Charitate, quæ sunt Theologicæ virtutes, Iustitia, Fortitudine, Temperantia & Prudentia, quæ sunt Cardinales virtutes. Ideo est à Deo mirabiliter sublimatus, Psalmus, Dabit Imperium Regi suo & sublimabit cornu Christi sui. Tertium quod præcepisti Pater Sancte, quod circa dictum Imperatorem fieret aliquid quod significet ad supernaturale quod pertinet ad Imperium æternæ sublimationis, & hoc fuit dicti Imperatoris reuerentissima & pacifica coronatio facta in Pascha 5. die Aprilis. Pascha transitus Imperator transire videbatur de mundo in cœlum, de carne in spiritum, de spiritu in Deum per Diuini amoris incensum desiderium: transiui ad contemplandam sapientiam 1. Ecclesiasti. Quod factum est in Aprili, Aprilis dicitur quasi aperire, quia tunc terra aperitur & flores germinat, tunc enim aperta fuit terra cordis Domini Imperatoris & germiha eorum flores pulcherrimi, suauissimi, & delectabilissimi odoris bonæ conuersationis & sanctæ operationis, vt dicitur 1. Cantic. b. flores apparuerunt in terra, & tunc reuerenter fuit corona posita in capite ejus tanquam pretiosissimum ornamentum, quia vt dicit Ysidorus, Corona est primum ornamentum in signum victoriæ quæ in capite Regum & Principum ponitur. Ista autem Coronatio ad Imperium æternæ sublimitatis rationabiliter dicitur pertinere, tum quia corona circularis est carens principio atque fine, tum quia corona pugnantes in mundo meritorie premiantur. Tobiæ tertio. Vita si in probatione fuerit coronabitur. Ps. Gloria & honore coronasti eum. Egredimini ergo filiæ Sion, omnes deuotæ & contemplatiuæ personæ, & videte Regem Salomonem sapientissimum Imperatorem in diademate quo coronauit eum mater sua, sancta scilicet mater Ecclesia in Can. 3. Istud autem Imperium est plenum tranquillitate Ecclesiast. 47. Salomon. 1 Imperator imperauit in diebus pacis, quam pacem nobis concedat, qui sine fine viuit & regnat. Amen.

Qualiter prædictus Dominus Cardinalis solemniter Missam celebrauerit in Ecclesia Pisana.

ADVENIENTE autem die Dominica, quæ fuit 15. Martij in qua Lætare Hierusalem deuota cantat Ecclesia, Dictus Dominus Cardinalis in Ecclesia Cathedrali Pisanensi, Missam celebrat alta voce præsentibus ibi dicto Domino Rege & Regina, multis Prælatis, & Comitum, & Baronum, & aliorum militum multitudine copiosa.

Qualiter Anniuersarium Imperatoris Henrici, per dictum Dominum Cardinalem, cum sermone fuerit solemniter celebratum.

ALTERA quidem die Lunæ videlicet 15. dicti mensis dictus Dominus Cardinalis, ad preces dicti Domini Regis, Missam in eadem Ecclesia cantauit pro Anniuersario Inclitæ recordationis Domini Henrici septimi, quondam Romanorum Imperatoris, & semper Augusti prædicti Domini Regis Aui, & post dictam Missam V. & Religiosus ille vir Dominus Frater Simon, Ordinis Fratrum Prædicatorum Generalis Magister solemniter & subtiliter prædicauit, Ipsum quondam Dominum Imperatorem Henricum, pro vt merito debebat, & poterat multipliciter commendando. Et circa 20. numero venerandi magni Prælati, tam Italici, quam Germani Pontificalibus ornamentis amicti secundum dictæ Romanæ stilum circa feretrum orationes dixerunt singulariter vnusquisque.

Iuramentum Imperatoris summo Pontifici in ratione Ecclesiæ, & qualiter ipse Imperator & Imperatrix per dictum D. Card. coronantur.

EGo Carolus Rex Romanorum, annuente Domino futurus Imperator, promitto, spondeo & polliceor, atque iuro coram Deo, & Beato Petro, me de cætero protectorem fore Summi Pontificis, & sanctæ Romanæ Ecclesiæ, in omnibus necessitatibus & vtilitatibus suis, custodiendo, & conseruando possessiones, honores, & iura ejus quanto diuino saltus adjutorio fuero secundum scire & posse meum recta & pura fide. Sic me Deus adjuuet, & hæc sancta Dei Euangelia. Deinde dictus Dominus Cardinalis cum ordinibus suis inde discedit, & singulos actus & cerimonias, tam verbo quam facto & debitis locis, juxta Sacrosanctæ Romanæ Matris Ecclesiæ ritum, & ordinarij libri Pontificalis, & Bullarum etiam traditionem exequitur, & dictus Dominus Cardinalis, & Rex ipse q; per Canonicos dictæ Basilicæ in eadem Ecclesia Sanctæ Mariæ de turribus receptus exiterat in Canonicum, & in fratrem complexi manibus nec minus, & animo sic simul intrant ordine processionali Basilicam. Vbi tantus est ciuium plausus, tanta simul exterorum lætitia, tantus insuper sonus omnis generis musicæ concrepans, quod nec fulguris conscindentis Ecclesiam fragor audiretur, necdum quod inuicem minime se loquentes audirent. Nec mirum dictu, sed nec visu mirandum est. Consideranti potissime quod inaudita tam diu matris ac filij, sororis, & fratris sponsæ simul ac sponsi fiuitio mutuaque lætitia tunc videtur. Merito igitur vrbs ipsa lætatur cum se vaginam à se procedentem, vtrumque gladium conspicit continere. Sed viuus propè proh dolor extremi sui gaudij luctus occupat, & visus ejus dolore miscetur. Nam vt infra patebit cupita diu respirationis lætitiæ spe frustratur: nunc tempus est vt ad propositum redeam: & vt breuius quiuero solemnia tantæ coronationis exponam. Gradiuntur itaque simul spiritualis præsul & temporalis Antistes, & tandem ad majorem ejusdem Basilicæ tribunam perueniunt, ibique Rex sibi dedicatum in dextro latere conscendit ad thalamum, & in sinistro simili Regina consedet, ac in sede marmorea Pontificali tribunæ prædictæ medio sita stat Dominus Cardinalis, & ad Missam tunc solemnissime celebrandam se Pontificalibus induit ornamentis. Rex & Regina similiter amicti sunt vestimentis eorum Imperialibus, quæ ad hujus coronationis celebranda solemnia requiruntur. Tunc efficium singularissimi cantores Cappellæ dicti Domini Cardinalis incipiunt, & Missa cantatur. Et omnes actus & cerimoniæ in debitis locis fiunt, quæ & vbi secundum ordinarij libri Pontificalis & Litterarum Apostolicarum ordinem fieri debent, scilicet in hoc toto tempore dictus Rex ab impressione militari non vacat, quia Romanos, & Gallicos

Etruscos, & Anglicos, Lombardos & Sicillos, Yspanos & Vascones, Germanos & Apulos, ac de cęteris nationibus orbis te..., honoris titulo militares ascribit. Distinctis itaque locis, atque temporibus prędicti Rex & Regina per dictum Dominum Cardinalem benedicuntur, inunguntur, coronantur, osculant, & communicant secundum ritum Ecclesię ac antiquam Romanorum Imperatorum consuetudinem obseruatam, seu traditionem libri ordinarij supradicti.

Qualiter Imperator, nepotes Domini Cardinalis Ostiensis, & cum eis multos domicellos militari titulo decorauit.

DEINDE recedens versus portam Crescentij, viridariam portam relinquens ad dexteram, ad leuam se ripit iter. Et licet Galeatos equites ob temporis breuitatem & multiplicium cerimoniarum mysterium, & maxime discrete compatiens dicto Domino Cardinali, ne tędium in tanta solemnitatis prolixitate reciperet festinus ire iubet, eorum tamen, qui Domini spatium in tam insignis vrbis introitu militarem habere titulum satagebant obsistente pressura iussus Regius impleri nequibat. Ad portam ipsam tandem perueniens ciuitatem Dei, de qua glosa dicta sunt vrbem almam ingreditur. In quo quidem vrbis ingressu nobiles viros Petrum de Sancto Desiderio, & Petrum de Monasterio, nec non & Petrum de Aloescso, dicti Domini Petri Cardinalis Ostiensis, nepotes, tunc domicellos militari titulo decorauit. Et ibi per Senatum aliaque dictę vrbis officia totumque populum cum magno plausu sub pallio iuxta honorantium & honorati decentiam cum consueta solemnitate recipitur, & per majores & medij ac insimi status viros honorabiles electos ad hoc specialiter adextratur, & versus Beati Petri, Principis Apostolorum Basilicam eadem impediente pressura vix ducitur; à dextris enim & à sinistris ante faciem etiam & post tergum, nunc ense, nunc baculo, nunc virga, nunc manu diuersarum originum vnis, militarem caracterem imprimebat, nec vnquam à paruo ponte prędicto vsque ad prędictam Basilicam, ab hujus honoris impressione vacauit. Sed cum ad introitum platę ę prędictę Basilicę, quę Cortina vocatur qui est ante Beatissimę Virginis Catharinę Monasterium cum innumeris fluctibus acierum antiquorum pariter militum, & nouorum non sine multis membrorum collisionibus inermis totaliter aplicasset. Inibi repetit Senatores, qui jam de suis equis descenderant vt seruatam ab olim consuetudinem obseruarent. Quorum vnus à dextris, & alter à sinistris equi Regij frenum recipiunt, & ipsum per totam plateam, quę Cortina dicitur supra dictam vsque ad scalarum gradus marmoreos, per quos in Basilicam memoratam ascenditur adextrarunt, ibique tunc Rex ipse descendit, & vt moris est prędictis Senatoribus illum quem confęderat equum dedit, & eosdem gradus prędictis Senatoribus, & alijs in dictę vrbis officijs, nec non & Ducibus, Marchionibus, Comitibus & Baronibus, ac Prælatis innumeris, & Romano populo circunsultus ascendit.

In quorum graduum summitate dictus Reuerendus Dominus Cardinalis Ostiensis, Pallium et Ostiensis Ecclesię priuilegio gestans aliisque Pontificalibus ornamentis amictus Cleroque Romano multisque Prælatis & Religiosis omnibus singulis in eorum ordinibus præparatis processionaliter sociatus, eundem Regem ad osculum recipit & amplexum, ac eidem Domino Cardinali tanquam persona Domini nostri Papæ, prędicti repræsentanti aurum obtulit, vt in Pontificali Romano continetur, & cum ad dextram suam tenens duxit ad Ecclesiam Sanctę Mariæ in turribus, quæ est inter primam & secundam portam Basilicæ Beati Petri. Et ibi ante altare ejusdem Ecclesiæ dictus Dominus Rex coram dicto Domino Cardinale super Euangelicum textum, quem Subdiaconus tenebat in manibus Sacramentum præstitit, &c.

Extraict des Tiltres de l'Euesché d'Authun, communiqué par Monsieur de Cheuanes, Conseiller & Secretaire du Roy en la Chancellerie de Bourgogne.

IN nomine Domini, Amen. Nouerint vniuersi hoc præsens publicum instrumentum inspecturi, quod in mei Notarij publici & testium subscriptorum præsentia personaliter constitutis Reuerendissimis in Christo Patribus Domino Petro Dei gratia Ostiensi & Velletrensi Episcopo, Sanctæ Romanæ Ecclesiæ Cardinali ex parte vna, & Domino Guidone eadem gratia Episcopo Eduensi ex altera, præfatus Dominus Cardinalis executor, vt asseruit mihi, in solidum deputatus testamenti, seu vltimæ voluntatis bonæ memoriæ Domini Petri Bertrandi, Tituli Sancti Clementis Presbyteri Cardinalis, quondam auunculi sui, exhibuit & ostendit, quoddam publicum instrumentum continens testamentum, seu vltimam voluntatem, ipsius Domini Cardinalis defuncti, vt prima facie & per ejus inspectionem patebat, ac per me Notarium infrascriptum legi fecit, quandam clausulam dicti testamenti, seu dictæ vltimæ voluntatis, cuius siquidem clausulæ tenor sequitur in hæc verba. Item do & lego Episcopo Eduensi, & mensæ Episcopali Eduensi terram Augustæ, sitam in Episcopatu Eduensi, quàm dum eram Episcopus Eduensis, sub nomine meo proprio non Episcopalis dignitatis à defunctis Domino Henrico de Algniaco, & Joanne ejus filio tempore quo viuebant de pecunia reddituum & prouentuum dicti Episcopatus Eduensis emi & acquisiui, volens & ordinans, quod Episcopus faciat, & fieri faciat in Ecclesia Cathedrali Eduensi in crastino Festi Natiuitatis beatæ Mariæ vnum anniuersarium solenne, &c. Qua quidem clausula sic vt præsentitur per me lecta, præfatus Reuerendissimus Pater Dominus Cardinalis Ostiensis, dixit & exposuit,

quòd

quòd licet recolendæ memoriæ prædictus Dominus Petrus, quondam Cardinalis auunculus suus, dum viuebat de terra præd.&t. de Augusta aliter ordinasset, quàm contineatur in prædicto vltimo testamento, prout per plura testamenta ibidem exhibita, liquidè poterat apparere, verumtamen propter salutem animæ dicti Domini Cardinalis defuncti memoriam in Ecclesia Æduensi cuius fuit Episcopus retinendam, &c. Idem Reuerendissimus Pater Dominus Cardinalis Ostiensis, Executor dicti Testamenti, seu vltimæ Voluntatis, ac de consensu & voluntate, vt dixit, Reuerendorum Patrum Dominorum Guidonis de Bolonia Portuensis, & Jayrandi de Petragoriano Albanensis, Episcoporum, Sanctæ Romanæ Ecclesiæ Cardinalium, Executorum Testamenti prædicti, seu vltimæ Voluntatis, voluit & consensit quod dictus Dominus Episcopus Æduensis habeat & possideat dictam terram de Augusta & ad ipsum & Successores suos Episcopos Æduenses & Mensam Episcopalem Æduensem pertineat pleno iure, &c. Clausula verò alia Testamenti præfati sequitur in hæc verba. *Item cum dilectis Sedis Apostolicæ institueram, fundaueram, & dotaueram vnum Monasterium, vnius Abbatissæ & duodecim Monialium seu Sororum Ordinis Sanctæ Claræ, construendum, & ædificandum in loco de Ancuione infra Parochiam Beatæ Mariæ dicti loci, quam institutionem, fundationem, & dotationem approbo & confirmo, ac volo ante omnia de bonis meis perfici & compleri, nisi in vita mea completa fuerint & perfecta, prout in Litteris super hoc confectis pleniùs continetur.* De quibus omnibus & singulis suprascriptis præcepit dictus Dominus Cardinalis, & dictus Dominus Episcopus requisiuit per me Notarium publicum infrascriptum confici publicum Instrumentum ipsius Domini Cardinalis sigilli munimine roborandum. Acta fuerunt hæc apud Montem altum, Domum dicti Domini Cardinalis prope Auenionem sub anno à Natiuitate Domini 1355. Indictione octaua, mensis Iulij die vicesima prima, Pontificatus Sanctissimi Patris Domini Innocentij diuina prouidentia Papæ VI. anno tertio, præsentibus Reuerendo Viro Domino Bertrando Bertrandi Domini Papæ Notario, ac Reuerendo Patre in Christo Domino Petro Episcopo Bethleemitano, ac Venerabilibus Viris Magistris, Ioanne de Audontia & Bartholomæo Brunelli in vtroque Iure Licentiatis, ac Domino Aubrico Radulphi Auenionensi, Niuernensis & Æduensis Ecclesiarum Canonicis vocatis Testibus ad prædicta.

Testamentum Petri de Colombario Cardinalis.

IN nomine Domini Amen. Præsentis scripti publici cunctis appareat euidenter, quod Nos Bernardus de Rodes, Licentiatus in legibus, & Archidiaconus de Vallibus, in Ecclesia Caturcensi, Domini Papæ ac Domini Arnaldi Archiepiscopi Auxitanensis Camerarij ipsius & Curiæ Cameræ Apostolicæ generalis Auditor, vidimus, tenuimus & diligenter inspeximus quoddam publicum Instrumentum, Testamentum bonæ memoriæ Reuerendi Patris Domini Petri miseratione diuina Ostiensis & Velletrensis Episcopi Sanctæ Romanæ Ecclesiæ Cardinalis, in se continens in duobus peciis pergameni simul conglutinatis subscriptum & signatum manu & signo Magistri Didensis Neherij Clerici Laudunensis Notarij publici, & sigillatum sigillo maiori dicti quondam Domini Cardinalis, & septem aliis sigillis super pendenti in caudis pergameni, non abrasum, non cancellatum, non abolitum aut in aliqua sui parte suspectum, sed omni prorsus vitio & implicatione carens tenoris & continentiæ infrascriptæ. In nomine Sanctæ & indiuiduæ Trinitatis, Patris & Filij, & Spiritus Sancti, Amen. Ego Petrus miseratione diuina Ostiensis & Velletrensis Episcopus, Sanctæ Romanæ Ecclesiæ Cardinalis, sanus per Dei gratiam mente, licet æger corpore, considerans quod dum corpus sanitate viget vltimam Iudicium voluntatis in quo tranquillæ mentis rationis vsus exigitur, salubrius prouidetur. Sciensque quod tantò magis mors timeri debet, quantò nunquam prouideri valet, & diligenter attendens, quod ad hoc inter cætera voluisse videtur Conditor noster latere nos finem nostrum, vt dum incerti sumus, quando moriamur, semper ad mortem parati inueniri debeamus. Nihil enim certius morte & incertius hora eius. Sanè quia diu cum rebus meis durare non possum, quia aut illa moriendo desero, aut me viuentem illa quasi deserunt pereundo, agendum mihi est, vt res absolutè perituræ in non pereunte Christi misericordia suffragante cogam transire mercedem. Verum quia pompa funeris, agmina exequiarum, sumptuosa diligentia sepulturæ, monumentorum opulenta constructio, viuorum sunt qualiacunque solatia, non adiutoria mortuorum, illa sunt cum multo moderamine peragenda, ac orationibus Sanctæ Matris Ecclesiæ & sacrificio salutari, ac eleemosinis quæ pro eorum spiritibus erogantur, quibus non est dubium mortuos adiuuari, est attentiùs insistendam. Horam itaque mortis præuenire cupiens in hac parte, ne, quod absit, intestatus decedam, quidquid de me humanitus contingeret, præsertim quia testandi per Litteras Apostolicas quarum tenor inferiùs annotatur, habeo potestatem, ad laudem Dei & Beatæ Mariæ Virginis, ac totius supernæ Curiæ, & ad salutem animæ nostræ præsens Testamentum meum, seu vltimam Voluntatem, per nuncupationem condo, ordino, atque facio in hunc modum. Imprimis confiteor & recognosco & firmiter credo Sanctam & Catholicam Fidem, indiuiduam Trinitatem, Patrem & Filium & Spiritum Sanctum, & alios Articulos eiusdem Fidei Hæredum quod Sancta Romana & vniuersalis Ecclesia profitetur & docet: deinde & quantò deuotissimè & humiliùs possum, Deo & Domino nostro Iesu Christo, meo piissimo Redemptori, supplico, vt animam meam de Principibus tenebrarum liberet, & de locis pœnarum, vt absolutus omnium meorum vinculo peccatorum, quietis ac lucis æternæ Beatitudine perfruatur, & inter Sanctos & Electos suos in resurrectionis gloria collocari mereatur, amen. Et piissimæ & gloriosissimæ Virgini Mariæ Matri eiusdem Domini nostri Iesu Christi, Apostolis Petro & Paulo, Michaëli Archangelo, ac omnibus Sanctis Dei, vt pro me misericorditer intercedant. Præterea volo & ordino ante omnia, sotefecta mea & clamores, si forsan repetantur, emendari, & de plano & sine strepitu iudicij & figura & omni iuris solemnitate servata per Executores meos infrascriptos nominatos, vel duos ex eis, & quod stetur illis probationibus, & de quibus videbitur Executoribus meis infrascriptis, vel duobus ex eis, credatur etiam iuramento, imo simplici verbo illorum conquerentium vsque ad summam decem florenorum auri. Volo etiam quod Executores mei præfati debita mea de quibus constabit, per Litteras sigillo meo vel alio authentico sigillatas, soluant & reddant de plano sine lite, & hoc inde volo de legatis per me inferius faciendis & designandis, scilicet quod soluantur de plano & sine lite quæcunque. Item lego Domino nostro Papæ & Cameræ Apostolicæ, centum florenos auri semel tantum. Item lego Ecclesiæ Aniciensi, in qua fui & adhuc sum Canonicus Præbendatus, ducentos florenos auri semel tantum, ad emendos redditus pro Anniuersario meo perpetuo cum Vesperis, Vigiliis, & Missa solemnibus de Mortuis in ipsa Ecclesia solemniter annis singulis faciendo, prout in talibus est fieri consuetum. Ad quod Anniuersarium, vt præmittitur faciendum, volo & ordino Decanum, Canonicos, & Capitulum ac Clericos dictæ Ecclesiæ qui pro tempore fuerint, esse & esse debere temporibus perpetuis obligatos. Volo tamen & ordino quod de illis redditibus Capellani & Clerici dictæ Ecclesiæ ibidem tunc præsentes illa die Anniuersarij mei perpetuo habere debeant sexaginta solidos Turonenses inter ipsos distribuendos, & insuper hanc ordinationem volo in Martyrologio ipsius Ecclesiæ scribi, prout est ibidem fieri consuetum, & quod nihilominus Decanus & Capitulum ipsius Ecclesiæ Aniciensis, dent meis Executoribus super his Litteras opportunas sigillatas sigillo Decani & Capituli prædicti, & ita in singulis Ecclesiis infrascriptis, in quibus Anniuersarium fieri ordino, volo & præcipio, quod ad Anniuersarium celebrandum, idemque in Martyrologiis scribendum, & super hoc Litteras concedendas fieri & servari. Item lego Ecclesiæ Niuernensi in qua primo fui Episcopus, trecentos florenos auri semel tantum, ad emendos redditus pro duobus Anniuersariis meis in perpetuo in ipsa Ecclesia vno consimili die mei obitus, & alio die vndecima mensis Augusti, qua die est Festum Sanctæ Suzannæ, quæ fuit primus Titulus mei Cardinalatus, deuotè & solemniter annis singulis faciendum, prout in talibus est fieri consuetum. Item lego etiam præfatæ Niuernensi Ecclesiæ quoddam nemus, quod dudum emi apud Vrsiacum Niuernensis Diœcesis, dum ibi eram, cuius emptionis Litteram habet Capitulum præfatæ Niuernensis, quod annuatim valere consueuit viginti solidos Turonenses, pro meis etiam Anniuersariis annuatim faciendis sicut supra. Volo tamen quod de dictis redditibus emendis, dentur & distribuantur Capellanis & Clericis dictæ Niuernensis Ecclesiæ diebus quibus mea fient Anniuersaria in præfata Ecclesia, in quolibet quinquaginta solidi Turonenses, & alia fiant sicut superius in Ecclesia Aniciensi fieri ordinaui. Item lego Ecclesiæ Attrebatensi in qua fui Episcopus, vnum paruum Breuiarium quod habeo ad vsum præfatæ Ecclesiæ. Item lego præfatæ Ecclesiæ Attrebatensi vnum pulchrum Pluuiale quod habeo cum imaginibus de opere Angelico, cuius campus est totus de auro. Item lego eidem Attrebatensi Ecclesiæ ad emendum redditus perpetuos pro eleemosyna quæ fit in prædicta Attrebatensi Ecclesia, & quæ vocatur Mandatum, centum florenos auri semel tantum. Item lego Ecclesiæ Sancti Petri de Duaco Attrebatensis Diœcesis, centum florenos auri, pro redditibus emendis, pro Anniuersario meo in dicta Ecclesia annis singulis perpetuo solemniter faciendo, consimili die obitus mei prout in talibus est fieri consuetum, & secundum, quod in præfata Ecclesia Aniciensi superius fieri ordinaui. Item lego Ecclesiæ Beatæ Mariæ Annoniaci Viennensis Diœcesis, centum florenos auri semel tantum, ad emendos redditus perpetuos pro duobus Anniuersariis meis perpetuo in ipsa annis singulis faciendis, vno videlicet consimili die obitus mei, & alio pro animabus charissimorum meorum Bartholomei de Colombario Patris, & Margaretæ Bertrandæ de Colombario Matris meorum, die vigesima quinta mensis Martij, qua dictus Pater meus animam Altissimo reddidit Creatori, solemniter & deuotè prout in talibus est fieri consuetum, ita quod huiusmodi Anniuersaria in Martyrologio dictæ Ecclesiæ scribantur, & Litteræ super hoc concedantur. Volo etiam & ordino quod prima die, qua Priori, Canonicis, Capellanis, & Clericis dictæ Ecclesiæ obitus meus fuerit nunciatus, ipsi Vigilias & Missam de Mortuis solemniter & deuotè celebrare teneantur, quibus videlicet cuilibet Canonico Claustrali Presbytero & cuilibet Presbytero Seculari dictæ Ecclesiæ Annoniaci, qui in dictis Vigiliis & Missa præsentes extiterint à principio vsque ad finem, duo grossi Turonenses argenti, & cuilibet Canonico & Clerico dictæ Ecclesiæ non ordinato, qui præsentes etiam fuerint in Vigiliis & Missa, continuè vt supra, & cuilibet Capellano non Clerico dictæ Ecclesiæ, qui in dicto meo Anniuersario præsentes fuerint, per Executores meos vnus grossus Turonensis argenti semel dicta die tantum, vltra centum florenos supradictos dentur & distribuentur, rogans omnes Presbyteros prædictos tam Religiosos quam Seculares, quatenus quilibet illa die in dicta Ecclesia vel alibi vnam Missam de Mortuis celebret, & quilibet Canonicus & Clericus dictæ Ecclesiæ vnum Psalterium dicant pro remedio animæ meæ, & Parentum & Benefactorum meorum, & Executores mei debeant illa prima die duntaxat de luminaribus prouidere, prout eis vel duobus ex eis videbitur expedire. Volo insuper & ordino quod Prior qui pro tempore fuerit in eadem Ecclesia, teneatur & debeat dare & distribuere omni anno consimili die obitus mei de parte sibi contingenti in redditibus supradictis cuilibet Canonico tunc in dicta Ecclesia residenti, sex denarios Turonenses. Item lego Priori dictæ Ecclesiæ Beatæ Mariæ, qui pro tempore fuerit, viginti quinque florenos auri semel, qui illa die teneatur & debeat prouidere competenter in prandio, vt est consuetum dictis Capellanis & Clericis dictæ Ecclesiæ, & omnibus aliis Presbyteris extraneis vndecunque ibidem illa die confluentibus, & eorum Clericis secundum exigentiam illius diei. Item lego quadringentos florenos auri semel, videlicet pro me ducentos, & ducentos quos habui de Domina Matre mea, ad emendos redditus perpetuos pro duabus Capellaniis perpetuis dotandis & deseruiendis perpetuo in Capella olim fundata in Ecclesia Beatæ Mariæ Annoniaci prædicta per bonæ memoriæ Dominum meum Cardinalem Æduensem Auunculum meum in honorem Beati Iacobi, vna videlicet per vnum Capellanum Canonicum Regularem Monasterij Sancti Ruffi propè Valentiam in dicta Ecclesia Annoniaci residentem, & alia per vnum Capellanum Secularem præfatæ Ecclesiæ Clericum, ita quod redditus perpetui, qui ex prædictis quadringentis florenis haberi poterunt & acquiri, inter dictos duos Capellanos æqualiter diuidantur, dictique Capellani teneantur Missas celebrare per se vel alium in dicta Capella, quilibet quatuor diebus omni hebdomada ad minus, & sic se disponant & ordinent, quod omni die celebrent vnam Missam cum nota in Capella præfata propè auroram diei, & Deum continuò orent pro anima mea & pro animabus Patris & Matris meorum, quorum corpora in præfata Capella sunt inhumata. Item lego eidem Capellæ tres bonas Casulas, videlicet vnam albam, aliam rubram, & aliam nigram cum aliis indumentis Sacerdotalibus dictis Casulis opportunis, ad celebrandum diuina in præfata Capella & non alibi. Item lego eidem Capellæ vnum bonum Calicem de argento ponderis quatuor marcarum, vel circa, & vnum Missale completum notatum ad vsum præfatæ Ecclesiæ Annoniaci, quod Missale fieri volo iuxta ordinationem Executorum meorum infrascriptorum. Volo insuper & ordino, quod Prior qui pro tempore fuerit in dicta Ecclesia Annoniaci, omnes Capellani dictæ Capellæ, tam illi quos nunc ordino ibi esse, quam alij quos præfatus Dominus meus Auunculus Dominus Cardinalis Æduensis, quondam instituit & ordinauit, in eadem qui pro tempore fuerint Seruitores ipsius Capellæ post mortem meam & Reuerendi Patris Domini Guillelmi Episcopi Suessionensis, Germani mei, eligant de communi consensu eorum vnum de dictis Capellanis Seruitoribus dictæ Capellæ, quem magis probum & aptum ad hoc viderint, qui custodiat & conseruet fideliter infradictam Capellam, & non alibi omnia ornamenta tam auri & argenti, quam etiam libros & vestimenta Sacerdotalia, & alia quæcunque dictæ Capellæ, tam præsentia quam futura, & tam per dictum Dominum Auunculum meum Dominum Cardinalem Æduensem, quam per me, seu per aliam quamcunque personam legata & relicta, ac etiam leganda & relinquenda, qui de eis antequam sibi tradatur administratio, Inuentarium faciat in præsentia aliorum Capellanorum prædictorum, & promittat de fideliter & bene custodiendis & seruandis ornamentis & aliis supradictis, & omni anno rationem reddat de per eum gubernatis & gestis de & in ornamentis & aliis supradictis. Item lego dictæ Capellæ Sancti Iacobi, centum florenos auri semel, ad emendos redditus perpetuos, quos leuabit & percipiet ille Custos ornamentorum prædictorum, de quibus redditibus habebit idem Custos, qui pro tempore fuerit, omni anno viginti solidos Turonenses, pro labore suo causa tam custodiendi prædicta ornamenta, quam leuandi redditus supradictos vltra summam ipsum contingentem in dictis primis redditibus emendis, pro seruitio Capellæ prædictæ. Item det & soluat præfatus Custos omni anno de præfatis redditibus de dictis centum florenis Priori qui pro tempore fuerit dicti Prioratus Annoniaci, quinque solidos Turonenses, ita tamen quod idem Prior teneatur & debeat omni anno semel videre & visitare personaliter infradictam Capellam, Inuentarium & ornamenta ac alia dictæ Capellæ spectantia, si benè stent, vel si sint mutata, vel deteriorata, & audire computum vna cum aliis Capellanis dictæ Capellæ de receptis & missis per Custodem præfatum, residuum vero dictorum reddituum ponatur in thesauro, & tutò custodiatur per dictum Custodem pro ornamentis & indumentis Sacerdotalibus, libris & aliis necessariis dictæ Capellæ reparandis, vel de nouo emendis, si sit opus, & etiam pro cooperiendo dictam Capellam dum fuerit necesse, quas reparationes, vel de nouo emptiones, & alia necessaria fieri faciet præfatus Custos de & super præfatis redditibus de dictis centum florenis emendis, & omni anno computum reddet & rationem Priori & Capellanis prædictis, qui pro tempore fuerint, de receptis, missis, & administratis per eundem. Institutionem vero & positionem dictorum Capellanorum, & collationem illarum duarum Capellaniarum per me fundari ordinatarum pleno iure quandiu vixero, si ante mortem meam dictam Capellam dotauero & fundauero, & post me Reuerendo Patri Domino Guillelmo Suessionensi Episcopo, Germano meo, & me ac ipso Episcopo Germano meo sublatis de medio, præsentationem ad ipsas Capellanias Clerico clericaliter viuenti, non tamen Religioso mihi propinquiori in genere, & collationem earum Priori qui pro tempore fuerit Ecclesiæ Annoniaci prædictæ retineo & reseruo & pleno iure spectare volo. Item lego Conuentui Fratrum Minorum Annoniacensium pro vna vel pluribus pitantiis die primi Anniuersarij mei, & diebus sequentibus in eodem Conuentu faciendis, decem florenos auri semel, qui in vsus alios non conuertantur, præterquam in dictis pitantiis faciendis, dum tamen ipsi Vigilias & Missam de Mortuis dicta die celebrauerint solemniter & deuotè. Item lego Hospitali Beatæ Mariæ Pulchræ Annoniaci, per bonæ memoriæ Reuerendum Patrem Dominum & Auunculum meum Dominum Cardinalem Æduensem prædictum fundato, centum florenos auri semel, ad emendos redditus perpetuos in substentationem Pauperum infirmorum & Mulierum in Puerperio in dicto Hospitali iacentium, ibidem confluentium vndecunque conuertendos, qui redditus distribuantur per Abbatissam Monasterij Sanctæ Claræ Annoniaci. Item lego cuilibet Pauperi infirmo die mei obitus in dicto Hospitali existenti, duos grossos Turonenses argenti semel. Item lego cuilibet Mulieri in Puerperio in eodem Hospitali tunc iacenti, vnum florenum auri semel. Item lego pro eleemosina vna vel pluribus, secundum quod Priori dictæ Ecclesiæ Annoniaci, qui pro tempore fuerit, & Domino Alberico Radulphi Decano Bagonensi, Ioanni Porte, Mondono de Paissano, Capellanis meis, & Aymario de Bordis Scutifero meo, vel duobus ex ipsis, qui facilius hoc per eos fieri potetit & expediens videbitur, in Villa Annoniaci faciendis, Christi Pauperibus ibidem vndecunque venientibus dicta die primi Anniuersarij mei & diebus sequentibus quinquaginta florenos auri semel. Item lego Ecclesiæ Sancti Cyriaci Viennensis Diœcesis, in qua fui de Sacro Fonte lauatus quinquaginta florenos auri semel, ad emendos redditus perpetuos pro tribus Anniuersariis meis singulis annis in dicta Ecclesia perpetuo solemniter faciendis, cum Vigiliis & Missis Mortuorum, per Curatum qui pro tempore fuerit in eadem Ecclesia, vno vel consimili die obitus mei, & alio in die Festi Sancti Clementis. Item alia supradicta die vndecima mensis Augusti, qua celebratur Festum Sanctæ Susannæ, quæ fuit primus Titulus mei Cardinalatus, volo tamen & ordino quod dicti quinquaginta floreni deponantur in dicto Monasterio Sanctæ Claræ Annoniaci, donec dicti redditus empti fuerint & acquisiti. Item lego Curato dictæ Ecclesiæ, qui pro tempore fuerit, duos florenos auri semel soluendo eidem, prima die qua fiet meum Anniuersarium in dicta Ecclesia. Item lego pro reparatione dictæ Ecclesiæ Sancti Cyriaci viginti florenos auri semel, ordinans quod dicti viginti floreni ponantur & tradantur in manibus duorum proborum Virorum Parrochianorum dictæ Ecclesiæ, per dictos Capellanos & Scutiferum & Executores meos infrascriptos, vel duos ex ipsis eligendos, qui dictas reparationes fieri faciant, & postea computent cum dicto Curato & aliis probis Viris Parrochianis dictæ Ecclesiæ de eisdem. Item lego quinquaginta florenos auri semel pro eleemosina generali, vna vel pluribus faciendis die prima Anniuersarij mei in dicta Ecclesia Sancti Cyriaci celebrandi, & diebus sequentibus, iuxta ordinationem prædictorum Capellanorum & Scutiferi meorum, videlicet in loco de Colombario Christi Pauperibus dictis diebus ibidem semel venientibus vndecunque. Item lego Priori & Monachis Prioratus & Curato de Andantia dictæ Viennensis Diœcesis centum florenos semel, ad emendos redditus perpetuos pro quatuor Anniuersariis meis in dicto Prioratu singulis annis perpetuo faciendis, vno videlicet consimili die mei obitus, & alio supradicta vndecima mensis Augusti, qua die celebratur Festum Sanctæ Susannæ quæ fuit primus Titulus mei Cardinalatus, alio vero, die vigesima tertia mensis Augusti, quæ est Festum S. Rurce Virginis & Martyris, & reliquo, die vigesima tertia mensis Nouembris, quæ est Festum Beati Clementis Papæ & Martyris, quæ sunt Tituli Ecclesiarum mearum Ostiensis & Velletrensis, in præfata Ecclesia per Priorem Monachos & Curatum prædictos prout in talibus est fieri consuetum. Ita tamen quod die qua eis notificatus fuerit meus obitus, teneantur & debeant Vigilias & Missam de Mortuis solemniter & deuote celebrare, & alia facere quæ sunt moris, pro redemptione animæ meæ & Parentum & Benefactorum meorum ibidem & alibi sepultorum, volo tamen dictos redditus, diebus Anniuersariorum meorum prædictis æquis portionibus distribui inter Priorem, Monachos, & Curatum supradictos, superius nominatos. Item volo & ordino quod redditus illi qui fuerint Aglinæ de Sancto Villiario Vxore quondam Guingnonis Trechini quos nunc teneo in Sancto Iuliano Malimmoleta, ex eo quod Prior Sancti Saluatoris in Riia, de cuius feudo dicti redditus sunt & tenentur, ipsos nolui amortisare, nec Priorem Prioratus Apostolorum Philippi & Iacobi Annoniaci retinere, imo in me tanquam priuata persona libere retinui & inuestiui de eisdem, existimentur & appretientur ad cognitionem duorum proborum Virorum in talibus expertorum, iurato prius per eosdem de fideliter existimando, & quod pretium legitimum dictorum reddituum per dictos Viros iuratos existimatum soluatur, reddatur & expediatur Priori & Prioratui prædictis Apostolorum Philippi & Iacobi, prius tamen habitis competentibus & sufficientibus quittationibus & aliis instrumentis ad hoc necessariis cum sufficientibus renunciationibus & cautelis, vt fortius dictam possit de præmissis cum assensu & consensu Abbatis & Conuentus Monasterij Sancti Ruffi prope Valentiam, vt est in talibus & consimilibus in dicto Monasterio fieri consuetum. Item lego Prioratui & Ecclesiæ de Tinto Viennensis Diœcesis, centum florenos auri semel, ad emendos redditus perpetuos inter Priorem, Monachos & Curatum dicti loci, qui pro tempore fuerint, & ibidem præsentes extiterint, æqualiter distribuendos omni anno pro tribus Anniuersariis meis, per dictum Priorem, Monachos & Curatum, omni die solemniter perpetuo faciendis in dicta Ecclesia cum Vigiliis & Missa de Mortuis cum nota, vno vel consimili die obitus mei perpetuo, & alio octaua die dicti mei obitus, & alio supradicta vndecima die mensis Augusti qua celebratur Festum Sanctæ Susannæ, quæ fuit primus Titulus mei Cardinalatus, & alias prout in talibus est fieri consuetum. Item lego Prioratui Ecclesiæ de Quintenasio dictæ Viennensis Diœcesis quinquaginta florenos auri semel, ad emendos redditus perpetuos pro Anniuersariis meis, inter Priorem, Monachos & Curatum dicti loci, qui pro tempore fuerint & ibidem præsentes extiterint omni anno perpetuo in dicta Ecclesia faciendis solemniter & deuotè cum Vigiliis & Missa de Mortuis cum nota omni anno, vno vel consimili die mei obitus, & alio præfata vndecima die mensis Augusti, qua celebratur Festum Sanctæ Susannæ, quæ fuit primus Titulus mei Cardinalatus, & aliis prout in talibus est fieri consuetum. Item lego Prioratui & Ecclesiæ de Prologo dictæ Diœcesis triginta florenos auri semel ad emendos redditus perpetuos inter Priorem, Monachos & Curatum dicti loci, qui Anniuersariis meis præsentes fuerint, omni anno æqualiter diuidendis, & distribuendis, pro duobus Anniuersariis meis omni anno perpetuo solemniter & deuotè cum Vigiliis & Missa de Mortuis cum nota in dicta Ecclesia faciendis, & celebrandis, vno vel consimili die obitus mei, & alio prædicta die vndecima mensis Augusti, qua celebratur Festum Sanctæ Susannæ, quæ fuit primus Titulus mei Cardinalatus, & aliis prout in talibus est fieri consuetum. Item lego Priori & Fratribus Ecclesiæ Beati Antonij Auenionensis pro duobus meis Anniuersariis per eos in eorum Ecclesia, cum Vigiliis & Missis de Mortuis, cum nota solemniter & deuotè faciendis, & prout in talibus est fieri consuetum, decem florenos auri semel. Item lego Conuentibus Fratrum Prædicatorum, Minorum, Carmelitarum & Augustinorum Auenionensium pro pitantiis, videlicet cuilibet Conuentui, quinque florenos auri semel, ita quod Anniuersaria mea die obitus mei vel die sequenti in eorum Ecclesiis, cum Vigiliis & Missa de Mortuis cum nota solemniter & deuotè, vt in talibus est consuetum facere, & celebrare teneantur. Item lego Capitulo & Ecclesiæ Beatæ Mariæ de Donis Auenionensis pro pitantia eis facienda, decem florenos auri semel, rogans eos quatenus Vigilias & Missam de Mortuis cum nota, die mei obitus vel sequenti die pro animæ meæ remedio ac Parentum & Benefactorum meorum velint celebrare. Item lego Abbatissæ & Conuentui Sanctæ Claræ Auenionensis pro pitantia, die qua celebrabunt Vigilias & Missam Mortuorum, pro anima mea, quinque florenos auri semel tantum. Item lego Abbatissæ & Conuentui Sanctæ Catharinæ Auenionensis pro pitantiis inter eas faciendis, decem florenos semel, ita quod die obitus mei Vigilias & Missam de Mortuis cum nota solemniter & deuotè debeant celebrare & Deum pro animæ meæ remedio exorare. Item lego Ioannæ de Bastida Moniali dicti Monasterij Assini meæ, viginti florenos auri semel tantum. Item lego Abbatissæ & Conuentui Monasterij Sanctæ Claræ Annoniaci, ducentos florenos auri semel, ad emendos redditus perpetuos pro quatuor Anniuersariis, videlicet duobus pro anima Domini Auunculi mei Domini Cardinalis Æduensis, & duobus pro anima mea in Ecclesia dicti Monasterij annis singulis perpetuo, vno videlicet in octaua obitus dicti Domini Auunculi mei, & alio consimili die obitus mei, & alio die Festi Sancti Clementis, qui fuit Titulus dicti Domini Auunculi mei, & alio vndecima die prædicta mensis Augusti, qua die celebratur Festum Sanctæ Susannæ quæ fuit primus Titulus mei Cardinalatus solemniter & deuotè, cum Vigiliis & Missa de Mortuis cum nota, faciendis & celebrandis & aliis prout in talibus est fieri consuetum. Item volo & ordino quod de dictis redditibus, qui empti fuerint de dictis ducentis florenis, ipsa Abbatissa & Conuentus Fratribus Minoribus dicti loci dare debeant omni anno quadraginta solidos monetæ currentis pro pitantiis eorum Conuentui faciendis, qui simili modo quater in anno perpetuo Anniuersaria prædicta facere teneantur, & pro anima Sororis meæ Margaretæ de Columbario inhumatæ in Capella per dictum Dominum Æducensem Auunculum meum, in Conuentu illo fundata. Item lego Abbati & Conuentui Monasterij Sancti Antonij Viennensis Diœcesis, centum florenos auri semel tantum, ad emendos redditus perpetuos, quorum reddituum medietas pro eleemosina annis singulis perpetuo facienda & distribuenda æqualiter Pauperibus Hospitalibus eorum, die obitus mei, & alia medietas pro Anniuersario meo etiam annuatim perpetuo in Ecclesia dicti Monasterij die obitus mei cum Vigiliis & Missa de Mortuis solemniter & deuotè cum nota faciendo & celebrando, & aliis prout in talibus est fieri consuetum conuertantur. Item lego Priori & Conuentui Beatæ Mariæ de Montealto prope Auenionem ducentos florenos auri semel, ad emendos redditus perpetuos pro tribus Anniuersariis & pro dicto Auunculo meo Domino bonæ memoriæ Cardinali Æduensi, & pro me anno quolibet perpetuo, vno videlicet in die octaua obitus eiusdem Domini Auunculi mei, & alio die vel consimili obitus mei, & reliquo die vndecima mensis Augusti qua celebratur Festum Sanctæ Susannæ, quæ fuit primus Titulus mei Cardinalatus, solemniter & deuote cum Vigiliis & Missa de Mortuis cum nota faciendis & celebrandis & aliis prout in talibus est fieri consuetum. Item lego eidem Priori & Conuentui Montis alti duos florenos auri semel, pro pitantia ipsis die mei obitus facienda. Item dicto Priori duos florenos & cuilibet Monacho ipsius Prioratus tunc præsenti & residenti vnum florenum semel tantum. Item Abbati & Conuentui Monasterij Sancti Andreæ Auenionensis Diœcesis decem florenos auri semel tantum si præsentes fuerint in exequiis meis die obitus faciendis, & quod Vigilias & Missam de Mortuis dicta die obitus, vel sequenti proximo, die & celebrare teneantur. Item lego centum florenos auri semel pro pauperibus Puellis Mandamentorum Annoniaci, Columbarij, & Thorenelij maritandis, distribuendos prout dictis Mondono, Ioanni de Perta, & Ademario, aut duobus ex eis videbitur faciendum. Item do & lego Reuerendo Patri Domino Guillelmo Episcopo Suessionensi Germano meo, meliorem equum seu palefredum, quem habebo tempore mortis meæ, & Mitram meam albam & aurifrisiatam, cum margaretis, cum imaginibus Annunciationis & Coronationis Beatæ Virginis Mariæ. Item lego Venerabili Viro Domino Bertrando Bertrandi Sedis Apostolicæ Notario, Nepoti meo secundum equum seu palefredum meliorem, quem habebo tempore mortis meæ. Item do & lego Nepoti meo Bertrando Bertrandi Domino Sancti Romani ducentos florenos auri semel tantum. Item do & lego dicto Nepoti meo Bertrando Bertrandi omnem partem mihi competentem in domo materna, sita in Villa de Annoniaco Viennensis Diœcesis, si dictam partem velit recipere & habere, alioquin nisi eam recipere vellet infra octo dies postquam legatum istud sibi post obitum meum fuerit intimatum, lego istam partem Petro de Monasterio Filio Dominæ Petronillæ de Columbario Neptis meæ Germanæ, per se & suis Hæredibus de legitimo Matrimonio procreatis, & si ipsum decedere contingeret absque liberis masculis de proprio corpore & legitimo Matrimonio procreandis, ei substituo Hæredem meum infrascriptum. Item dono & remitto Domino Petro de Alenciio Militi Nepoti meo, omne debitum in quo mihi tenetur de præsenti, & etiam tenebitur tempore mortis meæ, volo tamen & ordino quod si decederet absque liberis legitimis de suo proprio corpore procreatis, dictum omne debitum quæ mihi debet & debebit, ad Hæredem meum infrascriptum videlicet Monasterio in Castro meo de Columbario dictæ Viennensis Diœcesis fundato infrascripto plenè & liberè reuertantur, soluantur & restituantur. Item do & lego Izabellæ de Monasterio Nepti meæ maritatæ, pro dote dictæ Filiæ non aliter, quadringentos florenos semel tantum, ita tamen quod si moriatur sine liberis legitimis, dicta dos ad Hæredem meum infrascriptum liberè reuertatur. Item do & lego Petro de Monasterio Nepoti meo & Filio Neptis meæ Petronillæ prædictæ, partem meam Castri & Mandamenti de Torenco Viennensis Diœcesis, cum iurisdictione, dominio, redditibus, censibus, feudis, domibus, vineis & aliis pertinentiis & iuribus dictæ meæ partis

Z z iij

vniuersis, & si ipsum Petrum decedere contingeret sine liberis legitimis de eius proprio corpore procreatis, sibi in prædictis substituo Hæredem meum infrascriptum. Item volo & præcipio de bonis meis solui & restitui eidem Petronillæ Nepti-meæ, vel Hæredibus in recompensatione Villæ & pertinentiarum de Augusta Æduensis Diœcesis, quam Villam & pertinentias nunc tenet Episcopus & Capitulum Ecclesiæ Æduensis, ex legato & dato eis facto, per bonæ memoriæ Auunculum meum Dominum Cardinalem Æduensem prædictum, qui dictam Villam & pertinentias prius dederat eidem Petronillæ Nepti meæ, sicut apparet per instrumenta inde confecta, videlicet ducentos florenos auri semel, qui de bonis executionis dicti Domini Auunculi mei Domini Cardinalis Æduensis de consilio & assensu aliorum Coexecutorum meorum Testamenti dicti Domini Auunculi mei Domini Cardinalis Æduensis ac plurium Iurisperitorum ad hoc vocatorum, eidem Nepti meæ restitui & solui fuerunt ordinati. Item lego dilectæ Cognatæ meæ Agneti Sibondo, Moniali Monasterij Sanctæ Claræ Annoniaci, vt Deum oret pro remedio animæ meæ, viginti florenos auri semel. Item volo & ordino quod Albericus Radulphi Diaconus Lingonensis, Mondanus de Peyssano, & Ioannes Porta, Capellani mei & Ademarus de Bordis infrascripti Executores mei, seu duo ex ipsis, omnes Robas meas, quas habebo tempore mortis meæ alibi non legatas secundum conscientias eorum, quas inde onero, distribuent & dent pauperibus Mulieribus Villarum & Mandamentorum de Annoniaco, de Andantia & de Columbario Viennensis Diœcesis, nec volo excludi in legato huiusmodi Neptes meas. Item volo quod si tempore obitus mei aliqua restent seu remaneant exequenda de executionibus Testamentorum bonæ memoriæ Domini Auunculi mei prædicti, ac Magistri Bellini de Cantilpto Physici Capellani dicti Domini Auunculi mei, & mei, fiant & compleantur per alios Executores meos dicta Testamenta si sint præsentes, alioquin per Executores meos inferius nominatos volo omnia perfici & compleri tam de bonis Executorum dictorum defunctorum quam meis. Item lego Domino Iacobo de Bessonio quinquaginta florenos auri semel, nisi per me fuerit in beneficiis vel alias remuneratus post datam præsentis mei Testamenti. Item lego Domino Moadono de Paissano Capellano meo Breuiarium meum, in quo meas horas dicere consueui. Item lego Domino Guillelmo le Blanc Capellano meo & Custodi Castri mei de Colombario, quinquaginta florenos auri semel, si tempore mortis meæ sit in seruitio meo. Item volo & ordino quod dentur sibi quinquaginta florenos auri de bonis executionis Domini Auunculi mei Domini Cardinalis Æduensis, pro labore suo cum seruierit in constructione Monasterij Sanctæ Claræ, per sex annos & vltra sine aliqua remuneratione. Item lego Antonio de Albibus Seruienti Armorum Domini nostri Papæ, centum florenos auri semel. Item lego Cantelino de Sale, quadraginta florenos auri semel. Item lego Ægidio de Borzia, Coquo meo, centum florenos auri semel. Item lego Yrrico Falcomo meo, quadraginta florenos auri semel, & æquum quem equitabit tempore mortis meæ. Item lego Peronono Deteulento, quinquaginta florenos auri semel. Item lego Domino Ioanni de Brueriis, Panaterio meo, viginti florenos auri semel. Item lego D. Iacobo du Fay, alias de Organis, viginti quinque florenos auri semel. Item lego Domino Iuliano Fabri de Briuata, viginti quinque florenos auri semel. Item lego Ioanni Russi de Vapanto, alias Gauot, quadraginta florenos auri semel. Item lego Guillelmo de Chinon, triginta florenos auri semel. Item lego Petro de Primiaco, triginta florenos auri semel. Item lego Domino Martino le Faron, Buticulario meo, viginti florenos auri semel. Item lego Hamnequo Panaterio meo, quadraginta florenos auri semel. Item lego Magistro Ludouico, Magistro Fontium Montisalbi, triginta florenos auri semel. Item lego Domino Huctis de Tarsis Etutindatio meo, quinquaginta florenos auri semel. Item lego Fortunio Sansi, triginta florenos auri semel. Item lego Nicolao Messagerio meo, quinquaginta florenos auri semel. Item lego Guillelmo Caruilli, Cubiculario meo, centum florenos auri semel. Item volo & præcipio, quod Executores mei infrascripti satisfaciant, aliis Seruitoribus & Familiaribus meis, nisi eis legatum fecerim, aut aliàs fuerint de eorum seruitiis remunerati per me, habendo respectum ad legata, quæ superius feci aliis Seruitoribus meis, & secundum quod seruierint, & prout melius Executoribus meis videbitur faciendum. Item volo constituo & ordino, quod in & de Castro meo de Colombario Viennensis Diœcesis per me constructo, fiat, erigatur, & extruatur vnum Monasterium Ordinis Sancti Benedicti, secundum instituta Sancti Petri, Confessoris de Murrone, olim Papæ Cœlestini, & dedicetur in honorem Beatissimæ Virginis Mariæ, ejusque Festi & Nunciationis, in quo Monasterio sint Prior, Fratres Conuersi, & alij Seruitores secundum facultates prædicti Prioratus seu Monasterij, & secundum Regulam & Statuta dicti Ordinis, fiatque & construatur Capella, seu Ecclesia ipsius Monasterij ante quadram illam majoris Turris, quæ respicit ad Orientem, & juxta Capellam iam ibidem per me constructam, non minus sumptuosa, sed prout melius & vtilius Executoribus meis videbitur expedire, cui Monasterio pro fundatione & dotatione ejusdem do & lego dictum Castrum meum de Colombario, & omnes possessiones & proprietates ejusdem, necnon domos, vineas, terras, prata, nemora, pascua, census, redditus, feoda, homagia, dominium, jurisdictiones, & pertinentias quascumque, & omnia & singula quæ habeo & habere possum, & habebo tempore mortis meæ, in dicto Castro, Villa, & finagio, territorio, ac Mandamento ejusdem & alibi vbicumque, nihil in eis penitus retinendo, exceptis superius & inferius per me datis legatis & relictis, & exceptis etiam illis, quæ post data præsentis mei Testamenti ante mortem meam, quodcumque & quotiescumque de præmissis retinere, donare, legare vel relinquere voluero personis & locis quibuscumque, super quo mihi quamdiu vixero retineo plenam potestatem. Quod Monasterium in honorem Beatissimæ Mariæ Virginis construendum instituo, & facio Hæredem meum vniuersalem ac solum & in solidum in omnibus & singulis bonis meis mobilibus & immobilibus vbicunque existentibus, quæ habeo & habebo ante tempus &

tempore mortis meæ, etiam si sint in vasis aureis, argenteis, libris, vstensilibus, animalibus, ac in omnibus debitis, quæ mihi possunt & poterunt deberi & deuenire, seu succedere etiam si personaliter plus viuerem, tam ratione Capelli, Cardinalatus, seu distributionum Cameræ Apostolicæ, quàm ratione restitutionis dotium receptum mearum, seu alia successione, & quocumque alio iure, consuetudine, seu causa, solutis tamen prius debitis meis, & sedatis Clamoribus & completis aliis superius & inferius per me legatis, ordinatis, restitutis & datis & exceptis per me supra exceptatis & retentis. In causa etiam quo tempore meo dictum Monasterium construerem seu construere inciperem, volo quod nihilominus per executores meos compleatur & perficiatur sicut est superius ordinatum, & si me viuente perfectum fuerit, & completum, si vero Iurisdictio dicti Castri & Mandamenti eius non fuerit amortisata per Superiores ipsius iurisdictionis tempore vitæ meæ, vel post, ita quod non posset eadem in personas dicti Monasterij, volo & ordino, quod eadem iurisdictio alicui personæ de Genere meo, vel affinitate mea, vendatur videlicet plus offerenti in eadem per Executores meos, & pretium, pro quo vendetur cedat in vtilitatem Monasterij supradicti, & si nullus de Genere meo eam vellet habere, vendatur extraneis personis, vel personis quibuscumque eam emere volentibus, & plus offerenti detur per Executores eosdem, & pretium inde recipiendum applicetur Monasterio memorato. Item vbicumque me decedere contigerit corpus, meum volo & eligo sepeliri infra Capellam, seu Ecclesiam dicti Monasterij Subter Majus Altare, & volo quod lapis planus supponatur terram in aliquo non excedens absque imagine aliqua, seu sculptura litterarum. Si autem me contingat decedere antequam dicta Capella, seu Ecclesia dicti Monasterij sit completa, in Diœcesi Auenionensi, volo corpus meum deponi in Ecclesia dicti Prioratus Beatæ Mariæ de Montalto prope Auenionem, & quam citiùs commodè poterit, per predictos Priorem & Conuentum ad Capellam, iam in dicto Castro mea constructam deportari, & ibidem reponi, donec ipsa Ecclesia sit perfecta. Si verò decedam in Diœcesi Viennensi, vel prope, volo etiam, quòd inde corpus meum, quàm citiùs commodè fieri poterit per Priorem & Conuentum Monasterij supradicti apportetur, & in Capella iam ibidem constructa inhumetur, donec Ecclesia per me fieri ordinata in Monasterio predicto perfecta fuerit & completa. Quod quidem corpus meum tunc in dicta Ecclesia per dictum Priorem & Conuentum, modo quo superius ordinaui, iubeo sepeliri, & si decederem in remotis partibus, per decem dictas, volo deponi corpus meum in propinquiori Ecclesia loci in quo decedam, quousque dicta Ecclesia ipsius Monasterij sit completa, & tunc Prior & Conuentus dicti Monasterij dictum corpus meum facient deportari ad eorum Monasterium absque pompa, & cum modicis expensis, sicut eis placuerit, illudque inhumabunt subtus Altare eorum, sicut est superius ordinatum. Item exequias meas volo fieri per hunc modum; videlicet quòd nullæ vestes nigræ fiant, neque portentur, nullique plactus ibidem fiant, nec fiat aliquod luminare, nisi duntaxat quatuor cerei, quilibet de octo libris, quorum duo sint ad caput, & duo ad pedes corporis mei, nullus pannus aureus, vel sericus supponatur feretro meo, sed pannus simplex niger modici valoris absque aliqua depictura. Rogo autem Dominos meos duos Cardinales Executores meos infrascriptos, quatenus dictas exequias aliter fieri non permittant, & inhibeo quantum possum aliis Executoribus meis infrascriptis, ne aliter faciant, nec fieri faciant, aut permittant. Item, volo & ordino quod omnes Capellani, Scutiferi, Clerici, Officiarij, & famuli mei, qui præsentes erunt mecum in domo, & mihi seruientes duntaxat, & non alij extra existentes, induantur de nouo & sint induti in die obitus mei de talibus vestibus, sicut in vita mea eis dare consueui. Item, volo & ordino, quòd omnes familiares mei possint stare in domo habitationis meæ, per viginti dies continuos post obitum meum, & hæc omnia fiant cum expensis meis. Ita quòd quilibet de recessu suo possit sibi meliùs prouidere. Item, si alicui vel aliquibus superiùs dedi aliqua vel legaui, cui vel quibus in aliquo teneor, & qui posset vel possent à me aliqua petere, occasione quacumque, volo quòd illud datum, vel legatum, & illa data vel legata, non pro dato vel legato, sed pro soluto & restituto habeantur. Item, si contingat vt spero vt aliqua data, vel legata superiùs contenta, post datum præsentium soluere dare, vel erogare dum vixero. Volo quòd illud datum, solutum, vel erogatum, & illa data, soluta, & erogata vlterius non soluantur, dentur aut erogentur, sed pro datis, solutis, & erogatis totaliter habeantur. Item do & lego fratri Petro Fabri electo & confirmato in Episcopatum Sancti Angeli de Lombardis, centum florenos auri semel tantum. Item do & lego Fratri Isnardo Pœnitentiario Domini nostri Papæ & Confessori meo, quinquaginta florenos auri semel tantum. Item, do & lego cuilibet Notariorum infrascriptorum, qui meum præsens Testamentum, seu vltimam voluntatem in publicum redigent, & signis suis publicis consignabunt, triginta florenos auri tantum semel, etiam expressè, quòd in inuentario de bonis meis faciendo, iidem Notarij interesse si commodè possint, & ipsum facere teneantur. Item si contingerit forsan (quod absit) aliquos datarios vel legatarios superiùs nominatos, tam nominibus proprijs, quam nominibus, seu ad opus Ecclesiarum & Beneficiorum suorum, aut etiam coniugum & filiorum, seu filiarum suarum, si quos vel si quas habeant, impugnare præsens meum Testamentum, aut aliqua in eodem contenta, seu aliqua bona mea de facto, vel de iure capere, & vt capi, vel arestari facere, præterquam per manus Executorum meorum, seu aliquam molestiam, aut iniuriam inferre Executoribus meis, seu impugnantibus, arestantibus, capientibus molestantibus, dare consilium, auxilium aut iuuamen, vel etiam vltra data & legata predicta petere, vel exigere, per se, vel ab iis quoquomodo, huiusmodi datarios & legatarios, & eorum hæredes & successores, &c. Eorum Ecclesias, Beneficia, coniuges, filios, & filias etiam sint Clerici, vel Laici, ex tunc prout, ex nunc, & nunc prout ex tunc, priùs & priuatos esse volo omni dato, & legato per me eis facto, & dista & legata praedicta, pro non datis & legatis haberi volo, & loco eorum substituo Cameram Apostolicam, & Dominum REGEM FRANCIAE, & Monasterium de Colombario haeredem meum praedictum, quodlibet pro tertia parte. Ita tamen quod Dominus Rex praedictus & Camerarius Domini nostri Papae praedicti, meum Testamentum teneri faciant, & impedientes, capientes & molestantes huiusmodi, cum effectu compescant, & cessare faciant ab impedimentis, captionibus & molestationibus praedictis, alioquin nisi hac fecerint, volo quod Monasterium ipsum de Colombario loco eorum in omni parte succedat praedictis defendendis. Item, volo & ordino quod Monasterium praedictum de Colombario, non possit in aliquo loco construi nec institui per quamcumque viam, praeterquam in dicto Castro & Domo per me constructa & aedificata in dicto loco de Colombario, & si aliter, quod DEUS avertat, fieret, dictos Religiosos, prius omnibus praedictis eis legatis, praenitus & expressé, & eis substituo Archiepiscopum Viennensem, qui pro tempore fuerit, & Ecclesiam Viennensem. Item, si datarios, vel legatarios meos praedictos, seu illos, vel illas, ad quorum, vel quarum opus & utilitatem feci, data & legata huiusmodi, mori ante me contingat, & me eis supervivere aut aliquos familiarium meorum praedictorum ante obitum meum a servicio meo recedere seu filias Nepotum & Neptum mearum non maritari, seu me de eis aliter disponere, quam superius ordinavi & dixi, data legata, & data eis facta per me superius pro non datis & legatis haberi volo, & ne solvantur inhibeo quantum possum. Huius autem Testamenti mei, seu ultimae voluntatis Executores meos facio constituo & ordino, Reverendissimos Patres & Dominos meos carissimos, Dominos Dei gratia Talayrandum Albanensem, Guidonem Portuensem, & Aegidium Sabinensem Episcopos, Dominos Guilhermum Sanctae Mariae Trans Tyberim, Franciscum Sancti Marci, Petrum Sanctae Anastasiae Presbyteros, Bernardum Sancti Eustachij, & Nicolaum Sanctae Mariae in Via Lata, ac Petrum Sanctae Mariae Novae Diaconos Sanctae Romanae Ecclesiae Cardinales, necnon Archiepiscopum Viennensem, & Episcopum Anniciensem, qui fuerint pro tempore, Praefatos Germanum & Nepotem meos, Episcopum Suessionensem, & Bertrandum Bertrandi Sedis Apostolicae Notarium, Venerabilem Patrem Dominum Iacobum de Villanova, Decretorum Doctorem, Abbatem Monasterij Sancti Michaëlis de Clusa, ac Venerandos Viros Dominos, Ioannem Rosseleti Praepositum Arrebatensem, & Bartholomaeum Brunelli, in utroque Iure licentiatum, Auditores, Albericum Radulphi Decanum Lingonensem Camerarium meum, Mondonum de Payssano Eduensem, & Iohannem de Porta, Nivernensem Canonicos, Capellanos, necnon Aymarium de Bordis, servientem armorum Domini nostri Papae, & Regis Franciae scutiferum, & familiares meos dilectos, ac etiam Venerabilem Patrem Abbatem Monasterij Sancti Spiritus, prope Sulmonam dicti Ordinis Sancti Benedicti, secundum instituta Sancti Petri Confessoris, praedicti Provincialem Franciae, & Priorem de Gentilino prope Avenionem, dicti Ordinis Sancti Benedicti, secundum eadem instituta, qui pro tempore fuerint, & Arnulphum Fayacij Burgensis Annoniaci, & cui quidem Aymaro de Bordis, lego ducentos florenos auri semel, & quidquid emi in sancto Saturnino, de sancto Spiritu Uticensis Dioecesis, & tempore mortis meae ibidem possidebo. Item dicto Aymaro, lego omnes armaturas meas, quas pro persona mea habeo, & habebo tempore mortis meae, cuiuscunque generis sint, & ubicumque fuerint tempore mortis meae; & nihilominus volo & ordino, quod illi familiares Executores mei praedicti, qui Executioni huiusmodi vacabunt, quandiu circa eam vacabunt, sint semper & semper omnia faciant ad expensas n eas, & Executionis meae huiusmodi, quousque eadem Executio perfecta fuerit, & completa. Volo tamen quod Domini mei Cardinales Executores praedicti aut duo ex ipsis augendi, diminuendi, mutandi, &c. Corrigendi, & declarandi Legata & omnia supradicta, plenam habeant potestatem, & quod praefati Auditores, Capellani, Camerarius, & scutifer Executores mei praedicti omnes simul, aut duo ipsorum ad minus cum Consilio Dominorum meorum Cardinalium praedictorum; aut alterius eorundem in solidum possint executionis istius negotium, & omnia supra per me ordinata liberè exercere, in toto vel in parte, ac executionem huiusmodi perficere & complere, quibus quidem Executoribus meis Auditoribus Capellanis, Camerario & scutifero aut duobus ex ipsis sicut dictum est, do plenam, liberalem, generalem potestatem, ac speciale mandatum bona mea mobilia & immobilia, ac debita quaecumque & ubicumque sint capiendi, exigendi & recuperandi, inventarium de eis faciendi ad opus executionis praedictae, & ea vendendi & distrahendi, subhastandi, & deliberandi, recipiendi & quittandi, transigendi, componendi & compromittendi, nec non pro eis & dicta executione seu eorum negotiis agendi & defendendi, libellum & quascumque dandi petitiones & recipiendi, excipiendi & replicandi litem, seu lites contestandi, unum vel plures Procuratores quoties opus fuerit, per praedictos & ea tangentibus constituendi & substituendi, ac etiam revocandi, & omnia & singula alia faciendi, quae ego facerem & possem, si viverem & personaliter interessem. Volo etiam & ordino quod statim post mortem meam saltem, quamprimum fieri co nmodè poterit, omnia bona mea quaecumque sint, facto prius inventario de eisdem, tradantur & ponantur in manibus dicti Prioris de Gentiliaco, qui pro tempore fuerit ac Domini Iacquini de Villanova, Abbatis Monasterij Sancti Michaëlis praedicti & Camerarij mei, Mondoni de Payssano, Ioannis Porta, & Aymerici de Bordis Executorum meorum praedictorum, vel trium ex eisdem qui tempore obitus mei praesentes fuerint & in servitio meo tunc steterint, per eos servanda & custodienda pro mea executione praedicta perficienda & complenda, ut superius est expressum. Quibus, Abbati videlicet Sancti Michaëlis lego etiam Bibliam meam coopertam pelle colorosis tannati, quandiu vixerit, post mortem suam verò reddere & restituere per seipsum, seu alium eius nomine

nomine si sibi placuerit, teneatur Monasterio de Colombario prædicto. Camerario autem ducentos florenos auri, Mondoni & Ioanni Porta, cuilibet centum florenos lego; completa executione si recipere velint; Hoc autem volo & ordino meum esse nuncupatiuum, & vltimum Testamentum, & meam vltimam voluntatem, quod & quam valere volo Iure Codicillorum, seu Epistolæ, donationis, causa mortis, cuiuslibet alterius vltimæ voluntatis, ac si non valeret secundum Iura Ciuilia, volo quod valeat secundum Canonicas Sanctiones, & secundum consuetudines, & omnes alios modos, quibus melius valere poterit & tenere; & si vnquam alia condidi Testamenta, codicillos, aut dispositiones vltimas, de eis pœnitet, & ea reuoco & annulo, & ea pro non factis haberi ordino, atque volo. Tenorem quoque dictarum Litterarum Apostolicarum, mihi super testandi potestate & licentia concessarum in præsenti meo Testamento, seu hac mea vltima voluntate de verbo ad verbum inseri ac præsens meum Testamentum, seu præsentem meam vltimam voluntatem, & dictarum Litterarum Apostolicarum tenorem, & omnia & singula alia supra & infrascripta, in publica forma peto, volo & requiro ac mando redigi, per Notarios publicos infrascriptos, & quemlibet eorundem, & de his omnibus & singulis volo, peto, requiro & mando, per eosdem Tabelliones, & eorum quemlibet vnum & plura confici & fieri publica & consimilia instrumenta. Rogo quoque, & in horum omnium Testes voco, Venerabiles & Religiosos ac prouidos & discretos viros, quorum nomina inferius continentur, vt præmissorum & infrascriptorum omnium testes sint, suáque vel alia sigilla loco suorum sigillorum apponant & appendant, seu apponi & appendi faciant, huic meo nuncupatiuo Testamento, seu meæ vltimæ voluntati, in testimonium & fidem omnium & singulorum, quæ superiùs & inferiùs continentur. Ego etiam Petrus, Episcopus Cardinalis testator prædictus maius sigillum meum authenticum & notorium, huic meo nuncupatiuo Testamento, seu vltimæ meæ voluntati apponi mandaui, & feci vna cum nominibus testium subscriptionibus, & signis Notariorum infrascriptorum, & testium eorundem. Quarum quidem Litterarum Apostolicarum, de quibus supra fit mentio tenor de verbo ad verbum noscitur esse talis.

INNOCENTIVS *Episcopus seruus seruorum Dei, Venerabili Fratri* PETRO *Ostiens̃ & Velletrens̃ Episcopo, salutem & Apostolicam benedictionem.* Cum nihil sit quod magis hominibus debeatur, quàm vt supremæ voluntatis liber sit stilus & liberum, quod iterum non redit Arbitrium: Nos tuis supplicationibus inclinati, testandi, ordinandi & disponendi liberè, de omnibus bonis ad te pertinentibus cuiuscumque quantitatis, seu valoris fuerint, etiam si illa ex prouentibus Ecclesiasticis, seu Ecclesiis tibi commissis, vel aliter personæ, vel tui Cardinalatus intuitu ratione, aut contemplatione ad te peruenerunt, & peruenient in futurum, plenam & liberam Fraternitati tuæ licentiam tenore præsentium elargimur. Nulli ergo omninò hominum liceat hanc paginam nostræ concessionis infringere, vel ei ausu temerario contraire. Siquis autem hoc attentare præsumpserit, indignationem omnipotentis Dei & Beatorum Petri & Pauli Apostolorum eius, se nouerit incursurum. Datum apud Villam-nouam Auenionensis Diœcesis, nono Calendarum Iulij, Pontificatus nostri anno sexto. Actum & datum apud Prioratum Beatæ Mariæ de Montealto prædicto in Domo Venerandissimi, & Reuerendissimi Patris & Domini Petri Dei gratia Ostiensis & Velletrensis Episcopi Sanctæ Romanæ Ecclesiæ Cardinalis Testatoris præfati, ipso Domino Cardinali Testatore sic testante, ordinante, disponente, & faciente, volente, petente, & requirente & mandante prout superius continetur, sub anno à Natiuitate Domini 1361. Indictione quarta decima, die quinta mensis Iulij, Pontificatus Sanctissimi Patris & Domini nostri Domini Innocentij diuinâ prouidentia Papæ VI. prædicti, anno nono, præsentibus Reuerendo in Christo Patre Fratre Domino Fratre Petro Episcopo Sancti Angeli de Lombardis, & Religiosis & Venerabilibus ac discretis Viris Fratribus Isnardo Pœnitentiario dicti Domini nostri Papæ, & Gundisaluo Petri eius Socio, Ordinis Fratrum Heremitarum Sancti Augustini, & Magistro Bartholomeo Brunelli Præposito Ecclesiæ Collegiatæ de Tanaio Niuernensis Diœcesis, Domino Mondono de Payssano Canonico Æduensi, & Ademaro de Bordis Seruienti Armorum Domini nostri Papæ, & Ioanne de Porta Canonico Niuernensi, Testibus ad præmissa vocatis specialiter & rogatis.

Et ego Adam Neuerio Clericus Laudunensis, publicis Apostolica & Imperiali Authoritate Notarius præmissis, omnibus & singulis dictis, factis, ordinatis & legatis, sepultura electioni, dicti Monasterij fiendi constitutioni, & ordinationi, ac executorum constitutioni, omnibúsque & singulis, dum sic per eundem Dominum Cardinalem dicerentur, ordinarentur, & constituerentur, vna cum Magistro Stephano Priosi Notario, eadem authoritate Apostolica & Imperiali, ac testibus, supra nominatis præsens interfui, ac prædicta omnia & singula per alium scripta, propter occupationes dicti Magistri Stephani, & mei in hanc publicam formam redegi, & huic præsenti publico instrumento me subscripsi, & signum meum apposui, in testimonium omnium & singulorum præmissorum rogatus, vna cum Magistro Stephano supradicto. Qui quidem Magister Stephanus superueniente sibi post publicationem prædictam insirmitate, morte subsecuta, signum suum huic præsenti publico instrumento minimè apposuit, nec se subscripsit eidem. Quod quidem instrumentum publicum Testamentum dicti Domini Cardinalis, quondam in se continens ad instantiam & requisitionem Religiosi viri Domini Fratris Ægidy de Francia, Ordinis Cælestinorum, Prioris Procuratoris, & Conuentus Monasterij de Colombario, dicti Ordinis Cælestinorum Viennensis Diœcesis, per infrascriptum Testamentum nostrum, & dictæ Curiæ Notarium transcribi & publicari mandauimus & fecimus, volentes & decernentes, quòd huiusmodi transcripto publico, sicut ipsi originali instrumento, tam in iudicio, quàm extra detur de ce-

A a a

teroplena fides, quibus omnibus sic tam quàm rite & legitimè peractis authoritatem nostram, & dicta Curiæ interponimus pariter & decretum. In cuius rei testimonium præsens transcriptum publico sigillo proprio dictæ Curiæ quo vtimur, secimus communiri. Actum Auenione in Hospitio dicti Auditoris, præsentibus Domino Petro de Agaceo in Romana Curia Aduocato, Hugone de Molendino, in eadem Curia Procuratore, & Peregrino Ottauiani de senis, testibus ad præmissa vocatis, & rogatis, sub anno à Natiuitate Domini, millesimo trecentesimo sexagesimo quarto, indictione secunda, die decima octaua, mensis Nouembris, Pontificatus Domini VRBANI Papæ quinti, anno tertio.

Ego testa filius Cressiy, Clericus Ciuitatis Castelli, publica Apostolica & Imperiali authoritate Curiæque Cameræ Domini Papæ Notarius publicus, præmissis visioni, inspectioni, mandato, authoritatis & decreti interpositioni, ac omnibus alijs & singulis supradictis, vna cum dictis testibus interfui, & prout in dicto originali instrumento Testamenti dicti Domini Cardinalis, ita hic de mandato dicti Domini Auditoris per alium transcribi, & in hanc publicam formam redigi feci, alijs dictæ Curiæ negotijs occupatus, & quia facta diligenti & accurata de præsenti transcripto, cum dicto originali instrumento collatione, ea ad inuicem concordare inueni, hic me subscripsi in testimonium præmissorum & signum meum apposui consuetum, cum sigillo.

JEAN DV MOVLIN, ou DES MOVLINS,
surnommé Morlandin par quelques vns, Religieux, puis General de l'Ordre de Saint Dominique, Lecteur en Theologie, Inquisiteur de la Foy en la Prouince de Languedoc, & Maistre du Sacré Palais à Rome, Prestre Cardinal du Tiltre de Sainte Sabine.

CHAPITRE CI.

Nomenclator Cardinalium.

IOANNES MORLANDINVS Lemouicensis, Ordinis Prædicatorum, Cardinalis, ad publicam Scholasticæ Theologiæ professionem maturè accessit, cùm antea complures instituti sui sodalibus Aristotelem enarrasset, scripsit de reparatione lapsi, Sermones multos, qui obfirmatos etiam animos transfigunt, & alia quædam, vt habet Cortesius. Obiit Auenione 1358. iacetque Tholosæ in Ecclesia Prædicatorum.

PIERRE DE LA FOREST, PROFESSEVR
en l'vn & en l'autre Droict, premierement Curé de Chemiré le Gaudin, puis Aduocat au Parlement de Paris, ensuite Aduocat General audit Parlement, Chanoine des Eglises Cathedrales de Roüen & de Paris, Chancelier de Iean Duc de Normandie, Euesque de Tournay, Chancelier de France, puis Euesque de Paris, apres Archeuesque de Roüen, & enfin Prestre Cardinal de la Basilique des Saints douze Apostres, Legat en Sicile & en France, Ambassadeur pour le Roy Iean vers le Pape INNOCENT VI. pour moyenner la paix d'entre la France & l'Angleterre.

des Cardinaux François.

CHAPITRE CII.

Extraict de l'Histoire MS. des Chanceliers & Gardes des Sceaux de France, par feu mon pere.

IL estoit natif de la Suze au Maine, fut Advocat du Roy au Parlement de Paris, & puis Chancelier. Il fut premierement Chancelier de Iean Fils aisné du Roy, Duc de Normandie, & Evesque de Tournay, puis de Paris : le Roy Philippes de Valois le fist Chancelier de France l'an 1350. & fut Executeur de son Testament du deuxiéme Iuillet audit an : en l'an 1351. le 17. Septembre il feist le Traitté de Treves de la part du Roy avec le Roy d'Angleterre, entre Guines & Calais, où il se qualifie PIERRE par la grace de Dieu Evesque de Paris & Chancelier de France ; il fut Archevesque de Roüen l'an 1352. Tiltre pour l'Abbaye de Saint Denys en Octobre 1353. Ego PETRVS Cancellarius, Archiepiscopus Rothomagensis, præsentes Litteras legi & relegi, & hic manu propriâ me subscripsi. Il avoit deux mille livres parisis degagés, & apres avoir esté fait Prelat (qui fut le premier iour de Ianvier 1352.) il ne laissa pas de continuër à prendre les mesmes gages sur les emolumens de la Chancellerie, mais ayant voulu rendre ses comptes, la Chambre luy raya ladite somme de deux mille livres parisis par an, ce qui l'obligea à obtenir Lettres de sa Charge, & quittance desdits deniers, données à Rheims en Octobre 1354. nonobstant que par les Ordonnances la Prelature eust deu faire cesser la continuation de sesdits gages, comme à tous autres Conseillers & Officiers du Roy, lesquelles Lettres pour oster tout pretexte de soupçon furent scellées de trois divers Sceaux du Roy, à sçavoir le grand Sceau que portoit ledit Chancelier, le petit Signet que portoit le Roy mesme, & le Seel du Secret que portoit le Chambellan, Registre LXXXII. du Thresor, numero 439. Le mesme PIERRE de la Forest ayant acquis une terre dans le Domaine du Roy au pays du Maine, il obtint autres Lettres pareillement données à Rheims au dit mois d'Octobre 1354. sous le grand Sceau, & sous le Seel du Secret, pour oster tout le soupçon qui y pouvoit eschoir, à cause qu'il portoit le grand Sceau, par lesquelles le Roy confirme son acquisition, & supplée tous les deffauts & obmissions qui s'y pourroient opposer, mesme d'avoir esté faite pendant la fonction de son Office de Chancelier, par personne qui n'estoit pas noble & de chose qui estoit de l'ancien Domaine des Comtes du Maine, dont le retrait feodal appartenoit au Roy, & de ce qu'elle eust peu sembler estre une alienation faite in Potentiorem avec clause d'annoblissement formel, & d'habilitation à tenir tous fiefs nobles. Il feist ouverture des Estats à Paris en la Chambre du Parlement, en Decembre 1355. & fut envoyé par le Roy au Parlement le 5. Ianvier audit an 1355. pour la publication des Reglemens generaux faits pour la Reformation du Royaume, tant par le Roy Iean, lors regnant, que par le Roy Philippes le Bel sur la requisition desdits Estats. Apres la prise du Roy Iean, Charles Duc de Normandie son Fils, & Lieutenant General, convoqua une Assemblée des Estats generaux de la Langue d'oïl à Paris dans la Chambre de Parlement au 15. Octobre 1356. où ledit Chancelier de la Forest feist l'ouverture, ausquels Estats furent dressés des Cahiers presentez audit Duc, portant qu'il seroit estably un Grand & Secret Conseil Souverain sur tous les Officiers du Royaume, qui auroit faculté de les reformer, & d'entendre sur le fait du Gouvernement d'iceluy, que ledit Chancelier, le premier President, & autres des Principaux du Grand Conseil en nombre de sept ou huit, seroient destituës de leurs Charges, & que doresenavant le Chancelier de France ne se mesleroit que du fait de la Chancellerie, de voir & corriger ses Lettres, & du fait de Iustice tant seulement, mais la responce desdits Cahiers fut differée à la prochaine tenuë des Estats. Il fut creé Cardinal la veille de Noël ensuivant par le Pape INNOCENT VI. mais cela ne fut pas suffisant pour le garentir ; car les Estats s'estans r'assemblés au cinq Fevrier audit an, extorquerent une Ordonnance dudit Duc, conforme à leurs precedens Cahiers, en datte des 3. Mars suivant, portant de grands Reglemens & Reformations, & entr'autres choses la destitution dudit Chancelier, du Premier President, & de vingt autres Officiers, l'establissement d'un Grand Conseil, composé de gens esleus par lesdits Estats, la restriction de la Charge de Chancelier au fait de la Chancellerie & de la Iustice tant seulement, & la revocation du pouvoir qui avoit esté baillé audit Chancelier & audit Premier President, pour aller travailler au Traitté de Paix à Bordeaux, où le Roy estoit encores detenu ; sans retardation toutesfois du Voyage dudit Chancelier, afin qu'il peust aller rendre les Sceaux au Roy. Pendant l'absence du Chancelier de la Forest, & de l'Evesque de Theroüenne, que le Roy Iean luy avoit subrogé durant sa Prison, les Lettres furent dressées & expediées encore quelque temps au nom du Roy, sous le Sceau du Chastelet, dont la garde estoit commise à Foulques Bardouil, qui y avoit desja esté employé sous Philippes de Valois, pendant un Voyage du Chancelier de Coquerel, & en l'absence du grand Seel, comme il se verifie par une Lettre du 15. Iuin 1357. Ce qui cessa lors que Charles Duc de Normandie prit la qualité de Regent, & bailla à Iean des Dormans son Chancelier le fait de la Chancellerie de France, le 14. Mars audit an 1357. Enfin la Ville de Paris ayant esté reduite à l'obeïssance dudit Regent, s'en ensuivit Arrest solemnellement prononcé par la bouche dudit Regent, assisté du Grand Conseil du Roy & du sien en la Chambre du Parlement, de sa pleine puissance & authorité Royale, dont il usoit comme Regent, le 28. May 1359. par lequel icelui de la Forest lors Cardinal & auparavant Chancelier & Archevesque de Roüen, ensemble SIMON DE BVCY Chevalier, Premier President dudit Parlement, Maistre des Requestes de l'Hostel, & du Grand & Secret Conseil du Roy, & dudit Regent, & deux autres Presidens Maistres des Requestes de l'Hostel du Roy & dudit Regent, & toutes les autres Officiers du Roy indeciment desti-

370 Preuues du Liure II. de l'Histoire

tués, & sans legitime cause, furent reintegrés en leurs Estats, Offices, honneurs & bonne fame, & en leurs arrerages de gages, nonobstant qu'ils n'eussent exercé leursdits Estats depuis leur priuation, auec clause que les Lettres seroient signifiées au Pape & à l'Empereur. Vray est que ledit de la Forest ne se soucia pas beaucoup de faire plus la Charge de Chancelier, il ne mourut que l'an 1361. le 28. Iuin, estant en Auignon, où son cœur fut enterré, & son corps porté au Mans.

Extraict du Registre premier des Chartes de la Chambre des Comptes, folio LXXVIII. Communiqué par Monsieur d'Herouual.

PETRVS de Foresta Rothomagensis Archiepiscopus, Cancellarius Franciæ de nobilitatione suâ, quantum ad acquisitionem Castri & Castellaniæ de Luppelanda, iurium, feodorum, vassallorum, iurisdictionum, & pertinentium, & quantum ad omnes alios actus nobilium, & acquisitionum nobilium feodorum, pro se & causam ab ipso habentibus. Datum mense Octobri 1354. Per Regem, P. Simon.

IOANNES & DROCO de Foresta, Fratres dicti Archiepiscopi, & Matthæus Boucherij, & Guillelmus Munerij, Nepotes dicti Archiepiscopi, nobilitati per Litteras Regis, datas mense Decembri 1351.

Extraict des Registres de Parlement. Anno 1347.

LETTRES du Roy Philippes, par lesquelles il establit Maistre Robert le Cocq Aduocat en son Parlement son especial Aduocat & Conseiller, en lieu de Messire Pierre de la Forest à present Chancelier de son trescher aisné Fils le Duc de Normandie, le 17. Octobre 1347. Au Menceil és Ponts Sainte Maixence.

STATVS pro Magistro Petro de Foresta Electo confirmato Parisiis, Cancellario Regis, qui aberat à Parisiis, die penultima Decembris 1350. sub Sigillo Castelleti in absentia magni.

MAGISTER Petrus de Forgis Archidiaconus de Castrolidi in Ecclesia Cœnomanensi, necnon IOANNES DE FORESTA & IACOBVS DE SEGRAIE, ad causam eius Vxoris, Hæredes defuncti Magistri PETRI DE FORESTA Cardinalis, & anteà Archiepiscopi Rothomagensis. 1377.

Escriteau qui se void en l'Eglise Saint Iulien du Mans.

A Costé de l'Autel Saint Fiacre en la closture du Chœur, estoit construit vn Tombeau de marbre, auquel estoit gisant le corps de Reuerendissime Pere en Dieu, PIERRE DE LA FOREST, vivant Cardinal Archeuesque de Rouen, Chancelier du Roy, & Legat de nostre Saint Pere le Pape en ce Royaume de France, Neueu de Reuerend Pere en Dieu Geofroy de la Chapelle Euesque du Mans.

IEAN DE CARMAIN, Surnommé DEVZA par quelques vns, petit Neueu du Pape IEAN XXII. Prothonotaire du Saint Siege, Cardinal Diacre du Tiltre de Saint Georges in Velabro.

CHAPITRE CIII.

Ciaconius in Vitis Pontificum sub CLEMENTE VI.

IOANNES DE CARAMAGNA, Gallus, Prothonotarius Apostolicus, Diaconus Cardinalis Sancti Georgij in Velabro, peste interiit Auenione, Calendas Augusti anno 1361. Regestum Innocentij VI.

GILLES RIGAVD DE NOISY,

Mal nommé de Roussy par quelques vns, Religieux Benedictin de la Congregation de Clugny, Bachelier en Theologie, Prieur, puis Abbé de nostre Dame d'Essone, ensuite de Saint Denis en France, Cardinal Prestre du Tiltre de Sainte Praxede, Ambassadeur vers le Pape JNNOCENT VI. pour moyenner la Paix d'entre la France & l'Angleterre.

CHAPITRE CIV.

Extraict de l'Histoire Latine MS. de Guillaulme de Nangis, traduite par luy mesme en François.

ITEM le iour de Pasques Flories, qui furent le 10. iour d'Auril l'an 1351. fut presenté à Gilles Rigaud de Noisy, qui auoit esté Abbé de Saint Denis, & de nouuel auoit esté fait Cardinal, le Chapeau rouge ou Palais à Paris, en la presence du Roy Iean, par les Euesques de Laon & de Paris, & par mandement du Pape fait à eux, par Bulle : ce qui n'auoit pas accoustumé à estre fait autrefois, mais ce par la priere du Roy.

PIERRE DE CROS, ou DE CROSON,

Docteur en Theologie, Doyen de Paris, successiuement Euesque de Senlis & d'Auxerre, Cardinal Prestre du Tiltre de Saint Syluestre & Saint Martin és Monts, au Tiltre d'Equitius.

CHAPITRE CV.

Episcopi Autissiodorenses, ex veteri Codice MS. Clarissimi Viri Alexandri Petauij Senatoris Parisiensis.

PETRVS DE CROSO, septuagesimus quintus, natione Gallus, patriâ Lemouicensis, excellens Magister in Theologia, prius Decanus Parisiensis, deinde Episcopus Syluanectensis, demùm ad Sedem Autissiodorensem translatus à Domino Clemente Papa VI. per obitum supra proximo Bernardi prædicti : fuerant enim dictus Dominus Papa & ipse contemporanei in studio legendo, & regendo, erantque compatriotæ. Hic Vir vna cum scientiæ excellentia, gratiâ maximâ pollebat, in loquela omnique gestu multum amabilis vniuersis, prudensque & callidus in agendis. Hic receptis mille florenis supra proximo dictis pro litigando contra homines de Odanto, incœpit perseuerare in dictâ lite : tandem amabiliter tractatum & concordatum extitit, quod annuos redditus loco seruitutis constitutos creuerunt super quolibet de aliqua portione. Sic fuit lis sopita, & statim assumptus extitit Cardinalis, non intrauit Ciuitatem, sed in suo recessu appropinquauit eandem in

Aaa iij

pratis prope fontem Sancti Amatoris, & ibi egregiè prædicauit, & à Clero & Populo honestè acceptum: sedit per vnum annum cum dimidio, suitque assumptus Cardinalis in principio anni quinquagesimi primi circiter Festum Natalis Domini: obiit autem Cardinalis in Curia Romana, videlicet Auenione, mense Septembri, anno 1351. Hic legauit magnam summam florenorum Ecclesiæ Autissiodorensi pro suo Anniuersario, sed Testamentum absconditum est, & non adhuc potuit veritas inueniri, sepultum est corpus in Ecclesia Fratrum Prædicatorum.

Extraict du Martyrologe de l'Abbaye de Saint Victor lez Paris.

QVARTO *Calendas Nouembris.* Anniuersarium solemne Magistri Petri de Croso, Doctoris in Theologia, Episcopi Autissiodorensis, & postmodum Sanctæ Romanæ Ecclesiæ Presbyteri Cardinalis, & Parentum suorum, qui dedit nobis sexaginta quinque libras.

ESTIENNE ALBERT,

*Docteur en l'vn & en l'autre Droict, premierement Aduocat, puis Iuge Mage en la Seneschaussée de Tholose, successiuement Euesque de Noyon, & de Clermont en Auuergne, Cardinal Prestre de Saint Iean & Saint Paul au Tiltre de Pammachius, & depuis Cardinal Euesque d'Ostie, grand Pœnitencier de l'Eglise, Legat en France pour moyenner la Paix d'entre le Roy Tres-Chrestien, & Edouard III. Roy d'Angleterre, & enfin Pape sous le nom d'*INNOCENT VI.

CHAPITRE CVI.

Nomenclator Cardinalium.

STEPHANVS ALBERTI, ex Episcopo Claromontano Cardinalis, Gallus, qui postea INNOCENTIVS Papa VI. Pontificij, Ciuilisque Iuris consultissimus, scripsit *Sermones aliquot, Epistolas & Decreta, Regestáque eius Volumina* 19. *in Bibliotheca Vaticana seruantur.* Obiit anno 1362.

Epistola INNOCENTII VI. *pro Carolo Alençonio Dominicano.*

NVPER dilecta in Christo Filia, Maria Comitissa de Alençonio, Matris gerens Officium, & maternæ pietatis affectu compulsa, per suas Litteras & proprium Nuncium, quem etiam duxit, vt credimus, ad tuam præsentiam destinandum, nobis humiliter supplicauit, vt cum dilectus Filius nobilis Vir Carolus Comes de Alençonio primogenitus eius nouiter seculari relicto habitu, Fratrum Prædicatorum Ordinem fuerit ingressus, ex quo quidem ingressu; Comitatui suo subditis & vassallis, consideratis conditionibus partium illarum, continuis guerrarum turbationibus, & hostilibus decursionibus, quibus opprimuntur, necnon eorum, qui Castra & Fortalitia dicti Comitis custodienda & tenenda eius nomine ab eodem Comite susceperunt, damna plurima & desolatio maxima possent verisimiliter prouenire: prouidere super hoc, & maternis afflictionibus compati misericorditer dignaremur. Nos vero licet præfatæ Comitissæ eiusque Filio complacere quantum cum Deo possumus, ac vassallorum & subditorum dicti Comitis securitati & quieti prouidere plurimum affectemus: nihilominus animarum salutem & vocationem Domini secularibus desideriis, & inanibus huius mundi honoribus præponentes, nobilitatem tuam rogamus attentè, quatenus ab eodem Comite cures sui Propositi seriem diligentius indagare. Quod si illum inueneris Euangelica prosequi consilia, & mundum cum pompis & fallaciis suis illecebris voluisse, & velle constanti perseuerantia relinquere propter Deum: nos laudabile propositum suum multipliciter in Domino commendantes nullatenus volumus cum ab incœptis distrahi, aut etiam aliquatenus impediri. Quinimo nostris cum ad consummanda, quæ cœpit, consiliis exhortamur, & per te cupimus similiter exhortari, eamque egregij Doctoris Hyeronimi sententiam suis quotidie auribus inculcari, *per calcatum Patrem esse pergendum, & licet vbera, quibus nos nutrierit Mater, ostendat, ad Vexillum Crucis siccis oculis esse euolandum.* Si vero, quod absit, iuuenilis ei hoc leuitas persuaserit, ac deinde vel complexionis suæ debilitas, vel forte ignota sibi prius Religionis asperitas exnunc sibi perseuerantiam interdicant. Tunc cum tutioribus præuenire consiliis, & debitâ prouidentiâ præmunire, vt ne peior priore imposterum foret error, dum licet ante statutum à iure professionis terminum futura prouideat, & sibi ac suis pro rerum grauitate consulat, eadem nobilitas tua velit. Datum apud Villam-nouam Auenionensis Diœcesis decimo Kal. Iunij, anno septimo.

Extraict du second Volume MS. du Miroir Historial, compilé & ordonné du Latin en François, par Religieuse Personne Iean Abbé du Monastere de Saint Vincent de Laon, liure 12. chapitre VI.

INNOCENT le VI. de la nation d'Auuergne, fut Pape l'an 1351. ou enuiron, & fit neuf ans. Il fut premieres Euesque de Noyon, & puis de Clermont, depuis Cardinal, & puis apres Pape. Il cur sermal Empereur Charles & fit le Palais d'Auignon, & fit procez contre Galeache & Barnabo Freres. Il enuoya Gilles Cardinal d'Espaigne en Italie, pour recouurer la Terre de l'Eglise, & contre les dessusdits. Cils Pape Innacent fut durs aux Clers & pour cette cause fut l'estude pour la plus grand partie admendrie à Paris, & ailleurs en son temps, car il ne voulut nuls Benefices de Saincte Eglise pouruoir aux Clers, ne à ceux qui ce vendoient. Il fut mis en sepulture aux Chartreux emprés Auignon, que il auoit fundée.

Ex Carthis Lemouicensibus.

DOMINVS noster Summus Pontifex ordinauit vnum Anniuersarium perpetuis temporibus pro sua & Parentum suorum, ac aliorum de Generatione sua, animabus, celebrandum in Ecclesia Lemouicensi, & pro deuotione ac affectione quas habebat ad Ecclesiam illam, voluit dari mille florenos ad emendos redditus de pecuniis Cameræ Apostolicæ. Ita scribunt Archiepiscopus Tholosanus Camerarius, & Episcopus Vlixbonensis Thesaurarius, Ioanni Raymundi Canonico Sancti Vrsini Bituricensis, & dicunt hoc negotium esse cordi Summi Pontificis. Bituricibus vltima Februarij. 1362.

Extraict des Archiues du College de Saint Martial de Tolose.

Fundatio Apostolica, venerabilis Collegij Sancti Martialis Tholosæ, facta per Dominum Innocentium Papam VI. cum duabus aliis Litteris duorum Dominorum Cardinalium, continentibus Statuta antiqua, & noua ad bonum regimen dicti Collegij.

INNOCENTIVS *Episcopus seruus seruorum Dei, ad perpetuam rei memoriam.* Licet in hoc defluentis & ad exitium continuo properantis sedulo cursu Creator omnium Deus ex summa prudentiæ suæ speculo per cuncta perspiciens ac gradus & fortunas hominum per hæc temporalia bona, & mala disponens, diuersis diuersa distribuat, & in hac vita, quâ temporaliter viuimus, hunc humiliet, hunc exaltet, hunc premat, hunc subleuet, hunc deiici patiatur ad infima, hunc ad summa fastigia magnitudine dignitatis attollat, huic tanquam munificus Dispensator sinum suæ largitatis aperiat, hunc adeo etiam minimis indigere permittat, vt infimis humanæ consuetudinis sensibus qui ad rationem perspicuæ veritatis attingunt, nequaquam persæpe appareat paratissimus Distributor, sicque in hac tenebrarum valle habitantibus incomprehensibilia iudicia sua, & inuestigabiles faciat vias eius, parem tamen sine vllius exceptionis beneficio omnibus voluit legem mortis. Equidem lex ista de nostrorum protoplastrorum præuaricatione procedens, adeo imperiosa, & inexorabilis est omnibus in carne viuentibus, vt sine personarum dignitatumque delectu debilibus fortes, superbos humilibus, seruis liberos & deiectis æquales faciat potentatus. Namque cum summo infimus perit, cum plebe nobilitas, doctus pariter & indoctus: nec est in quo vanam huius mundi gloriam inanibus titulis extollamus, dum nascentibus dies mortis indicitur, & perterritos fallentesque decursus huiusmodi vitæ nostræ mortalitas ad extremum diem fugaci temporis mobilitate raptatur, tantaque hic finis breuitate concluditur, vt per Prophetam Isaiam dicitur, *omnis caro sænum*, quod breui dierum spatio virescit pariter, & arescit, dignâ similitudine describatur; & omnis gloria eius agri floribus quos vna dies aperit, vna dies claudit, dignissimè compare ur. Verum sicuti de hac vitæ breuitate, si tamen vita dicenda est, in qua continuò morimur, & velut aqua dilabimur, quæ fugit velut vmbra, & nunquam in eodem statu permanet, homines illi qui de mundo sunt, qui nihil de futuro sæculo cogitantes, sola torquet cupido, malitia seu cura quatuntur; ita breuitas ipsa sollicitos reddit & vigiles Christi seruos, vt quatenus eis in mortali carne degentibus negatur diu viuere, nouissima sua continuâ meditatione præueniant, & cum fuga temporis bene vtendi celeritate certantes operibus assiduè virtuosis insudent, si quæ apud eos illo tempore deficiente remaneat per quod ipsis vitam gloriæ, ac perpetuæ stabilitatis acquirant, satis longam vitam sibi à Domino traditam reputantes, & breuis militiæ quam colluctando cum vitiis duxerint super terram Regni cœlestis præmio & diuinæ visionis retributione perfecta. O quam sæpe ista nobiscum tacito sermone repetimus, & meditatione multiplici recensemus, dum in hoc procelloso aquarum pelago constituti ex iniuncto nobis desuper summi Apostolatus ministerio, cui licet immeriti præsidemus spargi ad exteriora cogimur, qui circa interiora vacare nonnunquam libentius optaremus; inter has multifarias & pene innumerabiles rerum curas quibus indesinenter pro negotiorum qualitatibus obsidemur, non vltimum labentis vitæ nostræ diem, quem festinatis cursibus properare sentimus, præuenire charitatis operibus cupientes, incensum diuinum Domino in odorem suauitatis offerre, ac attendentes, quod inter cætera virtutum opera, quæ tanquam acceptum summo rerum Auctori sacrificium eidem per manus Fidelium offeruntur, illa maxime diuinæ Maiestati placere creduntur, per quæ ad profugandas ignorantiæ tenebras illis quibus ad prosequendum scientiarum studium non suppetunt facultates, opportunis remediis, & auxiliaribus commodis subuenitur. Considerantes quoque quanta commoda tam publica, quam priuata, & specialia & temporalia ex Iuribus Canonico, & Ciuili mundo proueniunt; ex quibus Dei cultus augetur, animarum saluti consulitur; insurgentes controuersiæ deciduntur; pax, & tranquillitas inter homines procuratur; licitum ab illicito, æquum ab iniquo secernitur; bonis præmia, & malis supplicia dispensantur, colitur Regina virtutum Iustitia, quæ tanquam præcipua humani generis gubernatrix & doctissima vitæ hominis magistra, debitæ gubernationis exhibet rebus publicis disciplinam; ac per hæc quasi duo magna mundi luminaria Ecclesia Militans tam spiritualiter quam temporaliter illustratur, ad honorem diuinæ Maiestatis, & gloriam; necnon pro nostrorum remissione peccatorum in horto Sanctæ Matris Ecclesiæ exortum generosis stipitibus prædictarum facultatum quas dolentes cernimus, seu ingeniorum tarditate, seu hominum inertia, seu temporum malignitate deficere, pullulare continuè non desinant plantulæ, quæ suo tempore Deo amabiles fructus reddant in Ciuitate Tolosana, in qua viget Doctorum Iurium studium generale, quamque diligere præcipuis affectibus obligamur, dum grata memoratione recolimus, quod Ciuitas ipsa nos ab annis teneris suæ doctrinæ lacte aluit: ac succedente ætate post receptos per nos honores in eadem Doctorales in Iure Ciuili eminentiæ titulo insigniuit in Domo nostra quæ fuit olim dilecti Filij nobilis Guillelmi Pontij de Morlanis Militis, in Parrochia Sancti Stephani Tolosæ prope Domum communem dictæ Ciuitatis sita, confrontarè ex vna parte à maiori introitu suo in Carreria de Seruenseriis, & ex alia parte in Carreria de Forneriis vulgariter appellatis, Societatem vnam, seu Collegium perpetuis temporibus duraturum viginti Scholarium pauperum Clericorum qui in dicta Ciuitate studeant, & quatuor Sacerdotum qui in Capella in dicta Domo construenda celebrare, & Domino cultum intendere debeant, constituimus & ordinamus ac Domum ipsam cum omnibus censibus, redditibus, prouentibus, pertinentiis, & iuribus suis prædictæ Societati siue Collegio francam, & liberam assignamus perpetuo & donamus. Verum quia à spiritualibus sumere debent quæque pietatis opera fundamentum, statuimus, & ordinamus vt in ea parte seu mansione Domus prædictæ quæ diuino magis apta cultui videbitur vna Capella formæ seu magnitudinis competentis cum campanillo huiusmodi Capellæ congregatæ, duabusque campanis quæ per modum Classici siue Dubli pulsari valeant quando, & quotiens fuerit opportunum, sub Vocabulo *Sancti Martialis* construatur, à quo etiam Vocabulo tota Domus suum Titulum, & nomen accipiat, ac *Domus Sancti Martialis* perpetuis temporibus nuncupetur. Pro fabrica autem dictæ Capellæ, & constructione camerarum, & nonnullis in dicta Domo reparationibus faciendis ac libris, paramentis, & ornamentis ipsius, præter ea quæ per nos sunt præsentialiter ei assignata; & pro eisdem Scholaribus, & Sacerdotibus necessariis sapellectilibus, ac pro emendis redditibus, possessionibus, & bonis, ex quibus iidem Scholares, & Sacerdotes modo subscripto perpetuo valeant sustentari, & incumbentia eis onera supportare, viginti quinque millia florenorum auri assignamus manualiter, & etiam deputamus: pro sacris vero & debitis ministeriis in dicta Capella suis temporibus exequendis perpetuo esse volumus dictos quatuor Sacerdotes qui in eadem diebus Dominicis, & Festiuis, quibus in Tolosano cessabitur studio à lectura, Missas saltem duas quarum alteram sufficiat esse cum nota, diebus vero aliis Missas totidem saltem sine nota debeant celebrare, nisi eos infirmitas, aut alia iusta & rationabilis causa excusaret, quo casu, si qui de numero Scholarium prædictorum fuerint in Sacerdotio constituti, locum eorum supplere & gerere teneantur: & ad prædictæ Domus prouisionem per nos vt inferius declarabitur ordinandam, constringi debeant, & compelli, prouiso quod diebus quibus lecturæ vacabitur in studio memorato, celebrationem Missarum huiusmodi, vel saltem alterius eorundem sic tempestiuà horà perficiant, quod Scholares prædicti intrandi horà debità Scholas eorum habeant facultatem, quamvis autem prædictos quatuor Sacerdotes vltra duas Missas non volumus adstringi, ipsos tamen & alios si qui ex dictis Scholaribus fuerint in Sacerdotio constituti, hortamur in Domino, vt diebus præsertim Dominicis, & Festiuis celebrationi Missarum insistant frequentius & intendant, volentes, ac statuentes quod in singulis tam dictarum duarum Missarum, quam aliarum dicant collectam vnam hanc videlicet, *Deus omnium Fidelium Pastor & Rector Famulum tuum Innocentium, quem Pastorem Ecclesiæ tuæ præesse voluisti, propitius respice, da ei quæsumus verbo & exemplo quibus præest proficere, vt ad vitam vna cum grege sibi credito perueniat sempiternam*, pro nobis quandiu vixerimus in hoc sæculo ad directionem nostram erga Deum in hoc publico administrationis officio, & commisso nobis gregis Dominici quietem pariter & salutem. Postquam autem Dominus te ex hac vitæ nostræ succiderit, tunc pro animæ nostræ salute, & remissione nostrorum peccaminum dicent collectam aliam in dictis Missis, hanc videlicet, *Deus qui inter Apostolicos Sacerdotes Famulum tuum Innocentium Pontificali fecisti dignitate vigere, præsta quæsumus vt eorum quoque perpetuo aggregetur consortio*. Præter hæc quoque annis singulis die obitus nostri cum solemnibus

des Cardinaux François.

bus Vesperis, & Matutinis & Missa de Mortuis, quibus omnes prædicti Scholares (nisi quos causa legitima excusaret) intersint, Anniuersarium pro anima nostra, celebrare perpetuis temporibus teneantur, ad diuina autem Officia in dicta Capella audienda possint etiam, præter eos quiuis alij mares duntaxat sine alieni iuris præiudicio conuenire: oblationes autem tam Scholarium & Familiarium dictæ Domus, quam quorumcunque aliorum, Parrochiali Ecclesiæ, intra cuius limites sita est, volumus applicari. Volumus etiam & statuimus per dictos quatuor Sacerdotes, & alios, si qui ex prædictis Scholaribus in Sacerdotio constituti, in Natiuitate Domini cum duobus sequentibus diebus, Paschæ, Ascensionis Domini, Penthecostes, Corporis Domini Christi, ac quatuor Virginis gloriosæ & Sanctorum Ioannis Baptistæ, & Apostolorum Petri & Pauli, & Martialis Festiuitatibus solemnes Vesperas, Matutinas & Missam cum nota, quibus omnes Scholares præfati (nisi quos legitima causa excusaret) interesse debeant, solemniter celebrari. Insuper quod quiuis Antistes in Pontificalibus, Abbas, siue Prælatus cum ornamentis, & habitu quibus celebrando in suis Ecclesiis vterentur in Festiuitate Sancti Martialis pro parte dicti Collegij requisitus, possit absque alterius licentia in præfata Capella solemniter celebrare, omnibusque ibidem præsentibus & vere pœnitentibus & confessis auctoritate Apostolica vnum annum & quadraginta dies de iniunctis eis pœnitentiis relaxare: atque ipso Antistite vel alio in dicta Festiuitate Missarum solemnia peragente, possit per celebrantem illum, seu quemuis alium prædicare publicè verbum Dei auctoritate prædicta eidem Collegio etiam indulgemus. Prædicta verò Festiuitas Sancti Martialis in die qua occurrit, vel in octauis, aut die alia intermedia prout Scholaribus, & Sacerdotibus prædictis magis opportunum videbitur, celebretur. Libros verò, Paramenta, Calices, & alia ornamenta per nos perpetuo dictæ construendæ Capellæ resignanda per Sacerdotes ipsos, seu aliquem ex eis, de quibus, seu quo prædictum Collegium ordinandum duxerit conseruari volumus, & debita diligentia custodiri, tradi quoque & præparari, prout diuinorum Officiorum ministeria peragenda suaserint eis pro dignitate solemnium vel seriatorum dierum videbitur conuenire. Constituimus præterea, & etiam ordinamus, quod omnes & singuli de dicto Collegio qui ratione Ordinum vel Beneficiorum suorum Ecclesiasticorum, vbilibet consistentium ad dicendum Officium tenebuntur in eo dicendo morem, & obseruantiam Ecclesiæ Tolosanæ seruare teneantur: nec ad aliud dicendum etiam obtentu cuiuslibet statuti vel consuetudinis aliqualiter sint adstricti. Insuper dignum arbitrantes & congruum, quod nos qui de benignitate Apostolica nonnunquam aliorum supplicationibus inclinamur, opus manuum nostrarum, de mera nostra liberalitate præcipuis fauoribus, & singularum gratiarum cumulo foueamus, vt Sacerdotes prædicti, qui ex Scholaribus ipsis fuerint in Sacerdotio constituti, eorum quilibet possint auctoritate Apostolica confessiones Scholarium, & ipsorum inuicem, Sacerdotum, & Familiarium ac Seruitorum dictæ Domus quotiens opportunum fuerit audire, & pro commissis per eos etiam in casibus per Ordinarios reseruatis seu imposterum reseruandis debitam eis absolutionem impendere; & iniungere pœnitentiam salutarem; nisi fortè talia forent, propter quæ Sedes Apostolica esset merito consulenda, ac illi, vel illis de dicta Domo qui ex leui manus iniectione, infra Domum eandem in se inuicem excommunicationis sententiam incurrerint iuxta formam Ecclesiæ à vinculo excommunicationis absoluere; ipsis quoque Scholaribus vel cuilibet eorum in ipsa Domo degentium Sacramenta Ecclesiastica ministrare Archiepiscopi Tolosani, vel Rectoris Parrochialis Ecclesiæ consensu minimè requisito, ac Capellam prædictam si eam contigit per effusionem sanguinis vel seminis violari, quotiens fuerit opportunum aqua prius per aliquem Antistitem benedicta, vt moris est, per hoc tamen nolentes constitutioni quæ id præcipit per Episcopos tantum fieri vllum imposterum præiudicium generari, constitutione quacunque Sedis Apostolicæ in contrarium edita nonobstante, eidem Collegio, tenore præsentium indulgemus. De vberiori quoque dono gratiæ, Scholaribus ipsis, & ipsorum singulis qui diu in ipso Collegio fuerint, vt à quocunque maluerint Antistite gratiam, & commissionem Sedis Apostolicæ habente omnes tam minores, quam maiores succesiuè Ordines statutis à iure temporibus valeant recipere, eidemque Antistiti vt huiusmodi Ordines conferre valeat, auctoritate prædicta concedimus de gratia speciali. Statuimus quoque ac etiam ordinamus, quod ex huiusmodi viginti Scholaribus decem sint studentes in Iure Canonico, & totidem in Ciuili. Volumus autem singulos ad dicti Collegij numerum assumendos, antequam recipiantur, præsertim fore in primitiuis artibus & in Grammatica sufficienter instructos, & alias dociles, & ad studia benè aptos, vitâ, & conuersatione laudabiles, ac moribus commendandos, Scholares verò prædictos in ipso Collegio subscripto modo recipi volumus, & assumi, videlicet quod de Diœcesi Lemouicensi assumantur sex tam in Iure Canonico quam in Ciuili: de Prouincia Tholosana eodem modo quatuor; alij verò decem vndecumque de Regno Franciæ, seu de partibus extra Regnum existentibus recipi valeant & assumi, ita tamen quod præfatus denarius numerus in vtroque Iure, prædictis quatuor Sacerdotibus non exclusis modo supradicto penitùs obseruetur. Volumus insuper quod Scholares ipsi taliter se disponant quod cum per debita tempora, secundum statuta eiusdem studij iura ipsa audiuerint, extunc gradum Baccalaureatus infra spatium vnius anni & mensis recipere, & deinde legere, & lecturam continuare, cursuque lecturæ consummato extunc infra annum priuatum examen subire teneantur: quod si prædicta, (iusto cessante impedimento) non fecerint; extunc è Societate Collegij prædicti penitus excludantur; etiam si post dictum examen actu Baccalaurei vel etiam Licentiati, suam valeant continuare lecturam. Si autem examinati in Iure Canonico Iura Ciuilia, vel in Iure Ciuili Iura Canonica forsan audire vellent, in suis locis vsque ad biennium remaneant, sic vt biennio elapso Domum ipsam omnino dimittant, nisi forsan Doctorali gradu suscepto lecturam ordinariam assume-

Bbb

rent, & continuarent, quo casu eos cum lecturæ continuatione vsque ad aliud triennium duntaxat in dicta Domo volumus remanere. Insuper volumus, & ordinamus quod per Priores dictæ Domus de redditibus & prouentibus per nos ipsi Domui assignatis, seu etiam assignandis, fiant in communi prouisiones, & expensæ pro dictis Scholaribus, & Sacerdotibus isto modo, videlicet, quod annis singulis pro quolibet ipsorum recipiantur quartones frumenti duo, & vnus rotellus vini, pro lignis vero, carnibus, piscibus, sale, oleo, aliisque necessariis recipere habeant in pecunia pro quolibet Scholarium, & Sacerdotum eorundem pro qualibet septimana sex solidos talis monetæ, quod sex solidi valeant medium florenum auri Florentiæ, & è conuerso. De qua quidem pecuniæ summa habeant Priores prædicti diebus singulis sufficienter prout ad vitam bene, & honestè viuentium videbitur conuenire. Si quid vero de prædictis blado, vino, & pecunia forsitan superesset, inter Scholares, & Sacerdotes præfatos pro vsibus Scholasticis distribui volumus pro rata singulos contingente de quarto in quartum mensem si commodè fieri poterit; alioquin opportunis temporibus prout dictæ Societati, vel maiori parti videbitur expedire, de qua tamen rata absentibus pro diebus quibus absentes fuerint, volumus suam particulam defalcari. Verum quia tum malignitate temporum, tum casuum euentibus qui magnis nequeant consiliis præuideri, contingere forsan potest in futurum, quod aliquibus annis redditus, & prouentus dictæ Domus non sufficient ad huiusmodi prouisiones, & expensas, deductis aliis oneribus dictæ Domus integraliter faciendis, volumus quod eo anno seu annis, quo seu quibus, præfata temporum seu casuum malignitas euenerit, de dictis prouisionibus & pecunia iuxta ratam contingentiam singulis distrahatur. Statuentes nihilominus quod propterea tam Scholarium quam Sacerdotum numerus nullatenus minuatur, quod si vt sæpe fit, sequentium sibi inuicem temporum de sterilitate in abundantiam alternata varietas aliquo anno, seu aliquibus annis facta pro singulis prouisione plenaria vt præfertur aliquid forte de præfatis redditibus superesset, nihil tamen ex eo quod testaret volumus in partes Scholarium & Sacerdotum prædictorum distribui, sed in communi seruari & illud tamen suo tempore iuxta ordinationem Prouisoris infrascripti conuerti in augmentum possessionum & redditnum, aut vtilitatem dictæ Domus. Quod si tandem aliquo tempore huiusmodi redditus & prouentus adeo excrescerent, quod ex eo posset prædictorum Scholarium numerus augeri ; volumus quod huiusmodi redditum excrescentia iuxta formam prouisionis annotatam superius, in augmentum numeri ipsorum Scholarium conuertatur. Insuper ne commissa pluribus negotia proficere volentes, distrahere possint à studiis litterarum, volumus, & ordinamus quod duo ex Sacerdotibus prædictis ad dictæ Domus gubernationem, & regimen in principio mensis Octobris annis singulis alternis vicibus per prædictum Collegium assumantur, & Priores dictæ Domus durante ipsorum huiusmodi gubernatione & regiminis officio nuncupentur. Per hoc autem non intendimus prohibere quod ex eisdem Collegij Scholaribus, si Baccalauri, Licentiati, aut in Doctorali gradu existant, vnus, vel duo ad regimen, & gubernationem prædictam si omnibus dicti Collegij vel maiori parti ipsorum idoneus & vtilis, vel idonei, & vtiles viderentur, quin ad illa simul cum vno de Sacerdotibus prædictis vel illi sicut & Sacerdotes præfati in Priores ad regendam, vel gubernandam Domum & Collegium prædictum recipi valeant, & assumi : qui quidem Priores præstito per eos in præsentia Sociorum omnium, vel maioris partis ipsorum, si forsan omnes commodè interesse non possent, tactis Sacrosanctis Euangeliis corporaliter, iuramento, quod præfatum eorum officium fideliter exercebit, omnes, & singulos fructus, redditus, & prouentus, aliaque bona omnia ad Domum seu Collegium præfatum spectantia recipiendi, & de receptis quittationes faciendi, eaque tenendi, custodiendi ac dispensandi in vsus prædicti Collegij iuxta supraseriptam formam ; necnon, & possessionem quorumcunque Beneficiorum Ecclesiasticorum, & Dominiorum, seu Hospitalium ac etiam bonorum & rerum temporalium ad ipsum Collegium pertinentium apprehendendi, recipiendi, tenendi, & gubernandi, necnon & quoscunque actus & contractus licitos tam temporales quam perpetuos celebrandi, faciendi, & exercendi, habeant plenariam facultatem. In fine verò anni administrationis eorum nihilominus si maiori parti Scholarium, & Sacerdotum prædictorum expediens videatur, citius & pluries de omnibus receptis, liberatis expensis, & administratis per ipsos aliis Sociis & Sacerdotibus rationem & computum reddere teneantur. Quod si prædicti Scholares, & Sacerdotes vtilius & expedientius iudicarent ipsos duos, vel eorum alterum propter commodam & prouidam administrationem ipsorum, seu alterius eorundem veniant in dicto officio quam alios subrogare, possunt eos, seu eorum alterum successiuè tamen annis singulis quandiu placuerit ad ipsius administrationis officium assumere ac etiam deputare. Ne vero Scholares qui eligentur ad huiusmodi administrationis officium, propter hoc à studio distrahantur : volumus quod si aliqua ad dictam administrationem pertinentia per eos sine magna distractione ad quod sunt specialiter deputati minus expedire valerent, possint in eo casu per personam seu personas aliquas ea agere, & expedire expensis communibus dictæ Domus, prouiso quod Domus ipsa vltra modum debitum ex huiusmodi personarum interpositione, seu ministerio non grauetur. Cæterum cum nos Domum præfatam deputare, ordinare, ac dedicare pro Scholaribus duntaxat pauperibus Clericis, quibus facultates ad persequenda studia non suppetunt, intendamus, volumus, quod si al quem ex dicti Collegij Scholaribus & Sacerdotibus contingat Beneficium seu Beneficia Ecclesiæ vsque ad valorem quadraginta librarum Turonensium paruorum secundum taxationem decimæ, obtinere, infra duorum mensium spatium à die, quâ fuerit ipsius Beneficij pacificam possessionem assecutus, de dicta Domo recedere, & alteri cedere teneatur : in cuius locum per Prouisorem qui erit pro tempore iuxta formam inferius annotatam alter idoneus subrogetur : & vt à singulis de dicto Collegio distractionis cuiuslibet tollatur occasio, propter quam impediri posset debitæ perfectionis excursus, vel etiam retardari, volumus quod si qui de Scholaribus seu Sacerdotibus supradictis etiam si Baccalaurei, Licentiati, aut Doctores existant, officia, procurationem, vel agendorum quorumcunq; dominiorum recipiant, per quæ à suis studiis distrahantur, quod Prouisoris ipsius iudicio relinquimus æstimandum: & requisiti per Prouisorem eundem, seu per alium deputatum per eum, officia seu agenda prædicta infra duos menses prompta obedientia non dimittant ipso facto Beneficium consortium dictæ Domus amittant, alij vero loco illorum per Prouisorem ipsum iuxta modum subscriptum ad dictum Collegium assumantur; nisi talia forent procurationes, & officia supradicta, quod illis contradici cum honestate non posset: in quo casu volumus quod à Prouisore prædicto de assignandis huiusmodi procurationum officiis de agendis impetrare licentiam teneatur. Quia vero Societas quælibet sine Rectore, tanquam nauis sine remigio facilè deperiret, ordinamus, & constituimus Archiepiscopum Tolosanum, qui est, & qui erit pro tempore, Prouisorem seu Rectorem dictæ Domus; volentes, ac etiam statuentes quod idem Archiepiscopus per se, vel per alium seu alios Capellanum, Domum, Scholares, & Sacerdotes præfatos visitare, corrigere contra insolentes, discolos simplicitè de plano sopita figura iudicij procedere, eosque prout eorum exegerint demerita, punire, condemnare, ac super ipsorum vita, & moribus, & Domus prædictæ regimine statuere, ordinare, & alia facere valeat, absque tamen aliquorum dictæ Domus expensarum oneribus, quæ pro vtilitate, & commodo eiusdem Domus, seu Collegij dummodo præsenti nostra ordinatione obuient viderit expedire. Hoc tamen prouiso, quod quotiens de receptione, aut expulsione alicuius ex prædictis Scholaribus, aut etiam Sacerdotibus agetur imposterum, conuocare per se, vel per alium quem ad hoc dixit suo nomine deputandum duos antiquorum Doctores in gradu Doctorali acta legentes in studio memorato, vnum videlicet in Iure Canonico, & alterum in Iure Ciuili, seu etiam illis, vel eorum altero absentibus aut etiam occupationibus aliis prædictis quominus interesse possent, seu nolentibus interesse, aliud siue alios illius vel illorum loco antiquiores in Doctoratu post prædictos, earumdem facultatum de corpore tamen eiusdem Vniuersitatis vna cum illis disponere de receptione, & expulsione huiusmodi teneatur, nobis tamen quandiu vixerimus in humanis prouisionem & correctionem dictæ Domus, receptionem & expulsionem huiusmodi: potestatem quoque prædicta omnia corrigendi, supplendi, & emendandi, & super addendi ac ea pro nostræ voluntatis arbitrio commutandi reseruamus, ac etiam retinemus. Nobis etiam iuxta Dei beneplacitum de præsenti luce subtractis, dilectos filios Audoinum Tituli Sanctorum Ioannis & Pauli, Petrum Tituli Sanctæ Anastasiæ Presbyteros Cardinales, & Venerabiles Fratres nostros Arnaldum Archiepiscopum Auxitanum, & Hugonem Episcopum Albiensem, ac dilectum Filium Stephanum Alberti Notarium nostrum vnum vel successiuè post alium vitâ functum, Prouisores dicti Collegij seu Domus statuimus; & in locum nostrum tenore præsentium subrogamus; concedentes eisdem quod prædicta omnia augere, minuere mutare, corrigere, in melius reformare, & alia omnia, & singula facere valeant, quæ pro bono regimine dictæ Domus, & confirmatione, ac statu dicti Collegij generaliter vel specialiter vtilia, seu commoda successiuis temporibus videbuntur. Attentè itaque requirimus eosdem & in Redemptoris humani generis nomine obsecramus, quatenus iuxta confidentiam, & spem nostram quam in ipsis indubiam id Domino ac plenariam obtinemus, postquam nos debitum carnis exsoluerimus, vt præfertur, circa gubernationem, & regimen Domus & Collegij prædictorum adeo solertè inuigilent, ac plenis insistant charitatis affectibus, & intendant, quod ipsa Domus & Collegium virtutibus continuo crescat, & fœliciter in Domino prosperetur, & si assignationes per nos factæ non sufficient ad præfati consummationem operis iuxta ordinem superius annotatum; eosdem Cardinales Archiepiscopum & Episcopum, & Notarium attentius deprecamur, quatenus de bonis sibi collatis ad omnem huiusmodi defectum supplere velint, & desiderium nostræ mentis implere, vt si qui tam laborum quam sumptuum in hoc laudabili opere voluerint esse participes apud æterni Iudicis retributionem inde fiant etiam participes meritorum. Deinde cum speremus quod nobis in Domino quiescentibus ex huiusmodi vineæ Domini noui continuo palmites oriantur, qui fructus ex se veros & vtiles Ecclesiæ Dei reddent, quos ex multis in dicto Collegio Deo propitio proficientibus, Ciuitas, & Vniuersitas studij Tolosani decorari poterunt, ac etiam insigniti, necnon & Regno Franciæ & Reipublicæ honores & commoda proueniret. Idcirco successores nostros Romanos Pontifices ac Reges Francorum, necnon Officiales Regios, Capitulares quoque Ciuitatis subn... ac etiam Vniuersitatem studij Tolosani qui erunt pro tempore in aspersione Sanguinis Saluatoris nostri Domini Iesu Christi attentius obsecramus, quatenus Domum, Societatem, seu Collegium Scholarium, & Sacerdotum prædictorum, res, bona, & iura ipsorum habere velint pro Dei reuerentia, nostrique contemplatione, ac fauore operum misericordiæ propitius commendatos, ipsosque suis auxiliis & præsidiis construere: Scholares quoque ipsos, ac etiam Sacerdotes attentè rogamus, & paternis affectibus exhortamur, quatenus in timore Dei, vitæ, ac conuersationis eorum faciant fundamentum; sint constantes in studio: in lectione assidui: proficiendi desiderio semper ardentes: sint conuersatione pacifici: cohabitatione quieti: & vnanimi inter eos charitate confundi; sint lucernæ ardentes in bonis operibus, vt qui cursu temporum honorem Doctoralis gradus expectant, prius incipiant facere quam docere: sint docti colloquiis, Religiosi moribus, gestu graues, sobrij, ac castè viuentes, mutuis sibi inuicem honoribus deferant: humilitatem si exaltari voluerint diligant: Qui maiores sunt inter ipsos, Euangelici suasione consilij se reputent minores: vt sic & vita proficientes, pariter & doctrina, dignis in hoc sæculo attollantur honoribus: & æternis mereantur gaudere præmiis in futuro. Nulli ergo omnino hominum liceat hanc paginam nostræ Constitutionis,

Ordinationis, Assignationis, Donationis, Statuti, Deputationis, Voluntatis, Hortationis, Concessionis, Rogationis, Arbitrationis, Subrogationis, Reseruationis, Obseruationis, & Exhortationis infringere, vel si ausu temerario contraire: Si quis autem hoc attentauerit, vel præsumpserit, indignationem omnipotentis Dei, & Beatorum Petri & Pauli Apostolorum ejus, se nouerit incursurum. Datum Auenione, Calendis Septembris, Pontificatus nostri anno septimo.

PETRVS miseratione diuina Tituli Sanctæ Anastasiæ Presbyter Cardinalis, Commissarius ad infrascripta, à Sede Apostolica deputatus, dilectis nostris Scolaribus & Sacerdotibus, Domus & Collegij S. Martialis Tolosani, præsentibus & futuris, Salutem in eo qui est vera salus. Dudum litteras fœlicis recordationis Domini nostri, Domini Innocentij Papæ VI. eius vera Bulla plombea, cum filis Canapis impendens Bullas non vitiatas, nec cancellatas, nec in aliqua parte abolitas, sed omni vitio, & suspicione carentes vt prima facie apparebat, Nos adhuc ipso Domino INNOCENTIO in humanis existente, cum ea qua decuit reuerentia nouitatis recepimus, tenorem qui sequitur continentes. INNOCENTIVS Episcopus seruus seruorum Dei, dilecto filio Petro, Tituli Sanctæ Anastasiæ, Presbytero Cardinali, & Venerabilibus Fratribus Arnaldo Archiepiscopo Auxitanensi & Episcopo Albiensi, ac dilecto filio Stephano Alberto, Notario nostro salutem, & Apostolicam benedictionem. Nuper ad honorem diuinæ Majestatis, & gloriam, ac pro remissione nostrorum peccaminum, vt in horto sanctæ Matris Ecclesiæ surgere continuò plantulæ Deo amabiles, & ipsi Ecclesiæ fructiferæ non desistant, in ciuitate Tolosanensi, in domo tunc nostra quæ fuit olim dilecti filij nobilis viri Guillermi Pontij de Motlanis militis sita in Parrochia Ecclesiæ Sancti Stephani Tolosani, vnum perpetuum Collegium, seu Societatem viginti Scolarium pauperum Clericorum in dicta ciuitate studere, & quatuor Sacerdotum in Capella dictæ Domus celebrare debentium, sub certis modis, conditionibus, ac ordinationibus, & conuentionibus, indultis, & retentionibus duximus statuendum, prout in nostris inde confectis litteris plenius continetur. Cum autem Collegium ipsum præcipuè in hoc suæ Fundationis exordio multis noscatur prouidentiæ adminiculis indigere; eoque illi in præsentiarum major sit adhibenda diligentia: quo illud crescere, & stabiliri firmius cupimus in futurum; idque facere nobis innumeris pœnè rerum publicarum curis obsessis in tanta emergentium quotidie negotiorum turba, impositam nostris humeris licet imparibus Pastoralis administrationis onus, & publicæ administrationis ministeriū non permittat. Nos volentes eidem Collegio de opportunæ prouidentiæ remedio subuenire. Dilecto filio AVDOINO tituli Sanctorum Ioannis & Pauli Presbytero Cardinali, quandiu vixerit authoritate Apostolica Scholares, & Sacerdotes præfatos, ac dictum Collegium per se, vel alium, seu alios assumendi, & corrigendi, ac contra insolentes, discolas simpliciter & de plano, sine strepitu, & figura judicij procedere: eosque prout crimen exigerit puniendi, expellendi, & in loco eorum alios idoneos ponendi, ac in Collegio ipso ordinandi, & statuendi etiam cum adjectione pœnarum spiritualium, & temporalium, & Ordinationes nostras super ipsa fundatione factas etiam, si de substantialibus forent mutandi, augendi, minuendi, emendandi, & declarandi, jurisdictionemque altam, & bassam, terras, & possessiones, ac iura etiam ratione Beneficiorum Ecclesiasticorum, Hospitalium, seu Domorum eidem Collegio vnitorum, seu vniendorum, ad ipsum Collegium pertinentium infeudandi, seu in emphyteosi concedendi, & permutandi, & alia omnia, & singula faciendi, quæ ad dictæ Domus gubernationem, & bonum regimen expedientia fore viderit, nonobstantibus quod in dictis Litteris, quoad in humanis egerimus prædicta omnia faciendi potestatem nobis duximus specialiter reseruandam, aut si aliquibus communiter, vel diuisim ab Apostolica Sede indultum existat quod interdici, suspendi, vel excommunicari non possent per Litteras Apostolicas non facientes plenam, & expressam ac de verbo ad verbum de præsentibus mentionem. Contradictores auctoritate nostra, appellatione postposita compescendo, quandiu vixerit plenam concessimus facultatem, prout in nostris inde confectis Litteris plenius continetur. Nos igitur ne præmissa omnia, vel eorum aliqua in indebita ipsorum excusatione defectum, seu tarditatem aliqualiter patiantur, & præsertim dicto AVDOINO Cardinali de hac luce subtracto prouidere huiusmodi per opera salubriter intendentes, ac de vestra & cuiuslibet vestrum circumspectione plenam in Domino fiduciam obtinentes; Vobis, & vestrum cuilibet successiuè vni videlicet post alium vita functum, postquam dictum AVDOINVM Cardinalem de medio submoueri contingat, quandiu vixeritis omnia, & singula superius expressa auctoritate prædicta faciendi, iuxta prædictam formam tenore præsentium potestatem concedimus; Vosque & quemlibet vestrum successiuè vt præmittitur eodem AVDOINO Cardinale defuncto in ipsius locum pro prædictis omnibus faciendis, ac ordinandis & complendis, quæ ad dicti Collegij honorem, & commodum pertinere videritis esse volumus, & etiam subrogamus. Datum Auenione Kalendis Ianuarij, Pontificatus nostri anno octauo.

AVDOINVS, miseratione diuina Tituli Sanctorum Ioannis & Pauli, Presbyter Cardinalis, Commissarius ad infrascripta, specialiter deputatus, dilectis nostris Scolaribus, & Sacerdotibus Domus Collegij Sancti Martialis Tolosæ, præsentibus, & futuris, Salutem in verò qui est omnis vera salus. Litteras Sanctissimi in Christo Patris, & Domini nostri Domini INNOCENTII Papæ VI. eius vera Bulla plumbea cum filis Canapis impendens Bullata non vitiatas, nec in aliqua sui parte abolitas, sed omni vicio, & suspitione carentes, vt prima facie apparebat; Nos cum ea qua decuit reuerentia recipere, noueritis tenorem qui sequitur continet.

INNOCENTIVS *Episcopus seruus seruorum Dei, Dilecto filio* AVDOINO, *Tituli Sanctorum Ioannis & Pauli Presbytero Cardinali, salutem & Apostolicam benedictionem.* Nuper ad honorem Diuinæ Majestatis, & gloriam, ac pro nostrorum remissione peccaminum : vt in horto sanctæ Matris Ecclesiæ surgant continuò plantulæ Deo amabiles, & ipsi Ecclesiæ salutiferæ non desistant, in Ciuitate Tolosana, in domo tunc nostra, quæ fuit olim dilecti Filij Nobilis viri Guillermi Pontij de Morlani, militis sita in Parrochia Sancti Stephani Tolosanensis vnum perpetuum Collegium, seu Societatem vnam viginti Scholarium pauperum Clericorum in dicta Ciuitate studere, ac quatuor Sacerdotum in Capella dictæ Domus celebrare debentium, sub certis nouis conditionibus, ac Ordinationibus, Constitutionibus, Indultis, retentionibus duximus statuendum, prout in nostris inde confectis Litteris plenius continetur. Cum autem Collegium ipsum præcipuè, in hoc suæ fundationis exordio multis noscatur prouidentiæ adminiculis indigere, eoque illi in præsentiarum major sit adhibenda diligentia, quo illud crescere amplius, & stabiliri firmius cupimus in futurum. Idque facere nobis innumeris penè rerum publicarum curis obsessis in terra emergentium quotidie negotiorum turba impositum nostris humeris, licet imparibus Pastoralis administrationis onus, & publicæ gubernationis ministerium non permittat. Nos volentes Collegio de opportunæ prouidentiæ remedio subuenire : ac de tuæ certam spectationis prouidentia plenariam in his, & aliis fiduciam obtinentes, discretioni tuæ auctoritate Apostolica Scholares, & Sacerdotes præfatos, ac dictum Collegium per te, vel alium, seu alios assumendi, ac corrigendi, & contra insolentes & discolos simpliciter, & de plano sine strepitu, & figura judicij exercendi, eosque prout eorum exegerint demerita puniendi, expellendi, & in loco illorum alios idoneos ponendi, ac in Collegio ipso ordinandi, & statuendi etiam cum adjectione pœnarum spiritualium, & temporalium, & ordinationes nostras super ipsa fundatione factas ; etiam si de substantialibus forent mutandi, augendi, minuendi, emendandi, & declarandi, iurisdictionem quoque altam, & bassam, terras, possessiones, & iura etiam Beneficiorum Ecclesiasticorum, Hospitalium, seu domorum eidem Collegio vnitorū, seu vniendorum, ac ipsius Collegij pertinentias infeudandi, seu in emphyteosi concedendi, & permutandi, & alia omnia, & singula faciendi, quæ ad dictæ domus gubernationem, & bonum regimen expedientia fore videris ; nonobstantibus quòd in dictis Litteris, quoad in humanis egerimus prædicta omnia faciendi potestatem nobis duximus specialiter reseruandam; etiam si aliquibus communiter, vel diuisim ab Apostolica Sede indultum existat, quòd interdici, suspendi, vel excommunicari non possint per Litteras Apostolicas non facientes plenam, & expressam de verbo ad verbum de præsentibus mentionem, contradictores authoritate nostra, & per censuram Ecclesiasticam appellatione postposita compescendo, quamdiu vixeris plenam concedimus tenore præsentium facultatem. Datum Auenione, quarto Calendas Ianuarij, Pontificatus nostri anno septimo. Nos igitur circa executionem mandatorum hujusmodi solertiùs intendere cupientes, nonnulla statuta per nos salubri regimine ac vtili præfatæ Domus gubernationem duximus ordinandum, vobis, & vestrum singulis, districtiùs iniungentes, quatenus Statuta hujusmodi, quæ sub nostri sigilli testimonio vobis transmittimus prompta curetis affectione suscipere, totisque vestræ mentis affectibus inuiolabiliter obseruare. Quorum Statutorum tenor dignoscitur esse talis. Dignum arbitramur & congruum, vt qui Dominum in Sanctis suis laudare jubemur illius memoriam diuinæ laudis præconium frequentius recolamus, qui post ipsum in cælesti Collegio dominatur. Hac igitur ducti consideratione statuimus quod omnes, & singuli in Collegio Domus Sancti Martialis instituti, & instituendi Officium B. Mariæ Virginis, secundum morem Ecclesiæ Tolosanæ diebus singulis dicere teneantur : Beneficiatos autem & in sacris constitutos hortamur, vt hora qua Diuinum Officium suæ seruitutis præstant, sic vigilanter cum deuotione mentis suæ exhibeant ; quod eorum exemplo ad prædictum gloriosæ Virginis dicendum Officium alij deuotius ac feruentius inducantur. Verum quia Sacerdotes eiusdem Collegij ad celebrationem diuinorum cum cantu, seu nota certis diebus, ac temporibus sint adstricti, Nos prouidere volentes, quod tam Missæ, quàm alia diuina Officia per eosdem Sacerdotes dicenda, vt conuenit celebrentur, Statuimus, vt nullus nisi in cantu plano sufficienter edoctus in Sacerdotem eiusdem Collegij assumatur, nisi forsan assumendus, adeò in aliis reperietur idoneus, quòd ipsius receptio Domui prædictæ vtilis censeretur, & merito ; hi verò qui prædicti Cantus ignari ; seu in eo minus sufficienter edocti ex causa prædicta assumerentur in posterum, & qui forsan ante hanc Constitutionem, etiam sine tali causa assumpti fuerint infra annum à die publicationis præsentium Statutorum, quoad iam receptos, & quoad recipiendos à suæ receptionis computandi, se in ipso cantu securent proficere, quod & Missas solemnes celebrare, & Cantoris Officio conuenientia, conuenienter valeant exercere. Si quis autem infra prædictum tempus, hoc neglexerit adimplere, ex tunc panem, & vinum dumtaxat de bonis eiusdem domus percipiat, donec sufficienter edoctus fuerit vt præfertur. Quod si per alium annum immediatè sequentem prædicta facere erubexerit ex tunc à domo, & Collegio prædicto amoueatur perpetuò & in locum illius alius idoneus subrogetur. Præterea cum ex Fundatoris ordinatione duo ex ipsis Sacerdotibus teneantur, Missas diebus singulis celebrare ; Statuimus quod Sacerdotes ipsi annis singulis ; in principio mensis Octobris inter se conueniant super ordine celebrandi, vt videlicet alternis diebus septimanis, vel mensibus prout eis visum fuerit expedire, tam missas quam alia Officia ad quæ eiusdem fundatoris ordinatio ipsos adstringit, debeant celebrare. Eos autem quibus secundum ordinationem huiusmodi incumbet Officium seruandi teneri volumus etiam ad Officium seruiendi vt videlicet primo celebranti, secundo celebraturus induto superpellicio diebus singulis seruiat; & è contra. Qui verò injunctum sibi Officium neglexerit adimplere, pro celebratione omissa, quatuor denariorum Turonensium: pro omissione verò seruicitis duorum Turonensium paruorum subtrahendorum, vel retinendorum de contingentibus iuxta Fundatoris ordinationem distributionibus pro qualibet vice in præmissis defecerit, eo ipso pœnam incurrat. Quia per abstinentiam, & corporale jeiunium vitia comprimuntur; Statuimus, vt hi qui vigesimum ætatis suæ annum exegerint, præter jeiunia per Ecclesiam instituta, ad jeiunandum in sexta Feria, à prima die Octobris vsque ad Festum Paschæ Domini, præterquam in Festiuitate Omnium Sanctorum, Natalis Domini, Sancti Stephani, Sancti Ioannis Euangelistæ, Circuncisionis, Epiphaniæ, & Purificationis Beatæ Mariæ, cum Feria prædicta occurrerit, teneantur. Quadragesimale quoque jeiunium secunda Feria, vel sequenti extra domum, aut communem eiusdem domus mensam, nisi forsan infirmitate, seu alterius corporalis necessitatis causa concedere præsumat, eis autem quando aliter prædictorum dierum secus agere præsumpserint, panis, & vinum tantummodo in communi duntaxat mensa quinque diebus immediatè sequentibus ministrentur, pœnam triplicantes in illis, qui vtroque dierum prædictorum constitutionem ipsam præsumpserint violare: minores tamen viginti annorum præcisè jeiunium, sed ciborum carnalium abstinentiam prædictis diebus duobus volumus obligari. Inter cætera, quæ ad salutem pertinet animarum & maximè necessaria esse noscitur cum non in solo pane viuit homo, prædicatio Verbi Dei. Ea propter statuimus quod omnes, & singuli præfatæ Domus Scholastici, Sermones, qui secundum morem studij Tolosani ad Clerum fieri solent sint solliciti frequentare; & eis pura mentis deuotione curent interesse, quòd per hoc & in moribus struti, & ad salutem ædificati plurimos valeant suis temporibus erudire. In omnibus solemnibus Principiis Doctorum, & Magistrorum, ac publicis examinationibus Baccalaureorum in Iure Canonico, & Ciuili, cum per Scholam eiusdem Studij publici inducentur adesse indefectualiter teneantur: repetitiones etiam Doctorum maximè ordine legentium continuent, & Baccalari de facultate repetent illis repetitionibus in decenti habitu, videlicet cum cappa omnes intersint in quibus Baccalari arguere consueuerunt: Cum autem in vacationibus Natalis Domini, Carnisprinio, Paschæ, & Pentecostes legentur Decretales firmiter de Summa Trinitate. Cum Marthæ de cœlo, Missa conuenisset: de sacra Vnctione: & Majores de Bap. Iidem Scolares cum earum lectoribus intrare, easque diligenter audire vllatenus non omittant. Siquis verò Sermonibus, Principiis, Examinationibus, ac Lectionibus supradictis absque justa & rationabili causa omiserit interesse, pro diebus quibus defuit, panis & vinum non quidem ad pactum, sed in communi mensa duntaxat ministrentur, licet autem præfati Scolastici solemnibus Doctorum ac Magistrorum Principiis secundum hujus nostræ Constitutionis tenorem debeant interesse. Nolumus tamen immò prohibemus expressè, nequis ex Scolaribus prædictis pro aliquo in quauis facultate doctorando, seu migrando vestes, aut vestem quamcumque, quouis modo de sua, vel aliena pecunia facere, aut etiam pro alio factam portare præsumat, etiamsi doctorandus, aut migrandus eidem Scholari fuerit, quouis consanguinitatis, aut affinitatis gradu, seu propinquitate conjunctus. Qui verò contrarium facere præsumpserit eo ipso suo sit, & tamdiu beneficiis ejusdem domus in omnibus vitiualibus expulsus, donec vestes hujusmodi ejusdem domus Prioribus realiter signarit, in vsus pauperum eorumdem Priorum arbitrio conuertendas. Nomine verò Scolarium etiam Baccalarios intelligimus Doctores, cum primum incitamentum dicendi juxta verbum Domini sit Magistri humilitas, cujus complacentia iuuare solet plurimum auditores. Statuimus quod vnusquisque Scolarium prædictorum in eligendo tam Doctorum, quam Lectorum alium liberam habeat facultatem; districtius inhibentes nequis se ipsum, vel alium ad audiendum cum Doctore Baccalareo, aut Lectore alio quouis nomine censeatur obligare, aut vt Scolasticorum verbis vtamur rendare, permutare, aut obligationi, venditioni, seu permutationi hujusmodi consentire, quouis modo præsumat excommunicationis sententiam in eos, qui secus egerint . . . . . . à qua nullatenus possint absolui, nisi præsens obligationibus, venditionibus, & permutationibus præmissis dissolutis, tam se, quamalios quantum in eis fuerit, ad plenam, & debitam reduxerint libertatem. Licet autem Scholares ipsos in hujusmodi libertatis plenitudine velimus fouere; volumus tamen, & ordinamus quod suos ejusdem domus consocios Lectoribus omnia præferre teneantur, licet tam communi quam particulari iure, armorum portatio Clericis maximè studentibus dudum fuerit per censuram Ecclesiasticam interdicta: quia tamen multorum præsumptuosa temeritas prohibitione hujusmodi, cum tentoria frequentius violare præsumeret; Nos ad transgressorum insolentias refrænandas constitutionem ipsam nouo spiritualis pœnæ adminiculo prouidemus et iuuando sancimus, vt si quis ex Scholasticis, aut Sacerdotibus præfati Collegij arma temerariè portare, aut infra domum præter consensum, & expressa Prioris licentiam auctoritate tenere præsumpserit partem sibi competentem in pecuniis & rebus aliis, quæ secundum fundatoris dispositionem desuper extantibus certis temporibus inter singulos debent diuidi in proximo sequenti, ejusdem diuisionem termino eo ipso amittat. Ordinamus nihilominus præbendas (si culpæ qualitas id exposulet, eadem quoque pœna eos plecti volumus, qui cum taxilis pecuniam, aut quidquid aliud ad cibum, aut potum non pertinent ludere, vel etiam publicè per carrerias, aut alia loca publica præsumpserint . . . . . Qui autem in præmissis casibus sæpius culpam commiserit, pœnam sæpius juxta culparum numerum, sine vlla temporum consolatione ipso facto incurrat. Quicquid autem per pœnas hujusmodi subtrahetur delinquentibus, accescat aliis, & inter eos pariter dum datur. Statuimus insuper quod Priores annuatim assignent ad claues portarum domus alternis mensibus custodiendo, & serò claudant, & de mane aperiant, seu claudi & aperiri faciant hora congrua diligenter. Portas autem ipsas ex quo serò clausæ fuerint, nec quis-

des Cardinaux François.

quam aperire præsumat, nec cuiquam ingressus, vel aggressus pateat quouis modo nisi ferream Priori tunc claues custodienti ex aliqua causa iusta aliter videatur faciendum: quo casu Prior ipse per se, vel per vnum è Sacerdotibus Collegij, & duo ad minus è Scholaribus in aperiendo, & reclaudendo debeant personaliter interesse. Eos autem qui portas de sero clausas aliter aperire præsumpserint, excommunicationis Sententiæ decernimus subjacere: ad clausuram verò, quæ inter mane & sero tempore prandij & cœnæ, aut ex aliis causis fieret præsentem constitutionem decernimus non extendi. Cum ad regimen domus duo de Collegio annuatim assumi debeant Priores sui durante regimine nuncupari, sub eorum Officio ad cuius fidele, & diligens exercitium eos Fundatoris ordinatio, sub juramenti viribus adstringendis fore decreuit, nostrarum Constitutionum executionem Statuimus comprehendi eos autem qui Prioribus ipsis, aut eorum alteri circa executionem hujusmodi contumaciter restiterint, excommunicationis Sententiæ volumus subjacere. Illi vero qui Statutorum nostrorum Sententias diutiùs contemnere, aut præfatis Prioribus circa hujusmodi Constitutiones sæpiùs resistere ausu temerario præsumpserint, expulsionem è Collegio poterunt non immerito fundare . . . . . etiam Prioribus, & cuilibet eorum in solidum, tam exequentes, quàm absoluendos eos qui Sententias per Statuta nostra prolatas incurrerint, secundum formam Ecclesiæ concedimus potestatem, vt Prioribus ipsis per duos ipsius Collegij Scholares vnum videlicet in Canonico, alium in Ciuili Iure ad hoc annuatim in mense Octobri per ipsum Collegium . . . . . possint & debeant obseruantiam Statutorum excommunicationis Sententiam, si ei præsumptuosè restiterit incursuri. Ab huiusmodi vero Sententia, & ab illis per statuta nostra prolatis, per vnum è quatuor ejusdem Collegij Sacerdotibus, quem quotiens fuerit eligendum duxerint ex se satisfactionem condignum absolutionis beneficium valeant obtinere. Has autem Constitutiones quater in anno: semel in mense Octobri, & semel in mense Ianuarij; alia vice in mense Aprili; & alia in mense Iulij, die ad hoc opportuna, & hora congrua ante prandium præsentibus omnibus de Collegio per alterum ex Prioribus publicè, ac distinctè intelligibiliter legi præcipimus, & per alios attentè, & diligenter audiri. Eos autem qui prædictæ lectioni adesse contempserint à carnibus omni esca, vel à piscibus ea die præcipimus abstinere. Datum Auenione, die octaua mensis Maij, anno Domini millesimo trecentesimo sexagesimo, Pontificatus dicti Domini nostri Papæ anno octauo.

Epitaphe du Pape INNOCENT VI. *qui se lit en l'Eglise des Chartreux de Ville-neuve d'Avignon, qu'il auoit fondée, & où il est enterré.*

HIC iacet Beatissimus Papa INNOCENTIVS VI. primus Fundator huius Domus, qui obiit MCCCLXII. die vero duodecima mensis Septembris, cuius anima requiescat in pace. *Amen.*

AVDOIN ALBERT, NEVEV DV PAPE INNOCENT VI. successiuement Euesque de Noyon, Paris, Auxerre, & Maguellonne, Cardinal Prestre du Tiltre de S. Iean & de Saint Paul, au Tiltre de Pammachius, *Euesque d'Ostie & de Velitre.*

CHAPITRE CVII.

Episcopi Autissiodorenses. Ex veteri Codice MS. Clarissimi Viri Alexandri Petauij Senatoris Parisiensis.

AVDOYNVS septuagesimus sextus, natione Gallus, Patriâ Lemouicensis, anteà Nouiomensis, posteà Parisiensis Episcopus, demum translatus ad Sedem Autissiodorensem in translatione dicti Petri Prædecessoris (de Croso) ad Cardinalatum, videlicet in principio anni millesimi trecentesimi quinquagesimi primi, in Natiuitate Domini. Hic vir erat peritus in vtroque Iure & consultissimus, arbitratusque extitit cum consensu Decani & Capituli Autissiodorensis, quod inutilis & damnosa erat Domus de Bello-reditu, propter magnas reparationum Missiones, attenta pluralitate Domorum Episcopalium alibi, & propè existentium. Ordinatum tamen extitit retineri in statu stabula longa duplicia inter curtem dictæ Domus, ac magnum altumque portale in introitu Domus, ac paruam Domum dicto portali contiguam, ad recipiendum gentes Episcopales illuc pro venando, vel aliter accedentes, item furnum ab alia parte portalis, & hæc visa sunt sufficere pro colono & familia ad opus nutrimenti pecorum ibidem collocandi in futurum: translatus fuit ad Cardinalatum per hunc modum, quia illo tempore duo erant Cardinales sub nominatione Autissiodorensi, videlicet Talayrandus Petragoricensis, & Petrus de Crosso: translatus extitit ad Sedem Magalonensem anno quinquagesimo tertio, more Curiæ Romanæ in Natali Domini, more Gallicano anno quinquagesimo secundo, in Festo Purificationis Beatæ Mariæ sequentis factus Cardinalis, & sic nominatus fuit Cardinalis Magalonensis: hoc fuit tempore Auunculi sui Domini INNOCENTII VI. in nouitate sui Pontificatus, videlicet primo anno reuoluto, sedit per duos annos Autissiodorensis minus duobus mensibus, obiit anno sexagesimo quarto, mense Maij, die vndecima, Auenione, & ibidem tumulatus est in Monasterio Fratrum Cathurcensium, quod est in Regno iuxta Villam-nouam, quod fundauit Dominus INNOCENTIVS Auunculus suus prædictus. Pro fundando Anniuersario suo dedit Ecclesiæ Autissiodorensi trecentos florenos auri, & soluti sunt.

Extraict d'vn Memoire MS. de la main de feu mon Pere.

L'AN, 1351. 27. Feur. Ranulphe Helie Seigneur de Pompadour vend à Reuerend Pere en Dieu Andoin Albert Euesque de Maguelonne, Arnoul Albert Doyen de Saint Ared en Limousin, pour & au nom de Pierre, Hugues, Guillaume, Estienne, Guy & Galiane, enfans de feu Gautier Albert leur frere, tout l'hommage, vassalage & autres droicts qui luy appartenoient & qu'iceux enfans estoient tenus de luy rendre pour les choses qu'ils tenoient dans Pompadour, & dans les Villages de Mont, Darnat, Gaissat, & Saint Saturnin, comme heritiers de Guy Albert, iadis Cheualier pere desdits Euesque & Doyen, & grand pere desdits enfans de Gautier.

Testamentum Cardinalis Ostiensis Audoini Alberti Lemouicensis, cum Codicillo, anno 1363. 3. & 5. Maij.

IN nomine Domini, Amen. Per hoc præsens publicum Instrumentum cunctis pateat euidenter quod anno à Natiuitate Domini 1363. die tertia mensis Maij, Indictione prima, Pontificatus Sanctissimi Patris & Domini nostri Domini Vrbani diuina prouidentia Papæ V. anno primo. In nostrorum Notariorum publicorum, & Testium subtus scriptorum ad hoc vocatorum, & rogatorum præsentia personaliter constitutus Reuerendissimus in Christo Pater, & Dominus Dominus Andoinus Alberti miseratione diuina Episcopus Ostiensis, Sanctæ Romanæ Ecclesiæ Cardinalis, sanus mente, licet debilis corpore, vt prima facie apparebat; considerans & attendens quod ea quæ habent verisimilem permanendi essentiam tendunt verisimiliter ad non esse. Idcirco de salubri, & vtili cogitatione præmeditans, diemque peregrinationis suæ extremum cupiens testamentaria dispositione præuenire, habens à felicis recordationis Domino Innocentio Papa VI. potestatem, & licentiam testandi & ordinandi de omnibus bonis, & rebus suis prout in Litteris Apostolicis olim dum erat Tituli Sanctorum Ioannis, & Pauli Presbyter Cardinalis super hoc sibi concessis; quarum tenor inferius describetur, plenius continetur, Testamentum suum vltimum nuncupatiuum, & suam vltimam voluntatem fecit, ordinauit & condidit in hæc verba.

In nomine Sanctæ & indiuiduæ Trinitatis Patris, & Filij, & Spiritus Sancti, Amen. Quoniam, vt ait Beatus Augustinus, non est dignus in morte suscipere solatium, qui non cogitauit se moriturum; propter quod legitur in Ecclesiastico: memento homo quia terra es, & in terram reuerteris. Et alibi legitur, terram teris, terram geris, & in terram reuerteris qui de terra sumeris, quoniam mors tibi futura est & appropinquat etiam si tardet, quia nihil certius morte, nec incertius hora mortis. Et alibi legitur; omnes morimur, & quasi aquæ quæ non reuertuntur dilabimur super terram: & alibi, sapiens memento quod mors non tardabit. Dicit enim Psalmista Quis est homo qui viuet, & non videbit mortem? Quasi dicat, nullus? Idcirco Ego Audoinus miseratione diuina Ostiensis & Velleternsis Episcopus Sanctæ Romanæ Ecclesiæ Cardinalis, recolens de morte; habens licentiam testandi, Testamentumque condendi, & faciendi à felicis recordationis Sanctissimo Patre & Domino Domino Innocentio Papa VI. de omnibus bonis vndecunque mihi obuenerint mobilibus & se mouentibus, & immobilibus, siue de Beneficiis antequam præessem Ecclesiæ, & Cardinalatui Sanctæ Romanæ Ecclesiæ habebam, siue etiam ex Cardinalatu, siue ex aliis Beneficiis mihi à dicto Domino Papa collatis, prout per Litteras Apostolicas vera bulla plumbata filis sericis more Romanæ Curiæ bullatas, constat plenius, quarum tenor inferius est insertus. Præmeditans diem meæ peregrinationis extremum, ipsum dispositione testamentaria desiderans præuenire, Testamentum meum vltimum nuncupatiuum quamuis in scriptis redactum, ad æternam rei memoriam per Notarios publicos infrascriptos, & meam voluntatem ordino in modum qui sequitur & in formam. Et primo Deum omnipotentem trinum in personis, & vnum in essentia humiliter, & deuotè exoro, vt non reminiscatur peccatorum meorum, iuxta illud ; in quacunque hora ingemuerit peccator non reminiscar iniquitatum suarum: sed potius ex misericordia sua magna misereatur mei cui est semper proprium misereri, & qui omnipotentiam suam miserando maxime manifestat: & qui non vult mortem peccatoris ; sed magis vt conuertatur, & viuat: qui etiam omnes vult saluos fieri, & neminem vult perire. Profiteor namque Sanctam & rectam Fidem Catholicam, & illud quod tenet, docet, seruat Sancta Romana Ecclesia, in vita pariter, & in morte inconcusse, & inuiolabiliter hibiliter credere, & hactenus credidisse, sic quod cum anima mea de corpore exierit, ipsam benigné & misericorditer, quam in manus suas, necnon Beatæ, & gloriosæ Virgini Mariæ eius Matri, Beatis Apostolis Petro, & Paulo, Beatis Ioanni Baptistæ, Ioanni Euangelistæ, & Sanctis Martyribus Ioanni & Paulo, Beatæ Mariæ Magdalenæ, Beato Martiali, Sancto Archangelo Michaeli, & Beato Aredio, & omnibus Sanctis Dei totique Collegio Ciuium Supernorum humiliter commendo: ipse Deus omnipotens dignetur suscipere in sinu gloriæ sempiternæ. Item volo, vt si de ista infirmitate quam actualiter patior, vel isto tempore cuius declarationem arbitrio Executorum meorum infrascriptorum relinquo, me à Deo vocari contigerit, siquidem sim in Auenione, vel prope ad tres dietas, eligo sepulturam meam, & sepeliri volo in Ecclesia Carthusiensium Villæ-nouæ prope Sanctum Andream Auenionensis Diœcesis, fundata à fœlicis recordationis dicto Domino Innocentio Papa VI. Patruo, & Domino meo præcipuo, qui in hoc mundo me nutriuit, & ad status quos habui, antequam ipse esset ad Summi Apostolatus apicem assumptus, eleuari licet indignum me procurauit: & postquam ad Summi Apostolatus apicem assumptus fuit, ad honorem, & dignitatem Cardinalatus licet immeritum, & indignissimum me assumpsit, & plura imo pluriora beneficia Ecclesiæ Dei plurium, & diuersorum Ordinum mihi contulit pro sustentatione status mei, quam animæ meæ expediret, de quorum nimia collatione, seu verius excessiua effusione omnipotens Dominus misericorditer sibi conferenti, & mihi ambitiosè acceptanti, & recipienti parcere dignetur, & misericorditer misereri. Et si vt prædixi de ista infirmitate, vel isto tempore assumat sibi omnipotens Dominus meus Iesus Christus spiritum meum, eligo mihi locum, plateam videlicet in medio Chori quæ directè respicit ad locum vbi iacet corpus prædicti Domini mei Domini Innocentij VI. per talem modum, videlicet, quod nullum fiat impedimentum, seu deformitas Choro, seu plateæ Chori Fratrum Carthusiensium canentium, & iubilantium ibi secundùm formam Ordinis sui Officium Ecclesiæ eis ordinatum ad honorem Domini nostri Iesu Christi, & Beatæ Matris Virginis eius, & totius Collegij Supernorum. Et quod seruetur iste modus quod supra corpus meum ponatur vnus lapis planus, vulgariter dictus de Vrgnone in quo nulla penitus sit sculptura, sed solummodo in circunferentia per quadrum versus de quibus fiet mentio infra, vel in Testamento, vel in Codicillis: & si contrarium fiat quoquomodo cum per Priorem, & Fratres dicti Conuentus possit impediri, de & super quo licentiam eis do, quantam latam possum, legato infrascripto eos pure & ex certa scientia priuo; dans exnunc potestatem Executoribus meis infrascriptis, vt in alijs pijs vsibus pro anima dicti Domini mei Domini Innocentij, & mea dictum legatum eorum arbitrio conuertere possint, præterquam in vsibus tangentibus dictos Fratres, seu Conuentum prædictum. Si vero contingerit me claudere diem extremum extra, seu vltra tres dietas à Ciuitate Auenionensi, vbicunque hoc fuerit, etiam si in Comitatu Prouinciæ, vel in locis magis remotis à Conuentu Glanderij Ordinis Carthusiensis Lemouicensis Diœcesis, eligo mihi sepulturam in Ecclesia dicti Conuentus in platea conuenienti ante Altare maius Ecclesiæ in loco conuenienti, & decenti sicut dixi, & declaraui de & in Ecclesia Ordinis Carthusiensis Villæ-nouæ Diœcesis Auenionensis intelligendo similiter videlicet quatenus in talibus potest cadere vniformitas, seu similitudo. Verum quia in casum in quem vltra tres dietas à Ciuitate Auenionensi diem clauderem extremum magni essent sumptus in portando corpus meum ad dictum locum de Glanderio, præsertim si portaretur cum honore quem attento quod gratantius Deo erit, si expensæ quæ in illo modo portandi fierent, in pijs alijs vsibus fiant & præsertim attenta longinquitate loci, de quo secundùm quem diem clausissem extremum, forsitan, plures, & plures essent dietæ: volo & ordino quod in casum, seu casus illos dictum corpus meum caute mutato modo, seu vsu portandi ad Conuentum, seu Ecclesiam de Glanderio, & super modo portandi, & diminutione fiendarum expensarum potestatem habeant faciendi, minorandi, moderandi, & arbitrandi Executores mei infrascripti. Verum quia in dicto Cœnobio de Glanderio iacent Pater, & Mater mei, desiderarem in sex, vel octo palmatis terræ quadratis dormire cum eis qui me genuerunt, & cum eis expectare Resurrectionem Mortuorum: & si videretur Executoribus meis infrascriptis quód esset fienda propter hoc vna Capella humilis in qua reponerent ossa dictorum Parentum, & cadauer meum, placeret mihi, & pro dicta Capella humili construenda lego tot denarios dictos Francos, qui valeant octingentos florenos, & è contra: Aduertant tamen dicti Executores quia intra septra Ordinis Carthusiensis non consueuerunt talia permitti, & ideo vlterius aduertant si esset super hoc supplicandum Domino nostro Papæ pro obtinenda dispensatione, vel magis abstinendum ne porta aperiretur malè supplicandi Item in casum in quem reperirentur ossa Fratris mei Gualterij Alberti quæ iacent in Ecclesia Sancti Victoris Ordinis Sancti Augustini Parisiensis, quibus quærendis onerauit Venerabilem Patrem, & Socium meum Fratrem Ioannem Abbatem Sanctæ Genouefæ Parisiensis: vellem in dicta Capella cum ossibus dictorum Parentum meorum, & cadaueris mei transferri: & si transferantur lego Ecclesiæ Sancti Victoris Parisiensis à qua transferentur, trecentos florenos semel soluendos ad faciendum Anniuersarium pro anima sua singulis annis iuxta ordinationem prædicti Fratris Ioannis Abbatis Sanctæ Genouefæ, & Abbatis eiusdem Monasterij Sancti Victoris. Si vero dicta ossa non reperiantur ideo quia communicata cum alijs, vel alia de causa, casso dictum legatum trecentorum florenorum auri. Et lego de nouo quingentos florenos ad faciendum Anniuersarium modo, & forma quibus statim prædixeram, saluo quanto poterit esse maius ratione maioris summæ. Item lego mille florenos Conuentui Carthusiensi Villæ-nouæ semel soluendos quos habeant conuertere in emptione redditus bladorum, quorum medietatem si indigeant, de quo Prioris, & quatuor Fratrum antiquiorum conscientias simplices onero, eidem Conuentui lego. Aliam autem medietatem lego Pauperibus

Christi distribuendam per Priorem, & Conuentum, pro anima Domini mei, & mea; die qua corpus dicti Domini mei traditum fuit inibi Ecclesiasticæ sepulturæ. Item consimili modo lego mille quingentos florenos semel soluendos dicto Cœnobio, seu Monasterio de Glandecio, intelligendo tamen vt sequitur quod pro se non possunt retineri nisi tertiam partem bladi quod emerint; & in casu quo indigent vt supra: duas verò partes præcisè teneantur dare amore Dei, & per modum charitatis iuxta morem patriæ; & fiat charitas die qua ego ibi sepeliar, si ita sit quod ego sepeliar ibi: quod si alibi sepeliar, fiat die qua pater meus fuit ibi sepultus. Item lego quingentos florenos ad emendum redditus qui haberi poterunt ex eis ad faciendum Anniuersarium singulis annis in Ecclesia de Arracio Lemouicensis Diocesis pro anima Aui, & Auiæ meæ & omnium quotquot defecerunt de domo sua. Item lego consimiliter alios quingentos florenos ad faciendum singulis annis Anniuersarium in Ecclesia de Beythaco, in qua recepi sanctum Sacramentum Baptismi, pro anima Domini mei, & mea, & parentum meorum, & omnium illorum qui mortui sunt de domo mea in qua ego sum natus; & incipiat Anniuersarium cum redditus fuerint empti. Item lego singulis pauperioribus centum focis qui repetientur in Parrochiis de Beythaco, de Aynato, de S. Saturnino, de Groçaa, de Lastonz, & de Vinolio Lemouicensis Diocesis, cuilibet foco sic quod non transcedatur numerus centum; vnum par boüm non recipiat æstimationem ad plus vltra decem florenorum. Item lego mille pauperibus mulieribus cuilibet vnam tunicam grossam albam, sicut portant illæ quæ custodiunt animalia in partibus Lemouicensibus. Item lego decem pauperibus mulieribus Parrochiæ de Beythaco Lemouicensis Diocesis cuilibet decem francos auri semel soluendos, quorum quilibet decem non valeant vltra duodecem florenos cum dimidio. Item consimiliter alios decem francos decem mulieribus pauperioribus de dicta Parrochia Sancti Saturnini. Item consimiliter alios decem francos auri decem pauperioribus mulieribus de dicta Parrochia de Trocha. Item lego consimiliter triginta pauperioribus mulieribus de Parrochia de Lobersaco Lemouicensis Diocesis prædictæ, cuilibet decem francos auri. Item lego viginti pauperibus mulieribus de Ciuitate Tolosana ad maritandum, cuilibet viginti francos auri: qui viginti franci non valeant vltra viginti quinque florenos. Item lego aliis viginti pauperibus de Auenione, cuilibet ad maritandum viginti quinque florenos. Item volo & ordino quod de bonis meis compleatur Hospitale quod fieri facio in capite pontis Auenionensis, de quo nuper reddidit mihi compotum Dominus Bernardus Rascatij miles Auenionensis qui bene & laudabiliter se habuit in procurando fieri omnem structuram dicti Hospitalis. Quare per omnia quantum ad ædificium dicti Hospitalis volo quod credatur probitati suæ. Item lego dicto Hospitali totum claustrum meum, & quidquid ibi emi, quidquid ibi ædificaui vna cum omnibus domibus quas emi in vico recto magno, & breuiter quidquid habeo vltra magnam domum quam inhabito versus Pontem vel Rodanum; excepta vna modica domuncula, quæ tenet se cum furno Monialium Sancti Laurentij, quam gratuitè mihi concesserunt ad faciendum voluntatem meam; & confiteor coram Deo & hominibus quod ad voluntatem earum debet eis reddi. Item lego eidem Hospitali hortum meum quem emi, seu acquisiui vt priuata persona à Domino Petro Ayme Episcopo Autissiodorensi vt à priuata persona. Item lego eidem Hospitali Grangiam meam, cum exitu suo sitam iuxta portum de Pereriis prope Prædicatores Auenionenses. Item volo, & ordino, & per meos Executores debita mea in primis exsoluantur: & clamores mei si qui sint emendentur, super quibus stari, & credi volo familiaribus meis, & querelantium conscientiæ, iuramento vallatæ, arbitrio Executorum meorum. Item volo & ordino, quod satisfiat familiaribus, & seruitoribus meis præsentibus, & futuris, quibus ego non satisfecero in vita mea, vel eos beneficiari competenter, vel alias remunerari non fecerim, in quantum eis tenebor secundum Deum & iustitiam super quo conscientias meorum Executorum onero. Item lego, & dari volo singulis meis beneficiis quæ obtineo vnum calicem argenti deauratum cum patena iuxta qualitatem & valorem beneficij: sic tamen quod calix maior cum patena non ponderet vltra quinque marcas, & minor non ponderet minus duobus marchis cum meo signo in pede calicis: & volo quod secundum maiorem nobilitatem, & tenuitatem Beneficiorum meorum Executores mei distribuant prædictos calices cum suis patenis, & quod inter prædicta duo pondera quinque marcharum, & duarum faciant eos fieri de pondere de quo eis videbitur faciendum. Item lego Ecclesiæ Sancti Astidij Lemouicensis Diœcesis in qua olim dignitatem Decanatus habui, vnum calicem argenti cum sua patena deauratum ponderis quinque marcarum argenti cum signo meo in pede sculpto. Item lego tribus Parrochialibus Ecclesiis quas olim successiuè obtinui, videlicet de Pluma Condomiensis Diœcesis, & de Tillio, & de Sancta Fide de Pogolio Tolosanensis Diœcesis, cuilibet earum vnum calicem argenti cum patena deauratum ponderis trium marcarum argenti cum signo meo in pede posito. Item lego Ecclesiæ Collegiatæ Ariensis, siue de Aria Morinensis Diœcesis, in qua olim dignitatem Præpositatus habui, vnum Calicem argenti cum patena deauratum cum signo meo ponderis quatuor marcarum argenti. Item lego Ecclesiæ Sancti Gaugerici Cameracensis, in qua olim fui Canonicus Præbendatus, vnum Calicem cum patena deauratum ponderis trium marcarum argenti. Item lego Ecclesiis Parisiensi, & Autissiodorensi, quibus in Episcopali dignitate præfui; & cuilibet earum trecentos florenos, semel soluendos ad emendum redditus qui poterunt haberi, & emi pro faciendo pro anima mea, vno Anniuersario singulis annis die mei obitus; seruato more quo fiunt Anniuersaria in dictis Ecclesiis. Item lego sorori meæ Germanæ Agneti vxori Ademari la Rebyeyra, si superuixerit die mei obitus, & aliter non, ducentos florenos semel soluendos. Item consimili modo vt proximè, lego alios ducentos florenos Gualianæ nepti meæ. Item lego nepti meæ Raymundæ de Rostinhaco, ad maritandum eam trecentos florenos semel soluendos, & vbi morte præueniretur quod non maritaretur, volo dictum legatum esse

des Cardinaux François. 385

nullam. Item lego Conuentui Monialium Sancti Laurentij, infra ciuitatem Auenionensem, turrim, & casam meas quas feci ædificari, & proprietatem emi juxta Conuentum earum, nec-non, & partem coquinæ, quæ ad me eodem iure noscitur pertinere. Volo tamen, & sub illa conditione prædicta, lego vt dictæ Moniales, & earum successores singulis annis in die obitus mei faciant vnum Anniuersarium pro me & anima mea cum Agenda seu Matutinis Mortuorum, in Vigilia diei obitus mei solemniter, & cum Missa in crastinum, prout est pro mortuis fieri consuetum, iuxta ordinationem executorum meorum: Est tamen mea intentio, & voluntas quod si dictis Monialibus, seu Conuentui ipsarum prædictas Turrim, & Casam ac partem coquinæ eis dederim in vita mea donationis titulo inter viuos; vt nihil occasione dicti legati eis in meo testamento facti petere possint; sed quod nihilominus Anniuersarium, & Missam vt supradictum, est facere teneantur. Item volo, & ordino, quod nisi ego ordinauerim in vita mea de modo regendi dictum Hospitale, quod vt præmissum est ædificari facio in capite pontis Auenionensis, quod mei executores infrascripti possint de ipso gubernando, & regendo ordinare. Item volo, & ordino quod postquam prædictæ ordinationes per me, vel meos executores factæ fuerint, Commune, & Consilium Ciuitatis Auenionensis regant, seu regi faciant perpetuis temporibus dictum hospitale iuxta, & secundum ordinationes per me, vel executores meos faciendas, & sicut modo de præsenti per eos hospitale aliud contiguum hospitali meo, saluis additionibus per me, vel executores meos faciendis gubernatione, & regimine Episcopi Auenionensis, seu alterius Ecclesiæ totaliter excluso. Item volo quod si in vita mea aliqua ex prædictis legatis ego soluerim, sicut concedente Domino facere intendo quod post mortem meam nihil occasione illorum peti possit. Item dico, ordino, & volo & mentem meam circa hoc liberaliter declaro, quod in omnibus piis legatis per me factis, & bonis aliis operibus, de quibus ordino, & ordinaui, anima dicti Domini Innocentij Papæ sexti patrui mei à quo bona omnia habui post Deum, in omnibus sit particeps sicut mea. Item lego Guidoni Alberti nepoti meo trecentos florenos semel soluendos. Item ordino arbitrio executorum meorum vnum Collegium vulgariter dictum Bursam in Ciuitate Tolosanensi Grammaticorum, & Logicorum includendo alias liberales artes in tanto numero quanto apparebit eis quod supportare poterit residuum bonorum meorum, emendo domos necessarias in locis conuenientibus, & animam Domini Regis includendo participem, si expedire viderint, ad finem quod det personam nomine suo hoc fauorabiliter prosequentem, & consimiliter aliâ quam personam Capitolariis Tolosanensibus, vt dent etiam aliquam aliam personam hoc prosequentem; & aduertant etiam de Archiepiscopo Tholosanensi & Vniuersitate studij. Quod quidem Collegium bonis meis mobilibus, & immobilibus, & se mouentibus, nominibus debitis, & quibuscunque aliis quocumque nomine censeantur, hæredem vniuersalem facio, & instituo. Hanc autem vltimam meam voluntatem, & testamentum nuncupatiuum esse volo, & eam valere decerno, & ordino iure testamenti nuncupatiui: quod si iure testamenti non valeret, valeat iure codicillorum, vel cuiuscunque alterius vltimæ voluntatis, prout melius valere poterit de iure canonico, vel ciuili. Quod si secundum iuris Canonici, vel ciuilis solemnitates, & obseruantias non valeret; volo quod valeat iure consuetudinario, aut aliis quibuscunque modis, formis, iuribus, & consuetudinibus quibus melius valere, & tenere potest. Omne aliud testamentum vel codicillum per me hactenus inscriptis, vel sine scriptis, aut vocaliter seu verbaliter factum cassans, irritans penitùs, & annullans. Sed si tamen aliquem seu aliquos Codicillum seu Codicillos in posterum me facere contingeret, sicut concedente Domino facere propono, illum vel illos ex nunc approbo, & in præsenti testamento confirmo, & valere volo, & tenere habereque perpetui roboris firmitatem. Ad hæc autem præmissa omnia, & singula, & ea tangentia exequenda ac ea fideliter adimplenda, executores meos facio, Ordino, constituo, & deputo Reuerendissimos in Christo Patres, & Dominos, Dominos Nicolaum Episcopum Tusculanensem, Petrum Tituli Sanctorum Quatuor Coronatorum, Ioannem Tituli Sancti Marci: & Androynum Tituli Sancti Marcelli Presbyteros Cardinales, Venerabilem & Religiosum virum Dominum Fratrem Ioannem Ferdinandum de Eredia Castellanum Empostæ, & Priorem Sancti Egidij Nemausensis Diœcesis: Nobilem virum Dominum Bernardum Rascatij militem Auinionensem, & Venerabiles & discretos viros Dominos Bernardum de Bosquetо legum Doctorem Canonicum Caturcensem, Auditorem, & Petrum Mansyanlanhi Sacristam Carpentoratensem Camerarios meos; & Magistrum Guilliclm.um Adenarij familiarem Domini nostri Papæ. Nolo tamen quod illi qui non sunt Cardinales potestatem habeant, nisi concurrat cum eis potestas, seu voluntas duorum ad minus Cardinalium prædictorum. Quos quidem Dominos Cardinales, & alios executores meos, & eorum quemlibet rogo attentiùs vt zelum Charitatis, & dilectionis quem ad me in mea præsenti vita gesserunt: post ipsius vitæ decursum non extinguentes, sed tanquam veri Domini, & amici dilectionem & charitatem huiusmodi per exhibitionem operum potiùs comprobantes; executionem huiusmodi assumant, & assumptam sine morâ dispendio executionem demandent, prout animæ meæ saluti viderint expedire. Quibus quidem ex dictis Dominis Cardinalibus duobus in solidum, & tribus ex aliis non Cardinalibus cum licentia, & voluntate duorum ex dictis Dominis Cardinalibus ad minus, do, & concedo plenam, & liberam potestatem, ac speciale, & generale mandatum cum plena libera, & generali administratione, vt post obitum meum omnia, & singula bona mea vbicumque consistentia prout eis expedire videbitur, possint accipere, vendere, distrahere, alienare, & tradere pro huiusmodi legatis soluendis & meis aliis omnibus, & singulis dispositionibus, & ordinationibus adimplendis omnia, & singula mihi debita, & quæ in posterum debebuntur petere, exigere, recuperare, & recipere, & de receptis quittare, & absoluere, legata distribuere, tradere, & assignare, & omnia alia, & singula facere, quæ circa executionem præsentis mei testamenti necessario tria, & vtilia fuerint, & etiam opportuna. Et pro omnibus, & singulis in præsenti testamento contentis, & eorum adiacentibus, contingentibus & connexis, & ad ea pertinentibus exequendis si necesse fuerit vnum vel plures procuratores tam ad negotij, quàm ad causas semel, & plures constituere, & reuocare cum potestate plenaria, ea omnia, & singula exequendi, agendi, defendendi, excipiendi, replicandi, paciscendi, transigendi, & componendi, libellos dandi, & recipiendi, lites contestandi, de calumnia, & veritate dicenda iurandi, ponendi, articulandi, respondendi, impugnandi, probandi, & concludendi, sententias audiendi, appellandi, & appellationes prosequendi, & cætera alia sine quibus suprà, & infrascripta omnia, & singula vel eorum aliquod non possent expediri: faciendi etiam si mandatum exigant speciale, Transferens per factionem huiusmodi testamenti & omni alio iure, & meliori modo quo possum in dictos executores meos possessionem omnium bonorum meorum præsentium, & futurorum, & omne ius, ac iurisdictionem, omnemque actionem quæ mihi aduersus debitores competunt, aut competere possunt quouis modo, donec mea præsens voluntas plenè fuerit executa. Si autem circa præmissa, vel eorum aliquid, aut ea tangentia fuerit aliquod dubium, vel obscurum, volo quod executores mei vel duo eorumdem ex ipsis Dominis Cardinalibus: de aliis verò tres, cum licentia & voluntate quibus supra, illud possint interpretari, declarare, & intelligere pro suo libito voluntatis, quorum interpretationem, declarationem, & intellectum haberi volo pro mea voluntate, ac si ore meo proprio expressissem. Supplicans insuper sanctissimo Patri, & Domino, Domino Vrbano diuina prouidentia Papæ Quinto, vt hoc præsens testamentum meum ex certa scientia confirmare, & omnem defectum suppleri, siquis forsitan propter solemnitatem iuris omissam, vel aliis interuenerit in eodem, ipsumque in litteris suis Apostolicis confirmatoriis de verbo ad verbum inseri facere dignetur, prout moris existit : illudque executioni debitæ demandari præcipiat, & integraliter, effectualiterque adimpleri. De quibus quidem omnibus, & singulis idem Dominus Cardinalis testator petiit, mandauit, & requisiuit per nos Notarios publicos infrascriptos publicum, seu publica fieri instrumentum, seu instrumenta quotiens opus esset. Tenor autem dictarum litterarum Apostolicarum de quibus supra fit mentio, sequitur in hæc verba.

INNOCENTIVS Episcopus seruus seruorum Dei, dilecto filio Audoyno, Tituli Sanctorum Ioannis & Pauli, Presbytero Cardinali, salutem & Apostolicam benedictionem. Cum nihil sit quod magis hominibus debeatur, quàm quod supremæ voluntatis liber sit stilus, & liberum quod iterum non redit arbitrium. Nos tuis supplicationibus inclinati testandi, ordinandi, & disponendi libere de omnibus bonis ad te pertinentibus cuiuscumque quantitatis, seu valoris fuerint, etiam si ex prouentibus Ecclesiasticis, seu Ecclesiis tibi commissis, vel aliter personæ tuæ, vel tui Cardinalatus intuitu, ratione, vel contemplatione ad te peruenerunt, & peruenient in futurum, priùs tamen de omnibus prædictis bonis ære alieno, & his quæ pro reparandis domibus, seu ædificiis consistentibus in locis Ecclesiarum, vel Beneficiorum tuorum, culpa, vel negligentia tua, seu Procuratorum tuorum destructis, seu deterioratis, necnon restaurandis aliis iuribus earumdem Ecclesiarum, vel Beneficiorum deperditis ex culpa, vel negligentia supradictis fuerint opportuna deductis, plenam, & liberam tibi licentiam tenore præsentium elargimur. Nulli ergo omnino hominum liceat hanc paginam nostræ concessionis infringere, vel ei ausu temerario contraire. Si quis autem hoc attentare præsumpserit, indignationem omnipotentis Dei, & Beatorum Petri & Pauli Apostolorum eius se nouerit incursurum. Datum apud Villam-nouam Auinionensis Diocesis, Idibus Maij, Pontificatus nostri anno primo.

Acta fuerunt hæc Auinione in domo habitationis dicti Domini Cardinalis testatoris in Camera sua secreta. Anno, die, Indictione, & Pontificatu quibus suprà, præsentibus Venerando & Religioso Domino Ferdinando de Eredia Castellano Emposte, & Venerabilibus, & discretis viris Dominis Petro Mansianlanhi Sacristá Carpentoratensi, Bernardo de Turre, & Bernardo de Latrapetra Lemouicensis, & Aldeberto de Gorsis Bituricensis Ecclesiarum Canonicis: & Religiosis viris Fratribus Petro de Capiteluco de Amiliano, & Guillelmo de Monte-oliuo de Palheriis Vabrensis, & Mimatensis Diocesis Præceptoriarum Præceptoribus per ipsum Dominum Cardinalem testatorem ad præmissa vocatis testibus specialiter, & rogatis.

SVBSEQVENTER autem Anno, Indictione, & Pontificatu quibus supra, die vero quinta dicti mensis Maij, in nostrorum prædictorum Notariorum, & testium subscriptorum ad hoc vocatorum, & rogatorum præsentia personaliter constitutus Reuerendissimus in Christo Pater, & Dominus, Dominus Audoynus, Episcopus Ostiensis, sanctæ Romanæ Ecclesiæ Cardinalis. Attendens quod humana voluntas vsque ad extremum vitæ ambulatoria, & plerumque propter varietatem successiuam mutabilis, & variabilis est, adeò quod quis sibi non potest in testando legem imponere, à qua recedere non liceat. Ideoque dictus Dominus Audoynus Cardinalis licet æger corpore, sanus tamen mente, & in sua bona memoria constitutus, recolens se suum vltimum condidisse testamentum nuncupatiuum, prout superius continetur. In aliquibus voluntate mutata non derogando iuribus dicti testamenti in aliquo, quominus testamentum obtineat vires suas, sed illud confirmando ex certa scientia, & deliberato intra semetipsum consilio super vltimo velle suo, Codicillum, seu Codicillos suos fecit, & ordinauit in modum qui sequitur, & in formam. In nomine Patris, & Filij, & Spiritus Sancti. Amen. Hunc Codicillum, seu Codicillos meos volo esse, & perinde habere virtutem, valitudinem, & valorem, ac si in testamento meo quod iam condidi consequentia interfuissent. Volo siquidem, & ordino, quod quilibet Reuerendorum in Christo Patrum Dominorum Cardinalium, quos in testamento meo institui, habeant titulo Legati de bonis meis centum florenos auri, sub hac conditione tamen, quod eos debeant expendere in piis vsibus animarum suarum ; quod si aliter facerent, legatum, siue legata redoco ; & quantum possum, eis Injungo, vt si recipiant dictum legatum seu pecuniam, aut valorem quemcumque sub titulo dicti legati sicut per potentiam Cardinalium in talibus sepè sit, pro animabus suis vt prædixi expendant, & si aliter facerent (quod absit) ego quantum possum dictum legatum, seu legata transfero in piis vsibus animæ felicis recordationis Domini Innocentij Papæ VI. patrui, & Domini mei, & meæ, & supplico Domino meo Domino nostro Papæ moderno, qui est ad præsens, vel qui fuerit pro tempore, quod Testamentum meum velit confirmare, & gratum habere & specialiter super articulo isto. Item lego cuilibet aliorum Executorum meorum quinquaginta florenos cum simili conditione quam apposui dictis Cardinalibus, quantum vniformitas, & similitudo ciuiliter poterunt simul esse. Item declaro intentionem meam quod in remuneratione Seruitorum meorum nolo quod sint stricti Executores mei, immò largi. Item volo quod liberaliter emendentur, & restituantur illa in quibus apparebo obligatus; nec volo quod in hoc cautelæ aut subterfugij per Procuratores meos quærantur, imo totaliter euitentur. Et quod in speciali offeratur illi cum quo litigo in Carpentorate Iustitia plana & si iniustè cum eo litigauerim resarciantur sibi integræ expensæ. Item lego Magistro Guillelmo Ademarij præter, & vltrà quidquid aliàs sibi legaui, centum florenos auri semel soluendos, quia antiquus Seruitor fuit dicti quondam Patrui, & Domini mei, & multa seruitia sibi, & mihi exhibuit. Item lego omnibus Hospitalibus Ciuitatum Lemouicensis, Tholosanensis, & Auenionensis cuilibet quatuor florenos. Item lego omnibus Conuentibus Pauperum secundum vulgarem opinionem dictarum Ciuitatum, cuilibet Conuentui sex florenos. Item lego omnibus Hospitalibus, & omnibus Conuentibus prædicto modo intellectis, Diœcesium prædictarum cuilibet Conuentui, & Hospitali duos florenos. Item lego Ioanni de Romegós singulis annis super bonis meis quandiu vixerit viginti florenos. Item lego Ioanni de Grandimonte quondam Seruitori Domini mei Patrui triginta florenos semel soluendos. Præterea mandauit nobis præfatis Notariis dictus Dominus Testator, quod in præsenti Codicillo poneretur versus qui sequuntur. *Lapide sub hoc modico iacent omnia viscera dicti Ostiensis, A. dum vincbam in vita mea.* Per præsentes autem Codicillos præfatus Dominus Cardinalis Testator Testamento suo prædicto, vt dixit noluit in aliquo derogare, quinimo potius Testamentum ipsum in suis viribus remanere voluit, & obtinere plenam roboris firmitatem. Ordinauit insuper, & voluit quod Executores sui in dicto Testamento contenti iuxta potestatem sibi in eodem Testamento traditam etiam in prædictis Codicillis nihilominus exequantur, nisi legata ipsa tam in dicto Testamento, quam in præsentibus Codicillis contenta tempore obitus sui reperirentur per eum in vita sua soluta, & adimpleta fuisse, ac executioni mandata. Et hanc vltimam Voluntatem suam asseruit esse velle, quam habere voluit iure Codicillorum, vel alterius cuiuslibet vltimæ Voluntatis. Acta fuerunt hæc Auenione in Domo habitationis ipsius Domini Cardinalis Testatoris in sua Camera secreta, anno, die, Indictione & Pontificatu quibus supra, præsentibus discretis Viris Dominis Petro Mansianlanhi Sacrista Carpentoratensi, Thoma Laurentio Curato Parrochialis Ecclesiæ de Catisaliciæ, Rotiomagensis Diœcesis, Ferrico Gerardi de Spinalo Sancti Pauli Leodiensis, & Ioanne de Gargenuilla Autissiodorensium Ecclesiarum Canonicis, & Ioanne Mansianlanhi Domicello, Viuariensis Diœcesis, ad præmissa vocatis Testibus specialiter & rogatis.

Et ego Martinus de Chastres Lemouicensis Diœcesis publicus Apostolica & Imperiali auctoritate Notarius, ac Scriba, dicti Domini Andoini Cardinalis Testatoris prædictæ testamentariæ dispositioni, ac Codicilli seu Codicillorum ordinationi & factioni eorumque lecturæ, & publicationi, præmissisque omnibus, & singulis dum sic per præfatum Reuerendissimum in Christo Patrem Dominum Cardinalem Testatorem agerentur, sub anno, Indictione, Pontificatu, & diebus quibus supra, vna cum Magistro Ioanne de Liers Clerico Leodiensis Diœcesis, publico Apostolica & Imperiali auctoritate Notario, & Testibus suprascriptis præsens fui: eaque per præfatum Magistrum Ioannem me aliis arduis negotiis occupato, scripta publicaui; & in hanc publicam formam redegi, signoque meo solito vna cum signo & subscriptione dicti Magistri Ioannis signaui, & hic inferius manu mea propria me subscripsi requisitus & rogatus in veritatis testimonium omnium præmissorum.

Et me Ioanne de Liers Clerico Leodiensis Diœcesis, publico Apostolica & Imperiali auctoritatibus Notario, qui prædictæ testamentariæ dispositioni ac Codicillorum ordinationi & factioni, eorumque lecturæ, & publicationi, præmissisque omnibus & singulis, dum sic per præfatum Reuerendissimum in Christo Patrem Dominum Testatorem fierent & agerentur sub anno, Indictione, Pontificatu, & diebus quibus supra, vna cum Magistro Martino de Chastres publico Apostolica & Imperiali auctoritate Notario & Testibus suprascriptis præsens fui, eaque omnia & singula sic publicata in hanc formam publicam manu mea propria scripta redegi, signoque meo quo vtor auctoritate Apostolica vnacum signo & subscriptione dicti Magistri Martini signaui rogatus per præfatum Dominum Testatorem : & requisitus in testimonium veritatis omnium & singulorum præmissorum.

Ex Necrologio Carthusiæ Villæ-nouæ Auenionensis.

AVDOINVS ALBERTI Lemouicensis, Fratris Papæ Innocentij VI. Filius, ex Episcopo Magalonensi Presbyter Cardinalis Sanctorum Ioannis & Pauli Tituli *Pammachij*, postea Episcopus Ostiensis, consecrauit VRBANVM V. Romanum Pontificem, vir doctrina & pietate insignis, animo nobili & sincero, moribus erat honestissimis & grauibus, qui illum reddebant vnicuique gratissimum, ab omnibus diligebatur, conuersatione semper se ostendit vrbanum & ciuilem, maximam deuotionem in Religione Carthusianorum Villæ-nouæ donauit : Obiit sexto Idus Maij, anno Christi 1363. Auenione, in Domo habitationis suæ, sepultus est in eodem Cœnobio Carthusianorum in medio Chori.

ELIE DE SAINT TRIET,

Religieux de l'Ordre de Saint François, Abbé du Monastere de Saint Florent de Saumur, Euesque d'VZez, Cardinal Prestre du Tiltre de S. Estienne in Cœlio Monte, puis Euesque d'Ostie & de Velitre.

CHAPITRE CVIII.

Nomenclator Cardinalium.

ELIAS DE ANNIBALDIS à Sancto Herodio, vulgò *Saint Triey* apud Lemouicenses, Ordinis Minorum ex Episcopo Vticensi Cardinalis, scripsit ingeniosè *de vita contemplatiua : in libros Sententiarum : Postillam in Apocalypsin, & alia quædam.* Obiit Auenione 1367. sepultus ad Minores.

Sammarthani Fratres in Gallia Christiana, in Episcopis Vticensibus.

HELIAS DE SANCTO HERODIO, Abbas Beati Florentij Salmuriensis ad Ligerim, Episcopus huius Ecclesiæ 1345. 23. Iunij, repetitur in libro Obligationum, creatur Cardinalis per INNOCENTIVM VI. anno 1356. 23. Decembris adhuc Præsul Vceticæ, dein per VRBANVM V. assumptus est ad Ecclesiam Ostiensem, anno 1363. obiit Auenione 1367. 10. Maij teste Vghello tomo 1. qui ex dictis libris Obligationum primus reiectâ opinione Ciaconij, hunc Heliam Cardinalem distinxit ab altero creato per CLEMENTEM VI. qui nuncupabatur, non de Sancto Herodio, sed de Nubiliaco, fuitque Ordinis Franciscanorum, & Archiepiscopus Nicosiæ, de quibus in Historia Cardinalitia.

PIERRE DE SELVE,

Surnommé de Montrui par quelques-vns, Fils d'vne Sœur du Pape INNOCENT VI. Chanoine & Thresorier de l'Eglise Cathedrale de Bayeux, Euesque de Pampelonne, Cardinal Prestre du Tiltre de Sainte Anastase, & Vice-Chancelier de la Sainte Eglise Romaine.

CHAPITRE CIX.

Extraict des Archiues du College de Sainte Catherine de Tolose, autrement dit de Pampelonne.

Fundatio & Statuta Collegij S. Catharinæ, seu Pampilonensis in Tolosana Ciuitate, facta per D. Petrum de Selua Cardinalem Pampilonensem.

IN nomine Domini. Amen. Nos Petrus miseratione diuinâ Tituli Sanctæ Anastasiæ Presbyter Cardinalis, attentâ meditatione pensantes, & diligenter intra cordis arcana reuoluentes, quot & quanta bona nobis contulit, licet immeritis, gratia Saluatoris, & confert etiam incessanter, dignum & congruum, quinimmo debitum arbitramur, vt ad ea efficacem operâ & operam totis viribus impendamus, quæ diuini cultus augmentum respiciunt, & per quæ in agro studij Litterarum margarita scientiæ (quæ Domum Domini insignit multipliciter & decorat) præfulgeat luculenter, & illis libenter, quibus ad prosequendum Litterarum studia, ex quibus eadem scientiæ margarita acquiritur, & ignorantiæ tenebræ profugantur propriæ non suppetunt facultates, opportunis remediis, & auxiliis accommodis quantum cum Deo possumus liberaliter succurramus.

2. Considerantes igitur attentius quanta commoda tam privata, quam publica spiritualia & temporalia mundo proueniunt ex Iuribus Canonico & Ciuili ex quibus cultus diuinus augetur, animarum saluti consulitur, insurgentes controuersiæ deciduntur, pax, & tranquillitas inter homines procuratur, licitum ab illicito secernitur, bonis præmia, & malis supplicia dispensantur: colitur regina virtutum iustitia quæ tanquam præcipua generis humani gubernatrix, & doctissima mater hominum magistra vberrimam debitæ gubernationis exhibet rebus publicis disciplinam, & per hæc quasi duo magna mundi lumina Ecclesia Militans tam spiritualiter quam temporaliter illustratur. Ac habentes à Sanctissimo in Christo Patre Domino nostro Clemente diuina prouidentia Papa VII. potestatem fundandi, & instituendi de bonis à Deo nobis collatis vnum Collegium duorum Presbyterorum, & duodecim pauperum Scholarium Clericorum, qui in eadem Domo collegialiter viuere, & in Canonico, vel Ciuili Iure studere debeant in Ciuitate Tolosana, ac Domum congruam cum Capella seu Oratorio pro huiusmodi Collegio construendi, seu construi faciendi, in eodem Collegio ordinationes, & statuta salubria ac etiam opportuna, prout nobis videbitur expedire, per ipsius Domini nostri Litteras specialem potestatem, prout in eisdem Litteris quarum tenorem de verbo ad verbum fecimus præsentibus annotari, plenius continetur. Pia consideratione meditantes quod ad studium Tolosanum, quod dum grata memoratione recolimus quod ab annis teneris suæ doctrinæ lacte nos aluit; & in quo fons scientiarum irriguus viros in Lege Domini eruditos, pollentes dogmatibus & virtutibus præpollentes, ac etiam mundo perutiles ab antiquo produxit & producit etiam incessanter; diligere præcipuis affectibus, obligamur. De diuersis mundi partibus, multi confluunt dociles & habiles, pro huiusmodi scientiæ margarita acquirenda, quorum aliqui interdum depressi inopia habentes animum ad studendum, propter carentiam facultatum à studio huiusmodi subtrahuntur.

3. Nos cupientes terrena in cœlestia, & transitoria in æterna felici commercio commutare, ad honorem & gloriam Domini nostri Iesu Christi & gloriosæ Virginis Mariæ Matris eius, Beatorumque Apostolorum Petri & Pauli, ac Beatæ Catharinæ Virginis & Martyris & omnium Sanctorum, totiusque Cœlestis Curiæ pro memoria & felici recordatione Domini Innocentij Papæ VI. Auunculi nostri ac Parentis tum & benefactorum nostrorum, & aliorum Christi fidelium animarum salute, auctoritate eiusdem Domini nostri in Ciuitate Tholosana in Domo nostra, in Carreria Argentariorum, & in Parrochia Ecclesiæ Deauratæ Tholosæ situata, quam olim à Venerabili in Christo Patre Domino Helia Episcopo Castrensi iusto titulo acquisiuimus, & quæ confrontatur ex parte vna cum vno ab Aymerico de Polanis Burgense & cum alio à Iacobo Bayleti Mercatore Tholosano, hospitiis per nos etiam dudum licité acquisitis, & cum hospitio Domini Arnaldi de Auriualle Militis Tholosani, & cum dicta Carreria ex aliis partibus, vnum Collegium perpetuis temporibus duraturum, duorum scilicet Sacerdotum & duodecim Scholarium Clericorum qui in eadem Domo simul collegialiter commorentur, & in dicto studio studeant in Iure Canonico vel Ciuili, qui quidem Sacerdotes in Capella in dicta Domo iam constructa Missam celebrare & diuino cultui perpetuò intendere debeant.

4. Instituimus, fundamus & ordinamus ac Domum ipsam cum eius virgulto ac prædiis, & quibuscunque aliis domibus seu hospitiis nostris in dicta Ciuitate consistentibus ac etiam locum nostrum de Valebrando Tolosanæ Diœcesis & quæcunque alia loca, fortalitia, domos, vineas, prata, hortos, viridaria, Denesia, casluos, pascua, nemora, molendina, piscarias, possessiones, terras cultas & incultas, tascas, oblias, census, redditus & prouentus ac iura & iurisdictiones, & alia bona immobilia in quibuscunque consistant, & quocunque nomine nuncupentur in Ciuitate & Diœcesi prædictis & in Senescallia Tholosana existentia, & per nos iusto titulo acquisita, prout in instrumentis acquisitionum huiusmodi plenius designantur, & etiam confrontantur: quæ omnia quæcunque, quotcunque & qualiacunque fuerint, præsentibus haberi volumus pro expressis & singulariter nominatis cum omnibus iuribus & pertinentiis eorumdem Domui & Collegio prædictis pro victu Sacerdotum & Scholarium prædictorum, & aliis oneribus eisdem Domui & Collegio incumbentibus supportandis liberaliter in perpetuum assignamus, ac pura & irreuocabili donatione perpetuò valitura conferimus & donamus, illaque eidem Collegio vel eorum Procuratori ipsorum nomine realiter, & de facto tradi, & assignari ac ipsos in corporalem eorumdem iuriumque & pertinentiarum prædictorum induci volumus, præcipimus, & mandamus.

5. Et insuper volumus ac etiam ordinamus quod dicta Capella sub titulo & vocabulo eiusdem Beatæ Virginis Catharinæ ac Domus præfata, Domus Collegij Scholarium Petri Cardinalis Pampilonensis perpetuò nuncupetur, ac etiam nominetur. Et quod dicti duo Sacerdotes in eadem Capella diebus Dominicis & Festiuis, quibus in Tholosano cessabitur studio à lectura, saltem vnam Missam cum Nota, vel etiam sine Nota, singulis aliis verò diebus etiam vnam aliam Missam sine Nota vicissim, vnus videlicet per vnam, & alius per alium hebdomadam futuris perpetuis temporibus celebrare teneantur, nisi eos absentia, infirmitas, aut alia iusta & rationabilis causa forsitan excusaret: quo casu si qui de numero Scholarium prædictorum fuerint in Sacerdotio constituti, vices & locum illius absentis, vel infirmi, aut amborum absentium seu etiam infirmorum supplere, & gerere teneantur: & ad id per dictæ Domus Prouisorem, qui erit, adstringi debeant, & compelli, prouisoque diebus quibus

a l lecturam vacabitur in studio memorato celebrationem Missæ huiusmodi sic tempestiua hora persiciat, quod Scholares prædicti intrandi hora debita Scholas eorum habeant facultatem: & licet prædictos duos Sacerdotes ad celebrandum singulis diebus vltra vnam Missam adstringi nolumus, ipsos tamen, & alios si qui ex dictis Scholaribus fuerint vt prædicitur in Sacerdotio constituti, hortamur in Domino vt diebus præsertim Dominicis, & Festiuis celebrationi Missæ insistant frequentius, & intendant, volentes ac etiam statuentes quod in Missa huiusmodi collectam propriam habeant, scilicet, *Omnipotens sempiterne Deus dirige actus nostros in beneplacito tuo, vt in nomine dilecti Filij tui Domini nostri Iesu Christi mereamur bonis operibus abundare. Qui tecum viuit, & regnat Deus, &c.* Ad directionem nostram erga Deum pro nobis quandiu vixerimus in hoc mundo. Postquam autem migrauerimus ab hoc sæculo pro memoria, & etiam pro felici recordatione Domini Innocentij Papæ VI. Auunculi nostri, & aliorum progenitorum, Parentum, & Benefactorum nostrorum animarum salute, dicant collectam aliam in Dominicis Missis hanc videlicet, *Deus qui inter Apostolicos Sacerdotes Famulos tuos Pontificali, seu Sacerdotali fecisti dignitate vigere, præsta quæsumus, & eorum quoque aggregari consortio. Per Dominum nostrum, &c.* oretur. Hæc quoque annis singulis die obitus præfati Domini nostri Domini Innocentij Papæ VI. die scilicet 12. Septembris, qua idem Dominus Innocensius debitum naturæ persoluit; & die obitus nostri cum solemnibus Vesperis & Matutinis, & Missa de Mortuis, quibus omnes prædicti Scholares, nisi quos legitima causa excusaret, intersint annis singulis, pro ipsius Domini Innocentij Papæ, & aliorum prædictorum animarum salute celebrare perpetuis temporibus teneantur. Oblationes autem tam Scholarium & Familiarium dictæ Domus quam quorumcunque aliorum quas in dicta Capella fieri contingerit, Parrochiali Ecclesiæ, intra cuius limites dicta Domus consistit, volumus applicari.

6. Et insuper volumus & statuimus per prædictos duos Sacerdotes, & alios, si qui ex prædictis Scholaribus in Sacerdotio constituti fuerint, in Natiuitate Domini cum duobus diebus sequentibus, Paschæ, Ascensionis Domini, Penthecostes, Corporis Christi, & quinque Beatissimæ & Gloriosissimæ Virginis Mariæ, & Sanctorum Ioannis Baptistæ, & Beatorum Apostolorum Petri & Pauli; & Sancti Martialis Sanctarum Catharinæ & Anastasiæ Festiuitatibus, solemnes Vesperas, Matutinas & Missam cum nota, quibus omnes Scholares præfati (nisi quos legitima causa excusaret) interesse debeant, solemniter celebrare.

7. Ac etiam statuimus & ordinamus quod ex eisdem duodecim Scholaribus sex sint studentes in Iure Canonico, & totidem in Iure Ciuili; & quod omnes & singuli Scholares huiusmodi ad dicti Collegij numerum assumendi antequam recipiantur, sint in primitiuis scientiis sufficienter instructi, & alias dociles, & ad studia bene apti, vita, & conuersatione laudabiles, ac moribus commendandi, ac eos in ipso Collegio subscripto modo recipi volumus, & assumi, videlicet sex de Ciuitate vel Diœcesi Lemouicensi, & alios sex tam in Iure Canonico quam Ciuili vndecumque de Regno Franciæ, seu de partibus extra Regnum ipsum consistentibus, ita tamen quod præfatus numerus in vtroque Iure, prædictis duobus Sacerdotibus non inclusis modo supradicto perpetuis futuris temporibus penitus obseruetur.

8. Ac etiam volumus quod Scholares ipsi taliter se disponant quod cum per debita tempora, secundum statuta eiusdem studij iura ipsa audierint gradum Baccalaureatus intra spatium vnius anni & vnius mensis recipere, & deinde legere, & lecturam continuare, cursuque lecturæ consummato extunc intra annum priuatum examen subire teneantur: quod si prædicta, (iusto cessante impedimento) non fecerint; extunc à Societate & Collegio prædictis penitus excludantur, etiam si post dictum examen actu Baccalaurei vel etiam Licentiati, suam vellent continuare lecturam. Si autem examinati in Iure Canonico Iura Ciuilia, vel in Iure Ciuili Iura Canonica forsan audire vellent, in suis locis vsque ad biennium remaneant, vt prius, quo biennio elapso Domum ipsam omnino dimittant; nisi forsan Doctorali gradu suscepto lecturam ordinariam assumerent, & continuarent, quo casu eos cum lectionis continuatione vsque ad aliud biennium duntaxat in dicta Domo volumus remanere: nostræ etiam intentionis existit, & volumus quod si hi qui ad studendum in huiusmodi Collegio assumentur Iura Canonica, vel Ciuilia per aliquod tempus audierint, tempus ipsum eis computetur, & etiam de tempore per quod in dicta Domo stare deberent, deducatur.

9. Et insuper volumus, & ordinamus quod per Priores dictæ Domus de redditibus & prouentibus per nos ipsi Domui assignatis, seu etiam assignandis, fient in communi prouisiones, & expensæ pro dictis Scholaribus, & Sacerdotibus isto modo, videlicet, quod annis singulis pro quolibet ipsorum recipiantur per eos duo quartones frumenti, & vnus tonellus vini, pro lignis vero, carnibus, piscibus, sale, oleo, aliisque necessariis recipere habeant in pecunia pro quolibet Scholarium, & Sacerdotum eorundem pro qualibet septimana quatuor solidos Turonenses paruorum, quorum viginti valeant vnum francum auri; de qua quidem pecuniæ summa Collegio memorato prouidere habeant Priores prædicti diebus singulis sufficienter proue ad vitam bene, & honestè viuentium viderint conuenire. Si quid vero de prædictis blado, & vino, & pecunia forsitan superesset, inter Scholares, & Sacerdotes præfatos pro vsibus Scholasticis distribui volumus pro rata ipsorum singulis contingente de quarto in quartum mensem si commodè fieri poterit; alioquin opportunis temporibus prout dicto Collegio, vel maiori parti ipsorum videbitur expedire, de qua tamen rata absentibus pro diebus quibus absentes fuerint, volumus suam particulam defalcari.

10. Verum quia propter malignitatem temporum, cum casuum euentibus qui humanis nequeunt prouideri

prouideri confiliis, contingere forfitan poterit in futurum, quod aliquibus annis redditus, & prouentus dictæ Domus non sufficient ad huiusmodi prouisiones, & expensas, deductis aliis oneribus dictæ Domus integraliter faciendis, volumus quod eo anno seu annis, quo seu quibus, præfata temporum seu casuum malignitas euenrit, de dictis prouisionibus & pecunia iuxta ratam contingentem singulis detrahatur. Statuentes nihilominus quod propterea tam Scholarium quam Sacerdotum numerus nullatenus minuatur, quod si vt sæpè fit, succedentium sibi inuicem temporum de sterilitate in abundantiam alternata varietas aliquo anno, seu aliquibus annis facta pro singulis prouisione plenaria, vt præfertur aliqua forte de præfatis redditibus superessent, quia rationi consonum exist t vt qui magis laboret maius inde præmium consequatur : statuimus & ordinamus quod duo Sacerdotes ipsius Collegij qui alternis annis circa regimen dictæ Domus habebunt laborare, si finito quolibet anno reg minis seu administrationis eorum ac solutis integrè bursis ac distributionibus quibuslibet quæ debent eisdem Scholaribus & Sacerdotibus exhiberi, & opportunis reparationibus factis ibidem, aliisque dictæ Domus oneribus supportatis ; ac de his omnibus legali computo reddito per illos qui illo anno rexerunt dictam Domum de prouentibus, & redditibus dictæ Domus aliquid superesse contigerit, vsque ad summam seu valorem octo Francorum auri, siue in pecunia, siue in aliis bonis, & rebus consistat summa prædicta, etiam si minor fuerit, percipiant, & inter Sacerdotes pro eorum vestibus, & necessitatibus æqualiter diuidatur ; sic tamen quod nulli ipsorum vltra quatuor Francos auri pro vestibus & necessitatibus huiusmodi tribuatur annuatim : quod si tandem aliquo tempore huiusmodi redditus & prouentus adeo excreuissent, quod ex eis posset prædictorum Scholarium numerus augeri : volumus quod huiusmodi redditum excrescentia iuxta formam prouisionis annotatam superius in augmentum numeri Scholarium conuertatur.

11. Insuper ne commissa pluribus negotia proficere volentes, distrahere possent ab exercitio studiorum : volumus, & ordinamus quod vnus huiusmodi ex Sacerdotibus prædictis ad dictæ Domus gubernationem, & regimen in principio mensis Octobris annis singulis alternis vicibus per dictum Collegium assumatur, & Prior dictæ Domus durante ipsorum huiusmodi gubernationis & regiminis officio nuncupetur. Per hoc autem non intendimus prohibere quin vnus vel duo ex eiusdem Collegij Scholaribus, etiam si Baccalaurei, licentiati, aut in Doctorali gradu insigniti existant, ad regimen, & gubernationem prædictam si omnibus de dicto Collegio vel maiori parti ipsorum idoneus & vtilis, vel idonei, & vtiles, & expediens videretur, ille simul cum vno de Sacerdotibus prædictis ; vel illi per se, sicut & Sacerdotes præfati in Priores ad regendum, vel gubernandum Domum & Collegium prædictum recipi valeant, & assumi.

12. Ac etiam statuimus & ordinamus quod iidem Priores postquam recepti fuerint, vt præfertur, præstito per eos in præsentia Scholarium & Sacerdotum omnium prædictorum, vel maioris partis ipsorum, si forsan commodè omnes interesse non possint, tactis Sacrosanctis Euangeliis corporaliter, iuramento, quod præfatum eorum officium fideliter exercebunt nomine ipsius Collegij, omnes, & singulos fructus, redditus, & prouentus, aliaque bona omnia ad Domum seu Collegium expectantia recipiendi, & de receptis quittationem faciendi, eaque tenendi, custodiendi ac dispensandi in vsus prædicti Collegij iuxta suprascriptam formam ; necnon possessionem quorumcumque bonorum & rerum temporalium ad ipsum Collegium pertinentium apprehendendi, recipiendi, tenendi, & gubernandi, & quoscunque actus licitos tam temporales quam perpetuos celebrandi, faciendi, & exercendi, habeant plenariam facultatem. In fine vero anni administrationis eorum, vel si maiori parti Scholarium & Sacerdotum prædictorum expediens videretur, citius & pluries de omnibus receptis, liberatis, expensis, gestis & administratis per ipsos aliis eidem Collegio rationem & computum reddere teneantur. Quod si prædicti Scholares & Sacerdotes vtilius & expedientius iudicarent ipsos duos, seu ipsorum alterum propter commodum & prouidum, administrationem ipsorum, seu alterius eorundem in dicto officio remanere quam alios subrogare, possint eos, siue eorum alterum successiue tamen annis singulis quandiu ipsis placuerit ad ipsum administrationis officium assumere ac etiam deputare. Ne vero Scholares qui eligentur ad huiusmodi administrationis officium, propter hoc à studio distrahantur : volumus quod si aliqua ad dictam administrationem pertinentia per eos sine magna distractione studij ad quod sunt specialiter deputati minimè expediri valerent, possint eo casu per personam seu personas aliquam seu aliquas ad hoc idoneam, seu idoneas ea agere, ac etiam expedire expensis communibus dictæ Domus, prouiso quod Domus ipsa vltra modum debitum ex huiusmodi persona omnium interpositione, seu ministerio non grauetur.

13. Cæterùm volumus & statuimus quod si aliquem ex dicti Collegij Scholaribus & Sacerdotibus contingat Beneficium seu Beneficia Ecclesiasticum seu Ecclesiastica obtinere vsque ad valorem quadraginta librarum Turonensium paruorum, ipsius vel ipsorum deductis oneribus secundum communem æstimationem inclusiuè super cuius prædictam æstimationem, vel valorem stare volumus Prouisorem Domus & Collegij prædictorum pro tempore existentem quacunque fraude tamen cessante ordinationi, super quo ipsius conscientiam onerantes intra duorum mensium spatium à die, quâ fuerit ipsius Beneficij seu Beneficiorum huiusmodi possessionem pacificam assecutus, de dicta Domo recedere, & alteri cedere teneatur : in cuius locum per Prouisorem dictæ Domus qui erit pro tempore iuxta formam inferius annotatam alter idoneus subrogetur : & vt à singulis de dicto Collegio distractionis cuiuslibet tollatur occasio, propter quam impediri posset debitæ professionis excursu, vel etiam retardatio nis ; volumus quod si qui ex Scholaribus, seu Sacerdotibus supradictis, etiam si Baccalaurei, Licentia

Ddd

giati, aut Doctrres exiſtant, officia procurationum, vel agendorum quorumcunque Dominorum recipiant per quæ à ſuis ſtudiis diſtrahi poſſent; quod Prouiſoris ipſius iudicio relinquimus æſtimandum, & requiſiti per Prouiſorem eundem ſeu per alium deputatum per eum officia, ſiue agenda prædicta infra duos menſes prompta obedientia non dimittant, loco quem tunc in dicta Domo obtinebunt ſint ipſo facto priuati, alij vero loco ipſorum per Prouiſorem ipſum iuxta modum ſubſcriptum ad dictum Collegium aſſumantur: niſi forſan talia forent procurationis & officia ſupradicta, quod illis contradici cum honeſtate non poſſet, in quo caſu volumus quod à Prouiſore prædicto de aſſumendis huiuſmodi procurationum officiis, & agendis impetrare licentiam teneantur.

14. Cæterum cum per aſſiduitatem ſtudij huiuſmodi pretioſa ſcientiæ margarita acquiratur; ſtatuimus, & ordinamus quod nullus ex eiſdem Scholaribus ſtudium huiuſmodi dimittens à territorio Toloſano abſque iuſta & rationabili cauſa, ac à Prioribus dicti Collegij prius ſuper hoc petita licentia & obtenta ſe abſentare præſumat, quorum Priorum arbitrio an cauſa abſentiæ huiuſmodi iuſta fuerit, vel iniuſta ſtari debeat, & per eos tempus abſentiæ præfatæ moderari, dummodo moderatio huiuſmodi trium menſium ſpatium pro perſona qualibet continuè, vel interpolatim non excedat annuatim; ſi quis vero contrarium fecerit, omnino loco, & conſortio dictorum Domus & Collegij eo ipſo nouerit ſe priuatum: hanc autem priuationis pœnam ad eoſdem Priores, & Sacerdotes in caſu ſimili extendi volumus, niſi cauſa vtili vel neceſſaria dictæ Domus eos contigerit abſentari.

15. Item ſtatuimus & ordinamus quod intra Domum prædictam in aliquo loco tuto ſit vna bona capſa & fortis in qua præſentis Fundationis & alia Inſtrumenta & Priuilegia dictæ Domus cuſtodiantur, quæ quidem capſa habeat tres claues, quarum vnam Prior Domus & Collegij prædictorum exiſtens pro tempore & reliquas duas duo antiquiores Scholares Domus ipſius tenere debeant & habere. Et quod fiat vnus liber in quo huiuſmodi noſtræ Fundationis, & omnium Inſtrumentorum, & Priuilegiorum prædictorum tenores inſerantur, vbi patenter omnes Scholares, & Sacerdotes præfati poſſint videre iura Domus & Collegij prædictorum. Quando autem neceſſe erit Fundationis ſeu alia Inſtrumenta, vel Priuilegia huiuſmodi in iudicio, vel alibi exhiberi, de dicta capſa extrahantur, & vt breuius fieri poterit in eandem. Fiat etiam alia capſa vbi reponatur pecunia pro expenſis neceſſaria, habens ſimiliter tres claues per prædictos Priorem, & duos Scholares antiquiores, & prout neceſſe fuerit tradatur Procuratori ad expendendum: pecunia vero quæ pro theſauro debet remanere, cuſtodiatur in alia capſa prædicta, in qua Priuilegia, & inſtrumenta antedicta cuſtodiantur.

16. Item ſtatuimus quod Scholares eiuſdem Domus extra ipſam Domum non audeant pernoctare, ſed bona hora debeant ſe recludere intra ipſam Domum; & quod porta ipſius claudatur bona hora taliter quod nullus inde exire valeat abſque cauſa rationabili & honeſta, clauesque ipſius Domus teneantur per Priorem, aut per antiquiorem ex ipſis Scholaribus, vel alium per ipſos Scholares, ſeu ipſorum maiorem partem eligendum; ſi quis autem extra dictam Domum pernoctauerit ſemel, vel plures iuxta modum culpæ aliqua pœna rationabilis per Collegium vel maiorem partem ipſius Collegij imponatur; nempe monemus, rogamus, & hortamur in Domino Scholares & Sacerdotes prædictos vt in ipſa Domo maneant pacificè & quietè: ac in ſuis orationibus nos & præfatum Dominum Innocentium Auunculum noſtrum, & alios Parentes & Benefactores noſtros habeant recommendatos, & quod omni die poſt gratias redditas in fine commeſſionis debeant dicere Pſalmos *Miſerere mei*, & *De profundis* cum orationibus Dominica, & *Retribuere dignare*, &c. & *Fidelium*, &c. Si quis autem inter eos ſit diſcolus per alios fraternaliter & charitatiuè vt deſiſtat à ſuis inſolentiis moneatur: quod ſi fortè tertiò commonitus deſiſtere noluerit, nuntient hoc Prouiſori dictæ Domus, qui eſt, vel erit pro tempore, à quo ſi ei iuſtè videbitur cum conſilio duorum Doctorum antiquiorum in lectura ipſius ſtudij, vnius in Iure Canonico, & alterius in Iure Ciuili vt infra dicetur, abſque proceſſu aliquo de Collegio expellatur; & alius in locum eius ſecundum modum ſupraſcriptum inſtituatur.

Forma Iuris-iurandi præſtandi.

17. Iurabunt autem dicti Scholares per modum infraſcriptum, videlicet; *Ego iuro & promitto ſeruare iura Domus, & Collegij; nihil mihi propriare de bonis ipſius, niſi quantum ſtatuta ipſius Collegij patiuntur. Promitto nihilominus, & iuro quod ab iſta in antea etiam ad quemcumque ſtatum me peruenire contigerit, non dabo conſilium verbo, vel facto contra dictum Collegium; ſed requiſitus conſilium quod mihi Deus miniſtrauerit pro dicto Collegio fideliter dabo: in nominandis, ſeu eligendis quoque Scholaribus dicti Collegij conſilium etiam fideliter dabo, & quæcunque rationabilia pro dicto Collegio per illos ad quos pertinebit mihi committentur poſſe tenus fideliter adimplebo; & ad honorem, commoda, & vtilitatem Domus & Collegij prædictorum perpetuo procurabo. Sic me Deus adiuuet & hæc Sancta Dei Euangelia à me corporaliter tacta.*

18. Ne autem circa diſtributionem camerarum ſit contentio inter eos, volumus quod primo recepti in Domo iuxta ordinem ſuum poſſint recipere quam voluerint, & demum iuxta prædictum ordinem poſſint optare illas quæ extunc quomodolibet vacabunt ibidem. Quia vero quodlibet Collegium ſine Rectore tanquam nauis ſine remigio facilè deperiret: nos cupientes quod Domus & Collegium prædicta regantur vtiliter, & proſperè, dirigantur prouiſionem & correctionem Domus & Collegij, ac receptionem & expulſionem Scholarium & Sacerdotum prædictorum, necnon prædicta omnia & ſingula ſtatuta & ordinationes, corrigendi, ſupplendi, reformandi & emendandi eiſque addendi & diminuendi, & pro noſtræ voluntatis arbitrio commutandi, & alia de nouo faciendi & ordinandi ſemel

des Cardinaux François.

& plures totiens quotiens nobis videbitur expedire, nobis quandiu vitam duxerimus in humanis plenam & liberam potestatem reseruamus & etiam retinemus, & demum postquam iuxta Dei placitum migrauerimus ab hac luce, Venerabilem in Christo Patrem Dominum Hugonem Episcopum Agathensem Nepotem nostrum quandiu vixerit, Prouisorem Domus & Collegij praedictorum constituimus ac etiam deputamus, ac in locum nostrum totaliter subrogamus eidem Episcopo tenore praesentium concedentes, quod praedicta omnia augere, & in melius reformare & omnia alia & singula facere, statuere, & ordinare liberè, & licitè valeat quae sibi pro bono regimine, ac conseruatione, & salubri statu Domus & Collegij Scholarium & Sacerdotum eorumdem generaliter vel specialiter vtilia seu commoda videbuntur; ipsum attentè rogantes nisi nobis ipsum superuiuere contingat; postquam nos debitum naturae persoluerimus, circa regimen & gubernationem Domus & Collegij Scholarium & Sacerdotum praedictorum adeo sollicitè inuigilet, ac plenis insistat & intendat charitatis affectibus, quod Domus & Collegium praedicta notiuis & continuis accrescentibus successibus & feliciter prosperentur; & subsequenter post ipsius Episcopi vitae decursum, Cancellarium Ecclesiae Tholosanae qui est, & erit pro tempore Prouisorem seu Rectorem Domus & Collegij praedictorum esse volumus & etiam deputamus; ita videlicet quod idem Cancellarius quandiu in Ciuitate Tholosana praesens fuerit duntaxat, & in ipsius absentia à Ciuitate praedicta Rector studij Tholosani existens pro tempore quandiu ipsum Cancellarium à dicta Ciuitate absentem esse contigerit, & non alias in omnibus & per omnia quoad Domum & Collegium praedictorum similem potestatem habere volumus, & etiam ordinamus, quam habebit idem Cancellarius cum praesens extiterit in Ciuitate praefata per se, vel alium, vel alios Capellam, Domum Scholares & Sacerdotes praefatos visitare, & cum consilio & assensu praefatorum duorum dictorum corrigere, & contra insolentes & discolos simpliciter & de plano sine strepitu & figura iudicij procedere, eosque prout eorum exigerint demerita condemnare, & punire, ac de, & super eorum vita & moribus, ac Domus & Collegij praedictorum regimen statuere, ordinare & alia facere valeat absque tamen aliquorum Domus & Collegij ipsorum expensis omnibus quae pro vtilitate & commodo eorumdem Domus & Collegij dummodo praesentibus nostris ordinationibus non obuient; viderit expedire. Hoc tamen prouiso quod quotiens de receptione, aut expulsione alicuius ex dictis Scholaribus, aut etiam Sacerdotibus agetur in posterum, conuocare per se, vel alium quem ad hoc duxerit suo nomine deputandum, duos antiquiores Doctores in gradu lectorali actu legentes in studio memorato vnum videlicet & alterum in Iure Canonico & alterum in Iure Ciuili, seu etiam illis, vel eorum altero absentibus, aut etiam occupationibus aliis praepeditis quominus intendere possent, seu nolentibus interesse alium, siue alios illius vel illorum loco antiquiorem vel antiquiores in Doctoratu post praedictos earumdem facultatum de corpore tamen eiusdem Vniuersitatis, & vnà cum illis & non aliter disponere de receptione & expulsione huiusmodi teneatur.

19. Volumus autem, statuimus & ordinamus quod postquam tempus aduenerit, quod aliquis seu aliqui ex numero dicti Collegij defecerit, seu defecerint, cum de receptione vnius, vel plurium Scholarium vel Sacerdotum loco deficientis, seu deficientium huiusmodi, agi contigerit nominatio, electio seu praesentatio Scholarium & Sacerdotum recipiendorum huiusmodi ad Collegium praedictum pertineat & fieri debeat infra quindecim dies à tempore notae vacationis loci huiusmodi, ita quod ille qui à toto ipso Collegio, vel saltem duabus partibus ipsius Collegij initio in Scholarem, vel Sacerdotem nominatus fuerit, & Cancellario si praesens fuerit in dicta Ciuitate vel in eius absentia Rectori praefato praesentatus, illico si taliter nominatus vel electus & praesentatus idoneus & sufficiens existat per eundem Cancellarium, vel Rectorem si Cancellarius absens extiterit, vt praefertur, approbetur, & etiam recipi mandetur in locum huiusmodi deficientis oppositione contraria tertiae partis dicti Collegij in aliquo nonobstante, alioquin Cancellarius vel in eius absentia Rector praedictus in dictis loco & Collegio quamprimum quacunque fraude cessante commode poterit idoneum & sufficientem ponere & subrogare valeat, & debeat ea vice iuxta modum praedictum, & de partibus superius expressatis super quibus eorum conscientias oneramus.

20. Et quia de vacatione locorum ac nominationis, electionis, praesentationis, approbationis, receptionis, positionis & subrogationis Scholarium & Sacerdotum praedictorũ temporibus ac etiam modis posset forsitan in posterum haesitari: Volumus & etiam ordinamus quod in praemissis casibus & alias quacunque & quotiescunque vacationes, nominationes, electiones, praesentationes, approbationes, receptiones, positiones seu subrogationes praedictae occurrerint, & super temporibus seu modis huiusmodi contigerit verisimiliter dubitari ad Prouisorem Domus & Collegij praedictorum pro tempore existentem, & non ad alium debeat haberi recursus: & super haec quacunque fraude cessante ipsius ordinationi stetur firmiter, & ordinatio huiusmodi per ipsum in praemissis facienda inuiolabiliter obseruetur, contradictionibus seu oppositionibus nonobstantibus quibuscunque.

21. Nos enim Scholares ipsos & etiam Sacerdotes paternis affectibus exhortamur; quatenus in timore Dei, in vita & conuersatione eorum faciant fundamentum, sint constantes in studio, & lectionibus assidui, & proficiendi desiderio semper ardentes, sint conuersatione pacifici, cohabitatione quieti, ac vnanimes inter se charitate coniuncti, sint lucernae ardentes in bonis operibus, qui cursu ipsorum honorem Doctoralis gradus expectare prius incipiant facere, quam docere: sint dulces alloquijs, religiosi moribus, gestu graues, piè, sobriè, ac castè viuentes, mutuis sibi inuicem honoribus deferant, humilitatem si exa'tari voluerint diligant, & qui maior sit inter ipsos Euangelici suasione consilij se reputet innotentem; vt sic, & vita proficientes pariter, & doctrina dignis in hoc saeculo attollantur honoribus, & aeternis mereantur gaudere praemiis in futurum.

Tenor vero dictarum Litterarum eiusdem Domini nostri, talis est.

CLEMENS Episcopus seruus seruorum Dei, dilecto Petro Tituli Sanctæ Anastasiæ Presbytero Cardinali, salutem & Apostolicam benedictionem. Dum tuæ circunspectionis excellentiam meritorumque in altis, & arduis iugiter experimur, diligenter attendimus, & paterna consideratione pensamus, dignum quin imo debitum arbitramur, vt votis tuis in iis præsertim quæ animarum salutem, diuinique cultus augmentum, ac vacare volentium studio Litterarum commoda sapere dignoscuntur, fauorabiliter annuamus. Nuper scilicet nobis exposuisti quod tu cupiens terrena in cœlestia & transitoria in æterna felici commercio commutare, ac considerans quod per Litterarum scientiam Iustitia colitur, & prosperitas conditionis humanæ adaugetur ad Dei gloriam & honorem, & pro tua & progenitorum tuorum, & aliorum Christi Fidelium animarum salute de bonis à Deo tibi collatis quoddam Collegium perpetuum duodecim Presbyterorum, & duodecim pauperum Scholarium Clericorum qui collegialiter viuere, ac idem Clerici in Canonico vel Ciuili Iure studere debeant in Ciuitate Tholosana instituere, ac Domum congruam pro huiusmodi Collegio cum Capella, seu Oratorio construere, & fundare, illaque de censibus & redditibus annuis, ac domibus, & aliis possessionibus per te iam in eadem Ciuitate & Diœcesi Tholosana licitè acquisitis, & etiam acquirendis sufficienter dotare proponis, quare nobis humiliter supplicasti, vt tibi faciendi præmissa, ac circa illa statuendi, & ordinandi quæ tibi salubria & etiam opportuna videbuntur, licentiam concedere de benignitate Apostolica dignaremur.

22. Nos igitur tuum consilium, & laudabile propositum in hac parte plurimum in Domino commendantes, huiusmodi supplicationibus inclinati, circunspectioni tuæ fundandi & etiam instituendi Collegium huiusmodi, ac Domum ipsam pro vsu & habitatione Presbyterorum & Scholarium prædictorum qui inibi collegialiter viuere, & in eisdem Iuribus studere debeant, cum Capella seu Oratorio in Ciuitate prædicta, in loco tamen ad hoc congruo, & honesto ædificandi, seu ædificare faciendi, dote huiusmodi pro præmissis assignata, ac iure Parrochialis Ecclesiæ & cuiuslibet alterius in omnibus semper saluo: & insuper tibi faciendi in eodem Collegio Apostolica auctoritate ordinationes, & statuta salubria & etiam opportuna, prout tibi videbitur expedire, plenam & liberam tenore præsentium licentiam elargimur: tibi nihilominus ac eisdem Presbyteris Scholaribus in eodem Collegio pro tempore instituendis eadem auctoritate concedentes, quod huiusmodi Presbyteri, & Scholares ac Collegium cum institutum fuerit, vt præfertur, omnibus Priuilegiis, Indulgentiis, libertatibus, & immunitatibus gaudeant, & vtantur quibus Scholares Collegij Domus Sancti Martialis Tholosæ, per felicis recordationis Innocentium Papam VI. Prædecessorem nostrum, fundati gaudent, & vtuntur.

23. Nulli ergo hominum liceat hanc paginam nostræ concessionis infringere, vel ei ausu temerario contraire. Si quis autem hoc attentare præsumpserit, indignationem omnipotentis Dei & Beatorum Petri & Pauli Apostolorum eius se nouerit incursurum. Datum Auenione Kalend. Augusti, Pontificatus nostri anno primo. In quorum omnium fidem & testimonium præsentes Litteras in formam publicam redactas fieri mandauimus, nostrique Sigilli appensione muniri. Datum, & actum Auenione in Domo nostra sub anno à Natiuitate Domini 1382. Indictione quintâ, die quartâ mensis Februarij, Pontificatus præfati Domini nostri Domini Clementis Papæ VII. anno quarto, præsentibus Venerabilibus, & discretis Viris Magistro de Rodano Aurelianensi & Ricardo Podeuante Lingonensi Ecclesiarum Canonicis, & Martino de Bocha Taurinensis Diœcesis, Seruientium Armorum dicti Domini nostri Papæ, Testibus ad præmissa vocatis, & rogatis.

Et ego Thomas de Cransis Clericus Trecensis Diœcesis, publicus Apostolica auctoritate Notarius, præmissis omnibus & singulis dum sic, vt præmittitur, per Reuerendissimum in Christo Patrem, & Dominum meum, Dominum Petrum Cardinalem præfatum ordinarentur, disponerentur, & fierent, vna cum prænominatis Testibus præsens interfui, eaque per alium fideliter scripta de ipsius Domini mei Cardinalis mandato publicaui, & in hanc publicam formam redegi, & inde hic me subscripsi, signumque meum solitum, vna cum eiusdem Domini mei Cardinalis appensione Sigilli requisitus apposui in fidem & testimonium præmissorum.

Testamentum Petri de Selua, Tituli Sanctæ Anastasiæ Presbyteri Cardinalis.

NOuerint vniuersi, & singuli, præsentes pariter & futuri. Quod Nos Officialis Tholosanus, Vidimus, tenuimus, & coram nobis de verbo ad verbum per Notarium implicitum infra inscribentem in nostra publica audientia Hora tertiarum in Curia Archiepiscopali Tholosæ, publicari & prælegi fecimus quoddam publicum testamenti instrumentum conditi & ordinati per recolandæ memoriæ Dominum Petrum Selua Sanctæ Anastasiæ Sacrosanctæ Romanæ Ecclesiæ Presbyterum Cardinalem, eiusque sigillo impendenti in cera rubea sigillatum, & signo & subscriptione Magistri Magfredi de Rosetris ad Salinas Clerici Tullensis Diœcesis, publici Apostolica, & Imperiali auctoritatibus Notarij subscripti & signati, vt prima facie apparebat, cuius quidem testamenti tenor talis est.

IN nomine Domini, Amen. Quoniam dum corpus sanitate fruitur, mens integra in se ipsa recollecta plenior vtitur ratione, quia non agitur id cogitare quod debet: vnde cum vltimæ voluntati indictæ rationæ salubrius prouideatur; idcirco ego Petrus sanctæ Anastasiæ Presbyter Cardinalis, sanus mente, licet æger corpore, & per litteras publicas felicis recordationis Domini Innocentij Sexti Papæ, testandi & disponendi libere de omnibus bonis ad me pertinentibus, plenam & liberam habens potestatem prout in dictis litteris vera bulla plumbea bullatis continetur, quarum tenor sequitur in his verbis.

Innocentius Episcopus seruus seruorum Dei, dilecto filio Petro Sanctæ Anastasiæ Presbytero Cardinali, salutem & Apostolicam benedictionem. Cum nihil sit quod magis hominibus debeatur quam vt supremæ voluntatis liber sit stilus, & liberum quod iterum non redit arbitrium. Nos tuis supplicationibus inclinati, testandi, ordinandi, & disponendi, libere de omnibus bonis ad te pertinentibus, cuiuscumque quantitatis seu valoris fuerint, etiamsi sint illaque exprouentibus Ecclesiasticis, seu essent tibi commissis, vel alias personæ tuæ vel tui Cardinalatus intuitus, ratione aut contemplatione ad te peruenerint, & pertinuerint, in futurum plenam, & liberam tibi licentiam tenore præsentium elargimur. Nulli ergo omnino hominum liceat hanc paginam nostræ concessionis infringere, vel ei ausu temerario contraire. Si quis autem hoc attentare præsumpserit, indignationem omnipotentis Dei & beatorum Petri & Pauli Apostolorum eius, se nouerit incursurum. Datum secundo Idus Februarij, Pontificatus nostri Anno quinto.

Considerans quod nihil est certius morte, nihilque incertius eius hora, meum vltimum testamentum nuncupatiuum, seu vltimam voluntatem meam condo, facio & ordino in modum qui sequitur & in formam. In primis namque commendo animam meam omnipotenti Deo creatori meo, & Beatæ Mariæ Virgini Matri suæ, totique Collegio Supernorum, & vbicumque contingat me mori, Corpus meum volo sepeliri in claustro, & Prioratu Fratrum Benedictionis de Villanoua, Ordinis Carthusiensis, Auenionensis Diœcesis, in capella & sepulcro, quæ ibi ædificari feci, & si absque contradictione non possit ibidem portari, alias deponatur in loco de quo videbitur executoribus meis infrascriptis, & prius cum commode fieri poterit, ad dictam Ecclesiam transferatur, & in loco prædicto sepeliatur, ita quod sumptus & expensæ sepulturæ meæ, & exequiarum, fiant prout ipsi executores mei infrascripti duxerint Ordinandum, & sic videbitur faciendum. Item volo & ordino quod in Capella Ecclesiæ de Donzenaco quam de licentia sedis Apostolicæ feci ædificari, & in qua quatuor perpetuas Capellanias institui per quatuor perpetuos Capellanos Presbyteros, vt ibi institutis & quot tempore instituendis & ordinandis Domino virtutum perpetuo seruituris, quorum præsentatio ad rectorem Ecclesiæ de Donsenaco ; Institutio vero ad Episcopum Lemouicensem qui est & erit pro tempore pertineant, ita quod dicti perpetui Capellani pro salute Animæ meæ & parentum meorum orare, qualibet die si parati exiterint, alioquin legitimo impedimento cessante quater in septimana ad minus perpetuo missam celebrare teneantur, & nihilominus volo & ordino, quod dicti Capellani ibidem continui residentiam personalem facere teneantur, & quod nullus dictorum Capellanorum possit aliam Capellaniam seu aliud Beneficium Ecclesiasticum recipere, vel obtinere, & si contingerit aliquem eorum Capellanorum ab eadem Capella per duos menses absens esse, cessante legitima & iusta causa, talis sic absens vel aliter, Beneficium seu Capellancam recipiens, perpetua Capellania quam in dicta Capella obtinuerit ipso iure sit priuatus, & huiusmodi Capellanea eo ipso vacet, & ad eam possit alius Presbyter idoneus præsentari, & in ea institui vt præfertur, quodque executores mei infrascripti possint statuta constitutionis & ordinationis in dicta Capella facere, & alia statuere & etiam ordinare quandocumque eis videbitur circa statum, modum, & ordinationem Capellanorum & Capellaniarum & Capellæ, prædictorum, quæ omnia dicti Capellani teneantur perpetuo inuiolabiliter obseruare. Volo insuper & ordino, quod cuilibet dictorum Capellanorum viginti quinque Libræ monetæ currentis in illis partibus in Annuis perpetuis redditibus, vel possessionibus assignentur, ita quod quælibet ex dictis perpetuis Capellaneis huiusmodi viginti quinque Libris sit dotata, de quibus redditibus & possessionibus maior pars est assignata, & aliud quod etiam fuerit de summa viginti quinque Librarum pro qualibet earum, volo & ordino quod de bonis meis per executores meos subscriptos vsque ad dictam summam compleatur. Item lego eidem Capellæ omnia paramenta altaris & indumenta Sacerdotalia mea communia præter illa quæ fieri feci pro persona mea, de quibus lego dictæ Capellæ vestimenta mea alba de Damasco antiqua quæ pro persona mea fieri feci. Item lego Domino nostro Domino Clementi Papæ VII. de bonis meis Mille Florenos semel soluendos, & duos annulos sibi debitos vsque ad valorem quingentorum Florenorum auri. Item lego eidem Domino Nostro Papæ Mille, & trecentos Florenos auri per ipsum, seu alium nomine de pecuniis ad me ratione Capelli pertinentibus perceptos & receptos, & eidem supplicans quatenus executorem huiusmodi mei testamenti dignetur suscipere commendatum. Item lego Dominis Cardinalibus executoribus meis infra scriptis per me deputatis cuilibet ipsorum, vnum pannum aureum vsque ad valorem viginti Francorum auri, quemlibet. Item lego Canonicis & Capellanis Ecclesiæ Auenionensis viginti Florenos auri, ita quod ipsi Canonici & Capellani dictæ Ecclesiæ post obitum meum sole mniter celebrent Officium defunctorum & Missam cum nota. Item lego Conuentui de Bono passu Diœcesis Auenionensis viginti Florenos auri semel soluendos. Sic quod ipsi celebrent vnam Missam defunctorum cum vigiliis nouem lectionum cum nota, & quilibet eorum qui fuerit in Sacerdotio constitutus infra vnum mensem à die obitus mei, computandum tres Missas sine nota pro salute animæ meæ. Item lego cuilibet Conuentui Fratrum mendicantium Ciuitatis, & Diœcesis Auenionensis triginta Florenos auri semel soluendos, ita quod ipsi infra nouenam obitus mei, vnam Missam pro defunctis cum vigiliis nouem lectionum cum nota celebrent solemniter, vt præfertur, & quilibet ipsorum qui fuerit in Sacerdotio constitutus,

Ddd iij

infrà nouenam vnam; & deinde infrà vnum mensem alias duas Missas sine Nota. Item lego singulis Conuentibus Religiosorum Ciuitatis & Diœcesis Auenionensis quindecim florenos auri semel soluendos, ita quod ipsi vigilias pro defunctis celebrent, & Missam cum Nota faciant celebrari ; Item lego leprosariæ Ciuitatis Auenionensis, quindecim florenos auri semel tantum. Item lego pro reparatione Ecclesiæ mei Tituli Sanctæ Anastasiæ de vrbe, quinquaginta florenos auri semel tantum. Item lego singulis Conuentibus Ordinis Mendicantium, Ciuitatis & Diœcesis Lemouicensis quindecim francos auri semel tantum, ita quod ipsi vigiliam nouem lectionum, & vnam Missam de Mortuis solemniter celebrare, & alias pro salute animæ meæ orare teneantur. Item lego Monasterio Monialium de Caytrons quindecim florenos auri semel tantum. Item volo & ordino, quod infrà medium Anni à die obitus mei computandum, Executores mei infrà scripti per Presbyteros, siue sint Religiosi, siue sint Sæculares, faciant celebrare decem millia Missarum, pro quibus celebrandis lego de bonis meis prout Executoribus meis, vel duobus ex ipsis videbitur faciendum. Item lego singulis Hospitalibus in Ciuitate Auenionensi quinque florenos auri semel soluendos. Item lego Ecclesiæ Narbonensi Capellam meam integram coloris albi, quam pro persona mea de nouo fieri feci. Item lego dictæ Ecclesiæ Narbonensi sexcentos francorum auri per Capitulum ipsius Ecclesiæ mihi debitos, pro vno anniuersario per eos perpetuo pro anima mea Anno quolibet faciendo. Item lego Ecclesiæ Leodiensi Capellam meam viridem. Item lego Ecclesiæ B. M. de Mari Barchinonensi Capellam meam violacei coloris. Item lego Ecclesiæ Sancti Petri Tolosensis Capellam meam rubeam. Item lego Ecclesiis infrà scriptis pro Anniuersariis anno quolibet in ipsarum qualibet pro anima mea faciendis perpetuo, & fundandi ea quæ sequuntur : & primo Ecclesiæ eidem B. M. de Mari Barchinonensis ac B. M. de Valli portæ Burgensis Diœcesis, videlicet earum cuilibet trecentos florenos auri Aragonensis semel soluendos. Item lego Ecclesiis, & cuilibet ipsarum ducentos florenos auri currentes. Item lego Domino Vgoni Episcopo Agatensi nepoti meo meliorem mulam quam habeo, & librum qui vocatur Ancelmi & Augustini de contemptu mundi. Item lego Stephano de Monteruco nepoti meo, omnes libros meos prædictæ Capellæ meæ. Item lego decem puellis pauperibus maritandis eligendis per Executores meos aut duos ex ipsis, quingentos florenos auri semel soluendos. Item lego Catharinæ Gorsæ nepti meæ, ducentos florenos semel soluendos. Item lego Margaritæ nepti meæ Moniali Monasterij Sanctæ Catharinæ Auenionensis, centum florenos auri semel soluendos. Item lego Domino Stephano de Monteruco Fratri meo, omnia & singula Bona quæ ex successione parentum meorum ad me pertinuerunt, vel pertinere potuerunt, seu debuerunt ad me pertinere, & si contingeret me superuiuere & ipsum decessisse prædicta bona lego Ioanni filio suo primo genito. Item lego Ricardo & Tomasinæ Familiaribus meis, videlicet eorum cuilibet quinquaginta florenos auri. Item remitto Collegio Studentium Sancti Mutialis Tholosæ, omnia illa in quibus & mutuo, vel alias mihi tenetur vsque ad diem præsentem. Item lego Iacobo de Puteo ducentos florenos auri semel soluendos. Iter. lego Geraldo de Luga, Alyoto Almoini, & Stephano de Saustito familiaribus meis, cuilibet eorum centum florenos auri semel soluendos. Item simili modo lego Marescallo meo triginta florenos auri semel soluendos. Item volo & ordino quod si prædicti, vel alii quibus suprà legaui vltra legatum factum eis, aliquid in bonis meis petierint, à prædicto legato sint exclusi & illud reuoco & annullo. Item volo & ordino quod omni familiaribus meis quibus nihil legaui, & citra annum sexagesimum septimum mihi seruierint, satisfiat de eorum seruitio, siue labore de bonis meis per Executores meos pro tempore quo mihi seruierunt, & alias ponderatis seruitiis eorundem prout ipsis Executoribus meis vel duobus ex ipsis videbitur faciendum. Item volo quod hæredes mei infrà scripti in singulis locis & beneficiorum meorum quæ hactenus obtinui, & obtineo de præsenti, teneantur dare Pauperibus Christi & egenis, centum florenos auri semel soluendos infrà vnum annum à die obitus mei computandum, & ne de valore floreni huiusmodi de quibus in præsenti Testamento fit mentio, hæsitaretur, florenos ipsos volo & intelligo esse currentes in Ciuitate Auenionensi quorum quilibet valeat viginti quatuor solidos monetæ currentis in Ciuitate prædicta, exclusis florenis Auinionis superius exceptis : In aliis autem omnibus bonis meis mobilibus, & immobilibus, iuribus & actionibus, quibuscunque præsentibus & futuris instituo, & ore meo proprio nomino hæredes meos vniuersales, videlicet Priorem & Conuentum Ecclesiæ Vallis bonæ de Villa-Noua Ordinis Carthusiensis prædicto, necnon Collegium pauperum studentium sub vocabulo Beatæ Catharinæ per me in Tholosa de bonis ad eum mihi collatis fundatum, scilicet Collegium pro duabus partibus & Priorem ac Conuentum prædictos pro tertia parte omnium bonorum prædictorum, & volo ac ordino comitus Studentium pauperum in dicto Collegio institutus de bonis dictæ hæreditatis meæ cos vt præfertur ; contingerit duplicetur, & si duplicari non posset, ita quod bona mea prædicta ad hoc non sufficerent, volo & ordino quod prout facultatis hæreditatis meæ huiusmodi cos vt præmittitur, contingeret supputetur per Executores meos subscriptos vel duos & ipsis iuxta ipsorum arbitrium augmentetur. Item volo & ordino quod de bonis meis satisfiat creditoribus meis si qui sint, & etiam de me conquerentibus quibuscunque per Executores meos subscriptos prout eorum discretioni, vel duorum ex ipsis videbitur faciendum. Huiusmodi Testamenti, vel vltimæ voluntatis meæ facio constituo & ordino, Executores meos, videlicet Reuerendissimos in Christo Patres & Dominos meos, Dominos Anglicum Albanensem, & Guidonem Prænestinum Episcopos, Guilhelmum de Agrifolio, Petrum Viuariensem, Petrum Ebredunensem, & Petrum Arelatensem Presbyteros Cardinales, nec non Venerabiles in Christo Patrem Dominum Vgonem Episcopum Agatensem nepotem meum, & Dominum Pontium Boraldi Litterarum Apostolicarum Correctorem, Ionnem Gorce Decanum Ecclesiæ

Arleatenſis nepotem meum, & Petrum Redulphum Camerarium, & Iacobum de Putheo præductum, Capellanos meos, necnon Dominum Iordanum Oliueri Canonicum Rotomagenſem, quibus, videlicet Dominis Cardinalibus, vel duobus ex ipſis aut aliis Executoribus meis prædictis, do & concedo plenam & liberam poteſtatem, præmiſſa omnia & ſingula in hoc præſenti meo Teſtamento contenta, iuxta ipſorum arbitrium complendi, & etiam exequendi; volo tamen & ordino, quod quo ad confeſſionem Inuentarij de bonis meis faciendi, prædicti Executores mei, ſeu aliquis ipſorum illis de Domo duntaxat exceptis nullatenus ſe intromittentur. Item volo quod ſi contingat aliquem de prædictis Petro Tamatico vel Iacobo, extra proficiſci, vel in Romana Curia remanere, pro complenda Executione dicti mei Teſtamenti ſeu vltimæ finis voluntatis meæ, vel alium ad hoc deputare quod illi vel illis prouideatur in Expenſis de bonis meis iuxta Ordinationem aliorum Executorum meorum prædictorum. Item volo quod ſi me ſuperuiuente aliqua de præmiſſis fuerint de bonis meis perſoluta vel completa, quod ad ſoluendum, vel complendum iterum dicti Executores mei minime compellantur, aut Executio Teſtamenti huiuſmodi nullatenus moleſtari valeat ſeu inquietari. Hoc enim eſt meum Teſtamentum vltimum & mea vltima voluntas, quod & quam ac omnia & ſingula ſuperſcripta valere volo, iubeo & diſpono, robur habere & tenere perpetuam firmitatem, & ſi non valet vel valere poſſit iure Teſtamenti, volo quod valeat iure Codicillorum, vel cuiuſlibet alterius vltimæ voluntatis, & alias omni eo meliori modo, iure, via, cauſa, & forma, quibus melius vltima voluntas valere poteſt & debet, & Teſtamenta alia per me facta reuoco & annullo, nulliuſque eſſe volo roboris vel momenti; rogo vos teſtes hic aſſiſtentes, vt de præmiſſis omnibus, & ſingulis in teſtamento meo prædicto comprehenſis quando opus fuerit, & fueritis requiſiti perhibere velitis teſtimonium veritati. Nec non te Dominicum Maſridi Notarium & Familiarem meum ſubſcriptum, vt de prædictis omnibus & ſingulis mihi, & omnibus aliis quorum intererit, vnum vel vna publica inſtrumenta ad dictionem cuiuſlibet ſapientis facti tamen ſubſtantia in aliquo non mutata; in quorum omnium Teſtimonium præſens publicum inſtrumentum feci ſigillo meo appendenti muniri. Acta fuerunt hæc Auenioni in domo habitationis meæ ſub anno Natiuitatis Domini milleſimo trecenteſimo octuageſimo quinto, indictione octaua, die decima menſis Maij, Pontificatus dicti Domini Noſtri Papæ anno ſeptimo præſentibus venerabilis & circonſpectis viris Dominis Pontio Beraldi Litterarum Apoſtolicarum Correctore, Stephano de Tegula Magiſtro in Theologia Ordinis Fratrum Minorum, Iacobo Chamagros Legum Doctore, Petro Radulphi Albienſis, Iordano Oliuerij Rotomagenſis Raymondo de Celiandris Aquinatenſis, Nicolao Clementis Remenſis, & Petro Rogerij Lemouicenſis Canonicis Eccleſiarum necnon Bertrando Amellij, & Ioanne Guerini Presbyteris Familiaribus meis Teſtibus ad præmiſſa rogatis.

Et ego Dominicus Maſridi de Roſeris ad Salias Clericus... Diœceſis publicus Apoſtolica & Imperiali auctoritatibus, ac dicti Domini mei Domini Cardinalis Notarius præmiſſis omnibus, & ſingulis dum ſic per ipſum Dominum meum Cardinalem fierent & agerentur, vna cum prænominatis teſtibus præſens fui, eaque in notam recepi, de qua hoc inſtrumentum publicum huiuſmodi Teſtamentum continens manu mea propria exaraui, ſcripſi & groſſaui, & ſigno quo vtor Apoſtolica auctoritate ſignaui, vna cum ipſius Domini mei Cardinalis appenſo ſigillo in Teſtimonium & fidem omnium & ſingulorum præmiſſorum requiſitus, & rogatus & de omnibus perpetuo ſuperius in XXXIX. & CX. III. LXV. linea à principio migrando non vitio ſed errore omiſſis, & in fine præſentis inſtrumenti additis quæ ſupra do, mihi conſtat, & quod veriſimiliter Domini Executores prædicti Teſtamenti præfati Domini Cardinalis, dubitant, & timent prout ex parte ipſorum noua exiuit ſignificatio, de admiſſione ipſius Teſtamenti propter viarum diſcrimina, Latronum, & prædonum incurſus, periculum incendij, inundationes aquarum, ſi dictum Teſtamentum oporteret deferre ad quemcumque locum, de quo de eo erit agendum, nec non propter delatores, & vitium incauti cum per diuerſas mundi partes dicti Domini Executores, & hæredes præfati Domini Cardinalis ipſo Teſtamento, indigeant: idcirco ex parte ipſorum nominatorum Executorum ac Syndici Collegij Beatæ Catharinæ alias Panpiloræ, per præfatum Dominum Cardinalem, in Toloſana Ciuitate fundati, quorum intereſt dictum Teſtamentum conſeruare, ne ſuper contentis in dicto Teſtamento probationis copia deprimet firmius cum inſtante requiſiti quatenus dictum Teſtamentum per Notarium Apoſtolicum infra ſcriptum, & Curiæ noſtræ ſecimus auctoritate noſtra Ordinaria publicari, & exemplari, & in publicam formam redigi ſibique ſuper hoc ex cauſis prædictis intereſt beneficium adhiberi, ad fines quod exemplar dicti Teſtamenti fidem faciat ſecundum Canonicas ſanctiones, qua requiſitione facta & audita per nos in his volentes ſeruare formam intereſt in quantum poſſumus, & ſolemnitates debitas adhibere, dictum teſtamentum inſpeximus & inſpici fecimus, quod omni vitio & ſuſpitione repertum carere, propter quod volentes quoniam in nobis eſt, & noſtro incumbit officio quod ſalua ſit rerum probatio in dicto ſilentio. Ad finem debitum, & vt melius poſſit audiri, & intelligi lectura ipſius Teſtamenti, & ſe poſſe opponere qui ſua crederet intereſſe, cum ibi vel multitudo perſonarum tam Clericorum quam Laicorum præſcriptum Teſtamentum, de verbo ad verbum in audientia publica alta, & intelligibili voce perleget, publicari mandauimus per Notarium infra inſcriptum, qua præelectorum nullus ſe opponere res ſolemnitatibus prædictis ſic adhibitis ad requiſitionem qua ſupra tamquam iuri conſonans dictum Teſtamentum per Notarium ſubſcriptum auctoritate noſtra ordinaria præcipimus exemplari, & in hanc publicam formam redigi. Secundum Canonica inſtituta ad finem quod exemplaris fides adhibeatur, & ipſi litteris exemplaris huiuſmodi meliori modo quo potuimus & poſſumus, decreuimus & per præſentes auctoritatis fidem exemplaris huiuſmodi de cætero adhiberi interponimus, & in hoc vt poſſumus auctoritatem noſtram iudiciariam pariter, & decretum mediantibus ſolemnitatibus prædictis ſalua iure Reuerendiſſimi Domini noſtri Archiepiſcopi Toloſani & quælibet alterius.

Acta fuerunt hæc in Curia prædicta die viceſima quinta menſis Maij anno à Natiuitate Domini

1391. indictione decima quarta, Pontificatus Sanctissimi in Christo Patris & Domini nostri Domini Clementis diuina Dei prouidentia Papæ VII. anno tertio decimo, præsentibus Venerabilibus & discretis viris, Domino Ramundo de Abbigesio licentiato in legibus, ac Vicario Curiæ Archiepiscopalis, Magistris Ioanne Calueti, Ioanne Borganelli Bacalareis in Legibus, Arnaldo Guillelmi de Luco, de Sarameano, Ioanne de Torreto notario dictæ Curiæ, & pluribus aliis in dicta Curia assistentibus testibus ad præmissa vocatis specialiter & rogatis.

Epitaphe qui se lit en l'Eglise des Chartreux de Ville-Neuue d'Auignon, & qui est escrit en parchemin, sur vn Tableau attaché contre le mur de ladite Eglise.

HIc iacet Reuerendus in Christo Pater, Dominus PETRVS Cardinalis Pampilonensis, Secundus Fundator huius Domus vallis Benedictionis, nepos Papæ INNOCENTII VI. qui fuit amator, ac defensor pauperum, Orphanorum, ac viduarum, nec non Religiosorum ordinum, præcipuè Carthesianorum, & obiit anno Domini 1385. vltimâ Maij, cuius anima requiescat in pace, Amen.

Extraict de l'Obituaire de l'Eglise de Baieux.

TRigesimo Primo Maij, obitus Domini PETRI DE MONTERVCO Cardinalis & Thesaurarij ac Canonici Bajocensis.

GVILLAVLME FARINIER, RELIGIEVX
& General de l'Ordre de Saint François, Docteur en Theologie, Cardinal Prestre du Tiltre de Saint Pierre & de Saint Marcelin.

CHAPITRE CX.

Nomenclator Cardinalium.

VILLELMVS FARINERIVS Gallus, Franciscana instituta professus in Monasterio *de Gourdan* Diœcesis Caturcensis, scripsit Ægidij Albernotij Cardinalis rogatu, *Librum de Cambiis,* (seu vt ipsissimis Cortesij verbis vtar,) *de mutuatitia negotiatione, ex quo facilè intelligi possit, quot ex Nundinarum pretiis nummi in singula centena permutatione nominis exigi, & quando possint: sermones multos, commentariaque super sacros, prophanosque libros.* Obiit Auenione anno 1361. sepultus ibidem in Ecclesiâ minorum.

FORTANIER VASSEL RELIGIEVX,
& Ministre General de l'Ordre de Saint François, Docteur en Theologie, Archeuesque de Rauenne, Patriarche de Grade, Mediateur de la Paix d'entre les Republiques de Gennes, & de Venise, Cardinal Prestre du Tiltre de.....

CHAPITRE CXI.

Extraict de l'Histoire de Rauenne, par Rubeus.

NICOLAVM Rauennatem Archiepiscopum in Aula Pontificia commorantem CLEMENS Pontifex per id tempus Patracensem Antistitem creauit, Rauennatique Ecclesiæ FORTANERIVM VASSELLI, Franciscani Ordinis Generalem Ministrum, quem plerique Sertorium etiam vocant, & Vrsinæ Gentis fuisse, Matthæus Villanus Auctor est : Domo Brittanum, ex Oppido Galeaso diuinarum Litterarum peritissimum, earumque editis doctissimis libris Clarissimum Interpretem, hunc tamen aliqui Valuensem & Aquitanum dicunt.

Nomenclator Cardinalium.

FORTANERIVS, seu SERTORIVS VASSELLI Aquitanus, Ordinis Minorum, ex Episcopo Massiliensi, & Patriarcha Gradensi Cardinalis, inclytæ famæ Theologus, post emensum Philosophici studij decursum, Sacræ Lectioni cupidè aduigilauit, scripsitque *Commentaria in libros Bibliorum* : *Quodlibeta disputata* : *Lectiones Theologicas in libros Sententiarum*, in libros 22. *Sancti Augustini de Ciuitate Dei*, vt notat Thritemius, *Sermonesque multos*. Obiit Patauij anno 1362. ibidemque sepultus est in Æde Sancti Antonij.

CLEMENS VI. *seruus seruorum Dei, Charissimæ in Christo Filiæ* SANCIÆ *Reginæ Siciliæ illustri.* Præcelsæ tuæ magnitudinis merita diuersarum virtutum radiis præbentia claritatem, nos inducunt vt te veluti Apostolicæ Sedis Filiam prædicatam in iis, quæ deuotè postulas, fauorabiliter prosequamur. Cum itaque sicut oblata nobis pro parte tua petitio continebat; te in aliquod è Monasteriis Monialium Ordinis Sanctæ Claræ per te fundatis proponas ingredi, & Regularem habitum assumere in eodem, & te in illo diuinis obsequiis perpetuò mancipare, & etiam infra annum post tuum ingressum huiusmodi etiam dictum Ordinem, & eiusdem Ordinis Regulam profiteri, nobis humiliter supplicasti, vt tibi super his Apostolicum dignaremur impertiri assensum; nos itaque tuis piis desideriis volentes fauorabiliter annuere, tuis in hac parte supplicationibus inclinati, tibi, vt etiam in Monasterio dicti Ordinis, quod ingressa fueris, possis etiam infra annum post ingressum huiusmodi, dictum Ordinem & eius Regulam profiteri expressè, quibuscumque constitutionibus Apostolicis, & statutis & consuetudinibus Monasterij & Ordinis prædictorum contrariis, iuramento, confirmatione Apostolicæ Sedis, vel quacumque firmitate alia roboratis, nequaquam obstantibus, deuotioni tuæ auctoritate Apostolicâ tenore præsentium indulgemus. Nulli ergo, &c. Nostræ concessionis, &c. Datum Auenione, decimo quarto Calend. Octobris, anno secundo.

GILLES AYCELIN DE MONTAIGV,

Docteur en l'un & en l'autre Droict, Chanoine, Camerier, & Comte de Lion, successiuement Euesque de Lauaur, de Therouenne, du Puy, & d'Auignon, Cardinal du Tiltre de Saint Martin és Monts, puis Euesque de Tusculane, Auditeur du Sacré Palais, Chancelier de France.

CHAPITRE CXII.

Extraict d'vn Memoire MS. qui m'a esté enuoyé par Monsieur de Liergues Montconys, Conseiller d'Estat & Lieutenant Criminel au Bailliage & Siege Presidial de Lion.

EN l'année 1261. les Tiltres de l'Eglise de Lion sont Gilles Aycelin de Montaigu Cardinal, Chanoine, Camerier & Comte de Lion, dans lesquels il est appellé Ægidius Cardinalis Morinensis ; le Chapitre luy establit, sa vie durant, vne pension annuelle de cent florins d'or en consideration de la peine qu'il auoit euë, & des despenses qu'il auoit faites pour ledit Chapitre.

Eee

Extraict de l'Histoire MS. des Chanceliers & Gardes des Sceaux de France, par feu mon pere.

GILLES AYCELIN DE MONTAIGV estoit Euesque de Therouenne, & depuis la destitution du Cardinal de la Forest faite par Charles Duc de Normandie le 3. Mars 1356. & qu'il eust rapporté les Sceaux au Roy prisonnier à Bordeaux, fut fait Chancelier, & tint les Sceaux en Angleterre aupres du Roy, d'où il escrivit une Lettre à la Chambre des Comptes de Paris du 21. Septembre 1356. Registre C. folio 188. & y demeura iusques en Iuin de l'année suivante 1357. qu'il laissa au Roy les Sceaux par son Ordonnance, & de son Conseil, & se retira en sa maison en Auuergne, estant passé par Paris le 27. Iuin audit an 1357. Chronique de Saint Denys, chapitre LI. En l'Arrest de Messire Pierre d'Orgemont, Regale à Therouenne par la Promotion au Cardinalat de Messire Gilles Aycelin Euesque de Therouenne, Chancelier de France, faite en Septembre precedent, le 10. Nouembre 1361. il estoit Frere du Sieur de Montaigu en Auuergne & ne fust Chancelier apres le deceds du Roy Iean, apert en l'Arrest du Prieuré de Rheims, en Aoust 1371. Foulques Bardouil, pendant l'absence du grand Seel estoit en qualité de Commis au fait de la Chancellerie. Apres la destitution du Chancelier de la Forest pendant l'absence du grand Seel, que l'Euesque de Therouenne portoit aupres du Roy prisonnier en Angleterre, les Lettres se firent encore quelque temps sous le nom du Roy, & sous le Sceel du Chastelet, que souloit tenir ledit Foulques Bardouil, lors seulement qualifié Conseiller du Regent, & en cette qualité luy furent adresses les Prouisions de celuy qui fut le premier pourueu du Tiltre d'Office de la Charge du Registre de la Chancellerie, pour l'en mettre en possession, données à Gisors sous le Seel dudit Chastelet le 15. Iuin 1357. par ledit Duc, present le Comte d'Estampes, lesquelles ne furent verifiées par les Seigneurs de la Chambre des Comptes, qu'auec grande difficulté, attendu que le Chancelier souloit faire faire le Registre par qui il vouloit, à tel profit qu'il vouloit pour estre apres mis au Thresor, adioustant qu'au Parlement il y auoit bien Registre mais point de Registreur, & qu'aux Registres gisent l'honneur, l'estat, & les grands seruices de la Cour & de la Chancellerie. Le susdit Gilles Aycelin apres auoir esté quelque temps sans les Sceaux & Chancelier de France se retira aupres du Roy, & y estoit dés le 25. Aoust 1360. qu'il fust contraint de sceller de grands dons pour les Anglois, ainsi que porte le Registre D. en la Chambre des Comptes folio 7. verso. Il est fait mention de luy en un Traité du mois de Decembre audit an 1360. entre le Roy, & le Roy de Nauarre. Voyez Froissard chapitre LII. liure premier.

Nomenclator Cardinalium.

ÆGIDIVS ISSALNII DE BELLAMARA Gallus, ex Episcopo Morinensi Cardinalis, Vmbriæque Legatus, scripsit *Decisiones Rotæ, Consilia in Iure 148. de pluritate Beneficiorum & pera mutatione, super titulo de foro competenti, super § contrahentes.* Obiitque Auenione anno 1378.

Le Iurisconsulte Mantuanus, parle ainsi de ce Cardinal.

ÆGIDIVS BELLAMARA multa scripsit Commentaria, præsertim in Decretales, Consilia & Decisiones, quæ tanquam Apollinis Delphici oracula ab omnibus iudicantur; fuit Auditor Sacri Palatij Apostolici; & claruit anno 1374. & 1378. quo tempore Schisma 22. in Ecclesia Dei obortum est, vltimoque loco in Episcopum Auenionensem electus, ibi reliquum vitæ tempus exegit, ac moriens his præclarissimis monimentis posteritati testimonium virtutis & doctrinæ suæ locupletissimum perhibuit, nec si quo in loco docuerit, exploratum habemus, & minus quâ in patria ortus sit, sed istud nobis erit satis, quod mundanus fuerit, vt dicebat Socrates, ipsique virtute & sapientiâ non inferior.

Tiltre, dont l'Original est en mon Cabinet, scellé du Sceau de ce Cardinal.

ÆGIDIVS *miseratione diuina Episcopus Tusculanus, Sanctæ Romanæ Ecclesiæ Cardinalis, Commissarius ad infra scripta auctoritate Apostolica specialiter deputatus, venerabilibus Viris, Capitulo Ecclesiæ Trecensis, salutem in Domino sempiternam.* Litteras vestras patentes Sigillo vestro sigillatas, ac signo & subscriptione Ioannis Consceti Clerici Trecensis, Notarij publici signatas & subscriptas, datas in vestro Capitulo die vigesima sexta mensis Martij vltimo præteriti recepimus, inter cætera continentes, quod vos auctoritate Litterarum vobis super hoc directarum à Petro Procuratore nobilis & potentis Viri Domini Caroli de Pictauio Militis Fratris & Hæredis ac Commissarij Apostolici, executionis Testamenti quondam Domini Henrici de Pictauia Episcopi Trecensis, rationem & computum recepistis de bonis executionis dicti quondam Episcopi, ex fine cuius computi restabant tunc deductis omnibus deducendis, penes dictum Dominum Carolum de bonis dictæ executionis tria millia triginta octo libræ, decem solidi, & tres denarij cum picta, quam quidem restam penes vos deposuit realiter dictus Petrus nomine Procuratoris dicti Domini Caroli tam in focalibus argenteis, quam in pecunia numerata pro dotatione certarum Capellaniarum fundandarum pro anima dicti quondam Episcopi, vna cum sexaginta libratis terræ iam emptis de bonis dictæ executionis per dictum Dominum Carolum, vltra dictam restam penes vos depositam ad opus Fundationis supradictæ. Nos autem Cardinalis & Commissarius præfatus, visis & consideratis prædictis & aliis in dictis vestris Litteris contentis, non approbando tamen per supra aut infrascripta, dictum computum, nec etiam reprobando, volumus & ordinamus vobis auctoritate prædicta mandantes, quod de dicta resta penes vos deposita, vt citius, commodius & vtilius poteritis, ematis, seu emi faciatis redditus, vocato tamen dicto Domino Carolo Milite seu eius Procuratore, ad opus & vtilitatem Fundationis prædictæ, nobisque rescribatis, quot, quanti & quales redditus haberi poterunt & reperiti pro summa dictæ restæ necnon si dictæ sexaginta libratæ terræ iam emptæ, per dictum Dominum Carolum sint bene situatæ, quantique redditus, seu quæ summa pecuniæ in redditibus sufficiet annuatim vni Capellano deseruienti alicui dictarum Capellaniarum fundandarum, & die qualibet celebranti, ita quod certificati per vos de præmissis ad vlteriorem executionem Fundationis Capellaniarum ipsarum possimus pro salute animæ dicti Testatoris procedere, & de facto huiusmodi iuxta commissionem nobis factam, auctoritate Apostolica ordinare. Datum Auenioni sub Sigillo nostro in testimonium præmissorum, die vicesima mensis Iunij, anno à Natiuitate Domini 1378.

Extraict des Memoires MS. de Monsieur Peyrad, Conseiller du Roy, Doyen des Maistres des Comptes, & Garde du Thresor des Chartes de Bourgogne.

Ex veteri Libro inscripto, Regestum Litterarum Apostolicarum tam Patentum quam clausarum, Sanctissimi in Christo Patris & Domini nostri, Domini Innocentij Papæ Sexti, quæ per eius Cameram transierunt anno sui Pontificatus nono, editarum & compilatarum per Magistrum Zenobium.

VENERABILI Fratri Episcopo Morinensi, Regni Franciæ Cancellario, salutem. Cum sicut accepimus, nonnulli nouiter ad requisitionem Procuratoris charissimi in Christo Filij nostri Ioannis Regis Francorum Illustris, in Parlemento nominati fuerint & citati, vt infrà diem vigesimam mensis Maij proxime venturi deberent Parisius, in Curia Regia sub certa pœna personaliter comparere, pro eo videlicet quod per eos, & nonnullos eorum sequaces Castrum de Mota Claromontensis Diœcesis, quod ad dilectum filium Guillelmum Comitem Bellifortis, pleno iure noscitur pertinere captum extitit & indebite occupatum, prout etiam per eosdem præsentialiter occupatur: Nos sperantes huiusmodi discordiam inter præfatos Comitem, & occupatores loci prædicti non egere mediatrice Iustitia, sed potius amicorum interpositione, sine pacifico terminari, idque Mansuetudini Regiæ gratum venire debeat plurimum & acceptum, Regem solum per nostras Litteras duximus attentius deprecandum, quod huiusmodi Citationes hominum velit vsque ad Festum Beati Michaëlis proximum futurum de benignitate Regia prorogare, quodque de ipsius beneplacito & assensu in Romana Curia durante præfato termino inter partes valeat pax & concordia amicis tractantibus reformari, pœna quælibet vel summa si quam partes ipsæ vel earum altera apud Regiam Curiam incurrissent, aut culpa etiam si quæ circa occupationem dicti Castri commissa forsitan per aliquos extitisset, post reformatam inter partes prædictas concordiam, ipsa de Benignitate Regis promittatur eisdem, quocirca fraternitatem tuam requirimus & hortamur attente, quatenus pro nostra & Apostolica Sedis reuerentia tanquam Zelator pacis, & concordiæ Procurator apud Regem eundem super præmissis ab eodem obtinendis, partes tuas tam fauorabiliter quam efficaciter interponas. Datum Auenioni sexto Kal. Maij anno nono.

ANDRVIN DE LA ROCHE,

Docteur en Theologie, Abbé de Saint Saine, puis de Cluny, Cardinal du Tiltre de Saint Marcel, Legat en Italie & en Angleterre.

CHAPITRE CXIII.

Ex veteri libro, inscripto, Regeſtum Litterarum Apoſtolicarum, &c. ſuprà citato.

ILECTO *Filio Androyno Abbati Monaſterij Cluniacenſis, Matiſconenſis Diœceſis, ſalutem*, Sicut ad tuam & populorum Chriſti fidelium noticiam rumor infeſtus potuit peruenire, adeo nonnullorum malignorum Tyrannorum in certis partibus conſiſtentium exercuit ambitio, vt nonnullas Ciuitates, Caſtra, & terras ad Romanam Eccleſiam in eiſdem partibus immediate ſpectantia, impugnare, opprimere, & inuadere hoſtiliter minimè vereantur, quodque in maiorem conſurgere poteſt admirationem audientium & ſtuporem, poſt pacem & concordiam inter Chariſſimos in Chriſto Filios noſtros, Ioannem Franciæ, & Eduardum Angliæ Regem Illuſtres fauente Domino reformatam, nonnulli Patris diſcordiarum Filij, pacis hoſtes & perditionis alumni, in Societates, imo prædonum potius complicitates varias congregati ad turbationem Populorum Chriſti fidelium intendentes, in eam deuenerunt temeritatis in Romanam Curiam, vt degentes in ea, ac partes eidem vicinas perturbare & more prædonico terras ipſius Eccleſiæ, & nonnullas alias eidem Curiæ proximas diſcurrere, ac perdere, & rapinas in illis facere non formident, ac nonnulli etiam alij in ſimilem conſurgentes, Inſaniam, ad partes ipſas eiuſdem Curiæ incolis, Dei timore poſtpoſito temerariè admodum comminantes, accedere de proximo niſi aliter malis ſuggerentibus prouideat diuina benignitas, formidantur in manifeſtam Dei offenſam & ſedis Apoſtolicæ opprobrium, & contemptum ac damnum & ſcandalum plurimorum: cum itaque prout ex debito Paſtoralis Officij nobis ſuccumbit, ad defenſionem & conſeruationem dictarum terrarum ipſius Eccleſiæ, in dictis Italiæ & vicinis dictæ Curiæ partibus conſiſtentium, nec non ad quietem & pacem ipſius Curiæ degentium in eadem ac vicinarum partium intenderimus hactenus & intendamus continuo, ac præſumptionem dictorum pacis hoſtium & prædonum, nec non periculis alijs quæ veriſimiliter formidantur, opportunis obuiare remedijs cupiamus, & ad id fauorabiliter proſequendum præſentialiter minus ſufficientes, exiſtant, prout grauitati negotiorum imminentium opportunè & expediens foret, Cameræ noſtræ facultates & vires quas non parum imminuit attenuatio reddituum eius, ex tempore cauſata malitia & pene exhauſti agendorum innumerabilium multitudo, ac propterea dignum & congruum reputemus tam multiplicibus, & grauibus laboribus dictæ Eccleſiæ imminentibus ab eiuſdem Eccleſiæ membris, perſonis videlicet Eccleſiaſticis, opportunis fauoribus & ſubſidijs ſubueniri, Diſcretioni tuæ mandamus, quatinus iuxta datam tibi à Deo prudentiam, venerabiles Fratres noſtros, Primates, Archiepiſcopos, Epiſcopos, & dilectos Filios Abbates, Priores, Decanos, Præpoſitos, Archidiaconos, Archipresbyteros, Plebanos, Rectores & alios Eccleſiarum & Monaſteriorum Prælatos, ipſorumque Vicegerentes, Capitula quæque & Conuentus Eccleſiarum & Monaſteriorum, cæteraſque perſonas Eccleſiaſticas, Sæculares, & Regulares exemptas & non exemptas, Ciſtercienſis, Cluniacenſis, Præmonſtratenſis, Camaldulenſis, Scotorenſis, & Benedicti & Auguſtini, ac aliorum Ordinum & Domorum, Hoſpitalis Sancti Ioannis Hieroſolymitani, Sanctæ Mariæ Theutonicorum, Calatrauentium & Humiliatorum Magiſtros, Priores & Præceptores infra Regnum Angliæ conſtitutos, benignius alloquaris, eoſque ſiniſtrorum occurentium nobis grauitate & dictæ noſtræ Cameræ oneribus, ad quorum ſupportationem eiuſdem Cameræ non ſuppetunt, vt præmittitur, facultates, per te diligenter expoſitis, eiſdem tuis exhortationibus pro noſtra parte ſollicites & inducas, vt pro neceſſitatis articulo & periculorum euentu, tanquam membra ipſius Eccleſiæ velint ſuo capiti compati ac etiam condolere, & propterea nobis & dictæ Cameræ de aliquo pecuniali ſubſidio ſubuenire, vt tam ipſorum quam membrorum ipſius Eccleſiæ interuenientibus auxilijs, & filialibus ſubſidijs huiuſmodi turbationibus ex temporum malignitate cauſatis, valeat pro noſtro & ipſius Eccleſiæ ac ſedis Apoſtolicæ honore, & dictæ Romanæ Curiæ deffenſione, eiuſque ſtatu pacifico & tranquillo opportunis remedijs prouideri, & propter hoc tibi conuocandi Prælatos præfatos & perſonas alias Eccleſiaſticas, de quibus tibi conuenire videbitur, & iuxta deliberationem eorundem huiuſmodi ſubſidium petendi, imponendi, colligendi & recipiendi plenam concedimus tenore præſentium facultatem: volumus autem quod de huiuſmodi quantitate ſubſidij & de perſonis à quibus illud receperis, prout vnuſquiſque ſubueniendi duxerit, nos reddere ſtudeas per tuas Litteras certiores, vt exinde promptitudinem deuotionis, quam ad nos & dictam gerent Eccleſiam per effectum operis agnoſcamus, ac perſonæ ipſæ, Apoſtolicæ Sedis beneuolentiam & fauorem vberius ſuis exigentibus meritis conſequantur. Datum Auenioni ſeptimo Cal. Maij, anno nono.

MISERATIONE *diuina Guido Portuenſis & Sanctæ Rufinæ Epiſcopus, & Auduinus Sanctorum Ioannis & Pauli Presbyter, Romanæ Eccleſiæ Cardinales, Venerabili & Religioſo in Chriſto Patri Domino Andruino Abbati Cluniacenſi ſalutem in Domino.* De mandato Sanctiſſimi Patris & Domini noſtri Domini Innocentij ſuperna prouidentia Papæ Sexti nobis facto oraculo viuæ vocis, vobis Committimus & mandamus, quatenus sententias interdicti seu cessationis à diuinis in Villa & Parrochiali Ecclesia Villæ de Auxona Bisuntinæ Diœcesis, ac excommunicationis in magnificum & potentem Principem Dominum Odonem Ducem Burgundiæ & Monetarios suos in eadem Villa, per Officialem Bisuntinum ad instantiam Procuratoris Archiepiscopi Bisuntini, & aliorum quorumcunque occasione seu ratione cussionis seu fabricationis monetæ in dicta villa fabricatæ, pronunciatis, & cuiussuis alterius Constitutionis auctoritate vt dicitur latas, si quas dux & monetarij sui præfati incurrerent occasione vel ratione prædictis, cum totali earum effectu vsque ad instans proximum Festum Natiuitatis Domini & vlterius, si vobis videatur expedire pro bono pacis & concordiæ interim auxiliante Domino faciendarum, si Archiepiscopi Bisuntini & aliorum si quorum interest vel interfuerit consensus, auctoritate Apostolica suspendatis & etiam relaxetis. Datum apud Villam-nouam Auenionensis Diœcesis, anno Domini 1356. mensis Martij die 16. Pontificatus eiusdem Domini nostri Papæ, anno quarto.

INNOCENTIVS *Episcopus seruus seruorum Dei, dilecto filio* ANDRVINO *Abbati Monasterij Cluniacensis Matisconensis Diœcesis, salutem & Apostolicam benedictionem.* Peruenit nuper ad audianciam nostram, quod charissimi in Christo Filij nostri Ioannes Franciæ, & Eduardus Angliæ Reges Illustres, ad exortam dudum discordiam inter dilectos Filios Nobiles viros, Carolum Ducem Britanniæ ex parte vna, & Ioannem Comitem Montis-fortis ex parte altera, super Ducatu Britanniæ sine laudabili terminandum, certos dies & locum in quibus partes ipsæ conuenire debeant coram tractatoribus, auditoribus seu commissariis per reges eosdem super sedanda huiusmodi discordia ordinatis concorditer statuerunt. Cum itaque pacis reformatio inter Reges, Ducem, & Comitem ad bonum publicum pertinere noscatur, ex quorum dissentione damna & incommoda plurima prouenerunt hactenus & grauiora in posterum, nisi eis quietis succuratur beneficio, formidantur; nos qui personam omnium, tranquillitatem & pacem, illarum tamen præcipuè ex quibus populis Christi fidelibus plura sperantur commoda prouentura, paternis desiderijs affectamus, dispositionem & ordinationem huiusmodi dictorum regum plurimum commendantes, de tuæ quoque circunspectionis industria fiduciam gerentes in Domino singularem, ac in eis cuius est pacis spiritum in discordantium nimis inspirare, sperantes indubiè, quod tu sicut te nobis & sedi Apostolicæ in maioribus sibi commissis negotiis magnis dignum præconiis reddidisti, similiter in huiusmodi negotio te laudabiliter & viriliter excercebis Discretioni tuæ per Apostolica scripta mandamus, quatinus ad locum præfatum te personaliter conferens indilatè circa conformationem concordiæ & pacis huiusmodi iuxta datam tibi à Deo prudentiam dare studeas sollicitè & solerti diligentia operam efficacem, præfatis Tractatoribus, Auditoribus seu Commissariis tuis, quibus expedire videris assistendo consilijs, apud partes prædictas pro parte nostra persuasionibus & exortationibus insistendo in præmissis te talem habeas, quod propter diuinæ retributionis præmia apud nos & sedem præfatam vberiora tibi continuò laudum proueniant incrementa, nos tibi ordinandi, disponendi, terminandi & auctoritate nostra confirmandi, si ad id per partes ipsas requisitus fueris, & alia quæ ad hoc expedienda videris faciendi, plenam & liberam concedimus tenore præsentium facultatem. Datum Auenioni Idus Martij, anno nono.

DILECTO *Filio Andruino Abbati Monasterij Cluniacensis Matisconensis Diocesis, salutem, &c.* Attendentes quanta ex discordia dudum exorta inter dilectos Filios Nobiles Viros Carolum Ducem Britanniæ, & Ioannem Comitem Montis-fortis, Regno Franciæ damna, scandala, & incommoda prouenerint, ac cupientes regnum ipsum sicut in capite sic in membris, in pari solatio respicere, cum sicut accepimus, præfati Dux & Comes infra certum terminum & ad certum locum, super tractatu pacis inter eosdem, duce Domino reformandæ coram charissimis in Christo Filijs nostris, Ioanne Franciæ & Eduardo Angliæ Regibus Illustribus, seu eorum Commissariis ad hoc specialiter deputatis debeant conuenire, *te tanquam pacis Angelum* ad locum præfatum vt solita tua prudentia se, prout in maioribus consueuit, in huiusmodi laudabili negotio vtiliter exerceat, prout ex patentibus Litteris per nos, tibi directis colligere poteris, duximus destinandum : Discretionem itaque tuam hortamur attentè, quatinus ad locum te eundem personaliter conferens, circa concordiam ipsam in qua procul dubio communis commodi negotium non minus agitur quam priuati, tuis apud partes ipsas assistendo consilijs, ac condignis exortationibus insistendo, iuxta datam tibi à Deo prudentiam, dare studeas pro viribus operam efficacem. Datum Auenioni quarto Martij, anno nono.

DILECTO *Filio Andruino Sanctæ Romanæ Ecclesiæ Cardinali, salutem, &c.* Charissimi in Christo Filij nostri Ioannis Regis Franciæ Illustris in hac parte precibus, benignius annuentes, tuamque personam à Domino virtutum affluentia præcellentium meritorum ornatam dudum tunc in partibus Franciæ de mandato nostro pro prosecutione quorundam arduorum negotiorum præfatum Regem ac sui regni tranquillitatem & pacem contingentium, immorantem ad apicem Cardinalatus euceximus, consuetos insignium honores, & prærogatiuam te gerere cupientes, capillum subeum qualem alij Venerabiles Fratres nostri Sanctæ Romanæ Ecclesiæ Cardinales de manu Summi Pontificis secundum antiquum & laudabilem morem Curiæ Romanæ acceptum gestare solent & debent temporibus consuetis; quia adhuc de dicto mandato eidem prosecutioni dictorum negotiorum insistis, & ad nostram de instanti tempore nequis præsentiam te conferre, licet hoc non fuit sine magna causa fieri consuetum, ad preces tamen dicti regis quas super hoc pluries repetijt, & ob sinceræ dilectionis affectum quem ad tuam personam gerimus, de speciali gratia per dilectum Filium Petrum de Mollissimis Priorem *de Altaclita* Ordinis Cluniacensis latorem præsentium destinamus, vt eo liberè vtaris prout vtuntur fidem alij eiusdem Ecclesiæ Cardinales, nonobstantibus quod Capellum ipsum de manu nostra non receperis, & qualibet consuetudine hactenus in contrarium observata. Cæterum quamuis tibi ad dicti Regis supplicationis instantiam pro huius prosecutione felicius dirigenda licentiam remanendi in dictis partibus vsque ad Festum Ascensionis Domini proximè venturi duximus per nostras dictas Litteras concedendam, quia tamen propter emergentia quotidie nobis multiplicia, & ardua Ecclesiæ vniuersalis negotia, tua præsentia indigemus, si absque detrimento notabili dictorum tibi incumbentium agendorum, & cum Regis præfati complacentia ad Apostolicam Sedem posses etiam termino illo minimè expectato accedere, huiusmodi accessum gratum non modicum haberemus. Datum Auenioni 13. Cal. Januarij, anno nono.

DILECTO *Filio Andruino Sanctæ Romanæ Ecclesiæ Presbytero Cardinali, salutem, &c.* Nuper Charissimus in Christo Filius noster Ioannes Rex Franciæ Illustris in suis Litteris quas nostro Apostolatui destinauit, asserens præsentiam tuam negotiis Regni sui & præsertim Britanniæ de quibus informatum te dicit adeò existere opportunum, quod sine te, ipsa præfata negotia probabiliter periculum incurrerent & iacturam, nobis supplicauit instanter, vt tibi in ipsis partibus pro felici terminatione negotiorum huiusmodi licentiam remanendi ac priuilegia, gratias, & procurationes & alia concedi solita Cardinalibus, in dicto Regno Apostolicæ Sedis Nunciis concedere ac prouidere de beneficiis, & Capellum rubeum mittere dignaremur, nosque super his deliberatione matura præhabita eidem Regi respondimus, per Apostolicas Litteras præsentibus interclusas. Licet igitur tua præsentia careamus inuiti, nolentes tamen propter nostram deliberationem eisdem negotiis quæ vtique insident cordi nostro generari præiudicium vel iacturam, cùm nos statum ignoremus eorum, quæ vt idem Rex asserit & verisimiliter credimus, plenariè tibi notus existit, tibi remanendi in dictis partibus ad Festum Ascensionis Dominicæ proximè venturum, prædictis negotiis feliciter Authore Domino disponendis super quibus, tuam oneramus prudentiam, plenam licentiam tenore præsentium impertimur. Cæteram super his tuæ discretioni latius exponendis dilectum Filium Simonem Abbatem Monasterij Ferrerciensis Senonensis Diœcesis, Latorem præsentium ad te venientem de nostra intentione fecimus plenariè informari, cui super his quæ circa prædicta tibi ex parte nostra retulerit adhibeas plenam fidem. Datum Auenioni quarto nonas Nouembris, anno nono, &c.

CHARISSIMO *in Christo Filio Ioanni Regi Franciæ illustri, salutem.* Regiæ celsitudinis Litteras gratanter recepimus, & eas paterna beneuolentia intelleximus diligenter, continentes vt propter certa tractanda negotia, te & Regnum tuum tangentia, dilecto Filio Andruino Sanctæ Romanæ Ecclesiæ Presbytero Cardinali remanendi licentiam vsque ad certum tempus, ac priuilegia honores & gratias, necnon procurationem seu stipendiorum receptionem solita concedi Nunciis Apostolicæ Sedis qui de latere transmittuntur, concedere ac Capellum rubeum sibi ad partes ipsas transmittere dignaremur, super quibus eidem Regiæ Celsitudini respondemus, quod nos licet in his & aliis tibi gratis quantum cum possemus nostrum libenter impertiremur assensum, prouide tamen aduertentes quod hæc absque consilio & consensu Fratrum nostrorum S. R. E. Cardinalium in Consistorio prout est de more præstandis, contra antiquam & laudabilem dictæ Sedis consuetudinem quam non decet infringi, concedere non debemus, & quod Ecclesia dicti Regni ex præteritarum concussione guerrarum cum diuersis oneribus tam elapsis quàm adhuc durantibus, sunt nimium agrauatæ, propter quod eas interna compassione persequimur, & quantum possumus à maiori grauamine paternis affectibus præseruamus, quodque huiusmodi consilium & consensum prout firmiter credimus non possemus sicut nec deberemus habere, ex quo vtique non obtento nostro tuæque magnitudinis & Cardinalis præfati derogaretur honori, præmissa coram Fratribus eisdem proponere consulta deliberatione duxerimus omittendum, quare cum ad prædicta negotia in quibus ordinatione debita disponendis, tractus longi foret temporis opportunius exigitur per alium seu alios quàm per Cardinalem prædictum absque Ecclesiarum Regni præfati onere, quod Regalis pietas debet cuitare, pro viribus speremus posse feliciter consummari, & nos eius præsentia propter grandeuam suæ circunspectionis industriam, & fidele, ac salubre consilium in arduis nostris & Ecclesiæ vniuersalis agendis quæ ad aluum Sedis præfatæ incessanter confluunt, plurimum egeamus, Cardinalis quoque ipse carens stipendiis & Capelli prouentibus, & vt verisimiliter credimus facultatibus non abundans, sic stando diutius nimiis grauatur expensis secundum sui Cardinalatus decentiam faciendi, quæsumus, tuamque sublimitatem quam Altissimus eximiæ discretionis munimine insigniuit, rogamus attentè, quatenus præmissa maturè considerans, molestè non feras si in hac parte impleri non sentias votum tuum, sæpe dictum Cardinalem ad Curiam Romanam accedere quamcitò commodè poterit ad subeundum onus humeris suis impositum, benignitate Regia permissurus es, cum ad te & Regnum tuum prerogatiua speciali dilectionis afficimur, volumus vt nonobstante si præsentia dicti Cardinalis adeò te nouerit indigere, quod negotia ipsa de quibus nobis scripsisti sine ipsorum periculo & iactura per alium quàm ipsum tractari & optato fine terminari non possint, remanere valeat, & negotiis ipsis intendere vsque ad Festum Ascensionis Dominicæ proximè secuturum, super quo per alias nostras Litteras sibi licentiam impertimur, procurationes autem seu stipendia sibi concedere, ac Capellum rubeum transmittere ex causis huiusmodi non valemus, de beneficiis vero præfato Cardinali conferendis de quibus nobis in eisdem tuis locis supplicasti eisdem & aliis Cardinalibus quos vna cum eo nuper assumpsimus, prouidimus quantum melius potuimus sibi Celsitudinis prædictæ intuitu, & quia ipsum sincerè dileximus & diligimus in hoc specialiter deferentis. Cæterum super præmissis tuæ magnitudinis latius exponendis dilectum Filium Simonem Abbatem Monasterij Ferreriensis Senonensis Diœcesis, latorem præsentium de nostra intentione plenius informatum ad tuam præsentiam destinamus, cui super his quæ circa prædicta tibi ex parte nostra retulerit, adhibeas plenam fidem. Datum Auenione quarto Non. Nouembris anno nono.

Ex Necrologio Collegij Sancti Martialis Auenionensis.

DEPOSITIO Cardinalis ANDROINI, quinto Calend. Nouembris, qui fuit Abbas Cluniacensis & acquisiuit libratam, in qua ædificata est Ecclesia cum Collegio.

IEAN DE BLANDIAC,

Docteur en l'vn & en l'autre Droict, Euesque de Nismes, Cardinal Prestre du Titre de Saint Marc, puis Euesque Sabin, enuoyé à Paris par le Pape VRBAIN V. pour la reforme de l'Vniuersité.

CHAPITRE CXIV.

Sammarthani Fratres in Galliâ Christianâ.

IOANNES DE BLANDIACO Cardinalis Tituli Sancti Marci, posteà Sabinensis, Bertrandi Deuci Archiepiscopi Ebredunensis & Cardinalis, Sanctæque Romanæ Ecclesiæ Cancellarij Nepos, quem aliqui de Bransaco, & Petrum nomine indigitant vulgatæ tabulæ, cum tamen in Actis Consistorialibus Ioannes appelletur. Ex Iuris vtriusque Doctore Episcopus creatur 1350. ex tabulis Nemausensibus: rexit Ecclesiam suam per duodecim annos, ornatus purpura ab INNOCENTIO VI. 1361. ante 13. Cal. Octobris inde fit Sabinensis Præsul 1372. Lutetiam delegatus est ab VRBANO V. Pontifice, cum Cardinali AVCELINO anno 1365. Auenione morte corripitur, 8. Idus Iulij 1379. cum Pseudopontificis CLEMENTIS VII. partes sectaretur; eius ossa in Templo Sancti Desiderij sub lapide ante Aram principem sine pompa & Epitaphio, vt Codicillis Testamenti iusserat, funerata sunt: de quo Vghellus in Episcopis Sabinensibus, Ciaconius, & cæteri alij Scriptores.

Extraict des Registres des Chartes du Thresor du Roy. Registre coté CCCCXIX.

LItteræ Caroli Regis, quibus cum sibi pro parte Ioannis Tituli Sancti Marci Presbyteri Cardinalis Nemausensis fuisset expositum, quod ipse de quorumdam Fidelium bonis & rebus, quarum dispositio & executio ad ipsum, vt dicitur pertinent, pro eorumdem salute vnum Collegium decem Scholarium qui perpetuo in Iure Canonico & Ciuili studeant, in Ciuitate Tholosana instituere & fundare, ac ibidem Domus seu hospitia pro habitatione dictorum Scholarium competentia, necnon pro Collegij dotatione & Scholarium prædictorum, congrua sustentatione certos annuos redditus vsque ad summam quingentarum librarum Turonensium ascendentes in Senescallia Tholosana emere & acquirere proponit, &c. Rex idem ipsi horum amortisationem concedit. Parisiis in Castro de Lupara anno 1367. mense Nouembri.

PIERRE ITIER,

Fameux Jurisconsulte, Euesque d'Acqs en Gascogne, Cardinal Prestre du Tiltre des Quatre Saints Couronnez, puis Euesque d'Albe.

CHAPITRE CXV.

Epitaphe qui se lit dans vne Chapelle de l'Eglise des Iacobins d'Auignon.

IN præsenti Capella iacet Reuerendissimus in Christo Pater Dominus PETRVS ITERII, Episcopus Albanensis, Cardinalis Aquensis, Doctor Legum egregius, qui obiit sub die 19. mensis Maij, anno Domini 1367. post recessum Domini VRBANI V.

ESTIENNE ALBERT,

Neueu du Pape INNOCENT IV. Euesque de Carcassone, Cardinal Diacre du Tiltre de Sainte Marie in Aquiro, puis Prestre de celuy de Saint Laurent in Lucina.

CHAPITRE CXVI.

Ciaconius in Vitis Pontificum sub INNOCENTIO VI.

STEPHANVS ALBERTI, Lemouicensis Gallus, electus Carcassonensis, Diaconus Cardinalis Sanctæ Mariæ in Aquiro, postea Presbyter Tituli Sancti Laurentij in Lucina ab VRBANO V. creatus, moritur Viterbij tertio Calendas Octobris, anno 1369. sepultus in Cathedrali.

GVILLAVLME BRAGOSE,

Docteur en l'vn & en l'autre Droict, Professeur en l'Vniuersité de Tholose, Euesque de Vabres, Cardinal Diacre du Tiltre de Saint Georges in Velabro, Grand Penitencier de la Sainte Eglise Romaine, puis Prestre Cardinal du Tiltre de Saint Laurent in Lucina.

des Cardinaux François.

CHAPITRE CXVII.

Sammarthani Fratres in Galliâ Christianâ.

VILLELMVS BRAGOSE, Cardinalis Tituli Sancti Georgij in Velabro primùm, deín Sancti Laurentij in Lucina, maior Pœnitentiarius, ab INNOCENTIO VI. in Sacrum Collegium ascitus 1361. antea Iuris Canonici Doctor Tholosæ. Romæ obiit anno 13. Idus Nouembris 1367. tumulatusque ibidem in Æde Tituli sui.

HVGVES DE SAINT MARTIAL,

Docteur en l'vn & en l'autre Droict, Preuost de l'Eglise Collegiale de Doüay, Cardinal Diacre du Tiltre de Sainte Marie in Porticu.

CHAPITRE CXVIII.

Extraict des Memoires MS. de feu Monsieur de Peyresc, viuant Conseiller au Parlement de Prouence, touchant la Chartreuse de Bon-pas.

E. Cardinal Hugues surnommé de Saint Martial, desirant aussi fauoriser l'erection de cette denote Chartreuse, y fit vnir l'an 1385. le Prieuré de Saint Simphorien de Caumont, s'en dismettant en faueur de Bon-pas à Martin de Salua, pour lors seulement Euesque de Pampelonne, & Referendaire de sa Sainteté, qui mit en possession dudit Prieuré la Chartreuse de Bon-pas le 29. iour de Iuin de l'an susdit, present noble Pierre Amy de Sabran, Seigneur en partie dudit Caumont, & plusieurs autres qui sont sousscrits en l'Acte.

GVILLAVLME GRIMOARD DE GRISAC,

Professeur en l'vn & en l'autre Droict, Religieux de l'Ordre de Saint Benoist, Abbé de l'Abbaye de Saint Germain d'Auxerre, puis de Saint Victor de Marseille, Grand Vicaire des Euesques de Clermont & d'Vzez, & enfin Pape sous le nom d'VRBAIN V.

CHAPITRE CXIX.

Vita VRBANI V. Ex veteri Codice MS.

RIMVS in hoc ordine dignitate quidem, licet non ætate, fuit GVILLELMVS GRIMOARDI, qui post obitum Clementis VI. cum antea ne Cardinalis quidem fuisset, sed Abbas Monasterij Sancti Victoris Massiliensis, tanta erat eius prudentiæ & probitatis opinio, quod ad Ecclesiæ vniuersæ clauum regendum Cardinalium suffragiis euocatus anno 1362. Vrbanus eius nominis Papa V. dici voluit: quis verò fuerit hic Pontifex, quàm Sanctus, quo genere, quibus moribus ornatus, variis Historicorum, Trithemij, Platinæ, Pa-

Fff

munij, Cisconij & aliorum Encomiis aperitur : Patre Grimaldo Viro Militari & Amphilisia Matre nobilissima Femina Monferrana, quæ à multis Sancta audiebat, vtroque Parente Gabalus, in oppido paternæ ditionis Grisaco natus, Id Castri nomen in edito Monte sit, duodecim passuum millibus ab Vrbe Mimatensi Prouinciæ Galliarum Tholosanæ: fuit vero illud prodigio aut potius miraculo simillimum, quod in eius natali euenisse narrat Stephanus Binetus in Vita Sancti Elzearij, Elzearium aliquando per Gabalos, Gebennatum incolas populos iter habentem, atque Mimatensis Diœcesis supradictum Castrum Grisacum aduectum, Toparcha Grimoardus Eques & Elzearij Affinis Dominum suum aduexit, multis quidem sollicitatum precibus, multaque hominis comitate pellectum, & tamen singulari quadam prouidentia destinatum, vt ad egregium atque admirationis plenissimum facinus, Deo familiarem, deuotam ac mirabilem operam exhiberet, Equitis enim Vxor Amphilisia tunc prægnans, cum Guillelmum nostrum Vrbanum V. in aluo contineret; infelicem admodum atque pudendum partus exitum sortita, formosi pueri loco informem abortum & indigestam in speciem molem abegerat, quæ simul atque Matris in conspectum venit, vberrimas ei excussit doloris lachrymas, sed & ipsi Parenti qui excitus accurrit, totique coactæ familiæ luctum indixit tam triste spectaculum. Res tandem ad Elzearium delata, tenerrimum eius ad sensum alienæ calamitatis animum non mediocris doloris vulnere sauciauit. Quamobrem optimorum hospitum cladem ægerrimè ferens, abortiuum illum fœtum ad se in cubiculum afferri iubet, quo facto, remotisque omnibus arbitris, summittens ipse genua suppliciter eximia quadam diuinæ Bonitatis fiducia ad Deum, vt ad Patrem optimum & amantissimum, feruentissimas preces adhibuit, loquentem adhuc needum orandi finem facientem præuertit diuina Bonitas, atque anticipatione beneficij miraculum perpetrauit, informem enim molam, puncto temporis in elegantissimi pueri formam digessit, qui de cæterorum more fletu ac lachrymis vitam salutans, ciulatu suo patrem ante fores cubiculi opetientem, admonuit prodigij, & incredibili gaudio cumulatum accisit: quamobrem post indictas pro tanto beneficio gratias diuinæ Misericordiæ peragendas, in id omni studio, cura & diligentia incubuit Elzearius, vt quamprimum Baptismi salutaribus vndis lustraretur infans & Guillelmi nomine insigniretur. Post hæc Patri dixit in aurem, vide quæso diligenter vti sedulo bonis moribus & virtutibus imbuatur hic puer, atque vt in Litteris apprimè instituatur, ipsum enim qualis est, ea manent quæ sunt inter Christianos summa: quod monitum quantquam ab ipso Parente haud quaquam intellectum est, vaticinium tamen fuit verissimum, quo Vir Sanctus significauit, eiusmodi puerum in Summum totius Ecclesiæ Pontificem idoneo certoque tempore allegendum, ac etiam quod plus admirationis habiturum erat, Elzearium ipsum in Sanctorum numerum haud multum impari accepto beneficio gratis relaturum.

Gvillelmvs ab ineunte ætate liberalibus Disciplinis imbutus, Artium & Iuris Ciuilis, ac Decretorum Doctoratum, ac Sacræ Theologiæ Laureæm in Gymnasio Monspeliensi, Tholosano, Auenionensi, ac Parisiensi, denuum accepit: Monasticam vitam adolescens professus est in Monasterio Chiriacensi Mimatensis Diœcesis, vbi Sacris Ordinibus initiatus & Habitu Monastico indutus, quem continuo etiam Pontifex vsque ad mortem gestauit, suscepto Magisterij gradu per viginti annos Ius Pontificium & Sacras Litteras publicè docuit, & multos nobiles & egregios Auditores habuit, Vicariatum Episcoporum Claromontensis & Vticensis integrè & seuerè egit. Inde ad Romanam Curiam veniens, eius industria, doctrina & pietate cognita, ab Innocentio VI. Abbas Autissiodorensis primum, deinde Massiliensis factus, multis magnisque legationibus sæpe ornatus & præsertim nouissima Italica ad Vicecomites, in qua absens, Summus Pontifex vitæ annum quinquagesimum tertium agens anno 1362. renuntiatus est: erat enim vir singularis virtutis & ingentis animi, morum & innocentissimæ vitæ maiestatem adiunxerat, ita vt virgo esse ab omnibus crederetur, Pontificatum à Christi honore auspicatus, contra Turcas expeditionem parauit, Crucem prædicari fecit, ad quod pium opus vt Fideles efficacius excitaret, his veniam non modo noxarum indulsit, sed beneficio vsus temporalis subsidij antiquam decimam Beneficiorum ad medietatem, quam Clericos habere voluit pro integra reduxit, Regni Christianissimi Fautor ac Defensor, cuius Alumnus erat, & in quo præcipuum esse situm benè sciebat Ecclesiæ fulcimentum, contra Regni Francorum inuasores, eiusdemque receptores Anathemata fulminauit, suique Decreti diploma ad perpetuum Regni munimen Carolo Regi nuncupato Sapienti, multa cum paternæ dilectionis significatione detulit, quod in Regio Thesauro Parisiis repositum, hodieque extat; ad hunc Pontificem Sanctissimum Sancta Brigitta Christi iussione profecta, Regulæ suæ confirmationem petens, postulata obtinuit.

Anno igitur Dominicæ Natiuitatis 1361. die Dominica, 8. Idus Nouembris, Vrbanus V. Auenione in Cathedrali Sanctæ Mariæ de Donis consecratus est, & suæ Coronationis insignia suscepit per manus Arnaldi de Via Caturcensis, Diaconi Cardinalis Sancti Eustachij S. R. E. Archidiaconi, Cardinalibus Episcopis, Clero & populo adstantibus, Vrbani V. nomen accepit, seditque Carolo IV. Imperatore annos septem, menses duos, dies vigintiquatuor. Ineunte Pontificatu ad ipsum obsequij, & reuerentiæ causa anno 1365. Ioannes Francorum Rex venit, quo præsente Pontifex Sacrum Bellum, & expeditionem transmarinam eleganti oratione habita pro recuperandis Hierosolymis publicè indixit, legatum eius Belli creauit Talayrandum Cardinalem Albanum, Gallorum & Cypri Reges Cruce signauit, eorumque opera vsus est, qui ad eam rem sponte sua excitati erant. Mortuo Ioanne Francorum Rege, Carolus V. ei successit, per id tempus cum populi Romani Legati Auenionem profecti Pontificem, vt ad Vrbem accederet rogassent, eorum precibus commotus, quarto Pontificatus sui anno, Christi 1365. in Italiam venit, vt Romanis satisfaceret, & res Ecclesiæ Romanæ componeret

des Cardinaux François.

longa Pontificum absentia labefactatas, Romam ingressus incredibili totius Ciuitatis gaudio, & honore suscipitur, & apud Basilicam Vaticanam sibi sedem delegit, cuius propinquum Palatium vetustate dilapsum restituit, ornauitque hortis & viridariis, quibus excolendis octingentos, & aliquando mille pauperes laborantes pauit, cum Carolus IV. Imperator intellexisset Vrbani Romam profectionem, eo statim cum vxore ac liberis aduolauit, ibique stratoris Officio Pontifici exhibito, in Pontificis Sacris Euangelium decantauit, inde tertio mense post in Germaniam rediit, Ioannes item Paleologus Imperator Constantinopolitanus ad Pontificem tunc Romæ commorantem venerationis gratia venit, quem Vrbanus pro foribus Ecclesiæ Vaticanæ more Imperatorum susceptum honorificè habuit. Is ante Aram maximam Principis Apostolorum Missa Latina audita, publicè Catholicam Fidem quam Romana Ecclesia docet, professus est, cumque sæpiùs vna comedissent, Imperator aliquando Pontifici dixit se animo & corpore potissimum recreari, quod apud Pontificem epularetur, Basilicas Lateranensem, Vaticanam, & Sancti Pauli vetustate quassatas restituit Vrbanus, Sanctorum Petri & Pauli capita in Hypogeo olim abdita reperit & in altum locauit, cum enim sub Leone IV. Pontifice anno circiter 850. Vaticana à Sarracenis capta fuisset, & Sancti Petri Apostoli Ecclesia diriperetur, capita Sanctorum Apostolorum à quibusdam piis Sacerdotibus, ne raperentur tunc abscondita, postmodum inueniri non potuerant, vnde factum est propter eorum ignorationem vt honos qui prius eis exhibebatur, in desuetudinem venerit, quod ipsum attendens Vrbanus Pontifex, quarto sui Pontificatus anno, qui erat à Christo nato 1366. dum Romæ commoraretur, Sacrum solemniter celebrauit, ieiunia instituit, supplicationes habuit, & caluariae præfatas diuque quæsitas ac tandem repertas loculis argenteis operuit & inclusit, & ad Aram maximam Lateranensis Basilicæ multa ceremonia collocauit. Iesnatas senis insesi ortos ab Vrbano V. Viterbij cum is Auenione in Italiam proficisceretur Religiosas Vestes accepisse die Natali Sancti Ioannis Baptistæ Moriginis testatum reliquit. Huius Ordinis ortum ad annum 1368. reuocat Polydorus Virgilius: Apostolici Viri dicebantur. Paulus V. anno primo Pontificatus, die 18. indulsit, vt eis nonnulli Sacerdotali dignitate decorari queant. Cum bellum arderet inter Francorum & Anglorum Reges, Vrbanus pacis inter eos sanciendæ studio incensus, in Galliam rediit, in eaque cogitatione defixum spiritum Deo reddidisse scribit Massonus in Annalibus Franciæ & Petrarcha libro de vita solitaria.

Reuersus in Galliam, Monasterium Sancti Victoris Massiliæ, cuius Abbas fuerat, ad instar arcis reparauit, magnamque Turrim Cymbalariam construxit, in qua viginti & tres campanas appendit, & Sancti Victoris ac Sancti Cassiani capita argenteis & gemmatis thecis condidit, Sancti Victoris pretio quatuor mille aureorum, multasque Sacras Vestes diuinis vsibus obtulit. Quam Ecclesiam adeo veneratus est, vt aliquando iam Pontifex Auenione pedes ad eam accederet, & consecrato maiori Altari pedes Auenionem rediret. Condidit & dedicauit Ecclesiam Sanctorum Germani & Benedicti, tractus Pessulani, cui campani æris Turrim viginti septem nolis instructam adiunxit & duodecim Sacella addidit, & Altare maius dedicauit, Collegium ibidem erexit & fundauit duodecim Medicorum studentium, qui gratis ibi alerentur, eisque omnia tum victui, tum studiis necessaria tribuerentur, eiusdem Ciuitatis Ecclesiæ maioris Aram ipse consecrauit, & Sacras Vestes quibus in ea celebritate vsus fuerat Ecclesiæ eidem largitus est, & eam multis reliquiis, & vario tum aureo, tum argenteo ornatu scilicet Vasis, Crucibus, Calicibus, & aliis huiusmodi ad Sacra Ministeria necessariis dotauit. Instructissimam Bibliothecam in ea fecit. Ecclesiam & Monasterium Canonicorum Sæcularium in vicis Bedon, vbi Mater quiescit & qua Sacro item particularia Templum emptis ædibus paternæ ditionis Grisacij ex patrimonij sui redditibus condidit & dedicauit, multis ornamentis aureis, argenteis & Sanctorum Reliquiis donatis, & viginti millibus aureorum ad reædificationem Ecclesiæ Mimatensis, relictis, cum ipse eam reficere animo destinasset, sed morte præuentus non potuit, qua vero in Italia vsus erat, supellectilem auream & argenteam, item pannos aureos & sericos, qui ei donati fuerant, & alia, in Gallias rediens cuncta Mimatensi Ecclesiæ donauit.

Eodem tempore Vrbanus V. Elzearium de Sabrano, Comitem Ariani Gallum è Narbonensi Gallia oriundum, qui obierat Parisiis 1328. ætatis vero suæ 28. die quarto Calend. Octobris & apud Minoritas Parisienses habitu Minorum indutum virginem creditum & multis miraculis clarum inter Sanctos Confessores retulit Auenione in Ecclesia Sancti Desiderij, & de ea solemnitate luculentum Sermonem habuit.

Anno 1370. ætatis suæ 61. Pontificatus anno octauo, mense secundo, die vigesima tertia, & 14. Calend. Ianuarij, circa horam nonam obiit Auenione, & in ægritudine statuit quod quando ab hac luce decessisset, corpus eius sepeliretur more Pauperum apud Sanctam Mariam de Donis in Auenionensi Cathedrali, & dum corpus esset incineratum, ossa portarentur Massiliam, ad Ecclesiam Monasterij S. Victoris, vbi quondam ipse fuerat Abbas, & ibi sepeliretur ante Altare maius, vbi adhuc iacet. Mortuus est in Camera Domus habitationis Cardinalis Albanensis, ianuis patentibus & apertis omnino, vt quilibet veniens ad videndum eius finem felicem & Catholicum intrare posset, signum Sanctæ Crucis tenens in manibus, & suis vestibus semper indutus, neque in illa ægritudine permiserat se Vestibus suis Monasticis spoliari: post eius mortem & sepulturam in Ecclesia Sanctæ Mariæ de Donis Auenione per 17. menses requieuit, Dominus Gregorius Papa XI. eius Successor præcepit solemne Sepulchrum more Pontificio in Monasterio Sancti Victoris Massiliensis iuxta illius voluntatem fieri: translatum fuit corpus eius ad Sacrum Cœnobium Sancti Victoris & positum in Sacello Sancti citri prope maius Altare anno 1372. Nonis Iunij, vbi nunc requiescit, eius effigies adhuc visitatur ad memoriam posteritatis tradita.

Fff ij

Preuues du Liure II. de l'Histoire

Ex Continuatore Guillelmi Nangij MS.

ANno Domini 1362. in mense Octobri, obiit Dominus INNOCENTIVS Papa VI. in Auenione, & Domini Cardinales in electione procedentes, diutiusque conclusi, in aliquem de suo Collegio non valentes concordare, elegerunt Abbatem Sancti Victoris Massiliensis, Ordinis Sancti Benedicti nomine tunc GVILLELMVM GRIMOARD, suitque vocatus VRBANVS V. & in Auenione coronatus infra octauas Omnium Sanctorum, tuncque murmur in clero & populo ita exortum est contra Cardinales, qui cum haberent de suo Collegio multos probos viros, nullos de eis cursuerant eligere, causam autem Spiritus Sancti, vt firmiter credo, non ignorat Anno Domini 1367. inchoando in Paschate Domnus Papa VRBANVS V. postquam fuerat in Monte-pessulano, vbi fundauerat pulchrum Cœnobium (his diebus) Monachorum Nigrorum Ordinis Sancti Benedicti in honore Sancti Germani, reuersus à l' Auenionem citò post Pascha, scilicet in mense Maio, iter suum direxit versus Romam cum Domnis Cardinalibus, & tota Curia, seque transtulit in Viterbio cum apparatu maximo, & ibi existente cum Cardinalibus mota est contentio, inter quemdam de familia Cardinalium & vnum de ciuibus præfatæ vrbis: qua contentione inualescente, pars maxima Ciuium & plebis dictæ vrbis ad arma currentes inuaserunt familiam dictorum Cardinalium etiam in domibus suorum Dominorum, & conflictu inito plures de familia Cardinalium peremerunt, & in tantam insaniam proruperunt dicti Ciues, quod manus Sacrilegas in personam vnius Cardinalis violenter iniecissent, nisi ipse præ timore fugam cautè adiisset, & quod nefandum est, decreuerant Domnum Papam cum Cardinalibus similiter trucidare, sed Deus noluit quod tantum nefas, & scandalum Ecclesia sustineret. Videns autem hoc Domnus Papa, & tantam præsumptionem eorum meritò reprimere volens & punire, magnum exercitum contra illos vocauit, & tunc multi Ciues & malefactores eorum captis & examinatis, fecit omnes ante Domos patibulis affigi, & fortalitia eorum & muros præcepit funditus demoliri: hisque peractis recessit Domnus Papa cum Cardinalibus & tota Curia, seque transtulit ad illam inclytam vrbem Romæ, ibique Sedes & Curia in hodiernum Diem manet.

Nomina Abbatum S. Germani Autissiodorensis qui post Gaucherum rexerunt Monasterium; quorum gesta in scriptis non habentur.

Ex veteri Codice MS.

STEPHANO *de Chitry*, successit GVILLELMVS GRIMOART, qui postmodum effectus est Papa, & vocatus VRBANVS V. hic summam sexagintarum librarum Parisiensium, quam Episcopus Autissiodorensis habebat à Monasterio Sancti Germani, in iucundo suo aduentu pro sex diebus, quibus in dicto Monasterio morabatur, & ibi Abbas tenebatur cum recipere & illi & suis necessaria ministrare, reduxit illam summam sex dierum illorum ad decem libras Turonenses.

Ex Registro veteri Parlamenti annorum 1312. & 1313. quæ ad Criminalia pertinent.

PETRVS GRIMOARDI Domicellus, Filius, & hæres Grimordi *de Chasens* defuncti 1315. die Iouis post quasimodo.

Extraict des Registres des Chartes du Thresor du Roy. Registre cotté. CCXI. des années 1483. 1484. & 1485.

LIttræ Ioannis Regis, quibus concedit militi suo GVILLELMO GRIMOARDI, Patri naturali & legitimo Vrbani Papæ, Domino de Grisaco, vt ipsius & successorum suorum Dominorum dicti loci homines in Castris, & mandamentis locorum de Grisaco, de Belagarda, Villæ, de Bodoësco, & mansorum de Montebello, de Grasso-Villari Diœcesis Mimatensis, & aliorum in Senescallia Bellicadri habitantes vsque ad numerum ducentorum focorum ab omnibus impositionibus, & subuentionibus immunes sint. Apud Villam-nouam propè Auenionem, anno 1363. mense Maij.

Registre CCXXXI. 1490.

VRBANA GRIMARDI Domina Castri loci, & Terræ de Grisaco, de Viridifolio, & de Belagarda, obtinet confirmationem Priuilegiorum, quæ Ioannes Rex Dilecto & fideli militi suo GVILLELMO GRIMOARDI Domino de Grisaco, VRBANI Papæ Patri concesserat, posteaque Carolus Rex confirmauerat Grimoardo Grimoardi Domino de Grisaco. Exolduni mense Februarij 1425. anno 1498.

des Cardinaux François.

Epistola VRBANI V. ad Carolum V. Regem Francorum.

CVm Dilectus Nobilis vir Armandus Vicecomes Poligniaci Miles, Mimatensis Diœcesis Vassallus tuus, à quo dilectus Filius Nobilis vir GVILLELMVS DE GRISACO, Miles, genitor noster, pro maiore parte terram suam tenet, pro certis suis negotiis ad tuam præsentiam dirigat personaliter gressus suos, serenitatem tuam affectuose rogamus, quatenus eundem Vicecomitem in suis agendis, nostri consideratione habeas regia benignitate, ac fauoribus in iustitia commendatum. Datum Auenione decimo sexto Calend. Decembris, anno tertio.

Epitaphe du Pape VRBAIN V. graué sur vn Sepulchre de marbre, erigé à sa memoire, joignant le grand Autel de la Chappelle de S. Pierre, en l'Abbaye de S. Victor de Marseille.

HIC requiescit VRBANVS Pontifex in Ordine quintus
Summus Diuinitus Romanorum Præsul electus
Auctor bonorum, Lux, Censor, Normaque morum
Speculum cunctorum, Dogma, Duxque Monachorum
Bonorum Ductor, malorum quoque Corrector,
Iustitiæ Tutor, studiorumque reparator,
Nullius Acceptor, direxit Iustitiæ libram,
Virtutibus fulgens, cunctis iura reddidit idem,
Atque simoniam sui splendore fugauit:
Ecclesias nempe rapauit Roma diuinitus
Apostolorumque Capita nunc recondidit,
Pauperes alendo Christi mandata compleuit,
Hicque bonus Pastor ad fidem Christi reduxit
Græcorum Cæsarem erroris caligine tectum.
Post labores tandem multos, de superque vocatus

Inter Fratrum manus illa facta membra resoluens.
Ad tumulum huius languentum membra sanantur,
In multis aliis, prouincijsque clare constat,
Nec non Italia ab ipso multum amata,
Miraculis, late hoc in Hispania patet,
Ac in Bœmia, nobilisque Francia tota
Gaudet Prouincia Arelatensis, sine vocata.
Per tanta signa meritis VRBANI orrata.
Ergo mente pura, te VRBANO Beato
Pontifici summo, Lector denote, commenda.
Anno milleno trecento quoque septuageno
Currente Domini, Mensisque decima nona
Decembris erat dies anni, Beatus iste
VRBANVS ad Christum transitu felici migrauit.

ANGLIC GRIMOARD DE GRISAC, Frere du Pape VRBAIN V. Chanoine Regulier de l'Ordre de Saint Augustin, Abbé de S. Ruf pres Valence, Euesque d'Auignon, Cardinal Prestre du Tiltre de Saint Pierre, puis Cardinal Euesque d'Albe, Vicaire General du Pape, en Romagne, Marque d'Ancone, & en Lombardie.

CHAPITRE CXX.

Nomenclator Cardinalium.

ANGELICVS GRIMARDI è Grisaco, Gallus, VRBANI V. nepos (frater) & Episcopus Auenionensis, scripsit, vt notat Eisengrein. *Antiphonas, & Sacra Responsoria.* Obiit Auenione 16. Cal. Aprilis 1387.

Pouuoir de tester accordé au Cardinal Anglic Grimoard, par le Pape VRBAIN V. son Frere.

VRBANVS Episcopus seruus seruorum Dei, Venerabili Fratri Anglico Episcopo Auenionensi salutem, & Apostolicam Benedictionem. Deuotionis tuæ sinceritas, quam nos olim in minoribus constituti, & deinde ad apicem Summi Apostolatus euecti, in negotiis magnis & arduis, experientia longa probauimus, promeretur, vt votis tuis in his præsertim, quæ tuæ aliarumque animarum salutem perspiciunt, fauorabiliter annuimus. Tuis itaque supplicationibus inclinati, vt de fructibus & prouentibus Ecclesiæ tuæ Auchionensis cui præes; & alterius cuiusque ad quam forte te transferri, seu cuiuslibet dignitatis, ad quam assumi, ac beneficiorum quorumlibet quæ tibi commendati, seu de ipsis contigerit prouideri in futurum, nec non de bonis, quæ ex industria, vel contemplatione personæ tuæ, seu quocumque alio modo & vndecumque, licite tamen ad te obuenientibus & imposterum obuenturis, possessions, redditus, prouentus, hæreditates possessas per Laïcos, & quælibet alia, res & bona emere, seu acquirere & appropriare ad certum tempus, vel in primum pro tuo arbitrio pro Capellis construendis, de ipsisque fructibus & prouentibus, ac possessionibus, redditibus, hæreditatibus & Decimis, pro tua & progenitorum tuorum, & aliorum de tuo genere animarum salute, Ecclesias, seu Capellas, ec Hospitalia, & alia pia loca construi facere, & Cappellanias perpetuas instituere & dotare, nec non tuam & aliorum de dicto tuo genere extrui facere sepulturas, ipsasque possessiones, redditus, prouentus, hæreditates, decimas, ac res & bona parte empta, seu acquisita, seu eorum partes in illa opera pietatis conuertere & deputare vbi, quando, quotiens, ac de summa, seu summis, quibus tibi videbitur expedire, Fraternitati tuæ plenam Authoritate Apostolica tenore præsentium concedimus facultatem, nonobstante quod Ordinis Sancti Augustini professor existas; & Apostolicis seu aliis constitutionibus contrariis quibuscumque. Datum Auenione, quarto nonas Augusti, Pontificatus nostri anno primo.

Extrait des Memoires MS. du Reuerend Pere de Chantelou, Religieux Benedictin.

Testament du Cardinal Angelic de Grimoard, Euesque d'Albe, Cardinal de la Sainte Eglise Romaine.

REVERENDVS in Christo Pater Dominus, Dominus Anglicus Grimoardi, Episcopus Albanensis, Sanctæ Romanæ Ecclesiæ Cardinalis, iuxta facultatem. Summis Pontificibus, VRBANO V. Pontificatus anno primo. quarto nonas Augusti, & CLEMENTE VII. Idibus Iunij, Pontificatus anno septimo sibi concessam, Testamentum suum condidit, quo in primis agnoscit CLEMENTEM VII. verum, summum, & Catholicum Pontificem ac pastorem, caput & sponsum legitimum Sanctæ Romanæ ac Vniuersalis Ecclesiæ, statuit vt corpus suum exanime sepeliatur, in Ecclesia Monasterij Sancti Ruffi extra muros Valentiæ, Ordinis Sancti Augustini, vbi à pueritia educatus sub regula Sancti Augustini habitum sumpserat, quem gestabat regularem; ante maius altare eo in loco, vbi Diaconus & Subdiaconus stant Ministrantes, supra tumulum ponatur lapis magnus absque vlla supereminentia & sine armis, cui insculpantur nomen & cognomen suum annus & dies obitus; debita soluantur per executores suos, scilicet Guillelmum *Vitale*, Abbatem Sancti Andreæ Auenionensis, Audebertum de Sado, Præpositum Tholosanum, & Petrum Oliuarij de Falgario, Canonicum Aquensem, Camerarium, socios & familiares suos charissimos. Legat Collegio sæculari Ecclesiæ Beatæ Mariæ de Bedasco, Diœcesis Mimatensis quingentos florenos aureos, vt celebrent annuatim Missam pro anima Domini Reuerendi de Montealto nepotis sui, Domini de Grisaco, & hoc in recompensationem vnius Capellaniæ per dictum Reuerendum ibi fundatæ ex ordinatione Testamenti facti 1373. die septima mensis Aprilis, quam fundationem cassat & irritat. Reuocat legata omnia ab eodem nepote suo facta Collegio sæculari Ecclesiæ Beatæ Mariæ de Quesaco Diœcesis Mimatensis. quod magnis expensis procurasset eidem Collegio vniri Ecclesiam Sancti Flori Diœcesis eiusdem, à CLEMENTE VII. pro supportandis oneribus Hospitalis dicti loci de Quesaco, ab eodem nepote fundati: Ecclesiæ dictæ de Quesaco legat Calicem argenteum, & indumenta Sacerdotalia. Ecclesiæ Beatæ Mariæ de Grisaco septingentos & quinquaginta florenos aureos, ita vt teneatur Prior Ecclesiæ prædictæ sustentare vnum Presbyterum, qui singulis hebdomadis Missas quatuor celebret, pro anima felicis memoriæ Domini VRBANI Papæ V suæque &c. Hospitalibus omnibus vrbis Auenionensis, singulis decem florenos auri. Domino de Grisaco, Castrum de Viridifolio, Diœcesis Vticensis cum iurisdictione &c. Collegio Sancti Ruffi Montis pessuli, Magalonensis Diœcesis per se fundato, omnia bona mobilia & immobilia, quæ possidet infra ambitum dicti Collegij, nec non omnes redditus, & prouentus à se acquisitos vbicumque in Diœcesi Magalonensi, ac in Castro & Territorio de Armacanisis Diœcesis Nemausensis, exceptis quibusdam datis pro dotatione Capellaniarum, à se Fundatarum in Ecclesia Beatæ Mariæ de Valle-viridi Diœcesis Nemausensis: item omnes census & prouentus à se emptos in Ciuitate Auenionensi, nec non Domum vnam emptam ab executoribus Testamenti Cardinalis Vrgellensis in eadem vrbe, nec non aliam emptam à Reuerendo Malisanquinis, Domicello de Paternis, iuxta Monasterium Sancti Laurentij, reseruatis super eadem Domo pensionibus, scilicet quindecim florenorum sorori suæ DELPHINÆ GRIMOARDÆ dicti Monasterij Sancti Laurentij Moniali, & decem florenos sorori Isabellæ de Sinzellis, Moniali Beatæ Mariæ de Furnis Auenionensis. Item animalia omnia & pecora quæ habebat in locis de Sancto Ægidio de Valle-viridi, alias de Posqueriis, & de Armasanicio Diœcesis Nemausensis, & de Melgorio Diœcesis Magalonensis. Item plurimum suppellectilem Sacram, & Crucem vnam argenteam duodecim matearum, ducentos Francos auri ad perficienda ædificia & claustra dicti Collegij, libros suos paucis exceptis, tabulam Macelli in vrbe Auenionensi emptam à Capitolo Sancti Agricoli. Monasterio Sancti Ruffi Valentinensis legat primo librum vnum dictum Catholicon, qui maneat in Ecclesia dicti Monasterij catena ferrea alligatus, vnam Capellam Liuidam. Monasterio Sanctæ Crucis de Apta legat Bibliam vnam, nonquam inde distrahendam, item ducentos florenos aureos pro perficiendis Ædificiis ibidem à se inchoatis: Monasteriis Dominæ Mariæ de Furnis Auenionensis, & Sanctæ Crucis Aptensis libros suos deputatos ad seruitium Capellæ suæ magnæ, æqualiter inter vtrumque Monasterium diuidendos : Item, dicto Monasterio de Furnis trecentos florenos aureos, pro emendis vineis, ex quibus ipsum Monasterium sui vini prouisionem habeat. Ecclesiæ Mimatensi Capellam albam, & centum Francos ad Anniuersarium perpetuum pro se faciendum die obitus sui. Ecclesiæ Beatæ Mariæ de Fraxineto, de Lozera Diœcesis Mimatensis, indumenta Sacerdotalia, & vnum Reliquiarium valoris 13. florenorum auri. Ecclesiæ Sancti Priuati de Vallelancica Mimatensis Diœcesis, indumenta Sacerdotalia & vnum Calicem argenteum. Capellæ Sancti Petri de Viridi folio vticensis Diœcesis, indumenta Sacerdotalia & vnum Calicem argenteum. Prioratui Sancti Petri Diensis Ordinis Sancti Augustini, quinquaginta florenos ad faciendam vnam Campanam in dicto Prioratu; Item, vnum Calicem argenteum. Ecclesiæ Sancti Petri de Alpibus Viuariensis Diœcesis, indumenta Sacerdotalia, & vnum Calicem argenteum. Ecclesiæ Sanctæ Ceciliæ de Andorgia Vticensis Diœcesis, duo indumenta Sacerdotalia. Conuentui Fratrum Minorum Mimatensis Diœcesis 20. florenos aureos. Conuentui Carmelitarum eiusdem Diœcesis decem florenos. Conuentui Fratrum Prædicatorum Marologij, eiusdem Diœcesis viginti florenos. Conuentui Fratrum Heremitarum Augustinorum, dicti Marologij, decem florenos. Conuentui Fratrum Minorum Sancti Illidij, eiusdem Diœcesis, decem florenos. Cuilibet Ordini Mendicantium Auenionensium viginti saumatas frumenti. Cuilibet Monasterio Monialium Auenionensium decem saumatas frumenti. Vrbano & Ioanni Senhoreti, alias Grimoardi, filiis Domini Petri Senhoreti militis, quondam Domini de Rupe Sanctæ Margaritæ, Diœcesis Ruthenensis, & Amphalisæ Grimoardæ alias de Grifaco nepti suæ, nepotulis suis 700. florenos aureos pro emendis libris Iuris Ciuilis. Item, omnes libros suos iuris Canonici Executioni Testamenti Domini Petri Cardinalis Ispani, nuper defuncti, & sepulti in Ecclesia Monasterij Montis-faucenti Ordinis Sancti Augustini Diœcesis Auenionensis, centum florenos. Vult & ordinat quod nominatione Abbatis de Intermontibus, Ordinis Sancti Augustini Gebennensis Diœcesis recipiatur in Collegio Sancti Ruffi Montis-pessuli, vnus Canonicus dicti Monasterij de Intermontibus, de dicta Diœcesi Gebennensi oriundus. Item, confirmat donationem factam Castri & terræ de Grisaco, Grimoardo Grimoardi filio supradicti Petri Senhereti. Item, in cæteris bonis suis omnibus hæredem instituit Collegium Sancti Ruffi Montis-pessuli. Item, executores sui Testamenti nominat, Reuerendissimos in Christo Patres Dominos, Dominum Petrum Portuensem, alias Florentinum, Guidonem Prænestinum, alias Pictauiensem Episcopos, Guillelmum Tituli Sancti Stephani in Cœlio-monte, dictum de Agrifolio, Petrum Tituli Sancti Marci, alias Ebredunensem, Fayditum Tituli Sancti Martini in montibus, alias Auenionensem, & A. Tituli Sancti Eusebij, alias Conuennarum Presbyteros, Hugonem Sanctæ Mariæ in Porticu, dictum de Sancto Martiale, & Guillelmum Sancti Angeli, Diaconos Sanctæ Romanæ Ecclesiæ Cardinales, necnon præfatos Guillelmum Villate Abbatem Sancti Andreæ &c. Acta fuerunt Auenione sub anno Domini 1388. Indictione vndecima, & die vndecima Aprilis, Pontificatus CLEMENTIS VII. anno decimo, præsentibus Reuerendis Patribus, Arnaudo Guillelmi Abbate de Luco, Ordinis Sancti Benedicti, Oleronensis Diœcesis, Lymerico Pelliserij Canonico Albiensi, Giraudo de penna Priore de Securio, Ordinis Sancti Benedicti, Diœcesis Albiensis, Reuerendo Ioanne, Priore Montis-faucentij, Ordinis Sancti Augustini, Scribebat Bertrandus de Casio Notarius. *Repertorium bonorum illius inchoatum est à Guillelmo Abbate, &c. decimo septimo Aprilis post obitum eiusdem, eodem anno 1388.*

GVILLAVLME SVDRE', RELIGIEVX de l'Ordre de Saint Dominique, Docteur en Theologie, Minist. Prouincial de son Ordre dans le Languedoc, Maistre du Sacré Palais, Euesque de Marseille, Cardinal Prestre du Tiltre de Saint Jean & de Saint Paul, puis Euesque d'Ostie & de Velitre.

CHAPITRE CXXI.

Nomenclator Cardinalium.

VILLELMVS SVDRE' Lemouicensis, Ordinis Prædicatorum, ex Episcopo Massiliensi Cardinalis, scripsit *de Mysteriis Sanctæ Crucis, Epistolas plures in causis Fidei ad diuersos, & quædam ad argutias Logicæ spectantia.* Obiit Auenione anno 1373. ibidem sepultus ad Prædicatores.

Preuues du Liure II. de l'Histoire

Sammarthani Fratres, in Episcopis Massiliensibus.

GVILELMVS SVDRE', patriâ Tutellensis, Ordinis Dominicanorum Religiosus, & Sacri Palatij quondam Magister, postea Cardinalis creatus ab VRBANO V. Sanctorum Ioannis & Pauli Tituli Pammachij, anno 1366. denique Episcopus Ostiensis & Velletrensis 1367. Legatus in Regno Neapolitano, ad controuersias inter Principem Tarentinum & Ducem Atriæ pacificandas. Scripsit quædam opuscula, mortuusque est Auenione die 18. Aprilis, vel, vt alij habent, quatto Calend. Octobris 1373. apud suos Dominicanos ante maiorem Aram conditus sepulturæ, cum hac breui Epigraphe. *Requiescat in pace.* Codicillos Testamenti condidit eodem anno, Indictione vndecima, 10. Septembris, Pontificatus Domini Gregorij Papæ XI. anno tertio, quibus inter cætera capita deligit sepulturam in eodem Conuentu Prædicatorum Auenioni, in Capella Beatæ Mariæ Virginis, post Sepulchrum bonæ memoriæ Cardinalis Aquensis, funebrem pompam interdicit; legat Ecclesiæ suæ Massiliensi ad emendos census pro Anniuersario suo perpetuo faciendo in ipsa Ecclesia, centum florenos auri, necnon fabricæ solemnis thecæ in qua reponeretur caput Beati Lazari, ducentos florenos. Item Conuentibus Sancti Saluatoris de Sion, & alijs Monasteriis, variis Consanguineis, plura quoque legata suis Dominicanis: vltimæ voluntatis Curatores nominat, Anglicum Albanensem, Ægidium Morinensem Episcopos, Petrum Pampilonensem, Guillelmum de Agrifolio, & Guillelmum Mimatensem, Presbyteros Cardinales, Guidonem Episcopum Pictauiensem, & Fratrem Heliam Raymundi, Magistrum Ordinis Prædicatorum. Actum Auenioni in Domo eiusdem Cardinalis.

GVILLAVLME D'AIGREFVEILLE,
Docteur en Droict Canon, Secretaire du Pape, Thresorier de la Thresorerie de Suzy, Prieur de Saint Georges de Ganay, Prestre Cardinal du Tiltre de Saint Estienne in Cœlio Monte, puis Euesque de Sabine, Legat à Naples pour la paix d'entre le Prince de Tarente & le Duc d'Andrie.

CHAPITRE CXXII.

Extraict d'vn Tiltre Original de l'an 1390. qui est en mon Cabinet.

VILLELMVS miseratione diuina Tituli Sancti Stephani in Cœlio Monte, Presbyter Cardinalis, tenore præsentium facit, constituit & ordinat suos & legitimos Vicarios & Procuratores, Actores, Factores & negotiorum Gestores, venerabiles viros Magistros Ioannem Passeris, Canonicum Trecensem, Simonem de Origny, Curatum Ecclesiæ de Valencio, & Enguerranum de Origny, Clericum Trecensis Diœcesis & eorum quemlibet, ad regendum & gubernandum suo nomine & pro se Prioratum *Sancti Georgij de Ganneyo*, Ordinis Sancti Augustini dictæ Diœcesis, quem ex concessione & dispensatione Apostolica obtinebat, necnon omnem iurisdictionem spiritualem & temporalem ad se ratione dicti Prioratus pertinentes exercendum, quoscumque Officiales, Iudices, Baiulos seruientes & Ministros instituendum, &c. Datum Auenioni in Domo habitationis suæ, anno Domini 1390. Indictione decima tertia, & die 21. mensis Iunij. *En vertu de cette Procuration, Simon d'Origny vend à Monsieur Iean de Champigny Chanoine de Troyes, la moitié de tous les heritages demeurez du decedz de feu Petit Iean de Villiers lez Sainte Sire, iadis homme de corps & de main-morte, & de serue condition dudit Prieuré, laquelle moitié est auenuë audit Reuerend Pere par la mort & trespas dudit defunt, chargé icelle moitié de tel doüaire comme Perrette iadis femme dudit defunt, y a le 15. Iuin 1392. pardeuant Pierre Hennequin, Escuyer, Garde du Scel de la Preuosté de Troyes.*

Extraict des Registres de Parlement.

1392. DILECTVS & fidelis GVILLELMVS Cardinalis de AGRIFOLIO: contra Raymundum Dominum de Lauduno. Cardinalis dicebat quod defuncta Maria de Agrifolio quondam Vxor

Vxor dicti de Lauduno, tempore vitæ suæ Soror Germana ex vtriusque Parentis latere dicti Cardinalis erat, eumque Hæredem suum proximiorem reliquerat. Quodque Ademarus de Agrifolio Miles quondam Pater eius, ei pro matrimonio summam decem duorum millium florenorum constituerat.

1400. **C**ARDINALIS de AGRIFOLIO, Thesaurarius Thesaurariæ de Soucyaco.

Epitaphe du Cardinal Guillaulme d'Aigrefueille, qui se void dans la Chapelle de Saint Estienne en l'Eglise du College de Saint Martial d'Auignon, où il est enterré ; graué sur sa Tombe en lettres Gothiques.

HIc iacet Reuerendissimus in Christo Pater, Dominus GVILLELMVS DE AGRIFOLIO, Decretorum Doctor Tituli, Sancti Stephani in Cœlio Monte, Sanctæ Romanæ Ecclesiæ Presbyter Cardinalis, qui obiit die 13. mensis Ianuarij, anno à Natiuitate Domini 1401. Anima eius requiescat in pace.

PHILIPPE DE CABASSOLE,

Premierement Enfant de Chœur en l'Eglise Cathedrale de Cauaillon, successiuement Chanoine, Archidiacre, Preuost & Euesque de la mesme Eglise, Chancelier du Roy de Sicile, Patriarche de Hyerusalem, Prestre Cardinal du Tiltre des Saints Marcelin & Pierre, puis Euesque de Sabine, Legat en Jtalie pour le Gouuernement des Terres de l'Eglise.

CHAPITRE CXXIII.

Extraict d'vn Liure MS. intitulé, Libellus Historialis Vitæ Beatæ Mariæ Magdalenæ, composé par ce Cardinal.

MIHI Cancellario Roberti Regis Siciliæ, Filij Caroli, Regnique Successor, quem fortunata Neapolis vnicum sæculi nostri Decus incomparabile est fœlicitate sortita.

Extraict de plusieurs Lettres de François Petrarque, touchant le Cardinal de Cabassole.

PHILIPPO *Sabinensi Episcopo Cardinali, Sedis Apostolicæ Legato, &c.* Tu non quantum mereris, multum tamen vel inuitus ascenderis, omni quidem tempore vir illustris, sed tunc Præsul exiguus, nunc maximus Cardinalis, familiaritate nihilominus illa antiqua indulgentissimum Patrem meum amplexus in memoriam temporis retroacti; & earum peregrinationum, rusticationumque; quas olim tuo in rure ad fontem Sorgiæ, per longum diem vsque ad vesperam in syluis cibi obliti, earumque vigiliarum, quas ibidem inter libros somni immemores, longis noctibus ad auroram mira sæpe cum voluptate transegimus, reuocabo, quæ omnia nunquam mea memoria dilabuntur. *Et en vne autre.* PHILIPPVS meus magnus ille vtique semper vir, tunc tamen exiguus Episcopus, nunc ingens Romanæ Ecclesiæ dignitate necnon moribus Cardinalis. *Et en vne autre.* PHILIPPVS Sabinensis, virorum optimus, & Ecclesiæ & mundo vtilis, mihi verò superindulgens Pater in Legationem Italicam proficiscitur, & in crastinum moturus, sero Papam adiit, & accepta licentia, &c. *Et en vn autre endroit touchant les Vers faits par ledit Petrarque en l'honneur de la Magdeleine, à la priere dudit Cardinal, cy-apres rapportez.* Rogas & rogando iubes (apud me enim inter preces iussusque tuos nihil interest) nempe cum inter iussus ac silentium nihil intersit, modo mihi de tua voluntate constaret, rogas (inquam) vt Versiculos aliquot, quos olim in Spelunca illa deuotissima dictaui, vbi, vt ferunt, fœlix illa Peccatrix Maria Magdalena triginta vel eo amplius annos pœnitentiam suam egit, tibi per hunc nuncium tuum mittam; *les voicy.*

DVLCIS Amica Dei, lachrymis inflectere nostris,
Atque humiles attende preces, nostræque saluti
Consule, namque potes, nec enim tibi tangere frustrà
Permissum gemituque pedes perfundere sacros.
Et nitidis siccare comis, ferre oscula plantis.
Inque caput Domini, pretiosos spargere odores.
Nec tibi congressu primos, à morte resurgens,
Et voces audire suas, & membra videre.
Immortale decus, lumenque habiturum per ævum
Ne quicquam dedit æthereï, Rex CHRISTVS olympi.
Viderat ille Cruci hærentem nec dira pauentem,
Iudaica tormenta manus, turbæque furentis
Iurgia & in vultus, & aquantes verbera linguas.
Sed mæstam intrepidamque simul, digitisque cruentes
Tractantem clauos, implentem vulnera fletu.
Pectora tundentem, violentis candida pugnis,
Vellentem flauos manibus sine more capillos,
Viderat hæc, nunquam dum pectora fida suorum.
Diffugerent pellente metu, memor ergo reuisit

Te prima ante alios tibi se primi obtulit vni.
Te quoque digressus terris & ad astra reuersus
Bis tria lustra tibi, nunquam mortalis agentem,
Rupe sub hac aliud, tam longo in tempore, solis,
Diuinis contenta epulis & rore salubri.
Hæc domus antra tibi, stillantibus humida saxis,
Horrifica, tenebrosa situ, secla aurea Regum,
Delitiasque omnes & ditia vicerat arua.
Hic inclusa libens, longis vestita capillis.
Veste carens alia, terdenos passa Decembres:
Diceris, hic non fracta gelu, nec victa pauore
Namque famem & frigus, dura quoque saxa cubile
Dulcia fecit amor, spesque alto pectore fixa.
Hic hominum non visa oculis, stipata cateruis
Angelicis, septemque die subnexta per horas.
Cœlestes audire choros, alterna canentes,
Carmina corporeo de carcere digna fuisti.
Tu viue & vale nostri memor.

Autre Epistre du mesme François Petrarque, touchant la Dedicace qu'il fait à Philippe de Cabassole, non encore Cardinal, des Liures par luy faits, touchant la Vie solitaire.

Franciscus Petrarcha, Philippo Hyerosolimorum Patriarchæ.

MIsi tandem tibi, Pater, expetitum sæpe promissumque, sed vides, dilatum multis annis opusculum, cum nempe olim solitarius, & tu ruri in silentio otiosus & tranquillus agerem propè felicem vitam si diuturnior fuisset, neue autem incomitata solitudo esset, aut iners otium, quotidie noui aliquid meditarer aut scriberem, contigit vt duo mihi Libelli, totidem continuos per annos, in diebus Quadragesimæ, & Sacro tempori, & loco illo tuo & statui meo ex parte conuenientes occurrerent. De Solitaria alter Vita, alter de Otio Religioso, primùm tibi inscripsi illorum tamen locorum Præsuli, quod eisdem ortus in finibus, vnde origo tibi esset ac dignitas, nulli alteri tam debitus videretur, neque ex illo vnquam fuit hora qua non dicam, me iudicij pœniteret, sed vel tenuis hæsitatio, vt sit, nouæ cuiuspiam deliberationis ambiguitate suspenderet. *Et en vn autre endroit.* Hierosolymitano Patriarchæ quamvis solitario, quid cum vera in sede quam tenebas me scribente, quidve cum illo quod tunc incolebam rure, negotij esse potest? quid clausa cum valle, & non cum vallo Ioseph? Quid demum commune cum Sorgia & non potius cum Iordane? Possent hæc nomina ignarum rei Lectorem in stuporem agere, cui cum in vestibulo operis Cauallicensis Episcopus Phœniceis Litteris inscriptus occurrerit. *Et à la fin de l'Epistre.* Stet igitur nomen Episcopi, ne si mutatum fuerit, cito etiam sit mutandum Patriarchæ nomen: ascendisses enim pridem altius, nisi ætati nostræ dissimiles, tui tibi mores obstitissent, at deinceps sub hoc optimo extimatore meritorum, nisi spes animum fallit, eueniet, vt nec liuor alienus, nec tua tibi obstet humilitas, & necesse erit, vt ascendas, non pro tui quidem desiderij feruore, quo præter Deum ac virtutem nihil appetis, sed pro Ecclesiæ decore proque tuo honorifico labore ac multorum requie. Viue felix & vale. Venetiis 8. Idus Iunias. *Ledit Petrarque escriuant à Boccace, parle dudit Patriarche en ces termes.* Quos mihi reliquos mors fecit videris: illum ante alios verè Patrem, vt dicis, meum Philippum Hierosolymitanum Patriarcham, virum vt breui eum circum locutione describam, & titulo parem suo, nec Romano imparem, si quando fortè dignus meritis honor accesserit, hic vt scribis post longos amplexus, quibus te hactenus sibi ignotum, seu alterum me, in conspectu summi Pontificis, ac mirantium Cardinalium, veri amoris vlnis astrinxerat; post pia oscula, post grata colloquia & de statu meo, solicitas quæstiones vltimum orauit, vt librum Vitæ Solitariæ olim dum Cauallicensis Ecclesiæ Præsul esset in rure suo scriptum, & ei inscriptum aliquando sibi mitterem. *Et en vn autre endroit depuis que ledit Philippe eut esté fait Cardinal.* Non solùm hoc rubenti panno non superbis, sed ne qualibet purpura, seu corona, imo & funditus te noui, factus humilior, nulla te re alia quam solis auctum curis sentis & quotidie ex hac tua magnitudine mediocritatem pristinam & tranquillas solitudines atque otia nostra suspiras, dum soli in syluis totos dies ageremus, & Famuli ad horam prandij nos quærentes, vix ad vesperam inuenirent, & oblitos cibi & mirantes diem tam velociter transiuisse. Siles quanta, quamque honesta nobis esset ex alterno sermone delectatio, dum nil nisi de nostra salute, vel de Litteris atque rerum illustrium memoria loqueremur, terrasque omnes, & omnia secula, simul ante oculos haberemus, supra quàm credi posset, nostra sorte contenti, & rerum labentium contemptores præcipuis laudibus efferentes *Puis escrivant à François Brun, il dit cecy.* Dominus Sabinensis tribus, & triginta annis in vno proposito ergà me mansit, nec vlla vnquam siue propter occupationes eius inextricabiles, siue propter silentium meum iure propter abscessum suum, facta mutatio est, nisi de bono in melius.

Testamentum & Donationes Philippi Cabassolæ Cardinalis.

Ex Archiuis Bonipassus.

IN *Dei Nomine Amen.* Anno Incarnationis eiusdem millesimo trecentesimo nono, die quinta mensis May. Nouerint Vniuersi & singuli præsentes, & futuri per hoc præsens publicum instrumentum, Quòd nos Philippus miseratione diuina, Sanctæ Matris Ecclesiæ Presbyter Cardinalis, per nos & nostros hæredes & successores, confitemur & recognoscimus vobis Venerabilibus viris, Dominis Ioanni Ioannis Archidiacono & Canonico Ecclesiæ Cauallicensis, Matriali Cobrerij, Stephano del Casaale, & Ioanni de Trullacio Canonicis Ecclesiæ prædictæ præsentibus, stipulantibus & recipientibus nominibus vestris & aliorum Dominorum, Præpositi & Canonicorum ipsius Ecclesiæ absentium, qui nunc sunt, vel pro tempore erunt in dicta Ecclesia, & vobis Notariis infra scriptis, vt personis publicis stipulantibus nomine, & vice dictorum Dominorum Præpositi, & Canonicorum Ecclesiæ supradictæ, & per vos Notarios, ipsis Dominis Præposito, & Canonicis & Ecclesiæ prælibatæ. Nos à vobis Dominis Archidiacono, & Canonicis supra nominatis præsentibus, etiam præsentia nostri habere, tenere & possidere velle, in veris deposito & commenda & nomine precario tenere, nomine & vice dictæ Ecclesiæ & vestrorum Dominorum, Archidiaconi & Canonicorum ibidem præsentium, & vestrorum Notariorum stipulantium vt supra, quoddam Missale ipsius Ecclesiæ, & ipsi Ecclesiæ legatum & donatum per Dominum Bertrandum Bertrandi quondam Priorem de Merindolio factum, & compilatum ad vsum & Consuetudinem Romanam, quod est coopertum corio rubeo plano, quod incipit in primo folio, *Dominus vnigeniti*, & finit in penultimo folio, A. *Nazaret Galilæa*, de quo Missali fuimus contenti, & vobis Dominis Archidiacono, & Canonicis supervis nominatis præsentibus, & recipientibus vt supra realiter restituere, & reddere ad vestrorum requisitionem sine aliqua contradictione & perturbatione, & nomine dictæ Ecclesiæ precario tenere ac possidere, eumdem bona fide plenius permittimus: Et nihilominus attendentes & considerantes nonnulla, & innumerabilia beneficia, & seruitia ac multos honores recepisse, & habuisse ab Ecclesia Cauallicensi memorata, cui tenemur præ aliis Dominis Episcopis, qui in dicta Ecclesia præfuerunt aut steterunt, cupientes Diuinum Officium in dicta Ecclesia, & honore in eiusdem plus augmentare quam diminuere, vobis Dominis Archidiacono & Canonicis quibus supra nominibus, præsentibus & recipientibus vt supra, damus, & assignamus, pariter & concedimus, & vobis Notariis stipulantibus vt supra, ad perpetuum vsum, & seruitium Ecclesiæ supradictæ, quoddam aliud Missale nostrum, & plenum factum & ordinatum secundum ordinem Ecclesiæ Cauallicensis quod fecimus scribi, coopertum corio rubeo impresso, quod incipit in primo folio, *Primo Calend. hæc sacra*, & finit in penultimo folio; *In perpetua*, & est Historiatum per Festa Magnalia, & inter Festa & tempora est imaginatum magnis imaginibus deauratis, & pictis. Tunc licet supradictum Missale sit per nos alias prædictæ Ecclesiæ datum atque donatum, vna cum diuersis libris, paramentis, vestimentis notabilibus & aliis innumerabilibus rebus honorabilibus contentis, designatis, expressatis & de verbo ad verbum nominatis in quadam annotatione, per nos, vt præmittitur, facta retroactis temporibus, vt constat nota receptaque, & sumpta in manu Magistri Guillelmi Giraldi quondam Notarij dicti loci, & per nos ad plenum dictata, & ordinata sub anno & die in ipsa contentis, & etiam expressatis cum certis pactis, statutis & ordinationibus & Capellis, in ipsa nota donationis receptæ per dictum quondam Notarium expressatis contentis, & etiam designatis, quam donationem olim per nos factam, & omnia in ipsa donatione contenta, & designata de præsenti per nos & nostros hæredes, approbamus, ratificamus, confirmamus pariter & insinuamus, ita vt non possit rumpi, cassari, irritari, seu modo aliquo annulari per aliquem contrauenientem, aut contradicentem in ea, ac leges & renunciationes, & specialiter per legem dicentem donationem excedentem Summam quingentorum aureorum absque insinuatione iudicis, seu principis non valere, vel per alias leges in contrarium venientes. Quam donationem, sicut præmittitur per nos factam, & omnia & singula in ea contenta, per imperpetuum obseruari volumus & iubemus, vt in ea continetur. Et si opus est ad maiorem firmitatem, & securitatem præsentis ratificationis, & confirmationis eiusdem, notam dictæ donationis per nos dictatam, & per dictum quondam Notarium receptam de verbo ad verbum inseri, & describi volumus, & iubemus in hac nota præsentis recognitionis, & ratificationis prædictarum per vos Notarios infrascriptos, quando & quoties fuerit tam per nos quam per Dominos Archidiaconum, & Canonicos, aut alios Dominos Præpositos, & Canonicos ipsius Ecclesiæ requisiti ad maiorem firmitatem, & securitatem omnium, & singulorum in dicta donatione, contentorum & expressatorum. Tenor vero dictæ donationis talis est, prout erat de verbo ad verbum. NOS Philippus diuina miseratione Cauallicensis Episcopus, attendentes quod nos præ cæteris Dominis Episcopis, qui fuerunt retroactis temporibus in Cauallicensi Ecclesia, plus ipsi Ecclesiæ tenemur obnoxij, tanquam ille qui plura, & maiora recipit beneficia in eadem, ex eo videlicet quod originarius Ciuitatis Cauallicensis, renatus Fonte Sancti Baptismatis in eadem Ecclesia, & de Litteris primis imbutus in ea, inter alios præcipuos Clericos nostris primis temporibus fuimus conuersati, & demum in nostra Adolescentia, dum vacaremus studiis ciuilibus, extitimus effecti in ipsa Cathedrali Ecclesia Canonicus præbendatus, & deinde grandistantes facti Archidiaconus, & successiue Præpositus, & postremo euecti in eadem Ecclesia ad Cathedram Pastoralem, videlicet ex dispensatione diuina annis tredecim præfuimus, minus pacifice forsitan agentes, in plurimis non soluendo debita regiminis, sicut est à Sanctissimis Patribus constitutum. Considerantes quòd qui perfectior est cæteris, præ cæteris solos cœlos tenetur aspicere, faciem ad Cœlestia subleuare, caput ad Altissimum tendere, vt per gratitudinis opera mirificus in primis habeatur, & qui est in commodis & honore præcipuus, sit dispensator munificus in beneficiis gratiarum, & de munerum gratitudine collatorum, vt sic qui moratur in arduis & sublimibus, habitet & insuper Cœlestibus suam eligat mansionem, & honorem & laudem omnipotentis Dei, Beatæ Virginis gloriosæ, Beati Verani Patroni nostri, & in remissionem Peccatorum nostrorum, & Dominorum Progenitorum & Beneficorum nostrorum, ad ornatum & diuini cultus augmentum Matris Caualliceñsis Ecclesiæ sponsæ nostræ, in venerabilium nostrorum subscriptorum præsentia prout infra ordinamus. INPRIMIS prospicientes quod otium sine Litteris mors est, & viui hominis sepultura, & quod multi dediti otio, ingenium quo neque melius, neque amplius in natura mortalium est, incultum atque socordia torpescere sinunt, quod in multis euenit, non habentibus, insequitur propter librorum carentiam exercitium intellectus, impediti à fructu studiosæ inquisitionis, quodque inuentira veritatis propter memoratum deffectum, vt seruitores Ecclesiæ horis congruis, quibus diuinis Officiis non vacatur, studio occupari valeant, & studendo frangere otia, & cœlestia contemplari, vt sit per donum intellectus, vbi latentur nobiles virtutes animæ quæ tendant ad superos, & specialiter ratio quæ est superior pars hominis, per cognitionem sublimium & eorum propriam incessanter aspiret; Sponte per Nos & nostros hæredes, & successores, damus ipsi Caualliceñsi Ecclesiæ Sponsæ nostræ, vobis Dominis Canonicis infrascriptis præsentibus, & eius nomine & vice dictæ Ecclesiæ Sponsæ nostræ, donatione pura & simplici & irreuocabili inter viuos, omnia infra scripta secundum formam & medium infra prænotatam. Et primò vnum Pontificale Historiatum, ad vsum Romanæ Curiæ, quòd nos fecimus fieri. Item, vnum Pastorale Beati Gregorij. Item, Rationale Guillelmi Durandi, vbi seruitores Ecclesiæ videre possunt, & ignorantes addiscere rationes omnium quæ circa cultum diuinum aguntur, nam qui de significatione vocabulorum sunt ignari, de facili paralogisant. Item, Concordias super Biblia. Item, Psalterium glossatum. Item, librum Sententiarum. Item, lecturam Sancti Thomæ super quarto Sententiarum. Item, eiusdem Sancti Thomæ Summam, quæ intitulatur contra Gentiles. Item, super Iob ad Litteram per eundem. Item, Summam eiusdem primam primæ secundæ primæ, & etiam partem. Item, volumen in quo sunt homiliæ per annum, & Sermones Doctorum in festis principalibus. Item, aliud volumen in quo sunt quadraginta homiliæ Beati Gregorij, & homiliæ eiusdem super Ezechielem & librum Dialogorum eiusdem. Item, Manipulum florum. Item, quemdam librum Iacobi de Viterbis. Item, distinctiones Fratris Mauricij. Item, distinctiones Nicolai de Buertronis. Item, quindecim libros Beati Augustini, videlicet libros Enchiridion. Item, librum de Spiritu & Anima. Item, librum de vtilitate credendi. Item, librum de mendacio. Item, librum contra mendacium. Item, libros de Moribus Ecclesiæ. Item, libros de duodecim gradibus abusionis, qui per aliquos attribuitur Cypriano. Item, librum contra quinque genera errorum. Item, librum qui dicitur de Magistro. Item, librum Penesticum contra Pelagianos. Item, libros de fide rerum inuisibilium. Item, libros septuaginta cum sententiis. Item, quatuor libros de Doctrina Christiana. Item, librum de immortalitate animæ. Item, librum de duabus animabus. Item, vnum librum Originalium, qui intitulatur Hereceptus, quem compilauit Frater Ioannes dictus Alfordia, Ordinis Fratrum Minorum. Item, Damus librum qui intitulatur, Liber de mirabilibus Sacræ Scripturæ, seu de Miraculis, diuina potestate factis. Item, vnum librum, in quo sunt libri infra scripti, videlicet liber qui dicitur Colj Joquium. Item, liber qui dicitur Compendiloquium. Item, liber qui dicitur de Sapientia Sanctorum. Item, liber qui dicitur Breuiloquium. Item, multa volumina sermonum, inter quæ est vnum editum per Lausanam, alia sunt diuersorum Doctorum. Item, aliud volumen vbi sunt themata, & diuisiones per totum annum. Item, vnum volumen sermonum editorum per nos. Item, vnam Epistolam de nugis Curialium, & de miseria Curiarum, editam per nos. Item, librum de proprietatibus rerum moralisatum in papiro scriptum cum libro in eodem, volumen quod dicitur Maciale. Et volumus quod in Bibliotheca facienda super patuum Rigale, quod dicitur Rigale Domini Episcopi habente ingressum à parte Chori, cum cathenis ferreis ligentur dicti libri omnes, exceptis Pontificali & Pastorali, quia volumus vti Dominos Episcopos successores nostros in Ciuitate Caualliceñsi & per totam Diœcesim, & non extra quacumque occasione, seu causa: aliis vero libris nullus vtatur extra ipsam Bibliothecam, nec inde extrahat, nec de vinculo Cathenarum soluat cuiuscumque authoritatis, & conditionis existant, siue sint Domini Episcopi, vel Præpositi, seu Canonici Caualliceñses, aut quicumque alij. Quòd si fecerint, & pœna locum habeant infractæ, & quod audendo nulla sit differentia personarum, sed præoccupanti locus concedatur, excepto Domino Episcopo, cui defferatur, si ibi velit venire. Item, volumus & ordinamus, quod memoratis libris in ipsa Bibliotheca existentibus, & non alibi studendo vtantur, & vti possint horis congruis vt est dictum; Dominus Episcopus qui pro tempore ibi fuerit, & Præpositus, & Canonici, & omnes & singuli seruitores ipsius Caualliceñsis Ecclesiæ, & Religiosi qui declinauerint ad ipsam Ecclesiam, pro prædicando Verbum Dei, vel confessionibus audiendis. Item, quod nullus ex prædictis per alium valeat impediri, nec Canonici memorati valeant quidquam de prædictis in aliquo prohibeo. Volumus etiam quod secundum prædictam formam, honesti viri Ciuitatis Caual-licensis possint ad dictam Bibliothecam venire horis quibus Ecclesia, & ipsa Bibliotheca erunt apertæ sine impedimento Diuini Officij, & sine cleri offensa. Volumus & etiam ordinamus quod vnus ex duobus Cappellanis, vt infra dicetur, per nos, in Cappella Sancti Martini alternatim teneant clauem dictæ Bibliothecæ, #. aperiat, siue aperite teneatur horis quibus non cantatur Diuinum Officium, videlicet à Prima vsque ad Tertiam & si requiratur, à Nona vsque ad Vesperas, & post Completorium, si sit necessitas: nunquam tamen stet aperta horis Matutinorum maiorum, Missæ, & Vesperarum nisi ex necessitate, si forsitan aliquis esset Verbum Dei prædicaturus. Item, ad ornamentum & perpetuum vsum maioris Altaris, damus ornamenta & paramenta infra scripta. Primò vnam Cappellam culteam, in qua sit vnum pluuiale cum imaginibus, & vna casula cum duobus floquetis Diaconi, & Subdiaconi de Tartarino cum paramento Faudistorij de eodem Tartarino, & duo Floqueti de Sanuto Rubeo cum auro texto non tracto, pro persona Domini Pontificis. Item, vnam Cappellam de velluto viridi, in quo sunt duo pluuialia, vna casula, duo Floqueti cum paramento Faudistorij de eodem velluto, & duo Floqueti de Sanuto viridi pro persona Domini Pontificis, & vnum Seruicale de dicto velluto. Item, omnes Albas paratas de vno Luchesio viridi deaurato ad seruitium vtriusque Capellæ prædictæ, & sandalias etiam communes, videlicet Call gal de veluto viridi, & Sabatones de dicto Lucato, & tribus Amictis de dicto Carcario. Item, vnam Cappellam de Dyaspro albo, in quo sunt vnum pluuiale, vna Casula, duo Floqueti cum paramento Faudistorij de Albis tribus paratis panno rubeo & aureo, & duobus amictis de eodem, & vno amictu parato cum imaginibus. Item, duas Chirotecas de Albo confuso deaurato ad imagines esmandatis signis Domini & Virginis gloriosæ, circumdantis perlis ad ornatum pluuialium Pontificis. Item, vnum pallium de Lucullo Albo cum imaginibus aureis panorum, & bordatura de samico viridi. Item, vnam argenteam deauratam totam de super cum pede argenteo deaurato cum ematatis de Inide, in quibus sunt impressa arma nostra, ponderis in vniuersum sex marcarum argenti, cum vnciarum duo cum dimidio. Item, duo candelabra magna argentea ponderis septem marcarum, & vnius vnciæ, & prono medio sunt nouem esmarauta cum Armis nostris. Item, alia duo maiora Candelabra argentea ponderis marcharum trium. Item, Ferradetum cum hysopo de argento ponderis marcharum sex. Item, Thuribulum vnum ponderis marcharum trium, vnciarum quinque, cum naui & cocleati ponderis marchæ vnius, vnciarum sex cum dimidio. Item, vnum Calicem argenteum cum patena ponderis trium marcarum, & septem vnciarum, & in cuius pede erant imago longa Crucifixi, & Beatæ Mariæ & Sancti Ioannis in esmanco blauo cum patena: Deus in Maiestate in fundo esmarato. Item, Etimale de argento ponderis marchæ vnius, vnciæ vnius, vbi portatur Sanctum Chrisma Oleum Cathecumenorum pro cathechisandis & baptizandis, Oleum Infirmorum ad Infirmos. Item, vnum faudissorium de ferro cum scabello ad Arma nostra, & pluuiali de Comotassio laurato. Item, ad vsum dicti, Altaris vnum mixtum de vsu dictæ Ecclesiæ: Historiarum in suis locis secundum tempora, & festa cum fermalus argenteis malleatis ad Arma nostra. Item, duas Tabellas siue Cenas pictas de opere senarum, in quarum vna est picta Trinitas & Passio Dominica, & in alia Resurrectio & Ascensio Dominica. Item, duas Mappas de Serico capitellatas, & in diuinis precibus earum deauratas. Item, duos Clophinos Missarum munitos & clauatos, coopertos Corio Albo piloso vituli, qui libri ad duas ferratas, in quibus omnia ornamenta prædicta tenentur & custodiuntur. Item, Cossinum seu Cossetum de eodem opere Milsensium coopertum corio rubeo vituli minuti clauato, in quo reseruatæ seruantur Reliquiæ non incastratæ. Item, damus & assignamus duas Lampades argenteas, quaslibet ponderis trium marcharum cum dimidio, cum esmaullata subtus, & Arma nostra, quas volumus poni & assignari ante altare Beatæ Virginis Gloriosæ. Volumus quod ematur oleum perpetuum comburendum in dictis Lampadibus pro quo obligamus triginta florenos auri, videlicet viginti depositatis penes Ioannem Richetti mercatorem de Thoro, & decem ex alia quantitate quam dictus Ioannes nobis debet, quos triginta florenos ex nunc assignamus pro emendo annuum oleum memoratum. Volumus quod perpetuò debeatur lumen præbere ante imaginem Virginis Gloriosæ. Item, volumus & ordinamus quod memorata ornamenta per nos data, & assignata ad ornamentum maioris Altaris nostræ Cauallicensis Ecclesiæ non possint ad alium transferri, nec in alios vsus conuerti, seu alicuius Ecclesiæ cuiuscumque. Volumus autem quod Dominus Episcopus qui pro tempore fuerit, Præpositus & Canonici, & Cappellani, seruitores Ecclesiæ quicunque sint, alij Domini Prælati, vel viri authoritatis, qui ad ipsas Ecclesias declinauerunt, possint vti ipsis indumentis in ipsa Ecclesia celebrando, in ipso maiori altari in Festis solemnibus, infrascriptis, videlicet faciendum Officium Matutinatum, vel Vesperorum in eisdem festis, nec in hoc desseratur Domino Episcopo, & Præposito, & Canonicis. Nam volumus quod quicunque celebrans in dictis Festiuitatibus, ipsis vtatur cuiuscunque conditionis existat. Festa sunt hæc: Natiuitas Domini, Sanctorum Stephani, & Ioannis Euangelistæ, Circuncisionis, Epiphaniæ, Purificationis Beatæ Mariæ Virginis, Conceptionis Dominicæ, Resurrectionis Domini, Dedicationis Cauallicensis Ecclesiæ, Ascensionis Domini, Penthecostes, Corporis Christi, Ioannis Baptistæ, Assumptionis, Natiuitatis Virginis, & omnium Sanctorum, & Beati Verani. Item, specialiter prohibemus quod Dominus Episcopus & Præpositus & Canonici qui pro tempore fuerint, & alij quicumque non possint vti ipsis paramentis, seu iocalibus supradictis extra Ecclesiam, nisi forsitam processionaliter incedendo in festis prædictis, in ipsa Ecclesia: nam in ipso maiori altari, & specialiter ipse Dominus Episcopus non possit extrahere extra ipsam Ecclesiam, nec portare per Diœcesim vel alibi, & si ipse vel alij qui prædictas prohibitiones in aliquo fecerint in totum, vel in parte. Item, volumus & ordinamus expresse quod locum habeant infrà scriptæ pœnæ. Item, ad honorem Dei & Beati Martin Confessoris per nos constructa infra ipsam Ecclesiam Cathedralem, in qua annuente Domino intendimus sepeliri, ordinamus per modum infrascriptum. Assignamus enim ad ornamenta Altaris dictæ Capellæ vnam Casulam de samito rubeo cum Frizio imaginum, & Albam cum paramento de eodem. Item, vnam Casulam liuidam cum stellis croceis cum frizio imaginum, & albam cum paramento de eodem, & duobus pallijs etiam de eodem cum Capitello de Sanico rubeo ad paramentum altaris cum stola, & manipalo de eodem. Item, vnam Casulam de veluto, & violeto & frizo imaginum, & alba paramenta & stola & manipalo de eodem veluto, & duobus pallijs de eodem ad ornamentum altaris cum Capitello celestini veluti. Item, vnum Cordonum magnum violaceum ad seruicium vtriusque Capellæ. Item, vnum frontale deauratum cum imaginibus. Item, tres Mappas nostras longas in quibus sunt Onces principales debrodatæ de Serico, & vnam Mappam totam opertam de Serico ad grossas imagines, & duas Mappas longas de opere Caiacono de Linco retorto, cum Capitellis sericis deauratis, longitudine etiam trium canarum. Item, duo Tapeta breuia & romaria, videlicet vnum de serico, & aliud de lana non ad struendum, sed ad cooperiendum altare super Mappas, & aliud de lana stet continuò super altare pro coopertura, & istud de serico pro diebus solemnibus & festiuis. Item, duo alia Tapeta lanea de opere Calabriæ ad struendum sub pedibus Sacerdotis Celebrantis, vnum cum quinque scutellis ad arma nostra longitudinis duarum canarum, & latitudinis duodecim palmorum : aliud sine scutello longitudinis duodecim palmorum, & latitudinis vnius cannæ, & duos pannos de Francia imaginatos, longitudinis decem & octo palmorum, & nouem pannorum latitudinis, in quorum vno est Historia Sancti Guillelmi de Heremo, alias de Curneyo, mulieris Euangelizatæ, mulieris deprehensæ in adulterio, & in alio Historia Sancti Guillermi de Heremo, alias de Curneyo & Gigante, de quibus paretur Capella diebus solemnibus & festiuis. Item, vnum Missale siue mixtum Historiatum cum sirmali de argento & armis nostris. Item, vnum Calicem argenteum cum Patena omnino deauratum, ponderis suum Marcharum & septem vnciarum cum dimidio, in cuius pede sunt arma nostra. Item, vnam tabellam frontisalam, siue vnam canam sinctam ; in quo sunt Historiæ Crucifixi, & Virginis Gloriosæ tenentis benedictum filium suum cum Assistentia Apostolorum Petri & Pauli, Angelorum, & omnia alia Arnesia quæ in dicta Capella principaliter sunt. Item, ordinamus in eadem Capella duas Capellanias perpetuas secundum modum, & formam infrascriptos, videlicet quod perpetuo eligantur duo Capellani nati de Ciuitate Cauallicensi, & non aliunde, si tamen ibi inueniantur per nos quamdiu vixerimus ponamus & instituamus : post nos vero Dominus Hoardi Caballole Frater noster, & Ioannes quondam Alsirij Caballole Domicelli Fratris nostri, & successorum prædictos nominent, & præsentent infra tempus à iure statutum Domino Episcopo qui pro tempore fuerit in Ciuitate Cauallicensi, & si inueniantur Capellani de dicta Ciuitate nati attinentes nobis in aliquo gradu parentelæ, vel Successoribus prædictorum, maximè si sint de genere & nomine Caballolorum, illi cæteris præferantur, qui teneantur in ipsa Capella perpetuò & continuò celebrare, pro anima nostra & Dominorum progenitorum nostrorum, fratrum, sororum & parentum, & benefactorum meorum & Domini Ioannis Caballole patrui nostri, à quo multa beneficia recepimus. Post dictum verò tempus si supradicti fuerint negligentes in nominandis & præsentandis eisdem : volumus quod Dominus Cauallicensis Episcopus qui pro tempore fuerit, ponat & instituat eos natos in dicta Ciuitate Cauallicensi, & attinentes nobis & prædictis si inueniantur, prout suprà dictum est : confidimus quod Domini Episcopi, qui pro tempore erunt Successores nostri, reddent se gratos in prædictis, sequentes intentionem nostram, & indemnitatem generalis domus & status : vbi verò se difficiles reddent & infra tempus à iure statutum præsentationi & nominationi supradictorum, seu alterius eorum non annuerint, per formam prædictam, vel ipsi propter neghgentiam eorum post decursum temporis infra aliud tempus à iure superius statutum non instituant Capellanum seu Capellanos iam dictos, per formam tamen & modos superius ordinatos ; volumus quod Dominus Archiepiscopus Arelatensis habeat potestatem instituendi, & ponendi ipsum Capellanum, seu ipsos Capellanos natos in dicta Ciuitate Cauallicensi, & de parentela nostra & prædictorum si inueniantur, vt suprà tractatum est, quo casu specialiter Damus actionem Vniuersitati Ciuitatis Cauallicensis, & Consilio dictæ Ciuitatis ac sindicis Ordinandi per eos, & coram competenti iudice ordinario, vel delegato possint prosequi dictam causam, si contra ordinationem nostram per quemcumque fieret quoquo modo, cum nostræ intentionis existat quod sint semper nati de Ciuitate Cauallicensi, & attinentes nobis & supradictis si inueniantur vt supradictum est, & ad eos ius patronatus dictarum Capellaniarum perpetuò debere pertinere absque conditione, & impedimento quibuscumque. Pro dote verò dictarum Capellaniarum, & alimentorum, scilicet victu, & vestibus dictorum presbyterorum ordinamus quingentos florenos auri fini legitimi ponderis de Florentia depositatos per nos penes dictum Ioannem Richeri Mercatorem de Thoro, prout de depositatione constat instrumento sumpto manu Guillermi Girardi Notarij, volentes & ordinantes, quod de ipsis quingentis florenis auri emantur redditus pro dote dictarum Capellaniarum, videlicet pro victu & vestitu ipsorum Capellanorum. Item, volumus quod dicti Capellani teneantur quotidie, diebus scilicet quibus Deus eis ministratur, celebrare in Capella dicti Sancti Martini pro salute nostra quamdiu vixerimus, & pro anima nostra post mortem : nunc verò pro anima prædecessorum, progenitorum, fratrum, sororum, parentum & Benefactorum nostrorum, & Domini Ioannis Caballole patrui nostri, & qui teneantur interesse horis Canonicis, sicut alij seruitores Ecclesiæ. Item, volumus & ordinamus quod dicti Capellani sint, vt præmittitur, adstricti memorato seruitio; non possint esse in seruitio cuiuscumque personæ, etiamsi sit Dominus Episcopus, vel Præpositus & Canonici Cauallicenses, nec possint vacare à dictis seruittis nisi ex magna necessitate infirmitatis Domini Episcopi, qui pro tempore fuerit vel vicarij sui, si ipse absens fuerit, & non ad magnum tempus. Si vero idem Capellanus vel Capellani per sex menses continuos absens fuerit, vel fuerint: volumus dictum Presbyterum, seu Presbiteros ipso iure priuari non expectata sententia iudicis, sed per nos quamdiu vixerimus, vel patronos perpetuos supranominatos per nos subrogari possit, & possint secundum modum prædictum, scilicet de Ciuitate & de parentela nostra, & dictorum si inueniantur. Item, volumus & ordinamus quod dicti Capellani recipiant omnes vtilitates chori, sic & alij, videlicet de Anniuersario & Missis prædictis, & alijs emolumentis, quæ possint euenire sequentibus. Item, quia ab Ecclesijs infrascriptis multa bona habuimus suis temporibus præsidentes in illis, volentes in eis gratitudinem ostendere, damus prædictæ Ecclesiæ Sancti Michaëlis positæ iuxta Mænia Ciuitatis Cauallicensis quæ fuit præbenda nostra, tempore quo eramus Canonicus in Ecclesia memorata, vnam Casulam nostram rubeam de sicla cano cum frizio imaginum foliatam Syndone viridi ad perpetuum seruitium maioris Altaris. Item, Ecclesiæ Parrochiali de Lineis, cui præfuimus ratione Archidiaconatus cui annexa est, vnam Casulam nostram Albam de Diaspo cum frizio imaginum foliatam Syndone rubeo ad perpetuum seruitium maioris Altaris. Item, Ecclesiæ Parrochiali de Robion cui etiam præfuimus ratione Præpositurae, cum sit dictæ Præpositurae annexæ, & de licentia, damus vnam Casulam nostram viridem, de vaspo foliatam Syndone viridi cum frizio imaginum, & albam paratam Carcano, cum Amitto, stola, & manipulo de eodem, ad seruitium perpetuum maioris Altaris. Item, Capellæ Beatæ Mariæ de Sorquetta in Territorio insulano Cauallicensis Diœceseos, damus vnam Casulam nostram de Cameleto, & Albam paratam saxo liuido, & amitto de eodem ad perpetuum seruitium Altaris Beatæ Mariæ. Item, vnum mixtum nostrum non magni valoris ad vsum Romanæ Ecclesiæ. Item, Calicem nostrum argenteum ponderis marcharum trium Item, Altari Beati Andreæ infra Domum Episcopalem duas Casulas nostras de Diasprelle cum pallio de eodem. Item, cum nostræ intentionis existat, vt ordinata per nos inuiolabiliter obseruentur, addicimus, quod vos per nos, vt superius dictum est, & datæ assignatæ non possint in alium vsum transferri, nec de ipsa Ecclesia extrahi, nec liceat eis quoquomodo vti nisi secundum formam, & modum ordinatos per nos, quæcumque sint res, siue sint libri, siue paramenta, vestimenta, vel alia iocalia argentea, & generaliter quæcumque sint res datæ & assignatæ per Nos, & si contingat per aliquem, vel aliquos contrarium fieri quoquomodo, volumus quod pœnæ locum habeant Infrascriptæ, videlicet quod eo ipso Res illa, vel res illæ, puta liber, vel libri, ornamentum vel ornamenta, indumentum, vel indumenta Sacerdotalia, vel Leuitica, Crux, Calix, vel Candelabrum & Candelabra, cedat & cedant Dominio Vniuersitatis Cauallicensis, cui ex nunc damus directum Dominium ipsarum rerum, & cedimus omnem actionem realem, & alia quæcumque & quod ipsa Ecclesia Cauallicensis iure pertinet Dominio dictarum rerum, & quicumque ad seruitium Ecclesiæ de facto vtatur dictis rebus aliter quam superius ordinauimus committat furtum, videlicet ab vna parte nigro, & ab alia Liuido cum frizeis Romanis contexto, stola & manipulo de eodem Cameleto, tanquam vtentes re aliena inuito Domino, & eo casu Vniuersitas Cauallicensis, seu Consilium dictæ Ciuitatis, vel sindici Ordinandi per dictam Ciuitatem, vel iam dictum Consilium possit vendicare tanquam veri Domini memoratas res, in quibus fieret memoratus abusus, videlicet quibus quisque vteretur aliter quam supradictum est & ordinatum. Et si contingeret quod propter potentiam dicti Domini Episcopi qui pro tempore fuerit, vel Capituli, ipsa Vniuersitas, Consilium, vel sindici prædicti vendicare vel habere non possent singulas res prædictas in casum memorati abusus, quod eo casu liceat eis transferre in potestatem, ius, & actiones eis competentes & specialiter in Dominum Arelatensem Archiepiscopum, Metropolitanum nostrum quocumque titulo donationis, venditionis, nec aliter quoquomodo dantes ei licentiam quod postquam dictas res in memoratis casibus vendicauerint, seu habuerint per se vel per alios, vt supra tractatum est, ipso casu possint eas res in quoscumque ad eos peruenerint, vendere & alienare, & pretium conuertere in puellis maritandis, natis de Ciuitate Cauallicensi. Nec volumus quod Dominus Cauallicensis Episcopus, qui pro tempore fuerit prætendens forsitan hæc tanquam pium ad suum ordinarium Officium pertinere, possit se intromittere aliqua ratione vel causa. In casu vero quo dicti Ciues essent negligentes, vel remissi: in illo casu Domino Arelatensi Archiepiscopo Metropolitano nostro qui nunc est, vel pro tempore fuerit, ius & actiones damus dictas res exigendi in casibus memoratis, & assignamus ad perpetuum vsum Arelatensis Metropolitanæ, ita volumus quod de Beato Martino singulari Aduocato nostro fiat die qualibet commemoratio in Laudibus & Vesperis sicut de Beato Verano Patrono nostro. Item, quod in Missis Conuentualibus videlicet prima, media & maiori quæ dicuntur in Ecclesia Cauallicensi die qualibet, fiat specialiter commemoratio pro salute nostra quandiu erimus in humanis, & dicantur Orationes sequentes. Oratio *Adesto Domine Famulo tuo Philippo Pontifici nostro, in tua protectione confidenti, & tuæ se dexteræ Suppliciter inclinanti, perpetua defensione conserua: per Dominum nostrum:* Secunda: *Concede quæsumus Domine Famulo tuo Philippo Pontifici nostro per hæc Sacramenta suorum veniam delictorum, & quod meritis non præsumit, id gratiæ tuæ largitate percifiat, per Dominum nostrum:* Plus complendis, *Protector in te sperantium Deus, salua Philippum Pontificem nostrum, vt à peccatis liberetur, & ab insidijs sit securus, ac in tua semper gratia perseueret, per Dominum nostrum Iesum.* Post obitum vero nostrum perpetuo in supradictis tribus Missis pro anima nostra dicantur tres Orationes sequentes. Oratio, *Da nobis Domine,*

ut animam Famuli tui Philippi Episcopi, qui à de sæculi ædux isti laboriose cursu, Sanctorum cœtui tribuas & consortem : Secunda : Annue nobis Domine ut animæ Famuli tui Philippi Episcopi, hæc profit oblatio, quam immolando te ipsius mundi tribuisti relaxari debita per Dominum nostrum Plus complendi his servitiis Omnipotens Deus purgata anima spiritus famuli tui Philippi Episcopi, ad Indulgentiam & refrigerium sempiternum pervenire mereatur : per Desirum. Item in Prima & Completorio quandiu erimus in humanis, dicatur pro nobis oratio supradicta Adesto, super prima conclusione, post obitum vero nostrum quandocunque dicetur de Mortuis, dicatur pro nobis in perpetuum supradicta Oratio : Da nobis Domine, &c. & quandocunque fiet generalis processio pro Mortuis, sicut fit in diebus Lunæ, & Mortuorum, & Synodi, fiat statio super Tumbulum nostrum, & specialiter commemoratio veluti in ipsa Capella Beati Martini in remissionem peccatorum nostrorum, si forsitan contingat nos alibi sepeliri. Item, quod Servitores Ecclesiæ qui sunt nunc vel erunt pro tempore ad expensas Capituli orent pro salute nostra, quandiu erimus in humanis, & etiam post obitum nostrum perpetuo pro anima nostra. Item, supplicamus cum omni devotione, & rogamus, instantius deprecantes Dominos Episcopos Successores nostros Præpositos & Canonicos, ac omnes Servitores dictæ Cavallicensis Ecclesiæ præsentes & pro tempore Successores, ut participes nos faciant Orationum suarum, & velint in suis Orationibus memores esse nostri. Item, licet sola pollicitatio esset sufficiens ad acquirendum plenum Ius Cavallicensis Ecclesiæ in rebus eisdem principaliter per nos datis, tamen maiorem roboris firmitatem cum interit Capituli, & Canonicorum ipsius Ecclesiæ, premittimus Canonicis infrascriptis residentibus, præsentibus, stipulantibus & recipientibus, nomine & vice Ecclesiæ prælibatæ, prædicta omnia per nos data & assignata eidem Ecclesiæ, sicut superius recitatum est inviolata observari, & nunquam convenire aliqua ratione, seu causa de facto Iuris, quominus omnia supradicta habeant omnimodam firmitatem, & inviolabiliter observentur; aut nunquam dixisse, vel fecisse aliquid, per quod nostra præsens donatio infringi, rumpi, vel annullari valeat, in parte, vel in toto sub fide nostra plenita, & obligatione omnium bonorum nostrorum præsentium & futurorum renunciantes, &c. Specialiter quod præsens donatio insinuatio non est coram Iudice vel Protectore, cum nos in Civitate ista & singularibus in hoc tantum fungamur officio Iudicis & Protectoris, cum etiam largiendo Ecclesiis, immensitas sit mensura, nec effundere videtur in alium, qui gratitudinis debitum in sinum Redemptoris impendit, cuius esse universa censeantur, & quod largiendo plusquam retinendo proficit largienti. Item, etiam quorum interest & interesse poterit in futurum Universitati Cavallicensi, propter certas conditiones per nos superius appositas, in quibus Ius possit acquiri. Nobili viro Alphanto Romeris Domicello, & Magistro Petro Fortis Physico, de Cavallicensibus Syndicis & Procuratoribus Universitatis ipsius, prout constat de Instrumento sumpto manu Guillelmi Girardi, Notarii præsentibus stipulantibus & recipientibus, nomine Universitatis prædictæ, damus & concedimus Ius & actionem omnimodam in casibus superius per nos annotatis. Postremo requirimus & rogamus vos Fratres & Canonicos nostros ibi scriptos, ut ordinatis per nos in præsenti donatione & conditionibus in ea per nos appositis consentire velitis, ad omnem roboris firmitatem, necnon & consentire quod præsens nostra donatio vim statuti obtineat, vel scilicet quicunque Canonicus præsens vel futurus teneatur ad observantiam statutorum, hic teneantur observare nostram ordinationem præsentem, & etiam quod idem servari possit pœnas appositas in omnibus libris in ipsa Bibliotheca reponendis, sive per Capitulum vel Canonicos singulares, vel alios quoscunque ut prætextu illorum Librorum possit venire contra formam prædictam. Quibus quidem peractis, venerabilis Dominus Rostangnus Cabassole, Dominus Berengarius Falcy, Dominus Petrus de Bosqueto, Dominus Bertrandus Iugeri, Dominus Isnardus Gaschi, & Dominus Isnardus Honorati, Canonici Cavallicenses præsentes & omnibus & singulis supradictis, & eorum præsentia habentes atque gestis capitulantes & Capitulum facientes in loco prædicto, quem pro Capitulo elegerunt, ea omnia & singula nomine dictæ Cavallicensis Ecclesiæ recipientes approbaverunt unanimiter ac pari consensu nomine dicti Capituli, homologaverunt, ratificaverunt, ac etiam confirmaverunt, & contra non facere, dicere, vel venire promiserunt sub obligatione bonorum Capituli supradicti, de quibus omnibus, &c. Actum & datum Cavallioni in Aula dicti Episcopi, anno Domini 1367. die vigesima secunda Martii, præsentibus Testibus adhibitis, Domino Alphanto Romerii Iurisperito, Domino Iacobo Agulhoni, Officiali Cameræ, Domino Raymundo Adernarii, Domino Girardo de Flauo, Domino Guillelmo Cabrerii, Domino Durando Melli Presbyteris, Ioanne de Rupe Domicello, & Petro Girardi, Magistro Raymundo Martini Physico, & Domino Ioanne Ioannis Presbytero Servitoribus dicti Domini Episcopi. Volumus autem, præcipimus, & iubemus pro observatione donationis, atque ratificationis præsentium, quod Instrumentum inde extrahatur atque deglossanda in Archivis dictæ Ecclesiæ utilius & securius reponantur & reserventur pro observatione & conservatione omnium & singulorum per nos eidem Ecclesiæ donatorum & statutorum capitulorum & ordinationum & institutionum in ipsa donatione expressatorum & contentorum, de quibus omnibus & singulis supradictis tam in dictis recognitione, ratificatione, & donatione, atque etiam contentis & expressatis, & capitulis eorumdem. Nos dictus Philippus Cardinalis prædictus per vos Notarios subscriptos videlicet tam per Ioannem Poitanerii, quam per Bertrandum Pellicerii Notarios publicos, & quemlibet eorum, si cum opus & necesse fuerit pro parte nostra petimus Instrumentum, & Instrumenta & etiam dicti Domini Archidiaconus, & Canonici præsentes quibus supra nominamus petierint Instrumentum per me Bertrandum supradictum nomine & vice ipsorum, & Ecclesiæ supradictæ, & publica Instrumenta
quod

des Cardinaux François.

quod, & quæ fieri poſſint, corrigi, dictari, emendari, reformari & meliorari ſemel vel pluries, ante ipſius vel ipſorum productionem, & poni ad conſilium & dictamen ipſius Domini Cardinalis, vel cuiuſlibet alicuius ſapientis, vel aliorum ſapientum fieri tamen ſubſtantia in aliquo non vitiata. Et donec per ſingulas ipſorum partes robur pleniſſimum obtineat firmitatis. Acta, lecta & publicata fuerunt hæc Caualioni in Palatio Epiſcopali, in Camera Paramenti, præſentibus Teſtibus, nobili Iſoardo Cabaſſole milite, nobili Philippo Cabaſſole, Magiſtro Andrea Fabry Notario, & Magiſtro Ioanne Portauerij, ipſius Domini Epiſcopi Cardinalis, qui etiam requiſitus fuit per eundem Dominum Cardinalem conficere Inſtrumentum, & me Bertrando Pellicerij Notario publico Apoſtolica auctoritate & Imperiali, &c.

Ego Guillelmus Siffredi de Caualione publicus Imperiali auctoritate Notarius, cui Chartularia, Notæ & Protocola Magiſtri Bertrandi Pellicerij olim Notarij tam ipſius Magiſtri Bertrandi propria quam ſibi commiſſa per venerabilem & eminentem Dominum Ioannem de Cayllario Priorem Monaſterij Coraſij, Locum tenentem Magnifici & Potentis Domini Alphonſi dicti Comitis Valentinenſis, & Dienſis Rectoris Comitatus Venaiſſini, prout de dicta commiſſione conſtat Litteris ab ipſo Domino locum tenente emanatis, & ſigillo eiuſdem Rectoriatus inpendenti ſigillatis, quarum tenor ſequitur huius per omnia ſeriei Ioannes de Cayllario Prior Monaſterij Coraſij, Locum tenens Magnifici & Potentis Domini Domini Alphonſi Comitis Valentinenſis & Dienſis, Rectoris Comitatus Venaiſſini, pro Domino noſtro Papa & Sancta Romana Eccleſia; dilecto Guillelmo Siffredi Notario Caualicenſi, ſalutem. Cum prout intellexımus dudum pro Chartularia & Protocolla Magiſtri Bertrandi Pellicerij Notarij dictæ Ciuitatis tam propria quam ſibi commiſſa propter priuationem, & interdictionem ſui Tabellionatus Officij, à quo quibuſdam ſuis demeritis exigentibus in Curia eiuſdem Ciuitatis dicatur fuiſſe priuatus, tibi tradita & aſſignata fuerunt cuſtodienda, & frequenter nonnullæ perſonæ; ad quorum opus & inſtantiam dicti Magiſtri Bertrandi, Olim dum notariatus exercebat Officium, receperat, notas, inſtrumenta, mandamenta, & in ſcriptis redigerat in ſuis Cartulariis memoratis, nec non etiam alij, quondam Notarij defuncti, quorum Chartulariorum eidem commiſſa fuiſſe dicuntur, dum vitam gerebat in humanis, receperat inſtanter & requiratur ſibi infra extra & degroſſati ex eiſdem, & quæcumque prædicta expedienda, nec forraſſis nondum commiſſa extiterint, nunc dictus Magiſter Bertrandus ea facere poteſt occaſione præmiſſa ſicuti non valet. Nam tale perpetuo à ſui Officio priuatus vna mortuum ſaltem ciuiliter reputant perſonæ prædictæ quorum intereſt damna plurima ſuſtinere, dicuntur ea propter eorum indemniſati, prout poſſibile eſt ſuper prædictis prouideri caleri remedio cupientes, tibi de cuius probitate morum, honeſtate ac diſcretione, & ſufficientia laudabile teſtimonium recepimus in præſenti Cartularia & Protocolla prædicta, tam ipſius Magiſtri Bertrandi propria quam aliena hactenus eidem commiſſa quæcumque fuerint per præſentes conferimus & aſſignamus, committentes tibi harum ſeriem, & præcipiendo mandantes, vt de notis, quæ in dictis Protocollis, ſiue Cartullariis reperies non Cancellatis, nec aliter degroſſatis, & omni alia ſuſpicione carentibus, de quibus fueris requiſitus, inſtrumenta & mandamenta publica extrahas, & degroſſes per te vel alium fidelem notarium ſubſtitutum, & perſonis, quas tanget reddendas degroſſata, & in formam publicam redacta ſupplendo tales notas neceſſarias opportunas prout, & quemadmodum prædictus quondam & olim Notarius qui dictas notas receperat, eorum ſtilum ſequens prout melius poteris, facti tamen ſubſtantiæ in aliquo non viciatis, ſatisfacto tibi & tuis ſalario & labore moderate, quibus quidem inſtrumentis per te extrahendis dum tamen prouidè extiterint, tuo ſolito ſigno ſignata & manu tua propria ſubſcripta tantam fidem adhiberi volumus & decernimus, ac ſi per præfatum quondam & olim Notarium degroſſata fuiſſent pariter & ſignata, ſalarium vero debitum & condignum ſi quod dicto Magiſtro Bertrando competat ſuper prædicta, eiſdem reſeruantes. Datum Carpentorati die decima quinta menſis Decembris, Anno Domini 1372. ſub ſigillo noſtri Rectoriatus Curiæ, in teſtimonium præmiſſorum, videlicet ſignum. Datum vt ſupra, & ad præceptum infra ſcriptum per Venerabilem & circumſpectum virum Dominum Officialem Caualicenſem, cuius tenor talis eſt & prout ead. Anno à Natiuitate Domini 1373. & die vigeſima ſecunda menſis Ianuarij, inſtantibus & requirentibus venerabilibus viris Dominis Ioannis Ioannis Archidiacono & Canonico, Stephano de Calcaſauli, & Guillermo Moyſeti Canonicis Eccleſiæ Caualicenſis, aſſerentibus Magiſtrum Bertrandum Pellicerij Notarium recepiſſe quamdam notam cuiuſdam donationis, factæ per bonæ memoriæ Epiſcopum Sabinenſem, Sanctæ Romanæ Eccleſiæ Cardinalem, tunc Caualicenſem, de nonnullis rebus, ornamentis Eccleſiæ Caualicenſi prædictæ, in qua quidem nota cuiuſdam alterius donationis per eundem tunc Dominum Epiſcopum Caualicenſem factæ, & recepta per Magiſtrum Guillermum Girardi quondam Notarium, etiam incerta cuius quondam Magiſtri Bertrandi Cartularia, Magiſtro Guillermo Sifredi Notario dicuntur commiſſa, præcepit Venerabilis vir Dominus Iacobus Vituli Baccalaureus in Decretis, Officialis Caualicenſis in dicta Epiſcopali Curia pro Tribunali ſedens, Magiſtro Guillermo Sifredi Notario prædicto præſenti, & coram eo in iudicio exiſtente, quatenus de nota prædicta per dictum Magiſtrum recepta, inſtrumentum in forma publica redigat, in quo inſerat aliam notam per quondam Magiſtrum Guillermum Girardi nobis receptam, ſic & prout in eiſdem nota iacet & mentio habetur in eis & redacta ſit, dictus Archidiaconus & Canonicus reſtituat ſatisfacto prius de ſuo ſalario competenti ſub pœna excommunicationis, quod ſcripſi ego Raymundus Dartelli, Notarius dictæ Epiſcopalis Curiæ, & ſignaui hoc præſens publicum inſtrumentum in his

Hhh

tribus pellibus pargameni iunctis, & ligatis cum ligamine pargameni, quia in vna ex eis interesse non poterat, quorum prima pellis incipit in sui secunda linea dominia, & finit in eadem truillacio; secunda vero pellis incipit in tertia linea veram, & finit in eadem, nisi in tertia vero pellis incipit in quarta linea iure, & finit in eadem, &c. De nota vero per praedictum Magistrum Bertrandum olim Notarium recepta, non viciata, non Cancellata, nec in aliqua sui parte suspecta vt apparet ex ea, & per modum praedictum dictata, inserendo in ea notam per Magistrum Guillermum Girardi, Notarium quondam receptam de quo inseritur nota per dictum Magistrum Bertrandum recepta mentio fit expressa, cuius quidem Magistri Guillelmi Cartularia iure fuerant dicto Magistro Bertrando commissa ad requisitionem Venerabilium virorum Dominorum, Ioannis Ioannis Archidiaconi & Canonici, Stephani de Casarel, Guillermi Moyseti Canonicorum Ecclesiae Cauallicensis manu propria scripti, in hanc publicam formam redegi, signoque meo consulto signaui ✝ est porta in margine.

Copia Testamenti.

IN nomine Domini, Amen. Anno Natiuitatis Domini millesimo trecentesimo septuagesimo secundo, indictione decima, die Iouis 27. mensis Augusti, Pontificatus Sanctissimi in Christo Patris & Domini nostri, Domini Gregorij diuina prouidentia Papae Vndecimi anno primo, in nostrum, &c. Reuerendissimus in Christo Pater Dominus Philippus miseratione Diuina Episcopus Sabinensis, &c. Sanae mentis, &c. Testamentum suum, seu vltimam voluntatem condidit secundum hanc formam: videlicet, inprimis animam suam Altissimo Creatori, Beatissimae Virgini Mariae Matri suae Beatae Mariae Magdalenae, &c. recommendauit, &c. Domino nostro Papae & Sacro Collegio recommendauit executionem suam & suorum praesentium pauperum, vt misereatur pauperrimae suae familiae viduatae, & quod de bonis suis satisfiat cuilibet iuxta facultates suas, & secundum tempus quod quilibet seruierit. Item, sepulturam suam elegit in Ecclesia Fratrum Carthusiensium Boripassus Cauallicensis Dioecesis, ante Altare subtus pedes Presbyteri celebrantis, in quo sepulchro non sit nisi simplex sepultura imaginis, & nominis sui cum Capello subtus pedes sine armis in memoriam suae dignitatis, &c. & interim deponatur corpus suum, & commendetur in Ecclesia Sancti Laurentij Perusij, in loco decenti, & sepeliri vult cum viginti quatuor intorticiis, & centum cereis in habitu Pontificali. Item, quod cadauer suum cum familia sua expensis suis ad dictum Monasterium Fratrum portetur incontinenti si sit possibile, & ad Curiam reducatur, vel saltem infra annum. Item, Ecclesiae Sancti Laurentij, pro praeparando maius Altare legauit pannum blancum Paramentum quod habetur in Choro. Item, quod induantur viginti quinque pauperes de panno Albo pro sepultura & nouena sua. Item, dictis bonipassis librum moralium Sancti Gregorij super Iob. Item, duo volumina exemplaria Beati Hyeronimi. Item, quindecim libros Augustini qui sunt in eodem volumine. Item, librum qui dicitur liber Originalis, qui incipit, colligite quem superauit fragmenta. Item, Summam Beati Thomae de Aquino contra Gentiles. Item, postillam Beati Thomae super partem Sententiarum. Item, Summam dicti Beati Thomae in quatuor voluminibus: & quia sciebat quod quatuor ex istis libris, qui intitulantur Summa, pertinent ad Ioannem Caballole nepotem suum, vult quod de bonis suis iuxta ipsius valorem emantur alij loco ipsius praedictis fratribus. Item, ordinauit quod Prior qui nunc est, vel erit, possit inter libros suos eligere meliora volumina, quae voluerit si eis placebit. Item, ordinauit quod de duobus pluuialibus, de quibus iam remouit sacros frizos fiant duae Casullae cum sufficientibus safris praedictis fratribus. Item, omnes alios suos libros legauit Eleazaro filio Ioannis Caballole nepoti suo, si studeat, & si non studeat alteri fratri suo, & si non studuerint, relinquimus vsu ad vsum Ecclesiae Cauallicensis tenendum in Armariis. Item, quatuor Capellas suas, videlicet albam, rubeam, viridem, & nigram legauit Ecclesiae Cauallicensi, ac etiam Pontificalia. Librum Pontificale suum Ecclesiae Cauallicensis, quo Episcopus qui erit pro tempore vti possit dumtaxat in Ecclesia, & Dioecesi Cauallicensi. Item, Capellam nouam albam, quam propter aliquid non compleuit, legauit Ecclesiae Sancti Maximi, videlicet pro maiori Altari in honorem, & seruicium Beatae Mariae Magdalenae. Item, Ecclesiae de Robiam vnam Casulam albam, quae compleatur pro Sacerdote cum cicloto viridi. Item, voluit & ordinauit quod omnia debita sua de quibus legitime constabit, soluantur per suos executores. Item, quod omnes suae Robae dentur & distribuantur mulieribus de genere suo, amore Dei pro anima sua distribuendae per Ioannem Caballole: Raubam do Cassclata cum capucis duobus, Mantello & Cappa & alia forata de variis minutis cum Capuciis, & Mantello forata legauit vxori Ioannis Caballole. Item, quittauit Archidiaconum & Guillermum Petri de omnibus per magnum Raymundum Medicum. Item, vult satisfieri toti suae familiae, iuxta qualitatem & quantitatem seruitij impensi & temporis cuiuslibet. Item, capam blaui clari vxori Bertrandi Foulque legauit. Item, Mantellum reufseium cum duobus Capuciis, vno magno, & altero paruo fonsatis de minutis variis vxori Zimulti. Item, Mantellum estellatum folsatum de penna de Narbona, vxori Ioannis de Sommane, cum Capucio forato de minusiis variis. Item, Capellam & Mantellum de cameloto rubeo foldrato de syndone bluo, vxori Ioannis Caballole. Item, Capam & Mantellum estellare muteae, cum capuciis folsatis Dominae de Podio nepti meae. Item, Capam de cameloto caelestis foldrati de syndone viridi, Dominae de Maiano nepti suae. Item, Dominae de Canne de Sabrano vxori quondam * Mantellum foliatam de sceullis cum capucio: nunc vero tocotardetam quam vult forrari de penna nigra. Item, Dominae de Canete sic Domini Hamangau si nepti dictae Dominae de Cane Mantellum viride cum capucio ferrato gitissis,

& cotardita eiusdem coloris: Cæteræ autem raubæ ad dispositionem Ioannis amore Dei inter Officiales & mulieres de genere suo distribuantur. Item, cuilibet Scutifero suum equum quem equitat, & etiam Capellanis sociis, & mandauit Chicarello distribui. Legauit item, Mantellum de assana de membra, Mantellum laudiæ de obscuro cum duobus magno, & paruo capuciis foliato de syndone viridi. Item, Philippæ Causliere nepti suæ Clotam de rouseto cum florato de variis, recepit. Item, eidem Mantellam suum rubeum de escarlata. Item, vxori Raimundi Bastedi, Capam suam de liuido celestino. Item sorori progenitæ Androneræ Clocham suam de blanco claro, cum qua maritetur, cum capuciis foliatis de variis. Protectores & Deffensores constituit Dominos Albanum & Tristulanum, Pampilonensem & Nemausensem Cardinales, Executores Dominos Ioannem Iohareium & Marinum Sabinenses Episcopos, Arnaudum Electum Firmicni, Iacobum Alby militem, Ioannem Ioannis Archidiaconum Cauallicensem, Ioannem Cabassole nepotem, & Thomam de Amanatis, & Succatellum de Populo, & Astoldum de Altouitis, de Florentia, ac eorum quilibet, ita quod duo aut alter ipsorum cum dicto Ioanne nepote possint, &c. Et nullus sine dicto Ioanne, ipso tamen Ioanne viuente, & ipso mortuo duo ipsorum nominati hic. Si vero nequeant pro exequis, & recessu ac expensis familiæ legatis hic distribuendis. Super autem bonis suis residuis omnibus, factis exequiis, funere portato, & familia redacta ad cetera. Instituit hæredes suos pauperes Christi. Postea Codicillando Ordinationem de equis suis vt in cedula per Chicarellum Notarium legitur. Item Ioanni Cabassole nepoti prædicto legauit quadraginta marchas vesellæ suæ argenteæ. Actum Perusij, anno, Indictione, mense, die, & Pontificatu quibus supra, in Camera sui circa horam Vesperorum videlicet quinta: præsentibus vero Domino Gernesio & Albornesio, Domino Iacobo Alby, Domino Fortunato Cameroli, Ioanne Cressol, Restituto Chaberty, Guillelmo Petri, Guillelmo Hiccaudi Chicarello, Raymundo Bastide Ypotechario, præsentibus Magistro Eynardi Audrineto, testibus ad præmissa vocatis & rogatis.

Concordat cum Originali mihi Francisco Chassin, Notario Apostolico & Regio, Auenionis per R. P. Dominum Paulum Royer, Religiosum & Procuratorem Carthusiæ nostræ Dominæ Bonipassus Caualliensis Diœcesis, exhibito, & per me illi restituto, debita prius collatione facta, Auenioni die duodecima Martij 1361. Signé,
CHASSIN, *Notarius.*

Epitaphe du Cardinal de Cabassole, qui se lit sur son Tombeau en la Chartreuse de nostre Dame de Bonpas, près la Ville d'Auignon.

HIc iacet Reuerendissimus in Christo Pater Dominus PHILIPPVS DE CABASSOLE, Domini YSVARDI Militis Filius, qui primo fuit Episcopus Cauallicensis, deinde Patriarcha Hyerosolimitanus, post Sanctæ Romanæ Ecclesiæ Presbyter Cardinalis Tituli Sanctorum Marcellini & Petri, mox Episcopus Sabinensis, demum Legatus missus à GREGORIO Papa XI. Auenione sedente in Italiam, ad gubernandas Ecclesiæ Romanæ terras, & obiit Perusij sexto Calendas Septembres, anno Domini 1372. cuius corpus ad hoc Monasterium Carthusiensium, Bonipassus delatum ibidem sepultum fuit cura Domini ÆGIDII AVCELINI de Monte-Acuto, Episcopi Cardinalis Tusculani, & aliorum Executorum Testamenti eius.

BERNARD DV BOSQVET,

Chanoine de Bordeaux, Chappelain du Pape, Auditeur du Sacré Palais, Archeuesque de Naples, Cardinal Prestre de la Basilique des Saints Douze Apostres.

CHAPITRE CXXIV.

Bartholomæus Chioccarellus, in Episcopis & Archiepiscopis Neapolitanis,

BERNARDVS DE BOSQVETO, Gallus, Canonicus Burdegalensis, Capellanus Papæ, & causarum Palatij Apostolici Auditor, præficitur Ecclesiæ Neapolitanæ ab VRBANO V. Romano Pontifice, 1365. Habetur ipsius Bernardi Archiepiscopi mentio in Actis Consecrationis Ecclesiæ Sancti Martini huius Ciuitatis, quæ à Carthusiensibus Monachis incolitur, quæ solemniter celebrata est die 16. Februarij 1368. à GVILLELMO de Agrifolio Sanctæ Romanæ Ecclesiæ Cardinali, & Apostolicæ Sedis in Regno Nuncij, cui etiam hic noster Antistes interfuit, vt ex eius Dedicationis memoria, quæ annis præteritis in summo eius Ecclesiæ Altari, in papiro scripta reperta est, liquet, quæ sic se habet.

REVERENDISSIMVS in Christo Pater, & Dominus GVILLELMVS DE AGRIFOLIO Lemouicensis Diœcesis, permissione diuina Episcopus Sabinensis, Sacrosanctæ Romanæ Ecclesiæ Cardinalis, & Apostolicæ Sedis Nuncius ad partes Regni Siciliæ per Dominum nostrum Papam VRBANVM V. destinatus ad pacificandum Magnates dicti Regni, qui habebant guerram ad inuicem, præsentem Ecclesiam fundatam per claræ memoriæ quondam Dominum Carolum Ducem Calabriæ Dominæ Ioannæ illustrem Genitorem, anno Domini 1368. 16. mensis Februarij, de licentia ciusdem Domini Papæ, consecrauit & dedicauit in honorem Beatissimæ Virginis Mariæ, Beati Martini Episcopi & Confessoris & Omnium Sanctorum, atque Reliquias Sanctorum subsequentium infra Altare maius ipsius Ecclesiæ honestè collocauit, & præfatus summus Pontifex verè pœnitentibus & confessis, qui in dicta Dedicatione interfuerunt, de Omnipotentis Dei misericordia tres annos & tres quadragenas de Indulgentia misericorditer concessit, & subsequentem eandem Ecclesiam visitantibus, annum & quadragenam in diebus, & Festiuitatibus dari consueuit. Et similiter dictus Dominus GVILLELMVS Cardinalis, omnibus verè pœnitentibus & confessis, qui in Officio vel Missæ dictæ Dedicationis interfuerint, ex priuilegio Apostolico specialiter sibi concesso, vnum annum & vnam quadragenam concessit, & de generali priuilegio concesso Dominis Cardinalibus, concessit die huiusmodi Consecrationis similiter centum dies. Item, Reuerendus Pater Dominus BERNARDVS de Bosqueto, tunc Archiepiscopus Neapolitanus, qui in dicta Consecratione presens fuit, auctoritate sua ordinaria, omnibus verè pœnitentibus & confessis, qui in dicta Dedicatione interfuerunt, vnum annum, iis qui anniuersaria dictæ Dedicationis annis singulis in futurum deuotè dictam Ecclesiam visitabunt, quadraginta dies, de iniunctis pœnitentiis misericorditer relaxauit.

Reliquiæ.

PRIMÒ, *de Ossibus Sancti Nicolai Episcopi & Confessoris.* Item, *de Ossibus Hieremiæ Prophetæ.* Item, *de Ossibus Sancti STEPHANI Papæ & Martyris.* Item, *de Ossibus Sancti Thomæ Apostoli.* Item, *de Ossibus Beati Ioannis Chrysostomi.* Item, *de Ossibus Beatæ Ceciliæ Virginis & Martyris.*

DEin eodem anno 1368. die 28. Septembris, ab eodem Pontifice VRBANO V. Bernardus hic de Bosqueto Gallus, Archiepiscopus Neapolitanus, creatus fuit Presbyter Cardinalis, sub Titulo Basilicæ Apostolorum, & Auenionem petens, vbi Romanus Pontifex, Sacrumque Cardinalium Collegium tunc residebant, Neapolitanam Ecclesiam in manibus Pontificis resignasse credimus eodem anno. Mortuus est autem Auenione die nona Aprilis 1371. sub Pontificatu GREGORII XI. & ibidem sepultus est.

FRANCISCVS Bosquetus Narbonensis in sua Historia Pontificum Romanorum, qui è Gallia oriundi in ea sederunt, in VRBANO V. ait Bernardum hunc de Bosqueto, Archiepiscopum Neapolitanum, & Cardinalem, fuisse Cadurcensem.

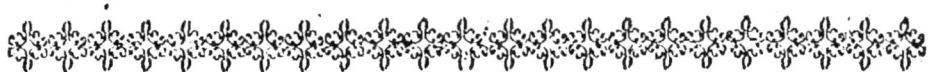

JEAN DE DORMANS,

Premierement Chancelier de Charles Dauphin de Viennois, & Duc de Normandie, Euesque & Comte de Beauuais, puis Chancelier de France, Archidiacre de Brie en l'Eglise de Soissons, Cardinal Prestre du Tiltre des Quatre Saints Couronnez.

CHAPITRE CXXV.

Ex primo Registro Chartarum Cameræ Computorum. Fol. 14.

CHARTA Nobilitationis Guillelmi de Dormano, Aduocati Regis, data mense Martio 1350. per Regem, *Vnere,* reddita sine financia, quam Rex dedit. Folio 26. Magister IOANNES de Dormano, Aduocatus in Parlamento, de concessione sibi facta quod possit acquirere sexaginta libratas terræ ad Parif. in fundis, terris, iurisdictionibus, feodis, & retrofeodis Domini Regis, conuertendas in personis Ecclesiasticis, quæ eas valeant tenere in perpetuo, &c. Datum Parisius anno 1353. mense Augusto.

des Cardinaux François. 427

Extraict de l'Histoire MS. des Chanceliers & Gardes des Sceaux de France, par feu mon Pere.

L'AN 1357. le 18. Mars Charles Duc de Normandie, Regent le Royaume, donna le fait de la Chancelerie de France à Iean de Dormans son Chancelier, aux mesmes honneurs & aduantages du Chancelier de France, supprimant le nom du Roy, & l'usage du Seel du Chastelet pour tant que dureroit la Regence. Registre de la Chambre des Comptes, coté C. folio 197. Il exerçoit encore la mesme Charge lors du Traité de Bretigny, fait le 8. May 1360. où il est qualifié Esleu de Beauuais, Pair de France, & scelloit du Seel dudit Regent. Il se uoid vn certificat de l'an 1361. du 9. Octobre, par lequel vn Garde des Chartes declare que Reuerent Pere, IOANNES, Beluacensis Episcopus, Cancellarius Franciæ, luy a baillé plusieurs Lettres y specifiées. Ledit Chancelier auoit de gages deux mille liures parisis par an, outre les Droicts de Registre & de Bouche, ledit Regent Duc de Normandie, le feit aussi Chancelier de Normandie à mile liures de gages, & ordonna par aduis de Conseil, que le Chancelier de Normandie seelleroit en grand Sceau, & seroit auec ce tout le fait de la Chancellerie de France. De ces gages, ledit Chancelier iouyst quelque temps, & en compta à la Chambre des Comptes; & parce que l'Ordonnance de la Chambre defendoit de prendre deux paires de gages, & que du temps que la Normandie estoit tenué par le Roy, la Chancellerie ne prenoit que deux mile liures tant pour France, que pour Normandie, ledit de Dormans craignant d'estre recherché à l'aduenir, eut Lettres de Declaration du Roy, adressantes aux Gens des Comptes, par lesquelles il voulut que ledit Chancelier eust les trois mille liures de gages, le 8. Decembre 1358. Depuis il fut Euesque de Beauuais & creé Cardinal en 1369. Ayant esté Chancelier pendant la Regence de Charles V. à l'aduenement d'iceluy à la Couronne en l'an 1364. il continua la Charge qu'il auoit exercée de son Chancelier. Registre CI. numero 72. du Thresor des Chartes. Il y a vne Lettre de Charles aisné Fils & Lieutenant du Roy, Dauphin, par laquelle en consideration des bons seruices que l'Euesque de Beauuais Chancelier du Roy, & Messire Guillaume de Dormans Chancelier de luy Dauphin son Frere, luy ont rendus, il donne à Pierre de Rochefort, & à Ieanne de Dormans sa Femme, Fille dudit Guillaume, quelques heritages y specifiez, le 10. Auril 1354. Au Registre du Parlement depuis l'an 1364. iusques en 1372. il y a, Le 12. Nouembre 1364. le premier iour d'Ouuerture du Parlement, auec le Roy present estoient l'Archeuesque de Sens, l'Euesque de Beauuais, &c. L'an 1366. le 13. Decembre, il assista à l'hommage de Iean Duc de Bretagne, où il feit de notables protestations. Registre idem, folio 106. il est fait mention de luy en l'aduis des Grands de France sur l'Apanage d'Orleans, du 28. Decembre 1366. Au Registre du Parlement cy-dessus coté, depuis l'an 1364. iusques en 1372. il y a, Le 11. May 1369. le Roy feit exposer par le Cardinal de Beauuais Chancelier de France, & peu apres plus à plein par Messire Guillaume de Dormans Cheualier Frere dudit Seigneur Cardinal, les Traittez d'Angleterre, proposer la guerre, & le 12. Nouembre audit an 1369. apres la lecture des Ordonnances & Serment des Aduocats & Procureurs, Monsieur le Cardinal de Beauuais Chancelier de France, feit vn long discours & remonstrance, ce qui ne se trouua auoir esté fait auparauant. Le 8. Iuin 1371. Guillaume de Seris fut creé Premier President du Parlement, & estably par Messire Iean de Dormans Cardinal, Chancelier de France. Le 11. Nouembre audit an 1371. ledit Sieur Chancelier feit l'Ouuerture du Parlement: il se trouue vne Quitance à luy concedée par le Roy en Feurier de la mesme année 1371. de tous les Droicts & accroissemens de gages à luy faits, & de tout ce qu'on luy eust peu demander pour l'Estat de Chancelier, en consideration de ses loyaux seruices faits au Roy, & audit Estat sans entremise, tant en aduersité que prosperité. Registre D. folio 129. La Chronique de Saint Denis en la Vie de Charles V. chapitre 16. & 35. remarque qu'il tint les Sceaux trois ans & quatre mois, depuis qu'il fut Cardinal, & retint les Sceaux iusques au 21. Feurier 1371. qu'il supplia le Roy en vne grande Assemblée de les reprendre, l'excuser de l'Office de Chancelier, le Roy receut ses excuses, & le retint en son Conseil le plus Grand & le plus Principal, (ce sont les mots du Registre,) & lors fust esleu en sa place Guillaume de Dormans son Frere.

Extraict d'vn Registre de la Chambre des Comptes, coté D. fol. 94.

DOMINICA, tertiâ die Decembris, anno Domini 1368. & primâ die Aduentus Domini quasi cito post mediam noctem, in illâ horâ quâ cantabatur in Ecclesiâ Parisiensi, & aliis, illud Inuitatorium, *Ecce venit Rex, occurramus obuiam Saluatori nostro,* natus fuit primogenitus Domini nostri Regis Caroli moderni cum magno gaudio totius Ciuitatis Parisiensis: & die Mercurij sextâ Decembris, post, videlicet in Festo Beati Nicolai in Ecclesia Beati Pauli Apostoli iuxta Parisios, horâ tertiâ, quâ Spiritus Sanctus descendit super Apostolos, baptizatus fuit dictus primogenitus, & tenuit eum super Fontes Dominus Monmoranciaci, Dominus CAROLVS, proprijs manibus, assistentibus ibi Comite de Domno Martino Domino Carolo, Dominis, CARDINALI BELVACENSI baptizante, Archiepiscopo Senonensi, Domina Regina Ebroicensi, vna cum magno numero Episcoporum & Abbatum cum maxima multitudine plebis acclamante cum gaudio magno *Noé, Noé,* & qui vidit, testimonium perhibuit, & verum est testimonium eius, & scripsit hæc *Iohannes.*

Extraict de l'Histoire de France, par Belleforest, en la Vie de Charles V.

LA memoire de ce Reverend Prelat (parlant du Cardinal de Dormans) fut si plaisante aux Rois, que sa vertu l'ayant haussé iusques à l'Estat de Chancelier, & à la Dignité esgale aux Rois, estant Cardinal du Saint Siege, il laissa l'Office de Chancelier à GVILLAVME son Frere.

Extraict des Tiltres de la Chambre des Comptes.

SAbbatho 11. die Februarij Dominus Rex, vocatis secum apud Sanctum Paulum Magno Consilio suo, tam Prælatorum, Gentium Parlamenti, Cameræ Compotorum, & aliis pluribus, Dominus Cardinalis Beluacensis, reddidit magnum Sigillum Regis palam omnibus, & post deliberatione habita, idem Dominus Rex tradidit dictum Sigillum magnum Domino Guillelmo de Dormano, & fecit eum Cancellarium Franciæ cum solemni iuramento coram omnibus; & hoc per Litteras datas tunc sigillatas Sigillo secreti dicti Domini Regis. Et prædicta die Dominus de Ordeomonte fuit Cancellarius Delphinatus, & fecit iuramentum palam omnibus, &c.
Memoria quod dictus Dominus Rex per eius Litteras datas s . . unda Martij 1371. sigillatas eius Sigillo secreti donauit eidem Domino Guillelmo Cancellario, vt supra vltra vadia & iura ad dictum Officium spectantia, attento quod nulla Beneficia Ecclesiastica obtinere potest, pro supportatione Status eius Officij, duo mille libras pensionis quandiu Domino Regi placuerit, capiendas super emolumenta dicti Sigilli maioris.

Extraict des Registres de Parlement. 7. Nouembre.

1373. ET est à sçauoir que Lundy precedent septiéme iour dudit mois, trespassa de ce monde tres Reuerend Pere en Dieu Monsieur IEAN DE DORMANS, Cardinal de Beaunes du Tiltre des quatres Saints Coronnés, iadis Chancelier de France, & qui derenierement garda les Sceaux de France, depuis le Mardy 11. Iour de Iuillet precedent, que Monsieur Guillaulme de Dormans son Frere, trespassa Chancelier de France.

Aoust EN la cause du Sire de Croüy & sa Femme, l'Archeuesque de Sens defend & dit, que feu Messire
1395. Bernard de Dormans fut homme de bel & bon gouuernement, & poursuit les guerres, & fist le Voyage de Prusse à ses despens, & il estoit de vingt-vn an quand il mourut, qui n'est pas aage d'acquerir, & si tint tousiours grant Estat & noble, dit que l'en traitta du Mariage de luy & de la Dame de Croüy qui est à present, où il dependit moult en la poursuite, où il feit les frais des Nopces sans dons, & s'il achepta ioyaux & luy cousterent ses Nopces plus de six mile florins, & not de tout le meuble de la succession de son Pere huit cens florins & six mile du Cardinal, dont il achepta le Chasteau de Taillebaudieres, &c.

Ex Chartulariis Sancti Petri Carnotensis.

IEAN DE DORMANS, Licentié és Loix, Chanoine de Chartres, Fils de Guillaulme de Dormans Chancelier, & Nepueu de Iean Cardinal de Dormans, aussi Chancelier, deceda l'an 1380. Regnaulx de Dormans Frere dudit Iean, Maistre des Requestes de l'Hostel du Roy, Chanoine de Chartres deceda l'an 1386.

Extraict des Memoires MS. de Monsieur de la Rocque, Aduocat en Parlement.

IEAN de Dormans Cardinal, Euesque de Beauuais, auoit pour Neueux Miles de Dormans, successivement Euesque d'Angers, de Bayeux & de Beauuais, qui mourut suiuant les Registres de Bayeux le 17. Aoust 1387. & Guillaulme de Dormans son Frere, Euesque de Meaux, & depuis Archeuesque de Sens.

Ex Martyrologio Carthusianorum Parisiensium.

NOVEMBER. 7. Idus, obiit Ioannes de DORMANO Cardinalis Beluacensis, qui dedit nobis triginta libras admortizati redditus, pro sustentatione vnius Monachi qui oret Deum pro anima eius. Item, dedit nobis MD. francos ponendos in redditibus pro vestibus nostris. Sepultus est in Choro ante magnum Altare.

Extraict de l'Obituaire des Celestins de Paris.

DEcembre 18. Obitus nouem Lectionum pro Reuerendo Patre Domino Ioanne de Dormans, Cardinale, Episcopo Bellouacensi.

des Cardinaux François.

Ex Martyrologio MS. Ecclesiæ Sancti Gervasij Suessionensis.

ANno Domini 1373. 7. Idus Nouembris. Obiit Parisius bonæ memoriæ Dominus IOANNES DE DORMANO quondam Cardinalis Beluacensis, & Cancellarius Franciæ, ac Archidiaconus Briæ, in hac Ecclesia Suessionensi. A quo temporibus retroactis, & maxime dum Cancellariam Franciæ rexit, Ecclesia nostra nonnullos vtiles fauores, & grata Beneficia obtinuit & recepit. Quique in suo Testamento centum francos auri ad redditus emendos nobis & Ecclesiæ nostræ dedit & legauit, & ob hoc per Capitulum ordinatum fuit & promissum, quod pro remedio animæ eiusdem Domini Cardinalis Obitus seu Anniuersarium ad nouem Lectiones commendisas & Missam annis singulis fiet & celebrabitur in hac Ecclesia dicta die. Super quo Executores dicti Domini Cardinalis Litteras Præpositi, Decani, & Capituli habuerunt.

Extraict de l'Obituaire de Saint Pierre de Beauuais.

ANno Domini 1373. obiit bonæ memoriæ Dominus IOANNES DE DORMANO, Sanctorum quatuor Coronatorum Sacrosanctæ Ecclesiæ Presbyter Cardinalis, qui nouem annos Belluacensi Episcopatui præfuit, & postmodum anno 1368. die 24. Septembris ad Apicem Cardinalatus assumptus est: fuit Francorum Regis in vita specialis & fidissimus Consiliarius, demum Franciæ Cancellarius, qui dum ageret in humanis, dedit Sancto PETRO tertiam partem tertij decimi denarij foragij, quæ fuerat nobilis viri Radulphi de Sanctis, Militis, hic post suam ordinationem vixit tres annos, octo menses, & dies viginti quinque.

Epitaphes qui se lisent en la Chapelle de Saint Iean du College de Beauuais, à Paris.

HIc iacent Domini Milo de Dormano, Episcopus quondam Andegauensis, post Baiocensis, & demum Bellouacensis, Cancellarius Franciæ, qui obiit 17. Augusti anno 1387. & Guillelmus de Dormano eius Germanus, Episcopus quondam Meldensis, post Archiepiscopus Senonensis, Regius Consiliarius, qui obiit anno 1405. tertia die Octobris, Doctores Legum, Nepotes Domini Ioannis Cardinalis de Dormano, & Filij nobilis viri Domini Guillelmi de Dormano; Fratrum, & Franciæ Cancellariorum, huius Collegij Fundatorum, quorum corpora sunt apud Carthusienses propè Patisius. Orate pro eis omnibus.

CY gist noble homme Maistre Regnault de Dormans, Conseiller & Maistre des Requestes ordinaire de l'Hostel du Roy nostre Sire, & Neueu dudit feu Monseigneur le Chancelier, & vn des Enfans dudit Maistre Regnault & Damoiselle Colombe de Bonney sa Femme, lequel Maistre Regnault trespassa le onziesme iour de Nouembre 1472.

Extraict d'vn Escrit qui est en vne Chapelle de l'Eglise Parrochiale de Nozay, Diocese de Troyes, pres d'Arceys-sur-Aube; lequel lieu a esté long-temps possedé par ceux de la Maison de Dormans. Enuoyé par feu Monsieur Camusat, viuant Chanoine en l'Eglise Cathedrale de Troyes.

MESSIRE Iean de Dormans, Cheualier Seigneur dudit Dormans, Chambellan de Philippe de Valois Roy de France, Pere de Messire Iean de Dormans, Cardinal du Saint Siege Apostolique (Tituli quatuor Coronatorum) Chancelier de France sous Charles le Quint, Fondateur du College des Dormans dit Beauuais, assis sous le Clos Bruneau à Paris, Euesque de Beauuais. Guillaume de Dormans Sieur dudit lieu, Successeur en ladite Chancellerie. Messire Regnault de Dormans Maistre des Requestes de l'Hostel du Roy, & Ambassadeur enuers le Saint Siege Apostolique, Freres & Enfans dudit Maistre Iean de Dormans.

MESSIRE Mile de Dormans Euesque de Beauuais, Chancelier de France. Guillaume de Dormans Archeuesque de Sens. Ieanne Dame de Dormans Femme de Messire Philippe de Poitiers Enfans dudit Messire Guillaume de Dormans. Pierre de Dormans Maistre des Requestes de l'Hostel du Roy, Fils dudit Maistre Regnault de Dormans.

GVILLAVME de Dormans Chambellan de Charles VII. Roy de France, Seigneur de Nozay, Saint Remy, Saint Martin & Voix sur Barbuise, Fils dudit Maistre Pierre. Messire Regnault de Dormans Cheualier Maistre des Requestes de l'Hostel du Roy Louis XI. & Ambassadeur enuers le Saint Siege Apostolique pour ledit Roy, Seigneur de ladite terre & de la moitié des terres de Giury, Herpont, Belual & Varimont par indiuis, Fils dudit Maistre Guillaume.

430 Preuues du Liure II. de l'Histoire

MESSIRE Guillaume de Dormans Cheualier Conseiller du Roy Charles VIII. en son Priué Conseil & Premier President en la Cour de Parlement de Bourgogne, Fils dudit Maistre Regnault, Seigneur desdites terres. Charles de Dormans Conseiller du Roy en la Cour de Parlement de Paris, Fils dudit Maistre Guillaume Seigneur desdites terres. Maistre Charles de Dormans Licentié és Loix, Fils dudit Conseiller Sieur de Bieuure le Chastel lez Paris, Notaire & Secretaire du Roy. Maistre Charles de Dormans Conseiller du Roy en sa Cour de Parlement de Paris Seigneur du Village de Nozay, Saint Remy, Saint Martin & Voix sur Barbuise, de Herpont en Champagne, Belual & Argone, & de Bieuure le Chastel, Pere de Maistre Charles de Dormans : ce dernier a fait bastir vne Chapelle en l'Eglise de Nozay.

Extraict du Testament du Cardinal de Dormans.

EGo eligo sepulturam meam, in Ecclesia Fratrum Carthusiensium Prioratus Beatæ Mariæ Vallis viridis iuxta Parisius, ad quem locum & ad ipsum Ordinem deuotionem habeo specialem, & volo quod corpus meum ibidem sepeliatur directè ante maius Altare eiusdem Ecclesiæ sub Tumulo ibidem sumptibus meis de nouo faciendo, sicut decet ad decorem loci de metallo cupreo : qui Tumulus sit aliquantulum eleuatus, quasi de altitudine dimidij pedis, vt aptus sit ad flectendum genua ante Altare prædictum.

Epitaphe du Cardinal de Dormans, qui se lisoit graué sur vne Tombe qui couuroit l'endroit où il deuoit estre enterré, dans l'Eglise des Peres Chartreux lez Paris, & qu'il y auoit fait poser dés son viuant.

DORMIT hic I. de Dormano
Christo foelix est oblatus
Corpus linquens mundo
Vano sub marmore inhumatus,

Tu deuoti Patris huius
Rex gloriæ Iesu Christe,
Animam suscipe, cuius
Corpus tegit Lapis iste.

Et sur la bordure de son Tombeau, dans lesdits Chartreux, les vers suiuans sont grauez.

ANNO milleno ter C. ter I. septuageno
Soluitur & membris septenâ luce Nouembris
I. de Dormano, prime proleromano
Præsule susceptum, Pater hinc Belnacus adeptus

Sub Franco Rege, cancellauit Duce Lege
- - - - - - - - - - souens sub alis
Intus Confratrem, puerorum quem cito Patrem
Collegij Claustri Brunelli, fit Cinis Astri.

ESTIENNE DE PARIS,

Docteur és Loix, Chanoine & Chancelier de l'Eglise de Saint Quentin en Vermandois, Doyen de l'Eglise Cathedrale de nostre Dame de Paris, puis Euesque d'icelle, Cardinal Prestre du Tiltre de Saint Eusebe, Ambassadeur pour le Roy de France en Angleterre, pour la Reformation de la Paix.

CHAPITRE CXXVI.

Ex Continuatore Guillelmi Nangij MS.

TANDEM vero dictâ peste cessante, Parisius obijt Dominus IOANNES DE MEVLLENT Episcopus Parisiensis, in die Beatæ Ceciliæ Virginis & Martyris, vir nobilis & discretus, anno Pontificatus sui duodecimo, eius vero ætatis octogesimo, cui successit in Episcopatu Dominus STEPHANVS DE PARISIVS Doctor Decretorum & Decanus Parisiensis. Hic Dominus STEPHANVS postea

des Cardinaux François.

postea fuit factus Cardinalis per Dominum VRBANVM, Sanctæ memoriæ quintum huius hominis summum Pontificem, Anno Domini 1368. in Montisflascone prope Viterbium.

Extraict des Memoires MS. de feu Monsieur Dey, Docteur de Navarre, touchant les Doyens de Saint Quentin.

STEPHANVS DE PARIS Cardinalis, Canonicus & Cancellarius Ecclesiæ Sancti Quintini 1351.

Extraict des Registres des Chartes du Thresor du Roy. Registre coté. CV. des années 1373. & 1374.

LIttexæ Karoli Regis, quibus admortizat triginta libratas terræ, quas bonæ memoriæ STEPHANVS DE PARISIIS nuper Sanctæ Romanæ Ecclesiæ Cardinalis qui in Romana Curia soluit debitum naturale, & in Ecclesia Parisiensi vocabulo Virginis Mariæ decorata voluit inhumari, eidem Ecclesiæ in suo Testamento eas legauerat. Parisiis 1373. mense Februario.

Extraict du Martyrologe de l'Eglise Nostre-Dame de Paris.

DEcimo sexto Cal. Nouembris obiit Dominus Stephanus, Cancellarius Parisiensis. Item quinto Idus Aprilis obiit Dominus Stephanus Cardinalis Episcopus Parisiensis.

Epitaphe du Cardinal de Paris, graué sur sa Tombe, qui est en l'Eglise de Nostre Dame, vis à vis du grand Autel.

STEPHANVS hic Sedis Romanæ collateralis   Clauditur hoc lapide Lux Iuris Parisiorum
Desertus terris spe Sanctis iungitur alis   Pastor, voce, fide, Dux Regis Consiliorum.
M. C. ter ac anno tribus aucto septuageno,   Fautor Egenorum, damnans Hæreses Reproborum.
Octobris decima sexta, Domini quoque prima

PIERRE DE BANAC, ou BANHAC, vulgairement appellé de Baignat, Cardinal Prestre du Tiltre de Saint Laurens in Damaso.

CHAPITRE CXXVII.

Testament de ce Cardinal. Tiré du Conuent des Peres Augustins de la Ville de Mortemar.

IN nomine Domini, Amen. Quia præsentis vitæ conditio statum habet inuisibilem, & ea quæ sunt per euidentem essentiam tendunt insensibiliter ad non esse. Quod Reuerendissimus in Christo Pater, & Dominus Dominus PETRVS DE BANHACO, Tituli Sancti Laurentij in Damaso Presbyter Cardinalis, licet æger corpore, tamen per Dei gratiam sanus mente, ac in sua sana & perfecta, memoria persistens, volens & considerans, eidem morti suæ per ordinationem Testamentariam dum sibi licet, præueniret, Christi nomine inuocato, & Sanctæ Crucis Signaculo signatus, suum nuncupatiuum Testamentum, siue suam vltimam voluntatem ex potestate sibi per Sanctissimum in Christo Patrem, & Dominum nostrum Dominum VRBANVM diuina prouidentia Papam V. seu per eius Litteras Apostolicas infra scriptas, eius vera Bulla plumbea in filis sericis more Romanæ Curiæ Bullatas concessa, ac etiam ex mandato suo viuæ vocis oraculo ipsi facto, quod etiam possit de bonis per ipsum Dominum Testatorem habitis & acquisitis, de Abbatia quondam sua Montis-Maioris tertiari, fecit & condidit vt sequitur seriatim.

Et præsa idem Dominus Petrus Cardinalis Testator recommendauit animam suam, & corpus suum Domino nostro Iesu Christo, & Beatæ Mariæ Virgini & Matri eius, & toti Curiæ omnium ciuium supernorum.

Item, voluit & mandauit, quod si ipsum de eiusmodi infirmitate in Viterbio mori contingeret, seu contingat, quod eius corpus tradatur in & sub custodia in Ecclesia Fratrum Minorum de Viterbio Custodi ac Gardiano & Fratribus Conuentus eiusdem Ecclesiæ; & dum consumptum fuerit, vel placuerit eius Executoribus infrà scriptis, ipsum corpus tradant & restituant dictis Executoribus, vel alteri eorumdem, dum requisiti fuerint Custos & Gardianus, vel Fratres prædicti per ipsos Executores, vel eorum alterum prout eis videbitur, in loco de Mortuomari Lemouicensis Diœcesis, fundato per recolendæ memoriæ Dominum Petrum Cardinalem de Mortuomari eiusdem Domini Cardinalis Testatoris Auunculum transportandum, & ad pedes eiusdem Domini Cardinalis Auunculi, prout dictis Executoribus placuerit, tumulandum.

Item, voluit & ordinauit, quod eo casu quo, vt præmittitur, ipsum de hac infirmitate mori contingat, quod eius exequiæ fiant in die sui obitus, vel in crastinum in Ecclesia Fratrum Minorum prædicta ad ordinationem, & cognitionem dictorum suorum Executorum infrà scriptorum : absque eo quod nullæ robæ lugubri siue nigræ fiant.

Item, voluit tot pauperes in die sui obitus refici, sicut placuerit suis Executoribus prædictis, & tot Presbyteros habere qui pro eo Psalterium dicant, & Missas celebrent sicut eisdem Executoribus videbitur.

Item, voluit & mandauit, quod omnia eius debita exsoluantur, & specialiter debita Prioratuum de Petrussia & de Tegetto, & de Abbatia Montis-Maioris, si quæ eisdem per ipsum debentur.

Item, voluit quod cuicumque de ipso iustè conquerenti fiat satisfactio debita, quibus de modicis rebus aut debitis credatur simplici eorum iuramento, si aliàs legitimè probare non valerent. De magnis verò debitis, de quibus constare non possit, fiat & ordinetur per eius Executores taliter, quod eiusdem Domini Cardinalis Testatoris anima non sit onerata.

Item, legauit Conuentui prædictæ Ecclesiæ Minorum Viterbij, vt Deum rogent pro eius anima, videlicet centum florenos auri semel soluendos duntaxat, & quod aliud non petant, neque possint petere occasione commodæ prædictæ, seu alio quoquomodo, sed quod liberè permittant Executoribus, aut vni eorum, eius ossa assumere quando voluerint.

Item, legauit Ioanni de Banhaco eius consanguineo quadringentos francos auri semel soluendos vltra illa quæ dicto Ioanni erunt necessaria pro nuptiis contrahendis, aut cum vxorabitur : dum tamen contrahat vel vxoretur de consilio, & voluntate seu consensu Domini Petri Battalonis Camerarij, & Consanguinei dicti Domini Cardinalis Testatoris, aut Amelij de Brolio Clerici Bononiæ studentis : aliàs dictum legatum reuocat & reuocauit.

Item, legauit & solui voluit Domino Aimerico Gaudé Monacho, & Operario Monasterij S. Orientij, & vt Operario dicti Monasterij, videlicet septuaginta florenos auri semel soluendos in opere dicti Monasterij, per ipsum Operarium aut eius Successores, si ipse non valeret, conuertendos duntaxat : & de hoc eiusdem Domini Aimerici animam onerauit, aut eius in dicto Officio successorem.

Item, pro quibusdam arboribus domesticis de quodam horto, seu viridario dudum Tolosæ ablatis voluit fieri restitutionem, & mandauit per Executores suos infrà scriptos vt eius anima non remaneat onerata : & quod dicta restitutio pauperibus Tolosæ commorantibus fiat, quia nomen & cognomen cuius erant arbores, ignorat.

Item, voluit quod dictum corpus suum dum consumptum fuerit transportetur, vt supra dictum est, ad locum de Mortuomari prædictum minoribus sumptibus quibus portari poterit, ad cognitionem dictorum Executorum.

Item, legauit pro reparatione Hospitij Prioratus de Tegetto centum florenos auri semel soluendos, & in reparatione dicti Hospitij conuertendos : & voluit quod qui dictam pecuniam recipiet, obliget se cum instrumento publico ad conuertendum dictam pecuniam in reparatione antedicta.

Item, legauit Monasterio Sancti Orientij Auxitano pro eius anima centum florenos semel soluendos pro vno obitu perpetuo annuali in reddititibus annualibus perpetuo pro eodem conuertendis.

Item, legauit Fratri Arnaldo de Scano Magistro in Theologia, Ministro Prouinciæ Aquitaniæ, si viuit, vt Deum oret pro ipso, videlicet quinquaginta florenos auri semel soluendos.

Item, Fratri Columbo dicti Conuentus Fratrum Minorum Tolosæ, vt roget Deum pro anima eiusdem Domini Cardinalis Testatoris, legauit quinquaginta florenos auri semel soluendos, si idem Frater Columbus viuat, aliàs non. Et si non ambo mortui sunt, vel alter ipsorum, voluit quod legatum defuncti fratris, vel amborum, si mortui sint, amore Dei, & pro anima dicti Domini Cardinalis Testatoris, Christi pauperibus, vel pro Missis celebrandis, aut aliis piis vsibus tribuantur, seu conuertantur, ad arbitrium dictorum suorum Executorum.

Item, legauit vni de filiis hæredibus Simonis Aynelli de Insula Iordani Pictauensis Diœcesis magis idoneo & apto ad studendum, & qui maiorem habebit voluntatem studendi, pro sustentatione vitæ suæ in studio annis singulis viginti florenos auri, quamdiu studium frequentabit, & quo vsque beneficium Ecclesiasticum competens obtinuerit, de quo studere possit. Quibus euenientibus, dictum legatum reuocauit, & ademit ab eodem.

Item, voluit & ordinauit, ac ordinari, fundari, & fieri mandauit in prædicto loco de Mortuomari vnam Capellam perpetuam, amortisatam per suos Executores, aut vnum ex eis : in qua duo sufficientes perpetui Capellani instituantur, qui perpetuò successiuè habeant ibidem Missas celebrare pro anima ipsius Domini Cardinalis Testatoris, & parentum suorum, pro quorum victu, & sustentatione congrua legauit dictus Dominus Cardinalis tot de suis bonis propriis, quòd sufficiant ad emendum & soluendum quadraginta florenos auri perpetuò ver duales & amortisatos, Cuius quidem Capellæ ius patronatus præsentandi Capellanos sufficientes, & idoneos ad eam, voluit ad proximiorem de genere suo pertinere perpetuò.

Item, voluit quod Capellani præsentandi, & instituendi in dicta Capella, seu ad eam, præ ceteris sint de genere suo, duin tamen sint sufficientes, & eam peruoluerint præcantare. Sin autem, alios & idoneos sufficientes præsentent ad eam, qui in ea instituantur, præcantent, regant, & gubernent.

Item, dixit dictus Dominus Cardinalis Testator, quod ex eo quod bona sua erant rara & modica, in tantum quod timebat ea non sufficere ad complendum eius Executionem Testamenti, neque ex eis poterat legare suis familiaribus secundum velle suum, voluit & mandauit omnibus suis seruitoribus, quibus non est legatum factum in hoc Testamento, satisfieri per eius Executores de eorundem seruitorum seruitijs, inspecta qualitate executionis, & quantitate bonorum ipsius, cuilibet seruitori pro vita, tempore, & qualitate seruitij, & personarum conditione & statu, de bonis suis secundum ordinationem & voluntatem, dictorum suorum Executorum, ordinationi quorum huiuscemodi satisfactionem remittebat & committebat.

Item, legauit Ioanni Boni Vini Seruitori suo Diœcesis Ruthenensis centum florenos auri semel soluendos, & nihilominus idem Dominus Cardinalis Testator liberè, & ex certa sua scientia absoluit penitus, & quittauit dictum Ioannem Boni Vini ac hæredes, & successores suos de omnibus, & singulis per ipsum Ioannem, de bonis dicti Domini Cardinalis, de toto tempore quo secum fuit administrando, soluendo, distribuendo, vel alias quomodolibet disponendo, & de huiusmodi administratis, receptis, solutis, distributis, vel alias quomodolibet dispositis, pactum faciens de vlterius aliquid non petendo ab eodem, vel agendo occasione rationum reddendarum aut agendarum, aut reliquorum nomine quouis modo.

Item, legauit Domino Bernardo Tornetij Presbytero Ruthenensis Diœcesis Procuratori suo, centum florenos auri semel soluendos.

Item, legauit Domino Petro Batalhonis eius consanguineo, & Camerario, quingentos florenos auri semel soluendos duintaxat.

Item, Ioanni Barnasello consanguineo suo, attentis pluribus ibidem per dictum Dominum Cardinalem Testatorem dictis, nil legauit : sed prædicto Domino Petro Batalhonis mandauit, & dixit quod si idem Ioannes vellet recedere in partibus suis, vel remanere in Curia, quod daret sibi illud quod sibi placeret, & hoc posuit in eiusdem Domini Petri ordinatione ac placito & voluntate.

Item, legauit Petro Fouriaudi Priori S. Vrsini Bituricensis, Cubiculario suo, centum florenos auri semel soluendos.

Item, legauit Petro Basconis Cubiculario suo, centum florenos auri semel soluendos.

Item, legauit Domino Bernardo Gerardi Domini Papæ Scriptori, amico antiquo suo, centum florenos auri semel soluendos.

Item, legauit Magistro Paulo Physico Domini Papæ, quinquaginta florenos auri semel soluendos.

Item, legauit Ioanni Iacobi Melioris, Ypothecario suo, viginti quinque florenos auri semel soluendos.

Item, voluit & mandauit restitui & tradi Domino Hugoni Cardinali Sancti Martialis, Tullium in duobus Voluminibus, quem sibi mutuauerat dictus Dominus Cardinalis Sancti Martialis Tolosæ.

Item, voluit & mandauit solui Domino Ioanni Garrige Canonico Narbonensi viginti quinque florenos auri, in quibus sibi tenetur pro vno Rosario ab eodem Domino Ioanne empto.

Item, voluit & mandauit tradi, & restitui Domino Stephano Priori de Besanchis libros Naturalis Philosophiæ & Logices, & tractatus Logicales quos habet ab eo.

Item, super & voluit, quod de iis quæ idem Dominus Cardinalis habet agere cum Domino Baronselli & Michaële eius Fratre, & etiam de debitis, audiantur Dominus Guillermus Laboris Prior Prioratus de Mati, & Bertrandus Gaufredi, & Petrus Basconis, eiusdem Domini Cardinalis Testatoris Cubicularius : & relationi ipsorum stetur & credatur computatis triginta quinque florenis auri restantibus ad soluendum, seu debitis dicto Domino Cardinali per dictos Ioannem & Michaëlem Baronselli de pensione vnius annatæ Sancti Antonij Viennensis per eos hactenus leuata & recepta, vltra alias duas annatas per ipsos leuatas & receptas.

Item, etiam octoginta florenos auri vel circa, quos idem Ioannes Baronselli, seu eius Frater, recepit nomine dicti Domini Cardinalis Testatoris, à quodam homine vocato Comtepalari, qui portabat blada dicti Domini Cardinalis Testatoris, tunc Abbatis, Montis maioris Auenionem : pro quo fideiusserat & fideiussit præfatus Ioannes Baronselli.

Item, voluit & mandauit, quod omnia debita sua credita & legata, & alia omnia, ad quæ tenetur satisfacere præfatus Dominus Cardinalis Testator, soluantur integraliter cum effectu semel duintaxat, vt præfatum est, per dictos Dominos Executores infra scriptos de suis bonis, & etiam de Capello si alia bona non sufficiant, & quod quilibet legatariorum de suo legato contentetur, & quod nil aliud de dicta Executione petere possit.

Ad quæ soluenda, facienda, & plenariè perficienda & exequenda, ac penitus & totaliter adimplenda, eo meliori modo & forma quibus melius potuit & debuit, fecit, nominauit, & constituit idem dictus Dominus Cardinalis Testator suos Executores præsentis Testamenti, seu vltimæ voluntatis, videlicet Venerandum in Christo Patrem Dominum Raymundum de Ralhaco Abbatem Monasterij Conchensis Ruthenensis Diœcesis, ac Venerabiles & discretos viros Dominum Petrum Batalhonis eiusdem Domini Cardinalis Testatoris Camerarium & consanguineum, Petrum Fourgandi Priorem Sancti Visini Bituricensis, Petrum de Villanoua Sacristam Ecclesiæ Aduensis, Iurisperitos, & Bernardum Geraldi Præcentorem Ecclesiæ Regensis, & quemlibet eorum in solidum. Quibus quidem Executoribus, & cuilibet eorum in solidum præfatus Dominus Cardinalis Testator dedit & concessit, ac dat & concedit plenariam potestatem & mandatum speciale exequendi, soluendi, & complendi, perficiendi, & ad bonum finem & perfectum deducendi omnia, & singula supradicta per dictum Dominum Cardinalem Testatorem legata, facta, ordinata, de bonis ipsius Domini Cardinalis, ipsaque bona sua vbicumque sint recipiendi, propria auctoritate, realiter, & cum effectu tam præsentia quam futura, vbicumque reperiantur, & in quibuscumque persistant, siue in pecuniis auri vel argenti, vasis & vaccellis argenteis, annulis, iocalibus, pannis, seu indumentis aureis, libris, equitatu, ornamentis, suppellectilibus, debitis, aut rebus aliis quibuscumque, ac resta etiam debita de Cappello, seu emolumento debitum & debendum de ipso Capello dicto Cardinali, & pro iure suo deberi poterit in futurum, eaque soluendi, distribuendi, assignandi, & tradendi, & alias quomodolibet disponendi prout supra explicata sunt, ordinata, legata, & dicta, ad vtilitatem dictæ Executionis, ac ampliandi & interpretandi obscura, si qua sint, pro complemento voluntatis dicti Domini Testatoris, & ad vtilitatem & commodum dictæ Executionis, & animæ dicti Domini Cardinalis Testatoris, & sine eorum voluntate, quæ ampliata & interpretata & declarata habere voluit pro sua vltima voluntate vsque ad perfectum complementum intentionis, & voluntatis dicti Domini Cardinalis Testatoris. Dans & concedens dictus Dominus Cardinalis Testator dictis Executoribus suis insolidum, plenam & liberam voluntatem, & speciale mandatum omnia & singula debita sua, & restam dicti Capelli quamdiu durabit, & ad cum pertinebit de consuetudine, seu de more, recuperandi, petendi, leuandi, recipiendi, exigendi, & de receptis, leuatis, & recuperatis, quittationem faciendi, &c.

Item, ad defensionem & protectionem dicti Testamenti, & eius executionis, & contentorum in eo, Protectores & defensores dictorum Executorum ac testamenti, & iuris ipsius executionis, præfatus Dominus Cardinalis Testator, considerans & attendens summam dilectionem quam erga ipsum gerunt Reuerendissimi Patres Domini Petrus Belhfortis, & Philippus Hierosolymitanus, & Hugo de Sancto Martiali, Sanctæ Romanæ Ecclesiæ Cardinales, ac pietatem & misericordiam, quam erga defunctos habent, & eorum bonitates, quorum bonitatibus semper afficiebatur, ipsos & ipsorum quemlibet ausu præsumptuoso in tam pauperrima executione Protectores elegit: supplicans eis humiliter & benigne, vt eiusmodi protectionis onus assumere velint, ac in ea & circa eam laborare, & eam protegere & defendere ac executores dirigere.

De aliis autem bonis omnibus & singulis dicti Domini Testatoris, quæ restabunt, solutis omnibus supradictis & completa executione & voluntate dicti Domini Testatoris iuxta formam superius ordinatam & expectatam, vbicumque illa bona sint & inueniri possint, & à quibuscumque detineantur, cuiuscumque conditionis existant, & qualitercumque ad dictum Dominum Cardinalem Testatorem, si viueret, aut alias possent pertinere etiam de Capello & resta sibi pertinente ex eo, & debebit pertinere, fecit ex meliori modo, forma, colore, quibus melius potuit & debuit, suos hæredes vniuersales, videlicet Religiosos viros Fratres Conuentuum de Mortuomari Lemouicensis Diœcesis, quibus & eorum cuilibet in solidum dat, & dedit potestatem restam dictorum bonorum recipiendi, petendi, & exigendi; tanquam sua propria: & quod bona quæ exinde receperint, in reparatione, seu clausura dicti loci vt melius poterit, æqualibus portionibus conuertantur, &c.

Tenor vero Litterarum Apostolicarum, de quibus est facta mentio, talis est.

VRBANVS Episcopus seruus seruorum Dei, dilecto Filio Petro Tituli Sancti Laurentij in Damaso Presbytero Cardinali, salutem & Apostolicam Benedictionem. Cum nil sit quod magis hominibus debeatur, quam vt supremæ voluntatis liber sit stylus, & liberum quod iterum non redit arbitrium, Nos tuis supplicationibus inclinati, Testandi, ordinandi, & disponendi libere de omnibus bonis ad te pertinentibus, cuiuscumque quantitatis seu valoris fuerint, etiamsi illa ex prouentibus Ecclesiasticis, seu Ecclesiis tibi commissis, vel alias personæ tuæ, vel tui Cardinalatus intuitu, ratione, aut contemplatione ad te peruenerint, & peruenerint in futurum, prius tamen de omnibus prædictis bonis æte alieno, & iis quæ pro reparandis domibus, seu ædificiis consistentibus in locis Ecclesiarum, vel Beneficiorum tuorum, culpa vel negligentia tua, seu tuorum Procuratorum destructis vel deterioratis, nec non restaurandis aliis iuribus earumdem Ecclesiarum vel Beneficiorum, ex culpa vel negligentia supradictis fuerint opportuna, deductis, plenam & liberam tibi, nonobstante quod Ordinis Sancti Benedicti Professor existis, licentiam tenore præsentium elargimur. Nulli ergo homini liceat hanc paginam nostræ concessionis infringere, vel ei ausu temerario contraire. Si quis autem hoc attentare præsumpserit, indignationem omnipotentis Dei, & Beatorum Petri & Pauli Apostolorum eius se nouerit incursurum. Datum apud Montem Flasconem tertio nonas Octobris, Pontificatus nostri anno sexto.

des Cardinaux François.

Acta fuerunt hæc vierbij in domo Fratrum Minorum, & in Camera, in qua jacebat dictus Dominus Cardinalis, anno Natiuitatis Domini 1369. Indictione septima, & mensis Septembris, die vigesima sexta, Pontificatus prædicti Domini Vrbani diuina prouidentia Papæ V. anno septimo, præsentibus Venerabilibus & discretis viris, Domino Petro Catalho Priore de Redonio, Carpentoratensis Diœcesis, Petro Fourgaudi Baccalario in Legibus, Ioanne Bornaselli, & Ioanne Boni-Vini, Lemouicensis & Ruthenicensis Diœcesis, testibus ad promissa vocatis specialiter & rogatis.

Et ego Bernardus Geraldi Clericus Ruthenensis Dœcesis, publicus Apostolica & Imperiali Auctoritate Notarius, præmissis ultimæ voluntatis & bonorum dispositioni, ordinationi, Executorum institutioni, ac omnibus & singulis aliis supra scriptis, dum per præfatum Dominum Cardinalem ordinatorem suæ ultimæ prædictæ voluntatis agerentur, una cum dictis Testibus præsens interfui, ea percepi, publicaui, & in hanc publicam formam redegi, signoque meo solito signaui, vocatus, & per dictum Dominum Cardinalem testatorem specialiter rogatus. Datum vt supra.

Epitaphe du Cardinal de Baignac, qui se lit en vne Chapelle de l'Eglise du Conuent des Augustins de Mortemar, où il est enterré sous l'Autel de ladite Chapelle.

Hic iacet Dominus Dominus PETRVS DE BAGNACO, Sanctæ Romanæ Ecclesiæ Cardinalis, qui obiit die 18. mensis Septembris, anno Domini 1369. Anima eius requiescat in pace, Amen.

PIERRE DE L'ESTANG,

Surnommé d'Estain par quelques vns, Religieux Benedictin de la Congregation de Clugny, Euesque de Saint Flour, puis Archeuesque de Bourges, Cardinal Prestre du Tiltre de Sainte Marie trans Tiberim, Camerlingue de la Sainte Eglise Romaine, Vicaire General du Pape dans la Champagne de Rome, & dans quelques Prouinces circonuoisines, puis Euesque d'Ostie.

CHAPITRE CXXVIII.

Archiepiscopi Bituricenses à Benedicto Vernerio Monacho Sancti Sulpitij, MS.

Dominus PETRVS DE STAGNO Ruthenis oriundus, Ordinis Sancti Benedicti, Cardinalis creatus 1368. 7. Iunij, die Veneris, anno 1370. & Vicarius Papæ, intrauit Ciuitatem Perusinam, sedit annos duos, dies vndecim.

PIERRE ROGER DE BEAVFORT,

Prieur du Prieuré de la Haye aux Bons-Hommes, lez Angers, Notaire du Saint Siege, Archidiacre en l'Eglise de Sens, Chanoine de Paris, Doyen de l'Eglise de Bayeux, Cardinal Diacre du Tiltre de Sainte Marie la Neufue, & enfin Pape sous le nom de GREGOIRE XI.

CHAPITRE CXXIX.

Extraict d'vn Catalogue MS. des Abbez de la Chaise-Dieu.

VILLAVME DE L'ORME. Sous luy GREGOIRE XI. Pape à l'imitation de son Oncle CLEMENT VI. choisit sa Sepulture en l'Abaye de la Chaise-Dieu, & ce par Testament exprés qu'il fit en Auignon, confirmé encor par vn autre qu'il fit huict iours auant qu'il mourust à Rome, lesquels il fonda trente Moines en l'Abaye de la Chaise-Dieu, pour faire l'Office dans l'Eglise de Nostre Dame, bastie par l'Abbé Iean de Chandorat, appellé depuis Collegium Gregorianum. Il y donna aussi le bras de Saint André si richement garni, qu'il fut estimé par François I. capable de luy payer sa rançon s'il estoit deuenu prisonnier. L'Abaye n'a point esté honorée du Corps de ce Pape; d'autant qu'estant mort à Rome; les Romains ne voulurent point le laisser emporter, mais luy dresserent vn superbe Mausolée, & les plus excellens qui eussent esté encor faits dans Rome, comme ayant esté le second Pere de la Patrie, & Restaurateur de la Chaise de Saint Pierre.

Ex vita GREGORII XI.

GREGORIVS Papa XI. natione Aquitanicus de loco de Malomonte, Diœcesis Lemouicensis oriundus, post VRBANVM V. fuit Auenione electus in Papam, die penultima mensis Decembris, anno Domini 1371. Hic prius vocatus erat Petrus Rogerij, cuius Pater erat Guillelmus Comes Bellifortis, In adolescentia sua fuit Sanctæ Mariæ Nouæ Diaconus Cardinalis, factus per CLEMENTEM Papam VI. cuius erat nepos ex Fratre, &c. Anno 1375. die vigesima mensis Decembris creauit nouem nouos Cardinales, octo Presbyteros, & vnum Diaconum; Presbyteri vero fuerunt, Dominus Petrus Iudicis Diœcesis Lemouicensis, tunc Archiepiscopus Rothomagensis, consanguineus Germanus ipsius Papæ, & alij.

Ex Registro Epistolarum GREGORII Papæ XI. MS. Bibliothecæ Collegij Nauarræ.

Regi Franciæ.

GREGOIRE, &c. Tres cher Fils en Dieu, Comme par ton Cheuaucheur porteur de cestes, tu nous eusses moult affectueusement escrit, que l'Eglise de Paris voulsissions exempter de l'Archeuesque de Sens, & ottroyer à l'Euesque de Paris qu'eust vser de Pale, &c. Plaise sçauoir à ta Serenité que combien que Nous voudrions à toy plaire sur tous autres Princes, & ayons aussi especial affection à ladite Eglise de Paris, & à la personne dudit Euesque, neantmoins consideré que l'Eglise de Sens est moult Ancienne & Noble, que iadis fut illec le Principal Siege du Royaume, comme de present à Paris, attendu aussi que de Sainte memoire Pape Clement nostre Predecesseur & Oncle, fut Archeuesque d'icelle, & nous y tenismes iadis vne des meilleures Dignitez, nous n'auons pû en Conseil quant à present de la greuer; né de faire ladite exemption, mesmement que l'Archeuesque ne suraborde pas de richesses, & aussi que l'Eglise de Paris est encor bien petitement douée; toutevoys pour la contemplation de ta Royalle Serenité, qui fait à Paris communément son Siege & residence, considerans la preeminence du lieu, qui est Chef de tout le Royaume, & la Noblesse de l'Estude tres-excellent, nous auons ottroyé audit Euesque pour luy & ses Successeurs perpetuellement, que ils puissent vser de Palle en la forme accoustumée, si comme par nos Lettres Patentes apperoir peut, &c. Donné à Anaigne le huictiéme Octobre.

GREGOIRE &c. Au Roy de France : Tres cher Fils en Dieu, Nous auons n'agueres entendu la bonne & grande ayde, que ta Benignité accoustumée tu venus faire à la deliurance de la redemption de ROGIER nostre Frere, dequoy & des autres grands biens que tu fais continuellement à ceux de nostre lignage, &c. Nous renuoyons par dela par deuers ta Serenité RAIMOND nostre Neueu, &c.

GREGOIRE &c. Au Duc d'Anjou : Tres cher Fils, Comme dernier auons escrit à ta Magnificence, l'on Nous a rapporté qu'à l'instance de Isabel Roland, sous couleur du Mariage traité entre luy, & la Nicte du Prince d'Orange, aucuns Gensdarmes du Royaume veuelent passer le Rosne, & faire Nouuelleté contre ledit Prince, laquelle chose redondroit en grand dommage de nostre Comté de Venessin, que des Terres dudit Prince, Pourquoy, tres cher Fils, Nous prions à ta dite Magnificence, de garder de toutes nouueltés & dommages, Nos Terres & Droits de l'Eglise, & te plaise à y pourvoir, mesmement comme Nous auons entendu que ledit Prince en vueille estre du tout en ton Ordonnance, & le fait mettre en ta main. Donné à Rome le quinziéme iour de Nouembre.

des Cardinaux François. 437

Itinerarium Domini Gregorij Papæ XI. incæptum decima tertia Septembris, anno Domini millesimo trecentesimo septuagesimo sexto, Pontificatus sui anno sexto.

Authore Fratre Petro Amelio Alectensi in Narbonensi Gallia Episcopo Senogalliæ Augustiniano.

FLoris Pulchritudo, & tutamen Pauperum Dulcoris Origo, Consolamen mærentium
Eboris Rutilatio, & Castitatis Lilium,
Pudoris Protectio, & Exemplum decor Virginum,
Maris Stella, viaque proficiscentium,
Vocaris Domina de Donis Domina Auenionensiû.
De tua Ciuitate tuis Donis mire prædita longis temporibus
Exiuit Gemma aurata, & clare prædita cœlestibus,
Nobili prosapia generata, annexa regalibus
Deo accepta, & placita hominibus, Sacerdos Altissimi, GREGORIVS.
Die tertia decima mensis septimi
Tibi assignata à cunctis, vocataque dies Sabbathi
Seruis tuis grata pro electione ingenij
Heu fletus est, hac imitata diem mæroris maximi.
Tibi Virgo Gloriosa explicare dolorem nequeo
Dum amœna tempora colore immutata video,
Multum grata, rubicundioraque rubore antiquo,
Genas, colla rubricata, splendidiora claro topatio.
Ciuitas speciosa magnalia dicta sunt de te,
Nunc iaces prostrata in puluere & cinere,
Remanes orbata viro absque scelere,
Ab omnibus spreta velut peccatrix absque fœdere.
Oculi tui oculi columbarum obfuscati sunt lacrymis,
Dilecti Filij tui vberum tuorum ablactati sunt vberrimis,
Speciosi Sponsi Filiarum tuarum lacerati iacent in viis,
Placidi tui intuitus irrigati sunt in verbis maximis.
In nouis noua Ciuitas, & noua habitatio,
In te prima cœna, & prima statio,
Pulchra & amœna, grataque mansio
Multis est amara & horribilis inuitatio.
Manet dies Dominica secunda dicta omnibus olim grata
Conuenit turba magna, quæ currit, vterque sexus facie immutata
Oriuntur suspiria, gemitusque reserantur cordis secreta,
Traditur familia, cum dolet Dominus, franguntur viscera cuncta.
Supersedeo de osculis, quoniam mixta sunt lachrymis.

In Orgone, terra abundans lapidibus, die tertia Petrus iacitur
Sed in humo petrea spinosaque granum inane seritur,
Arcta est via, ex vno latere aluco Druentiæ clauditur
Ex altera ripa saxea macerie inexpugnabili modo protegitur.
O Deus quare ergo non clauditur, ne vnquam semita inueniretur?

Mars Deus belli crudele ac mortale texitur bellum,
In solis ortu ad Imperiale Palatium accessit Gemma Sacerdotum Principum,
O mirabilis structura, mirabile præsidium, ex te fulget magnanimitas Iouis,
Nec tu claudis semitas, sed omnibus patefacis ingressum.
Merito Colonus nuncupatus, quasi de cœlo sis, aut de Cœlo descenderis.
Idcirco tellus fertilis, non arida stimulis, sed prouisionis vocaris
Frondoso ligno obumbraris, oliuetis, Arboribusque pomiferis splendearis.
Tuo Principe contenta sis, cuius es Charissima, ne duobus confundaris.
Latè obuiam Principi cum omni genere Musicorum venisti,
Rectè consonantiam fecisti promendo, cantantibus, mœstitiæ gemitus ministrasti
Placide crapulam nobis parasti, multiplicia fuerunt pocula, plurima fercula,
Donec tibi Deus de rore Cœli Benedictionem, & te magnificet quoniam sic nos recepisti.
Dies mercurij scientiarum Dominus, tibi Deus debetur verus latriæ cultus
Qui eam adduxisti de nubibus, qui dedisti tuis seruis humilibus:
In Aquensem regiam Vrbem ante solis ortum viam direximus,
Longa, lataque fuit via, sed dulcis & amœnus aduentus.
Grata, amœna Ciuitas Regalis, Cameraque læta familia
Turba magna occurrit Apostolorum Principi, senex Antistes cum lætitia.
In eam ingreditur Summus Pontifex cum sua Comitiua
Strata Domicilia, parietes pannis sericis cooperta sunt omnia.
Palatium admirabile quid de te efferam præconiis?
Ex tua structura elucet magnanimitas tui Principis,
Grata sunt conuiuia, vina electa, obmutisco de ferculis
Geminata dieta, in te mansit Dignitas Sacerdotalis.
Veneris dies Ægyptiaca liquido ortu dici aue nunciata,
In Alpibus multa cespitat, Campana frangitur, via errata,
In Trecis paratur meridionalis mansio, refectioque grata
Quia fiunt triplicia omni bonorum copia, quia ciuitas amœna.

Sancte præsul Maximine in te capitur nocturnalis dormitio,
Super te ara Sanctæ Magdalenæ celebratur Sacra matutinalis libatio
Processit exinde Antistes sumpto sabbatinali prandio
Pergit per arbusta seallentia deserti, somnum capit in Auriolo.
In montibus & supra saxa construitur nouella Ciuitas
In lustris densosis ducitur agnina simplicitas,
Fructibus, seminibus, vinis electis pollet parua communitas,
In Domibus fumo dealbatis tertia die mansit regalis Dignitas.
Mane ante lucem non fuit nobis vanum surgere,
Tunc cum sæculis & ingenti lætitia, celeriter incedere
Ad Vrbem sanctam Massiliensem accedere pro tanto munere,
Extantes, plaudentesque manibus, incœpimus loca Sancta visere.
In ingressu meridialis Æstas incœpit nos dure affligere
In incessu turma populans nos atrociter opprimere.
In introitu occurrit omnis Cœtus Cœnobicus cum Canticis & honore
Lætatur omnis Conuentus, vtriusque sexus de tanto Principe.
Legislator Christique Vicarius Anachoretarum metas ingreditur
Veritatis Doctor, Christianæ fidei Anchora, Cœnobitarum septa aggreditur,
Sanctitatis Doctor, pudicitiæ Titulus, inter Monachorum Claustra situatur.
Dignitatis zelator à membris suis, Duxque mœstè sequestratur.
O Splendor mundi! & Lux lucis, caue ne obtenebreris,
Gubernator Firmamenti fige pedem, rumina iter quò proficisceris.
Rector Cleri adhibe tibi Consilium, ne irriteris,
Orator veri Dei, pete vt mentem illustret, ne confundaris
Eia Christi milites, consortes Apostolici, sæculique Rectores
Sponsi Ecclesiastici nobiles, surgite, vigilate, efficiamini Pastores vigiles,
Euangelij æmulatores, caput consulite, illi vos coniungite velut amatores,
Veri iudices, mundi Principes, custodite Ecclesiam, ne intrent lupi raptores.
O Nautæ Sanctissimi nauem Petri rectè dirigite!
Anachoretæ verissimi, Ecclesiæ Apostoli, anchoram firmiter tenete,
Lucernæ mundi super montem positi, radios vestros pandite,
Ecclesiæ armamentum, ad quem locum transfretatis, atendite.
In Mercurij Sancto Consistorio quidnam egistis?
Caput omnium Romanum Præsulem inuolui pelago permittitis.

Lemouicensem virum perfectum in Episcopum Prænestinum elegistis?
Deus illum protegat, quem sic periclitari finitis.
O Gloriosa & nobilis ciuitas nunquid tibi sufficiebat structura mirabilis,
Sacrarum Reliquiarum abundantia, Dominorum & mulierum speciositas amabilis,
Nauium ex omni mundi climate concursus, portusque amœnitas amabilis
Nisi suscipere mereris Romanum Pontificem duodecim diebus cum suis famulis?
Ecce ex hoc te Beatam dicent omnes generationes.

Septentrionale regnante, vespera cunctis est amara
Dum Palatium Cœnobitale egreditur legis Sanctæ norma,
Et ambitum paruum ingreditur Præsulatis dignitas præclara
Contubernium frangitur visceralè, fluente oculorum acerba lachryma.
O cor triste, cur mœrore in exitu dulcis Prouinciæ consumeris?
Amor patriæ nunquam te deseret, crede firmiter, quocumque ieris,
Decor sæculi vale, exora pro me, loqui nequeo, offuscor lacrymis.
Durior est saxis, qui non demollitur in tuis congediis.
Deus, quis vnquam cogitare poterit, quæ & quanta fuerint lamenta,
Gemitus, lachrymæ, rugitus, mugitusque? suspiria nunquam extiterunt tanta,
Partus mulierum dolores excedunt recessus tui terra benedicta,
Dominus lacrymatur, omnis maxilla lachrymis rigatur, franguntur viscera cuncta.
In insula somnum capit ante Palatium Galianæ
Legislator, Princeps Orbis, qui Sceptrum tenet Imperiale,
Anchoram regit nauis, & nauita efficitur genus regale,
Tristis & flebilis dormitio, cùm ligamine frangitur cordiale.
O venus flebile est tuum principium, finis quis sequetur?
Ventus est nobis contrarius, & Papa portum Milonis aggreditur,
Deus iter nostrum prospicit, surgente aura prospere via paratur,
Summus Præsul sumpto prandio ibidem Sancti Nazarij littus ingreditur.
Suscepta leui Cœna noctis hora prima inuitat stationem,
Plaga de Roussellis, Summus Pontifex firmat stationem.
Patria est nobilis Tholonensis Diœcesis, non habet habitationem
Trina dierum noctiumque spatia peregimus ibi mansionem.
Serotina & Dominicalis est pluuia, nunquam fuit talis
Tonitrua, insurguntque fulgura, inuasit nos timor mortalis
Palpebra

Palpebra non dormitat, mens illecebra ruminet, mors est finalis,
Quietatur temporis malicia, opitulante Dei clementia dies est Lunaris.
Crucem Sanctam fert miles strenuus, Sancti Ioannis præcingitur balteo.
Gentem Sanctam regit, Admirallusque pelago minatur suo baculo,
Barbam bifurcatam gerit senex, tyrioque pollet vultu procero,
Procellam superat nocte Ioannes Castellanus Emposte nobilis enaso barathro.
Quid est Ioannes Euangelista, tu in maris viam rete acquisisti
Ioannes Baptista absque labe leui in eremo locustas comedisti?
Ioannes Chrysostome tuo opere sermoneque, ob aureum nominari meruisti,
Et tu Ioannes Hierosolymitani Ordinis Ramelli pelago fluctuare permisisti.
Die ipsa Lunæ sexta Octobris computatur, & exinde exiuimus.
Flante Vento Boreali ante Tholonum nimis celeriter transiuimus,
Magnæ erant elationes maris, nec propter hoc cessauimus,
Tandem in occasus Solis portum de Reneston vix intrauimus.
Dum medium silentium tenerent omnia in noctis medio,
Surrexit Ventus horribilis Borealis in Foro Iulÿ pelago,
Timent Nautæ, pauent turbæ, lamentantur omnes sine remedio,
Inchoat senex vetulus, prosequitur puer paruulus laudes Christo.
Omnes fundunt preces Altissimo, spondent vota Sancto Quiriaco,
Excitatur Antistes, & expauescit de tam magno periculo,
Quiescente mari properat infra accedere ante locum de Grimaldo,
De naui celeriter egreditur, somnumque capit in Sancto Tropeio.
Mercurij octaua Octobris exiuimus portam de Vermignerijs,
Ventus erat Septemtrionalis nobis valde placibilis,
Noster transitus fuit Leones Fotoiuliensis Diœcesis,
Gauisus Pontifex fortuna arridente largitur beneficia miseris.
Defert munera Abbas Cœnobita Sancti Honorati magnificé
Consertque gratiam retribuens illi, gerens vices Christi mirifice,
Aufert nobis vesperam tempestas diei initiatæ clarificæ,
Defert cœnam Antipolis, obuiam sibi Lemouices, & Narbonenses Pelagistæ.
O Antistes Christophore, vbi est tui generis nobilitas promulgata,
Absorpta est in aduentu Summi Pontificis largitas grata,

Mutat nomen tua Diœcesis Grassa Prouinciæ nuncupata,
Quid nobis attulerit referat societas diu satigata.
Die Iouis clarificata ante Riciam velox fuit noster transitus,
Cum hilaritate nimia Villamfrancam, ceu portum Oliuæ intrauimus,
Prandium, cœnamque lætè, abundè, quasi famelici auidè suscepimus,
Nocte eadem in tranquillitate & silentio clarescente Hemisphœrio quieuimus.
Die Veneris minus benè consulti, mare intrauimus, vento flante
Prope Monachum mane peruenti, retro reuersi fuimus mare impellente,
Ad locum, vnde recesseramus, Oliuæ applicuimus fortuna obijciente,
Dispensat Pontifex in gradu tertio Consanguinitatis lege contradicente.
Gaudet exercitus, credit ad propria cum gaudio remeare,
Sed non sinit Altissimus corda Principum sine causa mutare,
Expergiscit plebs Niciæ ad pedum oscula cum hilaritate,
Mansit ibi vsque Mercurium Præsul cum humilitate.
Paupertatis Professor Francisce modice, cur prosperitati Ecclesiæ inuides?
Alias in tua die fuit tectum Capellæ Palatij Auenionensis redactum in cineres,
Nunc vero in tua octaua gentem Summi Pontificis nauigare non sines?
Pugia nauis frangitur, & vela per aërem voluuntur, lacerantur que funes.
In barcha sunt Cursores, ianitoresque lectisternijs Papalibus,
In banda iacent Sacerdotes, votaque spondent Deo cum suis promissionibus.
In hora noctis tertia frangitur anchora, & antennâ cum suis ligaminibus,
In media nocte omnia desperata, vociferantur cum validis clamoribus.
Regrediuntur Nautæ desperati de sua saluatione
Discurrunt hinc inde per mare, sine gubernatione,
Sub merguntur merces, & Clericus incautè absque dilatione
Mane inueniunt se Nautæ in Sancta Margarita cum admiratione.
Calixtus fuit nobis charus & mihi propitius, clarescente sole
Viam patefecit Mercurius 15. Octobris, relicto rure Oliuæ,
Pretiosa Oliua, ieiūtaque in Naucra extraneam mutata in Aue
Anchonensi labescente altero sole nos transfretauit in Ianuensi littore.
O pretiosa inter Baccharum & lilia Sacerdotum Oliua,
Cur retro hac die pedem fixisti desiderio seductâ,

Kkk

Et iter tuum non profequeris iuuenili Confilio decepta,
Debilis exitus nunc totus, nocturnus fomnus in Monachali platea.
Iouis tibi fult dies lætabunda, cum fole oriente Hemifpherium clarificauit.
Quæ te fortuna arridente in nobili litore abfque partu collocauit,
Cur timet noctis tenebras, qui menfium latebras patefacit,
Nam ei cuncta obediunt, mare, terra, & venti cum imperauerit.
Venus naturæ amicabilis decem milliaribus remeatis in locum voluptatis collocauit,
Structura mirabilis, benedictus opifex, qui te ædificauit,
Verbofa curiofitas, & inanis iucunditas quæ te fraudauit,
Amœna Ciuitas Sauona nuncupata, in ea nocte Præful pernoctauit.
Dies Sabbathi, dies celebris, gratè placidéque initiata,
Lucæ medico, Chrifti Apoftolo, Euangeliftæque eft hæc confecrata,
Mane mare ingreditur Chrifti Vicarius, cum acie, facie læta,
Mare diræ erigitur prope Lucernam, euafit barathrum hora vefpertina.
Quare ventus irafceris, & mare quid mane eleuaris ?
Aut certè ignoras ditionem, illiufque dulcedinem, quem tuleris,
Vel fortè mores eorum iudicas, ad quos eum geris,
Primus ipfe Ianuæ portum ingreditur, cui colla fubderis,
Mirabilis patria, excelfa ædificia, montuofa gibofaque terra,
Petrofa, Arbuftuofa, quafi non defcenderit in ea ros, aut pluuia,
Mercimoniæ funt multæ, plurefque diuitiæ populares, mixta tamen cuncta,
Apparatus eft maximus, plus tamen in apparentia quam in exiftentia.
Erigunt ceruicem, non reuerentur hominem fronte capillata,
Cupiunt fibi cuncta fubdere cæca, menteque elata,
Spernunt pauperem, fpondent fe carere omni inopia,
Et tamen vix feritur, neque nent in eorum patria,
Poteftas ipforum eft maxima, non tamen naturale dominium,
Imperialis eft ditio, Principatus, atque Monarcafe myfterium,
Verumtamen magna fuit fagacitas, quando acquifierunt Cyprum,
Sed potior iuftitia, qua obtinuit meritò triumphum.
Cane Antiftes propter verbum tuum, vt luceat ficut gemma,
Demulce corda flammantia, emunge longè ad te venientia,

Benignè fufcipe cœtus Ianuenfium, affectionem confirma promiffione
Amplectere cunctos ad te venientes cum forti confœderatione,
O Præful magnifice, non te decipiat cooperta & inflata nobilitas?
Nominalis, vocalifque dignitas in facto comprobatur, & propalatur veritas,
Rufticalis propago non nouit Regalem nobilitatem, fictaque ingenuitas,
Accipe ligam ipforum cum firma confœderatione, quia folemnis eft hæc Communitas.
Recede & dirige greffus tuos cum fagacitate Antiftes magnifice,
Iam elapfus eft dies duodecimus, quo fuifti in Ianuenfi Ciuitate,
Rumores infurgunt, ftridunt dentibus, fpreta Præfulis dignitate,
Cum eos non accepifti in tuo ligamine cum benignitate.
Vale ergo nobilis Ciuitas, cum tuis opulentiis,
Perfeuera in tuis Mercimoniis, & fta in tuis commertiis,
Precor, te recole de antiquis Ecclefiæ amicitiis.
Adiuua ipfam, ac protege cum tuis diuitiis.
Celebrata Apoftolorum Simonis, & Iudæ excelfa folemnitate,
Sufceptaque leui cœna iam claufa die noctis obfcuritate,
Ingreffa mare præfularis Sanctitas cum nimia celeritate,
In galea Anconenfi fomnum cœpit cum hilaritate.
Oftella mirabilis, fitus tuus, & ingreffus tuus eft inueftigabilis,
Quænam fis, aut quomodo vocaris, ignota es & inftabilis,
Fertur tamen quod Apoftolos per dies tres antecedis, aut fubfequeris,
Quapropter planeta Apoftolorum Simonis, & Iudæ ab omnibus nominaris,
Tuæ influentiæ tamen funt horribiles, timent Nautæ, timet mare,
Surgunt venti, currunt nubes, eriguntur maris elationes, mouentur Cometæ,
Magna funt tonitrua, fulguraque, corufcationes cum grandine,
Non eft colonus, qui audeat his diebus nauigare.
Sequens Mercurius Octobris 29. læti lectulo furreximus,
Preces gementes Altiffimo cum altis fufpiriis fudimus,
Quatenus in almam vrbem diu defideratam profperè applicaremus,
Sed fortuna obiiciente, in folis ortu Delphini portum intrauimus.
Quinta feria quare obdormitas, torporne inuafit te, aut fomnolentia?
Surge, propera egregie Paftor, fupra Gregem tuum folerter vigila,
Inuade hoftes tuos, atque cunctos eorum cum feueritate penetra,

Non finas faetas tuas torqueri, tyrannicéque cluciari fame, aut inedia.
Dies Veneris vigilia fuit celebris, frustra nauigare cœpisti
Fere viginti milliaria extra Portum Delphinum feliciter nauigasti,
Tertiarum hora, fortuna impellente, retro versus praelibatum Portum intrasti,
Ostendebant tibi Lilij, quod hanc diem meritò celebrare debuisti.
In visu mentis intellexit hoc Antistes sibi adeo specialiter reseruasse
Patrono loci procurante Sancto Hieronymo Anachorita, eximio Doctore,
Vt in tuam celebrem memoriam, Sanctorumque omnium Solemnitate,
Noui cœnobitae loci Sancti Hieronymi gratulentur perpetuo Papali visitatione.
Pedester incedit per scalenta deserti velut Romipeta,
Ad Anachoritas die Veneris, quasi hora diei sexta,
Columna & basis praesulum de nocte audit Christi sacramenta,
Quia ibidem recreantur tota die membra fatigata.
Mane Sabbathi adsunt omnes Sancti, Missam celebrat Vicarius Christi,
Intrat Oratorium Sanctum, ad aram Doctoris Sancti Hieronymi,
Confluunt omnes, nautaeque obstupescunt de amœnitate exigui loci,
De tam solemni libatione Sacra, siue sermone gaudent omnes Sancti.
Intellexit paupertatem, Monachorumque inediam Pastoralis clementia,
Aspexit quantitatem Eremitarum, suppletque inopiam, confert iocalia,
Vidit exiguitatem reddituum, & obtulit eis magnalia munera,
Exaudiuit vota precantium, largitur eisdem pretiosa priuilegia.
Insurrexit gens elata, sustinere non potuit inanem inflationem,
Inuida mens, superbaque non compatitur aequalem prosperitatem,
Inuident se mutuo Catalonia, & Ianua, abhorrent correctiorem,
Nunquam inter se habuerunt veram, & sinceram aemulationem.
Post aspera verba prouenerunt ad acerbiora, crudaque verbera,
Iacent in littore Ianuensi lacerati, non fuerunt mortis vulnera,
Insinuant suis conciuibus, volant hinc inde forefacta,
Excitatur Antistes, discussa somnolentia, mare ingreditur cum festinantia
Adest dies celebris, non fuit fas orare pro defunctis
Prima Dominica Nouembris non licuit nos officiare pro mortuis,
Completis duobus his diebus ingreditur mare Nobilitas Praesularis,

Quae iterum mutat mansionem pro impensis proprijs suis scrupulis.
Quid est pelagus, de te volo aliquid sciri?
Nobis iam bina vice iter dulce parasti.
Cur à tuo, Mundique Principe non vis dominari?
Dominus seculi est, quem tu vehis, cui te oportet humiliari?
Vniuerso Orbi dominatis, & quos diligis dulce sustines,
Quos odis deles, Anconenses cognoscis & mites sers,
Nunc Ianuenses, Massilienses, Arragonenses abhorres
Quia Domini tui Officiales, Camerarium, Thesaurarium, Senogalliensem prospere suffers.
O Sancte Spiritus, & animae defunctorum qualis extitit dies vestra?
Pelagi fluctus duos Innocentes inuoluit Barcha submersa,
Delphini portus alios suscepit occurrendo Arragonum galea,
Gilberti Nobilis de Crucellis auxilio omnia sunt saluata.
Parat Martis quarta Nouembris omnibus viam in ortu de Aue initiata,
Exhilarat gentis faciem superna gratia solis splendore radiata,
Claudicat retro Galea Rufa cum gente sua nominata,
Firmat spem vas mirabile Anconense cum sua primitiua spreta.
Ante portum Veneris, velox fuit transitus, quoniam non erat Dominus,
Leue extitit prandium, verumtamen merum dulce, saporatusque cibus,
Ad Liuonem portum fuit nostra serotina refectio, nocturnusque somnus,
Maneque illo remansit ante litus Veneris omnium Praesulum Dominus.
O Leo de tribu Iuda tu festinas accedere ad indomitam gentem,
Tempus est vt ostendas tuam ditionem, clauiumque potestatem,
Vectes ferreos confringas, cum prudentia & sagacitate non reuerearis hominem,
Tuo rugitu cuneos penetres, compagem ligaminis, inimicorumque fortitudinem.
Pisanorum litus die Iouis sexta Nouembris prandi hora applicuisti,
In Liuorna sequens remis mitem plebem ore inuenisti,
Ignoro, quo consilio, aut nutu ad insidiatores tuos appropinquasti,
Inebriati sunt furore, crapulatique eorum veneno assines eorum sunt infecti,
Pisanorum est solemnis Communitas cum suis gratiosis muneribus.
Lucanorum grata Ciuitas, cum ipsius Opulentijs & amœnitatibus
Offerunt tibi encœnia, magnificeque tuis fratribus Dominis Cardinalibus,
Caue ne excaecetur oculus Ecclesiae, aut decipiatur blandis sermonibus.

Kkk ij

Si meminissent antiquarum Ecclesiæ subuentionum, nunc pro te firmiter decertarent,

Cum sua acie tibi occurrerent, & pro ipsorum matre viriliter dimicarent,

Sibi ipsis pro futuro prouiderent, teque scipsos non illuderent

Excæcauit eos malitia, noluerunt intelligere, vt bene agerent.

Intelligite viri eruditi, attendite Iurispetiti sententiam nostri Codicis,

Vir duplex, animus inconstans in omnibus viis suis,

Quamobrem verbum duplex In vestro ore male geritis

Aptè, nudeque loquimini, de lingua pandite quæ latent in cordibus vestris.

Cauçatis ne circumueniamini in falso negotio patrem nostrum

Attendatis si est ne hoc verbum nostrum, amicissimus omnium,

A Florentinis quidnam accepistis, cur ergo manutenetis partem ipsorum?

Ab ipsis dudum destructi fuistis, & adhuc duceminì propter eos in interitum.

Quid est se fingere contristari de delictis, & perseuerare in malitiis?

Veniunt quidam canibus rabidiores falsi religiosi in Ouium vestimentis,

Aiunt, si populus non deliquisset, veniam non exegisset, misericordia non est neganda miseris.

Cupiunt excusationem Inuenire in peccatis, & nolunt consiteri de commissis,

Vorago pessima, & abyssus versutiæ profunda, quid deglutire intendis?

Gentem Sacram, Regale Sacerdotium, imperiale Dominium, populum acquisitionis?

Ab istis non persequeris, sed à tuis iniquitatibus & malitiis,

Frustra antè Innocentes laqueos tendis, qui ab ipsis irretita eris,

Flos lilij falso nuncupata, vtinam redoleres, & te cognosceres,

Et animum tuum à superstitione vana, & à paganitate reuocares,

Deum qui in cœlis, & Dominum qui terris præest, agnosceres & coleres,

Tempus esset vt Præterita peccata lugeres, futuraque mala præuideres;

Consummata die octaua Venetis 14. Nouembris, Anconenses sunt licentiati,

In Liorna vndecim diebus effecti ferè frænaticique tertiò sunt illusi,

Acerba sequestratio quando membra copulantur alio capiti,

Anconenses Sabbatho fortuna ridente Plumbinum sint ingressi.

Cur sic mundi facultate duci permittis, qui radios abscondis?

Caue ne tertia mutatione dirè lugeas desperata salutis,

Columbina simplicitas à suo volatu potest retardari pennis eleuatis.

Inordinata voluntas conuenit fraudati spretis Consiliis.

Serotina fuit pluuia, dulcis & amœna propter rei euentum,

Dominica 16. Nouembris tota à Plumbino abscessimus ante Solis ortum,

Hilarata facie, ciboque roborata, fœliciter ingressi fuimus Herculinum.

Prima noctis vigilia cum ingenti lætitia ibidem cœpimus somnum.

Parat & hæc Apostolorum Principi, iterque totæ aciei,

Resutat cum Plumbinus, Vento orientali flante, & contradicente ei,

Turbat Nautas Thetis obscuritas, sed applaudit Ferraria tristi faciei,

Dormitat Antistes in Elba Ferrariæ, intrat Lingonem prima hora diei.

Progreditur Pedester Præsul, quærens requiem, occurrit ei Christi Templum.

Manè ingreditur egregius Pastor cum Fratribus suis Oliuæ suum,

Ariditate loci obiiciente non decuit eum ibi triplicare Tabernaculum,

Petrus, Ioannes & Iacobus non sunt Cubicularij, sed totus Grex Ouium.

Defert Ioannes Rogerij nouus Cubicularius & primus Narbonensis,

Pollet Sacris dotibus, mores tenet Regios, fulget virtutibus politicis,

Apparet senex caluitie iam ornatus magis maturitate quam temporis.

Floret iam trina dignitate adepta sibi à Deo collatis.

Nec defuit Petrus Monachus imbre cœlesti pluuiæ irrigatus,

Doctorali dignitate insignitus, multiplicibusque Abbatiis iam decoratus;

Nunc Referendarius Carpentoracensis Antistes, solemnisque Pastor egregius,

Isti fuerunt Comites peregrinationis assidui cum aliis Nobilibus.

De Baro præclare Ioannes Subdiacone senior Cubiculariæ tunc absens fuisti,

Epistolas, quas legis, benè intellexisti, quia ter naufragium pertulisti,

Petre de Cassaneis caluè venerabilis tua probitate Regestum obtinuisti,

Mare tuas Bullas cum earum emolumentis, resutat, tu vidisti.

Doctor egregie Helia, cum tua doctrina, claraque sagacitate

Antistitem quare non consulis, cum nobili præclara fraternitate,

Ne Terram benedictam mellifluam deserat cum sua grata amœnitate.

Videtur tibi ne hoc Palatium fore Parisiense cum sua nobilitate.

Cauallionensis Præposite Petre Girandone cum tua grata societate

Etiam præsens extitisti, leuemque cœnam suscepisti cum hilaritate.

Roberte fidelissime tu etiam in straminibus iacuisti cum tua sagacitate

Romanum Præsulem nunquam deseruisti quocunque ierit seruiens cum humilitate.

O pelagus infidele neminem reueretis, nec vlli parcis
Fluctus tuos nimis acerbè eleuas, inflauit te Ventus Aquilonaris,
Dominus Glandacensis in thalamo patitur tuis limphis,
Hic homo sanctus & est mundi Princeps, quem tu absorbere cupis.
Sanus & incolumis ex te progreditur denudatus rebus,
Humerus rustici in terra tulit Apostolicum, vnumque de Cardinalibus,
Dominus condolet de bonis euanutis, plus tamen Domesticis humilibus,
Mercibus naufragatis in litore se gratulantur mutuo plaudentes manibus.
Mare praeceptis, ac nutibus tui Principis in nullo obtemperas,
Per te conuenit habere Romanum Praesulem, quem tu mane refutas,
Nobilem Ambianensem Cardinalem sine causa cur sic infestas?
Massiliensem Ciuem de Brandis Stephanum cum Galea naufragas.
Grandis fuit excubia, sed incautà vigilia,
Inanis extitit sola in mari anchora turbata maria,
In arduis negotiis geminata debuit fore sapientia,
In magnis periculis non licuit Nautae capere somnia.
Oritur tempestas horribilis, anchora frangitur, & Galeae latus aperitur,
Ingreditur Galeam fluctus maris, & nauis in profundum demergitur,
Promuntur vota, funduntúrque preces Altissimo, scelera illi panduntur,
Naufragantur omnia personis reseruatis, ibique localia perduntur.
Veneris feriata vigesima prima Nouembris multis extitit amara,
Virginis Caeciliae vigilia in Christo obdormiuit clara gemma,
Cardinalis Narbonensis senex Antistes humatur in Pisana Ecclesia,
Maris fractus laboribus, Spiritum eius suscepit Coeli gloria.
Bene memor Petre nobilissime, reuerendissiméque Camerarie Apostolice Coeli hospitalitate,
Digne in memoriam vertitur iugis beneficij accepti largitas grata cum humanitate,
Aemulatione paternâ Summum praesulem filialique suscepisti cum humilitate
Et me eius seruulum benigne in tua mensa recreasti cum hilaritate.
Retribuat tuae ditioni, benignitatémque perlustret immensitas supernalis,
Perficiat inceptam operationem, dignitatémque adeptam pietas Diuinalis,
Dirigat tuam celsitudinem cum probitate Fraternali Trinitas super coelestialis,
Constituat tuam Dignitatem in Gloria Christi humanitas Virginalis.
Insula Maria non te decuit retinere mundi Principem,
Sylua deserta & solitaria pro tanto exercitu non habuit habitationem,

Egressà acie de Ferrariae alpibus mare tulit Romanum Praesulem.
Arrepta via progreditur liberatus à turbine, firmat in Plumbino mansionem.
Gaudet immensè Plumbinus de aduentu tam magnifici Principis,
Laetatur exercitus hilarata facie, liberatus de tantis periculis,
Inane extitit gaudium tantis oppidis, cum nil sequutum sit muneris
Quid tibi obtulerit, oeconomi tui reponant in tuis Thesauris.
Iouis vigesimo nono Nouembris multum celebris ac plurimis amabilis
De Plumbini littore eleuatur Praesul cum suis seruulis,
Festinat clemens ac pius Pater, pingere se suis famulis,
Portum Sanctae Reparatae erga Argentarium aggreditur cum suis Domesticis.
Sequens Veneris mare quasi Mediterraneum ingreditur,
Orbitellus à cunctis meritò, ac propriè nominatur,
Cum Barcha Friuoli transit, strenuúmque sic oppidum aggreditur,
Vndique parua tellus dempto latere vno mari circumdatur.
Laureatus Comes Nolanus nobiliter, coronantur omnes sertis frondosis,
Armatur malleus Haereticorum Petrus Augustiensis, Episcopus Montis-Flasconis fidelis,
Accenditur Lucerna, qua mons Argentarius splendet velut sol multiplicatis faculis,
Gaudet Roma, Tuscia, Campania, Anchonáque fidelis intellectis signis,
Quid est Crucifer Christi praeclare signo eius frontem munisti,
Subdiacone Apostolice Nobilissime iugis in tuis Epistolis legisti,
Christum ferre Pontificem, & tu per pontem in mare cecidisti,
Tunc non gerebas crucem ante Praesulem cum submergi dubitasti,
Remeant ad propria Galeae Illustrissimae, Serenissimaeque Reginae Siciliae.
Festinant Romam accedere desiderio fatigati, cruciatique inedia dirâ,
Properat celeriter se iungere tuus strenuus Dux Betroy suae Sponsae
Anhelat gratia seruitia impendere Nobilissimae Dominae Ioannae dilectae suae.
Eia Commilitones mei nutriti in delitiis, comedite carnes de suibus,
Qui famelici nimis auidè sumpsitis animam de brusonibas
Non adipe frumenti, aut meti saturatiestis, vellacte de Ouibus,
Sed praesentia Romani Praesulis velut Manna Coelesti repleuit nos Dominus.
Humatis iam aliquibus, fracti laboribus, infectique malo aëre,
Dimissis etiam aegrotantibus in magnis periculis festinauimus inde progredere,

Kkk iij

Viani cum ingenti hilaritate ingreſſi fuimus relicto exiguo iure,
Non enim decuit Papam in Orbitello paruulo cum tanta acie remanere.
Calcato mare paruulo pedeſter progreditur Paſtor cum ſuo baculo,
Spreto oppido ſuum gregem ducit per arbuſta in Herculio,
Recto itinere cum Luminibus properat accedere die Iouis clauſo,
Sero met illo nauem ingreditur quaſi conſummato curſus brauio,
O Caſtitatis zelator, pudicitiæque æmulator, gemma omnium Præſulum,
Veritatis Prædicator Nicolae excelſe eſt nomen tuum,
Charitatis largitor, tua vigilia dulcem tribuit de Herculio exitum,
Puritatis præſecutor hæc tua itineri Marino impoſuit terminum.
Tellus corneti nimis opulenta, fertiliſque es decorata turribus,
Vicus tui lati exiſtunt, hinc inde eructant grauibus,
Ruſ tuum ſuſcepit die Veneris Romanum Pontificem cum validis clamoribus
Zelus tui non coegit obliti offenſionem in tuo litore deſcendere de nauibus;
Veſpera ipſius diei Veneris litus corneti amicorum tuebatur cuneis,
Gens armata præſtolabatur Dominum ſuum cum magnis ſuſpiris,
Terram aggreditur Antiſtes cum lætitia ſumpto prandio euaſis periculis,
Clamitantibus, viuat pax, miſericordiamque poſcentibus paruulis.
Terram aggreditur Antiſtes in litore acceptis patriæ clauibus,
Populus vociferatur dimiſſis offenſionibus, tubis clangentibus,
Parce Domine populo tuo, & moriatur præfectus cum ſuis ſequacibus,

Ingreſſus oppidum Corneti cum ingenti gaudio pax vallatur perpetuis promiſſionibus.
In vinea Domini Sabbaoth, Gregori I Papa vndecimi quaſi hora dubia veniſti,
In ea colonus es, iam totam palmitibus tuis terram impleſti,
Sæculi terminum ſignificatum in vineæ cultoribus bene intellexiſti,
Ac etiam tu in ſero præ conſortibus tuis in ea denarios accepiſti.
Certè ambigo an finis ſæculi in hora duodecima terminetur,
Expaueſco mundi turbine, crebra vbi mala perpetrantur,
Inuoco inſpectoris Clementiam, quam latere nil poteſt vt Eccleſiam tueatur,
Imploro illius miſericordiam quod tua mens ab intentione ſua non fraudetur.
Conſortare & eſto robuſtus, te introduxit Dominus in terram melle fluentem,
Euigilare & expergiſcere, torpor ne inuadat te, ſed deſtrue malignantem
Aggredere in Brachio extenſo; in virga ferrea poſſide Petri hæreditatem,
Reminiſcere oro te Prædeceſſorum tuorum, quia iuſtitia deſtruxerunt Barbaroru ferocitatem,
Vale Præſul Sanctiſſime, Deus inſpirauit te
Attende quid Verbum ſcriptum ſit de te,
Surge Senex & eſto iuuenis, primam Petram recole,
Intuere prædeceſſorum tuorum veſtigia, mundus audiet te,
Sed tu conculcabis inimicos Chriſti fortiſſime.
Indulge mihi precor, humillimæque ſimplicitati ignoſce,
Si quid minus bene locutus ſum de tuo itinere,
Te & me reducat in patriam ſempiternam Chriſtus qui vocauit te
In Paſtorem Gregis ſui qui eſt benedictus in ſæcula ſæculorum, Amen.

FRATRIBVS qui ſunt in Auenione aſſiſti, ſalutem, pacem bonam dicunt Fratres veſtri per Italiam diſperſi. Benefaciat nobis Deus, & meminerit Teſtamenti ſui Sancti, quod habuit ad CLEMENTEM VI. qui illuſtrauit nos, & annum Iubilæi conceſſit. Orationibus inſtate, Vigilijs eleemoſinis, precibuſque Dominum pulſate, vt tandem aperiat cor nepotis ſui eiuſque ſucceſſoris GREGORII XI. inclinet & indicat ad id faciendum. Scribimus vobis inſuper mala, quæ merito venerunt nobis his diebus, ex quo receſſit Iaſon à terra ſancta, quæ vos legentes magnifice gratias Deo immenſas agatis, qui liberauit Nos de ſupradictis periculis, mihi quoque indulgeatis, meæque imbecillitati ac imperitiæ aſcribatis, quia paſſus Leuinios & Rhetoricos proſequutus non ſui prepter minus bene intelligentes conſortes meos, pro me peccatore Chriſti ſetuulo Senogallienſi indigno Epiſcopo exoretis conſorte in veſtris tribulationibus. Scriptum & completum in Alucolo Corneti in die Sancti Nicolai Antiſtitis. Anno Domini 1376. Pontificatus prælibati Domini GREGORII Papæ XI. anno ſexto.

Explicit itinerarium Marinum Sanctiſſimi ac Beatiſſimi D. D. PETRI ROGERII DE BELLOFORTI, ſola Dei Clementia, GREGORII Papæ XI. vſque Cornetum Thuſcanenſis Diœceſis, vbi fuit Curia à quinto Decembri vſque ad decimum tertium Ianuarij.

Incipit de Corneto itinerarium vſque Romam.

MArtis Ianuarij 13. nobis extitit Paradiſi Terreſtris Ianua,
Attenuatis maxillis & fluctibus fatigatis, ſuique vniſolia ruina,

Euanuitis quinque septimanis in oppido Corneti cum mœstitia,
Electis tribus Archiepiscopis, Summus Antistes mare ingreditur cum lætitia.
Somnum cœpit in Galea ante litus Corneti Pontificalis Serenitas,
Populum suum recensuit Charitate Dei inflammatus Pastoralis Dignitas,
Ouium suarum curam gerit cum clementia Præsularis sanctitas,
Pauperumque debilium omnem multitudinem in barcha iubet recipi paternalis pietas.
Quid est Nobilissime Guischarde Tyro ephebus Vicecomes de Combornio, omnem colorem mutasti;
Nunquam patria nouit te, cuius propaginis tu trabem dulcem traxisti.
Quod præsagium fuit cum mare ingredereris ensem tuum perdidisti?
Non iubes velut propheta quod ferrum nataret, quinimo ipsum perquiri fecisti.
O mare de tui itinere hæsitans vaticinatus sui qualis finis sequeretur.
Clarè intueor, quod mentiti sunt aruspices, ariolique dum prophetantur,
Liquidè conspicio, quod mutata sit nostri sententia, quod Præsul Romam non ingreditur,
Vnde vobis loquor, quod obstruxit vestrum os altissimus dum mirabilia operarentur.
Mentiti etiam sunt Philosophantes, loquentes de flebili principio male terminato,
Decepti sunt Physici cum suis falsis constellationibus determinantes ineptè,
Imperiti sunt obloquuti falsè vaticinantes de sæculi Sceptrum tenente,
Saluati sunt Christicolæ hac die cum Summo Pontifice, Dei Clementia opitulante.
Tempus esset vt mare tuum Dominum cognosceres, illique obedires.
Deus in terris est, quem vtero tuleris, cui nunc arrides,
Ventus nunc culpam confitetur, & tu aura eidem adhæres,
Domnus Antistes est, quem absorbere iugis satagisti, cui modo applaudes;
Media nocte egredientes de litore Corneti Septemtrionali flante,
Clara Hæmispheria rare faciencia aëria, claritate nimia emicante,
Mariaquietate prosperè nauigauimus tota ea nocte
Fortuna obiiciente barcha equorum lapidatur vento impellente.
Mane Mercurij prandij hora cum ingenti gaudio Fauces peruenimus,
Prosperè feliciterque prius trina anchora percussione suscepta Tyberim introiuimus,
Læte cum immenso gaudio, suscepto prandio Ostiam ingressi fuimus,
Murale præsidium mirabile est, ciuitas venerabilis nullius existentiæ ibi cœnauimus.
Sero illo properauerunt Senes Romanorum venerabiles adeorum Præsulem accedere,
Gaudio immenso repleti, plaudentes manibus non valebant Verbum proferre,

Deo teste in terris tanta iubilatio non visa fuit, nequeo explicare,
Accenso lumine chorisabant cum tubis, & faculis calui decrepiti cum sonore.
Veneris sequens surrexit media nocte Antistes, vt laudes Deo caneret,
Libatis Sacrificiis aliquali dormitatione suscepta, tuba cecinit, vt omnes excitaret.
In Galeam reuertitur Romanus Pontifex, vt per alucum vrbem accederet,
Ventis & Remis cum vela violentantur contra impetum fluuij vt Romam applicaret,
In ortu diei ingresso Antistite Galeam Massiliæ, omnes lætantur,
In exitu Ostiæ galeæ Anchonæ & Massiliæ obiurgantur,
In Ascensu Aluei obuiam sibi inuicem è contrario, paulò minus omnes periclitantur,
In progressu impeditur Præsul Sanctissimus, mœstitia & dolore omnes angustiantur,
Euasi barathro Christicolæ almam Vrbem satagunt applicare cum labore nimio,
Relictis retro Galeis celeriter properauimus sumpto prandio in portuensi pelago.
Effusis Deo precibus supplicibus nobis in ripa obuiantibus, flentes præ gaudio,
Eleuatis vexilis, equis oneratis, tintinnabulis cum ascensoribus in Campo magno.
Currebant Blanderarij Romani velut dementes tubis clangentibus,
Veniebant senes, pueri, iuuenes clamantes, viuat Dominus,
Stabant in litore Sancti Pauli infiniti populi cum luminaribus,
Expectabant Romanum Præsulem, cum nimio apparatu, viuat Papa, vociferantes.
Nocte præuentus non descendit in terram Dominus, ibidem pernoctauit in alueo,
Benè consultus somnum cœpit Antistes in Galea in Tyberio,
Mane autem facto confluebant Romani innumerabiles à Sancto Paulo,
Sole resperso descendit de Galea prius bis libato Sacrificio.
Die ipsa Sabbathi 17. Ianuarij Simone Petro Romam prius Cathedrato
Antecessore tuo, cuius tu vestigia sequeris, ibidem Cathedram tenuisti primo,
Te ingrediente Doctore gentium Ecclesiam, tuæ Sanctitati occurrit mirabilis processio,
Flectente te genua largito panno aureo missam audisti à Senogalliensi Episcopo.
Facta visione Sancti Pauli palatij, ordinataque processione Domum Præsul egreditur,
Via incepta obuiant Pontifici Histriones, cum filozis via tractatur,
Luta sunt nimia, infinitus est apparatus, chorizantes in iubilo omnes progrediuntur.
Tuba clangente conuocataque acie mirabili vexilla eriguntur.
Adest Societas Nobilissimi Ephebi Tyronis Raimundi Turchnæ multum grata,
Regalisque nobilis, & fortis acies erat militum benè armis decorata,

Multa militics, plurima fagacitas, velut caſtrorum acies bene ordinata.

Nec defuerunt primicerij Banderiique, etiam Senator manu armata,

Egrediente Summo Pontifice Sancti Pauli palatium affuerunt mille Histriones.

Progrediente Præſule ante choriſabant induti omnes panno albo manibus plaudentes,

Canente tuba Proceſsio incipitur, & banderiæ eriguntur omnes iubilantes,

Mane hora prima iter omnes ingreſsi fuimus eundo lætantes.

Vexillum Eccleſiæ gerebat ſenex Tyro Empoſtæ Caſtellanus

Domicilium quilibet egrediebatur proprium, occurrit infinitus Populus Romanus,

Nobilium filij piſcos ferebant ante Dominum, iſte eſt Dominus quem ſperabamus,

Vociferantium vox erat etiam, viuat Papa, euntes læti eamus.

In porta Ciuitatis affuerunt innumerabiles Prælati induti Pontificalibus,

Signa gerebant Papalia Imperiallaque cum Clericis & Sacerdotibus,

Tintinnabula cum omni genere Muſicorum reſonabant cum ſonoribus

Limina cum ingreditur Romanus Antiſtes, Dominium ei traditur cum clauibus.

Almæ vrbis Conſiliarij, Senator, Bandarenſes omnes coopertiſunt pannis ſericis,

Vnde oſtendebatur magnanimitas Romanorum nobilium cum eorum opulentiis;

Verè non credebam in præſenti ſæculo videre tantam gloriam oculis proprijs,

Dirè fatigatur Præſul prolixitate itineris, cum ſuis ſeruulis.

Per medium vrbis proficiſcendo ambulantes mulieres præ gaudio lamentabantur.

Super tectum aſcendebant cum nimia deuotione Præſulem intuebantur,

Hilariter collectas ſpargebant velut Roſarum flores, omnes gratulabantur,

Celeriter per vicos currebat, ſicut Dei paranymphus, Bertrandus Raphini mancionator.

Hora Completorij ad gradus Sancti Petri ieiuni lætè peruenimus

Tota per libata die in Proceſsione, & diuina laude inſudauimus,

Clauſa die nimium afflicti cum luminaribus prandium ſuſcepimus,

Membra fatigata, debilitataque magnificè gemmatis ferculis refocillauimus.

Tibi Chriſte ſplendor Patris immenſas laudes refero,

Tuæque Virgini Matri humilem veniam poſtulo

Simoni Petro, Pauloque Apoſtolo me recommendo

Mihi indulge GREGORI, ſi minus bene loquutus ſum de tuo itinerario.

Loquar, & vtinam in tui præſentia referam in conſpectu Altiſsimi, quæ geſta ſunt in futuro ſæculo, Amen.

De Roma vſque ad Anagniam.

MOntrvs Sancto Spiritu proficiſcitur Abraham ex Aram verſus plagam Orientalem,

Præmonitus priſtino caſu, non mutatur, ſed viam aggreditur Campanialem,

Conſultus diuino nutu roboratur inter ipſum amicitia populumque eius cordialem

Inflammatus diuino flatu; ingreditur ſtratam verſus montem ſuperagionalem,

Illo tempore quo Paracletus Sanctus corda Diſcipulorum temperantia inflammauit.

Sabbatho more ſolito 16. Maij norma Præſulum ſtationem mutauit.

Palatio Sancti Petri Tuſciæ derelicto ſummus Pontifex almam vrbem intrauit,

Libato matutinali Sacrificio, ad Sanctam Mariam Maiorem accedere feſtinauit.

Mane orto iam ſole, in vigilia Pentecoſtes, celeriter currunt manipuli,

Romæ namque Bandarenſes cum ſuis cuneis acceſſerunt, nobileſque Mareſcalli,

Almæ vrbis conciues cum Nobilibus confluebant læte more hoſtili,

Turbæ iubilantis erat ſonitus, viuat Papa, zelo zelati ſeruiuimus illi.

In exitu palatij Sancti Petri adſuit, Senator cum conciuibus nobilibus,

In progreſſu mirabili adſtitit Tyro nobilis Dominus Raymundus de Turca cum militibus,

In egreſſu Domicilij extitit Mareſcallus, ſtrenuuſque miles Hugo de Rocho cum Baronibus,

In inceſſu nobili non defuit caluus ephebus miles Guido de Bruinis cum ſuis ſequacibus,

Equeſtres, ſeu habenarum Præſulis directores erant manipuli induti panno conſimili,

Hiſtriones, ioculatoreſque erant innumerabiles qui præibant, etiam & Muſici,

Rectores vrbis & Sacræ Societatis repudiabant omnes Clerici & Laici,

Conſeruatores antecedebant omnes induti loricis, currebant periti, & ſeruuli.

Traiecto Ponte Sancti Angeli parietes ſtrati erant pannis aureis,

Incepto itinere verſus plateam Parionum; hinc inde erant parata velis ſericis

Orto ſole refulgebant vultus, velut meridiès, ac depicti manibus Argelicis,

Recto itinere pleniora, & exuberantia apparebant vſque ad finem itineris.

Prolixa fuit dicta, ſed multum breuis propter ſui amænitatem

Ingrata impatilitas viarum, ſed grata nimis propter populi affabilitatem,

Arcta via repleta turbis non valens capere Veneream ſpecioſitatem,

Per arcta ſpatia peruenimus lætè ad Sanctæ Mariæ Maioris montem.

Quanta

Quanta fuit inde alacritas Spiritus in Templo Sanctæ Mariæ Iubilatio,

Tota vrbs Sacra congregata ibi, interfuit mane in Papali Sacrificio,

Sancta & Immaculata est Ecclesia Dei Genitrix multùm grata in ædificio.

Vlla lingua carnis non potest exprimere, nec ego fari valeo.

Electa fuit à Deo & Gloriosa Virgine Maria ab initio in monte superagio,

Dotata & irrigata imbre Cœlesti, candoreque niueo in singulari exemplo,

Completa rore Deitatis, velut ara Gedeonis in Augusti initio,

Constructa & ædificata per almæ vrbis Episcopum Liberium cum ciue partitio,

Feria sequens tertia ad sedem suam accedit Ecclesiam Lateranensem,

Gemma feruens omnium Præsulum, vobis dans normam rectam, præsularem,

Lucerna ardens super Candelabrum, ibidem Missam secretè celebrat singulariter,

Sancta mens Sanctæ Sanctorum intrat post Sacrificij Sanctum libationem.

Surgit ab accubitu suo Summus Sacerdos Altissimi Gregorius completa oratione,

Exiuit Palatium Lateranense cum sua nobili comitiua incepta processione,

Occurrit ei innumerabilis populus vtriusque sexus cum iubilatione

Accessit iterum ad Sanctam Mariam, turbâ lachrymante præ gaudio & dilectione.

Euanutis octo diebus Pentecostes adest dies Sanctæ Trinitatis,

Expletis omnibus diuina celebrat Antistes ibidem in Tabernaculo Summæ Sanctitatis,

Imbutis populi mentibus eius Sanctæ conuersationis exemplo & honestatis,

Completis Sacris libationibus ad propria reuehat turba cum in voce tubæ iubilantis,

Pulsatus deuotis precibus suorum Canonicorum Sancti Ioannis Lateranensis Ecclesiæ,

Deuotus Pastor Gregem suum reuisitat in solemnitate Sacratissimæ Eucharistiæ,

Ornatus Sacris vestibus solemnia peragit super mensem Christi Cœnæ,

Tantus populus Romanus adfuit, quòd ambitus loci nequiuit capere.

Reseruata Eucharistia, repositaque per suas manus sacratissimas in Custodia,

Largita benedictione solemni, atque promulgata septennali annorum Sacra Indulgentia,

Ostensa Apostolorum Capita plaudendo manibus turba repatriat cum lætitia,

Apprehensa habena equi non valebat Præsul equitare impediente turba

Patienter ferens egregius Pastor oppressionem à suis deuotis Ouibus,

Lætanter eius benignéque suscipiens vota à suis seruis humilibus,

Iter præbens profundæ humilitatis, sanctitatisque deuotis suis sequacibus,

Gratanter audiens, publicam suscipiens legem Mosyicam sumptis Iudæorum ceremonialibus.

Ingresso Templum Sanctæ Mariæ in monte superagio cum lætitia,

Aggresto prandium solemne cum Romanis Nobilibus, totaque familia,

Completo Conuiuio roboratur inter ipsum & Romanos sincera amicitia,

Peracto spatio duorum dierum viam direxit Anagniam cum solertia.

Aue Virgo Dei genitrix, quæ talem elegisti locum pro tuo famulatu,

Salue Templum Dominicum à Deo decoratum, dotatumque cum tuo tabulatu,

Vale mons & Regio temperata, multum grata cum aspectu,

Bene tibi sit Alma vrbs Sacra prædita Cœlestibus cum miro affatu.

Quid Virgilius agnitor vitium, Regionum, herbarum, de te fari potuit?

Quid Solinus speculator vrbium, & climatum in te intueri valuit?

Quid Vegetius scrutator Tyronum nobilium de tui strenuitate disceptauit?

Quid Tullius compositor dictionum & versuum de te fabulari debuit?

Quid Iudas Machabæus de tui prodigalitate in sacro Canone exarauit?

Quid Salustius Scriba doctus de tui fundatione, exordioque texere potuit?

Quid Lucillius Martialisque doctus, Seneca de te scribere potuerunt?

Quid sexus fœmineus Sybillarum futura vaticinantium de te Prophetauit?

Quid Valerius memorator Gestorum Historiarumque de tui vetustate habuit?

Quid Iosephus scriptor Antiquitatum vetustatum, de tui nobilitate reserare debuit?

Quid tripertitor temporum, recollectorque Chronicorum, de te enarare valuit?

Quid Vincentius seminator Gestorum, assignatorque temporum de te in suis Codicibus inseruit?

Quid omne genus Poëtarum, & Doctorum in laudem tui extollere potuit?

Intellectus, mensque mea fere paruipendit, quoniam veritatem tuam siluerunt,

Oculus meus intuitus est infra, mœnia tua Sanctissima vrbsque corruerunt.

Verecundor quam plurimum, quia & ego insufficiens, minúsque eloquens suscipere nesciui.

Imaginorque ipsa mirabilia & inenarrabilia de se testibus perhibent veritati.

Quod etiam si homines silerent, ipsi lapides loquerentur cuilibet intuenti.

Quoniam diu strenuè pro vtilitate Reipublicæ in agone certasti,

Quia diu sinceram fidem illibatam, inuiolatamque seruasti,

Quia diu fouisti filios, quos lacte proprio in tui decore nutristi,

Quandiu fauisti illis, qui proprio cruore te sunt mercati,

Tamdiu Sceptrum ditionis, totiúsque mundi caput erectum tenuisti.

Auertisti faciem à Christo tuo interdum, & non auxiliata ei in bello.

Lll

Recessisti sponsa, sponsa, & fornicata es cum amatoribus multis à tuo dilecto,

Voluisti te submittere excæcata, deceptaque inani consilio Domino legitimo,

Abijsti currens post viros alienos sine rubore orbata proprio viro.

Attende quæso vbi prostrata fueris, & quanto tempore ibi iacuisti,

Aduerte exoro vbi vestem Regalem sordidasti, & diploidem in confusionem induisti,

Recole postulo, celsitudinem dignitatis tuæ, ditionisque qua mundum rexisti,

Intuere peto nunc vbi sunt, qui te Beatam dicebant, tibique arridebant in proprietate tui.

Abierunt, alienati sunt retrorsum, teque velut desertam spreuerunt,

Aduenerunt tibi dies mali, nec fuit qui te adiuuaret, omnes recesserunt,

Circumdederunt te inimici tui vallo, & florem pulchritudinis tuæ abstulerunt,

Clamauerunt, *Venite disperdamus illam*, teque destruere cogitarunt.

Audiuit Dominus; & misertus est tui pio paternitatis affectu,

Venit ad te sponsus tuus facie rutilans cum grato aspectu,

Reconciliauit, traxitque te miserans tui dilectus diuino nutu,

Leuauit dexteram suam, amplexus est te Pastor Charitatis amplexu.

Habes nunc sponsa, quem per vicos & plateas tam diu quæsisti,

Tenes cum filia Sion, teque zelo sinceritatis coniunges illi,

Possides nunc amorem suum, tene, nec dimittas, quem tantum concupisti,

Fulges iam splendore illius, amissumque Dominum si adhæres ei recuperasti,

Læta nimium in aduentu Sponsæ fuisti extollens in Iubilatione,

Oblita scelerum, & miserationum vetustarum plaudisti manibus præ admiratione,

Turbata plurimum die Sabbathi penultima Maij in pastoris tui profectione,

Afflicta cogitationibus Antistitem in recessu non fuisti tua munitione,

Certè non te deseret dilectus, ne turberis, sed mutat duntaxat stationem.

Credefirmiter zelo zelatus est tui, nunquam te deseret propter tui amorem,

Perge post illum, adhære ei, qui non recedit, sed quærit recentem regionem,

Dirige gressus tuos Præsul Sanctissime inceptos, ne dubites radium solarem.

Recedente ab alma vrbe Summo Antistite mane primo diluculo,

Proficiscente versus Campaniam nobilem per talem planiciem compatiebatur suo populo,

Pergente increpata custodia vocabat fœtas traditos pede pro sancto osculo,

Eunte Præsule, deprædatur quidam, capitur Latro, nunc moritur in patibulo.

Sitienti asperso puluere præbuit diuina pietas solemne refrigerium,

Deficienti & lasso subuenit Dei Genitrix de Crota Ferrata Templum,

Intranti Cœnobitale Domicilium præbebat omni volenti aquam in poculum,

Cupienti & exusto solis ardoribus præstabat multum placabile solatium.

Situs hic est in montibus supra mare in lucis densioris,

Conuentus iste est Cœnobitarum Græcorum fundatus in honore MARIÆ VIRGINIS.

Locus est valdè amœnus, distat ab vrbe decem milliaribus, circumdatus lymphis,

Domus est bene fundata supra firmam petram licet in locis aquosis.

In ea mansit serena Sanctitas Præsulatis geminata dicta, propter amœnitatem,

In ipsa egregiè collocati fuerunt duo Cardinales propter ipsius affabilitatem,

In ipsa Ecclesia astiterunt quatuor Prælati, propter loci fœcunditatem,

In quo tota ipsorum familia superextitit propter illius capacitatem.

Primo mane Iunij ante Lucanum Corpus Christi omnibus viam patefecit,

Ingresso itinere cum sequitur turma, sed incautè talis casus euenit,

Percusso Salmerio Antistitis Carpentoracensis gladio crudeli manu interiit,

Orto iam sole Summus Pontifex egresso Cœnobio Anagniam viam arripuit.

Prodit exinde progrediens Summus Pontifex rectè per deserta squallentia,

Abijt egregius Pastor cum amicis suis per Eremum & nemora,

Venit turba per Campestria plurima ad Beatorum pedum oscula,

Siluit tellus in aduentu Principis, pacificataque sunt omnia.

Porro syluam grandem ingressus lacus tuebatur Castrorum diuersis cuneis,

Credo illam fore vallem vmbrosam Iosaphat in terra promissionis,

Puto quod nemus lignorum Cosdroë, & saltus Libani non sit similis.

Spatio peracto transacta hora Tertiarum applicuimus vallem Mutonis.

Oppidum illud solemne est in ingressu Campaniæ Prænestinæ Diœcesis,

Castrum forte est in Montibus inter syluas obsitum filicis,

Castellum vnius Domini nobilis est almæque vrbis conciuis,

Domicilium illius pulchrum, cum aspectu mirabili cum ornamentis sericis.

Recreati in illo tota die hospitati egregiè sospitati pernoctauimus,

Excitati bono mane immensas laudes Deo obtulimus, sacrificiumque libauimus,

Refocillati iter nostrum continuauimus per vallem opacam condensis nubibus,

Roborati asperè, & cum celeritate illo mane 12. milliaribus equitauimus,

Cum Tertiarum hora finem daret diei Martis sexta mensis Iunij.

Dum Turmarum concursus appropinquaret ad pedum oscula recedebant hilarati ieiuni,

Vrbium in Voce tubarum populi ad eum confluebant præ Gaudio exanimati,

Territorium Anagniæ applicamus optatum cùm lætitia ingenti sole exusti,

Appropinquante summo Antistite Ciuitatem Anagniæ cùm nimia hilaritate,

Ingrediente Pastore Gregem suum, currebant oues cum nimia auiditate,

Progrediente Præsule accesserunt populares chorisantes velut Histriones cum iucunditate,

Intrante suburbia adfuit turba cum processione iubilando cum sonoritate.

Antiqua & solemnis est hæc Ciuitas situata in Alpibus Campaniæ,

Longa valde, nec lata, pollet vno vico inter alia Comunitas Anagniæ,

Amœna, grata in aspectu, circumdata vallibus, collisque planicie,

Vicina fere sydoribus caret fluminibus, pollet fontibus, cisternisque pluuiæ.

Alta Ædificia, structura lapidum maxima, terræ motu ruinaque dissipata.

Grata Domicilia, fumo dealbata, lignis Castaneis cooperta, & constructa.

Agmina hominum, & mulierum in vultu sunt colorata pati forma

Exusta solis ardoribus facies non rutilat colore tetro assimilata.

Quia alba, deliciosa, rubra, inuisa, & penitus ignota

Grana optima cum fertilitate & fructuum copiositate nimia,

Ænaria electa regio temperata gens bona cum rusticali affabilitate grata,

Deuota plebs, simplex, grex fideliter ambulat in sua prædia.

Secretum est ô Alma Ciuitas Romana nobilis in Campania illustri,

Subdolum deposco, si pandam in laudem ne imputetur referanti,

Saxum concauum in modum speûs latet in Anagnia in loco eminenti,

Stagnum reputo, aquam abundè præbens omni volenti, & haurire cupienti.

Retro Matrem Virginem iacet, quæ nobis peccatoribus aquam tulit salutis,

Puto eius precibus illud ibidem preseruatum suis fidelibus temporibus sterilitatis,

Credo quod in seculo non est ei simile in cuspide montis,

Ergo ne teneamini vltramontani nobiles, sitientes ibi Limpham bonam haurietis,

Quæ ad æthereum thalamum ascendisti, in Anagnia mirabile Templum elegisti,

Quod crebrescentibus miraculis, portentis, prodigiisque ostendisti, & mirabiliter decorasti,

Tu etiam mentem Antistitis Summi GREGORII XI. tua gratia persudisti,

Cum sancto flamine ignito in tui deuotionem imbre cœlesti imbuto commouisti.

Pastor egregius suscepto mundi regimine feruentius in tui deuotione, zeloque perseuerauit,

Doctor eximius percepta tui gratia te in suam Matrem adoptauit,

Rector pius vniuersum perlustrauit, tua oratoria iugis sui Principio decorauit,

Sator honestatis tuam natiuitatem adamauit, & Sacra Vigilia primus adornauit,

Nutu Spiritus almi, cuius septiformis gratia inflammatus septima Septembris ieiunium mandauit,

Ritu perpetuo sua potestate celebrari cum Missa stabiliuit, & ordinauit,

Dictu suo firma promissione vallato etiam cum Bulla vnde prædicta promulgauit,

Affatu, diuinoque suo relatu hanc deuotionem inserui, quam suo munere amplificauit. *Finis.*

Epitaphe du Pape GREGOIRE XI.

CHRISTI SALVTI.

GREGORIO XI. Lemouicensi, humanitate & doctrinâ, pietateque admirabili, qui, vt Italiæ seditionibus mederetur, Sedem Pontificiam Auenionem translatam, diuino afflatus numine, hominumque maximo plausu, post annos septuaginta Romam feliciter reduxit, Pontificatus sui anno septimo, S. P. Q. R. tantæ Religionis non immemor GREGORIO XIII. Pontifice maximo comprobante. Anno ab orbe Redempto 1584.

JEAN DE CROS, ou DE CROSON, Docteur en l'vn & en l'autre Droict, Cousin issu de germain du Pape GREGOIRE XI. Euesque de Limoges, Archidiacre de Beauuais, Cardinal Prestre du Tiltre des Saints Nerée & Achillée, Grand Penitencier de la Sainte Eglise Romaine, puis Euesque de Preneste, & Legat en France pour la Confirmation de l'Election de CLEMENT VII.

CHAPITRE CXXX.

Ex Libro tertio de Sacra Politia, Renato Chopino Auctore.

IOANNES miseratione diuinâ Episcopus Prænestinensis, Sanctæ Romanæ Ecclesiæ Cardinalis, Apostolicæ Sedis Nuncius ad Regem & Regnum Franciæ destinatus omnimodâ potestate Legati à Latere sulcitus, prout in Litteris Apostolicis super hoc confectis à CLEMENTE VII. Papa, inferius insertis continetur, vniuersis, &c. Cum Serenissimus Princeps Dominus CAROLVS Dei gratiâ Francorum Rex, & Reuerendus in Christo Pater Dominus Richardus Archiepiscopus Remensis vtilitatem Ecclesiæ, Regis & Regni Franciæ ac Reipublicæ in hac parte considerantes, diu tractauerint de permutatione facienda Villarum de Moussonio, & de Bellomonte in Argonia, Remensis Diœcesis, cum earum adiacentibus pertinentiis & appenditiis vniuersis; quæ à magnis temporibus sunt & fuerunt de proprio hæreditagio & patrimonio Archiepiscopatus Remensis, ad Villam de Valliaco Suessionensis Diœcesis, cum Villis eisdem adiacentibus, & eorum dependentiis & pertinentiis vniuersis ad ipsum Dominum Regem pertinentibus, asserens ipse Dominus Rex ipsam Villam de Valliaco, & cæteras Villas eidem appendentes cum earum pertinentiis valere mille libras terræ Turonensis annui & perpetui redditus. Promittendo quod si tantum non valerent, dictas mille libras terræ perficeret in locis proximioribus ad vtilitatem dicti Archiepiscopi, & suorum Successorum Archiepiscoporum Remensium; itaque in dicta Villa de Valliaco, & pertinentiis vniuersis, Dominus Rex nullum habebit ius Regaliæ perpetuis temporibus, vacante Archiepiscopatu Remensi, ipsamque Villam de Valliaco sortem & claudi facere, & in eadem Villa de Valliaco Domum competentem pro ipso Archiepiscopo, & suis Successoribus Archiepiscopis tradere & assignare in permutatione huiusmodi promisit ipse Dominus Rex. Verum quia supradictus Archiepiscopus huiusmodi tractatum permutationis complere & perficere non valet sine Sedis Apostolicæ licentia; nobis humiliter supplicauit Archiepiscopus supradictus, quatenus eidem licentiam concedere dignaremur tractatum huiusmodi ineundi & perficiendi cum Domino Rege. Nos vero maturè procedere volentes in hac parte, inquisiuimus diligenter, à pluribus fide dignis, vtrum permutatio huiusmodi cedat in vtilitatem Ecclesiæ Remensis, & quia per eorum iuramenta ad Sancta Dei Euangelia præstita repetimus præmissam permutationem cedere ad honorem & vtilitatem Regis Franciæ, commodumque maximè & honorem Ecclesiæ & Archiepiscopatus Remensis, prout etiam nobis constitit ac constat per Litteras venerabilis viri Præpositi, Decani, & Capituli Ecclesiæ Remensis, qui super hoc nobis scripserunt, prædictam permutationem cedere ad honorem & vtilitatem Ecclesiæ Remensis, & ipsi in quantum in eis est, & sua interesse potest, suum consensum benigniter apposuerunt, præfato Reuerendo Patri Richardo Archiepiscopo Remensi prædictam permutationem cum Domino Rege celebrandi licentiam auctoritate Domini nostri Papæ, quâ fungimur in hac parte, impartimur gratiosè ipsam, cum per ipsum Archiepiscopum perfecta extiterit, modo tamen præmisso, laudando & approbando, eidem exnunc, prout extunc, nostrum consensum auctoritate præfata interponentes, &c.

Extraict des Registres des Chartes du Thresor du Roy. Registre coté CIII. *des années 1371. & 1372.*

LETTRES *de Charles Roy de France, contenans que pour les bons seruices que sen Aubert de Thieuers, ja dis Cheualier & Seigneur de la Courtine en Gayenne luy auoit faits, se retournant du party d'An-*

gleterre à son obeïssance, & aussi que *Iean de Thieniere* son Fils auoit esté prins par lesdits Ennemis en la Cité de *Limoges*, en la compagnie du CARDINAL DE LIMOGES pour lors Euesque dudit lieu, sa Majesté luy auoit donné le Chasteau, Terres & appartenances de *Mirabel*, confisquez sur Simon de la Chasseigne, iadis Sieur dudit lieu, qui s'estoit rendu Ennemy. Et si soit ainsi que ledit Cheualier soit mort, laissant Aubert de Thieniere Escuyer son Fils son Heritier aisné. Considéré qu'apres ledit don, ledit Chastel par la proësse & discretion dud't Cheualier, & à ses propres cousts, frais & despens fut prins & mis en l'obeïssance du Roy. En recompense de ces choses & pour l'amour dudit CARDINAL, Oncle dudit Aubert, il luy ratifie ledit don le sixiéme May 1373.

Extraict d'vn Memoire MS. de la main de feu mon Pere.

VICARIA fundata per Dominum IOANNEM olim Episcopum Lemouicensem, nunc Sacrosanctæ Romanæ Ecclesiæ Cardinalem, Tituli Sanctorum Nerei & Achillei Presbyterum Cardinalem, qui dicitur Cardinalis Lemouicensis 1374. 28. Februarij.

Ex Chartulario MS. Sancti Hilarij Pictauensis.

AISCELINVS Reginæ Thesaurarius, & Guillelmus Bor Decanus Sancti Hilarij maioris. Item quod redditus ad Anniuersarium bonæ memoriæ Domini Cardinalis Lemouicensis acquisiti, tam de pecuniis suis, quàm certis aliis pecuniis, duo Anniuersaria fiant annuatim in Ecclesia Beati Hilarij ad diuersos dies super hæc statutos, prout in Fundatione dicti Cardinalis fuit ordinatum, Anno 1407.

Epitaphe du Cardinal Iean de Cros, qui se lit sur son Tombeau en l'Eglise Cathedrale de la Ville d'Auignon, en laquelle il est enterré.

HIc iacet Reuerendissimus in Christo Pater, Dominus IOANNES DE CROSO de Galimafort, Lemouicensis Diœcesis, Legum Professor, qui per plura tempora præfuit Ecclesiæ Lemouicensi, deinde assumptus fuit in Ecclesiæ Romanæ Presbyterum Cardinalem, & subsequenter fuit factus Episcopus Præneštinensis, & summus Pœnitentiarius; qui obiit vigesimo secundo mensis Nouembris, anno à Natiuitate Domini 1383. pro cuius animæ salute Deum humiliter deprecamur, vt in pace cum Angelis req. escat, *Amen*.

BERTRAND LAGERY,

Docteur en Theologie, Religieux de l'Ordre des Freres Mineurs, Euesque de Glandeués, Cardinal Prestre du Tiltre de Sainte Prisque, puis Euesque d'Ostie.

CHAPITRE CXXXI.

Nomenclator Cardinalium.

BERTRANDVS LAGERIVS DE FIGIACO, Gallus, Ordinis Minorum, ex Episcopo Glandatensi Cardinalis, scripsit *de Schismate contra sui temporis Hæreses*. Obiit Auenione anno 1392. ibidemque sepultus est.

L'Autheur du Liure de l'Ordre des Cordeliers, parle ainsi de ce Cardinal.

De BERTRANDO LAGERIO Protectore Cardinale.

EN tibi Aquitanice BERTRANDVS Gloria Gentis
Muricæ tellurum Inxque, decusque Patrum?

Extraict d'vn Original en parchemin, conserué dans le Cabinet de Monsieur Iean Iacques Lagery, Aduocat General de la Sacrée Religion des Saints Maurice & Lazare, & Garde des Archiues à Turin, pour son Altesse Royale de Sauoye. Communiqué par Monsieur Guichenon, Conseiller, Historiographe de Sa Majesté, & de la mesme Altesse Royale de Sauoye, Cheualier de l'Ordre desdits Saints Maurice & Lazare.

PANEM hunc à Christo Saluatore benedictum, dum duodecim cum Discipulis discumberet, & de fragmentis eius quem benedixit, fregit, & eisdem Discipulis cœnantibus dedit, VRBANVS VI. Pontifex maximus, postquam aliàs pridem Cardinalatus Dignitate sui decoratus, inter sacras Reliquias eiusdem Pontificis, & alia fragmenta eiusdem sacratissimi Panis existentem, mihi summa cum reuerentia & charitate largitus est: eumdem aurata in pixide aurichalea inclusit, vt ibi perpetuo setuaretur, vt sacrati Mysterij memoria, & tanti Principis beneficio, apud me & Parentum meorum posteritatem foret mirabile munus duraturum: sic Deus me adiuuet, suamque omnibus Christi Fidelibus, & meis prædictis exoluat Benedictionem. Datum Auenioni, Idibus Maij 1378. Signatum, BERTRANDVS LAGERIVS Cardinalis Sanctæ Priscæ. In subscriptione. In præmissorum fidem hic me subscripsi, solitoque sigillo muniui, vt fui requisitus. IOANNES GALETTI, Notarius Auenionensis.

IEAN DE LA TOVR,

Religieux Benedictin de la Congregation de Cluny, Abbé du Monastere de Saint Benoist de Fleury sur Loire, Cardinal Prestre du Tiltre de Saint Laurent in Lucina.

CHAPITRE CXXXII.

Extraict d'vn Memoire MS. de la main de feu mon Pere.

A Chronique Martinienne, fait mention d'vn IEAN DE LA TOVR d'Auuergne, Abbé de Saint Benoist, de Fleury, qu'il dit auoir esté creé Cardinal Diacre par le Pape GREGOIRE XI. l'an 1371. le 6. Mars, il faut qu'il soit Fils de BERTRAND second, Seigneur de la Tour & d'Isabeau de Leuis, laquelle mourut l'an 1361.

BERTRAND DE CANILLAC,

Mal nommé de Chanac, & de Cosnac par quelques-vns, Chanoine Regulier de Saint Augustin, Euesque de Comminges, Prestre Cardinal du Tiltre de .... Nonce Extraordinaire en Espagne pour moyenner vn Accord entre Dom Henry Roy de Castille, & les Rois d'Arragon, de Portugal, & de Nauarre.

CHAPITRE CXXXIII.

Extraict de la Vie de GREGOIRE XI. *par vn Autheur Anonyme.*

DIE autem dicti anni (1371.) quæ fuit Feria fexta Quatuor Temporum poft Pentecoften, dictus GREGORIVS Papa fecit ordinationem duodecim nouorum Cardinalium, videlicet octo Presbyterorum, & quatuor Diaconorum : Presbyteri autem fuerunt, Dominus BERTRANDVS de Cofnaco, Diœcefis Lemouicenfis, Canonicus Regularis Ordinis Sancti Auguftini, tunc Epifcopus Conuenarum, &c.

Ex MS. Codice Bibliothecæ Vaticanæ.

GREGORIVS XI. &c. *Dilecto Filio* BERTRANDO *Sanctæ Romanæ Ecclefiæ Presbytero Cardinali, Apoftolicæ Sedis Nuncio, falutem, &c.* Licet de more Romanorum Pontificum iȩ decefforum noftrorum fuerit obferuatum, quod iis, qui ad Cardinalatus apicem peruenerunt, Capellum rubeum propriis manibus tradiderunt, & præfentes, & abfentes, ad hoc fuerunt excitati, nofque Prædeceffores noftros fuerimus imitati. Confiderantes tamen, quod te (quem tuis exigentibus meritis, & vtilitate Sanctæ Romanæ Ecclefiæ fuadente) dudum ad eiufmodi Dignitatem promouerimus, & noftro mandato in remotis partibus, pro arduis & publicis negotiis immoraris, & propterea nolentes, quod infignibus prædicti Capelli, donatione fruftreris diutius, potius cupientes tuam in hoc & in aliis honorare perfonam, vt per honorificationem noftram ab aliis honoreris, Tibi Capellum rubeum, per dilectum Filium Arnaldum Andreæ Subdiaconum Ecclefiæ Burdegalenfis, Licentiatum in Legibus, Apoftolicæ Sedis Nuncium, latorem præfentium deftinamus, Inquentes difcretioni tuæ huiufmodi Capello rubeo vtendi de cætero. Datum Auenione, fecundo Calendas Februarias, anno tertio.

GVILLAVLME DE CHANAC,

Religieux de l'Ordre de Saint Benoift en l'Abbaye de Saint Martial de Limoges, Licentié en Droict Canon, Abbé du Monaftere de Beze au Diocefe de Langres, puis de Saint Florent fur Loire, au Diocefe d'Angers, fucceffiuement Euefque de Chartres & de Mende en Giuaudam, Cardinal Preftre de Saint Vital au Tiltre de Veftine, puis Euefque de Tufculane.

CHAPITRE CXXXIV.

Epitaphe du Cardinal Guillaulme de Chanac, qui fe lit fur vn Tombeau de marbre, fous lequel il eft enterré, dans l'Eglife Collegiale de Saint Martial de Limoges.

HIC iacet bonæ memoriæ Reuerendiffimus in Chrifto Pater & Dominus, Dominus GVILLELMVS de Chanaco Epifcopus Tufculanus, Sanctæ Romanæ Ecclefiæ Cardinalis, alias dictus Mimatenfis, quondam Filius Domini Guidonis de Chanaco Militis, & Dominæ Ifabellæ de Monteradulpho Lemouicenfis Diœcefis, Decretorum Doctor, qui primo in præfenti Monafterio Monachus effectus, nutritus & educatus fuit à pueritia, deinde poft plures Dignitates per Reuerendiffimum Dominum GREGORIVM Papam XI. proprio motu extulit ad Apicem Cardinalatus, multa bona contulit præfenti Monafterio, ideoque Conuentus die quolibet duas Miffas fine Nota & fine gloriis, menfibus vnum folemne Anniuerfarium pro eo & fuis in perpetuum celebrare tenetur. Obiit in Auenione die 29. Decembris, anno Natiuitatis Domini 1384. quo anno mense Augusti eius corpus per integrum translatum & sepultum est hîc secundum suam deuotam ordinationem : Oretis Deum pro ipso : anima eius in æternum requiescat in pace. *Amen.*

Extraict de l'Obituaire de la mesme Eglise de Saint Martial de Limoges.

HAc die vigesima nona Decembris, anno Nat'uitatis Domini 1384. obiit bonæ ac recolendæ memoriæ in Ciuitate Auenionensi, GVILLELMVS DE CHANAC Presbyter Cardinalis, Decretorum Doctor, Episcopus Tusculanus, vulgariter nuncupatus Mimatensis, anno vero insequenti, mense Augusto, eius corpus per integrum translatum & sepultum extitit secundum suam deuotam ordinationem, honorificè, vt Dignitatem decet, inter duo pillaria à patte sinistra maioris Altaris in præsenti Ecclesia : qui multa bona dictæ Ecclesiæ contulit. Inter alia fundauit duas Missas, vulgo nuncupatas de Bulla singulis diebus sine gloriis & Nota, & duodecim Anniuersaria solemnia, vnum singulis mensibus cum vigilia, Missa & absolutione, & prædicta amplè dotauit.

JEAN LE FEVRE, ou LE SEVRE,
Surnommé par quelques-vns Fabry, Cousin germain du Pape GREGOIRE XI. Euesque de Tulles, Cardinal Prestre du Tiltre de Saint Marcel.

CHAPITRE CXXXV.

Extraict de l'Obituaire de l'Eglise de Carcassone.

OBITVS Ioannis Fabri Cardinalis.

Sammarthani Fratres, in Episcopis Tutellensibus.

IOANNES FABRY Cardinalis, Presbyter Tituli Sancti Marcelli, à GREGORIO X. 1371. natione erat Tutellensis, qui Auenione fato suo functus est pridie Nonas Martij 1372.

PIERRE FLANDRIN,
Docteur en Droict Canon, Doyen de l'Eglise Cathedrale de Bayeux, Auditeur du Sacré Palais, Referendaire du Pape GREGOIRE XI. Cardinal Diacre du Tiltre de Saint Eustache.

CHAPITRE CXXXVI.

Nomenclator Cardinalium.

PETRVS FLANDRIN Gallus, Decretorum Doctor eximius & Cardinalis, scripsit deductionem materiæ Schismatis oborti post mortem GREGORII XI. MS. in Bibliotheca Cardinalis Sirleti. Obiit Auenione anno 1381. ibidem sepultus.

des Cardinaux François. 455

Extraict des Memoires MS. de Monsieur de la Rocque, Aduocat en Parlement.

PIERRE FLANDRIN Cardinal du Tiltre de Saint Eustache, Diacre & Doyen de Bayeux, & Chanoine de Atissy audit lieu, fut receu par Procureur audit Doyenné le 3. Auril 1370. par prouision du Pape Gregoire XI. portant le nom de Roger, & de la Maison de Beaufort en Vallée.

GUILLAULME DE NOELLET,

Docteur és Loix, Cardinal Diacre du Tiltre de Saint Ange, Legat en Italie, & Lieutenant General pour le Pape au Gouuernement de Bologne, & Pays circonuoisin.

CHAPITRE CXXXVII.

Ciaconius in vitis Pontificum sub GREGORIO XI.

VILLELMVS NOVELLETI, Gallus, Legum Doctor, Diaconus Cardinalis Sancti Angeli, Legatus in Piceno & Vmbria, & Vicarius Generalis in temporalibus, migrauit Aueniobe 4. Nonas Iulij, anno 1390. (*Gregorÿ XI. Regestum.*)

PIERRE DE VERVCHE,

Docteur en Droict Canon, Archidiacre en l'Eglise de Roüen, Auditeur du Sacré Palais, Referendaire du Pape GREGOIRE XI. Cardinal Diacre du Tiltre de Sainte Marie in Via lata.

CHAPITRE CXXXVIII.

Frizonus in Gallia purpurata.

IOANNES, (PETRVS) Cardinalis de Veruche Gregorio XI. vir Tutellensis, Laurea Iuris Pontificij redimitus, in Ecclesia Rothomagensi Archidiaconus, Auditor Sacri Palatij, GREGORII Summi Pontificis Referendarius fuit : Cardinalem Diaconum Sanctæ Mariæ *in Via lata*, in prima promotione GREGORIVS XI. inaugurauit die Iunij decima sexta, anno 1371. deseruit Vrbanum VI. legitimum Pontificem cum aliis Cardinalibus Gallis, de quibus actum in Cardinale Lemouicensi. Fatis concessit Aueniore anno 1390. Benedicto XIII. Antipontifice.

PIERRE DE LA IVGEE,

Religieux Benedictin de la Congregation de Clugny, Cousin du Pape GREGOIRE XI. *successivement Archevesque de Narbonne & de Roüen, Cardinal Prestre du Tiltre de* . . . . .

CHAPITRE CXXXIX.

Bulle du Pape GREGOIRE XI. *touchant la Regale de l'Archevesché de Roüen, tirée d'vn ancien Original.*

GREGORIVS *Episcopus seruus seruorum Dei, ad futuram rei memoriam.* Romani Pontificis prouidentia circumspecta, ad ea, ex Apostolicæ seruitutis Officio libenter intendit, per quæ Ecclesijs & personis Ecclesiasticis vtilitas proueniat, & ibs suum cuilibet conseruetur. Cum itaque nuper venerabilem fratrem nostrum, Petrum Episcopum olim, Archiepiscopum Narbonensem, in Rothomagensem Archiepiscopum electum, à vinculo, quo Narbonensi Ecclesiæ, cui tunc præerat tenebatur, de Fratrum nostrorum Consilio, & Apostolicæ potestatis plenitudine absoluentes, eum ad Rothomagensem Ecclesiam, tunc vacantem, Authoritate Apostolica duxerimus transferendum, præficiendo ipsum eidem Rothomagensi Ecclesiæ, in Archiepiscopum & Pastorem, prout in nostris inde confectis litteris plenius continetur: Idemque Petrus electus qui Charissimo in Christo Filio nostro Carolo Regi Francorum Illustri, ratione temporalitatis dictæ Rothomagensis Ecclesiæ homagium & fidelitatis debitæ iuramentum, prout fertur, præstare tenetur, pro ipsis præstandis, eiusdem Regis Clementiam adire nequeat de præsenti; & sicut accepimus, idem Rex intendens, dictum Petrum electum proxima consanguinitatis linea nobis iunctum, fauoribus prosequi gratiosis, Regaliam, quam ratione huiusmodi vocationis dictæ Rothomagensis Ecclesiæ, ibidem habere dicitur, ac omnia & singula iura ei ratione huiusmodi Regaliæ, in quibuscumque consistant competentia hac vice eidem Archiepiscopo remittere, & ipsum ad præstandum huiusmodi homagium, & fidelitatis iuramentum per procuratorem, prout tenemus, de speciali gratia admittere, aut saltem pro his in propria persona præstandis longam, & sufficientem dilationem concedere velit, Nos hæc grata habentes multipliciter, & accepta, volumus, & Authoritate Apostolica tenore præsentium concedimus, quod per huiusmodi remissionem Regaliæ, si eam dictus Rex hac vice prædicto Petro electo, vt præmittitur fecerit, vel etiam per receptionem præmissorum homagij, & fidelitatis iuramenti, si eum ad hoc per procuratorem admiserit, vel dilationem, vt præmittitur, dederit eidem Regaliæ, & eius iuribus in quibuscumque consistant, Regi & successoribus, seu etiam Coronæ Regiæ, nullum imposterum præiudicium generetur, nec ad consequentiam trahi valeant in futurum. Nulli ergo omnino hominum liceat hanc paginam nostræ concessionis & voluntatis infringere, vel ei ausu temerario contraire: si quis autem hoc attemptare præsumpserit, indignationem omnipotentis Dei & Beati Petri & Pauli Apostolorum eius se nouerit incursurum. Datum apud Villam-Nouam Aueniohensis Diœcesis, quinto Cal. Septembris; Pontificatus nostri anno quinto de mandato Domini nostri Papæ *Franciscus.*

Extrait d'vn Memoire qui m'a esté envoyé de Narbonne.

PETRVS IVDICIS, seu IVDICIA, Gallicè, *De la Iugée, de laquelle Maison est Monsieur le Comte de Rieux, en Languedoc; portant le mesme Nom & Armes, en vn quartier des siennes:* Ce PETRVS DE IVDICIA, *estoit Cousin de* GREGOIRE XI. *Et fut Archevesque de Narbone, & Cardinal 1376. son Corps repose fort honorablement, ensevely en l'Eglise de Saint Iust, dedans le Chœur; on Celebre chacun mois vne Messe des Morts pour luy, qu'il a fondie. Et de plus la Feste de Monsieur Saint Paul l'Apostre, celle de Saint Martial, de Saint Michel en Septembre, ausquels iours on fait Procession solemnelle avec Chapes.*

HVGVES DE MONTRELAIX,

Successiuement Chanoine, Doyen, & Euesque de Saint Pierre de Nantes, de Treguier, & de Saint Brieu, Prestre Cardinal du Tiltre des quatre Saints Couronnez, puis Euesque de Sabine, & Prieur du Prieuré de Marsay en Poictou, vulgairement appellé le Cardinal de Bretaigne.

CHAPITRE CXL.

Extraict des Registres de Parlement.

Vgo Cardinalis Britanniæ, Prior nunc Prioratus de Marsay in Pictauia, membri Monasterij Sancti Maxentij.

JEAN DE BVSSIERES,

Religieux de l'Ordre de Cisteaux, au Monastere de Clairvaux, Docteur en Theologie, successiuement Abbé desdites Abbayes de Clairvaux & de Cisteaux, Cardinal Prestre du Tiltre de . . . .

CHAPITRE CXLI.

Extraict des Memoires MS. de l'Abbaye de Clairvaux.

IOANNES DE BVXERIIS Sacræ Theologiæ Professor, Monachus & Cellarius Claræuallensis, Abbatizauit hic annis quatuor, deinde factus est Abbas Cisterciensis, & demum effectus est Sanctæ Romanæ Ecclesiæ Presbyter Cardinalis. *Annotatio.* Ferunt ipsum Dominum Ioannem nescio quo animo ductum multa Clarævallis mobilia, & præcipue localia vendidisse, immobilia quoque non pauca alienasse, hinceque occulto Dei iudicio factum, vt corpus eius post mortem translatum Claram-Vallem, vt ibidem sepeliretur, nullis omnino modis potuerit intus recipi, sed manserit ad muros Monasterij, intra quos sub mausoleo paululum à terra leuato reconditum, cernentibus vsque hodie ostenditur. Verum cum hæc de re diuersi diuersa sentiant, hæc de eodem dicta sint.

Epitaphe du Cardinal de Bussieres, qui se lit en l'Eglise de l'Abbaye de Clairvaux, où il est enterré.

Hic iacet Dominus IOANNES DE BVXERIIS XXXII. Abbas Claræuallis, qui postea factus est Cardinalis Sanctæ Romanæ Ecclesiæ. Obiit 1376.

GVY DE MALESEC,

Successiuement Euesque de Lodeve & de Poictiers, Neueu & Referendaire du Pape GREGOIRE XI. Cardinal Prestre du Tiltre de Sainte Croix en Hierusalem, puis Euesque de Preneste, Legat en Angleterre, Brabant, Gueldres, Flandres, & Hainaut.

CHAPITRE CXLII.

Testament du Cardinal Guy de Malesec, tiré d'vn Registre du Parlement, contenant les Testamens de diuerses personnes, dont l'execution a esté soûmise à la Cour.

IN nomine Domini, Amen. Anno à Natiuitate eiusdem 1407. Indictione quintadecima, die duodecima mensis Septembris, Pontificatus Sanctissimi in Christo Patris & Domini nostri, Domini Benedicti diuina prouidentia Papæ XIII. anno decimo tertio, in mei Notarij publici, & Testium infrascriptorum præsentia, Reuerendissimus in Christo Pater & Dominus, Dominus GVIDO DE MALESICCO, permissione diuina Episcopus Prænestensis, Sanctæ Romanæ Ecclesiæ Cardinalis, sanus mente & corpore per Dei gratiam, prout cuilibet intuenti poterat verisimiliter apparere, suum vltimum Testamentum nuncupatiuum, suamque vltimam voluntatem, & ordinationem, seu dispositionem, fecit, condidit, disposuit, quod & quam, seu quas, per me Notarium publicum infrascriptum, legi, recitari, & publicari mandauit, & fecit, in & per modum qui sequitur infra.

IN nomine Sanctæ & indiuiduæ Trinitatis, Patris, & Filij, & Spiritus Sancti, Amen. Ego Guido de Malesicco diuina miseratione Episcopus Prænestinus, Sanctæ Romanæ Ecclesiæ Cardinalis, sanus mente & corpore per Dei gratiam, Attendens & considerans generis humani conditionem fore fragilem & caducam, quodque nihil est morte certius, nihilque incertius eius hora, ac cupiens quandiu quies in membris viget corporis, & ratio mentem regit, (quam si quidem rationem adeo sæpius languor obnubilat) vt non solum temporalium rerum, verum etiam sui sæpius cogit ipsa languoris vehementia penitus obliuisci humanæ conditionis, ineuitabile periculum, ac diem meæ Peregrinationis extremum, dispositione Testamentaria præuenire, & animæ meæ salubriter prouidere, ac de bonis & rebus meis nunc dum mihi vigor subsistit rationis, ad laudem Omnipotentis Dei, & Beatæ Mariæ semper Virginis & omnium Sanctorum, disponens, Testamentum meum nuncupatiuum condo, facio, & ordino in hunc modum.

IN PRIMIS si quidem recommendo animam meam Altissimo Domino Deo nostro Creatori omnium visibilium & inuisibilium, & Beatæ, ac Gloriosæ semperque Virgini Mariæ, Sancto Michaëli Archangelo, Beato Ioanni Baptistæ, Sanctis Apostolis Petro & Paulo, atque Martiali, & Beato Hieronymo, totique Collegio ciuium supernorum, & confiteor me vixisse, voloque viuere, ac vitam meam finire, & terminare in fide, quam tenet & profitetur Sacrosancta Romana Ecclesia. Et si viuens, in prædicationibus, collationibus, Consilijs, aut alio quouis modo, loco vel tempore, aliquid fecerim, aut dixerim, quod deuiare videtur à fide Catholica, aut dissonare ab eo, quod ipsa tenet Romana Ecclesia, illud reuoco, irrito penitus, & annullo; submittens omnino me correctioni, ordinationi & determinationi prædictæ Romanæ Ecclesiæ Sacrosanctæ. Deinde eligo corpori meo sepulturam in Ecclesia Auenionensi, in Capella Sancti Spiritus, ad pedem Altaris ipsius Capellæ, ac volo & ordino quod non fiant Tumulus, nec vestes lugubres, neque solemnitas exequiarum aliqualis quantum ad luminaria, nisi solum & duntaxat quod ponantur quatuor intorticia circa feretrum, ad modum crucis, & quod super feretrum ponatur vnus pannus lanæ albus cum cruce nigra, sed in recompensationem huiusmodi solemnitatis, & luminariorum: volo & ordino, quod per Executores meos infrascriptos quinquaginta floreni currentes distribuantur, inter Canonicos & alios Beneficiatos in Choro ipsius Auenionensis Ecclesiæ seruientes personaliter sicut eisdem Executoribus visum fuerit expedire; & quod quilibet Presbyter eiusdem Ecclesiæ infra nouenam meæ sepulturæ, vnam Missam & Psalterium semel tantum, & qui Presbyteri non fuerint, Psalterium bis dicere pro anima mea teneantur: super his autem rogo Executores meos infrascriptos, quatenus voluntatem & ordinationem meam nullomodo velint immutare. Item volo & ordino quod infra nouenam meæ sepulturæ congregentur bina vice pauperes Christi in Platea Prædicatorum Auinionensium, vel in alio congruo loco, vbi detur vnicuique pauperi pro quali vice vnum Sextile Monetæ Auinionensis, iniungendo ipsis pauperibus quod Altissimum Deum pro salute animæ meæ velint exorare. Item, volo & ordino quod infra duos menses à die mei obitus proximè computandos celebrentur duo millia Missarum pro anima mea, & cuilibet celebranti detur vnus grossus Monetæ Auinionensis. Item, dari volo & ordino infra dictam Nouenam singulis Monialibus Monasteriorum Auinionensium Sancti Verani quatuor grossos currentes semel tantum ex soluendos, & quod vna quæque Monialis teneatur semel dicere Psalterium pro anima mea. Item volo & ordino quod de bonis meis immobilibus quæ habeo, & possideo in Ciuitate Auinionensi, scilicet de Domibus ad me spectantibus, quæ sunt in librata, quam inhabitare consueui, & ex post Reuerendissimus Pater Dominus Cardinalis Auxitanus etiam habitauit, iuxta Ecclesiam Beatæ Magdalenæ, necnon de domo quam emi infra libratam, quam inhabito de præsenti existente, ac etiam de viridario sibi contiguo, quod præfatus Dominus noster Papa mihi donauit, post eius assumptionem ad Papatum, dotentur & fundentur Duæ Cappellaniæ perpetuæ in Ecclesia Auinionensi ad prædictum Altare Sancti Spiritus, ad collationem Præpositi & Capituli simul dictæ Ecclesiæ Auinionensis. In huiusmodi autem Capellaniis volo & Ordino, quod instituantur duo boni & honesti Sacerdotes, qui celebrare teneantur mihi octo Missas videlicet quatenus ad minus qualibet septimana, quilibet eorumdem pro anima mea, & animabus Summorum Pontificum, præsertim è quibus bona recepi, ac Dominorum Cardinalium, & omnium de genere meo, nec non benefactorum & amicorum meorum, & si forte propter infirmitatem, aut solemnitatem alicuius festi, vel ob aliam iustâ & rationabilem causam, quatenus in septimana, vt præmittitur celebrare non possent, postmodum supplere quam citius fieri poterit teneantur, & nihilominus teneantur iidem Presbyteri interesse in Diuinis Officiis personaliter & continuè deseruire in prædicta Auinionensi Ecclesia, & cum cæteris in Choro eiusdem Ecclesiæ Officiare: pro qualibet autem vice, qua dicti Presbyteri deficient, vel alter illorum deficiet in ipsis Diuinis Officiis, vel competenti hora chorum non intrauerint, seu aliam horam debitam de choro recesserint, volo & ordino quod pro quolibet defectu vnus patacus Monetæ Auinionensis per Elemosinarium ipsius Ecclesiæ, & pro quolibet defectu Missarum ad Altare prædictum celebrandarum vnus grossus dictæ Monetæ Christi pauperibus erogentur ex prouentibus seu emolumentis ipsarum Capellaniarum, vt ille scilicet fructum exinde non recipiat vbi minimè laborauit. Quas quidem pecunias erogandas pauperibus idem Elemosinarius, & qui pro tempore fuerit, sub periculo Officij sui tanquam proprios redditus eiusdem exigere, percipere, & eleuare teneatur pro ipsis defectibus, ad simplicem relationem Prioris Claustralis ipsius Ecclesiæ, vel sui vices gerentis de prouentibus memoratis. Altare vero prædictum Sancti Spiritus ad vsum ipsarum Capellaniarum tantum volo, & mando munire sequentibus ornamentis, videlicet par ia cruce argentea deaurata & magno calice deaurato, quæ sunt in Capella mea secreta, duabus canetis argenti magnæ Capellæ, duobus retabulariis simul connexis, vbi est Annunciatio Beatæ Mariæ, Missali antiquo, quod iamque est in ipsa Capella, omnibus Mapis & Corporalibus magnæ Capellæ, duobus pannetis Altaris Capellæ portatilis solemnibus Festis, quatuor casulis cum stolis & manipulis suis, hoc est rubea, alba, violacea, & nigra ipsius magnæ Capellæ, cum albis amitis atque cinctoriis suis, duobus Candelabris de cupro, & vna coissincto pro libro: Et volo quod in dicta Capella Sancti Spiritus fiat, & incathenetur vna fortis caxa cum bonis serratutis & securis, ad reponendum ornamenta prædicta. Item, volo & ordino quod omnia debita mea ante omnia integraliter persoluantur quæ hic præsertim recordari valeo, specialiter existimo & designo prout ecce. Primo namque confiteor & recognosco me debere Consanguineæ meæ Matthæ de veteri villa, vxori Ioannis de Roheria Domicelli Lemouicensis Diœcesis centum marcas argenti, in quibus tenebar Domino Ioanni de Baro quondam Subdiacono Papæ, qui eas in vltimo Testamento suo eidem Matthæ legauit, & illas ante omnia volo, & ordino eidem Matthæ persolui: residuum enim in quo prædicto quondam Domino Ioanni de Baro tenebar, dictæ Matthæ tradidi realiter & exsolui. Item, executionem defuncti Domini Geraldi Guischardi Presbyteri, qui me in suo Testamento vltimo, seu extrema voluntate hæredem suum instituit, recognosco me debere quingentos florenos Cameracenses, quos pro arduis necessitatibus meis in prosecutione Negociorum Vniuersalis Ecclesiæ, de bonis illius recepi, voloque ac iubeo quod per Executores meos infrascriptos de bonis meis tantundem recipiatur: & sicut ipse Geraldus in eodem Testamento suo ordinauerat, volo quod dicti quingenti floreni Cameracenses in emendam, & solutionem debitorum Reuerendi Domini Gregorij Papæ vndecimi committantur, prout melius & salubrius dictis executoribus meis videbitur faciendum. Item, executioni defuncti Domini Ioannis de Baro prælibati, qui me in Testamento suo vltimo Executorem suum constituit, recognosco me debere duo millia florenorum, vel circa, quæ pro simili causa, videlicet ad procurandum negocia Ecclesiæ, de bonis illius recepi, voloque ac iubeo quod per Executores meos infra designatos, de bonis meis tantundem recipiatur. Et nihilominus, quia dictus Dominus Ioannes pauperes Christi suos hæredes instituit, volo & ordino, quod huiusmodi pecuniæ in emendo possessiones, & redditus perpetuos, ad vsum pauperum infirmorum, Hospitalis Sancti Martialis Auinionensis, qui pro tempore inibi recepti, & hospitati fuerint, vel in meliorationem dicti Hospitalis conuertantur, prout securius & vtilius, eisdem Executoribus meis videbitur expedire. Item, de Executione præfati Domini Ioannis de Baro, cuius sum Executor, vt præmissum est, confiteor habere adhuc penes me in duobus coffris suis, tres Calices, vnam crucem argenteam, vnum Missale ad vsum Romanum, certos pannos de serico, & quædam paramento, seu ornamenta Altaris, nec non certas cuppas, & ciphos de madito, oppettas de argento; hæc omnia & alia contenta in dictis codicillis volo & ordino per Eleemosinarium meum infra scriptum distrahi, vendi, ac distribui in vsibus piis iuxta ordinationem prælibati Domini Ioannis, vel aliorum pro salute animæ suæ, sicut eidem Eleemosinario meo visum fuerit expedire. Item, recognosco me debere ducentos florenos de Camera, quos ab Executoribus Reuerendissimi Patris bonæ memoriæ, Domini Cardinalis Milnatensis recepi in reparatione Ædificiorum Prioratus de Vpasio Ordinis Sancti Benedicti, à Monasterio Sancti Michaelis de Clusa dependentis Taurinensis Diœcesis, quem ex dispensatione Apostolica obtinui commutandos, prout ipse ordinauerat in vltimo Testamento suo. Et quia propter guerras & hostiles incursus, ordinationem dicti Reuerendissimi Patris adimplere non potui, cum videretur Christi beneficio fore inutile & damnosum, volo & ordino quod per Executores meos infra nominatos ducenti floreni prædicti tradantur realiter, & exsoluantur, semel tamen, illi, qui succedet in dicto beneficio ad refectionem Ædificiorum eiusdem, si bonum videatur, vel aliter ad emendum, seu ædificandum aliquam domum bonam, & competentem infra villam de Vpasio pro mansione Prioris, qui pro tempore erit, sicut melius & vtilius dictis Executoribus meis, visum fuerit expedire. Item, recognosco me teneri collegio Reuerendissimorum Patrum Dominorum Cardinalium in mille, & sexcentis florenis de Camera, quos pro necessitatibus meis recepi dum eram in Italia per manus Reuerendissimi Patris bonæ memoriæ Domini Cardinalis de Agrifolio, quos volo de emolumentis Capelli mei persolui. Item, confiteor me eidem Collegio debere partem contingentem ipsum Collegium ratione annatæ debitæ pro Ecclesia Pictauensi cui præfui; exceptis tamen trecentis florenis camerasensibus, vel circa, quos eidem Collegio persolui, sicut poterit per ipsius Collegij libros apparere; de parte vero contingente Cameram Apostolicam, nec non de Annabus omnium beneficiorum quæ obtinui, habui, & habeo Bullam, vbi poterit quietatio aperte videri, exceptis Arnalibus omnium beneficiorum de quibus infra dicetur. Volo quoque, & ordino quod ea quibus dicto Collegio tenear soluantur, de his in quibus Collegium ipsum mihi tenetur cum me miserunt Parisius, pro negociis Ecclesiæ vna cum Reuerendissimis Patribus Dominis meis de Thureyo & de Saluciis Cardinalibus, quod quidem Collegium mihi diebus singulis viginti francos auri pro stipendiis assignarunt. Et fui in huiusmodi viagio vna eundo quam stando, & redeundo per duos annos, vnum mensem & quinque dies. Insuper mihi assignarunt mille francos auri ad sulciendum me hiis quæ forent necessaria pro via, & ascendunt huiusmodi stipendia ad sexdecim mille & trecentos francos, vel circa, de quibus nullum habui denarium, vel soluantur de arteragiis debitis ratione Capelli. Item, volo & ordino quod omnia alia quæcumque debita pro me, si quæ sunt, de quibus non recordor, & de quibus constabit legitime, integraliter exsoluantur. Item, lego, volo, & ordino vltimis de bonis meis vt sequitur. Et primo lego Domino nostro Papæ Benedicto XIII. prædicto, quatuor mille florenos de Camera, quos post assumptionem eius ad Papatum, mihi prout & singulis aliorum Dominorum Cardinalium, donauit & soluere promisit, de quibus mihi nihil exsoluit, ita tamen quod de Annalibus seu vacante trium beneficiorum quæ vltimo contulit mihi, scilicet Archidiaconatus de Lantario in Ecclesia Tholosana, & Prioratus de Montealto à Monasterio Sancti... Auxitanensis dependentes, ac præposituræ de Lesinhanno à Monasterio Crassensi dependentes Narbonensis Diœcesis, quam habui vigore cunctæ permutationis factæ cum Prioratu Sancti Philippi de Porta Gratianopolitanensis Diœcesis Camera Apostolica nihil exigere possit ab executoribus meis infra scriptis. Item, lego Canonicis Ecclesiæ Auinionensis prædictæ qui præsentes erunt in exequiis meis, videlicet quinquaginta florenos auri currentes semel tantum soluendos, ita quod quilibet eorum Canonicorum qui Presbyter fuerit pro anima mea quatuor Missas celebrare, qui vero Presbyter non fuerit bis Psalterium dicere, infra quindenam à die mei obitus computandam teneantur. Item, lego singulis Capellanorum sæcularium eiusdem Ecclesiæ Auinionensis Officiantium in Choro ipsius, vnum florenum auri semel tantum soluendum, ita quod quilibet ipsorum Capellanorum teneatur quatuor Missas, pro anima nostra infra quindenam superius designatam celebrare. Item, lego singulis Conuentibus quatuor Ordinum mendicantium Auinionensium, videlicet Prædicatorum, Minorum, Augustinorum & Carmelitarum decem florenos currentes, semel tantum soluendos, & pro quibus Frater dictorum Conuentuum, qui Presbyter fuerit, vnam Missam celebrare, qui vero Presbyter non fuerit, vnum Psalterium dicere, pro anima mea teneatur. Item, lego singulis quatuor Hospitalium, videlicet Sancti Benedicti, Sanctæ Trinitatis, Beati Martialis, & de Iugione, quod est intra portale Mataronis, vbi sunt duæ mansiones separatæ, vna scilicet pro viris, & alia pro mulieribus, quæ pro vno Hospitali computantur, quatuor florenos auri currentes semel tantum exsoluendos. Vltra hoc lego Hospitali Sancti Martialis Auinionensis prædicto, videlicet quatuor lectos paruos deseruientes familiaribus meis, ad electionem & optionem Eleemosinarij mei. Item, lego singulis Monasteriis Monialium Sanctæ Catharinæ, Sanctæ Praxedis, Sancti Laurentij, Sancti Verani, Sanctæ Claræ de Furnis, & de Miraculis Auinionensis, videlicet quatuor florenos auri currentes semel tantum ex soluendos, ita quod quilibet Conuentus dictorum Monasteriorum dicere teneatur solemniter, pro anima mea semel Officium mortuorum cum missa. Item, lego Ecclesiæ Maioricensi meum pluuiale tubeum opertum de auro. Item, lego Ecclesiæ Taurinensi pluuiale meum de panno Imperiali medij coloris. Item, lego Ecclesiæ Nemausensi Casulam meam de eodem panno Imperiali, eiusdem coloris. Item, lego Ecclesiæ Prioratus de Frontiniaco Ordinis Sancti Augustini Magalonensis Diœcesis, magnam crucem argenteam, quæ est de magna Capella. Item, lego Ecclesiæ Sancti Priuati Tutellensis Diœcesis, in qua fui baptizatus, Calicem magnæ Capellæ, & vnum vestimentum Sacerdotale munitum Casula, stola, manipulo, alba, Amicto, & Cynctorio si supersit, alias autem volo & ordino, quod ematur vsque ad valorem quindecim florenorum. Item lego prædicto Monasterio Sanctæ Catharinæ de Auenione Paramentum de serico, quod in Festis solemnibus ponitur supra Altare maioris Capellæ, in quo est Imago Crucifixi, cum duabus aliis Imaginibus & quatuor Angelis. Item eidem Monasterio Sanctæ Catharinæ lego magnum Paramentum de lana, in quo est Historia Abrahæ contexta. Item lego Monasterio Sanctæ Praxedis de Auenione prædicto, antiqua Paramenta Altaris de serico albo operta de canis, reliqua verò Vestimenta & Ornamenta communia, si quæ sunt, necnon sex Retabularia depicta Capellæ maioris per Eleemosinarium meum volo distribui per Prioratus meos iuxta arbitrium suum. Item eidem Monasterio Sanctæ Praxedis lego Speculum Sanctorale Bernardi Guidonis in duobus Voluminibus cum postibus, altero eorum cooperto de viridi, & altero pelle alba. Item lego Conuentui Fratrum Prædicatorum de Auinione Libros infcius designatos. Et primo Milleloquium Augustini, Librum de Trinitate Beati Hilarij, Librum de vera Religione, cum multis aliis tractatibus Augustini in eodem Volumine, coopertum postibus cum pelle alba; Librum Confessionum incompletum sine postibus, Librum Alexandri de Alis super secundo & tertio Sententiarum in duobus Voluminibus, tres Libros Origenis in tribus Voluminibus super vetus Testamentum, & Historiam Scholasticam. Item lego Conuentui Fratrum Minorum Auinionensium prædicto, Libros qui sequuntur. Et primo diuersos tractatus Sancti Isidori in eodem Volumine sine postibus, & cum pelle rubea, Glosam Hilarij super Matthæum sine postibus, & cum pelle rubea; Librum, qui intitulatur quot modis sine postibus cum pelle rubea, Breuiloquium Pauperis, & Itinerarium Fratris Bonauenturæ in primo Volumine coopertum de sendalo cum postibus, & vno firmatorio de argento. Item lego Conuentui Augustinorum Auinionensium prædicto sequentes Libros, & primo Historiam tripartitam, omnes Libros Sancti Thomæ de Aquino, videlicet Lecturam ciusdem super quatuor Euangelia in duobus Voluminibus cum postibus, altero eorum cooperto pelle crocea, & alio viridi; tertiam partem Summæ coopertam de postibus, quarum vna per medium est fracta; Summam contra Gentiles cum postibus & pelle alba, primam secundæ cum postibus, & pelle alba, secundam secundæ cum postibus & pelle azurea. Tabulam super secundam secundæ & super quarto Summarum cum postibus, & Librum primum Summæ de Theologia. Item lego Conuentui Carmelitarum Auinionensium prædicto sequentes Libros; & primo Librum Aristotelis super naturali Philosophia cum postibus, & duplici pelle, quarum interior est rubea; Libros Senecæ, vel quasi in vno Volumine cum postibus & pelle rubea; Declamationes Senecæ cum pelle viridi & sine postibus; & Tabulam Senecæ ad Lucilium cum pelle rubea, & sine postibus. Subsequenter lego Monasterio Casæ Dei Libros sequentes, & primo Decretum meum cum postibus & pelle rubea, Decretales cum postibus & pelle viridi, Clementinas cum postibus & pelle crocea; Innocentium cum postibus, vna fracta & pelle viridi & Summam.... Scieniem cum postibus & pelle nigra. Item lego Monasterio Sancti Martialis Auinionensis prædicto sequentes Libros, & primo Librum qui vocatur Mare Historiarum cum postibus & pelle viridi. Item Legendam & Historiam Sancti Martialis cum Officio notato in duobus Voluminibus cum pelle viridi, & sine postibus. Item lego Conuentui Carthusiensium Villæ-nouæ prope Auenionem Libros qui sequuntur, & primo Meditationes Anselmi cum postibus & pelle rubea, Librum Cassiani de Institutione Monachorum cum postibus & pelle nigra; & Memoriale coopertum pelle rubea cum postibus. Item lego Conuentui Carthusiensi de Bonopassu Auinionensis Diœcesis, Libros sequentes, & primo Librum Orationum in papiro, coopertum pelle viridi, quem fecit Præpositus Vticensis quondam, Vitas Patrum in Papiro sine postibus, Librum qui intitulatur Stimulus animæ cum pelle rubea; Viridarium Consolationis cum Meditationibus Bernardi in eodem Volumine cum postibus, & pelle quasi alba, & Librum Sancti Bernardi, vbi sunt plura opuscula sua cum postibus, & pelle rubea. Item lego Conuentui Cœlestinorum Auinionensium, Libros qui sequuntur; & primo Librum qui vocatur Stimulus Saluationis humanæ cum postibus, & cum Historiis depictis ab infra; Librum Papæ cum pelle rubea, & Flores Bernardi cum postibus & pelle viridi. Item lego Conuentui Cœlestinorum de Gentiliaco, prope Pontem Sorgiæ, sequentes Libros. Et primo Epistolas Hieronymi cum postibus & pelle rubea, Librum Summarum sine postibus & cum pelle alba, & Hieronymum cum postibus & pelle crocea. Item lego Reuerendissimo Patri Domino Cardinali Sancti Angeli Breuiarium meum pulchrum cum postibus & pelle rubea, habens firmatoria de argento. Item eidem lego paruum Librum Petri de Palude in papiro sine postibus. Item lego Domino Guidoni de Baro Sacristæ Lodonensi, Sextum cum Clementinis in eodem Volumine de Littera Bononiensi cum postibus & pelle viridi. Item lego Domino Reginaldo de Roffiniaco Militi Librum Ruralium commodorum Petri de Crescentiis cum pelle rubea sine postibus. Præterea cum olim Reuerendus Dominus Clemens Papa VII. me misisset ad partes Angliæ, & alibi pro negotiis Sanctæ Matris Ecclesiæ, cuius occasione quamplures pecuniarum summæ mihi per Ecclesias infra metas Terrarum, & Prouinciarum ad quas protinus missus eram consistentes deberentur, & adhuc debeantur (pecunias huiusmodi ipsis Ecclesiis lego & remitto penitus & omnino) Item cum de & pro Beneficiis meis mihi præsente Schismatis occasione subtractis quamplures etiam pecuniarum summæ adhuc mihi debeantur, duas partes ipsarum pecuniarum lego, datique volo Ecclesiis ipsorum Beneficiorum meorum, & tertiam partem earumdem pecuniarum lego & erogari volo Pauperibus Christi degentibus in locis & terris Beneficiorum meorum prædictorum. Item lego Sorori Beraudæ Moniali de Pruliano Carcassonensis Diœcesis Germanæ meæ, quinquaginta florenos semel tantum soluendos. Item lego Sorori Agneti Moniali dicti Monasterij de Pruliano etiam Germanæ meæ alios quinqua-

ſi ita florenos currentes, ſemel tamen exſoluendos: Item, lego ſorori Heliotæ Monſali Sanctæ Praxedis Auinionenſis nepti meæ, triginta florenos currentes, ſemel tantum. Item, lego ſorori Florentiæ Monſali eiuſdem Monaſterij Sanctæ Praxedis etiam nepti meæ, viginti florenos currentes, ſemel tantum. Item, lego Geraldo Bodaudi ſcutifero meo quinquaginta florenos currentes, ſemel tantum ſoluendos. Item, lego cuilibet ſcutiferorum meorum aliorum, qui mihi ſeruiunt & ſeruierunt quatuor annis, vel vltra, viginti quinque florenos currentes, ſemel tantum ſoluendo vltra vadia conſueta, quę volo eiſdem perſolui vſque ad diem nouenæ meæ, ita tamen quod nihil aliud petant, ſed illis ſint contenti, alioquin legatum huiuſmodi communicatum ad illos, qui vt præfertur contenti non fuerint, caſſo, reuoco penitus & adnullo, ſi tamen reperiretur me illis teneri, volo quod fiat eis ſatisfactio debita prædicto legato in hac parte ceſſante: Item, lego Michaeli Cholmeti famulo Cameræ meæ viginti quinque florenos currentes, ſemel tantum ſoluendos. Item, lego quibuſcumque aliis familiaribus meis, qui vadia recipiunt, vltra vadia conſueta eis perſoluenda pro tempore tunc lapſo vſque ad diem nouenæ vt prædictum eſt, videlicet vadia pro vno anno à die nouenæ prædictæ inchoando, & volo quod hij quibus factum eſt legatum ſpeciale in argento, nihil aliud petant, niſi quod ſuperius eſt deſignatum, immo ſint præmiſſis contenti, aliud autem legatum reuoco & adnullo. Et quia hæredis inſtitutio caput eſt, & fundamentum cuiuſlibet vltimi Teſtamenti, ſeu vltimæ voluntatis diſpoſitionis, & ordinationis: idcirco in omnibus & ſingulis aliis bonis meis paternis & maternis, mobilibus & immobilibus, ac ſe mouentibus rebus, iuribus, nominibus, rationibus, & actionibus quibuſcumque præſentibus & futuris, quæcumque, quantacumque, qualiacumque & vbicumque conſiſtant, quocumque nomine appellentur, mihi ratione, occaſione dictorum bonorum meorum paternorum & maternorum quomodolibet competentibus, ſeu competituris, hæredem mihi inſtituo, & ore proprio nomino, ac eſſe volo Guillelmum de Maleſicco Filium ſecundogenitum dicti Domini Reginaldi de Roſſinhaco militis, cui Guillelmo vltra præmiſſa lego vnam mulam, vel vnum equum de meis quem duxerit eligendum ac etiam omnia ſuppellectilia mea lanea, in quibus ſunt arma mea. In cæteris autem bonis meis mobilibus, & immobilibus ac ſe mouentibus, iuribus, rationibus, nominibus & actionibus quibuſcumque præſentibus ac futuris quæcumque ſint, qualiacumque, quantacumque, vbicumque, & in quibuſcumque rebus conſiſtant, quibuſcumque nominibus nuncupentur, aut quocumque titulo, ſeu iure ad me pertineant, hæredes mihi facio & inſtituo, videlicet pauperes Chriſti. Executores autem meos, & huiuſmodi mei vltimi Teſtamenti, vltimæque voluntatis & diſpoſitionis extremæ, facio, conſtituo, & ordino, ſeu diſpono, videlicet Reuerendiſſimos Patres Dominos Nicolaum Albanenſem, & Ioannem Oſtienſem Epiſcopos, Petrum Tituli Sanctæ Suſannæ de Thurcyo vulgariter nuncupatum Presbyterum, Amedeum Sanctæ Mariæ Nouæ, & Petrum Tituli Sancti Angeli Diaconos, Sanctæ Romanæ Eccleſiæ Cardinales, ac Reuerendos & Venerabiles Patres Dominos Ioannem Rothomagenſem, Athelium Turonenſem Archiepiſcopos, Andræam Caſadei, & Guidonem Craſſenſem Abbates, nec non Venerabiles viros Dominos Stephanum Laboua, Bertrandum Boutmandi, Bartholomæum Guiſchardi, Sacri Palatij Apoſtolici Cauſarum, meoſque auditores; Guillermum Benedicti, Stephanum Caprioli, etiam auditores meos, Geraldum Damelis Camerarium meum, Petrum Michaël Cantorem de Daurato Lemouicenſis Diœceſis, Guidonem de Antiſſaco Canonicum Agatenſem Clericum Collegij Dominorum Cardinalium, Petrum Garini Cantorem Foroiulienſem, Ioannem Priuati Canonicum Carpentoratenſem, Ioannem Virdonis Canonicum Coſtanenſem, & Petrum Raymundi Canonicum Carcaſſonenſem, Eleemoſinarium meum, & quemlibet eorum, quibus quidem Executoribus meis & duobus eorum, videlicet Domino Sancti Angeli & Petro Raymundi in ſolidum, & illis abſentibus, vel decedentibus, ſeu altero eorum duobus aliis, ſeu vni alteri de prædictis Executoribus meis etiam in ſolidum per eoſdem Executores meos, qui in Curia Romana præſentes fuerint, ſeu maiorem partem eorum eligendi quorum vnus ſit ex ipſis Dominis Cardinalibus, aliis non, do & concedo plenam & liberam poteſtatem ac ſpeciale mandatum cum plena, libera & generali adminiſtratione ſoluendi, faciendi, exequendi, & adimplendi poſt mortem meam, omnia & ſingula per me ſuperius ordinata, ac recipiendi, vendendi, magis tamen offerentibus, & diſtrahendi abſque licentia cuiuſcumque iudicis, vel prætoris, ac hæredum meorum, tantum de bonis meis precio tamen reali perſoluto, & non aliter, quam omnia, & ſingula per me ſuperius legata, & ordinata plenariè poſſint & valeant efficacius adimpleri, nec non petendi, exigendi, recipiendi & recuperandi omnia & ſingula mihi debita vel debenda; de receptis quietandi & abſoluendi, legata diſtribuendi, & omnia alia faciendi, gerendi & extendendi quæ circa præſentis mei Teſtamenti executionem neceſſaria fuerint, ſeu etiam opportuna, & quæ ad gardiatorem Executorum, ſeu Fideicommiſſariorum, Officium ſpectare noſcuntur, & pro omnibus & ſingulis in præſenti meo Teſtamento contentis, & ea tangentibus & continentibus, ſi quotiens & quomodo voluerint, ac fuerit opus, vnum vel plures procuratores tam ad negocia quam ad cauſas conſtituendi cum plena poteſtate omnia & ſingula ſuperſcripta exequendi, agendi & defendendi, compromittendi, tranſigendi, & concordandi, & componendi in omni, & quacumque Curia Eccleſiaſtica & ſeculari, coram quibuſcumque iudicibus Eccleſiaſticis, & ſæcularibus quauis authoritate fungentibus, libellos dandi & recipiendi, lites conteſtandi, de calumnia vitanda & veritate dicenda, iurandi & procurandi cuiuſlibet alterius generis licitum iuramentum, ponendi & articulandi, excipiendi, & impugnandi, probandi litteras & reſcripta impetrandi, renunciandi, & concludendi, ſententias audiendi, appellandi, appellationes proſequendi, & cætera omnia & ſingula, ſine quibus omnia ſingula & prædicta ac etiam infra ſcripta debitæ executioni demandari non
poſſent

possent faciendi & extendendi etiam si mandatum exigant speciale, transferens tenorem præsentis mei Testamenti, & alio meliori Iure modo & forma quibus possum in dictos Executores meos, & duos illorum possessiones omnium bonorum meorum, ac omne Ius, omnemque actionem & Iurisdictionem & potestatem quæ mihi aduersus Debitores meos competunt, & competere possunt quouis modo: si vero circa præmissa aut ipsorum aliquot, vel ea tangentia fuerit aliquod dubium, vel obscurum, volo quod Executores mei supraſcripti, aut duo ipsorum illud possint & valeant interpretari, declarare & intelligere, pro libito voluntatis, quorum interpretationem & declarationem perinde haberi volo pro mea voluntate, ac si ego ore proprio expressissem. Volo tamen & ordino quod ille qui onus executionis huiusmodi proſequetur, habeat & recipiat anno quolibet de bonis meis sex viginti florenos currentes pro victualibus & ſtipendijs suis, & nihil aliud petat. Hoc est autem ac esse volo vltimum meum Testamentum nuncupatiuum, meaque vltima voluntas, ordinatio, seu dispositio suprema, quod & quam valere volo & ordino Iure Testamenti nuncupatiui, & si iure Testamenti non valeret, volo valere Iure Codicillorum, seu Iure cuiuslibet alterius vltimæ voluntatis & dispositionis, & alijs melioribus, causa, modo, & forma, quibus poterit de consuetudine vel de Iure: & si quod Testamentum vel Testamenta, Codicillum vel Codicillos, donationem, aut donationes causa mortis, aut alias quascunque voluntates, ordinationes, seu dispositiones supremas hactenus fecerim, condiderim, vel ordinauerim sub quacunque forma, seu conceptione verborum, illud, illa, illum, & illos, illam & illas, nunc ex mea certa scientia casso, reuoco, irrito, infringo penitus & adnullo, nulliusque fore volo roboris vel momenti, & rogo vos omnes Testes infra scriptos hic præsentes, vt de præmiſsis omnibus & singulis, si & quando locus adfuerit, perhibeatis testimonium veritati, & te Notarium subscriptum, vt de eisdem commutatum & diuisum mihi ac Hæredibus, ac Executoribus meis supraſcriptis, & alijs ad quos pertinuerit, si & quando requisitus fueris, conficias vnum & plura præsentia Instrumenta. Dicta condita, & ordinata, acta & recitata fuerunt hæc Auenione in Domo habitationis præfati Reuerendissimi Patris Domini Cardinalis Testatoris sub anno, indictione, mense, & Pontificatu quibus supra, præsentibus Venerabili Patre in Christo Domino Andrea Abbate Monasterij Casæ Dei prædicto, necnon Venerabilibus & circumspectis Viris Dominis Stephano Laborea, Bartholomeo Guischardi, Guillelmo Beneditti, Stephano Caprioli Auditoribus, Gerardo Danielis Camerario, Guidone de Antisiaco, Ioanne Priuati, & Petro Raymundi Eleemosinario, superius nominatis Familiaribus Commensalibus dicti Reuerendissimi Patris, Testibus ad præmiſsa vocatis, & specialiter rogatis. Et ad maiorem præmissorum omnium fidem, certitudinem & cautelam, Ego Guido Episcopus Cardinalis Testator suprascriptus huic publico Instrumento sigillum meum apponi volui & appendi.

Et me Ioanne Anckerij Clerico Sagiensis Diœcesis publico, Apostolica & Imperiali auctoritatibus Notario, qui præmissis omnibus & singulis, dum sic vt præmittitur, per dictum Dominum Cardinalem Testatorem, disponerentur, dicerentur, legerentur, conficerentur & fierent, vna cum prænominatis Testibus præsens fui, eaque per eundem Dominum Cardinalem requisitus in notam subscripsi, recitaui & publicaui, de qua quidem nota præsens publicum Instrumentum, manu aliena, me alijs occupato negocijs scriptum, in hanc publicam formam in duobus pecijs pergameni simul conglutinatis redegi, quarum prima incipit in sua vltima linea, Patri Domino & sunt ita eadem in papiro fine: secunda vero pecia, in sui prima linea incipit postilitea. Item & sunt in eadem Domino Reginaldo de, cui me subscripsi, & signum meum apposui consuetum, vna cum appensione sigilli dicti Domini Cardinalis, ac de eius mandato in fidem & testimonium omnium & singulorum præmissorum.

Codicille du Cardinal Guy de Malesec.

IN nomine Sanctæ & indiuiduæ Trinitatis Patris, & Filij, & Spiritus Sancti, Amen. Nouerint vniuersi præsens publicum Instrumentum inspecturi; quod anno eiusdem Domini 1411. more Gallicano, Indictione quinta, die vero octaua mensis Martij, Pontificatus Sanctissimi in Christo Patris & Domini nostri Domini Ioannis diuina prouidentia Papæ XXIII. anno secundo, Reuerendissimus in Christo Pater & Dominus, Dominus Guido, Dei gratia Episcopus Cardinalis Prænestinus, in mei Notarij publici & Testium infra scriptorum ad hoc specialiter vocatorum & rogatorum præsentia personaliter constitutus, iacens in lecto ægritudinis, & quanquam senex debilis & infirmus corpore, tamen sanus mente, bene loquens, sui animi bene compos, in Fide constans, in Spe nullatenus dubitans, in Dilectione Dei & Proximi permanens ac permanere volens, corde contrito & humiliter, se Peccatorem sceleratissimum recognoscens, cum grandi cordis amaritudine, lachrymarum contritione, iunctis manibus, & in Cœlum erectis, Omnipotenti Deo Domino nostro Iesu Christo, Beatissimæ Virgini eius Genitrici Mariæ, Beato Michaeli Archangelo, Beatis Apostolis Petro & Paulo, totique Curiæ Ciuium Supernorum animam suam extunc & dum egredietur à corpore humiliter & deuotè commendauit. Verum quia dictus Dominus Cardinalis sanè considerans, & attendens quod nonnulli Reuerendissimi Patres & alij qui hactenus in suo Testamento nuncupatiuo, seu extrema voluntate sui Executores extiterunt per ipsum nominati & electi absentes, & in remotis ac partibus longinquissimis & distantibus à Villa Parisiensi constituebantur, quapropter ex eius certa scientia, & deliberato proposito addendo huiusmodi suo Testamento alijs per ipsum vt præfertur facto & ordinato, quod voluit & vult habere roboris firmitatem, confirmando illud Testamentum, laudando, & approbando, codicillando etiam, & per modum Codicilli prælibatus Dominus Cardinalis, dilectos suos & fideles, videlicet, Reuerendum Patrem Franciscum Decretorum Doctorem, Abbatem Monasterij Sancti Maxencij, Ordinis Sancti Benedicti, Pictauensis Diœcesis, ac Magnificum Virum Dominum Henricum de Marla Militem, Primum Præsidentem, necnon nobiles & circumspectos Viros Dominos & Magistros, Petrum Bussiere Dominum & Iuuinianum Fabri Aduocatum venerabilis Curiæ Parlamenti, Ioannem de Ruyeria, & Geraldum de Luco & Cornu, quemlibet in solidum suos citra tamen Executorum suorum per ipsum hactenus constitutorum & in dicto suo Testamento designatorum, reuocationem elegit, fecit, constituit, nominauit & ordinauit Executores & Fideicommissarios, quibus & eorum cuilibet in solidum, dedit & concessit talem & consimilem potestatem, qualem Executores in dicto suo Testamento descriptis habent & possident, deuestiens se ex tunc de singulis bonis suis, eosdem Executores & eorum quemlibet in solidum inuestiendo de eisdem. Quod quidem Testamentum ac omnia & singula in eo contenta, & hanc Ordinationem seu præsentem Codicillam, omniaque & singula sua bona mobilia & immobilia, præsentia & futura, ac eorumdem Executionem idem Dominus Cardinalis, cohertioni, compulsioni, protectioni, ac mero examini Curiæ Cameræ Apostolicæ, & dictæ venerabili Curiæ Parlamenti submisit & submittere voluit tenore præsentis Instrumenti. Volens ipse Dominus Cardinalis hunc præsentem Codicillum, seu extremam voluntatem, valere, tenere & habere perpetui roboris firmitatem, Iure Codicillorum & cuiuslibet alterius extremæ voluntatis, & quocumque alio Iure quo melius valere poterit, & tenere. De & supra quibus præmissis omnibus & singulis, sæpe dictus Dominus Cardinalis voluit & præcepit fieri, & tradi dictis Dominis Executoribus, & eorum cuilibet publicum Instrumentum, vnum vel plura, per me Notarium infrascriptum. Acta fuerunt hæc in Domo habitationis dicti Domini Cardinalis, sita Parisius propè Ecclesiam Sancti Mathurini ad insignium Capitis nigri : præsentibus Venerabilibus & discretis Viris Dominis & Magistris, Ioanne Priuati Lodouensis, Petro Guerini Foroiuliensis, Guidone Raynerij Regiensis, & Ioanne Blancherij Carpentoratensis Ecclesiarum Canonicis, necnon Guillelmo de Maleſicco, Guillelmo de Podio Vallis, Ioanne de Cognaco, & Durando de la Psalmes Domicellis Lemouicensis & Viuariensis Diœcesium, Testibus ad præmissa vocatis specialiter & rogatis.

Et quia ego Ioannes de Vigneto Presbyter Lemouicensis Diœcesis, Apostolica, Imperiali ac Regia in parte qua Iure scripto regitur auctoritatibus Notarius publicus in præmissis omnibus & singulis præsens fui, & ea in præsentia dicti Reuerendissimi Patris & Testium supranominatorum, recitaui. Ideo hoc præsens publicum Instrumentum alia manu fideliter scriptum ; & à nota mea extractum, signo meo solito signaui, hîc me subscribendo in testimonium & fidem veritatis præmissorum requisitus & rogatus.

Extraict du mesme Registre du Parlement.

IEAN de Ruyere Executeur du Testament ou Ordonnance de derniere volonté de feu Messire Guy, n'agueres Cardinal de Preneste, apporta le 12. iour de Mars 1411. ledit Testament par deuers la Cour, pour y estre enregistré, lequel Testament a esté soubmis à icelle Cour par ledit defunct, & encore y soubmit ledit Executeur en tant que mestier estoit, & à faire l'Inuentaire des biens demourez du deceds dudit defunct, ont esté commis Maistre Pierre Bussiere Conseiller du Roy, & Adenet des Vignes Huissier de Parlement, & chacun d'eux, &c. à oyr le Compte de l'execution ledit Maistre Pierre Bussiere.

Et ledit 12. iour dudit mois Maistre Iean Priuat Chanoine de Lodeue, & Maistre Pierre Guerin Chantre & Chanoine de Freius Executeurs dudit Testament, soubmirent à ladite Cour l'execution dudit Testament, & firent le serment accoustumé, & ledit Bussiere a dit qu'il ne se veut point mesler de ladite execution comme Executeur dudit Testament.

Epitaphe du Cardinal de Malesec, qui se lit en vn Tableau apposé sur la porte de la Sacristie des Peres Iacobins de la ruë Saint Iacques à Paris, où il est enterré.

IN Aquitania parte Galliæ nobilissima, Familia Malesiccorum vetustate & singulari virtute præclara à Malesicco nomen habet. Ea in gente Viri Clarissimi ; vnde orta sunt Aquitaniæ quondam Lumina, Viri rerum gestarum magnitudine florentes, alij Equites Aurati, Sancti Pontifices, alij Præfecti. Ex ea generis claritate prodiit, Guido à Malesicco dicti loci, & Castrolucij Dominus in omni doctrinarum, virtutumque genere, propè absolutus ; cuius acta permulta Annalibus conscripta, his breuibus non capiuntur angustiis. Is Vir summa prudentia, amplissimisque meritis creatus fuerat Lodouensis Pontifex, deinde Pictauensis, postmodum & cooptatus Tituli Prænestini Cardinalis, in qua dignitate, cum octuo & tricesimo anno floruisset, tandem Legationem agens apud Regem Gallorum nomine P. M. Auunculi sui, Lutetiæ honesto mortis genere quieuit, octo Idus Martij anno autem 1411. cuius corpus hac cellâ & hoc saxo sepultum est, magno cum omnium luctu ac desiderio, donec propinquorum sententiâ ad maiorum sepulchra transferatur.

DIVES opum Guido, forma, bonitatis, & artis
Ditior, hocque magis dives honoris erat.
Plura darent superi nisi fatum plura negaret,
Quo maiora darent, euolat ad superos.

JEAN DE LA GRANGE,

Surnommé de Bouchamage, Religieux de l'Ordre de Saint Benoist, Prieur de Fouuans au Comté de Bourgogne, de nostre Dame de Elincourt, Ordre de Cluny, au Diocese de Beauuais, de Gigny du mesme Ordre, au Diocese de Lion, de Saint Denis de la Chartre à Paris, Archidiacre de Roüen, Chanoine en l'Eglise Cathedrale de nostre Dame de Paris, Euesque d'Amiens, Cardinal Prestre du Tiltre de Saint Marcel, puis Euesque de Tusculane, Abbé de Fescamp, President des Aydes à Paris, & Conseiller au Parlement.

CHAPITRE CXLIII.

Extraict de l'Histoire de France par Robert Gaguin, en la Vie de Charles VI.

ERAT Cardinalis quidam Romanus, Ambianensis appellatus, qui auctor fuerat augendi Census & Tributi : & seuerè aliquando Carolum, dum adhuc viueret Pater, tractauerat, quam rem tunc recordatus Carolus, ad SAVOISIVM qui propè astabat, Ecce iam (inquit) SAVOISI, de hoc Sacerdote liberi erimus : quo verbo territus Ambianensis confestim per Ducatum Auenionem se recepit, exportato ingenti thesauro, quem sibi ex publico contraxerat. Illud si quidem non vnquam compertum est inter Francos plus damni in Rempublicam inuehi dum Sacerdotis consilio res agitur, quàm cum prudens aliquis ex saeculi nobilitate rebus gerendis praeficitur : ille enim nescio qua insatiabili ambitione omnia sibi vendicat : hic populi misertus, & communitatis detrimentum, suum esse ratus, Reipublicae, vt potest, benè consulit ; ille fastum & pompam ex Dignitate metiens, eò audacius diuitias congerit, quominus vltionem timet Ecclesiastica libertate protectus ; hic autem opes suas cum Republica coniunctas esse non ignarus, ex publico incommodo priuatum quoque auguratur. Nam qui res suas ex Reipublicae statu considerat, illas sine hac nequaquam stare posse intelligis.

Extraict de la Vie de Charles VI. composée par Iean Iuuenal des Vrsins.

LE principal (comme on disoit) qui auoit trouué & conseillé à mettre Aydes &c. c'estoit le Cardinal d'Amiens, lequel estoit moult hay du peuple, & auoit tout le gouuernement des Finances, & l'auoit le Roy en grande indignation, la cause on disoit qu'il le hayoit, pour cause qu'il estoit bien rude au Roy durant la vie de son Pere en plusieurs manieres, & vn iour appella SAVOISY ; & luy dit, SAVOISY, à ce coup serons vengez de ce Prestre, laquelle chose vint à la connoissance du Cardinal, lequel monta tantost à cheual, & s'en alla de Tiré en Doué en vne Place qui estoit à Messire Iean des Marests, & de là le plustost qu'il peust en Auignon, & emporta ou feit emporter bien grande Finance, comme on disoit.

Extraict des Memoires MS. de feu Monsieur Dey.

ANno Domini 1376. die Mercurij ante Festum Diui Thomae Apostoli, coram nobis Decano & Capitulo Parisiensi, in Capitulo nostro, hora Capituli ad sonitum Campanae more solito Congregatis, & Capitulum inibi facientibus, & repraesentantibus, comparuit Religiosus vir, & honestus Frater Theobaldus de Domperia Celerarius Monasterij Sancti Victoris iuxta Parisius, tanquam Procurator Abbatis, & Conuentus dicti Monasterij Sancti Victoris, ac pro dicto Abbate, Conuentu, &

Monasterio requestam suam statim exposuit, & exponendo narrauit, quod mediantibus certis compositionibus, ordinationibus, seu obseruantiis inter nos, & præfatos Abbatem, & Conuentum hactenus habitis, & obseruatis, præfati Abbas, & Conuentus debebant habere, percipere, & leuare panem Capitularem & vinum cuiuscumque Canonici Parisius, vel satis prope decedentis, vsque ad annum integrum à die sepulturæ computando, vt de nouo in Claustro nostro decesserant bonæ memoriæ defuncti Magistri Ioannes Galli vtriusque Iuris, prius, & subsequenter Nicolaus de Lancis Sacræ paginæ Professores, & tempore quo viuebant, & decesserant Canonici nostri Præbendati: Reuerendissimus autem in Christo Pater ac Dominus, ad præsens nuncupatus Cardinalis Ambianensis, & Magister Ioannes de Socco, ad huiusmodi præbendas per nos cuiuslibet iure saluo recepti fuerant, & per se, vel Procuratores suos assecuti exiterant pacificam possessionem, vel quasi, earumdem. Et Venerabilis vir Magister Guido Floris Canonicus noster Parisiensis, ac se gerens pro Procuratore præfati Domini Cardinalis, & nomine Procuratoris ipsius, & pro illo, & Magister Ioannes de Socco per se nisi fuerant, & adhuc nituntur vsque in diem hodiernam, ipsos Religiosos, seu eorum Procuratores impedire super perceptione huius panis, & vini, contra tenorem huiusmodi compositionum indirecte veniendo. Quare nobis supplicabant, quod super hoc eis prouideremus iuxta formam & tenorem compositionum prædictarum, obuiando scandalis quæ possent ob hoc inter nos & ipsos oriri. Vnde nos volentes scandalis obuiare & cuilibet Ius suum reseruare, præfato Celerario, Procuratori Religiosorum, nec non dicto Canonico nostro se gerenti pro Procuratore ipsius Domini Cardinalis, ac ipsi Magistro Ioanni de Socco coram nobis adstantibus, præcepimus quod discederent ad finem quo maturius deliberaremus in præmissis. Ipsisque retrocessis, & per nos habita deliberatione diligenti super requestis, &c. Notum facimus, quod nos sententiauimus præfatos Religiosos in sua possessione quoad tunc exposita esse manu tenendo, decernendo præfatos Procuratorem illius Domini Cardinalis, ac sæpe dictum Magistrum Ioannem de Socco fore obligatos ad restituendum memoratis Religiosis valorem perceptorum per ipsos, & eorum quemlibet in, & de præmissis: à quibus declaratione, seu sententia nulla partium se asseruit grauatam, nec protestata fuit, de appellando. Tamen in omnibus & per omnia tam pro tempore præterito, præsentique, quam futuro, & absque præiudicio primæuæ ordinationis, quo ad annualia per ipsos Abbatem & Conuentum de grossis fructibus, & aliis emolumentis præbendarum, & Canonicorum Ecclesiæ nostræ Parisiensis leuanda, & percipienda, nostrum, & ciuislibet alterius voluimus & ordinauimus ius remanere illæsum. In cuius rei testimonium sigillum nostrum duximus præsentibus apponendum. Datum, & actum vt supra.

Extraict des Memoires MS. de Monsieur de la Roque, Aduocat au Parlement.

IEAN de la Grange Cardinal, Euesque d'Amiens, estoit Archidiacre de Roüen l'an 1381. Car il en prit possession en ladite année le 7. Mars par Procureur, & en personne le 8. May 1381. est appellé l'Euesque Tusculan, il mourut l'an 1402. fut aussi Abbé de Fescamp, feit sa retraitte en Auignon.

Extraict des Registres des Chartes du Thresor du Roy. Registre CIX. des années 1376. & 1377.

ADMORTISATIO concessa IOANNI DE GRANGIA dudum Episcopo, nunc vero Tituli S. Marcelli Presbytero Cardinali Ambianensi de domo dicta Le Vignal sita in Parrochia Sancti Laurentij Briennensis Matiscon. Diœcesis sub valore annuo 67. Librarum Viennensium, quam dedit Ecclesiæ, & Prioratui Conuentuali Sancti Martini de Amberta Lugdunensis Diœcesis, Ordinis Cluniacensis, ad quem specialem gerebat deuotionis affectum. Anno 1376. mense Iunij.

Extraict des Registres du Thresor du Roy. Appellé Registre de la Chancellerie de France.

1376. CAROLVS Dei gratia Francorum Rex, &c. Cum Charissimus & fidelis amicus noster Ioannes dudum Episcopus Ambianensis, & Consiliarius noster nunc Titulo Sancti Marcelli Presbyter Cardinalis, grata non modicum verborum expressione recolens se fructus honoris & commodi multiplices, vt puta promotiones suas ad status ipsos donaque pecuniarum magnifica, & alia bona liberaliter, & gratias à Maiestate nostra dum nostris adfuit obsequiis, modo vario reportasset, domos suas de Syluanecto foris muros, & de Credolio, cum earum pertinentiis, nobis puros & liberali donationis Titulo suis nuper Litteris duxerat conferendum. Nos decete meditantes dictam domum de Syluanecto; in qua sæpe & quotiens, nos illuc contigit interesse tanquam in loco nobis grato plurimum & mansione placida, moram contraximus, ac cum erimus ibidem, conuersare proponimus nostris, & Successorum nostrorum Franciæ Regum vsibus in posterum deputari, illam cum pertinentiis in ius proprium nostræ Coronæ transferimus 1376. 13. Nouembris.

des Cardinaux François. 467

Paris IV. numero 17.

DON de quelque Maisons, auec les appartenances hors & proche les Murs de la Cité de Senlis; au Roy Charles V. par Iean Cardinal du Tiltre de Saint Marcel, & autrefois Euesque d'Amiens, en consideration des bienfaits par luy receus du Roy à Auignon, l'an 1396. en Septembre. Seellé.

Ce Cardinal dit auoir esté du Conseil du Roy, & manié ses affaires, & par son moyen auoir esté promeu à l'Estat de Cardinal.

Ces Maisons auoient esté achetées d'Anselin Chocard.

Extraict des Registres de Parlement du Vendredy 27. Iuin 1376.

CE iour Messire IEAN DE LA GRANGE, de la Nation de Bourgoigne, nagaires Euesque & à present Cardinal d'Amiens, Religieux de l'Ordre de Saint Benoist, qui long temps auoit esté du Conseil du Roy nostre Sire, mandés par nostre Saint Pere le Pape, pour aller au Saint Siege de Rome, vient en Parlement pour prendre congé de la Court du Roy, & print ce Theme. Iudicabunt nationes, & dominabuntur populis, & regnabit Dominus illorum in sempiternum, chap. 3. c. Et le demena & de tuit moult notablement, & allega à ce propos Policrat. lib. 5. 8. c. Et moult d'autres nobles Authoritéz, & Messire Philebert Paillard, President en Parlement luy respondit en François, en la maniere accoustumee.

Testament du Cardinal de la Grange, tiré d'vn Registre de Parlement, contenant les Testamens de diuerses personnes, dont l'Execution a esté soubmise à la Cour.

IN Nomine Domini, Amen. Per hoc præsens publicum instrumentum cunctis pateat euidenter, quod anno à Natiuitate Domini millesimo quadringentesimo secundo, Indictione decima, die duodecima mensis Aprilis, ab Electione Domini Benedicti vltimo in Papam electi, anno octauo, in nostrorum Notariorum publicorum, & Testium infrascriptorum præsentia, personaliter constitutus Reuerendissimus in Christo Pater & Dominus, Dominus Ioannes de Grangia miseratione Diuina Episcopus Tusculanensis, Sanctæ Romanæ Ecclesiæ Cardinalis Ambianensis vulgariter nuncupatus, in bona memoria, & sanæ mentis dispositione, per Dei gratiam existens, nobis prædictis Notariis & Testibus infrascriptis, præsentibus, videntibus, audientibus & intelligentibus, dixit & asseruit, quod quamuis primis temporibus retroactis aliquotiens sanus existens, aliquotiens infirmitate grauatus, plura fecerit & condiderit Testamenta, pluresque etiam Codicillos fecerit, quia tamen plura de contentis in dictis Testamentis & Codicillis, per Dei gratiam fuerunt adimpleta, aliqua vero mutationem receperunt, & super pluribus etiam voluntatem suam mutauerat, & aliter volebat disponere, quod tunc disposuisset : idcirco quæcumque Testamenta, & Codicillos alios per ipsum facta, & factos, ac omnia & singula contenta in eisdem, quoad illa duntaxat quæ facienda restabant, circa iam facta & ordinata, & completa nolens & non intendens aliquid immutare, cassauit, reuocauit & adnullauit, cassat, reuocat, & adnullat, suumque Testamentum, seu vltimam voluntatem condidit, fecit & ordinauit, prout & quemadmodum in quodam cisterno papireo quem per me Guillermum infrascriptum Notarium tunc legi & publicari voluit & mandauit, dixit & asseruit contineri; tenor cuius sequitur & est talis.

IN Nomine Sanctæ & indiuiduæ Trinitatis, Patris, Filij & Spiritus Sancti, Amen. Ego Ioannes miseratione Diuina Episcopus Tusculanus, sanctæ Romanæ Ecclesiæ Cardinalis Ambianensis vulgariter nuncupatus, sua immensa Clementia corde & animo sanus, probabilis ratione conspiciens quod labilis est præsentis vitæ conditio, quodque habet statum instabilem, & ea quæ visibilem habent essentiam tendunt verisimiliter ad non esse, humanaque fragilitas mortis imminentis, cuius hora nihil miserius præcipue consideratione turbata nequit cuncta prospicere, & singula necessariæ memoriæ commendare ; ac considerans quod dum corpus sanitatis gratia roboratur, vltimæ voluntatis studium, in quo tranquillæ mentis & placidæ rationis exigitur vsus : salubrius ordinatur, prædicta ratione præmeditandi ac diem meæ Peregrinationis extremum, dum in me corporea & mentalis sanitatis vigentibus promptius subsunt mihi rationis vigor & discretionis indicium, desiderans peruenire ad laudem omnipotentis Dei, & Beatissimæ Virginis Matiæ Matris eius, ac Beatissimorum Ioannis Euangelistæ, Ioannis Baptistæ, Petri & Pauli, & Bartholomæi Apostolorum, Dionysij Areopagitæ, Marcelli Papæ, & Firmini Martyrum & Nicolai, Claudij, Benedicti, Antonij Confessorum, Beatarum Mariæ Magdalenæ, Catharinæ, Margaritæ Virginum, omnium Sanctorum, & animæ meæ salutem presens Testamentum meum, seu vltimam voluntatem meam plenè deliberatus & consultus modis omnibus & viis melioribus, quibus possum, condo, facio & ordino, in hunc modum. IN PRIMIS quidem confiteor simpliciter, recognosco & credo firmiter Sanctam & Catholicam Fidem, indiuiduam Trinitatem, Patrem, & Filium & Spiritum Sanctum : omnesque Articulos ciusdem Fidei Orthodoxæ, secundum quod Sacrosancta & Romana Vniuersalis Ecclesia profite-

Nnn iij

tur, prædicat, atque docet, humiliter supplicans Domino nostro Iesu Christo, vt per suam gratiam infinitam post præsentis meæ vitæ cursum animam meam de loco pœnarum dignetur eripere, taliter quod peccatorum meorum vinculis absoluta quietis ac lucis æternæ Beatitudine perfrui, & inter Sanctos & Electos suos in Resurrectionis gloria collocari perenniter mereatur. Simili modo supplico eidem piissimæ & gloriosissimæ Virgini Mariæ eiusdem Domini nostri Iesu Christi Genitrici, nec non Sanctis gloriosissimis supradictis, ac toti Curiæ Superiorum, vt in mortis mihi assistant articulo, & pro me misericorditer intercedant à Deo, quod verus Catholicus in Fidei Catholicæ veritate, constantia & vnitate diem meum claudam extremum, animamque meam reddam Altissimo fideliter & devote. Item eligo sepulturam meam in Ecclesia Cathedrali Ambianensi à parte sinistra maioris Altaris, recte ad oppositum Cathedræ, in qua sedent in Missa Presbyter Diaconus & Subdiaconus, & volo & ordino quod ibidem ponatur, assidatur & collocetur sepultura, quam ego feci fieri Parisiis diu est, & quæ iam sunt plures anni fuit portata Ambianum. Voloque & ordino, quod si contingat me decedere in Auenione, vel prope per vnam dietam, quod corpus meum integrum portetur & deponatur in Ecclesia Collegij Sancti Martialis Auenionensis, & in eadem fiant exequiæ solemnes, secundum decentiam status mei, & ordinationem Executorum meorum, & factis exequiis diuidatur seu partetur corpus meum, iuxta concessionem Apostolicam super hoc mihi factam, & ossa portentur Ambianum secretè, ad ordinationem Reuerendorum Patrum Dominorum Ioannis de Boisyaco Ambianensis & Ioannis Filheti Aptensis Episcoporum, Nepotum meorum infra scriptorum, vel alterius eorumdem; de quibus in omnibus & singulis corpus & animam & potissimè executionem præsentis mei Testamenti tangentibus, præ cæteris singularissimè sum confisus, residuum vero corporis remaneat in dicta Ecclesia Collegij Sancti Martialis, in sepultura super me ibidem ordinata cum repræsentatione aliquorum Festorum Beatæ Mariæ. Si vero contingat me decedere magis longe ab Auenione, volo & ordino quod ossa mea diuidantur à carne, & vna pars portetur secretè Ambianum & alia pars ad Ecclesiam dicti Collegij, & caro & intestina ponantur in Ecclesia solemniori loci in quo contigerit casus, & dicantur ibidem vigiliæ & Missæ solemnes, & dentur viginti floreni ipsi Ecclesiæ, sintque in dictis Vigiliis, & Missa decem torticia, quodlibet de quinque libris ceræ, & in Ecclesiis Ambianensis, & Collegij Sancti Martialis fiant exequiæ solemnes, per modum superius in præsenti meo Testamento declaratum ad ordinationem prædictorum duorum Episcoporum, vel alterius ipsorum qui præsens fuerit. Item, volo & ordino quod die exequiarum mearum, quæ fient in dicta Ecclesia Collegij Sancti Martialis, fiat Eleemosina generalis in ciuitate Auinionensi, in qua dicta die, vel diebus continuatis dentur trecenti floreni currentes; ita quod cuilibet pauperi dentur sex denarij monetæ Auinionensis. Item, volo ordino, præcipio atque mando ac specialiter dispono, quod reparationes beneficiorum meorum quorumcumque, quæ culpa mea obuenerunt, & ad quas faciendas executio mea tenebitur, bene & debitè, ac realiter fiant; ita tamen quod illa quæ pro dictis reparationibus tradentur de bonis executionis meæ expendantur realiter, & veraciter in reparationibus faciendis ad vtilitatem beneficiorum, & non veniant ad commodum, vel imbursationem illorum qui beneficia obtinebunt, super quo onero conscientiam Executorum meorum, & illorum specialiter qui istud negotium tractabunt; & insuper quod omnibus creditoribus meis, vel aliis quibuscumque personis quibus in aliquo ex aliqua legitima causa debitor ero & legitimè tenebor, tempore mortis meæ specialiter, & omnibus de me iustè querelantibus generaliter, per prædictos Episcopos de bonis meis proprijs, solutio debita sufficiens, emenda & congrua satisfactio impendatur. Item, volo, præcipio & mando, quod die exequiarum mearum quæ fient Ambiani, vel in crastinum, fiat Eleemosina generalis in ciuitate Ambianensi, & dentur quattuor denarij Parisienses cuilibet pauperi, & exponantur in dicta Eleemosina in vna die, vel pluribus continuis & succesforiis 500. franci auri cugni Domini mei Regis. Item, volo & ordino quod post dictum obitum meum prædicti Episcopi Executores mei quantotius potuerint 4800. Missas de defunctis faciant celebrari pro salute animarum bonæ memoriæ Reuerendissimi Caroli V. Domini mei, meæ, & animarum fidelium defunctorum, cum oratione. *Indina*, &c. pro dicto Rege, *Deus qui inter Apost*. &c. pro me, & *fidelium*, &c. pro omnibus fidelibus defunctis, pro quibus quidem Missis dicendis lego, & ordino 400. florenos auri, & quod celebrentur dictæ Missæ ad ordinationem dictorum duorum Episcoporum, vel aliorum de meis Executoribus qui dictum negotium tractabunt, per Presbyteros Religiosos, vel Scholares, ita quod cuilibet Presbyterorum celebranti detur vnus grossus, quorum 15. valeant vnum francum. Item, do, & lego Decano & Canonicis Ambianensibus 50. francos auri semel, quos solui & distribui volo inter Canonicos eiusdem Ecclesiæ, qui Præbendas, Semipræbendas quartas, vel alias quascumque obtinebunt, pro tunc in dicta Ecclesia, qui præsentes fuerint, & meis exequiis interfuerint supradictis. Item, do, lego & distribui volo die exequiarum mei obitus in dicta Ecclesia Ambianensi 30. francos auri, inter Capellanos habentes Capellanias tempore obitus mei in dicta Ecclesia Ambianensi, qui Ecclesiæ in exequiis huiusmodi habuerunt personaliter interesse. Item, omnibus aliis Presbyteris tam dictæ Ecclesiæ, quam quibuscumque aliis vndecumque fuerint, in dictis meis exequiis Ambiani faciendis, volo quod dentur cuilibet duo solidi Parisienses, ita tamen quod quilibet teneatur illa die, vel alia infra mensem dicere vnam Missam de Defunctis pro animabus, & cum orationibus supradictis. Item, Diaconis, Subdiaconis, & Acolitis, & aliis Clericis officiantibus in Ecclesia, qui in exequiis meis intererunt personaliter, cuilibet 12. denarij Parisienses. Item, Quia in nonnullis aliis Testamentis per me factis, volui & ordinaui, quod in Ecclesia Ambianensi per Decanum, & Capitulum fierent perpetuo quolibet anno 11. Anniuerfaria folemnia cum Vigiliis, & Miffa pro animabus inclitæ recordationis Regis Caroli V. Domini mei, mea poft obitum meum, & omnium fidelium defunctorum, & pro eifdem Anniuerfariis faciendis, ementur de bonis meis, vel meæ executionis 60. lib. Parif. annui & perpetui redditus, & prædictæ 60. lib. in 2. partibus de bonis meis fuerunt emptæ à Ioanne de Sancelers, dicto Blaffart, & Alexandro eius Filio 36. lib. Parif. fuper omnibus eorundem redditibus de Sancelers, & aliæ 24. lib. ab aliis venditoribus emptæ prout conftat per Litteras penes Capitulum Ambianenfe exiftentes. Et quia Decanus & Capitulum prædicti iam diu eft, habuerunt poffeffionem pacificam prædictarum 60. lib. terræ, & ipfas tenent ac poffident pacificè & quietè, & in fe affumpferunt onus procurandi admortifationem à Domino meo Rege mediantibus 500. francis ſibi pro dicta admortifatione promiſſis nomine meo, per Reuerendiffimum Patrem Dominum Ioannem Ambianenfem Epifcopum nepotem meum, volo & ordino quod fi fibi, non fuit fatisfactum; de dictis 500. franc. quod fibi de eifdem fatisfiat, vel procuretur quod ipfi habeant dictam admortifationem à dicto Domino Rege de fua gratia fine financia quacumque, & quod ipfi de cætero teneantur facere in dicta Ecclefia folemniter dicta 11. anniuerfaria, videlicet quodlibet menfe vnum, & die 16. cuiuſlibet menfis fiant Vigiliæ, & die 17. celebretur Miffa; & ad hoc moueor, quia prædictus Dominus meus Rex Carolus V. die 16. menfis Septembris, diem fuum claufit extremum, & in dictis Miffa, & Vigiliis dicantur me viuente orationes *Inclina, &c.* pro dicto Domino meo Rege, & *Fidelium, &c.* pro omnibus fidelibus defunctis, & poft obitum meum addatur pro anima mea, *Deus qui inter Apoſt. &c.* De dictis vero 60. lib. diſtribuantur 100. folidi Parifienſes pro quolibet Anniuerfario, & fiat diftributio Canonicis duntaxat qui fuerint præfentes in dictis exequiis, & intererunt per extenfum in choro durantibus Miffa & vigiliis fupradictis. Item, do, lego & relinquo Capellanis omnibus Capellanias obtinentibus in dicta Ecclefia Ambianenfi, feu Vniuerfitati Capellanorum eiufdem includendo 4. Capellanos nouiter per Reuerendiffimum Patrem Dominum Ioannem Ambianenfem Epifc. nepotem meum, in duabus Capellis per me conftructis & fundatis, 160. lib. Parif. annui redditus, in valore & non in afsifia, pro diftributionibus 5. menfium, & duabus Miffis qualibet die alternis vicibus, & diebus dicendis in prædictis Capellis, videlicet vna die de Beatis, Ioanne Baptiſta & Ioanne Euangeliſta, & alia die de Defunctis pro animabus, & cum oratione fuperius declaratis, videlicet pro qualibet Miffa, 30. lib. Parif. & alias centum lib. pro dictis diftributionibus fiendis folum, & duntaxat inter illos, qui omnibus horis Canonicis, diurnis & nocturnis interfuerint in Ecclefia fupradicta à principio vſque ad finem, & qui cantauerint in Libris, fi habeant, vel voce tenus, continuè, & non inter alios, quam diftributionem volo fieri in 5. menfibus per me, vel per meos Executores eligendis, in quorum aliquo non diftribuentur 40. lib. quas habent annuatim dicti Capellani ab Epifcopo, Decano & Capitulo Ambianenfi, quas 40. lib. confueuerunt diftribuere in 2. menfibus, & fic habebunt dicti Capellani diftributiones pro 7. menfibus, & fi per alium vel alios daretur aliquid diftribuendum pro futuro tempore pro 5. menfibus, volo quoquo modo quod illæ centum lib. quas eis diftribuendas in 5. menfibus legaui, diftribuantur in illis menfibus, in quibus diftributiones habebunt pro tempore futuro; immo fi aliquis, vel aliqui pro tempore futuro legauerit aliquid diftribuendum in 5. menfibus per me, vel per Executores meos electis, volo quod diftributio 100. lib. per me legatarum, mutetur in aliis 5. menfibus, in quibus nullas diftributiones habebunt; & volo & ordino quod prædictæ 160. lib. terræ admortifentur expenfis meis, & de bonis Executionis meæ. Item, volo & ordino quod dictæ 160. lib. terræ diftribuantur inter Capellanos refidentes Ambiani præfentes, & deferuientes in Ecclefia Ambianenfi, & dictas Miffas celebrantes, vt horis Canonicis intereffentes, vt dictum eft in eadem, ita quod abfentes, vel præfentes non deferuientes in Ecclefia nihil habeant vel percipiant de eifdem etiam vigore quorumcumque Priuilegiorum conceſſorum auctoritate Apoftolica, vel alia, feu licentiarum vel gratiarum quarumcumque fiendarum, vel impetrandarum fuper non refidentiis in dicta Ecclefia faciendis, vel fructibus in abfentia percipiendis. Item, volo & ordino quod altaria dictarum duarum Capellarum muniantur bene, & competenter de mappis pro altari, calice, patena, Miffali, Veftimentis duplicibus, videlicet pro viuis & Defunctis femel, in principio duntaxat cum fumptibus meis vel executionis meæ, poftmodum vero prædicti Capellani dicta veftimenta, & ornamenta manuteneantur, & alia dum neceſſarium exſtiterit de fuo emere teneantur. Item, quod cum ego dederim, & legauerim Abbati & Conuentui Fifcannenfi 300. lib. terræ, quas emi & acquifiui à Domino Ludouico de Fifcanno, nec non 60. quas emi à Domino Guillelmo de Beureuille, & 20. à Petro Clementis, 20. etiam à Simone Parui, & 20. à Ioanne Rouffelli de Fifcannio, quæ faciunt in Summa 410. lib. terræ annui redditus, & voluerim & ordinauerim quod in eodem Monaſterio, in Capella eiufdem, quæ Virginis communiter nuncupatur, celebrentur perpetuò qualibet die duæ Miffæ circa ortum folis, vna videlicet cum nota de Glorioſiſſima Maria Magdalena, & Martha & Lazaro Fratre & Sororibus, & alia fine nota de indiuidua Trinitate, quodque fiant in perpetuum quolibet anno 6. Anniuerfaria cum Miffa & Vigiliis folemnibus, videlicet vnum quolibet bimeſtri pro falute animæ Domini mei Regis Caroli V. prædicta animæque meæ & omnium fidelium defunctorum, ita quod de dictis 400. lib. terræ Prior & Conuentus habeant 40. lib. feptem vero Monachi Presbyteri qui Miffas huiufmodi celebrabunt, quilibet 10. lib. Prior Clauftralis 100. folidos, Sacriſta, Thefaurarius, Ancelarius, 15. lib. quæ faciunt in Summa 130. lib. annui & perpetui redditus; aliæ vero 190. lib. pertineant ad menfam, pro communibus omnibus ipfius Monaſterii fupportandis, quæ omnia fieri volo & executioni mandari iuxta feriem, & tenorem Litterarum quæ fuper præmiſſis inter prædictos Abbatem & Conuentum, & me factæ sunt & concessæ; & volo & ordino quod cum Abbas, & Conuentus supradicti ipsos redditus habeant, teneant & possideant, & habuerint, tenuerint & possederint iam per plures annos, & ego credam verisimiliter quod prædictas Missas dicti Loci, & Anniuersaria fieri prout promiserunt & obligati existunt, quod Executores mei cum expensis Executionis meæ faciant bonam diligentiam adhiberi, quod prædicta pro tempore futuro bene ac diligenter fiant. Item, quod cum Conuentui Prioratus de Amberta Iuniacensis Ordin. Lugdunensis Diœcesis, dederim domum de Vignal, cum omnibus iuribus & pertinentiis eiusdem, ac tertam & hæreditates, exitus, redditus, & prouentus omnes & singulos, quos emi à Guillelmo de Mañillis & eius vxore, nec non à dicto Chanderon, seu eius hæredibus, quæ quidem domus & terræ pro maiori parte situatæ existunt in Parrochia S. Laurentij en Brienne, voluerimque & ordinauerim quod Conuentus dicti Prioratus vnam Missam de Requiem, &c. pro salute animæ Regis Caroli V. Domini mei prædicti, & amicorum præsentium meorum, atque meæ, dum de hoc sæculo me migrari contigerit, qualibet die debeant & teneantur perpetuo celebrare, & 12. Anniuersaria etiam singulis annis facere, prout de aliis Anniuersariis Ecclesiæ Ambianensis superius est actum, & insuper quod dicta domus cum pertinentiis ac redditus cæteri ad Conuentum dicti Prioratus solum, & in solidum pertineant absque hoc, quod Prior dicti loci qui pro tempore fuerit in eisdem aliquid petere possit, sed committantur exitus, & prouentus in vsus proprios dicti Conuentus, & non alios quoscumque pro dicta Missa qualibet die, & 12. Anniuersariis perpetuo, vt supra promissum est, celebrandis & faciendis, & vna cum præmissis fecerim de bonis meis reparari Ecclesiam à parte Cimiterii, & domus Sacristiæ quæ passa fuerat ibidem magnam ruinam, & ædificari vnam Capellam de nouo in honore Beati Ægidij, prout ibidem alia Capella esse solebat, & reparatio Ecclesiæ & ædificatio Capellæ per Dei gratiam sint completa, dederimque ad vsum Religiosorum dicti loci, vnam Capellam de panno aureo super campo nigro, Casulam de veluto rubeo, & 10. vel 12. plumalia, seu cappas de diuersis pannis & diuersorum colorum, volo, & ordino quod ad dictam Cappellam apportentur ossa patris, matris, fratrum & sororum meorum, quæ sunt in Cappella Beatæ Mariæ in dicto loco, & vocetur Capella de Grangia, & quod in ipsa dicatur Missa de qua superius fit mentio qualibet die circa ortum solis, quodque fiant dicta 12. Anniuersaria die 6. mensis, pro animabus, & cum orationibus supradictis, & nihilominus quod de cætero post quamlibet horam canonicam Psalm. De profundis, &c. cum Orationibus præmissis, pro remissione peccatorum dicti Domini mei Regis, meorum & omnium fidelium defunctorum in Choro dicere teneantur, volo etiam & ordino quod dicta Capella muniatur semel Vestimentis, Calice, Patena, Mappis, & aliis necessariis bene & honeste de bonis meis, vel executionis meæ, & pro futuro tempore Conuentus dicti loci prædicta manutenere, & quando erit necesse de suo prouidere, teneantur. Volo in super & Ordino, quod sepulturæ prædictæ quæ inceptæ sunt compleantur, & fiat translatio corporum prædictorum bene & honeste de bonis meis prædictis. Item, Prioratui Beatæ Mariæ de Elncourt, Cluniacensis Ordinis Æluacensis Diœcesis, cuius fui Prior, & fuit Primus Prioratus quem habui, do & lego 500. francos conuertendos in reparationibus Ædificiorum Prioratus, vel emendis redditibus ad vtilitatem Prioris ipsius Prioratus, iuxta dispositionem prædictorum Episcoporum, ita tamen quod illi, vel illis qui pecuniam nomine meo tradiderint, reddatur ratio de distributione pecuniæ, prout superius promissum. Item, Conuentui dicti Prioratus 500. francos pro redditibus emendis, & in suos proprios vsus conuertendis, absque hoc quod Prior possit aliquid in ipsis repetere vel habere; & volo & ordino, ac requiro, quod Religiosi dicti Conuentus singulis diebus, pro salute animarum prædictarum & cum Orationibus prædictis, vnam Missam de Requiem, &c. & quolibet anno 12. Anniuersaria inchoanda vt supra & continue celebranda, ad Ordinationem Episcoporum prædictorum teneantur perpetuis temporibus facere Celebrari. Item, cum ego dederim Conuentui Prioratus Gigniaci Cluniacensis Ordinis Lugdunensis Diœcesis, cuius etiam fui Prior, 500 francos pro redditibus emendis ad vsus proprios Conuentus, absque hoc quod Prior in ipsis aliquid petere possit; & de dictis 500 francis ipsi iam certam partem cuiusdam stagni emerint, quam tenent & possident, & voluerim & Ordinauerim quod Religiosi dicti Conuentus 12. Anniuersaria cum Vigiliis & Missa quolibet anno, temporibus superius designatis, ac etiam vnam Missam de Requiem, &c. pro salute animarum supra scriptarum, & cum orationibus supra scriptis omni die in perpetuum debeant celebrare, per modum superius de aliis Anniuersariis factum, volo & ordino quod prædicti duo Episcopi, & alij Executores mei post obitum meum faciant diligentiam de prædictis quod dicta Missa dicatur, & prædicta Anniuersaria fiant. Item, cum dederim, & realiter persoluerim Conuentui Monasterij Benedictionis Dei, Cisterciensis Ordinis, Lugdunensis Diœcesis, Prioratuumque de Paredo, & de Caticolo Cluniacensis Ordinis cuilibet Conuentum 200. francos pro redditibus emendis ad vsum, & commodum dictorum Conuentuum, absque hoc quod Abbas dicti loci, vel Priores Prioratuum prædictorum in dictis summis pecuniarum aliquid petere possint, vel habere; & voluerim, & ordinauerim quod in quolibet locorum prædictorum, prædicti Conuentus teneantur facere quolibet anno in perpetuum 12. Anniuersaria solemnia, cum Vigiliis & Missa solemnibus per modum supradictum, & cum orationibus prædictis, & ipsi prem.ssa promiserunt, fiat diligentia per Executores meos, & specialiter per prædictos Ambianensem, & Apicensem Episcopos, quod Anniuersaria prædicta in prædictis locis fiant. Item, cum dederim similiter legauerim, & persoluerim Conuentui Monialium Belli-Loci Ordinis Sancti Benedicti Lugdunensis Diœcesis, à Monasteriis Fontis-Eurardi dependenti 200. francos, & voluerim & ordinauerim quod duodecim Anniuersaria anno quolibet, vt præmissum est, facere teneantur, & nihilominus post quamlibet

horam

horam dicere Psalmum *De profundis, &c.* cum orationibus supradictis, quodque ducenti franci convertentur in redditibus emendis, vel in reparationibus Ecclesiæ, prout Fratribus Adæ quondam Abbati Athanatichsi, Lugduni nuper defuncto, & Stephano Thaconis tunc de Amberta, nunc verò de Clairloco Prioti, habita deliberatione super hoc, visum foret, pro meliori sciatur per dictos Episcopos, & alios Executores meos, si dicti redditus sunt empti, vel quid factum est de dictis ducentis francis, vt mea intentio compleatur, & nihilominus fiat diligentia, quod prædicta Anniuersaria fiant benè & debitè. Item, cum dederim & legauerim, ac tealiter persoluerim Curato & Presbyteris præsentibus & futuris, facientibus residentiam continuam in Villa Sancti Habundi Castri prædictæ Lugdunensis Diœcesis, & deseruientibus in Diuinis Ecclesiæ Parrochiali dicti loci, quadringentos francos pro redditibus emendis ad vsum prædictorum Curati & Presbyterorum aliorum, diuidendis & distribuendis inter eos pro qualibet portionibus, & voluerim & ordinauerim, quod prædicti Curatus & Presbyteri vnam Missam *de Requiem, &c.* cum nota qualibet die in perpetuum pro animabus, & cum orationibus supradictis celebrare teneantur in Ecclesia Parrochiali prædicta, quodque redditus emendi de pecunia prædicta, seu prouentus eorumdem distribuantur per Curatum, & vnum alium Presbyterum per omnes alios communiter electum quolibet mense inter omnes Presbyteros, qui Missam huiusmodi celebrauerint, & interfuerint in celebratione eiusdem, & etiam in Missa maiori & horis Canonicis in Ecclesia supradicta; quodque qualibet septimana in perpetuum faciant vnum Anniuersarium solemne, dicendo Officium Mortuorum in hocte, & Missam in crastinum solemniter per modum superius designatum, & ipsi dictos diu est, habuerint quadringentos francos & Missam inceperint celebrare, & Anniuersaria facere, quod per prædictos Episcopos & specialiter Ambianensis adhibeatur bona diligentia, quod præmissa benè & debitè fiant, & quod ipsi Episcopi, vel alter corumdem prædictam pecuniam quam recepit & tradidit Frater Stephanus Thachonis, recuperari faciant, casu quo prædicti Curatus & Presbyter non complerent, facerent, & cum effectu attenderent quæ præsenti articulo superius sunt contenta. Item, cum per tractatum factum inter me, & Abbatem & Conuentum Monasterij Athanatensis Lugdunensis, ipsi Abbas & Conuentus teneantur in perpetuum qualibet septimana facere vnum Anniuersarium solemne pro animabus, & cum orationibus supradictis prout in Litteris super hoc confectis plenius continetur, & ipsi plenè habuerint, illa quæ habere debebant, & inceperint iam diu dicta Anniuersaria facere, quod per prædictos Episcopos fiat diligentia, quodque promiserint, attendant. Item, cum prædictum tractatum fecerim inter me & Priorissam, & Conuentum Prioratus Monialium Vallis-Saluz Ordinis Sancti Benedicti Vticensis Diœcesis, dictæ Moniales teneantur ad faciendum suffragia infra scripta; videlicet qualibet die dicere Psalmum *De profundis, &c.* cum Oratione *Inclina, &c.* pro anima prædicti Regis Karoli *& Fidelium, &c.* pro animabus omnium fidelium defunctorum, & quolibet anno die decima sexta mensis Septembris, qua obiit dictus Rex Karolus facere Anniuersarium cum Vigiliis nouem Lectionum & Missa pro defunctis. Item, pro bono statu meo dicere singulis diebus *Veni Creator, &c.* cum Oratione de Sancto Spiritu, & Psalmum *Miserere mei Deus, &c.* cum Orationibus *Deus qui proprium, &c. Prætende Domine famulo tuo, &c.* & qualibet septimana vnam Missam de Sancto Spiritu, vel de Beata Maria Virgine, & semper in dicta Missa *Inclina, &c.* pro anima dicti Regis Caroli; & post obitum meum in die obitus mei vnum Anniuersarium solemne pro anima mea, cum Orationibus, *Deus qui super Apostolicos, &c. Inclina, &c.* pro anima dicti Regis Caroli; *& Fidelium, &c.* pro animabus omnium fidelium defunctorum, & aliqua alia suffragia, prout in instrumento publico super hoc confecto plenius continetur, volo & ordino quod per prædictos Episcopos, & alios Executores meos fiat diligentia, quod prædicta compleantur. Item, quia dum sui personaliter *in maiori domo Carthusiæ*, dedi Priori & Conuentui dictæ domus quingentos florenos currentes; videlicet quemlibet de viginti quatuor solidis monetæ Auinionensis, conuertendos in redditibus emendis, vel in Ædificiis de nouo faciendis in dicto Monasterio, volo, mando & ordino, quod prædicti quingenti floreni sibi soluantur, & eosdem sibi deberi confiteor ex bona & pura donatione sibi facta, & rogo eos & requiro, quod velint Deum orare continuè pro anima dicti Regis Caroli Domini mei, & de orationibus & suffragiis specialibus secundum affectionem quam sciunt prædictum Regem Karolum, ad ipsos in vita sua habuisse, & deuotionem specialem quam ad ipsorum Ordinem Monasterium, & personas singulares habui magno tempore & habeo ac intendo habere toto tempore vitæ meæ. Item, lego Conuentibus Monialium Sanctæ Praxedis, & Sanctæ Catharinæ Auinionensis, cuilibet Conuentui sex florenos, & rogo quod incipiendo à die exequiarum mearum, per sex dies continuos, qualibet die dicant in quolibet Conuentu Vigilias, & in crastinum faciant dicti Missam solemnem de defunctis pro anima mea. Item, Conuentibus Monialium Sancti Laurentij de Furdis, Sanctæ Claræ, Sancti Gerani, de Malogesio, & Repentiarum Auinionensium, cuilibet à rinque florenos, ita quod in quolibet Monasterio per quinque dies, incipiendo à die exequiarum prædictarum dicantur Vigiliæ & Missa de *Defunctis*, vt superius est dictum. Item, Hospitali Domini Bernardi Rascatij lego quinque florenos, & rogo quod Religiosi dicant per quinque dies prædictas Vigilias, & vna m Missam de *Defunctis*. Item, volo & ordino quod quinquaginta floreni diuidantur inter pauperes Hospitalium Ciuitatis Auinionensis, & suburbiorum eiusdem, secundum dispositionem prædictorum Episcoporum. Item, Conuentibus Prædicatorum, Minorum & Heremitarum Sancti Augustini Ambianensis, videlicet cuilibet trium Conuentuum prædictorum existentium in Ciuitate Ambianensi, vel suburbiis eiusdem, lego decem florenos, & rogo & requiro, ac volo & ordino, quod dum siunt exequiæ meæ in Ecclesia Ambianensi, intersint Processionaliter in ipsa, quodque qualibet

Conuentuum eorumdem, quinquaginta Missas de *Defunctis* infra mensem, ex tunc immediate sequentem dicere, in sua Ecclesia teneantur pro animabus, & cum commemorationibus superius declaratis. Item, Conuentibus Minorum, Augustinensium, Carmelitarum Auinionensium, cuilibet Conuentui decem florenos, & rogo quod intersint in exequiis meis, prout est consuetum, & quod qualibet die Nouenæ dicatur in quolibet Conuentu ipsorum vna Missa *de Requiem* solemnis pro anima mea, cum orationibus superius designatis. Item, Lego Conuentui Sancti Eugendi Iurensis, Ordinis Sancti Benedicti, Lugdunensis Dioecesis, trecentos florenos currentes, videlicet quemlibet de viginti quatuor solidis monetæ Auinionensis, conuertendos in redditibus emendis, ad vtilitatem dicti Conuentus, vel expendendos in reparationem Ecclesiæ dicti Monasterij, si prius placuerit dicto Conuentui, quia istud suæ optioni relinquo, & rogo & requiro quod in Altari Beati Claudij, sito in dicto Monasterio velint perpetuo, qualibet septimana tres Missas celebrare, & facere dici de Beato Claudio, cum orationibus *Intlina, Fidelium, &c.* & *Deus qui inter Apostolicos*, & cum orationibus, & pro animabus, & per modum superius declaratum. Item, cum ego dederim, jam diu est, Priori & Conuentui Fratrum Prædicatorum Auinionensium trecentos francos, qui fuerunt conuersi in reparationem tecti Ecclesiæ suæ, & ipsi concesserunt generose dicere perpetuo, in majori Altari Ecclesiæ prædictæ vnam Missam de B. Iacobo, & facere sex Anniuersaria quolibet anno, & postmodum in Capitulo Generali Ordinis sui, quod fuit vltimate in Auinionensi celebratum, dederim etiam eisdem domum meam communiter vocatam *de Cantlliaco*, quam emi ab Executoribus bonæ memoriæ Domini Cardinalis de Cauilhaco, cum curtibus, hortis, & pertinentiis suis, & insuper hortum exeuntem tetro tinellum domus, quam inhabito, quem feci plantari in quadam platea, quam emi ab eisdem, & requisiuerim & rogauerim dictos Priorem & Conuentum, quod pro perpetuo tempore dicerent omni die tres Missas, videlicet vnam de sancto Spiritu, & aliam de Beata Maria, & aliam de Defunctis, facerentque sex Anniuersaria pro animabus, & cum orationibus supradictis; & etiam facerent perpetuo vnum de dictis Anniuersariis, die 16. mensis Sept. quolibet anno solemnius quam alia, videlicet pro Rege Karolo Domino meo prædicto, & eadem die dicerent, seu facerent dici in dicta Ecclesia centum Missas de *Defunctis*, me viuente & post obitum meum facerent aliud de prædictis Anniuersariis solemnius, etiam pro anima mea, & ex tunc in Anniuersario Regis tenerentur solum, ad dicendum quinquaginta Missas, & in Anniuersario meo alias quinquaginta, & dotationem huiusmodi, nec non promissionibus de quinquaginta florenis currentibus, sibi soluendis anno quolibet, quam diu pro me & vsu, seu habitatione meis retinerem domum & hortos huiusmodi, vel donec & quousque pro ipsis ego, vel hæredes seu Executores mei semel eisdem mille ducentos florenos soluissemus, fecerim sub modis & conditionibus, in quodam instrumento super hoc per Magistros Stepharum de Lineriis, & Guillelmum de Beligneyo, Notarios publicos Secretarios meos confecto, liquidius declaratis, dederimque vel fecerim dari ex tunc dictis Priori & Conuentui anno quolibet valorem prædictorum quinquaginta florenorum, & aliquotiens summæ majoris absque, hoc quod fecerint, compleuerint, vel attenderint illa, ad quæ vigore prædicti instrumenti tenebantur, hinc est quod de nouo & ex abundanti domum, curtes, pertinentias & hortos præfato Priori & Conuentui, prædictis sub eisdem conditionibus Lego, & volo & ordino quod Prior & Conuentus prædicti ratione, occasione, vel causa quorumcumque aliorum legatorum, siue donationum sibi retroactis temporibus sub quacumque forma, vel expressione verborum, de quibusvis bonis meis mobilibus & immobilibus, per me factorum, aliud à me, vel meis hæredibus seu Executoribus petere non possint; quin imo ipsis donationibus & legatis, ac cuicumque Iuri sibi forsan propterea, in ipsis competenti expresse & specialiter renunciare, & de quibuscumque arreragiis quæ occasione donationis, vel promissionis prædictorum sibi pro præterito tempore forte deberi prætenderent me, & executionem eandem quittare totaliter teneantur, quodque se obligent & per expressum recognoscant, se teneri ad dicendum Missas, & faciendum Anniuersaria in forma, & per modum superius in præsenti articulo declaratum, & si (quod absit) prædicta facere recusarent, donatio siue legatum huiusmodi, ac si nunquam factum fuisset, nullius poenitus sit momenti, & domus, curtes, pertinentia & horti præfati ad hæredes, & Executores meos ipso jure liberè reuertentur. Item, quia nepos meus Dominus Hymbertus de Boysiaco, fecit mei hi plura magna seruitia: & spero quod faciet in futurum, lego sibi quingentos francos de bonis meis tantum persoluendos, & rogo & deprecor ipsum, quod in factis meis me viuente, & executionis meæ, post obitum meum velit tanquam bonus nepos, cum bona diligentia laborare taliter, quod executio mea valeat plene adimpleri. Item, quoad factum familiatium meorum, & solutionem stipendiorum suorum sibi fiendam, volo quod stetur ordinationi prædictorum Episcoporum Ambianensium & Aptensium, seu illius ex ipsis qui esset præsens, & posset intendere circa istud, & de hoc onero conscientias ipsorum. Item, cum ego in pluribus aliis Testamentis meis fieri mandauerim, & ordinauerim compleri caput Ecclesiæ Collegij Sancti Martialis Auinionensis, Cluniacensis Ordinis, ibidem tunc per me inceptum, & Rector ac Religiosi dicti Collegij propterea specialiter, & Collegialiter congregati, pro se & suis successoribus in futurum mihi generose corcesserint, & promiserint dicere certas Missas, & facere nonnulla Anniuersaria, & alia spiritualia suffragia, in quodam publico instrumento, sumpto super hoc & recepto per Magistros Stephanum de Lineriis, & Guillelmum Galeteri Notarios publicos Secretarios meos, in quo ista alia promissa liquidius declarantur, quæ etiam per Abbatem & Conuentum Cluniacensem, ratificata fuerunt & approbata, & etiam confirmata, & sicuti disposueram, volo & ordino, quod post obitum meum fiat bona diligentia, quod præmissa bene & debitè expleantur. Item, volo & ordino quod Capella capitis hujusmodi, nec non sepultura quam ibi ædificari, & construi feci tam de opere lapideo, quam vitreo de bonis executionis meæ, si ante obitum meum non fuerint adimpleta, bene & decenter compleantur, & quod altare dictæ Capellæ muniatur semel, bene & honestè, paramentis, mappis, calice, patena, duabus Burettis pro vino & aqua, & duobus candelabris argenteis ponderis duodecim marchatum, & quod super dictum Altare ponatur una imago Beatæ Mariæ solemnis & notabilis de alabastro. Item, lego præfato Collegio magnam vineam quam habeo prope portale miraculorum Civitatis Avinionensis, quam jam dudum per partes emi, tam à Bartholomæo *Cervelle*, Mercatore Avenionensi, etiam nonnullis aliis, nec non domos, hortos, oliueta, vineas, possessiones, & quæcumque alia quæ .. loco, & possideo in villis, territoriis, & districtibus Pontissorgiæ, & de Genacio Avinionensis Diocesis, & rogo & requiro Rectorem & Religiosos dicti Collegij, ac volo & ordino, quod ultra Missas & alia ad quæ tenentur vigore prædicti instrumenti, quolibet die in Altari Capellæ, per me in dicto Collegio sicut dictum est constructæ, duas Missas, unam videlicet, *de Defunctis*, & aliam pro universitate studij Avenionensis, & ordinationem primicerij, qui fuerit pro tempore, quamdiu universitas ipsa fuerit in dicto loco, & scolæ in vico in quo sunt fuerint, dicere perpetuò sint astricti, & si universitas hujusmodi cessaret, vel mutaretur in alio loco, quod tunc dicta Missa ordinata pro studio, de Beato Martiali dicatur in Altari per me, ut dictum est, ibidem ædificato & constructo, & volo & ordino, quod in executione hujusmodi legati omnibusque aliis per me superius factis, præterquam Ecclesiam Ambianensem tangentibus, ipsum Collegium præferatur. Item, volo & ordino, quod statim post obitum meum bona mea universa, & singula cum Inventario sub manu publica facto recolligantur, & in tuto loco sub fida custodia reponantur, per Reverendos Patres Dominos Ioannem de Boysiaco Ambianensem & Ioannem Filheti, Aptensem Episcopos. Item, volo, imò veto & prohibeo, ne post obitum meum fiat æstimatio quæcumque bonorum meorum per Iudæos, vel per quoscumque alios ad hoc deputandos, sed solum ubi fuerint legata distribuantur. Hujusmodi autem Testamentum meum seu ultimam voluntatem facio, constituo, & ordino omni modo jure, & forma, quibus melius valeo, & quibus melius valere potest. Item, & cum benignitate & gratia Regis Karoli, bonæ memoriæ, Domini mei supradicti, & ex concessione ipsius ego fuerim, tunc existens Abbas Fiscannensis, de solenni & honorabili Collegio Parlamenti Regij Parisiensis, & ipsum continuaverim, per plures annos in diebus deputatis ad lites seu quæstiones audiendas, & Consilia tenenda: Et postquam fui Cardinalis fuerim & sederim pluries, cum aliis Dominis in Camera Parlamenti, & in litibus audiendis, & Consiliis tenendis, meque reputaverim, & reputem fuisse & esse, ac permanere de dicto Collegio quamdiu vivam, & sim certus quod per Curiam ipsius Parlamenti absque acceptione personarum tam magnis, quam paruis Iustitiam indifferenter omnibus ministrari, & per dictum Parlamentum, quod suprema Curia Regis existit omnes indifferenter, quantum tenentibus fuerit ipsum possibile à gravaminibus, & oppressionibus defenduntur, & præservantur; & si gravati & oppressi fuerint ab eisdem relevantur, quodque continuè Domini Cancellarij Franciæ, Præsidentes, & alij Domini tenentes dictum Parlamentum, me in sua bona gratia tenuerunt, & reputarunt tanquam servitorem & Consiliarium Regis, sociumque suum, & amicum carissimum, & mihi favorem, & gratiam rationabilem impenderunt, & incessanter casibus se impendunt offerentibus. Attendens etiam quod longè major pars Beneficiorum meorum, & illorum quæ mihi debentur sunt in Regno Franciæ, Delphinatu, & Vicariatu Imperiali, & aliis terris, Iurisdictionibus, Dominiis, & potestate dicti Domini mei Regis, & quod propter remotionem obedientiæ factam Domino Benedicto ultimò in Papam electo in factis Cardinalium, pro executione Testamentorum suorum de præsenti ad superiorem non potest haberi recursus, nec tenetur, exercetur, vel observatur Iustitia in Romana Curia, prout Reipublicæ expediret: Verisimiliter etiam dubito, quod propter favorem dicti Benedicti, invidiam, & aliquas alias considerationes singula, maximè post obitum meum occupentur, per aliquos bona mea, vel executionis meæ indebitè & injustè, seu aliqua fierent de facto, in impedimentum, dilationem, vel præjudicium executionis ejusdem, vel aliquæ fraudes, seu malitiæ fierent circa prædictam; Ego qui servitor Regis & Consiliarius, ac cum servitoribus, & familiaribus & bonis meis quibuscumque in sua Salva-gardia, & protectione speciali existo, prædictum Testamentum meum, & executionem ipsius, ac omnia & singula contenta in eo, & bona mea quæcumque mobilia & immobilia, præsentia & futura submitto protectioni, cognitioni, decisioni, ordinationi & determinationi prædictæ Curiæ Parlamenti: Supplicans & requirens, quod hanc requestam & submissionem, in dictam Curiam admittere & recipere dignetur, & loco & tempore ad requestam executorum meorum, vel aliquorum ex ipsis habentium super hoc potestatem eamdem executioni, debitæ facere demandari, taliter quod per bonam justitiam ipsius prædictum Testamentum, & ultima voluntas mea, quæ pro majori parte suffragia continet, pro anima dicti Regis Karoli, Domini mei, absque impedimentis fraudibus & malitiis quibuscumque valeat adimpleri. Item, constituo & ordino Reverendos Patres Dominos Ioannem de Boysiaco Ambianensem, Ioannem Silheti Aptensem nepotes meos, & Petrum *Beauble*, Uticensem Episcopos: Et quemlibet ipsorum insolidum Procuratores meos, & Nuncios speciales, dans & concedens ipsis & cuilibet eorumdem plenariam potestatem, & mandatum speciale, præsens Testamentum meum, & omnia & singula in eo contenta præsentandi prædictæ Curiæ Parlamenti, & Dominis ipsam tenentibus, præsentibus & futuris, supplicandique, petendi & requirendi ipsam facere in dicta Curia registrari & loco & tempore executioni debitæ demandari, prædictamque executionem meam, & omnia ipsam tangentia, in prædicta Curia Parlamenti prosequendi, & omnia & singula faciendi, quæ circa præmissa fuerint necessaria, seu etiam opportuna. Item, volo & ordino, quod omnibus debitis meis persolutis, ac legatis, & aliis contentis in præsenti meo Testamento completis, & executioni debitæ demandatis, in domo mea vocata de *Regio*, sita in Ciuitate Auinionensi, de bonis meis restantibus fundetur, & instituatur vnum Collegium Scholarium, siue studentium sæcularium de Diœcesi Lugdunensi, in facultate siue scientia, & de numero quibus dictis Ambianensi, & Aptensi Episcopis videbitur faciendum, & hac de causa lego prædictum hospitium, cum suis pertinentiis, & hortum meum communiter vocatum *hortum de Placentia*, quem habeo extra muros prædictæ Ciuitatis prope portam Sancti Michëlis, & pro ipso fundando recipiant dicti Episcopi de aliis meis mobilibus vsque ad summam, numerum & valorem de quibus ipsis visum fuerit; cujusquidem Collegij Bursatum collatio, ac personarum in eodem institutio, ad eosdem quamdiu vixerint communiter spectet, ipsis vero duobus sublatis de medio, ad Rectorem Collegij Sancti Martialis Auinionensis, cum majoris Prioris Monasterij Cluniacensis, qui fuerit pro tempore Consilio, collatio & institutio hujusmodi pertinebit. In cæteris autem bonis meis mobilibus, præsentibus & futuris, acquisitis & acquirendis quibuscumque; instituo hæredem meam vniuersalem dilectam neptem meam Iacquelinam de Grangia, vxorem Domini Ioannis de Monte-acuto militis, Vicecomitis Laudunensis, & magni Magistri Hospitij Regis, cum jure institutionis hujusmodi do, concedo, & relinquo omnia & singula bona mea mobilia & immobilia, jura & actiones, ac debita præsentia & futura quæ extabunt, supererunt & remanebunt debitis meis, ac legatis, dispositis & ordinatis per me superius, præsenti Testamento meo, solutis & completis, volens, quin immò expressè inhibens eidem, ne jure siue occasione institutionis hujusmodi de Legatis prædictis, tam piis quàm aliis quibusuis *quartam Trebellianicam, vel Falcidiam* detrahat, & si ipsam ante me migrare contingat, vel nollet meus hæres esse, vel hæreditatem hujusmodi adire, sibi substituo filium suum masculum primogenitum, & ipso deficiente alios suos masculos, & eis deficientibus filias suas legitimas, seu legitimos, ac ex suo proprio corpore, & de legitimo matrimonio procreatos & procreandos, & si quod absit, sine liberis de suo corpore & legitimo matrimonio procreatis eamdem mori contingat, vel ipsa seu sui liberi nollent hæreditatem hujusmodi acceptare, isto casu substituo Collegium sancti Martialis superius nominatum. Pro executione vero præsentis mei Testamenti obligata esse volo omnia, & singula bona mea prædicta Ecclesiastica & mundana. Executores autem meos & præsentis Testamenti seu vltimæ voluntatis meæ, facio & ordino, Reuerendissimos in Christo Patres & Dominos meos, Petrum Tituli sanctæ Susannæ de Thureyo, Ioannem Tituli sanctæ Anastasiæ Viuariensem, Petrum Tituli Sancti Petri ad vincula Aniciensem, Guillelmum Tituli Sanctæ Ceciliæ de Vergeyo, & Petrum Sanctæ Mariæ de Verhuio, vulgariter nuncupatos, Sanctæ Romanæ Ecclesiæ Cardinales; Necnon Dominos Franciscum Archiepiscopum Narbonensem, Ioannem de Boysiaco Ambianensem, Ioannem Silheti Aptensem, Ioannem de Monte-acuto Carnotensem, & Petrum *Beaublé* Vticensem Episcopos, Dominos Ioannem Verueti, Abbatem Monasterij Aremarensis, Trecensis Diœcesis, Ioannem de Monte-acuto, Vicedominum Laudunensem, Ymbertum de Boysiaco Parisius, in Parlamento Præsidentem, Ioannem Dominum de Roussayo nepotes meos, Laurentium de Albello Decanum, Iacobum de Monsoguichardo, Petrum Alays, Canonicos Ambianenses, & Guillelmum Majorem Promotorem causarum Curiæ Episcopalis Ambianensis antiquum seruitorem & familiarem meum, nec non Decanum & Cantorem Ecclesiæ Ambianensis, Priorem majorem Monasterij Cluniacensis Matisconensis Diœcesis, & Rectorem Collegij Sancti Martialis Auinionensis, qui nunc sunt & pro tempore fuerint. Item, cum ego ductus bona intentione, ac iusto sancto proposito ab obitu felicis recordationis Domini Gregorij Papæ vndecimi plura dixerim, fecerim, procurauerim, & tractauerim fieri in facto Ecclesiæ, sicuti mihi videbatur fore expediens ipsius vnioni, & prout mihi mea conscientia dictabat, & dictat, ne quod absit, per aliquos æmulos, vel alios mihi imposterum impingatur, quod mala intentione hoc fecerim, sentiens me adeo debilem, & graui infirmitate detentum, quod nisi Deus aliter disposuerit, ab ipsa euadere non potero, quinimo mortem potius inde, quàm conualescentiam expecto de hora in horam, circà factum hujusmodi, & illa quæ in ipso per me, vt dictum est, dicta & facta sunt, ac fieri procurata, mentem meam, & illud quod super hoc habeo, in conscientia mea declarans, sub pretacto animæ meæ attestor, & juro bona fide, quod illa quæ in facto prædicto dixi, feci, tractaui fieri, non dixi, feci, tractaui, vel procuraui fieri odio, machinatione, dolo, inuidia, vel rancore, alicujus personæ, seu alia mala intentione, vel voluntate quacumque, sed solum & duntaxat ad delendum, & sedandum istud pestiferum schisma, & vt citius vnctus Romanus, & indubitatus Pontifex, in Dei Ecclesia haberetur, protestans quod paratus sum obedire illi, cui Ecclesia Catholica, & Sacrum Collegium fore decreuerint obediendum, & omnia quæ in hoc facto dixi, feci, tractaui & fieri procuraui, submitto determinationi & correctioni, sacro-sanctæ Romanæ Ecclesiæ, in cujus fide & vnitate tanquam verus Catholicus volo viuere & mori, ac Deo spiritum reddere, sicuti quilibet bonus Christianus, de necessitate salutis facere tenetur, & debet. Hæc autem est, mea suprema voluntas, quam valere volo, & tenere jure Testamenti. & si non valeat jure Testamenti valeat & teneat, & eam valere & tenere volo jure Codicillorum, seu cujuslibet alterius vltimæ voluntatis, Præsentibus Reuerendis in Christo Patribus Dominis, Ioanne de Boysiaco Ambianensi, & Ioanne Silheti, Aptensi Episcopis, Legum Doctoribus, Guillelmo Silheti, & Gerardo de Monte-Corberio

Scutiferis, Dominis Petro Ayssalani Canonico Tholonensi, Ioanne Cornctí Curato Parrochialis Ecclesiæ Sancti Riquerij, Petro de Sauignaco Rectore Sancti Hilarij la Plane, Gilberto Castellani Curato de Gauerellis, Magistro Hugone de Lineriis Bacchalario in Decretis, & Fratre Andrea Gerardini Monacho Monasterij Cluniacensis, Presbyteris, Claro-montensis, Eduensis, Ambianensis, Lemouicensis, Attrebatensis, Autissiodorensis Diœcesum, Testibus ad præmissa vocatis specialiter & rogatis. Et ego Stephanus de Lineriis Clericus Autissiodorensis Diœcesis, publicus Apostolica authoritate Notarius, præmissis omnibus & singulis dum sic, vt præmittitur agerentur & fierent, vna cum prænominatis Testibus, & Magistro Guillermo Notario infra scripto præsens interfui, eaque per alium scripta fideliter, vidi & audiui, publicaui, & in hanc formam publicam redegi, signoque meo consueto signaui, in fidem omnium præmissorum requisitus & rogatus. Et ego Guillermus Gallereti Trecensis Diœcesis Clericus, Apostolica & Imperiali Authoritatibus publicus Notarius præmissis omnibus, & singulis dum sic vt videtur superius agerentur, & fierent vna cum prænominatis Testibus, & Magistro Stephano Notario supra scripto præsens interfui, eaque me aliis negociis legitime occupato per alium fideliter scripta sic fieri, vidi, & audiui, publicaui, & in hanc publicam formam redegi, signoque meo solito hic me subscribens signaui in omnem & singulorum fidem, & veritatem Testimonium præmissorum requisitus, super hoc & rogatus.

Codicille du Cardinal de la Grange, tiré du Registre du Parlement, coté cy-dessus.

IN *Nomine Domini*, *Amen*. Anno à Natiuitate eiusdem millesimo quadringentesimo secundo, indictione decima, die vero duodecima mensis Aprilis ab Electione Domini Benedicti vltimo in Papam Electi, anno octauo, facto primitus per ipsum, & antea publicato per nos infra scriptos Notarios sub Testamento, seu vltima sua voluntate, in nostrorum Notariorum publicorum & Testium infra scriptorum ad hoc vocatorum specialiter & rogatorum præsentia, Reuerendissimus in Christo Pater & Dominus, Dominus Ioannes miseratione diuina Episcopus Tusculanensis, Sanctæ Romanæ Ecclesiæ Cardinalis Ambianensis vulgariter nuncupatus Codicillando, deposuit contenta in quadam cedula, quam tunc coram eo legi & publicari fecit, per nos Notarios infra scriptos per modum Codicilli voluit, & ordinauit ea valere & tenere, ac plenam habere roboris perpetuò firmitatem, cuiusquidem Cedulæ tenor sequitur, & est talis. Cum ego Ioannes de Grangia Episcopus Tusculanensis, Sanctæ Romanæ Ecclesiæ Cardinalis Ambianensis vulgariter nuncupatus, hodie fecerim & condiderim meum Testamentum, in qua inter cætera ipsius, & meæ vltimæ voluntatis feci Executores meos, Reuerendissimos in Christo Patres, & Dominos meos Dominos Petrum Tituli Sanctæ Susannæ de Thureyo, Ioannem Tituli Sanctæ Anastasiæ Viuariensem, Petrum Tituli Sancti Petri ad vincula Aniciensem, Guillermum Tituli Sanctæ Ceciliæ de Vergeyo, & Petrum Sanctæ Mariæ inuiolatæ de Veruhio vulgariter nuncupatos, Sanctæ Romanæ Ecclesiæ Cardinales, necnon Dominos Franciscum Archiepiscopum Narbonensem, Ioannem de Boisiaco Ambianensem, Ioannem Philheti Aptensem, Ioannem de Monteacuto Carnotersem, & Petrum Beauble Vticensem Episcopos, Dominos Ioannem Verinum Abbatem Monasterij Arremarensis, Trecensis Diœcesis, Ioannem de Monteacuto Vicedominum Laudunensem, Humbertum de Boisiaco, Parisiensi in Parlamento Præsidentem, Ioannem Dominum de Roussayo nepotes meos, Laurentium de Abello Decanum, Iacobum de Maroquichardo, Petrum Alais Canonicos Ambianenses, & Guillermum Maioris Promotorem causarum Curiæ Episcopalis Ambianensis, antiquum seruitorem & familiarem meum, necnon Decanum & Cantorem Ecclesiæ Ambianensis, Priorem maiorem Monasterij Cluniacensis Diœcesis, & Rectorem Collegij Sancti Martialis Auinionensis, qui nunc sunt vel pro tempore fuerint. Quibus omnibus, vel maiori parti ipsorum potestatem dedi, vt Executionem meam huiusmodi etiam propria authoritate apprehendere possent, & valerent Executioni debita de mandare aliaque facere, quæ circa hoc essent necessaria, vel modo quolibet opportuna, sicuti hæc alia, in ministerio huiusmodi testium sumpto super his, & recepto manibus Magistrorum Stephani de Lineriis, & Guillelmi Galeretti Secretariorum & Notariorum meorum plenius continetur. Hinc est quod ego sciens quod esset valdè difficile, & graue plurimum distancia locorum, in quibus dicti Domini Executores mei resident, & occupationibus magnis, quas ipsi habent de maioribus Negociis pensatis, pro singulis agendis, ipsos ad inuicem congregari, & tantos super hoc sustinere labores: idcirco his & nonnullis aliis iustis, & rationalibus motus considerationibus, & motiuis, ac confidens ad plenum de scientia, legalitate, probitate, & industria Reuerendorum Patrum Dominorum Ioannis de Boisiaco Ambianensis, & Ioannis Philheti Aptensis Episcoporum, legum Doctorum, nepotum & Executorum meorum quos veluti pater filios, nedum sincera dilectione amaui & charos habui, quin immo ipsos à pueritia in scholis tenui, & procuraui promoueri, quosque eorum gratia scio voluntarios esse ad supportandum, & sustinendum pro anima & persona meis, ac executione præfata nonnullos eis labores possibiles; & de quibus in illis quæ dicta sunt, & aliis agendis meis omnibus singularissimè, & tanquam de mea propria persona plenariè confido, ac aliorum Dominorum Executorum meorum prædictorum procedendo laboribus & expensis, Codicillando volo & ordino, quod ipsi duo Episcopi soli, vel alter eorumdem alio absente vel impedito, aliis etiam non vocatis in omnibus & per omnia, ac vbi, ac vbidum & quando opus fuerit; & eis videbitur expediens, Testamentum, seu meam vltimam voluntatem, huiusmodi Executioni mandent & expediant, ac faciant, & procurent omnia & singula, quæ in ipso à Principio vsque ad finem continentur, & circa illud erant necessaria, seu etiam opportuna, nec alius Executorum meorum nec alter quicumque se intromittere valeat quoquo modo & præ dictis, nisi per eos fuerit requisiti: volens insuper & ordinans, quod per istud Codicillum, quoad contenta & per me ordinata, in ipso, & non aliter Testamento meo derogetur, & non ipsi, sed Codicillo præsenti quoad hoc stetur totaliter & omnino, & nihilominus quod ipsi duo, vel ille ipsorum qui erit præsens, quotienscumque eis videbitur & fuerit opportunum, petant auxilium & Consilium ab aliis Dominis Executoribus meis, & à quolibet ipsorum, quos rogo & deprecor quantum possum, vt totiens quotiens fuerint requisiti, ipsos in præmissis, dirigant, consulant, & adiuuent toto posse, illis tamen quæ per dilectos familiares meos Magistros Stephanum de Lineriis, Guillermum Galeretti, Ioannem Tehetti, & Petrum Ayssalani in ipso Testamento meo, & custodia bonorum meorum fienda volui, & ordinaui in suo robore per omnia duraturis. De quibus omnibus & singulis præfatus Dominus Cardinalis requisiuit nos Notarios publicos infra scriptos, quatenus sibi de præmissis faceremus, vel aliter nostrorum faceret vnum, vel plura publicum, vel publica nostra aduocans, & rogans inferius nominatos in Testes specialiter, & expressè ad perhibendum loco, & tempore de omnibus & singulis supra scriptis Testimonium veritati. Acta fuerunt hæc Auenione in domo habitationis, & Camera dicti Domini Cardinalis, sub anno, indictione, die, mense, ac electione quibus supra, præsentibus Venerabilibus, & Discretis viris Guillelmo Philheti, & Gerardo de Monte-corberro Scutiferis, Dominis Petro Ayssalani Canonico Tholonensi, Ioanne Corneti Curato Sancti Riquerij, Petro de Sauignhaco Rectore Parrochialis Ecclesiæ Sancti Hilarij la Plana, Guillelmo Castellani Curato de Grauerelli Presbyteris, Magistro Hugone de Lineriis Bachalario in Decretis, & Fratre Andræa Girardini Monacho Monasterij Cluniacensis, Claromontensis, Eduensis, Ambianensis, Lemouicensis, Autissiodorensis, & Matisconensis Diœcesis, Testibus ad præmissa vocatis specialiter & rogatis. Et ego Stephanus de Lineriis Clericus Autissiodorensis Diœcesis, publicus Apostolica authoritate Notarius præmissis omnibus, & singulis dum sic vt præmittitur, agerentur & fierent, vna cum prænominatis Testibus, & Magistro Guillermo Notario infra scripto præsens interfui, eaque per alium scripta sic fieri vidi, & audiui, publicaui, & in hanc formam publicam redegi, signoque meo consueto signaui, in fidem & Testimonium omnium præmissorum requisitus & rogatus.

Et ego Guillermus Galeretti Trecensis Diœcesis Clericus, Apostolica & Imperiali Authoritate publicus Notarius, præmissis omnibus & singulis dum sic vt describuntur superius, agerentur & fierent, vna cum prænominatis testibus præsens interfui, eaque per alium fideliter scripta, sic fieri, vidi, & audiui, publicaui, & in hanc publicam formam redegi, signoque meo solito hic me subscribens vna cum prædicto Magistro Stephano Notario signaui, in omnium & singulorum fidem, & veritatis testimonium præmissarum requisitus super hæc & rogatus.

Extraict du mesme Registre.

LE premier iour de Iuin mil quatre cent trois, Monsieur l'Euesque d'Amiens, & Messire Imbert de Boissy, Président en Parlement son frere, comme Executeurs du Testament de Feu Messire Iean de la Grange, iadis Cardinal dit d'Amiens, submirent à la Cour dudit Parlement l'Execution Testamentaire dudit feu Cardinal, & baillerent le Testament pour estre Enregistré en ladite Cour ; Comme ledit Deffunt l'auoit ordonné, & à ouyr le compte & reliqua de l'Execution dudit Cardinal, fut commis Maistre Fleury de Sauoisy, cum adiuncto, le tiers iours de Septembre ensuiuant.

Epitaphe du Cardinal de la Grange, qui se lit en l'Eglise Cathedrale de Nostre-Dame d'Amiens, graué sur vn Tombeau de Marbre blanc, quoy qu'il n'y soit pas enterré.

HIc iacet Reuerendissimus in Christo Pater & Dominus, Dominus IOANNES DE GRANGIA, dudum Abbas Fiscanensis, deinde Episcopus Ambianensis, postremo verò Sanctæ Romanæ Ecclesiæ Cardinalis Episcopus Tusculanus, qui obiit anno Domini millesimo quadringentesimo secundo, die vicesima quarta mensis Aprilis. Orate Deum pro eo vt requiescat in pace in Paradiso.

Autre Epitaphe de ce mesme Cardinal de la Grange, qui se lit en l'Eglise de Saint Martial d'Auignon, sur vn Sepulchre de Marbre, sous lequel il fut enterré.

HIc iacet Frater Ioannes de Grangia Gallus, Monachus, Decretorum Doctor, Episcopus Ambianensis, Presbyter Cardinalis Tituli Sancti Marcelli, qui mortuus est Auenione sub obedientia CLEMENTIS VII. octauo Calendas Maij, anno millesimo quadringentesimo secundo, in hoc celebri monumento sepultus.

Extraict des Registres du Parlement de Paris.

STEPHANUS DE GRANGIA miles, Consiliarius noster, & in Parlamento Præses, elegit Sepulturam in Ecclesia Ambianensi, prope Tumbam defuncti Cardinalis Ambianensis eius fratris, ac Decano & Capitulo legauit centum viginti libras.

Ex Calendario Ambianensi MS.

7. KAl. obitus nobilis & spectabilis viri Domini Stephani de GRANGIA militis, Domini nostri Regis Consiliarij, & in eius Parlamento Præsidentis, Fratrisque Germani R. M. Domini Cardinalis Ambianensis, qui pro iure Ecclesiæ ratione suæ sepulturæ, & pro redditibus emendis ad Anniuersarium, pro animabus dicti fratris sui, vxoris, liberorum, parentum, benefactorumque suorum fidelium defunctorum nobis legauit centum viginti libras Paris.

5. IDus Augusti obitus Domini Ioannis de BOYCHAMACHIIS, Episcopi & Cardinalis.

7. CAlendas obitus IMBERTI DE BOISIACO, legum Doctoris, Regis Consiliarij & Præsidentis in eius Parlamento, nepotis Domini Cardinalis Ambianensis, Fratrisque Domini Ioannis de Boisiaco Ambianensis Episcopi Moderni.

GIRARD DVPVY,

Proche Parent du Pape GREGOIRE XI. Religieux de l'Ordre de Saint Benoist, de la Congregation de Clugny, Abbé de l'Abbaye de Marmoustier lez Tours, Euesque de Carcassonne, Cardinal Prestre du Tiltre de Saint Clement, Vicaire General du Pape à Perouse.

CHAPITRE CXLIV.

Sammarthani Fratres in Gallia Christiana in Abbatibus Galliarum.

GERARDVS DVPVY Cardinalis Sancti Clementis, PETRI Germanus 1364. ad quem leguntur Diplomata VRBANI V. Pontificis, & GREGORII XI. Eum purpura insignitum asserit Ciaconius in vitis Pontificum ab eodem Gregorio 1375. & mortuum Auinione 16. Calend. Martij 1389. fuit & Episcopus Carcassonensis.

Extraict de l'Obituaire de l'Eglise de Carcassonne.

OBitus GVIRAVDI de Podio Episcopi Carcassonensis.

ROBERT DE GENEVE,

Chanoine en l'Eglise Cathedrale de Paris, Prothonotaire du Saint Siege, successiuement Euesque de Therouanne & de Cambray, Legat en Italie, & auec charge de conduire delà les Alpes, vne puissante Armée, pour chastier les Peuples rebelles; Cardinal Prestre du Tiltre des Saints douze Apostres, & enfin declaré par quelques-vns Pape, sous le nom de Clement VII. tenant son Siege à Auignon, pendant que Vrbain VI. que l'on pretendoit aussi auoir esté esleu Pape, mais par contrainte, le tenoit à Rome.

CHAPITRE CXLV.

Copie de la premiere fondation de la Chapelle des Comtes de Geneue, en l'Eglise de Nostre Dame la Liée d'Annessy, auant qu'elle fust erigée en Collegiale, par l'Illustre Prince & Seigneur d'heureuse memoire, Amé Comte de Geneue, executée par Reuerendissime Pere en Dieu & Seigneur, Monseigneur Robert de Geneue, Cardinal de la Sainte Eglise Romaine, & autres y designés.

Communiquée par SON EXCELLENCE, Monseigneur le Marquis de Lulins, descendu de cette Illustre & Ancienne Maison de Geneue.

IN Nomine Sanctæ & Indiuiduæ Trinitatis Patris, & Filÿ, & Spiritus Sancti, Amen; Vniuersis tam præsentibus quam futuris fiat notum atque manifestum. Quòd cum recolendæ memoriæ Illustris Princeps & Dominus, Dominus Amedeus Comes Gebennensis, in eius vltima voluntate voluit, & ordinauit in Ecclesia Beatæ Mariæ Latæ de Annessiaco vnam Capellam, & in eadem monumentum ipsius Comitis fieri & construi, ipsamque Capellam pro Missis, & aliis Diuinis Officiis in eadem per ipsum Comitem celebrari ipse Dominus Comes ordinauerit dotari de sexaginta libris Gebennensibus Annualibus, & ipsas sexaginta libras Gebennales Annuales, ipse Dominus Comes eidem Capellæ, seu Rectori eiusdem voluit, & ordinauit assignari, & affectari, voluéritque & ordinauerit ipse Dominus Comes in dicta eius vltima voluntate, per hæredes ipsius Domini Comitis, quicumque forent in dicto Comitatu Gebenensi fieri in dicta Capella perpetuo, singulis annis in die Assumptionis Beatæ Mariæ Virginis, vnam doham, seu Eleemosinam mille pauperibus, videlicet cuilibet de quatuor denariis Gebenensibus, nec non annis singulis in vigilia Natiuitatis Christi, dari viginti quatuor pauperibus viginti quatuor corsetos albos, prout præmissa per clausulas per præfatum Dominum Comitem, in dicta sui vltima voluntate appositas, & in instrumento assignationis inferius copiato insertas plenius apparere videntur; deinde quod Humbertus de Nam, & Ioannes Moussieres, veritate Commissionis eis per bonarum memoriarum Reuerendissimum in Christo Patrem & Dominam, Dominum Robertum de Gebennis Sacrosanctæ Romanæ Ecclesiæ Cardinalem, & Illustres Dominum Matildam de Bolonia Comitissam, atque Dominum Petrum eius filium Comitem Gebennensem factæ, dictas sexaginta libras Gebennenses Annuales nec non sexdecim libras, & tresdecim solidos, & quatuor denarios Gebennenses Annuales prædicta dona seu Eleemosinas, atque nouem libras Gebennenses Annuales pro dictis viginti quatuor Corsetis assignauerint, & affectauerint Rectori Capellæ prædictæ in, & super nonnullis redditibus bladi, & pecuniæ debitis in Castellaniis Annessiaci, Thoni, Crusilliæ, & Calui-montis, prout de huiusmodi assignatione plenius constat instrumento cuius tenor sequitur, & est talis.

IN

IN *Nomine Domini*, *Amen*. *Anno à Natiuitate eiusdem Domini millesimo trecentesimo septuagesimo primo, indictione nona cum prædicto anno sumpta, & die quintâ mensis Decembris, per præsens instrumentum publicum cunctis euidenter appareat præsentibus pariter & futuris.* Quod cum Reuerendissimo in Christo Pater & Dominus, Dominus Robertus de Gebennis, Sacrosanctæ Romanæ Ecclesiæ Cardinalis Illustresque Magnifici Principes, Domina Mathildis de Bolonia eius Genitrix Comitissa ; & Petrus eius Filius Comes Gebennensis, Consors, & nati bonæ memoriæ Illustris, & Magnifici Principis Domini Amedei quondam Comitis Gebennensis, cupientes non immerito omnia legata, & ordinata per præfatum Dominum Amedeum Comitem quondam in eius Testamento, seu vltima voluntate contenta adimplere, soluere, & effectui mancipare, commiserint, & expressè præceperint Venerabili viro Domino Antonio Cagniassi Iudici Gebennensi, Humbetio *de Nam*, Ioanni *Moussieres*, & Guillelmo *de Crans*, si simul interesse possent, alias tribus aut duobus ipsorum in solidum vt omnia legata, & ordinata prædicta in omnibus & singulis locis, & terris Dominorum præfatorum vbicumque dictis Commissariis, aut tribus, vel duobus eorum ipsis melius fieri videretur, assignarent, & acceptarent, & per quoscumque eorumdem Officiariorum expressè mandauerunt compelli omnes, & singulos debentes aliquos redditus ipsis Dominis, vel ipsorum alteri, quos dicti commissarij, aut ipsorum tres, vel duo assignaren pro dictis ad respondendum locis, & personis per dictos Commissarios aut ipsorum tres, vel duos ordinandum, vt patet per Litteram ipsorum Dominorum apertam, tribus sigillis eorum sigillatam, cuius tenor sequitur in hac verba.

ROBERTVS *de Gebennis Dei gratia Sacrosanctæ Ecclesiæ Romanæ Cardinalis, Mathildis de Bolonia Comitissa, & Petrus eius Filius Comes Gebennensis, Vniuersis, & singulis Castellanis, & aliis Officiariis nostris quibuscumque salutem.* Cum nos commiserimus & expressè præceperimus dilectis nostris Iudici Gebennensi Humberto *de Nam*, Ioanni *Moussieres*, & Guillelmo *de Crans*, si simul interesse possent, alias duobus, vel tribus ex ipsis in solidum vt omnia, & singula legata per Charissimum Dominum nostrum virum, & Genitorem Dominum Amedeum quondam Comitem Gebennensem Ecclesiis, Capellæ, Monasteriis, Hospitalibus, & aliis quibuscumque piis causis facta in eius Testamento & ordinata assignent, & acceptent in singulis locis omnium terrarum nostrarum, vbi eis fieri melius videbitur vobis, & vestrum cuilibet, harum tenore, expressè præcipimus & mandamus, quatenus omnes, & singulos homines, & fanaterios nostros debentes nobis aliquos redditus siue firmas, quos & quas dicti Commissarij, aut ipsorum duo vel tres duxerint assignandos, vel assignandos pro legatis prædictis cogatis, & compellatis, ad respondendum personis & locis quibus ipsi Commissarij, aut duo vel tres ipsorum ordinauerint respondere, & quidquid sibi fuerit responsum de compustis nostris volumus, per præsentes detrahi & deduci per computorum nostrorum receptores, habita copia præsentis Litteræ cum Littera ipsorum Testimoniali, expensasque ipsorum Commissariorum quamdiu, ad prædicta vacabunt faciatis & soluatis, & habita ab ipsis Commissariis, vel altero ipsorum Littera de recepta, ipsas in compustis vestris volumus, & mandamus allocari, Datum Rupis die decima octaua mensis Septembris; anno Domini millesimo trecentesimo septuagesimo primo, per Dominos Cardinalem, Comitissam, & Comitem, præsentibus Dominis Raymondo de Theyso, Francisco Candia, Francisco de Arentone militibus, & Domino Anselmo de Chauana Canonico Gebennensi, Aymo de Bossone. *Hinc est quod in præsentia mei Notary publici, & Testium infra scriptorum, Humbertus de Nam, Ioannes Moussieres, prænominati Commissary, & supra desiderantes mandata præfatorum Dominorum merito toto posse adimplere, attento etiam quod præfati Domini eisdem, ad Sancta Dei Euangelia iurare fecerunt dictas assignationes bene securè, & integriter facere ad maiorem securitatem & vtilitatem Capellarum, & locorum quibus dicta legata facta sunt & ordinata, quas assignationes per ipsos faciendas præfati Domini, & ipsorum quilibet Dei Sancta Dei Euangelia consimiliter iurauerunt, & promiserunt ratas habere, adimplere, & perpetuo obseruare prout continetur in quodam publico instrumento inde recepto, per Aymonetum de Bossone de Rupe Notarium publicum, dicta die decima octaua mensis Septembris, anno quo supra viso Testamento prædicto præfati Domini Amedei Comitis quondam, in quo continentur clausulæ quarum tenores sequuntur in hac verba.* Item, ordinamus, & volumus fieri & construi per hæredem nostrum infra scriptum si eam in vita nostra nos facere non contingat, vnam Capellam in Ecclesia Beatæ Mariæ Lætæ Annessiaci, & in ea Monumentum, seu tumulum nostrum in quo sepeliri volumus, & ibidem eligimus sepulturam, quam per dictum hæredem nostrum fieri volumus, & iubemus secundum decentiam status nostri. Item, volumus, & ordinamus quod in dicta Capella cantentur diebus singulis, pro remedio animæ nostræ, animarum Dominæ Mathildis de Bolonia Charissimæ consortis nostræ, prædecessorumque, & Successorum nostrorum, in nostrorumque, & eorumdem remissionem peccatorum, Tres Missæ, vna videlicet de Beata Virgine Maria, & ad ipsius honorem, alia de Sancto Spiritu, & ad eius laudem, & alia pro Defunctis, quarum vna cantetur diebus singulis alta voce, & aliæ duæ submissa voce, & in ipsarum qualibet diebus singulis fiat commemoratio Beati Antonij, & si dicta Capella nobis de medio sublatis non esset completa, volumus, & iubemus quod dictæ Tres Missæ modo, & forma quibus supra celebrentur in Magno Altari dictæ Ecclesiæ, integriter quousque dicta Capella sit completa. Item, volumus & ordinamus ac iubemus quod dictus hæres noster, & quicumque hæres noster fuerit si per nos in vita nostra dotata non fuerit, teneatur dictam Capellam dotare pro prædictis Missis, & aliis Diuinis Officiis ibidem Celebrandis de sexaginta libris Ge-

Ppp

bennenſibus Annualibus, quos per dictum hæredem noſtrum quicumque hæres fuerit, ſiue ex inſtitutione ſiue ex ſubſtitutione, aſsignari volumus & acceptari, ius autem Patronatus dictæ Capellæ nobis, & hæredi noſtro in Comitatu Gebennenſi perpetuo reſeruamus, & ad nos & ipſum volumus perpetuo pertinere; ordinantes, volentes & iubentes expreſsè quod nullus in dicta Capella Rector inſtituatur niſi ſit Sacerdos, & quod ipſe Rector in Villa Anneſsiaci moram faciat continuam, alioquim niſi dictam moram continuam ibidem faceret, ab ipſius Capellæ inſtitutione & regimine volumus eſſe priuatum Item, volumus & ordinamus, quod per hæredem noſtrum quicumque hæres noſter fuerit in Comitatu Gebennenſi, fiat perpetuò annis ſingulis in die Aſsumptionis Beatæ Mariæ Virginis, vna dona ſiue Eleemoſina in dicta noſtra Capella Anneſsiaci mille pauperibus, quorum cuilibet dentur quatuor denarij Gebennenſes pro remedio quorum ſupra. Item, volumus & ordinamus quod prædictus hæres noſter teneatur annis ſingulis in vigilia Natiuitatis Domini pro anima noſtra, & remiſsione peccatorum noſtrorum viginti quatuor pauperibus, viginti quatuor Corſetos albos dare. Quarum Clauſularum tenore viſo diligenter per dictos Humbertum, & Ioannem Mouſſeres Commiſſarios, & inſpecto, attento etiam quod dicta Eleemoſina in Feſto Aſsumptionis Beatæ Mariæ Virginis, & in Vigilia Natiuitatis Domini ſiendæ, & ſalubrius, integrius, & melius fieri poterunt, & debebunt per Rectorem dictæ Capellæ quam per alium laicum, & quod præfati Domini eiſdem intrare fecerunt de omnibus legatis vt ſupra integrè, & perfectè aſsignandis, & acceptandis totaliter quod effectu aſsignationis non pereant quouiſmodo in futurum in toto vel in parte, ea propter dictas ſexaginta libras Gebennales Annuales, dictam donam ſiue Eleemoſinam dicta die Aſsumptionis Beatæ Mariæ Virginis, faciendam aſcendentem ad ſummam ſexdecim librarum treſdecim ſolidorum, & quatuor denariorum Gebennenſium Annualium, & dictos viginti quatuor Corſetos albos aſſentantes computando quolibet ipſorum Corſetotum ſeptem ſolidos, & ſeptem denarios Gebennenſes ad nouem libras Gebennenſes Annuales. Item, aſsignat & acceptat in manum mei Notarij publici infra ſcripti more publico perſonæ ſtipulantis ſolemniter, & recipientis vice, nomine & ad opus rectoris dictæ Capellæ ſi quis ſit ad præſens, & qui pro tempore fuerit omniumque & ſingulorum quorum intereſt, vel intereſſe poterit in futurum, ita tamen quod dictus Rector, & quicumque inſtituetur in futurum teneatur iureque, & promittat ad Sancta Dei Euangelia, & ſub periculo animæ ſuæ bonorumque ſuorum obligatione expreſſa dictam donam, & dictos viginti quatuor Corſetos in valore ſupra æſtimato facere, & dare annis ſingulis diebus predictis, & diſtribuere pauperibus integriter, & perfecto modo in dictis Clauſulis declarato dictas pecuniæ quantitates aſſendentes in ſummam tam pro dicta Capella, quam Eleemoſinis prædictis quatuor viginti quinque libras treſdecim ſolidos, quatuor denarios Gebennenſes in & ſupra redditibus bladi, & pecuniæ infra particulariter declaratos, ad habendum de cætero tenendum & pacificè poſsidendum exigendumque, & recuperandum deinceps debitoreſque pignorandum, & pignora ſecum deportandum pro ipſis per ſoluendum per dictum Rectorem quicumque Rector dictæ Capellæ fuerit, vel eius mandatum eiuſdem Rectoris nomine, & pro ipſo ſua propria auctoritate abſque licentia eiuſquam, vel mandato me Notarium publicum, infra ſcriptum vt ſupra ſtipulantem harum tenore Commiſſario nomine, quo ſupra, in poſſeſsionem pacificam dictorum reddituum inueſtientes, ponentes, & inducentes. Videlicet primò ſeptem viginti cupas bladi medietatem frumenti, & medietum Auenæ ad menſuram Anneſsiaci debitas de cenſa perpetua Annuali pro Layda bladorum Anneſsiaci, &c.

Et parce que l'Original du preſent Contract ne ſe trouue pas, & que la Copie n'eſt pas entiere, bien qu'elle ſoit en tres-ancienne Lettre, pour Confirmation d'icelle l'on adjoute la Copie de la Bulle ſuiuante.

BENEDICTVS Epiſcopus ſeruus ſeruorum Dei ad perpetuam rei memoriam. Super vniuerſa orbis Eccleſiæ diſpoſitione diuinâ licet immeriti conſtituti intenſis deſideriis, miniſterium Apoſtolicæ ſollicitudinis impendimus vt vbique Maieſtas Domini Collaudetur in benedictionibus gratiarum, ſuique cultus ineffabilis nominis amplietur, potiſsimè in Eccleſia quæ in honorem, & laudem Beatæ, & Glorioſæ ſemperque Virginis Mariæ Matris eius qui caput eſt Eccleſiæ, & eam in proprij ſanguinis effuſione fundauit conſtructæ ſunt, illaſque prout ei cuius res agitur gratum fore, & ex pia Chriſti fidelium deuotione predire credimus per operoſæ diligentiæ ſtudium honorificentiæ debitæ titulo decoramus. Sane dudum fœlicis recordationis Clemens Papa ſeptimus prædeceſſor noſter ad Eccleſiam Beatæ Mariæ Latæ de Anneſsiaco Gebennenſis Diœceſis, ad quam cauſa deuotionis multus populus confluebat, & meritis eiuſdem Glorioſiſsimæ Virginis Mariæ, multa ibidem miracula operabatur altiſsimus, gerens ſingularis deuotionis affectum, eam, multorum Priuilegiorum tam magnarum, & Notabilium indulgentiarum prærogatiua ſublimauit, prout in diuerſis ipſius prædeceſſoris Litteris plenius continetur, & inſuper ſicut fide dignorum relatione comperimus ipſam in Collegiatam erigere, & ad hoc ſufficienter dotare propoſuit, ſed aſsidua cura, magna occupatio, & ſortis humanæ conditio quæ ſicut Domino placuit ipſum de medio ſuſtulit, non permiſerunt vt idem prædeceſſor, quod pia intentione in hac parte conceperat perduceret ad effectum. Nos igitur qui eidem prædeceſſori in affectus plenitudine in hiis quæ diuini cultus ampliorem concernunt debemus ſuccedere, ſicut in Apoſtolatus Officio Diuina fauente Clementia, ſucceſsimus, ad huiuſmodi tam laudabile propoſitum noſtræ mentis oculos conuertentes, accupientes vt dicta Eccleſia Beatæ Mariæ eo magis votiuis proficiat incrementis, & diuinus cultus excellentiori veneratione celebretur in ea, quo maioris fuerit honoris Titulo inſignita, Eccleſiam ipſam quæ ſicut accepimus, renouari, & pulchris ædificiis ampliari incepta eſt ad omnipotentis Dei, & eiuſdem Virginis Glorioſæ totiuſque Curiæ

Cœlestis laudem & gloriam, ac hujusmodi diuini cultus augmentum sub venerando ipsius Beatæ Mariæ vocabulo ex certa scientia, & de Apostolicæ plenitudine potestatis auctoritate Apostolica, in Collegiatam erigimus, & eam Collegium Canonicorum Secularium Capitulum facientium, ac omnia & singula alia iura Collegij perpetuo habituram decernimus. Ita quod in ea sit vna dignitas, quam pro tempore obtinens caput eiusdem Ecclesiæ existat, ac Canonicorum numerus iuxta eiusdem Ecclesiæ facultates per deputandos à nobis statuendus habeatur, ac Capitulo eiusdem Ecclesiæ, pro ipsius dote, seu parte dotis omnia & singula, fructus, census, oblationes, anniuersaria, legata, prouentus, & obuentiones quandocumque, quomodocumque, & qualitercumque Ecclesiæ predictæ, pia largitione fidelium in posterum concedenda vbicumque, & in quibuscumque consistant, vna cum omnibus aliis, & singulis eius bonis spiritualibus, & temporalibus, iuribus, & pertinentiis, ad eam quomodocumque spectantibus de consuetudine, vel de iure ab eisdem Capitulo perpetuis percipienda, & tenenda temporibus, necnon sexaginta per quondam Comitem Gebennensem, pro tribus, quarum vna esset cum nota, ac triginta libras Gebennenses annui & perpetui redditus valoris centum, & quinquaginta florenorum auri, in illis partibus communiter currentium, per dilectam in Christo filiam nobilem mulierem Mathildem Comitissam Gebennensem pro vna & alia Missis in quadam Cappella in dicta Ecclesia fundata singulis diebus, perpetuo celebrandis ordinatas, ac. . . . . . seu etiam deputatas concedimus, applicamus, & etiam assignamus, & insuper eidem Capitulo concedimus, vt Cimiterium habeant, ac liberam sepulturam liceatque eis oblationes, & funeralia occasione sepulturarum hujusmodi, prouenientia ad ipsam Ecclesiam, quomodocumque fiant in Ecclesia, vel Cimiterio prædictis recipere & retinere iure Parrochialis Ecclesiæ, & cujuslibet alterius, in omnibus semper saluo constitutionibus Apostolicis contrariis nonobstantibus quibuscumque, prouiso, quod præfati Capitulum Missas, & alia Diuina Officia, juxta voluntatem & ordinationem Comitis, & Comitissæ prædictorum, in eadem Ecclesia celebrare, seu celebrari facere sint adstricti. Nulli ergo hominum liceat hanc paginam nostræ erectionis, constitutionis, concessionis, applicationis, & assignationis infringere, vel ei ausu temerario contraire, si quis autem hoc attentare præsumpserit, indignationem omnipotentis Dei, & Beatorum Petri & Pauli Apostolorum ejus se nouerit incursurum. Datum Auinioni quarto Nonas Nouembris, Pontificatus nostri anno tertio.

Copie de la Commission donnée pour l'execution des dernieres volontez du Pape CLEMENT VII. *par* BENOIST XIII. *son successeur.*

BENEDICTVS Episcopus seruus seruorum Dei. Venerabilibus Fratribus Ioanni Tusculanensi, Nicolao Albanensi, ac Ioanni Ostiensi Episcopis, ac dilectis filiis; Ioanni Tituli Sanctæ Anastasiæ, & Martino tituli Sancti Laurentij in Lucina, ac Petro, tituli Sancti Petri ad Vincula Presbyteris, necnon Amedeo Sanctæ Mariæ Nouæ Diacono, Cardinalibus, ac Venerabili Francisco Archiepiscopo Narbonensi Camerario nostro, & dilectis filiis Georgio de Manlioa, Prouinciæ Delphinæ, & Francisco de Mantone militibus, ac Iacobo Pollerij Legum Doctori, & Cubiculario fælicis recordationis, Clementis Papæ VII. prædecessoris nostri, Salutem & Apostolicam benedictionem. Ex Apostolicæ Sedis prouisione prouenire dignoscitur, vt Romanus Pontifex prædecessorum suorum Romanorum Pontificum salutaria vota prospiciens indulta sibi desuper potestatis plenitudine, sicut in Deo cui opera pietatis Thurificant, & suis beneplacitis, sunt accepta expediæ dignoscit operam diligentem adhibente Clementer, & studeat effectum mancipare, quo animarum ipsorum non solum obuietur periculis, sed prouideri valeat & saluti. Dudum siquidem dictus Clemens suscepta de manu Domini Beneficia in humilitatis spiritu, & deuotionis plenitudine recognoscens pro suæ, & prædecessorum suorum animarum salute habitarum rerum eius seruiciis, qui eas sibi tribuit vltra ea, quæ alias pro remedio animæ suæ, & parentum suorum disposuit, & fieri solemniter ordinauit, laudabilem cogitauit tradere portionem tam scilicet, in Ecclesiarum fabricis, quam in aliis piis vsibus, & operibus charitatis, sed spiratum sibi cœlitus bonum superueniente sortis humanæ conditione, quæ sicut Domino placuit ipsum de medio sustulit, minus plenè producere potuit in effectum. Hinc est quod nos hujusmodi salubria, vota sincera prosequentes in Domino charitate, ac pium & congruum quinimo ex debito Pastoralis Officij debitum reputantes, vt illa executioni plenariæ summopere demandentur, attendentes quoque, quod vos qui eidem prædecessori, dum in humanis ageret præ cæteris familiaritate coniuncti præmissa, & eius conceptum plenius, & familiarius ab ipso didicistis, gerentesque de vestra industria fiduciam in Domino specialem, circunspectioni vestræ disponendi plenariè, & etiam ordinandi de omnibus & singulis, quæ pro salute animæ prædecessorum eiusdem disponenda, & ordinanda videritis prout de eius intentione, dum viueret super hoc scire potuistis, & conscientia vobis dictauerit, & animæ suæ saluti videritis expedire. Illa videlicet quæ per vos, vel maiorem partem vestrum qui nunc estis, vel pro tempore fueritis, fuerint ordinata per tres ex vobis, vel alium, seu alios, quem, seu quos ipsi tres deputaueritis executioni debitæ demandanda, & omnia alia, & singula circa hæc opportuna faciendi, & etiam exercendi, etiam si mandatum exigant speciale, licentia cuiuscumque super hoc minimè requisita plenam & liberam concedimus ex certa scientia, auctoritate Apostolica tenore præsentium potestatem. Volumus autem quod ea quæ circa præmissa ordinaueritis, vt præfertur, perinde valeant, & robur obtineant perpetuæ firmitatis, ac si per eumdem prædecessorem dum viueret ordinata fuissent. Datum Auinioni quarto Nonas Nouembris, Pontificatus nostri anno tertio.

Preuues du Liure II. de l'Histoire

Autres Lettres touchant ce sujet.

VNIVERSIS & singulis præsentes Litteras inspecturis, Petrus miseratione diuina Abbas Monasterij Sancti Ioannis de Pinna Ordinis Sancti Benedicti Ossiensis Diocesis; Domini nostri Papæ Cubicularius, & Camerarij Apostolici Vicesgerens ab eodem Domino vestro Papa constitutus, Salutem in Domino. Quia pium, & rationi consonum fore dignoscitur veritati testimonium perhibere; ad vniuersitatis vestræ notitiam deducimus, & vobis tenore præsentium attestamur, quod Sanctissimus in Christo Pater; & Dominus noster Dominus Benedictus diuina Prouidentia Papa XIII. sollicitè attendens magna, & diuersa expensarum onera, quæ Executores fœlicis recordationis Domini Clementis Papæ VII. eius prædecessoris immediati, tam pro translatione corporis, quam pro sepultura ciusdem prædecessoris, & etiam pro subueniendo fabricæ Ecclesiarum Beatæ Mariæ Lætæ de Annessiaco, Gebennensis Diœcesis, & Fratrum Cœlestinorum Ciuitatis Auinionensis, in quibus translationes, & sepulturæ huiusmodi debent fieri, ac etiam pro acquisitione perpetuorum reddituum, pro salute ipsius prædecessoris emendorum, & alias habent necessariò supportare: considerans etiam, Executores præfatos prædicta commodè adimplere non posse nisi super hoc de aliquo subuentionis remedio eisdem prouideatur, volensque idem Dominus noster Papa sicut ipse personam dicti Domini Clementis, in eius vita dilexit, etiam in morte animam, & executionem eiusdem habere salubriter recommissas, ac Executoribus prædictis, vt expensarum onera supradicta facilius supportare valeant, in hac parte gratiosè subuenire. Ea propter de & super pecuniis ad suam Cameram Apostolicam pertinentibus, per Ecclesiasticas personas Pontificali aut Pastorali dignitate minimè præfulgentes infra Comitatum Sabaudiæ, & alias terras sub dominio illustris Principis Domini Comitis Sabaudiæ, redditus Ecclesiasticos, nunc in futurum retinentes eidem Cameræ, tam ratione Annatarum seu vacantium Beneficiorum, ac decimarum, quàm aliis redditibus huiusmodi: & quam primum debendis quatuor milium florenorum auri, in Ciuitate Auinionensi communiter currentium summam pro vna vice dumtaxat per collectorem fructuum, & prouentuum dictæ Cameræ, in Comitatu, terris, & Dominiis supradictis deputatum vel deputandum executoribus Præfatis, aut Domino præposito Ecclesiæ Gibennensis, nomine Executorum, & executionis prædictorum recipienti danda & soluenda infra quatuor annos continuos, in Festo Natiuitatis Domini nostri Iesu Christi, proximè venturo inchoandos, ita videlicet quod prima solutio dicti quadriennij fiat in Festo Beati Ioannis Baptistæ proximè venturo, & in aliis tribus annis dicti quadriennij, tunc immediatè sequentibus, similibus terminis obseruatis die data præsentium, nobis præsentibus viuæ vocis oraculo eidem executioni, auctoritate Apostolica, & ex eius certa scientia concessit, & liberaliter donauit, ac tradi executoribus prædictis gratiosè concessit, quod quidquid leuabitur de arreragiorum pecuniis per Ecclesiasticas personas Ciuitatis & Diœcesis Gebennensis de tempore præterito, & quauis ratione siue causa præfatæ Cameræ debitis, in deductionem siue extenuationem quatuor milium florenorum summæ prædictæ per dictum collectorem, aut quoscumque alios dictorum arreragiorum leuatores executoribus, aut Domino præposito prædictis tradetur, & integraliter assignetur. Mandatis & inhibitionibus, nec non ordinationibus, assignationibus, concessionibus, & donationibus aliis præsentibus contrariis, per dictum Dominum nostrum Papam, aut gentes suæ Cameræ prædictæ factis hactenus sub quauis verborum forma, vel in posterum faciendis non obstantibus quibuscumque. In quorum testimonium præsentes Litteras, de mandato præfati Domini nostri prædicto oraculo nobis facto fieri fecimus, & sigilli nostri munimine roborari. Datum Auinioni die septima mensis Decembris, anno à Natiuitate Domini millesimo trecentesimo nonagesimo nono, Pontificatus præfati Domini nostri, Domini Benedicti anno sexto.

EN suitte de laquelle volonté dudit Pape CLEMENT VII. auparauant dit Robert de Geneue, Cardinal fils dudit Amé Comte de Geneue, & de l'execution desdits Executeurs, a esté bastie la plus belle partie de l'Eglise de Nostre-Dame d'Annessy, & particulierement le Chœur, où se fait l'Office de ladite Collegiale consistant en douze Chanoines, & douze Prestres d'honneur, & six Enfans de Chœur auec leur maistre de Musique, deux Habilliez, vn porte Croix, & vn porte encens, auec le Marguellier, sans les autres seruiteurs, & qu'est appelé insigne Collegiale par les souuerains Pontifes. Mais principalement fut basty vn Clocher d'admirable structure, dont il reste qu'à present la Tour de pierre de roche, bien taillé, le reste qui estoit vne des plus belles esguilles qui se soit veüe en la Chrestienté, ayant esté incendiée par malheur l'année 1559. le 18. d'Aoust, ainsi qu'il est contenu dans les Registres Capitulaires de ladite Eglise, auxquels Registres le Secretaire dudit Chapitre aprés auoir descrit les resiouïssances qui se firent pour la paix & restitution des Estats de Sauoye, au Duc Emanuel Philibert, par le moyen du mariage de Marguerite, fille de François Premier, & sœur d'Henry Roy de France; il termine son discours en ces termes. Sed heu piget scribere, nam diutius non potuit stare gaudium: euenit enim, quod vulgo dici solet, extrema gaudij luctus occupat. Die igitur vigesima octaua Augusti dicti anni millesimi quingentesimi quinquagesimi noni. Cum tectum primæ Campanilis Ecclesiæ Beatæ Mariæ Lætæ, repararetur, erat enim ingens congeries lignorum atque in altum longè ducebatur cooperiebaturque albo ferro, trinoque ordine ad modum coronæ erecta erat, tantæque altitudinis erat congeries tignorum, atque lignorum vt turris muratæ altitudinem æquaret Faber, qui propterea ignem quo ferrum stanno simul iungeret, portauerat, sub meridie descendens, ignem in cantus reliquit, atque ipsa illa pars fauilla ignem accendit, vigebant tunc ingentes calores, & terra siccitate præmebatur, Alucique oppidi Annessiaci, sicci erant

des Cardinaux François.

excepto Alueo qui medium Oppidi perfluit, quo fit vt hora tertia post meridiem ignis summitatem pennæ infaserit, neque extingui præ aquæ penuria, & difficultate accessus potuit, & turrim ac Campanas in ea positas (erant enim quinque optimi concentus concordes, & horologium elegans) tectumque Ecclesiæ contiguæ absumpsit, parumque abfuit quin totum Oppidum conflagraret : horrendum erat spectaculum cum ignis vltra horas Tres omnia absumpserit, ex quo omnes iudicabant prodigium alicuius grauis rei futuræ esse.

LE Testament dudit Pape Clement ne se treuue point dans nos Archiues, il se pourroit treuuer aux Celestins d'Auignon, où est sa Sepulture. Pour ses actions, on en peut voir de tres considerables dans la vie du Bien-heureux Pierre de Luxembourg, qu'il auoit creé Cardinal : elle se treuue inserée sur la fin de la vie des Saints du Pere Ribadeneyra, escrite par le Reuerend Pere Henry, Iesuite.

LES Tiltres cy-devant copiez en quatorze pages, ont esté extraicts sur les anciennes Copies & Originaux, qui sont dans l'Archiue du Venerable Chapitre de l'Insigne Eglise Collegiale Nostre Dame d'Annesy, en la forme specifiée cy-devant, deüement Collationnés par moy Soubsigné, Chantre Chanoine & Secretaire dudit Venerable Chapitre, quoy que d'autre main soit escrite, en foy de quoy me suis Soubsigné & apposé le Sean de ladite Eglise, à Annesy, ce sixiesme Nouembre 1653.

Par Commandement dudit Chapitre. FAVRE, Secretaire.

Bulle du Pape CLEMENT VII. touchant la Sainte Chapelle de Bourges, tirée d'vn Formulaire MS. de la Cour de Rome, du temps dudit Clement VII.

CLEMENS Episcopus seruus seruorum Dei, Filio Nobili viro Ioanni Duci Bituricensi Sal. &c. Pia Deuotorum Deo & Ecclesiæ desideria, quæ diuini cultus augmentum, & animarum salutem respicere dignoscuntur, libenter Apostolico fauore prosequimur, eisque benignum impartimur assensum. Sane petitio tua nobis exhibita continebat, quod tu de propria salute cogitans, & cupiens terrena in cœlestia, & transitoria in æterna felici commercio commutare, ad omnipotentis Dei & Beatæ Mariæ Matris ac omnium Sanctorum laudem, & gloriam quandam solemnem ad *instar Capellæ Regiæ Par.S.Capellam*, in tuo Palatio Bituric. constituere & ædificare cœpisti, & ipsam perficere, & in ea Collegium 13. Canonicorum, quorum vnus Tesaurarius & caput dictæ Capellæ, & vnus alius Cantor, qui in dicta Capella personalem residentiam facere, & choris omnibus interesse teneantur, existant, ac 13. Capellanorum, & 1. Vicariorum, ac 6. Clericorum Chori, quorum quidem Capellanorum vnus sit dictorum clericorum magister, instituere & ordinare, & eandem Capellam pro sustentatione dictorum Canonicorum, Capellanorum, Vicariorum & Clericorum, & aliis oneribus eisdem Capellæ, Canonicis, Capellanis, Vicariis & Clericis, pro tempore incumbentibus supportandis sufficienter dotare de bonis tibi à Deo collatis. Quare pro parte tua nobis fuit humiliter supplicatum, vt tibi perficiendi Capellam præfatam, & in ea Collegium huiusmodi instituendi licentiam, necnon quod collatio & prouisio ac omnimoda dispositio Canonicatuum, & præbendatum ac Capellaniarum, & Vicariarum dictæ Capellæ, ac institutio Thesaurarij & Cantoris, ac sex Clericorum huiusmodi ad te, hæredes ac Successores tuos Duces Bituricenses, in perpetuum pertineant pleno iure, & quod Capella ipsa, & personæ ipsius omnibus & singulis exemptionibus, libertatibus, & immunitatibus, ac priuilegiis aliis quibuslibet vti & gaudere valeant, quibus Capella regia supradicta & personæ ipsius vtuntur & gaudent, concedere de benignitate Apostolica dignaremur. Nos igitur huiusmodi tuum laudabile præpositum plurimum in Domino commendantes, huiusmodi supplicationibus inclinati, tibi dote sufficienti pro sustentatione Canonicorum, Capellanorum, Vicariorum & Clericorum ipsorum & aliis Capellæ Canonicis, Capellanis, Vicariis & Clericis incumbentibus supportandis oneribus per te primitus assignata, perficiendi Capellam prædictam, ac instituendi in ipsa Collegium huiusmodi, vt præfertur, auctoritate Apostolica licentiam elargimur, & concedimus quod collatio, prouisio, ac omnimoda dispositio Canonicatuum & Præbendarum & Capellaniarum, & Vicariarum dictæ Capellæ, ac institutio Thesaurarij ac Cantoris, ac sex Clericorum huiusmodi, ad hæredes, ac Successores tuos Duces Bituric. in perpetuum pertineant pleno iure, & quod Capella ipsa personæ & ipsius omnibus, & singulis exemptionibus, libertatibus & immunitatibus, ac priuilegiis aliis quibuslibet vti & gaudere valeant, quibus Capella Regia prædicta, & personæ ipsius vti & gaudere dignoscuntur, quod omnia & singula præsentibus haberi volumus pro expressis. Nulli ergo. Datum, &c.

Bulle du Pape CLEMENT VII. au Chapitre de l'Eglise de Geneue, par laquelle il accorde le reuenu des Benefices, qui vaqueront pendant l'espace de vingt ans, pour la reparation de ladite Eglise, tirée dudit formulaire.

DIlectis filiis Capitulo Ecclesiæ Gebenn. Exhibita nobis nuper pro parte vestra petitio continebat, quod Ecclesia vestra Gebenn. propter casus inopinatos qui euenerunt hactenus tam grauibus, &

sumptuosis reparationibus indiget, quod nisi celeri remedio succurratur eidem, quasi incomparabili ruinæ supponetur, quodque redditus & prouentus ac facultates fabricæ ipsius Ecclesiæ etiam adeo sunt tenues & exiles quod reparationi eiusdem Ecclesiæ sufficere non possunt, quare pro parte vestra nobis extitit humiliter supplicatum vt vobis ac eidem Ecclesiæ, pro reparatione huiusmodi prouidere dignaremur. Nos igitur considerantes attentius, quod ipsius Gebenn. Ecclesiæ fundatorum, à quibus traximus originem, corpora sunt in eadem Ecclesia tumulata, & propterea ac alias gerentes ad eandem Ecclesiam prout ab annis teneris gessimus specialis charitatis, & deuotionis affectum, singularum probendarum dictæ Gebenn. Ecclesiæ grossos fructus, necnon dignitatum, personnatuum, & Officiorum ipsius Ecclesiæ, ac quorumlibet aliorum beneficiorum Ecclesiasticorum in eadem Ecclesia ac Ciuitate, & Gebenn. consistentium, & inibi postea Canonicè instituendorum Diœcesi ad Venerabilis Fratris nostri Episcopi Gebenn. & Præpositi ac singul. Canonicorum ac nostram, & aliorum quorumcumque collationem, & prouisionem, præsentationem pertinentium vbicumque huc ad 10. annos vacare contigerit, fructus, redditus & prouentus primi anni si tunc Cameræ Apostolicæ non debeantur, vel si debeantur eidem, alterius anni immediatè sequentis, in vsus dictæ fabricæ conuertendos concedimus.

Bulle du Pape CLEMENT VII. touchant la presentation ou figure du Saint Suaire de Nostre Seigneur, en l'Eglise de Nostre Dame de Lirey, au Diocese de Troyes, enuoyée par feu Monsieur Camusat, viuant Chanoine en l'Eglise Cathedrale de Saint Pierre dudit Troyes.

CLemens Episcopus ad futuram rei memoriam, &c Apostolicæ sedis prouidentia circumspecta non nunquam concessa per eam modificat, ac circa illa statuit & disponit, prout rerum, & temporum qualitas exigit, & id conspicit in Domino salubriter expedire. Dudum siquidem pro parte dilecti Filii Nobilis viri Gaufredi Domini loci de Lireyo Trecensis Diœcesis, nobis exposito quod nuper dilecto Filio nostro Petro Titulo Sanctæ Susannæ Presbytero Cardinali, pro parte eiusdem Gaufredi exposito, quod olim genitor ipsius Gaufridi zelo deuotionis accensus quandam figuram, siue repræsentationem Sudarij Domini nostri Iesu Christi, sibi liberaliter oblatam in Ecclesia Beatæ Mariæ de Lireyo dictæ Diœcesis, cuius ipse fundator extitit venerabiliter collocari fecerat, & quod demum Domino permittente partes illas Guerris, & mortalitatum pestibus grauiter concuti, figura siue repræsentatio etiam ad mandatum ordinarij loci, & ex aliis certis causis de dicta Ecclesia Beatæ Mariæ ad alium tutiorem locum translata, & decenter vsque tunc recondita extiterat & venerabiliter custodita, & quod idem Gaufridus ad Ecclesiæ prædictæ decorem, deuotionem populi, & cultus diuini augmentum cupiebat præfatam figuram siue repræsentationem in Ecclesia prædicta reponi, idem Cardinalis quem tunc ad Charissimum in Christo Filium nostrum Carolum Regem Francorum illustrem pro certis nostris, & prædictæ Romanæ Ecclesiæ negociis destinaueramus, quique faciendum gerendum, & exercendum huiusmodi negotiorum prosecutione durante in ciuitatibus, & Diœcesibus ac Prouinciis, per quas eundo & redeundo, & in quibus moram trahere ipsum contingeret, omnia & singula quæ Romanæ Ecclesiæ Cardinalis legationis, fungens officio, infra suæ legationis terminos facere, gerere & exercere potest à nobis facultatem habebat, quique per Senonensem Prouinciam, de qua dicta Diœcesis Trecensis existit, transiturum fecerat, eidem Gaufrido huiusmodi negotiorum prosecutione durante, vt figuram seu repræsentationem prædictam in præfata Ecclesia Sanctæ Mariæ, congruo honorabili & decenti loco poni, & collocari facere posset, Diœcesani, vel alterius cuiuscumque non petita, vel obtenta licentia per Litteras suas indulserat, quodque dicta figura siue repræsentatio huiusmodi induli vigore in dicta Ecclesia Beatæ Mariæ reposita fuerat decenter, quod postmodum Venerabilis Frater noster Petrus Episcopus Trecensis ex huiusmodi indulto commotus in sua synodo vltimo celebrata Rectoribus Parrochialium Ecclesiarum, ac illis quos proponere contingeret Verbum Dei, ne de Sudario Iesu Christi figura, seu repræsentatione ipsius in suis Ecclesiis, aut sermonibus siue in bono, siue in malo aliquam mentionem facerent, ac demum dilecto filio Decano Ecclesiæ Beatæ Mariæ prædictæ ne sub excommunicationis pœna dictam figuram, seu repræsentationem alicui ostenderet inhibuerat, à qua quidem inhibitione eidem Decano facta pro parte dicti Decani fuerat ad sedem Apostolicam appellatum, & quod dicta figura siue repræsentatio post appellationem huiusmodi populo publicè exhibita extiterat & ostensa. Nos indultum præfatum ex certa scientia auctoritate Apostolica confirmauimus, & nihilominus eidem Decano, & dilectis Filiis Capitulo dictæ Ecclesiæ Beatæ Mariæ concessimus, quod inhibitione huiusmodi nonobstante, figuram, seu repræsentationem eandem populo publicè ostendere & ostendere facere valeant quotiens foret opportunum, eidem Episcopo super inhibitione prædicta perpetuum silentium imponendo, prout in nostris inde confectis Litteris plenius continetur. Nos igitur modum ostensionis huiusmodi ad omnium erroris & idolatriæ, materiæ submouendam de opportuno remedio prouidere intendentes, volumus & tenore præsentium auctoritate Apostolica statuimus, quod quotienscumque pictam figuram, seu repræsentationem deinceps populo ostendi contigerit, Decanus & Capitulum prædicti, & aliæ personæ Ecclesiasticæ huiusmodi figuram, seu repræsentationem ostendentes, & in huiusmodi ostensione præsentes

des Cardinaux François.

quandiu ostensio ipsa durabit, Capis, Superpelliciis, Albis, Pluuialibus, vel aliis quibuslibet Ecclesiasticis indumentis, seu paramentis nullatenus propterea induantur ; nec alias solemnitates faciant, quæ fieri solent in Reliquiis ostendendis, quodque propterea torticiæ, faculæ, seu Candelæ minimè accendantur, nec etiam propterea luminaria quæcumque ibidem adhibeantur, quodque ostendens dictam figuram dum maior ibidem conuenerit populi multitudo, publicè populo prædicet & dicat altâ, & intelligibili voce omni fraude cessante, quod figura, seu repræsentatio prædicta non est verum Sudarium Domini nostri Iesu Christi, sed quædam pictura, seu tabula facta in figuram, seu repræsentationem Sudarij, quod forte dicitur eiusdem Domini nostri Iesu Christi, præfatas Literas nostras & earum effectum, & voluntatem ac statutum, & ordinationem nostram huiusmodi non seruauerint carere viribus decernentes. Nulli ergo, &c. Datum Auinione 7. Idus Ianuarij, anno 12.

Extraict d'vne Bulle dudit Pape Clement VII. qui iustifie comme il a esté Chanoine en l'Eglise Cathedrale de Nostre-Dame de Paris ; tirée du premier liure de la Police Sacrée de Maistre René Choppin.

CLEMENS, &c. Nos ad Ecclesiam Parisiensem, in qua dum minori fungebamur Officio, Canonicatum & præbendam obtinuimus, & in eâ aliquandiu residentiam fecimus personalem, Apostolicæ Confirmationis intuitum conuertentes, illamque volentes Apostolicis præsidiis communire, & gratiis honorare coadignis, vt personæ degentes in ea eò libentius Ministeriis Diuinis intendant, dictamque sedem Apostolicam eâ Maioris deuotionis promptitudine studeant reuereri, quo ipsæ & eadem Ecclesia Maiori fuerint libertate donatæ, &c. dictam Ecclesiam eximimus, &c.

Extraict d'vn Memoire MS. contenant les Noms des Papes & Cardinaux fondateurs, ou bienfacteurs du Monastere des Peres Celestins de la Ville d'Auignon.

LE Pape appellé en son obeïssance Clement VII. cy-deuant Robert de Geneue, donna ausdits Peres Celestins le lieu où leur Monastere est basty, & la Chapelle de bois que la Royne Marie de Sicile auoit fait construire, dessus le sepulchre où gisoit le Corps du Bienheureux Pierre de Luxembourg, Cardinal du Tiltre au Voile Dor, auec toutes les offrandes qui s'y faisoient par les fideles, les affranchissants des droits que la Parroisse de Saint Didier pretendoit y auoir, pour raison du Cemetiere de l'Hospital des paures Orphelins de Saint Michel du Pont rompu, qui luy appartenoit, & leur faisans plusieurs autres biens en riches habits, liures & argenterie d'Eglise. Il gist dans ledit Monastere, sous vn monument de Marbre au deuant du Sanctuaire.

Le Pape appellé en son obeïssance Benoist XIII. cy-deuant Pierre de Luna, en consideration dudit Pape Clement VII. vnit à ce Monastere deux Prieurés, sçauoir celuy de Laudun, & celuy de Saint Martin au terroir du Pont de Sorgues, & la Parroisse de Saint Vincent de Gigonias, & luy fit plusieurs autres grands biens & dons.

Epitaphe du Pape CLEMENT VII. qui se lit dans l'Eglise des Celestins d'Auignon, en laquelle il est enterré.

HIc requiescit Dominus Papa CLEMENS VII. primus huius Cœnobij fundator ex Patre AMEDEO, Comite Gebennensi, Matre vero MATHILDA de Bolonia genitus, qui fuit Prothonotarius, Motinensis & Cameracensis Episcopus, deinde Cardinalis, Demum ad Papatum inuitus assumptus, & Curiâ tunc incolumi relictâ, Dominum Petrum Cardinalem de Luxemburgo, miraculis coruscantem in hoc Cœmeterio sepultum ad Cardinalatum assumpsit, & in fine anni 17. sui Pontificatus migrauit ad Christum die decima sexta Septembris anno 1348. cuius anima requiescat in pace.

Extraict des Memoires MS. du Reuerend Pere de Goussancour Celestin.

CLEMENT VII. donna la place pour bastir le Conuent d'Auignon, y est enterré deuant le grand Autel, où est vn sepulchre de Marbre noir, sa figure en Marbre blanc, cette place en tout peut contenir 150. pas en quarré, le Cloistre a 45. pas en quarré, le petit Iardin 80. pas, le grand 260. de long, & 130. de large.

IACQVES D'ITRE,

Mal-nommé de Vis & de Viſſac par quelques-vns, Patriarche de Conſtantinople, Preſtre Cardinal du Tiltre de Sainte Praxede, Legat du Pape Clement VII. vers JEANNE Reine de Naples.

CHAPITRE CXLVI.

Extraict d'vn MS. qui eſt entre mes mains, touchant les vies de quelques Cardinaux.

V*N AVTHEVR Anonyme de l'Abbaye de Saint Victor de Paris, dit que ce Cardinal auoit le Tiltre de Sainte Praxede, & que CLEMENT VII. venant en France le laiſſa en Italie, pour les aſ-faires de l'Egliſe & les ſiennes, & pour la Conſolation de ceux qui luy portoient faueur, adiouſtant que depuis il fut mis en priſon à Naples, & qu'il y mourut.*

PIERRE DE SARCENAS,

Surnommé par quelques-vns Pierre Ameil de Sarcenas, & par d'autres Pierre Bernier, Docteur en l'vn & l'autre Droict, Auditeur de la Rote, Chanoine en l'Egliſe Cathedrale de Thurin, Greffier Apo-ſtolique en la Cour d'Auignon, ſucceſſiuement Eueſque de Viuiers & Archeueſque d'Embrun, Preſtre Cardinal du Tiltre de Saint Marc, puis Eueſque de Sabine.

CHAPITRE CXLVII.

Extraict d'vn Tiltre, dont l'Original eſt en mon Cabinet.

ITTERÆ Petri Miſeratione diuina Tituli Sancti Marci, Sanctæ Romanæ Eccleſiæ Presbyteri Cardinalis Ebredunenſis vulgariter nuncupati, quibus facit & conſtituit ſuos veros procuratores, actores, factores, defenſores, & negociorum geſtores, Venerabiles viros, Bertrandum de Thiherno, Archidiaconum de Paſſeio in Eccleſia Cœnomanenſi, Philippum de Molinis Canonicum & Succentorem Pariſienſem, Robertum Gardelli Canonicum Ambianenſem, Mathæum de Nantodoro Canonicum Nouiomenſem, Magiſtrum Gaufredum Sapientis, Curatum Parrochialis Eccleſiæ Pontis-Archæ Ebroicenſis Diœceſis, Magiſtrum Firminum Carpentarij, Archidiaconum in Eccleſia Bellouacenſi, ad proſequendum nomine ſuo quaſcumque gratias Apoſtolicas, tam per ſanctiſſimum CLEMEN-TEM Papam VII. quam alium Romanum Pontificem ſibi factas & faciendas, de quibuſcumque Beneficiis Eccleſiaſticis, ſæcularibus & Regularibus cum Cura, & ſine Cura, etiam ſi Prioratus, Dignitates, Archidiaconatus, perſonatus, Adminiſtrationes, & Officia, Canonicatus & Præbendæ, in

Prouinciis

des Cardinaux François. 487

Prouinciis Remenfi, Rothomagenfi, & Senonenfi. Item, ad regendum & gubernandum quæcumque beneficia illis debita, & præfertim Canonicatum, & præbendam ac Cantoriam, quos ex Conceſſione Apoſtolica obtinuerat in Eccleſia Beluacenfi. Datum Auinioni in Hofpitio fuæ habitationis, anno Domini 1382. Pontificatus Clementis Papæ VII. anno quarto, die 13. Ianuarij.

Inſcription grauée ſur vne ancienne pierre, trouuée dans les fondemens du Conuent de la Ville de Sorcenas, Ordre de Saint Benoiſt, au Dioceſe de Lauaur.

SORICINI laudes Cartemus Muſę Callentes, omnibus anteit eius ager, niſi flatu venti rigidi Auſtralis lædantur fructus amœni: ibi magnus Abbas præſidet Religioſis: Cemeni montes vallant eius mœnia, fruges ibi, formoſæ Nymphæ niue candidiores; nomen dat vrbi Soror-amnis agros irrigans: ibi plantatur alba vitis, nigra relicta, vrbs antiqua gaudet Rege PIPINO fundata, manet in æuum vrbs lanifica fœlix.

NICOLAS DE SAINT SATVRNIN,

Religieux & Prouincial de l'Ordre de Saint Dominique, Docteur en Theologie, Lecteur du Sacré Palais, & enfin Preſtre Cardinal du Tiltre de Saint Martin des Montagnes.

CHAPITRE CXLVIII.

Extraict du Calendrier de l'Ordre des Iacobins, où ſont enregiſtrez les Cardinaux de l'Ordre: folio 103. colomne premiere.

FRATER Nicolaus de Sancto Saturnino Gallus de Prouincia Franciæ, Sacræ Theologiæ eximius Doctor, Cardinalis Sancti Xiſti ab Vrbano V. creatus fuit: obiit Auinione ſub eodem Pontifice die 23 Ianuarij, anno Domini 1382. *Il ne met point où il eſt enterré.*

Extraict d'vn ancien MS. communiqué par le Reuerend Pere Le Marchand, Prieur des Iacobins de Clermont en Auuergne.

REVERENDVS in Chriſto Pater ac Dominus, Frater Nicolaus de Sancto Saturnino, pro Conuentu iſto Claromontano Ordinis Fratrum Prædicatorum ad Ordinem receptus, Sacræ Theologiæ Venerabilis Profeſſor, poſt nonum annum Prouincialatus Franciæ, in quo Prouinciam pacificè, & Religioſè Gubernauit per D. D. Papam Gregorium XI. in Magiſtrum Sacri Palatij aſſumptus, vbi per Triennium laudabiliter & ſcientificè vixit; poſtmodum per D. D. Papam Clementem ſeptimum in Presbyterum Cardinalem Tituli Sancti Martini in Montibus ſublimatus, vbi per tres annos & 34. dies humiliter & deuotè regnauit, hunc librum & plures alios cum aliquibus vaſis argenteis iſti Conuentui Claromontano prædicto dedit, proponendo in communi libraria ad vtilitatem Fratrum, nec inde deponi debent, ſicut nec alij libri quos dedit, niſi pro ſola cuſtodia, nec alienari quouis modo, iuxta dicti Domini deuotam ordinationem, quia eo pacto libros dedit. Obiit Auinione dictus Reuerendus Dominus 21. die menſis Ianuarij, in Feſto Beati Auguſtini, anno Domini 1381. & eodem anno per Reuerendum in Chriſto Patrem ac D. D. Henricum de la Tour, Epiſcopum Claromontanum Venerabili Capitulo ſuo, & pluribus Abbatibus præſentibus, ac Cleri & populi multitudine copioſa 17. menſis Februarij, quæ fuit dies Lunæ poſt Septuageſimam dicti anni, in Presbyterio Eccleſiæ Fratrum iſtius Conuentus in ſiniſtra parte Maioris Altaris, prout in ſua ſuprema voluntate ordinauerat, in habitu ſui Ordinis de quo aſſumptus fuerat, fuit honorabiliter tumulatus. Quicumque in iſto libro ſtuduerit, pro remedio animæ eius, deuotè dicat; *Animæ omnium fidelium defunctorum per miſericordiam Dei requieſcant in pace, Amen.* Quæ verba Deo donatus Dominus vltima protulit, dum ad Deum ex hac luce migrauit.

Preuues du Liure II. de l'Histoire

CECY se trouue en trois diuers endroits, à la fin des Liures MS. qu'il donna audit Conuent des Iacobins de Clermont, d'où il resulte qu'il y est enterré, & non à Auignon.

Tiltres concernant ce Cardinal, communiqués par le susdit Reuerend Pere Le Marchand, Prieur desdits Iacobins de Clermont en Auuergne.

IN Dei Filio sibi carissimo Fratri NICOLAO de Sancto Saturnino, Prouinciali Franciæ, in Conuentu Parisiensi, Ordinis Fratrum Prædicatorum, Frater Helias, Fratrum eiusdem Ordinis Magister salutem, & spiritus vnitatem. VEstris iustis petitionibus fauorabiliter condescendens, perpetuò Conuentui Claromontano Prouinciæ antedictæ, de cuius terminis estis oriundus, certis & rationabilibus causis, vos simpliciter deputo & assigno, quacumque ordinatione factâ, seu in posterum fienda in oppositum non obstante: Insuper de gratia speciali vobis concedo, quatenus de quibuscumque bonis vobis approbatis infrà Ordinem dumtaxat distribuere, seu dare positis, secundum quòd vestra in Domino conscientia iudicabit. Valete & me fratrum vestræ Prouinciæ orationibus recommendate. Datum Valentiæ nona die mensis Iunij post nostrum Generale Capitulum, in Festo Pentecostes, celebratum, anno Domini millesimo trecentesimo septuagesimo.

VNIVERSIS præsentes Litteras inspecturis: Frater Helyas, Fratrum Ordinis Prædicatorum Magister, salutem, & præsentibus indubiam dare fidem. QVIA fidelium profectus vberior esse solet, dum in his quæ cultum diuinum & sanctorum venerationem cernunt, cuncti redduntur certiores. Hinc est quod volens quantum mea interest, quod obuium est deuotioni, dubietatis scrupulum à fidelium cordibus remouere, omnibus notifico per præsentes, me ex Corpore sanctissimo Almifici Confessoris, & Doctoris Sancti Thomæ de Aquino, Fratri Nicolao de Sancto Saturnino, Sacræ Theologiæ Professori & Prouinciali Franciæ, Ordinis Fratrum Prædicatorum tradidisse tria ossa, ex techa immediatè recepta, in qua prædictum Sanctum Corpus in nostro Conuentu Tholosano requiescit, præsentibus & ad hoc specialiter vocatis pluribus Prouincialibus & definitoribus, atque multis Fratribus aliis, qui præsenti anno in Festo Pentecostes, conuenerunt ad nostrum Capitulum Generale; Volens quod vnum ex tribus illis sacrosanctis ossibus sibi remaneat, & secundum ad Conuentum Claromontanum Prouinciæ Franciæ, mittat deuotius venerandum; tertium verò aliquibus Conuentibus suæ Prouinciæ distribuat, prout ad Sanctissimi Doctoris Thomæ, venerationem sibi videbitur expedire. In cuius rei testimonium, sigillum officij mei duxi præsentibus apponendum. Datum Tholosæ, anno Domini 1371. 27 die mensis Maij.

CLEMENS Episcopus seruus seruorum Dei, Dilecto Filio Nicolao, Sanctæ Romanæ Ecclesiæ Presbitero Cardinali, salutem & Apostolicam benedictionem. Nuper te Ordinis Fratrum Prædicatorum Professorem propter tua clara virtutum merita, ad Dei laudem & gloriam, ac eiusdem Romanæ Ecclesiæ decorem, de Fratrum Nostrorum Consilio in ipsius Romanæ Ecclesiæ Presbyterum Cardinalem duximus assumendum, sperantes indubiè, & pro firmo tenentes, quòd tu eidem Romanæ Ecclesiæ eris plurimum fructuosus, ac demum ad ea, quæ ad tui status honoris augmentum cedere valeant fauorabiliter intendentes, Capellum rubeum per te deferendum, prout similes per eiusdem Romanæ Ecclesiæ Cardinales deferri consueuerunt: per Venerabilem Fratrem Anglicum Episcopum Albanensem, & dilectum Filium nostrum Petrum, Tituli Sanctæ Anastasiæ Presbyterum Cardinalem tibi tradendum, & etiam assignandum, per dilectum filium Nobilem Virum de Pers, seu alias dictum Fourbi, domicellum Claromontensis Diœcesis, Magistrum Ostiarium, & familiarem nostrum latorem præsentium duximus destinandum. Tu igitur Capellum ipsum, cum illum per eos, seu eorum alterum tibi tradi, seu etiam assignari contigerit, in humilitatis spiritu recipias reuerenter, & vt signum non discrepet à signato, sed quod geris exterius, intectus serues, in mente humilitatem mansuetudinem, & iustitiam dante Domino, qui dat gratiam & munera elargitur, obseruare studeas, quæ suum seruant & promouent seruatorem. Datum Fundis, tertio Idus Februarij, Pontificatus nostri anno primo, sic signatum *Iannes Regis*.

Testamentum Domini NICOLAI DE SANCTO SATVRNINO, *Presbyteri Cardinalis, Tituli Sancti Martini in Montibus.*

IN Nomine Sanctæ & Indiuiduæ Trinitatis, Amen. NOVERINT vniuersi & singuli præsentis Testamenti seriem inspecturi, quod anno à Natiuitate Domini 1381. Indictione 4. die verò 20. mensis Decembris, Pontificatus Sanctissimi in Christo Patris, & Domini nostri, Domini Clementis diuina Prouidentia Papæ VII. anno quarto, Reuerendissimus in Christo Pater & Dominus, Dominus NICOLAVS, Tituli Sancti Martini in Montibus, S. R. E. Presbyter Cardinalis, Cardinalis Sancti Saturnini vulgariter nuncupatus, sanus mente licet æger corpore, volens suum condere Testamentum, & de bonis suis sibi à Deo collatis salubriter prouidere, & etiam ordinare, in præsentia mei Notarij publici, & testium infrascriptorum ad hoc specialiter vocatorum & rogatorum, suum huiusmodi Testamentum seu vltimam voluntatem fecit, & etiam ordinauit, in modum qui sequitur. Quia nihil est certius morte, & nihil incertius hora mortis. Ego NICOLAVS Tituli Sancti Martini in montibus, Sanctæ Romanæ Ecclesiæ Presbyter Cardinalis, per Dei gratiam sanus mente licet æger corpore, habens à Sanctissimo in Christo Patre & Domino meo, Domino Clemente diuina Prouidentia Papa VII. testandi licentiam, & liberè ordinandi de omnibus bonis meis, prout constat per Literas Apostolicas, eiusdem vera Bulla plumbea cum filis sericis in pendenti more Romanæ Curiæ Bullatas, tenoris & continentiæ infrascriptorum.

CLEMENS Episcopus seruus seruorum Dei, Dilecto Filio Nicolao Tituli Sancti Martini in Montibus, Presbytero Cardinali, Salutem & Apostolicam benedictionem. Cum nil sit quod magis hominibus debeatur, quam vt supremæ voluntatis liber sit stilus, & liberum quod incertum non reddit Arbitrium. Nos tuis supplicationibus inclinati, testandi, ordinandi & disponendi liberè de omnibus bonis ad te pertinentibus, cuiuscumque quantitatis seu valoris fuerint, etiamsi illa ex prouentibus Ecclesiasticis tibi commissis, vel vndecumque, ad personam tuam, vel tui Cardinalatus intuitu, ratione aut contemplatione ad te peruenerint, & peruenerint in futurum: prius tamen de omnibus prædictis bonis ære alieno, & iis quæ pro reparandis domibus, seu ædificiis consistentibus in locis Ecclesiarum, vel beneficiorum tuorum culpa, vel negligentia tua, seu tuorum procuratorum destructis, seu deterioratis, necnon restaurandis aliis juribus earumdem Ecclesiarum, vel Beneficiorum deperditis ex culpa, vel negligentia supradictis fuerunt opportuna deductis, plenam & liberam tibi licentiam tenore præsentium elargimur. Nulli ergo omnino hominum liceat hanc paginam nostræ concessionis infringere, vel ei ausu temerario contraire: si quis autem hoc attemptare præsumpserit, indignationem omnipotentis Dei, & Beatorum Petri & Pauli Apostolorum eius se nouerit incursurum. Datum Auinione, secundo Nonas Nouembris, Pontificatus nostri anno quarto. VOLENSQVE extremum meæ peregrinationis diem dispositione testamentaria præuenire, meum vltimum Testamentum nuncupatiuum & de rebus, ad me pertinentibus, & quacumque ex causa pertinentibus, facio, ordino & dispono in hunc modum. Imprimis commendo animam meam, cum de corpore meo egressa fuerit, gloriosissimæ Trinitati, & specialiter Domino meo Iesu Christo, Beatissimæ Virgini Mariæ eius Matri, Beato Michaëli Archangelo, Sanctis Apostolis Petro & Paulo, Beato Dominico Confessori, cuius Ordinis sum Professor, Beato Martino Martyri atque Pontifici, cuius ordinis Ecclesiam habeo in Titulo Cardinalatus, totique Collegio supernorum. Et quia in præsenti tempore magnum schisma, proh dolor, circa summum Pontificatum viget in Ecclesia Dei. Ego qui tempore obitus fœlicis recordationis Domini Gregorij Papæ vndecimi eram in vrbe Romana, vtpote Lector sacri Palatij existens, & per plures Menses, post eius obitum in vrbe præsens remansi, & sciui modos quos publicè Romani tenuerunt & tenent erga Dominos Cardinales, antequam intrarent Conclaue, & dum in ipso fuerunt, ac postea pro eligendo summum Pontificem, & comminationes, violentias, ac impressiones, quas eisdem Dominis Cardinalibus fecerunt & intulerunt, & qualiter coacti sunt, & fuerunt ad faciendum de Bartholomæo de Peruhano tunc Barensi Archiepiscopo, ea quæ de ipso fecerunt existente in Vrbe, propter quæ & alia postmodum subsecuta, sciui & certissimè teneo, quod ipse non est verus Papa, sed iniustè Papatum occupare nititur, contra Deum & Sanctiones Sanctorum Patrum, & declarationem factam per Reuerendissimos Patres Dominos meos Sanctæ Romanæ Ecclesiæ Cardinales, qui omnes, tam vlui, quam post obitum dicti Domini Gregorij defuncti, tenent & asserunt, ac prædicant ipsum non esse Papam, sed Sanctissimum in Christo Patrem Dominum CLEMENTEM VII. Idcirco in eiusdem Domini Clementis septimi veri Apostolici summi Pontificatu Vicarij IESV CHRISTI deuotione & obedientia, postquam ad summum Pontificatum assumptus fuit, vixi & viuo, & in hac fide mori volo: Præterea quia iamdudum Magisterium in sacra pagina adeptus sui, & tam in actibus Scholasticis, quas alias legendo, disputando, determinando, scribendo, prædicando, & alias multipliciter dixi, asserui, & conscripsi: reuoco, quod si in aliquibus reperiretur me errasse, seu deuiasse à doctrina, seu fide Catholica Sanctæ Matris Ecclesiæ, id totum reuoco & haberi volo, pro non dicto, seu scripto, & in vnitate fidei Catholicæ decedere volo. Et si contingat me ab hac luce decedere, sicut altissimo placuerit, volo mando & ordino, quod corpus meum deponatur, & per modum depositi ponatur in Ecclesia Fratrum Ordinis Prædicatorum Auenionensium, & ibi fiant exequiæ condecenter, iuxta Ordinationem dictorum meorum Executorum infrascriptorum: Et deinde facto officio, mox & incontinenti dictum Corpus meum, de dicta Ecclesia extrahatur, & apud Claromontem in Aluernia deportetur, & ibidem in Ecclesia Fratrum Ordinis Prædicatorum Claromontensium, in qua primitus fui in Fratrem dicti Ordinis receptus, sepeliatur debitè & honestè. Item, de bonis ad me vt præfertur pertinentibus satisfacto primitus, pro depositione & sepultura prædictis de iisdem, volo, ordino, & dispono per modum qui sequitur. Imprimis siquidem quod debita mea omnia, de quibus debitè constare poterit, Dominis meis Executoribus infrascriptis de dictis bonis persoluantur, & specialiter personis infrascriptis, quibus debeo & me sentio, & confiteor eis teneri: primo, Domino Roberto de Fortia, quinquaginta florenos de Camera. Item, Fratri Petro Bernardi Ordinis Cluniacensis centum francos auri. Item, Prouinciali Franciæ quatuor viginti francos. Item, Fratribus Conuentus Claromontani quadringentos francos semel soluendos. De aliis verò bonis restantibus sic volo, ordino, & dispono. Imprimis volo & ordino, quod in die depositionis meæ in dicta Ecclesia Fratrum Ordinis Prædicatorum Auenionensium faciendæ eisdem Fratribus pro pitantia de bonis meis decem florent largiantur, semel. Item, volo & ordino, quod quatuor de dictis Fratribus iuxta Corpus meum in domo antequam sepeliatur, legant deuote Psalterium, & cuilibet ipsorum detur amore Dei dimidius florenus semel. Item, lego Conuentui Fratrum Ordinis Prædicatorum Auinionensium, centum florenos auri semel tantum persoluendos; nam multa bona & plurima seruitia à Fratribus ipsius Conuentus recepi. Item, lego tres Cappas quas habeo, pro equitando, tribus pauperibus Fratribus Conuentus huiusmodi Auinionensis, iuxta ordinationem Dominorum meorum vel duorum ex eis. Item, lego triginta florenos similes distribuendos per Conuentus Fratrum Ordinum mendicantium huius Ciuitatis Auinionensis, iuxta ordinationem Dominorum Executorum meorum infrascriptorum. Item, aliis qui venient, & qui dicent Vigiliam mortuorum processionaliter, iuxta discretionem Executorum. Item, lego Conuentui prædicatorum Claromontensium, centum francos auri semel tantum soluendos. Item, lego omnes libros meos ad me quouis modo pertinentes, licet paucos habeam, Conuentui Domus dicti Ordinis Prædicatorum Claromontensium, & hoc ad vsum Fratrum dicti Conuentus Prædicatorum præsentium, & futurorum in eodem Conuentu existentium. Item, lego dicto Conuentui Prædicatorum Claromontensium quatuor pannos meos de lana, quos feci fieri in Auenione cum armis meis, & hoc ad paramentum seruitium & honorem Ecclesiæ, Conuentus & Fratrum eorumdem, & quod vendi, seu alienati, aut extra Conuentum, seu Ecclesiam exportari non debeant quoquo modo. Item, lego eidem Conuentui vnum thuribulum cum naueta, & vno cocleari de argento, & hoc ad seruitium & honorem Ecclesiæ Conuentus, & Fratrum eorumdem. Item, lego duos platellos meos cum armis meis magnos eidem Conuentui, ad vsum, &c. vt supra. Item, volo & ordino quod Capella alba & libri, quos dictus Conuentus miserunt mihi postquam factus sum Cardinalis, restituantur eidem post obitum meum. Item, lego dicto Conuentui Claromontensi meliorem tapetum quem habeam ad paramentum, & honorem Ecclesiæ prædictæ. Item, Lego sororibus Monasterij Sanctæ Praxedis de Hispania nuncupati, extra muros Auenionenses, decem florenos semel. Item, lego proximo generali Capitulo Fratrum Ordinis Prædicatorum vbicumque fieri contingat, quinquaginta florenos auri semel tantum. Item, lego proximo Capitulo Prouinciali celebrando in Prouincia Franciæ, quinquaginta francos semel tantum. Item, lego Conuentui Fratrum Ordinis Prædicatorum Parisiensium, quinquaginta francos semel tantum. Item, lego Conuentibus Fratrum Ordinis Prædicatorum Lugdunensium, Gebennensium, Matisconensium, Lingonensium, Diuionensium, Senonensium, Niuernensium, & Metensium, cuilibet Conuentui de Prædictis quinque francos auri semel tantum soluendos. Item, lego Domino Episcopo Senecensi nouum Mantellum meum foliatum de Agnicellis nigris. Item, lego eidem Domino Episcopo vnam de Cappis meis, quam habeo nouam pro equitando. Item, lego Magistro Nicolao de Spernaco Ordinis Fratrum Prædicatorum socio meo, quinquaginta florenos auri, semel tantum. Item, lego dicto Magistro Nicolao socio meo pannum album quem habeo pro veste. Item, lego Fratri Geraldo la Rocha ordinis prædicti socio meo, quinquaginta florenos auri, semel tantum. Item, lego dicto Fratri Geraldo la Rocha, socio meo meliorem vestem albam quam habeo factam. Item, lego Magistro Bartholomæo *del Cassans*, Executori infra scripto quinquaginta florenos semel tantum, quem rogo vt pro Executioni huiusmodi Testamenti velit mei amore laborare. Item, lego Petro *Dulans* Consanguineo meo propinquo studenti Aurelianis, centum francos semel tantum. Item, lego Guillelmo & Iacobo *Dulans*, fratribus Consanguineis meis, cuilibet ipsorum quinquaginta francos auri, quos bene sunt lucrati in seruitiis per eos mihi impensis. Item, lego Ioanni de Talhando Cubiculario meo, qui diu mihi fideliter seruiuit, quinquaginta francos, & hoc in casu, quo Dominus noster Papa ei non prouideret de Canonicatu, & præbenda ac Scolastria Ecclesiæ Sancti Gaugienci Caudacensis, de quibus pro ipso, Domino nostro Papæ humiliter supplicaui, & adhuc supplico, vt eidem de ipsis velit prouidere, & in casu quo sibi prouisum fuerit, vel alio de meis beneficiis, volo quod de triginta florenis bonis meis contentari. Item, lego Petro Moliniardi cubiculario meo quinquaginta florenos, in casu quo Dominus noster Papa non prouideret eidem Petro, de Prioratu, seu Ecclesia de Ramesca, siue Cura Mimatensis Diœcesis, quam obtineo, pro quo etiam dicto Domino nostro Papæ supplicaui & supplico, vt sibi velit de dicta Ecclesia prouidere, & si sibi prouisum fuerit, volo quod de viginti florenis de bonis meis debeat contentari. Item, lego Fratri Stephano Lemouisini pœnitentiario Domini nostri Papæ, quinquaginta florenos semel tantum. Item, lego eidem Fratri Stephano opelandum albam, quam fieri feci de nouo. Item, lego Ioanni Ioye & Roberto Pueris secretariis meis, cuilibet ipsorum triginta francos, & hoc in casu quo Dominus noster Papa, non prouideret eis de aliquibus de beneficiis meis, quæ obtineo, pro quibus Domino nostro Papæ supplicaui & supplico, vt de aliquibus de beneficiis meis eisdem velit prouidere, & in casu quo idem Dominus noster eis, vel alicui ipsorum prouideret, volo quod ipsi, vel ille cui prouideret vt præfertur, de viginti florenis de bonis meis sit contentus. Item, lego duobus Fratribus & Ioanni cubiculario meo prædictis, & alteri quatto ad hoc deputando per dictos Dominos Executores meos, seu alterum ipsorum qui conducent dictum Corpus meum de Auinione, vsque ad Claromontem, cuilibet ipsorum viginti quinque florenos, pro labore ipsorum in casu vero in quo prænominati tres ad hæc nollent, vel non possent commode interesse, in loco ipsorum vel illius qui ire non posset, vel nollet, volo & ordino quod alius, seu alij ad hoc honesti & sufficientes per dictos Dominos Executores meos, seu alterum ipsorum deputentur, quibus & cuilibet ipsorum dicti viginti quinque floren, dum fuerint in Claromonte cum dicto corpore persoluantur. Item, quod nostrum corpus, & ipsum conducentes expensis bonorum executionis meæ deportentur, & ince-

des Cardinaux François. 491

dant vfque ad prædictum Conuentum Claromontanum. Item, lego Fratri Petro Pulli, dicti Ordinis, familiari meo viginti quinque florenos femel tantum. Item, lego dicto Fratri Petro Pulli duas cappas quas habeo factas ad portandum omni die infra domum meum, in qua inhabito. Item, lego Domino Stephano Buticulario meo, viginti florenos femel tantum. Item, lego Ioanni & Girardino pueris de Capella, cuilibet ipforum decem florenos femel tantum. Item, lego Ioanni de Sancto Martino & Nicolao Scomelli & Pertineto de Gingina cucta, fcutiferis meis, cuilibet ipforum viginti quinque florenos femel tantum. Item, lego Fratri Durando Bernardi, & Fratri Guillelmo Blancherij dicti Conuentus Claromontani, duas Cappas quas habeo, vnam de Sargia Mediolanenfi, & aliam de panno, meliores. Item, lego Guillelmo *du Laus* meliorem Corfetum quem habeam foleratum. Item, Ioanni de Tilhardo alium Corfetum foleratum. Et Petro Molinardi alium Corfetum fimplicem, alium vero fimplicem Fratri Petro Pulli. Item, lego Guillermo Palafrenario meo, viginti florenos femel tantum. Item, lego cuilibet de aliis familiaribus meis non nominatis decem florenos, femel tantum. Item, volo & ordino quod dicti familiares mei nominati, & non nominati nihil aliud poffint nec debeant petere; feu habere inde de bonis meis fiue Executionis meæ, ratione laborum, feruitiorum per eos feu quemlibet ipforum mihi, feu in & pro negotiis meis quomodolibet imperforum, nifi dumtaxat legata per me eis vt præmittitur, facta & etiam falaria fua, illi dumtaxat quibus ftipendia dare confueui, nifi aliter videbitur Executoribus meis fore faciendum. Et quia hæredum inftitutio eiput eft & fundamentum cuiuflibet vltimi Teftamenti nuncupatiui, feu vltimæ voluntatis nuncupatiuæ, ordinationis feu difpofitionis fupremæ. Igitur in omnibus aliis meis bonis fi quæ fuerint, & ad me pertineant mobilibus & immobilibus quæcumque, qualiacumque & quantacumque fint vel fuerint, necnon in omnibus iuribus & actionibus meis realibus, & perfonalibus ad me pertinentibus, debitis & debendis quouis modo vbicumque, & in quibufcumque rebus confiftant, mihi hæredes vniuerfales inftituo, & relinquo, oreque proprio nomine & effe volo hæredes vniuerfales, videlicet Fratres prædicti Conuentus Claromontani Ordinis Fratrum Prædicatorum, folutis tamen debitis meis, clamoribus, emendis, legatis & aliis per me fuperius in hoc præfenti meo nuncupatiuo Teftamento, voluntate mea vltima difpofitione, ordinatio, contentis, declaratis, & ordinatis, & alias prout Dominis meis Executoribus, feu duobus ex eis videbitur expedire Gardiatores vero, Commiffarios, feu Executores meos, & huiufmodi Teftamenti nuncupatiui, feu vltimæ voluntatis meæ, ad facienda complenda & etiam exequenda, ficio, ordino, & conftituo, Reuerendiffimos in Chrifto Patres & Dominos meos, Dominos Anglicum Epifcopum Albanenfem, Ambianenfem & Ebredunenfem Presbyteros, ac Sancti Martialis Diaconum Cardinales, & difcretum virum Dominum Bartholomæum *del Caffaurs*, Scriptorem & Abreuiatorem Litterarum Apoftolicarum dicti Domini noftri Papæ, ita quod fi omnes dicti Executores in huiufmodi Teftamenti, feu vltimæ voluntatis executione effe nollent, vel non poffent, vnus de ipfis Dominis meis Cardinalibus, vna cum dicto Domino Bartholomæo Executionem ipfam exequi debeant atque poffint, quodque præmiffa omnia & fingula præfati Domini mei Executores, vel tres ex ipfis poffint corrigere, emendare, augmentare, & diminuere, & fi quæ facienda fuerint circa præfatum præfens Teftamentum meum, feu vltimam voluntatem, de nouo facere & exercere poffint, prout ipfis omnibus, vel tribus ex ipfis videbitur expedire, quibus, vt fupra ordinatum eft, Dono & concedo plenam & liberam poteftatem, & fpeciale mandatum huiufmodi executionem, ac omnia & fingula bona mea mobilia & immobilia præfentia & futura, vbicumque exiftentia eorum authoritate propria apprehendendi, & recipiendi corporalem poffeffionem eorum intrandi, tenendi pro huiufmodi excutione facienda & complenda iuxta præfentis feriem Teftamenti, quæ omnia & fingula bona mea ex nunc prout ex tunc iure precario dictorum executorum meorum, pro complendo huiufmodi Teftamento meo, & eorum nomine me conftituo poffidere, donec poffeffionem ipforum, vel quafi intrauerint & acceperint corporalem. Et infuper do & concedo dictis Dominis Executoribus meis poteftatem, & licentiam vendendi & diftrahendi quæcumque vendenda & diftrahenda funt, ad explendum Executionem eandem. Legata etiam omnia & fingula prout per me ordinata funt foluendi, & affignandi & omnia alia & fingula exercendi, faciendi & complendi quæ fuperius continentur. Infuper ad petendum, exigendum & recipiendum ac etiam recuperandum omnia & fingula mihi debita & debenda, & de receptis quittationes plenarias faciendi, & pro præmiffis omnibus & fingulis, fi intereffe fuerit, agendi & defcendi excipiendi, de calumnia iurandi, experiendi, petendi, confequendi, feque tuendi & alio loco fui ad omnia præmiffa, vel ad cætera capitula præmifforum fubftituendi, prout ipfis Executoribus meis videbitur faciendum, & eos etiam reuocandi & generaliter ad omnia alia vniuerfa & fingula faciendi & complendi, quæ veri & legitimi Executores, & procuratores etiam in rem fuam propriam conftituti, quas ex nunc conftituo & in locum meum pono, facere poffunt & debent in iudicio fiue extra, & quæ ego facerem & facere poffem in humanis agens, fi perfonaliter intereffem, & huiufmodi Teftamentum meum nuncupatiuum, feu vltimam voluntatem quod & quam valere volo iure Teftamenti nuncupatiui, & iure Codicillorum & iure donationis, caufa mortis, feu iure cuiufcumque alterius vltimæ voluntatis, difpofitionis & ordinationis, aut alias omni eo iure & forma quibus melius, & firmius valere poterit & debebit; volo infuper & ordino, quod hoc præfens Teftamentum meum nuncupatiuum, feu mea voluntas vltima, difpofitio & ordinatio, de bonis & rebus meis, quamuis fit productum in iudicio, vel non productum, dictari poffit, corrigi, refici, & emendari toties quoties fuerit opus, ad dictamen & confilium cuiuflibet fapientis, facti fubftantia non mutata, de quibus

omnibus, & singulis supradictis peto & requiro, per te Notarium infrascriptum in præsentia horum virorum hic præsentium, quos huiusmodi mei Testamenti, seu vltimæ voluntatis testes esse
rogo, mihi & dictis hæredibus ac Executoribus meis, & cuilibet ipsorum quem, seu ad quos hoc
præsens Testamentum meum & præsens mea voluntas tangat, & pertineat in solidum, vel in parte fieri
vnum, vel plura publica instrumenta; Data sunt hæc Auentione in librata dicti Domini Cardinalis,
in Camera secreta domus habitationis eiusdem, anno, die, mense & Pontifice quibus supra, præsentibus honorabilibus & discretis viris Dominis, Bartholomæo *del Caßano*, Hugone de Carreyriis, Ioanne de Throlhatio Domini nostri Papæ scriptoribus, ac Philippo *Lobandujrs* Clerico Cœnomanensi,
Petro Simonis Clerico, Geruadensi, Ægidio Rhodelhoni Clerico Vticensi, Ioanne Restolli Clerico,
Sancti Papuli Tholosani Diœcesis testibus ad præmissa vocatis specialiter, & rogatis.

Et me Geraldo de Porta Clerico Sancti Flori Diœcesis, publico auctoritate Apostolica Notario, qui præmissis omnibus & singulis per præfatum Dominum Cardinalem Testatorem, dicti, nominatis factis & ordinatis vna cum præmominatis Testibus, anno, die, Pontifice, & loco prædictis, præsens fui, eaque omnia &
singula supra scripta in præsentia eorumdem testium de mandato ipsius Domini Cardinalis Testatoris prædicti,
legi & publicani, & mea manu propria subscripsi, & in hanc publicam formam redegi signoque meo solito signaui, in fidem & Testimonium præmissorum, per dictum Dominum Cardinalem Testatorem requisitus,
& rogatus.

PIERRE DE BARRIERE,

Euesque d'Authun, Cardinal du Tiltre des Saints Marcellin & Pierre.

CHAPITRE CXLIX.

*Dans le Catalogue des MS. de la Bibliotheque de feu Monseigneur le Cardinal
Iean de Bagny, au troisiesme volume, nombre quatre, se trouue ce Tiltre.*

DOMINI Petri de Barreria Sanctæ Romanæ Ecclesiæ Cardinalis Æduensis, ad Carolum VI.
Francorum Regem, responsum pro Roberto Gebennensi, seu Clemente VII. ad Tractatum Ioannis de Signano editum pro Electione Vrbani Papæ VI. anno 1380.

Ex formulario Curiæ Romanæ MS. & sub CLEMENTE VII.
vt videtur, conscripto.

DILECTO FILIO PETRO, Sanctæ Romanæ Ecclesiæ Presbytero Cardinali, salutem. Nuper te à
vinculo, quo Æduensi Ecclesiæ, cui tunc præeras, tenebaris, de Fratrum nostrorum Consilio, &
Apostolicæ potestatis plenitudine absoluentes, te propter grandia & clara tua virtutum merita, ad Dei
laudem & gloriam, ac eiusdem Romanæ Ecclesiæ decorem, in eiusdem Romanæ Ecclesiæ Presbyterum
Cardinalem duximus assumendum : pro firmo tenentes quod ex eidem Romanæ Ecclesiæ eris plurimum fructuosus, & deinde ad ea quæ in tui status, & honoris augmentum cedere valeant, fauorabiliter intendentes; Capellam rubeam per te deferendam, prout similes per eiusdem Romanæ Ecclesiæ
Cardinales deferri consueuerunt, per Venerabilem Fratrem nostrum Anglicum Episcopum Albanensem, & dilectum Filium Petrum Titulo Sanctæ Anastasiæ Presbyterum Cardinalem tibi tradendam, & etiam assignandam per dilectum Nobilem virum Robertum de Filiis Domicellum, seruientem nostrum armorum, latorem præsentium duximus destinandam. Tu igitur Capellum Prædictum,
cum illud per eos seu eorum alterum tibi tradi, seu etiam assignari contigerit, in humilitatis spiritu recipias reuerenter, sic vt signum non discrepet à signato, sed quod geris exterius seruet in mente humilitatis, & mansuetudinem dante Domino, qui dat gratiam & misericordiam elargitur, obseruare
studens quæ suum seruant & promouent seruatorem.

Ex eodem formulario Curiæ Romanæ MS.

VENERABILI Fratri Episcopo Cabilonensi, salutem. Cum nuper dilectum filium PETRUM
Sanctæ Romanæ Ecclesiæ Presbyterum Cardinalem, à vinculo, quo Æduensi Ecclesiæ, cui tunc

ptererat, tenebatur, de Fratrum nostrorum Consilio, & Apostolicæ potestatis plenitudine absolutum propter clara ipsius virtutum merita ad Dei laudem & gloriam, eiusdem Sanctæ Romanæ Ecclesiæ Cardinalem duximus assumendum, sperantes indubiè quod ipse eidem Romanæ Ecclesiæ erit plurimùm fructuosus, & propterea dignum & congruum reputantes, vt in eis, qui status sui honoris respiciunt incrementum, vos promptos gaudeat iuueniffe, Capellum rubeum per eum deferendum prout similes per eiusdem Romanæ Ecclesiæ Cardinales deferri consueuerunt, per te eidem Petro Cardinali tradendum, & etiam assignandum per dilectum Filium Nobilem virum Robertum de Fis, Domicellum, Magistrum Hostiarium nostrum, latorem præsentium, fraternitati tuæ præsentialiter destinamus: Dantes tibi tenore præsentium in mandatis, vt tu eidem Petro Cardinali, Capellum eiusmodi tradas realiter & assignes. Datum, &c.

PIRRRE DE CROS,

Docteur en droict Canon, Religieux de l'Ordre de Saint Benoist, au Monastere de Limoges, Preuost de Brassac, Chancelier de l'Eglise de Tulles, Prieur de Volta au Diocese de Saint Flour, Abbé de Tournus au Diocese de Chalon, successiuement Euesque de Saint Papoul, Archeuesque de Bourges & d'Arles, Camerier du Pape CLEMENT VII. Cardinal Prestre du Tiltre des Saints Nerée & Achilée.

CHAPITRE CL.

Extraict d'vn Tiltre dont l'Original est en mon Cabinet.

LITTERÆ PETRI Archiepiscopi Arelatensis, Domini Papæ Camerarij, quibus Magistro Ioanni Mauberti, in Prouincia Remensi Apostolico Collectori, mandat ad requisitionem Petri, Tituli Sancti Marci Presbyteri Cardinalis, qui cum auctoritate Papæ CLEMENTIS VII. nonnullos Canonicatus, Præbendas, Prioratus, Præposituras, & alia Beneficia in Ciuitate & Diœcesi Remensi, & in pluribus Ciuitatibus, & Diœcesibus Prouinciæ Remensis assecutus sit, ne Procuratores sui & Vicarij super primis fructibus Beneficiorum huiusmodi molestentur. Datum anno 1380. die nona Octobris.

Extraict d'vn Memoire escrit de la main de feu mon Pere.

PETRVS Tituli Sanctorum Nerei & Achilei, Presbyter Cardinalis, vulgariter nuncupatus Cardinalis Arelatensis, cuius Procurator Frater Martialis Gayandi, Ordinis Sancti Augustini Lemouicensis Conuentus, Pœnitentiarius Papæ 1385. fundauit 4. Anniuersaria in Ecclesia Lemouicensi pro Clementis VI. Gregorio XI. Nicolao vulgariter appellato Cardinali Lemouicensi, & Ioanne Prænestino Episcopo Cardinali, & dedit 10. Libras renduales.

Ex Archiepiscopis Bituricensibus à BENEDICTO VERNERIO, Monacho Sancti Sulpitij.

DOMINVS PETRVS DE CROSO. Postea Cardinalis Arelatensis, cum sedisset annos quatuor, minus quinque Hebdomadis.

Inscription grauée sur vne Image d'argent, dans laquelle le Cardinal Pierre de Cros fit renfermer les cendres de Saint Trophime.

HOc opus Beati TROPHIMI Christi Discipuli factum est, regnante Domina IOANNA Regina Siciliæ, & Prouinciæ Comitissa, & Domino PETRO DE CROSO Archiepiscopo & Principe Arelatensi, anno Domini 1381.

Epitaphe du Cardinal PIERRE DE CROS, graué sur sa tombe en l'Eglise de Saint Martial de Limoges.

HIc iacet bonæ memoriæ, Reuerendissimus in Christo Pater, Dominus PETRVS DE CROSO, oriundus de Calmaforti Lemouicensis Diœcesis, Decretorum Doctor, qui primo fuit Monachus Sancti Martialis Lemouicensis, Ordinis Sancti Benedicti, & inde præpositus de Braffaco dictorum Ordinis, & Diœcesis, postmodum Cancellarius Ecclesiæ Tutelensis, & post Prior de Volta Ordinis Cluniacensis, Sancti Flori Diœcesis, & deinde Abbas Monasterij Regalis Trenorchiensis, Cabilonensis Diœcesis, & post Episcopus Sancti Papuli, postmodum Archiepiscopus Bituricensis, & existente Archiepiscopo fuit factus Camerarius Domini nostri Papæ, per Sanctæ memoriæ Dominum GREGORIVM Papam XI. & deinde Archiepiscopus Arelatensis, & de Ecclesia Arelatensi, & Camerariatu prædictis fuit assumptus in Tituli Sanctorum Nerei & Achilei Presbyterum Cardinalem, qui sanitate fungens, hic suam elegit sepulturam. Orate Deum pro anima ipsius, Vniuersi, & singuli hunc conuenientes tumulum inspecturi. Obiit anno 1388.

FAIDIT D'AIGREFVEILLE,

Successiuement Euesque de Rhodes & d'Auignon, Abbé de Mont-maiour, Cardinal Prestre du Tiltre des Saints Syluestre & Martin des Montagnes, au Tiltre d'Equitius.

CHAPITRE CLI.

Extraict du liure du Reuerend Pere Quesnay Iesuite, intitulé, Cassianus illustratus.

FAIDITVS DE AGRIFOLIO, Lemouicensis, Gallus, Episcopus Auinionensis à Clemente VII. Schismastico creatus Presbyter Cardinalis Tituli Sancti Syluestri, anno Salutis 1389. Auinione 10. Calend. Ianuarij, Abbatiæ Montis-maioris præfectura clarere cœpit anno 1385. texitque 6. annos, diem enim clausit extremum Auinione 6. nonas Octobris, anno 1391. Sepultus ibidem in Ecclesia Cathedrali.

Inscription seruant d'Epitaphe au Cardinal Faidit d'Aigresueille, laquelle est attachée contre la muraille de l'Eglise Cathedrale d'Auignon, proche le sepulchre du Pape BENOIST XII.

FAIDITVS DE AGRIFOLIO Gallus, Episcopus Auinionensis à CLEMENTE VII. in sua obedientia Presbyter Cardinalis creatus Tituli Sancti Syluestri & Martini in montibus. Obiit Auinione 6. nonas Octobris 1391. ibidemque sepultus.

Epitaph

AYMERY DE MAIGNAC,

Docteur en l'vn & en l'autre Droict, Conseiller & Maistre des Requestes ordinaire de l'Hostel des Rois Iean, & Charles V. son Fils, Doyen de l'Eglise Cathedrale de Nostre-Dame de Paris, puis Euesque de ladite Eglise, Cardinal Prestre du Tiltre de Saint Eusebe.

CHAPITRE CLII.

Ex formulario. Curiæ Romanæ MS. & sub CLEMENTE VII. vt videtur, conscripto.

DILECTO Filio AYMERICO Sanctæ Romanæ Ecclesiæ Presbytero Cardinali salutem. Dvm exquisitam, &c. & etiam liberalem, nuper te tuis claris exigentibus meritis, à vinculo, quo Parisiensi Ecclesiæ, cui tunc præeras, tenebaris, de Fratrum nostrorum Consilio, & Apostolicæ potestatis plenitudine absoluentes, te in eiusdem Sanctæ Romanæ Ecclesiæ Presbyterum Cardinalem, de eorumdem Fratrum consilio duximus assumendum. Cum autem tempore absolutionis huiusmodi quam plurima bona mobilia, arreragia & debita ad te tunc Episcopum ratione dictæ Parisiensis Ecclesiæ, cui, vt præfertur, præeras, spectarent & pertinerent : Nos attendentes, quod tu non habes iuxta tui status decentiam, abundantiam facultatum ex quibus possis commodè sustentari, ac volentes tibi vt huiusmodi statum decentius tenere valeas, de alicuius subuentionis auxilio prouidere, quæcumque bona mobilia, & omnia & singula arreragia & debita huiusmodi, quæ ad te tunc Episcopum, prædicto tempore, ratione dictæ Parisiensis Ecclesiæ, quomodocumque & qualitercumque spectabant, nonobstantibus quibuscumque constitutionibus Apostolicis, ac statutis & consuetudinibus eiusdem Parisiensis Ecclesiæ contrariis, iuramento, confirmatione Apostolica, vel quacumque firmitate alia roboratis, tibi Auctoritate Apostolica de speciali gratia concedimus & donamus, &c. Datum, &c.

Extraict des Registres du Thresor des Chartes du Roy. Registre CV. des années 1373. & 1374.

LITTERÆ Caroli Regis, quibus dat centum libras annui redditus super terris, & hereditagiis Magistri Petri Rogerii quondam Aduocati Regii in partibus Lemouicensibus, pro certis causis proditionis capti, dilecto Pincernæ suo Petro de Magnaco de Sancto Iuniano, Fratre Germano AIMERICI DE MAGNACO Episcopi Parisiensis, eo quod in recuperatione Patriæ Lemouicensis, & vt Castrum Lemouicense ad obedientiam Regis deueniret, multum laborauerat. Parisius mense Septembri 1374.

Extraict des Registres de Parlement.

1387. PETRVS de Magnaco Scutifer, heres per Beneficium Inuentarij, defuncti AYMERICI DE MAGNACO, quondam Episcopi Parisiensis, & postmodum Sanctæ Romanæ Ecclesiæ Cardinalis.

Extraict d'vn Registre du Parlement.

CONTENANT les Testaments de diuerses personnes, dont l'execution a esté soubmise à la Cour.

PAR le Testament de Pierre Magnac Escuyer, de la Ville de Saint Iunien en Limosin, estant au lieu de say, il se dit Frere de feu Monsieur le Cardinal de Paris. Le 17. Decembre 1407.

Extraict de l'Histoire de la maison du Plessis-Richelieu, par feu mon Pere, page 22.

IEANNE Duplessis, espousa Guillaume de Maignac, Cheualier Seigneur du Solier, & de Macornay, Extraict d'vne maison de Limousin fort ancienne, & en laquelle il y auoit lors de grands honneurs: Car il estoit Neueu d'Ithier de Maignac Cheualier, Conseiller du Roy Philippe d Valois, Seneschal de Xaintonge, Capitaine Souuerain des Guerres de sa Majesté, es parties de Poictou, Xaintonge, Limousin, & lieux voisins, & appartenoit de proche parenté à Aymery de Maignac, Conseiller des Roy Iean & Charles V. Euesque de Paris, lequel obtint depuis la dignité du Cardinal, tant par la consideration du lieu de sa naissance, que par celle de ses propres vertus. De ce mariage, il y eut vn fils nommé Iean de Maignac, &c.

Epitaphe du Cardinal de Maignac, graué sur la tombe sous laquelle il est enterré, dans le Chœur de l'Eglise Cathedrale de Nostre-Dame de Paris, au costé gauche du grand Autel, sur vne lame de cuiure, à fleur de terre.

HIc iacet in Christo Pater Reuerendissimus Dominus AYMERICVS DE MAGNACO natione Lemouicensis, in Villa Sancti Iuniani ex nobilibus parentibus creatus, vtriusque iuris Professor, quondam Regum IOANNIS & CAROLI V. Consiliarius & Magister Requestarum Hospitij: primo fuit Decanus Ecclesiæ Parisiensis nominatus, deinde ad Pontificalem assumptus est Dignitatem, tandem factus fuit Tituli Sancti Eusebij Sanctæ Romanæ Ecclesiæ Presbyter Cardinalis: Obijt autem Auenione vigesima die Martij anno 1385. cuius corpus integrum intra Parisios asportatum sub hac tumba requiescit, anima cuius requiescat in pace, Amen.

Extraict du liure des anniuersaires de l'Eglise Collegiale de Saint Iunien, prés Limoges.

ANno 1384. Obijt quondam Reuerendus Magister Dominus AYMERICVS DE MAIGNAC Cardinalis Sanctæ Romanæ Ecclesiæ, & Episcopus Parisiensis, pro quo fit Anniuersarium, qui dedit Ecclesiæ Sancti Iuniani, Lemouicensis Diœcesis multa Donaria.

PIERRE AICELIN DE MONTAIGV,

Religieux Benedictin de la Congregation de Clugny, Prieur du Prieuré de Saint Martin des Champs lez Paris, Prouiseur de Sorbonne, Euesque de Laon, Cardinal Prestre du Tiltre de......

CHAPITRE CLIII.

Ex Historia Monasterij Regalis Sancti Martini de Campis prope Parisius, Ordinis Cluniacensis, Authore Domno MARTINO MARRIER, ciusdem Monasterij Monacho Professo.

PETRVS DE MONTEACVTO 4. Prior Sancti Martini 36. Sanctæ Romanæ Ecclesiæ Cardinalis, & Episcopus Laudunensis, natione erat Aruernus, professione Monachus, Episcopus Laudunensis, & à CLEMENTE VII. Antipapa, anno 1383. Cardinalis creatus, Martiniani Monasterij possessionem est adeptus, anno Domini 1386. Asserit autem doctissimus & mihi amicissimus, ANDREAS DVCHESNE, Turonensis, Historiographus Regius, illum non habuisse cognomen de Monte-acuto, sed fuisse dictum Petrum

des Cardinaux François.

Aycelinum, vel Afcelinum, Territorio scilicet Montis-Acuti apud Atuernos; sic enim ille in sua summorum Pontificum Historia in VRBANO VI. qui sedit ad annum 1370.

Extraict de l'Histoire de la maison Duplessis de Richelieu, par feu mon Pere, page 8.

PAR vne Charte de l'an 1316. PHILIPPE le long appelle Guillaume Ayelin, Seigneur de Montaigu en Auuergne, Cheualier, & Gilles son fils vales, duquel Gilles descendit depuis, PIERRE de Montagn Caldinal, Euesque & Duc de Laon, principal Conseiller des Rois Charles V, & Charles VI.

Extraict des Registres de Parlement.

1360. PETRVS de Monte-Acuto Prior Sancti Saluatoris in Rua, Viennensis Diœcesis, Cancellarius Ducis Bitur. & Aluerniæ.

1404. FEV Messire Pierre de Montaigu, iadis Cardinal de Laon, en son Testament ordonna certain nombre d'Escoliers, estre fondé lez Saincte Genouiefue du Mont à Paris, en ses maisons dites le College de Montaigu.

Extraicts des Chartes du Thresor du Roy. Laiette : Traictés de Mariage.

1386. TRAICTE de Mariage de Loüys de France Duc de Touraine, depuis Duc D'Orleans, auec Valentine de Milan, Fille de Iean Galeas Vicomte de Pauie & de Vertus, & Seigneur de Milan, & d'Isabelle de France l'vne des Filles du Roy Iean, le Contract fait en presence du Cardinal de LAON, & de plusieurs Euesques, de Loüys Comte de Sancerre, de Loüys de Harcourt Vicomte de Chastelleranld; de Pierre de Giac Chancelier de France, & autres Seigneurs, au mois de Ianuier 1386.

Extraict des Registres de Parlement.

1388. EPiscopus Laudunensis ad Cardinalatum promotus, Episcopatum in commendam recepit. Postea dictus Cardinalis per summum Pontificem ab huiusmodi commenda fuit destitutus, & de dicto Episcopatu dilecto & fideli Consanguineo, & Consiliario nostro Ioanni de Bouciaco, per eumdem summum Pontificem est prouisum.

Ludouicus Dominus de Monteacuto Domicellus, & Executores Testamenti defuncti PETRI quondam Sacrosanctæ Romanæ Ecclesiæ Cardinalis vulgariter Laudunensis nuncupati.

Extraict du Martyrologe de l'Eglise Nostre Dame de Paris.

5. IDus Nouembris anno Domini 1388. die octauo mensis Nouembris, Obiit recolendæ memoriæ Reuerendissimus Pater Dominus Petrus de Monteacuto, Cardinalis Laudunensis vulgariter nuncupatus, pro cuius anniuersario habuimus 200. francos auri.

Extraict de l'Histoire de Charles VI. par Iean Iuuenal des Vrsins.

LE ROY arriua à Rheims à la Toussaints, & y ouit le Seruice, & se logea en l'Hostel de l'Archeuesque. Et quand la Feste fut passée, & le seruice des Morts, il assembla ceux de son Sang & Conseil en la Salle dudit Hostel, & y auoit grande assemblée, où estoient les Oncles, Cousins, & Parens du Roy, & des Prelats & gens d'Eglise. Et y estoit le Cardinal de Laon, l'Archeuesque de Rheims & autres Et fut mis en deliberation que d'oresnauant il auoit à faire, veu l'aage qu'il auoit, & considerés les affaires du Royaume : Car combien qu'il fut assés ieune d'aage, toutesfois il auoit grand sens & entendement, & estoit tres belle personne, benigne & douce, & voyoit faire à ses Oncles & autres par leur moyen, choses qui estoient plus au profit d'eux & d'aucuns particuliers, que du bien public. Le Chancelier qui presidoit au Conseil aprés le Roy, demanda au Cardinal de Laon qu'il luy en sembloit, & que le Roy auoit à faire; lequel moult s'excusa de vouloir deliberer ou parler le premier. Toutesfois aprés que le Roy lui eut commandé, il monstra que le Roy estoit en àage competent, pour connoistre & sçauoir le fait de son Royaume, & pour oster de tous points plusieurs ennuis des Seigneurs, qu'ils auoient les vns enuers les autres, dont inconuenient aduenoient, & pouuoient aduenir plus grands ; il fut d'opinion que le Roy seul eust le Gouuernement de son Royaume, & qu'il ne fust plus au Gouuernement d'autruy, c'est à sçauoir de ses Oncles, & specialement du Duc de Bourgogne, combien qu'expressement il ne les nomma pas, mais on les pouuoit assés entendre. Aprés, l'Archeuesque de Rheims, & les Chefs de Guerre furent de cette opinion, & ainsi fut conclu. Et bien que gracieusement le Roy remercia ses Oncles, des peines & trauaux qu'ils auoient eu de sa personne, & des affaires du Royaume, en les priant que touſiours ils l'eussent pour recommandé, lesquels prindrent congé du Roy, lequel leur donna du sien le mieux qu'il peut. Et s'en alla le Duc de Berry en Languedoc, dont il auoit le Gouuernement, & le Duc de Bourgongne à ses Terres & Seigneuries tres-malcontent, &

ſeſgens deſſaiſantes de ce qu'ils n'euſſent l'adminiſtration & l'authorité qu'ils auoient en parauant, quand ils Gouuernoient. Or aduint que ledit Cardinal qui auoit dit le premier ſon Opinion, aſſez-toſt apres alla de vie à treſpaſſement bien piteuſement: Car il fut ſceu que veritablement il auoit eſté empoiſonné, & le connut & ſentit bien, & pria & requit tres-inſtamment, que nulle enqueſte, ou puniſion en fuſt faitte: il fuſt ouuert, & trouua on les poiſons; le Roy en fut tres deſplaiſant & courroucé.

Extraict des Annales de France, par François de Belleforeſt.

LE Cardinal de Laon, pour auoir opiné fort librement ſur une affaire de conſequence au Conſeil du Roy, & l'aduis de ce bon Prelat ſuiuy, bien-toſt apres il fut le premier qui ſe reſſentit du Courroux de quelques Princes, & empoiſoné, ſans qu'on peuſt oncques ſçauoir d'où venoit celle cuiſine, & en mourut, & eſtant ouuert, on cogneut manifeſtement, que le doute qu'il auoit, qu'on luy euſt donné le bocon, eſtoit tres-veritable, dont le Roy fut tres-marri: ledit Cardinal de Laon auoit concluds que le Roy ſeul deuoit gouuerner, dont ſes Oncles furent mal contents.

Extraict d'une vielle Pancharte, qui eſt du Prieuré de Saint Martin des Champs à Paris, de l'année 1388. touchant les choſes laiſſées audit Prieuré, par le Cardinal de Montaigu.

ITEM, une Chaſuble noire, grande & precieuſe de Bandequin noir, à un grand offrail de Broderie à images, auec ſa Tuniqeue & Dalmatique, deux Eſtoles & trois Fanons, trois Aubes parees, un parement de Nappes, dont ladite Chappelle eſt toutes ſemée de teſtes de lions, & de treſſles d'or, tretout de broderie, du don fait par Monſeigneur le Cardinal de Laon, Adminiſtrateur du Prieuré de ceans.

Item, un Frontier & Doſſier d'Amperial d'or à Champ d'azur, & ſont brodées en tour de velu au vermeil.

Item Frontier & Doſſier de Satin noir, ſemée de teſtes de lions, & treſſles d'or de broderie, du don de Monſeigneur le Cardinal deſſuſdit.

Ex vetere Martyrologio Sancti Martini de Campis.

6. IDus Nouembris. Depoſitio Domini PETRI Cardinalis Laudunenſis, & Prioris huius loci. Officium fiat ſicut de Prioribus noſtris.

Extraict de la ſuite du Martyrologe de l'Egliſe Noſtre-Dame de Paris.

IDus Nouembris. De domo Sanctæ Mariæ. Obiit Dominus PETRUS DE MONTEACUTO, Cardinalis Laudunenſis.

Epitaphe du Cardinal de Laon, graué ſur une lame de cuiure, ſous laquelle ſon Corps repoſe, dans le Chœur de l'Egliſe du Prieuré de Saint Martin des Champs à Paris.

Hic iacet in Tumulo Reuerendiſſimus in Chriſto Pater Dominus PETRUS DE MONTEACUTO Sanctæ Romanæ Eccleſiæ Presbyter, Cardinalis Laudunenſis nuncupatus, huiuſque Eccleſiæ Adminiſtrator, Conſiliariuſque Domini noſtri Francorum Regis excellens, & magnificus. Qui Rhemis in ſeruitio dicti Domini noſtri Regis diem ſuum clauſit extremum, ſub anno Incarnationis Domini milleſimo trecenteſimo octogeſimo octauo, menſis Nouembris die Octaua, pro cuius animæ ſalute velitis Deum orare.

JEAN DE NEVF-CHASTEL,

Premierement Religieux de l'Ordre de Saint Dominique, puis de celuy de Saint Bruno, Lecteur du Sacré Palais, Prieur de Saint Pere d'Abbeuille, de Iouhe & d'Arbois au Comté de Bourgogne, Chappelain de la Chappelle de Nostre-Dame de Monroland, proche la Ville de Dole, Chanoine d'Authun, successiuement Euesque de Neuers, & de Toul, Cardinal Prestre du Tiltre des quatre Saints Couronnez, puis Euesque d'Ostie & de Velitre.

CHAPITRE CLIV.

Extraict des Registres de Parlement.

LE Cardinal de NEVF-CHASTEL, Prieur de Saint Pere d'Abbeuille.

Extraict des Memoires MS. de Dom Buat, Coadiuteur de la Chartreuse de Meyria.

DOMINVS IOANNES DE NOVO-CASTRO, cuius naturæ & gratiæ dona pro miraculo habita, è nobilissima Principum de Nouo-Castro stirpe procreatus, primo Archiepiscopus Bisuntinus electus, sed non confirmatus, postea Niuernensis, moxque Tullensis Episcopus consecratus, caducos honores respuens, Carthusianas latebras captauit, sed ab Vrbano VI. inde abstractus, & Cardinalis Tituli quatuor Coronatorum creatus, tot tantisque virtutum decoribus in vita præfulsit, vt dignus fuerit qui etiam post mortem (quæ quarto Octobris anno millesimo trecentesimo nonagesimo octauo accidit) multis miraculis illustraretur. Annotatur de eo quod promotus in Cardinalem Carthusiensibus Institutis arctè & firmiter inhæserit, cuculla semper amictus Carthusiana. Hæc ex Ricardo Amburgensi libro 4. Antiquitatum Galliæ Belgicæ, & breui indice illustrium Carthusianorum, & Historia Carthusiana D. Nicolai Molin, qui credit hunc fuisse Dominicanum, & sepultum in Carthusia Vallis Benedictionis propè Auenionem.

Epitaphe du Cardinal de Neuf-Chastel, qui se lit sur son Tombeau dans le Chœur des Peres Chartreux d'Auignon.

HIc iacet Reuerendissimus in Christo, bonæ memoriæ Dominus IOANNES miseratione diuina Episcopus Ostiensis, Sanctæ Romanæ Ecclesiæ Cardinalis DE NOVO-CASTRO nuncupatus, qui obiit Auinione, anno Domini 1398. die 4. Octobris.

*Huic Deitas parce, quæ summa viuis in arce.
Collustrans Cœlos, sis sibi dulce melos.
Et securamen, Sonet omnis Spiritus, Amen.*

RAIMOND ITHIER,
Cardinal Prestre du Tiltre de ....

CHAPITRE CLV.

Epitaphe de ce Cardinal, qui se lit dans l'Eglise des Iacobins d'Avignon, vis à vis du Tombeau où il est enterré.

HIC jacet RAYMONDVS ITHERII Domicellus, Sanctæ Romanæ Ecclesiæ Cardinalis, Tituli . . . . . oriundus proloci Bellimontis, Diœcesis Sarlatensis, nepos bonæ memoriæ Domini PETRI ITHERII Cardinalis Aquensis, qui legauit, realitérque assignauit præsenti Conuentui perpetuo viginti florenos auri redduales, pro salute animæ suæ, & dicti Domini Cardinalis, & pro duobus Anniuersariis solemnibus celebrandis omni anno in præsenti Capella, vno, die decimo sexto, Mensis Iulij, quâ die obijt, & alio, die decimo nono Mensis Maij pro Domino Cardinali; obijt autem dictus RAYMONDVS in præsenti Conuentu, die decima sexta mensis Iulij, sub anno Domini M. CCCLXXXV.

JACQVES DE MONTENAY,

Grand Archidiacre en l'Eglise Cathedrale de Nostre-Dame de Rheims, Camerier du P.pe CLEMENT VII. Cardinal Prestre du Tiltre de sainct Marcelin & de sainct Pierre, autrement de sainct CLEMENT.

CHAPITRE CLVI.

Ciaconius in Vitis Pontificum sub CLEMENTE VII. Antipapa.

IACOBVS DE MONTENAYO Gallus, Archidiaconus Rhemensis, & Antipapæ Cubicularius, Presbyter Tituli Sanctorum Marcellini & Petri, aliàs Tituli Sancti Clementis, Obijt Auenione Kalendas Maij, anno 1391.

AMEDE'E DE SALVCES,

Doyen de l'Eglise Cathedrale de Bayeux, Chanoine & Comte de Lyon, Prieur de Noirmoustier, Archidiacre de Roüen, Euesque de Valence & de Die, Cardinal Diacre du Tiltre de Sainte Marie la Neuue.

CHAPITRE CLVII.

Extraict des Memoires MS. de Monsieur de la Rocque, Aduocet en Parlement.

AMEDE'E DE SALVCES, Doyen de Bayeux, fils de Frideric Marquis de Saluces, prit possession du Doyenné & Prebende de Missy, en l'Eglise de Bayeux par Procureur le 7. Mars l'an 1380. Il donna vn Aigle & six chandeliers de cuiure en ladite Eglise 1383. & sur le pied d'estail dudit Aigle, sont escrits ces mots.

Amedeus de Saluciis S. R. E. Cardinalis huius Ecclesiæ Decanus, hoc pulpitrum dedit, anno Domini 1383. mense Iunij.

IL ficha vn jardin au Chapitre, en luy paiant vn sol six deniers de rente. Il resigna la Prebende de Missy, en l'an 1391. Il donna du bien à l'Eglise dudit Baieux, afin que la Feste de la Trinité fust solemnisée auec quatre Chapes de Nato, & Conuoy de luminaire.

Extraict d'vn Memoire escrit de la main de feu mon Pere.

AMEDE'E de Saluce Cardinal Diacre de Sainte Marie la Neufue, fut receu Archidiacre de Rouen l'an 1403. par le deceds de Pierre de Verruche aussi Cardinal.

Extraict des Registres de Parlement.

1403. CARDINALIS DE SALVCIIS in Commendam habens Prioratum de Nigro Monasterio.

Extraict des Memoires du Reuerend Pere de Goussancour Celestin.

LE Cardinal de Saluces a donné cent francs d'or aux Celestins de Paris.

Ordinatio Reuerendissimi Patris, Domini Cardinalis de SALVTIIS, Archidiaconi quondam Lugdunensis.

Communiquée par Monsieur de Liergues, Conseiller d'Estat, & Lieutenant Criminel de la Ville de Lyon.

AD perpetuam rei memoriam. Anno Incarnationis Dominicæ millesimo quatercentesimo decimo nono, die vero vigesima octaua mensis Iunij, ab hac luce migrauit recolendæ memoriæ Dominus Amedeus de Salutiis, sacrosanctæ Romanæ Ecclesiæ Diaconus Cardinalis, Archidiaconus Ecclesiæ Lugdunensis, obiit inquam, in villa sua Sancti Donati Viennensis Diœcesis, & ibidem in Ecclesia inhumatus, & subsequenter die Iouis ante Ramos, anno sequenti millesimo quatercentesimo, trigesimo, iuxta morem Curiæ Romanæ, quæ dies fuit vigesima octaua mensis Martij, fuit corpus eius à dicto loco sancti Donati honorificè transuectum, ad dictam Ecclesiam Lugdunensem hora Vesperarum, associatum omnibus processionibus Ciuitatis & timbalis sonantibus, ibique cum ingenti solemnitate sepultum, in Presbyterio iuxta chorum sinistrum, in quodam sarcophago, super quo sculpta est mirabilis tumba mirificè operata, & per totam noctem cum laudibus vigiliarum, & psalmis pernoctatum, die vero Veneris sequenti solemnisatum sepelimentum à toto Clero Ciuitatis, iuxta morem adhibitis solemnitatibus saluis. Qui dictus Cardinalis quamplurima bona fecit in dicta Ecclesia, & reliquit innumerabilia iocalia, imagines argenteas deauratas, pannos aureos, & alia multa quæ hic causa breuitatis omittuntur: & quæ pro majori parte inferius describuntur, tenor vero Testamenti ipsius & codicillorum sequitur in hæc verba.

Extraict du Testament du Cardinal de Saluces.

ITEM, sepulturam nostram eligimus in Ecclesia majori Lugdunensi, in introitu dictæ Ecclesiæ, in qua volumus supra nos fieri vnam eleuatam sepulturam condecenter, in qua sit imago nostra cum cappa genibus flexis, manibus eleuatis ad cœlum, & sit scriptum. (*In sola misericordia Dei spero saluari*) & inferius sit scriptum; *hic jacet*, &c.

Item, cum alias ordinauerimus in codicillo, quod in Ecclesia Lugdunensi fierent quolibet anno duodecim Anniuersaria pro nobis, videlicet vnum de duodecim libris die quo moriemur, & quolibet alio mense vnum de quatuor libris quæ ascendunt valorem sexaginta librarum annuatim. Volumus quod dicta summa recipiatur super Decimis nostris Columberij, in Parochia de Saictolas & Ioyssa, & illas decimas ad istud opus legamus.

Item, etiam cum ordinauerimus certos redditus emi, pro eadem Ecclesia prouenientibus ad processionem, & ad Primam diebus dominicis, & audito quod super eadem materia ordinatum est, illum articulum reuocamus omnino, sed volumus quod fundentur duo Cappellani, quorum vnus qualibet die habeat celebrare pro anima nostra, & benefactorum nostrorum in aliquo altari per nos vel Executores nostros ordinando, quibus prædicta fundatione legamus istud, quod emimus à Bastardo, de Sancto Polgo, & à Chelmono de Chananet, de Condriaco.

Item, volumus quod dictis duobus Cappellanis ematur vna domus in Claustro, vel in vno angulo domus nostræ de Colugnen, In quo possint habere habitationem.

Item, eidem Cappellæ legamus vineam nostram de Colognen.

Item, cum ordinauerimus fieri retro altare, vnum retablum siue tabulam argenteam, vbi possent reponi Imagines Sanctæ Mariæ, Sancti Ioannis, Sancti Stephani, &c. Illud reuocamus, & loco illius volumus quod habeant brachium Sancti Vincentij, cum pede suo paratum.

Item, cum ordinauerimus Benedictorium nostrum argenteum dari, loco illius paramenta altaris rubea, quæ fecimus fieri de panno empto, in executione Domini Cardinalis de Agrifolio, damus.

Item, vltra prædicta, damus & legamus Ecclesiæ prædictæ, nostram imaginem argenteam Beatæ Mariæ Virginis, cum cathena aurea, & Reliquiis eiusdem Beatæ Mariæ Virginis.

Item, volumus, quod imago Sancti Laurentij, quam dedimus sic paretur, quod teneat costam Sancti Laurentij, quæ est Sancto Stephano, quæ quidem imago teneatur in Sancto Stephano, vel in Sancto Ioanne, vbi tamen melius Dominis Ecclesiæ placuerit.

Item, damus & legamus eidem Ecclesiæ, vnum album pluuiale de Brodatura facta ad compassus, cum anibus infra, & volumus quod parentur autissima.

Item, loco illius pluuialis albi, quod dedimus Ecclesiæ Constanciensi, quod ordinauerimus pro Ecclesiæ Lugdunensi, eidem Ecclesiæ Lugdunensi legamus pluuiale de Brodatura factum cum grisonibus.

Item, volumus, quod de pluuiali illo, quod est factum cum floribus lilij fiat vna Casula, quam vna cum Dalmatica & Tunicella eiusdem panni; volumus duplicari de sandali, vel de bocassino, aut alio panno, eidem Ecclesiæ damus.

Item, legamus eidem Ecclesiæ duo frontalia pulchra, quæ emimus de executione Domini Cardinalis de Thuteio, & in omnibus supradictis ponantur arma nostra.

Item, duo Tapeta velupa eidem Ecclesiæ legamus, pro ponendo circa magnum altare.

Item, pannum de Brodatura, in quo est Beata Maria in medio, & Sanctus Michael, & Sanctus Ioannes Baptista, in vno latere, & Sanctus Ioannes Euangelista, & Sancta Maria Magdalena ab alio latere, eidem Ecclesiæ damus & Legamus.

Item, alium pannum, in quo est Beata Maria in medio, & Sanctus Petrus, & Sanctus Mathias ab vno latere, Sanctus Paulus & Sanctus Stephanus ab alio latere, eidem Ecclesiæ damus & legamus. Et quia dicti panni non sunt completi, & suprà pannum de serico, adhuc non sunt positi, nec reportati, ideo, volumus quod nostris sumptibus & expensis prædicti panni compleantur; in quibus omnibus ponantur arma nostra vt recordentur portantes, & orent Deum pro nobis.

Item, domum de Colognen, legamus Capitulo eiusdem Ecclesiæ Lugdunensis, sic tamen quod Archidiaconus Lugdunensis, qui erit pro tempore, possit & valeat habitare gratis in ea, & sine cultu eam manu tenendo, suis sumptibus & expensis, si vero non velit eam habitare, aut in ea non resideat, Capitulum locet eam, & quidquid fuerit habitum, sit in augmentum Anniuersariorum nostrorum.

Item, vltra prædicta dedit idem Dominus quondam ipso viuente eidem Ecclesiæ Lugdunensi vnam pulchram cappam de panno aureo viridis coloris, pro sua prima receptione, &c.

Item, vnum magnum Calicem argenti deauratum ponderantem circa.

Item, duas magnas imagines argenti deauratas, Beatorum Ioannis Baptistæ, & Stephani Protomartyris, qualibet circa.

BERTRAND

BERTRAND DE CHANAC,

Clerc de la Chambre Apostolique, Archidiacre d'Agde, Docteur en l'vn & en l'autre Droict, succeßiuement Euesque Dupuy, & Archeuesque de Bourges, Patriarche de Hierusalem, Administrateur de l'Eglise d'Auranches, Prestre Cardinal du Tiltre de Sainte Pudentiane, puis Euesque de Sabine.

CHAPITRE CLVIII.

Ex Archiepiscopis Bituricensibus MS. Authore BENEDICTO VERNERIO, *Monacho Sancti Sulpitij.*

DOMINVS BERTRANDVS DE CHANACO, S. R. E. Cardinalis Tituli Sanctæ Pudentianæ. Carmelitani vrbem inhabitare cœperunt, anno 1374. & Ecclesiam ædificare in loco qui *Noyer* Gallicè vocabatur, in possessione Iohannis *Pelourde*, Ciuis Bituricensis. CLEMENS VII. orta inter Episcopum & Capitulum controuersia immunes & liberos à visitatione Archiepiscopi Canonicos declarauit, anno decimo tertio Pontificatus sui. Sedit annis XII.

Epitaphe du Cardinal BERTRAND DE CHANAC, *que l'on void graué sur sa Tombe, sous laquelle il est enterré, dans l'Eglise des Peres Dominicains d'Auignon.*

HIC jacet Reuerendissimus in Christo Pater, Dominus BERTRANDVS DE CHANACO, Lemouicensis Diœcesis, genere Nobilis, vtriusque Iuris Doctor, Archiepiscopus Bituricensis, postmodum Patriarcha Hierosolymitanus, & Administrator Ecclesiæ Abrincensis extitit, & deinde in S. R. E. Tituli Sanctæ Pudentianæ, Presbyterum Cardinalem assumptus, & demum Sabinensis Episcopus effectus, obdormiuit in Domino, die vigesima Maij, anno Domini M. CCCC. IV.

JEHAN DE ROCHECHOÜARD,

Succeßiuement Euesque de Sainct Pons de Thomiers, Archeuesque de Bourges & d'Arles, Cardinal du Tiltre de ....

CHAPITRE CLIX.

Ex Archiepiscopis Bituricensibus MS. Authore BENEDICTO VERNERIO, *Monacho Sancti Sulpitij.*

DOMINVS IOHANNES DE RVPECAVARDI, Illustri genere ortus, transiit indè ad Arelatensem, obiit Cardinalis. Sedit annos V.

Extraict d'vn Liure escrit l'an 1550. de la main de Messire Guillaume de Rochechoüard, Cheualier de l'Ordre du Roy, Seigneur de Iars, de Breuiende, de la Brosse, & de Chastillon le Roy, premier Maistre d'Hostel de sa Majesté, & Gouuerneur des Enfans de France.

Communiqué par Monsieur de Chaludet, Conseiller du Roy, & Thresorier de France, en la Generalité d'Orleans.

IOANNES DE RVPECAVARDI, fuit Archiepiscopus Bituricensis, anno Domini M. CCCLXXXVI. & sedit quinque annis, demisso Archiepiscopatu præfuit Ecclesiæ Arelatensi, deinde Cardinalis, obiit regnante Carolo sexto 1391.

Ex Pontificio Arelatensi, seu Historiâ Primatum Sanctæ Arelatensis Ecclesiæ, Authore PETRO SAXIO, Sanctæ Arelatensis Ecclesiæ Canonico, Sacra Theologia Doctore.

IOANNES Antiquo natus genere apud Lemouicenses, Bituricensis fuit Episcopus (*lege Archiepiscopus*) Ecclesiæ nostræ administrationem, Anticardinalis à CLEMENTE VII. Antipapa factus, suscepit &c.

Tiltre dont l'Original est en mon Cabinet.

A Tous ceux qui verront ces presentes Lettres, Macé Boer General Lieutenant de Noblehomme & sage Thibaut Portier, Cheualier Chambellan de Monseigneur le Duc, & son Seneschal de Berri salut; Comme ce iourd'huy soit venus pardenant nous, Noble homme Messire Iehan de Rochechoüard, Cheualier Chambellan dudit Monseigneur le Duc, Seigneur de Maupas, disant & deposant que tres-Reuerend Pere en Dieu Monseigneur Iehan de Rochechoüart son Oncle, jadis Archeuesque d'Arles, pour le temps qu'il estoit Euesque de Sainct Pons de Thomiers, luy donna & promist donner la somme de mil francs d'or pour vne fois à prendre & auoir sur tous ses biens quelconques lors presens & auenir, pour mettre, employer & conuertir és reparations, fortifications & emparemens du Chastel & forteresse de Genoilhac, estant au Païs de Limoges, appartenant audit Seigneur de Maupas. Et que ledit seu Monseigneur l'Archeuesque estoit alez de vie à trespassement, sans luy auoir fait satisfaction ou paiement desdiz mil francs, ne de partie d'iceulx, & sans en auoir fait aucune declaration ou memoire en son Testament, ou derniere volonté. Et pour tant ledit Seigneur de Maupas veiant & considerant que la donation d'iceulx mil francs n'a aucunes lettres expresses, doubtans que pour cette cause il ne puisse rauoir lesdiz mil francs quant il les demandera, nous ait humblement requis, que attendu & consideré qu'à faire ladite donation estoient presens plusieurs dignes de foy, le tesmoingnage, attestation, & relation desquelz luy deuroient valoir & profiter autant selon raison, comme s'il en auoit lettres autentiques, nous voulsissions proceder à oïr l'attestation & relation de Iehan Rousseau, alias le Conte de Morogues, Messire Helie Bardoissat Prestre, & Aymery Tixier, qui furent presens auec plusieurs autres au contract de ladite donation, & lesquels il entant à produire sur ce pour le present, afin que de son droict il puisse plus clerement enseigner, & finablement desdiz mil franes satisfait & paiez, à qu'il appartient de raison. Sachent tuit que nous oye la requeste dudit Seigneur de Maupas, qui semble estre iuste & raisonnable en inclinant à icelle; Auons fait venir pardenant nous lesdits Iehan Rousseau, Messire Helie & Aymery, lesquels nous auons fait iurer és Sains Euangiles de Dieu, touché le liure de dire verité sur les choses dessus declarées & chacune d'icelles, & apres ce, les auoir diligemment examinez & interroguez chacun par soy ainsi que en tel cas est acoustumé de faire. Et ont lesdit Iehan Rousseau, Messire Helie & Aymery, de & sur les choses cy-deuant exposées par ledit Seigneur de Maupas, en nostre presence, & de Henry de Baudusse, Clerc Iuré & Notaire du Scel aux Contraux de la Preuosté de Bourges, dit, tesmongné & deposé en la forme & maniere qui s'ensuit. Premierement, ledit Iehan Rousseau estant en leage de quarante & cinq ans ou enuiron, a dit & deposé qu'il fu present auec plusieurs autres des noms desquelz il ne se recorde, quand ledit feu Monseigneur l'Archeuesque d'Arle donna & promist donner audit Seigneur de Maupas, lors present & acceptant lesdiz mil francs pour employer & conuertir audit Chastel & forteresse de Genoilhac, & fist ledit feu Monseigneur l'Archeuesque d'Arle, donna & promist donner audit Seigneur de Maupas lors present & acceptant lesdiz mil frans pour employer & conuertir audit Chastel & forteresse de Genoilhac, & fist ledit feu Monsieur l'Archeuesque d'Arle, c'est don par le temps qu'il estoit Euesque de Sainct Pons de Thomiers, & autrement du iour & temps il n'a apresent memoire. Et croit ledit Iehan Rousseau que depuis il n'a eu aucune satisfaction ou paiement desdits mil frans, ne de partie d'iceulx. Item, ledit Messire Helie en leage de quarante ans ou enuiron a dit, tesmongné & deposé que il ne fut mis present quand ledit feu Monseigneur l'Archeuesque d'Arle fist audit Seigneur de Maupas son nepueu ledit don de mil frans, mais depuis trois ans en çà ou enuiron, il a oy dire audit Monseigneur l'Archeuesque d'Arle, que la pieça il auoit fait don audit Seigneur de Maupas son nepueu desdiz mil frans d'or, pour conuertir & employer iceulx en la fortification & emparemens dudit Chasteau & forteresse de Genoil-

des Cardinaux François.

bac. Et dist lors ledit feu Monseigneur l'Archevesque qu'il les paieroit audit Seigneur de Maupas ; Et s'il alloit de vie à trespassement, lesdits mil frans non paiez, il vouloit que ledit Seigneur de Maupas, ou les siens les peussent prendre & avoir sur ses biens quelconques. Et à ce, estoient presens plusieurs des noms desquelz il ne se recorde, toutesfois ledit Seigneur de Maupas n'estoit mie lors present, & tient & croit fermement ledit Messire Helie, que ledit de Maupas n'a encore eu ne receu, lesdits mil frans, ne partie d'iceulx. Et ledit Aymeri Tixier en l'aage de cinquante ans ou environ, à deposé, dit & tesmoigné, que il n'estoit mie present à faire le don desdits mil frans, mais depuis trois ans en ça ou environ, autrement il ne se recorde. Il a oy dire audit feu Monseigneur l'Archevesque d'Arle en la presence de plusieurs personnes, des noms desquelles il ne se recorde à present, qu'il avoit donné n'a piecà audit Seigneur de Maupas son nepveu, la somme de mil frans d'or pour une fois, pour faire reparer & fortifier son Chastel de forteresse & Genoilhac, lesquelz mil frans il n'avoit encore eux ne receus ; mais plus brief qu'il pourroit bonnement il les luy paieroit & bailleroit realment & de fait. Et a dit & relaté icelui Aymeri, que ledit feu Monseur l'Archevesque dist lors, que s'il alloit de vie à trespassement sans avoir paié audit Seigneur de Maupas lesdits mil frans, qu'il vouloit & consentoit que icelui Seigneur de Maupas ou les siens, les preissent & eussent sans congé sur ses biens, quelconques ilz feussent, toutesfois ledit Seigneur de Maupas n'estoit mie present quand ledit feu Monsieur l'Archevesque d'Arle disoit les choses par lui dittes & deposées. Les choses dessus dittes & chacune d'icelles, certifions avoir esté faittes & trouvées par nous en la forme & maniere que dessus est dit. Et en tesmoing de ce nous à ces presentes Lettres avons mis le Seel de ladite Seneschaulcie, le Mercredy apres la Dimanche que l'en chante en Sainte Eglise Reminiscere, 16. jour du mois de Fevrier l'an de Grace mil trois cens quatre vingt dix & huict.

Signé par vostre Commandement. BAVDVSSE.

PIERRE DE FESTIGNY,

Mal nommé de Fontebrac par quelques Autheurs, Advocat au Parlement de Paris, Archidiacre en l'Eglise de Chartres ; Chanoine en celle de Paris, Prothonotaire du Saint Siege, Cardinal Diacre du Tiltre de Sainte Marie in Aquiro.

CHAPITRE CLIX.

Extraict des Registres du Parlement. Aoust. Conseil. 1383.

MARDY 29. Decembre 1383. a esté nouvelle en la Cour, que Maistre Pierre de Festigny Advocat en la Cour de ceans, est Cardinal prononcé du Saint Siege de Rome, & ont esté prononcez dix Cardinaux, entre lesquels sont, Messeigneurs les Evesques de Paris & de Laon, & ledit Maistre Pierre.

Extraict des mesmes Registres du Parlement ; Commençant en Novembre 1380, & finissant en 1384.

LE Lundy 5. Septembre 1384. le Cardinal de Festigny a prins congé de la Cour, & a prins un Theme, De ventre Matris meæ, &c. Messire Philebert Paillard President en Parlement, a respondu au nom de la Cour, & print pour Theme, la parole du Pseaultier, Visitavit nos Oriens, Et chacun a demené sa matiere, & estoient les huis ouverts, & tout present qui y ont voulu estre, & les Seigneurs assis en hauts Sieges, & le Cardinal du costé des Prelats.

Extraict des Registres de Parlement.

1381. PHILIPPVS de Arthesio miles, filius charissimi Consanguinei nostri Ioannis de Arthesio, Comitis Augi, adjornari fecit Magistrum PETRVM DE FITIGNIACO in Curia Advocatum, ad Causam retractus ratione cujusdam hospitij cum suis pertinentiis, in Villa de Yssiaco propè Parisius situati ; quod dictus Magister Petrvs à defuncto Karolo de Arthesio quondam Consanguineo nostro emerat.

Preuues du Liure II, de l'Histoire

Extraict de l'Histoire de France par Nicole Giles.

LORS du tumulte aduenu à Paris en l'an 1423. du temps de Charles VI. Maistre Iean des Marests Aduocat du Roy au Parlement de Paris fut prins prinsonnier, & ne sçauoit-on bonnement pour quelle cause fust ledit Desmarests condamné à estre decapité, & combien que l'entendement humain ne puisse apposer raison sur les iugemens de Dieu, toutesfois plusieurs disent que cela estoit aduenu audit Desmarests, pource qu'estant Aduocat du Roy, il prenoit & acceptoit volontiers charge des Causes qui estoient contre les Droicts, Priuileges & immunitez des Eglises, & s'y delectoit fort; & au contraire disoit-on que vn nommé Maistre Pierre de Fontebrac (lisez Festigny) Aduocat en Parlement du temps dudit Desmarests, qu'il estoit relateur & deffenseur des Droicts de l'Eglise, & combien que ledit de Fontebrac ne fust qu'vn simple Aduocat & pour tous benefices Chanoine de Chartres, homme ancien, mais vertueux, il fust par le Pape CLEMENT fait & declaré Cardinal sans qu'il en fist aucune poursuite, & partant Dieu en punit l'vn, & l'autre il l'exalta.

Extraict des Registres de Parlement.

MESSIRE SIMON DE CRAMAVLT Euesque d'Auignon, a acheté vn Hostel en la ruë Poupée, qui fust au Cardinal de Fetigny, & depuis à Iean Chanchart Receueur General en Languedoc.

Extraict d'vn Memoire escrit de la main de feu mon Pere.

LE Reuerend Pere Pierre Cardinal de Festigny, a donné aux Celestins de Roüen soixante & dix escus d'or pour vn obit.

Ledit Pierre Cardinal du Titre de Sainte Marie appellé de Fitigniaco, qui a fondé au Monastere des Celestins d'Auignon, deux Religieux, & est enterré proche le Pape Clement VII. du costé de l'Epistre sous vne grande pierre grauée de sa figure reuestuë en Cardinal Diacre, auec vne inscription à l'entour de ladite Pierre que l'on ne peut plus lire.

Epitaphe du Cardinal de Festigny, graué sur sa tombe, dans l'Eglise des Celestins d'Auignon, proche celle du Pape CLEMENT VII.

Hic requiescit bonæ memoriæ, Dominus PETRVS DE FITIGNIACO, genere Nobilis, vtriusque iuris Doctor, qui Aduocatus Parlamenti & Canonicus Parisiensis existens, & pugil Ecclesiæ, inde emeritus per Dominum CLEMENTEM Papam VII. assumptus fuit in Beatæ Mariæ in Aquiro Diaconum Cardinalem, qui obiit anno Domini 1348. die quarta Nouembris, anima cuius requiescat in Pace.

AMAVRY, ou AMELIE DE LAVTREC,
Chanoine Regulier de l'Ordre de Saint Augustin, Referendaire Apostolique, Euesque de Cominges, Cardinal Prestre du Tiltre de Saint Eusebe.

CHAPITRE CLX.

Sammarthani Fratres in Episcopis Conuenarum.

AMALRICVS DE LAVTREC Cardinalis Tituli Sancti Eusebij, quem Regesta Vaticani Amelium nuncupant, ex clarissima familia Vice-Comitum Lautreci, & Referendario Clementis VII. Pseudo-Pontificis, à quo creatus Anticardinalis 1385. quarto idus Iulij Auinione, Pontifitacum gerebat anno 1384. ex memorato libro Obligationum. Huius Acta repetiuntur apud Archiuium Conuenarum, annis 1385. 1388. & 1389. in postremo autem inscribitur documentum; Carolo Rege Francorum, Gastone Comite Fuxi, & Amalrico Presbytero Cardinali, Administratore Episcopatus Conuenarum, 16. Februarij.

JEAN DE MVROL,
Euesque de Geneue, mal nommé de Minolins par quelques-vns,
Cardinal Prestre du Tiltre de Saint Vital.

CHAPITRE CLXI.

INSTRVMENTVM publicum, quo Reuerendissimus in Christo Pater Dominus, Dominus Ioannes miseratione Diuina Tituli Sancti Vitalis S. R. E. Presbyter Cardinalis de Murolio nuncupatus, facit & constituit procuratores negociorum suorum, nobiles viros Dominos Guillermum de Murolio, militem, Amblardum ipsius militis Germanum, nepotes ipsius Domini Cardinalis: ad exigendum & recipiendum pro dicto Domino Cardinale & eius nomine à nobili viro Domino Godefrido Domino de Montemorino milite, Claromontensis Diœcesis, certam pecuniæ summam, in qua dicto Domino Cardinali erat obligatus ex causa mutui: anno 1388. indictione 11. Pontificatus Clementis Papæ VIII. anno 10.

Excerptum ex Calendario MS. Ecclesiæ Fratrum Minorum de Claro monte in Aruernia.

10. FEBRVARII, Obiit bonæ memoriæ Dominus Ioannes DE MVROLIO Cardinalis, qui multum vtiliter & valenter honorauit istum Conuentum. Ibidem venerabiliter sepultus anno Domini 1399. mortuus Auinione.

Ex libro Obituum Franciscanorum Claromontensium.

L'AN 1356. *mourut à la Bataille de Poictiers Guillaume de Murol Cheualier, & gist aux Cordeliers de Clermont, sous le tombeau, duquel est aussi esleué en marbre blanc, l'effigie de Iean Cardinal de Murol, les Armes de Murol sont d'or à vne muraille creuelée d'azur.*

Contract passé entre Amblard de Murol, Doyen de Briue, & Chanoine des Eglises Cathedrales de Nostre-Dame de Paris & de Clermont en Auuergne, comme Executeur Testamentaire du feu Cardinal de Murol, d'vne part: & les Gardien & Religieux Cordeliers du Conuent dudit Clermont, d'autre, touchant la fondation d'vne Lampe ardente & quelques Messes & Anniuersaires, pour le repos de l'Ame dudit Cardinal, & de celle dudit Amblard.

VNIVERSIS *præsentes Litteras inspecturis & audituris,* HVGO DAVID *in vtroque iure licentiatus, tenens sigillum Regium apud Montem-Ferrandum in Aluernia constitutum: salutem in Domino.* MONITVS *quod coram dilecto nostro* PETRO PALMENI *fideli Notario Curiæ Cancellariæ dicti sigilli iurato, & à nobis quoad hæc vniuersa & singula, quæ sequuntur audienda & recipienda, vice & authoritate nostra specialiter misso & destinato, cui vt & in quantum ad illa eadem omnia audienda & recipienda commisimus; adhueque tenore præsentium Litterarum Committimus totaliter vices nostras, personaliter constitutus Nobilis ac Venerabilis vir Dominus* AMBLARDVS DE MVROLIO, *Decanus Briuatensis, Canonicus Ecclesiarum Beatæ Mariæ Parisiensis & Claromontensis, & Dominus Baroniæ de Broco, Diœcesis Claromontensis, exequutorque vt asserit vna cum aliis suis Collegis, cum illa clausula, quatenus duo aut tres possint, Testamenti, seu vltimæ voluntatis defuncti bonæ memoriæ Domini* IOANNIS DE MVROLIO, *Titulo Sancti Vitalis Sanctæ Romanæ Ecclesiæ Presbyteri Cardinalis, dicens & asserens dictus Dominus Decanus & exequutor iam* dictis, dictum quondam Dominum Cardinalem in suo Testamento, seu vltima voluntate inter cætera voluisse & ordinasse, emi de bonis suis perpetuum oleum necessarium ad illuminandam, tenendique illuminatam tam die quam nocte perpetuò quamdam Lampadem in Capella Beatæ Mariæ de Murolio nuncupata, in Ecclesia Religiosorum virorum Fratrum Minorum Claromontensium situata, ob reuerentiam Domini nostri Iesu Christi & Gloriosæ Virginis eius Matris, & in qua Capella laudabilis & solemnis sepultura dicti quondam Domini Cardinalis, parentumque suorum, & dicti Domini AMBLARDI facta est & apparet, dictumque oleum tradi anno quolibet & perpetuò Religiosis Guardianis Fratrum Minorum Claromontensium ad opus prædictum, & ad implendam voluntatem, seu Ordinationem dicti quondam Domini Cardinalis. Verum hodie dictus Dominus AMBLARDUS sequens voluntatem & ordinationem dicti quondam Domini Cardinalis, & illas volens adimplere pro posse suo, vt & tanquam exequutor prædictus, suo quoque nomine proprio & alio, eò meliori modo & forma, quibus magis & melius de iure & Consuetudine Patriæ Aruerniæ valere poterit, & debebit, sponte sua ac proinde dedit, donauit, & assignauit dictis Religiosis viris Guardiano, & Fratribus Conuentus Fratrum Minorum Claromontensium ad opus dictæ Lampadis perpetuò illuminandæ die ac nocte, videlicet centum solidos bonæ monetæ cum vno scuto auri, boni auri, & legitimi ponderis cum corona, de illis qui cursum à viginti annis citra in Regno Franciæ habuerunt, pro viginti duobus solidis & sex denariis dictæ monetæ antiquæ computato, censuales & reddituales anno quolibet, marcha argenti pro septem libris computata, in quolibet Festo Sancti Andreæ soluendis, & quos centum solidos dictus Dominus AMBLARDUS assedit, assignauit percipiendos, habendos, & leuandos annis singulis in dicto Festo per dictos Religiosos, in & supra habitantes mansum appellatum vulgariter de *Malemon*, dicti Domini AMBLARDI, infra Patrochiam Chambonij propè fortalitiam de Murol scituatum, in & de censibus, redditibus denariis ac emolumentis annualibus quibuscumque ad dictum Dominum AMBLARDUM debitis, ac spectantibus ratione dicti Mansi de *Malemon*, quod verò Mansum de *Malemom*, dictus Dominus Amblardus vna cum suis censibus, redditibus, denariis, iuribus, & emolumentis quibuscumque, & iuredictione, & iustitia bassa, olim acquisiuit sibi & suis perpetuo, à nobilibus Marchesia de Merlia, Domina de *la Chabra*, filia quondam nobilis viri Domini Hugonis de Merlia, quondam militis, relictaque nobilis defuncti Guillermi de Noua-villa, dum viueret, Domini *de la Chabra*, & à nobili Ioanne siue Alamando de Noua-villa Domino *de la Chabra*, filio dictæ Marchesiæ, & dicti defuncti Guillermi de Noua-villa, quod coniugium prout de dicta acquisitione edocuit dictus Dominus Amblardus, & fidem fecit promptam per quasdam Litteras sub sigillis Cancellariarum Regiarum Riomi, & Nonetæ affectatas acceptasque, & sigillatas per magnificum Ioannem Guitardi comorantem in Villa de Broco, Notarium dictarum Cancellariarum, & passatas inter dictas partes die Dominica ante festum exaltationis Sanctæ Crucis, anno Domini millesimo quatercentesimo decimo tertio; & promisit & conuenit dictus Dominus Amblardus nominibus, & ad opus quo supra cum iuramento, & obligatione subscriptis, dictis Religiosis ad opus prædictum, ad eorum solam requestam facere fieri Deytam & responsionem perpetuò, in & de dictis centum solidis censualibus, & reddituabilibus solubilibus dictis Religiosis anno quolibet, temporibus perpetuis in quolibet Festo Beati Andreæ vt dictum est, & se obligandi & homines tenementarios dicti Mansi, prout decet, & erit in talibus necesse ad commodum dictorum Religiosorum, & pro supportando prædicta dicta Deyta, seu responsione sic facta, prædictos homines tenementarios dicti Mansi, iuriumque & pertinentiarum eiusdem de dictis centum solidis censualibus & reddituabilibus, dictus Dominus Amblardus promisit & conuenit sub obligatione, & iuramento suis infra scriptis deffendere, & garentire, ac semper & perpetuo facere valere & solueré dictos centum solidos ad opus prædictum ab omnibus, & de omnibus impetitore, perturbatore, litem, caluminam, seu impedimentum quodcumque mouente, vel imponente in iudicio & extra, & in omnem casum & euentum causæ actæ vlterius, &c. & voluit dictus Dominus Amblardus quod prædicti centum solidi censuales, & reddituales incontinenti, quod soluti erunt, conuertantur ad emendum oleum necessarium, & ministrabitur per dictos Religiosos diligenter ac fideliter, & tenebunt dictam lampadem igne accensam, & illuminatam die ac nocte & perpetuò iuxta ordinationem dicti Domini Cardinalis, necnon & de iis quæ superesunt de dictis centum solidis censualibus, & reddituabilibus, facta primo ante omnia dicta illuminatione dictæ lampadis, vestimenta & ornamenta dictæ Capellæ teneantur reparata vtiliter per dictos Religiosos, & sic voluit & expressè concessit dictus Dominus Amblardus, quod casu quo hæres, seu hæredes eiusdem Domini Amblardi, in dicto Manso & terra *de Malemon* destinantes dictum Mansum cum suis dictis iuribus & pertinentiis, in aliquo dictos Religiosos in solutione dictorum centum solidorum censitalium, & reddituatium perturbarent, seu perturbias & molestias darent, seu procurarent, quoniam in dicto termino Sancti Andreæ sine contradictione persoluerentur dictis Religiosis, & cessaret seu retardaretur in aliquo eorum solutio, de prædictis centum solidis, & dicta lampade illuminandi, in eo casu licitum sit dictis Religiosis vendere, & distrahere perpetuò, seu distrahi facere propria Authoritate dictum Mansum, seu terram *de Malemon* vna cum suis iuribus, & pertinentiis superius declaratis, illi seu illis, ac pretio seu pretiis, quibus videbitur dictis Religiosis faciendum, litterasque sufficientes cum clausulis opportunis dandis & concedendis, & quod inde de pretio quod exinde habebitur ex dicta venditione, emantur supra pedes diligenter centum solidi prædicti censuales, & reddituales ad opus prædictum in locis quietis, & allodialibus benè iacentibus, & perpetuo valituris, quantumcunque

vero residuum pretij (si quod sit de dicta venditione emptis & acquisitis dictis centum solidis censualibus & reddituabilus) hæredibus dicti Domini Amblardi reddatur & debeeretur, quoniam hodie expressè dictus Dominus Amblardus, dictum Mansum cum suis censibus & redditibus & aliis iuribus & pertinentijs prædictis hypothecat & obligat, & hypothecata & obligata iura & bona eiusdem cum dictis iuribus esse, & teneri voluit perpetuò ante dictis Religiosis, ob causam administrationis dictæ lampadis ac aliorum prædictorum, & ad observationem singulorum & omnium prædictorum. Item, dedit & donauit vlterius dictus Dominus Amblardus dictis Religiosis, perpetuò pro adimplendo & supportando infrà scripta, videlicet duo sextaria frumenti boni & mercabilis, mensuræ Claromontensis, censualia & reddituealia quolibet anno soluenda & reddenda dictis Religiosis perpetuò in quolibet Festo Beati Iuliani, in & de quam primis melioribus censibus & redditibus leuandis per hæredes dicti Domini Amblardi in bonis suis hæreditariis censualibus & in reddituabilus, quæ acquisiuit dictus Dominus Amblardus à Caudone Vernassa, vel ab aliis, in loco Sancti Amantij, quæ verò bona proximè declarata dictus Dominus Amblardus, dictis Religiosis perpetuò ad soluendum dicta duo sextaria frumenti annuatim modo prædicto expressè obligauit, & hypothecauit ac obligata & hypothecata esse & tenere voluit. Item, vlterius dictus Dominus Amblardus, dedit & donauit dictis Religiosis perpetuò vnam chargiam boni vini & puri & bene mercabilis mensuræ Claromontensis in quolibet Festo Beati Martini Hyemalis, soluendam perpetuò dictis Religiosis per hæredem seu hæredes dicti Domini Amblardi in bonis suis immobilibus seu hæreditariis, quæ acquisiuit in Ciuitate Claromontensi, & itinerariis finibus quibuscumque, quæ verò bona hæreditaria proximè declarata, dictus Dominus Amblardus expressè dictis Religiosis obligauit & hypothecauit, ac hypothecata & obligata teneri voluit dictus Dominus Amblardus Religiosis antedictis, ad complendum perpetuo solutionem integram dictæ chargiæ vini duorum modiorum ad dictam mensuram, & quod dicti Religiosi annuatim debeant & teneantur pro prædictis duobus sextariis frumenti & chargia vini, vnam Missam qualibet hebdomada pro intentione dicti Domini Amblardi in Ecclesiâ sua celebrare, nec non vnum Anniuersarium cum Processione & Missa Conuentuali solemni celebrare qualibet die Lunæ prima quadragesimæ omnibus singulis & prædicta omnia inseri voluit & recitari de verbo ad verbum in suo Testamento dictus Dominus Amblardus ad finem, & propter hoc vt prædicta perpetuis temporibus in suo robore valeant efficaciter immanere iuxta vota, & intentiones dicti Domini Amblardi. Item, voluit & expressè concessit dictus Dominus Amblardus, quod casu quod dicti hæredes proximè expressati aut tenentes bona hæreditaria proximè declarata, essent recusantes seu morosi ad soluenda dicta duo sextaria frumenti, & chargiam vini prædictam in vnum vel duos Menses, & cessarent prædicta proximè superius ordinata, per dictum Dominum Amblardum celebrari, quod eo Casu vniuersis de melioribus hæreditatibus dicti Domini Amblardi Ciuitatis Claromontensis eligendis per dictos Religiosos, siue sit hospitium, pratum, vinea in locis Talendum aut Sancti Amantij, ad electionem dictorum Religiosorum vendantur per dictos Religiosos perpetuò quibus fuerit, & erit ac videbitur dictis Religiosis faciendum, & super hoc Litteras perpetuales sufficientes dandas & concedendas cum suis clausulis Vniuersis necessariis in prædictis: & quia de propositione petimus, ex dictis venditionem habendam, per dictos Religiosos emantur duo sextaria frumenti, & chargia vini prædicti censualis & reddituealis perpetuò ad opus prædictum in bonis locis & benè iacentibus, & perpetuò valituris, & id quod restabit de pretiis prædictorum vendendorum factis & solutis acquisitionibus denariorum annualium prædictorum proximè declaratis hæredibus dicti Domini Amblardi in prædictis locis Claromontis & Sancti Amantij tradatur, per dictos Religiosos seu expediatur, & hiis sic factis vlterius dicti hæredes ad prædicta non compellantur per dictos Religiosos, præsente ad hæc Reuerendo Patre Domino Bertrando *Bergoin*, Magistro in Sacrâ Paginâ, Guardiano dicti Conuentus, & prædicta omnia ad commodum dicti Domini Amblardi acceptante, & omnia adimplendi prædicta pro & nomine, ac de voluntate dictorum Religiosorum, qui in pleno Capitulo prædicta accordauerunt facienda & complenda, & etiam prædicta omnia pro prædictis Religiosis recipiendi, & solemniter stipulandi, & quem Dominum Bertrandum *Bergoing*, dictus Dominus Amblardus confessus fuit, & recognouit esse certum & indubitatum procuratorem dictorum Religiosorum, & ab eisdem super hoc habuisse & habere mandatum speciale, & adhuc cedens & quitans, pœnitusque & perpetuò remittens, ac etiam transferens dictus Dominus Amblardus antedictis Religiosis, nominibus & ad opus quibus supra, & in ipsos Religiosos suosque successores & in perpetuum prorsus & omnino, ex causa donationis & contractus huiusmodi, videlicet prædicta donata superius expressata & declarata, nec non & totum ius & omnem actionem realem & personalem, & omnes alias quascumque, quod, quam, & quas, & quicquid iuris, Actionis, saisinæ, Possessionis, proprietatis & Dreyturæ, Denarij, Causæ querelæ, questionis, petitionis & Demandæ realis & personalis, veræ, justæ, & non justæ, prætoriæ, hypothecariæ, Ciuilis, vtilis, & directæ, quod & quas dictus Dominus Amblardus habet, habebat & habere potest, poterat, debet & debebat, jure & ratione, titulo, forma, seu successione quibuscumque, aut alio quouis modo in prædictis donatis, cessis, & transportatis, & quolibet eorumdem superius expressatis & declaratis, nec non omnia & singula iura, omnesque & singulas Actiones, prosequutiones, pocessiones, causas, querelas, questiones, petitiones & demandas, meras, justas, & non justas, ac omnes alias quascumque; faciens autem & constituens dictus Dominus Amblardus, dictos Religiosos & suos successores perpetuos procuratores & veros Dominos super prædictis donatis, declaratis & expressatis, vt in rem suam &

suorum propriam, seque constituens dictus Dominus Amblardus, ex causa donationis & contractus hujusmodi, nomine ad opus dictorum Religiosorum & suorum perpetuò precario nomine ad opus dictorum Religiosorum, videlicet prædicta donata superius expressa & declarata, tenereque & possidere nomine & ad opus dictorum Religiosorum, donec & quousque dicti Religiosi, siue sint, aut alius, aut alij ipsorum, eorum nomine & pro ipsis possessionem eorum apprehenderunt & nanciti fuerunt corporalem & realem, quam verò possessionem voluit & concessit dictus Dominus Amblardus, quòd di‑ti Religiosi per se vel per alium, seu alios eorum nominibus & pro ipsis quandocumque sibi placuerit, apprehendant, & apprehensam penès se detineant, ac etiam nanciscantur, auctoritate sua propria nemine super hoc requisito, nulliusque sui hoc petita, seu obtenta licentiâ, seu mandatis, deuestiens se dictus Dominus Amblardus ex causa contractus hujusmodi, in & de prædictis Donatis supra declaratis & expressatis per concessionem harum præsentium litterarum, & dictos Religiosos, & suos ad opus prædictum perpetuo inuestigando, & in possessionem realem & corporalem de eisdem inducendo, dans in mandatis tenore præsentium Litterarum idem Dominus Amblardus Receptori suo, qui nunc est aut pro tempore erit in futurum, in prædictis censibus & redditibus Mansi de *Atalmom*, quatenus de quam primis leuatis seu leuandis per ipsum, soluat, reddat, ac etiam deliberet judicatè dictos centum solidos in dicto tempore Beati Andreæ ad opus prædictum, & pro administrando in dicta Lampade oleum sibi necessarium, pro tenendo illuminatam igne die ac nocte perpetuis temporibus, & etiam dans in mandatis receptori seu receptoribus qui sunt de præsenti, aut erunt in futurum, pro & nomine dicti Domini Amblardi, siue suorum in locis & Ciuitatibus Claromontis & Sancti Amantij, quatenus in & de primis Censibus, redditibus, & emolumentis annualibus leuatis seu leuandis, soluant, & reddant, dictis Religiosis dictam chargiam yiri, duo modia vini prædicti prædictæ mensuræ, computando tempore vindemiarum, & dicta duo sextaria frumenti prædicti ad prædictam mensuram, ad finem vt prædicta supra ordinata diligentius, ac continuè fiant per dictos Religiosos, seu celebrentur iusta vota, seu ordinationem dicti quondam Domini Cardinalis, ac Domini Amblardi prædicti, & nihilominus promisit atque jurauit dictus Dominus Amblardus sub obligatione, & juramento suis perpetuò ab omni impetitore, perturbatore, litem, causam, calumniam, seu impedimentum quodcumque mouente, vel imponente in judicio & extrà, & cum hoc reddere & restituere dictis Religiosis, omnes expensas, interesse, & costamenta quæcumque, quæ, quod & quas dictos Religiosos, siue suos factores pati, aut sustinere contigerit quoquomodo ob defectum promissorum non completorum vt superius est expressum. Præterea & insuper promisit dictus Dominus Amblardus bona fide sua, & sub hypotheca & speciali obligatione omnium & singulorum bonorum suorum prædictorum, ac aliorum suorum mobilium & immobilium, præsentium & futurorum, nihilominus super sancta Dei Euangelia jurauit se prædicta omnia vniuersa & singula in præsentibus Litteris contenta, fideliter attendere, tenere, & complere contrà de cætero non facere, dicere, nec venire, seque minimè fecisse, dixisse nec facturum & dicturum amodo esse aliquid quominus contenta in præsentibus litteris plenam in rebus obtineant, ac etiam perpetuam firmitatem, necnon reddere & restituere dictus Dominus Amblardus dictis Religiosis & suis successoribus quibuscumque omnia & singula deinceps, omnesque & singulas expensas de interesse, quæ quod & quas dictos Religiosos siue suos, pro promissis pati facere aut sustinere contigerit quoquo modo, ratione, seu occasione omnium & singulorum præmissorum non completorum, prout superius est expressum; renunciauit dictus Dominus Amblardus in hoc facto cum additione dicti sui præstiti juramenti, exceptioni dictæ donationis, ac omnium & singulorum aliorum præmissorum suis de promissis non factorum, & non benè factorum, & per errorem & sine causa factorũ, & exceptioni doli mali fraudis, vis, metus, lezionis, erroris; & deceptionis quorũcumque, & actioni in factũ, & omni Iuri scripto & non scripto, Canonico & Ciuili, vsagio & consuetudini quibuscumque, & juri in quo decepti contrahentibus & non decipientibus subuenitur, Iurique dicenti generalem renunciationem non valere, nisi præcesserit specialis, & voluit & concessit dictus Dominus Amblardus, se & suos pro promissis posse & debere compelli à nobis, vel ab illo qui pro tempore fuerit loco Ministri & per Curiam Domini Officialis Claromontensis & Castelli Parisiensis, & vires parui sigilli Regij Mantispessullani, & quamlibet ipsarum Curiarum ac judicium earumdem per dictos Religiosos eligendam, necnon & per captionem & distractionem omnium & singulorum bonorum suorum mobilium & immobilium præsentium & futurorum, & de plano & absque monitione & licentia Curiarum prædictarum, & cujuslibet alterius procedere, quibus dictus Dominus Amblardus renunciauit, ad prædicta omnia vniuersa & singula, in præsentibus Litteris contenta ac tendenda, tenenda & complenda, quocumque priuilegio nonobstante omnique figura judiciaria pœnitus prætermissa. Sciendum est autem, quod super & de promissis omnibus & singulis sunt & extant penès dictos Religiosos aliæ Litteræ in & de Curia Domini Officialis Claromontensis ipsas præsentibus consimiles, quoad rei substantiam & effectum vnicum factum & non diuersum in se continentes, licet sint de duabus seu diuersis Curiis concessæ, ita tamen quod dictus Dominus Amblardus expressè voluit & concessit, antè & post concessionem, & in concessione præsentium litterarum, quod licitum sit dictis Religiosis siue suis successoribus se juuare, videlicet tam per præsentes, quàm per alias litteras Curiæ prædictæ, & tam per alias quàm præsentes contrà dictum Dominum Amblardum & bona sua prædicta, tam conjunctim, quàm diuisim, & in eodem contextu temporis seu diuerso, & quod executio vnius dictarum Curiarum, ac judicium earumdem executionum alterius in aliquo non valeat

Cardinaux des François.

valeat impediri, seu retardare, & quod executio, seu executiones malè inceptæ, seu inchoatæ valeant semper refici, & in melius reformari ad commodum dictorum Religiosorum, siue suorum, siue expressè interesse seu necesse, & vt toties, quoties dictis Religiosis videbitur fore expediens seu necesse, & prorsus reiterari, & ad statum pristinum reduci, seu reuerti, ac si non fuissent incepti ad commodum dictorum Religiosorum siue suorum: vlteriusque autem est sciendum, quod quia prædicta omnia & singula supra, & infra scripta in vna pergameni pelle stare, seu scribi non poterant propter prolixitatem contractus huiusmodi ac verborum eiusdem, ob hoc præsentes duas pelles ad scribendum dictum contractum integrè tenaci conglutino iniungi fecimus, & mandauimus, & exinde scribi fideliter, & qualibet parte dictæ iuncturæ contra sigillum dicti sigilli Regij apponi fecimus & appendi in fidem & testimonium, omnium & singulorum præmissorum ad omnem suppositionem tollendam super & de prædictis, in quorum omnium & singulorum præmissorum fidem & testimonium, nos antè dictus tenens dictum sigillum ad relationem dicti Notarij qui nobis retulit prædicta omnia, sic coram eo, vice & authoritate nostra acta fuisse & concessa, testibus hiis præsentibus, Nobili viro Domino IOHANNE DE MVROLIO milite, Domino de Maysaco, Mimatensis Diœcesis, Colino *du Monstier* Parisiensis, Ludouico Godardi Parrochiano de Bat Diœcesis Claromontensis in Archipresbyteratu Cuciaci, & Religioso viro Fratre Iohanne de Turribus dicti Conuentus Fratrum Minorum Claromontis, cui verò Notario, dictæque eius relationi sic nobis ab eo de præmissis factæ fidem plenariam adhibentes, dictum quod tenemus sigillum his præsentibus litteris duximus apponendum. Datum die Veneris antè Festum Purificationis beatæ Mariæ Virginis, Anno Domini 1423. sic signatum. R. Palmerij.

PIERRE DE THVRET,

Euesque de Maillezais, Prieur de Saint Sauueur de Neuers, Cardinal Prestre du Tiltre de Saint Vital, Legat du Pape Clement VII. au Royaume de Naples, & du Pape Alexandre V. en France.

CHAPITRE CLXIII.

Lettre de Cachet du Roy Charles VI. au Cardinal de Thurey, dont l'Original m'a esté communiqué par Monsieur d'Hozier.

CARDINAL *de Thurey tres-cher & feal amy. Vous sçauez comme Nous auons plusieurs fois supplié à Nostre Saint Pere le Pape, qu'il luy pleust enuoyer le Palle à nostre Amé, & feal Conseiller Maistre Vidal de Castelmauron Archeuesque de Tholose, de laquelle chose il n'a encor rien fait, ainçois a moult durement procedé contre ledit Archeuesque, à la Requeste de Maistre Pierre Raual Euesque de Saint Pons, dont Nous auons eu & auons à tres-grand merueille,* &c. 1407.

Extraict des Registres de Parlement.

AMicus noster Cardinalis de THVRAYO Prior, seu Administrator Prioratus Sancti Saluatoris Niuernensis.

Extraict de l'Histoire de Charles VI. par Iean Iuuenal des Vrsins.

LE *Pape Clement enuoia le Cardinal de Thurey pour declarer la pitoyable calamité & misere du Royaume de Sicile, lequel arriua deuers le Roy, & luy exposa la charge qu'il auoit, en luy priant & requerant qu'il voulsist auiser comme on y pourroit remedier, & offrit de la part du Pape à y employer & gens & argent de tout son pouuoir: Le Roy feist response par son Chancelier que tres-volontiers il y adiseroit. Et en vn autre endroit de la mesme Histoire. Les Cardinaux de Thurey & de Saluces, vindrent dans*

Ttt

Paris en grands pompes & Estats, & furent deuers le Roy & Nos Seigneurs les Ducs, & seirent vne proposition par la bouche du Cardinal de Thurey, & disoient maux infinis de BENEDIC. C'estoient merueilles des pompes & Estats desdits Cardinaux, lesquels estoient à toutes gens de quelque estat qu'ils fussent, à grande desplaisance & abomination.

Extraict du MS. de l'Eglise de Saint Irenée de Lyon.

ANno millesimo quadringentesimo decimo, Reuerendissimus in Christo Pater, Dominus Cardinalis de Thureyo, Legatus à latere à Domino nostro Papa Alexandro V. reuerenter & honorificè, corpora Sanctorum Martyrum Irenei, Ippipodij, & Alexandri releuauit in dictâ Sancti Irenei Ecclesia, ac festiuitatibus Praedictorum Sanctorum dedit quatuor annos, & totidem quadragenas Indulgentiarum. Item, à prima die Quadragesimae vsque ad octauam Paschae omnibus diebus concessit, dictam Ecclesiam visitantibus, vnum annum & quadraginta dies Indulgentiarum.

Tiltre dont l'original est au Cabinet de Monsieur de Vyon, Seigneur d'Herouual, Conseiller du Roy & Auditeur en sa Chambre des Comptes.

IE Pierre, par la Grace de Dieu Cardinal de Thurey, Confesse auoir eu & reaulment receu de ma tres-doubtée Dame, Madame la Reine de Ierusalem & de Sicile, & de Monseigneur le Roy Loys son fils, par la main de Noble homme Messire Iean Pelerin Cheualier Conseiller des dessusdits, la somme de cinq cens francs d'or, en diminution de plus grant somme, en laquelle les dessusdits Madame, & le Roy me sont tenus à cause de pur prest fait à eux par moy; dont il appert plus à plain és Lettres sur ce faittes ; de laquelle somme de cinq cent francs d'or ainsin à moy baillée, ie me tichs pour contens & bien paiés, & en quitte les dessusdits Madame, le Roy, & aussy ledit Messire Iean Pelerin, & tous autres à qui quittance en peut & doit appartenir; en tesmoing de ce iay Seellé de mon propre Seel, & aussy Signé de ma propre main, cette presente Quittance. Donné à Auignon le 9. iour du mois de May, l'an 1375.

Le Cardinal de Thurey.

IEAN FRACON,

Vulgairement appellé de Brogny, mal nommé de Brogniac & d'Embrogniac, Chanoine de Roüen, Euesque de Geneve, & de Viuiers, Archeuesque d'Arles, Vice-Chancelier de l'Eglise Romaine, Camerier du Pape CLEMENT VII. Cardinal du Tiltre de Saint Anastase, & enfin Euesque d'Ostie & de Velitre, Prieur du Prieuré de Fleury sur Ousche & Seigneur dudit lieu, à cause du Prieuré de Saint Marcel lez Chaalon sur Saonne, dont il estoit pareillement Prieur.

CHAPITRE CLXIV.

Extraict des Memoires MS. de Monsieur de la Roque, Aduocat au Parlement.

IEAN de Brogny, Cardinal Euesque d'Ostie, & Vice-Chancelier de la Sainte Eglise Romaine, fut receu Chanoine de Roüen l'an 1418. 15. Ianuier, estoit du Diocese de Geneve, fut Camerier de Clement VII. fut Euesque de Dinare, & presida au Concile de Constance en 1415. il mourut à Rome en 1426. au mois de Feurier, la premiere année du Pontificat de Martin V.

des Cardinaux François.

Extraict de l'Histoire MS. des Euesques de Geneve, par le Reuerend Pere Monod, Iesuite.

IEAN de Brogny, du Diocese de Geneve, Cardinal Euesque d'Ostie, & Vice-Chancelier de l'Eglise, eut l'administration de cet Euesché, & en fut Commendataire par la mort ou Cession de Iean de Courtecuysse, quoy que fort peu de temps: ce fut un des plus grands Personnages de son Siecle, Robert de Geneue, soy disant Clement VII. le fit Cardinal en l'an 1385. & fut confirmé par les Papes suiuans, il presida au Concile de Constance, Consacra Martin V. on l'appelloit communement le Cardinal de Viuiers, à cause de l'Euesché de ladite Ville qu'il auoit tenu: les Histoires de ce temps la ne font aucune mention qu'il ayt esté Euesque de Geneue, aussi ne le fut-il que sur la fin de ses iours: mais comme natif de ce Diocese il affectiona tousiours cette Eglise, & y fonda une Chapelle en laquelle il establit un Recteur ou Archipreftre auec six Chapelains. I'ay veu diuers instrumens, & Contrats faits pour ladite fondation en années 1411. & suiuantes, esquelles il est tousiours qualifié Euesque d'Ostie, sans faire aucune mention qu'il fut Euesque de Geneue, ce que sans doute les Notaires n'eussent oublié, particulierement quand ils dressoient les formalitez en la mesme Ville, ce qui me fait croire qu'il ne fut pourueu de cet Euesché que peu de temps auant sa mort, laquelle Onufrius & Ciaconius, marquent en l'an 1426. au mois de Feurier. Or qu'alors il iouit de cet Euesché, il est certain par la Bulle de Prouision qu'en fait le Pape Martin, en laquelle il est dit qu'il vaque, per obitum bonæ memoriæ Domini Ioannis Cardinalis Ostiensis præfatæ Ecclesiæ Gebennensis possessoris; Secondement par la Bulle du departement des dixmes dudit Euesché sede vacante, en laquelle, le Pape susdit appelle le mesme Cardinal Commendataire de Geneue: elle est dattée du 8. Iuin 1428.

Inscription qui est au bas du Tablau du Cardinal de Brogny, en l'Eglise des Dominicains d'Annessy.

ILLVSTRISSIMVS Dominus Ioannes Fraczon de Brogniaco, Patrochiæ Annecij vetetis, Episcopus Ostiensis Sanctæ Romanæ Ecclesiæ Cardinalis, & Vice-Cancellarius, primus & principalis fundator Ecclesiæ & Conuentus Annessiensis Ordinis Fratrum Prædicatorum sub anno 1422. Et fundator Collegij Auinionensis pro 16. pauperibus studentibus Sabaudis, & octo de Prouincia Viennensi & Atelatensi anno 1426. qui fuit creatus Cardinalis anno 1385. Obiit & sepultus fuit Auenioni in Basilica Sancti Petri, anno 1426.

Ex primo Chartulario Carthusiæ, numero 128.

EX Litteris datis Auenione anno 1391. Domini Ioannis Tituli Sanctæ Anastasiæ Cardinalis Vluatiensis, Religiosi professi Carthusiæ Diuionensis, conceditur Monachis dictæ Domus, vt possint promoueri ad sacros ordines, etiam ad Sacerdotium, anno ætatis suæ vigesimo secundo.

Ex Historia Carthusiana D. Nicolai Molin.

DOMINVS Ioannes Monachus nouæ Carthusiæ Sanctissimæ Trinitatis iuxta Diuionem, ob piæ vitæ merita, diuinarumque & humanarum Litterarum illustrem scientiam & eloquentiam, charus Philippo audaci Burgundionum Duci, cuius sedulis efflagitationibus apud CLEMENTEM VII. Auenioni sedentem purpurea causiá honoratus est circa annum 1391.

Extraict de la narration Historique, & Topographique des Conuents de l'Ordre de Saint François en la Prouince de Bourgogne, par Iacques Foderé Religieux de la reguliere Obseruance dudit Ordre.

Description du Conuent d'Annessy.

IL ne faut passer soubs silence que de cette mesme petite Ville & des enuirons voisins, sont sortis de fort grands personnages, qui ont laissé au public de belles marques de leur merite, particulierement il y en a quatre d'vnes de perpetuelle memoire. Le premier est Saint Bernard, (ie n'entends pas Saint Bernard Docteur de l'Eglise, Abbé de Clairuaux, qui estoit natif du Vilage de Fontaines, proche de Dijon,) mais Saint Bernard de la Noble maison de Menthon, voisine d'Annessy, de la tige duquel il y a encore pour le iourd'huy d'Illustres Seigneurs, & d'autant que l'Histoire de sa vie est en lumiere, ie ne m'y estendray pas plus auant. Le second estoit l'Illustrissime Cardinal d'Ostie, qui se nommoit Iean Alermet, fils de Mas

Preuues du Liure II. de l'Histoire

auec Alermet furnommé le François. Ce Iean Alermet pour la premiere promotion fut Chanoine de Geneue, tant si doste & d'vn entendement si releué qu'il fut fait Euesque dudit Geneue : y fonda les Machabez, qui sont Prestres deseruans à l'Eglise Cathedrale, puis fut Archeuesque d'Arles & de Vienne. De-là il fut employé en de grandes affaires pour le seruice de la Religion Chrestienne, notamment pour l'vnion de l'Eglise, pendant le schisme du temps du Pape Eugene IV. de sorte que pour ses rares merites il eust le Chapeau Rouge, nommé le Cardinal d'Ostie, tant renommé, que bien-tost apres il fut Doyen des Cardinaux, & Vice-Chancelier du Saint Siege, tenant le premier rang au Conclaue : il acquist de grands moiens, mais il les employa fort en choses pies, & à la gloire de Dieu, car il fit vne tres belle fondation au grand College d'Auignon, en faueur de ceux d'Anneffy. Il fit vne bonne partie de l'Eglise & Couuent des Peres Celestins dudit Auignon, il fonda le celebre Couuent de Saint Dominique à Tinoli, puis celuy du mesme Ordre en cette Ville d'Anneffy ; Il fonda l'Eglise de Saint Laurent, & la Maladrie de Brognier, lieu de sa naissance, de la Parroisse d'Anneffy le Vieux, où il auoit esté regeneré au fonds de Baptesme.

Testament du Cardinal de Brogny, communiqué par Monsieur Guichenon, Conseiller Historiographe du Roy, & de son Altesse Royalle de Sauoye, & Cheualier de l'Ordre de Saint Maurice.

IN Nomine Domini, Amen. Nouerint vniuersi & singuli præsentes Litteras, seu præsens transumptum & publicum instrumentum inspecturi. Quod nos Iulianus de Cæsarinis de vrbe, vtriusque iuris Doctor, Domini nostri Papæ Cappellani ipsiusque Curiæ Camerarij, ac Curiæ Cameræ Apostolicæ generalis auditor, ad venerabilis & discreti viri magistri Thomæ de Burgundia, Bacchalarij in Decretis, Canonici Ecclesiæ Ruthenensis, Litterarum Apostolicarum Abbreuiatoris & Executoris vltimi Testamenti, seu vltimæ voluntatis bonæ memoriæ Domini Iohannis Episcopi Ostiensis, Sanctæ Romanæ Ecclesiæ Cardinalis & Vicecancellarij, instantiam & requisitionem omnes, & singulos sua interesse creditorumque procuratores si qui essent in Romana Curia, pro eisdem ad videndum & audiendum perduci, admitti, recipi & intrare nonnullos testes de & super recognitione signorum, & Litteræ Notariorum in Testamento, seu vltima voluntate dicti quondam Domini bonæ memoriæ Domini Cardinalis subscriptorum, & postquam recognitum foret ipsum transumi, & exemplari, ac Decretum, & authoritatem indiciariam interponi, vel dicendum & causam si quam haberent proponendum & allegandum, quare præmissa fieri minime deberent, per audientiam publicam Litterarum contradictarum Domini nostri Papæ, vt moris est, peremptorium citari mandauimus & fecimus ad dies, locum, & horam inferius designatas. In quibus comparens in iudicio coram nobis præfatus Magister Thomas de Burgundia, Executor dictam sitationem in audientia prædicta, Litterarum contradictarum Domini nostri Papæ, vt moris est, publice lectam, & ibidem debitè executam repræsentans citatorum per eamdem, & in ipsa contentorum non comparentium, nec dicto termino satisfacere curantium contumaciam accusauit. Quos contumaces reputari & in ipsorum contumaciam dictum Testamentum, seu vltimam voluntatem bonæ memoriæ Domini Cardinalis in formam publicam redactam, & nonnullos testes fide dignos ad hoc citatos ibidem comparentes de & super recognitione signorum manus, & Litteræ Magistrorum Iacobi Bailini, & Radulphi Ieannis Notariorum, & in ipso Testamento, seu instrumento subscriptorum exhibuit, & produxit : cuius quidem Testamenti tenor inferius est insertus. Quos & eorum iuramenta super huiusmodi recognitionem recipi, & admitti per nos cum instantia postulauit. Nos tunc Iulianus auditor præfatus dictos citatos non comparentes, nec dicto termino satisfacere curantes, reputauimus prout erant merito ex gentes instantiam dicti hebite expectatos contumaces, & in eorum contumaciam dictos testes super recognitionem signorum manus, & Litteræ dictorum Notariorum in prædicto instrumento subscriptorum in formis duximus admittendos, pariter & admisimus, qui ad mandatum nostrum, & in nostris manibus ad super Sancta Dei Euangelia iurandum dicere veritatem, & deinde exhibito eisdem dicto Testamento, ac subscriptionibus & signis dictorum Notariorum dixerunt se cognoscere dictos Notarios, & signa Litterarum & manum ipsorum, & dixerunt quod fuerunt, & erant Notarij publici fideles, & legales tempore confectionis dicti Testamenti, & quod dictus Iacobus Bailini post dictum conditum Testamentum, decessit in præsenti alma vrbe & Romana Curia, & præfatus Radulphus Ieannis adhuc viuit, & est Notarius publicus fidelis, & legalis & ad euus tamquam ad talem habetur recursus, dictusque quondam Iacobus, etiam fuit, & erat Notarius publicus fidelis & legalis tempore confectionis ipsius testamenti, & vsque ad tempus & tempore mortis suæ : quibus sic actis dictum Testamentum ac signa, & subscriptiones dictorum Notariorum habuimus pro recognitis, ipsumque Testamentum vidimus, legimus, tenuimus, palpauimus & diligenter inspeximus, sanum, integrum, non vitiatum, non cancellatum, seu in aliqua sui parte suspectum, sed omni prorsus vitio & suspicione carens, ipsumque Testamentum, seu instrumentum ad præfati Magistri Thomæ de Burgundia Executoris instantiam, & requisitionem per magnum Ieannem Garnerij dictæ Curiæ Cameræ Apostolicæ Notarium & scribam iuratum, infra scriptum transumi & exemplari, & in hanc formam publicam redigi mandauimus & fecimus : volentes & authoritate Curiæ dictæ decernentes, quod huic transumpto, seu publico instrumento, in iudicio, & extra vbicumque locorum & terrarum detur, & adhibeatur de cætero tanta fides, quanta ipsi instrumento originali inferius de verbo ad verbum inserto & registrato, & cum præsenti transumpto absque dubio daretur & adhiberetur. Quibus omnibus & singulis supra dictis tamquam ritè & legitimè factis & celebratis in eodem iudicio coram nobis, nostræ & dictæ Curiæ Cameræ Apostolicæ *authoritatem iudiciariam interposuimus, & tenore præsentium interponimus pariter & decretum. Tenor vero instrumenti, seu Testamenti de quo supra sit mentio de verbo ad verbum sequitur, & est talis.*

IN Nomine Patris & Filij & Spiritus Sancti, Amen. Anno à Natiuitate Domini millesimo quadringentesimo vigesimo secundo, indictione decima quinta, die vero duodecima mensis Augusti, præsentibus nobis Notariis publicis, & testibus infra scriptis ad hæc vocatis pariter & rogatis, Reuerendissimus in Christo Pater & Dominus, D. Iohannes miseratione diuina Episcopus Ostiensis, Sanctæ Romanæ Ecclesiæ Cardinalis & Vicecancellarius, suum condidit vltimum Testamentum nuncupatiuum in forma inferius annotata. In nomine Sanctæ & indiuiduæ Trinitatis Patris, & Filij, & Spiritus Sancti, Amen. Ego Iohannes Episcopus Ostiensis sanus mente & corpore per Dei gratiam, considerans generis humani conditionem fore fragilem & caducam, quodque nihil est morte certius nihilque incertius eius hora, ac cupiens quamdiu virtus in membris viget & ratio mentem regit, quam adeo sæpius languor obnubilat, vt non solum temporalium rerum, verum etiam sui ipsius cogit ipsa languoris vehementia penitus obliuisci, humanæ conditionis ineuitabile periculum, & diem meæ peregrinationis extremæ dispositione Testamentaria præuenire, & animæ meæ salubriter prouidere, ac de bonis & rebus meis, & ex vsufructu earum mihi competenter acquisitis ad laudem Omnipotentis Dei, & Beatæ Mariæ semper Virginis, & omnium Angelorum & Sanctorum disponere, Testamentum meum nuncupatiuum condo, facio & ordino in hunc modum. In primis recommendo animam meam Beatæ Trinitati Patri, & Filio, & Spiritui Sancto, Gloriosæ Virgini Mariæ, & omnibus Angelis, in quibus multum confido, Beatis Apostolis Petro & Paulo, & aliis Apostolis, Beato Iohanni Baptistæ, Beato Iohanni Euangelistæ, omnibus Beatis Martyribus, Confessoribus, Virginibus, & Sanctis quibuscumque. Item, recommendo me & animam meam & executionem meam Domino nostro Martino Papæ V. aut qui erit pro tempore, cui lego meliorem annulum quem habeam, & etiam recommendo eam Sacro Collegio, & Executoribus infra scriptis, rogans & supplicans eis, quod ita se habeant circa illa sicut vellent in casu simili alios se habere, cum multos labores pro Republica sustinuerim, & experientia, præsertim à tempore assumptionis Petri de Luna in prosecutione vnionis Ecclesiæ. Item, eisdem humiliter recommendo nepotes meos, & familiares, quibus familiaribus volo etiam satisfieri de stipendiis si qui sint qui consueuerunt recipere stipendia, quibus non fuerit integrè satisfactum à tempore, quo isto anno omnes confessi sunt sibi fuisse satisfactum per publicum instrumentum. Et ex his prædictis stipendiatis qui per multos annos seruierint, volo quod satisfiat pro toto illo anno, quo moriar, incipiendo à Natiuitate Domini, & quod tam stipendiati quàm alij remaneant in Domo si voluerint, per totum vnum mensem sumptibus executionis. Item, eamdem executionem recommendo Serenissimo Principi Domino Regi Ludouico Siciliæ, &c. cui seruiui fideliter, & Patri eius, & Domino Duci Burgundiæ, & Domino meo naturali Domino Duci Sabaudiæ, & Dominæ Ducissæ. Item, ego eligo corporis depositionem, si Romæ moriar, in Ecclesia Sancti Petri, volens deponi in capite Vaticani in Capella mea Sancti Martini, vt ita totaliter reponatur & condatur corpus, quod infra annum, vel cito post, possit portari totum, vel maior pars eius ad Capellam meam Gebennensem ædificatam per me, iuxta Ecclesiam Sancti Petri Gebennensis, in qua principaliter eligo sepulturam meam. Item, volo quod tam in vestibus familiarium, quàm in Sumptuali seruetur mos honestus & non nimis pomposus, & quod fiant Eleemosinæ multæ per totam nouenam, & detur omnibus Presbyteris celebrare volentibus pendente nouena in tota Ciuitate in qua moriar, & etiam Diœcesi, vnus grossus, & postea solutis funeralibus, & aliis necessariis de toto eo quod remanebit tunc apud executionem in bonis mobilibus, in loco vbi ero, volo quod per totum discursum anni dicantur multæ Missæ prout infra ordinaui, quia volo quod totum illud, quod apud me reperietur in mobilibus in loco vbi moriar, in Missis statim dicendis conuertatur, tam per Religiosos Ciuitatis, quam Diœcesis, vel aliarum Diœceseon secundum arbitrium executorum meorum, vel maioris partis eorum qui tunc erunt præsentes, hoc tamen adiecto & seruato, quod ante omnia post funeralia, de dictis bonis leuentur duo millia florenorum, de Camera pro Missis dicendis infra annum citra & vltra montes, æqualiterque distribuantur pro dictis Missis, Romæ, Florentiæ, in Pedemontium & aliis locis, & vltra montes in locis mortalibus, & Religiosis, prout dictis Executoribus videbitur faciendum, & rogo eos quod statim hæc post mortem fieri faciant, & per numerum triginta si fieri poterit Missæ ordinentur celebrandæ, quoniam ad istum numerum spem habeo & denominationem. Item, volo quod dum corpus transferetur ad Capellam meam supra dictam Gebennensem, nullatenus omittatur quin in singulis villis notabilibus, per quas conducetur corpus, dicantur & fiant publicæ & secretæ Missæ multæ, scilicet honestè, & sine scandalo quantum fieri possit. Item, volo quod dum recipietur corpus de Ecclesia vbi ego sepultus, pro transferendo Gebennas, dentur, seu distribuantur pro redditibus emendis Ecclesiæ depositariæ ducenti ducati, & de hoc constet per publicum instrumentum, & emancur inde redditus pro distributionibus beneficiatorum ibidem, & fiant Executores securi antequam tradantur pecuniæ, & ibi beneficiati teneantur in die depositionis singulis annis facere solemnem Missam pro defunctis, & commemorationem pro anima mea, & parentum meorum. Item, si me contingerit alibi quàm Romæ decedere, volo quod corpus deponatur per instrumentum publicum in maiori Ecclesia, si sit Ciuitas, vel in loco Mendicantium, vel Religiosorum, si sit alia Villa, & portetur postea corpus ad Gebennensem, prout dictum est suprà. Item, volo vbicumque moriar, quod detur Mendicantium Conuentibus qui ibi fuerint, pro Missis dicendis, cuilibet Conuentui decem floreni, si sint ibi nobus fratres vel vltra, & quod pro prædictis pendente nouena teneantur, qualibet die dicere vnam Missam solemnem pro me, & omnibus defunctis. Item, volo quod in hospitalibus illius loci detur cuilibet recumbenti in grabato, vel impuberi vnus grossus, aliis vero pauperibus vnus bononinus, & omnibus Monialibus inclusis, cuilibet vnus grossus, & pro qualibet die nouenæ qualibet teneatur dicere pro anima mea in fine horarum ter *Pater noster*, & ter *Aue Maria*, vt supra omnia fiat diligentia quod statim post mortem meam dicantur multæ Missæ in Ciuitate, & Diœcesi vbi moriar, & per trigenas multas distribuantur per Religiosos & pauperes, & per Religiosas multa Psalteria. Item, volo quod fiat statim post mortem meam in Ecclesia Arelatensi, & Abbatiis & locis vbi fundaui Anniuersaria, vel fundabuntur, Missa Solemnis de defunctis per totam nouenam postquam mortem sciuerint, & detur cuilibet Canonico, vel Choristæ, vel celebranti prout visum fuerit Executoribus, vel deputatis ab ipsis. Item, volo quod in Ecclesia Arelatensi emantur de mille florenis mihi debitis per Regem Ludouicum, quos eidem Ecclesiæ infra lego, duodecim Anniuersaria pro prima die cuiuslibet mensis, prout fit in Ecclesiis Gebennensi, Lausanensi, Viennensi, Viuariensi, & de Romanis & quod si non possint haberi à Rege, conueniant Executores cum Capitulo pro certa summa quæ ponatur in emendis redditibus, pro dicto Anniuersario faciendo: & volo quod in qualibet dictarum Ecclesiarum dentur panni aurei, pro ponendo post mortem supra bustum, secundum dispositionem Executorum meorum, nisi in vita hoc fecerim. Intelligo de omnibus hic supra, & infra scriptis, quod fiant post mortem nisi tempore mortis fuerint facta, vel æquipollentia per me viuum. Item, quoniam dotaui Peronetam neptem meam, primò dum cum Domino de Thoro contraxit, & dedi in dotem quatuor millia florenorum Cameræ, augmentum vero fuit de mille, & legatum de quinque centis: secundo dum nupsit cum Domino de Rupeforti, & tunc solui pro dote mille florenorum pro quibus omnibus nondum solutis litigaui multis annis, maxime cum Domina Comitissa de Auellino quæ emit, & tenet Castrum de Thoro, pro dicta dote obligatum, quas pecunias cum expensis ego debeo recuperare, quia eam de tertio proprio dotaui cum nupsit cum Domino de Ponte vitreo, idcirco medietatem dictarum summarum pecuniarum do, & lego quantum ad me pertinet, vel mihi debentur, Ecclesiæ Beatæ Mariæ de Donis in Auinionensi, & Ecclesiæ Beatæ Marthæ in Tarascone, æquis portionibus ad reparationem earum, saluis donationibus factis per dictam neptem de certa parte Capellæ meæ Gebennensis, recommendans quoad hoc, executionem meam Dominæ meæ Reginæ & Regi & vniuersitati studij Auinionensis, in qua licet immeritus sui Doctor, & hoc legatum volo cedere pro Anniuersariis in illis Ecclesiis pro me faciendis, de quibus infra dicam vna cum debito Regis si quid possit haberi, eo tamen casu quo Capitulum, vel præpositus Beatæ Mariæ de Donis aliquid aliud ratione Prioratus Carthedonis, vel alias ab Executore meo peteret, vel molestaret istud legatum & quidquid erit relinquo reuoco & adnihilo, & volo quod secundum iustitiam, Ecclesiæ, Capitulo, & Præposito satisfaciat. Item, lego Cęlestinis Auinionensibus omnia in quibus Camera Apostolica mihi tenetur, pro toto tempore Domini Petri de Luna & Domini Clementis, cuius anima requiescat, tam pro recuperatione Pontis Sorgię, quam pro mutuis eius factis & aliis, quorum documenta sunt in Camera Apostolica, & apud me in Auinione. Item, quingentos florenos mihi assignatos per Cameram, pro mutuo facto Domino tunc Papę Ioanni super collectore Gebennensi, & quadringentos florenos mihi debitos per Franciscum de Castellione, cuius instrumentum recepit Dominus Fericus tunc Buticularius meus, Canonicus Autissiodonensis: lego pauperibus puellis maritandis, oriundis de Comitatu Gebennensi nominandis per meam Dominam Ducissam Sabaudię quam super hoc facio executricem, & recommendo Domino meo Duci Sabaudię totam Executionem, & factum Capellę meę Gebennensis, cum & Successores suos constituens, ipsius Capellę perpetuum protectorem & conseruatorem, & volo quod ibidem oretur pro ipsis & maximè pro Domino Duce Moderno. Item, volo quod duo nepotes mei videlicet Hugo Episcopus Vasionensis, & Franciscus Abbas Sancti Eugendi, si velint ibidem sepeliri, habeant bonum locum & consimiliter fiat de neptis meis. Item nepti meę Ioannetę lego centum florenos, & totidem Peronetę, si iam solui centum florenos quas sibi mutuaui; alias illos centum debitos mihi sibi lego tantum. Item, si in Parochia Annesiensi veteris vel alibi sint aliquæ puellæ decem annorum & vltra maritandæ, vel viduæ de genere meo vsque ad quintum gradum inclusiuè, dentur cuilibet puellæ viginti quinque floreni & viduæ decem. Item, quia dedi satis Ecclesiæ prædictæ Annensiensi veteris, ideo rogo quod Curatus teneatur facere singulis mensibus in principio mensis vnam Missam de Defunctis pro me, & parentibus meis, & in diebus Dominicis teneantur facere commemorationem pro me ad portellam vt est moris, & detur sibi vltra aliquid pro emendis aliquibus redditibus. Item, volo esse per triennium Confrater in omnibus Parochiis Ciuitatis Gebennensis, & quod simul bladum soluatur pro tribus annis eorum confratribus, sicut alij confratres soluunt. Item, cum Dominus Ioannes tunc Papa, qui pro facto Romanæ Ecclesiæ in multis pecuniarum summis mihi tenebatur, gratiosè mihi concessit annatam primam omnium Beneficiorum meorum post mortem meam, lego & volo quod media pars annatarum dictarum detur cuilibet illorum beneficiorum, de quibus soluetur dicta annata, pro emendis vestimentis Sacerdotalibus & libris necessariis, vel reparationibus ibidem faciendis, sic tamen & cum hac conditione, quod Successores in dictis Beneficiis non possint aliquid petere ab executione mea, pro reparationibus ibidem faciendis, quia vt plurimum bene reparaui omnia mea Beneficia, alioquin fiant reparationes de summa dicti legati, & volo quod in vestimentis, & libris prædictis ponantur arma mea, & in singulis dictorum Beneficiorum, quibus lego dictam medietattem annatæ mihi concessæ, facio executores cum plena potestate, & libera sine reuocatione aliorum infra scriptos Parrochos eorum vel Priores confratriæ principalis, si quæ fiat in dicto loco. Et intelligo legatum huiusmodi facere, de illis omnibus quæ continentur in Bullis prædictæ gratiæ, & donationis mihi factæ, siue sint pensiones vel fructus Beneficiorum, vel commendæ Ecclesiæ Arelatensis. Item, volo quod si completis supradictis, & infrascriptis restarent multæ pecuniæ secundum tempus quo moriar, dictæ pecuniæ distribuantur in fundando nouos Conuentus mendicantium in Diœcesi Gebennensi, vel vbicumque Domino meo Duci Sabaudiæ placuerit in Terris suis vltra montes. Item, volo quod de vassella quam habebo tempore mortis, recipiantur ducentæ marcæ, de quibus fiant calices, qui dentur pauperibus Ecclesiis Diœcesis Gebennensis & Lausanensis. Item, volo quod statim post prouisionem & emptionem Anniuersariorum fiendorum, vt infra dicam, in Cluniaco, Cistercio, Sancto Anthonio, & Carthusiensibus, & Arelatensibus Ecclesiis antequam pecuniæ & bona mea alia in alios vsus expendantur, prouideatur quod Abbas & Conuentus Sauiniaci, & Prior & Conuentus Talluriarum sint contenti de permutatione facta cum dicta Capella mea Gebennensi, de Grangiis Luciaci, & de *Archant*, sic quod dicta Capella mea Gebennensis remaneat in securo, licet Papa pro maiori securitate confirmauerit, & videtur sufficere pro futuro. Item lego Cælestinis Auinionensibus ad opus Capellæ meæ ibidem constructæ, domum meam sitam iuxta librariam meam in Auinione, quæ fuit Episcopi Regiensis cum suis pertinentiis & adiunctis, & domum meam de inter aquis cum omnibus iuribus suis, iurisdictionibus & pertinentiis, & piscaria & aliis possessionibus in dicto territorio, vel Moncilij consistentibus, quæ fuerunt dicti Episcopi, & cum conditione, quod tempore mortis æstimentur quantum valere possunt in redditibus, vel loqueriis, & quod pro singulis triginta florenis annuis fundetur locus vnus fratris, & vna cella fiat ibidem, quæ cella nominetur; & super portis scribatur cella Cardinalis Ostiensis dicti Viuariensis, qui Fratres in illis dormientes rogent pro anima mea & anima ipsius Episcopi, & quod de hoc aduisentur fratres quando cellam intrabunt, dicendo quod tenentur rogare pro fundatore vt supra. Volo tamen quod Dominus Cristinus Præpositus Regiensis possit inhabitare quamdiu placuerit gratis sine loquerio dictam domum legatam, quæ est iuxta Librariam meam, & Executores mei qui erunt in illa domo per totum primum annum debeant si velint remanere. Item, volo quod in dicta Ecclesia Cælestinorum fiat, vel compleatur cruciata, seu volta lapidea vna cum testudine, sicut aliæ ibi factæ sunt, quæ incipiat in porta à parte cimeterij, & protendatur vsque ad aliam partem Ecclesiæ, secundum formam de qua iam est cum magnis Conuentibus, volo tamen quod dicti Cælestini teneantur facere Anniuersaria mea singulis mensibus vnum tam pro rebus eis iam donatis, quam pro legatis, quam ratione dictæ cruciatæ, & expensarum eius in quo Anniuersario teneantur dicere Vesperas Matutinas, & Missas solemnes prima vel secunda vel tertia die cuiuslibet mensis cum vna collecta speciali pro me pro defunctis, prout fit in aliis locis vbi mea Anniuersaria sunt fundata. Item, lego omnes libros meos qui reperientur in Auinione necessarios ad cantum, & seruitium diuinum pro Capella vel Ecclesia, & Missale meum notatum, & Breuiarium meum notatum Ecclesiæ Beatæ Mariæ Marthæ in Tarascone, & in eis ponantur arma mea, & in eis scribatur quod dedi. Item, volo quod Executores mei tradant fratribus diui sepulchri de Anneciaco quadringentos florenos, & Collegio, seu Ecclesiæ Beatæ Anneciaci totidem, & ducentos monialibus Sanctæ Catharinæ de monte; sic quod emantur de eis in singulis dictarum Ecclesiarum redditus, pro quibus teneantur singuli facere in Principio cuiuslibet mensis, Missam solemnem pro me, & omnibus defunctis, & antequam eis tradantur pecuniæ se ad hoc debeant obligari, & interim deponantur. Item, quoniam Camera Apostolica mihi tenetur in 27. millibus ducatorum, ex mutuo ei facto ad vtilitatem Romanæ Ecclesiæ, pro recuperatione Ciuitatis Romanæ, à Rege Ludouico & Bononia rebellantis tempore Domini Ioannis XXIII. sic que dicti, prout constat per Bullas ipsius & computum cum Camera, lego mediam partem illorum 27. millium florenorum Capitulo Ecclesiæ Gebennensis, & Monasteriis seu Abbatibus, & Conuentibus Sancti Anthonij Viennensis, & Sancti Eugendi, æquis portionibus, vltra illa quæ eis dedi alia media parte apud hæredes Romanenses. Item, volo quod nulli tradatur aliquid emptum de bonis meis, nisi incontinenti emptor quicumque sit, satisfaciat de pretio iusto quantumcumque emptores promitterent cito soluere; volo tamen quod in emendo Executores præferantur, & volo etiam quod Executores tempore mortis existentes possint aliis non expectatis, cum plena potestate disponere & administrare, & interpretari voluntatem, dum tamen omnes, vel duæ partes eorum consentiant. Item, lego cuilibet cubiculario meo præsenti tempore mortis, vnam vestem vel mantellum, vel capam secundum qualitatem eorum, & longioris seruitij, & Aliasio Barbitonsori meo quinquaginta florenos, & Fratri Ioanni Confessori alios quinquaginta de Camera, & cuilibet cubiculario præsentium 20. florenos, & reliquæ paruæ vestes dentur pauperibus Presbyteris, vel familiaribus non beneficiatis, vel pauperibus reliquæ vero siue sint vestes, siue cappæ boni valoris, vel alia vendantur sic quod omnes Capellæ siue vestimenta Sacerdotalia non legata de serico integri vbicumque sint, diuidantur per medium sic quod Executores tradant mediam partem hæredibus, & alia media pars vendatur, sicut reliqua bona, prout Executoribus videbitur faciendum pro complendo Executionem. Item, volo quod in Ecclesia Arelatensi Sancti Marcelli Cabilonensis Taluciorum, & Sancti Victoris detur vna Capella integra, vel compleatur dicta vestimenta à me viuente non habuerint. Item, volo quod vbicumque ordinata, & empta fuerunt Anniuersaria mea, detur vnus bonus pannus aureus cornatinis meis, si prius me viuente non datus fuerit prout supra ordinaui. Item, quia tria millia flotenorum de Camera, quæ mutuaui Sereniſſimo Principi Domino Regi Ludouico, Patri præſentis Regis Ludouici realiter Bononiæ, & ibidem pro ipſo tamquam fideiuſſor ſolui quatuor millia, lego de illis Eccleſiæ Atelatenſi mille, & Auinionenſis mille pro duobus Anniuerſariis fiendis in ſingulis earum quolibet menſe, ſicut fit in Viuario pro me, & quod de aliis mille conſimiliter fiat in Eccleſia Beatæ Mariæ Marthæ in Taraſcone, cui dedi mille de illis tribus millibus, & aliqua alia pro reparatione Eccleſiæ ad finem, quod ibi fierent dicta Anniuerſaria, & de eis emantur redditus, inuocans Deum & Angelos eius & Beatam Mariam, & conquerens ſi ipſe modernus Rex Ludouicus, vel Domina mea Regina eius Mater nolint ſoluere ſaltem dicta tria millia vel differant, cum in Regis maxima neceſſitate Bononiæ tradideram, recommendans Illuſtribus Principibus, Ducibus Burgundiæ & Sabaudiæ totam Executionem meam, & maxime quod velint ſcribere dicto Regi, quod ſoluat dicta tria millia, & quod etiam ſcribant & requirant Papam, & Collegium quod meæ executioni ſatisfiat de dictis viginti ſeptem millibus florenis de Camera, mutuatis per dictum Dominum Ioannem quondam Papæ pro recuperatione terrarum Eccleſiæ, prout ſupra dixi & continetur in bullis. Item, volo quod tempore mortis emantur redditus pro faciendo Anniuerſarium, ſicut fiunt alia Anniuerſaria mea in magna Charthuſia in Sancto Apthonio Viennenſi, in Cluniaco, & in Ciſterſio, & in Arelatenſi, & iſtud fiat de primis.

Et quia hæredis inſtitutio caput eſt, & fundamentum cuiuſlibet vltimi teſtamenti, ſeu vltimæ voluntatis, idcirco in omnibus ſingulis bonis meis mobilibus, & immobilibus ac ſe mouentibus, rebus, iuribus, nominibus, rationibus, & actionibus quibuſcumque præſentibus & futuris, quæcumque quantacumque qualiacumque & vbicumque ſint vel conſiſtant, de quibus ſupra vel infra, vel aliter non eſt ſpecialiter ordinatum, videlicet in rebus quæ ſuper erunt completis legatis, & ordinationibus ſupra & infra ſcriptis, hæredes mihi inſtituo & ore proprio nomino, Archipresbyterum & Capellanos Capellæ meæ in Gebennis per me conſtructæ, & hoc nomine dictæ Capellæ & non vt ſingulares perſonas, & Conuentum Fratrum Prædicatorum per me authoritate Apoſtolica fundatum & erectum, in Anneſliaco Diœceſi Gebennenſi, æquis portionibus cum modis & conditionibus infra ſcriptis, videlicet, quod ſingulis diebus teneantur dicere in qualibet dictarum Eccleſiarum, ſcilicet Seruitores Capellæ & Fratres dicti Conuentus vnam altam, vel baſſam Miſſam pro me de Defunctis cum ſpeciali collecta.

Item, Capellani teneantur ſeruare illa, quæ in inſtrumento fundationis continentur, & illa omnia quæ in iſto meo Teſtamento ordinaui, & ſi contra venirent, inſtituo mihi loco eorum hæredes de eorum parte, in qua eos hæredes inſtitui, pauperes Chriſti in Ducatu Sabaudiæ. Prædicta autem quæ ſunt multa & magna poterunt fieri in Curia, ſi ibi moriar & quæ ibi facienda fuerint, de iis quæ ibi apud me reperientur, alia vero fiant de dimiſſis in Auinione, & alibi, & de arreragiis & debitis meis quæ ſpecialius declarabuntur in libris inuentariorum quæ de rebus, & bonis meis feci & etiam per relationem Domini Ioannis de nemoribus, & eorum qui tempore mortis ipſas res gubernabunt.

Item, volo quod ſi de bonis hæreditatis, & executionis meæ quam ante omnia volo expleri, & perferri ſolutis legatis, de quibus non volo quod aliqua quarta detrahatur, peruenient ad dictam Capellam meam Gebennenſem, quam iam ſufficienter dotaui tamquam ad hæredes, vel alios ſuſtinentes & magnæ qualitatis, quod de bonis illis excedentibus ſufficientem dotem omnia ſupra & infra ſcripta complentur: quibus completis de reſiduo alii redditus, & addantur in dicta Capella Presbyteri vltra illos qui iam ſunt prout infra etiam voluntas mea ordinata ſunt, videlicet quod eos cum vnionibus attingat in anno ad plus 25. vel 30. florenos pro quolibet Capellano in diſtributionibus reſidentium dumtaxat, non obſtante quocumque contrario Priuilegio Apoſtolico, & pro quolibet Clerico ſex Clericorum decem florenos, & quod nullus Canonicus Gebennenſis poſſit ſimul tenere Canonicatum, & præbendam in dicta Eccleſia & Capellania, quæ dicta Capella ſecundum vnum aſſequendo, alio ipſo facto priuetur, illud vero quod habebunt tam de hæreditate prædicta quam de vnionibus per me impetratis, ſic deponatur ſcilicet, quod pro quibuſlibet 25. vel 30. florenis redualibus quæ eis aduenient vltra dotem prædictam, addatur vnus Capellanus ad numerum aliorum, & aliqui Clerici eligantur per illos, ad quos ſpectat eligere, ſecundum formam fundationis primæuæ, cui quoad electionem Archipresbyteri, & Presbyterorum non intendo derogaſſe, nec volo derogari, nec volo quod aliquis Presbyter, vel Clericus Capellæ habeat aliqual importatis de Capella, vel eius redditibus ſed inter ſeruientes, & reſidentes in earum diſtributiones, omnes redditus diſtribuantur, & conuertantur, quocumque indulto etiam Apoſtolico nonobſtante ; & caſu quo aliquis eorum vti niteretur de habendo aliquid in portatis, eo ipſo ſit priuatus Capellaniatus & Capellaniata, volens inſuper quod pecuniæ quæcumque quæ habebuntur, de bonis meis dictæ Capellæ, tamquam ad hæredes aduenient, & debebuntur non tradantur meis dictis Capellanis, ſed deponantur in aliquo loco ſecreto, vel in Theſauro Communi Canonicorum Eccleſiæ Gebennenſis, donec emantur ſecuri redditus pro præmiſſis complendis. Et conſimiliter volo quod pars hæreditatis quæ ad dictum Conuentum deueniet conuertatur in complendo dictum Conuentum, tam in ædificiis, libris, ornamentis, veſtimentis, & aliis neceſſariis pro vno bono, & notabili Conuentu, & illud quod ſupererit conuertatur in fundando alium, vel alios Conuentus, in terra dicti Domini mei Ducis prout eſt ſupra dictum.

Item, lego & do poteſtatem & præceptum Archipresbytero & Capellanis dictæ Capellæ meæ,
& Fra-

& Fratribus dicti Conuentus quod aduertant, requirant, & follicitent Executores alios quod fiant & emantur, & compleantur Anniuerfaria mea vbicumque illa emi, & ordinaui facienda, singulis annis inquirant si fiant, & sint de hoc solliciti. Item, vt etiam dixi volo, quod omnia prædicta legata, & ordinata locum habeant, nisi ego in vita mea compleuerim in toto vel in parte, & pars testans compleatur. Executores autem maiores ipsius Testamenti facio, nomino & constituo, Reuerendissimos in Christo Patres & Dominos meos Dominos de Vrsinis, Venetiarum, Seniorem Sancti Marci de Fuxo, de Flisco, & de Comite, Sanctæ Romanæ Ecclesiæ Cardinales, & Reuerendum Patrem Dominum Ioannem Patriarcham Constantinopolitanum, & Dominum Franciscum Archiepiscopum Narbonensem, & Domini nostri Papæ Camerarium, vel in absentia Cameratij, Ludouicum Episcopum Magalonensem Vicecamerarium, quibus omnibus Executionem, & dictam Capellam meam specialiter recommitto. Minores vero Executores pro laborando in facto Executionis, qui sciunt melius facta mea particularia, facio, & nomino Hugonem Episcopum Vasionensem, Dominum Paulum Episcopum Massiliensem, Franciscum Abbatem Monasterij Sancti Eugendi, Dominum Girardum Faidit Clericum, Cameræ Apostolicæ auditorem & Vicarium meum, Dominum Alanum Brionicij Camerarium meum, Dominum Ioannem de Nemoribus, Dominum Petrum Cotini Decanum Sancti Petri Auinionensis, Dominum Christinum Præpositum Regiensem, Magnum Lobencium Præpositum Albiensem, & magnum Thomam de Burgundia. Item, volo quod ipsi, vel maior pars eorum possint in prædictis declarare, vel in melius mutare prout eis videbitur faciendum in illis, & circa illa quæ facienda erunt incontinenti, vel per totum annum primum post mortem meam, hæredis institutione & legatis prædictis semper saluis. Dans & concedens eisdem Executoribus meis simul, vel maiori parti illorum Executorum, qui onus huiusmodi Executionis acceptare voluerint, plenam ac liberam potestatem, ac speciale mandatum, cum plena, libera, & generali mandato, & adminiſtratione, ſoluendi, diſtribuendi, exequendi, & adimpleudi prædicta, sic quod hæredibus non teneantur reddere rationem, ſed dumtaxat aliis Executoribus, vel maiori parti eorum tunc viuentium post mortem meam; hæredibus tamen ad audiendas rationes vocatis, & omnia & singula per me superius ordinata faciendi & complendi, & recipiendi, vendendi magis offerentibus, & distrahendi, absque licentia cuiuscumque iudicis, vel prætoris, vel hæredum meorum, tantum de bonis meis, quod omnia, & singula per me superius legata & ordinata plenarie possint, & valeant efficaciter adimpleri, & etiam quibus voluerint committendi, necnon petendi & exigendi, recipiendi, & recuperandi, per se vel alium, omnia & singula mihi debita vel debenda, & de receptis quitandi, & absoluendi, dum tamen dicti Executores, vel maior pars eorum in potestate exigendi & quitandi, consentierint, vel quibus dederint potestatem, ſecundum qualitates personarum, & patriarum, vbi pecuniæ mihi debebuntur; legata distribuendi & omnia alia faciendi, gerendi, & exercendi quæ circa præsentis mei Testamenti Executionem necessaria fuerint, ſeu etiam opportuna, & quæ ad executionem, & fidei commissionem spectare noscuntur; & pro omnibus & singulis in præsenti meo Testamento contentis, & ea tangere & concernere, quoties & quando voluerint, & fuerit opus vnum, vel plures procuratores tam ad negotia quam ad causas constituendi, cum plena potestate omnia & singula supra dicta exequendi, agendi, & deffendendi & consubstituendi, agendi, & definiendi, compromittendi, & transigendi, concordandi, & comparendi in omni Curia Ecclesiastica, & sæculari coram quibuscumque iudicibus Ecclesiasticis & sæcularibus, quauis authoritate fungentibus, libellum dandi & recipiendi, lites contestandi, & de calumnia vitandi, & veritate dicenda iurandi & præstandi, cuiuslibet alterius generis iuramentum ponendi, & articulandi, excipiendi & impugnandi, renunciandi, & excludendi, sententias audiendi, appellandi, appellationes prosequendi, & cætera omnia & singula sine quibus omnia, & singula prædicta ac etiam infra scripta debitæ executioni demandari possent, faciendi, & exercendi, etiamsi mandatum exigant speciale; Si vero circa promissa, aut ea tangentia fuerit aliquid dubium vel obscurum, vel quod Executores mei supra scripti illud possint, & valeant interpretari, declarare, & intelligere, prout est iam superius dictum, quorum interpretationem & declarationem proinde haberi volo pro mea voluntate ac si ego ore proprio expressissem; volo tamen & ordino quod illi qui onus Executionis huiusmodi prosequentur, & suscipient, habeant pro expensis sicut per alios Executores præfatos fuerit ordinatum. Item, recommendo vicibus repetitis dictam ordinationem meam, & eius effectualem Executionem, Reuerendissimis in Christo Patribus, & Dominis meis Sacri Collegij Cardinalibus, & præsertim Officialibus qui fuerint in Officiis quæ tenui, scilicet primariæ & Cancellariæ & Venerabili Parlamento, Serenissimi Principis Regis Francorum, & Curiarum suarum, præsertim Delphini, Viennensis, & si quisquam ad bona mea manum apponeret, vel sibi vsurparet, significent executores mei iniustitiam mihi factam Regibus, Principibus, & Prælatis meæ notitiæ & amicitiæ, qui sciuerunt quanta sustinui, & expendi pro prosecutione vnionis, implorando contra grauantes executionem eorum suffragium, iuuamen, & fauorem, rogans omnes illos qui fuerint familiares mei, quod sint in executione adiutores, quando & vbi poterunt adiuuare; Hoc autem est & esse volo vltimum Testamentum nuncupatiuum, meaque vltima voluntas, & ordinatio seu dispositio suprema, quod & quam valere volo, & ordino iure Testamenti nuncupatiui, & si iure Testamenti non valeat, volo valere iure Codicillorum, ſeu iure cuiuslibet alterius vltimæ voluntatis & dispositionis, & aliis melioribus causa, modo, & forma quibus poterit valere de consuetudine, vel iure, & si quod Testamentum, vel Testamenta, Codicillum vel Codicillos, donationem aut donationes causa mortis, aut alias quascumque voluntates, ordinationes, seu dispositiones supremas hactenus fecerim, condiderim, vel ordinauerim sub quacumque forma, vel concessione verborum quæ cum ipsis non conueniant, vel contrarientur, illud, illa, illum, & illas nunc ex certa mea scientia reuoco, irrito, infringo penitus & annullo, nulliusque fore volo roboris, vel momenti. Antequam tamen istud Testamentum suum sortiatur effectum, ex abundanti reuoco & annullo ex nunc omnes donationes, quocumque nomine, vel Titulo per me factas quibuscumque, inter viuos vel causa mortis, sub verbis generalibus vel specialibus, de quibuscumque rebus, præterquam paternis, & maternis in quantum reuocare valeo, cum omnia bona mea velim distribui, prout superius est expressum, ipsas enim donationes interpretor, & declaro me fecisse causa mortis, & de rebus quas tunc habebam duntaxat, reuoco etiam & annullo quamcumque conuentionem, vel ordinationem factam super electione Archipresbyteri dictæ Capellæ meæ, nisi quatenus in fundatione postea confirmata per Dominum nostrum Papam Martinum continetur, cum in præiudicium dictæ confirmationis, vel fundationis fieri non debuerit nec potuerit volo etiam quod quisque, siue sit hæres, vel legatarius, vel aliud, contra istud meum Testamentum vltimum venerit, vel cum impugnauerit in toro, vel in parte, nihil possit petere vigore ipsius testamenti, sed totum per me relictum sibi reuoco, annullo, & adimo, prout iam supra dixi, & volo, quod de talibus relictis, ademptis, & reuocatis emantur Anniuersaria in Monasteriis, & insignibus Prioratibus, prout supra, & rogo vos omnes testes infra scriptos hic præsentes, vt de præmissis omnibus, & singulis si & quando locus affuerit perhibeatis testimonium veritati; & vos Notarios infra scriptos hic præsentes simul, & separatim & de præmissis & singulis clausis, prout cuiuslibet interierit, coniunctim & diuisim, mihi ac hæredibus & Executoribus meis supra dictis, & aliis ad quos pertinuerit, si & quando requisiti fueritis conficiatis vnum & plura infra scripta. Datum & actum Romæ in Ecclesia Sanctorum Siluestri, & Martini in montibus, vbi pro tunc dictus Dominus testator suam faciebat mansionem, præsentibus ibidem Venerabilibus & Discretis viris, Magistris Philippo Hugonis Viuariensis Diœcesis, Magistro in artibus & in Medicina licentiato, Henrico Platen Scholastico Merseburgensi, Conrado Leman Canonico Sanctæ Crucis Cameracensis, Arnoldo de Vuamel, Canonico Sancti Gaugerici Cameracensis, Azioco Veyrerij Auinionensis, Nicolao Laucrij, Rodulpho de Viridiario, Clericis Coloniensis, Maguntinensis, Leodiensis, Virdunensis & Gebennensis Diœcesis, ac familiaribus continuis commensalibus dicti Domini testatoris, testibus ad præmissa vocatis specialiter & rogatis. Supra dicta omnia approbo. Ioannes Ostiensis Cardinalis manu propria.

ET me Iacobo Bailini Clerico Aurelianensis Diœcesis, prædicta Apostolica authoritate Notario, qui præmissis omnibus & singulis dum sic, vt præmittitur per dictum Dominum Cardinalem fierent & agerentur, vna cum prænunciatis testibus interfui, eaque sic fieri vidi & audiui, ac in notam recepi, ideoque huic præsenti publico instrumento, aliena manu fideliter scripto me hic de mandato, seu voluntate, ipsius Domini Cardinalis testatoris subscripsi, & signum meum apposui consuetum, in robur, & testimonium omnium & singulorum præmissorum requisitus.

Et ego, Radulphus Ioannis Clericus Macloniensis Diœcesis, publicus Apostolica authoritate Notarius, qui præmissis omnibus & singulis dum sic præmittitur, agerentur, & fierent per dictum Dominum Cardinalem testatorem vna cum supra scripto Notario, & prænunciatis testibus præsens interfui, eaque sic fieri vidi & audiui, ac in notam scripsi, ideoque huic præsenti publico instrumento, seu Testamento mea manu propria scripto in duobus pergamenis simul iunctis & sutis, cuius instrumenti, seu Testamenti linea septuagesima quinta, in iunctura dictorum pergamenorum existentium incipit, & bonis, finit vero dicta linea aliqua quarta de mandato, & voluntate ipsius Domini Cardinalis Testatoris, subscripsi me huic, & signum meum apposui consuetum in robur & testimonium omnium, & singulorum præmissorum requisitus & rogatus. In quorum omnium, & singulorum fidem & testimonium præmissorum præsentes Litteras, seu præsens transumptum, & publicum instrumentum ex inde fieri per dictum, & infra scriptum Notarium subscribi, & publicari mandauimus & sigillo proprio dictæ Curiæ quo vtimur communiri. Datum & actum Romæ apud Sanctam Mariam Rotundam rebis ibidem mane hora tertia consueta, ad iura reddendi, pro tribunali sedens, sub anno à Natiuitate Domini millesimo quadringentesimo vigesimo sexto, indictione quarta, & die veneris vigesima secunda mensis Martij, Pontificatus Sanctissimi in Christo Patris, & Domini nostri Domini Martini diuina prouidentia Papæ V. anno nono, præsentibus ibidem discretis viris, Magistris Rodulpho Baten Ioanne quintar Angelo de Rudeito, & Hermano Dominorum dictæ Curiæ Cameræ Apostolicæ, Notariis, testibus ad præmissa vocatis specialiter & rogatis.

ET me Ioanne Garnerij Clerico Lucionensis Diœcesis, publica Apostolica & Imperiali auctoritatibus dictæque Curiæ Cameræ Apostolicæ Notario, qui dictum instrumentum, seu Testamentum exhibitioni testium, productioni, recognitioni, visioni, inspectioni, dicenti, interpositioni ac præmissis omnibus aliis & singulis dum sic, vt præmittitur per præfatum Dominum auditorem, & coram ipso agerentur & fierent vna cum prænunciatis testibus, præsens fui, eaque sic fieri vidi, & audiui, ideo præsens transumptum, seu publicum instrumentum ex inde confeci, & per alium aliis occupatus negotiis scribi, & grossari feci, & in hanc publicam formam redegi; hicque mea manu propria subscripsi, & signum meum consuetum apposui, vna cum dictæ Curiæ Cameræ Apostolicæ appensione sigilli, requisitus, & rogatus in Testimonium præmissorum.

des Cardinaux François.

Fundatio Magni Collegij Sabaudiæ de Anneſſiaco nuncupati, in Ciuitate Auenionenſi.

Pro Laicis ſtudentibus in ſtudio legali facta.

Facta per bonæ memoriæ, Eminentiſsimum Ioannem de Broniaco in Sabaudia, Sanctæ Romanæ Eccleſiæ Cardinalem, Epiſcopum Oſtienſem & Vicecancellarium, ad perpetuam poſteritatem D. D. D. Sabaudiæ.

Textus Fundationis.

IN *Nomine Sanctæ & indiuiduæ Trinitatis, Patris, & Filij, & Spiritus Sancti, Amen.* Cum vniuſ cuiuſque ſuum condentis Teſtamentum voluntas ambulatoria ſit vſque ad mortem, & ſecundum veritatem temporum plurimum in melius varientur hominum voluntates, quibus illibatæ permaneant, iure communi Cautela adhibita eſt, faciendi Codicillum, vel adimendi de legatis nolentibus in totum ſua Teſtamenta tollere vel mutare, ideo præmiſſa conſiderans & attendens Reuerendiſsimus in Chriſto Pater & Dominus, Dominus Ioannes miſeratione Diuina Epiſcopus Oſtienſis, Sanctæ Romanæ Eccleſiæ Cardinalis, & Vicecancellarius, reuoluenſque in ſui ſcrinio pectoris plurimas ſalubres & pias Ordinationes per ipſum hactenus factas in ſuo vltimo Teſtamento, nolens inſtitutionem hæredis immutare, à qua dependet Teſtamentorum voluntas & authoritas, nec Legata pia & alia per ipſum ordinata & diſpoſita tollere, niſi in quantum inferius deducetur. Ideo ſuo vltimo Teſtamento in omnibus & per omnia ſaluo remanente quod nunc de nouo condit, facit & prout ibidem continetur hæredes inſtituit, & de ſuis bonis diſponit & ordinat.

Suæ tamen voluntati, & primæ diſpoſitioni communi addendo præmeditans fructum vberrimum qui Reipublicæ aſſertur per viros doctos, & in Iure Peritos, quorum proh dolor! modicus reperitur numerus, maxime propter inopiam illorum, quos Deus & natura illuſtrauit excellenti ingenio, qui paupertate oppreſsi ad mechanicas artes diuertere habent ingenium, vel circa rura vacare, ne ſimilia eueniant, quantum cum Deo poteſt obuiare cupiens.

Anno à Natiuitate Domini 1424. Indictione 2. die vero 23. menſis Iunij, Pontificatus Sanctiſsimi in Chriſto Patris, & Domini noſtri, Domini Martini Diuina Prouidentia Papæ V. anno VII. in noſtrorum Notariorum & Teſtium infraſcriptorum præſentia exiſtens, perſonaliter conſtitutus præfatus Cardinalis, qui ex eius certa ſcientia & ſpontanea voluntate omnibus melioribus modo, iure, forma, & via quibus potuit & debuit, ſuum condidit, fecit & ordinauit Codicillum in modum & formam quæ ſequitur.

Et Primo ad Dei laudem & gloriam, ac releuamen pauperum volentium ſcientiæ Margaritam acquirere, erexit, & nunc de facto erigit Domum ſuam ſitam in Auenione quæ quondam fuit Domini Petri Fabri Epiſcopi Regienſis iuxta Libratiam ipſius Reuerendiſsimi Petri Domini Cardinalis, in Collegium pauperum ſcholarium ſiue ſtudentium Iuri Ciuili & Canonico, qui inibi (poſtquam in primitiuis ſufficienter fuerint inſtructi, pro audiendo Iura Ciuilia vel Canonica & non alias, recipi valeant vſque ad numerum 24. quem numerum ex nunc ordinat & inſtituit in dicto Collegio eſſe debere.

Ita tamen quod tertia pars dictorum ſcholarium ſeu ſtudentium, ſit de Diœceſi Gebennenſi, ſicque illi de Caſtellania Anneſiaci Burgi præferantur, ſecunda pars ſit de Prouincia Viennenſi & Arelatenſi, dictumque Collegium perpetuo vocetur, intituletur, denominetur, Collegium Anneſiaci vel Gebennenſe, in quo vult & ordinat conſtrui vnam Capellam ad honorem ſancti Nicolai, in qua Deo deſeruiatur in Diuinis, modo & forma inferius deſignandis.

Et quia volentium ſcientiam acquirere fundamentum eſt Librorum copia & illorum diligens & ſollicita reuolutio, cum auida & feruenti intentione retinendi. Ideo ne ex illorum defectu & penuria contingat eos vagari, voluit, ordinauit vultque & ordinat de præſenti idem Dominus Cardinalis, quod in dicto Collegio fiat vna communis Libraria, in qua reponantur omnes libri ipſius Reuerendiſsimi Domini Cardinalis, cuiuſcumque Iuris & facultatis ſint, quos habet in Auenione, quos eidem Collegio legat, donat, & Dominium ipſorum in ipſum Collegium transfert, per donationem liberam quæ fit & fieri dicitur inter viuos, vſu ipſorum librorum ſibi remanente ad vitam.

Item, quia ſine temporalibus & fundatione ſufficienti, vnde victum pauperes ſcholares ſupportare poſſent, fundatio quodammodo inutilis redderetur, legauit ipſe Reuerendiſsimus Dominus Cardinalis, & donauit donatione inter viuos præfato Collegio, domum quam habet inter aquis, Auenionenſis Diœceſis, cum omnibus ſuis Iuribus & pertinentiis vniuerſis.

Item, plus legauit & donatione pura & irreuocabili, quæ fit & fieri dicitur inter viuos, donauit idem Reuerendiſsimus Dominus Cardinalis, eidem Collegio, omnia & ſingula debita, bona, actiones

& Iura quæ ſibi competunt & debentur & habet, in Ciuitate Florentiæ, per quoſcumque cam-pſores & Mercatores vel ſocietates debeantur, ſiue ratione depoſiti, cuſtodiæ, rectè debiti, vel com-mendæ, ſeu alias quouiſmodo, & ſpecialiter illos qui ſequuntur, videlicet per nominatum Albizo de Leoroſo da Fortuna, & Ioannem Dorlino d'Arrigniano ciues Florentinos & eorum ſocietatem.

Item, per Ioaninem de Medicis & Hylarionem de Bardis & alios ſocios eorum.

Item, per Aneraldum de Medicis, & Andream de Bardis, & ſocios eorum.

Item, per Angelum de Mario, & Michaëlem de Beno, & ſocios eorum.

Item, per Antonium de Iacopo, & Doſſum de Spinis, & Petrum Bardellæ, & ſocios eorum.

Item, per Nicolaum de Mermero de Medicis, & Cambium de Mermero de Medicis, & Nicolaum & ſocios eorum, de quibus depoſitis cuſtodia & commenda conſtat per libros eorum quam per ce-dulas manu eorum ſcriptas, quam per publica inſtrumenta eorum Notariis & teſtibus recepta.

Item, idem Dominus Cardinalis dedit, legauit & conceſſit de donatione pura, & quæ fieri dici-tur inter viuos, eidem Collegio omnia & ſingula debita & in ea quibus Camera Apoſtolica ſibi quouiſmodo teneri poteſt, vel de tempore Petri de Luna pecuniis mutatis pro proſecutione Domi-nij, vel alias de tempore Domini Clementis VII.

Item, legauit & dedit vt ſupra idem Reuerendiſſimus Dominus Cardinalis, eidem Collegio, quicquid debet ſibi Camera Apoſtolica ratione computi facti cum ea, vel mutui pro recuperando Ciuitatem Romanam, tempore Ioannis XXIII. quæ occupabatur per Regem LADISLAVM.

Et quicquid ſibi eadem Camera debet pro mutuo debito, vel expenſis factis in recuperatione Ciuita-tis Bononienſis, quæ tunc temporis Eccleſiæ Romanæ rebellauit, de quibus debitis conſtat per Bullas.

Item, vt ſupra dedit & legauit idem Reuerendiſſimus Dominus Cardinalis, eidem Collegio, quic-quid ſibi debet Peyroneta neptis ſua recipiet ſuper dote ſua quatenus de ipſa dote prima recuperans quæ ſolita & tradit Domino de Thoro primo eius Marito, nam cum eam ſecundo maritauerit idem Dominus Cardinalis, cum Domino de Rupe Forti tradidit realiter de ſuo mille florenos, & tertio eam maritauit Domino Ioanni de Potentiro, & tradidit tria millia florenorum, quæ tria millia & dicta millia mutuata per eundem Dominum Cardinalem, aſſignauit ſibi ſuper dicta dote ſua ſoluta de Domi-no de Thoro, & de qua litigat & diutius litigauit, voluit tamen idem Dominus Cardinalis, quod ipſa Peyroneta non exigat aliquid, niſi ſi & in quantum recuperari poſſit de dicta prima dote propter hoc eidem Domino Cardinali obligata.

Item, quia aliqua Iura competunt eidem Domino Cardinali ſuper Caſtro de Thoro, & alia in Diœ-ceſi Auenionenſi, illa omnia vt ſupra dedit & legauit eidem Collegio, quæcumque ſunt immobilia.

Item, quia Dominus IOANNES XXIII. de ſpeciali priuilegio conceſſit eidem Reuerendiſſimo Domino Cardinali attendens labores & pericula, onera & expenſas quas præ cæteris, quibus idem conceſſum eſt, ſuſtinuerat in proſecutione vnionis duorum Conciliorum ſecutorum, ſcilicet PISA-NI & CONSTANTIENSIS, in quo tunc multis laboribus præſedit, per tres annos, quod fru-ctus primi anni omnium Beneficiorum ſuorum Commendatarum, & penſionum poſt mortem ſuam cederent ſibi & deberentur executioni ſuæ, prout conſtat per Bullas, quorum mediam partem ipſe dedit in Teſtamento ſuo pro reparationibus & ornamentis fiendis in Beneficiis, vnde recipiuntur dicti fructus, aliam vero medietatem nunc vt ſupra dedit & legauit donatione pura quæ dicitur in-ter viuos, præfato Collegio.

Item, idem Dominus Cardinalis vt ſupra & ſimili donatione dedit eidem Collegio tria millia duca-torum, quos mutuauit realiter Bononiæ Regi LVDOVICO II. de quibus idem Dominus Cardinalis habet litteram ſuam ſigillatam ſuo authentico ſigillo, ſaluis quatuor millibus pro quibus ibidem ſe obligauit pro ipſo rege & ſoluit.

Item, idem Dominus Cardinalis, vt ſupra donauit eidem Collegio mille francos, quos idem Do-minus Cardinalis ſoluit, Domino Bocicaudo, pro & nomine Marchionis Saluciarum pro dote filiæ ſuæ Conſtantiæ, pro quibus ſe obligauit idem Marchio, & habet notam Giorgius Racciollæ de Sa-luciis, ſeu eius filius.

Item, voluit & ordinauit idem Cardinalis, quod ſi expedierit emantur aliqua alia bona, domus conueniens & competens, tam de debito ſupradicto per dictos Florentinos quam alios, ſi maior vel amplior ſit neceſſaria pro dicto Collegio & Capella Sancti Nicolai.

Item, voluit idem Dominus Cardinalis quod omnia hujuſmodi donata & legata ſupra & infraſcri-pta ex nunc valeant, & robur & firmitatem obtineant tanquam pura, & libera donatio inter viuos ſine alia inſinuatione ſolemni.

Quia vero propter ignorantiam facti ipſe Reuerendiſſimus Dominus Cardinalis, neſciebat nec pote-rat limitare ſpecificè, vel declarare modum viuendi ſcholarium prædictorum, ipſe Dominus Cardi-nalis, & per præſentes plenam & liberam dedit & conceſſit, dat & concedit de præſenti poteſtatem, licen-tiam, authoritate in venerabili Collegio Doctorum ſtudij Auenionenſis, qui ſunt vel erunt pro tempore, & ſpecialiter RR. PP. DD. Maſſilien. & Vaſſionen. Epiſcopis & DD. Petro Cotini, Decano Sancti Petri Auenionenſis, Antonio Veronis, & Rodulpho Rolandi Doctoribus dicti ſtudij, vel quibus commiſerint, exigendi, recuperandi & quictandi prædicta debita, & debitis, & emendi, & diſponendi de domo & Collegio & modo viuendi ſcholarium prædictorum, pro vt eis videbitur faciendi.

Voluit tamen idem Dominus Cardinalis, quod inquirant Pariſiis vel in Tholoſa de forma Colle-

des Cardinaux François.

giotum, vt possint illud Collegium ordinare in forma vtili, expedienti & honestâ.

Et eo casu, quo per aliquem ista sua ordinatio impediretur, inuocat & implorat idem D. Cardinalis IVDICIVM DEI contra impedientes, & vbi impediretur laudabilis affectus & effectus istius suæ Ordinationis, voluit idem D. Cardinalis, quod si per Officiarios Papæ impediretur, quod eo casu fiat istud Collegium & fundetur, ac mutetur per prædictos in Monte-Pessulano, sub vmbra, & protectione & fauore Sereniss.mi REGIS FRANCIÆ, & sui Venerabilis Parlamenti, quibus istud negotium specialiter recommendat.

Nominatio vero dictorum Scholarium ad præfatum D. Cardinalem, quamdiu fuerit in humanis, voluit, quod spectaret & post eius mortem ipsi Scholares, vel maior pars ipsorum cum suo Prouisionario siue Rectore debeant, & possint eligere alium, vel alios vacaturis infra mensem à die notitiæ, quod locus vacat, & alioquin voluit & ordinauit, quod Episcopus & Capitulum Ecclesiæ Gebennensis possint in loco sic vacante prouidere.

Item, si præfatus D. Cardinalis aliqua de prædictis dederit cuicumque permodum legati, vel donationis causa mortis, seu etiam inter viuos, illud quatenus potuit reuocauit & annullauit, & reuocat & annullat de præsenti, volens quod ista sua voluntas, & donatio inter viuos omnibus aliis præferantur, sub pœnis in suo vltimo Testamento contentis contra impugnantes prædictum Testamentum, adimens prædictis quicquid eis in suo Testamento, idem D. Cardinalis dedisset, reuocans & annullans.

Postremo vero idem D. Cardinalis, rogat omnes qui in dicto Collegio fuerint & profecerint, quod dum venerint ad statum honorabilem, & eis facultas fuerit, faciant pro anima ipsius D. Cardinalis dici & celebrari multas Missas inter alia opera Charitatis, & gratitudinis bonorum in Collegio prædicto susceptorum.

Quæ autem omnia & singula supradicta, ac in hoc præsenti instrumento contenta idem Reuerendissimus Dominus Cardinalis, ita attendere & tenere ac inuiolabiliter obseruare bona fide sua promisit, ad Sancta Dei Euangelia manus supra pectus Prælatorum ponendo, iurauit cum omni iuris, & facti renunciatione ad hæc necessaria pariter, & Cautelâ; de quibus omnibus & singulis supradictis, ac in hoc publico Instrumento contentis, idem D. Cardinalis voluit sibi fieri vnum, & plura publica instrumenta, quæ possint corrigi, dictari & emendari, & refici toties quoties sibi placuerit, ad dictamen, & Consilium cuiuslibet Sapientis, facti tamen substantiâ in aliquo non mutatâ, per Nos Notarios infrascriptos.

Acta fuerunt hæc & recitata Tyburi in domo Episcopali, in qua præfatus D. Cardinalis habitat in patua Camera paramenti, anno, indictione, die, mense & Pontificatu quibus supra, præsentibus R.R. in Christo PP. DD. Geraldo Saydici electo Montessallan. Francisco Abbate Monasterij Sancti Eugendi Iuren. Lugdun. Diœcesis, Magistro Fursar de Bruille Cantore Ambianensis Diœcesis, Licentiati in Decretis, Thadeode Aldamaris de Tarnsio Magistro in Medicina, Thoma de Burgundia Litterarum Apostolicarum Abbreuiatore, & Matellino de Chusis Præcentore Mimatensi, Testibus ad præmissa vocatis specialiter & rogatis.

ET Ego Radulphus sapientis, Clericus Gebennensis Diœceseos, publicus Apostolicâ & Imperiali authoritatibus Notarius, prædicti Collegij Dotationi & fundationi, ceterisque præmissis omnibus & singulis, dum sic vt præmittitur, per Reuerendissimum in Christo Patrem Dominum Cardinalem, & Vicecancellarium præfatum fierent, & agerentur, vnà cum Magistro Iohanne Montani Notario, infrascripto, ac testibus prænominatis præsens interfui, eaque sic fieri vidi & audiui, & ideo confectis inde præsenti publico instrumento alterius manu fideliter scripto, signum meum consuetum apposui, hicque me subscripsi, requisitus in testimonium omnium & singulorum huiusmodi præmissorum. A.S.A.D.

Et me Iohanne Montani Clerico Vinariensis Diœcesis, publice Apostolicâ & Imperiali authoritatibus Notario, qui dicti Collegij institutioni, Fundationi, & Dotationi, præmississque omnibus & singulis, dum sic vt præmittitur, per Reuerendissimum supradictum in Christo Patrem & D. D Cardinalem & Vicecancellarium fierent, & agerentur, vnà cum supradicto Radulpho sapientis magistro, eisdem authoritatibus Notario publico, & prænominatis testibus præsens interfui, eaque sic fieri vidi, & audiui, ac ideo cum dicto Notario retem sumpsi, ex qua hoc publicum instrumentum alterâ manu fideliter scriptum extrahi feci, hicque manu propriâ subscribendo ipsum signo meo solito signaui in Testimonium omnium, & singulorum præmissorum requisitus & rogatus, &c. Signatum Iohannes Montani.

Instrumentum vltimi Codicilli per bonæ memoriæ Dominum Cardinalem Ostiensem, & Vicecancellarium, Romæ facti.

IN Nomine Domini, Amen. Ex tenore huius publici instrumenti cunctis tam præsentibus quàm futuris pateat euidenter, & sit notum, quod anno à Natiuitate Domini millesimo quadringentesimo vigesimo quinto, indictione 3. die verò vigesima quarta mensis Septembris, Pontificatus Sanctissimi in Christo Patris & Domini nostri D. MARTINI Papæ V. anno octauo. In mei Notarij publici, & testium infrascriptorum præsentiâ existens, & personaliter constitutus Reuerendissimus in Christo Pater & Dominus, Lminus Ioannes miseratione diuinâ Episcopus Ostiensis, Sanctæ Romanæ Ecclesiæ Cardinalis, & Vicecancellarius, sanus mente & corpore per Dei gratiam, attendens & reminiscens se nuper super bonorum suorum quorumcumque dispositione suum nuncupatiuum, siue in scriptis fecisse Testamentum, sumptum per discretos viros Iacobum Bailint, & Radulphum Ioannis Clericos Aurelianensis & Maclouiensis Diœcesis, Notarios publicos, sub anno à Natiuitate eiusdem Domini millesimo quadringentesimo vigesimo secundo, indictione decima quinta, & die duodecima mensis Augusti. Verùm cùm ipse Dominus Cardinalis testator præfatus circa aliqua in dicto Testamento contenta propositum, & voluntatem mutauerit, liceatque vnicuique vsque ad finalem exitum vitæ immutare. Idcircò codicillando iis præsentibus codicillis, voluit, ordinauit, & disposuit in hunc qui sequitur modum.

Licet Ego post aliqua Testamenta vltima condiderim, quod non volo reuocare, sed complere quatenus tempore mortis meæ suppetent facultates. Quia tamen ex tunc personæ, res, negotia, & tempora sunt immutata in Curia Romana, & in diuersis regnis, imò & etiam post defuncti sunt aliqui mei executores, & familiares de quibus plurimum confidebam, ideo etiam cogor per hunc præsentem codicillum quem volo valere per modum Testamenti vel codicilli, vel cujuscumque validæ vltimæ voluntatis, cum eadem hæredis institutione in dicto Testamento, aliqua descripta addere vel mutare, quæ volo omnino seruari, & ante omnia executioni mandari, etiam ante illa quæ in dicto Testamento continentur, quæ possent esse causa moræ vel dilationis ipsorum. Et primo quantum ad Executores, facio & ordino Executores meos principales, Reuerendissimos in Christo Patres & Dominos, Dominos, Franciscum Episcopum Sabinensem Venetiarum vulgariter nuncupatum, Guillelmum Tituli Sancti Marci Presbyterum, & Alphonsum Sancti Eustachij Diaconum Sanctæ Romanæ Ecclesiæ Cardinales, Franciscum Archiepiscopum Narbonensem, Domini nostri Papæ Camerarium, saluis aliis executoribus meis in dicto Testamento nominatis, qui vi tempore meæ mortis, & specialiter volo quod Dominus Franciscus Abbas Sancti Eugenij Iurensis, Petrus Colini Decanus Ecclesiæ Sancti Petri Auinionensis, Antonius Vittonis legum Doctor, Alanus Frientij Archidiaconus Coloniæ, Camerarius meus, Ioannes de Femoribus, Canonicus Auinionensis, Thomas de Burgundia, Litteratum Apostolicarum abbreuiator, & Petrus Presbyteri Canonicus Ouetensis, specialiter de executione mea, vt executores se intromittant de mandato aliorum maiorum executorum. Item, volo quod nedum per totam nouenam meam imò per totam trigenam multæ dicantur Missæ Romæ per Capellanos Religiosos singulis diebus, & cuilibet dicenti detur vnus grossus, non tamen volo quod sepultura mea fiat nimis pomposa; sed conuertatur in Missas, & volo quod omnes familiares mei sint in domo mea, sicut nunc sunt qui volent remanere per totam dictam trigenam, & fiant vestes prout est fieri consuetum. Item, volo quod per totum vnum annum continuentur hic in Vrbe, & in Anneciaco Burgo in Conuentu Prædicatorum; quem ibi construxi & in Gebennensi in Capella mea, & in Auinionensi in Libraria mea, vel domo Executorum qui ibi residebunt, & in quolibet illorum locorum Eleemosinæ, & alia bona quæ consueui facere pro viuis & defunctis, & fiant continuè per totum illum annum. videlicet, quod qualibet die dicti anni recipiantur & reficiantur triginta pauperes ad prandium prout est fieri consuetum. Item, volo quod qualibet die dicti anni dentur nouem bolendini nouem personis; sicut nunc sit, quæ teneantur dicere in honorem nouem ordinum Angelorum, qualibet semel septem psalmos cum versu *Requiem æternam*, in fine, licet me viuente voluerim quod cum *Gloria Patri* dicerentur. Item, volo & ordino, quod qualibet die Lunæ in quolibet prædictorum locorum durante anno primo dicantur triginta Missæ pro defunctis, sicut facere consueui, & cuilibet donetur vnus grossus. Item, volo quod fiat vnum satis pulchrum ædificium pro dilatando, seu augmentando Capellam seu Ecclesiam Beatæ Mariæ de Anneciaco veteri, & volo quod ista prædicta fiant primò, & posteà procedatur ad ea quæ sunt in dicto Testamento descripta, quatenus hæreditas poterit tolerare; volo tamen & ordino, quod Ecclesia dicti Conuentus Anneciaci tantum honorificè compleatur, & Collegium scholarium in Auinione per me fundatum ante omnia etiam compleatur, & quia considero quod in regno Franciæ multæ Abbatiæ Ordinis Cisterciensis, propter guerras sunt adeo destructæ, quod vix vnquam resurgent; & ille ordo est potens in diuersis regnis, in personis, animis, & rebus. Ideo ad honorem dulcissimi, IESV CHRISTI & Beatæ Mariæ eius Matris, & Beati Bernardi, cui singularem deuotionem tribuo, volo quantum cum Deo potero pecunias meas siue sint paruæ, siue sint magnæ tempore mortis meæ consumere in seruitiis eorum, & in Ordine Cisterciensium ob reuerentiam dicti Beati Bernardi, & ista est prædicta intentio mea, obmissis multis quæ posueram in meo Testamento, videlicet de emendo Anniuersaria in Cistercio, Cluniaco, Sancto Antonio, & Cartusia: Verum est quod bene vellem, quod in dictis locis darentur redditus, per quos Conuentus tenerentur facere, & in vita & in morte mea, & post mortem sicut facerent, pro vno Monacho eorum, videlicet collectam vel commemorationem, & etiam casu eo quod posui, scilicet quod fierent Conuentus Mendicantium de residuo quod super esset. Volo enim principaliter, & primò quod de omnibus bonis, & pecuniis meis, quæ restabunt post complementum Collegij mei Auinionensis ædificij Cœlestinorum dicti loci, Conuentus Prædicatorum Anneciaci, & amplificationis Capellæ seu Ecclesiæ Beatæ Mariæ de Anneciaco veteri, fiat vnum bonum ædificium pro vno Conuentu duodecim Fratrum Ordinis Cisterciensium, in loco vbi fui baptizatus, videlicet in parte in qua est Capella Patris mei in Anneciaco veteri, vel in domo paterna, in parte illa in qua ego fui natus, & istud plus mihi placet; & ordinetur per Abbatem Cisterciensem, quod ibi obseruetur Regula Beati Bernardi sicut in Cistercio, & disto-

ab aliis qui non seruant, & volo quod intituletur Abbatia Omnium Sanctorum, & omnes intercedant pro me & parentibus, & intendo etiam multas ibi reliquias diuersorum Sanctorum quas de diuersis locis acquisiui, & acquiram, reponere, quorum Sanctorum nomina sciantur per scripturam, vel alias alia sorte ignorabuntur, & emantur possessiones pro Ecclesia, & ædificiis pro dicto Conuentu construendo. Et si dubitetur, vbi emantur redditus quia venales male reperiuntur in partibus, ordino & dispono de dictis pecuniis quæ reperientur, conueniantur cum Abbate Cisterciensi, & toto Ordine in suo Capitulo generali, quod illa Monasteria in Francia quæ sunt iam destructa, vel quasi quæ volent recipere pecunias meas, pro suis reparationibus teneantur facere certum censum, seu responsionem secundum quantitatem pecuniarum à mea executione, vel me receptarum, & sic reparabuntur Abbatiæ destructæ in Francia cum magno commodo earum, quia in promptu habebit pecunias, post pacem Regni Domino dirigente, & erit Contractus vtilis vtrique parti, licitus & honestus, & facilier poterit Confirmari per Papam, & Abbatia poterit recipere incrementum, secundum quantitates pecuniarum quæ reperientur, & tradentur, & poterunt duplicari, vel triplicari personæ; Et in hoc id quod potero facere me viuente dabo operam, alia vero complebuntur per Executores Domino concedente. Item, volo & ordino quod triginta pauperibus dentur vestes albæ post mortem meam ad arbitrium Executorum meorum. Et istam præsentem voluntatem, & totam Executionem recommendo specialiter, & humiliter Illustrissimis Principibus quos in vita dilexi, cordialiter, Dominis Ducibus Sabaudiæ & Burgundiæ, & specialiter eorum venerabilibus Consiliis, sicut vellent quod alius pro ipsis adimpleret.

In cæteris autem dictum Testamentum confirmauit, & plenam firmitatem obtinere voluit & hanc suam vltimam voluntatem esse velle asseruit prædictus Dominus Testator quam valere voluit iure Codicillorum : quod si iure Codicillorum non valeret, voluit valere iure cuiuslibet vltimæ voluntatis & aliis omnibus melioribus modis, quibus valere poterit, & tenere poterit quomodolibet in futurum, rogans me Notarium publicum infra scriptum, quod de omnibus & singulis supra, ac in præsenti publice instrumento contentis conficiam vnum, vel plura publica instrumenta quæ possint dictari, corrigi, emendari & refici totiens quotiens fuerit opportunum, & sibi placuerit ad dictamen, & Consilium cuiuslibet Sapientis, facti tamen substantia in aliquo non mutata. Acta fuerunt hæc & recitata Romæ in domo præfati Domini Cardinalis videlicet in Camera parua, supra Tinellum, anno, indictione, die, mense, & Pontificatu quibus supra, præsentibus ibidem venerabilibus, & discretis Dominis viris, Laurentio de Trecij Priore Prioratus de Bedoyno, Ordinis Sancti Benedicti Carpentoratensis Diœcesis, Ioanne Doti & Francisco de Nauto Parrechialium de Marcella Gebennensis Diœcesis, & Sancti Martini Ambianensis Ecclesiarum Rectoribus, Ioanne Legoupil litterarum Apostolicarum abbreuiatore, ac in datibus Magistro Nicolao Lancij Cantore Ecclesiæ Beatæ Mariæ Magdalenes, Virdunensis, Stephano Channelli, & Ioanne Viratoni Sistarinensis, & Cameracensis Ecclesiarum Canonicis, familiaribus, & continuis Commensalibus præfati Domini Cardinalis, testibus ad præmissa vocatis specialiter & rogatis. Datum vt supra. R. Sapientis.

Et ego, Radulphus Sapientis Clericus Gebennensis Diœcesis, publicus Apostolica & imperiali authoritatibus Notarius, ordinationi & dispositioni, cæterisque præmissis omnibus & singulis, dum sic vt præmittitur, per præfatum Reuerendissimum Dominum Episcopum Cardinalem, & Vicecancellarium agerentur, & fierent, vna cum prænominatis testibus interfui, eaque sic fieri vidi & audiui, ac in notam recepi, & ideo confecto inde præsenti publico instrumento manu mea propria scripto signum meum consuetum fideliter apposui, hicque me scripsi requisitus in testimonium omnium, & singulorum huiusmodi præmissorum.

Bulla Eugenij Papæ IV.

Confirmatoria Erectionis Collegij Auenionensis, vt Sabaudia Iurisperitis abundaret, fundati, Reuocatoria alterationum factarum, & prohibitoria futurarum.

Ad Petitionem Serenissimi Ducis Sabaudiæ.

EVGENIVS *Episcopus seruus seruorum Dei, Venerabilibus Fratribus Ioanni Bisuntinensi S. R. E. Vicecancellario, & Viennensi Archiepiscopo, & Episcopo Gratianopolitano, salutem & Apostolicam Benedictionem.*

DIGNVM atque meritum reputantes, vt extremæ Christi fidelium voluntates optatos consequantur effectus, illa libenter vt tenemur, adhibemus remedia, per quæ voluntates ipsæ semotis quibuslibet obstaculorum dispendiis debito valeant effectui mancipari. Exhibita siquidem nobis nuper, pro parte dilecti Filij Nobilis Viri Amedi Ducis Sabaudiæ petitio continebat, quod olim bonæ memoriæ Ioannes Episcopus Ostiensis, Sanctæ Romanæ Ecclesiæ Vicecancellarius, attenta considerans quod nonnulla in partibus suæ originis, consistentia loca notabilia minimè in Personis in iure Peritis abundabant, cupiensque super hoc partibus ipsis de remedio opportuno considere, quamdam domum, quam in nostra Ciuitate Auenionensi tunc obtinebat, pro vsu, & habitatione viginti quatuor pauperum Scholarium, qui in iure Canonico vel Ciuili, studere deberent contulit, & assignauit, ac pro ipsorum Scholarium sustentatione de bonis sibi à Deo collatis sufficienter dotauit; Volens & statuens inter cætera, quod ex Scholaribus inibi instituendis, octo de Diœcesi Gebennensi, illi de Castellania Annessiaci Burgi dictæ Diœcesis præferrentur, ac de Ducatu Sabaudiæ totidem, de Viennensi vero & Arelatensi Prouinciis, etiam octo oriundi existerent, quos ipse Episcopus, dum in humanis ageret nominaret & assumeret, & in eodem Collegio instituere, & post eius obitum instituti tunc inibi Scholares, vel eorum maior pars cum suo Prouisionario, seu Rectore in locis deficientium, alios infra mensem à die vacationis locorum ipsorum possent, & tenerentur eligere, alioquin dictus Episcopus pro tempore existens, & Capitulum Ecclesiæ Gebennensis de locis inibi vacantibus prouidere possent, pluraque alia circa Collegij, & Scolarium prædictorum regimen, eorumque statum & normam viuendi Testamentaria dispositione fecit & ordinauit, prout in instrumento super hoc confecto dicitur plenius contineri. Cum autem, sicut eadem petitio subiungebat, Venerabilis Frater noster Gerardus Conseranensis, pro vno ex Executoribus præfati Cardinalis se gerens, multa per ipsum Cardinalem in præmissis prouide statuta, & ordinata & præsertim in numero ipsorum Scholariorum, & de locis à quibus ipse Cardinalis eos assumi voluit, prætextu quarumdam Litterarum felicis recordationis Martini Papæ V. prædecessoris nostri alterauerit, & immutauerit in graue dictorum incolatum locorum, & Clericorum prædictorum præiudicium & offensam. Quare pro parte Ducis, Incolarum & Clericorum prædictorum nobis fuit humiliter supplicatum, vt eis super hoc opportune prouidere de benignitate Apostolica dignaremur. Nos igitur Collationem & assignationem domus, nec non dotationem, voluntatem & propterea per ipsum Cardinalem facta, statuta, & ordinationes quorum formas & tenores præsentibus pro expressis haberi volumus, rata habentes & grata, illaque inuiolabiliter obseruari cupientes fraternitati vestræ, per Apostolica scripta mandauimus, quatenus vos, vel duo aut vnus vestrum, per vos, vel alium seu alios, omnia & singula quæ contra præmissa, aut eorum aliqua per ipsum Gerardum Episcopum, aut quosuis alios, quacumque etiam Apostolica, vel alia quauis authoritate facta, alterata seu immutata inueneritis, authoritate nostra, cassetis & irritetis, nulliusque decernatis existere firmitatis, vel momenti, & nihilominus ipsi Duci, Incolis & Scholaribus efficacis defensionis præsidium assistentes non permittatis ipsos super præmissis, aut illa concernentibus per quoscumque cuiuscumque status, gradus, vel conditionis existant, quomodolibet molestari, contradictores, per censuram Ecclesiasticam appellatione postposita compescendo. Nonobstantibus si aliquibus communiter, vel diuisim à sede Apostolica sit indultum, quod interdici, suspendi vel excommunicari non possint per Litteras Apostolicas non facientes plenam, & expressam & de verbo ad verbum de indulto huiusmodi mentionem. Nos enim & singulos processus, etiam quasuis excommunicationis, suspensionis & interdicti sententias, seu censuras alias Ecclesiasticas continentes quas forsan contra DVCEM, incolas, & Scholares prædictos præmissorum occasione fulminare contigerit, ex nunc cassamus & irritamus, ac nullius existere decernimus firmitatis. Datum Florentiæ anno Incarnationis Dominicæ millesimo quadringentesimo sexto, quarto nonas Aprilis, Pontificatus nostri anno sexto. Extractum, &c. Debita Collatione facta, &c.

† *Pro sigillo.*   *De Mares Notario & Secretario.*

JEAN ROLLAND,

Docteur és Loix, Euesque d'Amiens, Cardinal du Tiltre de.....

CHAPITRE CLXV.

Sammarthani Fratres in Episcopis Ambianensibus.

IOANNES ROLLAND Cardinalis creatus à CLEMENTE VII. Antipapa(1) anno 1485. quarto idus Iulij, vt notat Ciaconius, ex Claromontensi Diœcesi in Aruernis natus, per decessoris Ioannis de Grangia resignationem Episcopatum adeptus ingreditur vrbem secundo Augusti 1379. solemni apparatu ingressus, Ciues splendido conuiuio, & multos præsules ac nobiles ipse excepit, vt testantur vrbis documenta: matrimonio iunxit in Cathedrali Carolum VI. Regem cum Elizabetha Bauara 17 Iulij 1385. præsentibus Regiæ stirpis, nec non multis Germaniæ Principibus. Mortales exuuias deseuit anno

des Cardinaux François. 527

anno 1388. perperam vt aliqui asserunt in obedientia Benedicti XIII. qui in sedem Apostolicam tantum intrusus anno 1394. & certe Epitaphium eius Cardinalatus nullam habet mentionem, quod visitur in Cathedralis Sacello Diui Iohannis Baptistæ post chorum, tumulo è nigro marmore ornato æreis figuris, & stemmatibus familiæ distincto.

Extraict du Calendrier MS. de l'Eglise d'Amiens.

DEcembr. 11. Kal. Obitus Domini Iohannis Rollandi, Claromontensis Diœcesis, quondam huius Ecclesiæ Episcopi, quam Ecclesiam pluribus ornamentis pretiosis multipliciter adornauit.

Epitaphe du Cardinal ROLLAND graué sur son Tombeau, qui est dans la Chapelle de Saint Iean Baptiste, derriere le Chœur de l'Eglise Cathedrale d'Amiens.

Hic iacet recolendæ memoriæ Dominus Iohannes Rollandi, quondam Ambianensis Episcopus, Doctor legum famosissimus, Præsu'um decus eximium, Pater celsi ingenij, veridicus, sobrius, castus, mansuetus, cultor pietatis, & totius virtutis Thalamus, ac Christicolarum pauperum suæ Diœcesis adiutor largissimus, quos bonorum suorum hæredes instituit. Obiit anno Domini 1388. suique Regiminis, huius Ecclesiæ decimo tertio, mensis Decembris decima septima. Orate pro eo.

SAINT PIERRE DE LVXEMBOVRG,

Chanoine en l'Eglise Metropolitaine de Paris, Archidiacre de Chartres, Euesque de Mets, Cardinal Diacre du Tiltre de Saint Georges au voile d'Or.

CHAPITRE CLXVI.

Extraict de la Vie de Louys III. Duc de Bourbon, escrite en l'an 1429. par Iehan Dorrouille, & donnée au public par Iehan Masson Archidiacre de Bayeux.

LE Frere de PIERRE DE LVXEMBOVRG, Comte de Saint Paul, escriuit audit Duc, comme le Pape auoit fait sondit Frere Pierre de Luxembourg Cardinal, qui a bonne renommée de preud'homme, & que pour tenir son Estat luy auroit baillé en commande l'Euesché de Mets, qui valoit soixante mille florins, & que aucuns Allemands desobeissans au Pape tenoient les places de l'Euesché, le suppliant comme son bon Seigneur & amy, de le seruir de gens de Guerre en ce fait, Il bailla son Enseigne à Messire Iehan de Chasteaumorant, y enuoya quatre cents hommes d'Armes, lesquels ioints auec les troupes dudit Comte prindrent la Ville de Commercy, & l'Abbaye de Gorre, lequel Comte de Saint Paul, & ledit Cardinal, allerent deuant Vich, où est vne Saline, & deux autres Salines qui valent trente mille florins, puis vindrent rendre obeissance au Cardinal, qui puis fust Saint, &c.

Extraict de l'Histoire de Charles VI. par Iean Iuuenal des Vrsins.

LE Cardinal de Luxembourg, pour le bien qui estoit en sa personne fust fait Cardinal, & en l'aage de dix huit ans, alla de vie à trespassement, & fut enterré en Auignon aux Celestins, & à son enterrement y eust foison de Peuple, & y eust des aueugles qui par les merites du Glorieux Saint recouurerent la veuë, & des boiteux qui allerent droit, aussi plusieurs creatures humaines malades de diuerses maladies

…uoulurent faire leurs Deuotions, en requerant le Glorieux Cardinal trespassé, qu'il voulust prier Dieu qu'il leur donnast santé, lesquels au neufuiesme iour estoient gueris, & tous sains.

Extraict des Annales des Papes, escrites par vn Chanoine Regulier de l'Abbaye de Saint Victor lés Paris. MS.

ADueniente tempore Paschali, instantia Regis Francorum, & Ducis Bituricensis, Clemens Papa promouit Diaconum Cardinalem, Dominum Petrum de Luxemburgo, Fratrem Comitis Sancti Pauli tunc Electum Metensem, ætate quidem iuuenili sed magis meritis & virtutibus adornatum, prout infra cum eius obitus memorabitur, plenius describetur.

Anno Domini millesimo trecentesimo octuagesimo septimo, die quinta mensis Iulij obiit memoratus Dominus Petrus de Luxemburgo Sancti Georgij ad velum aureum Diaconus Cardinalis, suæ ætatis decimo octauo anno nondum completo, qui ab infantia continuè dilexit, & timuit Deum & proximum, charitatem habuit, iustitiam & æquitatem tenuit, Virginitatem & munditiam seruauit, in humilitate permansit, in omni morum honestate perseueranter vixit, & tandem sanctissimè terminauit. Eius autem vita, licet fuerit admodum laudabilis, immò & quodammodo aliis exemplar suæ ætatis & nobilitatis respectu, tamen sua mors subsequuta & ingentia merita per amplius demonstrant, à die enim qua corpus suum sepultum fuit in communi cœmiterio pauperum, in quo præ nimia humilitate viuens suam elegerat sepulturam, magnis, & stupendis miraculis clarescere cœpit, eius namque tumulum visitantes, aut pro suis langoribus & necessitatibus patrocinium implorantes, confestim remedia inuenerunt oportuna, & experti sunt, nedum liberati à febribus & aliis infirmitatibus quæ communiter accidere solent, sed etiam cœci visum, surdi auditum, claudi gressum, muti loquelam, leprosi munditiam sunt eius meritis consecuti, Sed & quod maius est, plurimi mortui ad vitam sunt restituti, Quæ adeò continuata referuntur, quod fere vbique infra paucum tempus diuulgata fuere, propter quod etiam de diuersis longinquis, de remotis partibus venerunt quamplurimi ad saepe dictum tumulum, qui per præsens prius magnis grauati langoribus, eius meritis, & intercessionibus sani & incolumes ad propria rediere; prout hi omnes qui eius ope adiuti, seu sani facti sunt, siue prius languidos aut malè se habentes, aut demum conualuisse viderunt, attestati sunt, & vota innumerabilia super eis edita indicant manifestè, &c. Inter quos exiterunt non pauci qui quamquam fuerit Schismatici, Benedicto intruso adhærentes, videntes tot prodigia & signa, quæ Deus eum inuocando suis intercessionibus continuè faciebat, eius compulsi sunt confiteri Sanctitatem, nec vlterius suum statum, seu titulum quem sciebant ipsum à dicto Clemente recepisse tanquam irritum ausi sunt quomodolibet impugnare, fuitque propterea status dicti Clementis iustior, & solidior multumque reputatus, per quem plures æstimauerunt, & à certo tenentes, quod ipse qui iam spiritu Dei plenus fuisset, secretorum cœlestium, in quantum in Deo salus sua tangebatur notitiam sufficienter habuisse creditur sibi non adhæsisse, nec promotiones suas ab ipso recepisse nisi ipsum se sciuisset iustum habere titulum in promptu. Qui demum dictus Clemens tam pro parte Regis Francorum, quàm plurium Prælatorum crebris, & multiplicatis supplicationibus propulsatus, & requisitus extitit, vt ad eius Canonisationem procedere dignaretur, cum merita sua hoc exposcerent dictis miraculis, & prodigiis id ipsum indicantibus manifestè. Ipse autem in his maturè prouidere volens commisit super præmissis inquiri diligenter informationem recipi, tam per Prælatos, quàm per certos Cardinales adhoc per ipsum deputatos, prout est in talibus fieri consuetum: Interim circa tumulum suum fuit institutum vnum Cœnobium Fratrum Cœlestinorum, qui habent ibi in eius commemorationem, & honorem Deo seruire ordinatis pro ipsis ibidem Officiis, & necessariis eis ad tempus competentibus, & tandem solemniter ædificantibus; qui etiam de oblationibus, & votis sui considerationes obuenientibus, pro maiori parte possunt sustentari.

Memoria Beati Petri de Luxemburgo: Ex Historia Luxemburgi, Manuscripta.

AVenione, obitus Beati Petri de Luxemburgo, Tituli ad Sanctum Georgium ad Velum aureum Diaconi Cardinalis, qui parentes habuit ex Imperiali, & regali stirpe prodeuntes, Guidonem de Luxemburgo Comitem Sancti Pauli in Picardia, & de Lineyo, & Dominam Matildam de Castilione. Hi autem puerum bonam sortitum animam liberalibus artibus, & Decretis imbuendum, Parisiis tradiderunt, vbi à Clemente VII. anno decimo, ætatem moribus transiens, Parisiensis Canonicus est institutus, & post biennium Archidiaconus Carnotensis, & decimo quinto ætatis anno, licet plurimum renitens Episcopus Ecclesiæ Metensis. In quibus Sanguinis, & honorum dignitatibus se se non extulit: sed omnia tanquam aranearum fila nihil pendens, soli Deo placere studuit, vnde etiam Clemens voluntati Dei se conformans, qui supra Cardines terræ posuit orbem, cum Fratrum consilio, Cardinalium Collegio aggregauit. Cumque omni Sanctitate polleret, crucem suam baiulando adeo Christi vestigia est insecutus, vt in extasi positus ipsum Iesum in cruce pendentem, corporeis oculis in aëre meruit intueri. Migrauit autem per mortem ad victæ autorem, circa annum decimum octauum ætatis, anno Domini millesimo trecentesimo octuagesimo septimo, die secunda Iulij, abstinentiis & disciplinis attritus. Quinta autem die sepultus est Auenione, vt ipse voluit, Sancti Michaëlis, vbi nunc est Monasterium Fratrum Cælestinorum de Luca Eburgo, in quo loco Sancti Petri meritis, intra duos obitus sui annos nonaginta & sexaginta quatuor leguntur miracula contigisse. Extat porro de eo præclarum testimonium inter acta Concilij Basiliensis, scribit enim Philippus Burgundiæ & Brabantiæ Dux, aliarumque Ditionum Belgicarum Dominus Litteras ad Basilienses Patres ex Villa sua Bruxellensi, quibus rogat Patres, vt Canonizent, & eleuent dignæ perpetuæ memoriæ Dominum Petrum de Luxemburgo Cardinalem, suum Consanguineum, quibus quotidie coruscat, aliorum Christi confessorum Collegio constat aggregati. Hoc etenim varijs in locis retroactis temporibus fuisse inceptum, sed quibus medijs, vel medio fuerit interruptum, vel imperfectum remanserit, ignorare se asserit, fortassis autem præcipua causa fuit, quia Cardinalatum à CLEMENTE VII. acceptauit, is enim cum Cameracensis esset Episcopus, & Sacrosanctæ Romanæ Ecclesiæ Cardinalis, illegitimè in Pontificem Electus sexdecim annis Auenione resedit contra Vrbanum VI. & Bonifacium IX. à Gallis potissimum, Hispanis, & Scotis, Pontifex cognoscebatur. Porro hic noster Cardinalis Louanij in primaria Ecclesia, in fenestra ante Crucifixi visionem, quæ pictura ex superioribus à me est intellecta, & ex eo quod ad latus habeat arma Comitatus Sancti Pauli, sub Cardinalitio Galero.

Extraict du compte de Iean de Chanteprime, Receueur General des Aydes pour la Guerre, commançent au premier Feurier 1385. & finissant au dernier Iuillet 1386. fol. 140. & 113. Communiqué par Monsieur d'Herouual Conseiller du Roy, & Auditeur en sa Chambre des Comptes, à Paris.

A *Monseigneur Pierre Cardinal de Luxembourg, deux mille liures que le Roy luy a donnees pour luy aider à supporter les grands frais & missions qui luy conuiendra de faire, pour aller & entrer honorablement en Cour de Rome, où il a propos d'aller faire sa demeure & residence ; par mandement dudit Seigneur, du 24. Auril 1386.*

Extraict d'vn Memoire escrit de la main de feu mon Pere.

IEANNE *de Luxembourg Comtesse de Ligny & de Saint Paul, Sœur de Pierre de Luxembourg estant Religieuse du tiers Ordre de Saint François, deceda en Auignon, apres la mort dudit Saint Pierre de Luxembourg, & fut inhumée au Monastere, la tradition des bonnes Dames, dit que plusieurs miracles ont esté faits à son Sepulcre.*

André de Luxembourg Archidiacre de Roüen, fut receu l'an 1389. il estoit Frere de Pierre Cardinal de Luxembourg du Tiltre de Saint Georges.

Dans la Bibliotheque de Monsieur de Chauigny au nombre 7. il y a vn MS. Folio intitulé: Les Epistres de Saint PIERRE DE LVXEMBOVRG.

En celle de Monsieur Virey, Maistre des Comptes à Dijon, il y en a vn autre, à la fin duquel sont ces mots. Cy fine le Liuret de Monseigneur Saint Pierre de Luxembourg, lequel il enuoia à sa Sœur pour la retraire & oster de l'estat mondain, *à la suite desquels sont ceux-cy,* Explicit Liure bien moral que a fait escrire Mademoiselle de Sobraux, en l'an 1400. &c.

Ex Elogiis Cardinalium Sanderi BEATVS PETRVS DE LVCEMBVRGO.

TANTVS is Dei beneficio post mortem miraculorum patrator fuit, vt eam ob causam & Thaumaturgus appellatus sit, & optimus Auenionensis Ciuitatis Patronus habeatur. Ea Clemens VII. Papa à tribus Cardinalibus annotari iussit, quæ etiamnum Auenione in Cœlestinorum Monasterio in Tomos tres digesta extant, vbi & Sacrum Diui Corpus honorificè asseruatur. Iuuenis admodum circa ætatis nempe annum decimum & octauum de hoc sæculo migrauit, Christi millesimo trecentesimo octogesimo septimo. Patrem habuit Guidonem Luxemburgicum, Ligniaci ac Roussij Comitem, & Castellanum Insulensem, matrem verò Mathildem Castillioneam, quæ marito suo Sancti Pauli in Artesia Comitatum, & Tiennæ Dominium in Dotem adtulit. Clemens VII. antea Cameracensis Episcopus, qui se pro Pontifice tunc gessit, Cardinalium suorum Numero, Clemens autem VII. Medicæus fastis cum Beatorum anno 1527. adscripsit. Diploma nuper Auenione acceptum, Aubertus Miræus vir Clarus Belgicis ac Burgundicis suis fastis inseruit, ad ampliorem gentis Luxemburgicæ, quæ tot Germaniæ Cæsares, Bohemiæque Reges dedit, vt inquit, gloriam. Iosephus Maria Suaresius, vir eruditione egregius, & in Diui Petri Auenione Præpositus, luculentam de Vita ac laudibus Beati Petri Luxemburgensis edidit orationem, quam Iohanni Francisco ex Comitibus Guidiis à Balneo, Archiepiscopo Patraceno, ad Belgas Burgundiones nuntio, Præsuli virtutum omnium, nominibus clarissimo, dedicauit. Pro eiusdem Petri Luxemburgici Consanguinei sui eleuatione ac Canonizatione iam olim Philippus Bonus Burgundiæ Brabantiæque Dux instituerat, vt constat ex Litteris Bruxellæ trigesimo Ianuarij, anno 1437. ad Patres Basileensis Concilij scriptis. Quæ inter Acta eiusdem Concilij leguntur.

Extraict d'vn MS. qui est en la Bibliotheque de Monsieur Bluet, Celebre Aduocat au Parlement de Paris.

Abbregé fait de la Naissance, du Trespas & Miracles de Saint PIERRE DE LVXEMBOVRG.

MONSIEVR Saint Pierre de Luxembourg, du Tiltre de Saint Georges au voile d'Or de Sainte Eglise Romaine, Diacre, Cardinal, Fils de tres-Nobles Parens, de Messire Guy de Luxembourg, Comte de Saint de Paul en Picardie, & de Ligny en Barrois, & de Mere Dame Mahault de Chastillon, de ligne Imperiale & Royal descendans, ainsi que de beaux lis & roses de Printemps odoriferans de admirable senteur, fut procrée & nay: cestuy doncques enfant ingenieux & qui auoit fort bonne ame, fut mis premierement à l'Estude à Paris, pour estre introduit ez Arts Liberaux & en Decret, où enuiron le dixiesme an de son innocence passant aage par bonne mœurs, du mandement de Nostre Saint Pere le Pape fut Chanoine institué en l'Eglise Nostre-Dame à Paris: puis apres deux ans reuolus fut ordonné Archidiacre de Dreux en l'Eglise de Chartres, & au dernier, le quinziesme an de son aage moienant la grace de Dieu iaçoit ce que moult fut refusant, fut pourueu Euesque de l'Eglise de Mets, ieune d'aage, & Vieillard de courage; beau de fait, mais plus beau de pensée. Que combien qu'il precedast plusieurs en dignité, toutesfois surmontoit tous en Sainteté. Né de Noblesse de Sang, Né de Noblesse Corporelle, Né d'Henneurs exhibées iamais ne s'esleuoit, mais seulement s'estudioit à Dieu plaire: Car toutes telles choses comme filets d'Araignes vilipandoit, & en touttes choses & deuant tous tousiours se humilioit, en oultre la renommée de ses vertus par touttes parts esparse: Iceluy Nostre Saint Pere le Pape Clement, soy conferment à la volonté de celuy qui sur touttes les forces Cardinales de la terre a fondé le monde, du Conseil de ces Freres les Cardinaux, ledit Saint accompagna au Saint College d'iceux, duquel ainsi pourueu & esleué, non point par faueur d'amis mais par disposition diuine, afin que comme la belle Estoille iournal reluisant on le veit, & fust de fait de tous les quarrés du monde la quette & miroir, & comme il resplendist de toutte sainteté desia de droit fait maistre en vertus par vigueur de courage luy mesme, & tout le monde delaissoit, & en portant la Croix de penitence, tellement nostre Seigneur ensuiuoit que souuentesfois sur soy estoit rauy; & de ieulx propres corporels veoit iceluy Nostre-Seigneur IESVS-CHRIST pendant en Croix qui à luy s'aparoissoit. Apres enuiron dix-huit ans de son adolescence, c'est à sçauoir l'an de grace 1388. le second iour de Iuillet, cestuy Saint Vierge & innocent attenué de continuelle abstinence & brisé de disciplines, saillant sans blessure des soilleures de ce monde perdit la mort & trouua la vie, car seulement il auoit tousiours aimé l'Autheur de vie, & le cinquiesme iour dudit mois fut ensepuely en Auignon, au Cimetiere des paures de Saint Michel, maintenant Monastere des Freres Celestins de Luxembourg, auquel lieu par les prieres & merites d'iceluy Saint Pierre, Nostre-Seigneur Dieu tout puissant continuellement iusques à auiourd'huy a eslargy tels, & tant de Beneficies que dedans deux ans apres son trespas quarente & deux morts furent ressuscités en vie, & sourds, muets, boiteux, fieureux, furieux, & ladres totalement gueris. On lit mil neuf cent & soixante quatre miracles. L'an 1500. au mois de Iuillet ledit Corps Saint, par l'authorité de nostre Saint Pere le Pape fut honorablement esleué de terre & mis en Chasse auec permission de l'honorer comme Bienheureux ou Monastere des Celestins d'Auignon.

TRES-DEVOTE ORAISON, ou LITANIE, Composée par Monsieur SAINT PIERRE DE LVXEMBOVRG.

DEVS Pater qui creasti
Mundum & illuminasti
Suscipe me pœnitentem
Et illustra meam mentem.
    Fili Dei IESV Christe
Ad te venit reus iste,
Qui cœli sedes in Arce

Supplicanti mihi parce.
    Sancte Spiritus tuorum
Consolator miserorum
Respice me peccatorem
Infundens tuum amorem.
    Deus Vnitas superna
Trinitasque sempiterna

Vt intendam tuæ laudi
Meos gemitus exaudi.
 Dei Genitrix Maria
Virgo Clemens atque pia
Ora pro me peccatore,
Natum sine Genitore.
 O Maria Deo Cara
Stella fulgens & præclara
Confer vitæ puritatem,
Et veram humilitatem.
 Fac me tibi deseruire
Et in te vitam finire
Vt per te iustificati,
Valeam atque seruari.
 Michaël victor Draconis
Impietates prædonis
Valentes mihi nocere
Fac omninò nil valere.
 Gabriel Nuncie Christi
Cuius ortum prædixisti
Obsecro mihi dignare
Mortem meam nunciare.
 Raphaël medicamentum
Salutis atque fomentum
Medere meo languori
Vt sim gratus Saluatori.
 O Angele Sancte, mei
Custos voluntate Dei
Me pietate superna,
Serua, deffende, guberna.
 O vos omnes Angelorum
Conuentus Sanctissimorum,
Precor, vt me muniatis
Et ad vitam perducatis.
 O Iohannes precor Regis
Certus Testis nouæ legis
Fac vt patem viam Christi
Quam docere voluisti.
 Ioseph Christi nutricie
Sponse Virginis Mariæ
Ipsum nutri in cordibus
Nostris replens virtutibus.
 O cetu Patriarcharum
Ordinesque Prophetarum
Apud Regem Cœli Christum,
Excusate reum istum.
 Signifer Apostolorum
Petre Princeps Cæterorum
Dilue mea peccata,
Potestate tibi data.
 Paule Doctor veritatis
Lux totius pietatis
In me si placet intende,
Et auxilium impende.
 Andrea Crucis amator
Sanctitatis prædicator
Vt laborem non in vanum
Laboranti præbe manum.
 Iohannes Christi dilecte
Aurem ipsius inflecte,
Vt audiat meas præces
Diluens immundas fœces.
 Iacobe cognate Christi
Qui peregrinus fuisti

Per huius deserti viam
Me Duc ad Cœli patriam.
 Iacobe Frater Domini
Similis Deo homini
Tu similiter virtutibus
Dei dignus obtutibus.
 Sancte Dei Martialis
Munda me à cunctis malis
Vt possim placere Christo
In cuius conspectu sisto.
 Apostoli IESV Christi
Cui credo vos astiti
A malo me liberate
Et in bono conseruate.
 Quatuor Animalia
Vestra per Euangelia
Me velitis instruere
Et ad vitam perducere.
 Stephane Culmen amoris
Prothomartyr saluatoris
Adiuua me liberantem
Qui vidisti IESVM stantem.
 Laurenti fortis Athleta
Qui cœlorum vides læta
Confirma me in virtute
Vt non priuer à salute.
 Vincenti strenue Miles
Qui de Christo nunquam siles
Auxilium mihi præsta
Ne me turbet mors infesta.
 Christophore Christum ferens
Humeris & corde gerens
Fac me Christo IESV gratum
Regnum vt intrem beatum.
 Decem millia Martyres
Crucifixi sectatores
Præparate mihi viam
Vt & idipsum faciam.
 Dionysi Christi præsul
Ac inuictus Martyr simul
Cum fratribus deprecare
Cœli Regnum mihi dare.
 O Resplendens virtutibus
Adornateque moribus
Sebastiane vir Dei
Rogo te, memento mei
 Eustaci miles strenue
Ora pro me continue
Per te mancam sic fultus.
Quod hostes vincam insultus.
 O vos omnes gloriosi
Martyresque prætiosi
Adiuuate me captiuum
Et sanate semiuiuum.
 Martine Gemma Pastorum
Lucerna Catholicorum
Tibi supplicio dignare
Pro me Deum exorare.
 Nicolaë vir fidelis
Tu præpotens es in Cœlis
Sicut fulges dignitate
Sic me data bonitate
 O Gregori vas aureum
Rorem distillans melleum.

Perduc me ad suauia
Æternæ vitæ gaudia.
 Ambrosi nemini parcens
Magnos, atque paruos arcens
Ab errore promoueas
Nos ad sedes æthereas.
 Augustine Scripturarum
Scrutans arcana Sanctarum
Flos & splendor Ecclesiæ
Mihi da sini requie
 O Doctor venerabilis,
Vitæque vir laudabilis
Ieronime prece tua
Ad Cœli me Duc ardua.
 Sanctissime Benedicte
Gregis Dei Dux inclyte
Perduc me in viam rectam
In Ciuitatem electam
 Sancte Petre Celestine
Consors Gratiæ Diuinæ
Fac me spernere terrena
Vt Cœli gustem amœna.
 Sancte Claudi præsul Christi
Tua prece fac me sisti
Summi Regis ante Thronum
A quo prodit omne bonum.
 Bernarde Virginis Almæ
Seruitor deuotissime
Fac vt per eam filium
Reddas mihi propicium.
 Anthoni Victor Dæmonis
Fulgens virtutibus bonis
Sis mihi semper amicus
Ne me vincat inimicus.
 Leonarde miserator
Captiuorum liberator
Tu me velis eripere
Ab infernali carcere.
 Christi confessor insignis
Gilberti præclare si quis,
Hic mihi posce gratiam
Et in futuro gloriam.
 Lazare, quem suscitauit
Iesus & multum amauit
Tua prece me visitet,
Et à peccatis suscitet.
 Iuliane Christi hospes
Omnes à me aufer hostes
Vt & Christus sine sorde
Habitet in meo corde.
 Omnes Sancti Confessores
Legis Dei defensores
Adiuuate me ruentem
Iam iamque deficientem.
 Anna Mater Gloriosa
Radix Sancta fructuosa
Pro me filiam exora
Vt omni me iuuet hora.
 O Maria Magdalena

Pietate Dei plena
Summo Deo me præsenta
Cui seruis tam intenta.
 Virgo Martyr Catharina
Refulgens Christi doctrina
Deprecare sponsum tuum
Ne me damnet seruum suum.
 Quæ trinum Deum diuisti
Et vnum ac dilexisti
Beata Virgo Barbara
Fuitem per te tartara
 Margareta amabilis
Virgo Martyr tam nobilis
Per tuam orationem
Habeam remissionem.
 O Martha Virgo electa
Hospita Christi dilecta
Exora tuum hospitem
Vt Regno suo habitem.
 Appollonia dentibus
Cæsa flammis cedentibus
Funde preces ad Dominum
Ne vincar nexu criminum.
 Agnes Virgo Gloriosa
Fulgens atque speciosa
Flecte mihi saluatorem
Pro quo fudisti cruorem.
 Genouefa Deo grata
Humilis, mitis, & casta
Humilem me fac & mitem
Christum sequar veram vitem.
 Afrosina mirabilis
Virgo vita spectabilis
Salua me Christi nomine
Ab inferni voragine.
 Vrsula cum sodalibus
Agnum prosequens laudibus
Tuis sperantem precibus
Munda cunctis criminibus.
 Omnes Virgines Sacratæ
Rege magno copulatæ
Offerte me vestro sponso,
Dum venerit in absconso.
 Domine Iesv tuorum
Propter merita Sanctorum
Vt sim semper mundus corde
Munda me ab omni sorde.
 Da gratiam in præsenti
Da veniam pænitenti
Da gloriam in futuro
Vt si mihi pax securo.
 Omnes in te Baptisatos
Per Peccatum inquinatos
Perduc ad Confessionem
Et confer remissionem.
 Requiem æternam cunctis
Da fidelibus defunctis
Ne damnentur in fornace
Sed requiescant in pace, AMEN.

Oratio ad Cardinalem.

Cardinalis & Lenita, PETRE Luxemburg excita
Cor ad bonum & erige, gressusque meos dirige.

des Cardinaux François. 533

Altera Oratio.

O Decus Imperiale Petre liliorum fulgor & Lucemburgi propago, ô flos castitatis vale Auinioreñsis tu clangor, orbis cardo, lux, compago. Custodi nos ne vorago dæmonis, vel dirus langor pellat de virtutum calle. Id impetra præmiale quo frueris, vbi vigor realis est patris imago. *Versic.* Consummatus in breui expleuit tempora multa. *Respons.* Placita enim erat Deo anima illius.

I'ay vne figure de Saint Pierre de Luxembourg, en taille douce, autour de laquelle sont representés dix de ses miracles, & au bas sont ces vers & cette Oraison.

Nouum sidus Ecclesiæ, lucerna nostris pedibus,
Ora Christum pro famulis, vt nostris adsit mentibus.
Et in æterna requie, suis iungat agminibus.
Ora pro nobis Beate Petre de Luxemburgo
Vt digni efficiamur promissionibus Christi.

Oremus.

OMNIPOTENS sempiterne Deus qui Beati Petri de Luxemburgo Confessoris tui meritis, & intercessione defunctis vitam, cæcis visum, Claudis gressum, ægris sanitatem præstare, & de quacumque tribulatione ad te clamantes eruere dignatus es, concede propitius, vt omnes qui implorant eius auxilium petitionis suæ salutarem consequantur effectum. Per Christum Dominum nostrum, Amen.

VITA BEATI PETRI DE LVCEMBVRGO,
Ex veteri Codice MS. sed anonymo authore.

IMMENSVS Cœli conditor perpetua mundum ratione gubernans, cuius prouidentia in dispositione non fallitur, quinimo secundum ordinatissimam temporum distributionem, plus nouit congruentem suis temporibus humano generi exhibere medicinam; cuius inefabilis maiestas primitiuæ Ecclesiæ suæ exordio, multa per Beatum Petrum Apostolum operabatur miracula, vt fides Christi nouella per eum confirmaretur orthodoxa. Nunc autem peculiari quadam ordinatione fructuosum germen prædestinauit, Deificum videlicet nobilem & deuotissimum puerulum, PETRVM DE LVCEMBVRGO verè Beatum, in orbem Terrarum cœlitus transmissum, vt salutiferæ nuncius foret veritatis. Qui tandem similia veluti primus PETRVS quasi operaretur miracula; vt fides nostri Saluatoris IESV CHRISTI Dulcissimi luce clarior pateret in Terris, & eiusdem fidei veritas per ipsum Dominum elucidaretur è Cœlis. Luce ergo de cœlo progrediente cœlica nutu diuino in Ligncio oppido Ducatus Barrensis ac Tullensis Diœcesis in Lotharingiæ finibus, ex illustribus nobilibusque parentibus, Patre Domino GVIDONE de Lucemburgo Comite Sancti Pauli in Picardia, ac de Ligncio prælibato, & Matre Mathilda, Domina de Castilione, stirpe imperiali, regaliqûe prodeuntibus, tanquam liliis rosisque vernantibus initæ Sanctitatis natus est infantulus, cui in Sacri Baptismatis lauacro Christo Domino dictante, vtpote cœlestibus præmiis magnificaturo, nomen extitit impositum, PETRVS vt quemadmodum primus PETRVS à Christo electus, petra firma vniuersalis Ecclesiæ solidum primarium fuit fundamentum; ita à Christo electus extitit secundus PETRVS sicut validum ipsius Ecclesiæ stabilimentum, vtpote futura Ecclesiæ columna Cardinalis Sacrosanctus; qui denique puerulus adhuc, traditus fuit Sacris Litteris imbuendus; Quem amici sui Cardinales, seu propinqui parentibus orbatum, moreque nobilium diligenti studio educatum, diuino manciparunt seruitio: Qui Clericus effectus, in sortem Domini inter flores illos cœlicos, plantationis æternæ pullulatione mirifica redolens extitit præelectus; Quem Christus ideo voluit ad Ecclesiam præsentari, vt totus mundus eius exemplo posset gloriosius illustrari. Puer itaque famosus & celeber, cui quanquam mundi fallax breuitas placentia suggereret, de puellarum lusibus, musicorumque, & aliarum delitiarum generibus, licet facie formosus esset valdè, decorusque aspectu, ac omnium oculis gratiosus, cum iis nequaquam concupiscentiæ fræna laxauit, sed cœlibem semper vitam agens ad voluptatem præparatam non motus, vel ad lasciuiam puerilem; sed stabilis semper manens soli Deo placere studuit; Quam etiam corporis pulchritudinem dictam Deum creasse dubium non est, vt qui formosus erat corpore, eius humili intuitu considerato, formosior iudicaretur & mente: Ex cuius humili & deuota conuersatione virtutibus decorata, satis agnoscebatur quod ipsius fuerint mentis, & recta opera. Puerilibus autem annis spreta ipsius mundi ariditate in flore adolescentiæ suæ ad frugem melioris vitæ transire disposuit, ad summos perfectæ sapientiæ apices anhelans, vt per ipsam sapientiam, quam suauis esset Dominus, pergustaret. Verum quia frequentia amicorum carnalium cum non sinebat ad conscientiæ pacem, & ad sapientiam peruenire peroptatam, locum proprium & amicos suos à se abdicauit, & perueniens ad annos intelligibiles, vt de scripturis tam diuinæ sapientiæ, quam Sacrorum Canonum aliquid exhauriri posset, ad famosam vniuersitatem Parisiensem atque præclaram, se transferri Domo paterna in Picardia, vbi nutriebatur, procurauit. In qua quidem laudabiliter ibidem studendo, & interrogando profecit, ne per iuris ignorantiam tam diuini quam humani à rectitudinis tramite deuiare cogeretur: Et quæ sunt morum bonorum ac honestatis in eadem hauriens, & intellecta comprehendens, hiis contraria sciret perfectè à se abdicare: eius quoque intellectum adeò diuina illustrabat gratia, quod quæcumque audiebat in armariolo sui pectoris memoriter recondebat, & tanquam testa recens imbuebatur documentis, in cordis sui horreo vitæ semina reponens, quibus suo exurgentibus tempore animas recrearet. Virorum itaque magnæ Sanctitatis ac perfectionis conuersationem atque vitam puerulus sapientissimus imitabatur, peruersorum assiduè execrans consortia, tales semper secum tenendo, quorum vitam verebatur & verba; sicut ipse morum honestate compositus, ita compositam vtique tenens familiam. Et quia Sacri eloquii auditus augmentationem causat Sanctitatis, sermones diebus Dominicis & Festiuis cum feruenti diligentia, & deuotione continuè audiebat, quorum effectum in ergastulo conscientiæ suæ memoriter commendabat, satagens vt quod auditu percipiebat, opere compleret & effectu. Adolescens igitur Euangelicus munditiæ sinceritate plenus & scientiæ serenitate, de die in diem magis augebatur, & crescebat sapientia, incrementaque sortiebatur tam vitæ quàm morum assidua virtutum: tanta nempe incæpit clarere verborum luculentia, & tanta exuberare gratiarum eloquentia, quod liquidò poterat apparere lingua eucharis in eo abundare; cumque puer inclytus Parisiensis esset Canonicus, Deo ac Virgini gloriosæ omnibus diebus vitæ famulatum spopondit, vnde adeò honestum & vndique laudatum omnibus se patefaciebat, quod omnibus aliis Concanonicis, cæterisque Parisius degentibus, ex miri odoris flagrantia, quæ ex ipso procedebat, speculum erat bonæ vitæ, & per Sanctimoniæ ac veritatis exemplum omnes igne Spiritus Sancti perlustratus inflammabat. Denique sæpissimè in Ecclesia Parisiensi præfata contingebat, quod cum alij Concanonici sui crucem vel cereos deberent in processionibus deferre, rubore superbiæ quandoque suffusi portare dedignabantur, puer autem Deo plenus, maximo profusus gaudio, licet non esset in ordine suo, cereos vel Sanctæ crucis vexillum humiliter deferebat, Christi humilis obsequio famulando in multitudine gradiens vitium suarum tanquam vexillarius, & signifer saluatoris baiulus atque minister in omnibus membris iuris à vertice vsque ad plantam pedis suo semper erat deuotè famulans creatori, ab omnibus quoque miro diligebatur affectu, quia sermone erat nitidus & aspectu angelicus, adinstar columbæ felle malitiæ dulcissimus. Dominus autem Papa famam huius pueri audiens ita celebrem, sibi Archidiaconatum Drocensem in venerabili Ecclesia Carnotensi motu proprio contulit, eidem leuia imponens onera, vt ad maiora tandem proueheretur; in quo quidem statu Archidiaconali ad florum similitudinem, honestà fulgens conuersatione, bona vtique redolebat opinione, & suauis omnibus & præcipuè subditis suis quando ad eum Parisius affluebant, vbi degebat, semper extitit & benignus: & licet infantia in eo computaretur in annis, senectus tamen mentis erat immensa, ætate modicus, sed animè canus; pulcher facie, sed pulchrior fide, vnde feruens fidei amator cultorque præcipuus, sic in animo suo fidem à iuuentute impresserat, sic se totum in illius mancipauerat obsequium, quod quæque ipsius verba & opera virtutum fidei redolebant, quem ad propagandum salutis humanæ auxilium Christus per terrarum orbem fidei latorem ordinauerat: cumque omni Sanctitate & mansuetudine polleret, & in Litterarum scientia Parisius magis proficeret, huius fama excrebrescente, Domino Papæ vnà cum Sacro suo Collegio Cardinalium Cælitus fuit inspiratum, vt ad venerabilem atque laudabilem Ecclesiam Metensem in Lotharingia pro tunc vacantem dignè fœlix adolescens promoueretur, quem itaque Dominus Papa cernens bonæ indolis & industriosum, qui licet nimis iuuenis ætate pro Episcopatu esset, vtpote in quintodecimo constitutus ætatis suæ anno, cor tamen semper gerens simile, ipsum nutu diuino Ecclesiæ memoratæ præfecit, & ita ad huiusmodi honoris insignia non pretio neque ambitione, sed eius probata vita & Dei iudicio extitit promotus, quem adolescentem Dominus quæsiuit iuxta cor suum, cui Metensium contulit Præsulatum, Ducatumque Ecclesiæ atque Sceptrum, quibus puer Sanctam Conuersationem tanquam salutis animarum sibi commissarum seruituti æmulator, diuinæ dilectionis pabulum ministrauit, & in Dei amorem per singularem solertiam in semetipso seruans sanctimoniam, eos inflammauit, congruè etenim Christus Ducatum sibi præbuit Metensium, quia ipsum sciuit tramite vitæ melioris ipsos præire, sicut decebat eum Pastorem moribus & vita inter oues clarescere. Ne verò per otij desidiam hostilibus insidiis pateret ingressus, in iustificationibus Domini assiduè exercebatur, & ad Actus salutiferos multo magis quam prius excitabatur, vt eo circa licita & Deo deuota totaliter occupato, locum in eo illicita non haberent, & à spiritualibus nequitiis tutus esset. Nocturna quidem silentia humanæ quieti deputata, post dormitionem breuem decurrebat in studiis vitarum & sermonum, & auctoritatum Sanctorum Patrum, & somni tempus vigiliis occupabat cum sapore præmissa studendo, quia de diuinis & salute animæ suæ in eis tractabatur. Diebus autem commodis intendebat sedulus animarum saluti, in quo dono specialis gratiæ noscitur claruisse, & omne tempus in quo de Deo non cogitabat, se perdidisse existimabat, quique morum maturitate compositus, alios profusis virtutum aromatibus ad Sanctimoniam attrahebat, morè pij patris suum deuotè adimplens Officium, peccantes atrociter corripiebat, non

libidine

des Cardinaux François.

libidine vlciscendi, sed peccatorum vulneribus salutarem procurabat adhibere medicinam, & sicut ipsis Metensibus praeerat dignitate, ita ipsis praeeminebat sanctitate, quos eximiis vtique semper prouocans exemplis, cum eis humiliter conuersabatur, ipsis denique ostendendo infima humilitatis, non autem sublimia suae Episcopalis majestatis, squammas superbiae poenitus deserendo, vnde verus profitebatur humilis, qui in culmine constitutus humilitatis, cognitionem meruit obtinere veritatis, Dominationum verò, neque Principatuum socius esse cupiebat, sed ex numero potius humilium puerorum inter sublimes tanquam sui ipsius contemptor dulcifluus minimè peroptans extolli; Quapropter in animo omnes mundanas proprietates quasi aranearum fila reputans, vniuersa quae amamus, nobis ex aspectu decora atque praefulgida spernebat, in diuitiis autem & floribus majorum atque suorum nobilitate, ac corporis pulchritudine, honoribus quoque, qui sibi ab omnibus deferebantur, seipsum non extollebat, sed carnem suam propriam despiciens, velut cinerem, & in terram reuersuram, atque mortales eos denique circumspiciens qui ante cum similibus fulgebant, quantò majoris honoris celsitudine clarebat, tantò seipsum magis humiliabat. Porrò quia Christus humilis humiles consueuit exaltare, & illis insignia dignitatum potiora conferre quos digniores agnoscit, & ingentior commendat excellentia meritorum, Dominus Papa voluntatem suam Christi conformari voluntati, cuius in terris Vicarius est veridicus: Et huius adolescentis seraphici prudentiae probitatis ac humilitatis non ignarus, eumdem consortio sacri Collegij Dominorum Cardinalium de Consilio Fratrum collata sibi coelitus gratia aggregauit, quem Sancti Georgij ad velum aureum Diaconum, & vulgariter *de Luxembourg*, vt nomen consonum esset rei, nuncupauit, qui Luxemburgo huic mundo vniuerso stellis praestitit clarius: in cuius verò electione sinceritas viguit deuotionis, & non amicorum suffragio proiectus, sed Dei judicio creditur esse promotus: Verum quia non potuit lucerna accensa sub modio latere, propterea Deus ipsum ad Cardinalatum i. inaltum voluit exaltari, vt ab omnibus Christi fidelibus facilius valeret intueri, quem vtique disposuit Apostolico coetui aggregare inter Cardines terrae, super quos posuit orbem, & ipsum tanquam mundi lucernam super candelabrum collocare inter Cardinales, qui sunt velut astra in Ecclesia Dei refulgentia, vt vniuersos qui in domo sunt Ecclesiae, suorum posset exemplorum radiis perlustrare. In terris igitur à Deo & eius Vicario dignè promeruit inaltum proueni, qui virtuosa quaeque pariter & Coelestia, attentius nitebatur meditari. Quis autem ipsum in tantae celsitudinis culmen euexit nisi Deus? Adolescens igitur spiritu sancto illustratus cum Deo & amicis suis deliberatione perhabita se minus idoneum humiliter vociferans, genibus flexis Capellum rubeum acceptauit Cardinalatus, vnde gaudeat Collegium sacrosanctum Dominorum Cardinalium in Deum immensum suum cernens Ouile augmentari, Ecclesiamque Dei Benedicti, eo nouae prolis foetu noui Cardinalis Petri meritis ampliari: Profectò vitae ipsius sanctitas eumdem dignum fecit electionis Cardinalatus. Cum autem Dominus Papa eidem mandasset, vt ad Curiam pergeret, tanquam verus filius obedientiae, mandatum non procrastinauit, sed aures parauit auditui, linguam voci, manus operi, & pedes itineri. Et se intra se totum recollegit appropriantes, vt mandatum peragere imperantis; ad Christi Vicarium & eius sanctam Matrem Ecclesiam se cupiens approximare, ne extra arcam in tempore praesentis diluuii aquarum multarum sanctae Ecclesiae tribulationum miles profugus inueniretur: de terra propria prosiliens longinqua & de cognatione sua venit in terram, quam Christi Vicarius sibi monstrauit, visitauit deuotissima sorore sua domicella Johanna de Luxemburgo virgine sibi charissima, quae columba erat infellica innocens & immaculata, totaque pulchra & decora, virtutibus & bonis exemplis; quae quidem Fratri suo Cardinali Beatissimo, quem tenerrimè diligebat, virga fuit directionis, & manna dulcedinis, qui ad inuicem fruentes sanctis Colloquiis, praeclarisque spiritualibus consolationibus, alterutrum ad Virginitatem perpetuò seruandam inchoatam deuotissimè hortabatur; ad dilectionem Dei super omnia & charitatem, innocentiam humilitatemque, & alias caeteras perfulgidas virtutes, quorum sanè praesagiorum rei euentus feliciter postmodum fidem fecit, nam idem Beatus Cardinalis vsque ad eius obitum sanctae Virginitatem seruauit & soror sua omni laude digna etiam in habitu seculari ipsam seruauit inuiolatam, vt fide dignorum testimonio comprobatur, & ita à mundi illecebris virgo à Christo electus exiuit illaesus, sicut à corruptione carnis extiterat alienus. Cumque Curiam ingrederetur Romanam & eius aduentum praestolarentur vniuersi, omnes qui vultus ipsius angelici vetustatem, morumque honestatem, puritatem, atque innocentiam, & ipsius praefulgidam intuebantur humilitatem, voce dulcisson à obnixius ab eo precabantur benedici, quique ad pedum Vicarii Christi osculandorum se humiliter prosternens ab eodem mirificè receptus in Curia permansit, & deuoto deuotior semper effectus. In eodem propterea maximum stupore dignum debet reputari spectaculum, quod adeò iuuenis & venustus à vitiis abstinuerit, & luxuriae ac perplexae vitae errorem ita fugerit; Quem mundi huius prospera & honores non diuerterunt; & cum in honore fuisset, non est comparatus iumentis, sed potius Angelis concupiuit adaequari, quia vitam Angelicam duxit in terris potius quam humanam; qui in medio nebulae quasi stella Matutina in Ecclesia noscitur claruisse: Quis ergo huic Cardinali gloriosissimo valeat adaequari, qui non tantummodo patriam & amicos, sed ipsum quoque mundum animi virtute dereliquit, & haec omnia, Christum suscipiendo, despexit? Eius magna erat Domus & ingens locus possessionis eius: omnia nihilominus, sed & seipsum affectuosè propter Christum dereliquit; feralis auaritia & illecebrosa pecunia nusquam ipsum contaminauerunt, sed ipsa radicitus expulsa charitatem plantauit: Ad Beneficia quoque petenda minimè existens auidus, nec lucris illectus, sed Christi paupertate instigatus in eius Thesauro postmortem vnicus, quem, vt creditur ignorauit, est repertus francus. In se autem tantum non habuit cuiusquam operis, quin extra dice prius proceſſerit charitatis, & charitatis guſtu adeò perfectè extitit inebriatus, vt ad omnem laborem hilareſceret, & laborans non laceſceret. Sanctitatem nempe ſuam,etiam propinquioribus ſuis familiaribus adeò ſubtiliter occultabat contra ſpiritum Cenodoxiæ viriliter dimicans, vt ſaluo ſemper honeſtatis vigore ſub decentia virtutum & apparatu vtenſilium moribus Dominorum iuxta poſſe concordaret ſingulorum: Et ob hoc veriſimiliter creditur Chriſtum in ipſius vita ad eius preces multa patraſſe miracula ſancta nobis ignota; nec cappa quidem propter ſuperbiam ſæpè inducebatur rubea, cum qua in Ecclesiis communiter depingitur, vt præferret, ſuam occultaret ſanctimoniam, quia ignitus charitatis flamma & dilectionis Dei, velut rubus diuini amoris ardebat deſiderio. Cardinalis iſte beatiſſimus miræ fuit ſanctitatis diuinis inſpirationibus inſpiratus, typum gerens pœnitentium. In ieiuniis quoq́; panis & aquæ carnem ſuam tenerrimam timens in germinibus vitiorum pullulare, ſanctarum Meditationum virtutum & ſobrietatis amore caſtigabat, & in ſeruitutem redigebat: tanta etenim auſteritatis rigiditate corpus ſuum proprio ſpiritui ſubjiciebat, vt vix plerumque ſuper pedes poſſet nutantibus greſſibus ſubſtentari: eius quoque benedicta anima in modico erat mole carnis oppreſſa, proptereà ſuperius adeò exiſtebat eleuata, vt in cœlis tota eius conuerſatio videretur: ſæpè quidem cordam ciliciam nodatamque contra carnis inſidias & mentis laſciuiam tamdiù ad carnem ligatam deferebat, quod ſanguis quandoque emanaret: Poſt felicem autem eius obitum & triumphum, corda reperta fuit ſub nattis ſtudij ſui prætioſo eius ſanguine cruentata, magiſque decorabatur cordâ vinctus, quam Diademate coronatus, licet corda quam geſtabat ſæuos ſibi corporeos inferret dolores, grande aliquid & admiratione dignum de tali adoleſcente denuò extitit, videlicet quod cum virgarum verberibus, flagellis quoque duriſſimis, quibus vna ſaltem dici hora in præfato ſtudio ſuo ſolus recluſus, ne ab aliquo videretur corpus ſuum celeberrimum flagellabat, aliiſque macerationibus innumeris longe ſplendidior erat Diademate purpuraque fulgentibus. Qui collum nigro pœnâ à iuuentute adeò ſubmiſerat, quod vſque ad agonem feliciter continuauit, proptereà portauit in vaſe fictili. 1. in corpore debili, nam licet magnus eſſet corpore, pallidus tamen propter abſtinentias quas faciebat, ſemper fuit in facie, & inde ſæpiſſimè infirmato ſtomacho, crebris torquebatur anguſtiis, parcus nihilominus in lecto, parcus in cibo, & parcus in ſomno. Timens Dominus Papa ne in infantiæ teneritudine delicatum corpus ipſius pernimium debilitaretur, crebrò ipſum monebat, à tantæ abſtinentiæ aſperitate ſe retraheret, qui humiliter reſpondebat, *Pater Sancte, nulla bona facio quod gemebundus refero, ſed vtinam d gnus eſſem*, & intra cordis ſui viſcera triſtabatur, quod talia eidem Domino Papæ de ipſo referebantur; fulgens denique conſcientiæ integritate, manus aſſiduè obtulit acceptabile, & etiam ter in hebdomada in acerbiſſimis ieiuniorum aflictionibus communiter ieiunabat; diebus ſcilicet Mercurij & Veneris propter Dominicam Paſſionem, & Sabbati propter glorioſæ Virginis commemorationem: in ieiuniis quoque ab Eccleſia ordinatis nunquam deficiens, in Aduentu Domini quandoque ieiunabat, quandoque carnes minimè deguſtabat, & etiam diuerſis aliis corporis ſui domationibus, multiplicibuſque vigiliis & deuotis orationibus aſſiduus & feruens erat, vnde tantam in ipſius oratione apud Crucifixum & Crucis inſignia amore feruentiſſimo habuit deuotionem, quod Iesvm Christvm in Cruce pendentem meruit in vita oculis propriis videre, vt fide digni etiam Cardinalis teſtimonio comprobatur. Huius autem à iuuentate ſemper extiterat conſuetudo, quod omnes cruces quas itinerans reperiebat, deuotiſſimè adorabat. Crucifixi imaginem ſemper in corde ſuo baiulans, proſtratus ante crucem omni die cum maximo dilectionis ardore, quaſi pendentem Dominum ſuum cerneret, adorabat, orare nempe cupiebat in locis abditis, & in oratorio ſingulari, quod Chriſtus varia claritate circumfulſit. Porro in orationis ſtudio ſemper pernoctabat, & quando ſomno grauabatur, humo ſe proſtrabat, vel ſuper nattas Cameræ ſuæ: Et ſæpiſſimè de mane ibidem per cubicularios ſuos reperiebatur dormiens vbi potius vexari poterat quam foueri; in oratione quoque deuotione adeò fuit ſedulus, quod de pabulo horæ refectionis naturæ conuenienti vix recordabatur, & antequam ad menſam pergeret, centum *Pater noſter*, & centû *Aue Maria*, ore proprio proferebat, & cum in menſa exiſteret, fingens pulmentum ſumere, vix de diuinis ſui continere valebat, gratias agens Deo oculos ſuos ſemper eleuando Beatos. Pſalmodiam vero & orationes familiares tanto affectu genibus flexis, manibuſque iunctis crebra emittendo ſuſpiria & ſæpius capite diſcooperto etiam tempore hyemali, ſæpius ſurgens, media nocte vna cum horis Canonicis Virginis glorioſæ & defunctorum Officiis Domino continuè deuotiſſimè offerebat, vt huiuſmodi dulcedine frequenter raptus à corporali vacaret edulio, & ſi pro aliquouti Colloquio, quibus ſeruata charitate negare non poterat, ea quæ orando facere vel dicere conſueuerat, ſtatutis horis ſuis quandoque non impleret, differre quidem poterat, non autem obmittere, ſed in noctis ſilentio omnia cum ſumma deuotione reſtituebat, vnde tanquam Chriſti fidelis Athleta ſtuentes crebrò lachrymas in ſecreto ſuo, & quandoque publicè erumpebat, quotieſcumque ſanctæ Matris Eccleſiæ ſponſæ Chriſti dulciſſimæ tribulationem & ærumnam recordabatur, pro nimia amoris dulcedine. In cujus autem defenſione pro poſſe non fuit debilis agoniſta, nam vt forinſecus ſæpè oſtendebat libenti animo Martyrium pro fide Ieſu Chriſti ſuſtinere voluiſſet, & in ſemite propterea deſtinere greſſus ſuos & ſeipſum informare de facto ſchiſmatis cum adiutorio Doctorum, & pro pace reformanda inter ipſos illuſtriſſimos Reges Franciæ & Angliæ, quam deuoto corde ſentiebat, de quorum quæ tamdiù inter ipſos durauerat mœrore vrens maximo: tandem deteſtabili ſchiſmate, quod erat in Eccleſia ceſſante, & pace inter præhabitos Reges reformata, propoſuerat ſanctiſſimus vir Petrvs Domini Ieſu Chriſti ſacratiſſima in Hieruſalem & Beatorum Apoſtolo-

des Cardinaux François. 537

tuo visitare limina, quanto igitur affectu, quantoue desiderio pro Christo & pace Matris Ecclesiæ conseruanda Martyrium subire concupierit, persecutoris gladius non abstulerit, palmam tamen Martyrij non amisit; quis ergo dubitet talem adeò spectabilem adolescentulum sanctum esse, qui peccatum non fecit saltem mortale, nec inuentus est dolus in ore eius? Cum alicuius mortalis criminis nunquam sensit contagium, sicut Confessorum suorum fideli testimonio fuit comprobatum; Et quia peccata venialia charitatem obnubilant, ipse assiduè eorumdem acerrimam habens amaritudinem contritionis, non procrastinauit ipsa confiteri, sed & quotiescumque copiam non poterat habere Sacerdotis, in quadam cedula defectus suos scribebat, & opportunitate accepta, illos humiliter genibus flexis Confessori suo quantumcumque pauperrimo Sacerdoti sedenti confitebatur, & si Confessor suus quandoque renueret sedere, cum humilitate eidem dicebat, *Iudicis est sedere*, & mei peccatoris eximij est coram vobis iudice animæ meæ vices Dei agente genua flectere, & cum sæpe de nocte recordaretur Creatorem suum in aliquo offendisse, de loco suo surgens festinanter secretè ad Cameram Confessoris sui candelam deferens, vt cum euigilaret, accederet, & cum ad Capellam suam vbi confitebatur remearet, idem Confessor suus candelam præfatam volebat portare, quod Dominus humilis minimè patiebatur, rationibus obstantibus prælibatis. Omni itaque die de perpetrata culpa veniam apud Deum lamentabiliter precabatur: bis vel ter in septimana regulariter peccata sua cum cordis amaritudine, & sæpe cum lachrymarum fonte deuotissimè confitendo: communiter autem in magnis festiuitatibus, & plerumque diebus Dominicis iuges erumpens lachrymarum fontes cum deuotione maxima viuificum Domini recipiebat Sacramentum, qui scintillam dulcedinis ipsius prægustans, omnem aliam dulcedinem fastidiuit, quoddam etiam admiratione dignum in eo iudicabatur, quod in medio mundi sit epita existens, quemadmodum Sancti in Heremo, ita ipse quietè conuersatus est, non quidem pastus locustis ac melle Siluestri, sed multò victu viliori contentus, mundana quippe paruipendens, deliciosa minimè concupiscens, pabulo saginari Benedictam animam suam replens splendoribus gloriosis à Deo inspiratis, sydereas iugiter peroptabat mansiones, quia securam hic Ciuitatem non habuit permanentem, ideò thesaurum suum collocauit in Præceptis Altissimi, quique adeò viscera pietatis induit, quod omnia quæ commodè habere poterat, pauperibus erogabat. Vnde semel contigit, quod sibi deficientibus pecuniis pauperibus erogandis, iuxta votum, annulum proprium, quem in Beatis manibus suis gestabat in Cambiis Auenionensibus secretissimè venundari procurauit, ex quo decem florenos habuit, quos infra paucos dies pauperibus distribuit, non enim manus sua extenta fuit ad accipiendum, sed potius ad largiendum, nam iuxtà posse omnibus venientibus lato animo, hilari vultu spiritualem, temporalemque alimoniam erogabat, & in tantum quod sæpissimè indigentibus per carceriam transeuntibus pecunias occultè, ne ab aliquibus videretur, ipsemet per fenestram ad terram projiciebat, decem vero pauperibus in nomine Christi & Virginis gloriosæ omni die alimenta ministrabat, & libenti animo plures habuisset, si hoc ei qui sui iuris non erant permissum fuisset, plerisque tamen aliis pauperibus verecundis & mulieribus in puerperio existentibus, ac filiabus maritandis, atque pauperibus Hospitalium, plures continuè elargiebatur iuxta posse pecunias, & quandocumque ad eum accedebant, libenti animo supplicationes Iustitiæ pariter & gratiæ Domino Papæ pro eisdem porrigebat, quas etiam summopere expedire procurabat: Rationi denique fuit consentaneum, quod talis flos iuuentutis purpureus ad Cardinalatus sublimaretur fastigium, qui quatuor virtutes comprobatur habuisse Cardinales: cum itaque Prudentia constantem reddidit in intelligendis, Temperantia in vtendis, Iustitia in reddendis, & Fortitudo in aggrediendis: vnde etenim tanta dignoscitur virtute solidatum extitisse constantiæ, tantoque firmitatis munere Cælitus decoratum, vt per eum infidelium schismaticorum impietas propulsa tabesceret, & tantæ prorsus constantiæ fuit, quod facilius possent saxa moliri & ferrum in plumbi mollitiem conuerti, quàm ab eius sanctimoniâ mens ipsius quouis modo potuisset reuocari. Verba autem de quocumque audire inhonesta abhominabatur, odio quippe singulari habebat detractores, nusquam arbitrans lucere solem in conscientiâ sua, sed de ipso sinistriùs quàm de quocumque alio semper existimabat, nec seruus Dei verba loquebatur scurrilia, quin potius linguam sibi permisisset amputari, quàm scienter fuisset in aliquo sermone mentitus, peroptans aures hominum potius remanere sitibundas ad eius eloquium, quàm suis affatibus saturari. O igitur quàm felix iuuenis & excelsus, qui sacris inhærendo colloquiis, nullo vnquam potuit interpollari contagio, num monstruosam rem procul dubio asserebat, linguam magniloquam, sermonem multum, & fructum nullum : multificus semper existens & paucilogus, & ita lingua eius Beata non nouit, nisi de diuinis sermonem texere, cuius sermo vnicus erat, *est, est, non, non*. Mito itaque discretionis pondere verba sua librabat in doctrinæ etiam poculis affluens, tanto Iustitiæ libramine singulis sua reddebat, quod loquens magnis siue paruis, æquè cunctos veritatis iaculis feriebat, cuius verba erant discretione condita, & illis qui ad eum confluebant adeò humiliter & iustè respondebat, quod omnes spiritualiter consolati ab eo recedebant. Cum omni quoque virtute, mansuetudine præpotens quotidie celsior & ardentior assurgebat, & intentatis sibi periculis noua semper alacritate pugnabat, iacula quoque tentationum diuersarum quouis die vixit, patienter tolerans, pericula huius mundi minimè formidauit, nec irrisores erubuit. Eius autem vita claruit non solum eruditione, & copiosa vitæ sanctitate, sed etiam potentia aduersus hostes suos occultos admiranda strenuitate, supernorum contemplator omnium insidias calcans aduersariorum : quantæ autem strenuitatis & in martyrio pro Christo auiditatis, compassionis, pietatis, atque dulcedinis, & quantæ munditiæ atque puritatis in vita præsenti intrinsecus resplenduit, hoc illi soli cognouerunt, qui eius notitiam habuerunt singularem; nam sicut aliquis deuotus toto affectu deflet mala propria, sic ipse flebat aliena. Dolores itaque loco computabat præmiorum, & quæ Nobis sunt causa tristitiæ, hæc illi maximam pariebant lætitiam: propterea sæpissimè coram sibi fidelibus, reseruata tamen Christi dispositione benigna affirmabat, quod non vellet sibi omnia ad vitam debere succedere prospera, quamdiu ipse vitam ageret in humanis, auctoritatem allegans Decreti, quam in corde suo baiulabat, scilicet, *dum cor tribulatione premitur, culpa ad memoriam reducitur*; Nam ex fluuio paradisi potauerat, cuius gutta maior est Oceano, ex quo concludebatur, quod sitis huius mundi extincta fuerat omnimoda: quis vero animam eius non appellet auream, aut magis adamantinam? cum in terra gradiens sic se gerebat in cunctis, quasi Angelorum societate perfrueretur, velut incorporeus labores corporeos, periculaque contempsit, & quasi iam cœlum possidens, animo cuncta prorsus terrena despexit, & cum incorporeis in virtutibus degens iugi mentis intentione vigilauit, cuius tota die meditatio in lege Domini versabatur: prope autem mortem veniens, cupiens & ex toto, desiderio anhelans Cœli ianuas absque impedimenti obstaculo introire, & in æternæ salutis semitis minimè impediri, Saluatoris Clementiam in cœpit efficacius deprecari, eidem animam suam humiliter, & deuotissimè recommendans. & Virgini Gloriosæ, quam assiduè habens præ oculis in summa semper habuerat venerationem; cuius quotiescumque videbat imaginem vno *Aue Maria*, deuote salutabat: Quamobrem mutusculum eidem omni die, hora nona, ducentorum *Aue Maria*, manibus iunctis, genibus quoque flexis limpidißima emittendo suspiria, deuotißimè offerebat: & in eius propterea ingressu, progressu, & egressu, efficaciffimam ipsam habuit ad vtricem, tandem salutificam, Domini recipere meruit hostiam præfulgidam, qui se hostiam intrinsecam in Ara crucis pœnitentiam per dies singulos immolauerat in corde, & corpore ipsius mortificationem circumferens, & quanto amplius in infirmitate satis prolixa grauabatur, tanto magis patienter tolerabat, & plures expatientiæ fluuios erumpendo manabat, humiliter & deuote proferebat, quod Christus Saluator noster multo grauiores pro eo sustinuerat dolores: Delectationes autem mundi corporeas minimè exquisiuit, sed etiam in infirmitate præfata, ex qua ad Christum conuolauit existens, delectabilia, quæ pro necessitate Corporis ex consilio Medicorum sibi ministrabantur, procul respuebat: contigit tamen quod eorum persuasu quoddam balneum, rehitens & inuitus intrauit, non tam ad balnei confugiens delectamenta, quam propter necessitatem eius piißimi Corporis singularißimam; cuius quidem aqua Balnei (Spiritu Sancto hoc procurante) multis est respersa in medelam, & de aqua vna cuntina ad eius honorem in Ecclesia Beatæ Mariæ Villæ neuæ prope Pontem Auenionensem salubriter conseruatur. Cardinalis autem idem Beatus virtute animi imbecillitatem corporis superans, licet infirmitate corporis detentus, de cubili suo sæpius surgebat Missam suam auditurus, cum quo sæpe affuit Princeps lucis Angelorum multitudine vallatus. Felix inquam Cardinalis deuotißimus ex hoc mundo ad Deum transiturus, dissolui & esse cum Christo cupiens, authoritate Apostolica absolutionem plenariam à pœna & culpa in mortis articulo meruit obtinere: cum inter corpus eius & animam amor esset naturalis, & dulcis in Domino & mirabilis harmonia, vix corpus ab anima poterat separari; quo pendente verba melliflua, & dulcia Passionis Christi pro nobis assiduè eructabat, eisdem fungens sensu & discretione, quibus vnquam in vita sua claruerat, & inter cætera prope Agonem Fratri suo Domino Andreæ de Lucemburgo eius propitiationem affectans, dulcissima proferebat documenta salutis, ipsum deuote exhortans, vt Deum, Sanctam Matrem eius Ecclesiam, atque pauperes Christi sincero corde diligeret, & vt ipsius animam, & eorum sororem adhuc viuentem præfatam & deuotißimam haberet recommendatas: & quia medicus ipsum agnoscebat in extremis laborare, eidem dixit, *Domine mi recordamini Dei, ac Virginis Gloriosæ*, cui adolescens humiliter respondit. *Frater mi chariffime, vtique ipsorum tota mentis deuotione recordor, quoniam in ipsis omnimodam spem meam positi, velut teneor*. Quibus dictis & data sibi primitus Sacra vnctione extrema, Christum inuocando, cuius nomen sibi tam dulce in vita exstiterat, & illud crebrò nominauerat, clara voce insonuit. *Domine Iesu Christe, in manus tuas commendo Spiritum meum*, & ita cum hiis verbis Peregrinationis huius mundi laudabiliter pertransiens naufragium, in vertice montium ascendens, coronis Laureatus nimio candore vernantibus, cum hymnis dulcisonis prope decimum octauum peragens ætatis suæ annum, mense Iulij die secunda in crepusculo, anno Domini millesimo trecentesimo octogesimo septimo, eius anima Beata, per Angelos in Paradisum est delata; & Sanctus Petrus Apostolus Clauiger æthereus filio suo Petro Cardinali deuotißimo, poli ianuam aperuit, & in cœlo, in loco Beatorum cum Christo eius animam benedictam collocauit. Licet autem eius corpus Sanctißimum per tres dies super terram permansisset, & æstiui ardoris calor vigeret vehementis, attamen in Sacto eius corpore odor non fuit alicuius defuncti cadueris, sed ex illo flagrabat quasi odor aromatum, post cuius odorem cateruatim pueri innocentes per vicos gradientes currebant vniuersi. Cum diuinisitaque laudibus eius gloriosum corpus Margaritis Cœlestibus insignium ratione infusionis Carismatum diuersarum virtutum, Sacræ dedicatum fuit sepulturæ, vt non defunctorum exequiæ, sed Angelorum excubiæ viderentur: Mox autem mensis Iulij die quinta, qua cum pauperibus iuxta eius ordinationem in Auenione, Ecclesiasticæ traditus fuit sepulturæ, Sarcophagum non præciosum, neque lapideum, sed in humo inter Christi pauperes, cum panno non aureo, vel serico, sed humillimo burello, cum cruce rubea elegerat sepeliri, eadem die miraculis cœpit coruscare Gloriosis, vt quicumque infirmi terram, sub qua iacebat contingerent, optatam continuo recipiebant sanitatem: Qui terram præ turba contingere non poterant, ex deuotione coram omnibus, Sani effe-

des Cardinaux François.

ciebantur, & qui hæc viderunt, testimonium perhibent veritati, & scio quia verum est testimonium eius. *Explicit vita Beati Petri de Luxemburgo.*

De miraculis factis à Domino, in honore Beati Petri.

COMPLETA sepultura, reuersis Dominis ex more, quilibet ad domum suam, vltra modum populi concursus augmentati cœpit ad ipsius sepulchrum, vbi miracula illico apparuerunt: vnde existentibus in mensa pro prandio fratre proprio cum nonnullis Prælatis in Domo suæ libratæ, festinantes veniunt Iohannes Tronchini & Mondonus Capitaneus Curiæ vix valentes loqui & exprimere quod nuntiabant, & tandem cum impetu dicere cœperunt sedentibus in mensa: *Surgite Domini, surgite Domini, quondam Dominus vester auferetur, nisi vos surgatis & remedium apponatis. Sed gaudebitis gaudio magno, quia miracula facta ibidem inuenietis, quæ nos vidimus.* Et tunc omnes surgere cœperunt, cum tamen vix, vel modicum quiddam gustassent. Tandem determinatum est, vt auditor Cameræ & confessor Domini, cæteris remanentibus illuc accederent, quod & factum est: tumque ad locum sepulturæ appropinquassent, vix potuerunt pro pressura, & populi multitudine ad sepulturam accedere, cum tamen cursores fortes & robusti eis viam facerent. Tandem cum difficultate non modica ad locum intrantes ipsius sepulturæ, vbi clamor multus erat, pannum burellum, qui desuper remanserat, omnino laceratum inuenerunt, & ceruicalia, seu cussinos, qui fuerant ad caput eius & pedes minutim quolibet rapiente, quod poterat ex illis habere: sed & feretrum fregerunt per frusta, & vnus alteri dabat, alter alteri tollebat, sed etiam & paleas, quæ in feretro fuerant, inter se participabantur: insuper & terram super eius sepulchrum existentem, in sacculis, aut in Caputio, vel in sinu deportabant, vnde opportuit ibidem constituere custodes fortes & robustos, & fortissimis lignis sepulturam cooperire, quousque cratis ferrea ibidem apponeretur, quod cunctis manifestum fuit atque notorium: & ob frequentiam miraculorum, quæ per diuinam gratiam ipsius meritis fiebant ibidem receptis, & etiam famam popularem, die crastina sepulturæ, quæ dies scilicet fuit sexta Iulij, fuerunt ordinati ad colligenda miracula atque scribenda, cum præfato ipsius Domini Confessore, duo Notarij Curiæ Auditoris, scilicet Magister Iohannes Regis, & Magister Pontius de Ponte, qui in crastinum, quæ fuit septima Iulij, scribere cœperunt. *Anno Domini millesimo trecentesimo octuagesimo septimo, die Veneris quarta Octobris, accidit, quod Magistro Henrico Felibourgier Constantiensis Diocesis, & eius vxore, habitatoribus Auenionis, vna cum quodam eorum filio ætatis quatuordecim mensium, ad hanc vrbem Auenionis, in itinere scilicet, in loco pedagij stella, vbi illa die fuerunt hospitati, quædam infirmitas arripuit dictum infantem, nomine Michaëlem, ita quod ex illa infirmitate incontinenti Spiritum emisit; apparuerunt itaque in eo omnia signa mortis; nam frigidus erat & rigidus, oculos clausos habens, & nullum penitus emittens anhelitum, & sic stetit per spatium vnius horæ, quem videns mater eius, multo dolore commota, recordata de miraculis dicti Sancti Cardinalis, vna cum patre dicti pueri, vouerunt ei dictum puerum, & promiserunt visitare eius sepulchrum; promisitque dicta mater, quod si puer eius suscitaretur, non comederet carnes, nec biberet vinum, donec beati Petri de Lucemburgo sepulchrum visitasset.* Quo voto emisso post modicum interuallum cœpit dictus filius vocare matrem suam, sanus & incolumis, ac si nullam sensisset infirmitatem: Dicti vero coniuges postmodum promissa compleuerunt: Eodem anno Anthonius Thomæ commorans in præsenti Ciuitate, in Burgo Domini Petri de Segureto Legum Doctoris, prope Ecclesiam Prædicatorum audiuit dormiens post prandium in lecto voces puerorum clamantium, *Ille puer submersus est*, quæ voces ipsum excitauerunt, qui dubitans ne aliquis esset ex suis pueris, surgens repentè descendit, & accedens ad aquam Durentiæ quæ prope erat, vidit quemdam puerum in dicta aqua Durentiæ versus fundum caput habentem, manusque & brachia ad instar submersi, quod videns insiluit in flumen, & dictum puerum inde leuauit rigidum, & frigidum, ac omnino submersum, quem recognoscens esse Petrum Filium Moneti Clari Macellarij, commorans in Carreria Calladæ Auenionis, habentem quasi ætatem quatuor annorum, quem super humeros suos versus domum illius Moneti baiulans, recordatus de Miraculis Beati Petri, compatiens dicto puero, ipsum sibi deuouit, supplicans Deum in corde suo vitam sibi restitui meritis & precibus ipsius Sancti: quo facto cum esset iuxta Domum Guineti Ferrandi, dictus puer respirare cœpit, qui vt prius prius nullum emittebat anhelitum: fuerat autem tantum in aqua prædicta, quæ descenderat à loco vnde ceciderat, per distantiam tractus Balistæ, vel circiter, vsque ad locum vnde extractus est, etsi veniens ad domum Patris dicti pueri, iterato nouerca ipsius votum pro eo emisit, vnde simul ipsum ad Sepulchrum Beati Petri deportauerunt: parentes verò prædicti Adolescentis fatebantur, dicentes veraciter, quod puer mortuus fuerat, & quomodo gratiam vitæ receperat à Deo meritis, & intercessione dicti Sancti. *Anno sequenti quædam filia nomine Henrica, filia quondam Iohannis de Ionam existens sub regimine Guillelmi Patroni, Mercatoris dicti loci, ætatis duodecim annorum, vel circa, casu cecidit in Bedalim Molendini Domini dicti loci de Ionam B. suntensis Diocesis, & pro violentia aquæ transducta fuit vsque ad rotam ipsius Molendini, Molendino molente.* Itaque posita subtus rotam, rotam & molendinum cessare fecit à molendo: molendinarij vero vnum calatum siue lignum piscatorum, quod impediret illud molendinum existimantes, magnas barras fusceas acceperunt, & subtus illam rotam contra dictam filiam nescientes, fortiter & magnis ictibus impulerunt; Et videntes quod nihil proficiebant ianuam canalis dicti molendini aperuerunt, vt aqua per aliam partem recedente, quid molendinum impediret, liberius videre valerent. Dicti vero molens

Yyy iij

dicti concavati aquâ descenderunt versus dictam rotam, vbi dictam in filiam submersam membratim confractam reperientes, ad domum dicti Guillermi aunculi mortuam deportauerunt. Quod audiens dictus Guillermus, maximo contristatus dolore, magnisque planctibus & anxiis singultibus ingemiscebat flebiles voces emittens. Vicini verò tanto dolori compatientes, eidem ipsum consolando dixerunt: O Guillerme factum est de ista, sed non tantùm doleas, sed & ora Deum & sanctum Cardinalem, de quo tanta perhibentur miracula, vt tua neptis ad vitam restituatur: Quo audito solus Cameram intrauit, & ibidem genibus flexis cum lacrymarum effusione non modicâ, dictam filiam deuouit dicto Sancto Cardinali, promittens ipsius visitare sepulchrum cum certo voto ceræ, si dictæ filiæ vitam à Deo impetrare dignaretur. Quo voto emisso maximam in sancto Petro fiduciam habens, reuertens ad dictam filiam reperit ipsam viuentem, & sicut viuens anhelitum emittentem, quæ in crastinum reperta extitit mirabiliter à Deo curata, ita quòd in eâ nulla signa confracturæ potuerunt reperiri. Anno Domini millesimo trecentesimo octagesimo septimo, mense Decembris, accidit quod dum Dominus Iohannes Martini Rector Ecclesiæ Parrochialis Sancti Genesij præsentis Ciuitatis, vna cum quodam puero, nomine Ricardo filio Dominæ Ioannæ Sabatheriæ, ætatis suæ duodecimum annum agente, & stantibus ipsis super pontem Auenionis; dum ipsi iuxtà ripam pontis aspicerent quoddam nauigium, quod quidam homines stantes super pontem cum corda trahebant, & dicta corda ad dictum Ricardum aliquatenus appropinquasset, dicta corda subitò dissiluit è manibus trahentium, & dictum Ricardum circundans per medium leuauit in altum vltrà Pontis altitudinem benè sex cannas & vltrà: itaque destituto iuuamine trahentium dictum nauigium, & propter hoc inferius cadente, dicta corda secuta nauigium, dictum Ricardum in medio Rhodani proiecit, quod videns dictus Iohannes magno timore concussus, Beatissimo Cardinali dictum Ricardum deuouit, promittens ipsius visitare sepulchrum, si dictum puerum à submersione præseruare dignaretur: Quo voto emisso subitò prædictus Ricardus fluctibus aquæ inuolutus nullatenus apparens, subitò eleuatus fuit super aquam, & ibidem exitens per magnum temporis spatium, scilicet quo vsque Nautæ procul remoti ad ipsum accesserunt, nullomodo immergebatur aquis, quamuis natare nesciret, & ipsum sic stantem super vndas in manu sua collegerunt, & sic remansit illæsus meritis & precibus ipsius Domini Cardinalis. Nobilis vir Guilbertus de Lebrengaren, miles & gabellarius Domini Ducis Burgundiæ, præ grauedine laboris, quem passus fuerat in quodam hastiludio, per Regem Franciæ Parisius in picto infirmatus ad tantam peruenit debilitatem, quod corporalibus viribus destitutus, per tres dies penitus loquelam amisit, ita quod medici, qui ipsum visitabant iudicarent nullatenus conualescere posse, nec aliqua spes supererat mortis cuidendæ: in extremis itaque laborans, quidam familiaris eius sibi dixit in aure, quod dicto Cardinali se deuoueret, quod & fecit, nam etiam subitò vouit mente suâ quod ipse cum certo voto ipsius visitasset sepulchrum, & quod nunquam armis bellicis armaretur vsquequo visitasset dictum sepulchrum, si ipse sibi à Deo sanitatem impetrare dignaretur; Quo voto emisso transportatus fuit in aliam Cameram, vbi in lecto positus obdormiuit, & dormiendo in somnis vidit Dominum IESVM sedentem super quoddam scamnum, & Beatam Mariam Virginem ad cornu dicti scamni, necnon & Dominum Petrum venerabilem Cardinalem indutum suppellicio valdè decorum, digitos longos & multum subtiles habentem, qui quidem Dominus Cardinalis tenendo vnam manum super caput ipsius, & aliam subtus mentum, ipsum Deo præsentabat ista verba proferendo, *Domine Deu, precor te, non moriatur iste homo adhuc*; cum quo Beata Virgo pro materia à suo loco surgens, humiliter Deum filium suum precabatur, quibus omnipotens illico respondit, *placet mihi quod adhuc non moriatur*: post quam quidem visionem excitatus à somno, coepit instare, quem cum vidisset quidam ad cius custodiam deputatus, petiit ab ipso si vellet aliquid, & quomodo sibi erat, cui ille respondit quod sibi benè erat; vnde ille famulus multum admiratus quod loquelam recuperasset, sibi dixit: *Domine mi, Dei gratia vos loquimini*, cui miles respondit, *Tu dicis verum, hoc fecit mihi Beata Virgo, & Sanctus Cardinalis*; Et narrauit sibi seriem facti, de quo exultans dictus famulus præ gaudio multis Baronibus confestim illud narrauit, qui hoc audientes ipsum militem continuò visitauerunt, de tanta gratia Deo & Beatæ Mariæ, & dicto Domino Cardinali gratias exoluentes: Dictus verò miles posteà omninò conualuit, & quod vouerat adimpleuit. Anno Domini millesimo trecentesimo octagesimo septimo, in mense Iulij, Guillermus *Scoferij* alias de *Iseriat*, Carpentoratensis Diœcesis Laborator, ætatis quinquaginta annorum & vltrà, casu lumen oculorum amisit, & totaliter cæcus stetit per decem menses & vltrà: auditis autem miraculis, quod Deus per dictum Dominum Cardinalem operabatur, ad sepulchrum eiusdem Domini Cardinalis se fecit adduci, vbi deuotè per cum oratione factâ, perfectissimè & sine interuallo visum recuperauit. Petrus *Martini* Macellarius Ciuitatis Biterrensis, qui per septem annos stetit surdus, sic quod nihil audire valebat, quadam die dicti Domini Cardinalis recordatus, & miraculorum ipsius, quæ etiam per signa fuerant ei indicata, humiliter eidem se deuouit, & promisit cum certo voto ipsius visitare sepulchrum, & veniendo non comedere, neque gustare nisi gingibrum & cucaram, si à Deo sibi auditum restitui impetraret, & confestim exurgens animo proficiendi dictum iter, statim postquam suæ domus exiuit limine, recuperauit auditum. Ipse gratias deuotissimè agens, continuauit gressus, sepulchrum, sicut promiserat, visitauit. Ioannes *Aymonis*, Filius Petri Aymonis, Narbonensis Diœcesis, qui per duorum annorum spatium & vltrà surdus extiterat, adeò nullatenus audire valebat, voto emisso per dictum eius patrem, & visitato sepulchro per seipsum, dum recederet à dicto sepulchro, subitò perfectè recuperauit auditum, meritis & precibus dicti Domini Cardinalis. Helix vxor Petri de Sans

des Cardinaux François.

&o Eustachio commemorans prope Ecclesiam Beatæ Mariæ de *Sperantia*, ætatis triginta annorum vel circà, videns multas gentes ad sepulchrum sæpius dicti Domini Cardinalis diuersa vota cerca deferentes, animo malè mota, & inuidiæ igne succensa, dixit, *Mirabile est quod Gentes Magistrum pro Discipulo dimittant*, nam sibi videbatur, quod dimittebant visitare nostrum Dominum de Sperantia, pro Sepulchro dicti Domini Cardinalis, non intelligens quod honor, qui fiebat Discipulo, redundabat in Magistrum; nocte autem sequenti passa est in capite grauissimos dolores, & in crastinum repetit, quod habebat nasum valdè tortuosum, propter quod accessiuit medicos, & quæ potuit exersiuit remedia, sed nullum potuit inuenire iuuamen vsque quo recordata persidiam mentis suæ, dictum Dominum Cardinalem requisiuit cum magna deuotione, vt malum quod contra ipsum cogitauerat, indulgere vellet eidem, & ipsam suis precibus à prædictis infirmitatibus liberare; post hanc orationem factam sentiit se multum alleuiatam, & exindè visitato sepulchro subitò restituta fuit plenissimæ sanitati, nullis tamen applicatis medicamentis. Dum quidam Guillelmus *Gaudini*, Presbyter Diœcesis Foroiuliensis ætatis quadraginta annorum vel circa, modicum post sepulturam dicti Domini Cardinalis, videns tantam multitudinem ad Sanctum confluere Sepulchrum, quorum aliqui de terra ipsius sepulchri oculos, & vultum delineabant, alij craticulam stantem desuper osculabantur, non quod per cum Deus operaretur miraculosè, immò tenens firmiter, quod esset quædam fictio adinuenta ad populum alliciendum, maximè propter Schismatis factum quadam vice, dum Sepulchrum visitaret, sictè in sua cordis malitia semper existens, dictam craticulam fuit osculatus, & postmodum ad locum, vbi egressus fuerat regressus est: statim verò postquam loco suæ habitationis applicuit tantus calor arripuit ipsum in labiis atque tantus dolor, quod quiescere, nec in vno loco stare valebat, & sic stetit per duos dies naturales: tertia verò die recordatus quod fictè & malo animo dictam craticulam fuerat osculatus, pœnitentia ductus, dictum Sepulchrum, cum qua deuotione potuit, visitauit, & de terra dicti Sepulchri dicta labia sua fricauit. Quo facto statim cœpit conualescere, & continuando nouenam, infra tres dies omninò sanatus extitit, meritis & precibus prædicti Domini Cardinalis. Robinus panetterius Præpositi Domini Ducis Borbonij, ætatis quinquaginta annorum vel circa, quadam die in loco de Monte-Bresono Lugdunensis Diœcesis, dum sederet super quoddam scamnum, subitò fulgur de Cælo descendens in eodem loco, supra ipsum cecidit, ita quod multum ipsum volucre fecit, ex quo quasi percussus de medio corporis sui partis sinistræ totaliter impotens remansit, & sic per tres dies in lecto iacuit, cum hoc patiens dolores grauissimos: tertia verò die cùm ingrauescentibus doloribus finire crederet dies suos, recordatus supradicti Domini Cardinalis, tota cordis deuotione eidem se deuouit, promittens cum certo voto ipsius visitare sepulchrum, si gratiam obtineret à Deo, quod à prædictis liberaretur; quo voto facto, subitò brachium & tibia prædictæ partis sinistræ virtutes suas recuperantes, repentè se erigentes in ipsa erectione altum dederunt sonitum, post quod sudare cœpit, & sudore peracto recepit se quasi curatum; posteà verò itinere cœpto, cum accederet cum baculo suo, siue bordono se sustinendo, antequam leucam permeasset, omninò reperit se curatum: & subitò vigorosus effectus, cum magno gaudio, quod promiserat adimpleuit. Assiduitate sæpius vilescunt omnia, & mortalium facilè tepescit deuotio, nisi recentiori quodam & nouo excitata fuerit prodigio: inde factum est vt diui Petri Luceburgensis quamplurimis miraculis clarissimis in cordibus multorum iam penè extincta fuerit memoria, quia cœlum possidens terras omninò reliquisset, suorumque oblitus fuisset, sed Deus optimus maximus, qui suos voluit semper de condigno honorari, vt prædicti clarissimi viri resurgeret apud mortales memoria, maioremque illi exhiberent reuerentiam, nouum & solemne quoddam miraculum per eundem Petrum de Lucemburgo ipsa dignata est operari diuina Maiestas; factum quippè est vna dierum, anno videlicet ab Incarnatione Domini millesimo quadringentesimo secundo, decima quarta Maij, sedente Eugenio quarto Pontifice maximo, & Carolo VII. Rege Franciæ Regnan e, vt iuuenis quidam Auenionensis ciuis, eminentiorem Pallatij Turrim, vt assolet malè docta iuuentus, ascenderet, quarumdam auium nidos secum asportare peroptans, cumque totis viribus moliretur vnius auiculæ apprehendere nidulum, incautus pedem paulò vlterius quam par erat, tectum protendit, sicque deorsum ruens membratim confractus extremum vitæ suæ diem clausit. O rem perstupendam & omni miseratione dignam, ad hoc quidem triste spectaculum sit illicò vndique populi concursus, nec mora defuncti adolescentis Patri refertur infœlix casus, quod vt agnouit Pater, mirum in modum ingemuit, commota enim fuerunt omnia viscera eius super filij defuncti membra, qui cum ad locum vbi corruerat filius, peruenisset, membrorum particulas huc atque illuc dispersas, prout potuit flens & eiulans diligenter collegit, easque in sacco proprijs humeris portans perrexit ad Monasterium Fratrum Cœlestinorum, copiosa multitudine vtriusque sexus ipsum subsequente. Quò cum peruenisset, prædicti filij sui membrorum minutias antè Sepulchrum Sanctissimi Cardinalis Petri Luceburgensis, tristis deposuit: Priore autem cum Fratribus prædictæ Cœlestinæ Domus in vnum Congregatis, se se in orationibus immerserunt, diuinam Clementiam meritis Sanctissimi Petri Luceburgensis deprecantes pro salute defuncti iuuenis: facta ergo oratione, qui mortuus fuerat, continuo perfectè ab omni dolore, & vulnere sanus surrexit; ille autem sicuti dignum fuerat, omnipotenti Deo, & fidelissimo seruo suo Petro impensis gratijs, cum patre Domum pedes remeauit, cuius Sanctissimi Cardinalis precibus, impartiri nobis peccatorum nostrorum remissionem, & post hanc vitam æternam fœlicitatem dignetur æterna Maiestas, *Amen*.

Oratio.

OMNIPOTENS sempiterne Deus, qui de Imperiali, Regalique presapia Beatum Petrum de Lucemburgo flore Iuuenintis vernantem, decorumque Virginitatis pudore, non acceptione personali, sed virtutum meritis, ad Cardinalatus apicem sublimasti, vt quadri orbis speculator & speculum videretur, & esset ibique non honeris fastigio, sed amoris incendio raptus, vnigeniti Filij tui Crucifixi frequenti visione adeò fruitus est, vt Cæli tenax, Pompæque immemor, inter diuitias pauper viueret, & inter pauperes humilis sepeliri decerneret, concede propitius, vt quem virtutum præconiis, in cælo Beatum & miraculorum attestatione credimus, ipsum apud te, pro nobis intercessorem sentiamus, & tandem cum ipso gloria perenni perfrui mereamur, Amen.

Testamentum BEATI PETRI Cardinalis de LVXEMBVRGO.

IN Nomine Sanctæ, & Indiuiduæ Trinitatis, Patris & Filij & Spiritus Sancti, Amen. Tenore presentis publici instrumenti noscat in Filio Virginis Gloriosa viuentium presens ætas, & futurorum posteritas sequutura non ignoret; sed ad perpetuam firmam & validam memoriam statuti, & perpetuis temporibus permaneat, QVOD anno à Natiuitate eiusdem Domini, millesimo trecentesimo octuagesimo septimo, indictione decima, mensis verò Iunij die penultima, & Pontificatus Sanctissimi in Christo Patris, ac Domini Nostri Domini CLEMENTIS Diuina prouidentia Papæ VII. anno nono. In mei Notarij publici infrascripti, testiumque inferius nominatorum, & expressè ac specialiter ad hoc vocatorum & rogatorum presentia, constitutus personaliter Reuerendissimus in Christo Pater & Dominus Dominus PETRVS miseratione diuina Tituli Sancti Georgij ad velum aureum, Sanctæ Romanæ Ecclesiæ Diaconus Cardinalis de Luxembourg vulgariter nuncupatus, mente, memoria, atque consideratione constans & sanus, licet corpore & membris tenuis & debilis, prout prima facie apparebat, melioribus via, modo, & forma, quibus de iure, consuetudine, ac æquitate Canonica dici potest & exprimi, suum condidit, fecit, & ordinauit Testamentum, & vltimam voluntatem in modum qui sequitur & in forma.

EGO PETRVS miseratione diuina Sancti Georgij ad velum aureum Sanctæ Romanæ Ecclesiæ Diaconus Cardinalis licet indignus, de Luxembourg vulgariter nuncupatus, & misericordia Iesu Christi Saluatoris & Redemptoris mei mente sanus atque memoria, licet corpore, & membris debilis & æger, intendens & considerans quod nihil est in carne positum, quod viam vltimi iudicij valeat euitare, & quod humanæ naturæ debilis conditio tot & tantis subiacet periculis & ærumnis quæ quidem nihil est certius morte, nec incertius eius hora, quarum sapientis anima semper dubia existere debet & tremens. Volens igitur meis obuiare mortalibus periculis, & sequi laudabilem & approbatam testandi consuetudinem, vtendo gratia, per Sanctissimum in Christo Patrem & Dominum nostrum Dominum CLEMENTEM, Diuina Prouidentia Papam VII. testandi gratiosè mihi facta, & aliis melioribus vijs, modo, & forma, quibus de iure, de consuetudine & æquitate Canonica dici potest, & exprimi, de bonis à Deo mihi collatis, meum condo, & ordino per modum inferius descriptum Testamentum vltimum, perpetuum, firmum, & solemne, ac meam vltimam, firmam, & validam voluntatem, reuocans ex nunc & perpetuò annullans ex certa scientia quodcumque Testamentum, seu Testamenta, Codicillum, seu Codicillos, aut aliam quamcumque Ordinationem de bonis meis, si quod, vel quæ, seu quem, vel quos, aut quam me præteritis temporibus fecisse, aut ordinasse contingerit, & volens expressè, & protestans ex nunc quod in omnibus & singulis supra & infrascriptis fiant emendationes, correctiones, & mutationes, in melius, arbitrio correctioni, & omnimodæ Ordinationi, Prædicti Sanctissimi Domini nostri Papæ CLEMENTIS VII. & D.D. meorum Cardinalium Executorum meorum, & aliorum Executorum infrascriptorum ad hoc vltimum Testamentum meum, & voluntatem, & ordinationem vltimam, volo perpetuis temporibus firmam habere, & perpetuam roboris firmitatem.

In primis igitur Christi nomine, cum deuotione qua possum, inuocato, animam meam peccatricem, & spiritum, cum humilitate qua possum, & quanta deuotius valeo & scio, commendo IESV CHRISTO Saluatori & Redemptori meo, qui pro nobis peccatoribus non renuit grauia Sanctæ Crucis ac dira subire tormenta, ac Gloriosæ Virgini Matris eius, dulcissimæ auxiliatrici & Aduocatæ peccatorum, Beato Michaëli Archangelo, omnibus sanctis Dei, eiusque toti Sanctissimo Collegio ciuium superiorum, corpusque meum putridum Ecclesiasticæ sepulturæ humiliter relinquo, & deuotè recommendo, dum ab eodem & à carnis nexibus anima fuerit liberata, videlicet in Cimiterio Sancti Michaëlis Auenionensis in loco publico, extra Capellas, cum aliis publicis cadaueribus, vbi sepulturam meam elegi, si contingat in partibus istis animam meam à corpore separari. Item, placet mihi quod secundum ordinationem, discretionem, & arbitrium dictorum D.D. Executorum meorum, fiat supra corpus meum quædam arca lapidea cum sumptibus moderatis, & quod in Capella omnium Sanctorum, quam fundauit defunctus Magister Adulphus Dailli, sit repræsentatio Capellæ mei, & quædam petra tabula marmorea, in qua Titulus meus conscribatur, secundum discretionem & ordinationem prædictorum. Item, volo & ordino quod in die sepulturæ meæ sint tantum pro luminari meo, tres cerei quilibet ponderis septem librarum ceræ, quorum duo in capite corporis siue repræsentationis,

& tertius

des Cardinaux François. 543

& tertius vd pedes ponatur, cum duodecim torteciis in circuitu corporis, quarum quælibet fit ponderis octo librarum ceræ tantummodo. Item, si contingat me decedere alibi extra Curiam, eligo sepulturam meam in Cimeterio Sancti Innocentij Parisis, modo & forma prædictis, & diem sepulturæ meæ vt præfertur celebrari. Item, ad vlteriora procedens Deo primo Creatore meo, volo & ordino expressè, quod primitus & ante omnia foresca mea, si quæ sint, ac debita quæcumque, etiam cum semiplena probatione probata, de quibus arbitrabuntur dicti Executores mei, ad plenum & de bonis mihi à Deo collatis restituantur & soluantur. Item, deinde lego & ordino Andreæ *de Luxembourg* dilecto germano meo, meliorem Cameram meam, de meis scilicet mobilibus, cum pleno furnimento, cum libris meis omnibus, & maiori equo corporis mei & solemniori. Item, lego, & ordino domicellæ Ioannæ de *Luxembourg*, Germanæ meæ meliorem & nobiliorem Gobeletum totius vasselæ meæ. Item, volo & ordino, quod omnibus & singulis familiatibus & seruitoribus meis mecum de præsenti commorantibus, seu non commorantibus, quoad ad præsens, fiat satisfactio plenaria, iuxta facultates meas, de omnibus & singulis eorum stipendiis more Romanæ Curiæ, & aliter quomodocumque debitis, arbitrio & ordinatione prædictorum DD. Executorum meorum. Item, volo & ordino, quod si ex informatione per dictos DD. Executores meos recipienda appareat me aliquibus seu alicui ex ipsis seruitoribus & familiaribus meis, ex bono & honesto in amplius teneri, hoc fiat eis ad plenum, arbitrio & ordinatione prædictorum. Item, lego & ordino, Robetto de *Ristroux*, scutifero meo principali, vltra stipendia eius, deductis deducendis, si quæ sint, triginta florenos. Item, Ioanni *de la Loge*, Magistro aulæ meæ, pari forma, triginta florenos auri. Item, Petro *Bresille*, coquo meo quindecim florenos. Item, primitus tamen satisfacto de prædictis, & non aliter, si facultates meæ pati possint, Ecclesiæ Metensi, cui præfui, centum florenos de Camera semel tantum soluendos, pro Anniuersario meo in dicta Ecclesia celebrando. Item, lego & ordino modo & forma prædictis, Ecclesiæ Parisiensi, pacem meam argenteam meliorem, cum decem florenis de Camera. Item, lego & ordino modo & forma prædictis, cuilibet ordini mendicantium in Ciuitate Auenionensi, decem florenos de Camera. Item, constituo & ordino in omni iure, & naturali successione mihi competenti tam in bonis mobilibus, quam immobilibus, & aliis quibuscumque, ex hæreditate paterna, materna, auitina, seu aliis parentibus meis quibuscumque & qualitercumque ad me iure naturali pertinentibus, hæredes meos, dilectos Fratres meos D.D. Ioannem & Andream *de Luxembourg*, ac Ioannam *de Luxembourg* sororem meam, cuilibet cum æquali portione. In Cæteris vero bonis mobilibus si quæ restent, facta condigna satisfactione de præmissis, instituo & ordino hæredes meos, pauperes Christi in Romana Curia pro tempore existentes. Executores vero & Commissarios meos & mei præsentis firmi, vltimi, & perpetui Testamenti, & irreuocabilis voluntatis, facio, constituo, & ordino, Reuerendissimos Patres in Christo D.D. meos DD. Petrum Tituli Sancti Marci dictum Ebredunensem, Ioannem Tituli Sanctorum quatuor Coronatorum, dictum de Nouocastro, Ioannem Sanctæ Anastasiæ dictum Viuariensem Presbyteros, & Amedeum Sanctæ Mariæ nouæ dictum de Saluciis, Diaconum Sanctæ Romanæ Ecclesiæ Cardinalem, Georgium de Crepicordio dictæ Sanctæ Romanæ Ecclesiæ Protonotarium & Clementem Episcopum Lodouensem, ac Hugonem *de Caudererex* Camerarium meum, Simonem *de Burich*, Procuratorem Regis Franciæ in Curia Romana, & Nicolaum *Eloquin* Thesaurarium meum, quibus Dominis Cardinalibus, & eorum cuilibet, nec non duobus ex cæteris, quorum alter Protonothauius, seu Episcopus, do, concedo, & ordino eximiam, plenam, & absolutam potestatem, in omnibus & singulis supra scriptis prosequendis, procedendis & complendis, vt veri Executores & cuilibet eorum, vt præfertur, vsque ad complementum & veram perfectionem omnium & singulorum præmissorum. Vos testes hic præsentes inferius nominatos, in Testimonium veritatis quorumcumque præmissorum, cum qua possum instantia & affectione inuocando, & te Notarium publicum Præsentem & infra scriptum, requiro instanter, instantius, instantissime, vt super omnibus præmissis, in forma meliori, quam poteris redigens, conficias publicum instrumentum, seu publica instrumenta.

Acta fuerunt hæc in Villanoua Auenionensis Diœcesis, in domo habitationis dicti Reuerendissimi Patris Testatoris, anno, indictione, mense, die, & Pontificatu, quibus supra, præsentibus venerabilibus & circonspectis viris, Magistris Ioanne de Marchia Doctore, Guidone *Dauet* alias *Duffin*, licentiato in Decretis, Dominis Egidio Dore, Ioanne *Caubet* Presbyteris, Michaële *Alaux* Clerico, cubiculario Domini Testatoris, Colardo *de Thois* aliter *Tharin*, & Achileto Maquerel Domicellis Tulensis, Morinensis, Cameracensis, Atelatensis, & Ambianensis Diœceseon, Testibus ad præmissa vocatis & specialiter rogatis.

Et quia Ego Petrus Dallonaigne Clericus Morinensis, publicus Apostolica & Imperiali authoritate Notarius ad eiusdem Reuerendissimi Patris in Christo Domini Testatoris Sanctæ memoriæ dum viueret, & Secretarius licet indignus & familiaris continuus, præfatis omnibus, & singulis suprascriptis, dum sic vt præferuntur, per dictum Dominum Testatorem agerentur, ordinarentur & fierent, vna cum prænominatis testibus præsens personaliter interfui, idcirco huic præsenti Testamento, per alium fideliter scripto, signum meum solitum apposui, vocatus vt supra specialiter, & rogatus, Dallonaigne Notarius.

Extractum per M. Guillermum de Vauy, iuriumque Baccalaureum Notarium publicum Apostolicum & Regium Graffarium Curiarum Sacri Palatij Apostolici Auenionensis, ex alio extractu debite subsignato & sigillato mihi prastito, per Reuerendissimos P.P. Priorem & Religiosos Venerabilis Conuentus Patrum Cælestinorum Auenionensium ex ipsorum Archiuiis deinde penes ipsos retento, facta prius debita Collatione, in quorum fidem rogatus me subscripsi.

VANI Notarius.

NOS index Curiæ Temporalis Sancti Petri Auenionensis attestamur & fidem facimus, Dominum Guillermum de Vany fore & esse Baccalaureum, Notarium Apostolicum & Legum, ac Graffarium Curiarum Sacri Palatij Auenionensis, cuius scriptis plena, & integra fides adhibetur in iudicio, & extra. In quorum fidem hoc præsens Testimonium per Graffarium fieri curauimus nobiscum in fine subscriptum, sigilloque Curiæ nostræ muniri mandauimus. Datum Auenioni, hac die sexta mensis Aprilis anni 1634.

Sigillentur Baupuy index.   OLIVIER.

Ex libro MS. Epitaphiorum PETRI BVRETEAV Senonensis, Ordinis Cælestinorum.

PETRVS de Lucemburgo, vir Sanctus, Episcopus Metensis, Cardinalis Diaconus Ecclesiæ Sanctæ Romanæ Tituli Sancti Georgij ad velum aureum. Obiit 2. Iulij anno 1387. ætatis 18. & die quinta eiusdem mensis, sepultus fuit Auenione in Cimeterio Sancti Michaëlis, in quo postea fabricatum fuit Monasterium Cœlestinorum.

HOC colitur Templo, tegitur simul aurea virtus
Clara Luxemburgi soboles, nitidissima merces,
Orbis & vnus honor, mortali corpore cælum
Transfertur meritis Petrus inter numina numen.
Annis milleni sepelitur, sicque trecentis
His septem iunges, octoginta superaddes
Et quinta Iuly pollens virtutibus altis,
Assiduo populo veneratur quolibet anno.

Ex formulario Curiæ Romanæ MS. & sub CLEMENTE VII. vt videtur conscripto.

SI quidem pro parte Charissimi in Christo filij nostri KAROLI Regis Francorum Illustris, ac dilectorum filiorum, Decani, & Capituli Ecclesiæ Parisiensis, nec non Rectoris, & Vniuersitatis, Magistrorum & Scholarium Parisius studentium coram nobis, & vobis, Frater Episcope, & fili Diacone Cardinalis & alijs fratribus nostris in Consistorio fuit propositum, quod recolendæ memoriæ Frater PETRVS DE LVCEMBVRGO, Sancti Georgij ad velum aureum Diaconus Cardinalis à teneris annis Petram Christum studuit imitari, exterius candore niueo renitescens per carnis angustiæ puritatem, & interius rubore aureo incalescens per diuini amoris ardentissimam charitatem, quodque ad eius tumulum varijs detenti langoribus, & receperunt hactenus & continuè recipiunt sanitatem, & alias ipsum diuina Clementia multis & magnis miraculis clarificare non cessat: quare pro parte dictorum Regis, Decani, ac Capituli, ac Rectoris, & Vniuersitatis nobis extitit supplicatum, ipsique per eorum patentes Litteras supplicarunt humiliter, vt ad Canonizationem dicti PETRI procedere dignaremur. Verum licet nos etiam eundem PETRVM dum ipse Cardinalatus honore præditus nobiscum in Romana Curia resideret, multipliciter virtutum Titulis mutua conuersatione nouerimus insigniturum, & quamplura de prædictis Miraculis ad aures nostras, cum dictus PETRVS in Ciuitate Auenionensi, in qua cum dicta Curia residemus, tumulatus existat, fuit tam fama publica referente, quam, speciali plurium fide dignorum relatione deducta, huiusmodi miracula à tempore obitus dicti PETRI, qui à duobus annis citra debitum naturæ persoluit, tam in Ciuitate prædicta quam in alijs diuersis mundi partibus continuata dicantur, & ex præmissis nec immeritò spiritualibus gaudijs exultemus. Considerantes tamen quod Sancta Romana Ecclesia, præsertim in tanto fidei negocio, magna consueuit maturitate procedere, circumspectioni vestræ per Apostolica scripta committimus & mandamus, quatenus vos, vel duo, aut vnus vestrum de vita & conuersatione dicti Petri, ac huiusmodi miraculis, cæterisque cu constantijs huiusmodi negotium concernentibus, inquiratis diligenter veritatem, & quod super præmissis inueneritis, fideliter in scriptis redigi faciatis, & nobis referre curetis, vt per inquisitionem huiusmodi fideliter instructi, in ipso negotio, quod Deo gratum fuerit, eius nobis assistente Clementia iuxta Officij nostri debitum exequi valeamus. Cæterum si personaliter citra testium examinationem, quos in eodem negotio producti contingit, vacare commodè non possitis, volumus quod examinationem huiusmodi, etiam extra eamdem Curiam faciendam venerabilibus Fratribus nostris Iohanni Glandeuensi & Geraldo Aptensi Episcopis, ac locorum Diœcesanis committere valeatis. Datum, &c.

des Cardinaux François.

Extraict des Registres du Thresor des Chartes du Roy. Registre 145.

KAROLVS, &c. Ad memoriam reducentes quàm Sanctum est nedum honorare probos viros, qui in sæculo probabiliter se gesserunt, sed etiam eos diligere, & eis obsequia exhibere : idcirco Nos attendentes, quanta & qualia magnifica Beatæ memoriæ PETRI quondam Cardinalis de LVCEMBVRGO percharissimi consanguinei nostri fuerunt opera, & apud Deum acceptabilia, & apud homines laudabilia : volentes præterea fauore beniuolo ipsum prosequi gratiosè, & seruitium quod Deo sit acceptabile pro eo impendere futuris temporibus perpetuò duraturum, in eius & suæ sepulturæ memoriam quamdam Ecclesiam & Monasterium Religiosorum Cœlestinorum Ordinis Sancti Benedicti in loco, quo corpus dicti Cardinalis fuit reconditum, & inhumatum, fieri & construi, ac primarium lapidem pro nobis, & nomine nostro poni ordinauimus, eamque de quatercentum libris Turonensibus terræ, siue annui, & perpetui redditus adhuc tamen acquirendis, & pro quarum acquisitione quatuor mille francos dare voluimus, & volumus vna vice, dotauimus & dotamus : ipsasque quatuorcentum libras terræ siue perpetui redditus, ex nunc prout tunc, cum fuerint acquisitæ, siue in feodo, vel Iustitia media, & bassa, aut alia infra regnum nostrum, ad vsus tamen dictæ Ecclesiæ, & prædictorum Religiosorum, qui in ipsa erunt, conuertendas, admortizauimus, & per præsentes admortizamus, absque aliquali finantia nobis, aut successoribus nostris soluenda, &c. Datum Parisius mense Aprili, ante Pascha, anno Domini 1393. & Regni nostri 14. Per Regem Dominis Ducibus, Aurelianensi, & Borbonesij, vobis Domino de Couciaco Vicecomite Meleduni, & pluribus aliis de Consilio præsentibus. S. G. Delafons.

Tiltre dont l'Original m'a esté communiqué par Monsieur de Vyon, Seigneur d'Herouual.

VOBIS Illustri Domino, Domino Valerano de Luxemburgo Comiti Liney, & Sancti Pauli, &c. Nos Iohanna de Sancto Seuerino Comitissa Conuersan. &c. Frater Angelus de Baro Dei, & Apostolicæ sedis gratia Episcopus Biterrensis ; & Micius Bonicordis de Baro, tenore præsentium significamus quod quondam excellens Dominus Iohannes de Luxemburgo vester vtique Germanus Conuersan. Comes, &c. infirmitate detentus apud Sinisium, ex qua infirmitate extitit postmodum vita finitus, sanam tamen habens memoriam, & rectam loquelam, suum ibidem vltimum condidit Testamentum, die scilicet 17. mensis Martij, tertia indictione. Et inter alia legata ipsius quondam Domini Iohannis, voluit & mandauit, dimisit, atque legauit quondam Dominus Iohannes præfatus, quod de bonis suis expendi debeant sex millia Ducatorum, tam in ædificatione cuiusdam Capellæ ædificandæ in loco, vbi Corpus Beatissimi PETRI DE LVXEMBVRGO est collocatum apud Auenionem, ad honorem, laudem, & reuerentiam ipsius. Ita quod prædicta Capella suo nomine intitulata, corpus dicti Sancti cooperiat, & detineat in æternum, sub cuius pedibus, dictus Testator construi voluit Sepulturam pro suis ossibus deponendis in Ecclesia supradicta ; quod etiam in emptione certarum possessionum & bonorum, de quibus viuere possent & nutriri Capellani, & seruitores deputandi ad seruitium Capellæ præfatæ : pro cuius Testamenti executione, ordinauit, constituit & fecit testator ipse suos epitropos & testamenti exequutores nos præscriptos, dans, concedens, & tribuens nobis authoritates, & plenariam potestatem, quæ in talibus requiruntur in forma debita & consueta. Subsequenter volente Deo quondam Magnifica Domina Margarita de Augia Conuersan. Comitissa vxor prædicti quondam Domini Iohannis sequens virum ab hoc sæculo transmigrauit : ante cuius mortem sanam memoriam, & rectam habens loquelam, suum vltimum condidit Testamentum pariter & ordinauit : & inter cætera legata sua, legauit similiter, approbauit, & ratificauit, quod de bonis suis, quæ cum bonis Domini viri sui eadem erant, expendi debeant sex millia Ducatorum, tam in constructione dictæ Ecclesiæ siue Capellæ ædificandæ ad laudem & honorem nominis dicti Sancti, quam in emendis possessionibus & bonis pro vita Sacerdotum, Capellanorum & seruientium Ecclesiæ supradictæ iuxta legatum & ordinationem Testamenti quondam viri sui præfati, constituens, ordinans, & faciens Testatrix ipsa, suos epitropos & dicti Testamenti exequutores nos præfatos, dans, tribuens, & concedens nobis omnem authoritatem & plenariam potestatem quæ in talibus requiruntur. Nos verò desiderantes summam executionem dictorum Testamentorum duci ad debitum effectum, iuxta voluntatem & commissionem dictorum Testatoris, & Testatricis coniugum, & non extantibus hic in istis partibus de bonis mobilibus ipsorum : Decreuimus de pecunia pendentium siue arreragiorum terræ Enquinci & Belhuenderi ac Comitatus Brennæ, dictis Testatori & Testatrici oppetentibus expendere, vel expendi facere præfatorum sex millia Ducatorum in ædificatione Capellæ supradictæ, & emptionem possessionum præfatarum : itaque legata ipsorum debitè, & efficaciter persoluantur : & non valentes ad præsens circa præmissa personaliter interesse. Confisi itaque de excellentia, & celsitudine vestra, confidenter iis vobis tenorem præsentium de certa nostra scientia comittimus exequendum : supplicantes, & exorantes attentè vt ad hoc vestra Dominatio inclinet nostram commissionem non refutans. Dantes, concedentes, & largientes vobis proinde vices nostras, authoritatem & plenum posse, quas & quod, dicti quondam Testator &

Testatrix nobis tanquam eorum Epitropis, fideicommissoribus & Testamenti Exequutoribus plenariè tribuerant. Itaque vigorem præsentium vos tanquam nos amodo possitis, & valeatis dictorum sex millia Ducatorum dependentibus siue arreragiis dictarum terrarum Enquinei, & Belliuenderi, ac Comitatus Brennæ exigere & colligere, vel exigi & colligi facere realiter cum effectu à conseruatoribus, vel quibusque detentoribus eorumdem : & ex ipsis habitis & collectis fieri & ædificari facere , & mandare Capellam eandem, ac emi possessiones pro nutrimento Sacerdotum, Capellanorum seruientium Ecclesiæ supradictæ, iuxta ordinationem factam per me Micium apud Auenionem, tanquam per vnum de Epitropis, & executoribus ipsis. Quam vtique acceptam, ratam & firmam habemus. Promittentes exinde harundem tenorem præsentium sub robore & fide nostris omne totum, & quicquid inde duxerit vestra excellentia faciendum, ratum, gratum, & firmum habere, & in nullo discōuenire de iure vel de facto, aliqua ratione, vel causa. In cuius rei testimonium, & certitudinem præmissorum, præsens scriptum exinde fieri fecimus nostris sigillis & Mitio mei Mitij, ac subscriptionibus nostri Episcopi & præfati Micij roboratum. Actum & Datum in castro Aquxuiuæ, die duodecimo Nouembris vndecimæ indictionis.

IEAN DE TALARV,

Doyen, Grand Custode, Chanoine & Comte, puis Archeuesque de Lyon, Cardinal du Tiltre de . . . .

CHAPITRE CLXVII.

Extraict d'vn Memoire tiré du Chapitre de l'Eglise de Saint Iehan de Lyon, à moy enuoyé par Monsieur de Liergues Monconis, Conseiller d'Estat & Lieutenant Criminel au Balliage & Siege Presidial de ladite Ville.

IEAN de Talaru, fut en l'an 1353. Grand Custode, & en 1360. Doien, Chanoine & Comte de Lyon; en l'an 1373. fut esleu Archeuesque par le Chapitre, par le deceds de Charles d'Alençon : en 1385. il fit vne fondation en la Chapelle de Saint Pierre de l'Eglise de Lion du costé gauche, où il choisit sa sepulture, de laquelle fondation il chargea le Sacristein de Saint Estienne, auquel il donna du Lien pour ladite fondation ; voulust que la Feste de Saint Blaise fust celebrée semi double, & qu'à Matines & à la Messe on hurast vn sol à chacun, & au Doien deux, en 1391. il donna cent liures pour ayder à parachever la voute de l'Eglise, en 1393 il fonda la Feste de Saint Antemond Archeuesque de Lyon ad instar de celle de Saint Blaise ; en 1395. il fonda encore la Chapelle qui est à l'entrée du Chœur, & en donna la collation au Doien. En 1401. le Chapitre fonda vne grande Messe des Trespassés, pour le repos de l'ame dudit feu Cardinal : par son Testament il apert que le Doien doit auoir double distribution aux Anniuersaires par luy fondés, & qu'il est Patron & Collateur des Chapelles de Talaru, fondées soubs la Tribune du costé droit, au cas qu'il n'y ait aucun Chanoine de l'Eglise de Lion, qui soit de la maison de Talaru, son Chapeau de Cardinal est encores suspendu sur sa tombe en la Chapelle de Saint Pierre.

Fragment du Testament de Iean de Talaru , communiqué par le mesme Monsieur de Liergues, Conseiller d'Estat & Lieutenant Criminel au Bailliage & Siege Presidial de Lyon.

CVilibet Capellano simplici in qualibet dictarum horarum præsenti , medietas vnius incorporati : Et duobus Clericis portio vnius Capellani simplicis, & duobus Clericulis portio vnius Clerici. Ita tamen quod Decanus qui nunc est & pro tempore fuerit, dum tamen in dictis horis præsens fuerit, portionem duplicem vnius Canonici habeat, & illi qui erunt reuestiti in Missa vltra portionem sui gradus, sex denarios dictæ monetæ habere debeant : Et Sacristæ Lugdunensi, pro campanis pulsandis decem sol.dos dictæ monetæ annis singulis ordinamus fore dandos. Ordinantes insuper, quod Missa dicti Anniuersarij celebrata, Capellanus qui Missam celebrauerit, nec non reuestiti cum processione, Cruce, & aqua benedicta, processionaliter super tumulum nostrum accedant cantando responsorium (*Libera me*) & ibi tria responsoria Mortuorum alta voce cantare teneantur, & dicere orationem, *Deus qui inter Apostolicos*, & alias quæ incumbunt pro nobis, & dicto Charissimo Fratri nostro, & ibi super dicto tumulo librentur per Sacristam Sancti Stephani prædictum & non ante, volentes etiam & ordinantes quod quamdiu erimus in humanis, singulis annis, die nostræ consecrationis in Archiepiscopum Lugdunensem 29. die mensis Iulij, anno Domini 1375. fiat in dicta nostra Lugdunensi Ecclesia Anniuersarium per modum superius ordinatum, pro remedio animarum dicti Charissimi Fratris nostri, & Antecessorum nostrorum & aliorum prædictorum, & quod Missa celebretur de Sancto Spiritu ad Maius Altare loco magnæ Missæ pro bono statu nostro, & nostræ Ecclesiæ Lugdunensis conseruando & augmentando : qua Missa finita accedant per modum superius ordinatum supra tumulum dicti fratris nostri cantando & complendo prout supra, & quod dicta die libretur eisdem per dictum Sacristam Beati Stephani per modum superius ordinatum.

Item, volumus & ordinamus quod dictus Sacrista Beati Stephani annis singulis in perpetuum teneatur, & debeat decem florenos auri, communis ponderis in duobus terminis, videlicet in octauis Ascensionis Domini quinque florenos, & in octauis Festi Beati Andreæ Apostoli alios quinque florenos auri, soluere Capellano celebranti in Capella Charissimi Fratris nostri in dicta Lugdunensi Ecclesia, per nos ordinatos, seu ordinandos pro celebrando diuina in dicta Capella, qui quidem Capellanus teneatur in eadem Capella, singulis hebdomadis quater cantare, diuina celebrare, seu facere celebrari pro remedio animæ Charissimi Fratris nostri & nostrorum successorum, in perpetuum. Et obedientiariis Rupæ fortis qui nunc sunt, & qui pro tempore fuerint, tres florenos auri, communis ponderis singulis annis, die consimili obitus dicti Charissimi Fratris nostri; pro quibus tribus florenis & centum solidis annui, & perpetui redditus per dictum Fratrem nostrum quondam acquisitis, à Domina de Rortælone dictæ obedientiariæ Rupefortis annexatis : dicti obedientiarij sint onerati soluere, & librare singulis annis Anniuersarium dicti Fratris nostri die consimili obitus ipsius, per modum per nos ordinatum in festo Beati Blasij, & Missa celebrata veniant super tumulum dicti Fratris nostri processionaliter cantando prout supra, & de præmissis soluendis dicti Sacristæ Beati Stephani & obedientiarij Rupefortis, sint obligati sub pœna constitutionis Gregorianæ, quæ in dicta Lugdunensi Ecclesia obseruatur, & est sciendum quod nostræ intentionis existit, quod collatio dictæ Cappellæ Fratris nostri nobis existentibus in humanis ad nos pertineat, nobis vero sublatis de medio ad Decanum Ecclesiæ Lugdunensis qui fuerit pro tempore, deuoluatur in futurum.

Item, volumus & ordinamus, quod dictus Sacrista Beati Stephani & successores eius teneantur, & debeant ministrare suis sumptibus luminaria necessaria, hostias, & vinum, pro ....

Il manque en cet endroit autant d'escrit qu'il y en a cy-deuant, par apres suit.

Item, est sciendum, quod idem Dominus Cardinalis legauit in suo Testamento operi fabricæ Ecclesiæ prædictæ 400. francos auri, indumenta Sacerdotalia Rubea, seminata de Papagay auri, & quam plura alia bona fecit dictæ Ecclesiæ tempore vitæ suæ, Orate pro eo : anima eius per misericordiam Dei sine fine requiescat in pace, Amen.

Item, magis dedit dictus Dominus Cardinalis Calicem vnum deauratum, signatum armis dicti Domini ponderantem sex marcas argenti cum media, Orate pro eo.

MARTIN DE SALVA,

Docteur en Decret, Chancelier du Royaume de Nauarre, Referendaire du Pape GREGOIRE XI. *Euesque de Pampelone, & Cardinal Prestre du Tiltre de Saint Laurent,* in Lucina.

CHAPITRE CLXVIII.

Epitaphe du Cardinal Martin de Salua, graué sur la tombe sous laquelle repose son Corps, en l'Eglise de la Chartreuse de Nostre-Dame de Bompas.

Ic requiescit Reuerendissimus in Christo Pater Dominus, Dominus MARTINVS DE SALVA, natione Nauarrus, de Ciuitate Pampilionensi oriundus, primo Decretorum Doctor, post modum Referendarius per Dominum GREGORIVM Papam XI. deinde Episcopus Pampilionensis factus, Demum Tituli Sancti Laurentij *in Lucina*, Presbyter Cardinalis per Dominum, Dominum CLEMENTEM Papam VII. assumptus, Obiit die 28. mensis Octobris, anno Domini 1403. cuius anima requiescat in pace.

IEAN FLANDRIN,

Doyen de Laon, successiuement Euesque de Carpentras, & Archeuesque d'Auch, Cardinal Prestre de Saint Iehan & Saint Paul, au Tiltre de Pammachius.

CHAPITRE CLXIX.

Sammarthani Fratres in Archiepiscopis Auscensibus.

IOHANNES FLANDRINI Diœcesis Viuariensis, Decanus Laudunensis, & Episcopus Carpentoracensis, anno 1379. mense Maio, siue 14. Nouembris, Archiepiscopi Dignitatem (ad quam iam ante 1371. Canonicorum suffragiis accersitus fuerat, vt colligitur ex citato Regesto obligationum Vaticani) CLEMENTE VII. pseudo Pontifice concedente assequitur. Anno 1383. nouas constitutiones promulgauit rei Ecclesiasticæ promouendæ opportunas : illum vero Ciaconius nominat Episcopum Sabinensem, sed de hoc nulla apud vghellum mentio : creatus Cardinalis ab eodem CLEMENTE, Belcarij, sub Titulo Sanctorum Iohannis & Pauli de Pammachio 1390. mense Octobri: postea BENEDICTO XIII. dicto XIII. adhæsit, quem à Collegio suo desertum & damnatum nunquam reliquit, sed in eius obedientia ante Concilij Constantiensis sententiam. Obiit 1391. anno sedis vndecimo.

PIERRE GIRARD,

Preuost de l'Eglise de Marseille, Clerc de la Chambre Apostolique, Nonce du S. Siege, Grand Penitencier de la Sainte Eglise Romaine, successiuement Euesque de Lodeves, du Puy, & de Tusculane, Cardinal Prestre du Tiltre de Saint Pierre aux Liens.

CHAPITRE CLXX.

Testament du Cardinal Girard.

IN Nomine Sanctæ & individuæ Trinitatis, Patris, & Filij, & Spiritus Sancti, Amen. Nouerint vniuersi & singuli hoc præsens publicum instrumentum, seu præsentis nostri Testamenti, aut vltimæ voluntatis nostræ seriem, & tenorem inspecturi, visuri, & audituri. Quod nos PETRVS GERARDI miseratione diuina Episcopus Tusculanus, Sanctæ Romanæ Ecclesiæ Cardinalis Auenionensis vulgariter nuncupatus, ac Sanctæ Sedis Apostolicæ Maior pœnitentiarius, sanusque mente & corpore per Dei gratiam, ac in nostra bona & valida memoria, persistentes, attendentesque, quia dum corpus fruitur plenarie beneficio Sanitatis, animusque nullis torquetur anxietatibus, sed sospitas cum humanitate lætatur, ac sensus & ratio sine tristitia, seu molestia aliquali dominantur, in mente melius ordinatur, & salubrius disponitur vltimæ indicium voluntatis; considerantesque etiam, quod humana fragilitas semper tendit sine intermissione ad finem, & qui in statu firmo stabili, seu continuo nunquam sistit, sed potiùs ea quæ visibilem habent essentiam tendunt visibiliter ad non esse: & quia nihil est certius morte, nihilque incertius mortis hora, deceatque hac de causa quemlibet Christianum mortem cogitare futuram, quæ licet indubitata existat, eius tamen aduentus pœnitus est ignotus. Idcirco nos volentes diem nostræ Peregrinationis extremæ debito modo, dispositione Testamentaria præuenire. Primò & antè omnia Testamentum per nos nuper factum in hac Ciuitate Bononiæ, die trigesima mensis Augusti vltimo præteriti sumptum, & acceptum per te Notarium infra scriptum, retenta tamen quadam clausula ipsius Testamenti continente fundationem, & Dotationem quatuor Capellaniarum in Ecclesia Parrochiali Sancti Simphoriani Castri, ac nominationem & institutionem quatuor Capellanorum ad deseruiendum Capellaniis prædictis per nos factas, quam quidem clausulam sub forma publici instrumenti de dicto Testamento extrahi requisiuimus, & fecimus per te Notarium publicum infra scriptum, ipsamque clausulam & omnia & singula contenta in ea habere volumus, perpetuis temporibus roboris firmitatem, & quæcumque alia Testamenta antea per nos facta ex certa scientia, & deliberato proposito ex nunc cassamus, annullamus, & etiam irritamus, cuius quidem clausulæ, de qua superius est facta mentio, pro tutiori cautela, tenorem hic inseri voluimus, & fecimus sub iis verbis.

Præterea circa salutem animæ nostræ, animarumque parentum, & benefactorum nostrorum cupientes alterius ministerio prouideri, ad honorem Dei Omnipotentis, ac Sanctæ & indiuiduæ Trinitatis, ac Beatæ & Gloriosæ semperque Virginis Mariæ Dei Genitricis, ac totius Curiæ Ciuium supernorum, ordinamus, creamus, & de nouo instituimus quatuor perpetuas Capellanias in Parrochiali Ecclesia loci Sancti Simphoriani Castri Lugdunensis Diœcesis, de quo loco traximus originem, deseruiendas per quatuor idoneos Sacerdotes, quos de præsenti ponimus, instituimus, nominamus & etiam ordinamus. Et primò Dominum Petrum de Rupe, secundò Dominum Bartholomæum Chandelerij, tertiò Dominum Petrum Glas, & quartò Dominum Iohannem Columni Iuniorem nepotem Domini Iohannis Columny Rectoris dictæ Parrochialis Ecclesiæ, Presbyteros dictæ Diœcesis, quorum quidem Capellanorum institutionem nobis quandiu vixerimus, retinemus, protestantes & nobis reseruantes expressè quam dictos Capellanos quamdiu vixerimus in quoduis semel & pluries mutare possimus, & alios de nouo ponere & instituere quoties nobis placuerit, & videbitur faciendi : deinde volumus & etiam ordinamus, quod post obitum nostrum hæres noster principalis de Domo paterna, & eius legitimi hæredes sint patroni, & collatores dictarum Capellaniarum, ipsisque damus & concedimus plenariam potestatem ponendi, & instituendi dictos Capellanos ad seruitutem dictarum Capellaniarum quoties locus vacationis occurrerit, quibus quidem Capellaniis in hunc modum per dictos Capellanos volumus deseruiri, videlicet duabus in Beatæ Mariæ, & aliis duabus Capellaniis prædictis, in Sancti Petri Altaribus sistentibus infra Parrochialem Ecclesiam supra dictam, vel in maiori, seu alio Altari in dicta Ecclesia ad ordinationem Curati dictæ Ecclesiæ, & proborum virorum dictæ villæ, donec & quousque Capella, quam in dicta Ecclesia facimus ædificari, constructa fuerit & ædificata, & tunc celebrent in eadem : volumus etiam quod duo de dictis quatuor Capellanis teneantur quotidie celebrare, videlicet quotidie volumus nos erimus in humanis, die Dominico de Dominica, die Lunæ de mortuis, die Martis de Sancto Michaële, die Mercurij de Sancta Trinitate, die Iouis de Spiritu Sancto, & die Veneris de Sancta Cruce, & die Sabbati de Sancta Maria, & post obitum nostrum singulis diebus de mortuis teneantur celebrare deuotè, exceptis diebus Dominicis, & festinis duplicibus ac Sabbatinis, quibus diebus Missas celebrent secundum quod erit faciendum ipsa die, & semper cum commemoratione, & collecta in piis Missis pro nobis, & defunctis fidelibus facienda. Volumus tamen quod quilibet dictorum Capellanorum, vel quicumque alius pro ipsis celebrans, postquam huiusmodi Missam celebrauerit, vt præfertur, & Casulam deposuerit, teneatur perpetuò venire supra sepulturam nostram cum aqua benedicta, & ibidem absoluere mortuos ad minus cum tribus collectis, videlicet vna pro nobis, & alia pro parentibus, & benefactoribus nostris, & alia pro omnibus fidelibus defunctis, & nihilominus statuimus, & ita perpetuò obseruari volumus & iubemus, quod dicti quatuor Capellani, nullum Beneficium, seu Officium Ecclesiasticum cum dictis Capellaniis obtinere possint, nisi forsitan esset alia Capellania in dicta Ecclesia fundata, vel alibi aliud beneficium Ecclesiasticum sine Cura, prouiso tamen quod semper in dicto loco Sancti Simphoriani Castri state, & personaliter reside, ac dictis Capellaniis deseruire teneantur, & si contrarium faciant, seu eorum alter faciat, hoc faciens per duos menses continuos, nisi esset pro negotiis dictarum Capellaniarum, & interim faciat per alium Presbyterum idoneum deseruire, legitimè occupatus, dicta sua Capellania priuatus existat, & ipsum ex nunc ipso facto priuamus : Et quia in assecutione dictarum Capellaniarum in ipsas vacare contingetet, simul vel successiuè Presbyteros & Clericos idoneos, si qui reperiantur de genere nostro, prouiso quod huiusmodi Clerici sint illius ætatis, quod infra annum ad minus se possint facere ad Sacerdotium promoueri, & interim sufficienter faciant eisdem Capellaniis deseruiri. Extraneis & vtrobique & pauperes ditioribus præferri volumus, & iubemus, quas quidem Capellanias ex nunc fundamus, & dotamus super nostra Grangia dicta de Chauanes, suisque possessionibus, iuribus, & pertinentiis vniuersis, ac super decima vocata de Poncy, necnon & terris, censibus, & redditibus in dicto loco Sancti Symphoriani Castri, & eius territorio aut alibi extra, dudum per nos emptis à nobili viro Petro de Chauanes, Domicello de Morasio Viennensi Domino, prout in quodam publico instrumento, in quo Grangia, decima, ac census & redditus supradicti cum suis iuribus, & pertinentiis vniuersis latius designantur & specificantur, suscepto, recepto, & signato per discretos viros Magistrum Petrum Pollerij, & Simonem de Guiotino Clericos publicos regia authoritate Notarios, sub anno Domini millesimo trecentesimo nonagesimo sexto, indictione quarta, & die prima mensis Augusti plenius continetur, damus & donamus, cedimus, transferimus, relinquimus & in perpetuum concedimus, donatione pura, simplici & irreuocabili vim insinuationis habens, & perpetuò valitura, Capellanis & Capellaniis supradictis, ac tibi Notario publico infra scripto præsenti stipulante & recipiente, vice & nomine Capellanorum prædictorum, transferentes nihilominus ex certa scientia de præsenti omne ius, & omnem actionem, & quidquid iuris, Dominij, & proprietatis habemus & habere possumus in Grangia & decima, ac redditibus, iuribus & pertinentiis supradictis in huiusmodi Capellanos & Capellanias, ac in te Notarium publicum infra scriptum stipulantem, & recipientem vt supra, ac deuestientem nos penitus, & omninò de huiusmodi Grangia, decima & redditibus, cum ipsorum iuribus & pertinentiis vniuersis, teque Notarium publicum infra scriptum stipulantem, & recipientem vice & nomine Capellanorum ac Capellaniarum prædictarum præsentialiter inuestimus, per traditionem notæ præsentis instrumenti, nihil nobis, seu hæredibus, vel parentibus nostris retinentibus quomodolibet, volumus tamen in eisdem & etiam ordinamus, quod omnes & singuli fructus, prouentus, obuentus & emolumenta in quibuscumque rebus consistant, & quocumque nomine nuncupentur, qui obuenient ex Grangia, Decima, & redditibus prædictis, per nos vt præfertur dictis Capellanis, & Capellaniis datis inter dictos Capellanos æquis partibus, & æqualibus portionibus diuidantur, ita quod vnus Capellanus tantum habeat sicut alter, & si forte occasione diuisionis fructuum & reddituum huiusmodi oriri contingat pro tempore futuro inter eos aliqualis quæstio, controuersia, seu debatum ; volumus & ordinamus, quod patronus dictarum Capellaniarum qui pro tempore fuerit, vna cum Curato dictæ Ecclesiæ, seu vno de sindicis, vel gubernatoribus dictæ villæ quæstionem, & debatum huiusmodi, solo, & in solidum decidere, finire, & terminare possint, & etiam declarare dicti Capellani determinationi eorumdem, omninò stare & acquiescere teneantur; quibuscumque procuratione & appellatione remotis, & ita iurent & promittant dicti Capellani se perpetuò obseruare, dum, & quando instituentur in Capellaniis eisdem. Verum cum nos nuper à sanctissimo in Christo Patre, & Domino nostro Domino IOHANNE Diuina Prouidentia Papa XXIII. obtinuerimus licentiam testandi, & ordinandi liberè de omnibus bonis nostris, prout in Litteris Apostolicis sanis & integris, vera Bulla plumbea dicti Domini nostri Papæ in filis de Serico impendente ibidem ostensis plenius continetur, quarum tenor de verbo ad verbum sequitur, & est talis. IOHANNES Episcopus seruus seruorum Dei : Venerabili Fratri Petro Episcopo Tusculanensi salutem & Apostolicam Benedictionem. Cum nihil sit quod magis hominibus debeatur, quàm vt supremæ voluntatis liber sit stilus, & liberum quod iterum non redit arbitrium, Nos tuis supplicationibus inclinati, Testamentum ordinandi, & disponendi liberè de omnibus bonis ad te pertinentibus, cuiuscumque quantitatis seu valoris fuerint, etiam si illa ex prouentibus Ecclesiasticis seu Ecclesiis tibi commissis, vel alias, per fructus vel tui Cardinalatus intuitu, ratione, aut contemplatione ad te peruenerint, aut peruenient in futurum, prius tamen de omnibus prædictis bonis ære alieno & tuis, quæ pro reparandis domibus, seu ædificiis consistentibus in locis Ecclesiarum, vel Beneficiorum tuorum, culpa vel negligentia tua, vel procuratorum tuorum, destructis, vel deterioratis nec non restituendis aliis iuribus earumdem Ecclesiarum, vel Beneficiorum de perditis ex culpa, vel negligentia supradictis fuerint opportuna deductis, plenam & liberam Fraternitati tuæ licentiam, tenore præsentium elargimur. Nulli ergo omnino hominum licet hanc paginam nostræ concessionis infringere, vel ausu temerario contraire : si quis autem hoc attentare præsumpserit, indignationem Omnipotentis Dei & Beatorum Petri & Pauli Apostolorum cum se nouerit incursurum. Datum apud Sanctum Michaëlem propè Bononiam, nonas Septembris, Pontificatus nostri anno primo.

Hinc

des Cardinaux François.

Hinc est quod nos Litteras Apostolicas supra scriptas ratas, & gratas habentes, & eis vti volentes, authoritate & vigore Litterarum ipsarum, & aliis melioribus modo, via, & forma quibus possumus, nostrum præsens nuncupatiuum, in scriptis vt sequitur, de nouo, facimus, condimus, & etiam ordinamus, Testamentum, seu nostram vltimam voluntatem, dispositionem, & ordinationem. Et Primò tractantes de spiritualibus, animam nostram & corpus nostrum, Altissimo creatori nostro, & Gloriosæ Virgini Mariæ eius Matri, Beato Michaëli Archangelo, Sanctis Apostolis Petro & Paulo, totique cælesti Curiæ ciuium supernorum deuotè & humiliter commendamus, attestantes corde & animo quod nos firmiter credimus, & simpliciter confitemur sanctam fidem Catholicam & indiuiduam Trinitatem, Patrem & Filium & Spiritum Sanctum, omnesque articulos fidei, sicut, & Sancta Mater Apostolica & Romana Ecclesia prædicat, tenet, & docet, pariter & obseruat, adjicientes, quod si durante isto Schismate, proh dolor! in Dei Ecclesia nunc vigente, aliquid dixerimus, siue in Concilijs, siue in publico, vel aliud quod fuerit erroneum, vel posset errorem inducere in facto fidei Christianæ, & Sanctæ Matris Ecclesiæ vnionis, vel esset æqualiter contra fidem Catholicam & Ecclesiæ vnionem, prædicans illud corde & animo cum deliberato & firmato proposito, reuocamus specialiter & expressè, adhærentes semper, & adhærere volentes opinioni Reuerendissimorum Patrum, & Dominorum Sacri Collegij, Cardinalium, quatenus esset erronea prout supra, referentes nos semper ad Ordinationem & determinationem Ecclesiæ vniuersalis, protestando quod semper ita viuere & mori volumus vt verus Catholicus & Christianus, vt obstruatur os interdum loquentium iniqua, tollanturque quicumque casus, qui possent forsitan ex peruersa susurratione dici, allegari, seu personæ nostræ objici, vel contingere ex aduerso.

Deinde volumus & etiam ordinamus, quod si in hac Ciuitate Bononiensi, vel in partibus circumuicinis nos migrare contigerit ab hac luce, corpus nostrum sepeliri volumus infra Ecclesiam Conuentus Fratrum seruorum Beatæ Mariæ, in quo habitamus de præsenti, per modum Custodiæ & depositi, seu commendæ & hoc cum publico instrumento de extrahendo liberè abindè ossa corporis nostri quoties placuerit executoribus, seu hæredibus nostris infra scriptis, aut tribus seu duobus ex ipsis, ac etiam volumus quod post annum à die nostri obitus in antea computandum, nisi prius factum fuerit, ossa nostra prædicta de dicta sepultura extrahi, & deinde volumus portari & iubemus apud locum Sancti Symphoriani Castri, Lugdunensis Diœcesis, & ibidem sepeliri infra Ecclesiam dicti loci, in cuius fontibus fuimus Baptisati, in loco & sepultura per nos ibidem fieri ordinatis de mense Augusti Anno à Natiuitate Domini millesimo quadringentesimo septimo, quo tempore fuimus personaliter in Ecclesia & loco prædicto. Item, volumus & etiam ordinamus, quod si contingeret nos mori in aliqua Ciuitate, vel loco adeo propinqua, seu propinquo dicto loco Sancti Symphoriani Castri, & tempus esset ad hoc & taliter dispositum, quod corpus nostrum tunc posset portari ad dictam Ecclesiam Sancti Symphoriani Castri, hoc fieri volumus & iubemus, quo casu volumus, quod in die translationis nostri corporis apud Sanctum Simphorianum Castri, detur prandium omnibus & singulis Presbyteris ibidem existentibus, & celebrantibus Missam, & vltra hoc cuilibet ipsorum Presbyterorum dentur quinque solidi Turonenses monetæ Regiæ, & cuilibet pauperi vbidem existenti die supradicta, dentur etiam pro amore Dei quinque denarij monetæ prædictæ, vt ipsi Deum pro salute & remedio animæ nostræ teneantur deprecari: Si verò nos mori contigerit infra Prouinciam Prouinciæ, corpus nostrum portari volumus & iubemus apud Massiliam, & ibidem sepeliri infra Ecclesiam Cathedralem prope Maius Altare causa Custodiæ & depositi, seu commendæ prout supra ordinauimus in Ecclesia dictorum Fratrum seruorum Beatæ Mariæ, quo casu adueniente volumus & ordinamus perpetuò in prædictis Fratrum seruorum, seu Massiliensibus Ecclesijs, & ibidem in prædicatoribus Ianuensi, vel Saonensis Ecclesiæ, si ibidem nos decedere, ac causa Custodiæ, depositi, seu commendæ sepeliri contingeret, vnam Missam perpetuò celebrari de mortuis, singulis diebus pro salute & remedio animæ nostræ, ac parentum & amicorum & benefactorum nostrorum, & huiusmodi Missa sit perpetuò celebranda per vnum de Religiosis illius Conuentus, in cuius Ecclesia nos sepeliri contigerit, seu per vnum de Canonicis Capellanis, seu perpetuis Beneficiatis dictæ Ecclesiæ Massiliensis, vel alium si infra Prouinciam decedamus quingentos florenos auri currentes, seu Summam pro qua Executores, seu hæredes nostri super hoc conuenerint, & concordauerint tradi & deliberari volumus & mandamus. Item, volumus & etiam ordinamus quod postquam migrauerimus ab hac luce, corpus nostrum tradatur Ecclesiasticæ sepulturæ, prout est per nos superius ordinatum, & quod de bonis nostris decentès exequiæ celebrentur pro nobis, & vna nouena prout est propè sonis Dominorum Cardinalium fieri consuetum in Curia Romana, & vltra hoc volumus & præcipimus, quod tam die obitus & exequiarum nostrarum, quam prædicta nouena durante, per Executores nostros, seu deputandos ab eis centum franchi, seu eorum valor pro Eleemosina ad minutum Christi pauperibus erogentur, vt ipsi pro salute & remedio animæ nostræ, & animabus parentum, benefactorum, & amicorum nostrorum, Deum teneantur exorare. Item dicimus, volumus, & etiam ordinamus, quod omnia & singula debita nostra, & clamores, & forefacta de quibus nos iustè & legitimè teneri poterit apparere, quibuscumque personis, quacumque ratione, occasione, seu causa ad cognitionem, seu arbitrium Executorum nostrorum infrascriptorum, aut titulum vel duorum ex ipsis qui de executione nostra erunt, specialiter onerati, realiter & integrè persoluantur per prius quam legata, & quod super hoc personis honestis in eorum conscientia petentibus, & iurantibus nos legitimè sibi teneri vsque ad summam sex grossorum argenti currentis, credatur eisdem. Item, volumus, præcipimus, &

551

Aaaa

etiam ordinamus, quod incontinenti dum migrauerimus ab hac Luce, de bonis nobis à Deo collatis, tradantur & exponantur ducenti franchi in Missis celebrandis, pro salute & remedio animæ nostræ ac parentum, amicorum, & benefactorum nostrorum, quos quidem ducentos francos auri, eadem die si sit possibile tradi & distribui volumus, per manus Dominorum Iohannis Belli Decretorum Doctoris, Archidiaconi Sancti Irrij in Ecclesia Albienensi, Palatij Apostolici, atque nostri Auditoris, Anthonij Costæ Ordinis Fratrum Prædicatorum Magistri in Sacra Pagina, Petri Charpini licen. in Decretis Litteratum Primariæ Domini nostri Papæ Scripturis, Guillelmi Capislane Sancti Petri de Burlatio Castrensis Diœcesis, & Gaufredi Badolherij succentorem Ecclesiarum Canonicorum familiarium nostrorum, seu Dominorum, ex ipsis de quibus plenè confidimus, adiunctis cum eisdem Dominis, Iohanne Pollerij consanguineo nostro, Sacrista Ecclesiæ Sancti Pauli Lugdunensis, & Petro de Montancho Cameratiis nostris, si sint præsentes ibidem. Volumus etiam & iubemus quod eorumdem huiusmodi Missæ quam citius fieri poterit, saltem infra nouenam nostram si sit possibile, celebrentur, & quod ita presbyteris eas celebrantibus iniungatur. Item, volumus, præcipimus, & etiam ordinamus, quod statim post obitum nostrum vt citius fieri poterit, mandetur, & ordinetur per Executores nostros, aut tres seu duos ex ipsis fieri vna nouenam in dicta Ecclesia Sancti Simphoriani Castri, & quod celebrentur ad minus ibidem qualibet die dictæ nouenæ duodecim Missæ, pro salute & remedio animæ nostræ, ac parentum, amicorum & benefactorum nostrorum, & ibidem die vltima nouenæ prædictæ viginti francos auri Christi pauperibus pro Eleemosina dari, & distribui præcipimus, & etiam erogari. Item, legamus, damus, & concedimus Capitulo Ecclesiæ Auenionensis ducentos florenos auri currentis pro Anniuersariis annuatim in dicta Ecclesia celebrandis iuxta ordinationem executorum nostrorum infrascriptorum, aut trium, vel duorum ex ipsis, & prout concordabunt cum Capitulo prædicto, nisi citra diem obitus nostri super hoc per nos exititerit aliter ordinatum, seu concordatum, quos quidem ducentos florenos auri, per Executores nostros persolui volumus Capitulo supra dicto, quando cum eis post obitum nostrum, per dictos Executores nostros pro supradictis anniuersariis exititerit concordatum. Item, cum Hospitia Sacristiæ dictæ Ecclesiæ quam ex dispensatione Apostolica obtinuimus, quæ sunt infra claustrum & Clausuram dictæ Ecclesiæ Auenionensis, indigeant multis reparationibus, causantibus querris Cathalanorum & Arragonensium, infra Palatium Apostolicum existentibus in Auenione vrgentibus de præsenti, pro reparationibus Hospitiorum prædictorum, legamus, donamus, & concedimus ducentos florenos auri currenti per Executores nostros soluendos, & tradendos particulariter & viciffim, quando dicta Querra finita tutè & commode operari poterit in Hospitiis prædictis. Item, legamus, concedimus, & donamus Capellam nostram rubeam munitam casula, pluuiali, Dalmatica, & Tunicella, stolis, manipulis, amictis, albis, & zonis necessariis, ac paramento Cathedræ cum gremiali, Capitulo Ecclesiæ Auenionensis ad vsum, & seruitium Ecclesiæ Auenionensis, de cuius bonis dictam Capellam acquisiuimus de tempore, quo præfuimus Ecclesiæ prædictæ, & vltra prædicta, donamus, cedimus & legamus prædicto Capitulo Ecclesiæ Auenionensis, cui præfuimus in Episcopum & Pastorem, ducentos francos auri ad hoc vt celebrent & celebrari faciant in Ecclesia prædicta perpetuò vnam Missam de mortuis quotidiè iuxta, & secundum ordinationem Executorum nostrorum, & specialiter Domini Abbatis Casædei infrascripti, & si summa prædicta non videretur sufficere pro oneribus dictæ Missæ sustinendis, & supportandis, volumus & etiam ordinamus, quod summa prædicta augmentetur arbitrio Executorum nostrorum, aut trium vel duorum ex ipsis, & prout concordare poterit cum Capitulo Ecclesiæ prædictæ. Item, legamus, damus & concedimus pro reparationibus Episcopalis Ecclesiæ Auenionensis, ac Castrorum & locorum dictæ Ecclesiæ faciendis ibidem, in quibus fortasse teneri possumus de tempore quo præfuimus Ecclesiæ supradictæ, summam quingentorum francorum auri, seu eorum valorem semel soluendam, quam quidem summam per executores nostros, seu tres vel duos ex ipsis deponi volumus, & iubemus penes aliquem sufficientem mercatorem, qui dictam summam realiter tradet & ministrabit, prout & secundum quod conuertentur in reparationibus supradictis: nolumus tamen quod de dicta summa aliquid tradatur; & pro moderno nec alicui alteri ad eius mandatum, seu nomine, esto quod dictus Episcopus ad faciendum dictas reparationes vsque ad summam sibi tradendam se vellet obligare. Item, donamus, legamus, & concedimus Capitulo Ecclesiæ Lodouensis pro vsu & seruitio dictæ Ecclesiæ, cui præfuimus in Episcopum, & de qua plura bona habuimus, vnam bonam & pulchram Capellam cum armis nostris de panno, coloris de taniceto deaurato, quem quidem pannum habuimus de exequiis, & sepultura felicis recordationis Domini Clementis Papæ VII. cuius animam possideat Paradisus, & huiusmodi Capellam per Executores nostros tradi, & liberari volumus Capitulo supradicto, seu eorum legitimo procuratori, & syndico, & cum hoc quod ipsi promittant, & teneantur Deum rogare pro salute animæ nostræ, & parentum, amicorum, & benefactorum nostrorum, nosque suis suffragiis & orationibus aggregare volumus, & quod antequam dicta Capella tradatur, seu expediatur dicto Capitulo, quod ipsi, seu eorum procurator ad hoc constitutus præstent, seu præstet ad Sancta Dei Euangelia iuramentum se nunquam dictam Capellam vendere seu alienare, vel alias pignorari, obligare. Item, legamus, concedimus & donamus pro reparationibus faciendis in Hospitiis nostri Prioratus de Rocha Guidonis ordinis Sancti Benedicti, summam viginti quinque francorum per executores nostros semel soluendam. Item, legamus & donamus omnia illa bona quæ dudum per quemdam Magistrum Andream Grangerij Canonicum Parisiensem Procuratorem nostrum tradita, & assignata fuerunt Domino Guillelmo Raymbaudi dudum Subpriori & Vicario nostri Prioratus Conuentualis de Longauilla Guifardi, Rothomagensis Diœcesis, ac scripta & designata in primo instrumento arrendamenti fructuum, & prouentuum nostri Prioratus, & successiuè postea descripta fuerunt in aliis instrumentis, aliorum arrendamentorum consequenter factorum, in quibus & ad quæ restituenda idem olim Subprior, nobis tenetur, & est obligatus, & quæ immediate pertinent ad nos, & vltra hoc etiam omnia & singula debita & arreragia, seu resta quæ nobis debebuntur tempore obitus nostri de terminis arrendamentorum, fructuum & prouentuum dicti nostri Prioratus, pro reparationibus Ædificiorum dicti nostri Prioratus iuxta ordinationem Executorum nostrorum, aut trium vel duorum ex ipsis, vel deputandorum ab eis, & nihilominus cupientes ædificia dicti nostri Prioratus semper in melius reparari, vltra omnia supradicta pro huiusmodi reparationibus faciendis tam in capite quam in membris dicti nostri Prioratus, sexcentum francos auri semel tradendos & persoluendos, legamus & concedimus & donamus, ac etiam pro diuino seruitio in Ecclesia dicti nostri Prioratus saluberrimè faciendo, & ad vsum & seruitium dictæ Ecclesiæ, vnam Capellam lubeam niunitam suis necessariis, cum armis nostris, vsque ad summam seu valorem ducentorum francorum auri etiam legamus, & donamus, quam quidem Capellam per Executores nostros emi volumus atque tradi, & liberari. Item, legamus, damus & concedimus cuilibet Ordini de quatuor ordinibus Mendicantium Ciuitatis Auenionensis, decem francos auri, semel soluendos, pro Missis celebrandis in eorum Conuentibus, pro salute & remedio animæ nostræ, parentumque, amicorum, & benefactorum nostrorum, & quatenus fieri poterit post obitum nostrum tradantur eisdem. Item, legamus, damus, & concedimus ad opus candelæ quæ ardet nocte dieque ante Altare Beatæ Mariæ in Ecclesia Auenionensi, decem francos auri, seu eorum valorem semel soluendos. Item, damus, legamus, & concedimus Hospitali fundato in Auenione, per bonæ memoriæ Dominum Petrum de *Croso*, Cardinalem Arelatensem, prope Monasterium seu Collegium Sancti Martialis Ciuitatis Auenionensis Ordinis Cluniacensis, duos lectos cum suis scamnis, & lecteriis, videlicet vnum de illis in quibus nos consueuimus dormire, & alium de aliis lectis nostris communibus, munitos quemlibet vna vana, & vna sargia ac vno pari cortinarum cum duodecim Intaminibus, iuxta ordinationem Executorum nostrorum infra scriptorum, aut trium seu duorum ex ipsis cum dictis Camerariis nostris. Item, simili modo damus, legamus, & concedimus Hospitali Sancti Benedicti sito prope Turrim Capitis Pontis Auenionensis, alios duos lectos designatos, & munitos in omnibus, & per omnia vt proxime supra, vel partem & valorem, conuertenda in, & pro reparatione dicti Hospitalis nuper vt asseritur, destructi, & combusti. Item, legamus, damus & concedimus Catharinæ Colinæ Matri Iohannis Beydodi triginta francos auri semel soluendos eidem, & dicto Iohanni Beydodi sexaginta francos auri semel, etiam sibi persoluendos. Item, donamus, legamus, & concedimus, Margaritæ Sorori Iohannis Girardi triginta francos auri semel soluendos eidem. Item, legamus præfato Iohanni Girardi Consanguineo nostro, sexaginta francos auri sibi semel persoluendos. Item, legamus, damus, & concedimus Iohanni Girardi, prædicto consanguineo nostro, & suis liberis legitimis de suo corpore descendentibus & procreatis, & eorum successoribus ab eis etiam legitime descendentibus, & procreatis, totum hæreditagium & patrimonium nostrum, quod habemus ex parte patris in dicto loco & territorio Sancti Simphoriani Castri, & in dicto patrimonio ipsum facimus & instituimus; hæredem nostrum, & de hoc ipsum volumus contentari, ita quod in aliis bonis nostris nihil aliud petere possit, & nihilominus volumus & etiam ordinamus, & de hoc dictum nostrum consanguineum & suos liberos, & eorum hæredes & successores oneramus in recompensationem dicti legati, quod singulis annis perpetuis in die obitus nostri teneantur facere celebrari pro salute & remedio animæ nostræ ac amicorum, parentum, & benefactorum nostrorum in dicta Ecclesia Sancti Simphoriani Castri, vnam Missam de mortuis cum nota, & pulsatione Campanarum, vt est fieri consuetum; & vltra hoc præfati consanguinei, & eius liberi ac eorum hæredes, & successores eadem die teneantur dare duodecim presbyteris, cuilibet vnum grossum pro Missis de mortuis, pro salute animæ nostræ dicta die in præfata Ecclesia celebrandis. Item, volumus & etiam ordinamus quod eo casu, quod contingeret dictum Iohannem Girardi, consanguineum nostrum decedere sine liberis legitimis de suo corpore procreatis, dictum patrimonium nostrum sic sibi, & suis liberis & successoribus eorumdem ab eis legitime descendentibus, & non aliis personis per nos, vt præfertur legatum libere & sine contradictione reuoluatur, & peruenirat ad Capellanos, & Capellanias in dicta Ecclesia per nos fundatas, seu pro Missis celebrandis ibidem, & conuertantur in vtilitatem, & augmentum Capellaniarum prædictarum, & vt voluntas & ordinatio nostra huiusmodi melius & efficacius obseruetur, nolumus, inhibemus specialiter & expressè præfatis consanguineo nostro & eius liberis, ac eorum hæredibus & successoribus, quod dictum patrimonium nostrum, nec in totum, nec in partem possint vendere, seu quomodolibet impignorare, vel alienate, eis ad hoc faciendum potestatem interdicentes omnino, & si contrarium faciant quoquomodo, volumus, & etiam ordinamus quod Capellani nostri dictarum Capellaniarum, qui sunt, vel erunt pro tempore, ipso facto possint recipere dicta bona, videlicet dictum patrimonium, & de facto recipiant, teneanturque dicti Capellani ipso casu facere dictum Anniuersarium annuatim prout superius est expressum. Item, legamus, damus, & concedimus Iohanni Terralli Fratri nostro de bonis nostris summam centum francorum auri semel, soluendorum eidem. Item, legamus, damus, & concedimus Luciæ consanguineæ nostræ vxori Iohannis Arnaudi domicelli, de bonis nostris summam quinquaginta francorum auri semel, persoluendorum eidem. Item, cum Hymbertus Rochefort Ciuis Lugdunensis, maritus Iohannæ filiæ Iohannis Terralli

Fratris nostri, nobis teneatur ratione mutui in summa trecentorum francorum auri, de pecuniis nostris dudum sibi traditis, & mutuatis de mandato nostro per Fratrem Guillermum Raymbaudi olim superiorem, & Vicarium nostri Prioratus Conuentualis de Longauilla Guisardi, Rothomagensis Diœcesis, de & pro quibus idem Imbertus erga nos est efficaciter obligatus, quam obligationem recepit Magister Iohannes de Losieo Clericus Sagiensis Diœcesis, publicus Apostolica & Imperiali Authoritate Notarius, dudum cubicularius noster, & nunc Canonicus Ecclesiæ Beluacensis; hinc est quod cum Iohannes Terralli Frater noster dudum postquam nos dedimus, & assignauimus certam pecuniæ summam pro dote Iohannæ neptis nostræ, de qua præfatus Hymbertus Maritus suus fuit contentus, in augmentum dictæ dotis dederit præfatæ Iohannæ filiæ suæ ducentos francos auri semel soluendos, & præterea dictus Frater noster obligauit se , ac omnia & singula bona sua mobilia , præsentia & futura, nosque cupiamus & desideramus dictum fratrem nostrum, ac etiam bona sua ab huiusmodi obligatione penitus liberare, voluimus & etiam ordinauimus, quod idem Hymbertus ducentos francos de dicta summa in qua ipse nobis tenetur, vt præfertur recipiat in solidum, loco & nomine donationis, per dictum Fratrem nostrum facta pro augmentati ne dictæ dotis, dictosque ducentos francos se recognoscat habuisse, & recepisse, pro & nomine augmentationis, & donationis dictæ dotis, vt præmittitur factæ , dictumque Fratrem nostrum , & eius bona de dicta summa ducentorum francorum quittet penitus & omnino, & si præfatus Hymbertus pro parte nostra nobis viuentibus, seu agentibus in . . . . seu per Executores nostros infra scriptos super hoc requisitus hoc facere recusauerit ad soluendum dictam summam trecentorum francorum auri, per Procuratores , seu Executores nostros compelli volumus & iubemus, ita quod recuperatis ab ipso dictis trecentis francis , tradantur ducenti franci eidem Hymberto pro donatione augmentationis dictæ dotis factæ, per dictum fratrem nostrum, quos ibidem Hymbertus eidem Iohannæ vxori suæ confiteatur, & recognoscat ab ipsa, & propter hoc se & bona sua obliget in bona forma, & reliquos centum francos auri restantes præfatæ Iohannæ neptæ nostræ in augmentum dotis suæ liberaliter concedimus & donamus. Item, legamus, donamus, & concedimus libros infra scriptos, videlicet, Decretales Decretum, Sextum, & Clementinas, Decretum & Innocentium, summam Hostiensem, & speculum, Ludouico filio Iohannis Terralli nepoti nostro ad vitam suam, & dicto Ludouico defuncto, alteri ex fratribus suis qui forsitan studebit in iure Canonico, vel Ciuili, & illo defuncto, alteri fratri suo qui simili modo studebit. Nos autem in subrogatione & ordinatione prædictorum , excipimus fratrem Iohannem Terralli nepotem nostrum Priorem de Ordano in Ecclesia Tholosana, cum habeat satis, vnde viuere possit , & etiam habuit à nobis libros infra scriptos, videlicet Decretum Decretalis Sextum & Clementinas, & Innocentium : illis vero nepotibus prædictis deficientibus, & defunctis, dictos libros propinquiori de genere nostro, de nomine , & cognatione Gerardorum, qui simili modo studebit in iure Canonico, vel Ciuili tradi volumus, & etiam assignari, & cum dictus Iohannes Terralli Prior non studeat, nec ad studium sit habilis, vt asseritur, volumus quod dictos libros, quos à nobis habuit vt præfertur, restituat Ludouico Fratri suo prædicto. Item, legamus, damus, & concedimus Digestum vetus, Digestum nouum, infortiatum, Codicem, & volumen vnum de Chinis nostris, & Bartholum super infortiato, & digesto nouo, Iohanni Girardi Canonico Forolulensi filio, & aliis filiis Iohannis Girardi Consanguinei nostri successiué, si quis sit aptus ad audiendum iura Ciuilia, vel Canonica ad vitam eorum duntaxat, & illis decedentibus, propinquiori de genere nostro paterno, qui vt supra studebit in iure Canonico vel Ciuili, & erit habilis ad studendum iuxta ordinationem Executorum nostrorum, & præmissis deficientibus, volumus, & etiam ordinamus, quod dicti libri, seu eorum pretium pro salute animæ nostræ, ac parentum, & Benefactorum nostrorum, Christi pauperibus erogentur, vel libri prædicti dentur amore Dei pauperibus Clericis studentibus, habilibus ad studendum arbitrio Executorum nostrorum, seu trium, vel duorum ex ipsis. Item, & vt præmissæ voluntas & ordinatio nostra melius, & efficacius obseruentur, volumus & etiam ordinamus, quod tam Ludouicus, siue alius frater eius, quod filius & filii Iohannis Girardi prædicti, quibus vt præfertur, post obitum nostrum , libros supra nominatos, tam iuris Canonici quam Ciuilis tradi volumus & mandamus si sint in ætate legitima constituti, iurent & promittant, & se efficaciter obligent, & simili modo eorum Patres & parentes iurent & promittant, & se efficaciter obligent, quod dicti libri simul, vel successiue tradentur eisdem vt supra, quod ipsi non vendent nec alienabunt, seu pignori obligabunt etiam pro quacumque eorum necessitate libros supra nominatos, qui eis per beneficium inuentarij tradentur, & assignabuntur per Executores nostros, seu deputandos ab eis, quolibet libro pretio appreciato, & casu quo contingeret , quod aliqui dictorum librorum venderentur, vel alienarentur per nepotes, seu filium & filios dicti Iohannis Girardi prædictos, vel eorum patres seu parentes, dicti eorum patres, vel alij parentes, qui vt præfertur, pro eis se obligabunt, & debebunt pretium, seu extimationem dictorum librorum, quos vendi contigerit Executoribus, seu hæredibus nostris soluere & realiter restituere teneantur , ad complendum ordinationem & voluntatem nostras, prout superius est expressum. Item, volumus præcipimus, & ordinamus etiam quod omnibus, & singulis familiaribus & seruitoribus nostris quibus vadia consueuimus dare, vadia & stipendia quæ eis debebuntur tempore Obitus nostri, de bonis nostris ipsis integraliter persoluantur, aliis vero familiaribus & seruitoribus nostris compensato tempore quo nobis seruierint, fiat satisfactio iuxta arbitrium & ordinationem Executorum nostrorum, aut trium vel duorum ex ipsis. Volumus autem quod omnes familiares & seruitores nostri post obitum nostrum viuant expensis nostris siue nostræ executionis in hospitiis habitationis nostræ sicut prius, per vnum mensem à die obitus nostri in antea computando: si verò sint aliqui pauperes qui velint ad partes originis suæ reuerti postquam fuerint expensis nostris, per quindecim dies post Obitum nostrum nutriti, volumus quod per Executores nostros tradantur eis pecuniæ necessariæ pro redeundo ad partes suas ad ordinationem executorum ipsorum. Item, volumus, præcipimus, & etiam ordinamus quod de bonis nostris realiter tradantur & etiam persoluantur, hæredibus & executoribus bonæ memoriæ Domini Cardinalis de Montenayo, centum & decem florenos auri currentis in Auin. in quibus tenemur executoribus & hæredibus Domini Cardinalis pro resta emptionis cuiusdam Hospitij siti infra libratam nostram, quam tenemus in Auin. contigni truello principali dictæ libratæ, casu quo non fuerint pei soluti. Item, volumus & etiam ordinamus ac executoribus nostris præcipimus & mandamus, quod postquam migrauerimus ab hac luce, de bonis executionis nostræ, nihil extra domum portari permittant, nisi prius bonorum ipsorum soluto, vel deposito pretio, seu valore. Item, propter singularem deuotionem, quam habemus ad gloriosam Virginem Mariam Matrem Domini nostri IESV CHRISTI, ad Ecclesiam Auenionensem in honorem ipsius fundatam & consecratam, in qua Sacristiam obtinemus, Venerabilibus & Religiosis Viris Capitulo dictæ Ecclesiæ Auenionensis, damus, donamus, relinquimus, & in perpetuum concedimus cum onere infrascripto, donatione pura, simplici, & irreuocabili vnius insignationis habente, & perpetuo valitura, ac tibi Notario publico infrascripto stipulante, & recipiente, vice & nomine Capituli prædicti, videlicet Domum, viridarium, Iurisdictionem, seruitia, certasque terras, vineas, & alias possessiones sitas in loco & Territorio de Moreriis Auenionensis Diœcesis, quæ & quas dudum euicimus à Guillermo Parade habitatore Arelatensi, & Bertrando Mercaderij, loci de Suaco, Caturcensis Diœcesis, qui ipsas habuerunt à Domino Girardo Mercaderij, quondam Camerario nostro, prout de emptione & nominatione & specificatione Domus & Viridarij, Iurisdictionum ac seruitiorum, Terrarum, Vinearum & possessionum huiusmodi constat publicis instrumentis receptis, & signatis per discretum Virum Magistrum Petrum Textoris dictæ Caturcensis Diœcesis publicum Apostolica, & Imperiali auctoritate Notarium, sub anno à Natiuitate Domini millesimo trecentesimo nonagesimo nono, & die octaua mensis Martij, quatenus tangit dictum Bertrandum, & anno Domini millesimo quadringentesimo, & die vigesima tertia mensis Martij, quatenus tangit præfatum Guillermum *Parade*, & cæteris instrumentis & donationibus, de aliquibus possessionibus supradictis factis, ipsamque Domum, Viridarium, Iurisdictionem, & seruitia, Terras, Vineas & possessiones, & vltra hoc omnia illa quæ acquisiuimus, tam ratione Gambij, siue permutationis, seu alias ab hæredibus quondam voticæ vnitæ in dicto Territorio de Moreriis, & eius Dominio, seu districtu Necurij, etiam & quoddam hospitium nostrum, per nos alias emptum ab hæredibus & executoribus bonæ memoriæ Domini Cardinalis de Montenayo, situm in Auenione infra libratam quam de presenti tenemus, de quo superius est mentio facta: Nos autem volumus nostræque intentionis existit, & ita obseruari præcipimus, & mandamus, quod antequam Legatum huiusmodi ad dictos Capellanos pertineat, nec de ipso gaudere, nec huiusmodi rerum legatarum possessionem apprehendere possint, quod præfati Capellani animam nostram, ac animas parentum, amicorum & benefactorum nostrorum aggregent suis suffragijs & orationibus per eos imposterum faciendis, ac pro felici statu personæ nostræ quamdiu vixerimus, & Deum orare pro nobis, preces effundere teneantur, & nihilominus de celebrando, seu celebrari faciendo perpetuò vnam Missam singulis diebus in dicta Ecclesia in Altari Capellæ, in qua Pater Reuerendus Dominus Iohannes, Papa vigesimus secundus sepultus existit, vel in alia aliqua Capella idonea per vnum de Canonicis dicti Capituli, vel per alium Idoneum Capellanum onerare intendimus, & etiam oneramus, & quod dictam Missam celebrare, seu celebrari facere teneantur in dicto Altari nobis viuentibus, & etiam post obitum nostrum eidem modo & forma, quibus Capellani per nos superius instituti & Fundati in Ecclesia Sancti Simphoriani Castri, celebrare teneantur. Transferentes omne ius & omnem actionem, & quicquid Iuris & Dominij ac proprietatis habemus & habere possumus, quoquomodo in Domo, Viridario, Iurisdictione, Censibus, Terris, Vincis, possessionibus ac hospitio Auenionensi prædicto, in Capitulum supradictum, ac in te Notarium publicum infrascriptum stipulantem & recipientem pro eisdem, ac deuestientes nos penitus & omnino de huiusmodi Domo, Viridario, Iurisdictione, Censibus, Terris, Vincis, possessionibus, & hospitio Auenionensi, cum omnibus Iuribus, & pertinentijs suis, teque Notarium publicum infrascriptum stipulantem & recipientem vice & nomine Capituli prædicti per traditionem notæ prædictæ publici instrumenti, præsentialiter inuestimus, nihil nobis seu hæredibus vel parentibus nostris retinentes quomodolibet in eisdem: Et vt de celebratione Missæ prædictæ melius memoria perpetuo habeatur in Ecclesia supradicta; Volumus quod per modum notæ sic prout superiùs est expressum, describatur ac inseratur in libro Anniuersariorum dictæ Ecclesiæ seu Capellaniarum fundatarum in Ecclesia prælibata; Et vltra hoc volumus specialiter & expresse quod Præpositus & Capellanus dictæ Ecclesiæ simul & coniunctim, ac omnes & singuli Canonici particulariter, & diuisim de majori ad minorem, & è conuerso, personaliter in Capitulo ad Sancta Dei Euangelia iurent, ac bona dicti Capituli mobilia & immobilia, præsentia & futura in quibuscumque rebus consistant, efficaciter obligent viribus Curiæ, Cameræ Apostolicæ, Domini nostri Papæ, & aliarum Curiarum, de quibus pro parte nostra fuerint requisiti de celebrando seu celebrari perpetuò faciendo dictam Missam, modo & forma superiùs ordinatis, & super huiusmodi obligatione concedere debeant, & etiam teneantur, & expediantur instrumenta & litteræ opportunæ, cum quibus compelli possint pro tempore per Executores seu hæredes nostros, si cessaretur, quod absit, à celebratione Missæ prædictæ. Item, pro celebrando Missam prædictam, donamus, legamus, & concedimus, vnum Calicem argenteum ponderis trium marcarum argenti, & vnum competens Missale, & quoddam vestimentum, quod fieri fecimus pro nobis cum Casula de panno rubeo deaurato, munitum amictu, alba, zona, manipulo, ac Stola, & omnibus aliis necessariis, & cum istô vestimento dictam Missam volumus celebrari singulis diebus Dominicis, & festiuis: & vltrà volumus quod per Executores nostros ematur vnum aliud vestimentum bonum & durabile, completum omnibus necessariis, cum Casula nigra, & cum isto vestimento Missam pro Defunctis volumus celebrari, & quod etiam emantur Mappæ & alia pro Altari, & pro custodia præmissorum; volumus quod ematur vna bona arca bene ferrata cum sera & bona claue in dicta Capella ponenda & situanda. Volumus etiam quod in traditione promissorum præfatus Præpositus & Capellani præstent ad Sancta Euangelia iuramentum se nunquam præmissa ab inde extrahere vel alteri vsui deputare, nec vendere seu alienare, prout Executores nostri arbitrabuntur, seu ordinabunt, quæ quæuis claui dictæ Archæ per Sacristam dictæ Ecclesiæ, seu Regentem Sacristiam custodiatur, quam ipse Canonico vel alteri Presbytero dictam Missam celebraturo, & suam hebdomadam facienti in principio suæ hebdomadæ tradere habeat, & omnia quæ erunt in dicta Cassia, per modum inuentarij, & in fine hebdomadæ dictus Canonicus, seu Presbyter qui celebrauerit, clauem tradere, & dictum inuentarium recognoscere teneatur Sacristæ dictæ Ecclesiæ, seu Sacristiæ, vt præfertur Regenti. Subsequenter cum ad Ecclesiam Lugdunensem, in qua dudum fuimus beneficiati, habeamus singularem dilectionem & ad Beatum Iohannem Baptistam, & Sanctum Stephanum deuotionem magnam, cupientes suffragiis & orationibus, quæ nocte dieque fiunt in dicta Ecclesia aggregari, venerabilibus viris Capitulo dictæ Ecclesiæ donamus, damus, relinquimus, legamus & concedimus per imperpetuam donationem pura simplici ac irreuocabili & perpetuo valitura, ac tibi Notario publico infra scripto stipulante & recipiente vice & nomine Capituli prædicti, videlicet Mithram nostram auri frisatam cum lapidibus pretiosis, coopertam margaretis siue perlis, quam dedit nobis magnificus Princeps Dominus Dux Bituricensis, quam quidem Mithram per Executores nostros infrà scriptos, aut tres seu duos ex ipsis, qui de executione nostra erunt specialiter operati: præfatis Dominis de Capitulo Ecclesiæ Lugdunensis, seu eorum legitimo Procuratori & Syndico ad infrà & suprascripta peragenda sufficientem potestatem habenti post obitum nostrum tradi & deliberari volumus & iubemus cum onere & conditione infra scriptis. Videlicet quod nos volumus & nostræ intentionis existit, & ita per dictos Executores nostros obseruari præcipimus & mandamus quod antequam dicta Mithra per nos vt præfertur dicto Capitulo legata tradatur eisdem, nec ipsam habeant, quam præfati Capitulani animam nostram, & animas parentum amicorum, & Benefactorum nostrorum aggregent, & aggregare perpetuo teneantur suis suffragiis & orationibus per eos imposterum faciendis, & nihilominus de celebrando, seu celebrari faciendo perpetuo vnam Missam de Mortuis, singulis diebus in dicta Ecclesia Lugdunensi in aliqua Capella idonea prædictæ Ecclesiæ, quam executoribus & hæredibus nostris ostendere teneantur, per vnum de Canonicis, aut Capellanis in dicta Ecclesia Beneficiatis, vel per alium idoneum Sacerdotem onerare volumus, & intendimus, & etiam oneramus, exceptis diebus Dominicis & Festiuis duplicibus, & Sabbatinis, quibus diebus Missas celebrent secundum quod erit faciendum ipsa die, & semper cum commemoratione & Collecta pro nobis & defunctis fidelibus faciendo, & vt de celebratione Missæ prædictæ melius memoria perpetuo habeatur in Ecclesia supradicta, Volumus & præcipimus quod per modum notæ sit, & prout superius est expressum, describatur & inseratur in Libro Anniuersariorum dictæ Ecclesiæ, seu Capellaniarum fundatarum in Ecclesia præhibata, & vltrà hoc volumus specialiter & expressè, quod Decanus & Capitulum dictæ Ecclesiæ simul & coniunctim, & omnes & singuli Canonici particulariter & diuisim de maiori ad minorem, & è conuerso, personaliter in eorum Capitulo ad sancta Dei Euangelia iurent, ac bona dicti Capituli mobilia & immobilia, præsentia & futura in quibuscumque rebus consistant efficaciter obligent viribus Curiæ Cameræ Apostolicæ Domini nostri Papæ, & aliarum Curiarum de quibus pro parte nostra fuerint requisiti, de celebrando, seu celebrari faciendo perpetuò dictam Missam modo & forma superius ordinatis, & super huiusmodi ordinationem tradere debeant, & etiam teneantur expedire instrumenta, & Litteras opportunas, cum quibus compelli possint pro tempore, per executores, seu hæredes nostros, si cessarent, quod absit, à celebratione Missæ prædictæ. Item, pro celebrando dictam Missam donamus & legamus vnum Calicem argenteum trium marcarum argenti, & vnum competens Missale, ac duo vestimenta Sacerdotalia munita suis necessariis pro vno Sacerdote celebrante; videlicet vnum pro Missis in diebus Dominicis & Festiuis, & aliud pro Missis de Mortuis celebrandis, emenda per executores nostros infrà scriptos, vnà cum mappis & aliis necessariis pro Altari. Item, propter deuotionem & dilectionem, quas habemus ad Sanctissimum in Christo Patrem & Dominum nostrum Dominum Iohannem, Diuina Prouidentia Papam vigesimum tertium modernum, eidem legamus, damus, donamus & concedimus nostrum magnum & pulchrum Breuiarium ad vsum Romanum, historiatum in magnis Litteris & marginibus eiusdem, quod quidem Breuiarium tradidit Reuerendus Dominus Clemens Papa septimus, cuius animam possideat Paradisus, Nobis contulit & donauit. Item, legamus, damus, & concedimus honorabilibus Viris, Capitulo Ecclesiæ Massiliensis, in qua Præposituram obtinemus, summam centum & quadraginta francorum auri conuertendorum in vestimentis & ornamentis Ecclesiasticis ad vsum & seruitium dictæ Ecclesiæ pro diuino Officio in dicta Ecclesia faciendo: Volumus tamen quod executores nostri, qui de dicta nostra executione post mortem nostram erunt specialiter onerati, dicta vestimenta & ornamenta Ecclesiastica emant, seu fieri faciant cum armis nostris ponendis ibidem in locis vbi decet, & postea dicto Capitulo tradant realiter, & assignent, onerando eos, & eorum successores, vt ipsi perpetuo teneantur Deum rogare pro salute animæ nostræ, ac parentum, benefactorum, & amicorum nostrorum, ac in suis suffragiis & orationibus aggregare. Item, cum Hospitium principale nostræ Præpositure dictæ Ecclesiæ Massiliensis eidem Ecclesiæ contiguum indigeat multis reparationibus de præsenti, & antequam dictam præposituram vltimò haberemus, dictum Hospitium esset valdè ruinosum, pro reparando dictum Hospitium, legamus, damus, & concedimus, summam trecentorum francorum auri, seu eorum verum valorem semel soluendorum, & vltrà hoc pro conuertendo in reparationibus dicti Hospitij etiam concedimus, & donamus, restam pecuniæ quam debet nobis Dominus Iohannes Episcopus Glandatensis modernus, de & pro compositione reparationum dicti Hospitij, quam dudum fecit Nobiscum idem Episcopus de & pro tempore, quo tenuerat dictam Præposituram. Item, cum ratione Canonicatus & Præbendæ, ac Sacristiæ Ecclesiæ Acquensis in Prouincia, quos obtinemus, recipiamus annuatim Decimas, & alios redditus in loco & Territorio de Lambisco Acquensis Diœcesis, & propterea afficiamur Ecclesiæ Parrochiali, & habitatoribus loci prædicti, hinc est quod nos legamus, damus, & concedimus summam centum florenorum auri currentis semel soluendorum, pro exponendo in vestimentis & ornamentis Ecclesiasticis ad vsum & seruitium Parrochialis Ecclesiæ loci prædicti, quæ quidem vestimenta & ornamenta Ecclesiastica cum armis nostris in eisdem affixis emi, seu fieri facere volumus per Executores nostros, qui de dicta nostra executione erunt specialiter onerati, & quando tradentur, & deliberabuntur, Rector & Parrochiani dicti loci promittant, & teneantur Deum pro salute animæ nostræ, & parentum ac amicorum & benefactorum nostrorum perpetuo exorare. Item, legamus, damus & concedimus ad vsum & seruitium diuinum faciendum in Ecclesia nostri Prioratus Beatæ Mariæ Villarosæ, viginti francos auri semel soluendos pro vno vestimento Sacerdotali per dictos Executores nostros emendo, & cum armis nostris fieri faciendo vsque ad summam prædictam, & per eos dictæ Ecclesiæ assignando. Item, legamus, concedimus, & donamus Ecclesiæ nostri Prioratus Beatæ Mariæ de Luco, Ordinis Sancti Benedicti Foroiuliensis Diœcesis, pro diuino seruitio in dicta Ecclesia faciendo, vnum vestimentum Sacerdotale cum armis nostris vsque ad summam, seu valorem viginti francorum auri emendum, tradendum & deliberandum per Executores nostros infrà scriptos. Item, legamus, donamus, & concedimus pro reparationibus Hospitiorum nostri Prioratus Sancti Petri de Luco, Ordinis Sancti Augustini, si Hospitia huiusmodi indigeant reparari, decem francos auri semel soluendos per Executores nostros infrà scriptos, & casu quo reparationes non erunt necessariæ in Hospitiis & ædificiis dicti Prioratus; Volumus quod dicti decem franchi in vno vestimento Sacerdotali cum armis nostris pro seruitio diuino in dicta Ecclesia faciendo exponantur & conuertantur. Item, legamus, damus, & concedimus Capitulo Sancti Pauli Lugdunensis, ad vsum & seruitium Ecclesiæ prædictæ vnum Pluuiale rubeum de Panno de Serico de Luca, coloratum de tela coloris de Persiquo, quod habemus in partibus Vltramontanis, & quod ipsi teneantur rogare pro salute animæ nostræ, & in suis suffragiis aggregare. Item, legamus, damus, & concedimus pro reparationibus Ædificiorum Ecclesiæ & Hospitiorum nostri Prioratus Conuentualis de Tornaco, Cluniacensis Ordinis, Nemausensis Diœcesis, summam quadringentorum francorum auri semel soluendorum. Item, legamus, concedimus, & donamus, Ecclesiæ nostri Prioratus Mansitarum Puellarum, Ordinis Sancti Benedicti, Sancti Pauli Diœcesis, vnum pulchrum vestimentum Sacerdotale, & alia ornamenta Ecclesiastica, cum armis nostris ad vsum & seruitium Ecclesiæ prædictæ, vsque ad summam seu valorem centum & viginti francorum auri, emenda & tradenda per Executores nostros, vt suprà. Item, legamus, concedimus, & donamus, Capitulo Ecclesiæ Tholosanæ, Ordinis Sancti Augustini, vnum bonum & pulchrum Pluuiale cum armis nostris ad vsum & seruitium dictæ Ecclesiæ vsque ad summam seu valorem centum francorum auri emendorum & tradendorum per Executores nostros, illos videlicet qui de executione nostra erunt specialiter onerati. Item, cum dudum Prioratum de Ordacio, quem tunc obtinebamus in Ecclesia Tholosana, Ordinis Sancti Augustini, liberè resignauerimus in fauorem Iohannis Terralij nepotis nostri, & deinde dictum Prioratum ad Canonicum & Canonicalem portionem dictæ Ecclesiæ sibi Autoritate Apostolica conferri fecimus, & subsequenter postquam ipsum misimus ad studium Tholosanense, pro mansione sua quoddam Hospitium Canonicale infrà claustrum Ecclesiæ Tholosanensis, emi fecerimus pretio centum & sexaginta francorum auri, de quibus nos persoluimus, seu nomine nostro persolui fecimus de nostris propriis pecuniis summam octoginta francorum auri, & alij octoginta franchi restantes de bonis, & pecuniis dicti nepotis nostri, existerint persoluti, dictumque Hospitium adhuc restet, & sit nobis obligatum in dicta summa octoginta francorum auri, hinc est quod nos propter deuotionem quam habemus ad dictam Ecclesiam Tholosanam, cupientes suffragiis & orationibus quæ fiunt ibidem, fauorabiliter aggregari, venerabilibus & Religiosis viris Capitulo dictæ Ecclesiæ Tholosanæ prædictam summam octoginta francorum auri, quam habemus suprà dictum Hospitium, vt præfertur; cum onere & conditione infrà scriptis, legamus, concedimus, & donamus, & nihilominus nepotem nostrum Priorem de Ordacio suprà dictum sperantes quod requisitioni nostræ huiusmodi obtemperabit, requirimus & rogamus, vt partem quam habet in dicto Hospitio, & totum Hospitium cum pertinentiis suis præfatis, Capitulo velit similiter concedere & donare donatione pura, simplici, & irreuocabili, ac perpetuo valitura, retento sibi vsufructu dicti Hospitij quamdiù vixerit in humanis. Volumus autem & nostræ intentionis existit, & ita fieri volumus & iubemus, quod dictum Capitulum promittat & teneatur facere singulis annis in die

Obitus nostri, seu in alia die proxime sequenti, in qua commodè fieri poterit, si in die Obitus nostri fieri non posset, vnum Anniuersarium de vna Missa de Mortuis, cum nota celebranda in Majori Altari Ecclesiæ Tholosanæ cum pulsatione Campanarum, & finita Missa dicere etiam cum nota vnum responsorium de Mortuis cum versiculis, & pro nobis cum tribus collectis pro Defunctis cum aspersione aquæ benedictæ, & aliàs prout est in similibus fieri consuetum, ac animam nostram & dicti nepotis nostri, ac etiam animas parentum, amicorum & benefactorum nostrorum in suis orationibus & suffragiis aggregare. Volumus etiam quod hujusmodi Anniuersarium scribatur in Libro Anniuersariorum dictæ Ecclesiæ, die videlicet qua nos migrare contigerit ab hac luce. Item, donamus, legamus, & concedimus Ecclesiæ Prioratus de Cisano, Ordinis Sancti Benedicti Biterrensis Diœcesis, quem alias tenuimus, & super cius fructibus & prouentibus habemus certam Annuam pensionem, vnum vestimentum Sacerdotale cum Armis nostris pro diuino seruitio in dicta Ecclesia faciendo vsque ad summam, seu valorem viginti quinque francorum auri, emendorum & tradendorum per Executores nostros infrascriptos. Item, legamus, donamus, & concedimus Capitulo Ecclesiæ Carcassonensis, Ordinis Sancti Augustini, vnum bonum & pulchrum pluuiale cum Armis nostris ad vsum, & seruitium dictæ Ecclesiæ vsque ad summam, seu valorem sexaginta francorum auri, emendorum & tradendorum per Executores nostros vt suprà. Item, legamus donamus, & concedimus pro reparationibus faciendis in Hospitiis nostri Archidiaconatus minoris, quem in dicta Ecclesia Carcassonensi obtinemus, tam infra Ciuitatem Carcassonensem, quam in Castro de Montesleyo, Carcassonensis Diœcesis consistentibus, summam centum & viginti francorum auri semel soluendorum, & conuertendorum in reparationes supradictas. Item, legamus, concedimus, & donamus pro reparationibus Hospitij Cameraria nostræ Ecclesiæ Sancti Pampiliani, Ordinis Sancti Benedicti, quam obtinemus, si Hospitium huiusmodi indigeat reparari, triginta francos auri semel soluendos, & casu quo reparationes non erunt necessariæ in dicto Hospitio, volumus quod dicti triginta franci exponantur in vno pluuiali, siue Cappa Processionali cum Armis nostris, emendo & tradendo per Executores nostros ad vsum & seruitium Ecclesiæ supradictæ. Item, legamus, donamus, & concedimus Ecclesiæ nostri Prioratus de Escutia, Ordinis Sancti Benedicti Albinensis Diœcesis, quem obtinemus, vnum vestimentum Sacerdotale cum Armis nostris, ad vsum & seruitium dictæ Ecclesiæ vsque ad summam seu valorem viginti quinque francorum auri semel soluendorum per Executores nostros, emendum & tradendum vt supra. Item, legamus, damus & concedimus Ecclesiæ nostri Prioratus de Seistebyolio, Ordinis Sancti Benedicti Albinensis Diœcesis quem obtinemus, vnum vestimentum Sacerdotale cum Armis nostris, ad vsum & seruitium dictæ Ecclesiæ vsque ad summam seu valorem quindecim francorum auri semel soluendorum, & per Executores nostros emendum, & tradendum vt supra. Item, legamus, damus, & concedimus Ecclesiæ Prioratus nostri de Aulacio, Ordinis Sancti Augustini Nemausensis Diœcesis, quem obtinemus, vnum vestimentum Sacerdotale cum Armis nostris ad vsum & seruitium dictæ Ecclesiæ, vsque ad summam seu valorem viginti francorum auri, emendum & tradendum per Executores nostros vt supra. Item, legamus, damus, & concedimus Ecclesiæ nostri Prioratus de Mayrolio, Ordinis Sancti Benedicti Nemausensis Diœcesis, quem obtinemus, vnum vestimentum Sacerdotale cum Armis nostris, vsque ad summam seu valorem viginti quinque francorum auri emendorum, & tradendorum per Executores nostros vt supra. Item, legamus, donamus, & concedimus Ecclesiæ Prioratus nostri de Astrayraincis, Ordinis Sancti Augustini, Vticensis Diœcesis, quem obtinemus, vnum vestimentum Sacerdotale, cum Armis nostris, vsque ad summam & valorem viginti quinque francorum auri emendum & tradendum per Executores nostros vt supra. Item, legamus, damus, & concedimus Ecclesiæ Prioratus nostri, Sancti Petri de Lemisaco, Ordinis S. Benedicti, Nemausensis Diœcesis, quem obtinemus, vnum vestimentum Sacerdotale cum Armis nostris, vsque ad summam seu valorem viginti quinque francorum auri emendum & tradendum per Executores nostros vt supra. Item, legamus, damus, & concedimus Ecclesiæ Prioratus nostri, Sancti Iohannis de Vassellis Cluniacensis Ordinis, Carpentoratensis Diœcesis, vnum vestimentum Sacerdotale cum Armis nostris, vsque ad summam seu valorem viginti francorum auri emendum & tradendum, per Executores nostros vt supra. Item, pro reparationibus in Ecclesia & Hospitiis dicti Prioratus Sancti Ioannis, legamus, concedimus & donamus summam viginti francorum auri semel soluendorum. Item, legamus, concedimus & donamus Ecclesiæ Prioratus Sancti Iuliani in Iarcsio, Ordinis Sancti Benedicti Lugdunensis Diœcesis, quem alias tenuimus, & super eius fructibus & prouentibus habemus de præsenti certam annuam pensionem, pro diuino seruitio in dicta Ecclesia faciendo, vnum vestimentum Sacerdotale cum Armis nostris, vsque ad summam, seu valorem viginti quinque francorum auri, emendum & tradendum per Executores nostros infrascriptos. Item, legamus, damus, & concedimus Ecclesiæ Prioratus nostri de Fargiis, Ordinis Sancti Benedicti Lugdunensis Diœcesis, quem obtinemus, vnum bonum vestimentum Sacerdotale cum Armis nostris vsque ad summam seu valorem triginta francorum auri, emendum, & tradendum, per Executores nostros vt supra. Item pro reparationibus, in Ecclesia & Hospitiis dicti Prioratus de Fargiis, damus, legamus, & concedimus alios triginta francos auri semel soluendos. Item, legamus, damus, & concedimus Ecclesiæ nostri Prioratus de Tarnayo, Cluniacensis Ordinis, Viennensis Diœcesis, quem obtinemus, vnum bonum vestimentum Sacerdotale, cum Armis nostris, vsque ad summam, seu valorem triginta francorum auri, emendum, & tradendum per Executores nostros vt supra. Item, legamus, damus, & concedimus Ecclesiæ Parrochiali dicti loci de Ternayo vnum vestimentum

Sacerdotale

Sacerdotale cum Armis nostris ad vsum & seruitium dictæ Ecclesiæ vsque ad summam, seu valorem quindecim francorum auri, emendum & tradendum per Executores nostros vt supra. Item, legamus concedimus, & donamus pro reparationibus faciendis in Ecclesia & Hospitiis nostri Prioratus Sancti Georgij de Misosco Cluniacensis Ordinis, Valentiensis Diœcesis, summam triginta francorum auri semel soluendorum. Item, legamus, damus, & concedimus Ecclesiæ nostri Prioratus Sanctæ Crucis Cabillonensis, Ordinis Sancti Augustini, quem obtinemus, vnum vestimentum Sacerdotale, cum Armis nostris ad vsum & seruitium dictæ Ecclesiæ vsque ad summam, seu valorem viginti francorum auri emendum & tradendum per Executores nostros vt supra. Item, legamus, concedimus, & donamus Ecclesiæ nostri Prioratus de Crispiniano, Ordinis Sancti Benedicti Ruthenensis Diœcesis, vnum vestimentum Sacerdotale cum Armis nostris vsque ad Summam, seu valorem viginti francorum auri emendum, & tradendum per Executores nostros vt supra. Item, legamus, concedimus, & donamus Capitulo Ecclesiæ Corosopitensis, in qua Canonicatum & Archidiaconatum de Ponher obtinemus, ad vsum & seruitium dictæ Ecclesiæ vnum bonum & pulchrum pluuiale cum Armis nostris, vsque ad Summam, seu valorem sexaginta francorum auri, emendum, & tradendum vt supra per Executores nostros. Item, legamus, concedimus, & donamus Ecclesiæ nostri Prioratus de Ponte Castri Ordinis Sancti Benedicti Naumentanensis Diœcesis, quem obtinemus, ad vsum & seruitium dictæ Ecclesiæ vnum vestimentum Sacerdotale, & vnum Calicem cum patena, de argento cum Armis nostris vsque ad Summam, seu valorem quinquaginta francorum auri, emenda, & tradenda per Executores nostros infra scriptos. Item, legamus, damus, & concedimus Ecclesiæ nostri Prioratus Sancti Nazarij Ordinis Sancti Benedicti Nannetanensis Diœcesis, quem obtinemus, ad vsum & seruitium dictæ Ecclesiæ vnum vestimentum Sacerdotale, & vnum Calicem, cum patena argenteum, cum Armis nostris vsque ad Summam, seu valorem quinquaginta francorum auri, emenda & tradenda per Executores nostros, vt supra, & nihilominus pro reparando ædificio dicti nostri Prioratus sexaginta francos auri semel soluendos, damus & legamus. Item, legamus, concedimus, & donamus Ecclesiæ nostri Prioratus de Melleroyo Ordinis Sancti Benedicti Nannetanensis Diœcesis, quem obtinemus, ad vsum & seruitium dictæ Ecclesiæ, vnum vestimentum Sacerdotale cum Armis nostris vsque ad summam, seu valorem viginti francorum auri emendum, & tradendum per Executores nostros vt supra: & vltra hæc omnia, & singula debita, & arreragia nobis debita, & quæ nobis debebuntur tempore mortis nostræ per arrendatores fructuum nostri Prioratus prædicti occasione reparationum non factarum ibidem, prout ipsi arrendatores promiserunt facere, & obligati existunt, pro huiusmodi reparationibus in dicto Prioratu faciendis conferimus & donamus. Item, legamus, concedimus, & donamus Ecclesiæ nostri Prioratus de Curto-Campo Ordinis Sancti Benedicti Andegauensis Diœcesis, quem obtinemus, ad vsum & seruitium dictæ Ecclesiæ, vnum vestimentum Sacerdotale cum Armis nostris, vsque ad summam, seu valorem viginti francorum auri emendum, & tradendum per Executores nostros, vt supra. Item, legamus, damus, & concedimus Ecclesiæ nostri Prioratus de Asnema Ordinis Sancti Augustini Appamiarum Diœcesis, ad vsum & seruitium dictæ Ecclesiæ, vnum vestimentum Sacerdotale, & vnum Calicem cum patena de argento, cum Armis nostris vsque ad summam, seu valorem quinquaginta francorum auri emenda, & tradenda per Executores nostros vt supra. Item, volumus, & etiam ordinamus, & ita fieri & obseruari per Executores nostros præcipimus & iubemus, vt quando Executores ipsi tradent & deliberabunt Vestimenta, Calices, & alia per nos in huiusmodi Testamento nostro diuersis Ecclesiis legata, pro quibus non imponimus certum onus, quod ipsis onerent illos qui ab eis recipient huiusmodi legata ad hoc sufficienter fulcitos, & ita inuent & promittant, quod ipsi facient fieri infra octo dies, postquam apphœuerint & portauerint huiusmodi legata in Ecclesiis, cui is erunt vnum Caterie, hoc est celebrari facere vnam Missam de mortuis, cum nota & absolutione post Missam pro salute & remedio animæ nostræ, & animarum parentum, amicorum, & benefactorum nostrorum. Item, volumus & etiam ordinamus quod post obitum nostrum fiat Inuentarium de bonis nostris per tres, aut duos de executoribus nostris tantummodo, illos videlicet qui de executione nostra erunt per nos specialiter onerati, cum Notario publico cum eisdem, & postquam dictam Inuentariam fecerint, illud aliis Dominis Executoribus nostris exhibere debeant si super hoc ab eis fuerint requisiti. Verum cum in quocumque testamento necessaria est hæredum institutio, ideo in omnibus aliis & singulis bonis nostris nobis à Deo commissis, tam per Ecclesiam vel Ecclesias, vel ab ipsis Ecclesiis, seu earum ratione, vel occasione, quam ex industria nostra, ac ratione Capelli nostri Cardinalatus, vel quomodolibet aliàs acquisitis, vel imposterum nobis debitis, vel per nos vsque ad diem obitus nostri, & post ex eisdem causis, vel aliis quomodolibet acquirendis in quibuscumque rebus, & vbicumque consistant, siue nobis ex quacumque causa à quibuscumque personis, vel quibusuis causis debeantur, seu mortis nostræ tempore exiterint, & debebuntur, iuribus, & actionibus & nominibus quibuscumque & nobis competentibus, & competituris quæcumque & vbicumque sint & fuerint ex quacumque causa, Titulo siue iure, & quocumque nomine censeantur, seu nuncupentur, salariis, solutis, & completis omnibus, & singulis premissis per nos legatis, & ordinatis, facimus, constituimus, & ore proprio nominamus hæredes nostros vniuersales, Capellanos & Capellanias per nos in dicta Ecclesia Sancti Symphoriani Castri, vt præfertur, institutos, & fundatos, ac etiam fabricam dictæ Ecclesiæ Sancti Symphoriani Castri, videlicet Capellanos & Capellanias supradictas in tribus partibus, & fabricam Ecclesiæ prædictæ in reliqua quarta parte dictorum bonorum nostrorum pro indiuiso. Itaque dicti Capellani præditi 14.

tamento, de bonis nostris nequeant aliquid sibi retinere, seu appropriare, nec inter se diuidere; sed quod omnia redigantur in cumulum, & inde confertantur in augmentum reddituum emendorum pro Capellaniis prædictis, secundum ordinationes Executorum nostrorum infra scriptorum: postmodum verò quia feruenti desiderio affectamus, quod ordinata & ordinanda per nos in huiusmodi nostro vltimo Testamento viriliter exequantur, Reuerendissimos in Christo Patres, & Dominos Dominos Nicolaum Albanensem, & Iohannem Ostiensem Episcopos Sanctæ Romanæ Ecclesiæ Cardinales, & Venerabilem Curiam Parlamenti Regii Parisiis, Protectores, deffensores, & Executores huiusmodi nostri vltimi Testamenti nuncupatiui, seu vltimæ voluntatis, facimus, constituimus & etiam ordinamus, necnon etiam Venerabilem in Christo Patrem Dominum Andream Abbatem Monasterij Casæ Dei Ordinis Sancti Benedicti Claromontensis Diocesis, ac venerabiles & circumspectos viros Dominos, Iohannem Belli Decretorum Docterem. Palatij Apostolici Causarum, & Officij nostræ Pœnitentiariæ Auditorem, Iohannem Polerij Baccalauréum in legibus, Sacristam Sancti Pauli Lugdunensis, Consanguineum nostrum, Petrum de Montonlyaco Archidiaconum de Beriaco in Ecclesia Cenonarum Camerarium nostrum, Petrum Charpini licenciatum in Decretis litterarum primariæ Domini nostri Papæ Scriptorem, Anthonium Cosfe Ordinis Fratrum Prædicatorum Magistrum in Theologia, & Priorem Minorum Primatiorum, Guillermum Capitilane Canonicum Sancti Petri de Bourtetio Castrensi Dioecesis, & Gaufridum Badoltherij Canonicum Ecclesiæ Pantonensis Capellanos, & familiares nostros, facimus, constituimus, & etiam ordinamus Executores & Gardiatores nostros, & huiusmodi nostri vltimi nuncupatiui Testamenti, seu vltimæ voluntatis, dispositionis, & ordinationis nostrarum. Volumus tamen quod quilibet dictorum Dominorum Cardinalium, non habeant ampliorem potestatem, quàm vnus de aliis nostris Executoribus supra dictis, & illud idem etiam volumus, & declaramus de dicta Curia Parlamenti, videlicet, quod habeant potestatem, sicut vnus de Executoribus supradictis, & non ampliorem, quibus quidem Executoribus nostris, & huiusmodi nostri Testamenti vltimi, & tribus si commodè vacare & intendere, possint aliis duobus ex ipsis in solidum eligendis per nos semel, & pluries in Codicillis nostris, ac tibi Notario publico infra scripto stipulante, & recipiente, videlicet nomine dictorum Dominorum Executorum nostrorum absentium, damus, donamus, & concedimus plenam, & liberam potestatem, & tam speciale, quàm generale mandatum; authoritate eorum propriâ omnia, & singula per nos superius ordinata, faciendi complendi & exercendi, ac executioni demandandi infra annum si possibile sit, alias quàm citius fieri poterit eorum conscientiis super hoc onerando, necnon omnes & singulas pecuniarum summas ac bladorum & vinorum, & rerum aliarum quantitates, arreragiaque & credita, ac debita nobis quacumque causa & occasione debita & contracta, & quæ nobis debebuntur & deberi poterunt quouis modo, tempore mortis nostræ, perquirendi, inuestigandi per se vel per alium, seu alios, cui, seu quibus vices suas super iis committere, vel Procuratores constituere voluerint, cum plenaria vel illimitata potestate, petendi, exigendi, leuandi, recuperandi, computaque & rationes quarumcumque personarum, quæ à nobis, seu nomine nostro administrationem, seu gubernationem aliquam tenuerint, videndi, audiendi, palpandi & examinandi, ipsasque personas adhoc compellendi, petendi, & faciendi, ac huiusmodi computa & rationes impugnandi & reprobandi, ac approbandi secundum quod iustè & legitimè videbitur faciendum, rigore nimis obseruato, componendique super his & concordandi, & transigendi & pacificandi, in nos qualicumque res & bona nostra, de quibus non est per nos superius ordinatum vendendi, distrahendi, cedendi, obligandi, & hypotecandi, pretiumque seu pretia inde recipiendi, & de his, quæ recipere contigerit, quittandi, litteraque quittatorias super hoc concedendi, protestationes & requisitiones, & contractus quoscumque alios licitos & honestos, etiam compromissum & compromissi, pœnâ, iuramento, & obligatione vallata, faciendi cum Clericis & Capitulis necessariis, & de consuetudine Patriæ, vel iure, debitaque & legata, ac alia per nos superius ordinata soluendi, & satisfaciendi, dandi, erogandi, & distribuendi, ac complendi in omnibus & per omnia iuxta voluntatem, ordinationem, & dispositionem nostras superius expressas, & alias prout melius, & vtilius Executoribus nostris supradictis, aut tribus vel duobus ex ipsis eligendis vt supra videbitur expedire, ad salutem animæ nostræ parentumque & benefactorum, ac recommendatorum nostrorum exonerationem & remissionem prædictorum, & pro præmissis & eorum singulis, si necesse fuerit, agendi, & defendendi in iudicio, & extra per se vel per alium, seu alios per eos, seu tres aut duos ex ipsis ad hoc Procuratores constituros coram quibuscumque iudicibus Ecclesiasticis & secularibus, Ordinariis, extraordinariis, delegatis, subdelegatis, Arbitris, Arbitratoribus, Commissariis, reformatoribus, conseruatoribus, & aliis quibuscumque libellum, seu libellos, & quascumque petitiones, & alias etiam summas dandi & recipiendi, & generaliter omnia alia, & singula faciendi, dicendi, gerendi, & exercendi, quæ causarum merita cum in agendo, quàm in defendendo postulant, & requirunt. Volumus autem & etiam ordinamus quod dicti Executores nostri non habebunt onus executionis nostræ, viuant expensis nostris quamdiu in Executione Testamenti nostri vacabunt. Hoc est vltimum Testamentum nostrum nuncupatiuum, seu nostra vltima voluntas, dispositio, & ordinatio, quod & quas valere volumus & obtinere Testamenti, & si non valet iure Testamenti, ipsum valere volumus iure Codicillorum, seu alterius cuiuscumque vltimæ voluntatis, dispositionis & ordinationis, & iure donationis, causa mortis, & omni meliori modo & forma, quibus de iure tam Canonico quàm Ciuili, diuino, & humano, nouo & veteri melius & efficacius valere poterit, & debebit: volumus insuper & mandamus annullandi nostrum Testamentum, seu vltimam nostram voluntatem, dispositionem &

ordinationem integrè, & per omnes in omnibus & singulis Capitulis, & clausulis suis observari. Porrò cupientes promissa per nos superius ordinata semper in melius & salubrius reformare, addendi, muniendi, corrigendi, immutandi, & interpretandi in promissis, & eorum singulis, etiam si sint aliqua per modum contractus qui dicitur inter viuos, nobis quandiu vixerimus, reseruamus plenam potestatem. Demum rogamus & requirimus vos Dominos infrà scriptos hic præsentes per nos præsentes vocatos, vt de huiusmodi nostro Testamento, seu nostra vltima voluntate, ac de omnibus & singulis suprà scriptis, dum quando, & quoties opus fuerit ac fueritis requisiti, perhibere velitis Testimonium veritatis. Rogamus etiam & requirimus te Notarium publicum infrà scriptum, vt de his & omnibus singulis, retineas, & conficias etiam de qualibet clausula, prout tangit, vel tangere poterit aliquem, seu aliquos in futurum, vnum vel plura, publicum & publica, instrumentum & instrumenta, toties, quoties fuerit opportunum. Acta fuerunt hæc Bononiæ in Conuentu Fratrum seriorum Beatæ Mariæ, in Camera quam inhabitamus, Anno à Natiuitate Domini millesimo, quadringentesimo decimo, indictione tertia, & die septima mensis Nouembris, Pontificatus Domini nostri Domini Iohannis, Diuina Prouidentia Papæ XXIII. prædicti anno primo, præsentibus ibidem, venerabilibus & discretis viris, Dominis Petro Textoris, & Bernardo Assati Pœnitentiariis Domini nostri Papæ, ac Iohanne Hugonis Apostolicarum Litterarum scriptoribus, Iohanne Maittardi Presbytero perpetuo in Ecclesia Sancti Pauli Lugdunensis, Guillermo Crescon perpetuo beneficiato in Ecclesia Nannetensi, Matthæo Espicerij Lugdunensi, & Gaufrido Guilloti Clericis Bituricensis Diœcesis, Testibus ad præmissa vocatis & specialiter rogatis. Et me Iohanne Porrelli Presbytero Lemouicensis Diœcesis Baccalario in Decretis, publico Apostolica, & Imperiali Authoritatibus Notario, qui in præmissis omnibus & singulis, dum sic vt præmittitur, per Præfatum Reuerendum primatem & Dominum Dominum Petrum Girardi Episcopum Tusculanum, scilicet Romanæ Ecclesiæ Cardinalem Auenionensem nuncupatum Testatorem, agerentur, dicerentur, ordinarentur, & fierent, vna cum peculiaribus testibus, præsens personaliter interfui, eaque sic fieri vidi, & audiui, & in notam recepi, ex qua nota de mandato dicti Domini Testatoris hoc præsens publicum instrumentum vltimum Testamentum ipsius Domini Testatoris, in se continens vt præfertur, in sex pellibus pergameni conglutinatis, ac per alium idoneum, me aliis negotiis legitimè occupato descriptum, ac in quarte & in fine cuiuslibet conglutinationis, signo meo manuali signatum extraxi & publicaui, hicque manu propria me subscripsi, & signum meum apposui consuetum, per dictum Dominum Cardinalem Testatorem rogatus & requisitus in fidem & Testimonium præmissorum. Constat mihi Notario de rasuris superius factis, non vitio, sed errore scriptoris super dictionibus, & fecimus sub his verbis (nostrum corum deuotionem quam habemus) vnicè in dicto, alia, dictam Missam, auri, de, de, & semel, & Hospitis dicti Prioratus erunt per nos, autem nostrum, nobis quamdiu, quas fideliter approbo.

Codicille du Cardinal Girard.

IN Nomine Sanctæ & indiuiduæ Trinitatis, Patris & Filij, & Spiritus Sancti, Amen. Nouerint vniuersi & singuli præsens publicum instrumentum, seu præsentis nostri Testamenti, aut vltimæ voluntatis nostræ seriem, & tenorem inspecturi, visuri, & audituri. Quod nos Petrus Girardi miseratione diuina Episcopus Tusculanensis, Sanctæ Romanæ Ecclesiæ Cardinalis Aniciensis vulgariter nuncupatus, ac Sanctæ Sedis Apostolicæ Maior Pœnitentiarius, sanusque mente & corpore per Dei gratiam, ac in nostra bona & valida memoria persistens, attendensque quod dum corpus fruitur plenariè beneficio sanitatis, animusque nullis torquetur anxietatibus, sed sopita cum humanitate læuatur, ac sensus & ratio sine tristitia, seu molestia aliquali dominantur in mente, melius ordinatur & salubrius disponitur vltimæ indicium voluntatis: considerantes etiam quod humana fragilitas semper tendit sine intermissione ad finem, & quod in statu firmo stabili seu continuo nunquam sistit, sed potius ex quæ visibilem habent essentiam tendunt visibiliter ad non esse, & quod nihil est certius morte, nihilque incertius hora mortis, decetque hac de causa quemlibet Christianum mortem cogitare futuram, quæ licet indubitata existat, eius tamen aduentus pœnitus est ignotus: idcirco volentes dicere nostræ Peregrinationis extremæ debito modo dispositione Testamentum præueniri, primò & antè omnia Testamentum per nos dudum factum in Ciuitate Bononiensi die septima mensis Nouembris, anno Domini 1410. sumptum & receptum per dictum Secretarium nostrum Iohannem Borelli succentorem Ecclesiæ Pictauiensis, Notarium Publicum, retenta tamen quadam clausula eiusdem Testamenti continentis fundationem & dotationem quatuor Capellaniarum in Ecclesia Parrochiali Sancti Simphoriani Castri, Lugdunensis Diœcesis, per nos olim fundatarum & nominatione & institutionem quatuor Capellanorum ad deseruiendum eisdem per nos tunc ibi expressa, quæ quidem clausula fuit postmodum per sedem Apostolicam ex certa scientia confirmata, & Litteræ Apostolicæ inde extractæ, quas clausulam & confirmationem Apostolicam, & omnia inde secuta hic habere volumus pro sufficienter expressis, & in suo pleno robore permanere, & quæcumque alia Testamenta, Codicillos & legata antea per nos facta, & contenta in eisdem, ex certa scientia, & deliberato proposito, ex nunc cassamus, annullamus, & etiam irritamus, illaque cassa & omnino nulla esse volumus. Verum cum nos iamdudum etiam ante publicationem dicti nostri Testamenti cassati, Bononiæ, vt præmittitur, publicati à Sanctissimo in Christo & Domino nostro Domino Iohanne Diuina Prouidentia Papa vigesimotertio obtinuerimus licentiam testandi & ordinandi liberè de omnibus, & singulis bulis nostris, prout in Litteris Apostolicis sanis & integris vera Bulla plumbea dicti Domini nostri Papæ in filis de Serico impendentes Bullatis, ibidem ostensis plenius continetur, quarum Litterarum Apostolicarum tenor de Verbo ad Verbum sequitur & est talis.

Iohannes Episcopus seruus seruorum Dei, Venerabili Fratri Petro Episcopo Tusculanensi, salutem & Apostolicam Benedictionem: Cum nihil sit quod magis hominibus debeatur, quod vt supremæ voluntatis liber sit stilus, & liberum quod iterum non redit arbitrium, nos tuis supplicationibus inclinati, testandi, ordinandi & disponendi libere de omnibus bonis ad te pertinentibus, cuiuscumque quantitatis seu valoris fuerint, etiam si illa ex prouentibus Ecclesiasticis, seu Ecclesiis tibi commissis, vel alias personæ tuæ, vel tantum Cardinalatus intuitu, ratione, aut contemplatione ad te peruenerint, aut peruenient in futurum: prius tamen de omnibus prædictis bonis ære alieno, & iis quæ pro reparandis domibus, seu ædificiis consistentibus in locis Ecclesiarum, vel Beneficiorum tuorum, culpa, vel negligentia tua, vel procuratorum tuorum destructis, vel deterioratis, necnon restaurandis aliis iuribus earumdem Ecclesiarum, vel beneficiorum de perditis ex culpa, vel negligentia supradicta fuerunt opportuna deductis, plenam & liberam tuæ fraternitati licentiam tenore præsentium elargimur: nulli ergo homini liceat hanc paginam nostræ concessionis infringere, vel ei, ausu temerario contraire: si quis autem hoc attemptare præsumpserit, indignationem Omnipotentis Dei, & Beatorum Petri & Pauli Apostolorum eius nouerit incursurum. Datum apud S. Michaëlem prope Bononiam, nonas Septembris. Pontificatus nostri anno primo.

Hinc est quod nos Litteras Apostolicas supradictas ratas & gratas habentes, prout alias iam habuimus, & eis vti volentes, authoritate Litterarum ipsarum, & alias melioribus, modo, iure, via, & forma, quibus possumus, nostrum præsens nuncupatiuum Testamentum, in scriptis, vt sequitur, de nouo, facimus, condimus, & etiam ordinamus, seu nostram vltimam voluntatem, dispositionem, & ordinationem.

Et primo tractantes de spiritualibus, animam nostram & corpus nostrum, Altissimo Creatori nostro, & Gloriosæ Virgini Mariæ eius Matri, Beato Michaëli Archangelo, Sanctis Apostolis Petro & Paulo, totique cœlesti Curiæ Ciuium supernorum deuote & humiliter commendamus, attestantes corde & animo quod nos firmiter credimus & simpliciter confitemur Sanctam fidem Catholicam, & indiuiduam Trinitatem, Patrem, & Filium, & Spiritum Sanctum, omnesque articulos fidei Christianæ, sicut & prout Sancta Mater Apostolica & Romana Ecclesia prædicat, tenet, & docet pariter & obseruat: addicientes quod si durante isto Schismate proh dolor! in Dei Ecclesia nunc vigente, aliquid dixerimus siue in Conciliis siue in publico, vel aliter quod fuerit erroneum, vel posset errorem inducere in facto fidei Christianæ & Sanctæ Matris Ecclesiæ vnionis, vel esset aliqualiter contra fidem Catholicam, & Ecclesiæ vnionem prædictam, illud corde & animo cum deliberato & firmo proposito, reuocamus specialiter & expresse, adhærentes semper & adhærere volentes opinioni Reuerendissimorum in Christo Patrum & Dominorum meorum Sacri Collegij Dominorum Cardinalium, nisi quatenus esset erronea prout supra, referentes nos semper ad determinationem, & determinationem Ecclesiæ Vniuersalis; protestantes quod semper sic viuere, & mori volumus vt verus Catholicus & Christianus, vt obstruatur os interdum obloquentium iniqua, tollanturque quicumque casus, qui possent forsitan ex peruersa susurratione dici, allegari, seu personæ nostræ obiici, vel contingere ex aduerso; deinde volumus, & etiam ordinamus, quod si contingat nos in loco Sancti Simphoriani Castri, Lugdunensis Diœcesis, de quo loco traximus originem, & in cuius Ecclesia Fontibus fuimus Baptizati, migrare de hoc sæculo, aut in Auenione, siue in alio loco, vel Ciuitate, adeo propinquo vel propinqua dicto loco Sancti Simphoriani, & tempus esset adeo dispositum, quod corpus nostrum posset tunc ad Ecclesiam dicti loci deportari, corpus nostrum infra dictam Ecclesiam, & in sepultura pro nobis ibidem constituta sepeliri volumus & iubemus: si autem nobis Auenione, aut in alio loco eidem Ciuitati Auenionensi propinquo decedentibus, tempus non esset taliter dispositum, quod corpus nostrum non posset ad dictum locum Sancti Simphoriani deferri, volumus, iubemus, & etiam ordinamus, quod eo casu corpus nostrum per modum Custodiæ & depositi siue commendæ sepeliatur infra Ecclesiam Auenionis, & infra Capellam, in qua fælicis recordationis Dominus Iohannes Papa vigesimus secundus sepultus existit, & hoc cum publico instrumento de extrahendo libere ab inde ossa corporis nostri, quoties placuerit Executoribus, seu hæredibus nostris infra scriptis, aut tribus, siue duobus ex ipsis, quo etiam casu post annum à die obitus nostri in antea computandum, nisi plus factum fuerit, ossa nostra prædicta de dicta sepultura, in qua causa commendæ depositi, siue custodiæ sepultum erit extrahi, & ad dictam nostram sepulturam in dicta Ecclesia Sancti Simphoriani construendam per dictos hæredes, vel Executores nostros, aut tres vel duos ex ipsis, deportari volumus, iubemus, & etiam ordinamus. Item, volumus & etiam ordinamus, quod postquam migrauerimus ab hac luce, corpus nostrum tradatur Ecclesiasticæ sepulturæ, quod vt est superius per nos, vt præmittitur, ordinatum, & quod de bonis nostris decentes exequiæ cum vestibus lugubribus pro seruitoribus nostris, & cum vestibus albis pro pauperibus celebrentur pro nobis, & etiam vna vna nouena prout pro personis Dominorum Cardinalium in Romana Curia decedentium est fieri consuetum. Item, volumus & etiam ordinamus, quod dicta die qua corpus nostrum in Ecclesia prædicta Sancti Simphoriani, vt præmittitur, sepelietur, siue dicto casu, quo nos in alio loco quam in dicta Ecclesia Sancti Simphoriani sepeliri, & ossa nostra de loco, in quo causa commendæ depositi, sui Custodiæ, corpus nostrum fuerit sepultum extrahi, & ad dictam sepulturam nostram in dicta

Ecclesia Sancti Simphoriani constructam, deportari contingeret, die qua dicta ossa nostra in dicta nostra sepultura deponentur, omnibus & singulis Presbyteris in dicta sepultura nostra siue translatione, vt præmittitur, singulariter singulis referendo præsentibus cuilibet ipsorum Presbyterorum quinque solidi Thronenses regiæ monetæ erogentur & prandium, & vnus grossus monetæ currentis cuilibet ipsorum, si Executoribus nostris videatur, etiam detur. Item, volumus, ac etiam ordinamus, quod dicta die nostræ prædictæ sepulturæ in dicto loco Sancti Simphoriani, aut translationis præfatæ, omnibus & singulis præfatis & Notabilibus personis in dicta sepultura, siue translatione præsentibus detur prandium........ de pecuniis nostris secundum statum ipsorum, & locorum distantiam, ac etiam temporis qualitatem. Item, volumus, præcipimus & etiam ordinamus, quod si contingat nos sepeliri in dicta Ecclesia Sancti Simphoriani Castri, vt præmittitur, die sepulturæ nostræ, aut casu prædicto, quo ossa nostra ad dictam sepulturam nostram transferri contingeret, in die eiusdem translationis qua dicta ossa nostra in dicta sepultura nostra deponentur in loco Sancti Simphoriani prædicti, cuilibet pauperi, ibidem die prædicta existenti & præsenti, quinque denarij monetæ Regiæ prædictæ amore Dei pro remedio, & salute animæ nostræ & animarum prædictarum erogentur. Item, volumus, præcipimus, & etiam ordinamus, quod incontinenti dum migrauerimus ab hac luce, in die obitus nostri, & aliis diebus sequentibus de bonis nostris à Deo collatis tradantur, & expendantur ducenti franchi, seu eorum valor pro Missis celebrandis pro salute, & remedio animæ nostræ, & animarum parentum, amicorum, & benefactorum nostrorum, quos per Executores nostros infra scriptos vel deputandos ab eis, vel tribus aut duobus ex ipsis, distribui volumus & iubemus, & infra duos menses à die sepulturæ nostræ prædictæ si sit possibile, aut aliter quam citius fieri poterit, Missæ prædictæ celebrentur. Item, volumus, & etiam ordinamus quod si nos alibi quam in dicta Ecclesia Sancti Simphoriani sepeliri contingat, statim post obitum nostrum, quam citius fieri poterit per Executores nostros infra scriptos, aut tres siue duos ex ipsis, qui de executione nostra erunt onerati, mandetur fieri vna nouena in Ecclesia Parrochiali Sancti Simphoriani prædicti, & quod qualibet die Nouenæ ad minus duodecim Missæ pro salute & remedio animæ nostræ, & animarum prædictarum celebrentur, & ibidem die vltima dictæ nouenæ viginti franchi, seu eorum valor de bonis nostris pro Eleemosina Christi pauperibus dari & distribui præcipimus & iubemus. Item, dicimus, volumus, & etiam ordinamus, quod omnia & singula debita nostra, ac clamores & forefacta, de quibus nos iustè & legitimè teneri poterit apparere, quibuscumque personis, quacumque ratione, occasione, seu causa, ad cognitionem, seu arbitrium Executorum nostrorum infra scriptorum, aut trium, vel duorum ex ipsis, qui de executione erunt specialiter onerati, realiter & integre persoluantur per prius quam legata, & quod super huiusmodi debitis personis honestis in eorum conscientia præsentibus & iurantibus nos legitimè sibi teneri vsque ad summam sex grossorum argenti currentis credatur eisdem. Item, legamus, damus & concedimus Capitulo Ecclesiæ Auenionensis pro Anniuersariis pro nobis in dicta Ecclesia annuatim celebrandis iuxta ordinationem Executorum nostrorum, vel trium vel duorum ex ipsis, ducentos florenos auri, volumus autem quod dicti ducenti floreni dicto Capitulo non tradantur, sed de eis emantur redditus, siue pensiones, qui quidem redditus siue pensiones, diebus dictorum Anniuersariorum distribuantur, vt est in dicta Ecclesia fieri consuetum. Item, legamus, concedimus, & donamus Capitulo Ecclesiæ Auenionensis, cui præfuimus in Episcopum & pastorem, ducentos francos auri, pro vna Missa, pro salute & remedio animæ nostræ, & animatum prædictarum in eadem Ecclesia per vnum de Canonicis eiusdem Ecclesiæ de mortuis annuatim perpetuo celebranda, secundum modum & ordinationem, qua Missa in eadem Ecclesia per Reuerendissimum in Christo Patrem Dominum, Dominum Cardinalem de Salutiis ordinata celebratur. Item, legamus, donamus, & concedimus pro reparationibus domus Episcopal. Ecclesiæ Auenionensis prædictæ, ac Castrorum, & locorum dictæ Ecclesiæ faciendis ibidem, in quibus fortassis possumus teneri de tempore quo præfuimus eidem, summam quingentorum francorum auri, seu eorum valorem, semel soluendam. Et quod si per tale legatum non essemus omnino quitti & perpetuò liberati, nec Episcopus & Capitulum dictæ Ecclesiæ vellent nos pro dicta summa de reparationibus prædictis quantum possumus teneri, quittare, volumus, legatum huiusmodi esse nullum, ipsumque ex nunc prout ex tunc reuocamus eo casu. Item, legamus, damus & concedimus cuilibet Ordini de quatuor mendicantibus Ordinis Ciuitatis Auenionensis decem francos auri semel soluendos, pro Missis celebrandis in eorum Conuentibus pro salute & remedio animæ nostræ, & animarum, parentum, amicorum & benefactorum nostrorum, ita quod quatenus fieri poterit post obitum nostrum tradantur eisdem. Item, legamus, damus, & concedimus, ad opus Candelæ quæ ardet, nocte dieque ante Altare Beatæ Mariæ in Ecclesia Auenionensi, decem francos auri, seu eorum valorem semel soluendos. Item, legamus, damus, & concedimus Hospitali fundato in Auenione, per bonæ memoriæ Dominum de Cresto Cardinalem Ar. latensem prope Monasterium, siue Collegium Sancti Martialis Auenionensis, Ordinis Cluniacensis, duos lectos munitos de Culcitris, plumatibus, duobus Codicibus & quatuor Inteaminibus, quos, & alios quatuor lectos consimiles munitos de Mataheris plumaribus, Codicibus, & Inteamitribus secreta ordinatum de aliis duobus supra dictis. Item, similimodo legamus, damus, & concedimus Hospitali S. Benedicti prope Pontem Aremonis alios sex lectos nostros modo consi... vt in legato supra immediate proximo. Item, legamus, damus, & concedimus Iaquemetæ Colirte Matri Iohannis Beydodi, triginta francos auri semel soluendos eidem, & dicte Iohanni P...dedi sexaginta francos auri semel sibi soluendos. Item, legamus, damus, & concedimus, Margaritæ sorori Iohannis Girardi, viginta francos, auri semel soluendos. Item, legamus, & donamus, præfato Iohanni Girardi Consanguineo nostro, centum francos auri sibi semel soluendos, & vltrà legamus, damus, & concedimus, eidem Iohanni Girardi nostro Consanguineo, & suis liberis, legitimis de suo corpore descendentibus & procreatis, & eorum successoribus ab eis etiam legitimè descendentibus & procreatis, totum hæreditagium & patrimonium nostrum, quod habemus ex parte in dicto loco & territorio Sancti Simphoriani Castri, & locis circumuicinis, & in ipso patrimonio eumdem facimus, & constituimus hæredem nostrum, & de hoc ipsum volumus contentum, ita quod in aliis bonis nostris nihil aliud petere possit, nihilominus volumus etiam & ordinamus & de hoc dictum nostrum Consanguineum, & suos liberos & eorum hæredes & successores vt suprà oneramus in recompensationem dicti legati, quod singulis annis, perpetuò in die Obitus nostri, vel in Crastinum eiusdem teneantur facere celebrari, pro salute & remedio animæ nostræ & animarum parentum, amicorum, & benefactorum nostrorum in dicta Ecclesia Sancti Simphoriani, vnam Missam de Mortuis, cum nota & pulsatione Campanarum, vt est sieri consuetum, & vltrà hoc præfati Consanguineus, & eius liberi, ac eorum hæredes & successores vt suprà eadem die teneantur dare duodecim Presbyteris prædictis Missam cum nota suuantibus celebrare cuilibet vnum grossum argenti Monetæ nunc currentis, pro Missis de Mortuis, pro Salute animæ nostræ, & animarum prædictarum eadem die in dicta Ecclesia celebrandis, & ad hoc dictum nostrum patrimonium volumus remanere post Obitum nostrum obligatum. Item, volumus, & etiam ordinamus, quod eo casu quo contingeret dictum Iohannem Girardi, Consanguineum nostrum, vel eius liberos decedere sine liberis legitimis de suo proprio corpore procreatis, dictum patrimonium nostrum sit sibi & suis liberis, & successoribus eorumdem ab eis legitimè descendentibus, & non aliis personis, per nos vt præfertur, legatum liberè & sine contradictione quacumque reuertatur, & permaneat ad Capellanos, & Capellanias in dicta Ecclesia Sancti Simphoriani per nos fundatas, seu pro Missis celebrandis ibidem, & conuertatur in vtilitatem & augmentum Capellaniarum prædictarum ; & vt voluntas & ordinatio nostra huiusmodi melius & efficaciùs conseruetur, volumus quàm primò specialiter, & expressè inhibemus præfato Consanguineo nostro, & eius liberis, ac eorum hæredibus & successoribus, quod dictum patrimonium nostrum, nec totum, nec in parte possint vendere seu quomodolibet impignorare, vel alienare, eis ad hoc faciendum potestatem interdicentes omnino, & si contrarium faciant quoquomodo, volumus, & etiam ordinamus quod Capellani dictarum Capellaniarum, qui sunt vel erunt pro tempore, ipso facto possint recipere dicta bona, videlicet dictum patrimonium, & de facto recipiant, ac ad ipsos de facto reuertatur, teneanturque dicti Capellani nostri ipso casu facere Anniuersarium annuatim, prout superiùs est expressum. Item, legamus, damus, & concedimus Iohanni Terralli, fratri nostro de bonis nostris, centum francos auri sibi semel soluendos. Item, legamus, damus, & concedimus nobili viro Iohanni Champani domicello, Consanguineo nostro de bonis nostris, centum francos auri sibi semel soluendos. Item, legamus, concedimus & donamus Luciæ vxori Iohannis Arnaudi domicelli, Consanguineæ nostræ, quinquaginta francos auri sibi semel soluendos, & eidem Iohanni Arnaudi, quinquaginta francos auri sibi semel soluendos. Item, volumus, præcipimus, & etiam ordinamus, quod omnibus, & singulis familiaribus & seruitoribus nostris, quibus vadia consueuimus dare, vadia & stipendia quæ eis tempore Obitus nostri debebuntur, de bonis nostris ipsis integraliter persoluantur, aliis verò familiaribus, & seruitoribus nostris, compensato tempore, quo nobis seruierunt, fiat satisfactio iuxtà arbitrium, & ordinationem executorum nostrorum aut trium, vel duorum ex ipsis, qui de executione nostra erunt onerati, nisi illis de tempore nostro, aliter duxerimus prouidendum. Volumus autem quod omnes familiares, & seruitores nostri, qui erunt tempore Obitus nostri in domo, vel pro negotiis nostris, post Obitum nostrum, viuant expensis nostris vel executionis nostræ, in Hospitio nostro habitationis, sicut priùs per vnum mensem à die nostri Obitus in anteà computandum, & si sint aliqui qui velint ad partes suæ originis reuerti, postquam fuerint expensis nostris per quindecim dies post obitum nostrum, volumus quod per Executores nostros prædictos dentur eis pecuniæ nostræ pro redeundo ad partes suas ad ipsorum executorum ordinationem. Item, volumus, & etiam ordinamus, ac executoribus nostris præcipimus, & mandamus, quod postquam migrauerimus ab hac luce, de bonis executionis nostræ nihil extra domum portari permittant, nisi priùs bonorum ipsorum, vel deposito pretio, vel valore, & hoc verò nisi pro majori tuitione contingeret, ipsi bona causa custodiæ & depositi alibi transferri. Item, legamus, damus, & concedimus, venerabilibus viris Capitulo Ecclesiæ Massiliæ, in qua Præposituram obtinemus summam centum francorum auri conuertendorum in vestimentis, & ornamentis Ecclesiasticis ad vsum & seruitium dictæ Ecclesiæ pro diuino Officio in eadem Ecclesia faciendo, volumus tamen quod Executores nostri, qui de dicta nostra executione, post mortem nostram erunt specialiter onerati, dicta ornamenta, & vestimenta Ecclesiastica, emant, seu fieri faciant, cum Armis nostris ponendis ibidem in locis vbi decet, & posteà dicto Capitulo tradant realiter & assignent, onerando eos, & eorum successores vt ipsi perpetuò teneantur Deum pro salute animæ nostræ, & animarum prædictarum exorare, & in suis suffragiis & orationibus aggregare. Item, legamus, concedimus, & donamus Ecclesiæ nostri Prioratus Monasterij parrochialis, Ordinis Sancti Benedicti, Sancti Papuli Diœcesis, vnum pulchrum vestimentum Sacerdotale, & alia ornamenta Ecclesiastica, cum Armis nostris ad vsum & seruitium Ecclesiæ prædictæ vsque ad summam seu valorem, centum francorum auri emenda, & tradenda per Executores nostros vt supra. Item, cum dudum Prioratum de Otdacio, in Tholosana

des Cardinaux François.

Ordinis Sancti Augustini, quem tunc obtinebamus liberè resignauerimus in fauorem Fratris Iohannis Tetralli, nepotis nostri, & deinde dictum Prioratum, nec non & Canonicatum, & præbendam in dicta Ecclesia, sibi auctoritate Apostolica conferri fecerimus, & subsequenter postquam ipsum misimus ad studium Tholosanum pro mansione sua quoddam Hospitium Canonicale infra Claustrum dictæ Ecclesiæ, & iuxta eam emi fecerimus pretio centum sexaginta francorum auri, de quibus nos persoluimus, seu nomine nostro fecerimus persolui de nostris propriis pecuniis summam octuoginta francorum auri, & alij octuoginta franci auri restantes de bonis, & pecuniis dicti nepotis nostri, extiterint persoluti, dictumque Hospitium adhuc restet, & sit nobis obligatum in dicta summa octuoginta francorum auri, hinc est quod nos propter deuotionem quam habemus ad dictam Ecclesiam Tholosanam, cupientes suffragiis & orationibus quæ fiunt ibidem, fauorabiliter aggregari, venerabilibus & Religiosis viris Capitulo dictæ Ecclesiæ Tholosanæ prædictam summam octuoginta francorum auri, quam habemus super dicto Hospitio, vt præfertur, cum onere, & conditione infrà scriptis, legamus, concedimus, & donamus, & nihilominus nepotem nostrum Priorem de Ordatio supradictum sperantes, quod requisitioni nostræ huiusmodi obtemperabit, requirimus & rogamus, vt partem quam habet in dicto Hospitio, siue totum Hospitium prædictum cum pertinentiis suis præfatis Capitulo velit similiter concedere & donare donatione pura, simplici, & irreuocabili, ac perpetuò valitura, retento sibi vsufructu dicti Hospitij quamdiu vixerit in humanis : volumus autem ac nostræ intentionis existit, & ita fieri volumus & iubemus, quod dictum Capitulum promittat & teneatur hoc mediante, facere singulis annis in die obitus nostri, seu in alia die sequenti, in qua commodè fieri poterit, si in die obitus nostri fieri non posset, vnum Anniuersarium de vna Missa de mortuis cum nota, celebranda in Maiori Altari dictæ Ecclesiæ Tholosanæ cum pulsatione Campanarum, vt est moris, & in fine Missæ dicere etiam vnum, seu vnum responsorium de mortuis cum versiculo & Pater noster, & tribus collectis pro defunctis, cum aspersione aquæ Benedictæ, & aliter prout est in talibus fieri consuetum, ac animam nostram ac etiam dicti nepotis nostri, aliorum parentum, amicorum, & benefactorum nostrorum, animas in suis suffragiis & orationibus aggregare velint. Volumus etiam quod huiusmodi Anniuersarium scribatur in libro Anniuersariorum dictæ Ecclesiæ, die videlicet, qua nos ab hac luce migrare contigerit. Item, legamus, concedimus, & donamus Ecclesiæ Prioratus de Cassano Ordinis Sancti Benedicti Biterrensis Diœcesis, quem alias tenuimus, & super cuius fructibus & prouentibus habemus certam annuam pensionem, vnum vestimentum Sacerdotale cum Armis nostris pro diuino seruitio in dicta Ecclesia faciendo, vsque ad summam, seu valorem viginti quinque francorum auri, emendum & tradendum per Executores nostros prædictos, vel pro reparationibus eiusdem Prioratus. Item, legamus, concedimus, & donamus Capitulo Ecclesiæ Carcassonensis Ordinis Sancti Augustini, vnum bonum & pulchrum pluuiale cum Armis nostris ad vsum & seruitium dictæ Ecclesiæ vsque ad summam, seu valorem sexaginta francorum auri emendum & tradendum per Executores nostros prædictos. Item, legamus, concedimus & donamus, pro reparationibus Hospitij Cameræ nostræ Ecclesiæ Sancti Papuli, Ordinis Sancti Benedicti, quam obtinemus, si indigeat reparationibus, triginta francos auri semel soluendos, & casu quo reparationes non essent in dicto Hospitio necessariæ, volumus quod dicti 30. franci exponantur in vno pluuiali, siue cappa processionali cum Armis nostris, emendo & tradendo per Executores nostros ad vsum & seruitium Ecclesiæ supradictæ S. Papuli. Item, legamus, concedimus & donamus Ecclesiæ nostri Prioratus de Escara Ordinis S. Benedicti, Albiensis Diœcesis, quem obtinemus, vnum vestimentum Sacerdotale cum Armis nostris ad vsum & seruitium dictæ Ecclesiæ vsque ad summam, seu valorem sexaginta francorum auri semel soluendorum, & per Executores nostros emendum & tradendum, vt supra dictum est. Item, legamus, damus, & concedimus Ecclesiæ nostri Prioratus de Sestayrolio Ordinis Sancti Benedicti Albinensis Diœcesis, quem obtinemus, vnum vestimentum Sacerdotale cum Armis nostris ad vsum & seruitium dictæ Ecclesiæ, vsque ad summam, seu valorem 20. francorum auri semel soluendorum, per Executores nostros, vt præmittitur, emendum & tradendum. Item, legamus, damus, & concedimus Ecclesiæ nostri Prioratus de Aulacio Ordinis Sancti Augustini Nemausensis Diœcesis, quem obtinemus, vnum vestimentum Sacerdotale cum Armis nostris ad vsum, & seruitium dictæ Ecclesiæ vsque ad summam seu valorem 30. francorum auri semel soluendorum, & per Executores nostros, vt præmittitur, emendum, & tradendum. Item, damus, legamus, & concedimus Ecclesiæ nostri Prioratus de Mayrosio Ordinis Sancti Benedicti dictæ Diœcesis, quem obtinemus, vnum vestimentum Sacerdotale cum Armis nostris ad vsum & seruitium dictæ Ecclesiæ vsque ad summam, seu valorem 25. francorum auri semel soluendorum, per Executores nostros, vt præmittitur, emendum & tradendum. Item, legamus, damus, & concedimus, pro reparationibus Prioratus nostri de Astrayranicis Ordinis Sancti Augustini Vticensis Diœcesis, quem obtinemus, 25. francos auri semel soluendos. Item, legamus, damus, & concedimus Ecclesiæ nostri Prioratus de Lemusco Ordinis Sancti Benedicti Nemausensis Diœcesis, quem obtinemus, vnum vestimentum Sacerdotale cum armis nostris vsque ad summam, seu valorem 15. francorum auri semel soluendorum, & per Executores nostros, vt præmittitur, emendum & tradendum. Item, legamus, damus, & concedimus Ecclesiæ nostri Prioratus Sancti Iohannis de Vallis Ordinis Cluniacensis, Carpentoratensis Diœcesis vnum aliud vestimentum Sacerdotale, vt supra, vsque ad summam, seu valorem viginti francorum auri emendum & tradendum vt supra proximè. Item, legamus, damus, & concedimus Ecclesiæ Prioratus Sancti Iohanni in Iareto, Ordinis Sancti Benedicti, Lugdunensis Diœcesis, super quo pensionem recipimus annuam, vnum vestimentum Sacerdotale ad vsum, & seruitium dictæ Ecclesiæ cum Armis nostris, vsque ad summam, seu valorem 15. francorum auri semel soluendorum per Executores nostros, vt præmittitur, emendum & tradendum. Item, legamus, damus, & concedimus Ecclesiæ nostri Prioratus de Tarnayo, Ordinis Cluniacensis Viennensis Diœcesis, quem obtinemus, vnum vestimentum Sacerdotale, vsque ad summam seu valorem triginta francorum auri semel soluendorum, ad vsum & seruitium dictæ Ecclesiæ, & per nostros Executores, vt supra emendum, & tradendum. Item, legamus, damus & concedimus Ecclesiæ Parochiali dicti loci de Tarnayo vnum vestimentum Sacerdotale vt supra, ad vsum & seruitium dictæ Ecclesiæ Parrochialis vsque ad summam seu valorem quindecim francorum auri per nostros Executores, vt supra emendum & tradendum. Item, legamus, damus & concedimus Ecclesiæ nostri Prioratus de Artasio, Ordinis Cluniacensis, Mimatensis Diœcesis vnum vestimentum Sacerdotale vt supra, vsque ad summam seu valorem 20. francorum auri semel soluendorum per Executores nostros, vt supra emendum, & tradendum. Item, legamus, damus, & concedimus pro reparationibus nostri Prioratus Sancti Georgij de Misoflo, Ordinis Cluniacensis, Valentinensis Diœcesis, tam in Ecclesia quam in Hospitiis, videlicet 30. francos auri semel soluendos. Item, legamus, damus & concedimus Ecclesiæ nostri Prioratus Sanctæ Crucis Cabilonensis, Ordinis Sancti Augustini, quem obtinemus, vnum vestimentum Sacerdotale vt supra, vsque ad summam seu valorem 20. francorum auri, per Executores nostros vt supra emendum &tradendum. Item, legamus, damus, & concedimus Ecclesiæ nostri Prioratus de Crispiniano Ordinis Sancti Benedicti, Ruthenensis Diœcesis, vnum vestimentum Sacerdotale cum Armis nostris, vt supra ad seruitium dictæ Ecclesiæ, vsque ad summam seu valorem vigiati francorum auri semel soluendorum, per Executores nostros vt supra emendum, & tradendum. Item, legamus, donamus, & concedimus Ecclesiæ nostri Prioratus de Ponte-Castri, Ordinis Sancti Benedicti, Nannetensis Diœcesis, vnum vestmentum Sacerdotale cum Armis nostris & vnum Calicem argenteum, cum vna patena ad seruitium dictæ Ecclesiæ, vsque ad summam seu valorem 50. francorum auri semel soluendorum, per Executores nostros, vt supra emendum & tradendum. Item, legamus, concedimus & donamus Ecclesiæ nostri Prioratus de Mellereyo, Ordinis Sancti Benedicti, dictæ Diœcesis, quem obtinemus, ad vsum & seruitium dictæ Ecclesiæ, vnum vestimentum Sacerdotale cum Armis nostris, vsque ad summam seu valorem viginti francorum auri per Executores nostros, vt præmittitur, emendum & tradendum, & vltra hæc omnia & singula debita, & arreragia nobis debita, & quæ nobis debebuntur tempore mortis nostræ per Arrendatores ipsius Prioratus, occasione reparationum in eodem non factarum per eosdem, prout ipsi arrendatores tenebantur, & erant efficaciter obligati, donamus, & etiam confirmus eidem. Item, volumus & etiam ordinamus, & ita fieri, & obseruari per Executores nostros præcipimus, & mandamus, vt quando Executores ipsi tradent & liberabunt vestimenta, & alia per nos in huiusmodi nostro Testamento diuersis Ecclesiis legata, & donata, pro quibus eisdem Ecclesiis non imponimus certum onus, quod ipsi onerent illos, qui huiusmodi legata recipient, ad hoc sufficiente potestate fulciros, & ita ipsi iurent & promittant, quod ipsi facient fieri singulariter, singulis infra octo dies postquam dicta legata portauerint, & in dictis Ecclesiis quibus ficta sunt legata, applicuerint vnum cantare, hoc est, facere celebrari vnam Missam de mortuis cum nota & absolutione post Missam, pro salute & remedio animæ nostræ, ac animarum parentum, amicorum & benefactorum nostrorum. Item, etiam volumus & ordinamus, quod si qui legatorum supra nominatorum, quicumque sint, aut qualecumque existant priuatæ personæ, particulares, aut Conuentus, Capitula, Ecclesiæ, vel Monasteria quæcumque & quibuscumque sint dicta legata eis superius facta, vltra prædicta legata eis aliquid ratione, vel occasione seruitiorum per eos, eas vel ex nobis impensorum, aut alia ratione, occasione, siue causa quacumque ab executione nostra petierint, exegerint, aut leuauerint in iudicio, vel extra, quacumque etiam authoritate, quam prædicta legata per nos eis superius facta vel concessa, eo ipso nullius sint penitus roboris, firmitatis, vel momenti, ipsaque vt nunc, prout ex tunc, & nunc prout ex tunc etiam expressè reuocamus. Item, volumus & etiam ordinamus quod post obitum nostrum fiat Inuentarium de bonis nostris per tres, aut per duos de Executoribus nostris tantummodo, illos videlicet qui de executione nostra erunt per nos specialiter onerati cum Notario publico cum eisdem, & postquam dictum Inuentarium fecerint, illud dictis Dominis Executoribus nostris exhibere debeant, si super hoc fuerint requisiti. Verum quia in quolibetque Testamento necessaria est hæredis institutio, ideo in Omnibus & singulis aliis bonis nostris Nobis à Deo commissis vel donatis, tam per Ecclesiam vel Ecclesias, vel alia pia Pia Ecclesiis, seu remuneratione vel occasione, quam ex indultu nostra, ac ratione Capellæ nostræ Cardinalices, vel Officio nostro sacro Pœnitentiariæ, vel quomodolibet aliter acquisitis, vel imposterum nobis debitis, vel per nos vsque ad diem obitus nostri, & etiam post ex eisdem causis, vel aliter quomodolibet acquirendis, a quibus iuuque rebus, & vbicumque consistant, siue nobis ex quacumque causa, à quibuscumque personis, vel quibusue causis debeantur, siue mortis nostræ tempore, vel postea extitterint, & debebantur, in rebus, iuribus, vel actionibus, & nominibus quibuscumque, & nobis competentibus & competitoris, quæcumque, & vbicumque sint, & facerent ex quacumque causa, titulo fuerint, & quocumque nomine censeantur, seu nuncupentur, solitis, solutis, & completis Omnibus & singulis præmissis per nos legati, & ordinati, facturis, constituimus, & ore proprio nominamus hæredes nostros vniuerfales, Capellanos & Capellanos per nos in dicta Parrochiali Ecclesia Sancti Symphoriani Castri, vt in principio dictorum, institutos & fundatos, instituatas & fundatas, & etiam fabricam dictæ Ecclesiæ Parrochialis Sancti Symphoriani, videlicet Capellanos & Capellanos supradictos pro tribus partibus, &

dictam

des Cardinaux François. 567

dictam fabricam pro reliqua quarta parte dictorum bonorum nostrorum prædictorum pro indiuiso, itá quod dicti Capellani præstito iuramento de dictis bonis nostris nequeant sibi aliquid appropriare, retinere, nec inter se diuidere, sed omnia redigantur in cumulum, & inde conuertantur in augmentum redditum emendorum pro Capellaniis, & Capellanis prædictis secundum Ordinationem executorum nostrorum infra scriptorum, aut trium, vel duorum ex ipsis, qui de dicta executione erunt onerati. Postmodum vero quia feruenti desiderio affectamus, quod ordinata, & ordinanda per nos in huiusmodi nostro vltimo testamento viriliter executioni demandentur, Reuerendissimos in Christo Patres & Dominos, Dominos Iohannem Ostiensem Episcopum, Petrum tituli Sancti Grisogoni Presbyterum, dictum Cameracensem, & Guillelmum Tituli Sancti Marci Diaconum, Sanctæ Romanæ Ecclesiæ Cardinales, ac Reuerendum in Christo Patrem Dominum Franciscum Dei & Apostolicæ sedis gratia Archiepiscopum Narbonensem, & Sanctæ Romanæ Ecclesiæ Camerarium, & Venerabilem Curiam Parlamenti Regij Parisiis, Protectores, Defensores, & Executores huius nostri vltimi testamenti nuncupatiui, seu vltimæ voluntatis facimus, constituimus, & etiam ordinamus, necnon etiam Reuerendos in Christo Patres, Dominos Iohannem Belli Episcopum Vaurensem, Andream Abbatem Monasterij Casæ Dei, Ordinis Sancti Benedicti, Claromontensis Diœcesis, ac Venerabiles, & Circumspectos Viros, Dominos, Iohannem Polleti Baccalaureum in Legibus, Sacristam Ecclesiæ Sancti Pauli Lugdunensis consanguineum nostrum, Petrum de Montahaco Archidiaconum de Borriaco in Ecclesia Conuenarum, Camerarium nostrum, & Petrum Charpini Licentiatum in Decretis, Litterarum sacræ Pœnitentiariæ Domini nostri Papæ Scriptorem, familiares nostros, facimus, constituimus & etiam ordinamus executores & gardiatores nostros, & huiusmodi nostri vltimi testamenti nuncupatiui, seu vltimæ voluntatis, dispositionis, & ordinationis nostrarum. Volumus tamen quod quilibet dictorum Dominorum Cardinalium, & Camerarii, non habeant ampliorem potestatem, quam vnus de aliis nostris executoribus suprædictis, & illud idem etiã volumus & declaramus de dicta Curia Parlamenti, videlicet quod habeat potestatem sicut vnus de executoribus suprædictis, & non ampliorem. Quibus quidem executoribus nostris, & huiusmodi nostri vltimi testamenti, & tribus, si commodè vacare & intendere possint, atque duobus ex ipsis in solidum eligendis per nos semel vel pluries in Codicillis nostris, & prædictis tribus, vel duobus, vt præmittitur, per alios prædictos Executores nostros, si non elegerimus, eligendis, ac tibi publico Notario infra scripto stipulante & recipiente, vice, nomine dictorum Dominorum executorum nostrorum absentium, damus, donamus, & concedimus plenam & liberam potestatem, ac tam singulare, quam generale mandatum, authoritate eorum propria, omnia & singula per nos superius ordinata faciendi, complendi, & exercendi, ac executioni demandandi infra Annum si possibile sit quam citius fieri poterit, eorum conscientias super hoc onerando, nec non omnes & singulas pecuniarum summas, ac bladorum & vinorum, & rerum aliarum quantitates, arreragiaque & credita, ac debita nobis quacumque, quacumque causa & occasione debita, & contracta, & quæ nobis debebuntur, & deberi poterunt quouis modo, tempore mortis nostræ, & posteà perquirendi, & inuestigandi per se vel per alium, seu alios, cui, seu quibus, vices suas super iis committere, vel procuratores constituere voluerint, cum plenaria, vel limitata potestate, ac petendi, exigendi, leuandi, recuperandi, & recipiendi, computaque & rationes quarumcumque personarum quæ à nobis seu à nomine nostro administrationem, seu gubernationem aliquam tenuerint, videndi, audiendi, palpandi & examinandi, ipsasque personas ad hoc compelli, petendi, & faciendi, ac huiusmodi computa, & rationes impugnandi, & reprobandi ac approbandi, secundum quod justè & legitimè videbitur faciendum, rigore minimè obseruato, componendique super iis & concordandi, ac transigendi, & pacificandi, necnon quascumque res & bona nostra, de quibus non est per nos superius ordinatum, vendendi, distrahendi, cedendi, obligandi, & hypothecandi, prætiumque seu pretia inde recipiendi, & de iis quæ recipere contigerit, quittandi, litterasque quittatorias super hoc concedendi, protestationes & requisitiones, & contractus quoscumque alios licitos & honestos, etiam compromissum, & compromissi, pœna, iuramento, & obligatione vallata faciendi cum Clausulis & Capitulis necessariis de stilo, & consuetudine patriæ, vel de iure, debitaque & legata, ac alia per nos superius ordinata soluendi, & satisfaciendi, dandi, erogandi & distribuendi, ac complendi in omnibus & per omnia juxta voluntatem, ordinationem & dispositionem nostras superius expressatas, & aliter prout melius & vtilius executoribus nostris suprædictis, aut tribus vel duobus ex ipsis eligendis, vt supra, videbitur expedire ad salutem animæ nostræ, parcatumque ac benefactorum, ac recommendatorum nostrorum, exonerationem & remissionem peccatorum, & pro præmissis & eorum singulis, si necesse fuerit, agendi, & defendendi in iudicio, & extra per se vel per alium seu alios per eos seu tres, vel duos ex ipsis ad hoc procuratores constitutos coram quibuscumque judicibus Ecclesiasticis & Secularibus ordinariis, extraordinariis delegatis, sublegatis, Arbitratoribus, Commissariis, reformatoribus, consignatoribus, & aliis quibuscumque, libellum, seu libellos, & quascumque petitiones, alias etiam summas dandi & recipiendi, & generaliter omnia alia & singula faciendi, dicendi, gerendi, & exercendi quæ causarum merita tam in agendo, quàm in defendendo postulant, & requirunt. Volumus autem & etiam Ordinamus, quod Executores nostri qui habebunt onus executionis nostræ prædictæ, & per nos eligendi & in Codicillis nominandi, aut tres vel duos eligendi vt supra, viuant expensis nostris, & executionis nostræ prædictæ eidem executioni vacando per duos annos & vlterius, si majori parti executorum nostrorum videbitur expedire. Hoc autem vltimum testamentum nostrum nuncupatiuum, seu nostra vltima voluntas, dispositio & ordinatio, quod & quas valere volumus & iubemus iure testamenti, & si non valet iure testamenti, ipsum valere volumus iure Codicillorum, seu alterius cujuscumque vltimæ

Cccc

voluntatis, dispositionis, & ordinationis, & iure donationis, causa Mortis, & omni alio meliori modo & forma, quibus de iure tam Canonico quam ciuili, diuino, & humano, nouo & veteri melius & efficacius valere poterit & debebit. Volumus insuper & mandamus huiusmodi nostrum testamentum vltimum, seu vltimam voluntatem nostram, dispositionem, & ordinationem integrè, & per omnia in omnibus & singulis Capitulis & clausulis suis obseruari. Porrò cupientes præmissa, per nos superius ordinata semper in melius & salubrius reformare, addendi, minuendi, corrigendi, immutandi & interpretandi in præmissis & eorum singulis etiamsi sint aliqua per modum contractus qui dicitur inter viuos, nobis quamdiu vixerimus reseruamus plenam potestatem. Demum rogamus & requirimus vos Dominos infrà scriptos hic præsentes per nos vocatos & rogatos, vt de huiusmodi nostro testamento, seu nostra vltima voluntate, ac de omnibus & singulis suprà scriptis, dum & quando, & quoties opus fuerit, & fueritis requisiti, perhibere velitis testimonium veritatis. Rogamus etiam & requirimus te Notarium publicum infrà scriptum, vt de iis omnibus & singulis retineas & conferas etiam de qualibet clausula prò, vt tangit, vel tangere poterit aliquem, seu aliquos in futurum, vnum vel plura, publicum vel publica, instrumentum & instrumenta, toties quoties fuerit opportunum. Acta fuerunt hæc Auenione, in domo habitationis nostræ, quam de præsenti inhabitamus, Anno à Natiuitate Domini millesimo quadringentesimo decimo tertio, Indictione sexta, & die duodecima mensis Decembris, Pontificatus sanctissimi in Christo Patris, & Domini nostri, Domini Iohannis, Diuina Prouidentia Papæ vigesimi tertij, anno quarto. Præsentibus ibidem Reuerendo in Christo Patre & Domino, Domino Iohanne Belli, Dei & Apostolicæ sedis gratia Episcopo Vaurensi, & Venerabilibus & Circumspectis viris Dominis Iohanne Pollerij, Bacchalario in Legibus, Sacrista Sancti Pauli Lugdunensis, & Petro Charpini, sacræ Pœnitentiæ Domini nostri Papæ Scriptore, & in Decretis Licenciato, Executoribus suprà nominatis, ac etiam Magistris Petro Garini, dictæ sacræ Pœnitentiariæ Scriptore, & Iohanne Fabri Notario publico, habitatore Ciuitatis Auenionensis, necnon Dominis Bernardo Fabri, Vicario perpetuo Parrochialis Ecclesiæ de Pineto Vabrensis Diœcesis, Iohanne Hugonis, Litterarum Apostolicarum Scriptore, Matheo Espicij, Parrochialis Ecclesiæ Montis Romani, Lugdunensis Diœcesis Curato, Iohanne Molhardi, & Petro Albini, Ecclesiæ Sancti Pauli Lugdunensis Canonicis, Testibus ad præmissa vocatis specialiter, & rogatis: & me Raymundo Buxe, Clerico Castrensis Diœcesis, publico, Apostolica & Imperiali Auctoritate Notario, qui in præmissis omnibus, & singulis, dum sic vt præmittitur per præfatum Reuerendissimum in Christo Patrem & Dominum, Dominum Petrum Girardi, Episcopum Tusculanum, Sanctæ Romanæ Ecclesiæ Cardinalem Auenionensem nuncupatum, Testatorem, agerentur, dicerentur, ordinarentur & fierent, vna cum prænominatis Testibus, præsens personaliter interfui, eaque sic fieri & ordinari vidi & audiui, & in nota recepi, de qua nota de mandato dicti Domini Testatoris hoc præsens publicum Testamentum vltimum ipsius Domini Cardinalis Testatoris in se continens, vt præfertur, in tribus pellibus pergameni inuicem conglutinatis, ac per alium idoneum me aliis negotiis legitimè occupato descriptum, ac in Capite, & in fine cuiuslibet conglutinationis signo meo manuali signatum extraxi & publicaui, hicque manu propria me subscripsi, & signum meum apposui consuetum, per præfatum Dominum Cardinalem Testatorem requisitus & rogatus, in fidem & testimonium omnium & singulorum præmissorum. R. Buxe.

NOS Petrus Pape, Legum Doctor, Baccalarius in Decretis, Sacrista Viennæ, Cantor Sancti Nicetij, & Officialis Lugduni, Notum facimus Vniuersis præsentes Litteras inspecturis: Quod nos vidimus ac diligenter inspeximus, seu per duos publicos Notarios subscriptos Curiæ nostræ iuratos legi fecimus quasdam Litteras Apostolicas sanas & integras, non vitiatas, non Cancellatas, non rasas, non abolitas, nec in aliqua sui parte corruptas, sed omni vitio & suspitione carentes, quarum tenor de verbo ad verbum sequitur & est talis.

IOHANNES Episcopus seruus seruorum Dei, ad futuram rei memoriam. Preces Venerabilis Fratris nostri, Petri Episcopi Tusculani, qui vigilanter insistere dicitur Operibus Caritatis, Auditu benigno suscipere, & promptis delectamur affectibus adimplere. Sanè sicut nuper nobis innotuit, dictus Cardinalis de suæ & progenitorum suorum animarum salute recogitans, & cupiens Terrena in cœlestia, & transitoria in æterna felici commercio commutare, ac zelo deuotionis accensus, ad laudem Dei & gloriosæ Virginis Mariæ de bonis sibi à Deo collatis, quatuor Capellanias in Parrochiali Ecclesia Sancti Simphoriani Castri, Lugdunensis Diœcesis, pro quatuor Capellanis, qui ad dictas Capellanias deseruiendas, Missas, & alia diuina Officia laudabiliter celebrant, dotauit, & voluit quod principalis successor suus in Domino suæ paterna dicti Castri de quo, vt asseruit, originem cœpit, præfatos Capellanos quotiescumque locus vacationis occurret, aut alia diuina Officia ad easdem Capellanias iuxta fundationem & dotationem prædictam, non fecerint, seu alias negligentes in illis fuerint, simpliciter & absque contradictione quacumque Diœcesani, Ordinarij, ac Rectoris Parrochialis Ecclesiæ dicti loci, siue alterius cuiuscumque, quin immo ipsis irrequisitis, & ipsorum licentia minimè requisita, nec obtenta, præfatos Capellanos ab eisdem Capellaniis amouere, & alios Capellanos ad ipsas ponere, seu dictos amotos reponere valeat, prout sibi secundum salutem animarum Cardinalis, & progenitorum prædictorum videbitur expedire; ac aliàs fecit, & ordinauit prout in instrumento publico inde confecto, cuius tenorem de verbo ad verbum præsentibus inseri fecimus, plenius continetur. Nos igitur volentes pia vota dicti Cardinalis fauore prosequi gratioso, fundationem, dotationem, voluntatem & ordinationem prædictas, & condicto instrumento contentas, ac omnia inde secuta pro eorum substantia firmiori, rata habentes, & grata ipsis robora Apostolicæ confirmationis adiicimus, & ex auctoritate Apostolica ex certa scientia confirmamus, & præsentis scripti patrocinio communimus: tenor vero dicti instrumenti talis est.

IN *Nomine Domini, Amen*. Per hoc præsens publicum instrumentum cunctis pateat euidenter, quod Anno à Natiuitate Domini millesimo quadringentesimo decimo, Indictione tertia, & die tertia mensis Nouembris, Pontificatus sanctissimi in Christo Patris, & Domini nostri, Don hannis Diuina Prouidentia Papæ vigesimi tertij anno primo, me Notario publico, & testibus infrà, personaliter constitutis ante conspectum Reuerendissimi in Christo Patris & Domini, Domini, Miseratione Diuina Episcopi Tusculani, scilicet Sanctæ Romanæ Ecclesiæ Cardinalis, & Majoris Pœnitentiarij Auinionensis vulgariter nuncupati: Præfatus Dominus Cardinalis dixit & proposuit, quod ipse in suo vltimo testamento nuper per ipsum facto Bononiæ, sub Anno, Indictione, & Pontificatu prædicto, & die trigesima mensis Augusti, ac subscripto, & recepto per me Notarium infrà scriptum fecerat, & ordinauerat de bonis à Deo sibi collatis, nonnulla pia legata, & nonnullas Capellanias in diuersis Ecclesiis fundauerat & dotauerat pro salute & remedio animæ suæ, & animabus parentum, benefactorum, & amicorum suorum, & quia ipse inter cætera fundauerat & dotauerat quatuor perpetuas Capellanias in Parrochiali Ecclesia Sancti Simphoriani Castri, Lugdunensis Diœcesis, de quo loco traxit originem, sicut dixit, quibus quidem Capellaniis deseruiri voluit, præcepit, & mandauit per quatuor Sacerdotes sub certis modis, & conditionibus in quadam clausula dicti testamenti fundationem & dotationem dictarum Capellaniarum continentem latius specificatis, & declaratis, & cum ipse Dominus Cardinalis vellet, & desideret habere ad partem & sub publico instrumento copiam siue transcriptum dictæ clausulæ, de qua sit assertuit, indiget, certis de causis requisiuit me Notarium infrà scriptum, vt dictam clausulam de suo testamento prædicto vellem extrahere, & sibi tradere & expedire sub forma publica instrumenti, iis igitur, sic vt præfertur, per præfatum Dominum Cardinalem dictis & propositis, & per me Notarium infrà scriptum auditis & intellectis ad requisitionem præfati Domini Cardinalis tamquam iustam & rationabilem, præfatam clausulam de qua superius est mentio facta de nota originali dicti testamenti per me extensa, recitata & publicata extraxi, & in hanc publicam formam redegi, cuius quidem clausulæ tenor de verbo ad verbum sequitur & est talis. Præterea circa salutem animæ nostræ, animarumque parentum, & benefactorum nostrorum cupiens Altaris mysterio prouideri ad honorem Dei Omnipotentis, ac Sanctæ & Indiuiduæ Trinitatis, ac beatæ & gloriosæ semperque Virginis Mariæ Dei genitricis, ac totius Curiæ supernorum ciuium, Ordinamus, creamus, & de nouo instituimus quatuor perpetuas Capellanias in Parrochiali Ecclesia Sancti Simphoriani Castri, Lugdunensis Diœcesis, de quo loco traximus Originem, deseruiendas per quatuor idoneos Sacerdotes, quos de præsenti ponimus, instituimus, Nominamus, & etiam Ordinamus, & primum Dominum Petrum de Ruppe, secundo Dominum Bartholomeum Chandelerij, tertio Dominum Petrum Glos, & quarto Dominum Iohannem Columpny, minorem nepotem Domini Iohannis Columpny, Rectoris dictæ Ecclesiæ Parrochialis Presbyteros dictæ Diœcesis, quorum quidem Capellanorum institutionem nobis quamdiu vixerimus retinemus, protestantes, & reseruantes expresse, quod dictos Capellanos, quamdiu vixerimus in humanis, semel & pluries mutare possimus, & alios de nouo ponere, & instituere quoties nobis placuerit, & videbitur faciendum, deinde volumus & etiam ordinamus, quod post obitum nostrum, hæres noster principalis de Domo Paterna, & eius legitimi heredes sint Patroni & Collatores dictarum Capellaniarum, quoties locus vacationis occurret, quibus quidem Capellaniis in hunc modum per dictos Capellanos, volumus deseruiri, videlicet duabus in beatæ Mariæ, & aliis duabus Capellaniis prædictis in Sancti Petri Altaribus sitis infrà Parrochialem Ecclesiam supradictam vel in majori, seu alio Altari in dictæ Ecclesia ad Ordinationem Curati dictæ Ecclesiæ, & proborum virorum dictæ Villæ, donec & quousque Capella quam in dicta Ecclesia facimus ædificari, constructa fuerit & ædificata, & tunc celebrari in eadem volumus etiam quod duo de dictis quatuor Capellanis Missam teneantur quotidiè celebrare, videlicet quamdiu vixerimus in humanis, die Dominico de Dominica, die Lunæ de Mortuis, die Martis de Sancto Michæle, die Mercurij de Sancta Trinitate, die Iouis de Spiritu Sancto, die Veneris de Sancta Cruce, & die Sabbathi de Beata Maria, & post obitum nostrum singulis Diebus de Mortuis teneantur celebrare deuotè, exceptis diebus Dominicis & Festiuis Duplicibus ac Sabbathinis, quibus diebus Missas celebrent secundum quod erit faciendum ipsa die, & semper cum commemoratione & collecta in suis Missis pro nobis & defunctis fidelibus facienda : volumus tamen quod quilibet dictorum Capellanorum, & quicumque alius pro ipsis celebrans postquam huiusmodi Missam celebrauerit, vt præfertur, & casulam deposuerit, teneatur perpetuò venire suprà sepulturam nostram cum aqua Benedicta, & ibidem absolutæ mortuos ad minus cum tribus collectis, videlicet vna pro nobis, & alia pro parentibus, & benefactoribus nostris, & alia pro omnibus fidelibus defunctis : & nihilominus statuimus, & ita perpetuò obseruari volumus & iubemus, quod dicti quatuor Capellani, nullum beneficium, seu Officium Ecclesiasticum cum dictis Capellaniis obtinere possint, nisi forsitan esset alia Capellania in dicta Ecclesia fundata, seu fundanda, vel alibi aliud beneficium Ecclesiasticum sine Cura, prouiso tamen quod semper in dicto loco Sancti Simphoriani Castri stare & personaliter reside, ac dictis Capellaniis deseruire teneantur, & si contrarium faciant, seu eorum alter faciat, hoc faciens per duos menses continuos, nisi esset pro negotiis dictarum Capellaniarum, & interim faciat per alium Presbyterum idoneum deseruiri, legitimè occupatus, dicta sua Capellania priuatus existat, & ipsum ex nunc ipso facto priuamus atque in assecutione dictarum Capellaniarum, quando ipsas vacare contingat semel vel successiuè Presbyteros &

Clericos idoneos, si qui reperiantur de genere nostro, prouiso quod huiusmodi Clerici sint illius ætatis, quod infra annum se possint facere promoueri ad Sacerdotium, & interim faciant eisdem Capellaniis deseruiri extraneis, & vtrobique, & pauperes ditioribus præferri volumus, & iubemus, quas quidem Capellanias ex nunc fundamus & dotamus, super nostra Grangia dicta de *Chauanes*, suisque possessionibus, iuribus, & pertinentiis, vniuscuiusque, ac super Decima vocata de *Promey*, nec non & certis censibus & redditibus in dicto loco Sancti Simphoriani Castri, & eius Territorio, aut alibi extrahendum, per nos emptis à nobili viro Petro de *Chauanes*, Domicello de Morasio, Viennensis Diœcesis, prout in quodam publico instrumento, in quo Grangia, Decima, Census, & redditus supradicti cum suis iuribus, & pertinentiis vniuscuiusque latiùs designantur & specificantur, suscepto, recepto, & signato per discretos viros Magistros Petrum Pollerij, & Sirmundum de Guirinio Clericos publicos, regia auctoritate Notarios, sub anno Domini millesimo trecentesimo nonagesimo sexto, Indictione quarta, & die prima mensis Augusti plenius continetur, damus & donamus, cedimus, transferimus, relinquimus & in perpetuum concedimus donatione pura, simplici, & irreuocabili vim insinuationis habente & perpetuò valitura, Capellanis, & Capellaniis supradictis, ac tibi Notario infrascripto præsente, stipulante, & recipiente vice & nomine Capellanorum & Capellaniarum prædictarum, transferentes nihilominus ex certa scientia de præsenti omne ius, & omnem actionem & quicquid iuris, Dominij, & proprietatis habemus & habere possumus in Grangia & Decima, ac redditibus, iuribus, & pertinentiis supradictis, in huiusmodi Capellanos, & Capellanias, ac in te Notarium infrascriptum stipulantem & recipientem, vt suprà, ac deuestientem Nos pœnitus & omninò huiusmodi Grangia, Decima, & redditibus, cum ipsorum iuribus, & pertinentiis vniuersis, teque Notarium publicum infrascriptum stipulantem & recipientem, vice nomine Capellanorum, & Capellaniarum prædictorum præsentialiter inuestimus per traditionem notæ præsentis instrumenti, nihil nobis, seu hæredibus vel parentibus nostris retinentes quomodolibet in eisdem. Volumus tamen & etiam ordinamus, quod omnes & singuli fructus, prouentuus, obuentiones, & emolumenta, in quibuscumque rebus consistant, & quocumque nomine nuncupentur, qui obueniunt ex Grangia, Decima & redditibus prædictis, per nos vt præfertur dictis Capellanis, & Capelaniis prædictis datis interdictos Capellanos æquis partibus & æqualibus portionibus diuidantur, ita quod vnus Capellanus tantum habeat sicut alter, & si forte occasione diuisionis fructuum & redditunm huiusmodi contingat oriri pro tempore futuro inter eos aliqualis quæstio, controuersia, seu debatum; Volumus & ordinamus, quod Patronus dictarum Capellaniarum, qui pro tempore fuerit, vnà cum Curato dictæ Ecclesiæ, seu vno de Syndicis vel Gubernatoribus dictæ Villæ, quæstionem & debatum huiusmodi soli & in solidum decidere, finire & terminare possint, & etiam declarare, dictique Capellani determinationi, & declarationi eorumdem stare omninò & acquiescere teneantur, quibuscumque procuratione, & appellatione semotis, & ita iurent & promittant dicti Capellani se perpetuò obseruare dum & quando instituentur in Capellaniis eisdem : de quibus omnibus & singulis supradictis præfatus Dominus Cardinalis, petiit à me Notario publico infrascripto sibi fieri vnum & plura publica instrumenta. Acta fuerunt hæc Bononiæ in Conuentu Fratrum Seruorum Sanctæ Mariæ, in Camera habitationis dicti Domini Cardinalis, sub anno, indictione, die, mense, & Pontificatu, in principio huiusmodi instrumenti descriptis, præsentibus venerabilibus viris Dominis, Iohanne Decretorum Doctore, Palatij Apostolici Causarum auditore, Petro Charpini, litterarum Primariæ Domini nostri Papæ scriptore, & Guillermo Capitillanè, Canonico Sancti Petri de Burlatio, Castrensis Diœcesis, testibus ad præmissa vocatis specialiter, & rogatis ꝉ Et ego Iohannes Borelli, Presbyter Lemouicensis Diœcesis, publicus Apostolica, & Imperiali auctoritatibus Notarius, dictis præpositis ad requisitionem omnibus quam aliis & singulis suprascriptis, vna cum prænominatis testibus præsens personaliter interfui, facta diligenti collatione de huiusmodi copia siue transcripto cum originali, & ea concordare inueni : idcirco hoc præsens publicum instrumentum, per alium idoneum scriptum, me legitime, hic manu mea propria subscribens, publicaui, & in hanc publicam formam redegi signoque meo consueto signaui rogatus In testimonium præmissorum. Nulli ergo omnino hominum liceat hanc originem nostræ confirmationis, & communicationis infringere, vel ei ausu temeratio contraire : si quis autem attentare præsumpserit, indignationem omnipotentis Dei, & Beatorum Petri & Pauli, Apostolorum eum se nouerit incursurum. Datum apud Sanctum Michaëlem propè Bononiam, Nonas Septembris, Pontificatus nostri anno primo; Nos autem Officialis præfatus, quod vidimus, hoc testimur, & præsenti transcripto facta priùs diligenti collatione de eodem & supradictas litteras originales per duos pablicos Notarios subscriptos, quibus super iis fidem indubiam adhibetur, sigillum dictæ nostræ Lugdunensis Curiæ, in huiusmodi nostræ visionis testimonium duximus apponendum. Datum quo ad huiusmodi nostram visionem, die quinta decima mensis Septembris, anno Domini millesimo quadringentesimo decimo septimo, &c.

Lettre écrite au Cardinal GIRARD, par le Pape CLEMENT VII.

DILECTO filio PETRO GIRARD, *Cameræ nostræ Clerico.* Clemens, &c. Dilecte fili recepimus tuas litteras, & Vidimus quæ pleniùs scripsisti Episcopo Gebennensi, super quo tuam diligentiam quam plurimum commendantes volumus quod in negotiorum nostrorum pro quibus in partibus illis degis, prosecutione facias etiam de subsidio imponendo, quod tibi videbitur pro meliori semper

des Cardinaux François.

juxtà Consilium dilecti filij Cardinalis Ambianensis, quem sicut confidimus, & etiam scripsisti omnibus aliis pospositis inuenies ad hoc dispositum atque promptum; insuper erga ipsum Cardinalem instes cum omni diligentia, quod Nuncij Regij mittendi ad partes Lombardiæ per quos scribi debet Comiti Sabaudiæ, Marchioni Montisferati; Comiti Virtutum, & Duci Brunsuicensi, super treugarum seu compromissi prorogatione, &c. celeriter mittantur, tempus enim instat sicut nosti, & si differretetur, possent aliqua interim euenire, quod absit, quæ non possent aliqualiter emendari. Super quibus etiam scribimus præfato Cardinali per N. le Diseur, aliá quæ scire poteris hìc occurrentia noua. Consulit etiam Rogerius Canis sicut per insertam poteris intueri, quod Nuntij Regij iturì Mediolanum vadant plenariè informati de contentis in inserta prædicta. Datum Auenione sub annulo nostro secreto die septima mensis Maij.

Symphorianus Champerius de Claris Lugdunensibus sic loquitur de isto Cardinali.

MVltos etiam memoria æternâ dignissimos, qui ex hoc Lugdunensi territorio duxerunt originem, breuitati (qua gaudent moderni) studens, consultò prætereo, cuiusmodi fuit bonæ memoriæ, Reuerendissimus Dominus, Dominus PETRVS olim S. R. E. Cardinalis & Antistes Anticiensis ex Sancto Symphoriano ducens originem, vndè & mihi origo est, ex dicti Cardinalis descendens progenie; qui etiam ibidem quatuor fundauit optimas Prebendas, vbi sepeliri voluit, cuius quotidiè visitur marmorea sumptuosissima tumba.

GVILLAVLME DE VERGY,

Archeuesque de Besançon, Prieur des Prieurez, de Beaumont le Roger, & de Sainct Ismar, aux Dioceses d'Evreux & de Lisieux, Cardinal Prestre du Tiltre de Sainte Cecile.

CHAPITRE CLXXI.

Extraict de l'Histoire Genealogique de la Maison de Vergy, par feu mon Pere.

GVILLAVLME DE VERGY, succeda en l'Archeuesché de Besançon, à Aymond de Villers Sexel, decedé l'an 1370. En suite il octroya abolition aux Citoyens de Besançon, sur ce qu'ils auoient démolt le Palais Archiepiscopal, situé prés de la Ville, durant la Guerre des Nobles de Bourgogne contre son predecesseur. Mais d'autre part PHILIPPE LE HARDY Duc & Comte de Bourgogne, faisant batre monnoye à Auxone contre les anciens droicts de la Cité de Besançon; il prononça hardiement Sentence d'excommunication contre luy, ce qui irrita tellement le Duc, qu'il alla l'assieger au Chasteau de Giey où il faisoit sa residence, & le contraignit de se retirer en Auignon vers le Pape CLEMENT VII. qui pour les merites & vertus d'iceluy, l'honora de la dignité de Cardinal, l'an 1391. car voicy ce qu'vn Autheur du temps en a laissé par escrit. S'estant meuë discorde (dit il) entre PHILIPPE Duc & Comte de Bourgogne, & Monsieur GVILLAVLME DE VERGY, Archeuesque de Besançon, sur certains droicts de l'Eglise de Besançon, & quelques autres; apres qu'elle eut duré longuement sans pouuoir estre appaisée, enfin tant à l'instance du Duc, que pour le bien de la paix, & d'autant que cét Archeuesque meritoit beaucoup à cause qu'il estoit bon & vertueux Prelat, & reputé grand & notable defenseur des droicts de son Eglise, le Pape CLEMENT le crea Cardinal Prestre. Il fut aussi Prieur des Prieurez de Beaumont le Roger, & de Sainct Ismar aux Dioceses d'Evreux & Lizieux en Normandie, & mourut l'an 1407. aiant eu pour successeur en l'Archeuesché de Besançon, Girard d'Athies, natif de Picardie.

Extraict des Annales des Papes; escrites par vn Chanoine Regulier de l'Abbaye de Sainct Victor lez Paris. MS.

PRÆTEREA cum prius orta fuisset discordia Inter PHILIPPVM Ducem & Comitem Burgundiæ, & Dominum GVILLELMVM DE VERGEYO, Archiepiscopum Bisuntinensem, tàm super certis iuribus Ecclesiæ Bisuntinensis, quam aliquibus aliis, durassetque diu, nec bono modo posset sedari, dicto Domino GVILLELMO eidem Ecclesiæ præsidente, cum memoratus Dux ipsum quodammodo odio personali prosequi videretur, tam ad eius Ducis instantiam, quam etiam tandem pro bono pacis, & quia etiam homo ipse bene merebatur cum esset bonus & valens Prælatus, & magnus zelus & deffensor notabilis iurium Ecclesiæ suæ reputatus, præfatus CLEMENS Anno 1391. ipsum assumpsit in Presbyterum Cardinalem.

Extraict d'un Registre de Lettres & Appointemens du Parlement.

ANno MCCCC. CARDINALIS DE VEGEYACO, Prior Prioratuum de Bellomonte Rogerij, & de Sancto Ismaro, Ebroicensis, & Lexouiensis Diœcesdn.

Tiltre, dont l'original m'a esté communiqué par Monsieur Peyrad, Doyen des Maistres des Comptes de Dijon, & Garde du Tresor des Chartes de Bourgogne.

CLEMENS Episcopus, seruus seruorum Dei, Dilecto Filio Abbati Monasterij Sancti Eugendi Iurensis, Lugdunensis Diœcesis, salutem & Apostolicam benedictionem. HODIE pro parte dilecti filij nobilis viri, PHILIPPI Ducis Burgundiæ nobis expositum fuit, quod olim querelis, controuersijs, seu debatis inter Archiepiscopum Bisuntinum, & Decanum qui tunc erant, & dilectos filios, Capitulum Ecclesiæ Bisuntinensis ex vna parte, & quondam ODONEM Ducem Burgundiæ, de & super iure cudendi monetam infra Diœcesim Bisuntinensem & eius occasione, ex altera suscitatis: Præfatus Archiepiscopus Locum de Auxona prædictæ Diœcesis, qui in Ducatu Burgundiæ constitutus existit, pro eo quod Præfatus Dux in ipso loco Monetam cudi fecerat, Ecclesiastico supposuerat interdicto, quodque nuper Venerabilis Frater noster GVILLELMVS Archiepiscopus Bisuntinensis, & dilectus filius de Perta Decanus præfatæ Ecclesiæ . . . . Capitulum, quædam Castra & Fortalitia & Terras quæ obtinent, recognoscere fore de Dominio Superioritate & Ressorto præfati PHILIPPI Ducis recusassent, ac expresse illa de Dominio, Superioritate, ac Ressorto huiusmodi existere negauissent, & propterea præfatus PHILIPPVS Dux asserens illa ad ipsius Superioritatem, Dominium & Ressortum spectare temporalitatem dictorum Archiepiscopi, Decani & Capituli ad Manus suas capi & poni fecisset dictus GVILLELMVS Archiepiscopus Comitatus Burgundiæ prædictæ Diœcesis, qui ad dictum PHILIPPVM diceretur pertinere dignoscatur, simili interdicto subiecisset, præfatusque PHILIPPVS Dux Castrum de Gicy prædictæ Diœcesis, & nonnulla alia Castra & Fortalitia ad præfatum Archiepiscopum pertinentia ingredi fecerat, & per Gentes suas suo nomine detineri, quodque propter præmissa grauia scandala erant in dictis Ducatu & Comitatu exorta, & maiora in futurum verisimiliter exoriri timebantur, ac pro parte dicti PHILIPPI Ducis nobis humiliter supplicatum fuit, & cum ipse Castrorum, Fortalitiorum prædictorum, quæ per Gentes ipsius, vt præmittitur, detinebantur, restitutionem plenam fieri, ac impedimentum quodcumque in temporalitate prædicta, de Mandato suo appositum facere absque sui iuris quoad principales conquestus & controuersias, seu debata præiudicio esse paratus, interdicta tollere de benignitate Apostolicâ dignaremur; Nos certis causis rationabilibus commoti, interdicta præfata per nostras litteras sustulimus, & duximus remouenda, ac volumus, quod infra proximum diem Mensis Februarij proximè secuturi Castrum de Gicy, & alia Castra & fortalitia suprædicta, cæteræque possessiones immobiles, quæ de bonis Archiepiscopi, aut Decani, Capituli, seu Ecclesiæ prædictorum, per Gentes dicti PHILIPPI Ducis, occasione huiusmodi detinebuntur, Archiepiscopo Bisuntinensi, & Decano Ecclesiæ Bisuntinensis, qui sunt, vel qui pro tempore forent, & eisdem Capitulo & Ecclesiæ & pro eadem Ecclesia, ac ad vtilitatem Archiepiscopi, Decani & Capituli ac Ecclesiæ prædictorum duxerimus deputandum plene ac liberè restituta, ac impedimenta quæcumque de Mandato dicti PHILIPPI Ducis, aut per Gentes ipsius in Temporalitate Archiepiscopi, Decani & Capituli ac Ecclesiæ prædictorum apposita omnino sublata non forent, locus de Auxona ac Comitatus prædicti similibus subiaceret interdictis. Nos igitur de discretione ac probitate tuis in hiis & aliis, specialem in Domino fiduciam habentes, te ad recipiendum huiusmodi nos specialiter deputauimus. Datum Burgi die vicesima prima Augusti, Anno Domini millesimo quadringentesimo quinquagesimo primo, per Dominum, præsentibus Dominis Iohanne de Turre Cancellario, Iohanne Bastardo Armigero, Marescallo Sabaudiæ, Iohanne Comite Montismaioris, Iohanne de Saxo, & Guillelmo de Viriaco Magistro Hospitij.   *Signé* Bolomier.

Extraict du Chartulaire de Vergi MS.

AD Maiorem rerum Gestarum euidentiam, scripturarum dignum duximus memoriæ commendare. Quam obrem ratum fieri volumus & inconcussum, vt forte tumultuantium possit aliquatenus deprauari insidiosâ malignitate, quod rationabiliter fuerit ordinatum vigili sapientum Consilio & discretione. NOVERINT itaque tam præsentes quam futuri, talem inter Canonicos Vergiacensis & Æduensis Capituli, Prouidentia super his quæ ad Ecclesiæ suæ pertinent commoditatem, ordinationem fecisse, quod si aliquis de Mansionariis Canonicis Hierosolimam profecturus esset integrè per annum, fructum Præbendæ percipere; si verò sorte intra spatium anni reuerteretur, stabilitum est, vt tandiu diuino insisteret seruitio, quousque debitam persolueret Ecclesiasticam: Praetereà sagaci consilio sipraedictorum prouisum est & industria distinctum, ne aliqua inter eos repentina obrepat controuersia; vt quantum deseruierint, tantum loco & certis temporibus reddituum suorum possideant, & vt hoc firmius habeatur, P. Decanus Vergizensis, per cuius manum facta est huiusmodi ordinatio, memoriali Capituli assensu sigillum Addictis matris Ecclesiae voluit charactere confirmari: haec autem acta sunt in praesentia D. Decani Aeduensis, B. Praepositi; GVILELMI Cardinalis Archiepiscopi, &c.

Epitaphe du Cardinal de VERGY, qui est en l'Eglise Cathedrale de Besançon, en laquelle il est enterré.

GENEROSORVM & pauperum remedium, qui fuerat praestantissimus, hic tegitur vrna.

PHILIPPES D'ALENÇON,

Successiuement Euesque de Beauuais, Archeuesque de Rouen & d'Auch, Patriarche de Hierusalem & d'Aquilée, Cardinal du Tiltre de Sainte Marie au delà du Tybre, Vicaire general du Pape au patrimoine de Saint Pierre, dans la Toscane & dans l'Vmbrie, auec pouuoir d'aliener les Terres Ecclesiastiques, & de leuer des gens de guerre s'il estoit necessaire, pour le bien des affaires du saint Siege, & enfin Euesque d'Ostie & de Velitre, & Doyen du Sacré College des Cardinaux.

CHAPITRE CLXXII.

Extraict d'vn Memoire escrit de la main de feu mon Pere.

PHILIPPES D'ALENÇON, fils de Charles Comte d'Alençon & de Marie d'Espagne, fut transferé du Siege de l'Euesché de Beauuais à celuy de Rouen, il fut grand defenseur de la liberté Ecclesiastique, contre les ennemis de cét ordre, puis aiant delaissé l'Archeuesché de Rouen, il passa à celuy d'Auch, il fut aussi Patriarche de Hierusalem, & creé Cardinal & Patriarche d'Aquilée, par le Pape VRBAIN VI. duquel il fut Lieutenant & Vicaire dans les Terres du patrimoine de S. Pierre: il mourut à Rome Euesque d'Ostie, en qualité de Doien du Sacré College, l'an 1397. auec opinion de sainteté & de Miracles, ce qui est honorable à la France, puisqu'il estoit Prince du sang Royal, il gist à Sainte Marie *trans Tyberim*, à dix lieües de Rome.

Extraict des Tiltres MS. de la Maison de Neuers.

DONATION faite par Philippes de Valois à Philippes d'Alençon son neveu, de six mil liures de rente, sur les biens de Robert d'Arthois, confisquez l'an 1347. Charles Roy de France le confirme à Philippes d'Alençon son cousin, Archeuesque de Rouen, & filleul du Roy Philippes de Valois en 1367.

Don fait par Philippes d'Alençon, Archeuesque de Roüen, à Monsieur Robert d'Alençon son frere aisné, de toutes les Terres & Seigneuries qu'il pouuoit auoir, & qui luy auoient esté octroyées par don du Roy en 1372.

Extraict de l'Histoire de Perceual de Caigny.

PHILIPPES D'ALENÇON estant à Rome, eut le plus grand gouuernement en tout le fait de l'Eglise, que tous ceux qui estoient deuers le Pape, & là vescut & se gouuerna si honnestement & sainctement, que là le Pape, les Cardinaux & le College le reputoient homme de tres-saincte vie, & aussi tout le peuple qui auoit connoissance de luy; *puis il adiouste*, qu'auant le trespassement d'iceluy, & après, Dieu fit de beaux Miracles par luy prié & requis dans l'Eglise de Rome, où son corps gist, à donner secours & ayde à plusieurs.

Epitaphe du Cardinal PHILIPPES D'ALENÇON, *graués sur vn Tombeau de marbre, sous lequel il est enterré dans l'Eglise de Sainte Marie au delà du Tybre.*

FRANCORVM genitus, Regiâ de stirpe PHILIPPVS
ALENÇONIADES, Ostia titulatus ab vrbe,
Ecclesiæ Cardo, tantâ virtute reluxit,
Vt sua supplicibus cumulentur Marmora votis
Anno millena cum C. quater, adde sed vrna ter
Occubuit, quâ luce Dei, pia, virgoque Mater.

RAINVLPHE DE MONTERVC,

ou DE MONTYRAC, *Euesque de Cisteron, Cardinal Prestre de Sainte Pudentiane, au Tiltre du Pasteur.*

CHAPITRE CLXXIII.

Epitaphe du Cardinal RAINVLPHE DE MONTERVC, *que l'on void graué sur le Tombeau, sous lequel son corps repose deuant les portes de l'Eglise de son Tiltre.*

HIC iacet Reuerendissimus Pater, Dominus RAINVLPHVS, Tituli Sanctæ Pudentianæ, Presbyter Cardinalis, natione Lemouicensis, de genere Domini INNOCENTII Papæ VI. qui in hoc Titulo suo Monachos constituit . . . . Anno LXXXII. die decimâ quintâ mensis Augusti.

ADDITIONS

ADDITIONS AVX PREVVES DE L'HISTOIRE DES CARDINAVX FRANÇOIS,

AV LIVRE PREMIER, CHAPITRE PREMIER.
GERBERT Pape sous le nom de SYLVESTRE second.

Ex Commentariis MS. Rerum Remensium, A Domino Antonio Colardo, Canonico Remensi Collectis.

Auctoritate Synodi ad postulationem HVGONIS Regis, GEREBERTVS Aquitanus Philosophus, qui Othonis III. Cæsaris primùm, deinde Roberti Regis præceptor fuerat, in locum Arnulphi Episcopi subrogatur, reclamante vno Seuino Archiepiscopo Senonum, qui Arnulphi iniquam priuationem non approbaret.

GEREBERTVS qui in locum Arnulphi subrogatus fuerat, ad Synodum quarto Nonas Iunij indictam venit, causamque cur ad Episcopatum, loco Arnulphi vocatus sit, exponit. Quo audito, Legatus Pontificius aliam Synodum Remis cogi iubet, conuocatis ad Calendas Iunij Episcopis Galliæ. Intereà Iohannem Monachum suum ad Reges Hugonem & Robertum delegat, GEREBERTOQVE mandat, vt à diuino Officio vsque ad denunciatam Synodum abstineat.

Calendas Iulij, Episcopi Galliæ qui Remis ad Synodum conuenerant, à Leone Legato Apostolico auditi, causam cur Arnulphum de sede suâ deiecerunt, exponunt, & quanquam vera essent quæ exponerent, peruicit tamen Leo, vt GEREBERTVS gradu suo dejiceretur, Arnulpho sedi suæ restituto. Cui GREGORIVS V. Iohannis successor pallium posteà misit : sunt qui scribunt Seuinum Archiepiscopum Senonensem Gregi suo restitutum fuisse, qui antea quod iniquam Arnulphi priuationem non approbasset, à sede pulsus, in custodiam conjectus fuisset.

Helgaudus Floriacensis, sic de illo loquitur.

GERBERTVS prο maximo suæ sapientiæ merito, quo toto radiabat in mundo, donatiuo Regis Hugonis munere, Pontificium adeptus est Remense, non multis annis illud adornauit splendidè in his quæ forent necessaria Ecclesiæ.

Extraict du second volume de nos Historiens François, donné au public par feu mon Pere.

Electio Gerberti, Remorum Archiepiscopi.

SEMPER quidem, dilectissimi Fratres, judicia Dei justa sunt, sed interdum occultæ: ecce enim post dissolutionem beatæ memoriæ Patris A. quendam ex Regio semine prodeuntem nobis Ecclesiæque Remensi præfecimus, & clamore multitudinis impulsi Scriptura dicente, *vox populi, vox Dei*, & Sanctorum Canonum institutis, desiderium ac vota Cleri ac populi in electione Episcopi perquirentium: caligauit acies mentis nostræ litteram incautè sequendo, concordem sententiam diuinarum scripturarum parum inuestigando. Non erat quippe vox Dei, vox populi clamantis, *Crucifige, Crucifige*, Ergo non omnis vox populi, vox Dei est, nec omnis Cleri & populi vota & desideria in electione Episcopi perquirenda sunt, sed tantum simplicis & incorrupti, id est spe quæstus minimè electi. Sententiæ Patrum exponendæ. Non liceat (inquit) turbis electionem facere eorum, qui ad Sacerdotium prouocantur, sed judicium sit Episcoporum, vt cum ipsi qui ordinandus est; probent, si in sermone, & in fide, & in Episcopali vita edoctus est. Nos igitur Episcopi Remorum Diœceseos secundum has constitutiones Patrum, fauore & conniuentia vtriusque Principis nostri VGONIS Augusti, & excellentissimi Regis Roberti, assensu quoque eorum qui Dei sunt in Clero & populo, eligimus nobis Archiepiscopum Abbatem GERBERTVM ætate maturum, natura prudentem, docibilem, affabilem, misericordem. Nec præfecimus illi vagam adolescentiam, ambitione se extollentem, omnia temerè ministrantem, immò nos talibus subjugari patienter auditu perferimus, quorum sapientia & Consilio Ecclesiastica ac Ciuilia iura administrari non posse scimus. Cumque in vno quoque Episcopo sit hæc speculandum, maximè tamen in eo qui cæteris præest Metropolitano. Eligimus itaque hunc GERBERTVM qui fuit. Huius vitam ac mores à puero nouimus, studium in diuinis ac humanis rebus experti sumus, huius Consiliis ac Magisterio informati quærimus, eius electionem subscribendo confirmamus, stabilimus, corroboramus communi omnium bonorum consultu.

Ditmarus, GERBERTI æqualis scriptor, sic de illo loquitur.

NATVS, inquit, de occiduis Regionibus, à puero liberali arte enutritus, in Philosophiâ & Astrologiâ tantum profecit, vt suos quosque coætaneos variæ artis notitiâ superauerit, ingressus vitam Monasticam factus est Præceptor Roberti Regis, filij Hugonis, in Regiâ Aulâ aliquandiu versatus, ad Remensem, deinde ad Rauennatem Archiepiscopatum sibi aditum præparauit.

Ex veteri Codice MS. Alexandri Petauij Senatoris Parisiensis.

Versus sequentes habentur post fragmentum Historiæ de restitutione Arnulphi in sede Remensi, & electione GERBERTI, in summum Pontificem.

TRES Contra Dominum coniurauère potentes:
Rex * & GIRBERTVS, & Roma, Deum reprobantes.
Rex, quod GIRBERTVM Papam sua Roma vocaret,
GIRBERTVS, quod eum Diademate condecoraret.
Roma, quod amborum thesauros euacuaret.
Sed neque Rex neque GIRBERTVS, neque Roma videbunt
Quod cupere diu; nec habent requiem, nec habebunt.
Rex male mortuus est Diademate dispoliatus.
GIRBERTVS Stygios disponit Pontificatus.
Romam vexat adhuc amor immoderatus habendi,
Quem non extinguet nisi indicis ira tremendi.

Au Chapitre VIII. & IX. BERNARD & RICHARD DE CARTAT, &c.

Tiltres qui m'ont esté communiquez par Monsieur Dubouchet.

PONTIUS Dei gratiâ, licet immeritus RVTENENSIS Ecclesiæ Præsul, tamen ad hoc in Episcopatus officio positus, vt Ecclesiastica quæque quæ per Antecessorum meorum negligentiam, & potestatum secularium violentiam neglecta fuerant corrigere, inter multa quæ corrigenda reperi, Abbatiam S. Amancii, quæ quondam Monastica Religione floruerat ad Secularitatem declinatam inueni. Et quia eandem Abbatiam ROTBERTVS COMES & eius vxor BERTA filia HVGONIS RVTENENSIS Comitis releuare, & in ordinem antiquum scilicet Monasticalem reformare, BERNARDO Massiliensi Abbati, ad hoc reordinandam tradiderunt, vt sui Monasterij iuris esset in perpetuum. Sed sæuiente Bellorum turbine, idem Abbas locum sibi traditum non potuit reordinare. Igitur Episcopatus mei tempore, iam Bellorum sedato turbine ob reordinandam Abbatiam iam dictam Venerabilem RICARDVM Abbatem iam dicti Abbatis BERNARDI successorem adij, & donum ipsius Abbatiæ prædecessori suo factum, eidem Abbati Ricardo recognoui & confirmaui, &c. Facta Cartæ cessionis huius, anno Incarnationis M. LXXIX, PONTIVS Rutenensis Episcopus manu propria firmat.

RICARDVS RVTENENSIVM Comes cognoscens quàm fideliter & deuotè PATER MEVS BERENGARIVS & Fratres eius BERNARDVS scilicet Massiliensium Venerabilis Abbas, & VGO & RAIMVNDVS Vicecomes, ardentissimi & carissimi in amore & fide Sanctæ Mariæ Monasterij Massiliensis, & Sancti Victoris Martyris, dederunt & tradiderunt, &c. Iam dicto Monasterio in Rutenico Pago, Monasterium Sancti Petri & Sancti Leoncij, iure perpetuo possidendum ad impetrandam salutem animarum tuarum, laudo & dono VSVS CONSILIO PRINCIPVM MEORVM, donum præscripti Monasterij Sancti Petri & Sancti Leoncij, sine omni malo ingenio eo tenore, vt perpetuo similiter iure possideat, teneat, & regat Monasterium Sancti Victoris, Cœnobium Sancti Petri & Sancti Leoncij, & Abbas & Monachi Massiliensis præsentes & futuri dominentur, &c. Possessiones omnes &c. Ego prædictus RICARDVS RVTENENSIVM Comes pro redemptione peccatorum meorum, hanc Cartam sicut scriptum est OTTONI Abbati & Fratribus sub eo degentibus Massiliensibus, &c. Præsente Rodulfo Priore Sancti Leoncij laudo, dono & confirmo cum filio meo VGONE & militibus meis firmare præcipio, idem Raimundo de Leuenone, Iordani de Crexel, & filio eius Gaufred. Deusde de Vidin, & filio eius Virgilio & Vvillelmi N. rectore & Aimerio de la Brudiura. Factum est hoc donum ANNO ab Incarnato Dei Verbo M. C. XII. regnante Ludouico Francorum Rege.

RICARDVS COMES RVTENENSIS & HVGO filius meus Comes & Abbas, donamus Domino Deo & S. Victori Martyri Massiliensi, & Domino RODVLPHO Abbati omnibusque successoribus &c. Ecclesiam Sancti AMANCII Rutenensis, cum omnibus Ecclesiis ad prædictam Ecclesiam pertinentibus, quam etiam concessione PATRIS mei BERENGARII per triginta, & eo amplius annos possederant & tenuerant, &c. Facta, &c. Anno Incarn. M. C. XX. regnante Ludouico Rege Francorum, Luna XVII. indict. XIII. die VI. Kal. Iulij. S. Ricardi Comitis, qui hanc donationis suæ cartam firmauit. S. VGONIS filij eius, qui hanc Cartam suæ donationis firmauit.

BERENGARIVS RICHARDI Vicecomes assentit donationi Ecclesiæ Sancti Martini, de Canonica Diœces. Mimatensis, factæ Monasterio Sancti Victoris Massiliens. anno M IX. die IV. Iulij. Ego BERENGARIVS & frater meus BERNARDVS filij RICHARDI Vicecomitis donamus Sancto Victori vnum Mansum, Anno M. LVIII.

Au Chapitre X. HVGVES, Euesque de Die, &c.

Extraict d'vn Catalogue MS. des Archeuesques de Lyon.

HVGVES premier du nom Euesque de Die, puis Archeuesque de Lion; n'estant encor qu'Euesque de Die, & neantmoins Legat dés lors du S. Siege Apostolique, assista Gebuino Archeuesque de Lion, en la place duquel il succeda, lors que ledit Gebuinus & Landry Euesque de Mascon, consacrerent l'Eglise que Berald Seigneur de Beauieu, & Vandalmode sa femme, auoient fait bastir au Diocese de Lion en leur Chasteau nommé de Pierre-aiguë, maintenant de Beauieu, ou Beaumont, à cause du iour où Cime de Montaigne sur lequel il est situé. Gregoire VII. continua le droict de Primatie en sa personne enuiron l'an 1076. Il assista Amatus E. d'Oleron, Legat du mesme Gregoire VII. duquel il estoit Collegue, au Concile tenu à Bordeaux l'an 1079. comme il se voit par vne Pancarte concernant le Prieuré S. Eutrope de Xainctes, où il souscrit en ces mots. Signum Hugonis Episcopi Diensis, Vicarij Papæ. Il fut au Concile de Clermont en 1095. où presens 12. Arch. 81. Euesq. & 90. Ablez, fut decidé le different concernant la Primatie de Lion, que Richer Arch. de Sens disputoit; & y eut Decret, par lequel il fut dit qu'en deuoit

Additions aux Preuues de l'Histoire

sujection & obeissance auxt Archeuesque de Lion comme Primat; & depuis admonesté de ce faire par Aga-no Eu. d'Antun, & Lambert Eu. d'Arras, il ne voulut obeir; dequoy le dit Pape indigné luy interdit l'usa-ge du Pallium, & l'obeissance de ses Suffragans. Le rescrit commence a xij, Recours au MS.

Au Chapitre XXXVII. HVGVES DE FOVILLONE, &c.

DE HVGO DE FOLIETO, Ordinis Sancti Augustini, Religiosus Corbeiensis in Diœcesi Ambianensi, de quo Petrus Apollinaris.

> Ecce secundus HVGO redimitus tegmine sulco
> Tempora duxit, dum Diadema ferens.

Ex Martyrologio Sancti Victoris.

XI. Kal. Maij Anniuersarium Domini Hvgonis Cardinalis Tusculanensis Episcopi, & nostri Canonici Professi, de cuius Beneficio habuimus quamplurima ornamenta.

Au Chapitre XL. HVGVES Religieux de Cisteaux, &c.

Epistola Hugonis Cardinalis Galli ad B. Gozuinum Cistertij, & S. Bernardum Claræ-vallis Abbates: In qua de felici obitu Eugenij III. quæ à XV. annis reperta est.

Ex Cœnobio Morimundi propè Mediolanum.

Cette Lettre m'a esté communiquée par Monsieur Durand, Aumosnier de la Reyne.

AMantissimis in Christo Patribus Gozuino Cistertiensi, Bernardo Claræ-vallis Abbatibus, totique Capitulo Cistertiensi ad honorem Dei Congregato, Hugo Dei gratia Ostiensis Episcopus, vnitatem spiritus in vinculo pacis. Sicut sacra docet authoritas omnis caro fœnum, & omnis gloria eius quasi flos fœni: breues dies hominis sunt, transit homo velut vmbra, numquam permanet in eodem statu, deficit vt fumus, cadit vt folium quod à vento rapitur. Deus Ecclesiæ, Pater Iustitiæ Amator & Patronus Religionis, qui superborum & humilium colla propria virtute calcauerat, qui super folium Dauid & super regnum eius sedebat, vt Ecclesiam sibi commissam, quam ad sublimem statum reduxerat, confirmaret atque corroboraret; Pater inquam noster atque defensor, felicis memoriæ Papa Eugenius, trabea carnis exutus octauo Idus Iulij carne immaculatus migrauit ad Christum. Exiuit Christo obuiam in aëra, & sic semper cum Domino erit, agnum secutus quocumque ierit. Cuius exequiæ præter spem omnium (jam fere enim Senatum annihilauerat) præter morem consuetum; Ita per biduum sunt à Clero & Populo celebratæ, vt jam crederetur regnantem in Cœlis, qui mortuus ita colebatur in terris. O quantus erat luctus omnium, quanta præcipuè lamenta pupillorum & viduarum; Iam diceretis esse cum Deo, qui ita lamentabatur à populo. Procul dubio ereptus est à laqueo venantium, contritus est laqueus & ipse liberatus est, raptus vt credimus, nos qui eius conscientiam non nouimus vsque ad tertium Cœlum; non relinquens nos orphanos, vt quidam autumant. Rogabit enim Deum Patrem & Vnigenitum cum Sancto Spiritu qui est Deus benedictus in sæcula, cum quo & pro nobis. Vos autem de quorum Collegio ipse est electus, vt sederet super principes, & solium gloriæ teneret, orate pro eo, constituite perpetua beneficia, vt Deus sibi indulgeat, & coronam gloriæ sibi augeat. Pro M. B. Fratre nostro similiter orate pro nobis vero qui in hac valle miseriæ, in hac regione dissimilitudinis, & in medio prauæ nationis remanemus, & pro Ecclesia Romana, quæ ex tam alto gradu, tam breui spatio, vsque in profundum abissi inferat cecidit, nihilominus rogamus, oretis ne demergatur in profundum huius magni maris, in quo sunt reptilia, quorum non est numerus. Præterea rogamus obnixè, quatenus si paruitatis nostræ quidquam in oculis vestris potest, petitiones quas latores præsentium pro domo Sancti Anastasij, & pro domo Iosse-noue, & pro domo de Casamarij, vobis facient, benigne & efficaciter exaudiatis: alioquin sciatis, quod inde magnum sentitur scandalum.

Ex Martyrologio MS. Ecclesiæ S. Geruasij Suessionensis.

V. Idus Februarij obiit bonæ memoriæ Dominus Hvgo primò noster Canonicus, Posteà Ostiensis Episcopus & Cardinalis, qui dedit nobis Cappam Albam, & Casulam & xx. aureos ad opus Ecclesiæ, & vineam in Saleraco.

des Cardinaux François,

Au Chapitre XLVIII. GVILLAVME DE CHAMPAGNE.

Ex Chronologia Monachi Antissiodorensis.

GVillelmvs Remensis Archiepiscopus, cum Laudunum veniffet, morbo subitaneo præuentus opprimitur, & occluso linguæ officio moritur intestatus: Vir quidé nobilis genere, & qui diu floruerat tam seculari, quam Ecclesiastica præditus potestate. Hic in primis Pontificatus sui Auspicijs, satis modestè se habuit, & morum enituit ornamentis, felixque procul dubio extitisset, si primis vltima respondissent, & vsque ad finem merita cohæsissent. Sed cum res in contrarium verse sint, nec fuerit concolor finis initio, & omnis pendeat laus ex fine, finali non attollimus laude, quem nimis reddidêre notabilem, & munerum iniusta acceptio, & prodigalis effusio. Ita vt illud ei Claudiani possit non incongruenter aptari.

Distantibus idem
Inter se vitiis cinctus, quodcumque profunda
Traxit auaritia, luxu peiore refudit.

Au Chapitre LII. HENRY DE SVILLY.

Extractum ex Archiepiscopis Bituricensibus. A. Benedicto Vernerio Monacho Sancti Sulpitij MS.

Dominvs Henricvs de Soliaco, nepos D. Osberni Abbatis Beccensis, Frater D. Odonis Episcopi Parisiaci, & Cantoris Bituricensis, ordinatus à Guillelmo Templeerio Monacho Ordinis Sancti Benedicti, claudo natura, Archiepiscopo Burdigalensi, confirmationem Primatus obtinuit, à Lvcio III. Vrbano III. Coelestino III. Isti sunt qui debent portare Dominum Archiepiscopum in aduentu suo D. de Magduno, qui si præsens fuerit, competit habere annulum D. Archiepiscopi D. Sancti Palledij, D. de Montefalconis, Vicecomes Def . . . . . D. de Liniers, D. de Castra, D. de Chancella, D. de Fontenayo, D. de Bœmis, &c. Sedit annos 17. Obiit tertio Idus Septemb. sepultus in Abbatia Lociregij cum D. Alberico.

Au Chapitre LXIII. SIMON DE SVILLY.

Extractum ex Archiepiscopis Bituricensibus. A. Benedicto Vernerio Monacho Sancti Sulpitij MS.

D. Simon de Soliaco Cantor Bituricensis, nepos Henrici, Frater Archembaldi Principis, Domini Capellæ-Gillonis, consanguinei Philippi Regis Franciæ, aduersus Albigenses strenuè se gessit: Legatus ab Honorio in Prouincia Turonensi & sua Diœcesi; Cardinalis à Gregorio IX. sanctæ Ceciliæ creatus, Legatus in Regno Franciæ, & partibus transmarinis 1219. Anno 1228. Synodum coëgit, ad quam cum Archiepiscopus Burdigalensis venire renuëret, eum suspendit ab officio: statuit vt Cantor Bituricensis Prior sit Ecclesiæ puellarum, & habeat collationem Præbendarum eius. Hoc sedente accidit Bituricis miraculum de equo qui hostiam veneratus est, auena relicta, agente S. Antonio l'aduano. Guialdus Iudæus conuersus templum Diuo Petro condidit, quod à Guialdo nomen habet. Sedit annos 14. Obiit IV. Idus Augusti, iacet in Choro Ecclesiæ cum Epitaphio: vacat sedes annos tres.

ADDITIONS AV LIVRE SECOND.

CHAPITRE IX. HENRY DE BARTHOLOMEIS DE SVSE, &c.

Extractum ex Codice Viridi.

HENRICVS DE SVSE, præfuit Ecclesiæ Sistaricensi annis octo: fuit enim vir magnificus, Decretorum Doctor Excellentissimus, postulatus in Archiepiscopum Ebredunensem, post modum Cardinalis Ostiensis effectus, compilauit etiam lecturam & summam Ostiensem, qui in vrbe diem clausit.

Au Chapitre XVII. BERTRAND DE S. MARTIN, &c.

Extrait des Memoires MS. du Reuerend Pere de Chantelou, Religieux Benedictin.

DE BERTRANDO de Sancto Martino Cardinali, Episcopo Sabinensi. Anno MCCLXI. cooptatum inter Cardinales à GREGORIO X. BERTRANDVM DE SANCTO MARTINO scribit Ciaconius: fuerat is quondam Monachus & Decanus Monasterij Sancti Andreæ, vt ex instrumentis annorum 1238. & 1239 patet, & ex Necrologio: factus est deinde Præpositus Ecclesiæ Arelatensis, ex qua etiam ciuitate erat oriundus, si credimus Saxio in suo Pontificio Arelatensi, edito Aquis Sextiis anno 1629. pagina 105. electus est deinde Antistes eiusdem Ecclesiæ anno circiter 1266. ex eodem Saxio: qua in dignitate constitutus à CLEMENTE IV. ius deferendæ crucis per Vniuersam Prouinciam Arelatensem obtinuit, Pontificum Romanorum more. BERTRANDVS tandem Cardinalis Episcopus Sabinensis creatus Arelatensem Ecclesiam dereliquit, emit quindecim solidos Viennenses, à Reuerenda de Aramone Abbatissa, cœterisque Monialibus Sancti Laurentij Auinionensis: Vnde bene inferas potuisse hoc anno Bertrandum, pileum accipere à GREGORIO X. omissamq; in Codice MS. Concilij à Saxio citati notam, in numero Annorum, esseque scribendum MCCLXXI. pro MCCLXX Interfuit Concilio Lugduni à GREGORIO X. celebrato anno 1274. BERTRANDI quoque meminit Iohannes Columbus societatis IESV, libro de Gestis Episcoporum Valentinentium & Diensium Edito Lugduni Anno 1638. ex Typographia quondam Ionæ Gaulikerin apud Dominicanos, dum narrat BERTRANDVM Episcopum Valentinum Bellis vexatum à consanguineo AYMARO de Pictauia ob solemnem Clientelæ professionem, quam Aymarus Episcopo facere tenebatur: Eumdem Dynastam totamque subiacentem eius Dominio regionem sacris priuasse, vnde indignatus vehementius Aymarus Diœcesis Valentinensis Sacerdotes miserè distorsit. Vnde re cognitâ summus Pontifex GREGORIVS X. mittit V. Prænestinum & B. Sabinensem Episcopos Cardinales, qui Lugduni Nonis Iulij pro Episcopo tulere sententiam, sed cum nihilominus cieret semper Aymarus rixas & bella, dictus Pontifex duas sedes Valentiniensem & Diensem vniuit, vt ab vno regerentur Antistite; Diplomate dato Viennæ VII. Kalendas Octobris, Anno MCCLXXV. BERTRANDVS Monasterij Sancti Andreæ, in quo Monachum professus fuerat, non immemor, plures ei dedit census ad Anniuersaria pro se facienda, quorum censuum recognitiones plures factæ reperiuntur etiam dum viueret, annis scilicet 1174. XIII. Kal. Nouemb. 1285. XII. & IX. Kal. Nouembris, necnon post obitum anno 1291. XVII. Kal. Aprilis, & 1300. IV. Nonas Februarij. Dedit quoque totam suam supellectilem sacram vt ex repertorio patet, de quo posteà suo loco. Obitus annum notat Ciaconius 1277. in interregno post Iohannis XXI. diem, Necrologium Monasterij v. Kalendas Aprilis, his verbis. *v. kalendas Aprilis Depositio Domini* BERTRANDI *de Sancto Martino Cardinalis Episcopi Sabinensis, Monachi nostri, pro quo fiat sicut pro Abbate.*

des Cardinaux François.

Au Chapitre XX. SIMON DE BRION, Pape sous le nom de MARTIN IV.

Ex Registro Cartharum Regiarum.

LITTERÆ SIMONIS Tituli Sanctæ Ceciliæ Presbyteri Cardinalis, Apostolicæ Sedis Legati, quibus in eius præsentia apud Sanctum Maurum de Fossatis, constitutus die Mercurij in crastino Festi Sancti Lucæ Euangelistæ, anno 1278. Magister Renaudus de Sancto Prisco Autissiodorensis Diœcesis, resignat Præbendam, quam obtinebat in Ecclesia Laudunensi, ex collatione PHILIPPI Regis Francorum, ab eodem Rege vacante Ecclesia Laudunensi, ratione Regalium super hoc factâ. Datum Parisius 6. Idus Nouembris, Pontificatus Domini NICOLAI Papæ III. anno primo.

Ipsa resignatio, & subsequens collatio facta per legatum, factæ fuerunt tempore quo GUILLELMUS de Ialigny Episcopus Laudunensi Ecclesiæ præsidebat.

Ex Cartulario Ecclesiæ Sancti Mauri Fossatensis, MS.

LITTERÆ Petri Abbatis Fossatensis, quibus notificat, quod Reuerendus Pater Simon, Dei gratiâ Tituli Sanctæ Ceciliæ Presbyter Cardinalis, & Apostolicæ Sedis Legatus in Francia, Ecclesiæ Fossatensi dedit & contulit intuitu pietatis 200. libras Parisi. in redditus Conuentus; In cuius rei recognitionem dictus Abbas, & eiusdem loci Conuentus ordinant Missam vnam de Spiritu sancto semel in anno pro eo celebrari, ac post mortem Anniuersarium solemne. Anno 1279. mense Septembri.

Ex Cartulario Campaniæ, quod est in Bibliotheca Regiâ.

SIMON Tituli Sanctæ Ceciliæ, Presbyter Cardinalis Apostolicæ Sedis Legatus. Anno tertio, Pontificatus CLEMENTIS Papæ IV.

Extraict des Chartes du Thresor du Roy. Laïette cotée Thoulouse XI.

SEntence de Simon, Cardinal de sainte Cecille, Legat du Siege Apostolique, sur les differens qui estoient entre Alphonse Comte de Poictiers & de Tholose d'vne part, & G. Euesque de Clermont d'autre: sur ce que ledit Euesque auoit mis en interdit le pays d'Auuergne, à cause qu'il auoit esté spolié par ledit Comte, de la maison de Beauregard. La Sentence dudit interdit est suspendue iusques à la Feste de la Natiuité N. Dame, & cependant sera informée sur ce qui est allegué par ledit Euesque. A S. Denys en France, en 1266.

Commission donnée de la part dudit Cardinal à Guillaume de Mascon, Chanoine de Beauuais, sur ce que dessus. A Sainct Denys 1266.

Au Chapitre XXXIX. ESTIENNE DE SVISY.

Extraict des Chartes du Thresor du Roy, concernant la Champagne.

VEnte de cent vingt-six liures tournois de rente, és Foires de Bar & de Troys, à ESTIENNE DE SVISY, Cardinal du Tiltre de Saint Ciriace, par Nicolas Guy, Cheualier Florentin, heritier de Mouche & Biche Guy ses freres. A Paris en Iannier 1307.

Au Chapitre XLVIII. BERNARD DE GARVO.

Extraict du Liure du Reuerend Pere Guesnay, Iesuite, intitulé, Sanctus Iohannes Cassianus illustratus.

BERNARDVS de Garvo de S. Liberta Diœcesis Burdigalensis Vasco Gallus, Montis Maioris Abbas, in Diœcesi Arelatensi electus est anno 1294. quo tempore Abbatia censebatur inter præcipua sub Abbate Massiliensi, Generali Ordinis S. Cassiani, familiarum Capita. Huic muneri cum annis 16. summa cum prudentia & pietate præfuisset, à Clemente V. cuius erat consobrinæ filius renuntiatur Diaconus Cardinalis Sancti Eustachij, eadem non ætate modo, sed & creatione qua Arnaldus Felquerius, siue de Faltariis, aut Fulgeriis, Vasco similiter & Gallus ex Archiepiscopo Arelatensi Episcopus Cardinalis Sabinus, R.S.E. Camerarius Clementis V. factus est anno 1310. Pontificatus VI. & Sabbato quatuor temporum aduentus Domini, Auenione demum adscriptus à Ioanne XXII. Bernardus Nuncio Cardinalium Presbyterorum & Sancti Clementis, moritur Auenione sub eodem Pontifice, sepultusque est ad Minores.

Additions aux Preuues de l'Histoire

Au Chapitre LXVII. PIERRE DES PREZ, &c.

Extraict des Registres du Thresor des Chartes du Roy. Registre LXXVIII.

LITTERÆ Philippi Regis, quibus confirmat donum de 110. l. bonorum Viennensium annui redditus in feudum, factum per Humbertum antiquiorem Delphinum Viennensem defuncto GIRARDO DE PRATIS nepoti Cardinalis Prenestini, Vicecancellarij Sedis Apostolicæ, in recompensationem seruiciorum, assignatis in Castellania Sumidri. Datum apud Beatam Mariam de Campis, prope Parisius. Anno 1349. mense Decembri.

Au Chapitre LXXXIII. GVILLAVLME D'AVRE, &c.

Extraict d'vn MS. de l'Abbaye de Lesat.

VENERABILIBVS & Religiosis viris, & in Christo nobis Charissimis Dominis, Abbati & Conuentui Monasterij Lesatensis, Ordinis Cluniacensis, Riuensis Diœcesis, GVILLELMVS miseratione diuina tituli Sancti Stephani in Cœlio-monte Presbyter Cardinalis, salutem in authore salutis. AGNOSCAT Religionis vestræ sinceritas, quod nos ad memoriam reuocantes Beneficia plurima, quæ in eodem Monasterio vestro Lesatensi, in quo & habitum Religionis recepimus, & professionem fecimus Monachalem, à personis eiusdem pro tempore suscepimus, ad honorem Dei Omnipotentis, Beatæ Mariæ Virginis, Sanctorum Apostolorum Petri & Pauli, ac Beati Antonij & aliorum Sanctorum, quorum Reliquiæ in eodem Monasterio venerantur, gratuitâ, ac perpetuâ & irreuocabili donatione donamus, & assignamus Monasterio vestro Lesatensi præfato; quandam crucem argenteam deauratam, & armentatam, ponderis quatuordecim Marcarum, vel circa; Calicem argenteum cum patena deauratam, & etiam armentatum, & duas canetas argenteas deauratas ponderis quinque Marcarum, vel circà, donamus & assignamus vobis, & dicto vestro Monasterio ducentos florenos auri, ex quibus emanturper vos decem Libræ Turonenses renduales pro dicto Monasterio, & ad opera pia in vsus infrascriptos expendendæ. Quæ omnia supradicta, videlicet crucem, Calicem, patenam, & canetas ac ducentos florenos realiter tradidimus Venerabili ac Charissimo nostro Domino PONTIO, Dei gratia eiusdem Monasterij Abbati, per eum ad dictum Monasterium fideliter asportanda: Caritatem vestram sinceram & amicitiam pro mentis affectu deprecantes, vt statuere & ordinare velitis, & ad perpetuæ rei memoriam in libris dicti vestri Monasterij, vt in talibus est fieri consuetum, in scriptis redigere, quod perpetuô bis in anno diebus certis per vos statuendis fiat Anniuersarium & solemnis memoria pro nobis, & pro omnibus Abbatibus & Monachis dicti Monasterij defunctis. Et quod die qualibet, quâ dictum Anniuersarium fiet, habeat Conuentus quinquaginta solidos Turonenses, & Abbas decem si præsens fuerit, & Capellani & pauperes Hospitalis decem solidos Turonenses, & nihilominus reficiantur triginta pauperes, vel dentur cuilibet pauperi quatuor denarij Turonenses: residuum vero de dictis decem libris applicetur Pitantiæ, vel expendatur per Eleemosinarium in pios vsus, prout commodius pro salute animarum prudentiæ vestræ videbitur faciendum. Actum Auentoni sub Anno Natalis Domini MCCCXLIII. Indictione secunda, die duodecima Mensis Iulij, Pontificatus Domini nostri CLEMENTIS diuina prouidentia Papæ sexti, Anno secundo.

Sammarthani Fratres in Abbatiis Galliarum.

PONTIVS DE VILLEMVR Abbas Lesatensis, die nona Iunij 1344. celebrando Capitulum generale in Monasterio suo, de voluntate & consensu totius Capituli & Conuentus 18. Monachorum eiusdem Cœnobij, duo Anniuersaria instituit, primum die vigesima Decembris de Spiritu Sancto, secundum vigesima secunda Martij, de Beata Maria, durante vita GVILLELMI Cardinalis quotannis celebranda, at post eiusdem mortem in Missas defunctorum conuertenda, vt patet ex Authentico Actu Archiuij Lesatensis, ex quo constat GVILLELMI Cardinalis desideriâ à PONTIO Abbate, & à toto Conuentu Cœnobij Lesatensis ex integro fuisse executioni mandata, anno 1344.

Au Chapitre LXXXV. PIERRE ROGER, Pape sous le nom de CLEMENT VI.

Extraict d'vne Chronique MS. de Simon Milet, Religieux de S. Germain Desprez.

L'AN 1347. Guillaume Roger Comte de Beaufort, fonda vne rente de 18. septiers d'huile de noix, assignée sur plusieurs heritages situez au territoire de Cachan, pour entretenir trois Lampes dans Nostre-Dame de Paris: Nostre Abbé Iean de Precy pour l'honneur de la Sacrée Vierge, amortist lesdits heritages, se reseruant le cens & la iurisdiction sur iceux.

Au Chapitre

des Cardinaux François. 583

Au Chapitre LXXXXIII. RAYMOND DE CANILHAC, &c.

Extraict des Memoires MS. de Monsieur du Bouchet.

RAYMVNDVS DE CANILHACO, Sanctæ Romanæ Ecclesiæ Cardinalis Episcopus Prænestinus, dotat vnam Capellaniam in Ecclesia Anianæ, pro salute animarum PONCII & GVIDONIS, patruorum dicti Cardinalis ac Poncij Germani sui, Abbatum dicti Monasterij, necnon Petri de Caniliaco, Monachi Massiliensis Prioris de Aheriis, die 29. Ianuarij 1369.

Raymundi frater suit & Petrus de Caniliaco, Abbas primum Montismajoris, deinde Episcopus S. Poncij Tomeriarum, & tandem Magalonensis.

Au Chapitre CXXVII. PIERRE DE BANAC, &c.

Extraict du Liure du Reuerend Pere Guesnay Iesuite, intitulé, S. Iohannes Cassianus illustratus, p. 670.

PETRVS de Banislato, siue BAGNACO, lectus Abbas Montis-Maioris, anno 1345. rexit vsque ad annum 1368. Vrbano V. Romano Pontifice, à quo dicitur Petrus in Tabulis eiusdem Monasterij creatus Cardinalis, eadem tùm ætate, tùm creatione qua Arnaldus Bernard. Verùm mendosè vt arbitror, cognominatur in iisdem Tabulis, de Banislato, seu Bagnaco, nam in Indice Cardinalium Vibani V. duos, præterea neminem reperies, qui Petri nomine appellentur. Primus Petrus de Chinaco, non de Bagnaco cognominatur, natione Gallus, Comes Petragoricensis Presbyter Cardinalis Tituli Sancti Laurentij in Damaso, qui obiit Auenione anno 1370. Alter Petrus de Stagno, item Gallus, Archiepiscopus Bituricensis S. R. E. Camerarius Presbyter Cardinalis Sanctæ Mariæ Trans Tyberim, Tituli Sancti Calixti, posteà Episcopus Ostiensis & Veliternus à Gregorio XI. Papa creatus. Ab Vrbano V. in Gallias redeunte Italiæ Legatus factus, & à Gregorio XI. confirmatus, qui Nicolao & Alberto Estensibus Ferrariam beneficiario iure concessit, cum annuâ pensione decem millium aureorum. Apud Democharem, Belforestium, Claudium Robertum, de Estanno, *d'Estain* dicitur, & ex Monacho Ordinis Sancti Benedicti, & Episcopo Sancti Florentij, Bituricensis Archiepiscopus. Romæ mortuum, & in Titulo suo Sanctæ Mariæ Trans Tyberim humatum refert Vvion, libro secundo ligni vitæ.

Au Chapitre CXXXII. IEAN DE LA TOVR.

Extraict des Memoires du Chapitre de l'Eglise Cathedrale de Lyon.

IEAN DE LA TOVR, Chanoine & Comte de Lyon, pourueu par le Pape GREGOIRE XI. de la Chantrerie de l'Eglise de Lyon, & mis en possession par le Chapitre.

Au Chapitre CXLV. ROBERT DE GENEVE, Pape sous le nom de CLEMENT VII.

Extraict des Carthulaires de l'Eglise Cathedrale de Lyon.

ROBERT DE GENEVE, Chanoine & Comte de Lyon, fut pourueu par le Pape du Canonicat que possedoit Louys de Villars, Euesque de Valence & de Die, ledit Pape adressa l'execution de ses Bulles à l'Archeuesqué de Narbonne, à l'Euesque du Bellay & à l'Abbé d'Esnay; fut crée Cardinal 1371. & puis Pape appellé CLEMENT VII.

Au Chapitre CLVII. AMEDE'E DE SALVCES, &c.

Extraict des Memoires MS. de l'Eglise de Sainct Iean de Lyon, Communiqué par Monsieur de Lieques Monconys, Conseiller d'Estat, & Lieutenant Criminel au Balliage & Siege Presidial de Lyon.

AMEDE'E DE SALVCES, receu Chanoine & Comte de Lyon 1373. Archidiacre 1379. Taxi nice 1383. le Chapitre luy donna vne pension de 50. florins d'or par an. 1584. le Pape declara qu'ayant creé Amedée de Salues, Euesque de Valence & de Die Cardinal, il n'entend pas que les Benefices que ledit

Eeee

584 Additions aux Preuues de l'Histoire

Cardinal possedoit soient vaccans pour cela, ainsi entend qu'il en iouïsse comme auparauant, il a fait paracheuer la voûte de l'Eglise de Lyon, ses armoiries sont aux deux derniers pilliers de ladite Eglise, 1433. les Executeurs Testamentaires dudit Cardinal fonderent suiuant son intention deux Prebendes, ou commissions de Messes en la Chapelle de Sainct Thomas la Majeur, qui est proche la petite porte du Chœur au costé droit. Il y a fondé treize Anniuersaires, l'un au iour de son deceds, & un pour chaque premier iour du mois libres

Au Chapitre CLXIII. PIERRE DE THVREY.

Extraict des Memoires MS. du Chapitre de Lyon.

PIERRE DE THVREY, Chanoine, Custode & Comte de Lyon, decedé à Ville-neufue près Auignon 1410. son Canonicat fut conferé par le Pape, à Claude Allamandi.

AVTRES ADDITIONS AV LIVRE PREMIER.

AV CHAPITRE II. BRVNO, SOVS LE NOM DE LEON IX.

Ex Cathalogo Pontificum Tullensium MS.

HERIMANNO successit lux Orbis venerabilis BRVNO postmodum Romanæ Sedis Papa electus à Domino, de cuius actibus hic multum dicere supersedimus, quoniam ea alibi ad plenum descripta esse nouimus. Hoc tantum hic inserere placuit quod Abbatias Mediam Monasterij, & Sancti Deodati dono Chonradi gloriosi Imperatoris receperit, ac solidè in propriâ vestitura Sanctæ Leuchorum sedi reliquit. Is etiam inter multa, quæ suæ contulit Ecclesiæ, Præbendam Canonicorum Sancti Stephani admodum ampliauit, reddendo eis Munitiualiem cum Ecclesiis & cunctis appendiciis, & Ranculphi quoque Villani & omnia eius appendicia, necnon Ecclesiam de Luciaco pro memoria suæ ordinationis, vt per manus Decani Claustri suæ sedis fieret exindè fratribus ea die congrua refectio, & centum pauperibus Eleemosynæ largitæ. Qui etiam ad Apostolicam sedem prouectus, non immemor suæ primitiuæ sedis, Tullensis videlicet Ecclesiæ, Romæ in ea Synodo, in qua sanctum GERARDVM constituit nominari in sanctorum numero, fecit consecrationem Domini Abbatis Deruensis Cœnobij sancti Martyris Bertharij; si quidem præfata Abbatia Deruensis ab antiquo, scilicet à GARIBALDO Leuchorum præsule filio Volfadi, cuius temporibus fuit constructa eadem Abbatia, fuerat huic sedi subiecta dono & benedictione: sed Comes ODO violenter eam tenuerat, & quendam eiusdem loci fratrem MILONEM nomine, accepto non modico pretio, eidem Cœnobio præfecerat, & ad suffocandam subjectionem Ecclesiæ Leucorum, cum à ROGERIO Cathalaunensi Præsule ordinari coëgerat. Dum ergo Beatissimus Papa Remis Synodum ageret, idem MILO pœnitudine motus, quod injustè ordinationem suscepisset, publicè coram Domino Apostolico satisfecit, donum Abbatiæ reddidit, Cluniacum abiens, in bona conuersatione vitam duxit: Totius autem Congregationis consensu, Domnus VANDELGERVS eius loco subrogatus, ad subruendam omnem occasionem petiit à Cathalaunensi præsule ROGERIJ Benedictionem, qui inuentis occasionibus distulit illius ordinationem. Iamdictus vero Vvandelgerus Romæ Domnum Apostolicum, qui adhuc Tullensem regebat plebem, adiit, cunctam rem ordiue pandit, Consilium eius & solamen exorauit. Domnus ergo Papa Archiepiscopum Consilio HELJNARDI Lugdunensis, HVGONIS Besontiensis, MAINARDI Senonensis, & aliorum Pontificum, qui Synodo interfuerant, prædictum Abbatem ordinauit, & ob memoriale facti cum suo pristino nomine BRVNONEM scilicet vocari instituit, ac quædam priuilegia de rebus eiusdem Abbatiæ sua authoritate roborauit.

Ex alio Cathalogo Pontificum Tullensium etiam MS.

BRVNO è familia Comitum, qui latè dominabantur ad Rhenum in Alsatia, Hugonis Comitis Argentoratensis Frater, proximo gradu CONRADVM Cæsarem attingebat. Ex Canonico Tullensi creatus Episcopus Anno MXXVI. vir Religiosus & in egenos largus, Ecclesiæ Sancti Deodati multa donauit cum & Præposituram ibi instituit, exemitque à Iurisdictione Episcopi Tullensis, vt fertur. Huius tempore ODO Campaniæ Tullum incendit anno MXXX. qui posteà à GOZELONE Lotharingiensium Duce in pugna victus & occisus est, anno MXXXVII. Demum anno MXLIX. Pontifex crea-

des Cardinaux François.

tus est, & LEO IX. appellatus. Tullum reuersus Sanctum GERARDVM in Sanctos retulit, Ecclesiam Tullensem multis priuilegiis ornauit: Romæ mortuus anno MLV. Episcopatum Tullensem Pontifex retinuit, vsque ad annum MLII.

Vitæ Pontificum Romanorum.

Ex Codice MS. Bibliothecæ Regiæ.

LEo natione Germanicus, nobilis quidem genere, sed moribus insignis atque præclarus, Episcopus Tullensis nomine BRVNO, sedit annos v. menses duos, dies septem, & cessauit Episcopatus x I. mensibus. De cuius electione, quia non habuit initium bonum, præmittere non inutile duximus. DAMASO itaque sedis Apostolicæ inuasore de medio celeri morte sublato, Romani ad Henricum Regem in Saxoniam destinauere, petituri de praua consuetudine ab eo Pontificem, ac suscepturi. Rex verò eorum postulationi satisfacere cupiens, cum nullum Theotonicorum Pontificum ad suæ voluntatis consensum inducere posset, transiuit in Germaniam, & BRVNONEM Episcopum, tanquam virum simplicem in tantùm seduxit, vt Papatum Romanum per ipsius inuestituram susciperet, & cum Romanis ipsum ad Vrbem transmitteret. Cum autem per Bisuntium faceret transitum, Abbatem Cluniacensem, & Ildebrandum Monachum fortuitò habuit obuios, qui cum viderent cum mithratum incedere, & rubea Chlamyde insignitum, seorsum cum eo ac secretè colloquium habuerunt, & ostendentes ei tam ex manifestâ ratione, quam ex institutis Sanctorum Patrum, quod non Episcopus sed Apostaticus haberi debet, qui per Laïcam potestatem Pontificatum assumit, illicò piis eorum suggestionibus vir bonus humiliter acquieuit, & Papalia ornamenta deposuit, intelligens se diabolicâ fraude fuisse deceptum. Cupiens igitur quod perperam fecerat, ne indignationem Regis incurreret, honestâ occasione velare, iter incœptum non omisit, sed assumptâ petâ sicut peregrinus & deuotus Orator ad Apostolorum Limina cum prædictis Romanis deuotè accessit. Alterâ autem die congregato in Beati Petri Ecclesia Clero & Populo Romano, locutus est eis, & dixit, *Viri fratres, & amici Carissimi, Legationem vestram satis audiui, & Imperatoris voluntatem ac propositum nihilominus perscrutari & attendere studui ; sed ad hunc locum me alia causa venire non compulit, nisi affectuosa denotio visitandi huius gloriosi Apostoli Petri sacratissimum corpus ; & quoniam (delectissimi fratres) hæc Apostolica sedes iam diu vacauit, & amplius eam vacare non expedit, fraternâ charitate hortor, & fideliter consulo, vt dilatione sepositâ idoneum vobis Pastorem, & animarum vestrarum Episcopum concorditer eligatis.* Cum autem Episcopi & Cardinales hoc ci vnanimiter respondent, *Te solum & non alium volumus, & in Romanum Pontificem eligimus,* Archidiaconus de more statim clamauit, dicens, *Dominum* BRVNONEM *Beatus Petrus elegit.* Dum verò Clerus & Populus hoc ipsum verbum insimul coacrepant, raptus est, & in Beati Petri Cathedrâ violenter intronizatus. Susceptâ itaque Pontificalis Officij plenitudine, prædictum Ildebrandum qui pium sibi ac sanctum Consilium dederat, in Subdiaconum promouit, & Oeconomum Romanæ Ecclesiæ constituit : Processu verò Temporis eiusdem Ildebrandi Consilio, Synodum celebrauit, in quâ diuersa Capitula contrà incontinentes & Simoniacos Ecclesiarum Prælatos promulgata sunt. In secundo quoque anno sui Pontificatus, pro quibusdam quæstionibus contrà Græcorum insolentiam, ad Imperatorem Constantinopolitanum Legatos sedis Apostolicæ destinauit, cum quibus Fredericum Magni Ducis Gottifredi Germanum direxit. Qui venientes illuc, ab eodem Imperatore honorificè suscepti sunt, & honestè tractati. Causa itaque, pro quâ venerant, sine longa dilatione diligenter discussâ, & concorditer distinita, Legati munera muneribus ab eodem Imperatore honorati ad propria redierunt, deferentes Beato PETRO, & Domino LEONI Papæ preciosa & amplissima dona. Intereà Normannorum fortissima gens, quæ Apuliam atque Calabriam ab Inuasione Græcorum liberauerat, Beneuentum inuadere attentauit : eapropter nimio timore perterriti, ad Dominum Papam LEONEM Beneuentani accesserunt, vt eius defensionem & auxilium contra Normannos ipsos mererentur habere ; Vnde factum est quod per Offertionis Cartulam Beneuentum Beato PETRO & Apostolicæ sedi tradentes, ab eodem Pontifice protectionis auxilium impetrauere. Huius itaque rationis prospectu, quoniam feritas Normannorum, nec Beneuentum, nec alias Beati PETRI Terras inuadere cessabat, atque auferre, post secundam & tertiam Monitionem Pontificis, eos tanquam rebelles & contumaces anathematis mucrone percussit, & postmodum gladio materiali feriendos, decreuit, sed quoniam *Iudicia Dei abyssus multa,* inæstimabili Dei prouidentiâ factum est, quod bello commisso Normanni extiterunt victores, & Romanus Pontifex licet captus, honorificè tamen ac reuerenter vsque Beneuentum, per mediam stragem deductus fuit. In hoc autem, quod omnipotens Deus eos, qui pro Ecclesiæ iustitia decertauere occubuerunt, manifestè clarificare miraculis voluit, magnam posteris fiduciam dedit, vt contrà malefactores cum opus fuerit, armis debeant iura Ecclesiæ deffensare. Post hæc Beatus LEO reuersus est Romam, sed cum Beati PETRI Ecclesiam pro sui Officio debito post modicum visitasset, repentè febrium langore correptus, antè confessionem ipsius Apostoli se fecit deferri, vbi assistente sibi Clero & Populo, commissâ Ecclesiæ Curâ Domno Ildebrando Oeconomo, feliciter migrauit ad Dominum : Eo autem in eadem Ecclesiâ digno cum honore sepulto, infirmi concurrentes ad ipsius tumbam, & varijs langoribus detenti, per diuinæ operationis clementiam, sanati & liberati sunt.

Additions aux Preuues de l'Histoire

Au Chapitre IV. FEDERIC DE LORRAINE, Pape sous le nom d'ESTIENNE IX.

Romani Pontifices. Ex Codice MS. Collegij Fuxensis Tolosæ.

STEPHANVS natione Lotharingus ex patre Gocelino, Abbas Cassinensis nomine Fredericus, sedit mensibus VIII. diebus XXIX. & cessauit Episcopatus IX. mensibus & diebus VIII. Hic promouit Hildebrandum in Leuitam, & Archidiaconum in Romana Ecclesia ordinauit. Huius temporibus Mediolanensis Ecclesia, quæ superbiæ fastu per cc. ferè annos à subjectione Sanctæ Romanæ Ecclesiæ insolenter se substraxerat, prima inter alias eam majorem humiliter recognouit, & eius Magisterio se subjecit. Quod inobedientiæ malum ideo creditur accidisse, quoniam totius Lombardiæ maxima Metropolis eo tempore plurimum refulgebat, atque in ipsa Ciuitate Imperatores plurimi sedem Augustalem tenuerant. Præterea inter multos Religiosos eiusdem Ciuitatis Episcopos gemma Sacerdotum Beatus Ambrosius in ea floruisse dignoscitur. Post cuius tempora, Episcopi multis irretiti facinoribus successerunt, qui Romanorum Pontificum pertimescentes correctionem, ab eorum se obedientia substraxerunt. Eodem tempore cum Simoniaca hæresis totam Italiam & Burgundiam occupasset, idem Pontifex misit de latere suo eundem Archidiaconum cum quibusdam Episcopis ad Vltramontanas partes. Cum autem ad Lugdunensem Prouinciam peruenissent, in ea Synodum celebrauêre. In qua per ipsum Archidiaconum Deus magnum dignatus est operari miraculum. Residentibus namque in eadem Synodo Archiepiscopis, Episcopis, & aliis Ecclesiarum Prælatis, Archiepiscopus vir quidem litteratus, & eloquens accusatus est de crimine Simoniæ. Qui sequenti nocte omnes accusatores suos pecunia corrupit, & sibi amicos fecit. Manè autem facto, rediens ad Synodum, audacitèr dixit: Vbi sunt qui me accusant? Exeant in publicum quicumque me voluerint condemnare. Tunc obmutescentibus cunctis, prædictus Archidiaconus tanquam vir discretus & sapiens, conuertens se ad illum, dixit ei: O Archiepiscope, credis Spiritum Sanctum vnius cum Patre & Filio esse substantiæ & deitatis? Quo respondente, Credo: Addidit, dic *Gloria Patri & Filio, & Spiritui Sancto*. Cumque hunc versiculum fiducialiter incœpisset, *Gloria Patri & Filio*, expeditè dicebat, sed Spiritum Sanctum nullatenus proferre poterat. Quem cùm frequentèr inchoaret, & nihil proficeret, videns se per iudicium diuinum omnino confusum, procidit ad pedes Archidiaconi, & confessus est ore proprio, se Simoniacum esse. Postquam verò à Sacerdotali & Episcopali Officio est depositus, *Gloria Patri & Filio & Spiritui Sancto*, liberè & clara voce decantauit. Quod factum Simoniacos in tantum perterruit, quod præter alios Ecclesiarum Prælatos, XVIII. Episcopi se Simoniacos confessi sunt, & suis honoribus absque vlla coactione renuntiauêre. Celebrata itaque Synodo, & Ecclesiasticis rebus ritè compositis & ordinatis, Legati ad vrbem cum gaudio redierunt: sed Dominum STEPHANVM Papam, vnde constituti sunt valdè, inuenerunt infirmum. Euolutis autem paucis diebus, cùm infirmitas vehementiùs cresceret, Spiritu prophetiæ, sicut ex postfacto apparuit, repletus, Episcopos, Presbyteros, ac Diaconos Cardinales ante se conuocauit, & his verbis eos est allocutus: Scio fratres, quòd post mortem meam exurgent viri ex vobis seipsos amantes, qui non per ostium, sed contra sanctorum Patrum Decreta, & per Laicas personas hanc sanctam Sedem arripient. Quo audito, vniuersi pariter negauerunt, & ob hoc in manu eiusdem Papæ dato Sacramento se mutuò sese obligauerunt, quòd nullus eorum ad Apostolicam sedem, nisi ex consensu & communi electione fratrum deberet ascendere, vel ascendentibus consentire. Et post modicum tempus descendit in Tusciam, vbi defunctus est, & in Ecclesia Florentina sepultus.

Au Chapitre VI. GIRARD LE BOVRGVIGNON, Pape sous le nom de NICOLAS second.

Ex eodem MS.

NICOLAVS Papa II. natione Burgundus, Episcopus in Ecclesia Florentina, nomine Gerardus, sedit annos II. menses VI. & cessauit Episcopatus mens. II. diebus VIII. Post mortem Domni Stephani Papæ, Romanorum Capitanei, & maximè Gregorius de Trisculano, qui Patriciatus dignitate abutebatur, Mincium Velletrensem Episcopum inuitis Episcopis & Cardinalibus in sedem Apostolicam intruserunt, & nomine mutato BENEDICTVM appellauerunt. Qui postposito iuramento, quod, sicut prædiximus, in manibus Papæ Stephani fecerat, Beati Petri Cathedram temerario ausu inuadere, & per violentiam eorumdem Capitaneorum detinere præsumpsit. Eodem verò tempore Imperatois Henrici, relicta cum paruulo filio Gubernacula Italici Regni tenebat: quæ inter cætera fœminea leuitate acta, cuidam Parmensi Clerico nomine Guiberto de nobili prosapia orto, curam ipsius Regni & Cancellariam commisit. Interea Hildebrandus Archidiaconus cum Episcopis Cardinalibus, quia in vrbe Roma non poterant liberè Catholicam electionem facere, apud Sennam pariter conuenerunt, ibique conuocatis circumpositis Episcopis & aliis Ecclesiarum Prælatis, post multam deliberationem, inuocata Spiritus San-

& gratiâ, Domnum Gerardum Florentinum Episcopum in Pastorem sibi & Romanum Pontificem vnanimiter elegerunt, & nomen sibi mutantes NICOLAVM appellauerunt. Celebrata itaque in pace ipsa electione, idem Pontifex cum Archidiacono & Cardinalibus consilium habuit, vt pro causa jamdicti Velletrensis intrusi, apud Sutrium Synodum celebraret. Ad quam non solùm Archiepiscopos Tusciæ & Lombardiæ, sed & magnum Ducem Gottifridum, & Guibertum Cancellarium conuocare deberet. Quod absque longa dilatione factum est. Prædictus autem Mincius, vbi NICOLAVM Papam cum personis, quas apud Sutrium conuocauerat, in Synodo residere cognouit, sedem quam inuaserat conscientiâ remordente reliquit, & ad domum propriam remeauit. Quod postquàm Pontifex in veritate cognouit, consilio cum fratribus habito, ad vrbem cum eis, non cum potestate, sed tanquam bonus & humilis Pastor accessit. Vnde auctore Domino factum est, quòd à Clero & Populo digno cum honore susceptus, juxta consuetum ordinem à Cardinalibus suit in sede Apostolica positus. Transactis autem paucis diebus, Mincius memoratus ad præsentiam NICOLAI Papæ veniam petiturus accessit, & ad eius vestigia procidens, violentiam se fuisse perpessum asseruit: sed inuasionis crimen, & reatum perjurij non negauit. Ex propria igitur confessione digna factis recipiens, Episcopalis & Sacerdotalis Officij depositionem incurrere meruit. Illud autem ipsius Pontificis animum vehementer angebat, quòd Romanorum Capitanei, sicut prædiximus, Ecclesiæ jura, & Vrbis dominium per violentiam occupauerant, & illicitè detinebant.

Rebus itaque hoc modo se habentibus, Normanni ad præsentiam eiusdem Præsulis Nuncios transmiserunt, rogantes vt in Apuliam descenderet, & satisfactione suscepta eos Ecclesiæ Dei reconciliare paternâ benignitate deberet. Quibus verbis auditis, post deliberationem consilij Pontifex ab vrbe Roma exiuit, & in partes Apuliæ venit. Accedentibus autem Normannis ad ipsius præsentiam, & restitutis omnibus Terris Beati Petri, quas abstulerant, in libera potestate ipsius, Pontifex à vinculo excommunicationis eos absoluit, & in gratiam sedis Apostolicæ paternè recepit. Quia verò potentia & vires ipsorum tunc temporis in vrbe Romana Magnates cæteros superabant, & in causis Ecclesiæ contra illos, qui Apostolicæ sedis iura insolenter occupauerant, Romano Pontifici magnum solatium & oportunum consilium in manu valida poterant exhibere, hominio & fidelitate ab eis suscepta, præter Beneuentum totam Apuliam & Calabriam ipsis concessit.

Post hæc autem, ordinatis & dispositis omnibus, quæ ad Beneuentanum patrimonium pertinebant, NICOLAVS Papa reuersus est Romam. Normanni verò ad ipsius commonitionem collecto exercitu subsecuti sunt eius vestigia, & transeuntes Campaniam, Prænestinorum, & Tusculanorum, & Numentanorum Terras hostiliter inuadentes, eis tanquam contumacibus & Domino suo rebellantibus damna grauissima intulerunt. Deinde fluuium Tyberis cum immensa militia & fortitudine armatorum, peditum & sagittariorum copiosa multitudine transeuntes, Galeram, & vniuersa Comitis Girardi Castella, vsque ad Sutrium nihilominus deuastauere. Post multa denique damna & expoliationes, Capitaneorum ceruicositas valde contrita redire ad mandatum & subiectionem Domini sui Pontificis coacta est. Liberata itaque vrbe ab eorum tyrannide, & in suo statu Ecclesia restitutâ, Legati Mediolanensium venerunt ad eundem Pontificem, suppliciter exorantes, vt Mediolanensis Ecclesiæ contritionibus misereri dignaretur & compati. Hujus gratiâ Venerabilem virum Petrum Damiani Ostiensem Episcopum, NICOLAVS Papa illuc destinauit, & vices suas in corrigendis & statuendis ei concessit. Qui vbi ad memoratam Mediolanensem peruenit Ecclesiam, tanquam vir discretus & prudens, sapientibus & insipientibus se communem exhibuit. Et paulatim ad honestatis & rectitudinis statum non tantum ipsam Ecclesiam, sed etiam totam Mediolanensem Prouinciam per gratiam Dei reduxit. Post cuius reditum idem Beatus Papa generale Concilium celebrauit, in quo ceruicosos Lombardiæ Antistites, Guidonem vidilicet Mediolanensem, cum C. Taurinensi, G. Astensi, B. Albanensi, G. Vercellensi, O. Nouariensi, A. Brixiensi, & O. Laudensi Episcopis, fretus Religiosorum auxilio, sedere coëgit. Quibus districtè præcepit, vt Diaconos & Sacerdotes concubinarios ab administratione Altaris pœnitus remouerent, & manifestè Simoniacos ab honoribus suis deponerent. Alia quoque plurima de profectu Ecclesiarum, & Religionis obseruantiâ, in eodem Concilio Deo adjutore statuta & ordinata sunt. In hoc etiam Concilio Magister Berengarius à Magistro Lanfranco de errore, quem de corpore Domini tenebat & defendebat, publicè conuictus, & confessus, errorem suum reuocauit, & suam confessionem manu propriâ scripsit, & ore pronunciauit, dicens: *Ego Berengarius*, &c. Eodem etiam tempore Hugo Candidus, quem Leo Papa Cardinalem ordinauerat, vir quidem seditiosus & duplex, à Romanæ Ecclesiæ vnitate recessit. De cuius reprehensibili vita & morum peruersitate tacendum potiùs duximus, quàm loquendum. Cum autem Ecclesia Dei sub Apostolatu Domini Papæ NICOLAI plurimum in Religione & omni sanctitate proficeret, repentè infirmatus est, & post modicum in sancta confessione de carnis ergastulo exiens, Creatori suo spiritum reddidit.

Au Chapitre XIX. GVY DE BOVRGOGNE, sous le nom de CALIXTE second.

Ex eodem MS.

CALIXTVS natione Burgundus, ex patre Guillelmo Burgundiæ Comite, qui & Guido Viennensis Archiepiscopus, sedit annos V. menses X. dies XIII. Hic post obitum Papæ Gelasij ab

Episcopis & Cardinalibus, qui cum eo venerant, sanguine Regum ac Principum ortus, inter seculares clarus, & inter Ecclesiasticos extitit maximus. Habito itaque communi Consilio cum Ecclesia Gallicana, vt ad vrbem Romam, & ad Sedem Apostolicam festinare deberet, dispositisque aliis quæ ad Ecclesiæ statum videbantur spectare, iter suum versus Italiam Domino auctore direxit. Et veniens ad Montempessulanum, processit ad Sanctum Egidium. Peragratis itaque Provinciæ partibus, & Alpium difficultate transcensa, ad Sanctum Ambrosium, cum jocunditate peruenit. Vndique igitur ad eundem Pontificem confluente innumera multitudine populorum, eum tanquam Christi Vicarium omnes nimio venerabantur affectu, & ad eius vestigia certatim se deuotissimè prosternebant. Descendens autem ad populosas Lombardiæ Ciuitates, in quibus non minori honorificentia recipiebatur, quam deuotissima deuotione tractabatur, per Montem-Burdonis transiuit in Tusciam. Appropinquante igitur ipso Pontifice ad Ciuitatem Lucanam, occurrit ei à longè decora ipsius Ciuitatis militia, & deductus est à cuncto Clero & populo in gaudio & exultatione ad Majorem Ecclesiam & Episcopale Palatium. Post triduum verò à Pisanis cum jocunda, & gloriosa processione nihilominus est receptus atque tractatus. Rogatus autem ab ipsis Pisanis, & cum magna instantia postulatus, majorem Ecclesiam in honorem Beatæ Mariæ, tota ibidem Tuscia concurrente, dedicauit solemniter.

Interea de jocundo & nimium desiderato ipsius Papæ aduentu, communis fama & frequens rumor aures Romanorum pulsauit. Et cum ad eius receptionem tota Ciuitas anhelaret, & vehementi desiderio ferueret, Schismatici, qui tunc eidem vrbi per Imperatoris violentiam incubabant, valdè sunt territi, & in seipsis omninò confusi. Quocirca languidum eorum iam caput Burgundinus heresiarcha in desperationis lubrico positus, sperans ab ipso Imperatore tueri, apud Sutrium confugium fecit. Quo audito, Domnus Papa CALIXTVS versus vrbem iter festinanter arripuit, & veniens vsque Sutrium conuocatis ad se Romanis & aliis nobilibus circumpositis, tamdiu Ciuitatem ipsam districtè obsedit, donec ipsi Sutrini eundem Burdinum in manibus eius dederunt. Vnde factum est, vt omnis multitudo, quæ ibi conuenerat, ad prædictum hæreticum, sicut ad insolitum spectaculum, & quasi ad monstrum cornutum concurreret. Mouebantur omnes ad risum agitantes capita, & altis vocibus intonantes: Maledicte, per te tam grande scandalum venit. Alij autem dicebant: Vah! qui Tunicam Christi attentasti diuidere, & dilaniate vnitatem Catholicæ fidei nihilominus præsumpsisti. Tunc præparato sibi camelo, pro cabalo, & pilosa pelle verueum pro clamyde rubea, positus est in transuerso super ipsum camelum, & in manibus eius pro frœno posita est cauda ipsius cameli. Talibus ergo indumentis ornatus in comitatu Pontificis præcedebat, reuertens ad vrbem cum tanto dedecore: quatenus & ipse in sua confunderetur erubescentia, & aliis præberet exemplum, ne similia vlterius attemptare præsumant. Gaudente itaque in Domino, & exultante vniuerso populo, idem beatissimus Papa secundum antiquam sanctorum Pontificum Romanorum consuetudinem celebriter receptus est, & in beati Petri Cathedra solemniter positus, atque ad Lateranense Palatium per mediam Ciuitatem præparatis arcubus de more in ipsa via sacra cum gaudio magno deductus. Postmodum verò Burdinum fecit in arce recludi Fumonis, & inde ad Monasteriũ Cauense transferri, vbi perseuerans in sua rebellione vitam finiuit. Videns igitur Imperator Henricus seipsum spe vana frustratum, quoniam non est Consilium, non est scientia, non est potentia contra Dominum, attendens maximè verbum illud, quod ab ipso Domino dictum est beato Petro, *Tu es Petrus, & super hanc Petram ædificabo Ecclesiam meam, & portæ inferi non prævalebunt aduersus eam*, sanioris est vsus consilio, & ad pacem Ecclesiæ Domino suggerente animum inclinauit. Super hoc itaque laboratum est à Catholicis Principibus, & per Dei gratiam pax Ecclesiæ ita est reformata, sicut inferius scriptum est.

Littera pacis, quam misit Imperator Henricus Domino CALIXTO Papæ

IN nomine Sanctæ & indiuiduæ Trinitatis. Ego HENRICVS Dei gratia Romanorum Imperator Augustus. Pro amore Dei & Sanctæ Romanæ Ecclesiæ, & Domini Papæ Calixti, & pro remedio animæ meæ, dimitto Deo, Sanctis Apostolis Petro & Paulo, sanctæque Catholicæ Ecclesiæ, omnem inuestituram per annulum & baculum, & concedo in omnibus Ecclesiis quæ in Regno vel Imperio meo sunt, Canonicam fieri electionem & liberam consecrationem, possessiones & Regalia Beati Petri, quæ à principio huius discordiæ vsque ad hodiernam diem, siue tempore patris mei, siue etiam meo ablata sunt quæ habeo, eidem Sanctæ Romanæ Ecclesiæ restituo. Quæ autem non habeo, vt restituantur fideliter juuabo. Possessiones etiam omnium aliarum Ecclesiarum, & Principum, & aliorum tam Clericorum quàm Laïcorum, quæ in guerra ista amissæ sunt Consilio Principum vel Iustitia, quæ habeo reddam, quæ non habeo vt reddantur fideliter juuabo. Et do veram pacem Domino Papæ, & Sanctæ Romanæ Ecclesiæ, & omnibus qui in parte ipsius sunt vel fuerunt, & in quibus Sancta Romana Ecclesia auxilium postulauerit fideliter adjuuabo, & in quibus mihi querimoniam fecerint debitam sibi justitiam faciam. Hæc omnia acta sunt consensu & Consilio Principum, quorum nomina subscripta sunt.

Adelbertus Maguntinus Archiepiscopus: F. Coloniensis Archiepiscopus. H. Ratisponensis, Episcopus. O. Bauebergensis. B. Spirensis. H. Augustensis. G. Trajectensis. V. Constanciensis. F. Wildensis. Henricus Dux. Fredericus Dux. G. Dux. Bertoldus, Dux. Theiboldus Marchio, Engelbertus Marchio. Gottifredus Palatinus. Otto Palatinus Comes, Berengarius Comes,

Ego F. Coloniensis Archiepiscopus & Archicancellarius recognoui.

Hoc autem priuilegium aureo sigillo ipsius Imperatoris munitum in archiuis Romanæ Ecclesiæ tenetur reconditum.

De cætero autem beatus Pontifex Compostellanum Episcopum, pro reuerentia corporis Beati Iacobi Apostoli, quod ibidem reconditum esse dignoscitur, denuo Metropolitanum constituit, subjiciens ei totam Emeritanam Prouinciam, tunc à Sarracenorum hostilitate penitus desolatam. Lucanum quoque Episcopum, quoniam Ecclesia ipsa Sedis Apostolicæ gratiam promeruerat, ampliore dignitate pallij decorauit.

Hic à fundamento construxit in Palatio Lateranensi Capitulum Sancti Nicolai ad assiduum Romanorum Pontificum vsum. Iuxta quam ædificauit duas Cameras contiguas, cum toto vestiario, quod sub eis fieri fecerat, vnam videlicet cubilarem, ac pro secretis consiliis alteram.

Hic etiam deriuauit aquam de antiquis formis, & ad portam Lateranensem conduxit, ibique lacum pro adaquandis equis fieri fecit. Plurima quoque Molendina in eadem aqua construxit, & multas vineas cum fructiferis arboribus secus ipsum lacum studiosissimè fecit.

Hic fecit ordinationes per mensem Decembrem, Diaconos, Presbyteros, & Episcopos plurimos, per diuersa loca. Defunctus est autem Romæ, in eadem pace quam ipsemet auxiliante Domino secerat XIV. Kal. Ianuarij, & in Lateranensi Ecclesia honorificè est tumulatus.

Au Chapitre XXIII. ESTIENNE DE MONTBELIARD, ou DE BAR, Euesque de Metz, &c.

E Archiepiscopis Metensibus MS.

STEPHANVS DE BARRO Nobili genere, filius sororis Calixti secundi, à quo Romæ Consecratus est, in Archiepiscopum & Cardinalem. Reuersus biennio extra vrbem mansit, eo quod ciues Imperatoris metu illum admittere non audebant : Arces Episcopatus à variis occupatas vireepit, Comitis Barrensis fratris & aliorum consanguineorum opera. Reuersus in gratiam cum Imperatore *Ramberuiller*, moenibus junxit : Castrum spinalij extruxit Ducem Lotharingiæ Prencij obsedit ; sedit annos 43. Obiit mense Ianuario ; sepultus in aditu Chori Metensis Ecclesiæ, quam locupletauit plurimis Castellis & possessionibus in eam liberalissimè collatis.

AVTRES ADDITIONS AV LIVRE SECOND.

AV CHAPITRE XIX. SIMON DE BRION, PAPE sous le nom de MARTIN IV.

Continuatio Chronici Martiniani, Authore Anonymo, sed Bunnensis Ecclesiæ Canonico.

MARTINVS IV. Gallicus de Bria Campaniæ prius dictus Simon, Tituli Sanctæ Cæciliæ Presbyter Cardinalis, fuit Legatus in Francia multis annis, eligitur Vuiterbij 8. Kal. Martij, & in vrbe veteri 10. Kal. Aprilis coronatur, anno Domini 1280. secundum alios, qui in natali Domini annos incipiunt dicitur 1281. sedit annis 4. diebus 34. vacauit sedes diebus 4. hic anno primo fecit quatuor Presbyteros Cardinales, & vnum Diaconum. Scilicet Benedictum Gaitam de Anagnia, qui postea Papa BONIFACIVS VIII. anno Domini 1280. 11. die exitus Maij, quæ fuit vigilia Ascensionis Domini recidit pars pontis Tolosæ veteris post transitum Processionis, fueruntque quindecim studentes notabiles & personæ vtriusque sexus circa 200. in casu submersi in Garona. Eodem anno Petrus Rex Arragonum habens vxorem Constantiam filiam quondam Manfredi à Carolo dudum Siciliæ Rege, ex hoc pretendens sibi Regnum Siciliæ deberi, fecit apparatum non modicum. Quem MARTINVS Papa & Carolus Rex Siciliæ non immeritò suspectum habebant, sicut euentus rei probauit : Nam eodem anno Pannormitani Siculi omnes Gallicos mares & fœminas, senes & paruulos in contemptum Caroli occiderunt. Et quod fuit detestabile latus aperientes mulierum suarum prægnantium, quæ de Gallicis dicebantur concepisse, partus in vtero occiderunt. Deinde tota Sicilia Carolo rebellauit. Et Petrum Regem Arragonum suum Regem & defensorem vocauerunt, eodemque anno Carolus vadens in Siciliam, Messanam obsidet vastans in circuitu, sed non capit. Eodem tempore Petrus Rex Arragonum de Sardina transiens in Siciliam, applicuit Pannormum, venitque cum sua militia in Messanam. Quapropter Carolus dimittens obsidionem, rediit in Calabriam, timens ne ipsa rebellaret. Anno 1283. Petrus Rex Arragonum, qui se fecit in Regem Siciliæ coronari, propter quod excommunicatus à Papa, priuatus fuit, & depositus à Regno Arragoniæ & ab omni eo quod ab Ecclesia tenebat. At Carolus præfatus Petrus tale pactum secerunt, quod quilibet eorum centum milites haberet paratos ad bellum in plano Burdegalensi inter quos ipsi essent prima die Iunij, anno Domini 1283. & qui non veniret esset perjurus victus & infamis, & qui vinceretur, pœnam similem pateretur. Die condicto, Carolus venit vna cum Philippo Rege Franciæ nepote suo & legato: Petrus vero consilio non aduenit prætendens timorem Regis, vt dicitur; Diuulgatum tamen fuit, quod nocte precedente ibi fuerit, sed recessit, eodem anno Papa, per processum Petrum Regem omni Regia dignitate priuauit, omniumque sua Regi Franciæ occupanda concessit, & Carolus Fr. Regis Franc. Philip. Regnum Arragoniæ contulit. Eodem anno Carolus Rex Siciliæ iuit Parisius pro succursu: & rediens per Prouinciam, magnum fecit apparatum de nauigio, & de gente. Eodem anno vel secundum alios anno 1284. Carolus Princeps, comesque Prouinciæ filius dicti Caroli Regis Siciliæ captus fuit in mari prope Neapolin à Rogerio de Loria, multis de suis trucidatis, ductusque apud Messanam, & tandem ad Petrum Regem Arragoniæ, qui eum diu in custodia detinuit, & postmodum fuit liberatus, vno de filiis suis posito obside suo loco. Anno Domini 1284 Carolus Rex Siciliæ cum nauali excercitu iturus versus Siciliam ad portam veniens, Pisanorum rumores audiuit de captione filij sui. Et inde proficiscens in Apuliam, post paucos dies moritur, in die Epiphaniæ Domini, Anno Regni sui 20. Cui Carolus II. filius tunc in Arragonia captus successit. Martinus Perusij moritur, die Mercurij post Pascha. sc. 4. Cal. Aprilis, sepultus in Ecclesia Cathedrali, Anno Domini 1285 inchoacto, ferturque miraculis claruisse.

Ex Chronico veteri MS. Sancti Martini Lemouicensis.

1263. Dein Papa Vrbanus concessit, ad subsidium terræ sanctæ, sine consensu Prælatorum, centesimam redituum & prouentuum Ecclesiarum totius Regni, per quinque annos habendam & leuandam. Et tunc solucbatur decima dicto CAROLO, & centesima ad subsidium Terræ sanctæ. Centesimam leuabat Archiepiscopus Tyri, Legatus in Francia super hanc decimam vel leuabat, vel leuari faciebat Simon Sanctæ Ceciliæ Presbyter Cardinalis Legatus in Francia Archiepiscopus, non leuabat in partibus istis, tam carè procurator Legati. Præterea iste primò leuauit Procur. à Cisterciensibus & Templariis & Hospitalariis, & aliis qui non solebant soluere centesimam. Et decimam istam non soluebant beneficiati qui non habebant xv. libras Turon. in redditibus, licet omnes Regi Franciæ per quinque annos dedissent, etiam pauperes Moniales. Iste Simon interpretatus fuit, quod omnes Religiosi darent decimam, quantumcumque haberent tenues redditus, quia dicebat quod Abbatiæ illorum & loca releuarent eos. Iste Legatus per Vniuersas Diœceses misit fideles suos, qui nescientibus & ignorantibus beneficiatis, per personas extraneas faciebant æstimari beneficia, & illam æstimationem tradebant collectoribus, qui per excommunicationem & Regis compulsionem compellebant secundum illam æstimationem ad soluendum. Episcopi tantùm erant exempti super hoc Ex hac æstimatione magnum fuit murmur in Ecclesia Gallicana, dum per juramentum non crederetur beneficiatis. Nouit Iesvs, si benè fuit factum. Et licet iste Cardinalis esset natione Gallicus, & fuisset Cancellarius Regis Franciæ, & Thesaurarius Turonensis, benè didicerat morem Romanum ad bursarum corrosionem; Exactiones, emunctiones, & compulsiones, quæ factæ fuerunt pro ista decima, & per procuratores suos, exprimere non noui.

ANNO MCCLXIV. in Festo Sancti Bartholomæi, Dominus SIMON Cardinalis, Apostolicæ Sedis Legatus tenuit Consilium Parisius, & fuit concessa Decima per triennium iterum Karolo Comiti Andegauensi, fratri Regis Franciæ, authoritate Domini Papæ ad juuandum Ecclesiam Romæ contra Maisfredum: Iste Legatus prædicabat Cruces contra dictum Maisfredum, & votum Hierosolymitanum inuitabat in istud, & vnum brachium Crucis erat album, & aliud rubeum: Illi vero qui non habebant quindecim libras Turonenses in redditibus, non dabant Decimam istam neque duodecimam, quod dederant Regi Francorum.

MCCLXXXI. in Cathedra S. Petri, fuit electus Dominus SIMON, de Ciuitate Turonensi oriundus Cardinalis & Legatus in Francia, & vocatus est MARTINVS IV. iste etiam affectione præcipuâ fratrum Minorum ordinem prædilexit, & alios de Fratribus prædicti Ordinis in Episcopos consecrauit.

Au Chapitre XXXIV. BERTRAND DE GOVTH, sous le nom de CLEMENT V.

Ex Continuatione Chronici Martiniani suprà citati.

CLEMENS S. Vasco de Vinhaudian, Burdegalensis Diœcesis, prius dictus Bertrandus de Gotho, quem Bonifacius VIII. primo fecit Episcopum Conuenarum & deinde Archiepiscopum Burdegalensem, electus fuit Perusij Non. Iunij Anno Domini 1305 ipso tunc suam Prouinciam visitante, Decretum

des Cardinaux François.

quæ electionis recepit in Burdegalia, in craftino Sanctæ Mariæ Magdalenæ à Cardinalibus sibi missum, & tunc sequenti die sc. 11. Cal. Augusti gessit se pro Papa, sedensque in Ecclesia Cathedrali Burdegalensi in Cathedra, Clemens vocari voluit & elegit. De Burdegalia vero recessit in fine mensis Augusti sequentis, versus Lugdunum & Cardinales ad se vocans, coronatur 18. Cal. Decemb. solemniter in Ecclesia S. Iusti. Cumque de loco procederet vt Pontifex cum corona, comprimentibus turbis, depulsa materia cuiusdam muri corruit iuxta Papam, ceciditque corona de capite eius, & ex ea amissus est carbunculus, cuius pretium dicebatur sex milium florenorum : Papa de equo deportari, non tamen læsus : sed de circumstantibus duodecim collisi breuiter expirarunt, inter quos maior fuit, & præcipuus Ioannes Dux Britanniæ, frater vero Regis Franciæ Dominus Carolus grauiter fuit, sed non letaliter concaßatus, ex quibus multi more vulgi plurima præsagiebant. Eodem anno in aduentu Domini fecit decem Cardinales nouos, & duos olim per Bonif. depositos renouauit. scil. Iacob. & Petrum de Columna patruum & nepotem. Eodem anno in Cal. Februarij reuocauit duas constitutiones Bonif. directas contra Regem Franciæ, vnam qua Papa voluit Regem Ecclesiæ Romanæ esse subiectum in temporalibus & spiritualibus, & aliam quæ in sexto Decret. continetur, quæ incipit, *Clericis Laicos*, etiam omnia ex eisdem sequuta. Anno Domini 1305. prædicto mense Martij Regi Arragonum Sardiniam confirmauit, & Rex promittens & iurans Papæ fidelitatem, promisit Insulam ascendere in Septembri proximo veniente. Anno Domini 1306. Papa de Lugduno venit Burdegaliam, vbi cum Curia sua stetit per annum. Eodem anno de ordinatione Regis Franciæ fuerunt in toto regno capti Iudæi imperceptibiliter vna die, & confiscata bona ipsorum, & expulsi ad regnum minime reuersuri. Anno eodem Hospitalarij cum exercitu Christianorum oppugnare cœperunt insulam Rohdi, cum adjacentibus insulis circa v. quas Turci inhabitabant, sub dominio Imperatoris Constantinopolitani, & ab initio aliquas cœperunt, steteruntque in pugna obsidentes, & obsessi quatuor annis contra Turcos, & obtinuerunt finaliter Christiani. Anno Domini 1307. Clemens Papa cum Curia recessit de Burdegalia ad Pictauiam, vbi moratus fuit vno anno & amplius, maxime pro sedanda discordia inter Reges Franciæ & Angliæ prædictos. Eodem anno in Iulio moritur Rex Angliæ Odoardus, cui successit filius eius Odoardus, qui sequenti die Februarij duxit vxorem filiam Philippi Regis Franciæ Ysabellam. Anno eodem 1307. in Festo S. Eduardi Confessoris 5. Idus Octobris feria sexta capti fuerunt in toto Regno Franciæ Templarij ex ordinatione Regis & Consilij, mirantibus cunctis militiam Templi nimis priuilegiatam ab Ecclesia Romana, ita subito vno die captiuari, causam ignorantibus captionis. Quæ postea fuit publice infamata, videlicet, prophana confessio cum abnegatione Christi & expuitione super Crucem in obprobrium Crucifixi, prout plures eorum, etiam de maioribus confessi fuerunt. Plures etiam confiteri noluerunt, quamuis supponerentur quæstionibus & tormentis. Sedes vero Romana ægre ferebat huiusmodi captionem: Sed nonnullis coram Papa & Cardinalibus in Pictauia ductis, & recognoscentibus ritum execrabilem, ac confessiones prius à se factas veras esse: Ordinatum fuit quod Templarij vndique caperentur. Eodem anno in quadragesima sequenti, inquisitores hæreticæ prauitatis de Ordine Prædicatorum in Lombardia superiori, cum Episcopo Vercellensi prædicata Cruce, cum indulgentia peccatorum, congregauerunt exercitum contra Dulcinum hæresiarcham Nouariensem Qui multos sequaces habens, morabatur in Montanis Nauariensibus : Ibique captus fuit Dulcinus, & cum eo circa 150. personæ, & propter intensum frigus, eiusdem Dulcini socij fame & frigore in eisdem montanis mortui ac gladio interfecti, quadringenti & amplius inuenti sunt, & vxor eius Margareta hæretica cum eodem capta. Anno vero Domini 1308. inchoata fuit facta de ipsis executio per Curiam secularem, fuitque Margareta ante Dulcini oculos membratim concisa, de hinc & ipse Dulcinus membratim conciditur, & membra omnia pariter comburuntur, cum quibusdam aliis complicibus. Peruersum dogma Dulcini imitatorum veterum & nouorum errorum inuentorum non omnino extinctum est. Eodem anno 1308. fuit occisus Rex Alamaniæ Albertus à nepote filio fratris sui, cuius causa fertur quia omnia dabat filiis & de ipso parum curabat, quamuis esset filius primogeniti. Eodem anno Romæ combusta fuit Ecclesia Sancti Ioannis de Laterano, in Festo Ioannis ante Portam Latinam, vnde fuit in vrbe magna lamentatio. Timentes Dei iudicium, processiones faciunt Clerus & populus; pax inter discordes ordinatur, virique & mulieres timore assumunt signa pœnitentiæ & lamenti, cunctique ad reparationem Ecclesiæ dant operam, Clemens etiam Papa dolens manum porrigit adjutricem. Eodem anno Clemens Papa Regi Russiæ, à quo Nuntios prius recepit, remisit Fratres Prædicatores & Minores, qui ipsum (sicut petiit) in fide informarent : Sed cum honore recepti sint à Rege, finis tamen intentus nullus sequebatur, quia Rex fratris & matris metu retractus, penitus nihil egit. Eodem anno mense Augusti per vniuersa regna Christianitatis misit Litteras Apostolicas vt Templarij caperentur, & per Diœcesanos fieret inquisitio contra singulares personas Ordinis super articulis datis contra eos : Misit etiam personas insignes, quæ de toto Ordine inquirerent, & posset illius Ordinis reformatio, vel totalis deletio fieri in proximo futuro generali Concilio. Anno quo supra conuenientes Electores in Franchensort Henricum Comitem *de Lucenbourg*, concorditer elegerunt in Festo Sanctæ Catharinæ in Regem Alamaniæ, qui in Epiphania sequenti fuit Aquisgrani coronatus. Eodem anno circa finem præcedentis mensis Augusti, recessit Papa de Pictauis, venitque Tolosam, manens ibidem in natali Domini vsque ad Epiphaniam Domini : Et post in Festo Sancti Marcelli in loco Conuennatum corpus Sancti Bertrandi Episcopi, cuius olim fuit consors in nomine & successor in sede Apostolica, in capsam transtulit pretiosam, quam ad hoc Papa prius fecit fabricari, concedens indulgentias visitantibus ipsum Sanctum.

Anno Domini 1309. in Coena Domini, Clemens Papa Auinione excommunicauit Venetos & priuauit commercio aliarum Ciuitatum, ac expofuit perfonas & res eorum valentibus occupare: Quia Ferrarium contra Ecclefiam occuparant. Mittitur in Italiam Legatus à latere Cardinalis de Pelagrua, fitque magna ftrages hominum.

Sequenti menfe Augufti legatus recuperauit Ferrariam, cum multo fufo fanguine Ferrarienfium & Venetorum. Iuxta Padum expulfis venetis de Caftro Therbaldi iuncto Ciuitati, de quo ciuitatem impugnabant, fertur numerus occiforum vna die quinque millia, exceptis qui ante & poft mortui fuerunt. Anno eodem quinta die Maij Obiit Carolus fecundus Siciliæ Rex, anno regni fui 25. Cui fuccefsit Robertus filius eius coronatus per Clem. quintum Auinione Dominica prima menfis Augufti, anno prædicto. Anno eodem venerunt Nuncij folemnes Auinionem, petentes electionem Regis Almaniæ admitti & confirmari, quam Dominus Papa, menfe Iulij confirmauit, afsignans tempus coronationis vt à Fefto Purificationis ad duos annos Romam veniret coronam Imperij recepturus.

Sequenti Septembre Epifcopus Rutenenf. cum Magiftro Hofpitalis & aliis, conceffa à Papa tranfeuntibus indulgentia peccatorum, transfretaturus vltra mare pro præparatorio ad futurum paffagium generale, ventis contrariis cum perfonarum & rerum difpendio impeditur: Manfitque Brundufij Hyeme fequenti tempus vernum expectans congruum nauigandi. Eodem anno Clemens ad inftantiam Regis Franciæ in confiftorio pronunciauit, vt liceret profequi volentibus procedere contra memoriam Bonifacij octaui Papæ defuncti. Eodem anno vltima die Ianuarij fuit eclypfis Solis, non tamen tam magna ficut de ea multi prædixerunt. Anno eodem 1310. propter inundantiam pluuiarum toto verno tempore, tanta fuit fequuta cariftia Tholofæ, & in vicinis ac ferè in toto Regno Franciæ, quod vix inueniebatur bladum ad vendendum, nec panis in foro, & pauperes herbas vt beftiæ comedebant. Anno eodem Archiepifcopus Senonenfis, cum fuis fuffraganeis Concilio Prouinciali Parifius coadunato, 5. Idus Maij, 54. Templarios fententiauit, tanquam impœnitentes. Qui fuper nephanda profefsione fua ex propriis confefsionibus fuis iudicati & fententiati Curiæ fæculari Regis traditi, craftino, fcilicet 4. Idus combufti fuerunt, & poft paucos dies fuerunt quatuor ibidem iudicati. Item, poft infra menfem Archiepifcopus Remenfis, cum fuis fuffraganeis in Siluanecto Concilio Prouinciali celebrato, nouem Templarios fimiliter condemnauit, & Curiæ fæculari tradidit comburendos. Mirandum, quod omnes & finguli confefsiones, quas priùs in iudicio fecerant, quas etiam iurati dicere veritatem confefsi fuerant, penitus retractarunt, dicentes fe mentitos fuiffe, & quod metu tormentorum de fe talia confefsi fuiffent. Anno eodem in Fefto Affumptionis Beatæ Virginis infulam Rhodi capiunt & obtinent Hofpitalarij cum exercitu Chriftiano, quæ caput eft vicinarum infularum: & extunc redacta fuit fub dominio Chriftianorum, & patet inde aptus in terram fanctam tranfitus Chriftianis. Eodem anno Ioannes filius Henrici Regis Almaniæ accepit vxorem filiam Regis Boëmiæ, quæ fuit hæres regni, vnde & ipfe factus eft Rex Boëmiæ cum eadem. Eodem anno in Autumno Rex Almaniæ intrauit Italiam, primo veniens Thaurinum, & inde ad ciuitatem Vaftenfem, & poft Vercellas, & Mediolani ab Archiepifcopo ab Epiphania Domini corona Ferrea, quam tamen in Modœcia ab antiquo debet recipere, coronatur, fecitque pro fefto ducentos milites Nationum diuerfarum. Parmenfes & Laudenfes & Brixienfes fortius ad ftragem vfque refiftentes, finaliter eis fe fubmiferunt. Anno Domini 1311. quinto Cal. Maij. Clemens Auenione excufauit in Confiftorio Phil. Regem Franciæ, quod ea quæ fecit contra Bonif. VIII. fecit bono zelo, & recepit Papa fuper fe totum proceffum ab vtraque fcilicet accufante & defendente examinandum, & per viam pacis terminandum. Item, ibidem abfoluit Guillelmum de Nogareto, petentem abfolui à fententia, quia Bonifacium Papam captiuauit: Et Papa iniunxit fibi peregrinationes, & quod in primo paffagio generali mare tranfeat, ibidem quoad vixerit duraturus, nifi fecum Papa difpenfaffet. Anno prædicto fuit Tholofæ & Viennæ regionibus æpydimia & magna mortalitas. Grandis etiam cariftia, fed non tanta ficut prima: Nam verno tempore cum timebatur verifimiliter maior futura, Deo miferante pretium bladi viluit plufquam duplo. Anno prædicto millefimo trecentefimo decimoprimo, Sabbato decimofeptimo Cal. Nouembris, Clemens Viennæ fuper Rhodanum conuocato Concilio generali Prælatorum, in prima feffione propofuit de ftatu Ordinis militiæ Templi, qui de prophana profefsione culpabatur & de paffagio tranfmarino, & generaliter de conferuatione libertatis, & ftatu Ecclefiæ, vt Prælati de hoc cogitarent. Sicque deductum fuit tempus inter colloquia pro hyemem fequentem. Eodem anno quinto Calendas . . . . . . Nafcitur Ioanna primogenita Ludouici Regis Nauarræ primogeniti Phil. Reg. Franciæ. Sequenti menfe Martij vndecimo Calendas Aprilis conuocatis in priuato Confiftorio Prælatis, Clemens Papa per prouifionis potius quam condemnationis viam, Ordinem Templariorum caffauit & annullauit, bonis eorum ordinationi fuæ & Ecclefiæ referuatis, Anno Domini 1312. fuitque fequenti menfe Aprilis, in fecunda feffione dicti Ordinis radiante Prælatorum Concilio publicè caffatio promulgata, præfente Philippo Rege Franciæ, cui negotium erat cordi & Carolo fratre fuo, cum tribus liberis, fcilicet Ludouico primogenito Regis Nauarræ, & Philippo ac Carolo, ficque annichilatus eft ordo poft annos circiter 184. quibus militauit.

Sequentis vero Maij, 2. Nonas fuit tertia feffio & vltima eiufdem Concilij celebrata, fuitque Concilium (feptem ferè menfibus protractum) terminatum Pontificatus Domini Clementis anno feptimo, fueruntque bona Templariorum, prout ea habuerunt, Ordini S. Ioannis Hierofolymitani, fub rectis conditionibus applicata vbique terrarum, exceptis Regnis Hifpaniæ, Arragoniæ, & Maiorcarum, eo quod in Regno Hifpaniæ tenebantur contra fronterias Sarracenorum & grauate militari. Verum paulò post Hospitalarij in Regnis Arragoniæ & Maioricarum bona Templariorum, sicut alibi similiter obtinuerunt, personæ verò Templariorum dispositioni Conciliorum Prouincialium in singulis Prouinciis sunt relictæ, quibusdam nominatim expressis dispositioni Apostolicæ reseruatis. Ita quod absolutis ab erroribus per Ordinarios, ministretur de bonis Ordinis vnde valeant sustentari. Circa confitentes verò, considerando modum confessionis, rigor cum misericordia mitigetur. Circa impœnitentes & relapsos censura Canonica obseruetur. Circa illos, qui in quæstionibus & tormentis suppositi se negauerunt erroribus inuolutos, fieret quod æquitas suaderet. Et teberentur expensis Ordinis & Domibus quondam ipsius Ordinis, & quod multi nullatenus ponerentur. Qui verò inquisiti non fuerunt, nec sub potestate Ecclesiæ fugitiui citati fuerunt, publicè vt compareant in annum coram Diocesanis Iustitiam recepturi. Non comparentes essent excommunicati ipso facto, & si in excommunicatione pertinaciter per annum perseuerarent, vt hæretici damnarentur. In prædicto Concilio inter multas Constitutiones edita fuit declaratoria & interpretatiua Regula Fratrum Minorum. Scilicet, Exiui de Paradiso. Super qua Regula, & eius obseruatione pars Fratrum Minorum, qui spirituales dicebantur, contra alteram tumultuans & altercans, priuatim & publicè contemnebant, & Iudicium sedis Apostolicæ postulauit. Eodem anno tempore Concilij Philippus quintus Rex Franciæ dans Archiepiscopo Lugdunensi, pro Iure quod Ecclesia sibi vendicabat, reddit ipsam ciuitatem integraliter. Super quo Clemens Papa requisitus per Archiepiscopum, nec assensit, nec dissensit, sed reliquit in manu Concilij; & sic deinceps Lugdunum ad regnum pertinet integraliter tali iure. Celebrato Concilio Viennæ, Papa cum Curia reuertitur Auinionem. Anno Domini 1313. Papa Auinione canonizauit fratrem De Morrone, qui quondam fuit Papa Cælestinus quintus, vt supra in gestis eiusdem. Eodem anno Parisius in vigilia S. Gregorij combustus fuit Magister Ordinis quondam Templi, cum quodam magno eiusdem Ordinis præceptore, præsentibus duobus Cardinalibus, licet iudicati fuerint ad agendum pœnitentiam Consilio Prælatorum. Anno eodem 12. Cal. Aprilis in Castro de Monthliis propè Carpentoratem vbi tunc Curia residebat; Clemens publicari fecit constitutiones suas prius editas à se, volens (vt vulgatum fuit) inde vnum librum fieri, quem voluit septimum Decretalium appellari, cœpitque exinde ægrotare, sicque liber missus non fuit ad studia generalia (vt moris est) sed mansit inuolutus ferè quadriennio futuri Pontificis dispositioni relictus: Nam Clemens ægrotans 31. diebus 11. Kalend. Maij moritur, cum sedisset annis octo, mensibus decem, diebus quindecim; Anno eodem Domini 1314. apud Rocham Mauram Castrum Regis Franciæ super Rodanum, indeque transducitur corpus ad Carpentoratem vbi Curia residebat, inde transuectum Vasconiam & sepultum in Ecclesia Beatæ Mariæ de Vseca Diœcesis Vasatensi, vbi paulò prius Canonicos Seculares instituit, in villa minus insigni satis sterili & exili. Vacauit sedes annis duobus, mensibus tribus, diebus decem & septem. Defuncto Clemente Cardinales in palatio Episcopali Carpentoratensi intrant Conclaue, in quo dum aliquandiu fuissent, non valentes concordare, orto strepitu inter familiares eorum concorditer exierunt, statuentes tempus infra quod redirent pro electione facienda, & ortis discordiis inuicem minimè redierunt: sed in certis Ciuitatibus dispersi, manentes steterunt diuisi loco de proposito annis potius quam duobus, plurésque fuere tractatus per personas medias inter eos. Tandem Dominus Philippus Comes Pictauiæ post modum Rex Franciæ egit, quod Lugduni congregati sunt, promittens quod de Lugduno deberent recedere quando vellent, quod fuit eis minimè obseruatum. Anno Domini 1314. in vigilia S. Andreæ, sede Romana vacante, Philippus Rex Franciæ obiit, anno regni sui 30. tunc currente. Sepultus est apud Sanctum Dyonisium, cor verò apud Pisacum Monasterium Monialium à se fundatum, cui successit Ludouicus primogenitus qui tunc etiam Rex erat Nauarræ. Cuius Ludouici vxor sequente mense Aprili, anno Domini 1315. obiit, quæ fuit filia Regis Burgundiæ, & ob crimen adulterij in custodia priuata tenebatur. Eodem anno vltima die mensis Aprilis, Engelraldus de Marchia miles Normannus, qui viuente Rege Philippo secundus fuit post eum, in multis accusatus suspendio eleuatur. Huius itaque exemplo & alterius qui præcessit eum, scilicet Petri de Brussia, qui tempore altarius Domini Philippi & istius Domini Ludouici, etiam sec ndus Rex videbatur, & similiter suspensus erat: Discant & pertimescant præsentes & posteri in gradu similes & fortuna iustè & piè viuere, vt similem casum infortunij possint euitare. Eodem anno vltima die mensis Iulij, Ludouicus Rex Franciæ desponsauit sibi in facie Ecclesiæ Clementiam filiam quondam Caroli Martelli primogeniti Caroli secundi Regis Siciliæ; Fuítque tertia die mensis Augusti, Remis per Archiepiscopum cum eadem coronatus, & inde processit mox contra Flandrenses, & castrametatus tentoria fixit cum exercitu contra Castrum de Cortraco. Comes verò Flandriæ cum exercitu & Flamingis erat in eodem Castro: verum tanta fuit inundatio pluuiarum, terræque illa facta tam lutosa, quod non erat consilium subsistendi. Vnde Rex cum exercitu suo inde recessit cum dedecore aliquali. Erant in exercitu Regis quindecim milia equitum, pedites verò non poterant faciliter numerari. Eodem anno Iudæi redeunt in Franciam, pecunia mediante, qui expulsi, non credebantur amodo reuersuri. Eodem anno circa natale Domini stella cometa apparuit de nocte durans vsque ad finem mensis Februarij, protendens comam suam nunc versus Orientem, nunc ad Occidentem, aliquando ad partes alias. Paulò post apparuit secunda stella Cometa minor prima in parte Orientali. Anno Domini 1316. Nonis Iunij, Obiit Rex Franciæ Ludouicus, anno regni sui secundo, in Sancto tumulatur Dionysio, relinquens filiam vnicam ex vxore prima. Secundam vxorem, scilicet Dominam Clementiam grauidam & prægnantem, Regna verò Franciæ & Nauarræ tuenda suscepit Philippus Comes Pictauiensis frater eius vsque si puer masculus nasceretur, quatuordecim esset annorum, si vero filia Philippus esset Rex Franciæ, & duæ filiæ Regnum Nauarræ & Comitatum Campaniæ diuiderent & haberent, post vero quartadecima die Nouembris, Domina Clementia peperit Parisius filium Iohannem vocatum, cuius Natiuitatis gaudium septima die morientis in luctum nimium fuit versum : sicque Regnum Franciæ Domino Philippo remansit

Au Chapitre XXXV. PIERRE DE LA CHAPELLE.

Nomina Episcoporum Tholosanæ Sedis, à Sancto Saturnino, vsque ad primum Archiepiscopum eiusdem Sedis.

Authore Bernardo Guidonis, MS.

PETRVS de Capella sic cognominatus à loco, vnde extitit oriundus, Lemouicensis Diœcesis, successit Domino ARNALDO Rotgerij de Conuenis, translatus de Carcassonensi sede, & factus Episcopus Tholosæ, per prouisionem & ordinationem BONIFACII Papæ VIII. circa principium mensis Octobris, anno Domini MCCXCVIII. Fuit autem Episcopus Tholosæ annis VII. & mensibus ferè tribus. Demum assumptus fuit inde ad Cardinalatum per Dominum CLEMENTEM Papam V. feria quarta ieiunij quatuor temporum Aduentus, scilicet XVIII. Kalendas Ianuarij, anno Domini 1305. postmodum vero existens Cardinalis Episcopus Prænestinus, obiit in Lemouicensi Diœcesi, sepultusque fuit in prædicto loco suæ Originis de Capellà, anno Domini 1312. mense Iunij, Cardinalatus sui anno VII. decurrente.

Au Chapitre XXXVII. ARNAVD DE CANTELOV.

Ex fragmento de rebus Burdegalensibus, desumpto ex veteri libro MS. Statutorum siue Constitutionum Ciuitatis Burdegalensis.

ANNO MCCCV. viuebant tres prælati Ecclesiæ Burdegalensis, videlicet Dominus Bertrandus de Gut, factus Papa Romanus & vocatus CLEMENS V. Dominus ARNALDVS DE CANIOLVPO, qui non fuit consecratus, quia factus est Presbyter Cardinalis Tituli Sancti Marcelli ; Et Dominus Arnaldus de Cantolupo nepos eius, qui sedit in Archiepiscopatu annis XXVII. & VI. diebus.

Au Chapitre LIV. IACQVES DOSSA, Pape sous le nom de IEHAN XXII.

Ex Continuatione Chronici Martiniani suprà citati.

IOANNES XXII. de Ciuitate Caturcensi, prius dictus Iacobus Forniliensis II. annis, inde per Clementem V. factus Episcopus Auen. & post Cardinalis Episcopus Portuensis. Dominus enim Philippus Comes Pictau. studio & ingenio suo Card. Lugd. congregauit, & eos inuitos in vigilia Apostolorū inclusit contra promissum faciens, vtilitatem communem priuatæ præponens, ipsos compulit Ecclesiæ prouidere. Qui inclusi tractatu præhabito in dictum Dominum Ioannem consenserunt ipsum eligentes An. Domini 1316. mense Augusti die 7. qui Nonis Septembris in Ecclesia Lugdunensi coronatur. In fine vero mensis venit Auinionem, 1. die Octobris, vbi prius fecit Curiam proclamari, fecitque primo ibidem 8. Cardinales. Item, canonizauit S. Ludouicum Episcopum Tholosanum de Ordine Minorum, filium quondam Car. II. Siciliæ, 6. Cal. Aprilis apud Auinionem, Anno Domini 1316. Item, deposuit à Sacerdotali & Pontificali dignitate Hugonem Episcopum Caturcensem, priuans eum omnibus insigniis Pontificalibus, qui in simplici habitu præparatus carceri adiudicatur. Quarta die Maij Anno prædicto fuit degradatus per Tusculanum Episcopum Cardinalem & Curiæ sæculari traditus tractusque fuit, & in aliqua parte corporis excoriatus, demum in mense Iulij combustus : quia in mortem summi Pontificis (vt dicebatur) fuit machinatus. Anno eodem in Iulio & Augusto Ecclesiam Tholosanam erexit in Archiepiscopalem, Diœcesim Tholosanam in sex Episcopatus diuisit. Quorum Episcopi suffraganei sunt Tholosani, sex villas faciens nouas ciuitates, villam Montisalbam, villam de Riuis, Abbatiam de Lomberiis, villam de S. Paulo, villam de Vauro & de Mirapice, sedes Episcopales in singulis constituens earumdem. In Archiepiscopatu Narbonensi fecit duos, quorum primum instituit in Limoso, sed paulo post transtulit ad Abbatiam de Electo : secundum Episcopatum instituit ad Abbatiam S. Pontij. Item, Episcopatum Albiensem diuisit in duos, scilicet Castrensem apud Castras, sedem ponens in Abbatia S. Petri apud dictas Castras. Item, Episcopatum Agennensem diuisit in duos, sedem ponens in Abbatia S. Petri de Condomo. In Episcopatu Lemouicensi sedem ordinauit, aliam in Abbatia Tutellensi in Ecclesia Petragoricensi : in villa de Sarlato nouam sedem instituit. In Episcopatu Ruthenensi fecit alium in Abbatia

des Cardinaux François. 595

ac villa de Nabrio. In Episcopatu Pictauensi fecit duos, vnum in Abbatia de Mallesio & vocatur Malleacensis, secundum in villa de Lucionio & vocatur Lucionensis, sed in nonnullis villis fecit Collegiatas Ecclesias Canonicorum secularium, cum Dignitatibus & Præbendis, congruis redditibus assignatis. In Monte Albano instituit Ecclesiam Collegiatam, cui præesset Decanus. Item, in Castro nouo de Artio. Item, in villa de Butlato Albigesij, & harum Ecclesiarum Canonici cum Monachis concurrerent ad electionem Episcopi faciendam. Item, in villa S. Fœlicis Tholosanensis Diœcesis; in villa de insula Iordani. Item, in villa Montis-Regalis Carcassonensis Diœcesis, in quarum singulis ordinauit Decanos cum Canonicis & Præbendis. In Ecclesia S. Pauli de Fenecheldesio instituit Ecclesiam Collegiatam, cuius Decanus & Canonici vna cum Monachis habent ius electionis Episcopum eligendi. Anno Domini 1317. Pontificatus sui anno 2. edidit multas Decretales circa pluralitatem Beneficiorum. Item, edidit aliam contra plures dignitates & contra habentes, quæ incipit *Execrabilis*, &c. Item, eodem anno, mense Nouembri misit ad studia generalia constitutiones Clementis in Concilio Viennensi & Aucnionensi, & post cum editas. An. eodem Ioannes Papa post multas dissentiones in ordine Grandimontensi ortas, sic ordinauit, quod Domus Grandimontensis quæ caput est ordinis, quæ vsque tunc ab initio per Priorem regebatur, regeretur amodo per Abbatem, & Abbatis electio pertinebat ad Conuentum. De aliis vero Domibus fierent de potioribus 39 Prioratus, quibus aliæ Domus vnitæ sint & subiectæ, quibusdam ipsi Abbatiæ Grandimontensi sine dubio reseruatis. Item, tribus visitatoribus ordinis additus fuit quartus: hæc ad reformationem ordinis salubriter sunt prouisa, lapsis annis 240. ab exordio ordinis computando, quo Beatus Stephanus Fundator eius venit, primò ad Heremum de Muteto, quod fuit Anno Domini 1076. Hoc anno in vigilia reuelationis S. Michaëlis combusti fuerunt in Massalia quatuor Fratres Minores propter hæresim de paupertate. An. Domini 1318. Idem Dominus Papa Episcopatum Terraconensem in Regno Arragoniæ diuisit in duos mense Augusti Episcopalem sedem Cesar-Augustanam in Archiepiscopalem erigens, pro secundo quinque sibi suffraganeis Episcopis designatis ex illis vndecim quos Terraconensis Metropolis habuit, cui sex tantummodo remanserunt.

Anno eodem in Italia in Comitatu Senensi & Diœcesi Aretina cœpit ordo Montis-Oliueti, sub Regula Sancti Benedicti, per Bernardum de Tholomeis & duos Socios Senenses. Anno Domini 1319. Ioannes Papa Pontificatus sui anno tertio, 2. Idus Martij in Regnis Portugaliæ & Algarbij, nouum Ordinem instituit, De militia IESV CHRISTI, cuius ordinis caput statuit in Castro Marino Soluensis Diœcesis, consentiente Rege, qui dictum Castrum Ordini liberè concessit & contulit. Cui ordini Papa contulit bona quondam Templariorum in regnis prædictis, debetque visitari & corrigi ordo prædictus per Abbatem Monasterij de Alcobatia, Cisterciensis Ordinis Vlixbonensis Diœcesis, debetque militare Deo ordo præfatus secundum Regulam Ordinis Calatrauensis. Anno eodem in æstate veterem Abbatiam Montis-Cassini S. Benedicti in sedem Episcopalem erexit. Anno Domini 1320. Calendis Maij Auinione canonizauit Sanctum Thomam Episcopum Herphordensem, à transitu eius anno 38. qui fuit nobilis genere, Doctor in Decretis & Magister in Theologia, cuius præclara merita, miracula declarant, non solum in meritis sanitatum, sed etiam in mortuis eius meritis suscitatis. Anno Domini 1320. prædicto, feria sexta in Ieiuniis 4. Temp. Aduentus Domini, fecit ordinationem septem Cardinalium, inter quos erant Dominus Bertrandus de Turre, de Ordine Minorum, Magister in Theologia, & Dominus P. de Prato, qui posteà fuit Episcopus Prænestinus, & Vicecancellarius multis annis. Anno quo supra 1320. vel circa duobus pro crimine Sodomiæ commisso, vno sene & alio iuuene ignis incendio adiudicatis, eisque ad columnam ligatis & accensis, iunior ille ad inuocationem Beatæ Mariæ Virginis, sene cremato, illæsus exiuit, vnde dictus Dominus Papa Capellam construi fecit in eodem loco & dotauit pro Capellanis perpetuis, quam Capellam de miraculis intitulauit.

Anno Domini 1322. in Augusto idem Dominus Papa suspendit sententiam excommunicationis, & alias pœnas contentas in constitutione Nicolai Papæ III. edita super Regula Fratrum Minorum, quæ incipit. Exiit qui seminat seminare semen suum, extra de verbo, si. l. 6. contra glosantes vel aliter exponentes, nisi grammaticaliter promulgatas.

Anno Domini 1323. 5. Cal. Martij Auinione canonizauit S. Thomam de Ordine Prædicatorum, anno quinquagesimo à fœlici eius transitu decurrente. Anno eodem perpetuò declarauit edicto hæreticum esse censendum, dicere quod Christus & Apostoli nihil habuerunt in proprio nec in communi. Item, affirmare quod Christo eiusque Apostolis in his quæ ipsos habuisse sacra scriptura testatur, nequaquam ius ipsis vtendi competierit, nec illa donandi, aut ex ipsis alia acquirendi, erroneum & hæreticum.

Anno Domini 1324. Pontificatus dicti Domini Papæ anno octauo, Carolus Dux Calabriæ accepit Neapoli in coniugem Dominam Mariam de Vallesio. Anno Domini 1326 Pontificatus prædicti Papæ anno decimo, idem Dux accessit ad Florentiam. Ante hæc tempora mortuo Henrico Imperatore per intoxicationem & sepulto propè Pisas, in loco qui dicitur Buenconuento, Electores conquerentes in Franchenford duos in discordia elegerunt, Ludouicum Bauariæ & Fredericum Austriæ Duces; Quibus electis in campis egredientibus, victoria cessit Ludouico, & Fredericus ibidem capitur, & Ludouicus in regno Almaniæ sublimatur: sed quia idem Ludouicus confirmationem petere contempsit à Papa, dictus summus Pontifex multis præmissis processibus & sententiis, ipsum priuari & electionem eius cassam declarauit, multis pœnis aliis successiue temporis adiectis. Anno Domini 1325. Sabbatho primo quadragesimæ, condemnauit postillam Fratris Petri Ioannis Destrinchio Biterrensis Diœcesis de Ordine Minorum, ex qua fomentum sumpsit quædam secta pestifera, illorum qui se pauperes de tertio Ordine S. Francisci appellant, ex quibus multi fuerunt combusti. Anno Domini 1328. Pontificatus sui anno 12. in quatuor tem-

FFff iij

post ipsius Aduentus Domini, fecit quartam ordinationem Cardinalium decem, inter quos erant Dominus Ioannes de Conuenis, Anibaldus, & Iacobus Episcopus Mirapiscensis, qui postea fuit factus Papa Benedictus XII. Hoc anno Ludouicus Bauarus intrauit Italiam, & licet Robertus Siciliæ Rex, & Dominus Ostiensis Cardinalis, tunc Legatus Italiæ conarentur ipsum in passibus impedire: recto tamen itinere venit Romam. Et castrametatus in pratis (vt dicitur) ante vrbem, tandem auxilio contemnentium introiuit, multos faciens & creans milites in Ponte Tyberis, & à Præfecto vrbis suscepit Imperij Diadema.

Hic Ludouicus quia Dominus Ioannes Papa, iamdudum processus fulminauerat contra ipsum dicentem Papam subesse Imperatori, hæreticorum seductus consilio, fratrem Petrum Regullucij de Corbario Reatinæ Diœcesis, de Ordine Minorum elegit in Papam. Qui electioni consentiens consecrari, seu potius execrari se fecit anno prædicto de mense Maij nonnullos faciens Cardinales. Cui etiam Dominus Ludouicus, cum suis reuerentiam faciens infusflecit scindere Ecclesiæ vnitatem. Hic frater Petrus dicebatur vxorem habuisse, videlicet Ioannam Mather de Corbario, & ea inuita Ordinem Minorum professum fuisse. Et ipsa dum Papa, seu potius Antipapa electus fuisset, ipsum repetiit coram Episcopo Reatino, fuitque sententia lata pro eadem. Tandem vero Ludouico recedente de Italia, idem frater Petrus venit Auenionem, per Bonifacium Comitem de Pisis Papæ præsentatus, & in publico ad gratiam receptus, fuitque curialiter detentus, donec diem clausit extremum, in Ecclesia Fratrum Minorum Auenione traditus Ecclesiasticæ sepulturæ. Anno Domini prædicto in Maio nascitur Ioanna filia Caroli Ducis Calabriæ, quæ fuit postea Regina Siciliæ, idemque Dux anno Domini eodem mortuus est. Anno Domini 1332. Domina Maria vxor dicti Ducis moritur in S. Nicolao de Barro. Circa hæc tempora mortuo Domino Philippo Rege Francorum, Carolus frater eius successit eidem. Qui filiam quondam Henrici Imperatoris, sororem videlicet Ioannis Regis Boëmiæ duxit vxorem, tenens in Curia sua Vvenslaum ipsius Ioannis Regis filium, quem Carolum suo nomine vocari fecit in Confirmationis Sacramento. Et quod nomen illud fuerit in Almania abusiuum, Idem Vvenslaus, suo mutato nomine Carolus postea factus Imperator Romanorum, vt infra videbitur suo loco. Postea anno Domini 1330. mortuo Carolo Rege Francorum, sine hærede masculo, Philippus Comes de Vvallesio, nepos eiusdem ex patruo, adeptus est Regnum Francorum Rhemis coronatus, licet ex opposito per procuratores suos ad hoc missos instaret Eduardus Angliæ Rex, petens se admitti ad Regnum, tanquam ille cui debetur ex successione matris suæ, quæ fuit soror Caroli tunc defuncti. Est tamen consuetudo antiqua Regni Franciæ filias non succedere Regno. Ideoque idem Eduardus repulsus est, nec admissus. Quare inter eosdem Philippum & Eduardum grauis orta est dissensio, quæ multis durauit annis, quæ & Franciam vltra modum afflixit, vt in sequentibus apparebit. Huius anno ..... Dominus Ostiensis Italiæ de ciuitate Bononiensi, quam nomine Ecclesiæ Romanæ tenuit, per ciues ipsius ciuitatis tumore suscitato fugatur, exercitu Ecclesiæ tunc Ferrariam obsidente, & ob hoc Legato succurrere non valente, venitque Auinionem procuratura contra ciues Bononienses sententias fulminari, à quibus fuerunt postea per Benedictum Papam non sine pecuniis absoluti. Circa hæc tempora quæstio & altercatio inter Theologos oritur, de visione faciali Dei post mortem beatorum. Quam Papa morte præuentus reliquit indecisam: sed eam Successor eius determinauit. Huius tempore Papæ diuersis vicibus fuerunt combusti multi Fratres Minores propter opinionem de paupertate Euangelica, & multæ sorores Ordinis in diuersis locis. Obiit autem anno Domini 1334. Die Dominica, die quarta Decembris, anno Pontificatus sui 19. Sepultus Auenione, in Ecclesia Beatæ Mariæ Virginis Cathedrali. Vacauit sedes diebus 16.

Au Chapitre LXV. REGNAVLT DE LA PORTE.

Lemouicences Episcopi. Ex MS. Monasterij Grandimontis.

REGINALDVS DE PORTA, qui in sua Synodo, die Iouis post Pentecostem, anno MCCXCVII. approbauit Festum Sancti Stephani de Mureto, & præcepit celebrari per totam Diœcesim, VI. Idus Februarij, cum nouem Lectionibus ad modum vnius Confessoris; & anno MCCCXV. XV. Kalendas Martij, adiuncto secum Collegio Ecclesiæ Lemouicensis, ac diuersorum Monasteriorum Abbatibus, ac Religiosis, Corpus Aureliani Lemouicensis Episcopi reuelauit cum summa deuotione, in capsam propriam transtulit, quam postea super Altare Ecclesiæ Sancti Cessatoris decentissime collocauit.

Ex Chronicis MS. Sancti Martialis & Sancti Martini Lemouicensium.

REGINALDVS DE PORTA de Allassaco Canonicus & Archidiaconus Lemouicensis, successit GIRBERTO, quia Dominus Petrus de Seperia Canonicus Ebroicensis, oriundus de Parrochia Domzeniaci Lemouicensis Diœcesis, electioni contradicens, & noluit acceptare electionem sibi oblatam, & per solemnes Nuntios præsentatam in sede Ebroicensi, quorum vnus extitit ipse Dominus Reginaldus, vnde redeuntes ad electionem Canonici, memoratum Dominum Reginaldum in Episcopum elegerunt, circa Festum omnium Sanctorum. Anno Domini MCCXCIV.

des Cardinaux François.

Nomina Episcoporum Lemouicensium; à Sancto Martiali vsque ad annum MCCCXIX. Authore Bernardo Guidonis. MS.

REGINALDVS DE PORTA oriundus de ALASSACO successit in Episcopatu Domino Giraberto; electus in Episcopum circà quindenam post Festum omnium Sanctorum, anno Domini MCCXCIV. Erat autem Canonicus & Archidiaconus in Ecclesia Lemouicensi, & ipse vnus extiterat de iis, qui memorato Domino Petro de Seperia, electionem ex parte Capituli Lemouicensis Ecclesiæ portauerunt. Hic Dominus Reginaldus fuit postmodum translatus de Lemouicensi sede, & factus Archiepiscopus Bituricensis, per Prouisionem Domini IOHANNIS Papæ XXII. in Auenione, vbi Curia morabatur, in Vigilia Circumcisionis Domini, pridie Kalendas Ianuarij, scilicet octauo die à sepultura prædecessoris sui Domini Fratris ÆGIDII, qui in Vigilia Natiuitatis Dominicæ in Auenione, in Ecclesia Fratrum Sancti Augustini extiterat tumulatus, Anno Domini MCCCXVI. iam tunc completo.

Au Chapitre LXXIX. IACQVES FOVRNIER, Pape sous le nom de BENOIST XII.

Ex continuatione Chronici Martiniani supra citati.

BENEDICTVS XII. natione Tholosanus de Sauardino Appamiarum Diœcesis, prius dictus Iacobus Abbas Fontis-Frigidi, Cisterciensis Ordinis, Magister in Theologia, deinde Episcopus Appamiarum, post Episcopus Mirapiscensis: demum per Dominum Ioannem XXII. prædictum creatus fuit Tituli S. Priscæ Presbyter Cardinalis, deinde mortuo Domino Ioanne, quartà die Decemb. anno Domini 1334. Iste in Papam eligitur: anno eodem, mensis eiusdem die 20. coronatus apud Prædicatores Auenionenses. Sedit autem 7. annis, mensibus 7. Hic primus cœpit construere Palatium Apostolicum Auenione in loco vbi solebat esse palatium Episcopale, in quo Dominus Iohannes Papa residere consueuit, hic iustus & durus per constitutionem ad regimen erat. Beneficia, quæ sedi Apostolicæ reseruauit vix conferre voluit, timens vt dicebatur ne conferrentur indignis. Hic multum thesaurum Ecclesiæ congregauit. Hic nihil dare voluit alicui de suo genere vel consanguinitate, iste vero neminem timebat quin Iustitia fieret. Bonos dilexit & malos odio habuit. Hic diuersas extrauagantes fecit. Hic Marescallum suum propter traditionem (quam ipse fecisse dicebatur, tradendo quosdam Anglicos Auenione tunc moram facientes, in manus Domini Philippi Regis Francorum, inter quem & Regem Angliæ tunc guerra orta fuit quæ multis annis durauit) suspendi fecit ante domum, de qua Anglici proditi & editi fuerunt, fecitque cum in campum sepeliri. Sed Dominus Clemens VI. postmodum fecit illum extumulari, & in cimiterio in fauorem Regis Franciæ (sicut famabatur) inhumari. Huius tempore cœperunt Cardinales ædificia vltra pontem facere, in quibus æstiuo tempore morabantur. Hic Papa aliquando moram fecit Pontesorgiæ. Iste sententias latas per Dominum Ioannem prædecessorem suum contra Ludouicum Ducem Bauariæ (qui se gessit pro Imperatore) nunquam aggrauauit: Sed ei legatos suos misit monens & hortans, vt ad Ecclesiæ rediret vnitatem. Huius anno secundo, alij dicunt anno primo, in Festo Sanctorum Simonis & Iudæ, mensis Octobris horâ Vesperarum ventus improuise surgens in diuersis mundi partibus adeo fortiter, quod aërem commouit turbinosum, nec tamen diu durans, vt multis in locis tecta Ecclesiarum & Domorum, etiam plumbea ad magnam distantiam transportaret, magnaque fieret Domorum, Ecclesiarum & Monasteriorum ruina. Hic anno Domini & Pontificatus sui, anno prædicto, 4. Kalend. Februarij, Decretalem quæ incipit, *Benedictus Deus in Sanctis suis*, &c. decisoriam quæstionis seu altercationis tempore Domini Ioannis inter Theologos agitatæ, de visione faciali Dei Sanctorum, ante diem iudicij, quam idem Dominus Ioannes morte præuentus non determinauit, sed indecisam reliquit, edidit & declarauit, videtur quod animæ Sanctæ nihil habentes purgabile, statim vt discedunt, faciem Dei vident, & publicari fecit, mandans sub pœna Anathematis & incursionis Hæresis, ne quis contra huiusmodi determinationem dogmatisaret aut crederet. Anno Domini 1337. tertia die Iunij combustus fuit in Venetiis, anno Pontificatus Domini Benedicti III. Frater Franciscus de Pistoio Ordinis Minorum, propter opinionem quam Ecclesia reprobabat de paupertate Euangelica. Iste suo tempore creauit sex Cardinales. Huius temporibus Eduardus Rex Angliæ, iam factus inimicus Philippi Regis Franciæ, venit in Francaenford Maguntinæ Diœcesis ad Ludouicum Bauariæ, Ducem gerentem se pro Imperatore pro auxilio sibi ferendo. Qui Ludouicus eundem fecit Vicarium Imperij, cujus Vicariatus prætextu renitentem sibi populum Cameracensem, & Ciuitatem, quæ est Camera Imperij in Francia, obsedit, sed non cœpit. Idem etiam Ludouicus Raynaldum Comitem Golriæ, & Vvillelmum Comitem Iuliscensem illum Ducem & istum Marchionem creauit in Francanfordia, cœtu principum congregato. Anno Domini 13. circa idem tempus surrexit quidam in superioribus partibus, qui se regem Armleder nominabat. Qui adunata multitudine minorum & rusticorum Iudæos quoscumque reperire poterat, trucidabat. Sed demum per Ludouicum Bauarium prædictum captus occidi iussus est, & tota illa congregatio dispersa est. Huius Papæ temporibus Dominus Alphonsus

Additions aux Preuues de l'Histoire

Rex Hispaniæ contra Regem Marachiæ confecto prælio triumphauit: Et in signum victoriæ, Idem Rex vexillum suum Domino Papæ misit, quod vsque hodie in Capella Papæ Auenionensi conseruatur. Idem Dominus Papa multas constitutiones & ordinationes fecit circa Ordines Monachorum Nigrorum & Cistercientium. Obiit anno Domini 1342. 5. die Aprilis. Pontificatus sui anno octauo & vacauit sedes diebus 13.

Au Chapitre LXXXV. PIERRE ROGER, Pape sous le nom de CLEMENT VI.

Ex eadem Continuatione Chronici Martiniani.

CLEMENS VI. natione Lemouicens. de Malmonte Lemouicensis Diœcesis, prius dictus Petrus Rogerij, Monachus Monasterij Casæ Dei, Ordinis Sancti Benedicti Claromontensis Diœcesis. Deinde Parisius factus Magister in Theologia, & post Abbas Fiscanensis dicti Ordinis, postea Episcopus Attrebatensis, deinde Archiepiscopus Senonensis, & Presbyter Cardinalis Tituli SS. Nerei & Achilei, & tandem mortuo eodem Domino Benedicto electus in Papam, 7. die Maij anno Domini 1342. & die S. Pentecostes apud Fratres Prædicatores Auenione coronatus est, cum pompa & gaudio, Ioanne primogenito Philippi Regis Franciæ Duce Normanniæ, qui postea fuit Rex Franciæ ipsum adextrante. Mittuntur eadem æstate in Franciam Ambardus Tusculanus & Petrus Prenestinus Episcopi Cardinales, pro guerra sedanda inter Eduardum Angliæ & Philippum Franciæ Reges orta. Qui tamen nisi inductis treugis paucorum dierum, modicum profecerunt. Eadem æstate fuit tanta inundantia aquarum per totum mundum nostri Climatis, non à pluuiis orta, sed vndique scaturire, etiam in cacumine montium videbatur, adeoque loca inconsueta occuparet, & in Ciuitate Auenionensi nauigio iretur & per mutos Ciuitatis Coloniensis à nauibus scanderetur, atque Pontes & Turres plurimæ ruerent ab aquis suffossæ. Eodem anno de mense Ianuarij præfatus Dominus Papa præsentibus Ambassiatoribus Romanorum in anno 50. futuro omnibus visitantibus vrbem concessit indulgentiam plenariam, & annum illum statuit Iubileum imperpetuum, quem olim Dominus Papa Bonifacius VIII. statuerat de centesimo in centesimum, iste de quinquagesimo in quinquagesimum commutauit. Anno Domini 1343. 2. Idus Aprilis processit contra Ludouicum Bauarium innouauit. Eodem anno obiit Robertus Rex Siciliæ, & Domina Ioanna neptis eius successit in Regnum nubens Andreæ Fratri Regis Vngariæ, qui postmodum instante coronationis die, fuit in Ciuitate Ancisana, fune (vt dicebatur) circa verenda ligato, è fenestra suspensus, per familiares Reginæ crudeliter est strangulatus: Contra cuius interfectores idem Dominus Papa processum fecit, Kalendas Februarij, anno quarto Pontificatus sui. Anno Domini 1344. Villelmus Comes Hollandiæ à Frisonibus occiditur in bello, cuius Comitatum quia sine hærede fuit mortuus, Bauarius prædicto filio suo contulit, qui cum possidet vsque in hodiernum diem. Eodem anno, secundo Idus Aprilis, Dominus Papa processum contra Banarium præfatum innouans, ipsum pœnitus reprobauit, monuitque Electores, vt ad electionem procederent, alioquin Sedes Apostolica prouideret, à qua ad ipsos ius eligendi prouenerat. Eodem anno de mense Iunij, Eduardo Rege Angliæ contra Philippum Regem Franciæ transituro prope Sclusam portum Flandriæ, obuiante exercitu Francorum confligitur, tanta strage facta, quod aqua maris plerisque diebus tincta sanguine videbatur, victoria tamen potitus Rex Angliæ Tornacum obsedit, diruens & vastans castra & villas Picardiæ.

Eodem tempore reuertitur in Franciam Dominus Ambaldus Cardinalis, juncto sibi Domino Stephano, Titulo SS. Ioannis & Pauli, qui postea fuit Innocentius Papa VI. qui etiam modicum profecerunt, & Angliæ continuè cessit victoria.

Circa idem tempus Henricum de Virneburch, Archiepiscopum Moguntinum, Dominus Papa, propter adhæsionem Bauari deposuit, & de Girlaco tunc Decano Moguntino ipsi Ecclesiæ prouidit. Verum ipse Henricus quamdiu vixit, Ecclesiæ incubuit, sententias excommunicationis leuipendens, Terrasque Comitum de Nassero incendiis deuastauit. Postmodum Domini Electores videlicet Valcanus Coloniens. Balerinus Treueren. & Girlacus nouus Moguntinus Archiepiscopi, Dux etiam Saxoniæ, & Ioannes Bœmiæ Rex in villa Rense Treuerensis Diœcesis congregati, Dominum Carolum dicti Regis Bœmiæ primogenitum in Regem Almaniæ elegerunt. Qui postea in oppido Bunnensi Coloniensis Diœcesis circa Festum Sanctæ Catharinæ, corona ferrea extitit coronatus, eo quod vrbs Aquensis, vbi hoc fieri est consuetum, & Francenfordia vbi electio celebrari consueuit, Bauaturæ vsque ad vincenti adhæserunt. Circa idem tempus Sedes Pragensis Episcopalis in Metropolitanam erigitur. Et postea anno sequenti de mense Nouembri, die sexto electio Domini Caroli confirmatur. Post hæc moritur Bauarus, & Domino Carolo pro magna parte cessit Imperium. Præfatus tamen Carolus, Henricus Maguntinus Depositus & Marchio Brandeburdensis filius Ludouici Imperatoris defuncti, ac Robertus Comes Palatinus Reni, Impie se contra electum erigentes, Gautherum de Siouurzeburgh Regem eligendo nuncupauerunt, cum quo cum in Franchenforensibus Campis castrametantes, conabantur statum Imperij perturbare. Eodem vero prouiso electo Toxito vita functo in Campis. Dominus Carolus Aquisgrani vt moris est, coronatur, & à ciuitatibus Imperij gratiosè recipitur. Eodem anno Pontificatus, anno vero Domini 1347. inter Engilbertum de Marcha, tunc Leodicensem

Episcopum

Episcopum & patriam Leodiensem graui dissensione suborta, Idem Episcopus Ioannem Regem Boëmiæ, & Carolum Imperatorem nouum pluresque terrarum Dominos in Campum prope muros Ciuitatis Leodiensis, quæ *Vorem* dicitur secum duxit, ciuibus cum in præsidio expectantibus, sed Episcopo cum suis incaute procedentibus cæptum fuit bellum, & victoria cessit ciuibus, Episcopo & suis, etiam ipso Domino Carolo qui vexillum Aquilinum Imperij primitus ibidem erexit fugientibus, cæteris interfectis. Posteà in Festo Beatæ Praxedis, Idem Episcopus prope Turnus victoriam habuit contra ciues per quam pax extitit reformata. Circa idem tempus inter Philippum Franciæ, & Eduardum Angliæ Reges prope Clessim configitur. Ibidem Rex præfatus Boëmiæ, Comes Flandriæ & quamplures terrarum Domini propter Regem Franciæ aduenientes, occisi sunt, victoria cedente Anglicis. Hoc tempore inceptum fuit palatium nouum cum audientia magna & Capella atque turribus & quasi completum, necnon magna turris quæ postmodum cremata extitit. Præfatus Dominus Papa canonizauit Sanctum Yuonem Presbyterum Trecorensem. In Britannia multis miraculis clarentem, Anno Domini 1347. prædicti Pontificis verò anno sexto, die vigesima quinta mensis Maij, anno migrationis eiusdem Sancti 44. me tunc Auinione existente. Circa hæc tempora Ludouicus Rex Vngariæ vindicaturus mortem miserabilem fratris sui Andreæ, intrauit Apuliam vastans totum Regnum: fugitque à facie eius Regina Ioanna quæ dicebatur conscia mortis Andreæ, fecitque Iustitiam honorabilem de coscils cunctis necis eiusdem, Regina verò veniens Auinionem, dispensato cum ea per Dominum Clementem, super gradu consanguinitatis in qua attinebat Domino Ludouico de Tarento, matrimonium cum eodem contraxit. Et tractatoribus missis per Dominum Papam, Rex à regno Franciæ recessit, fuitque Ludouicus in Regem coronatus per Archiepiscopum Bracarens. Neapolim ad hoc missum. Circa hæc tempora Rex Angliæ, post longam obsidionem cœpit Calesium portum Maris, in magnum Regis Franciæ detrimentum.

Anno 1347. præfato populus Romanus nobilium vrbis Regimine conculcatus, quendam Nicolaum *Lamy*, Notarium vrbis in Tribunum elegit, qui populi fretus auxilio multos nobilium occidit, seque lauari faciens in concha, qua olim Constantinus Imperator mundatus est à lepra, ipso die S. Pentecostes, miles factus talem Titulum sibi fecit, candidatus Spiritus Sancti miles, Nicolaus Seuus & Clemens, liberator vrbis, Zelator Italiæ, & amator orbis, & Tribunus Augustus. Iste gubernando vrbem pacem multam in ea & vicinis eius fecit, Dominum Carolum, & electores coram se citari mandauit docturos de iure suo, & alia multa fecit quæ dignitati & iuri Ecclesiæ, & Imperij derogabant, tandem habitum induens ignotum Curiam Domini Caroli in Bohemia adijt scrutaturus, sed ipsum cognitum sibi præsentatum, idem Imperator Domino Papæ misit, qui ipsum Auinione aliquandiu in cateceo reclusit, sed comperto quod contra Ecclesiam nihil attentasset, relaxatus dimittitur, & Romam redie as à populo tumultuante perimitur.

An. 1348. Pontif. D. Clementis anno 7. circa Purificationem B. Virginis tanta cœpit mortalitás Auinione durans fere ibi per annum, & deinde per partes alias serpendo per totam Franciam, Italiam, & Alemaniam occidebatur ta vehemens vt viui vix sufficerent mortuos præ multitudine sepelire, & multæ villæ & loca multo tempore desertæ manerent. Nascebatur hominibus sub ascellis & in inguine, & post certum diem superuiuere non poterant. Aliqui etiam proprio sanguine suffocabantur. Hanc pestilentiam aliqui asserebant ex commotione quarumdam planetarum ortum habuisse, videlicet trium superiorum in Aquario, cuius effectus 20 annis duraturus & ex aëre corrupto. Itaque homines inficiebant se mutuò sicut ad hoc erant dispositi secundum complexiones, & de interfectis paucissimi euaserunt, nec procetsit epidimia directè, sed saltum faciendo de villa in villam tertiam media intacta manente, & posteà iterum rediit ad eandem. An. verò millesimo sequenti, Iudæi per totam Almaniam combusti fuerunt, quibus imponebatur quod fontes & puteos intoxicassent; & aliqui torti id confessi fuerant esse verum.

An. 1349. die 7. Septemb. terræ motus fuit Romæ & in multis ciuitatibus, & tunc Ecclesia S. Pauli, & plura alia Ædificia ceciderunt. An. 1350. pestilentia eadem per totam Almaniam grassabatur, sicut in alijs regnis ante. Iste est annus Iubilæus per D. Clementem Papam præfatum institutus, in quo diuersarum nationum & linguarum populus innumerabilis venit Romam pro Indulgentia peccatorum plenaria consequenda, durans toto anno illo ipsam vrbem Parrochiales Ecclesias ipsius visitantibus concessa. Circa hæc tempora obiit Alphonsus Rex Castellæ, qui contra Agarenos multas victorias obtinuit, cui successit malus filius Petrus de quo infra scribitur tempore D. Vrbani IV. Anno etiam eodem Pontificatus D. Clem. IX. Obiit Philippus Rex Franciæ; cui successit Ioannes filius primogenitus, cuius tempore Delphinatus Viennensis venit ad manus Caroli eiusdem Ioannis primogeniti & renunciatione vltimi Delphini, qui ex milite fuit factus Patriarcha Alexandrinus, & D. Clemens in nocte Natalis Domini omnes sacros ordines eidem contulit, ne forte à proposito resiliret. Idem Delphinus cum adhuc erat miles per eumdem Clementem missus fuit contra Turcos, & contra eos magnum apparatum nauium & armatorum versus Asiam minorem dirigens iter suum, sed modicum profecit. Eisdem fere temporibus ciuitas Auinionensis, quæ est camera Imperij quam Ioanna Regina Siciliæ ab Imperatore in feudum obtinebat, ipsa vendente & D. Carolo Imperatore consentiente, peruenit ad manus D. nostri Papæ; qui de domo communi sita apud S. Petrum Auinionensem retrouerti fecit cum arma Reginæ, & sua reponi in signum dominij ciuitatis. His temporibus D. Ambaldus Cardinalis missus Romam ad annum Iubileum apud S. Maximinum per suos intoxicatus obiit, multi etiam ex familiaribus suis de eodem toxico in vase vini, vt sanabatur posito mortui sunt potantes. An. 1351. visum fuit in Prouincia portentum, ignis in cœlo, quod à Philosophis vocatur candela rotunda, de qua plurimi multa præsagiebantfutura, vt in

tus cum super hoc edito apparet. Eodem anno surrexit in Almania quædam secta pestifera gentium, qui se pœnitentes cruciferos seu flagellatores appellabant. Confluebant huiusmodi ex doctis cum indoctis, nobilibus cum innobilibus sine delectu personarum congregatis, & peregre euntes sub vexillo Crucifixi 32. diebus cum dimidio peractis, nunquàm in eodem loco præterquam diebus Dominicis, vna nocte quiescentes, tandem ad propria redierunt. Faciebant autem pœnitentiam qualibet die mane & sero nudantes corpora sua solis femoribus retentis, se flagellabant flagellis nodosis accibus insutis cum tribus chordis ictus dantibus, & ad singulos ictus sanguis erumpebat. Habebant iidem ductores vel plebanos suos vel religiosos mendicantes, & ad tantam insaniam hæc secta excreuit, vt se signa facere crederent, & dæmonibus expulsis vt dicebant fœminas circumducebant, quæ id in eis esse actum testabantur. Habebant etiam cantum specialem quem flagellando cantabant sæpius cadendo in faciem supra terram, & surgendo videntes ad lachrymas prouocabant. Hæc secta cœpit in superiore Almania & ad inferiorem descendit, & ad partes Gallicanas vicinas, translato cantu & modo gestuque seruatis peruenit. Et si prohibiti fuissent à Clero, minabantur violentiam se facturos. Circa hæc tempora surrexit quidam nouus Marchio Brandeburgensis, simulans se esse quondam Valdemarum Marchionem dudum defunctum, asserens se defunctum non fuisse, sed pœnitentiam in longinquis partibus egisse, & multi de Marchionatu credebant eidem, tandem comperto quod rusticus esset & fictus, ipsum repudiantes, Marchioni suo prædicto adhæserunt. Hoc tempore & circa, Wilhelmus primus Marchio Iuliacensis à filiis suis captus fuit & detentus, tandemque liberatus de captione plurimi diuersa sentiebant. An. D. 1352. Dominus Bononiensis Cardinalis mittitur Legatus in Franciam, sed tunc non proficiens, mortuo D. Clemente post creationem D. Innocentij VI. Papæ reuersus Auinionem satis cito, iterum reuersus pacem reformare cupiens inter reges. Hic D. Clemens suo tempore 25. Cardinales creauit tribus vicibus, qui suis omnibus ad magna promotis cum ei quasi omnia ad nutum successissent, pauco tempore languens insperate obiit Decemb. die 6. an. 1352. Pontificatus sui an. 11. in Palatio Apostolico Auinionensi, indeque corpus portatum fuit ad Ecclesiam B. Mariæ Virginis Cathedralem, vbi stetit vsque ad æstatem, & deinde asportatum ad Monasterium Casæ-Dei, vbi pridem fuit, quinque Cardinalibus comitantibus, ipsum in Capella ab eo constructa depositum & tumulatum, cuius anima requiescat in pace.

Au Chapitre CVI. ESTIENNE ALBERT, Pape sous le nom d'INNOCENT VI.

Appendix ex continuatore Martini Poloni, desumpta ex MS. Codice defuncti Nicolai Camuzatij, Canonici Trecensis.

INNOCENTIVS VI. natione Lemouicensis, prius dictus Stephanus Alberti per D. Clementem primo factus Nouiomensis, deinde Episcopus Claromontensis, vltimo tituli SS. Ioannis & Pauli, Presbyter Cardinalis, & deinde Ostiensis Episcopus & summus Pœnitentiarius. Mortuo D. Clemente in die S. Nicolai, Cardinales intrarunt Conclaue & Dominica post Luciæ & die Martis proxima hunc elegerunt, qui coronatus fuit in Palatio Apostolico Auinionensi, die Dominica infra octauam Nat. Domini. Et statim eodem anno mittitur Legatus in Italiam D. Cardinalis Ægidius Hispanus ad recuperandum terras Ecclesiæ omnes de manibus Tyrannorum & in subsidium recuperationis indixit decimas per totum mundum, sola Almania soluit subsidium loco decimarum pro quo missus fuit D. Philippus Episcopus Cauaillicensis postea Cardinalis. Item is anno 2. iduo Fratres Ord. Minorum propter hæresim de paupertate, & alia quæ male senserunt Auinione combusti sunt, feria 3. post Pentecostem. Eodem anno D. Carolus Almaniæ & Bohemiæ, Metis Curiam suam seruans, Venceslaum fratrem suum creauit Ducem Luxemburgensem de Martij mense.

Circa idem tempus fuit ventus validissimus in partibus istis circa Moam & Renum, eodem anno die 17. Sept. in terris fuit Eclipsis Solis, durans quasi duabus horis: hiems tam aspera fuit vt fluuij quasi septem septimanis congellati starent, & curri magnis onusti ponderibus, per glaciem transirent, egoque circa Festum Sanctæ Agnetis, bis eques transiui. Carolus de Hispaniâ Conestabulus Franciæ occulte occiditur. Anno tertio Pontificatus, anno vero Domini 1355. circa medium Martij tanta fuit aquarum inundantia vt pontes & turres subuerteret. Eodem anno Dominus Carolus Rex præfatus descendens in Italiam coronam Imperialem suscepit, & vxor eius cum eo in Basilica Sancti Petri in die Sanctæ Paschæ, statim Romæ exiens eo die Vicarium fecit Marchionem Montis Ferrati in Italia, & Episcopum Augustensem fecit Vicarium in Ciuitate Pisana. Eodem anno duo milites Auinionem venientes de Gasconia pœnitendi causa coram Pœnitentiario trucidati fuerunt, per suos æmulos nepotes quorumdam Cardinalium & non longe post Cardinalis Appamiarum cuius nepos id perpetrasse dicebatur obiit insperate: Eodem anno die vndecim millium Virginum obiit Dominus Petrinandus, Episcopus Sabinensis Cardinalis, qui fundauit Ecclesiam Sancti Desiderij Auinionensis, & dotauit pro Clericis licet post eius obitum fuerit consummatum. Eodem anno captum proditorié castrum Ransij Comitis Anchini prope Auinionem, per quendam Robertum Comitem Turacij, qui tamen licet Cardinales fauerent cum, coactus fuit reddere Comiti supradicto. Eodem anno Rex Angliæ, cum tractatus pacis, per Cardinalem Bononiensem in Francia, coram Papa perfici non posset, impugnare cœ-

des Cardinaux François.

pit, Regnum Franciæ grauiter circa Tolosam. Itaque studium in Monte Pessulano suspensum fuit ad tempus. Mense Octobris obiit Ioannes Dux Barbanciæ, cuius filia cum Ducatu data fuit vxor Domino Venceslao, fratri Domini Caroli Imperatoris. Eodem anno tanta nix cecidit Auinione, quod à Festo Conceptionis Beatæ Virginis, vsque post Natiuitatem Domini perdurauit. Mense Decembris excommunicatus fuit in publico Consistorio, Franciscus de Ordelassis inuasor & occupator rerum Ecclesiæ. Eodem mense venit ad Curiam Dominus Iacobus Rex Arragoniæ breuissimæ staturæ & deformis, causa componendi cùm Ecclesia super Regno Sardiniæ, quòd ab ipsa Ecclesia tenebat. Circa hæc tempora ad petitionem Regis Cassiæ, missus fuit Episcopus Pactensis de Ordine Fratrum Carmelitarum ad baptizandum ipsum & populum, sed illuc veniens vacuus reuertitur, eo quod sincerè non petiit idem Rex, sed vt alleuiaretur ab incursu Regis Vngariæ ipsum inuadentis. Hoc tempore, fundatum fuit Hospitale Sanctæ Trinitatis Auinione, per Dominum Bernardum Risacij, militem Auinionensem. Fuit etiam erecta Capella extra Auinionem, propè Ecclesiam de Miraculis, in loco qui dicitur campus floris, vbi tempore epidimiæ infinita corpora tumulata erant, quia non poterant in Cimiteriis reponi. Hic Papa fundauit in Villa Noua Auinionensis Diœcesis Monasterium Catturiense, & ad petitionem Domini Imperatoris festum Lanceæ & Clauorum Christi instituit per Almaniam & Bœmiam, die Veneris post Octauas Paschæ celebrandum. Anno Domini 1356. Pontificatus verò 4. Dominus Carolus Imperator conuocatione facta Principum in Nuerembourgh, multas leges condidit. Eodem anno obsessam Papiam per Mediolanenses Dominus Marchio Montisferrati liberat. Eodem anno Dominus Ioannes Rex Franciæ Dominum de Haricuria, & quosdam alios nobiles regni decollari fecit, asserens eos traditionem tractasse cum Rege Angliæ, licet ipse Rex excusaret eosdem, vnde credebatur verius, quod propter mortem Conestabularij supradicti, cuius dicebantur conscij, fecisse eos occidi. Eodem anno infra octauas Pentecostes Nuncij Imperatoris Constantinopolitani, cum parua galea applicantes, iuxta Ecclesiam Beatæ Mariæ de Miraculis Auinionensis, offerentes Dominum suum esse rediturum ad Ecclesiæ vnitatem, vt sibi ab Ecclesia subsidium fieret contra Turcos. Eodem anno, die Martis post Octauas Pentecostes mittuntur in Franciam Legati à Latere, Cardinalis Petragoricensis, qui & Albanensis, & Nicolaus de Capocis, qui & Vrgelensis dicebantur, pro sedandis discordiis inter Reges: postea Innocentius. Anno quarto, circa Festum Palmarum, Dominus Comes Flandriæ infeodatus per Capitulum Ecclesiæ Leodiensis de Malchima, ad Ecclesiam ipsam spectante, Dux Brabanciæ, ex aduerso se Comiti opposuit, & castrametati sunt iuxta Brucellas, ibique consecto prælio Comite triumphante Burcellenses se reddiderunt, & tota Brabancia cessit. Sed eodem anno Dux recuperauit totam terram sine gladio. Eodem anno, dictus Papa Regem Hungariæ Vicarium Ecclesiæ constituit in Italia, Idemque Rex Venetos impugnans obsedit Triansem, sed non profecit. Eodem anno Eduardus primogenitus Regis Angliæ Princeps Vualliæ vastauit Ducatum Aurelianensem, Duce Lancastriæ, Britanniam deuastante, & Rhodonum obsidente. Eodem anno, die Lunæ, Decembris 18. Eduardo Principe prædicto primogenito Regis Angliæ, & Ioanne Rege Franciæ propè Pictauiam, cum suis excercitibus congregatis, ipso Rege, cum esset fortior, pacis fœdera, ad quæ si Princeps obtulit, & quæ Domini Cardinales præfati tractabant admittere renitente consilium extitit & victoria cedente Principi, Rex ipse cum iuniore filio suo Philippo captus est, omnibus aliis, aut fugientibus, aut occisis, Carolus verò filius senior & Dux Aurelianensis Frater Regis de prælio euaserunt. Qui Carolus postea fuit Rex Franciæ post obitum patris sui. Anno eodem in superiori Almania fuit terræmotus, in die Sancti Lucæ, & pluribus diebus, adeo quod Ciuitas Basiliensis, tota perijt in ruina, & Castra circa eam ceciderunt, & montes & rupes hiulci apertius patuerunt, quæ toto anno ad clausuram minimè peruenere: Homines illis diebus vagi in campis currebant, non audentes in Ciuitatibus & locis vbi erant domus lapideæ permanere. Eodem anno Dominus Papa creauit sex Cardinales, in vigilia Natiuitatis Domini, inter quos erat Episcopus Florentinus. Et eodem tempore Rodanus inundans alueum suum exiens loca plurima comparauit. Et similiter in Almania in partibus aliis fuit aquarum inundantia diu durans. Eodem tempore Dominus Carolus Imperator Parlamentum statuit Metis de pace tractanda inter Reges, sed non conclusit, ibique Clerus Almaniæ loco Decimarum subsidium obtulit & daturum. Circa hæc tempora in die Sancti Bartholomæi fuit terræmotus in Regno Portugaliæ fortalitia subruens, atque Castra. An. Domini 1357. Pontificatus Domini Innocentij anno quinto, inter Reges Castellæ & Portugaliæ orta guerra, ciuitas Tirasonensis capta est per Regem Castellæ. Eodem tempore in Cœna Domini iterum fuit in terra Basileæ grauissimus terræmotus, & postea de mense Maij circa Spiram, Argentinum & Treucrim, ita quod in multis locis terra hiulca albam aquam & fœtentem euomens castra & loca fortia, casui dedit & ruinæ. In Festo Natiuitatis Sancti Ioannis Cardinales præfati Callesij de pace tractabant inter Reges, Ioanne Rege in Anglia captiuo traducto. Mense Iulij miles quidam Gasco dictus Archipresbyter collecta societate intrat Prouinciam & infert plurima dampna & strages, per quæ tota Curia Romana stupefacta, Papa data pecunia pro qua se Prouinciales obligauerunt, ipsum abire fecit, & transitum per Auinionem concessit. Sed interim Papa stipendiarios multos tenuit, ciuitatemque muris & portis ac fossatis muniuit, pro quibus omnes Clerici in Curia Romana degentes contribuere cogebantur. Mittitur hoc anno die Sabbati 14. die Octobris in Almania Dominus Phil. Episcopus Caualliensis postea per Vrbanum Papam factus Cardinalis, qui promissum subsidium à Clero Almaniæ sustulit & recepit, & Episcopus quidam Gurcensis ad Prouinciam Salseburgensem mittitur pro eodem subsidio extorquendo. Die Lunæ 23. Octob. Dominus Sabinensis Legatus Italiam remeatur, remeante pro eo ibidem Abbate Cluniacensi Malatestam tirannum secum duxit

Gggg ij

à præsentiam Domini Papæ, Nouembris die quinto prouisum Ecclesiæ Monasteriensi de persona Domini Adolphi de Marcha nunc Comitis Clinensis. Eiusdem mensis die 8. Dominus Armacharius Archiepiscopus primas Hiberniæ quæstionem cœpit coram Domino Papa contra omnes Ordines Mendicantium: Sed postea defunctus est & quæstio sopita nullo vterius prosequente. Eodem tempore fuit pestilentia per Almaniam, Boëmiam & Turingiam, & guerræ fere vniuersales per totum mundum. Rex Arragoniæ cum Rege Marchiæ confœderatus est ad resistendum Regi Castellæ. Eodem tempore Dominus Petrus Episcopus Prænestinus Cardinalis Ecclesiam Sancti Petri Auinionensis erigi fecit in Collegiatam & Chorum & Claustrum nouum fecit, & pro Canonicis redditus comparauit. Anno Domini 1358. Innocentij anno Pontificatus sui 6. indictæ fuerunt talliæ per ciuitatem Auinionensem, pro quolibet capite medius florenus, & processus facti contra Prædicatores Prouinciæ. De mense Marcij Archipresbyter, cum societate reuersus in Prouinciam nonobstante pecunia sibi soluta ciuitatem Aquensem oppugnat. Dominus Papa, tam pro deffensione quam munitione ciuitatis Gabellas apposuit & concessit, quod pro qualibet vote vini solueretur vnus florenus, & ne tabernarij nimis perderent mensuræ diminutæ fuerunt ad mensuram vnius vitri, quorum octo faciebant vnum picerium. De mense Aprilis ciuitas Auinionensis Domino Papæ obedientiam promisit, quam à tempore venditionis distulerant, & promissum fuit eis antiquas libertates seruandas. In Festo Sancti Georgij Dominus Rex Angliæ solemnissimam Curiam fecit suis Principibus, à qua reuersus Vvillelmus Dux Hollandiæ amens effectus, & alienatus à sensu clausus tentus est, venitque frater eius Albertus pro terra gubernanda. Circa hæc tempora propter violationem libertatum factam in Flandria mercatores circa littus maris oceani scabellum remouebatur ab rugis in Dordrato posuerunt. Quem Brugenses postea cum difficultate rehabuerunt. Hoc tempore Rex Nauarræ concordiam faciens cum Anglicis ciuitates Franciæ impugnans Altissiodorum cepit, & loca multa vastauit, fuitque hiis temporibus pestilentia per totam Almaniam à Basileæ vsque ad mare, & per Saxoniam & littora maris coram. De mense Octobris Dominus Sabinensis Cardinalis reuertitur in Italiam, Dominus Bononiensis mittitur Legatus in Hispaniam. Nouembri die 6. Canonici Sancti Petri Auinionensis intrauerunt Ecclesiam suam nouam. Anno Domini 1359. mense Aprilis Petragoricensis & Vrgellensis Cardinales, reuertuntur de Francia sine fine, & Rex Nauarræ cum Anglis vastauit terras Diœcesis Aniciensis, fuitque ciuitas Auinionensis amplius fortificata in muris & fossatis, & collecta imposita ciuibus & Cortesanis ac Clericis. Mense Iulij surrexit Auinione societas nocturnalis dicta Alperaghe. Qui nocturno tempore furabantur in armis & stupra commiserunt, contra quos Papa iusticiam fecit fieri plerisque notabilibus occulte submersis. Circa hæc tempora Dominus Carolus primogenitus Regis Franciæ captiui & Rex Nauarræ pacem mutuam firmabant. Circa Festum Sancti Mathæi Canonici Ecclesiæ Sancti Desiderij Auinionensis, nouam suam Ecclesiam per Dominum quondam. B. Sabinensem fundatam intrauerunt, quam antea consecrauerat die 20. mensis Septembris Dominus Raynaldus Episcopus Eduensis, Domini Papæ Thesaurarius. Fuitque corpus Domini Cardinalis prædicti translatum & humatum in ipsa. Mense Octobris, lata fuit Sententia per Dominum Cardinalem Florentinum pro Domino Archiepiscopo Regensi, contra Fratres Ordinis Beatæ Mariæ Theotonicorum. Nouembris die 13. Durenta fluuius propè Auinionem tantum excreuit, vt portam ciuitatis nouam, propè Hospitale Sanctæ Trinitatis Auinionensis dirueret, & subuerteret. De mense Decembris Rex Angliæ deuastauit terras Campaniæ circa Remis. Anno Domini 1360. Innocentij anno octauo, Dominus Mediolanensis obsedit Bononiam: fuitque etiam noua talia indicta Clericis Auinionensibus, pro complendis muris ciuitatis. Restituta fuit eodem anno Ecclesiæ Bononiæ, per Dominum Ioannem de Elegio, & Dominus Papa Firmanam ciuitatem, & aliquas terras in Marchia assignauit eidem, & inter Mediolanenses, & Ecclesiam grauis guerra orta est circa Ascensionem Domini. Gerardus Comes de Monte in conflictu insperatè mortuus est. Mense Iunij, Dominus Boëmundus Regum Ecclesiæ Treuerensis cessit Cuicono de Faltreustepij successit cedenti redditibus assignatis. Hiis temporibus canistra fuit Auinione, & circa partes Lugdunenses Pestilentia & in Prouincia Narbonensi. Augusti die vltima fulminati fuerunt processus Apostolici contra Benabonensem inuasorem terrarum Ecclesiæ. Circa hæc tempora pax reformata est inter Brugensem & Mercatores, & Scapellus reductus Brugis. Hiis temporibus Ioannes Rex Franciæ receptus à tirannis Mediolanensibus multis militibus Romanorum filiam suam tradidit vxorem filio Domini Galeam. Dominus Carolus Imperator Comitem de Vvitemberge, sibi rebellem perdomuit. Hoc tempore Ioannes Rex Franciæ pro tribus milionibus florenorum liberatus est, & à regnis sui populo receptus. De mense Ianuarij, anno Domini 1361. societas Anglicorum cepit villam Sancti Spiritus propè Auinionem, contra quos Dominus Papa prædicauit crucem. Fuitque factus capitaneus cruce signatorum Dominus Ostiensis, & sæpe congressiones factæ per Anglicos de villa prædicta contra gentem Ecclesiæ stantem in villa Mondagrini & circa, finaliter gentes Ecclesiæ cesis ex eis plurimis & occisis vacuè redibant Auinionenses, & Anglici recepta à Papa multa pecunia idest 33. milibus florenorum recesserunt de villa prædicta ipsa totaliter spoliata. De mense Februarij magnus ignis quasi totus aër arderet visus est in Almania me tunc Bunnæ residentiam faciente, ac Præbenda mea & vidente. Die vero 18. ipsius mensis, eoque tempore Dux Iuliacensis mortuus est in villa Durensi quia decubuit. Eo tempore fuit hyems aspera, itaque multæ vites frigore perditæ amputatæ fuerunt in partibus Reni. Eo tempore in Æstate mortalitas reincœpit Auinione, ita quod æstate illa octo Cardinales mortui sunt & populus innumerabilis, & caristia magna fuit: somata frumenti octo florenis vendebatur. Eodem tempore Dominus Engelbertus Leodiensis Episcopus obsedit castrum Cochem de Comitatu Lessensi, fuitque sibi redditum seu traditum in Festo S. Viti, & per consequens totus Comitatus cessit Ecclesiæ Leodiensi, te dicto Comite Lessensi absque hærede defuncto. Hoc tempore Eduardus iunior natus Ducis Geltie conserto prælio cum seniore Raynaldo fratre suo jam Duce, ipsum cepit & obtinuit. Hoc anno per Fratres Ordinis Beatæ Mariæ de Theotonico, captus Kuystud Rex Lucuuanorum & positus in carcere castri Beatæ Mariæ, & eodem anno fuga lapsus euasit. Hoc anno de mense Septembri Dominus Innocentius creauit octo Cardinales, tres Diaconos & quinque Presbyteros. Quorum tres absentes intrauerunt die Iouis post Festum Omnium Sanctorum. Eodem anno Dominus Bononiensis Cardinalis tribus annis Legatus in Hispania, reformata pace inter Reges Hispaniæ & Aragoniæ rediit ad Curiam. Eodem anno 1.62. anno 10. Domini Innocentij, de mense Martij visus fuit Cometa in Prouincia inter Orientem & Aquilonem ante ortum diei comas suas versus Aquilonem extendens & protendens. Eodem tempore societas circa Lugdunum congregata prædis, & damnis circa Sagonem omnes terras lacessiuit, contra quos boni homines Franciæ venientes victi fuerunt, victoria cedente prædonibus. Qui vsque ad æstatem in Francia permanserunt. De mense Martij, Fratres prædicti ceperunt Castrum Regis Lucuuanorum cauum in vigilia Paschæ, in quo filium Regis & sociorum eius circa viginti septem cœperunt, & circa duo milia occiderunt. Eodem anno mortuus est Ludouicus Rex Siciliæ cuius exequias fecit fieri Dominus Papa. De mense Iunij die vigesima, mittens ad partes illas Nuncium Dominum Guillelmum Grimoardi, tunc Abbatem Massiliensem, qui postea electus est, ibidem existens in Papa & Vrbanus quintus appellatus. De mense Augusti societas prædicta, quæ depopulata est Franciam & Burgundiam recepta pecunia à Rege Franciæ recesserunt de Francia & transitum faciebant, per villam nouam Auinionensis Diœcesis ituri in auxilium Regis Aragonum, contra Petrum Regem Hispaniæ, contra quem fuerunt eodem tempore processus publicati & portis Ecclesiarum affixi, quos Dominus Bononiensis Cardinalis fecerat, eo quod pacta per ipsum Cardinalem, cum esset Legatus ordinata non seruauit. Post hæc Dominus Innocentius modicum decumbens, cum esset senior & ætate confectus die duodecimo mense Septembri obiit, & decimo quarto sepelitur in Ecclesia Beatæ Mariæ de Donis. Ibique mansit vsquequo translatus suit sicut infra dicetur. Hoc tempore vacante Ecclesia Romana, obiit Dominus Guillelmus Archiepiscopus Coloniensis, cui successit Adulphus frater Comitis de Marcha, & eo sponte cedente, quia ad Laicum aspirabat, successit Gilbertus patruus eius tunc Episcopus Leodiensis translatus ad Ecclesiam Coloniensem, per Dominum Vrbanum Papam V.

Peractis exequiis Domini Innocentij more solito 9. diebus, die 10. Cardinales, numero 20. intrauerunt Conclaue, die videlicet Beati Mauricij, & cum inter se concordare non possent, in Dominum Guillelmum Grimoardi, tunc Abbatem Sancti Victoris, Massiliensis absentem, in Regno Siciliæ Nuncium Sedis Apostolicæ, vota sua maior & senior pars direxit. Qui decreto electionis recepto in villa omnium Sanctorum reuersus est Auinionem, interim vero quod Cardinales erant in Conclaui, Prælati quolibet die Missas celebrabant, & sermones faciebant rogando Deum pro felici, & celebri Pontificis promisione, quodam speciali officio Missæ ad hoc ordinato quod incipit. *Suscitabo in Sacerdotem fidelem*, &c. Die vero 27. cum Dominus Guillelmus Papa futurus applicuisset Massiliam, eodem die misit Dominis Cardinalibus, consensum electionis de se factæ. Tanta vero fuit inundatio Rodani, & Durantæ quod vsque ad fossata pertingeret Ciuitatis, & Dominus Papa intrare non potuit, vsque in vigilia omnium Sanctorum, tuncque intronizatus fuit, & facta insinuatione ad populum quod Vrbanus quintus vocaretur. Mox ab omnibus cantatum fuit, *Te Deum laudamus*. Die quoque Dominica sequenti videlicet in Festo Sancti Leonardi post Festum omnium Sanctorum, fuit in Palatio Apostolico coronatus per Dominum Magalonensem, qui tunc fuit Ostiensis Episcopus, sed post coronationem non equitauit per villam vt moris est, licet omnia parata fuissent, fastum vitans, prout dicebatur. Hoc tempore Rex Angliæ, quasi totam Aquitaniam recuperauit de manibus Regis Franciæ, videlicet Ioannis supradicti. Idemque Rex mensis huius die 10. intrauit Curiam, & manè pransus cum Domino Papa moram traxit apud Villam-Nouam in domo, quam Dominus Clemens inhabitare consueuit, eoque præsente & tota frequentia Curiæ corpus Domini Innocentij fuit portatum ad Monasterium Carturiense, ibique tumulatum in die Sanctæ Ceciliæ. Circa hæc tempora Comes cœpit Comitem Armeniaci, cum multis nobilibus pluribus interfectis. Mensis huius die 28. Dominus Papa citari fecit coram Domino Bernabone termino præfixo ad primam diem Martij ad audiendam Sententiam condemnationis, quod erat hæreticus. In die Sancti Nicolai, fuit duellum inter duos milites vltra Pontem Rodani, in præsentia Regis Franciæ & plurium Nobilium; neutro tamen interfecto. Die Lunæ 12. Decembr. Dominus Papa prouidit Ecclesiæ Auinionensi, de persona fratris sui nomine Anglicus Canonici Regularis in Monasterio Sancti Russi propè Valentiam, quæ vacauerat temporibus duorum Pontificum præcessorum suorum: fecit etiam Dominum Vabreensem, qui Diaconus Cardinalis fuerat creatus per Dominum Innocentium & Pœnitentiarius summus, Presbyterum Cardinalem. Ianuarij die 8. Dominus Papa sacram generalem celebrans Synodum fratrem suum consecrauit Episcopum, cum aliis tam Abbatibus quam Prælatis 17. Die 27. Februarij Rex Daciæ intrauit Curiam. Martij. die 3. in Consistorio publico declaratus fuit Dominus Barnabas Mediolanensis, & non longe post perdidit conflictum propè Bononiam. Mensis huius die 6. fuit Eclipsis Solis hora Nonæ quasi duabus horis. Eiusdem mensis di. Mercurij 30. dictus Petrus Rex Cipri intrauit Curiam, & in die Veneris Sanctæ Cruce signatus est per Dominum Papam vna cum filio, & multis nobilibus contra Turcos. Aprilis die 14. Papa prædicauit Crucem contra Turcos ordinans passagium generale, cuius capitaneum constituit Ioannem Regem Franciæ, tunc præsentem qui ibidem intrauit passagium facere à Martio præterito ad duos annos. Anno Domini

Additions aux Preuues de l'Histoire

1363. prædicto missus fuit in Italiam Dominus Cluniacensis Cardinalis. Maij die 9. recessit Rex Franciæ & nocte sequenti obiit Dominus Cardinalis Magalonensis. Marij die vltima recessit Rex Cipri de Auinione iturus ad Principes mundi, eosque ad passagium inducturus. Hoc anno fuit pestilentia grauissima quasi per omnes partes mundi, & circa Festum Sanctæ Luciæ cœpit gelu fortissimum, ita vt omnia flumina congelata fuissent, me tunc Leodij morante & Mesam sæpius transeunte, & durauit vsque ad mensem Martij. Circa hos dies Dominus Barnabas reconciliatus fuit Ecclesiæ. Obiit Dominus Petragoricensis Cardinalis Auinione, anno Domini 1364. mensis Ianuarij die 17. Dominus Ioannes Rex Franciæ reuersus ad captiuitatem in Anglia obiit, & fuerunt eius exequiæ in Capella Papæ celebratæ die Martis 7. Maij die 3. reuersus fui Auinionem prosecuturus litem contra Capitulum Bunnense, eo quod me de fructibus Præbendæ meæ suspenderunt. Hoc mense intrauerunt Ambassiatores Romanorum supplicantes Papæ, vt ad vrbem se transferret. Dominus Engelbertus Leodiensis Episcopus, hoc mense transfertur ad Ecclesiam Coloniensem. Die 19. Maij Dominica Trinitatis, coronatus fuit in Regem Carolus primogenitus Domini Ioannis Regis Franciæ supradicti defuncti.

Au Chapitre CXIX. GVILLAVME GRIMOARD DE GRISAC, Pape sous le nom d'VRBAIN V.

Ex eodem MS. Codice Nicolai Camuzatij, qui videtur esse alterius authoris.

VRBANVS quintus natione Lemouicensis, prius vocatus Guillelmus Grisant, post mortem Innocentij sexti, dum esset Abbas Massiliensis, & ad legationem ad Dominos de Vice-comitibus in Lombardia, electus est in Papam anno Domini 1362. mense Septembris: sedit annis octo, mensibus 4. Hic summus Pontifex vir factus, & eminentis virtutis habitus est liberatus, Ecclesiæ fortissimus defensor & innocentissimæ vitæ, veniens enim ad Italiam & Romam intrans capita Apostolorum Petri & Pauli, quæ vbi locata erant in memoria hominum esse desierant, inuenit. Et de Altari Basilicæ Saluatoris quæ Sancta Sanctorum dicitur in Palatio Lateranensi, vbi recondita erant reuerenter leuauit, atque auro ea & pretiosissimis gemmis aurauit & ornauit, fabricato tabernaculo seu ciborco marmoreo super Altari ligneo, quod in medio Lateranensis Ecclesiæ est situatum, illa omnibus conspicienda & veneranda honorabiliter collocauit: fecit etiam Pallatium in Monte-Flascone, prospectum habens ad lacum Missinium. Aliud item Pallatium in vrbe veteri magnæ structuræ fabricauit: ex Italia deinde rediens Auinionem animo tamen vt ferebatur ad Italiam redeundi, ibi defunctus est.

Au Chapitre CXXIX. PIERRE ROGER DE BEAVFORT, Pape sous le nom de GREGOIRE XI.

Ex eodem MS. Codice Nicolai Camuzatij.

GREGORIVS XI. natione Lemouicensis, prius vocatus Petrus Belhfortis, & nepos Clementis VI. dum esset Cardinalis Sanctæ Mariæ Nouæ, concorditer à Cardinalibus electus est in Papam in Auinione, anno Domini 1370. mense Decemb. Sedit annis 7. mensibus 3. sepultus est Romæ in Ecclesia Diaconæ Beatæ Mariæ, quæ noua nuncupatur & cessauit diebus 10. Hic enim dum esset annorum circiter 17. Sanctæ memoriæ Clemens VI. eius patruus eum in Diaconum Cardinalem Sanctæ Romanæ Ecclesiæ assumpsit, & ne carni & sanguini acquieuisse videretur, continuo cum excellentissimis Doctoribus iuris vtriusque, & aliarum scientiarum non vulgaribus præceptoribus tradidit erudiendum. Qui ita in multis scientiarum generibus profecit, vt non modo mediocris sed eminentissimæ scientiæ Doctor à cunctis haberetur. In tantum quod culmen & famam doctrinæ euasit, vt à famosissimis Italiæ Doctoribus, à Baldo præcipuè de Perusio in Cathedra legi ius ciuile eius opiniones, & dicta adducerentur, sæpiusque eius dicta allegans diceret, Dominus noster in hac l. sic dicit, intelligens de Domino Gregorio XI. cuius scripta non ad mediocres solum, sed ad eruditissimos iam peruenerant, vitæ etiam innocentissimæ fuit, placidus in moribus, & super omnes humilis & deuotus, vultu placidus, & complexionis admodum delicatæ. Dum enim in Palatio Auinionensi moram traheret, & die quadam in aula deambulans comitante cum Episcopo quodam eius cubiculario, diceretque Gregorius Episcopo, Domine Episcope quare non vaditis ad Ecclesiam vestram? Et continuo Episcopus respondens diceret, Et vos Pater Sancte quare ad Ecclesiam vestram non acceditis? intelligens de Romana quæ sedes est Petri & Christi Vicarij, ita animo compunctus est, vt statim deueniendi Romam cogitaret. Erat per idem tempus totum fere Ecclesiæ patrimonium in Italia opera Florentinorum per tirannides plurimos Italiæ occupatum, & hinc occasio sumpta paucis secreti consciis paratis galeis contra attinentium & amicorum voluntatem Romam venit, quæ annis vltra 60. tempore, videlicet Clem. VI. Romanorum Pontificum præsentia, qui in vrbe continuè residerent priuata fuerat: intrauit ergo vrbem cum. Ingenti Romanorum omnium lætitia & incredibili applausu receptus ac clamantibus cunctis, *Benedictus qui venit in Nomine Domini, Pastor supremus:* gaudebant omnes videre sanctum Pontificem dimissis parentibus & notis, dimissâ propriâ patriâ, spretis omnibus persuasionibus vt non veniret, in sede propria collacatum. Dum sic Romæ mora-

des Cardinaux François.

fetus veluti Pastor bonus, & Christi verus imitator agere cœpit via pacis ad reducendum populum Florentinum, qui nimis se ab Ecclesia separauerat, multaque contra Ecclesiam commiserat, propter que fuerant Anathematizati grauati & reaggrauati majores de ciuitate, & ciuitas interdicto supposita, pro qua reductione & pace cum dictis Florentinis tractanda & firmanda, & recuperatione terrarum Ecclesiæ misit ad eos Legatum de latere Dominum Ioannem, &c. Sancti Marcelli Cardinalem Ambianensem, ante cuius Legationis finem sicut Domino placuit, Dominus Gregorius infirmatur & Romæ moritur, die 27. Martij, Anno Domini 1378. cum omnium multo dolore & mœrore, & vere dolore præsagio futurorum malorum, longi videlicet Schismaticis, quod ex ipsius morte in Ecclesia Dei secutum est, cuius initium & causa inferius seriosè describitur veritatem sequendo, sicut propriè accidit, infectio licet aliter forte ab aliquibus casus huiusmodi Schismatis ponatur in terminis.

Au Chapitre LXXXIX. AYMAR, ou ADEMAR ROBERT, successiuement Euesque de Lisieux, Arras & Therouanne, Archeuesque de Sens, Cardinal Prestre du Tiltre de Sainte Anastase

Inscription qui se lit en vieilles lettres Gothiques, au bas du portrait d'Aymar Robert, representé dans vne vitre qui est derriere l'Autel du Chœur de l'Eglise ou Chapelle de Saint Agnan, sise en la rüe du Pont-mortagne en la ville de Lisieux.

Communiquée par Mr Paulmier, Chanoine en la Cathedrale de ladite ville.

MIl trois cens soixante & cinq, Monsieur AYMAR ROBERT, Euesque de Lisieux, & apres d'Arras, & depuis Archeuesque de Sens, fit reedifier cette Chapelle en l'honneur de Dieu & Nostre-Dame, & de Monsieur Saint Agnan, y ordonna celebrer chacun iour de la semaine vne Messe par là douze Liures, Priez Dieu pour luy.

Tauellus in Archiepiscopis Senonensibus.

ADEMARVS Robertus Episcopus Morinensis è Lemouicis oriundus, à GREGORIO XI. similiter Lemouicensi, Archiepiscopatu Senonensi donatus est, quamvis electum in Pontificem in Litteris Collationis cum Pontifice nominet. Attamen vir & moribus & scientia clarus extitit, in vtroque iure Doctor insignis, qui & Lexouiensis & Attrebatensis & Morinensis Episcopus fuit : Iura Episcopij sui integrè tutatus est, omnesque conatus suos in hoc intendit. Accidit autem vt Præpositi Iurisdictioni Vrbis Moreti in Senonensi Diœcesi, Clericum quemdam sceleris obnoxium carceri manciparent, qui cum Pontificem Senonensem Iudicem suum reclamaret, & vt priuilegio gauderet capitis verticem rasitat; sed hij Præpositi damnatum posthabito priuilegio ad furcas suspenderunt, neque sacræ rasuræ (quæ tunc in pretio & velut sacrosancta erat) quicquam detulerunt; & ne populo videretur sacrâ militiâ insignitus, capitis tegmen ita consuerunt ne vertex appareret : Laqueo itaque præfocatus scelerum pœnas dedit; Sed hanc rem ADEMARVS indignissimè tulit, & apud Senatum Parisiensem super iniuria Clerico suo illata, & in Episcopum redundante conquestus est. Hanc patres seuerissimè vlti sunt; Præpositorum enim causâ amplissimè cognitâ, Clerici laqueo præfocati cadauer patibulo deponere iussi sunt, & ad ianuas Ecclesiæ Senonensis suis expensis statuere, tædis quatuor, ponderis librarum quatuor circa defuncti feretrum collucentibus, & die Dominico, horâ quâ sacrum solemne offertur, apertis capitibus, & genibus flexis, cadauer Archiepiscopo, aut Vicario ab eo commisso tradere, cui Archiepiscopo etiam mulctam centum librarum Parisiensium persoluere sunt iussi : Quod adscribere libuit, vt omnibus notum sit, quanto in pretio sacri verticis rasura olim fuerit, quæ nunc temporum injuria habetur despectui. Huius etiam temporibus, scilicet anno MCCCLVII. CAROLVS Rex Francorum, qui sapiens est dictus, summóque Ecclesiam Senonensem prosequebatur amore, eidem Ecclesiæ Terram *de Sommesontaines*, quam emerat à Curatoribus Testamenti GVILLELMI *de Melun*, Antecessoris Archiepiscopi, dono dedit, quo precibus Ecclesiæ iuuaretur. Sacrum Collegium tanti Beneficij memor, statuit post mortem ipsius, singulis primis mensium diebus Anniuersarium ipsius solemniter celebrari, quod huc vsque summâ Religione obseruatur. Floruit sub isto Archiepiscopo Senonensi, Ecclesia magno honore & decore : Nicolaus *de Veres*, summo vir ingenio, & si humili loco natus è vico pontis supra Yonani) Regis à secretis, erat Senonensis Ecclesiæ Archidiaconus, co ad Episcopatum Cabillonensem electo, Archidiaconus fuit Henricus *de Chalon*, &c. Obiit autem ADEMARVS Anno Christi 1384. die Conuersionis Sancti Pauli, & ad dexteram Maioris Altaris sub lapideo sepulchro humatus est.

Extraict d'vn Liure en parchemin, couuert de bois, attaché à la Table du lieu Capitulaire de l'Eglise Cathedrale de Saint Pierre de Lisieux, intitulé: Secundus Liber Cartarum Capituli, feüillet cinquante-septiesme, premiere page.

Communiqué par Monsieur Paulmier, Chanoine en ladite Eglise.

VNIVERSIS præsentes litteras inspecturis. Nos Ademarus permissione diuina Episcopus Lexouiensis, ac Nos Decanus & Capitulum Ecclesiæ Lexouiensis, salutem in Domino. Notum facimus, quod cum Nos aliquando audiuerimus altercari super pluribus officiis præsidalibus, & aliis in Ecclesia Lexouiensi exercendis, tamen Nos Decanus & Capitulum prædicti per præsentes concedimus, si & in quantum opus est, vt dictus Dominus Lexouiensis Episcopus & successores sui, Missas & alia diuina Officia, Ordines, Synodos, Statuta, sententias Statuta Synodi concernentes, & alia publicare, Chrisma facere, & alia Officia Pontificalia absque quacumque contradictione, vel impedimento in Ecclesia Lexouiensi, possint & valeant libere exercere, & Nos Ademarus ac Decanus & Capitulum prædicti volumus & concedimus per præsentes, quod propter præmissa aliqua præmissorum aliquod jus nouum in aliis neutri partium acquiratur, in quorum omnium & singulorum testimonium præsentes litteras scribi mandauimus per Notarium publicum infrascriptum, & nostrorum sigillorum fecimus appensione muniri, signoque publico & subscriptione ipsius Notarij signari, & subscribi ad majorem roborationem firmitatis omnium præmissorum. Datum & actum Lexouiis, anno Domini millesimo trecentesimo sexagesimo septimo secundum computum Ecclesiæ Gallicanæ, Indictione sexta, Mensis Octobris die decima tertia, Pontificatus sanctissimi in Christo Patris, & Domini nostri Domini Vrbani, diuina Prouidentia Papæ V. anno quinto. Præsentibus vna nobiscum & dicto Notario publico infrascripto, venerabilibus & discretis viris Magistro Roberti Decano Ecclesiæ Sancti Germani Autissiodorensis Parisiensis, ac Domino Ioanne Hermandi, Notario Apostolico, cum pluribus aliis testibus ad præmissa vocatis specialiter & rogatis. Et ego Petrus Rosty, Clericus Constantiensis Diœcesis, publicus authoritate Apostolica & Imperiali Notarius præmissis omnibus & singulis sic actis, & dum Reuerendum in Christo Patrem Dominum Episcopum, ac Decanum & Capitulum supradictos agerentur, ac etiam concordarentur, die dicta prout supra scribuntur, vna cum prænominatis testibus vocatus præsens fui, ea sic fieri & concordari vidi & audiui, & de ipsorum Dominorum Episcopi, Decani, & Capituli, Mandato præsentes litteras propria manu mea scripsi, & in præmissorum testimonium hic me subscribendo, signum meum publicum vna cum ipsorum Domini Episcopi, Decani & Capituli sigillis infersius appensis apposui.

Autre Extraict du mesme feüillet dudit Liure, premiere & seconde page.

VNIVERSIS præsentes litteras inspecturis. Nos Ademarus permissione diuina Episcopus Lexouiensis, ac Nos Decanus & Capitulum Ecclesiæ Lexouiensis, salutem in Domino. Notum facimus, quod cum plures discordiæ motæ essent inter Nos Episcopum ex vna parte, Decanum & Capitulum supradictos ex altera, super pluribus punctis, & jam à Domino nostro Papa Reuerendissimus in Christo Pater, ac Dominus Dominus Guido, Portuensis Episcopus Sanctæ Romanæ Ecclesiæ Cardinalis Commissarius datus extitisset, Citationesque ab ipso emanassent, quam plures actiones & petitiones continentes tangentesque, visitationem, correctionem, punitionem, subjectionem, & Ecclesiæ Dominium & Iurisdictionem, & quam plura alia in dictis litteris Citatoriis ac certis articulis, & responsionibus pro vtraque parte factis plenius continentur, processumque fuisset coram Domino Reuerendissimo Patre Domino Cardinali prædicto ad dandum libellum, ac ad respondendum libello, seu libellis, ab vtraque parte datis aut dandis, & assignationes factæ essent aliæ ad procedendum super petitionibus prædictis. Tandem Nos Ademarus Lexouiensis Episcopus, ac Nos Decanus & Capitulum prædicti, salua semper obedientia sanctæ Sedis Apostolicæ, amore pacis & concordiæ nutriendæ inter nos, turibus & actionibus quibuscumque in dictis Citatoriis, articulis, & responsionibus datis & dandis contentis vtrarum partium salus remanentibus, & de vtriusque partis consensu, sine vtriusque partis prejudicio generando, à litis instantia supersedimus, sicque omnia attentata ab vtraque parte in illo statu sint, in quo erant hodie sunt nouem annis elapsis, & quæ in illis in dicto temporis spatio de facto euenerunt, perinde sint ac si non euenissent, in quorum omnium & singulorum testimonium præsentes litteras scribi mandauimus per Notarium publicum infrascriptum, & nostrorum sigillorum fecimus appensione muniri, signoque publico & subscriptione ipsius Notarij signari & subscribi ad majorem roborationem firmitatis omnium præmissorum. Datum & actum Lexouiis, anno Domini millesimo trecentesimo septimo, indictione sexta, secundum computum Ecclesiæ Gallicanæ, mensis Octobris die decima tertia, Pontificatus sanctissimi in Christo Patris, ac Domini nostri Domini Vrbani, diuina Prouidentia Papæ V. anno quinto, præsentibus vna nobiscum & dicto Notario publico infrascripto: Venerabilibus & discretis viris, Magistro Petro Roberti, Decano Ecclesiæ Sancti Germani Autissiodorensis Parisiensis, & Domino Ioanne Hermandi Notario Apostolico, & pluribus aliis testibus pramissa vocatis specialiter & rogatis. Et ego Petrus Rosty, Clericus Constantiensis Diœcesis, publicus authoritate Apostolica & Imperiali Notarius, præmissis omnibus & singulis sic actis, & dum agerentur

des Cardinaux François. 607

agerentur per Reuerendum in Christo Patrem Dominum Episcopum, ac Decanum & Capitulum supradictos, ac etiam concordarentur die dicta prout supra scribuntur, vna cum præ nominatis testibus vocatus præsens sui, eaque sic fieri & concordari vidi & audiui, & de ipsorum Dominorum Episcopi & Decani & Capituli mandato, præsentes litteras propria manu mea scripsi, & in præmissorum testimonium hic me subscribendo signum meum publicum vna cum ipsorum Episcopi, Decani & Capituli, sigillis inferius appensis apposui, requisitus specialiter & rogatus.

Autre Extraict du mesme feuillet, & du feuillet cinquante-huict dudit Liure.

VNIVERSIS præsentes Litteras inspecturis, Nos Ademarus permissione diuina Episcopus Lexoniensis, ac Decanus & Capitulum Ecclesiæ Lexoniensis, salutem in Domino. Notum facimus, quod cum quandoque fuerit hæsitatum, per nonnullos quod Dominus Episcopus prædictus Nobis Decano & Capitulo supradictis in Litteris collationum, & executoriis earum non deberet mandare, nec dictione *mandamus*, nobis scribendo, vti, ipso Domino Episcopo in contrarium dicente, eo quod collationes Dignitatum & Prebendarum ad ipsum spectant pleno Iure, Decanatu duntaxat excepto: Nos Decanus & Capitulum prædicti volumus & concedimus, quod dictas collationis & executionis Litteras dicti Domini Episcopi & successorum suorum, pro bono pacis & concordiæ executioni debitæ demandentur in casu prædicto : Et Nos Ademarus Episcopus Lexoniensis prædictus, volumus & concedimus, per præsentes quod propter illud verbum *mandamus*, in aliis nullum ut nostris successoribus jus nouum acquiratur, in quorum omnium & singulorum testimonium præsentes Litteras scribi mandauimus, per Notarium publicum infrascriptum & nostrorum sigillorum fecimus appensione muniri, signoque publico & subscriptione ipsius Notarij signari & subscribi ad majoris roboris firmitatem omnium præmissorum. Datum & actum Lexouiis, anno Domini millesimo trecentesimo sexagesimo septimo, secundum computum Ecclesiæ Gallicanæ, indictione sexta mensis Octobris, die decima tertia, Pontificatus Sanctissimi in Christo Patris, & Domini nostri Domini Vrbani diuina prouidentia papæ V. anno quinto. Præsentibus vna nobiscum & dicto Notario publico infrascripto : Venerabilibus & discretis viris Magistris Petro Robetti, Decano Ecclesiæ Sancti Germani Autissiodorensis Parisius, ac Domino Ioanne Hermandi, Notario Apostolico, cum pluribus aliis testibus ad præmissa vocatis specialiter & rogatis. Et ego Petrus *Rossy*, Clericus Constantiensis Diœcesis, publicus authoritate Apostolica & Imperiali Notarius, præmissis omnibus & singulis sic actis, & dum per Reuerendum in Christo Patrem Dominum Episcopum, ac Decanum & Capitulum supradictos agerentur, ac etiam concordarentur die dicta, prout supra scribuntur vna cum prænominatis testibus vocatus præsens sui eaque sic fieri & concordari, vidi & audiui, & de ipsorum Dominorum Episcopi, Decani & Capituli mandato præsentes Litteras propria manu mea scripsi, & in præmissorum testimonium hic me subscribendo signum meum publicum vna cum ipsorum Dominorum Episcopi, Decani & Capituli, sigillis inferius appensis apposui requisitus specialiter & rogatus.

Autre Extraict du mesme feuillet cinquante huict, premiere & seconde page.

VNIVERSIS præsentes Litteras inspecturis. Nos Ademarus permissione diuina Episcopus Lexoniensis, ac Nos Decanus & Capitulum Ecclesiæ Lexoniensis, salutem in Domino. Cum Ecclesia Lexoniensis reparatione quasi inæstimabili indigeat, tam in muris, pillaribus, voltis, coopertoriis & vitreis multis, ac quam plurimis reparationibus & quasi continuis egeat sustentationibus sumptuosis, & nisi prouideretur de remedio opportuno, posset in ea ruina major, quod esset dolorosum & lamentabile, euenire, eo sic labatur dicta Ecclesia, sed vt potius ad diuini cultus augmentum continuum in suo esse perpetuo conseruetur, sunt indulgentiæ magnæ concessæ omnibus Christi fidelibus, qui manus in prædictos vsus, suos porrexerint adjutrices, ea propter Nos Decanus & Capitulum prædicti volumus & per præsentes concedimus, quod dictus Dominus Episcopus successoresque sui possint facere & tenere indulgentiis ibi durantibus ante ingressum chori vnum truncum siue thatam, seu archam ferratam, in quibus oblationes fidelium reponentur, & claues illorum truncorum, per gentes dicti Episcopi successorumque suorum teneantur, & per eos oblationes in futurum ibidem faciendæ recipiantur, cum alias idem Dominus ad dictas reparationes faciendas adstringatur. Et Nos Ademarius Episcopus prædictus volumus, quod ob prædicta dictis Decano & Capitulo nullum in aliis præjudicium generetur, in quorum omnium & singulorum testimonium præsentes Litteras scribi mandauimus, per Notarium publicum infrascriptum, & sigillorum fecimus appensione communiri, signoque publico & subscriptione ipsius Notarij signari & subscribi ad majoris roboris firmitatem omnium præmissorum. Datum & actum Lexouiis, anno Domini millesimo trecentesimo sexagesimo septimo, Indictione sexta, mensis Octobris die vigesima septima, Pontificatus sanctissimi in Christo Patris, & Domini nostri, Domini Vrbani diuina prouidentia Papæ V. anno quinto. Præsentibus vna nobiscum & dicto Notario publico infrascripto Venerabilibus & discretis viris Domino Abermo *Desains*, & Ioanne *Guerbere*, in dicta Ecclesia Lexoniensi beneficiatis, cum aliis testibus ad præmissa vocatis specialiter & rogatis. Et ego Petrus *Rossy*, Clericus Constantiensis Diœcesis, publicus authoritate Apostolica, & Imperiali Notarius præmissis omnibus & singulis sic actis, & dum prout supra scribuntur, die dicta per dictos Dominos Decanum & Capitulum, & die vicesima octaua mensis Octotils, per dictum Dominum Episcopum agerentur, vna cum prænominatis testibus, vocatus præsens fui, eaque de ipsorum mandato propria manu scripsi. Et in præmissorum testimonium hic me subscribendo, signum meum publicum, vna cum ipsorum Dominorum Episcopi, Decani & Capituli, appensione sigillorum inferius appensorum, apposui requisitus specialiter & rogatus. Interlineare horum verborum die dicta in præsenti subscriptione mea factum ex certa scientia approbo.

Autre Extraict du mesme Liure, feüillet cinquante-huict, seconde page, & cinquante-neuf premiere page.

VNIVERSIS præsentes Litteras inspecturis, Nos Ademarus permissione diuina Episcopus Lexouiensis ac Decanus & Capitulum Ecclesiæ Lexouiensis, salutem in Domino. Notum facimus, quod cum quandoque fuerit hæsitatum per nonnullos, quod dictus Dominus Episcopus nobis Decano & Capitulo prædictis in Litteris Collationum & executionis earum non deberet mandare. *Et le reste comme en l'antepenultiesme Extraict cy dessus.*

Extraict du mesme Liure, feüillet cent soixante.

A Tous ceux qui ces Lettres verront ou orront, Iean des Vues, Garde du Seel aux obligations de la Vicomté du Pontautou, Salut. Sçachent que pardeuant Monsieur Gilles le Pelletier, Prestre, Tabellion Iuré, establi en ladite Vicomté; si comme iceluy Tabellion nous a rapporté par son serment, auquel nous adioustons planierement foy. Fut present en sa personne Robert Viret, de la Paroisse de Sainct Iulian de Faulcon, qui de sa bonne & franche volonté, sans aucun contraignement cognut & confessa auoir vendu, quitté, transporté, & delaissé afin & en perpetuel heritage, à Reuerend Pere en Dieu, Monsieur Aymar Robert, par la grace Diuine Euesque de Lisieux, & à ses hoirs ou ayans cause de luy. C'est à sçauoir, les deux parts de la dixme de toutes Bleches Excroists, à tousiours-mes, pour le temps aduenir en toute la Paroisse d'Auquainuille, par le prix de soixante & dix francs d'or de bon poids, dont il se tint pour bien payé à plain, & auec ce cognut iceluy Viret, meu quand en ce de deuotion, & en la faueur de plusieurs biens & compensations que ledit Monsieur l'Euesque luy auoit faits, de quoy il se tenoit pour contant, si comme il disoit, auoir transporté & delaissé à tousioursmes doresnauant en perpetuité & en heritage audit Monsieur l'Euesque & à ses hoirs & ayans cause de luy le droit du Patronnage & presentation; toutesfois que le cas s'offrira de cy en auant de l'Eglise Parochiale dudit lieu d'Auquainuille à tenir & à auoir, & par droict heritage pour seoir audit Monsieur l'Euesque, & à sesdits hoirs & ayant cause de luy, lesdits Patronnage, presentation & dixme, auec tout le droict, action, proprieté, saisine, Seigneurie, possession & Iustice: que ledit Viret y auoit, auoir pouuoit & debuoit sans debat, contredit, reclamance, ne empeschement d'iceluy Viret ny de ses hoirs, à faire desoresmes en auant sur ce. Et promist & s'obligea ledit, tant pour luy que pour ses hoirs successeurs & ayant cause de luy, estre tenu audit Monsieur l'Euesque & à sesdits hoirs ou ayant cause: Lesdites dixme, Patronnage, & droit de presenter à tousiours mes à heritage, franches & quittes de toutes rentes, & de toutes charges quelconques garentir, defendre, deliurer, & oster de tous empeschemens & encombremens enuers toutes personnes & mettre au clair & au deliuré, à ses propres cousts & despens ou ailleurs, & changer en son propre heritage, au plus prest & apparoissant value & à valué se mestier en estoit. Et quand à toutes les choses dessus dites & chacunes d'icelles, fermement garder, tenir & enteriner, iouxte ce & en la maniere que dessus est dit & deuisé. Ledit Viret obliga soy son corps à tenir prison & tous ses biens & les biens de ses hoirs, meubles, & heritages presens & aduenir, à estre pris des orendroit en main de Iustice, sous quelque Iurisdiction qu'ils soient ou puissent estre pour vendre & despendre d'Office de Iustice, iusques à tant que les choses dessus dites, & chacunes d'icelles soient enterinées & accomplies en la forme & maniere deuant declarées. Et pour rendre & payer tous cousts, mises, despens, deperts & dommages qui par defaut d'enteriner & accomplir les choses dessus dites ou autres d'icelles seroient faits, eus, & soustenus. Dont le porteur de ces Lettres sera creu par son simple dit sans moderation de Iustice ne autre preuue faire. Et renonça ledit Viret quant à ce fait à toutes exceptions, deceptions, barres, fraudes, assessoires, malengin, cauillations, & au droict, mettant restitution par deception outre la moitié de iuste prix à ladite somme d'or, non auoir eüe ny receuë à tout autre droict escrit & non escrit, à tous priuileges de Croix, prise ou à prendre, à toutes Lettres d'Estat ou rescrit de delay; A toutes Lettres de Pape, de Roys & de tous autres Princes, octroyées & à octroyer, & à toutes autres choses, parquoy la teneur de ces presentes pourroit estre retardée & empeschée en aucune maniere qu'elle soit en tout ou en partie: Et au droict, disant generale renonciation non valoir, & accorda ledit Viret, qu'en cette presente renonciation soient toutes autres renonciations comprises & entenduës tout aussi, & en la maniere comme si elles y estoient exprimées, escrites & deuisées mot apres mot. En tesmoin de ce, Nous à la relation dudit Tabellion, auons seellées ces Lettres du Seel dessus dit, saoufautruy droict, le 22. jour d'Octobre l'an 1367. ainsi signé G. le Pelletier.

des Cardinaux François.

Extraict d'vn Liure en parchemin, couuert de bois, enchaifné à la Table du lieu Capitulaire de l'Eglife Cathedrale Sainct Pierre de Lifieux, intitulé, Tabula ceu Kalendarium ad inueniendum omnes & fingulas Cartas huius Cartularij, feüillet huict vingt treize, premiere page. Ledit Liure vulguairement appellé le premier Cartulaire du Chapitre.

Communiqué par Monfieur Paulmier, Chanoine en ladite Eglife.

A Tous ceux qui ces Lettres verront: Hugues Aubriot, Garde de la Preuofté de Paris, Salut; Sçauoir faifons, que pardeuant Eftienne de Mirabel & Iean Bataille, Clercs Notaires Iurez du Roy noftre Sire, de par luy eftablis en fon Chaftelet de Paris, pour ce. Fut prefent honorable homme & difcrept Maiftre Nicole Iouet, Chanoine de Lifieux & d'Anteric, fi comme il difoit, lequel de fa bonne volonté fans aucune contrainte, recognu & confeffa pardeuant lefdits Notaires Iurez, luy auoit vendu à toufiours, quitté, cedé, tranfporté, & du tout perpetuellement & heritablement delaiffé & promift guarentir, deliurer & defendre enuers tous & contre tous en jugement & hors à fes propres coufts & defpens, toutes & quantes fois que meftier en fera de tous troubles & empefchemens quelconques, à Reuerend Pere en Dieu Meffire Aymar Robert, Euefque de Lifieux, achepteur pour luy, pour fes hoirs & pour ceux qui de luy auront caufe, tout le fief qui jadis fut Iean le Vicomte, Efcuyer de la Paroiffe de Beuuillier, & à Damoifelle Taffine fa femme à caufe d'icelle, appelé le fief d'Efbere, feant tant és Paroiffes de Fumichon, de Sainct Hypolite, de Saint Pierre de Cantelou & de Moyaux, comme par tout ailleurs en quelques lieux qu'ils puiffent eftre trouuez plus à plain declarez és Lettres, parmy lefquelles ces prefentes font annexes, & tout en la forme & maniere, comme il eft contenu en icelles Lettres. Cette vente faite fur le tout pour & parmy le prix, & la fomme de quarante liures tournois, monnoye courante à prefent franc d'ot pour vingt fols tournois la piece, que ledit Maiftre Nicolle en confeffa auoir eues & receuës en la prefence defdits Notaires, & en quitta & clama, & quitte bonnement & abfolument à toufiours ledit Monfieur l'Euefque, fes hoirs & tous autres à qui quitance en appartient, toutes voeies ladite fomme defdits quarante liures tournois, francs & qittes audit Maiftre Nicole. Et la foy & hommage, en quoy ledit Maiftre Nicole eftoit ou deuoit eftre d'iceluy fief, quitta & remift à celuy ou ceux qu'il appartient. Et veut que par le bail & tradition de ces prefentes Lettres, ledit Monfieur l'Euefque, fes hoirs ou ayans caufe, en fuffent mis en foy, hommage ou fouffrance par tout où il appartient de tout iceluy fief & de ces appartenances & appendances quelconques, & tout en la forme & maniere que ledit Maiftre Nicole en jouiffoit. Promettant ledit Maiftre Nicole par foy & ferment, à auoir & tenir ferme à toufiours cette prefente vente, & toutes les chofes dedans ces Lettres efcriptes & contenuës, fans aller ou venir encontre, & à paier tous coufts, mifes & defpens qui faits feroient par fon defaut fous l'obligation de tous fes biens & de fes hoirs & de fon temporel prefent & aduenir, quels & ou quils foient, qu'il foubmit pour ce à Iuftice, vendre & exploicter par Nous & nos fucceffeurs Preuofts de Paris, & par toute autre Iuftice fous quelle Iurifdiction ils feront ou pourront eftre trouuez pour tout ce que dit eft enteriner & accomplir. Et renonçaexpreffement en ce fait iceluy vendeur par fondit ferment & foy, à tout ce qui tant de fait comme de droict ayder & valoir luy pouroit aduenir, ou faire venir contre ceque dit eft. En tefmoin de ce, Nous à la relation defdits Notaires Iurez, auons mis à ces Lettres le Seel de la Preuofté de Paris, l'an de grace 1367. le Ieudy 13. jour de Ianuier, ainfi figné I. Bataille & Mirabel. Collation faite, figné Taupin & Blot, chacun vn fein & paraphe.

Autre Extraict du mefme feüillet, feconde page.

VNIVERSIS præfentes Litteras infpecturis. Ademarus permiffione diuina nuper Lexouienfis, nunc vero Attrebatenfis Epifcopus, falutem in Domino. Notum facimus, quod Nos feudum vocatum d'Efbere affituatum in Parochiis de Feumichon, & de Sancto Hypolito, & de Sancto Petro de Cantulupi, & de Moyaux, Lexouienfis Diocefis, quod quidem feudum emimus à Magiftro Nicolao Iouëti, quondam Canonico Lexouienfi, qui dictum feudum emerat à Ioanne Vicecomitis Armigero, prout hæc & alia in quibufdam Litteris figillatis, figillis Vicecomitatus Pontifanthonij & Præpofituræ Parifius, & fignatis fignis Tabellionum fcilicet Ægidij le Pelletier, Tabellionis Iurati, in dicto Vicecomitatu Pontifanthonij, & Stephani de Mirabel, & Ioannis Bataille, Notariorum Iuratorum in Caftelleto Parifienfi, plenius continentur, cum omnibus Iuribus & pertinentiis omnibus modo & forma in dictis Litteris contentis in honore Beatorum Apoftolorum Petri & Pauli conceffimus Venerabilibus & difcretis viris Decano & Capitulo Ecclefiæ Lexouienfis. Ita tamen quod dicti Decanus & Capitulum quolibet anno femel die duodecima menfis Iulij, vnam Miffam de Sancto Spiritu, quamdiu vitam duxerimus in humanis folemniter dicere tenebuntur; Poftea vero in Miffam *de Requiem,* pro noftro obitu femel anno quolibet conuertendam. Datum Parifius fub figillo noftro, anno Domini milleffimo trecenteffimo fexageffimo nono, die prima menfis Iunij.

Extraict d'vn Liure en parchemin, couuert de bois, attaché à la Table du lieu Capitulaire de l'Eglise Cathedrale Sainct Pierre de Lisieux, intitulé, Secundus Liber Cartarum Capituli, *feüillet cent soixante-vn.*

A Tous ceux qui ces Lettres verront, Andoin Channeron, Cheualier, Conseiller du Roy nostre Sire, & garde de la Preuosté de Paris, Salut; Sçauoir faisons, que pardeuant Estienne de Mirabel & Iean Maugier, Clercs Notaires Iurez du Roy nostre Sire, de par luy establis au Chastelet de Paris. Fut personnellement establý Robert Viret Escuyer Seigneur Sergent de S. Pierre sur Diue, demourant à Bretuille sur Diue, cy comme il disoit, ou Diocese de Seez, & afferma, & pour verité reconnut & confessa de sa certaine science, bon gré, voulenté, & propre mouuement, sans aucune force ou contrainte, comme dés le 22. iour d'Octobre, l'an 1367. il eust vendu & transporté à tousiours, afin de perpetuel heritage à Reuerend Pere en Dieu Monsieur Aimar Robert, par la grace Diuine lors Euesque de Lisieux, & à present Archeuesque de Sens, pour luy en son priué nom, & pour ses hoirs & ayans cause, les deux parts de la Dixme de toutes les Blesches croissants à tousiourmes pour le temps aduenir en toute la Paroisse d'Aucquainuille, pour le prix & la somme de soixante & dix francs d'or de bon poids, que ledit Robert en eut & receut, dont il se fust tenu pou bien content & payé à plain, & que auec qu'elle, ledit Robert meu de deuotion en la faueur de plusieurs biens & recompensations que ledit Monsieur l'Archeuesque luy auoit faits, eut transporté & delaissé à tousiourmes delors en auant, à perpetuité & à heritage audit Reuerend Pere, pour luy en sondit nom priué, ses hoirs, & ayans cause le droict du Patronnage & presentation, toutesfois que le cas s'y offriroit delors en auant, de l'Eglise Paroissiale dudit lieu d'Aucquainuille, à tenir & à auoir par droict heritage par ledit Monsieur l'Archeuesque, & par ses hoirs & ayans cause comme ce & autres choses, sont plus à plain contenuës & declarées en certaines Lettres sur ce faites & passées ledit 22. iour d'Octobre, l'an 67. dessusdit, sous le seel aux obligations de la Vicomté de Pontauton, parmy lesquelles ces presentes sont annexées, & que de present ledit Robert s'estoit traicté pardeuers ledit Messire Aimar, & luy auoit donné à entendre que ladite Dixme estoit deuenuë en plus grand' valeur qu'elle n'estoit lors, disant qu'il auoit esté deceu, & que sur ce luy voulsist pouruoir de sa grace. Pourquoy ledit Monseigneur l'Archeuesque, qui en riens n'estoit tenu de sur ce faire aucune recompensation, s'il ne luy plaisoit audit Robert, auoit donné à iceluy Robert, cy comme il disoit, de sa grace especial en recompensation & remuneration de ce que dit est, cy comme de quarante francs d'or du coin du Roy nostre Sire, que iceluy Robert confessa pour ce auoir eu & receu dudit Archeuesque, & s'en tient pour bien payé & content : & en quitta & quitte bonnement à tousiours ledit Monsieur l'Archeuesque, ses biens, hoirs & ayant cause, & tous autres à qui quittance en appartient & pouroit appartenir, ores & ou temps aduenir ; Et par iny ce ledit Robert a renoncé & renonce par ces presentes du tout à tousiours à tout le droict & action quelconque, qu'il, ses hoirs & ayants cause, ont, peuuent & pourroient auoir ores & ou temps aduenir, & demander en quelque maniere que ce fust esdites deux parts de ladite Dixme, & esdits Patronnage & Presentation, au profit dudit Monsieur l'Archeuesque en sondit priué nom, & de ses hoirs & ayants cause. Et de ce veult que ledit Monseigneur l'Archeuesque, par luy ses hoirs & ayants cause, iouïsse à tousiours perpetuellement selon la teneur desdites Lettres de venduë & transports sur ce faites, qui demeurent tousiours en leur force & vertu, sans que ledit Robert ne autres ayans sa cause, puisse iamais ce que dit est, debatre, empescher, repugner, ne contreuenir par quelque voie raison, ou occasion que ce soit ou puisse estre. Et outre ledit Robert promit que se par luy, ses hoirs ou ayans cause, estoit mis aucun empeschement en ce que dit est, incontinent le cas aduenu, rendre ou faire rendre & payer par luy ou ses hoirs & ayans cause audit Monsieur l'Archeuesque, ses hoirs ou ayans cause, ladite somme de quarante francs, en ayant agreable tousiours le premier contract fait & contenu esdites premieres Lettres en la maniere qu'il est contenu en icelles ; promettant ledit Robert par son serment & foy de son corps, peur ce baillé és mains desdits Notaires comme en la nostre, ce que dit est auoir agreable tenir, faire & accomplir, & à non aller ou faire venir contre par luy ne par autres pour quelque cause que ce soit, & à rendre & payer tous cousts, mises, despens, salaires, iournées & interests, qui faits seroient par sa faute & coulpe, de ce que dit est non accomplir, sur l'obligation de ses biens, & des biens de ses hoirs, meubles & heritages presens & aduenir à Iustice, vendre & exploicter par nous nos successeurs Preuosts de Paris, & par tous autres Iusticiers sous qui Iurisdiction ils seront trouuez, pour le contenu en ses Lettres enteriner, en renonçant expressément en ce fait par sondit serment & foy à toutes exceptions, deceptions, oppositions, Vsages, Stiles, Coustumes, Lettres, Estats, respits, dispensations, absolutions, dilations & autres choses quelconques, qui ayder & valoir luy pourroient aduenir, faire ou dire contre ces Lettres, & leur contenu & effect, & au droict disant general renonciation non valoir. En tesmoing de ce nous à la relation desdits Notaires, auons mis le Seel de ladite Preuosté à ces Lettres, qui furent faites l'an mil trois cens quatre-vingts & quatre, le Dimanche dernier iour de Iuillet, ainsi Signé, I. MAVGIER.

des Cardinaux François.

Extraict du mesme Liure, feüillet 159. premiere & seconde page.

A Tous ceux qui ces Lettres verront ou orront, Robert Martin, Garde pour le Roy nostre Sire du Scel aux Obligations de la Vicomté du Pontautou & Ponteandemer, salut. Sçauoir faisons, que par-deuant Guillaume Guerard, Clerc institué Tabellion sous Pierre Moulin, Clerc Tabellion Iuré & estably en ladite Vicomté de Pontautou & au Siege de Lisieux, quand à ce faire, furent presents Venerable homme & discret Maistre Pierre Robert, Doyen de S. Germain de Lauxerrois à Paris, Maistre des Requestes de l'Hostel du Roy nostre Sire, frere & hoirs seul pour le tout de feu Reuerend Pere en Dieu Monsieur Aymart Robert, jadis Euesque de Lisieux, & depuis Euesque d'Arras, & par apres de Therouenne, & dernierement qu'il alla de vie à trespas Archeuesque de Sens d'vne part, & honorables hommes & discreptes Maistres Pierre Lucas Chantre, Thomas Groffart Archidiacre d'Aulge en l'Eglise de Lisieux, & Maistres Guillaume Delyuet, Iean Dehamel, Iean le Marle, Iean Pillet, Messire Durand Marie, Chanoines de Lisieux, & plusieurs autres Chanoines & faisant Chapitre, d'autre part; lequel Maistre Pierre Robert sans contrainte d'aucun, tant en son nom priué comme hoirs & executeur seul pour le tout dudit defunct, disoit & exposoit que celuy defunct dés lors qu'il estoit Euesque de Lisieux, auoit eu intention & desir, & en ce auoit continué perseueré jusques à la fin, de faire fonder & donner à la Chapelle de Monsieur S. Agnan assise en ladite ville de Lisieux, chacun iour vne Messe perpetuelle pour le salut & allegement de son ame, & de ses amis parents charnels & de ses bienfacteurs, à estre dite & celebrée par l'vn des huict Clercs des heures de l'Eglise Cathedrale du lieu, appellez les douze liures, ou par autres telles personnes Prestres comme le Chapitre d'icelle voudra eslire; laquelle Messe sera dite au Dimanche, du iour, au Lundy, des Trespassez, au Mardy & Mercredy à la volonté du celebrant, au Ieudy du S. Esprit, au Vendredy de la Croix, & au Samedy de la Vierge Marie, au cas toutesfois qu'en aucun d'iceux iours n'auroit Feste solemnelle, comme Feste d'Apostre, de la Vierge Marie, de S. Marc, de S. Laurens & de S. Estienne, de S. Blaise & de Monsieur S. Gal Euesque & Confesseur, dont la Feste eschoit au premier iour de Iuillet, auquel cas ladite Messe seroit dite d'iceux Saincts: Et en ladite Messe seront chaque iour faites trois collectes, c'est à sçauoir la seconde pour cause dudit Fondateur, & la tierce à la deuotion dudit celebrant. Item, dit ledit hoirs Executeur au nom que dessus, qu'il vouloit & ordonnoit que ladite Messe seroit sonnée à chaque iour bien & longuement par la campane, ont ordonné & si matin qu'elle soit dite auant le commencement de Matines de ladite Eglise; Parquoy celuy qui celebrera ladite Messe puisse estre à Matines en ladite Eglise Cathedrale, que les passants qui seroient venus en ladite ville, puissent si matin ouir la Messe dessusdite, qu'ils ne soient destourbez de leurs voyages, & semblablement des Laboureurs & autres gens de mestier. Pour la dotition de ladite Chapelle, ledit Maistre Pierre Robert de sa pure volonté sans contrainte, & accomplissement de la derniere volonté dudit defunct en cette partie, transporte audit Chapitre pour faire celebrer ladite Messe par lesdits Clercs des heures comme dit est, les deux parties de la dixme d'Aucquainville, & vne portion de dixme qu'il auoit acheptée en son priué nom de Maistre Iean Lecoq, assise en la ville de Briosne, & quatre liures tournois d'annuelle rente qu'il prenoit sur Denys Noel en ladite ville de Lisieux, & s'en desaisir & deuestir, & en vestir & en saisir ledit Chapitre pour & au nom desdits huict Clercs des heures, & leur bailler & transporter les Lettres, l'acquest & acquisition d'icelle Dixme & rente : Et auec ce, ledit Maistre Pierre Robert, hoirs & Executeur comme dessus, donna & transporta au Seneschal du Chapitre, qui sera pour l'aduenir, le Patronnage de droit de presenter à l'Eglise d'Aucquainville toutesfois qu'elle vacquera. Aussi toutesfois que ledit Seneschal ny pourra presenter lors vn desdits Clercs des heures quand le cas s'offrira, ledit Chapitre eslira trois d'iceux Clercs & les nommera audit Seneschal, lequel en prendra d'iceux Clercs lequel qu'il voudra & le presentera à Reuerend Pere en Dieu Monsieur l'Euesque de Lysieux, pour le temps, ou à ses Vicaires en spirituel pour luy conferer ladite Eglise, & luy en pouruoir auec les fruicts, profits & esmoluments en la forme & maniere accoustumée en tel cas. Item, ledit Maistre Pierre Robert, dist & exposa qu'il vouloit & ordonnoit que les oblations de ladite Chapelle fussent conuerties à trouuer luminaire : Et en la refaction de ladite Chapelle & au payement du Clerc ordonné par ledit Chapitre, à sonner ladite Messe, & ayder à celuy qui la celebrera, ainsi comme il appartient. Et tout ce qui demeurera outre lesdites charges desdites dixmes, rentes & oblations, il dist, vouloit, consentoit & ordonnoit, qu'il fust par ledit Chapitre baillé & liuré ausdits Clercs des heures, appellez les douze liures pour prier Dieu pour l'ame dudit defunct. Item, ledit Maistre Pierre Robert, du consentement dudit Chapitre, retint par deuers soy sa vie durante tant seulement le droit de presenter, ainsi comme il est dessus deuisé dudit Seneschal de ladite Eglise, au cas qu'elle vacqueroit auant qu'il allast de vie à trespassement. Et apres, ledit Chapitre s'obliga & promist audit hoir & Executeur de ce celebrer ou faire celebrer par vn des huict Clercs nommez les douze liures, ou par autres personnes conuenables, ladite Messe chacun iour, si lesdites dixmes & rentes s'y peuuent extenuer, ou au moins entend comme il se pourroit monter sans y despendre aucune chose du leurs. Et promirent lesdits Chapitre & Chanoines pour eux & leurs successeurs, Doyen & Chapitre de ladite Eglise, de non alener esdites Dixmes, rente & Patronnage, & conuertir en autre vsage, mais tant seulement pour & en ladite Chapelle dessus ordonnée pour quelque necessité que ledit Chapitre puisse auoir : & promit ledit Maistre Pierre Robert toutes les choses dessusd par luy baillez & transportez auoir agreables & tenir ferme sans jamais aler alencontre en aucune maniere. Et outre que jamais aucune chose ny demandera ny demande ny fera ny par luy, ny par autre excepté audit Patronnage sa vie durante comme dit est, & en obligea tous ses biens en temporel à estre pour ce pris, venduz & exploictez d'office de Iustice, sans plez ny procez ordonnez. En tesmoin de ce, nous à la relation dudit Tabellion, auons mis à ces Lettres le Seel dessusdit, sauf autry droict. Ce fut fait le detrain iour d'Avril l'an de grace mil trois cens quatre-vingts & dix, ainsi Signé, P. MOVLIN.

Extraict du mesme Liure, fueillet 165.

A Tous ceux qui ces Lettres verront, Iean Seigneur de Folleville, Cheualier Conseiller du Roy nostre Sire, & Garde de la Prenosté de Paris, Salut. Sçauoir faisons, que pardeuant Pierre Paris, & Iean Caconeau Clercs Notaires Iurez du Roy nostredit Sire, de par luy establis en son Chastelet de Paris. Fut personnellement establi Michel le Coq, demeurant en la Paroisse de S. Rémy de Bourneuille, au Diocese de Lisieux: & afferma, & pour verité confessa en la presence desdits Notaires, que de son conquest il auoit droict de prendre, cueillir, leuer, gager, receuoir, perceuoir, & exploicter, & à luy seul & pour le tout, & non à autre appartenoit sans debat ou empeschemens aucuns, certain droict, part & portion de dixme en la dixme de S. Martin & de S. Denis de Briosne en deux traicts, nommé le premier d'iceux traicts *la rue volée*, & le second *la Vastine*. Et par tout ailleurs esdites Paroisses, où feu Ginefroy d'Argence auoit accoustumé, & auoit droict de prendre, & estoit en possession & saisine d'y perceuoir & cueillir dixme, cy comme tout se peut plus à plain apparoir, & est plus à plain contenu esdites Lettres, parmy lesquelles ces presentes sont annexés; tout lequel droict, action, part proprieté & portion dessusdits, sans rien excepter, reseruer ou retenir, & generalement tout autre droict qu'icelluy Michel peut & doit auoir, demander & reclamer esdites dixmes, iouxte la forme & teneur desdites Lettres, ledit Michel de son bon gré, bonne volonté, propre mouuement, & certaine science, sans aucune force, fraude, erreur, deceuance, ou contrainte: mais pour son tres-grand clair & euident profit sur ce bien conseillé, pourueu & aduisé de son fait & de son droict cy comme il disoit, reconnut & confessa deuant lesdits Notaires, comme pardeuant nous, auoir vendu, cedé, quité, octroyé, transporté & delaissé, & par ces presentes vendit, quita, ceda & octroya, & delaissa des maintenant à tousiours perpetuellement & hereditablement, & promit & par la teneur de ces presentes, promet garantir, deliurer & defendre à ses propres cousts & despens enuers & contre tous en iugement, & hors toutes & quantes fois que mestier en sera, de tous troubles, Lettres, debtes, obligations, engagemens, charges, seruitudes, redeuances, & de tous autres empeschemens quelconques, à honorable & discrete personne Monseigneur Pierre Robert, Doien de l'Eglise S. Germain Laucerrois à Paris, & Chanoine de Paris, achepteur pour luy, pour ses hoirs, & pour ceux qui de luy auront cause, ou temps aduenir, ausquels ledit droict de dixme prendre, gager, leuer, receuoir, perceuoir & exploicter par ledit Monsieur Pierre Robert, & par ses hoirs & ayans cause, ou par le porteur de ces Lettres chacun an à tousiours perpetuellement iouxte la forme & teneur desdites Lettres. Cette vente faite par le prix & la somme de deux cens francs d'or du coin du Roy nostre Sire, que ledit vendeur en confessa auoir eus & receus dudit achepteur, & qui payez, comptez & nombrez luy furent en or par ledit achepteur en la presence desdits Notaires, & dont iceluy vendeur se tient à bien payé content & agréé, & en quita & quite, clama pardeuant lesdits Notaires, ledit achepteur ses biens, hoirs & ayans cause, & tous autres à qui quitance en peut & pourroit appartenir, ores & pour le temps aduenir; parmy laquelle somme de deux cens francs d'or ainsi euë & receuë dudit achepteur, comme dit est, iceluy vendeur transporta & delaissa, & par ces presentes Lettres transporte & delaisse audit achepteur ou ses hoirs & ayans cause, tous les droicts de proprieté, fond, possession, saisine & seigneurie, ensemble toutes les actions reelles, personnelles, mixtes, directes, toutes expresses, & autres quelconques, qu'il auoit & pouuoit auoir en ce que cit est par an, vendu comme dit est, & enuers quelconques personnes & leurs biens à cause de ce, & l'en fist & fait par ces presentes vray acteur, teneur, proprietaire, pourchasseur, procureur, receueur, donneur, quiteur, & l'en mist & met du tout en son lieu pour en faire esiouir par ledit achepteur ses hoirs & ayans cause, tousiours comme de sa propre chose; & de ce que dit est se desaisit & deuestit és mains desdits Notaires comme en nostre souueraine pour le Roy nostre Sire, voulant que par le bail & ostension de ses presentes, ledit achepteur ou son procureur pour luy & en son nom, en soit mis en possession & saisine, soy ou hommage, ou, & par qu'il appartiendra, & d'abondant pour foy en desaisir, & pour en faire saisir ledit achepteur ou son procureur pour luy & en son nom, iceluy vendeur pour luy & en son nom, fist, constitua & establit ses procureurs & certains messagers especiaux, Maistre Pierre de la Brosse, Messire Iean Camping, Iacques Bechade & Iean Osmont, ausquels & à chacun d'eux par soy & pour le tout portant ces Lettres, ledit vendeur donna pouuoir & authorité de se faire, & tout ce qui au cas appartiendra. Promettant ledit vendeur par son serment & foy de son corps pour se baillé corporellement és mains desdits Notaires cette presente vente, transport, quitances & toutes & chacunes les choses en ces Lettres contenuës & escriptes, auoir agreables, tenir fermes & estables à tousiours, & à non venir ou faire aller ou dire contre par quelconque cause ou raison que ce soit. Et rendre & payer tous cousts, mises, despens, salaires, iournées & interests, qui faits eux & soustenus seroient par defaut de garantie ou autrement; obligeant quant à ce ledit vendeur, luy, tous ses biens, & les biens de ses hoirs, meubles & heritages presents & aduenir, quels & où qu'ils soient, qu'il en soufmist pour ce du tout à Iusticier, vendre & exploicter par nous, nos successeurs Preuosts de Paris, & par tous autres où ils pourroient eftre trouüez pour ces Lettres enteriner, renonçant en ce fait expreſſement iceluy vendeut par ſon ſimple ſerment & foy à toutes exceptions, deceptions, de mal, de fraude, erreur, leſion, & circompention & action en fait & condition ſans cauſe, & de non juſte cauſe, à tous barats, toutes bartez, cauillations, raiſons & deſſenſes, à la deception d'outre la moitié de juſte prix, à l'exception de ladite ſomme de deux cens francs d'or, non auoir euë & receuë comme dit eſt, à tout Droict eſcript & non eſcript, Canon & ciuil, & generalement à toutes autres choſes qui tant de fait comme de droict, de voir de ſtile, de couſtume, de grace, & franchiſes, libertez, diſpenſations & abſolutions données ou à donner, ou autrement ayder & valloir, pourroit aduenir, faire ou dire contre ces Lettres, leur contenu & effect, & au droict diſant generale renonciation non valoir. En teſmoin de ce Nous à la relation deſdits Notaires, auons mis à ces Lettres le Scel de ladite Preuoſté de Paris, l'an de grace mil trois cens quatre-vingts & dix, le Samedy ſeptieſme iour de May, ainſi Signé, I. CACONEAV, & P. PARIS.

Extraict du Liure obituaire du grand Chœur de l'Egliſe Cathedrale S. Pierre de Liſieux, qui eſt vn grand Liure en parchemin couuert de bois & cuir, enchaiſné au coſté ſeneſtre du Chœur de ladite Egliſe, où ſont tranſcrits les Obits & Fondations qui ſe celebrent en ladite Egliſe par chacun iour.

Communiqué par Monſieur Paulmier, Chanoine en ladite Egliſe.

IANVARIVS.

XXV. D. Conuerſio Sancti Pauli duplex.   x x ſ. In orreō.
Vinum.   iv. l. ii. ſ.
Item, vinum ad modum Anniuerſarij.
Clerici de paru, Cho. percipiant, Ibidem   x x ſ.
Obitus Domini Ademari Roberti Epiſcopi Lexouienſis, &c.   c. ſ. In orreō.

Au Chapitre cxII. GILLES AYCELIN DE MONTAIGV.

Tiltres dont les Originaux ſont tirez de la Chambre des Comptes, & m'ont eſté communiquez par Monſieur de Vyon Seigneur d'Herouval, Conſeiller du Roy, & Auditeur en ladite Chambre.

Lettres du Cardinal de Therouenne au Duc d'Anjou & de Touraine.

Mon tres-chier Seigneur; Plaiſe vous ſçauoir que ie ſuis venus aujourd'huy à heures de Veſpres à Narbonne, où ie n'ay trouué nulles nouuelles de vous, dequoy i'ay eſté moult eſbahys; toutefois me ſuis-je reconfortés en ce que ie tien fermement que vous (Mon tres-chier Seigneur) ne ſauldrez point que vous ne ſoyez cy lendemain de la Chandeleur au plus tart, quar ſe vous fuſſiez empeſchié de non y pouoir eſtre, ie penſe que vous m'euſſiez contremandé par mon Meſſagier qui party de moy de Barcelonne aujourd'huy à ſeize iours pour aler vers vous, ou par aucun de vos cheuaucheurs : Si vous prie (mon tres-chier Seigneur) que vous veuilliez eſtre cy à ladite iornée, quar le Duc de Gironne & la Duceſſe partirent de Barcelonne Mercredy derrain paſſé, & ſeront à Parpignen à la iornée deſſuſdite. (Mon tres-chier Seigneur) noſtre Seigneur par ſa ſaincte grace vous doint bonne vie & longue. Eſcrit à Narbonne le premier iour de Feurier.

Le tout voſtre,
LE CARDINAL DE THEROVENNE.

Mon tres-chier Seigneur, ie me recommande à vous ſi tres-humblement comme ie puis, & vous plaiſe à ſçauoir que hier ie receu de vous trois Lettres, vnes eſcrittes à Tarbe le neufuieſme iour de ce mois, & l'autre eſcritte audit lieu le dixieſme iour, & l'autre eſcrite à Aulx le vnzieſme iour, contenans touttes vne concluſion, pour la reſponſe deſquelles ie vous enuoye l'Eueſque d'Alet mon compangnon, qui vous dira la cauſe pourquoy ie ſuy pardeça, & autres choſes que ie luy ay enchargées; ſi vous prie (Mon tres-chier Seigneur) que vous le veuillez croire comme ma propre perſonne. (Mon tres-chier Seigneur) noſtre Seigneur par ſa ſaincte grace vous donne bonne vie & longue. Eſcrit à Parpignen le ſeizieſme iour de Feurier.

Le tout voſtre,
LE CARDINAL DE THEROVENNE.

Additions aux Preuues de l'Histoire

Copiæ Litterarum Regis & Primogeniti Aragoniæ, missarum Domino Cardinali Morinensi.

REVERENDE Pater & amice Chariſſime, Iampridem recepimus Litteras veſtras ſuper facto Concordiæ ineundo inter Nos, & Ducem Andegauenſem, per quas non multum de ſubſtantiâ factâ percepimus per Litteras veſtras, quas noſtro Chariſſimo Primogenito ſuper ipſo facto miſiſtis, quaſque ipſe noſter Primogenitus nobis remiſit, magis intentionem veſtram intelleximus, & largiùs etiam per verba Petri de Planella Huiſſerij Armorum eiuſdem noſtri Primogeniti, quem ipſe primogenitus ratione dicti negocij ad Paternitatem veſtram miſerat: & tandem vt Deus, & totus mundus cognoſcant, Nos ſuper dicto negotio velle in omni via ponere rationis, & quodammodo ob veſtrum honorem, ne labores veſtri ſi Domino placuerit irriti fiant, deliberauimus noſtros Ambaxiatores ad vos mittere, videlicet nobiles Andream de Fenolheto Vicecomitem de Caneto & de Inſolâ, & Raymundum Plumarij de Emilione Milites, cum poteſtate plenaria, ſicque ordinet veſtra Paternitas qua cuncta die vos protractatu dictæ concordiæ eritis in villâ Perpinij, aut in loco de Sigrano, vel in loco Sancti Pauli de Feudhed, omni ipſis die & loco, nos dictos noſtros Ambaxiatores adeſſe faciemus infallibiliter dante Deo. Datum Barchinonæ quartâ die Madij, Anno à Natiuitate Domini MCCCLXXVII. Rex P.

REVERENDE Pater & affinis chariſſime: Statim citrà ſolis occaſum recuperauimus Petrum de Planella Huiſſerium noſtrum, cum Litteris Domini Regis genitoris noſtri chariſſimi: ſané quia idem Dominus Rex ſuâ Litterâ ſpeciali, quæ vobis mittitur inſimul cum præſenti, veſtræ Paternitati notificat, quod vt Dominus Deus & Mundus agnoſcant ipſum ſe ponere de negocio concordiæ quam tractatis inter eum & Ducem Andegauenſem in via omnimodæ rationis, elegit ſuos Ambaxiatores, ſcilicet nobiles Andream Vicecomitem Caneti & Inſulæ, necnon & Raymundum Alamani de Emelione ſuum Doctorem legum milites, quos eſſe faciet in villa Perpinij aut in loco de Sigrano, vel de Sancto Paulo de Feuolhedio eâ die, qua vos pro ipſius concordiæ tractatu eſſe elegeritis in ipſa villâ, vel in altero locorum ſuperiùs expreſſorum. Idcirco Chariſſime affinis, Paternitatem iam dictam rogamus, quod veſtris Litteris ſignificetis memorato Domino Regi ac nobis, dictos, diem & locum ratione præfata per vos eligendos, & nobis, nec minus ea quæ ſuper dicto tractatu procurauit iuſſu veſtro familiaris veſter Iacobus de Berneto. Datum Gerundæ ſub ſigillo noſtro ſecreto, die Mercurij, ſextâ menſis Madij, Anno à Natiuitate Domini MCCCLXXVII. Primogenitus.

Autres Lettres du Cardinal de Therouenne, au Duc d'Anjou & de Touraine.

MON tres-chier Seigneur. Plaiſe vous ſçauoir que Iacques vint hier ſoir bien tard par deuers moy, & me apporta vos Lettres, contenans que ie le creuſe comme voſtre perſonne des choſes qu'il me diroit de part vous, ſi ay oye la creance qu'il m'a dit de par vous, & luy bien content d'icelle, & vous remercy tant comme ie puis de ce que ſi clerement m'auez reſpondu par ledit Iacques, lequel j'auoye en propos de enuoier aujourd'huy deuers le Duc de Gironne: mais au matin à mon leuer ly Rois d'Aragon, & ly Duc de Gironne m'ont enuoyé deux Lettres, leſquelles, mon tres-chier Seigneur ie vous enuoie, & pource (mon tres-chier Seigneur) que en vos Lettres vous me mandiés qu'il n'eſtoit pas expedient que les Ambaxeurs du Roy d'Aragon veniſſent pardeuers moy, ainſy comme ly Rois & ly Duc m'au oyent eſcrit, ne que ie traitaſſe auec eux: mais que ie prouſiſſe le Traitié ſecret du Duc de Gironne, & ſecretement par le moyen de Iacques, & pource que veues leſdittes Lettres du Roy & du Duc, ie ne ſçay que ie dois faire, & enuoye pardeuers vous, pour en ſauoir voſtre bon plaiſir, ſi vous voulés que ie les oye ſans riens deſcouurir du Traitié ſecret du Duc, & vous plaiſe (mon tres-chier Seigneur) de n oy reſcrire ſur ce voſtre volenté haſtiuement; quar ie retenray le Meſſager du Roy & du Duc juſques à tant que jaye eüe voſtre reſponſe: & (mon tres-chier Seigneur) ou cas qu'il vous ſembleroit que ie ne les oyſſe point, plaiſe vous de moy adviſer comme ie me excuſeray deuers culx; & ou cas qu'il vous plairoit que ie les oye, mon entencion eſt, ſi ie n'ay aultre choſe au contraire de vous, que ie renuoye point Iacques deuers le Duc de Gironne, juſques à tant que iaye oys à plain leſdits Ambaxeurs, affin que Iacques puiſſe parler au Duc plus certainement, & ſe ils diſoient choſe que fut à voſtre prouffit, que ie la prenſiſſe: Et (mon tres-chier Seigneur) pource que és Lettres du Roy que ie vous enuoye ſe contient que par les Lettres que j'ay enuoyées au Duc de Gironne ſe conſiſt, à mieux entendu mon entencion, & par la parolle de Pré de Planelle ſon Huiſſier, affin que vous ſçachiés que c'eſt que ie auoie eſcrit au Duc en effet. Ie ly enuoye eſcrit, quant *as fil admirans*, en la maniere que ledit Iacques vous a diſt, & par eſpecial, quant à l'offre que ie vous auoye faite de par moy de VIe mille florins, ie ly eſcris que ie cuydois auoir fait choſe qui leur deuoit plaire, quar auoys ſceu de vous que en celle ſomme ne vous arreſteriés pas, & ſelon ce que ie pouoye ſentir de voſtre entencion, vous n'en cuidriés pas la ſomme doublée, ſe il la vous oſſtiant, dequoy ils ont eſté moult couroucés de ce que i'ay tant hauſſée la ſomme, & pource que penſié que ils enuoyent par deuers moy, & auſſy pour les nouuelles qu'il oyent touſiours de la païs de France: & en verité (mon tres-chier Seigneur) ſe vous voulés que ie parle à culx, ie me rendray vers culx plus rigoreux & plus

haultains

des Cardinaux François. 615

haultains que ie ne fis oncques : mais afin de la chose amender pour vous & abregier (mon tres-chier Seigneur) Nostre Seigneur par sa saincte grace vous doint bonne vie & longue. Escrit à Narbonne le dixiesme iour de May.

Le tout vostre,
LE CARDINAL DE THEROÜENNE.

MON tres-chier Seigneur. Plaise vous sçauoir que depuis que ie receus vos Lettres escrites à Montpelier, esquelles vous me mandiés qu'il vous plaisoit bien que ie oysse les Ambaxeurs du Roy d'Aragon, lesquels il m'enuoyoit en plein pouuoir, afin que Dieu & tout le Monde cognut qu'il se vouloit mettre en toute voye de raison, sur le traitié que ie menoie entre vous & ly, jay escrits au Roy d'Aragon, & au Duc de Gironne, que ie seroye le vingtiesme iour de May à Segen, & illec ie orroye tres-voulentiers ses Ambaxeurs : si fuz ledit iour audit lieu de Segen, & illec ie receuz Lettres desdits Ambaxeurs; c'est à sçauoir, du Vicomte d'Isle, & de Messire Raymond l'Alemant, qui m'escriuoyent que ledit vingtiesme iour, ils estoient venus à Perpignen, où ils me cuydoient trouuer, & me prioient que ie y voulisse venir, quar ou Royaulme de France, e specialement en vostre Lieutenance, ils ne vendroyent point pour moy dire ce que le Roy d'Aragon leur auoit enchargié : (Mon tres-chier Seigneur) ie leur rescrips que le Roy d'Aragon en ses Lettres, m'auoit offert l'vn des trois liex; c'est à sçauoir, de Perpignen, de Segen, ou de S. Pol de Fenolledes, & que cecy sauoit Messire Raymond l'Alemand qui auoit esté à faire les Lettres du Roy d'Aragon sur ce à moy enuoyées, ie auois esleu le lieu de Segen, & que ce ne pouoyent-ils pas ignorer, quar ils estoient passés par le Duc de Gironne qui leur monstra mes Lettres que ie luy auois enuoyées sur l'election dudit lieu de Segen, & que se ils vouloient venir à Segen, bien fussent-ils venus, & se non, ie sauoye bien que i'auoye à faire, ils vindrent le lendemain ou Royaulme de France en vnne ville qui s'apelle la Palme près de Segen vnne lieuë, & d'illec m'enuoyerent vn Docteur en Loix Conseiller du Roy d'Aragon : en moy preposant que ie voulisse venir à Sauses ou à Parpignen; quar à Segen ne entreroyent-il point, parce que ils auoyent eu sur ce prohibicion du Roy d'Aragon, & (Mon tres-chier Seigneur) quand ie oy finablement qu'il n'y vouloyent venir, ie enuoyay Iacques pardeuers eulx & leur escriuis que ie menoye esbatre és champs, & se ils vouloyent, là me pourroyent trouuer, & ie les otroye, & ainsy fust fait. Sy me dirent (mon tres-chier Seigneur) après plusieurs paroles, que pour riens du monde ils ne me diroient, ne ouureroyent aucune chose de par le Roy d'Aragon, ou Royaulme de France, ne en vostre Lieutenance, & me prierent encores que ie voulisse venir à Sauses ou à Perpignen: Sy leur dis (mon tres-chier Seigneur) que la n'yroy ie pas, mais afin qu'on ne peust dire que le traitié fust rompus par moy, ie iroye à Clarem, qui est à deux lieuës de Perpignen, & la seroye lendemain au disner, qui seroit l'Octaue de la Penthecoste, & là ie fus & eux aussi : sy me dirent après leur preambules, que ly Rois d'Aragon, vous donroit (mon tres-chier Seigneur) deux cent mile florins d'Aragon, & quand ie oy cette offre (mon tres-chier Seigneur) ie fuz molt esbahis & courroucés, & leur demandé se il estoyent venus pour eulx moquer de moy, & que en verité se ie eusse sceut ceste offre, ie ne fusse ia venu en leur traitié : quar ja pieça ie m'estois essayé par deuers vous (mon tres-chier Seigneur) qu'il vous pleust que vous fussiés content de six cent mile florins d'Aragon, & vous ne l'auriés voulu accepter, ains en fustes molt courroucés contre moy, & que ce sauoit bien le Roy & le Duc de Gironne, auxquels j'auoye fait à sçauoir la responce que vous m'auiés sur ce faitte, & puis que après ils venissent pour moy offrir sy mendre somme, il apparoissoit bien qu'il ne le faisoient que pour eulx truffer de moy, & que il faisoient pou d'honneur à nostre S. Pere, de qui j'estois Messagier, & à moy aussi, quat j'auoye escrit vnne Lettre au Duc de Gironne, laquelle le Roy veist en son plein Conseil, & vn aultre de ma main à l'Euesque de Leride, esquelles estoit contenu que ie cuidoye que se le Roy d'Aragon octroyoit à vous (mon tres-chier Seigneur) douze cent mile florins d'Aragon, pour ceste cause, que vous ne seriés pas content, & oultre ie dis esdits Ambaxeurs que de tant que ie pouoye sauoir vostre entencion, encores vous ne seriés pas content de vn milion de frans, ne ne sauoye certainement, se vous (mon tres-chier Seigneur) vous enclineriés à prendre argent de ceste querelle sans terre. Et (mon tres-chier Seigneur) après plusieurs paroles & debats, ie leur priay qu'ils s'auisassent par tout le iour, & se ils me vouloient dire chose qui fust conuenable, ie les otroye tres-volentiers, & se non ie m'en retorneroye landemain tresbien matin; sy reuindrent à moy après dormir, & ne me deirent aultre chose, fors qu'ils me vouldroyent mettre en voye de compromis, sy leur dis que ie ne sauoye sy vous accepteriés maintenant la voye de compromis, quar ie l'auoie offerte au Roy de par vous, & il l'auoit refusée; & adonc ils me prierent que ie voulisse entrer à Perpignen, & la demeurer huict iours, & entredeux il iroyent arrieres deuers le Roy d'Aragon : Ie leur dis que ie sauoye & auoye bien esprouué leurs dilacions frustratoires, & que pour certain ie ne demourois plus au pais de pardelà, mais m'en iroye tres-bien matin, mais ie enuoieroye Iacques deuers le Duc de Gironne & l'attenderoye à Beziers, & se le Roy d'Aragon ou ly Dux me vouldroit aucune chose mander par ledit Iacques ie l'oyroye voluntiers, & se non ie retorneroye à Auignon, où ils me trouueroyent iusques à la quinziesme de Iuing, laquelle passée, ie entendois aller à Rome deuers nostre S. Pere, j'ay depuis entendu (mon tres-chier Seigneur) que lesd. Ambaxeurs furent courroucés de ma departie, & Iacques alla deuers le Duc, & reuint à moy le Dimanche ensuiuant à Beziers à heures de Vespres, où ie l'attendois, qui me presenta vnne

Lettre du Duc de Gironne, en laquelle il m'escriuoit que les Ambaxeurs desusdits, il auoit enuoyé deuers le Roy son pere, & qu'il presumoit que dedans brief j'auroye responsé du Roy & de lyſ Et combien (mon tres-chier Seigneur) qui me priast par ledit Iacques de bouche, que ie attendisse à Beziers huict jours, quar il ne m'en escriuoit riens en ses lettres, ne ne donnoit creance à Iacques, ie me partis celle iournée de Beziers, & vins Auignon; Et (mon tres-chier Seigneur) ie vous enuoye ledit Iacques, qui vous dira les choses plus à plein, & tout ce que le Duc de Gironne ly dit, & aussy ay ie enuoyé deuers ledit Duc, pour luy dire que se il me veult riens mander, ie attendray Auignon comme dessus ay dist: Et (mon tres-chier Seigneur) quand ie fus à Lunel, ie receus vnne Lettre de vous: si fus moult lies (mon tres-chier Seigneur) de ce que j'auoye fait de mon retour Auignon, s'accordoit assez à vosdites Lettres: Et (mon tres chier Seigneur) pour les choses desussdites plus clerement vous expliquer, ie enuoye ledit Iacques pardeuers vous, & incontinent que j'auray responsé du Duc, ie le vous feray à sauoir (Mon tres-chier Seigneur) plaise vous à Hroy tousiours commander, vos bons plaisirs comme au tout vostre. Nostre Seigneur par sa sainte grace vous doint bonne vie & longue. Escrit Auignon le huictiesme iour de Iuin.

Le tout vostre,
LE CARDINAL DE THEROÜENNE.

Au Chapitre CLXVI. SAINT PIERRE DE LVXEMBOVRG, Euesque de Mets.

Ex Episcopis Metensibus MS.

SAnctus PETRVS DE LVCEMBOVRGO, admissus à Capitulo die Pentecostes, anno 1384. VENCESLAVS IMPERATOR, Metas venit, petiitque à Clero, vt VRBANO Papæ Romano fauerent, & Episcopum Metensem agnoscerent: Titel Hanum *Vousy*. Frater eius Comes Sancti Pauli obiit Auinione mense Aprilis 1387.

F I N.

De l'Imprimerie D'ESTIENNE PEPINGVE, ruë de la Harpe, entre les Colleges de Narbonne & de Bayeux, au Bras d'Hercule.

PIECES RECOVVREES
DEPVIS L'IMPRESSION
des presentes Preuues.

Au Chapitre LXVI. PIERRE DESPREZ.

Testament du Cardinal Desprez, communiqué par Monsieur Leon Godefroy Chanoine de Montpezat, & frere de Monsieur Godefroy, Historiographe de Sa Majesté.

N NOMINE PATRIS, ET FILII, ET SPIRITVS SANCTI. AMEN. Nos Petrus miseratione diuinâ Episcopus Prænestrensis licet indignus, cogitantes quod incerta mortis hora sæpè debet in mente ad memoriam reuocari ; Habentes potestatem testandi à felicis recordationis Dominis Ioanne Papa XXII. Benedicto Papa XII. Clemente Papa VI. ac Sanctissimo Patre Domino Innocentio Papa VI. nostrum facimus Testamentum nuncupatiuum in modum & formam qui sequuntur.

1. In primis animam nostram commendamus Domino Deo nostro IESV CHRISTO qui eam creauit ipsamque suo precioso sanguine redemit.

2. Ac corpus nostrum sepeliri volumus ac eligimus Sepulturam nostram in Ecclesia nostra Sancti Martini Castri de Montepensato Caturcensis Diœcesis, vbi sacrum Baptisma recepimus : Et ibi sepeliri volumus, vt citius commodè fieri poterit post obitum nostrum non nimis sumptuosè, sed mediocriter iuxta decentiam status nostri in Aximento quod ibi fieri fecimus.

3. Item, Ordinamus quod in die Obitus nostri (si tamen nos contingat ab hac luce migrare in Ciuitate Auinionensi) ad arbitrium Executorum nostrorum exequiæ fiant in Ecclesia Beatæ Mariæ Auinionensis, vel in Ecclesia Beati Petri Auinionensis, arbitrio Executorum prædictorum : & ibi vbi fient exequiæ, corpus meum ponatur in commenda, si non posset tunc portari : & ibi corpus deponatur, si tunc portari non possit ; Quibus scilicet Beatæ Mariæ, & Beato Petro secundario animam nostram commendamus ; non nimis sumptuosè sed mediocriter, iuxta statum nostrum & arbitrio Executorum infrascriptorum.

4. Et si nos mori contingeret in loco de Villa-noua Auinionensis Diœcesis, tunc volumus quod exequiæ fiant in Ecclesia dicti loci de Villa-noua, in qua sumus Decanus, & vt indè facilius corpus portari possit : & ibi deponatur corpus donec portari possit ad dictum locum de Montepensato.

5. Et volumus quod in illa die, vel in crastinum (si dicta die fieri non posset) vbicumque fiant exequiæ vel Auinione, vel in Villa-noua, ducenti & decem floreni auri distribuantur inter pauperes : Medietas ; videlicet centum & decem inter omnes Religiosos Auinionenses Mendicantes ; Videlicet Fratribus Prædicatoribus quindecim : Minoribus quindecim : Augustinensibus quindecim : Carmelitis

Kkkk

quindecim; Ac Sororibus Sanctæ Claræ decem; Sanctæ Catharinæ decem; Sancti Laurentij decem; Sancti Verani decem; ac de Furnis decem floreni: Ita quod quilibet Conuentus vnam Missam Conuentualem, & quilibet Fratrum Presbyterorum, aliam priuatam pro anima nostra, & omnium fidelium Defunctorum dicere teneantur. Et alij centum, videlicet inter alios Pauperes Mendicantes Auinionenses & de Villa-noua.

6. Item, cum continget corpus nostrum portari apud Montempensatum sepeliendum: Volumus quod ibi simul faciant exequias á cepto Legato ducentorum & decem florenorum prædictorum.

7. Sed volumus quod die illa sepulturæ nostræ omnibus Capellanis (siue Religiosi, siue alij fuerint qui præsentes erunt in sepultura nostra) quinque solidi Turonenses paruorum dentur, ita quod quilibet eorum infra octo dies tres Missas pro animabus nostra, & parentum nostrorum, & omnium fidelium Defunctorum dicere teneantur: & omnibus Clericis superpelicia ibi portantibus cuilibet duodecim denarij Turonenses parui dentur, & omnibus Pauperibus qui illa die ibidem fuerint quatuor Turonenses parui dentur cuilibet pauperi pro Deo & redemptione animarum nostræ, parentum nostrorum, & omnium fidelium Defunctorum.

8. Item, legamus Ecclesiæ prædictæ Sancti Martini de Montepensato, ita quod non possit á dicta Ecclesia alienari, Crucem nostram paruam cum lapidibus & ligno Sanctæ Crucis Item, legamus eidem Ecclesiæ Calices quatuor cum quibus quotidie celebratur in Cappellis nostris priuata & communi. Item, duas Cannetas argenti, duo Candelabra argentea Cappellæ communis. Item, omnes libros Cappellæ nostræ communis. Item, duo Missalia Cappellæ priuatæ, cum quibus quotidie celebratur ibidem. Item, Flores Sanctorum, cum Expositionibus & libris duobus, quos super illis fecit Episcopus Lodouensis, & Datarium. Item, legamus eidem Ecclesiæ Cappellam coloris rubei; videlicet vnam Planetam & Pluuiale de diaspio, & vnam dalmaticam, & vnam tunicellam de cachasamito. Item, aliam Planetam coloris viridis, etiam de diaspio, & Pluuiale, Dalmaticam & Tunicellam de cachasamito. Item, tres Albas & tres amictus cum zonis & stolis & manipulis, & superpelicia omnia nostra, & omnes mappas Altaris quibus quotidie vtimur Nos & Cappellani nostri, exceptis illis, quibus in solemnitatibus vtimur cum consueuimus celebrare in solemnitatibus & in Pontificalibus cum seruitoribus nostris. Item, legamus eidem Ecclesiæ Tabulas ligneas omnes Cappellæ communis & secreta, ita quod istæ Tabulæ & vestimenta prædicta distribuantur per Altaria dictarum Ecclesiarum Sanctorum Martini, Iusti, & Pastoris pro vt necessaria, vel opportuna fuerint; Cætera de illis custodiantur in Sacristia Sancti Martini. Item, legamus eidem Ecclesiæ Sancti Martini vnum pannum, in quo est Historia primæ creationis mundi.

9. Item, legamus Ecclesiæ Beati Petri Auinionensis illum pannum lanneum, in quo sunt Historiæ Beatorum Petri & Pauli. Item, vnum Calicem deauratum vbi sunt Arma Hospicij nostri. Item, volumus quod Claustrum & Hospicia inchoata pro habitatione Canonicorum & Cappellanorum. & aliorum seruitorum dictæ Ecclesiæ perficiantur de bonis nostris. Item, legamus dictæ Ecclesiæ Beati Petri Cappellanam nostram deauratam vltimo factam de garacosto; scilicet Cappam, Pluuiale, Dalmaticam, Tunicellam cum Stola, Manipulo & Amictu melioribus.

10. Item, legamus Ecclesiæ Beatæ Mariæ Magdalenæ de Auffaco, in districtu dicti Castri de Montepensato vnum Calicem duarum marcharum argenti deauratum, & vnam Planetam de chacasamito cum Alba, Amictu, Stola, & Manipulo.

11. Item, legamus Ecclesiæ Beati Petri de Culinaco Tolosanæ Diœcesis triginta florenos auri semel soluendos & expendendos pro reparatione domorum seu Ecclesiæ, vel vbi maior necessitas fuerit, & vnam Planetam de chacasamito rubeam cum Alba, Amictu, & Stola & Manipulo, & vnum superpelicium.

12. Item, legamus Ecclesiæ Sancti Christophori prope Cesseracum Narbonensis Diœcesis viginti florenos auri soluendos & expendendos in reparatione domorum seu Ecclesiæ, vel vbi maior necessitas fuerit, & vnam Planetam de chacasamito cum Alba, Amictu, Stola, & Manipulo.

13. Item, legamus Ecclesiæ Regiensi vbi fuimus Episcopus Capellam nostram violatam; videlicet Planetam & Pluuiale de diaspio, Tunicellam, Dalmaticam de chacasamito.

14. Item, legamus Ecclesiæ Aquensi vbi fuimus Archiepiscopus Cappellam nostram viridam; videlicet Planetam, Dalmaticam, Tunicellam, & vnum Pluuiale totum de diaspio, Et volumus quod Collatio Cappellaniæ quam fundauimus in dicta Ecclesia Aquensi spectet ad Archiepiscopum Aquensem qui erit pro tempore.

15. Item, legamus Ecclesiæ Sancti Ligerij Aquensis Diœcesis viginti florenos auri, semel soluendos & expendendos in reparatione domorum, seu Ecclesiæ, vel vbi maior necessitas fuerit.

16. Item, legamus quadraginta florenos auri Ecclesiæ Sanctæ Potentianæ de vrbe semel soluendos & expendendos in reparatione domorum, seu Ecclesiæ, vel vbi maior necessitas fuerit.

17. Item, legamus Ecclesiæ nostræ Prænestensi vnde fuimus (licet indigni) Episcopus centum florenos auri semel soluendos & expendendos in reparatione domorum, seu Ecclesiæ, vel vbi maior necessitas fuerit; & Cappellam nostram rubeam; videlicet Planetam & Pluuiale de diaspio, Dalmaticam, Tunicellam de chacasamito.

18. Item, legamus Ecclesiæ Eboracensi centum florenos auri semel soluendos & expendendos in reparatione, vel aliis necessitatibus locorum Prebendæ & Archidiaconatus, quos in dicta Ecclesia obtinemus.

des Cardinaux François.

19. Item, legamus Ecclesiæ Valentin. Prouinciæ Tetragonensis, Cappellam nostram albam, videlicet Casulam & Pluuiale de diaspio, Dalmaticam, Tunicellam de cachasamito.

20. Item, legamus Ecclesiæ de l'actina Valentin. Diœcesis, sexaginta florenos auri semel soluendos & expendendos in reparatione domorum, seu Ecclesiæ, vel vbi maior necessitas fuerit, & vnum vestimentum, Planetam de cachasamito, Amictum, Stolam, & Manipulum.

21. Item, legamus Ecclesiæ Sancti Macfredi de Bruniquello, Caturcensis Diœcesis, triginta florenos auri semel soluendos & expendendos in reparatione domorum, seu Ecclesiæ, vel vbi maior necessitas fuerit.

22. Item, legamus Ecclesiæ Caturcensi vnum paramentum nostrum aureum Altaris cum figuris de opere Romano, totum planum & elaboratum sine aliquo campo, pro seruitio dictæ Ecclesiæ.

23. Item, legamus vltra distributionem prædictam, Conuentibus Fratrum Prædicatorum, Minorum, Augustinensium, & de Monte Carmeli Ciuitatis Auinionensis; cuilibet videlicet Conuentui centum florenos auri semel soluendos pro fabrica suarum Ecclesiarum, vel aliis necessitatibus suis.

24. Item, legamus Conuentibus Fratrum Prædicatorum, Minorum, Carmelitarum, Augustinensium & Cartusiensium, Sororum Minorissarum, & Deauratæ Ciuitatis Caturcensis; videlicet cuilibet Conuentui quinquaginta florenos auri semel soluendos pro necessitatibus suis.

25. Item, legamus Conuentibus Fratrum Prædicatorum, Minorum, Augustinensium, Carmelitarum, & Sororum Minorissarum Tolosanensium: videlicet cuilibet Conuentui quinquaginta florenos auri semel soluendos pro fabrica Ecclesiarum, vel aliis necessitatibus suis.

26. Item, legamus omnes vestes laneas corporis nostri distribuendas pauperibus iuxta arbitrium Executorum nostrorum infrascriptorum vel duorum ex eis.

27. Item, legamus lectos nostros quibus quotidie vtimur, & alios nostros deputatos familiaribus nostris: exceptis pannis de serico & cohopertoriis de variis & herminiis, & aliis nouis qui non fuerunt in vsu, Hospitalibus Ciuitatis Auinionensis, & Ville-nouæ, distribuendos per Executores nostros, vel duos ex eis.

28. Item, legamus Hospitali Montispensati prædicti decem lectos munitos iuxta ordinationem dicti loci.

29. Item, legamus sexaginta solidos Turonenses rendudes, quos emi volumus de bonis nostris; qui omni anno die obitus nostri per Baiulum dictæ Ecclesiæ de Montepensato distribui debeant inter Cappellanos & Clericos dictæ Ecclesiæ Sancti Martini præsentes, prout distribuuntur alij Obitus, per nos ordinati in ordinatione nostræ dictæ Ecclesiæ; sic quod omnes Cappellani & Clerici simul in die præcedenti dicti Anniuersarij post Vesperas dici, ro anima nostra, parentum nostrorum, & omnium fidelium defunctorum, dicere cum nota Vesperas & Vigiliam, & in die Missam solemnem de mortuis teneantur. Et nihilominus quilibet Cappellanorum eadem die, vel infra tres dies sequentes vnam Missam priuatam pro animabus nostra, parentum nostrorum, & omnium fidelium defunctorum dicere teneantur. Quod si non dixerint etiam si præsentes fuerint, non recipiant nisi medietatem partis suæ, & alia medietas in thesauro dictæ Ecclesiæ ponatur.

30. Nihilominus volumus & ordinamus, quod in dicta Ecclesia Beati Martini prima die cuiuslibet mensis totius anni, postquam migrauerimus ab hac luce perpetuo fiat Anniuersarium pro animabus nostra, parentum nostrorum, & omnium fidelium defunctorum: & si prima dies mensis fuerit occupata per aliquam Festiuitatem solemnem, vel per diem Dominicam; tunc fiat secunda die, nisi similiter occupata fuerit; alioquin tertia die fiat, sicque die præcedenti post Vesperas, dicere teneantur Vesperas Defunctorum & Vigiliam solemniter, & in crastinum Missam solemnem. Et quolibet istorum Anniuersariorum vl in orum distribuantur, per Baiulum dictæ Ecclesiæ quadraginta solidi Turonensium paruorum, ita quod viginti solidi valeant vnum florenum, prout est de aliis Obitibus per Nos ordinatum, ita quod quilibet Cappellanus teneatur eadem die, vel infra alios tres dies vnam Missam pro animabus nostra, parentum nostrorum, & aliorum Fidelium defunctorum celebrare. Quod si non fecerint, etiamsi in prædictis præsentes fuerint; Non recipiant nisi medietatem partis suæ, & alia medietas ponatur in thesauro dictæ Ecclesiæ. Et quod pro istis Obitibus soluendis emantur viginti quatuor libræ Turonenses paruorum, ita quod vna libra valeat vnum florenum) de bonis nostris (& tanti pars maior est empta) & eidem Ecclesiæ assignentur, & tradantur.

31. Item, volumus & ordinamus quod de bonis nostris emantur reditus, vel in decimis, vel aliis bonis, pro aliis duobus Cappellanis ordinandis in dicta nostra Ecclesia Sancti Martini: Ita quod quælibet Cappellania ascendat vsque ad valorem viginti librarum Turonensium paruorum annuatim (ita quod vna libra valeat vnum florenum auri: in quibus Cappellaniis præsentetur duo Cappellani per hæredem nostrum, vel successorem eius, & secundum modum & formam expressatos de aliis Cappellaniis, in dicta Ecclesia per Nos ordinatis, ita quod illi duo Cappellani teneantur iurare & seruare omnia per Nos ordinata vt alij Cappellani dictæ Ecclesiæ Sancti Martini tenentur: & habitent infra ambitum dictæ Ecclesiæ S. Martini, si fieri potest. Et volumus quod isti duo Cappellani nominentur; Vnus, Cappellanus S. Crucis: & alius Cappellanus Beatæ Iuliæ. Et quod teneantur ambo ire omni die Dominico, & in solemnibus Festiuitatibus, ad dictam Ecclesiam Sancti Crucis, & ibidem ad minus vnam Missam celebrare teneantur, ac deinde redire ad dictam Ecclesiam S. Martini, pro diuinis Officiis exequendis iuxta ordinationem dicti Decani, ita quod dicta sua absentia eis non computetur. Et

volumus quod dictæ quadragintæ libræ istorum duorum Cappellanorum assignentur dictæ Ecclesiæ Sancti Martini & recipiantur & soluantur cuilibet istorum Cappellanorum & distribuantur per Horas (& lucrentur & perdant, sic prout est de aliis ordinatum) & per dictum Baiulum dictæ Ecclesiæ, qui prædictos reditus, vt alios dictæ Ecclesiæ percipere habebit, cum aliis bonis ibidem assignatis.

31. Item, legamus Ecclesiæ Beatæ Mariæ Ville-nouæ sexaginta solidos Turonenses annui reditus, quos emi volumus de bonis nostris, ita quod in die Obitus nostri quolibet anno vnum Anniuersarium pro animabus nostra, & omnium Fidelium defunctorum, prout est superius, de aliis Obitibus ordinatum Canonici & Presbyteri dictæ Ecclesiæ facere teneantur.

33. Item, volumus quod cum corpus nostrum ad dictam Ecclesiam de Montepensato portabitur; Quod in via eleemosina detur omnibus petentibus, singulis diebus per totum diem pro salute animarum nostræ, & omnium Fidelium defunctorum. Et quod de bonis nostris fiant expensæ omnibus sequentibus funus eundo & redeundo.

34. Item, volumus & ordinamus quod familiaribus nostris, quibus non prouidimus, nec fecimus prouideri, fiat remuneratio iuxta formam contentam, in quadam sedula clausa, & nostro signeto signata. Et rogamus illos, quod de illa ordinatione contenti existant.

35. Item, volumus & ordinimus, quod omnia debita nostra, siue sint in salarium Hospiciorum, vel alia soluantur, si de eis constiterit, sine libello, & alia solemnitate.

36. Item, legamus Raimundo de Pratis, Archidiacono Riperiæ, totum Corpus Iuris Ciuilis; scilicet quinque Libros quos ei commodaueramus, Decretum in quo studemus, & Decretalia meliora, quæ habemus: Item, chirinum & omnes Lecturas nostras, & scripta & Tabulas Iuris Ciuilis & Canonici. Item, Innocentium & Lecturam Ostiensem, & Tabulam Domini Berengarij Tusculani Episcopi Item, legamus eidem Raimundo Bibliam, quam emimus ab Episcopo Olocensi.

37. Item, legamus Ioanni de Pratis, filio quondam Domini Geraldi de Pratis Militis, ac fratri dicti Raimundi, totum Corpus Iuris Ciuilis de libris nostris, in quo studeat. Item, eidem Ioanni vnum Decretum & Decretales de nostris.

38. Item, legamus Margaritæ, sorori dicti Ramundi, & filiæ dicti Domini Geraldi ad maritandum duo millia florenorum auri

39. Item, legamus Margaritæ filiæ quondam Petri Raimundi de Pratis, duo millia florenorum, quos habuit dictus pater suus, cum vxore sua, matre dictæ Margaritæ: ita quod nihil plus possit petere ab Hospitio, a Raimundo Arnaldi infrascripto, nisi Hospitium quod est in Caturco, quod etiam habuit dictus Petrus Raimundi cum vxore sua.

40. Item, volumus & ordinamus, quod si contingat legata per Nos superius facta, vel aliqua eorum in totum vel in parte nos soluere, vel complere in vita nostra. Quod illa, quæ per Nos fuerint soluta, de dictis legatis detrahantur, neque hæres, neque successores nostri soluere teneantur illa, quæ in vita nostra fuerint soluta.

41. Et in aliis bonis nostris mobilibus, & immobilibus, iuribus & actionibus, Raimundum Arnaldi de Pratis, Dominum de Montepensato, hæredem vniuersalem, & successorem nostrum instituimus. Et volumus & ordinamus, quod ius Patronatus, quod habemus in dicta Ecclesia Sancti Martini, & præsentatio Decani & Cappellanorum dictæ Ecclesiæ, ad dictum Raimundum Arnaldi hæredem nostrum, & ad hæredes & successores suos Dominos de Montepensato perpetuo pertineant.

42. Et si contingeret dictum Raimundum Arnaldi (quod absit) sine liberis masculis, ex suo corpore legitime procreatis, decedere: substituimus sibi in omnibus bonis nostris Raimundum de Pratis fratrem suum supradictum pronepotem nostrum.

43. Et si dictus Raimundus decederet sine liberis masculis legitimis, substituimus ei Ioannem fratrem suum.

44. Et Executores huiusmodi præsentis Testamenti facimus, Reuerendos Patres Dominos, Galeyrandum Albanensem Episcopum, Raimundum tit. Sanctæ Crucis, ac Heliam tit. Sancti Stephani, & Ioannem de Caramano Sancti Georgij Diaconum Cardinales. Et supplicamus humiliter eisdem vt Protectores, & Defensores velint esse huiusmodi Testamenti, & nostræ vltimæ voluntatis.

45. Et quia non decet eos in talibus modicis occupari; Ministros huiusmodi executionis & Executores etiam constituimus, per quos vel duos ex eis fiat inuentarium de bonis nostris & extractiones illorum, quæ vendi habent, & separationes illorum, quæ legata sunt specialiter, & solutiones & satisfactiones legatorum, & alia dictæ Executioni incumbentia; Videlicet Dominos Goffredum Episcopum Carcassonensem, & Petrum Episcopum Castrensem, & Magistros Guillelmum de Goderio Præpositum Carpentoratensem Camerarium nostrum; & Raimundum de Sancta Gemma Decanum de Furlacio Castensis Diœcesis, & Raimundum de Cateiis Canonicum Massiliensem; Qui de omnibus quæ fecerint dicto hæredi nostro rationem reddere teneantur, si eam audire voluerit; ita tamen quod dicti Executores de bonis mobilibus, nihil dicto hæredi tradere teneantur, donec executio istius Testamenti facta fuerit, vel circa; Nec tunc nisi legitimam haberet ætatem, scilicet viginti quinque annorum, sed dicta bona mobilia satisfacta de præmissis conseruentur penes dictos Dominos Goffredum Carcassonensem, & Petrum Castrensem Episcopos, vel vnum ex eis iuxta ordinationem eorundem donec dictus hæres sit ætatis viginti quinque annorum, nisi eis euidenter constaret, quod illud, quod traderetur poneretur in vtilitatem dicti hæredis, & tunc illa tradant.

46. Et concedimus dictis Dominis Executoribus Cardinalibus dumtaxat, plenam potestatem, vt si

des Cardinaux François.

aliqua ſint in iſto noſtro Teſtamento dubia, ea declarare & ſupplere poſſint.

47. Et dictis Miniſtris & Executoribus, vel duobus ex eis plenam & liberam poteſtatem concedimus agendi & conueniendi, quoſcumque debitores noſtros & Procuratores ſemel & pluries conſtituendi ad agendum & conueniendum & defendendum ac recuperandum illa quæ debentur nobis.

48. Et pro labore iſtius Executionis legamus dictis Miniſtris, cuilibet vel ſaltem duobus, qui pro prædicta Executione laborabunt expenſas omnes, quas pro prædicta Executione duxerint faciendas, ne propriis ſumptibus eos oporteat militare.

49. Et volumus & ordinamus vt cùm inuentarij confectio extractio vel venditio prædictæ fient, quod dictus Heres poſſit per ſe, vel per alium ſi voluerit in omnibus intereſſe quod credamus, ipſum velle, quod voluntas noſtra ſeruetur.

50. Et hoc Teſtamentum eſſe volumus, & voluimus quod valeat iure Teſtamenti, vel iure Codicillorum, vel cuiuſlibet alterius vltimæ voluntatis, vel quocumque modo plenius valere poterit: & alia Teſtamenta per Nos alias facta caſſamus & annullamus, requirens & rogans Magiſtros Petrum de Meyſſato & Ioannem de Mydous, publicos Notarios, vt prædicta omnia & ſingula redigant in publicam formam, & ſi neceſſe fuerit vnum, vel plura conficiant publica inſtrumenta & perſonas, hic ſtantes & infraſcriptas, quas ad hæc vocari fecimus, rogamus vt de & ſuper iis omnibus ſint Teſtes; & etiam ad maioris roboris firmitatem præſenti inſtrumento ſigillum noſtrum apponi voluimus & mandauimus in pendenti.

51. Acta & data fuerunt hæc Auinioni in Hoſpitio præfati Domini Epiſcopi Præneſtenſis, quarta decima die menſis Nouembris, indictione 13. anno à Natiuitate Domini milleſimo trecenteſimo ſexageſimo, Pontificatus Sanctiſſimi in Chriſto Patris, & Domini Domini Innocentij Papæ VI. anno octauo, præſentibus Reuerendo in Chriſto Patre Domino Petro Dei gratia, Epiſcopo Caſtrenſi, & Venerabilibus & diſcretis viris Dominis Guillermo de Gordorio Præpoſito Carpentoratenſi, Raimundo de Sancta Gemma Decano de Burlacio Caſtrenſis Diœceſis, Raimundo de Cazelis, Canonico Maſſilienſi, Poncio Baldi Archidiacono Vrgellenſi, Ioanne de Medous, Canonico Vapicenſi, & Guilhermo Hati Sacriſta de Vicano Caſtrenſis Diœceſis Eccleſiarum Teſtibus ad præmiſſa vocatis ſpecialiter & rogatis.

52. Et ego Petrus de Miſſaco Clericus Caturcenſis Diœceſis auctoritate Apoſtolica Notarius publicus præmiſſis Commendationi, Voluntatibus, Legationibus, Ordinationibus, Inſtitutionibus, Conſtitutionibus huiuſmodi Teſtamenti, ac omnibus aliis & ſingulis vna cum Teſtibus ſupraſcriptis & Notario infraſcripto præſens interfui, & ea omnia & ſingula manu propria ſcripſi, & de mandato præfati Domini Epiſcopi Præneſtenſis, hoc inſtrumentum publicum recepi, publicaui, & in hanc formam publicam redegi, ſignoque meo conſueto ſignaui vocatus & rogatus.

53. Et ego Ioannes de Midous, Clericus Caturcenſis Diœceſis Apoſtolica auctoritate Notarius publicus præmiſſis & ſingulis omnibus, dum ea agerentur, vna cum prænominatis Teſtibus & Notario ſupraſcripto præſens interfui, & de mandato dicti Domini Præneſtenſis Epiſcopi, & ſigno meo conſueto ſignaui in teſtimonium præmiſſorum. Io. de Midous.

54. Huiuſmodi inſtrumenti Teſtamenti Coppia, à ſuo vero Originali manu Notariorum publicorum in eodem nominatorum, vt in eodem legebatur, ſignato ſigillo, cera rubea, in pendenti cum cordulis cericeis viridis coloris ſigillato abſtracta fuit cum prædicto originali, correcta per Nos Raimundum Falgayroſis, & Petrum Malbrum Notarios Ciuitatis Montiſalbani, de mandato & præcepto nobis facto per prouidum virum Guilhermum de Porta, Seruientem Regium Montiſalbani Executorem & Commiſſarium quarumdam Litterarum Regiarum, per partes Domini Ioannis de Pratis, Prioris de Rapiſtagno & de Brindono obtento, ad hoc legitimè vocatis Dominis Ioanne & Anthonio de Quercino Presbyteris, prout conſtat per præmiſſum ſuper hoc factum, per alterum Notarium recepto. In cuius Correctionis fidem hic nos ſubſcripſimus, & ſignis noſtris ſignauimus, P. MABRVM R. FALGAYRESIS.

Extraict de l'Obituaire du Chapitre de Montpezat.

OBITVS Sanctiſſimi Patris Domini Ioannis Papæ XXII. pro quo Dominus noſter Cardinalis aſſignauit Capitulo duo ſeſtaria fromenti. *Et plus bas.* Decimoſexto Maij, obiit Dominus noſter bonæ memoriæ Dominus Cardinalis Præneſtinus, Fundator & Patronus præſentis Eccleſiæ, anno Domini 1361. cuius corpus Auenione defertur apud Montpezat, ibique ſepelitur decimotertio Iunij.

Av Chapitre C. PIERRE DE LA FOREST.

Annoblissement du Chancelier de la Forest, communiqué par Monsieur de Vyon, Seigneur d'Herouual, Conseiller du Roy, & Auditeur en sa Chambre des Comptes.

IOANNES FRANCORVM REX, NOTVM FACIMVS VNIVERSIS PRÆSENTIBVS ET FVTVRIS. Quod cum dilectus & fidelis Cancellarius noster Petrus de Foresta, Archiepiscopus Rothomagensis, acquisierit Castrum & Castellaniam *de Luppillandi*, in Comitatu Cœnomanensi, cum suis Iuribus, Feodis, Vassallis, & Iurisdictionibus, particulariter per plures partes, & à pluribus personis quæ emerant, dictas partes, seu plures summas bladi, & redditus super dicta Castellania à Guillelmo de feritate, quondam Domino dicti Castri & Castellaniæ & à Patre suo, quos redditus tam dictus Cancellarius, quam dicti emptores fecerunt sibi, tam pro principali, quam pro arreragiis in & super dictâ Castellaniâ assideri, & assignari ipsi per emptionem omnia Iura sua, quæ in dictâ Castellaniâ habebant, & habere poterant in dictum Cancellarium nostrum cesserunt titulo huius emptionis pro Iusto pretio, sibi per eum propter hoc exsoluto, & idem Cancellarius huiusmodi titulo corporalem possessionem dictorum Castri & Castellaniæ in maiori parte adeptus fuerit, illudque Castrum & Castellaniam, vt præmittitur teneat & possideat pacificè & quietè, facto Nobis per eum inde homagio, vt decebat fieri, seu ipso in nostrâ sufferentiâ propter hoc existente. Quia tamen futuris temporibus posset dici, vel suis hæredibus, seu causam suam habituris exponi, quod acquisitio huiusmodi facta fuerit durante Officio Cancellariæ, quod prædictæ cessiones & translationes factæ fuerint in onus durante dicto tempore, tanquam in fortiorem seu potentiorem, quodque retractus dicti Castri & Castellaniæ ad Nos pertinere debebat, ex quibus nostra versabatur vtilitas, cum illud Castrum de nostro, aut Prædecessorum nostrorum Comitum Cœnomanensium Dominio antiquitus diceretur fuisse, necnon & prædictæ cessiones, & venditiones particulares huiusmodi factæ fuerint diminuendo & dividendo feodum dictorum Castri & Castellaniæ, quod iuxta Patriæ consuetudinem facere, sine nostrâ licentiâ forsitan non licebat, & vltra quod ex patre non erat nobilis, feodum huiusmodi nobile dimittere, seu extra manum suam ponere, aut nobis præstare propter hoc financiam tenebatur, vel fortè non fecit Nobis homagium propter ea vt decebat. Præfatus noster Cancellarius, timensne ex causis huiusmodi aut aliqua ex eis, ipse vel eius hæredes, aut causam habentes ab eo in dictis Castris & Castellaniæ futuris temporibus molestentur, Nos humiliter supplicauit, vt ad sui & suorum securitatem perpetuam, oppositiones, seu obiectiones huiusmodi tollere, & aliter, eis salubri remedio prouidere vellemus. Nos igitur dicti nostri Cancellarij fidei puritatem & sinceritatem constantem, quas erga Nos semper habuit curiose, suaque fidelia & grata seruitia diligenter attendentes, dictas venditiones, cessiones, assictas, assignationes, & adeptionem possessionis, ac omnia alia per eum facta in hac parte, ratificantes & approbantes, eas & ea tenore præsentium de speciali gratiâ, & ex certâ scientiâ confirmamus, omnesque defectus & omissiones solemnitatis, iuris, seu consuetudinis, si qui, seu quæ in præmissis, aut aliquo præmissorum fuerint forsitan prætermissa, authoritate Regiâ, & plenitudine Regiæ Maiestatis supplemus . . . . tenore præsentium omnia & singula supradicta, per dictum nostrum Cancellarium fuisse facta, de voluntate nostrâ & scientiâ Consentientes nihilominus, volentes, & concedentes, quod ipse Cancellarius noster, & successores sui, dictum Castrum & Castellaniam cum suis iuribus & pertinentiis vniuersis, prout ea exposuit, tenere & possidere possint, teneantque & possideant perpetuò pacificè & quietè, dato eo & nonobstante quod nobilem non traxerit Originem, quin propter hoc suis attentis moribus, & actibus ex quibus ab antiquo meruerint Nobis . . . . . Nobilitatis dignitatem, quo adhuc & alios actus quoscumque, & acquisitiones quouumcumque feodorum Nobilium nobilita. . . . . efficimus per præsentes ex nostris prædictis gratiâ & scientiâ, ac plenitudine Regiæ potestatis, nonobstantibus oppositionibus supradictis, & aliis obiectionibus, quæ possent dici quomodocumque in contrarium vel opponi. Vendas nobis etiam debitas ratione dictarum acquisitionum sibi de speciali gratiâ & ex certâ scientiâ remittimus & donamus. Volentes huiusmodi donum habere vim perpetuam & vigorem, ac si valor earumdem vendarum foret hic specialiter comprehensus, & nonobstantibus aliis donis & gratiis per Nos & prædecessores nostros aliter sibi factis, ordinationibusque contrariis quibuscumque. Quæ omnia & singula supradicta Nos pro Nobis & successoribus nostris Franciæ Regibus volumus & præcipimus per præsentes expressius quàm possumus, firmiter, & inuiolabiliter obseruari, & non contraueniente in contrarium vllo tempore, aliquo ingenio vel cautelâ, nonobstantibus Iuribus, Vsibus, Consuetudinibus, & Ordinationibus Regiis quibuscumque ex nostris prædictis gratiâ, certâ scientiâ, & plenitudine Regiæ potestatis. Quod vt firmum & stabile perpetuò perseueret, hostrum magnum sigillum, vna cum nostro sigillo secreti ad tollendam suspicionem quamlibet, quia dictus noster Cancellarius nostrum magnum sigillum defert præsentibus fecimus hiis apponi. Datum & actum Remis, anno Domini millesimo trecentesimo quinquagesimo quarto, mense Octobris. Per Regem. Y. SYMON.

Extraict des Registres de Parlement, communiqué par Monsieur de Longueil, Prothonotaire du Sainct Siege Apostolique, Conseiller du Roy en ses Conseils, & Aumosnier ordinaire de Sa Majesté.

CHARLES, fils aisné du Roy de France, & Regent le Royaume, Duc de Normandie, & Dauphin de Viennois, sçauoir faisons à tous presens & aduenir, Que comme tantost apres la tres-douloureuse & aduerse fortune de la bataille de Poictiers, auquel fait il pleust à Dieu le Tout-puissant Seigneur pour les pechez commis au Royaume de France, ou pour autres causes, souffrir que nostre treescher Seigneur & Pere, fut pris par les ennemis, les nostres, & du Royaume : Nous sur toutes les choses du monde desirans la tres-briefve deliurance de sa personne, eussions mandé & fait venir à Paris plusieurs notables personnes de tous les endroits du Royaume, de la Langue d'oüy, & leur eussions requis qu'ils nous voulent donner loyal conseil & bonne & preste ayde sur le fait de la deliurance dessusdite, & à la defense & seureté du Roy, lesquelles choses ils nous eussent promis à faire, en offrant à ce leurs corps & biens en general : Et pour trouver les manieres & voyes specialement à ce conuenables, eussent eu plusieurs Traictez ensemble par plusieurs assemblées & continuations de iournées, esquelles assemblées estoient aucuns qui auoient entre les autres grande authorité & puissance, & pour ce qu'ils faisoient tres-grand semblant de parole de vouloir la bonne & briefve deliurance dessusdite, & l'honneur & le bon estat de nostre tres-cher Seigneur & Pere, de Nous, & de tout le Royaume, pour quoy les bonnes personnes innocens & de bonne foy, estans esdites assemblées, adioustoient tres-grande foy à leurs dits & à leurs opinions, cuidans qu'ils fussent loyaux prud hommes, & tels qu'ils deuoient estre, & qu'ils tendissent de tout leur cœur aux droictes fins dessusdites, lesquelles choses alloient tout autrement si comme depuis par leurs œuures, & par l'issuë des besognes est à tous apparu, & à tous appert encor clairement & notoirement; car aucuns desdits comme traistres & conspirateurs encontre la Majesté de Nous, & de l'honneur & bien de la Couronne & du Royaume de France, ont esté depuis iusticiez & mo:ts vilainement, & les autres qui s'en sont fuis, qui n'ont osé attendre la voye de Iustice, & se sont rendus nos ennemis de tout leur pouoir publiquement & notoirement, & comme tant par mauuaise haine & par enuie, comme pour venir plus aisément à leur entreprise, eussent conspiré contre plusieurs des Conseillers & Officiers de nostre tres-cher Seigneur & Pere: C'est à sçauoir Messire Pierre de la Forest, qui auoit esté aupararauant Chancelier de France, Archeuesque de Roüen, & estoit fait Cardinal de la Saincte Eglise Romaine, & est encor à present : Messire Renaud Mechin, pour lors Abbé de Falaise, lors President de la Chambre des Enquestes du Parlement de Monseigneur & de Nous: Messire Estienne de Paris, Messire Pierre de la Charité, Messire Anceaume Choquait, Conseillers Clercs, & Maistres des Requestes de Monseigneur & Nous: Messire Simon de Bucy Cheualier, premier President du Parlement, & Maistre des Requestes de l'Hostel, & du grand & secret conseil de Monseigneur & de Nous: Messire Robert de Lorris, Cheualier du grand & secret conseil de Monseigneur & de Nous: Messire Nicolas Braque, Cheualier, Maistre de l'Hostel de Monseigneur & de Nous, & du grand & secret conseil : Messire Iean Chalmart, President audit Parlement, & Maistre des Requestes de l'Hostel : Messire Iean Taupin, Seigneur en Loix, Clerc & Conseiller en ladite Chambre des Enquestes de Monseigneur : Iean Enguerrant du Petit, Cheualier, lors viuant : Bernard Fremont Tresorier de Monseigneur & de Nous: Iean Danchoire, Maistre en la Chambre des Comptes de Monseigneur & de Nous: Iean Poilleuilain, Maistre en ladite Chambre des Comptes, & general & souuerain Maistre des Monnoyes du Royaume de France, de Monseigneur & de Nous: Iean Chauuiau, Tresorier des Guerres de Monseigneur & de Nous: Iacques Lempereur Tresorier des Guerres de Monseigneur & de Nous, & aussi special Aduocat de Monseigneur & de Nous: Messire Robert de Preaux, Clerc & Notaire de Monseigneur & de Nous: Geoffroy le Masurier : Le Borgne de Vialle: Et Iean de Behaigne nos Escuyers & de nostre Hostel, contre lesquels ils controuuerent & semerent esdites assemblées plusieurs mensonges & paroles fausses & mauuaises, par lesquelles ils s'efforçoient de les diffamer, & donnoient à entendre aux autres bonnes gens desdites assemblées, que grand profit seroit qu'ils fussent perpetuellement deboutez de tous conseils & Offices Royaux & des nostres ; car bien sçauoient qu'ils ne pouuoient accomplir leur mauuaise intention tant comme lesd. Officiers, qui estoient bons & loyaux prud'hommes, sages, & experts és besognes du Royaume, demeureroient en leurs estats, & que nous les appellerions en nos Conseils, & finalement pour venir à leur entreprise, & pour eux venger desdits Officiers & Conseillers, ausquels sans cause raisonnable ils estoient haineux, & auoient conceu particulieres haines & malueillances, tant eussent pourchassé, que sur le fait de l'aide & conseil par Nous requis, nous furent de par eux dits de bouche, & baillez par escrit plusieurs articles touchant nostre Estat & nostre Gouuernement, entre lesquels y en auoit aucuns moult preiudiciables aux droicts & Noblesse de la Couronne de France, à nostredit Seigneur & à Nous, & auec ce y estoit contenu, que nous priuerions de tous Offices & Conseils Royaux & nostres les dessus nommez, comme non suffisans & indignes : tous lesquels poincts & articles ils vouloient que nous leur accordassions par nos Lettres, & accomplissions de fait; ou autrement l'octroy des Aydes par eux aduisez estoit nul, & cesseroit si tost que nous ferions le contraire d'aucuns des poincts & articles dessus dits, ou que nous ne les accomplirions de tout en tout & par tout. Et combien que nous apperceussions bien que lesdits poincts

& articles estoient moult prejudiciables à nostredit Seigneur, & à Nous, & qu'à mauuaise occasion nous requeroient la priuation des dessus hommez, & pource eussions differé plus que nous peussmes à leur accorder l'article de la priuation, & aucuns autres, cuidans tousiours qu'ils s'en departissent, neantmoins par leur malice, & leur instigation conuint, comme par sufferance & pour esquiuer plus grands perils; car autrement nous faillons à tous aydes, & ne trouuions qui nous aidast à resister à leur mauuaise conception & volonté, que nous leurs accordassions ladite priuation, & tous les poincts & articles dessusdits en la forme & maniere qu'ils les voudroient tailler, escrire, & bailler en vn roole, lequel il seroient lire & publier en la Chambre de nostredit Parlement, deuant le peuple à ce appellé, en la presence de Nous, & de plusieurs Prelats, Nobles & autres de tous les Estats, & depuis à la Table de marbre, au grand Palais, & au Chastelet de Paris; lesquelles choses nous déplaisoient deslors de tout nostre cœur, & à tres-bonne cause; car bien connoissions qu'icelle priuation estoit procurée, non pas de bonne intention & pour le bien de Iustice, mais de mauuais courage, par haine, enuie, & pour vengeance tortionnaire & iniuste, tant pour defaut de toute vraye & iuste cause; car où qu'es n'en a apparu, ne fut proposée contre eux ny lors ny depuis, comme aussi pour defaut de tout ordre de droict & de coustume, qui en rien n'y estoit gardée, mais estoit tout is fait eux non appellez, non oüis, non conuaincus, combien qu'ils nous eussent offert à eux defendre & respondre à toute ce qu'on voudroit dire & proposer contre eux pardeuant Nous, & aussi aucuns d'eux estans notoirement & necessairement à Bordeaux auec mon Seigneur, de son commandement & du nostre pour le fait de sa deliurance, & pour le Traité de la paix, parquoy toutes leurs causes, & specialement touchant l'estat & l'honneur de leurs personnes, deuoient estre tenuës en estat iusques apres leur retour. Par toutes lesquelles causes dessusdites, nous combien qu'à tres-grande déplaisance, & comme contrains toutefois, nous enclinasmes plustost à leur volonté, & autrement iamais ne l'eussions fait; car bien sçauions que tout iceluy fait ne se pouuoit soustenir à la parfin, mais seroit encore cassé & rappellé par Nous & briefuement: & telle estoit, & a tousiours esté nostre ferme Intention, ny lesdits Officiers, ny lesdits Conseillers pour cause de ladite priuation, Nous en nostre cœur n'esloignasmes oncques de nostre amour, mais desirions tousiours comment nous les puissions retraire deuers Nous, auoir & retenir en leurs estats, ne oncques ne les estimasmes ny reputasmes pour priuez, ny pour soupçonez, ny diffamez en rien. Et pour ce est-il que eu par Nous sur ce grande & meure deliberatiõ sur ces choses auec le Grand Conseil de Monseigneur & de Nous, en la grand' Chambre de Parlement à Paris, auquel estoient des Gens de nostre lignage, Ducs, Comtes, Barons, Prelats, & autres gens d'Eglise, Nobles & autres gens des bonnes villes de nostre Royaume, en grand nombre, de nostre pleine puissance & authorité Royale, de laquelle nous vsons comme Regent du Royaume, non pas à l'instance, ou pourchas d'aucun, mais de nostre pur & noble Office, auquel appartient d'appeller & corriger tant nostre fait comme l'autruy, toutefois que nous connoissions qu'en iceluy Iustice a esté blessée ou peruertie, specialement en greuant ou opprimant l'innocent, par fausse & calomnieuse suggestion. Nous en perseuerant & continuant à la droite intention en laquelle nous auons tousiours esté en cettuy fait, comme dit est, consideré es diligemment les causes dessusdites & raisons, & plusieurs autres iustes & raisonnables, par Arrest auons de nostre propre bouche prononcé, dit & declaré, disons & declarons ladite priuation, & les publications d'icelle, & toutes les choses qui s'en sont suiuis, auoir esté faites de fait tant seulement, & pourchassez fraudulensement & calomnieusement, & obtenuës par fausses suggestions, par tres-grande importunité, comme par impression, & non pas de nostre franche volonté, mais à nostre grand déplaisir, & auoir esté & estre nulles, vaines, tortionnaires, iniurieuses, faites sans Loy, sans iugement, sans connoissance ou existance de cause, ou non auoir eu de droict aucun effet de priuation, suspension, infamation, diminution, ou lesion quelconque desdits Conseillers & Officiers, en leurs personnes, estats, honneurs, dignitez, renommées, Offices, gages, droicts, ou autres biens quelconques, ne aucun d'eux: & neantmoins icelles priuations, ou publications, entant comme elles ont esté faites de fait, & tout ce qui en est ensuiuy, annullons, cassons, rappellons, & condamnons à tousioursmais perpetuelement; & lesdits Officiers & Conseillers, & chacun d'eux disons, & declarons & prononçons auoir esté tousiours deuant ladite priuation, & apres bons & loyaux enuers Monseigneur, Nous, le Royaume & Couronne de France, suffisans & dignes d'auoir & tenir Offices & Estats parauant & depuis à eux donnez & commis par Monseigneur & par Nous, & de bonne & entiere fame & renommée, sans aucun mauuais soupçon, reproche ou tache de desloyauté quelconque. & si mestier est, lesdits Conseillers Officiers, & chacun d'eux, restituons entierement & reintegrons pleinement, à leurs Estats, Offices, honneurs, & bonne fame, & deffaçons & abolissons toute note & tache qu'ils pourroient auoir encouru de fait, ou autrement pour occasion des choses dessusdites, & encores leurs rendons & restituons à plein leurs gages, droicts, & émolumens quelconques, lesquels droicts, gages & émolumens nous decernons & declarons leur auoir esté & estre deubs pour tout le temps couru depuis lad. priuatiõ comme deuant, nonobstant qu'ils n'ayent exercé leurs Offices depuis ladite priuation, & d'iceux droicts, gages, & émolumens, leur voulons & commandons leur estre baillées cedules, & leur voulons & commandons estre comptées & payées par nos amez & feaux les Gens des Comptes, & les Thresoriers de Monseigneur & de Nous, sans delay ou empeschement quelconques; & aussi les restituons & reintegrons en tous leurs biens donnez ou occupez par Nous, ou par autres personnes quelconques. Toutes lesquelles choses faites par Nous, contenuës en ces presentes, Nous voulons & commandons estre signifiées & publiées à nostre Sainct Pere le Pape, au College des Cardinaux de la Saincte Eglise de Rome,

des Cardinaux François.

Rome, à nostre tres-cher Oncle l'Empereur, à tous Prelats, Nobles, & bonnes Villes, specialement à ceux & és lieux esquels lesdites priuations furent signifiées & publiées : Mandons & commandons à tous nos sujets, prions & requerons nostredit Sainct Pere, & le College des Cardinaux, l'Empereur, nostre Oncle dessusdit, & tous autres, que pour occasion de la priuation, & des publications dessusdites, ny de chose qui en soit ensuiuie, ils n'ayent aucun sinistre soupçon contre lesdits Officiers & Conseillers, & si aucuns en ont eu, qu'ils le deposent & mettent hors de leur cœur du tout, & tiennent & deputent lesdits Conseillers & Officiers auoir esté bons & loyaux, & adjoustent pleine foy aux choses dites & prononcées par Nous, contenuës en ces presentes, & les accomplissent entierement chacun en droict soy, si comme il leur appartiendra ; & que toutes les Lettres passées par Nous, ou par autre sur ce fait de la priuation & des publications susdites, ils les depecent & ardent de telle maniere, que jamais au temps aduenir ne puissent estre occasion d'aucun reproche ou tache de nosdits Conseillers & Officiers, ne à leurs posteritez, hoirs, ou successeurs d'iceux, ou d'aucun d'eux, & afin que ce soit chose ferme & stable à toujours, nous auons fait mettre nostre seel à ces presentes Lettres, sauf en autres choses le droict de mondit Seigneur, le nostre, & l'autruy.

Donné à Paris, en la Chambre dudit Parlement, le 18. iour du mois de May, l'an de grace 1359.

Ainsi signé, par Arrest prononcé par Monseigneur le Regent.

Av Chapitre CXVIII. GVILLAVME GRIMOARD DE GRISAC, Pape sous le nom d'Vrbain V.

VRBANVS *Episcopus seruus seruorum Dei, ad perpetuam rei memoriam.*
Ad audientiam nostram fide digna multorum relatione peruenit, quod nonnulli Prælati aliæque personæ Ecclesiasticæ sæculares & regulares in Regno Franciæ consistentes priuilegiis & indultis, quibus se munitos ab Apostolica sede prætendunt, illicitis ausibus abutentes, alios Prælatos & personas Ecclesiasticas & laicales de regno prædicto coram conseruatoribus eis ab eadem sede concessis extra dictum regnum trahere, multisque laboribus & expensis ac redemptionibus & vexationibus, & vtplurimùm etiam sine rationabili causa grauare; nonnulli etiam Prælati & personæ Ecclesiasticæ huiusmodi de regno prædicto Prælatos & personas tam Ecclesiasticas, quàm etiam laicales pro iuribus sibi cessis ab aliis tam Ecclesiasticis, quàm sæcularibus personis coram huiusmodi Conseruatoribus, etiam infra dictum regnum in causam trahere & indebitè molestare malitiosè præsumunt. Propter quæ Nos huiusmodi obuiare malitiis cupientes, Carissimi quoque in Christo Filij nostri CAROLI Regis Francorum illustris in hac parte supplicationibus inclinati tenore præsentium statuimus, & etiam ordinamus quòd quandiu Romana Curia erit vltra montes, nullus Prælatus, vel alia persona Ecclesiastica sæcularis, vel regularis, infra dictum regnum consistens aliquem, vel aliquos Clericos vel Laicos coram aliquo Conseruatore per Sedem Apostolicam authoritate Litterarum Sedis eiusdem in forma Concilij Viennensis deputato vel deputando, seu eius Commissario quacunque occasione vel causa ad iudicium extra regnum prædictum, nec etiam super huiusmodi iuribus sibi cessis etiam infra ipsum regnum trahere aut aliquatenus molestare seu inquietare, dictique Conseruatores contra Constitutionem & ordinationem nostram huiusmodi contra aliquos procedere aut in aliquos, vel aliquem excommunicationis, suspensionis, vel interdicti sententias promulgare valeant, vel præsumant. Nos enim ex nunc omnes processus & sententias huiusmodi, quos contra ordinationem nostram prædictam fieri contingeret, irritos decernimus & inanes; Constitutionibus, Priuilegiis & Litteris Apostolicis, quorumcumque tenorum existant, nenobstantibus quibuscumque. Nulli ergo omnino hominum liceat hanc paginam nostræ Constitutionis & ordinationis infringere, vel ei ausu temerario contraire. Siquis autem hoc attentare præsumpserit, indignationem omnipotentis Dei, & Beatorum Petri & Pauli Apostolorum eius se nouerit incursurum. Datum Massiliæ vii. Idus Maij, Pontificatus nostri anno quinto.

Av Chapitre CXX. GVILLAVME SVDRE'.

Testamentum Guillelmi Sudré Cardinalis.

IN nomine Domini, Amen. Anno à Natiuitate eiusdem millesimo trecentesimo septuagesimo tertio, indictione vndecima, die Martis, vicesima mensis Septembris, Pontificatus sanctissimi in Christo Patris, & Domini nostri Domini Gregorij diuinâ Prouidentiâ Papæ vndecimi anno tertio, in mei Notarij publici, & testium infrascriptorum, ad hoc specialiter vocatorum & rogatorum præsentia, Reuerendissimus in Christo Pater & Dominus Dominus Frater Guillelmus miseratione diuinâ Ostiensis & Velletrensis Episcopus, Sanctæ Romanæ Ecclesiæ Cardinalis, sanus mente, licet æger corpore, & in suâ bonâ memoriâ cognoscens & considerans nihil esse certius morte, nihilque incertius horâ mortis, nolens decedere intestatus, suum vltimum testamentum nuncupatiuum, & vltimam voluntatem suam fecit, condidit, disposuit, & ordinauit in modum qui sequitur, & in formam.

Ego frater Guillelmus Sudré, Ostiensis & Velletrensis Episcopus, S. R. E. Cardinalis, sanus mente, licet æger corpore & in meâ bonâ memoriâ existens, meum vltimum condo, facio, & ordino testamentum: Dicens imprimis, quod antè omnia, & post, & semper actu vel habitu humiliter inuoco in meum deffensorem, protectorem, & singulare refugium, vnum verum Deum omnipotentem, Creatorem & Dominum vnum visibilium & inuisibilium, Patrem, Filium, & Spiritum Sanctum, summam & sanctissimam Trinitatem, indiuisam in Deitate, & trinam in personis, cui supplico tanquam grauissimus peccator, quod misereatur mei secundum magnam misericordiam suam, per merita Passionis, & totius vitæ Iesu Christi, & sacratissimæ Matris suæ, & Beatorum Angelorum, Ioannis Baptistæ, Petri & Pauli, & omnium Sanctorum, quos precor vt orent Deum pro remissione peccatorum meorum; ita quod si prædicando, vel legendo, vel disputando, vel alias docendo, dixi aliquid, vel asserui contrà bonos mores, vel contra fidem Catholicam, in quâ volo viuere & mori, reuoco, & habeatur pro non dictum.

Item, Eligo sepeliri in Conuentu Fratrum Prædicatorum Auinionis in Capellâ Beatæ Mariæ Virginis post sepulchrum Reuerendissimi Prioris, bonæ memoriæ Cardinalis Aquensis, vel vbi Fratres voluerint in Ecclesiâ suâ, ita tamen quod solus lapis planus, qui non supereminet pauimento, supponatur corpori meo. Item, volo & ordino, quod meæ exequiæ non sint sumptuosæ nec pomposæ, sed moderatæ, tamen iudicio executorum meorum. Item, volo & ordino quod in pulsationibus quæ fiunt in Ecclesiâ Beatæ Mariæ de Domnis, nihil expendatur pro obitu meo, nec pro sepulturâ, nec pro nouena, sed solum fiat pulsatio in Domo Fratrum Prædicatorum, tamen volo quod quantum deconstarent dictæ pulsationes, quæ consueuerūt fieri pro talibus funeralibus in Ecclesia prædicta, tantū detur amore Dei Pauperibus. Item, volo quod satisfiat familiaribus meis, nisi ego satisfecero, quāuis saluo meliori Dominorū meorum executorum iudicio, videatur mihi quod plus seruiui ego eis tenendo eos quàm ipsi mihi, valdè paucis exceptis: & est sciendum quod multi sunt qui multas pecunias, & aliquid etiam æquè à me habuerunt in satisfactionibus sui seruitij. Item, lego Ecclesiæ Massiliensi pro emendis Censibus pro Anniuersario meo perpetuò quolibet anno faciendo in ipsa Ecclesia, centum florenos auri, includendo in hoc Legato omnia, in quibus possem dictæ Ecclesiæ, vel Capitulo, ratione aliqua obligari, adijciendo, quod dicta pecunia non tradatur Episcopo, nec Capitulo, vel Canonicis, sed alicui fideli personæ, quæ in breui tempore emat census prædictos. Item, lego fabricæ solemnis Reliquiarij, in quo reponitur caput beatissimi Lazari amici Iesu Christi, assistentibus eidem duabus imaginibus Sanctarum Sororum eius, ducentos florenos auri si fiat, & consumetur infrà annum, & si decoctæ sunt mille floreni, vel circa, quod alias non posset fieri prout decet bono modo, alias nullum sit huiusmodi legatum. Item, lego amore Dei, & pro salute animæ meæ, Conuentibus Ordinum Mendicantium, & Monasteriis sancti Saluatoris de Sion, & Amoriſarum Massiliæ, cuilibet decem florenos auri. Item lego Conuentibus Auinionis Fratrum Minorum, Augustini, & Carmelitani, & Conuentui Sororum Sanctæ Praxedis ac Monasterij Sanctæ Catherinæ, Sancti Laurentij, & Sanctæ Claræ Auinionis, cuilibet decem florenos. Item lego Conuentui Fratrum Prædicatorum Auinionis ducentos florenos, pro reparatione Dormitorij sui, & Ecclesiæ, & volo quod istud legatum soluatur ante omnia alia. Item lego Domino Stephano de Fonte Presbytero Tutellensi consanguineo meo, vt oret Deum pro me, centum florenos eidem persoluendos, si & quando fuerit licentiatus in iure Canonico, & non alias, nec aliter. Item lego fratri suo Iacobo de Manso, Decretales meas, Sextum, & Clementinas parui valoris, & librum vbi sunt Casus Decretalium, ordinati per Dominum Raymundum de seques, & quinquaginta florenos. Item lego Petro de Sudré de Aquinà, quinquaginta florenos eidem persoluendos in tribus annis, per æquales partes, si studens fuerit Tholosæ cum effectu. Item, lego Fratribus Prædicatoribus Conuentus Briuæ, Petro de Bonâ, & Petro Desai cuilibet triginta florenos: Cæteris autem fratribus omnimodis de terminis dicti Conuentus, cuilibet quinque florenos, & recommando eis animam meam. Item recognosco pertinere ad dictum Conuentum Prædicatorum Briuæ duo indumenta Sacerdotalia, quæ hic habeo, & multis annis tenui, quorū vnum est casula coloris azurini cum aniculis de auro & alterum, Casula est coloris albi cum vite rubea, & vnum Calicè, cuius pes est figuratus, & duo panna missalia secundum vsum ordinis, quæ multis annis tenui. Et in recompensationem, seu restitutionem dictorum indumentorum quæ quasi consumpta sunt, lego vel potius dono dicto Conuentui, Pluuiale, & Casulam coloris azurini. Recognosco insuper pertinere ad dictum Conuentum, omnes libros quos habeo, exceptis illis, quos in vitâ meâ ego donabo alicui, vel aliquibus in speciali legabo. Item lego Fratri Hugoni de Verduno nunc Inquisitori Tholosano, viginti florenos. Item lego Fratri Nicolao de Sancto Saturnino nunc Priori Prouinciali Prouinciæ Franciæ, Ordinis prædicti sexaginta florenos. Item lego Fratri Bernardo Mergandi nunc Priori Prouinciali Arragoniæ, Fratri Iacobo Paulo Conuentus Cæsar-Augustæ, & Fratri Laurentio de Hispaniâ, qui annos proximè præterito, erat hic Ordinis Prædicatorum, cuilibet viginti florenos. Item, lego Fratri Petro Tuffelli, viginti florenos, & meliorem vestem de meis cum Mantello. Item, lego Fratri Stephano de Combâ, nunc Procuratori Ordinis & Fratri Guillelmo de Axeris, cuilibet decem florenos. Item, lego Conuentibus Ordinis Prædicatorum, Tholosano, Patisiensi, Caturcensi, Lemouicensi, cuilibet, quinquaginta florenos: Bregeriaci verò & Sancti Iuniani, cuilibet decem florenos. Item, lego Conuentui Burdegalensi, Ordinis Prædicatorum prædicti, triginta florenos. Item, lego Conuentui Carcassonensi sæpè dicti Ordinis, Crucem meam argenteam magnam, quæ est hic in Capellâ. Item, lego Conuentibus Fratrum Minorum Tholosæ viginti florenos, Lemouicensi, Briuæ, Domseniaci, & San-

des Cardinaux François. 627

&i Ianiani, cuilibet decem florenos. Item lego pauperibus consistentibus in singulis Beneficiis meis, vel eorum territoriis, omnia quæ tempore mortis meæ debebuntur mihi in ipso Beneficio seu in ipsis Beneficiis, reddendo singula singulis, & rogo Dominos executores meos, quod dent operam efficacem ad recuperandum huiusmodi debita, quia communiter procuratores post mortem Dominorum nihil curant de ipsis, & quia pauperes nil possent recuperare; ordinentque Domini executores mei pro quolibet Beneficio aliquem bonum virum fidelem, Religiosum, vel sæcularem qui postquam receperit huiusmodi debita, distribuat ea sine acceptione personarum, pauperibus antedictis, salua, quod primò fiant reparationes necessariæ, & ad me pertinentes de tempore meo. Item, lego Ecclesiis sancti Pardocij & de Clozanicis Sancti Victoris, & Vallis Ioyuæ, cuilibet vnum indumentum simplex Sacerdotale, quod ad minus valeat quinquaginta florenos, & volo quod fiant prædicta indumenta noua, mittanturque sumptibus meis, si alias commodè fieri non posset, ad ipsas Ecclesias; nec tradatur pecunia pro huiusmodi indumento successori meo in Beneficio, sed indumentum factum tradatur Ecclesiæ, vt dictum est. Item, volo & ordino quod omnia legata facta per me, vel facienda Massiliæ, vel in Comitatu Prouinciæ soluantur de florenis communiter currentibus, quos facit cudi Regina Siciliæ, & facta per me, vel facienda in Regno Franciæ soluantur de florenis communiter currentibus quos facit cudi Rex Franciæ, nisi alij floreni in Legatis suprà vel infrà exprimerentur. Item, lego vestes corporis mei, exceptis supradictis, pauperibus fratribus distribuendas per Fratrem Petrum Tufelli, non impedito per Priorem Conuentus Auinionis Prædicatorum. Item, lego quatuor Capitulis generalibus Ordinis Prædicatorum, post mortem meam immediatè celebrandis cuilibet centum florenos, tam pro salute animæ meæ, quam aliorum defunctorum, quibus possem teneri. Item modo consimili lego quatuor Capitulis Prouincialibus Prouinciæ Tholosanæ Ordinis antedicti, cuilibet quinquaginta florenos de Franciâ, & volo ibi includi omnia illa, ad quæ possem Communitati dictæ Prouinciæ teneri. Item lego quatuor Capitulis Prouincialibus Prouinciæ Franciæ sæpè dicti Ordinis, cuilibet quinquaginta florenos. Item, lego in Monasterio Prulhiani, Priorissæ, & Priori, cuilibet decem florenos, plus verò Sororibus dicti Monasterij, & Fratribus Sacerdotibus, cuilibet tres florenos. Item lego Hospitalibus de Auinione, ad vsum pauperum, omnia Lectissima mea, excepto vno Matelatio, quod ponetur in lectica quando ero mortuus & illud cum duobus tapetis, qui habent signa mea, & Capellam nigram cum quâ volo indui quando ero mortuus, lego Conuentui Fratrum Prædicatorum Auinionensium. Item, lego omnia alia quæ sunt in Cameris meis, & Tinello, videlicet scamna, bancalia, cortinas, coffros, scabella, carellos de serico, & alios, & alia vtensilia, & Campanam magnam, & paramenta quæ sunt in Capitibus Tinellorum, & omnia vtensilia quæ sunt in Cameris meis, vel in studio, Fratri Iacobo Basso, & Arnaldo Cencils, si tamen benè & diligenter seruierint mihi in meâ infirmitate vsque ad meam sepulturam, & super hoc fiet informatio. Item lego omnia vtensilia coquinæ, duas partes principali coquo, & tertiam alijs. Item, lego omnia vina quæ erunt in Cellario & in portu cum dolijs, & ligna quæ erunt in Domo, Conuentibus Mendicamentibus Auenionensibus, & pauperibus Hospitalium. Item lego Ecclesiæ de Aquinâ ad vsum Ministrorum, Capellam rubeam integram. Item lego Conuentibus Fratrum Prædicatorum Sancti Geruncij, Diœcesis Cosiasensis, Capellam meam albam integram. Item, Tholoni summam Sancti Thomæ totam in vno volumine pro librariâ & inhibeo ne diuidatur. Item lego eidem, mille florenos pro constructione suæ Ecclesiæ, si tamen voluerit sic facere, quod destruat illud quod remansit de parietibus antiquis ab vtroque latere, & posteâ ædificare Ecclesiam, qualem ædificauerunt Fratres de Arelate, vel talem qualis est Ecclesia Sancti Laurentij de Auenione. Item lego Camerario meo, ducentos florenos de Camera, & vnam mulam eligat meliorem. Item lego Domino Ioanni Aynuci ducentos florenos auri de Camera, & aliam mulam. Item lego Raimundo de Manso, ducentos florenos auri de Camera. Item lego Iacobo de Talayhis, centum quinquaginta florenos, in quibus includo quinquaginta florenos, in quibus teneor eidem Iacobo, vt dicit idem Iacobus. Item, lego Fratri meo legitimo, Palafredum meum. Item, volo & ordino, quod alij familiares mei interrogentur per iuramentum, quanto tempore fuerint mecum, & quantas pecunias, vel Roucinos habuerunt à me, & superaddatur quod fuerit rationis. Item, lego Gerardo, ducentos florenos, & contententur, quia multas pecunias habuit à me. Item, nullam mentionem volo facere de Domino Ioanne Barberij, quia non potui ab eo habere computum de receptione magnarum pecuniarum, & credo quod idem Ioannes tenetur mihi in magnâ summâ pecuniæ. Item, est intentio mea quod prædicta Legata semel tantummodo soluantur, & volo & ordino quod legata in præsenti testamento contenta, si per me interim non fuerint persoluta, soluantur hoc ordine, quo hic continentur, nisi aliter superius sit expressum: In cæteris autem bonis & rebus meis, hæredem, seu hæredes facio & instituo in tertiâ parte, Ordinem Fratrum Prædicatorum, in alia verò Ordines Fratrum Minorum, Heremitarum Sancti Augustini, & Carmelitarum pro æquis partibus in ipsa, in alia verò tertiâ, pauperes sæculares, qui accipiantur sine acceptione personarum nationis, aut cognationis meæ, qui faciunt se pauperes qui non sunt, & quibus satis benè feci; voco autem Ordinem Prædicatorum, Conuentum, qui pro illo tempore debebit recipere, vt hæres, Capitulum generale, sed tunc cesset Legatum factum Capitulo generali, vel retineatur portio quam huiusmodi Conuentus debet recipere vt hæres modo prædicto; nec intelligo, nec volo intelligi Ordinem Fratrum Minorum per Ministros generalem, aut Prouinciales, nec Procuratorem Ordinis, nec intelligo, nec volo quod intelligatur Ordo Augustinorum, aut Carmelitarum per Priores generales, vel Prouinciales, nec per Procuratores dictorum Ordinum vt suprà, sed ipsa Communitas, in cuius vtilitatem, quod percipietur fideliter mittatur. Item,

LIII ij

inhibeo quod dicti hæredes, aut aliquis eorum detrahat, aut petat quartam falcidiam Trebellianicam. Item, facio & Instituo executores meos, & mei huiusmodi Testamenti, Reuerendissimos in Christo Patres, & Dominos meos, Anglicum Albanensem, Ægidium Morinensem Episcopos, Petrum Pampilonensem, Guillelmum de Agrifolio, & Guillelmum Mimatensem Presbyteros Cardinales, Venerabiles Patres, Dominos Guidonem nunc Episcopum Pictauiensem, & Fratrem Heliam Remundi nunc Magistrum, Ordinis Prædicatorum; nec non Venerabiles viros, Dominos Ioannem de Daro, Petrum de Albiar, & Priores Conuentuum Auinionensis, Lemouicensis, & Briuæ Ordinis Prædicatorum sæpè dicti, ita tamen quod huiusmodi Priores de huiusmodi executione non se intromittant, nisi de licentiâ & assensu aliorum Dominorum executorum, ad minus trium, & nisi quantùm ipsi permiserint, quibus quidem Dominis executoribus meis, specialiter Dominis Cardinalibus, & illis quibus ipsi committent, do potestatem, quod considerantis facultatibus meis & obuentionibus de Capello, possint prædicta Legata diminuere, aut aliqua totaliter tollere, secundùm quod eis videbitur expedire: Hoc est autem testamentum meum vltimum nuncupatiuum & mea vltima voluntas, quod & quam & omnia vniuersa, & singula supra in eo, seu ea contenta, valere volo, iubeo, & dispono valere in posterum, vbique locorum, Terrarum & Curiarum, iure Testamenti, & si non valerent iure testamenti volo illa valere iure Codicillorum, & iure donationis, causâ mortis, & iure cuiuslibet vltimæ voluntatis, & alias omni meliori modo, iure & forma, quibus quæuis vltima dispositio valere potest, & debet. Rogans insuper vos Dominos testes infrà nominatos, & subscriptos, vt de præscripto testamento meo vltimo, & meâ vltimâ voluntate præscriptâ, & omnibus suprà in eo, & eâ contentis, si quoties & quando opus fuerit & requisiti fueritis, perhibere velitis testimonium veritatis, nec non te Notarium infrà scriptum, vt de prædictis omnibus vniuersis & singulis, mihi, & quibuscumque personis quantum inter est, intererit, aut interesse poterit in futurum, & prout ad quamlibet earum spectauerit, facias, & conficias publicum & publica, vnum, vel plura instrumenta. Acta fuerunt hæc Auinioni in Hospitio Habitationis præfati dicti Cardinalis testatoris, sub anno, Indictione, die Mense, & Pontificatu quibus suprà, præsentibus Venerabilibus & discretis viris Magistris Lamberto de Orsoya Scolastico Ecclesiæ Hauctensis, Coloniensis Diœcesis, Henrico Sagittarij de Orlamunde Canonico Ecclesiæ Sancti Seueri de Forden Moguntinensis Diœcesis, Petro Brochocia, Nicolao Habys, Herranno de Orsoya Clericis, Vvormensis, Moguntinensis, & Coloniensis Diœcesis, Sifredo de Edaquesteyn, Canonico Ecclesiæ Sancti Ioannis Moguntinensis, & Gotfrido de Maguntia Clerico Moguntinensi, testibus ad præmissa vocatis, & specialiter rogatis.

Et me Raymundi de Baro Clerico Tutellensi, publico Apostolicâ & Imperiali Authoritate Notario, qui præmissis omnibus, & singulis, dum sic vt præmittitur per dictum Dominum Cardinalem Testatorem fierent & agerentur, vnà cum prænominatis testibus, præsens interfui, eáque sic fieri vidi, & audiui; & hoc præsens publicum instrumentum manu meâ propriâ scriptum recepi, publicaui, & in hanc publicam formam redegi signóque & subscriptione meis consuetis, rasuram superius in dictione albi factam approbando, signaui in fidem & testimonium veritatis omnium, & singulorum præmissorum requisitus & rogatus.

AV CHAPITRE CXLII. IEAN DE LA GRANGE, Euesque d'Amiens.

A Tous ceux qui ces Lettres verront: Pierre des Essarts Cheualier, Conseiller Maistre d'Hostel du Roy nostre Sire, & Garde de la Preuosté de Paris, Salut: Sçauoir faisons, que Nous l'an de grace 1408. le Dimanche vingt-huict iour d'Octobre, veismes vnes Lettres du Roy nostredit Seigneur, seellées de son grand seel en lacs de soye & cire vert, desquelles Lettres la teneur s'ensuit:

CHARLES, par la grace de Dieu, Roy de France, à perpetuelle memoire; sçauoir faisons à tous presens & aduenir, à Nous auoir esté exposé de la partie de nostre tres-chier & feal amy, Iean Euesque Tusculan, Cardinal de l'Eglise de Rome, appellé communément le Cardinal d'Amiens, que comme piecza il ayant memoire des honneurs, graces & bien-faits par luy receus ou temps passé, de feu nostre tres-chier Seigneur & Pere, que Dieux absoille, & pource voulant & desirant faire faire prieres à Dieu pour l'ame de nostredit Seigneur & Pere, ait ordoné fonder en l'Eglise d'Amiens, où il fut premierement ordené Euesque, certains Anniuersaires, & autres Seruices Diuins à faire perpetuellement par chacun à certains iours en ladite Eglise, pour le salut & remede de ladite ame de nostredit Seigneur & Pere, & aussi des ames de luy & de ses parens, amis & bienfaicteurs, pour employer & conuertir en la fondation desquels saincts lieux, ledit Cardinal s'est acquis les fiefs, terres, rentes, & reu-nuës qui s'ensuiuent. C'est à sçauoir vn fief assis à Ollaincourt, que luy ont vendu Robert de Coisy, & Halbis sa femme, demourans à Amiens, que Iean Seigneur de Riuery, & de Marchel Cheualier, lequel fief se est en és choses qui ensuiuent, c'est à sçauoir en demie rente de neuf cent cinquante iournées de terre appartenant aux Religieux de S. Iean lez Amiens, à cause de leur maison de Ollaincourt, qui est de cent gerbes, quatre gerbes, & le decompte, en vn iournée de terre à herce & labourables, aux cousts de ladite maison de Ollincourt en trois ans vne fois, ledit iournal de terre prins lez le pré au choix du possesseur dudit fief, & tous autres proufits, libertez & franchises, qui de ce se dependent à la portion & commun de ce que lesdits vendeurs auoient & pouoient auoir esdits lieux, auec vne pescherie, qui est des appartenances dudit fief, qui se extend ou lieu que l'en dit *quondam*, commençant au Pont de Motore, & durant iusques au fossé aux rendus, & autrement comme contenu & declairé est plus à plain en

des Cardinaux François.

certaines Lettres de iugement, ou Sentence prononcée au Siege du Bailliage d'Amiens, entre lesdits vendeurs, d'vne part, & l'Euesque d'Amiens, qui pour lors estoit, d'autre part, laquelle rente, & lequel alloy dudit iournel de terre se cueille & prend par la maniere qui s'ensuit. C'est assauoir que les allois ne peuuent estre moissonez sans appeller ou sommer les possesseurs dudit fief, ou leurs Sergens, ou gens, à peine de soixante sols d'amende, au proufit de celuy ou ceux à qui ledit fief appartient : mais conuient que lesdits Religieux, ou leur Censier, ou leurs autres gens aillent ou enuoyent dire, & declairer à celuy à qui ledit fief appartient, le temps & iour qu'ils veulent foyer, & qu'ils le foment, qu'il y foit, se il cuide que bon soit, lequel possesseur d'iceluy fief y peut aller s'il luy plaist, ou enuoyer personne pour luy, ou se en deporter se il veut, & sans dangier, & se il y va, ou enuoye, il y peut estre durant toute la messon, & doit estre hebergez, gouerné & couchié aussi bien comme le Censier, ou le plus grand Maistre qui soit audit lieu, & doit ladite rente auec ledit alloy dudit iournel de terre estre moissonné, lié, amené, & engrangié en la grange de la rente d'Ollaincourt, tout aux frais & despens desdits Religieux, ou de leur Censier ou gens, & appartiennent & demeurent les feurages de ladite rente au possesseur dudit fief, & peut iceluy possesseur faire battre iceux grains quant il luy plaist, & quand ils sont battus, lesdits Religieux, leur Censier, ou gens, les doiuent amener à Amiens, ou aussi loing à la voulenté dudit possesseur dudit fief, & luy fournir sacs, liens, & voiture, tout aux cousts & frais des Religieux, ou de leurs gens, ou Censier dessusdits, & auecques ce trente & six liures parisis de rente annuelle & perpetuelle, vendues audit Cardinal par Iean de Saincte Heliez dit Vvastart, Escuyer, & Alexandre son fils demourans à Saincte Heliez, à les prendre, auoir, & receuoir à trois termes par an; c'est à sçauoir aux Festes S Remy, & Noel, & la Magdeleine, à chacun terme le tiers de ladite somme de trente & six liures parisis, sur toute la Terre, fiefs, cens, rentes, reuenuës, proufits & emolumens quelconques, que lesdits Iean & Alexandre, & chacun d'eux, tant conjointement comme diuisement, tiennent & possedent tant en fief, comme autrement en ladite ville de Saincte Heliez, & ou . . . . . d'icelle, sous la Seigneurie du Seigneur de Beaussault, à cause de son Chastel & Terre de Bretueil en Beauuoisins, lesquels fief, Terre, rente, & reuenuës, & autres choses dessus declarées, ledit Cardinal a desia baillées & transportées aux Doyen & Chapitre de l'Eglise d'Amiens, pour celebrer & faire les Anniuersaires & Seruice Diuin dessusdits, & aussi les Seigneurs de qui ils meuuent sans moyen, ont esté contentez pour leur indemnité & interest : afin que lesdits Doyen & Chapitre les puissent tenir à tousiours, entant comme il leur puet toucher & appartenir, si comme dit ledit Cardinal, en nous humblement suppliant, que afin que son entencion soit en ce accomplie, & que ledit Doyen & Chapitre puissent tenir seurement les fief, rentes, & reueuenuës dessus dites, Nous sur ce luy veulons impartir nostre grace. Nous consideras ladite entencion dudit Cardinal, & que en ordenant faire ladite fondation, il a eu regard principalement à ce que Dieu soit prié chacun iour pour le salut de l'ame de nostredit Seigneur & Pere, dont nous sommes tenus auoir grand sollicitude, & aussi pour la sienne, & celle de sesdits parens, amis, & bienfaitteurs : & pour ce, & aussi afin que nous soyons participans aux Messes & Oraisons, qui doresnauant seront dites & celebrées en l'Eglise dessusdite; inclinans à sadite supplication, audit Cardinal auons octroyé & octroyons de nostre certaine science, grace especial & de nostre authorité & plaine puissance Royaux, que lesd. Doyen & Chapitre de lad. Eglise d'Amiens, & leurs successeurs en icelle Eglise, ayent, preignent, perçoiuent, reçoiuent & possedent à tousiours perpetuellement, les fief, rentes, reuenuës, deuoirs, proufits & émolumens dessus specifiez & declairez, iusques à la valeur de soixante liures parisis de rente annuelle, comme chose amortie, dediée, & ordenée aux vsaiges Diuins, sans ce que ils soient, ou puissent estre contraints, par quelconques de nos Officiers, ou de nos successeurs Roys de France, eux vendre, aliener, ou mettre hors de leurs mains en tout, ou en partie, & sans payer pour ce à Nous, ne à quelconques nosdits Officiers aucune finance quelle qu'elle soit, laquelle finance à quelle somme que elle se peust monter, Nous pour consideration des grands & notables seruices que ledit Cardinal feist à nostredit Seigneur Pere en son viuant, & qu'il Nous a faits en nostre temps, & aussi attendu qu'il a fait & fait ladite fondation, principalement pour le salut de l'ame de nostredit Seigneur & Pere, comme dessus est dit ; auons donné & quitté, donnons & quittons audit Cardinal, de nostre certaine science, & grace especial dessusdites. Si donnons en mandement par ces presentes Lettres, à nos amez & feaux gens de nos Comptes, Thresoriers à Paris, au Bailly d'Amiens, & à tous nos autres Iusticiers & Officiers, presens & aduenir, ou à leurs Lieutenans, & à chacun d'eux, si comme à luy appartiendra, que ledit Cardinal, & aussi lesdits Doyen & Chapitre, & leursdits successeurs en ladite Eglise d'Amiens, facent, souffrent, & laissent iouïr & vser paisiblement à tousiours de nostre presente grace, sans les empeschier, ne faire ou souffrir estre empeschiez en aucune maniere au contraire, nonobstant les Ordonnances par Nous faites, de non admortir aucunes rentes, fiefs, ne autres possessions, & de non donner aucuns deniers appartenans à nostre Thresor, autres dons par Nous autrefois faits audit Cardinal, & que en ces presentes ne soient exprimez, & quelconques autres Ordonances, mandemens, & defenses contraires, & que ce soit ferme chose & stable à tousiours, Nous auons fait mettre à ces Lettres nostre seel, sauf en autres choses nostre droict, & l'autruy en toutes. Donné à Paris le 10. iour de Mars, l'an de grace 1400. & le vingt-vniesme de nostre regne, & estoient ainsi signées, Par le Roy en son Conseil, où Messeigneurs les Ducs de Berry, de Bourgogne, d'Orleans, & de Bourbon, le Connestable, vous les Euesques de Noyon & de Chartres, l'aisné de Chastillon, Messire Robert de Boissay, & plusieurs autres, &c. I. de santis. Visa. Contentor Freion. Et nous à cest present transcrit auons mis le seel de ladite Preuosté de Paris, l'an & iour dessus premiers dits. Signé Boysart.

Additions aux Preuues de l'Histoire

AV CHAPITRE CXLIV. ROBERT DE GENEVE, Pape, foubs le nom de Clement VII.

Ex MS. Codice Abbatiæ Gemeticensis Ordinis S. Benedicti.

SANCTISSIMO *in Christo Patri ac Domino nostro Domino Clementi, Sacrosanctæ Romanæ, ac vniuersalis Ecclesiæ summo Pontifici.*

Coëgit tandem nos, Pater beatissime, Christi fideles, coëgit Christianæ religionis deuotio, coëgit diuturnitas jam tollenda nefandissimæ pestis Schismaticæ quæ magis in dies crescit, roboratur, atque inualescit, nomine efficaciter remedium apponente, coëgit miserabilis & horrenda Ecclesiæ Sanctæ Dei subuersio ac dissipatio, vt ad quærendam, tractandam nec non pro viribus nostris procurandam Ecclesiæ Catholicæ vnionem vigilanti ac sedulo intenderemus animo ; vtque in primis ad hanc rem Christianissimum Principem Carolum Francorum Regem Illustrissimum, ac deinde per eius medium ad id ipsum, ni fallimur, aptissimum, Beatitudinem vestram suppliciter hortaremur; mouit ad hoc debitum nostræ Professionis officium, quo & vestræ & suæ saluti ac totius Ecclesiæ tenemur obnoxij : In Pastoribus siquidé & Doctoribus maximè totū regimen Ecclesiæ consistit: Faciant Pastores ipsi quod suũ est, nos certè nostrum docendi si Dominus annuerit nullatenus omittemus officium. Quod quamquam omni tempore congruum sit & necessarium, præcipuè tamen hoc tempore quo tam multis angustiis, ærumnis & scandalis per hoc execrandum Schisma Ecclesia atteritur; Ad quid enim nos docendi licentiam suscepimus, si nunc inter tot grauia Ecclesiæ & fidei discrimina à veritate docenda, tacendum est. *Clama,* inquit Propheta, *ne cesses, quasi tuba exalta vocem tuam.* Mouit ad hoc præterea præfati Domini Regis imperium, qui nos ad excogitandas Ecclesiasticæ pacis vias regiæ Serenitatis edicto, quod minimè præterire nobis licet, excitauit. Hiis itaque aliis quamplurimis rationibus quas breuitandi gratia subticemus, inducti quamdam super re ista Epistolam, vtinam tam efficacem, quam sincero fidelique affectu compositam Regi ipsi memorato direximus, intentionis nostræ in hac parte plenius & vberius expressinam, quæ tres concordiæ vias à nobis excogitatas & tanquam conuenientes approbatas cum suis apparentiis & motiuis aliquibus complectitur. Prima via est cessionis aut renunciationis plenariæ ad totale jus illud quod habetis in Papatu vel pars aduersa prætendit. Secunda est Concilij particularis vel compromissi. Tertia est Concilij generalis formaliter aut æquiualenter. Modi autem exequendi quamlibet harum viarum cum justificationibus earumdem satis in dicta Epistola, quantum epistolaris patiebatur angustia expressi sūt, alias tamen fortasse adhuc magis explicandi; quam idcirco Epistolam vestræ Beatitudini non mittimus ; quia per Regiæ præceptum Majestatis transmissam jam esse scimus. Cæterum, Pater Beatissime, nobis ea quæ audiuistis erga præfatum Principem pro Ecclesiæ salute & concordi vnione à gentibus & circa tam sanctum opus pium & Religiosum, operam dantibus superuenit inimicus homo, qui antiquis zizaniis noua super seminando, hunc totum laborem nostrum tam salubrem, tamque fructiferum extinguere & cassare, licet frustra, molitus est. Et primo quidem audientiam nostram in Regia præsentia impedire, quo facilius factum rumperetur: Deinde vbi hoc cœptum minimè procedere sensit & se penitus elusum de spe decidisse vidit, ad aliam se continuò fallaciam conuertit, & super hac materia perpetuum silentium imponi nisus est. Sed certè dignam nimirum meritamque repulsam retulit, qui à Rege Christianissimo Christianáque eius progenie, tam impium nefarium, tamque inexpiabile scelus poposcisset, vt super Religionis & Fidei Christianæ materia, super Ecclesiæ Sanctæ dissipatione damnabiliquè jactura, Doctoribus Ecclesiæ & lucernis ardentibus silentium imponeret; Nequam qui hoc cogitauit, nequior qui tam iniquo cogitatui consensit, nequissimus qui hoc ipsum abominandum facinus explere voluit. Heu! Pater Beatissime, iterum heu! tertio heu! quod vir Ecclesiasticus hoc audeat, si quis id verbo duntaxat pertinaciter diceret Hæreticum censeremus, & nos publicè fieri idipsum atque impunè ferremus : Deterioris exempli multò sunt facta quam verba, Beatitudinem vestram talium vindicem esse decernat quam & nos in vltionem huiuscemodi malorum appellamus, imploramus atque expectamus, nam de modis & mediis per quos tam damnabile propositum obtinere conatus est, quid attinet scribere? Noti penè omnibus sunt; nec etiam digni scribi, ne paginam hanc nostram sua fœditate polluant, & ne erret æstimando secretos esse illos, satis certè scimus eos : Sciunt omnes propè modum, & mirantur Regni huius Christianissimi accolæ, scient, proh pudor! exteræ nationes, scient inquam, vtinam non ad vestræ sinceritatis decus, vtinam non ad vestræ causæ decrimentum, vtinam non ad totius Ecclesiastici ordinis confusionem opprobrium & contemptum; Quapropter, Pater Beatissime, per fidem integerrimam, per fœdus inuiolandum, per amorem amplissimum & sinceríssimum, quem ad sponsam Ecclesiam habere debetis, per Pastoralis vigilanciæ debitam sollicitudinem, per . . . . discriminis aut scandali compassionem commiserationémque, per, si qua vestra honoris animo cura resideat, per quam vobis cara est salus animæ, vos hortamur, & iterum iterúmque repetentes charitatiuè monemus, vt ad hanc sacratissimam concordiam, quæ in vestra manu sita est non vltra jam prorogando intendatis, satis jam satis huc vsque cessatum est, satis tenuimus, satis quieuimus, satis expectauimus, exurgendum tandem aliquando ad pacem est, & desides torpentésque jam animi, ad huius rei aggressum excitandi nisi Schisma perpetuum, quod altissimus auertat in Eccle-

des Cardinaux François.

fia Christi permittere proponimus : quia jam eo ventum est, & in tantam perniciem erroremque res processit, vt plura passim & publicè non vereantur dicere, nec omninò enumerandum est Papæ, sint, & non modò duo aut tres, sed decem aut duodecim, immò & singulis regnis singulos præfici posse, nulla sibi inuicem potestatis aut jurisdictionis auctoritate Prælatos, quod in quantum detrimentum Sacrosanctæ Romanæ Ecclesiæ, & totius Ecclesiasticæ Politiæ, immò & Religionis Catholicæ vergatur judicate Beatitudinem vestram fœlicibus successibus secundare velit Christus, & eo plus fœlicibus quoad Ecclesiæ suæ vnionem, majori diligentia vigilaueritis. Scriptum, &c.

Litteræ ex parte Dominorum Archiepiscoporum Coloniæ & Moguntinensis, ac Domini Ducis Bauariæ, post mortem Clementis Regi Franciæ directæ.

Ex eodem Codice MS. Abbatiæ Gemeticensis.

RECOMMENDATIONE præuia condecenti, Serenissime Princeps & Domine, quamuis Catholici Reges & Principes quibus inter Christicolas credita sunt maiora, Sacrosanctæ cunctorum Matri fidelium vniuersali Ecclesiæ præcipuè compati, & ad extirpationem tam execrabilis schismaticæ pestis, ex cuius diuturna nimium, neque vltra iam toleranda perduratione, tot & tanta in vtroque tam Ecclesiastico quam sæculari statu scandala & inconuenientia vsque etiam ad grauissima inter Reges & Principes, inter Regiones, inter Religiones, inter Nobiles & plebeios, dissensiones & prælia, strages hominum & infinitarum periculæ animarum visa sunt proh dolor! euenisse, quorum nondum finis in sinceritate fidei charitatiuæ assurgere, consilia quoque pacis exquirere, dudum quoque omni semota segnitie debuissent. Nunc tamen potissimum ex quo de medio sublatum est caput vnius partium sicut accepimus, Dominus Robertus videlicet de Gebenna. Hora est à somno surgere, & ad salutem Ecclesiæ extra quam non est salus & vnionem totis affectibus anhelare. satis proh dolor cessatum est, neglectum est vtrobique; quam ad rem si Regia vestra sublimitas pie, sicut ex fama speratur, dignaretur attendere, summè necessarium videretur præcaueri celeriter, ne aliud in memorati sublati locum ab illius partis Collegio assumatur, hoc namque si præcautum fuerit, ne nouissimus error pejor priore succedat, sacratissima desiderata concordia, pro qua parte ab ista quantum in nobis fuerit, cum Serenissimo inuictissimóque Principe gloriosissimo Domino nostro Romanorum & Bohæmiæ Rege; quem ad eam tractandam & procurandam concordiam in breui auxiliante Domino cordialiter interpellare decernimus, pro viribus laborare intendimus, facilior longéque factibilior redderetur. Eia ergo, Illustrissime Princeps & Domine, vt operam ad hæc adhibeat Regia Serenitas efficacem, impediendo assumptionem noui à parte illa sinceris mentibus cum magna fiducia, quantum possumus instantissimè supplicamus; nihil equidem rebus sic se habentibus oppositione bonorum censetur sanctius, nihil æquius, res vstior nulla, Christicolis salubrior, nulla vtilior, nullúsque gloriosior Catholicorum Regum & Principum labor: Hæc denique, Serenissime Rex, spei nostræ fiducia in Rege Regum pacifico, cuius causa agitur, firma consistit, quæ prælibato Serenissimo Domino nostro Romanorum Rege ab ista & celsitudine vestra ab illa, partibus, efficaces manus, vti conuenit, apponentibus, res ipsa votiuum facilem atque celerem, & Christi fidelibus desideratissimum sortiretur effectum : Super quibus non tedeat quæsumus & quantocius, tanto melius, intentionem Regiam nobis ad licita quæque media & conuenientia in præmissis, nostris saluis honoribus sincerè dispositis remandare. Scimus quidem, Princeps Illustrissime, decuisse nos hanc ob rem, tam ad celsitudinis Regiæ excellentiam, quam ad arduitatis materiæ habendo respectum destinasse solemnius; sed quia euidens visum est in mora periculum solemnitatem huiusmodi pro meliori hac vice duximus obmittendam. Serenitatem Regiam conseruet altissimus fœliciter & longæuè. Datum, &c.

AV CHAPITRE CLXXI.

Littera ex parte Philippi de Alençonio, Vniuersitati Parisiensi directa anno 1395. die prima Maij, scilicet die Lunæ ante Festum Ascensionis Domini.

Ex MS. Codice Abbatiæ Gemeticensis, Ordinis B.

VENERABILIBVS & egregiis viris Rectori, & Magistris famosæ Vniuersitatis studij Parisiensis Philippus de Alençonio Episcopus Ostiensis Cardinalis.

Viri Venerabiles & egregii amici carissimi Litteris vestris per dilectum & fidelem domicellum nostrum Guillelmum de Bailloio, exhibitorem præsentium nuper ea qua decuit charitate susceptis & perspicaciter intellectis gauisi sumus in Domino, & in potentia virtutis eius qui vos in prosecutione sublationis huius schismatis perhorrendi adeò sua confortauit gratia, quapropter vllum contrarietatis euentum quantum in vobis fuerit à prosecutione tam laudabili desistitis : Circa quam reuera & nos similiter curabimus, non minus quam poterimus opetari, consolati insuper tantam in vobis fidelitatis, deuotionis, & magnanimitatis constantiam, dignis semper in Domino commendandam laudibus percepisse: Verum quia etsi cunctæ virtutes in studio simul currant, sola tamen perseuerantia brauium accipit exoptatum: Dilectiones vestras denuò confidenter requirimus, attentè petimus, & affectuosè rogamus, quatenus ad & circa dicta prosecutionis materiam, & ipsius materiæ prosecutionem laudabilem fortes geratis animos & inuictos, quia diuino aspirante fauore tale vobis per celsitudinem Regiam, & alios Serenissimæ domus Franciæ Principes, vt indubiè de ipsorum Christianissima Serenitate confidimus, impendetur auxilium, quod aduersus vos huic sancto proposito nullus præualere poterit inimicus, nec vos pœnitebit amore tanti communis boni, incommoda, damna, & aspera plurima tolerasse, quinimo, quando Dominus dederit & sanctum finem eorum, proculdubio meminisse iuuabit, & in ipsorum memoria, tanto maiora mentium alacritate fruemini, quanto gratior est post naufragium portus, & requies post laborem. Datum Romæ, die 25. mensis Martij, tertia indictione.

FINIS.

TABLE

TABLE
DES
PLVS CONSIDERABLES PIECES
contenuës en ce Volume.

A.

BBREGE' de la vie du Cardinal Estienne de Chaalons par Christophle Henriquez, page 97.

Abbregé de la vie du Cardinal Hugues, par Christophle Henriquez, 100.

Abbregé de la vie du Cardinal Guillaume de Champagne, par Anthoine Collard Rhemois, 123.

Abbregé de la vie du Cardinal de Champagne, par Iacques Taueau, 126. & 127.

Abbregé de la vie du Pape Clement IV. par Iean Abbé du Monastere de S. Vincent de Laon. 111.

Abbregé de la vie du Pape Clement VI. tirée de celles des Archeuesques de Sens, par Taueau, 329. & 330.

Abbregé de la vie du Cardinal Pierre de Cros, tirée d'vn ancien MS. des Euesques d'Auxerre, 371. & 372.

Abbregé de la vie du Cardinal Audoïn Albert, tirée d'vn ancien MS. des Euesques d'Auxerre. 381. & 382.

Abbregé de la vie & miracles de S. Pierre de Luxembourg, Cardinal, 339.

Abbregé des miracles operez par S. Pierre de Luxembourg. 339. 40. & 41.

Abbregé de la vie du Pape Leon IX. tiré de deux Cathalogues MS. des Euesques de Toul, & d'vn autre MS. de la Bibliotheque du Roy. 584. & 585.

Abbregé de la vie de Federic de Lorraine, Pape sous le nom d'Estienne IX. tiré d'vn ancien MS. qui est au College de Foix, à Tholose. 586.

Abbregé de la vie de Girard le Bourguignon, Pape sous le nom de Nicolas II. tiré du mesme Manuscrit, 586. & 587.

Abbregé de la vie de Guy de Bourgogne, Pape sous le nom de Caliste II. tiré du mesme MS. 587. & 88.

Abbregé de la vie du Pape Martin IV. tiré de la continuation MS. de la Chronique Martinienne, par vn Autheur anonyme, & d'vne vieille Chronique de S. Martin de Limoges. 589. & 590.

Abbregé de la vie du Pape Clement V. tiré de la continuation MS. de la Chronique Martinienne. 590. 91. 92. 93 & 94.

Abbregé de la vie du Pape Iean XXII. tiré de la mesme Chronique. 594. 95 & 96.

Abbregé de la vie du Pape Benoist XII. tiré de la mesme Chronique. 597. & 598.

Abbregé de la vie du Pape Clement VI. tiré de la mesme Chronique. 598. 99 & 600.

Abbregé de la vie du Pape Innocent VI tiré de l'appendix MS. du Continuateur de Martin Polonus. 600. 601. 602. 603. & 604.

Abbregé de la vie du Pape Vrbain V. tiré du mesme MS. 604.

Abbregé de la vie du Pape Gregoire XI. tiré du mesme MS. 604. & 605.

Abbregé de la vie du Cardinal Robert, tiré des Archeuesques de Sens, par Taueau 605.

Absolution pour Henry Roy de Nauarre touchant la mort de S. Thomas Archeuesque de Cantorbery, 118.

Amortissement de quarante liu. de rente, octroyé aux Executeurs Testamentaires du Cardinal d'Arabloy, pour fonder vne Chapelle par luy ordonnée, 295.

Amortissement de soixante & dix liures de rente pour l'Eglise de S. Guillaume du Desert, à la supplication des Executeurs Testamentaires du feu Cardinal Raymond de Musfayoles, qui auoit pris premierement l'habit de Moine audit lieu de S. Guillaume du Desert, & depuis y auoit voulu estre enterré apres sa mort, 303.

Mmmm

Table des Matieres.

Amortissement de quatre cens liures tournois pour Imbert Dupuis Cardinal, pour fonder Chapelains, ou Conuent de Religieux, ou Maisons d'Hospitalité, en Auril 1344. 311.
Amortissement de cinq cens liures de rente en faueur du Cardinal de Perigord, pour raison du College par luy fondé au fauxbourg de S. Saturnin de Tholose, 314. & 315.
Amortissement de cinquante liures de rente, accordé aux Executeurs Testamentaires du Cardinal de d'Eux, pour la dotation de deux Chapelles, l'vne en l'Eglise de Nismes, & l'autre en celle d'Vzez. 314.
Amortissement de trente liures de rentes, que le Cardinal Estienne de Paris auoit laissées à l'Eglise de Nostre-Dame de la mesme ville, par Lettres du Roy Charles du mois de Feurier 1373, 431.
Amortissement de deux cens liures tournois de de rente, pour estre acquises dans le Duché d'Aquitaine, par les Executeurs Testamentaires du Cardinal Guillaume d'Aigrefueil pour la fondation de quelques Chapelles en l'Eglise de Sainct Martial de Limoges, 343.
Amortissement de cinq cens liures de rente, accordé par le Roy Charles au Cardinal Iean de Blandiac, pour la fondation d'vn College en la ville de Tholose, à Louure en Parisis, au mois de Nouembre 1367. 405.
Amortissement en faueur du Cardinal Iean de la Grange, pour sa maison appellée le Vignal, sise en la Paroisse de Sainct Laurent de Brienne en Masconnois, 466.
Allusion sur les Armes du Cardinal de Sarrats, 544.
Annoblissement de Guillaume de Dormans, Aduocat du Roy, 426.
Annoblissement de Pierre de la Forest, Chancelier de France, & depuis Cardinal, 622.
Arrest du Parlement, touchant la succession du Cardinal de la Mote, 188.

B.

Bulle du Pape Vrbain II. au Cardinal Richard de Carlat, Abbé de l'Abbaye de Sainct Victor de Marseille, 40.
Bulle d'Innocent III. à Hamelin, Abbé de Vendosme, 49.
Bulle du Pape Paschal, touchant les eslections & les inuestitures, 53.
Bulle du Pape Paschal II. à Ponce Abbé de Cluny, touchant les Monasteres dependans de cette Abbaye, 67.
Bulle du mesme Pape Paschal II. au mesme Ponce Abbé de Cluny, touchant les Monasteres situez en Angleterre, Normandie, & autres Prouinces, dependans de cette Abbaye, 68.
Bulle du Pape Gelase II. à Ponce Abbé de Cluny, touchant la confirmation des biens de son Abbaye, 69.
Bulle du Pape Calixte II. au mesme Ponce Abbé de Cluny, 69. & 70.
Bulle du Pape Calixte II. au Cardinal Mathieu de Rheims, 78. & 79.
Bulle du Pape Alexandre III. au Cardinal Guillaume de Champagne, 131.
Bulle du mesme Pape, contenant les droits de l'Archeuesché de Rheims, 133. & 134.
Bulle de l'an 1186. en faueur de l'Eglise de Perigord, 141.
Bulle du Pape Innocent III. touchant le priuilege des Archeuesques de Rheims, de sacrer seuls les Roys de France, 144.
Bulle du Pape Innocent III. par laquelle il met l'Eglise de Rheims sous la protection de Sainct Pierre, à la priere du Cardinal Guy Paré, qui en estoit Archeuesque, 147. & 148.
Bulle du Pape Vrbain IV. touchant l'Institution de la Feste du tres-Auguste Sacrement de l'Autel, 191. 92. & 93.
Bulles des Papes Clement IV. & Gregoire X. concernant la fondation de l'Eglise de S. Vrbain en la ville de Troyes, faite par Vrbain IV. leur predecesseur, 194. 96. 97. & 98.
Bulle du Pape Gregoire X. touchant la confirmation de l'Eglise de Sainct Vrbain de Troyes, 198. & 99.
Bulle du Pape Nicolas IV. par laquelle il dispense les Domestiques du Cardinal Hugues de Billon de la residence en leurs Benefices, 230. & 231.
Bulle du Pape Clement V. au Cardinal Arnaud de Canteloup, par laquelle il soustrait l'Archeuesché de Bordeaux de la Primatie de Bourges, 259. & 260.
Bulle du Pape Clement VI. touchant l'Eglise de Nostre-Dame d'Escoüis, 262.
Bulle du Pape Clement VI. contenant la ratification du Testament du Cardinal de Morthemard, côtenu dans cette Bulle, 305. 306. & 307.
Bulle du Pape Gregoire, touchant la fondation du College de Perigord à Tholose, 314.
Bulle du Pape Clement VI. touchant la legation du Cardinal de d'Eux en Sicile, 324.
Bulle du Pape Gregoire XI. touchant la Regale de l'Archeuesché de Roüen, 456.
Bulle du Pape Clement VII. touchant la saincte Chapelle de Bourges, 483.
Bulle du mesme Pape au Chapitre de l'Eglise de Geneue, par laquelle il accorde le reuenu des Benefices qui vaqueront pendant l'espace de vingt ans, pour estre employé à la reparation de ladite Eglise, 483. & 84.
Bulle du mesme Pape, touchant la presentation ou figure du S. Suaire de Nostre Seigneur, en l'Eglise de Nostre Dame de Lirey, au Diocese de Troyes, 484.
Bulle du Pape Eugene IV. confirmatiue de l'erection du College d'Auignon, fondé par le Cardinal de Brogny, à la requisition du Serenissime Duc de Sauoye, 525. & 26.
Bulle du Pape Clement VII. sur le sujet de la canonisation du Bien-heureux Pierre de Luxembourg, 544.
Bulle du Pape Vrbain V. portant defenses aux Ecclesiastiques sous pretexte de leur Indult, d'attirer aucunes personnes hors du Royaume de

Table des Matieres.

France, pardeuant les Conseruateurs Apostoliques de Rome, 625.

C.

Charte d'Estienne de Montbeliard, Euesque de Mets & Cardinal, touchant la fondation de Sainct Thibaud, 72. & 73.

Charte du mesme Estienne, touchant le Prieuré de Fault par luy donné à l'Abbaye de Sainct Arnoul, 73.

Charte du mesme Estienne, par laquelle il donne la collation des Cures de Sainct Iacques & de Saincte Marie, situées hors les murs de la ville de Mets, à la Collegiate de S. Sauueur, 73 & 74.

Charte du mesme Estienne, touchant quelques autres donations par luy faites à la mesme Collegiate de Sainct Sauueur, 74.

Charte du mesme Estienne, touchant vne donation par luy faite à l'Eglise de Sainct Iean-Baptiste de Sainct Tron. 74.

Charte du mesme, touchant l'Abbaye de Saincte Croix, 74. & 75.

Charte du Roy Louys le Ieune, en faueur du Cardinal Mathieu de Rheims, 79. & 80.

Charte du Cardinal Guillaume de Champagne, touchant les Priuileges des Habitans de la ville de Rheims, 130. & 131.

Charte du Cardinal Eudes de Chasteauroux, touchant la veneration des Reliques de la Saincte Chapelle du Palais à Paris, par luy consacrée, 183.

Charte du mesme, touchant la veneration de quelques autres Reliques, & notamment des parcelles du Sepulchre de Nostre Seigneur, 183.

Charte de Hugues Duc de Bourgogne, touchant le Conuent de l'Eglise de Flauigny, 184. & 185.

Charte du Cardinal Ancher Pantaleon, touchant l'Eglise de S. Vrbain de Troyes, 104. & 105.

Chartes du Cardinal Geruais de Clinchamp, touchant les Prebendes de l'Eglise de Sainct Mederic de Linais, 129.

Codicile du Cardinal de Tillon, 237. & 238.

Codicile du Cardinal de Perigord, 319. & 320.

Codicile du Cardinal de Malesec, 463. & 64.

Codicile du Cardinal de la Grange, 475. & 76.

Codicile du Cardinal de Brogny, 523. 24. & 25.

Codicile du Cardinal Girard, 561. 62. 63. 64. 65. 66. 67. 68. 69. & 70.

Comment Paschal II. Pape, donna sa Dalmatique à Ponce Abbé de Cluny, 68.

Comment la Table de Sainct Basile, dans laquelle il y auoit vne portion considerable du bois de la vraye Croix, fut portée à Cluny, du temps de l'Abbé Ponce. 64. & 65.

Comment les Reliques du Prothomartyr Sainct Estienne furent portées à Cluny du temps de l'Abbé Ponce. 65. 66. & 67.

Commission donnée pour l'execution des dernieres volontez de Robert de Geneve, Pape sous le nom de Clement VII. par Benoist XIII. son successeur. 481.

Concession de l'Inuestiture, faite au Pape Calixte II. par l'Empereur Henry. 54.

Concession du Pape Calixte II. faite à l'Empereur Henry, touchant l'Election des Euesques & Abbez du Royaume d'Allemagne 54.

Confirmation d'vne Prebende en l'Eglise de S. Arnoud de Clermont en Beauuoisis, par le Cardinal Henry 101.

Confirmation du College de Perigord à Tholose, par le Pape Gregoire, 310. 11. & 12.

Consecration de l'Eglise de Sainct Martin de Naples, par le Cardinal Guillaume d'Aigrefeuille, Nonce en Sicile. 426.

Constitution faite par le Pape Gregoire X. touchant l'Election des Papes, obseruée pour la premiere fois en celle d'Innocent V. 213. & 214.

Contract passé entre Amblard de Mirol, comme Executeur Testamentaire du feu Cardinal de Murol, & les Cordeliers du Conuent de Briue, touchant la fondation d'vne Lampe ardente, & de quelques Messes & Anniuersaires pour le repos de l'ame dudit Cardinal, 507. 508. 509. 510. & 511.

Coustumes accordées aux Habitans de la ville de Beaumont en Argonne, par le Cardinal Guillaume de Champagne, 117. 118. 119. & 30.

Chronique commençante en l'an 1209 & finissante en l'an 1312. composée par Bernard de la Mote Euesque de Basas, frere du Cardinal Gaillard de la Mote, 289. 290. & 291.

D.

Decret du Pape Innocent III. touchant l'election de Guy Paré en Archeuesque de Rheims, 14. & 145.

Dedicace de la Chapelle de la Vierge à Cluny, vulgairement appellée la Chapelle de l'Abbé, du temps du Cardinal Ponce, 65.

Deuote Oraison ou Litanie, composée par Sainct Pierre de Luxembourg, Cardinal, 552. 1. & 12.

Don fait par le Roy à Guillaume Roger, frere du Pape Clement VI. du Chastel & Chastelenie de Beaufort en Valée, auec ses appartenances & dependances, par le tres du mois d'Octobre de l'an 1342. Lequel Chasteau & Chastelenie furent faits Vicomté par autres Lettres données l'an 1344. au mois de Iuin,

Diuerses Chartes du Cardinal Guillaume de Champagne, sur differends sujets. 135. 3. 137. & 38.

Diuerses Lettres de François Petrarque, touchant le Cardinal de Cabassole, 415.

Diuerses Epitaphes de ceux de la Famille des Dormans, qui se lisent dans la Chapelle du College de Beauuais à Paris, 429.

Diuerses Lettres du Cardinal Robert. & de son Chapitre de Lisieux, 606. 607. 608. 609. 610. 611. 612. & 613.

Donations faites par le Cardinal de Cabassole à son Eglise de Cauaillon, & à diuers particuliers, 417. 18. 19. 20. 21. 22. 23. & 24.

Don de quelques maisons sises proche les murs de Senlis, fait au Roy Charles V. par le Cardinal de la Grange, 467.

Table des Matieres.

E.

Eloge du Cardinal Albert de Brabant, par Sanderus, 166.
Eloge du Cardinal Iacques de Vitry par Sanderus, 173.
Eloge du Cardinal Henry de Suze, par Guillaume Duranti, 201
Eloge du Cardinal Pierre de Luxembourg, par Sanderus, 519. & 550.
Eloge du Cardinal de Sainct Chef, par Sanderus, 185. & 87.
Epigramme sur le larcin qui fut fait en l'an 1575. des Ouurages MS. du Cardinal Bertrand, 316.
Epistre d'Yues de Chartres, au Pape Paschal II. 50.
Epistre de Sainct Bernard à Aimery de la Chastre. 76.
Autre Epistre du mesme Sainct Bernard au mesme Aimery. 77.
Epistre de Sainct Bernard à Pierre Cardinal du Tiltre de Sainct Anastase. 89.
Epistre de S. Bernard à Pierre Cardinal du Tiltre S. Adrian. 89.
Epistre d'vn Disciple de S. Bernard à Baudoüin, Cardinal Archeuesque de Pise. 90.
Epistre de Pierre Venerable, Abbé de Cluny, au Cardinal Alberic de Beauuais. 93. & 94.
Epistre liminaire d'vn manuscrit, composé par Hugues troisiesme du nom, Archeuesque de Rouen, contre les heresies qui estoient de son temps en Bretagne, & par luy dedié au Cardinal Alberic de Beauuais. 94.
Epistre de Sainct Bernard au Cardinal Alberic de Beauuais, & autres Cardinaux, touchant l'Election du Pape Eugene III. 95.
Epistre de Sainct Bernard à Yues de Sainct Victor Cardinal, contre les heresies d'Abelard. 96.
Epistre de Sainct Bernard au Pape Innocent, sur la iustification de son innocence, touchant la distribution des biens laissez par le Cardinal Yues de Sainct Victor. 96.
Epistre d'Estienne de Tournay à Pierre Euesque de Meaux, Cardinal du Tiltre de Sainct Chrysogon. 114.
Epistre de Pierre Abbé de la Celle, au Cardinal Thibaud, Abbé des Saincts Crespin & Crespinian de Soissons. 116.
Epistres de Guillaume de Champagne, au Pape Alexandre. 114. 115. & 126.
Epistre de Sainct Bernard à Thibaud Comte de Champagne 120. & 111.
Epistre du Pape Alexandre, à Louys le Ieune Roy de France. 121.
Epistre de Iean de Saresbery, Euesque de Chartres, au Cardinal Guillaume de Champagne. 121. & 122.
Epistre d'Estienne Abbé de Saincte Geneuiesve de Paris, puis Euesque de Tournay, au Cardinal Guillaume de Champagne Archeuesque de Reims. 112. & 113.
Epistre du Pape Innocent, au Cardinal Guillaume de Champagne. 131.
Epistre d'Estienne de Tournay, au mesme Guillaume. 131. & 131.
Epistre d'Estienne de Tournay, au Cardinal Melior. 159.
Epistre du Pape Martin IV. au Cardinal Cholet. 212.
Epistre de Sainct Bernard au Cardinal Mathieu de Rheims. 79.
Epitaphe du Pape Syluestre II. 4.
Epitaphe du Pape Leon IX. 24.
Epitaphe du Cardinal Estienne, surnommé le Defenseur de l'Eglise, 32.
Epitaphes du Pape Vrbain II. 45.
Epitaphe d'Alphonse Comte de Tholose, 46.
Epitaphe du Cardinal Guy Paré, 146.
Autre Epitaphe du mesme, 148.
Epitaphe du Cardinal Albert de Brabant, 165.
Epitaphe du Cardinal Raoul de Neufuille, 170.
Epitaphe du Cardinal Caffard, 177.
Epitaphe du Cardinal Simon de Suilly Archeuesque de Bourges, 178.
Epitaphes du Cardinal de S. Chef, 187. & 88.
Epitaphe & Eloge du Cardinal Iean de Burnino, Archeuesque de Vienne, 190. & 91.
Epitaphe du Cardinal Guillaume de Champagne, 198.
Epitaphe du Pape Vrbain IV. 200.
Epitaphe du Cardinal Ancher Pantaleon, 205.
Epitaphe du Cardinal Guillaume de Bray, 205.
Epitaphe du Cardinal Geruais de Clinchamp, 230.
Epitaphe du Cardinal Geoffroy de Bar, 228.
Epitaphes du Cardinal de Nointel, 228. & 229.
Epitaphes du Cardinal Hugues Aycelin de Billon, 246.
Epitaphe du Cardinal Vital du Four, 273.
Epitaphe du Cardinal Bertrand de Montfaucis, 296.
Epitaphe du Pape Clement IV. 211.
Epitaphe du Cardinal Arnaud de la Vie, 298.
Epitaphe du Cardinal de Languissel, 221.
Epitaphes du Cardinal de Beaulieu, de sa mere & de son frere, 248. & 249.
Epitaphes du Cardinal le Moine, & de son frere André, 251.
Epitaphe de trois le Moine, enterrez à Monacho, 251.
Epitaphe du Cardinal Layde de Nonancourt, 252.
Epitaphe du Cardinal Estienne de Suisy, Chancelier de France, 264.
Epitaphe du Cardinal de d'Eux, 314.
Epitaphe du Cardinal Bernard d'Alby, 317.
Epitaphe du Cardinal Henry de Suilly Archeuesque de Bourges, 143.
Epitaphe du Pape Innocent VI. 381.
Epitaphe du Cardinal Robert Abbé de Cisteaux, 253.
Epitaphe du Cardinal Simon Religieux de Cluny, 253.
Epitaphe du Cardinal de Morthemard, 307. & 308.
Epitaphe du Cardinal Pierre de Selua, 398.

Table des Matieres.

Epitaphe du Cardinal Guillaume d'Aigrefueille l'aifné, 415.
Epitaphe du Cardinal de Dormans, 430.
Epitaphe du Cardinal Eſtienne de Paris, 431.
Epitaphe du Cardinal de Buſſieres, 457.
Epitaphe du Pape Vrbain V. 411.
Epitaphes des pere & mere du Cardinal d'Arabloy, 255.
Epitaphe du Cardinal de Brignac, 435.
Epitaphe du Cardinal de Cabaſſole, 415.
Epitaphe du Cardinal Guillaume d'Aigrefueille, 343.
Epitaphe du Cardinal Pierre Ithier, 405.
Epitaphe du Cardinal de Maleſec, 464.
Epitaphe du Cardinal Guillaume de Maignac, 496.
Epitaphes du Cardinal de la Grange, 476.
Epitaphe de Robert de Geneue, Pape, ſous le nom de Clement VII. 485.
Epitaphe du Cardinal Guillaume de Chanac, 433.
Epitaphe du Cardinal Pierre de Cros, 494.
Epitaphe du Pape Gregoire XI. 449.
Epitaphe du Cardinal Iean de Cros, 451.
Epitaphe du Pape Clement V. 257.
Epitaphe du Cardinal de la Chapelle Taillefer, 258.
Epitaphe du Cardinal Pierre Ayceliin de Montaigu, 498.
Epitaphe du Cardinal de Neufchaſtel, 499.
Epitaphe du Cardinal Raymond Ithier, 500.
Epitaphe du Cardinal Bertrand de Chanac, 503.
Epitaphe du Cardinal Bernard de la Tour, 338.
Epitaphe de S. Pierre de Luxembourg, 544.
Epitaphe du Cardinal Roland, 527.
Epitaphe du Cardinal de Feſtigny, 509.
Epitaphe du Cardinal Martin de Salua, 548.
Epitaphe du Cardinal de Vergy, 573.
Epitaphe du Cardinal d'Alençon, 574.
Epitaphe du Cardinal Rainulphe de Montyrac, 574.
Extraict de la vie du Pape Gregoire XI. par vn Autheur anonime, 455.
Extraict d'vne Lettre du Pape Boniface VIII. addreſſée au Cardinal de Fredol, ſurnommé Stedelli touchant la degradation des Clercs, 258.
Extraict des Regiſtres du Parlement, par lequel il paroiſt que le Pape Clement V. ayant creé Bernard de Garuo ſon Neveu, Cardinal de la Sainéte Egliſe Romaine, il luy permet de tenir nonobſtant ſon Cardinalat, l'Archidiaconé de Coſtentin en l'Egliſe de Couſtances, 170.
Extraict de la vie de Letard, ſixieſme Abbé du Bec, touchant la grandeur & antiquité de la Maiſon du Bec-Creſpin en Normandie, 173. 74. 75. 76. & 77.
Extraict de la vie MS. de Charles de Luxembourg fils de Iean Roy de Boheme touchant le Pape Clement VI. 329.
Extraict du Teſtament du Cardinal de Dormans, 430.
Extraict de l'Hiſtoire de France par Robert Gaguin, touchant le Cardinal de la Grange, 455.
Extraict de la vie de Charles VI. par Iean Iuuenal des Vrſins, touchant le Cardinal de la Grange ibidem.
Extraict de l'Hiſtoire de Charles VI touchant le Cardinal Pierre Ayceliin de Montaigu, 497. & 98.
Extraict de l'Hiſtoire de Charles VI. par Iean Iuuenal des Vrſins, touchant le Cardinal de Thurey, 511 & 12.
Extraict de l'Hiſtoire de MS. des Eueſques de Geneue, par le Pere Monod Ieſuite, touchant le Cardinal de Brogny, 513.
Extraict de la Narration Hiſtorique des Conuents de l'Ordre de S. François en la Prouince de Bourgogne par Iacques Fodere, Religieux de la Reguliere Obſeruance dudit Ordre, touchant le Cardinal de Brogny, 513. & 514.
Extraict de la vie de Louys III. Duc de Bourbon, touchant le Cardinal Pierre de Luxembourg, 527.
Extraict de l'Hiſtoire de Charles VI. par Iean Iuuenal des Vrſins, touchant le meſme Cardinal, 527. & 28.
Extraict des Annales des Papes MS touchant le meſme, 528.
Extraict d'vne Hiſtoire MS. de la Maiſon de Luxembourg touchant le meſme, 528. & 29.
Extraict de l'Hiſtoire Genealogique de la Maiſon de Vergy, touchant le Cardinal Guillaume de Vergy, 571.
Extraict des Annales des Papes, eſcrites par vn Chanoine Regulier de l'Abbaye de S. Victor lez Paris Manuſcrit, touchant le Cardinal de Vergy, 571. & 72.
Extraict de la Chronologie du Moine d'Auxerre, touchant le Cardinal Guillaume de Champagne, 579.
Extraict de la vie des Archeueſques de Bourges, compoſée par Benoiſt Vernier, Moine de Sainct Sulpice, touchant les Cardinaux Henry & Simon de Sully, 579.
Extraict des Memoires MS. du Reuerend Pere Claude de Chantelou, Religieux Benedictin, touchant le Cardinal Bertrand de S. Martin, 580.
Extraict des Commentaires MS. d'Anthoine Colard, Chanoine de Rheims touchant Gerbert, Pape ſous le nom de Syluestre ſecond, 175.
Extraict du Liure du Reuerend Pere Gueſnay Ieſuite, intitulé: Caſſianus illuſtratus, ſur le ſujet du Cardinal Bernard de Garuo. 181.
Extraict d'vne Chronique MS. de Simon Milet, Religieux de S. Germain Deſprez lez Paris par lequel il paroiſt que Guillaume Roger fonda vne rente de dix huict ſeptiers d'huile de noix, pour entretenir trois lampes dans l'egliſe de Noſtre Dame de Paris, 182.
Extraict du Caſſianus illuſtratus du Reuerend Pere Gueſnay, Ieſuite, touchant le Cardinal de Banhac, 583.
Extraict des Memoires MS. de l'Egliſe de S. Iean de Lyon, touchant le Cardinal de Saluces, 83. & 584.
Extraict d'vn Cathalogue MS. des Archeueſques de Lyon, touchant le Cardinal Hugues, Eueſ-

Table des Matieres.

que de Die, 577. & 78.
Extraict d'vn MS. des Euesques de Metz, touchant le Cardinal de Montbeliard, ou de Bar, 583.

F.

Fondation de l'Escholasterie de l'Eglise de Rheims par le Cardinal Guillaume de Champagne. 135.
Fondation faite par le Pape Vrbain IV. en l'Eglise Cathedrale de S. Pierre de Troyes, en la Collegiale de S. Estienne, & aux Abbayes de Nostre-Dame de Troyes, & de Nostre-Dame des Prez lez Troyes, 199. & 200.
Fondation faite en l'Abbaye d'Aisnay à Lyon, par le Cardinal Guillaume de Montholon, 341. & & 342.
Fondation & Statuts du College de Saincte Catherine de Tholose, autrement dit de Pampelune, faite par le Cardinal Pierre de Selue, 388. 89. 90. 91. 92. 93. & 94.
Fondation du College de S. Martial de Tholose faite par le Pape Innocent VI. auec les Lettres des deux Cardinaux touchant les anciens Statuts du mesme College, 373. 74. 75. 76. 77. 78. 79. 80. & 81.
Fondation de la Chapelle des Comtes de Geneve, en l'Eglise de Nostre-Dame la Liée d'Annesly, accomplie par le Cardinal Robert de Geneve, 478. 79. & 80.
Fragment du Testament du Cardinal Iean de Talaru.
Fragment du Testament du Cardinal de Saluces, 501. & 502.

G.

Grace faite à Pierre Desprez Cardinal, de pouuoir transporter cinquante liures de rente à personnes Ecclesiastiques. 300.

H.

Harangue faite par le Pape Vrbain second, au Synode tenu à Clermont, 43. & 44.

I.

Inscription qui est sur le portail de l'Eglise du Monastere de Cisteaux, 42.
Inscription qui est en l'Eglise des Bernardins de Paris, touchant le Pape Benoist XII. 313.
Autre inscription touchant le mesme Pape, grauée dans vne pierre de marbre au Vatican, ibid.
Inscriptions qui se lisent dans la Chapelle du College d'Authun à Paris, touchant le Cardinal Bertrand. 315.
Inscription qui se lit en l'Eglise des Bernardins à Paris, touchant le Cardinal Guillaume le Blanc, 328.
Inscriptions touchant la Genealogie de la Maison des Dormans, tirées de la Chapelle de l'Eglise Parochiale de Nozay, au Diocese de Troyes,

prés d'Arcis sur Aube, 429. 430.
Itineraire du Pape Gregoire XI. 437. 38. 39. 40. 41. 42. 43. 44. 45. 46. 47. 48. & 49.
Inscription qui est enfermée dans vne boëste, auec des fragmens du pain consacré par Nostre Seigneur lors qu'il fit la Cene auec ses Apostres, & conseruée dans le Cabinet de Monsieur Iean Iacques Lagery, Aduocat General de la sacrée Religion des Saincts Maurice & Lazare, & Garde des Archiues de son Altesse Royale de Sauoye, à Thurin, 452.
Inscription grauée sur vne ancienne pierre, trouuée dans les fondemens du Conuent de la ville de Sorcenas au Diocese de Lauaur, contenant l'eloge du Pays où elle est située. 487.
Inscription seruant d'Epitaphe au Cardinal Faidit d'Aigrefueille. 494.
Inscription grauée sur vne Image d'argent, dans laquelle le Cardinal Pierre de Cros, fit renfermer les cendres de Sainct Trophyme, 494.
Inscription qui est au bas du Tableau du Cardinal de Brogny, en l'Eglise des Iacobins d'Annessy, 513.
Inscription en vieilles Lettres Gothiques au bas du portraict du Cardinal Aymar Robert, qui est en vne vitre derriere l'Autel du Chœur de la Chapelle de S. Agnan, sise en la ruë du Pont Mortagne, en la ville de Lisieux, 605.

L.

Lettres de Hugues, Cardinal Archeuesque de Lyon, aux Archeuesques, Euesques & Abbez, touchant l'Absolution de Foulques Comte d'Anjou, 41.
Lettre d'Anselme, Chantre du S. Sepulchre de Ierusalem, à Gualo Euesque de Paris, 51.
Lettre de Hugues Moine de Cluny, à Ponce septiesme Abbé de cette Abbaye, 62. & 63.
Lettre de Geoffroy Abbé de Vendosme, à Ponce Abbé de Cluny, 63. & 64.
Lettres du Cardinal Estienne de Bar, à l'Abbé de Gorze, 75 & 76.
Lettre escrite au Pape Lucius III. par le Cardinal Roland, & l'Abbé de Rieual, 140.
Lettres d'Eudes Abbé de S. Denys, & de Pierre de Colmy Preuost de S. Omer, deputez par le Roy pour l'accommodement d'entre l'Archeuesque de Rheims & les Bourgeois de la ville, 181. & 182.
Lettres du Pape Clement IV. touchant la reuocation de la Prebende de Iean Archeuesque de Rheims, 108.
Lettres du mesme Clement sur sa promotion au Pontificat, à Pierre le Gros de S. Gilles, ibidem.
Lettres du mesme, à Charles Comte de Prouence, qui fut depuis Roy de Sicile, pour bien gouuerner ses Estats, 209 & 210.
Lettres du Cardinal Cholet, pour l'exemption du payement des Decimes en faueur d'vn Monastere de l'Ordre de S. Benoist en Normandie, Diocese de Coustances, 222.
Lettres de Gilles Archeuesque de Narbonne & autres, Executeurs du Testament du Cardinal

Table des Matieres.

de Billon, touchant le compte rendu par Gerard Calcheti Pannetier du Roy, des deniers qu'il auoit entre les mains appartenans au defunct, 138.

Lettres de Charles II. Roy de Hierusalem & de Sicile, par lesquelles il donne à Iacques d'Ossa Euesque de Frejus, & à ses successeurs Euesques, vne partie du Chasteau de Reuest, &c. 184.

Lettres du Pape Iean XXII. à Marie Reyne de Sicile, touchant la Canonisation de Louys son fils, Euesque de Tholose, 205.

Lettres du mesme Pape au Roy de France, par lesquelles il asseure sa Majesté, que les ames des Bien-heureux voyent la Diuine Essence face à face, 186 & 187.

Lettres du Roy Philippes, par lesquelles il permet au Faure de Montfaucis, Damoiseau & neueu de son cher amy le Cardinal de Montfaucis, de faire eriger des Fourches patibulaires dans sa Terre de Gandelon, au Diocese de Cahors, 196.

Lettres du Roy Philippes, par lesquelles il donne à Pierre Deusa, frere du Pape Iean XXII. mille liures de terre de rente, & trois cens liures aussi de terre de rente annuelle à Pierre de la Vie, & à Arnault de Trian, neveux du mesme Pape, 196.

Lettres du Cardinal Hugues Aycelin de Billon & autres, touchant l'execution du Testament de Guillaume Euesque de Laon, 229. & 230.

Lettre de Iean Aycelin, frere du Cardinal Hugues Aycelin de Billon, escrite au Chapitre de Nostre-Dame de Clermont en Auvergne, touchant la resignation à luy faite de cette Abbaye par sondit frere, 230.

Lettre de Raymond Euesque de Cahors, au Cardinal de Beaulieu, 247.

Lettres d'Estienne de Susy à Robert Archeuesque de Rheims, touchant son election à l'Euesché de Tournay, 263.

Lettres du Roy Philippes, portant permission au Cardinal Estienne de Susy Chancelier de France, de transferer à personnes Ecclesiastiques la maison, le pressoir & les vignes qu'il auoit à Fontenay & Baigneux lez Paris, 265.

Lettres du Roy Philippes, par lesquelles ce Prince amortit deux sommes & demy d'huile d'oliue de rente annuelle, à la priere des Executeurs Testamentaires du Cardinal de Pellegruë, pour estre consommées six lampes qui deuoient brusler à perpetuité dans l'Eglise de Nostre-Dame de Valuert, suiuant l'intention & la fondation de ce Cardinal, 266.

Lettres du Roy Philippes, par lesquelles en consideration du Cardinal Raymond de Gouth son special amy, & neueu du Pape Clement V. il donne à Arnaud de Durefort & à Marquise sa femme, sœur dudit Cardinal de Gouth, toute la iurisdiction de la Paroisse de Montchagal, &c. 267.

Lettres du Cardinal Arnaud Nouueau, à Vvaultier Euesque de Lisieux, 269.

Lettres du Roy Philippes, par lesquelles à la consideration de son cher amy le Cardinal Gauce-lin Iean d'Ossa, il donne à Philippes Iean son Cheualier, & à ses successeurs, cent liures tournois de rente, à prendre sur la Seneschaussée de Perigord & de Quercy, 291.

Lettre escrite au Cardinal Poyet, par vn Venitien, 292.

Lettres du Roy Charles, par lesquelles il transfere en faueur du Cardinal d'Arabloy, sur vn lieu proche de Ville-neufue d'Auignon soixante & dix liures tournois de rente, que ce Prelat perceuoit sur le Peage de Beaucaire, 294.

Lettres de Louys, Comte de Flandres & de Neuers, par lesquelles il donne au Cardinal d'Arabloy, la moitié du quint denier à luy escheu, pour cause de l'achapt de la Terre de la Chapelle S. André, 295.

Lettres de Bernard de Marlac, Official de la Preuosté de Bariol, touchant ladite Preuosté, possedée par le Cardinal Arnaud de la Vie, 297. & 298.

Lettres du Roy Philippes, touchant l'enuoy vers le Pape de Simon d'Archiac Doyen de Xaintonge, & depuis Cardinal, auec plusieurs autres, 301.

Lettres du Roy Philippes, par lesquelles comme le Cardinal Raymond de Mussayoles eut fait bastir en son Chasteau de Monsuerol vne Chapelle en l'honneur de la Vierge, dans laquelle il desiroit fonder quelques Chapellenies, sa Majesté luy permit d'acquerir iusques à cent liures tournois de rente, pour faire cette fondation, 303.

Lettres du mesme Roy Philippes, par lesquelles côme son cher cousin & feal Iean Gomte d'Armaignac, eut donné pour tousiours au Marquis de Monsuerol, neueu du Cardinal de Mussayoles, le Chasteau de Pinet au Diocese de Rhodez, que ce Comte tenoit du Roy en Fiefnu à nu, sa Majesté consirme ce don, 303.

Lettres de Louys Roy de France & de Nauarre, au Cardinal de Chippes, & à plusieurs autres, 308. & 310.

Lettres du Roy Iean, par lesquelles il donne à Pierre de d'Eux, Gendarme, & neueu du Cardinal de d'Eux, le Chasteau de Blandiac, situé dans la Seneschaussée de Beaucaire, 324.

Lettres du Roy Iean, par lesquelles il donne à Aymar d'Aigrefueille Cheualier, troiscens liures de rente au lieu de cinquante, que le defunct Roy Philippes son pere luy auoit données pour la legation par luy faite au suiet de la joyeuse assomption du Pape Clement VI. 330.

Lettres du Roy Philippes, touchant les choses qui furent prises au Thresor de Paris, & portées par expres commandement de sa Majesté en quatre paniers ferrez, & mis en depost par Messire Pierre de Chappes Chancelier de France, au Thresor de la grande Eglise de Bourges, le Lundy d'apres Quasimodo en l'année 1317. 310.

Lettres du Roy Philippes, par lesquelles il quite au Cardinal Bernard d'Alby, certaines sommes, en consideration de ce qu'estant son Conseiller, & en son Office, & d'aucuns de ses predeces-

Table des Matieres.

seurs Roys de France, tant auant qu'il fut Cardinal, que depuis auoit esté en Espagne, Angleterre, Arthois, Berry, & autres lieux, du commandement du Roy, & de ses predecesseurs, 327.

Lettres du Roy Charles, du 13. Avril 1374. par lesquelles il confirme le don de cent liures de rentes, fait par son cousin le Cardinal de Bologne à Roger du Moulin son Domestique, 316.

Lettres du Roy Philippes, par lesquelles il promet à Guillaume de la Iugée Cardinal, neveu du Pape Clement VI. pour luy & ses freres, ou l'vn d'eux le Chastel & Chastelenie de la Viuerie auec la Iustice, appartenant aux hoirs de feu Pierre de la Colomne, iadis Diacre Cardinal, Citoyen de Rome, & ce qu'ils ont au Chasteau de Ferrals en la Senefchaussée de Carcassonne: lesdites Lettres données à Vvincestre prés Paris au mois de Iuin 1348. 339.

Lettre du Pape Clement VI. au Cardinal de Sacrats, 344.

Lettres du Roy Charles de l'an 1358. par lesquelles il donne à Pierre de Alosso Cheualier, neveu de Pierre de Colombiers Cardinal, le Chasteau de Sainct Maurice en Dauphiné, 345.

Lettre escrite par le Sacré College des Cardinaux, au Pape Clement V. sur sa promotion à la Papauté, 354.

Lettre du Pape Clement V. au Roy Federic, 254. & 255.

Lettres du Roy Charles du 21. Iuin 1369. par lesquelles il amortit trois cens liures de rente, que Charles Duc & Ieanne Duchesse de Bretaigne, Comtesse de Penthieure, & Vicomtesse de Limoges, deuoient au Sainct Siege, au lieu d'vne grande somme de deniers qu'ils auoient emprunté du Pape Clement VI. laquelle leur auoit esté remise par Vrbain V. moyennant lesdits trois cens liures, 332.

Lettres du Roy Iean, confirmatiues du traité de mariage d'entre Pudon de la Rocheguion, & Ieanne Bertrandi, fille du Mareschal de Briguebec, fait par le Cardinal de Boulogne, & autres arbitres, 334. & 335.

Lettres du Cardinal Guy de Bologne, à Andruin Abbé de Cluny, 335.

Lettres de Regnaud Euesque de Limoges, touchant la reedification de son Eglise, 259.

Lettres du Roy Philippes, portant permission à Gerault des Prez, neveu du Cardinal Pierre des Prez, de reparer quelques Moulins situez sur le Fleuve de Garonne, 300.

Lettres d'amortissement, accordées au Seigneur Pierre de Mortemar Euesque de Viuiers, & depuis Cardinal, & permission d'employer ses biens ou partie d'iceux à la fondation des Eglises tant seculieres que regulieres, & Hospitaux, sans en payer aucune finance, 304.

Autres Lettres d'amortissement, accordées audit Cardinal de Mortemar, par le Roy Philippes de Valois, au mois de Septembre 1339. pour l'augmentation desdites fondations audit lieu de Mortemar lieu de sa naissance, pour l'affection de sa patrie, & le salut de son ame & de ses parens, à condition de dire vne grande Messe du Sainct Esprit par chacun an pour ledit Seigneur Roy & la Reyne, & apres leur trespas, vne Messe des defuncts, 304.

Autres Lettres d'amortissement de cent liures de rente pour la fondation d'vn Hospital, accordées au mesme Cardinal de Mortemar, 304.

Autres Lettres d'amortissement de pareille somme de cent liures de rente, pour fonder certains lieux de Religion, accordées au mesme Cardinal de Mortemar, 305.

Lettres de Charles Duc de Bretagne, Vicomte de Limoges, & de Ieanne sa femme, qui confirment celles du Roy Philippes, touchant la vente d'vn Chasteau, faite au Cardinal de Perigord, moyennant la somme de vingt mil liures, 311.

Lettre du Pape Clement VI. au Cardinal de Perigord, 312.

Lettre de François Petrarque au mesme Cardinal, 312. & 313.

Lettres du Roy Philippes, données au Moncel, les Ponts Saincte Maixence, le 17. Octobre 1347. par lesquelles il establit Maistre Robert le Coc Aduocat en son Parlement, son special Aduocat & Conseiller, au lieu de Pierre de la Forest, Chancelier du Duc de Normandie, 370.

Lettre du Pape Innocent VI. touchant Charles d'Alençon qui s'estoit fait Iacobin, 372. & 373.

Lettres du Pape Clement VI. confirmatiues de la fondation du College de Saincte Catherine de Tholose, faite par le Cardinal Pierre de Selue, 394.

Lettres du Roy Iean, données à Ville-neufue d'Auignon, au mois de May 1363. par lesquelles il accorde à Guillaume Grimoard Cheualier Seigneur de Grisac, pere du Pape Vrbain V. que les Habitans de ses Terres iusques au nombre de deux cens feux, soient exempts de toutes impositions & subuentions, 410.

Lettre du Pape Vrbain V. à Charles V. Roy de France, par lesquelles il luy recommande Armand Vicomte de Polignac, 411.

Lettre du Cardinal Guillaume d'Aigrefueille l'aisné, par lesquelles il constitué des Procureurs, pour l'administration du reuenu de son Prieuré de Sainct Georges de Ganay, 414.

Lettre du Pape Clement VI. à Sance Reine de Sicile, 399.

Lettres du Cardinal Gilles Aycelin, au Chapitre de l'Eglise de Troyes, 400. & 401.

Lettres du Pape Innocent VI. au Cardinal Gilles Aycelin, 401.

Lettres des Cardinaux Guy de Bologne & Audoin, au Cardinal Andruin de la Roche, Abbé de Cluny, 402. & 403.

Lettres du Pape Innocent VI. au Cardinal Andruin de la Roche, Abbé de Cluny, 403. & 404.

Lettres du Pape Innocent VI. à Charles Roy de France, touchant le Cardinalat d'Androüin de la Roche, 404.

Lettre de François Petrarque au Cardinal de Cabassole, sur le sujet de la dedicace qu'il luy fait de ses liures, touchāt la vie solitaire, 416. & 417.

Lettres

Table des Matieres.

Lettres du Pape Gregoire XI. au Roy de France, 436.

Lettres du mesme Pape au Duc d'Anjou, 436.

Lettres du Cardinal Pierre de Sarcenas, par lesquelles il establit des Procureurs au regime des Benefices qu'il possedoit en France, 487. & 88.

Lettres de Frere Helie Iacobin, au Cardinal Nicolas de Sainct Saturnin, 488.

Lettres du Pape Clement VII. au Cardinal Nicolas de Sainct Saturnin, 488.

Lettres du Cardinal Iean de Cros Nonce en France, touchant l'eschange de Mouson & de Peaumont en Argonne, 450.

Lettres du Roy Charles, touchant la donation par luy faite à Aubert de Thenière, du Chasteau de Mirabel, en consideration du Cardinal Iean de Cros Euesque de Limoges, 450. & 51.

Lettre de Gregoire XI. au Cardinal Bertrand de Canillac, 453.

Lettre du Pape Clement VII. au Cardinal de Barriere, 492.

Lettre du mesme Pape à l'Euesque de Chaalon, sur le sujet de la promotion au Cardinalat de la personne de Pierre de Barriere, 492. & 93.

Lettre du Pape Clement VII. au Cardinal Aymery de Maignac, 495.

Lettres du Roy Charles de l'an 1374. au mois de Septembre, par lesquelles il donne cent liures de rente à Pierre de Maignac, natif de S. Iunien son Eschanson, & frere d'Aymery de Maignac Euesque de Paris, 495.

Lettres du Roy Charles du 13. Nouembre 1376. par lesquelles il vnit à la Couronne de France, la maison sise hors les Murs de Senlis, & celle de Creil sur Oise, qui luy auoient esté données par le Cardinal de la Grange, 466.

Lettres du Roy Charles, par lesquelles il amortit quatre cens liures de rente par luy données au Conuent des Celestins d'Auignon, en consideration de S. Pierre de Luxembourg, 545.

Lettre escrite au Cardinal Girard, par le Pape Clement VII. 570. & 71.

Lettre du Cardinal Hugues Religieux de Cisteaux, au Bien-heureux Gozeuin Abbé du mesme Monastere, & à S. Bernard Abbé de Clairuaux, 578.

Lettre de Simon de Brion, Cardinal du Tiltre de Saincte Cecile, & depuis Pape sous le nom de Martin IV. Legat en France, sur le sujet d'vne Prebende de l'Eglise de Laon, 581.

Lettre de Pierre Abbé de Sainct Maur des Fossez, par laquelle il declare que Simon de Brion, Cardinal de Saincte Cecile, a donné à son Monastere deux cens liures parisis de rente, 581.

Lettres du Roy Philippes du mois de Decembre 1349. par lesquelles il confirme le don de six vingts liures de rente en fief, fait par Humbert l'ancien Dauphin de Viennois, à defunct Girard Desprez, neveu de Pierre Desprez Cardinal, 582.

Lettres, par lesquelles le Cardinal Guillaume d'Aure, donne à l'Abbaye de Lesat, vne Croix d'argent doré, auec vn Calice, & deux cens florins d'or, 552.

Lettre de paix, enuoyée par l'Empereur Henry au Pape Calixte II. 588.

Lettres du Cardinal Gilles Aycelin de Montaigu au Duc d'Anjou, & de Touraine. 613. & 614.

Lettres du Roy d'Arragon & de son fils aisné au Cardinal Gilles Aycelin, Euesque de Therouenne, 614.

Lettres du Roy Charles du 10. Mars 1400. par lesquelles il amortit tout ce que le Cardinal de la Grange auoit donné au Chapitre d'Amiens, 628. & 629.

Lettre escrite par les Grands du Royaume de France, à Robert de Geneve, Pape sous le nom de Clement VII. pour le démouuoir de la Papauté, 630. & 31.

Lettre des Archeuesques de Cologne & de Mayence, & du Duc de Bauiere, escrite au Roy de France apres la mort de Robert de Geneve. 631.

Lettre du Cardinal d'Alençon, au Recteur & Supposts de l'Vniuersité de Paris. 631. & 32.

Loüange du Cardinal de Perigord. 313. & 314.

M.

Miracles operez au Tombeau du Pape Leon IX. 24. 25. & 26.

O.

Octroy fait au Cardinal Pierre Bertrand Cardinal, qu'il puisse acquerir deux mille liures pour fonder vn College à Paris, 315.

P.

Permission de tester, accordée par le Pape Innocent au Cardinal de Colombiers, 367.

Permission de tester, accordée par le Pape Innocent VI. au Cardinal Audoin Albert son neveu, 386.

Permission de tester, accordée au Cardinal de Baignat, par le Pape Vrbain V. 434. & 435.

Permission de tester, accordée par le Pape Clement VII. au Cardinal Nicolas de Sainct Saturnin, 489.

Preface d'vn liure de Droit, composé par le Cardinal Bertrand, 326.

Procez verbal de la sepulture du Cardinal du Bec, 278.

Pouuoir de tester, accordé au Cardinal Anglic Grimoard, par le Pape Vrbain V. son frere, 411. & 412.

Q.

Quelques obseruations faites par le Cardinal de Colombiers, sur le Couronnement de l'Empereur Charles IV. auec les Lettres à luy escrites sur ce sujet par le Pape & par l'Empereur, ensemble la relation & le discours fait à sa Sainteté par ledit Cardinal au retour de son voyage, 349. 50. 51. 52. 53. 54. 55. 56. 57. 58. & 59.

Quitance donnée par le Cardinal de Thurey, de la somme de cinq cens francs d'or, à la Reine de

Table des Matieres.

Sicile, & a 1 Roy son fils, 512.

R.

Remise faite à Arnaud de la Vie, Cardinal, neveu du Pape Iean XXII. de six septiers de froment qu'il deuoit au Roy, pour raison de certaines acquisitions par luy faites, 196.
Restablissement d'Arnoul dans son Archeuesché de Reims, par Bulle du Pape Sylvestre II. 4.
Restablissement du Cardinal de la Forest, de Simon de Bucy, premier President du Parlement de Paris, & de plusieurs autres, publié en Parlement par Charles fils aisné du Roy Iean, Regent du Royaume, 623. 24. & 25.

S.

Sentence de Simon de Brion, Cardinal de Sainte Cecile, Legat en France, sur les differends qui estoient entre Alphonse Comte de Poictiers & de Tholose, d'vne part, & l'Euesque de Clermont, d'autre, 581.

T.

Testament du Cardinal Cassard, Archeuesque de Tours, 177.
Testament du Cardinal de Nointel, 224. 25. 26. & 27.
Testaments du Cardinal de Billon, l'vn fait de deça, & l'autre delà les Monts, 131. 132. 33. 34. 35. 36. & 37.
Testament de Raymond Arnaud de Goath, Cheualier Seigneur de Roilhac, 156.
Testament du Cardinal Guillaume teste, 179. 180. 81. 82. & 83.
Testament du Cardinal de Perigord, 315. 16. 17. 18. & 19.
Testament du Cardinal Michel du Bec, 177. & 78.
Testament du Cardinal de Colombiers, 359. 60. 61. 62. 63. 64. 65. 66. & 67.
Testament du Cardinal Audoin Albert, 381. 83. 84. 85. & 86.
Testament du Cardinal Pierre de Selue, 394. 95. 96. & 97.
Testament du Cardinal Anglic Grimoard, 412. & 413.
Testament du Cardinal de Cibassole, 424. & 425.
Testament du Cardinal de Banac, ou Banhac, vulgairement appellé de Baignat, 431. 32. 33. & 34.
Testament du Cardinal de Malesec, 458. 59. 60. 61. 62. & 63.
Testament du Cardinal de la Grange, 467. 68. 69. 70. 71. 72. 73. 74. & 75.
Testament du Cardinal Nicolas de Sainct Saturnin, 488. 89. 90. 91. & 92.
Testament du Cardinal de Brogny, 514. 15. 16. 17. 18. 19. & 20.
Testament du Cardinal de Brogny, contenant la fondation du grand College de Sauoye, surnommé d'Anneshy, faite en la ville d'Avignon, pour les Laiques qui estudieroient en Droict, 511. 22. & 23.
Testament de S. Pierre de Luxembourg, 542 & 43.
Testament du Cardinal Girard, 549. 50. 51. 52. 53. 54. 55. 56. 57. 58. 59. 60. & 61.
Testament du Cardinal Desprez, 617. 18. 19. 20. & 21.
Testament du Cardinal Sudré. 625. 26. 27. & 28.
Tiltre, par lequel il paroist que le Cardinal de Rochechoüart auoit promis dès son viuant, à Iean de Rochechoüart son Neueu, Cheualier Seigneur de Maupas, Chambelan du Duc de Berry, la somme de mil francs d'or, pour employer aux fortifications du Chasteau de Genoilhac en Limosin, appartenant audit Sieur de Maupas, 504. & 505.
Tiltre, par lequel le Cardinal de Murol, pour receuoir quelque argent qui luy estoit deub par Geoffroy de Montmorin Cheualier, constitué ses Procureurs generaux Guillaume & Amblard de Murols ses Neueux, 507.
Tiltre, par lequel il paroist que Iean de Luxembourg a laissé par Testament six mil ducats, pour le bastiment d'vne Chapelle en l'Eglise où S. Pierre de Luxembourg est enterré, 545. & 46.
Tiltre touchant l'election de Gerbert Pape, sous le nom de Sylvestre II. 576.
Tiltres concernans la famille des Cardinaux Bernard & Richard de Carlat, 577.
Traité d'accommodement d'entre Pictauien Euesque de Maguelone, & Philippes de Leuis, Seigneurs de Florensac, & Bertrand de Leuis son frere, touchant l'vnion des Iurisdictions du Chasteau & Mandement de Poisane, pour lequel est arbitre le Cardinal Iean de Comminges Euesque de Port, 302.
Traité de mariage de Louys de France Duc de Touraine, & depuis d'Orleans, auec Valentine de Milan, fille de Iean Galeas, Vicomte de Pauie & de Vertus, Seigneur de Milan, & d'Isabelle de France, l'vne des filles du Roy Iean, le contract fait en presence du Cardinal Pierre Aycelin de Montaigu, 497.
Transaction faite auec le Comte de Champagne, touchant la fondation de l'Eglise de Sainct Vrbain de Troyes, 198.

V.

Vers faits sur la mort de Ponce septiesme Abbé de Cluny, 60.
Vers de Leonius à Henry Cardinal d'Albe, 104.
Vers Latins faits à la loüange du Cardinal Albert de Brabant, Euesque de Liege, 164.
Vers Latins à la loüange du Cardinal de Colmy, 180.
Vers faits à la loüange du Pape Vrbain IV. par Thierry de Vaucouleur, 191.
Vers à la loüange du Cardinal Raoul de Grosparmy, par Thierry de Vaucouleur, 101.
Vers faits en l'honneur du Cardinal Ancher Pantaleon, par Thierry de Vaucouleur, 104.
Vers à la loüange du Cardinal Guillaume de Bray, par Thierry de Vaucouleur, 105.
Vers à la loüange du Cardinal Guy Abbé de Cisteaux, par Thierry de Vaucouleur, 106.

Table des Matieres.

Vers en l'honneur du Pape Clement IV. par Thierry de Vaucouleur, 208.
Vers à la loüange du Pape Martin IV. 220.
Vers faits en l'honneur du Cardinal Robert Abbé de Cisteaux, 251.
Vers Latins faits en l'honneur du Cardinal Arnaud d'Aux, de ses freres, & de son neveu, 272.
Vers de François Petrarque à la loüange du Cardinal Bernard d'Alby, 315. & 317.
Vers faits par le Cardinal Guillaume le Blanc, en l'honneur du Pape Benoist XII. 318.
Vers faits sur le Pape Clement VI. 319.
Vers grauez sur le Tombeau du Cardinal de Dormans, qui est dans le Chœur des Chartreux de Paris, vis à vis du grand Autel, 430.
Vers composez par François Petrarque en l'honneur de la Magdelaine, à la sollicitation du Cardinal de Cabassole, 426.
Vers faits à la loüange du Cardinal Bettrand Lagery, 451.
Vers faits contre Gerbert, & l'Empereur Othon troisiesme, 575.
Vers faits à la loüange du Cardinal Hugues de Foüillonné 578.
Vie de Bruno Pape sous le nom de Leon IX. par l'Archidiacre Vuibert son contemporain, 5. 6. 7. 8. 9. iusques à la 24.
Vie de Ponce, septiesme Abbé de Cluny, par Pierre le Venerable, 58. & 59.
Vie du Cardinal Mathieu de Rheims, par Pierre le Venerable, Abbé de Cluny, 81. 82. 83. 84. 85. 86. 87. & 88.
Vie du Cardinal Martin, par Christophle Henriquez, 99. & 100.
Vie d'Henry Cardinal d'Albe, par Christophle Henriquez, 105. 106. 107. 108. 109. 110. 111. 112. & 113.
Vie du Cardinal Guy Paré Archeuesque de Rheims par Christophle Henriquez, 143. & 144.
Vie du Cardinal Albert de Brabant, par Gilles, Moine de l'Abbaye d'Orual, 149. 50. 51. 52. 53. 54. 55. 56. 57. 58. 59. 60. 61. 62. 63. 64. & 65.
Vie du Cardinal Erard de Lisignes, tirée de deux diuers MS. des Euesques d'Auxerre, 214. 15. 16. & 17.
Voyage du Cardinal Pierre de Colombiers allant à Rome pour couronner l'Empereur Charles quatre, en l'an 1355. 345. 46. 47. 48. & 49.
Vie du Pape Vrbain V. composée par le Reuerend Pere Iean-Baptiste Guesnay Iesuite, & par luy rapportée, en son *Cassianus illustratus*, 407. 408. 409. & 410.
Vie de S. Pierre de Luxembourg, par vn Autheur anonime, tirée d'vn ancien MS. 533. 34. 35. 36. 37. & 38.

F I N.

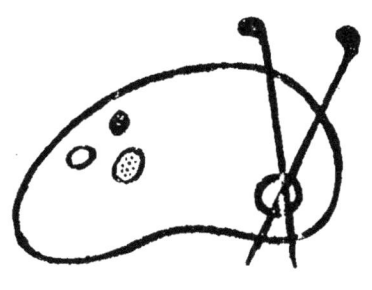

Original en couleur
NF Z 43-120-8